J. von Staudingers
Kommentar zum Bürgerlichen Gesetzbuch
mit Einführungsgesetz und Nebengesetzen
Buch 1 · Allgemeiner Teil
§§ 90–133; §§ 1–54, 63 BeurkG
(Allgemeiner Teil 3 und Beurkundungsverfahren)

Kommentatorinnen und Kommentatoren

Dr. Karl-Dieter Albrecht
Vorsitzender Richter am Bayerischen Verwaltungsgerichtshof, München

Dr. Hermann Amann
Notar in Berchtesgaden

Dr. Christian Armbrüster
Professor an der Freien Universität Berlin

Dr. Martin Avenarius
Professor an der Universität zu Köln

Dr. Dr. h.c. Christian von Bar, FBA
Professor an der Universität Osnabrück, Honorary Master of the Bench, Gray's Inn (London)

Dr. Wolfgang Baumann
Notar in Wuppertal

Dr. Okko Behrends
Professor an der Universität Göttingen

Dr. Detlev W. Belling, M.C.L.
Professor an der Universität Potsdam

Dr. Werner Bienwald
Professor an der Evangelischen Fachhochschule Hannover

Dr. Andreas Blaschczok †
Professor an der Universität Leipzig

Dr. Dieter Blumenwitz
Professor an der Universität Würzburg

Dr. Reinhard Bork
Professor an der Universität Hamburg

Dr. Wolf-Rüdiger Bub
Rechtsanwalt in München, Professor an der Universität Potsdam

Dr. Elmar Bund
Professor an der Universität Freiburg i. Br.

Dr. Jan Busche
Professor an der Universität Düsseldorf

Dr. Michael Coester, LL.M.
Professor an der Universität München

Dr. Dagmar Coester-Waltjen, LL.M.
Professorin an der Universität München

Dr. Dr. h.c. mult. Helmut Coing †
em. Professor an der Universität Frankfurt am Main

Dr. Matthias Cremer
Notar in Dresden

Dr. Hermann Dilcher †
em. Professor an der Universität Bochum

Dr. Heinrich Dörner
Professor an der Universität Münster

Dr. Christina Eberl-Borges
Professorin an der Universität Siegen

Dr. Werner F. Ebke, LL.M.
Professor an der Universität Heidelberg

Dr. Jörn Eckert
Professor an der Universität zu Kiel, Richter am Schleswig-Holsteinischen Oberlandesgericht in Schleswig

Dr. Eberhard Eichenhofer
Professor an der Universität Jena

Dr. Volker Emmerich
Professor an der Universität Bayreuth, Richter am Oberlandesgericht Nürnberg a. D.

Dipl.-Kfm. Dr. Norbert Engel
Ministerialdirigent im Thüringer Landtag, Erfurt

Dr. Helmut Engler
Professor an der Universität Freiburg i. Br., Minister in Baden-Württemberg a. D.

Dr. Karl-Heinz Fezer
Professor an der Universität Konstanz, Honorarprofessor an der Universität Leipzig, Richter am Oberlandesgericht Stuttgart

Dr. Johann Frank
Notar in Amberg

Dr. Rainer Frank
Professor an der Universität Freiburg i. Br.

Dr. Bernhard Großfeld, LL.M.
Professor an der Universität Münster

Dr. Karl-Heinz Gursky
Professor an der Universität Osnabrück

Dr. Ulrich Haas
Professor an der Universität Mainz

Norbert Habermann
Richter am Amtsgericht Offenbach

Dr. Stefan Habermeier
Professor an der Universität Greifswald

Dr. Johannes Hager
Professor an der Universität München

Dr. Rainer Hausmann
Professor an der Universität Konstanz

Dr. Dr. h. c. mult. Dieter Henrich
Professor an der Universität Regensburg

Dr. Reinhard Hepting
Professor an der Universität Mainz

Christian Hertel, LL.M.
Notar a. D., Geschäftsführer des Deutschen Notarinstituts, Würzburg

Joseph Hönle
Notar in Tittmoning

Dr. Bernd von Hoffmann
Professor an der Universität Trier

Dr. Heinrich Honsell
Professor an der Universität Zürich, Honorarprofessor an der Universität Salzburg

Dr. Dr. Dres. h. c. Klaus J. Hopt, M.C.J.
Professor, Direktor des Max-Planck-Instituts für Ausländisches und Internationales Privatrecht, Hamburg

Dr. Norbert Horn
Professor an der Universität zu Köln, Direktor des Rechtszentrums für europäische und internationale Zusammenarbeit, Köln

Dr. Heinz Hübner
Professor an der Universität zu Köln

Dr. Rainer Jagmann
Vorsitzender Richter am Landgericht Freiburg i. Br.

Dr. Ulrich von Jeinsen
Rechtsanwalt und Notar in Hannover

Dr. Joachim Jickeli
Professor an der Universität zu Kiel

Dr. Dagmar Kaiser
Professorin an der Universität Mainz

Dr. Rainer Kanzleiter
Notar in Neu-Ulm, Professor an der Universität Augsburg

Wolfgang Kappe †
Vorsitzender Richter am Oberlandesgericht Celle a. D.

Dr. Sibylle Kessal-Wulf
Richterin am Bundesgerichtshof, Karlsruhe

Dr. Diethelm Klippel
Professor an der Universität Bayreuth

Dr. Hans-Georg Knothe
Professor an der Universität Greifswald

Dr. Helmut Köhler
Professor an der Universität München, Richter am Oberlandesgericht München

Dr. Jürgen Kohler
Professor an der Universität Greifswald

Dr. Heinrich Kreuzer
Notar in München

Dr. Jan Kropholler
Professor an der Universität Hamburg, Wiss. Referent am Max-Planck-Institut für Ausländisches und Internationales Privatrecht, Hamburg

Dr. Hans-Dieter Kutter
Notar in Schweinfurt

Dr. Gerd-Hinrich Langhein
Notar in Hamburg

Dr. Dr. h. c. Manfred Löwisch
Professor an der Universität Freiburg i. Br., vorm. Richter am Oberlandesgericht Karlsruhe

Dr. Dr. h. c. Werner Lorenz
Professor an der Univeristät München

Dr. Peter Mader
Professor an der Universität Salzburg

Dr. Ulrich Magnus
Professor an der Universität Hamburg, Richter am Hanseatischen Oberlandesgericht zu Hamburg

Dr. Peter Mankowski
Professor an der Universität Hamburg

Dr. Peter Marburger
Professor an der Universität Trier

Dr. Wolfgang Marotzke
Professor an der Universität Tübingen

Dr. Dr. Dr. h. c. Michael Martinek, M.C.J.
Professor an der Universität des Saarlandes, Saarbrücken

Dr. Jörg Mayer
Notar in Pottenstein

Dr. Dr. h. c. mult. Theo Mayer-Maly
Professor an der Universität Salzburg

Dr. Dr. Detlef Merten
Professor an der Deutschen Hochschule für Verwaltungswissenschaften Speyer

Dr. Peter O. Mülbert
Professor an der Universität Mainz

Dr. Dirk Neumann
Vizepräsident des Bundesarbeitsgerichts a. D., Kassel, Präsident des Landesarbeitsgerichts Chemnitz a. D.

Dr. Ulrich Noack
Professor an der Universität Düsseldorf

Dr. Hans-Heinrich Nöll
Rechtsanwalt in Hamburg

Dr. Jürgen Oechsler
Professor an der Universität Mainz

Dr. Hartmut Oetker
Professor an der Universität Jena, Richter am Thüringer Oberlandesgericht Jena

Wolfgang Olshausen
Notar in Rain am Lech

Dr. Dirk Olzen
Professor an der Universität Düsseldorf

Dr. Gerhard Otte
Professor an der Universität Bielefeld

Dr. Hansjörg Otto
Professor an der Universität Göttingen

Dr. Lore Maria Peschel-Gutzeit
Rechtsanwältin in Berlin, Senatorin für Justiz a. D. in Hamburg und Berlin, Vorsitzende Richterin am Hanseatischen Oberlandesgericht zu Hamburg i. R.

Dr. Frank Peters
Professor an der Universität Hamburg, Richter am Hanseatischen Oberlandesgericht zu Hamburg

Dr. Axel Pfeifer
Notar in Hamburg

Dr. Alfred Pikalo †
Notar in Düren

Dr. Jörg Pirrung
Ministerialdirigent im Bundesministerium der Justiz, Berlin, Richter am Gericht erster Instanz der Europäischen Gemeinschaften, Luxemburg, Professor an der Universität Trier

Dr. Ulrich Preis
Professor an der Universität zu Köln

Dr. Manfred Rapp
Notar in Landsberg a. L.

Dr. Thomas Rauscher
Professor an der Universität Leipzig, Dipl. Math.

Dr. Peter Rawert, LL.M.
Notar in Hamburg, Professor an der Universität zu Kiel

Eckhard Rehme
Vorsitzender Richter am Oberlandesgericht Oldenburg

Dr. Wolfgang Reimann
Notar in Passau, Professor an der Universität Regensburg

Dr. Dieter Reuter
Professor an der Universität zu Kiel, Richter am Schleswig-Holsteinischen Oberlandesgericht in Schleswig

Dr. Reinhard Richardi
Professor an der Universität Regensburg

Dr. Volker Rieble
Professor an der Universität München, Direktor des Zentrums für Arbeitsbeziehungen und Arbeitsrecht

Dr. Wolfgang Ring
Notar in Landshut

Dr. Anne Röthel
Professorin an der Bucerius Law School, Hamburg

Dr. Herbert Roth
Professor an der Universität Regensburg

Dr. Rolf Sack
Professor an der Universität Mannheim

Dr. Ludwig Salgo
Professor an der Fachhochschule Frankfurt a. M., Apl. Professor an der Universität Frankfurt a. M.

Dr. Gottfried Schiemann
Professor an der Universität Tübingen

Dr. Eberhard Schilken
Professor an der Universität Bonn

Dr. Peter Schlosser
Professor an der Universität München

Dr. Jürgen Schmidt
Professor an der Universität Münster

Dr. Dres. h. c. Karsten Schmidt
Vizepräsident an der Bucerius Law School, Hamburg

Dr. Günther Schotten
Notar in Köln, Professor an der Universität Bielefeld

Dr. Hans Hermann Seiler
Professor an der Universität Hamburg

Dr. Walter Selb †
Professor an der Universität Wien

Dr. Reinhard Singer
Professor an der Humboldt-Universität Berlin, vorm. Richter am Oberlandesgericht Rostock

Dr. Jürgen Sonnenschein †
Professor an der Universität zu Kiel

Dr. Ulrich Spellenberg
Professor an der Universität Bayreuth

Dr. Sebastian Spiegelberger
Notar in Rosenheim

Dr. Malte Stieper
Akademischer Rat an der Universität zu Kiel

Dr. Hans Stoll
Professor an der Universität Freiburg i. Br.

Dr. Hans-Wolfgang Strätz
Professor an der Universität Konstanz

Dr. Dr. h. c. Fritz Sturm
Professor an der Universität Lausanne

Dr. Gudrun Sturm
Assessorin, Wiss. Mitarbeiterin

Burkhard Thiele
Präsident des Landesarbeitsgerichts Mecklenburg-Vorpommern, Rostock

Dr. Bea Verschraegen, LL.M.
Professorin an der Universität Wien

Dr. Klaus Vieweg
Professor an der Universität Erlangen-Nürnberg

Dr. Reinhard Voppel
Rechtsanwalt in Köln

Dr. Günter Weick
Professor an der Universität Gießen

Gerd Weinreich
Vorsitzender Richter am Landgericht Oldenburg

Dr. Birgit Weitemeyer
Privatdozentin an der Universität zu Kiel

Dr. Joachim Wenzel
Vizepräsident des Bundesgerichtshofs, Karlsruhe

Dr. Olaf Werner
Professor an der Universität Jena, Richter am Thüringer Oberlandesgericht Jena

Dr. Wolfgang Wiegand
Professor an der Universität Bern

Dr. Peter Winkler von Mohrenfels
Professor an der Universität Rostock, Richter am Oberlandesgericht Rostock

Dr. Roland Wittmann
Professor an der Universität Frankfurt (Oder), Richter am Brandenburgischen Oberlandesgericht

Dr. Hans Wolfsteiner
Notar in München

Dr. Eduard Wufka
Notar in Starnberg

Dr. Michael Wurm
Richter am Bundesgerichtshof, Karlsruhe

Redaktorinnen und Redaktoren

Dr. Dr. h. c. Christian von Bar, FBA
Dr. Wolf-Rüdiger Bub
Dr. Heinrich Dörner
Dr. Helmut Engler
Dr. Karl-Heinz Gursky
Norbert Habermann
Dr. Dr. h. c. mult. Dieter Henrich
Dr. Heinrich Honsell
Dr. Norbert Horn
Dr. Heinz Hübner
Dr. Jan Kropholler

Dr. Dr. h. c. Manfred Löwisch
Dr. Ulrich Magnus
Dr. Dr. Dr. h. c. Michael Martinek, M.C.J.
Dr. Gerhard Otte
Dr. Lore Maria Peschel-Gutzeit
Dr. Peter Rawert, LL.M.
Dr. Dieter Reuter
Dr. Herbert Roth
Dr. Hans-Wolfgang Strätz
Dr. Wolfgang Wiegand

J. von Staudingers
Kommentar zum Bürgerlichen Gesetzbuch mit Einführungsgesetz und Nebengesetzen

Buch 1
Allgemeiner Teil
§§ 90–133; §§ 1–54, 63 BeurkG
(Allgemeiner Teil 3 und Beurkundungsverfahren)

Bearbeitung 2004
von
Christian Hertel
Joachim Jickeli
Hans-Georg Knothe
Reinhard Singer
Malte Stieper

Redaktor
Norbert Habermann

Sellier – de Gruyter · Berlin

Die Kommentatorinnen und Kommentatoren

Neubearbeitung 2004
§§ 90–103: JOACHIM JICKELI/MALTE STIEPER

Dreizehnte Bearbeitung 2004
§§ 104–115: HANS-GEORG KNOTHE
§§ 116–124: REINHARD SINGER
§§ 125–127; Vorbem zu §§ 127a,128 (BeurkG);
§§ 127a–129: CHRISTIAN HERTEL
§§ 130–133: REINHARD SINGER

Dreizehnte Bearbeitung 1995
§§ 90–103: Professor Dr. HERMANN DILCHER

12.Auflage
§§ 90–133: Professor Dr. HERMANN DILCHER (1979)
BeurkG: Professor Dr. KARL FIRSCHING (1982)

10./11. Auflage:
§§ 90–133: Professor Dr. HELMUT COING (1957)

Sachregister

Rechtsanwalt Dr. Dr. VOLKER KLUGE, Berlin

Zitierweise

STAUDINGER/JICKELI/STIEPER (2004) Vorbem 1 zu §§ 90–103
STAUDINGER/KNOTHE (2004) § 104 Rn 1

Zitiert wird nur nach Paragraph bzw Artikel und Randnummer.

Hinweise

Das Vorläufige Abkürzungsverzeichnis 1993 für das „Gesamtwerk STAUDINGER" befindet sich in einer Broschüre, die den Abonnenten zusammen mit dem Band §§ 985–1011 (1993) bzw seit 2000 gesondert mitgeliefert wird. Eine aktualisierte Neubearbeitung befindet sich in Vorbereitung und wird den Abonnenten wiederum kostenlos geliefert werden.

Der Stand der Bearbeitung ist jeweils mit Monat und Jahr auf den linken Seiten unten angegeben.

Am Ende eines jeden Bandes befindet sich eine Übersicht über den aktuellen Stand des „Gesamtwerk STAUDINGER".

Die Deutsche Bibliothek verzeichnet diese Publikation in der Deutschen Nationalbibliografie; detaillierte bibliografische Daten sind im Internet über http://dnb.ddb.de abrufbar.

ISBN 3-8059-0918-7

© Copyright 2004 by Dr. Arthur L. Sellier & Co. – Walter de Gruyter GmbH & Co. KG, Berlin. – Printed in Germany.

Dieses Werk einschließlich aller seiner Teile ist urheberrechtlich geschützt. Jede Verwertung außerhalb der engen Grenzen des Urheberrechtsgesetzes ist ohne Zustimmung des Verlages unzulässig und strafbar. Das gilt insbesondere für Vervielfältigungen, Übersetzungen, Mikroverfilmungen und die Einspeicherung und Verarbeitung in elektronischen Systemen.

Satz: Federer & Krauß, Augsburg.

Druck: H. Heenemann GmbH & Co., Berlin.

Bindearbeiten: Lüderitz und Bauer, Buchgewerbe GmbH, Berlin.

Umschlaggestaltung: Bib Wies, München.

♾ Gedruckt auf säurefreiem Papier, das die DIN ISO 9706 über Haltbarkeit erfüllt.

Inhaltsübersicht

	Seite*
Vorwort	IX
Buch 1 · Allgemeiner Teil	
Abschnitt 2 · Sachen und Tiere	1
Abschnitt 3 · Rechtsgeschäfte Titel 1 · Geschäftsfähigkeit	155
Titel 2 · Willenserklärung §§ 116–127	423
Vorbemerkungen zu §§ 127a und 128: Beurkundungsgesetz §§ 1–54, 63 (Beurkundungsverfahren)	785
§§ 127a–133	1085
Sachregister	1261

---

* Zitiert wird nicht nach Seiten, sondern nach Paragraph bzw Artikel und Randnummer; siehe dazu auch S VI.

Vorwort

Die §§ 90–103 waren im STAUDINGER zuletzt in der 13. Bearbeitung 1995 von dem – inzwischen verstorbenen – Professor Dr. HERMANN DILCHER zusammen mit dem Recht der Juristischen Personen kommentiert worden. Die Erläuterung der §§ 104–133 erfolgte letztmals in der 12. Auflage 1980 ebenfalls durch Professor Dr. DILCHER, allerdings ohne das BeurkG, das zuletzt im STAUDINGER in der 12. Auflage 1982 im Anhang nach § 2246 von Professor Dr. KARL FIRSCHING kommentiert worden ist. Der Verlag entschloß sich in Absprache mit den Redaktoren, die Kommentierung des BeurkG wegen des Sachzusammenhanges im Rahmen der Formvorschriften (§§ 125–129) zu veröffentlichen. In den Vorbemerkungen zu §§ 127a, 128 ist nun monographisch das gesamte notarielle Beurkundungsverfahren dargestellt, wobei die Betonung auf den Formwirkungen und den für die Wirksamkeit der Beurkundung erforderlichen Voraussetzungen liegt – ein für jeden mit Beurkundungsfragen befaßten Praktiker höchst lesenswertes Kompendium.

Durch den Wechsel mehrerer Kommentatoren in diesem Bereich und bei den §§ 104 ff und 130 ff mußte der Erscheinungstermin immer wieder verschoben werden. Bei den Kommentatoren des Vereinsrechts kam es durch übermäßigen beruflichen Arbeitsanfall und im Hinblick auf die fast zeitgleich laufende Bearbeitung der §§ 1–14, VerschG ebenfalls zu Verzögerungen. Hinzu kamen die Änderungen durch das Stiftungsreformgesetz vom 15. 7. 2002, die noch erheblichen Arbeitsaufwand von dem Bearbeiter des Stiftungsrechts erfordern, so daß dieser Band voraussichtlich erst 2005 erscheinen wird. Daher entschloß sich der Verlag, die §§ 90–103 aus dem bisherigen Band mit den Juristischen Personen der §§ 21–89 (nunmehr Allgemeiner Teil 2) auszugliedern und in den Band mit den §§ 104–133 (nunmehr Allgemeiner Teil 3) zu übernehmen.

Offenbach am Main, im Oktober 2004   NORBERT HABERMANN

Abschnitt 2
Sachen und Tiere

Vorbemerkungen zu §§ 90–103

Schrifttum

BECKER, Die einheitliche Sache als wirtschaftlicher Wert und als Rechtsbegriff, ZAkDR 1936, 84
BEKKER, Grundbegriffe des Rechts und Mißgriffe der Gesetzgebung (1910)
BINDER, Der Gegenstand, ZHR 59 (1907) 1
ders, Vermögensrecht und Gegenstand, ArchBürgR 34 (1910) 209
BÖRNER, Das Wohnungseigentum und der Sachbegriff des Bürgerlichen Rechts, in: FS Dölle I (1963) 201
BYDLINSKI, Der Sachbegriff im elektronischen Zeitalter: zeitlos oder anpassungsbedürftig?, AcP 198 (1998) 287
HEDEMANN, Die Lehre von den Rechtsgegenständen, ArchBürgR 31 (1908) 322
HILL, Der Sachbegriff des deutschen und österreichischen Zivilrechts (Diss Gießen 1940)
HUSSERL, Der Rechtsgegenstand, Rechtslogische Studien zu einer Theorie des Eigentums (1933)
LÖHR, Der Sachbegriff des § 90 BGB und seine Erweiterung (Diss Marburg 1940)
MÜLLEREISERT, Der Einfluß von Fortschritten der Technik auf den Sachbegriff des Bürgerlichen Rechts und des Strafrechts, DGWR 1939, 171
SOHM, Der Gegenstand (1905)
ders, Vermögensrecht, Gegenstand, Verfügung, ArchBürgR 28 (1906) 173
ders, Noch einmal der Gegenstand, JherJb 53 (1908) 373
SOKOLOWSKI, Die Philosophie im Privatrecht I, Sachbegriff und Körper in der klassischen Jurisprudenz und der modernen Gesetzgebung (1907; Neudruck 1959)
WIEACKER, Sachbegriff, Sacheinheit und Sachzuordnung, AcP 148 (1943) 57.
Weiteres Schrifttum s zur Sachgesamtheit Rn 17; zum Vermögen Rn 24; zu den Sondervermögen Rn 26; zum Unternehmen Rn 31; zu den verkehrsunfähigen Sachen Rn 40; zu den öffentlichen Sachen Rn 51; zu den res sacrae Rn 55.

Systematische Übersicht

I.	Überblick über die §§ 90–103	1
II.	**Sache und Gegenstand**	
1.	Römisches und gemeines Recht	2
2.	Der Gegenstand	3
a)	Die formale Bestimmung	3
b)	Die materiale Bestimmung	4
c)	Die Auffassung SOHMS	5
d)	Die eigene Ansicht	6
e)	Andere europäische Rechte	7
3.	Die Sache	8
a)	Körperliche Gegenstände	8
b)	Objekte des Tauschverkehrs	10
4.	Die Ware	11
5.	Prozessuale Begriffe	12
III.	**Einzelsache, Sacheinheit und Sachgesamtheit**	
1.	Einzelsachen	13
2.	Sacheinheiten	16
3.	Sachgesamtheiten (Sachinbegriffe)	17
a)	Der Begriffsinhalt	17
b)	Die vertragliche Erfassung	18
c)	Surrogationsvorschriften	20
d)	Prozessuale Regeln	21

Vorbem zu §§ 90–103

IV.	Rechtsgesamtheiten (Rechtsinbegriffe)	22
1.	Das Vermögen	24
2.	Die Sondervermögen	26
3.	Unternehmen und Betrieb	31
a)	Der Begriff des Unternehmens	31
b)	Die Rechtslage des Unternehmens	32
c)	Der Betrieb	34
d)	Ausländische Regelungen	35
V.	Bewegliche und unbewegliche Sachen	36
VI.	Die verkehrsunfähigen Sachen	
1.	Der menschliche Körper	40
2.	Die nicht beherrschbaren körperlichen Gegenstände	41
a)	Die freie Luft	42
b)	Das freie Wasser	43
c)	Der Meeresstrand	45
d)	Der Meeresboden	48
e)	Der Weltraum	50
3.	Die öffentlichen Sachen	51
a)	Der Begriffsinhalt	51
b)	Die Widmung	53
c)	Die Rechtslage	54
4.	Die res sacrae	55
a)	Der Begriffsinhalt	55
b)	Die Widmung	56
c)	Die Rechtslage	58
5.	Friedhöfe und Grabstätten	61
a)	Die Widmung des Friedhofs	61
b)	Die Grabnutzung	62
c)	Der Grabinhalt	63
d)	Der Grabschmuck	64
VII.	Eigentums- und Verfügungsbeschränkungen	
1.	Denkmalschutz und andere Eigentumsbeschränkungen	66
a)	Die allgemeine Bedeutung des Denkmalschutzes	66
b)	Kultur-, Boden- und Naturdenkmäler	67
c)	Andere Eigentumsbeschränkungen	68
2.	Gesetzliche Verbote und Veräußerungsverbote	69

Alphabetische Übersicht

Ausländisches Recht	7, 35
Beherrschbarkeit	2, 4, 8, 41
Betrieb	34
Denkmalschutz	66 f
Eigentumsbeschränkungen	66 ff
Emissionen	42
Energie	9, 42
Entwidmung	53, 57, 61
Finanzvermögen	52
Friedhof	61 ff
Gegenstand	2 ff
Gemeingebrauch	44, 46, 53
Gesamtrechtsnachfolge	25
Gesetzliche Verbote	69
Grabstätten	62
Grundstücke	15, 37
Inbegriff	17 ff
Körper des Menschen	9, 40, 63
Komplementärsachen	17
Luft	41 f
Luftfahrzeuge	39, 42
Meeresboden	41, 48 f
Mengensachen	16
Mond	50
Öffentliche Sachen	51 ff
Rechte	9, 24
Rechtsgesamtheit	22 ff
Rechtsgut	4, 6
res religiosae	61
res sacrae	55 ff
Sachbegriff	2, 8 ff, 36 ff
Sacheinheit	13 ff

Sachgesamtheit	17 ff	Veräußerungsverbote	45
Schiffe	38	Verkehrsunfähigkeit	27 ff
Sondervermögen	26 ff	Vermögen	21
Strand	45 ff	Vermögenswerte	10
Streitgegenstand	12	Verwaltungsvermögen	53
Surrogation	20, 30		
		Waren	11, 19
Tiere	9	Wasser	41, 43 f
		Weltraum	50
Umweltschutz	42, 44	Widmung	53, 56, 61
Unternehmen	10, 31 ff		

I. Überblick über die §§ 90–103

Als mögliche **Objekte** des Rechtsverkehrs und der subjektiven Rechte bilden die **1** Sachen einen geschlossenen Kreis. Für sie trifft der zweite Abschnitt gemeinsame Bestimmungen von allgemeiner Geltung. Der E I hatte diese Vorschriften an die Spitze des Sachenrechts gestellt (§§ 778–796). Sie befinden sich jetzt im Allgemeinen Teil, weil das Sachenrecht auf dem Gegensatz zwischen dinglichen und obligatorischen Rechten beruht, während die jetzigen §§ 90 ff von diesem Gegensatz absehen. Sie sind nicht nur für das Sachenrecht bedeutsam, sondern ebenso im Recht der Schuldverhältnisse sowie im Familien- und Erbrecht. – **Tiere** sind durch § 90a aus dem Kreis der Sachen herausgelöst; sie bilden jetzt eine eigene Kategorie der körperlichen Gegenstände (vgl § 90a Rn 2).

II. Sache und Gegenstand

1. Römisches und gemeines Recht

Für das **römische Recht** hat GAIUS (Inst II 12–14) unter dem Einfluß der antiken **2** griechischen Philosophie die Unterscheidung von res corporales und res incorporales entwickelt (HOLTHÖFER, Sachteil und Sachzubehör im römischen und gemeinen Recht [1972] 8 f). Als res corporales charakterisierten die römischen Juristen diejenigen Dinge, quae tangi possunt, und stellten ihnen als unkörperliche Gegenstände vor allem Rechte wie Erbschaft und Nießbrauch gegenüber (HKK/RÜFNER §§ 90–103 Rn 3 f). Diese Unterscheidung beruhte auf der Vorstellung, daß man bei körperlichen Dingen die Sache selbst habe, im Falle unkörperlicher Dinge hingegen nur ein ideales Etwas, ein Recht. – Die **gemeinrechtliche Theorie** folgte dieser Auffassung, die zB noch den Ausgangspunkt für SAVIGNYS These bildet, daß Rechte, welche die Beherrschung eines Stückes der Natur zum Gegenstand haben, von solchen Rechten zu unterscheiden seien, die eine Person zu einer bestimmten Handlung oder einem Unterlassen verpflichten.

Diese Unterscheidung erweist sich bei genauer Untersuchung als **nicht haltbar** (vgl BINDER ZHR 59, 15). Denn Rechtsbeziehungen können nur unter Personen bestehen, nicht aber zwischen Personen und Sachen. Auch dort, wo ein Recht dem Rechtsträger die Herrschaft über eine Sache einräumt, ist dieses Recht gegen andere Personen gerichtet und verpflichtet sie, die Befugnisse des Rechtsträgers zu achten. Es ist diese Verpflichtung, die das Wesen des betreffenden Rechts ausmacht. Sachen sind dabei immer nur mögliche Objekte, auf die sich Rechte beziehen können. Sachen und Rechte bilden daher nicht logisch gleichgeordnete Kategorien, die als solche zu einer Gegenüberstellung taugen.

2. Der Gegenstand

3   Da § 90 die Sachen als eine Unterart der Gegenstände beschreibt, eine **Definition des Gegenstandes** im Gesetz aber fehlt, mußte sie durch die Wissenschaft herausgearbeitet werden. Die moderne Rechtstheorie geht dabei von zwei verschiedenen Ausgangspunkten aus:

a) Das Rechtsverhältnis kann als eine rechtlich geordnete Beziehung zwischen Personen definiert werden, das subjektive Recht als ein von der Rechtsordnung anerkanntes und geschütztes Eigeninteresse der Person (vgl ENNECCERUS/NIPPERDEY §§ 71 und 72; LARENZ/WOLF § 13 Rn 24). Die rechtliche Ordnung des Rechtsverhältnisses wie der mit dem subjektiven Recht gewährte Schutz bestehen aus Geboten, Verboten oder Erlaubnissen. Jedes Gebot oder Verbot und jede Erlaubnis bedarf eines bestimmten inhaltlichen Bezugspunktes. Man kann daher den Rechtsgegenstand als diesen **Beziehungspunkt** auffassen und im Anschluß an ZITELMANN (Internationales Privatrecht I [1897] 51) definieren als den einheitlichen inhaltlichen Beziehungspunkt aller der Handlungen, die kraft subjektiven Rechts erlaubt, verboten oder geboten sind.

Mit einer solchen Definition wird der Rechtsgegenstand rein **formal** bestimmt, weil der Beziehungspunkt objektiver Rechtssätze inhaltlich durch die unterschiedlichsten Größen gebildet werden kann. Es kommen Grundstücke wie bewegliche Sachen, Naturkräfte wie Geisteswerke und Arbeitserfolge in Betracht, ferner auch die religiöse, künstlerische oder politische Betätigung einer Person.

4   **b)** Ein anderer Ansatz knüpft für die Bestimmung des Gegenstandsbegriffes an den Güterbegriff an. Als **Gut** kann man allgemein alles bezeichnen, was dem Menschen in seiner materiellen und geistigen Entwicklung zu dienen geeignet ist und deshalb geschätzt wird. Dies trifft sowohl für Dinge der unpersönlichen Natur wie für die Produkte der menschlichen Arbeit oder die menschliche Arbeitsleistung selbst zu, ebenso für soziale Machtstellungen, Freiheiten und Beziehungen. Zu einem **Rechtsgut** werden diese Güter, wenn sie durch die Rechtsordnung geschützt sind; zum privaten Rechtsgut werden sie, wenn dieser Schutz im Interesse der Einzelperson erfolgt und seine Geltendmachung der Entschließung des Berechtigten überlassen bleibt.

Man kann als Rechtsgegenstand nun diejenigen Rechtsgüter verstehen, die beherrschbar, ökonomisch wertvoll und wirtschaftlich nutzbar sind. Nach dieser **materialen** Begriffsbestimmung sind Gegenstände alle individualisierbaren **vermögenswerten Objekte** der natürlichen Welt (so zB BINDER ZHR 59, 16; WIEACKER AcP 148, 65; SOERGEL/MARLY Rn 2).

5   **c)** Eine noch engere Auffassung vertrat SOHM (Der Gegenstand 1 ff). Danach besteht das charakteristische Merkmal des Gegenstandes nicht in seinem Geldwert, sondern darin, daß über ihn verfügt werden kann. Rechtsgegenstand ist demnach

nur, was **Objekt eines verfügbaren Rechts** sein kann. Der Gegenstand muß dem Kreis der veräußerlichen Rechte angehören, sei es, daß das Recht selbst veräußerlich ist, sei es, daß der Gegenstand kraft Verfügungsgeschäftes von einem veräußerlichen Recht abstammt. – SOHMS Lehre hat Anlaß zu einer umfangreichen wissenschaftlichen Diskussion gegeben, in der sie vielfach auf Ablehnung gestoßen ist (vgl HEDEMANN ArchBürgR 31, 322 ff; BINDER ArchBürgR 34, 209 ff; dazu HKK/RÜFNER §§ 90–103 Rn 10). – LARENZ/WOLF (§ 20 Rn 1) bezeichnet die Verfügungsobjekte als Rechtsgegenstände zweiter Ordnung und unterscheidet sie damit von den Rechtsgegenständen erster Ordnung, an welchen gegenüber Dritten ein wirksames Herrschaftsrecht bestehen kann.

d) Sowohl die formale als auch die materiale Definition des Rechtsgegenstandes **6** stellen verwertbare Ansätze zur Verfügung. Sie schließen sich nicht gegenseitig aus. Während bei ersterer Betrachtungsweise die logische Stellung des Gegenstandes festgelegt wird, erläutert die Güterlehre, um was es sich dabei inhaltlich handelt. – Allerdings darf der Begriff des Gegenstandes nicht bereits definitorisch auf die geldwerten Güter beschränkt werden, weil damit die notwendige Parallelität der formalen und der inhaltlichen Betrachtungsweise gestört würde. Richtig ist es vielmehr, den materialen Begriff des Rechtsgegenstandes mit dem des **rechtlich geschützten Gutes** gleichzusetzen und, soweit es sich um geldwerte und verfügbare Güter handelt, den Begriff des **Vermögensgegenstandes** zu verwenden. Weder Verfügbarkeit noch Geldwert können als notwendige Merkmale für den Rechtsgegenstand bezeichnet werden, ebensowenig wie sie zum Begriff des subjektiven Rechts gehören.

e) Die wichtigsten **europäischen Rechtsordnungen** unterscheiden sich hinsichtlich **7** der Gegenstandsdefinition im Ergebnis nicht von der deutschen Auffassung, wenngleich das französische und das österreichische Recht einen erweiterten Sachbegriff zum Ansatz wählen. So geht das **französische Recht** nicht wie das BGB vom Begriff der Sache, sondern vom umfassenderen Begriff des Vermögensgutes, bien, aus, der auch unkörperliche Güter umfaßt und damit etwa dem vorstehend beschriebenen deutschen Gegenstandsbegriff entspricht. Wichtiger als die Unterscheidung von körperlichen und unkörperlichen Gegenständen ist im französischen Sachenrecht die Unterteilung in bewegliche (meubles) und unbewegliche (immeubles) Güter (vgl BEYSEN, in: VBAR [Hrsg], Sachenrecht in Europa IV [2001] 177, 189). So gelten dingliche Rechte an beweglichen Sachen kraft gesetzlicher Bestimmung als beweglich (BEYSEN, in: V BAR 194). – Auch § 285 des **österreichischen ABGB** gibt mit den Worten „Alles, was von der Person unterschieden ist und zum Gebrauch der Menschen dient, wird im rechtlichen Sinne eine Sache genannt" dem Sachbegriff des ABGB einen weit über § 90 BGB hinausreichenden Inhalt, so daß der österreichische Sachbegriff etwa dem Gegenstandsbegriff des deutschen Rechts entspricht. Dabei werden gem § 292 ABGB ähnlich wie in § 90 BGB körperliche Sachen von den unkörperlichen unterschieden. – Der **italienische Codice civile** verwendet in den Art 810 ff den Oberbegriff cosa im Sinne einer materiellen Entität und hebt die Sachen (beni) als diejenigen Dinge (cose) hervor, die Gegenstand eines Rechts sein können. Oft werden beni und cose jedoch synonym verwendet (vgl PLANCHER/PFEIFER, in: V BAR [Hrsg], Sachenrecht in Europa IV [2001] 315, 328). – Für das **schweizerische Recht** ist ebenfalls kein spezifischer Gegenstandsbegriff herausgearbeitet; Art 641 ff ZGB verwenden den Begriff der Sache als Gegenstand des Eigentums. – Auch das **englische Recht** geht von der Zusammenfassung von Gegenständen unter dem Begriff des Eigentums (property) aus und unterscheidet dabei ohne Oberbegriff zwischen Grundstücken (real property) und beweglichen Sachen (personal property) (MIDDLETON, in: vBAR [Hrsg], Sachenrecht in Europa I [2000] 93, 101).

3. Die Sache

8 Aus dem Kreise der Gegenstände hebt § 90 die Sachen dadurch hervor, daß sie als **körperliche Gegenstände** definiert werden. Das Gesetz folgt dabei der natürlichen Anschauung (vgl Mot III 33). Nicht maßgebend für den Sachbegriff des bürgerlichen Rechts ist demgegenüber der naturwissenschaftliche Substanzbegriff, wie überhaupt eine naturwissenschaftliche Theorie oder ein philosophisch fundierter Sachbegriff für das BGB nicht herangezogen werden können. Bestimmend ist vielmehr die bei Laien vorherrschende Verkehrsanschauung. Dies erklärt sich letzlich daraus, daß an Sachen absolute Rechte bestehen können, die jedermann zu wahren hat.

a) Danach sind Sachen körperliche, also **sinnlich wahrnehmbare** und im Raum **abgegrenzte Gegenstände**, die der natürlichen Anschauung als Einheit erscheinen. Mangels fester Begrenzung ist zB frei herumliegender Schnee keine Sache; dies gilt auch, wenn er durch das Anlegen einer Skilanglaufloipe in eine bestimmte Form gebracht worden ist (BayObLG NJW 1980, 132, 133; MünchKomm/HOLCH § 90 Rn 8; offen gelassen von BGH NJW-RR 1989, 673; aM BAMBERGER/ROTH/FRITZSCHE Rn 7). – Neben der Abgegrenztheit der Sache muß auch ihre **Beherrschbarkeit** durch den Menschen gegeben sein, so daß der Sachbegriff des BGB in den Dimensionen des Makrokosmos und des Mikrokosmos seine Grenze erreicht (LARENZ/WOLF § 20 Rn 15). Schneeflocken, die bei Berührung zergehen, oder Staubkörner sind daher keine Sachen. Auf den Aggregatzustand kommt es hingegen nicht an; es kommen auch flüssige oder gasförmige Körper als Sachen in Betracht, wenn sie durch die Aufbewahrung in entsprechenden Behältern beherrschbar gemacht werden.

9 Keine Sachen im Rechtssinne sind der **menschliche Körper** (vgl § 90 Rn 18 ff) und **lebende Tiere** (vgl § 90a). Ebensowenig sind **Energien**, wie Elektrizität und Strahlungsenergie, Sachen (vgl § 90 Rn 10 f). Dasselbe gilt für Wärme- und **Schallwellen** sowie für Naturerscheinungen wie das nicht gefaßte und nicht in einem Grundwassersee abgeschlossene **Grundwasser** (vgl u Rn 43). – Auch **Rechte** sind keine Sachen; ebensowenig **Geisteswerke**, obgleich diese Gegenstände rechtlicher Herrschaft sein können (vgl § 90 Rn 2).

10 b) Abweichend vom allgemeinen Sachbegriff wurde mit Rücksicht auf die Verkehrsbedürfnisse vor allem im kaufrechtlichen Zusammenhang (§ 459 aF) der Sachbegriff auf jedes **Objekt des Tauschverkehrs** ausgedehnt, sofern dieses von der Verkehrsanschauung als Gegenstand des wirtschaftlichen Verkehrs anerkannt war. Demnach umfaßte der erweiterte Sachbegriff des Tauschverkehrs auch rein tatsächliche Werte wie Kundschaft oder Geschäftsgeheimnisse, ferner Gesamtheiten wie das Unternehmen (vgl u Rn 32) oder die Praxis des Freiberuflers (vgl BGHZ 16, 71, 74; 43, 46, 49). Dieser Erweiterung bedarf es für das Kaufrecht nicht mehr, da nach § 453 nF Kaufgegenstand neben Sachen und Rechten auch „sonstige Gegenstände" sein können. Ein erweiterter Sachbegriff gilt aber im Rahmen des § 119 Abs 2 (vgl STAUDINGER/SINGER § 119 Rn 92).

4. Die Ware

Teilweise enger als der allgemeine Sachbegriff ist der in den §§ 309 Nr 1 und 9, **11**
312b ff, 355 ff und 764 gebrauchte Begriff der **Ware**. Waren sind umsatzfähige bewegliche Sachen (RGZ 130, 85, 88; enger WIEACKER AcP 148, 72). Insbesondere im Zusammenhang handels- und wirtschaftsrechtlicher Vorschriften wird der Begriff der Ware jedoch mit weitergehendem Inhalt verwendet. Er umfaßt auch unkörperliche Gegenstände wie Elektrizität oder Fernwärme (RGZ 67, 229, 232; BGH NJW 1961, 453, 455; 1982, 930, 931; SOERGEL/MARLY Rn 31; aM PLÖCHL, Die elektromagnetische Energie im Handelsrecht, in: FS Demelius [Wien 1973] 425). – Vom Begriff der Ware verschieden ist der Begriff des „Gutes" iS des Speditions- und Frachtrechts. Er erfordert nicht Umsatzfähigkeit, wohl aber Transportfähigkeit (vgl K SCHMIDT, Handelsrecht [5. Aufl 1999] § 32 II 2 b).

5. Prozessuale Begriffe

Das Zivilprozeßrecht kennt den besonderen Begriff des **Streitgegenstandes**. Er ist **12** unabhängig vom Gegenstandsbegriff des bürgerlichen Rechts und bezeichnet das auf rechtskräftige Feststellung einer Rechtsfolge gerichtete Begehren (vgl ROSENBERG/SCHWAB/GOTTWALD, Zivilprozeßrecht [16. Aufl 2004] § 92 III und IV). Darüber hinaus wird ganz überwiegend auch der zur Begründung des Begehrens vorgetragene Lebensvorgang in den Streitgegenstandsbegriff einbezogen (vgl MUSIELAK, ZPO [3. Aufl 2002] Einl Rn 73 ff). – Auch der in § 265 ZPO verwendete Sachbegriff weicht vom bürgerlichen Recht ab; er schließt Rechte ein (MUSIELAK/FOERSTE § 265 ZPO Rn 3). – Andererseits ist der in § 808 Abs 1 ZPO gebrauchte Ausdruck „körperliche Sache" auf Mobilien beschränkt (vgl auch Mot III 31).

III. Einzelsache, Sacheinheit und Sachgesamtheit

1. Einzelsachen

In der Frage, wann eine Einzelsache vorliegt, folgt das BGB grundsätzlich der **13 Verkehrsanschauung**. Die maßgebenden Kriterien sind Körperlichkeit und zur Beherrschbarkeit führende Abgegrenztheit (vgl o Rn 8). Der innere Zusammenhang einer Einzelsache beruht entweder auf physischer Kohärenz (zB bei einem Stein im Naturzustand, einer Glasscheibe oder einem Geldstück) oder auf fester Verbindung von Einzelteilen (vgl RGZ 87, 43, 45). Letzteres kommt in Betracht, wenn Sachen mit anderen Sachen so zu einer Einheit zusammengefügt werden, daß die Ausgangsprodukte ihre körperliche Abgegrenztheit verlieren, wie etwa die Farbe, mit der angestrichen wird. Die angestrichene Sache ist nach der Verkehrsanschauung dann als eine Einzelsache anzusehen (vgl § 93 Rn 11). Solche aus einem Stück bestehenden Sachen werden als **einfache Sachen** bezeichnet.

Bei **beweglichen Sachen** können die Ausgangsstücke jedoch auch noch in der neuen **14** Sache als körperlich abgegrenzte Teile vorhanden sein, wie zB der Motor beim Auto. Dann handelt es sich bei der neuen Sache um eine **zusammengesetzte Sache**. Die Frage, ob deren körperlich abgegrenzten Teile Gegenstand besonderer Rechte sein können, löst das BGB mit den Bestandteilsvorschriften der §§ 93 ff, die für einfache Sachen grundsätzlich keine Anwendung finden (vgl aber § 93 Rn 8). – Entsteht aus dem Zusammenfügen beweglicher Sachen keine für die Verkehrsanschauung einheitliche neue Sache, etwa wenn über einen geparkten PKW eine Wetterschutzplane gezogen wird, so bleibt die rechtliche Selbständigkeit der ursprünglichen Sachen unberührt.

15 Bei **Grundstücken** wird die Einheitlichkeit der Sache nicht nach der Verkehrsanschauung, sondern rechtlich bemessen, weil ein Grundstück als Sache durch katastermäßige Vermessung und Eintragung entsteht. So können mehrere vorher katastermäßig selbständige Grundstücke dadurch zu einem Grundstück vereinigt werden, daß der Eigentümer sie gem § 890 Abs 1 als ein Grundstück in das Grundbuch eintragen läßt. Daneben erlaubt es § 890 Abs 2, ein Grundstück durch Zuschreibung im Grundbuch zum Bestandteil (vgl § 93 Rn 40) eines anderen Grundstücks zu machen (vgl § 1131).

2. Sacheinheiten

16 Bestimmte Sachen kommen für den wirtschaftlichen Verkehr nur in größeren Quantitäten in Betracht, wie zB Kohlen oder Getreidekörner. Hier kommt der durchaus vorhandenen Einzelsache kein rechtserheblicher wirtschaftlicher Wert zu, und dementsprechend betrachtet auch die vom Verwendungszweck ausgehende Verkehrsanschauung nur größere abgeteilte Mengen als **Sacheinheiten** (LARENZ/WOLF § 20 Rn 41; HK-BGB/DÖRNER § 90 Rn 7 spricht von „Einzelsachen im Rechtssinne" im Gegensatz zu „Einzelsachen im natürlichen Sinne"). Dies gilt zB für ein Pfund Kaffeebohnen oder eine Ladung Kies, obwohl es sich dabei in Wirklichkeit um eine Vielzahl von Einzelsachen handelt, die je für sich ausnahmsweise auch gesondertes Rechtsobjekt sein können. Man spricht in diesem Zusammenhang von **Mengensachen** (vgl § 91 Rn 2).

3. Sachgesamtheiten (Sachinbegriffe)*

17 a) Auch wenn einzelnen Sachen ein rechtserheblicher wirtschaftlicher Wert zukommt und sie daher vom Verkehr nicht als Sacheinheit angesehen werden (vgl o Rn 16), so kann dennoch eine Mehrheit von ihnen eine über die Summe der Einzelwerte hinausreichende Wertschätzung genießen. Diese bietet dann Anlaß, die Mehrheit der Einzelsachen unter bestimmten Gesichtspunkten als Einheit zusammenzufassen und mit einer Sammelbezeichnung zu versehen (vgl RGZ 87, 43, 45 f; BGB-RGRK/KREGEL § 90 Rn 15). Hauptbeispiele für eine solche, im gemeinen Recht als universitas facti bezeichnete **Sachgesamtheit** waren früher die Herde und die Bibliothek. Heute sind als Sachgesamtheiten vor allem Warenlager, Inventar und Sammlungen bedeutsam. Auch Software und das zur Nutzung erforderliche Bedienungshandbuch werden als Sachgesamtheit verkauft (BGH NJW 1993, 461, 462). –

---

* **Schrifttum**: COSTEDE, Der Eigentumswechsel beim Einbau von Sachgesamtheiten, NJW 1977, 2340 ff; GIRTANNER, Die Rechtsstellung der Sache und der Eigentumsbegriff mit besonderer Rücksicht auf Sachgesamtheiten (universitates rerum), Accession und Miteigentum, JherJb 3 (1859) 58 ff; KÜMPEL, Der Bestimmtheitsgrundsatz bei Verfügungen über Sammeldepotguthaben, WM 1980, 422 ff; OERTMANN, Zum Rechtsproblem der Sachgesamtheit, AcP 136 (1932), 88 ff; ROSTOSKY, Der Sachinbegriff im ein- und mehrfachen Zubehörverhältnis, JherJb 74 (1924) 75 ff; TILL, Zur Lehre von der Gesamtsache, GrünhutsZ 12 (1885) 736 ff.

Außerdem werden zu den Sachgesamtheiten die sog **Komplementärsachen** gerechnet, bei denen die Einzelstücke aufeinander abgestimmt sind, zB die einzelnen Schuhe bei einem Paar, die Teile einer Sitzgarnitur (OLG Celle NJW-RR 1994, 1305 f) oder die Einzelbände bei einem mehrbändigen Nachschlagewerk.

b) Für Sachgesamtheiten enthält das BGB keine einheitlichen Regeln. Vielmehr **18** gelten einmal die Vorschriften über das **Zubehör**, sofern eine Sachgesamtheit sich gem § 98 als Inventar darstellt. Dementsprechend beziehen sich Verträge über die Verpflichtung zur Veräußerung der Hauptsache nach § 311c auch auf das Inventar. Auch andere **schuldrechtliche Verträge** über Sachgesamtheiten sind möglich, vor allem Kauf- und Pachtverträge (SOERGEL/MARLY Rn 7). Soweit es bei solchen Verträgen auf die Verbrauchbarkeit der Sache ankommt, enthält § 92 Abs 2 für den Inbegriff eine Sondervorschrift (vgl § 92 Rn 3). – Im Falle der Verpflichtung zur Herausgabe eines Inbegriffs muß der Schuldner nach Maßgabe des § 260 **Auskunft** erteilen. – Der BGH will bei Eingriffen in eine Sachgesamtheit (durch Wegnahme von Stücken aus einem Archiv) neben dem Schutz des Eigentums an den betroffenen Einzelsachen in Anlehnung an die strafrechtliche Regelung der Sachbeschädigung auch einen auf § 823 Abs 1 gestützten **Verletzungsschutz** für die „organisatorische Sacheinheit" anerkennen (BGHZ 76, 216, 220 f; vgl zur Sachbeschädigung bei zusammengesetzten Sachen SCHÖNKE/SCHRÖDER/STREE, Strafgesetzbuch [26. Aufl 2001] § 303 StGB Rn 8b).

Verfügungen über Sachgesamtheiten werden durch den Spezialitätsgrundsatz des **19** Sachenrechts ausgeschlossen; demnach muß über jede einzelne Sache der Gesamtheit gesondert verfügt werden. So ist zB zur Übertragung des Eigentums an einer Bibliothek die Übereignung der einzelnen Bücher erforderlich. Auch der gutgläubige Erwerb bestimmt sich jeweils für die Einzelsache. Selbst die Nießbrauchsbestellung bildet hiervon trotz des Wortlauts von § 1035 keine Ausnahme (SOERGEL/MARLY Rn 8). Allerdings ist es möglich, die Einigung über die Rechtsänderung an der einzelnen Sache unter der **Sammelbezeichnung** für die Sachgesamtheit vorzunehmen (STAUDINGER/WIEGAND [1995] Anh zu §§ 929–931 Rn 97). Auch der Besitz an den Einzelsachen kann durch einen einheitlichen Akt übertragen werden. – Soll über eine Sachgesamtheit verfügt werden, deren Bestand wechselt, soll also insbes ein Warenlager verpfändet oder zur Sicherheit übereignet werden, so muß jede dem Inbegriff zugehörende Einzelsache anhand der Parteiabreden zur Zeit der dinglichen Einigung ohne weiteres bestimmbar sein (BGH NJW 1984, 803, 804; 1992, 1161; 1996, 2654, 2655; BAUR/STÜRNER § 57 Rn 13; ausführlich STAUDINGER/WIEGAND [1995] Anh zu §§ 929–931 Rn 93 ff).

Eine Ausnahme vom Spezialitätsgrundsatz bei Verfügungen über Sachen in einer Sachgesamtheit macht das **PachtkreditG**, das die globale Verpfändung des dem Pächter eines landwirtschaftlichen Grundstücks gehörenden Inventars an ein Pachtkreditinstitut vorsieht; eine spezielle Benennung ist nur für eventuell nicht mit dem Pfandrecht zu belastende Inventarstücke erforderlich.

c) Für das Inventar als Sachgesamtheit gelten **Surrogationsvorschriften**, welche **20** den wirtschaftlichen Wert der Sachgesamtheit auch bei wechselndem Bestand erhalten sollen. So begründet die **Einverleibung** einer Sache in das Inventar kraft Gesetzes (§§ 582a Abs 2 S 2, 1048 Abs 1 S 2, 2111 Abs 2) Eigentum desjenigen, dem die übrigen Inventarstücke gehören. Eine entsprechende Regelung für das Pfandrecht enthält § 3 Abs 2 S 1 PachtkreditG. Ein auf Eigentumsübertragung bzw Pfandrechtsbestellung gerichteter Wille ist wegen des originären Rechtserwerbs nicht erforderlich. Da der Eigentümer bzw Pfandgläubiger zudem von der nachträglichen Einverleibung einzelner Gegenstände im Zeitpunkt des Rechtserwerbs regelmäßig keine Kenntnis hat, scheidet ein gutgläubiger Erwerb aus (vgl BGHZ 35, 53, 61 f). – Allerdings ist eine auch das Entgelt und den Ersatz für ausscheidende Stücke umfassende Surrogation beim Inventar nicht vorgesehen. Ebensowenig gibt es ein allgemeines Prinzip der dinglichen Surrogation, etwa in der Art, wie es § 2041 für den Nachlaß als Rechtsgesamtheit bestimmt, für die übrigen Sachgesamtheiten (BAUR/STÜRNER § 57 Rn 14 mwNw). Dies gilt insbesondere für das Warenlager. Die Surrogationsvorschrift des § 1370 bezieht sich nicht auf die Haushaltsgegenstände als Teile einer Sachgesamtheit, sondern auf jede einzelne Sache im Haushalt.

21 **d)** **Prozessual** hatte bereits das gemeine Recht eine Vindikationsklage hinsichtlich der Herde als Sachgesamtheit zugelassen (vgl ENNECCERUS/NIPPERDEY § 121 III 2). Heute ist die Klage auf Herausgabe einer Sachgesamtheit unter der Sammelbezeichnung möglich, sofern die einzelnen von der Streitbefangenheit zu erfassenden Sachen so deutlich bezeichnet sind, daß eine Identifizierung im Falle einer Zwangsvollstreckung zweifelsfrei möglich ist; andernfalls ist dem Erfordernis des bestimmten Klageantrags nicht genügt (ZÖLLER/GREGER, ZPO [24. Aufl 2004] § 253 Rn 13c; SOERGEL/ MARLY Rn 8; vgl RGZ 130, 264, 267). – Bei Wahrung des Bestimmtheitserfordernisses ist auch die Zwangsvollstreckung eines hinsichtlich der Sachgesamtheit unter Sammelbezeichnung zuerkannten Herausgabeanspruchs zulässig (RGZ 123, 388, 396; MUSIELAK/ LACKMANN, ZPO [3. Aufl 2002] § 883 ZPO Rn 6). Pfändungen hingegen können nur an einzelnen Sachen vorgenommen werden.

IV. Rechtsgesamtheiten (Rechtsinbegriffe)

22 Als Rechtsgesamtheit bezeichnet man die Einheit von Sachen und anderen Gegenständen, insbes von Rechten, die einer Person rechtlich zugeordnet sind. Das gemeine Recht sprach hier, im Unterschied zur Sachgesamtheit als universitas facti, von einer universitas iuris. – Derartige Rechtsgesamtheiten sind zB das Vermögen einer Person und die sog Sondervermögen, die unter bestimmten Gesichtspunkten aus dem Gesamtvermögen einer oder mehrerer Personen ausgegliedert werden, wie zB das Gesellschaftsvermögen aus dem Vermögen der Gesellschafter oder der Nachlaß aus dem Erbenvermögen. Auch das Unternehmen stellt eine Rechtsgesamtheit dar (s u Rn 31).

23 Das BGB kennt allerdings den Begriff Rechtsgesamtheit nicht. Es bezeichnet sowohl Sachgesamtheiten wie auch Rechtsgesamtheiten als **Inbegriffe** (vgl § 260 Abs 1), sofern es nicht unmittelbar vom Vermögen usw spricht. – Grundsätzlich gelten für Rechtsgesamtheiten dieselben Regeln wie für Sachgesamtheiten (vgl o Rn 18 f). Das bedeutet, daß über sie schuldrechtliche Verträge unter Bezeichnung der Rechtsgesamtheit geschlossen werden können, daß sich Verfügungsgeschäfte aber nach dem Spezialitätsgrundsatz nur auf die einzelnen Teile der Rechtsgesamtheit beziehen können und nach den für diese Teile geltenden Vorschriften erfolgen müssen. – Auch **prozessual** können die Rechtsgesamtheiten nicht den Gegenstand einer Herausgabeklage bilden; vielmehr müssen die einzelnen Teile der Gesamtheit hinreichend deutlich bezeichnet sein (BGHZ 7, 208, 211). Dementsprechend ist auch eine Zwangsvollstreckung in die Rechtsgesamtheit als solche nach deutschem Recht nicht möglich (RGZ 70, 226, 227 f; 95, 235, 237; 134, 91, 98; ROSENBERG/GAUL/SCHILKEN, Zwangsvollstreckungsrecht [11. Aufl 1997] § 34 II 2).

1. Das Vermögen*

Das Vermögen wird als Bezeichnung einer **Rechtsgesamtheit** (vgl o Rn 22) im BGB **24** nicht definiert. Deshalb kann die Begriffsbestimmung unter mehreren Gesichtspunkten erfolgen. Grundsätzlich versteht man unter Vermögen die Summe der gegenwärtigen **geldwerten Rechte** einer Person. Noch nicht zu Anwartschaften verdichtete Erwerbsaussichten sowie der rechtlose Besitz werden nicht einbezogen (LARENZ/WOLF § 21 Rn 11; **aM** für den Besitz ENNECCERUS/NIPPERDEY § 131 II 1). – Ob als Vermögen einer Person die Aktiva, dh das Bruttovermögen, verstanden werden soll, oder ob das Vermögen nur aus den um die Passiva verminderten Aktiva (Nettovermögen) besteht, muß im Zusammenhang mit der Auslegung der konkreten Vorschriften bestimmt werden (vgl ENNECCERUS/NIPPERDEY § 131 II 4; SOERGEL/MARLY Rn 10).

Über das Vermögen als Rechtsgesamtheit sind im BGB in den §§ 311b Abs 2 und 3 und 1085 einzelne Bestimmungen getroffen. Erwähnt wird das Vermögen mit unterschiedlicher Inhaltsbestimmung zB auch in den §§ 45 ff, 88, 253, 1360, 1416, 1626 Abs 2, 1638, 1793 f, 1914 und § 1922 Abs 1.

Nach dem Spezialitätsgrundsatz kann das Vermögen als Ganzes nicht Gegenstand **25** eines einheitlichen Herrschaftsrechts sein (vgl o Rn 23). Für den Fall der Nießbrauchsbestellung ist dies in § 1085 S 1 ausdrücklich geregelt. Geschütztes Rechtsgut iS des § 823 Abs 1 ist das Vermögen daher nicht. Jedoch erfolgt ein **einheitlicher Rechtsübergang** des Vermögens zB nach § 1922 Abs 1 sowie in anderen Fällen der Gesamtnachfolge. – Die besondere Bedeutung des Vermögens tritt bei der **Haftung** hervor, die grundsätzlich das Gesamtvermögen des Schuldners erfaßt. Verwirklicht allerdings wird die Haftung nach den jeweiligen für die einzelnen Vermögensbestandteile geltenden Zugriffsregeln.

2. Die Sondervermögen**

Gewisse Vermögensmassen werden teils wegen ihrer Herkunft, teils wegen ihrer **26** wirtschaftlichen Bestimmung als besondere Einheiten, sog **Sondervermögen**, zusammengefaßt und unterliegen als solche speziellen Bestimmungen. Dabei können die

---

* **Schrifttum:** BEYER, Die Surrogation bei Vermögen im Bürgerlichen Gesetzbuch (Diss Marburg 1905); BIRKMEYER, Über das Vermögen im juristischen Sinne (1879); FISCHER, Subjekt und Vermögen, in: FS Rosenthal (1923) 1 ff; KOHLER, Das Vermögen als sachenrechtliche Einheit, ArchBürgR 22 (1903) 1 ff; LANGE, Zum System des deutschen Vermögensrechts, AcP 147 (1941) 290 ff; PINOLI, Der Vermögensbegriff nach dem BGB unter Berücksichtigung der historischen Entwicklung (Diss Breslau 1913); SCHWARZ, Rechtssubjekt und Rechtszweck, ArchBürgR 32 (1908) 12 ff; WIEACKER, Zum System des deutschen Vermögensrechts (1941).

** **Schrifttum**: BISCHOFF, Zulässigkeit und Existenz von Sondervermögen, DVBl 1956, 187 ff; HUNN, Die Trennung des Sondervermögens vom Hauptvermögen in ihrer Beziehung zum Schuldrecht (Diss Frankfurt aM 1931);

Sondervermögen entweder einer Person neben deren allgemeinem Vermögen zustehen oder mehreren Personen gesamthänderisch und getrennt vom allgemeinen Vermögen zugeordnet sein (ENNECCERUS/NIPPERDEY § 132 I). – Sondervermögen sind zB das Gesamtgut, Sondergut und Vorbehaltsgut bei der Gütergemeinschaft nach den §§ 1416 ff, das der elterlichen Verwaltung nicht unterliegende Kindesvermögen nach den §§ 1638 und 1639 sowie das Treugut bei der Treuhänderschaft und das Stiftungsvermögen bei der fiduziarischen Stiftung. Auch der Nachlaß stellt nach den §§ 1922 ff zunächst ein Sondervermögen dar; ebenso sind der Bauernhof nach der HöfeO und die Insolvenzmasse gem §§ 35 ff InsO Sondervermögen. Ob das Gesellschaftsvermögen nach den §§ 718 ff noch als ein Sondervermögen einzuordnen ist, hängt davon ab, inwieweit man die Gesellschaft selbst als Rechtsträger anerkennt (vgl BGHZ 146, 341 ff mwNw).

27 Sondervermögen der öffentlichen Hand sind rechtlich abgesonderte Bestandteile des Staatsvermögens, die zur Erfüllung einer genau begrenzten Aufgabe bestimmt sind und deshalb getrennt vom übrigen Staatsvermögen verwaltet werden. – So bildete die **Deutsche Bundesbahn** nach § 1 des G über die vermögensrechtlichen Verhältnisse der Deutschen Bundesbahn vom 2. 3. 1951 (BGBl I 155) ein Sondervermögen der Bundesrepublik Deutschland. Nach Art 26 des Einigungsvertrages vom 31. 8. 1990 (BGBl II 889) war auch das Sondervermögen „Deutsche Reichsbahn" der früheren DDR zum 3. 10. 1990 Sondervermögen der Bundesrepublik geworden. Seit 1994 besteht für beide zusammengeschlossenen Sondervermögen eine privatwirtschaftliche Organisation des unternehmerischen Bereichs, in welchem Aktiengesellschaften im Eigentum des Bundes tätig werden. Auch die Vermögen sind zu einem nicht rechtsfähigen Sondervermögen des Bundes zusammengefaßt (Art 1 und 2 d Ges v 27. 12. 1993, BGBl I 2278). – Die **Deutsche Bundespost** war nach dem G über die vermögensrechtlichen Verhältnisse der Deutschen Bundespost vom 21. 5. 1953 (BGBl I 225) ebenfalls ein einheitliches Sondervermögen des Bundes. Im Zuge der sog Postreform erging am 8. 6. 1989 (BGBl I 1026) das PoststrukturG, das in seinem Art 1 das PostverfassungsG enthält. Darin ist eine Aufteilung in die drei Teilsondervermögen Postdienst, Postbank und Telekom vorgesehen. Das Sondervermögen „Deutsche Post" der früheren DDR wurde nach Art 27 des Einigungsvertrages durch Überleitung auf die genannten Teilsondervermögen mit dem Sondervermögen Bundespost der Bundesrepublik vereinigt. Einer Privatisierung der Postvermögen stand Art 87 Abs 1 GG aF entgegen, der im Rahmen der Postreform II durch G v 30. 8. 1994 (BGBl I 2245) geändert wurde (s auch Art 87 f, 143b Abs 1 GG). Durch das PostumwandlungsG (Art 3 des PostneuordnungsG, BGBl I 2325 ff, 2339) wurden die Unternehmen der Bundespost in Aktiengesellschaften umgewandelt, die Rechtsnachfolger der drei Teilsondervermögen wurden. Zur Wahrnehmung der Rechte und Pflichten des Bundes an den Anteilen der Aktiengesellschaften wurde die rechtsfähige Bundesanstalt für Post und Telekommunikation errichtet (vgl zu Postreform II GRAMLICH, Von der Postreform zur Postneuordnung, NJW 1994, 2785–2793; K-P SCHULZ, Grundzüge der Postreform II, JA 1995, 417–420; ferner GRAMLICH, „Öffentliche Unternehmungen" im Verfassungsstaat des Grundgesetzes, BB 1990, 1493–1501).

MARTIN, Kritische Betrachtung der Lehre vom Sondervermögen, AcP 102 (1907) 444 ff; STUMPF, Die Bewirtschaftung eines Sondervermögens – Die deutsche Bundesbahn im Haushaltsrecht (Diss Würzburg 1985).

Selbständige Rechtspersönlichkeit kommt dem Sondervermögen nicht zu. Steht es **28** demselben Inhaber wie das Gesamtvermögen zu, wie zB der Nachlaß oder die Insolvenzmasse, so ist es aber möglich, daß der Inhaber des Gesamtvermögens dem Sondervermögen etwas schuldet oder von ihm zu fordern hat. Solche Identität von Gläubiger und Schuldner mit Rücksicht auf die besondere Zweckbindung des Sondervermögens ist zB in § 1978 Abs 3 geregelt; sie entsteht auch, wenn der Gemeinschuldner eine ihm nach den §§ 100, 278 InsO bewilligte Unterstützung aus der Insolvenzmasse verlangt.

Für Rechtsgeschäfte über Sondervermögen gelten die allgemeinen Regeln für **29** Rechtsgesamtheiten (vgl o Rn 23). Danach sind **Verpflichtungsgeschäfte** über ein Sondervermögen im ganzen möglich; § 311b Abs 2 und 3 finden keine Anwendung (Palandt/Heinrichs § 311b Rn 60 und 66). Für **Verfügungsgeschäfte** hingegen gilt der Spezialitätsgrundsatz. Ausnahmsweise kann nach § 2033 ein Gesamthänder auch über seinen Anteil am Sondervermögen verfügen. – Steht das Sondervermögen gesamthänderisch mehreren Inhabern zu und wollen diese einen Vertrag über das Sondervermögen oder über einen dazu gehörenden Gegenstand mit einem der Gesamthänder schließen, so wirkt dieser Gesamthänder auf beiden Seiten des Vertrages mit, als Einzelperson und als Mitglied der Gesamthand.

Für einzelne Sondervermögen ist gesetzlich eine **Surrogation** vorgesehen, wonach **30** das aufgrund des Ausscheidens von einzelnen Gegenständen Erworbene kraft Gesetzes in dieselbe Rechtslage eintritt, in welcher sich das ursprüngliche Stück befunden hat. Dies gilt beim Gesellschaftsvermögen nach § 718 Abs 2, beim Vorbehaltsgut gem § 1418 Abs 2 Nr 3, beim Gesamtgut gem § 1473 Abs 1, bei dem nicht von den Eltern verwalteten Kindesvermögen gem § 1638 Abs 2 sowie für den Nachlaß nach den §§ 2019 Abs 1, 2041, 2111 Abs 1 und 2374 (vgl M Wolf, Prinzipien und Anwendungsbereich der dinglichen Surrogation, JuS 1975, 643–646 und 710–717; ferner Strauch, Mehrheitlicher Rechtsersatz [1972] 81 ff).

3. Unternehmen und Betrieb*

a) Zu den Rechtsgesamtheiten gehört auch das gewerbliche Unternehmen (vgl **31** aber BGHZ 97, 127, 131: Unternehmen als „Inbegriff von Rechts- und Sachgesamtheiten"). Es stellt eine Erscheinung des Wirtschaftslebens dar, die als auf Dauer angelegte

---

* **Schrifttum:** Ballerstedt, Das Unternehmen im Bereicherungsrecht, in: FS Schilling (1973) 289 ff; Beisel/Klumpp, Der Unternehmenskauf (3. Aufl 1996); Bökelmann, Nutzung und Gewinn beim Unternehmensnießbrauch (Diss Tübingen 1971); Brecher, Das Unternehmen als Rechtsgegenstand (1953); Eckhardt, Betrieb und Unternehmen, ZHR 94 (1929) 1 ff; Fechner, Das wirtschaftliche Unternehmen in der Rechtsordnung (1942); Flume, Unternehmen und juristische Person, in: FS Beitzke (1979) 43 ff; Gieseke, Die rechtliche Bedeutung des Unternehmens, in: FS Heymann II (1940) 112 ff; ders, Recht am Unternehmen und Schutz des Unternehmens, GRUR 1950, 298 ff; Hommelhoff, Die Sachmängelhaftung beim Unternehmenskauf (1975); Hubmann, Das Recht am Unternehmen, ZHR 117 (1955) 41 ff; Isay, Das Recht am Unternehmen (1910); vOhmeyer, Das Unternehmen als Rechtsobjekt (1906); Pisko, Das Unternehmen als Gegenstand des Rechtsverkehrs (1907); Th Raiser, Das Unternehmen als Organisation (1969); Reuter, Probleme der Unternehmensnachfolge, ZGR 1991, 467 ff; K Schmidt, Handelsrecht (5. Aufl 1999) § 4 und 7; Schwintowski, Das

selbständige Organisation von Produktionsmitteln und Arbeitskräften zu einem einheitlichen wirtschaftlichem Zweck definiert werden kann (vgl K Schmidt § 4 I). Als Rechtsgesamtheit umfaßt das Unternehmen eine **Summe von Rechten und tatsächlichen Verhältnissen** (zB Kundenstamm, Bezugsquellen, Betriebsgeheimnisse), die einem oder mehreren Rechtssubjekten zustehen und von diesen zu einer organisatorischen Einheit verbunden worden sind (vgl Enneccerus/Nipperdey § 133 I). Dabei ist der Unternehmensbegriff weitgehend unabhängig von der Rechtsform, unter der das Unternehmen betrieben wird, und auch von den Personen seiner Inhaber. – Dieser **privatrechtliche Begriff** des Unternehmens wird vom Gesetz als „Erwerbsgeschäft" (§ 112 BGB) oder „Handelsgeschäft" (§§ 22 ff HGB) umschrieben; er ist wegen des unterschiedlichen Gesetzeszwecks zu trennen von den Unternehmensbegriffen des Konzernrechts (vgl §§ 15 ff, 291 ff AktG; dazu Emmerich/Sonnenschein/Habersack, Konzernrecht [7. Aufl 2001] § 2 II 1) und des Kartellrechts (dazu Immenga/Mestmäcker/Zimmer, GWB [3. Aufl 2001] § 1 GWB Rn 24 ff).

32 b)   **Verpflichtungsgeschäfte** über das Unternehmen als ganzes sind möglich; sie sind zB in den §§ 22 HGB sowie 1822 Nr 3 und 4 vorgesehen. – **Verfügungen** sind nach dem Spezialitätsgrundsatz (vgl o Rn 23) nur über die einzelnen Bestandteile der Rechtsgesamtheit möglich. Dies gilt auch für die in § 22 Abs 2 HGB genannte Nießbrauchsbestellung am Handelsgeschäft (Beyerle, Ertragsbeteiligungen als dingliches Recht, JZ 1955, 257, 260; Janssen/Nickel, Unternehmensnießbrauch [1998] 30). – Soweit andere Gegenstände als Sachen oder Rechte betroffen sind, zB bei der Übertragung eines Geschäftsgeheimnisses oder des Kundenstamms, ist neben der Einigung der Parteien (§§ 398, 413) als Publizitätsakt erforderlich, daß der Veräußerer den Rechtsnachfolger in seinen Tätigkeitsbereich einführt (Baur/Stürner § 28 Rn 10; Staudinger/Köhler [1995] § 433 Rn 114 mwNw).

33 Die frühere Auffassung, es bestehe ein **Recht am Unternehmen** als Immaterialgut (so etwa Isay 41) wird von der heute hM durchweg abgelehnt (Brecher 103 Fn 7; Enneccerus/Nipperdey § 133 IV; K Schmidt §§ 4 IV 2 b und 6 I 1; Soergel/Marly Rn 16; Peifer, Individualität im Zivilrecht [2001] 463 f). Dies beruht vor allem darauf, daß der mit der Annahme eines solchen Rechts erstrebte Schutz des Unternehmens nunmehr auf andere Weise gewährleistet werden kann. Der im Rahmen des Unternehmens **eingerichtete und ausgeübte Gewerbebetrieb** ist zum Gegenstand eines umfassenden Rechtsschutzes geworden, weil er als schutzfähiges Rechtsgut iS des § 823 Abs 1 verstanden wird (RGZ 163, 21, 32; BGHZ 3, 270, 279; 8, 142, 144; 29, 65, 67 ff mwNw; ausf Raiser 41 ff; vgl auch Palandt/Thomas § 823 Rn 19 ff). Auf diese Weise wird ein über die §§ 824 und 3 UWG hinausreichender Schutz gegen rechtswidrige Beeinträchtigungen ermöglicht. Die Einzelheiten dieses Problemkreises sind vielfach umstritten (vgl Fikentscher, Schuldrecht [9. Aufl 1997] § 103 II 1; K Schmidt § 7 V; Peifer 464 ff).

34 c)   Als **Betrieb** wird die organisatorische Einheit bezeichnet, „innerhalb derer der Unternehmer allein oder zusammen mit seinen Mitarbeitern mit Hilfe sächlicher und immaterieller Mittel bestimmte arbeitstechnische Zwecke fortgesetzt verfolgt" (BAGE 59, 319, 324; Fitting/Kaiser/Heither/Engels, Betriebsverfassungsgesetz [22. Aufl 2004] § 1 Rn 63). Vom Unternehmen unterscheidet sich der Betrieb durch den arbeitstech-

---

Unternehmen im Bereicherungsrecht, JZ 1987, 588 ff; Siebert, Zubehör des Unternehmens und Zubehör des Grundstücks, in: FS Gieseke (1958) 59 ff.

nischen Zweck gegenüber dem dahinter verfolgten wirtschaftlichen Zweck des Unternehmens. Insoweit stellt sich der Betrieb als ein relativ verselbständigtes wesentliches Teilstück des Unternehmens dar, wobei sich beide Begriffe wegen des modifizierten betriebsverfassungsrechtlichen Unternehmensbegriffs im Einzelfall auch decken können (RICHARDI, Betriebsverfassungsgesetz [9. Aufl 2004] § 1 Rn 18 und 55 f). In seiner arbeitstechnischen Aufgabenstellung unterliegt der Betrieb zahlreichen Sondervorschriften des Arbeits- und Betriebsverfassungsrechts.

d)   Im **ausländischen Recht** hat das Unternehmen vor allem in Frankreich und **35** Italien eine besondere Regelung erfahren. Der **französische fonds de commerce** umfaßt Sachen, Rechte und andere Gegenstände einschl des Mietrechts für die Räume, in denen das Unternehmen betrieben wird. Der fonds wird als eine Gesamtheit von Gütern aufgefaßt, deren Verkauf, Einbringung in eine Gesellschaft und Verpfändung spezialgesetzlich geregelt ist (vgl FERID/SONNENBERGER, Das französische Zivilrecht II [2. Aufl 1986] Rn 2 G 123). Die Verpfändung erfolgt durch Registrierung des Verpfändungsvertrages und gibt dem Gläubiger ein Recht auf vorzugsweise Befriedigung aus dem Gesamterlös der Ausstattung und der Immaterialgüterrechte (FERID/SONNENBERGER, Das französische Zivilrecht II [2. Aufl 1986] Rn 3 D 173 f). Der Schutz des fonds erfolgt nach der allgemeinen Deliktvorschrift des Art 1382 cc sowie nach den besonderen Vorschriften über die jeweiligen Bestandteile, etwa nach Patentrecht. – Im **italienischen Recht** wird das Unternehmen (azienda) in Art 2555 Codice civile definiert als „complesso dei beni organizzati dell'imprenditore per l'esercizio dell'impresa". Auch nach italienischem Recht ist zu unterscheiden zwischen der Inhaberschaft am Unternehmen als Rechtsgesamtheit und den dinglichen Herrschaftsrechten an den einzelnen Bestandteilen der Gesamtheit, welche nicht notwendig dem Unternehmensinhaber zustehen. Deren Zugehörigkeit zum Unternehmen hängt nur von ihrer Zweckbestimmung durch den Unternehmer ab, nicht von seiner Eigentümerstellung (vgl GALGANO, Diritto privato [9. Aufl Padova 1996] 477 f). – Im **österreichischen Recht** ist das Unternehmen aufgrund der Regelung des § 302 AGBG über die Gesamtheiten als Gegenstand von Rechtsgeschäften und der Vollstreckung anerkannt. Dies bedeutet allerdings nicht, daß Verfügungen über die Gesamtheit vorgenommen werden können; hier steht der Spezialitätsgrundsatz entgegen. – Das **englische Recht** kennt keinen Gegenstandsbegriff (s o Rn 7), der das Unternehmen umfassen könnte. Es gewährt aber dem Betriebspächter Schutz nach dem Landlord and Tenant Act 1954 sowie dem Law of Property Act 1969.

V.   Bewegliche und unbewegliche Sachen

Die schon dem römischen Recht bekannte, dann im deutschen Recht und in an- **36** deren europäischen Rechten zu weittragender Bedeutung erhobene Unterscheidung von **beweglichem und unbeweglichem Vermögen** (vgl O v GIERKE, Deutsches Privatrecht II [1905] § 101) findet sich auch im BGB. Sie wurde dort aber nicht zum Anlaß für allgemeine Regelungen genommen (Mot III 31). Die praktische Bedeutung der Unterscheidung kommt vor allem im Sachenrecht zum Ausdruck, weil Verfügungen über Mobilien und Immobilien in unterschiedlicher Weise vorgenommen werden müssen. Auch die §§ 864 und 865 ZPO sprechen vom unbeweglichen Vermögen.

Unbewegliche Sachen sind die Grundstücke einschl ihrer wesentlichen Bestandteile. **37** Den Grundstücken gleichgestellt ist das Erbbaurecht gem § 11 ErbbauVO, ebenso das Wohnungseigentum nach den §§ 1 und 7 WEG (vgl auch MERLE, Das Wohnungseigentum im System des bürgerlichen Rechts [1979]; WEITNAUER, Das Wohnungseigentum im Zivilrechtsystem, in: FS Niederländer [1991] 455 ff). Dasselbe gilt gem § 30 Abs 3 S 2 WEG für das Wohnungserbbaurecht. Ferner sind den Grundstücken nach Landesrecht das Bergwerkseigentum und Abbaurechte gleichgestellt (vgl STAUDINGER/HÖNLE [1998] Art 67 und 68 EGBGB).

38 Alle anderen sind **bewegliche Sachen** iS des bürgerlichen Rechts, auch wenn sie ihrer Natur nach unbeweglich sind (vgl § 95 Rn 28). Sie können jedoch von den an die Unbeweglichkeit einer Sache anknüpfenden Rechtsnormen erfaßt werden. Dies gilt zB nach den §§ 1120 ff, wenn sie abgetrennte Bestandteile oder Zubehör einer unbeweglichen Sache sind. Solche beweglichen Sachen unterliegen dann gem § 865 ZPO spätestens ab Beschlagnahme des Grundstücks der Zwangsvollstreckung in das unbewegliche Vermögen (vgl § 93 Rn 33 und § 97 Rn 34 f; ferner DORN, Bestandteile und Zubehör in der Zwangsversteigerung, Rpfleger 1987, 143 ff). Anderseits können gem §§ 810 und 824 ZPO noch ungetrennte Früchte Gegenstand der Mobiliarvollstreckung sein (vgl § 93 Rn 34).

39 **Schiffe**, die in das Schiffsregister eingetragen sind, werden rechtlich nach §§ 1 ff SchiffsRG, 870a ZPO und 162 ff ZVG wie Grundstücke behandelt. Nicht in das Schiffsregister eingetragene Schiffe sind dagegen bewegliche Sachen (vgl auch § 93 Rn 21 und § 94 Rn 38). Für die Übereignung von nicht eingetragenen Seeschiffen gelten jedoch nach den §§ 929a und 932a Sonderregeln (vgl STAUDINGER/WIEGAND [1995] § 929a und § 932a). – Auch **Luftfahrzeuge**, die in die Luftfahrzeugrolle eingetragen sind, werden rechtlich teilweise wie Grundstücke behandelt, weil § 99 LuftfzRG sie den eingetragenen Schiffen gleichstellt (vgl § 94 Rn 39). Für die Zwangsversteigerung von Luftfahrzeugen gelten die §§ 171a ff ZVG.

VI. Die verkehrsunfähigen Sachen*

40 Die im römischen Recht wurzelnde Unterscheidung von verkehrsfähigen und verkehrsunfähigen Sachen (res extra commercium) hatte schon im gemeinen Recht eine Einschränkung des Kreises der dem Privatrechtsverkehr entzogenen Sachen erfahren. Das BGB hat darauf verzichtet, allgemeine Vorschriften über derartige Sachen aufzunehmen; ein entsprechender Antrag vSCHMITTS wurde abgelehnt (vgl JAKOBS/SCHUBERT, Die Beratung des Bürgerlichen Gesetzbuchs I [1985] 426 und 432). – Die Gründe, welche zur privatrechtlichen **Verkehrsunfähigkeit** eines Gegenstands führen, sind verschiedener Art. Entweder fehlt es einer Substanz bereits an der für die Sachqualität erforderlichen Beherrschbarkeit (s o Rn 8), oder aber es wird die rechtliche Sachqualität für einen eigentlich dem Sachbegriff unterfallenden Gegenstand wegen dem bürgerlichen Recht übergeordneter Gesichtspunkte verneint. Schließlich kann auch eine Zweckwidmung dazu führen, die betroffene Sache innerhalb der Widmungsgrenzen dem Privatrechtsverkehr zu entziehen (ENNECCERUS/NIPPERDEY

---

* **Schrifttum:** FRIEDRICHS, Verkehrsunfähige Sachen im heutigen Recht, Gruchot 64 (1920) 676 ff; ders, Bürgerliches und öffentliches Sachenrecht, AöR 40 (1921) 257 ff; KLOESS, Die allgemeinen Sachen Luft und Wasser nach geltendem Rechte (1907); PERNICE, Die sog res extra commercium, in: Berliner FG Dernburg (1900); WAPPÄUS, Zur Lehre von den dem Rechtsverkehr entzogenen Sachen (1867).

§ 129 IV). Nach ihrer Entwidmung können derartige Sachen wieder uneingeschränkt am Privatrechtsverkehr teilnehmen.

1. Der menschliche Körper

Aus dem bürgerlichen Recht übergeordneten Gründen können der **menschliche Körper** und die Körperteile nicht als Sachen bewertet werden (vgl § 90 Rn 18 ff; zur Sachqualität des menschlichen Leichnams vgl § 90 Rn 27 ff).

2. Die nicht beherrschbaren körperlichen Gegenstände

Verkehrsunfähig sind auch Gegenstände, denen es für eine Sachqualität iS des bürgerlichen Rechts an der erforderlichen **Beherrschbarkeit** (s o Rn 8) mangelt. Das römische Recht nannte in diesem Zusammenhang aer, aqua profluens, mare et litora (Inst 2, 1, 1). An ihnen schieden wegen des natürlichen Gemeineigentums Privatrechte einzelner aus. – Wenn auch eine solche Herleitung der Privatrechtsunfähigkeit für das heutige Recht nicht mehr zutrifft, so ist es doch für die freie Luft, das freie Wasser und den Meeresboden bei privatrechtlicher Verkehrsunfähigkeit geblieben. Die Begründung, dies gelte, weil an solchen Sachen „ihrer Natur nach eine ausschließliche Willensherrschaft nicht stattfindet", wurde nicht in das BGB aufgenommen (vgl JAKOBS/SCHUBERT 431).

41

a) Die **freie Luft** steht außerhalb der privaten Verkehrsfähigkeit, solange ihr mangels tatsächlicher Beherrschung die Sachqualität fehlt. Sobald Luft dagegen in Behältnisse eingeschlossen wird, kann sie, wie auch andere gasförmige Substanzen, Gegenstand des Privatrechtsverkehrs sein (vgl o Rn 8). – Die private Entnahme freier Luft zum Zwecke ihrer Abschließung und anschließenden Aneigung unterliegt keinen rechtlichen Beschränkungen.

42

Ungeachtet mangelnder Sachqualität kann jedoch die freie Luft in rechtserheblicher Weise **genutzt** werden. Dies geschieht vor allem zum Zwecke des Luftverkehrs (vgl allg IPSEN/FISCHER, Völkerrecht [5. Aufl 2004] § 55). Der Luftverkehr ist gem § 1 Abs 1 LuftVG grundsätzlich frei. Das bedeutet, daß damit die in § 905 vorgesehenen Rechte des Grundstückseigentümers am Raum über seinem Grundstück eingeschränkt werden, so daß er gegenüber ordnungsmäßigem Überfliegen keine Abwehrklage erheben kann (vgl SCHWENK, Handbuch des Luftverkehrsrechts [2. Aufl 1996] 608 f; REUSS, Die Rechte des Grundeigentümers gegenüber dem Luftverkehr [Diss Göttingen 1969]). – Ferner kann die in der natürlichen Luftbewegung enthaltene Energie genutzt werden, zB für den Betrieb eines Windmotors. Auch diese Nutzung der freien Luft ist als solche rechtlich nicht beschränkt. – Anders ist es bei regelwidrigen Flügen, etwa wenn die vorgeschriebene Mindestflughöhe unterschritten wird; hier hat der Grundstückseigentümer einen Abwehranspruch aus §§ 905, 1004 (vgl SCHWENK 609). – Dasselbe gilt, wenn die freie Luft zum Abtransport von schädlichen **Emissionsstoffen** iS des § 3 Abs 3 BImSchG verwendet wird (vgl zur Beeinträchtigung durch den Fäkalienflug unter Eisenbahnhochbrücken OLG Schleswig NJW-RR 1996, 399 ff). Eine solche Nutzungsweise ist grundsätzlich verboten und bedarf für ihre ausnahmsweise Zulassung einer Genehmigung nach den §§ 4 ff BImSchG. Bei stark erhöhten Ozonkonzentrationen in bodennahen Luftschichten (sog „Sommersmog") sehen die §§ 40a-e BImSchG die Verhängung befristeter Fahrverbote vor (vgl auch LORENZ, Die öffentliche

Sache als Instrument des Umweltschutzes, NVwZ 1989, 812 ff; wegen der völkerrechtlichen Regeln zur Bekämpfung der Luftverschmutzung vgl IPSEN/HEINTSCHEL VON HEINEGG § 57 Rn 49 ff).

43 b)   Auch das **freie Wasser** besitzt keine Sachqualität iS des bürgerlichen Rechts. Dies gilt für **Meerwasser** ebenso wie für das nicht gefaßte **Grundwasser** (zu letzterem vgl BayObLG NJW 1965, 973, 974 und o Rn 9). Am Grundwasser hatte man früher eine Art Verfügungsbefugnis bejaht, die aus § 905 hergeleitet wurde (so noch BGHZ 69, 1, 3 f). Das BVerfG (BVerfGE 58, 300, 333 f) hat diese Auffassung jedoch im Zusammenhang mit der Grundwassernutzung verworfen; der BGH ist dem gefolgt (BGHZ 84, 223, 226).

Bei **Binnengewässern** ist zwischen fließendem und stehendem Wasser zu unterscheiden: Bei letzterem (zB in Teichen) ist die Wassermenge beherrschbar und kann daher als Sache auch im Eigentum stehen (BGB-RGRK/KREGEL § 90 Rn 12). Bei fließendem Binnenwasser hingegen besteht Streit, ob nur das Bett des Gewässers eigentumsfähig ist oder auch die „fließende Welle" (vgl MAUNZ/DÜRIG, Grundgesetz [38. Erg 2001] Art 89 GG Rn 24 f). Das Eigentum am Bett, das sich aus Art 89 GG und dem in Art 65 EGBGB vorbehaltenen Landesrecht herleitet, ist Sacheigentum iS des BGB (BGH NJW 1967, 1367, 1368; zur Regelung in Baden-Württemberg vgl u Rn 51). In BGHZ 28, 34, 37 f hatte der BGH in Anlehnung an § 905 auch das fließende Wasser über dem Flußbett als im Eigentum stehend bewertet. – Zutreffend ist aber nur, daß das Eigentum am Bett auch den Raum darüber insoweit erfaßt, als sich dort Sachen iS des bürgerlichen Rechts befinden; so kann zB das Verlegen von Rohrleitungen im Raum über dem Flußbett untersagt werden. Auf fließendes Wasser hingegen kann sich das Bodeneigentum nicht erstrecken, weil dem Wasser die Sachqualität fehlt (so auch BAUR/STÜRNER § 27 Rn 48; SOERGEL/MARLY Rn 33; ERMAN/MICHALSKI Rn 10; BGB-RGRK/KREGEL § 90 Rn 12; **aM** PAPPERMANN/LÖHR/ANDRISKE, Recht der öffentlichen Sachen [1987] 109).

44 Das Recht zur **Entnahme von Wasser** mit dem Ziel, daran bürgerlichrechtliches Eigentum zu begründen, ist für das offene Meer nicht eingeschränkt. – Für oberirdische Gewässer und das Grundwasser gelten das WasserhaushaltsG idF v 19. 8. 2002 (BGBl I 3245) und die Landeswassergesetze (vgl die Übersicht bei STAUDINGER/HÖNLE [1998] Art 65 EGBGB Rn 11). Nach den §§ 2 ff WHG ist eine solche Nutzung des freien Wassers generell erlaubnis- und bewilligungspflichtig. Für oberirdische Gewässer besteht gem §§ 23 f WHG eine Ausnahme, sofern es sich um Fälle des Gemeingebrauchs bzw der Eigentümer- oder Anliegernutzung handelt. Die Grundwasserentnahme ist nach § 33 WHG vorbehaltlich abweichender landesrechtlicher Regelung für den Haushalts- bzw Hofbedarf erlaubt. Die Entnahme von Flußwasser für industrielle Zwecke durch ein Saugrohr überschreitet diesen erlaubnisfreien Gebrauch (BGHZ 28, 34, 43), ebenso die Grundwasserentnahme zum Betrieb einer Wärmepumpe (VGH Mannheim ZfW 1981, 29, 30 f; vgl allg auch CZYCHOWSKI, Wasserhaushaltsgesetz [7. Aufl 1998]).

Auch die Nutzung des freien Wassers zum Zwecke der **Einleitung von Stoffen**, insbes von Abwässern, unterliegt mit dem Ziel der Reinhaltung des Wassers einer Erlaubnis- bzw Bewilligungspflicht nach den §§ 2 ff WHG und entsprechenden landesrechtlichen Wassergesetzen; Ausnahmen sehen die §§ 23 ff, 32a f, 33 ff WHG vor. – Außerdem bestehen für diesen Bereich zahlreiche völkerrechtliche Normen, so die

Abkommen vom 20.12. 1961 zur Reinhaltung der Mosel (BGBl 1962 II 1102) und der Saar (BGBl 1962 II 1106) sowie des Rheines v 3.12. 1976 (BGBl 1978 II 1053) und v 14.12. 1984 (BGBl 1985 II 1017). Gegen die Meeresverschmutzung durch Öl wurden die Londoner Abkommen v 12.5. 1954 (BGBl 1956 II 381; zum Außerkrafttreten nach Kündigung vgl BGBl 1989 II 74) geschlossen; ihnen folgten weitere Verträge (vgl IPSEN/ HEINTSCHEL VON HEINEGG § 57 Rn 21 ff), so etwa das internationale Übereinkommen über die zivilrechtliche Haftung für Ölverschmutzung v 29.11. 1969 (BGBl 1975 II 301). – Am 16.11. 1994 ist die Seerechtskonvention der Vereinten Nationen von 1982 (SRK, BGBl 1994 II 1799) in Kraft getreten, die insbes in Teil XII weitreichende Regelungen zum Umweltschutz enthält.

Andere Nutzungsweisen des freien Oberflächenwassers, zB zum Baden oder für die Zwecke der Schiffahrt, sind hinsichtlich des offenen Meeres bürgerlich-rechtlich uneingeschränkt. – Für Küstengewässer und Binnengewässer gelten auch hier die Regeln über den Gemeingebrauch.

c) Ein Problem hinsichtlich der Sachqualität und der Verkehrsfähigkeit entsteht für den **Strand von Binnengewässern** nicht. Es gelten die Bestimmungen über das Grundstückseigentum, das am Gewässerbett nach Art 89 GG sowie durch das in Art 65 EGBGB vorbehaltene Landesrecht begründet wird (vgl o Rn 43). **45**

Der **Meeresstrand** hingegen, dh die Fläche zwischen der Niedrigwasserlinie und dem durch Beginn des Graswuchses oder Dünenbildung gekennzeichneten höchsten Flutstand (s die Definition in § 3 Abs 3 der LandesVO über Deiche und Küsten des Landes Schleswig-Holstein vom 19.12. 1980, GVBl 178), besitzt zwar Sachqualität iS des § 90 (vgl PETERSEN, Deutsches Küstenrecht [1989] Rn 992; aM STAUDINGER/DILCHER [1995] Rn 34). Nach den gem Art 65 EGBGB weitergeltenden Landesrechten ist der Meeresstrand jedoch entweder „res publica" (so OLG Schleswig NJW 2001, 1073 f für den Geltungsbereich des Jütischen Low) oder sogar „res communis omnium" (so wohl BGHZ 44, 27, 30 f für den Bereich des früheren ALR; weitere Nachweise bei PETERSEN Rn 998 ff). Damit ist Privateigentum am Strand nach heutigem Verständnis allerdings nicht ausgeschlossen; es wird lediglich durch die öffentlich-rechtliche Zweckbestimmung modifiziert (vgl u Rn 54; OLG Schleswig NJW-RR 2003, 1170, 1171; NJW 2001, 1073, 1074; PETERSEN Rn 1004 ff; aM STAUDINGER/DILCHER [1995] Rn 30). – Eine private **Nutzung des Strandes** als öffentlicher Sache steht im Rahmen des Gemeingebrauches (vgl u Rn 33) grundsätzlich frei; dieser kann jedoch von der zuständigen Behörde des Sachherrn im öffentlichen Interesse eingeschränkt werden (VG Schleswig SchlHA 1973, 124; LG Lübeck SchlHA 1955, 329 f). Auch die Zubilligung einer über den Gemeingebrauch hinausgehenden Sondernutzung, zB durch Anlagen für Badegäste, ist in diesem Rahmen möglich (BGHZ 44, 27, 32 f). **46**

Trockengelegte ehemalige Wasserflächen sind herrenlos iS des BGB und unterliegen nach § 928 Abs 2, Art 190 EGBGB der Aneignung, wenn sie durch Vermessung und Eintragung zu Festland geworden sind (LG Kiel SchlHA 1975, 85, 86). Inhaber des Aneignungsrechts ist gem Staatsvertrag vom 29.7. 1921 (RGBl 961) der Bund als Rechtsnachfolger des Deutschen Reichs (BGHZ 107, 342, 348; HARDERS, Der Begriff der Seewasserstraße und Anlandungen in der Ostsee, Jura 1991, 63, 64 und 67; KOWALLIK, Die Eigentumsverhältnisse von Anlandungsflächen an Bundeswasserstraßen, DVBl 1986, 1088, 1092 ff). **47**

48 d) Der **Meeresboden** steht in niemandes Eigentum (BGHZ 44, 27, 30). – Die Frage, ob Teile des Meeresbodens aufgrund der Errichtung von Anlagen, zB Bohrinseln, der Aneignung zugänglich sind, bejahte ENNECCERUS/NIPPERDEY (§ 130 I 3) für die Zeit, in welcher die Anlagen bestehen. Dem steht jedoch die mit völkerrechtlicher Wirkung ausgestattete Entschließung der Generalversammlung der Vereinten Nationen vom 17. 12. 1970 entgegen, wonach der Meeresgrund und seine Ressourcen als „common heritage of mankind" privater Aneignung entzogen sind (vgl GRAF VITZTHUM, Der Rechtsstatus des Meeresbodens [1972] 156 ff; EITEL, Völkerrecht und Meeresnutzung, JZ 1980, 41–48). Dieses Konzept ist von Art 136 f SRK aufgegriffen worden (vgl IPSEN/GLORIA § 54 Rn 21 f und o Rn 44).

49 Man wird deshalb als Grundlage für die Ausbeutung des Meeresbodens **innerhalb der staatlich beanspruchten Hoheitszone**, vor allem durch Bergbau und Ölgewinnung, ein öffentlich-rechtliches Nutzungsrecht annehmen müssen. Völkerrechtliche Grundlage hierfür ist Art 77 Abs 1 SRK (vgl IPSEN/GLORIA § 53 Rn 45); deutsche Rechtsgrundlage ist das BBergG v 13. 8. 1980 (BGBl I 1310, geändert durch G v 6. 6. 1995, BGBl I 778, 781), das eine Erlaubnispflicht für die Gewinnung von Bodenschätzen im deutschen Festlandsockel (zu dessen Reichweite s Art 76 SRK) vorsieht. Dasselbe gilt für den bei der Aufteilung der Nordsee durch Vertrag vom 28. 1. 1971 (BGBl 1972 II 881) der Bundesrepublik als Hoheitsbereich zugesprochenen Teil des Nordseebodens, und zwar auch außerhalb des Festlandsockels. – Die Genehmigung zur Benutzung des Meeresbodens zur Verlegung von Kabeln und Rohrleitungen (Pipelines) darf gem Art 79 Abs 1 SRK, § 133 BBergG nur ausnahmsweise wegen überwiegender öffentlicher Interessen versagt werden.

Für den Abbau von Ressourcen **außerhalb der staatlichen Hoheitszone** ist nach dem MeeresbodenbergbauG v 6. 6. 1995 (BGBl I 778, 782) die Befürwortung durch das Oberbergamt und ein Vertrag mit der Internationalen Meeresbodenbehörde (Art 157 Abs 1 SRK) erforderlich (vgl IPSEN/GLORIA § 54 Rn 28 f; KÖNIG, Neues Meeresvölkerrecht: Das Regime für die Tiefsee, Jura 1995, 127 ff; ferner HAUSER, Die rechtliche Gestaltung des Tiefseebergbaus nach der Seerechtskonvention [1982]; LAUFF, Die Verträge zum Tiefseebergbau und die „faktische Aufteilung der Welt", NJW 1982, 2700 ff).

50 e) Seitdem der erste Mensch im Jahre 1969 den Mond betreten hat, steht fest, daß auch Himmelskörper im **Weltraum** (zur begrifflichen Abgrenzung IPSEN/FISCHER § 56 Rn 7 ff) grundsätzlich menschlicher Beherrschbarkeit zugänglich sind. Sie kommen damit als Sachen iS des § 90 in Betracht (vgl o Rn 8; LARENZ/WOLF § 20 Rn 15; ENNECCERUS/NIPPERDEY § 121 II 5). Der Weltraumvertrag v 27. 1. 1967 (BGBl 1969 II 1968) erklärt die Nutzung des Weltraums einschließlich des Mondes und anderer Himmelskörper als Sache der gesamten Menschheit („province of all mankind"). Ebenso wie der Mondvertrag v 18. 12. 1979 schließt er eine nationale Aneignung der betroffenen Himmelskörper aus. Dieses **Aneignungsverbot** umfaßt auch die Aneignung durch staatliche oder private Unternehmen (IPSEN/FISCHER § 56 Rn 6). Unter Berücksichtigung des in Art 11 Abs 1 des Mondvertrages niedergelegten „common heritage of mankind"-Prinzips (vgl o Rn 48) ist eine Begründung von staatlichen Teilhaberechten ähnlich wie beim Meeresboden nur an den Naturschätzen des Mondes möglich. – Die von Menschenhand auf den Mond gebrachten Sachen wie Mondfahrzeuge bleiben trotz Besitzlosigkeit verkehrsfähig (vgl AVENARIUS, Übereignung besitzloser Sachen und Vindikationszession, JZ 1994, 511 f). Das an ihnen bestehende

Eigentum wird gem Art VIII des Weltraumvertrages weder durch ihren Aufenthalt im Weltraum noch durch ihre Rückkehr zur Erde berührt (dazu IPSEN/FISCHER § 56 Rn 41).

3. Die öffentlichen Sachen*

a) Der Begriff der öffentlichen Sache wurde von der Verwaltungsrechtswissenschaft zur einheitlichen Kennzeichnung der **öffentlich-rechtlichen Zweckbindung** bestimmter Gegenstände entwickelt. Somit ist der Begriff unabhängig von der Sachdefinition des bürgerlichen Rechts. Daher können zu den öffentlichen Sachen nach hM auch Gegenstände gerechnet werden, denen die bürgerlichrechtliche Sachqualität, namentlich wegen mangelnder Körperlichkeit, fehlt (SOERGEL/MARLY Rn 42; PAPPERMANN/LÖHR/ANDRISKE 4 f; WOLFF/BACHOF/STOBER II § 75 Rn 4; HÄDE JuS 1993, 113; aM PAPIER 2). 51

Soweit als öffentliche Sachen Gegenstände bezeichnet werden, denen auch bürgerlichrechtliche Sachqualität zukommt, ergeben sich Einschränkungen für das Privatrecht aufgrund der öffentlich-rechtlichen Zweckbindung dieser Sachen (dazu u Rn 54). Von einigen Autoren wird dies als **öffentlich-rechtliche Dienstbarkeit** zur Begründung von Duldungspflichten des privaten Eigentümers verstanden (vgl HÖFLING JA 1987, 607; HÄDE JuS 1993, 115; PAPIER 10; AXER 48; von einem „dinglichen öffentlichen Recht" sprechen auch PAPPERMANN/LÖHR/ANDRISKE 3). – Die von O MAYER nach dem Vorbild des französischen domaine public vertretene Auffassung eines vom Privatrecht gelösten öffentlichen Eigentums hat sich im Geltungsbereich des BGB nicht durchgesetzt (BGB-RGRK/KREGEL § 90 Rn 24; HÄDE JuS 1993, 116; PAPIER 6). – Ausnahmsweise besteht **öffentliches Eigentum** in Hamburg an öffentlichen Wegen, die der Hansestadt gehören, nach § 4 des WegeG v 4. 4. 1961 (GVBl 117; dazu BVerfGE 42, 20, 32 f und u Rn 54) und an Hochwasserschutzanlagen nach § 4a des DeichG v 29. 4. 1964 (GVBl 79; dazu BVerfGE 24, 367, 386). Ferner begründet § 4 des baden-württembergischen WasserG v 26. 7. 1976 (GVBl 369) öffentliches Eigentum am Bett der Gewässer erster und zweiter Ordnung.

Der Begriff der öffentlichen Sache umfaßt nicht das sog **Finanzvermögen** der öffentlichen Hand. Hierunter versteht man diejenigen Gegenstände, die nur mittelbar durch ihre Erträge oder ihren Vermögenswert der öffentlichen Verwaltung dienen sollen, zB Liegenschaften oder Unternehmensbeteiligungen. Die dem Finanzvermögen zugehörenden Sachen unterliegen grundsätzlich den Regeln des bürgerlichen Rechts (SOERGEL/MARLY Rn 41; WOLFF/BACHOF/STOBER II § 75 Rn 8). – Jedoch gelten 52

---

* **Schrifttum:** AXER, Die Widmung als Schlüsselbegriff des Rechts der öffentlichen Sachen (1994); FORSTHOFF, Verwaltungsrecht I (10. Aufl 1973) § 20; HÄDE, Das Recht der öffentlichen Sachen, JuS 1993, 113 ff; HARDINGHAUS, Öffentliche Sachherrschaft und öffentliche Sachwaltung (1966); HÖFLING, Grundzüge des öffentlichen Sachenrechts, JA 1987, 605 ff; KROMER, Sachenrecht des öffentlichen Rechts (1985); PAPIER, Recht der öffentlichen Sachen (3. Aufl 1998); PAPPERMANN/LÖHR/ANDRISKE, Recht der öffentlichen Sachen (1987); STERN, Die öffentliche Sache, VVDStRL 21 (1964) 183 ff; STÜRNER, Privatrechtliche Gestaltungsformen bei der Verwaltung öffentlicher Sachen (1969); W WEBER, Die öffentliche Sache, VVDStRL 21 (1964) 145 ff; WOLFF/BACHOF/STOBER, Verwaltungsrecht II (6. Aufl 2000) §§ 75 ff.

für die Zwangsvollstreckung in das Finanzvermögen die Beschränkungen nach den §§ 882a ZPO, 170 VwGO und den aufgrund § 15 Ziff 3 EGZPO erlassenen landesrechtlichen Vorschriften (DAGTOGLOU, Die Zwangsvollstreckung gegen den Fiskus, die Gemeinden und die sonstigen Personen des öffentlichen Rechts, VerwArch 50 [1959] 165 ff).

53 **b)** Die Begründung der Eigenschaft einer Sache als **öffentliche Sache** erfolgt durch **Widmung und Indienststellung** (zu den Einzelheiten vgl WOLFF/BACHOF/STOBER II § 76). Die Widmung kann durch Gesetz, Verordnung, Satzung, förmliches Verfahren (zB Bebauungsplan), Verwaltungsakt oder Gewohnheitsrecht erfolgen. Ist die Widmung einer Sache zur öffentlichen Sache nicht nachweisbar, so begründet die sog unvordenkliche Verjährung eine Vermutung dafür (vgl STAUDINGER/PETERS [2004] Vorbem 36 zu §§ 194 ff). Die neben der Widmung erforderliche Indienststellung ist Realakt (vgl HÄDE JuS 1993, 114 f; AXER 34 f). – Beendet wird die Eigenschaft einer Sache als öffentliche Sache mit ihrer **Entwidmung und Außerdienststellung** bzw **Einziehung**. Danach gelten die Vorschriften des bürgerlichen Rechts für diese Sachen wieder uneingeschränkt.

Öffentliche Sachen werden entweder extern durch Dritte (Sachen im Gemein-, Anstalts- oder Sondergebrauch, öffentliche Sachen ieS) oder intern durch den Verwaltungsträger (öffentliche Sachen im Verwaltungsgebrauch) genutzt; letztere bilden das sog **Verwaltungsvermögen** (vgl WOLFF/BACHOF/STOBER II § 75 Rn 10 ff; PAPIER 17 ff; HÄDE JuS 1993, 116 ff). – Öffentliche Sachen ieS sind danach insbes die sog **öffentlichen Einrichtungen**. Hierbei handelt es sich vorwiegend um anstaltlich genutzte Sachen wie Schulen, Krankenhäuser oder Museen. Es gehören aber auch zB Parks und Sportplätze hierher. – Ferner sind öffentliche Sachen solche, die dem **Gemeingebrauch** zur Verfügung stehen, vor allem also die öffentlichen Straßen und Gewässer. Dabei kann man wegen des möglichen Gemeingebrauchs daran das freie Wasser hinzurechnen, obgleich es sich nicht um eine Sache im bürgerlichrechtlichen Sinne handelt (vgl o Rn 43). Art und Umfang des Gemeingebrauchs werden durch die Zweckbestimmung der öffentlichen Sache, letztlich also durch die an den örtlichen Verhältnissen zu messende „Gemeinverträglichkeit" bestimmt (vgl SOERGEL/MARLY Rn 44; SCHEUNER, Die Gemeinverträglichkeit im Rahmen des Gemeingebrauchs und der Nutzung öffentlicher Sachen, in: FS Gieseke [1958] 73 ff). – **Geldzeichen** sind trotz der ihnen kraft „Widmung" verliehenen Zahlkraft nach zutreffender Ansicht keine öffentlichen Sachen (STAUDINGER/K SCHMIDT [1997] Vorbem A 21 zu §§ 244 ff mwNw).

54 **c)** An den öffentlichen Sachen besteht **modifiziertes Privateigentum** (ausf WOLFF/BACHOF/STOBER II § 77 Rn 2 ff); dies gilt nach BVerfGE 42, 20, 32 f auch für das in Hamburg bestehende öffentliche Eigentum iS des § 4 WegeG (vgl o Rn 51). Danach werden die an sich vorhandenen privatrechtlichen Berechtigungen durch die öffentlich-rechtliche Zweckbindung der Sachen „überlagert". So können zB ein Reisepaß und andere Ausweispapiere nicht verpfändet werden (AG Heilbronn NJW 1974, 2182, 2183; vgl § 90 Rn 8). Ebenso kann bei entsprechender Nutzung einer öffentlichen Sache öffentlich-rechtliches Nachbarschutzrecht eingreifen (vgl PAPIER 149 ff; PAPPERMANN/LÖHR/ANDRISKE 171 ff). – Im übrigen aber gilt die Zivilrechtsordnung für diese Sachen insoweit, als die aus ihr hergeleiteten Folgen mit der öffentlich-rechtlichen Zweckbindung nicht in Widerspruch treten. So können zB die Regeln über die Verkehrssicherungspflicht nach § 823 Abs 1 zur Anwendung kommen. Auch ist der Besitz an Sachen im Gemeingebrauch möglich; dieser darf jedoch nur im Rahmen der Gemeinverträglichkeit ausgeübt werden (BGHZ 21, 319, 327). Die §§ 93–95 sowie der bürgerlich-rechtliche Zubehörbegriff gelten für öffentliche Sachen hingegen nicht (PAPIER 2 f).

4. Die res sacrae*

a) Das römische Recht betrachtete gem Inst 2, 1, 7 die res sacrae als **res extra** **55** **commercium**, weil sie divini iuris seien. Maßgebend hierfür war der Gedanke, daß solche Gegenstände im sakralrechtlichen Eigentum der Gottheit stünden, das durch einen Weiheakt begründet worden sei. Heute bilden die res sacrae für das weltliche Recht eine Gruppe innerhalb der **öffentlichen Sachen** (dazu o Rn 51 ff); sie sind je nach Widmungszweck den Sachen im Gemein-, Anstalts- oder Verwaltungsgebrauch zuzurechnen (vgl MAINUSCH 152 ff; WOLFF/BACHOF/STOBER II § 75 Rn 27; HÄDE JuS 1993, 113; aM AXER 216). – Res sacrae sind die unmittelbar dem religiösen Kultus einer anerkannten oder als öffentlich-rechtliche Körperschaft privilegierten Kirche oder Religionsgemeinschaft dienenden Sachen, insbes die gottesdienstlichen Zwecken gewidmeten Gebäude, die Kirchengeräte sowie die Glocken (vgl OVG Koblenz DVBl 1956, 624, 625 f; PAPPERMANN/LÖHR/ANDRISKE 166; LORENZ JuS 1995, 495). Es ist jedoch keineswegs das gesamte kirchliche Vermögen als öffentliche Sache zu bewerten; so können zB Altenheime oder Krankenhäuser sowie kirchliche Kindergärten voll dem Privatrecht unterliegen (MÜLLER-VOLBEHR NVwZ 1991, 144). – Für die Anerkennung der Kultgegenstände als öffentliche Sachen und für die daraus herzuleitenden Folgen ist das staatliche Recht maßgebend, das vom kirchlichen Recht abweichen kann. So fehlt zB den res sacrae der Schutz des § 882a ZPO (GOERLICH, in: GS Martens 562 und 572). Der Kreis der als öffentlich-rechtliche Körperschaften privilegierten Kirchen und Religionsgemeinschaften ist durch Art 140 GG iVm Art 137 Abs 5 WRV bestimmt.

b) Maßgebend für Begründung und Umfang der öffentlich-rechtlichen Zweck- **56** bindung von res sacrae ist, wie bei anderen öffentlichen Sachen, die **Widmung**. Sie ist ein in den Wirkungen einem Verwaltungsakt gleichzustellender Akt (FORSTHOFF AöR 31, 222 ff), durch welchen die Sache für den kirchlichen Dienst bestimmt wird. An der Widmung sind die Kirche oder sonstige Religionsgemeinschaft sowie der Sacheigentümer beteiligt (vgl BayObLGZ 1967, 93, 99). Der Staat wird nur insofern berührt, als er durch speziellen Akt oder kraft genereller Norm die Widmung als auch für das staatliche Recht verbindlich erklärt. Das bedeutet, daß in der Frage, wann eine Widmung zur res sacra vorliegt und welche Zweckbindung sie begründet, der durch Art 140 GG iVm Art 137 Abs 5 WRV gewährleisteten staatsfreien Eigenständigkeit der Kirchen im Kernbereich kirchlicher Betätigung Rechnung zu tragen ist (MAINUSCH 67 ff; vgl auch MAUNZ/DÜRIG, Grundgesetz [38. Erg 2001] Art 140 GG,

---

* **Schrifttum:** FORSTHOFF, Res sacrae, AöR (NF) 31 (1940) 209 ff; GOERLICH, Zwangsvollstreckung und Kirchengut, in: GS Martens (1987) 559 ff; LORENZ, Kirchenglocken zwischen öffentlichem und privatem Recht, JuS 1995, 492 ff; MAINUSCH, Die öffentlichen Sachen der Religions- und Weltanschauungsgemeinschaften (1995); MEURER, Der Begriff und Eigenthümer der heiligen Sachen (1885); MÜLLER-VOLBEHR, Res sacra und Sachgebrauch, NVwZ 1991, 142 ff; SCHLINK, Neuere Entwicklungen im Recht der kirchlichen öffentlichen Sachen und der res sacrae, NVwZ 1987, 633 ff; TRETZEL, Kirchliche Sachen, SeuffBl 72 (1907) 704 ff und 767 ff. Vgl auch das bei Rn 32 genannte Schrifttum.

Art 137 WRV Rn 9). Einer politischen Gemeinde als Eigentümerin der Kirchenglocken ist es daher verwehrt, durch eine Läuteordnung den Gebrauch der Glocken mit Verbindlichkeit für die Kirchengemeinde festzusetzen (OVG Koblenz DVBl 1956, 624, 626). Auch der Widmungstatbestand entscheidet sich grundsätzlich nach innerkirchlichem Recht, insbes hinsichtlich des Erfordernisses eines Weiheaktes.

57 Die **Entwidmung** und Außerdienststellung einer res sacra kann grundsätzlich nur in Übereinstimmung unter den Beteiligten erfolgen. Die Entwidmung durch den Eigentümer ohne Zustimmung des Widmungsbegünstigten genügt nicht (BayObLGZ 1980, 381, 389). Allerdings kann der Begünstigte einem Anspruch des Eigentümers auf Entwidmung ausgesetzt sein (vgl Mainusch 277 ff; Schlink NVwZ 1987, 639) – Die einseitige Entwidmung durch den Staat kann nur gesetzlich oder durch einen Verwaltungsakt kraft besonderer gesetzlicher Ermächtigung erfolgen (BayObLGZ 1967, 93, 99 f). Eine allgemein erteilte Enteignungsermächtigung genügt hierfür nicht (Forsthoff AöR 31, 229). Dies wird vor allem wichtig, wenn bei baulichen Neuplanungen kirchliche Gebäude oder Friedhöfe berührt werden. – Nach der Entwidmung ist die ehemalige res sacra uneingeschränkt verkehrsfähig, zB als Gegenstand des Antiquitätenhandels (MünchKomm/Holch § 90 Rn 39).

58 c) Auch für die res sacrae gilt die Theorie vom modifizierten Privateigentum (vgl o Rn 51 und 54), wonach auf dem privaten Eigentum an der Sache die öffentlich-rechtliche Zweckbindung als Dienstbarkeit lastet (ausf Mainusch 122 ff). Der Umfang der aufgrund der Widmung **ausgeschlossenen privatrechtlichen Befugnisse** des Sacheigentümers ist vielfach aus alten Vorschriften, zT auch aus dem Gewohnheitsrecht zu entnehmen. Wo die Landes- und Stadtrechte keine entsprechenden Bestimmungen vorsehen, kann das gemeine Recht Bedeutung erlangen (vgl BayObLGZ 1967, 93, 98). Im ehemals preußischen Gebiet ist auf die §§ 160 ff II 11 ALR zurückzugreifen. Für Kirchenstühle gelten nach Art 133 EGBGB die landesrechtlichen Vorschriften fort.

59 **Rechtsgeschäfte**, die sich mit der Zweckbestimmung der res sacra vereinbaren lassen, also den bestimmungsgemäßen Gebrauch nicht beschränken oder verhindern, sind wirksam (OVG Koblenz DVBl 1956, 624, 626; BayObLGZ 1980, 381, 389; vgl RGZ 31, 217, 220 zur Übereignung von Kirchengebäuden, die dem öffentlichen Gottesdienst gewidmet sind, sowie RGZ 107, 365, 367 zu kirchlichen Gerätschaften). Auch die Vermietung eines Kirchenraumes zum Zwecke einer der Widmung entsprechenden Veranstaltung, zB eines Konzerts, kann stattfinden (Forsthoff AöR 31, 239). – Der Widmung widersprechende Privatrechtsakte hingegen sind unwirksam. Dabei kommt es, wie bei allen öffentlichen Sachen, nicht darauf an, in wessen Eigentum die res sacra steht. Eine Klage des Eigentümers auf Herausgabe der res sacra ist unbegründet, da der Kirchengemeinde aufgrund der Widmung ein Recht zum Besitz iS des § 986 Abs 1 S 1 zusteht (BayObLGZ 1967, 93, 104; 1980, 381, 390 ff; dazu Schlink NVwZ 1987, 638 f).

60 **Prozessual** wird der an sich privatrechtliche Charakter der res sacrae ebenfalls durch die öffentlich-rechtliche Zweckbestimmung überlagert (vgl Zöller/Gummer, ZPO [24. Aufl 2004] § 13 GVG Rn 29). So entscheidet das BVerwG hinsichtlich des Rechtswegs für Klagen gegen kirchliches Glockengeläute nach der Natur der Glockennutzung: Während für Immissionsabwehrklagen gegen liturgisches Läuten der Verwaltungsrechtsweg gegeben sei (BVerwG NJW 1984, 989, 990 m Anm Schatzschneider; ebenso

SCHLINK NVwZ 1987, 639 mwNw; aM VGH München NJW 1980, 1973), bleibe gegen das außerhalb des Widmungszwecks erfolgende Zeitschlagen der Zivilrechtsweg eröffnet (BVerwG NJW 1994, 956; vgl auch LG Aschaffenburg NVwZ 2000, 965). Richtigerweise ist aber auch gegen das liturgische Läuten vor den Zivilgerichten zu klagen, da trotz des öffentlich-rechtlichen Gebrauchs der Glocken das Rechtsverhältnis zum belästigten Nachbarn privatrechtlicher Natur ist (vgl LORENZ JuS 1995, 494 und 496; MÜLLER-VOLBEHR NVwZ 1991, 145).

5. Friedhöfe und Grabstätten

Nach römischem Recht waren Begräbnisplätze **res religiosae** und damit, wie res sacrae, gem Inst 2, 1, 7 res extra commcercium. Private Rechte an ihnen konnten nicht begründet werden. **61**

a) Heute werden sowohl die kirchlichen als auch die gemeindlichen Friedhöfe als **öffentliche Sachen** bewertet (GAEDKE, Handbuch des Friedhofs- und Bestattungsrechts [8. Aufl 2000] 18 f). Soweit der Widmungszweck nicht berührt ist, werden Friedhofsgrundstücke nach bürgerlichem Recht beurteilt (RGZ 100, 213, 214 f). – Weitgehend jedoch werden die privatrechtlichen Regeln durch die Zweckbindung aufgrund der Widmung zum Begräbniszweck verdrängt. Der Umfang der mit Widmung und Indienststellung geschaffenen Zweckbindung ist bei kirchlichen Friedhöfen, wie bei den res sacrae (vgl o Rn 55 ff), grundsätzlich in Übereinstimmung mit dem jeweiligen kirchlichen Recht zu bestimmen. Dabei kann auch dem Brauchtum konstitutive Bedeutung zukommen (BGH NJW 1954, 1483, 1484). Die Widmung gemeindlicher Friedhöfe hat der Totenbestattung als öffentlicher Aufgabe Rechnung zu tragen und dementsprechend einen allgemeinen Bestattungsanspruch zu gewähren (GAEDKE 167 ff; zur Bestattung fehlgeborener Kinder vgl RIXEN FamRZ 1994, 417 ff).

Entwidmung und Außerdienststellung von Friedhöfen, zB im Zuge von Baumaßnahmen, müssen bei kirchlichen Friedhöfen nach den für res sacrae geltenden Grundsätzen erfolgen (vgl o Rn 56 f). Bei gemeindlichen Friedhöfen sind die Regeln über öffentliche Sachen maßgebend (vgl o Rn 53; GAEDKE 62 ff).

b) Sowohl bei kirchlichen als auch bei gemeindlichen Friedhöfen erfolgt die Benutzung des Begräbnisplatzes grundsätzlich öffentlich-rechtlich im Rahmen **anstaltlicher Nutzung** (BGHZ 25, 200, 208; BVerwGE 25, 364, 365; BVerwG DÖV 1964, 200). – Bei kirchlichen Friedhöfen kann die Benutzung auf Kirchenmitglieder beschränkt werden. Für gemeindliche Friedhöfe besteht grundsätzlich Benutzungszwang. Soweit dieser in § 9 Abs 1 des FeuerbestattungsG v 15. 5. 1934 (RGBl I 380) vorgeschrieben ist, ist die Regel nur im Hinblick auf die Ausnahmevorschrift des § 9 Abs 3 mit Art 2 Abs 1 GG vereinbar; die Bewilligung einer Ausnahme darf danach nicht allein mit der Begründung abgelehnt werden, daß eine gemeinsame Bestattung der Toten dem sittlichen Empfinden des weit überwiegenden Teils der Bevölkerung entspreche (Hessischer Staatsgerichtshof NJW 1968, 1923, 1924 f; vgl auch WEBER, Benutzungszwang für Trauerhallen [Friedhofskapellen] und friedhofseigene Leichenkammern auf kommunalen Friedhöfen, NVwZ 1987, 641 ff). Sondernutzungsrechte, zB hinsichtlich besonderer Grabstellen, können eingeräumt werden (GAEDKE 174). Ferner können privatrechtlich begründete Sondernutzungsrechte aufgrund alten Rechts bestehen (BGHZ 25, 200, 208; vgl auch STAUDINGER/MERTEN [1998] Art 133 EGBGB). **62**

Die **Anstaltsordnung** für Friedhöfe kann bestehende Regeln und Abreden ändern (BVerwG DÖV 1960, 793, 795). Der Änderungsbefugnis sind jedoch durch Gesetz und Widmungszweck Grenzen gesetzt, insbes durch die Grundrechte aus Art 2 Abs 1 und 14 GG (vgl BVerwG DÖV 1964, 200). Eine Erhöhung früher vereinbarter Gebührensätze für die Verlängerung sog Erbbegräbnisse ist zulässig (BGHZ 25, 200, 209). – Auch die Ausgestaltung des Grabplatzes unterliegt der AnstaltsO. Dabei ist der öffentlichen Aufgabe Rechnung zu tragen, für eine würdige Totenbestattung zu sorgen. Allerdings dürfen die Anforderungen hier nicht überspannt werden; so ist zB ein generelles Verbot schwarzer polierter Grabsteine unzulässig (BVerwG DÖV 1964, 200 f).

63 c) Der **Leichnam** als Grabinhalt unterliegt während der Dauer der Totenehrung nicht den allgemeinen Regeln über Sachen (vgl § 90 Rn 27 ff). Nach dem Ende der Totenehrung steht der Leichnam – im Rahmen des Widmungszwecks – im Eigentum des Friedhofseigentümers. Daher sind beim Abräumen alter Gräber die der Erde entnommenen Gebeine, insbes der Schädel, in gebührender Weise aufzubewahren (vgl auch § 90 Rn 40). – In Auslegung des § 9 FeuerbestattungsG gilt dies auch für die beim Abräumen eines Urnengrabes der Erde entnommene **Urne** und die darin enthaltenen Aschenreste (Gaedke 247).

Grabbeigaben aus bleibender Substanz stehen mangels fester Verbindung mit dem Friedhofsgrundstück (§ 94 Abs 1) weiterhin im Eigentum des Gebers; eine Dereliktion nach § 959 kommt idR nicht in Betracht. – Soweit sie beim Abräumen des Grabes noch erhalten sind und der Geber bekannt ist, sind sie ihm zurückzugewähren; macht er nach Aufforderung sein Eigentum nicht geltend, ist von einer stillschweigenden Dereliktion auszugehen. Sind die Geber, zB bei alten Grabstätten, nicht mehr auszumachen, gelten die Regeln des Schatzfundes gem § 984 (Mainusch, Die öffentlichen Sachen der Religions- und Weltanschauungsgemeinschaften [1995] 150).

64 d) Auch die aufgestellten **Grabsteine** und sonstiger dauerhafter **Grabschmuck** sind mangels fester Verbindung bzw wegen § 95 Abs 1 keine wesentlichen Bestandteile des Friedhofsgrundstücks und verbleiben daher im Eigentum des Aufstellers (BGH JR 1977, 367, 368; Mainusch 149; Wacke, Die „Grabsteinpfändung" – Pietätsrücksichten beim Schuldnerschutz im Konflikt mit dem Lieferantenkredit, DGVZ 1986, 161 f; vgl § 94 Rn 9). – Daher war die vom LG Koblenz (NJW 1956, 949, 950) vertretene Ansicht fehlerhaft, an Grabsteinen werde durch Beschädigung kein Vermögensschaden angerichtet; der Schaden tritt vielmehr in den Wiederherstellungskosten hervor (Ganschezian-Finck NJW 1956, 1481; Faber NJW 1956, 1480, 1481). – Der unmittelbare Besitz an der Grabstelle als solcher steht dem Friedhofsträger zu (KG JW 1936, 399; Gaedke 209).

65 Wenn auch die zum Grabschmuck verwendeten Sachen im Privateigentum des Aufstellers verbleiben, so verstoßen doch Rechtsgeschäfte, die mit dem Ziel einer Totenehrung unvereinbar sind, gegen die guten Sitten. – Problematisch ist in dieser Hinsicht auch die **Pfändbarkeit** der genannten Gegenstände. Während Sarg und Leichenhemd als Bestattungsbedarf nach § 811 Abs 1 Nr 13 ZPO unpfändbar sind, fallen Grabsteine nach richtiger Ansicht nicht unter diese Vorschrift. Denn sie sind nicht unmittelbar für die Bestattung bestimmt, sondern dienen nur dem Andenken der Verstorbenen (OLG Köln DGVZ 1992, 116, 119; LG Wiesbaden NJW-RR 1989, 575, 576; Musielak/Becker, ZPO [3. Aufl 2002] § 811 ZPO Rn 28; Brunner, Friedhofs- und Bestattungsrecht [1927] 98; **aM** LG Oldenburg DGVZ 1992, 92; STAUDINGER/DILCHER [1995] Rn 40). Auch ein übergesetzlicher Pfändungsschutz aus Pietätsgründen ist nicht anzuerkennen, wenn der Hersteller den Grabstein wegen seines Werklohnanspruchs pfänden läßt (LG Braunschweig NJW-RR 2001, 715; ZÖLLER/STÖBER, ZPO [24. Aufl 2004] § 811 Rn 37 mwNw). In anderen Fällen kann der Gedanke der Pietät jedoch in entsprechender Anwendung des § 811 Abs 1 Nr 13 ZPO berücksichtigt werden (vgl GAEDKE 211; WACKE DGVZ 1986, 163 ff).

VII. Eigentums- und Verfügungsbeschränkungen

Von den mangels Sachqualität dem Privatrechtsverkehr entzogenen Substanzen und von den öffentlichen Sachen sind solche Sachen zu unterscheiden, die zwar grundsätzlich dem Privatrechtsverkehr zugänglich sind, für die jedoch – ohne Widmung zur öffentlichen Sache – bestimmte Beschränkungen der Eigentümerbefugnisse bestehen, so daß nicht alle Möglichkeiten privatrechtlicher Entfaltung wahrgenommen werden können (vgl DILCHER, Denkmalschutz – Die Wertschätzung dokumentierter Geschichte und ihre rechtlichen Folgen, in: FS Coing II [1982] 73 ff). **66**

1. Denkmalschutz und andere Eigentumsbeschränkungen

a) Den Friedhöfen und den res sacrae als öffentlichen Sachen stehen die **Denkmäler** zwar nahe, sie sind jedoch nicht als öffentliche Sachen einzuordnen. Wenn die dem Gottesdienst dienenden Kulturdenkmäler besonders hervorgehoben werden, so gelten für sie sowohl die Regeln über res sacrae als auch die über den Denkmalschutz.

Mit der Einbeziehung einer Sache in den Bereich des Denkmalschutzes sind **Eigentumsbeschränkungen** verbunden, die vor allem in Veränderungsverboten und Erhaltungsgeboten bestehen. Solche Eigentumsbeschränkungen stellen keine Enteignung, sondern eine Bestimmung von Inhalt und Schranken des Eigentums dar, die sich an Art 14 Abs 1 iVm Abs 2 messen lassen muß (BVerfGE 100, 226, 239 f; ebenso für Regelungen des Naturschutzes BGH NJW 1993, 2095, 2096 f; BVerwG NJW 1993, 2949 f). Bei der Versagung einer Baugenehmigung mit Rücksicht auf ein Bodendenkmal handelt es sich daher um die Konkretisierung einer Inhalts- und Schrankenbestimmung, nicht um eine Enteignung (BGH NJW 1993, 1255, 1256).

Die Rechtsgrundlagen des Denkmalschutzes ergeben sich, soweit das Privatrecht berührt ist, aus dem in Art 111 EGBGB vorbehaltenen Landesrecht (vgl die Übersicht bei STAUDINGER/MERTEN [1998] Art 111 EGBGB Rn 7).

b) Bei den Denkmälern werden mehrere Arten unterschieden: **Kulturdenkmäler** sind die von Menschen in vergangenen Zeiten geschaffenen Sachen, deren Erhaltung wegen ihres geschichtlichen, wissenschaftlichen, künstlerischen, städtebaulichen oder landschaftsgestaltenden Wertes im öffentlichen Interesse liegt (vgl WOLFF/BACHOF/STOBER, Verwaltungsrecht I [11. Aufl 1999] § 38 Rn 56). – Für Mobilien gibt es daneben die Einordnung als **Kulturgut**. Damit werden Kunstwerke, Bibliotheken und Archive bezeichnet, deren Ausfuhr nach dem G zum Schutze des deutschen Kulturgutes gegen Abwanderung idF v 8. 7. 1999 (BGBl I 1754) genehmigungsbedürftig ist. **67**

Weiterhin gibt es **Bodendenkmäler**, die zB in § 2 Abs 5 des nordrhein-westfälischen DenkmalschutzG genannt sind und die gemeinhin als Altertumsfunde bezeichnet werden. Ausgrabungen bedürfen der Erlaubnis zB nach § 13 des nordrhein-westfälischen DenkmalschutzG und nach § 19 des schleswig-holsteinischen DenkmalschutzG. In § 21 des letztgenannten Gesetzes ist sogar ein staatliches Schatzregal vorgesehen.

Schließlich gibt es nach § 17 BNatSchG das **Naturdenkmal**. Mit diesem Ausdruck werden ua erhaltungswürdige Felsbildungen, Gletscherspuren, Wasserfälle und seltene Bäume sowie Dünen oder Sandbänke bezeichnet. Auch hier gelten Veränderungsverbote und Erhaltungsgebote (vgl BAUR/STÜRNER § 26 Rn 13 f; WOLFF/BACHOF/STOBER I § 38 Rn 52; zur Erhaltung eines sog Buchendomes BGH LM 60 zu Art 14 GG; zum Sandabbau aus einer Flugsanddüne BGHZ 123, 242). – Besonderen Schutz genießen sog **Biotope** nach § 20c BNatSchG (vgl BREUER, in: SCHMIDT-ASSMANN, Besonderes Verwaltungsrecht [12. Aufl 2002] 5. Kap Rn 124).

Rechtsgrundlagen dieser Eigentumsbeschränkungen sind die gem Art 109 EGBGB erlassenen Naturschutz- und LandschaftspflegeG (vgl die Übersicht bei STAUDINGER/MERTEN [1998] Art 109 EGBGB Rn 29).

68 c) Zahlreiche weitere Eigentumsbeschränkungen bestehen im **öffentlichen Interesse**, vor allem zum Zwecke der Raumordnung und Raumplanung, der Wirtschaftslenkung und des Umweltschutzes (vgl BAUR/STÜRNER § 26; WOLFF/BACHOF/STOBER I § 38 Rn 13 ff). In allen diesen Fällen tritt privatrechtlich keine Verkehrsunfähigkeit der betroffenen Sachen ein.

2. Gesetzliche Verbote und Veräußerungsverbote

69 Für **gesetzliche Verbote**, die im öffentlichen Interesse erlassen sind (vgl ua die in Rn 43 genannten Sachverhalte), gilt § 134. – Solche Verbote führen niemals zur Verkehrsunfähigkeit von Sachen, weil alle nicht vom Verbot erfaßten Geschäfte uneingeschränkt zulässig bleiben (vgl STAUDINGER/SACK [2003] § 134). – In gleicher Weise wie die allgemeinen gesetzlichen Verbote bewirken auch die **absoluten gesetzlichen Verfügungsverbote** keine Verkehrsunfähigkeit der von ihnen betroffenen Sachen. Dies gilt um so mehr für die **relativen gesetzlichen Veräußerungsverbote** (hierzu STAUDINGER/KOHLER [2003] § 135). – Den gesetzlichen Veräußerungsverboten stehen nach § 136 die von einem Gericht oder einer anderen Behörde innerhalb ihrer Zuständigkeit erlassenen Veräußerungsverbote gleich (hierzu STAUDINGER/KOHLER [2003] § 136). Eine Begründung der Verkaufsunfähigkeit durch Rechtsgeschäft ist dem BGB unbekannt. – Soweit **private Verfügungsverbote** möglich sind (vgl STAUDINGER/KOHLER [2003] § 137 Rn 40 ff), bewirken sie ebenfalls keine Verkehrsunfähigkeit der betroffenen Gegenstände.

Abschnitt 2
Sachen und Tiere

§ 90
Begriff der Sache

Sachen im Sinne des Gesetzes sind nur körperliche Gegenstände.

Materialien: E I § 778; II § 77a; III § 86; Mot III 32; Prot III 2; JAKOBS/SCHUBERT, AT I 421 ff.

Schrifttum

Siehe Vorbem zu §§ 90 ff.
Zur Software Rn 13; zum menschlichen Körper Rn 18; zum Leichnam Rn 27.

Systematische Übersicht

I.	**Die Definition der Sache**		b)	Die vertragliche Überlassung	14
1.	Der körperliche Gegenstand	1	c)	Der deliktische Schutz	16
2.	Unkörperliche Gegenstände	2	d)	Die sachenrechtliche Zuordnung	17
3.	Der Geltungsbereich des § 90	3	4.	Der menschliche Körper	18
			a)	Eigentum und Persönlichkeitsrecht	18
II.	**Einzelprobleme**		b)	Körperteile und Körperbestandteile	20
1.	Urkunden	5	c)	Künstliche Körperteile und Hilfs-	
a)	Wertpapiere	5		mittel	25
b)	Eigentum und Inhaberschaft	6	5.	Der Leichnam	27
c)	Schuldschein und Kfz-Brief	7	a)	Die Sachqualität des Leichnams	28
d)	Personalausweispapiere	8	b)	Eigentum und Persönlichkeitsrecht	29
2.	Die Energien	9	c)	Das Totensorgerecht	31
a)	Die stofflichen Grundlagen	9	d)	Herrenlosigkeit und Aneignungs-	
b)	Elektrizität und Fernwärme	10		recht	37
c)	Ausländisches Recht	12	e)	Die Bestandteile des Leichnams	38
3.	Software	13	f)	Das Ende des Leichenschutzes	40
a)	Die Trennung von Datenträger und Programm	13			

Alphabetische Übersicht

Anatomieverträge	34	Eigentum am Körper		18, 29
Aneignungsrecht am Körper	37 f	Einpflanzung in den Körper		24
Ausländisches Recht	12	Elektrizität		10
		Elektromagnetische Felder		11
Bestattungsanordnungen	33	Energien		9 ff
Blutspende	20			
		Fernwärme		10
Computerprogramme	13 ff			
		Gegenstände		1 f
Datenträger	13 ff	Geltungsbereich des § 90		3 f

Joachim Jickeli/Malte Stieper

Herzschrittmacher	25, 39	Schuldschein	7
Hilfsmittel	26	Sektion	35
		Software	13 ff
Körper des Menschen	18 ff	Sperma	22
Kraftfahrzeugbrief	7	Strahlen	11
Künstliche Körperteile	25, 39		
		Todeszeitpunkt	27
Leichnam	27 ff	Totensorgerecht	31 ff
Lichtwellen	11	Transplantation	23, 36, 38
Obduktion	35	Umbettung	33
Organtransplantation	23, 36, 38	Urkunden	5 ff
Persönlichkeitsrecht am Körper	19, 30	Wertpapiere	5
Personalausweispapiere	8		
Radiowellen	11		

I. Die Definition der Sache

1 1. § 90 macht die **Körperlichkeit** eines Gegenstandes zum Kriterium für seine Sachqualität. Dazu bezieht sich das BGB auf die natürliche Anschauung, welche **räumliche Abgrenzung** und **Beherrschbarkeit** des Gegenstandes verlangt (zu Einzelheiten vgl Vorbem 8 f zu §§ 90 ff). Weder die Wahrnehmbarkeit durch den Tastsinn noch ein fester Aggregatzustand sind erforderlich. § 90 unterscheidet nicht zwischen beweglichen und unbeweglichen Sachen (vgl dazu Vorbem 36 ff zu §§ 90 ff), ebensowenig zwischen einfachen und zusammengesetzten Sachen (vgl dazu Vorbem 13 zu §§ 90 ff). Die Abgrenzung der Sache muß auch nicht von Natur aus bestehen. – Sache iS des § 90 ist also jedes in räumlicher Abgrenzung für sich bestehende und im Verkehrsleben als selbständig anerkannte Stück der beherrschten Materie (RGZ 87, 43, 45; ENNECCERUS/NIPPERDEY § 121 II).

2 2. **Unkörperliche Gegenstände** und damit keine Sachen iS des § 90 sind vor allem die Rechte. Selbst der Umstand, daß die mit einem Grundstück verbundenen Rechte nach § 96 als Grundstücksbestandteile gelten, läßt sie nicht zum Sachteil werden (RGZ 83, 198, 200; BGB-RGRK/KREGEL Rn 10). – Auch Immaterialgüter und Geisteswerke unterfallen nicht dem Sachbegriff des BGB (BGHZ 44, 288, 294; BGB-RGRK/KREGEL Rn 8; vgl Vorbem 9 zu §§ 90 ff). Werden Geisteserzeugnisse in einem materiellen Substrat verkörpert, so trifft der Sachbegriff nur diese Verkörperung. Davon zu trennen ist das absolute Recht am Geisteserzeugnis, etwa nach Urheber- oder Patentrecht (zur Sachqualität von Computersoftware s u Rn 13 ff).

3 3. Die Sachdefinition des § 90 ist aufgrund ihrer Stellung im AT für eine **Anwendung im gesamten Bereich des BGB** bestimmt (vgl Vorbem 1 zu §§ 90 ff). Bei einigen Vorschriften jedoch ergeben sich sachgebotene Abweichungen von der Definition des § 90, zB im Zusammenhang des § 119 Abs 2 (vgl Vorbem 10 zu §§ 90 ff). – Für **ältere Gesetze** wie die ZPO kann die Definition des § 90 keine Geltung beanspruchen (vgl Vorbem 12 zu §§ 90 ff). – Sie gilt auch nicht für Vorschriften

Juli 2004

des **Landesrechts**, selbst wenn dieses aus der Zeit nach dem Inkrafttreten des BGB stammt (RGZ 51, 101, 105).

Ebenso wird für den Bereich des **öffentlichen Rechts** der Sachbegriff zwar in An- 4 lehnung an § 90, im Einzelfall jedoch unabhängig davon bestimmt; insbes müssen öffentliche Sachen keine Sachqualität iS des § 90 aufweisen (vgl Vorbem 51 zu §§ 90 ff). – Auch für das **Steuerrecht** muß der Begriffsinhalt des Wortes Sache jeweils eigenständig aus dem steuerrechtlichen Normzweck bestimmt werden (vgl Maassen, Privatrechtsbegriffe in den Tatbeständen des Steuerrechts [1977] 15 ff). – Das **Strafrecht** folgt grundsätzlich dem Sachbegriff des § 90, vor allem im Zusammenhang der §§ 242 und 246 StGB (BGB-RGRK/Kregel Rn 28). Dies bedeutet ua, daß Elektrizität keine Sache im strafrechtlichen Sinne ist (vgl u Rn 10). Insbesondere im Zusammenhang der Einordnung von Tieren als Sachen wird zunehmend aber ein von §§ 90, 90a unabhängiger Sachbegriff vertreten (vgl § 90a Rn 11).

II. Einzelprobleme

1. Urkunden

Körperliche Gegenstände und darum Sachen sind auch die Urkunden. Sie unter- 5 liegen bei der Zwangsvollstreckung nach den §§ 808 Abs 2, 821 ff ZPO grundsätzlich den Vorschriften über das bewegliche Vermögen.

a) Wegen der Funktion der Urkunden, Rechte zu verkörpern, werden sie aber in bestimmten Fällen besonders behandelt. So gelten für **Wertpapiere** die Sachregeln; an ihnen besteht folglich Besitz und Eigentum. Darüber hinaus sind diese Sachen jedoch mit einem Recht in solcher Weise verknüpft, daß die Innehabung der Urkunde eine Bedingung für die Ausübung des Rechts darstellt (vgl Baumbach/Hefermehl, Wechselgesetz und Scheckgesetz [22. Aufl 2001] WRP Rn 11; Gursky, Wertpapierrecht [2. Aufl 1997] 2). – Bei den Wertpapieren ieS (vgl zum Begriff K Schmidt, Handelsrecht [5. Aufl 1999] § 24 I 2) ist die Urkunde nicht nur zur Geltendmachung, sondern auch zur Übertragung des Rechts erforderlich. Handelt es sich dabei um ein **Inhaberpapier**, so bewirkt die nach den §§ 929 ff vollzogene Eigentumsübertragung am Papier den Übergang des in der Urkunde verbrieften Rechts. Bei **Orderpapieren** gilt dasselbe, sofern die Übertragung des Wertpapiers nach den besonderen Regeln für Indossamente erfolgt ist. Erlischt das in der Urkunde verbriefte Recht, zB durch Erfüllung, so besteht die Sacheigenschaft der Urkunde fort.

Eine **Vernichtung der Urkunde** bewirkt nicht den Untergang des verkörperten Rechts, sondern schließt nur seine Ausübung aus. Der Rechtsinhaber kann die Herstellung einer neuen Urkunde verlangen. Ein etwaiger Schadensersatzanspruch umfaßt auch den Schaden, der sich aus der Behinderung bei der Geltendmachung des Rechts ergibt.

b) Umgekehrt gibt es Urkunden, die ebenfalls Rechte verbriefen, bei denen 6 aber das Sacheigentum an die **Inhaberschaft des Rechts** gebunden ist. Es besteht zwar Eigentum an der Urkunde, selbständige Verfügungen über sie als Sache sind jedoch ausgeschlossen. Das Urkundeneigentum folgt gem § 952 Abs 2 der Inhaberschaft am Recht. – Für die Übertragung des Rechts kann neben der Einigung über den Rechtsübergang zusätzlich die Urkundenübergabe erforderlich sein, zB gem § 1154.

Abgesehen von der Bindung des Sacheigentums an die Rechtsinhaberschaft können aber Eigentum und Besitz an der Urkunde als Sache beeinträchtigt werden. Geschieht dies, so kann auch hier (vgl Rn 5) neben dem Schaden aufgrund der Sachverletzung ein weiterer Schaden durch Behinderung in der Rechtsausübung entstehen. – Ferner können Zurückbehaltungsrechte an der Urkunde als Sache ausgeübt werden (BGB-RGRK/KREGEL Rn 27). Auch der Abschluß eines Leihvertrags ist möglich (so RGZ 91, 155, 157 f für einen Hypothekenbrief).

7 c) Die genannten Grundsätze, die sich aus der Verknüpfung von Rechtsinhaberschaft und Sacheigentum an der Urkunde ergeben, gelten gem § 952 Abs 1 auch für den **Schuldschein**, dem kein Wertpapiercharakter zukommt (GURSKY 3). Dabei ist es für die Verknüpfung unerheblich, ob der Schuldschein mit verpflichtungsbegründender Wirkung oder zur Beweissicherung erteilt wurde.

Ausweisfunktion kommt auch dem **Kraftfahrzeugbrief** und dem **Anhängerbrief** nach den §§ 25 ff StVZO als Berechtigungsnachweis gegenüber der Kraftfahrzeugzulassungsstelle zu. Der Brief ist demnach kein Wertpapier (BGH NJW 1970, 653; 1978, 1854) und auch nicht als öffentliche Sache iS einer Zugehörigkeit zum Verwaltungsvermögen anzusehen (vgl Vorbem 53 zu §§ 90 ff). – Wegen der Ausweisfunktion wird jedoch von der hM in analoger Anwendung des § 952 angenommen, daß der Brief als Urkunde gegenüber dem in ihm beschriebenen Fahrzeug nicht Gegenstand selbständiger Rechte sein kann (BGHZ 34, 122, 134; 88, 11, 13; BGH NJW 1978, 1854; STAUDINGER/GURSKY [1995] § 952 Rn 9; SCHLECHTRIEM, Zivilrechtliche Probleme des Kraftfahrzeugbriefes, NJW 1970, 1993 und 2088, 2091; aM OHL BB 1957, 914. Zur Ausdehnung der Analogie auf andere Urkunden vgl STAUDINGER/GURSKY [1995] § 952 Rn 9; LG Karlsruhe NJW 1980, 789: Pferdepaß).

8 d) Anders ist dies bei den **Personalausweispapieren**. Diese stellen **öffentliche Sachen** (vgl Vorbem 51 ff zu §§ 90 ff) dar, die allein dem Verwaltungszweck der Personenidentifikation dienen. – Rechtsgrundlage für den maschinell lesbaren Europapaß ist das PaßG v 19. 4. 1986 (BGBl I 537); für Personalausweise gilt das PersAuswG v 21. 4. 1986 (BGBl I 548), das durch die Ausführungsgesetze der Bundesländer umgesetzt wurde (vgl MEDERT/SÜSSMUTH, Paß- und Personalausweisrecht I und II [2. Aufl 1992]).

Das Eigentum der Bundesrepublik Deutschland am Paß ergibt sich aus § 1 Abs 3 HS 2 PaßG, für Personalausweise ist dasselbe in § 1 Abs 5 S 2 PersAuswG und den jeweiligen Landesgesetzen vorgesehen. – Dementsprechend ist die **Verpfändung** eines gültigen Personalausweises unwirksam (AG Heilbronn NJW 1974, 2182, 2183; vgl Vorbem 54 zu §§ 90 ff). Auch Zurückbehaltungsrechte können an ihm nicht begründet werden; vielmehr ist der Paßinhaber berechtigt, von einem Dritten jederzeit die Herausgabe des Papiers zu verlangen (LG Baden-Baden NJW 1978, 1750). Allerdings wird eine kurzfristige Einbehaltung des Ausweises zur privaten Besucherkontrolle für zulässig gehalten (MEDERT/SÜSSMUTH I § 4 PersAG Rn 4a und II § 18 PaßG Rn 5).

Erfolgt die **Entwidmung** eines Passes oder Personalausweises, so wird die Urkunde eingezogen. – Für Pässe ist allerdings in Nr 12. 1 der Verwaltungsvorschriften zum

PaßG vorgesehen, daß bei berechtigtem Interesse dem Inhaber die durch Stempelung oder Lochung ungültig gemachte Urkunde belassen werden kann (MEDERT/ SÜSSMUTH II 81).

2. Die Energien*

a) Die zur Energieerzeugung erforderlichen **Stoffe** werfen hinsichtlich ihrer Sachqualität keine Probleme auf. Die beherrschten fossilen Brennstoffe Kohle, Erdöl und Erdgas sind ebenso Sachen iS des § 90 wie die Kernbrennstoffe. – Anders ist es bei fließendem Wasser als Grundlage der Energieerzeugung. Hier fehlt die bürgerlichrechtliche Sachqualität; für die Nutzung zur Energiegewinnung bestehen Rechtsschranken (vgl Vorbem 43 f zu §§ 90 ff). – Auch die freie Luft besitzt keine Sachqualität; ihre Verwendung zur Energieerzeugung ist jedoch rechtlich nicht beschränkt (vgl Vorbem 42 zu §§ 90 ff). Ebensowenig stehen einer Verwendung der Sonnenstrahlung zur Energieerzeugung rechtliche Schranken entgegen.   9

b) Ein im Zusammenhang des § 90 hervortretendes Rechtsproblem entsteht, wenn eine auf Verbrauch zielende Weiterleitung gewonnener Energie stattfindet, vor allem in der Form der **Elektrizität**. Dieser fehlt es an der Körperlichkeit und damit an der Sachqualität, so daß sachenrechtliche Beziehungen zu ihr ausgeschlossen sind (RGZ 56, 403, 404; 67, 229, 232; SOERGEL/MARLY Rn 2; BGB-RGRK/KREGEL Rn 13; aM PASCHKE, in: FS Kühne 339; anders zT im Ausland, s Rn 12). Für das Strafrecht wurde deshalb ein Spezialgesetz, das G betreffend die Bestrafung der Entziehung elektrischer Arbeit v 19. 4. 1900 (RGBl 288), erforderlich, das in § 248c StGB fortbesteht. – Auch eine durch Wasser vermittelte Energiebelieferung läßt **Fernwärme** nicht zur Sache werden (vgl OLG Frankfurt aM NJW 1980, 2531, 2532).   10

Hingegen wird die Möglichkeit **schuldrechtlicher Verträge** über die Belieferung mit Energie uneingeschränkt bejaht. Gem § 453 nF finden die Vorschriften des Kaufrechts Anwendung.

Soweit elektrische Energie **nicht verbrauchsgerichtet** weitergeleitet wird, wie zB beim Blitzschlag, bleibt sie als Naturkraft außerhalb der für die Güterbeherrschung maßgebenden Vorschriften des Privatrechts. Sie kann aber als schädigendes oder   11

---

* **Schrifttum**: APPENZELLER, Der Energiebegriff in seiner Beziehung zur Rechtswissenschaft (1954); BARTH, Strombörse und Energierecht: Bedeutung und rechtliche Rahmenbedingungen des börslichen Handels von Elektrizität, Recht der Energiewirtschaft 2000, 139 ff; BAUR, Langfristige Gaslieferungsverträge, in: FS Sandrock (2000) 35 ff; BUDDE, Energie und Recht (1902); BÜDENBENDER, Energierecht nach der Energierechtsreform, JZ 1999, 62 ff; KLOESS, Die Energien in- und außerhalb des Verkehrs und das Eigenrecht an ihnen, AcP 103 (1908) 34 ff; LIST, Elektrische Strömungs- und elektrische Schwingungsenergie als Rechtsbegriff (1931); MALZER, Das Recht der Energielieferungsverträge (1976); NIESSEN, Die privatrechtliche Stellung der Elektrizität und der Energielieferungsvertrag (1925); PASCHKE, Ist elektromagnetische Energie eine Sache?, in: FS Kühne (Wien 1984) 333 ff; PFLEGHART, Die Elektrizität als Rechtsobjekt (1901); ders, Die Sachqualität der elektrischen Energie, Arch-BürgR 24 (1904) 300 ff; PLÖCHL, Die elektrische Energie im Handelsrecht, in: FS Demelius (Wien 1973) 415 ff; P SCHULZE, Elektrizität und Sachbegriff im Bürgerlichen Recht (Diss Marburg 1934).

störendes Ereignis rechtlich bedeutsam werden. – Dasselbe gilt hinsichtlich anderer nicht geleiteter Energie, zB in Form von Licht- und **Radiowellen**, elektromagnetischen Feldern, Wärmestrahlen oder anderen **Strahlen** (vgl LAMPE, Defensiver und aggressiver übergesetzlicher Notstand, NJW 1968, 88, 91; FRITZ, Zivilrechtliche Abwehrmöglichkeiten gegen elektromagnetische Felder, BB 1995, 2122 ff).

12 c)   Im **ausländischen Recht** wird der Elektrizität vielfach der Sachcharakter zugebilligt, so vor allem in Österreich (PLÖCHL, in: FS Demelius 420; SCHWIMANN/KLICKA, Praxiskommentar zum ABGB [2. Aufl 1998] § 292 Rn 2 mwNw). – In Frankreich wird die Elektrizität aufgrund des umfassenden Gegenstandsbegriffs (vgl Vorbem 7 zu §§ 90 ff) den von Natur aus beweglichen Gütern (meubles par nature) des Art 528 cc zugerechnet. – Ebenso sieht Art 814 des italienischen Codice civile die Einordnung der Elektrizität als bewegliche Sache vor, soweit diese einen wirtschaftlichen Wert besitzt (vgl GALGANO, Diritto privato [9. Aufl Padova 1996] 101 und 114). – Für die Schweiz ist die Elektrizität zwar in Art 713 ZGB als Naturkraft den körperlichen Sachen ausdrücklich gleichgestellt; diese Einordnung ist aber nicht unumstritten (vgl MEIER-HAYOZ, Berner Kommentar III [5. Aufl Bern 1981] vor Art 641, 97 f).

3.   Software*

13 a)   Wie bei allen Geisteserzeugnissen greift auch bei der rechtlichen Beurteilung von **Software** die Trennung von Datenträger und Programminhalt ein (vgl o Rn 2). Der Datenträger ist als Mittel zum Transport des Programms eine Sache (BGHZ 102, 135, 144; SOERGEL/MARLY Rn 3). Das Computerprogramm als Folge von Befehlen zur Steuerung einer informationsverarbeitenden Maschine hingegen ist ein geistiges Gut, ein Immaterialgut, für das es auf den geistigen Inhalt und nicht auf den Träger als Sache ankommt (aM MARLY BB 1991, 434). Das **Programm** als solches wird auch nicht dadurch zur Sache iS des § 90, daß es auf einem Datenträger gespeichert wird

---

* **Schrifttum**: BÖMER, „Hinterlegung" von Software, NJW 1998, 3321 ff; BORMANN/BORMANN, Rechtsnatur und Rechtsschutz von Software, Betrieb 1991, 2641 ff; P BYDLINSKI, Der Sachbegriff im elektronischen Zeitalter: zeitlos oder anpassungsbedürftig?, AcP 198 (1998) 287 ff; FRITZSCHE, Rechtsfragen der Herstellung und Überlassung von Software, JuS 1995, 497 ff; JUNKER, Ist Software Ware? – Die Behandlung von Computerprogrammen im Steuer- und im Bilanzrecht, beim Leasing, im Warenzeichenrecht, im Schuldvertragsrecht und in der Produkthaftung, WM 1988, 1217 ff und 1249 ff; ders, Computerrecht: Gewerblicher Rechtsschutz, Mängelhaftung, Arbeitsrecht, JZ 1989, 316 ff; ders, Die Praxis des Bundesgerichtshofs zum Computerrecht 1989–1992, JZ 1993, 447 ff; KÖNIG, Die Qualifizierung von Computerprogrammen als Sachen iS des § 90 BGB, NJW 1989, 2604 f; ders, Software (Computerprogramme) als Sache und deren Erwerb als Sachkauf, NJW 1993, 3121 ff; MARLY, Die Qualifizierung der Computerprogramme als Sache nach § 90 BGB, BB 1991, 432 ff; ders, Softwareüberlassungsverträge (3. Aufl 2000); ZUR MEGEDE, Bemerkungen zu Rechtsfragen im Bereich der EDV, NJW 1989, 2580 ff; MEHRINGS, Computersoftware und Gewährleistungsrecht, NJW 1986, 1904 ff; MEIER/WEHLAU, Die zivilrechtliche Haftung für Datenlöschung, Datenverlust und Datenzerstörung, NJW 1998, 1585 ff; MICHALSKI/BÖSERT, Die vertrags- und schutzrechtliche Behandlung von Computerprogrammen (1992); MÜLLER-HENGSTENBERG, Computersoftware ist keine Sache, NJW 1994, 3128 ff; REDEKER, Wer ist Eigentümer von Goethes Werther?, NJW 1992, 1739 f; WEITZ, Software als „Sache" (1998); WITTE, Eigentumsanspruch und Urheberrecht bei Standardsoftware, DStR 1996, 1049 ff.

(MEHRINGS NJW 1986, 1905; JUNKER JZ 1989, 321 und 1993, 449; ZUR MEGEDE NJW 1989, 2582; MÜLLER-HENGSTENBERG NJW 1994, 3130; BAMBERGER/ROTH/FRITZSCHE Rn 26; PALANDT/HEINRICHS Rn 2; **aM** BGH NJW 1993, 2436, 2438; OLG Stuttgart NJW 1989, 2635, 2636; KÖNIG NJW 1989, 2604 und NJW 1993, 3122; MünchKomm/HOLCH Rn 25). Es bleibt vielmehr auch bei Verkörperung (zB in der magnetisierten Trägerschicht einer Diskette) ein geistiges Gut und damit möglicher Gegenstand eines Immaterialgüterrechts, namentlich eines Urheberrechts (vgl §§ 2 Abs 1 Nr 1, 69a ff UrhG), nicht aber des Eigentums iS des § 903 (LG Konstanz NJW 1996, 2662; REDEKER NJW 1992, 1740; ungenau SOERGEL/MARLY Rn 3, der nicht das Programm, sondern das daran bestehende Urheberrecht als Immaterialgut bezeichnet). Urheberrecht und Sacheigentum liegen auf unterschiedlichen Ebenen (SCHACK, Urheber- und Urhebervertragsrecht [2. Aufl 2001] Rn 34; WITTE DStR 1996, 1049; das verkennt WEITZ 178).

Das an dem **Datenträger** als corpus mechanicum bestehende Eigentum wird vielmehr durch ein an dem gespeicherten Programm etwa bestehendes Urheberrecht eingeschränkt. Darüber kann auch die Ansicht, die das Programm unzutreffend als Sache einordnet, nicht hinweghelfen. Der Eigentümer ist berechtigt, mit dem Datenträger nach Belieben zu verfahren, solange das Urheberrecht am Programm dadurch nicht betroffen wird; er kann ihn aufbewahren, zerstören oder die gespeicherten Daten löschen. Urheberrechtlich relevante Nutzungen wie Vervielfältigung und Verbreitung (vgl §§ 15 ff UrhG) hingegen sind grundsätzlich nicht ohne Einwilligung des Urhebers möglich. So bedarf der öffentliche Weiterverkauf eines erworbenen Datenträgers nur wegen des in §§ 17 Abs 2, 69c Nr 3 UrhG niedergelegten Erschöpfungsgrundsatzes nicht der Zustimmung des Urhebers des gespeicherten Computerprogramms (vgl SCHACK Rn 35 und 388).

b) Auch bei der **vertraglichen Überlassung von Software** ist das an dem Programm **14** bestehende Urheberrecht zu berücksichtigen. Ob die Software Sachqualität aufweist (so Rn 13), ist dabei von untergeordneter Bedeutung. Es geht bei dem „Verkauf" von Software nicht ausschließlich, wie KÖNIG (NJW 1993, 3122) meint, um die jeweilige Verkörperung der insoweit unbeachtlichen geistigen Schöpfung. – Zwar liegt bei der dauerhaften Überlassung von **Standardsoftware** ein Kauf vor (BGHZ 102, 135, 140 ff; 143, 307, 309; differenzierend MÜLLER-HENGSTENBERG NJW 1994, 3133); der Kaufgegenstand muß jedoch gemäß § 453 nF nicht Sachqualität iS des § 90 aufweisen (vgl Vorbem 10 zu §§ 90 ff). Der Verkäufer ist dementsprechend nicht nur zur Übergabe und Übereignung des (bespielten) Datenträgers, sondern hauptsächlich zur Einräumung der für die vertragsgemäße Nutzung erforderlichen Rechte (vgl § 69c Nr 1 UrhG) verpflichtet (SCHACK Rn 1135 f; MEHRINGS NJW 1986, 1905). Ob ein Sach- oder ein Rechtsmangel gegeben ist, hängt daher davon ab, ob ein Fehler des Datenträgers bzw des Programms selbst vorliegt oder ein erforderliches Nutzungsrecht fehlt.

Bei der direkten **Überspielung des Programms auf die Festplatte** des Käufers soll **15** nach Meinung des BGH ebenfalls Kaufrecht Anwendung finden (BGHZ 109, 97, 100 f). Wenn die Installation des Programms geschuldet ist, dürften jedoch werkvertragliche Komponenten im Vordergrund stehen (vgl BYDLINSKI AcP 198, 309 ff; MÜLLER-HENGSTENBERG, Die Bedeutung des Kaufrechts für die Computersoftware, NJW 2000, 3545, 3546 mwNw). – Ist Gegenstand des Vertrages die Herstellung von **Individualsoftware**, so unterliegt dieser dem Werkvertragsrecht (BGH NJW 1990, 3008); hinsichtlich des Datenträgers gilt § 651. – Die Lieferung des zur Nutzung erforderlichen **Bedie-**

nungshandbuchs als Teil der Software gehört zur Hauptleistungspflicht (BGH NJW 1993, 461, 462; vgl Vorbem 17 zu §§ 90 ff).

Die **Vollstreckung** eines Anspruchs auf Verschaffung einer Kopie eines Computerprogramms erfolgt nach hM analog § 883 ZPO (vgl STEIN/JONAS/BREHM, ZPO [21. Aufl 1996] § 883 ZPO Rn 12a mwNw). – Die **Pfändung** von Software erfolgt nach § 808 ZPO durch Wegnahme des Datenträgers (MUSIELAK/BECKER, ZPO [3. Aufl 2002] § 808 Rn 24).

16 c) Der **deliktische Schutz** des Datenträgers einschließlich des gespeicherten Programms wird von der fehlenden Sachqualität des Programms nicht berührt. Denn ein Löschen der Daten ist nicht ohne physikalische Veränderung des Datenträgers möglich und stellt daher einen Eingriff in das an diesem bestehende Eigentum dar (MEIER/WEHLAU NJW 1998, 1588; OLG Karlsruhe NJW 1996, 200, 201; vgl auch BYDLINSKI AcP 198, 315 und 321). Der Schadensersatzanspruch des Eigentümers aus § 823 Abs 1 ist auf Wiederherstellung des Datenträgers mit den ursprünglich gespeicherten Daten gerichtet (LG Kaiserslautern DAR 2001, 225, 226; zur Vollstreckung eines solchen Anspruchs vgl o Rn 15). – Allerdings ist nicht jede Beeinträchtigung der Nutzungsmöglichkeit des Speichermediums notwendig eine Eigentumsverletzung (ausf zu diesem Problemkreis STAUDINGER/HAGER [1999] § 823 Rn B 89 ff). Wenn Daten im stromabhängigen Arbeitsspeicher wegen Beschädigung eines Stromkabels durch einen Stromausfall gelöscht werden, liegt wegen der ohnehin nur flüchtigen Speicherung keine Eigentumsverletzung an der Computeranlage vor (vgl LG Konstanz NJW 1996, 2662, das allerdings auf die nur mittelbare Verletzung abstellt; allg auch HAGER, Haftung bei Störung der Energiezufuhr, JZ 1979, 53 ff). Hier käme man nur durch die Anerkennung eines „Rechts am eigenen Datenbestand" zu einer deliktischen Haftung (so MEIER/WEHLAU NJW 1998, 1588 f; vgl auch BGH NJW 1996, 2924, 2925; PALANDT/THOMAS § 823 Rn 29).

17 d) Die von der Gegenansicht vertretene Einordnung von auf einem Datenträger gespeicherten Computerprogrammen und anderen Daten als Sachen iS des § 90 (s o Rn 13) führt iE zu keiner anderen **sachenrechtlichen Zuordnung**. Denn selbst bei Anerkennung der Sachqualität stellten sie wesentliche Bestandteile des Datenträgers dar und wären nach § 93 nicht sonderrechtsfähig (BYDLINSKI AcP 198, 315). Ein vom Eigentum am Datenträger getrenntes Eigentum am Programm wäre in jedem Fall ausgeschlossen.

4. Der menschliche Körper*

18 a) Der eigene Körper erscheint dem Menschen bei naiver Betrachtung als mögliches **Objekt dinglicher Herrschaft**, was sich in der Verwendung der Possessivpronomina bei der Bezeichnung der Körperteile („mein Arm") wiederspiegelt. Hieraus

---

* **Schrifttum**: BEHL, Organtransplantation, DRiZ 1980, 342 f; CARSTENS, Das Recht der Organtransplantation (Diss Frankfurt aM 1978); ders, Organtransplantation, ZRP 1979, 282 ff; DEUTSCH, Medizinrecht (4. Aufl 1999) Kap XVIII; FORKEL, Verfügungen über Teile des menschlichen Körpers, JZ 1974, 593 ff; ders, Das Persönlichkeitsrecht am Körper, gesehen besonders im Lichte des Transplantationsgesetzes, Jura 2001, 73 ff; FREUND/HEUBEL, Der menschliche Körper als Rechtsbegriff, MedR 1995, 194 ff; GÖRGENS, Künstliche Teile im menschlichen Körper, JR 1980, 140 ff; GROPP, Ersatz- und Zusatz-Implantat, JR 1985, 181 ff; ILGNER, Der Schrittmacher als Rechtsobjekt (Diss Osnabrück 1990); JANSEN, Die Blutspen-

kann jedoch – trotz des grundsätzlichen Rückgriffs auf die Verkehrsanschauung (vgl Vorbem 8 zu §§ 90 ff) – nicht die Sachqualität des menschlichen Körpers hergeleitet werden (so aber BRUNNER, Theorie und Praxis im Leichenrecht, NJW 1953, 1173). Daß an Körperteilen kein Eigentum besteht, brachte schon ULPIAN in D 9, 2, 13 pr zum Ausdruck. Nach der Systematik des BGB stehen Sachen iS des § 90 als Rechtsobjekte den Personen als Rechtssubjekten gegenüber. Der menschliche Körper kann daher nicht selbst Objekt eines Herrschaftsrechts sein. Dementsprechend gibt es am lebenden Körper und seinen Teilen **kein Eigentum** (SOERGEL/MARLY Rn 5; Münch-Komm/HOLCH Rn 2; LARENZ/WOLF § 20 Rn 7; MÜLLER 33 f; SASSE 53; TRESS 12; TAUPITZ NJW 1995, 745; vgl zur Bewertung des Körpers als Sache durch die früheren Sklavereivorschriften BEKKER, Grundbegriffe des Rechts und Mißgriffe der Gesetzgebung [1910] 98).

Das Recht am eigenen Körper ist vielmehr als ein **besonderes Persönlichkeitsrecht** 19 aufzufassen (grundlegend GAREIS, in: FG Schirmer 61 ff; ebenso BGHZ 124, 52, 54; SOERGEL/MARLY Rn 5; JANSEN 38; MÜLLER 34; FORKEL JZ 1974, 594; TAUPITZ JZ 1992, 1091). Schon das Recht am eigenen Bild ist als Persönlichkeitsrecht anerkannt (vgl § 22 KunstUrhG); hinsichtlich des Originals kann kein geringeres Recht bestehen. Seine Grundlage ist parallel zum allgemeinen Persönlichkeitsrecht in den Art 1 und 2 Abs 2 GG zu sehen (vgl dazu DEUTSCH, Das Persönlichkeitsrecht des Patienten, AcP 192 [1992] 161, 162 ff). Es umfaßt neben dem Recht auf Schutz der körperlichen Integrität das Recht zur Bestimmung über den eigenen Körper (BGHZ 124, 52, 54 f; DEUTSCH AcP 192, 165; FORKEL Jura 2001, 75). – Dieses besondere Persönlichkeitsrecht reicht über die in § 823 Abs 1 absolut geschützten Rechtsgüter Leben, Körper, Gesundheit und Freiheit insoweit hinaus, als es die Grundlage für die Beachtlichkeit postmortaler Anordnungen des Verstorbenen und für die Beschränkungen des Sachenrechts bei einer Bestimmung der Rechtslage des Leichnams bildet (vgl u Rn 27 ff). Für die vom lebenden Körper abgetrennten Bestandteile hingegen wird das besondere Persönlichkeitsrecht von sachenrechtlichen Regeln verdrängt (vgl u Rn 20 ff).

Verpflichtungsgeschäfte, welche die Darbietung des menschlichen Körpers (zB als Modell) zum Gegenstand haben, sind zulässig, soweit nicht § 138 entgegensteht. Vollstreckt werden derartige Verpflichtungen nach § 888 ZPO.

de aus zivilrechtlicher Sicht (Diss Bochum 1978); J MAIER, Der Verkauf von Körperorganen (1991); R MÜLLER, Die kommerzielle Nutzung menschlicher Körpersubstanzen (1997); NICKEL, Rechtliche Voraussetzungen der Organentnahme von Lebenden und Verstorbenen (2001); NIXDORF, Zur ärztlichen Haftung hinsichtlich entnommener Körpersubstanzen: Körper, Persönlichkeit, Totenfürsorge, VersR 1995, 740 ff; PLÖCHL (Hrsg), Ware Mensch (Wien 1996); SCHÄFER, Rechtsfragen zur Verpflanzung von Körper- und Leichenteilen (Diss Münster 1961); SASSE, Zivil- und strafrechtliche Aspekte der Veräußerung von Organen Verstorbener und Lebender (1996); SCHÜNEMANN, Die Rechte am menschlichen Körper (1985); TAUPITZ, Privatrechtliche Rechtspositionen um die Genomanalyse: Eigentum, Persönlichkeit, Leistung, JZ 1992, 1089 ff; ders, Der deliktsrechtliche Schutz des menschlichen Körpers und seiner Teile, NJW 1995, 745 ff; TOELLNER (Hrsg), Organtransplantation – Beiträge zu ethischen und juristischen Fragen (1991); TRESS, Die Organtransplantation aus zivilrechtlicher Sicht (Diss Mainz 1977); ZENKER, Ethische und rechtliche Probleme der Organtransplantation, in: FS Bockelmann (1979) 481 ff. Wegen des älteren Schrifttums s STAUDINGER/DILCHER[12] § 90 Rn 14.

20 b) Die Frage nach der Sachqualität von **Körperteilen oder Körperbestandteilen** entsteht, sobald sie **vom lebenden Körper getrennt** werden. Sie betrifft abgeschnittene Haare und gezogene Zähne ebenso wie herausoperierte Gallensteine, gespendetes Blut oder zur Transplantation entnommene Organe.

Für eine **Fortdauer des besonderen Persönlichkeitsrechts** und damit für die Ablehnung sachenrechtlicher Beziehungen zum abgetrennten Körperstück hat sich vor allem FORKEL (JZ 1974, 595) im Zusammenhang mit der für einen bestimmten Empfänger gewollten Organspende ausgesprochen (ebenso DEUTSCH, Medizinrecht Rn 488 und AcP 192, 167; auch JANSEN 85 ff für die Bluttransfusion von Mensch zu Mensch). SCHÜNEMANN (89 ff) nimmt für Körperstücke eine das Sachenrecht überlagernde Fortdauer des Persönlichkeitsrechts an, die aber durch Verzicht des Rechtsinhabers beendet werden und rein sachenrechtlicher Bewertung weichen kann. – Die im Schrifttum vorherrschende Ansicht geht hingegen zutreffend davon aus, daß sogleich mit der Abtrennung des Körperstückes vom lebenden Menschen eine **Sache** entsteht (MünchKomm/HOLCH Rn 27; SOERGEL/MARLY Rn 7; BGB-RGRK/KREGEL Rn 4; ENNECCERUS/NIPPERDEY § 121 II 1; ebenso FORKEL JZ 1974, 596 und DEUTSCH AcP 192, 167 für den Fall einer nicht zielgerichteten Abtrennung). Das besondere Persönlichkeitsrecht ist mit dem menschlichen Wesen als solchem verknüpft und kann nicht an dessen verselbständigten Teilen fortgeführt werden (MÜLLER 50; vgl für das österreichische Recht HAMERL, in: PLÖCHL 65 f). Dies gilt unabhängig davon, ob die Abtrennung gewollt war oder ob bei gewollter Abtrennung die Übertragung auf einen bestimmten Empfänger geplant war (vgl BGHZ 124, 52, 55). Wegen der besonderen Herkunft der Körperstücke, die sie von anderen Sachen unterscheidet, kann ihre bestimmungswidrige Nutzung jedoch in Ausnahmefällen das **allgemeine Persönlichkeitsrecht** des früheren Rechtsträgers verletzen (BGHZ 124, 52, 55; MÜLLER 50 f; NIXDORF VersR 1995, 742; TAUPITZ JZ 1992, 1093; vgl SOERGEL/MARLY Rn 8; bedenklich weit STAUDINGER/HAGER [1999] § 823 Rn C 243; zur Verletzung des allg Persönlichkeitsrechts bei der Vernichtung von Sperma s u Rn 22). Regelmäßig bieten bei abredewidriger Verwendung von gespendeten Organen hingegen **vertragliche Ansprüche** einen ausreichenden Rechtsschutz (vgl HAMERL, in: PLÖCHL 59 ff; NIXDORF VersR 1995, 742).

21 Mit der Abtrennung erwirbt der bisherige Träger in entsprechender Anwendung des § 953 **originäres Eigentum** an den abgetrennten Körperstücken (STAUDINGER/GURSKY [1995] § 953 Rn 11; SOERGEL/MARLY Rn 7; MünchKomm/HOLCH Rn 27; BGB-RGRK/KREGEL Rn 4; ENNECCERUS/NIPPERDEY § 121 I 1; MÜLLER 50; TRESS 15 f; ebenso für das österreichische Recht ETZL, in: PLÖCHL 87 f; zusammenfassend SCHRÖDER/TAUPITZ, Menschliches Blut, verwendbar nach Belieben des Arztes? [1991] 35 ff). Der Eigentümer des abgetrennten Körperstückes kann hierüber nach allgemeinen Regeln **verfügen**, zB sein Eigentum auf einen konkreten Empfänger übertragen, dem das Körperstück eingepflanzt werden soll (vgl DEUTSCH, Medizinrecht Rn 492; zur Rechtslage nach der Einpflanzung s u Rn 24). – Früher wurde dagegen zT eine mit der Abtrennung eintretende **Herrenlosigkeit** angenommen, die von einem Aneignungsrecht des früheren Trägers begleitet sein sollte, der dieses Recht auch übertragen konnte (vgl GAREIS, in: FG Schirmer 61 und 90 ff; KALLMANN, Rechtsprobleme bei der Organtransplantation, FamRZ 1969, 572, 577). Bedenklich an dieser Meinung ist aus heutiger Sicht ua, daß entnommene Körpersubstanzen häufig Sonderabfall darstellen, der von einem Verantwortlichen entsorgt werden muß und deshalb nicht einfach herrenlos werden darf (vgl SCHÜNEMANN 160 ff; ETZL, in: PLÖCHL 87). – Teilweise wird allerdings ein stillschweigender **Verzicht** auf das Eigentum an wertlosen Substanzen angenommen, zB bei entfernten Gallensteinen oder abgeschnittenen Haaren (Soergel/Marly Rn 7; MünchKomm/Holch Rn 27; Taupitz AcP 191, 208 f; ders JZ 1992, 1092; Nixdorf VersR 1995, 742). Aus den gegen eintretende Herrenlosigkeit genannten Gründen liegt eine Übertragung an die behandelnde Person jedoch näher als eine Dereliktion (vgl Schünemann 162; Deutsch, Medizinrecht Rn 493).

Eine **Ausnahme** vom Grundsatz der Sachqualität abgetrennter Körperbestandteile **22** wird teilweise für solche Körpersubstanzen angenommen, die nach dem Willen des Trägers dazu bestimmt sind, wieder **in den Körper zurückgeführt** zu werden, wie die Eigenblutspende oder die zur extrakorporalen Befruchtung entnommene Eizelle. Diese sollen auch während der Trennung eine „funktionale Einheit" mit dem Körper bilden; bei ihrer Beschädigung oder Vernichtung liege daher keine Sachbeschädigung, sondern eine Körperverletzung vor (BGHZ 124, 52, 55; Palandt/Thomas § 823 Rn 5; Erman/Michalski Rn 5; Soergel/Marly Rn 8; kritisch Bamberger/Roth/Fritzsche Rn 30; vgl ausf Staudinger/Hager [1999] § 823 Rn B 19 mwNw). Mit dieser Begründung kann man aber allenfalls die Sachqualität solcher Körpersubstanzen verneinen, die nur kurzzeitig aus dem Körper entfernt werden und in einem **engen räumlich-zeitlichen Zusammenhang** mit der Entnahme stehen, wie zB zur medikamentösen Bearbeitung entnommenes Blut während einer Operation (Nixdorf VersR 1995, 741). Denn die Sachqualität eines Gegenstands bestimmt sich nach der Verkehrsauffassung (vgl Vorbem 8 zu §§ 90 ff) und kann nicht von einer subjektiven Zweckbestimmung abhängen. – Wird eine Eigenblutspende außerhalb des Körpers mit Krankheitserregern infiziert, stellt die Infizierung danach lediglich eine Sachbeschädigung dar; ein Eingriff in den Körper liegt erst vor, wenn die infizierte Spende wieder in den Körper zurückgeführt wird und die Infizierung auf den Körper übergreift. Daß die Spende nicht an andere Personen weitergegeben werden darf, ergibt sich aus § 17 Abs 1 S 2 des TransfusionsG v 1. 7. 1998 (BGBl I 1752). Ebensowenig ist das besondere Persönlichkeitsrecht am eigenen Körper, möglicherweise aber das allgemeine Persönlichkeitsrecht (vgl o Rn 20) betroffen, wenn aus einer zur Befruchtung entnommenen Eizelle **embryonale Stammzellen** zu Forschungszwecken kultiviert werden.

Der BGH weitete den Begriff der „funktionalen Einheit" jedoch noch aus und nahm auch bei der Vernichtung von **Sperma**, das der Spender wegen erwarteter Unfruchtbarkeit hatte einfrieren lassen, eine Körperverletzung an (BGHZ 124, 52, 56). Das Urteil ist zu Recht auf Ablehnung gestoßen (vgl nur Laufs/Reiling, Schmerzensgeld wegen schuldhafter Vernichtung deponierten Spermas?, NJW 1994, 775; Taupitz NJW 1995, 746 f; Nixdorf VersR 1995, 742 f; Soergel/Marly Rn 8; MünchKomm/Holch Rn 28 mwNw). Die Ausdehnung des Körperbegriffs ist zur Begründung eines Schmerzensgeldanspruchs außerdem nicht nötig; das allgemeine Persönlichkeitsrecht des Spenders bietet eine rechtsdogmatisch überzeugendere Alternative (vgl o Rn 20; Staudinger/Hager [1999] § 823 Rn C 245; Voss, Die Durchkreuzung des manifestierten Familienplanes als deliktische Integritätsverletzung, VersR 1999, 545 ff; Taupitz NJW 1995, 748 f; Nixdorf VersR 1995, 743; Freund/Heubel MedR 1995, 196; **aM** Laufs/Reiling NJW 1994, 776).

Verpflichtungsgeschäfte zu Verfügungen über noch abzutrennende Körperstücke **23** sind in den Grenzen des § 138 grundsätzlich zulässig (ausf Müller 92 ff). Ob eine vertragliche Verpflichtung zur künftigen Abtrennung von Körperstücken wirksam begründet werden kann, ist umstritten (vgl SASSE 60 ff). Jedenfalls ist ein Erfüllungszwang wegen der freien Widerruflichkeit der zur Entnahme erforderlichen Einwilligung ausgeschlossen (vgl SCHÜNEMANN 182; FORKEL JZ 1974, 595 und Jura 2001, 76).

Soweit es um die Spende von **menschlichen Organen** (nicht Blut und Knochenmark) geht, ist das TransplantationsG v 5. 11. 1997 (BGBl I 2631) zu beachten, wonach der freie Handel mit Organen verboten ist (§ 17 TPG). Transplantationen vom lebenden Körper finden vor allem bei Nierenverpflanzungen statt (vgl DEUTSCH, Medizinrecht Rn 498; zur Transplantation vom Toten vgl u Rn 36).

24 Mit der **Einpflanzung** des abgetrennten Körperstückes beim ursprünglichen Träger oder einem Dritten endet die Sachqualität. Das eingepflanzte Stück wird wieder zum Körperbestandteil (s o Rn 18). Die medizinische Frage einer eventuellen Unverträglichkeit des Implantats (vgl dazu LOSSE, in: TOELLNER 4 und VOGT/KARBAUM, in: TOELLNER 9) bleibt dabei außer Betracht. – Der in diesem Zusammenhang eintretende Eigentumsverlust kann zu Ausgleichsansprüchen führen, wenn dem untergegangenen Eigentum am Körperstück ein Vermögenswert zukam, wie dies zB bei einer Blutkonserve der Fall ist.

25 c)   Von ebenso großer Bedeutung wie die Rechtslage natürlicher Körperstücke ist die Problematik **künstlicher Körperteile**. Dazu gehören zunächst diejenigen Ersatzstücke, die wie Zahnersatz oder künstliche Hüftgelenke unter Einsatz organischer Vorgänge hinsichtlich einzelner Körperfunktionen an die Stelle defekter Körperteile treten. Diese Stücke verlieren mit der Einfügung in den menschlichen Körper unstreitig ihre Sacheigenschaft und werden ebenso vom **besonderen Persönlichkeitsrecht** am Körper erfaßt wie die natürlichen Körperteile (SOERGEL/MARLY Rn 6; ERMAN/MICHALSKI Rn 5; zur Haftung des Herstellers nach § 84 AMG vgl LIPPERT, Implantate, Transplantate, Infusionen und Transfusionen – wer haftet wie?, VersR 1994, 153 ff). Zur Begründung hierfür bedarf es nicht der von SCHÄFER (45) vorgeschlagenen Analogie zu § 947 Abs 2. – Umstritten ist die Sachqualität von sog Zusatzimplantaten, die lediglich unterstützende Funktion haben, wie zB **Herzschrittmacher**. Teilweise wird die Ausdehnung des Persönlichkeitsrechts auf eingepflanzte Körperstücke nur dann bejaht, wenn das Implantat auf Dauer im Körper verbleiben soll (so SCHÜNEMANN 128 ff; GROPP JR 1985, 184; ähnlich GÖRGENS JR 1980, 141 in analoger Anwendung der §§ 93 ff). Ein zur Auswechslung vorgesehener Schrittmacher könnte daher Sachqualität behalten, allerdings eingeschränkt durch die Wahrung des Persönlichkeitsrechts am übrigen Körper. – Diese Auffassung erscheint jedoch angesichts der Herleitung des Persönlichkeitsrechts aus der Verfassung nicht zutreffend. Das auf das Verfassungsrecht bezogene objektive Element der **organischen Körperverbindung** genießt den Vorrang gegenüber dem Element einer beabsichtigten oder nur möglichen späteren Abtrennung. Organisch verbundene Implantate sind daher rechtlich stets so zu bewerten wie der menschliche Körper insgesamt (ebenso SOERGEL/MARLY Rn 6; MünchKomm/HOLCH Rn 29; TAUPITZ NJW 1995, 745).

Wenn künstliche Körperstücke zu Lebzeiten des Trägers **aus dem Körper gelöst** werden, zB beim Austausch eines Herzschrittmachers oder eines künstlichen Hüftgelenks, erlangen die entnommenen Implantate wie natürliche Körperteile mit der Abtrennung Sachqualität und gehören analog § 953 dem früheren Träger (s o Rn 20 f). Dieser kann darüber verfügen und sich auch zu Verfügungen verpflichten.

Vor dem Einpflanzen an „gebrauchten" künstlichen Körperteilen bestehende Rechte Dritter leben nicht wieder auf.

Von den künstlichen Körperstücken sind die reinen **Hilfsmittel** wie Brillen, Hörgeräte, Perücken und herausnehmbare Zahnspangen zu unterscheiden. Derartige Hilfsmittel, denen die organische Einbeziehung in den Körper des Trägers fehlt, bleiben Sachen iS des § 90 (vgl ERMAN/MICHALSKI Rn 5). Daher ist ein Eigentumsvorbehalt an ihnen möglich, zB nach § 4 der VO über die orthopädische Versorgung Unfallverletzter v 18. 7. 1973 (BGBl I 871; vgl SCHÜNEMANN 125). Jedoch ist die Pfändbarkeit notwendiger Hilfsmittel nach § 811 Abs 1 Nr 12 ZPO ausgeschlossen. 26

5. Der Leichnam*

Die Bestimmung der Rechtslage des toten menschlichen Körpers nach den Kate- 27

---

* **Schrifttum:** AHRENS Öffentliche Leichnamssektionen und Körperwelten im Lichte des zivilrechtlichen Persönlichkeitsschutzes, GRUR 2003, 850 ff; ALBRECHT, Die rechtliche Zulässigkeit postmortaler Transplantationsentnahme (Diss Marburg 1986); BIELER, Persönlichkeitsrecht, Organtransplantationen und Totenfürsorge, JR 1976, 224; BOROWY, Die postmortale Organentnahme und ihre zivilrechtlichen Folgen (2000); BRUNNER, Theorie und Praxis im Leichenrecht, NJW 1953, 1173 f; CARSTENS, Das Recht der Organtransplantation (Diss Frankfurt aM 1978); DEUTSCH, Die rechtliche Seite der Transplantation, ZRP 1982, 174 ff; ders, Medizinrecht (4. Aufl 1999) Kap XVIII; EICHHOLZ, Die Transplantation von Leichenteilen aus zivilrechtlicher Sicht, NJW 1968, 2272 ff; ENGLERT, Todesbegriff und Leichnam als Elemente des Totenrechts (Diss Trier 1979); EPPLE, Letztwillige Verfügungen für menschenwürdiges Sterben, Organspende, Widmung des Leichnams, BWNotZ 1981, 31 ff; FORKEL, Verfügungen über Teile des menschlichen Körpers, JZ 1974, 593 ff; GAEDKE, Handbuch des Friedhofs- und Bestattungsrechts (8. Aufl 2000); GÖRGENS, Künstliche Teile im menschlichen Körper, JR 1980, 140 ff; GROPP, Ersatz- und Zusatz-Implantat, JR 1985, 181 ff; HENNINGER, Todesdefinition und Organtransplantation im Recht (Diss Würzburg 1972); HILCHENBACH, Die Zulässigkeit von Transplantatentnahmen vom toten Spender aus zivilrechtlicher Sicht (Diss Heidelberg 1973); ILGNER, Der Schrittmacher als Rechtsobjekt (Diss Osnabrück 1990); KLINGE, Todesbegriff, Totenschutz und Verfassung (1996); KOPETZKI, Organgewinnung zu Zwecken der Transplantation (Wien 1987); H J KRAMER, Rechtsfragen der Organtransplantation (Diss München 1987); B LEHMANN, Postmortaler Persönlichkeitsschutz (Diss Bonn 1973); LINCK, Gesetzliche Regelung von Sektionen und Transplantationen, JZ 1973, 759 ff; J MAIER, Der Verkauf von Körperorganen (1991); R MÜLLER, Die kommerzielle Nutzung menschlicher Körpersubstanzen (1997); PEUSTER, Eigentumsverhältnisse an Leichen und ihre transplantationsrechtliche Relevanz (Diss Köln 1971); REIMANN, Die postmortale Organentnahme als zivilrechtliches Problem, in: FS G Küchenhoff (1972) 341 ff; SASSE, Zivil- und strafrechtliche Aspekte der Veräußerung von Organen Verstorbener und Lebender (1996); SCHLAUDRAFF (Hrsg), Transplantationsgesetzgebung in Deutschland (1995); SCHÜNEMANN, Rechte am menschlichen Körper (1985); STRÄTZ, Zivilrechtliche Aspekte der Rechtsstellung des Toten unter besonderer Berücksichtigung der Transplantation (1971); TAUPITZ, Das Recht im Tod: Freie Verfügbarkeit der Leiche? (1996); TOELLNER (Hrsg), Organtransplantation – Beiträge zu ethischen und juristischen Fragen (1991); ZENKER, Ethische und rechtliche Probleme der Organtransplantation, in: FS Bockelmann (1979) 481 ff; ZIMMERMANN, Gesellschaft, Tod und medizinische Erkenntnis, NJW 1979, 569 ff. Wegen des älteren Schrifttums s STAUDINGER/DILCHER[12] § 90 Rn 19.

gorien des Zivilrechts stößt auf beträchtliche Schwierigkeiten. Diese beginnen bereits mit der **Festlegung des Todeszeitpunktes** (ausf Stellungnahmen zu den zahlreichen umstrittenen Einzelheiten im Sammelband von KRÖSTL/SCHERZER, Die Bestimmung des Todeszeitpunktes [Wien 1973]; vgl ferner FUNCK, Der Todeszeitpunkt als Rechtsbegriff, MedR 1992, 182 ff; RUSCHER, Die Bestimmung des Todeszeitpunktes aus erbrechtlicher Sicht [1989]; H-L SCHREIBER, Kriterien des Hirntodes, JZ 1983, 593 sowie bei TOELLNER die Beiträge von EIGLER [47 f], FROWEIN [67 ff] und LINKE/KURTHEN/REUTER/HAMILTON [73 ff]; vgl auch STAUDINGER/WEICK/HABERMANN [1995] Vorbem 3 ff zu § 1 VerschG). – Seit der Antike war der Todeszeitpunkt an den Stillstand von Atmung und Herztätigkeit geknüpft (sog Herztod), bis in der Mitte des 20. Jahrhunderts der sog Hirntod meßbar wurde. Damit wandelte sich der Todeseintritt vom Naturereignis zum medizinischen Problem (ausf GEILEN, Medizinischer Fortschritt und juristischer Todesbegriff, in: FS Heinitz [1972] 373, 376 ff). Der nach heute hM maßgebliche **Gesamthirntod** liegt vor, wenn die Gesamtfunktionskraft von Großhirn, Kleinhirn und Hirnstamm ausgefallen ist, so daß dauerhaft keine Gehirnkurve mehr geschrieben werden kann (OLG Frankfurt aM NJW 1997, 3099, 3100; PALANDT/HEINRICHS § 1 Rn 3; SOERGEL/FAHSE § 1 Rn 12; BOROWY 101 ff; NAGEL 13 ff; RUSCHER 17; zu abweichenden, vornehmlich medizinisch begründeten Ansichten vgl HÖFLING, Hirntodkonzeption und Transplantationsgesetzgebung, MedR 1996, 6, 7 f; WAGNER/BROCKER, Hirntodkriterium und Lebensgrundrecht, ZRP 1996, 226–230; BECKMANN, Ist der hirntote Mensch eine „Leiche"?, ZRP 1996, 219–225; FUNCK MedR 1992, 183 ff; BOROWY 105 ff mwNw). Von diesem Todeszeitpunkt geht auch § 3 Abs 2 Nr 2 TPG aus.

28 a) Während es beim Streit um die Festlegung des Todeszeitpunktes in erster Linie um die (durch das TPG weitgehend überholte) Frage nach der Zulässigkeit einer Organentnahme geht, ist sachenrechtlich die Frage nach den für den Leichnam geltenden Rechtsregeln relevant. Geht man von der **materiellen Substanz** des toten Körpers aus, so stellt sich diese als räumlich abgegrenzter und beherrschbarer Gegenstand dar. Die Leiche wird daher von der heute ganz hM zutreffend als **Sache** iS des BGB eingeordnet (SOERGEL/MARLY Rn 10; MünchKomm/HOLCH Rn 30; ERMAN/MICHALSKI Rn 6; PALANDT/HEINRICHS Überbl vor § 90 Rn 11; ENNECCERUS/NIPPERDEY § 120 II 1; BOROWY 82; GAEDKE 120; GÖRGENS JR 1980, 141; ZIMMERMANN NJW 1979, 570; EICHHOLZ NJW 1968, 2273; REIMANN, in: FS Küchenhoff 346; LG Detmold NJW 1958, 265). – Die Gegenmeinung, welche den Sachcharakter des Leichnams verneint, sieht die Leiche dagegen als einen **Rückstand der Persönlichkeit** an (LARENZ/WOLF § 20 Rn 9; MünchKomm/LEIPOLD § 1922 Rn 52; WIEACKER, Sachbegriff, Sacheinheit und Sachzuordnung, AcP 148 [1943] 57, 66 in Fn 11; O v GIERKE, Deutsches Privatrecht II [1905] 35 f). Dagegen spricht, daß der menschliche Körper nach seinem Tod nicht mehr Rechtssubjekt sein kann und daher den Rechtsobjekten zuzurechnen ist (vgl o Rn 18). Das Persönlichkeitsrecht des Verstorbenen vermag zudem nur den immateriellen Teilbereich der Problematik abzudecken, wie er sich während der Totenehrung darstellt. Danach treten die sachenrechtlichen Regeln nach allg Ansicht wieder hervor (vgl u Rn 41). Diese zeitlich bedingte Änderung der rechtlichen Behandlung ist nur begründbar, wenn man den Leichnam von vornherein als Sache qualifiziert. – Gleichzustellen ist dem toten Körper die **Asche eines Verstorbenen**, der die Feuerbestattung gewählt hat (vgl RGZ 154, 269, 274).

29 b) Die Einordnung des toten Körpers als Sache bedeutet zunächst keineswegs die Anwendbarkeit der an die Sacheigenschaft generell anknüpfenden Vorschriften. Der Tote kann nicht in vermögensrechtlich orientierte Rechtsbeziehungen eintreten. Daher kann der Auffassung nicht zugestimmt werden, der Erbe werde **Eigen-**

tümer des Leichnams (so BRUNNER, Theorie und Praxis im Leichenrecht, NJW 1953, 1173 f; PEUSTER 94; vgl LG Köln MDR 1948, 365). Vielmehr bestimmen sich die über den toten Körper zulässigen Dispositionen für die Dauer der Totenehrung nach nichtvermögensrechtlichen Regeln.

Die wichtigste Grundlage für die Rechtslage des Leichnams ergibt sich aus der **30** **Fortwirkung des besonderen Persönlichkeitsrechts** am Körper (vgl Rn 19) nach dem Tode. Die mit der Anerkennung des besonderen Persönlichkeitsrechts für den lebenden Menschen zum Ausdruck kommende Achtung vor der Menschenwürde besteht auch nach dem Tode für die Dauer der Totenehrung fort (OLG München NJW-RR 1994, 925). Zur Begründung kann die Parallele zur Fortwirkung des allgemeinen Persönlichkeitsrechts nach dem Tode gezogen werden (vgl zu diesem BVerfGE 30, 173 – Mephisto; H P WESTERMANN, Das allgemeine Persönlichkeitsrecht nach dem Tode seines Trägers, FamRZ 1969, 561 ff; SCHACK, Das Persönlichkeitsrecht der Urheber und ausübenden Künstler nach dem Tode, GRUR 1985, 352 ff; BENDER, Das postmortale allgemeine Persönlichkeitsrecht: Dogmatik und Schutzbereich, VersR 2001, 815 ff). – Ihren Ausdruck findet die Fortwirkung des Persönlichkeitsrechts vor allem darin, daß die **nichtvermögensrechtlichen Willensbekundungen** des Verstorbenen über das Verfahren mit seinem Körper nach dem Tode befolgt werden müssen (vgl u Rn 34 ff; zum Verbot bzw zur Gestattung der Organentnahme s u Rn 36).

Fraglich ist allerdings, wem die postmortale Wahrnehmung des Persönlichkeitsrechts zustehen soll. O vGIERKE (Deutsches Privatrecht II [1905] 35 ff) sah den Erben als den Berechtigten an (ebenso noch STEIN, Der Schutz von Ansehen und Geheimsphäre Verstorbener, FamRZ 1986, 7, 16). Diese ausschließlich vermögensrechtlich ausgerichtete Auffassung wird jedoch heute durchweg abgelehnt. Berechtigt zur Wahrnehmung des postmortalen Persönlichkeitsschutzes ist zunächst derjenige, den der Verstorbene **selbst bestimmt** hat (BGHZ 15, 249, 259 f). Mangels einer solchen Bestimmung steht die Rechtswahrnehmung den **nächsten Angehörigen** zu (vgl ENNECCERUS/NIPPERDEY § 101 III; TAUPITZ JZ 1992, 1094). Wenn in neuerer Zeit zunehmend der Übergang der vermögenswerten Teile des Persönlichkeitsrechts auf die Erben angenommen wird (vgl BGH JZ 2000, 1056, 1058 f m abl Anm SCHACK 1060; GÖTTING, Persönlichkeitsrechte als Vermögensrechte [1995] 281), so kann das wegen der nichtvermögensrechtlichen Begründung für das postmortale Recht am eigenen Körper nicht gelten. – Der postmortale **Persönlichkeitsschutz endet** nach einer gewissen Zeit, die nicht generell festgelegt werden kann (BGHZ 107, 384, 392; LEHMANN 32 ff). Maßgebend ist das Ende der Totenehrung (s u Rn 40).

c) Weitere Grundlagen für die Rechtslage des Leichnams ergeben sich aus dem **31** **Totensorgerecht**. Diese vor allem von STRÄTZ (41 und 66) als absolutes Nichtvermögensrecht eingeordnete Befugnis umfaßt in erster Linie die Berechtigung, die für eine Bestattung erforderlichen Verfügungen über den Leichnam zu treffen sowie analog §§ 823 Abs 1, 1004 Einwirkungen Dritter zu verbieten (MünchKomm/HOLCH Rn 30; HILCHENBACH 164 ff; vgl OLG Zweibrücken NJW-RR 1993, 1482). – Zwar ist mangels ausdrücklicher Regelung das Institut der Totenfürsorge und seine Stellung neben dem postmortalen Persönlichkeitsschutz nicht unumstritten (LEHMANN 101 ff will nur eine sittliche Befugnis annehmen, ebenso GAEDKE 121; vgl auch H P WESTERMANN FamRZ 1973, 616). Das Totensorgerecht findet jedoch in § 2 Abs 2 des FeuerbestattungsG und den BestattungsG der Länder eine der Verallgemeinerung fähige Rechtsgrundlage (OLG

Hamm VersR 1983, 1131; ZIMMERMANN NJW 1979, 571; FORKEL JZ 1974, 596 f; SOERGEL/MARLY Rn 14).

32 **Inhaber** des Totensorgerechts sind danach nicht die Erben des Verstorbenen. Vielmehr steht es in erster Linie demjenigen zu, den der Verstorbene (formlos) **bestimmt** hat (BGH NJW-RR 1992, 834). Fehlt eine solche Bestimmung, sind in Fortwirkung des familienrechtlichen Verhältnisses die **nächsten Angehörigen**, und zwar zunächst der **Ehegatte** des Verstorbenen, berechtigt, über Ort und Art der Bestattung zu entscheiden (RGZ 154, 269, 270 f; BGH NJW-RR 1992, 834; OLG Frankfurt aM NJW-RR 1989, 1159, 1160; MünchKomm/HOLCH Rn 30; FORKEL JZ 1974, 597). Denn das Totensorgerecht beruht auf dem Gefühl der persönlichen Verbundenheit mit dem Verstorbenen (EPPLE BWNotZ 1981, 32). Stand der Verstorbene unter Betreuung durch ein Familienmitglied, so kann dieses als nächster Angehöriger anzusehen sein (vgl LG Bonn NJW-RR 1994, 522). Mehrere gleichrangige Berechtigte können nur einstimmige Entscheidungen treffen (GAEDKE 123). – Wie der postmortale Persönlichkeitsschutz ist auch das Totensorgerecht **zeitlich beschränkt** (s u Rn 40).

33 Bei der **Ausübung des Totensorgerechts** geht der durch das postmortale Persönlichkeitsrecht geschützte Wille des Verstorbenen den Entscheidungen der zur Totenfürsorge Berechtigten vor (BGH NJW-RR 1992, 834; DEUTSCH ZRP 1982, 176; EPPLE BWNotZ 1981, 32; GAEDKE 123; vgl BIELER JR 1976, 226). Eine Bestimmung des Verstorbenen über die **Modalitäten der Bestattung** ist daher von den Totensorgeberechtigten zu beachten. Derartige Anordnungen bedürfen nicht der testamentarischen Form, sondern sind formlos gültig (RGZ 100, 171, 173; 108, 217, 220; FORKEL JZ 1974, 597). Es ist ausreichend, daß aus den Umständen mit Sicherheit auf einen bestimmten Willen des Verstorbenen geschlossen werden kann (RGZ 154, 269, 272). Eine nicht verallgemeinerungsfähige Ausnahme (Schriftform) besteht nach § 4 FeuerbestattungsG für die Anordnung einer Feuerbestattung. – Wurden bestehende Anordnungen des Verstorbenen bei seiner Bestattung nicht beachtet, so ist eine **Umbettung** auch mit Zustimmung der Angehörigen nur in besonderen Ausnahmefällen zulässig; ansonsten steht das Prinzip der Wahrung der Totenruhe entgegen (RGZ 108, 217, 220; OLG Zweibrücken NJW-RR 1993, 1482). – Wenn keine Bestimmung des Verstorbenen über seine Bestattung vorliegt, stehen die erforderlichen Entscheidungen den Totensorgeberechtigten zu. In letzter Linie entscheidet die zuständige Verwaltungsbehörde.

34 Auf der Grundlage seines besonderen Persönlichkeitsrechts kann der Verstorbene anordnen, daß sein Körper nach dem Tode einem **anatomischen Institut** zur Verfügung stehen soll. Eine solche Bestimmung kann auch vertraglich getroffen werden (SOERGEL/MARLY Rn 17). Die Ansicht von GAEDKE (122), die Angehörigen seien zur Erfüllung der Anordnung nicht verpflichtet, wenn ihr Pietätsgefühl entgegensteht, ist mit dem hier vertretenen Verhältnis von Persönlichkeitsrecht und Totensorge nicht vereinbar (vgl o Rn 30 f und 33). Der Inhaber des Totensorgerechts kann den Leichnam ohne dahingehende Bestimmung des Verstorbenen einer Anatomie nur überlassen, wenn sie dem geäußerten oder mutmaßlichen Willen des Verstorbenen nicht widerspricht (vgl FORKEL JZ 1974, 597; GAEDKE 118 f; ein Bestimmungsrecht des Totensorgeberechtigten verneinte noch STAUDINGER/DILCHER [1995] Rn 25). – Bei der vom Verstorbenen oder vom Totensorgeberechtigten bestimmten Überlassung des toten Körpers an eine Anatomie handelt es sich um eine durch die Zwecksetzung begrenzte **Berechtigung eigener Art**. Sie umfaßt die Befugnis, den Leichnam vom derzeitigen

Besitzer herauszuverlangen und ihn für Zwecke der Forschung und Lehre zu verwenden, zB zur Herstellung wissenschaftlicher Präparate. Die Zurschaustellung des Leichnams in einer öffentlichen Ausstellung ist ebenso wie eine öffentlich durchgeführte Sektion hingegen nur bei ausdrücklicher Einwilligung des Verstorbenen zulässig (vgl AHRENS GRUR 2003, 852 ff). – Nach Abschluß des anatomischen Verfahrens hat die Anatomie für eine würdige Bestattung zu sorgen (GAEDKE 119).

Der Körper des Verstorbenen kann auch einer **Obduktion** unterworfen werden. **35** Ebenso wie die Überlassung des Leichnams an eine Anatomie kann sie vom Verstorbenen vertraglich vereinbart werden; der BGH hält auch die Zustimmung durch eine Sektionsklausel im Krankenhausaufnahmevertrag für zulässig (BGH NJW 1990, 2313, 2314 f m ausf Nachw; aM MÜLLER 157 ff; SOERGEL/MARLY Rn 17; vgl EHLERS, Die Sektion zwischen individuell erklärter Einwilligung und Allgemeinen Geschäftsbedingungen in Krankenhausaufnahmeverträgen, MedR 1991, 227 ff). – FRANZKI (Die klinische Sektion aus juristischer Sicht, MedR 1991, 223, 226) nimmt trotz vertraglicher Vereinbarung durch den Verstorbenen ein **Widerspruchsrecht** des Totensorgeberechtigten an. Dem ist jedoch nicht zuzustimmen, weil der im Vertrag niedergelegte Wille des Verstorbenen Vorrang genießt (vgl o Rn 33). – Umgekehrt kann der Verstorbene auf der Grundlage des besonderen Persönlichkeitsrechts seinen Willen auch dahin äußern, daß er eine **Leichenöffnung verbietet**. Dann muß dieses Verbot erst einem berechtigten Interesse des Krankenhauses an der Leichenöffnung weichen. – Fehlt es an einer Einwilligung und an einem Verbot des Verstorbenen, so muß der Totensorgeberechtigte in die Obduktion **einwilligen**, wenn das Krankenhaus ein berechtigtes Interesse dartut (vgl OLG Hamm VersR 1983, 1131; BUNTE, Die neue Konditionenempfehlung „Allgemeine Vertragsbedingungen für Krankenhausbehandlungs-Verträge", NJW 1986, 2351, 2355). – Ohne Einwilligung und ohne Rücksicht auf ein Verbot kann eine Obduktion auf der Grundlage der §§ 87, 152 Abs 2, 160 Abs 2 StPO und 32 Abs 3 BSeuchenG durchgeführt werden (vgl dazu BVerfG NJW 1994, 783 und 783, 784; GAEDKE 137 ff). – In allen Fällen handelt es sich darum, daß der tote Körper als herrenlose Sache Gegenstand einer Untersuchung ist. Diese bewirkt lediglich das Hinausschieben der weiteren Entscheidungen über die Leiche (vgl o Rn 30). Nach Abschluß der Obduktion gelten die allgemeinen Bestattungsregeln. – Sofern der Obduktion eine **Exhumierung** vorangehen muß, ist dazu die Zustimmung des Totensorgeberechtigten erforderlich (LG Detmold NJW 1958, 265). Im Falle der Exhumierung aus strafprozessualem Anlaß ist gem § 87 Abs 4 StPO eine Zustimmung entbehrlich.

Lange Zeit war umstritten, unter welchen Bedingungen eine **Organentnahme** beim **36** Leichnam zulässig ist (vgl die zahlr Nachw im Schrifttumsverzeichnis). Wegen der erheblichen Rechtsunsicherheit sollte eine gesetzliche Regelung zu klarer Rechtslage führen. Nach einer Vielzahl von Gesetzentwürfen (vgl zum Gesetzgebungsverlauf STAUDINGER/DILCHER [1995] Rn 29; DEUTSCH, Das Transplantationsgesetz vom 5.11. 1997, NJW 1998, 777 f; FORKEL Jura 2001, 75 f) fand die Entwicklung im TransplantationsG vom 5. 11. 1997 (BGBl I 2631) einen Abschluß (zur Verfassungsmäßigkeit des Gesetzes s BVerfG NJW 1999, 3399 u 3403 m Anm RIXEN 3389). Danach ist eine Organentnahme nur zulässig, wenn der Verstorbene (formlos) **eingewilligt** hatte (§ 3 Abs 1 Nr 1 TPG) oder der nächste Angehörige ihr zustimmt, es sei denn, der Verstorbene hatte einer Entnahme **widersprochen** (§§ 4 Abs 1 S 2, 3 Abs 2 Nr 1 TPG). Die Reihenfolge der zur Zustimmung berufenen Angehörigen ist in § 4 Abs 2 TPG geregelt. Der Angehörige hat bei seiner Entscheidung gem § 4 Abs 1 S 3 TPG einen mutmaßlichen Willen des

Verstorbenen zu beachten, ist aber nicht verpflichtet, ihm zu folgen (DEUTSCH NJW 1998, 778). Damit folgt das Gesetz einer erweiterten Zustimmungslösung, nachdem früher häufig eine Widerspruchslösung gefordert worden war, die mit dem fortwirkenden Persönlichkeitsrecht des Verstorbenen jedoch kaum vereinbar ist (vgl FORKEL Jura 2001, 77).

37 d)   Die Verfügungsmöglichkeiten über den Leichnam sind auf die genannten Maßnahmen der Totenfürsorge (vgl o Rn 33 ff) beschränkt. Realisierbare Eigentumsrechte am Leichnam können während der Dauer des postmortalen Persönlichkeitsschutzes (zur Rechtslage nach Ende der Totenehrung s u Rn 41) nicht anerkannt werden (vgl o Rn 29; zur Rechtslage in Österreich vgl KOPETZKI 13 f). Der Ausschluß von Herrschaftsrechten über den toten Körper ist nicht nur in der Ablehnung des Vermögensrechts begründet, sondern auch in fundamentalsittlichen Bedenken. – Die Vermeidung ausübbarer Eigentümerrechte, verbunden mit der Bejahung des Sachcharakters der Leiche, hat nach hM zur Konsequenz, den Leichnam als **herrenlose Sache** zu bezeichnen (SOERGEL/MARLY Rn 12; ERMAN/MICHALSKI Rn 6; ENNECCERUS/NIPPERDEY § 121 II 1; GÖRGENS JR 1980, 141; REIMANN, in: FS Küchenhoff 346; HENNINGER 69; aM SCHÄFER 98). – Der Herrenlosigkeit des toten Körpers korrespondiert jedoch **kein Aneignungsrecht** (BGB-RGRK/KREGEL Rn 5; SOERGEL/MARLY Rn 12; ERMAN/MICHALSKI Rn 6; ENNECCERUS/NIPPERDEY § 121 II 1; BOROWY 85; MÜLLER 62). Die Gegenmeinung, die den Leichnam als aneignungsfähig bezeichnet (EICHHOLZ NJW 1968, 2274 f; KRAMER 71 ff; HENNINGER 69; MAIER 42; ENGLERT 141 f; SOERGEL/STEIN § 1922 Rn 16), ist aus den gegen Eigentümerbefugnisse am toten Körper sprechenden Gründen abzulehnen. Auch die durch den Verstorbenen bestimmte Überlassung des Leichnams an ein anatomisches Institut (vgl o Rn 34) begründet kein Aneignungsrecht der Anatomie (aM ERMAN/MICHALSKI Rn 6). – **Besitz** am Leichnam ist allerdings möglich. Er steht den Totensorgeberechtigten zu, damit sie die Bestattung vornehmen können (GAEDKE 118; vgl o Rn 33), bei einer Obduktion (vgl o Rn 35) bis zu deren Abschluß dem Krankenhaus.

38 e)   Wie die Bestandteile des lebenden Körpers teilen auch die **Bestandteile des Leichnams** dessen rechtliches Schicksal. Etwas anderes gilt, wenn sie vom Leichnam getrennt werden (zur Zulässigkeit einer Organentnahme s o Rn 36). Abgetrennte Leichenteile sind nach hM herrenlose, im Unterschied zum Leichnam (vgl o Rn 37) aber **aneignungsfähige Sachen** (BGB-RGRK/KREGEL Rn 5; PALANDT/HEINRICHS vor § 90 Rn 11; BOROWY 88 ff; SASSE 71; MÜLLER 66). – Hinsichtlich der Sachqualität des Körperbestandteils kann nichts anderes gelten als für die dem lebenden Körper entnommenen Bestandteile (vgl o Rn 20). Das fortwirkende Persönlichkeitsrecht des Verstorbenen in Bezug auf die abgetrennten Teile berührt nicht deren Sachqualität. – Die Auffassung, das Eigentum am abgetrennten Körperteil falle mit der Abtrennung den Erben zu (so SCHÜNEMANN 281 f, BRUNNER NJW 1953, 1173 f; LG Köln MDR 1948, 365), ist ebenfalls nicht zutreffend. Der Verstorbene hatte zu Lebzeiten keine Rechtsposition, die in den Nachlaß fallen könnte; er war insbes nicht Eigentümer des Körperbestandteils (s o Rn 20).

Inhaber des Aneignungsrechts an den getrennten Körperteilen iS des § 958 Abs 2 ist nach zutreffender Ansicht nicht der Erbe, sondern – vorbehaltlich einer abweichenden Bestimmung des Verstorbenen – der **Totensorgeberechtigte** (BOROWY 91; SASSE 71; BGB-RGRK/KREGEL Rn 5; SOERGEL/STEIN § 1922 Rn 16). Der von der Gegenmeinung (MÜLLER 66; PALANDT/HEINRICHS vor § 90 Rn 11) vorgebrachte Hinweis auf den vermögensrechtlichen Bezug des Aneignungsrechts übersieht, daß zumindest den unter das TPG fallenden Organen durch das Verbot des Organhandels in § 17 TPG (vgl o Rn 23) ein Vermögenswert gerade abgesprochen wird (vgl Borowy 90 f).

Für die im toten Körper befindlichen **künstlichen Körperbestandteile** gilt grundsätz- **39** lich dieselbe Rechtslage wie für organische Körperbestandteile (vgl Palandt/Heinrichs vor § 90 Rn 11). Ohne Zustimmung des Verstorbenen oder des Totensorgeberechtigten dürfen sie nicht entnommen werden (vgl o Rn 36). Bei unerlaubter Entnahme liegt daher ein Eingriff in das postmortale Persönlichkeitsrecht sowie das Totensorgerecht vor (vgl Deutsch ZRP 1982, 175). – Im Falle ihrer Abtrennung erlangen sie Sachqualität und unterliegen einem **Aneignungsrecht der Totensorgeberechtigten**. Ein Aneignungsrecht der Erben (so MünchKomm/Holch Rn 32; Görgens JR 1980, 142) kann auch hier nicht anerkannt werden. Wenngleich künstliche Körperbestandteile nicht unter das Verbot des Organhandels in § 17 TPG (vgl o Rn 38) fallen, so verbietet es zumindest das fortwirkende Persönlichkeitsrecht des Verstorbenen, Teile des menschlichen Körpers zur Erzielung eines finanziellen Gewinns zu verwenden (vgl Forkel Jura 2001, 78). – Da künstliche Körperbestandteile zu Lebzeiten ihres Trägers keine Vermögensgegenstände dargestellt haben, sind sie auch im Falle ihrer Wiederverwendbarkeit nicht vererblich und gehören nicht zum Nachlaß des Verstorbenen; das gilt insbes für **Herzschrittmacher** (vgl o Rn 25; aM Gropp JR 1985, 184 f; Ilgner 68).

Bemächtigt sich ein Dritter gegen den Willen des Verstorbenen eines künstlichen Körperteils, zB eines Goldzahnes, so können die zur Wahrnehmung der Totensorge Berechtigten analog § 1004 die **Herausgabe** des entnommenen Körperteils verlangen. Soweit möglich, ist dem Willen des Verstorbenen zu entsprechen und der Bestandteil dem Grab beizulegen. Ist dies technisch nicht möglich, so verbleibt der künstliche Körperteil aufgrund des Aneignungsrechts im Eigentum der Totensorgeberechtigten.

f) Für das Erlöschen des postmortalen Persönlichkeitsrechts und des Totensor- **40** gerechts gelten keine generell festen Zeitpunkte (vgl o Rn 30 aE und Rn 31 aE; ausf Nikoletopoulos, Die zeitliche Begrenzung des Persönlichkeitsschutzes nach dem Tode [1984] 16 ff). Es kann jedoch die **Mindestruhezeit** als objektives Kriterium für das Ende dieser Rechtspositionen und das damit verbundene Aufleben der sachenrechtlichen Ordnung herangezogen werden (MünchKomm/Holch Rn 30; Schünemann 273 f; vgl Gaedke 165 f). Diese Zeitspanne ist für Erdbestattungen durch die Friedhofsordnungen festgelegt (durchschnittlich 25 Jahre); im übrigen ist sie nach den für die Totenehrung geltenden Sitten und Regeln zu bemessen. Der Persönlichkeitsschutz kann im Einzelfall über die generelle Mindestruhezeit hinaus andauern, wenn die sterblichen Überreste noch Gegenstand der Totenehrung sind (vgl Schünemann 274 ff; MünchKomm/Holch Rn 30).

Ist die Ruhezeit der Totenehrung abgelaufen, so treten die sachenrechtlichen Regeln **41** für den herrenlosen Leichnam wieder hervor. Sachenrechtlich ergibt sich jetzt eine **Aneignungsbefugnis**. Diese wirkt aber nicht zugunsten der Erben oder der Totensorgeberechtigten, sondern für den Friedhofsträger. Ausgeübt wird sie mit dem Abräumen der Grabstelle. An den noch vorhandenen Gebeinen, vor allem am Schädel, entsteht Eigentum des Widmungsberechtigten; das gleiche gilt für künstliche Körperbestandteile (vgl o Rn 39; zu noch erhaltenen Grabbeigaben vgl Vorbem 63 zu §§ 90 ff). – Dieses **Eigentum** ist zwar nicht mehr durch das postmortale Persönlichkeitsrecht und das Totensorgerecht begrenzt, es unterliegt jedoch wie der gesamte Friedhof den Schranken des Widmungszwecks. Demnach muß mit den Gebeinen beim Abräumen eines Grabes in einer dem Widmungszweck entsprechenden Weise verfahren werden; häufig dient dazu ein sog Beinhaus.

42 Uneingeschränkt eigentumsfähig sind **Leichen aus alten Kulturen**, die nicht mehr der Totenehrung unterliegen, zB Mumien oder der in den Ötztaler Alpen gefundene „Ötzi" (MünchKomm/Holch Rn 31; kritisch Taupitz 7; zur Bestattungspflicht in solchen Fällen vgl OVG Koblenz DÖV 1987, 826).

§ 90a
Tiere

Tiere sind keine Sachen. Sie werden durch besondere Gesetze geschützt. Auf sie sind die für Sachen geltenden Vorschriften entsprechend anzuwenden, soweit nicht etwas anderes bestimmt ist.

Materialien: BR-Drucks 380/89 und 444/90, BT-Drucks 11/5463 und 7369.

Schrifttum

Braun, Symbolische Gesetzgebung und Folgelast – Erfahrungen im Umgang mit § 90a BGB in einer Examensklausur, JuS 1992, 758
Brüninghaus, Die Stellung des Tieres im Bürgerlichen Gesetzbuch (1993)
Erbel, Rechtsschutz für Tiere – Eine Bestandsaufnahme anläßlich der Novellierung des Tierschutzgesetzes, DVBl 1986, 1235
Gimpel-Hinteregger, Das Tier als Sache und Ersatz der Heilungskosten für ein verletztes Tier, ÖJZ 1989, 65
Graul, Zum Tier als Sache iS des StGB, JuS 2000, 215
Grunsky, Sachen. Tiere – Bemerkungen zu einem Gesetzentwurf, in: FS Jauch (1990) 93
Küper, Die „Sache mit den Tieren" oder: Sind Tiere strafrechtlich noch „Sachen"?, JZ 1993, 435
vLersner, Gibt es Eigenrechte der Natur?, NVwZ 1988, 988
Lippold, Über Tiere und andere Sachen – § 285a ABGB als Beispiel zeitgenössischer Gesetzgebungskunst, ÖJZ 1989, 335

Lorz, Tier = Sache?, MDR 1989, 201
ders, Das Gesetz zur Verbesserung der Rechtsstellung des Tieres im bürgerlichen Recht, MDR 1990, 1057
Lorz/Metzger, Tierschutzgesetz (5. Aufl 1999)
Mühe, Das Gesetz zur Verbesserung der Rechtsstellung des Tieres im bürgerlichen Recht, NJW 1990, 2238
Münzberg, Pfändungsschutz für Schuldnergefühle gegenüber Tieren?, ZRP 1990, 215
Pütz, Zur Notwendigkeit der Verbesserung der Rechtsstellung des Tieres im Bürgerlichen Recht, ZRP 1989, 171
Schlitt, Haben Tiere Rechte?, ARSP 1992, 225
K Schmidt, Sind Hunde Plastiktüten?, JZ 1989, 790
T B Schmidt, Das Tier – ein Rechtssubjekt? (1996)
Steding, § 90a BGB: nur juristische Begriffskosmetik? – Reflexionen zur Stellung des Tieres im Recht, JuS 1996, 962.

I. Die Entstehungsgeschichte

§ 90a wurde durch das G zur Verbesserung der Rechtsstellung des Tieres im bürgerlichen Recht v 20.8. 1990 (BGBl I 1762) zusammen mit den §§ 251 Abs 2 S 2 und 903 S 3 in das BGB eingefügt. Grundlage war eine Regierungsvorlage (BR-Drucks 380/89 v 11.8. 1989), die mit einigen Veränderungen Gesetz wurde (BT-Drucks 11/5463 v 25.10. 1989, BT-Drucks 11/7369 v 12.6. 1990 und BR-Drucks 444/90 v 22.6. 1990). – Unerwähnt bleibt in den Gesetzesmaterialien, daß in Österreich schon am 10.3. 1988 der nahezu gleichlautende § 285a ABGB verabschiedet wurde (BGBl 1988, 1832; ferner Prot des NatRates, 17. Gesetzgebungsperiode, v 10.3. 1988, 6100 ff). 1

Die Novelle ist in Deutschland wie in Österreich auf wenig Zustimmung gestoßen (vgl PÜTZ ZRP 1989, 172 f; GRUNSKY, in: FS Jauch 94 f; SOERGEL/MARLY Rn 1; ERMAN/MICHALSKI Rn 1; PALANDT/HEINRICHS Rn 1: „Gefühlige Deklamation"; JAUERNIG Rn 1: „Absurdität"; MEDICUS, AT Rn 1178a: „Begriffskosmetik"; BRAUN, Vom Beruf unserer Zeit zur Überarbeitung des Schuldrechts, JZ 1993, 1, 7: „evidente Torheit"; sowie GIMPEL-HINTEREGGER ÖJZ 1989, 65 f; LIPPOLD ÖJZ 1989, 336 f; in der Tendenz positiv BRÜNINGHAUS 92 f; MÜHE NJW 1990, 2240; karikierend K SCHMIDT JZ 1989, 790 ff).

II. Die Bedeutung des § 90a S 1

1. Mit § 90a S 1, der in der ursprünglichen Vorlage noch nicht enthalten war, schuf der Gesetzgeber eine neue sachenrechtliche Kategorie. Er erweiterte die von der römischrechtlich fundierten und über Jahrhunderte hinweg tradierten Zweiteilung der Rechtsobjekte in körperliche und unkörperliche Gegenstände (vgl HKK/RÜFNER §§ 90–103 Rn 18). Die Tiere bilden jetzt neben den Sachen **eine eigene Art innerhalb der körperlichen Gegenstände** (LORZ MDR 1989, 204 und MDR 1990, 1057; STEDING JuS 1996, 964; MünchKomm/HOLCH Rn 5; SOERGEL/MARLY Rn 2; anders noch STAUDINGER/DILCHER [1995] Rn 2). – Zu einer solchen Umdefinition war der Gesetzgeber angesichts der kumulierbaren Zuständigkeit nach Art 74 Nr 1 und Nr 20 GG berechtigt. Allerdings ist die gesetzliche Schaffung der neuen Gegenstandskategorie nicht besonders glücklich zu nennen. Der ursprüngliche Plan, die Novelle als § 103a (ohne S 1) zur Schlußvorschrift eines dann „Sachen, Tiere" überschriebenen Abschnitts mit dem Titel „Tiere" zu machen, wäre korrekter gewesen. 2

Es ging jedoch bei der Schaffung und Einordnung der § 90a S 1 auch nicht primär um Gesetzessystematik. Vielmehr betont die Entwurfbegründung, daß es sich um ein weiteres „Bekenntnis des Gesetzgebers zum ethisch fundierten Tierschutz" handeln solle, wie er schon im TierSchG von 1986 niedergelegt worden war (BT-Drucks 11/5463, 5 und 11/7369, 1; kritisch dazu MünchKomm/HOLCH Rn 6 f) und jetzt durch die Erweiterung des Art 20a GG Eingang in das Grundgesetz gefunden hat (dazu OBERGFELL, Ethischer Tierschutz mit Verfassungsrang, NJW 2002, 2296 ff). In den österreichischen Beratungen wurde die Neuregelung sogar als „Schritt zur Bewußtseinsbildung für einen wirklichen Tierschutz" verstanden (Prot 6100, 6102), deren „Fernwirkungen" nach Ansicht des Justizministers zur Einschränkung der Tierversuche und der Massentierhaltung führen könnten (Prot 6116). 3

Zu **Rechtssubjekten** werden die Tiere aufgrund der Neuregelung nicht (MünchKomm/HOLCH Rn 3; SOERGEL/MARLY Rn 2; STEDING JuS 1996, 964; ausf SCHLITT ARSP 1992, 125 ff). Der 4

Gegensatz von Rechtsträgern und Rechtsgegenständen wird nicht aufgelöst. Bei den Beratungen des § 90a im Rechtsausschuß des Deutschen Bundestages wurde zwar erörtert, ob Tiere, vertreten durch Tierschutzorganisationen als gesetzlichen Vertretern, Verfahrensbeteiligte sein könnten (BT-Drucks 11/7369, 6; vgl VG Hamburg NVwZ 1988, 1058 f zur Beteiligungsfähigkeit der „Seehunde in der Nordsee" im Verwaltungsprozeß; vLERSNER NVwZ 1988, 988 ff). In die jetzige Gesetzesfassung sind diese Erwägungen jedoch nicht eingeflossen (vgl auch SCHLITT ARSP 1992, 134; T B SCHMIDT 54 f; für eine mögliche Rechtssubjektivität von Tieren ERBEL DVBl 1986, 1252 ff; BRÜNINGHAUS 127 ff mwNw).

5 2.   Der in § 90a S 1 vorausgesetzte **Tierbegriff** ist nicht eindeutig (vgl BAMBERGER/ ROTH/FRITZSCHE Rn 4). Auszugehen ist zunächst vom biologischen Tierbegriff. Fraglich ist aber, ob der Gesetzeszweck dessen Einschränkung erforderlich macht. Einmal könnte sich eine Begriffsbeschränkung daraus ergeben, daß in den Gesetzesmaterialien mehrfach auf die **Schmerzempfindlichkeit** als Kriterium des Tieres abgestellt wurde (BT-Drucks 11/5463, 1 und 5; 11/7369, 1; in Österreich Prot 6106, 6108 und 6112). Eine solche Begrenzung läßt sich jedoch naturwissenschaftlich nicht hinreichend ausfüllen, so daß Schmerzempfindlichkeit zur Anwendung des § 90a S 1 nicht gefordert werden kann (ebenso LORZ MDR 1990, 1058). – Vom Gesetzeswortlaut her erscheint es auch ausgeschlossen, nur **Tiere höherer Art** in den Geltungsbereich einzubeziehen, etwa wenn in Österreich von „Wesen aus Fleisch und Blut" gesprochen wurde (Prot 6106; vgl auch JAUERNIG Rn 1). – Eine weitere Überlegung zur Beschränkung des § 90a S 1 geht dahin, daß dem Menschen oder überhaupt **schädliche Tiere** nicht in eine Regelung zur Förderung des Tierschutzes eingeschlossen sein könnten (so in Österreich vorgeschlagen, Prot 6113 und 6115). Der Gesetzeswortlaut verbietet jedoch eine solche Restriktion.

6 So bleibt es für § 90a S 1 beim biologischen Tierbegriff. – Damit stehen Tiere im Gegensatz zur **leblosen Materie**, wenngleich für die Grenzziehung naturwissenschaftlich Grauzonen bestehen. Als Lebewesen ist das Tier zum anderen von der ebenfalls **lebenden Pflanze** abzugrenzen (vgl dazu u Rn 12).

7 3.   **Tiereier**, auch befruchtete, unterfallen nicht dem Tierbegriff des BGB (LORZ/ METZGER Einf Rn 10; LORZ MDR 1990, 1058). – Bei **Embryonen** lebendgebärender Tiere fehlt es schon an der auch nach § 90a S 1 zu verlangenden körperlichen Abgegrenztheit. Sie teilen die Rechtslage des Muttertieres. – Für **Tierkadaver** kann die zivilrechtliche Sachqualität bejaht werden.

III.   Der Regelungsgehalt des § 90a S 2

8 § 90a S 2 ist das am stärksten umstrittene Stück der Novelle. Der Rechtsausschuß des Bundesrates hatte mangels Regelungsgehalts die Streichung der Vorschrift empfohlen (BR-Drucks 380/89, 2). – Tatsächlich hat S 2 **keinen eigenen Regelungsgehalt** (so auch GRUNSKY, in: FS Jauch 95 f; BAUR/STÜRNER § 3 Rn 4; MünchKomm/HOLCH Rn 8; PALANDT/HEINRICHS Rn 1; BAMBERGER/ROTH/FRITZSCHE Rn 5: „völlig überflüssig"). Die Geltung der tierschutzrechtlichen Vorschriften ergibt sich bereits aus Art 20 GG. Als Befehl an den Gesetzgeber kann die Vorschrift nicht interpretiert werden, weil sie zu unbestimmt ist und außerdem ein solcher Befehl nicht durch ein einfaches Gesetz ausgesprochen werden kann (vgl LIPPOLD ÖJZ 1989, 336). Nicht einmal der gedankliche Ansatz, aus S 2 eine Auslegungsmaxime zur entsprechenden Anwendung der für Sachen geltenden Regelung zu entnehmen, führt weiter. Eine derartige Prüfung unter Tierschutzaspekten ist nach S 3 ohnehin erforderlich. Bei § 90 S 2 handelt es sich somit um eine reine Feststellung.

Die in S 2 angesprochenen **besonderen Gesetze** zum Schutz der Tiere sind vor allem das TierSchG idF v 25. 5. 1998 (BGBl I 1105, 1818; zur Geschichte des Tierschutzes vgl ERBEL DVBl 1986, 1240 ff), das BJagdG idF v 29. 9. 1976 (BGBl I 2849) und die BArtSchV v 14. 10. 1999 (BGBl I 1955, 2073). Außerdem gibt es umfangreiche Tierseuchenvorschriften (vgl LORZ/METZGER Einf Rn 157 ff). – Aus dem Landesrecht kommen ua die Jagd- und Fischereigesetze in Betracht.

IV. Die Rechtsfolgenregelung des § 90a S 3

Tiere gehören, wenngleich sie nicht mehr den Sachen zuzuordnen sind, weiterhin zu **9** den Rechtsobjekten (vgl o Rn 2 und 4). Gem § 90a S 3 ist daher zu prüfen, ob die für Sachen geltenden Vorschriften einer entsprechenden Anwendung auf Tiere zugänglich sind. Bei einer solchen Anweisung zur teleologisch richtigen Normanwendung handelt es sich um eine sog **Verweisungsanalogie** (CANARIS, Die Feststellung von Lücken im Gesetz [2. Aufl 1983] 24), eine Gesetzesanalogie eigener Art, bei welcher die sonst zu verlangende Gesetzeslücke nicht vorliegt (vgl auch LG Stuttgart NJW-RR 1991, 446, das vor Inkrafttreten des § 90a das TierSchG als Interpretationsmaßstab herangezogen hat).

Andere Bestimmungen iS des S 3 sind neben den §§ 833 f und 960 ff vor allem die **10** neu eingefügten §§ 251 Abs 2 S 2 (dazu STAUDINGER/SCHIEMANN [1998] § 251 Rn 27 ff), 903 S 2 (dazu STAUDINGER/SEILER [2002] § 903 Rn 31) und §§ 765a Abs 1 S 3, 811c ZPO (kritisch dazu MÜNZBERG ZRP 1990, 215 ff). Im übrigen gelten die bürgerlichrechtlichen Vorschriften über Sachen entsprechend, so daß insbes **Eigentum** (eingeschränkt durch § 903 S 2) und Besitz an Tieren möglich sind; die Übereignung erfolgt nach §§ 929 ff (SOERGEL/MARLY Rn 5). Darüber hinaus ist ein originärer Eigentumserwerb an neugeborenen Tieren nach § 953 ff möglich. Auch die Vorschriften über den Fund (§§ 965 ff) sind anwendbar (vgl KG NJW-RR 1994, 688, 689). Bei der Räumung eines Grundstücks nach § 885 Abs 2 ZPO sind Tiere wie bewegliche Sachen durch den Gerichtsvollzieher vom Grundstück wegzuschaffen und ggf gem § 885 Abs 4 ZPO zu verkaufen (BRAUN JZ 1997, 574, 575 f gegen OLG Karlsruhe JZ 1997, 573, 574; zur Tierhaltung in Mietwohnungen vgl DILLENBURGER/PAULY, Nochmals – Zur Bedeutung des § 90a BGB im Mietrecht, ZMR 1995, 193 f). – Ein **Umgangsrecht** für Tiere läßt sich bei der Verteilung des Hausrats im Scheidungsverfahren aus § 90a nicht begründen, da es dem Grundsatz der endgültigen Verteilung des Hausrats nach § 2 HausratsVO widerspricht (OLG Schleswig NJW 1998, 3127; **aM** AG Bad Mergentheim NJW 1997, 3033, 3034; dazu SCHNEIDER MDR 1999, 193). – Das in § 96 Abs 1 VVG vorgesehene Kündigungsrecht nach Eintritt des Versicherungsfalls kann unabhängig von § 90a nicht auf Tierkrankenversicherungen übertragen werden (vgl AG Hannover NJW-RR 1999, 467, 468).

Problematisch ist die entsprechende Anwendung im **Strafrecht**, namentlich bei **11** Diebstahl und Sachbeschädigung. Teilweise wird angenommen, hier könne das **Analogieverbot** einer Anwendung auf Tiere entgegenstehen (BRAUN JuS 1992, 761; ebenso noch STAUDINGER/DILCHER [1995] Rn 5). Auch im Rechtsausschuß des Bundestags wurde die Vereinbarkeit mit dem Analogieverbot erörtert, aber mit der zutreffenden Begründung bejaht, daß bei einer gesetzlich vorgeschriebenen entsprechenden Anwendbarkeit **keine Analogie** vorliege (BT-Drucks 11/7369, 6 f). Denn das in Art 103 Abs 2 GG verankerte Prinzip der gesetzlichen Bestimmtheit ist jedenfalls durch die Verweisung in § 90a S 3 gewahrt (Graul JuS 2000, 218; Küper JZ 1993, 438 f; Schönke/Schröder/Eser, StGB [26. Aufl 2001] § 242 Rn 9). Darüber hinaus ist zweifelhaft, ob der Sachbegriff des BGB („Sachen im Sinne des Gesetzes") und damit auch § 90a überhaupt Anwendung im Strafrecht finden (verneinend OLG Karlsruhe NJW 2001, 2488; Graul JuS 2000, 218 f; Küper JZ 1993, 441; Leitenstorfer JuS 1993, 616; Tröndle/Fischer, StGB [52. Aufl 2004] § 242 Rn 3; vgl § 90 Rn 4). – Die Frage, ob es neben der Sachwehr nach § 228 einer ausdrücklichen Regelung der Tierwehr bedarf (vgl Lorz MDR 1989, 203), kann verneint werden, weil § 228 insoweit entsprechend anwendbar ist.

V. Der Pflanzenschutz

12 1. **Pflanzen** werden von § 90a nicht erfaßt, obgleich auch sie von den leblosen Gegenständen unterschieden werden können. Die Ausgrenzung der Pflanzen aus einer ebenfalls in § 90a zu schaffenden selbständigen Gegenstandskategorie wird einmal mit der Unterscheidung des ethisch fundierten Tierschutzes (vgl o Rn 3) vom anthropozentrisch, dh auf Nutzen, ausgerichteten Pflanzenschutz begründet (so Lorz MDR 1989, 204; vgl auch E Rehbinder [Hrsg], Bremer Kolloquium über Pflanzenschutz [1991] mit zahlr Beiträgen). Diese Unterscheidung ist aber nur Ausdruck des heutigen Problemverständnisses, nicht eines übergeordneten Prinzips. Auch die These, einer Pflanze fehle das Empfindungsvermögen und die höhere Organdifferenzierung (so Lorz/Metzger Einf Rn 3), ist naturwissenschaftlich nicht gesichert. Jedenfalls kann damit die Verneinung eines auf Schutz und menschliche Fürsorge gerichteten ethischen Gebotes nicht gerechtfertigt werden. – Die nach geltendem Recht erforderliche Abgrenzung zwischen Tieren und Pflanzen muß der naturwissenschaftlichen Forschung überlassen bleiben; Unterschiede bestehen insbes hinsichtlich der Art des Stoffwechsels. Praktisch wird die Abgrenzung selten Probleme bereiten.

13 So wird die Einordnung der Pflanzen als Sachen weiterhin von der Überlegung getragen, daß (die meisten) Pflanzen für ihre Existenz Erdreich benötigen. Dies führt, von Topfpflanzen und den wenigen Ausnahmen nach § 95 abgesehen (vgl § 95 Rn 13), zur Einordnung in die Gruppe der wesentlichen Grundstücksbestandteile (vgl § 94 Rn 18), also in das **Recht der unbeweglichen Sachen**. Bei der Zerstörung oder Beschädigung von Bäumen richtet sich der Schadensersatzanspruch daher nach der Wertminderung des Grundstücks (BGH NJW 1975, 2061; LG Bielefeld NJW-RR 1992, 26; Breloer, Der Schadensersatzanspruch bei Zerstörung von Straßenbäumen, VersR 1985, 322 ff mwNw; kritisch zur Methode der hM Staudinger/Schiemann [1998] § 251 Rn 89 ff). – Wollte man die Sacheigenschaft der Pflanzen aufheben, so müßte der Bewuchs aller Grundstücksoberflächen in eine Art sonderrechtsfähigen Scheinbestandteil umgewandelt werden. Dies würde für den Grundstücksverkehr eine kaum tragbare Unsicherheit nach sich ziehen. Deshalb findet das möglicherweise bestehende ethische Gebot, auch dem Lebewesen Pflanze mit Achtung und Fürsorge entgegenzutreten, seine Grenze an der praktischen Undurchführbarkeit einer Umsetzung in neue Kategorien des bürgerlichen Rechts.

14 2. Für Pflanzen bleibt es beim **Schutz durch Spezialvorschriften**. Von diesen ist das BNaturSchG v 25.3. 2002 (BGBl I 1193) ebenso hervorzuheben wie das BWaldG v 2.5. 1975 (BGBl I 1037), das PflanzenschutzG idF v 14.5. 1998 (BGBl I 1527, 3512) und die BArtSchV v 14.10. 1999 (BGBl I 1955, 2073). – Im Landesrecht sind die LandschaftspflegeG (vgl Vorbem 67 zu §§ 90 ff) wichtige Grundlagen des Pflanzenschutzes. – Nicht zuletzt wirken kommunale Baumschutzsatzungen in diesem Sinne.

§ 91
Vertretbare Sachen

Vertretbare Sachen im Sinne des Gesetzes sind bewegliche Sachen, die im Verkehr nach Zahl, Maß und Gewicht bestimmt zu werden pflegen.

Materialien: E I § 779; II § 77b; III § 87; Mot III 33; Prot III 2; JAKOBS/SCHUBERT, AT I 464.

I. Die Begriffsdefinition

Bei der Legaldefinition der vertretbaren Sachen folgt das BGB der Formulierung des römischen Rechts in D 12, 1, 2, 1, wonach es sich um Sachen handelt, quae pondere, numero, mensura constant (RÜFNER, Vertretbare Sachen? [2000] 24 ff; kritisch dazu WIEACKER, Sachbegriff, Sacheinheit und Sachzuordnung, AcP 148 [1943] 57, 70 f). 1

1. Vertretbar sind die im Verkehr nach Zahl, Maß oder Gewicht bestimmten Sachen deshalb, weil sie andere Sachen derselben Art nach der regelmäßigen Anschauung ersetzen oder von ihnen ersetzt werden können. Vertretbare Sachen sind danach Sachen, die gegenüber anderen der gleichen Art **keine ausgeprägten Individualisierungsmerkmale** aufweisen und daher ohne weiteres austauschbar sind (BGH NJW 1966, 2307; 1971, 1793, 1794; 1985, 2403). – Nicht vertretbar sind hingegen Sachen, die speziell auf Wünsche des Bestellers ausgerichtet und aufgrund ihres besonderen Gepräges durch den Hersteller anderweitig schwer oder gar nicht abzusetzen sind (BGH NJW 1971, 1793, 1794; OLG Hamm NJW-RR 1986, 477). Dies bedeutet, daß bei den meisten Serienprodukten die **neue Sache** eine vertretbare ist, die schon gebrauchte Sache hingegen nicht mehr (vgl LARENZ/WOLF § 20 Rn 31 f; LG Duisburg MDR 1962, 819). Auf die Serieneigenschaft und damit die Einordnung als vertretbare Sache hat es keinen Einfluß, daß bei der Fertigung besondere Wünsche des Bestellers zu berücksichtigen sind, solange sie vom Verkehr als mit anderen Sachen der gleichen Art austauschbar angesehen wird (BGH NJW 1971, 1793, 1794; OLG Dresden BauR 2000, 1876; OLG Hamm NJW-RR 1986, 477). – Die Vertretbarkeit ist rein objektiv nach der **Verkehrsanschauung** zu bestimmen (PALANDT/HEINRICHS Rn 1; ENNECCERUS/NIPPERDEY § 121 II); abweichende Parteivereinbarungen sind unerheblich (zur vereinbarten Gattungsschuld s u Rn 11).

2. Bei vertretbaren Sachen wird es sich häufig um solche handeln, die im wirtschaftlichen Verkehr als **Mengensachen** und nicht als Einzelstücke hervortreten, zB landwirtschaftliche Erzeugnisse (vgl Vorbem 16 zu §§ 90 ff). Dennoch ist es unzutreffend, den Gegensatz von Mengensachen und Einzelsachen als maßgebendes Krite- 2 rium für die Vertretbarkeit anzusehen (so WENDT, Wie etwas heißt und was es ist!, AcP 103 [1908] 417, 452). Auch Einzelsachen sind vertretbar, wenn sie keine individuelle Prägung aufweisen und daher mit anderen Sachen der gleichen Art austauschbar sind, wie zB ein fabrikneues Kraftfahrzeug eines bestimmten Modells.

3 3. Vertretbarkeit als Tatbestandsmerkmal tritt nicht nur bei der Beschreibung von Sachen auf. § 887 ZPO kennt die **vertretbare Handlung**, die auch durch einen Dritten vorgenommen werden kann und deren Zwangsvollstreckung deshalb im Wege der Ersatzvornahme stattfinden kann. – Ferner spricht man im Zusammenhang des § 267 von **vertretbaren Leistungen**. Hierunter werden solche Leistungen verstanden, die der Schuldner nicht notwendig in Person zu bewirken hat.

II. Beispiele

4 1. **Vertretbare Sachen** sind Neuwagen eines bestimmten Modells und Typs (OLG München DAR 1964, 188, 189), ferner Serienmaschinen (RG JW 1903, 244; OLG Dresden BauR 2000, 1876; OLG Hamm NJW-RR 1986, 477) und Fertigbauteile (vgl LG Duisburg MDR 1962, 819 für die Teile eines Kfz-Motors); in Serienherstellung produzierte Möbel (BGH NJW 1971, 1793, 1794); Bier einer bestimmten Brauerei (vgl RG JW 1913, 539, 540); durch Rebsorte, Lage, Jahrgang usw bestimmter Wein (BGH NJW 1985, 2403); Einheitsbierflaschen (BGH NJW 1956, 298); auf einem Datenträger gespeicherte Standardsoftware (SOERGEL/MARLY Rn 2; zur umstr Sachqualität von Software s § 90 Rn 13 ff); Einzelexemplare eines Buches, einer Zeitschrift oder einer CD. – Aus § 651 ergibt sich, daß als vertretbare Sachen nicht nur vorhandene, sondern auch **erst herzustellende Sachen** eingeordnet werden können (RG JW 1903, 244; BGB-RGRK/KREGEL Rn 2). Dabei kommt es nicht darauf an, daß der Stoff, aus dem die Sache hergestellt werden soll, zu den vertretbaren Sachen gehört, sondern nur darauf, daß die Sache nach ihrer Herstellung als eine vertretbare zu bezeichnen ist.

5 2. **Keine vertretbaren Sachen** sind in erster Linie Grundstücke, da jedes Grundstück durch seine besondere Lage charakterisiert ist (vgl BGH NJW 1995, 587, 588). Ebenso sind unvertretbare Sachen normalerweise Kunstwerke (anders bei gleichartigen Werken einer bestimmten Auflage); Gebrauchtwagen (OLG München DAR 1964, 188, 189); ein in eine Sonderanfertigung umgebautes Motorrad (LG Hamburg ZIP 1994, 290, 291); individuell angefertigte Möbel (RGZ 107, 339, 340); Maßkleider; eine nach den Bedürfnissen des Kunden angepaßte und zusammengesetzte Einbauküche (OLG Frankfurt aM NJW-RR 2001, 55, 56; OLG Koblenz MDR 1998, 639); auf die Betriebsverhältnisse des Bestellers zugeschnittene Maschinen (RG JW 1903, 27; BGH NJW 1985, 2413, 2414); auf einem Datenträger gespeicherte Individualsoftware (vgl OLG Hamm CR 1998, 728 und § 90 Rn 15); Farbstoff mit einem für ein bestimmtes Produkt entwickelten Farbton (OLG Düsseldorf NJW-RR 1997, 186) sowie im Rahmen des § 90a S 3 auch Tiere. Werbeprospekte für eine bestimmte Firma sind trotz ihrer Vielzahl als Gruppe ebenfalls unvertretbar (BGH NJW 1966, 2307), ebenso Zündholzbriefe mit Firmenaufdruck (BGH Betrieb 1981, 315).

6 3. Auch das **Geld** wird vom Gesetz zu den vertretbaren Sachen gezählt (vgl §§ 607 Abs 2 iVm Abs 1, 783 sowie § 363 HGB). Die auf Geldscheinen angebrachte Individualisierungsnummer wird von der Verkehrsanschauung ignoriert (MünchKomm/HOLCH Rn 3); für Münzen entsteht die Frage der Individualisierung durch

Nummern überhaupt nicht. Geldstücke und Banknoten werden als bewegliche Sachen übereignet, ver- und gepfändet. Besonderheiten gegenüber anderen vertretbaren Sachen ergeben sich aber aus dem Zweck des Geldes, als einheitlicher Wertmaßstab und als Wertträger zur Durchführung eines freien Güteraustausches zu dienen (ausführlich STAUDINGER/K SCHMIDT [1997] Vorbem B 8 ff zu §§ 244 ff). – Geld in diesem Sinne sind nur **gesetzliche Zahlungsmittel**, also auf eine bestimmte Währung lautende Wertträger, denen vom Gesetzgeber die Eigenschaft eines umlauffähigen und im Inland grundsätzlich mit Annahmezwang ausgestatteten Zahlungsmittels zuerkannt ist (vgl PIKART, Die sachenrechtliche Behandlung von Geld und Wertpapieren in der neueren Rechtsprechung, WM 1980, 510, 511; STAUDINGER/K SCHMIDT [1997] Vorbem A 24 zu §§ 244 ff mwNw). Gesetzliches Zahlungsmittel in Deutschland sind seit dem 1.1. 2002 die auf Euro lautenden Banknoten und Münzen als **überstaatliches Geld** (vgl SCHNEIDER, Die Vereinbarung und die Erfüllung von Geldschulden in Euro, Betrieb 1996, 2477 ff). Gültige **ausländische Geldzeichen** sind ebenfalls vertretbare Sachen (vgl § 244). – Sammlermünzen, deren Sammlerwert höher ist als ihr Nennwert, stellen kein Geld in diesem Sinne dar (PIKART WM 1980, 510, 511; vgl BGH WM 1984, 944, 946). Nach der Verkehrsauffassung sind sie nur dann als vertretbare Sachen anzusehen, wenn sie noch nicht in Umlauf waren und daher keine für ihren Wert erheblichen individuellen Abnutzungsmerkmale aufweisen („polierte Platte").

Das unabhängig von staatlicher Geldhoheit entwickelte Giral- oder **Buchgeld** gehört nicht hierher. Dabei handelt es sich um Forderungen gegen Kreditinstitute, die dem Inhaber zu Zahlungszwecken zur Verfügung stehen. Wenn auch teilweise versucht wird, das Buchgeld in einen erweiterten Geldbegriff mit einzubeziehen (vgl SIMITIS, Bemerkungen zur rechtlichen Sonderstellung des Geldes, AcP 159 [1960] 406, 454), so fehlt es diesem jedenfalls an der für eine Sache erforderlichen Körperlichkeit (PIKART WM 1980, 511 u 513). Das gleiche gilt für die **GeldKarte** (dazu KÜMPEL, Rechtliche Aspekte der neuen GeldKarte als elektronische Geldbörse, WM 1997, 1037 ff) sowie das elektronische **Netzgeld** (dazu KÜMPEL, Rechtliche Aspekte des elektronischen Netzgeldes [Cybergeld], WM 1998, 365 ff). – Zwar kommt es bei einer **Geldschuld** (dazu STAUDINGER-Symposion 1998/K SCHMIDT 76 ff) regelmäßig nicht darauf an, vertretbare Sachen zu liefern, sondern dem Gläubiger die Verfügung über eine bestimmte Geldsumme zu verschaffen (MünchKomm/HOLCH Rn 3; LARENZ/WOLF § 20 Rn 33); die sachenrechtliche Einordnung wird dadurch jedoch nicht berührt (STAUDINGER/K SCHMIDT [1997] Vorbem B 8 zu §§ 244 ff; aM SIMITIS AcP 159, 455 f).

III. Die praktische Bedeutung des § 91

Praktische Bedeutung erlangt der Begriff der vertretbaren Sache vor allem im **Schuldvertragsrecht**. So können nach § 607 nur vertretbare Sachen Gegenstand eines Sachdarlehens sein (vgl BGH NJW 1956, 298); dasselbe gilt für die unregelmäßige Verwahrung gem § 700, für die Anweisung nach § 783 und für die indossablen kaufmännischen Anweisungen des § 363 HGB. – Auf dem Unterschied zwischen vertretbaren und unvertretbaren Sachen beruht auch die Regelung des § 651 S 3 über den Werklieferungsvertrag. Außerdem werden nach § 706 Abs 2 vertretbare Sachen, die von einem Gesellschafter eingebracht werden, im Zweifel gemeinschaftliches Eigentum der Gesellschafter. Sondervorschriften für vertretbare Sachen gelten nach § 469 Abs 1 HGB auch beim Lagergeschäft.

9 Im **Schadensersatzrecht** ist die Unterscheidung von vertretbaren und unvertretbaren Sachen ebenfalls bedeutsam. Nur bei Zerstörung oder Beschädigung einer vertretbaren Sache ist Naturalrestitution durch Lieferung einer anderen gleichartigen Sache zulässig (BGH NJW 1985, 2413, 2414; LARENZ/WOLF § 20 Rn 33). Bei der Beschädigung einer unvertretbaren Sache hat der Ersatzpflichtige den Gläubiger dagegen grundsätzlich gem § 251 Abs 1 in Geld zu entschädigen (OLG München DAR 1964, 188, 189). Auch eine abstrakte Schadensberechnung nach der Differenz zwischen dem besonderem Preis eines gescheiterten Vertrags und dem Marktpreis eines hypothetischen Deckungsgeschäfts ist regelmäßig nur bei vertretbaren Sachen möglich (vgl BGH NJW 1995, 587, 588).

Die **ZPO** verwendet den Begriff der vertretbaren Sache in den §§ 592 (Urkundenprozeß), 794 Abs 1 Nr 5 (vollstreckbare Urkunden) und 884 (Zwangsvollstreckung durch Wegnahme).

IV. Parteidispositionen im Zusammenhang des § 91

10 1. Es bleibt den Vertragsschließenden unbenommen, eine Sache, die iS des § 91 nach der **Verkehrsauffassung vertretbar** ist, im Vertragszusammenhang gewollt wie eine nichtvertretbare Sache zu behandeln. Vereinbart ist dann eine **Stückschuld**, es darf also keine andere Sache gleicher Art geliefert werden (ENNECCERUS/NIPPERDEY § 121 II). Eine solche Absicht ist jedoch nicht schon dann anzunehmen, wenn eine vertretbare Sache zu einem individuellen Zweck verwendet werden soll, etwa weil ein zu den vertretbaren Sachen gehörendes Modell konkret gewünschte Erfordernisse erfüllt (vgl OLG Hamm NJW-RR 1986, 477). – Ist eine Stückschuld vereinbart, so bedeutet dies nicht, daß Dritten gegenüber der geschuldete Gegenstand wie eine unvertretbare Sache zu behandeln ist (so anscheinend ERMAN/MICHALSKI Rn 4). Insbesondere kann bei deliktischer Beschädigung Schadensersatz durch Lieferung einer gleichartigen Sache geleistet werden (vgl o Rn 9).

11 2. Die Parteien können vertretbare, im Einzelfall sogar unvertretbare Sachen wie Grundstücke (vgl SOERGEL/MARLY Rn 4; PALANDT/HEINRICHS § 243 Rn 2) auch so behandeln wollen, daß sie als Leistungsgegenstand nur der Gattung nach bestimmt werden, so daß es nicht darauf ankommt, welches Einzelstück der vereinbarten Gattung geliefert wird. Durch eine solche Abrede wird eine **Gattungsschuld** begründet (vgl §§ 243, 300 Abs 2). Damit ändert sich die Einordnung der geschuldeten Sachen als vertretbar oder unvertretbar jedoch nicht (SOERGEL/MARLY Rn 4; ERMAN/MICHALSKI Rn 4; ENNECCERUS/NIPPERDEY § 121 II). Die Vertretbarkeit hat ihre objektive Grundlage in der Verkehrsanschauung und ist vom Parteiwillen unabhängig (s o Rn 1). Lediglich die Gattung, innerhalb derer die vertretbaren Sachen austauschbar sind, kann durch den Parteiwillen bestimmt werden (BGH NJW 1985, 2403). Dies gilt selbst dann, wenn eine **beschränkte Gattungsschuld** vereinbart wurde, weil auch in diesem Falle die Vertretbarkeit vom Willen der Parteien unabhängig ist.

§ 92
Verbrauchbare Sachen

(1) Verbrauchbare Sachen im Sinne des Gesetzes sind bewegliche Sachen, deren bestimmungsmäßiger Gebrauch in dem Verbrauch oder in der Veräußerung besteht.

(2) Als verbrauchbar gelten auch bewegliche Sachen, die zu einem Warenlager oder zu einem sonstigen Sachinbegriff gehören, dessen bestimmungsmäßiger Gebrauch in der Veräußerung der einzelnen Sachen besteht.

Materialien: E I § 780; II § 77c; III § 88; Mot III 34; Prot III 2; Jakobs/Schubert, AT I 465 ff.

I. Der Begriff der Verbrauchbarkeit nach § 92 Abs 1

1. Es ist eine natürliche Eigenschaft vieler Sachen, daß sie sich beim Gebrauch abnutzen. Dadurch werden solche Sachen aber noch nicht verbrauchbar iS des § 92. Sie sind zum Gebrauch bestimmt und nicht zum Verbrauch; Abnutzung allein begründet keine Verbrauchbarkeit (MünchKomm/Holch Rn 3; Soergel/Marly Rn 1; Larenz/Wolf § 20 Rn 34). – Verbrauchbar iS von Abs 1 ist eine bewegliche Sache vielmehr erst dann, wenn gerade der **Verbrauch** ihrer objektiven Zweckbestimmung entspricht und nicht bloß Nebenerscheinung des Gebrauchs ist. Maßgeblich hierfür ist die **Verkehrsanschauung** (Enneccerus/Nipperdey § 122 III 1). Verbrauch in diesem Sinne ist der Verlust oder die erhebliche Entwertung der Sachsubstanz (MünchKomm/Holch Rn 2). Verbrauchbare Sachen nach Abs 1 Fall 1 sind demnach vor allem Nahrungsmittel und Brennstoffe wie Heizöl, Gas und Benzin, nicht aber Kraftfahrzeuge, Kleider, Möbel oder Bücher.

2. Dieser (engere) Begriff der Verbrauchbarkeit wird durch § 92 Abs 1 Fall 2 auf solche Sachen ausgedehnt, deren bestimmungsmäßiger Gebrauch in der **Veräußerung** besteht. Damit sollten entsprechend ihrer Einordnung im römischen Recht insbes **Geldzeichen** vom Begriff der Verbrauchbarkeit erfaßt sein (Mot III 35; vgl Staudinger/K Schmidt [1997] Vorbem B 9 zu §§ 244 ff; Wieacker, Sachbegriff, Sacheinheit und Sachzuordnung, AcP 148 [1943] 57, 70; zur Einordnung des Geldes als vertretbare Sache vgl § 91 Rn 6 f). Maßgeblich ist auch hier die Verkehrsanschauung. Entscheidend ist nicht, ob die Sache wirklich veräußert wird, sondern ob ihr spezifischer Wert erst durch eine Veräußerung realisierbar, also kein anderer sinnvoller Gebrauch als ihre Veräußerung denkbar ist (Larenz/Wolf § 20 Rn 34). – **Wertpapiere** sind insoweit verbrauchbare Sachen, als sie Geldsurrogate darstellen, zB Schecks und Inhaberpapiere. Andere Wertpapiere, die als Kapitalanlage dienen, können selbst bei Börsengängigkeit nicht den verbrauchbaren Sachen zugerechnet werden (Soergel/Marly Rn 1; Enneccerus/Nipperdey § 122 III 1; **aM** BGB-RGRK/Kregel Rn 3), auch nicht nach Abs 2 (vgl u Rn 4). – Verbrauchbarkeit und Vertretbarkeit einer Sache können, wie beim Geld, zusammenfallen; notwendig ist dies jedoch nicht.

II. Der Begriff der Verbrauchbarkeit nach § 92 Abs 2

3 Mit der Fiktion des § 92 Abs 2 wird festgelegt, daß der bestimmungsgemäße Gebrauch einer Sache immer dann in ihrer Veräußerung besteht, wenn die Sache zu einem **Sachinbegriff** (vgl Vorbem 17 ff zu §§ 90 ff) gehört, dessen bestimmungsmäßiger Gebrauch in der Veräußerung der einzelnen Sachen besteht. Anders als für den Begriff der Verbrauchbarkeit nach Abs 1 ist insoweit nicht die Verkehrsanschauung maßgeblich, sondern der **Veräußerungswille** des Berechtigten (SOERGEL/MARLY Rn 2). – § 92 Abs 2 fingiert jedoch nur die Verbrauchbarkeit der Einzelsachen, nicht dagegen die Verbrauchbarkeit des Sachinbegriffs selbst.

4 Von § 92 Abs 2 können **alle Arten von Sachen** erfaßt sein; es kommt nur darauf an, welchen Zweck der Berechtigte mit dem Sachinbegriff verfolgt, dem sie zugehören. Selbst unveräußerliche Einzelstücke in einem Warenlager sind nach Abs 2 verbrauchbare Sachen, wenn der Zweck des Warenlagers in der Veräußerung der zugehörigen Sachen besteht. – Gem § 92 Abs 2 wird zB das Schlachtvieh eines Fleischers zur verbrauchbaren Sache (RGZ 79, 246, 248; vgl § 90a Rn 10); dasselbe gilt für Kleider in einem Warenhaus (BGB-RGRK/KREGEL Rn 4). Anders ist es hingegen für Wertpapiere in einem Fonds (vgl o Rn 2).

III. Die praktische Bedeutung der Vorschrift

5 Von praktischer Bedeutung wird die Verbrauchbarkeit einer Sache, wenn jemandem ein **Nutzungsrecht** an Sachen dieser Art eingeräumt ist. Dies gilt vor allem für den Nießbrauch an verbrauchbaren Sachen. Da der Nießbraucher zur bestimmungsgemäßen Nutzung der Sache eines Verbrauchsrechts bedarf, wird er mit der Bestellung des Nießbrauchs gem § 1067 zum Eigentümer der Sache. Das gleiche gilt für den Nießbrauch an einer auf Leistung einer verbrauchbaren Sache gerichteten Forderung im Falle der Leistung. Er hat aber nach Beendigung des Nießbrauchs dem Besteller gem §§ 1067, 1075 Abs 2, 1084 und 1086 S 2 den Wert der verbrauchten Sachen zu ersetzen.

6 Nach bestimmungsgemäßem Gebrauch können verbrauchbare Sachen nicht in unverändertem Zustand bzw unveränderter Identität (bei Geld) zurückgewährt werden; sie eignen sich daher nicht als Gegenstand einer Miete oder Leihe, sondern können, soweit sie zugleich vertretbar sind, Gegenstand eines Darlehens (§§ 488, 607), anderenfalls nur eines Kaufs oder einer Schenkung sein. – Die **Sicherungsübereignung** verbrauchbarer Sachen, insbes solcher, die zu einem Warenlager gehören, ist möglich (BGHZ 28, 16, 19; BGH NJW 1984, 803). Ebenso kann an verbrauchbaren Sachen ein **Eigentumsvorbehalt** begründet werden (SOERGEL/MARLY Rn 3; BGB-RGRK/KREGEL Rn 7), der im Falle des § 92 Abs 1 Fall 1 freilich mit dem Verbrauch erlischt. Bei zur Veräußerung bestimmten Waren wird der Vorbehaltskäufer vom Sicherungsgeber regelmäßig zur Veräußerung im Rahmen des ordnungsgemäßen Geschäftsbetriebs ermächtigt sein (vgl RG WarnR 1932 Nr 56; ERMAN/MICHALSKI Rn 5). – Weitere Regeln über verbrauchbare Sachen finden sich in den §§ 706 Abs 2, 1814 S 2, 2116 Abs 1 S 2 und 2325 Abs 2 S 1.

§ 93
Wesentliche Bestandteile einer Sache

Bestandteile einer Sache, die voneinander nicht getrennt werden können, ohne dass der eine oder der andere zerstört oder in seinem Wesen verändert wird (wesentliche Bestandteile), können nicht Gegenstand besonderer Rechte sein.

Materialien: E I § 782; II § 77d; III § 89; Mot III 40; Prot III 4; JAKOBS/SCHUBERT, AT I 435 ff, 467 ff.

Schrifttum

APPELMANN, Die Rechtsprechung zur Frage der wesentlichen Bestandteile (Diss Leipzig 1939)
BECKER, Die einheitliche Sache als wirtschaftlicher Wert und als Rechtsbegriff, ZAkDR 1936, 84
BERNHARD, Probleme des Bestandteils- und Zubehörbegriffs im deutschen bürgerlichen Recht (Diss München 1978)
BÖRNER, Das Wohnungseigentum und der Sachbegriff des Bürgerlichen Rechts, in: FS Dölle I (1963) 201
DAUBE, Das Recht der Sachbestandteile in seiner geschichtlichen Entwicklung und heutigen Geltung (Diss Marburg 1932)
DOLEZALEK, Plädoyer für Einschränkung des § 950 BGB (Verarbeitung) – mit Bemerkungen auch zu §§ 93, 947, 948 BGB, AcP 195 (1995) 392
DORN, Bestandteile und Zubehör in der Zwangsversteigerung, Rpfleger 1987, 143
GAUL, Sachenrechtsordnung und Vollstreckungsordnung im Konflikt, NJW 1989, 2509
GRAUE, Der Eigentumsvorbehalt an eingebauten Schiffsmotoren, BB 1959, 1282
HURST, Das Eigentum an Heizungsanlagen, DNotZ 1984, 66 und 140
KAUKE, Versuch einer dogmatischen Grundlegung der Bestandteilslehre des BGB (Diss Göttingen 1964)
KIRSTEN, Der Bestandteilsbegriff des § 93 BGB unter Berücksichtigung der technischen Normung (1933)
KRÜCKMANN, Wesentlicher Bestandteil und Eigentumvorbehalt, ZBlFG 6 (1905/1906) 585
MICHAELIS, Voraussetzungen und Auswirkungen der Bestandteilseigenschaft, in: FS Nipperdey I (1965) 553
MOOG, Der Eigentumsvorbehalt an eingefügten Sachen, NJW 1962, 381
NEUMANN, Wesentlicher Bestandteil und Eigentumsvorbehalt, JW 1907, 97 und 196
OTTE, Wesen, Verkehrsanschauung, wirtschaftliche Betrachtungsweise – ein Problem der §§ 93, 119 II, 459 und insbes 950 BGB, JuS 1970, 154
PESCH, Staatshoheit, Grundgesetz und wesentliche Bestandteile, JR 1993, 358
SPYRIDAKIS, Zur Problematik der Sachbestandteile (1966)
THÜMMEL, Abschied vom Stockwerkseigentum, JZ 1980, 125
TOBIAS, Eigentumserwerb durch Verbindung, AcP 94 (1903), 371.
Wegen des zahlreichen älteren Schrifttums vgl STAUDINGER/DILCHER[12] § 93.

Systematische Übersicht

I. Die Bedeutung der Vorschrift
1. Die Problemstellung _____ 1
2. Vorgeschichte und Grundgedanken des § 93 _____ 2
   a) Die geschichtliche Entwicklung _____ 2
   b) Grundgedanken des Gesetzgebers _____ 3
3. Sprachgebrauch und Aufbau des Gesetzes _____ 5

II. Der Begriff der Bestandteile

1. Die Begriffsdefinition — 7
2. Bestandteile von Natur aus einheitlicher Sachen — 8
3. Bestandteile zusammengesetzter Sachen — 9
   a) Einheitliche Sache — 9
   b) Körperliche Abgegrenztheit — 11
4. Die Dauer der Bestandteilseigenschaft — 12
5. Bestandteile von Rechten — 13

III. Die wesentlichen Bestandteile

1. Die Bedeutung des Begriffs — 14
2. Die Voraussetzungen der Sonderrechtsunfähigkeit — 16
   a) Die Zerstörung — 16
   b) Die Wesensveränderung des Bestandteils — 17
   c) Die Wesensveränderung der Restsache — 18
   d) Der Wesensverlust — 19
3. Einzelheiten — 20
   a) Kraftfahrzeuge — 20
   b) Schiffsmotoren — 21
   c) Hilfsanlagen — 22
   d) Gebäudeeinrichtungen — 23
4. Die Rechtsfolge des § 93 — 24
   a) Der Ausschluß dinglicher Sonderrechte — 25
   b) Kein Eigentumsvorbehalt — 26
   c) Wohnungseigentum und Stockwerkseigentum — 28
   d) Gesetzliche Pfandrechte — 30
   e) Immaterialgüterrechte — 31
   f) Teilbesitz und Ersitzung — 32
   g) Die Zwangsvollstreckung — 33
   h) Obligatorische Rechte — 35

IV. Die unwesentlichen Bestandteile

1. Der Begriff — 38
2. Die Rechtslage — 41
   a) Sonderrechtsfähigkeit — 42
   b) Besonderheiten bei Grundstücksbestandteilen — 43
3. Die Zwangsvollstreckung — 44
   a) Bestandteile beweglicher Sachen — 44
   b) Grundstücksbestandteile — 45

V. Ausländisches Recht

1. Österreichisches Recht — 46
2. Schweizerisches Recht — 47
3. Französisches Recht — 48
4. Italienisches Recht — 49
5. Englisches Recht — 50

Alphabetische Übersicht

Aneignung — 25, 37
Ausländisches Recht — 46 ff

Bauwerke — 16
Bergbauanlagen — 13
Beschädigung — 16
Bestandteile — 7 ff

Dauerwohnrecht — 28

Eigentumsanteil — 6
Eigentumsvorbehalt — 1, 26 f
– an Maschinen — 18, 27
– an unwesentlichen Bestandteilen — 42 f
Einbauküche — 23
Einfache Bestandteile — 38 ff
Einheitliche Sache — 1, 7 ff

Erbbaurecht — 13
Ersetzbarkeit — 18
Ersitzung — 32

Fabrikgebäude — 18
Festigkeit der Verbindung — 9
Früchte — 34

Gebäudeeinrichtungen — 23
Gesetzliches Pfandrecht — 30
Grundstücksbestandteile — 2
– wesentliche — 33 f
– unwesentliche — 40, 43, 45

Haupt- und Nebensachen — 6, 38
Hilfsanlagen — 22

Immaterialgüterrechte	31	Serienteile	18 f
Insolvenz	26, 37	Sonderrechtsfähigkeit	38 ff
		Sonderrechtsunfähigkeit	5, 14
Kraftfahrzeuge	20, 39	Stockwerkseigentum	29
Kunstwerke	31		
		Teilbesitz	32
Maschinen	18, 27		
Mengensachen	10	Unwesentliche Bestandteile	38 ff
		Urheberrecht	31
Nichtwesentliche Bestandteile	38 ff		
		Verbindungsmaterial	11
Obligatorische Rechte	35 ff	Verfügungen, bedingte	25
Patentrecht	31	Wesensveränderung	17 f
Pfandrecht	30	Wesensverlust	19
Pfändung	33 f, 44 f	Wesentliche Bestandteile	14 ff
		Wohnungseigentum	28
Rechte als Bestandteile	7		
– an Bestandteilen	24 ff, 41 ff	Zerstörung	16
		Zubehör	2, 6
Schiffsmotor	21	Zwangsvollstreckung	33 f, 44 f

I. Die Bedeutung der Vorschrift

1. Die Problemstellung

§ 93 regelt die Frage, ob die Bestandteile einer Sache Gegenstand besonderer **1** Rechte sein können. Hierbei sind zwei entgegenstehende Interessen zu berücksichtigen. Einmal können fortbestehende oder neu begründete Sonderrechte dazu führen, daß die **einheitliche Sache zerstört** wird, weil die dinglichen Sonderrechten unterworfenen Sachteile von der einheitlichen Sache abgetrennt werden. – Auf der anderen Seite gibt es Interessen, die für die Gestattung von Sonderrechten sprechen. Diese treten insbesondere beim Kauf unter **Eigentumsvorbehalt** hervor. Wenn nämlich Sonderrechte an Sachteilen nicht zugelassen werden, muß der Eigentumsvorbehalt erlöschen, sobald die gelieferte Sache einer anderen als Bestandteil zugeordnet wird. – § 93 löst den Konflikt, indem nur **wesentliche** Bestandteile für sonderrechtsunfähig erklärt werden.

2. Vorgeschichte und Grundgedanken des § 93

a) Schon das **römische Recht** unterschied die einheitliche Sache mit nicht indivi- **2** dualisierbaren Teilen, wie etwa Sklaven oder Tiere, von anderen Sachen, die durch Zusammenfügung von Teilen entstanden (vgl HOLTHÖFER, Sachteile und Sachzubehör im römischen und im gemeinen Recht [1972] 23 ff). In letztere Gruppe gehörten vor allem die Grundstücksbestandteile, die nach Regeln beurteilt wurden, die etwa den heutigen §§ 94 und 946 entsprachen (vgl § 94 Rn 1). – In der **Pandektenwissenschaft** sowie im preußischen ALR und im österreichischen ABGB erfolgte die Ausgliederung des

Zubehörs aus dem Kreis der Bestandteile (HOLTHÖFER 124 ff und 153 ff; HKK/RÜFNER §§ 90–103 Rn 28 ff; vgl § 97 Rn 1).

3 b) Da aus dem römischen Recht keine dem § 93 vergleichbaren Regeln überkommen waren, wollten die Verfasser des BGB die Frage nach dem Schutz der Sacheinheit unter dem Gesichtspunkt praktischer **Zweckmäßigkeit** lösen (Mot III 41). Sie gingen bei der Schaffung des § 93 von dem Gedanken aus, daß **wirtschaftliche Werte**, die durch Zusammenfügung mehrerer Sachen geschaffen wurden, geschützt werden sollen. – Danach hätte man erwartet, daß alle diejenigen Sachteile für sonderrechtsunfähig erklärt würden, die für die Gesamtsache von ausschlaggebender Bedeutung sind. Von § 93 wird die ganze Sache jedoch nur insoweit geschützt, als die Zerlegung in ihre Bestandteile zur physischen oder wirtschaftlichen Vernichtung eines der Sachteile führen würde. Es soll damit das den volkswirtschaftlichen Interessen widersprechende Ergebnis verhindert werden, daß die bei einer Trennung entstehenden Stücke entwertet werden (vgl auch RGZ 69, 150, 157 f). Ist dies nicht der Fall, so sind Sonderrechte an Sachteilen möglich, die zu ihrer Abtrennung führen können. Damit schützt das BGB die Sacheinheit nicht als Eigenwert, sondern nur mit Rücksicht auf den **Wert der Sachteile**. Im Vordergrund steht damit nicht die Gesamtsache, sondern der **jeweilige Bestandteil**.

4 Dies weicht zB von den Regeln im preußischen ALR und im schweizerischen ZGB ab, weil nach diesen Gesetzen die **Einheit der Gesamtsache** zum geschützten Gut erklärt worden ist (vgl aber u Rn 47). – Man kann jedoch die Fassung des § 93 nicht einfach als Redaktionsversehen bewerten und in dessen Berichtigung darauf abstellen, ob der Bestandteil für die Gesamtsache wesentlich ist (so aber HECK, Sachenrecht [1930] 101). Die jetzige Fassung des § 93 war nicht nur vom Gesetzgeber beabsichtigt; sie führt auch zu einem sachgerechten Ausgleich zwischen den beteiligten Interessen (s o Rn 1). Wenn man auf die Bedeutung des Bestandteils für die Funktionsfähigkeit der Gesamtsache abstellte, würde der Anwendungsbereich der §§ 946 ff erheblich ausgedehnt und ein Eigentumsvorbehalt bei Sachverbindungen praktisch unmöglich (vgl LARENZ/WOLF § 20 Fn 36). Allerdings hat auch die Rechtsprechung bei der Anwendung des § 93 erheblich geschwankt und, meist unter Berufung auf die Verkehrsanschauung, versucht, die Erhaltung der Gesamtsache zum maßgebenden Kriterium zu erheben (vgl u Rn 17). Die neuere Rechtsprechung folgt dieser sog „Ganzheitslehre" im Rahmen des § 93 nicht mehr (vgl MICHAELIS, in: FS Nipperdey 557), wohl aber – und hierin liegt ein gewisser Systembruch – bei der Beurteilung der Bestandteilseigenschaft nach § 94 Abs 2 (dazu § 94 Rn 25 ff).

3. Sprachgebrauch und Aufbau des Gesetzes

5 Das BGB bezeichnet Sachteile, die **nicht sonderrechtsfähig** sein sollen, als wesentliche Bestandteile. Neben der Rechtsfolge der Sonderrechtsunfähigkeit bestimmt § 93 die **tatsächlichen Voraussetzungen** für wesentliche Bestandteile. – Jedoch gilt insoweit nicht ausschließlich § 93. Vielmehr enthalten auch die §§ 94 und 96 besondere, teils über § 93 hinausgehende, teils dahinter zurückbleibende Definitionen für wesentliche Bestandteile. Dabei ist § 94 aber nicht als vorrangige Spezialregelung für Grundstücke und Gebäude aufzufassen, so daß deren wesentliche Bestandteile auch nach § 93 bemessen werden können (RGZ 150, 22, 26). Dies gilt besonders für stationäre, mit dem Grundstück aber nicht fest verbundene Maschinen (vgl u

Rn 17 f). – Die wichtigsten Folgerungen aus den §§ 93 ff ergeben sich im Zusammenspiel mit den Vorschriften über den originären Eigentumserwerb nach den §§ 946 ff.

Soweit Sachen keine (wesentlichen oder unwesentlichen) Bestandteile darstellen, **6** können sie **Zubehör** nach Maßgabe der §§ 97 ff sein. Insofern sind die Zubehörvorschriften, auch aufgrund ihrer geschichtlichen Entwicklung (vgl o Rn 2), als Alternative zu den Bestandteilsregeln anzusehen. – Im Zusammenhang des § 947 Abs 2 wird die Unterscheidung von **Haupt- und Nebensachen** erheblich (vgl STAUDINGER/ WIEGAND [1995] § 947 Rn 7), die nicht mit dem Unterschied zwischen wesentlichen und unwesentlichen Bestandteilen gleichgesetzt werden darf. Ein Eigentumsverlust nach § 947 Abs 2 setzt bereits das Vorliegen eines wesentlichen Bestandteils voraus (vgl MICHAELIS, in: FS Nipperdey 560 f). – Die (realen) Bestandteile einer Sache sind ferner zu unterscheiden von den (ideellen) **Eigentumsanteilen** mehrerer Miteigentümer. Die Eigentumsanteile sind unkörperliche Gegenstände, für die nicht die Sache, sondern das Recht als geteilt zu denken ist.

II. Der Begriff der Bestandteile

1. Die Begriffsdefinition

§ 93 geht von **Sachbestandteilen** aus. Das BGB gibt jedoch keine Definition für **7** diesen Begriff; der Gesetzgeber hat ihn als allgemein verständlich vorausgesetzt. Bestandteile werden als diejenigen körperlichen Gegenstände definiert, die „entweder von Natur aus eine Einheit bilden oder durch Verbindung miteinander ihre Selbständigkeit dergestalt verloren haben, daß sie fortan, solange die Verbindung dauert, als ein Ganzes, als eine einheitliche Sache erscheinen" (RGZ 63, 171, 173; 63, 416, 418). Die entscheidende Frage für die Bestandteilseigenschaft ist also, wann eine **einheitliche Sache** vorliegt. Maßgeblich hierfür ist die Verkehrsanschauung, hilfsweise die natürliche Betrachtungsweise eines verständigen Beurteilers (RGZ 158, 362, 370; vgl Vorbem 13 zu §§ 90 ff). Erforderlich ist danach zumindest ein körperlicher Zusammenhang der Einzelteile (RGZ 58, 338, 342; 69, 150, 152) sowie eine einheitliche Bezeichnung der Gesamtsache. – Kein Bestandteil ist dagegen, was der Verkehrsanschauung als eine **selbständige Sache** erscheint. Diese kann zwar Zubehör sein oder einer Sachgesamtheit (vgl Vorbem 17 ff zu §§ 90 ff) zugehören; dadurch wird sie jedoch nicht zum Bestandteil des nur wirtschaftlich zusammengehörigen Ganzen (vgl SOERGEL/MARLY Rn 7). – Eine Ausnahme von der Regel, daß Bestandteile nur körperliche Gegenstände sein können, enthält § 96, wonach **Rechte** als unkörperliche Gegenstände unter bestimmten Voraussetzungen als Grundstücksbestandteile fingiert werden (dazu § 96 Rn 1).

Auch ein Bestandteil kann wiederum aus einzelnen Bestandteilen bestehen; der Wortlaut der §§ 93, 94, der nur von Bestandteilen einer „Sache" spricht, steht dem nicht entgegen (BGB-RGRK/KREGEL Vorbem 16 zu §§ 93–95). Diese Unterbestandteile stellen zugleich auch einen Bestandteil der Gesamtsache dar. Dabei kann ein Unterbestandteil auch im Verhältnis zu einem unwesentlichen Bestandteil wesentlich sein. So sind die Schrauben eines Kraftfahrzeugmotors dessen wesentliche Bestandteile, der Motor selbst ist aber regelmäßig unwesentlicher Bestandteil des Kraftfahrzeugs (vgl u Rn 19 und 20).

2. Bestandteile von Natur aus einheitlicher Sachen

8 Ein Bestandteil kann dann nicht vorliegen, wenn es innerhalb der Gesamtsache an einem erkennbar abgegrenzten körperlichen Gegenstand fehlt. Problematisch ist daher die Anerkennung von Bestandteilen bei den **von Natur aus** einheitlichen Sachen, zB einem Baumstamm (vgl Vorbem 13 zu §§ 90 ff). Nach hM ist hier das Vorliegen von Bestandteilen ausgeschlossen (ENNECCERUS/NIPPERDEY § 125 I Fn 2; MICHAELIS, in: FS Nipperdey 553 Fn 1; MünchKomm/HOLCH Rn 3; vgl LG Lübeck NJW 1986, 2514, 2515). Jedoch können auch bei solchen Sachen Teile hervortreten, die von der Verkehrsanschauung als körperlicher Gegenstand anerkannt werden. Dies gilt zB, wenn an einem Baumstamm Teilungskennzeichen im Hinblick auf eine spezielle Bearbeitung angebracht sind (BERNHARD 78; SOERGEL/MARLY Rn 5).

3. Bestandteile zusammengesetzter Sachen

9 Der Fall, daß die einheitliche Sache geschaffen wird, indem **vorhandene Sachen** zu einer neuen Einheit **zusammengefügt** werden, ist der Normalfall des § 93. In der Regel geschieht eine solche Verbindung durch menschliches Zutun, notwendig ist dies jedoch nicht.

a) Ob durch die Verbindung eine **einheitliche Sache** entsteht, bestimmt sich in erster Linie nach der Verkehrsauffassung (s o Rn 7). Jedoch bestehen gewisse **Grundregeln**. Regelmäßig begründet eine feste Verbindung der einzelnen Teile deren Bestandteilseigenschaft, soweit nicht eine besondere Verkehrsauffassung entgegensteht (SOERGEL/MARLY Rn 6; MünchKomm/HOLCH Rn 4; BGB-RGRK/KREGEL Rn 16; PALANDT/HEINRICHS Rn 2); für den Spezialfall der festen Verbindung mit einem Grundstück ist diese Folge in § 94 Abs 1 ausdrücklich vorgesehen. Insbesondere liegt bei **chemophysikalisch** geschaffenen Verbindungen, zB durch Schweißen oder Mauern, für die Verkehrsanschauung bzw die natürliche Betrachtungsweise eine einheitliche Sache vor. Dasselbe gilt für nicht ohne weiteres lösbare **mechanische** Verbindungen durch Bolzen, Nieten oder Schrauben. – Schließlich kann aber auch eine lose, dh ohne relativ großen Aufwand lösbare Verbindung genügen, um eine einheitliche Sache entstehen zu lassen (RGZ 69, 150, 152). Dies gilt auch für solche Teile, die durch bloße **Schwerkraft** zusammengehalten werden. Zusätzlich sind hier aber besondere Umstände erforderlich, die nach der Verkehrsauffassung die Annahme einer einheitlichen Sache rechtfertigen (RGZ 83, 67, 69; RG JW 1909, 485). Das ist zB der Fall, wenn die Teilstücke aneinander angepaßt sind (ERMAN/MICHALSKI Rn 5; BGB-RGRK/KREGEL Rn 18). So entsteht mit einer auf ein passendes Gestell aufgelegten schweren Glasplatte für die Verkehrsanschauung ein Glastisch als einheitliche Sache. Das gleiche gilt wegen des gedanklichen Zusammenhangs für die Blätter einer Loseblattsammlung oder eines Handelsbuches (KG Rpfleger 1972, 441 f). Auch ein Kraftfahrzeug ist eine einheitliche Sache, deren Bestandteile ua Karosserie, Fahrgestell, Motor und Räder sind (vgl u Rn 20).

10 Hingegen reicht eine nur **funktionale** Zusammenfassung von Einzelsachen unter gemeinsamer Zweckbestimmung grundsätzlich nicht aus (vgl o Rn 7). – Auch wenn die **sprachliche Zusammenfassung** unter einer einheitlichen Bezeichnung nach der Verkehrsauffassung erforderlich ist, so genügt sie für sich nicht allein, um die Bestandteilseigenschaft der Teilsachen zu begründen. Denn eine einheitliche Bezeichnung ist auch für die Sachgesamtheit kennzeichnend (vgl Vorbem 17 zu §§ 90 ff). So ist beim Besteck das Messer nicht dessen Bestandteil, sondern bildet mit Gabel und Löffel eine Sachgesamtheit. – Schließlich schaffen auch ihrer Natur nach nur **vorübergehende** Zusammenfügungen keine einheitliche Sache; dies gilt zB für die Bohrer einer Bohrmaschine oder verschiedene Düsen einer Spinnmaschine (RGZ 157, 244, 245). Entscheidend ist, daß häufiges Auswechseln dem Wesen der Maschine entspricht. § 95 ist auf bewegliche Sachen nicht anwendbar, auch nicht seinem Rechtsgedanken nach (vgl § 95 Rn 4; **aM** BGB-RGRK/KREGEL Rn 21). – Nicht um Bestandteile handelt es sich auch dort, wo die ursprünglichen Sachen nach der Verkehrsanschauung nur als sog **Mengensachen** (vgl Vorbem 16 zu §§ 90 ff) Gegenstand des Rechtsverkehrs werden. So sind einzelne Getreidekörner nicht Bestandteile der Getreidemenge.

b) Auch bei der Verbindung bereits vorhandener Einzelsachen können diese **11** innerhalb der Gesamtsache ihre körperliche Abgegrenztheit verlieren, wie dies zB bei einer mit Farbe angestrichenen Wand der Fall ist (vgl Vorbem 13 zu §§ 90 ff). Die zusammengefügten Sachen bleiben dann nach der Verkehrsanschauung nicht als erkennbare Bestandteile der neuen Gesamtsache bestehen; vielmehr liegt eine Einzelsache vor (zu von Natur aus einheitlichen Sachen vgl o Rn 8). Anerkannt werden körperliche Gegenstände als Bestandteile der neuen Sache daher nur, wenn ihre **Rückführung** in den früheren Zustand, sei es auch unter gewissen Schwierigkeiten, möglich ist. Dies gilt vor allem für eine Rückführung unter Zuhilfenahme von Schneid- und Schraubwerkzeugen. – Aufgetragene Farbe kann nicht mehr in den früheren Zustand zurückversetzt werden; sie bildet daher keinen Bestandteil der Sache, auf die sie aufgetragen wurde. Dasselbe gilt für sog **Verbindungsmaterial** wie Mörtel, Klebstoff oder Kitt. Ferner genügen **chemisch** vorzunehmende Rückführungsprozesse nicht, um Bestandteile fortdauern zu lassen; dies trifft zB für Metallmengen zu, die sich in einer Legierung befinden.

4. Die Dauer der Bestandteilseigenschaft

Die einmal begründete Bestandteilseigenschaft **dauert fort** bis zur endgültigen Auf- **12** lösung der einheitlichen Sache oder bis zur endgültigen Ablösung des Bestandteils von der einheitlichen Sache (vgl RG LZ 1920, 151). Die nur vorübergehende Abtrennung eines Teils, etwa zu Transportzwecken, läßt die Bestandteilseigenschaft fortbestehen (RG Gruchot 64, 95, 97).

5. Bestandteile von Rechten

Eine Ausnahme von der Regel, daß Sachen Bestandteile anderer Sachen sind, **13** enthält § 12 Abs 1 ErbbauVO, wonach ein aufgrund des Erbbaurechts errichtetes Bauwerk als **Bestandteil des Erbbaurechts** anzusehen ist. Der Heimfallanspruch des Grundstückseigentümers hingegen ist nach § 3 ErbbauVO wesentlicher Bestandteil des Grundstücks (BGH WM 1980, 938, 939). – Ebenso sind Schächte und technische Anlagen eines Bergwerks **Bestandteile des Bergwerkseigentums** und nicht des Grundstücks; maßgebend ist § 9 des BBergG v 13. 8. 1980 (BGBl I 1310; vgl RGZ 161, 203, 206; OLG Jena Urt v 30. 5. 1995 Az: 8 U 1096/94). Auch Halden abgebauter Mineralien können Bestandteile des Bergwerkseigentums sein (vgl BGHZ 17, 223, 232); hierzu gehören Fossilien jedoch nicht (BVerwGE 102, 260, 268).

III. Die wesentlichen Bestandteile

14 1. Die **Sonderrechtsunfähigkeit** tritt nach § 93 nur bei solchen Sachteilen ein, die das BGB als wesentliche Bestandteile bezeichnet. Der Begriff „wesentlich" wurde vom Gesetzgeber nicht wegen seines klaren Inhalts gewählt, sondern stellte eher eine Verlegenheitslösung dar, weil der vorher zur Bezeichnung der Sonderrechtsunfähigkeit verwendete Ausdruck „feste Bestandteile" mehrdeutig erschien (vgl Jakobs/ Schubert, Die Beratungen des Bürgerlichen Gesetzbuchs I [1985] 436).

Für die Unterscheidung zwischen **wesentlichen** und **unwesentlichen** Bestandteilen (dazu u Rn 38 ff) kommt es nicht darauf an, ob die betreffenden Bestandteile für die Gesamtsache wesentlich sind (BGHZ 18, 226, 229; 20, 159, 162; vgl o Rn 4). Entscheidend ist vielmehr, ob bei Zerlegung der Gesamtsache einer, nicht notwendig jeder der Teile zerstört oder in seinem Wesen verändert würde. Ist dies der Fall, so wird die Sacheinheit geschützt; die Bestandteile sind sonderrechtsunfähig. Ist dies nicht der Fall, so findet die Sacheinheit keinen Schutz; die Bestandteile können als unwesentliche Bestandteile Gegenstand von Sonderrechten sein. Statt „wesentliche Bestandteile" wäre daher die Bezeichnung „sonderrechtsunfähige Bestandteile" präziser gewesen (Enneccerus/Nipperdey § 125 II).

15 Ist ein Gegenstand, zB gem § 95, **schon nicht Bestandteil** einer Sache, so kann er auch kein wesentlicher Bestandteil sein (vgl RG JW 1917, 809, 810; RGZ 153, 231, 234). Häufig ist aber bei Vorliegen der in §§ 93, 94 genannten Voraussetzungen die Bestandteilseigenschaft indiziert, da ein Sachteil, der nur unter Zerstörung oder Wesensveränderung abgetrennt werden kann, von der Verkehrsanschauung regelmäßig als Bestandteil angesehen wird (vgl o Rn 9). Bei fest mit einem Grundstück verbundenen Sachen ist die Bestandteilseigenschaft, vorbehaltlich der Regelung des § 95, sogar festgestellt; eine gesonderte Prüfung, ob es sich bei der Sache um einen Bestandteil handelt, erübrigt sich damit (BGB-RGRK/Kregel Vorbem 17 zu §§ 93–95).

16 2. Als **Voraussetzungen der Sonderrechtsunfähigkeit** nennt das Gesetz alternativ zwei Tatbestände, die Zerstörung und die Wesensveränderung. Da jede Zerstörung zugleich eine Wesensveränderung bedeutet, wäre die Unterscheidung an sich entbehrlich.

a) **Zerstörung** bedeutet die **physische Vernichtung**, also die Aufhebung der bisherigen körperlichen Beschaffenheit des Bestandteils (vgl Tobias AcP 94, 374 f). Daher werden Plakate an Litfaßsäulen oder Bauzäunen, die nur durch Abkratzen entfernt werden können, wesentliche Bestandteile (OLG Karlsruhe NJW 1979, 2056; BayObLG NJW 1981, 1053; OLG Oldenburg NJW 1982, 1166). Auch eine Brücke ist nach § 93 wesentlicher Bestandteil des Grundstücks, auf dem sie errichtet wurde, wenn die Brücke als solche bei ihrer Entfernung zerstört und unbrauchbar würde (OLG Karlsruhe NJW 1991, 926). Das gleiche gilt für die Teile eines massiven Gebäudes, die nach ihrer bautechnischen Beschaffenheit nicht voneinander getrennt werden können, ohne daß der stehenbleibende Teil seinen Halt verlöre (BGH MDR 1970, 576; NJW 1982, 756; zur Rechtslage bei grenzüberschreitenden Bauwerken s § 94 Rn 12 ff). – Hingegen wird bei starker **Beschädigung** nicht der Tatbestand der Zerstörung, sondern der Wesensveränderung bejaht (Soergel/Marly Rn 8; MünchKomm/Holch Rn 11; für Zerstörung dagegen Enneccerus/Nipperdey § 125 II 1 a). Leichte Beschädigungen stellen nach allgemeiner

Auffassung keine Zerstörung iS des § 93 dar (BGB-RGRK/KREGEL Rn 26). – Aufgrund der modernen Massenproduktion hat der Tatbestand der Zerstörung an praktischer Bedeutung verloren, weil für genormte Sachteile bereits bei der Herstellung darauf geachtet wird, daß sie ohne Schäden und kostengünstig ausgewechselt werden können (RGZ 152, 91, 98).

b) Die praktisch wichtigere Alternative für die Sonderrechtsunfähigkeit eines **17** Bestandteils ist daher die im Falle der Trennung eintretende **Wesensveränderung** des abgetrennten Teiles oder des verbleibenden Restes.

Der **abgetrennte Bestandteil** wird in seinem Wesen verändert, wenn er nach der Abtrennung nicht mehr in vergleichbarer Weise wirtschaftlich genutzt werden kann wie innerhalb der zusammengesetzten Sache, auch nicht nach der Verbindung mit einem neuen Gegenstand (BGHZ 18, 226, 232). Demnach ist das Wesen des Bestandteils **wirtschaftlich** zu bestimmen (BGHZ 20, 154, 157; SPYRIDAKIS 34). Es richtet sich nach der konkreten Funktion des Bestandteils (BERNHARD 38). Dabei sind jedoch nicht die besonderen Verhältnisse desjenigen maßgeblich, in dessen Hand sich die Sache befindet, sondern die wirtschaftliche Verwendbarkeit überhaupt. So wird zB ein Kraftfahrzeugmotor durch Ausbau nicht in seinem Wesen verändert, wenn er weiter als Antriebsmaschine genutzt werden kann (BGHZ 61, 80, 82); er ist kein wesentlicher Bestandteil des Kraftfahrzeugs und damit sonderrechtsfähig (vgl auch u Rn 20). Ebenso ist der Motor eines Förderbandes unwesentlicher Bestandteil, weil er ohne Beschädigung entfernt und anderweitig genutzt werden kann; die Wertminderung als „gebrauchte" Sache soll hier außer Ansatz bleiben (OLG Köln NJW 1991, 2570). Dagegen sind Bestandteile, die nach der Trennung nur noch **Schrottwert** haben, wesentliche Bestandteile (BGHZ 20, 159, 162). – Ein Fall der Wesensveränderung liegt bei der gebotenen wirtschaftlichen Betrachtungsweise auch dann vor, wenn die Abtrennung im Vergleich zum verbleibenden Wert des Bestandteils **unverhältnismäßig hohe Kosten** verursachen würde; hierfür kann der Gedanke des § 948 Abs 2 herangezogen werden (vgl MEDICUS, AT Rn 1189).

c) Die **verbleibenden Bestandteile als Restsache** werden durch die Wegnahme des **18** Bestandteils nur dann in ihrem Wesen verändert, wenn der abgetrennte Teil nicht in wirtschaftlich sinnvoller Weise ersetzt werden kann. Daher sind die einzelnen Blätter eines Handelsbuches dessen wesentliche Bestandteile, da eine unvollständige kaufmännische Buchführung wertlos ist (KG Rpfleger 1972, 441, 442). Eine Wesensänderung liegt dagegen nicht vor, wenn es sich bei dem abgetrennten Stück um **Serienware** handelt, die relativ leicht ersetzbar ist (MünchKomm/HOLCH Rn 11; vgl BGHZ 61, 80, 83 mit abl Anm PINGER JR 1973, 463). Dies gilt zB für die Steckkarten in einem Computer (vgl OLG Köln CR 1996, 600, 601 für einen zur Beschleunigung eines Scanners eingebauten „Highway-Rip").

Diese Definition, welche den **Eigentumsvorbehalt an Serienmaschinen** ermöglicht, geht auf eine Entscheidung des RG aus dem Jahre 1907 (RGZ 67, 30) zurück (ausf zur Entwicklung der Rspr HKK/RÜFNER §§ 90–103 Rn 34 ff). Vorher hatte das RG auf der Grundlage der Ganzheitslehre die Auffassung vertreten, daß der verbleibende Rest beim Ausbau eines betriebswichtigen Teiles in seinem Wesen verändert werde (vgl RGZ 58, 338, 342; 62, 248, 250). War zB ein Gebäude speziell für einen Fabrikationsbetrieb errichtet, so wurde angenommen, daß die Fortnahme der Fabrikationsmaschinen sein Wesen verändere (so RGZ 50, 241, 243; 62, 406, 410). Somit war ein Eigentumsvorbehalt an in Fabrikhallen aufgestellten Maschinen praktisch ausgeschlossen. – RGZ 67, 30, 35 f bewertete diese Auffassung jedoch als Subsumtionsfehler, weil für den nach der Wegnahme der Maschinen verbleibenden Rest nicht vom Begriff „Fabrik", sondern vom Begriff „Gebäude" ausgegangen werden müsse, das durch die Wegnahme der Maschinen keine Wesensveränderung erleide. – Seitdem werden lose verbundene Maschinen daher nur noch als wesentliche Bestandteile eines Fabrikationsgebäudes angesehen, wenn die Maschine für das entsprechende Gebäude **speziell angefertigt** wurde oder Gebäude und Maschine **besonders aneinander angepaßt** sind (RGZ 67, 30, 34; 69, 117, 121; 130, 264, 266; vgl auch BGB-RGRK/ KREGEL Rn 53; kritisch zu dieser „Ersetzbarkeitslehre" MICHAELIS, in: FS Nipperdey 561 ff). So ist zB die Maschinenanlage eines Wasserkraftwerks dessen wesentlicher Bestandteil, wenn das Werksgebäude speziell zur Stromerzeugung konstruiert und mit einem Turbinenschacht ausgestattet ist (BayObLG Rpfleger 1999, 86).

19 d) Von der These, daß Serienteile wegen ihrer leichten Ersetzbarkeit sonderrechtsfähig sind, macht die Rspr allerdings insoweit eine Ausnahme, als **kleinere Serienteile**, wie zB Schrauben oder Hebel, welche die genannten Voraussetzungen erfüllen würden, dennoch als wesentliche Bestandteile qualifiziert werden. Die Begründung hierfür sieht der BGH darin, daß solche Teile mit der Einfügung in die Gesamtsache ihr **eigenes Wesen verlieren**, weil es in der Gesamtsache aufgeht (BGHZ 20, 154, 157; LG Duisburg MDR 1962, 819; BGB-RGRK/KREGEL Rn 25; abl SPYRIDAKIS 36). – Angestrebt wird mit dieser etwas unscharfen Terminologie das sachgerechte Ziel, die Sonderrechtsfähigkeit auf solche Serienteile zu beschränken, deren wirtschaftlicher Wert in vertretbarer Relation zum Wert der Gesamtsache steht. Ausschlaggebend ist jedoch nicht, daß sich der Zweck des Bestandteils dem Ganzen „mitteilt", sondern vielmehr, daß die Kosten einer Trennung gemessen am Wert des Bestandteils unverhältnismäßig hoch sind (vgl o Rn 17). Von diesem Ausgangspunkt des Wertverhältnisses her genügt geringe Größe eines Bestandteils nicht ohne weiteres für die Bejahung eines Wesensverlustes durch Einfügung; so bleiben zB kleinste, aber **wertvolle elektronische Bauteile** serienmäßiger Herstellung weiterhin sonderrechtsfähig (vgl OLG Köln CR 1996, 600, 601). – Die Entscheidung des RG, die den Schalter eines Heizkissens als sonderrechtsfähigen Bestandteil qualifizierte (RGZ 130, 242, 245), kann als überholt angesehen werden.

3. Einzelheiten

20 Die Rechtsprechung ist bei der Einordnung einer Sache als wesentlicher oder unwesentlicher Bestandteil bzw als selbständige Sache nicht immer einheitlich. Es sind folgende Einzelheiten hervorzuheben:

a) Beim **Kraftfahrzeug** ist der Serienmotor sonderrechtsfähiger Bestandteil (BGHZ 18, 226, 229 f; OLG Karlsruhe MDR 1955, 413), auch als Austauschmotor (BGHZ 61, 80, 82), nicht dagegen eine Sonderanfertigung, etwa für einen Oldtimer. Die Reifen sind ebenfalls unwesentliche Bestandteile und daher sonderrechtsfähig (OLG Bamberg MDR 1951, 29; OLG Stuttgart NJW 1952, 145), ebenso die Sitze (BayObLG NVwZ 1986, 511). Das eingebaute Autotelefon ist nicht einmal einfacher Bestandteil, sondern bleibt eine selbständige Sache (OLG Köln MDR 1993, 1177; vgl auch § 97 Rn 18); das gleiche gilt für ein nicht fest integriertes Navigationssystem (vgl OLG Karlsruhe

NZV 2002, 132). Hingegen werden Bremstrommeln nach Ansicht des OLG Hamm (MDR 1984, 842) zu wesentlichen Bestandteilen, weil sie gebraucht nicht mehr sinnvoll zu nutzen seien. Auch das Fahrgestell als Träger der Teile ist wesentlicher Bestandteil des Kraftfahrzeugs (OGHZ 2, 389, 393; vgl OLG Stuttgart NJW 1952, 145). – Insgesamt besteht demnach Sonderrechtsfähigkeit für diejenigen Teile eines Kraftwagens, die aufgrund serienmäßiger Herstellung mit vertretbaren Kosten ersetzbar und wiederverwendbar sind (vgl OLG Karlsruhe MDR 1955, 413; ferner RGZ 144, 236, 241).

b) Für **Schiffsmotoren** gilt eine besondere Einordnung. Zwar wurde vom OLG **21** Stettin (LZ 1931, 1098 f) ein Segelschiffshilfsmotor nicht als wesentlicher Bestandteil bewertet; ebenso verneinte das OLG Köln (JW 1936, 466 f m zust Anm HAMAEKERS) die Bestandteilseigenschaft eines serienmäßig hergestellten Motors in einem Flußkahn und ordnete ihn als Zubehör ein. – Für normale Motorschiffe wurde vom RG unter Verwendung der Ganzheitslehre (vgl o Rn 4) der Schiffsmotor jedoch als wesentlicher Bestandteil qualifiziert, weil mit seinem Ausbau für den Schiffskörper eine Wesensveränderung verbunden sei, da nunmehr das Schiff nicht mehr fahren könne „wie es will und soll" (RGZ 152, 91, 98 f; vgl dazu BGHZ 18, 226, 230). Zusätzlich hatte das RG für seine Beurteilung auf § 94 Abs 2 zurückgegriffen, weil Schiffe als Bauwerke bezeichnet werden könnten (RGZ 152, 91, 97). – Der BGH hat diesem Hinweis in der vor dem SchiffsRG vom 15. 11. 1940 (RGBl I 1499) ergangenen Entscheidung zugestimmt. In BGHZ 26, 225, 227 ff läßt er die Anwendbarkeit des § 93 ausdrücklich offen, bewertet den Schiffsmotor aber in (entsprechender) Anwendung des § 94 Abs 2 als wesentlichen Bestandteil des Schiffes, weil er dem Motorschiff **zur Herstellung eingefügt** werde. Die Vorschrift sei auch auf eingetragene Schiffe anwendbar, da diese rechtlich weitgehend wie Grundstücke behandelt würden (vgl STAUDINGER/WIEGAND [1995] § 946 Rn 12; aM GRAUE BB 1959, 1283 f mit Hinweisen auf das ausländische Recht). Allerdings werden nicht im Seeschiffsregister eingetragene Seeschiffe (§§ 929a, 932a) sowie nicht eingetragene Binnenschiffe vom Gesetz als bewegliche Sachen angesehen (vgl STAUDINGER/WIEGAND [1995] § 929a Rn 1). Daher kann ein Schiffsmotor in diesen Fällen allenfalls nach § 93 wesentlicher Bestandteil werden; bei serienmäßiger Herstellung muß dies jedoch verneint werden (vgl o Rn 18).

c) **Hilfsanlagen** zu mobilen oder stationären Geräten, die technisch selbständig **22** sind bzw den Betrieb des Ganzen erst ermöglichen sollen, sind grundsätzlich sonderrechtsfähig, weil ihr Wesen durch den Einbau nicht in der Gesamtsache aufgeht (BGH WM 1956, 527, 531; vgl o Rn 19). Dies gilt zB für Meßgeräte (BGHZ 20, 154, 158) sowie für Geräte, welche für die Zulassung eines Flugzeuges erforderlich sind (LG München WM 1957, 1378, 1379); ferner für Ladegeräte auf einem Schlepper (OLG Hamburg BB 1957, 1246). Auch zusätzliche Ölbrenner an Kohlezentralheizungen sind sonderrechtsfähige Bestandteile (OLG Celle NJW 1958, 632; OLG Stuttgart MDR 1959, 37).

d) Auch die Bestandteilseigenschaft von **Gebäudeeinrichtungen** kann neben § 94 **23** Abs 2 nach § 93 beurteilt werden (vgl o Rn 5; zu weiteren Fällen wesentlicher Gebäudebestandteile s § 94 Rn 30 ff). Dabei geht es einmal um lose verlegten **Teppichboden**; er wird auch dann nicht wesentlicher Bestandteil nach § 93, wenn er passend zugeschnitten wurde (LG Hamburg NJW 1979, 721; vgl auch § 94 Rn 34). Er wird hingegen wesentlicher Bestandteil, wenn er so fest mit dem Untergrund verklebt ist, dass dieser bei Entfernung des Teppichbodens beschädigt würde (OLG Köln VersR 2004, 105). – Eine aus serienmäßig hergestellten Teilen bestehende und ohne größere

Umbauten eingefügte **Einbauküche** wird ebenfalls nicht nach § 93 wesentlicher Bestandteil, da sie demontiert und an anderer Stelle wiederverwendet werden kann (OLG Düsseldorf NJW-RR 1994, 1039; OLG Karlsruhe NJW-RR 1986, 19; 1988, 459, 460; LG Köln WM 1988, 425; vgl auch § 94 Rn 35, § 95 Rn 8 und § 97 Rn 25). Das gleiche gilt für eine zugeschnittene serienmäßige **Schrankwand** (OLG Schleswig NJW-RR 1988, 1459, 1460), die katalogmäßig gehandelte **Kühlanlage** eines Hotels (RG HRR 1932 Nr 701; LG Ansbach WM 1989, 1777, 1778) sowie für eine EDV-**Kabelanlage**, deren Kabelkanäle und Steckdosen mittels verdübelter Schrauben an der Wand befestigt sind (BFHE 190, 552, 556 f; vgl RGZ 83, 67, 69 f). Dagegen ist eine speziell für einen unregelmäßig zugeschnittenen Küchenraum angefertigte und mit hohem Aufwand an diesen angepaßte Einbauküche nach § 93 wesentlicher Bestandteil des Gebäudes (AG Linz ZMR 1996, 269, 271 m Anm BALDUS). – Zu den wesentlichen Bestandteilen eines Gebäudes gehören auch die **Fenster** (vgl § 94 Rn 30). Dabei sind der aus mehreren Teilen zusammengesetzte Rahmen und die Glasscheiben nach § 93 wesentliche Bestandteile des Fensters, da eine wirtschaftlich sinnvolle Trennung von Innen- und Außenseiten auch bei der heute üblichen Thermopaneverglasung nicht möglich ist (LG Lübeck NJW 1986, 2514, 2515).

4. Die Rechtsfolge des § 93

24 Für wesentliche Bestandteile bestimmt § 93, daß sie nicht Gegenstand besonderer Rechte sein können. Diese Rechtsfolge ist **zwingend** (RGZ 62, 410, 411; 63, 416, 421; 74, 201, 203; SOERGEL/MARLY Rn 19). Vertragliche Vereinbarungen, die die Bestandteilseigenschaft eines Sachteils trotz Vorliegens ihrer Voraussetzungen ausschließen sollen, haben keine Wirkung (vgl u Rn 26 f). Diese Regelung liegt darin begründet, daß wesentliche Bestandteile ihren wirtschaftlichen Zweck und damit ihren Wert regelmäßig nur im Zusammenhang der mit ihnen gebildeten Sache haben können (Mot III 41). – Aus der Sonderrechtsunfähigkeit der wesentlichen Bestandteile ergeben sich folgende Konsequenzen:

25 a) An wesentlichen Bestandteilen kann **kein Sondereigentum** bestehen. – Auch **beschränkte dingliche Rechte** können an wesentlichen Bestandteilen nicht begründet werden. So ist der auf eine Wohnung im Gebäude beschränkte Nießbrauch nach § 93 unzulässig. Auch § 1030 Abs 2 erlaubt eine solche Beschränkung nicht, da von dieser Vorschrift nur einzelne Nutzungsarten des Gesamtgrundstücks erfaßt werden (BayObLGZ 1979, 361, 364). – Wohl aber ist eine **Verfügung** über wesentliche Bestandteile unter der **aufschiebenden Bedingung** ihrer Abtrennung von der Gesamtsache möglich. Dazu ist allerdings erforderlich, daß bei Bedingungseintritt noch alle Wirksamkeitsvoraussetzungen der Verfügung, namentlich die Verfügungsbefugnis des Veräußerers, vorliegen; ansonsten gilt § 161 (SPYRIDAKIS 142). Da es sich auch bei der bedingten Übereignung von wesentlichen Grundstücksbestandteilen nicht um eine Verfügung über das Grundstück handelt, steht § 925 Abs 2 nicht entgegen. – Eine Übereignung künftiger Sachen kann auch in der **Aneignungsgestattung** nach § 956 gesehen werden, aufgrund welcher sich ein Dritter wesentliche Bestandteile der Sache aneignen darf (vgl STAUDINGER/WIEGAND [1995] § 956 Rn 7 ff). Soweit sich der Gestattungsvertrag auf Grundstücksbestandteile bezieht, kann er allerdings nicht ins Grundbuch eingetragen werden und bindet auch den künftigen Grundstückserwerber nicht (RGZ 60, 317, 319). Erfolgt die Trennung des wesentlichen Bestandteils von der Gesamtsache, ohne daß einer der Ausnahmetatbestände der §§ 954–957 vorliegt, so steht das Eigentum am abgetrennten Bestandteil gem § 953 dem Eigentümer der Gesamtsache zu (vgl STAUDINGER/WIEGAND [1995] Vorbem 3 zu §§ 953 ff).

b) Die Sonderrechtsunfähigkeit wesentlicher Bestandteile hat zur Folge, daß in den Fällen der §§ 946 und 947 Abs 2 ein **Eigentumsvorbehalt** des Verkäufers erlischt, sobald die von ihm gelieferte Sache zum wesentlichen Bestandteil wird (STAUDINGER/ WIEGAND [1995] § 946 Rn 10 und § 947 Rn 8; SOERGEL/MARLY Rn 18 f; BGB-RGRK/KREGEL Rn 35; zu den Rechten des Vorbehaltsverkäufers s STAUDINGER/GURSKY [1995] § 951 Rn 14). Dies gilt auch, wenn das vorbehaltene Eigentum am Bestandteil kenntlich gemacht wird (RG SeuffA 59 Nr 119). Der frühere Eigentümer des jetzigen wesentlichen Bestandteils kann im Insolvenzverfahren kein Aussonderungsrecht geltend machen; gegen Einzelvollstreckungsmaßnahmen anderer Gläubiger des Erwerbers steht ihm keine Drittwiderspruchsklage zu. War der wesentliche Bestandteil vorher mit beschränkten dinglichen Rechten belastet, so erlöschen diese nach Maßgabe des § 949 S 1. Außerdem erstrecken sich die an der Hauptsache bestehenden Belastungen nunmehr auf die wesentlichen Bestandteile (vgl RG SeuffA 59 Nr 119; STAUDINGER/WOLFSTEINER [2002] § 1120 Rn 14). – Bei der Zusammenfügung gleichwertiger beweglicher Sachen, die dadurch wesentliche Bestandteile einer einheitlichen Sache werden, entsteht dagegen gem § 947 Abs 1 **Miteigentum** der bisherigen Eigentümer (vgl STAUDINGER/WIEGAND [1995] § 947 Rn 6). Die Miteigentümer können der Pfändung der Gesamtsache durch einen Gläubiger eines anderen Miteigentümers gem § 771 ZPO widersprechen (BGH NJW 1993, 935, 938). Nach § 949 S 2 setzen sich beschränkte dingliche Rechte, die am Bestandteil bestanden haben, am ideellen Miteigentumsanteil fort. Nur dieser Anteil kann gem § 857 ZPO gepfändet werden.

Diese Regeln hatten sich nach dem Inkrafttreten des BGB vor allem für die **Maschinenindustrie** nachteilig ausgewirkt. Daher gab es zahlreiche Versuche, die in § 93 normierte Sonderrechtsunfähigkeit für Maschinen in Fabrikgebäuden abzuwenden. So vertrat KRÜCKMANN (ZBlFG 1906, 585, 606 ff) die Ansicht, daß der Käufer bis zur Tilgung der Kaufpreisschuld nur als Mieter anzusehen sei, so daß § 95 Abs 1 angewendet werden könne. Auch MOOG (NJW 1962, 382) wollte den Konflikt über § 95 Abs 1 lösen, da ein Vorbehaltskäufer wegen der Verkehrsüblichkeit des Eigentumsvorbehalts konkludent einen Willen zu nur vorübergehender Verbindung erkläre. NEUMANN (JW 1907, 97) schlug eine beschränkte persönliche Dienstbarkeit vor, nach welcher der Verkäufer berechtigt sei, die Maschine auf dem Grundstück des Erwerbers zu halten. Dogmatisch sind diese Lösungen nicht haltbar (vgl § 95 Rn 7; SPYRIDAKIS 163 ff). Die Rechtsprechung hat der Problematik weitgehend abgeholfen, indem sie seit RGZ 67, 30 die Bestandteilseigenschaft von Serienmaschinen verneint (s o Rn 18).

c) Abweichend von § 93 bestimmt das WEG, daß an einer Wohnung **Wohnungseigentum**, an anderen Räumen **Teileigentum** bestehen kann. Damit wird ein Sondereigentum am wesentlichen Bestandteil geschaffen, weshalb § 3 Abs 1 WEG ausdrücklich die Abweichung von § 93 erwähnt. Für das dogmatische Verständnis dieser Situation kann man die im Sondereigentum stehenden Räume als selbständige Sachen ansehen (vgl BÖRNER, in: FS Dölle 212). Ausgenommen vom Sondereigentum bleiben die dem gemeinschaftlichen Gebrauch dienenden Einrichtungen und Anlagen; sie stehen im **Miteigentum**. – Da bei der Umwandlung einer Mietwohnung in eine Eigentumswohnung nach § 7 Abs 4 Nr 2 WEG eine Abgeschlossenheitsbescheinigung erforderlich ist, hatte sich eine Praxis dahin gebildet, an Kellerräumen

Teileigentum zu begründen (hier genügt bereits ein Lattenrost zur Abgeschlossenheit) und dieses mit einem Sondernutzungsrecht an einer nicht abgeschlossenen Wohnung zu verbinden. Die Zulässigkeit dieser Fallgestaltung ist umstritten (bejahend BayObLG NJW 1992, 700 f; OLG Hamm NJW-RR 1993, 1234; ablehnend LG Braunschweig Rpfleger 1991, 201; LG Hagen NJW-RR 1993, 402); die praktische Relevanz des Streits wurde aber weitgehend dadurch beseitigt, daß der Gemeinsame Senat der obersten Gerichtshöfe des Bundes (NJW 1992, 3290, 3291) die Koppelung der Abgeschlossenheitsbescheinigung an bauordnungsrechtliche Vorschriften abgelehnt und geschlossene Wände und verschließbare Zugänge für ausreichend erachtet hat. – Auch das durch § 30 WEG geschaffene **Wohnungserbbaurecht** bzw Teilerbbaurecht sowie das durch § 31 WEG normierte Dauerwohn- bzw **Dauernutzungsrecht** stellen als dingliche Sonderrechte eine Ausnahme von § 93 dar.

29 Soweit vor dem Inkrafttreten des BGB nach Landesrecht **Stockwerkseigentum** begründet wurde, greift Art 182 EGBGB ein (vgl THÜMMEL JZ 1980, 125 ff). – Auch ein selbständiges **Kellerrecht** nach gemeinem Recht kann als grundstücksgleiches Recht nach Maßgabe des Art 196 EGBGB fortbestehen (BayObLGZ 1991, 178, 181 ff), ebenso das Kellerrecht nach Art 553 Code civil als beschränktes dingliches Recht gem Art 184 EGBGB (RG JW 1933, 1334, 1335) und die schleswigsche **Deichstavengerechtigkeit** als Erbbaurecht gem Art 184 S 2 EGBGB (NAWOTKI, Die schleswigsche Deichstavengerechtigkeit [2004] 119 ff). Sondereigentum an Kellerräumen ist dagegen wegen Art 181 EGBGB iVm §§ 93, 94 nicht möglich (RGZ 56, 258, 260).

30 d) Ausnahmsweise ist ein **gesetzliches Pfandrecht** an wesentlichen Bestandteilen möglich, nämlich an den ungetrennten Früchten der nächsten Ernte nach § 1 des G zur Sicherung der Düngemittel- und Saatgutversorgung v 19. 1. 1949 (WiGBl 8) idF v 30. 7. 1951 (BGBl I 476). Es erlischt am 1. April des nachfolgenden Jahres, wenn es nicht geltend gemacht wurde. Dieses Pfandrecht besteht jedoch gem § 1 Abs 1 S 2 iVm § 811 Nr 4 ZPO nur an den zum Verkauf bestimmten Früchten, nicht an den sog Wirtschaftsfrüchten, die zur Betriebsfortführung benötigt werden (vgl BGHZ 41, 6, 7).

31 e) Das Bestehen von **Immaterialgüterrechten** wird bei Verkörperung des geschützten Gutes in einem wesentlichen Bestandteil nicht durch § 93 ausgeschlossen. Dazu bedarf es nicht der Begründung, die Vorschrift beziehe sich nur auf Sachenrechte (so SOERGEL/MARLY Rn 26). Denn das Immaterialgüterrecht besteht nicht „an dem Bestandteil"; Gegenstand des Rechts ist vielmehr ein geistiges Gut, das unabhängig von einer Verkörperung geschützt ist. Die Sach- oder Bestandteilsqualität der Verkörperung hat daher auf den Bestand des Immaterialgüterrechts keinen Einfluß (vgl § 90 Rn 2 und 13). Dies wird vor allem wichtig, wenn ein wesentlicher Bestandteil **Kunstwert** hat, zB als Fresko (vgl RGZ 79, 379, 400); in diesem Falle steht § 93 dem Urheberrecht am Kunstwerk nicht entgegen. Auch die Graffiti-Kunstwerke auf Segmenten der Berliner Mauer sind urheberrechtlich geschützt, so daß bei einer Zerstörung durch den Eigentümer das Urheberpersönlichkeitsrecht der Künstler betroffen sein kann (vgl BGHZ 129, 66, 71). – Auch **patentrechtlicher Schutz** kann hinsichtlich wesentlicher Bestandteile einer Sache begründet werden, denn Grundlage des Patentrechts ist nicht der Sachbestandteil, sondern der Erfindungsgedanke (RGZ 108, 129, 131; 130, 242, 244 f). Das gilt auch für wesentliche Bestandteile von Grundstücken, zB Betonpfähle (SOERGEL/MARLY Rn 26; TETZNER Recht 1942 Nr 1681; **aM** RG DR 1941, 1962, 1963; STAUDINGER/DILCHER [1995] Rn 27).

f) Teilbesitz an wesentlichen Bestandteilen wird durch § 93 nicht ausgeschlossen, **32** weil der Besitz als tatsächliche Sachherrschaft kein Sonderrecht darstellt. Allerdings setzt der Teilbesitz nach § 865 die tatsächliche Herrschaft gerade über den Bestandteil selbst voraus; diese Einwirkungsmöglichkeit wird zumindest bei Grundstücksbestandteilen selten bestehen (vgl RGZ 108, 269, 272). – Teilweise wird auf der Grundlage von Teilbesitz auch eine **Ersitzung** für möglich gehalten (so SOERGEL/MARLY Rn 25). Man muß hier jedoch differenzieren: Eine Ersitzung des ungetrennten Bestandteils ist wegen dessen Sonderrechtsunfähigkeit nicht möglich. § 937 kann Eigentum nur an der gesamten Sache entstehen lassen; insoweit reicht Teilbesitz nicht aus. Die Wirkungen einer Ersitzung können folglich erst mit der Abtrennung des Bestandteils an der dabei entstehenden Sache eintreten (SPYRIDAKIS 158). Fraglich ist aber, ob der Zeitraum eines vorher begründeten Teileigenbesitzes bei der Ersitzung des abgetrennten Bestandteils berücksichtigt werden kann, so daß der Besitzer nach Ablauf von zehn Jahren, ggf bereits mit Abtrennung, Eigentum am ehemaligen Bestandteil erwirbt. Das wird man bejahen können; von praktischer Bedeutung ist die Frage jedoch kaum (vgl SPYRIDAKIS 157).

g) Für die **Zwangsvollstreckung** ergibt sich aus § 808 Abs 1 ZPO, daß wesentliche **33** Bestandteile beweglicher Sachen nicht gesondert gepfändet werden können. Sie scheiden demnach als Gegenstand einer selbständigen Mobiliarvollstreckung aus.

Die wesentlichen Bestandteile eines Grundstücks werden nach § 864 ZPO von der **Immobiliarvollstreckung** miterfaßt (dazu MÜMMLER, Bestandteil und Zubehör im Zwangsversteigerungsverfahren, JurBüro 1971, 805 ff). Durch den Zuschlag geht das Eigentum daran auf den Ersteher über. Der BGH hat es auch abgelehnt, einen gesonderten Eigentumserwerb an wesentlichen Grundstücksbestandteilen durch Vollstreckungsakte anderer Art zuzulassen (BGHZ 104, 298, 302 ff; **aM** GAUL NJW 1989, 2514 f; JAUERNIG Rn 1). Der Eigentumserwerb scheitert jedoch nicht daran, daß der Vollstreckungsakt wegen Vorrangs des § 93 unwirksam ist (so der BGH aaO; iE ebenso PESCH JR 1993, 360 ff). Vielmehr fehlt es an einer **Ablieferung** durch den Gerichtsvollzieher iSv § 817 Abs 2 ZPO, wenn der Bestandteil nicht vom Grundstück getrennt und dem Ersteher übergeben wird. Ist vor der Ablieferung eine Abtrennung des Bestandteils erfolgt, so steht § 93 einem Eigentumserwerb im Wege der Mobiliarvollstreckung nicht entgegen; denn mangels Offenkundigkeit des Fehlers ist die Mobiliarvollstreckung in einen wesentlichen Grundstücksbestandteil bis zu einer Anfechtung nach § 766 ZPO wirksam (ausf STIEPER, Die Scheinbestandteile [2002] 86 ff). – Außerdem wird es für zulässig gehalten, durch den Zuschlagsbeschluß eine schuldrechtliche Verpflichtung des Erstehers zur Herausgabe des Bestandteils an denjenigen zu begründen, der den Bestandteil von der Versteigerung ausschließen ließ (RGZ 74, 201, 204; 150, 22, 25; BGB-RGRK/KREGEL Rn 36). – Auch **nach der Trennung** vom Grundstück unterliegen wesentliche Bestandteile gem § 865 Abs 2 S 2 der Immobiliarvollstreckung, soweit sie noch zum Haftungsverband der Hypothek gehören (vgl dazu STAUDINGER/WOLFSTEINER [2002] § 1120 Rn 20 ff).

Ausnahmsweise läßt § 810 ZPO die **Pfändung ungetrennter Früchte** zu (vgl dazu **34** OERTMANN, Die Pfändung stehender Früchte, ZZP 41 [1911] 1 ff; NOACK, Die Pfändung von Früchten auf Grundstücken, Rpfleger 1969, 113 ff; zum Fruchtbegriff vgl § 99 Rn 5). Die Pfändbarkeit von Früchten auf dem Halm war schon im Mittelalter anerkannt und kann als Fortentwicklung altgermanischen Rechts verstanden werden (vgl OAG Oldenburg

SeuffA 24, 325, 326 ff). Die bürgerlich-rechtliche Einordnung der Früchte als wesentliche Bestandteile des Grundstücks wird dadurch nicht berührt (RGZ 18, 365, 367). – Die Vorschrift ermöglicht zumindest die Verstrickung der ungetrennten Früchte; nach hM entsteht auch das Pfändungspfandrecht schon vor der Trennung. Soweit für dessen Entstehung neben einer wirksamen Verstrickung zusätzlich das Vorliegen der materiellen Pfandrechtsvoraussetzungen gefordert wird, versteht man § 810 ZPO entweder als Ausnahmeregel oder man nimmt bis zur Trennung der Früchte eine Anwartschaft auf das Pfandrecht an (vgl RGZ 18, 365, 368; NOACK Rpfleger 1969, 115). Mit der Übergabe durch Gestattung der Aberntung erwirbt der Ersteher nach heute ganz hM bereits **Eigentum an den ungetrennten Früchten** (LG Bayreuth DGVZ 1985, 42; ZÖLLER/STÖBER, ZPO [24. Aufl 2004] § 824 Rn 2; STEIN/JONAS/MÜNZBERG, ZPO [22. Aufl 2002] § 824 Rn 2 mwNw; **aM** OERTMANN ZZP 41, 22, 32 f). – Ein Gläubiger, der im Falle der Zwangsvollstreckung in das unbewegliche Vermögen dem pfändenden Gläubiger im Rang vorgehen würde, kann der Pfändung nach §§ 810 Abs 2, 771 ZPO widersprechen (STEIN/JONAS/MÜNZBERG § 810 Rn 14 f). Sobald die Beschlagnahme des Grundstücks im Wege der Immobiliarvollstreckung erfolgt ist, ist eine Pfändung nach § 810 ZPO unzulässig; der Schuldner sowie die Realgläubiger können die Pfändung nach § 766 ZPO anfechten.

35 h) Der Begründung von **obligatorischen Rechten**, die sich lediglich auf einen wesentlichen Bestandteil beziehen, steht § 93 nicht entgegen (BGH NJW 2000, 504, 505 mwNw). – Dabei kann es sich einmal um ein obligatorisches Recht handeln, dessen Verwirklichung **keine Trennung** des Bestandteils von der Gesamtsache voraussetzt, wie zB das Vermieten eines Zimmers oder der Abschluß eines Versicherungsvertrages über den wesentlichen Bestandteil (vgl RGZ 69, 316). – Es sind aber auch obligatorische Rechte möglich, welche an die **künftige Trennung** des Bestandteils anknüpfen, wie zB beim Verkauf eines Hauses auf Abbruch. Gegenstand der Verpflichtung ist in diesem Fall die Übereignung der Abbruchsmaterialien als künftige Sachen (vgl RGZ 62, 135, 136; BGH NJW 2000, 504, 505). Für den Verkauf von Holz auf dem Stamm gilt die VO über den marktmäßigen Absatz von Holz vor und nach dem Einschlag v 30. 4. 1938 (RGBl I 458), wonach nur die Menge veräußert werden kann, die nach dem Einschlag anfällt (vgl BGH BB 1957, 951).

36 Bei den im Zusammenhang mit einer Abtrennung des Bestandteils begründeten obligatorischen Rechten ist zu unterscheiden, ob die **Abtrennung** als solche Inhalt der Verpflichtung ist; in diesem Fall muß der Verkäufer den Bestandteil abtrennen. Wird jedoch nur der **abgetrennte Bestandteil** als künftige Sache verkauft, so ist der Verkäufer verpflichtet, das ihm bei der Abtrennung zufallende Eigentum (vgl o Rn 25) am Bestandteil übertragen. Ob der Kauf künftiger Früchte eines Grundstücks emptio spei oder emptio rei seperatae ist, hängt mangels ausdrücklicher Vereinbarung von den Umständen des Falles ab (vgl RGZ 62, 135, 136). – In allen Fällen ist ein Vertrag, der sich ausschließlich auf Grundstücksbestandteile bezieht, nicht der Form des § 311b Abs 1 unterworfen. Da es sich nicht um einen Grundstückskauf handelt, ist auch die Eintragung einer Vormerkung zur Sicherung des Anspruchs nicht möglich. Wechselt das Eigentum am Grundstück, so gehen diejenigen wesentlichen Bestandteile, die schon verkauft, aber noch nicht abgetrennt sind, auf den Erwerber über. Zur Abtrennung oder Veräußerung ist dieser nur verpflichtet, wenn die Pflichten aus dem Kaufvertrag an ihn weitergereicht werden.

Die den Bestandteil betreffende Verpflichtung kann auch darauf gerichtet sein, dem 37
Erwerber die **Aneignung** des abzutrennenden Bestandteils zu gestatten (vgl o Rn 25).
– Eine gesetzliche Verpflichtung zur Gestattung der Abtrennung wesentlicher Bestandteile ergibt sich für den Vermieter aus § 539 Abs 2, weil sich das Wegnahmerecht des Mieters auch auf wesentliche Bestandteile des Gebäudes erstreckt, zB auf eine eingemauerte Badewanne. In diesem Fall wird das Wegnahmerecht nach hM durch ein dingliches Aneignungsrecht des Mieters begleitet, so daß dieser mit Abtrennung Eigentum am Bestandteil erwirbt (BGHZ 81, 146, 150; 101, 37, 52; kritisch STAUDINGER/EMMERICH [1995] § 547a Rn 17). Der Anspruch richtet sich lediglich auf die Duldung der Wegnahme, nicht auf Herausgabe.

In der **Insolvenz** des Sacheigentümers begründen die obligatorischen Ansprüche auf Ablösung oder Überlassung wesentlicher Bestandteile kein Aussonderungsrecht; das Wegnahmerecht des Mieters bleibt jedoch auch bei einer Veräußerung im Rahmen der Insolvenz nach § 111 InsO iVm §§ 566, 578 Abs 1 bestehen.

IV. Die unwesentlichen (nichtwesentlichen, einfachen) Bestandteile

1. Der Begriff

Aus der Definition der wesentlichen Bestandteile in § 93 ist der Umkehrschluß zu 38
ziehen, daß es auch unwesentliche oder einfache Bestandteile einer Sache gibt und daß diese **sonderrechtsfähig** sind (RGZ 69, 117, 120; 158, 362, 368 f; MünchKomm/HOLCH Rn 28; SOERGEL/MARLY Rn 29; BERNHARD 26). Unwesentliche Bestandteile sind alle diejenigen Bestandteile, die nicht nach §§ 93 und 94 den wesentlichen Bestandteilen zugeordnet werden können (BGB-RGRK/KREGEL Rn 45). – Die Unterscheidung der unwesentlichen Bestandteile von den wesentlichen ist nicht gleichbedeutend mit der Unterscheidung von Haupt- und **Nebensachen** (vgl o Rn 6 und § 97 Rn 3).

Zu den unwesentlichen Bestandteilen einer **beweglichen Sache** zählen diejenigen 39
Sachteile, die zwar wirtschaftlich sinnvoll abgetrennt werden können und daher nicht wesentlich iS des § 93 sind, aber dennoch nach der Verkehrsauffassung nur einen Bestandteil einer einheitlichen Sache darstellen. Dies gilt zB für den Motor und die Räder eines Kraftfahrzeugs (vgl o Rn 20). Obwohl sie ohne Zerstörung oder Wesensveränderung austauschbar sind, werden sie von der Verkehrsanschauung als Teil der einheitlichen Sache Kraftfahrzeug angesehen; ohne sie wäre das Fahrzeug unvollständig.

Fraglich ist hingegen die Existenz unwesentlicher **Grundstücksbestandteile**. Als Bei- 40
spiele hierfür werden in erster Linie die Flächenteile eines Grundstücks einschließlich der Straßen und Wege genannt (BayObLG JFG 3, 283, 284; RG DJZ 1910, 1353; SOERGEL/MARLY Rn 33; BGB-RGRK/KREGEL Rn 46; MünchKomm/HOLCH Rn 14; PALANDT/ HEINRICHS Rn 3). Außerdem sollen an den Wänden eines Schlosses angebrachte Holzvertäfelungen sowie Gobelins zu den unwesentlichen Bestandteilen eines Grundstücks gehören (vgl RGZ 158, 362, 368; RG WarnR 1919 Nr 45). – Tatsächlich stellen diese Fälle jedoch keine unwesentlichen Grundstücksbestandteile dar: Die Bestandteilseigenschaft der **realen Teilflächen** eines Grundstücks scheitert schon daran, daß die Einheit des Grundstücks nicht nach der Verkehrsauffassung, sondern rechtlich bestimmt wird (vgl Vorbem 15 zu §§ 90 ff). Grundstück im Rechtssinne ist ein räumlich

abgegrenzter Teil der Erdoberfläche, der im Bestandsverzeichnis eines Grundbuchblattes unter einer besonderen Nr gebucht ist (STAUDINGER/GURSKY [1996] § 890 Rn 5). Dessen reale Teilflächen sind mit Ausnahme der Fälle des § 890 gerade nicht sonderrechtsfähig, da zu ihrer Übertragung und Belastung die Eintragung der Teilfläche als selbständiges Grundstück erforderlich ist. Zwar ist die Auflassung einer hinreichend bestimmten Teilfläche zulässig (BGHZ 90, 323, 326; STAUDINGER/PFEIFER [1995] § 925 Rn 62); für die gem § 873 erforderliche Eintragung muß aber die grundbuchmäßige Verselbständigung erfolgen (DEMHARTER, GBO [24. Aufl 2002] § 7 Rn 15). Soweit eine Belastung der Teilfläche auch ohne ihre Eintragung als selbständiges Grundstück wirksam ist, erfordert die Ordnungsvorschrift des § 7 GBO zumindest deren unverzügliche Nachholung (DEMHARTER § 7 Rn 34). Die Teilflächen eines Grundstücks sind außer in den Fällen der Vereinigung und Zuschreibung nach § 890 (vgl STEIN/JONAS/MÜNZBERG, ZPO [21. Aufl 1996] § 864 Rn 9; MünchKomm-ZPO/EICKMANN [2. Aufl 2001] § 864 Rn 12) nicht dessen Bestandteile. – Die **Holzvertäfelungen** des Braunschweiger Schlosses dürften hingegen aufgrund der besonderen, zur Aufnahme der Täfelungen bestimmten Herrichtung der Räume zu den wesentlichen Bestandteilen zu zählen sein (in RGZ 158, 362, 367 f wurde diese Möglichkeit ausdrücklich offengelassen). – Dagegen stellen Wandbehänge wie Gobelins oder Gemälde nicht einmal unwesentliche Bestandteile des Gebäudes dar, in dem sie sich befinden (vgl auch § 94 Rn 36). – Auch ein **Gebäude** kann kaum unwesentlicher Bestandteil eines Grundstücks sein (anders noch STAUDINGER/DILCHER [1995] Rn 33), da entweder eine feste Verbindung mit dem Grundstück iSv § 94 Abs 1 vorliegt oder bei nur lose aufgesetzten Gebäuden die Voraussetzungen des § 95 Abs 1 S 1 gegeben sind. – Insgesamt sind nur wenige Fälle denkbar, in denen eine mit einem Grundstück verbundene Sache dessen unwesentlicher Bestandteil ist (vgl STIEPER, Die Scheinbestandteile [2002] 97 Fn 643; gänzlich ablehnend AFFOLTER, Der körperliche Gegenstand und die Bestandteile einer Sache im BGB, DJZ 1907, 930, 935). Häufig kann eine Abgrenzung zwischen selbständiger Sache und unwesentlichem Bestandteil auch unterbleiben, wenn es lediglich auf die Sonderrechtsfähigkeit des betreffenden Gegenstandes ankommt.

2. Die Rechtslage

41 Die Rechtslage der unwesentlichen Bestandteile ist gesetzlich nicht geregelt. Grundsätzlich teilen sie das rechtliche Schicksal der gesamten Sache, welcher sie zugehören (RGZ 158, 362, 369; OLG Frankfurt aM NJW 1982, 653, 654). Verfügungen über die Gesamtsache erstrecken sich im Zweifel auf den unwesentlichen Bestandteil (ERMAN/MICHALSKI Rn 16; MünchKomm/HOLCH Rn 31). Ferner findet grundsätzlich § 953 Anwendung, so daß die unwesentlichen Bestandteile einer Sache nach der Trennung dem Eigentümer der Gesamtsache gehören, soweit sich nicht aus den §§ 954 ff etwas anderes ergibt (vgl aber u Rn 42).

42 a) Anders als wesentliche Bestandteile können unwesentliche Bestandteile Gegenstand **besonderer dinglicher Rechte** sein. Dementsprechend ist an ihnen Sondereigentum und damit ein **Eigentumsvorbehalt** möglich (MünchKomm/HOLCH Rn 30). Ebenso können unwesentliche Bestandteile Gegenstand eines rechtsgeschäftlichen Pfandrechts sein (RGZ 69, 117, 120). Für den Bereich des Sonderrechts ist der Bestandteil als selbständige Sache anzusehen (SOERGEL/MARLY Rn 30). – Soweit an einer Sache vor der Zusammenfügung mit anderen Sachen Sonderrechte bestehen, erlöschen sie nicht, wenn die Sache unwesentlicher Bestandteil der Gesamtsache wird

(SOERGEL/MARLY Rn 31; BGB-RGRK/KREGEL Rn 47). Der Bestandteilseigentümer kann daher kraft seines Eigentums die Abtrennung von der zusammengesetzten Sache und Herausgabe des Bestandteils verlangen. – Wird ein unwesentlicher Bestandteil, der in fremdem Eigentum steht, vom Eigentümer der Gesamtsache mitveräußert, so erlangt der Erwerber das Eigentum am Bestandteil nur nach Maßgabe der §§ 932 ff; über den Untergang anderer Sonderrechte am unwesentlichen Bestandteil entscheidet § 936. – Im Falle der Abtrennung eines unwesentlichen Bestandteils von der Gesamtsache findet § 953 keine Anwendung, wenn an dem Bestandteil Sondereigentum besteht (STAUDINGER/GURSKY [1995] § 953 Rn 7).

b) Soweit man unwesentliche Bestandteile von **Grundstücken** anerkennt (vgl o Rn 40), sollen diese für die Dauer der Verbindung zu den unbeweglichen Sachen zu zählen sein (RGZ 158, 362, 369; OLG Frankfurt aM NJW 1982, 653, 654). Diese Einordnung ist unzutreffend und hilft im übrigen nicht weiter. Denn unbeweglich sind nach dem BGB nur die Grundstücke. Für andere unbewegliche Sachen gibt es keine gesetzliche Regelung. Um ein Sonderrecht am Bestandteil zu begründen, muß daher auf die Vorschriften über **bewegliche Sachen**, insbes §§ 929 ff, zurückgegriffen werden (so auch RGZ 158, 362, 369). Der gute Glaube des Erwerbers des Bestandteils ist über § 932 ff, nicht etwa durch § 892 geschützt. – Wenn bei der Übereignung eines Grundstücks ohne besondere Verfügung auch das Eigentum an den unwesentlichen Bestandteilen übergehen soll (vgl BGB-RGRK/KREGEL Rn 48), so ist dieses Ergebnis nur über eine entsprechende Anwendung des § 926 zu erreichen (ebenso STAUDINGER/PFEIFER [1995] § 926 Rn 6). Nach § 926 Abs 1 erlangt der Erwerber jedoch nur Eigentum an den Bestandteilen, die dem Veräußerer gehören; für einen gutgläubigen Erwerb ist nach § 926 Abs 2 iVm §§ 932 ff außerdem erforderlich, daß der Erwerber den Besitz daran erlangt (vgl ie STAUDINGER/PFEIFER [1995] § 926 Rn 10 ff). Wird ein Grundstück übereignet, an dessen unwesentlichen Bestandteil ein Eigentumsvorbehalt besteht, so muß der Erwerber also in jedem Fall gutgläubig iSv § 932 Abs 2 sein, um auch das Eigentum am Bestandteil zu erlangen (vgl OLG Celle NJW 1958, 632, 633).

3. Die Zwangsvollstreckung

a) Wie eine rechtsgeschäftliche Verfügung (vgl o Rn 42) erstreckt sich auch die Zwangsvollstreckung in eine **bewegliche Sache** regelmäßig auf die Gesamtsache einschließlich ihrer Bestandteile. Fraglich ist jedoch die Zulässigkeit einer gesonderten **Pfändung des unwesentlichen Bestandteils**. Überwiegend wird sie mit dem Argument verneint, dem Gerichtsvollzieher könne die Entscheidung der Frage, ob ein Bestandteil wesentlicher oder unwesentlicher Sachteil ist, nicht zugewiesen werden (STAUDINGER/DILCHER [1995] Rn 35; SOERGEL/MARLY Rn 29; **aM** MünchKomm/HOLCH Rn 30). Jedoch ist die Unterscheidung zwischen selbständiger Sache und unwesentlichem Bestandteil häufig nicht leichter zu treffen. Einer gesonderten Pfändung des Bestandteils dürfte vielmehr die körperliche Einheit der Gesamtsache entgegenstehen; der Bestandteil ist, zumindest solange keine Sonderrechte an ihm bestehen, keine selbständige körperliche Sache iS des § 808 ZPO. Eine Herausgabevollstreckung des Bestandteilseigentümers gegen den Eigentümer der Gesamtsache nach § 883 ZPO muß hingegen möglich sein, da der Bestandteil hinsichtlich des Sonderrechts wie eine selbständige Sache zu behandeln ist (vgl BGB-RGRK/KREGEL Rn 48). Der Abtrennungs- oder Herausgabeanspruch des Bestandteileigentümers kann dessen Gläubigern im Wege der Anspruchspfändung der Zwangsvollstreckung zugänglich gemacht werden. – Wird eine **zusammengesetzte Sache** gepfändet, so braucht dies der Eigentümer eines unwesentlichen Bestandteils, der nicht der Vollstreckungsschuldner ist, nicht zu dulden; er hat ein die Veräußerung hinderndes Recht iS des § 771 ZPO (RGZ 144, 236, 241 f).

45 b) Auch bei ungetrennten unwesentlichen **Grundstücksbestandteilen** wird eine gesonderte Mobiliarvollstreckung überwiegend für unzulässig gehalten (STAUDINGER/WOLFSTEINER [2002] § 1120 Rn 16; BGB-RGRK/KREGEL Rn 48; MünchKomm/HOLCH Rn 30; SOERGEL/MARLY Rn 29: „im allgemeinen unstatthaft"). Unter § 865 Abs 2 S 2 ZPO, der bis zur Beschlagnahme des Grundstücks die Mobiliarpfändung der zum Haftungsverband der Hypothek gehörenden Gegenstände erlaubt, fallen unwesentliche Bestandteile vor ihrer Trennung vom Grundstück nach hM nicht; sie sollen vielmehr als Teile des Grundstücks allein der Immobiliarvollstreckung unterliegen (STEIN/JONAS/MÜNZBERG, ZPO [21. Aufl 1996] § 864 Rn 10; MünchKomm-ZPO/SCHILKEN [2. Aufl 2001] § 803 Rn 14; MünchKomm-ZPO/EICKMANN § 864 Rn 9 und § 865 Rn 14). – Jedoch kann dies nur gelten, wenn am Bestandteil keine Sonderrechte begründet sind. Insoweit gelten die Ausführungen zu den Bestandteilen einer beweglichen Sache (s o Rn 44) entsprechend. Gehört dagegen ein unwesentlicher Bestandteil, zB wegen eines Eigentumsvorbehalts, nicht dem Grundstückseigentümer, so fällt er nicht in den Haftungsverband der Hypothek (BAUR/STÜRNER § 39 Rn 24; PALANDT/BASSENGE § 1120 Rn 3; SOERGEL/KONZEN § 1120 Rn 2). Dann ist es auch nicht gerechtfertigt, ihn der Immobiliarvollstreckung zu unterwerfen. – Auch einzelne **Flächen eines Grundstücks**, die nicht grundbuchmäßig verselbständigt sind, können nicht eigener Gegenstand einer Zwangsvollstreckung in das unbewegliche Vermögen sein. Dies ergibt sich aus § 864 ZPO, welcher das Grundstück als Vollstreckungsgegenstand iS eines grundbuchmäßig abgegrenzten Teiles der Erdoberfläche versteht (vgl o Rn 40); anders ist dies nur bei den durch Vereinigung oder Zuschreibung entstandenen Bestandteilen (MünchKomm-ZPO/EICKMANN § 864 Rn 39).

V. Ausländisches Recht

46 1. Das **österreichische Recht** geht in § 294 ABGB vom Begriff des Zugehörs aus und bezeichnet damit sowohl (selbständige wie unselbständige) Bestandteile als auch Zubehör. Das Zugehör einer unbeweglichen Sache ist nach § 293 ABGB ebenfalls unbeweglich. – Indessen hat die österreichische Theorie die gemeinrechtliche Unterscheidung von Bestandteil und Zubehör (vgl o Rn 2) übernommen. Sie entscheidet die Frage, inwieweit Bestandteile unselbständig und damit sonderrechtsunfähig sind, nach denselben Grundsätzen, wie sie in Deutschland gelten (vgl SCHWIMANN/KLICKA, Praxiskommentar zum ABGB [2. Aufl Wien 1998] § 294 Rn 2 ff). Unselbständige Bestandteile eines Grundstücks sind daher insbesondere Häuser in fester Bauweise, grundsätzlich jedoch nicht Maschinen in Fabrikgebäuden (SCHWIMANN/KLICKA § 294 Rn 3). – Außerdem wurde durch den 1916 eingefügten § 297a ABGB die Möglichkeit eröffnet, den Eigentumsvorbehalt an Maschinen im Grundbuch „anzumerken" und dadurch zu erhalten. Die Anmerkung bedarf der Zustimmung des Grundeigentümers und, wenn die Maschine durch eine andere ersetzt wird, auch der Zustimmung der anderen dinglich Berechtigten.

47 2. Auch das **schweizerische Recht** unterscheidet Bestandteile und Zugehör, faßt die Begriffe anders als das österreichische Recht aber nicht unter einem Oberbegriff zusammen. Unter Bestandteilen versteht das ZGB die Sachen, die im BGB als wesentliche Bestandteile bezeichnet werden. Die Kriterien der Bestandteilseigenschaft entsprechen denen des § 93; entscheidend sind nach der auch hier maßgeblichen Verkehrsanschauung wirtschaftliche Gesichtspunkte (vgl TUOR/SCHNYDER/ SCHMID, Das schweizerische ZGB [11. Aufl Zürich 1995] 664). – Im Unterschied zur deutschen Regelung folgt Art 642 Abs 2 ZGB seinem Wortlaut nach der Ganzheitslehre (vgl o Rn 4). Jedoch ist auch im schweizerischen Recht nicht die wirtschaftliche Einheit der Gesamtsache entscheidend; umstritten ist nur, ob die Qualifizierung als Bestandteil auch anzunehmen ist, wenn durch eine Trennung nur der entnommene Teil, nicht jedoch die Restsache beschädigt oder verändert wird (vgl TUOR/ SCHNYDER/SCHMID 665). So kommt es für die Bestandteilseigenschaft von Maschinen in Fabrikgebäuden wie im deutschen Recht darauf an, ob das Gebäude (und nicht die Fabrik) durch eine Trennung zerstört oder verändert würde. – Besondere Vorschriften erklären Bauten, Pflanzen, Grundwasser und Quellwasser zu Bestandteilen des Bodens, Art 667, 674 und 704 ZGB. Das gleiche gilt für eingebaute Materialien nach Art 671 ZGB und für Früchte nach Art 643 ZGB.

3. Das **französische Recht** ist nicht auf die Problematik wesentlicher Bestandteile **48** ausgerichtet, sondern darauf, ob eine Sache als immeuble oder als meuble anzusehen ist (vgl Vorbem 7 zu §§ 90 ff). – Nach Art 517 cc findet eine Immobilisierung bestimmter beweglicher Sachen statt, da es immeubles par nature und immeubles par destination gibt. Zu ersteren gehören ua Stücke, die nach deutschem Recht als Bestandteile aufzufassen wären; so erstreckt sich nach Art 518 ff cc das Grundeigentum auf Gebäude und andere fest mit dem Grundstück verbundene Einrichtungen (vgl BEYSEN, in: V BAR [Hrsg], Sachenrecht in Europa IV [2001] 177, 190). Zu den immeubles par destination zählen zB bewegliche Sachen, die dauerhaft mit dem Boden verbunden sind (FERID/SONNENBERGER, Das französische Zivilrecht II [2. Aufl 1986] Rn 3 A 63). Außerdem erfaßt das Grundeigentum gem Art 554 cc im Zweifel alle accessions, wobei dieser Begriff Bestandteile, Zubehör und Erzeugnisse umschließen kann (vgl BEYSEN, in: V BAR 238). – Der in seiner Wirkungsweise dem Eigentumsvorbehalt vergleichbare privilège des Verkäufers, wonach er bevorzugte Befriedigung wegen des Kaufpreises aus der Kaufsache verlangen kann, geht im Falle entstehender accession verloren. – Als Abweichung vom deutschen Recht (vgl o Rn 32) ist noch hervorzuheben, daß nach Art 553 cc die Ersitzung von Gegenständen möglich ist, die nach deutschem Recht als wesentliche Bestandteile aufzufassen wären (FERID/SONNENBERGER Rn 3 A 72).

4. Das **italienische Recht** ist dem französischen ähnlich. Es definiert in Art 812 **49** Codice civile die mit dem Boden fest verbundenen Teile als Immobilien, auch wenn die Einfügung zu vorübergehenden Zwecken erfolgt ist. Zusätzlich werden bestimmte Bestandteile wegen ihrer auf das Grundstück bezogenen Zweckbestimmung immobilisiert, „sono reputati immobili". Ein Eigentümerwechsel ist mit dieser Immobilisierung nicht unmittelbar verbunden. Er vollzieht sich nach Art 934 Codice civile im Wege der accessione, wobei jedoch der frühere Eigentümer einer eingefügten Sache, die ohne schweren Schaden abtrennbar ist, gem Art 935 Codice civile noch sechs Monate nach der Einfügung das Recht zur Wegnahme behält. Auch ein Eigentumsvorbehalt (riserva di proprietà), der nach italienischem Recht Schriftlichkeit und, von einer gewissen Wertgrenze ab, auch Registrierung erfordert, geht durch die Immobilisierung einer Sache nicht unter. Dies ergibt sich aus den Art 1524 und 2762 Codice civile.

50 5. Das **englische Recht** kennt als Entsprechung zum Begriff der wesentlichen Bestandteile den der fixtures. Es versteht darunter bewegliche Sachen, die mit dem Boden oder einem Gebäude auf Dauer fest verbunden sind und deren Verbesserung dienen sollen. – Die fixtures fallen in das Eigentum des Grundeigentümers. Pfandrechte am Grundstück erstrecken sich auf sie; jedoch können Wegnahmerechte eingreifen. – Maschinen sind normalerweise keine fixtures (vgl CHESHIRE/BURN's Modern Law of Real Property [14. Aufl London 1988] 138).

§ 94
Wesentliche Bestandteile eines Grundstücks oder Gebäudes

(1) Zu den wesentlichen Bestandteilen eines Grundstücks gehören die mit dem Grund und Boden fest verbundenen Sachen, insbesondere Gebäude, sowie die Erzeugnisse des Grundstücks, solange sie mit dem Boden zusammenhängen. Samen wird mit dem Aussäen, eine Pflanze mit dem Einpflanzen wesentlicher Bestandteil des Grundstücks.

(2) Zu den wesentlichen Bestandteilen eines Gebäudes gehören die zur Herstellung des Gebäudes eingefügten Sachen.

Materialien: E I §§ 783, 784; II § 77e; III § 90; Mot III 42; Prot III 6.

Schrifttum

ASAL, Das Grundeigentum und der Abbau von Bodenbestandteilen (1998)
BIERMANN, Superficies solo cedit, JherJb 34 (1895) 169
COSTEDE, Der Eigentumswechsel beim Einbau von Sachgesamtheiten, NJW 1977, 2340
EBEL, Überbau und Eigentum, AcP 141 (1936) 183
EICHLER, Der unentschuldigte Überbau – BGHZ 41, 157, JuS 1965, 479
GANTER, Die Sicherungsübereignung von Windkraftanlagen als Scheinbestandteil eines fremden Grundstücks, WM 2002, 105
GOECKE/GAMON, Windkraftanlagen auf fremdem Grund und Boden – Rechtliche Gestaltungsmöglichkeiten zur Absicherung des Betreibers und der finanzierenden Bank, WM 2000, 1309
GRAUE, Der Eigentumsvorbehalt an eingebauten Schiffsmotoren, BB 1959, 1282
HAUSMANN, Das Recht der halbscheidigen Giebelmauer (Diss Münster 1969)

HODES, Bauen unter Inanspruchnahme fremden Eigentums, NJW 1964, 2382
HOLCH, Sind Einbauküchen pfändbar?, DGVZ 1998, 65
HONIG, Superficies solo cedit (Diss Freiburg 1904)
HURST, Das Eigentum an Heizungsanlagen, DNotZ 1984, 66–82 und 140
JAEGER, Einbauküchen: Wesentlicher Bestandteil oder Zubehör?, NJW 1995, 432
KINZELBACH, Der Eigentumsübergang bei der Verbindung beweglicher Sachen mit Grundeigentum (Diss Hamburg 1997)
KLEMPT, Eigentumsverhältnisse beim nicht entschuldigten Überbau, JZ 1969, 223
LÜCK, Superficies (non) solo cedit: Negation und Restitution eines Rechtsprinzips im Osten Deutschlands, in: FS Rolland (1999) 237
MICHAELIS, Voraussetzungen und Auswirkungen der Bestandteilseigenschaft, in: FS Nipperdey I (1965) 553

MORITZ, Teppichboden als wesentlicher Bestandteil des Gebäudes?, JR 1980, 55
B PETERS, Wem gehören die Windkraftanlagen auf fremdem Grund und Boden?, WM 2002, 110
O SCHULZE, Das Eigentum an Versorgungsanlagen bei der Mitbenutzung fremder Grundstücke und Gebäude durch Energieversorgungsunternehmen, Rpfleger 1999, 167
STIEPER, Die Scheinbestandteile – § 95 BGB im System des Sachen- und Vollstreckungsrechts (2002)
THAMM, Der Untergang des Eigentumsvorbehalts wegen wesentlicher Bestandteilseigenschaft eines Grundstücks/Gebäudes, BB 1990, 866
WEIMAR, Rechtsfragen bei der Fertighaus-Lieferung und Finanzierung, MDR 1963, 818
WEITNAUER, Die Tiefgarage auf dem Nachbargrundstück, ZfBR 1982, 97
WIELING, Vom untergegangenen, schlafenden und aufgewachten Eigentum bei Sachverbindungen, JZ 1985, 511.
WOITE, Eigentumsverhältnisse beim unentschuldigten Grenzüberbau, MDR 1961, 895
M WOLFF, Der Bau auf fremdem Boden, insbesondere der Grenzüberbau (1900).
Siehe auch § 93 und § 95.

Systematische Übersicht

I.	**Die Vorgeschichte des § 94**	1
II.	**Normzweck und Anwendungsgrundsätze des § 94**	
1.	Die Selbständigkeit des § 94	2
2.	Der Normzweck	3
3.	Allgemeine Voraussetzungen	4
4.	Die Rechtslage in den neuen Bundesländern	5
III.	**Wesentliche Bestandteile nach § 94 Abs 1**	6
1.	Die fest verbundenen Sachen	7
a)	Der Tatbestand der festen Verbindung	7
b)	Gebäude	10
c)	Versorgungsleitungen	11
d)	Das grenzüberschreitende Bauwerk	12
e)	Flußbetten und Deiche	16
2.	Die Erzeugnisse des Grundstücks	17
3.	Samen und Pflanzen	18
4.	Bodenbestandteile und Grundstücksteile	19
a)	Die Substanz des Grundstücks	19
b)	Grundstücksteile	21
IV.	**Wesentliche Bestandteile nach § 94 Abs 2**	22
1.	Der Begriff des Gebäudes	23
2.	Die Einfügung zur Herstellung	24
a)	Einzelheiten der Einfügung	24
b)	Die Herstellung	25
c)	Der Zeitpunkt der Einfügung	28
d)	Selbständige Sachen	29
3.	Einzelheiten	30
a)	Der Baukörper	30
b)	Gebäudeausstattung und -einrichtung	31
c)	Das Leitungsnetz	37
d)	Schiffe und Luftfahrzeuge	38
V.	**Die Rechtsfolgen des § 94**	40

Alphabetische Übersicht

Akzessionsprinzip	1
Alarmanlagen	32
Aufzüge	32
Ausländisches Recht s § 93 Rn 46 ff	
Badewannen	33
Baukörper	23, 30
Beleuchtungskörper	36
Belüftungsanlagen	32
Bierschankanlagen	36
Bodenbestandteile	19 f
Bootssteg	12
Eigengewicht	8
Eigengrenzüberbau	13 f
Eigentumsvorbehalt	4, 40

Einbauküchen	35	Maschinen	27
Einbeziehung ins Erdreich	8	Mechanische Verbindung	9
Einfügung	24		
Entlüftungsanlagen	32	Neue Bundesländer	5
Erdölfernleitungen	11	Notstromaggregat	32
Erzeugnisse	17		
		Pflanzen	18
Fertighäuser	8, 10, 30		
Feste Verbindung	7 ff	Rolltreppen	32
Flächenteile	21		
Flugzeuge	39	Samen	18
		Sanitäre Einrichtungen	33
Gebäude		Schiffe	38
– als fest verbundene Sache	10	Schrankwände	36
– Definition	23	Serienmaschinen	27
Giebelmauer	15	Spültisch	35
Grenzüberschreitendes Bauwerk	12 ff	Stammgrundstück	14
Grundstücksteil	21	superficies solo cedit	1
Heizungsanlage	31	Teppichboden	34
Herde	35		
Herstellung des Gebäudes	25 ff	Verkehrsanschauung	7, 25
		Versicherungsrecht	40
Kommunmauer	15	Versorgungsleitungen	11
Kosten der Trennung	7	Verwendungszweck	26 f
Leitungsnetz	11, 37	Wandbehänge	36
Linoleum	34	Waschtisch	33
Luftfahrzeuge	39		
		Zeitpunkt der Einfügung	28

I. Die Vorgeschichte des § 94

1 Im **römischen Recht** galt der Grundsatz „**superficies solo cedit**", wonach Aufbauten auf einem Grundstück mit dem Grund und Boden rechtlich untrennbar zusammen hingen (ULPIAN D 43, 17, 3, 7). Durch die Verbindung einer Sache mit einem Grundstück, insbes durch Einpflanzen (implantatio) und Einbauen (inaedificatio), wurde diese zur „accessio" des Grund und Bodens, und das Eigentum am Grundstück erstreckte sich nach dem Grundsatz „accessio cedit principali" auch auf sie (STIEPER 15 ff; HKK/RÜFNER §§ 90–103 Rn 26). – Dieser Grundsatz war jedoch, wie BIERMANN (JherJb 34, 171 ff) gezeigt hat, schon im römischen Recht kein ausnahmsloser (aM MEINCKE, Superficies solo cedit, ZRG Rom Abt 88 [1971] 136, 171). Daher wurde im gemeinen Recht das Prinzip der Akzession nicht als eine Notwendigkeit verstanden, sondern als Ausdruck der praktischen Zielsetzung, Bauwerke zu erhalten (vgl HOLT-HÖFER, Sachteil und Sachzubehör im römischen und im gemeinen Recht [1972] 129 ff). Entscheidend war die vorherrschende Kulturauffassung (STIEPER 19). – Die Verfasser des BGB haben an der grundsätzlichen Geltung des **Akzessionsprinzips** festgehalten. Sie

haben es allerdings nicht durch eine allgemeine Formel, sondern dadurch zum
Ausdruck gebracht, daß in § 94 eine Reihe von Bestandteilen, bei denen die Voraussetzungen des Akzessionsprinzips zutreffen, zu wesentlichen Bestandteilen erklärt werden.

II. Normzweck und Anwendungsgrundsätze des § 94

1. Für Grundstücke und Gebäude erklärt § 94 bestimmte Sachen zu wesentli- 2
chen Bestandteilen, ohne daß es auf die Voraussetzungen des § 93 ankommt. Von
seiner Funktion her erübrigt § 94 für wesentliche Grundstücksbestandteile die Prüfung der tatbestandlichen Voraussetzungen nach § 93; entscheidend sind allein die in
§ 94 genannten Merkmale. Insoweit hat § 94 gegenüber § 93 eine **selbständige Bedeutung** und nicht lediglich erläuternde Funktion (RGZ 63, 416, 418; 90, 198, 201; 150, 22,
26). Andererseits kommt § 94 nicht der Charakter eines Spezialtatbestandes für
Grundstücksbestandteile zu, so daß diese, unabhängig von den Voraussetzungen
des § 94, auch nach § 93 als wesentliche Bestandteile qualifiziert werden können (vgl
§ 93 Rn 5).

2. Wie § 93 bezweckt § 94 den Erhalt wirtschaftlicher Werte. Auch die Bestand- 3
teile eines Grundstücks oder Gebäudes können nicht Gegenstand besonderer
Rechte sein (vgl § 93 Rn 24 ff); sie fallen kraft Gesetzes (§ 946) in das Eigentum des
Grundstückseigentümers. Daneben ist im Grundstücksverkehr die Schaffung **klarer
und sicherer Rechtsverhältnisse** von besonderer Bedeutung (BGHZ 26, 225, 228; 104, 298,
303); daher dient die Erweiterung des Begriffs der wesentlichen Bestandteile in § 94
in erheblichem Maße auch der Sicherheit des Rechtsverkehrs (BGHZ 53, 324, 325;
BGH NJW 1979, 712). Bei der Verfügung über ein Grundstück soll der potentielle
Erwerber durch Augenschein feststellen können, was dazu gehört (PALANDT/HEINRICHS Rn 1). Wenn er das Recht des Veräußerers am Grundstück geprüft hat, kann er
sicher sein, daß sich das Recht auf die fest mit dem Grundstück verbundenen
Gegenstände erstreckt (Mot III 43). Ebenso schützt § 94 Abs 2 das Vertrauen eines
möglichen Erwerbers darauf, daß er alle das Gebäude ausmachenden Gegenstände
zu Eigentum erhält (COSTEDE NJW 1977, 2341). Damit stellt § 94 iVm § 946 eine
Ausprägung des im Immobiliarsachenrecht durch das Grundbuchsystem gesicherten
Publizitätsgrundsatzes dar (STIEPER 65; vgl BGH NJW 1987, 774, 775; SOERGEL/MARLY Rn 2).

3. Die fest mit einem Grundstück verbundenen Sachen werden notwendiger- 4
weise wesentliche Bestandteile des Grundstücks; das Grundstück kann nicht umgekehrt wesentlicher Bestandteil etwa eines Gebäudes werden (Mot III 42). Auf die
Wertverhältnisse kommt es dabei nicht an; ein Gebäude teilt nach § 946 auch dann
das rechtliche Schicksal des Grundstücks, wenn es wertvoller als dieses ist (SOERGEL/
MARLY Rn 1; ERMAN/MICHALSKI Rn 1). – In allen Fällen des § 94 ist es ohne Bedeutung,
durch wen die Bestandteilseigenschaft hergestellt wurde und ob dies berechtigt oder
unberechtigt geschah (STAUDINGER/WIEGAND [1995] § 946 Rn 6; vgl RGZ 51, 80, 81). Auch
ein gegen den Willen des Grundeigentümers errichtetes Bauwerk wird unter den
Voraussetzungen des § 94 wesentlicher Bestandteil (BGH BB 1957, 166). Ein menschliches Zutun ist nicht erforderlich; es reicht aus, daß die Verbindung durch Naturkräfte bewirkt wird, etwa durch einen Erdrutsch (vgl ERMAN/MICHALSKI Rn 2). – Auf
die Sonderrechtsunfähigkeit haben auch **Parteiabreden** oder ein entgegenstehender
Wille des Verbindenden keinen Einfluß, wenn nicht die Voraussetzungen des § 95

vorliegen; die Rechtsfolge der §§ 94, 946 ist zwingend (vgl § 93 Rn 24; STAUDINGER/ WIEGAND [1995] § 946 Rn 10; VENNEMANN, Gebäude auf fremdem Grund und Boden, MDR 1952, 75). Ein **Eigentumsvorbehalt** führt daher nicht zur Sonderrechtsfähigkeit einer mit einem Grundstück oder Gebäude verbundenen Sache; das vorbehaltene Eigentum lebt auch nach einer Trennung der Sache vom Grundstück nicht wieder auf (OLG Stuttgart ZIP 1987, 1129, 1130; STAUDINGER/WIEGAND [1995] § 946 Rn 10; **aM** WIELING JZ 1985, 515 ff). Dadurch werden insbesondere Realkreditgeber gegenüber den Warenkreditgebern erheblich bevorzugt. – Der im Entwurf des ForderungssicherungsG (BR-Drucks 141/02 [B] v 21. 6. 2002) zunächst vorgesehene § 632b, wonach der Eigentumsvorbehalt eines Bauunternehmers bei Verbindung des Baumaterials mit einem Grundstück oder Gebäude des Bestellers bestehen bleiben sollte, wurde auf Empfehlung der beteiligten Ausschüsse (BR-Drucks 458/04) im Gesetzentwurf des Bundesrates gestrichen (BT-Drucks 15/3594 v. 14. 7. 2004). – Werden **bewegliche Sachen zusammengesetzt** und erst die Zusammenfügung als Einheit mit dem Boden fest verbunden, so haben die einzelnen Teile ihre Selbständigkeit schon durch die Zusammensetzung verloren (vgl STAUDINGER/WIEGAND [1995] § 947 Rn 4 ff); zu wesentlichen Grundstücksbestandteilen werden sie aber erst aufgrund der Verbindung der zusammengesetzten Sache mit dem Grundstück (vgl RGZ 132, 346, 347 f).

5 4. Eine besondere Rechtslage gilt im Gebiet der **neuen Bundesländer**. Nach Art 231 § 5 EGBGB findet § 94 auf solche Sachen keine Anwendung, die nach dem Recht der DDR (insbes §§ 287–296 ZGB) Gegenstand eines vom Grundstück unabhängigen Gebäudeeigentums waren (dazu OLG Brandenburg VIZ 2002, 692; STAUDINGER/RAUSCHER [1996] Art 231 § 5 EGBGB; LÜCK, in: FS Rolland 237 ff). Die Eigentümer dieser Gebäude („Datschen") sind aber an den öffentlichen Lasten des Grundstücks angemessen zu beteiligen (BVerfGE 101, 54). Schätzungen zufolge verfügten 50% aller Haushalte in der DDR über eine derartige Baulichkeit (LÜCK, in: FS Rolland 244).

III. Wesentliche Bestandteile nach § 94 Abs 1

6 § 94 Abs 1 S 1 erklärt die mit dem Boden **fest verbundenen Sachen** zu wesentlichen Bestandteilen des Grundstücks, ebenso die mit dem Boden verbundenen **Erzeugnisse**. § 94 Abs 1 S 2 begründet die Bestandteilseigenschaft von Samen und **Pflanzen**. – Daß die feste Verbindung mit „Grund und Boden" bestehen muß, die Erzeugnisse dagegen nur mit dem „Boden" zusammenhängen müssen, macht rechtlich keinen Unterschied. Gemeint ist in beiden Fällen die an der Oberfläche wahrnehmbare, sich in die Tiefe erstreckende **Erdmasse** eines Grundstücks.

1. Die fest verbundenen Sachen

7 a) Wann die Verbindung einer Sache mit dem Boden als „fest" zu bezeichnen ist, ergibt sich aus der **Verkehrsanschauung**. Den Gegensatz zur festen Verbindung bildet die leicht lösbare Verbindung (RG HRR 1932 Nr 700), so daß die Festigkeit einer Verbindung dann anzunehmen ist, wenn die **Trennung Schwierigkeiten** bereitet. Daß bei einer Trennung Vorsichtsmaßnahmen zu ergreifen sind, etwa hinsichtlich einer Elektroanlage, genügt dem Schwierigkeitserfordernis noch nicht (RGZ 87, 43, 46). – Nach der Rspr sind vielmehr zwei Gesichtspunkte für die Festigkeit einer Verbindung entscheidend: Einmal wird die Schwierigkeit der Ablösung und damit eine feste Verbindung bejaht, wenn eine **physische Zerstörung** oder starke Beschädigung des abzulösenden Teils oder des verbleibenden Grundstücks unvermeidlich ist. Zum zweiten wird auf die **Kosten der Trennung** abgestellt und eine feste Verbindung bejaht, wenn die Abtrennung des Bestandteils nur unter Aufwendung unverhältnismäßiger Mühe und Kosten möglich wäre (RG SeuffA 82 Nr 38; LG Landshut NJW-RR 1990, 1037; BAMBERGER/ROTH/FRITZSCHE Rn 5; SPYRIDAKIS 64; GOECKE/GAMON WM 2000, 1309). Maßgeblich für die Unverhältnismäßigkeit der Trennungskosten ist der wirtschaftliche **Wert des abgetrennten Bestandteils** (RGZ 158, 362, 374 f; LG Flensburg WM 2000, 2112, 2113; ENNECCERUS/NIPPERDEY § 125 II 2 a; kritisch GANTER WM 2002, 106). Es werden demnach für die Festigkeit einer Verbindung mit dem Boden dieselben Kriterien berücksichtigt, wie sie im Zusammenhang des § 93 für die Eigenschaft als wesentlicher Bestandteil herangezogen werden (vgl § 93 Rn 14 ff; STIEPER 24 und 97; SPYRIDAKIS 64; OLG Düsseldorf JW 1935, 3316). Beide Aspekte, die Zerstörung und die Kostenerheblichkeit, können auch kumuliert auftreten (vgl RG WarnR 1932 Nr 114).

Die Festigkeit der Verbindung wird vor allem durch die wenigstens teilweise **Einbeziehung in das Erdreich** herbeigeführt, wie das bei Gebäuden mit festem Fundament der Fall ist (vgl BGH NJW 1978, 1311; GANTER WM 2002, 105). Dies gilt nicht nur für Wohnhäuser, sondern auch für Fertighäuser und Blockhütten, sofern diese mit ihrem Fundament fest verbunden sind (vgl BGHZ 104, 298, 300; SOERGEL/MARLY § 95 Rn 9). Ebenso reicht das tiefe Einlassen von Holzwerk in den Boden aus, nicht aber das einfache Einstecken von Pfählen oder Stangen, so daß zB Weinbergpfähle nicht wesentliche Bestandteile des Grundstücks sind (ERMAN/MICHALSKI Rn 3). Auch ein in das Erdreich eingebrachter Gastank ist nicht wesentlicher Grundstücksbestandteil, wenn er ohne Schwierigkeiten ausgegraben und wiederverwendet werden kann (LG Gießen NJW-RR 1999, 1538). Dagegen ist ein mit einem Betonkranz im Boden eingelassenes Schwimmbecken als wesentlicher Bestandteil angesehen worden (BGH NJW 1983, 567, 568), ebenso eine auf einem 9 m tiefen Fundament errichtete und unter der Erdoberfläche verschraubte Flutlichtanlage (OLG Hamm OLGR 2002, 367). – Ferner kann auch die **Schwerkraft** eine feste Verbindung begründen (RG WarnR 1932 Nr 114; PALANDT/HEINRICHS Rn 2; **aM** THAMM BB 1990, 867; TOBIAS AcP 94, 389 f; kritisch auch MünchKomm/HOLCH Rn 6). Erforderlich ist, daß die Wegnahme der Sache aufgrund ihres **Eigengewichts** mit ihrer Zerstörung oder wegen der Zerlegung in kleine Einzelteile mit unverhältnismäßig hohen Kosten verbunden sein würde und die Verbindung daher einer Verankerung gleichwertig ist (SOERGEL/MARLY Rn 8; ERMAN/MICHALSKI Rn 4; WEIMAR MDR 1963, 419; LG Hannover NJW-RR 1987, 208, 209; **aM** OLG Düsseldorf BauR 1982, 164, 165, das bereits jede durch Schwerkraft vermittelte Verbindung ausreichen läßt). Dies kann auch bei Fertiggaragen (BFH NJW 1979, 392; vgl zu Fertighäusern u Rn 10), einem Turbinenhaus (OLG Karlsruhe OLGZ 1989, 341, 343) oder einem auf ein Fundament gesetzten 45 Tonnen schweren Heißwasserkessel in einem Fernheizwerk (LG Berlin NJW-RR 2004, 635) der Fall sein. Anders ist es bei Sachen von geringerem Eigengewicht, etwa kleineren Petroleumtanks (BayObLGZ 1906, 755, 761).

Die **mechanische Verbindung** einer Sache mit der Erdoberfläche genügt hingegen regelmäßig nicht, um eine feste Verbindung zu schaffen. Dies ist besonders für zur Erhöhung der Standfestigkeit am Boden **angeschraubte** Maschinen vielfach bestätigt (RG JW 1906, 417, 418; 1909, 485; WarnR 1910 Nr 190; 1913 Nr 80; 1914 Nr 143; 1918 Nr 155). Ebensowenig sind Gleise mit dem Grundstück, auf dem sie verlegt sind, fest verbunden (RG JW 1928, 561 für ein Fabrikanschlußgleis; **aM** MünchKomm/HOLCH Rn 12). Das gleiche gilt für ein Schwimmbecken, das ebenerdig aufgestellt und lediglich mit

Stützen im Boden verankert ist (BGH NJW 1983, 567, 568), einen mit Dübeln auf einem gegossenen Fundament verschraubten Grabstein (WACKE, Die „Grabsteinpfändung" – Pietätsrücksichten beim Schuldnerschutz im Konflikt mit dem Lieferantenkredit, DGVZ 1986, 161 f; **aM** OLG Köln DGVZ 1992, 116, 118; vgl Vorbem 40 zu § 90) oder den angeschraubten Backofen einer Bäckerei (LG Aachen NJW-RR 1987, 272). – Auch ein **Anzementieren** von Sachen am Boden begründet noch keine feste Verbindung, da eine Trennung nur zu einer unerheblichen Beschädigung des Bodens bzw der Sache führt (RG JW 1912, 128, 129; JW 1914, 238, 240; WarnR 1920 Nr 31; vgl LG Bochum DGVZ 1988, 156).

10 b) **Gebäude** (zum Begriff s u Rn 23) werden von § 94 Abs 1 S 1 als Regelfall der fest mit einem Grundstück verbundenen Sachen hervorgehoben. Allerdings ist nicht jedes Gebäude wesentlicher Bestandteil des Grundstücks, auf dem es errichtet ist; auch die Bestandteilseigenschaft eines Gebäudes richtet sich nach der Festigkeit seiner Verbindung mit dem Grundstück (GANTER WM 2002, 105; **aM** BORK, AT Rn 249). – Wenn bei einem Gebäude das Fundament fest mit dem Boden verbunden ist, jedoch zwischen Fundament und dem aufgesetzten Gebäude nur eine lose Verbindung besteht, kommt es für die Bestandteilseigenschaft der aufgebauten Teile darauf an, ob Fundament und Aufbau als Bestandteile eines einheitliches Gebäudes iSv § 94 Abs 2 angesehen werden können (dazu u Rn 24 f). – Bei **Fertighäusern**, deren vorgefertigte Bauelemente auf ein festes Fundament gesetzt werden, sind die Bauelemente zunächst selbständige Sachen. Erst mit dem Aufstellen des rohbauähnlichen Außenkörpers und dem Einbau der Leitungssysteme werden die einzelnen Elemente zu wesentlichen Bestandteilen eines Gebäudes nach §§ 93, 94 Abs 2. Ob das Fertighaus Bestandteil des Grundstücks wird, hängt davon ab, ob es mit dem Fundament oder einem anderen massiven Gebäudeteil fest verbunden ist; hierfür kann auch eine durch sein Eigengewicht bewirkte Verankerung genügen (LG Konstanz ZIP 1981, 512; offen gelassen von OLG Karlsruhe Justiz 1983, 13 f; vgl o Rn 8). Mehrfach **demontierbare Gebäude**, die ohne größeren Aufwand an anderer Stelle wieder aufgebaut werden können, sind dagegen keine wesentlichen Bestandteile des Grundstücks; dies ist der Fall bei Wellblechbaracken, Containerunterkünften oder Fertighäusern, deren Verankerung mit dem Grundstück relativ einfach zu lösen ist (RG SeuffA 63 Nr 127; OLG Düsseldorf WM 1992, 111, 112; LG Bochum DGVZ 1988, 156; vgl auch AG Neuwied DGVZ 1996, 141).

11 c) Die **Versorgungsleitungen** für Elektrizität, Telekommunikation, Gas und Wasser sind in der Regel ebenfalls fest mit dem Grund und Boden verbunden. Soweit die Leitungen auf einem **dem Versorgungsunternehmen gehörenden** Grundstück verlaufen, sind sie daher als wesentliche Bestandteile nach § 94 Abs 1 S 1 anzusehen (RGZ 87, 43, 50; 168, 288, 290; BGHZ 37, 353, 357 f; SOERGEL/MARLY Rn 35). Etwas anderes läßt sich auch nicht daraus ableiten, daß das Versorgungsunternehmen gem § 13 Abs 2 S 2 EnWG dazu verpflichtet ist, die Anlagen nach Ablauf des Konzessionsvertrags einem anderen Versorger zur Verfügung zu stellen (STIEPER 50; **aM** PALANDT/ HEINRICHS § 95 Rn 6; SCHULZE Rpfleger 1999, 171), ebensowenig aus der Notwendigkeit regelmäßiger Erneuerung (LENZ, Das Eigentum an Hausanschlußleitungen, Betrieb 1967, 1972, 1973; **aM** SCHRÖER, Versorgungsanlagen in Ortsdurchfahrten nach erfolgter Umstufung, NJW 1964, 186). – Soweit das Leitungsnetz dagegen auf **nicht dem Versorgungsunternehmen gehörenden** Grundstücken verläuft, wird heute überwiegend angenommen, daß die Leitungen als Scheinbestandteile zu bewerten sind und dementsprechend Zubehör zum Betriebsgrundstück des Versorgungsunternehmens darstellen (BGHZ

138, 266, 272; GIESEKE, Leitungen auf fremden Grundstücken, in: FS Hedemann [1958] 95, 128 f; vgl § 95 Rn 8, § 97 Rn 22 und § 98 Rn 8). Auf diese Weise soll vermieden werden, daß das Leistungsnetz einer Vielzahl von Eigentümern gehört. Diese Folge läßt sich de lege lata jedoch nicht vermeiden, wenn das Versorgungsunternehmen ihm gehörende Grundstücke mit den darin verlegten Leitungen veräußert, da die Bestandteilseigenschaft der Leitungen nachträglich nicht wieder aufgehoben werden kann (vgl dazu § 95 Rn 15). Die Sonderrechtsfähigkeit von Versorgungsleitungen sollte daher wie im schweizerischen Recht (vgl § 95 Rn 32) ausdrücklich gesetzlich geregelt werden. – Die genannten Grundsätze gelten auch für **Erdölfernleitungen** (vgl dazu KINDERMANN, Rechtsprobleme bei Bau und Betrieb von Erdölfernleitungen [1965]; OLZEN, Die vereinbarte Haftung des Unternehmers für Schäden beim Betrieb einer Mineralölfernleitung, BB 1978, 1340 ff). – Hinsichtlich des im Gebäude des Abnehmers befindlichen **inneren Leitungsnetzes** vgl u Rn 37.

d) Ein besonderes Problem entsteht, wenn bei der Bebauung eines Grundstücks **12** auf das **Nachbargrundstück hinübergebaut** wird. Dabei geht es um die Frage, inwieweit der wirtschaftlichen Einheit des Gebäudes nach §§ 93, 94 Abs 2 gegenüber dem Grundsatz des § 94 Abs 1 S 1 der Vorrang einzuräumen ist (vgl BGH NJW 1985, 789, 790). – Unter Einbeziehung der in § 912 enthaltenen Wertung hat die Rspr hierzu folgende Grundsätze entwickelt (kritisch dazu SPYRIDAKIS 81 ff; MünchKomm/SÄCKER § 912 Rn 34 ff mwNw; für den Sonderfall des Wohnungseigentums LUDWIG, Grenzüberbau bei Wohnungs- und Teileigentum, DNotZ 1983, 411 ff; DEMHARTER, Wohnungseigentum und Überbau, Rpfleger 1983, 133 ff).

Besteht **keine Entschuldigung** für den Überbau, so unterliegt das grenzüberschreitende Bauwerk der **lotrechtlichen Teilung** auf der Grenzlinie (BGHZ 27, 204, 207 f; 57, 245, 248 f; 61, 141, 143; BGH NJW 1985, 789, 790 f). Es bleibt also bei der Regelung des § 94 Abs 1 S 1, weil „die eigentumsmäßige Zusammenfassung wirtschaftlicher Einheiten dort ihre Grenze findet, wo bei der Schaffung wirtschaftlicher Einheit fremdes Eigentum verletzt wird" (BGH NJW 1985, 789, 791; vgl auch OLG Köln NJW-RR 1992, 212). Dies gilt selbst dann, wenn damit im Einzelfall ein wirtschaftlich sinnvolles Ergebnis nicht erzielt wird. – Besteht eine **Entschuldigung** für den Überbau, insbes nach § 912, so wird dem Prinzip der Erhaltung von Eigentumseinheiten der Vorrang vor § 94 Abs 1 S 1 eingeräumt, so daß der grenzüberschreitende Teil des Bauwerks dem **Eigentümer des Stammgrundstücks** gehört (BGHZ 110, 298, 300; OLG Hamm OLGZ 1984, 54, 57). Dies gilt erst recht für einen vom Nachbarn gestatteten und damit sogar rechtmäßigen Überbau (BGHZ 62, 141, 145 f; STAUDINGER/ROTH [2002] § 912 Rn 71; **aM** WEITNAUER ZfBR 1982, 102 ff). Zur Begründung wird der schon von M WOLFF entwickelte Gedanke einer analogen Anwendung des § 95 Abs 1 S 2 herangezogen (BGH NJW 2004, 1237; STAUDINGER/ROTH [2002] § 912 Rn 42; vgl RGZ 160, 166, 177; BGHZ 27, 204, 205 f). Das OVG Bremen (NJW-RR 1986, 955, 957) kommt für die zu einem Werftgrundstück gehörende und in das Flußgrundstück hineinragende Slipanlage über § 95 Abs 1 S 1 zu demselben Ergebnis (ebenso OLG Schleswig SchlHA 1991, 11 für einen Bootssteg; vgl auch BGH MDR 1967, 749). – Bei Beendigung der Berechtigung zum Überbau gelten dieselben Grundsätze wie beim Fortfall des vorübergehenden Zwecks im Rahmen des § 95 Abs 1 S 1 (BGH NJW 2004, 1237, 1238; vgl dazu § 95 Rn 14). – Die Eigentumsverhältnisse am überbauten **Grundstück** bleiben unverändert.

Diese Grundsätze gelten auch für den sog **Eigengrenzüberbau**, bei dem das vom **13**

Überbau betroffene Grundstück demselben Eigentümer gehört wie das Stammgrundstück (RGZ 160, 166, 181; BGHZ 100, 298, 300; BGH DNotZ 1969, 744). – Ebenso werden sie angewendet, wenn bei der **nachträglichen Teilung** eines Grundstücks ein schon bestehendes Gebäude von der Grenze der beiden neu gebildeten Grundstücke durchschnitten wird (BGHZ 64, 333, 337; BGH NJW 2002, 54). Auch in diesen Fällen wird der Überbau als wesentlicher Bestandteil dem Eigentum am Stammgrundstück zugeschlagen (BGHZ 102, 311, 315; 110, 298, 301 ff). Erfolgt bei der Grundstücksteilung eine Aufteilung des Gebäudes in zwei unabhängige Doppelhaushälften, so gelten die Überbauvorschriften hinsichtlich solcher Teile der einen Hälfte, die vom Stammgrundstück in den anderen Gebäudeteil hineinragen; hier wird das Eigentum an den Gebäudeteilen daher nicht lotrecht, sondern entlang der bei Grundstücksteilung vorhandenen geschlossenen Wohneinheiten getrennt (BGHZ 102, 311, 315; BGH WuM 2003, 701, 702; NJW 2002, 54; OLG Hamm NJW-RR 1997, 1236; OLG Düsseldorf NJW-RR 1987, 397).

14 Für die häufig nicht ganz einfache Bestimmung des **Stammgrundstücks**, dem das Eigentum am Überbau zufällt, sind drei Fallgruppen zu unterscheiden: Beim **Fremdüberbau** sind die Größenverhältnisse zwischen den Bauwerksteilen auf dem einen oder dem anderen Grundstück nicht maßgebend, ebensowenig der Ort des Baubeginns (BGHZ 62, 141, 146; BGH WM 1961, 179, 181; NJW 1985, 789, 790). Vielmehr sollen **Absicht und wirtschaftliche Interessen** des Erbauers entscheiden (BGHZ 62, 141, 146; 110, 298, 302). Hierfür können objektive Kriterien wie die Zweckbeziehung des überbauten Gebäudes oder die räumliche Erschließung durch einen Zugang als Indiz herangezogen werden (vgl BGH WM 1961, 761, 762). – Im Fall des **Eigengrenzüberbaus**, bei dem die Absichten des Erbauers schwer feststellbar sind, wird sogar vermutet, daß diese den objektiven Gegebenheiten entsprechen (BGHZ 100, 298, 303; OLG Köln ZMR 1996, 85, 86: Lage des Hauseingangs). – Bei Errichtung des Gebäudes auf einem **einheitlichen und erst später geteilten Grundstück** wird dagegen in einer objektiven Betrachtung darauf abgestellt, ob der nach Lage, Umfang und wirtschaftlicher Bedeutung maßgebende Bauteil sich auf einem der Grundstücke befindet (BGHZ 64, 333, 337 f; BGH NJW 2002, 54). Ist dies nicht der Fall, so bleibt es bei dem Grundsatz vertikaler Teilung (STAUDINGER/ROTH [2002] § 912 Rn 55 und 58; PALANDT/BASSENGE § 912 Rn 15; **aM** OLG Karlsruhe OLGZ 1989, 341, 343; STAUDINGER/DILCHER [1995] Rn 18: Entstehung von Miteigentum). Das gleiche gilt, wenn das Gebäude in zwei selbständige Einheiten geteilt werden kann; die Überbauvorschriften gelten dann nur für die in das Nachbargrundstück hineinragenden Teile der einen Gebäudehälfte (dazu o Rn 13).

15 Die Grundsätze zum Eigentum am Überbau wendet die Rspr auch auf die sog **Kommunmauer (halbscheidige Giebelmauer)** an, solange diese nur **einseitig** genutzt wird. Wenn eine Mauer so errichtet wird, daß sie sich ganz oder teilweise auf dem Nachbargrundstück befindet, gehört sie daher bei entschuldigtem oder rechtmäßigem Überbau dem Erbauer (BGHZ 27, 197, 199; 36, 46, 47 f; 57, 245, 248). Anderenfalls tritt lotrechte Teilung ein (BGHZ 27, 204, 208; zur Unterhaltung der Mauer vgl OLG Karlsruhe NJW-RR 1990, 1164; RANK ZMR 1984, 181). – Benutzen dagegen **beide Nachbarn** die Kommunmauer für ihre Bauwerke, so entsteht wegen des natürlichen und wirtschaftlichen Zusammenhangs der Mauer mit beiden Gebäuden ohne Rücksicht auf die Entschuldbarkeit **Miteigentum** (BGHZ 27, 197, 201; 36, 46, 48; 43, 127, 129; OLG Köln NJW-RR 1993, 87). Die Miteigentumsanteile an der Mauer bestimmen sich nach dem Umfang ihrer Inanspruchnahme durch den Anbau (OLG Düsseldorf NJW 1962, 155, 156;

OLG Köln MDR 1962, 818); bei beidseitiger Nutzung der gesamten Mauer entsteht daher Miteigentum je zur Hälfte. – Die durch Zusammenbau geschaffenen Eigentumsverhältnisse bestehen auch nach der **Zerstörung** bzw dem willentlichen **Abbau eines Gebäudes** fort (BGHZ 43, 127, 130 f; 57, 145, 249 ff; **aM** OLG Köln MDR 1962, 818: Umwandlung in Alleineigentum; zu den Folgekosten bei einem Anbauabriß vgl BGHZ 78, 397, 398 ff). An dem Miteigentum der Nachbarn ändert sich zunächst auch nichts, wenn **beide Gebäude** zerstört werden; mit erneuter einseitiger Bebauung unter Einbeziehung der Mauer entsteht daran jedoch Alleineigentum des Bauenden, bis der Nachbar sein fortbestehendes Anbaurecht ebenfalls wahrnimmt (OLG Köln NJW-RR 1993, 87, 88). – Die Verwendung einer **ausschließlich auf dem Nachbargrundstück** stehenden Mauer für ein Bauwerk auf dem eigenen Grundstück ändert an deren Eigentumsverhältnissen nichts, auch nicht, wenn die Mauer bei Errichtung des Bauwerks erhöht (BGHZ 41, 177, 179 f) oder durch Anbau einer weiteren nicht standfesten Mauer verbreitert wird (BGH NJW-RR 2001, 1528, 1529).

e) Gem Art 65 EGBGB bleiben die landesgesetzlichen Vorschriften über An- **16** landungen, entstehende Inseln und verlassene Flußbetten von § 94 unberührt. – Dasselbe gilt nach Art 66 EGBGB für die landesgesetzlichen Vorschriften zum Deich- und Sielrecht (vgl auch STAUDINGER/WIEGAND [1995] § 946 Rn 15).

2. Die Erzeugnisse des Grundstücks

Wesentliche Bestandteile des Grundstücks sind gem § 94 Abs 1 S 1 auch die **Er-** **17** **zeugnisse**, solange sie mit dem Boden zusammenhängen. Erzeugnisse, ein engerer Begriff als Früchte (vgl § 99 Rn 4), sind alle mit oder ohne Hilfe menschlicher Arbeit aus dem Grundstück hervorgehenden Produkte, vor allem die selbständig aus dem Boden wachsenden Pflanzen (zu den eingesetzten Pflanzen vgl u Rn 18) und deren organische Früchte. Auf eine feste Verbindung mit dem Grundstück kommt es nicht an. Anders als die sonstigen in § 94 Abs 1 S 1 genannten wesentlichen Bestandteile liegt bei ihnen auch keine dauernde Zweckeinheit mit dem Grundstück vor (vgl MICHAELIS, in: FS Nipperdey 553 Fn 1). – Erzeugnisse können, solange sie mit dem Boden zusammenhängen, nicht Gegenstand besonderer Rechte sein. So kann zB Holz auf dem Stamm nicht übereignet werden (zum Verkauf vgl § 93 Rn 35). – Zum gesetzlichen Pfandrecht an ungetrennten Früchten vgl § 93 Rn 26, zur Pfändung von Früchten auf dem Halm vgl § 93 Rn 34. – Der Eigentumserwerb an Erzeugnissen nach der Trennung wird durch die §§ 953 ff geregelt (vgl STAUDINGER/GURSKY [1995] §§ 953 ff).

3. Samen und Pflanzen

Gem § 94 Abs 1 S 2 wird der **Samen** als Keim künftiger Bodenerzeugnisse vom **18** Aussäen an wesentlicher Bestandteil des Grundstücks. Auf die Frage, ob ausgesäter Samen keimt, kommt es nicht an (BGB-RGRK/KREGEL Rn 11). Auch **Pflanzen** werden anders als im römischen Recht nicht erst mit dem Wurzelschlagen, sondern bereits mit dem Einpflanzen sonderrechtsunfähig (kritisch zu dieser Regelung BIERMANN JherJb 34, 274). Die Rechtsfolge des § 94 Abs 1 S 2 tritt unabhängig davon ein, wer ausgesät oder eingepflanzt hat (vgl o Rn 4). – Für Pflanzen in Baumschulen und Gärtnereien kann § 95 eingreifen (vgl § 95 Rn 13).

4. Bodenbestandteile und Grundstücksteile

19 a) Die **unmittelbaren Bodenbestandteile** wie Lehm, Ton, Torf oder Kies können nicht als Erzeugnisse bezeichnet werden (MünchKomm/Holch Rn 15; Palandt/Heinrichs Rn 3). Sie sind nicht mit dem Boden fest verbunden (aM Erman/Michalski Rn 2) und erfüllen auch nicht die Voraussetzungen des § 93 (aM MünchKomm/Holch Rn 5; Enneccerus/Nipperdey § 125 II 2 c). Vielmehr bilden die Bodenbestandteile die **Substanz des Grundstücks** als einer von Natur aus einheitlichen Sache, an welcher mangels körperlicher Abgrenzbarkeit keine Bestandteile bestehen können (vgl § 93 Rn 8; Bamberger/Roth/Fritzsche Rn 10; Palandt/Heinrichs Rn 3; Soergel/Marly Rn 11; Michaelis, in: FS Nipperdey 553 Fn 1).

20 Anders ist es, wenn eine **Erdmasse verselbständigt** wird, sei es beim Ausheben einer Grube oder beim Abbau. Hier ist die Sachqualität der verselbständigten Erdmasse anzuerkennen. – Zum wesentlichen Bestandteil eines anderen Grundstücks, auf welches sie gelangen, werden die abgetrennten Bodenbestandteile, sobald die in Rn 7 f genannten Voraussetzungen einer festen Verbindung mit der Erdoberfläche bejaht werden können (LG Landshut NJW-RR 1990, 1037 für eine ausgekofferte und mit Kies aufgefüllte Grundstücksfläche). Einer „Verwachsung" des aufgeschütteten Erdmaterials mit dem Grundstück bedarf es dazu nicht. Die in den Beratungen zum BGB vorgeschlagene Jahresfrist bis zur Anerkennung einer festen Verbindung ist nicht Gesetz geworden (vgl Jakobs/Schubert, Die Beratung des Bürgerlichen Gesetzbuchs I [1985] 441). – Zur Rechtslage bergrechtlicher **Mineralien** vgl Staudinger/Hönle (1998) Art 67 und 68 EGBGB.

21 b) Auch räumlich abgegrenzte **Flächenteile** eines Grundstücks sind keine wesentlichen Bestandteile (vgl § 93 Rn 40); sie können daher selbständig belastet werden. Für die Eintragung der Belastung schreibt § 7 GBO jedoch ihre grundbuchrechtliche Verselbständigung vor.

IV. Wesentliche Bestandteile nach § 94 Abs 2

22 Gem § 94 Abs 2 wird eine Sache, die einem Gebäude zur Herstellung eingefügt ist, dessen wesentlicher Bestandteil. Ist das Gebäude selbst wesentlicher Bestandteil des Grundstücks, auf dem es errichtet ist (vgl o Rn 10), so wird die Sache mit der Einfügung gleichzeitig wesentlicher Bestandteil des Grundstücks (RGZ 63, 416, 419; BGH NJW 1979, 712).

1. Der Begriff des Gebäudes

23 Unter dem **Begriff des Gebäudes** iSv § 94 sind Bauwerke aller Art zu verstehen (zum Begriff des Bauwerks iSv § 634a Abs 1 Nr 2 nF vgl BGH NJW 1999, 2434, 2435). Der allgemeine Gebäudebegriff, der nur Bauwerke umfaßt, die durch räumliche Umfriedung Schutz gewähren und den Eintritt von Menschen gestatten (vgl Soergel/Marly Rn 4), ist hier nicht maßgebend. Daher fallen neben Häusern auch Mauern und Brücken unter den Begriff des Gebäudes (OLG Karlsruhe NJW 1991, 926; Soergel/Marly Rn 23), ebenso Tiefgaragen (BGH NJW 1982, 756) und Windkraftanlagen (Ganter WM 2002, 106; OVG Münster BRS 63 [2000] 669, 672; aM Peters WM 2002, 112). Auch ein unfertiger Rohbau ist ein Gebäude iSv § 94 Abs 2 (BGH NJW 1979, 712). Dabei ist nur auf die allgemeine

Zweckbestimmung als Bauwerk, also auf den **Baukörper** als solchen abzustellen. Mit der Bezeichnung Gebäude darf daher keine konkrete Nutzungsart verbunden werden, wie dies ursprünglich vom RG bei der Beurteilung von Maschinen in Fabrikgebäuden vertreten worden war (vgl § 93 Rn 18). Der Sachinbegriff der vollendeten Betriebsanlage wird von § 94 Abs 2 nicht erfaßt (MünchKomm/Holch Rn 17; Erman/ Michalski Rn 8). Sonst wären alle Einrichtungsgegenstände wesentliche Bestandteile. – Der Begriff des Gebäudes umfaßt auch solche Bauwerke, die nicht fest mit dem Boden verbunden sind oder mit Rücksicht auf § 95 Abs 1 als bewegliche Sachen gelten (vgl § 95 Rn 28). Die wesentlichen Bestandteile des Gebäudes stellen in diesen Fällen keine wesentlichen Grundstücksbestandteile dar (vgl o Rn 22).

2. Die Einfügung zur Herstellung

a) Für die **Einfügung** kommt es nicht auf die objektive Festigkeit der Verbindung an (RGZ 90, 198, 201; 150, 22, 27). Vielmehr genügt ein konkreter räumlicher Zusammenhang mit dem Gebäude (MünchKomm/Holch Rn 18; Soergel/Marly Rn 28). So können auch aufgelegte Dachziegel sowie eingehängte Türen und Fensterläden wesentliche Bestandteile des Gebäudes sein (RGZ 60, 421, 423; 63, 416, 419; LG Konstanz NJW-RR 1997, 499). Bei einem Dachstuhl genügt die Verbindung durch die eigene Schwerkraft, um den räumlichen Zusammenhang herzustellen (RGZ 62, 248, 251). – Wird eine Sache hingegen lediglich auf das Grundstück geschafft oder in das Gebäude **hineingestellt**, so stellt dies noch keine Einfügung dar. Auch das **Anfügen** von Platten an ein Gebäude ohne technische Inanspruchnahme der Giebelmauer genügt dem Merkmal der Einfügung nicht (BGHZ 36, 46, 50 f), ebensowenig das bloße Aufsetzen von Fertigbauteilen auf ein Betonfundament (BGH WM 1974, 126, 127; vgl u Rn 30). Auch **probeweise** eingefügte Gegenstände werden nicht zum wesentlichen Bestandteil (RG WarnR 1915 Nr 6; LG Konstanz NJW-RR 1997, 499 für provisorisch eingehängte Türen). – Eine **Sachgesamtheit** ist erst dann eingefügt iSv § 94 Abs 2, sobald die Gebrauchsfertigkeit für den jeweiligen Teil bejaht werden kann (vgl Costede NJW 1977, 2342; MünchKomm/Holch Rn 18). Erst in diesem Zeitpunkt ist das Vertrauen des Rechtsverkehrs auf die dauerhafte Zugehörigkeit der Sache zum Gebäude schützenswert, da mit einem Ausbau nicht mehr gerechnet werden muß (vgl o Rn 3). Dies gilt insbesondere dann, wenn **größere Anlagen** (zB Heizungsanlagen) in einem längeren Arbeitsprozeß in ein Gebäude eingebaut werden (vgl auch u Rn 31).

b) **Zur Herstellung des Gebäudes eingefügt** sind alle Sachen, ohne die das Gebäude noch nicht fertiggestellt ist (BGH NJW 1979, 712; 1984, 2277, 2278). Dazu gehören nicht nur diejenigen Teile, die zur Herstellung des Gebäudes notwendig sind, sondern auch die Sachen, die dem Gebäude ein **bestimmtes Gepräge** oder eine besondere Eigenart geben (RGZ 150, 22, 26; BGHZ 53, 324, 325; BGH NJW 1984, 2277, 2278; 1987, 3178). Dabei kann es ausreichen, daß durch die Einfügung nur ein einzelner Raum ein bestimmtes Gepräge erhält, wenn dadurch zugleich der Gesamtcharakter des Gebäudes mitgestaltet wird (BGH LM § 93 Nr 2). Maßgeblich hierfür ist die **Verkehrsanschauung** (Erman/Michalski Rn 9). Diese kann regional unterschiedlich sein, wie die uneinheitliche Rechtsprechung zur Bestandteilseigenschaft von Einbauküchen zeigt (vgl dazu u Rn 35). Angesichts der gestiegenen Mobilität der Bevölkerung wird die Bedeutung regionaler Unterschiede jedoch zunehmend geringer (vgl Holch DGVZ 1998, 69; Costede NJW 1977, 2341).

26 Fraglich ist aber, ob für die Fertigstellung auf die Schaffung des **reinen Baukörpers** abzustellen ist (so RG JW 1914, 238; 1917, 809) oder ob man die erstrebte **wirtschaftliche Funktion** des Gebäudes in den Herstellungsbegriff einbeziehen und damit eine Parallele zur früheren Ganzheitslehre bei der Bestimmung wesentlicher Bestandteile nach § 93 ziehen kann (so RGZ 50, 241, 244 für eine Holzverarbeitungsfabrik; RGZ 63, 416, 419 f für eine Papierfabrik; vgl § 93 Rn 4 und 18; MICHAELIS, in: FS Nipperdey 566). Im ersten Fall würden praktisch nur die Baustoffe und Baumittelstücke zu wesentlichen Bestandteilen, im zweiten Fall könnten auch Betriebsmittel unter § 94 Abs 2 fallen, die ansonsten allenfalls als Zubehör zu qualifizieren wären. – Die Lösung der Frage muß bemüht sein, Abweichungen von § 93 auf ein Mindestmaß zu beschränken, da §§ 93 und 94 Abs 2 keinen Gegensatz regeln sollen (vgl BGB-RGRK/KREGEL Rn 18). Bei der Beurteilung eines Gebäudes ist daher darauf abzustellen, ob der Baukörper selbst nach seiner Beschaffenheit auf eine **bestimmte Verwendung** speziell ausgerichtet ist oder ob er unterschiedlichen Zwecken dienen kann (vgl o Rn 23; THAMM BB 1990, 867). Nur im ersten Falle verdient der Rechtsverkehr Vertrauensschutz dahin, daß die zur Zweckerreichung eingefügten Sachen dieselbe Rechtslage aufweisen wie das Gebäude, sie also dessen wesentliche Bestandteile geworden sind (vgl o Rn 3). – Unter dem Gesichtspunkt des § 94 Abs 2 ist es dann, abweichend zu § 93 (vgl § 93 Rn 18), nicht entscheidend, daß derartige Anlagen nach dem heutigen Stand der Technik leicht ausgebaut und ersetzt werden können.

27 Ist dagegen ein Gebäude für **verschiedene Verwendungszwecke** geeignet, wie etwa eine Halle oder ein Bürohaus, so werden die für eine bestimmte Nutzungsweise aufgestellten Maschinen nicht zur Herstellung des Gebäudes eingefügt und damit nicht zu wesentlichen Bestandteilen des Gebäudes (vgl RGZ 130, 264, 266; OLG Oldenburg NJW 1962, 2158, 2159). Vielmehr sind **Serienmaschinen** und genormte Raumausstattungen als selbständige Sachen zu bewerten (so BGH JZ 1987, 675, 676 für den Dampfkessel in einer Fabrikhalle; LG Aachen NJW-RR 1987, 272, 273 für die Ladeneinrichtung in einer Bäckerei). Dies gilt auch für Maschinen, die am Boden angeschraubt oder anzementiert sind (s o Rn 9). – Hingegen werden Maschinen sowohl nach § 93 als auch nach § 94 Abs 2 wesentlicher Bestandteil des Fabrikgebäudes, wenn sie **speziell** für das Gebäude **angefertigt** oder das Gebäude gerade zur Aufnahme dieser Maschine konstruiert wurde (vgl § 93 Rn 18).

28 c) Der **Zeitpunkt der Einfügung** ist unerheblich; es kommt nicht darauf an, ob die Einfügung bei der Errichtung des Gebäudes oder später, zB anläßlich einer Reparatur, stattfindet (RGZ 158, 362, 367; RG JW 1932, 1197, 1198; ERMAN/MICHALSKI Rn 16). Auch eine in ein vorher mit Ofenheizung ausgestattetes Wohnhaus eingefügte Zentralheizung wird daher dessen wesentlicher Bestandteil (BGHZ 53, 324, 326). Das gleiche gilt, wenn der Baukörper erst mit dem Einbau des fraglichen Bestandteils für eine bestimmte Verwendung speziell ausgerichtet wird (vgl o Rn 26).

29 d) Die Erweiterung des Bestandteilsbegriffs dient der Schaffung sicherer Rechtsverhältnisse (vgl o Rn 3). Wesentlicher Bestandteil nach § 94 Abs 2 kann daher nicht werden, was nach der Verkehrsanschauung nicht als Bestandteil einer zusammengesetzten Sache, sondern als **selbständige Sache** aufgefaßt wird (vgl § 93 Rn 7). So sind zB Türschlüssel einem Gebäude nicht eingefügt, sondern selbständige Sachen, die als Zubehör anzusehen sind. – Nicht zur Herstellung des Gebäudes eingefügt sind auch diejenigen Sachen, zu deren **Schutz**, insbes gegen Witterungseinflüsse, das Gebäude dient. So sind Kraftfahrzeuge nicht zur Herstellung der Garage eingefügt.

3. Einzelheiten

a) Zu den wesentlichen Bestandteilen gehören zunächst die **Baustoffe**, die den 30 eigentlichen Baukörper bilden, wie Beton, Steine, Balken und Dachziegel. Ebenso zählen **Türen** und **Fenster** (LG Lübeck NJW 1986, 2514, 2515; vgl o Rn 24) sowie Fensterläden (RGZ 60, 421, 422 f) oder Jalousien (OLG Dresden OLGE 6, 215, 216 f) hierher. – Auch die mit einem Fundament verbundene Stahlkonstruktion eines Gewächshauses oder der in Fertigbauweise montierte Aufbau eines Pavillons sind wesentliche Bestandteile eines einheitlichen Gebäudes, wenn das Fundament nach den speziellen technischen Anforderungen der Aufbauten gesetzt und mit diesen eng verbunden ist (BGH WM 1974, 126, 127; NJW 1978, 1311; OLG Karlsruhe ZIP 1983, 330, 331 f; vgl o Rn 24); dies gilt auch für die zwischen massive Pfeiler eingepaßten Wände einer Wellblechbaracke (RG SeuffA 63 Nr 127). Wenn das Fundament fest mit dem Grund und Boden verbunden ist, werden die Aufbauten zugleich wesentliche Bestandteile des Grundstücks (STIEPER 26; vgl o Rn 22). – Dagegen werden die Teile eines **Fertighauses** nicht wesentlicher Bestandteil eines aus Fundament und Aufbauten bestehenden Gebäudes, wenn das aufgebaute Gebäude ohne Schwierigkeiten abgebaut und auf ein anderes Fundament gestellt werden kann (vgl o Rn 10).

b) Von den einzelnen Gegenständen der **Gebäudeausstattung** ist nach heutiger 31 Auffassung die **Heizungsanlage** regelmäßig als wesentlicher Bestandteil moderner Wohnhäuser und Hotels zu bewerten (so BGH NJW 1953, 1180; KG JW 1932, 3006; OLG Frankfurt aM DNotZ 1968, 656, 657; OLG Köln Rpfleger 1970, 88, 89; OLG Koblenz WM 1989, 535 für Wohnhäuser; LG Freiburg MDR 1957, 419; OLG Stuttgart BB 1966, 1037 für Gästehäuser). Dies gilt auch, wenn es sich um renovierte Altbauten handelt (BGHZ 53, 324, 326). Ebenso werden die Heizungsanlage in einem Kino (LG Bochum MDR 1966, 48), einem Schulgebäude (BGH NJW 1979, 712) oder einem modernen Fabrikgebäude (OLG Hamm MDR 1975, 488) als wesentlicher Bestandteil angesehen. – Die von mehreren Gebäuden genutzte Heizungsanlage ist wesentlicher Bestandteil des Gebäudes, in dem sie steht (vgl BGH NJW 1979, 2391, 2392 f). Der **Heizkessel** wird schon dem Rohbau zur Herstellung eingefügt, sobald er an seinem endgültigen Platz steht; Anschlüsse müssen noch nicht vorhanden sein (BGH NJW 1979, 712; vgl o Rn 24). Die **Wärmepumpe** eines Wohn- und Geschäftsgebäudes wird selbst dann nach § 94 Abs 2 wesentlicher Bestandteil, wenn sie 15 m vom Gebäude entfernt aufgestellt ist (BGH NJW-RR 1990, 158, 159). – Verneint wurde die Bestandteilseigenschaft dagegen für eine zusätzliche Heizungsanlage, da sie für die bestimmungsgemäße Benutzung des Gebäudes nicht erforderlich ist (OLG Celle NJW 1958, 632; OLG Stuttgart MDR 1959, 37; vgl § 93 Rn 22). – Ein offener Kamin in einer Mietwohnung kann wesentlicher Bestandteil des Wohnhauses sein (OLG Düsseldorf NZM 1998, 805).

Ebenso werden die **Be- und Entlüftungsanlagen** eines Hotels zu den wesentlichen 32 Bestandteilen gezählt (LG Freiburg MDR 1957, 419; beschränkt auf großstädtische Hotels OLG Stuttgart NJW 1958, 1685). Auch bei einem Gaststättengroßbetrieb dient die Belüftungsanlage der Herstellung (OLG Hamm NJW-RR 1986, 376 f), ebenso bei einer Geflügelhalle (OLG Oldenburg NdsRpfl 1970, 113) und einem Wohnhaus mit einem Gaststättenbetrieb im Erdgeschoss (OLG Hamburg ZMR 2003, 527). Das gleiche gilt für

Klimaanlagen in modernen Bürogebäuden. – **Aufzüge** werden als wesentliche Bestandteile anerkannt (RGZ 90, 198, 200 f; LG Freiburg MDR 1957, 419), ebenso als Ersatz für Gehtreppen eingebaute **Rolltreppen** (BFH BB 1971, 300). Auch das **Notstromaggregat** ist einem großen Hotel zur Herstellung eingefügt (BGH NJW 1987, 3178). – Die **Alarmanlage** ist nicht nach § 94 Abs 2 zur Herstellung eines Privathauses eingefügt (OLG Frankfurt aM NJW 1988, 2546; SOERGEL/MARLY Rn 34), möglicherweise aber nach §§ 93, 94 Abs 1 wesentlicher Bestandteil (vgl OLG Hamm NJW-RR 1988, 923, 924); bei einem Kaufhaus gilt nichts anderes (**aM** OLG Hamm NJW 1976, 1269).

33 Die **sanitären Einrichtungen** in Wohnhäusern und Hotels werden heute als wesentliche Bestandteile bewertet (RG WarnR 1933 Nr 21; MünchKomm/HOLCH Rn 24; BGB-RGRK/KREGEL § 93 Rn 52 mwNw). Ältere Entscheidungen, die Spültische und Badewannen nicht als wesentliche Bestandteile ansahen, weil sie lediglich in das Zimmer hineingestellt waren (so OLG Dresden LZ 1933, 1158, 1159; KG OLGZ 39 [1919] 121 f), sind angesichts der technischen Entwicklung überholt. Der Waschtisch im Bad eines Wohnhauses oder Hotels ist daher wesentlicher Bestandteil (RG HRR 1929 Nr 1298; OLG Braunschweig ZMR 1956, 80), ebenso die Badewanne und das WC (RG WarnR 1933 Nr 21), uU auch ein Badezimmereinbauschrank (LG Stuttgart Justiz 1988, 102). Dasselbe gilt für **Warmwasserbereitungsanlagen** in Hotels (LG Freiburg MDR 1957, 419), in Privathäusern (BGHZ 40, 272, 275; BGH NJW 1953, 1180) und in Betrieben (OLG Hamm BB 1975, 156).

34 Auf dem Estrich verlegter **Teppichboden** wird nach § 94 Abs 2 zum wesentlichen Bestandteil eines Wohngebäudes. Er muß nicht mit dem Untergrund verklebt sein; es genügt, daß er zugeschnitten und lose verlegt wurde (AG Karlsruhe NJW 1978, 2602; LG Frankenthal VersR 1978, 1106; LG Köln NJW 1979, 1608, 1609; **aM** LG Hamburg NJW 1979, 721; vgl auch § 93 Rn 23). Dies gilt allerdings nicht, wenn der Teppichboden auf bewohnbarem Untergrund verlegt ist, etwa auf Parkett oder Fliesen (LG Oldenburg VersR 1988, 1285, 1286; OLG München VersR 1997, 999; MünchKomm/HOLCH Rn 25; SOERGEL/MARLY Rn 32; anders noch STAUDINGER/DILCHER [1995] Rn 24). – Für **Linoleum** wurde schon früher die Bestandsteilseigenschaft abgelehnt (OLG München SeuffA 74 Nr 157; OLG Hamburg OLGE 45, 110; **aM** PALANDT/HEINRICHS § 93 Rn 5; vgl auch § 97 Rn 25).

35 Die Rechtsprechung zur Frage, ob **Einbauküchen** wesentliche Bestandteile von Wohnhäusern gem § 94 Abs 2 darstellen, ist sehr uneinheitlich. Mit dem BGH ist davon auszugehen, daß die Bestandteilseigenschaft nur in Betracht kommt, wenn die Einfügung dem Gebäude nach der Verkehrsanschauung ein bestimmtes Gepräge gibt, ohne das das Gebäude nicht als fertiggestellt gilt, oder die Einbauküche dem Baukörper besonders angepaßt ist und deswegen mit ihm eine Einheit bildet (BGH NJW-RR 1990, 914, 915). – Wesentliche Bestandteile nach § 94 Abs 2 werden daher zunächst die Einbauküchen, die durch die Einbeziehung der sie umschließenden Gebäudewände mit dem Gebäude vereinigt werden (BFH Betrieb 1971, 656, 657; SOERGEL/MARLY Rn 32). Das gleiche gilt für die **speziell** für einen bestimmten Küchenraum **angefertigten** Einbauküchen (OLG Zweibrücken NJW-RR 1989, 84; OLG Hamm MDR 1990, 923; AG Linz am Rhein ZMR 1996, 269, 271; vgl auch § 93 Rn 23). Dabei kann die Tatsache, daß Küchenraum und Einbauküche bereits im Bauplan aufeinander abgestimmt worden sind, als Indiz für eine spezielle Anfertigung herangezogen werden (HOLCH DGVZ 1998, 69; vgl OLG Nürnberg MDR 1973, 758; OLG Frankfurt aM FamRZ 1982, 938, 939). Die Verwendung einzelner serienmäßig hergestellter **Küchengeräte**

wie Kühlschrank oder Geschirrspülmaschine steht der Bestandteilseigenschaft der Einbauküche in diesen Fällen zwar nicht entgegen (vgl OLG Zweibrücken NJW-RR 1989, 84; OLG Celle NJW-RR 1989, 913, 914). Jedoch stellen die – üblicherweise leicht austauschbaren – Küchengeräte dann anders als das Küchenmobiliar **selbständige Sachen** dar.

Bei Einbauküchen, die aus **serienmäßig hergestellten Einzelteilen** zusammengesetzt sind, wird die Eigenschaft als wesentlicher Bestandteil überwiegend abgelehnt (OLG Nürnberg MDR 2002, 815 f; OLG Frankfurt ZMR 1988, 136; OLG Düsseldorf NJW-RR 1994, 1039 m Anm JAEGER NJW 1995, 432; vgl § 93 Rn 23). Allerdings kommt es dabei auf die lokale Verkehrsanschauung an. Eine Verkehrsanschauung, nach der ein Wohngebäude erst mit der Einfügung einer Einbauküche als fertiggestellt gilt, wurde bisher jedoch lediglich für Norddeutschland angenommen (OLG Hamburg MDR 1978, 138 f; ebenso für einen Herd BGH NJW-RR 1990, 586, 587 unter Hinweis auf BGH NJW 1953, 1180; für einen Spültisch OLG Braunschweig ZMR 1956, 80), hingegen für das Rheinland (OLG Düsseldorf MDR 1984, 51), Westfalen (OLG Hamm NJW-RR 1989, 333), das Saarland (OLG Saarbrücken VersR 1996, 97, 98), Baden (OLG Karlsruhe NJW-RR 1986, 19; 1988, 459, 460), Nordwürttemberg (LG Stuttgart Justiz 1988, 102), Berlin (KG BauR 1991, 484, 485) und in neuerer Zeit auch für den norddeutschen Raum (LG Lübeck VersR 1984, 477; AG Göttingen NJW-RR 2000, 1722) verneint. Man wird daher insgesamt davon ausgehen können, daß eine dahingehende Verkehrsauffassung heutzutage nicht mehr besteht (MünchKomm/HOLCH Rn 27 f und DGVZ 1998, 69).

Nicht als wesentliche Bestandteile nach § 94 Abs 2 werden die **Beleuchtungskörper** 36 angesehen (so RG JW 1917, 809, 810 für ein Hotel; OLG Köln HRR 1932 Nr 1029 für ein Kino). Auch die Licht- und Tonanlage in einer Diskothek ist nicht wesentlicher Bestandteil des Gebäudes, da sie zwar zum Betrieb der Diskothek, nicht aber zur Herstellung des Gebäudes eingefügt ist (aM OLG Frankfurt aM OLGR 1998, 241, 242). – Ebenso fallen **Schrankwände** aus Serienmaterial nicht unter § 94 Abs 2 (OLG Düsseldorf OLGZ 1988, 115, 117 f; OLG Schleswig NJW-RR 1988, 1459, 1460; OLG Köln NJW-RR 2000, 697). Etwas anderes gilt, wenn sie eingepaßt sind und zwischen Wand und Gebäude ein räumlicher Zusammenhang besteht (OLG Köln NJW-RR 1991, 1077, 1081; vgl auch § 93 Rn 23) oder wenn sie notwendige Gebäudeteile ersetzen (MünchKomm/HOLCH Rn 24; FG Düsseldorf Betrieb 1972, 118; LG Stuttgart Justiz 1988, 102). – Die **Bierschankanlage** einer Gaststätte ist grundsätzlich kein wesentlicher Bestandteil nach § 94 Abs 2 (OLG Celle OLGZ 1980, 13 f; MDR 1998, 463 f), es sei denn, Gebäude und Anlage sind individuell aufeinander abgestimmt oder fest miteinander verbunden (OLG Schleswig WM 1994, 1639, 1640). – Keine wesentlichen Bestandteile sind ferner **Wandbehänge** (RG WarnR 1919 Nr 45) sowie **Firmenschilder** und Hinweise.

c) Das **äußere Leitungsnetz** der Versorgungsunternehmen wird, soweit es nicht 37 auf einem dem Versorgungsunternehmen gehörenden Grundstück verläuft, als Scheinbestandteil gem § 95 Abs 1 und als Zubehör zum Grundstück des Versorgungsunternehmens bewertet (vgl o Rn 11 und § 95 Rn 8). Dies gilt auch für die auf dem Abnehmergrundstück verlaufenden Hausanschlußleitungen; diese sind nicht zur Herstellung des Gebäudes eingefügt (WILLERS, Die Rechtsnatur der Hausanschlußleitungen, Betrieb 1968, 2023). – Der **Hauptabnehmerzähler** für Elektrizität bildet den Abschluß des äußeren Leitungsnetzes und steht im Eigentum des Versorgungsunternehmens. Er ist kein wesentlicher Bestandteil des Abnehmergrundstücks. Wegen der nur zeitweiligen Überlassung an den Abnehmer ist er gem § 97 Abs 2 auch nicht als dessen Zubehör anzusehen (RG LZ 1923, 267, 268; OLG Dresden SeuffA 76 Nr 188 stellt auf § 97 Abs 1 S 2 ab). Er kann jedoch als Teil des äußeren Leitungsnetzes als Zubehör des Unternehmensgrundstücks bewertet werden. – Auch der **Wasserzähler** ist eine selbständige Sache, da er jederzeit leicht ausgewechselt werden kann und nicht zur Herstellung des Gebäudes dient (BayVerfGH NVwZ 1982, 368, 369). – Das an den Hauptzähler anschließende **innere Leitungsnetz** ist schon aufgrund fester Verbindung mit dem Gebäude dessen wesentlicher Bestandteil; hier greift § 95 nicht ein.

38 d)   Für **eingetragene Schiffe** gelten seit RGZ 152, 91, 98 und in verstärktem Maße seit ihrer rechtlichen Immobilisierung durch das SchiffsRG von 1940 die Grundsätze des Liegenschaftsrechts, so daß § 94 Abs 2 entsprechend angewendet werden kann (BGHZ 26, 225, 227 ff; SOERGEL/MARLY Rn 21; BGB-RGRK/KREGEL Rn 17; vgl STAUDINGER/ WIEGAND [1995] § 946 Rn 12). Dementsprechend hat BGHZ 26, 225, 229 für Motorschiffe angenommen, daß der Motor zur Herstellung eingefügt werde und damit wesentlicher Bestandteil des Schiffes sei (aM GRAUE BB 1959, 1282; vgl § 93 Rn 21). Unter dem Gesichtspunkt der Immobilisierung werden auch Anker und Ankerkette als wesentliche Bestandteile angesehen (LG Hamburg MDR 1955, 413, 414; ERMAN/MICHALSKI Rn 15), ebenso die Radaranlage (MünchKomm/HOLCH Rn 35; für Großschiffe ebenso ERMAN/ MICHALSKI Rn 15; aM LG Hamburg MDR 1958, 923), nicht dagegen die Schiffswinde auf einem Bergungsschiff (OLG Schleswig SchlHA 1954, 253; vgl auch GREIF, Rechtsfragen zum Schiffsreparaturgeschäft, MDR 1966, 890). – Auf **nicht im Seeschiffsregister eingetragene** Seeschiffe sowie nicht eingetragene Binnenschiffe ist § 94 Abs 2 unanwendbar, da diese vom Gesetz (§§ 929a, 932a) als bewegliche Sachen angesehen werden (GREIF MDR 1966, 890).

39   Für **eingetragene Luftfahrzeuge** gelten nach hM dieselben Grundsätze wie für Schiffe (SOERGEL/MARLY Rn 21; PALANDT/HEINRICHS Rn 5; STAUDINGER/DILCHER [1995] Rn 27). Jedoch werden Flugzeuge selbst nach ihrer Eintragung in der Luftfahrzeugrolle gem § 98 Abs 1 S 1 LuftfzRG v 26. 2. 1959 (BGBl I 57) wie bewegliche Sachen übereignet. Da die Gleichstellung mit Immobilien danach nicht so weit reicht wie bei eingetragenen Schiffen, ist § 94 Abs 2 auf Luftfahrzeuge nicht entsprechend anwendbar (so auch MünchKomm/HOLCH Rn 36). Die Triebwerke eines Flugzeugs sind daher nur einfache Bestandteile (SCHÖLERMANN/SCHMID-BURGK, Flugzeuge als Kreditsicherheit, WM 1990, 1137, 1144 mwNw; dazu § 93 Rn 38 ff), während Rumpf und Tragflächen nach § 93 wesentliche Bestandteile des Flugzeugs darstellen.

V.   Die Rechtsfolgen des § 94

40   Die Rechtsfolgen der Bestandteilseigenschaft sind in § 94 nicht geregelt, sie bestimmen sich in erster Linie nach § 93 (dazu § 93 Rn 24 ff). Insbesondere können auch die wesentlichen Bestandteile eines Grundstücks oder Gebäudes **nicht Gegenstand besonderer dinglicher Rechte** sein. Ein an einer Sache bestehender Eigentumsvorbehalt erlischt daher notwendigerweise, sobald diese derart mit einem Grundstück oder Gebäude verbunden wird, daß sie dessen wesentlicher Bestandteil wird (vgl o Rn 4). Die Begründung **obligatorischer Rechtsverhältnisse** an den nach § 94 wesentlichen Bestandteilen ist hingegen möglich; so kann zB eine Wohnung vermietet werden. – Im **Versicherungsrecht** wird teilweise auf § 94 abgestellt, um zu klären, ob für den Schaden an einem Einrichtungsgegenstand die Hausrats- oder die Gebäudeversicherung (vgl § 2 VGB) aufzukommen hat (so OLG Saarbrücken VersR 1996, 97 f; LG Lübeck VersR 1984, 477). Überwiegend wird für die Abgrenzung jedoch ein von den § 93 ff unabhängiger Bestandteilsbegriff angenommen (BGH NJW-RR 1992, 793 f; OLG Köln NJW-RR 2000, 697 mwNw). – Dagegen dienen zur „Herstellung des Baues" iSv § 1 Abs 1 des G über die Sicherung von Bauforderungen v 1. 6. 1909 (RGBl 449) nur solche Leistungen, die sich auf wesentliche Bestandteile des Gebäudes iSv § 93, 94 beziehen (BGH NJW-RR 1990, 914).

§ 95
Vorübergehender Zweck

(1) Zu den Bestandteilen eines Grundstücks gehören solche Sachen nicht, die nur zu einem vorübergehenden Zweck mit dem Grund und Boden verbunden sind. Das Gleiche gilt von einem Gebäude oder anderen Werk, das in Ausübung eines Rechts an einem fremden Grundstück von dem Berechtigten mit dem Grundstück verbunden worden ist.

(2) Sachen, die nur zu einem vorübergehenden Zweck in ein Gebäude eingefügt sind, gehören nicht zu den Bestandteilen des Gebäudes.

Materialien: E I §§ 783 Abs 2, 785; II § 77; III § 91; Mot III 43; Prot III 9; VI 119; JAKOBS/SCHUBERT, AT I 469 f.

Schrifttum

ALBRECHT, Die rechtliche Behandlung der Sachen des § 95 BGB (Diss Rostock 1902)
BRÜNING, Die Sonderrechtsfähigkeit von Grundstücksbestandteilen – Ein zivilrechtliches Problem bei der Privatisierung kommunaler Leitungsnetze, VIZ 1997, 398
DOUTINÉ, Die Scheinbestandteile des § 95 BGB (Diss Erlangen 1938)
FLATTEN, Bau des Nießbrauchers auf fremdem Grundstück, BB 1965, 1211
GANTER, Die Sicherungsübereignung von Windkraftanlagen als Scheinbestandteil eines fremden Grundstücks, WM 2002, 105
GIESEN, Scheinbestandteil – Beginn und Ende, AcP 202 (2002) 689
GOECKE/GAMON, Windkraftanlagen auf fremdem Grund und Boden – Rechtliche Gestaltungsmöglichkeiten zur Absicherung des Betreibers und der finanzierenden Bank, WM 2000, 1309

GROH, Bauten auf fremdem Grundstück: BGH versus BFH?, BB 1996, 1487
HEROLD, Die Sachen des § 95 BGB (Diss Nürnberg 1910)
KERRES, Das Verfahren zur Pfändung und Versteigerung von Scheinbestandteilen (Gebäuden auf fremdem Boden) und fremdem Zubehör zu einem Grundstück, DGVZ 1990, 55
LAUER, Scheinbestandteile als Kreditsicherheit, MDR 1986, 889
LEBEK, Eigentum an Mietereinbauten – Sicherung der Scheinbestandteilseigenschaft, NZM 1998, 747
LIPPMANN, Die superinventarischen Bauten des Pächters, JW 1925, 1075
H MEYER, Die rechtliche Natur der nur scheinbaren Bestandteile eines Grundstücks, in: FG Dahn III (1905) 269
MÜNCH, Die Eigentumsverhältnisse an Telekommunikationsleitungsnetzen, VIZ 2004, 207
NOACK, Zur Mobiliarvollstreckung in Gebäude

als bewegliche körperliche Sachen, ZMR 1982, 97
ders, Die Mobiliarvollstreckung von Scheinbestandteilen und fremdem Zubehör zu einem Grundstück, DGVZ 1985, 161
B Peters, Wem gehören die Windkraftanlagen auf fremdem Grund und Boden?, WM 2002, 110
F Sachs, Die rechtliche Natur der Sachen des § 95 BGB (Diss Rostock 1907)
Schmiel, Die Arten und die rechtliche Stellung der Sachen des § 95 BGB (Diss Leipzig 1902)
O Schulze, Das Eigentum an Versorgungsanlagen bei der Mitbenutzung fremder Grundstücke und Gebäude durch Energieversorgungsunternehmen, Rpfleger 1999, 167

Siebenhaar, Die Zeitbauten des § 95 I Satz 1 BGB, AcP 160 (1961) 156
Stieper, Die Scheinbestandteile – § 95 BGB im System des Sachen- und Vollstreckungsrechts (2002)
Tobias, Eigentumserwerb durch Verbindung, AcP 94 (1903) 371
Vennemann, Gebäude auf fremdem Grund und Boden, MDR 1952, 75
Weimar, Gebäude als Scheinbestandteile, BlGBW 1960, 308
ders, Rechtsfragen bei Gebäuden als Scheinbestandteile, MDR 1971, 902
ders, Häuser als bewegliche Sachen, BauR 1973, 206.

Systematische Übersicht

I.	**Vorgeschichte und Grundgedanken des § 95**		1.	Gebäude und andere Werke — 17
1.	Die Entstehungsgeschichte des § 95	1	2.	Verbindung in Ausübung eines dinglichen Rechts — 18
2.	Die Grundgedanken der Vorschrift	2	a)	Die Nutzungsrechte des BGB — 18
3.	Das Verhältnis zu §§ 93, 94	3	b)	Öffentlich-rechtlich gewährte Rechte — 19
II.	**Die Verbindung oder Einfügung zu vorübergehendem Zweck**	4	c)	Die Verbindung in Ausübung des Rechts — 21
1.	Die vorübergehende Verbindung	5	3.	Verbindung durch den Berechtigten — 22
2.	Die Zweckbestimmung	6	4.	Wegfall des dinglichen Rechts und Konsolidation — 23
a)	Der innere Wille des Verbindenden	6	5.	Sonderfälle — 24
b)	Befristete Verträge	8	**IV.**	**Die Rechtsfolgen des § 95**
c)	Die Lebensdauer des Scheinbestandteils	11	1.	Ausschluß der Bestandteilseigenschaft — 27
3.	Verbindung durch den Grundstückseigentümer	13	2.	Anwendung des Fahrnisrechts — 28
4.	Die nachträgliche Änderung der Zweckbestimmung	14	**V.**	**Die Beweislast** — 31
III.	**Die in Ausübung eines Rechtes errichteten Gebäude und Werke**	16	**VI.**	**Ausländisches Recht** — 32

Alphabetische Übersicht

Ausländisches Recht	32 f	Dauer des Zwecks	5, 10 f
Ausübung des dinglichen Rechts	21		
		Eigentumsvorbehalt	7
Baumschulbestände	13	Erbbaurecht	18, 24
Behelfsheime	8, 19		
Berechtigter	22	Feste Verbindung	3, 6, 12
Bergwerkseigentum	25		

Gebäude	4, 17	Sondernutzungsrechte	19
Kinderschaukel	13	Überbau	18
Leistungsforderungsrechte	19	Versorgungsleitungen	8, 15, 17, 20
		Verschleiß	11
Mieter	8 ff		
Mietkauf	7	Werke	17
		Wille des Verbindenden	6 f
Pächter	8 ff	Windkraftanlagen	11, 19
Pfändungsschutz	30	Wohnungseigentum	26
Pflanzen	13, 17		
		Zubehör	27, 30
Schiffe	4		

I. Vorgeschichte und Grundgedanken des § 95

1. Die in § 95 Abs 1 S 2 getroffene Regelung findet ihre Grundlage im römischen Recht, wo die aufgrund einer Dienstbarkeit mit dem Grundstück verbundenen Sachen nicht als Bestandteile des dienenden Grundstücks galten (Mot III 48). – Der Gedanke der § 95 Abs 1 S 1 und Abs 2 stellt dagegen eine Fortentwicklung germanischen Rechts dar (STIEPER 30; MEYER, in: FG Dahn 288; vgl OLG Breslau DJ 1938, 380); danach war für die Bestandteilseigenschaft einer Sache ihre dauernde wirtschaftliche Zugehörigkeit zum Grundstück entscheidend (STIEPER 17 ff). Dem römischen Recht, das mit dem Grundsatz „superficies solo cedit" (vgl § 94 Rn 1) allein auf die objektive Untrennbarkeit des Bestandteils vom Grundstück abstellte, war dieser Gedanke fremd. Auch im gemeinen Recht wurde überwiegend nicht auf den Zweck der Verbindung, sondern auf ihre objektive Festigkeit abgestellt (vgl RGZ 9, 169, 171 f; OLG Rostock SeuffA 44 Nr 164). Die Formulierung der „Verbindung zu einem vorübergehenden Zwecke" findet sich erstmals in § 284 des sächsischen BGB von 1863 (vgl Mot III 47 f). – Dadurch, daß das BGB in § 94 Abs 1 von der grundsätzlichen Geltung des Akzessionsprinzips ausgeht, § 95 Abs 1 S 1 jedoch zusätzlich auf den Zweck der Verbindung abstellt, werden römische und germanische Rechtsgedanken in einer in systematischer Hinsicht problematischen Weise miteinander verknüpft (vgl insges STIEPER 29 ff; kritisch bereits O v GIERKE, Der Entwurf eines bürgerlichen Gesetzbuchs und das deutsche Recht [1889] 287: „willkürliche Ausnahmesatzung").

2. Die Vorschrift des § 95 beruht auf der Überlegung, daß den nicht auf Dauer mit dem Grund und Boden verbundenen Sachen die für die Bestandteilseigenschaft erforderliche **innere Zusammengehörigkeit** mit dem Grundstück **fehlt** (Mot III 48). Das Gesetz verneint daher die Bestandteilseigenschaft für solche Sachen, die nur zu einem **vorübergehenden Zweck** mit dem Boden verbunden oder in ein Gebäude eingefügt sind. – Daneben schließt § 95 Abs 1 S 2 die Bestandteilseigenschaft auch für solche Sachen aus, die **in Ausübung eines dinglichen Rechts** mit dem Grundstück verbunden sind. Diese Regelung enthält jedoch keinen weiteren Fall einer nur vorübergehenden Verbindung (aM STAUDINGER/DILCHER [1995] Rn 1); sie beruht vielmehr auf dem Gedanken, daß die Werke, die aufgrund eines dinglichen Rechts errichtet werden, nicht dem Grundstück, sondern dem Recht als dessen Bestandteil zuzuordnen sind (STIEPER 35 mwNw). Insofern ist die durch das SchuRMoG eingeführte amtliche Überschrift ungenau, da sie den Regelungsgedanken des § 95 Abs 1 S 2 unberücksichtigt läßt. – Soweit es auf die **Person des Verbindenden** oder Einfügenden ankommt, ist dies derjenige, der den Vorgang des Einbaus veranlaßt oder steuert (WESTERMANN/GURSKY § 52 I 4). Von Natur aus mit dem Grundstück verbundene Sachen wie zB selbständig aus dem Boden wachsende Pflanzen fallen nicht unter § 95 (vgl § 94 Rn 17 f).

3 3. Da § 95 die **Bestandteileigenschaft insgesamt ausschließt**, stellt die Vorschrift eine Ausnahme nicht nur gegenüber § 94, sondern auch in Bezug auf § 93 dar (MünchKomm/HOLCH Rn 1; STIEPER 28 f). Sind die Voraussetzungen des § 95 erfüllt, so ist es daher unerheblich, daß auch die Tatbestandsmerkmale der §§ 93 oder 94 vorliegen (RGZ 109, 128, 129). Deshalb hat sich für diese Sachen die Bezeichnung **Scheinbestandteile** durchgesetzt. – Andererseits kommt es auf § 95 nicht an, wenn schon die übrigen Voraussetzungen der Bestandteileigenschaft fehlen (vgl GANTER WM 2002, 106). Die Rspr bezeichnet jedoch häufig solche Sachen als Scheinbestandteile, die wegen **fehlender fester Verbindung** mit dem Grundstück selbständige Sachen geblieben sind (vgl OLG Koblenz MDR 1999, 1059, 1060 für einen Wohnwagen; OLG Hamm OLGR 2000, 5 f für einen Hundezaun; LG Flensburg WM 2000, 2112, 2113 für eine Windkraftanlage); hier sollte die Verwendung des Begriffs „Scheinbestandteile" vermieden werden.

II. Die Verbindung oder Einfügung zu vorübergehendem Zweck

4 § 95 Abs 1 S 1 und § 95 Abs 2 verneinen die Bestandteileigenschaft für Sachen, deren Verbindung mit einem Grundstück oder deren Einfügung in ein Gebäude nur zu einem **vorübergehenden Zweck** erfolgt ist. Die Kriterien zur Bestimmung des vorübergehenden Zwecks sind in beiden Fällen identisch. – Soweit § 94 Abs 2 für **eingetragene Schiffe** gilt (vgl § 93 Rn 21 und § 94 Rn 38), ist auch § 95 Abs 2 entsprechend anwendbar. – Auf **bewegliche Sachen** findet § 95 hingegen nicht einmal entsprechende Anwendung (vgl § 93 Rn 10; aM BGB-RGRK/KREGEL § 93 Rn 21). Der Gesichtspunkt der fehlenden inneren Zusammengehörigkeit bei nur vorübergehender Verbindung einer beweglichen Sache mit einem Grundstück beruht auf der strukturellen Ungleichheit von beweglichen und unbeweglichen Sachen. Er ist auf die Bestandteile von beweglichen Sachen nicht übertragbar.

1. Die vorübergehende Verbindung

5 Trotz des Wortlauts kommt es nicht auf die Dauer des Zwecks der Verbindung an. Entscheidend ist vielmehr, daß die bezweckte **Verbindung** nur vorübergehender Natur ist (SIEBENHAAR AcP 160, 161). Wenn eine Sache zur Erfüllung eines vorübergehenden Zwecks mit dem Grundstück verbunden wird, die Verbindung aber auf Dauer bestehen bleiben soll, geschieht die Verbindung nicht zu einem vorübergehenden Zweck iS des § 95 Abs 1 S 1 (TOBIAS AcP 94, 399). Dies ist insbesondere dann von Bedeutung, wenn ein Mieter oder Pächter eine Sache für seine eigenen Zwecke mit dem Grundstück verbindet, der Grundstückseigentümer die Sache nach Ablauf der Mietzeit jedoch übernehmen soll (vgl u Rn 8 f). – Vorübergehend ist dabei nicht iS von „kurz vorübergehend" zu verstehen. Eine Verbindung ist immer dann vorübergehend, wenn ihr eine **zeitliche Begrenzung** innewohnt, selbst wenn das Ende erst „nach Jahren oder Jahrzehnten" eintreten wird; eine als dauernd bezweckte Verbindung liegt demgegenüber vor, wenn ein Endpunkt begrifflich nicht feststeht (RGZ 61, 188, 191 f; 66, 88, 89).

2. Die Zweckbestimmung

a) Für die Bestimmung des vorübergehenden Zwecks ist nach ganz hM die **innere Willensrichtung** des Einfügenden maßgeblich, soweit diese mit dem nach außen in Erscheinung tretenden Sachverhalt vereinbar ist (RGZ 153, 231, 236; 158, 362, 376; BGHZ 92, 70, 73; 104, 298, 301; MünchKomm/HOLCH Rn 3; SOERGEL/MARLY Rn 2). – Es kommt danach in erster Linie darauf an, daß der **Wegfall der Verbindung** von vornherein **beabsichtigt** ist (so bereits RGZ 63, 416, 421; 87, 43, 51). Diese Absicht muß nicht erkennbar geäußert worden sein (anders noch RGZ 63, 416, 421), ausreichend ist ein innerer Wille zur Wiederaufhebung der Verbindung. Zwar stellt die Definition des vorübergehenden Zwecks auch auf den nach außen in Erscheinung getretenen Sachverhalt ab. Die **objektive Sachlage** ist jedoch nicht als solche entscheidend, sondern dient nur als Grundlage für die Auslegung des Willens des Einfügenden (BGHZ 104, 298, 301; OLG Düsseldorf NJW-RR 1999, 160, 161; SOERGEL/MARLY Rn 4). – **Art und Festigkeit der Verbindung** sollen auf die Auslegung des Willens keinen Einfluß haben (vgl aber u Rn 12). Auch ein massiver Westwallbunker (BGH NJW 1956, 1273, 1274), ein Fabrikgebäude (RGZ 59, 19, 20 f) und unterkellerte Wohnbungalows (LG Frankenthal DGVZ 1976, 86, 87; LG Münster Büro 1951, 229, 230 f) sind daher als Scheinbestandteile nach § 95 Abs 1 S 1 angesehen worden.

6

Entscheidend ist, daß die Verbindung bei normalem Lauf der Dinge als nur vorübergehend beabsichtigt ist; ein nur **bedingter Wille** zur vorübergehenden Verbindung ist nicht ausreichend (RGZ 62, 410, 411; 63, 416, 422; BGH ZIP 1999, 75). Daher kann die Tatsache, daß die eingefügte Sache unter **Eigentumsvorbehalt** gekauft wurde, einen vorübergehenden Zweck nicht begründen (BGH NJW 1970, 895, 896; aM MOOG, Der Eigentumsvorbehalt an eingefügten Sachen, NJW 1962, 381, 382; vgl § 93 Rn 27). Denn die Parteien gehen grundsätzlich von der beiderseitigen Erfüllung des Kaufvertrags aus, so daß die Verbindung nicht von vornherein zur Aufhebung bestimmt ist (BGH BB 1974, 204, 205). Das gleiche gilt, wenn der Gegenstand eines **Mietkaufs** mit einem Grundstück verbunden wird und das Eigentum an der Sache nach Ende der Vertragslaufzeit ohne weiteres auf den Mietkäufer übergehen soll (BGH ZIP 1999, 75). – Anders ist dies jedoch beim Einbau einer **gemieteten Sache**, etwa eines Energie- oder Wasserverbrauchszählers (vgl § 94 Rn 37); hier ist ein nur vorübergehender Zweck anzunehmen.

7

b) Besondere Regeln für die Auslegung der Willensrichtung des Einfügenden gelten, wenn eine Sache aufgrund eines **befristeten Vertrages** mit einem Grundstück verbunden oder in ein Gebäude eingefügt wird. Obligatorische Rechte stellen kein Recht am Grundstück iSv § 95 Abs 1 S 2 dar (STIEPER 34 f mwNw; vgl u Rn 18). Insbesondere im Rahmen eines **Miet- oder Pachtvertrags** besteht aber eine **Vermutung** dafür, daß die Verbindung nur in eigenem Interesse des Nutzungsberechtigten und damit nur zu einem vorübergehenden Zweck geschehen soll (BGHZ 8, 1, 5; 92, 70, 73 f; 104, 298, 301; BGH NJW 1996, 916, 917; WM 1998, 1633, 1634 f; NZM 2003, 375). So ist eine vom Mieter eingefügte Einbauküche nach § 95 Abs 2 regelmäßig nicht wesentlicher Bestandteil des Wohngebäudes (OLG Celle NJW-RR 1989, 913). – Die Vermutung greift aber auch bei anderen vertraglichen (vgl BGH NJW 1959, 487, 489) oder öffentlich-

8

rechtlichen Nutzungsverhältnissen (vgl auch u Rn 19) ein, zB bei aufgrund öffentlich-rechtlicher Anordnung gebauten **Behelfsheimen** (BGHZ 8, 1, 5) oder einem öffentlich-rechtlich genehmigten Bootssteg (OLG Schleswig SchlHA 1991, 11). Auch die früher erteilten Bahnkonzessionen sollen selbst massive Bauten zu Scheinbestandteilen werden lassen (OLG Karlsruhe Justiz 1978, 276 f). Ebenso wird das auf (bzw in) fremden Grundstücken verlaufende äußere **Leitungsnetz der Versorgungsunternehmen** als Scheinbestandteil nach § 95 Abs 1 S 1 qualifiziert (RGZ 87, 43, 51; 168, 288, 290; OLG Rostock RTkom 1999, 187, 188; Schulze Rpfleger 1999, 171 mwNw; vgl auch u Rn 20 und § 94 Rn 11). Zu einem vorübergehenden Zweck kraft öffentlich-rechtlicher Befugnis ist auch ein im Jahre 1769 gesetzter Grenzstein mit dem Grundstück verbunden; daß dieser Zustand schon über 200 Jahre andauert, steht dem nicht entgegen (OLG Frankfurt aM NJW 1984, 2303, 2304).

Da der menschliche Wille grundsätzlich nicht allgemeinen Erfahrungssätzen folgt, hat diese **Vermutung** nicht die Qualität eines Anscheinsbeweises (aM Jauernig Rn 2; MünchKomm/Füller § 946 Rn 8), sondern kann allenfalls als Indiz im Rahmen der freien Beweiswürdigung berücksichtigt werden (Stieper 40). Die Rspr geht jedoch deutlich weiter und verlangt zur Entkräftung der Vermutung den **Nachweis eines gegenteiligen Willens** auf Seiten des Erbauers (BGH NJW 1959, 1487, 1488; LG Chemnitz RdE 1998, 163, 164).

9 Um die Vermutung zu erschüttern, müssen die objektiven Verhältnisse den **sicheren Schluß** zulassen, daß die mit dem Grundstück verbundene Sache auch nach Beendigung des Vertragsverhältnisses auf dem Grundstück verbleiben soll (OGHZ 1, 168, 170; BGHZ 8, 1, 6). Auch hier kommt es auf die Art und Festigkeit der Verbindung nicht entscheidend an (vgl o Rn 6). Selbst die Tatsache, daß ein Gebäude wegen seiner massiven Bauart **nicht ohne Zerstörung** vom Grundstück entfernt werden kann, soll nicht gegen einen Willen zur vorübergehenden Verbindung sprechen (OGHZ 1, 168, 170; BGHZ 8, 1, 6; BGH WM 1998, 1633, 1635; offen gelassen in BGH NJW 1968, 2331, 2332; aM für Bäume und Sträucher OLG Düsseldorf NJW-RR 1999, 160, 161; vgl u Rn 12). – Vielmehr entfalle die Grundlage für die Vermutung erst, wenn vertraglich bestimmt sei, daß die errichtete Anlage nach Beendigung des Vertragsverhältnisses **in das Eigentum des Grundstückseigentümers übergehen** soll (BGH WM 1998, 1633, 1635; NJW 2000, 1031, 1032; OLG Hamburg OLGR 1999, 362, 363). Das gleiche gelte für den Fall, daß der Mieter oder Pächter aufgrund einer Instandhaltungspflicht eine Sache zur Verbesserung oder Erhaltung des Grundstücks einfüge (RG WarnR 1913 Nr 39). Bestehe dagegen eine vertragliche Pflicht, die Anlage nach Ablauf der Vertragsdauer zu entfernen, so sei ein entgegenstehender innerer Wille unbeachtlich (BGHZ 23, 61, 62; BGH WM 1965, 1028, 1029). – Ein **Wahlrecht** des Vermieters oder Verpächters, die betreffende Einrichtung nach Ende der Vertragslaufzeit zu übernehmen, wird für ausreichend gehalten, um die Vermutung zu entkräften (RG JW 1937, 2265; BGH JZ 1958, 362, 363; NJW 1985, 789). Dies kann jedoch nicht gelten, wenn nicht damit gerechnet werden kann, daß der Grundstückseigentümer sich später für eine Übernahme der Anlage entscheidet (Stieper 41; Brüning VIZ 1997, 400; offen gelassen in BGH NJW 1964, 426, 427). – Ebenso kann ein vorübergehender Zweck nicht angenommen werden, wenn zwar vertraglich vereinbart ist, daß der Pächter Gebäude nur zu einem vorübergehenden Zweck mit dem Grundstück verbinden soll, dem Verpächter jedoch gleichzeitig ein Recht zur Übernahme der Bauten eingeräumt wird (Stieper 43; aM OLG Hamburg OLGR 1999, 362, 363; vgl auch § 93 Rn 24).

Uneinheitlich ist die Rspr zur Frage, ob es für den Ausschluß des § 95 Abs 1 S 1 **10**
ausreicht, daß der Mieter oder Pächter im Zeitpunkt der Verbindung davon ausgeht, später das Eigentum oder ein Erbbaurecht am Grundstück zu erwerben. Zunächst wurde betont, daß die bloße **Erwartung eines Rechtserwerbs** nicht ausreichen könne, um die Vermutung zugunsten eines nur vorübergehenden Zweckes zu widerlegen (BGHZ 8, 1, 7 f; 92, 70, 74). Das ist konsequent, da in diesem Fall die unbedingte Absicht des Erbauers, die errichteten Bauten auf dem Grundstück zu belassen, nicht festgestellt werden kann (vgl o Rn 9). Etwas anderes gilt nur, wenn die **äußeren Umstände** einen **sicheren Schluß auf eine solche Erwartung** zulassen, etwa bei Bestehen eines (sich später als nichtig herausstellenden) Kaufvertrags über das Grundstück (RGZ 106, 147, 148 f), bei einem formunwirksam eingeräumten Vorkaufsrecht (BGH WM 1972, 389, 390) oder bei einer vom Vermieter in Aussicht gestellten Erbbaurechtsbestellung (BGH NJW 1961, 1251). – Nunmehr nimmt der BGH im Widerspruch zu seinen eigenen Grundsätzen allgemein einen **dauerhaften Verbindungszweck** an, wenn der Erbauer erwarte, er werde später ein dingliches Recht am Grundstück erwerben (BGHZ 104, 298, 301; BGH DNotZ 1973, 471, 472).

c) Ein nur vorübergehender Zweck liegt nach hM auch bei Verbindung aufgrund **11**
eines zeitlichen Nutzungsrechts nicht vor, wenn das mit dem Grundstück verbundene Bauwerk nach Vertragsende „verbraucht" ist. Wenn die Dauer der Verbindung nämlich durch die **kurze Lebensdauer** der eingefügten Sache bedingt ist, erfolgt die Verbindung für die ganze Lebensdauer und damit nicht nur zu einem vorübergehenden Zweck (BFHE 101, 5, 8; 190, 539, 543; Stieper 32 f; Goecke/Gamon WM 2000, 1311; Ganter WM 2002, 107). Der baldige **Verschleiß** einer auf einem Betriebsgrundstück eingefügten Maschine kann einen vorübergehenden Zweck daher nicht begründen (RG JW 1935, 418, 419). Die Verpflichtung des Einfügenden, die wirtschaftlich wertlosen Überreste der Sache zu entfernen, ändert daran nichts (aM Peters WM 2002, 117 f). Denn § 93 BGB bezweckt die Erhaltung wirtschaftlicher Werte (vgl § 93 Rn 3); wenn sich der Wert der betreffenden Sache aber innerhalb des für die Verbindung vorgesehenen Zeitraums erschöpft, so bildet die Sache mit dem Grundstück auf Dauer eine wirtschaftliche Einheit (vgl Ganter WM 2002, 107). – Wird die Verbindung aufgrund eines **befristeten Vertrages** vorgenommen, so können die Vertragsparteien die Sonderrechtsfähigkeit der Sache erhalten, indem sie eine **Vertragslaufzeit** bestimmen, die die voraussichtliche Lebensdauer der Sache unterschreitet. Dabei muß die verbleibende Lebensdauer so bemessen sein, daß eine Weiterbenutzung der Sache nach der Trennung vom Grundstück wirtschaftlich sinnvoll ist. Bei **Windkraftanlagen** wird es daher kaum ausreichen, daß die Mietdauer 10% hinter der prognostizierten Lebensdauer der Anlage zurückbleibt (aM Ganter WM 2002, 109).

Die Annahme eines vorübergehenden Zwecks ist insgesamt problematisch, wenn **12**
das errichtete Bauwerk **durch eine Trennung vom Grundstück zerstört** oder eine Trennung zumindest einen **unverhältnismäßigen Aufwand** erfordern würde (ausf Stieper 95 ff; vgl auch Soergel/Marly Rn 4; MünchKomm/Holch Rn 5; Brüning VIZ 1997, 399). Denn auch in diesem Fall ist der wirtschaftliche Wert der Sache mit ihrer Trennung vom Grundstück verbraucht. Wenn von vornherein eine Trennung beabsichtigt ist, die zur Zerstörung der mit dem Grundstück verbundenen Sache führen würde, erfolgt die Verbindung daher **nicht zu einem vorübergehenden Zweck** (ebenso BFHE 101, 5, 8). Dies gilt insbesondere, wenn ein Mieter auf dem gemieteten Grundstück ein massives Gebäude errichtet. In diesem Fall ist ein entgegenstehender innerer

Wille mit dem nach außen in Erscheinung getretenen Sachverhalt nicht vereinbar. – Das Argument der Rspr, der Berechtigte wolle sich auch in diesen Fällen regelmäßig vorbehalten, über die von ihm getätigte Investition während oder nach Ablauf der Nutzungszeit auf eigene Rechnung zu disponieren (so BGH WM 1998, 1633, 1635; NJW 2000, 1032, 1032), greift demgegenüber nicht durch. Denn die Interessen des Erbauers müssen hinter dem von § 94 bezweckten Schutz der **Publizität** im Liegenschaftsrecht (vgl § 94 Rn 3) zurückstehen. Außerdem ist das Ergebnis der Investition wirtschaftlich nicht mehr vorhanden, wenn die Sache durch eine Trennung vom Grundstück zerstört wird. – Damit ist bei Vorliegen der in § 93 genannten Voraussetzungen ein vorübergehender Zweck der Verbindung ausgeschlossen.

3. Verbindung durch den Grundstückseigentümer

13 Während der erste Entwurf zu § 785 BGB noch vorsah, daß die Verbindung „von einem anderen als dem Eigentümer" des Grundstücks und „in befugter Weise" bewirkt werden müsse (Mot III 47 f), tritt die Rechtsfolge des § 95 Abs 1 S 1 unabhängig davon ein, wer die Verbindung vornimmt (MünchKomm/Holch Rn 3; Stieper 33; aM Giesen AcP 202, 706, der eine Berechtigung sowohl hinsichtlich des Grundstücks als auch des Scheinbestandteils verlangt). Daher kann auch der **Eigentümer des Grundstücks oder Gebäudes** selbst eine Verbindung zu einem nur vorübergehenden Zweck vornehmen. Da hier die Grundlage für eine Vermutung zugunsten eines inneren Willens fehlt, ist ein Wille des Grundstückseigentümers zu vorübergehender Verbindung nur anzunehmen, wenn entsprechende **objektive Anhaltspunkte** gegeben sind. – Eine Verbindung zu vorübergehendem Zweck liegt danach vor, wenn die eingefügte Sache **gemietet oder geliehen** ist (BGB-RGRK/Kregel Rn 23; Stieper 46; kritisch OLG Karlsruhe ZIP 1983, 330, 332), nicht jedoch bei Kauf unter Eigentumsvorbehalt (vgl o Rn 7). Ebenso sind die **Baumschulbestände** einer Gärtnerei nur zu einem vorübergehenden Zweck mit dem Grundstück verbunden, da sie zur Trennung vom Grundstück bestimmt sind (RGZ 66, 88, 90; 105, 213, 215). – Der BGH hat auch eine **Kinderschaukel** als Scheinbestandteil bewertet, weil sie nur für die Dauer des Bedarfs für spielende Kinder errichtet sei (BGH NJW 1992, 1101, 1102). Die Begründung ist jedoch unzutreffend, da es nicht auf die Dauer des Zwecks, sondern die bezweckte Dauer der Verbindung ankommt (vgl o Rn 5; zutr AG Hamburg-Blankenese ZMR 2004, 223). Im Falle fester Verbindung mit dem Grundstück ist die Schaukel daher wesentlicher Bestandteil.

4. Die nachträgliche Änderung der Zweckbestimmung

14 Maßgeblich für die Zweckbestimmung ist der **Zeitpunkt der Verbindung**. Ist eine Sache zu vorübergehendem Zweck verbunden oder eingefügt worden, wird aber der hierfür grundlegende **Wille später aufgegeben** und nunmehr eine dauerhafte Verbindung oder Einfügung beabsichtigt, so tritt durch diese Willensänderung **keine Veränderung** der dinglichen Rechtslage am Scheinbestandteil ein. Denn die Übertragung von Eigentum durch ein einseitiges Verfügungsgeschäft des Übertragenden ist dem deutschen Sachenrecht fremd (Stieper 48). Der Grundstücks- oder Gebäudeeigentümer kann das Eigentum am Scheinbestandteil daher nur durch Übereignung oder einen anderen Erwerbsakt erlangen (BGHZ 23, 57, 60 f; BGH NJW 1987, 774; 2004, 1237 f; Staudinger/Wiegand [1995] § 946 Rn 8; MünchKomm/Holch Rn 10; Soergel/Marly Rn 6; BGB-RGRK/Kregel Rn 25; aM Erman/Michalski Rn 9; Wieling, Sachenrecht [1990] § 2 III 6 a; Enneccerus/Nipperdey § 125 II 3 a Fn 40; Weimar BauR 1973, 207; LG Köln ZMR 1957,

264). Nach der Übertragung des Eigentums am Scheinbestandteil kann der Eigentümer durch eine **nach außen hervortretende Willensbetätigung** die Zweckbestimmung der Verbindung ändern und die Einrichtung dadurch zu einem wesentlichen Bestandteil werden lassen (STIEPER 49 f; WESTERMANN/GURSKY § 52 II 1 b; GIESEN AcP 202, 717). Allein in der Übereignung ist noch keine Änderung der Zweckbestimmung zu sehen (vgl BFHE 192, 181, 189; PALANDT/HEINRICHS Rn 4; **aM** MünchKomm/HOLCH Rn 10 f). – Erwirbt der Eigentümer des Scheinbestandteils das Grundstück und **vereinigt** sich das Eigentum am Grundstück auf diese Weise mit dem Eigentum am Scheinbestandteil, so kann in der Regel auf einen Wegfall des Willens zur vorübergehenden Verbindung geschlossen werden (RGZ 97, 102, 105; BGH NJW 1980, 771, 772). Notwendig ist ein solcher Wegfall des ursprünglichen Willens aber nicht (STAUDINGER/WIEGAND [1995] § 946 Rn 8; BGB-RGRK/KREGEL Rn 26); es bleibt dann bei der Sonderrechtsfähigkeit des Scheinbestandteils (vgl o Rn 13).

Umgekehrt hat eine nachträgliche Willensänderung **keinen Einfluß** auf die Bestand- **15** teilseigenschaft, wenn eine **zunächst für die Dauer bestimmte** Verbindung später **nur noch als vorübergehend** gewollt wird. Die Formulierung des BGH, es seien dieselben Grundsätze anzuwenden wie im umgekehrten Fall (BGHZ 37, 353, 359; MünchKomm/ HOLCH Rn 12), führt nicht weiter (vgl GIESEN AcP 202, 720). Denn die danach erforderliche Einigung über den Eigentumsübergang ist bei einem sonderrechtsunfähigen wesentlichen Bestandteil nicht möglich (ausf STIEPER 51 ff mwNw). Das BGB kennt eine Verselbständigung wesentlicher Bestandteile nur im Wege körperlicher Trennung; eine analoge Anwendung der in diesem Fall eingreifenden §§ 953 ff ist angesichts der fehlenden Publizitätswirkung eines Willensentschlusses abzulehnen (STIEPER 53). Soll ein wesentlicher Grundstücksbestandteil Sonderrechtsfähigkeit erlangen, so reicht eine bloße Willensänderung daher nicht aus; vielmehr ist seine **Trennung vom Grundstück** erforderlich (ebenso PALANDT/BASSENGE § 946 Rn 4). – Soweit für **Versorgungsleitungen**, die in eigenen Grundstücken des Versorgungsunternehmens verlaufen und nach Veräußerung des Grundstücks weiterhin im Eigentum des Unternehmens bleiben sollen, etwas anderes angenommen wird (vgl PALANDT/HEINRICHS Rn 6; BRÜNING VIZ 1997, 398, 402; MÜNCH VIZ 2004, 212), so entspricht diese Lösung dem wirtschaftlichen Interesse an der freien Veräußerbarkeit der Leitungen; sie läßt sich de lege lata jedoch nicht begründen (vgl auch § 94 Rn 11 und u Rn 20). Die Sonderrechtsfähigkeit von Versorgungsleitungen sollte daher durch eine spezialgesetzliche Regelung herbeigeführt werden (vgl auch BGHZ 37, 353, 360 ff, wo auf Art 90 GG abgestellt wird); in der Schweiz existiert bereits eine entsprechende Regelung (s dazu u Rn 32).

III. Die in Ausübung eines Rechtes errichteten Gebäude und Werke

Gem § 95 Abs 1 S 2 sind Gebäude und andere Werke keine Bestandteile des **16** Grundstücks, wenn sie in Ausübung eines Rechtes vom Berechtigten mit dem fremden Grundstück verbunden wurden. Das ist auch der Fall, wenn die Verbindung mit einem auf dem Grundstück befindlichen Gebäude erfolgt (RGZ 106, 49, 51). – Aufgrund des weiten Anwendungsbereichs des § 95 Abs 1 S 1 ist die Vorschrift von **geringer praktischer Bedeutung** (vgl GANTER WM 2002, 106).

1. Gebäude und andere Werke

Der Begriff der Gebäude und anderen Werke findet sich mit gleicher Bedeutung **17** auch in den §§ 836 ff, 908. – Das **Gebäude** umfaßt dabei den Baukörper mit allen seinen wesentlichen und unwesentlichen Bestandteilen (SOERGEL/MARLY Rn 20; Münch-Komm/HOLCH Rn 24). – Andere **Werke** sind einem bestimmten Zweck dienende, nach gewissen Regeln der Kunst oder der Erfahrung unter Verbindung mit dem Erdkörper hergestellte Gegenstände (RGZ 60, 138, 139; 76, 260, 261). Darunter fallen nur vom Menschen geschaffene Einrichtungen, Pflanzen dagegen nicht. Auch ein aufgeschütteter Erdhaufen ist kein Werk, solange er nicht einem bestimmten Zweck entsprechend verarbeitet ist (RGZ 60, 138, 139 f). – Zu den Werken gehören zB ein Bahndamm mit den darauf eingebetteten Schienen (RG JW 1908, 196), Versorgungsleitungen (LG Frankfurt aM ZMR 1978, 203), Badeeinrichtungen (RGZ 106, 49), Schießanlagen eines Schießstands (OLG Breslau DJ 1938, 380), die Granitplatten eines Bürgersteiges (RGZ 76, 260, 261) oder ein Stauwehr (RG LZ 1928, 1327).

2. Verbindung in Ausübung eines dinglichen Rechts

18 a) Die Verbindung mit dem fremden Grundstück muß in Ausübung eines **Rechtes am Grundstück** erfolgt sein. Rechte an einem Grundstück sind nach dem Sprachgebrauch des BGB nur dingliche Rechte. Als solche Rechte kommen vor allem die **dinglichen Nutzungsrechte** des BGB in Betracht, also die Grunddienstbarkeit (OLG Köln NJW-RR 1993, 982, 983), die persönliche beschränkte Dienstbarkeit (STIEPER 102; GANTER WM 2002, 106) und der Nießbrauch (RGZ 106, 49, 50; OLG Celle MDR 1952, 744; FLATTEN BB 1965, 1211 f; WEIMAR, Rechtsfragen bei der Fertighaus-Lieferung und Finanzierung, MDR 1963, 818, 819). Das in Bayern durch Landesrecht gewährte Recht zur Kaserhaltung stellt als Forstnebenrecht im Regelfall eine Grunddienstbarkeit und damit ebenfalls ein dingliches Recht iS des § 95 Abs 1 S 2 dar (BayObLGZ 1976, 58, 62 f; vgl OLG München OLGR 2000, 332). Ebenso läßt der in landesrechtlichen Vorschriften bestimmte Duldungsanspruch des Nachbarrechts die auf seiner Grundlage verlegten Versorgungs- und Abwasserleitungen zu Scheinbestandteilen werden (LG Frankfurt aM ZMR 1978, 203). – Ferner gehört das **Erbbaurecht** hierher, wobei die aufgrund dieses Rechts geschaffenen Bauwerke allerdings gem § 12 ErbbauVO zum Bestandteil des Erbbaurechts werden (vgl u Rn 24). – Wenn beim **Überbau** ein Duldungsanspruch gegen den Nachbarn nach § 912 besteht, ist der Überbau in entsprechender Anwendung des § 95 Abs 1 S 2 Scheinbestandteil des überbauten Grundstücks und wesentlicher Bestandteil des Stammgrundstücks (vgl § 94 Rn 12). – **Obligatorische Rechte** hingegen, wie Miete oder Pacht, genügen den Anforderungen des § 95 Abs 1 S 2 nicht (STIEPER 34 f mwNw). Etwas anderes gilt, wenn der Nießbraucher die Ausübung seines Nießbrauchs nach § 1059 S 2 in einem Pachtvertrag überträgt und der Pächter aufgrund dessen ein Gebäude errichtet (BGH LM Nr 2; vgl u Rn 22).

19 b) Auch **öffentlich-rechtlich gewährte Rechte** an einem fremden Grundstück können die Voraussetzungen des § 95 Abs 1 S 2 begründen, wenn sie in ihrer Wirkung einem dinglichen Recht gleichkommen (BGB-RGRK/KREGEL Rn 37; VENNEMANN MDR 1952, 78); indes stellt die Rspr hier überwiegend auf § 95 Abs 1 S 1 ab (vgl o Rn 8). Auf öffentlich-rechtlicher Grundlage besteht zB das **Sondernutzungsrecht**, kraft dessen Straßenbahnunternehmen ihre Schienen in öffentlichen Wegen verlegen dürfen (OLG Hamburg HRR 1933 Nr 1919); der Sondernutzung liegt eine Benutzungsvereinbarung nach § 31 PersBefG mit dem Träger der Straßenbaulast zugrunde. – Eine öffentlich-rechtliche Grundlage hat nach §§ 2, 3 Abs 1 Nr 2 und 8 WHG auch das in Ausübung eines Staurechts am fremden Wasserlauf errichtete Stauwerk (RG LZ 1928,

1317; vgl § 96 Rn 5). Die aufgrund eines öffentlich-rechtlichen Nutzungsrechts innerhalb der deutschen Hoheitszone errichteten Off-Shore-Windkraftanlagen wird man ebenfalls hierzu zählen müssen (vgl Vorbem 49 zu §§ 90 ff), ebenso die in Ausübung einer hoheitlich bestellten Dienstbarkeit verlegten Tunnelanlagen einer Untergrundbahn (vgl BGH MDR 1983, 648). – Nach hL begründen auch **Leistungsforderungsrechte** des Staates ein Recht am Grundstück iS des § 95 Abs 1 S 2 (SOERGEL/MARLY Rn 19; ENNECCERUS/NIPPERDEY § 125 I 3 b Fn 41; VENNEMANN MDR 1952, 78; **aM** MünchKomm/ HOLCH Rn 23). Dies gilt zB für das Requisitionsrecht einer Besatzungsmacht, wenn Wohnbauten auf den requirierten Grundstücken errichtet wurden (LG Köln NJW 1955, 1797; ERMAN/MICHALSKI Rn 7), oder für die Inanspruchnahme von Grundstücken nach dem RLG (OLG Hamburg MDR 1951, 178, 179). Der BGH hat dagegen in diesen Fällen das Vorliegen eines quasidinglichen Rechts abgelehnt (BGH BB 1955, 335; WM 1971, 940, 941; vgl auch BGH NJW 1960, 1003). Teilweise wurde aber ein vorübergehender Zweck iS des § 95 Abs 1 S 1 bejaht, so für Behelfsheime (BGHZ 8, 1, 5; BGH BB 1955, 335; vgl o Rn 8), nicht dagegen für einen Luftschutzbunker (BGH WM 1971, 940, 941) und einen Luftschutzstollen (BGH NJW 1960, 1003).

Bei der Errichtung von **Versorgungsanlagen**, die über mehrere Grundstücke verlaufen, besteht ein Interesse daran, diese nicht nach § 94 Abs 1 S 1 in das Eigentum der jeweiligen Grundstückseigentümer fallen zu lassen (vgl § 94 Rn 11). Um die Sonderrechtsfähigkeit der Anlagen nach § 95 Abs 1 S 2 zu erhalten, kommt daher insbesondere die Bestellung einer beschränkten persönlichen **Dienstbarkeit** in Betracht (STIEPER 50 mit Fn 332; MÜNCH VIZ 2004, 209; SCHULZE Rpfleger 1999, 168 mwNw); für Weiterleitungsanlagen ist diese Möglichkeit in § 1092 Abs 2 ausdrücklich vorgesehen. In den neuen Bundesländern sind nach § 9 Abs 1 GBBerG v 20. 12. 1993 (BGBl I 2192) für Altanlagen von Gesetzes wegen beschränkte persönliche Dienstbarkeiten entstanden. – Daneben stellt das Recht der ehemaligen Reichs- bzw Bundespost zur Verlegung von **Fernmeldeleitungen** in öffentlichen Wegen ein Recht an einem Grundstück iS des § 95 Abs 1 S 2 dar (BGHZ 125, 56, 59; OLG Nürnberg NJW-RR 1997, 19, 20; SCHULZE Rpfleger 1999, 169), ebenso das in Landesgesetzen geregelte Recht zur Verlegung von **Wasserleitungen** (PALANDT/HEINRICHS Rn 6; BRÜNING VIZ 1997, 399; offen gelassen in BGH NJW 1980, 771) und die gesetzlichen Mitbenutzungsrechte nach §§ 68 ff TelekommunikationsG v 22. 6. 2004 (BGBl I 1190) und § 8 Abs 1 AVBElt V (SCHULZE Rpfleger 1999, 169; MÜNCH VIZ 2004, 208). – Dagegen fällt die Verbindung aufgrund eines mit der betreffenden Gebietskörperschaft vereinbarten **Konzessionsvertrages** nicht unter § 95 Abs 1 S 2 (BRÜNING VIZ 1997, 299; aM SCHULZE Rpfleger 1999, 169; OLG Köln VersR 1987, 513), sondern allenfalls unter § 95 Abs 1 S 1.

c) Das Recht am fremden Grundstück muß durch die Verbindung **ausgeübt** werden. Das setzt voraus, daß das Recht im Zeitpunkt der Verbindung **tatsächlich besteht**; § 95 Abs 1 S 2 greift nicht ein, wenn der Verbindende irrig vom Bestehen eines dinglichen Rechts ausgeht (heute allgM; SOERGEL/MARLY Rn 22; MünchKomm/HOLCH Rn 26; STIEPER 67; früher bestr). Ebensowenig genügt ein erst künftig zu begründendes Recht (BGH MDR 1961, 591; BGB-RGRK/KREGEL Rn 38; MünchKomm/HOLCH Rn 26; vgl auch o Rn 10). Zwar ist nach hM nicht erforderlich, daß das Recht im Zeitpunkt der Verbindung bereits im Grundbuch eingetragen ist, solange es später tatsächlich eingetragen wird (BGH MDR 1961, 591; OLG Breslau DJ 1938, 380; PETERS WM 2002, 113 f; SOERGEL/MARLY Rn 19; ERMAN/MICHALSKI Rn 6; ENNECCERUS/NIPPERDEY § 125 I 3 b Fn 41; **aM** GOECKE/GAMON WM 2000, 1312; MünchKomm/HOLCH Rn 25 f). Allerdings wird man auch in diesem Fall eine Verbindung in Ausübung eines Rechts am Grundstück nur annehmen können, wenn die Verbindung **nach Stellung des Eintragungsantrags** durch den zukünftig Berechtigten erfolgt, da der Verbindende erst mit Entstehung eines Anwartschaftsrechts eine dingliche Rechtsposition innehat (vgl SCHULZE Rpfleger 1999, 168; ferner PETERS WM 2002, 114 f). – Dagegen verlangt § 95 Abs 1 S 2 nicht, daß der **Inhalt des Rechts** gerade auf die Ausführung der hergestellten Verbindung gerichtet ist; es genügt, daß das Recht eine solche Verbindung zuläßt. So bleiben zB Badewannen, die der Nießbraucher in ein Gebäude einbaut, um es ertragsfähiger zu machen, nach § 95 Abs 1 S 2 sonderrechtsfähig (RGZ 106, 49, 51).

3. Verbindung durch den Berechtigten

22 Ferner muß der **Berechtigte** das Recht ausüben. Dafür ist jedoch ausreichend, daß eine Person die Verbindung vornimmt, die vom Rechtsinhaber zur Ausübung des Rechts ermächtigt wurde, zB nach § 1059 S 2 (BGH LM Nr 2; ebenso die Vorinstanz OLG Celle MDR 1952, 744). Hingegen ist ein Geschäftsführer ohne Auftrag kein Berechtigter in diesem Sinne (MünchKomm/HOLCH Rn 26). – Darüber hinaus verlangt § 95 Abs 1 S 2, daß es sich um ein Recht an einem fremden Grundstück handelt. Daher greift die Regelung nicht ein, wenn die Verbindung vom **Grundstückseigentümer** vorgenommen wird, etwa aufgrund einer Eigengrunddienstbarkeit. Aus der entsprechenden Anwendung des § 95 Abs 1 S 2 auf den Eigengrenzüberbau läßt sich nichts Gegenteiliges herleiten (so aber BGB-RGRK/KREGEL Rn 32). Denn die Überbaugrundsätze bezwecken den Schutz der wirtschaftlichen Einheit des über die Grundstücksgrenze hinausragenden Gebäudes; der Überbau wird daher entgegen § 94 Abs 1 S 1 wesentlicher Bestandteil des Stammgrundstücks (vgl § 94 Rn 12 f). Auf andere Fälle des § 95 Abs 1 S 2, denen eine gänzlich andere Wertentscheidung zugrunde liegt (vgl o Rn 2), sind diese Grundsätze nicht übertragbar. – Einer Berechtigung am Scheinbestandteil selbst bedarf es hingegen nicht (**aM** GIESEN AcP 202, 703).

4. Wegfall des dinglichen Rechts und Konsolidation

23 Das **Erlöschen des Rechts**, das die Scheinbestandteilseigenschaft begründet hat, bleibt grundsätzlich auf die Rechtslage des Scheinbestandteils ohne Einfluß (STAUDINGER/WIEGAND [1995] § 946 Rn 9; MünchKomm/HOLCH Rn 27; STIEPER 67 mwNw; vgl o Rn 14). § 12 Abs 3 ErbbauVO, der mit dem Ende des Erbbaurechts das errichtete Bauwerk zum Grundstücksbestandteil werden läßt, ist als Ausnahmevorschrift zu bewerten und nicht auf andere Tatbestände des § 95 Abs 1 S 2 übertragbar (FLATTEN BB 1965, 1212; **aM** TOBIAS AcP 94, 416 f; SPYRIDAKIS 76 f). Auch mit dem Tod des Nießbrauchers (§ 1061 BGB) bleibt der von ihm errichtete Scheinbestandteil daher sonderrechtsfähig. – Das gleiche gilt, wenn die **Berechtigung** dessen **wegfällt**, der die Verbindung vorgenommen hat, etwa weil er das Grundstück, zu dessen Gunsten eine Grunddienstbarkeit besteht, veräußert. – Wenn der Inhaber des dinglichen Rechts **das Eigentum am Grundstück** oder der Grundeigentümer das am Grundstück bestehende Recht **erwirbt**, bleibt das Recht gem § 889 bestehen. Die aufgrund des Rechts mit dem Grundstück verbundene Sache bleibt daher zunächst sonderrechtsfähig (SPYRIDAKIS 77 f). Sie wird erst dann zum wesentlichen Bestandteil, wenn der Grundstückseigentümer auch das Eigentum am Scheinbestandteil erhält (FLATTEN BB 1965, 1212).

5. Sonderfälle

Zu den dinglichen Rechten am Grundstück iS des § 95 Abs 1 S 2 gehört auch das **Erbbaurecht**. Einen Sonderfall bildet es aber insofern, als die Verbindung des Gebäudes mit dem Boden dieses bereits aufgrund der Fiktion des § 12 Abs 1 ErbbauVO nicht zum Grundstücksbestandteil werden läßt. Das Gebäude ist vielmehr **Bestandteil des Erbbaurechts** und daher, anders als andere Scheinbestandteile, keine bewegliche Sache (vgl u Rn 28). Gem § 12 Abs 2 ErbbauVO ist in entsprechender Anwendung des § 95 auch die Begründung von Scheinbestandteilen am Erbbaurecht möglich; dies gilt zB bei Vermietung des Gebäudes durch den Erbbauberechtigten für diejenigen Sachen, die der Mieter für seine Zwecke in das Gebäude einfügt.

Ebenso sind Bergbaumaschinen und Bergbauanlagen als **Bestandteile des Bergwerkseigentums** zu bewerten, da nach § 9 Abs 1 BBergG auf das Bergwerkseigentum die Grundstücksvorschriften des BGB entsprechend anzuwenden sind. Soweit derartige Maschinen und Anlagen mit dem Boden verbunden werden, sind sie gem § 95 Abs 1 S 2 als Scheinbestandteile des Grundstücks zu betrachten. – Ob Maschinen oder Anlagen mit dem Bergwerkseigentum auf Dauer oder nur vorübergehend verbunden sind, bestimmt sich nach den allgemeinen Grundsätzen, die auf die Lebensdauer der betreffenden Maschine oder Anlage im Verhältnis zur Dauer des Bergbaubetriebes abstellen (vgl o Rn 11 sowie RG JW 1935, 418; RGZ 153, 231, 235).

Die Bestandteile der Räume, die zum **Wohnungseigentum** oder Teileigentum gehören (vgl § 93 Rn 28), sind nach den allgemeinen Regeln Bestandteile oder Scheinbestandteile des Wohnungs- oder Teileigentums, nicht des Grundstücks (Soergel/ Marly Rn 25). Dasselbe gilt gem § 30 Abs 3 S 2 WEG für das Wohnungs- oder Teilerbbaurecht. – **Dauerwohnrechte** und Dauernutzungsrechte nach § 31 WEG hingegen führen, wie andere dingliche Nutzungsrechte (vgl o Rn 18), zur Anwendung des § 95 Abs 1 S 2.

IV. Die Rechtsfolgen des § 95

1. Ausschluß der Bestandteilseigenschaft

Die in § 95 genannten Sachen sind **keine Bestandteile** des Grundstücks oder Gebäudes, auch keine unwesentlichen (BGB-RGRK/Kregel Rn 43). Die praktische Bedeutung dieser Unterscheidung liegt darin, daß jemand, der ein Grundstück erwirbt, im Zweifel auch deren unwesentliche Bestandteile erwirbt, sofern sie dem Veräußerer gehören; er erwirbt dagegen nicht, was überhaupt kein Bestandteil des Grundstücks ist (vgl § 93 Rn 41 ff). – Auch **Zubehör** sind die unter § 95 fallenden Sachen meist nicht, denn der Begriff des Zubehörs setzt neben der rechtlichen Selbständigkeit der betreffenden Sache eine dauernde Zweckbindung an die Hauptsache voraus (vgl § 97 Rn 18 f). Eine solche ist nach hM bei Vorliegen eines vorübergehenden Zwecks iS des § 95 Abs 1 S 1, Abs 2 nicht denkbar (BGH NJW 1962, 1498; Soergel/ Marly Rn 7 und § 97 Rn 5; Noack DGVZ 1985, 161; Stieper 58 f mwNw). Eine dauernde Zweckbindung kommt aber bei den in Ausübung eines dinglichen Rechts mit dem Grundstück verbundenen Sachen in Betracht (Soergel/Marly § 97 Rn 10). Außerdem kann ein Scheinbestandteil Zubehör eines anderen Grundstücks sein als dessen, mit dem er verbunden ist; das wird zB für Versorgungsleitungen auf fremden Grundstücken angenommen (vgl § 97 Rn 22 und § 98 Rn 8; kritisch STIEPER 59 mwNw).

2. Anwendung des Fahrnisrechts

28 Früher war mangels einer ausdrücklichen Gesetzesbestimmung umstritten, ob die Scheinbestandteile zu den beweglichen oder zu den unbeweglichen Sachen zählen (vgl STIEPER 55 mwNw). Der Sprachgebrauch des BGB steht der Annahme, Scheinbestandteile seien, soweit sie ihrer Natur nach unbeweglich seien, auch rechtlich wie unbewegliche Sachen zu behandeln, jedoch entgegen. Danach sind nur Grundstücke einschließlich ihrer wesentlichen Bestandteile unbeweglich (vgl Vorbem 26 zu § 90); Scheinbestandteile sind dagegen **selbständige bewegliche Sachen** (RGZ 55, 281, 284; 59, 19, 21; 87, 43, 51). Eine Ausnahme bilden nur die in Ausübung eines Erbbaurechts mit dem Grundstück verbundenen Sachen; diese sind nach § 12 ErbbauVO Bestandteile des Erbbaurechts und damit unbeweglich. Auf andere Fälle des § 95 Abs 1 S 2 ist diese Ausnahme nicht übertragbar (vgl o Rn 23 und 24; aM WIELING, Sachenrecht [1990] § 2 III 6 b).

29 Aufgrund der Einordnung als bewegliche Sachen richtet sich bei Scheinbestandteilen der **Eigentumserwerb** nach den §§ 929 ff und nicht nach §§ 873, 925. Dies gilt auch, wenn ein Scheinbestandteil im Grundbuch unzutreffend als Bestandteil des Grundstücks aufgeführt ist, da sich der öffentliche Glaube des Grundbuchs nicht auf die Bestandteilseigenschaft einer Sache erstreckt (RGZ 61, 188, 194; 73, 125, 129). – Ein gesetzlicher Eigentumserwerb durch Verbindung nach § 947 ist möglich (MünchKomm/FÜLLER § 946 Rn 7; PALANDT/BASSENGE § 947 Rn 2; DOUTINÉ 50; STIEPER 56; vgl BGH NJW 1987, 774, 775; aM BGB-RGRK/KREGEL Rn 47; STAUDINGER/WIEGAND [1995] § 946 Rn 12: entsprechende Anwendung des § 946), ebenso ein Erwerb durch Verarbeitung nach § 950. Für die Nießbrauchbestellung gilt § 1032, die Verpfändung richtet sich nach den §§ 1204 ff (MünchKomm/HOLCH Rn 29). – Bei einem **Verkauf** eines unter § 95 fallenden Gebäudes greift die Formvorschrift des § 311b Abs 1 nicht ein (OLG Celle MDR 1952, 744, 745). Auch für die Gewährleistungsfrist muß man im Rahmen des § 477 aF von der Einordnung der Scheinbestandteile als bewegliche Sachen ausgehen (STIEPER 56; DOUTINÉ 42; aM BGB-RGRK/KREGEL Rn 47). Nach § 438 Abs 1 Nr 2 nF kommt es für die Verjährung der Ansprüche wegen Leistungsstörungen hingegen nicht mehr auf die Qualifizierung als bewegliche Sache an, sondern auf die von § 95 unabhängige Einordnung als Bauwerk. – Ebenso erfassen im Mietrecht die Vorschriften über die **Wohnraummiete** auch die Vermietung von Räumen, die sich in einem nach § 95 rechtlich selbständigen Gebäude befinden, solange das Gebäude fest mit dem Boden verbunden ist (LG Bochum ZMR 1975, 334, 335; FRIEMEL, Sind die bürgerlich-rechtlichen Vorschriften über die Grundstücksmiete auch auf Räume in nicht wesentlichen Bestandteilen anzuwenden?, MDR 1957, 715, 716 f; STIEPER 57). Wenn ein Gebäude dagegen wegen fehlender fester Verbindung mit dem Grundstück bewegliche Sache geblieben ist, gelten die Vorschriften über die Miete von Wohnraum nicht (OLG Düsseldorf WM 1992, 111, 112: demontierbares Bürohaus).

30 Die Zwangsvollstreckung in einen Scheinbestandteil erfolgt als **Mobiliarpfändung** nach den §§ 808 ff ZPO. Die der Pfändung nachfolgende Verwertung richtet sich nach den §§ 817 ff ZPO. Für einen Eigentumserwerb des Erstehers ist daher gem § 817 Abs 2 ZPO die Ablieferung des Scheinbestandteils erforderlich, die grundsätzlich dessen vorherige **Trennung vom Grundstück** voraussetzt (STIEPER 60 f mwNw; vgl zu Ausnahmen OLG Köln Rpfleger 1996, 296, 297; LG Bayreuth DGVZ 1985, 42). – Ist das gepfändete Gebäude vermietet, so finden die für die Zwangsversteigerung des Grundstücks geltenden §§ 9 Nr 2, 21, 57, 57a-d ZVG entsprechende Anwendung (KERRES DGVZ 1990, 56). Außerdem kommt bei bewohnten Gebäuden ein **Pfändungsschutz** nach § 811 Abs 1 Nr 1 ZPO in Betracht; dies gilt auch für massive Wohnhäuser, wenn diese die einzige Unterkunft des Schuldners darstellen (OLG Zweibrücken Rpfleger 1976, 328, 329; NOACK ZMR 1982, 99; ZÖLLER/STÖBER, ZPO [24. Aufl 2004] § 811 Rn 16; **aM** LG Braunschweig DGVZ 1975, 25 f; OLG Hamm MDR 1951, 738); die Voraussetzungen einer Austauschpfändung nach § 811a ZPO werden selten vorliegen. – Soweit die **Zubehöreigenschaft** eines Scheinbestandteils ausnahmsweise zu bejahen ist (vgl o Rn 27), kann § 865 Abs 2 S 1 ZPO nur eingreifen, wenn die betreffende Sache dem Eigentümer des Grundstücks gehört, dessen Zubehör sie ist; das ist bei den unter § 95 Abs 1 S 2 fallenden Sachen, die mit einem fremden Grundstück verbunden sein müssen, nicht der Fall (STIEPER 57 ff; MünchKomm/HOLCH Rn 29 und 31; vgl o Rn 22).

V. Die Beweislast

Die **Beweislast** dafür, daß Sachen nur zu einem vorübergehenden Zweck oder in Ausübung eines dinglichen Rechts mit dem Grundstück verbunden sind und sie daher entgegen dem äußeren Anschein keine Bestandteile darstellen, trifft denjenigen, der diese Ausnahmesituation behauptet (RGZ 158, 362, 375; BAUMGÄRTEL/LAUMEN, Handbuch der Beweislast I [2. Aufl 1991] § 95 Rn 1; zur Vermutung eines vorübergehenden Zwecks bei befristeten Nutzungsverhältnissen s o Rn 8). – Die Entscheidung darüber, ob eine Sache Scheinbestandteil ist, ist keine rein tatsächliche Frage und unterliegt daher der Nachprüfung durch das Revisionsgericht (RG SeuffA 78 Nr 58; vgl RGZ 55, 281, 284). 31

VI. Ausländisches Recht

Das **österreichische Recht** kennt als Entsprechung zum deutschen Begriff der Scheinbestandteile den der Superädifikate oder Überbauten. Darunter werden solche Bauwerke verstanden, die mit Zustimmung des Grundeigentümers auf fremdem Boden in der Absicht errichtet werden, daß sie nicht stets darauf verbleiben sollen, und daher gem § 297 ABGB nicht zu den unbeweglichen Sachen gehören. Sie gelten als bewegliche Sachen und sind sonderrechtsfähig (SCHWIMANN/HINTEREGGER, Praxiskommentar zum ABGB [2. Aufl Wien 1998] § 435 Rn 1 und 6). Entscheidend für die Einordnung als Superädifikat ist das objektiv erkennbare Fehlen der Belassungsabsicht des Erbauers, das sich aus der Beschaffenheit des Gebäudes, seinem Zweck oder anderen Umständen ergeben kann, insbesondere auch aus dem Vorliegen eines zeitlich begrenzten Nutzungsrechts (SCHWIMANN/HINTEREGGER § 435 Rn 2 und 4; IRO, Sachenrecht [Wien/New York 2000] Rn 1/35). Damit gelten für die Sonderrechtsfähigkeit von Gebäuden ähnliche Kriterien wie nach § 95 Abs 1 S 1. Ein entscheidender Unterschied zum deutschen Recht besteht jedoch darin, daß für die Eigentumsübertragung und die Begründung von dinglichen Rechten nach § 435 ABGB die Vorschriften über nicht verbücherte Liegenschaften Anwendung finden, also insbesondere die öffentliche Hinterlegung einer Urkunde erforderlich ist (vgl IRO Rn 1/39). – Auch das **schweizerische Recht** setzt für die Einordnung einer Sache als Bestand- 32 teil neben dem äußeren körperlichen Zusammenhang voraus, daß dieser nach dem Willen der Beteiligten nicht nur zu einem vorübergehenden Zweck hergestellt wurde (Tuor/Schnyder/Schmid, Das schweizerische Zivilgesetzbuch [11. Aufl Zürich 1995] 666). Liegt bei baulichen Anlagen bloß eine lose Verbindung mit dem Boden vor, die nach der Absicht der Beteiligten nur vorübergehend besteht, so gilt die Anlage daher als sog Fahrnisbaute und damit als bewegliche Sache (Tuor/Schnyder/Schmid 693 f). Für Versorgungsleitungen bestimmt Art 676 ZGB, daß diese nicht Bestandteile der Grundstücke sind, in denen sie verlaufen, sondern Zugehör des herrschenden Betriebsgrundstücks darstellen; mit Verlegung der Leitungen entsteht gem Art 676 Abs 3 ZGB eine Dienstbarkeit am fremdem Grundstück.

33 Das **französische Recht** geht in der Bestandteilsfrage von anderen Grundsätzen aus als das BGB (vgl § 93 Rn 48). Danach hindert auch eine nur vorübergehende Verbindung nicht, daß ein immeuble par nature entsteht, zB bei den zum Verkauf bestimmten Bäumen einer Baumschule (Ferid/Sonnenberger, Das französische Zivilrecht II [2. Aufl 1986] Rn 3 A 71; Beysen, in: v Bar [Hrsg], Sachenrecht in Europa IV [2001] 177, 190). Ein getrenntes Eigentum an Grundstücksüberbauten ist aufgrund einer Baupacht als droit de superficie möglich (Beysen, in: v Bar IV 252). – Das **italienische Recht** kennt Ausnahmen vom Akzessionsprinzip auf der Grundlage eines hierfür bestehenden Rechts, was etwa der Regelung in § 95 Abs 1 S 2 entspricht. So verbleiben vom Nießbraucher eingefügte Sachen gem Art 986 Codice civile in seinem Eigentum, ebenso gem Art 952 und 953 Codice civile die Bauwerke aufgrund eines diritto di superficie (was dem deutschen Erbbaurecht entspricht). Die besondere Rechtslage der Elektroleitungen ist in Art 1056 Codice civile ausdrücklich vorgesehen. – Im **englischen Recht** ist bei Bestandteilen nach hM neben der Festigkeit der Verbindung ebenfalls ein Wille zur dauernden Einfügung erforderlich. Je fester die Verbindung ist, desto geringer sind jedoch die Anforderungen an den Nachweis eines entsprechenden Willens (Middleton, in: v Bar [Hrsg], Sachenrecht in Europa I [2000] 93, 174). Jedoch sind Wegnahmerechte vorgesehen für trade fixtures, die zu Gewerbezwekken des Pächters verbunden wurden, sowie für ornamental fixtures und domestic fixtures, etwa Badewannen, die der Mieter eingebaut hat (Cheshire/Burn's Modern Law of Real Property [14. Aufl London 1988] 139).

§ 96
Rechte als Bestandteile eines Grundstücks

Rechte, die mit dem Eigentum an einem Grundstück verbunden sind, gelten als Bestandteile des Grundstücks.

Materialien: E I § 788; II § 77g; III § 92; Mot III 60; Prot III 16.

I. Die Bedeutung der Vorschrift

1 § 96 überträgt im Wege der **Fiktion** die Kategorie des Bestandteils auf solche Rechte, die mit dem Eigentum an einem Grundstück verbunden sind. Unerheblich ist, ob das Recht an einem fremdem Grundstück oder an dem Grundstück ausgeübt wird, mit dem es verbunden ist. – Die mit dem Eigentum an einem Grundstück verbundenen Rechte werden durch die Bestandteilsfiktion **nicht zu Sachen** oder zu Sachteilen. Besteht ein beim Verkauf des Grundstücks zugesichertes Recht nicht, so ist dies als Rechtsmangel iS des § 435 zu beurteilen und stellt keinen Sachmangel des Grundstücks dar (RGZ 83, 198, 200; 93, 71, 73). Im Hinblick auf die Angleichung der Rechtsfolgen von Rechts- und Sachmängeln durch das SchuRMoG ist die Unterscheidung nur noch von geringer Bedeutung.

II. Die mit dem Eigentum verbundenen Rechte

Die mit dem Eigentum an einem Grundstück verbundenen Rechte sind notwendig **subjektiv-dingliche Rechte**, also solche Rechte, die dem jeweiligen Eigentümer eines Grundstück zustehen (BGB-RGRK/Kregel Rn 5; Soergel/Marly Rn 1). Sie können gleichzeitig objektiv-dingliche Rechte (also Sachenrechte iS des BGB) sein, wenn sie Herrschaftsrechte an einer anderen Sache zum Inhalt haben (RGZ 140, 107, 111; vgl dagegen MünchKomm/Holch Rn 2, der nur diese Rechte als subjektiv-dinglich bezeichnet). – Dagegen stellen **subjektiv-persönliche Rechte**, insbes die nur schuldrechtlich wirkenden Forderungen, **keine** Rechte iS des § 96 dar (dazu u Rn 7). 2

1. Als subjektiv-dingliche Herrschaftsrechte an einem fremdem Grundstück fallen unter § 96 in erster Linie die **Grunddienstbarkeit** gem § 1018 (RGZ 93, 71, 73; BayObLG NJW-RR 1987, 789, 790), das zugunsten des jeweiligen Eigentümers eines anderen Grundstücks bestellte **dingliche Vorkaufsrecht** nach § 1094 Abs 2 (RGZ 104, 316, 318 f) und die zugunsten des jeweiligen Eigentümers eines anderen Grundstücks bestellte **Reallast** gem § 1105 Abs 2 (BayObLGZ 1961, 23, 30). Die Reallastvorschriften gelten nach § 9 Abs 1 S 1 ErbbauVO auch für den **Erbbauzins**; da der Anspruch auf Entrichtung des Erbbauzinses für noch nicht fällige Leistungen gem § 9 Abs 2 ErbbauVO nicht vom Eigentum am Grundstück getrennt werden kann, ist auch die Erbbauzinsreallast als subjektiv-dingliches Recht nach § 96 (wesentlicher) Bestandteil des Erbbaugrundstücks (BayObLGZ 1961, 23, 30 f; 1990, 212, 215; BFH NJW 1991, 3176). – Ebenso fallen unter § 96 die **Überbaurente** nach den §§ 912 Abs 2 S 1, 913 Abs 1 und die **Notwegrente** nach § 917 Abs 2. Auch das Recht auf **Duldung** des Überbaus nach § 912 Abs 1 (RGZ 160, 166, 177) und auf Duldung des Notwegs nach § 917 Abs 1 ist hierher zu rechnen (vgl BGB-RGRK/Kregel Rn 4). – Dasselbe gilt für den **Heimfallanspruch** des Grundstückseigentümers nach § 3 ErbbauVO (BGH WM 1980, 938, 939) sowie den als Inhalt eines Dauerwohnrechts vereinbarten Heimfallanspruch nach § 36 Abs 1 S 2 WEG. – Dagegen kann ein **Miteigentumsanteil** an einem Grundstück nicht zugunsten der jeweiligen Eigentümer der Nachbargrundstücke begründet werden (BayObLGZ 1987, 121, 128 f). 3

Besteht eine Grunddienstbarkeit zugunsten eines Grundstücks, das nach § 8 WEG in **Wohnungseigentumseinheiten** geteilt wird, so ist sie als Gesamtberechtigung zugunsten der Wohnungseigentümergemeinschaft Bestandteil aller begünstigten Wohnungseigentumsrechte (OLG Stuttgart NJW-RR 1990, 569; BayObLGZ 1990, 124, 127; vgl OLG Düsseldorf OLGZ 1987, 51, 53). Ein zugunsten des jeweiligen Erbbauberechtigten eingeräumtes **dingliches Vorkaufsrecht** am Grundstück ist Bestandteil des Erbbaurechts (BGH NJW 1954, 1143, 1145; OLG Celle Rpfleger 1959, 135; 1961, 320, 321; vgl § 93 Rn 13). 4

5 2. Nach **Landesrecht** ist zB das rheinische Kellerrecht am fremden Grundstück, das auf Art 553 cc zurückgeht und nach Art 184 EGBGB fortbesteht, ein Recht iS des § 96 (RGZ 56, 258, 260; KG JW 1933, 1334, 1335; vgl auch § 93 Rn 29). – Ferner fällt nach Landesrecht unter die Regelung des § 96 ein im Jahre 1864 verliehenes **Staurecht**, das einen Bestandteil des Mühlengrundstücks bildet (LG Hildesheim NdsRpfl 1965, 275), sowie **Fischereirechte**, soweit sie mit dem Eigentum an einem anderen Grundstück verbunden sind (BGB-RGRK/Kregel Rn 6; vgl u Rn 6). Ebenso gehören die unselbständigen **Realgemeindeanteile**, zB die Waldanteile eines Bauernhofes (OLG Celle NdsRpfl 1961, 34), sowie die Verbandsanteile am Genossenschaftsforst (BGH WM 1998, 2207, 2208; OLG Braunschweig AgrarR 1990, 7) hierher, nicht dagegen die satzungsgemäß rechtlich selbständig ausgestalteten Verbandsanteile (OLG Celle AgrarR 1981, 291). Auch die radizierten, dh mit dem Eigentum an einem Anwesen verbundenen und im Grundbuch eingetragenen **Gemeinderechte** sind Bestandteile des Grundstücks (BayObLGZ 1970, 21, 23 mwNw). – Von den früheren Realgewerbeberechtigungen (vgl Staudinger/Merten [1998] Art 74 Rn 5 ff EGBGB; ferner MünchKomm/Holch Fn 7 mwNw) hat wegen der grundsätzlichen Gewerbefreiheit nach § 1 GewO nur noch das dem alten Landesrecht entstammende **Apothekenprivileg** Bedeutung (vgl Walther, Apothekenrecht, MDR 1949, 79; zur geschichtlichen Entwicklung des Apothekenrechts vgl auch BVerfGE 7, 377, 387 ff). Die alten Apothekenprivilegien können, sofern sie radiziert sind, mit dem Eigentum am Grundstück verbundene Rechte sein (PrOVGE 54, 23, 26; vgl aber PrOVGE 57, 122, 126 f), die auch unter dem System der persönlichen Betriebserlaubnis nach dem ApothG fortbestehen. Gem §§ 27 Abs 1 ApothG wird für den Inhaber des Privilegs eine Betriebserlaubnis fingiert.

6 3. Umstritten ist, ob das **Jagdrecht** nach § 3 BJagdG ein Recht iS des § 96 darstellt (so MünchKomm/Holch Rn 3; Palandt/Heinrichs Rn 2; Enneccerus/Nipperdey § 125 Fn 76) oder ob es nur eine Auswirkung des Eigentums selbst ist (so RGZ 70, 70, 73; KG OLGE 4, 44; BGB-RGRK/Kregel Rn 3). Für letztere Auffassung spricht, daß das Jagdrecht nach § 3 Abs 1 S 3 BJagdG nicht als selbständiges Recht begründet werden kann. – Dasselbe gilt für das **Fischereirecht**, wenn es nach Landesrecht dem jeweiligen Eigentümer des Gewässers zusteht (vgl o Rn 5; Staudinger/Mayer [1998] Art 69 Rn 73 ff EGBGB), und das **Anliegerrecht** auf Zugang zur Straße über ein Nachbargrundstück (BGHZ 30, 241, 245). – Der Streit ist von geringer praktischer Bedeutung, da in beiden Fällen das Recht nicht vom Eigentum am Grundstück getrennt werden kann.

7 4. Nicht mit dem Grundeigentum verbundene Rechte sind insbesondere die **schuldrechtlichen Ansprüche** des Grundstückseigentümers (vgl o Rn 2), zB Lieferrechte für Zuckerrüben (BGHZ 111, 110, 113; OLG Celle RdL 1996, 259, 260). Dies gilt auch, wenn das Recht so begründet wird, daß es jeweils dem Eigentümer eines bestimmten Grundstücks zusteht (so RGZ 128, 246, 248 für einen Auflassungsanspruch). – Auch **personenbezogene öffentlich-rechtliche Ansprüche** fallen nicht unter § 96; so sind Milchkontingente (BGHZ 114, 277, 281; OLG Celle AgrarR 1997, 160, 161) und der Vergütungsanspruch für die Aufgabe der Milcherzeugung (VG Stade WM 1987, 1312, 1313) keine Bestandteile des Betriebsgrundstücks. Dasselbe gilt für die einem Geschädigten gewährten öffentlich-rechtlichen Entschädigungsansprüche (BGHZ 18, 128, 138 ff für Ansprüche nach der KriegssachschädenVO von 1940; RGZ 140, 170, 111 f für Ansprüche nach dem preußischen FluchtlinienG; aM LG Braunschweig NVwZ 2002, 1146, 1147 für den Anspruch nach § 42 BImSchG). Auch das „Brennrecht" nach dem BranntweinmonopolG ist mangels Rechtsqualität kein Recht iS des § 96 (BGH LM Nr 1; RG HRR 1932 Nr 1157; KG Recht 1937 Nr 5987; vgl auch RGZ 83, 54, 57 ff). – Ebenfalls nicht unter § 96 fallen die beschränkten dinglichen Rechte, die nicht zugunsten des jeweiligen Eigentümers eines Grundstücks bestellt sind; dazu gehört auch die **Eigentümerhypothek** (SOERGEL/MARLY Rn 3; HIRSCH, Die vorläufige Eigentümerhypothek, ArchBürgR 25 [1905] 222, 252). Dasselbe gilt für den bei einem Hypothekengläubiger angesammelten **Amortisationsfonds** zur Tilgung der hypothekarisch gesicherten Schuld (RGZ 104, 68, 73; vgl auch BROX, Die Tilgungsfondshypothek in der Zwangsversteigerung, Rpfleger 1959, 176, 178).

III. Die Rechtsfolgen der Bestandteilseigenschaft

Wie bei den körperlichen Bestandteilen unterscheidet die hM auch bei den unter § 96 fallenden Rechten zwischen **wesentlichen** und **unwesentlichen** Bestandteilen (vgl § 93 Rn 14); das Gesetz besage nicht, daß die mit dem Grundeigentum verbundenen Rechte wesentliche Bestandteile seien (RGZ 74, 401, 402; SOERGEL/MARLY Rn 3; ERMAN/MICHALSKI Rn 2). Jedoch gibt es keine Rechte, die trotz ihrer Verbindung mit dem Eigentum an einem Grundstück **sonderrechtsfähig** iS des § 93 sind. Man kann zwar als unwesentliche Bestandteile diejenigen Rechte bezeichnen, die vom Eigentum am Grundstück getrennt werden können (so RGZ 93, 71, 73; vgl auch RGZ 67, 221, 224 ff); dies wird zB für die radizierten Gemeinderechte angenommen (BayObLGZ 1970, 21, 25; MünchKomm/HOLCH Rn 6; vgl o Rn 5). Jedoch **endet** die Bestandteilseigenschaft dieser Rechte nach § 96 mit ihrer **Abtrennung** vom Grundeigentum (vgl BGH WM 1998, 2207, 2208). – Die meisten unter § 96 fallenden Rechte sind untrennbar mit dem Grundstück verbunden und damit „wesentliche" Bestandteile, so das dingliche Vorkaufsrecht nach § 1103 Abs 1, die Reallast nach § 1110 (vgl BayObLGZ 1990, 212, 215) sowie ihrer Natur nach auch die Grunddienstbarkeit (RGZ 93, 71, 73; BayObLGZ 1990, 124, 127; OLG Köln NJW-RR 1993, 982, 983).

Die durch § 96 fingierte Bestandteilseigenschaft bewirkt, daß die betreffenden Rechte bis zu einer etwaigen Abtrennung vom Grundeigentum zwingend das **rechtliche Schicksal** des Grundstücks **teilen**, mit dem sie verbunden sind. Bei einer **Veräußerung des Grundstücks** gehen sie daher auf den Erwerber über. Ist ein nicht bestehendes Recht beim belasteten Grundstück im Grundbuch eingetragen, so kann es beim Erwerb des herrschenden Grundstücks gem § 892 gutgläubig erworben werden (BayObLG NJW-RR 1987, 789, 790 für eine Grunddienstbarkeit; dazu G LÜKE JuS 1988, 524 ff). – Eine am Grundstück bestellte **Hypothek** erstreckt sich nach § 1120 auch auf das Recht (RGZ 83, 198, 200); in der Zwangsversteigerung wird es gem §§ 90 Abs 2, 55 Abs 1, 20 Abs 2 ZVG vom Zuschlag erfaßt. – Wegen der Sonderrechtsunfähigkeit der subjektiv-dinglichen Rechte ist eine Bestellung zugunsten eines Miteigentumsanteils nicht möglich (BayObLGZ 1990, 212, 215). – Im **Steuerrecht** findet § 96 keine uneingeschränkte Anwendung, so daß mit dem Grundeigentum verbundene Rechte nicht notwendig der Grunderwerbssteuer unterliegen (so BFHE 145, 238, 239 für einen Anspruch auf Brandentschädigung; BFH NJW 1991, 3176 für den Erbbauzinsanspruch).

§ 97
Zubehör

(1) Zubehör sind bewegliche Sachen, die, ohne Bestandteil der Hauptsache zu sein, dem wirtschaftlichen Zweck der Hauptsache zu dienen bestimmt sind und zu ihr in einem dieser Bestimmung entsprechenden räumlichen Verhältnis stehen. Eine Sache ist nicht Zubehör, wenn sie im Verkehr nicht als Zubehör angesehen wird.

(2) Die vorübergehende Benutzung einer Sache für den wirtschaftlichen Zweck einer anderen begründet nicht die Zubehöreigenschaft. Die vorübergehende Trennung eines Zubehörstücks von der Hauptsache hebt die Zubehöreigenschaft nicht auf.

Materialien: E I § 789; II § 77h; III § 93; Mot III 61; Prot III 17; Jakobs/Schubert, AT I 449 ff.

Schrifttum

Brammertz, Die Merkmale des Zubehörbegriffs der §§ 97 und 98 BGB (Diss Bonn 1993)
Dorn, Bestandteile und Zubehör in der Zwangsversteigerung, Rpfleger 1987, 143
Du Chesne, Der Sinn des Zubehörbegriffs, DJZ 1912, 837
Gail, Der Begriff des Zubehörs nach dem BGB (Diss Erlangen 1908)
Gérard, Begriff des Zubehörs und Entstehung der Zubehöreigenschaft nach dem Rechte des BGB (Diss Heidelberg 1909)
Keyling, Die rechtliche Bedeutung der Zubehöreigenschaft nach dem BGB (Diss Leipzig 1906)
Kohler, Zur Lehre von den Pertinenzen, JherJb 26 (1888) 1
Martens, Zubehör beim Grundstück nach gemeinem Recht und dem BGB (Diss Rostock 1906)
Mitze, Rechtliche Bedeutung der mehrfachen Zubehöreigenschaft einer Sache (Diss Erlangen 1915)
Mümmler, Bestandteil und Zubehör im Zwangsversteigerungsverfahren, JurBüro 1971, 805
Neumann, Die Merkmale des Zubehörbegriffs nach den §§ 97 und 98 BGB (Diss Greifswald 1915)
Ott, Das Zubehör in der Vollstreckung (Diss Erlangen 1915)
Rostosky, Der Sachinbegriff im ein- und mehrfachen Zubehörverhältnis, JherJb 74 (1924) 75
Schmidbauer, Rechtliche Bedeutung der Zubehöreigenschaft (Diss Würzburg 1911)
Schuppert, Begriff und rechtliche Bedeutung des Zubehörs nach dem BGB und seinen Nebengesetzen (Diss Marburg 1905)
Sebode, Die Pfändung von Zubehör, DGVZ 1967, 145
Senftleben, Zubehör zu mehreren Hauptsachen nach Bürgerlichem Gesetzbuch? (Diss Erlangen 1928)
Siebert, Zubehör des Unternehmens und Zubehör des Grundstücks, in: FS Gieseke (1958) 59
Strucksberg, Kann nach BGB eine Sache Zubehör mehrerer Hauptsachen sein? (Diss Halle 1907)
Weimar, Das Zubehör und seine Rechtslage, MDR 1980, 907
Wieacker, Sachbegriff, Sacheinheit und Sachzuordnung, AcP 148 (1943) 57
Wieser, Zur Pfändung von Gartenzwergen, NJW 1990, 1971
Wimpfheimer, Kann ein Gegenstand Zubehör mehrerer Sachen sein?, ArchBürgR 29 (1906), 84
Witt, Das Pfandrecht am Inventar des land-

Abschnitt 2
Sachen und Tiere

§ 97

wirtschaftlichen Betriebs (Diss Hohenheim 1974).

Systematische Übersicht

I.	**Geschichte und Geltungsbereich der Vorschrift**		
1.	Die geschichtliche Entwicklung		1
a)	Gemeines Recht und Partikularrecht		1
b)	Die Regelung des BGB		2
2.	Der Geltungsbereich der §§ 97 und 98		3
II.	**Der Zubehörbegriff des § 97**		
1.	Die bewegliche Sache als Zubehör		4
a)	Grundtücke und Rechte		4
b)	Bestandteile und Scheinbestandteile		5
c)	Fremde Sachen		6
d)	Sachgesamtheiten		7
2.	Die Hauptsache		8
a)	Bewegliche Sachen und Grundstücke		8
b)	Der wirtschaftliche Schwerpunkt		9
c)	Mehrere Hauptsachen		10
d)	Unternehmen als Hauptsache		11
3.	Die Zweckbindung des Zubehörs		12
a)	Der Zweck der Hauptsache		13
b)	Das Abhängigkeitsverhältnis		14
c)	Die Dauer der Zweckbindung		18
d)	Die Zubehörbestimmung als Realakt		21
4.	Das räumliche Verhältnis der Sachen		22
a)	Der örtliche Zusammenhang		22
b)	Die vorübergehende Unterbrechung		23
5.	Die Verkehrsauffassung		24
a)	Die Maßstäbe		24
b)	Regionale Unterschiede		25
c)	Einzelheiten		26
6.	Das Ende der Zubehöreigenschaft		27
III.	**Die Rechtslage des Zubehörs**		29
1.	Verpflichtungsgeschäfte		30
2.	Verfügungsgeschäfte		31
a)	Die Veräußerung nach § 926		31
b)	Die hypothekarische Haftung		32
c)	Verfügungen über bewegliche Sachen		33
3.	Die Zwangsvollstreckung		34
IV.	**Die Beweislast**		36
V.	**Ausländisches Recht**		37

Alphabetische Übersicht

Aufhebung der Zubehöreigenschaft	27 f
Ausländisches Recht	37 f
Baumaterial	17
Bestandteile	
– als Hauptsache	8
– als Zubehör	5
Beweislast	36
Eigentumsvorbehalt	18
Einbauküche	25
Erzeugnisse	16
Fertigprodukte	16
Fuhrpark	14
Grundstücke	
– als Hauptsache	8, 22
– als Zubehör	4
Grundstücksgleiche Rechte	8
Hauptsache	8 ff
Höferecht	3, 34
Hypothekarische Haftung	32
Kraftfahrzeugbrief	26
Materialreserve	15
Maschinen	14
Mehrheit von Hauptsachen	10
Mieter	19

Nebensachen	3	Unterordnung, dauernde	14, 18 ff
Räumliches Verhältnis	22 f	Verbrauchbare Sachen	15
Rechte als Zubehör	4	Verkehrsauffassung	24 ff
Rohstoffe	16	Versorgungsleitungen	22
		Vorübergehende Trennung	23, 28
Sachgesamtheit			
– als Hauptsache	10	Widmung	21
– als Zubehör	8		
Scheinbestandteile	5	Zwangsvollstreckung	34 f
Schiffszubehör	3	Zweck, wirtschaftlicher	12 f
Straßenzubehör	3	Zweckbindung	14 ff
Unternehmen	11		

I. Geschichte und Geltungsbereich der Vorschrift

1. Die geschichtliche Entwicklung

1 a) Nachdem seit dem Mittelalter das Zubehör aus dem nach römischem Recht umfassenden Bereich der Bestandteile ausgegliedert worden war (vgl § 93 Rn 2), bestanden hinsichtlich des Umfangs des Zubehörs unterschiedliche Auffassungen: Nach **gemeinem Recht** waren Zubehör (Pertinenzen) nur die der stetigen Benutzung einer Hauptsache dienenden, meist geringwertigen Hilfssachen, die nach der Verkehrsauffassung als nicht in der Hauptsache inbegriffen angesehen wurden (vgl HOLTHÖFER, Sachteil und Sachzubehör im römischen und gemeinen Recht [1972] 98 mwNw). Hingegen war der **deutschrechtliche Begriff** der Pertinenz wegen der fehlenden Unterscheidung zwischen Bestandteilen und Zubehör umfassender. Er schloß alles ein, was mit der Hauptsache wirtschaftlich eine Einheit bildete, also auch zB das landwirtschaftliche Inventar eines Grundstücks. Außerdem kam nach deutschrechtlicher Auffassung der Zubehöreigenschaft die weitere Wirkung zu, die Zubehörstücke eines Grundstücks zu immobilisieren, so daß sie von den Grundstücksbelastungen mitgriffen wurden. – Das **preußische Recht** verlangte in den §§ 42 ff I 2 ALR für das Zubehör eine fortdauernde Verbindung mit der Hauptsache und verneinte die Zubehöreigenschaft für nicht dem Eigentümer der Hauptsache gehörende Gegenstände. – Große Bedeutung für die weitere Rechtsentwicklung kam dem **bayerischen HypothekenG** von 1822 und dem **württembergischen HypothekenG** von 1825 zu (HOLTHÖFER 116 ff).

2 b) Die Zubehördefinition des BGB klärt zwei der vorher umstrittenen Punkte (vgl ROSTOSKY JherJb 74, 87 ff): Sie trennt den Begriff des Zubehörs endgültig von dem der Bestandteile. Ist eine Sache mit einer anderen derart verbunden, daß sie mit dieser nach der Verkehrsanschauung eine Einheit bildet, so wird sie deren **Bestandteil** und kann nicht mehr Zubehör sein (vgl u Rn 5). – Ferner stellt das BGB den Zubehörbegriff zumindest teilweise auf eine **objektive Grundlage** und lehnt die Anerkennung der gewillkürten Pertinenz ab (vgl u Rn 12).

2. Der Geltungsbereich der §§ 97 und 98

Der Geltungsbereich der §§ 97 und 98 erstreckt sich auf das **gesamte Privatrecht**. **3** Dabei kann die gesetzliche Begriffsbestimmung nicht durch Parteivereinbarung geändert werden, soweit nicht das Gesetz selbst auf den Parteiwillen abstellt (SOERGEL/MARLY Rn 5). – Allerdings gibt es einige bürgerlichrechtliche Spezialnormen mit einem vom BGB abweichenden Inhalt, so für das **Schiffszubehör** § 478 HGB, für das **Hofeszubehör** § 3 der HöfeO. Eine eigene Definition enthält auch § 9 des KabelpfandG v 31. 3. 1925 (RGBl I 37). – Einen besonderen Begriff des **Straßenzubehörs** gibt § 1 Abs 4 Nr 3 BFStrG; hierzu gehören zB Verkehrszeichen und die Bepflanzung, welche nach dem BGB Sachbestandteile wären. Jedoch ist der öffentlichrechtliche Zubehörbegriff unabhängig von dem des BGB und kann weiter reichen als dieser (vgl Vorbem 54 zu §§ 90 ff). – Vom Zubehör zu unterscheiden sind die sog **Nebensachen**. Das sind im Zusammenhang des § 947 Abs 2 solche Bestandteile, die ohne Beeinträchtigung des Wesens der Gesamtsache fehlen können (BGHZ 20, 159, 163; STAUDINGER/WIEGAND [1995] § 947 Rn 7).

II. Der Zubehörbegriff des § 97

1. Die bewegliche Sache als Zubehör

a) Als Zubehör kommen nur **bewegliche Sachen** in Betracht. **Grundstücke** kön- **4** nen daher als unbewegliche Sachen schon nach dem Wortlaut des § 97 kein Zubehör sein. – **Rechte** können mangels Sachqualität ebenfalls kein Zubehör sein (RGZ 83, 54, 56; 104, 68, 73; BGHZ 111, 110, 116). Sie gelten allerdings nach § 96 als Bestandteile des Grundstücks, wenn sie mit dem Grundeigentum verbunden sind (s dazu § 96 Rn 2 ff). Außerdem erstreckt sich die Hypothek ausnahmsweise auf Miet- und Pachtforderungen (§ 1123) sowie auf Versicherungsforderungen (§ 1127). – Auch der „good will" einer Arztpraxis kommt als unkörperlicher Gegenstand nicht als Zubehör in Betracht (OLG Karlsruhe WM 1989, 1229, 1230); das gleiche gilt für ein Brennrecht (BGH LM § 96 Nr 1; vgl § 96 Rn 7). – Die **Instandhaltungsrücklage** nach § 21 Abs 5 Nr 4 WEG wird analog § 97 als Zubehör des Wohnungseigentums angesehen (RÖLL, Die Instandhaltungsrücklage nach dem Wohnungseigentumsgesetz, NJW 1976, 937, 938; SOERGEL/MARLY Rn 11).

b) Das Zubehör darf **kein Bestandteil** der Hauptsache sein. Zubehörstücke sind **5** der Hauptsache nur wirtschaftlich untergeordnet, rechtlich jedoch selbständig, während Bestandteile unselbständige Teile einer einheitlichen Sache sind (OLG Frankfurt aM NJW 1982, 653, 654; vgl § 93 Rn 7). – Auch Zubehör einer **anderen Sache** kann ein Gegenstand nicht sein, wenn er wesentlicher Bestandteil ist. Umstritten ist jedoch, ob der **unwesentliche Bestandteil** einer Sache, insbesondere eines Grundstücks, Zubehör einer anderen Sache sein kann. Das RG hat auf den Begriff „bewegliche Sache" in § 97 Abs 1 S 1 abgestellt und dementsprechend die Zubehörfähigkeit unwesentlicher Grundstücksbestandteile verneint (RGZ 87, 43, 50; BGB-RGRK/KREGEL Rn 9; PALANDT/HEINRICHS Rn 2; vgl § 93 Rn 43). Jedoch gelten unwesentliche Bestandteile eines Grundstücks wie die einer beweglichen Sache in Ansehung fremder Rechte als selbständige bewegliche Sachen (vgl § 93 Rn 42 f). Sie können daher Zubehör einer anderen Sache als der, mit der sie verbunden sind, sein (ebenso OLG Köln NJW 1961, 461; SOERGEL/MARLY Rn 9; MünchKomm/HOLCH Rn 6). – Auch **Scheinbestandteile** können als bewegliche Sachen (vgl § 95 Rn 28) grundsätzlich Zubehör des Grundstücks sein, auf dem sie sich befinden. Zu beachten ist jedoch, daß die von § 95 Abs 1 S 1 vorausgesetzte vorübergehende Verbindung mit dem Grundstück nach hM der für § 97 erforderlichen dauernden Zweckbindung an die Hauptsache entgegensteht (s dazu § 95 Rn 27). Zubehör eines anderen Grundstücks als dem, auf dem sie sich befinden, können Scheinbestandteile dagegen sein (RGZ 55, 281, 284 f).

6 c) Wie sich aus § 1120, letzter HS, ergibt, können auch **fremde Sachen**, dh Sachen, die nicht dem Eigentümer der Hauptsache gehören, Zubehör sein (RGZ 53, 350, 351; OLG Schleswig SchlHA 1974, 111). Allerdings sehen einige Vorschriften besondere Rechtsfolgen für solche Zubehörstücke vor, die im Eigentum des Eigentümers der Hauptsache stehen (vgl u Rn 31 ff).

7 d) Eine **Sachgesamtheit** (vgl Vorbem 17 ff zu §§ 90 ff) als solche kann kein Zubehör sein (BGB-RGRK/KREGEL Rn 11; MünchKomm/HOLCH Rn 4; SOERGEL/MARLY Rn 7; **aM** ROSTOSKY JherJb 74, 121 ff; ERMAN/MICHALSKI Rn 2a; STAUDINGER/DILCHER [1995] Rn 7). Der BGH hat zwar in einem Fall die Zubehöreigenschaft einer Sachgesamtheit für möglich gehalten (BGH MDR 1965, 561 für eine Tankstelle), dafür jedoch verlangt, daß jede zur Sachgesamtheit gehörende Einzelsache für sich die Voraussetzungen des § 97 erfüllt. Da eine Sachgesamtheit keine Sache iS des § 90 darstellt, ist es dogmatisch überzeugender, nur die **einzelnen in der Sachgesamtheit zusammengefaßten Gegenstände** als Zubehör aufzufassen. Erforderlich ist in jedem Fall, daß jede einzelne Sache den Voraussetzungen des § 97 genügt, insbesondere ein hinreichendes räumliches Verhältnis zur Hauptsache aufweist (**aM** ROSTOSKY JherJb 74, 137 ff).

2. Die Hauptsache

8 a) Während das Zubehör eine bewegliche Sache sein muß, kann die Hauptsache, welcher das Zubehör zugeordnet ist, eine **bewegliche Sache** oder ein **Grundstück** sein. Ebenso kommt ein grundstücksgleiches Recht wie das Erbbaurecht oder das Bergwerkseigentum in Betracht (RGZ 161, 203, 206; BGHZ 17, 223, 231 f; BGB-RGRK/KREGEL Rn 6). Für das Erbbaurecht ist allerdings zu beachten, daß das aufgrund des Rechts errichtete Bauwerk nach § 12 ErbbauVO Bestandteil des Erbbaurechts wird, also nicht dessen Zubehör sein kann (vgl § 93 Rn 13). Im übrigen gibt es **kein Zubehör zu Rechten**; so ist zB der Schuldschein nicht Zubehör zur Forderung. – Auch der **Bestandteil** einer Sache kann Hauptsache iS des § 97 sein, zB ein **Gebäude** oder Gebäudeteil (BGHZ 62, 49, 51). Dies ist der Fall bei einer Gaststätte, die nur im Erdgeschoß eines im übrigen zu Wohnzwecken genutzten Hauses betrieben wird (RGZ 48, 207, 209). Jedoch werden die Zubehörstücke, auch wenn nur das Gebäude oder ein Teil desselben als Hauptsache zu bewerten ist, Zubehör des ganzen Grundstücks (RGZ 89, 61, 63; OLG Stettin HRR 1934 Nr 161).

9 b) Für die Frage, welche von **mehreren Sachen** die Hauptsache und welche Zubehör ist, kommt es nicht allein auf die äußere Größe oder die Wertverhältnisse an, maßgeblich ist vielmehr die Verkehrsanschauung (ENNECCERUS/NIPPERDEY § 126 I 1). Aus § 98 wird entnommen, daß Grundstücke im Verhältnis zu Mobilien stets als Hauptsachen anzusehen sind (BGB-RGRK/KREGEL Rn 2; vgl RGZ 87, 43, 49). – Bei einem Gewerbebetrieb ist für die Bestimmung der Hauptsache der **wirtschaftliche oder betriebstechnische Schwerpunkt** entscheidend, so daß ein wertvoller Bagger Zubehör der relativ wertlosen Kiesgrube bleibt (RG DR 1942, 137, 138 m Anm HAUPT). Regelmäßig liegt der wirtschaftliche Schwerpunkt beim Betriebsgrundstück. Jedoch ist das Grundstück, von dem aus der Betrieb geführt wird, nicht zwingend als Hauptsache für das Betriebsinventar anzusehen; so ist die Zubehöreigenschaft der Fahrzeuge eines Transportunternehmens verneint worden, da die Fahrzeuge selbst den Mittelpunkt des Geschäftsbetriebs darstellen (BGHZ 85, 234, 237 m Anm REHBEIN JR 1983, 280 f; anders noch RG JW 1936, 3377, 3378; vgl u Rn 14). – Auch wenn mehrere Grundstücke für einen einheitlichen Betrieb eingerichtet sind, ist Hauptsache dasjenige, das den Mittelpunkt der Bewirtschaftung bildet (RGZ 130, 264, 266 f; OLG Stettin JW 1932, 1581).

c) Eine Sache kann auch als Zubehör **mehrerer Hauptsachen** angesehen werden **10** (RG SeuffA 84 Nr 98; OLG Frankfurt aM HRR 1937 Nr 692; MünchKomm/HOLCH Rn 12; ENNECCERUS/NIPPERDEY § 126 I 3 b; **aM** OLG Dresden SeuffBl 75, 583). So kann zB eine Maschine Zubehör zu mehreren landwirtschaftlichen Grundstücken sein. Dem steht auch nicht entgegen, daß diese Sachen **verschiedenen Eigentümern** gehören (OLG Breslau OLGE 35, 291; OLG Stettin JW 1932, 1581). Voraussetzung ist, daß beide Grundstücke in gleicher Weise den betriebstechnischen Mittelpunkt darstellen (vgl o Rn 9). Die Zubehörgrundsätze gelten dann für den entsprechenden Anteil am Zubehörstück (ENNECCERUS/NIPPERDEY § 126 I 3 b; zu den einzelnen Rechtsfolgen s u Rn 30 ff). – Als Hauptsachen für Zubehör kommen auch die Einzelsachen einer **Sachgesamtheit** in Betracht, nicht jedoch die Sachgesamtheit als solche (BGB-RGRK/KREGEL Rn 7; MünchKomm/HOLCH Rn 13; **aM** ROSTOSKY JherJb 74, 145 ff; vgl o Rn 7). Außerdem kann es Zubehör nur zu individuell bestimmten Hauptsachen geben, nicht auch zu einer Gattung wechselnder Sachen; so ist zB die Geldbörse nicht Zubehör für das darin befindliche Geld, ein Lagerraum nicht Zubehör zu den darin befindlichen Waren.

d) Ob Sachen **Zubehör zum Unternehmen** als Rechtsgesamtheit (vgl Vorbem 31 ff zu **11** §§ 90 ff) sein können, ist umstritten. Unter dem Gesichtspunkt des § 311c (§ 314 aF) wird die Frage zT bejaht (vgl SIEBERT, in: FS Gieseke 67 mwNw; GIERKE/SANDROCK, Handels- und Wirtschaftsrecht [9. Aufl 1975] § 13 III 1 b; de lege ferenda auch WIEACKER AcP 148, 95). Die hM verneint dagegen für das Unternehmen die Fähigkeit, Hauptsache iS der §§ 97 und 98 zu sein (BGB-RGRK/KREGEL Rn 7; SOERGEL/MARLY Rn 15; MünchKomm/HOLCH Rn 13; REHBEIN JR 1983, 280). Dem ist zuzustimmen, da eine Rechtsgesamtheit ebenso wie eine Sachgesamtheit kein hinreichend bestimmtes sachenrechtliches Zuordnungsobjekt ist (vgl Vorbem 19 und 23 zu §§ 90 ff). – Vielfach jedoch werden die betroffenen Sachen als **Grundstückszubehör** zum Unternehmensgrundstück eingeordnet (OLG Stettin HRR 1934 Nr 161; RG DR 1942, 137, 138 mit Anm krit HAUPT; vgl auch u Rn 14 und 22). Diese Lösung versagt allerdings dann, wenn das Unternehmen in einem Gebäude betrieben wird, das nach seiner objektiven Beschaffenheit nicht dauernd dafür eingerichtet ist (BGHZ 62, 49, 51 f), oder wenn der Unternehmensinhaber nicht Eigentümer, sondern nur Mieter oder Pächter des Grundstücks ist (WIEACKER AcP 148, 91 f). – Im Rahmen des § 311c kann man außerdem alle in den Kaufvertrag eingeschlossenen Gegenstände als unmittelbare **Unternehmensteile** ansehen, so daß die Zubehörproblematik in diesem Rahmen nicht entsteht. Die hM will insoweit § 311c analog anwenden (RGZ 102, 127, 129; 112, 242, 247; MünchKomm/HOLCH Rn 14; ENNECCERUS/NIPPERDEY § 126 IV). – Zum **Betriebszubehör** vgl § 98 Rn 4 ff.

3. Die Zweckbindung des Zubehörs

12 Die von § 97 Abs 1 S 1 verlangte wirtschaftliche Zweckbindung dient der **objektiven Bestimmung** des Zubehörbegriffs (vgl o Rn 2; WIEACKER AcP 148, 93 f). Zwar kann grundsätzlich derjenige, der die Verfügungsmacht über die Sache hat, bestimmen, ob sie dem Zweck der Hauptsache dienen soll (s u Rn 21); der Zweck der Hauptsache ist jedoch unabhängig vom Parteiwillen zu bestimmen (vgl BGHZ 62, 49, 50). Außerdem können die Parteien, sobald die Voraussetzungen des § 97 vorliegen, nicht darüber befinden, ob die Sache Zubehör sein soll oder nicht.

13 a) Der **Zweck der Hauptsache**, dem das Zubehör zu dienen bestimmt ist, ergibt sich aus ihrer objektiven Beschaffenheit oder anderen nach der Verkehrsanschauung maßgeblichen Umständen. Es genügt, daß das Zubehör dem wirtschaftlichen Zweck einzelner **Bestandteile** der Hauptsache dienen soll, zB einem Stockwerk des Hauses (RGZ 48, 207, 209; vgl o Rn 8). – Der Begriff des **wirtschaftlichen Zweckes** darf dabei nicht nur iS unmittelbar erwerbsbezogener Vorgänge verstanden werden. Vielmehr fällt jeder Zweck darunter, um dessentwillen die Sache genutzt wird (ENNECCERUS/NIPPERDEY § 126 I 3). Daher ist eine Alarmanlage Zubehör einer Eigentumswohnung (OLG München MDR 1979, 934; vgl auch § 94 Rn 32) und eines Kraftfahrzeugs (OLG Düsseldorf NZV 1996, 196, 197); das gleiche gilt für das in ein Kraftfahrzeug eingebaute Navigationssystem (OLG Karlsruhe NVZ 2002, 132). – Auch die Förderung eines „Kulturzweckes" genügt für § 97 (vgl WIEACKER AcP 148, 94); so ist zB die Orgel Zubehör eines Kirchengebäudes (RG JW 1910, 466; WIESER NJW 1990, 1971) und die Glocke Zubehör einer Kapelle (BGH NJW 1984, 2277, 2278; dazu DILCHER, Der Streit um die Glocke, JuS 1986, 185 ff). Daher ist die Begründung des OLG Frankfurt (NJW 1982, 653, 654) unzutreffend, das die Zubehöreigenschaft eines im Garten aufgestellten Bildstocks nur deswegen abgelehnt hat, weil dieser nicht einem gewerblichen Zweck, sondern nur den persönlichen Bedürfnissen der Hauseigentümer diene (vgl u Rn 26). – Wenn eine Sache hingegen überhaupt nicht nutzbar ist, kann sie auch kein Zubehör haben.

14 b) Eine Sache dient dem wirtschaftlichen Zweck einer anderen, wenn sie zu ihr in einem **Abhängigkeitsverhältnis** steht; das Zubehör muß der Hauptsache untergeordnet sein (RGZ 86, 326, 328 f). Dies ist insbesondere bei **Maschinen** (sofern sie nicht Bestandteile sind, vgl § 93 Rn 18) auf dem produktionstragenden Grundstück der Fall (vgl BGH NJW 1979, 2514; OLG Köln NJW-RR 1987, 751, 752), ebenso bei der Kühlanlage einer Gaststätte (OLG Hamm NJW-RR 1986, 376; vgl § 93 Rn 23). – Entscheidend ist, daß das Zubehör zur **Förderung** des wirtschaftlichen Zwecks der Hauptsache Verwendung findet; daher reicht es auch aus, wenn das Zubehör dem Zweck der Hauptsache nur **mittelbar dient**, wie dies bei den zum Vertrieb der hergestellten Waren dienenden Sachen der Fall ist (RGZ 47, 197, 199). – Auch der **Fuhrpark** eines Unternehmens wurde früher hier eingeordnet (RG JW 1917, 708; RG JW 1936, 3377 f). Inzwischen wird der Fuhrpark nur noch dann als Grundstückszubehör anerkannt, wenn der wirtschaftliche Schwerpunkt des Unternehmens gerade auf diesem Grundstück liegt. Dies trifft nicht zu bei einer Spedition, deren Kraftfahrzeuge durchweg außerhalb des Betriebsgrundstücks operieren (vgl o Rn 9 und § 98 Rn 7). Dasselbe gilt für einen an unterschiedlichen Stellen eingesetzten Baukran (OLG Koblenz MDR 1990, 49) und für Baumaschinen, die durchweg auf Außenbaustellen eingesetzt werden (BGHZ 124, 380, 393; vgl aber OLG Hamm MDR 1985, 494, 495). – Das Zubehör muß dem Zweck der

Hauptsache **nicht ausschließlich** dienen; daß eine Sache auch einem Nebenzweck dient, steht ihrer Zubehöreigenschaft nicht entgegen (OLG Frankfurt aM HRR 1937 Nr 692; vgl auch RGZ 157, 40, 48). So ist zB ein Hotelbus, der auch andere Personen als Hotelgäste befördert, dennoch Hotelzubehör (vgl RGZ 47, 197, 200).

Es genügt, daß eine **künftige Verwendung** des Zubehörs in Unterordnung unter den Zweck der Hauptsache beabsichtigt ist, solange die Sache bereits für diesen Zweck bestimmt ist und in einem entsprechenden räumlichen Verhältnis zur Hauptsache steht (OLG Frankfurt aM HRR 1937 Nr 692). Daß die Sache bereits tatsächlich benutzt wird, ist zwar ein Indiz für eine entsprechende Zweckbestimmung, für die Qualifizierung als Zubehör jedoch nicht erforderlich (RG HRR 1934 Nr 1273). Dementsprechend wird die sog **Materialreserve**, die erforderlich ist, um einen Betrieb einsatzbereit zu halten, als Zubehör eingeordnet (RGZ 66, 356, 357 f; 86, 326, 330). So sind Zubehör das zum Einbau in Maschinen bestimmte Ausbesserungsmaterial (RGZ 66, 356, 357 f) sowie die Kohlevorräte (RGZ 77, 36, 38). Das gleiche gilt für das Heizöl im Tank eines Wohngebäudes (OLG Schleswig SchlHA 1997, 110; LG Braunschweig ZMR 1986, 120, 121; AG Saarlouis DGVZ 1999, 187). Daß es sich dabei um **verbrauchbare Sachen** handelt, steht der Zubehöreigenschaft nicht entgegen (RG HRR 1930 Nr 277). 15

Hingegen sind die für den laufenden Betrieb erforderlichen **Rohstoffvorräte** nicht dem Zweck des Betriebsgrundstücks untergeordnet. Sie werden vielmehr als gleichwertige Sachen angesehen, so daß sie kein Zubehör darstellen (RGZ 86, 326, 329; SOERGEL/MARLY Rn 24; ENNECCERUS/NIPPERDEY § 126 I 3 c). – Auch die zur Veräußerung bestimmten **Erzeugnisse** und **Fertigprodukte** eines Betriebes sind nicht als Zubehör des Betriebsgrundstücks einzuordnen (BGB-RGRK/KREGEL Rn 23 mwNw). Dies folgt daraus, daß sie als nur noch vorübergehend mit dem Betriebsgrundstück verbunden angesehen werden (RGZ 66, 88, 90; RG SeuffA 63 Nr 80; vgl u Rn 18). Kein Zubehör sind daher das Bier einer Brauerei (OLG Kiel SeuffA 67 Nr 146), die Ziegel einer Ziegelei (OLG Dresden SeuffA 62 Nr 77) oder das endgültig zum Verkauf bestimmte Vieh (RGZ 142, 379, 382; OLG München JW 1934, 1802). Auch für die Verkaufsbestände einer Baumschule wird unter diesem Gesichtspunkt die Zubehöreigenschaft verneint (RGZ 66, 88, 90; vgl auch § 95 Rn 13). Dasselbe gilt für Speisen und Getränke in einer Gastwirtschaft (OLG Rostock OLGE 31, 309, 311; MünchKomm/HOLCH Rn 17; anders hinsichtlich der für die Sicherung des Fortbetriebs erforderlichen Vorräte OLG Dresden OLGE 30, 329; SOERGEL/MARLY Rn 11). 16

Ist die **Hauptsache noch unfertig**, so können ihr solche Sachen nicht dienen, die allein auf den Zweck der fertigen Hauptsache ausgerichtet sind. Dies gilt zB für Heizöl in den Tanks eines noch nicht bezugsfertigen Gebäudes (OLG Düsseldorf NJW 1966, 1714, 1715), ebenso für Fabrikationsmaschinen in einem noch nicht betriebsfertigen Fabrikationsgebäude (RGZ 89, 61, 64 f; BGH NJW 1969, 36). – Allerdings ist zu beachten, daß **Baumaterial** und Baumittelstücke durchaus Zubehör sein können. Sie dienen dann zwar nicht dem noch unfertigen Gebäude, wohl aber dem Baugrundstück zum Zwecke der Bebauung (RGZ 84, 284, 285; 86, 326, 330; 89, 61, 65; BGHZ 58, 309, 311 m abl Anm KUCHINKE JZ 1972, 659, 660). Die Tatsache, daß die Materialien später zu wesentlichen Bestandteilen des Grundstücks werden sollen, steht der Zubehöreigenschaft ebensowenig entgegen wie ein Eigentumsvorbehalt des Lieferanten (vgl u Rn 18). 17

c) Gem § 97 Abs 2 S 1 wird die Zubehöreigenschaft jedoch nur dann begründet, 18 wenn eine **dauernde Unterordnung** unter den wirtschaftlichen Zweck der Hauptsache gewollt ist. Eine vorübergehende Unterordnung genügt nicht, so daß das auf Zeit in einen Geschäftswagen eingebaute Autotelefon nicht Zubehör wird (OLG Köln MDR 1993, 1177; vgl auch § 93 Rn 20). Eine vorübergehende Benutzung liegt vor, wenn die Aufhebung der Nutzung von vornherein beabsichtigt ist oder nach der Natur ihres Zwecks als sicher angenommen wird (RGZ 47, 197, 202; BGB-RGRK/KREGEL Rn 13 und 28). Dies führt zB dazu, die zum Verkauf bestimmten Fertigprodukte nicht als Zubehör des Betriebsgrundstücks zu bewerten (vgl o Rn 16). Auch eine auf Probe gelieferte Sache wird (noch) nicht Zubehör (ERMAN/MICHALSKI Rn 7). Geräte, die allein zur Herstellung eines speziell anzufertigenden Produktes dienen und nach ihrer Verwendung an den jeweiligen Kunden übereignet werden sollen, sind ebenfalls kein Zubehör des Herstellerbetriebes (OLG Düsseldorf NJW-RR 1991, 1130, 1131 für Kunststoffblasformen; aM RG Gruchot 53, 899, 900 f für Verpackungsmaterial). – Hingegen steht ein **Eigentumsvorbehalt** des Lieferanten der Zubehöreigenschaft nicht entgegen (BGHZ 58, 309, 313 f; vgl § 95 Rn 7).

19 Insbesondere fehlt Sachen, die nur dem persönlichen Bedürfnis des zeitweiligen Besitzers der Hauptsache dienen, die Zubehöreigenschaft. Deshalb werden Maschinen und andere Gerätschaften, die der **Mieter oder Pächter** eines Grundstücks für seine befristeten Zwecke dorthin verbringt, regelmäßig kein Grundstückszubehör (BGB-RGRK/KREGEL Rn 30; SOERGEL/MARLY Rn 28). Dasselbe gilt für Lampen, die ein Mieter angebracht hat (OLG Bamberg OLGE 14, 8), die vom Mieter eingefügte Einbauküche (vgl LG Berlin NJW-RR 1997, 1097) oder für die Tankanlage auf einem gepachteten Grundstück (LG Altona JW 1935, 1197). – Wie bei Scheinbestandteilen (vgl § 95 Rn 8) wird in diesen Fällen der Wille zur vorübergehenden Benutzung von der Rspr **vermutet** (BGH NJW 1984, 2277, 2279). Jedoch begründet die fest vereinbarte spätere Übernahme der Mietersache durch den Grundstückseigentümer schon vorher ein dauerndes Unterordnungsverhältnis, ebenso die in Aussicht genommene automatische Verlängerung des Vertrages (RGZ 47, 197, 202; OLG Köln NJW 1961, 461, 462; AG Bad Langensalza ZMR 2000, 304, 306). Wird dagegen für den Verpächter bei Beendigung des Pachtvertrages nur ein wahlweises Übernahmerecht vorgesehen, so genügt dies nicht, eine dauernde Unterordnung und damit die Zubehöreigenschaft herzustellen (vgl BGH BB 1971, 1123, 1124). – Erwirbt allerdings der Mieter oder Pächter später das Grundstückseigentum, so ist anzunehmen, daß seine Sachen nunmehr dauernd dem Zweck des Grundstücks dienen sollen. Sie werden im Unterschied zu Scheinbestandteilen (vgl § 95 Rn 14) ohne äußeren Widmungsakt zum Zubehör (RGZ 132, 321, 324; MünchKomm/HOLCH Rn 25).

20 Die Dauerhaftigkeit der Unterordnung wird, ähnlich wie im Zusammenhang des § 95 (vgl § 95 Rn 11), nicht dadurch in Frage gestellt, daß die **Hauptsache** nur eine **begrenzte Lebenszeit** haben wird. So ist die Zubehöreigenschaft eines Baggers in der Kiesgrube nicht deshalb zu verneinen, weil die Grube bald erschöpft sein wird (OLG Kassel JW 1934, 2715). – Dasselbe gilt hinsichtlich einer **begrenzten Lebenszeit der Zubehörsache** (RG HRR 1930 Nr 277; BGB-RGRK/KREGEL Rn 29,), insbesondere bei verbrauchbaren Sachen (vgl o Rn 15). So wird die Zubehöreigenschaft bejaht für die Kohlevorräte einer Ziegelei (RGZ 77, 36, 38) oder eines Wohnhauses (OLG Dresden Recht 1938 Nr 7247). – Bei **langlebigen Sachen** ist zur Begründung der Zubehöreigenschaft ausreichend, daß nicht von vornherein an die spätere Aufhebung des Unterordnungsverhältnisses während ihrer Lebensdauer gedacht wird (vgl o Rn 18).

d) Die Bestimmung einer Sache zur dauernden Unterordnung unter den Zweck **21** der Hauptsache ist **kein Rechtsgeschäft** (RG HRR 1934 Nr 1273). Es genügt daher die natürliche Willensfähigkeit des Bestimmenden (SOERGEL/MARLY Rn 26; ERMAN/ MICHALSKI Rn 5; PALANDT/HEINRICHS Rn 6; **aM** MünchKomm/HOLCH Rn 19; ENNECCERUS/NIPPERDEY § 126 I 3 in Fn 7: Geschäftsfähigkeit erforderlich). – **Bestimmender** kann jeder sein, der das Zubehör in ein wirtschaftliches Unterordnungsverhältnis zur Hauptsache zu versetzen vermag, also nicht nur der Eigentümer, sondern jeder, der die tatsächliche Verfügungsmacht über die Hauptsache und das Zubehörstück hat (MünchKomm/ HOLCH Rn 19; BGB-RGRK/KREGEL Rn 14; SOERGEL/MARLY Rn 26; ENNECCERUS/NIPPERDEY § 126 I 3). Daher kann auch eine gestohlene Sache Zubehör werden. – Ebenso kann derjenige, der die Hauptsache tatsächlich benutzt, das Zubehörstück umwidmen und bestimmen, daß es nur noch vorübergehend benutzt werden soll (BGH NJW 1969, 2135, 2136).

4. Das räumliche Verhältnis der Sachen

a) Die Zweckbestimmung allein genügt nicht zur Begründung der Zubehörei- **22** genschaft. Die tatsächliche Indienststellung erfordert darüber hinaus, daß ein gewisser **örtlicher Zusammenhang** zwischen Hauptsache und Zubehör hergestellt wird, der eine bestimmungsgemäße Benutzung des Zubehörstücks ermöglicht. Eine **körperliche Verbindung** beider Sachen ist **nicht erforderlich**; sie würde sogar der Zubehöreigenschaft entgegenstehen, weil auf diese Weise regelmäßig eine Bestandteilseigenschaft begründet wird. Ebensowenig muß sich die Sache immer an ihrem Einsatzort befinden; es genügt, daß sie ohne weiteres an ihren Einsatzort gebracht werden kann (RGZ 51, 272, 274). – Insgesamt ist die Rspr großzügig mit der Annahme eines ausreichenden räumlichen Verhältnisses. Die Zubehöreigenschaft einer beweglichen Sache zu einem **Grundstück** setzt demnach nicht voraus, daß sich die Sache auf dem Grundstück befindet. Zubehör kann vielmehr auch eine Sache sein, die sich auf einem anderen, sogar im fremden Eigentum stehenden Grundstück befindet (RGZ 47, 197, 200; 55, 281, 285; 87, 43, 50). So kann ein außerhalb des Betriebsgrundstücks eingesetzter Bagger Zubehör sein (RG DR 1942, 137, 138 m krit Anm HAUPT; OLG Hamm MDR 1985, 494, 495), ebenso eine Tankstelle auf dem Nachbargrundstück (BGH MDR 1965, 561). – Die Distanz zwischen Zubehör und Hauptsache kann beträchtlich sein (vgl RGZ 157, 40, 47: 800 bis 1000 m als „geringe Entfernung"). Dies gilt zB für das **Leitungsnetz der Versorgungsunternehmen**, das als Zubehör zum Betriebsgrundstück bewertet wird (RGZ 168, 288, 290; BGHZ 37, 353, 357; vgl auch § 94 Rn 11, § 95 Rn 8 und § 98 Rn 8).

b) Eine nur **vorübergehende Unterbrechung** der Möglichkeit, die Zubehörsache **23** im Dienste der Hauptsache zu verwenden, beendet gem § 97 Abs 2 S 2 die Zubehöreigenschaft nicht. Dies gilt etwa bei vorübergehender räumlicher Trennung zu Reparaturzwecken (KG OLGE 6, 213). – Erst eine räumliche Trennung, die als dauernde gewollt ist oder aus tatsächlichen Gründen eine dauernde sein muß, läßt die Zubehöreigenschaft enden (vgl auch STAUDINGER/WOLFSTEINER [2002] § 1121 Rn 12).

5. Die Verkehrsauffassung

a) Ob zwischen zwei Sachen ein Verhältnis der Über- und Unterordnung und **24** damit ein Zubehörverhältnis besteht, oder ob beide Sachen für den verfolgten

Zweck von gleicher Wichtigkeit sind, entscheidet gem § 97 Abs 1 S 2 im Zweifel die **Verkehrsauffassung**. Diese kann sich auch dahin auswirken, daß trotz des Vorliegens einer wirtschaftlichen Zweckbindung und eines entsprechenden räumlichen Verhältnisses die Zubehöreigenschaft einer Sache zu verneinen ist (RG SeuffA 84 Nr 98); dies ist zB der Fall, wenn nach der Verkehrsauffassung eine Sache nicht mit dem Grundstück, auf dem sie sich befindet, mitverkauft zu werden pflegt (anschaulich WIESER NJW 1990, 1971). Dadurch sollen die Interessen des Rechtsverkehrs geschützt werden, der auf den Bestand des äußerlich erkennbaren Zusammenhangs als wirtschaftlicher Einheit vertraut (BGHZ 62, 49, 51). — Die Verkehrsauffassung ist **personell begrenzt**, und zwar insofern, als es auf die Lebens- und Geschäftsgewohnheiten der beteiligten Verkehrskreise ankommt (OLG Oldenburg Rpfleger 1976, 243, 244; RGZ 77, 241, 244); für ein Bierzelt etwa ist auf die Auffassung des Geschäftsverkehrs und nicht der Kunden abzustellen (RG JW 1938, 1390). — Darüber hinaus kann eine die Zubehöreigenschaft ausschließende Verkehrsauffassung **lokal begrenzt** sein, wie es für Herde und Öfen bereits in Prot III 19 ausgeführt ist. Angesichts steigender Mobilität der Bevölkerung werden regionale Unterschiede in der Verkehrsauffassung jedoch zunehmend geringer (OLG Nürnberg MDR 2002, 815, 816; vgl auch § 94 Rn 25). — Schließlich ist die Verkehrsauffassung auch einem **zeitlichen Wandel** unterworfen. Entscheidend ist die Verkehrsauffassung im Zeitpunkt des Urteils; so kann auf die im Jahr 1915 bestehenden Verhältnisse nicht abgestellt werden, da das Fortbestehen einer Verkehrsanschauung nicht vermutet wird (BGH WM 1993, 168, 170).

25 b) Aufgrund der damit möglichen unterschiedlichen Maßstäbe kommt es nicht selten zu **entgegengesetzten Entscheidungen** bei der Beurteilung der Zubehöreigenschaft gleicher Wirtschaftsgüter: So wurde zB **Linoleum** in München als Zubehör eingeordnet (OLG München SeuffA 74 Nr 157), in Hamburg dagegen nicht (OLG Hamburg OLGE 45, 110). Die **Einbauküche** (soweit sie nicht wesentlicher Bestandteil ist, vgl § 94 Rn 35, und nicht vom Mieter eingebaut wurde, vgl o Rn 19) wurde vom OLG Köln (VersR 1980, 51, 52), vom OLG Celle (NJW-RR 1989, 913, 914 mwNw) und vom BGH für Norddeutschland (NJW-RR 1990, 586, 588 mwNw) als Zubehör anerkannt. Anders hingegen entschieden das OLG Karlsruhe (NJW-RR 1986, 19, 20; 1988, 459, 460), das OLG Frankfurt aM (ZMR 1988, 136), das OLG Hamm (NJW-RR 1989, 333; FamRZ 1998, 1028) und das OLG Düsseldorf (NJW-RR 1994, 1039, 1040). — Eine **Kaffeehauseinrichtung** wurde in Frankfurt aM nicht dem Zubehör zugerechnet (OLG Frankfurt aM HRR 1932 Nr 2235), wohl aber in Thüringen (OLG Jena JW 1933, 924). Für **Gastwirtschaftsinventar** wurde in Hamburg (OLG Hamburg OLGE 38, 30) und Schleswig-Holstein (LG Kiel Rpfleger 1983, 167, 168) die Zubehöreigenschaft verneint, in Bremen dagegen für möglich gehalten (OLG Hamburg OLGE 31, 192, 193), ebenso in Hessen (AG Biedenkopf DGVZ 1967, 153). — Für eine **Fernsprechanlage** verneinte das OLG Köln (NJW 1961, 461, 462) die Zubehöreigenschaft aufgrund der Verkehrsauffassung, in Norddeutschland wurde sie für ein Hotel bejaht (LG Flensburg Rpfleger 2000, 345 f). In neuerer Zeit sind jedoch kaum noch Fälle entschieden worden, in denen die Zubehöreigenschaft aufgrund einer entgegenstehenden Verkehrsanschauung verneint wurde.

26 c) Aus der umfangreichen Rspr sind über die in Rn 25 aufgeführten Beispiele hinaus folgende Fälle hervorzuheben (zu weiteren Einzelfällen vgl § 98 Rn 8 sowie MünchKomm/HOLCH Rn 33 ff; BGB-RGRK/KREGEL Rn 37):

Im **gewerblichen Bereich** wurde insbes die **Büroeinrichtung** in einem Fabrikgebäude

(OLG Jena OLGE 13, 314, 315; BayObLG OLGE 24, 250, 251) oder in einem Verwaltungsgebäude (LG Mannheim Betrieb 1976, 2206) anerkannt. Daß das Gebäude früher anderen Zwecken diente, ist unerheblich (LG Freiburg BB 1977, 1672). Kein Zubehör ist dagegen die in einer Villa befindliche Büroeinrichtung (OLG Kiel SchlHA 1913, 172). Auch die Ladeneinrichtung in einem Geschäftshaus wurde nicht als Zubehör anerkannt (OLG Braunschweig HRR 1939 Nr 869; ERMAN/MICHALSKI Rn 10), wohl aber der Schaukasten eines Ladens (OLG Marienwerder JW 1932, 2097). Dalben sind Zubehör des Werftgrundstücks (OVG Bremen NJW-RR 1986, 955, 957 f), die Theaterrequisiten Zubehör des Theatergebäudes (KG OLGE 30, 328, 329). Auch die Dekorationspflanzen einer Gärtnerei sind Zubehör (OLG Bamberg OLGE 3, 234, 235). – Im Verhältnis zur **Wohnung** ist der Garten kein Zubehör (LG Hagen MDR 1948, 147, 148); das gleiche gilt wegen einer entgegenstehenden Verkehrsanschauung für Gartenmöbel und -geräte (OLG Frankfurt aM ZMR 1988, 136; WIESER NJW 1990, 1971) sowie einen im Garten aufgestellten Bildstock (OLG Frankfurt aM NJW 1982, 653, 654 mit abw Begründung). Die gemeinsam genutzte Waschmaschine in einem Mehrfamilienhaus ist Zubehör (LG Dortmund MDR 1965, 740), das bewegliche **Mobiliar** in den einzelnen Wohnungen hingegen nicht (OLG Düsseldorf OLGZ 1988, 115, 118; AG Esslingen NJW-RR 1987, 750 für Matratzen und Lattenrost; vgl auch § 94 Rn 36). – Kein Zubehör des Kraftwagens ist der **Kraftfahrzeugbrief** (LG München DAR 1958, 267) oder das im Auto befindliche Reisegepäck (BGH VersR 1962, 557, 558).

6. Das Ende der Zubehöreigenschaft

Da die Zubehöreigenschaft aufgrund objektiver Merkmale entsteht, endet sie mit **27** deren dauernden Wegfall. Dies kann einmal durch **räumliche Trennung** von der Hauptsache geschehen (vgl o Rn 22), außerdem durch **Aufhebung der Zweckwidmung** des Zubehörs. So ist ausgelagertes Inventar kein Zubehör mehr, wenn dieses (zB in der Insolvenz) dazu bestimmt wird, gesondert vom Grundstück veräußert zu werden (BGHZ 60, 267, 269; BGH WM 1993, 168, 170). – Auf der anderen Seite beendet die Aufhebung des **wirtschaftlichen Zwecks der Hauptsache** die Zubehöreigenschaft; dies gilt zB hinsichtlich des betrieblichen Inventars bei dauernder Betriebsstillegung (BGHZ 56, 298; RG Gruchot 53, 899, 901 f). Ebenso endet die Zubehöreigenschaft einer Glocke mit der kirchenrechtlichen Entwidmung der Kapelle (BGH NJW 1984, 2277, 2278 m Anm GERHARDT JR 1985, 103, 104; **aM** DILCHER, Der Streit um die Glocke, JuS 1986, 185, 187, wenn die Glocke noch zur Brandanzeige dient). – Umgekehrt endet die Zubehöreigenschaft auch dann, wenn durch **Herstellung eines Bestandteilsverhältnisses** die Eigenschaft als selbständige bewegliche Sache wegfällt. – Die **Sicherungsübereignung** von Zubehörstücken ändert nichts an der Zubehöreigenschaft, sofern keine Entwidmung stattfindet (BGH NJW 1987, 1266, 1267).

Der in § 97 Abs 2 S 2 enthaltene Grundsatz, daß sich ein nur vorübergehender Weg- **28** fall des räumlichen Verhältnisses nicht auf die Zubehöreigenschaft auswirkt, ist dabei auch auf die anderen Voraussetzungen des § 97 zu übertragen (BGB-RGRK/KREGEL Rn 35). Daher beendet eine **vorläufige Betriebseinstellung**, bei der mit einer Wiedereröffnung des Betriebs der Hauptsache gerechnet wird, das Zubehörverhältnis nicht (RGZ 77, 36, 40; RG HRR 1930 Nr 277). Dagegen kommt eine Betriebseinstellung auf 99 Jahre einer dauerhaften Einstellung gleich und führt daher zum Ende des Zubehörverhältnisses (RG WarnR 1934 Nr 56). – Ohne das Vorliegen der genannten objektiven Aufhebungsgründe vermag auch der **Aufhebungswille** allein die Zubehöreigenschaft nicht zu beenden. Ebensowenig genügt die Verurteilung des tatsächlichen Benutzers eines Zubehörstückes zur Herausgabe, um das Zubehörverhältnis enden zu lassen (BGH NJW 1969, 2135, 2136).

III. Die Rechtslage des Zubehörs

29 Das BGB stellt keine allgemeinen Rechtsregeln über die Folgen der Zubehöreigenschaft auf. Das rechtliche Schicksal des Zubehörs ist vielmehr in einer Reihe von **Einzelvorschriften** geregelt.

1. Verpflichtungsgeschäfte

30 Die wirtschaftliche Zusammengehörigkeit von Hauptsache und Zubehör findet ihre rechtliche Entsprechung insbesondere in § **311c**. Danach erstreckt sich die rechtsgeschäftliche Verpflichtung zur Veräußerung oder Belastung der Hauptsache im Zweifel auf deren Zubehör. Ist die Sache Zubehör mehrerer Hauptsachen (vgl o Rn 10), so erfaßt die Verpflichtung in entsprechender Anwendung des § 311c den Anteil am Zubehörstück, der dem Maß der Benutzung durch die jeweilige Hauptsache entspricht (ENNECCERUS/NIPPERDEY § 126 I 3 b mit Fn 17; MünchKomm/HOLCH Rn 12). Zu beachten ist jedoch, daß es sich um eine **Auslegungsregel** handelt, die nicht eingreift, wenn feststeht, daß das Zubehör nicht von der Verpflichtung erfaßt sein soll. – Nach § 457 Abs 1 umfaßt die Herausgabepflicht beim Wiederkauf auch das Zubehör. – Im Zweifel erstreckt sich nach § 1096 auch das **Vorkaufsrecht** an einem Grundstück auf das Zubehör, das mit dem Grundstück verkauft wird. – Die gleiche Auslegungsregel enthält § 2164 Abs 1 für das **Vermächtnis** einer Sache; es erfaßt im Zweifel das zZt des Erbfalls vorhandene Zubehör. – Dem Voraus des überlebenden Ehegatten sind die zum ehelichen Haushalt gehörenden Gegenstände nach § 1932 Abs 1 S 1 insoweit zuzuzählen, als sie nicht Zubehör eines Grundstücks sind.

2. Verfügungsgeschäfte

31 a) Am Zubehör eines Grundstücks kann der Erwerber des Grundstücks unter den in § **926** genannten Voraussetzungen Eigentum erwerben, ohne daß es der Übergabe des beweglichen Zubehörs bedarf (OLG Düsseldorf DNotZ 1993, 342, 343). – Dies gilt jedoch nur für die dem Veräußerer gehörenden Zubehörstücke. An anderem Zubehör ist gem § 926 Abs 2 der Eigentumsübergang nach den §§ 932 ff zu beurteilen (LG Gießen NJW-RR 1999, 1538; dazu STAUDINGER/PFEIFER [1995] § 926 Rn 17). – Dienen mehrere einer Person gehörende Grundstücke einem Zubehörstück als Hauptsache (vgl o Rn 10), so kann bei einer Veräußerung eines der Grundstücke nach § 926 Miteigentum der Grundstückseigentümer am Zubehör entstehen, wenn nicht der Erwerber nach §§ 929 ff Alleineigentum erlangt (ERMAN/MICHALSKI Rn 12; vgl auch OLG Breslau OLGE 35, 291; STAUDINGER/PFEIFER [1995] § 926 Rn 15). – Entsprechende Bestimmungen für den Nießbrauch, die beschränkte persönliche Dienstbarkeit und das Erbbaurecht enthalten die §§ 1031, 1062, 1093 sowie § 11 ErbbauVO.

32 b) Der praktisch wichtigste Satz über das Zubehör ist in § **1120** enthalten, wonach sich die **Hypothek** bzw **Grundschuld** auf das Grundstückszubehör erstreckt (vgl ie STAUDINGER/WOLFSTEINER [2002] § 1120 Rn 35 ff). Ausgenommen sind Zubehörstücke, die nicht in das Eigentum des Grundstückseigentümers gelangt sind (zur Beweislast vgl u

Rn 36). Das **Anwartschaftsrecht** an Zubehörstücken, die noch unter Eigentumsvorbehalt des Veräußerers stehen, wird jedoch von der hypothekarischen Haftung miterfaßt (BGHZ 35, 85, 88 f; STAUDINGER/WOLFSTEINER [2002] § 1120 Rn 41; vgl auch o Rn 18). Der Eintragung von Zubehör im Grundbuch bedarf es nicht. Die Verschlechterung oder unwirtschaftliche Entfernung der von der Haftung erfaßten Zubehörstücke ist als eine die Sicherheit der Hypothek gefährdende Verschlechterung des Grundstücks nach § 1135 zu bewerten. Von der Haftung frei werden Zubehörstücke nach den §§ 1121 und 1122 Abs 2. Entsprechend gelten diese Regeln gem der Verweisungen in den §§ 1192 und 1199 bei der Grund- und Rentenschuld. – Für das Zubehör an **eingetragenen Schiffen** enthält § 31 SchiffsRG eine entsprechende Regelung. Auch § 103 BinnSchG kennt eine Mithaftung des Zubehörs in begrenztem Umfang. – Bei registrierten Luftfahrzeugen haften nach § 31 LftfzRG sogar nur vorübergehend eingebaute Bestandteile und Zubehörstücke für das Pfandrecht (ERMAN/MICHALSKI Rn 10a).

c) Für Verfügungen über **bewegliche Sachen** fehlt eine dem § 926 vergleichbare 33 Vorschrift. Daher bedarf es hier einer Auslegung der für die Übereignung gem §§ 929 ff erforderlichen Einigung nach den allgemeinen Regeln (SOERGEL/MARLY Rn 40). Insbesondere erstreckt sich das Pfandrecht an beweglichen Sachen nur nach Maßgabe der §§ 1205 ff auf das Zubehör.

3. Die Zwangsvollstreckung

Besondere Vorschriften über die Erstreckung der Zwangsvollstreckung auf Zube- 34 hör enthalten die §§ 865 ZPO sowie 20, 21, 55 Abs 2, 146 und 148 ZVG. Soweit dort der Begriff Zubehör verwendet wird, ist er iS der §§ 97 und 98 zu verstehen; der weitergehende Begriff des Hofeszubehörs iS des § 3 HöfeO (vgl o Rn 3) findet keine Anwendung (OLG Oldenburg NJW 1952, 671; ERMAN/MICHALSKI § 98 Rn 9).

Gem **§ 865 Abs 1 ZPO** darf die Zwangsvollstreckung in bewegliche Sachen, die 35 Grundstückszubehör sind und im Eigentum des Grundstückseigentümers stehen, nicht nach den Vorschriften der Mobiliarvollstreckung erfolgen. Vielmehr werden diese Sachen gem §§ 865 Abs 2 ZPO iVm §§ 1120 ff von der **Zwangsvollstreckung in das Grundstück** erfaßt, dessen Zubehör sie sind. Dies gilt selbst dann, wenn am Zubehörstück ein Werkunternehmerpfandrecht besteht (KG OLGE 6, 213). Allerdings ist eine trotzdem vorgenommene Mobiliarpfändung des Zubehörs durch den Gerichtsvollzieher nach hL nicht nichtig, sondern bis zu einer Anfechtung schwebend wirksam, da die Pfändung von Zubehör keinen offenkundigen Fehler darstellt (MUSIELAK, ZPO [3. Aufl 2002] § 865 Rn 10; STIEPER, Die Scheinbestandteile [2002] 77 ff mwNw). – Die **Beschlagnahme** eines Grundstücks erstreckt sich gem § 20 Abs 1 ZVG auf das Zubehör, das im Eigentum des Grundstückseigentümers steht. § 21 Abs 1 ZVG regelt die Beschlagnahmewirkung für land- und forstwirtschaftliche Erzeugnisse (vgl RGZ 143, 33, 38 ff). – Durch § 55 Abs 2 ZVG wird die **Zwangsversteigerung** auch auf Zubehörstücke erstreckt, die einem Dritten gehören, sofern sie sich im Besitz des Schuldners befinden und der Dritte sein Recht nicht nach § 37 Nr 5 ZVG geltend macht. – Für die **Zwangsverwaltung** gelten die genannten Regeln nach §§ 146 Abs 1, 148 Abs 1 ZVG entsprechend. Die Erweiterung des § 55 Abs 2 ZVG auf Zubehör, das im Eigentum eines Dritten steht, greift hier allerdings nicht Platz (STÖBER, ZVG [17. Aufl 2002] § 148 Rn 2.2; vgl BGH NJW 1986, 59, 60).

IV. Die Beweislast

36 Die Beweislast dafür, daß eine Sache dem wirtschaftlichen Zweck einer Hauptsache zu dienen bestimmt ist und zu dieser in einem dafür geeigneten Verhältnis steht, trifft denjenigen, der sich **auf die Zubehöreigenschaft beruft** (ENNECCERUS/NIPPERDEY § 126 II). Wer hingegen bestreitet, daß das Grundstückszubehör in das Eigentum des Grundstückseigentümers gelangt ist und daher nach § 1120 nicht dem Haftungsverband der Hypothek unterliegt, hat dies zu beweisen (RG JW 1911, 707). – Auch wer sich darauf beruft, daß eine nur **vorübergehende Zweckbindung** vorliegt, hat dies darzulegen und zu beweisen (BAUMGÄRTEL/LAUMEN, Handbuch der Beweislast I [2. Aufl 1991] § 97 Rn 2). Das gleiche gilt für das Vorliegen einer **Verkehrsanschauung**, nach der eine Sache nicht als Zubehör angesehen werde (OLG Nürnberg MDR 2002, 815, 816; OLG Hamburg OLGE 31, 192 f; LG Hagen Rpfleger 1999, 341, 342; vgl auch RGZ 77, 241, 244). Dies kann insbesondere durch Vorlage einer von der Industrie- und Handelskammer durchgeführten Umfrage geschehen (vgl LG Kiel Rpfleger 1983, 167, 168; LG Flensburg Rpfleger 2000, 345, 346). Läßt sich eine die Zubehöreigenschaft ausschließende Verkehrsauffassung nicht feststellen, so besteht für ihr Vorliegen keine Vermutung; die betreffende Sache ist daher als Zubehör zu qualifizieren. Ebensowenig besteht eine Vermutung dafür, daß eine früher vorhandene Verkehrsauffassung noch fortdauert (RG JW 1914, 460; BGB-RGRK/KREGEL Rn 39; vgl o Rn 24).

V. Ausländisches Recht

37 Das **österreichische Recht** bestimmt in § 294 ABGB, daß Nebensachen, ohne welche die Hauptsache nicht gebraucht werden kann, oder die das Gesetz bzw der Eigentümer zum fortdauernden Gebrauch der Hauptsache bestimmt haben, dem Zugehör angehören. Der Kaufvertrag über eine Sache erfaßt nach § 1061 iVm § 1047 ABGB auch deren Zugehör. Abweichend vom deutschen Recht muß allerdings die Zweckbestimmung vom Eigentümer getroffen werden, was vor allem beim Eigentumsvorbehalt wichtig wird (IRO, Sachenrecht [Wien/New York 2000] Rn 1/23). Hingegen setzt der Zubehörbegriff nach hM nicht voraus, daß dem Eigentümer der Hauptsache auch die Nebensache gehört. Erforderlich ist die Eigentümeridentität aber für die Erstreckung des Erwerbs an der Hauptsache auf das Zubehör (IRO Rn 1/23); eine Ausnahme besteht gem § 297a ABGB nur für Maschinen. Das Dritteigentum kann jedoch im Grundbuch angemerkt werden (dazu IRO Rn 1/40 ff). – Im **schweizerischen Recht** wird durch Art 644 Abs 2 und 3, 645 ZGB das Zugehör weitgehend im selben Sinne bestimmt wie das Zubehör nach dem BGB. Auch hier kommt es zusätzlich auf die örtlich übliche Auffassung an (TUOR/SCHNYDER/SCHMID, Das schweizerische ZGB [11. Aufl Zürich 1995] 667 ff). Für Versorgungsleitungen ist die Zugehöreigenschaft in Art 676 Abs 1 ZGB ausdrücklich angeordnet (vgl auch § 95 Rn 32). – Verfügungen über die Hauptsache erfassen gem Art 644 Abs 1 ZGB im Zweifel auch das Zugehör. Ebenso erstrecken sich die Grundpfandrechte gem Art 805 ZGB auf das zum Grundstück gehörende Zugehör.

38 Das **französische Recht** kennt keinen dem deutschen Recht vergleichbaren, allgemeinen Begriff des Zubehörs, weil es von einer anderen Definition der Bestandteile ausgeht (vgl § 93 Rn 48 und § 95 Rn 33). So kann eine Sache, die nach deutschem Recht Zubehör ist, im französischen Recht ein unselbständiger Teil eines Grundstücks und damit immeuble par destination sein (FERID/SONNENBERGER, Das französische Zivilrecht II

[2. Aufl 1986] Rn 3 A 63 und 73). Auf der anderen Seite kennt das französische Recht den Begriff des sonderrechtsfähigen und nur im Zweifel dem rechtlichen Schicksal der Hauptsache folgenden „accessoires", der auch Sachen erfaßt, die nach deutschem Recht wesentliche Bestandteile wären (FERID/SONNENBERGER Rn 3 A 74 ff). – Das **italienische Recht** enthält in Art 817 Codice civile eine allgemeine Definition des Zubehörs (pertinenza). Sie entspricht im wesentlichen der deutschen Regelung, wobei der Zweck nicht nur wirtschaftlich zu bestimmen ist, sondern ausdrücklich auch Verzierungen umfaßt. Hinsichtlich der Rechtsfolgen beschränkt sich Art 818 Codice civile auf die Bestimmung, daß Zubehörstücke grundsätzlich das rechtliche Schicksal der Hauptsache teilen. Rechte Dritter am Zubehör sind nach Art 819 Codice civile möglich. – Das **englische Recht** unterscheidet Zubehör nicht von den Bestandteilen (fixtures). Es läßt allerdings Wegnahmerechte hinsichtlich bestimmter, dem Zubehör des deutschen Rechts vergleichbarer Bestandteile zu; dies gilt zB für die sog trade fixtures, die aus Gründen eines Gewerbebetriebes vom Besitzer mit dem Grundstück verbunden wurden. Dasselbe gilt für ornamentations, deren Zweckbestimmung auf den zeitweisen Besitzer des Grundstücks ausgerichtet ist. – Bei der Landpacht fallen agricultural fixtures, wie Maschinen oder Zäune, dem Grundstückseigentümer zu, wenn sie nicht innerhalb von zwei Monaten nach Pachtende entfernt worden sind (CHESHIRE/BURN's Modern Law of Real Property [14. Aufl London 1988] 140).

§ 98
Gewerbliches und landwirtschaftliches Inventar

Dem wirtschaftlichen Zwecke der Hauptsache sind zu dienen bestimmt:

1. **bei einem Gebäude, das für einen gewerblichen Betrieb dauernd eingerichtet ist, insbesondere bei einer Mühle, einer Schmiede, einem Brauhaus, einer Fabrik, die zu dem Betrieb bestimmten Maschinen und sonstigen Gerätschaften;**

2. **bei einem Landgut das zum Wirtschaftsbetrieb bestimmte Gerät und Vieh, die landwirtschaftlichen Erzeugnisse, soweit sie zur Fortführung der Wirtschaft bis zu der Zeit erforderlich sind, zu welcher gleiche oder ähnliche Erzeugnisse voraussichtlich gewonnen werden, sowie der vorhandene, auf dem Gut gewonnene Dünger.**

Materialien: E I § 791; II § 77i; III § 94; Mot III 66; Prot III 17; JAKOBS/SCHUBERT, AT I 454.

I. Die rechtliche Bedeutung der Vorschrift

1. Normzweck und Entstehungsgeschichte

Während § 94 Abs 2 diejenigen Gegenstände zu wesentlichen Bestandteilen erklärt, **1** die einem Gebäude zu seiner Herstellung eingefügt sind, und dabei auf die konkrete Zweckbestimmung des Gebäudes nur begrenzt Rücksicht nimmt (vgl § 94 Rn 26 f), wird in § 98 für die Bestimmung des Zubehörs die **konkrete Zwecksetzung** zum Ausgangspunkt erhoben. – Das BGB geht dabei von dem Gedanken aus, daß Wert und Nutzbarkeit eines Grundstücks wesentlich von der Verbindung des Inventars mit dem Grundstück abhängen (Mot III 66). Im Gegensatz dazu wurde im gemeinen Recht das Inventar eines Geschäftsgebäudes nicht für Zubehör gehalten, weil es nur den persönlichen Zwecken des Besitzers diene; dieser Auffassung sollte § 98 entgegentreten (vgl RGZ 67, 30, 33; ferner STIEPER, Die Scheinbestandteile [2002] 18). – Die Tatbestandsumschreibungen des § 98 geben die wirtschaftliche Situation des ausgehenden 19. Jahrhunderts wieder, was die praktische Bedeutung des § 98 gegenüber der elastischen Zubehördefinition in § 97 deutlich schmälert (vgl MünchKomm/ HOLCH Rn 3, der § 98 für entbehrlich hält).

2. Das Verhältnis zu § 97

2   Unter den Zubehörbegriff in § 98 fällt insbesondere das **Inventar**, dh die Gesamtheit der beweglichen Sachen, die zur Betriebsführung entsprechend dem wirtschaftlichen Zweck eines Grundstücks bestimmt sind (OLG Schleswig SchlHA 1974, 111). Damit wird das von § 97 aufgestellte Erfordernis der **wirtschaftlichen Zweckbestimmung** konkretisiert. Für die in § 98 aufgezählten Sachen ist gesetzlich festgestellt, daß diese dem wirtschaftlichen Zweck der Hauptsache zu dienen bestimmt sind (vgl RG JW 1920, 552, 553). Damit ist jedoch nicht gesagt, daß diese Sachen auch Zubehör sind. Vielmehr müssen dafür auch die **übrigen Voraussetzungen des § 97** gegeben sein (RGZ 63, 416, 418); § 98 soll nicht zu einer Erweiterung des in § 97 definierten Zubehörbegriffs führen (Mot III 67; aM BGB-RGRK/KREGEL Rn 1). Insbesondere muß eine **auf Dauer** angelegte Zweckbindung an die Hauptsache bestehen (OLG Düsseldorf NJW-RR 1991, 1130 f; SOERGEL/MARLY Rn 2; MünchKomm/HOLCH Rn 2; PALANDT/ HEINRICHS Rn 1; aM ERMAN/MICHALSKI Rn 1 und 6; vgl § 97 Rn 18 ff). So ist der zum Verkauf bestimmte Dünger kein Zubehör, auch wenn er auf dem Landgut gewonnen wurde (SOERGEL/MARLY Rn 2; anders noch STAUDINGER/DILCHER [1995] Rn 3). Außerdem muß das Zubehör, ohne Bestandteil zu sein, in einem entsprechenden räumlichen Verhältnis zur Hauptsache stehen (vgl § 97 Rn 22 f), und die Verkehrsauffassung darf der Zubehöreigenschaft nicht entgegenstehen (vgl § 97 Rn 24 ff).

3   Auf der anderen Seite ist § 98 nicht dahin zu verstehen, daß nur die aufgeführten Gegenstände Zubehör der genannten Betriebseinrichtungen sein können; die Vorschrift enthält **keine erschöpfende Aufzählung**. Vielmehr kann die Zubehöreigenschaft nach § 97 auch für solche Gegenstände zu bejahen sein, die nicht in § 98 genannt werden (RG HRR 1933 Nr 276; RGZ 47, 197, 199; 66, 356, 358); dies gilt zB für den zugekauften Dünger eines Landgutes (vgl u Rn 14). – Auch für die in § 98 aufgeführten Zubehörstücke ist unerheblich, in wessen **Eigentum** sie stehen (vgl § 97 Rn 6). Daher kann auch einem Pächter gehörendes Inventar Zubehör eines Landguts sein, solange es auf Dauer dem Betrieb zu dienen bestimmt ist.

II. Das gewerbliche Inventar

4   Gem § 98 Nr 1 sind bei einem Gebäude, das für einen gewerblichen Betrieb dauernd eingerichtet ist, die zum Betrieb bestimmten Maschinen und sonstigen Gerätschaften zugleich dem wirtschaftlichen Zweck des Gebäudes zu dienen bestimmt. Damit schließt § 98 aus der Zweckbestimmung des Zubehörs für den Gewerbebe-

trieb auf seine (durch den Betrieb vermittelte) Bestimmung für das dauernd für diesen Zweck eingerichtete Betriebsgebäude. – Als Hauptsache ist dabei stets das **Gebäude** anzusehen. Auf das Wertverhältnis zwischen Zubehör und Gebäude kommt es nicht an (BGB-RGRK/Kregel Rn 2; vgl § 97 Rn 9). Wenn das Gebäude wesentlicher Bestandteil des Grundstücks ist, stellt das Zubehör damit auch Zubehör des Grundstücks dar (vgl § 97 Rn 8).

1. Das Betriebsgebäude

a) Der **gewerbliche Betrieb** iS des § 98 Nr 1 setzt nur voraus, daß aus planmäßiger 5 Tätigkeit Einnahmen erschlossen werden sollen (vgl auch Vorbem 34 zu §§ 90 ff). Die Begriffsbestimmungen des Gewerbebetriebes nach der GewO, dem HGB oder den Steuergesetzen sind für § 98 nicht maßgebend. Daher kann sogar der Versorgungscharakter gegenüber der Einnahmeerzielung Vorrang genießen, etwa bei einer Badeanstalt. – Der in dem Gebäude ausgeübte Gewerbebetrieb kann einmal der **Warenproduktion** dienen. Dies gilt vor allem, wenn es sich um ein Fabrikgebäude handelt; so ist zB die Mangelmaschine in einer Weberei deren Zubehör (RGZ 125, 362, 364). – Ferner werden, wie die Beispiele in § 98 Nr 1 zeigen, auch die für eine **handwerkliche Betriebsweise** eingerichteten Gebäude als Hauptsachen definiert (vgl die Beispiele bei BGB-RGRK/Kregel Rn 4 und Soergel/Marly Rn 8). – Ebenso werden **Dienstleistungsbetriebe** als Betriebe iS des § 98 anerkannt; so etwa Krankenhäuser, Theater oder Gasthäuser (vgl OLG München LZ 1927, 189). – Auch **Handelsbetriebe**, insbes Einzelhandelsgeschäfte, fallen unter § 98 (OLG Marienwerder JW 1932, 2097). Ebenso werden die Einrichtungsstücke einer Apotheke als Zubehör des Apothekengebäudes angesehen (RG WarnR 1909 Nr 491; Soergel/Marly Rn 10), nicht dagegen die angebotenen Waren (RG Recht 1915 Nr 6; vgl § 97 Rn 16).

b) Das Gebäude muß **für den Betrieb eingerichtet** sein. Dabei ist der Zweck des 6 § 98 zu berücksichtigen, den gerade in der Verbindung von Grundstück und Inventar liegenden wirtschaftlichen Wert zu schützen (vgl o Rn 1). Es muß durch die bauliche Eigenart des Gebäudes ein Wert realisiert sein, der nach den Zubehörbestimmungen erhalten bleiben soll (BGHZ 62, 49, 53; 124, 380, 392). – Daß der Betrieb erst eingerichtet werden soll, genügt daher nicht. Das Betriebsgebäude als Hauptsache muß bereits so weit **fertiggestellt** sein, daß die Verwirklichung des wirtschaftlichen Zwecks möglich ist (RGZ 89, 61, 64; vgl auch § 97 Rn 17). Daß das Gebäude bereits vollständig ausgestattet ist, ist dafür nicht erforderlich (BGH NJW 1969, 36). – Ferner genügt für die Anwendbarkeit des § 98 Nr 1, daß **nur ein Teil des Gebäudes** für den gewerblichen Betrieb dauernd eingerichtet ist (RGZ 48, 207, 209; RG JW 1909, 485; vgl § 97 Rn 8). So ist zB die Einrichtung der im Erdgeschoß eines mehrstöckigen Wohnhauses betriebenen Konditorei als Zubehör anzusehen (OLG Jena JW 1933, 924); dasselbe gilt für die Einrichtung einer Fremdenpension, die nur einen Teil des Hauses beansprucht (OLG München LZ 1927, 189, 190).

Das Gebäude muß für den gewerblichen Betrieb **dauernd**, dh auf eine zunächst 7 unbegrenzte Zeit eingerichtet sein (BGB-RGRK/Kregel Rn 5). Wenn ein Betrieb in einem Gebäude stattfindet, das nach seiner objektiven Beschaffenheit nicht dauernd dafür eingerichtet ist, werden die dem Betrieb dienenden Geräte nicht dessen Zubehör. Bei den vom Gesetz aufgezählten Beispielen Fabrik, Mühle, Schmiede und Brauhaus wird die dauernde Einrichtung unterstellt, da diese regelmäßig eine auf den Betrieb zugeschnittene bauliche Gestaltung aufweisen (vgl BGHZ 85, 234, 237 f). Es reicht aber auch aus, daß das Gebäude mit Gegenständen, die dem Betrieb dienen, derart verbunden ist, daß das Ganze die dauernde Zweckbestimmung erkennen läßt (BGHZ 62, 49, 52; OLG Köln NJW-RR 1987, 751, 752). – Eine nur **zeitweise Einrichtung** für die Bedürfnisse des gegenwärtigen Besitzers genügt hingegen nicht. Dies ist etwa der Fall bei einem Wohnhaus, in dem sich ein für verschiedene Geschäftszweige benutzbarer Verkaufsladen befindet (RG JW 1909, 485 f), oder einem Fabrikgebäude, das über einen längeren Zeitraum von verschiedenen Firmen mit unterschiedlichen Produktionszweigen genutzt wurde, hinsichtlich des Gewerbebetriebs des derzeitigen Pächters (BGH BB 1971, 1123, 1124). Die Tatsache, daß ein Fabrikgebäude früher schon andere Nutzungsweisen beherbergt hat, ist für sich genommen jedoch unschädlich, sofern der jetzige Eigentümer beabsichtigt, darin auf unbestimmte Zeit zu produzieren (OLG Köln NJW-RR 1987, 751, 752 f). Dagegen ist der **Fuhrpark** eines Speditionsunternehmens nicht (mehr) als Zubehör des Betriebsgrundstücks zu qualifizieren, da das Betriebsgrundstück nach den heutigen wirtschaftlichen Verhältnissen mangels besonderer Ausgestaltung nicht den Mittelpunkt des Betriebes bildet (BGHZ 85, 234, 238 ff; vgl § 97 Rn 9 und 14); es fehlt daher an dem erforderlichen Zweckzusammenhang von Betrieb und Gebäude (vgl o Rn 4).

2. Die Zubehörstücke

8 Das unter § 98 Nr 1 fallende Inventar muß alle Voraussetzungen der Zubehöreigenschaft nach § 97 erfüllen (vgl o Rn 2). Unerheblich ist, in wessen Eigentum die Zubehörstücke stehen (OLG Schleswig SchlHA 1974, 111; vgl § 97 Rn 6). – Zubehör gem § 98 Nr 1 sind danach einmal die zum Betrieb bestimmten **Maschinen**, sofern sie nicht als Bestandteile des Grundstücks anzusehen sind (vgl § 93 Rn 18 und § 94 Rn 27). So sind Baugeräte auf dem Betriebsgrundstück eines Baugeschäfts Zubehör (OLG Hamm MDR 1985, 494, 495), ebenso die Fahrzeuge, die zum Aufsuchen der Baustellen verwendet werden (OLG Hamm DGVZ 1954, 7; vgl aber § 97 Rn 14) oder dem An- und Abtransport von Rohstoffen und gefertigten Waren dienen (BGH WM 1980, 1383, 1384). – Zu den außer den Maschinen genannten **sonstigen Gerätschaften** gehören zB bei einer Gastwirtschaft die Einrichtung (RGZ 48, 207, 209; vgl aber § 97 Rn 25) einschl der Registrierkasse (OLG Kiel JW 1933, 1422), nicht jedoch der Kassenbestand (OLG Dresden OLGE 30, 329). Zubehör sind auch Schreibtische, Aktenschränke und Schreibmaschinen im Büro des Geschäftsbetriebs (BayObLG OLGE 24, 250, 251; OLG Königsberg HRR 1941 Nr 924; LG Eisenach JW 1925, 1924 f; LG Lüneburg Rpfleger 1954, 313, 314) und die in einer Bäckerei benutzte Speiseeismaschine (LG Kassel MDR 1959, 487), ebenso die Kleiderschränke für Mitarbeiter (OLG Hamm Recht 1932 Nr 636). – Die **äußeren Versorgungsleitungen** sind nach § 98 Nr 1 Zubehör des Betriebsgrundstücks des Versorgungsunternehmens, soweit sie nicht durch dem Unternehmen gehörende Grundstücke verlaufen (RGZ 87, 43, 49; BGHZ 37, 353, 356; vgl auch § 94 Rn 11 und § 97 Rn 22). Dasselbe gilt für die beim Abnehmer installierten Verbrauchszähler (vgl § 94 Rn 37).

III. Das landwirtschaftliche Inventar

1. Das Landgut

9 Der in § 98 Nr 2 genannte Begriff des **Landguts**, der auch in §§ 1055 Abs 2, 1515

Abs 2 und 3, 1822 Nr 4, 2049, 2130 Abs 1 S 2 und 2312 verwendet wird, wäre heute besser als landwirtschaftlicher Betrieb (im Gegensatz zum gewerblichen Betrieb in Nr 1) zu bezeichnen (vgl § 811 Nr 4 a ZPO); die ursprünglich verwendete Bezeichnung „landwirtschaftliche Besitzung" wurde während der Beratungen zum BGB aufgegeben (JAKOBS/SCHUBERT 454). – Nicht bei jedem landwirtschaftlich genutzten Grundstück handelt es sich um ein Landgut. Es muß vielmehr eine zum **selbständigen Betrieb der Landwirtschaft** geeignete und eingerichtete Betriebseinheit vorliegen (OLG Rostock OLGE 29, 211; OLG Königsberg SeuffA 64 Nr 85), die idR mehrere Grundstücke umfaßt (vgl MünchKomm/HOLCH Rn 15). Es genügt aber, wenn durch zugepachtete Grundstücke eine wirtschaftsfähige Betriebseinheit erreicht wird. Entscheidend ist, ob das Grundstück, von dem aus der Betrieb geführt wird, den Mittelpunkt der einheitlichen Bewirtschaftung bildet (OLG Stettin JW 1932, 1581; vgl § 97 Rn 9). In Anlehnung an § 2 des preußischen AnerbenG von 1898 (zum Wortlaut s BGB-RGRK/KREGEL Rn 10) ist dafür nach hM erforderlich, daß der Betrieb neben den erforderlichen Wirtschaftsgebäuden auch mit einem, wenn auch räumlich getrennten, **Wohngebäude** ausgestattet ist (SOERGEL/MARLY Rn 14; MünchKomm/HOLCH Rn 15; ERMAN/MICHALSKI Rn 4; ENNECCERUS/NIPPERDEY § 126 I 3 a in Fn 13; **aM** STAUDINGER/DILCHER [1995] Rn 10). – Der vom BGH (BGHZ 98, 375, 377 f; BGH NJW 1995, 1352; NJW-RR 1992, 770 f; vgl BVerfGE 67, 348 ff) im Rahmen der §§ 2312, 2049 entwickelte Begriff des Landguts kann für § 98 wegen des unterschiedlichen Gesetzeszwecks nicht herangezogen werden (SOERGEL/MARLY Rn 14; PALANDT/HEINRICHS Rn 4).

Zur Landwirtschaft gehören zB Ackerbau, Viehzucht und Milchwirtschaft. Das **10** Landgut muß aber nicht die volle Breite landwirtschaftlicher Betriebsmöglichkeiten ausschöpfen. Es kann vielmehr auf eine **einzige Betriebsart** spezialisiert sein, zB als Geflügelfarm (OLG Frankfurt aM HRR 1932 Nr 1915; OLG Braunschweig JW 1932, 2456 m Anm WILM). Auch reine Forstwirtschaften oder Fischereiwirtschaften genügen den Anforderungen des § 98 (MünchKomm/HOLCH Rn 15). – Nebenbetriebe, wie Sägewerke oder Mühlen, schließen die Bewertung der Gesamtheit als Landgut nicht aus (vgl RG WarnR 1909 Nr 175).

2. Das Gutszubehör

a) Das zum Wirtschaftsbetrieb bestimmte **Gerät** umfaßt alle Betriebsmittel wie **11** Pflüge, Dreschmaschinen oder Schlepper (AG Varel DGVZ 1962, 48), ebenso eine Feldbahn einschl der Gleise (OLG Marienwerder OLGE 8, 417) und eine transportable Beregnungsanlage für den Obstanbau (OLG Celle OLGR 2003, 299). Auch die Einrichtung der Wohnungen und Büroräume des landwirtschaftlichen Personals gehören dazu, nicht hingegen die Einrichtungsgegenstände in den Räumen des Hauspersonals (RG WarnR 1909 Nr 175; OLG Königsberg HRR 1941 Nr 924).

b) Das in § 98 Nr 2 als Zubehör genannte **Vieh** muß für den Wirtschaftsbetrieb **12** des Landgutes bestimmt sein. Der Begriff umfaßt neben den Arbeitstieren auch die Nutztiere, wie zB Milchkühe (OLG Augsburg OLGE 37, 212), und die Zuchttiere (OLG Dresden OLGE 2, 342; KG OLGE 15, 327), ebenso bis zur Schlachtreife Mastvieh (RGZ 142, 379, 382; PALANDT/HEINRICHS Rn 4; **aM** SOERGEL/MARLY Rn 19, da sie nicht von anderen Erzeugnissen zu unterscheiden seien; vgl u Rn 13) und Geflügel (OLG Braunschweig JW 1932, 2456 m Anm WILM; **aM** OLG Celle JW 1932, 2456, 2457 für das Geflügel auf einer Geflügelfarm) sowie Wachhunde (ERMAN/MICHALSKI Rn 5). § 90a hat an der Einordnung dieser Tiere in die Zubehörkategorie nichts geändert. – Die zur **Veräußerung bestimmten Tiere** verlieren ihre Zubehöreigenschaft nach § 98 Nr 2 erst, wenn sie die Veräußerungsreife erreicht haben und damit endgültig zum Verkauf bestimmt sind (OLG München JW 1934, 1802; AG Neuwied DGVZ 1975, 63). Das öffentliche Anbieten aller Tiere eines Landgutes zum Verkauf beendet für die nicht veräußerungsreifen Tiere daher nicht die Zubehöreigenschaft (OLG Augsburg OLGE 35, 135). – Die nur vorübergehende Unterbringung von Handelsvieh auf einem Landgut begründet nicht deren Zubehöreigenschaft (RGZ 163, 104, 106). – Auch die zum **persönlichen Gebrauch** des Betriebsinhabers dienenden Tiere sind kein Gutszubehör.

13 c) Landwirtschaftliche **Erzeugnisse**, die zur Fortführung der Wirtschaft erforderlich sind, bleiben Zubehör, soweit sie bis zur Gewinnung neuer Produkte benötigt werden. Dies gilt vor allem für **Saatgut** und **Viehfutter**. Maßgebend ist bei Futtermitteln der tatsächliche Viehbestand, nicht der mögliche (OLG München OLGE 29, 245). Auch zugekaufte Erzeugnisse, die zur Fortführung der Wirtschaft erforderlich sind, werden gem § 98 Nr 2 Zubehör, da bei den Erzeugnissen keine Eigenproduktion gefordert wird (RG JW 1920, 552, 553). – Erzeugnisse, die zum Verkauf bestimmt sind, sind dagegen kein Zubehör des Landguts (RGZ 143, 33, 39; vgl § 97 Rn 16). Es genügt nicht, daß der Erlös zur Fortführung des Betriebes verwendet werden soll (RG DNotZ 1933, 441).

14 d) Schließlich wird in § 98 Nr 2 der selbstproduzierte **Dünger** eines Landgutes als Zubehör eingeordnet. Dies kann ausnahmsweise auch Kunstdünger sein (SOERGEL/MARLY Rn 21; ERMAN/MICHALSKI Rn 8; aM MünchKomm/HOLCH Rn 2). – Der zugekaufte Dünger ist ausdrücklich vom Gutszubehör ausgenommen (Prot III 23), allerdings wird er regelmäßig nach § 97 als Zubehör zu qualifizieren sein (BGB-RGRK/KREGEL Rn 15; vgl o Rn 3).

3. Inventar und Hofeszubehör

15 Die in § 98 Nr 2 als Gutszubehör genannten Gegenstände werden unter dem Begriff des **Inventars** auch von den §§ 582 ff erfaßt (vgl OLG Schleswig SchlHA 1974, 111). – Ferner erstreckt sich auf sie das Registerpfand nach § 1 PachtkreditG. – Eine abweichende Begriffsbestimmung hingegen gibt § 3 HöfeO für das **Hofeszubehör** (vgl auch § 97 Rn 3). Der Begriff des Hofeszubehörs umfaßt das auf dem Hof vorhandene Vieh, die Wirtschafts- und Hausgeräte, Betriebsmittel sowie Vorräte und Dünger. Er wird wichtig bei der Erbfolge nach Höferecht. Für die **Zwangsvollstreckung** hingegen gilt der Zubehörbegriff der §§ 97, 98 (OLG Oldenburg NJW 1952, 671; vgl § 97 Rn 34).

§ 99
Früchte

(1) Früchte einer Sache sind die Erzeugnisse der Sache und die sonstige Ausbeute, welche aus der Sache ihrer Bestimmung gemäß gewonnen wird.

(2) **Früchte eines Rechts** sind die Erträge, welche das Recht seiner Bestimmung gemäß gewährt, insbesondere bei einem Recht auf Gewinnung von Bodenbestandteilen die gewonnenen Bestandteile.

(3) Früchte sind auch die Erträge, welche eine Sache oder ein Recht vermöge eines **Rechtsverhältnisses** gewährt.

Materialien: E I § 792; II § 77k; III § 95; Mot III 67; Prot III 23; JAKOBS/SCHUBERT, AT I 459 ff, 473 ff.

Schrifttum

AFFOLTER, Das Fruchtrecht (1911)
BAUR, Nutzungen eines Unternehmens bei Anordnung der Vorerbschaft und Testamentsvollstreckung, JZ 1958, 465
BÖKELMANN, Nutzungen und Gewinn beim Unternehmensnießbrauch (1971)
CROME, Zur Fruchtlehre, in: FG Bergbohm (1919) 99
vGODIN, Nutzungsrecht an Unternehmen und Unternehmensbeteiligungen (1949)

MÖHRING, Der Fruchterwerb nach geltendem Recht, insbesondere bei einem Wechsel des Nutzungsberechtigten (Diss Köln 1954)
REICHEL, Der Begriff der Frucht im römischen Recht und im deutschen BGB, JherJb 42 (1901) 205
SCHNORR V CAROLSFELD, Soziale Ausgestaltung des Erwerbs von Erzeugnissen, AcP 145 (1939) 27.

I. Der Fruchtbegriff im BGB

1. Die gesetzlichen Regeln über Früchte

a) Das BGB verwendet den **Fruchtbegriff** an zahlreichen Stellen, vor allem im Zusammenhang mit dem Pachtvertrag (§§ 581 ff), dem Nießbrauch (§ 1039) sowie bei der Verwaltung des Nachlasses (§ 2038 Abs 2 S 2) und bei der Vorerbschaft (§ 2133). – Ferner faßt das BGB in § 100 als **Nutzungen** die Früchte und die Gebrauchsvorteile zusammen. Dementsprechend schließt die Verpflichtung zur Herausgabe von Nutzungen auch die der Früchte ein. Dies gilt vor allem nach den §§ 818 Abs 1, 987 ff und 2020, während § 2184 zwischen Früchten und sonstigen Nutzungen unterscheidet. 1

b) § 99 regelt nur die Frage, was unter Früchten zu verstehen ist (Definitionsnorm), jedoch nicht die Fragen der **Fruchtverteilung**, dh nach dem Recht zum Fruchtbezug (s dazu § 101 Rn 4 ff), und nach dem **Eigentumserwerb** an den Früchten (s dazu STAUDINGER/GURSKY [1995] §§ 953 ff).

2. Die geschichtliche Entwicklung und die Regelung im BGB

a) Im gemeinen Recht und den einzelnen Partikularrechten gab es keinen einheitlichen Fruchtbegriff. Während das preußische ALR nur die Nutzungen einer Sache zu den Früchten zählte, die nach dem Lauf der Natur aus ihr selbst entstehen, 2 beruhte das gemeine Recht in erster Linie auf wirtschaftlichen Erwägungen. Es unterschied zwischen den bestimmungsgemäß aus einer Sache gewonnenen fructus naturales und den fructus civiles, wobei zu letzteren diejenigen Erträge gehörten, welche aus einer Sache durch Vermittlung eines Rechtsverhältnisses gewonnen werden (vgl Mot III 68; ausf ENNECCERUS/NIPPERDEY § 127 I).

3 b) Der Fruchtbegriff des BGB macht sich den wirtschaftlichen Gesichtspunkt zu eigen und versteht Früchte zunächst als den **bestimmungsgemäßen Ertrag**, den eine Sache unmittelbar oder mittelbar gewährt. Der gemeinrechtliche Fruchtbegriff wird wegen ihrer wirtschaftlichen Gleichwertigkeit darüber hinaus auf die unmittelbaren und mittelbaren **Erträge eines Rechts** erweitert. Der naturorientierte Gesichtspunkt ist jedoch keineswegs aufgegeben, so daß zu den Früchten auch alle **organischen Erzeugnisse** gerechnet werden. Bei ihnen kommt es nicht darauf an, ob sie sich als bestimmungsgemäßer Ertrag aus der Substanz darstellen. – Allerdings hat das BGB, um gegen die Folgen dieser Ausdehnung ein Korrektiv zu schaffen, in gewissen Fällen das Recht zum Bezug bzw die Pflicht zum Ersatz von Früchten auf ein den Grundsätzen der **Wirtschaftlichkeit** entsprechendes Maß beschränkt, so zB in den §§ 347 Abs 1, 581 Abs 1 und 993 (vgl ENNECCERUS/NIPPERDEY § 127 III aE; SOERGEL/MARLY Rn 7).

4 Damit unterscheidet § 99 insgesamt **fünf Arten** der Früchte: Zu den Sachfrüchten gehören gem § 99 Abs 1 die Erzeugnisse einer Sache (vgl u Rn 6 f) und die sonstige Ausbeute (vgl u Rn 8 ff) als unmittelbare Sachfrüchte sowie nach § 99 Abs 3 die mittelbaren Sachfrüchte (vgl u Rn 18 f). Dazu kommen die Rechtserträge als unmittelbare Rechtsfrüchte gem § 99 Abs 2 (vgl u Rn 11 ff) sowie die mittelbaren Rechtsfrüchte nach § 99 Abs 3 (vgl u Rn 20). – Die **unmittelbaren** Sach- und Rechtsfrüchte nennt man auch **natürliche Früchte**, obwohl der Ausdruck im Hinblick auf die Rechtsfrüchte wenig glücklich gewählt ist. Die vermöge eines Rechtsverhältnisses gewonnenen **mittelbaren** Früchte werden entsprechend der gemeinrechtlichen Terminologie als **Zivilfrüchte** oder juristische Früchte bezeichnet.

5 c) Der Fruchtbegriff des § 99 deckt sich nicht mit dem des **§ 810 ZPO**. Die nicht in Erzeugnissen der Sache bestehende Ausbeute, welche aus der Sache bestimmungsgemäß gewonnen wird, gehört zwar zu den Früchten des § 99, nicht aber zu denen des § 810 ZPO. Auch das schlagreife Holz im Wald wird man, obwohl es Frucht iS des § 99 ist, nicht zu den Früchten nach § 810 ZPO rechnen können (STEIN/JONAS/MÜNZBERG, ZPO [22. Aufl 2002] § 810 Rn 3; vgl auch § 93 Rn 34). – Für **Landesgesetze**, die den Begriff der Frucht verwenden, sind die Definitionen des § 99 ebensowenig maßgeblich wie der Sachbegriff des § 90 (vgl § 90 Rn 3).

II. Die Einzelheiten der gesetzlichen Definitionen

1. Die Erzeugnisse

6 Erzeugnisse einer Sache iS des § 99 Abs 1 sind alle **organischen Produkte** ohne Rücksicht darauf, ob sie durch Aufwendung von Arbeit gewonnen wurden oder nicht. Es kommt auch nicht darauf an, ob ihre Gewinnung einer geregelten Wirtschaftsführung entsprach (RGZ 80, 229, 231 f). Schließlich ist es bei den Erzeugnissen, im Unterschied zur sonstigen Ausbeute, unerheblich, ob sie aus der Sache ihrer

Bestimmung gemäß gewonnen wurden oder nicht. – Erforderlich ist jedoch stets, daß die Erzeugnisse bis zur Trennung **Bestandteil der Muttersache** waren; dies ergibt sich aus den §§ 953 ff, die von „Erzeugnissen und sonstigen Bestandteilen" sprechen (BGB-RGRK/KREGEL Rn 8). Ebenso muß die Substanz der Muttersache im wesentlichen bestehen bleiben; das Fleisch des geschlachteten Tieres ist daher nicht dessen Erzeugnis, das Huhn nicht Erzeugnis des Eis (SOERGEL/MARLY Rn 6; ENNECCERUS/NIPPERDEY § 127 II 1 a).

Maßgeblich für die Qualifizierung einer Sache als organisches Erzeugnis ist die 7 Verkehrsauffassung (ERMAN/MICHALSKI Rn 4; BGB-RGRK/KREGEL Rn 8). Erzeugnisse sind demnach zunächst die **Tierprodukte**, wie Tierjunge, die Eier eines Huhns, die Milch einer Kuh oder die Wolle eines Schafs (vgl RGZ 22, 272, 274), ebenso natürlicher Dünger. – Ferner sind Erzeugnisse die organischen **Bodenprodukte** wie Bäume und Sträucher sowie deren Erträgnisse, unabhängig davon, ob sie gesät wurden oder die Pflanze ausgesetzt war (vgl LARENZ/WOLF § 20 Rn 99). Eingepflanzte Bäume werden nach der Verkehrsauffassung Erzeugnisse des Bodens, sobald sie Wurzeln geschlagen haben (vgl RGZ 80, 229, 232; 109, 190, 192; vgl auch § 94 Rn 17 f). Dabei sind auch unbefugt geschlagene Bäume Erzeugnisse, ebenso die wegen schädigender Naturereignisse anfallenden Hölzer (RG JW 1938, 203). – Früchte, die von einem Baum oder Strauch auf ein Nachbargrundstück hinüberfallen, gelten gem § 911 als Früchte dieses Grundstücks. – Solange eine Pflanze dem Boden nur zur Konservierung anvertraut ist, ist sie kein Bodenprodukt und demnach nicht als Frucht zu bewerten (ERMAN/MICHALSKI Rn 4); sie ist Scheinbestandteil (vgl § 94 Rn 18 und § 95 Rn 13). – Auch die aus Erzeugnissen im Wege der **Verarbeitung** gewonnenen weiteren Produkte fallen nicht mehr unter § 99 Abs 1.

2. Die sonstige Ausbeute

a) Zu den Sachfrüchten des § 99 Abs 1 gehört die **sonstige Ausbeute**, die aus der 8 Sache ihrer Bestimmung gemäß gewonnen wird. Meist sind dies, im Gegensatz zu den organischen Erzeugnissen, **anorganische Bodenbestandteile** wie Kohle, Erz, Sand oder Kies. Aber auch Torf (OLG Oldenburg NdsRpfl 1953, 124), Mineralwasser oder das Eis eines Teiches gehören hierher. – Ihrer Bestimmung gemäß wird die Ausbeute aus einer Sache gewonnen, wenn diese Art der Nutzung der Natur der Sache oder der **Verkehrsübung** entspricht. Dabei kann eine Sache durchaus eine wechselnde Bestimmung haben, etwa wenn aus einem bisher landwirtschaftlich genutzten Grundstück nunmehr Kies gewonnen wird. – Die Sache muß ihre der Ausbeute zugrunde liegende Bestimmung nicht durch den Eigentümer erhalten; auch andere Einwirkungsberechtigte können die erforderliche Bestimmung treffen, insbes ein Pächter (BGB-RGRK/KREGEL Rn 10; **aM** KG OLGE 6, 217). Soweit dem Pächter nach § 583 oder dem Nießbraucher nach § 1037 eine Bestimmungsveränderung untersagt ist, hat ein Verstoß daher nicht zur Folge, daß die verbotswidrige Ausbeute zur bestimmungswidrigen wird (SOERGEL/MARLY Rn 8).

b) Auf die **Wirtschaftlichkeit der Ausbeute** kommt es unter dem Aspekt des § 99 9 Abs 1 grundsätzlich nicht an. Auch die durch Raubbau gewonnene Ausbeute ist Frucht iSd § 99 Abs 1 (BGB-RGRK/KREGEL Rn 10). – Daß der Bestand der Hauptsache durch die Ausbeute vermindert wird, ist Wesensmerkmal der Ausbeute und steht der Annahme einer Frucht nicht entgegen (KG OLGE 6, 217). Jedoch findet der

Fruchtbegriff seine Grenze dort, wo die Muttersache zerstört wird (vgl o Rn 6). Es besteht daher immer das Erfordernis der **Sacherhaltung**. So ist der aus einem Fahrzeug gepreßte Schrott keine Ausbeute, sondern eine durch Verarbeitung nach § 950 gewonnene neue Sache. – Daß die Substanzentnahme aus einem Grundstück nach und nach zu dessen völliger Ausbeutung führt, ist hingegen unschädlich (RGZ 94, 259, 261). Daher stellt der aus einer Kiesgrube gewonnene Kies eine Frucht dar, obwohl die Grube irgendwann erschöpft sein wird (MünchKomm/HOLCH Rn 4).

10 c) Die Ausbeute muß ihrerseits **Sachcharakter** haben, da sie aus der Substanz der Sache entnommen wird (ENNECCERUS/NIPPERDEY § 127 II 1 in Fn 12; **aM** ERMAN/MICHALSKI Rn 5). Daher sind die mit Hilfe einer Sache gewonnenen Energien (vgl § 90 Rn 9 ff) nicht deren Ausbeute (SOERGEL/MARLY Rn 9; MünchKomm/HOLCH Rn 5; BGB-RGRK/KREGEL Rn 9; **aM** RG SeuffA 83 Nr 68 für die aus fließendem Wasser gewonnene Wasserkraft). Sie kommen lediglich als Gebrauchsvorteil in Betracht (vgl § 100 Rn 3 und 7). – Unter diesem Gesichtspunkt kann man auch die verbrauchte Deponiekapazität einer ausgebeuteten Kiesgrube trotz ihrer wirtschaftlichen Bedeutung nicht der Ausbeute zurechnen (vgl OLG Koblenz NJW 1994, 463, 464; **aM** MünchKomm/HOLCH Rn 4).

3. Die Rechtserträge

11 a) § 99 Abs 2 definiert die Erträge aus **fruchtbringenden Rechten** als unmittelbare Rechtsfrüchte. Dabei kann ein Recht nur dann als fruchtbringend bezeichnet werden, wenn es nach seinem Inhalt unmittelbar auf die Gewinnung der Erträge durch den Rechtsinhaber gerichtet ist. Anderenfalls werden aufgrund eines Rechtsverhältnisses Leistungen erbracht, die Früchte iS des § 99 Abs 3 darstellen (vgl u Rn 18). – Die derart fruchtbringenden Rechte können **dinglicher Natur** sein, wie zB der Nießbrauch (vgl KG NJW 1964, 1808 f) oder die Reallast. – Ebenso können **obligatorische Rechte** fruchtbringend sein, wie etwa Leibrentenverträge (vgl RGZ 67, 204, 210; 68, 340, 343; 80, 208, 209). Auch die Jagdbeute des Jagdpächters wird als Rechtsertrag nach § 99 Abs 2 eingeordnet (KG OLGE 4, 44, 45; vgl auch BGHZ 112, 392, 398). – Ferner sind **Mitgliedschaftsrechte** uU fruchtbringend, so bei einer Waldgenossenschaft die zugeteilten Holzmengen (BGHZ 94, 306, 309). – Auch **öffentlich-rechtlicher Natur** kann das fruchtbringende Recht sein. So fallen die monatlichen Zahlungsansprüche aus der gesetzlichen Rentenversicherung unter § 99 Abs 2 (BSG MDR 1982, 698 f). – Hingegen sind die aufgrund des Eigentums an einer Sache erzielten Früchte solche des § 99 Abs 1.

12 b) Bei den Erträgen nach § 99 Abs 2 muß es sich um Gegenstände handeln, die **selbständig neben dem Stammrecht** bestehen und vom Rechtsverkehr als etwas vom Stammrecht Verschiedenes angesehen werden (BSG MDR 1982, 698; SOERGEL/MARLY Rn 11; BGB-RGRK/KREGEL Rn 11). So sind die Lohnansprüche aus dem Dienstvertrag keine Rechtsfrüchte, da sie gerade den Gegenstand des Rechts darstellen (vgl RGZ 69, 59, 64). – Zu den Rechtsfrüchten gehört außerdem nur der **bestimmungsgemäß** gewährte Ertrag. Dessen Umfang richtet sich nach dem **Inhalt des Rechts**, ist also beim Nießbrauch nach § 1030 Abs 2 durch den Parteiwillen festzulegen. Daher ist die Ausbeute, die sich als eine verkehrsübliche Nutzung der Sache darstellt und demnach Sachfrucht gem § 99 Abs 1 ist, nicht zwingend auch ein bestimmungsgemäßer Ertrag iS des § 99 Abs 2. So stellt zB Holz, das ein Nießbraucher durch übermäßigen Einschlag erlangt, keine Frucht des Nießbrauchs dar.

Besonders hervorgehoben sind in § 99 Abs 2 bei einem Recht auf Gewinnung von 13
Bodenbestandteilen die **gewonnenen Bestandteile**. Abweichend vom Wortlaut stellt
aber nicht der Bestandteil selbst die Frucht dar, sondern vielmehr das **Eigentum** an
dem gewonnenen Bestandteil, da Rechtsfrucht immer **nur ein Recht** sein kann
(ENNECCERUS/NIPPERDEY § 127 III). – Nicht erforderlich ist, daß die Gewinnung der
Bestandteile die Substanz der Muttersache **auf Dauer unversehrt** läßt, solange sie
nicht zu ihrer sofortigen Zerstörung führt (vgl o Rn 6 und 9).

c)   Umstritten ist, inwieweit die **Erträge eines Unternehmens** als Rechtsgesamtheit 14
(vgl Vorbem 31 ff zu §§ 90 ff) zu den Früchten iS des § 99 zählen. Überwiegend wird der
aus einem wirtschaftlichen Unternehmen vom Inhaber gezogene Gewinn in Analogie zu § 99 Abs 2 als **Rechtsfrucht** des Unternehmens eingeordnet (MünchKomm/
HOLCH Rn 11; BGB-RGRK/KREGEL Rn 4; ENNECCERUS/NIPPERDEY § 127 IV; vgl BGHZ 7, 208,
218; OLG München OLGE 38, 146, 147), während ihn andere (auch) nach § 99 Abs 1
behandeln wollen (SOERGEL/MARLY Rn 3; PALANDT/HEINRICHS Rn 3; LARENZ/WOLF § 20
Rn 110). – Die Rspr hat demgegenüber den Unternehmensgewinn zu den **Gebrauchsvorteilen** des Unternehmens gerechnet, um auf diese Weise berücksichtigen zu
können, inwieweit er auf persönliche Leistungen und Fähigkeiten des Betriebsinhabers zurückzuführen ist (BGH Betrieb 1956, 63; BGHZ 63, 365, 368).

Soweit diese Unterscheidung zur Beantwortung der Frage herangezogen wird, ob im 15
Rahmen der §§ 987 f auch die **Herausgabe des Unternehmensgewinns** geschuldet
wird (vgl BGHZ 7, 208, 218; LARENZ/WOLF § 20 Rn 109), geht dies fehl. Die Herausgabepflicht erfaßt immer nur die einzelnen dazugehörigen Gegenstände, nicht das Unternehmen als solches. Daher sind nur diejenigen Gewinnanteile als Nutzungen
herauszugeben, die auf die **Nutzung des jeweiligen Unternehmensgegenstands** zurückzuführen sind und damit eine (unmittelbare oder mittelbare) Sach- oder
Rechtsfrucht bzw einen Gebrauchsvorteil dieses Gegenstands darstellen (vgl BGH
NJW 1978, 1578: Nutzungen des Betriebsgrundstücks). Auf die Einordnung des Gewinns als
Nutzung des Unternehmens kommt es im Rahmen des § 987 nicht an. Dabei gilt
zwar § 987 direkt nur für Sachnutzungen (darauf stellt BGHZ 7, 208, 218 ab). Für andere
herauszugebende Gegenstände (insbes Rechte) findet jedoch § 818 Abs 1 und über
§§ 818 Abs 4, 292 auch § 987 entsprechende Anwendung (vgl BGH Betrieb 1956, 63). –
Soweit keine Frucht iS des § 99 vorliegt, kann als Gebrauchsvorteil nur der objektive Nutzwert des jeweiligen Gegenstands verlangt werden (ebenso MünchKomm/
MEDICUS § 987 Rn 13; vgl § 100 Rn 5 f). Die Teile des Gewinns, die allein auf den
persönlichen Leistungen und Fähigkeiten des Unternehmers beruhen, sind dagegen
nicht zu ersetzen (so iE auch BGH NJW 1978, 1578; LARENZ/WOLF § 20 Rn 111; SOERGEL/
MARLY Rn 3; PALANDT/SPRAU § 818 Rn 9). Dementsprechend werden auch die Nutzungen
aus einem erst vom jetzigen Besitzer eingerichteten Betrieb nicht als Nutzungen des
Grundstücks angesehen (BGHZ 63, 365, 368; 109, 179, 191; BGH NJW 1992, 892). – Es kann
dabei allenfalls zweifelhaft sein, ob unter den Begriff der Nutzungen auch diejenigen Gebrauchsvorteile fallen, die nicht durch eine Sache oder ein Recht, sondern
durch ein tatsächliches Verhältnis (zB Betriebsgeheimnis, Kundenstamm) gewährt
werden; das wird man bejahen können (vgl § 100 Rn 7).

Insgesamt ist der Begriff der Nutzungen auf die Nutzung von Einzelgegenständen 16
zugeschnitten; außerdem erfaßt er nach der Systematik der §§ 99 f nur **Bruttoerträge**
und ist daher auf den Gewinn eines Unternehmens als Nettoertrag grundsätzlich

nicht anwendbar (ausf Bökelmann 63 ff, 82 ff). Etwas anderes gilt nur bei Handelsgesellschaften für die auf einen **Gesellschaftsanteil** entfallenden Gewinne; diese sind Rechtsfrüchte des Anteils nach § 99 Abs 2 (BGHZ 58, 316, 320; 78, 177, 188; BGH NJW 1981, 1560, 1561; 1995, 1027, 1028). Wird ein Unternehmen verpachtet, so kann man außerdem den Pachtzins als mittelbare Rechtsfrucht des Unternehmens nach § 99 Abs 3 auffassen (vgl u Rn 20). – Soweit es um die Frage geht, welche Unternehmensvorteile dem Inhaber eines **Unternehmensnießbrauchs** zustehen, kann nicht auf den Begriff der „Nutzungen" iS der §§ 99 f abgestellt werden. Vielmehr sind hier die Besonderheiten des Nießbrauchs am Unternehmen zu berücksichtigen (dazu Bökelmann 91 ff). – Ebenso muß man im Rahmen des § 346 Abs 1 hinsichtlich des Umfangs der bei der Rückabwicklung eines **Unternehmenskaufs** herauszugebenden bzw zu ersetzenden Nutzungen vertragliche Abreden zwischen den Parteien beachten (vgl auch § 100 Rn 5).

17 d) Darüber hinaus sind folgende Einzelheiten hervorzuheben: **Darlehenszinsen** (genauer: die Zinsansprüche) sind unmittelbare Früchte der Kapitalforderung (Soergel/Marly Rn 15; Erman/Michalski Rn 7; BGB-RGRK/Kregel Rn 12; Enneccerus/Nipperdey § 127 III; **aM** MünchKomm/Holch Rn 6: mittelbare Sachfrüchte des überlassenen Geldes); das gleiche gilt für den Zinszuschlag nach dem LAG (BGHZ 81, 8, 13 f). Verzugszinsen hingegen fallen unter § 99 Abs 3 (vgl u Rn 20). – **Dividenden** der Kapitalgesellschaften sind Früchte nach § 99 Abs 2 (Soergel/Marly Rn 12; Erman/Michalski Rn 7). Dasselbe gilt für den **Erlös** des Holzverkaufs aus Genossenschaftswald (BGHZ 94, 306, 309). Auch die Einnahmen des Verlegers aus dem Verkauf der verlegten Bücher sind unmittelbare Früchte des **Verlagsrechts** (vgl § 8 VerlG); für andere Lizenzen, die zur Verbreitung des lizenzierten Gegenstands (Werk, Patent, Marke) berechtigen, gilt nichts anderes. – Hingegen sind **Bezugsrechte** für junge Aktien keine Früchte (KG OLGE 24, 139, 140; BayObLG OLGE 36, 282, 283; OLG Bremen Betrieb 1970, 1436; BGB-RGRK/Kregel Rn 15). Dasselbe gilt für das unmittelbar zum Rechtsinhalt gehörende **Stimmrecht** (vgl auch § 100 Rn 7). – Auch der Liquidationsanteil, der bei Auflösung eines Vereins oder einer Gesellschaft auf die Mitglieder oder Gesellschafter entfällt, ist kein bestimmungsmäßiger Ertrag (Erman/Michalski Rn 8). Ebenso ist die Vergütung für die Aufgabe der Milcherzeugung („Milchrente") keine Rechtsfrucht, weil kein Hauptrecht erhalten bleibt (VG Stade WM 1987, 1312, 1313). – Abgebaute **Mineralien** sind Früchte des Bergwerkseigentums (RG JW 1938, 3040, 3042).

4. Die Rechtsverhältnisfrüchte

18 a) Gem § 99 Abs 3 sind Früchte auch die Erträge, welche eine Sache oder ein Recht mittels eines Rechtsverhältnisses gewährt. – Zur Bezeichnung solcher **mittelbaren Früchten** ist der Ausdruck Erträge wenig glücklich, weil es sich schon bei den Früchten nach § 99 Abs 2 um Erträge handelt. Was der Pächter aus der Sache gewinnt, ist Frucht nach § 99 Abs 2, während der Pachtzins, den der Verpächter erhält, Frucht gem § 99 Abs 3 ist. Bei den mittelbaren Früchten nach Abs 3 handelt es sich also nicht um Erträge, sondern um eine **Gegenleistung** für die Überlassung der Nutzung der Sache oder des Rechts an andere. – Daher ist der Kaufpreis keine Frucht der verkauften Sache. Ebensowenig gehört die Enteignungsentschädigung (Erman/Michalski Rn 10) oder die ausgezahlte Brandversicherungssumme (BGHZ 115, 157, 159; OLG Düsseldorf NJW-RR 1997, 604) hierher, da sie keinen Sachertrag, sondern ein Surrogat darstellen.

b) Das **Rechtsverhältnis**, das die mittelbare Fruchtziehung nach § 99 Abs 3 er- **19** möglicht, kann **vertraglich** begründet werden. Hier kommen vor allem Miet- und Pachtverträge in Betracht (RGZ 67, 378, 380; 79, 116, 119; 81, 146, 149; 138, 69, 71; BGH NJW 1986, 1340), auch über bewegliche Sachen (RGZ 105, 408, 409). Dies gilt auch für die Untervermietung (BGHZ 131, 297, 307). – Ebenso kann es sich um ein **gesetzliches** Schuldverhältnis handeln, etwa hinsichtlich der Überbaurente nach § 912 (Münch-Komm/HOLCH Rn 6; ERMAN/MICHALSKI Rn 9).

c) Der Ausdruck Rechtsverhältnis in § 99 Abs 3 bezieht sich nicht nur auf **20** Sachen, sondern ebenso auf **fruchtbringende Rechte**, etwa im Falle ihrer Verpachtung (Mot III 70). So gehören die Immaterialgüterrechte zu den fruchtbringenden Rechten; die Vergütung, die der Rechtsinhaber (zB Urheber, Erfinder) für die Gewährung einer Lizenz erhält, ist daher Frucht iS des § 99 Abs 3 (zu den Einnahmen des Lizenznehmers vgl o Rn 17). Dies gilt auch für die entgeltliche Einräumung einer Unterlizenz durch den Hauptlizenznehmer. – Von Gesetzes wegen entstehende Nebenforderungen wie der Anspruch auf **Verzugszinsen** werden ebenfalls zu den mittelbaren Rechtsfrüchten gerechnet (BGHZ 81, 8, 13).

III. Ausländisches Recht

Das **österreichische Recht** kennt keinen so weit reichenden Fruchtbegriff wie das **21** BGB. Es unterscheidet in § 330 ABGB im Zusammenhang mit der Fruchtverteilung bei der Herausgabe einer Sache zwischen Früchten und anderen Nutzungen, wobei zu letzteren die Zivilfrüchte gezählt werden; Gebrauchsvorteile hat nach hM sogar der redliche Besitzer zu vergüten (IRO, Sachenrecht [Wien/New York 2000] Rn 7/5). Eine entsprechende Regelung enthält § 519 ABGB für die Fruchtnießung. – In § 405 ABGB ist der originäre Eigentumserwerb an den natürlichen Früchten, die der Boden ohne Bearbeitung hervorbringt, und an Nutzungen, die aus einem Tier entspringen, geregelt. – Im Zusammenhang der Verpfändung eines Rechts wird diskutiert, ob auch deren Zivilfrüchte wie Zinsen und Dividenden dem Pfandrecht unterliegen (IRO Rn 9/36). – Auch dem **schweizerische Recht** liegt kein einheitlicher Fruchtbegriff zugrunde. Es regelt in Art 643 ZGB das Eigentum an den natürlichen Früchten und definiert diese als wiederkehrende Erzeugnissen und bestimmungsgemäß gewonnene Erträgnisse. – Ist an einem Grundstück eine Nutznießung bestellt, so stehen dem Nutznießer gem § 768 ZGB die Früchte nur im Rahmen des gewöhnlichen, regelmäßigen Ertrags zu (vgl TUOR/SCHNYDER/SCHMID, Das schweizerische ZGB [11. Aufl Zürich 1995] 790). – Nach § 806 ZGB erstreckt sich das Grundpfand nicht nur auf die natürlichen Früchte, sondern auch auf die periodischen Miet- und Pachtzinsen als zivile Früchte (TUOR/SCHNYDER/SCHMID 814).

Das **französische Recht** unterscheidet anders als das deutsche Recht zwischen peri- **22** odisch hervorgebrachten Früchten (fruits) und die Substanz der Hauptsache (substance) verändernden sonstigen Erzeugnissen (produits). Grundsätzlich können nur erstere einem anderen als dem Eigentümer der Hauptsache als Zuwachs (accession) zustehen (FERID/SONNENBERGER, Das französische Zivilrecht II [2. Aufl 1986] Rn 3 A 78 f und 3 C 375). Neben den fruits naturels bzw industriels kennt das französische Recht gem Art 583 f cc auch fruits civils, zu denen die Erträge aus der vertraglichen Nutzungsüberlassung einer Sache an Dritte zählen. Gebrauchsvorteile werden noch mehr als die sonstigen Erzeugnisse als notwendiger Bestandteil des Eigentums angesehen

§ 100
1, 2

(FERID/SONNENBERGER Rn 3 A 78). – Auch für das **italienische Recht** ist diese Unterscheidung von fructus naturales und fructus civiles (vgl o Rn 2) maßgebend geblieben. Es kennt in Art 820 Codice civile die frutti naturali, die entweder spontan entstehen oder durch menschliche Bemühungen hervorgebracht werden, neben den frutti civili kraft eines Rechtsverhältnisses. – Das **englische Recht** hat keinen allgemeinen Begriff der Früchte entwickelt. Es versteht unter emblements die jährlichen Früchte, die den gewöhnlichen Ertrag einer Sache bilden und durch Arbeit hervorgebracht wurden. Nach dem Landlord and Tenant Act von 1851 hat ein Pächter nach dem Ablauf seiner Pachtzeit noch das Recht, die von ihm ausgesäten Früchte zu ernten; gem dem Agricultural Holdings Act von 1986 besteht das Ernterecht innerhalb einer Jahresfrist seit der Aussaat (CHESHIRE/BURN's Modern Law of Real Property [14. Aufl London 1988] 380 und 480).

§ 100
Nutzungen

Nutzungen sind die Früchte einer Sache oder eines Rechts sowie die Vorteile, welche der Gebrauch der Sache oder des Rechts gewährt.

Materialien: E I § 793; II § 77 1; III § 96; Mot III 70; Prot III 24.

I. Der Begriff der Nutzung

1 Das BGB verwendet den Begriff der **Nutzungen** hauptsächlich in den §§ 346 Abs 1, 818 Abs 1 und 987 ff (vgl auch § 99 Rn 1). Nach der Legaldefinition des § 100 umfassen die Nutzungen sowohl die in § 99 geregelten **Früchte** als auch die **Gebrauchsvorteile** einer Sache oder eines Rechts. – Gebrauchsvorteile werden vor allem bei solchen Sachen bedeutsam, die wegen ihrer natürlichen Beschaffenheit keine unmittelbaren Sachfrüchte hervorbringen können, wie Häuser, Räume, Möbel oder Kraftwagen. So ist der Vorteil, das eigene Haus zu bewohnen, eine Nutzung des Grundeigentums iS des § 100 (BGH NJW 1986, 1340; FamRZ 1990, 989, 990). Ein Vermögenswert muß dem Vorteil nicht zukommen (BGB-RGRK/KREGEL Rn 3; vgl BORK, AT Rn 268). – **Keine Nutzung** einer Sache ist, was als wesentlicher Bestandteil zu ihr hinzukommt. Ebensowenig ist der Vorteil, der durch den **Verbrauch** einer Sache entsteht, als Gebrauchsvorteil iS des § 100 zu bezeichnen (RG JW 1915, 324). Trotz des Wortlauts des § 92, der den Verbrauch bestimmter Sachen als ihren bestimmungsgemäßen Gebrauch bezeichnet, stellt der Verbrauch verbrauchbarer Sachen daher keine Nutzung dar (SOERGEL/MARLY Rn 5).

II. Die Gebrauchsvorteile einer Sache

2 **1.** Nicht jeder mit Hilfe einer Sache gewonnene Vorteil ist ein Gebrauchsvorteil iS des § 100. Vielmehr muß es ein aus dem **Sachbesitz** oder der tatsächlichen Nutzungsmöglichkeit gezogener Vorteil sein. Hierzu kann bei einem Wohnhaus auch die Möglichkeit gehören, die Umgebung nach eigenem Gutdünken auszugestalten (OLG Hamburg MDR 1953, 613, 614). – Häufig handelt es sich bei Gebrauchsvorteilen um Vorteile, die sich mit der Ausübung eines Rechts ergeben (vgl RGZ 118, 266, 269). Ebenso jedoch kann ein Gebrauchsvorteil entgegen der Rechtsordnung gezogen werden, zB durch die Benutzung eines gestohlenen Kraftfahrzeugs. – Die Brandversicherungssumme ist kein Gebrauchsvorteil des durch Brand zerstörten Hauses, da in der Zerstörung kein Gebrauch liegt (BGHZ 115, 157, 159; vgl auch § 99 Rn 18). – Die zunächst vom RG vertretene Auffassung, die Nutzungsmöglichkeit des aus einem **nichtigen Darlehen** zur Verfügung stehenden **Kapitals** sei kein Gebrauchsvorteil (RGZ 136, 135, 136; RG WarnR 1933 Nr 39; ENNECCERUS/NIPPERDEY § 127 V in Fn 21), wurde später aufgegeben (RGZ 151, 123, 127; BGH NJW 1961, 452; SOERGEL/MARLY Rn 4; BGB-RGRK/KREGEL Rn 5; vgl u Rn 5).

Der Gebrauchsvorteil bei einer **Energiegewinnungsanlage** besteht in der gewonnenen Energie (SOERGEL/MARLY Rn 3; vgl auch § 99 Rn 10 und u Rn 7). – Etwas anderes gilt hinsichtlich des Gebrauchs vorhandener Energie; hier fehlt es an einer Sache iS des § 100, so daß ein Gebrauchsvorteil nicht in Betracht kommt. 3

Die Vorteile die aus der **rechtsgeschäftlichen Verwertung** einer Sache gezogen werden, insbes durch Veräußerung oder Belastung (lucrum ex negotiatione), sind keine Gebrauchsvorteile (RG WarnR 1915 Nr 70; vgl auch § 99 Rn 18). Auch der beim Verkauf von Wertpapieren erzielte Kursgewinn ist daher kein Gebrauchsvorteil (OLG Bremen Betrieb 1970, 1436). Es handelt sich in diesen Fällen nicht um Vorteile aus der Sache, sondern um mittels der Sache gewonnene Vorteile (vgl RG JW 1915, 328; BGB-RGRK/ KREGEL Rn 4). – Nicht zu den Gebrauchsvorteilen gehören auch sonstige mit Hilfe der Sache erzielte **Gewinne**, wie der Siegespreis in einem Amateurwettbewerb; auch den Renngewinn aus dem Lauf eines Rennpferdes wird man daher nicht als Gebrauchsvorteil einordnen können (MünchKomm/HOLCH Rn 6; **aM** SOERGEL/MARLY Rn 3; STAUDINGER/DILCHER [1995] Rn 2; ENNECCERUS/NIPPERDEY § 127 V in Fn 21). 4

2. Der **Wert des Gebrauchsvorteils**, der vor allem unter dem Gesichtspunkt seiner Herausgabe bedeutsam wird, umfaßt alles, was als Gewinn gerade auf die Benutzung der Sache zurückzuführen ist (vgl auch STAUDINGER/LORENZ [1999] § 818 Rn 13 und STAUDINGER/GURSKY [1999] § 987 Rn 16 ff). – Für Grundstücke und einzeln genutzte bewegliche Sachen stellt die Rspr grundsätzlich auf den ortsüblichen **Miet- oder Pachtwert** als angemessene Nutzungsentschädigung ab (BGH JR 1954, 460; Betrieb 1966, 738, 739; NJW 1995, 2627, 2628; NJW-RR 1998, 803, 805; OLG Celle NJW 1964, 1027, 1028; OLG Brandenburg VIZ 2002, 241; ebenso im Rahmen des § 33 DDR-ZGB BGH NJW 1998, 1707). Dies gilt auch für Kraftfahrzeuge (vgl BGHZ 44, 237, 239; GURSKY, Nochmals: Kraftfahrzeugvermietung an Minderjährige, NJW 1969, 2183, 2184). Entscheidend ist dabei nicht ein vereinbarter Mietzins, sondern der objektive Nutzwert (LG Köln ZMR 1967, 201), der im Einzelfall auch gleich null sein kann (LG Saarbrücken WuM 1998, 31, 32). Wertsteigernde Investitionen des Besitzers sind nicht zu berücksichtigen (BGHZ 109, 179, 191; BGH NJW 1992, 892; 1995, 2627, 2628). – Etwas anderes gilt jedoch für die Nutzungsherausgabe im Rahmen der **Rückabwicklung eines beidseitig erfüllten Kaufvertrages** gem § 346 Abs 2 Nr 1 bzw §§ 812, 818 Abs 2; hier wird nicht auf den Mietwert abgestellt, sondern die zeitanteilige Wertminderung zwischen tatsächlichem Gebrauch und voraussichtlicher Gesamtnutzungsdauer („Wertverzehr") als Maßstab zugrundegelegt (BGHZ 115, 47, 54; BGH NJW 1996, 250, 252; PALANDT/HEINRICHS Rn 2). Für Kraftfahrzeuge hat sich in der Praxis ein Wert von 0,67% des Neupreises pro gefahrener 1000 5 km durchgesetzt (OLG Koblenz NJW-RR 1999, 702 f; PALANDT/HEINRICHS § 346 Rn 10 mwNw); insbes bei Fahrzeugen mit Dieselmotor kann im Einzelfall aber ein geringerer Wert anzusetzen sein (OLG Karlsruhe NJW 2003, 1950, 1951: 0,4%). – Der Wert der Geldnutzungsmöglichkeit aus einem nichtigen Darlehen (vgl o Rn 2) bemißt sich grundsätzlich nach den ersparten **marktüblichen Schuldzinsen** (BGHZ 138, 160, 166; BGH NJW 1961, 452; RGZ 151, 123, 127); das gleiche gilt für die Nutzung einer nach § 346 Abs 1 herauszugebenden Geldleistung (PALANDT/HEINRICHS § 346 Rn 6). Allerdings läßt jetzt § 346 Abs 2 S 2 HS 2 den Beweis eines geringeren Wertes zu; dies ist aufgrund der Verweisung in § 357 insbes für den Widerruf von Verbraucherdarlehen von Bedeutung.

6 Auch bei Sachen, die nur in einem **Betriebszusammenhang** von Vorteil sind, insbes bei Maschinen, bemißt sich der Gebrauchsvorteil nach deren objektiven Mietwert (RGZ 97, 245, 252; BGH JR 1954, 460; MünchKomm/HOLCH Rn 6; SOERGEL/MARLY Rn 5). Auf den Mehrertrag, den der Betrieb aufgrund des Einsatzes dieser Sache abwirft, ist im Rahmen des § 100 nicht abzustellen (**aM** BVerwGE 7, 1, 5; ERMAN/MICHALSKI Rn 2; STAUDINGER/DILCHER [1995] Rn 6). Der **Gewinn eines Unternehmens** muß daher, soweit er über den objektiven Nutzwert der zum Unternehmen gehörenden Sachen und Rechte hinausgeht, nicht als Gebrauchsvorteil des betreffenden Gegenstands herausgegeben werden (vgl auch § 99 Rn 15). – Umgekehrt erwächst einem Gewerbetreibenden aus der Überlassung eines Geschäftsraums auch dann ein Vorteil, wenn er **ohne Gewinn** oder sogar mit Verlust arbeitet (BGH Betrieb 1966, 738, 739).

III. Die Gebrauchsvorteile eines Rechts

7 Um den **Gebrauchsvorteil eines Rechts** handelt es sich nur, wenn das zugrundeliegende Recht nicht an einer Sache besteht oder auf den Gebrauch einer Sache gerichtet ist; anderenfalls liegt ein Gebrauchsvorteil der Sache vor. – So ist das Stimmrecht ein Gebrauchsvorteil des in der Aktie verbrieften Mitgliedschaftsrechts (RGZ 118, 266, 268). Hingegen ist das Bezugsrecht für junge Aktien kein Gebrauchsvorteil der alten Aktie; es steht daher nicht dem Nießbraucher zu, sondern dem Eigentümer der Aktie (KG OLGE 24, 139, 140; BayObLG OLGE 36, 282, 283; vgl auch § 99 Rn 17). – Die aus fließendem Wasser gewonnene Wasserkraft kann man als Gebrauchsvorteil eines Wassernutzungsrechts auffassen (vgl RG SeuffA 83 Nr 68). – Auch die aus dem Gebrauch **anderer Gegenstände** als Sachen und Rechte fließenden Vorteile kann man in entsprechender Anwendung des § 100 zu den Gebrauchsvorteilen zählen; dies gilt inbes bei der Nutzung von Immaterialgütern wie zB Betriebsgeheimnissen (vgl § 99 Rn 15; ferner SOERGEL/MARLY § 99 Rn 4).

§ 101
Verteilung der Früchte

Ist jemand berechtigt, die Früchte einer Sache oder eines Rechts bis zu einer bestimmten Zeit oder von einer bestimmten Zeit an zu beziehen, so gebühren ihm, sofern nicht ein anderes bestimmt ist:

1. die im § 99 Abs. 1 bezeichneten Erzeugnisse und Bestandteile, auch wenn er sie als Früchte eines Rechts zu beziehen hat, insoweit als sie während der Dauer der Berechtigung von der Sache getrennt werden;

2. andere Früchte insoweit, als sie während der Dauer der Berechtigung fällig werden; bestehen jedoch die Früchte in der Vergütung für die Überlassung des Gebrauchs oder des Fruchtgenusses, in Zinsen, Gewinnanteilen oder anderen regelmäßig wiederkehrenden Erträgen, so gebührt dem Berechtigten ein der Dauer seiner Berechtigung entsprechender Teil.

Materialien: E I § 794 Abs 1; II § 77m; III § 97; Mot III 71; Prot III 24; Jakobs/Schubert, AT I 476 ff.

I. Die Bedeutung der Vorschrift

Geht das Recht, Sach- oder Rechtsfrüchte zu ziehen, vom Inhaber auf einen Nachfolger über, zB gem § 446 S 2 vom Verkäufer auf den Käufer oder gem § 1061 vom Nießbraucher auf den Eigentümer, so entsteht die Frage, welchem der beiden nacheinander Berechtigten die Früchte der laufenden Wirtschaftsperiode zustehen, bzw in welchem Umfang sie ihm gebühren. In § 101 wird dabei lediglich die Auseinandersetzung der Beteiligten geregelt, also die Frage, wem die Früchte gebühren, jedoch nicht, wem sie gehören (vgl dazu u Rn 2). Die Vorschrift ordnet nur das **schuldrechtliche Verhältnis** der sukzessiv Fruchtziehungsberechtigten untereinander (BGH WM 1992, 516, 518; NJW 1995, 1027, 1029). Dieses Verhältnis bezeichnet man als **Früchteverteilung**, wobei jedoch eine „Verteilung" im Wortsinne nicht stattfindet. Der nach § 101 Berechtigte erhält einen obligatorischen Anspruch auf Herausgabe der Früchte, welche sein Vormann oder Nachfolger erwirbt, die diesem aber nicht gebühren. – § 101 gilt nur für die tatsächlich gezogenen und nicht auch für die zu ziehenden Früchte (RG JW 1913, 193, 194; BGH WM 1992, 516, 518; NJW 1995, 1027, 1029). Jedoch kann sich aus Sondervorschriften, wie zB § 987 Abs 2, eine Erstattungspflicht hinsichtlich nicht gezogener Früchte ergeben.

Unberührt von § 101 bleibt die Frage nach dem **Erwerb der Früchte**. Soweit es sich um **unmittelbare Sachfrüchte** nach § 99 Abs 1 handelt, ist der Eigentumserwerb in den §§ 953 ff geregelt. – Ungeregelt ist im BGB jedoch die Frage, wer die **unmittelbaren Rechtsfrüchte** iS des § 99 Abs 2 und die **mittelbaren Früchte** nach § 99 Abs 3 erwirbt, soweit es sich dabei um Forderungen (zB Zinsansprüche) handelt. Forderungen entstehen im Vermögen desjenigen, der Partei des zugrundeliegenden Rechtsverhältnisses ist, regelmäßig also in der Person des Fruchtziehungsberechtigten (BVerwGE 7, 1, 5; Soergel/Marly Rn 1; MünchKomm/Holch Rn 3). Im Falle eines Wechsels der Fruchtziehungsberechtigung stehen sie in entsprechender Anwendung der §§ 566, 581, 1056 vom Erwerb des Fruchtziehungsrechts an dem neuen Rechtsinhaber zu (Erman/Michalski Rn 6; Soergel/Marly Rn 1; aM RGZ 138, 69, 72; OLG Kiel OLGE 6, 267, 268; OLG Braunschweig OLGE 7, 40, 41; BGB-RGRK/Kregel § 99 Rn 5: erst ab Fälligkeit), es sei denn, sie sind bereits vor dem Wechsel fällig geworden (Enneccerus/Nipperdey § 128 I 1 mit Fn 2). So tritt der Nießbraucher in die Mietverhältnisse, die für das seinem Nießbrauch unterworfene Grundstück bestehen, als Gläubiger der (betagten) Mietzinsforderungen ein (RGZ 80, 311, 316; 81, 146, 149).

II. Die geschichtliche Entwicklung

3 Vor dem BGB standen sich für die Früchteverteilung das römische und das germanische Prinzip gegenüber: Das **römisch-gemeine Recht** beließ die natürlichen Früchte dem bisherigen Bezugsberechtigten nur insoweit, als er sie zZt des Wechsels der Bezugsberechtigung bereits erworben hatte. Der Erwerb fand regelmäßig mit der Trennung statt, für Nießbraucher und Pächter mit der Gewinnung der Früchte. Erfolgte die Trennung erst nach Beginn des Nutzungsrechtes des Nachfolgers, so gebührten diesem die Früchte. – Im **germanisch-deutschen Recht** hingegen galt „Wer sät, der mäht". Hatte der Vormann die Bestellungsarbeit geleistet und wurde erst unter dem Nutzungsrecht des Nachfolgers geerntet, so kam die Ernte gleichwohl dem Vormann zugute. – Das **preuß ALR** vertrat in den §§ 197 ff I 7 für das Verhältnis zwischen Nießbraucher und Eigentümer einen vermittelnden Standpunkt, indem es ein einheitliches Wirtschaftsjahr aufstellte und den Reinertrag dieses Jahres nach Zeitanteilen zwischen dem alten und dem neuen Berechtigten aufteilte. – Dieses Prinzip wollte der BGB-Gesetzgeber jedoch nicht für ganz Deutschland übernehmen. Vielmehr hat das BGB in der Hauptsache das römischrechtliche Prinzip übernommen, aber in Fortführung partikularrechtlicher Regelungen (Mot III 73 f) in § 101 Nr 2 aus Praktikabilitätsgründen eine Ausnahme des Prinzips für diejenigen Rechts- und Zivilfrüchte gemacht, die einen regelmäßig wiederkehrenden Ertrag darstellen.

III. Die Regelung im einzelnen

1. Der Grundsatz des § 101

4 Der Grundsatz des § 101 geht dahin, daß die in § 99 Abs 1 bezeichneten **unmittelbaren Sachfrüchte** (vgl § 99 Rn 6 ff) dem zZt ihrer Trennung Bezugsberechtigten gebühren, unabhängig davon, wann und durch wen die Trennung erfolgte und wer die Früchte gesät hatte. Diese Regelung gilt auch für die unmittelbaren Rechtsfrüchte des § 99 Abs 2, soweit sie zugleich unmittelbare Sachfrüchte darstellen (vgl § 99 Rn 12), zB die durch den Pächter gewonnenen Erzeugnisse. Erfolgt die Ernte erst nach Beendigung der Pachtzeit, so kann der Pächter daher die geernteten Früchte nicht beanspruchen. Eine gewisse Milderung dieser Härte wird allerdings durch den Kostenersatz nach § 596a erreicht. – Bei **allen anderen Früchten** entscheidet nach Nr 2 HS 1 der Zeitpunkt der Fälligkeit, soweit nicht – was der Regelfall ist – HS 2 eingreift (vgl BGB-RGRK/KREGEL Rn 9). Erfaßt werden hier die Früchte nach § 99 Abs 2, die nicht zugleich unmittelbare Sachfrüchte sind, und die Früchte nach § 99 Abs 3 (vgl § 99 Rn 18 ff).

2. Die regelmäßig wiederkehrenden Erträge

5 Eine Ausnahme vom Fälligkeitsprinzip macht § 101 Nr 2 HS 2 für solche Früchte, welche aus Nutzungsentgelt, Zinsen, Gewinnanteilen oder anderen **regelmäßig wiederkehrenden Erträgen** bestehen. Bei ihnen findet eine Verteilung pro rata nach der Dauer der Berechtigung statt. Das ist vor allem bei Miet- und Pachtzinsen sowie für

Reallasten wichtig. Ihre Berechtigung findet diese Ausnahme darin, daß die für einen bestimmten Abrechnungszeitraum gezahlte Gegenleistung nur die Aufsummierung der auf jeden Tag der Nutzung entfallenden Teilentgelte darstellt (vgl MünchKomm/Holch Rn 8). – Entscheidend ist die Dauer der Berechtigung während des **Zeitraums**, für den die Erträge gewährt werden (Soergel/Marly Rn 7). Sind zB an den jeweiligen Eigentümer eines Grundstücks zum 1. 1. und zum 1. 7. eines Jahres Leistungen aus einer Reallast zu entrichten, so hat der Erwerber, wenn das Grundstück am 1. 4. veräußert wird, dem Veräußerer die Hälfte der am 1. 7. ausgezahlten Summe zu erstatten.

Die Erträge müssen jedoch **nicht in gleicher Höhe** wiederkehren (MünchKomm/Holch 6 Rn 11), so daß auch Dividenden und Gewinnanteile eines Gesellschafters von § 101 Nr 2 HS 2 erfaßt werden (RGZ 88, 42, 46; BGH NJW 1995, 1027, 1028; Eckelt, Der Einfluß der Währungsumstellung und des Lastenausgleichs auf Beteiligungsverhältnisse, NJW 1953, 441). Der für die Verteilung maßgebliche Wechsel in der Berechtigung bestimmt sich beim Verkauf von Unternehmensanteilen nach dem Zeitpunkt der Übertragung der Anteile, nicht dem des Verkaufs. – Maßgeblicher Zeitraum ist bei Gewinnanteilen das Geschäftsjahr; auf den Zeitpunkt der Feststellung des Anteils kommt es nicht an (RG Gruchot 52, 1093, 1095; BGB-RGRK/Kregel Rn 11; vgl auch Büschgen, Aktienanalyse und Aktienbewertung nach der Ertragskraft [1962] 182 ff).

IV. Die Subsidiarität des § 101

Die in § 101 vorgesehene schuldrechtliche Fruchtverteilung findet nur statt, soweit 7 nichts anderes bestimmt ist (BGH NJW 1995, 1027, 1028; BFH GmbHR 2002, 390, 392). Dies kann zunächst durch **Rechtsgeschäft** geschehen, und zwar sowohl unter Lebenden als auch von Todes wegen (RG Gruchot 52, 1093; JW 1913, 193, 194). – Daneben enthält das BGB von § 101 abweichende, vorrangige **gesetzliche Regeln**, so zB in § 987 Abs 2. Allerdings ist in § 993 Abs 2 für das Verhältnis zwischen dem Eigentümer und dem gutgläubigen Besitzer ausdrücklich vorgesehen, daß die Vorschrift des § 101 zur Anwendung kommt. Ferner gibt es Sonderregeln für den Nießbraucher in § 1039, für den Nutzpfandgläubiger in § 1214 und für den Vorerben in den §§ 2111 (vgl BGHZ 81, 8, 12 f) und 2133.

§ 102
Ersatz der Gewinnungskosten

Wer zur Herausgabe von Früchten verpflichtet ist, kann Ersatz der auf die Gewinnung der Früchte verwendeten Kosten insoweit verlangen, als sie einer ordnungsgemäßen Wirtschaft entsprechen und den Wert der Früchte nicht übersteigen.

Materialien: E I –; II §§ 901 Abs 1 S 2, 2054 Abs 2; III § 98; Mot –; Prot III 357, V 221 und VI 119.

I. Die Entstehungsgeschichte

1 Schon nach römischem Recht durften vom Betrag der herauszugebenden Früchte die auf ihre Gewinnung gemachten **Aufwendungen abgezogen** werden. Als wirkliche Frucht wurde nur der nach Abzug der Gewinnkosten verbleibende Rest angesehen, also der Nettogewinn (D 25, 1, 3, 1 und l. 16).

II. Die Bedeutung der Vorschrift

2 Die dispositive Vorschrift des § 102 gibt dem zur Herausgabe von Früchten Verpflichteten aus Billigkeitsgründen einen Ersatzanspruch wegen der von ihm aufgewendeten Gewinnungskosten. Dabei normiert § 102, wie die Formulierung „verlangen" zeigt, nicht nur eine Einrede, sondern eine **selbständige Anspruchsgrundlage**; dem Erstattungsberechtigten ist daher nach heute allgM schon vor einer Herausgabe der Früchte die aktive Geltendmachung seines Anspruchs zuzubilligen (MünchKomm/Holch Rn 6; Soergel/Marly Rn 2; Erman/Michalski Rn 3; BGB-RGRK/Kregel Rn 5). Dem Herausgabeberechtigten kann zugemutet werden, sich gegenüber dem Kostenerstattungsanspruch auf sein Zurückbehaltungsrecht zu berufen. – Wird allerdings die Herausgabe der Früchte verlangt, so begründet der Kostenerstattungsanspruch gem § 273 ein Zurückbehaltungsrecht des Herausgabeverpflichteten. – Unabhängig von der Herausgabe der Früchte ist eine **Aufrechnung** mit den Gewinnungskosten zulässig, wenn die herauszugebenden Früchte den Kosten gleichartig sind, also in Geld bestehen (vgl BGH MDR 1962, 556).

3 Die von § 102 vorausgesetzte **Herausgabepflicht** kann sich sowohl aus dem Gesetz, inbes aus §§ 101, 292 Abs 2, 346 Abs 1, 446 S 2, 818 Abs 1, 987 f, 2020, 2184, als auch aus einem Rechtsgeschäft ergeben. Dies gilt allerdings nur dann, wenn Sachen gerade wegen ihrer Eigenschaft als Früchte herausgegeben werden müssen (RG JW 1938, 3040, 3042).

III. Der Umfang des Ersatzanspruchs

4 Zu den nach § 102 zu ersetzenden **Gewinnungskosten** gehören nicht nur Geldausgaben, sondern alle Leistungen, denen ein unmittelbarer Vermögenswert zukommt. Am häufigsten werden Kosten zur Bezahlung fremder Arbeitskraft aufgewendet. Jedoch ist auch die **Leistung eigener Arbeit** des Herausgabepflichtigen den Kosten zuzurechnen (BGH MDR 1962, 556). Dabei kommt es nicht darauf an, ob eine anderweitig mögliche Verwertung der Arbeitskraft unterblieben ist, sondern ob die Arbeitsleistung einen Marktwert hat (BGH NJW 1996, 921, 922 f zum Verwendungsbegriff; Soergel/Marly Rn 3; MünchKomm/Holch Rn 4; aM Staudinger/Dilcher [1995] Rn 4; BGB-RGRK/Kregel Rn 2; Erman/Michalski Rn 2). – Auch die zur **Erhaltung der Früchte** aufgewendeten Kosten fallen unter § 102, ebenso die Aufwendungen zur **Steigerung des Fruchtgewinns**, soweit sie im Rahmen einer ordnungsgemäßen Wirtschaft entstanden sind (Soergel/Marly Rn 3; Erman/Michalski Rn 2; einen tatsächlichen Mehrertrag verlangt MünchKomm/Holch Rn 5; ähnlich KG OLGE 22, 272, 273).

5 Der Umfang der zu erstattenden Kosten ergibt sich nach § 102 aus den **Grundsätzen der ordnungsgemäßen Wirtschaft**, für welche wiederum die Verkehrsanschauung maßgebend ist. Somit können auch objektiv nicht notwendige Kosten erstattungsfähig sein, wenn sie nicht als Ausdruck eines wirtschaftlich unvernünftigen Verhaltens anzusehen sind (ERMAN/MICHALSKI Rn 2). – Ein Unterschied zwischen notwendigen und nützlichen Verwendungen wird in § 102 ebensowenig gemacht wie zwischen einem gutgläubigen und einem bösgläubigen Fruchtzieher. – Die Ersatzpflicht findet ihre **Grenze im Wert** der herauszugebenden Früchte. Die Beweislast hinsichtlich des Wertes trifft denjenigen, der Kostenersatz beansprucht.

Sind die Früchte vor der Herausgabe **untergegangen**, so können die auf sie verwendeten Gewinnungskosten nicht mehr geltend gemacht werden, auch nicht einredeweise gegenüber einem Folgeanspruch aufgrund des Sachuntergangs. – Jedoch hat das RG (JW 1938, 3040, 3042) gegenüber einem Ersatzanspruch nach den §§ 989, 990 wegen nicht mehr vorhandener Früchte den Abzug der Gewinnungskosten zugelassen, weil schon der ursprüngliche Herausgabeanspruch um diesen Betrag geringer gewesen sei, der Ersatzanspruch demnach nicht höher sein könne (vgl dazu auch BGB-RGRK/KREGEL Rn 1). 6

IV. Weitergehende Regelungen

Dem Grundsatz, daß derjenige, dem die Früchte schließlich zugute kommen, nicht um Kosten bereichert sein soll, die ein anderer darauf verwendet hat, trägt das BGB auch in den Fällen Rechnung, in denen ein Wechsel der Nutzungsberechtigung **vor Trennung der Früchte** eintritt, so daß hinsichtlich der Früchte keine Herausgabepflicht besteht, so in den §§ 596a, 998, 1055 Abs 2 und 2130 Abs 1 (vgl SOERGEL/MARLY Rn 5). Ebenso fallen dem Vorerben im Verhältnis zu den Nacherben die Fruchtgewinnungskosten zur Last (BGH NJW-RR 1986, 1069, 1070). – Speziell für die nach **Bereicherungsrecht** herauszugebenden Nutzungen besteht gem § 818 Abs 3 ein besonderer Maßstab, wonach entweder alle mit dem Bereicherungsvorgang adäquat verbundenen Aufwendungen oder doch wenigstens alle im Vertrauen auf die Rechtsbeständigkeit des Erwerbs gemachten Aufwendungen abgezogen werden können (vgl STAUDINGER/LORENZ [1999] § 818 Rn 37 f). 7

§ 103
Verteilung der Lasten

Wer verpflichtet ist, die Lasten einer Sache oder eines Rechts bis zu einer bestimmten Zeit oder von einer bestimmten Zeit an zu tragen, hat, sofern nicht ein anderes bestimmt ist, die regelmäßig wiederkehrenden Lasten nach dem Verhältnis der Dauer seiner Verpflichtung, andere Lasten insoweit zu tragen, als sie während der Dauer seiner Verpflichtung zu entrichten sind.

Materialien: E I § 795; II § 77n; III § 99; Mot III 76; Prot III 24.

I. Die Bedeutung der Vorschrift

Ähnlich wie § 101 für den Fall eines Wechsels in der Person des Fruchtziehungsbe- 1 rechtigten einen Maßstab für die Verteilung der Früchte gibt, so enthält § 103 einen **Verteilungsmaßstab für die Lastentragung**, soweit es sich um das Verhältnis zwischen Vorgänger und Nachfolger in der Verpflichtung handelt. In § 103 werden, ähnlich wie in § 101, nur **schuldrechtlich** wirkende Regelungen für das Innenverhältnis getroffen (vgl dazu § 101 Rn 1). Wer im Außenverhältnis gegenüber dem Berechtigten zur Lastentragung verpflichtet ist, ergibt sich aus der Rechtsgrundlage der Last (MünchKomm/Holch Rn 3; BGB-RGRK/Kregel Rn 1). – Gesetzliche Anknüpfungspunkte für die Anwendung des § 103 finden sich zB in § 446 S 2 für Verkäufer und Käufer, in § 535 Abs 1 S 3 für Mieter und Vermieter sowie in § 581 Abs 2 für Pächter und Verpächter.

2 § 103 läßt ausdrücklich eine **anderweitige Bestimmung** der Lastenverteilung zu. Diese kann rechtsgeschäftlich erfolgen (vgl Nieder, Anlieger- und Erschließungskosten im Grundstückskaufvertrag, NJW 1984, 2662 ff mit Formulierungsvorschlägen) oder auch gesetzlich vorgeschrieben sein, wie zB in den §§ 995 S 2, 1047, 2126, 2185 oder 2379 S 2.

II. Die geschichtliche Entwicklung

3 Für das **frühere Recht** läßt sich ein bestimmter, auf allen Gebieten folgerichtig durchgeführter Grundsatz über die Lastenverteilung nicht nachweisen. Bekannt sind Sätze wie der deutschrechtliche „Wer den bösen Tropfen genießt, genießt auch den guten" oder der römische aus D 50, 17, 10 „Secundum naturam est commoda cuiusque rei eum sequi, quem sequuntur incommoda".

4 Die Frage geht dahin, ob die Lasten zwischen dem bisherigen und dem neuen Verpflichteten nach dem Zeitpunkt ihrer **Fälligkeit** oder nach dem **Verhältnis der Zeitdauer** der beiden Verpflichtungen verteilt werden sollen. Das erstgenannte Prinzip hatte sich E I § 795 zu eigen gemacht. Der zweiten Kommission erschien dies unbefriedigend. – Deshalb unterscheidet jetzt § 103 zwischen regelmäßig wiederkehrenden und einmaligen bzw in unbestimmten Abständen wiederkehrenden Lasten. Bei letzteren entscheidet die Fälligkeit (vgl RGZ 70, 263, 265), für erstere hingegen ist eine Verteilung nach dem Verhältnis der Dauer der beiderseitigen Verpflichtungen vorgesehen (Prot III 24 ff).

III. Die einzelnen Lasten

1. Der Begriff der Lasten

5 Unter Lasten iS des § 103 sind nicht alle Belastungen einer Sache zu verstehen, sondern nur **Leistungspflichten**, die den Eigentümer, den Besitzer oder den Rechtsinhaber gerade in dieser Eigenschaft treffen (BGH NJW 1980, 2465, 2466) und auf der Sache selbst ruhen (BGH JZ 1989, 1130, 1131; OLG Königsberg SeuffA 59 Nr 198). Sie können ihre Grundlage sowohl im Zivilrecht als auch im öffentlichen Recht haben. – **Privatrechtlich** begründete Lasten sind zB die Überbau- und Notwegrenten gem §§ 912 Abs 2 und 917 Abs 2, aber auch die Reallasten nach den §§ 1105 ff. Zu den **öffentlich-rechtlich** begründeten Lasten zählen vor allem die Steuern (vgl BGH NJW 1980, 2465, 2466 für die bei Veräußerung eines Gewerbebetriebs anfallende Einkommensteuer). – Nicht unter den Begriff der Lasten fallen **persönliche Verpflichtungen** des jeweiligen

Besitzers oder Eigentümers. Daher ist die Anliegerstreupflicht keine Last des Grundstücks, da sie den Eigentümer persönlich trifft (BGH JZ 1989, 1130 f; OLG Hamm NJW 1989, 839, 840; OLG Schleswig VersR 1973, 677). Auch die einem Grundstücksbesitzer durch Verwaltungsakt auferlegte Pflicht zum Aufstellen von Müllbehältern ist keine Grundstückslast iS des § 103 (RGZ 129, 10, 12 f). Das gleiche gilt für solche Belastungen, die lediglich das Eigentums- und **Verfügungsrecht** des Eigentümers **einschränken**, ihn jedoch nicht zu einer Leistung verpflichten, wie Vorkaufsrecht, Nießbrauch und Grunddienstbarkeit (RGZ 66, 316, 318 f; BGB-RGRK/Kregel Rn 2; Soergel/Marly Rn 5). – Als **Lasten eines Rechts** stehen vor allem die Verpflichtungen des Erbbauberechtigten in Betracht.

2. Die regelmäßig wiederkehrenden Lasten

Der Begriff der **regelmäßig wiederkehrenden Lasten** erfordert nicht, daß die Höhe 6 der wiederkehrenden Leistungspflichten gleich bleibt (vgl auch § 101 Rn 5 f). – Zu den regelmäßig wiederkehrenden Lasten auf **privatrechtlicher Grundlage** gehören etwa Hypothekenzinsen oder Grundschuldzinsen sowie die Jahresgebühren zur Erhaltung von Patent-, Gebrauchsmuster- und Geschmacksmusterrechten. Auch die Prämien für die Sachversicherung eines Grundstücks werden hierher gerechnet, da sie gem § 69 VVG an die Sache selbst geknüpft sind (OLG Düsseldorf NJW 1973, 146, 147; Soergel/Marly Rn 4; aM OLG Königsberg SeuffA Nr 198). Nicht zu den wiederkehrenden Lasten iS des § 103 gehören dagegen die Kosten für die Unterhaltung und Bewirtschaftung einer Sache. – Regelmäßig wiederkehrende Lasten auf **öffentlich-rechtlicher Grundlage** sind zB die Grundsteuern (MünchKomm/Holch Rn 6).

3. Die anderen Lasten

Zu den **anderen Lasten**, die nicht regelmäßig wiederkehren, gehören zB die Patro- 7 natslasten (RGZ 70, 263, 264) und die bei Veräußerung eines Gewerbebetriebs anfallende Einkommensteuer (BGH NJW 1980, 2465, 2466). – Auch für **Erschließungsbeiträge** (Anliegerbeiträge) galt früher, daß diese der Käufer zu tragen hatte, wenn sie erst nach der Übergabe des Grundstücks „zu entrichten waren", dh fällig wurden (BGH NJW 1982, 1278; vgl o Rn 4). Allerdings kam hier den abweichenden Vereinbarungen (vgl o Rn 2) eine besondere Bedeutung zu (vgl BGH NJW 1988, 2099; 1994, 2283; OLG Düsseldorf RnotZ 2002, 230; OLG Hamm MDR 1988, 963; OLG Celle OLGZ 1984, 109 ff). Jetzt bestimmt § 436, daß es nicht auf die Fälligkeit der Beiträge im Zeitpunkt der Übergabe, sondern auf den bautechnischen Beginn der betreffenden Maßnahme im Zeitpunkt des Vertragsschlusses ankommt. – Für die vor dem Zuschlag des ersteigerten **Wohnungseigentums** angefallenen Lasten des Gemeinschaftseigentums haftet der Ersteher, wenn die Abrechnung erst nach dem Zuschlag erfolgte und damit erst nach dem Eigentumserwerb fällig wurde (BGHZ 104, 197, 199 ff; OLG Hamm NJW-RR 1996, 911, 912; Soergel/Marly Rn 6; anders noch BGHZ 95, 118, 121 f mit abl Anm Weitnauer JZ 1986, 193 ff). Dabei gilt § 103 für die gem § 16 Abs 2 WEG aus dem Gemeinschaftsverhältnis erwachsende Verpflichtung der Wohnungseigentümer, zur Tragung der Kosten und Lasten beizutragen, entsprechend (OLG Köln NZM 2002, 351, 352; OLG Hamm NJW-RR 1996, 911, 912; Weitnauer JZ 1986, 193).

Abschnitt 3
Rechtsgeschäfte
Titel 1
Geschäftsfähigkeit*

Vorbemerkungen zu §§ 104–115

Schrifttum

ADEN, Die neuen AGB-Sparkassen, NJW 1993, 832
AMELUNG, Über die Einwilligungsfähigkeit, ZStW 104 (1992) 525
ATHANASIADIS, Die Beschränkung der Haftung Minderjähriger (2000)
BAETGE, Anknüpfung der Rechtsfolgen bei fehlender Geschäftsfähigkeit, IPRax 1996, 185
vBECKER, Die Rechtshandlungen. Das Erfordernis der Geschäftsfähigkeit und die Möglichkeit der Stellvertretung bei ihnen (1937)
BECKMANN/GLOSE, Irrtumsanfechtung bei der Mängelrüge nach § 377 HGB, BB 1989, 857
BEHN, „Potentielle Verfahrenshandlungsfähigkeit" und „partielle Prozeßfähigkeit" („Handlungsfähigkeit") des Minderjährigen im Sozialrecht, im Sozialverwaltungsverfahrensrecht und in der Sozialgerichtsbarkeit, RV 1985, 101
BEITZKE, Nichtigkeit, Auflösung und Umgestaltung von Dauerrechtsverhältnissen (1948)
ders, Mündigkeit und Minderjährigenschutz, AcP 172 (1972) 240
BELLING, Die Entscheidungskompetenz für ärztliche Eingriffe bei Minderjährigen, FuR 1990, 68
BELLING/EBERL, Der Schwangerschaftsabbruch bei Minderjährigen, FuR 1995, 287
BERG, Leistungspflicht aus sozialtypischem Verhalten und Minderjährigenschutz, MDR 1967, 448
BEULE, Die Stellung Geschäftsunfähiger und beschränkt Geschäftsfähiger im Rechtsverkehr mit Kreditinstituten unter besonderer Berücksichtigung der Allgemeinen Geschäftsbedingungen der Kreditinstitute (1967)
BIDDERMANN, Die Rechtsstellung des minderjährigen GmbH-Gesellschafters bei Fehlen der vormundschaftsgerichtlichen Genehmigung zum Gründungsvertrag und zum Erwerb von Geschäftsanteilen, GmbHR 1966, 4
BIRK, Bösgläubiger Besitzdiener – gutgläubiger Besitzherr, JZ 1963, 354
BOEHMER, Zum Problem der „Teilmündigkeit" Minderjähriger – Bemerkungen zu dem Urt des VI ZS des BGH v 5.12.1958, MDR 1959, 705
BRANDT, Verkehrssicherheit und Geschäftsfähigkeit (1936)
BREIT, Die Geschäftsfähigkeit (1903)
ders, Schutz der Banken gegen Geisteskranke durch Geschäftsbedingungen, BankArch 1911/12, 140
BREUER, Kinderwahlrecht vor dem BVerfG, NVwZ 2002, 43
BROX, Die Haftung des Besitzers für Zufallsschäden, JZ 1965, 516
vCAEMMERER, Objektive Haftung, Zurechnungsfähigkeit und „Organhaftung", in: FS Flume I (1978) 359
CANARIS, Die Vertrauenshaftung im deutschen Privatrecht (1971)
ders, Geschäfts- und Verschuldensfähigkeit bei Haftung aus „culpa in contrahendo", Gefährdung und Aufopferung, NJW 1964, 1987
ders, Ansprüche wegen „positiver Vertragsverletzung" und „Schutzwirkung für Dritte" bei nichtigen Verträgen – Zugleich ein Beitrag zur Vereinheitlichung der Regeln über die Schutzpflichtverletzungen, JZ 1965, 475
ders, Zur Frage der Entreicherung bei Erschleichen einer Beförderungsleistung durch einen Minderjährigen bei dessen Bösgläubigkeit, JZ 1971, 560

---

* Der Kommentator dankt Herrn Rechtsassessor MARC LIEBMANN für die Mitarbeit an der Bearbeitung sowie für die Organisation und technische Abwicklung.

COESTER, Zur sozialrechtlichen Handlungsfähigkeit des Minderjährigen, FamRZ 1985, 982
CHRISTMANN, Die Geltendmachung der Haftungsbeschränkung zugunsten Minderjähriger, ZEV 2000, 45
CYPIONKA, Fortfall der Entmündigung Volljähriger – Auswirkungen auf den Rechtsverkehr, NJW 1992, 207
CZEGUHN, Geschäftsfähigkeit – beschränkte Geschäftsfähigkeit – Geschäftsunfähigkeit (2003)
DALHOFF, Die Einwirkung der Geschäftsfähigkeit auf nicht rechtsgeschäftliche Willensäußerungen (Diss Münster 1969)
DANZ, Sind alle Rechtsgeschäfte eines Geisteskranken nichtig?, JW 1913, 1016
DEUTSCH, Gefährdungshaftung: Tatbestand und Schutzbereich, JuS 1981, 317
ders, Die Haftung des Tierhalters, JuS 1987, 673
DIEDERICHSEN, Auftragslose Geschäftsführung als Problem der juristischen Methode, MDR 1964, 889
ders, Zur Reform des Eltern-Kind-Verhältnisses, FamRZ 1978, 461
DISSARS, Der beschränkt Geschäftsfähige im Steuerrecht – zivil- und steuerrechtliche Grundlagen, DStR 1997, 417
DONATH, Zum formularmäßigen Haftungsausschluß bei Geschäftsunfähigkeit in den Allgemeinen Geschäftsbedingungen der Kreditinstitute, BB 1991, 1881
M DREHER, Schutz Dritter nach § 15 HGB bei Geschäftsunfähigkeit eines Geschäftsführers oder Vorstandsmitglieds, DB 1991, 533
ders, Zur Zulässigkeit der formularmäßigen Haftungsübernahme des Kunden für Schäden aus einer später eintretenden Geschäftsunfähigkeit in Allgemeinen Geschäftsbedingungen von Kreditinstituten, JZ 1991, 413
DULLINGER, Die Geschäftsfähigkeit Minderjähriger, ÖJZ 1987, 33
H EBEL, Die verschärfte bereicherungsrechtliche Haftung des Minderjährigen im Falle der Leistungskondiktion, JA 1982, 373
ders, Die verschärfte bereicherungsrechtliche Haftung des Minderjährigen nach § 819 Abs 1 BGB im Falle der Eingriffskondiktion, JA 1982, 526
ders, Die verschärfte Haftung des Minderjähri-

gen im Eigentümer-Besitzer-Verhältnis, JA 1983, 296
EBERBACH, Familienrechtliche Aspekte der Humanforschung an Minderjährigen, FamRZ 1982, 450
EBERL-BORGES, Die Tierhalterhaftung des Diebes, des Erben und des Minderjährigen, VersR 1996, 1070
EDLBACHER, Körperliche, besonders ärztliche, Eingriffe an Minderjährigen aus zivilrechtlicher Sicht, ÖJZ 1982, 365
EHLERS, Zum Minderjährigenschutz im öffentlichen Recht, JZ 1985, 675
ders, Rechtsverhältnisse in der Leistungsverwaltung, DVBl 1986, 912
EIDENMÜLLER, Postbenutzung und Minderjährigenrecht, NJW 1972, 1309
ELTZBACHER, Die Handlungsfähigkeit nach deutschem bürgerlichem Recht (1903)
ERDBACHER, Ein paar allgemeine Anmerkungen zum Sachwalterschaftsgesetz – Zugleich eine Buchbesprechung, ÖJZ 1985, 161
ERMAN, Beiträge zur Haftung für das Verhalten bei Vertragsverhandlungen, AcP 139 (1934) 273
ERNST, Eigenbesitz und Mobiliarerwerb (1992)
FABRICIUS, Relativität der Rechtsfähigkeit (1963)
FEHNEMANN, Grundrechtsausübung. Über die Ausübung von Grundrechten durch Minderjährige, RdJ 1967, 281
FELTZ/KÖGEL, Risikominimierung bei begleitetem Fahren, DAR 2004, 121
H A FISCHER, Die Rechtswidrigkeit (1911)
ROB FISCHER, Die faktische Gesellschaft, NJW 1955, 849
FLAD, Handeln auf eigene Gefahr, Recht 1919, 13
FOMFEREK, Der Schutz des Vermögens Minderjähriger (2002)
FRIEDLAENDER, Der Schutz gutgläubiger Dritter im Rechtsverkehr mit unerkennbar Geisteskranken, DJZ 1930, 1492
FROTZ, Die rechtsdogmatische Einordnung der Haftung für culpa in contrahendo, in: Gedenkschr Gschnitzer (1969) 163
FUCHS, Rechtsgeschäfte unerkennbar Geisteskranker, JW 1914, 1011
GAIDZIK/HIERSCHE, Historische, rechtstatsächliche und rechtspolitische Aspekte der Sterilisation Einwilligungsunfähiger, MedR 1999, 58
GANSSMÜLLER, Einzelfragen zum Recht der

Gesellschaften auf mangelhafter Grundlage, DB 1955, 257

GERNHUBER, Elterliche Gewalt heute – Eine grundsätzliche Betrachtung, FamRZ 1962, 89

GERSTBERGER, Der Schutz gutgläubiger Dritter mit nicht entmündigten unerkennbar Geisteskranken, Gruchot 71 (1931) 1

vGIERKE, Einlösung von Inhaberpapieren durch Geschäftsunfähige, DJZ 1905, 92

GITSCHTHALER, Einzelne Probleme des neuen Sachwalterrechtes und der Versuch einer Lösung, ÖJZ 1985, 193

GOTTHARDT, Der Vertrauensschutz bei der Anscheinsvollmacht im deutschen und im französischen Recht (1970, Nachdr 1996)

GRAF vWESTPHALEN, Die neuen Sparkassen-AGB unter der Lupe des AGB-Gesetzes, BB 1993, 8

GRUBE, Die Handlungen des Geisteskranken im Rechtsverkehr (Diss Göttingen 1930)

GRÜTER, Der minderjährige Soldat (Diss Köln 1966)

ders, Zur Wehrpflicht des Minderjährigen, NJW 1967, 716

GRUNEWALD, Haftungsbeschränkungs- und Kündigungsmöglichkeiten für volljährig gewordene Personengesellschafter, ZIP 1999, 597

GURSKY, Nochmals: Kraftfahrzeugvermietung an Minderjährige, NJW 1969, 2183

HABERMANN/LASCH/GÖDICKE, Therapeutische Prüfungen an Nicht-Einwilligungsfähigen im Eilfall – ethisch geboten und rechtlich zulässig?, NJW 2000, 3389

HABERSACK/SCHNEIDER, Haftungsbeschränkung zugunsten Minderjähriger – aber wie?, FamRZ 1997, 649

HABLITZEL, Öffentlich-rechtliche Willenserklärungen und Minderjährigenrecht, BayVBl 1973, 197

HAEGELE, Der Minderjährige im Handels- und Gesellschaftsrecht, BWNotZ 1969, 2

HAGEMEISTER, Grundfälle zu Bankgeschäften mit Minderjährigen, JuS 1992, 839, 924

HAGER, Das Handelsregister, Jura 1992, 57

HANKE, Rechtsfähigkeit, Persönlichkeit, Handlungsfähigkeit (1928)

HARDER, Minderjährige Schwarzfahrer, NJW 1990, 857

HARTWIG, Verfassungsrechtliche Determinanten des Minderjährigenschutzes – Zugleich eine Besprechung der Entscheidung des BVerfG vom 13.5.1986 – 1 BvR 1542/84, FamRZ 1987, 124

HASSOLD, Die Verweisungen in § 682 BGB – Rechtsfolgenverweisung oder Rechtsgrundverweisung?, JR 1989, 358

HATTENHAUER, Über das Minderjährigenwahlrecht, JZ 1996, 9

HERTWIG, Verfassungsrechtliche Determination des Minderjährigenschutzes, FamRZ 1987, 124

HÖFLING/DEMEL, Zur Forschung an Nichteinwilligungsfähigen, MedR 1999, 540

HOEREN, Die neuen AGB-Banken, NJW 1992, 3263

HÖHNBERG, Rechtsfähigkeit und Handlungsfähigkeit des jungen Menschen im Bereich der Freiheitsrechte (Diss München 1972)

HOFMANN, Minderjährigenrecht und Halterhaftung, NJW 1964, 228

ders, Das Handelsregister und seine Publizität, JA 1980, 264

HOHENESTER, Ansprüche der Vermieter eines Kraftfahrzeugs gegen den minderjährigen Mieter, DAR 1967, 126

HOHM, Grundrechtsträgerschaft und „Grundrechtsmündigkeit" am Beispiel öffentlicher Heimerziehung, NJW 1986, 3107

HOLZHAUER, Zur klinischen Prüfung von Medikamenten an Betreuten, NJW 1992, 2325

H HÜBNER, Der Rechtsverlust im Mobiliarsachenrecht (1955)

JAUERNIG, Anstaltsnutzung und Minderjährigenrecht, NJW 1972, 1

ders, Minderjährigenrecht und Postbenutzung, FamRZ 1974, 631

JENTSCH, Die Geschäftsfähigkeit Minderjähriger im deutschen, österreichischen, schweizerischen, französischen und englischen Recht (Diss Bonn 1967)

JUNG, Geschäftsabschluß mit nicht erkennbar Geisteskranken, Recht u Wirtschaft 1 (1912) 434

KÄMMERER, Minderjährigkeit und Postbenutzung, DVBl 1974, 273

KERN, Die Bedeutung des Betreungsgesetzes für das Arztrecht, MedR 1991, 66

KIPP, Besprechung von Heinrich Dittberner. Der Schutz des Kindes gegen die Folgen eigener Handlungen im BGB, ZHR 54 (1904) 607 ders, Die religiöse Kindererziehung nach Reichsrecht, in: FG Kahl (1923) 1

KITTNER, Zur Grundrechtsmündigkeit des Minderjährigen am Beispiel der Koalitionsfreiheit (Art 9 Abs 3 GG), AuR 1971, 280

KLATT, Auftragslose Fremdgeschäftsführung durch Minderjährige (2001)

KLEIN, Inwieweit können „Willensmitteilungen" von Geschäftsunfähigen und beschränkt Geschäftsfähigen ... und gegenüber Geschäftsunfähigen vorgenommen werden?, ArchBürgR 36 (1911) 304

ders, Inwieweit sind die Vorschriften über Geschäftsfähigkeit auf die „rein äußeren Handlungen" analog anwendbar?, SeuffBl 76 (1911) 512

ders, Die Rechtshandlungen im engeren Sinne (1912)

KLUTH, Rechtsfragen der verwaltungsrechtlichen Willenserklärung, NVwZ 1990, 608

KNOCHE, Minderjähriger als Geschäftsführer ohne Auftrag, MDR 1964, 193

KNOTHE, Die Geschäftsfähigkeit des Minderjährigen in geschichtlicher Entwicklung (1983)

ders, Zur 7-Jahresgrenze der „infantia" im antiken römischen Recht, SDHI 48 (1982) 239

KNÜTEL, Zum Bereicherungsanspruch bei Kenntnis des mangelnden Rechtsgrundes gegen einen Minderjährigen, JR 1971, 293

KÖBLER, Das Minderjährigenrecht, JuS 1979, 789

KOETHER/RUCHATZ, Die Haftung des Minderjährigen auf Schadensersatz nach §§ 989, 990 BGB, NJW 1973, 1444

KONOW, Die Verpflichtungen aus sozialtypischem Verhalten und der Minderjährigenschutz bei der Benutzung öffentlicher Verkehrsmittel, DB 1967, 1840

KOHTE, Die rechtfertigende Einwilligung, AcP 185 (1985) 105

KRAUSE, Die Willenserklärungen des Bürgers im Bereich des öffentlichen Rechts, VerwArch 61 (1970) 297

KREUTZER, Die Wehrpflicht des Minderjährigen, FamRZ 1962, 240

KROSCHEL, Beteiligten- und Verfahrensfähigkeit in der freiwilligen Gerichtsbarkeit (Diss Bochum 1998)

KRÜCKMANN, Schädigung der Geschäftstreibenden durch Geisteskranke, Recht 1913, 419

H KRÜGER, Grundrechtsausübung durch Jugendliche (Grundrechtsmündigkeit) und elterliche Gewalt, FamRZ 1956, 329

KÜPPERSBUSCH, Die Haftung des Minderjährigen für cic (Diss München 1973)

KUHLENBECK, Zum Schadensersatzanspruch aus Geschäftsschlüssen mit heimlichen Geisteskranken, BankArch 5 (1905/06) 285

KUHN, Grundrechte und Minderjährigkeit (1965)

KUNZ, Grundrechte junger Menschen im Heim, ZblJugR 1975, 244

ders, Zur Rechtsstellung des Minderjährigen im Sozialrecht, ZblJugR 1984, 392

LANGHEID, Für und Wider des Minderjährigenwahlrechts, ZRP 1996, 131

LAPPE, Kann ein verfahrensfähiger Minderjähriger selbst einen Anwalt bestellen?, Rpfleger 1982, 10

LAUBINGER, Prozessfähigkeit und Handlungsfähigkeit, in: FS Ule (1987) 161

ders, Definität und Reversibilität der Gläubigerentscheidungen nach § 326 BGB, Bemerkungen zu BGH, Urteil v. 17.1.1979 – VIII ZR 304/77, JZ 1980, 48

LENCKNER, Die Einwilligung Minderjähriger und deren gesetzlicher Vertreter, ZStW 72 (1960) 446

LEONHARD, Zur Gefahr der Geschäftsabschlüsse mit heimlichen Geisteskranken, BankArch 5 (1905/06) 153

LEVIS, Mängel der Geschäftsfähigkeit und Sicherheit des Verkehrs, ZBlFG 14 (1914) 249

LIESECKE, Die neuere Rechtsprechung, insbesondere des Bundesgerichtshofs, zum Wechsel- und Scheckrecht, WM 1969, 2

LINK, Schwangerschaftsabbruch bei Minderjährigen (2004)

LÖW, Verfassungsgebot Kinderwahlrecht?, FuR 1993, 25

ders, Kinder und Wahlrecht, ZRP 2002, 448

LORENZ, Schadensverteilung bei Autovermietung an minderjährige Führerscheininhaber, MDR 1968, 463

LORITZ, Aktuelle Rechtsprobleme des Betriebsübergangs nach § 613a BGB, RdA 1987, 65

LUTTER/GEHLING, Zurechenbarkeit des Handelns eines geschäftsunfähigen Vertreters, JZ 1992, 154

MANIGK, Das System der juristischen Handlungen im neuesten Schrifttum, JherJb 83 (1933) 1
ders, Das rechtswirksame Verhalten (1933)
ders, Willenserklärung und Willensgeschäft (1907)
MARTENS, Grundrechtsausübung als Spiel ohne Grenzen?, NJW 1987, 2561
MAYER-MALY, Die Grundlagen der Aufstellung von Altersgrenzen durch das Recht, FamRZ 1970, 617
ders, Privatautonomie und Selbstverantwortung, Zeitschr f Rechtssoziologie u Rechtstheorie 1970, 268
MEDICUS, Grenzen der Haftung für culpa in contrahendo, JuS 1965, 209
ders, Verpflichtung aus sozialtypischem Verhalten und Minderjährigenschutz, NJW 1967, 354
ders, Beschädigung eines Mietwagens durch Minderjährigen, JuS 1974, 221
ders, Gefährdungshaftung im Zivilrecht, Jura 1996, 561
METZLER, Zwei Rechtsfragen bei Autovermietung an Minderjährige, NJW 1971, 690
C-R MEYER, Die Stellung des Minderjährigen im öffentlichen Recht (1988)
MEZGER, Das schwarzfahrende Kind, NJW 1967, 1740
MICHAEL, Forschungen an Minderjährigen: verfassungsrechtliche Grenzen (2004)
MIDDEL, Öffentlich-rechtliche Willenserklärungen von Privatpersonen (1971)
MINZENMAY, Die Wurzeln des Instituts der Geschäftsfähigkeit im Naturrecht des 17. und 18. Jahrhunderts (2003)
MÜLLER, Betreuung und Geschäftsfähigkeit, (1998)
MÜLLER-CHRISTMANN/SCHNAUDER, Grundfälle zum Wertpapierrecht, JuS 1991, 558
MUSCHELER, Haftungsbeschränkung zugunsten Minderjähriger (§ 1629a BGB), WM 1998, 2271
MUSIELAK, Eigentumserwerb an beweglichen Sachen nach §§ 932 ff BGB, JuS 1992, 713
ders, Die Beweislastverteilung bei Zweifeln an der Prozeßfähigkeit, NJW 1997, 1736
vMUTIUS, Grundrechtsmündigkeit, Jura 1987, 272
NEUBECKER, Haftung für Wort und Werk, in: FS vGierke III (1910, Neudr 1969) 177

NEUMANN-DUESBERG, § 166 II BGB bei der gesetzlichen Stellvertretung und Handeln nach bestimmten Weisungen, JR 1950, 332
NITSCHKE, Die Wirkung von Rechtsscheintatbeständen zu Lasten Geschäftsunfähiger und beschränkt Geschäftsfähiger, JuS 1968, 541
NOLTING-HAUFF, Gebote zum Schutz Minderjähriger und ihre Verwirklichung im Verwaltungsrecht (1998)
NOPPER, Minderjährigenwahlrecht – Hirngespinst oder verfassungsrechtliches Gebot in einer grundlegend gewandelten Gesellschaft? (Diss Tübingen 1999)
OERTMANN, Privatrechtsschutz gegenüber Unzurechnungsfähigen, SeuffBl 74 (1909) 573
ders, Bürgerliches Vermögensrecht, DJZ 1931, 265
ders, Leistung an den geschäftsunfähigen Präsentanten eines Inhaberpapiers, DJZ 1904, 1127
vOLSHAUSEN, Neuerungen im System der handelsrechtlichen Rechtsscheingrundsätze, BB 1970, 137
D OPPERMANN, Nochmals: Zum Schutz Geschäftsunfähiger bei der Beendigung der Pflichtmitgliedschaft in der Krankenversicherung der Landwirte, SGb 2000, 309
W OPPERMANN, Handlungsfähigkeit und Entmündigung nach dem neueren Schweizerischem Zivilgesetzbuch, ZBlFG 14 (1914) 533
OSTHEIM, Probleme bei Vertretung durch Geschäftsunfähige, AcP 169 (1969) 193
PAULICK, Kann durch ein geschäftsunfähiges Vorstandsmitglied einer eingetragenen Genossenschaft die von ihm vertretene Genossenschaft rechtswirksam verpflichtet werden?, ZGenW 1968, 215
PAWLOWSKI, Die Ansprüche des Vermieters eines Kraftfahrzeuges gegen den minderjährigen Mieter, JuS 1967, 302
ders, Probleme der Einwilligung zu Eingriffen in personenbezogene Rechte, in: FS Hagen (1999) 5
PECHSTEIN, Wahlrecht für Kinder?, FuR 1991, 142
PESCHEL-GUTZEIT, Elterliche Vertretung und Minderjährigenschutz, FamRZ 1993, 1009
dies, Unvollständige Legitimation der Staatsgewalt, NJW 1997, 2861

PERSCHEL, Grundrechtsmündigkeit und Elternrecht, RdJ 1963, 33
E PETERS, Darf ein Minderjähriger Antrag beim Amtsgericht stellen, damit der Standesbeamte zur Vornahme einer abgelehnten Amtshandlung angehalten wird?, StAZ 1970, 111
PETERSEN, Die Geschäftsfähigkeit, Jura 2003, 97
ders, Der Minderjährige im Schuld- und Sachenrecht, Jura 2003, 399
PFANNER, Die Patentanmeldung Geschäftsunfähiger und Geschäftsbeschränkter, GRUR 1955, 556
PINGER, Die Rechtsnatur der §§ 987–1003 BGB, MDR 1974, 184
POST, Erfahrungen mit dem Familienwahlrecht als Bestandteil des Allgemeinen Wahlrechts, ZRP 1996, 377
PÜSCHEL, Verstärkter Schutz gutgläubiger Vertragsgegner von nicht erkennbar Geisteskranken, JW 1914, 564
RAAPE, Gebrauchs- und Besitzüberlassung, JherJb 71 (1922) 97
RABEL, Streifgänge im schweizerischen Zivilgesetzbuch, RheinZ 4 (1912) 135
REINIKE, Entspricht die objektive Beweislast bei der Prozeßfähigkeit derjenigen bei der Geschäftsfähigkeit?, in: FS Lukes (1989) 755
REIPSCHLÄGER, Die Einwilligung Minderjähriger in ärztliche Heileingriffe und die elterliche Personensorge (2004)
REISERER, Schwangerschaftsabbruch durch Minderjährige im vereinten Deutschland, FamRZ 1991, 1136
REUTER, Kindesgrundrechte und elterliche Gewalt (1968)
ders, Die Grundrechtsmündigkeit – Problem oder Scheinproblem?, FamRZ 1969, 622
ders, Elterliche Sorge und Verfassungsrecht, AcP 192 (1992) 108
RICHARDI, Verabreichung eines Arzneimittels an Einwilligungsunfähige, in: FS Medicus (1999) 449
ROBBERS, Partielle Handlungsunfähigkeit Minderjähriger im öffentlichen Recht, DVBl 1987, 709
ROELL, Die Geltung der Grundrechte für Minderjährige (1984)
ROSENER, Die Einwilligung in Heileingriffe (Diss FU Berlin 1965)

W ROTH, Die Grundrechte Minderjähriger im Spannungsfeld selbständiger Grundrechtsausübung, elterlichen Erziehungsrechts und staatlicher Grundrechtsbindung (2003)
W-H ROTH, Zum Vertrauensschutz des Rechtsverkehrs bei geschäftsunfähigen Gesellschaftsorganen, JZ 1990, 1030
ROTHÄRMEL, Einwilligung, Veto, Mitbestimmung: Die Geltung der Patientenrechte für Minderjährige (2004)
ROTH-STIELOW, Gesetzlicher Vertreter und Minderjährigenschutz, ZBlJugR 1967, 33
RÜMELIN, Die Geisteskranken im Rechtsgeschäftsverkehr (1912)
SACHSEN GESSAPHE, Der Betreuer als gesetzlicher Vertreter für eingeschränkt Selbstbestimmungsfähige (1999)
SCHEERER, Bankgeschäfte des Minderjährigen, BB 1971, 981
SCHERER, Schwangerschaftsabbruch bei Minderjährigen und elterliche Zustimmung, FamRZ 1997, 589; 1998, 11
SCHIEMANN, Das Eigentümer-Besitzer-Verhältnis, Jura 1981, 631
SCHILKEN, Wissenszurechnung im Zivilrecht (1983)
KARSTEN SCHMIDT, Sein-Schein-Handelsregister, JuS 1977, 209
ders, Grenzen des Minderjährigenschutzes im Handels- und Gesellschaftsrecht, JuS 1990, 517
ders, Ein Lehrstück zu § 15 HGB – BGH NJW 1991, 2566, JuS 1991, 1002
REINER SCHMIDT, Die Rechtsstellung Minderjähriger im Wehrrecht, NZWehr 1962, 105
RUD SCHMIDT, Der Pfandbesitz Teil 1: Die Vertragspfandrechte, 1. Kapitel: Der unmittelbare Besitz des Vertragspfandgläubigers, AcP 134 (1931) 1
SCHMITT, Die Handlungsfähigkeit im Sozialrecht (1982)
SCHNEIDER, Zur Haftung der Gemeinden für ihre öffentlichen Anstalten, NJW 1962, 705
SCHOENBORN, Altersstufen und Geschäftsfähigkeit im öffentlichen Recht, AöR 24 (1909) 126
SCHROEDER, Familienwahlrecht und Grundgesetz, JZ 2003, 917
SCHRÖDER, § 613a BGB und nichtiges Erwerbsgeschäft, NZA 1986, 286

SCHULTZENSTEIN, Die Polizeifähigkeit der natürlichen Personen, VerwArch 28 (1921) 300
D SCHWAB, Gedanken zur Reform des Minderjährigenrechts und des Mündigkeitsalters, JZ 1970, 745
ders, Probleme des materiellen Betreuungsrechts, FamRZ 1992, 493
ders, Stellvertreung bei der Einwilligung in die medizinische Behandlung, in: FS Henrich (2000) 511
A B SCHWARZ, Die justinianische Reform des Pubertätsbeginns und die Beilegung juristischer Kontroversen, SZRA 69 (1952) 345
E SCHWERDTNER, Kindeswohl oder Elternrecht, AcP 173 (1973) 227
ders, Mehr Rechte für das Kind – Fluch oder Segen für die elterliche Sorge?, NJW 1999, 1525
SCHWIMANN, Die Institution der Geschäftsfähigkeit (1965)
SIEBERT, Faktische Vertragsverhältnisse (1958)
SIEDLOFF, Diskussion: Schwangerschaftsabbruch und elterliche Zustimmung, FamRZ 1998, 8
SIMON, Die Gefährdung der Banken durch Geschäftsabschlüsse mit unerkennbar Geisteskranken, JW 1913, 291
SONNENHOL, Änderungen der AGB-Banken zum 1. April 2002, WM 2002, 1259
STACKE, Der minderjährige Schwarzfahrer, NJW 1991, 875
STEFFEN, Grundrechtsmündigkeit, RdJB 1971, 143
STEINBAUER, Die Handlungfähigkeit geistig Behinderter nach dem neuen Sachwalterrecht, ÖJZ 1985, 385
STEINER, Der Einfluß der Geschäftsfähigkeit und der beschränkten Geschäftsfähigkeit auf den Besitz (Diss Erlangen 1949)
STELKENS, Der Antrag – Voraussetzung eines Verwaltungsverfahrens und eines Verwaltungsaktes?, NuR 1985, 213
STERN, Über den Schutz des Vertragsgegners bei Geschäften mit nicht erkennbaren Geisteskranken (Diss Greifswald 1915 [Bonn 1919])
STÖTTER, Die Bedeutung der Quittung bei Einschränkung der Geschäftsfähigkeit des Quittierenden, MDR 1978, 632
HANS STOLL, Das Handeln auf eigene Gefahr (1961)
TAUPITZ, Forschung mit Kindern, JZ 2003, 109

TEICHMANN, Die Flugreise-Entscheidung – BGHZ 55, 128, JuS 1972, 247
TIEMANN, Grundfragen der Staats- und Benutzerhaftung in öffentlich-rechtlichen Benutzungsverhältnissen, VerwArch 65 (1974) 381
TINTELNOT, Gläubigeranfechtung kraft Wissenszurechnung, insbesondere zu Lasten Minderjähriger, JZ 1987, 795
TROCKEL, Die Einwilligung Minderjähriger in den ärztlichen Heileingriff, NJW 1972, 1493
ULRICI, Geschäftsähnliche Handlungen, NJW 2003, 2053
UMBACH, Grundrechts- und Religionsmündigkeit im Spannungsfeld zwischen Kindes- und Elternrecht, in: FS Geiger (1989) 359
VENNEMANN, Zur Frage, ob das Vormundschaftsgericht befugt ist, zum Schutz des ungeborenen Lebens der – hier minderjährigen – Schwangeren und den Ärzten den Schwangerschaftsabbruch zu untersagen, FamRZ 1987, 1068
VORTMANN, Bankgeschäfte mit Minderjährigen, WM 1994, 965
WACKE, Nochmals: Die Erfüllungsannahme durch den Minderjährigen – lediglich ein rechtlicher Vorteil?, JuS 1978, 80
WALZ, Der minderjährige Wehrpflichtige, NZWehr 1995, 106
WEIMAR, Tritt Schuldbefreiung ein, wenn die Leistung an einen geschäftsunfähigen oder geschäftsbeschränkten Inhaber eines Sparkassenbuches erfolgt?, JR 1959, 218
ders, Kinder und Jugendliche als Tierhalter und Tierhüter, MDR 1964, 208
ders, Geschäftsunfähigkeit und beschränkte Geschäftsfähigkeit im Wechselrecht, WM 1966, 1194
ders, Zweifelhafte Tierhaltereigenschaft, MDR 1967, 100
ders, Ersatz des Personenschadens aus culpa in contrahendo, MDR 1978, 378
WELSER, Die Neuordnung der Geschäftsfähigkeit und ihre Problematik, VersRdsch 1973, 146
H P WESTERMANN, Fortschritte durch die neuen AGB der Banken und Sparkassen, WM 1993, 1865
H WESTERMANN, Die Grundlagen des Gutglaubensschutzes, JuS 1963, 1
ders, Besitzerwerb und Besitzverlust durch Besitzdiener, JuS 1961, 79

Weth, Zivilrechtliche Probleme des Schwarzfahrens in öffentlichen Verkehrsmitteln, JuS 1998, 795
Wilhelm, Verträge Minderjähriger im angloamerikanischen Recht, ZfRvgl 1972, 161
ders, Kenntniszurechnung kraft Kontovollmacht?, AcP 183 (1983) 1
Winkler vMohrenfels, Der minderjährige Schwarzfahrer, JuS 1987, 692
Wölk, Der minderjährige Patient, MedR 2001, 80
Max Wolff, Die „moderne Art der Rechtsprechung", JW 1914, 121
Würtenberger, Religionsmündigkeit, in: FS Obermayer (1986) 113
Zierl, Sachwalterschaftsprobleme in Österreich, Rpfleger 1989, 225
Zitelmann, Ausschluß der Widerrechtlichkeit, AcP 99 (1906) 1.

Systematische Übersicht

I. Die Geschäftsfähigkeit als Rechtsinstitut
1. Begriff und systematische Einordnung der Geschäftsfähigkeit _____ 1
   a) Begriff _____ 1
   b) Verhältnis zu anderen Fähigkeiten der Person _____ 3
2. Grundsätze der gesetzlichen Regelung _____ 6
   a) Regelungsinhalt. Geschäftsfähigkeit als Normalfall _____ 6
   b) Typisierende und individualisierende Regelung _____ 8
   c) Zwingendes Recht _____ 11
   d) Personengruppen _____ 12
   e) Aktive und passive Stellung bei Rechtsgeschäften _____ 13
   f) Besondere Vorschriften _____ 14
   g) Internationales Privatrecht _____ 17
   h) Übergangsrecht anlässlich der deutschen Wiedervereinigung _____ 18
3. Zweck des Geschäftsfähigkeitsrechts _____ 19
4. Verhältnis zur gesetzlichen Vertretung _____ 23

II. Das Verhältnis von Geschäftsfähigkeit und Verkehrsschutz
1. Geltendes Recht _____ 26
2. Rechtspolitische Würdigung _____ 30

III. Der Anwendungsbereich des Geschäftsfähigkeitsrechts
1. Rechtsgeschäfte _____ 31
   a) Grundsatz _____ 31
   b) Besonderheiten bei Dauerrechtsverhältnissen _____ 32
      aa) Gesellschaftsverhältnisse _____ 33
      bb) Arbeitsverhältnisse _____ 36
      cc) Dauerrechtsverhältnisse im allgemeinen _____ 40
2. Vertragsähnliche Rechtsverhältnisse _____ 41
   a) Vorvertraglicher Kontakt gem § 311 Abs 2 _____ 42
   b) Geschäftsführung ohne Auftrag _____ 44
3. Rechtsscheintatbestände _____ 47
   a) Grundsatz _____ 47
   b) Stellvertretung und Organstellung _____ 48
   c) Handelsrecht _____ 50
   d) Wertpapierrecht _____ 53
4. Einwilligung in die Verletzung persönlicher Rechte und Rechtsgüter _____ 56
   a) Problematik _____ 56
   b) Grundsatz _____ 57
   c) Wichtigste Arten von Eingriffen _____ 59
      aa) Ärztliche Operationen, Arzneimittelforschung, Humanforschung _____ 59
      bb) Sterilisation und Kastration _____ 60
      cc) Abbruch der Schwangerschaft _____ 61
      dd) Anstaltsunterbringung _____ 62
      ee) Eingriff in sonstige Persönlichkeitsrechte _____ 63
5. Übernahme einer Gefahr _____ 64
6. Geschäftsfähigkeit und Verantwortlichkeit für unerlaubte Handlungen _____ 65
7. Gefährdungshaftung _____ 67
8. Aufopferungshaftung _____ 69
9. Gut- und Bösgläubigkeit, Willensmängel _____ 70
   a) Rechtsgeschäftlicher Bereich _____ 71

Titel 1
Geschäftsfähigkeit

Vorbem zu §§ 104–115

b) Böser Glaube im Eigentümer-Besitzer-Verhältnis und bei Ersitzung __ 76
c) Ungerechtfertigte Bereicherung __ 78
d) Beginn der regelmäßigen Verjährungsfrist nach § 199 Abs 1 Nr 2 __ 84
10. Sonstige Rechtshandlungen __ 85
a) Rechtsgeschäftsähnliche Rechtshandlungen __ 86
b) Realakte __ 89
c) Verzeihung __ 94
11. Verfahrenshandlungen __ 95
12. Willenserklärungen auf dem Gebiet des öffentlichen Rechts __ 98
a) Verwaltungsrechtliche Willenserklärungen im Allgemeinen __ 98
b) Begründung von öffentlich-rechtlichen Benutzungsverhältnissen __ 101
c) Ausübung von Grundrechten („Grundrechtsmündigkeit") __ 102

IV. **Die geschichtliche Entwicklung des Geschäftsfähigkeitsrechts**
1. Römisches und gemeines Recht __ 106
2. Deutsche Rechtsentwicklung bis zur Rezeption des römischen Rechts __ 110
3. Von den Kodifikationen der Aufklärungszeit bis zum BGB __ 111
4. Entwicklung unter dem BGB __ 114
5. Recht der früheren DDR __ 116

V. **Ausländische Rechte**
1. Österreich __ 117
2. Schweiz __ 119
3. Frankreich __ 123
4. Italien __ 128
5. Russland __ 131
6. Angelsächsische Staaten __ 136
a) England __ 136
b) Vereinigte Staaten von Amerika __ 145

Alphabetische Übersicht

Anstaltsunterbringung __ 62
Anzeige (gem § 149) __ 86
Arglistiges Vorspiegeln der Geschäftsfähigkeit __ 28
Aufforderung (gem § 108 Abs 2 bzw § 177 Abs 2) __ 88
Aufopferung __ 69

Benutzungsverhältnisse, öffentlich rechtliche __ 101
Besitz __ 90
Betreuung __ 25
Beweislast __ 7

Chirurgischer Eingriff __ 59
culpa in contrahendo __ 42 f

Dauerschuldverhältnisse __ 32, 40
Definition der Geschäftsfähigkeit __ 1
de lege ferenda Vorschläge betreffend Geschäftsfähigkeitsrecht __ 30
Deliktsfähigkeitsrecht __ 2
Dereliktion __ 92
Deutsche Rechte (des Mittelalters) __ 110 ff

Ehemündigkeit __ 15
Einwilligung __ 56 ff

Erziehungszweck des Geschäftsfähigkeitsrechts __ 22
Faktisches Arbeitsverhältnis __ 36 ff
Fehlerhafte Gesellschaft __ 33 ff
Feststellungslast __ 7
Fotoaufnahmen __ 64
Freiwillige Gerichtsbarkeit __ 96

Gefahrübernahme __ 64
Gegennormen __ 6
Geistige Erkrankung __ 10
Geschäftsfähigkeit des Adressaten einer Willenserklärung __ 13
GOA __ 44 f
Grundrechtsmündigkeit __ 102 ff

Halter (minderjähriger) __ 67 f
Handlungsfähigkeit __ 2
Humanexperimente __ 59

lucidum intervallum __ 10

Mahnung __ 86

Patentrecht __ 89
Personalstatut __ 17

163 Hans-Georg Knothe

Personengruppen	12	Verbindung	89
Prozessfähigkeit	7, 95	Verfahrensfähigkeit	95
		Verfügungsbefugnis	5
ratio des Geschäftsfähigkeitsrechts	21	Verhaltensfähigkeit, unmittelbare und	
Realakte	89	mittelbare	4
Rechtsfähigkeit	3	Vermischung	89
Rechtsscheintatbestände	47 f	Vertrauensschutz	26 f
Religionsmündigkeit	15	Vertretung Minderjähriger	23
Römisches Recht	106 ff	Verwaltungsrechtliche Geschäftsfähigkeit	98
		Verzeihung	94
Schwangerschaftsabbruch	61	Vormundschaft	24
Sondervorschriften, Allgemeines	14		
Sozialtypisches Verhalten	31	Wahlrecht	105
Strafverfahren	97	Widerruf	89
		Widerspruch (des Vermieters)	86
Testierfähigkeit	16	Willensfähigkeit	1
Typisierung der Geschäftsfähigkeit	9	Willensmängel	70 ff
Unerlaubte Handlungen	65 ff	Zivilgesetzbuch der DDR	116
Unterscheidungstheorie	4	Zurechnungsfähigkeit	2
		Zwingendes Recht	11
Verarbeitung	89		

I. Die Geschäftsfähigkeit als Rechtsinstitut

1. Begriff und systematische Einordnung der Geschäftsfähigkeit

a) Begriff

1 Das BGB enthält keine Definition der Geschäftsfähigkeit. Der Begriff lässt sich nach dem Inhalt der gesetzlichen Regelung bestimmen als die Fähigkeit, Rechtsgeschäfte durch Abgabe oder Entgegennahme von Willenserklärungen in eigener Person wirksam vorzunehmen (vgl Mot I 129 = MUGDAN I 423; FLUME II § 1; AK-BGB/ KOHL Einl 1 zu § 104; BGB-RGRK/KRÜGER-NIELAND § 104 Rn 1; SOERGEL/HEFERMEHL Vorbem 1 zu § 104; ähnlich SCHWIMANN 37). Bei der Geschäftsfähigkeit handelt es sich um eine Eigenschaft allein der natürlichen Person, da nur diese unmittelbar zu rechtlich relevantem Verhalten und damit auch zur Vornahme von Rechtsgeschäften imstande ist. Die (volle) Geschäftsfähigkeit fehlt mithin demjenigen Menschen, der nur durch einen anderen oder unter Mitwirkung eines anderen Willenserklärungen wirksam abgeben oder empfangen kann. Der Grund für die Normierung einer besonderen persönlichen Fähigkeit des Menschen als Wirksamkeitserfordernis der von ihm getätigten Rechtsgeschäfte liegt in der Maßgeblichkeit des Willensmomentes für den Eintritt der Wirkungen rechtsgeschäftlichen Handelns. Dem (erklärten) Willen eines Rechtssubjekts kann die Rechtsordnung nur dann rechtliche Wirkungen beilegen, wenn der Betreffende nach seiner psychischen Beschaffenheit imstande ist, seinen Willen aufgrund vernünftiger Überlegung zu bilden und die Tragweite der durch sein rechtsgeschäftliches Handeln ausgelösten Wirkungen zu ermessen. Diese Willensfähigkeit (MAYER-MALY FamRZ 1970, 617, 619) ist grundsätzlich die tatsächliche Voraussetzung für die Gewährung des rechtlichen Status der Geschäftsfähigkeit. Die Geschäftsfähigkeit kann deshalb – anders als die Rechtsfähigkeit (s u Rn 3) – nicht jedem Menschen als solchem zukommen. Denn die Willensfähigkeit fehlt, wie die offenkundige Erfahrung lehrt, dem Menschen in den ersten Lebensjahren vollständig und wächst ihm erst im Laufe eines langen Reifeprozesses allmählich zu. Aber auch beim Erwachsenen kann die Willensfähigkeit aufgrund geistig-seelischer Gebrechen nicht oder nicht in dem erforderlichen Maße vorhanden sein. Diesem tatsächlichen Befund trägt die Rechtsordnung Rechnung, indem sie jugendliches Alter und pathologische psychische Zustände als Gründe für das Fehlen oder den Wegfall der Geschäftsfähigkeit normiert.

Die Rechtsgeschäfte bilden nur einen, wenn auch sehr wichtigen, Ausschnitt aus der **2** Gesamtheit rechtlich erheblichen menschlichen Verhaltens als eines bewussten und willensgesteuerten Tuns, Duldens oder Unterlassens (zur Systematik vgl HÜBNER, AT § 28 II). Die Geschäftsfähigkeit ist dementsprechend eine Unterart der allgemeinen Fähigkeit zu rechtswirksamem Verhalten (ELTZBACHER I 78 ff). Diese Fähigkeit zu rechtlich relevantem Verhalten oder zur Vornahme von Rechtshandlungen iwS wird mit dem von der gemeinrechtlichen Theorie des 19. Jh's (vgl WINDSCHEID/KIPP I § 71) geprägten Begriff der **Handlungsfähigkeit** bezeichnet. Unter der Handlungsfähigkeit ist mithin die Fähigkeit der natürlichen Person zu verstehen, durch eigenes Handeln rechtliche Wirkungen herbeizuführen (HÜBNER, AT § 8 II; LARENZ/WOLF, AT § 6 I 1a Rn 1; SOERGEL/HEFERMEHL Vorbem 1 zu § 104), wobei hier das „Handeln" iwS zu verstehen ist, nämlich unter Einschluss des rechtlich erheblichen Duldens und Unterlassens. Von der Aufnahme des allgemeinen Begriffs der Handlungsfähigkeit in das BGB haben die Gesetzesverfasser, abweichend von zivilrechtlichen Kodifikationen des 19. Jh's (zB Sächs BGB § 81), abgesehen, da sie eine allgemeine Regelung der Fähigkeit zur Vornahme von Rechtshandlungen iwS wegen der Verschiedenheit der einzelnen Arten als unmöglich ansahen (Mot I 129 = MUGDAN I 423; Prot I 115 ff = MUGDAN I 673). Der statt dessen verwendete und nur auf rechtsgeschäftliches Handeln beschränkte Begriff der Geschäftsfähigkeit wurde aus dem preußischen Gesetz betreffend die Geschäftsfähigkeit Minderjähriger usw vom 12. 7. 1875 – GS S 518 – (vgl hierzu KNOTHE, Geschäftsfähigkeit § 14 II) übernommen, das diesen Terminus erstmals in die Gesetzessprache eingeführt hatte. Eine weitere Unterart der Handlungsfähigkeit neben der Geschäftsfähigkeit bildet die Deliktsfähigkeit als die Fähigkeit, sich durch eigene unerlaubte Handlungen verantwortlich zu machen. Die Deliktsfähigkeit regelt das BGB, das diesen Begriff als solchen nicht kennt, im Rahmen des Rechts der unerlaubten Handlungen (§§ 827–829). Eine dritte Gruppe von Rechtshandlungen besteht in der Verletzung von Verbindlichkeiten im Rahmen eines bestehenden Schuldverhältnisses. Hinsichtlich der Fähigkeit, sich für solche Verletzungen verantwortlich zu machen, verweist das Gesetz in § 276 Abs 1 S 2 auf die Vorschriften über die Deliktsfähigkeit. Es verbleiben diejenigen rechtlich erheblichen Verhaltensweisen, die sich weder als Rechtsgeschäfte noch als unerlaubte Handlungen noch als Vertragsverletzungen darstellen, also die Rechtshandlungen ieS. Auf eine ausdrückliche Regelung der Fähigkeit, solche Rechtshandlungen in eigener Person wirksam vorzunehmen, hat der BGB-Gesetzgeber wegen der Unterschiedlichkeit der diesbezüglichen Handlungen verzichtet (zu dieser Fähigkeit s ausführlich u Rn 85 ff). In der neueren Dogmatik wird als entscheidendes Merkmal der Handlungsfähigkeit die rechtliche Zurechenbarkeit einer Handlung an deren (natürlichen) Urheber angesehen. Es ist deshalb der weitere Begriff der **subjektiven Zurechnungsfähigkeit** geprägt worden (CANARIS NJW 1964, 1987 ff; skeptisch MAYER-MALY

Zeitschr f Rechtssoziologie u Rechtstheorie 1970, 268, 269), der neben der Handlungsfähigkeit auch die Fähigkeit zur Zurechnung von nicht in einer Handlung iwS bestehenden Haftungstatbeständen (zB Gefährdungshaftung kraft Halter- oder Betreibereigenschaft) umfasst. Geschäfts- und Deliktsfähigkeit sind hiernach positivrechtliche Ausformung dieses allgemeinen Instituts (so CANARIS aaO; vgl auch SOERGEL/HEFERMEHL Vorbem 1 zu § 104).

b) Verhältnis zu anderen Fähigkeiten der Person

3 Aus dem vorstehend Dargelegten ergibt sich der Unterschied zwischen der Geschäftsfähigkeit bzw allgemeiner der Handlungsfähigkeit und der **Rechtsfähigkeit**. Unter der Rechtsfähigkeit ist nach ganz überwiegender und zutreffender Ansicht (vgl STAUDINGER/HABERMANN/WEICK [1995] § 1 Rn 1) die Fähigkeit zu verstehen, Träger von Rechten und Pflichten zu sein, also Rechte und Pflichten zu haben. Die Rechtsfähigkeit betrifft also das statische Moment des Innehabens von Rechten und Pflichten, während sich die Handlungs- (Geschäfts-)fähigkeit auf das dynamische Moment der Veränderung des Rechte- und Pflichtenbestandes einer Person, auf den Erwerb und Verlust von Rechten bezieht. Das Verhältnis von Rechtsfähigkeit und Handlungsfähigkeit lässt sich mithin dahingehend bestimmen, dass zwar die Handlungsfähigkeit die Rechtsfähigkeit des Betreffenden als Personenhaftigkeit im Rechtssinne voraussetzt, denn nur (natürliche) Personen können rechtserheblich handeln, dass aber umgekehrt ein nicht Handlungsfähiger gleichwohl rechtsfähig sein kann. Die handlungsunfähige Person ist lediglich außerstande, ihren Bestand an Rechten und Pflichten durch eigenes Handeln zu verändern, sie kann aber durchaus Rechte und Pflichten haben. Dies deshalb, weil sich Erwerb und Verlust von Rechten und Pflichten nicht nur durch eigenes Handeln des Trägers, insbesondere durch die Vornahme von Rechtsgeschäften, vollziehen können, sondern auch durch das Handeln anderer Personen (Vertreter, Organe) oder unmittelbar kraft Gesetzes (zB Erbfall). Auch der Säugling oder der Geisteskranke kann mithin, da rechtsfähig (§ 1), Eigentum oder andere Rechte innehaben, etwa durch Erwerb kraft Erbfalls; versagt ist ihnen hingegen mangels Geschäftsfähigkeit (§ 104) die Möglichkeit, auf diese Rechte durch eigenes rechtsgeschäftliches Handeln einzuwirken.

4 Die hier vertretene Auffassung (o Rn 3), die als die herrschende bezeichnet werden kann, geht von einer grundlegenden inhaltlichen Verschiedenheit von Rechtsfähigkeit und Handlungsfähigkeit aus, weshalb man sie als Unterscheidungstheorie bezeichnet hat (vgl FABRICIUS 39). Ihr liegt der auf SAVIGNY (System II § 60) zurückgehende Gedanke einer Trennung zwischen der Innehabung von Rechten einerseits und dem Erwerb, der Ausübung und dem Verlust von Rechten andererseits zugrunde. Dieser Sichtweise wird von Teilen des Schrifttums widersprochen. Ausgehend von dem Verständnis des subjektiven Rechts als Willensmacht des Berechtigten bezeichnen diese Autoren die Handlungsfähigkeit als der Rechtsfähigkeit inhärent und definieren die Rechtsfähigkeit demzufolge als die Fähigkeit zu rechtswirksamem Verhalten (FABRICIUS 44; MÜLLER-FREIENFELS, Die Vertretung beim Rechtsgeschäft [1955] 155 ff; auch HANKE 19 ff, 62 ff; ablehnend zu Recht GERNHUBER FamRZ 1962, 89, 90: „Gedachte Willensmacht kann nicht scheitern an Mängeln, die faktische Willensherrschaft ganz oder teilweise ausschließen"). Hiernach wäre an sich nur die handlungsfähige Person rechtsfähig, was dem geltenden Recht (§ 1) widerspräche. Die genannte Meinung beschränkt deshalb die Fähigkeit, sich rechtserheblich zu verhalten (= Rechtsfähigkeit), nicht auf das eigene Verhalten des Rechtsträgers als unmittelbare Verhaltens-

fähigkeit, sondern fasst hierunter auch die als mittelbare Verhaltensfähigkeit bezeichnete Fähigkeit des rechtserheblichen Handelns durch Vertreter, Boten oder Organe (FABRICIUS 45). Sind hiernach auch nicht unmittelbar handlungsfähige Personen rechtsfähig, sofern sie nur durch Vertreter usw handeln können, so stellt sich die Frage nach der Zweckmäßigkeit eines solchen die Handlungsfähigkeit integrierenden Rechtsfähigkeitsbegriffs gegenüber demjenigen der hM. Als Vorteil dieses Rechtsfähigkeitsbegriffs bezeichnen dessen Vertreter die ihm innewohnende Möglichkeit einer Relativierung der Rechtsfähigkeit, etwa durch Verneinung der Ehe-(rechts-)fähigkeit eines Kindes, da dieses auch durch Vertreter usw eine Ehe nicht eingehen kann (vgl FABRICIUS 43). Die Eheunfähigkeit des Kindes kann jedoch auch mit dem Rechtsfähigkeitsbegriff der hM dadurch erklärt werden, dass dieser Begriff nur die grundsätzliche Fähigkeit umfasst, Träger von Rechten zu sein, nicht auch die Fähigkeit zur Innehabung eines jeden Rechts. An der eingebürgerten Trennung zwischen Rechts- und Handlungsfähigkeit sollte deshalb festgehalten werden.

Schließlich ist die Geschäftsfähigkeit gegenüber der **Verfügungsbefugnis** abzugrenzen. Im Gegensatz zur Geschäfts- und überhaupt zur Handlungsfähigkeit, die als Willens- und Einsichtsfähigkeit in der psychischen Beschaffenheit der menschlichen Person wurzelt, betrifft die Verfügungsbefugnis als die Befugnis zur unmittelbaren Einwirkung auf ein bestehendes Recht im Wege von dessen Übertragung, Inhaltsänderung, Belastung oder Aufhebung nicht die Person des Verfügenden an sich, sondern das Verhältnis des Verfügenden zu dem Recht als Verfügungsgegenstand (vgl BREIT 34 f). Die Verfügungsbefugnis ist ein Ausfluss der Rechtsinhaberschaft, die grundsätzlich auch die Befugnis zur Ausübung des Rechts durch Verfügungen über dieses umfasst. Anders als die personenbezogene Geschäftsfähigkeit ist die Verfügungsbefugnis mithin gegenstandsbezogen. Eine Person ist demnach nicht schlechthin verfügungsbefugt, wie sie schlechthin geschäftsfähig, also grundsätzlich fähig zur Vornahme sämtlicher Rechtsgeschäfte ist; die Verfügungsbefugnis besteht vielmehr nur jeweils über ein bestimmtes Recht oder einen bestimmten Kreis von Rechten. Demgemäß kann auch die Verfügungsbefugnis, anders als die Geschäftsfähigkeit, nicht schlechthin fehlen, sondern nur hinsichtlich eines bestimmten Rechts oder einer bestimmten Vermögensmasse, etwa gem §§ 1984, 2211, § 80 InsO. Ein geschäftsunfähiger Rechtsinhaber ist über sein Recht gleichwohl – sofern nicht ein besonderer Entziehungsgrund vorliegt – verfügungsbefugt; er kann eine solche Verfügung mangels Geschäftsfähigkeit nur nicht in eigener Person wirksam vornehmen.

2. Grundsätze der gesetzlichen Regelung

a) Regelungsinhalt, Geschäftsfähigkeit als Normalfall

Das BGB normiert nicht positiv die Erfordernisse der Geschäftsfähigkeit (anders etwa Art 13 SchwZGB für die Handlungsfähigkeit). Die §§ 104 ff sagen vielmehr umgekehrt, unter welchen Voraussetzungen ein Mensch nicht oder nicht voll geschäftsfähig ist. Im Anschluss daran wird der Einfluss der fehlenden oder geminderten Geschäftsfähigkeit einer Person auf die Wirksamkeit der von einer solchen Person getätigten Rechtsgeschäfte festgelegt. Das Gesetz geht damit von der Geschäftsfähigkeit als der einer natürlichen Person regelmäßig zukommenden Eigenschaft aus und betrachtet das Fehlen oder die Minderung dieser Eigenschaft als Ausnahme von diesem Grundsatz. Die Vorschriften über Rechtsgeschäfte eines nicht (voll) Geschäftsfähigen (§§ 105, 108, 111) haben deshalb den Charakter von **Gegennormen**: Die Erfüllung ihres Tatbestandes hindert die (volle) Wirksamkeit eines von der betreffenden Person geschlossenen Rechtsgeschäfts.

7 Das dargelegte Regel-Ausnahme-Verhältnis zwischen Geschäftsfähigkeit und deren Fehlen bzw Beschränkung bestimmt die Verteilung der (subjektiven und objektiven) **Beweislast**. Wer sich auf die fehlende Geschäftsfähigkeit einer Person beruft – idR um damit die Unwirksamkeit eines von dieser getätigten Rechtsgeschäfts darzutun –, muss diesen Umstand als Ausnahmetatbestand von der Regel der Geschäftsfähigkeit beweisen (Mot I 130 f = MUGDAN I 423 f für Geisteskrankheit; RG WarnR 1913 Nr 108; BGHZ 18, 184, 189 f; WM 1965, 895 ff; NJW 1972, 681, 683; 1983, 2018, 2019; BREIT 50 ff; PLANCK Vorbem 3 zu § 104; BGB-RGRK/KRÜGER-NIELAND § 104 Rn 22). Gelingt ihm dieser Beweis nicht, ist vom Vorhandensein der Geschäftsfähigkeit auszugehen. Im Verfahren der freiwilligen Gerichtsbarkeit muss das Gericht auf tatsächlichen Anhaltspunkten gegründete Zweifel an der Geschäftsfähigkeit zwar gem § 12 FGG im Wege der Amtsermittlung aufzuklären versuchen; bei verbleibender Ungewissheit ist aber auch hier von der Geschäftsfähigkeit auszugehen, der sich auf Geschäftsunfähigkeit berufende Beteiligte trägt damit die (objektive) Feststellungslast (BayObLGZ 2002, 189, 203 = NJW 2003, 216, 220; Rpfleger 1982, 286 f; OLG Hamm ZEV 1997, 75, 76 f). Die über die §§ 51 Abs 1, 52 ZPO von der Geschäftsfähigkeit abhängige Prozessfähigkeit muss dagegen als Prozessvoraussetzung positiv feststehen; ein nach amtswegiger Prüfung durch das Gericht (§ 56 Abs 1 ZPO) in dieser Hinsicht verbleibendes *non liquet* hindert deshalb den Erlass eines Sachurteils (BGHZ 18, 184, 190 = LM § 104 Nr 2 m Anm JOHANNSEN; BGHZ 86, 184, 189; 110, 294, 297 f; 143, 122, 126 f; NJW 1996, 1059 f; ZIP 1999, 2073, 2074 f; NJW 2002, 2107 f; BAGE 6, 76, 81 = NJW 1958, 1699, 1700; NZA 2000, 613, 614; OLG Frankfurt NJW-RR 1992, 763, 765; REINIKE, in: FS Lukes [1989] 755, 764 ff; **aA** MUSIELAK NJW 1997, 1736, 1739 ff).

b) Typisierende und individualisierende Regelung

8 Das geltende Recht kennt nur noch zwei Gründe für das Fehlen oder die Beschränkung der Geschäftsfähigkeit. Es sind dies einmal jugendliches Alter und zum anderen bestimmte geistige Erkrankungen. Beide Gründe können die als Voraussetzung für rechtsgeschäftliches Handeln zu fordernde Willens- und Einsichtsfähigkeit der Person beseitigen oder mindern. Diesem sich aus der natürlichen Beschaffenheit der menschlichen Psyche ergebenden Befund trägt die Rechtsordnung für jeden der beiden Gründe in unterschiedlicher Weise Rechnung.

9 Die **jugendbedingt** fehlende oder beschränkte Geschäftsfähigkeit ist streng **typisiert** (hierzu MAYER-MALY FamRZ 1970, 617, 620). Ob ein Jugendlicher geschäftsunfähig, in der Geschäftsfähigkeit beschränkt oder schon geschäftsfähig ist, bestimmt sich nicht nach seinem individuellen geistig-seelischen Reifezustand bei Vornahme des Rechtsgeschäfts, dessen Wirksamkeit in Frage steht. Maßgeblich sind vielmehr feste Altersgrenzen: Bis zur Vollendung des 7. Lebensjahres ist der Mensch geschäftsunfähig (§ 104 Nr 1), danach bis zum Eintritt der Volljährigkeit (§ 2) in der Geschäftsfähigkeit beschränkt (§ 106) und mit der Volljährigkeit beginnt die volle Geschäftsfähigkeit. Eine im Einzelfall von einem jungen Menschen bereits vor oder erst nach Erreichung dieser Altersgrenzen tatsächlich eingetretene Reife ist rechtlich ohne Belang. Ein von einem 17jährigen ohne Einwilligung seines gesetzlichen Vertreters geschlossener, ihm rechtlich nicht lediglich vorteilhafter Vertrag ist also

auch dann gem § 108 schwebend unwirksam, wenn der Betreffende bereits über die Reife eines 19jährigen verfügt haben sollte; umgekehrt ist der Vertrag eines 19jährigen, der sich auf dem Entwicklungsstand eines 17jährigen befindet, voll wirksam. Das Gesetz nimmt diese individuellen Abweichungen um der Rechtssicherheit willen in Kauf (vgl u Rn 19 aE). Natürliche Willens- und Einsichtsfähigkeit sind folglich mit der Geschäftsfähigkeit nicht notwendig deckungsgleich. Die Geschäftsfähigkeit ist damit als ein von der natürlichen Handlungsfähigkeit verschiedener rechtlicher Status zu qualifizieren (so FLUME, AT II § 13, 2; vgl auch SCHWIMANN 31). Dieser Status ist die Voraussetzung dafür, dass ein geäußerter natürlicher Wille als rechtsgeschäftlicher Wille rechtliche Erheblichkeit erlangt (eingehend SCHWIMANN 33 ff).

Für die Geschäftsunfähigkeit wegen **geistiger Erkrankung** greift demgegenüber eine **10** **individualisierende** Betrachtungsweise Platz. Gem § 104 Nr 2 liegt diese Geschäftsunfähigkeit nur vor, wenn sich die betreffende Person tatsächlich in einem nicht nur vorübergehenden Zustand krankhafter Störung der Geistestätigkeit befindet, der die freie Willensbestimmung ausschliesst. Ein solcher Zustand ist deshalb im Einzelfall festzustellen. Befand sich der Betreffende bei Vornahme eines Rechtsgeschäfts in einer Phase geistiger Gesundheit *(lucidum intervallum)*, so ist das Rechtsgeschäft wirksam (vgl § 104 Rn 13). Die nach früherem Recht bei Entmündigung wegen Geisteskrankheit (§ 105 Nr 3 aF) und wegen Geistesschwäche, Verschwendung, Trunksucht oder Rauschgiftsucht oder Stellung unter vorläufiger Vormundschaft (§ 114 aF) bestehende generelle Geschäftsunfähigkeit bzw beschränkte Geschäftsfähigkeit kraft Staatsaktes bis zur Aufhebung des Entmündigungsbeschlusses ohne Rücksicht auf einen zwischenzeitlichen Wegfall der Störung ist mit der Beseitigung der Institute der Entmündigung und der vorläufigen Vormundschaft durch das Betreuungsgesetz mit Wirkung ab 1. 1. 1992 entfallen. Das statt dessen eingeführte Institut der Betreuung mindert als solches die Geschäftsfähigkeit des Betreuten nicht. Eine solche Minderung tritt nur bei Anordnung eines Einwilligungsvorbehalts des Betreuers gem § 1903 ein. Die Erforderlichkeit eines Einwilligungsvorbehaltes ist ebenfalls individuell zu ermitteln (vgl u Rn 25).

c) Zwingendes Recht

Die Vorschriften über die Geschäftsfähigkeit sind zwingender Natur. Die Möglich- **11** keit ihrer Abbedingung wäre mit dem grundlegenden Zweck des Geschäftsfähigkeitsrechts, dem Schutz des nicht (voll) Geschäftsfähigen vor den Folgen eigenen rechtsgeschäftlichen Handelns (vgl hierzu eingehend u Rn 20), nicht vereinbar. Eine nicht (voll) geschäftsfähige Person kann deshalb auf die Geltung der Geschäftsfähigkeitsvorschriften auch nicht wirksam verzichten (so schon RGZ 4, 162, 165 f für das gemeine Recht). Auch der gesetzliche Vertreter kann außer in den im Gesetz selbst vorgesehenen Fällen (§§ 112, 113) seinem Pflegebefohlenen nicht die Stellung eines Geschäftsfähigen einräumen; denn dies würde eine unzulässige Volljährigkeitserklärung durch Rechtsgeschäft bedeuten. Die nach früherem Recht (§§ 3–5) mögliche Volljährigkeitserklärung durch Staatsakt (Beschluss des Vormundschaftsgerichts) ist mit der Herabsetzung des Volljährigkeitsalters auf das vollendete 18. Lebensjahr durch das Gesetz zur Neuregelung des Volljährigkeitsalters vom 31. 7. 1974 beseitigt worden. Unbeachtlich ist aber auch umgekehrt ein – etwa mit dem Vertragsgegner vereinbarter – Verzicht eines Geschäftsfähigen auf die Geschäftsfähigkeit (vTUHR, AT II 1 § 59 I Fn 5; für das schweizerische Recht ausdrücklich

Art 27 Abs 1 SchwZGB). Der dem Menschen unmittelbar von der Rechtsordnung beigelegte persönliche Status der Geschäftsfähigkeit steht nicht zur Disposition seines Trägers.

d) Personengruppen

12 Die natürlichen Personen unterteilen sich hinsichtlich der Geschäftsfähigkeit zunächst in die beiden großen Gruppen der **Geschäftsfähigen** und der **nicht voll Geschäftsfähigen**. Diese grundlegende Zäsur folgt aus der Natur des Regelungsgegenstandes. Der Kreis der Geschäftsfähigen umfasst alle Volljährigen (§ 2), sofern sie nicht unter einer geistigen Störung der in § 104 Nr 2 genannten Art leiden. Nicht voll geschäftsfähig sind dementsprechend die Minderjährigen und die in § 104 Nr 2 genannten Personen. Diese Gruppe bildet keinen rechtlich homogenen Personenkreis. Ihre Angehörigen gliedert das Gesetz vielmehr in die beiden Untergruppen der **Geschäftsunfähigen** und **der in der Geschäftsfähigkeit beschränkten Personen** (s JACOBS/SCHUBERT, Beratung I 517; Mot I 132 = MUGDAN I 424). Jugendbedingt geschäftsunfähig sind diejenigen, die das siebente Lebensjahr noch nicht vollendet haben (§ 104 Nr 1), geschäftsunfähig wegen abnormer geistiger Zustände die unter § 104 Nr 2 fallenden Personen. In der Geschäftsfähigkeit beschränkt sind die Minderjährigen nach Vollendung des siebenten Lebensjahres (§ 106), soweit sie nicht den Tatbestand des § 104 Nr 2 erfüllen. Diese Zweiteilung der Gruppe der nicht voll geschäftsfähigen Personen ist eine auf das römisch-gemeine Recht zurückgehende Eigentümlichkeit der Rechte des deutschen Rechtskreises (vgl u Rn 106). Die im römisch-gemeinen Recht außerdem noch enthaltene Unterteilung der über sieben Jahre alten Minderjährigen in mündige und unmündige Minderjährige hat das BGB – anders als das österreichische ABGB § 21 Abs 2 S 2 – bewusst nicht übernommen. Das vom Betreuungsgesetz eingeführte Institut des Einwilligungsvorbehalts für Willenserklärungen eines Betreuten gem § 1903 hat mit den **von einem Einwilligungsvorbehalt erfassten nicht geschäftsunfähigen Betreuten** eine weitere Gruppe von nicht voll Geschäftsfähigen neben den Geschäftsunfähigen und den in der Geschäftsfähigkeit Beschränkten entstehen lassen, die in den vom Betreuungsgesetz nicht geänderten §§ 104 ff unerwähnt bleiben (s hierzu u Rn 25).

e) Aktive und passive Stellung bei Rechtsgeschäften

13 Geschäftsfähigkeit muss in erster Linie gegeben sein in der Person des Urhebers des Rechtsgeschäfts, also desjenigen, der seinen rechtsgeschäftlichen Willen erklärt. Die Folgen einer fehlenden oder beschränkten Geschäftsfähigkeit auf Seiten des Erklärenden als des Aktivbeteiligten am Rechtsgeschäft bilden – neben den Voraussetzungen der Geschäftsunfähigkeit und der beschränkten Geschäftsfähigkeit überhaupt – den Regelungsgegenstand der §§ 104–113. Bei empfangsbedürftigen Willenserklärungen ist aber auch die Geschäftsfähigkeit ihres Adressaten von Bedeutung, dem die Erklärung im Falle seiner Abwesenheit, um wirksam zu werden, gem § 130 Abs 1 S 1 zugehen muss. Die Voraussetzungen des Zugangs und damit des Wirksamwerdens der Erklärung bei fehlender oder beschränkter Geschäftsfähigkeit des an dem Rechtsgeschäft passiv beteiligten Adressaten regelt § 131.

f) Besondere Vorschriften

14 Die §§ 104 ff regeln die Fähigkeit zur Vornahme von Rechtsgeschäften im allgemeinen. Diese Bestimmungen sind vornehmlich auf vermögensrechtliche Geschäfte unter Lebenden im Bereich des zweiten und des dritten Buches des BGB zugeschnitten. Für Rechtsgeschäfte, die die persönliche Sphäre des Handelnden betreffen, ist diese allgemeine Regelung oft wenig angemessen. Dies vor allem deshalb, weil die betreffenden Rechtsakte ihrer Natur nach aufgrund höchstpersönlicher Entscheidungen erfolgen sollen, was der nach allgemeinem Geschäftsfähigkeitsrecht grundlegenden Einschaltung des gesetzlichen Vertreters entgegensteht (vgl FLUME, AT II § 13, 10). Gewisse Rechtshandlungen (Eheschließung) stellen ferner besondere Anforderungen an die geistig-sittliche wie die biologische Reife der sie vornehmenden Person, die den nach den §§ 104 ff maßgeblichen Altersgrenzen nicht entsprechen. Die Fähigkeit zur Vornahme derartiger Rechtsakte ist daher in einer Reihe von Sondervorschriften abweichend von dem allgemeinen Geschäftsfähigkeitsrecht geregelt. Betroffen sind hauptsächlich Rechtsgeschäfte familien- und erbrechtlicher Art.

Auf dem Gebiet des **Familienrechts** normiert § 1303 eine grundsätzlich mit der **15** Volljährigkeit eintretende Ehemündigkeit. Spezialregelungen enthalten ferner § 1411 für den Abschluss eines Ehevertrages, § 1596 für die Anerkennung und § 1600a Abs 2 S 2 und 3, Abs 3–5 für die Anfechtung der Vaterschaft, §§ 1746, 1750 Abs 3 für die Einwilligung in die Annahme eines Minderjährigen als Kind, zu der § 1743 außerdem besondere Alterserfordernisse bei dem Annehmenden vorsieht, § 1768 Abs 2 für den zur Annahme eines Volljährigen als Kind erforderlichen Antrag des Anzunehmenden und § 1762 Abs 1 S 2–4 für den Antrag auf Aufhebung des Annahmeverhältnisses sowie §§ 1780, 1781 für die Bestellung zum Vormund und – iVm § 1915 Abs 1 – zum Pfleger. Hinsichtlich der Erziehung des Kindes auf religiösem und weltanschaulichem Gebiet legt § 5 RKEG eine besondere **Religionsmündigkeit** (allgemein: Weltanschauungsmündigkeit) fest, die mit der Vollendung des 14. Lebensjahres eintritt (vgl hierzu KIPP, in: FG Kahl [1923] 1, 47 f; UMBACH, in: FS Geiger [1989] 359, 366 ff; kritisch zu dieser Altersgrenze WÜRTENBERGER, in: FS Obermayer [1986] 113, 119 ff). Das Kind kann von diesem Zeitpunkt an selbst über sein religiöses und weltanschauliches (§ 6 RKEG) Bekenntnis entscheiden (§ 5 S 1 RKEG). Da diese Entscheidung kein Rechtsgeschäft, sondern eine geschäftsähnliche Handlung ist, stellt die Religionsmündigkeit eine besondere Art der Handlungsfähigkeit dar (s STAUDINGER/DILCHER[12] § 104 Rn 1). Vom vollendeten 12. Lebensjahr an kann das Kind gem § 5 S 2 RKEG nicht gegen seinen Willen in einem anderen Bekenntnis oder einer anderen Weltanschauung als bisher erzogen werden. Vor seiner Entscheidung über die Zustimmung zu der Bestimmung der religiösen oder weltanschaulichen Erziehung durch den Vormund oder Pfleger oder der Änderung dieser Bestimmung durch einen Elternteil hat das Vormundschaftsgericht das Kind nach Vollendung des 10. Lebensjahres zu hören (§ 3 Abs 2 S 5, § 2 Abs 3 S 5 RKEG).

Im Bereich des **Erbrechts** richtet sich die **Testierfähigkeit** nach § 2229 und die **16** Fähigkeit des (testierfähigen) Minderjährigen zur Errichtung eines Testaments nach § 2233 Abs 1. Für den Erbvertrag ist besonders geregelt die Fähigkeit zum Abschluss (§ 2275), zur Anfechtung (§ 2282 Abs 1 und 2), zur Aufhebung (§ 2290 Abs 2 und 3) und zum Rücktritt (§ 2296 Abs 1). Über die Fähigkeit, zum Testamentsvollstrecker ernannt zu werden, enthält § 2201 eine besondere Bestimmung.

Zu § 8 und § 682 s u Rn 93, 44 ff.

g) Internationales Privatrecht

17 Die Geschäftsfähigkeit richtet sich, wie auch die Rechtsfähigkeit, gem Art 7 Abs 1 S 1 EGBGB nach dem Recht des Staates, dem die betreffende Person angehört. Das deutsche Kollisionsrecht entspricht damit dem internationalprivatrechtlichen Grundsatz der Maßgeblichkeit des **Heimatrechts** für persönliche Eigenschaften (**Personalstatut**). Das Heimatrecht gilt auch insoweit, als es nach dem Grundsatz „Heirat macht mündig" die Geschäftsfähigkeit durch Eheschließung erweitert (Art 7 Abs 1 S 2 EGBGB), wie dies zB nach türkischem Recht der Fall ist (Art 11 Abs 2 ZGB [Türkei]). Der Erwerb oder Verlust der Rechtsstellung als Deutscher beeinträchtigt eine einmal erlangte Geschäftsfähigkeit gem Art 7 Abs 2 EGBGB nicht. Art 7 EGBGB gilt nur für die allgemeine Geschäftsfähigkeit. Von den Fähigkeiten zur Vornahme besonderer Rechtsakte richtet sich die Ehefähigkeit nach Art 13 EGBGB, die Testierfähigkeit nach Art 26 EGBGB und mangels besonderer Vorschriften (vgl Art 20 EGBGB für die Anfechtung der Abstammung, Art 22 EGBGB für die Annahme als Kind), im übrigen nach dem jeweiligen Wirkungsstatut (PALANDT/HELDRICH Art 7 EGBGB Rn 3). Das Wirkungsstatut ist auch maßgeblich für die vorrangig zu prüfende Frage, ob eine bestimmte rechtlich erhebliche Handlung überhaupt Geschäftsfähigkeit erfordert (s BAETGE IPRax 1996, 185 mwN). Erst bei Bejahung dieser Vorfrage ist nach Maßgabe von Art 7 EGBGB die Geschäftsfähigkeit zu prüfen. Umstritten ist, ob sich nicht nur die Voraussetzungen der Geschäftsfähigkeit nach Art 7 EGBGB richten, sondern auch die Auswirkungen einer hiernach fehlenden oder geminderten Geschäftsfähigkeit auf das betreffende Rechtsgeschäft. Die Frage ist mit der hM zu bejahen, da Voraussetzungen und Rechtsfolgen der Geschäftsfähigkeit sachlich zusammengehören und bei Maßgeblichkeit des Wirkungsstatuts für die Rechtsfolgen insbesondere dann Schwierigkeiten entständen, wenn das hiernach maßgebliche Sachrecht die sich bei Anwendbarkeit des Art 7 EGBGB nur auf die Voraussetzungen ergebende Kategorie etwa einer beschränkten Geschäftsfähigkeit gar nicht kennt (überzeugend BAETGE IPRax 1996, 185, 187; vgl auch RGZ 170, 198, 199; BGH NJW 1978, 1159; für Maßgeblichkeit des Wirkungsstatuts hingegen OLG Düsseldorf NJW-RR 1995, 755, 756; Münch-Komm/BIRK Art 7 EGBGB Rn 35). Für den Abschluss von Verträgen wird der Grundsatz des Art 7 EGBGB in Art 12 S 1 EGBGB insoweit durchbrochen, als sich hiernach, wenn sich die Vertragsteile in demselben Staat befinden, eine natürliche Person, die nach den Sachvorschriften des Rechts dieses Staates rechts-, geschäfts- und handlungsfähig wäre, nur dann auf ihre aus den Rechtsvorschriften ihres Heimatrechts abgeleitete Geschäfts- und Handlungsunfähigkeit berufen kann, wenn der andere Vertragsteil bei Vertragsabschluss diese Rechts-, Geschäfts- und Handlungsunfähigkeit kannte oder kennen musste. Diese Vorschrift schützt also das Vertrauen des anderen Teils in die Handlungsfähigkeit seines Vertragspartners und weicht damit von dem ansonsten geltenden Grundsatz des Vorrangs des Schutzes des nicht (voll) Geschäftsfähigen vor dem Verkehrsschutz (vgl u Rn 26) ab. Dies gilt aber nach S 2 des Art 12 EGBGB nicht für familien- und erbrechtliche Rechtsgeschäfte sowie für Verfügungen über ein in einem anderen Staat gelegenes Grundstück. Die kollisionsrechtliche Regelung der gesetzlichen Vertretung ist nicht in Art 7 EGBGB enthalten, sondern in Art 21 und 24 EGBGB. Diesen Vorschriften gehen durch Staatsvertrag getroffene Regelungen, insbesondere das Haager Minderjährigenschutzabkommen vom 5. 10. 1961 (BGBl 1971 II 217), vor.

h) Übergangsrecht anlässlich der deutschen Wiedervereinigung

18 Für den Bereich der Geschäftsfähigkeit hat der Gesetzgeber aufgrund der weitgehenden sachlichen Übereinstimmung der einschlägigen Vorschriften des Rechts der bisherigen DDR (§§ 49 ff ZGB [DDR]) mit dem Recht im alten Bundesgebiet keine besonderen Übergangsvorschriften für die Zeit nach dem Beitritt geschaffen. Zu den in Art 231 § 1 EGBGB aufrechterhaltenen Entmündigungen s u Rn 116. Die Geschäftsfähigkeit bestimmt sich daher gem den allgemeinen Vorschriften des Art 230 EGBGB vom Tage des Wirksamwerdens des Beitritts an nach den §§ 104 ff. Für die Zeit vor dem Beitritt kommt es für die Frage der Anwendbarkeit der §§ 104 ff BGB oder der §§ 49 ff ZGB (DDR) nach den Regeln des interlokalen Privatrechts auf den gewöhnlichen Aufenthalt der betreffenden Person an (vgl OLG Karlsruhe NJW-RR 1995, 1349; allg BGHZ 124, 270, 272 f).

3. Zweck des Geschäftsfähigkeitsrechts

Der mit den Vorschriften über die Geschäftsfähigkeit verfolgte Zweck besteht **19** zunächst in der **Sicherstellung einer funktionierenden Privatautonomie** als eines entscheidenden Grundwertes und der geltenden Privatrechtsordnung (ähnlich SCHWIMANN 41: Rechtfertigung der rechtsgestaltenden Macht des individuellen privaten Willens auf konstruktiver Basis). Denn die Anerkennung privatautonomen Handelns als Mittel zur Gestaltung der Privatrechtsverhältnisse nach dem Willen des Handelnden beruht auf der Vorstellung einer (prinzipiellen) Fähigkeit des Rechtsgenossen zur Willensbildung aufgrund vernünftiger Überlegung (vgl o Rn 1). Ließe die Rechtsordnung rechtsgeschäftliches Handeln auch solcher Personen wirksam werden, denen diese Fähigkeit (regelmäßig) fehlt, so würden der Grundsatz der Privatautonomie und die ihm zugrundeliegende Anerkennung des Menschen als selbstbestimmte und eigenverantwortliche Persönlichkeit (vgl LARENZ/WOLF, AT § 2 I 3 Rn 17) *ad absurdum* geführt. Die Rechtsordnung muss deshalb den Kreis derjenigen Personen, die sie eigenen rechtsgeschäftlichen Handelns für fähig erachtet, von dem Kreis derjenigen Personen scheiden, bei denen sie diese Fähigkeit (noch) nicht oder nur beschränkt für gegeben hält. Von Angehörigen dieser letztgenannten Gruppen gleichwohl vorgenommenen Rechtsgeschäften müssen dann folgerichtig die rechtlichen Wirkungen entweder völlig versagt oder nur in beschränktem Maße zuerkannt werden. Mit der Anknüpfung der Geschäftsunfähigkeit und der beschränkten Geschäftsfähigkeit an das typisierende Merkmal bestimmter Altersstufen ohne Rücksicht auf die tatsächliche individuelle Reife (vgl o Rn 9) will das Geschäftsfähigkeitsrecht zudem eine relativ leichte Feststellbarkeit des betreffenden Status und damit der Wirksamkeit eines Rechtsgeschäfts im Einzelfall erreichen. Die §§ 104 ff bezwecken mithin auch die Schaffung weitgehender **Rechtssicherheit** (hierzu s MünchKomm/SCHMITT Vorbem 1 zu § 104; auch ROTH-STIELOW ZBlJugR 1967, 33).

Die Vorschriften über die Geschäftsfähigkeit wollen die geschäftsunfähigen und die **20** in der Geschäftsfähigkeit beschränkten Personen ferner vor den nachteiligen Folgen eigenen rechtsgeschäftlichen Handelns bewahren. Dieser **Schutz** des genannten Personenkreises bildet den in praktischer Hinsicht wichtigsten Zweck des Geschäftsfähigkeitsrechts (vgl auch die ausdrückliche Normierung dieses Zwecks in § 21 Abs 1 ABGB). Das Schutzbedürfnis der Jugendlichen und der psychisch Kranken folgt aus deren fehlender oder (noch) nicht voll entwickelter Fähigkeit, die mit einer Teilnahme am rechtsgeschäftlichen Verkehr verbundenen Gefahren, die bis zur Vernichtung der wirtschaftlichen Existenz gehen können, zu erkennen und in ihrer Bedeutung richtig einzuschätzen; bei Jugendlichen ist das dafür erforderliche

Maß an Lebenserfahrung regelmäßig noch nicht vorhanden. Schwerwiegende Nachteile können dem nicht (voll) Geschäftsfähigen besonders durch Ausnutzung seiner Unerfahrenheit oder psychischen Behinderung seitens des Vertragspartners oder dritter Personen erwachsen. Diese Gefährdungen sind gerade im modernen Wirtschaftsleben mit ihren an das Konsum- und Prestigebedürfnis vornehmlich der jungen Menschen appellierenden subtilen Werbepraktiken virulent. Für eine Rechtsordnung, die der Privatautonomie einen derart herausragenden Stellenwert einräumt wie der deutschen, ist die Bereitstellung eines wirksamen Schutzes derjenigen Personen, die den sich aus privatautonomen Handeln ergebenden Bedrohungen typischerweise nicht gewachsen sind, ein unabdingbares Gerechtigkeitspostulat. Einen solchen Schutz gebietet auch die Verfassung (hierzu HERTWIG FamRZ 1987, 124 ff; auch EHLERS JZ 1985, 675, 676). Träfe die Rechtsordnung keinerlei Vorkehrungen gegen die immensen, bis zur Existenzvernichtung reichenden Gefährdungen durch rechtsgeschäftliches Handeln von hierzu noch nicht reifen oder durch psychisches Leiden unfähigen Personen, so würde sie der ihr gem Art 1 Abs 1 S 2 GG obliegenden Pflicht zur Wahrung der **Menschenwürde** dieser Person nicht gerecht (vgl BVerfGE 72, 155, 170 ff = NJW 1986, 1859, 1860; auch BSGE 82, 283, 289 = SGb 1999, 564, 567). Dem **Sozialstaatsprinzip** (Art 20 Abs 1, 28 Abs 1 GG) lässt sich eine dahingehende Schutzpflicht ebenfalls entnehmen. Der einfache Gesetzgeber ist daher in der Ausgestaltung des Geschäftsfähigkeitsrechts nicht völlig frei; die Einschränkung der Fähigkeit zu rechtsgeschäftlichem Handeln muss einerseits dem unabdingbaren Schutzerfordernis genügen, sie darf aber andererseits nicht den zu eigegenverantwortlicher Lebensgestaltung eindeutig fähigen Menschen in dessen allgemeiner Handlungsfreiheit (Art 2 Abs 1 GG) beeinträchtigen.

21 In dem Schutz des nicht (voll) Geschäftsfähigen erschöpft sich aber – ungeachtet der überragenden Bedeutung dieses Normzwecks – die *ratio* des Geschäftsfähigkeitsrechts nicht. Die bereits dargelegten Zwecke der Gewährleistung der Funktionsfähigkeit der Privatautonomie überhaupt und der Schaffung von Rechtssicherheit in diesem Bereich (vgl o Rn 19) behalten daneben ihre eigenständige Bedeutung (hierzu bes SCHWIMANN 40 f). Dies lässt sich insbesondere an der Vorschrift des § 105 Abs 1 belegen. Die dort normierte Nichtigkeit der Willenserklärung des Geschäftsunfähigen auch für den Fall, dass die Erklärung dem Geschäftsunfähigen lediglich rechtlich vorteilhaft ist, lässt sich mit dem Schutzgedanken allein nicht erklären; dem Geschäftsunfähigen wird vielmehr die Fähigkeit zu einem rechtserheblichen Willen schlechthin abgesprochen. Privatautonomes Handeln in eigener Person soll damit den nicht zu diesem Personenkreis gehörenden Rechtsgenossen vorbehalten bleiben (vgl RG JW 1915, 570; MAX WOLFF JW 1914, 121, 122; KOHLER, BR I § 106 II). Die eigenständige Bedeutung des Gesichtspunktes der Rechtssicherheit gegenüber dem Schutzzweck geht daraus hervor, dass infolge der typisierenden Bestimmung der Geschäftsfähigkeit nach Altersstufen (s o Rn 9) auch das Rechtsgeschäft desjenigen Angehörigen der betreffenden Altersklasse nichtig bzw schwebend unwirksam ist, der individuell bereits über die Reife eines Angehörigen der nächsthöheren Altersklasse verfügt und deshalb des für seine Altersgenossen typischerweise für erforderlich gehaltenen Schutzes gar nicht bedarf. Diese verschiedene Zweckrichtungen des Geschäftsfähigkeitsrechts stehen aber nicht beziehungslos nebeneinander, sondern sie finden ihre gemeinsame Wurzel in der Eigenart der Privatautonomie, deren optimaler Realisierung sie zu dienen bestimmt sind.

Als weiterer Zweck des Geschäftsfähigkeitsrechts, soweit es das Jugendalter betrifft, **22** wird schließlich noch die **Erziehung** des Jugendlichen durch allmähliche Vorbereitung auf die volle rechtliche Selbstständigkeit bezeichnet (vgl MünchKomm/SCHMITT Vorbem 4, 5 zu § 104). In den Regelungen der Geschäftsfähigkeit als solchen (§§ 104 ff) entfaltet sich diese Zweckrichtung jedoch nur in relativ geringem Maße. In diesem das Außenverhältnis zwischen dem nicht (voll) Geschäftsfähigen und dem Partner eines von diesem geschlossenen Rechtsgeschäfts betreffenden Bereich muss der Erziehungszweck hinter den Gesichtspunkten des Schutzes des Geschäftsunfähigen und des beschränkt Geschäftsfähigen sowie der Rechtssicherheit zurücktreten. Die Erziehungsgedanke hat demgegenüber in erster Linie seinen Platz im Innenverhältnis zwischen dem Minderjährigen und dessen gesetzlichem Vertreter und damit im Recht der elterlichen Sorge (§§ 1626 ff, insbesondere § 1626 Abs 2) und im Vormundschaftsrecht (§§ 1793 ff, insbesondere § 1793 S 2). Die diesbezüglichen Vorschriften weisen, da bei ihnen das Erfordernis der Rechtssicherheit nach außen hin keine Rolle spielt, die für die Verwirklichung des Erziehungszwecks notwendige Flexibilität auf; sie bilden insoweit ein gewisses Gegengewicht im Verhältnis zu den notwendigerweise relativ starren Geschäftsfähigkeitsvorschriften (so BEITZKE AcP 172 [1972] 240, 246; vgl auch AK-BGB/KOHL Vorbem 5 zu § 104). Gleichwohl drückt sich auch in der Regelung der Geschäftsfähigkeit selbst der Erziehungsgedanke in gewisser Weise aus. Dies gilt einmal für das Institut der beschränkten Geschäftsfähigkeit als solcher, die den Minderjährigen zur Vornahme von Rechtsgeschäften in eigener Person grundsätzlich in die Lage versetzt und dessen rechtsgeschäftliches Handeln mit dem Zustimmungserfordernis für rechtlich nachteilige Geschäfte (§ 107) lediglich einer Kontrolle durch den gesetzlichen Vertreter unterwirft. Ganz deutlich wohnt ferner der Vorschrift des § 110 („Taschengeldparagraph") eine erzieherische Zweckrichtung inne.

4. Verhältnis zur gesetzlichen Vertretung

Nicht (voll) geschäftsfähige Personen können, da die von ihnen getätigten Rechts- **23** geschäfte unwirksam oder nur eingeschränkt wirksam sind, durch eigenes rechtsgeschäftliches Handeln am Rechtsverkehr entweder überhaupt nicht oder nur in gemindertem Umfang (§ 107) teilnehmen. Ein solcher weitgehender Ausschluss von der privatautonomen Rechtsgestaltung wäre für den genannten Personenkreis höchst nachteilig, unter den Bedingungen der heutigen hochmobilen Verkehrswirtschaft geradezu unmöglich; der mit dem Geschäftsfähigkeitsrecht intendierte Schutz des Minderjährigen und des unter geistiger Erkrankung Leidenden (o Rn 20) würde sich als unerträgliche Fessel auswirken. Die Rechtsordnung muss daher den nicht voll Geschäftsfähigen, soweit sie ihnen die eigene Teilnahme am rechtsgeschäftlichen Verkehr versagt, diese Teilnahme durch das Handeln anderer, geschäftsfähiger Personen möglich machen und sicherstellen. Das rechtstechnische Mittel zur Erfüllung dieser Aufgabe ist das Institut der **gesetzlichen Vertretung**. Ein entsprechender Regelungsmechanismus gewährleistet weitgehend das Vorhandensein eines Vertreters mit unmittelbar auf dem Gesetz beruhender Vertretungsmacht für jeden nicht voll Geschäftsfähigen. Der gesetzliche Vertreter kann dann die erforderlichen Rechtsgeschäfte für seinen Pflegebefohlenen in dessen Namen mit unmittelbarer Wirkung für und gegen diesen (§ 164) entweder selbst vornehmen oder – bei einer lediglich in der Geschäftsfähigkeit beschränkten Person – den von dem Pflegebefohlenen selbst getätigten Geschäften die nach den §§ 107 ff erforderliche Zustimmung erteilen. Zur Wirksamkeit bestimmter Rechtsgeschäfte (vgl §§ 1643, 1819–1822, 1907, 1908 i) ist außerdem die Genehmigung des Vormundschafts- bzw des Familiengerichts erforderlich. Im einzelnen gestaltet sich diese Regelung unterschiedlich, je nach dem ob die fehlende oder nicht vollständige Geschäftsfähigkeit auf Minderjährigkeit oder auf psychischer Erkrankung oder geistiger oder seelischer Behinderung beruht.

24 Bei einem **Minderjährigen** steht die gesetzliche Vertretung gem § 1629 Abs 1 S 1 grundsätzlich dessen nach §§ 1626 ff sorgeberechtigten Eltern zu. Ist diese geborene gesetzliche Vertretung durch die Eltern nicht vorhanden, weil der Minderjährige nicht unter elterlicher Sorge (Tod der Eltern oder Entziehung des Sorgerechts nach § 1666) steht oder die Eltern weder in den die Person noch in den das Vermögen betreffenden Angelegenheiten des Minderjährigen vertretungsberechtigt sind oder dessen Familienstand nicht zu ermitteln ist, so erhält der Minderjährige gem § 1773 einen Vormund. Der Vormund ist nach § 1793 ebenfalls gesetzlicher Vertreter des Minderjährigen. Die in § 1774 vorgeschriebene amtswegige Anordnung der Vormundschaft durch das Vormundschaftsgericht soll sicherstellen, dass jeder nicht der gesetzlichen Vertretung durch seine Eltern unterliegende Minderjährige einen Vormund erhält. Für diejenigen Angelegenheiten, an deren Besorgung die Eltern oder der Vormund rechtlich (zB nach §§ 1629 Abs 2 S 1, 1795) oder tatsächlich verhindert sind, erhält der Minderjährige gem § 1909 einen insoweit zur gesetzlichen Vertretung berechtigten Ergänzungspfleger. Durch die von dem gesetzlichen Vertreter geschlossenen oder von ihm konsentierten Rechtsgeschäfte kann der Minderjährige insbesondere mit Verbindlichkeiten in unbegrenzter Höhe belastet werden. Nach bisherigem Recht war der Minderjährige in solchen Fällen lediglich im Innenverhältnis durch den eine schuldhafte Pflichtverletzung voraussetzenden Schadensersatzanspruch gegenüber dem Vertreter geschützt (§ 1833), der gegenüber den Eltern auch noch gem § 1664 Abs 1 beschränkt ist; im Außenverhältnis haftete er hingegen dem Gläubiger unbeschränkt. Seit dem 1.1.1999 beschränkt sich jedoch die Haftung gem den durch das Minderjährigenhaftungsbeschränkungsgesetz vom 25.8.1998 (BGBl I 2487) eingefügten Vorschriften der §§ 1629a, 1793 Abs 2 auf den Bestand des bei Eintritt der Volljährigkeit vorhandenen Minderjährigenvermögens, sofern die Verbindlichkeiten nicht aus dem selbstständigen Betrieb eines Erwerbsgeschäfts durch den Minderjährigen gem § 112 oder aus Rechtsgeschäften resultieren, die allein der Befriedigung der persönlichen Bedürfnisse des Minderjährigen dienen.

25 Die Rechtsstellung der nicht (voll) geschäftsfähigen **Volljährigen** wird maßgeblich bestimmt durch das mit Wirkung ab 1.1.1992 an die Stelle der bisherigen Vormundschaft über Volljährige und der Gebrechlichkeitspflegschaft des § 1910 aF getretene Institut der Betreuung gem den §§ 1896 ff. Ein Betreuer wird nach § 1896 Abs 1 S 1 für einen Volljährigen bestellt, der aufgrund einer psychischen Krankheit oder einer körperlichen, geistigen oder seelischen Behinderung seine Angelegenheiten ganz oder teilweise nicht besorgen kann. Die Voraussetzungen einer Betreuerbestellung umfassen damit auch die Geschäftsunfähigkeit des § 104 Nr 2, gehen aber weit über diese schwerste Fallgruppe hinaus. Ein Betreuer kann mithin auch für einen Geschäftsfähigen bestellt werden. Die Bestellung eines Betreuers hat als solche auf den Status des Betreuten als nach § 104 Nr 2 Geschäftsunfähiger oder mangels dieser Voraussetzungen als Geschäftsfähiger keinen Einfluss. Der Betreuer ist gesetzlicher

Vertreter des Betreuten; dies ist zwar im Gesetz nicht klar ausgesprochen, ergibt sich aber aus § 1902 iVm § 1896 Abs 2 S 2. Die gesetzliche Vertretungsbefugnis des Betreuers bezieht sich jedoch, anders als die der Eltern oder des Vormunds, nicht auf grundsätzlich sämtliche Angelegenheiten des Pflegebefohlenen, sondern gem § 1902 nur auf den Aufgabenbereich, für den er bestellt worden ist, wobei die Bestellung nur für die eine Betreuung erfordernden Aufgabenkreise erfolgen darf (§ 1896 Abs 2). Die Geschäftsunfähigkeit des Betreuten nach § 104 Nr 2 erfordert deshalb eine Betreuung für alle (nicht höchstpersönlichen) Rechtsgeschäfte, da dem Betreuten anderenfalls die Teilnahme am rechtsgeschäftlichen Verkehr außerhalb des Aufgabenbereichs des Betreuers wegen § 105 Abs 1 verwehrt wäre. Für den geschäftsunfähigen Betreuten kann mithin nur dessen Betreuer rechtsgeschäftlich handeln. Ist der Betreute hingegen geschäftsfähig, so kann sowohl dieser selbst und zwar ohne Zustimmung des Betreuers als auch sein Betreuer Rechtsgeschäfte wirksam vornehmen (MÜLLER 64 ff; SACHSEN GESSAPHE § 8 III 3 a). Das Vormundschaftsgericht kann jedoch gem § 1903 Abs 1 S 1 anordnen, dass der Betreute zu einer den Aufgabenkreis des Betreuers betreffenden Willenserklärung der Einwilligung des Betreuers bedarf, soweit dies zur Abwendung einer erheblichen Gefahr für die Person oder das Vermögen des Betreuten erforderlich ist. Auch bei angeordnetem Einwilligungsvorbehalt ist die Einwilligung nicht erforderlich, wenn die Willenserklärung des (nicht geschäftsunfähigen) Betreuten diesem lediglich einen rechtlichen Vorteil bringt (§ 1903 Abs 3 S 1). Mangels anderweitiger Anordnung des Gerichts gilt gleiches für die eine geringfügige Angelegenheit des täglichen Lebens betreffende Willenserklärung (§ 1903 Abs 3 S 2). Für die übrigen Willenserklärungen ordnet § 1903 Abs 1 S 2 die entsprechende Geltung ua der §§ 108–113 an. Die Geschäftsfähigkeit des Betreuten wird hiernach durch den Einwilligungsvorbehalt gemindert (vgl o Rn 12). Die Stellung eines solchen Betreuten ähnelt damit derjenigen einer in der Geschäftsfähigkeit beschränkten Person. Unterschiede ergeben sich aber daraus, dass der Einwilligungsvorbehalt nur den in der Anordnung bestimmten Bereich erfasst, der Betreute selbst in diesem Bereich Geschäfte über geringfügige Angelegenheit des täglichen Lebens ohne Einwilligung vornehmen kann und ein Einwilligungsvorbehalt bezüglich der in § 1903 Abs 2 aufgeführten Willenserklärungen, insbesondere der auf Eingehung einer Ehe gerichteten und der Verfügungen von Todes wegen, nicht zulässig ist, der nicht geschäftsunfähige Betreute solche Erklärungen folglich in jedem Falle wirksam abgeben kann. Aus diesen Gründen gehören die (nicht geschäftsunfähigen) Betreuten bei angeordnetem Einwilligungsvorbehalt nicht zum Kreis der in der Geschäftsfähigkeit beschränkten Personen gem § 106, sondern sie bilden eine dritte Gruppe von Personen, deren Geschäftsfähigkeit gemindert ist, neben den geschäftsunfähigen und den in der Geschäftsfähigkeit beschränkten (vgl o Rn 12). Diejenigen Vorschriften, die sich auf in der Geschäftsfähigkeit beschränkte Personen beziehen, sind infolgedessen auf Betreute unter Einwilligungsvorbehalt außerhalb der im Betreuungsrecht enthaltenen Verweisungen grundsätzlich nicht anwendbar (D SCHWAB FamRZ 1992, 493, 504 f u in MünchKomm § 1903 Rn 1; MÜLLER 69 ff; SACHSEN GESSAPHE § 12 II 1 a) aa)).

II. Das Verhältnis von Geschäftsfähigkeit und Verkehrsschutz

1. Geltendes Recht

Als Wirksamkeitserfordernis der Rechtsgeschäfte steht die Geschäftsfähigkeit von **26** der Sache her in einem Spannungsverhältnis zur Sicherheit des Rechtsverkehrs. Die Unwirksamkeit einer Willenserklärung, die ihrem äußeren Tatbestand nach dem Verkehr, insbesondere dem Erklärungsgegner, als einwandfrei erscheint, ist bei fehlender oder beschränkter Geschäftsfähigkeit des Erklärenden dann problematisch, wenn der Mangel der Geschäftsfähigkeit bei Geschäftsabschluss nach außen hin nicht erkennbar war (Minderjähriger, der den Eindruck eines Volljährigen machte, latent Geisteskranker). Hier entsteht, wie bei den sonstigen Wirksamkeitsvoraussetzungen von Rechtsgeschäften auch (Berechtigung, Verfügungsbefugnis, Vertretungsmacht usw), die Frage, ob die Rechtsordnung das berechtigte Vertrauen des Verkehrs auf das Vorliegen einer in Wirklichkeit nicht gegebenen Geschäftsfähigkeit in irgendeiner Weise schützen soll, indem sie das Geschäft gleichwohl für wirksam erklärt oder dem Geschäftsgegner wenigstens einen Schadensersatzanspruch gegen den nicht (voll) Geschäftsfähigen zuerkennt. Die geltende deutsche Rechtsordnung beantwortet diese Frage mit einem eindeutigen Nein. Das **Vertrauen auf die Geschäftsfähigkeit des Urhebers eines Rechtsgeschäfts wird im BGB nicht geschützt** (heute ganz allgM: RGZ 120, 170, 174; 145, 155, 159; BGHZ 17, 160, 168; NJW 1977, 622, 623; ZIP 1988, 829, 831; NJW 1992, 1503, 1504; BAG DB 1974, 2062, 2063; OLG Stuttgart MDR 1956, 673; LG Mannheim NJW 1969, 239; Canaris NJW 1964, 1987, 1988, 1990; Breit 38 ff; Soergel/Hefermehl Vorbem 10 zu § 104; MünchKomm/Schmitt Vorbem 7 zu § 104). Das von einem nicht (voll) Geschäftsfähigen vorgenommene Rechtsgeschäft ist folglich nichtig (§§ 105 Abs 1, 111) oder schwebend unwirksam (§ 108 Abs 1), ungeachtet einer Gutgläubigkeit des Geschäftsgegners bezüglich der Geschäftsfähigkeit des Erklärenden. Die Wirksamkeit des Rechtsgeschäfts entfällt deshalb auch bei fehlender Erkennbarkeit des Geschäftsfähigkeitsmangels für den anderen Teil (RGZ 120, 170, 174). Die Unerkennbarkeit des Mangels begründet also keinen rechtserheblichen Rechtsschein der Geschäftsfähigkeit (Zur Verwirklichung sonstiger Rechtsscheintatbestände durch nicht [voll] Geschäftsfähige s u Rn 47 ff). Der Mangel der Geschäftsfähigkeit braucht – entgegen einer in der Anfangszeit des BGB von Anhängern der Freirechtsschule vertretenen Auffassung (Danz JW 1913, 1016 ff; Fuchs JW 1914, 1011 ff; dagegen Max Wolff JW 1914, 121 ff; auch Grube 22 f) – für das Rechtsgeschäft nicht ursächlich gewesen zu sein; die Unwirksamkeit tritt also auch dann ein, wenn ein Geschäftsfähiger das Geschäft mit gleichem Inhalt geschlossen hätte. Unerheblich ist auch – abgesehen von der grundlegenden Vorschrift des § 107 für den beschränkt Geschäftsfähigen –, ob das Rechtsgeschäft für den Geschäftsunfähigen günstig ist (RG Gruchot 60 [1916] 118 ff = JW 1915, 570 f; JW 1937, 35 [Nr 14]; vgl auch BGHZ 115, 78, 81 f für Willenserklärung im Namen eines Dritten; für Anfechtbarkeit in diesem Fall Lutter/Gehling JZ 1992, 154, 155 f). Das BGB folgt damit dem Grundsatz *minor restituitur quasi minor*.

27 Dem Geschäftsgegner steht gegen den nicht (voll) Geschäftsfähigen auch **kein Schadensersatzanspruch** wegen seines enttäuschten Vertrauens auf die Wirksamkeit des Rechtsgeschäfts zu. Eine entsprechende Anwendung des § 122 auf ein wegen mangelnder Geschäftsfähigkeit unwirksames Rechtsgeschäft mit der Folge einer Verpflichtung des Geschäftsunfähigen bzw in der Geschäftsfähigkeit Beschränkten zum Ersatz des dem Erklärungsgegner oder einem Dritten entstandenen Vertrauensschadens, wie dies kurz nach dem Inkrafttreten des BGB vereinzelt befürwortet worden war (so von Kuhlenbeck BankArch 5 [1905/06] 285, 286; Rabel RheinZ 4 [1912] 135, 165; verneinend mit überzeugenden Gründen Simon JW 1913, 291, 293 f; auch Levis ZBlFG 14 [1914] 249, 265 ff), wird heute zu Recht ganz allgemein abgelehnt. Eine verschuldensunabhängige Haftung entsprechend § 122 bis zur Höhe des Erfüllungsinteresses würde die vom Geschäftsfähigkeitsrecht bezweckte Freistellung des nicht (voll) Geschäftsfähigen von Verpflichtungen aus rechtsgeschäftlichem Handeln im Ergebnis weitgehend zunichte machen. Aus diesem Grunde soll der nicht voll Geschäftsfähige auch keiner Vertrauenshaftung aus solchem Handeln unterliegen, wie sich der eine solche Verantwortlichkeit für den Spezialfall der Vertretung ohne Vertretungsmacht ausdrücklich verneinenden Vorschrift des § 179 Abs 3 S 2 entnehmen lässt (CANARIS NJW 1964, 1987, 1988). Zur Frage einer Haftung des Vertretenen aus Geschäften des geschäftsunfähigen Vertreters (s u Rn 49, 50). Die Frage der Zulässigkeit einer **vertraglichen** Übernahme der Pflicht zum Ersatz des dem Vertragspartner durch die Unwirksamkeit des Geschäfts infolge eintretender Geschäftsunfähigkeit des anderen Teils entstehenden Schadens ist bis vor einigen Jahren insbesondere deshalb praktisch gewesen, weil die Banken und Sparkassen in ihren bis Ende 1992 verwendeten allgemeinen Geschäftsbedingungen ihren Kunden eine Ersatzpflicht für die Schäden auferlegt hatten, die den Kreditinstituten etwa daraus entstehen sollten, dass sie von einem eintretenden Mangel in der Geschäftsfähigkeit des Kunden oder seines Vertreters unverschuldet keine Kenntnis erlangten (vgl AGB-Banken Nr 23, AGB-Sparkassen Nr 3 Abs 3 aF). Die Rechtsprechung sah diese Klauseln trotz Widerspruchs im Schrifttum (vgl HAUPT, Die Allg Geschäftsbedingungen der deutschen Banken [1937] 68 ff; BEULE 94 ff) vor Inkrafttreten des AGB-Gesetzes (BGHZ 52, 61, 63 f; WM 1974, 1001, 1003; KG BB 1965, 1006 f) und zunächst auch noch danach (OLG Düsseldorf WM 1983, 406; OLG Köln JZ 1991, 412, 413 m abl Anm M DREHER; dahingestellt gelassen in BGH ZIP 1988, 829, 831) als wirksam an unter Hinweis auf die Zulässigkeit einer Haftungsübernahme für Zufall (hierzu schon BREIT BankArch 1911/12, 140, 142). In seinem grundlegenden Urteil vom 25. 6. 1991 (BGHZ 115, 38, 42) hat der Bundesgerichtshof jedoch diese AGB-Bestimmungen, soweit sie sich auf einen bei dem Kunden selbst eintretenden Mangel der Geschäftsfähigkeit beziehen, als gegen § 9 Abs 1 AGBG (jetzt § 307 Abs 1) verstoßend bezeichnet, da die dort statuierte verschuldensunabhängige Haftung von dem das deutsche Schadensersatzrecht beherrschenden Verschuldensgrundsatz als einem wesentlichen Grundsatz gem § 9 Abs 2 Nr 1 AGBG (jetzt § 307 Abs 2 Nr 1) abweiche. Diese Entscheidung verdient Zustimmung (vgl DONATH BB 1991, 1881, 1882; RÜTHERS/FRANKE DB 1991, 1010 f; M DREHER JZ 1991, 413 ff; LARENZ/WOLF, AT § 25 III Rn 12; ERMAN/PALM Vorbem 14 zu § 104). In der seit dem 1. 1. 1993 in Kraft befindlichen Neufassung der AGB-Banken (Text in NJW 1992, 3278 ff, zuletzt geändert am 1. 4. 2002, dazu SONNENHOL WM 2002, 1259) ist die bisherige Nr 23 daher ersatzlos gestrichen worden (vgl HOEREN NJW 1992, 3263, 3264). Die AGB-Sparkassen haben hingegen in ihrer gleichfalls seit dem 1. 1. 1993 geltenden Neufassung (Text NJW 1993, 840 ff, zuletzt geändert am 1. 4. 2002, dazu SONNENHOL aaO) unter Nr 4 Abs 2 die Schadensersatzpflicht des Kunden bei unverschuldeter Unkenntnis eines bei dessen Vertreter eingetretenen Geschäftsfähigkeitsmangels aufrecht erhalten. Die Zulässigkeit einer solchen auf den Vertreter beschränkten Regelung, die der BGH in seiner Grundsatzentscheidung hatte dahinstehen lassen (BGHZ 115, 38, 45), wird von der wohl überwiegenden Meinung im Schrifttum ebenfalls abgelehnt (GRAF vWESTPHALEN BB 1993, 8, 10; PALANDT/HEINRICHS § 307 Rn 77; zweifelnd auch ADEN NJW 1993, 832, 833; für Wirksamkeit H P WESTERMANN WM 1993, 1865, 1868 f). Für die Gültigkeit der Vertreterklausel spricht, dass durch die Schadensersatzregelung nicht die eigene Geschäftsunfähigkeit des Vertragspartners selbst überspielt werden, sondern ihm nur das Risiko eines Mangels in der Person seines Vertreters auferlegt werden soll, auf die es auch nach dem Gesetz (§ 166 Abs 1) grundsätzlich ankommt (vgl H P

WESTERMANN aaO). Hält man hingegen mit dem BGH allein die Abweichung vom Grundsatz der Verschuldenshaftung für entscheidend (BGHZ 115, 38, 42), so ergibt sich in der Tat kein Unterschied zu der sich auf den Geschäftsfähigkeitsmangel des Kunden selbst beziehenden Klausel (so GRAF vWESTPHALEN aaO). In einem Individualvertrag ist eine Haftungsübernahme für die Folgen einer Geschäftsunfähigkeit des Vertreters grundsätzlich zulässig. Eine einzelvertraglich vereinbarte Schadensersatzpflicht für die Folgen eines Geschäftsfähigkeitsmangels des Vertragspartners selbst setzt wegen der Unabdingbarkeit der Geschäftsfähigkeitsvorschriften (vgl o Rn 11) dessen Geschäftsfähigkeit bei Vertragsschluss voraus, die Abrede kann sich also nur auf künftig eintretende Geschäftsfähigkeitsmängel beziehen. Die Vorschriften des § 104 ff können als solche aber auch für die Zukunft nicht abbedungen werden mit der Folge der Wirksamkeit eines späteren Geschäfts (vgl BREIT BankArch 1911/12, 140, 142; s aber LG Düsseldorf WM 1983, 406). Die Auferlegung einer Schadensersatzpflicht würde sich als eine Umgehung dieser zwingenden Regelung dann darstellen, wenn sie dem Vertragschließenden den Ersatz des dem Gegner entstandenen Nichterfüllungsschadens auferlegte, da er dann vermögensmäßig ebenso stände wie bei einer Wirksamkeit des Geschäfts; die Geschäftsfähigkeitsregeln würden dadurch unzulässigerweise umgangen. Keine Umgehung der §§ 104 ff läge wohl in einer (individualvertraglichen) Verpflichtung zum Ersatz des dem anderen Teil entstandenen Vertrauensschadens.

28 Der fehlende Gutglaubensschutz hinsichtlich der Geschäftsfähigkeit bringt die Gefahr mit sich, dass ein nicht (voll) Geschäftsfähiger zwecks Verleitung eines anderen zum Vertragsschluss seine Geschäftsfähigkeit vorspiegelt, um später, etwa nach erbrachter Leistung des anderen, den Geschäftsfähigkeitsmangel geltend zu machen. Auf eine besondere Sanktion für diese Fälle der **Arglist** haben die Verfasser des BGB, im Gegensatz zu anderen Rechtsordnungen der Vergangenheit und Gegenwart, bewusst verzichtet (Mot I 140 f = MUGDAN I 429; hierzu BREIT 37 f). Ein unter diesen Umständen geschlossenes Rechtsgeschäft ist deshalb weder wirksam (so aber SächsBGB §§ 1823, 1912 nach Wahl des anderen Teils; s auch CI 2, 42 [43], 2 u 3 pr) noch wird dem arglistig Handelnden aus diesem Grunde eine besondere Schadensersatzpflicht auferlegt (anders nach § 33 ALR I 5; § 866 ABGB; Art 411 Abs 2, 305 SchwZGB). Der nicht (voll) Geschäftsfähige ist – bei bestehender Deliktsfähigkeit – dem Geschädigten lediglich nach den allgemeinen Vorschriften über unerlaubte Handlungen (§ 823 Abs 2, StGB § 263; § 826) verantwortlich (RG SeuffA 67 Nr 255). Im Einzelfall kann allerdings die Berufung auf die Unwirksamkeit des Rechtsgeschäfts wegen Mangels der Geschäftsfähigkeit **treuwidrig** sein. Der vorrangige Schutz des nicht (voll) Geschäftsfähigen darf dadurch aber nicht beeinträchtigt werden (so zu Recht MünchKomm/SCHMITT Vorbem 8 zu § 104). So besteht im allgemeinen keine vorvertragliche Verpflichtung des nahen Angehörigen eines Geschäftsunfähigen, der etwa als Miterbe oder Miteigentümer eines Gegenstandes an Vertragsverhandlungen über den Gegenstand mit einem Dritten beteiligt ist, den Dritten auf Anhaltspunkte für die Geschäftsunfähigkeit hinzuweisen; eine spätere Berufung des Angehörigen, der den Geschäftsunfähigen beerbt hat, auf die Nichtigkeit des Vertrages verstößt deshalb grundsätzlich nicht gegen Treu und Glauben (BGH ZEV 1994, 242, 243 m Anm LORITZ). Anders aber dann, wenn der Angehörige am Vertragsschluss schon in der Absicht mitgewirkt hat, sich nach Vereinnahmung des Kaufpreises für das veräußerte Grundstück auf die Geschäftsunfähigkeit zu berufen und das – inzwischen im Wert gestiegene – Grundstück zurückzufordern (vgl BGHZ 44, 367,

371; hierzu CANARIS, Vertrauenshaftung 286, 319 f; s auch RG DR 1944, 728, 729 u OLG Karlsruhe Recht 1929 Nr 1458). Eher in Betracht kommt ein Treueverstoß bei einer Berufung des anderen Teils auf die Unwirksamkeit (vgl ENNECCERUS/NIPPERDEY § 150 Fn 5), etwa des Zahlenlotto-Unternehmens gegenüber einem geschäftsunfähigen Spieler, der alle „richtigen" Zahlen angekreuzt hat.

Den vorstehenden Ausführungen lässt sich zum Verhältnis von Geschäftsfähigkeits- 29 recht und Vertrauensschutz für das geltende deutsche Recht der **allgemeine Grundsatz** entnehmen: Dem Schutz des Geschäftsunfähigen und des in der Geschäftsfähigkeit Beschränkten kommt im rechtsgeschäftlichen Bereich der **Vorrang** zu vor der Sicherheit des Rechtsverkehrs. Mit dieser Regelung hat das Gesetz eine grundlegende Wertentscheidung zugunsten der Interessen des aufgrund persönlicher Eigenschaften typischerweise schwächeren Teilnehmers am rechtsgeschäftlichen Verkehr getroffen (vgl CANARIS NJW 1964, 1987, 1990: „Fundamentalsatz unserer Rechtsordnung"). Die daraus im Einzelfall resultierende Enttäuschung auch des begründeten Vertrauens in die Wirksamkeit eines Rechtsgeschäfts muss angesichts der eindeutigen gesetzlichen Lösung des Interessenwiderstreites in Kauf genommen werden.

2. Rechtspolitische Würdigung

Der grundsätzliche Vorrang des Schutzes des nicht (voll) Geschäftsfähigen gegen- 30 über dem Verkehrsschutz (vgl o Rn 29) ist seit dem Inkrafttreten des BGB immer wieder auf rechtspolitische Kritik gestoßen (vgl ua NEUBECKER, in: FS vGierke III [1910] 177, 205 ff; RÜMELIN 54 ff m zahlr w N; vTUHR, AT § 59 Rn 150; auch MAYER-MALY FamRZ 1970, 617, 620). Demgemäß wurde und wird *de lege ferenda* gefordert, die Belange des redlichen Vertragspartners, insbesondere bei Geschäften mit unerkennbar geschäftsunfähigen Personen gem § 104 Nr 2 nicht mehr völlig unberücksichtigt zu lassen. Von den im einzelnen sehr unterschiedlichen Abhilfevorschlägen wird derjenige, der – unter Hinweis auf Regelungen vornehmlich des angelsächsischen Rechtskreises – einen Geschäftsfähigkeitsmangel nur noch bei dessen Ursächlichkeit für Abschluss und Inhalt des betreffenden Geschäfts erheblich sein lassen wollte, nicht aber dann, wenn ein „vernünftiger Mensch" (entsprechend der Figur des *reasonable man* des angelsächsischen Rechts) den Vertrag ebenso geschlossen hätte (DANZ JW 1913, 1016 ff; FUCHS JW 1914, 1011 ff; GERSTBERGER Gruchot 71 [1931] 1, 27; bes BRANDT 48 ff u passim), heute mit Recht wohl nicht mehr vertreten. Der das geltende deutsche Geschäftsfähigkeitsrecht beherrschende Grundsatz *minor restituitur tamquam minor* (s o Rn 26) würde dadurch abgelöst von dem entgegengesetzten Prinzip *minor restituitur non tamquam minor sed tamquam laesus*. Dieser Weg liefe schon wegen der Ungewissheit, mit der die dann im Streitfall erforderliche richterliche Feststellung eines Kausalzusammenhangs notwendig verbunden wäre, nicht auf ein Mehr, sondern auf ein Weniger an Verkehrsschutz gegenüber dem geltenden Rechtszustand hinaus. Andere Vorschläge wollen an der Unwirksamkeitsregelung des geltenden Rechts festhalten, jedoch dem Vertragsteil, der schuldlos von einer in Wirklichkeit nicht gegebenen Geschäftsfähigkeit seines Kontrahenten ausgeht, gegen diesen einen Anspruch auf Ersatz des erlittenen Vertrauensschadens bis zur Grenze des Nichterfüllungsschadens in Erweiterung der Regelung des § 122 gewähren (so PÜSCHEL JW 1914, 564, 566 f; JUNG, Recht u Wirtschaft 1 [1912] 434 ff; ferner Eingabe des Centralverbandes des Deutschen Bank- u Bankiergewerbes an das Reichsjustizamt v 18.5.1905, in: BankArch 5 [1905/06] 153 Fn 1). Hiergegen spricht der Umstand, dass der eingetretene

Vertrauensschaden in den typischen Fällen (zB Abhebung eines Geldbetrages durch unerkennbar geschäftsunfähigen Bankkunden) dem Erfüllungsinteresse gleichkommt und der Geschäftsunfähige damit im Wege der Schadensersatzpflicht vermögensmäßig denjenigen Belastungen ausgesetzt wäre, vor den ihn die §§ 104 ff gerade bewahren wollen. Zu erwägen wäre daher allenfalls die Einführung einer Schadensersatzpflicht aus Billigkeitsgründen entsprechend der Normierung in § 829 für unerlaubte Handlungen (vgl LEONHARD BankArch 5 [1905/06] 153 f; BREIT BankArch 1911/12, 140, 141; LEVIS ZBlFG 14 [1914] 249, 267; OERTMANN DJZ 1931, 265, 268; DONATH BB 1991, 1881, 1883; STERN 63 ff; VOSS 48 f; vTUHR, AT § 59 Fn 150; vom psychiatr Standpunkt FRIEDLAENDER DJZ 1930, 1492, 1494 f). Eine solche Vorschrift sollte aber nur als Hilfsmittel in ganz gravierenden Fällen angewandt werden. Die Warnungen vor einer Aufweichung des mit dem geltenden Geschäftsfähigkeitsrecht geschaffenen Schutzmechanismus sind jedenfalls ernst zu nehmen (vgl AK-BGB/KOHL Vorbem 2 zu § 104).

III. Der Anwendungsbereich des Geschäftsfähigkeitsrechts

1. Rechtsgeschäfte

a) Grundsatz

31 Das eigentliche und unmittelbare Anwendungsgebiet der Vorschriften über die Geschäftsfähigkeit als der Fähigkeit zur Vornahme von Rechtsgeschäften (o Rn 1) bildet der Bereich rechtsgeschäftlichen Handelns (zum Begriff des Rechtsgeschäfts s BROX, AT Rn 96). Zur Wirksamkeit eines rechtserheblichen Verhaltens bedarf es also dann der Geschäftsfähigkeit des Urhebers, wenn es sich bei diesem Verhalten um ein Rechtsgeschäft handelt. Für das Zustandekommen von Rechtsverhältnissen über Leistungen des modernen Massenverkehrs (Benutzung öffentlicher Verkehrsmittel, Bezug von elektrischer Energie, Wasser, Gas usw) wurde Geschäftsfähigkeit der Beteiligten aufgrund der Lehre von den Rechtsverhältnissen aus **sozialtypischem Verhalten** (vgl hierzu allg MünchKomm/KRAMER Vorbem 26 zu § 116) in der jüngeren Vergangenheit teilweise nicht für erforderlich gehalten, da nach dieser Lehre ein solches Rechtsverhältnis nicht auf rechtsgeschäftlichem Wege durch den Austausch entsprechender Willenserklärungen nach den §§ 145 ff, sondern durch die bloß tatsächliche Bereitstellung und Inanspruchnahme der betreffenden Leistung zustande käme (LG Bremen NJW 1966, 2360 f). Die Lehre vom sozialtypischen Verhalten als Entstehungsgrund von Rechtsverhätnissen über Leistungen der Daseinsvorsorge wird aber in jüngster Zeit zu Recht kaum noch vertreten (vgl die ausdrückl Aufgabe dieser Ansicht durch LARENZ, AT[7] § 28 II, jetzt LARENZ/WOLF, AT § 30 II Rn 25; zum ganzen s Münch/Komm/KRAMER Vorbem 26 zu § 116). Unabhängig von der Beurteilung dieser Theorie im allgemeinen besteht aber heute über die vorrangige Schutzwürdigkeit des nicht (voll) Geschäftsfähigen auch in diesem Bereich kein Streit mehr. Die Vorschriften der §§ 104 ff sind deshalb nach heute einhelliger Ansicht auf (privatrechtliche) Leistungsbeziehungen des Massenverkehrs ebenso anwendbar wie auf sonstige durch Rechtsgeschäft begründete Rechtsverhältnisse (DALHOFF 90 f; MEDICUS, BR Rn 190; ders, AT Rn 245 ff; MünchKomm/SCHMITT § 105 Rn 27; AK-BGB/KOHL Vorbem 11 zu § 104; auch SIEBERT 36 f). In den praktisch bedeutsam gewordenen Fällen der Benutzung eines öffentlichen Verkehrsmittels durch einen Minderjährigen setzt ein Anspruch des Verkehrsunternehmens auf Zahlung des Beförderungsentgelts gegen den in der Geschäftsfähigkeit beschränkten Benutzer die Zustimmung von dessen gesetzlichem Vertreter gem §§ 107 ff voraus (AG Hamburg NJW 1987, 448; AG Mühlheim/

Ruhr NJW-RR 1989, 175, 176; AG Wolfsburg NJW-RR 1990, 1142 f; ferner MEDICUS NJW 1967, 354 f; MEZGER NJW 1967, 1740 f; BERG MDR 1967, 448 f: KONOW DB 1967, 1840, 1842 f [alle gegen LG Bremen NJW 1966, 2360 f]; WINKLER vMOHRENFELS JuS 1987, 692, 693; HARDER NJW 1990, 857, 858; insoweit auch AG Köln NJW 1987, 447 f; STACKE NJW 1991, 875 ff; WETH JuS 1998, 795, 797 ff; dahingestellt in AG Frankfurt/M VRS 51, 249, 250). Umstritten sind insofern lediglich Voraussetzungen und Umfang einer – schlüssig erteilten – Einwilligung des Vertreters in die Verkehrsmittelbenutzung, insbesondere hinsichtlich der Entstehung eines Anspruchs des Verkehrsunternehmens auf Zahlung eines in Beförderungsbedingungen vorgesehenen erhöhten Entgelts bei Benutzung des Verkehrsmittels ohne gültigen Fahrausweis (hierzu s § 107 Rn 40).

b) Besonderheiten bei Dauerschuldverhältnissen
Die Lehre vom Vertragsschluss durch sozialtypisches Verhalten hat allerdings trotz 32 ihrer grundsätzlichen Unhaltbarkeit (vgl o Rn 31) bewusst werden lassen, dass die bei Unwirksamkeit eines Rechtsgeschäfts aufgrund der Regelung des BGB notwendige Rückabwicklung der darauf erbrachten Leistungen nach Bereicherungsrecht (§ 812 ff) bei bestimmten Dauerschuldverhältnissen keine angemessene Lösung gewährleistet. Den Umstand der tatsächlichen Durchführung solcher Schuldverhältnisse trotz Unwirksamkeit ihrer vertraglichen Grundlage und dementsprechend ihrer Behandlung als wirksam seitens der Beteiligten uU über längere Zeiträume hinweg kann die Rechtsordnung nicht ignorieren. Die bereicherungsrechtliche Rückgewähr der von jedem Beteiligten erbrachten Leistungen nach Feststellung der Unwirksamkeit ist hier häufig mangels Individualisierbarkeit der möglicherweise schon geraume Zeit zurückliegenden einzelnen Leistungen entweder gar nicht mehr durchzuführen oder insbesondere bei einer Berufung des Leistungsempfängers auf einen eingetretenen Bereicherungswegfall (§ 818 Abs 3) nicht sachgerecht. Die Nichtigkeit oder Anfechtbarkeit vor allem von Gesellschafts- und Arbeitsverträgen kann deshalb nach Beginn ihrer tatsächlichen Ausführung, wie heute weitgehend anerkannt ist, jedenfalls nicht mehr mit Wirkung *ex tunc* geltend gemacht werden. Diese Rechtsverhältnisse sind vielmehr für die Vergangenheit als wirksam anzusehen mit der Folge, dass den Beteiligten für diesen Zeitraum die jeweiligen vertraglichen, nicht bereicherungsrechtlichen, Rechte und Pflichten zustehen. Eine Auflösung kommt lediglich für die Zukunft in Betracht. Die Frage nach der Anwendbarkeit dieser Grundsätze bei Unwirksamkeit von Gesellschafts- oder Arbeitsverträgen aufgrund von Geschäftsfähigkeitsmängeln eines Vertragsteils beantwortet sich für die einzelnen Vertragstypen unterschiedlich:

aa) Gesellschaftsverhältnisse
Unwirksame Gesellschaftsverträge oder Satzungen von (Personal- oder Kapital-) 33 Gesellschaften beurteilen sich nach den von Rechtsprechung und Schrifttum entwickelten Grundsätzen über die **fehlerhafte Gesellschaft** (vgl hierzu KARSTEN SCHMIDT, Gesellschaftsrecht § 6). Die Anwendbarkeit dieser Grundsätze erfordert zunächst den tatsächlichen Abschluss eines mit wirksamkeitshindernden Mängeln behafteten Gesellschaftsvertrages. Aufgrund dieses unwirksamen Vertrages muss die Gesellschaft entweder tatsächlich in Vollzug gesetzt (vgl hierzu BGHZ 116, 37, 39 f) oder, sofern sie – als rechtsfähiger Verein, Kapitalgesellschaft oder Genossenschaft – zum Erwerb der Rechtsfähigkeit der Eintragung in dem zuständigen Register (Vereins-, Handels-, Genossenschaftsregister) oder der staatlichen Verleihung (§ 22) bedarf, die Eintragung oder Konzessionierung erfolgt sein (vgl KARSTEN SCHMIDT, Gesellschaftsrecht § 6 II

1). Die so entstandene fehlerhafte Gesellschaft ist nach heutiger Auffassung eine wirkliche Gesellschaft, nicht bloß eine Gesellschaft kraft Rechtsscheins (KARSTEN SCHMIDT JuS 1990, 517, 520). Die fehlerhafte Gesellschaft zeitigt folglich die gleichen Rechtswirkungen wie eine auf einwandfreier vertraglicher Grundlage zustandegekommene. Die Vertragsschließenden haben demgemäß den Status von Gesellschaftern mit allen sich hieraus ergebenden Rechten und Pflichten. Aufgelöst werden kann die fehlerhafte Gesellschaft wegen der Unwirksamkeit des Gesellschaftsvertrages nur für die Zukunft nach den für die jeweilige Gesellschaftsform geltenden Vorschriften (§§ 723 BGB, 131 Abs 1 Nr 4, 133 HGB, 275 AktG, 75 GmbHG, 94 GenG).

34 Beruht die Unwirksamkeit des Gesellschaftsvertrages auf einem **Mangel der Geschäftsfähigkeit** eines Vertragsteils, wobei dieser Mangel hier auch in dem Fehlen der zum Abschluss eines Gesellschaftsvertrages zwecks Betriebs eines Erwerbsgeschäfts gem §§ 1822 Nr 3, 1643 Abs 1 erforderlichen vormundschaftsgerichtlichen Genehmigung bestehen kann, so können die vorstehend dargelegten Grundsätze der fehlerhaften Gesellschaft (o Rn 33) nach insoweit einhelliger Meinung nicht unbeschränkt angewendet werden. Die sich andernfalls ergebende Belastung des nicht (voll) Geschäftsfähigen mit den sich aus dem (fehlerhaften) Gesellschaftsverhältnis ergebenden Pflichten, insbesondere der persönlichen Haftung für die Verbindlichkeiten der Personengesellschaft des Handelsrechts gem § 128 HGB, widerspräche eklatant dem Schutzzweck des Geschäftsfähigkeitsrechts (vgl o Rn 20), den der Gesetzgeber mit dem Erfordernis der Genehmigung des Gesellschaftsvertrages durch das Vormundschaftsgericht nach § 1822 Nr 3 sogar noch besonders betont hat. Der Gedanke des Verkehrsschutzes, aufgrund dessen die Regeln über die fehlerhafte Gesellschaft entwickelt worden sind, muss auch und gerade auf diesem mit besonderen Risiken behafteten Rechtsgebiet hinter dem Erfordernis des Schutzes des nicht voll Geschäftsfähigen zurücktreten (vgl hierzu allg o Rn 29). Die Rechtsprechung verneint die Anwendbarkeit der Grundsätze über die fehlerhafte Gesellschaft allgemein dort, wo ihr gewichtige Interessen der Allgemeinheit oder einzelner schutzwürdiger Personen entgegenstehen (BGHZ 55, 5, 9 f). Zu den schutzwürdigen Einzelinteressen wird in erster Linie das Interesse der nicht voll geschäftsfähigen Personen gerechnet, nicht mit Verbindlichkeiten und sonstigen Nachteilen aus einem von ihnen ohne Mitwirkung des gesetzlichen Vertreters und ohne Genehmigung des Vormundschaftsgerichts eingegangenen Gesellschaftsverhältnis belastet zu werden. Nach der Rechtsprechung und einem Teil des Schrifttums entsteht deshalb zwar auch bei Unwirksamkeit des Gesellschaftsvertrages wegen eines Mangels in der Geschäftsfähigkeit eines Beteiligten eine fehlerhafte Gesellschaft. Diese Gesellschaft umfasst aber nur die geschäftsfähigen Vertragsteile; der nicht voll geschäftsfähige Vertragsteil gehört ihr hingegen nicht an. Er wird deshalb aus dem Gesellschaftsverhältnis weder berechtigt noch verpflichtet; vornehmlich haftet er nicht für vereinbarte Gesellschafterbeiträge oder für die Gesellschaftsschulden (BGHZ 17, 160, 167 f = NJW 1955, 1067, 1069 m Anm GANSSMÜLLER = MDR 1955, 667, 668 f m Anm NIPPERDEY; BGHZ 38, 26, 29; NJW 1983, 748; BayObLG 1977, 669, 671; LAG Hamm NZA-RR 2001, 177, 179; BIDDERMANN GmbHR 1966, 4, 5 f; HAEGELE BWNotZ 1969, 2, 22; P ULMER, in: Großkomm HGB § 105 Rn 350; MünchKomm/SCHMIDT § 105 Rn 59, 60; auch schon RGZ 145, 155, 159). Dies gilt auch bei erfolgter Registereintragung der Kapitalgesellschaft und staatlicher Konzessionierung des wirtschaftlichen Vereins (vgl HAEGELE BWNotZ 1969, 2, 24; MünchKomm/SCHMIDT § 105 Rn 63). Auf die Kenntnis des Geschäftsfähigkeitsmangels durch einen anderen Beteiligten oder einen Dritten (Gesellschaftsgläubiger) kommt es nicht an (BGH NJW 1983, 748). Da der Gesellschaftsvertrag im Verhältnis zu dem nicht voll Geschäftsfähigen auch für die Vergangenheit unwirksam ist (BGHZ 38, 26, 29), kann dieser die Herausgabe von ihm in die Gesellschaft eingebrachter Sachen nach § 985, bei Grundstücken auch die Zustimmung zur Grundbuchberichtigung gem § 894, hinsichtlich sonstiger Leistungen an die Gesellschaft deren Rückgewähr nach Bereicherungsrecht fordern. Auch an seiner Erklärung des Ausscheidens aus der Gesellschaft kann der Gesellschafter, wenn die Erklärung mit einem Geschäftsfähigkeitsmangel behaftet oder in einem – die Geschäftsfähigkeit an sich unberührt lassenden (s § 105 Rn 11) – Zustand gem § 105 Abs 2 abgegeben worden ist, nicht nach den Grundsätzen über die fehlerhafte Gesellschaft festgehalten werden; der Betreffende gehört also der Gesellschaft weiterhin an (BGH NJW 1992, 1503 ff). Bei Gründung einer Personengesellschaft durch Eintritt in ein bisher einzelkaufmännisches Geschäft, das dessen Inhaber im Zustand der Geschäftsunfähigkeit käuflich erworben hatte, haftet die Gesellschaft nicht nach § 28 Abs 1 HGB auf Zahlung des Kaufpreises, da § 28 HGB eine wirksame Verbindlichkeit voraussetzt (RGZ 93, 227, 228). Die Anwendbarkeit der Grundsätze über die fehlerhafte Gesellschaft mit der Folge des ausbleibenden Erwerbs der Gesellschafterstellung des nicht (voll) Geschäftsfähigen ist durch die vom MHbeG eingeführten Möglichkeiten der Kündigung (§ 723 Abs 1 S 3 Nr 2) und der Haftungbeschränkung (§ 1629a) nicht ersetzt worden, denn diese Rechte setzen eine wirksame Mitgliedschaft gerade voraus (GRUNEWALD ZIP 1999, 597, 600; aA HABERSACK/SCHNEIDER FamRZ 1997, 649, 655).

Die vorstehend dargelegte Auffassung von der fehlenden Gesellschafterstellung des **35** nicht voll geschäftsfähigen Vertragsteils stößt bei einem Teil des Schrifttums auf Widerspruch. Nach dieser Gegenmeinung wird auch der nicht voll Geschäftsfähige Gesellschafter der (fehlerhaften) Gesellschaft; gleichwohl haftet er nicht für die sich aus seiner Gesellschafterstellung im Innen- wie im Außenverhältnis ergebenden Verbindlichkeiten (GANSSMÜLLER NJW 1955, 1067 f; A HUECK, Das Recht der OHG [4. Aufl] § 7 III 4 c [S 95]; jetzt vornehmlich KARSTEN SCHMIDT JuS 1990, 517, 520 ff u Gesellschaftsrecht § 6 IV 3 c cc). In dem entscheidenden Punkt der fehlenden Verpflichtung des nicht voll Geschäftsfähigen stimmt diese Meinung also mit der o zu Rn 34 dargelegten überein. Die Stellung des nicht voll Geschäftsfähigen wäre hiernach die eines „hinkenden Gesellschafters", der zwar nicht die Pflichten, wohl aber die Rechte aus der Gesellschaft innehätte (so GANSSMÜLLER NJW 1955, 1067 f; ders DB 1955, 257, 260). Die Rechtsfigur einer hinkenden Gesellschafterstellung lässt sich aber kaum mit den Grundsätzen des geltenden Geschäftsfähigkeitsrechts vereinbaren, das – in bewusster Ablehnung des römischen *negotium claudicans* (vgl Mot I 134, 136 = MUGDAN I 425 f, 427; Prot II 129 = MUGDAN I 676) – das unter einem Geschäftsfähigkeitsmangel leidende Rechtsgeschäft *in toto* entweder für unwirksam oder – ggf nach Genehmigung durch den gesetzlichen Vertreter – für wirksam erklärt; diese Konstruktion wird denn auch selbst von Vertretern der die Gesellschafterstellung des nicht voll Geschäftsfähigen bejahenden Ansicht abgelehnt (KARSTEN SCHMIDT JuS 1990, 517, 522; s ferner P ULMER, in: Großkomm HGB § 105 Rn 348). Umstritten ist die Frage eines Anspruchs des nicht voll Geschäftsfähigen auf die vereinbarte Beteiligung am Gewinn der Gesellschaft, die von den Anhängern einer hinkenden Mitgliedschaft folgerichtig bejaht (GANSSMÜLLER NJW 1955, 1067; ders DB 1955, 257, 260; früher auch ROB FISCHER NJW 1955, 849, 851), insbesondere im gesellschaftsrechtlichen Schrifttum hingegen meist verneint wird (KARSTEN SCHMIDT JuS 1990, 517, 522 mwNw in Fn 72; ders,

Gesellschaftsrecht § 6 IV 3 c cc [S 161]; P ULMER, in: Großkomm HGB § 105 Rn 348; SOERGEL/ HEFERMEHL Vorbem 15 zu § 104; NIPPERDEY MDR 1955, 669, 670). An den Gewinnen, die die fehlerhafte Gesellschaft mit den von ihm eingebrachten Kapital- und/oder Arbeitsleistungen erzielt hat, sollte dem nicht voll Geschäftsfähigen in der Tat eine über einen Bereicherungsanspruch hinausgehende Beteiligung eingeräumt werden. Die Anerkennung einer hinkenden oder überhaupt einer Gesellschafterstellung ist hierzu aber nicht erforderlich; der Gewinnanspruch lässt sich bei Personalgesellschaften aus einer unmittelbaren, bei Kapitalgesellschaften aus einer entsprechenden Anwendung der Vorschriften über die Gemeinschaft (§§ 741 ff, insbesondere § 743 Abs 1), die auch rein tatsächlich ohne das Erfordernis der Geschäftsfähigkeit begründet werden kann, im Falle von Arbeitsleistungen aus einer entsprechenden Anwendung der Grundsätze über das faktische Arbeitsverhältnis (s u Rn 36 ff) herleiten (s BIDDERMANN GmbHR 1966, 4, 6; A HUECK aaO; FLUME, AT II § 13, 7e ee; MünchKomm/SCHMITT § 105 Rn 61), wobei dann allerdings auch eine Anrechnung entstandener Verluste (vgl § 748) zu erfolgen hat (GANSSMÜLLER NJW 1955, 1067; FLUME aaO). Die Notwendigkeit einer Gesellschafterstellung des nicht voll Geschäftsfähigen wird schließlich damit begründet, dass anderenfalls eine Einmann-GmbH oder eine zweigliedrige Personengesellschaft bei einem Geschäftsfähigkeitsmangel des Gesellschafters oder eines der beiden Gesellschafter mangels Zulässigkeit einer GmbH oder einer Personengesellschaft mit nur einem Gesellschafter nicht, auch nicht als fehlerhafte Gesellschaft, bestände mit der Folge, dass sich die „Gesellschafts"gläubiger weder an die nicht existierende Gesellschaft noch an den nicht geschäftsfähigen Gesellschafter und auch nicht an den geschäftsfähigen anderen Gesellschafter der Personengesellschaft halten könnten, da auch dieser mangels Existenz der Gesellschaft nicht nach § 128 HGB für deren Verbindlichkeiten hafte; bei bestehender Gesellschaftereigenschaft des nicht voll Geschäftsfähigen seien hingegen auch hier (fehlerhafte) Gesellschaften entstanden und damit auch deren Haftung sowie die Haftung des geschäftsfähigen Gesellschafters der Zweimann-Personalgesellschaft gegeben (so KARSTEN SCHMIDT JuS 1990, 517, 521 u Gesellschaftsrecht § 6 III 3 c cc). Diese besonderen Fälle nötigen jedoch nicht zu einer grundsätzlichen Ausdehnung der in Abweichung von den gesetzlichen Vorschriften der § 104 ff entwickelten Lehre von der fehlerhaften Gesellschaft auf eine Einbeziehung auch des nicht voll Geschäftsfähigen in den Gesellschaftsverband; in den Fällen der Zweimann-Personengesellschaft wird eine Haftung des geschäftsfähigen Beteiligten meist aus Rechtsscheingesichtspunkten (vgl u Rn 47 ff) herzuleiten sein (so in RGZ 145, 155, 159). Es ist daher der die fehlerhafte Gesellschaft auf die geschäftsfähigen Gesellschafter beschränkenden Meinung (o Rn 34) zu folgen. Eine Ausnahme von diesem Grundsatz ist allerdings für die Einmann-Kapitalgesellschaft anzuerkennen; diese entsteht auch bei Geschäftsunfähigkeit ihres einzigen Gründungsgesellschafters mit der Eintragung im Handelsregister als wirksame Gesellschaft, da die Unwirksamkeit der Gründungserklärung nicht zu den gem § 144 Abs 1 FGG iVm den §§ 275 Abs 1 AktG, 75 Abs 1 GmbHG eine Amtslöschung rechtfertigenden Mängeln zählt (KG ZIP 2000, 2253, 2254).

bb) Arbeitsverhältnisse

36 Auf dem Gebiet des Arbeitsrechts werden die Folgen der Unwirksamkeit der Rechtsgeschäfte nach den Grundsätzen über das **faktische Arbeitsverhältnis** eingeschränkt (vgl BGHZ 53, 152, 158 = NJW 1970, 609, 610). Der eingebürgerte Ausdruck „faktisches Arbeitsverhältnis" darf nicht darüber hinwegtäuschen, dass das Faktum der erfolgten Arbeitsleistung auch hier nicht als Grund für das Zustandekommen des Arbeitsverhältnisses iSd Lehre von den faktischen Vertragsverhältnissen (s o Rn 31) anzusehen ist, sondern diese Tatsache nur die Geltendmachung der Unwirksamkeit der an sich auch für das Arbeitsverhältnis zu fordernden rechtsgeschäftlichen Grundlage in gewissem Umfang hindert. Bei den Arbeitsverträgen rechtfertigt sich die Beschränkung der gesetzlichen Unwirksamkeitsfolgen nicht nur aus dem Gesichtspunkt der Irreversibilität der geleisteten Arbeit, sondern daneben noch aufgrund des dem gesamten Arbeitsrecht als Sonderprivatrecht das Gepräge gebende Schutzbedürfnis des Arbeitnehmers. Die Anwendbarkeit der Regeln über das faktische Arbeitsverhältnis setzt demzufolge voraus, dass der Arbeitnehmer aufgrund eines abgeschlossenen, aber nicht (voll) wirksamen Arbeitsvertrages die vereinbarte Arbeit aufgenommen und damit ganz oder teilweise geleistet hat. Ist es hingegen nicht zu der Arbeitsaufnahme gekommen, so bewendet es bei den gesetzlichen Unwirksamkeitsfolgen (Rückabwicklung nach Bereicherungsrecht). Beruht – bei (teilweise) erbrachter Arbeitsleistung – das Wirksamkeitshindernis des Arbeitsvertrages auf einem Geschäftsfähigkeitsmangel, so kommt es darauf an, ob dieser Mangel in der Person des Arbeitnehmers oder des Arbeitgebers vorliegt.

Ist der **Arbeitnehmer** geschäftsunfähig oder in der Geschäftsfähigkeit beschränkt und fehlt es im letztgenannten Fall an der Zustimmung des gesetzlichen Vertreters zum Abschluss des Arbeitsvertrages oder an den Voraussetzungen des § 113, so stände dem Arbeitnehmer wegen der Unwirksamkeit des Arbeitsvertrages statt des vereinbarten Arbeitsentgelts nur der Ersatz des Wertes der geleisteten Arbeit als Bereicherungsanspruch gem §§ 812 Abs 1 S 1, 818 Abs 2 zu, wobei er im Falle der Unkenntnis des Arbeitgebers von dem Geschäftsfähigkeitsmangel bis zur Rechtshängigkeit auch noch das Risiko eines bei diesem eintretenden Bereicherungswegfalls nach § 818 Abs 3 trüge. Die durch den Mangel der Geschäftsfähigkeit bedingte Unwirksamkeit des Arbeitsvertrages würde damit die Rechtsstellung des Arbeitnehmers im Vergleich zu der bei Geschäftsfähigkeit bestehenden entschieden verschlechtern. Diese Folge widerspräche aber gerade in dem Schutz des nicht (voll) Geschäftsfähigen liegenden Zweckrichtung des Geschäftsfähigkeitsrechts (vgl o Rn 20). Der Zweck der §§ 104 ff verbietet deshalb eine Geltendmachung der Unwirksamkeit des Arbeitsvertrages gegenüber dem Arbeitnehmer mit Wirkung für die Vergangenheit, in der dieser Arbeit geleistet hat (FLUME, AT II § 13, 7 e dd; MünchKomm/SCHMITT § 105 Rn 54, 55, SOERGEL/HEFERMEHL Vorbem 14 zu § 104). Der Arbeitgeber würde sich bei einer Berufung auf die Unwirksamkeit des Vertrages mit seinem eigenen Verhalten in Widerspruch setzen (vgl allg BGHZ 53, 152, 158 = NJW 1970, 609, 610). Das eigene Verhalten des Arbeitgebers liegt in der Entgegennahme der Arbeit als solcher; auf seine Kenntnis von dem Geschäftsfähigkeitsmangel kommt es daher nicht an. Der Arbeitnehmer kann mithin für die geleistete Arbeit das vereinbarte oder tarifliche oder sich aus § 612 Abs 2 ergebende Entgelt verlangen. Desgleichen stehen dem Arbeitnehmer ggf Schadensersatzansprüche aus der Verletzung von Arbeitsschutzvorschriften zu, vornehmlich aus § 618, soweit solche Vorschriften nicht ohnedies unabhängig von der Wirksamkeit eines Arbeitsvertrages aufgrund der tatsächlichen Arbeitsaufnahme eingreifen (vgl SIEBERT 88). Hieraus folgt aber nicht, dass das Arbeitsverhältnis für die Vergangenheit unbeschränkt wirksam wäre, der nicht (voll) geschäftsfähige Arbeitnehmer also auch den vertraglichen Pflichten unterläge (so aber wohl BEITZKE, Dauerrechtsverhältnisse 32; SIEBERT 88). Die Berufung auf die Unwirksamkeit des Arbeitsvertrages ist vielmehr nur insoweit ausgeschlossen, als sie dem Schutzzweck des Geschäftsfähigkeitsrechts entgegensteht. Der Arbeitnehmer ist deshalb seinerseits an einer Geltendmachung der Unwirksamkeit des Vertrages auch für die Vergangenheit nicht gehindert. Vertragliche Ansprüche aus Leistungsstörungen stehen dem Arbeitgeber deshalb nicht zu (DÜTZ, Arbeitsrecht [3. Aufl] Rn 120; OTTO, Einf i d Arbeitsrecht [2. Aufl] Rn 233; MünchKomm/SCHMITT, SOERGEL/HEFERMEHL jeweils aaO). Aus dem gleichen Grunde ist der Arbeitnehmer auch nicht auf einen vereinbarten Lohnanspruch beschränkt, sofern dieser, etwa bei fehlender Tarifbindung, hinter dem Wert seiner Arbeitsleistung zurückbleibt; in diesem Fall kann er vielmehr die Zahlung der wertentsprechenden Vergütung nach Bereicherungsrecht verlangen (FLUME, AT II § 13, 7 e dd; MünchKomm/SCHMITT aaO). Für die Zukunft kann sich jeder Vertragsteil auf die Unwirksamkeit des Arbeitsverhältnisses berufen. Auf selbstständige Dienstverhältnisse sind die Grundsätze des faktischen Arbeitsverhältnisses jedenfalls dann anwendbar, wenn das Dienstverhältnis wegen der wirtschaftlichen und sozialen Überlegenheit des Dienstberechtigten einem Arbeitsverhältnis entspricht (BGHZ 53, 152, 159 = NJW 1970, 609, 610).

38 Besteht der Geschäftsfähigkeitsmangel bei dem **Arbeitgeber** (auch keine Teilgeschäftsfähigkeit gem § 112), so entspricht es dem Schutzzweck des Geschäftsfähigkeitsrechts, die sich aus den §§ 104 ff ergebenden Unwirksamkeitsfolgen grundsätzlich auch für die Vergangenheit eintreten zu lassen (LAG Hamm NZA-RR 2001, 177, 179 f). Mangels eines wirksamen Arbeitsverhältnisses und damit einer Beschäftigung gem § 7 Abs 1 S 1 SGB IV entfällt deshalb bei fehlender oder beschränkter Geschäftsfähigkeit des Arbeitgebers auch dessen Pflicht zur Zahlung des Gesamtsozialversicherungsbeitrages aus § 28e Abs 1 S 1 SGB IV (vgl LSG RhPf AP § 107 BGB Nr 1 „fakt Arbeitsverh"). Ein Teil des Schrifttums gewährt demgegenüber dem Arbeitnehmer auch in diesem Fall den Anspruch auf das vereinbarte Arbeitsentgelt; begründet wird dieses Ergebnis mit dem Schutzbedürfnis des Arbeitnehmers, dem bei der gebotenen Abwägung mit dem hier – anders als bei mangelnder Geschäftsfähigkeit des Arbeitnehmers – entgegenstehenden Schutzbedürfnis des nicht voll Geschäftsfähigen auch aufgrund des Sozialstaatsprinzips des Grundgesetzes der Vorrang gebühre (SIEBERT 88; MünchKomm/SCHMITT § 105 Rn 57; SOERGEL/HEFERMEHL Vorbem 14 zu § 104; auch ZÖLLNER/LORITZ, Arbeitsrecht [5. Aufl] § 11 II 1b). Mit Hilfe des verfassungsrechtlichen Sozialstaatsgebots lässt sich dieser konkrete Interessenwiderstreit aber schon deshalb nicht eindeutig lösen, weil auch der Schutz des nicht Vollgeschäftsfähigen als eine Ausprägung dieses Gebots zu qualifizieren ist (vgl o Rn 20). Die Konfliktlösung muss daher auf dem Boden des bürgerlichen Rechts iVm dem Arbeitsrecht erfolgen. Der Privatrechtsordnung lässt sich aber der behauptete Vorrang des Arbeitnehmerschutzes gegenüber dem Schutz des Geschäftsunfähigen weder allgemein noch für die vorliegende Problematik entnehmen. Bei Geschäftsunfähigkeit oder beschränkter Geschäftsfähigkeit des Arbeitgebers steht dem (geschäftsfähigen) Arbeitnehmer folglich nicht der Lohnanspruch, sondern der Anspruch aus ungerechtfertigter Bereicherung für die geleistete Arbeit zu (BEITZKE aaO; STAUDINGER/RICHARDI [1999] § 611 Rn 200 mwN; PALANDT/HEINRICHS Einf zu § 104 Rn 5; BROX/RÜTHERS, Arbeitsrecht [15. Aufl] Rn 68). Schwierig zu beantworten ist die Frage nach vertraglichen Schadensersatzansprüchen des Arbeitnehmers aus Schutzpflichtverletzungen durch den Arbeitgeber (§ 618). Die Annahme eines von der Wirksamkeit des Vertrages unabhängigen Schutzverhältnisses zwischen den Beteiligten (vgl CANARIS JZ 1965, 475, 476 f) hilft bei einer auf Geschäftsfähigkeitsmängeln beruhenden

Unwirksamkeit nicht weiter, da der Schutz des nicht voll Geschäftsfähigen auch gegenüber der Verantwortlichkeit aus einem solchen Schutzverhältnis vorrangig ist (so ausdrücklich CANARIS JZ 1965, 475, 482). Eine Haftung des Arbeitgebers lässt sich daher nur auf eine entsprechende Anwendung des § 829 stützen (so FLUME, AT II § 13, 7 e dd).

Das Verhältnis zwischen dem Schutz des nicht voll Geschäftsfähigen und dem **39** Arbeitnehmerschutz wird auch im Falle des **Betriebsübergangs** nach § 613a bei Unwirksamkeit des den Übergang betreffenden Rechtsgeschäfts wegen Geschäftsfähigkeitsmangels bei einem Beteiligten problematisch. Grundsätzlich treten die Rechtsfolgen des § 613a (Eintritt des Erwerbers in die im Übergangszeitpunkt bestehenden Arbeitsverhältnisse) nach überwiegender Meinung auch bei Unwirksamkeit des Veräußerungsgeschäfts ein; entscheidend ist die tatsächliche Betriebsfortführung durch den neuen Inhaber (BAGE 48, 59, 62 ff = NJW 1986, 453 f mwN; STAUDINGER/RICHARDI [1999] § 613a Rn 93; MünchKomm/SCHAUB § 613a Rn 57; ablehnend SCHRÖDER NZA 1986, 286). Nach Ansicht des Bundesarbeitsgerichts soll dies selbst dann gelten, wenn die Unwirksamkeit auf einem Geschäftsfähigkeitsmangel des Erwerbers beruht (BAGE 48, 59, 64 f = NJW 1986, 453, 454). Die Pflichten aus den im Übergangszeitpunkt bestehenden Arbeitsverhältnissen träfen also auch den Geschäftsunfähigen und – trotz fehlender Zustimmung des gesetzlichen Vertreters – den in der Geschäftsfähigkeit beschränkten Übernehmer, die dadurch unübersehbaren Haftungsrisiken ausgesetzt würden (sehr kritisch hierzu LORITZ RdA 1987, 65, 74: „Eine solche Absonderlichkeit sollte in unserer Rechtsordnung vermieden werden"; ferner SCHRÖDER NZA 1986, 286). Dem Schutzzweck der §§ 104 ff wird dies nicht gerecht. Die dem Erwerber verbleibende Möglichkeit der Rückabwicklung der Übernahme gegenüber dem Veräußerer, auf die das BAG aaO verweist, bietet dem Erwerber wegen des von ihm dann zu tragenden Risikos der Insolvenz des Veräußerers keinen vollwertigen Schutz. Dem Schutzzweck des Geschäftsfähigkeitsrechts muss deshalb auch gegenüber dem in § 613a normierten Arbeitnehmerschutz der Vorrang zukommen. Der nicht voll geschäftsfähige Betriebserwerber tritt folglich nicht in die bestehenden Arbeitsverhältnisse als Arbeitgeber ein (STAUDINGER/RICHARDI [1999] Rn 94, ERMAN/HANAU Rn 28, ErfK/PREIS Rn 34, KR/PFEIFFER Rn 40 jeweils zu § 613a; MünchArb/WANK § 120 Rn 88; LORITZ aaO). Die Ansprüche aus den Arbeitsverhältnissen stehen den Arbeitnehmern weiterhin allein gegen den Veräußerer zu. Bei auf Seiten des Veräußerer fehlender Geschäftsfähigkeit ist § 613a hingegen, sofern man nicht allgemein die Wirksamkeit des rechtsgeschäftlichen Übertragungsaktes verlangt, anwendbar, da dessen Wirkungen dem Veräußerer nicht nachteilig sind (vgl KR/ PFEIFFER aaO).

cc) Dauerrechtsverhältnisse im allgemeinen
Die im Wege der Rechtsfortbildung entwickelte Einschränkung der Folgen einer auf **40** fehlender oder geminderter Geschäftsfähigkeit eines Vertragsteils beruhenden Unwirksamkeit von in Vollzug gesetzten Gesellschafts- und Arbeitsverhältnissen für die Vergangenheit lässt sich nicht auf Dauerrechtsverhältnisse, insbesondere Dauerschuldverhältnisse, schlechthin übertragen. Dem steht nicht nur die bisher noch nicht befriedigend gelungene Abgrenzung des Kreises der Dauerschuldverhältnisse von den „vorübergehenden" Schuldverhältnissen (hierzu B OETKER, Das Dauerschuldverhältnis und seine Beendigung [1994] 66 ff) entgegen, sondern auch die erhebliche innere Verschiedenheit der einzelnen als Dauerschuldverhältnisse anerkannten Vertrags-

typen untereinander, wie dies schon aus der im einzelnen sehr unterschiedlichen Regelung bei den Gesellschaftsverträgen einerseits und den Arbeitsverträgen andererseits hervorgeht. Ein allgemeiner Grundsatz, nach dem Dauerschuldverhältnisse, auf die der nicht (voll) geschäftsfähige Vertragsteil seine Leistung schon ganz oder teilweise erbracht hat, nicht wegen des Geschäftsfähigkeitsmangels *ex tunc* unwirksam sind, kann deshalb *de lege lata*, nicht anerkannt werden (anders wohl SOERGEL/HEFERMEHL Vorbem 13 zu § 104). Vielmehr ist grundsätzlich umgekehrt von der Unwirksamkeit und damit von der Rückabwicklung nach Bereicherungsrecht auszugehen, sofern dies nicht zu dem Schutzzweck des Geschäftsfähigkeitsrechts gerade entgegengesetzen Ergebnissen führen würde, was für jeden Vertragstypus gesondert festgestellt werden muss.

2. Vertragsähnliche Rechtsverhältnisse

41 Die Frage einer Anwendbarkeit des Geschäftsfähigkeitsrechts über den Kreis der Rechtsgeschäfte hinaus stellt sich zunächst für diejenigen rechtlichen Sonderverbindungen, die wegen ihrer strukturellen Ähnlichkeit mit den Vertragsverhältnissen als vertragsähnliche Rechtsverhältnisse bezeichnet werden (vorvertraglicher Kontakt, Geschäftsführung ohne Auftrag). Da diese Rechtsverhältnisse nicht durch Rechtsgeschäft begründet werden, sondern durch ein tatsächliches (nicht rechtswidriges) Verhalten, kommt hier nur eine **entsprechende Anwendung** der §§ 104 ff in Betracht. Für eine solche Anwendbarkeit ist erforderlich, dass sich die subjektive Zurechnungsfähigkeit des Rechtssubjekts, dem das die Rechtsbeziehung begründende Verhalten zurechenbar sein soll (vgl o Rn 2), nach den Grundsätzen über die Geschäftsfähigkeit bestimmt. Die Frage beantwortet sich nach dem inneren Grund für die Entstehung des jeweiligen Rechtsverhältnisses.

a) Vorvertraglicher Kontakt gem § 311 Abs 2

42 Die Eigenart des Schuldverhältnisses aus vorvertraglichem Kontakt gem § 311 Abs 2 Nr 1–3 als eines Vorstadiums des eigentlichen Vertragsverhältnisses rechtfertigt jedenfalls die Ausdehnung des in den §§ 104 ff normierten Grundsatzes, dass der nicht voll Geschäftsfähige vertragliche Verpflichtungen entweder überhaupt nicht oder nur mit Zustimmung des gesetzlichen Vertreters soll begründen können, auch auf die Begründung der vorvertraglichen Sorgfaltspflichten usw nach § 241 Abs 2. Der in der Geschäftsfähigkeit Beschränkte – das gleiche muss auch für den Betreuten bei angeordnetem Einwilligungsvorbehalt gelten (vgl o Rn 25) – unterliegt deshalb nach fast allgemeiner Auffassung nur dann den Pflichten aus vorvertraglichem Kontakt mit der Folge seiner Haftung aus den §§ 280 Abs 1, 311 Abs 2 im Falle ihrer Verletzung, wenn sein gesetzlicher Vertreter der Kontaktaufnahme entsprechend den §§ 107 ff zugestimmt hat (eingehend CANARIS NJW 1964, 1987 ff; ERMAN AcP 139 [1934] 273, 329; PETERSEN Jura 2003, 399; DALHOFF 64 ff; FLUME, AT II § 13, 7 e cc aE; AK-BGB/KOHL Vorbem 18, SOERGEL/HEFERMEHL Vorbem 12 jeweils zu § 104). Eine vereinzelt vertretene Gegenmeinung erklärt die Zustimmung des Vertreters deshalb für entbehrlich, weil das Geschäftsfähigkeitsrecht lediglich vor nicht konsentierten Vermögensdispositionen schützen wolle, während die Pflichten aus *cic* keinen unmittelbar vermögenswerten Charakter hätten (so KÜPPERSBUSCH 90 ff); hier wird verkannt, dass sich die §§ 104 ff keineswegs nur auf vermögensrechtliche Geschäfte beziehen und andererseits auch die vorvertraglichen Pflichten nicht nur die Person, sondern auch das Eigentum und sonstige vermögenswerte Rechte der Beteiligten schützen sollen. Der

Vertreter muss aber nur der Kontaktaufnahme als solcher zustimmen; nicht zu fordern ist darüber hinaus die Fähigkeit des beschränkt Geschäftsfähigen zum wirksamen Abschluss des intendierten Rechtsgeschäfts und damit, falls das Geschäft rechtlich auch nachteilig ist, der Konsens des Vertreters auch zu diesem (so aber FROTZ, in: Gedenkschr Gschnitzer [1969] 163, 176 f). Denn schon die Notwendigkeit der Zustimmung nur zur Kontaktaufnahme verschafft dem Vertreter die Möglichkeit, die Vertragsanbahnung zu unterbinden und damit eine Haftung seines Pflegebefohlenen aus *cic* zu verhindern. War der gesetzliche Vertreter mit der Kontaktaufnahme einverstanden, bestimmt sich die Verantwortlichkeit des nicht voll Geschäftsfähigen für die einzelne Pflichtverletzung nach § 276 Abs 1 S 2 und damit nach den §§ 827, 828 (CANARIS NJW 1964, 1987, 1988). Keine zu einer Haftung aus *cic* führende Pflichtverletzung ist jedoch gem dem Schutzzweck des Geschäftsfähigkeitsrechts das Unterlassen des Hinweises auf den Geschäftsfähigkeitsmangel (MEDICUS, BR Rn 177 u JuS 1965, 209, 215; ERMAN/PALM Vorbem 8 zu § 104; auch KÜPPERSBUSCH 103 ff). Ein Geschäftsunfähiger kann ein Schuldverhältnis aus vorvertraglichem Kontakt durch eigenes Verhalten nicht begründen (§ 105 Abs 1 analog; CANARIS NJW 1964, 1987, 1988; FROTZ, in: Gedenkschr Gschnitzer [1969] 163, 176).

Die **Rechte aus dem Verhältnis der Vertragsanbahnung** erwachsen dem nicht voll **43** Geschäftsfähigen hingegen auch dann, wenn er den vorvertraglichen Kontakt ohne die Zustimmung seines gesetzlichen Vertreters aufgenommen hat. Der (geschäftsfähige) andere Teil des vorvertraglichen Verhältnisses haftet mithin dem nicht voll Geschäftsfähigen für schuldhafte Verletzung einer Schutzpflicht durch ihn selbst und seinen Erfüllungsgehilfen (BGH NJW 1973, 1790, 1791 f = JR 1974, 62, 64 m Anm BERG; CANARIS NJW 1964, 1987, 1988 f; FROTZ, in: Gedenkschr Gschnitzer [1969] 163, 176; AK-BGB/ KOHL Vorbem 18 zu § 104). Diese Anwendbarkeit der Regeln des Rechtsverhältnisses der Vertragsanbahnung zugunsten des nicht voll Geschäftsfähigen rechtfertigt sich aus dem Schutzzweck sowohl dieses Instituts wie auch aus dem des Geschäftsfähigkeitsrechts. Das Institut der *cic* ist entwickelt worden, um den Parteien eines vorvertraglichen Kontakts den im Vergleich zu dem hier als unzulänglich empfundenen Deliktsrecht stärkeren Schutz einer rechtlichen Sonderverbindung zu verschaffen. Das Geschäftsfähigkeitsrecht will dem nicht voll Geschäftsfähigen einen zusätzlichen Schutz gewähren, ihm aber nicht sich aus anderen Grundsätzen (hier der *cic*) ergebende Schutzwirkungen entziehen. Die sich aus dem Regelungsmechanismus der §§ 104 ff ergebende Ablehnung der Rechtsfigur des „hinkenden Geschäfts" steht der Anwendung der *cic*-Regeln nur zugunsten des nicht voll Geschäftsfähigen nicht entgegen. Denn die Unzulässigkeit eines *negotium claudicans* erfasst nur die beiderseitigen vertraglichen Leistungspflichten, insbesondere aus gegenseitig verpflichtenden Verträgen, nicht aber die Schutzpflichten aus vorvertraglichem Kontakt, die zueinander nicht in einem Gegenseitigkeitsverhältnis stehen (vgl CANARIS JZ 1965, 475, 482). Eine vorvertragliche Pflichtverletzung kann etwa darin bestehen, dass der gewerbliche Kraftfahrzeugvermieter einen nicht voll geschäftsfähigen Mietinteressenten bei den Verhandlungen über den Abschluss eines – mangels Zustimmung des gesetzlichen Vertreters unwirksamen – Mietvertrages nicht auf das Fehlen eines ausreichenden Fahrzeugversicherungsschutzes für den Fall eines bei dem Gebrauch des Fahrzeugs entstehenden Unfallschadens an diesem hinweist; der sich dann ergebende Schadensersatzanspruch des nicht voll Geschäftsfähigen aus *cic* hindert die Geltendmachung des deliktischen Anspruchs des Vermieters wegen des Unfallschadens (BGH NJW 1973, 1790, 1791 f = JR 1974, 62, 64 m Anm BERG). Bei Geschäftsunfähigkeit eines Beteiligten an einem Vertragsanbahnungsverhältnis wird eine Haftung des geschäftsfähigen Teils vereinzelt mit der Begründung abgelehnt, dass dieser wegen der hier gem § 105 Abs 1 gegebenen rechtlichen Unmöglichkeit eines wirksamen Vertragsschlusses an dem vorvertraglichen Kontakt gar nicht interessiert sei und ein entsprechendes Rechtsverhältnis deshalb nicht zustande komme (vgl DALHOFF 71 ff). Diese Einschränkung ist abzulehnen (vgl auch CANARIS NJW 1964, 1987, 1989). Die Pflichten aus vorvertraglichem Kontakt entstehen anerkanntermaßen unabhängig von dem späteren Zustandekommen eines Vertrages; für ihre Entstehung muss die bloß tatsächliche Absicht ausreichen, ggf einen Vertrag abschließen zu wollen, so dass lediglich solche Personen, die sich völlig ohne einen solchen Willen in die Geschäftssphäre des anderen Teils (Kaufhaus) begeben, nicht von einem vorvertraglichen Verhältnis erfasst werden.

b) Geschäftsführung ohne Auftrag

44 Die entsprechende Anwendbarkeit des Geschäftsfähigkeitsrechts auf die auftragslose Geschäftsführung ist umstritten. Für die Anwendbarkeit wird neben einem Hinweis auf die diese Frage in der Tat bejahenden Gesetzesmaterialien (Mot II 860 = MUGDAN II 480) angeführt, die Geschäftsbesorgung iSd §§ 677 ff sei wegen des quasivertraglichen Charakters des Rechtsverhältnisses der GoA und wegen des beim Geschäftsführer erforderlichen Fremdgeschäftsführungswillens als rechtsgeschäftsähnliche Rechtshandlung, auf die die §§ 104 ff anzuwenden sind (vgl u Rn 86), zu qualifizieren (LG Aachen NJW 1963, 1252 f m abl Anm SCHULIEN). Eine wirksame Geschäftsführung kann hiernach ein Geschäftsunfähiger überhaupt nicht (§ 105 Abs 1), ein in der Geschäftsfähigkeit Beschränkter nur mit Zustimmung seines gesetzlichen Vertreters wirksam vornehmen. Hat ein beschränkt Geschäftsfähiger das Geschäft mit Zustimmung seines Vertreters geführt, so stehen ihm wie dem Geschäftsherrn bei Vorliegen der übrigen Voraussetzungen einer GoA alle Ansprüche aus diesem Rechtsverhältnis zu, insbesondere kann der Geschäftsherr vom Geschäftsführer die Herausgabe des aus der Geschäftsbesorgung Erlangten gem §§ 681 S 2, 667 fordern. Die Vorschrift des § 682 über die Beschränkung der Haftung des nicht (voll) geschäftsfähigen Geschäftsführers auf den Schadensersatz wegen unerlaubter Handlung und auf die Herausgabe einer ungerechtfertigten Bereicherung greift nach dieser Ansicht nur bei einer infolge des Geschäftsfähigkeitsmangels, also auch bei fehlender Zustimmung des gesetzlichen Vertreters, unwirksamen GoA ein (vgl FLUME, AT II § 13, 11 e; auch SOERGEL/HEFERMEHL Vorbem 21 zu § 104 u § 107 Rn 18). Das Erfordernis der Geschäftsfähigkeit des Geschäftsführers für die Wirksamkeit des Rechtsverhältnisses der GoA hätte allerdings zur Folge, dass dem nicht (voll) geschäftsfähigen Geschäftsführer – bei fehlender Zustimmung des gesetzlichen Vertreters im Falle beschränkter Geschäftsfähigkeit – auch die Ansprüche gegen den Geschäftsherrn nach den §§ 683, 684, insbesondere der Anspruch auf Aufwendungsersatz, nicht zuständen. Diese Konsequenz wird zwar nur selten gezogen (so vom LG Aachen aaO), sie lässt sich aber, verlangt man zur Wirksamkeit einer GoA die Geschäftsfähigkeit des Geschäftsführers, nur unter Schwierigkeiten vermeiden. So wird die Zustimmung des gesetzlichen Vertreters zur Geschäftsbesorgung durch einen in der Geschäftsfähigkeit Beschränkten deshalb analog § 107 für entbehrlich erklärt, weil die Geschäftsbesorgung dem Geschäftsführer wegen der Haftungsbeschränkung des § 682 nicht rechtlich nachteilig sei (MünchKomm/GITTER[3] Vorbem 53 zu § 104); dieser Konstruktion ist entgegenzuhalten, dass die Haftungsbeschränkung erst eine Folge des Geschäftsfähigkeitsmangels darstellt, die Frage des rechtlichen Nachteils aber aufgrund der von einem mangelfreien Geschäft ausgelösten Rechtsfolgen beantwortet werden muss, zu denen bei der GoA die sicher rechtlich nachteiligen Verpflichtungen des Geschäftsführers aus § 681 zählen. Teilweise wird auch ein hinkendes Rechtsverhältnis angenommen (so KNOCHE MDR 1964, 193, 195; wohl auch HASSOLD JR 1989, 358, 362). Bei der Geschäftsbesorgung durch einen Geschäftsunfähigen soll dem Geschäftsherrn die Berufung auf die Unwirksamkeit des Verhältnisses der GoA gegenüber den Ansprüchen aus den §§ 683, 684 gem § 242 versagt sein (so MünchKomm/GITTER[3] aaO Rn 55).

Die heute wohl überwiegende Ansicht lehnt die Anwendbarkeit des Geschäftsfähigkeitsrechts auf die GoA entweder schlechthin (SCHULIEN NJW 1963, 1878 f; KÖBLER JuS 1979, 789, 793; KLATT 175 ff, 179 f, 241 ff; vTUHR, AT II § 48 II 1 b m Fn 59; ESSER/WEYERS II § 46 II 1 b; MünchKomm/SEILER § 682 Rn 3; JAUERNIG/VOLLKOMMER § 682 Rn 2; PALANDT/SPRAU Einf zu § 677 Rn 2, § 682 Rn 1; BGB-RGRK/KRÜGER-NIELAND § 104 Rn 5) oder für die Fälle ab, in denen die Geschäftsbesorgung nicht in einem Rechtsgeschäft (Kauf einer Sache von einem Dritten für den Geschäftsherrn), sondern in einer tatsächlichen Handlung (Zudrehen eines Wasserhahns im Hause des Geschäftsherrn) besteht (DIEDERICHSEN MDR 1964, 889, 891; KLEIN, Rechtshandlungen 89 f; BGB-RGRK/STEFFEN § 682 Rn 4; STAUDINGER/ WITTMANN [1995] § 682 Rn 2; zuneigend auch BGB-RGRK/KRÜGER-NIELAND § 107 Rn 13). Dieser Ansicht ist zuzustimmen und zwar ohne Differenzierung nach der Art der Geschäftsbesorgung als Rechtsgeschäft oder tatsächlicher Handlung. Die Geschäftsbesorgung kann nicht als rechtsgeschäftsähnliche Rechtshandlung verstanden werden (vgl KLATT 228 ff, 238 f), da ihr der für diese Art von Rechtshandlungen typische Zweck der Kundgabe eines bestimmten Willens (vgl LARENZ/WOLF, AT § 22 III 1 a Rn 14) nicht notwendig zukommt, zumal der Geschäftsherr von der erfolgten Geschäftsführung typischerweise erst später erfährt. Die entgegengesetzte Auffassung des historischen Gesetzgebers (vgl o Rn 44) verbietet ein anderweitiges dogmatisches Verständnis um so weniger, als der Wortlaut des § 682 eher für die Begründung eines wirksamen Rechtsverhältnisses der GoA auch durch einen nicht (voll) Geschäftsfähigen spricht (zu den Auslegungsproblemen vgl HASSOLD JR 1989, 358, 362 f). Auch die in der Vornahme eines Rechtsgeschäfts mit einem Dritten bestehende Geschäftsbesorgung erhält dadurch im Verhältnis zum Geschäftsherrn, auf das es hier allein ankommt, keinen rechtsgeschäftsähnlichen Charakter, während sich die Wirksamkeit des Rechtsgeschäfts als solches natürlich nach den §§ 104 ff richtet (vgl KLATT 230 f; LARENZ/CANARIS, SR II 1 § 57 I a [S 446]). Mangels Anwendbarkeit der §§ 104 ff kann mithin ein wirksames Verhältnis der GoA auch durch die Geschäftsbesorgung eines in der Geschäftsfähigkeit Beschränkten ohne Zustimmung des gesetzlichen Vertreters und selbst eines Geschäftsunfähigen begründet werden, falls die Geschäftsbesorgung nur von einem natürlichen Willen getragen ist und die übrigen Voraussetzungen der GoA vorliegen. Die Rechtsfolgen der GoA sind in diesem Fall nur insoweit zugunsten des nicht voll Geschäftsfähigen eingeschränkt, als dieser gem § 682 lediglich für Schadensersatz nach Deliktsrecht und für die Herausgabe einer ungerechtfertigten Bereicherung verantwortlich ist. § 682 setzt also – anders als nach der o Rn 44 dargelegten Meinung – eine wirksame GoA, die allerdings keine Geschäftsfähigkeit erfordert, voraus. Die Haftungsbeschränkung nach § 682 ändert aber nichts daran, dass dem nicht voll geschäftsfähigen Geschäftsführer umgekehrt die Ansprüche aus den §§ 683, 684 gegen den Geschäftsherrn zustehen (so neben den o angeführten Stimmen auch noch DALHOFF 107 ff; MANIGK, Das rechtswirks Verh 495 f; FLUME, AT II § 13, 11 e; einschr KNOCHE MDR 1964, 193, 195: bei Geltendmachung der Ansprüche durch den Geschäftsführer [den gesetzl Vertr] Haftung über

§ 682 hinaus; hiergegen überzeugend DIEDERICHSEN MDR 1964, 889 ff; KLATT 199 ff; kritisch auch CANARIS NJW 1964, 1987, 1988). Demgemäß kann der Geschäftsführer ungeachtet des Geschäftsfähigkeitsmangels vom Geschäftsherrn den Ersatz der ihm aus der Geschäftsbesorgung erwachsenen Aufwendungen verlangen, wozu nach heutiger Auffassung insbesondere die aus Rettungshandlungen entstandenen Personen- und Sachschäden gehören (vgl STAUDINGER/WITTMANN [1995] § 683 Rn 5). Die hier vertretene Auffassung vermag somit dieses heute fast einhellig als erwünscht anerkannte Ergebnis zwanglos zu begründen. Der Anwendbarkeit des Bereicherungrechts über § 682 steht die nach dieser Ansicht vorliegende Wirksamkeit der GoA und damit das Bestehen eines rechtlichen Grundes nicht entgegen, denn bei § 682 handelt es sich um eine Rechtsfolgenverweisung auf das Bereicherungsrecht (§§ 818 ff), so dass die Voraussetzungen eines Bereicherungsanspruchs (§§ 812 ff) nicht vorzuliegen brauchen (RGZ 81, 204, 205 f [obiter]; KLATT 185 ff; insoweit auch MünchKomm/GITTER³ aaO Rn 54; aA von seinem Standpunkt eines nur einseitig bindenden Rechtsverhältnisses aus HASSOLD JR 1989, 358, 361 ff).

46 Auf seiten des **Geschäftsherrn** ist für das Zustandekommen einer GoA nach allgemeiner Ansicht keine Geschäftsfähigkeit erforderlich, da der Geschäftsherr hier überhaupt keine rechtserhebliche Handlung vorzunehmen hat (so in bewusster Abweichung vom gemeinen Recht Mot II 865 = MUGDAN II 483 f; Prot II 3053 f = MUGDAN II 1201). Soweit es allerdings auf den Willen des Geschäftsherrn ankommt (so nach §§ 677, 678, 683), ist bei mangelnder Geschäftsfähigkeit des Geschäftsherrn grundsätzlich der Wille von dessen gesetzlichem Vertreter maßgeblich (FLUME, AT § 13, 11 e; STAUDINGER/WITTMANN [1995] Rn 5, MünchKomm/SEILER Rn 5, PALANDT/SPRAU Rn 3 jeweils zu § 682; MünchKomm/GITTER³ Vorbem 56 zu § 104; BGB-RGRK/KRÜGER-NIELAND § 104 Rn 5 u § 107 Rn 13aE; auch schon Mot II aaO).

3. Rechtsscheintatbestände

a) Grundsatz

47 In der Frage, ob Rechtsscheintatbestände auch zu Lasten nicht (voll) geschäftsfähiger Personen wirken, ist zunächst klar zu stellen, dass das Vertrauen auf den Rechtsschein einer in Wirklichkeit nicht bestehenden Geschäftsfähigkeit jedenfalls des im eigenen Namen rechtsgeschäftlich Handelnden (zum Vertreterhandeln s u Rn 49) gem dem Grundsatz des Vorrangs des Schutzes des nicht voll Geschäftsfähigen vor dem Verkehrsinteresse (vgl o Rn 26, 29) keinen Schutz genießt (allgemeine Ansicht, anders nur offenbar KRÜCKMANN Recht 1913, 419 ff, 551 f). Bei den sich auf andere rechtliche Gegebenheiten als die Geschäftsfähigkeit selbst (Eigentum, Vertretungsmacht usw) beziehenden Rechtsscheintatbeständen ist zu unterscheiden zwischen den auf dem reinen Rechtsscheinprinzip (hierzu H WESTERMANN JuS 1963, 1, 6) und den auf den Veranlassungsprinzip beruhenden. Die reinen Rechtsscheintatbestände lösen die dem Rechtsschein entsprechende Rechtsfolge auch bei fehlender oder geminderter Geschäftsfähigkeit des von der Rechtsfolge Betroffenen aus, denn diese Tatbestände wirken unabhängig von ihrer Veranlassung durch den Betroffenen und müssen diesem deshalb nicht zurechenbar sein (NITSCHKE JuS 1968, 541; KARSTEN SCHMIDT JuS 1990, 517, 518; CANARIS, Vertrauenshaftung 471 f; AK-BGB/KOHL Vorbem 20, ERMAN/PALM Vorbem 11, MünchKomm/GITTER³ Vorbem 58 jeweils zu § 104). Die §§ 104 ff sind hierauf also nicht entsprechend anwendbar. Zu den auf dem reinen Rechtsscheingrundsatz beruhenden Rechtsscheinpositionen gehören in erster Linie die Eintragungen in öffentlichen Registern mit der Folge des Schutzes des Vertrauens auf die der Eintragung entsprechende Rechtslage beim Grundbuch gem §§ 892, 893 oder auf das Nichtbestehen von nicht eingetragenen Umständen beim Vereinsregister gem §§ 68, 70, Güterrechtsregister gem § 1412, Handelsregister gem § 15 HGB (zu § 15 Abs 3 HGB s u Rn 51) und Genossenschaftsregister gem § 29 GenG, ferner der Inhalt des Erbscheins, der gem § 2366 die gleiche Schutzwirkung entfaltet wie der Grundbuchinhalt. Gleiches gilt für den Besitz beweglicher Sachen nach § 851 (H WESTERMANN JuS 1963, 1, 7) und von den in § 935 Abs 2 genannten Sachen, da dort auch der vom Berechtigten nicht veranlasste Besitz des Veräußerers einen gutgläubigen Erwerb ermöglicht. Ein nicht im Grundbuch eingetragener Grundstückseigentümer verliert mithin unter den Voraussetzungen des § 892 ungeachtet seiner Geschäftsunfähigkeit das Eigentum an einen redlichen Erwerber. Gilt hingegen nicht das reine Zurechnungsprinzip, sondern verlangt das Gesetz für den Eintritt der Rechtsfolgen eines Rechtsscheintatbestandes dessen Veranlassung seitens des durch die Rechtsfolgen Benachteiligten, so beruht dies auf dem Gedanken, dass dem Betroffenen die Setzung der Rechtsscheinposition zurechenbar sein muss (vgl CANARIS, Vertrauenshaftung 472 ff, allerdings mit Kritik am Veranlassungsgrundsatz). Die Zurechenbarkeit der Veranlassung eines Rechtsscheintatbestandes bestimmt sich, worüber heute Einigkeit herrscht, da die Bedeutung des Rechtsscheingedankens im Bereich des rechtsgeschäftlichen Verkehrs liegt, im Grundsatz in entsprechender Anwendung der Vorschriften über die Geschäftsfähigkeit (vgl CANARIS, Vertrauenshaftung 452 f). Im Geltungsbereich des Veranlassungsprinzips ist folglich ein von einem nicht (voll) Geschäftsfähigen veranlasster Rechtsscheintatbestand diesem grundsätzlich nicht zurechenbar (so NITSCHKE JuS 1968, 541; KARSTEN SCHMIDT JuS 1990, 517, 518). Diese Regel ist jedoch bei einzelnen Arten veranlassten Rechtsscheins nach bestimmten Kriterien (hierzu NITSCHKE JuS 1968, 541 f) zu modifizieren. Für die wichtigsten Fälle gilt folgendes:

b) Stellvertretung und Organstellung
Bei den im Recht der Stellvertretung normierten Tatbeständen der Setzung des Rechtsscheins einer wirksamen Bevollmächtigung im Wege der Kundmachung durch besondere Mitteilung an einen Dritten oder durch öffentliche Bekanntmachung (§ 171) oder durch Aushändigung und Vorlage einer Vollmachtsurkunde (§ 172) handelt es sich um rechtsgeschäftsähnliche Rechtshandlungen. Für diese Rechtsscheintatbestände gelten somit die Vorschriften des Geschäftsfähigkeitsrechts entsprechend (vgl allg u Rn 86). Bei **Geschäftsunfähigkeit oder beschränkter Geschäftsfähigkeit des Vertretenen** und fehlender Zustimmung des gesetzlichen Vertreters im letztgenannten Falle greifen die Vorschriften der §§ 171, 172 folglich nicht ein (BGH NJW 1977, 622, 623; NITSCHKE JuS 1968, 541, 542; GOTTHARDT 50; auch BGH NJW 2004, 1315, 1316). Geschäftsfähigkeit des Vollmachtgebers ist insbesondere für die Aushändigung der Vollmachturkunde nach § 172 Abs 1 erforderlich (OLG Stuttgart MDR 1956, 673 f). Die Rückgabe der Urkunde bringt hingegen die Vertretungsmacht auch bei Geschäftsunfähigkeit des Zurückgebenden nach § 172 Abs 2 zum Erlöschen, da diese Vorschrift nicht den Schutz des Zurückgebenden bezweckt, sondern den des Vollmachtgebers (VTUHR, AT II 1 § 59 X 2 m Fn 180). Geschäftsfähigkeit des Vertretenen verlangen auch die aus den §§ 170–173 entwickelten Rechtsscheintatbestände des Geschehenlassens des Auftretens eines anderen als Vertreter bei Kenntnis (Duldungsvollmacht) oder fahrlässiger Unkenntnis (Anscheinsvollmacht) hiervon, denn anderenfalls würde der nicht voll Geschäftsfähige aus dem Vertre-

tergeschäft wie bei wirksamer Vollmachterteilung haften und es würde im Ergebnis das Vertrauen des Geschäftsgegners auch auf die Geschäftsfähigkeit des Vertretenen geschützt (eingehend NITSCHKE JuS 1968, 541, 542; BayObLG AnwBl 1992, 234; auch GOTTHARDT 113).

49 Bei **Geschäftsunfähigkeit des Vertreters** kann eine Verpflichtung des Vertretenen zur Erfüllung des von dem Vertreter mit einem Dritten geschlossenen Rechtsgeschäfts angesichts der in § 105 Abs 1 angeordneten strikten Nichtigkeitsfolge, die auch die von dem Geschäftsunfähigen als Vertreter eines anderen abgegebene Willenserklärung umfasst (vgl RG HRR 1936 Nr 183; OLG Breslau HRR 1938 Nr 1346), nach bürgerlichem Recht (zu handelsrechtlichen Besonderheiten s u Rn 50) auch nicht aus dem Gesichtspunkt des veranlassten Rechtsscheins hergeleitet werden (vgl BGHZ 53, 210, 215 f = NJW 1970, 806, 808; BGH NJW 2004, 1315, 1316; auch RG Recht 1914 Nr 2843). Demgegenüber hat das OLG Hamm einer ein Bankgeschäft betreibenden eingetragenen Genossenschaft die Berufung auf die Nichtigkeit einer von ihren beiden gesamtvertretungsberechtigten Vorstandsmitgliedern formgerecht unterzeichneten Bankgarantie wegen Geschäftsunfähigkeit eines Unterzeichners versagt, da sich der geschäftliche Rechtsverkehr auf die Gültigkeit einer solchen Erklärung der Gesellschaft müsse verlassen können (OLG Hamm OLGZ 1967, 299 ff = NJW 1967, 1041, 1042 m abl Anm PROST). Diese ersichtlich auf die Besonderheiten des Bankverkehrs abstellende Entscheidung vermag, abgesehen von den grundsätzlichen Bedenken, schon wegen der wenig eindeutigen Kriterien, unter denen hier eine Rechtsscheinhaftung auf Erfüllung ausnahmsweise durchgreifen soll, kaum zu befriedigen (vgl hierzu PROST NJW 1967, 1041 f; abl auch MünchKomm/GITTER[3] Vorbem 6 zu § 104; im Ergebnis zustimmend, aber kritisch zur Begründung OSTHEIM AcP 169 [1969] 193, 227; PAULICK ZGenW 1968, 215 ff). Die allgemeinen Grundsätze über das Schweigen auf ein kaufmännisches Bestätigungsschreiben sind allerdings auch auf das wegen Geschäftsunfähigkeit des Vertreters nichtige Vertretergeschäft anwendbar, so dass ein solches Geschäft gleichwohl wirksam werden kann, wenn der Vertretene auf eine ihm zugegangene schriftliche Bestätigung des (vermeintlichen) Vertragsschlusses seitens des (gutgläubigen) anderen Teils nicht reagiert (vgl BGHZ 20, 149, 152 ff für den Fall der Fälschung der Unterzeichnung einer Bürgschaftserklärung eines gesamtvertretungsberechtigten Vorstandsmitgliedes durch den anderen; MünchKomm/GITTER[3] Vorbem 5 zu § 104; **aA** OLG Breslau HRR 1938 Nr 1346). Scheidet mithin eine Erfüllungshaftung des Vertretenen grundsätzlich aus, so ist jedoch dessen Verpflichtung zum Ersatz des dem anderen Teil durch das Vertrauen auf die Wirksamkeit des Vertretergeschäfts entstandenen Schadens in entsprechender Anwendung des § 122 zu befürworten (OSTHEIM AcP 169 [1969] 193, 222 f; bei Geschäftsunfähigkeit des Organs einer Kap-Gesellschaft o eG auch MünchKomm/GITTER[3] Vorbem 7, 8 zu § 104; **aA** RG Recht 1914 Nr 2843; ERMAN/PALM § 122 Rn 2, § 165 Rn 5; BGB-RGRK/STEFFEN § 167 Rn 5, wie hier aber § 165 Rn 2). Es geht hier nicht um den Schutz des Geschäftsunfähigen selbst, für den auch eine Haftung auf den Vertrauensschaden abzulehnen ist (vgl o Rn 27), sondern um die Verteilung des Schadensrisikos für die Nichtigkeit des Vertretergeschäfts. Und hier treffen die für die Zurechnung des Risikos an den Urheber der gem § 122 nichtigen oder anfechtbaren Willenserklärung maßgeblichen Gesichtspunkte auch auf die Nichtigkeit einer Willenserklärung mangels Geschäftsfähigkeit des Vertreters zu: Der (selbst geschäftsfähige) Vertretene hat regelmäßig die Bestellung des Vertreters veranlasst, der jedenfalls im Geschäftskreis des Vertretenen tätig wird, während der (gutgläubige; vgl § 122 Abs 2) andere Teil hierauf typischerweise keinen Einfluss hat. Bei Kenntnis oder fahrlässiger Unkenntnis der Geschäftsunfähigkeit des Vertreters durch den Vertretenen ist auch dessen Haftung aus §§ 311 Abs 2, 241 Abs 2, 280 Abs 1 begründet, deren Höhe – anders als bei § 122 – nicht durch das Erfüllungsinteresse begrenzt wird (OSTHEIM aaO S 223 f; MünchKomm/GITTER³ aaO; insoweit auch ERMAN/PALM § 166 Rn 5; ablehnend BGB-RGRK/STEFFEN § 167 Rn 25). Problematisch ist diese Vertrauenshaftung allerdings bei Personengesellschaften des Handelsrechts, wenn das betreffende Geschäft von einem (unerkennbar) geschäftsunfähigen Gesellschafter für die Gesellschaft geschlossen worden ist (§ 125 Abs 1 HGB), da sich diese Verantwortlichkeit wegen der Gewinn- und Verlustbeteiligung (§ 121 HGB) und vor allem wegen der Gesellschafterhaftung aus § 128 HGB auch zum Nachteil des Geschäftsunfähigen selbst auswirken würde. Deshalb aber die Haftung einer OHG oder KG – anders als die einer Kapitalgesellschaft oder eingetragenen Genossenschaft – ganz entfallen zu lassen (so aber MünchKomm/GITTER³ aaO Rn 8), ginge zu weit (vgl RGZ 145, 155, 158 ff, wo es sich allerdings um den Fall einer fehlerhaften Gesellschaft handelte, der der Minderjährige gar nicht angehörte [s o Rn 34, 35]). Es reicht aus, wenn der geschäftsunfähige Gesellschafter selbst nicht der persönlichen Haftung gem § 128 HGB unterworfen wird; bei den negativen Auswirkungen auf die Gewinn- und Verlustbeteiligung handelt es sich hingegen um mit der Gesellschafterstellung verbundene mittelbare Nachteile, die auch der Geschäftsunfähige in Kauf nehmen muss.

c) Handelsrecht

Im Bereich des Handelsrechts, wo das Vertrauen auf einen Rechtsschein in stärkerem Maße geschützt ist als im bürgerlichen Recht, bildet § 15 HGB die zentrale Vorschrift über den registerrechtlichen Rechtsschein. § 15 Abs 1 schützt das Vertrauen des Verkehrs in das Nichtbestehen einer im Handelsregister nicht eingetragenen und bekanntgemachten eintragungspflichtigen Tatsache (negative Publizität), wobei das Vertrauen nicht auf dem Schweigen des Handelsregisters zu beruhen braucht (abstrakter Vertrauensschutz; vgl KARSTEN SCHMIDT, HR § 14 II 2 d [S 393 f]), sofern der Dritte nur keine Kenntnis vom Bestehen der Tatsache hat. Eine entsprechende Bestimmung enthält § 29 Abs 1 GenG hinsichtich nicht im Genossenschaftsregister eingetragener und bekanntgemachter Änderungen des Vorstands oder der Vertretungsbefugnis eines Vorstandsmitglieds. § 15 Abs 1 HGB ist mit der überwiegenden Auffassung als Ausdruck des reinen Rechtsscheinprinzips anzusehen. Die Nichteintragung braucht also nicht auf einem pflichtwidrigen Unterlassen der Stellung eines Eintragungsantrags durch denjenigen, in dessen Angelegenheiten die Tatsache einzutragen war, zu beruhen; ebensowenig ist eine Veranlassung der früheren Eintragung, die durch die später eingetretene Tatsache unrichtig geworden ist, durch den Betroffenen erforderlich (so aber MünchKommHGB/LIEB § 15 Rn 26). Die Nichteintragung bzw die unterbliebene Änderung einer Primäreintragung braucht dem Betroffenen also nicht zurechenbar zu sein, so dass sich auch die Frage der Geschäftsfähigkeit nicht stellt. § 15 Abs 1 HGB wirkt deshalb nach zutreffender, wenn auch nicht unbestrittener Ansicht auch zu Lasten eines nicht (voll) geschäftsfähigen Eintragungspflichtigen (BGHZ 115, 78, 80 = NJW 1991, 2566, 2567 = JZ 1992, 152, 153 m Anm LUTTER/GEHLING; H WESTERMANN JuS 1963, 1, 6 f; KARSTEN SCHMIDT JuS 1977, 209, 214; 1990, 517, 519; 1991, 1002, 1003 f; HR § 14 2 c; CANARIS, HR § 5 I 2 g; GIERKE/SANDROCK § 11 III 2b δ; STAUB/HÜFFER § 15 Rn 22; aA HOFMANN JA 1980, 264, 270 f u HR C V 4 b; M DREHER DB 1991, 533, 535 ff; HAGER Jura 1992, 57, 60 ff; MünchKommHGB/LIEB § 15 Rn 28). Entzieht folglich ein Kaufmann seinem eingetragenen Prokuristen wirksam die Prokura und wird er danach geschäftsunfähig und unterbleibt die Eintragung der Entziehung im Handelsregister, so wird der Prinzipal trotz eingetretener Geschäftsunfähigkeit aus von dem früheren Prokuristen in seinem Namen getätigten Geschäften einem gutgläubigen Dritten gegenüber gleichwohl verpflichtet. Zu den gem § 15 HGB eintragungsfähigen oder auch nur eintragungspflichtigen Tatsachen gehört allerdings nicht die Geschäftsfähigkeit oder der Wegfall der Geschäftsfähigkeit des Vertretungsorgans einer Handelsgesellschaft oder eingetragenen Genossenschaft (BGHZ aaO; BGHZ 53, 210, 215; W-H ROTH JZ 1990, 1030; M DREHER DB 1991, 533, 534 f; KARSTEN SCHMIDT JuS 1991, 1002, 1004; LUTTER/GEHLING JZ 1992, 154). Eintragungspflichtig ist zwar gem den §§ 106 Abs 2 Nr 1 und 162 Abs 1 HGB das Geburtsdatum eines persönlich haftenden Gesellschafters, aber eine fehlende Eintragung begründet richtiger Ansicht nach kein Vertrauen auf die Volljährigkeit eines minderjährigen Gesellschafters, denn einzutragen ist das Geburtsdatum jedes Gesellschafters, nicht nur eines minderjährigen (MUSCHELER WM 1998, 2271, 2283; CHRISTMANN ZEV 2000, 45, 47; ATHANASIADIS 168). Der Wegfall der vollen Geschäftsfähigkeit des Geschäftsführers einer Gesellschaft mit beschränkter Haftung oder des Vorstandes einer Aktiengesellschaft bewirkt jedoch nach den § 6 Abs 2 S 1 u 2 GmbHG, 76 Abs 3 S 1 u 2 AktG den Wegfall der Vertretungsbefugnis der gem den §§ 39 Abs 1 GmbHG, 81 Abs 1 AktG eintragungspflichtig ist (s die vorigen Angaben sowie BayObLG DB 1982, 2129; OLG München JZ 1990, 1029). Hieraus folgt aber nicht, dass ein von dem Vertretungsorgan nach Verlust der Geschäftsfähigkeit mit einem (gutgläubigen) Dritten vorgenommenes Rechtsgeschäft gegenüber der Kapitalgesellschaft schon nach § 15 Abs 1 HGB wirksam ist. Denn § 15 Abs 1 HGB schließt nur die Berufung auf die nicht mehr bestehende Vertretungsmacht aus, nicht aber auch die Berufung auf die sich aus der Geschäftsunfähigkeit des Vertretungsorgans gem § 105 Abs 1 und dem Umkehrschluss aus § 165 ergebende Unwirksamkeit des Vertretergeschäfts (BGHZ 115, 78, 80 f; anders wohl OLG Hamm OLGZ 1967, 299, 301 = NJW 1967, 1041, 1042 f zu § 29 Abs 1 GenG; vgl auch OSTHEIM AcP 169 [1969] 193, 230 f). Eine Haftung der Gesellschaft lässt sich daher nur aus allgemeinen handelsrechtlichen Rechtsscheingrundsätzen herleiten (vgl hierzu u Rn 51).

51 **§ 15 Abs 3 HGB** schützt das Vertrauen in die Richtigkeit einer unrichtig bekanntgemachten eintragungspflichtigen Tatsache (positive Publizität). Würde man auch diese Vorschrift wie Abs 1 iS eines reinen Rechtsscheinprinzips verstehen, so drohten demjenigen, in dessen Angelegenheiten die Tatsache einzutragen ist, unübersehbare Rechtsnachteile, die sich – anders als nach der auf dem reinen Rechtsscheinprinzip beruhenden positiven Publizitätsvorschrift des § 892 – nicht auf den Verlust eines bestimmten Rechtes beschränkten, sondern eine uferlose persönliche Haftung des Betroffenen mit dem gesamten Vermögen auslösten (vgl CANARIS, HR § 5 III 2 f). Diese erst 1969 eingefügte Vorschrift, deren Auswirkungen von ihren Verfassern offenbar nicht in voller Tragweite erkannt worden sind, wird deshalb von der hL zutreffend idS eingeschränkt, dass der Betroffene die Rechtsscheinbasis der unrichtigen Bekanntmachung veranlasst haben muss, wobei allerdings die Stellung eines auf die richtige Eintragung gerichteten Antrags ausreicht und die unrichtige Bekanntmachung und auch schon die unrichtige Eintragung allein auf ein Versehen des Registergerichts oder des Bekanntmachungsorgans zurückzuführen zu sein braucht. Gilt aber das Veranlassungsprinzip, so muss die Veranlassung dem Eintragungspflichtigen zuzurechnen sein. Die Zurechenbarkeit beurteilt sich, da Handelsregistereintragungen den rechtsgeschäftlichen Verkehr betreffen, nach der Geschäftsfähigkeit. Demzufolge wirkt eine unrichtige Bekanntmachung nicht zu Lasten eines bei ihrer Veranlassung nicht (voll) Geschäftsfähigen (VOLSHAUSEN BB

1970, 137, 142 f; HOFMANN JA 1980, 264, 270 f; HAGER Jura 1992, 57, 65; ATHANASIADIS 169 f; CANARIS, HR § 5 III 2 g; GIERKE/SANDROCK § 11 III 3c δ; BAUMBACH/HOPT § 15 Rn 19; Münch-KommHGB/LIEB § 15 Rn 76; AK-BGB/KOHL Vorbem 21 zu § 104; **aA** KARSTEN SCHMIDT JuS 1977, 209, 216 f; 1990, 517, 519; HR § 14 III 3 b; BROX, Handels- und Wertpapierrecht Rn 93 aE; STAUB/HÜFFER § 15 Rn 55; ERMAN/PALM Vorbem 11 zu § 104).

Die **allgemeinen**, sich nicht notwendig auf eine Registereintragung gründenden **handelsrechtlichen Rechtsscheintatbestände**, insbesondere das Auftreten als Scheinkaufmann, beruhen auf dem Veranlassungsgrundsatz und erfordern daher die Zurechenbarkeit der Veranlassung der Rechtsscheinbasis gegenüber dem Betroffenen. Die Zurechenbarkeit entscheidet sich ebenfalls nach den entsprechend anzuwendenden Vorschriften des Geschäftsfähigkeitkeitsrechts. Diese Tatbestände wirken deshalb nicht zu Lasten eines nicht (voll) Geschäftsfähigen (BROX, Handels- und Wertpapierrecht Rn 57; CANARIS, HR § 6 VII 2; GIERKE/SANDROCK § 12 III 2b δ; HOFMANN, HR B III 2 d cc; BAUMBACH/HOPT § 5 Rn 11). Nach diesen allgemeinen handelsrechtlichen Rechtsscheingrundsätzen löst sich auch der von der Rechtsprechung wiederholt behandelte Fall der Geschäftsunfähigkeit des eingetragenen Vertretungsorgans einer Handelsgesellschaft oder eingetragenen Genossenschaft. Der durch das Organ mit der Gesellschaft kontrahierende Dritte kann sich zwar (auch nicht bei erst nach der Eintragung eingetretener Geschäftsunfähigkeit) nicht auf die negative Publizität des Handelsregisters gem § 15 Abs 1 HGB berufen, da die Geschäftsunfähigkeit als solche keine einzutragende Tatsache iSd Vorschrift ist (vgl o Rn 50). Die Eintragung als Vertretungsorgan erzeugt jedoch den Rechtsschein, dass der Eingetragene auch über die persönlichen Voraussetzungen eines wirksamen Vertreterhandelns und damit auch über die Geschäftsfähigkeit verfügt. Anders als nach § 15 Abs 1 HGB muss dieser allgemeine Rechtsschein aber von der Gesellschaft zurechenbar veranlasst worden sein; dies ist dann der Fall, wenn den zuständigen Personen, etwa den geschäftsfähigen übrigen Mitgliedern des Vertretungsorgans oder den Gesellschaftern der GmbH, die Geschäftsunfähigkeit erkennbar war und sie den geschäftsunfähigen Vertreter nicht durch einen anderen ersetzt haben. Die Gesellschaft kann sich dann gegenüber einem gutgläubigen Dritten nicht auf die Geschäftsunfähigkeit ihres Organs berufen, sie haftet also den Dritten nicht nur, wie nach allgemeinen bürgerlich rechtlichen Rechtsscheingrundsätzen (vgl o Rn 49), auf den Ersatz des Vertrauensschadens, sondern auf die Erfüllung des von dem Organ getätigten Rechtsgeschäfts (BGHZ 115, 78, 82 f = NJW 1991, 2566, 2567 = JZ 1992, 152, 153 f m Anm LUTTER/GEHLING; W-H ROTH JZ 1990, 1030, 1031; KARSTEN SCHMIDT JuS 1991, 1002, 1005; auch schon OSTHEIM AcP 169 [1969] 193, 224 ff; PAULICK ZGenW 1968, 215, 218 f; im Ergebnis auch OLG Hamm OLGZ 1967, 299 ff = NJW 1967, 1041 ff). Diese Haftung widerspricht nicht dem Schutzzweck des Geschäftsfähigkeitsrechts, denn der Rechtsschein wirkt hier nicht zu Lasten des geschäftsunfähigen Organs selbst, sondern zu Lasten der Gesellschaft (vgl auch RGZ 145, 155, 158 ff).

d) Wertpapierrecht

Im Wertpapierrecht kommt dem Rechtsscheingedanken eine besonders weitgehende Bedeutung zwecks Gewährleistung der Umlauffähigkeit der Wertpapiere zu (vgl CANARIS, Vertrauenshaftung 232 ff). Auch bei Fehlen oder Unwirksamkeit des zur **Entstehung des im Wertpapierrecht verbrieften Rechts** nach der herrschenden Vertragstheorie an sich erforderlichen Begebungsvertrages zwischen dem Aussteller des Papiers oder einem sonstigen Verpflichteten (zB Aussteller oder Indossanten beim

Wechsel gem Art 28 Abs 1, 15 Abs 1 WG) einerseits und dem (ersten) Nehmer bzw Vorlegenden zur Annahme andererseits erwirbt zwar nicht dieser, wohl aber ein gutgläubiger weiterer Nehmer das Recht aufgrund des mit der Ausstellung und der Unterzeichnung des Papiers geschaffenen Rechtsscheins einer wirksamen Begründung der wertpapiermäßigen Verpflichtung (HUECK/CANARIS, Recht d Wertpapiere § 3 II; ZÖLLNER, Wertpapierrecht § 6 VI; RICHARDI, Wertpapierrecht § 7 II 3). Es handelt sich also auch hier um den Fall eines vom Verpflichteten (durch die Ausstellung oder den sonstigen Skripturakt) veranlassten Rechtsscheins. Die Veranlassung muss demzufolge dem Urheber des Rechtsscheins zurechenbar sein. An der Zurechenbarkeit fehlt es, wenn die Unwirksamkeit des Begebungsvertrages auf einem Geschäftsfähigkeitsmangel des Ausstellers usw beruht; denn der Schutz des nicht (voll) Geschäftsfähigen vor einer Haftung aus veranlasstem Rechtsschein ist auch gegenüber dem Vertrauensschutz des Erwerbers eines Wertpapiers als vorrangig anzusehen (allgM HUECK/CANARIS aaO § 3 II 3 b; ZÖLLNER aaO). Wer als Geschäftsunfähiger oder als in der Geschäftsfähigkeit Beschränkter bei fehlender Zustimmung des gesetzlichen Vertreters und fehlender Genehmigung des Vormundschaftsgerichts bei Inhaberschuldverschreibungen und Orderpapieren (§§ 1822 Nr 9, 1643 Abs 1) eine wertpapiermäßige Verpflichtungserklärung abgegeben hat, kann deshalb auch gegenüber einem gutgläubigen Dritterwerber des Papiers die Ungültigkeit der Verpflichtung einwenden. Der Geschäftsfähigkeitsmangel muss allerdings sowohl bei der Ausstellung bzw der Annahme oder der Indossierung als auch bei Abschluss des Begebungsvertrages bestanden haben, da Geschäftsfähigkeit bei Abschluss des Begebungsvertrages eine rechtsgeschäftliche Verpflichtung schon gegenüber dem Vertragspartner entstehen lässt und Geschäftsfähigkeit bei der Ausstellung – nicht aber bei der Begebung – einen zurechenbaren Rechtsschein begründet (vgl CANARIS, Vertrauenshaftung 243 m Fn 25). Der Geschäftsfähigkeitsmangel ist mithin eine nicht präklusionsfähige (absolute) Gültigkeitseinwendung, die jedem Inhaber des Papiers ohne Rücksicht auf dessen Gut- oder Bösgläubigkeit entgegengehalten werden kann. Bei den Inhaberpapieren folgt dies für die Inhaberschuldverschreibung aus der Vorschrift des § 796 (vgl STAUDINGER/MARBURGER [2002] Rn 3, PALANDT/SPRAU Rn 2 jeweils zu § 796), die gem den §§ 807, 1195 S 2 auch auf die Inhaberzeichen und den Inhabergrund- und Rentenschuldbrief anwendbar ist und auch für die Inhaberaktie gilt (ZÖLLNER aaO § 29 II 1), sowie für den Inhaberscheck aus Art 22 ScheckG. Bei den Orderpapieren kann der aus einem Wechsel in Anspruch Genommene seine fehlende Geschäftsfähigkeit gem Art 17 WG auch demjenigen Wechselinhaber entgegensetzen, der bei dem Erwerb des Papiers nicht bewusst zum Nachteil des Schuldners gehandelt hat (einhellige Meinung: WEIMAR WM 1966, 1194, 1195; CANARIS, Vertrauenshaftung 243; HUECK/CANARIS § 9 II 3 a; BROX, Handels- und Wertpapierrecht Rn 597; ZÖLLNER § 21 IV 3 b; BAUMBACH/HEFERMEHL Art 17 WG Rn 34); gleiches gilt gem dem gleichlautenden Art 22 ScheckG für den Ordercheck und gem § 364 Abs 2 HGB für die kaufmännischen Orderpapiere des § 363 HGB (ZÖLLNER aaO § 25 III). Für die Namensaktie, die gem § 68 Abs 1 AktG ebenfalls Orderpapier ist, gelten diese Grundsätze gleichfalls (HUECK/CANARIS aaO § 25 III 2). Bei den Rekta- (Namens-) papieren ergibt sich die Erheblichkeit des Einwandes der mangelnden Geschäftsfähigkeit auch gegenüber jedem weiteren Berechtigten ohne weiteres aus der hier durch schlichte Abtretung nach den §§ 398 ff, nicht durch Verfügung über das Papier, erfolgenden Rechtsübertragung mit der Folge der Anwendbarkeit des § 404.

54 Die **Übertragung des verbrieften Rechts** erfolgt bei Inhaberpapieren idR im Wege der Übereignung des Wertpapiers gem §§ 929 ff. Geschützt wird hierbei gem §§ 932 ff nur der gute Glaube des Erwerbers an die Berechtigung und unter den Voraussetzungen des § 366 HGB auch an die Verfügungsbefugnis des Veräußerers mit der Besonderheit, dass der Gutglaubensschutz – anders als bei sonstigen beweglichen Sachen – sich nach § 935 Abs 2 auch auf dem Eigentümer abhanden gekommene Inhaberpapiere erstreckt. Die Streitfrage, ob bei freiwilliger Besitzweggabe durch einen nicht voll Geschäftsfähigen ein Abhandenkommen gem § 935 Abs 1 vorliegt (s u Rn 91), ist also für Inhaberpapiere insoweit ohne Bedeutung. Keinen Schutz genießt hingegen der gute Glaube an die Geschäftsfähigkeit des Veräußerers; der Erwerber eines Inhaberpapiers von einem nicht (voll) geschäftsfähigen Berechtigten erlangt folglich kein Eigentum an dem Papier und damit auch nicht die Gläubigerstellung an dem verbrieften Recht (vgl RICHARDI aaO § 9 V aE). Die Rechte aus Orderpapieren werden ebenfalls grundsätzlich durch Übereignung des Papiers nach den §§ 929 ff übertragen, wobei hier aber außerdem noch der Skripturakt des Indossaments erforderlich ist (Art 11 Abs 1, 14 Abs 1 WG, 14 Abs 1, 17 Abs 1 ScheckG, §§ 363, 364 Abs 1 HGB, 68 Abs 1 S 1 AktG). Der gutgläubige Erwerb ist hier in Art 16 Abs 2 WG, der gem den §§ 365 Abs 1 HGB, 68 Abs 1 S 2 AktG auch für die kaufmännischen Orderpapiere und die Namensaktie gilt, sowie durch den im wesentlichen gleichlautenden Art 21 ScheckG geregelt, denn die Rechtsfolge dieser Vorschriften ist über den nur von dem Wegfall des Herausgabeanspruchs sprechenden Wortlaut hinaus iS einer Erlangung des Eigentums und damit auch des Rechts aus dem Papier zu verstehen. Die gleichfalls missverständliche Formulierung „irgendwie abhanden gekommen" meint nicht nur ein Abhandenkommen iSv § 935 Abs 1, sondern bezieht sich (erst recht) auf mit dem Willen des Eigentümers aus der Hand gegebene Papiere; ein unfreiwilliger Besitzverlust hindert also auch nicht den gutgläubigen Erwerb von Orderpapieren. Die Art 16 Abs 2 WG, 21 ScheckG gehen aber auch insoweit über die §§ 932 ff hinaus, als hiernach der gute Glaube des Erwerbers nicht nur die fehlende Rechtsinhaberschaft des Veräußerers heilt, sondern auch sonstige Mängel des zum Papiererwerb erforderlichen Begebungsvertrages wie fehlende Verfügungsbefugnis, Vertretungsmacht, Identität des Indossanten mit dem auf dem Papier genannten letzten Namensindossament usw. Nach wohl überwiegender Ansicht schützen die genannten Vorschriften sogar den guten Glauben an die Geschäftsfähigkeit des Veräußerers (BGH NJW 1951, 402 m zust Anm HEFERMEHL 598 [für Scheck]; WM 1968, 4 [für Wechsel], beide aber nur *obiter*; LIESECKE WM 1969, 2, 7; MÜLLER-CHRISTMANN/SCHNAUDER JuS 1991, 558, 561 f; BROX aaO Rn 538, 638; ERMAN/PALM Vorbem 13 zu § 104; BAUMBACH/HEFERMEHL Art 16 WG Rn 10; BGB-RGRK/KRÜGER-NIELAND § 104 Rn 3; AK-BGB/KOHL Vorbem 20 zu § 104; zweifelnd WEIMAR WM 1966, 1194, 1195; zu den Anforderungen an die Gutgläubigkeit einer Bank gem § 990 bei Hereinnahme eines von ihren minderjährigen Kunden unterschlagenen Verrechnungsschecks s BGH NJW 1962, 1056 f). Auch der nicht (voll) geschäftsfähige Veräußerer verliert hiernach sein Eigentum an dem Orderpapier und damit das dort verbriefte Recht an den gutgläubigen Erwerber. Diese Abweichung von dem sonst im Privatrecht anerkannten Grundsatz des fehlenden Schutzes des guten Glaubens an die Geschäftsfähigkeit (s o Rn 26) wird mit dem vorrangigen Interesse an der Sicherung der Umlauffähigkeit der Orderpapiere, insbesondere des Wechsels, begründet. Der nicht voll Geschäftsfähige werde dadurch nicht unvertretbar benachteiligt, da auch die Zulassung eines gutgläubigen Erwerbs an der Unfähigkeit des nicht voll Geschäftsfähigen zur Eingehung einer wertpapiermäßigen Verpflichtung (vgl o Rn 53) nichts ändere, der gutgläubige Erwerber die Rechte aus dem Papier folglich nur gegenüber den geschäftsfähigen Verpflichteten (Akzeptanten, Aussteller, Indossanten) geltend machen kann. Für den nicht voll geschäftsfähigen Veräußerer verbleibt aber der Nachteil des Verlustes des Rechtes aus dem Papier. Die hM rechtfertigt dieses Ergebnis mit der Legitimationswirkung der Indossamentenkette (vgl BAUMBACH/HEFERMEHL Art 16 WG Rn 10). Dem wird nicht zu Unrecht entgegengehalten, dass diese Kette keinen Rechtsschein auch der Geschäftsfähigkeit des Veräußerers begründet und dass ferner die unterschiedliche Behandlung der Orderpapiere gegenüber den Inhaberpapieren, bei denen ein gutgläubiger Erwerb nicht möglich ist (s o), des inneren Grundes entbehrt (s HUECK/CANARIS aaO § 8 IV 2 b cc). Die singuläre Möglichkeit eines gutgläubigen Erwerbs von Orderpapieren auch bei einem Geschäftsfähigkeitsmangel in der Person des Veräußerers könnte nur dann bejaht werden, wenn anderenfalls die Umlauffähigkeit dieser Papiere in einer für den Verkehr unerträglichen Weise beeinträchtigt würde. Dem ist aber nicht so, wie schon ein Vergleich mit der andersartigen Rechtslage bei den Inhaberpapieren und sogar bei Geldscheinen und -münzen ergibt (vgl NITSCHKE JuS 1968, 541, 544). Vor allem aber hindert der nach der Gegenmeinung nicht wirksame Erwerb des Papiers von einem nicht voll Geschäftsfähigen nicht die nach Art 16 Abs 2 WG, 21 ScheckG wirksame Weiterübertragung des Papiers an einen Dritten, der dann allerdings gutgläubig sein muss, so dass auf diese Weise ein (weiterer) Umlauf durchaus möglich ist (NITSCHKE aaO). Schließlich ist auch bei Bejahung des gutgläubigen Erwerbs von einem Geschäftsunfähigen der Erwerber einem schuldrechtlichen Rückübereignungsanspruch des Veräußerers aus § 812 ausgesetzt, da der Geschäftsfähigkeitsmangel das Grundgeschäft auf jeden Fall unwirksam sein lässt; insofern ergibt sich auch nach hM eine Beeinträchtigung der Verkehrsfähigkeit. Diese Erwägungen sprechen für diejenige Ansicht, die auch hinsichtlich der Orderpapiere einen gutgläubigen Erwerb bei mangelnder Geschäftsfähigkeit des Veräußerers ablehnt (so eingehend NITSCHKE JuS 1968, 541, 543 f; HUECK/CANARIS aaO § 8 IV 2 b cc; RICHARDI aaO § 18 II d; ZÖLLNER aaO § 14 VI 1 c bb [5]; auch schon vTUHR, AT II 1 § 59 m Fn 152 [zu § 74 WO]). Ein gutgläubiger Erwerb des Rechts aus Rektapapieren von einem nicht (voll) Geschäftsfähigen scheitert an der aus diesem Grunde eintretenden Unwirksamkeit des Abtretungsvertrages nach § 398.

55 Zu Gunsten des Schuldners der verbrieften Forderung enthält das Recht der Inhaber- und Orderpapiere besondere Vorschriften über die **Befreiung** auch durch eine nicht dem § 362 entsprechende Leistung (§§ 793 Abs 1 S 2, 807, 1195 S 2 für die Inhaberpapiere, Art 40 Abs 3 für den Wechsel iVm § 365 Abs 1 HGB für die kaufmännischen Orderpapiere). Die Befreiung tritt auch bei den Inhaberpapieren nur im Falle der Gutgläubigkeit des Schuldners ein, obwohl § 793 Abs 1 S 2 diese Voraussetzung nicht ausdrücklich nennt; die Gutgläubigkeit bestimmt sich entsprechend Art 40 Abs 3 WG (heute allgM: STAUDINGER/MARBURGER [2002] § 793 Rn 26, 27). Bösgläubig ist der Schuldner nicht schon bei Kenntnis oder grob fahrlässiger Unkenntnis der fehlenden materiellen Berechtigung des formell legitimierten Papierinhabers, sondern erst dann, wenn ihm auch der Beweis dieses Mangels unschwer möglich ist (ZÖLLNER aaO § 20 II 2 a). Auch die Befreiungsvorschriften greifen nach heute hM nicht nur bei fehlender Rechtsinhaberschaft des das Papier Vorlegenden ein, sondern auch bei fehlender Verfügungsbefugnis und fehlender Vertretungsmacht. Ob der gutgläubige Schuldner hingegen auch bei einem Geschäftsfähigkeitsmangel in der Person des formell legitimierten Berechtigten geschützt wird, ist hier ebenso umstritten wie bei der Frage des gutgläubigen Erwerbs (vgl o Rn 54). Die überwiegende Meinung bejaht die Frage (für Wechsel WEIMAR WM 1966, 1194, 1196; SCHEERER BB 1971, 981, 986; BROX aaO Rn 556; RICHARDI aaO § 20 IV 2; BAUMBACH/HEFERMEHL Art 40 WG Rn 7; SOERGEL/HEFERMEHL Vorbem 10 zu § 104 Rn 10; für Inhaberpapiere vGIERKE DJZ 1905, 92, 97 ff; BROX aaO Rn 667; ZÖLLNER aaO § 27 I 3 aE; vTUHR, AT II 1 § 59 m Fn 154). Für den nicht (voll) geschäftsfähigen Gläubiger hat hiernach die Entgegennahme der Leistung auch bei fehlender Mitwirkung des gesetzlichen Vertreters den Verlust des wertpapierrechtlichen Anspruchs zur Folge. Verliert oder verschwendet er den gezahlten Betrag, so ist eine erneute Inanspruchnahme des Schuldners ausgeschlossen. Diese einschneidende Abweichung von dem außerhalb des Wertpapierrechts allgemein anerkannten Grundsatz, dass eine Leistung an den nicht voll geschäftsfähigen Gläubiger nur bei Mitwirkung des gesetzlichen Vertreters Erfüllungswirkung zeitigt (vgl u § 107 Rn 25), wird von der hM mit der besonderen Zwangslage des Schuldners einer wertpapiermäßigen Verpflichtung begründet, der die Geschäftsfähigkeit des Inhabers eines Umlaufpapiers praktisch kaum prüfen könne und bei Zahlungsverweigerung die entsprechenden Haftungsfolgen zu gewärtigen habe. Bei einer wechselmäßigen Verpflichtung komme für den Fall der Nichtzahlung noch die drohende Möglichkeit des Protestes nach Art 44 WG mit der Folge einer schwerwiegenden Gefährdung des Kredits des Schuldners hinzu. Aus diesen Gründen müsse sich die Legitimationswirkung der Indossamentenkette (Art 16 Abs 1 WG) auch auf die Geschäftsfähigkeit des Inhabers erstrecken. Diese Unzuträglichkeiten reichen aber, wie insbesondere NITSCHKE JuS 1968, 541, 544 ff dargetan hat, nicht aus, um die aus der hM folgende erhebliche Einschränkung des Schutzes des nicht voll geschäftsfähigen Gläubigers zu rechtfertigen. Bei Unerkennbarkeit des Geschäftsfähigkeitsmangels besteht die Gefahr des Protestes nicht; den Schuldner einer Wertpapierverpflichtung gegen die Gefahr einer nochmaligen Inanspruchnahme gegenüber einem gewöhnlichen Schuldner besonders zu schützen, besteht im übrigen kein Bedürfnis. Ist der Geschäftsfähigkeitsmangel erkennbar, aber für den beweisbelasteten (s o Rn 7) Schuldner nicht oder nur unter unzumutbaren Schwierigkeiten beweisbar, so sind die Voraussetzungen einer Hinterlegung des geschuldeten Betrags gem § 372 S 2 gegeben (vgl HUECK/CANARIS aaO § 11 V 2 d). Bei einer Hinterlegung mit ausgeschlossener Rücknahme ist ein Protest mangels Zahlung wegen der dann nach § 378 eintretenden Erfüllungswirkung nicht mehr möglich und die Gefahr einer Kreditgefährdung damit gebannt. Die einen Gutglaubensschutz bei fehlender Geschäftsfähigkeit verneinende Ansicht verdient damit auch insofern den Vorzug (so NITSCHKE aaO; HUECK/CANARIS aaO § 11 V 2 d u § 24 III 3; für Inhaberpapiere ferner STAUDINGER/MARBURGER [2002] § 793 Rn 28; auch schon OERTMANN DJZ 1904, 1127; SeuffBl 74 [1909] 573, 583). Gleiches muss hinsichtlich der für qualifizierte Legitimationspapiere (Sparbücher) in § 808 Abs 1 S 1 normierten Befreiungswirkung gelten (HUECK/CANARIS § 27 III 3; STAUDINGER/MARBURGER [2002] § 808 Rn 26; anders die hM: OLG Düsseldorf WM 1971, 231, 232 f; WEIMAR JR 1959, 218 f; HAGEMEISTER JuS 1992, 924, 927 f; BROX aaO Rn 681; ZÖLLNER aaO § 28 III 2 c).

Zum **Besitz** als Rechtsscheinbasis für das Eigentum s u Rn 91.

4. Einwilligung in die Verletzung persönlicher Rechte und Rechtsgüter

a) Problematik
Nach Straf- und Deliktsrecht tatbestandsmäßige Eingriffe in fremde Rechtspositionen sind, sofern die verletzten Recht(sgüter) der Disposition ihres Trägers unter-

liegen, gleichwohl nicht rechtswidrig, wenn die Verletzung mit Einwilligung des Verletzten erfolgt *(volenti non fit iniuria)*. Für die sich bei fehlender oder geminderter Geschäftsfähigkeit des Trägers der verletzten Rechtsposition stellende Frage der Anwendbarkeit des Geschäftsfähigkeitsrechts ist zunächst zwischen einem Eingriff in (auch) persönliche und in rein vermögensrechtliche Positionen zu unterscheiden. Auf die Einwilligung in die Verletzung von Vermögensrechten sind die §§ 104 ff ungeachtet der Rechtsnatur dieser Einwilligung mindestens entsprechend uneingeschränkt anwendbar (LENCKNER ZStW 72 [1960] 446, 456; KOHTE AcP 185 [1985] 105, 146; BGB-RGRK/KRÜGER-NIELAND § 106 Rn 10). Ein geschäftsunfähiger Rechtsträger kann folglich überhaupt nicht, ein in der Geschäftsfähigkeit beschränkter nur mit Einwilligung des gesetzlichen Vertreters wirksam einwilligen. Denn der gerade auch auf den Vermögensschutz gerichtete Zweck dieser Vorschriften (vgl o Rn 20) würde nur unzulänglich erfüllt, wenn ein nicht (voll) Geschäftsfähiger zwar keine vermögensschädigenden Rechtsgeschäfte selbstständig vornehmen, er sich aber seiner Rechte aus einer von einem Dritten begangenen Verletzung seiner Vermögensgegenstände durch eine wirksame Einwilligung begeben könnte. Auch bei Eingriffen in Rechtsgüter und Rechte der **Person** (körperliche Integrität, Gesundheit, Fortpflanzungsfähigkeit und bereits eingetretene Schwangerschaft, Freiheit, Ehre und sonstige ideelle Rechtsgüter usw) entsprach die – unmittelbare oder entsprechende – Geltung der §§ 104 ff für diese Eingriffe (zB ärztliche Operationen) rechtfertigende Einwilligungen ebenfalls dem Willen des Gesetzgebers, früher auch der Ansicht der zivilrechtlichen Judikatur und der überwiegenden Meinung des Schrifttums (Mot II 730 = MUGDAN II 408; RG JW 1907, 505; 1911, 748; OLG Darmstadt OLGE 14, 14 f; ZITELMANN AcP 99 [1906] 1, 62 f; DALHOFF 160 ff, 167; ENNECCERUS/NIPPERDEY § 151 II 1e m Fn 11; PLANCK/FLAD § 107 Anm I 4; s aber vTUHR, AT § 59 Rn 57). Das hieraus folgende Letztentscheidungsrecht des gesetzlichen Vertreters über die Rechtmäßigkeit eines Eingriffs auch bei abweichendem Willen seines Pflegebefohlenen mit der Folge, dass die Eltern eines minderjährigen Kindes die Rechtmäßigkeit eines von dem Kind gewünschten operativen Eingriffs durch Verweigerung ihrer Einwilligung verhindern oder umgekehrt dem Arzt die Einwilligung zu einer Operation gegen den Willen des Kindes wirksam erteilen könnten, wird in neuerer Zeit zunehmend als der heutigen Auffassung von der Rechtsstellung des Minderjährigen nicht mehr entsprechend angesehen. Über seine höchstpersönlichen Rechtsgüter müsse auch der Minderjährige, sobald er in seiner Entwicklung eine gewisse Reife erreicht habe, zumindest mitentscheiden können. Nach heute wohl überwiegender Ansicht, die sich hierfür auf das grundlegende Urteil des Bundesgerichtshofs vom 5. 12. 1958 (BGHZ 29, 33, 36 f = LM §§ 107, 1626 Nr 3 m Anm HAUSS = NJW 1959, 811 = FamRZ 1959, 200 m Anm BOSCH = MDR 1959, 383 m Anm BOEHMER 705 ff) sowie auf die schon seit Anfang des 20. Jahrhunderts in diesem Sinne entscheidende strafrechtliche Rechtsprechung (RGSt 41, 392 ff; vgl auch BGHSt 4, 88, 90 f = NJW 1953, 912; 23, 1, 3 f = NJW 1969, 1581, 1582 f; BayObLG NJW 1999, 372) beruft, finden deshalb auf die Einwilligung in die Verletzung persönlicher Rechtsgüter die §§ 104 ff weder unmittelbare noch entsprechende Anwendung; der Minderjährige könne vielmehr ohne seinen gesetzlichen Vertreter wirksam rechtfertigend einwilligen, wenn er nach seiner tatsächlichen seelisch-geistigen Reife die Bedeutung des Eingriffs und sich möglicherweise daraus ergebender Folgen und die Tragweite seiner Einwilligung zu ermessen vermag (vgl BayObLGZ 1954, 298, 302; 1985, 53, 56; OLG München NJW 1958, 633 f; OLG Karlsruhe FamRZ 1983, 742, 743; BELLING FuR 1990, 68, 76; EDLBACHER ÖJZ 1982, 365, 369 f; TROCKEL NJW 1972, 1493, 1495; KOHTE AcP 185 [1985] 105, 146; AMELUNG ZStW 104 [1992] 525, 526 ff; WÖLK MedR

Titel 1   **Vorbem zu §§ 104–115**
Geschäftsfähigkeit

2001, 80, 83 f; vTuhr, AT II 1 § 59 IV a E [S 343]; Gernhuber/Coester-Waltjen § 57 VII 4; AK-BGB/Kohl Vorbem 10 zu § 104; BGB-RGRK/Krüger-Nieland § 106 Rn 11; auch BayObLG FamRZ 1987, 87, 89; einschr Lenckner ZStW 72 [1960] 446, 456 ff, 462 f). In dogmatischer Hinsicht wird zur Begründung hauptsächlich angeführt, bei Einwilligungen in die Verletzung persönlicher Rechtspositionen handele es sich nicht um Willenserklärungen und damit um Rechtsgeschäfte, sondern um bloße Gestattungen zur Vornahme in den Rechtskreis des Gestattenden eingreifender tatsächlicher Handlungen. Andere Stimmen bejahen demgegenüber den rechtsgeschäftlichen Charakter der Einwilligung, weil der Einwilligende damit den Eingriff zu einem rechtmäßigen macht mit der Folge des Verlustes ihm sonst zustehender Beseitigungs-, Unterlassungs- und Schadensersatzansprüche (Dalhoff 160 ff, 167; MünchKomm/Schmitt § 105 Rn 22; insoweit auch Rosener 126; vTuhr, AT II 1 § 59 Fn 57). Demgemäß betrachtet auch ein Teil der Rechtsprechung die Einwilligung als Willenserklärung (OLG München NJW-RR 1990, 999, 1000; OLG Darmstadt OLGE 14, 14; Zitelmann AcP 99 [1906] 1, 51 ff; wohl auch RGZ 68, 431, 436; beiläufig auch BGHZ 90, 96, 101 f = NJW 1984, 1395, 1396; dahingestellt in RG JW 1911, 748). Ferner wird auf das sich gem § 1626 Abs 1 über den gesamten Zeitraum der Minderjährigkeit erstreckende elterliche Personensorgerecht hingewiesen (MünchKomm/Schmitt § 105 Rn 21). Schließlich wird gegenüber der auf die tatsächliche Urteilsfähigkeit des Minderjährigen abstellenden Ansicht die damit verbundene Rechtsunsicherheit insbesondere für den Arzt bei medizinischen Eingriffen angeführt (vgl Oberloskamp/Klinkhardt, Vormundschaft § 7 Rn 91; MünchKomm/Wagner § 823 Rn 669). Aus diesen Gründen sieht denn auch ein Teil der neueren Rechtsprechung und Literatur in der Einwilligung des gesetzlichen Vertreters ein unverzichtbares Erfordernis für die Rechtmäßigkeit eines Eingriffs in persönliche Rechtsgüter eines nicht (voll) Geschäftsfähigen (OLG Düsseldorf FamRZ 1984, 1221, 1222; OLG Hamm NJW 1998, 3424, 3425; Dalhoff 160 ff, 167; Pawlowski, in: FS Hagen [2000] 5, 19; MünchKomm/Schmitt § 105 Rn 21; MünchKomm/Mertens[3] § 823 Rn 39; Oberloskamp/Klinkhardt aaO; grundsätzlich auch Flume, AT II § 13, 7 f). Daneben wird heute jedoch meist auch die Einwilligung des einsichtsfähigen Minderjährigen selbst verlangt (Pawlowski aaO; MünchKomm/Schmitt § 105 Rn 20, 21; MünchKomm/Mertens aaO; Soergel/Hefermehl § 107 Rn 19; dahingestellt in BGH NJW 1974, 1947, 1949 f).

b) Grundsatz
Die Beantwortung der Frage nach der Fähigkeit zur Einwilligung in die Verletzung   **57** persönlicher Rechtsgüter und Rechte erfordert als Ausgangspunkt zunächst eine Klärung der Rechtsnatur dieser Einwilligung. Dass Gegenstand dieser Einwilligung, anders als derjenige der Einwilligung nach den §§ 182 ff, kein Rechtsgeschäft ist, sondern eine in den Rechtskreis des Betroffenen eingreifende tatsächliche Handlung, die der Betroffene damit gestattet (vgl BGHZ 29, 33, 36 f = NJW 1959, 811; NJW 1964, 1177 f; OLG Karlsruhe FamRZ 1983, 742, 743; OLG Hamm NJW 1998, 3424; LG Berlin FamRZ 1980, 285, 286), schließt ihre Qualifikation als Willenserklärung und damit als Rechtsgeschäft nicht notwendig aus. Die in der Einwilligung liegende Rechtfertigung des Eingriffs und die damit verbundene Nichtentstehung der aus einer rechtswidrigen Verletzung resultierenden Ansprüche des Betroffenen deutet im Gegenteil auf einen Verfügungscharakter der Einwilligung in der Form des Verzichts auf ein (künftiges) Recht und damit auf deren rechtsgeschäftliche Natur hin (vgl die Angaben o Rn 56). Richtiger erscheint es aber, in der Einwilligung eine rechtsgeschäftsähnliche Rechtshandlung zu sehen (so Manigk, Rechtswirks Verhalten 508 ff; Lenckner ZStW 72 [1960] 446, 456), denn der Wille des Einwilligenden braucht sich nur auf die

Gestattung des Eingriffs als solche zu erstrecken, während das Ausbleiben ansonsten entstehender Ansprüche unabhängig von einem darauf gerichteten Willen eintritt. Auf rechtsgeschäftsähnliche Rechtshandlungen sind aber grundsätzlich die Vorschriften über die Geschäftsfähigkeit entsprechend anzuwenden (vgl u Rn 86). Der Umstand, dass die Einwilligung in erster Linie die persönlichen Rechtsgüter des Einwilligenden betrifft, lässt die §§ 104 ff für die Regelung der Einwilligungsfähigkeit jedenfalls nicht als schlechthin ungeeignet erscheinen. Der Schutzzweck des Geschäftsfähigkeitsrechts umfasst keineswegs nur das Vermögen des nicht (voll) Geschäftsfähigen, sondern auch dessen Person (vgl o Rn 19 ff), wie sich schon aus § 107 ergibt, der jede dem Minderjährigen nicht lediglich rechtlich vorteilhafte Willenserklärung an die Einwilligung des gesetzlichen Vertreters bindet, ohne zwischen Person und Vermögen zu differenzieren. Zudem kann sich die Einwilligung mit dem dadurch herbeigeführten Verlust eines Schadensersatzanspruchs des Einwilligenden gegen den Verletzer auch vermögensmäßig empfindlich auswirken. Es ist deshalb kein innerer Grund ersichtlich, die den §§ 104 ff zugrundeliegende Erwägung, wonach der nicht (voll) Geschäftsfähige ohne Mitwirkung seines gesetzlichen Vertreters durch eigenes (nicht deliktisches) Handeln seine Rechtsstellung nicht soll verschlechtern können, nicht auch auf die Rechtshandlung der Einwilligung zu erstrecken. Zur grundsätzlichen Anwendbarkeit des Geschäftsfähigkeitsrechts nötigt auch der sich aus der typisierenden Regelung dieser Vorschriften ergebende weitere Zweck der Herstellung von Rechtssicherheit (vgl o Rn 21). Bei Maßgeblichkeit allein der tatsächlichen Reife des Minderjährigen für die Wirksamkeit der Einwilligung könnte diesem Erfordernis nicht genügt werden. Die Rechtmäßigkeit des Eingriffs, etwa einer ärztlichen Operation als des praktischen Hauptfalls, hinge dann letztlich von der Beurteilung der Einsichtsfähigkeit durch das Gericht bzw den Sachverständigen in einem späteren (Zivil- oder Straf-)Verfahren ab; bei verneinter Einsichtsfähigkeit wäre der Arzt allenfalls gem § 17 S 1 StGB entschuldigt. Eine solche Rechtsunsicherheit ist kaum zumutbar. Diese Erwägungen gebieten im Grundsatz die entsprechende Anwendbarkeit des Geschäftsfähigkeitsrechts auf die Einwilligung in Eingriffe in persönliche Rechte und Rechtsgüter (anders STAUDINGER/DILCHER[12] [1980] § 107 Rn 27). Für den Geschäftsunfähigen kann hiernach nur der gesetzliche Vertreter wirksam einwilligen, der in der Geschäftsfähigkeit Beschränkte und der Betreute bei angeordnetem Einwilligungsvorbehalt, der sich auf den betroffenen Bereich der Person des Betreuten bezieht, bedarf hierzu der Einwilligung des gesetzlichen Vertreters (vgl die diesbezüglichen Angaben o Rn 56). Hinsichtlich des auf die tatsächliche Einsichtsfähigkeit abstellenden Urteils BGHZ 29, 33, 36 f ist zu bemerken, dass diese Entscheidung zu einer Zeit ergangen ist, als die Volljährigkeit erst mit der Vollendung des 21. Lebensjahres eintrat und der zu entscheidende Fall außerdem besondere Umstände aufwies (elterliche Einwilligung zur Operation des kurz vor Vollendung des 21. Lebensjahres stehenden Minderjährigen war nicht zu erlangen); in einer späteren Entscheidung war der Bundesgerichtshof bei der Bejahung der Einsichtsfähigkeit deutlich zurückhaltend (BGH NJW 1972, 335, 337). Das grundsätzliche Erfordernis der Einwilligung des gesetzlichen Vertreters ist für den nicht (voll) Geschäftsfähigen nicht mit unzumutbaren Nachteilen verbunden. Verweigert der gesetzliche Vertreter die Einwilligung zu einem erforderlichen Eingriff (lebensnotwendige Operation) aus sachfremden Gründen, sind Maßnahmen nach § 1666 angezeigt. Ist die Einschaltung des Familien- bzw Vormundschaftsgerichts in Eilfällen nicht mehr möglich, ist der Eingriff nach dem Rechtsgedanken des § 679 (ärztliche Behandlung als Teil der gesetzlichen Unterhaltspflicht) gerechtfertigt (vgl MünchKomm/Schmitt § 105 Rn 23). Kann die Einwilligung des Vertreters nicht mehr eingeholt werden, ist von dessen mutmaßlicher Einwilligung auszugehen (Staudinger/Donau[10/11] § 1626 Rn 78).

Von der Anwendbarkeit der §§ 104 ff auf die Einwilligungserklärung des nicht (voll) Geschäftsfähigen selbst zu unterscheiden ist die umgekehrte Frage, ob der gesetzliche Vertreter seinerseits kraft seines Personensorgerechts (§ 1626) in einen von dem Pflegebefohlenen selbst nicht gewünschten Eingriff entsprechend § 1629 wirksam einwilligen kann. In dieser Frage kann allerdings in der Tat nicht schematisch auf die Minderjährigkeit des Betroffenen allein abgestellt werden. Die Vornahme eines Eingriffs in die körperliche Integrität oder sonstige höchstpersönliche Rechtsgüter gegen den Willen eines einsichtsfähigen Minderjährigen bedeutete eine Verletzung von dessen Persönlichkeitsrecht, die – etwa bei Vornahme unter Gewaltanwendung – sogar die Menschenwürde berühren könnte (vgl Kohte AcP 185 [1985] 105, 145). Die auf die Einsichtsfähigkeit des Minderjährigen abstellende Ansicht hat hier ihren berechtigten Kern (vgl Lüderitz AcP 178 [1978] 263, 278). Es reicht auch nicht aus, für die Rechtmäßigkeit der Verletzung seitens des Eingreifenden die Einwilligung des Vertreters allein für notwendig zu erachten und in der Mißachtung des Willens des Minderjährigen nur eine Pflichtverletzung des Vertreters im Innenverhältnis zwischen diesem und dem Pflegebefohlenen mit der Folge der Zulässigkeit von Maßnahmen nach § 1666 zu sehen (so aber Oberloskamp/Klinkhardt, Vormundschaft § 7 Rn 92). Die Rechtmäßigkeit des Eingriffs muss vielmehr auch im Außenverhältnis vom Einverständnis des Minderjährigen abhängen. Der gesetzliche Vertreter benötigt daher zur Wirksamkeit seiner Einwilligung in eine Verletzung persönlicher Rechte und Rechtsgüter eines einsichtsfähigen Minderjährigen dessen Zustimmung in den Eingriff (MünchKomm/Gitter[3] Vorbem 89 zu § 104; MünchKomm/Wagner § 823 Rn 669; Soergel/Hefermehl § 107 Rn 19; östOGH JurBl 1985, 548, 550; auch schon H A Fischer 277 f; dahingestellt in BGH NJW 1974, 1947, 1949 f). Dann stellt sich aber wiederum die Frage nach der Bestimmung der erforderlichen Einsichtsfähigkeit. Eine allgemeine Altersgrenze unterhalb der Minderjährigkeit kann *de lege lata* nicht anerkannt werden; die gesetzlich geregelten Fälle, etwa der Religionsmündigkeit nach § 5 RKEG (vgl o Rn 15), sind zu unterschiedlich, als dass sich daraus ein allgemeiner Rechtsgedanke für alle Eingriffe in persönliche Positionen ableiten ließe (aA Rosener 146 ff). Die in § 1626a des Gesetzentwurfs der Bundesregierung zur Neuregelung des Rechts der elterlichen Sorge vorgesehene 14 Jahresgrenze (BT-Drucks 7/2060) ist nicht Gesetz geworden. Es bleibt daher nur der Weg einer individuellen Bestimmung der Einsichtsfähigkeit in die Bedeutung des Eingriffs und der Einwilligung nach der tatsächlichen Reife des Minderjährigen. Das damit doch wieder eintretende Moment der Rechtsunsicherheit für den eingreifenden Arzt muss angesichts der Bedeutung des Rechts der Persönlichkeit mit seiner Nähe zu der in Art 1 GG geschützten Menschenwürde hingenommen werden. *De lege ferenda* empfiehlt sich eine gesetzliche Regelung, wobei als Altersgrenze das vollendete 14. Lebensjahr in Betracht kommt. Eine solche Regelung enthält jetzt das österreichische Recht in dem mit Wirkung ab 1. 7. 2001 in das ABGB eingefügten § 146c. Das einsichts- und urteilsfähige Kind kann hiernach in eine medizinische Behandlung nur selbst einwilligen, wobei das Vorliegen der Einsichts- und Urteilsfähigkeit bei mündigen (= über 14jährigen) Minderjährigen vermutet wird. Einer gewöhnlich mit einer schweren nachhaltigen Beeinträchtigung der körperlichen Unversehrtheit oder der Persönlichkeit verbundenen Behandlung muss daneben auch die mit der Pflege und

Erziehung des Kindes betraute Person zustimmen. Ist die Behandlung so dringend
notwendig, dass der mit der Einwilligung oder der Zustimmung verbundene Aufschub eine Lebens- oder schwere Gesundheitsgefahr für das Kind begründen würde,
wird die Einwilligung des Kindes und die Zustimmung der Pflege- oder Erziehungsperson entbehrlich.

c) Wichtigste Arten von Eingriffen
aa) Ärztliche Operationen, Arzneimittelforschung, Humanforschung

59 Auch ein zu Heilzwecken vorgenommener **chirurgischer Eingriff** erfüllt nach hM den
Tatbestand einer Körperverletzung; zu deren Rechtfertigung ist deshalb die Einwilligung des Patienten erforderlich (RGZ 68, 431, 433 f; 168, 206, 210; JW 1907, 505; 1911,
748; BGH NJW 1972, 335, 336). Die Einwilligung in den Eingriff als solchen ist zu
unterscheiden von dem Abschluss des Behandlungsvertrages mit dem Arzt oder
dem Krankenhausträger, auf den die §§ 104 ff (natürlich) unmittelbar anwendbar
sind. Zur Einwilligung in die Operation selbst wird heute überwiegend die Erklärung des tatsächlich einsichtsfähigen Minderjährigen für ausreichend erachtet, während die Einwilligung des gesetzlichen Vertreters in diesem Fall nicht erforderlich
sein soll (BGHZ 29, 33, 36 f = NJW 1959, 811; BayObLGZ 1985, 53, 56 [auch Entbindung v
ärztlicher Schweigepflicht]; OLG München NJW 1958, 633 f; BOEHMER MDR 1959, 705, 707;
EDLBACHER ÖJZ 1982, 365, 369 f; BELLING FuR 1990, 68, 76; TROCKEL NJW 1972, 1493, 1495;
vTUHR, AT II 1 § 59 IV a E; GERNHUBER/COESTER-WALTJEN § 57 VII 4; MünchKomm/WAGNER
§ 823 Rn 669; AK-BGB/KOHL Vorbem 10 zu § 104). Nach hier vertretener Auffassung (vgl
allg o Rn 57) ist jedoch die Einwilligung des gesetzlichen Vertreters in entsprechender
Anwendung der §§ 104 ff zur Wirksamkeit erforderlich (so auch RG JW 1907, 505; 1911,
748; OLG Hamm NJW 1998, 3424, 3425; ENNECCERUS/NIPPERDEY § 151 II 1 e m Fn 11; PLANCK/
FLAD § 107 Anm I 4; MünchKomm/SCHMITT § 105 Rn 20, 21, 22, 25; MünchKomm/MERTENS[3] § 823
Rn 39; SOERGEL/HEFERMEHL § 107 Rn 19; grundsätzl auch FLUME, AT II § 13, 11 f). Zur Rechtmäßigkeit der Operation eines einsichtsfähigen Minderjährigen bedarf es in jedem
Fall noch dessen Einwilligung (vgl allg o Rn 58). Zur Einwilligung des Betreuers in
eine Operation des Betreuten ist unter den Voraussetzungen des § 1904 die Genehmigung des Vormundschaftsgerichts erforderlich (hierzu KERN MedR 1991, 66, 68 f; D
SCHWAB, in: FS Henrich [2000] 511, 513 ff). Die Einwilligung in die **klinische Prüfung von
Arzneimitteln** ist in den §§ 40, 41 AMG gesetzlich geregelt (hierzu HOLZHAUER NJW
1992, 2325, 2327 ff; RICHARDI, in: FS Medicus [1999] 449, 451 ff): In ein klinisches Experiment
an einem Minderjährigen, das nur unter den besonderen Voraussetzungen des § 40
Abs 4 Nrn 1–3 AMG zulässig ist, muss gem § 40 Abs 4 Nr 4 AMG der gesetzliche
Vertreter und bei Einsichts- und Willensfähigkeit des Minderjährigen auch noch
dieser selbst einwilligen; an nicht einwilligungsfähigen Volljährigen sind klinische
Experimente von Arzneimitteln, da hierfür einwilligungsfähige Probanden zur Verfügung stehen, nicht zulässig. Für einen Heilversuch an einer geschäftsunfähigen
oder in der Geschäftsfähigkeit beschränkten Person verlangt § 41 Nr 3 AMG bei
Einsichts- und Willensfähigkeit des Probanden neben dessen Einwilligung noch
diejenige seines gesetzlichen Vertreters; ist der Proband nicht einsichts- und willensfähig, genügt nach § 41 Nr 4 AMG die Einwilligung des Vertreters. (Zur Einwilligung
in Humanexperimente an Minderjährigen s EBERBACH FamRZ 1982, 450 ff; für grundsätzliche
Unzulässigkeit von Humanexperimenten an Einwilligungsunfähigen [zB bei Alzheimer-Demenz]
HÖFLING/DEMEL MedR 1999, 540, 542 ff [m Darst des Streitstandes]; einschr TAUPITZ JZ 2003, 109,
117 f).

bb) Sterilisation und Kastration

Ein unter elterlicher Sorge oder Vormundschaft stehendes Kind und damit ein **60**
Minderjähriger kann gem §§ 1631c S 2, 1800 nicht in eine Sterilisation einwilligen
(hierzu kritisch GAIDZIK/HIERSCHE MedR 1999, 58, 61). Die Sterilisation eines Betreuten
bedarf nach § 1905 dann der Einwilligung des Betreuers und der Genehmigung des
Vormundschaftsgerichts, wenn der Betreute „nicht einwilligen kann", wobei unklar
bleibt, ob die Einwilligungsfähigkeit des Betreuten von dessen Geschäftsfähigkeit
oder natürlicher Einsichtsfähigkeit abhängig ist (kritisch D SCHWAB, BGB-FamR Rn 460;
vgl auch KERN MedR 1991, 66, 69 f). Eine freiwillige Kastration, die erst nach Vollendung
des 25. Lebensjahres zulässig ist (§ 2 Abs 1 Nr 3 KastrationsG, BGBl 1969 I S 1143),
verlangt neben der Einwilligung des Betroffenen (§ 2 Abs 1 Nr 3 KastrationsG) gem
§ 3 Abs 3 Nr 2 KastrationsG auch diejenige eines in dieser Angelegenheit bestellten
Betreuers. Bei noch nicht 25-Jährigen sind nur nicht auf eine dauernde Funktionsunfähigkeit der Keimdrüsen gerichtete Behandlungsmethoden zulässig (§ 4 Abs 1
S 2 KastrationsG); die Behandlung eines Minderjährigen erfordert die Einwilligung
des Betroffenen und gem § 4 Abs 3 S 1 KastrationsG auch die Einwilligung seines
gesetzlichen Vertreters und ggf eines anderen Personensorgeberechtigten. In Österreich können nach dem neu eingefügten § 146d ABGB weder ein minderjähriges
Kind noch die Eltern in eine medizinische Maßnahme einwilligen, die eine dauernde Fortpflanzungsunfähigkeit des Kindes zum Ziel hat.

cc) Abbruch der Schwangerschaft

Ein Schwangerschaftsabbruch unterscheidet sich von sonstigen Eingriffen dadurch, **61**
dass hierdurch nicht allein die Person der Schwangeren betroffen wird, sondern
auch das durch Art 2 Abs 2 S 1 GG geschützte werdende Leben (BVerfGE 88, 203,
251 f = NJW 1993, 1751, 1753). Zudem ist ein nur unter den Voraussetzungen des § 218a
Abs 1 StGB vorgenommenen Abbruch – anders als nach Abs 2 und 3 daselbst –
zwar nicht tatbestandsmäßig, wohl aber rechtswidrig. Die Schwangere muss also bei
der Bildung ihres Willens zum Abbruch nicht nur ihre eigenen Belange, sondern
auch das Lebensrecht des Kindes berücksichtigen (vgl BELLING/EBERL FuR 1995, 287,
292 ff). Der auch für den Schwangerschaftsabbruch vertretenen Ansicht, für die
Einwilligungsfähigkeit einer minderjährigen Schwangeren käme es allein auf deren
tatsächliche Reife an und eine Einwilligung des gesetzlichen Vertreters sei daneben
nicht erforderlich (LG München I FamRZ 1979, 850, 851; LG Berlin FamRZ 1980, 285, 286; AG
Schlüchtern NJW 1998, 832 f; SIEDHOFF FamRZ 1998, 8, 10; E SCHWERDTNER NJW 1999, 1525,
1526; differenzierend BELLING/EBERL FuR 1995, 287, 292 ff), kann deshalb keinesfalls gefolgt
werden. Die teilweise vorgeschlagene Bestellung eines Pflegers gem § 1912 Abs 1
(BELLING FuR 1990, 68, 74 ff), kann sicher nicht deshalb für unzulässig erklärt werden,
weil jene Vorschrift nur von den „künftigen" Rechten der Leibesfrucht spricht,
während es sich hier um deren gegenwärtiges Recht auf Leben handelt (so aber
VENNEMANN FamRZ 1987, 1068 f; dagegen GEIGER 1177). Aufgabe des Pflegers wäre aber
einzig und allein die Wahrung des Rechtes des ungeborenen Kindes gegenüber dem
Abtreibungswunsch der Schwangeren. Demgegenüber könnte der gesetzliche Vertreter der Schwangeren (deren personensorgeberechtigte Eltern) die Belange der
Schwangeren wie diejenigen des Kindes angemessen gegeneinander abwägen. Zum
Abbruch der Schwangerschaft einer Minderjährigen ist daher ebenfalls die Einwilligung des gesetzlichen Vertreters zu fordern (OLG Hamm NJW 1998, 3424, 3425; SCHERER
FamRZ 1997, 589, 592 f; TROCKEL NJW 1972, 1493, 1496; MITTENZWEI MedR 1988, 43 ff; OBERLOSKAMP/KLINKHARDT, Vormundschaft § 7 Rn 94; abw de lege ferenda REISERER FamRZ 1991,

1136, 1140). Eine Ersetzung der Einwilligung des Vertreters durch das Familiengericht gem § 1666 ist auch hier möglich (vgl hierzu eingehend AG Celle NJW 1987, 2307 ff; LG München I FamRZ 1979, 850 f; LG Berlin FamRZ 1989, 285 ff). Gegen den Willen der Schwangeren ist ein Abbruch trotz Einwilligung der Eltern grundsätzlich unzulässig (REISERER FamRZ 1991, 1136, 1140; BELLING/EBERL FuR 1995, 287, 293; SCHERER FamRZ 1997, 589, 593 f; SIEDHOFF FamRZ 1998, 8, 10; jedenfalls bei entspr Reife der Mj OLG Celle MDR 1960, 136 f; für Schwangere unter Betreuung KERN MedR 1991, 66, 70); eine Ausnahme ist allenfalls für einen Abbruch nach § 218a Abs 2 StGB und fehlende tatsächliche Einsichtsfähigkeit der Schwangeren anzuerkennen (BELLING/EBERL aaO).

dd) Anstaltsunterbringung
62 Zu einer mit Freiheitsentziehung verbundenen Unterbringung eines Minderjährigen bedarf es auch bei tatsächlicher Einsichtsfähigkeit des Minderjährigen der Einwilligung des gesetzlichen Vertreters (MünchKomm/GITTER[3] Vorbem 89 zu § 104; aA BayObLGZ 1954, 298, 302). Zu einer Unterbringung gegen den Willen des Kindes ist nach § 1631b die Genehmigung des Familiengerichts erforderlich.

ee) Eingriff in sonstige Persönlichkeitsrechte
63 Die o Rn 57, 58 dargelegten allgemeinen Grundsätze gelten auch für die Einwilligungsfähigkeit in Eingriffe in ideelle Persönlichkeitsrechte. Praktisch geworden sind hier vornehmlich Verletzungen des Rechts am eigenen Bild (§ 22 KUG) durch Fotoaufnahmen Minderjähriger in unbekleidetem Zustand. Die Rechtswidrigkeit eines solchen Eingriffs wird hier ohne Rücksicht auf die individuelle Reife des Minderjährigen nur durch die Einwilligung des gesetzlichen Vertreters ausgeschlossen (OLG Düsseldorf FamRZ 1984, 1221, 1222; hier auch KOHTE AcP 185 [1985] 105, 150; aA OLG Karlsruhe FamRZ 1983, 742, 743). Bei tatsächlicher Einsichtsfähigkeit bedarf es auch der Einwilligung des Minderjährigen selbst (unentschieden BGH NJW 1974, 1947, 1949 f).

5. Übernahme einer Gefahr

64 In dem bewussten Sichbegeben in eine Situation, die typischerweise mit besonderen Gefahren für Rechtsgüter, vornehmlich Leben, körperliche Integrität, Gesundheit oder Sachgüter des Betreffenden verbunden sind (Hauptfälle: Mitfahren in Kfz mit angetrunkenem oder wenig geübtem Fahrer, Teilnahme an sportlichen Wettkämpfen, insbesondere Mannschaftsspielen) wurde früher eine (schlüssig erteilte) rechtfertigende Einwilligung in eine sich möglicherweise realisierende Verletzung gesehen mit der Folge des Wegfalls einer Haftung des Verursachers (Fahrers, gegnerischen Spielers) der Verletzung (grundlegend FLAD Recht 1919, 13, 16; RGZ 141, 262, 265; BGHZ 2, 159, 162 = NJW 1951, 916; NJW 1958, 905; OLG Bamberg NJW 1949, 506). Gem der damaligen Annahme einer rechtsgeschäftlichen Natur dieser Einwilligung (vgl o Rn 56) verlangte diese Meinung deshalb für die haftungsausschließende Wirkung der Gefahrübernahme die Geschäftsfähigkeit des Übernehmenden; ein Geschäftsunfähiger wurde folglich als zur wirksamen Übernahme überhaupt nicht, ein in der Geschäftsfähigkeit Beschränkter nur mit Einwilligung seines gesetzlichen Vertreters für fähig erachtet (vgl RGZ 141, 262, 265; BGH = LM § 107 Nr 2 = NJW 1958, 905 = MDR 1958, 503 m krit Anm BEITZKE 678 f; OLG Bamberg NJW 1949, 506; FLAD Recht 1919, 13, 17). Diese Konstruktion der Gefahrübernahme als Einwilligung in eine mögliche Verletzung ist heute mit Recht aufgegeben, da sie den wirklichen Gegebenheiten im Regelfall nicht gerecht wird. Wer sich in eine Gefahrenlage der genannten Art begibt, rechnet normalerweise gerade damit, dass es nicht zu einer Verletzung kommt; die Deutung des Verhaltens als Einwilligung in eine gleichwohl eintretende Verletzung stellt somit meist eine bloße Fiktion dar. Eine rechtfertigende Wirkung der Gefahrübernahme ist daher abzulehnen. Vielmehr setzt sich der Verletzte nach heute herrschender und zutreffender Ansicht, indem er den Verletzer auf Ersatz seines vollen Schadens in Anspruch nimmt, obwohl er sich in die gefährliche Situation bei voller Kenntnis der Umstände begeben hat, mit diesem eigenen früheren Verhalten in Widerspruch (§ 242); dieser eigene Beitrag zum Eintritt des Verletzungserfolges muss deshalb in Anwendung von § 254 Abs 1 zu einer entsprechenden Minderung bis hin zum Ausschluss des Ersatzanspruchs führen (grundlegend BGHZ 34, 355, 363 ff = NJW 1961, 655, 657 f = JZ 1961, 602, 604 f m Anm FLUME; FLUME, AT II § 13, 11 f; GERNHUBER/COESTER-WALTJEN § 57 VII 5; ähnlich HANS STOLL 315 ff). Die persönliche Fähigkeit zur Übernahme einer Gefahr mit den Wirkungen des § 254 bestimmt sich folglich nicht nach dem Geschäftsfähigkeitsrecht, sondern in entsprechender Anwendung der für das Verschulden gegen sich selbst allgemein maßgeblichen Vorschriften der §§ 827 ff über die Deliktsfähigkeit (vgl die vorstehenden Nachweise). Bei Vorliegen entsprechender Umstände kann allerdings in einer Gefahrübernahme sehr wohl auch eine Einwilligung in eine ggf eintretende Verletzung gefunden werden, wenn der Eintritt eines solchen Erfolges nach Art der Gefahr besonders naheliegend ist, wie etwa bei bestimmten Sportarten zB Boxen (BGHZ 34, 363 = NJW 1961, 657). Die Wirksamkeit dieser Einwilligung richtet sich gem der hier vertretenen Auffassung von deren rechtsgeschäftsähnlicher Natur (s o Rn 57) nach den Bestimmungen über die Geschäftsfähigkeit (vgl MünchKomm/SCHMITT § 105 Rn 24).

6. Geschäftsfähigkeit und Verantwortlichkeit für unerlaubte Handlungen

Die persönliche Fähigkeit, sich für eigene unerlaubte Handlungen verantwortlich zu machen, richtet sich nach den Vorschriften der §§ 827, 828 über die Deliktsfähigkeit (vgl o Rn 2). Bei den in § 104 genannten Personen decken sich Geschäftsunfähigkeit und Deliktsunfähigkeit (§§ 827 S 1, 828 Abs 1). Dagegen können die in der Geschäftsfähigkeit beschränkten Minderjährigen nach Vollendung des 7. Lebensjahres (§ 106) und die diesen gleichstehenden nicht geschäftsunfähigen Betreuten bei angeordnetem Einwilligungsvorbehalt (§ 1903 Abs 1 S 2) gem § 828 Abs 3 deliktsfähig sein, wenn sie bei Begehung der unerlaubten Handlung die zur Erkenntnis der Verantwortlichkeit erforderliche Einsicht haben. Demgemäß kann einen beschränkt Geschäftsfähigen, der mit einem anderen ein mangels Zustimmung des gesetzlichen Vertreters unwirksames Rechtsgeschäft geschlossen hat, bei gegebener Deliktsfähigkeit die Verpflichtung zum Ersatz des dem Geschäftsgegner infolge der Unwirksamkeit entstandenen Schadens treffen (allgM: RG SeuffA 67 Nr 255; VTUHR, AT II 1 § 59 IX 2; LARENZ/WOLF, AT § 25 III Rn 11; MEDICUS, AT Rn 554; AK-BGB/KOHL Vorbem 14 zu § 104; ERMAN/PALM Vorbem 9 zu § 104; MünchKomm/SCHMITT § 106 Rn 17). Eine solche Haftung kann sich vor allem aus den §§ 823 Abs 2 iVm 263 StGB oder aus § 826 (Münch-Komm/SCHMITT § 106 Rn 19) ergeben, wenn der nicht voll Geschäftsfähige die Voraussetzungen der Wirksamkeit des Geschäfts vorgespiegelt hat (zB durch Angabe eines unrichtigen Geburtsdatums, Versicherung der Einwilligung des gesetzlichen Vertreters oder der freien Verfügung über die überlassenen Mittel nach § 110). Der Schadensersatzanspruch des Geschäftsgegners kann sich aber wegen der Unwirksamkeit des Rechtsgeschäfts nicht auf das Erfüllungsinteresse richten; der Gegner ist vielmehr so zu stellen, wie er stände, wenn er nicht auf die Wirksamkeit des

Geschäfts vertraut hätte, wobei auch hier das Erfüllungsinteresse die Obergrenze des Anspruchs bilden muss, da anderenfalls der beschränkt Geschäftsfähige schlechter gestellt wäre als bei Wirksamkeit des Geschäfts (vgl vTuhr, AT II 1 § 59 IX 2 m Fn 161). Die genannten Deliktstatbestände können aber nicht auch durch Unterlassen im Wege eines bloßen Verschweigens der den Geschäftsfähigkeitsmangel begründenden Umstände ohne entsprechende Nachfrage des Geschäftsgegners begründet werden; eine Rechtspflicht des mit einem anderen in geschäftlichen Kontakt tretenden beschränkt Geschäftsfähigen, solche Umstände von sich aus zu offenbaren ist abzulehnen, denn anderenfalls würde das nach denn §§ 104 ff den Geschäftsgegner treffende Risiko einer Wirksamkeit des Geschäfts im Ergebnis auf den nicht voll Geschäftsfähigen verlagert (vgl OLG Hamm NJW 1966, 2357, 2359; zust Pawlowski JuS 1967, 302, 307; eingehend MünchKomm/Schmitt § 106 Rn 18). Ist der nicht (voll) Geschäftsfähige gem §§ 827, 828 nicht verantwortlich, so kommt eine Billigkeitshaftung gem § 829 in Betracht. Erforderlich ist jedoch, dass der Betreffende mit seinem Handeln bei Geschäftsabschluss den Tatbestand einer unerlaubten Handlung gem den obigen Ausführungen erfüllt hat (vgl RGZ 146, 213 ff); eine allgemeine Billigkeitshaftung ohne diese Voraussetzung, etwa bei bloßem Verschweigen des Geschäftsfähigkeitsmangels, ist *de lege lata* abzulehnen (so zutreffend MünchKomm/ Gitter[3] Vorbem 37 zu § 104).

66 Aus unerlaubter Handlung haftet ein nicht (voll) Geschäftsfähiger bei gegebener Deliktsfähigkeit auch für die Beschädigung und Zerstörung einer Sache, die ihm der andere Teil aufgrund des wegen des Geschäftsfähigkeitsmangels unwirksamen Vertrages übergeben hat. Die sich hier stellende Frage, ob diesem Anspruch bei Kenntnis oder Kennenmüssen des Vertragsgegners von der Unwirksamkeit des Vertrages der Einwand des Mitverschuldens (§ 254) oder gar des Rechtsmißbrauchs (§ 242) entgegengehalten werden kann, wurde vor der Herabsetzung des Volljährigkeitsalters auf das vollendete 18. Lebensjahr vor allem in den Fällen der Überlassung eines Kraftfahrzeugs an einen über 18, aber noch nicht 21jährigen Führerscheininhaber als Selbstfahrer seitens eines Kfz-Vermieters in Erfüllung eines mangels Zustimmung des gesetzlichen Vertreters unwirksamen Kfz-Mietvertrages diskutiert. Die Rechtsprechung der Instanzgerichte war uneinheitlich. Teilweise wurde der Mitverschuldenseinwand schon dann zugelassen, wenn sich der Vermieter nicht der Geschäftsfähigkeit oder der Zustimmung des gesetzlichen Vertreters seines Kontrahenten vergewissert hatte (OLG Düsseldorf DAR 1965, 77, 78; MDR 1968, 46 f; LG Göttingen NJW 1962, 639 f; Roth-Stielow ZblJugR 1967, 33, 35; Winter NJW 1969, 1120, 1122; ablehnend Lorenz MDR 1968, 463 ff), teilweise wurde die Geltendmachung des Schadensersatzanspruchs bei nur fahrlässig verursachtem Schaden als rechtsmißbräuchlich angesehen, da der Vermieter sich mit der Überlassung des Kfz ohne Zustimmung der Eltern sich über die elterliche Sorge hinweggesetzt habe (OLG Stuttgart NJW 1969, 612 ff mit abl Anm Winter 1120 ff und Franz NJW 1969, 1632; kritisch auch Medicus JuS 1974, 221, 225; wie OLG Stuttgart im Ergebnis auch Metzler NJW 1971, 690 f); eine andere Meinung verlangte hingegen für eine Anspruchsminderung nach § 254 das Vorliegen von Gründen für eine Annahme des Vermieters, der Minderjährige werde sich im Straßenverkehr nicht ordnungsgemäß verhalten (OLG Nürnberg VersR 1964, 1178; OLG München VersR 1966, 1062, 1066; OLG Celle MDR 1964, 320 f; NJW 1970, 1850, 1851; OLG Köln NJW 1970, 285 f; Franz NJW 1969, 1632). Der Bundesgerichtshof gewährte dem Minderjährigen einen Gegenanspruch aus Verschulden aus Vertragsanbahnung, wenn ihn der Vermieter bei Überlassung des Fahrzeugs nicht auf die Möglichkeit einer Absicherung gegen Beschädigungen durch Abschluss einer Kaskoversicherung mit Freistellung gegen den Rückgriffsanspruch des Versicherers aus § 67 Abs 1 VVG hingewiesen und ihm das Risiko der Benutzung eines nicht versicherten Kfz nicht deutlich vor Augen geführt hatte (BGH NJW 1973, 1790, 1791 f). Demgegenüber wurde zu Recht eingewandt, dass das sorgfaltswidrige Verhalten des Vermieters weniger in der unterlassenen Belehrung liege, da sich der Minderjährige über diese erfahrungsgemäß oft hinwegzusetzend pflegt, sondern in der Überlassung eines nicht kaskoversicherten Fahrzeugs als solcher, aufgrund deren eine Minderung des Ersatzanspruchs eintrete (so MEDICUS JuS 1974, 221, 225; ders, BR Rn 175). Die Herabsetzung des Volljährigkeitsalters auf das vollendete 18. Lebensjahr durch das VolljkG mit Wirkung ab 1.1. 1975 hat diese Problematik weitgehend beseitigt, da seitdem die Volljährigkeit mit dem Mindestalter zur Erteilung einer Fahrerlaubnis für Pkw (nunmehr Klasse B gem § 10 Abs 1 S 1 Nr 3 FahrerlaubnisVO vom 18.8. 1998, BGBl I 2214, iVm § 6 Abs 1 S 1 FahrerlaubnisVO) zusammenfällt und Kraftfahrzeuge der Klassen A 1, L, M und T, für die § 10 Abs 1 S 1 Nr 4 FahrerlaubnisVO ein Mindestalter von 16 Jahren vorsieht, kaum an Selbstfahrer vermietet zu werden pflegen. Relevant werden können die dargelegten Grundsätze heute noch in den Fällen der Anmietung von Kfz durch Betreute ohne Zustimmung des Betreuers bei angeordnetem Einwilligungsvorbehalt auch für diesen Bereich, wobei allerdings ein Mitverschulden des Vermieters meist an dessen fehlender Kenntnis oder fahrlässigen Unkenntnis der Betreuung und des Einwilligungsvorbehaltes scheitern dürfte. Der nicht voll Geschäftsfähige darf durch die Schadenshaftung aus unerlaubter Handlung nach dem Schutzgedanken des Geschäftsfähigkeitsrechts nicht schlechter gestellt werden als ein Geschäftsfähiger bei vertraglicher Haftung für einen derartigen Schaden stände; für den betreffenden Vertragstypus bestehende Haftungsmilderungen, etwa kürzere Verjährungsfristen (§§ 558, 606 gegenüber § 199 Abs 2 und 3) oder ein auf grobe Fahrlässigkeit oder Beachtung der eigenüblichen Sorgfalt beschränkte Haftungsmaßstab sind daher auf die deliktische Haftung entsprechend anzuwenden (BGHZ 47, 53, 55 ff = NJW 1967, 1320 [LS] m Anm BERG; ArbG Bochum DB 1969, 1022 f; AK-BGB/KOHL Vorbem 15 zu § 104; ablehnend OLG München VersR 1966, 1062, 1063 f; HOHENESTER DAR 1967, 126, 128).

7. Gefährdungshaftung

Der Adressat einer Gefährdungshaftung (Tier- oder Kfz-Halter, Bahnbetriebsunternehmer, Anlagenbetreiber usw) ist für den durch Verwirklichung des Haftungstatbestandes entstandenen Schaden unabhängig von seiner Delikts- oder Geschäftsfähigkeit verantwortlich, da die Gefährdungshaftung nur die objektive, gefahrentypische Verursachung der Rechtsverletzung erfordert. Davon zu unterscheiden ist jedoch die Frage, ob für die Begründung der Eigenschaft, überhaupt geeigneter Adressat einer Gefährdungshaftung zu sein, eine bestimmte Einsichts- und Willensfähigkeit zu verlangen ist. Praktisch wird das Problem vor allem bei der Tierhalterhaftung nach § 833 und – wegen der schon vom vollendeten 16. Lebensjahr an zu erwerbenden Fahrerlaubnis besonders für Leicht- und Kleinkrafträder (vgl o Rn 66) – für die Haftung des Kraftfahrzeughalters nach § 7 StVG (zur Problematik bei dem diskutierten „begleiteten Fahren mit 17" FELTZ/KÖGEL DAR 2004, 121, 124). Eine ältere Ansicht, die eine bestimmte persönliche Fähigkeit für den Erwerb der Haltereigenschaft nicht für erforderlich hielt (vgl die Nachweise bei CANARIS NJW 1964, 1987, 1990 Fn 26), wird heute nicht mehr vertreten. Gegenwärtig stehen sich diesbezüglich drei Meinungen gegenüber: Nach einer Auffassung bestimmt sich die Fähigkeit, Halter eines Tieres, eines Kfz usw zu werden, in entsprechender Anwendung der §§ 104 ff (eingehend CANARIS NJW 1964, 1987, 1989 ff; LARENZ/ CANARIS, SR II 2 § 84 I g; ESSER/WEYERS, SR II § 63 II 3; DALHOFF 134 f; WEIMAR MDR 1964, 208; 1967, 100; ROTH-STIELOW ZBlJugR 1967, 33, 36). Andere befürworten demgegenüber die entsprechende Anwendung von § 828 und auch von § 829 (HOFMANN NJW 1964, 228, 232 f; DEUTSCH JuS 1981, 317, 324; 1987, 673, 678; MEDICUS Jura 1996, 561, 564; vCAEMMERER, in: FS Flume I [1978] 359, 363 f; AK-BGB/KOHL Vorbem 16 zu § 104). Eine in jüngster Zeit entwickelte dritte Meinung sieht für die Tierhalterhaftung als entscheidend an die sich nach der tatsächlichen Reife des Minderjährigen bestimmende Fähigkeit zur Entscheidung über die Existenz und die Verwendung des Tieres (so EBERL-BORGES VersR 1996, 1070, 1075). Zustimmung verdient die auf die analoge Anwendung des Geschäftsfähigkeitsrechts abstellende Meinung. Dem kann nicht entgegengehalten werden, es bedeute einen Wertungswiderspruch, die Gefährdungshaftung, die mit dem Verzicht auf das Verschuldenserfordernis dem (potentiell) Geschädigten einen gegenüber der verschuldensabhängigen Delikthaftung weitergehenden Schutz gewähren will, an die erhöhten Voraussetzungen der Geschäftsfähigkeit zu binden (so aber MünchKomm/GITTER³ Vorbem 42 zu § 104). Denn es geht eben nicht um die – zweifelsfrei keine Geschäftsfähigkeit voraussetzende – Verantwortlichkeit einer Person bei gegebener Haltereigenschaft usw, sondern um das dieser Verantwortlichkeit vorgelagerte Problem, ob die Haltereigenschaft und damit die Eignung für das Eingreifen in der Gefährdungshaftung überhaupt gegeben ist. Und insoweit ist es mit der gesetzlichen Wertung keineswegs unvereinbar, für die Begründung der Haltereigenschaft, gerade weil diese eine verschuldensunabhängige Haftung für einen verursachten gefahrentypischen Schädigungserfolg bewirkt, an gegenüber der verschuldensabhängigen Deliktshaftung erhöhte Voraussetzungen zu knüpfen. Und hier besteht der entscheidende Gesichtspunkt darin, dass die Gefährdungshaftung – anders als die Haftung für unerlaubte Handlungen – nicht auf einem als solches rechtswidrigen Verhalten beruht, sondern einen Ausgleich für die Realisierung eines nach der Rechtsordnung an sich erlaubten Risikos schaffen will (vgl BGHZ 105, 65, 68 = NJW 1988, 3019; BGHZ 117, 337, 340 = NJW 1992, 1684, 1685). Die Begründung der Haltereigenschaft kann deshalb nicht schon als „ein Stück der Begehung der schädigenden Handlung" angesehen werden mit der Folge der entsprechenden Anwendbarkeit der Vorschriften über die Deliktsfähigkeit (so aber MEDICUS Jura 1996, 561, 564). Die Eröffnung und Beherrschung der Gefahrenquelle und die dadurch mögliche Absicherung gegen eine Gefahrverwirklichung zwecks Nutzung im eigenen Interesse als konstituierendes Merkmal der Haltereigenschaft ist vielmehr als eine Art der erlaubten Teilnahme am allgemeinen Verkehr zu qualifizieren (CANARIS NJW 1964, 1987, 1991). Insofern weist die Begründung der Haltereigenschaft trotz ihres Charakters als rein tatsächliches, auch nicht rechtsgeschäftsähnliches Verhalten doch eine entscheidende Parallele zur Teilnahme am rechtsgeschäftlichen Verkehr auf, die es rechtfertigt, die – als solche gesetzlich nicht geregelte – Zurechenbarkeit dieses Verhaltens grundsätzlich nach den Vorschriften des Geschäftsfähigkeitsrechts zu bestimmen (CANARIS NJW 1964, 1987, 1990 ff). Hierfür spricht insbesondere der Gesichtspunkt, dass die Möglichkeit, sich gegen das Risiko der Gefährdungshaftung durch Abschluss einer Haftpflichtversicherung und damit auf rechtsgeschäftlichem Wege abzusichern, dem nicht (voll) Geschäftsfähigen ohne seinen gesetzlichen Vertreter wegen der §§ 105 Abs 1, 107 ff nicht offensteht (LARENZ/CANARIS, SR II 2 § 84 I g).

68 Zum Erwerb der Haltereigenschaft seitens eines nicht (voll) Geschäftsfähigen reicht hiernach dessen bloß tatsächliche Fähigkeit zur Beherrschung der Gefahrenquelle nicht aus, sondern es ist hierzu die Mitwirkung des gesetzlichen Vertreters erforderlich. Der Geschäftsunfähige kann folglich die Tierhaltereigenschaft (allein diese Haltereigenschaft dürfte hier praktisch in Betracht kommen) nur durch entsprechendes Handeln seines gesetzlichen Vertreters begründen. Meist wird ein Geschäftsunfähiger (Kind unter 7 Jahren) allerdings auch schon tatsächlich zur Beherrschung der Gefahrenlage (noch) nicht imstande sein. In diesen Fällen ist der gesetzliche Vertreter selbst als Halter oder wenigstens Mithalter anzusehen. In der Geschäftsfähigkeit beschränkte Personen werden bei gegebener tatsächlicher Fähigkeit zur Verfügung über die Gefahrenlage, wofür es im Falle der Tierhalterhaftung auch auf die Art des Tieres ankommt (vgl EBERL-BORGES VersR 1996, 1070, 1074), Halter im Rechtssinne nur und erst dann, wenn der gesetzliche Vertreter vom Vorhandensein der von seinem Pflegebefohlenen tatsächlich beherrschten Gefahrenlage Kenntnis erlangt. Die bloße Kenntnis muss hier, anders als nach den eine Zustimmung verlangenden §§ 107 ff, wegen des Unterschiedes des Erwerbs der Haltereigenschaft gegenüber rechtsgeschäftlichem Handeln ausreichen, denn die erlangte Kenntnis versetzt den Vertreter in die Lage, über den Fortbestand der Gefahrenquelle zu entscheiden, also entweder das Tier abzuschaffen oder für eine gehörige Absicherung gegen die drohende Gefährdungshaftung etwa durch Abschluss einer Haftpflichtversicherung zu sorgen (vgl CANARIS NJW 1964, 1987, 1991). Ein Minderjähriger, der einen ihm zugelaufenen Hund bei sich aufnimmt, unterliegt also nicht der Haftung aus § 833 S 1 für von dem Tier angerichtete Schäden, solange seine Eltern von der Existenz des Hundes noch nichts wissen. Die entsprechende Anwendbarkeit des Geschäftsfähigkeitsrechts führt auch in den Fällen zu einem angemessenen Ergebnis, in denen ein bei dem Erwerb der Haltereigenschaft Geschäftsfähiger später nach § 104 Nr 2 geschäftsunfähig wird und sich nach eingetretener Geschäftsunfähigkeit der Haftungstatbestand verwirklicht (anders STAUDINGER/ BELLING/EBERL-BORGES [2002] § 833 Rn 112); denn in diesem Fall hat ja vor dem Verlust der Geschäftsfähigkeit die Möglichkeit einer ausreichenden Absicherung bestanden (CANARIS aaO). Zu der Frage, ob bei ausnahmsweise bestehendem Versicherungsschutz eine Gefährdungshaftung trotz des Geschäftsfähigkeitsmangels im Wege einer teleologischen Reduktion der nur analog anzuwendenden §§ 104 ff begründet werden kann, vgl Canaris NJW 1964, 1987, 1991 f. Knüpft die Gefährdungshaftung nicht an die Beherrschung einer Gefahrenquelle an, sondern an eine, wenn auch nicht rechtswidrige, so doch abstrakt gefährliche Handlung (so nach den §§ 302 Abs 4 S 2, 600 Abs 2, 717 Abs 2, 945 ZPO, 22 Abs 1 WHG, 231 BGB), so spricht bei dieser „Handlungshaftung" viel für eine entsprechende Anwendung der §§ 828 f, da hier – anders als bei der „Anlagenhaftung" – doch in eine Rechtsposition des Geschädigten eingegriffen wird (so CANARIS NJW 1964, 1987, 1992).

8. Aufopferungshaftung

Das im öffentlichen Recht aus ALR Einl §§ 74, 75 entwickelte Prinzip einer Ersatzpflicht gegenüber demjenigen, der nach der Rechtsordnung die Aufopferung von Rechtsgütern dulden muss, ist auch im Privatrecht in verschiedenen Vorschriften positiviert, vornehmlich im Fall des agressiven Notstandes gem § 904 S 2, ferner in den §§ 867 S 2, 1005, 906 Abs 2 S 2, 912 Abs 2 S 1, 917 Abs 2 S 1, 962 S 3 BGB, 14 S 2 BImSchG, 25 Abs 3 LuftVG. Die dort normierte Verpflichtung zum Ersatz des dem Duldungspflichtigen entstandenen Schadens bzw zum Ausgleich der erlittenen Beeinträchtigung besteht nach allgemeiner und zutreffender Ansicht unabhängig von einer Geschäfts- oder Deliktsfähigkeit des Ersatzpflichtigen (CANARIS NJW 1964, 1987, 1992 f; ERMAN/HAGEN Rn 8, BGB-RGRK/AUGUSTIN Rn 9, PALANDT/BASSENGE Rn 5, SOERGEL/J F BAUR Rn 23, STAUDINGER/SEILER [2002] Rn 39 [jeweils zu § 904]). Denn die Duldungspflicht des Beeinträchtigten besteht auch gegenüber einem nicht Zurechnungsfähigen, dem seinerseits auch die Vorteile des Eingriffs zukommen. Bei Personenverschiedenheit von Eingreifendem und durch den Eingriff Begünstigtem, die vor allem in den Fällen des aggressiven Notstandes gegeben sein kann, ist mit der im Vordringen befindlichen Meinung (ausführliche Darstellung des Streitstandes bei STAUDINGER/SEILER [2002] § 904 Rn 34 ff) nicht der Eingreifende, sondern der Begünstigte als ersatzpflichtig anzusehen, auf dessen Zurechnungsfähigkeit es schon mangels Erforderlichkeit irgend eines Verhaltens auf seiner Seite nicht ankommen kann (CANARIS NJW 1964, 1987, 1993; LARENZ/ CANARIS, SR II 2 § 85 I 1 b; MünchKomm/SÄCKER § 904 Rn 18; STAUDINGER/SEILER [2002] § 904 Rn 39). Dadurch wird auch der Wertungswiderspruch vermieden, zu dem die den Eingreifenden als passiv legitimiert betrachtende Gegenmeinung zwangsläufig führt, dass nämlich hiernach der Deliktsunfähige für die Folgen eines rechtmäßigen Handelns einzustehen hat, während dies bei einem rechtswidrigen Handeln wegen § 827 nicht der Fall ist, weshalb einzelne Vertreter dieser Ansicht eine entsprechende Anwendung von § 829 befürworten (so MÜLLER, SaR Rn 316 a).

9. Gut- und Bösgläubigkeit, Willensmängel

70 Der Kenntnis bzw (grob) fahrlässigen Unkenntnis von Umständen seitens einer Person schreibt das Gesetz in zahlreichen, im einzelnen sehr unterschiedlichen Regelungen rechtliche Bedeutung insofern zu, als diese Bösgläubigkeit bestimmte ansonsten an die Erfüllung eines gesetzlichen Tatbestandes geknüpfte günstige Rechtsfolgen (zB Eigentumserwerb vom Nichtberechtigten) für die betreffende Person entfallen lässt (vgl SCHILKEN 51 f m Beispielen). Es stellt sich deshalb die Frage, ob eine solche Bösgläubigkeit Geschäftsfähigkeit der maßgeblichen Person erfordert, ob die §§ 104 ff also auch hier entsprechend gelten. Für die Klärung dieser Frage ist nach den Tatbeständen zu differenzieren, für deren Erfüllung Gut- oder Bösgläubigkeit eine Rolle spielt. Diese Tatbestände können im rechtsgeschäftlichen wie im außerrechtsgeschäftlichen Bereich liegen.

a) Rechtsgeschäftlicher Bereich

71 Im Zusammenhang mit der Vornahme von Rechtsgeschäften ist ein bestimmter Kenntnisstand eines Beteiligten ua gem §§ 116 S 2, 122 Abs 2, 407, 439 Abs 1, 460, 640 Abs 2, 694, 892, 932 ff, 1314 Abs 2 Nr 2, 2366, ferner nach den Anfechtungstatbeständen des AnfG (§ 3 Abs 1) oder der InsO (zB § 133 Abs 1) in der o zu Rn 70 dargelegten Weise rechtlich bedeutsam (umfassende Aufzählung der Tatbestände bei BOEHMER MDR 1959, 705, 706 Fn 1). Das Problem einer entsprechenden Anwendbarkeit des Geschäftsfähigkeitsrechts auf diese Tatbestände stellt sich, wenn ein nicht (voll) Geschäftsfähiger das betreffende Rechtsgeschäft selbst vornimmt oder in seiner Person die Wirkungen des Geschäfts – bei Vornahme durch den gesetzlichen Vertreter – eintreten.

72 Für den Fall der **Vornahme des Rechtsgeschäfts durch den gesetzlichen Vertreter** im Namen des Pflegebefohlenen kommt es gem der Vorschrift des § 166 Abs 1, die nach einhelliger Meinung auch für den gesetzlichen Vertreter gilt, allein auf dessen Gut- oder Bösgläubigkeit an. Die nachteiligen Wirkungen einer Kenntnis oder fahrlässigen Unkenntnis (zB nach § 122 Abs 2 der Verlust des Schadensersatzanspruchs) treffen den vertretenen Minderjährigen demnach nur, aber auch immer bei Bösgläubigkeit seines Vertreters, ungeachtet eigener Gutgläubigkeit; umgekehrt schadet Bösgläubigkeit des Vertretenen bei Gutgläubigkeit des gesetzlichen Vertreters grundsätzlich nicht. Veranlasst ein bösgläubiger Minderjähriger seinen gutgläubigen gesetzlicher Vertreter zum Abschluss des Rechtsgeschäfts, so stellt sich allerdings die Frage einer Anwendbarkeit von § 166 Abs 2. Aufgrund des nur den gewillkürten Vertreter umfassenden Wortlauts der Vorschrift kann diese Anwendbarkeit zwar nur eine entsprechende sein, diese ist aber nicht schon wegen der fehlenden Weisungsgebundenheit des gesetzlichen Vertreters gegenüber seinem Pflegebefohlenen ausgeschlossen, denn das Erfordernis des Handelns nach bestimmten Weisungen des Vertretenen ist nach allgemeiner Ansicht weit auszulegen und umfasst deshalb auch die bloße Veranlassung des Vertreters zu dem Geschäft (vgl STAUDINGER/SCHILKEN [2004] § 166 Rn 33). Die Frage beantwortet sich richtiger Ansicht nach aufgrund des Rechtsgedankens des § 107. Ist das Vertretergeschäft dem Minderjährigen rechtlich (auch) nachteilig, so muss die entsprechende Anwendung des § 166 Abs 2 ausscheiden (vgl NEUMANN-DUESBERG JR 1950, 332, 333; SCHILKEN 169 f; STAUDINGER/SCHILKEN [2004] § 166 Rn 30; ERMAN/PALM § 166 Rn 14; MünchKomm/SCHRAMM § 166 Rn 39; aA SOERGEL/LEPTIEN § 166 Rn 32). Denn das sich aus § 107 ergebende Letztentscheidungsrecht des gesetzlichen Vertreters über die Wirksamkeit eines dem Minderjährigen nicht lediglich vorteilhaften Rechtsgeschäfts erfordert die Möglichkeit des Vertreters zu einer umfassenden Abwägung der Vor- und Nachteile, die das Geschäft für den Minderjährigen mit sich bringt, eine Abwägung, die der Vertreter nur aufgrund der ihm selbst bekannten Umstände wirksam treffen kann. Die daraus folgende Maßgeblichkeit des Kenntnisstandes allein des Vertreters muss sich auch auf die Entscheidung über die Inkaufnahme bestimmter bei Bösgläubigkeit eintretender Begleitnachteile des Geschäfts erstrecken, bei einem vom Vertreter namens des minderjährigen Käufers geschlossenen Kaufvertrag etwa darauf, ob der Kauf trotz eines bestehenden Mangels der Kaufsache und damit gem § 442 unter Verlust der Rechte des Minderjährigen aus § 437 gleichwohl geschlossen werden soll. Gerade das Beispiel des § 442 spricht für die hier vertretene Auffassung, denn bei einer entsprechenden Anwendbarkeit des § 166 Abs 2 mit der Folge eines Verlustes der Gewährleistungsansprüche des Minderjährigen allein aufgrund von dessen Kenntnis oder grob fahrlässiger Unkenntnis des Sachmangels würde dessen Äquivalenzinteresse beeinträchtigt, der Minderjährige büßte also durch den Vertragsschluss den Unterschiedsbetrag zwischen dem (vollen) Kaufpreis und dem geminderten Wert der mangelhaften Sache ein, ohne dass der gesetzliche Vertreter mangels des entsprechenden Kenntnisstandes dies unterbinden könnte; in der Verhinderung eines solchen Nachteils besteht aber der Zweck des Geschäftsfähigkeitsrechts. Ist das Vertretergeschäft für den – über siebenjährigen – Minderjährigen (gleiches muss wegen § 1903 Abs 1 S 2 für den nicht geschäftsunfähigen Betreuten bei angeordnetem Einwilligungsvorbehalt gelten) hingegen lediglich rechtlich vorteilhaft oder neutral, so steht der Gedanke des Minderjährigenschutzes beim Abschluss von Rechtsgeschäften einer entsprechenden Anwendbarkeit des § 166 Abs 2 auf den Fall, dass der bösgläubig Pflegebefohlene den gutgläubigen gesetzlichen Vertreter zur Tätigung des Geschäfts vorschiebt, nicht entgegen (MÜLLER-FREIENFELS 395 f; SCHILKEN, STAUDINGER/SCHILKEN, MünchKomm/SCHRAMM jeweils aaO). Ein über siebenjähriger Minderjähriger, der seinen gesetzlichen Vertreter veranlasst, in seinem Namen von einem Dritten eine bewegliche Sache zu erwerben, von der zwar er, nicht aber der Vertreter, weiß oder grob fahrlässig nicht weiß, dass sie dem Veräußerer nicht gehört, erwirbt folglich nicht gem §§ 929, 932 das Eigentum, da ein solcher Erwerb auch bei Vornahme des Erwerbsgeschäfts durch den Minderjährigen selbst nicht eintreten würde. Das Erfordernis des Minderjährigenschutzes steht dieser Lösung nicht entgegen, denn dem Minderjährigen wird nur eine Vermögensmehrung versagt, sein Vermögen verringert sich aber nicht um den vor Tätigung des Rechtsgeschäfts vorhanden gewesenen Bestand. Bei einem Geschäftsunfähigen kommt dagegen die entsprechende Anwendung des § 166 Abs 2 nicht in Betracht, da hier der Rechtsgedanke des § 107 nicht eingreift.

73 Schließt ein nicht (voll) Geschäftsfähiger das betreffende Rechtsgeschäft **in eigener Person** ab, so kann die Frage der Berücksichtigung einer Bösgläubigkeit des Handelnden von vornherein nur bei einem beschränkt geschäftsfähigen Minderjährigen oder einem nicht geschäftsunfähigen Betreuten auftreten, da das Rechtsgeschäft eines Geschäftsunfähigen schon aus diesem Grund nichtig ist (§ 105 Abs 1) und es deshalb weder auf dessen Kenntnisstand noch auf den seines gesetzlichen Vertreters ankommen kann. Hinsichtlich der Rechtsgeschäfte eines über siebenjährigen Minderjährigen oder eines nicht geschäftsunfähigen Betreuten bei angeordnetem Einwilligungsvorbehalt (im folgenden soll als *pars pro toto* allein vom Minderjährigen die Rede sein) ist gem § 107 auch hier entscheidend, ob die Wirksamkeit des Geschäftes die Zustimmung des gesetzlichen Vertreters erfordert. Auf zustimmungsbedürftige, also dem Minderjährigen (auch) rechtlich nachteilige Rechtsgeschäfte muss § 166 Abs 1 entsprechend angewendet werden (vTuhr, AT II 1 § 59 V m Fn 69; Schilken 173; Staudinger/Schilken [2004] § 166 Rn 30). Der hier allein auf dem Kenntnisstand des Minderjährigen selbst als des rechtsgeschäftlich Handelnden abstellenden Gegenmeinung (RGZ 116, 134, 138 f; BGB-RGRK/Krüger-Nieland § 108 Rn 5; auch Boehmer MDR 1959, 705, 706) kann nicht gefolgt werden. Denn auch bezüglich des vom Minderjährigen geschlossenen, aber zustimmungsbedürftigen Geschäftes liegt die letzte Verantwortung beim gesetzlichen Vertreter (Flume, AT II § 13, 7 d cc), insoweit nicht anders als wenn der Vertreter seinerseits das Geschäft im Namen des Minderjährigen geschlossen hätte. Der häufig zufällige Umstand eines Geschäftsabschlusses durch den Minderjährigen statt durch den Vertreter kann nicht ausschlaggebend sein. Entscheidend ist mithin auch beim zustimmungsbedürftigen Minderjährigengeschäft die Gut- oder Bösgläubigkeit des gesetzlichen Vertreters. Dabei kommt es grundsätzlich auf den Kenntnisstand des Vertreters im Zeitpunkt der Erteilung der Zustimmung als Einwilligung oder als Genehmigung an, da mit der Zustimmung über die Wirksamkeit des Geschäfts entschieden wird. Wird der Vertreter allerdings zwischen der erteilten Einwilligung und der Vornahme des Geschäfts durch den Minderjährigen bösgläubig und macht er von seiner nach § 183 bestehenden Widerrufsmöglichkeit keinen Gebrauch, so schadet diese spätere Bösgläubigkeit ebenfalls. Im Falle der Genehmigung führt die hier vertretene Auffassung freilich dazu, dass dem minderjährigen Käufer, obwohl er bei Kaufabschluss einen Mangel der Kaufsache nicht gekannt hat, gem § 442 nicht die Rechte aus § 437 zustehen, wenn der Vertreter den Kauf in Kenntnis des Mangels genehmigt, weshalb Flume (aaO 202) hier die (fehlende) Kenntnis des Minderjährigen für maßgeblich erklärt; der Wegfall der Gewährleistungsrechte ist aber nicht unbillig, da der Vertreter bei seiner Entscheidung über die Genehmigung die ihm bekannte Mangelhaftigkeit der Sache in Rechnung stellen kann.

Für ein nach § 107 **nicht zustimmungsbedürftiges Rechtsgeschäft** des Minderjährigen, **74** also ein diesem rechtlich lediglich vorteilhaftes oder neutrales Geschäft, ist demgegenüber allein der Kenntnisstand des Minderjährigen selbst maßgeblich (SCHILKEN 168 ff; vTUHR aaO; FLUME aaO). Schließt also ein Minderjähriger mit einem nicht berechtigten Veräußerer ein Übereignungsgeschäft ab, so hindert allein eine Bösgläubigkeit des Minderjährigen einen Erwerb nach den §§ 932 ff, 892 usw; auf den guten oder bösen Glauben des gesetzlichen Vertreters kommt es nicht an (vTUHR aaO; ENNERCCERUS/NIPPERDEY I 2 § 151 Fn 7; SCHILKEN 250 f; STAUDINGER/SCHILKEN [2004] § 166 Rn 30; MünchKomm/SCHRAMM § 166 Rn 39; auch BOEHMER aaO). Eine besondere „Bösglaubensfähigkeit" des Minderjährigen ist hier nicht zu fordern (so aber MÜLLER-FREIENFELS 395 Fn 10; ihm insoweit folgend SCHILKEN 250), denn § 107 weist die Entscheidung über ein rechtlich nicht nachteiliges Geschäft allgemein dem – nicht geschäftsunfähigen – Minderjährigen zu; entscheidend ist allein die konkrete Fähigkeit des Minderjährigen, die Nichtberechtigung des Veräußerers aufgrund einer „Parallelwertung in der Laiensphäre" zu erkennen. Diese eigene Verantwortlichkeit des Minderjährigen hindert auch eine entsprechende Anwendung des § 166 Abs 2 auf den bösgläubigen gesetzlichen Vertreter, etwa um den minderjährigen Erwerber eines vom gesetzlichen Vertreter (oder einem Dritten) mit Gläubigerbenachteiligungsvorsatz übertragenen Gegenstandes die nicht beim Minderjährigen, wohl aber beim Vertreter vorhandene Kenntnis des Benachteiligungsvorsatzes gem §§ 3 Abs 1 AnfG, 133 Abs 1 InsO zuzurechnen (zutreffend BGHZ 94, 232, 238 ff = NJW 1985, 2407, 2408 f). Eine entsprechende Anwendung des § 166 Abs 2 in diesen Fällen kann auch nicht auf eine „originäre Vermögensverantwortung" des gesetzlichen Vertreters gestützt werden (so aber TINTELNOT JZ 1987, 795, 798 f; vgl auch OLG Celle NJW 1978, 2159 [LS]), da diese nur im Innenverhältnis zum Minderjährigen besteht; BGHZ 38, 65, 69 lässt sich für die Analogie ebenfalls nicht anführen, denn dort handelte auf seiten der Minderjährigen deren (allgemeiner) gesetzlicher Vertreter, indem er die Bestellung eines Ergänzungspflegers veranlasste. Hat der gesetzliche Vertreter zu einem bestimmten Kreis von zustimmungsbedürftigen Geschäften seine Einwilligung als beschränkten Generalkonsens erteilt (vgl hierzu § 107 Rn 37), so hat er in diesem Umfang die Verantwortlichkeit in die Hände des Minderjährigen gelegt; infolgedessen muss hier, ähnlich wie bei zustimmungsfreien Geschäften, der Kenntnisstand des Minderjährigen entscheidend sein (vgl FLUME 201).

Willensmängel können immer nur in der Person dessen relevant sein, der die **75** betreffende Willenserklärung abgegeben hat. Bei zustimmungsfreien Rechtsgeschäften des Minderjährigen berechtigt folglich nur ein bei diesem auftretender Willensmangel zur Anfechtung nach den §§ 119 oder 123. Bei zustimmungsbedürftigen Rechtsgeschäften hat ein Willensmangel des Minderjährigen die Anfechtbarkeit der von diesem abgegebenen rechtsgeschäftlichen Erklärung zur Folge, ein Willensmangel des gesetzlichen Vertreters die Anfechtbarkeit von dessen Zustimmungserklärung (SCHILKEN 160, 174; FLUME 201 f).

b) Böser Glaube im Eigentümer-Besitzer-Verhältnis und bei der Ersitzung

Für die Bösgläubigkeit des nicht berechtigten Besitzers hinsichtlich seiner Nichtbe- **76** rechtigung gem § 990 Abs 1 ist die entsprechende Anwendbarkeit des Geschäftsfähigkeitsrechts umstritten. Die wohl überwiegende Ansicht verneint diese Anwendbarkeit und bestimmt die persönliche Fähigkeit des Besitzers zur Bösgläubigkeit in entsprechender Anwendung der Vorschriften über die Deliktsfähigkeit (BOEHMER

MDR 1959, 705, 706; vTuhr, AT II 1 § 59 X 5 aE; Ennerccerus/Nipperdey I 2 § 151 II 1 a Fn 7; MünchKomm/Medicus § 990 Rn 17; Palandt/Bassenge § 990 Rn 8; für die Schadensersatzpflicht iVm § 989 auch H Ebel JA 1983, 296, 299). Nach der Gegenmeinung kommt es allein auf den gem Satz 1 oder Satz 2 des § 990 Abs 1 erforderlichen Kenntnisstand des gesetzlichen Vertreters des nicht (voll) geschäftsfähigen Besitzers an (Metzler NJW 1971, 690; Pinger MDR 1974, 184, 187; Czeguhn Rn 176 aE; grundsätzlich auch Schilken 289 ff). Die Lösung der Frage hängt ab von der rechtlichen Qualifikation des bösgläubigen Besitz(erwerbs) nach § 990. Der Besitzerwerb im bösen Glauben erfüllt als solcher zwar nicht notwendig den Tatbestand einer unerlaubten Handlung (Eigentumsverletzung), er ist aber doch mehr als eine wertmäßig noch neutrale bloße Voraussetzung der Haftung für eine nachfolgende verschuldete Unmöglichkeit der (unversehrten) Herausgabe und mehr als eine bloße Übernahme des entsprechenden Risikos (so aber L Raiser JZ 1961, 26, 27; Pinger MDR 1974, 184, 187; Schilken 272 ff; Staudinger/Gursky [1999] § 990 Rn 42). Der Bezugspunkt der fehlenden Besitzberechtigung und damit der Beeinträchtigung der Rechtssphäre eines anderen (des Eigentümers) verleiht dem Besitzerwerb im bösen Glauben und auch der nachfolgenden Kenntnis der Nichtberechtigung vielmehr bereits ein deliktsähnliches Gepräge (H Westermann JuS 1961, 79, 82 m Fn 12; Isele JZ 1963, 257, 258; Birk JZ 1963, 354 f; Koether/Ruchatz NJW 1973, 1444, 1446; Baur/Stürner, SaR § 5 II 1 c) bb [1]; Medicus, AT Rn 903). Die Deliktsähnlichkeit rechtfertigt grundsätzlich die entsprechende Anwendung der §§ 827, 828 auf die Bösgläubigkeit. Gegen dieses Ergebnis spricht auch nicht die Entstehungsgeschichte des § 990. Die Gesetzesverfasser waren zwar in der Tat der Ansicht, der Besitzerwerb im bösen Glauben und erst recht die *mala fides superveniens* stellten regelmäßig kein Delikt dar, weshalb eine Schadensersatzhaftung nur aufgrund der besonderen Vorschriften der §§ 990 Abs 1, 989 eintreten könnte (vgl Mot III 402 ff = Mugdan III 224 f); diese nach der heutigen Dogmatik des Deliktsrechts überholte Auffassung des historischen Gesetzgebers ist aber für die sachliche Einordnung des bösgläubigen Besitz(erwerbes) nicht mehr als maßgeblich anzusehen (vgl Köbl, Das Eigentümer-Besitzer-Verhältnis im Anspruchssystem des BGB [1971] 167 ff; auch Brox JZ 1965, 516, 518 f). Ein Minderjähriger über sieben Jahre kann folglich entsprechend § 828 Abs 3 bösgläubig sein. Der dort geforderten Einsicht der Erkenntnis zur Verantwortlichkeit für die unerlaubte Handlung entspricht hier die – ebenfalls individuell festzustellende – Fähigkeit zur Erkenntnis der fehlenden Besitzberechtigung und der hieraus folgenden Herausgabepflicht aufgrund einer „Parallelwertung in der Laiensphäre" (vgl Staudinger/Gursky [1999] § 990 Rn 35; ferner Kropholler, StudKBGB § 990 Rn 3; Koether-Ruchatz NJW 1973, 1444, 1446; bei Besitzverschaffung durch unerlaubte Handlung auch MünchKomm/Gitter[3] Vorbem 29, 30 zu § 104; einschr Schilken 289 f). Gleiches gilt für die die Ersitzung einer beweglichen Sache hindernde Bösgläubigkeit nach § 937 Abs 2. Entscheidend ist auch hier die Kenntnis bzw grob fahrlässige Unkenntnis des fehlenden Eigentums durch den minderjährigen Besitzer selbst, sofern er entsprechend § 828 Abs 3 über die erforderliche Einsicht verfügt (vgl Soergel/Mühl § 937 Rn 5; Boehmer MDR 1959, 705, 706; wohl auch MünchKomm/Quack § 937 Rn 28).

77 Die entsprechende Anwendung der Vorschriften über die Deliktsfähigkeit kann aber dann nicht Platz greifen, wenn der Minderjährige den Besitz aufgrund eines wegen des Geschäftsfähigkeitsmangels unwirksamen Rechtsgeschäfts (Kauf-, Mietvertrag usw) erlangt hat. Würde man hier entsprechend § 828 Abs 3 auf den Kenntnisstand des Minderjährigen abstellen mit der Folge seiner Haftung aus § 990 iVm § 989 oder § 987, so könnte der Minderjährige durch sein eigenes rechtsgeschäftliches Handeln ohne Mitwirkung des gesetzlichen Vertreters diejenigen Vermögenseinbußen erleiden, vor denen ihn die §§ 107 ff gerade bewahren wollen. Bei dem Besitzerwerb des Minderjährigen aufgrund eines nach den Geschäftsfähigkeitsvorschriften unwirksamen Rechtsgeschäfts ist deshalb für eine Haftung nach § 990 Abs 1 ein nach dieser Vorschrift notwendiger Kenntnisstand des gesetzlichen Vertreters in entsprechender Anwendung von § 166 Abs 1 zu fordern (vgl WACKE JuS 1978, 80, 84; KÖBLER JuS 1979, 789, 794; SCHIEMANN Jura 1981, 631, 640 f; KOETHER-RUCHATZ NJW 1973, 1444, 1446; KROPHOLLER; STAUDINGER/GURSKY [1999] jeweils aaO). Hat der Minderjährige mit der aufgrund unwirksamen Vertrages erfolgten Besitzverschaffung aber gleichzeitig eine unerlaubte Handlung begangen, so greift wiederum der Grundsatz durch, dass der Schutz des nicht (voll) Geschäftsfähigen seine Grenze am Deliktsrecht findet; in diesen Fällen kommt es also doch analog §§ 827, 828 auf die eigene Bösgläubigkeit des Minderjährigen an (so richtig MünchKomm/GITTER[3] Vorbem 30 zu § 104). Stellt die unerlaubte Handlung zugleich eine Straftat dar (Betrug nach § 263 StGB), so folgt dieses Ergebnis schon aus dem Rechtsgedanken des § 992. Das bloße Verschweigen der Minderjährigkeit oder der fehlenden Einwilligung des gesetzlichen Vertreters verwirklicht allerdings mangels einer dahingehenden Aufklärungspflicht des Minderjährigen noch nicht den Betrugstatbestand; erforderlich ist vielmehr ein positives Vorspiegeln der Volljährigkeit bzw des Konsenses des Vertreters in entsprechender Anwendung von § 166 Abs 1. Im Falle eines von dem minderjährigen Fremdbesitzer (zB aufgrund unwirksamen Mietvertrages) begangenen Fremdbesitzerexzesses muss ebenfalls der Kenntnisstand des Minderjährigen entscheidend sein (vgl H EBEL JA 1983, 296).

c) **Ungerechtfertigte Bereicherung**

Im Bereicherungsrecht stellt sich die Frage einer entsprechenden Anwendbarkeit der Geschäftsfähigkeitsvorschriften für die Beurteilung der persönlichen Fähigkeit des Bereicherungsschuldners zur Kenntnis des fehlenden Rechtsgrundes der Bereicherung gem § 819 Abs 1 mit der Folge einer Haftung nach den „allgemeinen Vorschriften" gem § 818 Abs 4, die über § 292 zur Verantwortlichkeit gem §§ 987 ff und damit bei verschuldetem Bereicherungswegfall zum Ausschluss des Einwandes aus § 818 Abs 3 führt (verschärfte Bereicherungshaftung). Die diesbezügliche Problematik ähnelt stark der sich bezüglich der Bösgläubigkeit im Eigentümer-Besitzer-Verhältnis stellenden (s o Rn 76) und wird deshalb ähnlich kontrovers diskutiert. Die eine entsprechende Anwendung der §§ 104 ff bejahende Ansicht verlangt demgemäß für die verschärfte Haftung eines nicht (voll) geschäftsfähigen Bereicherungsschuldners die Kenntnis des gesetzlichen Vertreters von dem fehlenden Rechtsgrund (vgl CANARIS JZ 1971, 560, 562 f; LARENZ/CANARIS, SR II 3 § 73 II 2 a; METZLER NJW 1971, 690; grundsätzl auch SCHILKEN 297 f) oder sogar die Genehmigung der Leistung oder des Eingriffs durch den Vertreter (so H EBEL JA 1982, 373, 375 ff; 526, 527 f), während die Kenntnis des Bereicherungsschuldners allein nicht ausreichen soll. Die Gegenmeinung wendet die Vorschriften über die Deliktsfähigkeit entsprechend an und lässt deshalb die Kenntnis des gem § 828 Abs 3 deliktsfähigen Bereicherungsschuldners für die verschäfte Haftung genügen (BOEHMER MDR 1959, 705, 706; WEIMAR MDR 1978, 378, 379; vTUHR, AT II 1 § 59 X 5 aE; ENNECCERUS/NIPPERDEY I 2 § 151 Fn 7; auch KG OLGE 20, 249, 250). Die heute wohl überwiegende Meinung differenziert zwischen der durch Leistung und der „in sonstiger Weise" eingetretenen Bereicherung dergestalt, dass für jene die Kenntnis des gesetzlichen Vertreters, für diese die Kenntnis des deliktsfähigen Bereicherungsschuldners selbst entscheidend sein soll (vgl PAWLOWSKI

JuS 1967, 302, 306 f; GURSKY NJW 1969, 2183, 2184 f; KNÜTEL JR 1971, 293, 294; KÖBLER JuS 1979, 789, 794; DALHOFF 119 f; FOMFEREK 88 f; AK-BGB/KOHL Vorbem 17 zu § 104; ERMAN/PALM Vorbem 7 zu § 104; PALANDT/HEINRICHS Einf zu § 104 Rn 6).

79 Zu folgen ist der nach Kondiktionsarten differenzierenden Ansicht. Würde bei der **Leistungskondiktion** aufgrund eines wegen des Geschäftsfähigkeitsmangels des Bereicherungsschuldners unwirksamen Vertrages auf die Kenntnis des minderjährigen Bereicherungsschuldners selbst abgestellt, so schuldete dieser, falls der ursprünglich erlangte Bereicherungsgegenstand als solcher bei ihm nicht mehr vorhanden ist, gem § 818 Abs 2 den vollen Wertersatz, ohne sich auf einen nach Kenntniserlangung eingetretenen Bereicherungswegfall gem § 818 Abs 3 berufen zu können. Der Minderjährige würde dann wirtschaftlich regelmäßig so gestellt, als müsste er die in dem (unwirksamen) Vertrag vereinbarte Gegenleistung erbringen und dazu sein vor dem Vertragsschluss vorhandenes Vermögen angreifen. Damit wäre aber der Schutz vereitelt, den das Geschäftsfähigkeitsrecht dem nicht (voll) geschäftsfähigen Vertragsteil dadurch gewähren will, dass es die Entscheidung über die Erfüllung eines dem Minderjährigen rechtlich nicht lediglich vorteilhaften Vertrages in die Hände des gesetzlichen Vertreters legt. Nach dem Schutzzweck der §§ 104 ff kann somit bei der bereicherungsrechtlichen Rückabwicklung eines aufgrund Geschäftsfähigkeitsmangels unwirksamen Rechtsgeschäfts eine verschärfte Haftung des Minderjährigen erst von dem Zeitpunkt an eintreten, in dem dessen gesetzlicher Vertreter von dem fehlenden Rechtsgrund der Leistung Kenntnis erlangt hat; die Kenntnis allein des Minderjährigen kann diese Wirkung dagegen nicht herbeiführen (grundlegend RG JW 1917, 465; KG NJW 1998, 2911; OLG Nürnberg NJW-RR 1989, 1137; MEDICUS, BR Rn 176 u FamRZ 1971, 250, 251; ESSER/WEYERS II § 51 III 1a; auch RGZ 93, 227, 230; KG OLGE 22, 356 f; FamRZ 1964, 518, 519; OLG Hamm NJW 1966, 2357, 2359). Nicht gefolgt werden kann der weitergehenden Ansicht, die die bloße Kenntnis der Rechtsgrundlosigkeit seitens des gesetzlichen Vertreters nicht genügen lässt, sondern aus den §§ 107 ff folgert, eine Haftung des Minderjährigen nach § 819 Abs 1 komme bei fehlender Zustimmung des Vertreters zu dem der Leistung zugrundeliegenden Vertrag überhaupt nicht und bei Unwirksamkeit des (konsentierten) Vertrages aus einem anderen Grund nur dann in Betracht, wenn der Vertreter seine erteilte Genehmigung nicht aus diesem Grunde angefochten hat (so H EBEL JA 1982, 373, 375 ff). Diese Meinung berücksichtigt zu wenig den Unterschied zwischen vertraglicher und Bereicherungshaftung und überspannt damit den Minderjährigenschutz über Gebühr zum Nachteil des Geschäftsgegners des Minderjährigen. Im Bereicherungsrecht wird dem Schutz des nicht (voll) Geschäftsfähigen schon durch das Erfordernis der Kenntnis des gesetzlichen Vertreters für die verschärfte Haftung voll Rechnung getragen, denn der Vertreter kann dann die zur Verhinderung eines Bereicherungswegfalls notwendigen Maßnahmen ergreifen; ist er hierzu nicht willens oder imstande, so kann dies nicht dem Bereicherungsgläubiger zum Nachteil gereichen (vgl WILHELM AcP 183 [1983] 1, 29 m Fn 79; FOMFEREK 88).

80 Abweichend von dem Grundsatz der Maßgeblichkeit der Kenntnis des gesetzlichen Vertreters ist aber auch bei der Leistungskondiktion dann in entsprechender Anwendung der §§ 827, 828 auf die Kenntnis des deliktsfähigen Bereicherungsschuldners selbst abzustellen, wenn dieser die Leistung des anderen Teils durch Erfüllung des Tatbestandes einer **unerlaubten Handlung** herbeigeführt hat (BGHZ 55, 128, 136 f = NJW 1971, 609, 611; TEICHMANN JuS 1972, 247, 250; ERMAN/PALM Vorbem 7 zu § 104; Münch-

Komm/Schmitt § 108 Rn 38; Palandt/Heinrichs Einf zu § 104 Rn 6). Die gegenüber dem Geschäftsfähigkeitsrecht eigenständige Regelung der Verantwortlichkeit für unerlaubte Handlungen muss sich insofern, ebenso wie auf die Haftung gem § 990 Abs 1 (vgl o Rn 77), auch auf das Bereicherungsrecht auswirken. Die entsprechende Anwendung der §§ 827, 828 lässt sich auch nicht mit dem Hinweis auf die für eine Bereicherungshaftung – anders als für eine Haftung aus unerlaubter Handlung – nicht erforderliche Entstehung eines über die deliktisch veranlasste Leistung als solche hinausgehenden weiteren Schadens des Bereicherungsgläubigers und der deshalb hier nicht eingreifenden Warnfunktion des Schadens, dem die Regelung der deliktischen Verantwortlichkeit zugrunde liege, verneinen (so aber Canaris JZ 1971, 560, 562 f; Larenz/Canaris, SR II 2 § 73 II 2a; Medicus, BR Rn 176, auch FamRZ 1971, 250, 251; Czeguhn Rn 175 aE). Denn zum einen wird im Falle einer durch deliktisches Handeln des Bereicherungsschuldners verursachten Leistung die dem Leistungsempfänger erkennbare Möglichkeit eines weiteren Schadens des Leistenden kaum je auszuschließen sein (vgl den „Flugreise"-Fall BGHZ 55, 128, wo der minderjährige Beklagte, als er sich zum Sitzenbleiben in der Lufthansa-Maschine und damit zur Begehung der Tathandlung des § 265a StGB entschloss, noch gar nicht wissen konnte, dass das Flugzeug nicht ausgebucht war [andere Deutung bei Canaris JZ 1971, 560, 563]). Vor allem aber ist im Rahmen einer entsprechenden Anwendung der §§ 827, 828 die für § 819 Abs 1 erforderliche Kenntnis des Minderjährigen eine ihm rechtlich – bei laienhafter Parallelwertung – nicht zustehende Leistung zu erlangen bzw (bei *mala fides superveniens*) erlangt zu haben, hinsichtlich ihrer Warnfunktion dem für die deliktische Haftung ausreichenden (BGH VersR 1970, 374 f) Wissen, durch Begehung der rechtswidrigen Handlung irgendwie zur Verantwortung gezogen werden zu können, gleich zu achten (vgl Teichmann JuS 1972, 247, 250). Ein über sieben Jahre alter Minderjähriger kann sich folglich bei Vorhandensein der entsprechend § 828 Abs 3 erforderlichen Einsicht nicht auf einen Bereicherungswegfall berufen, der nach erlangter Kenntnis der Rechtsgrundlosigkeit der von ihm durch deliktisches Verhalten veranlassten Leistung eingetreten ist. Der „Flugreise"-Fall (BGHZ 55, 128) ist daher auch bei der – allerdings zweifelhaften – Qualifikation des erschlichenen Hinfluges als eine von der Lufthansa dem Beklagten erbrachte Leistung im Ergebnis zutreffend entschieden worden. Bei Deliktsunfähigkeit des Bereicherungsschuldners gem §§ 827 S 1, 828 Abs 1 scheidet hingegen eine Haftung nach §§ 819 Abs 1, 818 Abs 4 in jedem Falle aus (vgl KG NJW 1998, 2911).

In den Fällen der Bereicherung „in sonstiger Weise" ist hinsichtlich der für § 819 **81** Abs 1 entscheidenden Kenntnis zwischen den einzelnen **Nichtleistungskondiktionen** zu differenzieren. Im Bereich der **Eingriffskondiktion** muss dabei die Bereicherung im Wege eines vom Bereichsschuldners selbst vorgenommenen Eingriffs in ein dem Bereicherungsgläubiger zugewiesenes Rechtsgut (nach der herrschenden Zuweisungstheorie) gesondert betrachtet werden, weshalb es sich empfiehlt, diesen Kondiktionstyp systematisch überhaupt auf Eingriffe seitens des Schuldners zu beschränken (so MünchKomm/Lieb § 812 Rn 223) und die von einem Dritten in sonstiger Weise herbeigeführten Bereicherungsvorgänge anderen Arten der Nichtleistungskondiktion zuzurechnen (vgl MünchKomm/Lieb § 812 Rn 228 ff, 231). Diese Verursachung der Bereicherung durch ein eigenes Verhalten des Bereicherten begründet gegenüber den sonstigen Nichtleistungskondiktionen eine Sonderstellung der Eingriffskondiktion als Usurpation eines fremden Rechtsgutes und verleiht ihr damit einen deliktsähnlichen Charakter (vgl eingehend Reuter/Martinek, Ungerechtfertigte Bereicherung [1983] § 7 II 2; auch MEDICUS, BR Rn 176). Diese Deliktsähnlichkeit führt bei der Eingriffskondiktion zu einer entsprechenden Anwendung der §§ 827, 828 hinsichtich der Kenntnis des fehlenden Rechtsgrundes, für die es mithin auf den Kenntnisstand des minderjährigen Bereicherungsschuldners selbst ankommt (PAWLOWSKI JuS 1967, 302, 306 f; GURSKY NJW 1969, 2183, 2184 f; KNÜTEL JR 1971, 293, 294; DALHOFF 121 f; MünchKomm/SCHMITT § 108 Rn 40; PALANDT/HEINRICHS Einf zu § 104 Rn 6; grundsätzl auch MEDICUS, BR Rn 176; insoweit auch REUTER/MARTINEK aaO § 18 III 3; aA CANARIS JZ 1971, 560, 562 f, LARENZ/CANARIS, SR II 2 § 72 II 2a; METZLER NJW 1971, 690; H EBEL JA 1982, 526, 527 f; MünchKomm/LIEB § 819 Rn 7). Ein über den Eingriff als solchen hinausgehender Schaden des Bereicherungsgläubigers ist auch hier nicht erforderlich (aA CANARIS, MEDICUS jeweils aaO); die für die entsprechende Anwendung des § 828 Abs 3 erforderliche Warnfunktion kommt hier dem Wissen des Minderjährigen zu, mit dem Eingriff einem anderen zugewiesene Befugnisse auszuüben (vgl TEICHMANN JuS 1972, 247, 250). Die Entscheidung des BGH im „Flugreise"-Fall (BGHZ 55, 128) verdient somit im Ergebnis auch dann Zustimmung, wenn man die Beförderung des Beklagten auf dem Hinflug nach New York, wohl zutreffend, als durch einen Eingriff erlangt ansieht; auch das bloße „Sitzenbleiben" in der Maschine stellt sich als ein die Bereicherung verursachendes Verhalten dar.

82 Die **sonstigen Nichtleistungskondiktionen**, insbesondere die auf eine Handlung des Bereicherungsgläubigers selbst zurückzuführende Aufwendungs- und Rückgriffkondiktion (vgl MünchKomm/LIEB § 812 Rn 226), unterscheiden sich von der Eingriffskondiktion, ungeachtet ihrer systematischen Gliederung im einzelnen, durch das Fehlen eines die Bereicherung herbeiführenden usurpatorischen Verhaltens des Bereicherungsschuldners. Für eine Qualifikation dieser Kondiktionen als deliktsähnlich ist damit kein Raum. Folglich ist hier der Weg einer entsprechenden Anwendung der Deliktsfähigkeitsvorschriften versperrt. Vielmehr erscheint, wie grundsätzlich im Rahmen einer Leistungsbeziehung (s o Rn 79), ein Schutz des Minderjährigen dagegen geboten, im Wege einer verschärften Haftung für die ohne sein Zutun eingetretene Bereicherung Einbußen an seinem sonstigen Vermögen zu erleiden. Deshalb ist eine ensprechende Anwendung des Geschäftsfähigkeitsrechts auch für die nach § 819 Abs 1 erforderliche Kenntnis notwendig. Eine verschärfte Bereicherungshaftung setzt demnach die Kenntnis des gesetzlichen Vertreters von der Rechtsgrundlosigkeit der Bereicherung voraus (vgl REUTER/MARTINEK aaO § 18 III 3).

83 Für die zum Konditionsausschluss des § 814 auf Seiten des Leistenden erforderliche **Kenntnis des Nichtbestehens der Verbindlichkeit** kommt es bei Leistungserbringung durch einen Vertreter nach allgemeiner Ansicht gem § 166 Abs 1 auf die Kenntnis des Vertreters an (RGZ 107, 329, 335; BGHZ 73, 202, 204 f = NJW 1979, 763; NJW 1999, 1024, 1025; BAGE 10, 176, 178 = JZ 1961, 456, 457 m Anm HERSCHEL; MünchKomm/ LIEB Rn 14, STAUDINGER/LORENZ [1999] Rn 4 jeweils zu § 814). Dies gilt auch für den gesetzlichen Vertreter eines nicht (voll) Geschäftsfähigen und für den Betreuer im Rahmen eines angeordneten Einwilligungsvorbehalts. Erbringt der minderjährige „Schuldner" die Leistung in eigener Person, so muss entsprechend § 166 Abs 1 ebenfalls die Kenntnis des gesetzlichen Vertreters maßgeblich sein. Dagegen verbietet sich eine entsprechende Anwendung von § 166 Abs 2, wenn ein Minderjähriger in Kenntnis des Nichtbestehens der Schuld den von deren Bestehen ausgehenden gesetzlichen Vertreter zur Leistung oder zur Zustimmung zur eigenen Leistung veranlasst (vgl allgemein o Rn 72).

d) Beginn der regelmäßigen Verjährungsfrist nach § 199 Abs 1 Nr 2

Für die zum Beginn der regelmäßigen Verjährungsfrist des § 195 gem § 199 Abs 1 **84** neben der Entstehung des Anspruchs (Nr 1) erforderliche Erlangung der Kenntnis oder die auf grober Fahrlässigkeit beruhende Unkenntnis von den anspruchsbegründenden Umständen und der Person des Schuldners (Nr 2) kommt es bei fehlender (voller) Geschäftsfähigkeit des Gläubigers entspr § 166 Abs 1 auf den Kenntnisstand des gesetzlichen Vertreters an (so für § 852 aF RG WarnR 1913 Nr 143; BGH VersR 1963, 161, 162; NJW 1989, 2323; 1991, 2350). Die Vollendung einer auf Grund dieser Kenntnis (der grob fahrlässigen Unkenntnis) des Vertreters in Gang gesetzten Verjährungsfrist wird durch einen späteren vorübergehenden Wegfall der gesetzlichen Vertretung nicht gehindert, wenn der Mangel der Vertretung vor Beginn der 6-Monats-Frist des § 210 Abs 1 S 1 behoben worden ist (BGH VersR 1968, 1165, 1167).

10. Sonstige Rechtshandlungen

Zwischen den Rechtsgeschäften einerseits und den rechtswidrigen Handlungen (un- **85** erlaubte Handlungen, Forderungsverletzungen) andererseits liegt der breite **Bereich der rechtmäßigen Handlungen nichtrechtsgeschäftlicher Art** (vgl o HÜBNER, AT Rn 580), deren Rechtserfolg, anders als bei den Rechtsgeschäften, unabhängig von einem darauf gerichteten Willen ihres Urhebers eintritt. Eine allgemeine Regelung der Fähigkeit zur Vornahme solcher Rechtshandlungen entsprechend dem Recht der Geschäftsfähigkeit und der Deliktsfähigkeit ist angesichts der großen Verschiedenartigkeit der hierzu gehörenden Verhaltensweisen nicht möglich. Der Gesetzgeber hat deshalb auch nur für bestimmte Arten von Rechtshandlungen diesbezügliche Vorschriften aufgestellt (zB in § 8) und im übrigen die Beantwortung der Frage einer entsprechenden Anwendbarkeit des Geschäftsfähigkeitsrechts auf die Rechtshandlungen der Wissenschaft überlassen (vgl Mot I 127 = MUGDAN I 421 f). Die Antwort richtet sich nach der Eigenart der jeweiligen Rechtshandlung. Hierbei ist die von der Dogmatik seit dem Inkrafttreten des BGB entwickelte und ausgebaute Unterteilung der Rechtshandlungen in rechtsgeschäftsähnliche Rechtshandlungen und Realakte zugrunde zu legen.

a) Rechtsgeschäftsähnliche Rechtshandlungen

Als Eigenart der rechtsgeschäftsähnlichen Rechtshandlungen (hierzu MEDICUS, AT **86** Rn 195 ff) lässt sich der mit ihnen verfolgte Zweck bezeichnen, einem anderen oder der Allgemeinheit einen bestimmten rechtlich erheblichen Umstand (Wille, Vorstellung) mitzuteilen; über den Mitteilungseffekt hinaus lösen diese Handlungen weitere Rechtswirkungen unmittelbar kraft Gesetzes aus. Inwieweit dieser Mitteilungszweck eine entsprechende Anwendung der Vorschriften über die Rechtsgeschäfte auch auf die rechtsgeschäftsähnlichen Handlungen rechtfertigt, kann nicht allgemein beantwortet werden, sondern ist für die einzelnen Handlungen jeweils gesondert zu klären. Grundsätzlich muss die Anwendbarkeit des Geschäftsfähigkeitsrechts aber bejaht werden (BGHZ 47, 352, 357 = NJW 1967, 1800, 1802; ULRICI NJW 2003, 2053, 2054; vBECKER 34 f; vTUHR, AT § 59 X 1; ENNECCERUS/NIPPERDEY II § 137 IV 2a; LARENZ/WOLF, AT § 22 III 1b Rn 17; AK-BGB/KOHL Vorbem 7 zu § 104; ERMAN/PALM Vorbem 17 zu § 104 u Einl 6 zu § 104; MünchKomm/SCHMITT Vorbem 11 zu § 104 u § 105 Rn 10; SOERGEL/ HEFERMEHL Vorbem 20 zu § 104; eingehend MANIGK, Rechtswirks Verh 489 ff; auch MEDICUS, AT Rn 198). Denn die Vornahme solcher Rechtshandlungen mit Kundmachungszweck bedeutet ebenfalls eine Teilnahme am Rechtsverkehr, gegen deren negative Folgen der nicht (voll) Geschäftsfähige auch dann geschützt werden muss, wenn diese ohne seinen darauf gerichteten Willen eintreten können. Es gilt somit folgender Grundsatz: Der Geschäftsunfähige kann rechtsgeschäftsähnliche Rechtshandlungen in eigener Person nicht wirksam vornehmen (§ 105 Abs 1 analog). Der in der Geschäftsfähigkeit Beschränkte und der nicht geschäftsunfähige Betreute im Rahmen eines angeordneten Einwilligungsvorbehalts ist zur persönlichen Vornahme rechtsgeschäftsähnlicher Rechtshandlungen imstande, er bedarf hierfür aber, wenn ihm hieraus auch rechtliche Nachteile erwachsen, entsprechend § 107 der Einwilligung seines gesetzlichen Vertreters (Betreuers).

87 Zu den dem beschränkt Geschäftsfähigen lediglich rechtlich vorteilhaften und damit ohne Einwilligung des gesetzlichen Vertreters wirksamen rechtsgeschäftsähnlichen Rechtshandlungen gehört vor allem die **Mahnung** gem § 286 Abs 1 S 1 (BGHZ 47, 352, 357 = NJW 1967, 1800, 1802; KG FamRZ 1989, 537; OLG Köln NJW 1998, 320; KLEIN ArchBürgR 36 [1911] 304, 313 f; vTUHR, AT § 59 X 1; MünchKomm/SCHMITT Vorbem 11 zu § 104; PLANCK Vorbem 2 b zu § 104; BGB-RGRK/KRÜGER-NIELAND § 107 Rn 12; SOERGEL/HEFERMEHL Vorbem 20 zu § 104; STAUDINGER/OTTO [2004] § 281 Rn B35; aA STAUDINGER/LÖWISCH [2001] § 284 Rn 41). Gleiches gilt für die **Aufforderung** des Gläubigers einer Wahlschuld durch den Schuldner zur Ausübung des Wahlrechts nach § 264 Abs 2. Von den in der **Androhung** eines bestimmten Verhaltens bestehenden Rechtshandlungen ist jedenfalls die Androhung der Besitzaufgabe gegenüber dem sich in Annahmeverzug befindlichen Gläubiger durch den Schuldner gem § 303 S 2 für den Schuldner lediglich rechtlich vorteilhaft (KLEIN ArchBürgR 36 [1911] 304, 313) und wohl auch die Androhung der Versteigerung einer nicht hinterlegungsfähigen Sache nach § 384, der Pfandversteigerung nach § 1220 Abs 1 und des Pfandverkaufs nach § 1234 (aA KLEIN aaO). Als rechtlich lediglich vorteilhaft ist weiterhin der **Widerspruch** des Vermieters gegen die Entfernung eingebrachter Sachen nach § 562a und des Nachbarn gegen den Überbau gem § 912 Abs 1 für den Widersprechenden zu bezeichnen (KLEIN ArchBürgR 36 [1911] 304, 318 f; vTUHR, AT § 59 X 1; STAUDINGER/EMMERICH [1995] § 560 Rn 26). Von den in der Äußerung einer Vorstellung bestehenden Rechtshandlungen eines in der Geschäftsfähigkeit Beschränkten sind ohne Einwilligung des gesetzlichen Vertreters wirksam die **Anzeige** der Verspätung des Zugangs der Annahmeerklärung durch den Annehmenden gem § 149, des Verlustes usw der eingebrachten Sache durch den Gast nach § 703 S 1 sowie des Verlustes eines Zins-, Renten- oder Gewinnanteilscheins durch den bisherigen Inhaber nach § 804 Abs 1 S 1 (KLEIN, Rechtshandlungen 150; MünchKomm/SCHMITT § 105 Rn 10; SOERGEL/HEFERMEHL Vorbem 20 zu § 104; STAUB/BRÜGGEMANN § 377 Rn 129; s auch BECKMANN/GLOSE BB 1989, 857, 858).

88 **Rechtliche Nachteile** mit der Folge der Einwilligungsbedürftigkeit entsprechend § 107 erwachsen den beschränkt geschäftsfähigen Handelnden aus der **Aufforderung** an den gesetzlichen Vertreter nach § 108 Abs 2 oder an den Vertretenen nach § 177 Abs 2 zur Erklärung über die Genehmigung des von dem Minderjährigen oder dem Vertreter ohne Vertretungsmacht geschlossenen Vertrages, denn diese Aufforderung macht eine vorher dem Minderjährigen bzw dem Vertreter gegenüber erteilte Genehmigung unwirksam und vernichtet damit einen bereits entstandenen vertraglichen Anspruch des Auffordernden und setzt ferner die Zwei-Wochen-Frist der §§ 108 Abs 2 S 2 und 177 Abs 2 S 2 in Lauf, nach deren fruchtlosem Ablauf sich die bisherige schwebende Unwirksamkeit des Vertrages in eine endgültige verwandelt (vgl KLEIN ArchBürgR 36 [1911] 304, 325; aA offenbar MünchKomm/GITTER[3] Vorbem 79 zu

§ 104). Bei der **Setzung von Fristen** war (vor der Schuldrechtsmodernisierung) für die wichtigen Fälle der §§ 250, 281, 323 Abs 1 uä die Einordnung als Rechtsgeschäfte (so RGZ 53, 161, 167; BGHZ 114, 360, 366 = NJW 1991, 2552, 2553; LINDACHER JZ 1980, 48, 49; LARENZ/WOLF, AT § 22 III 1a Rn 15) oder als rechtsgeschäftsähnliche Rechtshandlungen (so KLEIN ArchBürgR 36 [1911] 304, 322; SOERGEL/HEFERMEHL Vorbem 20 zu § 104; STAUDINGER/ OTTO [2001] § 326 Rn 73) umstritten; für die letztgenannte Ansicht spricht der Umstand, dass der Eintritt der Rechtswirkungen der Fristsetzung einen hierauf gerichteten Willen des Fristsetzenden nicht erfordert. Eine Fristsetzung mit Ablehnungsandrohung gem § 250 verlangt wegen des dadurch bewirkten Ausschlusses des Primäranspruchs (S 2 letzter HS) die Einwilligung des gesetzlichen Vertreters (KLEIN aaO; anders wohl MünchKomm/GITTER[3] Vorbem 79 zu § 104). Die Fristsetzungen nach den §§ 281 und 323 lassen hingegen unter dem neuen Recht den Primäranspruch nicht mehr entfallen, sondern führen nur zur Entstehung eines Schadensersatzanspruchs bzw eines Rücktrittsrechts des Gläubigers neben dem zunächst (§ 281 Abs 4) fortbestehenden Erfüllungsanspruch; diese Rechtsakte kann der beschränkt geschäftsfähige Gläubiger daher als ihm rechtlich lediglich vorteilhaft ohne Einwilligung des gesetzlichen Vertreters vornehmen. Die **Anzeige** der Forderungsabtretung durch den Gläubiger gegenüber dem Schuldner nach § 409 und der Übereignung des vermieteten Grundstücks durch den Vermieter gegenüber dem Mieter nach § 576 sind als dem Anzeigenden nachteilige Tatbestände veranlassten Rechtsscheins (vgl hierzu allg o Rn 47) einwilligungsbedürftig (für § 409: NITSCHKE JuS 1968, 541, 542; vTUHR, AT § 59 X 3; SOERGEL/HEFERMEHL Vorbem 20 zu § 104; für § 576: MünchKomm/ VOELSKOW § 576 Rn 2; STAUDINGER/EMMERICH [1995] § 576 Rn 6), desgleichen die Anzeige des Erlöschens einer Außenvollmacht gem § 170 (KLEIN, Rechtshandlungen 150), da sie den bis dahin fortbestehenden Rechtsschein der Bevollmächtigung vernichtet. Zur Kundgabe einer Bevollmächtigung nach § 171 und zur Aushändigung einer Vollmachtsurkunde nach § 172 s o Rn 48. Zur Einwilligung in die Verletzung persönlicher Rechte und Rechtsgüter s o Rn 56 ff. Einwilligungsbedürftig ist schließlich auch die **verjährungsunterbrechende Anerkennung** des Anspruchs gem § 212 Abs 1 Nr 1 wegen des dem Anerkennenden nachteiligen erneuten Verjährungsbeginns (vgl vTUHR, AT § 59 X 3; PALANDT/HEINRICHS § 212 Rn 2; STAUDINGER/PETERS [2001] § 208 Rn 7, 8). Da die rechtsgeschäftsähnlichen Rechtshandlungen einseitige Rechtsakte darstellen, ist auf sie auch § 111 entsprechend anwendbar (PALANDT/HEINRICHS § 111 Rn 1). Die fehlende Einwilligung macht die Rechtshandlung also (endgültig) unwirksam; bei der – idR gegebenen – Empfangsbedürftigkeit der Rechtshandlung tritt Unwirksamkeit auch bei erteilter, aber nicht in schriftlicher Form vorgelegter Einwilligung und unverzüglicher Zurückweisung der Handlung aus diesem Grunde durch den anderen Teil ein, sofern dieser vom Vertreter über die Erteilung nicht in Kenntnis gesetzt worden war. Die Erteilung einer **Quittung** ist mangels materiellrechtlicher Wirkungen keine rechtsgeschäftsähnliche Rechtshandlung, sondern als außergerichtliches Geständnis des Leistungserhalts ein in einer Willenserklärung bestehendes Beweismittel (STAUDINGER/OLZEN [2000] § 368 Rn 7), dessen formelle Beweiskraft sich nach § 416 ZPO auf die Abgabe durch den unterzeichneten Aussteller beschränkt, während die inhaltliche Richtigkeit der freien Beweiswürdigung gem § 286 ZPO unterliegt. Bei einem Geschäftsfähigkeitsmangel des Ausstellers ist der Beweiswert regelmäßig eingeschränkt (vgl OLG Köln MDR 1964, 155 [Nr 89]; OLG Karlsruhe MDR 1978, 667 f; auch STÖTTER MDR 1978, 632, 633).

b) Realakte

89 Den Realakten fehlt jener Mitteilungs- und Kundgabecharakter, der für die entsprechende Anwendbarkeit der Geschäftsfähigkeitsvorschriften auf die rechtsgeschäftsähnlichen Rechtshandlungen ausschlaggebend ist (s o Rn 86); ihre Rechtswirkungen treten vielmehr allein aufgrund eines durch die Handlung herbeigeführten, an sich außerrechtlichen tatsächlichen Erfolges ein (vgl LARENZ/WOLF, AT § 22 III 2 Rn 20; ferner KLEIN SeuffBl 76 [1911] 512 f; ENNECCERUS/NIPPERDEY I 2 § 137 IV 2b; MEDICUS, AT Rn 196; BGB-RGRK/KRÜGER-NIELAND Vorbem 14 zu § 104). Für die diesen Erfolg herbeiführende Handlung ist deshalb auch kein rechtlich qualifizierter Wille zu fordern, sondern es genügt der auf den Erfolgseintritt gerichtete natürliche Wille. Die Rechtsfolgen der Realakte treten deshalb nach allgemeiner Ansicht ohne Rücksicht auf die Geschäftsfähigkeit ihres Urhebers ein, die §§ 104 ff sind mithin auf diese Rechtshandlungen grundsätzlich nicht entsprechend anwendbar; es genügt die tatsächliche Erkenntnis- und Willensfähigkeit des Handelnden im Hinblick auf den herbeigeführten äußeren Erfolg (KLEIN SeuffBl 76 [1911] 512, 515; MANIGK, Rechtswirks Verh 488; FLUME, AT II § 13, 11b; LARENZ/WOLF, AT § 22 III 2 Rn 23; AK-BGB/KOHL Vorbem 8 zu § 104; ERMAN/PALM Vorbem 17 zu § 104 u Einl 7 f § 104; MünchKomm/SCHMITT § 105 Rn 14; SOERGEL/HEFERMEHL Vorbem 18, 19 zu § 104; anders nur DALHOFF 45 ff, 51 f). Durch **Verarbeitung** oder Umbildung eines oder mehrerer Stoffe wird der Verarbeiter daher auch bei fehlender Geschäftsfähigkeit Eigentümer der neu hergestellten Sache gem § 950 Abs 1. Für die Herstellung unkörperlicher Güter gilt Entsprechendes: Das **Urheberrecht** des Schöpfers eines literarischen, wissenschaftlichen oder künstlerischen Werkes entsteht nach § 7 UrhG durch den Realakt der Schöpfung (vgl LG Nürnberg-Fürth GRUR 1968, 252, 254) ungeachtet eines – etwa bei Minderjährigkeit auch hier durchaus möglichen (Beispiele bei FROMM/NORDEMANN, Urheberrecht [9. Aufl 1998] § 7 UrhG Rn 3) – Geschäftsfähigkeitsmangels des Schöpfers (SCHRICKER/LOEWENHEIM, Urheberrecht [2. Aufl 1999] § 7 UrhG Rn 5). Das Recht auf das **Patent** – gleiches gilt für andere gewerbliche Schutzrechte (Gebrauchsmuster, Geschmacksmuster) – entsteht nach § 6 PatG mit dem eine Geschäftsfähigkeit des Erfinders nicht erfordernden tatsächlichen Akt der Erfindung (BENKARD/BRUCHHAUSEN, PatG, [9. Aufl 1993] § 6 Rn 6), während die Patentanmeldung (§ 35 PatG) als Verfahrenshandlung Verfahrens- und damit Geschäftsfähigkeit verlangt (hierzu PFANNER GRUR 1955, 556 ff; BENKARD/SCHÄFERS § 35 Rn 2). Entbehrlich ist die Geschäftsfähigkeit auch für den Eintritt der Rechtsfolgen des **Fundes** nach den §§ 965 ff und des **Schatzfundes** gem § 984. Für die Rechtswirkungen der **Verbindung** (§§ 946 f) und der **Vermischung** (§ 948) gilt dies erst recht, da diese Tatbestände überhaupt keine menschliche Handlung erfordern, sondern auch durch Naturereignisse o ä verwirklicht werden können. Der **Widerruf einer ehrenrührigen Behauptung** führt, wie diese Behauptung selbst, einen tatsächlichen Erfolg im Bereich der Vorstellungswelt herbei und ist daher den Realakten zuzurechnen (vgl BGH NJW 1952, 417); er ist deshalb schon bei Einsichtsfähigkeit in seine Bedeutung beachtlich und verlangt keine Geschäftsfähigkeit (MünchKomm/SCHMITT § 105 Rn 31).

90 Der für den Erwerb des unmittelbaren **Besitzes** gem § 854 Abs 1 zu fordernde Besitzbegründungswille (vgl STAUDINGER/BUND [2000] § 854 Rn 14 ff) ist ebenfalls auf den bloß faktischen Erfolg der Erlangung der tatsächlichen Sachherrschaft gerichtet. Zu diesem Besitzerwerb bedarf es deshalb nach heute einhelliger Ansicht keiner Geschäftsfähigkeit des Erwerbers, sondern nur der zur Erlangung der Sachherrschaft tatsächlich notwendigen körperlichen und geistig-willensmäßigen Fähigkeit, die im Einzelfall auch einem Geschäftsunfähigen zukommen kann (KLEIN SeuffBl 76 [1911] 512, 516; MANIGK, Rechtswirks Verhalten 482; BREIT 242 ff, 249; STEINER 27 ff; DALHOFF 148 f; HECK, SaR § 10, 4b; FLUME, AT II § 13, 11c; AK-BGB/KOHL Vorbem 8 zu § 104; BGB-RGRK/KRÜGER-NIELAND Vorbem 14 zu § 104; MünchKomm/SCHMITT § 105 Rn 15; SOERGEL/ HEFERMEHL Vorbem 19 zu § 104; STAUDINGER/BUND [2000] § 854 Rn 17). § 800 Abs 1 E I, mit dessen Streichung die Zweite Kommission keine grundsätzliche Änderung beabsichtigte (vgl Prot 3343 = MUDGAN III 505), wollte zwar den Besitzerwerb durch einen Geschäftsunfähigen in eigener Person nicht zulassen, diese Ansicht des historischen Gesetzgebers beruhte aber auf der heute überwundenen Auffassung, die dem Geschäftsunfähigen jedweden rechtlich relevanten Willen absprach. Auf die Erlangung des Eigenbesitzes (§ 872) will ein Teil der Lehre allerdings die §§ 104 ff (entsprechend) anwenden (FLUME, AT II § 13, 11c; ERNST, Eigenbesitz 63 ff, 66). Jedoch braucht sich auch der Eigenbesitzwille nur auf ein tatsächliches Verhalten wie ein Eigentümer hinsichtlich der Sache zu richten, weshalb es auch hier nicht auf eine Geschäftsfähigkeit des Erwerbers ankommen kann (KIPP ZHR 54 [1904] 607, 609; FOMFEREK 7 f; WESTERMANN/GURSKY § 12 II 1; WOLFF/RAISER § 7 I 1; MünchKomm/SCHMITT § 105 Rn 16; BGB-RGRK/KRÜGER-NIELAND § 104 Rn 6, § 107 Rn 15). Auch der Verlust des unmittelbaren Besitzes tritt unabhängig von einer Geschäftsfähigkeit des bisherigen Besitzers ein. So kann auch der nicht (voll) Geschäftsfähige bei Vorhandensein des entsprechenden natürlichen Willens den Besitz aufgeben (RGZ 98, 131, 134) oder mittels Übergabe der Sache auf einen anderen übertragen (vgl BGH NJW 1988, 3260, 3262; aA eine frühere Meinung, die in der Besitzübertragung durch Übergabe eine Verfügung des Übergebenden erblickte RAAPE JherJb 71 [1922] 97, 163; auch vTUHR, AT § 59 X 1), denn auch der Besitzaufgabe- bzw -übertragungswille ist nur auf den tatsächlichen Erfolg der Beendigung der Sachherrschaft gerichtet.

Von dem Besitzverlust als solchen zu unterscheiden ist die sehr umstrittene Frage, **91** ob ein von dem natürlichen Willen eines nicht (voll) Geschäftsfähigen getragener Besitzverlust auch als freiwillig in dem Sinne anzusehen ist, dass ein **Abhandenkommen** der Sache gem § 935 Abs 1 nicht vorliegt mit der Folge der Möglichkeit eines gutgläubigen Erwerbs vom Nichtberechtigten nach den §§ 932–934. Nach einer Ansicht soll ein Abhandenkommen bei einer Weggabe der Sache durch einen beschränkt Geschäftsfähigen zu verneinen, bei einer Weggabe durch einen Geschäftsunfähigen hingegen stets zu bejahen sein (KG OLGE 15, 356, 357; OLG Hamburg OLGE 43, 225; vgl auch OLG München NJW 1991, 2571; FOMFEREK 9; BGB-RGRK/KRÜGER-NIELAND § 104 Rn 6, § 107 Rn 15); diese Meinung hat zwar die Gesetzesmaterialien für sich (Mot III 348 f = MUGDAN III 194), die ihr zugrundeliegende Vorstellung einer dem Geschäftsunfähigen auch außerhalb des rechtsgeschäftlichen Bereichs völlig fehlenden, bei dem beschränkt Geschäftsfähigen hingegen grundsätzlich vorhandenen Willensfähigkeit ist aber so nicht haltbar. Eine andere Auffassung lässt für die Freiwilligkeit der Weggabe die tatsächliche Fähigkeit des bisherigen Besitzers genügen, die Bedeutung des Besitzverlustes zu erkennen (OERTMANN SeuffBl 74 [1909] 573, 581; MUSIELAK JuS 1992, 713, 722; H HÜBNER, Rechtsverlust 114 ff, 117; HECK, SaR § 60, 5; BAUR/ STÜRNER, SaR § 52 E II 2a Rn 42; WESTERMANN/GURSKY § 49 I 3; SOERGEL/HEFERMEHL Vorbem 19 zu § 104; auch DALHOFF 149 f). Diese Gleichbehandlung der Freiwilligkeit der Besitzaufgabe mit dem Besitzverlust selbst berücksichtigt aber zu wenig die dem Abhandenkommen im Kontext der Regelung des gutgläubigen Erwerbs beweglicher Sachen zukommende besondere rechtliche Bedeutung. Mit der Freiwilligkeit der Weggabe des unmittelbaren Besitzes veranlasst der Eigentümer der beweglichen

Sache den Rechtsschein der Berechtigung des die Sache veräußernden Nichteigentümers. Damit stellt sich hier die Frage der Zurechenbarkeit eines veranlassten Rechtsscheins, die bei fehlender (voller) Geschäftsfähigkeit des Veranlassenden zu verneinen ist (vgl allg o Rn 47). Aus diesem Grunde ist bei einer Weggabe der Sache durch einen nicht (voll) Geschäftsfähigen ohne den Willen des gesetzlichen Vertreters ein Abhandenkommen gem § 935 als gegeben anzusehen (NITSCHKE JuS 1968, 541, 543; MünchKomm/SCHMITT § 105 Rn 17; m anderer Begr auch BREIT 258 f; STEINER 59; CANARIS, Vertrauenshaftung 453 m Fn 4; vTUHR, AT § 59 X 1 m Fn 175; FLUME, AT II § 13, 11 d). Geschäftsfähigkeit ist auch für den die Pfandsache an den Verpfänder oder den Eigentümer zurückgebenden Pfandgläubiger zu fordern, damit hierdurch das in § 1253 Abs 1 S 1 angeordnete Erlöschen des Pfandrechts eintritt (umstr; bejahend RUD SCHMIDT AcP 134 [1931] 1, 68; MÜLLER, SaR § 17 II 3 [Rn 2971]; vTUHR, AT § 59 X 2; MünchKomm/SCHMITT § 105 Rn 11; BGB-RGRK/KREGEL § 1253 Rn 2; STAUDINGER/WIEGAND [2002] § 1253 Rn 9; auch Mot III 839 = MUGDAN III 469; verneinend WESTERMANN/GURSKY § 132 III 4; MünchKomm/DAMRAU § 1253 Rn 3; PALANDT/BASSENGE § 1253 Rn 4; SOERGEL/MÜHL § 1253 Rn 1). Die Rückgabe begründet zwar nicht eigentlich einen Rechtsschein der rechtsgeschäftlichen Aufgabe des Pfandrechts (so aber wohl MünchKomm/SCHMITT § 105 Rn 11), denn das Pfandrecht erlischt unabhängig von einer Gutgläubigkeit etwa eines Dritten, dem die Sache anschließend verpfändet wird. Auch ist die Pfandrückgabe mangels eines Mitteilungscharakters nicht als rechtsgeschäftsähnliche Rechtshandlung, sondern als Realakt einzuordnen. Die Frage der Anwendbarkeit des Geschäftsfähigkeitsrechts darf jedoch nicht schematisch nach der Rechtsnatur der betreffenden Handlung beantwortet werden, sondern es ist bei jedem Rechtsakt besonders zu prüfen, ob der Schutzzweck der §§ 104 ff eine (entsprechende) Anwendung hierauf gebietet (so nachdrücklich FLUME, AT II § 13, 11a). Dies ist aber hinsichtlich der Pfandrückgabe der Fall (eingehend STAUDINGER/WIEGAND aaO). Denn die in § 1253 getroffene gesetzgeberische Entscheidung, das Pfandrecht durch die bloße Rückübertragung des Besitzes der Pfandsache auch ohne einen rechtsgeschäftlichen Willen zur Aufhebung des Rechts erlöschen zu lassen, bezweckte allein die konsequente Verwirklichung des Faustpfandprinzips (s Mot aaO). Diese Zielsetzung darf aber den Schutz des nicht (voll) Geschäftfähigen nicht verringern.

92 Die **zum Besitzerwerb gem § 854 Abs 2** erforderliche und genügende Einigung des bisherigen Besitzers und des Erwerbers wird allgemein als echtes Rechtsgeschäft angesehen mit der Folge einer unmittelbaren Anwendung der §§ 104 ff (BREIT 250 f; STEINER 36 f, 60; HECK, SaR § 10, 6; anders nur MANIGK, Rechtswirks Verh 483 f). Gleiches gilt für die **Eigentumsaufgabe** (Dereliktion) nach § 959, denn dieser Akt erfordert neben der Besitzaufgabe noch die Absicht des Eigentumsverzichts und damit einen auf die Herbeiführung eines Rechtserfolgs gerichteten Willen (FLUME, AT II § 9, 2a, bb; BREIT 264 f; MANIGK aaO S 457 ff; MünchKomm/SCHMITT § 105 Rn 12; BGB-RGRK/KRÜGER-NIELAND § 107 Rn 15; STAUDINGER/GURSKY § 959 [1995] Rn 1). Die **Aneignung** einer beweglichen Sache ist hingegen auch dem nicht (voll) Geschäftsfähigen in eigener Person möglich, denn hierfür lässt § 958 Abs 1 den – nicht als Rechtsgeschäft zu qualifizierenden (s o Rn 90) – Eigenbesitzerwerb ohne das zusätzliche Erfordernis eines auf Eigentumserlangung gerichteten rechtsgeschäftlichen Willens ausreichen; zu fordern ist daher lediglich die tatsächliche Einsichtsfähigkeit in die Bedeutung der Eigenbesitzbegründung (vBECKER 73; STEINER 44 f, 71 f; DALHOFF 154 f; WESTERMANN/GURSKY § 58 IV; BAUR/STÜRNER, SaR § 53 F III 2; MünchKomm/QUACK § 958 Rn 8; BGB-RGRK/KRÜGER-NIELAND § 107 Rn 15; SOERGEL/HEFERMEHL Vorbem 19 zu § 104; **aA** BREIT 262 f; MANIGK, Rechtswirks Verh

457 ff; FLUME, AT II § 13, 11c; PLANCK Vorbem 1a zu § 104). Die **Einbringung von Sachen** durch den Mieter oder den Gast lässt als ein dem Besitzverlust ähnlicher Realakt das gesetzliche Pfandrecht des Vermieters bzw des Gastwirts gem §§ 562 und 704 an diesen Sachen sowie die verschuldensunabhängige Schadensersatzpflicht des Gastwirts nach § 701 ebenfalls unabhängig von der Geschäftsfähigkeit des Einbringenden entstehen (KLEIN SeuffBl 76 [1911] 512, 518 f; MANIGK, Rechtswirks Verh 486 f; MünchKomm/ SCHMITT § 105 Rn 18; MünchKomm/VOELSKOW § 559 Rn 11; SOERGEL/HEINTZMANN § 559 Rn 23; STAUDINGER/WERNER [1995] § 701 Rn 29; vgl auch RGZ 132, 116, 120 f; einschr STAUDINGER/ EMMERICH [1995] § 559 Rn 26). Die Gegenmeinung hält die entsprechende Anwendung der §§ 104 ff gem deren Schutzzweck für geboten (vTUHR, AT § 59 X 2; FLUME, AT II § 13, 11d). Der nicht (voll) geschäftsfähige Mieter ist jedoch schon dadurch hinreichend geschützt, dass das Vermieterpfandrecht einen wirksamen Mietvertrag (MünchKomm/ VOELSKOW § 559 Rn 6) und infolgedessen die Mitwirkung des gesetzlichen Vertreters bei dem Vertragsschluss voraussetzt, der dann auch die Einbringung solcher Sachen, an denen er die Entstehung des gesetzlichen Pfandrechts nicht wünscht, verhindern kann. Das Pfandrecht des Gastwirts nach § 704 entsteht zwar auch ohne wirksamen Beherbergungsvertrag, würde man aber eine Einbringung durch einen nicht (voll) geschäftsfähigen Gast mangels Mitwirkung des gesetzlichen Vertreters für unwirksam ansehen, so verhinderte dies auch die dem Gast günstige Haftung des Wirtes aus § 701, da anderenfalls eine Art hinkendes Rechtsverhältnis (kein gesetzliches Pfandrecht, aber verschuldensunabhängige Haftung) entstände, das sich kaum begründen ließe; auch insoweit sollte daher der hM gefolgt werden.

Gewisse Rechtshandlungen erfordern zur Auslösung ihrer Rechtsfolgen, anders als **93** die typischen Realakte (s o Rn 89), neben einem bestimmten äußeren Erfolg noch einen besonderen, diesem Erfolg gegenüber **selbstständigen Willen** dh einen Willen, der über den auf die bloße Erfolgsherbeiführung gerichteten hinausgeht. Die „Verselbstständigung des Willensmoments" (FLUME, AT II § 9, 2a cc) nähert diese „gemischten Realakte" (LEHMANN, AT § 38 I 3) den rechtsgeschäftsähnlichen Rechtshandlungen an, zu denen ein Teil des Schrifttums einige von ihnen auch rechnet. Die Kategorie der rechtsgeschäftsähnlichen Rechtshandlungen sollte jedoch auf die Akte mit Kundmachungscharakter beschränkt bleiben, der hier nicht notwendig vorzuliegen braucht. Gleichwohl lässt das Willensmoment im Grundsatz die entsprechende Anwendung des Geschäftsfähigkeitsrechts auf die gemischten Realakte als sachgerecht erscheinen. Für die **Begründung und Aufhebung des Wohnsitzes** nach § 7, die nicht als rechtsgeschäftsähnliche Rechtshandlung (so aber BGHZ 7, 104, 109 = NJW 1952, 1251, 1252; OLG Karlsruhe Rpfleger 1970, 202), sondern als ein solcher Realakt eingeordnet werden sollte (so LARENZ/WOLF, AT § 22 III 2 Rn 23; auch BGB-RGRK/KRÜGER-NIELAND Vorbem 14 zu § 104), trifft das Gesetz in § 8 selbst diese Regelung. Auch für **die Bestimmung einer beweglichen Sache zum Zubehör** einer Hauptsache gem § 97 Abs 1 S 1 sollte Geschäftsfähigkeit des Bestimmenden gefordert werden (so MANIGK, Rechtswirks Verh 492 f; ENNECCERUS/NIPPERDEY § 126 Rn 7; FLUME, AT II § 13, 11e; nur nat Willensfähigkeit lassen ausreichen PALANDT/HEINRICHS § 97 Rn 6; SOERGEL/MÜHL § 97 Rn 25; STAUDINGER/DILCHER[12] § 97 Rn 20; auch BGB-RGRK/KREGEL § 97 Rn 14). Gleiches gilt für die **Einverleibung** von Sachen in ein Inventar nach §§ 582a Abs 2 S 2, 1048 Abs 1 S 2 HS 2, 2111 Abs 2 (MANIGK aaO S 493 f; FLUME aaO; WESTERMANN/GURSKY § 56, 2; STAUDINGER/EMMERICH [1995] § 582a Rn 25; **aA** SOERGEL/STÜRNER § 1048 Rn 5). Als Realakt in diesem Sinne ist auch die **Geschäftsführung ohne Auftrag** zu bezeichnen, die allerdings als solche keine Geschäftsfähigkeit erfordert, aus welcher der nicht (voll) geschäftsfähige Geschäftsführer aber nur in dem durch § 682 bestimmten Umfang verantwortlich ist (vgl o Rn 45).

c) Verzeihung

94 Die Verzeihung ist jedenfalls kein Rechtsgeschäft (so schon Mot IV 603 = MUGDAN IV 823; ferner RGZ 15, 165, 167; BGH NJW 1974, 1084, 1085; 1984, 2089, 2090 f), denn die durch sie gem den §§ 532, 2337, 2343 ausgelösten Rechtsfolgen erfordern keinen hierauf gerichteten Willen des Verzeihenden. Sie lässt sich aber auch nicht als rechtsgeschäftsähnliche Rechtshandlung erfassen, da ihr der Mitteilungscharakter nicht wesentlich ist, sondern ihm nur Indizfunktion zukommt (MANIGK JherJb 83 [1933] 1, 28 f). Ihre Eigenart besteht auch nicht in der Herbeiführung eines äußeren Erfolges, weshalb auch eine Qualifikation als Realakt nicht angängig ist. Die Verzeihung muss daher als Rechtshandlung eigener Art qualifiziert werden, deren entscheidendes Merkmal in dem Ausdruck einer inneren Haltung, einer Gesinnung besteht, das Verhalten desjenigen, dem verziehen wird, als nicht mehr zuzurechnen oder als ungeschehen zu erachten (eingehend MANIGK, Willenserklärung und Willensgeschäft 631 ff; BGH aaO). Die Vorschriften über die Geschäftsfähigkeit sind auf diese Rechtshandlung schon deshalb nicht anwendbar, weil die Verzeihung ihrer Natur nach ein höchstpersönlicher Akt ist, sie deshalb nicht durch den gesetzlichen Vertreter erfolgen oder auch nur von dessen Zustimmung abhängig gemacht werden kann. Für die Wirksamkeit der Verzeihung ist nicht Geschäftsfähigkeit des Verzeihenden entscheidend, sondern dessen von seiner tatsächlichen geistig-seelischen Reife abhängige Fähigkeit, die Bedeutung dieser Handlung zu erkennen (ENNECCERUS/NIPPERDEY § 137 Fn 22; FLUME, AT II § 13, 11e; PALANDT/WEIDENKAFF § 532 Rn 2; SOERGEL/DIECKMANN § 2337 Rn 7; STAUDINGER/CREMER [1995] § 532 Rn 2).

11. Verfahrenshandlungen

95 Auf die **Prozessfähigkeit** oder (allgemeiner) **Verfahrensfähigkeit** (vgl LAPPE Rpfleger 1982, 10) als die rechtliche Fähigkeit, ein gerichtliches oder behördliches Verfahren selbst oder durch einen selbst bestellten Vertreter zu führen und alle Prozesshandlungen selbst oder durch einen selbst gewählten Vertreter vorzunehmen und entgegenzunehmen (so LAUBINGER, in: FS Ule [1987] 161, 165; ROSENBERG/SCHWAB/GOTTWALD § 44 I) sind die als solche nur die Rechtsgeschäfte des sachlichen Rechts betreffenden §§ 104 ff nicht unmittelbar anwendbar. Die verschiedenen Verfahrensordnungen legen jedoch ihren Regelungen der Verfahrensfähigkeit, die als „prozessuale Geschäftsfähigkeit" bezeichnet werden kann (so ROSENBERG/SCHWAB/GOTTWALD § 44 I), die Geschäftsfähigkeit zugrunde. So erklärt § 52 Abs 1 ZPO für das streitige Zivil- und das arbeitsgerichtliche Verfahren eine Person insoweit für prozessfähig, als sie sich durch Verträge verpflichten kann. Die Verpflichtungsfähigkeit muss nach ganz hM eine selbstständige in der Weise sein, dass die geschlossenen Verpflichtungsverträge ohne Mitwirkung des gesetzlichen Vertreters wirksam sind. Die für Verpflichtungsverträge eines in der Geschäftsfähigkeit Beschränkten grundsätzlich notwendige Einwilligung des gesetzlichen Vertreters begründet folglich keine Prozessfähigkeit; § 107 ist ebensowenig entsprechend anwendbar wie der – eine generelle Einwilligung betreffende (vgl u § 110 Rn 6) – § 110 (ROSENBERG/SCHWAB/GOTTWALD § 44 II 2a [2]; MünchKommZPO/LINDACHER §§ 51, 52 Rn 4, 14; anders GRUNSKY, Grundlagen d Verfahrensrechts [2. Aufl] § 27 II 2). Prozessfähig ist der Minderjährige daher nur im Bereich einer wirklichen Teilgeschäftsfähigkeit zB nach den §§ 113, 114. Es gibt

also keine der beschränkten Geschäftsfähigkeit entsprechende beschränkte Prozessfähigkeit. Die Prozessführung seitens einer hiernach nicht prozessfähigen Partei kann aber durch die Genehmigung des gesetzlichen Vertreters rückwirkend geheilt werden (ROSENBERG/SCHWAB/GOTTWALD § 44 III 2; MünchKommZPO/LINDACHER aaO Rn 39; auch RG LZ 1933, 591 f); die Genehmigung muss allerdings für die gesamte Prozessführung erteilt, sie kann also nicht auf einzelne Prozesshandlungen beschränkt werden (RGZ 110, 228, 230 f; BSGE 76, 178, 181). Entsprechend geregelt ist die Verfahrensfähigkeit für die allgemeine Verwaltungsgerichtsbarkeit (§ 62 Abs 1 VwGO), die Finanzgerichtsbarkeit (§ 58 Abs 1 FGO), die Sozialgerichtsbarkeit (§ 71 Abs 1 und 2 SGG) sowie für das behördliche Verfahren in der allgemeinen (§ 12 Abs 1 Nr 1 und 2 VwVfG), der Finanz- (§ 79 Abs 1 Nr 1 und 2 AO) und der Sozialverwaltung (§ 11 Abs 1 Nr 1 und 2 SGB X). Auch diese Verwaltungs(streit)verfahren kennen keine beschränkte Verfahrensfähigkeit (vgl C-R MEYER 48 f, 79 ff; NOLTING-HAUFF 69, 81 ff; KOPP/SCHENKE VwGO [11. Aufl] § 62 Rn 17; KRAUSE, in: GK-SGB X 1 § 11 Rn 18, 20). Eine (volle) Verfahrensfähigkeit des in der Geschäftsfähigkeit Beschränkten ist hier allerdings auch dann gegeben, wenn der Verfahrensgegenstand einem Bereich angehört, für den das (materielle) öffentliche Recht – entsprechend der Teilgeschäftsfähigkeit im Privatrecht – ihm eine Teil-Handlungsfähigkeit zuerkennt (s hierzu u Rn 99). Im Verfahren vor dem Bundesverfassungsgericht ist die Prozessfähigkeit nicht gesetzlich geregelt; auch hier kann ein beschränkt Geschäftsfähiger nach der Besonderheit der betreffenden Verfahrensart prozessfähig sein (vgl BVerfGE 1, 87, 88 f = NJW 1952, 177; BVerfGE 28, 2243, 254 f; BVerfGE 72, 122, 132 f = NJW 1986, 3129), so bei einer Verfassungsbeschwerde wegen Verletzung des Grundrechts aus Art 4 GG bei gegebener Religionsmündigkeit (s hierzu o Rn 15). Auch ein geschäftsfähiger Betreuter ist bei einem den Verfahrensgegenstand betreffenden Einwilligungsvorbehalt nur im Rahmen einer solchen privat- oder öffentlich-rechtlichen Teilgeschäfts-(Handlungs-)fähigkeit verfahrensfähig (§§ 62 Abs 2 VwGO, 58 Abs 2 FGO, 12 Abs 2 VwVFG, 79 Abs 2 AO, 11 Abs 2 SGB X). Führt der Betreuer einen Rechtsstreit als Vertreter der betreuten Partei, wozu er in seinem Aufgabenbereich gem § 1902 auch unabhängig von einem Einwilligungsvorbehalt befugt ist, so steht der Betreute für dieses Verfahren trotz ansonsten bestehender Geschäfts- und damit auch Verfahrensfähigkeit einer nicht verfahrensfähigen Person gleich (§ 53 ZPO und die auf diese Bestimmung verweisenden Vorschriften der übrigen Verfahrensordnungen). Für bestimmte Verfahrensarten gewährt das Verfahrensrecht auch einem in der Geschäftsfähigkeit beschränkten Beteiligten die Verfahrensfähigkeit, der insoweit keine (Teil-)geschäftsfähigkeit entspricht (vgl §§ 607 Abs 1, 640 b S 1 HS 1 ZPO); gleichwohl kann der beschränkt Geschäftsfähige für einen solchen Prozess nach überwiegender Meinung selbstständig einen Dienstvertrag mit einem Rechtsanwalt als Prozessbevollmächtigtem abschließen mit der Folge seiner Vergütungspflicht gem § 611 (LAPPE Rpfleger 1982, 10, 11; KROSCHEL 174 ff; NOLTING-HAUFF 176 f; auch OLG Hamburg NJW 1971, 199 f; aA AG Münster NVwZ 1994, 728 für die partielle Handlungsfähigkeit gem § 12 Abs 1 AsylVfG [hierzu u Rn 99]). Ein Geisteskranker muss auch bei Geschäftsunfähigkeit nach § 104 Nr 2 dennoch nach einem allgemeinen, letztlich auf Art 1 Abs 1 GG beruhenden Rechtsgedanken als verfahrensfähig für solche Verfahren behandelt werden, die wegen des Geisteszustandes dieser Person zu treffende Maßnahmen betreffen (so BVerfGE 10, 302, 306). Die durch die Vornahme einer Verfahrenshandlung (Klageerhebung, Antrag auf notarielle Beurkundung usw) nach den Kostengesetzen (§§ 49–53 GKG, 2 Nr 1 KostO) ausgelöste **Kostenerstattungspflicht** entsteht ungeachtet einer Geschäfts- und damit

Verfahrensunfähigkeit des Handelnden jedenfalls bei Unerkennbarkeit dieses Zustandes, da auch eine solche Verfahrenshandlung rechtlich existent ist und beschieden werden muss (vgl KG DNotZ 1977, 500 f). Für den Gebührenanspruch des Notars gilt dies nur dann, wenn der Notar zu dem beauftragten Amtsgeschäft (zB nach § 15 Abs 1 S 1 BNotO) verpflichtet ist (KG aaO); bei bestehender Ablehnungsmöglichkeit entfällt die Kostentragungspflicht in entsprechender Anwendung der §§ 104 ff (KG DNotZ 1978, 568, 569).

96 Für das Verfahren der **freiwilligen Gerichtsbarkeit** ist die Verfahrensfähigkeit der Beteiligten allgemein nicht gesetzlich geregelt. Die Rechtsprechung und ein Teil des Schrifttums bestimmen deshalb die Fähigkeit zur Vornahme von Verfahrenshandlungen hier in entsprechender Anwendung der §§ 104 ff (RGZ 145, 284, 286 ff; BGHZ 35, 1, 4 = NJW 1961, 1397; BGHZ 52, 1 = NJW 1967, 1564; BayObLGZ 1968, 243, 245; MDR 1982, 228; DB 2003, 1565; OLG Frankfurt /M. DNotZ 1965, 482, 483; Kroschel 138 ff, 189; Keidel/Kuntze/ Winkler/Zimmermann, Freiw Gerichtsbarkeit Teil A § 13 FGG Rn 32, 33). Ein anderer Teil des Schrifttums spricht sich für die entsprechende Anwendung der §§ 52, 53 ZPO aus (Baur DNotZ 1965, 485 f; Grunsky, Grundlagen d Verfahrensrechts [2. Aufl] § 27 II 1; Habscheid Freiw Gerichtsbarkeit [7. Aufl] § 15 II; vgl auch E Peters StAZ 1970, 111 f). Nach der erstgenannten Auffassung könnte also ein in der Geschäftsfähigkeit beschränkter Beteiligter mit Einwilligung seines gesetzlichen Vertreters entsprechend § 107 ein fG-Verfahren führen und die Verfahrenshandlungen selbst vornehmen, was nach der zweiten Ansicht – außerhalb einer bestehenden Teilgeschäftsfähigkeit – nicht möglich wäre. Die für eine entsprechende Anwendung der Vorschriften über die Prozessfähigkeit eintretende Ansicht verdient wegen der Ähnlichkeit des fG-Verfahrens mit den übrigen Verfahren wohl den Vorzug. Für bestimmte Verfahrenshandlungen regelt das Gesetz die Fähigkeit zu deren Vornahme besonders (vgl §§ 59, 66 FGG).

97 Im **Strafverfahren** sind auf die Fähigkeit des Beschuldigten zur persönlichen Teilnahme an dem Verfahren die Geschäftsfähigkeitsvorschriften erst recht nicht entsprechend anwendbar. Das Verfahren erfordert zunächst die Strafmündigkeit des Beschuldigten gem §§ 19 StGB, 1 Abs 2 JGG, die neben ihrer sachlich-rechtlichen Notwendigkeit auch als Prozessvoraussetzung anzusehen ist (RGSt 57, 206 ff). Im übrigen kommt es auf die Verhandlungsfähigkeit des Beschuldigten an, die keine Geschäftsfähigkeit verlangt (OLG Hamm NJW 1973, 1894), sondern die tatsächliche Fähigkeit, der Verhandlung zu folgen sowie die Bedeutung des Verfahrens und seiner einzelnen Akte zu erkennen und sich sachgemäß zu verteidigen (Laufhütte, in: Karlsruher Kommentar z StPO[4] § 137 Rn 4). Nicht notwendig ist die Geschäftsfähigkeit auch zur Wahl eines Verteidigers durch den Beschuldigten selbst nach § 137 Abs 1 StPO neben dem Recht des gesetzlichen Vertreters, selbstständig einen Verteidiger zu wählen (§ 137 Abs 2 StPO); für die Verpflichtung des nicht (voll) geschäftsfähigen Beschuldigten zur Zahlung der Vergütung an den von ihm gewählten Verteidiger wird allerdings die Zustimmung des gesetzlichen Vertreters zum Abschluss des Anwaltsvertrages verlangt (OLG Schleswig NJW 1981, 1681 f mwN). Einen Strafantrag kann der nicht (voll) geschäftsfähige Verletzte oder gem § 77 Abs 2 StGB sachlich Antragsberechtigte nicht in eigener Person stellen; für ihn übt das Antragsrecht gem § 77 Abs 3 StGB der gesetzliche Vertreter in persönlichen Angelegenheiten und der Personensorgeberechtigte aus (BGH NJW 1994, 1165). Zur Frage, ob der Antrag auf Prozesskostenhilfe für das Klageerzwingungsverfahren nach §§ 172 Abs 3 S 2 HS 2 StPO, 117 ZPO Prozess- und damit Geschäftsfähigkeit des Antragstellers erfordert, s KG JR 1960, 29 f m Anm DÜNNEBIER u OLG Hamburg NJW 1966, 1934 (bejahend), OLG Nürnberg GA 1965, 118 ff (verneinend).

12. Willenserklärungen auf dem Gebiet des öffentlichen Rechts

a) Verwaltungsrechtliche Willenserklärungen im Allgemeinen
Auf Willenserklärungen des öffentlichen Rechts (hierzu KLUTH NVwZ 1990, 608 ff), die **98** von einer Behörde abgegeben werden, insbesondere auf Verwaltungsakte, ist das Geschäftsfähigkeitsrecht des BGB nicht entsprechend anwendbar, da hier keine privatautonome Rechtsgestaltung und insbesondere keine Schutzbedürftigkeit des Erklärenden (vgl o Rn 20) gegeben ist; ein von einem geisteskranken Beamten erlassener Verwaltungsakt ist deshalb nicht analog § 105 Abs 1 nichtig (vgl FORSTHOFF, LB d Verw-Rechts I¹⁰ 233). Bei Willenserklärungen des Bürgers auf dem Gebiet des öffentlichen Rechts, sog nichtamtlichen Willenserklärungen (vgl KRAUSE VerwArch 61 [1970] 297, 298 m Beispielen 304; HABLITZEL BayVBl 1973, 197 f), besteht hingegen in ähnlicher Weise wie bei Willenserklärungen des Privatrechts das grundsätzliche Bedürfnis, deren Wirksamkeit von einer besonderen persönlichen Fähigkeit des Erklärenden zur Einsicht in die Bedeutung dieser Rechtshandlungen abhängig zu machen (vgl EHLERS JZ 1985, 675, 676). Für diese der privatrechtlichen Geschäftsfähigkeit entsprechende Fähigkeit hat sich die Bezeichnung **verwaltungsrechtliche Geschäftsfähigkeit, Verwaltungsfähigkeit** (WOLFF/BACHOF/STOBER I § 32 V 4 [Rn 43]) oder **Handlungsfähigkeit** (ERICHSEN, Allg Verwaltungsrecht § 11 II 3 [Rn 18]; WALLERATH, Allg Verwaltungsrecht § 6 V 2 Rn 72) eingebürgert. Die Verwaltungsfähigkeit ist nicht allgemein geregelt. Die Vorschriften der §§ 12 VwVfG, 79 AO, 11 SGB X betreffen nur die Fähigkeit zur Vornahme von Rechtshandlungen verfahrensrechtlicher Art (vgl o Rn 95). Auf nichtamtliche materiell-rechtliche Willenserklärungen des Verwaltungsrechts wurden vor Erlass des VwVfG, jedenfalls wenn sie vermögensrechtlicher Art waren, mangels einer verwaltungsrechtlichen Spezialregelung meist die Vorschriften der §§ 104 ff für entsprechend anwendbar gehalten (MIDDEL 171 ff; HABLITZEL BayVBl 1973, 197, 199; FORSTHOFF aaO 181 f; FLUME, AT II § 13, 1 m Fn 1; auch KGJ 40 A 10, 12 f; OLG Hamburg HansRZ 1926, 349 ff; zurückhaltend SCHOENBORN AöR 24 [1909] 126, 151 ff). Seit der allgemeinen Regelung der Verwaltungsverfahrensfähigkeit in den §§ 12 VwVfG usw stellt sich die Frage einer entsprechenden Anwendbarkeit dieser Vorschriften anstelle der §§ 104 ff auch auf die sachlich-rechtlichen Willenserklärungen des Verwaltungsrechts. Die praktische Bedeutung dieser Frage ist jedoch begrenzt, da auch die Regelungen der Verwaltungsverfahrensfähigkeit an die Geschäftsfähigkeitsregelung des BGB anknüpfen. Vor allem ist gem den grundlegenden Vorschriften der §§ 12 Abs 1 Nr 1 VwVfG, 79 Abs 1 Nr 1 AO (hierzu DISSARS DStR 1997, 417, 419), 11 Abs 1 Nr 1 SGB X die nach bürgerlichem Recht geschäftsfähige natürliche Person auch verwaltungsverfahrensfähig. Die Verwaltungsfähigkeit des (voll) Geschäftsfähigen steht daher außer Streit (ROBBERS DVBl 1987, 709; MIDDEL 182; WOLFF/BACHOF/STOBER aaO; MünchKomm/SCHMITT Vorbem 14 zu § 104; auch schon SCHOENBORN AöR 24 [1909] 126, 132 ff). Umgekehrt ist jeder nach § 104 Geschäftsunfähige auch verwaltungsunfähig mit der Folge der Nichtigkeit der von ihm abgegebenen öffentlich-rechtlichen Willenserklärungen. Zu diesem Ergebnis führt die entsprechende Anwendung der §§ 104, 105 (zur analogen Anwendung von § 105 Abs 2 s OVG NW OVGE 36, 264, 270) und ebenso diejenige der Verwaltungsverfahrensgesetze, denn eine partielle Verfahrensfähigkeit kann gem den §§ 12 Abs 1 Nr 2 VwVfG, 79 Abs 1 Nr 2 AO, 11 Abs 1 Nr 2 SGB X nur einem in der Geschäftsfähigkeit Beschränkten

zukommen, nicht einem Geschäftsunfähigen. Nur hinsichtlich der in der Geschäftsfähigkeit beschränkten Personen, also der Minderjährigen über sieben Jahre, sowie der diesen weitgehend gleichgestellten geschäftsfähigen Betreuten im Bereich eines angeordneten Einwilligungsvorbehalts, wirkt sich die entsprechende Anwendung der Vorschriften über die Verfahrensfähigkeit gegenüber einer Analogie zu den Geschäftsfähigkeitsvorschriften unterschiedlich aus. Denn das Verwaltungsverfahrensrecht kennt, wie das Verfahrensrecht überhaupt (s o Rn 95), keine der beschränkten Geschäftsfähigkeit entsprechende beschränkte Verfahrensfähigkeit. Die Vorschriften der §§ 12 Abs 1 Nr 2 VwVfG, 79 Abs 1 Nr 2 AO, 11 Abs 1 Nr 2 SGB X, wonach in der Geschäftsfähigkeit beschränkte Personen insoweit verfahrensfähig sind, als sie das bürgerliche Recht für den Verfahrensgegenstand als geschäftsfähig anerkennt, erfassen nur die Fälle echter Teilgeschäftsfähigkeit gem den §§ 112, 113, nicht hingegen auch die nach den §§ 107 ff bestehende Fähigkeit zur wirksamen Vornahme von Rechtsgeschäften mit Zustimmung des gesetzlichen Vertreters und von dem Minderjährigen lediglich vorteilhaften Geschäften ohne diese Zustimmung (BVerwG NJW 1982, 539 f; DÖV 1985, 407; eingehend NOLTING-HAUFF 69, 81 ff). Bei einer entsprechenden Anwendung der §§ 12 VwVG usw könnte also der Minderjährige außerhalb einer etwa bestehenden Teilgeschäfts- oder Teilhandlungsfähigkeit – gleiches würde für den geschäftsfähigen Betreuten im Rahmen eines Einwilligungsvorbehalts gelten (vgl §§ 12 Abs 2 VwVG, 79 Abs 2 AO, 11 Abs 2 SGB X) – auch sachlich-rechtliche Willenserklärungen verwaltungsrechtlicher Art, selbst ihm rechtlich nur vorteilhafte, nicht in eigener Person – ggf mit Einwilligung des gesetzlichen Vertreters – abgeben, sondern es wäre immer ein eigenes Handeln des Vertreters erforderlich. Diese Einschränkung der Handlungsfähigkeit des Minderjährigen und des geschäftsfähigen Betreuten auf dem Gebiet des öffentlichen Rechts erscheint als zu weitgehend und, anders als im Bereich des Verfahrensrechts, auch als von der Sache her nicht geboten. Die besseren Gründe dürften deshalb auch weiterhin für die Analogie zu den bürgerlich-rechtlichen Geschäftsfähigkeitsvorschriften sprechen (ERICHSEN § 11 II 3 Rn 21; WALLERATH aaO; für das Sozialrecht SCHMITT 127 ff; HEINZE, in: SRH B 8 Rn 55; GITTER, BeckKomm SGB-AT § 36 Rn 16 ff, 22 f; MünchKomm/SCHMITT Vorbem 24 zu § 104; aA LAUBINGER, in: FS Ule [1987] 161, 174). Für öffentlich-rechtliche Willenserklärungen, die außerhalb eines Verwaltungsverfahrens abgegeben werden (sog rein materiellrechtliche Willenserklärungen), wird die entsprechende Anwendung der §§ 107 ff allgemein befürwortet (vgl C-R MEYER 102 f; bei vermögensrechtl Bezug auch NOLTING-HAUFF 86 f). Aber auch für sachlich-rechtliche Willenserklärungen im Rahmen eines Verwaltungsverfahrens (§ 9 VwVfG) sollte nichts anderes gelten. Es ist deshalb derjenigen Ansicht zuzustimmen, die das Geschäftsfähigkeitsrecht des BGB sowohl auf die – von dem verfahrensrechtlichen Antrag gem § 22 VwVfG zu unterscheidende – zum Erlass eines mitwirkungsbedürftigen Verwaltungsaktes erforderliche materiell-rechtliche Zustimmung (STELKENS NuR 1985, 213, 219) als auch auf die ebenfalls sachlich-rechtliche Angebots- und Annahmeerklärung zum Abschluss eines öffentlich-rechtlichen Vertrages (vgl ROBBERS DVBl 1987, 709, 718; NOLTING-HAUFF 84 f; MünchKomm/SCHMITT Vorbem 15 zu § 104; aA C-R MEYER 94) entsprechend anwendet.

99 Von erheblicher Bedeutung ist die in bestimmten Bereichen des öffentlichen Rechts dem Minderjährigen – idR von einer bestimmten Altersstufe an – eingeräumte **partielle Verwaltungs-(Handlungs-)fähigkeit** (hierzu eingehend ROBBERS DVBl 1987, 709 ff). Die partielle Handlungsfähigkeit ist das Gegenstück zur bürgerlich-rechtlichen Teilgeschäftsfähigkeit gem den §§ 112, 113: In ihrem Rahmen steht der Minderjährige einem Volljährigen gleich. Gem den §§ 12 Abs 1 Nr 2 VwVfG, 79 Abs 1 Nr 2 AO, 11 Abs 1 Nr 2 SGB X ist er insoweit auch verwaltungsverfahrensfähig. Partielle Handlungsfähigkeiten sind relativ zahlreich (vgl den Überblick bei ROBBERS DVBl 1987, 709 f; WOLFF/BACHOF/STOBER I § 33 VIII 4 Rn 75 u – teilw überholt – MIDDEL 50 ff). Die wichtigsten Fälle sind die „Sozialmündigkeit" in Sozialrecht gem § 36 SGB I nach Vollendung des 15. Lebensjahres (hierzu eingehend COESTER FamRZ 1985, 982 ff; SCHMITT 75 ff, 101 ff; HEINZE, in: SRH B 8 Rn 55 ff; GITTER, BeckKomm SGB-AT § 36 Rn 24 ff; MünchKomm/SCHMITT Vorbem 23 zu § 104), die auch öffentlich-rechtliche Erklärung erfassende Religionsmündigkeit des § 5 RKEG (hierzu NOLTING-HAUFF 158 ff; vgl o Rn 15), ferner die mit dem vollendeten 16. Lebensjahr beginnenden Teilhandlungsfähigkeiten gem § 68 Abs 1 AuslG (hierzu eingehend NOLTING-HAUFF 138 ff) und § 12 Abs 1 AsylVfG (hierzu ROBBERS DVBl 1987, 709, 712 f) usw Weitere Fälle von partieller Handlungsfähigkeit haben Rechtsprechung und Schrifttum sonstigen Regelungen der Rechtsstellung des Minderjährigen auf bestimmten Gebieten entnommen. So ist auf ein von einem Minderjährigen mit Ermächtigung des gesetzlichen Vertreters begründetes öffentlich-rechtliches Dienst- insbesondere Beamtenverhältnis die Vorschrift des § 113 entsprechend anzuwenden (BVerwGE 34, 118, 169 ff; DVBl 1996, 1143, 1144; KRAUSE VerwArch 61 [1970] 297, 313). Die aus dem früheren §§ 19 Abs 5 WPflG über die Antragsfähigkeit im Musterungsverfahren hergeleitete partielle Handlungsfähigkeit des Minderjährigen für alle seine Wehrpflicht betreffenden Angelegenheiten (BVerwGE 7, 66, 67; 18, 16; 35, 247, 248; VG Kassel NJW 1967, 1339, 1340; GRÜTER 41 ff; ders NJW 1967, 716; KREUTZER FamRZ 1962, 240, 241; MIDDEL 50 f; ROBBERS DVBl 1987, 709, 711 f) hat mit der Herabsetzung des Volljährigkeitsalters auf das vollendete 18. Lebensjahr erheblich an Bedeutung verloren, da die Wehrpflicht nach § 1 Abs 1 WPflG auch erst mit diesem Zeitpunkt beginnt (vgl auch Art 12 a GG); sie ist noch bedeutsam für die bereits ein Jahr vor Vollendung des 18. Lebensjahres mögliche Erfassung (§ 15 Abs 6 S 1 WPflG) und die ein halbes Jahr vor diesem Zeitpunkt zulässige Musterung (§ 16 Abs 3 S 2 HS 2 WPflG). Der Antrag eines Minderjährigen auf Heranziehung zum Grundwehrdienst schon vor dem in § 5 Abs 1 S 3 WPflG genannten Zeitpunkt bedarf gem § 5 Abs 1 S 5 WPflG der Zustimmung des gesetzlichen Vertreters. Auch im Verfahren über die Anerkennung der Berechtigung zur Verweigerung des Kriegsdienstes mit der Waffe wird ein Minderjähriger sechs Monate vor Vollendung seines 18. Lebensjahres als handlungsfähig angesehen, da der Antrag auf Anerkennung gem § 2 Abs 4 KDVG schon während dieses Zeitraums zulässig ist (vgl VG Köln NVwZ 1985, 217, 218). Überwiegend bejaht wird auch eine Teilhandlungsfähigkeit des Minderjährigen für die Stellung des Antrags und für das Verfahren zur Erteilung einer Fahrerlaubnis, sofern er das zur Erteilung der Erlaubnis für Kraftfahrzeuge der betreffenden Klasse vorgeschriebenen Mindestalter gem § 10 FeV (vorher § 7 StVZO) erreicht hat (BVerwGE MDR 1966, 442; BayVGH VRsp 9, 385, 387 f; ROBBERS DVBl 1987, 709, 712; NOLTING-HAUFF 72 f; dagegen MIDDEL 44 ff); die Frage ist nach Herabsetzung des Volljährigkeitsalters nur noch für die schon vom vollendeten 16. Lebensjahr an zu erwerbende Fahrerlaubnis für die Klassen A 1 (Leichtkrafträder), M (Kleinkrafträder), L und T (Zugmaschinen) gem § 10 Abs 1 Nr 4 FeV erheblich. Zu der umstrittenen Frage partieller Verwaltungsfähigkeiten für die Ausübung der Grundrechte („Grundrechtsmündigkeit") s u Rn 102 ff. Gegen eine zu großzügige Bejahung von Teilverwaltungsfähigkeiten ohne ausdrückliche Normierung durch ein (formelles) Gesetz werden vor allem unter dem Gesichtspunkt des Minderjährigenschutzes und der Wahrung des Elternrechts

Bedenken erhoben (vgl HERTWIG FamRZ 1987, 124, 128; ROBBERS DVBl 1987, 709, 714; auch schon SCHOENBORN AöR 24 [1909] 126, 153). Eine partielle Handlungsfähigkeit umfasst in ihrem Bereich über § 62 S 1 VwVfG auch die Fähigkeit zum Abschluss eines öffentlich-rechtlichen Vertrages. Entsprechendes muss auch für die Fähigkeit zu rein materiell rechtlichen Willenserklärungen öffentlich-rechtlicher Art gelten. Zu der umstrittenen Frage der neben einer partiellen Handlungsfähigkeit fortbestehenden Vertretungsbefugnis des gesetzlichen Vertreters – ausdrückliche (bejahende) gesetzliche Regelung in den Fällen der §§ 5 Abs 1 S 5 HS 2 WPflG, 11 Abs 1 KDVG, 76 ZDG – vgl ROBBERS DVBl 1987, 709, 716; für die partielle Handlungsfähigkeit nach § 36 SGB I zu Recht verneindend COESTER FamRZ 1985, 982, 983 f.

100 Auf öffentlich-rechtliche Rechtshandlungen Privater, die **keine Willenserklärungen** sind, sind die §§ 104 ff grundsätzlich auch nicht entsprechend anwendbar. Für den Realakt der Aufgabe der Tätigkeit als landwirtschaftlicher Unternehmer mit der Folge der Beendigung der Pflichtmitgliedschaft in der Krankenversicherung der Landwirte gem § 24 Abs 1 Nr 2 KVLG 1989 hat das BSG allerdings wegen der dieser Aufgabe vorangegangenen und sie vorbereitenden Rechtsgeschäfte die Analogie zu den §§ 104f bejaht (BSGE 82, 283, 289 f = SGb 1999, 564, 567 m abl Anm ZINDEL; zust hingegen D OPPERMANN SGb 2000, 309, 310). Ein die öffentliche Sicherheit oder Ordnung störendes oder gefährdendes Verhalten einer Person löst deren polizei- oder ordnungsrechtliche Verantwortlichkeit unabhängig von ihrer Geschäftsfähigkeit aus (vgl BayVGH DÖV 1984, 433, 434; VG Berlin NJW 2001, 2489, 2490; DREWS/WACKE/VOGEL/MARTENS, Gefahrenabwehr[9] § 19, 3; MünchKomm/SCHMITT Vorbem 17 zu § 104; eingehend ROBBERS DVBl 1987, 709, 713; WALLERATH aaO Rn 75, 76; SCHULTZENSTEIN VerwArch 28 [1921] 300, 302 ff), weshalb die meisten Polizei- und Ordnungsrechte der Länder neben einem noch nicht 14jährigen Verhaltensstörer auch die für diesen personensorgeverpflichtete Person verantwortlich machen (zB § 69 Abs 2 SOG MV). Erst recht unterliegt jeder Rechtsgenosse unabhängig von einer persönlichen Fähigkeit der unmittelbar kraft Gesetzes (DREWS/WACKE/VOGEL/MARTENS aaO) gegenüber jedermann bestehenden Pflicht, sein Verhalten und den Zustand seiner Sachen so einzurichten, dass daraus keine Störungen oder Gefahren für die öffentliche Sicherheit oder Ordnung entstehen (Über die Fähigkeit zur Inanspruchnahme öffentlicher Einrichtungen s u Rn 101).

b) Begründung von öffentlich-rechtlichen Benutzungsverhältnissen

101 Die vorstehend dargelegten Regeln müssen im Grundsatz auch gelten für die Fähigkeit des Bürgers zur Begründung von Benutzungsverhältnissen mit den Trägern bzw Betreibern von **öffentlichen**, vornehmlich kommunalen, **Einrichtungen** (Wasser- und Energieversorgung, Abwasserbeseitigung, Verkehrsbetriebe, Kindergärten, Schulen, Friedhöfe, Sport- und Spielplätze, Schwimmbäder, Freizeitanlagen, Museen, Bibliotheken, Theater usw), wenn das Benutzungsverhältnis als öffentlich-rechtliches ausgestaltet ist (bei privatrechtlicher Ausgestaltung und Begründung des Benutzungsverhältnisses durch Rechtsgeschäft gelten die §§ 104 ff unmittelbar). Wird das Benutzungsverhältnis durch (mitwirkungsbedürftigen) Verwaltungsakt oder, was wegen des Schriftformerfordernisses des § 57 VwVfG selten ist, durch öffentlich-rechtlichen Vertrag begründet, so richtet sich die Fähigkeit des Bürgers zur Stellung des hierfür erforderlichen verfahrensrechtlichen Antrags mangels abweichender Regelung in der betreffenden Benutzungsordnung nach § 12 VwVfG; der nicht (voll) Geschäftsfähige kann also den Antrag, falls das Benutzungsverhältnis nicht von einer Teilgeschäfts- oder partiellen Handlungsfähigkeit (vgl o Rn 99) erfasst wird, nur durch seinen gesetzlichen Vertreter stellen (vgl EHLERS DVBl 1986, 912, 918; C-R MEYER 163 f; MünchKomm/SCHMITT Vorbem 19 zu § 104; insoweit auch JAUERNIG NJW 1972, 1, 2 m Fn 29; aA H SCHNEIDER NJW 1962, 705, 708). Für die sachlichrechtlichen Erklärungen der Zustimmung zu der Zulassung oder des Angebots bzw der Annahme des öffentlich-rechtlichen Vertrages (vgl o zu Rn 98) gelten die § 104 ff und damit auch § 107 und der hier oft relevant werdende § 110 entsprechend (vgl HABLITZEL BayVBl 1973, 197, 201; DALHOFF 97 f). Umstritten und noch nicht endgültig geklärt ist die Fähigkeit zur Eingehung eines Benutzungsverhältnisses, das weder durch Verwaltungsakt noch durch öffentlich-rechtlichen Vertrag, sondern durch die bloße Inanspruchnahme der Einrichtung begründet wird. Die wohl überwiegende Meinung lässt hierfür die tatsächliche Einsichtsfähigkeit in die Bedeutung des Benutzungsverhältnisses genügen (JAUERNIG NJW 1972, 1, 3; TIEMANN VerwArch 65 [1974] 381, 403 f; C-R MEYER 162). Der genannten Auffassung kann jedenfalls in dieser Allgemeinheit nicht gefolgt werden. Das Erfordernis des Schutzes der zu eigenverantwortlicher Teilnahme am Rechtsverkehr (noch) nicht fähigen Personen muss wegen seiner verfassungsmäßigen Verwurzelung (vgl o Rn 20) auch im Bereich des öffentlichen Rechts und damit auch in öffentlich-rechtlichen Benutzungsverhältnissen berücksichtigt werden (EHLERS JZ 1985, 675 ff; HARTWIG FamRZ 1987, 124, 128; teilw abw BVerwG NJW 1984, 2304, 2305 = JZ 1985, 675; JAUERNIG NJW 1972, 1, 3). Bestehen keine diesbezüglichen Vorschriften des öffentlichen Rechts, so muss das Geschäftsfähigkeitsrecht des BGB entsprechend angewendet werden, sofern nicht Besonderheiten der betreffenden öffentlich-rechtlichen Beziehung Abweichungen gebieten. Solche Besonderheiten sind aber hinsichtlich der durch Inanspruchnahme einer öffentlichen Einrichtung begründeten Benutzungsverhältnisse im allgemeinen nicht gegeben (anders TIEMANN VerwArch 65 [1974] 381, 403 f). Die besonderen Bedingungen des modernen Massenverkehrs sind hier nicht grundlegend verschieden von den bei ähnlichen privatrechtlich geregelten Verhältnissen bestehenden, wo eine Nichtanwendung der §§ 104 ff aufgrund der Lehre vom faktischen Vertrag heute einhellig abgelehnt wird (vgl o Rn 31). Die Inanspruchnahme einer öffentlichen Einrichtung, die grundsätzlich ein willentliches Verhalten voraussetzt (so OVG NW OVGE 36, 264, 269; hierzu C-R MEYER 164 f), ist mithin als öffentlich-rechtliche Willenserklärung zu werten mit der Folge der entsprechenden Anwendung der §§ 104 ff (MünchKomm/SCHMITT Vorbem zu § 104 Rn 19). Dies muss insbesondere dann gelten, wenn die öffentlich-rechtliche Benutzungsregelung eine Haftungsbeschränkung des Trägers der Einrichtungen für Pflichtverletzungen seiner Bediensteten gegenüber dem Benutzer vorsieht (zur Frage der Zulässigkeit einer Haftungsbeschränkung durch kommunale Benutzungsordnungen vgl C-R MEYER 172 einerseits, HARTWIG FamRZ 1987, 124, 128 f andererseits) oder für die Benutzung der Einrichtung ohne Entrichtung der vorgeschriebenen Gebühr (Schwarzfahren in öffentlichen Verkehrsmitteln) eine erhöhte Entgeltpflicht normiert. Die hier vertretene Ansicht, wonach zur Begründung auch eines öffentlich-rechtlich ausgestalteten Benutzungsverhältnisses durch einen Minderjährigen grundsätzlich die Zustimmung des gesetzlichen Vertreters erforderlich ist, stellt den Minderjährigen bei Fehlen dieser Zustimmung auch nicht schutzlos gegenüber Pflichtverletzungen des Betreibers der Einrichtung aus dem Benutzungsverhältnis; denn ähnlich wie bei der privatrechtlichen Haftung aus Verletzung vorvertraglicher Pflichten (vgl o Rn 43) ist auch bei diesen öffentlich-rechtlichen Verhältnissen von einer gesetzlich begründeten Haftung für die Verletzung der aus dem Benutzungsverhältnis folgenden Schutzpflichten unabhängig vom Zustandekommen des Benutzungsverhältnisses auszugehen (vgl C-R MEYER 168). Zu den Anforderungen, die an eine die entsprechende

Anwendung der §§ 104 ff ausschließende öffentlich-rechtliche Spezialregelung der Fähigkeit zur Begründung von Benutzungsverhältnissen zu stellen sind, vgl EHLERS JZ 1985, 675 ff. Die seinerzeit sehr umstrittene Frage, ob ein Benutzungsverhältnis mit der früheren Deutschen Bundespost auch von einem nicht Geschäftsfähigen begründet werden konnte, weil gem § 8 Abs 1 S 2 PostG vom 28. 7. 1969 auch eine nicht voll geschäftsfähige Person Anspruch auf die Benutzung der Einrichtungen des Postwesens hatte (bejahend BVerwG NJW 1984, 2304 f = JZ 1985, 675 m abl Anm EHLERS; JAUERNIG NJW 1972, 1 ff; FamRZ 1974, 631; differenzierend EIDENMÜLLER NJW 1972, 1309 ff; KÄMMERER DVBl 1974, 273 ff; verneinend SCHEERER BB 1971, 981, 983, 984 f; MEDICUS, AT Rn 590 a; MünchKomm/GITTER[3] Vorbem 103 zu § 104), ist bereits durch die Neufassung des PostG vom 3. 7. 1989 obsolet geworden, die in ihrem § 7 S 1 die Rechtsbeziehungen zur Deutschen Bundespost POSTDIENST – im Gegensatz zur bisherigen Rechtslage – als privatrechtliche ausgestaltet und den bisherigen § 8 Abs 1 S 2 ersatzlos gestrichen hat. Erst recht ist das Benutzungsverhältnis mit den nunmehr durch Art 3 § 1 des Postneuordnungsgesetzes vom 14. 9. 1994 im Wege der Umwandlung errichteten Gesellschaften Deutsche Post AG, Deutsche Postbank AG und Deutsche Telekom AG privatrechtlicher Natur. Für diese Rechtsverhältnisse gelten nunmehr die §§ 104 ff unmittelbar.

c) Ausübung von Grundrechten („Grundrechtsmündigkeit")

102 Außerordentlich umstritten ist die Maßgeblichkeit des Geschäftsfähigkeitsrechts des BGB für die Fähigkeit der natürlichen Person zur Ausübung bzw Wahrnehmung der in der Verfassung garantierten Grundrechte. Die Frage der Stellung insbesondere des Minderjährigen hinsichtlich der Grundrechte wird seit den 50er Jahren (grundlegend H KRÜGER FamRZ 1956, 329 ff) unter dem – nicht sehr glücklichen – Stichwort „Grundrechtsmündigkeit" intensiv diskutiert; die diesbezügliche Vielfalt der Meinungen, die sich häufig nur in Nuancen unterscheiden, ist kaum noch zu übersehen (Darstellung d neueren Meinungsstandes bei BLECKMANN, Staatsrecht II – Die Grundrechte[4] § 17 Rn 4 ff). Von der Fähigkeit der selbstständigen Ausübung der (eigenen) Grundrechte (Grundrechtsausübungs-, Grundrechtswahrnehmungsfähigkeit) unterscheidet die heute hM, entsprechend dem allgemeinen Unterschied zwischen Handlungs-(Geschäfts-)fähigkeit und Rechtsfähigkeit (s o Rn 3, 4), die meist als Grundrechtsfähigkeit bezeichnete Fähigkeit, überhaupt Träger von Grundrechten zu sein, die Fähigkeit zum Haben von Grundrechten. Grundrechtsfähig ist hiernach, jedenfalls im Prinzip, jeder Mensch und damit auch der Minderjährige (HessStGH DÖV 1966, 51, 52; PERSCHEL RdJ 1963, 33; KITTNER AuR 1971, 280, 284; KUNZ ZblJugR 1975, 244; HOHM NJW 1986, 3107, 3108; vMUTIUS Jura 1987, 272; KUHN 31 ff u passim; HÖHNBERG 36; ROELL 21 f; DÜRIG, in: MAUNZ/DÜRING/HERZOG Art 19 III Rn 11 ff; RÜFNER in: HdbStR V § 116 Rn 20 ff). Die einer Person unabhängig von irgendwelchen Ausübungsakten zustehenden Grundrechte hat die öffentliche Gewalt daher auch bei Minderjährigkeit des Trägers diesem gegenüber zu beachten; so ist etwa auch ein vorläufig festgenommener Minderjähriger nach dem justiziellen Grundrecht des Art 104 Abs 3 GG spätestens am Tag nach der Festnahme dem Richter vorzuführen (vgl DÜRIG aaO Rn 11). Die Frage nach der „Grundrechtsmündigkeit" lässt sich hiernach dahingehend konkretisieren, ob die Fähigkeit zur selbstständigen Ausübung von Grundrechten seitens ihres Trägers durch jugendliches Alter ausgeschlossen oder beschränkt ist. Im Grundgesetz selbst ist eine allgemeine Altersgrenze, mit deren Erreichung die Ausübungsfähigkeit von Grundrechten beginnt, nicht ausdrücklich festgelegt; lediglich für den Beginn des Wahlrechts sieht Art 38 Abs 2 GG das vollendete 18. Lebensjahr vor. Aus diesem

Schweigen des Grundgesetzes wird verschiedentlich das Nichtbestehen altersmäßiger Voraussetzungen für die Fähigkeit zur Grundrechtsausübung gefolgert. Die Ausübungsfähigkeit fällt hiernach mit der Trägerschaft des Grundrechts zusammen. Sobald der junge Mensch tatsächlich zur selbstständigen Wahrnehmung seiner Grundrechte imstande sei, habe er hierzu auch die rechtliche Befugnis (s HOHM NJW 1986, 3107, 3109 ff; ROBBERS DVBl 1987, 709, 713; ROELL 32 ff; STEIN, Staatsrecht[16] § 26 II; HESSE, Grundzüge d Verfassungsrechts d Bundesrep Deutschland[20] § 9 Rn 285; JARASS, in: Jarass/Pieroth, GG[5] Art 19 Rn 11; SACHS, GG[2] vor Art 1 Rn 75; wohl auch STEFFEN RdJB 1971, 143, 144; W ROTH 46 ff, 66 ff, der aber bei bestimmten Grundrechten als tatbestandliche Voraussetzung ihrer Ausübbarkeit eine „Grundrechtsreife" verlangt). Eine andere Ansicht lässt demgegenüber die Fähigkeit zur selbstständigen Grundrechtswahrnehmung mangels abweichender Regelungen erst mit der Volljährigkeit eintreten, in der sie eine grundsätzlich auch für die Rechtsgebiete außerhalb des Privatrechts maßgebliche Altersgrenze erblickt (RÜFNER, in: HdbStR V § 116 Rn 23; BLECKMANN aaO Rn 12: *arg a maiore ad minus*). Eine besondere Grundrechtsmündigkeit wird hier also mit umgekehrter Konsequenz verneint. Zwischen diesen beiden Positionen stehen schließlich diejenigen Ansichten, die eine speziell für Grundrechte geltende Ausübungsfähigkeit verlangen. Welche Voraussetzungen hierfür zu fordern sind, beantworten die einzelnen Vertreter dieser Auffassung höchst verschieden. Eine Meinung stellt grundsätzlich oder nur für bestimmte Typen von Ausübungsakten ab auf die natürliche Handlungsfähigkeit des Grundrechtsträgers, deren Eintritt für die einzelnen Grundrechte unter Umständen unterschiedlich zu bestimmen sei (so u a KITTNER AuR 1971, 280, 291 bes f Grundrecht aus Art 9 Abs 3 GG; E SCHWERDTNER AcP 173 [1973] 227, 241 ff; vMUTIUS Jura 1987, 272, 275; MARTENS NJW 1987, 2561; STARCK, in: vMANGOLDT/KLEIN/STARCK Art 1 Abs 3 Rn 186; differenzierend H KRÜGER FamRZ 1956, 329, 331 ff; PERSCHEL RdJ 1963, 33, 36 f; KUNZ ZblJugR 1975, 244 ff; KUHN 114; REUTER, Kindesgrundrechte 183 u öfter; ders FamRZ 1969, 622 ff; ders AcP 192 [1992] 108, 118 ff; vgl auch FEHNEMANN RdJ 1967, 281 ff). Für einzelne Grundrechte werden in Verallgemeinerung bestimmter positivrechtlicher Regelungen (zB Religionsmündigkeit) feste Altersgrenzen unterhalb der Volljährigkeit, etwa das 14. Lebensjahr, schon *de lege lata* für anwendbar erachtet (vgl H KRÜGER FamRZ 1956, 329, 334: vor Herabsetzung d Volljährigkeitsalters 18 Jahre f Einwilligung in Operation; auch VG Köln NVwZ 1985, 217, 218: 17 Jahre für Geltendmachung d Grundrechts aus Art 4 Abs 3 GG). Der Bundesgerichtshof geht bisher zwar nicht von dem Rechtsinstitut einer besonderen Grundrechtsmündigkeit aus, er hat jedoch für gewisse engbegrenzte Teilbereiche eine selbstständige Entscheidungsbefugnis oder ein echtes Mitspracherecht des Minderjährigen anerkannt (BGH NJW 1974, 1947, 1949 f).

Eine Lösung des Problems der persönlichen Fähigkeit zur Grundrechtswahrnehmung muss von dem Umstand ausgehen, dass die Ausübung von Grundrechten bei Minderjährigkeit ihres Trägers nicht nur das Verhältnis des Grundrechtsträgers zur öffentlichen Gewalt (Staat) als der Adressatin der Grundrechte betrifft, sondern auch das Verhältnis des Minderjährigen zu seinen Eltern oder sonstigen Sorgeberechtigten (Vormund) als den Inhabern des über das Kind (Mündel) bestehenden Sorgerechts. Zwischen diesen beiden Verhältnissen ist streng zu trennen. In dem öffentlich-rechtlichen **Verhältnis zum Staat** (und den sonstigen Hoheitsträgern) befindet sich der Minderjährige gleich jedem anderen Grundrechtsträger in der Position des Inhabers von mit Verfassungsrang ausgestatteten subjektiven Rechten, deren Ausübung die öffentliche Gewalt als Verpflichtete hinzunehmen hat. Hinsichtlich der Fähigkeit zur Ausübung dieser Rechte sollten mangels besonderer

Regelungen für einzelne Ausübungsakte diejenigen Grundsätze angewendet werden, die für Rechtshandlungen im allgemeinen, auch soweit sie die Ausübung anderer subjektiver Rechte als Grundrechte betreffen, entwickelt worden sind. Folgt man dem, so kommt es darauf an, welcher Art von Rechtshandlungen eine bestimmte Grundrechtsausübung angehört. Die Verhaltensweisen, durch die Grundrechte ausgeübt werden, bestehen zum Großteil nicht in rechtsgeschäftlichen oder rechtsgeschäftsähnlichen Handlungen, sondern in Handlungen tatsächlicher Art, etwa einer Meinungsäußerung (Art 5 GG), einer Erziehungsmaßnahme (Art 6 Abs 2 S 1 GG), der Teilnahme an einer Versammlung (Art 8 GG), der Werbung für eine Gewerkschaft (Art 9 Abs 3 GG) usw, rechtstechnisch gesprochen also in Realakten. Für die Fähigkeit zur Vornahme von Realakten kommt es aber allgemein nicht auf die Geschäftsfähigkeit an, sondern auf die natürliche Handlungsfähigkeit (vgl o Rn 89). Für tatsächliche Verhaltensweisen zur Wahrnehmung von Grundrechten sollte im Prinzip das gleiche gelten. Auch ein Minderjähriger kann deshalb seine Grundrechte in dieser Weise ausüben, sobald er nach seiner geistig-seelischen Reife zu Einsicht in die Bedeutung der Handlung imstande ist (vgl STERN, Das Staatsrecht d Bundesrep Deutschland III 1 § 70 V 3 d; KUHN 114). Die Polizei darf deshalb einem Minderjährigen die Teilnahme an einer Demonstration als Ausübung des Grundrechts aus Art 8 GG nicht lediglich aus dem Grunde seiner Minderjährigkeit untersagen (Zur Frage, ob den Eltern ein Untersagungsrecht zusteht, s sogleich u Rn 104). Gegen das Erfordernis der natürlichen Handlungsfähigkeit für die Grundrechtsausübung durch tatsächliches Verhalten sind – entgegen der Ansicht o Rn 102, die jedwede altersmäßige Einschränkung ablehnt – wohl auch aus der Verfassung selbst keine Bedenken ersichtlich. Denn wie jedwedes menschliches Handeln setzt auch die Grundrechtswahrnehmung ein willensgesteuertes Verhalten und damit eine entsprechende natürliche Willensfähigkeit voraus; hätte der Grundgesetzgeber für die Akte der Grundrechtsausübung auf dieses Erfordernis verzichten wollen, hätte er diese außergewöhnliche Regelung ausdrücklich getroffen. Sind jedoch für die Ausübung bestimmter Grundrechte besondere Altersgrenzen normiert, so sind diese Spezialregelungen entscheidend; auf die natürliche Handlungsfähigkeit kommt es dann nicht an. Eine solche Spezialregelung trifft vornehmlich § 5 RKEG mit der Festlegung der Religionsmündigkeit auf das vollendete 14. Lebensjahr (vgl o Rn 15). Diese Vorschrift ist zwar primär privatrechtlicher Natur, sie ist aber mittelbar auch für die Ausübung des Grundrechts der Religionsfreiheit durch das Kind gegenüber dem Staat (Schulverwaltung) maßgeblich, weshalb das in Art 7 Abs 2 GG dem Erziehungsberechtigten eingeräumte Recht zur Bestimmung über die Teilnahme des Kindes am Religionsunterricht mit eingetretener Religionsmündigkeit auch dem Schulträger gegenüber auf das Kind übergeht (vgl StGH f d Deutsche Reich RGZ 134, Anh 1, 6 ff zu dem entspr Art 149 Abs 2 WRV; auch RhPfOVG FamRZ 1981, 82 f). Die Festlegung solcher besonderer Altersgrenzen für die Grundrechtsausübung durch die einfache Gesetzgebung mit der Folge, dass im Einzelfall auch ein tatsächlich bereits handlungsfähiger Minderjähriger mangels Erreichung des betreffenden Alters an der selbstständigen Grundrechtswahrnehmung gehindert sein kann, ist aufgrund der verschiedenen Gesetzesvorbehalte der Freiheitsrechte bzw hinsichtlich des Grundrechts der allgemeinen Handlungsfreiheit gem Art 2 Abs 1 GG aufgrund der Schranke der verfassungsmäßigen Ordnung grundsätzlich zulässig; sachlich rechtfertigen sich diese das Außenverhältnis des Minderjährigen zum Staat oder zu Dritten betreffenden Grenzen insbesondere aus den hier relevanten Erfordernissen des Schutzes des Jugendlichen (zB die Altersgrenzen des JSchG als Einschränkung der allgemeinen Handlungsfreiheit) und der Sicherheit des auf feste Altersgrenzen angewiesenen Rechtsverkehrs (vgl HOHM NJW 1986, 3107, 3112 f; BLECKMANN aaO Rn 15; RÜFNER aaO Rn 24; JARASS aaO Rn 12; SACHS aaO Rn 76; aA KITTNER AuR 1971, 280, 290). Diese Notwendigkeiten des Schutzes des jungen Menschen und der Verkehrssicherheit erlangen hervorragende Bedeutung für diejenigen Akte der Grundrechtsausübung, die nicht in einem tatsächlichen Verhalten bestehen, sondern in rechtsgeschäftlichen (auch rechtsgeschäftsähnlichen) Handlungen privat- oder öffentlichrechtlicher (einschließlich verfahrensrechtlicher) Natur, so für den Abschluss von Verträgen in Ausübung der allgemeinen Handlungsfreiheit nach Art 2 Abs 1 GG, den Beitritt zu einer Religionsgemeinschaft oder den Austritt aus einer solchen (Art 4 GG), den Beitritt zu einem Verein (Art 9 Abs 1 GG), insbesondere zu einer Vereinigung gem Art 9 Abs 3 GG, die Begründung eines Arbeitsverhältnisses (Art 12 GG), die Verfügung über ein Vermögensrecht oder die Errichtung eines Testaments (jeweils Art 14 GG) usw. Die Bindung der Wirksamkeit solcher Rechtsakte an bestimmte typisierte persönliche Voraussetzungen anstelle der bloßen natürlichen Handlungsfähigkeit im Privatrecht (§§ 104 ff, 1303 f, 1903, 2229, RKEG § 5 usw), im Verfahrensrecht (s o Rn 95 ff) und im Verwaltungsrecht (s o Rn 98 ff) ist daher dem Grundgesetz gem (KUHN 41 ff; ROELL 40 f; STERN aaO § 70 V 3 d β). Dies gilt umso mehr, als die entsprechende einfachgesetzliche Regelung durchaus auf die allmähliche Entwicklung des Minderjährigen in Richtung auf die volle Selbstständigkeit Rücksicht nimmt (zB §§ 107, 110, 112, 113).

Der Schwerpunkt der Diskussion um die „Grundrechtsmündigkeit" ist aber nicht im Verhältnis des Minderjährigen zur öffentlichen Gewalt angesiedelt, sondern in dessen **Verhältnis zu seinen (sorgeberechtigten) Eltern** oder sonstigen Erziehungsberechtigten. Es handelt sich hierbei um das Innenverhältnis der Grundrechtsausübung und damit um die dieser Ausübung nach außen hin, also gegenüber dem Staat, vorgelagerte Frage, wem die Entscheidung darüber zusteht, ob und wie ein Grundrecht des Minderjährigen ausgeübt werden soll, diesem selbst oder dem Sorgeberechtigten. Bei einer Entscheidungskompetenz des Sorgeberechtigten könnte dieser dem Jugendlichen eine in tatsächlichen Handlungen bestehende Grundrechtsausübung ge- oder verbieten, etwa die Teilnahme an einer Demonstration, obwohl er uU gegenüber dem Staat schon grundrechtsausübungsfähig wäre (s o Rn 103); durch rechtsgeschäftliches Handeln könnten die Eltern usw Grundrechte des Kindes gegen dessen Willen aufgrund ihrer gesetzlichen Vertretungsbefugnis selbst ausüben oder die Ausübung seitens des Kindes durch Verweigerung ihrer erforderlichen Zustimmung verhindern. Eine besondere Brisanz erhält diese Frage im Verhältnis des minderjährigen Kindes speziell zu seinen Eltern deshalb, weil den Eltern gem Art 6 Abs 2 GG ihrerseits das Grundrecht auf Pflege und Erziehung des Kindes zusteht. Sowohl die Kindesgrundrechte als auch das Elternrecht wirken aber unmittelbar nur gegenüber dem Staat, nicht im Eltern-Kind-Verhältnis, denn dieses Verhältnis ist privatrechtlicher Natur und die Lehre von einer unmittelbaren Drittwirkung der Grundrechte auch unter Privaten ist mit der überwiegenden Meinung abzulehnen. Die allerdings gebotene Berücksichtigung der in den Grundrechten zum Ausdruck kommenden verfassungsrechtlichen Wertentscheidungen begründet im Eltern-Kind-Verhältnis richtiger Ansicht nach keinen wirklichen Widerstreit der beiderseitigen Grundrechtspositionen (OSSENBÜHL, Das elterl Erziehungsrecht iSd GG [= Soziale Orientierung 2], 1981, 55 f; D SCHWAB JZ 1970, 745, 746; STEFFEN RdJB 1971, 143, 145 ff; GERNHUBER FamRZ 1962, 89, 92; GERNHUBER/COESTER-WALTJEN § 7 I 3; DIEDERICHSEN FamRZ

1978, 461, 462 f; vMutius Jura 1987, 272, 275; Hesse Rn 285; Dürig Rn 22; Starck Rn 186; Soergel/Strätz § 1626 Rn 47; einschr Staudinger/Peschel-Gutzeit [2002] § 1626 Rn 16; aA H Krüger FamRZ 1956, 329, 331 ff; Kuhn 59 ff). Dies folgt aus dem besonderen Charakter des Elternrechts, das, anders als die subjektiven Rechte im allgemeinen, den Eltern primär nicht im eigenen, sondern im Kindesinteresse zusteht, weshalb des Bundesverfassungsgericht treffend von „Elternverantwortung" spricht (BVerfGE 24, 119, 143 = NJW 1968, 2233, 2235). Es ist deshalb derjenigen Meinung zu folgen, nach der sich das minderjährige Kind gegenüber seinen Eltern grundsätzlich nicht auf eine Fähigkeit zur selbstständigen Grundrechtsausübung berufen kann, sofern ihm diese Fähigkeit nicht für bestimmte Grundrechte (so für Art 4 GG in § 5 RKEG) besonders eingeräumt ist (Ossenbühl aaO; Hesse aaO; Starck aaO; aA Kittner AuR 1971, 280, 290 f; auch Roell 51 f). Hieraus folgt aber keineswegs eine vollständige Unterwerfung des Kindes bis zum Volljährigkeitseintritt unter das elterliche Bestimmungsrecht bis zur Grenze des Mißbrauchs und die rechtliche Unbeachtlichkeit eines abweichenden Kindeswillens, wie dies eine ältere Ansicht (vgl OVGRhPf NJW 1954, 1461, 1462) angenommen hat. Dies verbietet sich wegen der dargelegten grundsätzlichen Fremdnützigkeit des Elternrechts, dessen Zweck gerade in der Heranbildung des jungen Menschen zu einer selbstständig und eigenverantwortlich handelnden Persönlichkeit besteht, wodurch die elterliche Sorge überflüssig wird. Da diese Selbstständigkeit aber nicht plötzlich mit dem Volljährigkeitszeitpunkt erreicht wird, sondern im Laufe der Minderjährigkeit allmählich in einem kontinuierlichen Prozess fortschreitender Mündigwerdung eintritt (hierzu eingehend Steffen RdJB 1971, 143, 146 ff), vermindern sich mit fortschreitender Reife des Jugendlichen entsprechend auch Ausmaß und Intensität der sich aus dem Elternrecht ergebenden Befugnisse. Die jeweilige altersentsprechende Ausgestaltung dieser Befugnisse im Verhältnis zu den legitimen Wünschen des Kindes selbst lässt sich nicht unmittelbar der Verfassung entnehmen, sondern sie bestimmt sich nach dem einfachen Recht, dem Familienrecht, durch die Regelung der elterlichen Sorge (§§ 1626 ff), wobei insbesondere die durch das Sorgerechtsneuregelungsgesetz vom 18.7.1979 eingefügten §§ 1626 Abs 2, 1631a usw zu berücksichtigen sind (Ossenbühl aaO; Stern § 70 V 4 c: „Feineinstellung"; Soergel/Strätz aaO, auch W Roth 93 ff, 132 ff). Es geht also um die fortschreitende Begrenzung des elterlichen Sorgerechts angesichts der zunehmenden Persönlichkeitswerdung des Kindes. Die Eltern müssen vor allem im Bereich der Persönlichkeitsrechte des Kindes schon frühzeitig auf dessen Willen gebührend Rücksicht nehmen; hieraus folgt etwa das Zustimmungsrecht des einsichtsfähigen Kindes in eine ärztliche Operation (vgl o Rn 57, 59). Im konkreten Einzelfall muss zwischen dem Selbstbestimmungsinteresse des Kindes und der von den Eltern für richtig gehaltenen Entscheidung abgewogen werden (vgl Dürig Rn 22 ff; vMutius Jura 1987, 272, 275; auch Perschel RdJ 1963, 33, 36 ff). Bei einer schwerwiegenden Mißachtung des hiernach legitimen Kindeswillens seitens der Eltern sind Maßnahmen nach § 1666 angezeigt.

105 Das (aktive und passive) **Wahlrecht** zum Deutschen Bundestag lässt das Grundgesetz in Art 38 Abs 2 mit dem vollendeten 18. Lebensjahr beginnen. Für die Wahlen zu den Landtagen und kommunalen Vertretungen bestehen entsprechende Regelungen. Diejenigen Staatsbürger, die diese Altergrenze noch nicht erreicht haben, sind daher von der Wahl zur Volksvertretung und damit von der politischen Mitbestimmung ausgeschlossen. Die äußerst ungünstige demographische Entwicklung der deutschen Bevölkerung infolge der sich seit den 70er Jahren drastisch vermindernden Geburtenzahl, die nicht zuletzt auf einer erheblichen Benachteiligung der Familien mit Kindern durch die Politik beruht, da die Familien im Gegensatz zu anderen Bevölkerungsgruppen über eine wenig schlagkräftige Interessenvertretung verfügen, wird für die nächsten Jahrzehnte zu ganz tiefgreifenden gesellschaftlichen Problemen führen (zB Rentenfinanzierung). Zur Wahrung der Belange der jetzt jungen Generation wird daher neben einer Herabsetzung des Wahlalters unter die Volljährigkeitsgrenze (hierzu LANGHEID ZRP 1996, 131 ff), das naturgemäß nur bis zu einer bestimmten Altersgrenze (zB 16 Jahre) möglich ist (zur Verfassungsmäßigkeit einer Mindestaltersgrenze im Wahlrecht überhaupt BVerfGE 42, 312, 340 f = NJW 1976, 2123; NVwZ 2002, 69 f; BREUER NVwZ 2002, 43 ff), die jüngeren Jahrgänge also weiterhin vom Wahlrecht ausschließen würde, unter dem Stichwort „Familienwahlrecht" eine Berücksichtigung der Kinderzahl bei der Stimmabgabe der Eltern diskutiert, wodurch sich die Zahl der Wahlberechtigten auf Bundesebene um rund 15 Mio erhöhen würde. Für die rechtliche Konstruktion eines solche Familienwahlrechts kämen zwei Möglichkeiten in Betracht: Das eigene Wahlrecht der Eltern könnte in der Weise erweitert werden, dass ihnen für jedes Kind eine zusätzliche Stimme gewährt würde („Mehrstimmenmodell") oder den Kindern selbst könnte vom Zeitpunkt der Geburt ein eigenes Wahlrecht gewährt werden, das durch die Eltern als deren Vertreter lediglich ausgeübt würde („Stellvertretermodell"). Beide Modelle erforderten zumindest wegen Art 38 Abs 2 GG sicher eine entsprechende Grundgesetzänderung, so dass sich das Problem nur *de constitutione ferenda* unter Berücksichtigung von Art 79 Abs 3 GG stellt. Das Mehrstimmenmodell ließe sich mit dem in Art 38 Abs 1 GG normierten Grundsatz der Gleichheit der Wahl im Sinne eines gleichen Zählwertes kaum vereinbaren; es bedeutete eine Art Pluralwahlsystem, dessen Vereinbarkeit mit dem in Art 79 Abs 3 GG einer Grundgesetzänderung entzogenen Demokratieprinzip des Art 20 GG zweifelhaft wäre (PECHSTEIN FuR 1991, 142, 144 f, 145; SCHROEDER JZ 2003, 917 f; NOPPER 144 f; aA unter Hinw auf Art 6 Abs 2 GG wohl POST ZRP 1996, 377, 378 f). Gegen das Stellvertretermodell, bei dem es sich um die Wahlstimme nicht der Eltern, sondern jedes einzelnen Kindes handelte, bestände dieses Bedenken nicht. Die allgemein anerkannte Grundrechtsfähigkeit auch des Minderjährigen (vgl o Rn 102) ist sogar ein Argument für ein eigenes Kindeswahlrecht, denn bei dem Wahlrecht handelt es sich jedenfalls um ein grundrechtsähnliches Recht. Da die Stimmabgabe ferner keinen Realakt darstellt, sondern eine Willenserklärung auf dem Gebiet des öffentlichen Rechts (vgl MIDDEL 48 f), stände das Wahlrecht auch seiner Ausübung durch einen Vertreter offen. Die Ablehnung dieser Vertretungskonstruktion wird in erster Linie mit der höchstpersönlichen Natur der Stimmabgabe als Ausdruck der Selbstbestimmung des Aktivbürgers begründet (so PECHSTEIN FuR 1991, 142, 145 f). Die Befürworter dieser Lösung bezweifeln hingegen die grundlegende Bedeutung der Höchstpersönlichkeit der Wahl, da das Wahlrecht nicht eigentlich die Persönlichkeit des Wählers betreffe, sondern dessen Vermögen zur politischen Mitbestimmung (HATTENHAUER JZ 1996, 9, 16; auch PESCHEL-GUTZEIT NJW 1997, 2861 f; LÖW FuR 1993, 25, 28 u ZRP 2002, 448 ff; eingehend zu diesem Modell NOPPER 145 ff). Eine politische Mitbestimmung auch der Minderjährigen wird insbesondere angesichts der Tatsache für wünschenswert gehalten, dass sich gerade die wichtigsten Entscheidungen der heutigen Abgeordneten erst in näherer oder fernerer Zukunft auswirken (Rentenreform) und damit in erster Linie die gegenwärtige junge Generation betreffen (PESCHEL-GUTZEIT NJW 1997, 2861 f unter Hinw auf Art 20 a GG; NOPPER 155 f). Eine Unvereinbarkeit des Stellvertretermodells mit der anerkanntermaßen eng auszulegenden Ewigkeitsgarantie des Art 79 Abs 3 GG dürfte deshalb zu verneinen sein (vgl HATTENHAUER aaO; LÖW FuR 1993, 25, 28; aA PECHSTEIN FuR 1991, 142, 146; SCHROEDER JZ 2003, 920 ff). Insgesamt ist gegenwärtig in dieser Frage ein Diskussionsstand erreicht, der eine pauschale Ablehnung des Gedankens eines Familienwahlrechts als abwegig nicht mehr zulässt. Angesichts der künftigen Entwicklung im gesellschaftlichen Bereich lässt die Zukunft eher noch eine verstärkte Erörterung dieser Frage erwarten.

IV. Die geschichtliche Entwicklung des Geschäftsfähigkeitsrechts

1. Römisches und gemeines Recht

106 Die in den §§ 104 ff getroffene Regelung der Geschäftsfähigkeit beruht im wesentlichen auf römisch-rechtlichen Grundlagen. Das **römische Recht der Antike** unterschied hinsichtlich der altersmäßigen Fähigkeit zur Vornahme von Rechtsakten in erster Linie zwischen mündigen *(puberes)* und unmündigen *(impuberes)* Personen. Die Mündigkeit war ursprünglich nicht allgemein auf ein bestimmtes Lebensalter festgelegt, sondern sie trat mit der Erreichung der Geschlechtsreife *(pubertas)* und damit individuell verschieden ein. Im Laufe der Entwicklung trat zunächst bei Mädchen an die Stelle der individuellen Reife das vollendete 12. Lebensjahr als allgemeiner Mündigkeitstermin. Bei Knaben wollte innerhalb der klassischen Jurisprudenz die Rechtsschule der Sabinianer an dem Mündigkeitseintritt mit der Pubertät festhalten, während die Schule der Prokulianer die Festlegung auf das vollendete 14. Lebensjahr befürwortete und eine dritte Richtung, die sich im Laufe der klassischen Zeit durchsetzte, sowohl die individuelle Reife als auch das Alter von 14 Jahren forderte (hierzu A B SCHWARZ SZRA 69 [1952] 345 ff). Justinian bestimmte schließlich in einem Reformgesetz von 529 (Inst 1, 22 pr) das vollendete 14. Lebensjahr ungeachtet der individuellen Reife als Mündigkeitstermin für Knaben, während es für Mädchen bei dem vollendeten 12. Lebensjahr blieb (A B SCHWARZ SZRA 69 [1952] 345, 380 ff). Mit erreichter Mündigkeit konnte der gewaltfreie männliche Römer ursprünglich alle Rechtsakte selbstständig wirksam vornehmen, er war also – in moderner Terminologie – voll geschäfts-(handlungs-)fähig. Die gewaltfreien Unmündigen (beiderlei Geschlechts) standen hingegen unter Vormundschaft *(tutela impuberis)*. Innerhalb der Gruppe der Unmündigen wurde wiederum unterschieden zwischen den Kindern *(infantes)* und den dem Kindesalter entwachsenen Unmündigen *(impuberes infantia maiores, pupilli)*. Das Kindesalter endete ursprünglich ebenfalls nicht mit einem bestimmten Lebensalter, sondern mit Erreichung der (individuellen) Sprechfähigkeit; wohl schon im Laufe der klassischen Periode (s KNOTHE SDHI 48 [1982] 239 ff) setzte sich der Termin des vollendeten 7. Lebensjahres durch, der unter Justinian endgültig anerkannt wurde. Die *infantes* waren zur Vornahme von Rechtsakten unfähig. Die dem Kindesalter entwachsenen Unmündigen konnten hingegen solche Geschäfte, die ihre Rechtsstellung lediglich verbesserten (Erwerbsgeschäfte, Geschäfte, aus denen nur dem anderen Teil eine Verpflichtung erwuchs), ohne Mitwirkung ihres Vormundes wirksam vornehmen. Zu Geschäften, die ihre Rechtslage verschlechterten (Veräußerungen, Freilassungen von Sklaven, Eingehung von Verbindlichkeiten, Annahme einer Leistung als Erfüllung) bedurften sie des Vollwortes *(auctoritas)* ihres Vormundes, das nur bei Vornahme des Geschäfts, nicht erst danach, wirksam erteilt werden konnte. Schloss ein Pupill *sine tutoris auctoritate* einen gegenseitig verpflichtenden Vertrag ab, so wurde hieraus der andere Teil ihm gegenüber verpflichtet, während umgekehrt eine

Verbindlichkeit des Unmündigen nicht entstand (Inst 1, 21 pr). Die Glosse bezeichnete solche nur einseitig wirksamen Geschäfte als „hinkende Geschäfte" *(negotia claudicantia)*. Gegenüber der Klage des Unmündigen auf Erfüllung, die wiederum nur mit Vollwort des Vormundes möglich war, stand dem anderen Teil allerdings ein Zurückbehaltungsrecht wegen der – wenn auch nicht wirksam – versprochenen Gegenleistung zu (PAUL D 18, 5, 7, 1), so dass die Klage letztlich doch nur bei Erfüllung des Vertrages auch von seiten des Unmündigen Erfolg hatte. Eheschließung und Testamentserrichtung setzten die Mündigkeit voraus.

Der frühe Mündigkeitsbeginn mit der Folge der Beendigung der *tutela impuberis* **107** und der vollen rechtlichen Selbstständigkeit des gewaltfreien römischen Jünglings setzte diesen mit den komplizierter werdenden rechtlichen und wirtschaftlichen Verhältnissen im Laufe der hohen und späten Republik der Gefahr der Verschleuderung seines Vermögens und der Verschuldung durch unbedacht eingegangene Geschäfte aus. Einer Heraufsetzung des Mündigkeitsalters stand aber das starke Traditionsbewusstsein des Römers entgegen. Den erforderlichen Schutz des mündigen Jugendlichen suchten die Römer statt dessen unter Beibehaltung des frühen Mündigkeitsbeginns durch ein besonderes Gesetz, die etwa um 200 vChr erlassene *lex Laetoria*, herbeizuführen. Das lätorische Gesetz bedrohte denjenigen, der seinen noch nicht 25jährigen Vertragspartner *(minor viginti quinque annis)* durch den Vertragsschluss übervorteilte, mit einer aufgrund einer Popularklage zu verhängenden Strafe, beließ es aber bei der Wirksamkeit des geschlossenen Geschäfts. Die *lex Laetoria* hatte somit eine **neue Altersklasse von (mündigen) Jugendlichen unter 25 Jahren** eingeführt, die als *minores viginti quinque annis* oder auch nur als *minores* (= Minderjährige) bezeichnet wurden. Auf der Grundlage des lätorischen Gesetzes wurde in den folgenden Jahrhunderten der Schutz der Minderjährigen weiter ausgebaut. Das Amtsrecht des Prätors gewährte dem *minor* gegen die Klage des anderen Teils aus dem geschlossenen – bei Mündigkeit des Minor ja wirksamen – Vertrag eine Einrede *(exceptio legis Laetoriae*; vgl PAUL D 44, 1, 7, 1) und bei Eintritt eines Vermögensschadens des Minderjährigen durch das Geschäft eine Wiedereinsetzung in den vorigen Stand *(in integrum restitutio propter minorem aetatem*; s den Digestentitel 4, 4); die Wiedereinsetzung erfolgte also *non tamquam minor, sed tamquam laesus*. Die kaiserliche Gesetzgebung setzte dann den Ausbau des Minderjährigenschutzes fort. Die Bestellung eines Pflegers *(curator minoris)*, die der mündige Minderjährige wohl schon nach der prätorischen Rechtsetzung für bestimmte einzelne Angelegenheiten, etwa den Abschluss eines schwierigen oder gefährlichen Vertrages, verlangen konnte, war seit Mark Aurel generell für die Vermögensverwaltung des *minor* möglich (hierzu eingehend LENEL, Die cura minorum d. klass. Zeit, in: SZRA 35 [1914] 129 ff). Der Kurator konnte zu den Geschäften des Minderjährigen seine Zustimmung *(consensus curatoris)* erteilen, die – anders als die *auctoritas tutoris* (vgl o Rn 106) – formlos und damit auch nach Geschäftsabschluss möglich war. Die Bestellung eines *curator minoris* setzte aber einen entsprechenden Antrag des Minderjährigen voraus, der somit nicht notwendig einen Kurator haben musste. Ebenso war der *consensus curatoris* nicht zur Wirksamkeit des Minderjährigengeschäfts erforderlich; der mündige Minderjährige blieb also auch bei Vorhandensein eines Kurators grundsätzlich geschäftsfähig (PAUL D 44, 7, 43; Ulp D 50, 12, 2, 1; Mod D 45, 1, 101). Tatsächlich dürfte aber die Kuratorenbestellung wohl schon in der spätklassischen Zeit allgemein üblich geworden sein. Für bestimmte Rechtsakte erhob die spätere Kaisergesetzgebung den *concensus curatoris* auch rechtlich zur Wirksamkeitsvoraussetzung, so für die Führung eines Rechtsstreits durch einen *curator in litem* (C 5, 31, 1), zur schuldtilgenden Annahme einer Leistung (Ulp D 4, 4, 7, 2) und – spätestens seit Diokletian (C 2, 21, 3) – zur Verfügung über Vermögensgegenstände. Die allgemeine Tendenz der spätrömischen Rechtsentwicklung war mithin deutlich auf eine Gleichstellung der *puberes minores* mit den *impuberes* (vgl o Rn 106) und dementsprechend der *curatores minorum* mit den *tutores impuberum* gerichtet. Formell hat das antike römische Recht aber den Unterschied zwischen beiden Altersgruppen niemals aufgehoben. So ist es auch im justinianischen Recht bei der Freiwilligkeit der Kuratorenbestellung geblieben (Inst 1, 23, 2; vgl KRÄNZLEIN, Obligator. cura minorum im just. Recht?, in: Studi Grosso IV [Turin 1971] 315 ff; KNOTHE, Geschäftsfähigkeit § 6 II 3). Die Befugnisse des *curator minoris* beschränkten sich ferner auf die Vermögensangelegenheiten des Minderjährigen und dessen Fähigkeit, über sein Vermögen unter Lebenden zu verfügen. Die Ehe- und Testierfähigkeit trat hingegen weiterhin bereits mit der Mündigkeit, nach justinianischem Recht also mit dem vollendeten 14. bzw 12. Lebensjahr ein. Die jedenfalls faktische Beschränkung der Selbstständigkeit des jungen Menschen hinsichtlich seines Vermögens bis zu dem relativ fortgeschrittenem Alter des vollendeten 25. Lebensjahres erwies sich bei im Einzelfall gegebener Fähigkeit zu eigenverantwortlichem Handeln auf diesem Gebiet als unangemessen. Spätestens seit Konstantin konnte daher männlichen Minderjährigen vom vollendeten 20., weiblichen vom vollendeten 18. Lebensjahr an auf deren Antrag vom Kaiser die Volljährigkeitserklärung *(venia aetatis)* erteilt werden, die den Betreffenden einem Volljährigen gleichstellte, insbesondere eine *cura minorum* erlöschen ließ und eine Wiedereinsetzung wegen Minderjährigkeit ausschloss (C 2, 44, 2).

108 Neben den Unmündigen und Minderjährigen fehlte die volle Handlungsfähigkeit nach dem römischen Recht der älteren Zeit auch den **Frauen**, die als gewaltfreie auch nach erreichter Mündigkeit weiterhin einen Geschlechtsvormund *(tutor mulieris)* haben mussten, von dessen *auctoritas* die Wirksamkeit bestimmter wichtiger Geschäfte, vor allem von Veräußerungen, abhing (hierzu s KASER, PR I § 65 III). Die Frauentutel und damit die geminderte Geschäftsfähigkeit der Frau schwächte sich seit der späten Republik fortschreitend ab und wurde schließlich in nachklassischer Zeit völlig beseitigt (KASER, PR II § 207 II, § 231 II). Völlig handlungsunfähig waren die **Geisteskranken** *(furiosi)*, die deshalb unter einem *curator (furiosi)* standen (KASER, PR I § 65 IV). Dem **Verschwender** *(prodigus)* konnte der Prätor die Verfügung über dessen Vermögen untersagen. Diese Entmündigung *(interdictio)* stellte den *prodigus*, der deshalb einen *curator (prodigi)* haben musste, im wesentlichen einem dem Kindesalter entwachsenen Unmündigen (s o Rn 106) gleich (Ulp D 12, 1, 9, 7; 10, 10 pr; s KASER PR I § 65 V).

109 In der Gestalt, die es im *Corpus Iuris Civilis* Justinians gefunden hatte, wurde das römische Recht der Geschäftsfähigkeit im Grundsatz in Deutschland als subsidiär geltendes **gemeines Recht** rezipiert. Die *cura minorum* wurde jedoch jetzt – anders als nach antikem Recht (vgl o Rn 108) – ganz überwiegend als für alle (mündigen) Minderjährigen obligatorisch angesehen; ein Kurator war somit auch ohne dahingehenden Antrag des Minderjährigen von Amts wegen zu bestellen (s KNOTHE, Geschäftsfähigkeit § 8 IV 1). Diese Notwendigkeit einer *cura* wurde teilweise schon aus den römischen Quellen hergeleitet, jedenfalls aber den Reichspolizeiordnungen von 1548 und 1577 entnommen, die im Titel XXXI bzw XXXII jeweils unter § 1 die

Reichsstände verpflichteten „den pupillen und minderjährigen Kindern jederzeit ... Vormünder und Vorsteher" zu geben. Da hiernach auch alle mündigen Minderjährigen Kuratoren haben mussten, galt der römische Unterschied zwischen *tutela impuberum* und *cura minorum* allmählich überhaupt als beseitigt und die Doktrin des *usus modernus Pandectarum* wie auch die Praxis gingen von einem einheitlichen Institut der Vormundschaft für alle Minderjährigen aus. Besonders die ältere gemeinrechtliche Ansicht (bis etwa 1800) bestimmte demgemäß auch die Geschäftsfähigkeit aller, also auch der mündigen Minderjährigen nach den im *Corpus Iuris Civilis* für die Unmündigen aufgestellten Grundsätzen (vgl hierzu KNOTHE aaO § 8 IV 2). Sämtliche Minderjährige bedurften daher zum Abschluss von ihre Rechtsstellung beeinträchtigenden Verträgen jetzt der Zustimmung ihres Vormundes, die allerdings auch bei Unmündigen nicht mehr in der Form der als nicht rezipiert angesehenen römischen *auctoritas* (s o Rn 106) erteilt zu werden brauchte und daher auch erst nach Vertragsschluss erfolgen konnte. Die in den römischen Quellen ausgesprochene Wirksamkeit eines ohne vormundschaftliche Zustimmung geschlossenen gegenseitig verpflichtenden Vertrages nur zu Gunsten des Unmündigen bzw jetzt auch des Minderjährigen fasste die gemeinrechtliche Lehre in dem Sinne auf, dass der Minderjährige bzw sein Vormund frei entscheiden konnte, an dem Vertrag festzuhalten, wodurch auch seine eigene Verpflichtung wirksam blieb, oder vom Vertrag abzugehen, was auch die Verpflichtung des anderen Teils unwirksam machte, während der andere Teil an die Entscheidung des Minderjährigen (des Vormundes) gebunden war. Zwischen dem mündigen und dem unmündigen Minderjährigen bestand jedoch insofern ein Unterschied, als jener im Gegensatz zu diesem dann an ein ohne vormundschaftlichen Konsens geschlossenes Geschäft gebunden blieb oder wenigstens keine Wiedereinsetzung in den vorigen Stand (s o Rn 107) verlangen konnte, wenn er den Vertrag eidlich bekräftigt hatte; diese Rechtsfolge wurde aus der von Kaiser Friedrich I. Barbarossa zu C 2, 27, 1 erlassenen sog *Authentica sacramenta puberum* hergeleitet. Im 19. Jahrhundert ging die gegenüber dem *usus modernus* um eine größere Quellennähe bemühte Pandektenjurisprudenz aufgrund von D 44, 7, 43 usw (vgl o Rn 107) teilweise wieder von einer Verpflichtungsfähigkeit der mündigen Minderjährigen aus (s WINDSCHEID/KIPP, LB d Pandektenrechts I^9 § 71 Fn 3 u 9 m Darlegung d Streitstandes). Die weitgehende Gleichstellung der mündigen Minderjährigen mit den unmündigen erfasste aber nur die allgemeine Geschäftsfähigkeit, nicht auch die Fähigkeit zur Eheschließung und zur Testamentserrichtung. Ehe- und testierfähig wurde der junge Mensch nach allgemeiner Ansicht weiterhin schon mit der Mündigkeit, dh mit dem vollendeten 14. bzw 12. Lebensjahr; für die Ehemündigkeit folgte dies aus dem kanonischen Recht (X 4, 2, 6), das im Hochmittelalter für das Eheschließungsrecht maßgeblich geworden war und dies nach der Reformation zunächst grundsätzlich auch in den protestantisch gewordenen Territorien geblieben ist.

2. Deutsche Rechtsentwicklung bis zur Rezeption des Römischen Rechts

Die deutschen Rechte des Mittelalters unterschieden ebenfalls zwischen mündigen und unmündigen Personen. Feste Mündigkeitstermine kannten bereits die germanischen Volksrechte *(leges)* der karolingischen Zeit. Die ursprünglich sehr niedrigen Altersgrenzen (12, 15 ja sogar 10 Jahre) erwiesen sich auch hier angesichts der fortschreitenden Komplizierung der Verhältnisse im Laufe des Hochmittelalters als nicht mehr angemessen. Anders als in Rom (vgl o Rn 107) wurde aber nicht eine neue

Altergrenze neben der Mündigkeit eingeführt, sondern das Mündigkeitsalter in den Rechtsbüchern und in den Stadtrechten des Hoch- und Spätmittelalters erhöht, so nach dem älteren Lübischen Recht auf 18 (Codex v 1294, CCIII), nach dem Kleinen Kaiserrecht auf 24 (II Kap 17), nach dem – insoweit sicher vom Römischen Recht (vgl o Rn 107) beeinflussten – Schwabenspiegel auf 25 Jahre (Schwsp 51). Nach dem Sachsenspiegel konnte der junge Mensch, der das dortige Mündigkeitsalter von 12 Jahren überschritten hatte, bis zu seinem 21. Jahr freiwillig weiter unter Vormundschaft bleiben (Ssp Landrecht I 42 § 1). Die Unmündigen standen, sofern sie nicht der väterlichen Munt unterworfen waren, unter Vormundschaft (vgl Ssp 23 § 1). Die Unmündigkeit wirkte sich in einer vom römischen Recht verschiedenen Weise aus. Eine Mitwirkung des Vormundes bei den Geschäften des Unmündigen war unbekannt. Der Unmündige konnte vielmehr (auch ihm nachteilige) Verträge selbstständig wirksam abschließen; innerhalb einer Frist nach eingetretener Volljährigkeit stand ihm aber ein Recht zum Widerruf dieser Verträge gegenüber dem anderen Teil zu (Lex Burgundionum 87; Kl Kaiserrecht II 17; Schwsp 72). Ferner konnte der Unmündige ein geschlossenes Verpflichtungsgeschäft, solange er unter Vormundschaft stand, gegen den Willen des Vormundes nicht durch Leistungserbringung aus seinem Vermögen erfüllen, denn die Verwaltungs- und Verfügungsbefugnis über das Mündelvermögen stand dem Vormund zu (Ssp 23 § 2). Die Eingehung einer Ehe setzte grundsätzlich die Mündigkeit voraus (vgl MÜHLHÄUSER Reichsrechtsbuch 43, 1). Eine Geschlechtsvormundschaft über (mündige) Frauen war auch den meisten deutschen Rechten des Mittelalters bekannt (MÜHLHÄUSER Reichsrechtsbuch 26); an dem Vermögen der verheirateten Frau hatte der Ehemann die „Gewere" zur rechten Vormundschaft (Ssp 31 § 2) mit der Folge, dass auch sie ohne ihren Mann eingegangene Verbindlichkeiten nicht aus ihrem Vermögen erfüllen konnte. Unter geistigen oder bestimmten körperlichen Gebrechen leidende Personen standen nach dem Sachsenspiegel unter der Pflege ihrer Angehörigen, die anstelle der Pflegebefohlenen erbten (Ssp 4). Von Todes wegen konnte ein Mann seine Habe aber nur bei ausreichender Gesundheit vergeben, die durch einen „Vorritt" nachzuweisen war (Ssp 52 § 2).

3. Von den Kodifikationen der Aufklärungszeit bis zum BGB

111 Das als gemeines Recht rezipierte römisch-justinianische Recht der Geschäftsfähigkeit (s o Rn 109) verdrängte die diesbezüglichen Grundsätze der mittelalterlichen deutschen Rechte (s o Rn 110) auch in der Partikulargesetzgebung (hierzu KNOTHE, Geschäftsfähigkeit § 9), jedenfalls außerhalb des Einflussbereichs des Sachsenspiegels, fast vollständig. Das Geschäftsfähigkeitsrecht der beiden großen um die Wende vom 18. zum 19. Jahrhundert ergangenen deutsch(sprachigen) Kodifikationen des **preußischen ALR** und des **österreichischen ABGB** (in dieser u d folgenden Rn immer zitiert in der urspr Fassung von 1811) beruhte denn auch ganz weitgehend auf römisch-gemeinrechtlicher Grundlage, allerdings, besonders im ABGB, modifiziert durch das Gedankengut des Vernunftrechts der Aufklärung (hierzu jetzt eingehend MINZENMAY 117 ff, 172 ff). Beide Gesetzbücher behielten die römisch-gemeinrechtliche Dreiteilung der wegen jugendlichen Alters nicht voll handlungsfähigen Personen in Kinder, Unmündige und (mündige) Minderjährige formell bei (ALR I 1 §§ 25, 26; ABGB § 21). Das Kindesalter endete, wie nach gemeinem Recht, mit dem vollendeten 7. Lebensjahr. Die Unmündigkeit dauerte bis zum vollendeten 14. Lebensjahr und zwar im Gegensatz zum gemeinen Recht auch bei Mädchen. Den Volljährigkeitstermin legten beide Kodifikationen auf das vollendete 24. Lebensjahr fest, also um ein Jahr niedriger als das römisch-gemeine Recht (vgl o Rn 107). Beide Rechte kannten auch das Institut der Volljährigkeitserklärung nach dem Vorbild der römischen *venia aetatis*, die nach preußischem Recht, wie nach römischem (s o Rn 109), bei männlichen Jugendlichen die Vollendung des 20., bei weiblichen die des 18. voraussetzte (ALR II 18 § 719), während das österreichische Recht bei beiden Geschlechtern das vollendete 20. Lebensjahr verlangte (ABGB § 252). Gem dem im gemeinen Recht durchgedrungenen Grundsatz (s o Rn 109) standen auch alle mündigen Minderjährigen unter obligatorischer Vormundschaft, ohne dass noch zwischen *tutela impuberum* und *cura minorum* unterschieden wurde; vielmehr dauerte die Vormundschaft bis zum Eintritt der Volljährigkeit bzw der Erteilung der Volljährigkeitserklärung (ALR II 18 § 7; ABGB §§ 21, 188). Das österreichische Gesetzbuch stellte hierbei die unter väterlicher Gewalt stehenden Minderjährigen den unter Vormundschaft stehenden weitgehend gleich und beschritt damit Neuland gegenüber dem römischen und auch noch dem gemeinen Recht, nach dem die *patria potestas* gerade keine Vormundschaft gewesen war, sondern ein eigennütziges Recht des väterlichen Gewalthabers als des Repräsentanten des Familienverbandes; das römische Recht hatte deshalb auch nur die Handlungsfähigkeit der gewaltfreien Unmündigen und Minderjährigen besonders geregelt, während eine solche Regelung für die Gewaltunterworfenen mangels Fähigkeit zur Innehabung eigenen Vermögens als überflüssig erschienen war. An dem Unterschied zwischen väterlicher Gewalt und Vormundschaft hielt auch das ALR noch im Grundsatz fest und beschränkte deshalb die Befugnisse des Vaters nur im Hinblick auf das seiner Verwaltung und Nutznießung nicht unterliegende sog „freie Vermögen" des minderjährigen Kindes auf diejenigen eines Vormundes (II 2 § 159). Das ABGB gestaltete demgegenüber die väterliche Gewalt ganz im Sinne des Rechtsdenkens der Aufklärung als eine Art „natürliche Vormundschaft" aus, deren primärer Zweck in dem Schutz, der Fürsorge und der Erziehung des Kindes lag (hierzu ZEILLER, Comm über das allg bürgerl Gesetzbuch für die ges Deutschen Erbländer der Oest Monarchie [1811] Anm zu § 147; NIPPEL, Erläuterung d allg bürgerl Gesetzbuches f d ges deutschen Länder d öst Monarchie [1830] Anm zu § 147). Das ABGB erklärte deshalb in § 152 S 2 für Verpflichtungsgeschäfte des Minderjährigen unter väterlicher Gewalt die für Minderjährige unter Vormundschaft stehenden Vorschriften für entsprechend anwendbar und wies dem Vater auch die Befugnis zur Vertretung des minderjährigen Kindes zu (§ 152 S 3). Ferner erlosch nach österreichischem Recht die väterliche Gewalt, anders als noch nach preußischem (ALR II 2 §§ 210 ff), grundsätzlich mit der Volljährigkeit des Kindes (ABGB § 172). Willenserklärungen der Kinder waren nach beiden Rechten nichtig (ALR I 4 § 20; ABGB § 865 S 1). Unmündige und die diesen gleichstehenden mündigen Minderjährigen (ALR I 5 § 14) konnten nur ausschließlich vorteilhafte Geschäfte ohne Mitwirkung des Vormundes wirksam vornehmen (ALR I 4 § 21; ABGB § 244 HS 1). Zu Geschäften, die ihnen, auch neben einem Vorteil, Nachteile brachten, insbesondere also zu Veräußerungs- und Verpflichtungsgeschäften, bedurften sie hingegen der Zustimmung des Vormundes (ALR I 4 § 22, II 18 § 247; ABGB §§ 151 S 1, 244 HS 2). Ein von einem Minderjährigen ohne die hiernach erforderliche Zustimmung des Vormundes geschlossener gegenseitig verpflichtender Vertrag war – anders als nach römischem Recht der Antike (s o Rn 106) – nicht zugunsten des Minderjährigen wirksam, sondern gem der im gemeinen Recht zur Herrschaft gelangten Ansicht (s o Rn 109) hing die Wirksamkeit des ganzen Vertrages (so ausdr ALR I 5 § 11) von der Genehmigung des Vormundes ab (ALR aaO; ABGB § 865

S 2 HS 2) und der andere Teil konnte von dem Vertrag nicht zurücktreten (ALR I 5 § 12; ABGB § 865 S 3 HS 1). Beide Rechte regelten auch erstmals die Behebung des bis zur Erklärung des Vormundes sich ergebenden, für den am Rücktritt gehinderten anderen Teil misslichen Schwebezustandes: Der andere Teil konnte dem Vormund eine angemessene Frist zur Erklärung bestimmen (ALR I 5 § 13; ABGB § 865 S 3 HS 2), mit deren fruchtlosem Ablauf der gesamte Vertrag endgültig unwirksam wurde. Weiterhin war in beiden Kodifikationen die Frage eines Schutzes des Vertrauens des anderen Vertragsteils auf die Volljährigkeit eines Kontrahenten eingehend geregelt. Grundsätzlich wurde ein solcher Schutz versagt, dem anderen Teil vielmehr die Obliegenheit auferlegt, sich nach der Handlungsfähigkeit des Vertragspartners zu erkundigen (ALR I 5 §§ 31, 32; ABGB §§ 248, 866). Die bloße, selbst eidlich begründete, Versicherung der vollen Geschäftsfähigkeit durch den Minderjährigen schloss allein eine weitere Nachforschungspflicht nicht aus (ALR I 5 § 35). Lediglich dann, wenn ein Minderjähriger über 18 (nach preußischem Recht) bzw über 20 Jahren (nach österreichischem Recht) im Bewusstsein seiner geminderten Handlungsfähigkeit den anderen zum Vertragsschluss verleitet oder sich für volljährig ausgegeben und „in listiger Weise" seine Vertragsfähigkeit vorgespiegelt hatte, war er dem anderen zum Ersatz des entstandenen Vertrauensschadens verpflichtet (ALR I 5 § 33; ABGB §§ 248, 866) und er war nach ALR auch wegen Betruges strafbar (I 5 § 36); der Vertrag als solcher blieb aber unwirksam (ROHGE 21, 215, 216). Die gemeinrechtlich angenommene Wirksamkeit einer eidlich bekräftigten Verpflichtung eines mündigen Minderjährigen (vgl o Rn 109) haben die beiden Gesetzbücher nicht übernommen. Gleiches galt für die Wiedereinsetzung in den vorigen Stand gegen Rechtsgeschäfte wegen Minderjährigkeit (FÖRSTER/ECCIUS, Preuß Privatrecht I[7] § 60; ZEILLER § 1450 Anm 6). Die Gleichstellung der mündigen Minderjährigen mit den unmündigen galt aber, im Einklang mit dem gemeinen Recht, nur für Verpflichtungs-, Verfügungs- und Erwerbsgeschäfte unter Lebenden. Die Testierfähigkeit trat hingegen schon mit der Mündigkeit ein (ALR I 12 § 16; ABGB § 569). Mit der allgemeinen Mündigkeit, also mit der Vollendung des 14. Lebensjahres, wurden die Minderjährigen beiderlei Geschlechts nach dem Gesetzbuch des katholischen Östereich, das insoweit dem kanonischen Recht folgte (s o Rn 109), auch ehemündig (ABGB § 48). Nach dem ALR galt hingegen die 14-Jahresgrenze nur für die Ehemündigkeit weiblicher Jugendlicher, während bei männlichen das 18. Lebensjahr vollendet sein musste (II 1 § 37). Das weibliche Geschlecht beeinträchtigte als solches nach dem ABGB die Handlungsfähigkeit nicht mehr (ZEILLER § 21 Anm 2). Nach dem ALR galt dies nur im Grundsatz (I 1 § 24, 5 §§ 22, 23). Die unter geistigen Gebrechen leidenden Personen unterteilten beide Gesetzbücher entsprechend dem damaligen Stand der Psychiatrie (vgl NIPPEL § 21 Anm 3) in die „Rasenden und Wahnsinnigen" als die des Vernunftgebrauchs gänzlich Beraubten (ALR I 1 § 27) und die „Blödsinnigen" als die zur Erkenntnis der Folgen ihrer Handlung Unfähigen (I 1 § 28). Beide Gruppen waren nach dem ALR unter Vormundschaft (II 18 §§ 12, 13), nach dem ABGB unter Kuratel zu stellen (§§ 21, 188 S 2). Die Rasenden und Wahnsinnigen stellte das ALR den Kindern gleich (I 1 § 29 HS 1) mit der Folge ihrer völligen Geschäftsunfähigkeit (I 4 § 23), wobei der Stellung unter Vormundschaft die Wirkung einer Entmündigung (Unbeachtlichkeit lichter Zwischenräume) zukam (I 4 §§ 24, 25). Nichtig waren auch die Willenserklärungen von Volltrunkenen oder sonst zeitweilig ihres Vernunftgebrauchs Beraubten (I 4 §§ 28, 29). Blödsinnige standen nach ALR den Unmündigen gleich (I 1 § 29 HS 2; I 4 § 26). Gleiches galt für unter Vormundschaft gestellte Blinde, Taube und Stumme

(ALR I 5 § 25). Das ABGB erklärte in § 865 S 1 alle des Vernunftgebrauchs entbehrenden Personen, worunter auch die Blödsinnigen fielen (ZEILLER § 865 Anm 1), für vertragsunfähig. Vom Gericht für Verschwender erklärte Personen, die ebenfalls unter Vormundschaft (ALR II 18 § 14) bzw unter Kuratel (ABGB § 270) zu stellen waren, standen hinsichtlich ihrer Geschäftsfähigkeit den Minderjährigen gleich (ALR I 1 § 31; ABGB § 865 S 2 und 3).

Die in den vernunftrechtlichen Kodifikationen zu Tage getretenen Tendenzen (Herabsetzung des Volljährigkeitsalters, Modifikation der väterlichen Gewalt durch vormundschaftliche Elemente, Beseitigung der auf der Eigenart der antiken römischen Rechtsentwicklung (vgl o Rn 107) beruhenden Unterscheidung von unmündigen und mündigen Minderjährigen) setzten sich in der deutschen Gesetzgebung der zweiten Hälfte des 19. Jahrhunderts fort. Das **Bürgerliche Gesetzbuch für das Königreich Sachsen** unterteilte die wegen jugendlichen Alters nicht voll handlungsfähigen Personen nur noch in die Gruppen der Kinder und der Minderjährigen; die Gruppe der Unmündigen, die das ALR und das ABGB als solche noch beibehalten hatten, übernahm das Gesetzbuch nicht mehr. Das Kindesalter endete nach gemeinrechtlichem Vorbild mit dem vollendeten 7., die Minderjährigkeit gem der Tradition des Sachsenspiegels (s o Rn 110) mit dem vollendeten 21. Lebensjahr (§ 47 SächsBGB). Das SächsBGB übernahm die von der Pandektenjurisprudenz entwickelte Kategorie der Handlungsfähigkeit als Oberbegriff von Geschäfts- und Deliktsfähigkeit. Handlungsunfähig waren die Kinder und die wegen Geistesgebrechen oder wegen eines vorübergehenden Zustandes des Vernunftgebrauchs beraubten Personen (§ 81 S 2 SächsBGB). Andere Personen erklärte das Gesetz für beschränkt handlungsfähig, wenn sie unter Vormundschaft standen oder wenn ihnen besondere Vorschriften gewisse Handlungen nicht gestatteten (§ 81 S 2 SächsBGB). Hierunter fielen die dem Kindesalter entwachsenen Minderjährigen – auch die unter väterlicher Gewalt stehenden (vgl § 1821 S 1 SächsBGB) –, ferner, außer den des Vernunftgebrauchs beraubten Personen (§ 1981 SächsBGB), bestimmte Taubstumme und Gebrechliche (§ 1982 SächsBGB) sowie Verschwender (§ 1987 SächsBGB). Frauen waren als solche hingegen in der Handlungsfähigkeit nicht beschränkt (§ 46 S 1 SächsBGB). Verträge handlungsunfähiger Personen waren nach § 786 SächsBGB nichtig. Beschränkt handlungsfähige Personen konnten selbstständig solche Verträge schließen, aus denen ihnen lediglich Ansprüche erwuchsen (§ 787 S 1 SächsBGB). Zu sonstigen Geschäften unter Lebenden bedurften sie hingegen der Einwilligung des Vaters (§ 1822 SächsBGB) bzw des Vormundes (§§ 1911, 1998 das). Verpflichtungsgeschäfte, insbesondere gegenseitig verpflichtende Verträge, eines beschränkt Handlungsfähigen konnte dessen Vater oder Vormund, nach eingetretener voller Handlungsfähigkeit der Vertragsschließende selbst, gem § 787 S 2 SächsBGB entweder genehmigen oder für nichtig erklären. Der andere Teil konnte eine diesbezügliche Erklärung verlangen (§ 787 S 4 SächsBGB). Für diesen Fall normierte das Sächsische Gesetzbuch im Satz 5 des § 787 eine Frist von 30 Tagen, nach deren fruchtlosem Ablauf der andere Teil vom Vertrag abgehen konnte. Auch das Sächsische Gesetzbuch kannte grundsätzlich keinen Schutz des guten Glaubens des anderen Vertragsteils an die Handlungsfähigkeit seines Kontrahenten. Lediglich dann, wenn sich ein beschränkt Handlungsfähiger betrügerisch für handlungsfähig ausgegeben und dadurch den anderen Teil ohne dessen Verschulden zum Vertragsschluss verleitet hatte, konnte der andere nach seiner Wahl die Erfüllung des Vertrages fordern oder vom Vertrag abgehen und die Rückgabe bereits erbrachter Leistungen aus dem Vermögen des beschränkt Handlungsfähigen verlangen (§§ 1823, 1912, 1998 SächsBGB). Unter diesen Voraussetzungen konnte also ein nur beschränkt Handlungsfähiger trotz fehlender Zustimmung des Vaters oder Vormundes zum Vertragsschluss auf Erfüllung in Anspruch genommen werden. Die gemeinrechtlichen Institute der eidlichen Bekräftigung eines Vertragsschlusses und der Wiedereinsetzung in den vorigen Stand wegen Minderjährigkeit, die auch in der zeitgenössischen gemeinrechtlichen Doktrin überwiegend als veraltet angesehen wurden (WINDSCHEID/KIPP § 117 Fn 3; DERNBURG, Pandekten I⁷ § 121, 3), hat das Sächsische Gesetzbuch bewusst fallen gelassen (SCHMIDT, Vorlesungen über das i Königreiche Sachsen geltende Privatrecht II [1869] § 168 II e; GRÜTZMANN, LB d Königl Sächs Privatrechts I [1887] § 27, 4). Die Ehemündigkeit fiel bei Männern mit der Volljährigkeit zusammen, während sie bei Frauen mit dem vollendeten 16. Lebensjahr begann (§ 1589 S 1 SächsBGB). Des Vernunftgebrauchs beraubte Personen waren eheunfähig (§ 1592 SächsBGB). Die Testierfähigkeit begann mit der Vollendung des 14. Lebensjahres (§ 2066 SächsBGB). Des Vernunftgebrauchs Beraubte sowie Taubstumme konnten nur unter besonderen Voraussetzungen ein Testament errichten (§§ 2069, 2070 SächsBGB).

113 Als Zeitpunkt des Eintritts der Volljährigkeit setzte sich schließlich allgemein das vollendete **21. Lebensjahr** durch. Für das gesamte Staatsgebiet der preußischen Monarchie legte diesen Termin das preußische Großjährigkeitsgesetz vom 9.12.1869 (PrGS S 1177) fest. Das Reichsgroßjährigkeitsgesetz von 17.2.1875 (RGBl S 71) dehnte diese Regelung auf das gesamte Reichsgebiet aus. Die wesentlich höheren Zeitpunkte des gemeinen Rechts von 25 und des ALR von 24 Jahren waren damit beseitigt. Die preußische Vormundschaftsordnung vom 5.7.1875 (PrGS S 431) bestimmte die Altersgrenze, nach deren Überschreitung ein Minderjähriger vom Vormundschaftsgericht für volljährig erklärt werden konnte, in ganz Preußen für beide Geschlechter auf das vollendete 18. Lebensjahr. Auch die Fähigkeit Minderjähriger zum Abschluss von Rechtsgeschäften unter Lebenden wurde nunmehr einheitlich für ganz Preußen geregelt in dem Gesetz betreffend die Geschäftsfähigkeit Minderjähriger und die Aufhebung der Wiedereinsetzung in den vorigen Stand – GeschäftsfähigkeitsG – vom 12.7.1875 (PrGS S 518). Dieses Gesetz, das den Terminus „Geschäftsfähigkeit" erstmals in die deutsche Gesetzessprache einführte, beruhte ganz auf der bisherigen deutschen Entwicklung und bedeutete deshalb eine wesentliche sachliche Rechtsänderung nur für das französische Rechtsgebiet Preußens, dessen Geschäftsfähigkeitsrecht bisher auf dem andersartigen System des Code civil (vgl u Rn 123 ff) beruht hatte. Das GeschäftsfähigkeitsG kannte ebenfalls nur noch Minderjährige unter und über 7 Jahren, also keine Unmündigen mehr. Die noch nicht 7jährigen waren nach § 1 GeschäftsfähigkeitsG zur Vornahme von Rechtsgeschäften unfähig. Bei den über 7jährigen Minderjährigen unterschied auch dieses Gesetz zwischen Rechtsgeschäften, durch die sie Verpflichtungen eingingen oder sich von Verbindlichkeiten befreiten, einerseits und Rechtsgeschäften, die eine Verpflichtung oder die Aufgabe eines Rechtes zum Gegenstand hatten, andererseits. Geschäfte der erstgenannten Art konnten diese Minderjährigen selbstständig eingehen, während sie zu Geschäften der zweiten Art die Zustimmung des Vaters, Vormundes oder Pflegers benötigten (§ 2 GeschäftsfähigkeitsG). An ein von dem Minderjährigen ohne diese Zustimmung geschlossenes Geschäft war der andere Teil gebunden (§ 4 Abs 1 HS 1 GeschäftsfähigkeitsG). In Schrifttum und Praxis war umstritten, ob diese Bindung nur im Sinne eines fehlenden Rücktrittsrechts wie nach ALR und ABGB zu verstehen war (so DERNBURG, Das Vormundschaftsrecht d preuß Monarchie[3] [1886] S 170 f) oder im Sinne einer einseitigen Erfüllungspflicht wie nach antikem römischen Recht (so KOCH/FÖRSTER, ALR 7 I 5 § 12 Anm 15, 16; wohl auch RGZ 3, 331, 333). Der andere Teil wurde jedoch mit der Verweigerung der Genehmigung des Rechtsgeschäfts frei (§ 4 Abs 1 HS 2 GeschäftsfähigkeitsG). Auch nach dem GeschäftsfähigkeitsG (§ 4 Abs 2) konnte der andere Teil den Vater usw zur Erklärung über die Genehmigung auffordern; das Gesetz normierte in bewusster Anlehnung an das SächsBGB eine Frist, nach deren Verstreichen die Genehmigung als verweigert galt, bemaß diese Frist aber statt auf 30 Tage auf bloß zwei Wochen. Den Schutz des über die Geschäftsfähigkeit seines Vertragspartners Irrenden gestaltete das GeschäftsfähigkeitsG stärker aus als das ALR und das ABGB: Einen Anspruch auf Ersatz des Vertrauensschadens hatte der Geschäftsgegner gem § 7 schon dann, wenn sich der Minderjährige auch ohne betrügerische Absicht fälschlich für Geschäftsfähigkeit ausgegeben hatte; ferner war die Schadensersatzpflicht nicht an eine bestimmte Altersgrenze gebunden. Ein Erfüllungsanspruch stand dem anderen Teil allerdings, anders als nach SächsBGB, nicht zu. § 9 Abs 1 GeschäftsfähigkeitsG beseitigte schließlich auch für das preussische Rechtsgebiet die Wiedereinsetzung in den vorigen Stand wegen Minderjährigkeit gegen Rechtsgeschäfte. Das GeschäftsfähigkeitsG bezog sich gem seinem § 8 nicht auch auf die Ehemündigkeit und die Testierfähigkeit. Die Ehemündigkeit wurde aber in dem Reichsgesetz über die Beurkundung des Personenstandes und die Eheschließung vom 6. 2. 1875 (RGBl S 23) reichseinheitlich für Männer auf das vollendete 20, für Frauen auf das vollendete 16. Lebensjahr festgesetzt.

4. Entwicklung unter dem BGB

Das BGB beschritt auch in der Regelung der Geschäftsfähigkeit keine völlig neuen **114** Wege, sondern übernahm im wesentlichen den Ende des 19. Jahrhunderts erreichten Stand der deutschen Gesetzgebung und Rechtswissenschaft. Übernommen wurde der seit 1876 reichseinheitlich geltende Volljährigkeitstermin des vollendeten 21. Lebensjahres (§ 2 aF) mit der Möglichkeit der Volljährigkeitserklärung von der Vollendung des 18. Lebensjahres an (§ 3 aF). Der Minderjährige stand unter der gesetzlichen Vertretung grundsätzlich des Vaters (§ 1626 Abs 1 aF), anderenfalls des Vormundes (§ 1793) oder eines Ergänzungspflegers (§ 1909). Innerhalb der Minderjährigen unterscheidet das Gesetz nur zwischen solchen unter und über sieben Jahren (§§ 104 Nr 1, 106) ohne eine Altersgruppe der Unmündigen. Minderjährige unter sieben Jahren sind geschäftsunfähig, solche über sieben Jahren in der Geschäftsfähigkeit beschränkt. Geschäftsunfähig sind außerdem die sich in einem nicht nur vorübergehenden Zustand krankhafter Störung der Geistestätigkeit befindenden Personen (§ 104 Nr 2) und waren ursprünglich auch die wegen Geisteskrankheit entmündigten Personen (früherer § 104 Nr 3). Die Entmündigung wegen Geistesschwäche, Verschwendung oder Trunksucht (seit 1976 auch Rauschgiftsucht) und die Stellung unter vorläufiger Vormundschaft hatte beschränkte Geschäftsfähigkeit zur Folge (§ 114 aF). Auch diese aus einem anderen Grund als der Minderjährigkeit nicht voll Geschäftsfähigen wurden durch einen Vormund gesetzlich vertreten (§§ 1896 ff aF). Die Willenserklärung eines Geschäftsunfähigen sowie die im Zustand der Bewusstlosigkeit oder vorübergehenden Störung der Geistestätigkeit abgegebene Willenserklärung ist nach § 105 nichtig. Ein beschränkt Geschäftsfähiger kann nach § 107 eine ihm rechtlich lediglich vorteilhafte Willenserklärung selbstständig abgeben, während er ansonsten der Einwilligung des gesetzlichen Vertreters bedarf. Hiernach einwilligungsbedürftige, aber ohne Einwilligung geschlossene Verträge sind gem § 108 schwebend unwirksam und werden durch die Genehmigung des gesetzlichen Vertreters oder des volljährig gewordenen Minderjährigen voll wirksam oder durch deren Verweigerung endgültig unwirksam. Der andere Teil kann durch Aufforderung des gesetzlichen Vertreters zur Erklärung über die Genehmigung eine Frist von zwei Wochen in Lauf setzen, nach deren Verstreichen die Genehmigung als verweigert gilt (§ 108 Abs 2). Das BGB enthält auch eine Regelung über nicht konsentierte einseitige Rechtsgeschäfte eines beschränkt Geschäftsfähigen, die nach § 111 grundsätzlich nichtig sind. Besondere Vorschriften zum Schutz des auf die Geschäftsfähigkeit seines Vertragspartners Vertrauenden hat das BGB nicht aufgenommen (vgl o Rn 27, 28). Die Ehemündigkeit war nach der ursprünglichen Fassung des Gesetzes beim Mann an die Volljährigkeit, bei der Frau (mit Befreiungsmöglichkeit) an die Vollendung des 16. Lebensjahres geknüpft (§ 1303 aF). Die Testierfähigkeit tritt mit der Vollendung des 16. Lebensjahres ein (§ 2229).

115 Die Vorschriften der §§ 104 ff hinsichtlich der Rechtsfolgen fehlender oder geminderter Geschäftsfähigkeit sind während der bisherigen Geltungsdauer des BGB im wesentlichen unverändert geblieben. Erheblich geändert wurden hingegen die Voraussetzungen der Geschäftsunfähigkeit und der beschränkten Geschäftsfähigkeit. Das Volljährigkeitsalter setzte das VolljährigkeitsG vom 31. 7. 1974 (BGBl I 1713) auf das vollendete 18. Lebensjahr herab und hob das Institut der Volljährigkeitserklärung durch Streichung der §§ 3–5 auf. Die Beseitigung der Entmündigung durch das Betreuungsgesetz vom 12. 9. 1990 (BGBl I 2002) ließ die Geschäftsunfähigkeit der wegen Geisteskrankheit (Aufhebung des § 104 Nr 3) und die beschränkte Geschäftsfähigkeit der wegen Geistesschwäche, Verschwendung, Trunksucht und Rauschgiftsucht Entmündigten und der unter vorläufiger Vormundschaft Gestellten (Streichung der §§ 114, 115) entfallen. Volljährige sind jetzt nur noch unter den Voraussetzungen von § 104 Nr 2 geschäftsunfähig. Der Kreis der beschränkt Geschäftsfähigen umfasst nur noch die Minderjährigen über 7 Jahren. Beseitigt hat das BtG auch die Vormundschaft über Volljährige, die durch die rechtliche Betreuung nach den §§ 1896 ff ersetzt worden ist (vgl o Rn 25). Die Ehemündigkeit, die durch § 1 EheG 1938 (übernommen von § 1 EheG 1946) für den Mann sogar auf das vollendete 21. Lebensjahr festgesetzt worden war, so dass die Volljährigkeitserklärung die Ehemündigkeit nicht mehr ohne weiteres begründete, sondern eine besondere Befreiung erforderlich war, fällt seit dem VolljährigkeitsG für beide Geschlechter grundsätzlich mit der Volljährigkeit zusammen. Maßgeblich ist nunmehr die Regelung in § 1303 nF.

5. Recht der früheren DDR

116 In der SBZ und seit 1949 der DDR beruhte das Geschäftsfähigkeitsrecht bis zum 31. 12. 1975 grundsätzlich weiterhin auf dem BGB. Der Volljährigkeitsbeginn wurde jedoch schon durch Gesetz vom 17. 5. 1950 (GBl S 437) auf das vollendete 18. Lebensjahr herabgesetzt. Die §§ 104 ff blieben formell in Kraft, wurden aber nach den sozialistischen Rechtsprinzipien interpretiert und angewandt; so ging das Schrifttum von einer weitgehenden stillschweigenden Generaleinwilligung des gesetzlichen Vertreters zu Rechtsgeschäften des Minderjährigen hinsichtlich seines Arbeitsverdienstes aus, und sah deshalb die einschränkenden Voraussetzungen des § 110 als entbehrlich an (vgl DORNBERGER u a, Das Zivilrecht d DDR, AT [1955] 160). Das **Zivilgesetzbuch der DDR** regelte die Handlungsfähigkeit, die es in § 49 S 2 als die Fähigkeit zur Begründung von Rechten und Pflichten des Zivilrechts durch eigenes Handeln, insbesondere zum Abschluss von Verträgen und zur Vornahme anderer Rechtsgeschäfte definierte, in den §§ 49–52 (hierzu KNOTHE, Geschäftsfähigkeit § 17 II). Die Konzeption dieser Regelung stimmte der Sache nach im wesentlichen mit der des BGB überein. Die Abweichungen in den Einzelheiten waren von der Tendenz gekennzeichnet, den Regelungsmechanismus zu vereinfachen und die Selbstständigkeit des nicht (voll) Handlungsfähigen im Vergleich zu den §§ 104 ff zu erhöhen. Auch das ZGB unterschied zwischen handlungsunfähigen (§ 52) und – ohne Verwendung dieses Terminus – beschränkt handlungsfähigen (§§ 50, 51) Personen. Die Obergrenze der Handlungsunfähigkeit des Kindes wurde in § 52 Abs 1 ZGB (DDR) auf das vollendete 6. Lebensjahr herabgesetzt. Handlungsunfähig waren ferner nach § 52 Abs 2 ZGB (DDR) entmündigte Personen. Von Handlungsunfähigen oder in einem die Entscheidungsfähigkeit ausschließenden Zustand vorgenommene Rechtsgeschäfte waren gem § 52 Abs 3 S 1 und 2 ZGB (DDR) grundsätzlich nichtig. Wirksam waren allerdings – anders als nach BGB – Verträge zur Befriedigung täglicher Lebensbedürfnisse über einen unbedeutenden Wert bei beiderseitiger sofortiger Erfüllung der daraus resultierenden Verpflichtungen (§ 52 Abs 3 S 3 ZGB). Personen zwischen dem vollendeten 6. und dem vollendeten 18. Lebensjahr bedurften nach dem Grundsatz des § 50 Abs 1 ZGB (DDR) zur Begründung von Rechten und Pflichten der Zustimmung ihres gesetzlichen Vertreters. Hierbei wurde nicht zwischen rechtlich lediglich vorteilhaften und sonstigen Rechtsgeschäften unterschieden. Nicht zustimmungsbedürftig waren aber zur Befriedigung täglicher Lebensbedürfnisse abgeschlossene sowie Verträge von über 16jährigen Personen bei Erfüllung ihrer Zahlungsverpflichtungen aus eigenen Mitteln (§§ 50 Abs 5, 51 ZGB). Sonstige Verträge konnten, wenn sie ohne Einwilligung des gesetzlichen Vertreters abgeschlossen worden waren, durch dessen Genehmigung wirksam werden, während einseitige Rechtsgeschäfte in diesem Fall nichtig waren (§ 50 Abs 2 ZGB). Die Genehmigung für nicht der Schriftform bedürftige Verträge galt mit rückwirkender Kraft als erteilt, wenn sie der gesetzliche Vertreter nicht innerhalb eines Monats nach erlangter Kenntnis vom Vertragsabschluss verweigerte (§ 50 Abs 3 ZGB). Eine Entmündigung konnte nach § 460 Abs 2 ZGB (DDR) bei auf krankhafter Störung der Geistestätigkeit, Missbrauch von Alkohol oder anderer Rausch erzeugender Mittel oder Drogen beruhender erheblicher Beeinträchtigung der Fähigkeit erfolgen, in gesellschaftlicher Verantwortung über die Begründung von Rechten und Pflichten selbst zu entscheiden. Die Entmündigung hatte Handlungsunfähigkeit gem § 52 ZGB (DDR) zur Folge. Nach § 105 Abs 2 FGB (DDR) konnte einem Bürger bei Unfähigkeit zur Besorgung seiner Angelegenheiten infolge körperlicher Gebrechen oder zur Besorgung einzelner oder eines bestimmten Kreises seiner Angelegenheiten infolge geistiger Gebrechen ein Pfleger bestellt werden; der Pflegebedürftige stand im Rahmen des festgelegten Wirkungskreises des Pflegers einem Nichthandlungsfähigen gleich (§ 105 Abs 3 FGB). Die Ehemündigkeit, die schon das erwähnte VolljährigkeitsG von 1950 für den Mann auf 18 Jahre herabgesetzt hatte (für die Frau war es zunächst bei der 16-Jahres-Grenze des § 1 EheG 1946 geblieben), wurde in § 1 EheVO vom 24.11.1955 (GBl I 849), die das EheG 1946 für das Gebiet der DDR gänzlich aufhob, für beide Geschlechter ohne Befreiungsmöglichkeit auf das vollendete 18. Lebensjahr und damit auf den Volljährigkeitszeitpunkt festgesetzt; diese Regelung übernahm das FGB (DDR) in seinem § 5 Abs 4. Die Testierfähigkeit erforderte gem § 370 Abs 1 S 2 ZGB (DDR) Volljährigkeit und Handlungsfähigkeit des Testators. Zur Übergangsregelung anlässlich der deutschen Wiedervereinigung s o Rn 18.

V. Ausländische Rechte

1. Österreich

117 Das Geschäftsfähigkeitsrecht des Allgemeinen Bürgerlichen Gesetzbuchs in dessen ursprünglicher Fassung (hierzu o Rn 111) ist in den letzten Jahrzehnten tiefgreifend verändert worden, vornehmlich durch das Gesetz vom 14. 2. 1973, mit dem Bestimmungen über die Geschäftsfähigkeit und die Ehemündigkeit geändert werden – VolljährigkeitsG – (österBGBl 1973/108), das Kindschaftsgesetz vom 30. 6. 1977 (österBGBl Nr 403 idF österBGBl 1979/168), das Kindschaftsrechts-Änderungsgesetz vom 15. 3. 1989 (österBGBl 1989/162), das Gesetz über die Sachwalterschaft für behinderte Personen vom 2. 2. 1983 – SachwalterschaftsG – (österBGBl 1983/136) sowie jüngst das Kindschaftsrechts-Änderungsgesetz 2001 – KindRÄG 2001 – (österBGBl I 2000/135). Der Volljährigkeitsbeginn, der schon durch das VolljährigkeitsG vom 6. 2. 1919 vom vollendeten 24. auf das vollendete 21. und durch das VolljährigkeitsG 1973 auf das vollendete 19. Lebensjahr herabgesetzt worden war, ist jetzt durch das KindRÄG 2001 auf das vollendete 18. Lebensjahr gesenkt worden (§ 21 Abs 2 HS 1 ABGB). Die bisherigen Möglichkeiten der Verlängerung der Minderjährigkeit bis zum vollendeten 21. Lebensjahr und der Volljährigkeitserklärung nach Vollendung des 18. Lebensjahres hat das KindRÄG 2001 durch Streichung der §§ 173, 174 ABGB beseitigt. Die Dreiteilung der Minderjährigen in Kinder (bis zur Vollendung des 7. Lebensjahres), unmündige (bis zur Vollendung des 14. Lebensjahres) und mündige Minderjährige hat das österreichische Recht in der Sache beibehalten; in § 21 Abs 2 ABGB wird zwar seit der Neufassung durch das KindRÄG 2001 die Gruppe der Kinder nicht mehr genannt, jedoch folgt die besondere Rechtsstellung dieser Altersgruppe auch nach neuestem Recht aus dem insoweit unverändert gebliebenen § 865 S 1 ABGB über die grundsätzliche Unfähigkeit der unter siebenjährigen Kinder zum Vertragsschluss. Die grundsätzliche Geschäftsunfähigkeit der Kinder wird von der Ausnahme durchbrochen, dass ein von einem Minderjährigen schlechthin und damit auch von einem Kind geschlossenes altersübliches und eine geringfügige Angelegenheit des täglichen Lebens betreffendes Rechtsgeschäft mit der Erfüllung der das Kind hieraus treffenden Pflichten rückwirkend wirksam wird (§§ 865 S 1 iVm 151 Abs 3 ABGB; hierzu eingehend WELSER VersRdsch 1973, 146, 150 ff). Die dem Kindesalter entwachsenen Minderjährigen sind in der Geschäftsfähigkeit beschränkt. Sie können „ein bloß zu ihrem Vorteil gemachtes Versprechen (selbstständig) annehmen" (§ 865 S 2 HS 1 ABGB). Nicht bloß vorteilhaft in diesem Sinne und daher zustimmungsbedürftig soll die Annahme eines Versprechens nach einem Teil der österreichischen Lehre – anders als nach § 107 – bereits dann sein, wenn mit dem Anspruch aus dem Versprechen zwar kein rechtlicher, wohl aber ein wirtschaftlicher oder sonstiger Nachteil (Schenkung von Kriegsspielzeug) verbunden ist; diese Meinung fasst den Vorteilsbegriff also nicht nur in einem rechtlichen, sondern in einem umfassenden Sinne auf (DULLINGER ÖJZ 1987, 33, 35 ff; RUMMEL, Komm z ABGB [1990] § 865 Rn 4; KOZIOL/WEBER, Grundriß d bürgerl Rechts I[10] [1995] 49). Ferner kann der Minderjährige das Versprechen nur annehmen, während er zu dessen Ablehnung die Zustimmung des gesetzlichen Vertreters benötigt (DULLINGER ÖJZ 1987, 33, 34; RUMMEL aaO). Zu allen sonstigen Rechtsgeschäften, insbesondere Verpflichtungs- und Verfügungsgeschäften (§ 151 Abs 1 ABGB), bedürfen diese Minderjährigen hingegen der Einwilligung des gesetzlichen Vertreters. Die Gültigkeit eines ohne Einwilligung geschlossenen, den Minderjährigen (auch) belastenden Vertrages, insbesondere eines gegenseitig verpflichtenden Vertrages, hängt gem § 865 S 2 HS 2 ABGB von der Genehmigung des Vertreters bzw des Gerichtes ab, der Vertrag ist also schwebend unwirksam. Während des Schwebezustandes kann der andere Teil nicht zurücktreten, aber eine angemessene Frist zur Erklärung verlangen (§ 865 S 3 ABGB). Nicht einwilligungsbedürftig sind Verpflichtungs- und Verfügungsgeschäfte des mündigen Minderjährigen über ihm zur freien Verfügung überlassene Sachen sowie über sein Einkommen aus eigenem Erwerb, soweit dadurch nicht die Befriedigung seiner Lebensbedürfnisse gefährdet wird (§ 151 Abs 2 ABGB). Weiterhin kann sich der mündige Minderjährige nach § 152 ABGB grundsätzlich selbstständig durch Vertrag zu Dienstleistungen, nicht jedoch zu solchen aufgrund eines Lehr- oder sonstigen Ausbildungsvertrages, verpflichten, allerdings kann der gesetzliche Vertreter das Rechtsverhältnis aus wichtigen Gründen vorzeitig lösen. Die dem Minderjährigen in den §§ 151 Abs 2, 152 ABGB zuerkannten Befugnisse werden als echte Teilgeschäftsfähigkeiten angesehen (DULLINGER ÖJZ 1987, 33, 34). Beseitigt hat das KindRÄG 2001 durch Streichung des § 866 ABGB die besondere Schadensersatzpflicht des (seit dem VolljährigG) über 18 Jahre alten Minderjährigen bei arglistigem Vorspiegeln seiner Vertragsfähigkeit gegenüber dem gutgläubigen anderen Teil (s o Rn 111). Die Ehemündigkeit, die das EheG 1938 von ursprünglich 14 Jahren (s o Rn 111) auf 21 Jahre für den Mann und auf 16 Jahre für die Frau erhöht und das VolljährigkeitsG für den Mann wieder auf 19 Jahre gesenkt hatte, tritt nunmehr nach dem KindRÄG 2001 bei beiden Geschlechtern mit der Vollendung des 18. Lebensjahres ein bei Befreiungsmöglichkeit nach Vollendung des 16. Lebensjahres und Volljährigkeit des künftigen Ehegatten (§ 1 EheG idF KindRÄG 2001). Testierfähig wird der junge Mensch nach der schon mit dem Gesetz vom 12. 12. 1946 (österBGBl 1947/30) erfolgten Aufhebung des TestG 1938, das die Testierfähigkeit auf 16 Jahre festgelegt hatte, und der Wiederherstellung des Testamentsrechts des ABGB wieder mit der Mündigkeit (§ 569 ABGB).

Die Geschäftsfähigkeit der unter **geistigen Gebrechen** leidenden Personen hat das mit dem 1. 7. 1984 in Kraft getretene SachwalterschaftsG gegenüber dem bisherigen Rechtszustand völlig neu gestaltet. Dieses Gesetz hat das durch die Entmündigungs-VO von 1916 eingeführte Institut der Entmündigung, die den Entmündigten bei voller Entmündigung einem Kind unter 7 Jahren, bei beschränkter Entmündigung einem mündigen Minderjährigen gleichgestellt hatte, beseitigt (ähnlich wie später in Deutschland das BtG) und statt dessen die Sachwalterschaft eingeführt, deren Regelung auch auf das deutsche Betreuungsrecht von Einfluss gewesen ist. Ein Sachwalter ist nach § 273 ABGB einer an einer psychischen Krankheit leidenden oder geistig behinderten volljährigen Person zu bestellen, die alle oder einzelne ihrer Angelegenheiten nicht ohne Gefahr eines Nachteils für sich selbst zu besorgen vermag, sofern nicht der Betreffende durch andere Hilfe zur Besorgung seiner Angelegenheiten im erforderlichen Ausmaß in die Lage versetzt werden kann. Je nach Ausmaß der Behinderung sowie nach Art und Umfang der zu besorgenden Angelegenheiten kann der Sachwalter mit der Besorgung einzelner, eines bestimmten Kreises oder aller Angelegenheiten der behinderten Person betraut werden

(§ 273 Abs 3 ABGB). Die Bestellung eines Sachwalters beschränkt mit konstitutiver Wirkung die Geschäftsfähigkeit der behinderten Person im wesentlichen auf die eines dem Kindesalter entwachsenen Unmündigen (GITSCHTHALER ÖJZ 1985, 193, 198; STEINBAUER ÖJZ 1985, 385, 387 f; ERDBACHER ÖJZ 1985, 161, 163 f; ZIERL Rpfleger 1989, 225, 226). Der Behinderte kann nach § 273a Abs 1 ABGB innerhalb des Wirkungskreises des Sachwalters, bei einer Sachwalterbestellung für alle Angelegenheiten gem § 273 Abs 3 Nr 3 ABGB also bei allen Geschäften, ohne Einwilligung des Sachwalters rechtsgeschäftlich grundsätzlich weder verfügen noch sich verpflichten. Ein von ihm geschlossener, mit einer Last verbundener schuldrechtlicher Vertrag ist nach § 865 S 2 bis zur Genehmigung durch den Sachwalter schwebend unwirksam. Einen Einwilligungsvorbehalt kennt das österreichische im Gegensatz zum deutschen Recht nicht, weshalb es nicht zum Abschluss von die gleiche Angelegenheit betreffenden jeweils wirksamen Rechtsgeschäften sowohl des Sachwalters als auch des Behinderten selbst kommen kann. Vom Behinderten im Rahmen des Wirkungskreises des Sachwalters geschlossene Geschäfte über geringfügige Angelegenheiten des täglichen Lebens werden auch bei fehlender Einwilligung des Sachwalters mit der Erfüllung der den Behinderten hieraus treffenden Pflichten rückwirkend wirksam (§ 273a Abs 2 ABGB). Die Begründung einer lediglich beschränkten Geschäftsfähigkeit durch die Sachwalterbestellung führte bei der Bestellung eines Sachwalters für eine des Vernunftgebrauchs gänzlich beraubte Person dazu, dass diese Person, die vor der Bestellung gem § 865 S 1 ABGB völlig geschäftsunfähig gewesen ist, aufgrund der Sachwalterbestellung im Rahmen des Wirkungskreises des Sachwalters ungeachtet der fortbestehenden völligen Vernunftlosigkeit beschränkt geschäftsfähig würde; die österreichische Lehre löst diesen Wertungswiderspruch zwischen § 865 S 1 ABGB einerseits und den §§ 273a, 865 S 2 ABGB andererseits zugunsten eines Vorrangs der erstgenannten Vorschrift und nimmt deshalb eine fortbestehende Geschäftsunfähigkeit des gänzlich Vernunftlosen auch nach dessen Stellung unter Sachwalterschaft an (vgl EDELBACHER ÖJZ 1985, 163 f; STEINBAUER ÖJZ 1985, 385, 389 f; KOZIOL/WEBER 55).

2. Schweiz

119 Die Regelung des Geschäftsfähigkeitsrechts im schweizerischen Zivilgesetzbuch beruht ebenfalls auf der Konzeption, die sich in den deutschen Rechten herausgebildet hat (vgl o Rn 109, 111 ff), allerdings modifiziert durch erhebliche Einflüsse des französischen Rechts (hierzu u Rn 123 ff). Die schweizerische Kodifikation geht aus von dem umfassenderen Begriff der Handlungsfähigkeit (vgl o Rn 2), die Art 12 SchwZGB definiert als die Fähigkeit zur Begründung von Rechten und Pflichten durch eigene Handlungen. Die Voraussetzungen der Handlungsfähigkeit werden – anders als nach dem BGB (vgl o Rn 6) – in den Art 13–16 SchwZGB positiv festgelegt; in den folgenden Art 17–19 SchwZGB normiert das Gesetz sodann Voraussetzungen und Rechtsfolgen der Handlungsunfähigkeit (krit zu dieser Verdoppelung RABEL RheinZ 4 [1912] 135, 144). Die Handlungsfähigkeit erfordert nach Art 13 SchwZGB die Mündigkeit und die Urteilsfähigkeit der betreffenden Person. Der Mündigkeitsbeginn, der nach der ursprünglichen Gesetzesfassung bei 20 Jahren lag, ist durch Bundesgesetz vom 17. 10. 1994 unter Beseitigung der nach Art 15 SchwZGB möglich gewesenen Volljährigkeitserklärung auf das vollendete 18. Lebensjahr herabgesetzt worden (Art 14 SchwZGB). Das genannte Bundesgesetz hat auch den Art 14 Abs 2 SchwZGB aufgehoben, wonach gem dem deutschrechtlichen

Grundsatz „Heirat macht mündig" auch die Eheschließung zur Mündigkeit führte. Die Urteilsfähigkeit bestimmt die Vorschrift des Art 16 SchwZGB in der Weise, dass sie in negativer Formulierung die Voraussetzungen ihres Fehlens umschreibt. Fehlende Urteilsfähigkeit ist hiernach der Mangel der Fähigkeit zu vernunftgemäßem Handeln, allerdings nur dann, wenn dieser Mangel auf Kindesalter, Geisteskrankheit, Geistesschwäche, Trunkenheit oder „ähnlichen Zuständen" beruht (A Bucher, Nat Personen u Persönlichkeitsschutz [1995] Rn 77; BSK ZGBI/Bigler-Eggenberger [2002] Art 16 Rn 5; auch BGE 117 II 231, 233). Die schweizerische Rechtsprechung und Lehre gehen hierbei von dem Grundsatz der Relativität der Urteilsfähigkeit aus: Die Urteilsfähigkeit einer Person ist nicht *in abstracto* für sämtliche Rechtshandlungen entweder zu bejahen oder zu verneinen, sondern es ist jeweils in Bezug auf die konkrete Rechtshandlung, deren Vornahme in Frage steht, bei Rechtsgeschäften also auf das abzuschließende Rechtsgeschäft festzustellen, ob der Betreffende diesbezüglich zu vernunftgemäßem Handeln in der Lage ist, so dass eine Person hinsichtlich gewisser Rechtsgeschäfte als urteilsfähig angesehen werden muss, hinsichtlich anderer hingegen nicht (BGE 90 II 9, 12; 117 II 231, 232; 118 I 236, 238; A Bucher Rn 86, 100; Egger, in: Komm z SchwZGB I: Einl u Personenrecht [2. Aufl 1930] Art 16 Rn 16 ff; E Bucher, in: Berner Komm z SchwZGB I Einl u Personenrecht [1976] Art 16 Rn 87 ff; Tuor/Schnyder/Schmid, Das Schweizerische ZGB [11. Aufl 1995] 76; Pedrazzini/Oberholzer, Grundriss d Personenrechts, [1993], 64; BSK ZGBI/Bigler-Eggenberger [2002] Art 16 Rn 34 ff; Riemer, Personenrecht d ZGB [2. Aufl 2002] § 3 Rn 55).

Als **handlungsunfähig** bezeichnet das Gesetz in Art 17 SchwZGB die nicht urteilsfähigen, unmündigen oder entmündigten Personen. Innerhalb dieser drei Gruppen von Handlungsunfähigen differenziert das Gesetz zwischen den nicht urteilsfähigen einerseits sowie den unmündigen und entmündigten andererseits. Handlungen von nicht urteilsfähigen Personen können nach Art 18 SchwZGB grundsätzlich keine rechtlichen Wirkungen herbeiführen. Diese Personen sind also handlungsunfähig im eigentlichen Sinne. Das einen der Gründe für die Urteilsfähigkeit darstellende Kindesalter (vgl Art 16 SchwZGB) wird, anders als nach deutschem (§ 104 Nr 1) und österreichischem (§ 21 Abs 2 ABGB) Recht, nach oben nicht durch eine feste Altersgrenze bestimmt, sondern die jugendbedingte Unfähigkeit zu vernunftgemäßem Handeln ist jeweils nach der tatsächlichen Reife des Jugendlichen im Einzelfall zu ermitteln und kann deshalb, insbesondere wegen des Grundsatzes der relativen Rechtsfähigkeit, für bestimmte Geschäfte theoretisch bis zum Mündigkeitsbeginn reichen (vgl Egger Art 16 Rn 12; E Bucher Rn 67 ff; BSK ZGBI/Bigler-Eggenberger [2002] Art 16 Rn 14; A Bucher Rn 78; Jentsch 41). Das SchwZGB folgt insoweit dem Vorbild des französischem Rechts (s u Rn 126; krit hierzu Rabel RheinZ [1912] 135, 147 ff m Fn 7). Eine Unterteilung des Kreises der Unmündigen, die der Sache nach den Minderjährigen des deutschen und des österreichischen Rechts entsprechen, nach abstrakten Altersgrenzen ist also dem schweizerischen Recht fremd. **120**

Urteilsfähige Unmündige oder Entmündigte – Entmündigungsgründe sind Geisteskrankheit und Geistesschwäche (Art 369 SchwZGB) sowie Verschwendung, Trunksucht, lasterhafter Lebenswandel und Misswirtschaft (Art 370 SchwZGB) – können sich gem Art 19 Abs 1 SchwZGB durch ihre Handlungen nur mit Zustimmung ihres gesetzlichen Vertreters verpflichten (hierzu Eberhard, Die Zust d Vormundes zu Rechtsgeschäften d urteilsfähigen Mündels [Diss Bern 1990]). Über den Wortlaut der Vorschrift hinaus ist die Zustimmung auch für solche Rechtsgeschäfte – abgesehen von den **121** unter Abs 2 des Art 19 SchwZGB fallenden – erforderlich, insbesondere auch für Verfügungsgeschäfte (A BUCHER Rn 129). Das Schicksal eines ohne vorherige Zustimmung (= Ermächtigung in der schweizerischen Terminologie) geschlossenen zustimmungsbedürftigen Geschäfts ist im wesentlichen übereinstimmend mit dem deutschen und österreichischen Recht geregelt. Ein solches Geschäft kann gem Art 410 Abs 1 SchwZGB durch Genehmigung seitens des gesetzlichen Vertreters wirksam werden. Genehmigt der Vertreter nicht innerhalb einer vom anderen Teil oder vom Gericht gesetzten angemessenen Frist, so wird der andere Teil nach § 410 Abs 2 SchwZGB frei. Bei Nichtigkeit des Rechtsgeschäfts infolge verweigerter oder nicht rechtzeitig erteilter Genehmigung ist der nicht voll handlungsfähige Vertragsteil gem § 411 Abs 1 SchwZGB zur Rückgewähr der empfangenen Leistung nur insoweit verpflichtet, als die Leistung in seinen Nutzen verwendet wurde, er im Rückforderungszeitpunkt noch bereichert ist oder er sich böswillig der Bereicherung entäußert hat. Darüberhinaus haftet der nicht voll Handlungsfähige dem anderen Teil auf Schadensersatz, wenn er diesen zu der irrtümlichen Annahme seiner Handlungsfähigkeit verleitet hat (Art 411 Abs 2 SchwZGB). Mit dieser Regelung folgt das SchwZGB im wesentlichen dem österreichischen Recht (vgl o Rn 118).

122 Der Zustimmung des gesetzlichen Vertreters bedarf der urteilsfähige Unmündige oder Entmündigte gem Art 19 Abs 2 SchwZGB nicht zu solchen Rechtsgeschäften, durch die er (1) **unentgeltliche Vorteile** erlangt oder (2) ihm **um seiner Persönlichkeit willen** zustehende Rechte ausübt. Unentgeltliche Vorteile erwirbt der nicht voll Handlungsfähige in erster Linie durch Schenkungen seitens des anderen Teils, zu deren Erwerb er deshalb gem Art 241 Abs 1 OR imstande ist; der gesetzliche Vertreter kann jedoch nach Abs 2 von Art 241 OR die Annahme der Schenkung untersagen oder die Rückleistung anordnen, wodurch die Schenkung nicht erworben wird oder aufgehoben ist (hierzu EGGER Art 19 Rn 7; JENTSCH 71). Mit der Zuerkennung der Befugnis zur Ausübung der den nicht voll Handlungsfähigen um ihrer Persönlichkeit willen zustehenden Rechte (hierzu EGGER Art 19 Rn 8 ff; TUOR/SCHMYDER/SCHMID 74) begründet das SchwZGB in diesem Bereich eine echte Teilmündigkeit; ein Handeln des gesetzlichen Vertreters neben dem nicht voll Handlungsfähigen ist insoweit ausgeschlossen (A BUCHER Rn 153). Eine weitere, in etwa den §§ 112, 113 entsprechende Teilmündigkeit normiert Art 412 SchwZGB, wonach der Bevormundete, dem die Vormundschaftsbehörde den selbstständigen Betrieb eines Berufes oder Gewerbes gestattet hat, alle zu dem regelmäßigen Betrieb gehörenden Geschäfte selbstständig vornehmen kann und er hieraus mit seinem gesamten Vermögen haftet. Die Nichtigkeit eines Arbeitsverhältnisses, aufgrund dessen der Arbeitnehmer in gutem Glauben Arbeit geleistet hat, kann jedoch nach Art 320 Abs 2 OR nur mit Wirkung für die Zukunft geltend gemacht werden, wie dies auch der hM nach deutschem Recht entspricht (vgl o Rn 37). Aufgrund der gem Art 19 Abs 1 und 2 SchwZGB bestehenden Fähigkeit zum Abschluss von Rechtsgeschäften sind die urteilsfähigen Unmündigen und Entmündigten trotz Plazierung der Vorschrift unter der Abschnittsüberschrift „Handlungsunfähigkeit" nicht völlig handlungsunfähig, sondern der Sache nach nur beschränkt handlungsfähig (so RABEL RheinZ [1912] 135, 163; W OPPERMANN ZBIFG 14 [1914] 533, 537). Die neuere schweizerische Lehre spricht hier von beschränkter Handlungs**un**fähigkeit (E BUCHER Art 19 Rn 2; PEDRAZZINI/OBERHOLZER 85; kritisch zu diesem Begriff BSK ZGBI/BIGLER-EGGENBERGER [2002] Art 19 Rn 3) zur Unterscheidung von der in Art 395 SchwZGB ausdrücklich als Beschränkung der Handlungsfähigkeit bezeichneten Bestellung eines Beirats für eine Person, zu deren Entmündigung nach den Art 369, 370 kein genügender Grund vorliegt, gleichwohl aber zu ihrem Schutze eine Beschränkung der Handlungsfähigkeit als notwendig erscheint. Die Rechtshandlungen, zu denen die Mitwirkung des Beirats erforderlich ist, sind in Art 395 Abs 1 Nrn 1–9 abschließend aufgezählt; auch diese Regelung beruht auf dem französischen Recht (RABEL RheinZ [1912] 135, 166). Die Ehemündigkeit beginnt für beide Geschlechter mit dem vollendeten 18. Lebensjahr (Art 94 Abs 1 SchwZGB). Die Testierfähigkeit setzt gem Art 467 SchwZGB die Vollendung des 18. Lebensjahres und die Urteilsfähigkeit (hierzu BGE 117 II 232 ff) des Testators voraus.

3. Frankreich

In der französischen Rechtssprache entspricht der Geschäftsfähigkeit des deutschen Rechts der Begriff der *capacité d'exercice* (vgl WEILL/TERRÉ, Droit civil: Les personnes, la famille, les incapacités [Précis Dalloz], [5. Aufl 1993] nr 736; FERID/SONNENBERGER, Das Französische Zivilrecht, Bd 1/1: Erster Teil: Allg Lehren d Frz Zivilrechts: Einf u Allg Teil d Zivilrechts [2. Aufl 1994] 1 F 106; ausführl HOUIN, Les incapacités, Rev trim dr civil 45 [1947] 383 ff; zur urspr Regelung im CC MINZENMAY 139 ff). Die *capacité de contracter* ist in Art 1108 CC fr als eines der vier Wirksamkeitserfordernisse einer Vereinbarung *(convention)* normiert; diese Vorschrift wird auch auf die – im CC fr nicht allgemein geregelten – einseitigen Rechtsgeschäfte angewandt (vgl FERID/SONNENBERGER 1 F 104). Geschäftsfähig in diesem Sinne ist gem Art 1123 CC fr jede (natürliche) Person, die das Gesetz nicht für unfähig *(incapable)* erklärt. Für geschäftsunfähig in dem vom Gesetz bestimmten Umfang erklärt Art 1124 CC fr (1) die nicht emanzipierten Minderjährigen *(mineurs non émancipés)* sowie (2) die gem Art 488 Abs 2 und 3 CC fr geschützten Volljährigen *(majeurs)*. Die in Art 1124 CC fr enthaltene Aufzählung der geschäftsunfähigen Personen ist abschließend (FERID/SONNENBERGER 1 F 301). **123**

Minderjährige sind nach Art 388 CC fr idF des Gesetzes vom 5. 7. 1974 die Personen bis zur Vollendung des 18. (ursprünglich des 21.) Lebensjahres. Das Institut der Emanzipation *(émancipation)* eines Minderjährigen, die i w der frühen deutschen Volljährigkeitserklärung entspricht, hat der französische Gesetzgeber in einer allerdings durch die Gesetze vom 14. 12. 1964 und vom 5. 7. 1974 grundlegend reformierten Gestalt, beibehalten (hierzu WEILL/TERRÉ nr 880). Unmittelbar kraft Gesetzes wird der Minderjährige emanzipiert durch die Eheschließung (Art 476 CC fr) gem dem auch den französischen *coutumes* des Mittelalters bekannten Grundsatz „Heirat macht mündig". Die Eheschließung eines Minderjährigen ist nach französischem Recht insofern möglich, als vom Erfordernis der Ehemündigkeit, die beim Mann mit der Vollendung des 18., bei der Frau mit der Vollendung des 15. Lebensjahres eintritt (Art 144 CC fr), gem Art 145 CC fr Befreiung erteilt werden kann; Minderjährige bedürfen zur Heirat allerdings der Zustimmung der in den Art 148 ff CC fr genannten Personen. Außer durch Heirat kann die Emanzipation eines Minderjährigen nach Vollendung des 16. Lebensjahres gem Art 477 ff CC fr auch durch Ausspruch des Vormundschaftsgerichts *(juge des tutelles)* erfolgen. Der emanzipierte Minderjährige steht seit der Reform von 1964 grundsätzlich einem Volljährigen gleich (Art 184 Abs 1 CC fr). Lediglich für die Ehefähigkeit und die Fähigkeit adoptiert zu werden hat er weiterhin die Stellung eines nicht emanzipierten Minderjährigen inne (Art 481 Abs 2 CC fr). Desgleichen kann der emanzipierte Minderjährige seit dem Gesetz vom 5. 7. 1974 auch nicht mit Ermächtigung seiner Eltern eine Handelsgewerbe betreiben (Art 487 CC fr, 2 CCom). **124**

125 Für die **nicht emanzipierten Minderjährigen**, die gem Art 421 CC fr grundsätzlich keine Rechtsgeschäfte vornehmen können, handelt deren gesetzlicher Vertreter, nämlich die Eltern als *administrateur légal* oder der Vormund *(tuteur)*, die den Minderjährigen bei allen zivilen Rechtsakten vertreten (Art 389–3 Abs 1, 450 Abs 1 CC fr). Ein vom gesetzlichen Vertreter für den Minderjährigen unter Beachtung der ggf hierfür erforderlichen Formen geschlossenes Rechtsgeschäft, wozu bei einem Handeln des Vormundes vor allem die zu bestimmten Geschäften erforderliche Autorisation durch den Familienrat *(conseil de famille)* gehört (vgl WEILL/TERRÉ nr 854), ist ebenso wirksam wie wenn es ein Volljähriger vorgenommen hätte. Von der gesetzlichen Vertretung ausgenommen sind jedoch nach den Art 389–3 Abs 1, 450 Abs 1 CC fr diejenigen Fälle, in denen Gesetz oder Gewohnheit den Minderjährigen zu selbstständigem Handeln ermächtigen (dazu STOUFFLET, L'activité juidique du mineur non émancipé, in: Mélanges Voirin [1966] 782 ff); die hierzu gehörenden Rechtsgeschäfte kann der Minderjährige also selbst und ohne Mitwirkung des gesetzlichen Vertreters vornehmen. Es handelt sich hier einmal um solche Geschäfte, die als höchstpersönliche einer Vertretung unzugänglich sind, ferner um Geschäfte des täglichen Lebens, im Zusammenhang mit einem Arbeitsverhältnis usw (vgl die Aufzählung bei WEILL/TERRÉ nr 868 ff; FERID/SONNENBERGER 1 f 318 ff; MALAURIE, Les Personnes, les incapacités [5. Aufl 2000] nr 613 ff). Hinsichtlich der übrigen Geschäfte geht der Code Civil von deren Vornahme allein durch den gesetzlichen Vertreter aus. Der Abschluss von Rechtsgeschäften durch den Minderjährigen selbst unter Zustimmung (Einwilligung oder Genehmigung) des gesetzlichen Vertreters ist in dem Gesetzbuch nicht geregelt; die Frage, ob statt des gesetzlichen Vertreters auch der Minderjährige mit dessen Zustimmung wirksam rechtsgeschäftlich handeln kann, ist daher in der französischen Lehre umstritten (vgl FERID/SONNENBERGER 1 f 314 m Fn 31). Jedenfalls die von einem Minderjährigen ohne Zustimmung des gesetzlichen Vertreters getätigten Rechtsgeschäfte müssten an sich gem den Art 1108, 1124 CC fr wegen *incapacité* ihres Urhebers nichtig sein. Bei dieser Nichtigkeit würde es sich allerdings nicht um eine *ipso iure* eintretende rechtliche Unbeachtlichkeit *(nullité absolue)* handeln; die zum Schutz bestimmter Personen angeordnete Nichtigkeit ist nach französischem Recht vielmehr nur eine relative *(nullité relative)*, auf die sich gem Art 1125 CC fr nur die geschützte Person, also der Minderjährige, nicht hingegen der andere Vertragsteil berufen kann, und die durch eine besondere Nichtigkeitsklage *(action en nullité)*, aufgrund deren das Geschäft durch gerichtliches Urteil mit rückwirkender Kraft für nichtig erklärt wird, oder durch Einrede geltend gemacht werden muss (vgl HOUIN Rev trim dr civil 45 [1947] 392). Eine solche Nichtigkeit oder besser Vernichtbarkeit in deutscher Terminologie hat jedoch nicht jedes an sich vom gesetzlichen Vertreter vorzunehmendes Minderjährigengeschäft zur Folge. Denn Art 1305 CC fr gewährt dem Minderjährigen lediglich ein Recht zur Anfechtung *(rescision)* und auch dies nur für den Fall, dass er durch das anzufechtende Geschäft eine Verletzung *(simple lésion)* erlitten hat. Nicht die Minderjährigkeit allein soll also zur Umstoßung des Vertrages berechtigen, sondern erst eine durch das Geschäft verursachte Schädigung des Minderjährigen *(minor restituitur non tamquam minor sed tamquam laesus)*. Die Anfechtbarkeit ist außer durch Einrede ebenfalls durch Klage *(action en rescision)* des Minderjährigen geltend zu machen, bei der dieser die Verletzung vortragen und im Bestreitensfalle beweisen muss. Das Vorliegen einer Verletzung beurteilt sich nach den individuellen Vermögens- und sonstigen Verhältnissen des Minderjährigen, wobei grundsätzlich der Zeitpunkt des Abschlusses des Rechtsgeschäfts maßgeblich ist (vgl iE WEILL/TERRÉ nr 876; FERID/SON-

NENBERGER 1 F 326). Einen Schutz des gutgläubigen anderen Vertragsteils gegen diese Wiedereinsetzung des Minderjährigen kennt auch das französische Recht grundsätzlich nicht, denn nach Art 1307 CC fr steht die bloße Behauptung des Minderjährigen, volljährig zu sein, der Restitution nicht entgegen; allerdings neigt die französische Rechtsprechung zu einer großzügigen Anwendung der das französische Deliktsrecht beherrschenden Generalklausel des Art 1382 CC fr bei Vorspiegelung der Volljährigkeit. Nicht wegen Verletzung anfechtbar sind im Rahmen einer Berufsausübung des Minderjährigen eingegangene Rechtsgeschäfte (Art 1308 CC fr), Vereinbarungen in einem Ehevertrag, die unter Mitwirkung der Personen geschlossen wurden, deren Zustimmung zur Wirksamkeit der Eheschließung erforderlich ist (Art 1309 CC fr) und grundsätzlich auch vom Minderjährigen nach Eintritt der Volljährigkeit genehmigte Geschäfte (Art 1311 CC fr). Das von dem anderen Vertragsteil aufgrund eines erfolgreich angefochtenen Geschäfts an den Minderjährigen Geleistete kann nach Art 1312 CC fr nur insoweit zurückgefordert werden, als es zum Nutzen des Minderjährigen verwendet worden ist, was der Leistende zu beweisen hat. Gleiches gilt für die Rückforderung einer aufgrund einer wirksamen Verbindlichkeit an einen minderjährigen Gläubiger ohne Mitwirkung von dessen gesetzlichem Vertreter erbrachten Leistung des Schuldners, da eine solche Leistung gem Art 1241 CC fr schlechthin unwirksam ist. Die *action en rescision* kann gem Art 1304 Abs 1 CC fr grundsätzlich nur innerhalb einer Frist von fünf (ursprünglich zehn) Jahren erhoben werden; diese Frist beginnt erst mit der Volljährigkeit oder der Emanzipation des Minderjährigen zu laufen (Art 1304 Abs 3 HS 1 CC fr). Auf die Anfechtung wegen Verletzung, die wegen der dem Minderjährigen insoweit obliegenden Beweislast ein nicht unbeträchtliches Prozessrisiko für diesen birgt, ist der Minderjährige aber nur gegenüber solchen Rechtsgeschäften beschränkt, die im Falle ihrer Vornahme durch den gesetzlichen Vertreter ohne weiteres wirksam wären, deren einziger Mangel also darin besteht, dass hier statt des Vertreters der Minderjährige selbst gehandelt hat. Denn der Vorschrift des Art 1304 Abs 1 und 3 CC fr, die sowohl von der *action en nullité* als auch von der *action en rescision* spricht, lässt sich auch die Statthaftigkeit der Nichtigkeitsklage gegen Rechtsgeschäfte des Minderjährigen entnehmen. Gegen welche Geschäfte aber nun die Nichtigkeitsklage statt der bloßen Anfechtungs-(Restitutions-)klage gegeben sein soll, sagt der insoweit wenig klare Code nicht ausdrücklich. Die französische Rechtsprechung und Lehre gewähren die – gem Art 1304 CC fr ebenfalls innerhalb der mit der Volljährigkeit oder Emanzipation beginnenden Fünfjahresfrist zu erhebende – *action en nullité* gegen diejenigen Geschäfte des Minderjährigen, die auch der gesetzliche Vertreter nicht allein, sondern nur unter Mitwirkung eines weiteren Vormundschaftsorgans (Familienrat, Vormundschaftsgericht) hätte wirksam vornehmen können (WEILL/TERRÉ nr 873 ff, 875; FERID/SONNENBERGER 1 F 325; MALAURIE nr 610 m Rspr Nachw). Die positivrechtliche Stütze für diese seit langem gefestigte Ansicht wird in den Art 1311 und 1314 CC fr gefunden. Nach Art 1311 CC fr wird das Minderjährigengeschäft auch durch Genehmigung nach eingetretener Volljährigkeit dann nicht wirksam, wenn es formnichtig *(nul en sa forme)* ist. Art 1314 CC fr betrachtet die von Minderjährigen oder von Volljährigen unter Vormundschaft vorgenommenen Liegenschaftsveräußerungen oder Erbschaftsteilungen bei Beachtung der hierfür vorgeschriebenen Förmlichkeiten als von Volljährigen bzw vor Beginn der Vormundschaft vorgenommen und damit als wirksam; diese Vorschrift wird auf alle übrigen Rechtsgeschäfte entsprechend angewandt (vgl WEILL/TERRÉ nr 873). Hieraus wird die relative Nichtigkeit von Geschäften gefolgert, die gegen den Schutz des Minderjährigen bezweckende Formvorschriften verstoßen. Dies sind in erster Linie die eine Mitwirkung der weiteren Vormundschaftsorgane neben dem gesetzlichen Vertreter anordnenden Bestimmungen, deren Nichteinhaltung das Minderjährigengeschäft mithin *nul en sa forme* macht. Die dem Minderjährigen dann zustehende Nichtigkeitsklage bzw -einrede ist diesem wesentlich vorteilhafter als das Anfechtungsrecht, da sie keine *lésion* voraussetzt, sondern nur den regelmäßig wesentlich leichter zu beweisenden Formmangel. Mit der dargelegten Regelung weicht das französische Geschäftsfähigkeitsrecht vom deutschen, österreichischen und auch schweizerischen in der dogmatischen Konstruktion, wenn auch nicht notwendig in den praktischen Ergebnissen, wesentlich ab: Obwohl der Code Civil den Status einer beschränkten Geschäftsfähigkeit an sich nicht kennt, sondern alle nicht emanzipierten Minderjährigen grundsätzlich als *incapable* betrachtet, sind die Minderjährigengeschäfte nicht (schwebend) unwirksam, sondern sie werden, auch im Fall der *nullité*, da diese ja nur eine relative ist, praktisch zunächst als wirksam behandelt und können lediglich von seiten des Minderjährigen durch Anfechtungs- oder Nichtigkeitsklage vernichtet werden. Diese Lösung entspricht der Sache nach derjenigen der mittelalterlichen Rechte germanischen Ursprungs, die – anders als das römische Recht – das Minderjährigengeschäft ebenfalls nur als nach Eintritt der Volljährigkeit widerruflich angesehen hatten (vgl o Rn 110). Die Regelung des Code weist damit auf ihren Ursprung in den auf fränkisches Recht zurückgehenden nordfranzösischen *coutumes* hin.

126 Eine Unterteilung der Gruppe der nicht emanzipierten Minderjährigen in besondere Altersklassen kennt das französische Recht im Gegensatz zum deutschen und österreichischen ebenso wenig wie das schweizerische (vgl o Rn 120), das insoweit dem *Code Civil* gefolgt ist. Nach allgemeiner Ansicht auch der französischen Judikatur und Literatur fehlt jedoch den ganz kleinen Kindern die für die *capacité naturelle* erforderliche verstandes- und willensmäßige Reife, die als **Urteilsfähigkeit** (*discernement*) bezeichnet wird (vgl Weill/Terré nr 745, 867). Das Vorhandensein der Urteilsfähigkeit wird, wie nach schweizerischem Recht, im Hinblick auf die einzelnen Rechtsgeschäfte gesondert ermittelt. Die Beseitigung eines von einem nicht urteilsfähigen Minderjährigen geschlossenen Rechtsgeschäfts setzt auch bei fehlendem Formmangel keine Anfechtungsklage und damit keine Verletzung des Minderjährigen voraus. Ob das Geschäft absolut nichtig und damit *per se* unbeachtlich oder nur relativ nichtig ist mit der Folge der Erforderlichkeit einer – allerdings schon wegen der fehlenden Urteilsfähigkeit begründeten – Nichtigkeitsklage, wird in der französischen Lehre unterschiedlich beurteilt (vgl Ferid/Sonnenberger 1 F 324; für bloß relative Nichtigkeit zB Houin 392; für absolute Malaurie nr 605).

127 Die Rechtsstellung der unter **geistigen Gebrechen leidenden Volljährigen** wurde durch Gesetz vom 3.1.1968 grundlegend reformiert. Gem Art 488 Abs 2 und 3 CC fr werden vom Gesetz die Volljährigen geschützt, die infolge einer Verschlechterung ihrer persönlichen Fähigkeiten zu alleiniger Wahrung ihrer Interessen unfähig sind, sowie diejenigen, die infolge Verschwendung, Unmäßigkeit oder Untätigkeit sich zur Ausübung ihrer familiärer Pflichten unfähig gemacht haben. Diese Personen erklärt Art 1124 CC fr ebenfalls für *incapable de contracter*. Rechtsgeschäfte eines Geisteskranken sind gem Art 489 CC fr relativ nichtig, dh nach Art 1304 CC fr mit der *action en nullité* ohne Nachweis einer Verletzung vernichtbar. Die Personen, deren geistige Fähigkeiten durch Krankheit oder Alter geschwächt sind oder die wegen Verschlechterung ihrer körperlichen Fähigkeiten zur Erklärung ihres Willens außerstande sind, müssen nach den Art 490, 492 unter Vormundschaft *(tutelle)* gestellt werden, wenn sie in zivilrechtlichen Angelegenheiten einer dauernden Vertretung bedürfen. Unter Pflegschaft *(curatelle)* sind nach Art 508, 508-1 CC fr die in Art 490 CC fr genannten Personen zu stellen, soweit sie nicht außerstande sind für sich selbst zu sorgen, sowie die in Art 488 Abs 3 CC fr aufgeführten Verschwender usw Die unter Pflegschaft stehenden Personen bedürfen zur Vornahme von Rechtsgeschäften grundsätzlich der Mitwirkung des Pflegers *(curateur)*. Die fehlende Mitwirkung hat ebenfalls relative Nichtigkeit des Geschäfts zur Folge (Art 510-1 CC fr). Schließlich kennt das französische Recht das etwa der deutschen rechtlichen Betreuung entsprechende Institut der *saufgarde de justice* (Art 491 ff CC fr). Diese gerichtliche Schutzbetreuung (hierzu FERID/SONNENBERGER 1 f 352 ff) mindert als solche die Geschäftsfähigkeit des Betreuten nicht (Art 491-2 CC fr). Eine relative Nichtigkeit tritt nur unter den Voraussetzungen des Art 489 CC fr (Geisteskrankheit) ein. Anderenfalls können Rechtsgeschäfte des Betreuten, ähnlich denjenigen des nicht emanzipierten Minderjährigen, im Klagewege bei Nachweis einer Verletzung (vgl o Rn 125) vernichtet oder die Verpflichtungen des Betreuten aus dem Geschäft bei Nachweis einer übermäßigen Belastung durch Herabsetzungsklage gemindert *(réduits)* werden (Art 491-2 Abs 2 CC fr).

4. Italien

Die Geschäftsfähigkeit *(capacità di agire)* fehlt den **(nicht emanzipierten) Minderjährigen**, den **vollständig Entmündigten**, den (tatsächlich) **Unzurechnungsfähigen** sowie – als ein nicht dem Schutz des Betroffenen dienender Grund der Geschäftsunfähigkeit – den **zu höherer Freiheitsstrafe Verurteilten** (zu diesen s TRABUCCHI, Istituzioni di diritto civile [34. Aufl 1993] § 39). Das Alter der Minderjährigkeit ist durch Gesetz vom 8. 3. 1975 vom vollendeten 21. auf das vollendete 18. Lebensjahr herabgesetzt worden (Art 2 Abs 1 S 1 CC it). Die Geschäftsfähigkeit tritt mangels abweichender gesetzlicher Regelungen für bestimmte Rechtsgeschäfte mit Erreichung der Volljährigkeit *(maggiore età)* ein (Art 2 Abs 1 S 2 CC it). Die Volljährigkeit begründet auch die Ehemündigkeit – mit Befreiungsmöglichkeit von diesem Erfordernis ab Vollendung des 16. Lebensjahres – (Art 84 CC it) sowie die Testierfähigkeit (Art 591 Abs 2 Nr 1 CC it). Die nach den arbeitsrechtlichen Vorschriften schon mit dem vollendeten 15. Lebensjahr eintretende Arbeitsmündigkeit *(capacità professionale*; hierzu TRABUCCHI § 35) befähigt gem Art 2 Abs 2 CC it zur Ausübung aller Rechte, die von dem Arbeitsvertrag abhängen, und macht den Minderjährigen in diesem Umfang auch prozessfähig. Die vollständige Entmündigung *(interdizione)* findet nach Art 414 CC it bei Geisteskrankheit statt, die den Betroffenen zur Wahrnehmung seiner eigenen Interessen unfähig macht.

128

Die Angehörigen der o Rn 128 genannten Personenkreise können grundsätzlich in eigener Person nicht rechtsgeschäftlich handeln (Art 1425 CC it). Die erforderlichen Rechtsgeschäfte nimmt für sie, soweit es sich nicht um höchstpersönliche Geschäfte *(atti personalissimi)* handelt, der gesetzliche Vertreter *(rappresentante legale)* vor, nämlich für Minderjährige unter elterlicher Gewalt *(potestà dei genitori)* die Eltern, im übrigen der für nicht unter elterlicher Gewalt stehende Minderjährige und für vollständig Entmündigte zu bestellende Vormund *(tutore)*. Ein von einem in diesem Sinne Geschäftsunfähigen selbst geschlossenes Rechtsgeschäft ist jedoch,

129

ebenso wie nach französischem Recht (vgl o Rn 125), nicht *ipso iure* nichtig, sondern gem § 1425 CC it lediglich **vernichtbar** *(annullabile)*. Das Geschäft wird aufgrund einer Nichtigkeitsklage *(azione di annullamento)* durch rechtsgestaltendes Urteil für (rückwirkend) nichtig erklärt. Klagebefugt ist nach Art 1441 Abs 1 CC it nur derjenige Vertragsteil, in dessen Interesse das Gesetz die Vernichtbarkeit angeordnet hat, bei Vernichtbarkeit wegen Geschäftsunfähigkeit also nur der geschäftsunfähige Teil, außer bei Geschäftsunfähigkeit wegen strafgerichtlicher Verurteilung (Art 1441 Abs 2 CC it). Die Vernichtbarkeit ist mithin, wie nach französischem Recht, nur eine relative. Anders als grundsätzlich das französische Recht (o Rn 125) verlangt das italienische für die Nichtigkeitsklage aber keine Schädigung des Geschäftsunfähigen, sondern die Klage ist allein aufgrund des Geschäftsfähigkeitsmangels begründet; der Codice civile folgt also dem Grundsatz *minor restituitur non tamquam laesus sed tamquam minor*. Nur für die Klage wegen tatsächlicher Unzurechnungsfähigkeit bei Vornahme des Geschäfts fordert Art 428 Abs 1 CC it einen erheblichen Nachteil *(grave pregiudizio)* des Unzurechnungsfähigen. Die Nichtigkeitsklage muss innerhalb einer Frist von fünf Jahren beginnend mit dem Wegfall der Geschäftsunfähigkeit erhoben werden (Art 1442 Abs 1 u 2 CC it); einredeweise kann die Vernichtbarkeit einem Anspruch des Geschäftsgegners auch nach Fristablauf noch entgegengehalten werden (Abs 4). Die Vernichtbarkeit entfällt, wenn der Minderjährige gegenüber dem anderen Teil seine Minderjährigkeit betrügerisch verborgen hat, wozu allerdings die bloße Erklärung, volljährig zu sein, nicht ausreicht (Art 1426 CC it). Für die Nichtigerklärung des Geschäfts eines nicht entmündigten Unzurechnungsfähigen verlangt das Gesetz hingegen in Art 428 Abs 2 CC it eine Bösgläubigkeit des anderen Vertragsteils; das italienische Recht normiert also – anders das deutsche (s o Rn 26) – einen Schutz des redlichen Verkehrs gegenüber unerkannt Geisteskranken. Zur Rückgewähr der aufgrund eines für nichtig erklärten Geschäfts empfangenen Leistung ist der geschäftsunfähige Teil nur insoweit verpflichtet, als das Erlangte zu seinem Vorteil verwendet worden ist (Art 1443 CC it).

130 Eine **beschränkte Geschäftsfähigkeit** *(limitata capacità*; vgl TRABUCCHI § 36) wird durch die Emanzipation *(emancipazione)* eines Minderjährigen sowie durch die beschränkte Entmündigung *(inabilitazione)* begründet. Die Emanzipation erfolgt nach Art 390 CC it unmittelbar kraft Gesetzes mit der Eheschließung des Minderjährigen. Die beschränkte Entmündigung wird nach Art 415 CC it ausgesprochen bei leichter Geisteskrankheit (Abs 1), Verschwendung, Trunksucht oder Drogensucht, sofern der Betreffende dadurch sich oder seine Familie schweren wirtschaftlichen Nachteilen aussetzt (Abs 2), und bei von Geburt an Taubstummen oder Blinden, sofern hier nicht volle Entmündigung angezeigt ist (Abs 3). Der Emanzipierte und der beschränkt Entmündigte erhalten einen Kurator *(curatore)*. Emanzipierte und beschränkt entmündigte Personen können im Rahmen einer ordnungsgemäßen Verwaltung *(ordinaria amministrazione)* Rechtsgeschäfte ohne Mitwirkung des Kurators wirksam vornehmen (Art 394, 424 Abs 1 CC it). Zu darüber hinausgehenden Geschäften benötigen sie grundsätzlich die Zustimmung des Kurators und die Genehmigung des Vormundschaftsgerichts (vgl i e Art 394 Abs 2 u 3, 395, 375, 424 Abs 1 CC it). Werden diese Erfordernisse nicht beachtet, ist das Geschäft wie dasjenige eines Geschäftsunfähigen vernichtbar (Art 396, 427 Abs 2 iVm 1425). Der beschränkt Geschäftsfähige kann vom Gericht zur selbstständigen Führung eines Handelsgeschäfts (widerruflich) ermächtigt werden. Die Ermächtigung berechtigt zur Führung des Geschäfts ohne Beistand des Kurators und zur Vornahme aller über die ordnungsgemäße Verwaltung hinausgehenden Rechtsgeschäfte, auch wenn sie mit der Unternehmensführung nicht zusammenhängen (näheres s Art 397, 425 CC it).

5. Russland

Das mit seinem ersten Teil am 1.1.1995 in Kraft getretene neue Zivilgesetzbuch **131** *(Grashdanski Kodeks)* geht aus von dem Grundbegriff der *deesposobnost*. Nach der in Art 21 Abs 1 Russisches ZGB gegebenen Legaldefinition der *deesposobnost* als der Fähigkeit des Bürgers, durch seine Handlungen bürgerliche Rechte zu erwerben und auszuüben und für sich bürgerliche Pflichten zu begründen und zu erfüllen, entspricht dieser Begriff der Handlungsfähigkeit im Sinne der deutschen Terminologie. Eine Beschränkung der Handlungsfähigkeit ist gem Art 22 Abs 1 RussZGB nur in den gesetzlichen bestimmten Fällen zulässig; ein auf vollständigen oder teilweisen Verzicht der Handlungsfähigkeit gerichtetes Rechtsgeschäft erklärt Art 22 Abs 3 RussZGB für nichtig. Das russische Gesetzbuch bestimmt – anders als das BGB (vgl o Rn 6) – positiv, welche Personengruppen in welchem Umfang handlungsfähig sind. Die volle Handlungs- und damit auch die volle Geschäftsfähigkeit tritt gem Art 21 Abs 1 RussZGB mit der Volljährigkeit *(sowerschennoletje)*, dh mit der Vollendung des 18. Lebensjahres ein.

Die **Minderjährigen** *(nesowerschennoletnie)* unterteilt das russische Recht in meh- **132** rere Altersstufen mit den Zäsuren des vollendeten 14. und 6. Lebensjahres. Die Handlungsfähigkeit der – nicht emanzipierten und nicht verheirateten (vgl u) – Minderjährigen nach Vollendung des 14. Lebensjahres ist in Art 26 RussZGB geregelt. Diese Minderjährigen können Rechtsgeschäfte in eigener Person abschließen; sie bedürfen hierzu jedoch grundsätzlich der schriftlich zu erklärenden Zustimmung ihres gesetzlichen Vertreters *(sakony predstawitel)*, die als Einwilligung *(soglasija)* vor oder als Genehmigung *(odobrenie)* nach Vornahme des minderjährigen Geschäfts erteilt werden kann (Art 26 Abs 1 RussZGB). Für die in Art 26 Abs 1 Nr 1–4 RussZGB abschließend aufgeführten Geschäfte (Verfügung über Arbeitsentgelte, Stipendien und sonstigen Erwerb, Ausübung immaterieller Güterrechte, Tätigung von Einlagen bei Kreditanstalten und Verfügung über diese, Vornahme kleiner Alltagsgeschäfte, auf Erlangung eines unentgeltlichen Vorteils gerichtete und nicht formbedürftige Geschäfte, Geschäfte zur Verfügung über überlassene Mittel) ist die Zustimmung entbehrlich; gleiches gilt gem Art 26 Abs 2 S 2 RussZGB auch für den Eintritt in eine Genossenschaft nach Vollendung des 16. Lebensjahres. Die Haftung der Minderjährigen aus diesen von ihnen nach Abs 1 und 2 geschlossenen Geschäften ist in Abs 3 des Art 26 RussZGB ausdrücklich normiert. Die Befugnis eines – nicht emanzipierten und unverheirateten – Minderjährigen zur selbstständigen Vornahme der in Art 26 Abs 2 S 1 Nr 1 RussZGB aufgeführten Geschäfte kann das Gericht auf Antrag des gesetzlichen Vertreters oder des Organs der Vormundschaft und Pflegschaft bei Vorliegen hinreichender Gründe einschränken oder entziehen (Art 26 Abs 4 RussZGB). Folgen diese Regelungen in den Grundzügen dem System des BGB, so hat das RussZGB in Art 27 aus den romanischen Rechten doch das Institut der **Emanzipation** *(emansipazija)* übernommen: Ein Minderjähriger, der das 16. Lebensjahr vollendet hat, kann hiernach für voll handlungsfähig erklärt werden, wenn er aufgrund eines Arbeitsvertrages berufstätig oder mit Zustimmung seines gesetzlichen Vertreters unternehmerisch tätig ist. Damit kennt das russische Recht eine – anders als nach den §§ 112, 113 allerdings von der Emanzipation abhängige – Erwerbs- und Arbeitsmündigkeit. Die volle Handlungsfähigkeit erlangt der Minderjährige ferner gem Art 21 Abs 2 RussZGB durch eine nach dem Gesetz vor Vollendung des 18. Lebensjahres zulässige Eheschließung („Heirat macht mündig"). Denn das nach Art 13 RussFGB *(Semejny Kodeks)* an sich für beide Geschlechter mit der Volljährigkeit beginnende Alter der Eheschließungsfähigkeit kann durch Beschluss der Organe der örtlichen Selbstverwaltung aus triftigen Gründen auf 16 Jahre herabgesetzt werden (vgl Sadikow, Kommentarii k Grashdanskomu Kodeksu Rossiskoj Federazii Tschasti perwoj [Moskau 1997] Art 21 Anm 2).

133 Die Minderjährigen bis zur Vollendung des 14. Lebensjahres bezeichnet das Gesetz gem der Legaldefinition in Art 28 Abs 1 RussZGB als Minderjährige im Kindesalter *(maloletnie)*. Diese Minderjährigen können Rechtsgeschäfte in eigener Person grundsätzlich nicht abschließen; für sie werden in ihrem Namen die gesetzlichen Vertreter rechtsgeschäftlich tätig (Art 28 Abs 1 RussZGB). Für *maloletnie* bis zum vollendeten 6. Lebensjahr gilt dies ausnahmslos; diese Personen sind also völlig geschäftsunfähig (vgl Sadikow Art 28 Anm 1). Minderjährige zwischen dem vollendeten 6. und dem vollendeten 14. Lebensjahr sind hingegen fähig, die in Abs 2 des Art 28 aufgeführten Rechtsgeschäfte selbstständig und damit ohne Zustimmung des gesetzlichen Vertreters (Sadikow Anm 2) vorzunehmen. Es sind dies kleine Alltagsgeschäfte (Nr 1), auf unentgeltliche Erlangung eines Vorteils gerichtete Rechtsgeschäfte, die keiner notariellen Beurkundung oder Eintragung in ein staatliches Register bedürfen (Nr 2) sowie – fast wörtlich übereinstimmend mit § 110 – Rechtsgeschäfte zur Verfügung über Mittel, die dem *masloletnie* vom gesetzlichen Vertreter oder mit dessen Zustimmung von einer dritten Person zu einem bestimmten Zweck oder zur freien Verfügung überlassen worden sind (Nr 3). Mit dieser grundsätzlichen Unfähigkeit der noch nicht 14jährigen Minderjährigen zu rechtsgeschäftlichem Handeln in eigener Person hat der russische Gesetzgeber für diese Altersklasse im Kern das System der romanischen Rechte übernommen, allerdings mit dem Unterschied der Einführung einer festen Altersgrenze von 6 Jahren für die völlig Geschäftsunfähigen; die Geschäftsfähigkeit der Minderjährigen über 14 Jahre (vgl o Rn 132) ist hingegen näher nach dem Vorbild des BGB, des AGBG und des SchwZGB geregelt.

134 Außer durch Minderjährigkeit kann die Geschäftsfähigkeit durch **Staatsakt** entzogen oder beschränkt werden. Die Geschäftsunfähigkeitserklärung *(prisnanie grashdanina nedeesposobnim)* erfolgt nach Art 29 Abs 1 RussZGB durch das Gericht gegenüber einem Bürger, der aufgrund einer psychischen Störung die Bedeutung seiner Handlungen nicht verstehen oder sie nicht steuern kann; der Betreffende ist unter Vormundschaft *(opeka)* zu stellen. Der Vormund *(opekun)* schließt die Rechtsgeschäfte im Namen des für geschäftsunfähig Erklärten als dessen gesetzlicher Vertreter ab (Art 29 Abs 2 RussZGB). Eine Beschränkung der Geschäftsfähigkeit eines Bürgers *(ograntschenie deesposobnosti grashdanina)* kann das Gericht anordnen, wenn der Betreffende durch Missbrauch von geistigen Getränken oder Drogen seine Familie in eine „schwierige Vermögenslage" *(masholoje materialnoje poloshenje)* versetzt; der Betreffende ist unter Pflegschaft *(pobetschitelstwo)* zu stellen (Art 30 Abs 1 RussZGB). Zur Vornahme von Rechtsgeschäften bedarf der beschränkt Geschäftsfähige nach Art 30 Abs 3 S 1 RussZGB der Zustimmung des

Pflegers *(pobetschitjel)*. Kleinere Alltagsgeschäfte kann er selbstständig vornehmen (Art 30 Abs 2 RussZGB). Da ein für geschäftsunfähig oder beschränkt geschäftsfähig erklärter Volljähriger unter Vormundschaft bzw Pflegschaft steht, kann eine Betreuung *(patronash)* gem Art 41 RussZGB nur über einen geschäftsfähigen Bürger, der aufgrund seines Gesundheitszustandes seine Rechte nicht selbstständig wahrnehmen und schützen sowie seine Pflichten nicht erfüllen kann, auf dessen Antrag angeordnet werden. Die Betreuung ist auf die Geschäftsfähigkeit ohne Einfluss.

Die Rechtsfolgen der Rechtsgeschäfte von nicht (voll) geschäftsfähigen Personen **135** regelt das RussZGB in den Art 171 ff. Rechtsgeschäfte eines Minderjährigen unter 14 Jahren (vgl o Rn 133), sofern sie nicht unter Art 28 Abs 2 RussZGB fallen, sowie Rechtsgeschäfte eines für geschäftsunfähig Erklärten sind nichtig (Art 172 Abs 1 S 1, 171 Abs 1 RussZGB). Als nichtiges Rechtsgeschäft *(nitschtoshnaja sdelka)* bezeichnet Art 166 Abs 1 RussZGB ein unabhängig von einer gerichtlichen Erklärung, mithin *per se* unwirksames Geschäft; die Nichtigkeit ist also eine absolute. Das Rechtsgeschäft eines für geschäftsunfähig Erklärten ist allerdings nicht notwendig endgültig nichtig; das Gericht kann es auf Antrag des Vormundes im Interesse des Entmündigten für wirksam erklären, wenn es zu dessen Vorteil vorgenommen worden ist (Art 171 Abs 2 RussZGB). Ein von einem – nicht durch Eheschließung oder Emanzipation voll handlungsfähig gewordenen – Minderjährigen über 14 Jahren, das dieser ohne die erforderliche Zustimmung seines gesetzlichen Vertreters geschlossen hat, sowie ein ohne die erforderliche Zustimmung des Pflegers geschlossenes vermögensmäßiges Rechtsgeschäft eines durch Gerichtsbeschluss in der Geschäftsfähigkeit beschränkten ist hingegen lediglich anfechtbar (Art 175 Abs 1, 176 Abs 1). Als anfechtbares Rechtsgeschäft *(osporimaja sdelka)* bezeichnet Art 166 Abs 1 RussZGB ein aufgrund gerichtlichen Ausspruchs unwirksames Geschäft. Die Anfechtungsklage muss beim minderjährigen Geschäft vom gesetzlichen Vertreter und beim Geschäft eines beschränkt Geschäftsfähigen vom Pfleger erhoben werden. Der andere Teil ist also an das Geschäft gebunden. Insoweit folgt das RussZGB wiederum den romanischen Rechten. Ebenfalls anfechtbar ist nach Art 177 Abs 1 RussZGB ein Rechtsgeschäft eines an sich zwar Geschäftsfähigen, aber im Zeitpunkt der Vornahme tatsächlich zum Verständnis der Bedeutung seiner Handlungen oder zu deren Steuerung Unfähigen. Die Anfechtungsklage kann hier nicht nur von dem betreffenden Bürger selbst, sondern auch von anderen Personen erhoben werden, deren Rechte oder gesetzlich geschützte Interessen als Ergebnis des Rechtsgeschäfts verletzt worden sind; nach dem Wortlaut der Vorschrift könnte hiernach auch der andere Vertragsteil anfechtungsberechtigt sein. Jede der Parteien eines *per se* nichtigen oder durch Anfechtung vernichteten Rechtsgeschäfts ist der anderen zur Rückgewähr des aufgrund des unwirksamen Geschäftes geleisteten in Natur – oder bei Unmöglichkeit der Rückgabe in Natur – durch wertentsprechenden Geldersatz verpflichtet (Art 171 Abs 1 Unterabs 2 iVm 172 Abs 1 S 2, 175 Abs 1 Unterabs 2, 176 Abs 1 Unterabs 2, 177 Abs 3 RussZGB). Der geschäftsfähige Teil hat bei Kenntnis oder fahrlässiger Unkenntnis des Geschäftsfähigkeitsmangels seines Kontrahenten ferner den von diesem erlittenen „realen Schaden" *(realny uschtscherb)* zu ersetzen (Art 171 Abs 1 Unterabs 3 RussZGB mit den entspr Verweisungen). Unter dem realen Schaden ist nach der Legaldefinition des Art 15 Abs 2 die Einbusse an dem im Zeitpunkt des schadensstiftenden Ereignisses bereits vorhanden gewesenen Rechtsbestand des Verletzten zu verstehen, also das *damnum emergens* im Gegensatz zum entgangenen Gewinn *(upuschtschennaja wygoda)*.

6. Angelsächsische Staaten

a) England

136 Auch die angelsächsischen Rechte verlangen für die volle Wirksamkeit eines Vertrages die *capacity to contract* der Vertragsschließenden. Die Personengruppen, deren Angehörigen diese Fähigkeit vollständig oder teilweise fehlt, sind im modernen englischen Recht die Minderjährigen *(minors,* früher *infants)*, ferner Geisteskranke *(mentally disordered persons)* sowie die Betrunkenen *(drunken persons)*. Die nach älterem Recht vorhanden gewesene *incapacity* der verheirateten Frauen hat die Gesetzgebung seit dem 19. Jh. schrittweise beseitigt (hierzu WHITTAKER, in: Chitty on Contracts I: General Principles [The Common Law Library 1] [27. Aufl 1994] § 8–062 f). Im Unterschied zu den kontinentaleuropäischen Rechten kennt das angelsächsische Geschäftsfähigkeitsrecht kein allgemeines Institut einer gesetzlichen Vertretung der nicht (voll) geschäftsfähigen Personen; von solchen Personen vorgenommene Rechtsgeschäfte können daher grundsätzlich auch nicht durch die Zustimmung eines gesetzlichen Vertreters wirksam werden (vgl HARTWIG, Infant's Contracts in English Law: With Commonwealth and European Comparisions, in: IntCompLQ 15 [1966] 780, 786 f m Rspr-Nachw in Fn 28, 806 f, 821 [VI 3]; WILHELM ZfRvgl 1972, 161; MÜLLER-FREIENFELS 166 f; FOMFEREK 292 f).

137 Den Beginn des Alters der Volljährigkeit *(full age, age of majority)* hat der *Family Law Reform Act* von 1969 vom vollendeten 21. auf das vollendete 18. Lebensjahr herabgesetzt (zu diesem Gesetz H-J BARTSCH, Reform des Familienrechts in England, FamRZ 1970, 356 ff). Eine Unterteilung der Gruppe der Minderjährigen nach einer allgemeinen Altersgrenze kennt das englische Recht im Gegensatz zum deutschen und zum österreichischen nicht. Von ganz kleinen Kindern *(very young children)* geschlossene „Verträge" werden jedoch nach *common law* wegen fehlender Einsichtsfähigkeit als unwirksam *(void)* angesehen (HARTWIG 821 [VI 2]; WHITTAKER § 8–003; VIAL, Die Geschäftsfähigkeit d Minderjährigen i engl Recht [Diss Kiel 1974] 32 f). Verträge älterer Minderjähriger unterteilt das heutige *common law* in solche, die (auch) für den Minderjährigen bindend sind *(contracts binding on a minor)*, und in solche, die eine Bindung nur für den anderen (volljährigen) Teil erzeugen, nicht aber für den Minderjährigen *(voidable contracts)*. Die mit dem *Infant's Relief Act* von 1874 in das *statutory law* eingeführte Kategorie der als *absolutely void* bezeichneten Minderjährigenverträge (hierzu HARTWIG 789 ff) ist mit der Aufhebung dieses Gesetzes durch den *Minor's Relief Act* von 1987 beseitigt worden.

138 **Für den Minderjährigen bindend** sind einmal Verträge über die für den *Minor* **notwendige Gegenstände** *(necassaries)*. *Necassaries* definiert der *Sale of Goods Act* von 1979, sec 3 (3) als „goods suitable to the condition in life of the minor and to the actual requirements at the time of the sale and delivery". Nach *common law* umfassen aber die *necassaries* nicht nur Sachgüter *(goods)*, sondern auch für den *minor* notwendige Dienstleistungen *(services)*, zB Leistungen eines Arztes oder Rechtsanwalts (WHITTAKER § 8–001). Die zweite Kategorie der Verträge *binding on a minor* bilden Verträge zum Wohle des Minderjährigen *(contracts for the minor's benefit)*. Es sind dies vornehmlich Lehrverträge *(contracts of apprenticeship)*, Erziehungs- und Ausbildungsverträge *(contracts for instruction and edu*cation) sowie Dienst- und Arbeitsverträge *(contracts of service)* des Minderjährigen (WHITTAKER § 8–019 ff). Ein Vertrag über *necessaries* oder *for the minor's benefit* ist nur dann zu bejahen, wenn sich das Vertragsverhältnis bei einer Gesamtbetrachtung seines Inhalts als für den Minderjährigen in einem umfassenden Sinne, in erster Linie wirtschaftlich, als vorteilhaft erweist (WHITTAKER § 8–015, 026; FURMSTON, in: Cheshire, Fifoot & Fumston's Law of Contract [13. Aufl 1996] 445 f; MENOLD-WEBER, Verträge Minderjähriger u ihre Rückabwicklung i engl Recht [Rechtswiss Forschung u Entwicklung 335] [1992, zugl Diss Bonn 1991] 28; VIAL 124 ff; FOMFEREK 206). Anders als das deutsche Recht (§ 107) legt also das englische keine rechtliche, sondern eine wirtschaftliche Betrachtungsweise zugrunde. Den Begriff der *necessaries* versteht die heutige englische Rechtsprechung und Lehre in einem weiten Umfang; es fallen darunter nicht nur die unmittelbar lebensnotwendigen, sondern alle wirklichen Gebrauchsgüter mit Ausnahme bloßer Luxusgüter und nur der Bequemlichkeit dienender Leistungen. Ist der Minderjährige mit Gütern dieser Art schon ausreichend versorgt, liegt kein Vertrag über *necessaries* vor. Diese subjektive Betrachtungsweise ist für den Vertragspartner mit erheblicher Unsicherheit hinsichtlich der Bindung des *minor's* an den Vertrag verbunden, zumal dem anderen Teil die Beweislast für das Vorliegen eines *necessary* obliegt (vgl zum Ganzen WHITTAKER § 8–010). Hinsichtlich des Umfangs der Bindung des Minderjährigen enthält der *Sale of Goods Act* in sec 3 (2) eine Bestimmung nur für *necessary*-Verträge über Sachgüter: Der *minor* muss hiernach für diese Güter einen vernünftigen Preis *(a reasonable price)* zahlen, wenn sie ihm verkauft und geliefert *(sold and delivered)* worden sind. Der vom Minderjährigen zu entrichtende Kaufpreis beläuft sich also nicht notwendig auf den vertraglich vereinbarten, sondern auf einen uU von diesem abweichenden angemessenen Preis. Gem dem die englische Methodenlehre beherrschenden Grundsatz der Auslegung von *statutory law* streng nach dem Gesetzeswortlaut beschränkt sich die Anwendbarkeit dieser Vorschrift des *Sale of Goods Act* auf den Minderjährigen bereits gelieferte Sachgüter, also auf diejenigen Verträge über *necessaries*, in denen der andere Teil seine (Haupt-)Leistungspflicht schon erfüllt hat. Die Zahlungspflicht des Minderjährigen aus *necessaries*-Verträgen über zwar gekaufte, aber vom anderen Teil noch nicht gelieferte Sachgüter *(executory contracts)* sowie über Dienstleistungen oder *for the minor's benefit* bestimmt sich daher weiterhin nach *common law*. Die Verpflichtung des *minor* zur Erbringung der Gegenleistung hängt hier ab von der im *common law* mangels eindeutiger Präjudizien noch nicht endgültig geklärten Frage, ob diese Verbindlichkeit vertraglicher *(contractual, ex contractu)* oder nur quasi vertraglicher *(quasi contractual, ex re)* Natur ist (zum Streitstand s WHITTAKER § 8–008; FURMSTON 443 f; MENOLD-WEBER 16 ff; VIAL 113 ff; FOMFEREK 208 ff). Für *executory contracts* über Sachgüter bejahen die Vertreter einer vertraglichen Natur der Gegenleistungspflicht eine Verbindlichkeit des Minderjährigen zur Zahlung eines *reasonable price*, da ja ein Vertrag geschlossen worden ist. Die Vertreter der Gegenmeinung lehnen eine Haftung des Minderjährigen aus *executory contracts* über *goods* ab, denn eine Verpflichtung des Minderjährigen kann sich hiernach nur auf die Tatsachen der Lieferung des Sachgutes gründen, die aber gerade (noch) nicht erfolgt ist. Bei *necessaries*-Verträgen über Dienstleistungen und bei Verträgen *for the minor's benefit* wird hingegen eine Gegenleistungspflicht des *minor's* überwiegend auch dann angenommen, wenn diese Verträge noch *executory* sind (so FURMSTON 444 f).

Die **einseitige Bindung nur des volljährigen Teils** an den mit einem Minderjährigen **139** geschlossenen Vertrag bildet die grundsätzliche Regelung des *common law (general rule at common law)* für Minderjährigengeschäfte. Diese *voidable contracts* umfassen mithin diejenigen Verträge, die nicht zu den o Rn 138 aufgeführten Geschäften gehören. Gemeinsam ist den *voidable contracts,* dass sich der volljährige Teil von diesen Verträgen nicht einseitig lösen kann, sondern deren endgültige Wirksamkeit von der Entscheidung des Minderjährigen abhängt. Im Hinblick auf diese Entscheidungsbefugnis des Minderjährigen sind zwei Untergruppen von *voidable contracts* zu unterscheiden: Verträge der einen Art sind zunächst wirksam, der Minderjährige kann sie aber widerrufen; Verträge der anderen Art sind zunächst unwirksam, sie können aber durch eine Bestätigung seitens des Minderjährigen wirksam werden.

140 Die für den Minderjährigen **widerruflichen Verträge** *(contracts unless repudiated, positive voidable contracts)* umfassen hauptsächlich bestimmte Dauerschuldverhältnisse aufgrund deren der Minderjährige ein Recht an einem Vermögenswert erwirbt, während er seinerseits zur Erbringung wiederkehrender Gegenleistungen verpflichtet ist. Im einzelnen handelt es sich um die Miete oder Pacht von Grundstücken *(contracts to lease land)* durch den *minor,* den Abschluss von Eheverträgen *(marriage settlements),* die Zeichnung oder den Erwerb von Anteilen an einer Kapitalgesellschaft *(company)* und den Eintritt in eine Personengesellschaft *(partnership).* Noch nicht abschließend geklärt ist, ob diese Aufzählung erschöpfend ist oder ob auch ähnliche Dauerrechtsverhältnisse zur Kategorie der *repudiable contracts* gehören (vgl Whittaker § 8–027). Das Recht zum Widerruf *(repudiation)* hat der bei Vertragsschluss Minderjährige während seiner Minderjährigkeit und innerhalb eines angemessenen Zeitraums *(a reasonable time)* nach eingetretener Volljährigkeit. Der Widerruf wirkt grundsätzlich nur *ex nunc.* Seine bereits erbrachten Leistungen kann der Minderjährige grundsätzlich nicht zurückfordern; lediglich dann, wenn der andere Teil seine Leistung überhaupt nicht erbracht hat, besteht nach der angelsächsischen *consideration*-Doktrin ein Rückforderungsrecht wegen *total failure of consideration* (Whittaker § 8–035). Erst nach dem Wirksamwerden des Widerrufs fällig werdende Leistungen braucht der Minderjährige nicht mehr zu erbringen. Ob er auch schon vor diesem Zeitpunkt fällig gewordene, aber noch nicht erbrachte Leistungen verweigern kann, ist umstritten (für Leistungspflicht Whittaker aaO; zur Streitfrage Furmston 448 f; Menold-Weber 47 ff).

141 Unwirksam bis zur Bestätigung *(ratification)* durch den Minderjährigen sind die übrigen Verträge *(contracts not binding until ratified, negative voidable contracts).* Die Bestätigung muss nach eingetretener Volljährigkeit erfolgen. Sie macht den Vertrag auch gegenüber dem Minderjährigen voll wirksam (Whittaker § 8–039). Die bei Unterbleiben der Bestätigung eintretende Nichtigkeit des Vertrages ist nur eine relative zugunsten des *minor's*: Nur er, nicht auch der andere Teil, kann auf Erfüllung *(performance)* des Vertrages klagen, muss aber dann auch die ihm obliegende Gegenleistung erbringen (Whittaker § 8–037). Es bestehen also die Wirkungen eines *negotium claudicans.* Nach diesen Grundsätzen des *common law* über die negative *voidable contracts* beurteilen sich nunmehr auch wieder die seinerzeit von dem 1987 aufgehobenen *Infant's Relief Act* von 1874 erfassten Verträge.

142 Nach *common law* steht dem volljährigen Vertragsteil wegen der nur relativen Nichtigkeit des Minderjährigengeschäfts auch **kein Rückforderungsanspruch** wegen von ihm erbrachten Leistungen zu, sofern nicht bei Ausbleiben jeder Gegenleistung des Minderjährigen ein *total failure of consideration* gegeben ist (vgl WHITTAKER § 8–044; MEINOLD-WEBER 125 ff). Einen Schadensersatzanspruch aus unerlaubter Handlung *(tort)* hat der volljährige Teil nur dann, wenn das deliktische Verhalten des Minderjährigen von dem Vertragsschluss unabhängig war. Eine betrügerische Vorspiegelung der Volljährigkeit *(fraudulent misrepresentation of majority)* begründet hingegen keine Haftung des *minor* wegen Betruges *(deceit)*. Das *equity law* gewährt dem volljährigen Teil aber in diesem Fall einen Rückgewähranspruch, sofern sich das vom Minderjährigen Erlangte noch in dessen Vermögen befindet (WHITTAKER § 8–046; FURMSTON 454 ff; MENOLD-WEBER 161 ff; FOMFEREK 247). Nach dem *Minor's Contracts Acts* von 1987, sec 3, kann das Gericht dem beklagten Minderjährigen unabhängig von einer betrügerischen Vorspiegelung der Volljährigkeit auferlegen *„any property acquired by the defendant under the contract, or any property representing it"* zurückzugewähren, *„if it is just and equitable to do so"*.

Die Geisteskranken werden seit dem *Mental Health Act* (MHA) von 1983 mit dem **143** technischen Ausdruck *mentaly disordered persons* (früher *lunatics*, sodann *persons of unsound mind*) bezeichnet. Der MHA regelt in seinem Teil VII lediglich die vom zuständigen Gericht *(Court of Protection)* anzuordnenden Schutz- und Fürsorgemaßnahmen zugunsten eines Geisteskranken (Aufzählung bei WHITTAKER § 8–071), nicht hingegen die Vertragsfähigkeit. Die Fähigkeit der *mentaly disordered persons* zum Abschluss von Verträgen beurteilt sich daher weiterhin nach *common law* (FURMSTON 459 f). Eine unter *mental disorder* gem der Legaldefinition in sec 1 MHA leidende Person entbehrt nach überwiegender Ansicht auch der *capacity* (WHITTAKER § 8–072 aE). Für gekaufte und an ihn gelieferte Sachgüter, bei denen es sich um *necessaries* (vgl o Rn 138) handelt, muss der Geisteskranke gem dem *Sale of Goods Act* von 1979, sec 3 (2) (Wortlaut bei FURMSTON 460) einen *reasonable price* entrichten. Die übrigen Verträge sind zugunsten des Geisteskranken unwirksam *(voidable at his option)*, allerdings nur unter den Voraussetzungen, dass (1) der Geisteskranke bei Vertragsschluss aufgrund seiner *mental disordered* die Bedeutung seines Handelns nicht erkennen konnte, sowie (2) der andere Teil diese *incapacity* seines Vertragspartners bei Vertragsschluss gekannt hat; beide Erfordernisse sind vom Geisteskranken zu beweisen (s WHITTAKER § 8–064; FURMSTON 460). Das englische Recht kennt also, anders als das deutsche (s o Rn 26) und die meisten anderen kontinentaleuropäischen Rechte, bei Geschäften mit Geisteskranken (nicht hingegen mit Minderjährigen; vgl o Rn 142) einen Schutz des Vertrauens des anderen Teils auf die Geschäftsfähigkeit seines Partners. Nach eingetretener Gesundung oder während eines lichten Zwischenraums kann der bisher Geisteskranke den während seiner Krankheit geschlossenen Vertrag bestätigen mit der Folge der vollen Wirksamkeit (WHITTAKER § 8–065). Die *capacity* von **Betrunkenen** *(drunken persons)*, denen neuerdings allgemein unter Drogen stehende Personen *(intoxicated persons)* gleichgestellt werden, entspricht nach *common law* im wesentlichen derjenigen der Geisteskranken (WHITTAKER § 8–074 f; FURMSTON 461). Auch *drunken persons* haben nach sec 3 (2) *Sale of Goods Act* für gekaufte und gelieferte *necessarie-goods* einen *reasonable price* zu zahlen.

Die **Ehemündigkeit** beginnt nach sec 2 des *Marriage Act* von 1949 für beide Ge- **144** schlechter mit der Vollendung des 16. Lebensjahres. Bis zur Erreichung der Volljährigkeit benötigt der Nupturient aber außerdem noch die Zustimmung seiner Eltern, die vom Gericht ersetzt werden kann; das Fehlen dieser Zustimmung bildet aber nur ein aufschiebendes Ehehindernis (vgl BARTSCH FamRZ 1970, 356, 358 f; VIAL 260 ff, 264). Die von einem noch nicht Ehemündigen geschlossene Ehe ist nichtig *(void)*, die Ehe eines Geisteskranken im Sinne des *Mental Health Act* ist gem sec 12 *Matrimonial Causes Act* von 1973 durch Urteil *(decree absolute)* auflösbar *(voidable)*. Die **Testierfähigkeit** beginnt nach sec 7 *Wills Act* von 1837 iVm sec 3 (1) *Family Law Reform Act* mit der Vollendung des 18. Lebensjahres (vgl BARTSCH FamRZ 1970, 356, 358; VIAL 277 f). Ein Geisteskranker ist testierunfähig. Einer chirugischen, heilmedizinischen oder zahnmedizinischen Behandlung kann ein Minderjähriger nach Vollendung des 16. Lebensjahres wirksam zustimmen (BARTSCH FamRZ 1970, 356, 357).

b) **Vereinigte Staaten von Amerika**

145 Auch das US-amerikanische Geschäftsfähigkeitsrecht beruht in seinen Grundzügen noch auf dem *common law* (vgl REIMANN, Einf i d US-amerikan Privatrecht [1997] § 7, 2). Auf die obigen Ausführungen zum englischen Recht kann daher verwiesen werden. Die common law-Regeln sind allerdings durch die Gesetzgebung der Einzelstaaten erheblich modifiziert worden. So haben die meisten Staaten das Volljährigkeitsalter ebenfalls auf das vollendete 18. Lebensjahr herabgesetzt.

§ 104
Geschäftsunfähigkeit

Geschäftsunfähig ist:

1. **wer nicht das siebente Lebensjahr vollendet hat,**

2. **wer sich in einem die freie Willensbestimmung ausschließenden Zustand krankhafter Störung der Geistestätigkeit befindet, sofern nicht der Zustand seiner Natur nach ein vorübergehender ist.**

Materialien: VE AT § 81 Abs 1; KE § 63 Abs 1, 2; E I § 64 Abs 1, 2; II § 78; III § 100; SCHUBERT, AT I 14, AT II 31 ff; Mot I 129 ff = MUGDAN I 423 f; Prot I 115 ff = MUGDAN I 673 ff; JAKOBS/ SCHUBERT 498 f, 516 f, 519 f.

Schrifttum

S die Angaben bei den Vorbem zu §§ 104–115 sowie
BAROLIM/SCHAFFKNECHT, Zur Testier- u Geschäftsfähigkeit bei organischem Psychosyndrom am Beispiel des Schlaganfall-Patienten, MedSach 83 (1987) 110
BERINGER, Zur Frage der partiellen Geschäftsunfähigkeit, Deutsche Zeitschr f d gesamte gerichtliche Medizin 24 (1934) 275

BLAU, Prolegomena zur strafrechtlichen Schuldfähigkeit, Jura 1982, 393
ders, Besprechung von Norbert Nedopil. Forensische Psychiatrie, MSchrKrim 80 (1997) 269
BRASCH, Die Geisteskranken im Bürgerlichen Gesetzbuch für das Deutsche Reich (1899)
BRUNSWIG, Die Handlungsfähigkeit der Geisteskranken nach dem Bürgerlichen Gesetzbuche (= Rostocker Rechtswissenschaftl Studien I 1) (1902)

DERNBURG, Persönliche Rechtsstellung nach dem Bürgerlichen Gesetzbuch (1896)
DIETRICH, Querulanten (1973)
DITTENBERGER, Der Schutz des Kindes gegen die Folgen eigener Handlungen im Bürgerlichen Gesetzbuch für das Deutsche Reich (1903)
GEBAUER, Die Lehre von der Teilgeschäftsunfähigkeit und ihre Folgen, AcP 153 (1954) 332
GROSSFELD/HÜLPER, Analphabetismus im Zivilrecht, JZ 1999, 430
GRUBE, Die Handlungen des Geisteskranken im Rechtsverkehr (Diss Göttingen 1930)
HABERMEYER/SASS, Voraussetzungen der Geschäfts(-un)fähigkeit – Anmerkungen aus psychopathologischer Sicht, MedR 2003, 543
HADDENBROCK, Freiheit und Unfreiheit des Menschen im Aspekt der forensischen Psychiatrie, JZ 1969, 121
HARDELAND, Die Behandlung der Geisteskranken im Privatrecht, JherJb 37 (1897) 95
HENKEL, Die Selbstbestimmung des Menschen als rechtsphilosophisches Problem, in: FS Larenz (1973) 3
HESSEL, Die Geschäftsfähigkeit der Geisteskranken (Diss Heidelberg 1923; maschinenschriftl)
HITZIG, Über den Quärulantenwahnsinn (1895)
HOMBURGER, Zur Geschäftsunfähigkeit Geisteskranker, BankArch 10 (1910/11) 369
HOMMERS, Die Entwicklungspsychologie der Delikts- und Geschäftsfähigkeit (1983)
vKRAFFT-EBING, Die zweifelhaften Geisteszustände vor dem Civilrichter des deutschen Reiches (2. Aufl 1900)
KUHLENBECK, Einfluss seelischer Störungen auf die zivilrechtliche Handlungsfähigkeit (und das Ehescheidungsrecht), ZBlFG 7 (1907) 271
LENCKNER/SCHUMANN, Psychiatrische Probleme des Privatrechts, in: GÖPPINGER/WITTER (Hrsg), Hdb der forensischen Psychiatrie I (1972)
LEWIN, Der Einfluss von Giften auf die freie Willensbestimmung, DJZ 1908, 167
MEISTER, Die retrospektive Beurteilung der Geschäftsfähigkeit – eine empirische Untersuchung – (med Diss München 1993)
MENDEL, Die Geisteskranken in dem Entwurf des bürgerlichen Gesetzbuches für das Deutsche Reich, (Eulenburg's) Vierteljahrsschrift für gerichtl Medizin u öffentl Sanitätswesen nF 49 (1888) 252
MEYER, Testierfähigkeit beim Vorliegen heimlicher Geisteserkrankungen, DJ 1941, 755
H MEYER, Gibt es eine gegenständlich beschränkte Geschäftsunfähigkeit? (Diss Kiel 1932)
K VOEFELE/SASS, Die forensisch-psychiatrische Beurteilung von freier Willensbestimmung und Geschäftsfähigkeit, Versicherungsmedizin 46 (1994) 167
RASCH, Die psychiatrisch-psychologische Beurteilung der sogenannten schweren anderen seelischen Abartigkeit, StV 1991, 126
ders, Die Beurteilung der Geschäftsfähigkeit aus ärztlicher Sicht, Zeitschr f ärztl Fortbildung 86 (1992) 767
RASCH/BAYERL, Der Mythos vom luziden Intervall, Lebensversicherungsmedizin 37 (1985) 2
REYSCHER, Ueber die Unfähigkeit der Geisteskranken zur Vornahme von Rechtsgeschäften, Zeitschr f deutsches Recht 13 (1852) 303
SCHWALM, Schuld und Schuldunfähigkeit im Licht der Srafrechtsreformgesetze vom 25. 6. und 4. 7. 1969, des Grundgesetzes und der Rechtsprechung des Bundesverfassungsgerichts, JZ 1970, 487
VOSGERAU, Normalität und Willensfreiheit als rechtsnotwendige Fiktion: rechtstheoretische Aspekte in Albert Camus' L'Etranger, ARSP 86 (2000) 232
WALLENBORN, Der nicht entmündigte Geisteskranke im Geschäftsverkehr (Diss Köln 1922)
WEIMAR, Der Paralytiker im Recht, MDR 1973, 823
WEITBRECHT, Erkrankungen mit Demenz, FuR 1994, 289
WILHELM, Geistesstörung und Geschäftsunfähigkeit nach BGB und ZPO, ZAkDR 2 (1935) 228
WITTER, Zur rechtlichen Beurteilung sogenannter Neurosen, VersR 1981, 301
ZITELMANN, Zur forensischen Beurteilung der periodischen Geistesstörungen, Das Recht 1906, 671.

Systematische Übersicht

I.	Bedeutung der Vorschrift	1	4. Nicht nur vorübergehender Zustand	12
			5. Sog lichte Zwischenräume	13
II.	Personen unter sieben Jahren (Nr 1)	2	6. Teilweise Geschäftsunfähigkeit	14
			7. Relative Geschäftsunfähigkeit	15
			8. Feststellung der Voraussetzungen der Geschäftsunfähigkeit	16
III.	Personen mit geistigen Störungen (Nr 2)			
1.	Allgemeines	4	IV. Geschäftsunfähigkeit als Folge	17
2.	Krankhafte Störung der Geistestätigkeit	5	V. Beweislast	18
3.	Ausschluss der freien Willensbestimmung	10		

Alphabetische Übersicht

Abnormität	7	– Voraussetzungen der	16	
Alkohol- oder Drogenabhängigkeit	9			
Alzheimersche Erkrankung	9	Imbezillität	9	
Analphabetismus	9	Intoxikation	12	
Beweislast	18	Kinder	1	
		Krankhaftigkeit der Störung der Geistestätigkeit	8	
Debilität	9			
Demenz	9	Krankheitsbegriff	8	
Entzugssymptome	12	lucida intervalla (= lichte Zwischenräume)	13	
Epilepsie	12			
		Neurosen	8 f	
Fieberwahn	12			
Freie Willensbestimmung	10 f, 14	Oligophrenie (= Schwachsinn)	9	
Gehirnerkrankung	8	Psychopathien	8 f	
Geisteskrankheit	9	Psychosen	8 f	
Geistesschwäche	9			
Geschäftsfähigkeit	1, 14, 16, 18	Querulantenwahn	14	
Geschäftsunfähigkeit				
– als Folge	17	Schädelhirntrauma	9	
– relative	15	Störung der Geistestätigkeit	7	
– teilweise	14			

I. Bedeutung der Vorschrift

1 Das BGB unterteilt die nicht voll geschäftsfähigen Personen in die beiden Untergruppen der Geschäftsunfähigen und der in der Geschäftsfähigkeit Beschränkten (s hierzu Vorbem 112 zu §§ 104–115). Die **Voraussetzungen der Geschäftsunfähigkeit** werden in § 104 umschrieben. Die Vorschrift legt damit den Kreis der Personen, denen die Rechtsordnung die Fähigkeit zur Vornahme von Rechtsgeschäften in eigener Person (hierzu Vorbem 1 zu §§ 104–115) völlig abspricht, erschöpfend fest. Die beiden Gründe für fehlende Geschäftsfähigkeit sind der Mangel eines bestimmten Lebensalters sowie das Vorhandensein von die Willensfähigkeit beeinträchtigenden geistigen Störungen (vgl Vorbem 8 ff zu §§ 104–115). Geschäftsunfähig sind demgemäß die Minderjährigen bis zur Vollendung des 7. Lebensjahres (Nr 1) und die Personen, die sich in einem die freien Willensbestimmung ausschließenden, nicht nur vorübergehenden Zustand krankhafter Störung der Geistestätigkeit befinden (Nr 2). Psychische Anomalien haben Geschäftsunfähigkeit heute nur noch unter den Voraussetzungen des § 104 Nr 2, also bei deren tatsächlichem Vorliegen, zur Folge. Die typisierte Form einer Geschäftsunfähigkeit aufgrund geistiger Erkrankung, wie sie nach dem früheren § 104 Nr 3 bei einer Entmündigung wegen Geisteskrankheit *ipso iure* eintrat und ohne Rücksicht auf das tatsächliche Bestehen der Krankheit bis zur Aufhebung der Entmündigung fortdauerte, ist mit der Beseitigung des Instituts der Entmündigung durch das Betreuungsgesetz mit Wirkung ab 1.1. 1992 unter Streichung von § 104 Nr 3 (Art 1 Nr 2 b BtG) weggefallen.

II. Personen unter sieben Jahren (Nr 1)

Die erste Gruppe der Geschäftsunfähigen bilden gem § 104 Nr 1 die Minderjährigen bis zur Vollendung des 7. Lebensjahres. Die Geschäftsunfähigkeit ist hier **typisiert** (s hierzu allg Vorbem 9 zu §§ 104–115) und deshalb bei Vorliegen der altersmäßigen Voraussetzung schlechthin gegeben ohne Rücksicht darauf, ob ein Angehöriger dieser Altersgruppe im Einzelfall schon den Reifegrad eines über siebenjährigen aufweist. Die Vollendung des 7. Lebensjahres berechnet sich nach den §§ 188 Abs 2 Alt 2 iVm 187 Abs 2 S 2. Die Geschäftsunfähigkeit endet deshalb mit dem Ablauf des Tages des 7. Lebensjahres, der dem Tage vorangeht, der nach seiner Zahl dem Tag der Geburt entspricht. Ein am 11.6. 2003 Geborener hat also die Altersstufe des § 104 Nr 1 mit dem Ablauf des 10.6. 2010 durchschritten.

Der in § 104 Nr 1 getroffenen Regelung liegt die Erwägung zugrunde, dass dem Menschen in den ersten Lebensjahren die verstandes- und willensmäßige Fähigkeit, die von der Rechtsordnung für die Wirksamkeit rechtsgeschäftlichen Handelns zu fordern ist (natürliche Willensfähigkeit), noch abgeht (Begr zu § 64 E I [bei Jakobs/Schubert I 454]; Mot I 129 = Mugdan I 423). Im Gesetzgebungsverfahren war umstritten, ob die natürliche Willensfähigkeit nach dem Vorbild des französischen Rechts (vgl Vorbem 126 zu §§ 104–115) im Einzelfall festgestellt oder generell von der Erreichung einer bestimmten Altersstufe abhängig gemacht werden sollte (vgl Jakobs/Schubert I 517; Mugdan I 964). Für die positivrechtliche Normierung einer bestimmten Altersstufe entschieden sich die Gesetzesverfasser aus Gründen der praktischen Zweckmäßigkeit (so Begr z E I [bei Schubert I 454]). Diese Entscheidung verdient Zustimmung, da eine – naturgemäß erst im Rahmen eines späteren Rechtsstreits über die Wirksamkeit des Rechtsgeschäfts erfolgende – Einzelfallprüfung dem Erfordernis der Rechtssicherheit kaum entspricht (zust Rabel RheinZ 4 [1912] 135, 150 m Kritik am SchwZGB; Dittenberger 12 ff; Planck/Flad Anm I; abl Dernburg, Persönl Rechtsstellung 11 ff). Die Grenze des vollendeten 7. Lebensjahres wurde aus dem römisch-gemeinen Recht (vgl Vorbem 106 zu § 104–115) und den wichtigsten deutschen Partikularrechten (vgl Vorbem 111–113 zu §§ 104–115) übernommen, allerdings ohne die technische Bezeichnung der Angehörigen dieser Altersklasse als „Kinder". Auch die Angemessenheit dieser Zäsur ist nicht unumstritten. Das Alter von sieben Jahren wird unter den heutigen Verhältnissen teilweise als zu hoch angesehen (so SCHWIMANN 136 f). Nach Ansicht von Vertretern der Entwicklungspsychologie reichen die gegenwärtig erarbeiteten empirischen Befunde noch nicht aus, um die sieben Jahres-Grenze als sachlich gerechtfertigt oder als verfehlt zu qualifizieren, jedoch sprächen gewisse Indizien für diese Grenze (HOMMERS 85, 165 ff, 196 ff, 207 ff).

III. Personen mit geistigen Störungen (Nr 2)

1. Allgemeines

4 Die zweite Gruppe der Geschäftsunfähigen bilden die Personen mit einer die freie Willensbestimmung nicht nur vorübergehend ausschließenden krankhaften Störung der Geistestätigkeit. Die Geschäftsunfähigkeit nach Nr 2 des § 104 knüpft damit nicht an ein typisches Merkmal (Lebensalter nach Nr 1, Entmündigung nach der früheren Regelung in Nr 3) an ohne Rücksicht auf die individuelle psychische Beschaffenheit, sondern die dort umschriebene geistige Anomalie muss bei der betreffenden Person tatsächlich vorhanden sein, was eine Feststellung im Einzelfall erfordert (s o Vorbem 10 zu §§ 104–115). Der die Geschäftsunfähigkeit nach Nr 2 begründende Zustand besteht aus zwei Erfordernissen, von denen das eine die Grundlage für das andere bildet: Notwendig ist zum einen eine krankhafte Störung der Geistestätigkeit und zum anderen ein hierauf beruhenden Ausschluss der freien Willensbestimmung. Die Prüfung der Geschäftsunfähigkeit hat demgemäß in zwei Stufen zu erfolgen:

2. Krankhafte Störung der Geistestätigkeit

5 Bei der zunächst festzustellenden krankhaften Störung der Geistestätigkeit handelt es sich um diejenige Komponente der Geschäftsunfähigkeit, die einen empirischen, nämlich psychiatrisch-psychologischen Befund zur Grundlage hat. In der Strafrechtswissenschaft wird bezüglich der in § 20 StGB enthaltenen Merkmale der krankhaften seelischen Störung, tiefgreifenden Bewusstseinsstörung, des Schwachsinns oder einer schweren anderen seelischen Abartigkeit, denen für die Bestimmung der Schuldunfähigkeit eine ganz analoge Funktion zukommt wie der krankhaften Störung der Geistestätigkeit für die Geschäftsunfähigkeit, treffend von einem empirischen (psychologisch-psychopathologischen) Substrat des Rechtsbegriffs der Schuldunfähigkeit gesprochen (so BLAU Jura 1982, 393, 394; ähnl ders MSchrKrim 80 [1997] 269, 270). In diesem Sinne eines Substrats des Rechtsbegriffs der Geschäftsunfähigkeit kann auch das Erfordernis der krankhaften Störung der Geistestätigkeit qualifiziert werden.

6 Als Gegenstand der Störung bezeichnet das Gesetz die **Geistestätigkeit**. Dieser Begriff ist nicht auf die intellektuelle, verstandesmäßige Seite des menschlichen Seelenlebens, also die bloße Denktätigkeit, zu beschränken, sondern er umfasst die psychischen Vorgänge und Abläufe in ihrer Gesamtheit, einschließlich seiner voluntativen und emotionalen Komponente (vgl für den gleichlautenden Begriff in § 51 aF StGB RGSt 73, 121, 122; BGHSt 14, 30, 32); für die Frage der zivilrechtlichen Geschäftsfähigkeit kommt insbesondere dem Willenselement eine maßgebliche Bedeutung zu (BGH NJW 1953, 1342; 1970, 1680, 1681; BayObLG NJW 1992, 2100, 2101). Die demgegenüber entscheidend auf das intellektuelle Moment abstellende Formulierung „des Vernunftgebrauchs beraubt" in § 64 Abs 2 E I ist denn auch aufgrund vielfältiger Kritik (vgl MENDEL Vjschr f gerichtl Med 49 [1888] 252, 262, 267; ZITELMANN, Die Rechtsgeschäfte i Entw eines BGB f d Deutsche Reich I [1889] 36, 38) in § 78 Nr 2 E II durch die Gesetz gewordene Ausdrucksweise ersetzt worden (zust HARDELAND JherJb 37 [1897] 95, 125 ff, 167). Mit dem Begriff der krankhaften Störung der Geistestätigkeit haben die Gesetzesverfasser bewusst die Formulierung der ursprünglichen Fassung des § 51 StGB übernommen, um damit das zu jener Vorschrift schon vorhandene umfangreiche strafrechtliche Schrifttum auch für die auf psychischer Störung beruhende Geschäftsunfähigkeit fruchtbar zu machen (vgl Prot 120 f = MUGDAN I 673). Noch angemessener ist freilich der in der geltenden Fassung des § 20 StGB enthaltene umfassendere Begriff der seelischen Störung. Aus dem Erfordernis einer Störung der Geistestätigkeit folgt, dass eine Störung bloß der körperlichen Funktionen, soweit hierdurch nicht auch die seelischen Vorgänge beeinträchtigt werden, unbeschadet der dann uU gegebenen Möglichkeit einer rechtlichen Betreuung nach § 1896 die Geschäftsfähigkeit unberührt lässt.

Die Geistestätigkeit muss durch eine **Störung** beeinträchtigt sein. Der Begriff der „Störung" ist hier in dem umfassenden Sinne jedweder Abweichung von der „normalen" psychischen Beschaffenheit zu verstehen und kann insofern etwa dem psychiatrischen Begriff der „Abnormität" gleichgesetzt werden (s GLATZEL, Art „Abnormität", in: Hdwb d Psychiatrie [2. Aufl 1992] 1 ff). Im Gegensatz zum Alltagssprachgebrauch fallen unter den Störungsbegriff nicht nur Beeinträchtigungen eines bisher seelisch gesunden Individuums, sondern auch angeborene Abnormitäten. Eine umfassende Auflistung der nach dem heutigen Stand der einschlägigen Erfahrungswissenschaften bekannten seelischen Störungen enthalten die seit 1992 eingeführte 10. Revision der von der Weltgesundheitsorganisation (WHO) entwickelten International Classification of Diseases – ICD-10 – in ihrem Kapitel V (vgl den Überblick bei RASCH, Forens Psychiatrie [2. Aufl 1999] 52 ff) sowie die damit weitgehend übereinstimmende 4. Revision des Diagnostic and Statistical Manual of Mental Disorders der Amerikanischen Psychiatrischen Gesellschaft – DSM-IV –; der dortige Katalog kann somit als erste Orientierung bei der Feststellung einer Geschäftsunfähigkeit nach § 104 Nr 2 dienen (vgl hierzu für die parallele Problematik der strafrechtl Schuldfähigkeit BGH NStZ 1992, 380). 7

Die Störung der Geistestätigkeit muss **krankhaft** sein. Dieser Begriff des Krankhaften ist das eigentlich problematische Merkmal der Geschäftsunfähigkeit nach § 104 Nr 2. Der historische Gesetzgeber hat – anders als etwa das ALR und das ABGB (s Vorbem 111 zu §§ 104–115) – von einer Aufzählung derjenigen Störungen, die als krankhaft anzusehen sind, bewusst abgesehen, da über Begriff und Klassifikation der geistigen Erkrankungen in der Psychiatrie der Entstehungszeit des BGB keine Einigkeit herrschte (vgl Begr z VE [bei SCHUBERT, AT I 32]). Durch diese billigenswerte Abstinenz (vgl ZITELMANN, Irrtum u Rechtsgeschäft [1879] 18 f) sind die Unzuträglichkeiten vermieden worden, die sich bei jenen älteren Kodifikationen aus der Festschreibung von Krankheitsbegriffen ergeben haben, die von der weiteren Entwicklung der medizinischen Wissenschaft bald überholt waren. Als krankhafte Störungen der Geistestätigkeit wollte der historische Gesetzgeber sicher nur solche Störungen verstanden wissen, die als psychische Erkrankungen im medizinisch-psychiatrischen Sinne anzusehen sind, nämlich solche, denen eine (angeborene oder erworbene) 8 organische Ursache zugrunde liegt (Gehirnerkrankung) oder für die eine organische Ursache zwar noch nicht nachgewiesen, aber zu vermuten ist, also vor allem die exogenen und endogenen Psychosen. Dieser streng medizinische oder „biologische" Krankheitsbegriff hat sich jedoch schon bald als für die Zweckrichtung des § 104 Nr 2 wie auch für die des § 51 StGB aF als zu eng erwiesen. Es hat sich gezeigt, dass auch solche Störungen, die keine (nachgewiesene oder vermutete) organische Grundlage haben und daher nicht als krankhaft im medizinischen Sinne zu bezeichnen sind, sondern etwa auf einer anomalen Persönlichkeitsstruktur (Psychopathien) oder auf abnormen Erlebnisreaktionen (Neurosen) beruhen und die in dem auf den Psychiater KURT SCHNEIDER zurückgehenden sog triadischen System der seelischen Störungen unter der Bezeichnung „abnorme Variationen seelischen Wesens" zusammengefasst werden (vgl G HUBER, Psychiatrie [6. Aufl 1999] 29 ff), in schweren Fällen die freie Willensbestimmung auszuschließen geeignet sind. Im Zivilrecht, vor allem aber im Strafrecht unter der Geltung des § 51 StGB aF, hat sich deshalb ein gegenüber dem medizinisch-psychiatrischen Krankheitsbegriff weiterer „juristischer Krankheitsbegriff" herausgebildet, der auch die nicht organisch bedingten seelischen Störungen umfasst, „welche die bei einem normalen und geistig reifen Menschen vorhandenen, zur Willensbildung befähigenden Vorstellungen und Gefühle beeinträchtigen" (so BGHSt 14, 30, 32). Im Strafrecht ist der Gesetzgeber mit der Ersetzung des § 51 StGB aF durch den jetzigen § 20 StGB im Jahr 1969 insofern wieder zu dem medizinischen Krankheitsbegriff zurückgekehrt, als dort nunmehr zwischen einer „krankhaften seelischen Störung" als Störung im medizinischen Sinne einerseits und einer „schweren seelischen Abartigkeit" als Störungen nicht pathologischen Charakters (vgl BGHSt 34, 22, 24 = NJW 1986, 2893) differenziert wird. An der sachlichen Problematik hat sich hierdurch freilich wenig geändert, denn auch bei der Anwendung des § 20 StGB bleibt, wie bei der des unverändert gebliebenen § 104 Nr 2, die entscheidende Aufgabe der Feststellung, welchen nicht pathologisch verursachten Störungen eine die Schuld (§ 20 StGB) bzw die Geschäftsfähigkeit (§ 104 Nr 2) ausschließende Wirkung zukommen kann. Diese Entscheidung kann nicht im Wege einer bloßen Qualifikation bestimmter Arten psychischer Störungen nach einem psychiatrischen Klassifikationssystem als „krankhaft" und damit den Tatbestand des § 104 Nr 2 erfüllend getroffen werden, denn auch nach dem heutigen Stand der „Psychowissenschaften" kommt einer Klassifikation der psychischen Störungen, insbesondere wegen der noch weitgehend ungeklärten Ätiologie viele Anomalien, nur ein vorläufiger Charakter zu (vgl G HUBER 29; DITTMANN, Art, Klassifikation i d Psychiatrie [2. Aufl 1992] 264 f; LOTHAR R SCHMIDT, LB d Klin Psychologie [2. Aufl 1984] 89; s auch GEBAUER AcP 153 [1954] 332, 340), weshalb auch die modernen Klassifikationssysteme – ICD-10, DSM-IV (vgl o Rn 7) – auf eine ursachentypische Einteilung der dort aufgeführten Störungen weitgehend verzichten (vgl NEDOPIL, Forens Psychiatrie [2. Aufl 2000] 84) und statt von „Krankheiten" nur noch von „Störungen" *(diseases, disorders)* sprechen. Zu Recht wird es daher für die Einordnung einer Störung als „krankhaft" iSv § 104 Nr 2 als unerheblich angesehen, unter welchen medizinischem Begriff die psychische Anomalie einzuordnen ist (RGZ 162, 223, 229; OLG Düsseldorf FamRZ 1998, 1064, 1065; AK-BGB/KOHL Rn 4; K VOEFELE/SASS Versicherungsmedizin 46 [1994] 167, 169; auch RASCH 289: „unabh von den terminolog Eigenheiten d ICD-10"). Entscheidend für die Krankhaftigkeit einer psychischen Störung iSd für § 104 Nr 2 weiterhin maßgeblichen juristischen Krankheitsbegriffs ist vielmehr der Grad, das Ausmaß der Störung im Hinblick auf die Möglichkeit eines Ausschlusses der freien Willensbestimmung (NEDOPIL 83 f); es kommt darauf an, ob die betreffende Anomalie hinsichtlich ihrer Wirkungen denjenigen psychischen Störungen gleichwertig ist, an deren krankhaftem Charakter innerhalb der zuständigen Erfahrungswissenschaften kein Zweifel besteht (vgl RASCH StV 1991, 126, 131; ders Zeitschr f ärztl Fortbildung 86 [1992] 767 f; SCHWALM JZ 1970, 487, 493 f für den Begriff der „schweren seelischen Abartigkeit" gem § 20 StGB; diese Grundsätze lassen sich *mutatis mutandis* auch auf § 104 Nr 2 übertragen). Diese Gleichwertigkeit kann mit dem Begriff des „Krankheitswertes" umschrieben werden (so für § 20 StGB BGHSt 34, 22, 24 f = NJW 1986, 2893, 2894).

Als krankhafte Störungen der Geistestätigkeit sind nach den o zu Rn 8 dargelegten 9 Grundsätzen jedenfalls die (exogenen und endogenen) **Psychosen** zu qualifizieren, über deren Krankheitswert in der psychiatrischen Wissenschaft kein Streit herrscht (vgl BRESSER, Art ‚Geisteskrankheit', in: Hdwb d Psychiatrie [2. Aufl 1992] 208). Unerheblich ist, ob die organische Bedingtheit einer psychischen Störung auf internen Krankheitsverläufen (zB Alzheimer'sche Erkrankung) beruht oder durch äußere körperliche Verletzungen hervorgerufen worden ist (vgl OLG München MDR 1989, 361: Schädelhirntrauma nach Verkehrsunfall). Zu denjenigen psychischen Störungen, die, um als krankhaft bezeichnet werden zu können, einen Schweregrad erreicht haben müssen, der ihre Gleichwertigkeit mit den allgemein anerkannten geistigen Erkrankungen begründet (vgl o Rn 8), zählt vornehmlich die Abnormität der Verstandesanlagen, der Persönlichkeiten, der Erlebnisreaktionen und Entwicklungen sowie der Triebanlagen (vgl G HUBER 40 f). Die unter dem Begriff **Oligophrenie** (Schwachsinn) zusammengefassten abnormen Verstandesanlagen werden je nach dem Grad der Beeinträchtigung unterteilt in Debilität, Imbezillität und Idiotie (vgl BRESSER, Art ‚Geistesschwäche', in: Hdwb d Psychiatrie 209; SACHSE StAZ 1966, 261, 262). Das Vorliegen einer **Debilität** als des leichtesten Grades des Schwachsinns begründet nicht ohne weiteres die Möglichkeit eines Ausschlusses der freien Willensbestimmung (OLG Köln MDR 1975, 1017); erforderlich ist hierfür vielmehr eine besondere Schwere der Beeinträchtigung (K VOEFELE/SASS Versicherungsmedizin 46 [1994] 167, 170: „hochgradige Minderbegabung"), die wohl schon an der Grenze zur **Imbezillität** (zu dieser vgl BGH FamRZ 1966, 504 f) angesiedelt ist. Ein festgestellter Intelligenzquotient (IQ) im Streubereich der Debilität reicht daher zur Begründung einer Geschäftsunfähigkeit nicht aus (OLG Köln aaO). Nach OLG Düsseldorf VersR 1996, 1493 kommt ein Ausschluss der freien Willensbestimmung erst bei einem IQ von weniger als 60 in Betracht (vgl auch K VOEFELE/SASS aaO: IQ als „brauchbarer Anhaltspunkt"). Bei der **Demenz**, die im Unterschied zur Oligophrenie keine angeborene, sondern eine im Laufe des Lebens erworbene Intelligenzminderung darstellt (vgl BRESSER aaO; WEITBRECHT FuR 1994, 289 ff), kommt es für die Annahme einer Geschäftsunfähigkeit ebenfalls auf den Ausprägungsgrad der geistigen Behinderung an (hierzu eingehend OLG Düsseldorf FamRZ 1998, 1064, 1065 f; auch BayObLG ZEV 1998, 230, 231; FamRZ 2003, 391). Den hochgradigen Formen der Oligophrenie und der Demenz entsprach in etwa der Begriff der Geistesschwäche iSd früheren §§ 6 Nr 1 und 114. Zu Recht wurde deshalb angenommen, dass der Begriff der krankhaften Störung der Geistestätigkeit gem § 104 Nr 2 nicht mit dem der Geisteskrankheit iSd früheren §§ 6 Nr 1 und 104 Nr 3 identisch war, sondern auch die bloße Geistesschwäche umfassen konnte, da sich Geisteskrankheit und Geistesschwäche nur dem Grad nach voneinander unterschieden (RGZ 50, 203, 205; 130, 69, 70 f; 162, 223, 228; Gruchot 49 [1905] 881, 882; JW 1907, 737 [Nr 1]; 1908, 323 [Nr 3]; 1909, 411 [Nr 2]; 1911, 179 [Nr 1]; WarnR 1913 Nr 78; BGH WM 1965, 895, 896; FamRZ 1966, 504; OLG Düsseldorf FamRZ 1998, 1064, 1065; AG Limburg/

Lahn StAZ 1961, 48; HARDELAND JherJb 37 [1897] 95, 157 ff; RABEL RheinZ 4 [1912] 135, 144, 162 f; HESSEL 13 f; aA vTUHR, AT I § 25 II 1 m Fn 18; BRASCH 40). **Persönlichkeitsstörungen**, die herkömmlicherweise mit dem inzwischen in der Psychiatrie problematisch gewordenen Begriff der Psychopathie bezeichnet worden sind (vgl GLATZEL, Art Psychopathie', in: Hdwb d Psychiatrie 492, 495), werden grundsätzlich nicht als krankhafte Störungen der Geistestätigkeit angesehen; auch hier ist vielmehr ein besonders hoher Grad der Störung zu fordern (BayObLGZ 1956, 377, 381 f), der insbesondere dann gegeben ist, wenn der Betroffene von Wahnvorstellungen beherrscht wird (vgl BGH NJW 2000, 3562; BayObLGZ 1958, 5, 7; K vOEFELE/SASS Versicherungsmedizin 46 [1994] 167, 169; auch RG JW 1922, 1007). Bei den **Neurosen** als den abnormen Erlebnisreaktionen und Entwicklungen ist hinsichtlich der Zuschreibung von Krankheitswert noch größere Zurückhaltung geboten (vgl PAWLOWSKI, AT Rn 190); als krankhaft dürften diese Störungen nur ganz ausnahmsweise einzuordnen sein (vgl K vOEFELE/SASS S 170; auch WITTER VersR 1981, 301, 302). In den Fällen von **Alkohol- oder Drogenabhängigkeit** ist zu differenzieren: Die Trunkenheit oder die unmittelbare Wirkung der Droge sowie die Entzugserscheinungen können in schweren Fällen einen nur vorübergehenden und daher nicht unter § 104 Nr 2 fallenden Zustand krankhafter Störung der Geistestätigkeit (vgl u Rn 12) begründen. Die Sucht als solche ist dagegen grundsätzlich nicht als krankhafte seelische Störung anzusehen; anders nur, wenn die Abhängigkeit Symptom einer anderen geistigen Erkrankung ist oder sie zu einem als krankhaft zu bewertenden schwerwiegenden Verfall der Persönlichkeit geführt hat (vgl BayObLGZ 1956, 377, 382 f; 2002, 189, 201 f = NJW 2003, 216, 219 f; NJW 1990, 774, 775; FamRZ 1991, 608, 609; ähnlich K vOEFELE/SASS aaO; weitergehend AK-BGB/KOHL Rn 4). **Analphabetismus** stellt als solcher schon keine psychische Störung, erst recht nicht eine solche mit Krankheitswert dar; die Lese- und Schreibunfähigkeit kann aber ihre Ursache in einer krankhaften Störung der Geistestätigkeit (zB Schwachsinn) haben und deshalb als Anzeichen für eine Geschäftsunfähigkeit gewertet werden (BGH NJW 1996, 918, 919; hierzu GROSSFELD/HÜLPER JZ 1999, 430, 433).

3. Ausschluss der freien Willensbestimmung

10 Eine krankhafte Störung der Geistestätigkeit führt nur dann zur Geschäftsunfähigkeit, wenn die Störung bei dem Gestörten im Zeitpunkt der Abgabe der betreffenden Willenserklärung die freie Willensbestimmung ausgeschlossen hat (RG WarnR 1919 Nr 179; OLG Breslau OLGE 40, 259; OLG Saarbrücken NJW 1999, 871, 872). Zwischen der krankhaften geistigen Störung und dem Ausschluss der freien Willensbestimmung muss also ein **ursächlicher Zusammenhang** bestehen. Aus der Normierung des Ausschlusses der freien Willensbestimmung als Erfordernis der Geschäftsunfähigkeit könnte gefolgert werden, der Gesetzgeber sehe beim „normalen" und damit geschäftsfähigen Menschen die Freiheit des Willens im philosophischen Sinne als gegeben an und habe sich damit in der metaphysischen Streitfrage zwischen Determinismus und Indeterminismus für eine indeterministische Position entschieden (so KUHLENBECK ZBlFG 7 [1907] 271, 285 f; wohl auch RABEL RheinZ 4 [1912] 135, 144, 156 f). Die Gesetzesverfasser wollten jedoch zu dem philosophischen Problem der Willensfreiheit nicht Stellung nehmen; der Ausdruck „freie Willensbestimmung" sollte im Sinne des gewöhnlichen Sprachgebrauchs aufgefasst werden (vgl BRUNSWIG 112; PLANCK/FLAD Anm II 1a; auch WILHELM ZAKDR 2 [1935] 228, 229). In diesem eingeschränkten Sinne muss das Merkmal der freien Willensbestimmung in der Tat verstanden werden. Das Gesetz wollte mit diesem Begriff nicht eine empirisch unerweisliche

Willensfreiheit des (geschäftsfähigen) Menschen als von Ursachenzusammenhängen unabhängige Selbstbestimmung als vorhanden behaupten oder als „rechtsnotwendige Fiktion" (vgl hierzu Vosgerau ARSP 86 [2000] 232, 246 ff) dekretieren. Die Fähigkeit zu freier Willensbestimmung iSv § 104 Nr 2 bedeutet nicht eine ursachlose, gleichsam *ex nihilo* erfolgende Willensbildung; gemeint ist vielmehr eine Willensbildung, die zwar determiniert ist bzw – da auch ein strenger Determinismus nicht bewiesen werden kann – wahrscheinlich determiniert ist, unter deren Determinanten aber nicht die Wirkungen einer krankhaften Störung der Geistestätigkeit den Ausschlag geben, sondern die maßgeblich von vernünftigen Überlegungen bestimmt ist (zu dieser Fähigkeit zu vernunftgemäßer Steuerung s – allerdings aufgrund eines anthropologisch umstr Schichtenmodells der Persönlichkeit – Henkel, in: FS Larenz [1973] 3, 15 ff). Lediglich eine solche grundsätzliche Steuerbarkeit menschlichen Verhaltens durch Vernunftgründe setzt das Gesetz voraus, um eine abgegebene Willenserklärung ihrem Urheber im Rechtssinne zuzurechnen (vgl vTuhr, AT I § 25 Fn 8; auch LAG Köln NZA-RR 1999, 232, 233). Diese Fähigkeit muss auch vorausgesetzt werden, da anderenfalls ein auf den Grundsätzen der Privatautonomie und der Vertragsfreiheit beruhendes Privatrecht, das die Wirkungen rechtsgeschäftlichen Handelns deshalb eintreten lässt, weil sie vom Handelnden gewollt sind, kaum sinnvoll zu begründen wäre. Der Ausschluss der freien Willensbestimmung ist mithin als das ausnahmsweise Fehlen dieser als Normalfall angesehenen Motivierbarkeit durch vernünftige Einsicht zu kennzeichnen. Die erforderliche Feststellung, ob die freie Willensbestimmung im konkreten Falle bei der Abgabe der betreffenden Willenserklärung infolge einer krankhaften Störung der Geistestätigkeit ausgeschlossen war, bereitet allerdings deshalb Schwierigkeiten, weil nach der in der Psychiatrie und den sonstigen Psychowissenschaften wohl überwiegend vertretenen „agnostischen" Position erfahrungswissenschaftlich eine sichere Aussage über ein völliges Fehlen der freien Willensbestimmung prinzipiell nicht möglich ist, die Störung vielmehr nur den Schluss auf eine mehr oder weniger große Wahrscheinlichkeit eines solchen Ausschlusses zulässt (vgl Haddenbrock JZ 1969, 121 ff; zum „Gnostizismusstreit" auch Blau Jura 1987, 393, 403); das Erfordernis des Ausschlusses der freien Willensbestimmung wird deshalb von psychiatrischer Seite als „theoretisches Konstrukt" bezeichnet (so K vOefele/Sass Versicherungsmedizin 46 [1994] 167, 169; ähnlich Habermeyer/Sass MedR 2003, 543, 544). Die Frage nach dem Ausschluss der freien Willensbestimmung ist deshalb – anders als die biologisch-psychologische des Vorliegens einer krankhaften Störung der Geistestätigkeit (vgl o Rn 5) – keine empirische, sondern eine normative und damit eine Rechtsfrage.

In dem oben dargelegten Sinne einer Fähigkeit zu normaler Motivierung des Verhaltens setzt die freie Willensbestimmung nach der Rechtsprechung eine gegenüber den bestimmend auf den Willen einwirkenden verschiedenen Vorstellungen und Empfindungen sowie den Einflüssen dritter Personen freie Selbstentschließung aufgrund vernünftiger Überlegungen über das in der gegebenen Situation richtige Handeln voraus. Ausgeschlossen ist die freie Willensbestimmung dementsprechend bei einem Wegfall der Fähigkeit zum Handlungsentschluss aufgrund vernünftiger, der allgemeinem Verkehrsauffassung entsprechender Würdigung der gegebenen Verhältnisse infolge des übermächtigen, beherrschenden Einflusses der krankheitsbedingten Vorstellungen, Empfindungen oder der Einflüsse dritter Personen, denen der Betreffende widerstandslos ausgeliefert ist (vgl RGZ 103, 399, 401; 130, 69, 71; 162, 223, 228; WarnR 1917 Nr 234; 1918 Nr 156; Gruchot 72 [1932] 203, 204 f; JW 1908, 323 f; 1937, 35 [Nr 14]; BGH NJW 1953, 1342; FamRZ 1966, 504; NJW 1996, 918, 919; BFH Urt v 10. 4. 2003 – III B

86/01; BayObLGZ 2, 403, 406; NJW 1989, 1678; 1990, 774; NJW-RR 2000, 1029, 1030; FamRZ 2003, 391; OLG Karlsruhe OLGE 3, 29; OLG Nürnberg WM 1958, 632; OLG Düsseldorf FamRZ 1998, 1064, 1065; AG Limburg/Lahn StAZ 1961, 48; auch BGH NJW 2000, 3562). Das Hauptgewicht legt die Judikatur also auf die Fähigkeit zum freien Willensentschluss, mithin auf die voluntative Seite der psychischen Vorgänge, nicht so sehr auf die verstandesmäßige, intellektuelle Komponente (BGH NJW 1953, 1342 [in BGHZ 10, 266 nicht mit abgedr]; 1970, 1680, 1681; BayObLG FamRZ 1988, 768, 769; NJW 1989, 1678 f; 1992, 2100, 2101; OLG Nürnberg WM 1958, 632). Teile des Schrifttums wollen demgegenüber unter Hinweis auf die untrennbare Einheit von Willen und Intellekt (vgl Rasch Zeitschr f ärztl Fortbildung 86 [1992] 767, 769) beide Komponenten im wesentlichen gleichmäßig berücksichtigen, wie dies in der moderneren Formulierung des § 2229 idF von § 2 Abs 2 TestG (hierzu Meyer DJ 1941, 755 f) zum Ausdruck kommt; Geschäftsunfähigkeit besteht hiernach in der Unfähigkeit; die Bedeutung einer abgegebenen Willenserklärung einzusehen und nach dieser Einsicht zu handeln (so Flume, AT II § 13, 3; AK-BGB/Kohl Rn 5; Larenz/Wolf, AT § 6 II 2b Rn 18; Gebauer AcP 153 [1954] 332, 357; Habemeyer/Sass MedR 2003, 543, 544). Diese zustimmungswürdige Ansicht findet auch in der neuesten Rechtsprechung Ausdruck (vgl OLG Saarbrücken NJW 1999, 871, 872). Die Möglichkeit einer freien Willensbildung, bei deren Vorliegen eine Geschäftsunfähigkeit nach § 104 Nr 2 nicht in Betracht kommt, wird nicht schon durch bloße Willensschwäche und leichte Beeinflussbarkeit durch andere Personen ausgeschlossen (BGH WM 1972, 972; OLG Saarbrücken aaO; LAG Köln NZA-RR 1999, 232, 233). Andererseits kann auch ein mit hohen intellektuellen Fähigkeiten ausgestatteter Mensch geschäftsunfähig sein, wenn er nur nicht imstande ist, seine Willensentschließungen von vernünftigen Erwägungen abhängig zu machen (OLG Frankfurt NJW-RR 1992, 763, 764).

4. Nicht nur vorübergehender Zustand

12 Eine Geschäftsunfähigkeit gem § 104 Nr 2 liegt ausweislich des letzten Halbsatzes dieser Vorschrift dann nicht vor, wenn der dort bezeichnete Zustand seiner Natur nach nur ein vorübergehender ist. Nicht nur vorübergehender Natur muss der gesamte „Zustand" des Betroffenen sein und damit gem der Umschreibung in HS 1 nicht nur die krankhafte Störung der Geistestätigkeit, sondern auch der dadurch bewirkte Ausschluss der freien Willensbestimmung (vgl H Meyer 34). Bei der Abgrenzung der vorübergehenden von den dauernden Zuständen ist von dem Zweck der Ausklammerung der nur vorübergehenden Zustände aus dem Regelungsbereich des § 104 Nr 2 auszugehen: Eine nur vorübergehende Störung soll nicht die Geschäftsunfähigkeit des Betroffenen zur Folge haben, sondern nur eine von ihm in diesem Zustand abgegebene Willenserklärung gem § 105 Abs 2 nichtig werden lassen (vgl RG WarnR 1928 Nr 167). Gem dieser Orientierung auf die einzelne Willenserklärung ist das Merkmal „vorübergehend" auf Ausfälle von sehr **kurzer Dauer** zu begrenzen (vgl Rasch Zeitschr f ärztl Fortbildung 86 [1992] 767, 768: nur Stunden bis allenfalls einige Tage). Dementsprechend ist das Erfordernis der Dauer keineswegs mit der Unheilbarkeit und damit einem Fortbestehen des Zustandes auf Lebenszeit des Betroffenen zu identifizieren (s H Meyer 36; auch Kuhlenbeck ZblFG [1907] 271, 283); Geschäftsunfähigkeit kann deshalb auch bei Heilbarkeit der seelischen Störung vorliegen, wenn sich die Heilungsphase über einen längeren Zeitraum erstreckt (OLG München MDR 1989, 361). Der vorübergehende Charakter des Zustandes muss sich aus dessen Natur ergeben, weshalb ein seiner Natur nach dauernder Zustand auch bei im Einzelfall nur kurzzeitigem Bestehen unter § 104 Nr 2 HS 1 fällt. Als ihrer Natur nach nur vorübergehende krankhafte Störungen der Geistestätigkeit sind nach dem Gesagten in erster Linie **Intoxikationen**, insbesondere schwere Alkoholisierung, ferner **Entzugssymptome mit Delir** sowie die als **akute Prozesse ablaufende Störungen** mit Krankheitswert (zB epileptische Ausnahmezustände, Fieberwahn uä) anzusehen (s hierzu i e Rasch aaO sowie ders, Forens Psychiatrie 290; Bresser, Art ‚Geisteskrankheit', in: Hdwb d Psychiatrie 208 f). Rechtsprechung und juristisches Schrifttum ordnen auch die für ein manisch-depressives Irresein typischen phasenweise auftretenden Krankheitszustände als vorübergehende Störungen gem §§ 104 Nr 2 HS 2, 105 Abs 2 ein (BGH WM 1956, 1184, 1186; LAG Hannover DB 1956, 404; auch BGHZ 70, 252, 260 f; vTuhr, AT I § 25 II 1; Planck/Flad Anm II 1c; Habemeyer/Sass MedR 2003, 543, 545; einschr Zitelmann Recht 1906, 671); dagegen neigt die heutige forensische Psychiatrie zu einer Qualifikation der Zyklothymie mit depressiven oder manischen Phasen wegen des nicht vorhersehbaren Verlaufs dieser Erkrankung als dauernde Störung (s Rasch Zeitschr f ärztl Fortbildung aaO). Die gesetzliche Unterscheidung zwischen dauernden und vorübergehenden Störungen wird wegen der schwierigen Abgrenzbarkeit beider Zustände teilweise als wenig angemessen erachtet (so von Rabel RheinZ 4 [1912] 135, 158: „misslungen"; Gebauer AcP 153 [1954] 332, 363: „mehr als unglücklich"; vgl zur schwierigen Abgrenzbarkeit Habermeyer/Sass MedR 2003, 543, 544 f).

5. Sog lichte Zwischenräume

Von den nur vorübergehenden seelischen Störungen zu unterscheiden ist die Problematik, die mit dem schon im römischen Recht der Antike (s C 5, 70, 6; 6, 22, 9) geprägten Ausdruck „lichte Zwischenräume" (*lucida intervalla*) bezeichnet wird. Unter diesem Begriff werden Phasen eines zeitweiligen Abklingens einer an sich dauerhaften psychischen Erkrankung verstanden. Nach ganz hM in Rechtsprechung und juristischem Schrifttum ist eine unter einem die freie Willensbestimmung ausschließenden Zustand krankhafter Störung der Geistestätigkeit leidende Person während eines lichten Zwischenraums **geschäftsfähig**, eine von ihr in einer solchen Phase abgegebene Willenserklärung also wirksam (BGH WM 1956, 1184, 1186; Brunswig 133; Rabel RheinZ 4 [1912] 135, 156; vTuhr, AT I § 25 II 1; Flume, AT II § 13, 2; Hübner, AT § 33 I 1b; Larenz/Wolf, AT § 6 II 2 Rn 19; Planck/Flad Anm II 3; AK-BGB/Kohl Rn 6; MünchKomm/Schmitt Rn 13; BGB-RGRK/Krüger-Nieland Rn 20; Soergel/Hefermehl Rn 6; Erman/Palm Rn 4). Die moderne Psychiatrie lehnt hingegen die Vorstellung, dass psychische Erkrankungen von Zeiträumen geistiger Gesundheit unterbrochen werden können, als einen erfahrungswissenschaftlich überwundenen Standpunkt ab und hält lediglich zeitweilige Abschwächungen (Remissionen) von länger dauernden Störungen für möglich (eingehend Rasch/Bayerl Lebensversicherungsmedizin 37 [1985] 2 ff m psychiatriegeschichtl Rückblick; Rasch, Forens Psychiatrie 290 f: Begriff d lucida intervalla „vom Ansatz her verfehlt und entbehrlich"; auch Habermeyer/Sass MedR 2003, 543, 546). Dieser erfahrungswissenschaftliche Befund nötigt aber wohl nicht zu einer Aufgabe der herkömmlicherweise mit dem Stichwort der lichten Zwischenräume bezeichneten rechtlichen Betrachtung. In ihrem richtigen Kern trägt die Lehre von den *lucida intervalla* der Eigenart des § 104 Nr 2 als eines nicht typisierten, sondern auf die tatsächliche psychische Verfassung der betreffenden Person abstellenden Tatbestandes der Geschäftsunfähigkeit (so Rn 4) Rechnung und verneint deshalb die Geschäftsunfähigkeit, wenn und solange der dort umschriebene Zustand realiter nicht vorliegt, anders als nach der durch die Entmündigung typisierten Regelung des früheren § 104 Nr 3, bei der es auf Phasen des Abklingens der Erkrankung nicht ankam. Die Geschäftsfähigkeit eines an sich psychisch Erkrankten ist daher auch unter Berücksichtigung der modernen psychiatrischen Auffassung beim Vorliegen von Remissionen zu bejahen, wenn diese Abschwächungen den Schluss auf eine (zeitweilig) wieder eingetretene Fähigkeit zur freien Willensbestimmung zulassen. In terminologischer Hinsicht ist allerdings an eine Verabschiedung des Terminus der lichten Zwischenräume zu denken. Zur Beweislast für das Vorliegen von Remissionen s u Rn 18.

6. Teilweise Geschäftsunfähigkeit

14 Die Frage nach der Möglichkeit einer nicht vollständigen Geschäftsunfähigkeit stellt sich wie in zeitlicher (hierzu o Rn 13) so auch in gegenständlicher Hinsicht (vgl GEBAUER AcP 153 [1954] 332, 343 ff). Die Problematik lässt sich hier dahingehend formulieren, ob einem Menschen, dessen geistige Störungen sich nur auf **einzelnen abgrenzbaren Lebensgebieten** manifestieren, die Geschäftsfähigkeit nur auf diesen sachlich bestimmten Bereichen abgesprochen werden kann, während sie in übrigen unberührt bleibt. Auch dieses Problem der Anerkennung einer bloß teilweisen (partiellen) Geschäftsunfähigkeit weist eine erfahrungswissenschaftliche und eine juristische Dimension auf. Die Psychiatrie zur Entstehungszeit des BGB neigte aufgrund der Theorie von der Einheit der psychischen Persönlichkeit zu einer Verneinung einer nur bestimmte Bereiche erfassenden geistigen Erkrankung; in entsprechenden Phänomenen wurden keine selbstständigen Krankheiten, sondern nur Symptome einer allgemeinen psychischen Gestörtheit gesehen (s den Überblick bei GEBAUER AcP 153 [1954] 332, 337 f). Im juristischen Schrifttum der Frühzeit des BGB finden sich daher Stimmen der Ablehnung einer teilweisen Geschäftsunfähigkeit (so HARDELAND JherJb 37 [1897] 95, 154 ff; BRUNSWIG 122; kritisch vTUHR, AT I § 25 II 1; RÜMELIN 37 ff; s auch ZITELMANN, Irrtum u Rechtsgeschäft 361). Bloß partiell sich äußernde geistige Störungen sollten ohne Einfluss auf die Geschäftsfähigkeit sein und nur die Nichtigkeit der in das betreffende Gebiet fallenden Willenserklärungen nach § 105 Abs 2 zur Folge haben (für diese Lösung PLANCK/FLAD Anm II 4). Heute wird in der Psychiatrie die Ansicht vertreten, dass zB isolierte Wahnbildungen die Entscheidungsfähigkeit in anderen Bereichen unberührt lassen können (so RASCH, Forens Psychiatrie 292). Insgesamt scheint sich aber in der medizinischen Wissenschaft über die Möglichkeit nur partieller geistiger Störungen noch keine einheitliche Meinung herausgebildet zu haben (Überblick über die psychiatr Diskussion der 50er Jahre bei GEBAUER AcP 153 [1954] 332, 334 ff). Juristisch ist entscheidend, dass es sich bei der Geschäftsunfähigkeit nicht um einen erfahrungswissenschaftlich bestimmten, sondern um einen Rechtsbegriff handelt, weshalb auch die Frage der Anerkennung einer partiellen Geschäftsfähigkeit nach spezifisch rechtlichen Gesichtspunkten, wenn auch unter gebührender Berücksichtigung des empirischen Substrats, beantwortet werden muss. An der Zweckrichtung des § 104 Nr 2 orientierte juristische Erwägungen sprechen aber für die Bejahung einer teilweisen Geschäftsunfähigkeit in den Fällen von nur bestimmte sachliche Bereiche betreffenden psychischen Störungen und darüber hinaus auch in den Fällen, in denen die Störung zwar das gesamte Seelenleben ergriffen hat, sie sich aber lediglich auf bestimmten Gebieten zu äußern pflegt (hierzu eingehend GEBAUER AcP 153 [1954] 332, 340 ff). Der heute in der Rechtsprechung und im ganz überwiegenden Schrifttum vertretenen Ansicht, dass sich unter den genannten Voraussetzungen die Geschäftsunfähigkeit auf die Lebensbereiche beschränkt, in denen aufgrund einer krankhaften psychischen Störung die freie Willensbestimmung allein ausgeschlossen ist (BVerfG NJW 2003, 1382, 1383; RGZ 162, 223, 229; JW 1912, 872 f; 1922, 1007 f m Anm HEINSHEIMER; SeuffA 55 Nr 129; HRR 1934 Nr 42; BGHZ 18, 184, 186 f = LM § 104 Nr 2 BGB m Anm JOHANNSEN = NJW 1955, 1714; BGHZ 30, 112, 117 f; WM 1970, 1366; NJW 1970, 1680, 1681; FamRZ 1971, 243, 244; ZIP 1999, 2073, 2075; OGHZ 4, 66, 71 = MDR 1950, 541, 542; BAG RdA 1963, 398 [Nr 258]; BVerwGE 30, 24, 25; BayObLGZ 1958, 5, 6 = MDR 1958, 346, 347; NJW 1989, 1678, 1679; FGPrax 1996, 143, 144; OLG Stuttgart WürttJb 24 [1912] 1, 2; OLG Breslau OLGE 40, 259 f; Rabel RheinZ 4 [1912] 135, 151 ff; H Meyer 52 f; FLUME, AT II § 13, 4; HÜBNER, AT § 33 I 1b; LARENZ/WOLF, AT § 6 II 2d Rn 24; MEDICUS, AT Rn 542; ERMAN/PALM Rn 5; MünchKomm/SCHMITT Rn 16, 17; BGB-RGRK/KRÜGER-NIELAND Rn 18; SOERGEL/HEFERMEHL Rn 7; umfassend GEBAUER AcP 153 [1954] 332, 357 f u *passim*), ist deshalb zuzustimmen. Der Wortlaut des § 104 Nr 2 steht dem nicht entgegen, denn der dort genannte „Zustand" muss sich nicht notwendig auf sämtliche Lebensbereiche beziehen. Der Einwand, die Anerkennung einer teilweisen Geschäftsunfähigkeit unterwerfe das rechtsgeschäftliche Handeln des Betroffenen einer gerichtlichen Kontrolle über das gesetzlich vorgesehene Maß hinaus (so PAWLOWSKI, AT⁶ § 2 2d Rn 198, 199; auch AK-BGB/KOHL Rn 7), erscheint daher als nicht berechtigt. Im Gegenteil entspricht hier die Annahme einer partiellen (statt einer vollständigen) Geschäftsunfähigkeit dem verfassungsrechtlichen Grundsatz der Verhältnismäßigkeit (so zu Recht LARENZ/WOLF aaO). Die statt einer partiellen Geschäftsunfähigkeit vereinzelt befürwortete Anwendung des § 105 Abs 2 auf diese Fälle (so vTUHR, PLANCK/FLAD jeweils aaO), lässt sich mit dem dortigen Erfordernis eines nur vorübergehenden Zustandes nicht vereinbaren, denn die gegenständlich beschränkten Störungen sind typischerweise dauernder Art (vgl GEBAUER aaO). Eine teilweise Geschäftsunfähigkeit kann vornehmlich gegeben sein bei (themenbezogenen) Wahnkrankheiten (vgl BGH ZIP 1999, 2073 f; BayObLG DB 2003, 1565, 1566; aus psychiatr Sicht BERINGER Dt Zeitschr f gerichtl Med 24 [1935] 275 ff; BRESSER, Art, Geschäftsfähigkeit', in: Hdwb d Psychiatrie 216), von denen dem **Querulantenwahn** eine besondere Bedeutung zukommt (s RG HRR 1934 Nr 42; OLG Stuttgart WürttJb 24 [1912] 1 ff; umfassend die Monographie v DIETRICH), sowie auf den Bereich des **Ehelebens** beschränkten Wahnvorstellungen (RG JW 1922, 1007 f), darunter dem Eifersuchtswahn (RG JW 1912, 872 f). Auch ein krankhaft gesteigerter Geschlechtstrieb kann gegenstandsbeschränkt die freie Willensbestimmung ausschließen (s RG SeuffA 55 Nr 29; auch BGH NJW-RR 2002, 1424). Einen Grenzfall stellt die Bejahung der partiellen Geschäfts- und Prozessunfähigkeit eines an fortgeschrittener Hirnarteriosklerose erkrankten Rechtsanwalts für die mit der Führung eines Prozesses zusammenhängenden Rechtshandlungen aufgrund des Schlüsselerlebnisses einer versäumten Berufungsfrist in BGHZ 30, 112 ff dar (hierzu eingehend MEDICUS, AT Rn 542; AK-BGB/KOHL Rn 7). Die Anerkennung einer teilweisen Geschäftsunfähigkeit wegen Analphabetismus angesichts der Bedeutung der Schriftlichkeit im heutigen Rechtsverkehr, wie sie in der Literatur erwogen worden ist (GROSSFELD/HÜLPER JZ 1999, 430, 433), ist nach der *lex lata* nicht möglich, da es sich beim Analphabetismus nicht um eine krankhafte Störung der Geistestätigkeit handelt (vgl o Rn 9).

7. Relative Geschäftsunfähigkeit

Eine Begrenzung der Geschäftsunfähigkeit ist außer in zeitlicher (vgl o Rn 13) und gegenständlicher (vgl o Rn 14) Hinsicht auch im Hinblick auf den **Schwierigkeitsgrad** der Rechtsgeschäfte denkbar. Eine solche relative Geschäftsunfähigkeit würde also – im Gegensatz zur partiellen (s o) – eine nicht auf Rechtsgeschäfte bestimmter Art, sondern bestimmter Schwierigkeit eingeschränkte Geschäftsunfähigkeit bedeuten.

Eine relative Geschäftsunfähigkeit wird aber, anders als eine teilweise, in Rechtsprechung und Schrifttum nahezu einhellig abgelehnt (BGH NJW 1953, 1342; 1961, 261; WM 1970, 1366; OGHZ 2, 45, 53 = NJW 1949, 544; BayObLG NJW 1989, 1678, 1679; KG FamRZ 1969, 440; OLG Hamburg MDR 1950, 731, 732; OLG Nürnberg WM 1958, 732; OLG Köln MDR 1975, 1017 Hübner, AT § 33 I 1b; Larenz/Wolf, AT § 6 II 2d Rn 25; AK-BGB/Kohl Rn 8; Erman/Palm Rn 5; MünchKomm/Schmitt Rn 18; BGB-RGRK/Krüger-Nieland Rn 19; Soergel/Hefermehl Rn 7; zust v psychiatr Seite Rasch, Forens Psychiatrie 291; für Anerkennung einer rel Geschäftsunfähigkeit bei Geistesschwachen hingegen Flume, AT II § 13, 5; ferner Pawlowski AT Rn 198, 199 unter Hinw auf § 1903 Abs 3 S 2). Die Ablehnung wird mit dem Gesichtspunkt der Rechtssicherheit begründet, da sich der Kreis der (besonders) schwierigen Geschäfte von den sonstigen Geschäften kaum eindeutig abgrenzen lasse und ferner bei Anerkennung einer relativen Geschäftsunfähigkeit das Hauptgewicht auf die Einsichts- statt auf die Willensfähigkeit (vgl hierzu o Rn 11) gelegt würde. Einzelne Literaturstimmen (AK-BGB/Kohl aaO) befürchten außerdem eine Beeinträchtigung des Persönlichkeitsrechts der Betroffenen durch die dann erforderliche Prüfung der intellektuellen Fähigkeiten. Der Verneinung einer Geschäftsunfähigkeit für besonders schwierige Rechtsgeschäfte ist zuzustimmen. Ein Kriterium, insbesondere ein auch für den Geschäftsgegner erkennbares, für schwierige Rechtsgeschäfte im Gegensatz zu weniger schwierigen lässt sich kaum festlegen, zumal sich ein und dasselbe Geschäft für den Intelligenzgrad des einen Rechtsgenossen schon als schwierig, für den eines anderen hingegen als in seiner Bedeutung noch erfassbar darstellen kann. Die Situation ist hier anders als bei der sich auf einen inhaltlich bestimmten Kreis von Geschäften beziehenden teilweisen Geschäftsunfähigkeit. Aus diesem Grund ist auch eine Geschäftsunfähigkeit lediglich für nicht alltägliche Rechtsgeschäfte – im Gegensatz zu Geschäften des täglichen Lebens –, wie sie in der Judikatur vereinzelt bejaht worden ist (vgl RG JW 1938, 1590, 1591 [hiergegen OLG Nürnberg WM 1958, 732]; OLG Köln NJW 1960, 1389), abzulehnen. Nicht ausreichend für eine Anwendbarkeit des § 104 Nr 2 ist demzufolge auch das bloße Unvermögen zur Erfassung der Tragweite einer Willenserklärung (RG WarnR 1911 Nr 164; BGH NJW 1953, 1342; OGHZ 4, 66, 72; OLG Nürnberg WM 1958, 632; OLG Köln NJW 1960, 1389; OLG Düsseldorf FamRZ 1998, 1064, 1065; LAG Köln NZA-RR 1999, 232, 233; anders wohl RG JW 1938, 1590, 1591).

8. Feststellung der Voraussetzungen der Geschäftsunfähigkeit

16 Das Vorliegen des für eine Geschäftsunfähigkeit nach § 104 Nr 2 erforderlichen, seiner Natur nach nicht nur vorübergehenden Zustandes einer krankhaften Störung der Geistestätigkeit und des dadurch bewirkten Ausschlusses der freien Willensbestimmung kann das Gericht wegen der medizinisch-psychiatrisch-psychologischen Grundlage dieses Zustandes in aller Regel nur mit sachverständiger Beratung durch Vertreter dieser Erfahrungswissenschaften treffen (BayObLG FamRZ 2003, 391). Dies gilt vor allem für die Feststellung des Vorliegens einer krankhaften Störung der Geistestätigkeit als des empirischen Substrats der Geschäftsunfähigkeit (vgl o Rn 5); auf dieser „biologisch-psychologischen" Stufe kommt der Beurteilung durch den Sachverständigen tatsächlich meist das ausschlaggebende Gewicht zu. Eine Bindung des Gerichts an das Sachverständigengutachten besteht aber hier ebenso wenig wie auch sonst beim Sachverständigenbeweis; das Gericht hat vielmehr auch schon über das Vorliegen einer krankhaften Störung der Geistestätigkeit gem § 286 Abs 1 ZPO in freier Würdigung der Ausführungen des Sachverständigen zu entscheiden. Erst gilt recht gilt dies für die nach Bejahung einer krankhaften Störung der Geistestätigkeit erforderliche Feststellung eines hierdurch verursachten Ausschlusses der freien Willensbestimmung und damit der Geschäftsunfähigkeit bei Vornahme des Rechtsgeschäfts. Denn bei der Geschäftsfähigkeit handelt es sich um einen reinen Rechtsbegriff (KG FamRZ 1969, 440, 441). Die Frage nach dem Ausschluss der freien Willensbestimmung hat der Richter daher in freier Würdigung des gesamten Tatsachenstoffes unter Zugrundlegung der Erfahrungen des Lebens und der Wissenschaft zu entscheiden; an das Ergebnis psychiatrischer oder sonstiger psychowissenschaftlicher Gutachten ist er dabei nicht gebunden und er kann demzufolge von ihnen aufgrund seiner richterlichen Überzeugung auch abweichen (RGZ 162, 223, 228; Gruchot 49 [1905] 881, 882; WarnR 1918 Nr 111, 156). Die für diese Überzeugungsbildung maßgeblichen Anzeichen liegen insbesondere in den Erscheinungen der Erkrankung, dem Verständnis, das der Betroffene vornehmlich auch für geschäftliche und rechtliche Vorgänge zeigt, der Wahrnehmung der Umgebung des Betroffenen über dessen Lebensführung und der bei der Behandlung der Krankheit gewonnen ärztlichen Einsichten (RG WarnR 1928 Nr 167 [S 340]; JW 1937, 35 [Nr 14]). Der Entscheidung über die Geschäftsfähigkeit ist die geistige Betätigung des Betroffenen in ihrer Gesamtheit zugrunde zu legen (RGZ 120, 170, 174; WarnR 1928 Nr 167; JW 1937, 35; LAG Hannover DB 1956, 404; auch OLG Köln MDR 1975, 1017). Die Frage nach den Voraussetzungen einer Geschäftsunfähigkeit gem § 104 Nr 2 liegt demgemäß im wesentlichen auf **tatsächlichem Gebiet** (RGZ 162, 223, 230; Gruchot 49 [1905] 881, 882; WarnR 1918 Nr 111; HRR 1929 Nr 793; BayObLGZ 1956, 377, 380; FamRZ 1996, 969, 970; FGPrax 1996, 143, 144). Die Nachprüfung durch das Revisionsgericht beschränkt sich folglich namentlich auf die Frage, ob das Tatsachengericht den zutreffenden Begriff der Geschäftsunfähigkeit zugrunde gelegt hat (BayObLG FamRZ 2003, 391).

IV. Geschäftsunfähigkeit als Folge

Das Vorliegen der Merkmale des § 104 Nr 1 (noch keine Vollendung des 7. Lebensjahres) oder Nr 2 (seiner Natur nach nicht nur vorübergehender Zustand des Ausschlusses der freien Willensbestimmung aufgrund krankhafter Störung der Geistestätigkeit) hat die Geschäftsunfähigkeit der betreffenden Person zur Folge. Die Geschäftsunfähigkeit ist, wie die Geschäftsfähigkeit, eine den Status der Person betreffende Eigenschaft (s o Vorbem 1 ff zu §§ 104–115), nicht hingegen eine Eigenschaft der einzelnen Willenserklärung (vgl OGHZ 2, 45, 53 = NJW 1949, 544, 545). Für die Geschäftsunfähigkeit ist deshalb auch **kein Ursachenzusammenhang** zwischen ihren Voraussetzungen und dem abgeschlossenen Rechtsgeschäft erforderlich. Dies gilt nicht nur für die typisierte Geschäftsunfähigkeit nach Nr 1 des § 104, sondern auch für die Geschäftsunfähigkeit nach Nr 2: Auch hier ist unerheblich, ob der Betreffende die Willenserklärung, deren Wirksamkeit infrage steht, nur aufgrund seiner psychischen Störung abgegeben hat (RG WarnR 1914 Nr 107 [S 152]; 1928 Nr 167; Gebauer AcP 153 [1954] 332, 342 f, 355; Planck/Flad Anm II 3). Durch diese **absolute Geschäftsunfähigkeit** (Gebauer aaO) unterscheidet sich das deutsche Recht von dem Rechtszustand in der Schweiz, wonach die Einsichts- und Willensfähigkeit im Hinblick auf das jeweils abgeschlossene Rechtsgeschäft maßgeblich ist (vgl Vorbem 119 zu §§ 104–115; befürwortend de lege ferenda Gebauer AcP 153 [1954] 332, 361 ff).

V. Beweislast

18 § 104 normiert einen **Ausnahmetatbestand** von der im Gesetz als Normalfall angesehenen Geschäftsfähigkeit der natürlichen Person (s Vorbem 6 zu §§ 104–115). Die Geschäftsunfähigkeit einer Person bei Abgabe oder Empfang (§ 131 Abs 1) einer Willenserklärung hat daher nach allgemeinen Grundsätzen derjenige zu behaupten und im Bestreitensfall zu beweisen, der sich auf diese Abweichung vom Normalzustand beruft (vgl allg z Geschäftsfähigkeitsmangel Vorbem 7 zu §§ 104–115). Eine Berufung auf den Geschäftsunfähigkeitstatbestand des § 104 Nr 1 erfordert folglich den Beweis, dass der Urheber eines Rechtsgeschäfts bei dessen Vornahme das 7. Lebensjahr noch nicht vollendet hatte (BGB-RGRK/KRÜGER-NIELAND Rn 22; jetzt auch BAUMGÄRTEL/LAUMEN. Hdb d Beweislast i Privatrecht I, [2. Aufl 1991] § 104 Rn 2 abweichend von d Voraufl). Entsprechendes gilt hinsichtlich der Voraussetzungen von § 104 Nr 2 (RG WarnR 1913 Nr 243; 1928 Nr 167 [S 340]; BGHZ 18, 184, 189 f; WM 1956, 1184, 1186; 1965, 895, 896; 1970, 1366; NJW 1972, 681, 683; BVerwG NJW 1994, 2633 f; BayObLGZ 1956, 377, 380; 1958, 5; 2002, 203 = NJW 2003, 219 f; Rpfleger 1982, 286; OLG Hamm ZEV 1997, 75, 77; OLG Düsseldorf FamRZ 1998, 1064, 1065; OLG Saarbrücken NJW 1999, 871, 872; OLG Koblenz FamRZ 2003, 542, 543 f; BRUNSWIG 136; BAUMGÄRTEL/ LAUMEN Rn 3). Im Interesse der Rechtssicherheit (zum fehlenden Schutz des guten Glaubens an die Geschäftsfähigkeit vgl Vorbem 26 ff zu §§ 104–115) sind an den Beweis einer Geschäftsunfähigkeit nach § 104 Nr 2 strenge Anforderungen zu stellen (RG WarnR 1919 Nr 179 [S 282]; KG [Ost] NJ 1953, 426; OLG Hamburg MDR 1950, 731, 732). Insbesondere muss auch der Ausschluss der freien Willensbestimmung in vollem Umfang bewiesen werden; das Vorliegen einer krankhaften Störung der Geistestätigkeit begründet keine tatsächliche Vermutung für einen solchen Ausschluss (vgl BGH WM 1965, 895, 896). So reicht das Vorliegen einer unheilbar fortschreitenden Gehirnerweichung für sich allein zur Annahme einer Geschäftsunfähigkeit nicht aus, sondern es ist der zusätzliche Nachweis des Ausschlusses der freien Willensbestimmung im Zeitpunkt der Vornahme des Rechtsgeschäfts erforderlich (RG und OLG Hamburg jeweils aaO). Im Falle einer manisch-depressiven Erkrankung bedarf es des Nachweises, dass sich der Betreffende gerade bei Abgabe der zu beurteilenden Willenserklärung in einer der für diese Störung typischen Krankheitsphasen befunden hat (BGH WM 1956, 1184, 1186; LAG Hannover DB 1956, 404). Ein wesentliches Anzeichen für eine Geschäftsunfähigkeit liegt der Unvernünftigkeit des abgeschlossenen Geschäfts selbst (vgl HARDELAND JherJb 37 [1897] 95, 182 f); für die Frage der Vernünftigkeit kommt es auf die konkrete Situation des Erklärenden an (s BGH NJW 1996, 918, 919: zweimaliger Kauf teurer Lexika durch Analphabeten). Umstritten ist die Darlegungs- und Beweislast hinsichtlich des Vorliegens sog lichter Zwischenräume (vgl o Rn 13): Nach der hM muss derjenige, der sich auf die Wirksamkeit einer Willenserklärung einer sich gemeinhin in einem Zustand gem § 104 Nr 2 befindlichen Person beruft, das Bestehen eines „lichten Zwischenraums" bei Abgabe der Erklärung dartun (BGH WM 1956, 1186; NJW 1988, 3011; OLG Hamburg MDR 1954, 480). Diese Auffassung entspricht der im gemeinen Recht herrschend gewesenen Regel *semel demens semper talis praesumitur* (hierzu REYSCHER Zeitschr f deutsches Recht 13 [1852] 303, 312), während das ALR in I 4 § 24 bei nicht bevormundeten Geisteskranken von der umgekehrten Vermutung ausgegangen war. Nach der Gegenmeinung, für die die Gesetzesmaterialien sprechen (vgl Begr z TE-AT [bei SCHUBERT Vorlagen 33 f]; Mot I 131 = MUGDAN I 423 f), umfasst die Darlegungs- und Beweislast des die Geschäftsfähigkeit Bestreitenden auch das Nichtvorliegen von „lichten Zwischenräumen" (so HARDELAND JherJb 37, 95, 163, 178 f; BAUMGÄRTEL/LAUMEN Rn 5). Die erfahrungswissenschaftlich angezweifelte Möglichkeit wirklicher lichter Zwischen-

Titel 1 § 105
Geschäftsfähigkeit

räume (s o Rn 13) spricht für den Grundsatz *semel demens semper talis praesumitur* und damit für die hM. Nach allgemeinen Beweisgrundsätzen ist die Geschäftsunfähigkeit nur dargetan, wenn sie zur vollen Überzeugung des Gerichts feststeht; bei verbleibenden Zweifeln ist von der Geschäftsfähigkeit auszugehen (BayObLG Rpfleger 1982, 286). Zur Frage der Prozessfähigkeit bei einem *non liquet* (s Vorbem 7 aE zu §§ 104–115).

§ 105
Nichtigkeit der Willenserklärung

(1) Die Willenserklärung eines Geschäftsunfähigen ist nichtig.

(2) Nichtig ist auch eine Willenserklärung, die im Zustand der Bewusstlosigkeit oder vorübergehender Störung der Geistestätigkeit abgegeben wird.

Materialien: VE AT § 81 Abs 2; KE § 63 Abs 2, 3; E I § 64 Abs 2, 3; II § 79; III § 101; SCHUBERT, AT I 15, AT II 31; JAKOBS/SCHUBERT 499, 517, 519, 534 f, 551, 557, 561 f, 567, 569, 572 f, 576 f, 579; Mot I 130 = MUGDAN I 423; Prot I 119 f, 8351 ff = MUGDAN I 673 f; Bericht d RT-Komm 35 ff = MUGDAN I 963 f.

Schrifttum

S die Angaben bei den Vorbem zu §§ 104–115, zu § 104 sowie
E BUCHER, Für mehr Aktionendenken, AcP 186 (1986) 1
CANARIS, Verstöße gegen das verfassungsrechtliche Übermaßverbot im Recht der Geschäftsfähigkeit und im Schadensersatzrecht, JZ 1987, 993
ders, Zur Problematik von Privatrecht und verfassungsrechtlichem Übermaßverbot, JZ 1988, 494
COESTER-WALTJEN, Überblick über die Probleme der Geschäftsfähigkeit, Jura 1994, 331
DÖLLE, Absurdes Recht?, in: FS Nipperdey (1965) 23
DUISBERG, Der Schutz der Geisteskranken bei Rechtsgeschäften und seine Grenzen (Diss Bonn 1914)
HERZFELD, Die Auslegung des § 105 Abs 1 BGB (Diss Jena 1914)
JOSEF, Zahlungen der Bank an geisteskranke Konteninhaber, Recht 1913, 769
JÜRGELEIT, Der geschäftsunfähige Betreute unter Einwilligungsvorbehalt, Rpfleger 1995, 282
KNIEPER, Geschäfte von Geschäftsunfähigen (Diss Frankfurt/M 1999)
vLÜBTOW, Schenkungen der Eltern an ihre minderjährigen Kinder und der Vorbehalt dinglicher Rechte (1949)
MÖNCH, Der fehlende Schutz des Vertragsgegners bei Rechtsgeschäften mit unerkennbar Geisteskranken im deutschen bürgerlichen Recht unter Berücksichtigung fremder Rechte (Diss Breslau 1927)
NEUHAUSEN, Rechtsgeschäfte mit Betreuten, RNotZ 2003, 157
RAAPE, § 181 und Unterhaltspflicht, AcP 140 (1935) 352
RAMM, Drittwirkung und Übermaßverbot, JZ 1988, 489
REICHEL, Geisteskrankheit und Geschäftsfähigkeit, Wissenschaftl Vierteljahresschrift zur Prager Jurist Zeitschr 1 (1923) 38
SÄCKER/KLINKHAMMER, Verbot des Selbstkontrahierens bei ausschließlich rechtlichem Vorteil des Vertretenen? – BGH NJW 1972, 2262, JuS 1975, 626
SCHUBERT, Die Einschränkung des Anwendungsbereichs des § 181 BGB bei Insichgeschäften, WM 1978, 290
SCHLUND, Teilnahme von beschränkt Ge-

§ 105

schäftsfähigen und Geschäftsunfähigen an den Ausspielungen des Zahlenlottos, RdJ 1971, 77
SCHULTZE, Psychiatrische Bemerkungen zum BGB, ArchBürgR 17 (1900) 89
VEIT, Das Betreuungsverhältnis zwischen gesetzlicher und rechtsgeschäftlicher Vertretung, FamRZ 1996, 1309
Voss, Schutz des guten Glaubens an Geschäftsfähigkeit bei Geisteskranken (Diss Leipzig 1929)
WIESER, Verstößt § 105 BGB gegen das verfassungsrechtliche Übermaßverbot?, JZ 1988, 493
ZERBA, Gibt es wirksame Rechtsgeschäfte Geisteskranker? (Diss Breslau 1923)
ZIMMERMANN, Das neue Verfahren in Betreuungssachen, FamRZ 1991, 270.

Systematische Übersicht

I.	**Bedeutung der Vorschrift**	1
II.	**Nichtigkeit wegen Geschäftsunfähigkeit (Abs 1)**	
1.	Willenserklärung eines Geschäftsunfähigen	2
2.	Nichtigkeit	3
a)	Inhalt und Auswirkung der Regelung	3
b)	Frage der Verfassungsmäßigkeit	7
c)	Rechtspolitische Kritik und Reformvorschläge	8
3.	Handeln durch gesetzlichen Vertreter	9
a)	Allgemeines	9
b)	Geschäftsunfähigkeit und rechtliche Betreuung	10
III.	**Nichtigkeit wegen vorübergehender psychischer Störung (Abs 2)**	
1.	Normzweck	11
2.	Arten der Beeinträchtigung	12
a)	Bewusstlosigkeit	12
b)	Vorübergehende Störung der Geistestätigkeit	13
3.	Nichtigkeit	14
4.	Beweislast	15

Alphabetische Übersicht

Bestätigung gem § 141 (bei Nichtigkeit gem § 105) _____ 4
Betreuung _____ 10
Beweislast _____ 15
Bewusstlosigkeit = Bewusstseinstrübung _____ 12
Bote (Geschäftsunfähigkeit) _____ 5

Eheschließung Geschäftsunfähiger _____ 6

Genehmigung (bei Nichtigkeit gem § 105) _____ 4
Gesamtvertreter, Geschäftsunfähigkeit einzelner _____ 5
Geschäftsunfähigkeit _____ 2 ff

Kritik, rechtspolitische _____ 8

Nichtigkeit der Willenserklärung _____ 3, 14

ratio des § 105 Abs 1 _____ 3
Rechtsstellung des Geschäftsunfähigen – Spezialvorschriften _____ 6

Selbstkontrahieren _____ 9
Störung der Geistestätigkeit, vorübergehende _____ 13

Ursächlichkeit (der Geschäftsunfähigkeit für die Willenserklärung) _____ 2

Verfassungsmäßigkeit des § 105 Abs 1 _____ 7
Vertretung des Geschäftsunfähigen _____ 9
Vollmacht, wegen § 105 nichtige _____ 5

I. Bedeutung der Vorschrift

§ 105 ordnet die **Nichtigkeit** der Willenserklärungen von Geschäftsunfähigen und von solchen Personen an, die bei Abgabe der Erklärung unter vorübergehenden psychischen Störungen leiden. Der gesetzgeberische Zweck der Nichtigkeitsfolge ist zum einen der Schutz der in der Vorschrift genannten Personen im rechtsgeschäftlichen Verkehr (hierzu allg Vorbem 20 zu §§ 104–115). Daneben soll der Kreis derjenigen Personen, die das Gesetz zur Bildung eines rechtserheblichen rechtsgeschäftlichen Willens für nicht fähig erklärt, möglichst eindeutig abgegrenzt und damit dem Erfordernis der Rechtssicherheit genügt werden (s Vorbem 19 zu §§ 104–115).

II. Nichtigkeit wegen Geschäftsunfähigkeit (Abs 1)

1. Willenserklärungen von Geschäftsunfähigen

Nichtig sind zunächst die Willenserklärungen der bei ihrer Abgabe geschäftsunfähigen Personen. Welche Personen geschäftsunfähig sind, ist in § 104 geregelt, an den die hier erläuterte Vorschrift anknüpft. Es handelt sich einmal um die Minderjährigen bis zur Vollendung des 7. Lebensjahres (§ 104 Nr 1) und zum anderen um die sich in einem seiner Natur nach nicht nur vorübergehenden Zustand des Ausschlusses der freien Willensbestimmung befindlichen Personen (§ 104 Nr 2). Der persönliche Status der Geschäftsunfähigkeit führt die Nichtigkeit der Erklärung ohne weiteres herbei. Das Alter von unter sieben Jahren oder der Ausschluss der freien Willensbestimmung brauchen für die Abgabe und den Inhalt der Willenserklärung **nicht ursächlich** zu sein (Gebauer AcP 153 [1954] 332, 342 f; MünchKomm/Schmitt Rn 2; s auch § 104 Rn 17). Von der Nichtigkeitsfolge des § 105 werden somit auch solche Erklärungen eines Geschäftsunfähigen erfasst, die ein über siebenjähriger und geistig gesunder Mensch in der gleichen Situation mit gleichem Inhalt abgegeben hätte (zu der abw Rechtslage nach dem SchwZGB s Vorbem 119 zu §§ 104–115). Die für die Geschäftsunfähigkeit nach § 104 Nr 2 (nicht für diejenige gem § 104 Nr 1) im älteren Schrifttum gelegentlich vertretene gegenteilige Ansicht, wonach das Geschäft, wenn es in gleicher Weise von einem Geschäftsfähigen geschlossen worden wäre, gültig sein sollte (so Danz JW 1913, 1016 ff; Fuchs JW 1914, 1011 ff; Herzfeld 11 ff; Duisberg 47 ff), lässt sich weder mit dem Wortlaut des § 105 vereinbaren, der lediglich Geschäftsunfähigkeit des Erklärenden verlangt, noch mit dem Zweck der Vorschrift, denn die von ihr intendierte Schaffung einer eindeutigen Rechtslage hinsichtlich der Willenserklärungen von Geschäftsunfähigen (vgl o Rn 1) würde durch die Notwendigkeit einer – häufig schwierigen – Ursächlichkeitsprüfung gerade vereitelt. Die Nichtigkeitsfolge tritt denn auch dann ein, wenn die Belange des Geschäftsunfähigen durch die Erklärung voll gewahrt sind (RG JW 1937, 35 [Nr 14]; 1938, 1590, 1591), die Willenserklärung ihm etwa (rechtlich oder wirtschaftlich) lediglich vorteilhaft ist (so schon Begr zu § 81 VE [bei Schubert 32]; Mot I 130 = Mugdan I 423; RG JW 1915, 570 f = Gruchot 60 [1916] 118 ff; WarnR 1928 Nr 167; 1930 Nr 161; BAG AP § 104 Nr 1; Max Wolff JW 1914, 121 ff; Dittenberger 12 ff; kritisch Zitelmann, Rechtsgeschäfte 41). Ein in der Reichstagskommission gestellter Antrag, dem Geschäftsunfähigen lediglich vorteilhafte Geschäfte bei gegebener natürlicher Einsichtsfähigkeit wirksam sein zu lassen, wurde ua unter Hinweis auf die Schwierigkeit der Ermittlung dieser Einsichtsfähigkeit von der Kommissionsmehrheit abgelehnt (Kommissionsbericht 35 f = Mugdan I 963 f; eingehend Jakobs/Schubert 576 ff). Ein guter Glaube an die Geschäftsfähigkeit des

Erklärenden wird im Fall des § 105 ebenso wenig geschützt wie auch sonst bei Geschäftsfähigkeitsmängeln (vgl RG DNotZ 1936, 62 [Nr 1]; allg Vorbem 26 zu §§ 104–115).

2. Nichtigkeit

a) Inhalt und Auswirkung der Regelung

3 Die Rechtsfolge der Geschäftsunfähigkeit des Urhebers einer Willenserklärung bei deren Abgabe ist die Nichtigkeit der Erklärung. Die Erklärung zeitigt also keinerlei rechtliche Wirkungen (zum Begriff der Nichtigkeit allg s HÜBNER, AT Rn 929). Dem Geschäftsunfähigen ist damit eine Teilnahme am rechtsgeschäftlichen Verkehr in eigener Person schlechthin unmöglich (vgl BREIT 19). Da die Nichtigkeit ungeachtet einer Kausalität gerade der Geschäftsunfähigkeit für die Erklärung und auch bei für den Geschäftsunfähigen vorteilhaften Erklärungen eintritt (s o Rn 2), kann die *ratio* des § 105 Abs 1 nicht nur in dem Schutz des Geschäftsunfähigen vor ungünstigen Folgen seiner Erklärungen gesehen werden; Zweck der Vorschrift ist es vielmehr ebenso, dem Rechtsverkehr die Sicherheit zu geben, dass Willenserklärungen der Angehörigen der in § 104 genannten Personenkreise schon *per se*, ohne das Erfordernis ihrer inhaltlichen Prüfung, rechtlich unbeachtlich sind (vgl RG JW 1915, 570; zur Kritik s u Rn 8). Geschäftsunfähigkeit bedeutet daher Unfähigkeit zur Bildung eines rechtlich erheblichen Willens (so die Begründung zu § 81 [§ 1] VE [bei SCHUBERT, Vorlagen 31]; auch DITTENBERGER 12 ff; hiergegen KIPP ZHR 54 [1904] 607, 609).

4 Als nichtig und damit absolut unwirksam kann die Willenserklärung eines Geschäftsunfähigen auch nicht durch Genehmigung seitens des gesetzlichen Vertreters oder des Erklärenden selbst nach Wegfall der Geschäftsunfähigkeit mit rückwirkender Kraft (§ 184 Abs 1) wirksam werden (zur Genehmigungsfähigkeit einer Prozessführung durch einen Prozessunfähigen s o Vorbem 95 zu §§ 104–115). Erforderlich ist vielmehr die erneute Vornahme des Geschäfts durch den Vertreter (den Erklärenden nach Wegfall der Geschäftsunfähigkeit) mit der Folge einer bloßen *ex nunc*-Wirkung. Eine Neuvornahme ist gem § 141 Abs 1 auch in einer Bestätigung des Rechtsgeschäfts zu erblicken, die deshalb neben einer Kenntnis der Nichtigkeit und des Willens zur Neuvornahme durch den Bestätigenden (RGZ 93, 227, 228) alle Erfordernisse des betreffenden Geschäfts erfüllen, insbesondere eine hierfür vorgeschriebene Form wahren muss. Bei fehlender Formbedürftigkeit kann auch darin, dass der gesetzliche Vertreter das Geschäft eines Geschäftsunfähigen in Kenntnis von dessen Abschluss lediglich gelten lässt, eine (schlüssige) Bestätigung und damit dessen Neuabschluss gefunden werden (FLUME, AT II § 13, 6).

5 Wer aufgrund einer wegen Geschäftsunfähigkeit des Bevollmächtigenden nichtigen **Vollmacht** rechtsgeschäftlich tätig wird, handelt als Vertreter ohne Vertretungsmacht; ein von diesem Vertreter mit einem Dritten geschlossener Vertrag ist deshalb, sofern der Vertreter selbst wenigstens beschränkt geschäftsfähig ist (§ 165), nicht seinerseits nichtig, sondern lediglich gem §§ 177, 178 schwebend unwirksam (RGZ 69, 263, 266 f; WarnR 1910 Nr 414; BayObLG NJW-RR 1988, 454, 455; zur Nichtigkeit einer Prozessvollmacht s BAG AP § 104 Nr 1 = RdA 1963, 398 [Nr 258]). Wird der Vollmachtgeber erst nach der (wirksamen) Vollmachterteilung geschäftsunfähig, so hängt die Fortdauer der Vollmacht gem § 168 S 1 davon ab, ob die eingetretene Geschäftsunfähigkeit das der Vollmachterteilung zugrundeliegende Rechtsgeschäft erlöschen lässt, was bei einem Auftrag nach § 672 S 1 im Zweifel nicht der Fall ist (PLANCK/

FLAD Anm I 1). Wird ein Geschäftsunfähiger als Vertreter tätig, so ist das Vertretergeschäft gem § 105 Abs 1 nichtig (RGZ 145, 155, 159 f; DNotZ 1936, 62 [Nr 1]). Die für eine Genehmigungsfähigkeit der Vertretererklärung oder für eine entsprechende Anwendung von § 165 eintretende Gegenmeinung (CANARIS JZ 1987, 993, 998 u 1988, 494, 498 f: Nichtigkeit als Ergebnis „doktrinärer Konsequenzmacherei"; auch LUTTER/GEHLING JZ 1992, 154, 155 f: Anfechtbarkeit des Vertretergeschäfts nach § 119 II durch Vertretenen bei Unkenntnis der Geschäftsunfähigkeit des Vertreters und Ursächlichkeit der Geschäftsunfähigkeit für Geschäftsinhalt) berücksichtigt zu wenig den von § 105 Abs 1 verfolgten Zweck der Rechtssicherheit (gegen CANARIS auch WIESER JZ 1988, 493, 494; s ferner u Rn 7). Die Geschäftsunfähigkeit eines von mehreren (organschaftlichen) Gesamtvertretern hat daher die Nichtigkeit auch der Erklärungen der übrigen Gesamtvertreter zur Folge, da die Gesamtvertretung eine wirksame Erklärung sämtlicher Gesamtvertreter erfordert; § 139 ist hierauf nicht anwendbar (BGHZ 53, 210, 214 f; zu der einschr Ansicht d OLG Hamm OLGZ 1967, 299 ff = NJW 1967, 1041, 1042 m abl Anm PROST s Vorbem 49 zu §§ 104–115). Die Willenserklärung eines geschäftsunfähigen einzelvertretungsberechtigten Gesellschafters einer Personengesellschaft ist auch dann nichtig, wenn sie mit Wissen und Wollen eines geschäftsfähigen anderen einzelvertretungsberechtigten Gesellschafters abgegeben wird (RGZ 145, 155, 159 f; zum Schweigen des Geschäftsgegners auf ein kaufmännisches Bestätigungsschreiben in diesen Fällen s Vorbem 49 zu §§ 104–115). Als Bote kann dagegen auch ein Geschäftsunfähiger fungieren, denn die bloße Übermittlung einer fremden Willenserklärung stellt kein eigenes rechtsgeschäftliches Handeln dar (MünchKomm/SCHMITT Rn 29).

Ein Geschäftsunfähiger ist gem § 1304 auch unfähig zur **Eheschließung**. Eine gleich- 6 wohl geschlossene Ehe ist jedoch nicht nichtig, sondern nur aufhebbar (§ 1314 Abs 1) und damit erst durch rechtskräftiges Aufhebungsurteil (§ 1313 S 2) mit Wirkung grundsätzlich nur für die Zukunft auflösbar. Berechtigt zur Stellung des Aufhebungsantrags ist nach § 1316 Abs 1 Nr 1 neben jedem der beiden Ehegatten (für den Geschäftsunfähigen gem § 1316 Abs 2 S 1 dessen gesetzlicher Vertreter) auch die zuständige Verwaltungsbehörde, die grundsätzlich zur Antragstellung verpflichtet ist (§ 1316 Abs 3). Die Aufhebbarkeit kann, anders als nach der allgemeinen Regelung des § 105 Abs 1 (s o Rn 4), gem § 1315 Abs 1 Nr 2 nach Wegfall der Geschäftsunfähigkeit durch Bestätigung mit rückwirkender Kraft geheilt werden. – Weitere die Rechtstellung des Geschäftsunfähigen regelnde Vorschriften enthalten die §§ 8 Abs 1 (Wohnsitzbegründung und -aufhebung; vgl Vorbem 93 zu §§ 104–115) 131 Abs 1 (Zugang von Willenserklärungen; vgl Vorbem 13), 210 Abs 1 (Ablaufhemmung der Verjährung), 682 (GoA; vgl Vorbem 44, 45), 828 Abs 1 (Deliktsunfähigkeit), 1411 Abs 2 (Ehevertrag; vgl Vorbem 15 aaO), 1596 Abs 1 S 3, Abs 2 S 1 (Vaterschaftsanerkennung; vgl Vorbem aaO), 1600a Abs 2 S 3, Abs 3 (Vaterschaftsanfechtung), 1673 Abs 1 (Ruhen der elterlichen Sorge), 1746 Abs 1 S 2 (Einwilligung in Annahme als Kind; vgl Vorbem aaO), 2201 (Ernennung zum Testamentsvollstrecker), 2347 Abs 2 S 2 (Erbverzicht), 2351 (Aufhebung des Erbverzichts).

b) Frage der Verfassungsmäßigkeit
Die Vorschrift des § 105 Abs 1 ist als grundgesetzwidrig bezeichnet worden. Die 7 dort angeordnete ausnahmslose Nichtigkeit der Willenserklärung eines Geschäftsunfähigen soll nach dieser Ansicht gegen den Verhältnismäßigkeitsgrundsatz als Ausprägung des verfassungsmäßigen Übermaßverbotes verstoßen und wohl auch gegen das ebenfalls zum Übermaßverbot gehörende Erforderlichkeitsprinzip, da die

völlige Beseitigung der Privatautonomie des Geschäftsunfähigen zu dessen Schutz nicht erforderlich sei (so CANARIS JZ 1987, 993, 996 ff, 997: Nichtigkeitsfolge „rein doktrinär und gänzlich lebensfremd", 998: „theoretische Fehlleistung" d Gesetzgebers; ders JZ 1988, 494, 496 ff). Die Nichtigkeit könne dem Geschäftsfähigen vielmehr auch zum Nachteil gereichen, da sich auch der Geschäftsgegner auf sie berufen könne, etwa ein Versicherer, um bei Eintritt des Versicherungsfalls seiner Leistung trotz jahrelanger pünktlicher Prämienzahlung seitens des geschäftsunfähigen Versicherten zu entgehen. Die Willenserklärung auch eines Geschäftsunfähigen müsse daher schon *de lege lata* entsprechend §§ 107 ff durch Genehmigung seitens des gesetzlichen Vertreters oder des Erklärenden nach Wegfall der Geschäftsunfähigkeit wirksam werden können (CANARIS aaO; zuneigend COESTER-WALTJEN Jura 1994, 331, 332). Das Verdikt der Verfassungswidrigkeit (zur rechtspolitischen Beurteilung s u Rn 8) greift aber wohl nicht durch. Dies gilt jedenfalls hinsichtlich der nach § 104 Nr 1 Geschäftsunfähigen. Bei einer schwebenden Unwirksamkeit statt der Nichtigkeit der Willenserklärungen auch der noch nicht Siebenjährigen müsste, wie auch Canaris als Hauptvertreter der die Verfassungswidrigkeit des § 105 Abs 1 bejahenden Meinung einräumt, im Einzelfall festgestellt werden, ob die „Erklärung" eines kleinen Kindes überhaupt als Willenserklärung im Rechtssinne und damit als genehmigungsfähig qualifiziert werden kann, wie dies auch nach denjenigen ausländischen Rechten erforderlich ist, die eine allgemeine Altersgrenze für die Geschäftsunfähigkeit nicht kennen (vgl Vorbem 120, 126, 137 jeweils zu §§ 104–115 für das schweizerische, französische und englische Recht). Die notwendige Feststellung des Vorhandenseins eines natürlichen Willens in einem späteren Rechtsstreit über die Wirksamkeit des Geschäfts brächte erhebliche Rechtsunsicherheit mit sich, die sich für das Kind auch nachteilig auswirken kann. Die vom deutschen (und österreichischen) Gesetzgeber getroffene typisierende Regelung (vgl hierzu allg Vorbem 9 zu §§ 104–115) durch Festlegung einer allgemeinen Altersgrenze für die Abgabe einer rechtlich relevanten Willenserklärung kann deshalb nicht als unverhältnismäßig bezeichnet werden (vgl RAMM JZ 1988, 489, 490 f; WIESER JZ 1988, 493 f; LARENZ/WOLF, AT § 25 IV 1a Rn 14; PALANDT/HEINRICHS Rn 1). Auch die Altersgrenze des vollendeten siebenten Lebensjahres ist angesichts der noch wenig geklärten empirischen Grundlagen in der Kinderpsychologie (vgl § 104 Rn 3) nicht als unverhältnismäßig hoch anzusehen. Die Möglichkeit auch des Geschäftsgegners, sich auf die Nichtigkeit zu berufen, bringt für die Angehörigen dieser Altergruppe keine erheblichen Gefahren mit sich, da von ihnen Geschäfte von einiger wirtschaftlicher Bedeutung (Versicherungsverträge) schon rein tatsächlich nicht abgeschlossen und in Vollzug gesetzt werden und bei kleinen Alltagsgeschäften (Kauf von Süßigkeiten) kaum je Streit über deren Wirksamkeit entstehen wird (so schon die Mehrheit d RT-Kommission im Gesetzgebungsverfahren, bei MUGDAN I 963 f). Für die nach § 104 Nr 2 Geschäftsunfähigen besteht zwar keine typisierende Regelung (vgl allg Vorbem 10 zu §§ 104–113), jedoch wird auch hier eine sonst eintretende Rechtsunsicherheit dadurch vermieden, dass der auf geistiger Erkrankung beruhende dauernde Ausschluss der freien Willensbestimmung als solcher das Rechtsgeschäft nichtig macht, ohne erforderliche Prüfung eines im Einzelfall doch etwa vorhandenen natürlichen Willens (s § 104 Rn 17 sowie o Rn 5). Schwerwiegende Nachteile insbesondere des unerkennbar Geisteskranken durch Berufung des Geschäftsgegners auf die Nichtigkeit der Willenserklärung – neben den Versicherungsverträgen wird hier als Beispielsfall die Verweigerung der Auszahlung eines hohen Lottogewinns durch die Lottogesellschaft wegen Nichtigkeit des Lottospielvertrages angeführt – können uU mit dem Einwand der Treuwidrigkeit einer solchen Berufung abgewehrt werden (vgl Vorbem 28 zu §§ 104–115; auch WIESER JZ 1988, 493, 494; für Zahlenlottoverträge SCHLUND RdJ 1971, 77, 82). Die Gründe der Rechtssicherheit sprechen auch gegen eine Verfassungswidrigkeit der Nichtigkeit der Erklärung eines geschäftsunfähigen Vertreters (WIESER JZ 1988, 493, 494). § 105 Abs 1 ist deshalb als gültige Norm anzusehen.

c) Rechtspolitische Kritik und Reformvorschläge

Auch rechtspolitisch wird die Nichtigkeitsfolge der Willenserklärung eines Geschäftsunfähigen, die schon im Gesetzgebungsverfahren umstritten gewesen ist, immer wieder angegriffen. Kritisiert wird zum einen, dass die Regelung des § 105 Abs 1 auch dem Geschäftsunfähigen ungünstige Folgen zeitigen kann, indem die Nichtigkeit auch für den Geschäftsunfähigen vorteilhafte Willenserklärungen erfasst und sich auch der Geschäftsgegner auf die Unwirksamkeit der Erklärung berufen kann (vgl o Rn 7). Ferner wird der fehlende Schutz des Geschäftsgegners als unangemessen bezeichnet, dem die Nichtigkeit ohne Rücksicht auf die Erkennbarkeit der Geschäftsunfähigkeit seines Vertragspartners entgegengehalten werden kann. Die in § 105 Abs 1 angeordnete Nichtigkeit sei von der Sache her nicht geboten; sie beruhe allein auf der unzutreffenden Ansicht der Gesetzesverfasser von einer generellen Unfähigkeit der in § 104 genannten Personen zu einer rechtlich relevanten Willensbildung und sei daher Ausdruck einer doktrinären Überspitzung des Willensdogmas (vgl HARDELAND JherJb 37 [1897] 95, 161 ff u passim; RÜMELIN 46 ff; DERNBURG Pers Rechtsstellung 11 ff; FUCHS JW 1914, 1011: „echtes Kind des scholastischen Begriffsromanismus"; HESSEL 123 ff; CANARIS JZ 1987, 993, 997; PALANDT/HEINRICHS Rn 1; „de lege ferenda fragwürdig"; SCHWIMANN 132 ff; auch KIPP ZHR 54 [1904] 607, 609). Die Nichtigkeit solle deshalb ersetzt werden durch eine Unwirksamkeit, deren Geltendmachung vom gesetzlichen Vertreter des Geschäftsunfähigen bzw von diesem selbst nach Wegfall der Geschäftsunfähigkeit abhängt, entweder in Form einer schwebenden Unwirksamkeit wie bei den Verträgen der beschränkt Geschäftsfähigen (so HARDELAND JherJb 37, 184 ff; CANARIS JZ 1987, 993, 996 ff; auch E BUCHER AcP 186 [1986] 1, 40 f) oder in Form einer Anfechtbarkeit der Willenserklärung nach dem Vorbild der romanischen und der angelsächsischen Rechte (so NEUBECKER 205 ff; GERSTBERGER Gruchot 71 [1931] 1, 27 ff; REICHEL Wissenschaftl Vierteljahrschr z Prager Jurist Zeitschr 1 [1923] 38, 40; HESSEL 126 f, 144 f; MÖNCH 52 ff; für Anfechtungsrecht beider Vertragsteile BRANDT 71 f). Die den Schutz des Geschäftsgegners bezweckenden Stimmen (hierzu allg Vorbem 30 zu §§ 104–115) wollen die Nichtigkeit bzw Anfechtbarkeit bei Geschäftsfähigkeit nach § 104 Nr 2 auf die Fälle beschränken, in denen die Geschäftsunfähigkeit des Erklärenden dem anderen Teil erkennbar war (vgl DUISBERG 80 f; HESSEL 144; MÖNCH 52 ff) oder es sich um ein objektiv unvernünftiges Geschäft handelte (REICHEL aaO; GERSTBERGER Gruchot 71 [1931] 27 ff; GEBAUER AcP 153 [1954] 332, 342 f; BRANDT 48 ff). Nach dieser letztgenannten Ansicht wäre ein Rechtsgeschäft eines Geschäftsunfähigen bei fehlender Erkennbarkeit der Geschäftsunfähigkeit oder objektiver Vernünftigkeit voll wirksam mit der Folge einer Haftung des Geschäftsunfähigen auf Erfüllung des Vertrages. Eine solche Lösung widerspräche einem Grundsatz unserer Rechtsordnung, wonach eine Erfüllungshaftung aus rechtsgeschäftlichem Handeln Geschäftsfähigkeit voraussetzt; *de lege ferenda* wäre hier allenfalls eine Haftung auf das negative Interesse mit der Obergrenze des Erfüllungsinteresses zu erwägen (hierzu allg Vorbem 30 zu §§ 104–115). Auf die objektive Vernünftigkeit des Geschäfts abzustellen würde zudem wegen der Unsicherheit einer entsprechenden Feststellung im Einzelfall die Rechtssicherheit erheblich beeinträchtigen. Eine schwebende Unwirksamkeit oder Anfechtbarkeit der Willenserklärung eines Geschäftsunfähigen anstelle der bisherigen Nichtigkeit setzt wiederum voraus, dass der Geschäftsunfähige bei Abgabe der Erklärung wenigstens im natürlichen Sinne einsichts- und willensfähig gewesen ist; wegen der schwierigen Feststellung dieser natürlichen Fähigkeit, die regelmäßig in einem Rechtsstreit und damit geraume Zeit nach Vornahme des Geschäfts getroffen werden müsste, ist auch insoweit im Interesse der Klarheit der Rechtsverhältnisse die typisierende (§ 104 Nr 1) bzw auf die abstrakte Willensunfähigkeit (§ 104 Nr 2) abstellende Regelung des geltenden Rechts vorzuziehen. Zu erwägen wäre allerdings eine Herabsetzung der Altersgrenze des § 104 Nr 1 auf das vollendete sechste (so § 52 Abs 1 ZGB/DDR; s auch SCHWIMANN 136 f) oder gar das fünfte Lebensjahr; vor einem diesbezüglichen Tätigwerden des Gesetzgebers sollte jedoch eine weitere Klärung der erfahrungswissenschaftlichen (kinderpsychologischen) Grundlagen abgewartet werden (vgl § 104 Rn 3).

3. Handeln durch gesetzlichen Vertreter

a) Allgemeines

9 Die Nichtigkeit der Willenserklärung eines Geschäftsunfähigen hat zur Folge, dass dieser in eigener Person nicht am rechtsgeschäftlichen Verkehr teilnehmen kann. Für die Entgegennahme von Willenserklärungen folgt Entsprechendes aus § 131 Abs 1. Für den Geschäftsunfähigen kann daher allein dessen gesetzlicher Vertreter rechtsgeschäftlich handeln (vgl hierzu allg Vorbem 23–25 zu §§ 104–115). Will der gesetzliche Vertreter selbst mit dem Geschäftsunfähigen ein Rechtsgeschäft abschließen, so ist er an der Vertretung des Geschäftsunfähigen grundsätzlich durch § 181 gehindert; für den Geschäftsunfähigen muss dann ein Ergänzungspfleger gem § 1909 Abs 1 S 1 bestellt werden, der dann den Pflegebefohlenen bei dem Abschluss des betreffenden Geschäfts mit dem gesetzlichen Vertreter vertritt. Nach der älteren Rechtsprechung, die den § 181 als rein formale Ordnungsvorschrift aufgefasst hat, war die Bestellung eines Ergänzungspflegers auch für die Vornahme von dem Geschäftsunfähigen rechtlich lediglich vorteilhaften Geschäften mit dem gesetzlichen Vertreter, etwa für Schenkungen der Eltern an ihr noch nicht siebenjähriges Kind, erforderlich; nahm der Vertreter sein Schenkungsangebot im Namen des Geschäftsunfähigen an, so handelte er als Vertreter ohne Vertretungsmacht mit der Folge der schwebenden Unwirksamkeit des Vertrages gem § 177 bis zur Entscheidung eines Ergänzungspflegers (RG WarnR 1910 Nr 414; 1932 Nr 200). Für kleine Alltagsgeschäfte (Schenkung von Spielsachen) bedeutet die Bestellung eines Ergänzungspflegers fraglos einen unvertretbaren Aufwand. Für Geschenke von geringem Wert wurde daher schon früher teilweise ein Selbstkontrahieren des gesetzlichen Vertreters als wirksam angesehen (vgl LG Mönchengladbach JW 1934, 2179 f m Anm HENKE) und eine Begründung in der Weise versucht, dass solche Zuwendungen der Erfüllung der gesetzlichen Unterhaltspflicht der Eltern gegenüber dem Kind und damit der Erfüllung einer Verbindlichkeit im Sinne von § 181 dienen würden (so RAAPE AcP 140 [1935] 352 f). Die heute herrschende Auffassung sieht demgegenüber die *ratio* des § 181 in einem materiellen Sinne der Verhinderung eines Interessenwiderstreits zum Nachteil des Vertretenen und nimmt demzufolge eine teleologische Reduktion der Vorschrift nach dem Rechtsgedanken des § 107 in der Weise vor, dass Rechtsgeschäfte, die dem Vertretenen lediglich einen rechtlichen Vorteil bringen, von dem Verbot des Insichgeschäfts nicht erfasst werden (grundlegend BGHZ 59, 236, 270 f = NJW 1972, 2262, 2263 f = JZ 1973, 284 m Anm STÜRNER = JZ 1973, 60 m Anm GIESEN; BGHZ 94, 232, 235 f = NJW 1985, 2407 f; ERMAN/PALM Rn 2; Münch-Komm/SCHMITT Rn 3; SÄCKER/KLINKHAMMER JuS 1975, 626, 629 f; für Geschäfte d gesetzl Vertr auch

SCHUBERT WM 1978, 290, 293 ff; schon vorher vLÜBTOW 15 ff; für Schenkungen ohne erhebl Wert auch DÖLLE, in: FS Nipperdey [1965] 23, 31 ff). Diese Ansicht verdient trotz der gegen sie teilweise im Schrifttum unter Hinweis auf die unsichere Abgrenzbarkeit des Kreises der rechtlich lediglich vorteilhaften Geschäfte und der Verhinderung aufgedrängter Schenkungen (so JAUERNIG/JAUERNIG § 181 Rn 7) sowie auf die mögliche Beeinträchtigung schutzwürdiger Drittinteressen (vgl GIESEN JR 1973, 62) vorgebrachten Bedenken Zustimmung. Der gesetzliche Vertreter kann somit Schenkungen an den Geschäftsunfähigen im Wege des Selbstkontrahierens ohne Einschaltung eines Ergänzungspflegers wirksam vornehmen. Auch Schenkungen der in § 1795 Abs 1 Nr 1 genannten Personen an den Geschäftsunfähigen kann dessen gesetzlicher Vertreter wirksam annehmen, denn auch das Vertretungsverbot der §§ 1629 Abs 2, 1795 greift nach heute herrschender Ansicht bei dem Vertretenen rechtlich lediglich vorteilhaften Rechtsgeschäften nicht ein (BGH NJW 1989, 2542, 2543; MünchKomm/SCHMITT Rn 35).

b) Geschäftsunfähigkeit und rechtliche Betreuung
Für einen Volljährigen, der nach § 104 Nr 2 geschäftsunfähig ist, muss in aller Regel 10 ein Betreuer bestellt werden, da ein in dieser Weise Geschäftsunfähiger wohl in fast allen Fällen zur Besorgung seiner Angelegenheiten ganz oder – etwa bei partieller Geschäftsunfähigkeit – teilweise außerstande sein wird (§ 1896 Abs 1 S 1). Zur Stellung des Antrags auf Betreuerbestellung ist deshalb gem § 1896 Abs 1 S 2 auch ein Geschäftsunfähiger verfahrensfähig. Der Aufgabenkreis des Betreuers wird bei Geschäftsunfähigkeit des Betreuten, sofern es sich nicht lediglich um eine teilweise Geschäftsunfähigkeit handelt (hierzu § 104 Rn 14), typischerweise umfassend zu bestimmen sein. In diesem Aufgabenkreis fungiert der Betreuer gem § 1902 als gesetzlicher Vertreter des Geschäftsunfähigen (hierzu allg Vorbem 25 zu §§ 104–115) und nimmt für diesen die erforderlichen Rechtsgeschäfte vor. Die Anordnung eines Einwilligungsvorbehalts wird bei Geschäftsunfähigkeit des Betreuten vereinzelt für nicht gem § 1903 Abs 1 S 1 erforderlich und damit für unzulässig gehalten, da der Betreute wegen § 105 Abs 1 eine durch Einwilligung wirksam werdende Willenserklärung gar nicht abgeben kann (so ZIMMERMANN FamRZ 1991, 270, 277 f). Rechtsprechung und heute ganz überwiegende Meinung im Schrifttum halten jedoch im Einklang mit den Materialien des Betreuungsgesetzes (vgl Begr z § 1903 i d F d Reg-Entw eines BtG, in: BT-Drucks 11/4528, S 137 f) die Anordnung eines Einwilligungsvorbehalts auch bei der Betreuung eines Geschäftsunfähigen nicht schlechthin für unzulässig (so BayObLG FamRZ 1995, 1518, 1519; OLG Düsseldorf FamRZ 1993, 1224, 1225; CYPIONKA NJW 1992, 207, 209; D SCHWAB FamRZ 1992, 493, 505; MÜLLER 192 ff) oder sogar allgemein für zulässig (so KNIEPER 91 ff). Begründet wird diese Ansicht damit, dass der Einwilligungsvorbehalt den Betreuer, der ein von dem Betreuten selbst geschlossenes Geschäft nicht gelten lassen will, der anderenfalls bestehenden Notwendigkeit des Beweises der Geschäftsunfähigkeit des Betreuten enthebt; anstelle dieser im Einzelfall schwierigen Beweisführung braucht der Betreuer dann lediglich die erforderliche Einwilligung zu verweigern. Dieser Auffassung ist schon deshalb zuzustimmen, weil sie es dem Geschäftsgegner des Betreuten ermöglicht, durch eine an den Betreuer gerichtete Aufforderung gem §§ 1903 Abs 1 S 2, 108 Abs 2 oder ggf durch einen Widerruf nach §§ 1903 Abs 1 S 2, 109 eine endgültige Klärung der Rechtslage herbeizuführen. Dann stellt sich aber die weitere und im Zusammenhang mit § 105 Abs 1 entscheidende Frage, ob ein angeordneter Einwilligungsvorbehalt, auch wenn der Betreute geschäftsunfähig ist, sämtliche der in § 1903 normierten Wirkungen entfaltet und dadurch der an sich geschäftsunfähige Betreute

weitgehend die Stellung eines beschränkt Geschäftsfähigen erhält. Ein von dem Betreuten geschlossener Vertrag im Bereich des Einwilligungsvorbehalts wäre hiernach trotz bestehender Geschäftsunfähigkeit nicht gem § 105 Abs 1 nichtig, sondern nach §§ 1903 Abs 1 S 2, 108 nur schwebend unwirksam und eine dem Betreuten rechtlich lediglich vorteilhafte oder eine geringfügige Angelegenheit des täglichen Lebens betreffende Willenserklärung wäre sogar gem § 1903 Abs 3 voll wirksam. Diese Auffassung wird von einem Teil des Schrifttums mit der Begründung vertreten, § 1903 gehe als die speziellere Norm dem § 105 Abs 1 vor (JÜRGENS/KRÖGER/ MARSCHNER/WINTERSTEIN, Das neue Betreuungsrecht [3. Aufl 1994] Rn 185, 186; KNIEPER 95 ff, 102 ff). Eine dem § 105 Abs 1 derogierende Wirkung des § 1903 ist aber mit der hM abzulehnen. Hätte der Gesetzgeber des Betreuungsgesetzes einen derart tiefgreifenden Eingriff in das geltende Geschäftsfähigkeitsrecht beabsichtigt, so wäre dies im Wortlaut des § 1903 und durch eine entsprechende Einschränkung des Geltungsbereichs des § 105 Abs 1 eindeutig zum Ausdruck gelangt. Die Gesetzesmaterialien lassen denn auch eher auf den gesetzgeberischen Willen schließen, es auch insoweit bei der Regelung des § 105 Abs 1 zu belassen (Begr z § 1903 aaO, in: BT-Drucks 11/4528, 52 f, 137 f). Das neueingeführte Institut der rechtlichen Betreuung sollte die Geschäfts(un)fähigkeit des Betreuten gerade unberührt lassen. Für eine Ausweitung der Fähigkeit zu rechtsgeschäftlichem Handeln eines von § 104 Nr 2 erfassten Betreuten bei angeordnetem Einwilligungsvorbehalt gegenüber einem geschäftsunfähigen Betreuten ohne eine solche Anordnung ist auch ein sachlicher Grund nicht ersichtlich, vielmehr wird ein Einwilligungsvorbehalt nach § 1903 Abs 1 S 1 häufig gerade bei besonderer Intensität der psychischen Störung angeordnet werden. Die Willenserklärung eines geschäftsunfähigen Betreuten ist deshalb ungeachtet eines angeordneten Einwilligungsvorbehalts gem § 105 Abs 1 nichtig. Auch ein solcher Betreuter kann mithin nur durch seinen Betreuer am rechtsgeschäftlichen Verkehr teilnehmen (D SCHWAB FamRZ 1992, 493, 505 u in MünchKomm § 1903 Rn 43; JÜRGELEIT Rpfleger 1995, 282, 283 ff; MÜLLER 64, 77 ff; ERMAN/HOLZHAUER § 1903 Rn 19; PALANDT/DIEDERICHSEN § 1903 Rn 19; NEUHAUSEN RNotZ 2003, 157, 163; wohl auch VEIT FamRZ 1996, 1309, 1316 f). Die Willenserklärung eines geschäftsunfähigen Betreuten wird durch eine aufgrund des Einwilligungsvorbehalts erteilte Einwilligung des Betreuers nicht wirksam; es kommt lediglich eine Bestätigung gem § 141 in Betracht (vgl hierzu i e o Rn 4).

III. Nichtigkeit wegen vorübergehender psychischer Störung (Abs 2)

1. Normzweck

11 Die Nichtigkeit nach Abs 1 erfasst nur Willenserklärungen von Geschäftsunfähigen. Geschäftsunfähigkeit wegen eines die freie Willensbestimmung ausschließenden Zustandes krankhafter Störung der Geistestätigkeit liegt gem § 104 Nr 2 dann nicht vor, wenn dieser Zustand nur vorübergehender Natur ist. Jedoch kann auch die Willenserklärung eines nur vorübergehend geistig Gestörten und damit Geschäftsfähigen, wenn sie in diesem vorübergehenden Zustand des störungsbedingten Ausschlusses der freien Willensbestimmung abgegeben wird, nicht wirksam sein, da auch eine solche Erklärung nicht einen aufgrund vernünftiger Überlegung gebildeten Willen als Voraussetzung privatautonomen Handelns ausdrückt. § 105 Abs 2 dehnt deshalb die Nichtigkeitsfolge auch auf in einem vorübergehenden Zustand psychischer Störung abgegebene Willenserklärungen aus.

2. Arten der Beeinträchtigung

a) Bewusstlosigkeit

§ 105 Abs 2 erfasst zum einen die im Zustand der Bewusstlosigkeit abgegebenen Willenserklärungen. Der Begriff der Bewusstlosigkeit ist hier nicht im medizinischen oder alltagssprachlichen Sinne einer völligen Abwesenheit des Bewusstseins, einer Ohnmacht, zu verstehen, denn in einem solchen Zustand ist ein Handeln als willensgetragenes Verhalten überhaupt unmöglich und es fehlt deshalb mangels eines Handlungswillens (vgl hierzu allg MünchKomm/KRAMER Vorbem 8 zu § 116) schon am Tatbestand einer Willenserklärung. Gemeint ist vielmehr, entsprechend der *ratio* der Vorschrift, eine bloße Einschränkung des Bewusstseins, eine **Bewusstseinstrübung** aufgrund derer der Betroffene den Inhalt und den Sinn seines Handelns nicht mehr erkennen kann (vgl BGH WM 1972, 972; OLG Hamm ZEV 1997, 75, 76; SCHULTZE ArchBürgR 17 [1900] 89, 90; KUHLENBECK ZBlFG 7 [1907] 271, 295; MünchKomm/SCHMITT Rn 39). Eine solche hochgradige Bewusstseinstrübung und damit eine Bewusstlosigkeit iSv § 105 Abs 2 kann typischerweise gegeben sein bei schwerer Trunkenheit (BGH WM 1972, 972; OLG Nürnberg NJW 1977, 1496: *in casu* über 3, 4⁰/₀₀), entsprechend starker Intoxikation durch Drogen, ferner im Fieberdelirium, unter Hypnose, bei epileptischen Anfällen, im letzten Stadium der Zuckerkrankheit (OLG Celle HRR 1941 Nr 1), bei Schlafwandeln, Schlaftrunkenheit sowie in den höchsten Graden physischer und psychischer Ermüdung (OLG Braunschweig OLGZ 1975, 441, 443). Die Bewusstseinstrübung braucht also nicht notwendig krankhafter Natur zu sein, sondern sie kann auch, wie im Fall der Schlaftrunkenheit oder hochgradigen Ermüdung, auf natürlichen Zuständen beruhen (BGB-RGRK/KRÜGER-NIELAND Rn 5; SOERGEL/HEFERMEHL Rn 6).

b) Vorübergehende Störung der Geistestätigkeit

Die zweite Alternative des § 105 Abs 2 betrifft die in einem vorübergehenden Zustand krankhafter Störung der Geistestätigkeit abgegebenen Willenserklärungen. Dieser Tatbestand stimmt bis auf das entscheidende Merkmal „vorübergehend" mit dem des § 104 Nr 2 überein. So muss die Störung der Geistestätigkeit auch hier, obwohl dies der Wortlaut des § 105 Abs 2 nicht ausdrücklich sagt, krankhafter Natur sein (MünchKomm/SCHMITT Rn 40). Zu dem Merkmal der krankhaften Störung ist auf die Erläuterung von § 104 Rn 5–9 zu verweisen. Desgleichen muss die krankhafte Störung der Geistestätigkeit trotz Nichterwähnung auch dieses Merkmals in § 105 Abs 2 den Ausschluss der freien Willensbestimmung bei dem Betroffenen zur Folge haben (RGZ 74, 110 ff; 103, 399, 400; 162, 223, 228; WarnR 1928 Nr 167; Gruchot 72 [1932] 203, 204; JRPV 1932, 167, 168; JW 1936, 1205 [Nr 1]; BGH VersR 1967, 341, 342; WM 1970, 1366; 1972, 972; OLG Saarbrücken NJW 1999, 871, 872). Notwendig ist, wie bei § 104 Nr 2, ein völliger Ausschluss der freien Willensbestimmung (OLG Düsseldorf WM 1988, 1407, 1408). Nicht ausreichend ist deshalb lediglich starker Stress und hoher Motivationsdruck (LAG Köln NZA-RR 1999, 232, 233). Anders als bei § 104 Nr 2, der einen dauernden Zustand voraussetzt, muss der Zustand bei § 105 Abs 2 seiner Natur nach ein nur vorübergehender sein (vgl RG WarnR 1928 Nr 167). Vorübergehend sind in erster Linie auf Intoxikationen, insbesondere durch Alkohol (BGH WM 1972, 972; OLG Düsseldorf WM 1988, 1407, 1408) sowie durch Medikamente und Drogen beruhende Zustände. Ein Blutalkoholwert, von dem an die freie Willensbestimmung allgemein ausgeschlossen ist, lässt sich wegen der von der individuellen Konstitution abhängigen Wirkung des Alkoholgenusses nicht angeben; bei einem BAK-Wert von 2⁰/₀₀ wird ein solcher

Zustand in der Regel noch nicht erreicht sein (BGH VersR 1967, 341, 342). Eine vorübergehende Störung der Geistestätigkeit kann auch dann vorliegen, wenn bei dem Betreffenden aufgrund krankhafter Trunksucht eine Begehrensvorstellung hervorgerufen worden ist, dass seine Willenserklärung mit weiterem Alkoholgenuss „belohnt" werden könnte (BGH WM 1972, 972, 973). Für weitere Fälle einer vorübergehenden Störung s § 104 Rn 12. Ebenso wie eine dauernde kann sich auch eine vorübergehende Störung der Geistestätigkeit auf einen bestimmten gegenständlich abgegrenzten Teilbereich beschränken (partielle Störung), so dass nur eine diesen Teilbereich betreffende Willenserklärung nichtig ist (OGH 4, 66, 71 = MDR 1950, 541, 542; aA AK-BGB/Kohl Rn 8). Dagegen wird die Anerkennung einer sich nur auf besonders schwierige Geschäfte beziehenden vorübergehenden Störung hier ebenso abgelehnt wie bei § 104 Nr 2 (BGH NJW 1961, 261 = LM § 105 Nr 2).

3. Nichtigkeit

14 Als Rechtsfolge einer in einem Zustand der Bewusstlosigkeit oder der vorübergehenden krankhaften Störung der Geistestätigkeit mit Ausschluss der freien Willensbestimmung abgegebenen Willenserklärung normiert § 105 Abs 2 die Nichtigkeit der Erklärung. Der persönliche Status des Erklärenden als Geschäftsfähiger bleibt hingegen von dem lediglich vorübergehenden Zustand unberührt (vgl RG Gruchot 72 [1932] 203, 204). Dieser Fortbestand der Geschäftsfähigkeit gewinnt Bedeutung für den Zugang einer Willenserklärung. Die Vorschrift des § 131 Abs 1 ist, da sie Geschäftsunfähigkeit des Adressaten der Erklärung voraussetzt, bei einer nur vorübergehenden Störung nicht anwendbar. Eine Willenserklärung ist daher grundsätzlich auch dann mit ihrem Gelangen in den Machtbereich des Adressaten selbst und zu erwartender Kenntnisnahme durch diesen gem § 130 zugegangen, wenn sich der Adressat zu diesem Zeitpunkt in einem Zustand gem § 105 Abs 2 befunden hat; eines Zugangs an den – in diesen Fällen meist gar nicht vorhandenen – gesetzlichen Vertreter bedarf es hier, anders als bei einem nach § 104 Nr 2 geschäftsunfähigen Adressaten, zur Herbeiführung der Wirkungen des § 130 nicht. Dies gilt allerdings nur für verkörperte Willenserklärungen, denn die für den Zugang von nicht verkörperten, insbesondere mündlichen, Erklärungen geforderte tatsächliche Kenntnisnahme oder wenigstens dem Erklärenden erkennbare Möglichkeit einer Kenntnisnahme (vgl Brox, AT Rn 156) ist bei einem Zustand gem § 105 Abs 2 in der Regel nicht gegeben. Diese Ermöglichung des Zugangs an den Adressaten selbst war auch der Grund, aus dem sich die zweite Kommission für die in § 105 Abs 2 Gesetz gewordene Fassung der Vorschrift entschieden hat in Abänderung von § 64 Abs 2 E I, wonach auch die nur vorübergehend des Vernunftgebrauchs Beraubten geschäftsunfähig sein sollten (s Jakobs/Schubert 573; Prot 8352 f = Mugdan I 674). Die Nichtigkeitsfolge tritt auch dann ein, wenn sich der Erklärende schuldhaft in den in § 105 Abs 2 genannten Zustand versetzt hat (OLG Nürnberg NJW 1977, 1496). Da es für die Nichtigkeit darauf ankommt, ob die vorübergehende Störung gerade im Zeitpunkt der Abgabe der Willenserklärung bestanden hat, kann bei einem zeitlichen Auseinanderfallen von Verpflichtungs- und Erfüllungsgeschäft (zB Kauf und Übereignung) nur eines dieser Geschäfte nichtig, das andere hingegen wirksam sein, wenn der Zustand nur bei Abschluss des einen Geschäftes bestanden hat (vgl RGZ 72, 61, 64). Ein von einem wirksam Bevollmächtigten geschlossenes Vertretergeschäft, bei dem der Vertreter nach bestimmten Weisungen des Vertretenen gehandelt hat, wird in entsprechender Anwendung von § 166 Abs 2 S 1 als nichtig angesehen, wenn sich der Vertretene bei Erteilung der Weisungen in einem Zustand gem § 105 Abs 2 befunden hat (OLG Braunschweig OLGZ 1975, 441 ff). Auch ein nach § 105 Abs 2 nichtiges Rechtsgeschäft muss der Erklärende, wenn er an ihn festhalten will, nach Wegfall der Störung mit Wirkung nur für die Zukunft erneut abschließen bzw nach § 141 bestätigen; eine bloße Genehmigung mit der Folge einer Heilung der Erklärung *ex tunc* ist nicht möglich. Wegen dieser fehlenden Genehmigungsfähigkeit ist auch § 105 Abs 2 als gegen das Übermaßverbot verstoßend und damit als verfassungswidrig bezeichnet worden (so CANARIS JZ 1987, 993, 998). Die Vorschrift findet jedoch ihre Rechtfertigung in dem Gesichtspunkt der Rechtsklarheit, denn die schlechthin eintretende Nichtigkeit einer in dem Zustand des § 105 Abs 2 abgegebenen Erklärung macht die sonst notwendige Prüfung einer Ursächlichkeit dieses Zustandes für die Abgabe der Erklärung entbehrlich (vgl auch WIESER JZ 1988, 493, 494). Weitere Vorschriften über Handlungen eines Bewusstlosen oder vorübergehend geistig Gestörten enthalten die §§ 827 (unerlaubte Handlungen) und 2229 Abs 4 (Testierunfähigkeit).

4. Beweislast

Auch § 105 Abs 2 hat den Charakter einer **Gegennorm** gegen die Wirksamkeit einer Willenserklärung. Wer sich auf die Nichtigkeit der Erklärung beruft, hat folglich zu beweisen, dass sich der Erklärende bei Abgabe der Erklärung in dem in § 105 Abs 2 genannten Zustand befunden hat; bei Misslingen dieses Beweises ist das Geschäft als wirksam anzusehen (RG JW 1905, 73 [Nr 5]; Gruchot 72 [1932] 204; BGH VersR 1967, 341; WM 1972, 972; 1980, 521; OLG Düsseldorf WM 1988, 1407, 1408; OLG Koblenz FamRZ 2003, 542, 543 f). Bloße Mutmaßungen hinsichtlich dieses Zustands genügen für die Beweisführung nicht (OLG Frankfurt VersR 1951, 147). Diese Grundsätze gelten auch für die Feststellungslast im Verfahren der freiwilligen Gerichtsbarkeit (OLG Hamm ZEV 1997, 75, 77). 15

§ 105a
Geschäfte des täglichen Lebens

Tätigt ein volljähriger Geschäftsunfähiger ein Geschäft des täglichen Lebens, das mit geringwertigen Mitteln bewirkt werden kann, so gilt der von ihm geschlossene Vertrag in Ansehung von Leistung und, soweit vereinbart, Gegenleistung als wirksam, sobald Leistung und Gegenleistung bewirkt sind. Satz 1 gilt nicht bei einer erheblichen Gefahr für die Person oder das Vermögen des Geschäftsunfähigen.

Materialien: Zum Diskussionsentwurf eines Zivilrechtl AntidiskriminierungsG (ZAG): ZAG-DiskE idF v 10.12. 2001 Art 1 Nr 1a, 2, 20 f, 24 ff u idF v 17.2. 2002 Art 1 Nr 1a, 2; Stellungnahme Dt Richterbund v Feb 2002z LAG-DiskE sub I 1; Stellungnahme Dt Anwaltverein v 13.2. 2002 z ZAG-DiskE sub III 1; Pos-Papier d SoVD v 22.2. 2002 z ZAG-DiskE sub II 1; Zum OLG-VertretungsänderungsG: BT-Drucks 14/8763; BT-Drucks 14/9266 Art 25 Abs 1 Nr 2, 19, 42 f; BR-Drucks 503/02 Art 25 Abs 1 Nr 2; BR-Drucks 503/1/02 Nr 3; BT-Drucks 14/9531; BT-Drucks 14/9633; BR-Drucks 614/02; Verh Dt BT – Stenograph Berichte – 14. WP S 22832 C, 23468 D, 24092 C, 24856 A – B; Verh BR-Stenograph Berichte – Plenarprot 777 v 21.6. 2002, 350 A – B, 374 C – 375 C/Anl, 778 v 12.7. 2002, 402 C – 403 B.

Schrifttum

S die Angaben bei den Vorbem zu §§ 104–115, zu den §§ 104, 105 sowie

CASPER, Geschäfte des täglichen Lebens – kritische Anmerkungen zum neuen § 105a BGB, NJW 2002, 3425

FRANZEN, Rechtsgeschäfte erwachsener Geschäftsunfähiger nach § 105a BGB zwischen Rechtsgeschäftslehre und Betreuungsrecht, JR 2004, 221

HEIM, Gesetzgeberische Modifizierung der Auswirkungen der Geschäftsunfähigkeit Volljähriger beim Vertragsschluss, JuS 2003, 141

JOUSSEN, Die Rechtsgeschäfte des Geschäftsunfähigen – der neue § 105a BGB, ZGS 2003, 101

KOHLER, Die Kunst, ein nicht vorhandenes Problem nicht zu lösen – oder: die Smartiesgesetzgebung, JZ 2004, 348

LIPP, Die neue Geschäftsfähigkeit Erwachsener, FamRZ 2003, 721

LÖHNIG/SCHÄRTL, Zur Dogmatik des § 105a BGB, AcP 204 (2004) 25

PAWLOWSKI, Willenserklärungen und Einwilligungen in personenbezogene Eingriffe, JZ 2003, 66

SCHNORR/WISSING, Vorfeld der Gesetzgebung, ZRP 2002, 48, 375, 423

SCHULTE-NÖLKE/BÖRGER, Synopse zu den Änderungen des BGB durch das OLG-Vertretungsänderungsgesetz, ZGS 2002, 323

STRAILE, Sind geschäftsunfähige Volljährige seit 1. August 2002 teilweise geschäftsfähig?, FuR 2003, 207

ULRICI, Alltagsgeschäfte volljähriger Geschäftsunfähiger, Jura 2003, 520.

Systematische Übersicht

I. Zweckrichtung und Entstehungsgeschichte ... 1	IV. Wirksamkeitsfiktion ... 11
II. Regelungsgehalt ... 3	V. Beweislast ... 13
III. Voraussetzungen	VI. Keine Prozessfähigkeit ... 14
1. Volljähriger Geschäftsunfähiger ... 4	VII. Verhältnis zur rechtlichen Betreuung ... 15
2. Geschäft des täglichen Lebens ... 5	
3. Erfüllbarkeit mit geringwertigen Mitteln ... 7	VIII. Parallelvorschriften ... 16
4. Bewirkung von Leistung und Gegenleistung ... 8	
5. Keine erhebliche Gefährdung (Satz 2) ... 10	

Alphabetische Übersicht

Bargeschäft ... 8	Geschäft des täglichen Lebens ... 5
Beweislast ... 13	
Betreuung ... 1, 15	Mittel, geringwertige ... 7
Bewirken der Leistung u Gegenleistung ... 8 f	
	Prozessfähigkeit ... 14
Eintritt des Leistungserfolges ... 8	
Entstehungsgeschichte ... 2	Regelungsgehalt ... 3
Gefährdung ... 10	Teilbarkeit von Leistung u Gegenleistung ... 7

Teilgeschäftsfähigkeit	9, 11	Wirksamkeitsfiktion	11 f
Volljähriger Geschäftsunfähiger	4	Zweckrichtung	1

I. Zweckrichtung und Entstehungsgeschichte

Die in § 105 Abs 1 angeordnete (ausnahmslose) Nichtigkeit jedes von einem Geschäftsunfähigen vorgenommenen Rechtsgeschäfts ist von jeher auf rechtspolitische Kritik gestoßen. Wurde in den ersten Jahrzehnten nach dem Inkrafttreten des BGB vornehmlich der fehlende Schutz des ohne Fahrlässigkeit auf die Wirksamkeit der Willenserklärung vertrauenden Geschäftsgegners des Geschäftsunfähigen und damit das Interesse des Verkehrs als Argument für die Unangemessenheit der Regelung angeführt (vgl § 105 Rn 8), so wird etwa seit Ende der 60er Jahre des 20. Jh's zunehmend bemängelt, dass der Geschäftsunfähige, insbesondere der geschäftsunfähige Erwachsene gem § 104 Nr 2, durch seinen völligen Ausschluss von jeder Teilnahme am Rechtsgeschäftsverkehr in eigener Person in einer von dem Schutzzweck des Geschäftsfähigkeitsrechts nicht gebotenen Weise diskriminiert und damit letztlich in seiner Menschenwürde (Art 1 Abs 1 GG) beeinträchtigt werde (vgl § 105 Rn 7). Diese veränderte Bewertung ist Ausfluss der die heutige sozialpolitische Diskussion in umfassender Weise beherrschenden Tendenz einer weitestmöglichen „Emanzipation" des Individuums von allen Formen einer Fremdbestimmung. Einen wichtigen gesetzgeberischen Niederschlag haben die Bestrebungen, den psychisch behinderten Personen ein größeres Maß an Selbstständigkeit zu verschaffen, bereits in der Ersetzung der Institute der Entmündigung und der Vormundschaft über Volljährige durch die rechtliche Betreuung nach dem Betreuungsgesetz gefunden. Diese tiefgreifende Rechtsänderung hat allerdings die §§ 104, 105 und damit die Nichtigkeit der Rechtsgeschäfte von Geschäftsunfähigen bestehen lassen (vgl § 105 Rn 10). Mit der neuen Vorschrift des § 105a soll nunmehr den volljährigen Geschäftsunfähigen, soweit sie hierzu tatsächlich überhaupt imstande sind, in gewissem Umfang eine selbstständige Teilnahme am rechtsgeschäftlichen Verkehr eröffnet werden (vgl Begr z ZAG-DiskE v 10.12. 2001, 25). Zu diesem Zweck fingiert § 105a S 1 unter Beibehaltung des Grundsatzes der Nichtigkeit der Willenserklärungen Geschäftsunfähiger eine Wirksamkeit der von volljährigen Geschäftsunfähigen dort näher bestimmten Alltagsgeschäfte bei beiderseits erbrachten Leistungen, um eine bereicherungsrechtliche Rückabwicklung der durchgeführten Verträge zu verhindern. Der Gesetzgeber verspricht sich von dieser Neuerung eine Verbesserung der Rechtsstellung der geistig behinderten Menschen, eine Förderung der „sozialen Emanzipation" dieses Personenkreises und eine Stärkung der ihnen verbliebenen Fähigkeiten durch die Einräumung einer gewissen rechtlichen Bewegungsfreiheit (Begr z ZAG-DiskE aaO). Beseitigt werden sollen aber hierdurch nur diejenigen Beschränkungen, die das bisherige Recht den Geschäftsunfähigen nach Ansicht des Gesetzgebers über das notwendige Maß hinaus auferlegt hat; die für einen effektiven Schutz des Geschäftsunfähigen unverzichtbaren Einschränkungen sollen hingegen erhalten bleiben. Aus diesem Grund lässt Satz 2 des § 105a die vollständige Nichtigkeit auch der an sich unter Satz 1 fallenden Geschäfte bei einer erheblichen Gefahr für Person oder Vermögen des Geschäftsunfähigen bestehen. 1

Die Einfügung eines § 105a in das BGB sollte ursprünglich durch das von der 2

Regierungskoalition der 14. Wahlperiode des Deutschen Bundestages geplante Gesetz zur Verhinderung von Diskriminierungen im Zivilrecht – Zivilrechtliches Antidiskriminierungsgesetz (ZAG) – erfolgen. Anlass für dieses Gesetzesvorhaben war die umzusetzende EU-Richtlinie vom 29. 6. 2000 (ABlEG Nr L 180 v 19. 7. 2000 22), die aber nur Diskriminierungen aus rassischen oder ethnischen Gründen erfasst. Ein von der Bundesjustizministerin Ende 2001 vorgelegter Diskussionsentwurf eines ZAG (vgl hierzu SCHNORR/WISSING ZRP 2002, 48) enthielt unter Art 1 Nr 2 eine aus drei Absätzen bestehende Fassung eines § 105a, dessen Absatz 1 wörtlich dem Satz 1 der Gesetz gewordenen Fassung entspricht. Insbesondere aufgrund des Widerspruchs der Kirchen wurde aber auf die Verabschiedung des ZAG in der 14. Wahlperiode verzichtet (s SCHNORR/WISSING ZRP 2002, 375, 423). Gesetz geworden ist § 105a dann durch Art 25 Abs 1 Nr 2 des Gesetzes zur Änderung des Rechts der Vertretung der Rechtsanwälte vor den Oberlandesgerichten – OLG-Vertretungsänderungsgesetz (OLGVertrÄndG) – vom 23. 7. 2002 (BGBl I 2850). Der von der Bundesregierung eingebrachte Entwurf dieses Gesetzes (BT-Drucks 14/8763) hatte die Bestimmung noch nicht enthalten. Die Vorschrift ist vielmehr, wie der gesamte Art 25 OLGVertrÄndG, der einen umfangreichen Katalog von Änderungen verbraucherrechtlicher Vorschriften im BGB und anderen Gesetzen enthält, sowie mehrerer anderer Artikel mit sehr heterogener Thematik erst im Verlauf der parlamentarischen Behandlung des Regierungsentwurfs vom Rechtsausschuss des Deutschen Bundestages eingefügt worden (BT-Drucks 14/9266, 19 m Begr 42 f). Mit Inhalt und Zweck des OLG-Vertretungsänderungsgesetzes weisen diese Ergänzungen keine sachlichen Berührungspunkte auf. Die Gesetzgebungsorgane haben sich damit auch hier des in jüngster Zeit häufiger zu beobachtenden, nicht unbedenklichen Verfahrens befleißigt, in einem Artikelgesetz Regelungen unterzubringen, die sich aus der Benennung dieses Gesetzes nicht entnehmen lassen. Nach Annahme des Gesetzentwurfs in der Fassung des Rechtsausschusses durch das Plenum des Deutschen Bundestages rief der Bundesrat auf Empfehlung seines Rechtsausschusses den Vermittlungsausschuss an ua mit dem Antrag, den in Art 25 Nr 2 des Entwurfs enthaltenen § 105a zu überarbeiten (BR-Drucks 503/1/02 Nr 3). Der Vermittlungsausschuss ließ aber den Art 25 Abs 1 Nr 2 des Entwurfs und damit den § 105a idF des BT-Rechtsausschusses unverändert (Beschlussempfehlung BT-Drucks 14/9633 m Anlage). Die Beschlussempfehlung des Vermittlungsausschusses mit dem unberührt gebliebenen § 105a wurde sodann vom Plenum des Bundestages einstimmig angenommen und der Bundesrat legte keinen Einspruch ein. § 105a ist daher gem Art 34 OLGVertrÄndG mit dem 1. 8. 2002 in Kraft getreten. Die vom BT-Rechtsausschuss für § 105a gegebene Begründung besteht im Wesentlichen aus einer verkürzten Fassung der entsprechenden Begründung zu Art 1 Nr 2 des ZAG-Diskussionsentwurfs (ZAG-DiskE v 10. 12. 2001, 20 f, 24 ff); Gründe für die gegenüber dem Diskussionsentwurf geänderte und Gesetz gewordene Fassung in dem OLGVertrÄndG-Entwurf werden nicht angegeben. Für die Auslegung des § 105a kann somit auf die in dem ZAG-Diskussionsentwurf enthaltene Begründung zurückgegriffen werden.

II. Regelungsgehalt

3 Der Kern der in § 105a getroffenen Regelung besteht in dem grundsätzlichen – Ausnahme: Satz 2 – **Ausschluss der Rückabwicklung** der von einem Geschäftsunfähigen getätigten (verpflichtenden) Alltagsgeschäfte, sobald die mit solchen Geschäften intendierten beiderseitigen Verpflichtungen erfüllt sind (ZAG-DiskE 25 f; BT-

Rechtsausschuss BT-Drucks 14/9266, 43). Das rechtstechnische Mittel hierzu ist eine an die Erbringung der vereinbarten Leistung und ggf der Gegenleistung des anderen Teils geknüpfte Fiktion der Wirksamkeit des Grundgeschäfts mit der Folge des Wegfalls bereicherungsrechtlicher Ansprüche auf Rückgewähr der nunmehr mit Rechtsgrund erbrachten Leistungen (vgl hierzu ausführl u Rn 11 f). Auf diese Beständigkeit des erfolgten Leistungsaustausches beschränkt sich der Regelungsgehalt der Vorschrift. Der Status des von § 104 Nr 2 erfassten Personenkreises als Geschäftsunfähige bleibt hingegen von § 105a unberührt. Ebenso verbleibt es außerhalb der Reichweite der Wirksamkeitsfiktion der neuen Bestimmung bei der grundsätzlichen Nichtigkeit der von diesen Personen vorgenommenen Rechtsgeschäfte gem § 105 Abs 1. § 105a begründet hiernach keine Geschäftsfähigkeit (s o § 104 Rn 15) für die dort genannten Geschäfte (JAUERNIG/JAUERNIG Rn 2; zuneigend aber LIPP FamRZ 2003, 721, 729).

III. Voraussetzungen

1. Volljähriger Geschäftsunfähiger

§ 105a erfasst seinem Wortlaut nach nur volljährige Geschäftsunfähige. Es sind dies die in § 104 Nr 2 genannten Personen in einem nicht nur vorübergehenden Zustand des Ausschlusses der freien Willensbestimmung durch krankhafte Störung der Geistestätigkeit. Dagegen bezieht sich § 105a nicht auch auf die noch nicht 7 Jahre alten Geschäftsunfähigen gem § 104 Nr 1. Alltagsgeschäfte der Kinder bleiben folglich auch bei erfolgter Leistungserbringung nichtig nach § 105 Abs 1 und stehen damit einer bereicherungsrechtlichen Rückabwicklung offen. Der Grund für diese unterschiedliche Behandlung der beiden Gruppen von Geschäftsunfähigen liegt in der sich auf eine Verstärkung der Bewegungsfreiheit nur der (psychisch) Behinderten beschränkten Zweckrichtung des § 105a (vgl o Rn 1; kritisch PAWLOWSKI JZ 2003, 66, 67). Offen bleibt nach dem allein von den volljährigen Geschäftsunfähigen sprechenden Wortlaut des § 105a das Schicksal von beiderseits erfüllten Geschäften von Minderjährigen über sieben Jahren, die nach § 104 Nr 2 geschäftsunfähig sind. Einer ausdehnenden Anwendung der Vorschrift auch auf diesen Personenkreis stehen deren eindeutiger Wortlaut und die Gesetzesmaterialien entgegen (JOUSSEN ZGS 2003, 101, 103; BAMBERGER/ROTH/WENDTLAND Rn 2; PALANDT/HEINRICHS Rn 2).

2. Geschäft des täglichen Lebens

Die der Vorschrift unterfallenden Rechtsgeschäfte werden mit „Geschäfte des täglichen Lebens" umschrieben. Dieses Merkmal ist gem dem Normzweck zu verstehen, dem Geschäftsunfähigen eine gewisse Betätigungsfreiheit im gewöhnlichen Alltagsverkehr zu eröffnen (vgl o Rn 1). Maßgeblich ist daher, ob es sich nach der Verkehrsauffassung um ein typisches Alltagsgeschäft handelt. Dagegen ist für ein Geschäft des „täglichen" Lebens nicht erforderlich, dass ein solches Geschäft jeden Tag geschlossen wird. Die Geschäfte können entgeltlicher wie unentgeltlicher Natur sein. Im eigentlichen Sinn existenznotwendig brauchen die Geschäfte nicht zu sein. Erfasst werden sowohl Erwerbsgeschäfte über Sachen des täglichen Bedarfs des Geschäftsunfähigen als auch Geschäfte über einfache Dienstleistungen. Als Beispiele für Gegenstände des täglichen Bedarfs nennen die Gesetzesmaterialien einfache, zum alsbaldigen Gebrauch bestimmte Nahrungs- und Genussmittel, die nach

Menge und Wert das übliche Maß nicht übersteigen, wie Lebensmittel, kosmetische Artikel (Zahnpasta), einfache medizinische Produkte (Halsschmerztabletten), Presseerzeugnisse (Illustrierte), Versendung von Briefen, Textilien; als einfache Dienstleistungen werden solche des Friseurs, ferner Museumsbesuche, Fahrten im Personennahverkehr bezeichnet (so DiskE 26; BT-Rechtsausschuss). Der Gesetzgeber hat sich insoweit, wie überhaupt bei der Ausgestaltung des § 105a, erklärtermaßen an den Grundsätzen des angelsächsischen Rechts über *necessaries*-Geschäfte (vgl Vorbem 138 zu §§ 104–115) orientiert. Nicht berücksichtigt worden ist die im Vorfeld des Gesetzgebungsverfahrens von richterlicher Seite gemachte Anregung, den Kreis der erfassten Geschäfte zur Vermeidung von Unklarheiten, deren Beseitigung nicht allein den Gerichten überlassen werden könne, im Gesetzeswortlaut selbst näher zu bestimmen (vgl Stellungnahme d Deutschen Richterbundes unter I 1). Haustürgeschäfte nach § 312 Abs 1 und Fernabsatzverträge nach § 312b sind wegen ihres spezifischen Gefährdungspotentials aus dem Anwendungsbereich des § 105a S 1 auszunehmen (vgl PALANDT/HEINRICHS Rn 3; ERMAN/PALM Rn 6); Fernabsatzverträge sind überdies wohl (noch) nicht als gewöhnliche Alltagsgeschäfte zu qualifizieren. Allerdings braucht es sich nicht notwendig um Bargeschäfte zu handeln; erfasst werden sollen auch künftig zu erfüllende Geschäfte, etwa aufgrund von in Heimen ausgefüllten Bestellzetteln oder Kataloggeschäfte (vgl DiskE 27).

6 Das „Geschäft" muss von dem Geschäftsunfähigen „getätigt" worden sein. Regelungsgegenstand ist mithin – anders als nach der Systematik des Geschäftsfähigkeitsrechts des BGB – nicht die einzelne Willenserklärung (vgl §§ 105, 107), sondern das (Rechts-)Geschäft in seiner Gesamtheit. Diese Besonderheit wird in den Materialien mit der Vermeidung dogmatischer Schwierigkeiten begründet (so DiskE 26 f; BT-Rechtsausschuss 43; kritisch hierzu Stellungnahme d Deutschen Anwaltvereins v 13.2. 2002 unter III 1). Unter dem „Geschäft" ist ein Vertrag zu verstehen und zwar ein auf die Erbringung einer Leistung des Geschäftsunfähigen und ggf einer Gegenleistung des anderen Teils gerichteter Schuldvertrag, denn § 105a S 1 spricht in seiner Rechtsfolgenbestimmung ausdrücklich von dem geschlossenen „Vertrag". Einseitige Rechtsgeschäfte des Geschäftsunfähigen, etwa die Anfechtung oder der Rücktritt von einem Alltagsgeschäft über geringfügige Mittel, sind daher vom Anwendungsbereich der Vorschrift ausgeschlossen (LÖHNIG/SCHÄRTL AcP 204 [2004] 25, 31 f). Die „Tätigung" des Vertrages erfordert die Abgabe und den Zugang der beiderseitigen Willenserklärungen.

3. Erfüllbarkeit mit geringwertigen Mitteln

7 Die dem § 105a unterfallenden Geschäfte werden nicht nur nach ihrer Art (Alltagsgeschäfte), sondern auch nach ihrem Volumen begrenzt. Von § 105a werden daher nur solche Alltagsgeschäfte erfasst, deren Erfüllung mit geringwertigen Mitteln möglich ist. Nach dem insoweit passivisch gefassten Gesetzeswortlaut ist nicht ganz klar, ob das Erfordernis der Geringwertigkeit nur für die Leistung des Geschäftsunfähigen oder auch für die Gegenleistung des anderen Teils gilt. Die Frage kann praktisch werden in den seit jeher diskutierten Fällen einer Teilnahme des Geschäftsunfähigen an einer Lotto- oder Toto-Spielveranstaltung, bei der auf ihn ein erheblicher Gewinn entfällt (vgl Vorbem 28 aE zu §§ 104–115 sowie § 105 Rn 7). Würde eine Geringwertigkeit auch der Gegenleistung gefordert, so würde § 105a eine Rückforderung des ausgezahlten Gewinns seitens des Veranstalters nicht hindern,

obgleich Lotto- oder Toto-Spielverträge wohl zu den Alltagsgeschäften iSd Vorschrift gehören. Zur Vermeidung solcher unbilliger Ergebnisse sollte es auf die Geringwertigkeit der Gegenleistung nicht ankommen. Der unbestimmte Rechtsbegriff der Geringwertigkeit ist unter dem Aspekt der Rechtssicherheit nicht unproblematisch, wie die Erfahrungen mit dem Begriff der *necessaries* des englischen Rechts gezeigt haben (vgl Vorbem 138 zu §§ 104–115), der der in § 105a getroffenen Regelung als Vorbild gedient hat. Der Gesetzgeber hat sich deshalb, wie allerdings nur aus den Materialien hervorgeht, zu Recht für eine objektive Betrachtungsweise entschieden: Die Geringwertigkeit ist nicht nach den individuellen wirtschaftlichen Verhältnissen des Geschäftsunfähigen zu bemessen, sondern maßgeblich ist das **durchschnittliche Preis- und Einkommensniveau** der Bevölkerung (DiskE S 26; BT-Rechtsausschuss aaO). Dieser Maßstab wird im Schrifttum allerdings als wenig praktikabel kritisiert (vgl JAUERNIG/JAUERNIG Rn 5) und stattdessen eine Orientierung an den für sozialhilfeberechtigte Heimbewohner geltenden Taschengeldsatz (so LIPP FamRZ 2003, 721, 726) oder in Anlehnung an § 1903 Abs 1 S 2, § 110 eine teleologische Reduktion der Vorschrift auf die Bewirkung der Leistung des Geschäftsunfähigen mit diesem vom Betreuer oder mit dessen Zustimmung von einem Dritten überlassenen Mitteln (so PAWLOWSKI JZ 2003, 66, 72) befürwortet. Umfasst ein einheitlicher Vertrag mehrere Leistungen (zB Kaufvertrag über mehrere Sachen), so sind nicht jeweils die einzelnen Posten gesondert zu betrachten, sondern die Geringwertigkeit beurteilt sich nach dem Gesamtpreis (kritisch hierzu CASPER NJW 2002, 3425, 3426 LÖHNIG/ SCHÄRTL AcP 204 [2004] 25, 34; MünchKomm/SCHMITT Rn 7). Ist hiernach der vom Geschäftsunfähigen zu zahlende Gesamtpreis nicht mehr als geringwertig anzusehen, so bleibt es bei der Nichtigkeit des gesamten Vertrages gem § 105 Abs 1; bei Teilbarkeit auch der Gegenleistung ist aber eine Beschränkung der Nichtigkeit auf den die Geringfügigkeit übersteigenden Teil der Leistung gem § 139 zu erwägen. Auch bei der anzulegenden objektiven Betrachtungsweise verbleiben Unsicherheiten bei dem Begriff der Geringwertigkeit, der somit von der Rechtsprechung konkretisiert werden muss. Der Deutsche Richterbund hatte sich deshalb für die Bestimmung einer festen Wertgrenze ausgesprochen (Stellungnahme aaO). Ähnlich wie bei § 110 (vgl dort Rn 12) stellt sich auch hier die Frage, ob unter „Mitteln" auch die Arbeitskraft des Geschäftsunfähigen verstanden werden kann, so dass eine Rückforderung des für geringfügige Arbeitsleistungen (zB Rasenmähen) gezahlten Arbeitsentgelts gem § 105a ausscheide. Die Frage ist auch hier zu verneinen, da sich der Rückforderungsausschluss schon aus den Grundsätzen des faktischen Arbeitsverhältnisses ergibt (**aA** FRANZEN JR 2004, 221, 225).

4. Bewirkung von Leistung und Gegenleistung

Der von dem Geschäftsunfähigen geschlossene (schuldrechtliche) Vertrag gilt erst **8** dann als wirksam, wenn sowohl der Geschäftsunfähige als auch der andere Teil ihre vereinbarten Leistungen bewirkt haben. Dieses Erfordernis folgt aus dem auf den Ausschluss der Rückabwicklung der Leistungen beschränkten Zweck der Vorschrift (vgl o Rn 3). Unter dem „Bewirken" der Leistung ist iSv § 362 die Herbeiführung des Leistungserfolges zu verstehen. Besteht die hierzu erforderliche Leistungshandlung in einem Rechtsgeschäft (zB Einigungserklärung nach § 929), so wird dessen – bei einer Vornahme durch den Geschäftsunfähigen an sich an § 105 Abs 1 scheiternde – Wirksamkeit ebenfalls fingiert (hierzu u Rn 9). Nicht „bewirkt" ist eine mangelhafte Leistung, wie sich dies jetzt auch für den Kauf als den hinsichtlich des § 105a weitaus wichtigsten Vertragstypus eindeutig aus § 433 Abs 1 S 2 ergibt (HEIM JuS 2003, 141, 144 m Fn 40; KOHLER JZ 2004, 348, 349 m Fn 16; LÖHNIG/SCHÄRTL AcP 204 [2004] 25, 39 f ; ULRICI Jura 2003, 520, 521; JAUERNIG/JAUERNIG Rn 6; auch JOUSSEN ZGR 2003, 101, 104 im Wege einer teleologischen Extension; aA PALANDT/HEINRICHS Rn 6; ERMAN/PALM Rn 14). Entsprechendes gilt für eine nicht vollständig erbrachte Leistung oder Gegenleistung, die folglich ebenso zurückgefordert werden kann, wie eine mangelhafte; bei einem Abzahlungsgeschäft ist die Leistung daher erst mit Begleichung der letzten Rate bewirkt (LIPP FamRZ 2003, 721, 727; MünchKomm/SCHMITT Rn 13). Die Leistung bzw Gegenleistung kann, wie im Fall des § 110 (dort Rn 9), grundsätzlich auch durch ein Erfüllungssurrogat bewirkt werden (ablehnend LÖHNIG/SCHÄRTL AcP 204 [2004] 25, 40; einschr MünchKomm/SCHMITT Rn 12: nicht durch Aufrechnung gegen nicht fingierte Forderung).

9 Das Erfordernis der Leistungsbewirkung stößt aber dann, wenn die Leistungshandlung rechtsgeschäftlichen Charakter hat, wie die zur Übereignung nach § 929 erforderliche Einigung, auf folgende Schwierigkeit: Der geschäftsunfähige Teil kann die erforderlichen Einigungserklärungen wegen § 105 Abs 1 nicht wirksam abgeben und die Erklärungen des anderen Teils können mit ihrem Zugang an den Geschäftsunfähigen wegen § 131 Abs 1 nicht wirksam werden, so dass aus diesem Grund die Leistungsbewirkung und damit der Eintritt der Rechtsfolge des § 105a notwendig scheitern und die Vorschrift deshalb leer laufen müsste. Die Materialien zum OLGVertrÄndG nehmen zu diesem Problem nicht Stellung. Der Diskussionsentwurf eines ZAG sah hingegen für § 105a einen Abs 2 vor, wonach die erbrachten Leistungen nicht wegen der Geschäftsunfähigkeit des einen Vertragsteils als nicht bewirkt gelten sollten. Nach der Begründung zu diesem Entwurf sollte damit auch die Wirksamkeit der (beiderseitigen) Erfüllungsgeschäfte fingiert werden (so DiskE aaO). Dieser Absatz 2 ist zwar nicht in den Entwurf des OLGVertrÄndG übernommen worden und deshalb nicht Gesetz geworden, ohne dass sich den Materialien zum OLGVertrÄndG eine Begründung für diese Streichung entnehmen lässt. Es ist jedoch nicht anzunehmen, dass der Gesetzgeber des OLGVertrÄndG damit auch sachlich von der „Fiktionslösung" des ZAG-Entwurfs hat abgehen wollen. Denn der Rechtsausschuss des Deutschen Bundestages hat für die von ihm vorgenommene Einfügung des § 105a in den Regierungsentwurf des OLGVertrÄndG (vgl o Rn 2) im Wesentlichen die für diese Bestimmung im ZAG-Entwurf gegebene Begründung größtenteils wörtlich, nur in verkürzter Form, so auch unter Weglassung der Begründung zur Wirksamkeit der Erfüllungsgeschäfte, übernommen (vgl BT-Drucks 14/9266, 42 f). Wäre damals eine andere Konstruktion der Wirksamkeit der Erfüllungsgeschäfte beabsichtigt gewesen, etwa die Einräumung einer echten Teilgeschäftsfähigkeit für den Geschäftsunfähigen zur Vornahme der zur Erfüllung von Alltagsverträgen erforderlichen Geschäfte, so wäre ein solcher geradezu revolutionär zu nennender Schritt, der dem nach § 104 Nr 2 Geschäftsunfähigen insoweit sogar eine größere Selbstständigkeit gewähren würde als dem beschränkt Geschäftsfähigen, der zur Verfügungsgeschäften der Zustimmung des gesetzlichen Vertreters bedarf, wenigstens in der Begründung deutlich zum Ausdruck gelangt. Im Sinne einer Teilgeschäftsfähigkeit hat denn auch der Rechtsausschuss des Bundesrates die vom Bundestag im ersten Durchgang beschlossene und dann Gesetz gewordene Fassung nicht verstanden, sondern er ist in seiner Begründung für die Anrufung des Vermittlungsausschusses im Gegenteil gerade von einer sich aus dieser Fassung ergebenden Unwirksamkeit der Erfüllungsgeschäfte ausgegangen (BR-Drucks 503/1/02 unter 3). Eine Unwirksamkeit des Erfüllungsgeschäftes wäre aber deshalb misslich, weil dann (bei einer Übereignung) Eigentum und Besitz auf Dauer auseinander fielen, denn der „Erwerber" könnte einem Herausgabeverlangen des Veräußerers aus § 985 trotz dessen fortbestehenden Eigentums den Einwand der verkauften (aufgrund des als wirksam fingierten Kaufvertrages) und übergebenen Sache nach § 986 entgegenhalten. Aus diesen Gründen ist § 105a S 1 so zu lesen, dass die Leistungen, sofern hierzu ein rechtsgeschäftliches Handeln des Geschäftsunfähigen erforderlich ist, lediglich als bewirkt gelten, der Eintritt der Leistungserfolge also ebenfalls nur fingiert wird (so auch CASPER NJW 2002, 3425, 3427 f; LIPP FamRZ 2003, 721, 726; JOUSSEN ZGS 2003, 101, 104 f; ULRICI Jura 2003, 520, 521; einschr MünchKomm/SCHMITT Rn 11, Rn 19: zwar Erfüllungsfiktion, aber kein Eigentumsübergang; ebenso FRANZEN JR 2004, 221, 224; aA LÖHNIG/SCHÄRTL AcP 204 [2004] 25, 38 ff: keine Fiktion des Leistungserfolges, sondern Vornahme der bei hypothetischem Vertragsschluss notwendigen Leistungshandlung). Die Fiktion der erbrachten Leistungen löst dann die weitere Fiktion einer Wirksamkeit auch des schuldrechtlichen Grundgeschäfts aus. Etwas anderes gilt natürlich dann, wenn die bei Abschluss des Verpflichtungsgeschäfts vorhanden gewesene Geschäftsunfähigkeit des einen Vertragsteils bis zur Vornahme der Erfüllungsgeschäfte weggefallen ist; hier ist die Leistung als solche wirksam erbracht, wobei dann regelmäßig auch von einer Bestätigung des Verpflichtungsgeschäfts gem § 141 Abs 1 auszugehen sein wird, so dass § 105a gar nicht mehr eingreift.

5.   Keine erhebliche Gefährdung (Satz 2)

Satz 2 des § 105a normiert das negative Erfordernis, dass die (fingierte) Wirksamkeit des Verpflichtungsgeschäfts keine erhebliche Gefahr für Person oder Vermögen des Geschäftsunfähigen mit sich bringen darf. Das Merkmal ist im gleichen Sinne zu verstehen wie die wortgleich formulierte Voraussetzung für die Anordnung eines Einwilligungsvorbehalts in § 1903 Abs 1 S 1. Seine praktische Bedeutung wird allerdings im Rahmen des § 105a wesentlich geringer sein als im Betreuungsrecht, denn erhebliche Gefahren für den Geschäftsunfähigen dürften bei mit geringwertigen Mitteln zu erfüllenden Alltagsgeschäften nur selten in Betracht kommen (vgl Stellungnahme d Deutschen Anwaltvereins unter III 1; HEIM JuS 2003, 141, 144; JOUSSEN ZGS 2003, 101, 103; LÖHNIG/SCHÄRTL AcP 204 [2004] 25, 35 f; BAMBERGER/ROTH/WENDTLAND Rn 6) Eine erhebliche Personengefährdung des Geschäftsunfähigen kann etwa aus einem verfehlten Ver- oder Gebrauch der angeschafften Sachen (alkoholische Getränke durch Alkoholkranken, stark feuergefährliche Stoffe durch zu Zündeleien neigenden Demenzkranken) resultieren. Eine erhebliche Vermögensgefährdung ist möglich bei dem Abschluss zahlreicher Geschäfte des Geschäftsunfähigen mit verschiedenen Partnern, wobei das einzelne Geschäft jeweils mit geringwertigen Mitteln erfüllbar ist, der Gesamtbetrag der Mittel aber diesen Rahmen weit überschreitet (MünchKomm/SCHMITT Rn 17). Die Entstehung von hohen Folgekosten ist hingegen aus der Anschaffung von unter § 105a fallenden Gegenständen weniger zu befürchten (aA wohl MünchKomm/SCHMITT aaO). § 105a S 2 erfasst nur Gefahren für den Geschäftsunfähigen selbst, nicht auch solche für Dritte. Ist eine erhebliche Gefahr für den Geschäftsunfähigen gegeben, so bleibt es bei der Nichtigkeitsfolge des § 105 Abs 1. Der Diskussionsentwurf eines ZAG hatte demgegenüber für § 105a einen Absatz 3 vorgesehen, nach welchem die Unanwendbarkeit von Absatz 1 (= Satz 1 des Gesetzes) und damit die Nichtigkeit des Verpflichtungsgeschäfts im Falle einer erheblichen Gefahr nur aufgrund einer entsprechenden Anordnung des Vormundschaftsgerichts eintreten sollte. Von diesem Erfordernis der Einschaltung des Vormundschaftsgerichts hat das OLGVertrÄndG – wohl angesichts der hieran in der Diskussion geübten Kritik – abgesehen. Die Nichtigkeit tritt damit *ipso iure* ein. Die Regelung des § 105a S 2 hat der Gesetzgeber zur Gewährleistung des unabdingbaren Schutzes des Geschäftsunfähigen auch bei der Vornahme von Alltagsgeschäften für erforderlich gehalten.

IV. Wirksamkeitsfiktion

11 Die in § 105a S 1 normierte Rechtsfolge besteht darin, dass nach der – in ihrer Wirksamkeit ebenfalls fingierten (vgl o Rn 9) – beiderseitigen Leistungserbringung der zugrundeliegende schuldrechtliche Vertrag als wirksam gilt. Da das Grundgeschäft mithin als wirksam lediglich fingiert wird, begründet § 105a S 1 keine Teilgeschäftsfähigkeit des Geschäftsunfähigen zur Vornahme von Alltagsgeschäften der bezeichneten Art; der Status des Betreffenden bleibt vielmehr auch in dieser Beziehung derjenige eines Geschäftsunfähigen gem § 104 Nr 2. Die Wirksamkeitsfiktion ist ferner in doppelter Hinsicht beschränkt. Sie tritt zum einen erst mit der erfolgten (beiderseitigen) Leistungsbewirkung ein und wirkt lediglich *ex nunc*, lässt den Vertrag also nicht rückwirkend wirksam werden. Diese Regelung soll die Entstehung von nicht erfüllten Vertragspflichten des Geschäftsunfähigen verhindern, die dessen Schutz zuwiderlaufen könnten (so BT-Drucks 14/9266, 43). Aber auch diese *ex nunc*-Wirksamkeit erfasst nicht den Vertrag *in toto*, sondern nur „in Ansehung von Leistung und, soweit vereinbart, Gegenleistung". Der Vertrag wird mithin nur zu dem Zweck als wirksam fingiert, um damit einen rechtlichen Grund für die erbrachten Leistungen zu schaffen, der deren Rückforderung gem § 812 Abs 1 S 1 Alt 1 ausschließt. In diesem Ausschluss einer bereicherungsrechtlichen Rückabwicklung der erbrachten Leistungen besteht die alleinige Wirkung der Vorschrift, von der sich der Gesetzgeber eine größere Selbstständigkeit des Geschäftsunfähigen verspricht. Außerhalb dieser Zwecksetzung bleibt es hingegen bei der Nichtigkeitsfolge des § 105 Abs 1. Es kann insofern eine etwas gewagte Parallele zum Regelungsmechanismus des § 1138 gezogen werden, der die §§ 891 ff auch nur „für die Hypothek", nicht aber schlechthin, in Ansehung der persönlichen Forderung für anwendbar erklärt.

12 Da der schuldrechtliche Vertrag nur „in Ansehung von Leistung und ... Gegenleistung" und damit allein zum Ausschluss der Rückabwicklung als wirksam fingiert wird, er im übrigen aber nichtig ist, stehen weder dem Geschäftsunfähigen noch dem anderen Teil Ansprüche auf Erfüllung oder Rechte wegen Leistungsstörung (Nacherfüllung, Rücktritt, Minderung, Schadens- oder Aufwendungsersatz) zu (Heim JuS 2003, 141, 143 f; Joussen ZGS 2003, 101, 104; Lipp FamRZ 2003, 721, 728; Löhnig/Schärtl AcP 204 [2004] 25, 44 ff; Franzen JR 2004, 221, 225; aA Erman/Palm Rn 14). Ansprüche wegen Verletzung der Pflichten aus § 241 Abs 2 durch den geschäftsfähigen anderen Teil hat der Geschäftsunfähige nur unter den Voraussetzungen der §§ 311 Abs 2, 280 Abs 1 oder bei Vorliegen einer unerlaubten Handlung. Um den Geschäftsunfähigen – und nur diesen – die vertraglichen Rechte zu verschaffen, verstehen Teile des Schrifttums die Vorschrift des § 105a S 1 im Sinne einer dort normierten „halbseitigen Wirksamkeit" des Vertrages zugunsten des geschäftsunfähigen Teils (so Casper NJW 2002, 3425, 3427; MünchKomm/Schmitt Rn 20 ff; Palandt/Heinrichs Rn 6; aA Ulrici Jura 2003, 520, 522; auch Erman/Palm Rn 14, der dem Geschäftsfähigen ebenfalls vertragliche Rechte veschaffen will). Ein solches *negotium claudicans*, das einen Fremdkörper im System des Geschäftsfähigkeitsrechts des BGB darstellte, würde aber von dem Wortlaut des § 105a S 1 nicht gedeckt und ginge über die auf den Rückabwicklungsausschluss beschränkte gesetzgeberische Absicht hinaus. In den Fällen einer unvollständigen oder mangelhaften Leistung des geschäftsfähigen Teils ist der Geschäftsunfähige ferner insoweit geschützt, als dann diese Leistung nicht als bewirkt gilt (s o Rn 8), die Wirksamkeitsfiktion nicht eintritt und der Geschäftsunfähige deshalb seine ggf bereits erbrachte Gegenleistung kondizieren bzw vindizieren kann. Gleiches gilt für eine Vorleistung eines Geschäftsunfähigen unter Berufung auf die Nichtigkeit des Vertrages (hierzu Deutscher Anwaltverein, Stellungnahme III 1 der in diesem Fall – mit entspr Formulierungsvorschlag – für eine vollständige und rückwirkende Wirksamkeit des Vertrages allein aufgrund der Leistungserbringung durch den Geschäftsunfähigen eingetreten ist). Ein – für den Geschäftsunfähigen vom Betreuer zu erklärender – Rücktritt von dem als wirksam fingierten schuldrechtlichen Vertrag, der zwar mangels Leistungsbewirkung nicht gem § 437 Nr 2 oder § 634 Nr 3 möglich ist (s o Rn 8), wohl aber aus sonstigen Gründen (zB § 313 Abs 3 S 1 oder als Widerruf oder Rückgabe nach den §§ 355, 356 mit der Folge des gem § 357 Abs 1 S 1 anwendbaren Rücktrittsrechts), kann auf Seiten des Geschäftsunfähigen nur die Pflicht zur Rückgewähr der empfangenen Leistungen und der bei ihm noch vorhandenen Nutzungen nach § 346 Abs 1 auslösen, nicht aber eine Verpflichtung zum Wertersatz nach § 346 Abs 2, denn eine solche Ersatzpflicht würde das Vermögen des Geschäftsunfähigen – entgegen der Zweckrichtung des § 105a – unter den ohne die erhaltene Leistung vorhandenen Stand vermindern (LÖHNIG/SCHÄRTL AcP 204 [2004] 25, 49 ff; auch KOHLER JZ 2004, 349). Entsprechendes gilt für eine Anfechtung des Vertrages: Die dadurch über § 142 Abs 1 ausgelöste Bereicherungshaftung des Geschäftsunfähigen beschränkt sich auch bei dessen vorhandener Kenntnis des Anfechtungsgrundes auf die bei ihm noch vorhandene Bereicherung bzw – bei einer Anfechtung auch des Erfüllungsgeschäfts – auf die Herausgabe der ihm geleisteten Sache gem § 985 ohne eine Schadensersatzpflicht nach den §§ 990, 989 (vgl LÖHNIG/SCHÄRTL AcP 204 [2004] 25, 52 f). Die in § 105a S 1 getroffene Rechtsfolgenregelung vermag nicht in jeder Hinsicht zu befriedigen. Indem sie sich unter Beibehaltung des Status der Geschäftsunfähigkeit auf den Ausschluss der Rückabwicklung beschränkt, handelt es sich bei der Vorschrift gesetzessystematisch gar nicht um eine Geschäftsfähigkeitsnorm, sondern um eine solche des Bereicherungsrechts, die deshalb besser in die §§ 812 ff eingestellt worden wäre (so BR-Rechts- u Wirtschaftsausschuss in: BR-Drucks 502/1/02 Nr 3; anders wohl LÖHNIG/SCHÄRTL AcP 204 [2004] 25, 57). Rechtspolitisch stellt sich die Frage, ob das gesetzgeberische Ziel einer größeren Selbstständigkeit der volljährigen Geschäftsunfähigen durch den bloßen Ausschluss der Rückabwicklung von Alltagsgeschäften überhaupt erreicht wird, da eine solche Rückabwicklung bei Bagatellgeschäften in der Praxis wohl kaum je verlangt wird (vgl BR-Rechts- u Wirtschaftsausschuss aaO; Deutscher Anwaltverein aaO; KOHLER JZ 2004, 348; ULRICI Jura 2003, 520, 522; JAUERNIG/JAUERNIG Rn 3; ferner JOUSSEN ZGS 2003, 101, 105; zweifelnd auch HEIM JuS 2003, 141, 144 f).

V. Beweislast

Steht die Geschäftsunfähigkeit eines Beteiligten bei Geschäftsvornahme fest, so hat derjenige, der sich auf die Wirksamkeitsfiktion beruft, das Vorliegen eines mit geringwertigen Mitteln zu bewirkenden Geschäfts des täglichen Lebens zu beweisen. Ferner obliegt ihm der Beweis, dass die vereinbarten Leistungen bewirkt worden sind. Wer die Wirksamkeitsfiktion bestreitet, muss dartun, dass aus dem Geschäft eine erhebliche Gefahr für die Person oder das Vermögen des Geschäftsunfähigen resultiert.

VI. Keine Prozessfähigkeit

14 § 105a begründet keine Prozessfähigkeit des Geschäftsunfähigen hinsichtlich der dieser Vorschrift unterfallenden Geschäfte. Dies folgt daraus, dass die Norm keine – für eine Teil-Verfahrensfähigkeit erforderliche – Teil-Geschäftsfähigkeit festlegt, sondern an der (vollständigen) Geschäftsunfähigkeit des Volljährigen nichts ändert (vgl o Rn 3, 11). Da die Wirksamkeit des Verpflichtungsgeschäfts bei erfolgter Leistungsbewirkung lediglich zwecks Ausschlusses von Bereicherungsansprüchen fingiert wird, fehlt es zudem an der von § 52 ZPO verlangten selbstständigen Verpflichtungsfähigkeit des Geschäftsunfähigen.

VII. Verhältnis zur rechtlichen Betreuung

15 § 105a greift auch dann ein, wenn bei einem unter rechtlicher Betreuung stehenden Geschäftsunfähigen ein Einwilligungsvorbehalt gem § 1903 angeordnet ist (zu dessen Zulässigkeit vgl § 105 Rn 10). Die Wirksamkeitsfiktion wird mithin nicht wegen fehlender Einwilligung des Betreuers ausgeschlossen. Mit der weitgehend ähnlichen Vorschrift des § 1903 Abs 3 S 2 überschneidet sich der Anwendungsbereich des § 105a deshalb nicht, weil nach der hier vertretenen Auffassung (s o § 105 Rn 10; aA STAUDINGER/BIENWALD [1999] § 1903 Rn 8) § 1903 Abs 3 S 2 auf geschäftsunfähige Betreute nicht anwendbar ist (iE auch MünchKomm/SCHMITT Rn 28: § 105a lex specialis).

VIII. Parallelvorschriften

16 Als dem § 105a entsprechende Vorschriften haben Art 30 OLGVertrÄndG dem § 138 SGB IX einen Absatz 5 und Art 31 OLGVertrÄndG dem § 5 des Heimgesetzes vom 5.11.2001 (BGBl I 2970) einen Absatz 12 angefügt. Nach § 138 Abs 5 SGB IX gilt ein von einem volljährigen behinderten Menschen, der in den Arbeitsbereich einer anerkannten Werkstatt für behinderte Menschen aufgenommen wurde und zu diesem Zeitpunkt geschäftsunfähig war, geschlossener Werkstattvertrag in Ansehung einer bereits bewirkten Leistung und deren Gegenleistung, soweit diese in einem angemessenen Verhältnis zueinander stehen, als wirksam. § 5 Abs 12 des Heimgesetzes enthält die gleiche Regelung hinsichtlich eines von einem Geschäftsunfähigen geschlossenen Heimvertrages. Zu beiden Regelungen s LIPP FamRZ 2003, 721, 729.

§ 106
Beschränkte Geschäftsfähigkeit Minderjähriger

Ein Minderjähriger, der das siebente Lebensjahr vollendet hat, ist nach Maßgabe der §§ 107 bis 113 in der Geschäftsfähigkeit beschränkt.

Materialien: VE AT § 82 Abs 1; KE § 64 Abs 1; E I § 65 Abs 1; II § 80; III § 102; SCHUBERT, AT I 15, AT II 41 f; JAKOBS/SCHUBERT 499 f, 505 f; 517, 522, 535 f, 540, 551, 557, 562, 567, 569, 571; Mot I 131 f, 145 ff = MUGDAN I 424 f, 432 f, Prot I 123 = MUGDAN I 675

Schrifttum

S die Angaben bei den Vorbem zu §§ 104–115, zu den §§ 104–105a sowie
BOSCH, Teil-Unmündigkeit trotz Volljährigkeit?, in: FS Schiedermair (1976) 51
BROX, Der Minderjährigenschutz beim Rechtsgeschäft, JA 1989, 441
ECKART, Über die Geschäftsfähigkeit Minderjähriger (Diss Heidelberg 1908)
GOERING, Das Recht der Minderjährigen und Entmündigten nach dem 1. Januar 1900 (1899)
KUNZ, Die rechtlich bedeutsamen Entwicklungsstufen des Minderjährigen, ZblJugR 1983, 258
PAUCKSTADT-MAIHOLD, Geschäftsfähigkeit – Grundlagen und Wiederholung unter Berücksichtigung des Betreuungsrechts, JA 1994, 465
H W SCHMIDT, Zur Geschäftsfähigkeit der Heranwachsenden, SchlHA 1967, 91
SCHREIBER, Geschäftsfähigkeit, Jura 1991, 24
SÜSSHEIM, Die Altersstufen des Bürgerlichen Gesetzbuchs, Gruchot 45 (1901) 53.

Systematische Übersicht

I.	Bedeutung der beschränkten Geschäftsfähigkeit	1
II.	Minderjährige über sieben Jahre	2
III.	Rechtsstellung	
1.	Grundsätzliche Regelung der §§ 107–113 (Überblick)	3
2.	Besondere Regelungen	6
IV.	Beweislast	9
V.	Verfahrensfähigkeit	10
VI.	Betreuter bei Einwilligungsvorbehalt	11

Alphabetische Übersicht

Betreute	11
Beweislast	9
Ehemündigkeit	6
Gesetzlicher Vertreter (Handlungsalternativen)	5
Historische Entwicklung	4
Prozessfähigkeit	10
Realakte Minderjähriger	8
Schutzzweck der beschränkten Geschäftsfähigkeit	1
Sondervorschriften (über Rechtsgeschäfte Minderjähriger)	7
Typisierung der beschränkten Geschäftsfähigkeit	2
Verweisung auf §§ 107–113 (Überblick)	3

I. Bedeutung der beschränkten Geschäftsfähigkeit

Neben der Geschäftsunfähigkeit kennt das BGB als zweite Kategorie nicht vollständiger Geschäftsfähigkeit die beschränkte Geschäftsfähigkeit. Diese Zweiteilung des Kreises der nicht vollgeschäftsfähigen Personen ist eine auf das römisch-gemeine Recht zurückgehende (vgl Vorbem 106 zu §§ 104–115), von den meisten deutschen Partikularrechten übernommene (s Vorbem 111, 112 zu §§ 104–115) Eigenart des deutschen (auch des Rechts der früheren DDR; vgl Vorbem 116 zu §§ 104–115) und österreichischen (vgl Vorbem 17 zu §§ 104–115) Rechts (hierzu allg Vorbem 12 zu §§ 104–115). Die in der Geschäftsfähigkeit beschränkten Personen erachtet das Gesetz im Gegensatz zu den Geschäftsunfähigen zur Bildung und Äußerung eines rechtlich erheblichen Willens für fähig. Willenserklärungen solcher Personen sind daher grundsätzlich rechtlich beachtlich. Allerdings fehlt auch den über Siebenjährigen typischerweise noch die psychische Reife, innere Festigkeit und Lebenserfahrung, um die von ihnen abgeschlossenen Rechtsgeschäfte in ihrer Bedeutung und Tragweite angemessen zu beurteilen und die sich aus solchen Geschäften möglicherweise ergebenden Gefahren zutreffend einzuschätzen. Gerade unter den Verhältnissen der modernen Konsumgesellschaft können die jungen Menschen den Verführungen einer aggressiven, speziell an sie als Zielgruppe gerichteten Werbung erliegen und in jugendlicher Raschheit Rechtsgeschäfte etwa zum Erwerb begehrter Konsumartikel abschließen, ohne sich bei Vertragsschluss ausreichend im Klaren darüber zu sein, dass die dabei eingegangenen Verbindlichkeiten ihre finanzielle Leistungsfähigkeit erheblich, mitunter sogar mit ruinösen Auswirkungen, übersteigen können. Der dem gesamten Geschäftsfähigkeitsrecht zugrundeliegende Zweck eines Schutzes des zur selbstständigen Teilnahme am rechtsgeschäftlichen Verkehr (noch) nicht fähigen Menschen (vgl allg Vorbem 20 zu §§ 104–115) muss mithin auch im Hinblick auf die über sieben Jahre alten Minderjährigen Platz greifen. Diesem Schutzbedürfnis sucht das Gesetz zu genügen, indem es die Wirksamkeit derjenigen Rechtsgeschäfte, die dem in der Geschäftsfähigkeit Beschränkten rechtlich nicht lediglich vorteilhaft sind, an die Zustimmung des gesetzlichen Vertreters bindet, während der in der Geschäftsfähigkeit Beschränkte ihm rechtlich ausschließlich vorteilhafte Geschäfte bereits selbstständig vornehmen kann (vgl Begr zu § 82 [§ 2] VE AT S 22 f = Schubert, AT II 42 f; Mot I 131 aE = Mugdan I 424; Brox JA 1989, 441 ff; Schreiber Jura 1991, 24 f; BGB-RGRK/Krüger-Nieland Rn 1). Das Institut der beschränkten Geschäftsfähigkeit will damit auf der einen Seite den erforderlichen Minderjährigenschutz gewährleisten, den jungen Menschen andererseits aber durch die Möglichkeit eigenen rechtsgeschäftlichen Handelns auf die spätere volle Selbstständigkeit vorzubereiten. Der **Schutzzweck** wird auf diese Weise durch den **Erziehungszweck** (hierzu allg Vorbem 22 zu §§ 104–115) ergänzt (MünchKomm/Schmitt Rn 2; BGB-RGRK/Krüger-Nieland Rn 1; Soergel/Hefermehl Rn 1).

II.   Minderjährige über sieben Jahre

2 Der Kreis der in der Geschäftsfähigkeit beschränkten Personen fällt seit dem 1. 1. 1992 mit dem Kreis der über siebenjährigen Minderjährigen zusammen. Die bis dahin bestehende beschränkte Geschäftsfähigkeit auch der wegen Geistesschwäche, Verschwendung, Trunk- oder Rauschgiftsucht Entmündigten oder unter vorläufiger Vormundschaft Gestellten (früherer § 114) ist mit der Beseitigung der Institute der Entmündigung und der Vormundschaft über Volljährige durch das Betreuungsgesetz entfallen (s Vorbem 115 zu §§ 104–115). Innerhalb der Gruppe der Minderjährigen über sieben Jahre kennt das BGB im Hinblick auf die allgemeine Geschäftsfähigkeit keine weiteren Abstufungen. Die im römisch-gemeinen Recht vorhanden gewesene Unterteilung der dem Kindesalter entwachsenen Minderjährigen in Mündige und Unmündige (vgl Vorbem 107, 109 zu §§ 104–115), die noch das österreichische ABGB beibehalten hat (s Vorbem 111, 117 zu §§ 104–115), haben die Gesetzesverfasser als überlebt nicht übernommen (Mot I 132 = Mugdan I 424: „... wird den heutigen Verhältnissen wenig gerecht"). Die unterschiedlose Behandlung der jungen Menschen während der langen Periode der Minderjährigkeit nach Vollendung des

7. Lebensjahres als beschränkt geschäftsfähig ist insbesondere unter der Geltung der alten Volljährigkeitsgrenze von 21 Jahren vor 1975 kritisiert worden (vgl H W Schmidt SchlHA 1967, 91). Aber auch nach der Herabsetzung des Volljährigkeitsalters auf das vollendete 18. Lebensjahr ist die Einräumung von weiteren „Teilmündigkeiten", insbesondere für die Person des Minderjährigen betreffende Rechtsgeschäfte nach dem Vorbild der Religionsmündigkeit, *de lege ferenda* durchaus diskussionswürdig. In terminologischer Hinsicht bezeichnet das Gesetz in seinen Vorschriften über die beschränkte Geschäftsfähigkeit die über siebenjährigen Minderjährigen meist schlechthin als „Minderjährige"; der Terminus „Minderjährige" kann also einmal alle Personen bis zum vollendeten 18. Lebensjahr umfassen, also auch die noch nicht siebenjährigen, und sich zum anderen – so fortan auch in dieser Kommentierung – auf die Minderjährigen über sieben Jahre beschränken. Das Alter der Minderjährigkeit in diesem letztgenannten Sinne beginnt demnach gem §§ 106, 187 Abs 2 S 2 mit dem Beginn des Tages des letzten Monats des siebenten Lebensjahres, der durch seine Zahl dem Tage der Geburt entspricht (vgl § 104 Rn 2). Ein am 3.11.2003 Geborener erwirbt folglich am 3.11.2010 00.00 Uhr den Status eines in der Geschäftsfähigkeit Beschränkten. Dieser Status endet mit dem Eintritt der Volljährigkeit und somit gem § 2 mit der Vollendung des 18. Lebensjahres. Das 18. Lebensjahr ist nach § 188 Abs 2 Alt 2 mit dem Ablauf desjenigen Tages des letzten Monats dieses Lebensjahres vollendet, der dem Tag vorangeht, der durch seine Zahl dem Tag der Geburt entspricht. In vorstehendem Beispielsfall wird also ein am 3.11.2003 Geborener am 2.11.2022 um 24.00 Uhr volljährig. Personen dieser Altersgruppe unterliegen gem § 106 der Beschränkung der Geschäftsfähigkeit ohne Rücksicht auf eine im Einzelfall etwa gegebene retardierte oder beschleunigte psychische Reife. Ein Achtjähriger ist also auch dann schon beschränkt geschäftsfähig, wenn er sich noch auf dem Entwicklungsstand eines Sechsjährigen befindet, sofern nicht Geschäftsunfähigkeit nach § 104 Nr 2 vorliegt; umgekehrt ist ein 17jähriger gleichwohl noch in der Geschäftsfähigkeit beschränkt, wenn seine Reife der eines 19jährigen entspricht. Der Status der beschränkten Geschäftsfähigkeit ist also ebenso wie derjenige der Geschäftsunfähigkeit wegen Kindesalters nach § 104 Nr 1 (s dort Rn 2) zwecks Wahrung der Rechtssicherheit und damit zum Schutze des Geschäftsgegners streng **typisiert** (s hierzu allg Vorbem 9 zu §§ 104–115). Die – unter den Voraussetzungen des § 1303 Abs 2 mögliche – Eheschließung eines Minderjährigen lässt die Beschränkung von dessen Geschäftsfähigkeit unberührt; den Satz „Heirat macht mündig" haben die Gesetzesverfasser bewusst nicht übernommen (Mot I 57 ff = Mugdan I 384 f; kritisch hierzu unter Hinweis auf den früheren Art 14 Abs 2 SchwZGB Rabel RheinZ 4 [1912] 135, 145). Von dem Begriff des Minderjährigen bedeutungsverschieden und daher mit diesem nicht zu verwechseln ist die von anderen Gesetzen mit gegenüber dem bürgerlichen Geschäftsfähigkeitsrecht unterschiedlichem Regelungszweck gebrauchte Terminologie. So bezeichnet § 1 Abs 2 JGG als „Jugendlichen", wer zur Tatzeit das 14., aber noch nicht das 18., als „Heranwachsenden", wer zur Tatzeit das 18., aber noch nicht das 21. Lebensjahr vollendet hat. Das die Kinder- und Jugendhilfe regelnde SGB VIII unterscheidet in seinem § 7 Abs 1 die Altersklassen der noch nicht 14jährigen „Kinder", der 14, aber noch nicht 18jährigen „Jugendlichen", der 18, aber noch nicht 27jährigen „jungen Volljährigen" und fasst schließlich alle noch nicht 27jährigen unter dem Begriff „junge Menschen" zusammen.

III. Rechtsstellung

1. Grundsätzliche Regelung der §§ 107–113 (Überblick)

3 Inhalt und Umfang der Beschränkung der Geschäftsfähigkeit der Minderjährigen werden in § 106 noch nicht bestimmt. Die Vorschrift verweist in dieser Hinsicht auf die folgenden §§ 107–113, deren Regelung hier zunächst überblicksartig skizziert werden soll: In § 107 trifft das Gesetz die für die weitere Regelung grundlegende Unterscheidung zwischen Willenserklärungen eines Minderjährigen, die diesem lediglich rechtlichen Vorteil bringen und solchen, die für ihn (auch) rechtliche Nachteile auslösen. Rechtlich lediglich vorteilhafte Willenserklärungen des Minderjährigen sind wirksam, ohne dass hierzu eine Mitwirkung des gesetzlichen Vertreters erforderlich ist. Willenserklärungen, die dem Minderjährigen nicht lediglich rechtlichen Vorteil bringen, bedürfen demgegenüber nach § 107 zu ihrer Wirksamkeit der Einwilligung (§ 183) des gesetzlichen Vertreters des Minderjährigen. Hinsichtlich des Schicksals der hiernach einwilligungsbedürftigen, aber ohne eine solche Einwilligung geschlossenen Rechtsgeschäfte unterscheidet das Gesetz zwischen Verträgen und einseitigen Rechtsgeschäften. Ein von dem Minderjährigen ohne Einwilligung seines gesetzlichen Vertreters mit einem Dritten geschlossener Vertrag ist nicht absolut unwirksam (= nichtig), sondern er kann gem § 108 Abs 1 durch die Genehmigung (§ 184 Abs 1) des Vertreters bzw von der erreichten unbeschränkten Geschäftsfähigkeit an des bisherigen Minderjährigen selbst (§ 108 Abs 3) mit rückwirkender Kraft wirksam werden (schwebende Unwirksamkeit). Eine an den Vertreter gerichtete Aufforderung des anderen Vertragsteils, sich über die Genehmigung zu erklären, hat gem § 108 Abs 2 S 1 zur Folge, dass diese Erklärung, abweichend von dem Grundsatz des § 182 Abs 1, nur noch dem anderen Teil gegenüber erfolgen kann und eine vorher bereits gegenüber dem Minderjährigen erklärte Genehmigung oder Verweigerung der Genehmigung unwirksam wird, ein durch die frühere Erklärung schon wirksam oder endgültig unwirksam gewordener Vertrag also wiederum in das Stadium der schwebenden Unwirksamkeit zurückversetzt wird. Ferner löst die Aufforderung gem § 108 Abs 2 S 2 eine Frist von zwei Wochen für die Erklärung über die Genehmigung aus, nach deren fruchtlosem Ablauf die Genehmigung als verweigert gilt mit der Folge der endgültigen Unwirksamkeit des Vertrages. § 109 räumt dem anderen Teil ein Widerrufsrecht ein, wenn er die Minderjährigkeit seines Kontrahenten bei Vertragsschluss nicht gekannt oder der Minderjährige wahrheitswidrig die Einwilligung des gesetzlichen Vertreters behauptet hat und dem anderen Teil das Fehlen der Einwilligung bekannt war, wobei der Minderjährige die Kenntnis seiner Minderjährigkeit oder der fehlenden Einwilligung durch den anderen Teil beweisen muss, während der andere Teil die Beweislast für die wahrheitswidrige Behauptung der Einwilligung des Vertreters trägt (Formulierung von § 109 Abs 2). § 110 erklärt einen von dem Minderjährigen ohne Zustimmung (Einwilligung oder Genehmigung) des gesetzlichen Vertreters geschlossenen Vertrag dann als von Anfang an wirksam, wenn der Minderjährige die ihm nach dem Vertrag obliegende Leistung mit Mitteln bewirkt, die ihm der gesetzliche Vertreter oder ein Dritter mit Zustimmung des Vertreters zu diesem Zweck oder zur freien Verfügung überlassen hat. Einwilligungsbedürftige einseitige Rechtsgeschäfte sind in § 111 geregelt. Die fehlende Einwilligung macht das Geschäft im Gegensatz zu dem nur schwebend unwirksamen Vertrag hier unwirksam ohne die Möglichkeit eines Wirksamwerdens durch eine Genehmigung (Satz 1). Die gleiche Rechtsfolge zeitigt nach Satz 2 auch ein mit Einwilligung vorgenommenes einseitiges empfangsbedürftiges Rechtsgeschäft, wenn der Minderjährige die Einwilligung nicht in schriftlicher Form vorlegt und der Empfänger der Erklärung sie aus diesem Grund unverzüglich zurückweist. Die Zurückweisung ist nach Satz 3 ausgeschlossen, wenn der Vertreter den anderen von der Einwilligung in Kenntnis gesetzt hatte. Nach den §§ 112 und 113 kann der Minderjährige für gewisse sachlich begrenzte Lebensbereiche eine unbeschränkte Geschäftsfähigkeit (Teilgeschäftsfähigkeit) erlangen. § 112 normiert eine solche Teilgeschäftsfähigkeit für alle mit dem selbstständigen Betrieb eines Erwerbsgeschäfts zusammenhängenden Rechtsgeschäfte („Handelsmündigkeit"), ausgenommen diejenigen Geschäfte, zu welchen der gesetzliche Vertreter der Genehmigung des Vormundschaftsgerichts bedarf. Voraussetzung ist, dass der gesetzliche Vertreter den Minderjährigen zum selbstständigen Betrieb des Erwerbsgeschäfts ermächtigt hat, wozu ebenfalls die Genehmigung des Vormundschaftsgerichts erforderlich ist. Der Vertreter kann die Ermächtigung nur mit Genehmigung des Vormundschaftsgerichts zurücknehmen. Die in § 113 statuierte Teilgeschäftsfähigkeiterfordert eine Ermächtigung des Minderjährigen durch den gesetzlichen Vertreter, in Dienst oder in Arbeit zu treten. Der Minderjährige ist dann für solche Rechtsgeschäfte unbeschränkt geschäftsfähig, die die Eingehung oder Aufhebung eines Dienst- oder Arbeitsverhältnisses der gestatteten Art oder die Erfüllung der sich aus einem solchen Verhältnis gegebenen Verpflichtungen betreffen („Arbeitsmündigkeit"), mit Ausnahme derjenigen Verträge, zu denen der Vertreter der vormundschaftsgerichtlichen Genehmigung bedarf. Die für einen Einzelfall erteilte Ermächtigung gilt im Zweifel als allgemeine Ermächtigung zur Eingehung von Verhältnissen derselben Art. Eine vom gesetzlichen Vertreter verweigerte Genehmigung kann das Vormundschaftsgericht auf Antrag des Minderjährigen ersetzen und es muss dies tun, wenn die Ersetzung im Interesse des Minderjährigen liegt, sofern es sich bei dem gesetzlichen Vertreter um einen Vormund (nicht um die Eltern) handelt. Der Vertreter kann die Ermächtigung zurücknehmen oder einschränken.

Die in den §§ 107, 108 getroffene Regelung, insbesondere die Differenzierung **4** zwischen den ohne Einwilligung wirksamen Rechtsgeschäften, die dem Minderjährigen lediglich rechtlich vorteilhaft sind, und den einwilligungsbedürftigen Geschäften mit einem rechtlichen Nachteil für den Minderjährigen, gehen im Kern zurück auf die im römischen Recht entwickelten Grundsätze über die Fähigkeit des Unmündigen zur Vornahme von Rechtsakten ohne oder mit *auctoritas* seines Vormundes (hierzu ausführlich Vorbem 106 zu §§ 104–115), die in modifizierter Form auch den älteren Kodifikationen zugrunde gelegen hatten (vgl Vorbem 111, 112 zu §§ 104–115). Unmittelbare Grundlage der im BGB getroffenen Regelung war das preußische Geschäftsfähigkeitsgesetz vom 12.7.1875 (hierzu Vorbem 113 zu §§ 104–115). Die Abweichungen des BGB von der römisch-rechtlichen Grundlage betreffen zunächst die Teilgeschäftsfähigkeiten der §§ 112 und 113, die dem Recht des *Corpus Iuris Civilis* unbekannt gewesen sind. Vor allem aber wird in den BGB-Vorschriften das Bestreben deutlich, einen angemessenen Ausgleich zu finden zwischen dem Schutz des Minderjährigen vor nachteiligen Folgen der von ihm geschlossenen Rechtsgeschäfte einerseits (vgl o Rn 1) und dem Erfordernis der Rechtssicherheit andererseits. Diesem Anliegen dienen insbesondere die in § 108 Abs 2 normierten Wirkungen der Aufforderung des anderen Vertragsteils an den gesetzlichen Vertreter betreffend die Erklärung über die Genehmigung; der Ablauf der dort vorgeschriebenen Zwei-Wochen-Frist verschafft dem anderen Teil die Gewissheit der endgültigen Unwirksamkeit des Vertrags. Das Widerrufsrecht nach § 109 beseitigt mit der gleichen Zielsetzung unter den dort genannten Voraussetzungen die grundsätzliche Bindung des anderen Vertragsteils an den mit den Minderjährigen geschlossenen nicht konsentierten Vertrag. Die Unwirksamkeit eines einseitigen Rechtsgeschäfts ohne Einwilligung oder bei fehlender schriftlicher Einwilligung und unverzüglicher Zurückweisung gem § 111 soll den Erklärungsgegner vor einem Schwebezustand bewahren, den er hier – anders als bei einem Vertrag – nicht durch Nichtannahme der Erklärung des Minderjährigen vermeiden könnte. Schließlich hat das BGB auch das römisch-rechtliche Institut der Wiedereinsetzung in den vorigen Stand wegen Minderjährigkeit, die schon die älteren Kodifikationen nicht übernommen hatten und die das preußische Geschäftsfähigkeitsgesetz für das gesamte preußische Staatsgebiet beseitigt hatte, vor allem deshalb abgelehnt, weil der andere Teil auf die endgültige Wirksamkeit eines mit Zustimmung des gesetzlichen Vertreters und ggf mit Genehmigung des Vormundschaftsgerichts geschlossenen Geschäfts sollte vertrauen können (vgl Begr zu § 85 [§ 5] VE [bei SCHUBERT, AT II 75 f]). Nicht geschützt wird hingegen auch insoweit ein guter Glaube des Geschäftsgegners an die Volljährigkeit oder eine in Wirklichkeit nicht vorliegende Zustimmung des gesetzlichen Vertreters des Minderjährigen; ein zustimmungsbedürftiges, aber ohne Konsens geschlossenes Minderjährigengeschäft wird auch dann nicht wirksam, wenn der andere Teil seinen Geschäftspartner ohne Verschulden für volljährig oder den Konsens als erteilt angesehen hat (vgl allg Vorbem 26 zu §§ 104–115). Zur bereicherungsrechtlichen Rückabwicklung eines endgültig unwirksamen Minderjährigengeschäfts s Vorbem 79, 80 zu §§ 104–115. Den Regelungsmechanismus der §§ 107–109, 111 verwendet das Gesetz auch in anderen Bereichen, so in den §§ 177, 178, 180 für Rechtsgeschäfte des Vertreters ohne Vertretungsmacht, den §§ 1365–1367, 1369 für Geschäfte eines Ehegatten im gesetzlichen Güterstand über sein Vermögen als Ganzes oder über Haushaltsgegenstände, den §§ 1423, 1424, 1427, 1453 für die dort genannten Geschäfte eines Ehegatten im Güterstand der Gütergemeinschaft sowie den §§ 1829, 1832 iVm 1643 Abs 3 für Geschäfte des gesetzlichen Vertreters, die der Genehmigung des Vormundschaftsgerichts oder des Gegenvormundes bedürfen.

5 Der **gesetzliche Vertreter** (hierzu allg Vorbem 25 zu §§ 104–115) kann bezüglich der in der Person des Minderjährigen wirksam werdenden Rechtsgeschäfte auf zweifacher Weise tätig werden. Zum einen kann er auch für den beschränkt Geschäftsfähigen, insoweit nicht anders als für einen Geschäftsunfähigen, in Ausübung seiner gesetzlichen Vertretungsmacht (§§ 1629, 1793 Abs 1 S 1) selbst Rechtsgeschäfte im Namen des Kindes/Mündels abschließen, die dann gem § 164 unmittelbar für und gegen den Minderjährigen wirken. Anders als bei einem Geschäftsunfähigen kann sich aber gesetzliche Vertreter eines beschränkt Geschäftsfähigen auch darauf beschränken, den von dem Minderjährigen selbst abgegebenen, nach § 107 zustimmungsbedürftigen Willenserklärungen diese Zustimmung zu erteilen und die Erklärungen dadurch voll wirksam zu machen.

2. Besondere Regelungen

6 Abweichend von den allgemeinen Vorschriften der §§ 107–113 ist die Fähigkeit eines Minderjährigen zur **Eingehung einer Ehe** geregelt. Die Ehemündigkeit fällt nach § 1303 Abs 1 grundsätzlich mit der Volljährigkeit zusammen. Einem Minderjährigen kann jedoch unter der Voraussetzung des § 1303 Abs 2 (Vollendung des 16.

Lebensjahres und Volljährigkeit des künftigen Ehegatten) auf Antrag von dem Erfordernis der Ehemündigkeit vom Familiengericht Befreiung erteilt werden. Die Mitwirkung des gesetzlichen Vertreters ist nunmehr in § 1303 Abs 3 und 4 so ausgestaltet, dass er dem Befreiungsantrag widersprechen kann, woraufhin das Familiengericht die Befreiung nur erteilen darf, wenn der Widerspruch nicht auf triftigen Gründen beruht. Erteilt das Familiengericht die Befreiung, so ist eine Einwilligung des gesetzlichen Vertreters oder eines sonstigen Personensorgeberechtigten nicht mehr erforderlich. Diese Regelung vermeidet die bisherige Zweigleisigkeit von Befreiungsverfahren und Verfahren der Ersetzung der Zustimmung des Vertreters. Eine von einem nicht Ehemündigen ohne erteilte Befreiung geschlossene Ehe ist nach § 1314 Abs 1 aufhebbar. Zum Ausschluss der Aufhebbarkeit, dem Verfahren und den Rechtsfolgen der Aufhebung s §§ 1315 Abs 1 S 1 Nr 1 und S 3, 1316 Abs 1 Nr 1, Abs 2 S 2, 1318 Abs 2 Nr 1.

Besondere Vorschriften über **rechtsgeschäftliches Handeln** des Minderjährigen enthalten die §§ 165, 179 Abs 3 S 2 (Vertreterhandeln), 1411 (Ehevertrag), 1516 Abs 2 S 2 (Zustimmung zu bestimmten Verfügungen des anderen Ehegatten bei Gütergemeinschaft), 1596 (Anerkennung der Vaterschaft), 1600a Abs 2 S 2 (Anfechtung der Vaterschaft), 1746 (Einwilligung in die Annahme als Kind), 2229 Abs 1 und 2, 2233 Abs 1, 2247 Abs 4 (Testamentserrichtung), 2275, 2296 Abs 1 S 2 (Abschluss des Erbvertrages und Rücktritt vom Erbvertrag) sowie 2347 Abs 1 und 2 S 1, 2351 (Erbverzicht). Der Zugang von gegenüber einem Minderjährigen abgegebenen Willenserklärungen ist in § 131 Abs 2 nach dem Muster des § 107 geregelt. Die in früheren Partikularrechten vorhanden gewesenen besonderen Vorschriften über die Verpflichtungsfähigkeit der Studierenden, die bei Schaffung des BGB in den meisten deutschen Staaten schon abgeschafft waren (so in Preußen durch Gesetz vom 29. 5. 1879), hat der BGB-Gesetzgeber bewusst nicht übernommen, da diese Bestimmungen auf überlebten ständischen Vorstellungen beruhten (Begr zu § 85 VE [bei Schubert 67 f]; Jakobs/Schubert I 531; Mot I 145 ff = Mugdan I 432 f). 7

Die Fähigkeit von beschränkt Geschäftsfähigen zur Vornahme bestimmter **Handlungen nicht rechtsgeschäftlicher Art** ist geregelt in den §§ 8 für die Wohnsitzbegründung und -aufhebung (hierzu Vorbem 93 zu §§ 104–115), 682 für die GoA (hierzu Vorbem 44 ff zu §§ 104–115) und in § 828 Abs 3 für die Verantwortlichkeit für unerlaubte Handlungen. Weitere Bestimmungen betreffen das Ruhen der elterlichen Sorge bei beschränkter Geschäftsfähigkeit (§ 1673 Abs 2), die Unfähigkeit der Bestellung zum Vormund (§ 1781) und zur Ernennung zum Testamentsvollstrecker (§ 2201). Der Ablauf der gegen einen beschränkt Geschäftsfähigen laufenden Verjährung ist während des Fehlens eines gesetzlichen Vertreters nach Maßgabe des § 210 gehemmt. 8

IV. Beweislast

Wer sich auf die beschränkte Geschäftsfähigkeit einer Person im Zeitpunkt der Abgabe einer Willenserklärung beruft, trägt hierfür die Beweislast. Da die beschränkte Geschäftsfähigkeit durch die Minderjährigkeit begründet wird und diese unter normalen Verhältnissen unschwer nachgewiesen werden kann, ist umstritten und damit beweisbedürftig in der Regel nur die Frage, ob die Abgabe einer Willenserklärung (ohne Zustimmung des gesetzlichen Vertreters) noch zur Zeit der Minderjährigkeit oder schon nach eingetretener Volljährigkeit des Urhebers erfolgt ist. 9

Lässt sich der Abgabezeitpunkt nicht klären, so ist von einer Abgabe bei Volljährigkeit und damit von der Wirksamkeit der Erklärung auszugehen (OLG Saarbrücken NJW 1973, 2065; jetzt auch BAUMGÄRTEL/LAUMEN zu § 106).

V. Verfahrensfähigkeit

10 Eine der beschränkten Geschäftsfähigkeit entsprechende beschränkte Prozessfähigkeit kennen die Verfahrensrechte nicht. Minderjährige können also Verfahrenshandlungen nicht in eigener Person mit Zustimmung des gesetzlichen Vertreters, sondern nur durch den Vertreter vornehmen (vgl hierzu ie Vorbem 95 zu §§ 104–115). Dies gilt richtiger Ansicht nach auch im Verfahren der freiwilligen Gerichtsbarkeit (vgl Vorbem 96 zu §§ 104–115). Verfahrensfähig ist der Minderjährige lediglich in den Bereichen einer materiellrechtlichen Teilgeschäftsfähigkeit auf den Gebieten des privaten oder des öffentlichen Rechts. Auf privatrechtlichem Gebiet sind solche Teilgeschäftsfähigkeiten in den §§ 112 und 113 normiert; im Bereich einer vorliegenden Handels- oder Arbeitsmündigkeit kann der Minderjährige also auch selbstständig Prozesse führen. Keine Prozessfähigkeit begründet hingegen die Vorschrift des § 110, denn diese normiert keine Teilgeschäftsfähigkeit, sondern lediglich einen Sonderfall der Einwilligung des gesetzlichen Vertreters, so dass hier die von § 52 ZPO geforderte Fähigkeit, sich selbstständig durch Verträge zu verpflichten, nicht gegeben ist. Zur Verfahrensfähigkeit sei im übrigen auf die Vorbem 95–97 zu §§ 104–115 verwiesen.

VI. Betreuter bei Einwilligungsvorbehalt

11 Für die Fähigkeit eines nicht geschäftsunfähigen Betreuten zur Vornahme von Rechtsgeschäften in denjenigen Angelegenheiten, die von einem angeordneten Einwilligungsvorbehalt betroffen sind, verweist § 1903 Abs 1 S 2 auf die §§ 108–113. Ein Betreuer steht damit im Rahmen des Einwilligungsvorbehalts weitgehend einem Minderjährigen gleich. Wegen der besonderen Regelungen in § 1903 ist er hingegen nicht wie der Minderjährige als beschränkt geschäftsfähig zu bezeichnen, so dass die Vorschriften, die sich auf die beschränkte Geschäftsfähigkeit beziehen, mangels besonderer Verweisung auf den Betreuten unter Einwilligungsvorbehalt nicht anwendbar sind (vgl hierzu ausf Vorbem 25 zu §§ 104–113).

Zur beschränkten Geschäftsfähigkeit nach dem **Internationalen Privatrecht** und dem **Übergangsrecht nach der Wiedervereinigung** s Vorbem 17 und 18 zu §§ 104–115.

§ 107
Einwilligung des gesetzlichen Vertreters

Der Minderjährige bedarf zu einer Willenserklärung, durch die er nicht lediglich einen rechtlichen Vorteil erlangt, der Einwilligung seines gesetzlichen Vertreters.

Materialien VE AT § 82 Abs 2; KE § 64 Abs 2, Abs 3 S 1; E I § 65 Abs 2, Abs 3 S 1; II § 81; III § 104; SCHUBERT, AT I 15, 24 f, AT II 43 f; JAKOBS/SCHUBERT 499 f, 522, 526 f, 530 f, 535, 540, 551 f, 554 ff, 557, 560, 562 f, 567, 569, 571; Mot I 133 ff, 146 ff = MUGDAN I 425 ff, 432 f; Prot I 123 ff, 140 f = MUGDAN I 675 f, 682.

Titel 1 § 107
Geschäftsfähigkeit

Schrifttum

S die Angaben bei den Vorbem zu §§ 104–115, zu den §§ 104–106 sowie
ADAM, Der Vertragsabschluss durch einen Minderjährigen in der Lebensversicherung, ZfV 1964, 625
ALETH, Der Vertragsschluss mit Minderjährigen, JuS 1995, L 9
ARMBRÜSTER, Zivilrechtliche Folgen des Gesetzes zur Regelung der Rechtsverhältnisse der Prostituierten, NJW 2002, 2763
AUTENRIETH, Die Abtretung einer Darlehensforderung der Eltern gegen eine Gesellschaft aus zivil- und steuerrechtlicher Sicht, DB 1984, 2547
BADEWITZ, Der Minderjährige als Gesellschafter der offenen Handelsgesellschaft (Diss Jena 1935)
vBLUME, Zustimmung kraft Rechtsbeteiligung und Zustimmung kraft Aufsichtsrechts, JherJb 48 (1904) 417
BRAUN, Mitwirkung Minderjähriger bei Vereinsbeschlüssen, NJW 1962, 92
BROX, Die unentgeltliche Aufnahme von Kindern in eine Familien-Personengesellschaft, in: FS Bosch (1976) 75
COESTER-WALTJEN, Nicht zustimmungsbedürftige Rechtsgeschäfte beschränkt geschäftsfähiger Minderjähriger, Jura 1994, 668
DIECKMANN/SCHNEIDER, Zivilrechtliche Ansprüche gegen Minderjährige bei Beförderungserschleichung im System der Rechtsordnung, ZfJ 2002, 161
EHMANN, Die Funktion der Zweckvereinbarung bei der Erfüllung, JZ 1968, 549
ders, Ist die Erfüllung Realvertrag?, NJW 1969, 1833
EVERTS, Zivilrechtliche Wirksamkeit der Überlassung nießbrauchsbelasteten, vermieteten Grundbesitzes an minderjährige Familienangehörige, ZEV 2004, 231
FAHLBUSCH-WENDLER, Der Minderjährige im Sportverein, RdJB 1980, 278
FELLER, Teleologische Reduktion des § 181 letzter Halbs BGB bei nicht lediglich rechtlich vorteilhaften Erfüllungsgeschäften, DNotZ 1989, 66
FEMBACHER/FRANZMANN, Rückforderungsklauseln und Pflichtteilsklauseln in Überlassungsverträgen mit Minderjährigen, MittBayNot 2002, 78
FIELENBACH, Können Minderjährige aus zivilrechtlicher Sicht bedenkenlos schwarzfahren?, NZV 2000, 358
FINK, Abschluss von Automietverträgen mit Minderjährigen, DAR 1971, 291
GITTER/SCHMITT, Die geschenkte Eigentumswohnung – BGHZ 78, 29, JuS 1982, 253
GSCHOSSMANN, Belastungen des zugewendeten Grundstücks – (bloße) Einschränkung oder (mögliche) Aufhebung des rechtlichen Vorteils – zugleich Anmerkung zum Urteil des BGH vom 7.11.1997, XI ZR 129, 96 (MittBayNot 98, 105) und des OLG Köln vom 10.11.1997, 14 Wx 10/97 (MittBayNot 98, 106) –, MittBayNot 1998, 236
HÄHNCHEN, Schwebende Unwirksamkeit im Minderjährigenrecht – Ein Aufbauproblem aus historischer Sicht, Jura 2001, 668
HAMELBECK, Mitwirkung Minderjähriger bei Vereinsbeschlüssen, NJW 1962, 722
HARDER, Die Erfüllungsannahme durch den Minderjährigen – lediglich ein rechtlicher Vorteil, JuS 1977, 149
ders, Nochmals: Die Erfüllungsannahme durch den Minderjährigen – lediglich ein rechtlicher Vorteil, JuS 1978, 84
HETTESHEIMER, Die Fähigkeit Minderjähriger zu selbständigem rechtsgeschäftlichem Handeln (Diss Tübingen 1956, maschinenschriftl)
HIMER, Zum Abschluss von KfZ-Mietverträgen durch Minderjährige, DAR 1961, 330
HINTZE, Lukrative Rechtsgeschäfte des Minderjährigen (§ 107 BGB) (Diss Rostock 1930)
U HÜBNER, Interessenkonflikt und Vertretungsmacht (1977)
HUMMEL, Abschluss von Wohnungsmietverträgen durch minderjährige Ehefrauen, ZMR 1968, 257
JAUERNIG, Noch einmal: Die geschenkte Eigentumswohnung – BGHZ 78, 29, JuS 1982, 576
JERSCHKE, Ist die Schenkung eines vermieteten Grundstücks rechtlich vorteilhaft?, DNotZ 1982, 459

JOAS, Grundstücksschenkungen an Minderjährige, BWNotZ 1974, 146
JOSEF, Auflassung an Minderjährige, DJZ 1911, 1267
JÜLICHER, Spannungsverhältnis von Rückforderungsrechten und Weiterleitungsklauseln in Schenkungsverträgen zu einzelnen Rechtsgebieten des Zivilrechts, ZEV 1998, 285
KLAMROTH, Zur Anerkennung von Verträgen zwischen Eltern und minderjährigen Kindern, BB 1975, 525
KLÜSENER, Grundstücksschenkung durch die Eltern – §§ 181, 107 BGB bei der Schenkung von Grundstücken, grundstücksgleichen Rechten und Grundstücksrechten an Minderjährige, Rpfleger 1981, 258
KOHLER, Hand Ware Hand oder: ein Prost auf das ProstG und die Schuldrechtsreform, JZ 2002, 345
KÖHLER, Grundstücksschenkung an Minderjährige – „ein lediglich rechtlicher Vorteil"?, JZ 1983, 225
ders, Die neuere Rechtsprechung zur Rechtsgeschäftslehre, JZ 1984, 18
KUHLKE, Probleme der beschränkten Geschäftsfähigkeit, JuS 2000, L 81, L 89
KUNKEL, Das Junge Konto – Minderjährigenschutz im Rahmen des Girovertrages, Rpfleger 1997, 1
KUNZ, Die rechtliche Stellung des Minderjährigen im Vereinsleben, ZBlJugR 1978, 453
HEINR LANGE, Schenkungen an beschränkt Geschäftsfähige und § 107 BGB, NJW 1955, 1339
ders, Die Rechtsnatur von Antrag, Annahme und Ablehnung, geprüft bei Verträgen beschränkt Geschäftsfähiger, in: FS Reinhardt (1972) 95
LAUTENSCHLÄGER, Ist die Erfüllungsannahme ein lediglich rechtlicher Vorteil im Sinne des § 107 BGB?, BWNotZ 1976, 115
LINDACHER, Überlegungen zu § 110 BGB – Funktion, Anwendungsbereich und dogmatische Einordnung, in: FS Bosch (1976) 533
MORITZ, Selbstbestimmung und Fremdbestimmung Minderjähriger bei vermögenswirksamen Rechtsgeschäften – Darstellung am Beispiel der Eröffnung und Handhabung von Sparkonten, DB 1979, 1165

VOLSHAUSEN, Rechtsschein und „Rosinentheorie" oder Vom guten und vom schlechten Tropfen, AcP 189 (1989) 223
POHLSCHMIDT, Umfang und Wesen der Zustimmung im Rahmen von §§ 107 ff BGB (Diss Münster 1938)
VPRADZYNSKI, Minderjährige in eingetragenen Vereinen, JW 1912, 1012
RAUTENBERG, Prostitution – Das Ende der Heuchelei, NJW 2002, 650
REIFF, Die Dogmatik der Schenkung unter Nießbrauchsvorbehalt und ihre Auswirkung auf die Ergänzung des Pflichtteils und die Schenkungssteuer (1989)
REIMANN, Die Grundstücksverwaltungsgesellschaft bürgerlichen Rechts unter Beteiligung Minderjähriger, in: FS Hagen (1999) 173
ROESCH, Versicherungsvertragsabschluß mit Minderjährigen, ZfV 1972, 135
ROHDE, Muss ein Mahnschreiben gemäß § 39 VVG dem gesetzlichen Vertreter eines minderjährigen Versicherungsnehmers zugehen, um wirksam zu sein?, VersR 1960, 295
RUPPEL, Der Minderjährige in personalen Handelsgesellschaften (Diss Frankfurt/M 1965)
SCHERNER, Generaleinwilligung und Vertretungsnotstand im Minderjährigenrecht, FamRZ 1976, 673
SCHNITZERLING, Die Einwilligung des gesetzlichen Vertreters zu Rechtsgeschäften Minderjähriger, BlGBW 1971, 205
SCHREIBER, Neutrale Geschäfte Minderjähriger (§ 107 BGB), Jura 1987, 221
E SCHULZ, Zweifelsfragen bei Vertragsabschlüssen mit Minderjährigen, ZfV 1961, 485
ders, Gibt es einen Generalkonsens im Minderjährigenrecht?, DB 1963, 407
D SCHWAB, Mündigkeit und Minderjährigenschutz, AcP 172 (1972) 266
STAUDACHER, Haftung von Minderjährigen bei Automietverträgen, NJW 1961, 1907
STÜRNER, Der lediglich rechtliche Vorteil, AcP 173 (1973) 402
STUTZ, Der Minderjährige im Grundstücksverkehr, MittRhNotK 1993, 205
TIEDTKE, Unentgeltliche Beteiligung eines Kindes als stiller Gesellschafter, DB 1977, 1064
ULTSCH, Schenkung des gesetzlichen Vertreters an Minderjährige: Gesamtbetrachtung oder

konsequente Einhaltung des Trennungsprinzips? – BGH, Beschl v 9.7. 1980 – V ZB 16/79 = BGHZ 78, 28 –, Jura 1998, 524
van Venrooy, Erfüllung gegenüber dem minderjährigen Gläubiger, BB 1980, 1017
Vortmann, Bankgeschäfte mit Minderjährigen, WM 1994, 965
Wacke, Nochmals: Die Erfüllungsannahme durch den Minderjährigen – lediglich ein rechtlicher Vorteil?, JuS 1978, 80
Weimar, Der Mietvertrag beschränkt geschäftsfähiger Personen, ZMR 1957, 145
ders, Der Generalkonsens bei Geschäften beschränkt Geschäftsfähiger, JR 1966, 90
ders, Mietverträge mit minderjährigen Ehefrauen, ZMR 1967, 353
ders, Mietverträge beschränkt Geschäftsfähiger, WuM 1968, 102
ders, Wann bringt eine Willenserklärung einem beschränkt Geschäftsfähigen lediglich einen rechtlichen Vorteil?, MDR 1972, 481
ders, Kreditaufnahme durch beschränkt Geschäftsfähige, JR 1974, 369
ders, Der lediglich rechtliche Vorteil (§§ 107, 131 Abs 2 BGB), MDR 1974, 375
ders, Der Wohn- und Geschäftsraummietvertrag mit beschränkt geschäftsfähigen Mietern, MDR 1977, 199
ders, Der minderjährige Mieter, BlGBW 1978, 221
Zurmühl, Die Rechtsgeschäfte des beschränkt Geschäftsfähigen (Diss Erlangen 1933).

Systematische Übersicht

I.	**Bedeutung der Vorschrift**	1
II.	**Lediglich rechtlicher Vorteil als Abgrenzungsmerkmal**	
1.	Gesetzliche Regelung	2
a)	Begriff des rechtlichen Vorteils	2
b)	Ausschließlichkeit des rechtlichen Vorteils	3
2.	Regelungszweck	4
3.	Eingrenzung der rechtlichen Nachteile	5
III.	**Einwilligungsfreie Rechtsgeschäfte**	
1.	Schenkungsverträge	9
a)	Reine Schenkungen	9
b)	Schenkungen mit Verpflichtungsfolgen	10
2.	Erwerbsgeschäfte	11
a)	Grundsatz	11
b)	Gesetzliche Pflichten und Lasten aus erworbenen Rechten	12
c)	Gesetzliche Schuldverhältnisse als Inhalt erworbener Rechte	13
aa)	Wohnungseigentum	13
bb)	Nießbrauch	14
d)	Erwerb eines Gegenstandes im Zusammenhang mit dessen Belastung	15
3.	Sonstige rechtlich lediglich vorteilhafte Geschäfte	19
4.	Neutrale Geschäfte	20
5.	Wirkung	21
IV.	**Einwilligungsbedürftige Rechtsgeschäfte**	22
1.	Verpflichtungsgeschäfte	23
2.	Verfügungsgeschäfte	24
3.	Leistung zwecks Erfüllung eines Anspruchs des Minderjährigen	25
4.	Erwerbsgeschäfte mit Verpflichtungsfolgen	26
a)	Arten	27
aa)	Grundstücke	27
bb)	Vermögensgesamtheiten	28
cc)	Beteiligung an Personen- und Kapitalgesellschaften	29
dd)	Tiere	30
b)	Verhältnis des rechtlich nachteiligen Erwerbsgeschäfts zum unentgeltlichen Grundgeschäft	31
5.	Ausübung von Gestaltungsrechten	32
6.	Vereinsmitgliedschaft	33
7.	Verlöbnis	34
V.	**Einwilligung**	
1.	Erfordernisse	35
2.	Umfang	36
a)	Allgemeines: Frage des Generalkonsenses	36
b)	Einzelfragen	39
aa)	Generalkonsens	39

bb) Folgekonsens	41	VIII. Beweislast	45
3. Wirkung	42		
		IX. Betreuter bei Einwilligungsvorbehalt	46
VI. Stellung des gesetzlichen Vertreters	43		
VII. Entsprechende Anwendung	44		

Alphabetische Übersicht

Auftrag	23	Prozessfähigkeit (im Zusammenhang mit nicht einwilligungsbedürftigem Rechtsgeschäft)	21
Ausgleichungsanordnung	10		
Bestimmung der Schuldnerleistung	20		
Betreute	46	Reallast	27
		Rechtliche Betrachtungsweise	2
Darlehen	23	Rechtsgeschäftsähnliche Rechtshandlungen	44
Erbschaftsannahme	28	Rechtsnachteile (des Minderjährigen bei Erwerbsgeschäft, persönliche)	26 ff
Erwerb eines Handelsgeschäfts	28		
Folgegeschäfte	41	Schenkung unter Auflage	10
		Schwarzfahrten	40
Generaleinwilligung	36 ff	Sorgerechtliche Betrachtungsweise	7
Girovertrag	23	Stimmrecht des Minderjährigen	33
In-sich-Geschäft	31	Tatsächliche Auswirkungen	2
Lasten bei Erwerbsgeschäft	12	Unentgeltlicher Erwerb	5, 9 f
Leihe	23	Unmittelbare Folgen eines Geschäfts	6
Leistung an Minderjährige, Erfüllungswirkung	25	Vermögensgesamtheiten	5, 28
		Verwahrung, unentgeltliche	23
Naturalobligation	23		
Nießbrauchsvorbehalt	17	Widerrufsvorbehalt zugunsten des Schenkers	10
Pflichten bei Erwerbsgeschäft	12	Wirtschaftliche Auswirkungen	2, 7

I. Bedeutung der Vorschrift

1 § 107 normiert das dem Institut der beschränkten Geschäftsfähigkeit zugrundeliegende Prinzip. Der beschränkt Geschäftsfähige kann zwar grundsätzlich (zu den besonders im Familien- und Erbrecht bestehenden Ausnahmen vgl o Vorbem 14, 15 zu §§ 104–115) in eigener Person rechtsgeschäftlich handeln; seine Willenserklärungen sind nicht wie die des Geschäftsunfähigen – jetzt mit der Einschränkung des § 105a – rechtlich bedeutungslos. Ohne weiteres wirksam sind aber nur die dem Minderjährigen rechtlich lediglich vorteilhaften Rechtsgeschäfte. Diejenigen Geschäfte, die dem Minderjährigen (auch) rechtlich nachteilig sind, bedürfen dagegen zu ihrer Wirksamkeit der Einwilligung des gesetzlichen Vertreters, zu der unter den Voraussetzungen der

§§ 1821, 1822 iVm § 1643 noch die Genehmigung des Familien- bzw Vormundschaftsgerichts und nach § 1812 diejenige des Gegenvormundes hinzukommen muss. Diese Regelung soll den dem Geschäftsfähigkeitsrecht allgemein zugrundeliegenden Schutz- und Erziehungszweck (vgl Vorbem 20, 22 zu §§ 104–115) für den Bereich der beschränkten Geschäftsfähigkeit verwirklichen. Dem Schutz des Minderjährigen dient das Einwilligungserfordernis für alle rechtlich nicht ausschließlich vorteilhaften Geschäfte. Rechtlich nachteiligen Geschäften ist die abstrakte Gefahr einer Schädigung des Minderjährigen inhärent. Deshalb macht das Gesetz die Wirksamkeit solcher Geschäfte von der Einwilligung des gesetzlichen Vertreters abhängig, dem somit die Prüfung obliegt, ob das Minderjährigengeschäft im konkreten Fall trotz der ihm innewohnenden Rechtsnachteile dem Minderjährigen gleichwohl tatsächlich vorteilhaft oder wenigstens ungefährlich ist. Bei rechtlich lediglich vorteilhaften Geschäften ist die Schädigungsgefahr hingegen von vornherein nicht gegeben, weshalb das Einwilligungserfordernis hier entfallen kann. Die gegebene Fähigkeit zur Vornahme von Rechtsgeschäften, die bei abstrakt gefährlichen Geschäften durch die notwendige Einwilligung beschränkt ist, soll den Minderjährigen mit dem rechtsgeschäftlichen Verkehr vertraut machen und ihn auf die spätere völlige Selbstständigkeit vorbereiten, ihm aber gleichzeitig den wegen seiner jugendlichen Unerfahrenheit noch erforderlichen Schutz vor Gefährdungen erhalten.

II. Lediglich rechtlicher Vorteil als Abgrenzungsmerkmal

1. Gesetzliche Regelung

a) Begriff des rechtlichen Vorteils

Das Merkmal der ausschließlichen rechtlichen Vorteilhaftigkeit der Willenserklärung soll den Kreis der für den beschränkt Geschäftsfähigen möglicherweise schädlichen und damit abstrakt gefährlichen Rechtsgeschäfte von denjenigen Geschäften abgrenzen, denen eine solche Schädigungsmöglichkeit nicht innewohnt und die der Minderjährige deshalb gem dem vorstehend Ausgeführten selbstständig vornehmen kann. Diesen Zweck sucht das Gesetz zu erreichen, indem es die Vorteilhaftigkeit oder Nachteiligkeit des Geschäfts, dessen Einwilligungsbedürftigkeit in Frage steht, nach einem **rechtlichen Maßstab** beurteilt und demzufolge für die Einwilligungsfreiheit einen rechtlichen Vorteil verlangt. Unter einem rechtlichen Vorteil ist eine positive Einwirkung des Geschäfts auf den Rechtsbestand des Minderjährigen zu verstehen entweder in Gestalt eines Zuwachses an Rechten oder sonstigen Aktiven oder in Form einer Verminderung seiner Verbindlichkeiten und sonstigen Belastungen. Diese rechtlichen Folgen sind für die Beurteilung der Einwilligungsbedürftigkeit oder -freiheit allein maßgeblich; unerheblich sind demgegenüber wirtschaftliche oder sonstige tatsächliche Auswirkungen des Geschäfts (BGH LM § 107 Nr 7; BayObLGZ 1979, 49, 53, 243, 246; LG Aachen MittRhNotK 1969, 574, 575 f; NJW-RR 1994, 1319, 1320; MünchKomm/Schmitt Rn 28; Soergel/Hefermehl Rn 1). Vorteilhaft iSd § 107 ist dem Minderjährigen daher auch der Erwerb einer gefährlichen Sache (schweres Motorrad); vor solchen Gefahren wird der Minderjährige nicht durch die Einwilligungsbedürftigkeit des Geschäfts im Außenverhältnis geschützt, sondern im Innenverhältnis durch das Sorgerecht des gesetzlichen Vertreters (§§ 1626, 1793), aufgrund dessen der Vertreter die erforderlichen Sicherungsmaßnahmen treffen kann. Ein rechtlich vorteilhaftes Geschäft setzt aber nicht notwendig voraus, dass es sich auch bei dem Gegenstand des dadurch bewirkten Erwerbs um ein Recht handelt, sondern es genügt auch die Erlangung einer bloß tatsächlichen Position *(know how, good will* oä). Aus diesem Grund hat im Gesetzgebungsverfahren die Vorkommission des Reichsjustizamtes die in § 65 Abs 2 E I vorgesehen gewesene Formulierung des Erwerbs von Rechten und der Befreiung von Verbindlichkeiten als Voraussetzungen der Einwilligungsfreiheit als zu eng angesehen und durch die Gesetz gewordene Formulierung des lediglich rechtlichen Vorteils ersetzt (vgl JAKOBS/SCHUBERT, Beratung I 557; Mot I 128 = MUGDAN I 676). Der Begriff des rechtlichen Vorteils umfasst ferner nicht nur Vorteile vermögensmäßiger Art; er ist vielmehr auch bei einem Erwerb persönlicher, etwa familienrechtlicher Rechte und einem Wegfall entsprechender Verpflichtungen gegeben. Aus diesem Begriff des rechtlichen Vorteils folgt der Gegensatzbegriff des rechtlichen Nachteils: Einen Rechtsnachteil zeitigt ein Geschäft dann, wenn es den Bestand der Rechte und sonstigen Aktivpositionen des Minderjährigen verringert oder ihm Verbindlichkeiten oder Belastungen auferlegt.

b) Ausschließlichkeit des rechtlichen Vorteils

3 Nach dem Gesetzeswortlaut muss das Geschäft, soll die Einwilligung des gesetzlichen Vertreters entbehrlich sein, dem Minderjährigen **lediglich** rechtlichen Vorteil bringen (zu sog neutralen Geschäften s u Rn 20). Die Willenserklärung darf also für den Minderjährigen keinerlei Rechtsnachteil in dem oben dargelegten Sinn zeitigen. Hieraus folgt die Einwilligungsbedürftigkeit aller Rechtsgeschäfte, die für den Minderjährigen sowohl rechtliche Vorteile als auch rechtliche Nachteile zur Folge haben. Zur Wirksamkeit eines gegenseitig verpflichtenden Vertrages, der *per definitionem* auch eine Verpflichtung des Minderjährigen zur Erbringung der (Gegen-) leistung und damit einen Rechtsnachteil begründet, ist folglich die Einwilligung des gesetzlichen Vertreters stets erforderlich. Auf das quantitative, wertmäßige und damit wirtschaftliche Verhältnis zwischen den rechtlichen Vorteilen und Nachteilen eines Geschäfts kommt es gem der dem Gesetz zugrundeliegenden rechtlichen Betrachtungsweise (s o Rn 2) nicht an (LG Aachen NJW-RR 1994, 1319, 1321). Schon der kleinste Rechtsnachteil eines Geschäfts löst das Einwilligungserfordernis aus, mögen auch die aus dem Geschäft gleichfalls resultierenden rechtlichen Vorteile diesen Nachteil weit übersteigen. Einem von dem Minderjährigen getätigten Kauf muss der gesetzliche Vertreter somit ungeachtet eines gegenüber dem Wert des Kaufgegenstandes sehr geringen Kaufpreises zustimmen. Der Beurteilung der ausschließlichen rechtlichen Vorteilhaftigkeit ist trotz des Gesetzeswortlauts nicht die einzelne Willenserklärung zugrunde zu legen, sondern das gesamte (mehrseitige) Rechtsgeschäft, etwa der Vertrag als Ganzes (COESTER-WALTJEN Jura 1994, 668; ALETH JuS 1995, L 9, 10; s auch HÄHNCHEN Jura 2001, 668, 669 f m Darstellung der Entstehungsgeschichte des § 107). Lediglich rechtlich vorteilhaft ist ein (vermögensmäßiges) Rechtsgeschäft mithin dann, wenn es das Vermögen des Minderjährigen nicht unter den vor dem Geschäftsabschluss vorhanden gewesenen Stand mindert und der Minderjährige mit dem Geschäft keine neuen Verpflichtungen und Belastungen auf sich nimmt (so BayObLGZ 1967, 245, 247 = NJW 1967, 1912, 1913; DNotZ 1975, 219, 229; BayObLGZ 1979, 49, 53 = WM 1979, 1078, 1079; BayObLGZ 1998, 139, 143 f = Rpfleger 1998, 425, 426; FG Prax 2004, 123; NJW-RR 2004, 810, 811; OLG Köln Rpfleger 2003, 570, 572 m Anm BESTELMEYER Rpfleger 2004, 162).

2. Regelungszweck

Die Regelung der Einwilligungsbedürftigkeit der Minderjährigengeschäfte nach **4**
einer rein rechtlichen Betrachtungsweise bezweckt eine Synthese von Minderjährigenschutz und Rechtssicherheit. In dem lediglich rechtlichen Vorteil sah der Gesetzgeber ein Kriterium, das im Einzelfall eine eindeutige und unschwere Klärung der Einwilligungsbedürftigkeit eines Geschäfts ermöglicht. Wie sich ein Geschäft auf den Rechts- und Pflichtenbestand seines Urhebers auswirkt, lässt sich – so jedenfalls die Erwartung des Gesetzgebers – allein nach dessen Inhalt bestimmen. Die Klärung der Frage, ob sich das Geschäft wirtschaftlich zum Vorteil oder zum Nachteil des Minderjährigen auswirkt – hiernach richtet sich etwa im französischen Recht die Anfechtbarkeit des Minderjährigengeschäfts (s Vorbem 125 zu §§ 104–115) – erfordert hingegen eine Berücksichtigung aller Einzelfallumstände, die aus dem Geschäftsinhalt selbst, insbesondere für den Geschäftsgegner, nicht oder nur unvollständig erkennbar sind. Den Schutz des Minderjährigen sucht das Gesetz in der Weise optimal zu verwirklichen, dass es die Entscheidung über die Wirksamkeit eines rechtlich nicht lediglich vorteilhaften Rechtsgeschäfts dem gesetzlichen Vertreter zuweist. Dem Vertreter obliegt mithin die aufgrund seines Sorgerechts eigenverantwortliche Prüfung, ob das seinem Pflegebefohlenen rechtlich nicht lediglich vorteilhafte und damit abstrakt gefährliche Geschäft tatsächlich, insbesondere wirtschaftlich, gleichwohl doch nicht schädlich bzw sogar günstig ist (vgl Heinr Lange NJW 1955, 1339; MünchKomm/Schmitt Rn 28). Die wirtschaftliche Betrachtungsweise hat hiernach – anders als nach französischem (Vorbem 125 zu §§ 104–115) und in gewisser Hinsicht auch nach englischem (Vorbem 138 zu §§ 104–115) Recht – nicht das Streitgericht anzustellen, das vielmehr nur über die Frage der Einwilligungsbedürftigkeit aufgrund der rechtlichen Betrachtungsweise entscheidet, sondern die wirtschaftliche Wertung des Geschäfts ist allein Sache des gesetzlichen Vertreters.

3. Eingrenzung der rechtlichen Nachteile

Die Erwartung des historischen Gesetzgebers, mit der ausschließlichen rechtlichen **5**
Vorteilhaftigkeit ein leicht handhabbares und zu eindeutigen Ergebnissen führendes Unterscheidungsmerkmal der einwilligungsfreien von den einwilligungsbedürftigen Rechtsgeschäften geschaffen zu haben, hat sich nicht vollständig erfüllt. Die Schwierigkeit ergibt sich aus der dem Erfordernis der Ausschließlichkeit („lediglich") des rechtlichen Vorteils beizulegenden Reichweite. Bei einem Verständnis dieses Erfordernisses im weitesten Sinne würde jedweder Rechtsnachteil, der den Minderjährigen als Folge des Geschäfts träfe, auch ein ganz entfernter oder ein nur möglicherweise eintretender, die Einwilligungsbedürftigkeit begründen. Einwilligungsfreie Geschäfte gäbe es dann praktisch gar nicht, denn irgendwelche rechtlichen Nachteile sind bei keinem Rechtsgeschäft auszuschließen (vgl Stürner AcP 173 [1973] 402, 416 f). So kann selbst der unentgeltliche Erwerb einer Sache mit öffentlichrechtlichen Pflichten und Lasten (allgemeine Polizeipflicht, Steuerpflicht, Pflicht zur Leistung von Kommunalabgaben usw) verbunden sein, die bei Grundstücken einen erheblichen Umfang annehmen können. Privatrechtlich kann die Zuwendung bestimmter Vermögensgesamtheiten eine Haftung für die Verbindlichkeiten des Veräußerers begründen (zB nach § 25 HGB bei Handelsgeschäft, früher nach § 419 bei Vermögensübernahme). Eine Schenkung kann für den minderjährigen Beschenkten die Verpflichtung zur Vollziehung einer mit ihr verbundenen Auflage nach § 525 zur

Folge haben, ferner besteht die Möglichkeit einer Herausgabepflicht wegen Verarmung des Schenkers (§ 528) oder aufgrund eines Widerrufs wegen groben Undanks (§ 531). Belastungen eines vom Minderjährigen (unentgeltlich) erworbenen Gegenstandes können die Verpflichtung zur Duldung der Zwangsvollstreckung in den Gegenstand auslösen (§§ 1147, 1192 Abs 1) und dadurch zum Verlust des Gegenstandes führen; bestimmte Belastungen können auch schuldrechtliche Verpflichtungen (Nießbrauch nach den §§ 1041 ff, Reallast nach § 1108) zum Inhalt haben mit der Folge auch einer persönlichen Haftung des Minderjährigen. Auch Verträge, die nur eine einseitige Leistungspflicht des Vertragspartners des Minderjährigen begründen, können zu Rechtsnachteilen des Minderjährigen bei einem Annahmeverzug (§§ 300 ff) oder in Form von Schadensersatzpflichten bei einer Verletzung seiner Pflichten aus § 241 Abs 2 führen. Würde auch bei jedem nur entfernt liegenden und nur möglicherweise eintretenden Rechtsnachteil die Einwilligung des gesetzlichen Vertreters zu dem Rechtsgeschäft gefordert, so liefe die Vorschrift des § 107 weitgehend leer. Eine solche überwiegende Wirkungslosigkeit der Norm widerspräche der Absicht des Gesetzgebers, dem Minderjährigen zwecks Vorbereitung auf die spätere volle Geschäftsfähigkeit die selbstständige Vornahme bestimmter Rechtsgeschäfte auch von einiger wirtschaftlicher Erheblichkeit zu ermöglichen. Es besteht deshalb Einigkeit über das Erfordernis, den Kreis der rechtlichen Nachteile, die das Minderjährigengeschäft einwilligungsbedürftig machen, in einer mit der ratio des § 107 zu vereinbarenden Weise einzuschränken. Über das dafür maßgebliche Kriterium, nicht notwendig auch hinsichtlich der Ergebnisse, gehen die Meinungen jedoch auseinander. Im Wesentlichen werden folgende Ansichten vertreten:

6 Nach der überwiegenden Ansicht ist das Minderjährigengeschäft nur dann nicht lediglich rechtlich vorteilhaft iSd § 107, wenn sich die von ihm ausgelösten Rechtsnachteile als **unmittelbare** Folgen des Geschäfts darstellen. Nicht einwilligungsbedürftig wird das Geschäft hiernach durch solche nachteiligen Rechtsfolgen, die nur mittelbar, durch Hinzutreten weiterer Umstände von dem Geschäft verursacht werden (so ua PALANDT/HEINRICHS Rn 2, 3; BGB-RGRK/KRÜGER-NIELAND Rn 2; SOERGEL/HEFERMEHL Rn 1). Typische mittelbare und damit die ausschließliche rechtliche Vorteilhaftigkeit des Geschäfts nicht berührende Nachteile sind etwa die Herausgabepflicht des Beschenkten aus den §§ 528, 530, da diese erst als Folge einer Verarmung des Schenkers oder eines groben Undanks des Beschenkten und des daraufhin erfolgten Widerrufs der Schenkung eintritt. Gleiches gilt für eine Haftung des Beschenkten aus ungerechtfertigter Bereicherung als Folge einer Nichtigkeit bzw Vernichtung des Geschäfts oder aus einem Verstoß gegen § 241 Abs 2 oder aus unerlaubter Handlung (vgl HEINR LANGE NJW 1955, 1339, 1340; MünchKomm/SCHMITT Rn 32). Unmittelbare Rechtsnachteile begründen die Einwilligungsbedürftigkeit hingegen auch dann, wenn sie, wie die Haftung aus dem früheren § 419 oder aus § 25 HGB, kraft Gesetzes eintreten (PALANDT/HEINRICHS Rn 2).

7 Gegen die auf die Unmittelbarkeit des Rechtsnachteils abstellende Auffassung wird eingewandt, dass diese Abgrenzungsmerkmal der nötigen Klarheit ermangele und dass sich ferner mittelbare Nachteile für den Minderjährigen ebenso gravierend auswirken können wie unmittelbare (s STÜRNER AcP 173 [1973] 402, 409; KÖHLER JZ 1983, 225, 227; AK-BGB/KOHL Rn 13; kritisch auch MEDICUS, AT Rn 562). Die statt dessen unternommenen Abgrenzungsversuche vermögen aber unter dem Gesichtspunkt der

Rechtsklarheit meist ebenso wenig zu überzeugen. Dies gilt etwa für die Ansicht von HEINRICH LANGE NJW 1955, 1339, 1340, der die Erheblichkeit des Nachteils für die Rechtsstellung des Minderjährigen als entscheidend für die Einwilligungsbedürftigkeit betrachtet. Nach der von KÖHLER JZ 1983, 225, 228 vertretenen „sorgerechtlichen Betrachtungsweise" ist das Merkmal des lediglich rechtlichen Vorteils wegen des mit der Einwilligungsfreiheit des Minderjährigengeschäfts verbundenen Eingriffs in das elterliche Sorgerecht gem Art 6 Abs 2 GG restriktiv zu verstehen und deshalb im Zweifel das Einwilligungserfordernis zu bejahen. Für einwilligungsbedürftig hält KÖHLER deshalb diejenigen Rechtsgeschäfte, bei denen nach Art und Umfang der damit verbundenen Nachteile eine Kontrolle durch den gesetzlichen Vertreter geboten ist, während einwilligungsfrei nur die Geschäfte sein sollen, deren Nachteile so geringfügig oder fernliegend sind, dass eine Kontrolle durch den gesetzlichen Vertreter entbehrlich erscheint. Diese Meinung begegnet neben der mangelnden Schärfe des Merkmals der Schwere der Nachteile noch dem Bedenken, dass hiernach letztlich nur ganz einfache und wirtschaftliche unerhebliche Geschäfte (zB nicht Grundstücksgeschäfte) zustimmungsfrei blieben, was mit dem von § 107 auch verfolgten Zweck einer Vorbereitung des Minderjährigen auf die spätere volle Selbstständigkeit kaum vereinbar wäre (vgl COESTER-WALTJEN Jura 1994, 668, 669 Fn 5). STÜRNER will die beachtlichen von den unbeachtlichen Rechtsnachteilen durch eine teleologische Reduktion des seiner Ansicht nach mit dem Abstellen auf den lediglich rechtlichen Vorteil zu weit geratenen Wortlauts des § 107 sondern. Seiner Ansicht nach sind nicht nur die lediglich vorteilhaften Rechtsgeschäfte generell ungefährlich, sondern auch solche mit einem rechtlichen Nachteil behafteten Geschäfte, die nach ihrer abstrakten Natur höchstens einen Verlust des Erwerbs, aber keine darüber hinausgehenden Vermögensbeeinträchtigungen herbeiführen können oder die eine unschwere Beherrschung des Rechtsnachteils zulassen, wozu STÜRNER entsprechende Fallgruppen bildet. Auch hiernach typischerweise ungefährliche Geschäfte sollen gleichwohl einwilligungsbedürftig sein, wenn sie ausnahmsweise im konkreten Fall zur Vermögensbeeinträchtigungen führen und dies dem Geschäftsgegner des Minderjährigen bekannt ist (zum Ganzen s STÜRNER AcP 173 [1973] 402, 403, 416 ff, 440 f, 448; zuneigend auch U HÜBNER 146; ähnl wohl auch AK-BGB/ KOHL Rn 15). Die rein rechtliche Betrachtungsweise, nach der jedes rechtlich auch nachteilige Geschäft *per se* zustimmungsbedürftig ist, wird damit durch eine wirtschaftliche Betrachtungsweise zur Bestimmung der generellen Ungefährlichkeit oder im Einzelfall bestehenden Gefährlichkeit eines rechtlich auch nachteiligen Geschäfts eingeschränkt. Diese kühne Gesetzeskorrektur wäre zu billigen, wenn sie zu einer klareren Abgrenzung der einwilligungsfreien von den einwilligungsbedürftigen Rechtsgeschäften führen würde, als dies nach dem herrschenden Unmittelbarkeitskriterium möglich ist; das Erfordernis einer typischen generellen Ungefährlichkeit und erst recht das einer gleichwohl bestehenden Gefährlichkeit im Einzelfall ermöglichen aber ebenfalls keine zweifelsfreie Lösung aller Problemfälle, weshalb dieser Ansicht nicht gefolgt werden kann (kritisch auch KÖHLER JZ 1983, 225, 227 f; SOERGEL/HEFERMEHL Rn 1). Eine weitere Meinung hält die mit einem Erwerbsgeschäft verbundenen rechtlichen Nachteile dann für einwilligungsbegründend, wenn diese Nachteile den Erwerber als solchen treffen (so die Haftung nach dem früheren § 419); die an den Inhalt des erworbenen Rechts anknüpfenden Rechtsnachteile, vornehmlich die öffentlich-rechtlichen Pflichten als Ausfluss des Eigentums, lassen dagegen die ausschließliche rechtliche Vorteilhaftigkeit des Geschäfts nicht entfallen (so JAUERNIG/JAUERNIG Rn 4, 5; letztlich ablehnend AK-BGB/KOHL Rn 15).

8 Ein Kriterium für eine klare und einfache Abgrenzung des lediglich rechtlich vorteilhaften Geschäfts lässt sich, wie die vorstehende Darstellung des Meinungsstandes gezeigt hat, kaum ohne Schwierigkeiten finden, weshalb *de lege ferenda* schon die Ersetzung der rechtlichen durch eine wirtschaftliche Betrachtungsweise gefordert worden ist (so von HEINR LANGE NJW 1955, 1339, 1343). Die Rechtsprechung hat sich auf keines der im Schrifttum vorgeschlagenen Abgrenzungsmerkmale eindeutig festgelegt. Am brauchbarsten erscheint es, die Abgrenzung nach Maßgabe der Unmittelbarkeit des Rechtsnachteils vorzunehmen (s o Rn 6) und ergänzend diejenige Ansicht heranzuziehen, die die Einwilligungsbedürftigkeit auf diejenigen Rechtsnachteile beschränkt, die an den Erwerb als solchen, nicht hingegen an den Inhalt des erworbenen Rechts anknüpfen (s o Rn 7 aE).

III. Einwilligungsfreie Rechtsgeschäfte

9 Als dem Minderjährigen rechtlich lediglich vorteilhaft und damit der Einwilligung des gesetzlichen Vertreters nicht bedürftig sind nach den obigen Ausführungen die folgenden Rechtsgeschäfte zu qualifizieren:

1. Schenkungsverträge

a) Reine Schenkungen
Die Schenkung gem §§ 516 ff kann als die typische Art eines für den Beschenkten rechtlich nur vorteilhaften Geschäfts bezeichnet werden. Dies gilt sowohl für den Schenkungsvertrag nach § 518 als auch für die Handschenkung gem § 516. Aus dem Schenkungsvertrag erwächst dem Beschenkten lediglich eine Forderung gegen den Schenker auf Leistung des Schenkungsgegenstandes, während der Beschenkte selbst zu keiner Leistung verpflichtet wird. Die Pflichten aus § 241 Abs 2 und aus § 242, die auch den Beschenkten treffen können, müssen als jedem Schuldverhältnis immanente Verpflichtungen trotz der unter den Voraussetzungen der §§ 276 Abs 1 S 2 auch für einen minderjährigen Beschenkten möglichen Haftung, die nur eine mittelbare Folge des Geschäfts darstellt (vgl o Rn 6), außer Betracht bleiben. Gleiches gilt für sonstige Nebenpflichten und Nebenfolgen auf Seiten des Beschenkten sowie für die Folgen eines Annahmeverzugs (vgl HEINR LANGE NJW 1955, 1139, 1340; STÜRNER AcP 173 [1973] 402, 423 f). Die bei einer Verarmung des Schenkers oder einem Widerruf der Schenkung wegen groben Undanks möglicherweise entstehende Pflicht des Beschenkten zur Herausgabe des Geschenks nach den §§ 528, 531 Abs 2 beseitigt ebenfalls nicht die ausschließliche Vorteilhaftigkeit der Schenkung, denn auch hier handelt es sich nur um mittelbare und zudem noch von atypischen Umständen abhängige Folgen des Vertrages und ferner ist die Herausgabepflicht des Minderjährigen wegen der Verweisung der genannten Vorschriften auf das Bereicherungsrecht noch durch § 818 Abs 3 begrenzt (BayObLG FG Prax 2004, 123; OLG Köln ZEV 1998, 110, 111; Rpfleger 2003, 570, 572; vLÜBTOW 95 ff; HEINR LANGE NJW 1955, 1339, 1340; STÜRNER AcP 173 [1973] 402, 424 f; KLÜSENER Rpfleger 1981, 258, 263). Der Minderjährige kann daher ein ihm gemachtes Schenkungsversprechen ohne Einwilligung des gesetzlichen Vertreters annehmen (vgl OLG Stuttgart NJW-RR 1992, 706 f: Schenkung einer Forderung). Bei einer Handschenkung liegt der rechtliche Vorteil in der Schaffung eines Rechtsgrundes gem § 812 für das Behaltendürfen der Zuwendung.

Titel 1 § 107
Geschäftsfähigkeit 10

b) Schenkungen mit Verpflichtungsfolgen
Nicht lediglich rechtlich vorteilhaft ist eine Schenkungsvereinbarung hingegen dann, **10**
wenn sie eine vertragliche Leistungspflicht auch für den Beschenkten begründet.
Grundsätzlich einwilligungsbedürftig ist deshalb die **Schenkung unter Auflage**, da sie
gem § 525 nach erfolgter Leistung des Schenkungsgegenstandes einen persönlichen
Anspruch gegen den Beschenkten auf Vollziehung der Auflage begründet (BFH NJW
1977, 456; OLG München DNotZ 1943, 75, 76; OLG Frankfurt Rpfleger 1974, 429; vLÜBTOW 99 f;
HEINR LANGE NJW 1955, 1339, 1340 m Fn 23; STÜRNER AcP 173 [1973] 402, 423; U HÜBNER 147 f;
auch OLG Stuttgart NJW-RR 1992, 706). Anders ist es mangels einer Gefährdung des
sonstigen Vermögens des Minderjährigen dann, wenn die Auflage allein aus dem
geschenkten Vermögensgegenstand zu vollziehen ist; die hier dem Beschenkten bei
Nichtvollziehung drohende Haftung aus den §§ 280 ff ist als eine bloß mittelbare
Folge unbeachtlich (vgl JÜLICHER ZEV 1998, 285, 286 f; s auch BayObLG 1974, 1142 f). Die
Verbindung mit einer Ausgleichungsanordnung nach § 2050 Abs 3 macht die Schenkung ebenfalls nicht zu einer rechtlich auch nachteiligen, denn dem Beschenkten
wird hierdurch nicht eine Leistungspflicht auferlegt, sondern der Wert der Schenkung ist lediglich bei der Ausgleichung zu berücksichtigen (BGHZ 15, 168, 170 f = NJW
1955, 1353; U HÜBNER 148; **aA** HEINR LANGE NJW 1955, 1339, 1343). Eine zwecks vorweg
genommener Erbfolge gemachte Schenkung begründet nicht die Vermutung eines
mit einem Erbverzicht des Beschenkten verbundenen Abfindungsvertrages; diese
Schenkung ist folglich ebenfalls rechtlich nur vorteilhaft (LG Aachen MittRhNotK 1969,
574, 577 f; allg STÜRNER AcP 173 [1973] 402, 438 f). Ein Schenkungsvertrag über einen
Geldbetrag, der mit der Abrede geschlossen wird, dass der Betrag nicht an den
Beschenkten geleistet, sondern von diesem sogleich dem Schenker als Darlehenskapital zur Verfügung gestellt wird (solche Verträge werden aus steuerlichen Gründen auch zwischen Eltern und Kindern geschlossen), stellt sich als die schenkweise
Einräumung einer Darlehensforderung im Wege eines Vereinbarungsdarlehens dar
und damit als dem Minderjährigen rechtlich ausschließlich vorteilhafter Erwerb
einer (Darlehens-)forderung (so zutr OLG Hamm FamRZ 1978, 439, 440; AUTENRIETH DB
1984, 2547, 2548; auch BayObLG NJW 1974, 1142 f; **aA** BFH NJW 1977, 456). Die Festlegung
einer Verpflichtung des Beschenkten zur (Rück-)übertragung des geschenkten Gegenstandes an den Schenker oder einen Dritten beim Eintritt bestimmter Umstände
(Zwangsvollstreckung in den Gegenstand, Verstoß gegen vereinbartes Veräußerungsverbot) oder gar jederzeit ohne Vorliegen irgendwelcher Gründe stellt einen
Rechtsnachteil für den Beschenkten dar (BayObLG DNotZ 1975, 219, 220 f; OLG Köln
Rpfleger 2003, 570, 571 f m Anm BESTELMEYER Rpfleger 2004, 162; LG Bonn BWNotZ 1974, 132 f;
KLÜSENER Rpfleger 1981, 258, 263 f; FEMBACHER/FRANZMANN MittBayNot 2002, 78, 82 f; MünchKomm/SCHMITT Rn 48; insoweit auch LG Hechingen BWNotZ 1995, 67; JOAS BWNotZ 1974, 146,
147; kritisch GSCHOSSMANN MittBayNot 1998, 236). Gleiches gilt für einen im Schenkungsvertrag vereinbarten Rücktrittsvorbehalt zugunsten des Schenkers, sofern die durch
die Rücktrittsausübung ausgelöste Rückgewähr- und Nutzungsherausgabepflicht
des Beschenkten (§ 346 Abs 1), deren Umfang sich grundsätzlich nach den allgemeinen Vorschriften richtet (arg § 346 Abs 4), nicht in dem Vertrag, wie gem § 531
Abs 2, auf die beim Beschenkten noch vorhandene Bereicherung beschränkt wird
(Bay ObLG FG Prax 2004, 123, 124; OLG Köln NJW-RR 1998, 363; JÜLICHER ZEV 1998, 285, 287;
aA JOAS BWNotZ 1974, 146, 147, GSCHOSSMANN MittBayNot 1998, 236, 237). Ein vertraglicher
Widerrufsvorbehalt zugunsten des Schenkers lässt hingegen, wie das gesetzliche
Widerrufsrecht aus § 530, die ausschließliche rechtliche Vorteilhaftigkeit der Schenkung deshalb nicht entfallen, weil hier die Rückübertragungspflicht des Beschenk-

ten über eine entsprechende Anwendung von § 531 Abs 2 oder gem § 812 Abs 1 S 2 Alt 1 auf die noch vorhandene Bereicherung nach § 818 Abs 3 beschränkt ist (LG Bonn BWNotZ 1974, 132 f; LG Saarbrücken MittRhNotK 1990, 109; JOAS BWNotZ 1974, 146, 147; GSCHOSSMANN MittBayNot 1998, 236, 237; JÜLICHER ZEV 1998, 285, 287; FEMBACHER/FRANZMANN MittBayNot 2002, 78, 82; mit anderer Begr auch LG Münster BWNotZ 1974, 131 f). Aus dem gleichen Grund ist auch ein unter einer auflösenden Bedingung geschlossener (obligatorischer) Schenkungsvertrag dem Beschenkten lediglich rechtlich vorteilhaft, da sich bei Bedingungseintritt die Rückabwicklung des dinglichen Vollzugs nach Bereicherungsrecht richtet und somit auch hier § 818 Abs 3 eingreift (KLÜSENER Rpfleger 1981, 258, 264; JÜLICHER ZEV 1998, 285, 286 f). Einwilligungsfrei ist auch die Schenkung eines Miteigentumsanteils, die die Verpflichtung des minderjährigen Beschenkten vorsieht, die Miteigentümergemeinschaft während eines bestimmten Zeitraums nicht aufzulösen; denn diese Verpflichtung lässt das sonstige Vermögen des Minderjährigen ebenfalls unberührt (vgl LG Münster FamRZ 1999, 739).

2. Erwerbsgeschäfte

a) Grundsatz

11 Dem Minderjährigen rechtlich lediglich vorteilhaft ist der durch ein Verfügungsgeschäft des anderen Teils erfolgte Erwerb eines Rechts oder einer sonstigen Aktivposition. Nach dem für das deutsche Recht bei Zuwendungsgeschäften charakteristischen Trennungs- und Abstraktionsgrundsatz kommt es allein auf die durch das (dingliche) Erwerbsgeschäft bewirkte Vermehrung des Rechtsbestandes des Erwerbers an; das Erwerbsgeschäft ist also auch dann als rechtlich ausschließlich vorteilhaft anzusehen, wenn das zugrundeliegende schuldrechtliche Geschäft, etwa als gegenseitiger Vertrag, auch rechtlich nachteilig ist. Ist daher das Grundgeschäft zB wegen fehlender Zustimmung des gesetzlichen Vertreters unwirksam, so hat der Minderjährige das Recht gleichwohl wirksam erworben. Die ihn dann treffende Pflicht zur Rückübertragung des erworbenen Gegenstandes aus ungerechtfertigter Bereicherung (§ 812 Abs 1 S 1) begründet keinen rechtlichen Nachteil des Erwerbsgeschäfts selbst, denn die Rückgewährpflicht gehört nicht zum Inhalt des Erwerbsgeschäfts, sondern stellt nur eine kraft Gesetzes eintretende mittelbare Folge dar (vTUHR, AT II 1 § 59 IV m Fn 49; ENNECCERUS/NIPPERDEY I 2 § 151 Fn 4; MünchKomm/SCHMITT Rn 30; **aA** HEINR LANGE NJW 1955, 1339, 1342). Dies gilt auch für die Herausgabepflicht des Minderjährigen aus § 816 Abs 1 S 2 beim unentgeltlichen Erwerb von einem nicht berechtigten Veräußerer (SOERGEL/HEFERMEHL Rn 7; **aA** HEINR LANGE aaO). Nicht einwilligungsbedürftig ist folglich der Erwerb des Eigentums an einer beweglichen Sache gem §§ 929 ff; bei einem sich nach §§ 929 S 1, 930 vollziehenden Erwerb ist allerdings zur Vereinbarung des Besitzmittlungsverhältnisses wegen der dadurch begründeten Pflicht des Erwerbers zur weiteren Überlassung der Sache an den Veräußerer die Einwilligung erforderlich (HEINR LANGE NJW 1955, 1339, 1342). Der Erwerb eines dinglichen Rechts ist jedenfalls dann lediglich rechtlich vorteilhaft, wenn mit der Berechtigung keine persönlichen Verpflichtungen des Erwerbers verbunden sind (zum Nießbrauch s u Rn 14). Keiner Einwilligung bedürfen weiterhin der Erwerb einer Forderung (BFH NJW 1989, 1631, 1632; OLG Stuttgart NJW-RR 1992, 706), wobei die dem Erwerber einer gesicherten Forderung ggf aus dem Sicherungsverhältnis erwachsenden Verpflichtungen als bloße Nebenpflichten keinen Rechtsnachteil darstellen (HEINR LANGE NJW 1955, 1339, 1341), die Annahme eines unbelasteten Vermächtnisses (MünchKomm/SCHMITT Rn 47 aE; SOERGEL/HEFERMEHL Rn 2), die Begebung eines Schecks an einen Minderjährigen (SchlHFG EFG 1995, 1009, 1010), die Anmeldung eines gewerblichen Schutzrechts (RPA DJZ 1933, 368) usw. Für den Erwerb eines Nachlassgrundstücks durch einen minderjährigen Miterben zu Alleineigentum gilt nichts anderes, da der Erwerber hierdurch lediglich die Anteile der übrigen Miterben zu seinem eigenen Anteil erlangt, ohne von den ihm an dem Grundstück zustehenden Rechten etwas aufzugeben, insbesondere keinen Auseinandersetzungsanspruch, und ohne dass ihm hieraus eine Verpflichtung erwächst (BayObLG NJW 1968, 941); anders aber, wenn der Erwerber auch die alleinige persönliche Verpflichtung zur Erfüllung einer – auch nur möglicherweise bestehenden – schuldrechtlichen Wohnberechtigung eines Dritten übernimmt (OLG Hamm OLGZ 1983, 144, 147).

b) Gesetzliche Pflichten und Lasten aus erworbenen Rechten
Problematisch ist die ausschließliche rechtliche Vorteilhaftigkeit bei dem Erwerb solcher Rechte, die für den Erwerber persönliche Pflichten oder sonstige Lasten mit sich bringen. Derartige Pflichten und Lasten sind insbesondere mit dem Eigentum an Grundstücken verbunden, so dass sich die Frage stellt, ob ein Minderjähriger die **Auflassung** eines Grundstücks ohne Einwilligung seines gesetzlichen Vertreters wirksam entgegen nehmen kann. Den Grundstückseigentümer treffen zahlreiche Verpflichtungen und Lasten öffentlich-rechtlicher Art, so die hier besonders ausgeprägte Ordnungs-(Polizei-)pflicht, ferner Steuerpflichten sowie zahlreiche und in den letzten Jahrzehnten immer spürbar gewordene kommunale Abgabe-(Gebühren- und Beitrags-)pflichten, für die der Eigentümer auch persönlich haftet. Bei diesen Pflichten handelt es sich aber nicht um unmittelbare Folgen der Auflassung, sondern diese Nachteile gehören zum Inhalt des Grundstückseigentums. Nach der hier vertretenen Ansicht (vgl o Rn 8) lösen aber nur die unmittelbar nachteiligen Folgen des Erwerbsaktes, nicht die sich erst aus dem Inhalt des erworbenen Rechts ergebenden, die Einwilligungsbedürftigkeit aus. Es ist deshalb der überwiegenden Meinung zu folgen, wonach ein Grundstückserwerb durch einen Minderjährigen wegen der mit dem Grundstückseigentum verbundenen öffentlich-rechtlichen Pflichten und Lasten kein dem Erwerber rechtlich auch nachteiliges Geschäft darstellt (BayObLGZ 9, 523, 526 = SeuffA 64 Nr 47; BayObLGZ 1998, 139, 144 = Rpfleger 1998, 425, 426; NJW 1968, 941; OLG Dresden MittBayNot 1996, 288, 290; OLG München DNotZ 1939, 206, 207; LG Aachen MittRhNotK 1969, 574, 576; vLübtow 101 ff; H Westermann JZ 1955, 244, 245; Weimar JR 1971, 414; Stürner AcP 173 [1973] 402, 426 ff; U Hübner 155; Brox JA 1989, 441, 445; Enneccerus/Nipperdey I 2 § 151 Fn 3; Larenz/Wolf, AT § 25 V 1b Rn 23; MünchKomm/Schmitt Rn 39; Soergel/Hefermehl Rn 4; einschr Klüsener Rpfleger 1981, 258, 261; AK-BGB/Kohl Rn 16; dahingestellt in BGHZ 15, 168, 170 = NJW 1955, 1353; BGHZ 78, 28, 31= NJW 1981, 109, 110). Die Gegenmeinung widerspricht dem unter Hinweis auf die uU erheblichen wirtschaftlichen Belastungen des Erwerbers (KGJ 45 A 237, 238 f; Heinr Lange NJW 1955, 1339, 1341; zuneigend auch Flume, AT II § 13, 7b [S 192]; für Kfz-Erwerb wegen der Entsorgungspflicht gem § 3 AbfallG auch VG Lüneburg, Urt v 31.10. 1995–7 A 81/95). Dieser wirtschaftlichen Argumentation ist jedoch entgegenzuhalten, dass die Abgabepflichten in der Regel aus den laufenden Erträgen des Grundstücks erfüllt werden können, das sonstige Vermögen des Minderjährigen hierdurch also nicht in Mitleidenschaft gezogen wird (Larenz/Wolf aaO; Stürner AcP 173 [1973] 402, 427 f). Auch die sonstigen zum Eigentumsinhalt gehörenden Beschränkungen und Verpflichtungen, insbesondere auf nachbarrechtlichem Gebiet, machen den Grundstückserwerb nicht rechtlich nachteilig (Heinr Lange NJW 1955, 1339, 1341; U Hübner 152 f). Gleiches

gilt für gewisse mit dem Sacherwerb verbundene Erhöhungen des Haftungsrisikos (Gefährdungshaftung, Haftung aus § 836), denn auch diese Folgen ergeben sich nicht unmittelbar aus dem Erwerbsgeschäft, sondern aus der vom Eigentumserwerb sogar meist unabhängigen Position des Haftenden, wie Haltereigenschaft oder – bei § 836 – Besitz (so mit abw Begr auch STÜRNER AcP 173 [1973] 402, 425 f; U HÜBNER 153 f). Aus vorstehenden Gründen gehört auch die Entgegennahme einer Auflassung grundsätzlich zu den dem minderjährigen Auflassungsempfänger rechtlich lediglich vorteilhaften Geschäften (BayObLG SeuffA 64 Nr 47; LG Aachen MittRhNotK 1969, 574, 577; JOSEF DJZ 1911, 1267, 1268; PLANCK/FLAD Anm 3 d; aA KGJ 45 A 237, 238 f, später aufgegeben in JFG 13, 300, 303). Ein Erwerb wird auch durch seine Anfechtbarkeit im Insolvenzverfahren (§§ 129 ff InsO) oder nach dem Anfechtungsgesetz nicht rechtlich nachteilig (STÜRNER AcP 173 [1973] 402, 420 Fn 70; PALANDT/HEINRICHS Rn 3; aA HEINR LANGE NJW 1955, 1339, 1340); es handelt sich hierbei nur um eine mittelbare Folge des Erwerbs, denn der Rückgewähranspruch aus § 143 Abs 1 S 1 InsO entsteht nach hM erst mit der Eröffnung des Insolvenzverfahrens (BGHZ 130, 38, 40 = NJW 1995, 2783, 2784) und der Anspruch aus § 11 Abs 1 S 1 AnfG entsteht erst bei Eintritt der Voraussetzungen des § 2 AnfG (KÜBLER/PRÜTTING/PAULUS, InsO II § 11 AnfG Rn 5); der Anspruch aus der Anfechtung einer unentgeltlichen Leistung ist zudem nach §§ 143 Abs 2 S 1 InsO, 11 Abs 2 S 1 AnfG auf die vorhandene Bereicherung beschränkt.

c) Gesetzliche Schuldverhältnisse als Inhalt erworbener Rechte
aa) Wohnungseigentum

13 Der mit dem Erwerb von Wohnungs-(Teil-)eigentum verbundene Eintritt des Erwerbers in das gesetzliche Schuldverhältnis (BGHZ 141, 224, 228 = NJW 1999, 2108, 2109 mwN) der Wohnungs-(Teil-)eigentümer gem §§ 10 ff WEG macht den Erwerb für den minderjährigen Wohnungs-(Teil-)eigentümer nicht rechtlich nachteilig, denn die aus dem Schuldverhältnis resultierenden Folgen gehören zum Inhalt des erworbenen Eigentums, sie stellen hingegen keine unmittelbaren Auswirkungen des Erwerbs dar (BayObLGZ 1979, 243, 248 f; OLG Celle NJW 1976, 2214 f; STÜRNER AcP 173 [1973] 402, 432; SOERGEL/HEFERMEHL Rn 6; aA AK-BGB/KOHL Rn 23). Ein Rechtsnachteil des Erwerbsgeschäfts liegt aber dann vor, wenn die den Eigentümer als solchen treffenden persönlichen Verpflichtungen durch Vereinbarungen gem §§ 5 Abs 4, 8 Abs 2, 10 Abs 2 WEG gegenüber der gesetzlichen Regelung im WEG nicht unerheblich verschärft sind (BGHZ 78, 28, 32 f = NJW 1981, 109, 110; BayObLG FGPrax 1998, 21, 22 m Anm BESTELMEYER; OLG Hamm NMZ 2000, 1028, 1029; LG Saarbrücken MittRhNotK 1990, 109 f; GITTER/SCHMITT JuS 1982, 253, 256; i Ergebnis auch JAUERNIG JuS 1982, 576, 577). (Zur Frage, ob dieser Rechtsnachteil im Wege einer „Gesamtbetrachtung" auch das schuldrechtliche Grundgeschäft der Schenkung erfasst, s u Rn 31). Die Pflichten des Wohnungseigentümers aus einem Verwaltervertrag zwischen den Eigentümern und einem Verwalter, dessen Bestellung nach § 20 Abs 2 WEG zwingend vorgeschrieben ist, begründen als solche grundsätzlich ebenfalls keinen Rechtsnachteil des Erwerbsaktes; rechtlich nachteilig sind aber nach richtiger Ansicht die das Auftragsverhältnis zum Verwalter, insbesondere die Verpflichtung zur Zahlung der Verwaltervergütung, festlegenden Teile des Vertrages (BayObLG NJW-RR 2004, 810, 811; OLG Celle NJW 1976, 2215; OLG Hamm NMZ 2000, 1029; insoweit abl JAHNKE NJW 1977, 960, 961).

bb) Nießbrauch
14 Die Bestellung eines Nießbrauchs zugunsten eines Minderjährigen und – bei schenkweiser Bestellung – auch der zugrundeliegende Schenkungsvertrag werden

von der überwiegenden Ansicht wegen der den Nießbraucher kraft Gesetzes treffenden Verpflichtungen insbesondere zur Erhaltung (§ 1041), Versicherung (§ 1045) und Tragung der Lasten (§ 1047) der Sache nicht als rechtlich lediglich vorteilhaft angesehen (BFHE 131, 208, 210 f = NJW 1981, 141, 142; BFHE 159, 319, 322 = NJW-RR 1990, 1035, 1036; Stürner AcP 173 [1973] 402, 432 f; U Hübner 152; Palandt/Heinrichs Rn 4; MünchKomm/Schmitt Rn 48; BGB-RGRK/Krüger-Nieland Rn 3; Soergel/Hefermehl Rn 11; offengelassen in BGH LM § 107 Nr 7). Auch diese Verpflichtungen aus dem gesetzlichen Schuldverhältnis des Nießbrauchs gehören aber zum Inhalt des erworbenen Rechts, sie bilden hingegen keinen Teil des Erwerbsaktes; die ausschließliche rechtliche Vorteilhaftigkeit sollte deshalb auch hier bejaht werden (so Jauernig/Jauernig Rn 5). Rechtlich nachteilig ist aber die Übernahme zusätzlicher vertraglicher Verpflichtungen durch den Nießbraucher (BGH LM § 107 Nr 7). Als rechtlich lediglich vorteilhaft wird die Bestellung eines Nießbrauchs dann angesehen, wenn die nach dem Gesetz dem Nießbraucher obliegenden Pflichten aufgrund des Bestellungsvertrages den Eigentümer der belasteten Sache treffen sollen, ohne dass ihm gegen den Nießbraucher ein Ersatzanspruch zusteht (sog Bruttonießbrauch; LG Stuttgart BWNotZ 1976, 170, 171; 1981, 65 f; LG Ulm BWNotZ 1977, 91, 92).

d) Erwerb eines Gegenstandes im Zusammenhang mit dessen Belastung
Problematisch wird die ausschließliche rechtliche Vorteilhaftigkeit eines Erwerbs- 15 geschäfts des Minderjährigen dann, wenn der zu erwerbende Gegenstand zugunsten des Veräußerers (oder eines Dritten) belastet ist oder eine solche Belastung im Zusammenhang mit dem Erwerbsvorgang begründet werden soll. In den typischen Fällen handelt es sich um die schenkweise Übereignung von Sachen, meist von Grundstücken, durch die Eltern oder einen Elternteil mit der Vereinbarung, dass dem Schenker an der Sache ein dingliches Recht, vornehmlich ein Nießbrauch, verbleiben soll. Hier stellt sich die Frage, ob in der Belastung ein rechtlicher Nachteil für den minderjährigen Erwerber zu erblicken ist; in diesem Fall müsste eine Schenkung durch die Eltern (einen Elternteil) auf Seiten des Minderjährigen durch einen für diesen zu bestellenden Ergänzungspfleger angenommen werden, denn der schenkende Elternteil selbst wäre an einer dann nach § 107 erforderlichen Einwilligung durch § 181 und der andere Elternteil durch § 1629 Abs 2 S 1 iVm § 1795 Abs 1 Nr 1 iSv § 1909 Abs 1 S 1 verhindert. Wäre der Erwerb hingegen rechtlich als lediglich vorteilhaft anzusehen, so wäre die Bestellung eines Ergänzungspflegers entbehrlich, da entweder der Minderjährige das Geschäft selbst ohne Einwilligung nach § 107 vornehmen oder der schenkende Elternteil hierbei für das Kind handeln könnte, ohne durch § 181, der nach der heute allgemein anerkannten teleologischen Reduktion bei dem Vertretenen rechtlich nur vorteilhaften Geschäften nicht eingreift (vgl § 105 Rn 9), gehindert zu sein. Für die Entscheidung der Frage ist danach zu differenzieren, ob die Sache schon vor ihrem Erwerb durch den Minderjährigen belastet war, der Schenker sich bei der Veräußerung das dingliche Recht vorbehält oder sich der Minderjährige im Schenkungsvertrag zu einer späteren Einräumung des Rechts nach erfolgtem Sacherwerb verpflichtet. Maßstab für die Entscheidung muss der Zweck des Einwilligungserfordernisses des § 107 sein, den Minderjährigen vor Beeinträchtigungen seines vor dem Rechtsgeschäft, dessen Einwilligungsbedürftigkeit in Frage steht, vorhandenen Vermögens sowie vor der Begründung von neuen Verpflichtungen oder Belastungen durch das Geschäft zu schützen (vgl o Rn 3).

16 Nach diesen Kriterien lässt eine **bereits bestehende dingliche Belastung** der schenkweise übereigneten Sache die ausschließliche rechtliche Vorteilhaftigkeit des Erwerbsgeschäfts (vgl o Rn 11) grundsätzlich unberührt. Denn die Belastung vermindert nur den Umfang des erworbenen Eigentums, das hier gleichsam abzüglich des in der Belastung liegenden „Eigentumssplitters" – bei einem Nießbrauch *deducto usufructu* – auf den Minderjährigen übergeht. Besteht die Belastung in einem Nutzungsrecht, so wird hierdurch lediglich die aus dem Eigentum folgende Nutzungsberechtigung des Minderjährigen an der erworbenen Sache entsprechend eingeschränkt; handelt es sich um ein (Grund-)pfandrecht, so droht allenfalls ein Verlust der erworbenen Sache im Wege der Zwangsvollstreckung. Das sonstige Vermögen des Minderjährigen wird hingegen von der Belastung nicht betroffen. Ebenso wenig entsteht eine persönliche Verbindlichkeit. Zur dinglichen Einigungserklärung (Entgegennahme der Auflassung) zum Zwecke des Eigentumserwerbs und, wenn dem Erwerb eine Schenkung zugrunde liegt, zur Annahme des Schenkungsantrags bedarf der Minderjährige deshalb nach heute ganz überwiegend vertretener Auffassung nicht der Einwilligung des gesetzlichen Vertreters bzw der Vertreter kann diese Erklärungen namens des Minderjährigen selbst ohne Einschaltung eines Ergänzungspflegers abgeben (BayObLGZ 1967, 245, 247 = NJW 1967, 1912, 1913 f dingl Wohnungsrecht; BayObLGZ 1998, 139, 144 = Rpfleger 1998, 425, 426; OLG München DNotZ 1939, 206, 207 f Hypothek; LG Aachen MittRhNotK 1969, 574, 576; Stürner AcP 173 [1973] 402, 429; vLübtow 90 f Nießbrauch; Enneccerus/Nipperdey I 2 § 151 II 1 m Fn 3; MünchKomm/Schmitt Rn 40; auch Klüsener Rpfleger 1981, 258, 263; Everts ZEV 2004, 231, Fembacher/Franzmann MittBayNot 2002, 78, 82; **aA** Heinr Lange NJW 1955, 1339, 1341; Petersen Jura 2003, 399, 402). Dies gilt auch dann, wenn die Belastung den Wert der Sache völlig ausschöpft oder sogar übersteigt, da auch hier das sonstige Vermögen des Minderjährigen unberührt bleibt und nur die Gefahr eines Verlustes der Sache entsprechend groß ist (vgl BayObLGZ 1979, 49, 53 = WM 1979, 1078, 1079; **aA** insoweit Klüsener Rpfleger 1981, 258, 261). Mit der dinglichen Belastung dürfen allerdings keine persönlichen Verpflichtungen des Eigentümers, wie sie grundsätzlich bei der Belastung mit einer Reallast bestehen (hierzu u Rn 27), verbunden sein. Der Erwerb einer mit einem Nießbrauch belasteten Sache ist aber nicht wegen der den Eigentümer treffenden Verpflichtungen aus § 1049 und aus § 1056 iVm §§ 566 ff einwilligungsbedürftig, da diese Verpflichtungen nur aufgrund besonderer Handlungen des Nießbrauchers (Vornahme von Verwendungen, Versehen der Sache mit einer Einrichtung, Vermietung oder Verpachtung des Grundstücks) eintreten (vgl o Rn 12; RGZ 148, 321, 324; Stürner AcP 173 [1973] 402, 428; zweifelnd Klüsener Rpfleger 1981, 258, 261; **aA** Heinr Lange NJW 1955, 1339, 1341). Einen Rechtsnachteil des Grundstückserwerbs stellt auch nicht die Belastung des Grundstücks mit einem dinglichen Vorkaufsrecht dar, weil die Verpflichtung zur Grundstücksübereignung von den weiteren Umständen des Abschlusses eines Kaufvertrages zwischen dem Vorkaufsverpflichteten und einem Dritten sowie der Ausübung des Vorkaufsrechts durch den Berechtigten abhängt und zudem selbst bei Eintritt dieser Umstände dem Minderjährigen nur das erworbene Grundstück verloren geht (BayObLGZ 1998, 139, 145 = Rpfleger 1998, 425, 426 f; Klüsener Rpfleger 1981, 258, 264 f; **aA** Heinr Lange NJW 1955, 1339, 1341). Die Belastung eines Grundstücks mit einem Grundpfandrecht macht den Grundstückserwerb ebenfalls nicht rechtlich auch nachteilig (BayObLGZ 1979, 49, 53 = WM 1979, 1078, 1079; OLG München DNotZ 1939, 206, 207; MünchKomm/Schmitt Rn 40), sofern nicht bei einer Belastung mit einer Hypothek der minderjährige Erwerber auch der persönliche Schuldner wird. In der Pflicht zur Duldung der Zwangsvollstreckung in das Grundstück (§ 1147) als solche kann nicht ein Rechtsnachteil iSd § 107 gesehen werden (Petersen Jura 2003, 399, 402; aA Heinr Lange NJW 1955, 1339, 1341; U Hübner 151). Gleiches gilt für die den dinglichen Schuldner treffende Pflicht zur Tragung der Kosten einer eventuellen Zwangsvollstreckung, deren Entstehung erst die Folge des weiteren Umstandes des Betreibens der Zwangsvollstreckung ist (vgl Stürner AcP 173 [1973] 402, 429 m abw Begr). Eine Verpflichtung des Grundstückserwerbers zur Zahlung einer Überbau- oder Notwegrente (§§ 912 Abs 2, 917 Abs 2) ist nicht die unmittelbare Folge des Grundstückserwerbs, sondern Inhalt des Grundstückseigentums (vgl § 913 Abs 1); eine solche Belastung macht den Erwerb daher ebenfalls nicht einwilligungsbedürftig (Stürner AcP 173 [1973] 402, 431 f; U Hübner 152; aA Heinr Lange NJW 1955, 1339, 1340).

Der schenkweise Erwerb einer Sache **unter Vorbehalt eines dinglichen Rechts (Nieß-** 17 **brauchs)** an dieser seitens des Veräußerers unterscheidet sich von den vorstehend behandelten Fällen dadurch, dass hier die Belastung erst mit dem Erwerb des Sacheigentums entstehen soll. Die Bestellung des vorbehaltenen Nießbrauchs kann im Zusammenhang mit der Eigentumsübertragung einmal in der Weise erfolgen, dass der Veräußerer selbst vor dem Übergang des Sacheigentums auf den Erwerber den Nießbrauch zunächst als Eigentümernießbrauch bestellt – die Bestellung eines Nießbrauchs an eigener Sache wird heute überwiegend als zulässig angesehen (vgl Reiff 54 ff mwN) – und die mit diesem Nießbrauch belastete Sache sodann dem Erwerber übereignet. Bei einer Bestellung auf diesem Weg liegt die o Rn 16 dargelegte Fallgestaltung vor: Der minderjährige Erwerber erlangt hier die Sache von vornherein mit dem Nießbrauch des Veräußerers belastet. Diese dingliche Übereignung ist dem Minderjährigen rechtlich lediglich vorteilhaft (so schon grundlegend vLübtow 61 ff; Raape JR 1951, 159; eingehend Reiff 53 ff, 65, 73, 79). Gleiches gilt bei einer Schenkung unter Nießbrauchsvorbehalt für das schuldrechtliche Grundgeschäft, das hier eine reine Schenkung (vgl o Rn 9) darstellt (Reiff 103). Die Übereignung unter Nießbrauchsvorbehalt ist aber auch in der Weise möglich, dass der Nießbrauch vom Erwerber der Sache bestellt wird (vgl Reiff 26 ff, 79). Diese Nießbrauchsbestellung wäre aber dem minderjährigen Erwerber dann rechtlich nachteilig, wenn sie erst nach Erwerb des Sacheigentums erfolgte, da der Minderjährige hier durch die Belastung des erworbenen Eigentums mit dem Nießbrauch aus seinem vorhandenen Vermögen etwas weggäbe. Auch das schuldrechtliche Grundgeschäft wäre in diesem Fall nach hM keine reine Schenkung, sondern eine als rechtlich nachteilig anzusehende (vgl o Rn 10) Schenkung unter Auflage (Palandt/Weidenkaff § 525 Rn 7; aA Reiff 107: auch hier reine Schenkung). Lediglich rechtlich vorteilhaft sind Eigentumserwerb und Schenkungsgeschäft aber dann, wenn Nießbrauchsbestellung durch den Erwerber und Erwerb der Sache **gleichzeitig** erfolgen, da der minderjährige Erwerber hier ebenfalls niemals lastenfreies Eigentum innehatte, er deshalb von seinem Rechtsbestand nichts aufgibt und der Schenkungsvertrag ihn nicht zur Nießbrauchsbestellung verpflichtet, sondern lediglich den Rechtsgrund für das Behaltendürfen der (belasteten) Sache bildet. Eine solche Gleichzeitigkeit hat das Reichsgericht für die schenkweise Übereignung einer beweglichen Sache durch die Eltern an ihr minderjähriges Kind deshalb bejaht, weil dort die Einigung über den Eigentumsübergang nach § 929 S 1 und die Einigung über die Nießbrauchsbestellung gem § 1032 S 1 *uno actu* erfolgten, für die Nießbrauchsbestellung an der im (unmittelbaren) Besitz der Eltern verbleibenden Sache gem § 1032 S 2 HS 1, 929 S 2 die bloße Einigung genügte und mit dem so begründeten Nießbrauch gleichzeitig das für den Eigentumsübergang gem §§ 929 S 1, 930 erforderliche Besitzmittlungsverhältnis entstanden ist (RGZ 148, 321, 323 f). Die Gleichzeitigkeit ergibt sich hier aus dem Umstand, dass sich Übereignung wie Nießbrauchsbestellung wegen § 930 jeweils nur in einem einaktigen Verfügungstatbestand vollziehen, die in einer Handlung zusammenfallen. Bei dem zweiaktigen Verfügungstatbestand der schenkweisen Übereignung eines Grundstücks unter Nießbrauchsvorbehalt müssten sowohl die Einigung über den Eigentumsübergang (Auflassung) und über die Nießbrauchsbestellung als auch die Eigentumsumschreibung und die Eintragung des Nießbrauchs gleichzeitig erfolgen. Der Minderjährige verfügte aber dann mit der Nießbrauchsbestellung mangels (noch) nicht bestehenden Eigentums am Grundstück als Nichtberechtigter. Eine Wirksamkeit dieser Verfügung aufgrund einer Einwilligung des (noch) berechtigten Veräußerers gem § 185 Abs 1 setzte auch hier die Zulässigkeit der Bestellung eines Eigentümernießbrauchs voraus, denn anderenfalls fehlte dem Veräußerer die für eine wirksame Ermächtigung zur Bestellung eines Nießbrauchs an seinem eigenen Grundstück notwendige Verfügungsbefugnis. Die Nießbrauchsbestellung könnte dann nur gem § 185 Abs 2 S 1 Alt 2 mit dem Erwerb des Grundstücks durch den Minderjährigen, also mit seiner Eintragung als neuer Eigentümer, wirksam werden. In diesem Fall läge aber zwischen Eigentumserwerb und Nießbrauchsentstehung mindestens eine logische Sekunde (bei erst späterer Eintragung des Nießbrauchs ein entsprechend längerer Zeitraum), so dass Gleichzeitigkeit zu verneinen wäre (so OLG München DNotZ 1943, 75, 77). Eine ältere, vor der Anerkennung der Zulässigkeit der Bestellung eines Eigentümernießbrauchs vertretene Ansicht betrachtete deshalb einen Grundstückserwerb unter Nießbrauchsvorbehalt als ein dem minderjährigen Erwerber rechtlich nachteiliges Geschäft (vgl außer OLG München aaO noch OLG Colmar OLGE 22, 160 f; vTuhr, AT § 59 IV Fn 38a; Planck/Flad Anm 3 a). Die heute in Rechtsprechung und Schrifttum überwiegende Auffassung nimmt hingegen ein dem minderjährigen Erwerber rechtlich lediglich vorteilhaftes Geschäft an und zwar nicht nur für die Fälle der Bestellung eines Eigentümernießbrauchs durch den Veräußerer, sondern auch für die Fälle einer nach § 185 Abs 2 S 1 Alt 2 wirksam werdenden Nießbrauchsbestellung durch den Minderjährigen selbst (BayObLGZ 1967, 245, 247 = NJW 1967, 1912, 1913; BayObLGZ 1979, 49, 54 f = WM 1979, 1078, 1080 f; BayObLGZ 1998, 139, 144 = Rpfleger 1998, 425, 426; FG Prax 2004, 123; OLG Celle MDR 2001, 931, 932; OLG Colmar OLGE 24, 29, 30; OLG Dresden MittBayNot 1996, 288, 289; OLG Köln ZEV 1998, 110, 111; Rpfleger 2003, 570, 572; LG Augsburg Rpfleger 1967, 175 f; LG Aachen MittRhNotK 1969, 574, 576 f; Flume, AT II § 13, 7b [S 192]; H Hübner, AT § 33 II 2a Rn 708; Medicus, AT Rn 564; AK-BGB/Kohl Rn 21; MünchKomm/Schmitt Rn 41; Soergel/Hefermehl Rn 4; Everts ZEV 2004, 231, 232). Zur Begründung wird angeführt, es könne für die Bejahung der ausschließlichen rechtlichen Vorteilhaftigkeit keinen Unterschied machen, ob der Minderjährige das Grundstück schon von vornherein mit dem Nießbrauch des Veräußerers belastet erwerbe oder ob zwischen Grundstückserwerb und Nießbrauchsentstehung eine juristische Sekunde läge; in beiden Fällen müsse der Minderjährige von seinem sonstigen Vermögen nichts aufgeben, sondern er erhalte im Grundstückseigentum einen zusätzlichen Vermögenswert abzüglich des Nießbrauchs. Dieser „Gesamtbetrachtung" von Grundstücksübereignung und Nießbrauchsbestellung wird nicht zu Unrecht entgegengehalten, dass sie die von § 107 geforderte ausschließliche rechtliche Vorteilhaftigkeit des Geschäfts im Grund durch eine wirtschaftliche Vorteilhaftigkeit ersetze (so Reiff 92 ff). Gleichwohl ist der hM im Ergebnis zu folgen, ohne zu einem Rückgriff auf wirtschaftliche Erwägungen genötigt zu sein. Unter der Voraussetzung der Zulässigkeit eines Eigentümernießbrauchs (oder eines sonstigen Eigentümerrechts) kann nämlich auch bei einer Nießbrauchsbestellung durch den Minderjährigen selbst eine Gleichzeitigkeit von Eigentumserwerb und Entstehung der Belastung erreicht werden. Der Veräußerer ist dann befugt, den minderjährigen Erwerber zur Bestellung des Rechts zu ermächtigen. Diese Verfügungsbefugnis – und damit die Bewilligungsbefugnis nach § 19 GBO – muss allerdings bis zur Vollendung des Rechtserwerbs, dh bis zur Eintragung des Nießbrauchs im Grundbuch fortbestehen. Dies erfordert eine Gleichzeitigkeit der Eintragung des Minderjährigen als Grundstückseigentümer und des Veräußerers als Nießbraucher, da mit einer vorherigen Eigentumsumschreibung die Verfügungsbefugnis des Veräußerers entfiele. Mangels eines Rangverhältnisses zwischen Grundstückseigentum und beschränkten dinglichen Rechten richtet sich die zeitliche Reihenfolge der Eintragungen, da § 45 Abs 1 und 2 GBO gem § 45 Abs 3 GBO unanwendbar sind, allein nach § 17 GBO (RGZ 116, 356, 363). Die Gleichzeitigkeit beider Eintragungen kann daher durch gleichzeitige Stellung der entsprechenden Eintragungsanträge erreicht werden, die bei Grundstücksschenkungen unter Nießbrauchsvorbehalt in aller Regel (Antragstellung durch den Urkundsnotar nach § 15 GBO) gegeben sein wird. Werden beide Eintragungen in Abt I und Abt II (oder III) mit derselben Tagesangabe vorgenommen, so wird ihre gleichzeitige Vornahme entsprechend § 879 Abs 1 S 2 HS 2 vermutet (OLG Nürnberg DNotZ 1967, 761, 762; STAUDINGER/KUTTER [2000] § 879 Rn 7). Der Minderjährige hat also unter diesen Voraussetzungen niemals unbelastetes Grundeigentum erlangt, weshalb die Nießbrauchsentstehung für ihn keinen Rechtsnachteil darstellt (JAUERNIG/JAUERNIG Rn 5).

Ist im Schenkungsvertrag die Verpflichtung des Minderjährigen festgelegt, die geschenkte Sache nach ihrem Erwerb zugunsten des Schenkers oder eines Dritten zu belasten, so begründet dies einen rechtlichen Nachteil der Schenkung (MünchKomm/ SCHMITT Rn 42). Ebenso ist die Vornahme der Belastung durch den Minderjährigen ein dessen schon vorhandenes Vermögen minderndes und damit rechtlich nachteiliges Geschäft. Rechtlich nachteilig ist daher auch eine Schenkung **unter Auflage einer Nießbrauchsbestellung** zugunsten des Schenkers, denn die Auflage begründet nach § 525 die persönliche Verpflichtung des Beschenkten zu deren Vollziehung (OLG München DNotZ 1943, 75, 76; OLG Frankfurt Rpfleger 1974, 429 f; einschr LG Augsburg Rpfleger 1967, 175). Gleiches muss auch dann gelten, wenn sich der Schenker vorbehält, das geschenkte Grundstück **nach erfolgter Übereignung** bis zu einer bestimmten Höhe zu belasten; dieser Vorbehalt kann dem Vorbehalt für eine gleichzeitig mit dem Eigentumserwerb erfolgende Belastung (s o Rn 15) schon wegen § 137 S 1 nicht gleichgestellt werden (so zu Recht KLÜSENER Rpfleger 1981 258, 263 gegen OLG Frankfurt OLGZ 1981, 32, 32 f = MDR 1981, 139). 18

3. Sonstige rechtlich lediglich vorteilhafte Geschäfte

Rechtlich lediglich vorteilhaft ist für den minderjährigen Schuldner ferner der Abschluss eines **Erlassvertrages** (§ 397 Abs 1) oder die Annahme eines negativen **Schuldanerkenntnisses** (§ 397 Abs 2). Ebenso ist die Kündigung eines unverzinslichen Darlehens durch den minderjährigen Darlehnsgeber einwilligungsfrei (aA FOMFEREK 15). Ein an den Minderjährigen gerichteter Vertragsantrag bringt dem Adressaten in Gestalt der Gebundenheit des Antragstellers (§ 145) lediglich rechtlichen Vorteil; der Antrag wird deshalb mit dem Zugang an den Minderjährigen gem § 131 Abs 1 S 2 wirksam (ALETH JuS 1995, L 9, 11; einschränkend HEINR LANGE, in: FS Reinhardt 19

[1972] 95, 98). Die Ablehnung des Angebots ist dem Minderjährigen wegen des dadurch bewirkten Wegfalls der Gebundenheit hingegen rechtlich nachteilig (HEINR LANGE, in: FS Reinhardt [1972] 95, 100; MünchKomm/SCHMITT Rn 48). Eine dem Minderjährigen erteilte Vollmacht – nicht notwendig auch das Grundgeschäft (Auftrag) – wird als dem Bevollmächtigten rechtlich lediglich vorteilhaft mit dem Zugang an den Minderjährigen wirksam, denn die Bevollmächtigung berechtigt nur zu rechtsgeschäftlichem Handeln im Namen des Vollmachtgegners, verpflichtet aber nicht hierzu (BROX JA 1989, 441, 447).

4. Neutrale Geschäfte

20 Nach dem Wortlaut des § 107 setzt die Einwilligungsfreiheit des Minderjährigengeschäfts voraus, dass das Geschäft (lediglich) einen rechtlichen Vorteil bringt. Einwilligungsbedürftig wären hiernach nicht nur dem Minderjährigen (auch) nachteilige Rechtsgeschäfte, sondern auch solche Geschäfte, aus denen dem Minderjährigen kein rechtlicher Nachteil, aber auch kein rechtlicher Vorteil erwächst (neutrale oder indifferente Rechtsgeschäfte). Diese Konsequenz wird jedoch von der ganz hM nicht gezogen. Nach dieser Ansicht ist § 107 ausdehnend dahingehend zu verstehen, dass einwilligungsbedürftig nur die dem Minderjährigen einen rechtlichen Nachteil auslösenden Geschäfte sind; neutrale Geschäfte kann der Minderjährige mithin ebenso wie ihm rechtlich lediglich vorteilhafte Geschäfte selbstständig vornehmen (SCHREIBER Jura 1987, 221, 222; vOLSHAUSEN AcP 189 [1989] 223, 224 ff; PAEFGEN JuS 1992, 192, 193; FLUME, AT II § 13, 7 b [S 193 f]; LARENZ/WOLF, AT § 25 V 1c Rn 27; PLANCK/FLAD Anm 2 b; MünchKomm/ SCHMITT Rn 33, 34; PALANDT/HEINRICHS Rn 7; SOERGEL/HEFERMEHL Rn 7; auch LG Köln NJW-RR 1991, 868; aA HEINR LANGE NJW 1955, 1339). Begründet wird diese Auffassung mit § 165, wonach die Minderjährigkeit des Vertreters der Wirksamkeit des Vertretergeschäfts, bei dem es sich um ein für den Minderjährigen neutrales Geschäft handelt, da dessen Wirkungen nach § 164 Abs 1 nicht in dessen Person, sondern in der des Vertretenen eintreten, nicht entgegensteht; in dieser Vorschrift wird der Ausdruck eines allgemeinen Rechtsgedankens gesehen, der auch für die übrigen neutralen Geschäfte gelten muss. Dieser Ansicht ist nach der Zweckrichtung des § 107 zuzustimmen, denn diese Vorschrift will den Minderjährigen in dessen rechtsgeschäftlicher Bewegungsfreiheit nur insoweit einschränken, als dies zur Verhinderung von Nachteilen geboten ist. Weitere rechtlich indifferente Geschäfte, zu denen hiernach die Einwilligung des gesetzlichen Vertreters nicht erforderlich ist, sind etwa die Bestimmung der Leistung eines Schuldners durch einen Minderjährigen als Dritten gem § 317 und der Abschluss eines Erbvertrages durch einen Minderjährigen mit einem Erblasser über eine erbvertragliche Zuwendung an eine dritte Person. Umstritten ist die Wirksamkeit der Verfügung eines nichtberechtigten Minderjährigen über eine fremde Sache zugunsten eines gutgläubigen Erwerbers nach den §§ 932, 892. Die Wirksamkeit wird teilweise mit der Begründung abgelehnt, dass der Erwerber in diesem Falle besser stände, als wenn der Minderjährige als Berechtigter ohne Einwilligung des gesetzlichen Vertreters verfügen würde, da dann die Verfügung nach § 107 unwirksam wäre (so MEDICUS, AT Rn 567 u ders, BR Rn 542, ihm folgend PETERSEN Jura 2003, 399, 402; FOMFEREK 29). Dem wird zu Recht der gegenüber dem § 932 andersartige Schutzzweck des § 107 entgegengehalten, der lediglich den Minderjährigen, nicht aber den Erwerber schützen will, so dass es auf die Rechtslage nicht ankommen kann, die bestände, wenn der den Erwerber schützende Rechtsschein der Wirklichkeit entspräche (eingehend vOLSHAUSEN AcP 189 [1989] 223, 234 ff).

5. Wirkung

Der Abschluss eines nach § 107 nicht einwilligungsbedürftigen Rechtsgeschäfts **21** durch einen Minderjährigen ist ebenso wirksam, wie wenn es ein Geschäftsfähiger getätigt hätte. Der Minderjährige wird allerdings in dem Umfang der Einwilligungsfreiheit des § 107 nicht partiell geschäftsfähig. Infolgedessen erlangt er insoweit auch keine Prozessfähigkeit gem § 52 ZPO (vgl Vorbem 95 zu §§ 104–115). Einen Rechtsstreit aus einem einwilligungsfreien Geschäft (zB Klage gegen den Schenker auf Erfüllung eines Schenkungsvertrages) kann der Minderjährige deshalb gleichwohl nur durch seinen gesetzlichen Vertreter führen.

IV. Einwilligungsbedürftige Rechtsgeschäfte

Die Einwilligung des gesetzlichen Vertreters ist demgegenüber erforderlich zu allen **22** Rechtsgeschäften des Minderjährigen, aus denen diesem irgendwelche **rechtlichen Nachteile** erwachsen. Ob das Geschäft daneben auch rechtliche Vorteile für den Minderjährigen zeitigt, ist für die Einwilligungsbedürftigkeit ebenso unerheblich wie das wirtschaftliche Verhältnis zwischen Vor- und Nachteilen (vgl ie o Rn 3). Einwilligungsbedürftig sind deshalb im Wesentlichen die folgenden Geschäfte:

1. Verpflichtungsgeschäfte

Einen Rechtsnachteil stellt jede sich aus dem Rechtsgeschäft ergebende persönliche **23** **Verbindlichkeit** des Minderjährigen dar. Hieraus ergibt sich die Einwilligungsbedürftigkeit sämtlicher von dem Minderjährigen (im eigenen Namen) abgeschlossenen Verpflichtungsgeschäfte. Hierzu zählen insbesondere alle gegenseitig verpflichtenden Verträge, aus denen für den Minderjährigen begriffsnotwendig sogar eine Hauptleistungspflicht resultiert. Ein Rechtsnachteil ist aber auch in allen durch ein Rechtsgeschäft ausgelösten Nebenleistungspflichten zu erblicken (vgl Mot I 137 = MUGDAN I 427). Einwilligungsbedürftig sind deshalb grundsätzlich auch die sog unvollkommen zweiseitigen Verträge, bei denen nur dem Vertragspartner des Minderjährigen eine Hauptleistungspflicht obliegt (vgl STÜRNER AcP 173 [1973] 402, 422 f; U HÜBNER 147). Hierzu zählt die Leihe, die den Minderjährigen Entleiher zur Tragung der gewöhnlichen Erhaltungskosten (§ 601 Abs 1) und zur Rückgabe (§ 604) der Sache verpflichtet (HEINR LANGE NJW 1955, 1339, 1340 Fn 25; MünchKomm/SCHMITT Rn 30). Rechtlich nicht lediglich vorteilhaft ist auch ein unverzinsliches Darlehen für den minderjährigen Darlehnsnehmer wegen der Rückzahlungs- bzw Rückerstattungspflicht aus den §§ 488 Abs 1 S 2, 607 Abs 1 S 2. Gleiches gilt für den von einem Minderjährigen erteilten Auftrag, der den Auftraggeber zum Ersatz der Aufwendungen des Beauftragten nach Maßgabe des § 670 verpflichtet. Der Abschluss eines Girovertrages nach § 676f durch einen minderjährigen Kunden wird zu Recht auch dann als dem Kunden rechtlich nachteilig angesehen, wenn das Girokonto gebührenfrei und nur auf Guthabenbasis geführt wird; denn auch ein solches Giroverhältnis bringt für den Kunden gesteigerte Sorgfalts- und Obhutspflichten mit sich und zudem weichen die zugrundeliegenden AGB der Kreditinstitute in vielen Punkten zum Nachteil des Kunden vom dispositiven Gesetzesrecht ab (vgl Verlautbarung d Präs d BAKred v 23.3. 1995, ZIP 1995, 691, 693; eingehend HAGEMEISTER JuS 1992, 839 f, 926 f: auch Eröffnung eines Sparkontos; VORTMANN WM 1994, 965 f; KUNKEL Rpfleger 1997, 1, 2). Einwilligungsbedürftig sind weiterhin die Schuldübernahme und der Schuldbeitritt (vgl BGB-

RGRK/KRÜGER-NIELAND Rn 3). Rechtliche Nachteile des unentgeltlichen Verwahrungsvertrages bestehen für den minderjährigen Hinterleger in der ggf eintretenden Pflicht zum Aufwendungsersatz (§ 693) und zum Schadensersatz (§ 694). Auch die Begründung einer Naturalobligation stellt für den Minderjährigen trotz der fehlenden Erzwingbarkeit der Leistung einen Rechtsnachteil dar, da auch eine solche Verbindlichkeit gewisse den Schuldner belastende Wirkungen zeitigt (Kondiktionsausschluss); einwilligungsbedürftig sind mithin auch die Heiratsvermittlung (§ 656) sowie Spiel und Wette (§ 762). Die Vereinbarung sexueller Handlungen gegen Entgelt ist für den minderjährigen „Freier" wegen der hieraus jetzt gem § 1 ProstG erwachsenden Verpflichtung zur Entgeltfortzahlung nachteilig. Der Einwand der Unwirksamkeit der Vereinbarung mangels Zustimmung des gesetzlichen Vertreters, deren Erteilung einen Missbrauch des Personensorgerechts bedeuten würde, wird durch den – teleologisch zu reduzierenden – § 2 S 3 ProstG nicht ausgeschlossen (ARMBRÜSTER NJW 2002, 2763, 2764; PALANDT/HEINRICHS Anh zu § 138, ProstG § 2 Rn 1; allg KOHLER JZ 2002, 345 Fn 7). Da die Vereinbarung für die minderjährige Prostituierte keine Verpflichtung zur sexuellen Hingabe entstehen lässt, die selbst als Naturalobligation gegen Art 1 Abs 1 GG verstieße, soll sie für die Minderjährige rechtlich lediglich vorteilhaft und daher nicht einwilligungsbedürftig sein (ARMBRÜSTER aaO; Bedenken bei RAUTENBERG NJW 2002, 650, 652).

2. Verfügungsgeschäfte

24 Rechtlich nachteilig sind dem Minderjährigen alle Verfügungen über eigene Rechte (zu Verfügungen über fremde Rechte s o Rn 18), da hierdurch sein Rechtsbestand unmittelbar vermindert wird. Der Minderjährige kann deshalb nur mit Einwilligung des gesetzlichen Vertreters Rechte übertragen, etwa eine Sache übereignen oder eine Forderung oder ein sonstiges Recht abtreten (einschr BGH NJW 1983, 162, 163 aE hinsichtl § 181f Sonderfall d Abtretung von Gewährleistungsansprüchen an Wohnungseigentümer; hiergegen JAUERNIG/JAUERNIG Rn 5). Ein Minderjähriger vermag deshalb auch eine auf Übereignung einer Sache oder Zahlung eines Geldbetrages gerichtete Verbindlichkeit nicht ohne Einwilligung des Vertreters zu erfüllen. Ist eine (wirksam begründete) Verpflichtung hingegen nicht auf eine Verfügung, sondern auf ein tatsächliches Verhalten des Minderjährigen gerichtet (Dienst- oder Arbeitsleistung, Unterlassen usw), so tritt die Erfüllungswirkung durch die Vornahme dieser keine Geschäftsfähigkeit erfordernden (vgl o Vorbem 89 zu §§ 104–115) Realakte als solche ein (für Arbeitsleistung vTUHR, AT II 1 § 5 IV Fn 35 m anderer Begr). Einwilligungsbedürftig ist weiterhin eine in einer Inhaltsänderung oder Belastung eines Rechts bestehende Verfügung des Minderjährigen. Gleiches gilt für die Aufhebung eines Rechts des Minderjährigen, wie den Erlass einer Forderung nach § 397 (OLG Stuttgart FamRZ 1969, 39) oder der Aufgabe des Eigentums, die nach der hier vertretenen Auffassung Rechtsgeschäft ist (vgl Vorbem 92 zu §§ 104–115). Rechtlich nachteilig sind ferner Verfügungen des minderjährigen Bankkunden über das Guthaben seines Girokontos, vor allem Abhebungen, da sich hierdurch die Forderung des Kunden gegen das Kreditinstitut entsprechend vermindert; das Einverständnis des gesetzlichen Vertreters mit der Kontoeröffnung (vgl o Rn 21) umfasst im Zweifel nicht auch die Einwilligung mit solchen Verfügungen (vgl Präs BAKred, ZIP 1995, 693; HAGEMEISTER JuS 1992, 840 f; VORTMANN WM 1994, 965, 966; KUNKEL Rpfleger 1997, 1, 5). Rechtlich nachteilig ist dem Minderjährigen auch die von ihm erklärte Aufrechnung, da sie gem § 389 zum Erlöschen auch seiner Aktivforderung führt. In diesem Zusammenhang ist auch die

– keine Verfügung im eigentlichen Sinne darstellende – Vereinbarung eines Haftungsausschlusses zu erwähnen, an dessen stillschweigenden Abschluss freilich strenge Anforderungen zu stellen sind (vgl Vorbem 64 zu §§ 104–115); ein Ausschluss der Haftung des anderen Teils gegenüber dem Minderjährigen oder ein Verzicht des Minderjährigen auf die Haftung bedeutet für diesen einen Rechtsnachteil (RGZ 141, 262, 264; BGHZ 34, 355, 358; LM § 107 Nr 2 = NJW 1958, 905 = MDR 1958, 503 m Anm BEITZKE 678; auch OLG Schleswig NJW 1950, 226 f).

3. Leistung zwecks Erfüllung eines Anspruchs des Minderjährigen

Eine Leistung, die zwecks Erfüllung einer (wirklich bestehenden) Forderung eines Minderjährigen an diesen selbst erbracht wird, ohne dass der gesetzliche Vertreter hierin einwilligt, führt nach überwiegender Meinung nicht gem § 362 zum Erlöschen der Verbindlichkeit; die Erlöschenswirkung tritt vielmehr, sofern nicht sogleich an den gesetzlichen Vertreter geleistet wird, nur dann und insoweit ein, als der Leistungsgegenstand, zB der gezahlte Geldbetrag, an den Vertreter gelangt (eingehend WACKE JuS 1978, 80, 82; ferner BROX JA 1989, 441, 446; PETERSEN Jura 2003, 399 f; FOMFEREK 33 f; ENNECCERUS/NIPPERDEY II 1 § 151 II 1a m Fn 6, 7; LARENZ/WOLF, AT § 25 C 1a Rn 21; MEDICUS, AT Rn 566; AK-BGB-KOHL Rn 26; BAMBERGER/ROTH/WENDTLAND Rn 6; ERMAN/PALM Rn 7; MünchKomm/SCHMITT Rn 43, 44; PALANDT/HEINRICHS Rn 2; SOERGEL/HEFERMEHL Rn 8; auch RGZ 68, 269, 270). Besteht die geschuldete Leistung in der Übereignung einer Sache oder der Übertragung einer Forderung oder eines sonstigen Rechts, so erwirbt der Minderjährige, an den geleistet worden ist, nach dieser Ansicht auch bei fehlender Mitwirkung des gesetzlichen Vertreters gleichwohl das betreffende Recht, trotz des fortbestehenden Erfüllungsanspruchs. Denn auch dieser Erwerb ist dem Minderjährigen rechtlich lediglich vorteilhaft (vgl allg o Rn 22) und der Nichteintritt der Erfüllungswirkung ist nach dem Abstraktionsgrundsatz auf die Wirksamkeit des Erwerbsgeschäfts ohne Einfluss. Der Minderjährige ist dann freilich, da der Rechtserwerb den damit verfolgten Zweck der Schuldtilgung verfehlt hat, zur Rückübertragung des erworbenen Rechts gem § 812 Abs 1 S 1 Alt 1 verpflichtet und der Schuldner kann mit dieser Gegenforderung gegen den fortbestehenden Erfüllungsanspruch des Minderjährigen aufrechnen (abl insoweit GERNHUBER, Erfüllung § 5 IV 2c), jedenfalls aber ein Zurückbehaltungsrecht nach § 273 geltend machen. Gegenüber diesem Bereicherungsanspruch kann sich der Minderjährige jedoch auf einen Bereicherungswegfall nach § 818 Abs 3 insoweit berufen, als der erwobene Gegenstand, bevor der gesetzliche Vertreter auf ihn Zugriff nehmen konnte, ersatzlos aus dem Vermögen des Minderjährigen ausgeschieden ist, denn bei der hier vorliegenden Leistungskondiktion kommt eine verschärfte Bereicherungshaftung des Minderjährigen nicht in Betracht (vgl Vorbem 79 zu §§ 104–115). Das Ausbleiben der Erfüllungswirkung wird von den Anhängern der hM je nach der vertretenen Erfüllungstheorie unterschiedlich begründet: Die allgemeine und die besondere Vertragstheorie, die zur Erfüllung einen besonderen Erfüllungsvertrag fordert, gelangen zu diesem Ergebnis über eine unmittelbare Anwendung des § 107, da hiernach im Abschluss des Erfüllungsvertrages auf Seiten des Gläubigers eine Verfügung über die zu tilgende Forderung liegt, die für den minderjährigen Gläubiger den Rechtsnachteil des Verlustes der Forderung mit sich bringt (vgl vTUHR, AT II 1 § 59 IV [S 339 f] f die allg, FIKENTSCHER, SR § 38 II 3c Rn 271 f die beschr Vertragstheorie). Nach der Zweckvereinbarungstheorie (EHMANN JZ 1968, 549 ff u NJW 1969, 1833, 1836 f) ist der Abschluss der rechtsgeschäftlichen Zweckvereinbarung als Erfordernis des Erlöschens der Forderung für den minderjährigen Gläubiger ebenfalls rechtlich nachteilig, so dass auch hier § 107 unmittelbar eingreift. Nach der Theorie der finalen und der realen Leistungsbewirkung ist hingegen auf der Gläubigerseite eine rechtsgeschäftliche Erklärung für den Eintritt des Erfüllungserfolges nicht erforderlich, insbesondere verfügt der Gläubiger mit der Annahme der Leistung nicht über die Forderung, so dass eine unmittelbare Anwendung von § 107 ausscheidet; wegen der von diesen Lehren für eine Schuldtilgung verlangten Einziehungsberechtigung (GERNHUBER, Erfüllung § 5 IV 1) bzw Empfangszuständigkeit (LARENZ SR I § 18 I 5 [S 240]; MEDICUS, AT Rn 566 u BR Rn 171) des Leistungsempfängers, die sozusagen das Gegenstück zur Verfügungsbefugnis darstellt und die deshalb dem nicht voll Geschäftsfähigen fehlt, tritt aber auch hiernach die Schuldtilgung nur bei Leistung an den gesetzlichen Vertreter oder mit dessen Zustimmung ein. Die gegen die überwiegende Ansicht vorgebrachten Einwände vermögen nicht zu überzeugen. Wenn gesagt wird, der Erwerb des Leistungsgegenstandes und die Erfüllungswirkung seien als Einheit zu betrachten, so dass diese nicht rechtlich nachteilig sein kann, wenn jener dem Minderjährigen vorteilhaft ist (vgl HEINR LANGE NJW 1955, 1339, 1342; auch VAN VENROOY BB 1980, 1017 ff: Akzessorietät v Forderung u Rechtserwerb), so widerspricht dies dem Abstraktionsgrundsatz, der entgegen VAN VENROOY aaO auch im Erfüllungsstadium gilt. Die Ansicht, der Forderungsverlust könne deshalb nicht als für den minderjährigen Gläubiger rechtlich nachteilig qualifiziert werden, da er stattdessen den Leistungsgegenstand erwerbe, der ein Mehr gegenüber der darauf gerichteten Forderung darstelle (so HARDER JuS 1977, 149, 151 f u JuS 1978, 84 ff; hiergegen WACKE JuS 1980, 80, 82), so wird verkannt, dass es für § 107 auf das quanitative Verhältnis von Vorteil und Nachteil gerade nicht ankommt, sondern jedweder Rechtsnachteil das Einwilligungserfordernis auslöst (vgl o Rn 3). Der Rechtsnachteil des Forderungsverlustes kann auch nicht deshalb als für eine direkte oder entsprechende Anwendung des § 107 unerheblich bezeichnet werden, weil er nicht eine rechtsgeschäftliche Folge der Erfüllungsannahme darstelle (so aber LAUTENSCHLÄGER BWNotZ 1976, 115, 116 f), denn auch kraft Gesetzes eintretende (unmittelbare) nachteilige Rechtsfolgen werden von § 107 erfasst (vgl o Rn 6 aE). Der hM ist hiernach zu folgen. Sie bewirkt im Ergebnis den erforderlichen Minderjährigenschutz auch im Hinblick auf die Erfüllung einer Forderung, ohne die schutzwürdigen Interessen des leistenden Schuldners zu vernachlässigen. Das Fortbestehen der Forderung sichert den Minderjährigen gegen die hier besonders naheliegende Gefahr eines Verlustes, einer Verschwendung usw des empfangenen Leistungsgegenstandes, bevor der gesetzliche Vertreter aufgrund seines Sorgerechts die erforderlichen Sicherungsmaßnahmen treffen kann. Der Schuldner ist gegen eine doppelte Inanspruchnahme durch das ihm aufgrund seines Bereicherungsanspruchs hinsichtlich der ersten Leistung zustehende Zurückbehaltungsrecht hinreichend geschützt; dass er das Entreicherungsrisiko des Minderjährigen trägt, ist eine notwendige Folge des vorrangigen Minderjährigenschutzes, die er durch Leistungserbringung an den gesetzlichen Vertreter vermeiden kann.

4. Erwerbsgeschäfte mit Verpflichtungsfolgen

26 Dingliche Erwerbsgeschäfte sind dem minderjährigen Erwerber, da sie dessen Rechtsbestand vergrößern, im Grundsatz lediglich rechtlich vorteilhaft (vgl o Rn 11 ff). Im Zusammenhang mit dem Erwerb können aber für den Minderjährigen persönliche Verpflichtungen entstehen, die dem Erwerbsgeschäft als solchem innewohnen, nicht erst (wie in den Fallgestaltungen o Rn 12-14) dem erworbenen Gegenstand. Solche Erwerbsgeschäfte begründen daher, abweichend von dem Grundsatz der ausschließlichen rechtlichen Vorteilhaftigkeit von Erwerbsakten, doch einen Rechtsnachteil für den Minderjährigen und damit die Einwilligungsbedürftigkeit.

a) Arten
Die vorstehend dargelegten Rechtsnachteile können vornehmlich bei dem Erwerb 27 der folgenden Gegenstände eintreten.

aa) Grundstücke
Der Erwerb eines mit einer **Reallast** belasteten Grundstücks ist dem minderjährigen Erwerber wegen der dadurch gem § 1108 grundsätzlich ausgelösten persönlichen Haftung für die zu erbringenden Leistungen rechtlich auch nachteilig, sofern diese Haftung nicht gem § 1108 Abs 1 letzter HS ausgeschlossen ist (HEINR LANGE NJW 1955, 1339, 1340; STÜRNER AcP 173 [1973] 402, 430; KLÜSENER Rpfleger 1981, 258, 262; Münch-Komm/SCHMITT Rn 40; SOERGEL/HEFERMEHL Rn 4). Wegen der Reallastnatur des Erbauzinses (§ 9 Abs 1 S 1 ErbbauVO) ist auch der Erwerb eines Erbbaurechts durch einen Minderjährigen einwilligungsbedürftig (PALANDT/HEINRICHS Rn 4; insoweit auch STÜRNER AcP 173 [1973] 402, 432; U HÜBNER 152). Als rechtlich nachteilig muss der Erwerb eines im Erwerbszeitpunkt bereits vermieteten oder verpachteten und dem Mieter (Pächter) überlassenen Grundstücks bzw von auf diesem befindlichen Räumen angesehen werden, da der dann gem §§ 566 ff, 578, 581 Abs 2 erfolgende Eintritt des Erwerbers in die miet-(pacht-)vertraglichen Pflichten des Veräußerers eine unmittelbare Folge des Erwerbs bildet (BayObLG NJW-RR 2004, 810, 811; OLG Oldenburg NJW-RR 1988, 839; DNotZ 1989, 92; LG Oldenburg NdsRpfl 1987, 216; HEINR LANGE NJW 1955, 1339, 1341; U HÜBNER 151 f; KLÜSENER Rpfleger 1981, 258, 262; FELLER DNotZ 1989, 66, 72 f; STUTZ MittRhNotK 1993, 205, 2 II; PALANDT/HEINRICHS Rn 4; **aA** RhPfFG EFG 1998, 304 f; STÜRNER AcP 173 [1973] 402, 431; JERSCHKE DNotZ 1982, 459, 469 ff). Dies gilt auch dann, wenn das Grundstück mit einem Nießbrauch belastet ist und es der Nießbraucher über die Dauer seines Rechts hinaus vermietet oder verpachtet hat, da dann der Eigentümer gem §§ 1056 Abs 1, 566 in das Miet- (Pacht-)verhältnis eintritt (BayObLG NJW 2003, 1129; OLG Karlsruhe OLG-Report 2000, 259; **aA** OLG Celle MDR 2001, 931, 932; EVERTS ZEV 2004, 231, 232).

bb) Vermögensgesamtheiten
Die **Annahme einer Erbschaft** ist für den minderjährigen Erben wegen des dadurch 28 eingetretenen Wegfalls der Ausschlagungsmöglichkeit (§ 1943) und damit der Haftung für die Nachlassverbindlichkeiten nach § 1967 nicht lediglich rechtlich vorteilhaft (HEINR LANGE NJW 1955, 1339, 1340 Fn 20; STÜRNER AcP 173 [1973] 402, 434; U HÜBNER 149). Wegen dieser Haftung ist auch die (schenkweise) Übertragung eines Erbteils einwilligungsbedürftig (AG Stuttgart BWNotZ 1970, 177). Gleiches gilt für den **Erwerb eines Handelsgeschäfts** unter Firmenfortführung durch den minderjährigen Erwerber wegen der dadurch begründeten Haftung für die Altverbindlichkeiten nach § 25 Abs 1 S 1 HGB, sofern nicht die Haftung gem § 25 Abs 2 HGB ausgeschlossen ist; ist hiernach der Erwerb mangels Zustimmung des gesetzlichen Vertreters unwirksam, so muss – anders als bei sonstigen Unwirksamkeitsgründen – aufgrund des vorrangigen Minderjährigenschutzes auch die Haftung des Minderjährigen entfallen (STÜRNER AcP 173 [1973] 402, 434 f; U HÜBNER 152 f). Als rechtlich nachteilig wurde auch der Erwerb des gesamten Vermögens mit der Folge der Haftung des Erwerbers für

die Verbindlichkeiten des Veräußerers nach dem aufgehobenen § 419 erachtet (BGHZ 53, 174, 178 = LM § 419 Nr 20/21 m Anm RIETSCHEL).

cc) Beteiligungen an Personen- und Kapitalgesellschaften

29 Rechtlich nicht lediglich vorteilhaft ist der Erwerb einer **Beteiligung an einer offenen Handelsgesellschaft** durch einen Minderjährigen, denn dieser Erwerb löst die unbeschränkte und nach außen hin unbeschränkbare Haftung des Gesellschafters aus § 128 HGB aus (STÜRNER AcP 173 [1973] 402, 435; BROX, in: FS Bosch [1976] 75, 78; KLAMROTH BB 1975, 525, 527). Für den Beteiligungserwerb an einer **Gesellschaft bürgerlichen Rechts** muss grundsätzlich – anders allenfalls bei einer bloßen Innengesellschaft ohne Verlustbeteiligung – entsprechendes gelten (so LG Aachen NJW-RR 1994, 1319, 1320 f; zur Beteiligung Minderjähriger an einer Grundstücksverwaltungs-GbR eingehend REIMANN, in: FS Hagen [1999] 173, 175 ff). Der Erwerb eines **Kommanditanteils** begründet einen Rechtsnachteil, sofern die Kommanditeinlage noch nicht vollständig eingezahlt ist und der Erwerber deshalb gem § 171 Abs 1 HGB persönlich haftet (STÜRNER AcP 173 [1973] 402, 436; BROX, in: FS Bosch [1976] 75, 78). Darüber hinaus wird ein rechtlicher Nachteil auch bei volleingezahlter Kommanditeinlage bejaht aufgrund der auch den Kommanditisten treffenden Treuepflicht, einer möglichen Haftung für die Herabminderung der Kommanditeinlage durch Entnahme von Gewinnanteilen (§ 172 Abs 4 S 2 HGB) sowie der Beweislast des Erwerbers für die erfolgte Einzahlung der Einlage (so LG Köln Rpfleger 1970, 245; auch BROX, in: FS Bosch [1976] 75, 79 f); hierbei handelt es sich jedoch nur um mittelbar nachteilige Folgen des Erwerbs, der deshalb bei voll eingezahlter Einlage als rechtlich lediglich vorteilhaft zu bezeichnen ist (so auch KLAMROTH BB 1975, 525, 527; U HÜBNER 150; LARENZ/WOLF, AT § 25 V 8a Rn 56). Rechtlich nur vorteilhaft ist aus den genannten Gründen auch der (schenkweise) Erwerb der Beteiligung an einer **stillen Gesellschaft** (überzeugend TIEDTKE DB 1977, 1064, 1065 f; auch KLAMROTH BB 1975, 525, 527; aA BFH DB 1974, 365; BROX, in: FS Bosch [1976] 75, 80). Bei dem Erwerb von **GmbH-Anteilen** werden die Möglichkeiten einer Ausfallhaftung nach § 24 GmbHG und einer Erstattungspflicht für verbotene Rückzahlungen gem §§ 30, 31 GmbHG als rechtliche Nachteile betrachtet (BGH MDR 1980, 737 [Nr 12]; STÜRNER AcP 173 [1973] 402, 436; KLAMROTH BB 1975, 525, 527); gleiches soll für den Erwerb von **Namensaktien** wegen der nur bei diesen, nicht aber bei Inhaberaktien (vgl § 10 Abs 2 AktG) möglichen Ausfallhaftung nach § 64 Abs 4 S 2 AktG gelten (STÜRNER AcP 173 [1973] 402, 437). Diese Haftungsgefahren sind aber keine unmittelbaren Folgen des Anteilserwerbs, sondern sie realisieren sich nur aufgrund weiterer Umstände (Ausfälle, Rückzahlungen); nach der hier grundsätzlich vertretenen Auffassung (vgl o Rn 6, 8) können sie deshalb keine Rechtsnachteile iSv § 107 begründen (in diesem Sinne auch U HÜBNER 150). Der Erwerb von Inhaberaktien wird allgemein als rechtlich lediglich vorteilhaft erachtet.

dd) Tiere

30 Ohne Einwilligung des Erziehungsberechtigten dürfen nach § 11c TierschG **Wirbeltiere** an Kinder oder Jugendliche bis zum vollendeten 16. Lebensjahr nicht abgegeben werden. Dieses Verbot bezweckt allerdings nicht den Schutz dieser Minderjährigen, sondern den Schutz der Tiere vor unsachgemäßer Behandlung (vgl LORZ/METZGER, TierschG Rn 1). Unter „Abgabe" in diesem Sinne ist denn auch die Übergabe in die tatsächliche Herrschaft, nicht die Übereignung der Tiere zu verstehen (vgl LORZ/METZGER Rn 3).

b) Verhältnis des rechtlich nachteiligen Erwerbsgeschäfts zum unentgeltlichen Grundgeschäft

Ein nach dem Vorstehenden dem Minderjährigen rechtlich nachteiliges Erwerbsgeschäft hat jedenfalls die Einwilligungsbedürftigkeit dieses „dinglichen" Geschäfts zur Folge. Beruht der Erwerb auf einer Schenkung als schuldrechtlichem Grundgeschäft, so fragt es sich, ob sich die Nachteiligkeit des Erwerbsgeschäfts auch auf die an sich zustimmungsfreie (vgl o Rn 9) Schenkung in der Weise auswirkt, dass deshalb auch für diese die Einwilligung erforderlich ist. Praktisch wird dieses Problem vor allem dann, wenn es der gesetzliche Vertreter selbst ist, der dem Minderjährigen die schenkweise Zuwendung macht, denn bei Bejahung der Einwilligungsbedürftigkeit auch des Grundgeschäfts könnte der Vertreter die Einwilligung wegen § 181 nicht selbst erteilen, sondern es müsste hierfür ein Ergänzungspfleger gem § 1909 bestellt werden. Der Bundesgerichtshof hat in seiner älteren Rechtsprechung einen solchen Einfluss des Erwerbsgeschäfts auf das Grundgeschäft verneint mit der Folge, dass der Minderjährige den Schenkungsvertrag mit dem Vertreter ohne Einwilligung abschließen bzw der Vertreter selbst sein eigenes Schenkungsangebot im Namen des Minderjährigen annehmen kann, ohne durch § 181 gehindert zu sein, da diese Vorschrift aufgrund ihrer seit BGHZ 59, 236, 270 f allgemein anerkannten teleologischen Reduktion (vgl § 105 Rn 9) bei dem Vertretenen rechtlich lediglich vorteilhaften Geschäften nicht eingreift. Sei aber das Verpflichtungsgeschäft hiernach ohne weiteres wirksam, so könne der gesetzliche Vertreter auch die erforderliche Einwilligung zu dem Erwerbsgeschäft selbst erteilen oder dieses Geschäft in Vertretung des Minderjährigen mit sich selbst abschließen, da es dann ausschließlich in der Erfüllung der durch den Schenkungsvertrag begründeten Verbindlichkeit gem § 181 letzter HS bestehe; der Einschaltung eines Ergänzungspflegers bedürfe es daher auch zum Abschluss des Erwerbsgeschäfts nicht (so BGHZ 15, 168, 170 = NJW 1955, 1353 = JZ 1955, 243 f m abl Anm H Westermann = LM § 107 Nr 1 [LS] m Anm Fischer; schon vorher KG JFG 13, 300, 303; OLG München DNotZ 1939, 206, 207; ferner LG Aachen MittRhNotK 1969, 574, 576). Diese auf einer strikten Trennung von Grund- und Erfüllungsgeschäft beruhenden Argumentation wurde in der Folgezeit von Teilen des Schrifttums als den Erfordernissen eines wirksamen Minderjährigenschutzes nicht gerecht werdend kritisiert; die gesamte Zuwendung müsse als Einheit angesehen und ihre Überprüfung durch einen Ergänzungspfleger möglich gemacht werden (H Westermann JZ 1955, 244; Heinr Lange NJW 1955, 1339, 1342 f; U Hübner 144 f; s auch vLübtow 94). Wohl unter dem Eindruck der Kritik hat der Bundesgerichtshof seine ursprüngliche Auffassung zugunsten einer „Gesamtbetrachtung" von Grund- und Erfüllungsgeschäft aufgegeben; eine rechtliche Nachteiligkeit des dinglichen Erwerbs – *in casu* die Zuwendung von Wohnungseigentum mit gegenüber der gesetzlichen Regelung erheblich verschärften persönlichen Verpflichtungen des Minderjährigenerwerbers – mache auch die zugrundeliegende Schenkung einwilligungsbedürftig und damit bei Schenkung durch den gesetzlichen Vertreter die Mitwirkung eines Ergänzungspflegers erforderlich (so BGHZ 78, 28, 34 f = NJW 1981, 109, 110 f = JR 1981, 281 m zust Anm Gitter; ergangen auf Vorlagenbeschl BayObLGZ 1979, 243, 249 ff; ebenso BayObLGZ 1998, 139, 143; FG Prax 2004, 123; OLG Hamm ZEV 2000, 242; OLG Köln Rpfleger 2003, 570, 571 m zust Anm Bestelmeyer Rpfleger 2004, 162; LG Münster FamRZ 1999, 739). Im Ergebnis wird diese neuere Rechtsprechung zu Recht allgemein gebilligt. Die Begründung mit einer Gesamtbetrachtung von schuldrechtlichem und dinglichem Geschäft wird dagegen von Teilen des Schrifttums als mit dem Trennungs- und Abstraktionsgrundsatz unvereinbar abgelehnt und stattdessen eine teleologische Reduktion von § 181 letzter HS in der Weise befürwortet, dass dem Vertreter die

Vornahme auch eines ausschließlich der Erfüllung einer Verbindlichkeit dienenden dinglichen Geschäfts als In-sich-Geschäft dann nicht möglich sein soll, wenn dieses Erfüllungsgeschäft den Vertretenen rechtlich nachteilig ist (so JAUERNIG JuS 1982, 576, 577; KÖHLER JZ 1984, 18; ULTSCH Jura 1998, 524, 528; FOMFEREK 27; ERMAN/PALM Rn 5 aE; kritisch zu einer Gesamtbetrachtung auch FELLER DNotZ 1989, 66, 73 ff). Diese Meinung erscheint als vorzugswürdig.

5. Ausübung von Gestaltungsrechten

32 Die Ausübung von Gestaltungsrechten (Anfechtung, Rücktritt, Widerruf, Kündigung) durch den minderjährigen Berechtigten bedarf wegen der regelmäßig rechtsvernichtenden Wirkung dieser Rechtsakte, im Falle der Anfechtung nach den §§ 119, 120 auch wegen der dann möglicherweise entstehenden Schadensersatzpflicht aus § 122, grundsätzlich der Einwilligung des gesetzlichen Vertreters (STÜRNER AcP 173 [1973] 402, 439 f; COESTER-WALTJEN Jura 1994, 668, 669; MünchKomm/SCHMITT Rn 48; PALANDT/HEINRICHS Rn 2; BGB-RGRK/KRÜGER-NIELAND Rn 3). Lediglich rechtlich vorteilhaft ist die Ausübung dieser Rechte nur dann, wenn ihre Folge allein in der Beseitigung von Verpflichtungen des Minderjährigen oder – so bei der Kündigung eines zinslos gewährten Darlehns – in der Entstehung bzw Fälligstellung von Ansprüchen des Minderjährigen besteht.

6. Vereinsmitgliedschaft

33 Die Teilnahme an der Gründung eines – rechtsfähigen oder nicht rechtsfähigen – Vereins und der Beitritt zu einem Verein ist einem Minderjährigen nicht rechtlich vorteilhaft, denn eine Vereinsmitgliedschaft begründet für das Mitglied auch verschiedene Pflichten, insbesondere die Beitragspflicht (KUNZ ZblJugR 1978, 453, 455; FAHLBUSCH-WENDLER RdJB 1980, 278, 280; MünchKomm/SCHMITT Rn 48; SOERGEL/HEFERMEHL Rn 13; aA vPRADZYNSKI JW 1912, 1012, 1013). Der sich hieraus ergebenden Einwilligungsbedürftigkeit dieser Rechtsakte steht nach der hier vertretenen Auffassung zur Frage einer Grundrechtsmündigkeit (vgl allg Vorbem 104 zu §§ 104–115) auch das Grundrecht der Vereinsfreiheit aus Art 9 GG nicht entgegen (anders insoweit REICHERT RdJ 1971, 234, 238 f). In der Zustimmung des gesetzlichen Vertreters zum Vereinsbeitritt eines Minderjährigen wird grundsätzlich auch die Einwilligung zur selbstständigen Ausübung der mitgliedschaftlichen Rechte und Pflichten als Folgegeschäfte des Beitritts (hierzu allg u Rn 38) zu erblicken sein. Der Minderjährige benötigt deshalb insbesondere zur Ausübung seines Stimmrechts in der Mitgliederversammlung nicht noch eine besondere Einwilligung des Vertreters, sofern nicht durch die Abstimmung, wie dies beim nicht rechtsfähigen Verein durch die Verweisung auf das Gesellschaftsrecht in § 54 S 1 der Fall sein kann, eine eigene vermögensmäßige Haftung des Minderjährigen begründet wird (KG OLGE 15, 324; REICHERT RdJ 1971, 239 f; KUNZ ZblJugR 1978, 453, 456 ff; FAHLBUSCH-WENDLER RdJB 1980, 278, 285; PALANDT/HEINRICHS Rn 9; m anderer Begr vPRADZYNSKI JW 1912, 1012, 1014; ablehnend BRAUN NJW 1962, 92 f [gegen KG aaO]; auch HAMELBECK NJW 1962, 722 ff). Dieser Folgekonsens umfasst allerdings regelmäßig nicht auch die Annahme einer Wahl des Minderjährigen zum Mitglied eines Organs (Vorstandes) des Vereins, da eine Organstellung besondere Pflichten mit sich bringt; der Minderjährige kann eine solche Wahl daher nur mit Zustimmung des Vertreters annehmen (REICHERT RdJ 1971, 234, 236; FAHLBUSCH-

WENDLER RdJB 1980, 278, 286; **aA** KUNZ ZblJugR 1978, 453, 460; auch vPRADZYNSKI JW 1912, 1012, 1014).

7. Verlöbnis

Die (umstrittene) Anwendbarkeit des § 107 auf die Eingehung eines Verlöbnisses **34**
hängt von der Beurteilung der Rechtsnatur der Verlobung ab. Nach der wohl überwiegend vertretenen Vertragstheorie wird das Verlöbnis durch einen Vertragsschluss begründet, auf den die Vorschriften des allgemeinen Teils und damit auch das Geschäftsfähigkeitsrecht grundsätzlich anwendbar sind (so RG JW 1906, 9; GERNHUBER/COESTER-WALTJEN § 8 I 4 u 5; MünchKomm/WACKE § 1297 Rn 5). Folgt man dem, dann bedarf ein Minderjähriger zu einer Verlobung der Einwilligung des gesetzlichen Vertreters, da das Verlöbnis hiernach eine – wenn auch nicht klagbare (§ 1297) – Verpflichtung zur Eheschließung begründet (RGZ 61, 267, 272; 98, 13, 15; OLG Hamburg SeuffA 60 Nr 193; MünchKomm/WACKE § 1297 Rn 7). Die abweichende Ansicht, die im Verlöbnis kein Vertragsverhältnis, sondern ein gesetzliches Rechtsverhältnis aufgrund gewährten und in Anspruch genommenen Vertrauens erblickt, lehnt demgemäß die Anwendbarkeit des § 107 ab (so SOERGEL/HEFERMEHL Rn 20). Für sonstige familienrechtliche Rechtsakte stellt das Gesetz meist besondere Altersgrenzen auf (vgl Vorbem 15 zu §§ 104–115). Auch die Zustimmungsbedürftigkeit des Vaterschaftsanerkenntnisses durch einen Minderjährigen ist seit dem NichtehelG ausdrücklich normiert (jetzt § 1596 Abs 1 u 2), wie dies auch schon zu § 1718 urspr F der hM entsprochen hatte (vgl BayObLGZ 2, 549, 550; OLG Königsberg HRR 1939 Nr 1157).

V. Einwilligung

1. Erfordernisse

Die Einwilligung des gesetzlichen Vertreters in ein einwilligungsbedürftiges Rechts- **35**
geschäft des Minderjährigen ist nach der Legaldefinition des § 183 die vor dem Abschluß des Rechtsgeschäfts erklärte Zustimmung. Jedoch ist auch die gleichzeitig mit dem Rechtsgeschäft erklärte Zustimmung als Einwilligung, nicht als Genehmigung, zu qualifizieren, da auch hier das Geschäft sogleich mit seiner Vornahme wirksam wird, ein Schwebezustand also nicht eintritt (STAUDINGER/GURSKY [2004] Vorbem 3 zu §§ 182–185). Die Einwilligung ist eine einseitige empfangsbedürftige Willenserklärung. Als verkörperte Erklärung wird sie daher mit dem Zugang beim Empfangsberechtigten wirksam (§ 130 Abs 1 S 1), als nicht verkörperte richtiger Ansicht nach grundsätzlich mit dem akustisch richtigen Verständnis bzw bei fehlendem Anlass zu Zweifeln des Erklärenden an einem solchen Verständnis durch den Empfänger (vgl BROX, AT Rn 156; LARENZ/WOLF, AT § 26 II 4b Rn 36). Empfangsberechtigt ist nach § 182 Abs 1 sowohl der Minderjährige als auch der andere Teil des Minderjährigengeschäfts. Die Einwilligung bedarf gem § 182 Abs 2 auch bei Formbedürftigkeit des Minderjährigengeschäfts keiner Form; sie kann deshalb auch durch schlüssiges Handeln erteilt werden (RGZ 130, 124, 127 f; LAG Altona DRiZR 1931 Nr 514 = Das Recht 1931, 411 [Nr 514]). Bis zur Vornahme des Minderjährigengeschäfts ist die Einwilligung gem § 183 S 1 grundsätzlich widerruflich. Auch der Widerruf kann dem Minderjährigen oder dem anderen Teil gegenüber erklärt werden (§ 183 S 2). Wegen der deshalb bestehenden Möglichkeit des Widerrufs einer gegenüber dem anderen Teil erklärten Einwilligung durch Erklärung des Vertreters gegenüber

dem Minderjährigen sind in diesem Fall zum Schutz des Dritten die Vorschriften der §§ 170–173 entsprechend anzuwenden; die Einwilligung wird folglich dem gutgläubigen (§ 173) anderen Teil gegenüber erst dann unwirksam, wenn ihm der gesetzliche Vertreter den erfolgten Widerruf der Einwilligung gem § 170 angezeigt hat (MEDICUS, AT Rn 576).

2. Umfang

a) Allgemeines: Frage des Generalkonsenses

36 Gegenstand der Einwilligung ist nach dem Wortlaut des § 107 die einzelne Willenserklärung des Minderjährigen. Daraus ergibt sich die Frage, ob die Einwilligung stets nur als individuelle für jedes Rechtsgeschäft des Minderjährigen gesondert möglich ist oder ob sie auch als allgemeine Einwilligung (**Generalkonsens**) für eine mehr oder minder große Vielzahl künftiger Geschäfte erteilt werden kann. Unwirksam ist jedenfalls eine pauschale Einwilligung in sämtliche Geschäfte des Minderjährigen, denn dadurch würde sich der gesetzliche Vertreter seiner aus dem Sorgerecht folgende Pflicht zur Prüfung des rechtsgeschäftlichen Handelns des Minderjährigen unzulässigerweise begeben und den Minderjährigen durch privatrechtlichen Akt im Ergebnis weitgehend für volljährig erklären, was mit dem zwingenden Charakter des Geschäftsfähigkeitsrechts (vgl Vorbem 11 zu §§ 104–115) unvereinbar wäre (vgl PAWLOWSKI JuS 1967, 302, 304; LARENZ/WOLF, AT § 25 V 3 Rn 34; MünchKomm/SCHMITT Rn 14; BGB-RGRK/KRÜGER-NIELAND Rn 19; SOERGEL/HEFERMEHL Rn 14; einschr MORITZ DB 1979, 1165, 1166). Umstritten ist aber die Zulässigkeit eines **beschränkten** Generalkonsenses für einen nach Inhalt, Zweck und Umständen näher bestimmten Kreis von Rechtsgeschäften. Mit der Herabsetzung des Volljährigkeitsalters auf das vollendete 18. Lebensjahr hat diese Frage zwar spürbar an Bedeutung verloren, sie ist aber dadurch keineswegs ganz obsolet geworden. Befürwortet wird ein beschränkter Generalkonsens vor allem für die Fälle, in denen ein Minderjähriger, etwa zu Ausbildungszwecken, in größerer Entfernung vom Elternhaus lebt und deshalb die Einholung des elterlichen Konsenses zu jedem einzelnen Geschäft, dessen Abschluss in dieser Lage als tunlich erscheint, nicht rechtzeitig eingeholt werden kann; das Einverständnis des gesetzlichen Vertreters mit dem auswärtigen Aufenthalt und dessen Zweck soll hiernach auch die generelle Einwilligung in diejenigen Geschäfte umfassen, die in dieser Lebenslage üblicherweise geschlossen zu werden pflegen (vgl LG Koblenz VersR 1956, 814; ROHDE VersR 1960, 295, 296; WEIMAR WuM 1968, 102, 103; HARDER NJW 1990, 857, 858; vTUHR, AT II 1 § 59 V [S 346]; LARENZ/WOLF, AT § 25 V 3 Rn 34, 35; MünchKomm/SCHMITT Rn 13, 14; BGB-RGRK/KRÜGER-NIELAND Rn 19; auch BGH NJW 1977, 622 f; OLG München VersR 1958, 149; zurückhaltend BGHZ 47, 352, 359 = NJW 1967, 1800, 1802). Der Entwurf des Redaktors des Allgemeinen Teils wollte in § 85 ein Geschäft ohne besondere Einwilligung des gesetzlichen Vertreters wirksam sein lassen, das ein sich mit Einverständnis seines gesetzlichen Vertreters außerhalb von dessen Wohnort zwecks Ausbildung oder Berufsausübung aufhaltender Minderjähriger, ohne der besonderen Fürsorge einer Anstalt oder Person unterstellt zu sein, zwecks Beschaffung angemessenen Unterhalts oder als für den Beruf oder die Ausbildung angemessen und dienlich abschließt (Begr zu § 85 VE-AT [bei SCHUBERT 66 f]). Die vorgesehene Bestimmung wurde jedoch von der Ersten Kommission als für den Minderjährigen gefährlich und unklar gestrichen (JAKOBS/SCHUBERT, Beratung I 530 f; Mot I 146 f = MUGDAN I 432 f), ein späterer Antrag auf Aufnahme einer ähnlichen Vorschrift wurde von der Zweiten Kommission abgelehnt (JAKOBS/SCHUBERT

566; Prot 140 f = Mugdan I 482). Der historische Gesetzgeber stand hiernach einem Generalkonsens ohne die Kautelen des § 110 ablehnend gegenüber. Auch Teile des Schrifttums sehen in § 110 und in den Fällen der Teilgeschäftsfähigkeit nach den §§ 112, 113 eine abschließende Regelung, neben der auch für eine beschränkte generelle Einwilligung kein Raum sei (eingehend vBlume JherJb 48 [1904] 417, 444 ff; E Schulz DB 1963, 407, 408; ders ZfV 1961, 485, 488; Pawlowski JuS 1967, 302, 304 f). Eine weitere Ansicht will den Generalkonsens auf für den Minderjährigen notwendige Geschäfte in den Fällen eines Vertretungsnotstandes beschränken, dessen Bestehen dann angenommen wird, wenn eine Zustimmung des Vertreters für das einzelne Geschäft des außer Reichweite des Vertreters lebenden Minderjährigen nicht eingeholt werden kann und die dem Minderjährigen nach § 110 überlassenen Mittel zur Leistungserbringung nicht ausreichen (so Scherner FamRZ 1976, 673, 677).

Der einen Generalkonsens für einen bestimmten Kreis von Rechtsgeschäften für **37** zulässig haltenden Auffassung ist mit Einschränkungen zu folgen. Eine über ein einzelnes konkretes Rechtsgeschäft hinausgehende Einwilligung ist wohl auch nach der Herabsetzung des Volljährigkeitsalters nicht völlig zu entbehren. Der früher in diesem Zusammenhang diskutierte Hauptfall des minderjährigen Studenten an einer auswärtigen Hochschule dürfte zwar nach der Senkung des Volljährigkeitstermins kaum noch vorkommen; dafür sind die Fälle der noch nicht 18jährigen Auszubildenden und Schüler an einer Ausbildungsstätte oder Schule in mehr oder weniger großer Entfernung vom Elternhaus mindestens ebenso zahlreich wie ehedem. Hier ist es nicht auszuschließen, dass sich ein solcher Minderjähriger in einer Situation befindet, in der ein für den Zweck des auswärtigen Aufenthaltes notwendiges oder auch nur nützliches Geschäft schnell abgeschlossen werden muss, etwa die Anmietung einer kostengünstigen Unterkunft, und der andere Teil die Einholung einer speziellen Zustimmung des gesetzlichen Vertreters zu diesem Geschäft nicht abzuwarten gewillt ist. Bei der Annahme einer generellen Einwilligung ist im Einzelfall allerdings Vorsicht geboten (für äußerste Zurückhaltung Flume, AT II § 13, 7c) aa; für im Zweifel enge Auslegung Soergel/Hefermehl Rn 14). Wie der Bundesgerichtshof zu Recht ausführt, darf die Figur der Generaleinwilligung nicht über die Grenzen der §§ 112, 113 hinaus zu einer partiell erweiterten Geschäftsfähigkeit führen (BGHZ 47, 352, 359 = NJW 1967, 1800, 1802). Die bloße Üblichkeit eines Geschäfts reicht daher für die Anerkennung von dessen Wirksamkeit ohne speziellen Konsens des Vertreters allein nicht aus (so Lindacher, in: FS Bosch [1976] 533, 537 f). Hat der gesetzliche Vertreter dem Minderjährigen gegenüber eine Einwilligung erklärt, so ist allein deren Umfang maßgeblich; auf das an der Üblichkeit orientierte Verständnis des anderen Teils kommt es dann nicht an (Pawlowski JuS 1967, 304 f; MünchKomm/Schmitt Rn 15, 17; ähnlich Flume, AT II § 13, 7c) bb). Zu weitgehend wäre es hingegen, nur von einem Generalkonsens gedeckte Kreditgeschäfte allgemein nicht zuzulassen (so aber BGB-RGRK/Krüger-Nieland Rn 19); sie sind aber nur dann als wirksam anzusehen, wenn sie das objektive Interesse des Minderjährigen erfordert (so Lindacher, in: FS Bosch [1976] 533, 537 f).

Als Unterart des beschränkten Generalkonsenses kann der sog **Folgekonsens** be- **38** trachtet werden. Ein Folgekonsens liegt dann vor, wenn die zu einem Hauptgeschäft erteilte Einwilligung auch die Einwilligung in die mit dem Hauptgeschäft sachlich zusammenhängenden und diesem zeitlich nachfolgenden, aber noch nicht individualisierten Rechtsgeschäfte (Folgegeschäfte) umfasst. Ihrem Inhalt nach sind sie bestimmt von dem mit dem Hauptgeschäft verfolgten Zweck, dessen weiterer Verwirklichung sie dienen. So ist zB das Abstimmungsverhalten in der Mitgliederversammlung eines Vereins als Folgegeschäft des Hauptgeschäfts des Vereinsbeitritts zu qualifizieren (vgl o Rn 33). Die Problematik des Folgekonsenses liegt in der bei Erteilung der Einwilligung zum Hauptgeschäft noch fehlenden Individualisierung der Folgegeschäfte. Bei einer zu großzügigen Bejahung einer mit der Einwilligung in das Hauptgeschäft verbundenen Einwilligung auch in alle Folgegeschäfte würde dem gesetzlichen Vertreter die Möglichkeit zur Prüfung der konkreten Konditionen dieser Folgegeschäfte weitgehend genommen. Dieser Umstand rechtfertigt auch hinsichtlich des Folgekonsenses, wie des beschränkten Generalkonsenses überhaupt (vgl o Rn 37), eine gewisse Zurückhaltung, wie sie auch die Rechtsprechung erkennen lässt (vgl u Rn 39). Allgemein sind daher in ihren Auswirkungen schwer überschaubare und risikoreiche Folgegeschäfte nicht als von der Einwilligung in das Hauptgeschäft mit erfasst anzusehen.

b) Einzelfragen
aa) Generalkonsens

39 Die Problematik eines beschränkten Generalkonsenses wird insbesondere im Zusammenhang mit denjenigen Rechtsgeschäften virulent, die der nicht mehr bei den Eltern lebende Minderjährige zur Beschaffung und Einrichtung einer Unterkunft am Ausbildungs- bzw Arbeitsort abschließt. Auch hier ist ein – schlüssig erteilter – Generalkonsens für Rechtsgeschäfte mit nicht unerheblichem wirtschaftlichem Risiko bei bestehender Möglichkeit der Einholung einer speziellen Einwilligung in der Regel zu verneinen. Zu Recht ist daher in dem Einverständnis des gesetzlichen Vertreters mit der Aufnahme einer auswärtigen Berufstätigkeit, der Eingehung eines Verlöbnisses am Berufsort und der Aufnahme eines zinsgünstigen Anschaffungsdarlehens aus öffentlichen Mitteln grundsätzlich nicht auch die Einwilligung in den Kauf einer relativ teuren Wohnungseinrichtung durch den Minderjährigen gesehen worden (LG Berlin JR 1970, 346, 347). Kaum gefolgt werden kann hingegen der Ansicht, in der Anwesenheit der Eltern bei dem Einzug ihres minderjährigen Kindes in die von diesem gemietete Wohnung und in der von ihnen geleisteten Hilfe bei dem Einzug könne nicht auch auf die elterliche Einwilligung in die Anmietung der Wohnung geschlossen werden, da das Verhalten der Eltern auch aus anderen Gründen, wie der Vermeidung von Aufsehen, beruhen könne (so AG Köln WuM 1972, 165, 166); solche anderen Gründe sind in dieser Situation so außergewöhnlich, dass ihr Vorliegen nicht ohne darauf hindeutende besondere Umstände angenommen werden kann.

40 Die Rechtsfigur der generellen Einwilligung ist auch von Bedeutung für die umstrittene Frage der Verpflichtung eines Minderjährigen zur Zahlung des Beförderungsentgelts und des nach den allgemeinen Beförderungsbedingungen der Verkehrsunternehmen erhöhten Entgelts bei der Benutzung öffentlicher Verkehrsmittel ohne gültigen Fahrausweis (**Schwarzfahren**). Das Einverständnis des gesetzlichen Vertreters mit der Benutzung öffentlicher Verkehrsmittel durch den Minderjährigen beschränkt sich grundsätzlich auf eine erlaubte Benutzung, also eine Benutzung unter Lösung des erforderlichen Fahrausweises gegen Zahlung des Beförderungsentgelts; eine generelle Einwilligung in jedwede Benutzung, die auch das Fahren ohne Fahrausweis umfasst, ist hierin mangels besonderer Anhaltspunkte nicht zu erblicken. Mangels der erforderlichen Zustimmung des gesetzlichen Vertreters kommt mithin ein Vertragsverhältnis zwischen dem Verkehrsunternehmen und dem Minderjährigen in den Fällen einer Schwarzfahrt bei privatrechtlicher Ausgestaltung des Benutzungsverhältnisses – bei öffentlich-rechtlicher Ausgestaltung gilt grundsätzlich Entsprechendes (vgl Vorbem 101 zu §§ 104–115) – nicht zustande und ein vertraglicher Anspruch gegen den Minderjährigen auf das einfache wie das erhöhte Beförderungsentgelt besteht nicht (so die überwiegende Meinung: AG Hamburg NJW 1987, 448; AG Wolfsburg NJW-RR 1990, 1142 f; AG Bergheim NJW-RR 2000, 202, 203; AG Jena NJW-RR 2001, 1469; WINKLER V MOHRENFELS JuS 1987, 692, 694; HARDER NJW 1990, 857, 858; DIECKMANN/SCHNEIDER ZfJ 2002, 161, 162 ff; einschr FIELENBACH NZV 2000, 358, 360). Dem kann auch nicht entgegengehalten werden, eine Beschränkung der Einwilligung des Vertreters auf die Benutzung mit Fahrausweis wäre treuwidrig (so aber AG Köln NJW 1987, 447; STACKE NJW 1991, 875, 876 f; WETH JuS 1998, 795, 797 f) oder in der Beschränkung der Einwilligung auf Beförderungen mit Fahrausweis sei eine Bedingung der Einwilligung zu verstehen, die bei schuldhafter Schwarzfahrt gem § 162 Abs 1 als eingetreten gelte (so WETH aaO; insoweit auch FIELENBACH NZV 2000, 358, 360). Zum einen kann hier kaum von einer (aufschiebend oder auflösend) bedingten Einwilligung mit der Folge der Anwendbarkeit des § 162 gesprochen werden; die Einwilligung wird vielmehr unbedingt erteilt und sie erfasst nur die Fälle einer erlaubten Beförderung. Vor allem aber ist die Bestimmung des Umfangs der Einwilligung allein Sache des gesetzlichen Vertreters (vgl o Rn 37). Von einer Treuwidrigkeit der Berufung des Vertreters auf die Nichterteilung des Konsenses zu einer Beförderung ohne Fahrausweis könnte allenfalls dann gesprochen werden, wenn dem Vertreter bei Erteilung der so beschränkten Einwilligung eine Neigung des Minderjährigen zum Schwarzfahren bekannt ist oder bekannt sein muss, was aber regelmäßig nicht der Fall sein wird. Ein vertraglicher Entgeltanspruch kann wegen des vorrangigen Minderjährigenschutzes auch nicht auf die – heute ohnedies als überholt anzusehende – Figur des faktischen Vertragsverhältnisses gestützt werden (vgl Vorbem 31 zu §§ 104–115; teilw abw noch AG Oldenburg Personenverkehr 1974, 143). Mangels eines wirksamen Beförderungsvertrages ist auch ein Anspruch des Verkehrsunternehmens auf Zahlung des in seinen Allgemeinen Beförderungsbedingungen vorgesehenen erhöhten Beförderungsentgeltes bei einer Beförderung ohne gültigen Fahrausweis nicht begründet, denn die Pflicht zur Zahlung eines solchen Entgelts, bei dem es sich um eine Vertragsstrafe gem §§ 339 ff handelt, setzt ebenfalls ein wirksames Vertragsverhältnis voraus. Etwas anderes folgt auch nicht aus der Vorschrift des § 9 Abs 1 S 1 Nr 1 der VO über die Allgemeinen Beförderungsbedingungen für den Straßenbahn- und O-Busverkehr sowie den Linienverkehr mit Kraftfahrzeugen vom 27. 2. 1970 (BGBl I S 230), wonach ein Fahrgast zur Zahlung eines erhöhten Beförderungsentgelts verpflichtet ist, wenn er sich keinen gültigen Fahrausweis beschafft hat. Die Wirkung der VO besteht nur darin, dass ihre Bestimmungen und damit auch § 9 nicht nach AGB-Recht (jetzt § 305 Abs 2) in den Beförderungsvertrag einbezogen werden müssen; das Zustandekommen eines wirksamen Vertrages macht die VO aber nicht überflüssig (so zutr HARDER NJW 1990, 857, 861 f; ferner AG Oldenburg Personenverkehr 1974, 143; AG Frankfurt/M VR S 51, 249 ff; AG Hamburg NJW 1987, 448; AG Wolfsburg NJW-RR 1990, 1142; AG Bergheim NJW-RR 202, 203; MEDICUS, AT Rn 252; ders NJW 1967, 354 f; BERG MDR 1967, 448 f; FIELENBACH NZV 2000, 358, 359; insoweit auch WETH JuS 1998, 798 f; STACKE NJW 1991, 875; **aA** AG Mülheim NJW-RR 1989, 175, 176). Selbst bei Annahme eines gesetzlichen Anspruchs könnte die VO vom 27. 2. 1970 als bloße Rechtsverordnung nicht die formell-gesetzliche Vorschrift des § 107 insoweit außer Kraft setzen (WINKLER V MOHRENFELS JuS 1987, 692 f). Für die in § 12 Abs 1 Buchst a EVO festgelegte Verpflichtung des Reisenden zur Zahlung eines erhöhten Fahrpreises, wenn er bei Reiseantritt nicht mit einem gültigen Fahrausweis versehen ist, gilt nichts anderes. Auch die Anwendbarkeit dieser Bestimmung setzt einen gültigen Beförderungsvertrag mit dem Eisenbahnunternehmen voraus; ferner kann auch die EVO den Geltungsbereich des § 107 nicht einschränken (HARDER NJW 1990, 857, 860 f; vgl auch KONOW DB 1967, 1840, 1842; DIECKMANN/SCHNEIDER ZfJ 2002, 161, 165). Das Verkehrsunternehmen ist somit, da ein deliktischer Schadenersatzanspruch im Regelfall am fehlenden Schaden infolge der Schwarzfahrt scheitern wird, auf einen Bereicherungsanspruch in Höhe des Wertes der Beförderungsleistung gem § 812 Abs 1 S 1 Alt 1, 818 Abs 2 beschränkt. Auf einen Bereicherungswegfall nach § 818 Abs 3 kann sich der Minderjährige unter den Voraussetzungen des entsprechend anwendbaren § 828 Abs 2 nicht berufen, da er die Beförderungsleistung durch eine unerlaubte Handlung (§§ 823 Abs 2, 265 a StGB) herbeigeführt hat (vgl Vorbem 80 zu §§ 104–115).

bb) Folgekonsens

41 Folgegeschäfte können sich besonders aus Dauerrechtsverhältnissen ergeben, die der Minderjährige mit Zustimmung des gesetzlichen Vertreters eingegangen ist, zB aus dem konsentierten Abschluss eines Wohnungsmietvertrages. Die Einwilligung des gesetzlichen Vertreters in die Eingehung des Mietverhältnisses umfasst daher im Allgemeinen auch den Konsens zu denjenigen rechtsgeschäftlichen Handlungen, die die Durchführung des Mietverhältnisses gewöhnlich mit sich bringt (vgl LG München I NJW 1964, 456 für den Zugang einer Abmahnung [jetzt § 541] an den minderjährigen Mieter). Da sich die Einwilligung aber regelmäßig nicht auf besonders komplizierte und risikoreiche Folgegeschäfte beziehen wird, hat es die Rechtsprechung zu Recht abgelehnt, in der Zustimmung des gesetzlichen Vertreters zur Eheschließung des Minderjährigen (zB durch Unterlassen eines Widerspruchs nach § 1303 Abs 3 gegen einen gem § 1303 Abs 2 gestellten Befreiungsantrag) auch eine Einwilligung zum Abschluss eines Mietvertrages über die eheliche Wohnung zu erblicken (LG Flensburg ZMR 1966, 102, 103; AG Wuppertal MDR 1973, 317 f; AG Köln WuM 1974, 68 m Anm WEIMAR; grundsätzl auch HUMMEL ZMR 1968, 257 f; aA WEIMAR ZMR 1967, 353, 354). Erst recht muss dies für die Abwicklung eines von dem Minderjährigen mit Einwilligung des gesetzlichen Vertreters eingegangenen (privatrechtlichen) Versicherungsverhältnisses angesichts der hierbei drohenden schwerwiegenden Nachteile gelten; insbesondere hat diese Einwilligung nicht auch die Wirksamkeit von solchen einseitigen Willenserklärungen des Versicherers mit dem Zugang an den Minderjährigen allein gem § 131 Abs 2 S 2 zur Folge, aufgrund deren schon eine bloße Untätigkeit oder Säumnis des minderjährigen Versicherungsnehmers zum Verlust des Versicherungsschutzes führen kann, wie die qualifizierte Mahnung gem § 39 Abs 1 VVG oder die Ablehnungserklärung nach § 12 Abs 3 S 2 VVG (vgl BGHZ 47, 352, 359 f = NJW 1967, 1800, 1802; AG Wiesbaden VersR 1986, 80; WEIMAR VersR 1960, 891; auch LG Verden MDR 1959, 665 f; aA ROHDE VersR 1960, 295, 296). Die unter dem früheren Volljährigkeitstermin von 21 Jahren viel diskutierte Frage, ob das Einverständnis des gesetzlichen Vertreters mit dem Erwerb der Fahrerlaubnis durch den Minderjährigen auch die Einwilligung in die Anmietung eines Kraftfahrzeugs seitens des Minderjährigen umfasst, hat mit der Herabsetzung des Volljährigkeitsalters auf das vollendete 18. Lebensjahr, das nunmehr mit dem Mindestalter für die Erteilung der Fahrerlaubnis in der hier praktisch allein in Betracht kommenden Fahrzeugklasse B (vgl §§ 10 Abs 1 Nr 3 iVm 6 Abs 1 FeV) zusammenfällt, erheblich an Bedeutung verloren. Die ganz überwiegende Meinung, der zuzustimmen ist, hat diese Frage zu Recht verneint, denn auch bei Einverständnis mit dem Fahrerlaubniserwerb will sich ein verantwortungsvoller gesetzlicher Vertreter regelmäßig eine Kontrolle hinsichtlich des Abschlusses eines wegen der Unfallgefahr besonders risikoreichen Kfz-Mietvertrages schon angesichts der unterschiedlichen Konditionen solcher Verträge mit den verschiedenen gewerblichen Vermietern und wegen der Auswahl des Vertragspartners für den Einzelfall vorbehalten (BGH NJW 1973, 1790 f; OLG Celle MDR 1964, 320; NJW 1970, 1850; OLG Düsseldorf DAR 1965, 77; OLG Oldenburg DAR 1965, 77; OLG Hamm NJW 1966, 2357 f [4. ZS]; OLG München VersR 1966, 1062, 1063; LG Göttingen NJW 1962, 639; LG Bielefeld NJW 1963, 908; LG Münster NJW 1964, 51; BEUTHIEN DAR 1961, 331 f; HIMER DAR 1961, 330 f; ROTH-STIELOW ZblJugR 1967, 33, 35; **aA** OLG Hamm [3. ZS] NJW 1961, 1120 m abl Anm KIENINGER 1582 f = RdJ 1961, 366 f m abl Anm PERSCHEL; auch LG Köln MDR 1962, 474 f). Dagegen wird in der Zustimmung des gesetzlichen Vertreters zum Erwerb eines Kraftfahrzeugs durch den Minderjährigen auch die Einwilligung in den Abschluss der in § 1 PflVG zwingend vorgeschriebenen Kfz-Haftpflichtversicherung gesehen (LG Saarbrücken VersR 1966, 33; ROHDE VersR 1960, 295, 296; E SCHULZ ZfV 1961, 485, 486 f; MünchKomm/ SCHMITT Rn 18; zuneigend auch BGH NJW 1977, 622 f; dahingestellt in BGHZ 47, 352, 358 f = NJW 352, 358 f = NJW 1967, 1800, 1802; ablehnend AK-BGB/KOHL Rn 3). Ob dieser Ansicht heute noch gefolgt werden kann, ist zweifelhaft, denn nach dem 1994 erfolgten Wegfall der Genehmigungspflicht der AVB der Versicherungsunternehmen durch Streichung von § 5 Abs 1 iVm Abs 3 Nr 2 aF VAG u von § 4 aF PflVersG – auch die gem § 5 Abs 5 Nr 1 nF VAG fortbestehende Einreichungspflicht der AVG der Pflichtversicherungsunternehmen berechtigt die Behörde nicht mehr zu einer inhaltlichen Vorabprüfung (vgl BAUER, Die Kraftfahrtvers [4. Aufl 1997] Einf I 3 Rn 10) – sowie der Tarifgenehmigungspflicht der Kfz-Haftpflichtversicherung gem § 8 aF PflVersG ist die frühere Einheitlichkeit und Transparenz der Konditionen für diese Versicherung trotz der KfzPflVV v 29. 7. 1994 erheblich gemindert worden (vgl BAUER Einf I 3 Rn 11 u II 3 Rn 74), so dass nunmehr eine besondere Prüfung seitens des gesetzlichen Vertreters angezeigt sein dürfte. Die Einwilligung in die Einschaltung eines Unfallhelferrings zur Abwicklung der Folgen eines von dem Minderjährigen erlittenen Verkehrsunfalls, insbesondere in die Bevollmächtigung eines von dem Ring gestellten Rechtsanwalts zum Empfang der Leistungen der Haftpflichtversicherung des Unfallgegners, wird von der Zustimmung des gesetzlichen Vertreters in den Erwerb des von dem Unfall betroffenen Kraftfahrzeugs durch den Minderjährigen nicht mitumfasst (BGH NJW 1977, 622 ff).

3. Wirkung

Ein von dem Minderjährigen mit Einwilligung seines gesetzlichen Vertreters abgeschlossenes Rechtsgeschäft ist ebenso wirksam, wie wenn es eine geschäftsfähige Person geschlossen hätte.

VI. Stellung des gesetzlichen Vertreters

Der Minderjährige hat gegen seinen gesetzlichen Vertreter (zu dessen Person s o Vorbem 24 zu §§ 104–113) **keinen Anspruch** auf Erteilung einer zur Wirksamkeit des Rechtsgeschäfts erforderlichen Einwilligung (vgl OLG Kiel OLGE 22, 126 ff). Das Familien- bzw Vormundschaftsgericht kann jedoch gem § 1666 Abs 3 (bei einer Vormundschaft über § 1837 Abs 4, bei einer Ergänzungspflegschaft über § 1915 Abs 1) Erklärungen des Sorgeberechtigten ersetzen, wenn das Unterbleiben der Erklärung eine Gefährdung des Wohls des Minderjährigen oder seines Vermögens unter den Voraussetzungen des § 1666 Abs 1 zur Folge hätte. Zu den hiernach ersetzbaren Erklärungen gehört auch die Einwilligung in Rechtsgeschäfte des Minderjährigen (STAUDINGER/COESTER [2000] § 1666 Rn 192). Aus der Ersetzungsmöglichkeit folgt eine **Pflicht** des gesetzlichen Vertreters zur Einwilligungserteilung in den Fällen, in denen die Einwilligung zur Vermeidung einer Gefahr für Person oder Vermögen des Minderjährigen erforderlich ist. Einer Genehmigung des Vormundschafts- bzw Familiengerichts nach den §§ 1819 ff (iVm § 1643) oder des Gegenvormunds nach den §§ 1809 ff bedarf es nicht nur für die vom gesetzlichen Vertreter selbst vorgenommenen Rechtshandlungen, sondern auch für die Erteilung der Zustimmung des Vertreters zu einer Vornahme solcher Rechtshandlungen durch den Minderjährigen (Mot IV 1136 = MUGDAN IV 602; OLG Düsseldorf NJW-RR 1995, 755, 757). Da die nach § 107 bestehende Befugnis des Minderjährigen zur selbstständigen Vornahme ihm rechtlich lediglich vorteilhafter Geschäfte keine partielle Geschäftsfähigkeit in diesem Umfang begründet (s o Rn 19), bleibt die gesetzliche Vertretung auch für solche Geschäfte bestehen; der Vertreter ist deshalb nicht gehindert, auch lediglich rechtlich vorteilhafte Geschäfte für den Minderjährigen selbst abzuschließen. Aus einem konsentierten Rechtsgeschäft wird im Außenverhältnis zum Geschäftsgegner allein der Minderjährige berechtigt und verpflichtet, nicht der gesetzliche Vertreter. Eine pflichtwidrig erteilte Zustimmung kann jedoch eine Schadensersatzpflicht des gesetzlichen Vertreters nach den §§ 1664, 1833, 1915 Abs 1 gegenüber dem Minderjährigen auslösen.

VII. Entsprechende Anwendung

44 Die Vorschrift des § 107 gilt unmittelbar nur für Willenserklärungen und damit nur für rechtsgeschäftliche Handlungen. Wie das Geschäftsfähigkeitsrecht insgesamt (vgl Vorbem 86 zu §§ 104–115) ist sie aber auf **rechtsgeschäftsähnliche Rechtshandlungen** entsprechend anwendbar. Solche Handlungen kann der Minderjährige daher ohne Einwilligung des gesetzlichen Vertreters vornehmen, wenn sie ihm rechtlich lediglich vorteilhaft sind, während er zu ihm (auch) nachteiligen Rechtshandlungen dieser Art der Einwilligung des gesetzlichen Vertreters bedarf. Eine lediglich rechtlich vorteilhafte und deshalb einwilligungsfreie rechtsgeschäftsähnliche Rechtshandlung ist die **Mahnung**, denn sie begründet nach § 286 Abs 1 S 1 den Verzug des Schuldners, aus dem für den mahnenden Gläubiger die Rechte gem den §§ 287 ff, aber keine Verpflichtungen erwachsen; der Minderjährige kann folglich ohne Einwilligung des Vertreters mahnen (KG FamRZ 1989, 537; OLG Köln NJW 1998, 320). Einwilligungsfrei ist auch die **Aneignung** einer beweglichen Sache durch den Minderjährigen gem § 958 Abs 1 (MünchKomm/SCHMITT Rn 47; PALANDT/HEINRICHS Rn 4); nach der hier vertretenen Auffassung folgt dies nicht aus einer entsprechenden Anwendung des § 107, sondern schon aus der Rechtsnatur der Aneignung als bloßer Realakt (s Vorbem 92 zu §§ 104–115). Zum Gesuch eines Minderjährigen auf Gewährung von Prozesskostenhilfe s Vorbem 97 zu §§ 104–115.

VIII. Beweislast

45 Die Beweislast für die beschränkte Geschäftsfähigkeit des Betreffenden im Zeitpunkt der Vornahme des Rechtsgeschäfts obliegt demjenigen, der sich auf die Einwilligungsbedürftigkeit des Geschäfts beruft (vgl § 106 Rn 9). Steht die Minderjährigkeit zu diesem Zeitpunkt fest, so hat derjenige, der sich auf die Wirksamkeit des

Minderjährigengeschäfts beruft, die hierfür nach § 107 bestehenden Voraussetzungen, also entweder die ausschließliche rechtliche Vorteilhaftigkeit des Geschäfts oder die Erteilung der Einwilligung des gesetzlichen Vertreters, zu beweisen (BAUMGÄRTEL/LAUMEN § 107 Rn 1; AK-BGB/KOHL Rn 30; MünchKomm/SCHMITT Rn 49).

IX. Betreuter bei Einwilligungsvorbehalt

Ein Betreuer bedarf nach der dem § 107 nachgebildeten Vorschrift des § 1903 **46** Abs 3 S 1 auch im Rahmen eines angeordneten Einwilligungsvorbehalts nicht der Einwilligung des Betreuers, wenn die Willenserklärung dem Betreuten lediglich einen rechtlichen Vorteil bringt. Nach der hier vertretenen Auffassung (vgl § 105 Rn 10) gilt § 1903 Abs 3 nicht bei Geschäftsunfähigkeit des Betreuten.

§ 108
Vertragsschluss ohne Einwilligung

(1) Schließt der Minderjährige einen Vertrag ohne die erforderliche Einwilligung des gesetzlichen Vertreters, so hängt die Wirksamkeit des Vertrags von der Genehmigung des Vertreters ab.

(2) Fordert der andere Teil den Vertreter zur Erklärung über die Genehmigung auf, so kann die Erklärung nur ihm gegenüber erfolgen; eine vor der Aufforderung dem Minderjährigen gegenüber erklärte Genehmigung oder Verweigerung der Genehmigung wird unwirksam. Die Genehmigung kann nur bis zum Ablauf von zwei Wochen nach dem Empfang der Aufforderung erklärt werden; wird sie nicht erklärt, so gilt sie als verweigert.

(3) Ist der Minderjährige unbeschränkt geschäftsfähig geworden, so tritt seine Genehmigung an die Stelle der Genehmigung des Vertreters.

Materialien VE AT § 82 Abs 4 u 5; KE § 64 Abs 3 S 2 HS 2 u Abs 4–6; E I § 65 Abs 3 S 2 u Abs 4–6; II § 82; III § 104; SCHUBERT, AT I 15; AT II 44 ff; JAKOBS/SCHUBERT 520 ff, 526 f, 536 ff, 551 ff, 557 f, 560, 562 ff, 567 ff, 571, 578, 580; Mot I 134 ff = MUGDAN I 425 ff; Prot I 123 ff = MUGDAN I 675 ff; Prot II 8361 ff = MUGDAN I 678 ff.

Schrifttum

S die Angaben bei den Vorbem zu §§ 104–115, zu den §§ 104–107 sowie
BAYER, Lebensversicherung, Mindejährigenschutz und Berechnungsausgleich, VersR 1991, 129
BRAUER, Vertragsschluss und Zugang bei Verträgen mit Minderjährigen, JuS 2004, 472
EBBECKE, Die Ungültigkeit in ihren verschiedenen Gestaltungen, Gruchot 63 (1919) 177
FINKENAUER, Rückwirkung der Genehmigung,
Verfügungsmacht und Gutglaubensschutz, AcP 203 (2003) 282
HUKEN, Die Vernichtung schwebend unwirksamer Verträge durch Aufforderung gegenüber „dem anderen Vertragsteil", DNotZ 1966, 388
KOHLER, Gesetzestreue oder Gesetzeskorrektur in der Rechtsanwendung. Eine Untersuchung zur Zwiespältigkeit von § 108 Abs 2 BGB, Jura 1984, 349
LÖWISCH, Beschränkung der Minderjährigen-

haftung und gegenseitiger Vertrag, NJW 1999, 1002
MÜNZEL, Nachträgliche Erteilung einer verweigerten Genehmigung?, NJW 1959, 601
NORPOTH/DITTBERNER, Die Genehmigung nach § 108 III BGB – immer eine empfangsbedürftige Willenserklärung?, JA 1996, 642
OERTMANN, Civilistische Rundschau, ArchBürgR 21 (1902) 95

PALM, Die nachträgliche Erteilung der verweigerten Genehmigung (1964)
KARSTEN SCHMIDT, Beseitigung der schwebenden Unwirksamkeit durch Verweigerung einer Genehmigung, AcP 189 (1989) 1
ZUNFT, Anfechtbarkeit der Mitteilung des Vormundes aus § 1829 Abs 1 Satz 2 BGB, NJW 1959, 516.

Systematische Übersicht

I.	**Bedeutung der Vorschrift**	1
II.	**Vertragsschluss ohne Einwilligung**	
1.	Erfasste Verträge	2
2.	Rechtsfolge der fehlenden Einwilligung	3
III.	**Genehmigung**	
1.	Bedeutung	5
2.	Erteilung	6
3.	Wirkung	10
IV.	**Verweigerung der Genehmigung**	11
V.	**Aufforderung zur Erklärung über die Genehmigung (Abs 2)**	
1.	Zweck und Rechtsnatur	12
2.	Erklärung	13
3.	Wirkungen	14
a)	Wirkungslosigkeit früherer Erklärung	15
b)	Erklärung nur noch gegenüber dem anderen Teil	16
c)	Fristbeginn	17
4.	Folge des Fristablaufs	18
VI.	**Eigengenehmigung des bisherigen Minderjährigen**	
1.	Bedeutung	19
2.	Erklärung	20
3.	Rechtsmissbrauch	22
VII.	**Beweislast**	23
VIII.	**Parallelvorschriften**	24

Alphabetische Übersicht

Anfechtung ... 8 f
Aufforderung zur Genehmigung ... 12 f

Beitritt zu einer Kapitalgesellschaft ... 20
Beweislast ... 23

Eigengenehmigung ... 19 f
Einwilligung
Erteilung der Genehmigung ... 5 f

Frist
– Ablauf ... 18
– Beginn ... 17

Genehmigung
– Bedeutung ... 5

– konkludente ... 20
– rechtsgestaltende Wirkung ... 9
– vormundschaftsgerichtliche ... 24
– Wirkung ... 10

Rechtsmissbrauch ... 22
Rückabwicklung ... 7

Schwebezustand ... 3 f, 12, 15

Unwiderruflichkeit ... 9, 11

Vererblichkeit ... 4
Verweigerung der Genehmigung ... 11, 14 ff

I. Bedeutung der Vorschrift

§ 108 knüpft an die im § 107 enthaltene Regelung an, wonach dem Minderjährigen **1** rechtlich nicht lediglich vorteilhafte Rechtsgeschäfte der Einwilligung des gesetzlichen Vertreters bedürfen. Aus dieser Bestimmung folgt, dass solche Geschäfte, wenn sie der Minderjährige ohne die Einwilligung des gesetzlichen Vertreters geschlossen hat, der (vollen) Wirksamkeit entbehren. Diese Unwirksamkeit der nicht konsentierten Geschäfte wird in den §§ 108–111 näher bestimmt, wobei das Gesetz danach unterscheidet, ob es sich bei dem Minderjährigengeschäft um einen Vertrag (hierzu die §§ 108–110) oder um ein einseitiges Rechtsgeschäft (hierzu § 111) handelt. Die Vorschrift des § 108 enthält die grundsätzliche Regelung des Schicksals eines von dem Minderjährigen ohne die erforderliche Einwilligung des gesetzlichen Vertreters geschlossenen **Vertrages**. Die Unwirksamkeit eines solchen Vertrages ist hiernach keine absolute, sondern der Vertrag kann durch die Genehmigung des gesetzlichen Vertreters (Abs 1) oder des bisherigen Minderjährigen nach erreichter voller Geschäftsfähigkeit (Abs 3) doch noch wirksam werden. Die Verweigerung der Genehmigung hat hingegen die endgültige Unwirksamkeit des Vertrages zur Folge. Den in dem Zeitraum zwischen dem Vertragsschluss und der Erteilung oder der Verweigerung der Genehmigung bestehenden Schwebezustand kann der andere Vertragsteil durch eine an den gesetzlichen Vertreter gerichtete Aufforderung zur Erklärung über die Genehmigung nach Maßgabe von Abs 2 beenden.

II. Vertragsschluss ohne Einwilligung

1. Erfasste Verträge

§ 108 setzt voraus, dass ein Minderjähriger einen Vertrag, der gem § 107 der Ein- **2** willigung seines gesetzlichen Vertreters bedarf, ohne diese Einwilligung mit einem Dritten abschließt. Von § 108 erfasst werden mithin in erster Linie Verpflichtungsverträge des Minderjährigen, darunter alle gegenseitig verpflichtenden Verträge (Kauf, Tausch, Miete, Pacht, Dienst- und Werkverträge usw) sowie den Minderjährigen einseitig verpflichtende (Schenkung) oder nur eine Nebenpflicht des Minderjährigen begründende Verträge (vgl iE § 107 Rn 23). Unter § 108 fällt auch die vertragliche Begründung von wertpapiermäßigen Verbindlichkeiten (MünchKomm/ Schmitt Rn 5; Soergel/Hefermehl Rn 2; vgl allg Vorbem 53 f zu §§ 104–115). Einwilligungsbedürftig sind weiterhin Verfügungsverträge des Minderjährigen wie die Übereignung von Sachen, die Abtretung von Forderungen und sonstigen Rechten, die Belastung von Gegenständen ua (vgl § 107 Rn 24) und diejenigen Erwerbsverträge, die persönliche Verpflichtungen des Minderjährigen begründen (vgl § 107 Rn 26). Auf nicht konsentierte einseitige Rechtsgeschäfte findet dagegen nicht § 108, sondern § 111 Anwendung. Bildet aber das einseitige Rechtsgeschäft der Vollmachterteilung durch einen Minderjährigen mit dem diesem zugrunde liegenden Vertragsverhältnis eine rechtliche Einheit im Sinne des § 139, so ist auch die Vollmacht nicht gem § 111 S 1 unwirksam, sondern sie nimmt an der Genehmigungsfähigkeit des Grundgeschäfts selbst dann teil, wenn der andere Vertragsteil die Minderjährigkeit des Vollmachtgebers nicht gekannt hat, da dem anderen Teil dann das Widerrufsrecht aus § 109 zusteht (BGHZ 110, 363, 369 ff = NJW 1990, 1721, 1723).

2. Rechtsfolge der fehlenden Einwilligung

3 Die Wirksamkeit eines einwilligungsbedürftigen, aber ohne Einwilligung des gesetzlichen Vertreters geschlossenen Vertrages eines Minderjährigen hängt nach § 108 Abs 1 von der Genehmigung des gesetzlichen Vertreters ab. Ein solcher Vertrag ist also nicht rechtlich bedeutungslos und damit nichtig, sondern er kann durch die Genehmigung noch wirksam werden, während mit der Verweigerung der Genehmigung die endgültige und vollständige Unwirksamkeit eintritt. Diese Genehmigungsfähigkeit ist im Interesse des Minderjährigen normiert. Der gesetzliche Vertreter soll nicht nur vor Vertragsschluss durch die Einwilligungsmöglichkeit, sondern auch nach dem Vertragsschluss durch die Genehmigungsmöglichkeit nach seinem Ermessen unter dem Gesichtspunkt des Wohles des Minderjährigen über die Wirksamkeit oder Unwirksamkeit des Vertrages entscheiden können. Bis zu dieser Entscheidung des Vertreters befindet sich das Vertragsverhältnis daher in einem Schwebezustand. Während des Schwebezustandes ist der andere Vertragsteil insofern gebunden, als er sich von dem Vertragsverhältnis, sofern nicht die Voraussetzungen des § 109 vorliegen, nicht einseitig lösen kann. Gebunden ist aber auch der Minderjährige selbst. Er kann das Vertragsverhältnis weder einvernehmlich mit dem anderen Teil auflösen noch einseitig von dem Vertrag Abstand nehmen, denn dadurch würde er die in der Genehmigungsfähigkeit liegende vorteilhafte Rechtsposition aufgeben, was ihm nach § 107 ohne den gesetzlichen Vertreter nicht möglich ist (Begr zu § 82 VE AT [bei Schubert, AT II 513]). Die Entscheidung über die Wirksamkeit oder Unwirksamkeit des Vertrages liegt damit allein beim gesetzlichen Vertreter. In dieser Bindung beider Vertragsteile im Sinne der Unmöglichkeit einer einseitigen oder einvernehmlichen Abstandnahme vom Vertrag erschöpfen sich aber die positiven Wirkungen des Vertragsverhältnisses in der Schwebezeit. Eine Verpflichtung zur Erbringung der vertraglichen Leistung besteht in dieser Phase noch für keinen Vertragsteil, auch nicht für den geschäftsfähigen Vertragspartner des Minderjährigen; der nicht konsentierte Minderjährigenvertrag begründet also – anders als nach römischem Recht (vgl Vorbem 106 zu §§ 104–115) – kein „hinkendes Geschäft" *(negotium claudicans)*. Die Rechtslage des Vertrages zwischen dem Abschluss und der Entscheidung des gesetzlichen Vertreters lässt sich daher als **schwebende Unwirksamkeit** bestimmen.

4 Die in der Bindungswirkung bestehende Rechtsposition der Vertragsteile ist für jeden Teil, wenn er während des Schwebezustands stirbt, **vererblich**. Beim Tode des Minderjährigen vor erteilter oder verweigerter Genehmigung geht daher die Genehmigungsbefugnis entsprechend § 108 Abs 3 vom gesetzlichen Vertreter des Minderjährigen auf den Erben des Minderjährigen bzw bei mangelnder Geschäftsfähigkeit auch des Erben auf den gesetzlichen Vertreter des Erben über (Oertmann ArchBürgR 21 [1902] 95, 101; vTuhr, AT II 1 § 59 IC 2 m Fn 95; Enneccerus/Nipperdey I 2 § 152 II 2 Fn 7; Flume, AT II § 13, 7c cc; BGB-RGRK/Krüger-Nieland Rn 3; Soergel/Hefermehl Rn 9; aA Berolzheimer DJZ 1917, 1024, 1025). Diese Wirkung kann allerdings nach dem Rechtsgedanken des § 153 dann nicht eintreten, wenn die vertragliche Leistung nach ihrer Beschaffenheit nur vom Verstorbenen selbst, nicht von dessen Erben zu erbringen oder entgegenzunehmen ist (so zutr Planck/Flad Anm 8; BGB-RGRK/Krüger-Nieland Rn 3; für Vererblichkeit in jedem Fall hingegen Oertmann aaO, vTuhr u Enneccerus/Nipperdey jeweils aaO).

III. Genehmigung

1. Bedeutung

Die Genehmigung ist gem § 184 Abs 1 die nachträgliche Zustimmung zu dem von 5
dem Minderjährigen geschlossenen Vertrag. Sie ist selbst kein Teil des Vertrages,
gehört nicht zu dessen Tatbestand, der schon mit dem Austausch der Willenserklärung des Minderjährigen und des anderen Teils gem §§ 145 ff abgeschlossen ist. Bei
der Genehmigung handelt es sich vielmehr um ein zu dem Vertrag hinzutretendes
gesetzliches Wirksamkeitserfordernis, das demgemäß als **Rechtsbedingung** bezeichnet werden kann (Begr zu § 82 VE AT [bei SCHUBERT, AT II 49 ff]; Mot I 135 f = MUGDAN I
426). Obwohl hiernach die Willenserklärung des Minderjährigen durch die Genehmigung nicht zu einer Erklärung des gesetzlichen Vertreters wird, muss für die
Frage der Kenntnis oder des Kennenmüssens bestimmter Umstände in entsprechender Anwendung des § 166 Abs 1 die Person des Vertreters und nicht die des
Minderjährigen entscheidend sein, da eine unterschiedliche Behandlung des Vertrages je nachdem, ob ihn der Minderjährige oder der gesetzliche Vertreter selbst im
Namen des Minderjährigen abgeschlossen hat, sachlich nicht gerechtfertigt ist
(vTUHR, AT II 1 § 59 V [S 345] m Fn 69; FLUME, AT II § 13, 7d cc; **aA** RGZ 116, 134, 138 f; vgl
allg Vorbem 73 zu §§ 104–115). Ein genehmigungsfähiger Vertrag ist trotz § 131 Abs 2
S 1 auch dann gegeben, wenn die Willenserklärung des anderen Teils nur dem
Minderjährigen, nicht auch dem gesetzlichen Vertreter zugegangen ist. Dies entspricht der allgemeinen Ansicht, die teils mit einem Vorrang des § 108 Abs 1 gegenüber dem § 131 Abs 2 S 1 (so vTUHR, AT II 1 § 61 III 7; JAUERNIG/JAUERNIG § 131 Rn 3; jetzt
eingehend BRAUER JuS 2004, 427 ff), teils damit begründet wird, dass der Zugang dieser
Erklärung dem Minderjährigen keine Rechtsnachteile bringt und deshalb § 131
Abs 2 S 2 anzuwenden ist (so ALETH JuS 1996, L 9, L 12; wohl auch BGHZ 47, 352, 358 =
NJW 1967, 1800, 1802; vgl auch HÄHNCHEN Jura 2001, 668, 670). Auf die Erteilung der
Genehmigung hat der Minderjährige gegenüber dem gesetzlichen Vertreter keinen
Anspruch (OLG Kiel OLGE 22, 126 ff).

2. Erteilung

Als nachträgliche Zustimmung des gesetzlichen Vertreters zu dem Vertrag des Min- 6
derjährigen setzt die Genehmigung die Erfüllung aller Tatbestandserfordernisse
eines Vertragsschlusses zwischen dem Minderjährigen und dem anderen Teil voraus
(vgl o Rn 5); eine vorher (auch noch während des Vertragsschlusses) erteilte Zustimmung ist hingegen als Einwilligung zu qualifizieren (vgl § 107 Rn 35). Die Genehmigung ist eine einseitige empfangsbedürftige Willenserklärung. Wirksam wird sie
daher als verkörperte mit ihrem Zugang bei dem Empfänger (§ 130 Abs 1 S 1), als
mündliche grundsätzlich mit dem akustisch richtigen Verständnis des Empfängers
bzw bei fehlendem Anlass zu Zweifeln des Erklärenden an einem solchen Verständnis. Geeigneter Empfänger der Genehmigung ist nach der allgemeinen Vorschrift des
§ 182 Abs 1 – anders unter den Voraussetzungen des § 108 Abs 2 – sowohl der
Minderjährige als auch dessen Vertragspartner. Dem gesetzlichen Vertreter steht es
mithin frei, den Vertrag sowohl diesem als auch jenem gegenüber zu genehmigen.

Die Genehmigung kann **formlos** erteilt werden (vgl LG Düsseldorf RRa 2003, 173, 174 m 7
Anm RUHWEDEL); insbesondere bedarf sie nicht der gegebenenfalls erforderlichen

Form des zu genehmigenden Vertrages (§ 182 Abs 2). Eine hiernach auch durch schlüssiges Handeln mögliche Genehmigung setzt aber voraus, dass der gesetzliche Vertreter die schwebende Unwirksamkeit des Vertrages kennt oder zumindest mit ihr rechnet, da ihm anderenfalls der erforderliche Genehmigungswille fehlt (RGZ 95, 70, 71; 111, 335, 337; BGHZ 2, 150, 153 = NJW 1951, 796; BGHZ 47, 341, 352 = NJW 1967, 622; BGHZ 53, 174, 178 = NJW 1970, 752; WM 1969, 1384, 1385; NJW 1641, 1643; LAG Altona DRiZR 1931 Nr 514 = Das Recht 1931, 411 f [Nr 514]). Ein Teil des Schrifttums hält diese hM mit der seit BGHZ 91, 324 = NJW 1984, 2279 vertretenen Ansicht, wonach auch ein schlüssiges Verhalten ohne Erklärungsbewusstsein als wirksame Willenserklärung zu werten ist, nicht mehr für vereinbar und will daher genügen lassen, dass der gesetzliche Vertreter bei Anwendung der verkehrserforderlichen Sorgfalt erkennen konnte, dass seine Äußerung nach Treu und Glauben und der Verkehrssitte als Genehmigung aufgefasst werden durfte und der Empfänger sie auch tatsächlich so verstanden hat (so LG Regensburg VersR 2004, 722 f; ERMAN/PALM Rn 3; JAUERNIG/JAUERNIG Rn 1 aE u § 182 Rn 4; FOMFEREK 43 f; für Ermächtigung nach § 362 Abs 2 auch BGHZ 109, 171, 177 = NJW 1990, 454, 456; vgl auch BGH NJW 2002, 2325, 2327). Für den speziellen Fall der Genehmigung des gesetzlichen Vertreters begegnet diese Ansicht unter dem Gesichtspunkt des Minderjährigenschutzes Bedenken. Die schlüssige Genehmigung eines Vertrages des Minderjährigen mit der Deutschen Telekom AG über die Einrichtung eines Telefonanschlusses ist darin zu erblicken, dass sich der gesetzliche Vertreter in einem fernmündlichen Gespräch mit der Deutschen Telekom AG in Kenntnis von Sinn und Zweck dieses Gesprächs über die näheren Einzelheiten der Vertragsabwicklung äußert und den Mitarbeitern der Deutschen Telekom AG Zugang zur Wohnung des Minderjährigen einräumt (AG Betzdorf ArchivPT 1998, 161). Ein vom Minderjährigen geschlossener Haftpflichtversicherungsvertrag für sein ohne Wissen des gesetzlichen Vertreters gekauftes Moped wird mit der Erhebung der Deckungsklage des gesetzlichen Vertreters schlüssig genehmigt (OLG Köln DAR 1962, 360 f). Die bloße Untätigkeit des gesetzlichen Vertreters erlaubt hingegen grundsätzlich keinen Schluss auf eine Genehmigung (vgl allg BGH JurBüro 1986, 545, 548). Keine Genehmigung kann deshalb in einem Schweigen des Vertreters zum Abschluss eines Wohnungsmietvertrages durch den Minderjährigen gesehen werden, nachdem der Vertreter von der neuen Anschrift des Minderjährigen Kenntnis erlangt hat (LG Mannheim NJW 1969, 239 f). Anders ist es hingegen, wenn der gesetzliche Vertreter nach erlangter Kenntnis von dem geschlossenen Vertrag diesen Zustand gebilligt hat (OLG Hamburg OLGE 13, 315). Unterlässt der gesetzliche Vertreter Maßnahmen zur Rückabwicklung eines Vertrages des Minderjährigen, so kann hierin noch keine Genehmigung erblickt werden (AK-BGB/KOHL Rn 3; MünchKomm/SCHMITT Rn 10 gegen OLG Karlsruhe DAR 1966, 20, 21).

8 Angesichts der Eigenschaft der Genehmigung als eines zu dem Minderjährigenvertrag hinzutretendes Erfordernisses (vgl o Rn 5) kann der Vertrag nur mit dem vom Minderjährigen geschlossenen Inhalt genehmigt werden. Erklärt sich daher der gesetzliche Vertreter mit dem Vertrag nur unter inhaltlichen Änderungen einverstanden, so liegt hierin jedenfalls keine Genehmigung des Vertrages des Minderjährigen. Ob eine solche Erklärung als Genehmigungsverweigerung zu werten ist, muss durch Auslegung ermittelt werden (PLANCK/FLAD Anm 4); in Betracht kommt auch eine Deutung als neuer Vertragsantrag des Vertreters oder als Einwilligung in einen Vertragsschluss des Minderjährigen zu dem geänderten Inhalt (ERMAN/PALM Rn 3). Beschränkt sich die erteilte Genehmigung auf einem gem § 139 abgrenzbaren

Teil des Minderjährigenvertrages, so ist entscheidend, ob die Parteien den Vertrag auch ohne den nicht genehmigten Teil geschlossen hätten (MünchKomm/Schmitt Rn 12). Unwirksam ist eine Genehmigung, die der gesetzliche Vertreter aufgrund einer unzutreffenden Information über den Vertragsinhalt demjenigen gegenüber erteilt hat, von dem diese Falschinformation stammt (dem Minderjährigen oder dem anderen Teil). Umstritten ist hingegen, ob dies auch dann gilt, wenn der vom Minderjährigen unzutreffend unterrichtete Vertreter den Vertrag gegenüber dem anderen Vertragsteil genehmigt oder ob die Genehmigung mit dem Inhalt als erteilt zu gelten hat, den ihm der andere Teil beilegen musste, und dem Vertreter dann nur die Anfechtung der Genehmigung nach § 119 Abs 1 verbleibt; richtiger Ansicht nach ist ein Schutz des Vertrauens des anderen Teils auf zutreffende Information des gesetzlichen Vertreters durch den Minderjährigen nicht anzuerkennen und die Genehmigung deshalb als unwirksam zu werten (so Flume, AT II § 13, 7d bb; Medicus, AT Rn 575; aA Soergel/Hefermehl Rn 4).

Die erteilte Genehmigung ist **unwiderruflich** (Mot I 138 = Mugdan I 428; RGZ 139, 118, **9** 127; JW 1906, 9; BGHZ 40, 156; 164 = NJW 1964, 243; Planck/Flad Anm 4; aA Münzel NJW 1959, 601, 602). Dies ergibt sich aus ihrer rechtsgestaltenden Wirkung und aus einem Umkehrschluss aus § 183. Eine Anfechtung der erteilten Genehmigung durch den gesetzlichen Vertreter versetzt den Minderjährigenvertrag gem § 142 Abs 1 wieder in das Stadium der schwebenden Unwirksamkeit zurück (MünchKomm/Schmitt Rn 19). Kann der gesetzliche Vertreter selbst einen Vertrag im Namen des Minderjährigen nicht schließen, so ist auch eine zu einem solchen Vertrag des Minderjährigen erteilte Genehmigung unwirksam, etwa gem § 1641 zu einer Schenkung des Minderjährigen, sofern es sich nicht um eine Pflicht- oder Anstandsschenkung handelt (OLG Stuttgart FamRZ 1969, 39, 40).

3. Wirkung

Durch die Genehmigung wird der Vertrag des Minderjährigen ebenso **wirksam**, wie **10** wenn er von einem voll Geschäftsfähigen geschlossen worden wäre. Der bisher bestehende Schwebezustand wird damit im positiven Sinne beendet. Die Genehmigung wirkt gem § 184 Abs 1 auf den Zeitpunkt des Vertragsschlusses zurück (Begr zu § 82 VE AT [bei Schubert, AT II 50 f]; Mot I S 136 = Mugdan I 426 f; RG JW 1906, 9). Zwischenzeitlich getroffene Verfügungen des gesetzlichen Vertreters über den Gegenstand des Vertrages bleiben aber nach § 184 Abs 2 wirksam.

IV. Verweigerung der Genehmigung

Auch die Verweigerung der Genehmigung kann ausdrücklich oder durch schlüssiges **11** Verhalten erklärt werden (Mot I 137 = Mugdan I 427). Sie ist aus den gleichen Gründen wie die Genehmigung unwiderruflich (BGHZ 13, 179, 187 = NJW 1954, 1155). Durch die Verweigerung wird der bisher schwebend unwirksame Vertrag **endgültig unwirksam** und damit nichtig (ganz hM; aA Palm 58 ff, 103 ff: fortdauernde Wirksamkeit, aber einseitiges außerordentliches Widerrufsrecht jedes Teils bei Unzumutbarkeit fortdauernder Bindung). Die Unwirksamkeit erfasst den Vertrag als Ganzes und damit auch die Verpflichtung des anderen Teils; die Regelung des römischen Rechts, wonach allein der andere Vertragsteil klagbar verpflichtet wurde (vgl Vorbem 106 zu §§ 104–115), hat der Gesetzgeber des BGB bewusst nicht übernommen (Begr zu § 82 VE AT [bei

SCHUBERT, AT II 45]; Mot I 134, 136 = MUGDAN I 425 f, 427). Die Verweigerung der
Genehmigung wirkt ebenfalls auf den Zeitpunkt des Vertragsschlusses zurück. Sie
ist ebenso wenig widerruflich wie die Genehmigung (RGZ 139, 118, 125 ff; JW 1906, 9;
KARSTEN SCHMIDT AcP 189 [1989] 1, 5 ff; aA MÜNZEL NJW 1959, 601 ff). Spätestens von der
Genehmigungsverweigerung an unterliegt der Minderjährige der verschärften Haftung auf bereicherungsrechtliche Rückgewähr der aufgrund des Vertrages erhaltenen Leistung, wenn dem gesetzlichen Vertreter der Leistungsempfang bekannt ist
(BGH FamRZ 1977, 537; vgl allg Vorbem 79 zu §§ 104–115).

V. Aufforderung zur Erklärung über die Genehmigung (Abs 2)

1. Zweck und Rechtsnatur

12 Die bis zur Genehmigung oder Verweigerung der Genehmigung bestehende Bindung an den schwebend unwirksamen Vertrag (vgl o Rn 3) kann für den anderen
Vertragsteil dann misslich sein, wenn der gesetzliche Vertreter des Minderjährigen
seine Entscheidung über die Genehmigung längere Zeit hinauszögert. Denn bis zur
Entscheidung des Vertreters muss der andere Teil mit einem Wirksamwerden des
Vertrages durch die Genehmigung mit der Folge der Entstehung seiner Leistungspflicht rechnen und sich deshalb leistungsbereit halten, was uU den Verzicht auf
vielleicht günstigere Vertragsabschlüsse mit dritten Interessenten bedeuten kann.
Eine unbegrenzte Dauer des Schwebezustandes, etwa um es dem gesetzlichen Vertreter zu ermöglichen, künftige Entwicklungen der Marktverhältnisse abzuwarten,
ist aber von dem Erfordernis des Minderjährigenschutzes nicht geboten. Mit dem in
Abs 2 des § 108 normierten Recht, den gesetzlichen Vertreter zur Erklärung über
die Genehmigung aufzufordern, gibt das Gesetz dem anderen Teil eine Möglichkeit
zur Beendigung der Schwebelage und trägt damit dessen legitimem Interesse Rechnung, schließlich Gewissheit über das weitere Schicksal des Vertrages zu erlangen.
Die Aufforderung gem Abs 2 wird zu Recht als eine **rechtsgeschäftsähnliche Rechtshandlung** angesehen (ZUNFT NJW 1959, 516; HUKEN DNotZ 1966, 388, 389 f; KOHLER Jura
1984, 349, 359; vTUHR, AT II 1 § 59 VI 2a Fn 98; ERMAN/PALM Rn 5; JAUERNIG/JAUERNIG Rn 2;
MünchKomm/SCHMITT Rn 26; PALANDT/HEINRICHS Rn 5; SOERGEL/HEFERMEHL Rn 6), nicht als
eine Willenserklärung (so aber BGB-RGRK/KRÜGER-NIELAND Rn 7 u STAUDINGER/
DILCHER[12] Rn 12). Denn die Wirkungen der Aufforderung (s u Rn 14–17) treten unabhängig von einem darauf gerichteten Willen des Auffordernden ein.

2. Erklärung

13 Obwohl die Aufforderung keine Willenserklärung ist, muss sie als geschäftsähnliche
Handlung gleichwohl nach dem für einseitige empfangsbedürftige Willenserklärungen geltenden Grundsätzen behandelt werden. Um wirksam zu werden, muss sie
daher dem Empfänger entsprechend § 130 Abs 1 S 1 zugehen. Zu richten ist die
Aufforderung an den gesetzlichen Vertreter des Minderjährigen, nicht an den Minderjährigen selbst. Eine an den Minderjährigen gerichtete Aufforderung zur Beschaffung der Genehmigung des gesetzlichen Vertreters löst die Wirkungen des
Abs 2 nicht aus (vTUHR, AT II 1 § 59 VI 2a). Nach eingetretener Volljährigkeit des
Minderjährigen ist allerdings dieser der richtige Adressat (vgl Prot II 8367 = MUGDAN I 480; BGH NJW 1989, 1728, 1729; NORPOTH/DITTBERNER JA 1996, 642, 643). Nach dem
Tod des Minderjährigen ist die Aufforderung ebenfalls nicht mehr gegenüber dem

gesetzlichen Vertreter zu erklären, sondern gegenüber den Erben des Minderjährigen (MünchKomm/Schmitt Rn 27). Mit dem Tod des anderen Teils geht das Aufforderungsrecht auf dessen Erben über (MünchKomm/Schmitt Rn 27). Die Aufforderung bedarf auch bei Formbedürftigkeit des Vertrages keiner Form.

3. Wirkungen

Die Aufforderung löst eine **dreifache Wirkung** aus: 14

a) Wirkungslosigkeit früherer Erklärung

Die Aufforderung lässt eine bereits erteilte oder verweigerte Genehmigung, die der gesetzliche Vertreter gegenüber dem Minderjährigen erklärt hat, unwirksam werden (S 1 HS 2). Der Vertrag, den die erfolgte Erteilung oder Verweigerung der Genehmigung bereits endgültig wirksam oder endgültig unwirksam gemacht hat, wird mithin durch die Aufforderung wieder in das Stadium der schwebenden Unwirksamkeit und damit der Genehmigungsfähigkeit zurückversetzt. Mit dieser von der Zweiten Kommission eingefügten Regelung, die als eine sachlich-rechtliche Wiedereinsetzung in den vorigen Stand bezeichnet werden kann (Staudinger/Dilcher[12] Rn 14), soll dem Bedürfnis nach Schaffung einer klaren Rechtslage entsprochen werden: Für den anderen Vertragsteil ist fortan nur noch die Reaktion des gesetzlichen Vertreters auf die Aufforderung entscheidend; um dessen frühere Erklärungen gegenüber dem Minderjährigen, von der er im Regelfall weder weiß, ob sie erfolgt ist noch welchen Inhalt sie hat, braucht er sich nicht mehr zu kümmern (vgl Prot II 8367 = Mugdan I 480). Berechtigte Belange des Minderjährigen werden dadurch umso weniger verletzt, als auch der gesetzliche Vertreter nunmehr erneut die Möglichkeit erhält, über Wirksamkeit oder Unwirksamkeit des Geschäfts frei und gegebenenfalls angesichts veränderter Verhältnisse in einem anderen Sinne als vorher gegenüber dem Minderjährigen zu entscheiden.

Umstritten ist die Anwendbarkeit des § 108 Abs 2 S 1 HS 2, die angesichts des 15 klaren Wortlauts der Vorschrift nur eine entsprechende sein kann, auch auf die vom gesetzlichen Vertreter dem Minderjährigen gegenüber erteilte **Einwilligung**. Der gesetzliche Vertreter hätte dann auch hier ein Aufforderungsrecht und die erklärte Aufforderung führte zur Wirkungslosigkeit auch der Einwilligung mit der Folge der – hier erstmals eintretenden – schwebenden Unwirksamkeit des Vertrages. Zugunsten der Analogie wird das auch hier bestehende Interesse des anderen Vertragsteils an einer Klärung der Rechtslage bei bestehender subjektiver Ungewissheit hinsichtlich einer erfolgten Einwilligung angeführt (Brox JA 1989, 441, 443 f; Erman/Palm Rn 7; Jauernig/Jauernig Rn 3; Palandt/Heinrichs Rn 7). Gegen die entsprechende Anwendung spricht einmal der klare Wille des historischen Gesetzgebers, denn in der Zweiten Kommission wurde ein Antrag, dem § 82 E II eine entsprechende Fassung zu geben, gerade abgelehnt (Prot II 29 f = Mugdan I 677). Ferner hat das Aufforderungsrecht nach der Konzeption des Gesetzes primär die Funktion, die bei noch ausstehender Erklärung über die Genehmigung bestehende schwebende Unwirksamkeit zu beseitigen. Dieser Schwebezustand hat auch in den Fällen einmal bestanden, in denen der gesetzliche Vertreter die Genehmigung inzwischen gegenüber dem Minderjährigen erteilt oder verweigert hat; die Ausdehnung der Aufforderungsbefugnis auch auf diese Fälle bedeutet nur eine Gleichstellung der dann noch bestehenden subjektiven Ungewissheit mit der vorher vorhanden gewesenen objektiven. Bei einem Vertragsschluss mit Einwilligung des gesetzlichen Vertreters hat demgegenüber eine Schwebelage niemals bestanden, sondern der Vertrag war von Anfang an wirksam und würde durch die Aufforderung erstmals schwebend unwirksam gemacht. Für eine solche Erweiterung des Aufforderungsrechts auf die Situation einer von Anfang an lediglich subjektiven Ungewissheit des anderen Teils besteht deshalb kein Anlass, weil der andere Teil den Vertragsschluss mit dem Minderjährigen von einer auch ihm gegenüber erklärten Einwilligung oder einem eindeutigen Nachweis der gegenüber dem Minderjährigen erklärten Einwilligung abhängig machen kann. Die Ausdehnung der Aufforderungsmöglichkeit auf die Einwilligung ist daher mit der überwiegenden Ansicht abzulehnen (Kohler Jura 1984, 349, 358; Fomferek 50 f; Enneccerus/Nipperdey I 2 § 152 II 2b Fn 12; Flume, AT II § 13, 7c cc S 1983; Larenz/Wolf, AT § 25 V 7a aa Rn 52; MünchKomm/Schmitt Rn 23, 24; Soergel/ Hefermehl Rn 8; BGB-RGRK/Krüger-Nieland Rn 8; Planck/Flad Anm 5 a; AK-BGB/Kohl Rn 7; Bamberger/Roth/Wendtland Rn 2). Als Mittel zur Beseitigung der Ungewissheit steht dem anderen Teil die Klage auf Feststellung der Wirksamkeit oder Unwirksamkeit des Vertrages zur Verfügung. Reagiert der gesetzliche Vertreter auf eine Aufforderung des anderen Teils, sich über die Erteilung oder Verweigerung der Einwilligung zu erklären, schuldhaft nicht, so kann der Minderjährige für einen dem anderen Teil dadurch entstehenden Schaden gem §§ 280 Abs 1, 241 Abs 2, 278 verantwortlich sein (vTuhr, AT II 1 § 59 VI 2a [S 350]; Flume aaO, MünchKomm/Schmitt Rn 25; Soergel/Hefermehl Rn 8).

b) Erklärung nur noch gegenüber dem anderen Teil
16 Die weitere Wirkung der Aufforderung besteht nach S 1 HS 1 darin, dass der gesetzliche Vertreter die Erklärung über die Erteilung oder die Verweigerung der Genehmigung fortan nur noch gegenüber dem anderen Teil wirksam abgeben kann, nicht mehr auch gegenüber dem Minderjährigen. Die Adressateneigenschaft beschränkt sich also – abweichend von der allgemeinen Norm des § 182 Abs 1 – auf den anderen Vertragsteil. Auch diese Regelung dient dem Interesse des anderen Teils an einer Klärung der Rechtslage. Entscheidend ist nunmehr allein die Reaktion des gesetzlichen Vertreters gegenüber dem Vertragspartner des Minderjährigen; eine Erklärung des Vertreters gegenüber dem Minderjährigen, deren Vorliegen der andere Teil nicht ohne weiteres nachprüfen kann, ist für diesen jetzt bedeutungslos.

c) Fristbeginn
17 Schließlich setzt die Aufforderung noch eine Frist von **zwei Wochen** in Gang, innerhalb deren sich der gesetzliche Vertreter gegenüber dem anderen Teil über die Erteilung oder Verweigerung der Genehmigung zu erklären hat (S 2 HS 1). Diese nunmehr eintretende Befristung der vorher unbefristet möglichen Erklärung ist das entscheidende Mittel zur Beendigung des Schwebezustandes. Die Frist beginnt nach § 187 Abs 1 mit dem auf den Tag des Zugangs der Aufforderung folgenden Tag und sie endet gem § 188 Abs 2 Alt 1 mit dem Ablauf des Tages der übernächsten Woche, dessen Benennung dem Tag des Zugangs der Aufforderung entspricht. Eine Verkürzung dieser gesetzlichen Frist ist nicht einseitig durch den anderen Teil, sondern nur mittels einer entsprechenden vertraglichen Abrede möglich, da sich hierdurch der dem gesetzlichen Vertreter für seine Entscheidung zur Verfügung stehende Zeitraum entsprechend vermindert (RG HRR 1937 Nr 786 [zu § 77]; Erman/Palm Rn 6; Palandt/Heinrichs Rn 6; MünchKomm/Schmitt Rn 20; Soergel/Hefermehl Rn 7). Die Ver-

kürzung kann nur mit dem gesetzlichen Vertreter, nicht mit dem Minderjährigen selbst wirksam vereinbart werden; auch eine schon beim Vertragsschluss mit dem Minderjährigen vereinbarte kürzere Genehmigungsfrist kann den gesetzlichen Vertreter nicht binden (anders vTuhr, AT II 1 § 59 VI 2a, der hierin einen durch die fristgemäße Genehmigung bedingten Vertragsschluss erblickt), denn diese Abweichung von der gesetzlichen Rechtslage stellt einen rechtlichen Nachteil für den Minderjährigen dar, dessen Wirksamkeit wiederum von der Zustimmung des gesetzlichen Vertreters abhängt. Eine einseitige Fristverkürzung durch den anderen Teil kann allenfalls dann als wirksam angesehen werden, wenn eine Entscheidung des gesetzlichen Vertreters nach der besonderen Art des Rechtsgeschäfts ausnahmsweise geboten ist (vgl vTuhr aaO m Beispiel in Fn 101: Loskauf des Minderjährigen kurz vor Ziehung). Eine Fristverlängerung kann hingegen der andere Teil auch einseitig einräumen, da sich hierdurch der Entscheidungszeitraum des gesetzlichen Vertreters vergrößert.

4. Folge des Fristablaufs

Lässt der gesetzliche Vertreter die Zwei-Wochen-Frist ohne Erklärung über die **18** Genehmigung verstreichen, so gilt die Genehmigung gem S 2 HS 2 als **verweigert**. Der Vertrag soll also nur durch eine entsprechende positive Erklärung des Vertreters, nicht durch bloßes Untätigbleiben zustande kommen. In dem fruchtlosen Verstreichenlassen der Frist erblickt das Gesetz nicht etwa eine schlüssige Verweigerungserklärung, sondern es normiert in S 2 HS 2, wie sich schon aus dessen Wortlaut ergibt, eine gesetzliche Fiktion, die unabhängig von einem entsprechenden Willen des gesetzlichen Vertreters gilt. Bei einer Unkenntnis des Vertreters über die Folge des Fristablaufs handelt es sich deshalb nicht um einen Willensmangel gem § 119 Abs 1, sondern nur um einen Rechtsfolgenirrtum, der zur Anfechtung nicht berechtigt (AK-BGB/Kohl Rn 6; MünchKomm/Schmitt Rn 29).

VI. Eigengenehmigung des bisherigen Minderjährigen

1. Bedeutung

Mit dem Eintritt der unbeschränkten Geschäftsfähigkeit, der seit der Beseitigung **19** des Instituts der Volljährigkeitserklärung nur noch mit dem Eintritt der Volljährigkeit möglich ist, geht das Recht zur Erteilung oder Verweigerung der Genehmigung auf den bisherigen Minderjährigen selbst über. Der Vertrag wird also nicht etwa automatisch wirksam, sondern der nunmehr volljährig Gewordene kann jetzt anstelle des gesetzlichen Vertreters selbst über die endgültige Wirksamkeit oder Unwirksamkeit frei entscheiden. Auch die Eigengenehmigung stellt nicht erst den Vertragsschluss (Bestätigung) oder die Verweigerung die Ablehnung eines Vertragsantrags dar, sondern sie bildet wie die des gesetzlichen Vertreters eine Voraussetzung der Wirksamkeit bzw der endgültigen Unwirksamkeit des bereits geschlossenen Vertrages (vgl Begr zu § 82 VE AT [bei Schubert, AT II 52]). Erforderlich ist aber, dass der Vertrag bei Eintritt der vollen Geschäftsfähigkeit noch genehmigungsfähig ist. Ist der Vertrag hingegen schon durch die Genehmigung oder die Verweigerung der Genehmigung seitens des gesetzlichen Vertreters voll wirksam oder endgültig unwirksam geworden, so ist auch für entsprechende Erklärungen des bisherigen Minderjährigen kein Raum mehr. Will der volljährig Gewordene trotz erfolgter Genehmigungsverweigerung durch den gesetzlichen Vertreter an dem Vertrag festhalten, so muss er das Geschäft gem § 141 erneut vornehmen. Eine Neuvornahme kann auch in einer „Genehmigung" gesehen werden. Eine Aufforderung des anderen Teils gem Abs 2 ist nach eingetretener Volljährigkeit an den bisherigen Minderjährigen zu richten. Eine vorher vom gesetzlichen Vertreter gegenüber dem Minderjährigen erklärte Genehmigung oder Genehmigungsverweigerung wird in diesem Fall ebenfalls gem Abs 2 S 1 HS 2 unwirksam. Stirbt der volljährig Gewordene, bevor er sich über die Genehmigung erklärt hat, so geht die Erklärungsbefugnis, soweit die Verpflichtung des Verstorbenen nicht auf eine höchstpersönliche Leistung gerichtet war oder die Leistung des anderen Teils ihrer Natur nach nur an den Verstorbenen selbst erfolgen konnte, auf dessen Erben über (vgl o Rn 4).

2. Erklärung

20 Für die Erklärung des bisherigen Minderjährigen gelten die gleichen Grundsätze wie für die Erklärung des gesetzlichen Vertreters (vgl o Rn 7). So ist die Erklärung gem § 182 Abs 2 auch bei Formbedürftigkeit des Vertrages nicht an eine Form gebunden (BGH NJW 1989, 1728). Ein Minderjähriger, der einer GmbH unter Einhaltung der Form des § 2 GmbHG, aber ohne Einwilligung des gesetzlichen Vertreters beigetreten ist (vgl § 108 Rn 29), kann deshalb den Beitritt nach erreichter Volljährigkeit formlos genehmigen (BGH MDR 1980, 737). Auch die Eigengenehmigung ist durch schlüssiges Verhalten möglich. Die Deutung eines bestimmten Verhaltens als konkludente Genehmigung setzt freilich auch hier voraus, dass der volljährig Gewordene die Genehmigungsbedürftigkeit des Vertrages gekannt oder wenigstens damit gerechnet hat (RGZ 95, 70, 71; BGHZ 28, 78; 47, 341, 351; 53, 174, 178; OLG Karlsruhe OLGE 39, 122; OLG Düsseldorf NJW-RR 1995, 755; LG München I VersR 1982, 644; LG Frankfurt/M NJW 1999, 3566). Eine Genehmigung ist daher nicht anzunehmen, wenn es dem Minderjährigen nicht bewusst ist, dass ein von ihm ohne Einwilligung des gesetzlichen Vertreters geschlossener Vertrag auch nach erlangter Volljährigkeit bis zu seiner Genehmigung schwebend unwirksam bleibt, was nach LG Ravensburg VuR 1987, 99, 100 üblicherweise der Fall sein soll. Gleiches gilt, wenn sich der Minderjährige beim Vertragsschluss zu Unrecht, etwa weil er von der Geltung des Satzes „Heirat macht mündig" ausging, für voll geschäftsfähig gehalten hat (BGH WM 1969, 1384 f). Eine schlüssige Genehmigung liegt im Allgemeinen in der Fortsetzung des Vertragsverhältnisses nach erreichter Volljährigkeit, zB eines Versicherungsvertrages (OLG Koblenz VersR 1991, 209; LG Mainz VersR 1967, 945, 946; Bayer VersR 1991, 129, 130) durch Zahlung der Versicherungsbeiträge (LG Osnabrück VersBAV 1984, 251; LG Regensburg VersR 2004, 722 f; AG Hamburg VersR 1986, 1185; AG Osnabrück VuR 1987, 101), auch durch Hinnahme von deren Abbuchung (OLG Koblenz VersR 1991, 209; LG Kaiserslautern VersR 1991, 539). Aber auch hier ist immer das Bewusstsein der Genehmigungsbedürftigkeit bei Vornahme dieser Handlungen notwendig (OLG Hamm NJW-RR 1992, 1186; LG Offenburg VuR 1987, 980; aA LG Regensburg aaO; AG Hamburg VersR 1986, 1185; AG Köln VersR 1992, 1117; AG München VersR 1992, 1117). Eine Neudatierung der Vertragsurkunde kann eine Eigengenehmigung darstellen (RGZ 95, 70, 71 = WarnR 1919 Nr 21). Mit der Eigengenehmigung verzichtet der volljährig Gewordene auf die Einrede seiner Haftungsbeschränkung gem § 1629a (LÖWISCH NJW 1999, 1002, 1003).

21 Da der volljährig Gewordene hinsichtlich der Genehmigungsbefugnis in die Position seines bisherigen gesetzlichen Vertreters einrückt, findet vor ergangener Aufforderung des anderen Teils § 182 Abs 1 auch auf die Eigengenehmigung Anwendung.

Der bisherige Minderjährige kann die Eigengenehmigung hiernach sowohl gegenüber dem anderen Teil als auch sich selbst gegenüber erklären; im letztgenannten Fall ist die Genehmigung also nicht empfangsbedürftig (Norpoth/Dittberner JA 1996, 642, 647 f). Hat der andere Teil allerdings den volljährig Gewordenen oder schon vorher den gesetzlichen Vertreter zur Erklärung über die Genehmigung aufgefordert, so kann auch die Eigenerklärung gem Abs 2 S 1 HS 1 nur dem anderen Teil gegenüber erfolgen.

3. Rechtsmissbrauch

Eine Berufung des früheren Minderjährigen auf die schwebende Unwirksamkeit des Vertrages kann rechtsmissbräuchlich sein, wenn sie erst lange nach eingetretener Volljährigkeit erfolgt, um den nachteiligen Folgen des Vertragsverhältnisses auszuweichen (BGH FamRZ 1961, 216 f; LG Verden VersR 1998, 42; LG Frankfurt/M RuS 1998, 270 f; LG Regensburg VersR 2004, 722, 723; einschr LG Frankfurt/M NJW 1999, 3566: 6 Jahre nicht ausr). **22**

VII. Beweislast

Steht die Minderjährigkeit eines Vertragsteils bei Vertragsschluss fest, so hat derjenige, der sich auf die Wirksamkeit des Vertrages beruft, die Erteilung der Genehmigung (gegenüber dem Minderjährigen oder dem anderen Teil) zu beweisen. Ist die Genehmigung durch Erklärung gegenüber dem Minderjährigen erfolgt, so obliegt die Beweislast für eine erfolgte Aufforderung nach Abs 2 und für das Verstreichen der Zwei-Wochen-Frist dem die Wirksamkeit des Vertrages Bestreitenden; der sich auf die Wirksamkeit des Vertrages Berufende muss dann die Erteilung der Genehmigung gegenüber dem gesetzlichen Vertreter vor Fristablauf beweisen (Planck/Flad Anm 7; MünchKomm/Schmitt Rn 47, 48; BGB-RGRK/Krüger-Nieland Rn 12). Hat der Minderjährige nach erreichter Volljährigkeit den Vertrag genehmigt und beruft er sich dann auf eine vor Volljährigkeitseintritt verweigerte Genehmigung des gesetzlichen Vertreters, so trägt er hierfür die Beweislast (BGH NJW 1989, 1728 unter Aufhebung des vorinstanzlichen Urteils OLG Hamburg FamRZ 1988, 1167; Baumgärtel/ Laumen § 108 Rn 4). **23**

VIII. Parallelvorschriften

Dem § 108 entsprechende Vorschriften finden sich auch an anderen Stellen des Gesetzes. So tritt schwebende Unwirksamkeit bis zur Erteilung oder Verweigerung einer Genehmigung auch ein beim Vertragsschluss des Vertreters ohne Vertretungsmacht nach § 177, eines Ehegatten im gesetzlichen Güterstand über sein Vermögen im Ganzen oder über Haushaltsgegenstände nach den §§ 1366, 1369, des das Gesamtgut verwaltenden Ehegatten bei Gütergemeinschaft nach den §§ 1427, 1453, wobei § 1427 über § 1487 auch für die fortgesetzte Gütergemeinschaft gilt, sowie des gesetzlichen Vertreters ohne vormundschaftsgerichtliche Genehmigung nach § 1829. **24**

§ 109
Widerrufsrecht des anderen Teils

(1) Bis zur Genehmigung des Vertrags ist der andere Teil zum Widerruf berechtigt. Der Widerruf kann auch dem Minderjährigen gegenüber erklärt werden.

(2) Hat der andere Teil die Minderjährigkeit gekannt, so kann er nur widerrufen, wenn der Minderjährige der Wahrheit zuwider die Einwilligung des Vertreters behauptet hat; er kann auch in diesem Fall nicht widerrufen, wenn ihm das Fehlen der Einwilligung bei dem Abschluss des Vertrags bekannt war.

Materialien KE § 64 Abs 4; E I § 65 Abs 4; II § 83; III § 105; SCHUBERT, AT I 45; JAKOBS/SCHUBERT 557, 562, 564, 569, 571, 573, 576; Mot I 134 = MUGDAN I 426; Prot I 123 f, 130 f = MUGDAN I 675, 677; Prot II 8355 = MUGDAN I 680.

Schrifttum

S die Angaben bei den Vorbem zu §§ 104–115, zu den §§ 104–108 sowie
DÜLL, Die Lehre vom Widerruf (1934)
WILHELM, Aufforderung zur Erklärung über die Genehmigung eines schwebend unwirksamen Geschäfts und Widerruf des Geschäfts, NJW 1992, 1666.

Systematische Übersicht

I.	Bedeutung der Vorschrift	1	3. Wirkung	6
II.	Widerruf		III. Beweislast	7
1.	Voraussetzungen	3		
2.	Erklärung	5		

Alphabetische Übersicht

Bedeutung	1	– der fehlenden Einwilligung	3
Beweislast	7	Widerruf	
Schwebezustand	4	– Erklärung	5
		– Voraussetzungen	3 f
Unkenntnis		– Wirkung	6
– der Minderjährigkeit	3, 7		

I. Bedeutung

1 Ein von einem Minderjährigen ohne die erforderliche Einwilligung des gesetzlichen Vertreters geschlossener Vertrag erzeugt an sich schon während des Schwebezustands bis zur Erklärung des Vertreters über die Genehmigung eine Bindung beider Vertragsteile, des Minderjährigen wie des anderen Teils, in der Weise, dass sich keine der Parteien einseitig von dem Vertrag lösen kann (vgl § 108 Rn 3). Diese

Bindung folgt aus § 108 Abs 1, wonach die Entscheidung über das Wirksamwerden des Vertrages (allein) dem gesetzlichen Vertreter zukommt, sowie aus dem Grundsatz *pacta sunt servanda*, denn mit dem gem §§ 145 ff erfolgten Vertragsschluss ist der Tatbestand eines Vertrages bereits vollständig erfüllt; die Genehmigung des gesetzlichen Vertreters ist lediglich eine zur Wirksamkeit des Vertrages noch erforderliche Rechtsbedingung (s § 108 Rn 5). Das in der besonderen Vorschrift des § 109 dem anderen Vertragsteil eingeräumte grundsätzliche Widerrufsrecht lockert aber dessen vertragliche Bindung erheblich auf. Die Widerrufsbefugnis stellt eine vom BGB eingeführte Neuerung gegenüber den früheren Rechten dar. Noch der E I hatte in § 65 Abs 4, übereinstimmend mit § 4 des Preußischen GeschäftsfähigkeitsG von 1875, eine Bindung des anderen Teils an den Vertrag bis zur Verweigerung der Genehmigung ausdrücklich vorgesehen (Mot I 134 = MUGDAN I 426; auch Begr zu § 82 VE – AT [bei SCHUBERT 45]). Erst die Zweite Kommission gewährte dem anderen Teil in § 83 E II ein Rücktrittsrecht, das dann in den Beratungen des Bundesrates seine Gesetz gewordene Gestalt als Widerrufsrecht erhielt. Eine vollständige Bindung des anderen Teils sah die Zweite Kommission nicht als geboten an, da dem Erfordernis des Minderjährigenschutzes schon durch die Befugnis des gesetzlichen Vertreters zur Verweigerung der Genehmigung eines unvorteilhaften Vertrages genügt sei. Eine Abwägung der berechtigten Interessen des Minderjährigen und des anderen Teils spreche für ein Lösungsrecht, denn ohne dieses Recht drohe dem anderen Teil uU eine Einbuße an dessen vorhandenem Vermögen, während bei Zubilligung eines Widerrufs dem Minderjährigen höchstens der aus dem Geschäft zu erwartende Gewinn entgehen könne (Prot I 130 f = MUGDAN I 677). Voraussetzung für den Widerruf ist allerdings die Unkenntnis des anderen Teils im Zeitpunkt des Vertragsschlusses über die Minderjährigkeit oder die fehlende Einwilligung des gesetzlichen Vertreters. Die Gesetzesverfasser hielten hier ein Lösungsrecht umso mehr für geboten, als diese Unkenntnis oft auf „illoyalem Verhalten" des Minderjährigen beruhen könne.

Die Widerrufsmöglichkeit des § 109 wird vereinzelt mit der Begründung kritisiert, **2** es sei nicht einzusehen, warum jemand nur wegen der Minderjährigkeit seines Vertragsgegners nicht zu seiner vertraglichen Erklärung solle stehen müssen (so KÖTZ, Europäisches Vertragsrecht I [1996] § 6 V 1 unter Hinweis auf ausländ Rechte). Diese Kritik berücksichtigt nicht ausreichend die unterschiedliche Lage des Vertragspartners eines Minderjährigen gegenüber dem Vertragspartner eines Volljährigen. Der Kontrahent eines Minderjährigen, der seinen Partner für volljährig oder mit Einwilligung des gesetzlichen Vertreters handelnd gehalten hatte – nur unter diesen Voraussetzungen besteht ja überhaupt das Widerrufsrecht –, sieht sich nach Entdeckung seines Irrtums überraschenderweise mit einer Situation der Ungewissheit über das Wirksamwerden des Vertrages konfrontiert, durch die seine Möglichkeit zur weiteren Dispositionen stark eingeschränkt ist. Auch das Aufforderungsrecht nach § 108 Abs 2 kann wegen der dadurch erst einmal in Gang gesetzen Zwei-Wochen-Frist in Eilfällen nicht angemessen sein. Das Widerrufsrecht ist insbesondere deshalb interessengerecht, weil das BGB keine besondere Sanktion für ein arglistiges Verleiten zum Vertragsschluss durch einen nicht voll Geschäftsfähigen kennt (vgl Vorbem 27 zu §§ 104–115).

II. Widerruf

1. Voraussetzungen

3 Das Widerrufsrecht besteht nur, wenn sich der andere Teil bei Vertragsschuss in Unkenntnis der Minderjährigkeit seines Partners befunden hat oder er – bei vorhandener Kenntnis der Minderjährigkeit – von der in Wirklichkeit nicht vorliegenden Einwilligung des gesetzlichen Vertreters ausgegangen ist (Abs 2). Die Unkenntnis der fehlenden Einwilligung muss auf der wahrheitswidrigen Behauptung des Minderjährigen beruhen, dass die Einwilligung erteilt worden sei. Die Behauptung muss lediglich objektiv unwahr sein; auf ein Verschulden des Minderjährigen kommt es hier – anders als für eine Schadenersatzpflicht etwa aus den §§ 823 Abs 2, 263 StGB oder § 826 bei vorliegender Deliktsfähigkeit oder unter den Voraussetzungen des § 829 – nicht an. Die fehlende Kenntnis der Minderjährigkeit oder der nicht vorhandenen Einwilligung begründet die Schutzwürdigkeit des anderen Teils, der sich bei gegebener Kenntnis die dann eingetretene Bindungswirkung selbst zuzuschreiben hat. Eine auf Fahrlässigkeit beruhende Unkenntnis schließt aber das Widerrufsrecht nicht aus. Dem anderen Teil soll keine nur schwer erfüllbare Erkundigungspflicht auferlegt werden und der Minderjährige nicht aus der Leichtgläubigkeit seines Vertragspartners einen unberechtigten Vorteil ziehen (so Prot I 131 = MUGDAN I 677).

4 Das Widerrufsrecht endet mit der Genehmigung des Vertrages durch den gesetzlichen Vertreter, da dann der Schwebezustand, dessen Beseitigung der Zweck der Widerrufsmöglichkeit ist, nicht mehr besteht. Dies gilt auch dann, wenn die außerdem erforderliche Genehmigung des Vormundschaftsgerichts noch aussteht. Hat allerdings der gesetzliche Vertreter die Genehmigung dem Minderjährigen gegenüber erklärt und wird diese Genehmigung durch eine Aufforderung seitens des anderen Teils gem § 108 Abs 2 S 2 HS 2 unwirksam, so lebt damit auch das Widerrufsrecht wieder auf. Erklärt der andere Teil sogleich nach erfolgter Aufforderung den Widerruf, so ist hierin kein *venire contra factum proprium* zu erblicken, denn die Aufforderung ist nur auf eine Beendigung der Schwebelage in die eine oder andere Richtung gerichtet, nicht speziell auf die Erteilung der Genehmigung (überzeugend WILHELM NJW 1992, 1666 f; FLUME, AT II § 13, 7e cc; ERMAN/PALM Rn 2; BGB-RGRK/KRÜGER-NIELAND Rn 2; SOERGEL/HEFERMEHL Rn 1; aA ENNECCERUS/NIPPERDEY I 2 § 152 2b Fn 11; MünchKomm/SCHMITT Rn 9; BAMBERGER/ROTH/WENDTLAND Rn 12).

2. Erklärung

5 Der Widerruf erfolgt durch einseitige, empfangsbedürftige Willenserklärung. Die Erklärung ist nicht formbedürftig (allg DÜLL 11). Die Erklärung kann gem Abs 1 S 2 – anders als nach der allgemeinen Vorschrift des § 131 Abs 2 S 1 – auch gegenüber dem Minderjährigen selbst erfolgen; diese Regelung soll die Ausübung des Widerrufsrechts erleichtern (Prot I 131 = MUGDAN I 677).

3. Wirkung

6 Der Widerruf lässt den Vertrag **endgültig unwirksam** werden. Eine Genehmigung kann fortan nicht mehr erfolgen.

III. Beweislast

Die Tatsache des erfolgten Widerrufs muss als Voraussetzung einer rechtsvernichtenden Einwendung derjenige beweisen, der sich auf die Unwirksamkeit des Vertrages beruft. Aus dem gleichen Grund trägt er die Beweislast dafür, dass der Widerruf rechtzeitig, also vor der Erteilung der Genehmigung des gesetzlichen Vertreters erfolgt ist (BGH LM § 109 Nr 5 = NJW 1989, 1728, 1729; MünchKomm/SCHMITT Rn 18; BAUMGÄRTEL/LAUMEN Rn 1). Die Verteilung der Beweislast für die Voraussetzungen des Widerrufsrechts ergibt sich aus der Fassung von Abs 2: die Kenntnis der Minderjährigkeit durch den anderen Teil bei Vertragsschluss hat derjenige zu beweisen, der die Wirksamkeit des Widerrufs bestreitet. Der andere Teil kann dann den Gegenbeweis führen, dass der Minderjährige wahrheitswidrig die Einwilligung des gesetzlichen Vertreters behauptet habe. Hiergegen kann wiederum der Beweis der Kenntnis des anderen Teils von der fehlenden Einwilligung geführt werden.

§ 110
Bewirken der Leistung mit eigenen Mitteln

Ein von dem Minderjährigen ohne Zustimmung des gesetzlichen Vertreters geschlossener Vertrag gilt als von Anfang an wirksam, wenn der Minderjährige die vertragsmäßige Leistung mit Mitteln bewirkt, die ihm zu diesem Zweck oder zu freier Verfügung von dem Vertreter oder mit dessen Zustimmung von einem Dritten überlassen worden sind.

Materialien VE AT § 86, KE § 68, E I § 69, E II § 84, E III § 106; JAKOBS/SCHUBERT, AT 531 f, 544, 553, 555, 556, 559, 566, 569, 571, 573; Mot I 147 f = MUGDAN I 433 f; Prot I 141 f = MUGDAN I 684.

Schrifttum

S die Angaben bei den Vorbem zu §§ 104–115, zu den §§ 104–109 sowie

ADAM, Der Vertragsschluß durch Minderjährige in der Lebensversicherung, ZfV 1964, 625

BINS, Dürfen Minderjährige in einen Investmentclub?, WP 1972, 82

BOETHKE, Zu BGB § 110, DJZ 1903, 450

BRANDT, Mit freien Mitteln erfüllte Rechtsgeschäfte des Minderjährigen (§ 110 BGB) (Diss Köln 1935)

BREME, Surrogationsprinzip für § 110 BGB, Recht 1912, 436

BRUNS, Die Bewirkung der Leistung im Sinne des § 110 BGB (Diss Erlangen 1911)

COLONIUS, Das Wirksamwerden von Rechtsgeschäften Minderjähriger durch Erfüllungshandlungen (§ 110 BGB) (Diss Göttingen 1927)

DUVERNELL, Die Probleme des § 110 BGB (Diss Köln 1936)

FALTERMEIER, Konstruktion und Problematik des § 110 BGB (Diss München 1978)

GANSKE, Fragen zum Taschengeldparagraphen, RdJ 1964, 208

GRZEBINASCH, Die Überlassung freier Mittel an Minderjährige (Diss Heidelberg 1912)

HOFMANN, Der Vereinsbeitritt Minderjähriger, Rpfleger 1986, 5

LEENEN, Die Heilung fehlender Zustimmung gemäß § 110 BGB, FamRZ 2000, 863

NIERWETBERG, Der „Taschengeldparagraph"

(§ 110 BGB) im System des Minderjährigenrechts, Jura 1984, 127
PLOSCHKE, Die Rechtsgeschäfte Minderjähriger im Rahmen des § 110 des Bürgerlichen Gesetzbuches (Diss Breslau 1929)
PULTE, Dauerschuldverhältnisse mit minderjährigen Mitgliedern nicht rechtsfähiger Idealvereine, Rpfleger 1982, 262
RIEZLER, Die freie Verfügungsmacht des Minderjährigen und das „Surrogationsprinzip", DJZ 1903, 565
ROSENDORF, Erläuterungen des § 110 BGB (Diss Jena 1910)
SAFFERLING, Herkunft der Mittel – Zur Auslegung des sogenannten Taschengeldparagraphen, Rpfleger 1972, 124
SCHELLWIEN, Der Versicherungsantrag des Minderjährigen, DJZ 1908, 29
SCHILKEN, Die Bedeutung des „Taschengeldparagraphen" bei längerfristigen Leistungen, FamRZ 1978, 642
H SCHMIDT, Das Verhältnis des § 110 BGB zu § 1822 Ziff. 5 BGB bei Abschluß von Lebensversicherungsverträgen durch Minderjährige, VersR 1966, 313
SCHWEIGHÄUSER, Zur Stellung des Minderjährigen in der Privatversicherung, VN 1951, 77
SCHWENK, Hat ein Minderjähriger, der sich gegen den Willen seines gesetzlichen Vertreters verdingt, einen Lohnanspruch wegen seiner geleisteten Dienste? (Diss Breslau 1929)
vWATZDORF, Umfang des § 110 BGB (Diss Breslau 1930)
WEIMAR, Der Vertragsschluß Minderjähriger mit Taschengeld, RdJ 1956, 149
ders, Für den juristischen Nachwuchs: Der Taschengeldparagraph 110 BGB, MDR 1962, 273
ders, Wann führen Teilleistungen eines beschränkt Geschäftsfähigen zur Rechtswirksamkeit eines Vertrages?, DB 1963, 1602
ders, Rechtsfragen zum Taschengeldparagraphen, JR 1969, 219
ders, Die frei verfügbare Arbeitskraft als Mittel im Sinne des § 110 BGB, JR 1973, 143
WIESER, Der Anwendungsbereich des „Taschengeldparagraphen" (§ 110 BGB), FamRZ 1973, 434
WIMPFHEIMER, Anerkennung des Surrogationsprinzips für § 110 BGB, DJZ 1912, 277
WOLTERECK, Versicherungsverträge Minderjähriger oder Entmündigter und Genehmigung des Vormundschaftsgerichts, VersR 1965, 649.

Systematische Übersicht

I. Bedeutung	1
II. Dogmatische Begründung	2
III. Voraussetzungen	
1. Vertragsschluss des Minderjährigen	7
2. Fehlende Zustimmung des gesetzlichen Vertreters	8
3. Bewirken der vertragsmäßigen Leistung	9
4. Mit überlassenen Mitteln	11
a) Mittel	11
b) Überlassung durch gesetzlichen Vertreter oder mit dessen Zustimmung durch Dritten	13
c) Zweckbindung oder freie Verfügung	14
IV. Rechtsfolgen	16
V. Beweislast	17
VI. Rechtliche Betreuung	18

Alphabetische Übersicht

Arbeitskraft	12
Bargeschäfte	2, 10
Beweislast	17
Bewirken der Leistung	17
Dogmatische Begründung	2

Titel 1 § 110
Geschäftsfähigkeit

Erziehungszweck	1, 14	Teilleistungen	10
Freie Verfügung	14	Überlassen von Mitteln	13
Geldbeträge	1, 11	Vereinsbeitritt	7
Genehmigung des Familien- oder Vormundschaftsgerichts	10, 13	Vollständigkeit der Leistung	10, 16
		Zustimmung	
Lebensversicherungsvertrag	10	– bei Überlassung von Mitteln durch Dritte	13
Mittel iSd § 110	11	– Erforderlichkeit	1 f
		– fehlende (des gesetzlichen Vertreters)	8
Rechtliche Betreuung	18	Zweckbindung	13 f
Surrogate	6, 13		

I. Bedeutung

Nach den allgemeinen Vorschriften der §§ 107, 108 hätte der gesetzliche Vertreter **1**
nur die Wahl, entweder jedem einzelnen Vertragsschluss des Minderjährigen zuzustimmen oder – soweit zulässig (vgl § 107 Rn 39) – eine beschränkte Generaleinwilligung für den Abschluss eines mehr oder weniger großen Kreises von Verträgen zu erteilen. Eine Beschränkung auf die erste Alternative würde die Möglichkeit insbesondere des älteren Minderjährigen in den letzten Jahren vor Eintritt der Volljährigkeit zur Teilnahme am rechtsgeschäftlichen Verkehr in einer Weise reduzieren, die der von der Rechtsordnung erwünschten (vgl § 1626 Abs 2) allmählichen Vorbereitung des jungen Menschen auf die volle Selbstständigkeit widerspräche; in den nicht seltenen Fällen eines ausbildungs- oder berufsbedingten Aufenthalts des Minderjährigen fern vom Wohnsitz des gesetzlichen Vertreters wäre die Einholung einer Zustimmung zu jedem Vertragsschluss zudem tatsächlich kaum durchführbar. Eine zu großzügige Handhabung des Mittels des Generalkonsenses würde wiederum – abgesehen von dessen umstrittener umfangmäßiger Zulässigkeit mit der Folge einer entsprechenden Rechtsunsicherheit im Einzelfall – den Minderjährigen leicht unübersehbaren Haftungsrisiken aussetzen, da hiernach auch alle von dem Konsens erfassten Verpflichtungsverträge, auch Kreditgeschäfte, gem § 107 schon mit ihrem Abschluss wirksam wären. Diese Unzuträglichkeiten soll die Vorschrift des § 110, die den vor dem BGB geltenden Rechten unbekannt gewesen war (vgl Mot I 148 aE – Mugdan I 434), vermeiden. Anknüpfungspunkt der Bestimmung ist der tatsächliche Befund, dass die Eltern oder Vormünder ihren Pflegebefohlenen Geldbeträge zur eigenen Verwendung als Taschengeld zu überlassen pflegen (Begr zu § 86 VE AT [bei Schubert, AT 72]), weshalb § 110 auch (zu eng) als „Taschengeldparagraph" bezeichnet wird. In der heutigen Kosum- und Wohlstandsgesellschaft hat diese Praxis der Taschengeldgewährung sogar eine ungleich größere wirtschaftliche Bedeutung erlangt als zur Zeit der Schaffung des BGB. § 110 lässt nun einen von dem Minderjährigen geschlossenen Vertrag auch ohne Zustimmung des gesetzlichen Vertreters (zur Problematik dieses Merkmals s u Rn 2) wirksam werden, wenn der Minderjährige die von ihm nach dem Vertrag zu erbringende Leistung mit den überlassenen Mitteln bewirkt, sofern sich der Vertrag innerhalb der Grenzen einer ggf erfolgten Zweck-

bestimmung des gesetzlichen Vertreters hält. Das Gesetz räumt dem Minderjährigen damit die rechtliche Möglichkeit zur Vornahme von Rechtsgeschäften in einem erheblich größerem Umfang ein als dies bei der Erforderlichkeit einer Zustimmung des gesetzlichen Vertreters zu jedem einzelnen Minderjährigenvertrag der Fall wäre. Dem Minderjährigen wird hierdurch ein Freiraum (so COESTER-WALTJEN Jura 1994, 668, 669) zu eigenverantwortlicher Lebensgestaltung in einem gewissen Umfang eingeräumt. Der vom Geschäftsfähigkeitsrecht auch verfolgte **Erziehungszweck** kommt in dieser Regelung des § 110 in besonderer Weise zum Ausdruck (vgl MünchKomm/ SCHMITT, BGB-RGRK/KRÜGER-NIELAND, ERMAN/PALM jeweils Rn 1). Einer Beeinträchtigung des vorrangigen Schutzzwecks des Minderjährigenrechts beugt das Gesetz zum einen dadurch vor, dass der gesetzliche Vertreter dem Minderjährigen die Mittel nicht notwendig zur freien Verfügung überlassen muss, sondern er für deren Verwendung auch Zwecke vorgeben kann, wobei der Umfang dieser Zweckbindung seinem Ermessen anheim gestellt ist; der Vertreter kann damit die Betätigungsfreiheit des Minderjährigen nach dem Maßstab der von ihm zu beurteilenden Reife des Pflegebefohlenen erweitern oder einschränken. Vor allem aber sucht § 110 dem Schutzbedürfnis des Minderjährigen dadurch zu genügen, dass die Wirksamkeit des Vertrages von der Bewirkung der vertraglichen Leistung durch den Minderjährigen mit den überlassenen Mitteln abhängig gemacht wird. Die Erfüllung der vertraglichen Verpflichtung ist damit als Voraussetzung für deren Entstehen ausgestaltet. Dieses Erfordernis verhindert die Begründung offenstehender Verbindlichkeiten durch den Minderjährigen mit der Folge einer Zugriffsmöglichkeit des anderen Vertragsteils auf dessen sonstiges Vermögen, insbesondere wenn der Minderjährige die überlassenen Mittel anderweitig verausgabt oder verloren hat oder er Verträge mit dem den Umfang der überlassenen Mittel übersteigenden Verpflichtungen abschließt (Begr zu § 86 VE AT [bei SCHUBERT, AT 74]). Das Erfüllungserfordernis schützt schließlich in gewisser Hinsicht auch den anderen Vertragsteil und damit den Rechtsverkehr, der bei erbrachter Leistung mit den überlassenen Mitteln im Rahmen einer erfolgten Zweckbindung auf die Wirksamkeit des Vertrages vertrauen kann (vgl LG Mönchengladbach VersR 1955, 429, 430).

II. Dogmatische Begründung

2 Die dogmatische Erfassung des § 110 ist umstritten (Darlegung des Meinungsstandes bei LINDACHER, in: FS Bosch [1976] 533, 541 f). Die ganz überwiegende Ansicht erblickt in § 110 keine Ausnahme von dem sich aus den §§ 107, 108 ergebenden Grundsatz der Zustimmungsbedürftigkeit des (rechtlich nachteiligen) Minderjährigengeschäfts. Die Vorschrift regelt hiernach vielmehr einen besonderen Fall der vom gesetzlichen Vertreter zu dem Minderjährigengeschäft erteilten Einwilligung bzw – bei Mittelüberlassung erst nach Vertragsschluss – Genehmigung, die der Vertreter mit der Überlassung der Mittel oder mit seiner Zustimmung zu der Überlassung seitens eines Dritten – in der Regel schlüssig – erklärt (grundlegend RGZ 74, 234, 235; OLG Nürnberg VersR 1963, 154, 155; OLG Stuttgart FamRZ 1969, 39, 40; AG Waldshut-Tiengen VersR 1985, 937, 938; AG Hamburg NJW-RR 1994, 721, 722; LINDACHER, in: FS Bosch [1976] 533, 545 f; DUVERNELL 36 f; ENNECCERUS/NIPPERDEY I 2 § 152 II 3; FLUME, AT II § 13, 7 c cc S 199; AK-BGB/ KOHL Rn 1; ERMAN/PALM Rn 1; Hk-BGB/DÖRNER Rn 1; MünchKomm/SCHMITT Rn 5, 9; BGB-RGRK/KRÜGER-NIELAND, SOERGEL/HEFERMEHL, PALANDT/HEINRICHS jeweils Rn 1). In dieser durch die Mittelüberlassung dokumentierten Einwilligung, nicht in der Bewirkung der Leistung durch den Minderjährigen wird der rechtliche Grund für die Wirk-

samkeit des Vertrages gesehen (BGB-RGRK/KRÜGER-NIELAND Rn 1). Auf der Einwilligung beruht die Wirksamkeit nicht nur des dinglichen Erfüllungsgeschäfts (Übereignung des Geldes durch den Minderjährigen), sondern auch die des zugrundeliegenden Verpflichtungsvertrages (so RGZ 74, 235: „... nach der dingl wie nach der schuldrechtl Seite ..."; auch ENNECCERUS/NIPPERDEY aaO). Da § 110 die Wirksamkeit des Vertrages an die Leistungsbewirkung durch den Minderjährigen knüpft, muss die Einwilligung als hierdurch beschränkt aufgefasst werden, was konstruktiv unterschiedlich begründet wird, etwa iS einer Einwilligung nur zu Bargeschäften (so FLUME aaO) oder einer Erteilung in der Weise, dass der Vertrag durch seine Erfüllung (aufschiebend) bedingt sein soll (so LARENZ/WOLF, AT § 25 V 4 Rn 39; MünchKomm/ SCHMITT Rn 1). Dieses Verständnis des § 110 als eines Sonderfalls der Zustimmung sieht sich aber mit der Schwierigkeit konfrontiert, dass das Gesetz ausdrücklich von einem „ohne Zustimmung des gesetzlichen Vertreters" geschlossenen (schuldrechtlichen) Vertrag spricht, der durch die Bewirkung der Leistung mit den überlassenen Mitteln wirksam wird. Nach der hM soll deshalb hier lediglich eine ausdrückliche, nicht aber auch eine schlüssige Einwilligung für überflüssig erklärt werden (MünchKomm/SCHMITT Rn 5, 9; DUVERNELL 36 f; PALANDT/HEINRICHS, Hk-BGB/DÖRNER jeweils Rn 1; BAMBERGER/ROTH/WENDTLAND Rn 4; auch AK-BGB/KOHL Rn 1; kritisch zu diesem „interpretativen Kunstgriff" LEENEN FamRZ 2000, 863, 865). Eine bloß konkludente Erklärung genügt aber nach allgemeiner Ansicht auch für eine Einwilligung gem § 107 und insbesondere für den beschränkten Generalkonsens (vgl § 107 Rn 39), so dass die entsprechende Regelung in § 110 an sich überflüssig wäre. Diese Ansicht weist dem § 110 denn auch eine bloße Klarstellungsfunktion gegenüber den §§ 107, 108 zu: Erklärt der gesetzliche Vertreter seine Zustimmung zu einem Verpflichtungsvertrag des Minderjährigen oder zu einem Kreis solcher Verträge im Wege der Überlassung der zu deren Erfüllung erforderlichen Mittel, so ist der Wille des Vertreters im Zweifel darauf gerichtet, den Vertrag nur für den Fall seiner Erfüllung aus den überlassenen Mitteln wirksam werden zu lassen (so bes LINDACHER, in: FS Bosch [1976] 533, 541 [„Auslegungsdirektive"]; MEDICUS, AT Rn 579; MünchKomm/SCHMITT Rn 29 [„Vermutungswirkung"]).

Nach der Gegenmeinung enthält § 110 einen von der Zustimmung des gesetzlichen **3** Vertreters gem den §§ 107, 108 verschiedenen und dieser gegenüber eigenständigen Wirksamkeitsgrund für den Verpflichtungsvertrag des Minderjährigen und nur für diesen. Mit der Überlassung der Mittel oder der Zustimmung zur Mittelüberlassung seitens eines Dritten willigt der gesetzliche Vertreter in die Vornahme des dinglichen Verfügungsgeschäfts der Übereignung der Mittel an den anderen Vertragsteil ein. Die Wirksamkeit des dinglichen Vertrages ergibt sich daher nicht aus § 110, sondern bereits aus der allgemeinen Vorschrift des § 107. § 110 setzt eine solche wirksame Vornahme des Erfüllungsgeschäfts mit den überlassenen Mittel voraus; diese Wirksamkeit ist also nicht Rechtsfolge, sondern Tatbestandsmerkmal der Vorschrift. Die Rechtsfolge des § 110 besteht vielmehr allein in der aufgrund des wirksamen Erfüllungsgeschäfts eintretenden Wirksamkeit auch des zugrundeliegenden Verpflichtungsvertrages. Das Wirksamwerden des Verpflichtungsvertrages erfordert mithin nach dieser Ansicht – anders als nach der hM – keine, auch keine konkludente, Einwilligung des gesetzlichen Vertreters in diesen Vertrag, sondern diese Wirksamkeit tritt ohne eine solche Einwilligung unmittelbar kraft Gesetzes ein (NIERWETBERG Jura 1984, 127, 131 f; eingehend jetzt LEENEN FamRZ 2000, 863 ff; wohl auch PETERSEN Jura 2003, 97, 99; auch schon BRANDT 25; BRUNS 20; COLONIUS 28 ff; GRZEBINASCH 34; PLOSCHKE 21; vWATZDORF 29; CZEGUHN Rn 74 ff; vTUHR, AT II 1 § 59 VII m Fn 118; PLANCK/

FLAD Anm 1: jedenfalls bei Überlassung zu freier Verfügung; wohl auch HARDER NJW 1990, 857, 859 f; JAUERNIG/JAUERNIG Rn 2; insoweit auch WIESER FamRZ 1973, 434, der allerdings von einer regelmäßig vorliegenden Einwilligung auch in den Verpflichtungsvertrag ausgeht). Die Wendung „ohne Zustimmung des gesetzlichen Vertreters" in § 110 ist nach dieser Ansicht wörtlich zu verstehen: Das schuldrechtliche Grundgeschäft wird auch bei fehlender Zustimmung des Vertreters zu diesem allein aufgrund der Leistungsbewirkung mit den überlassenen Mitteln wirksam.

4 Nach einer dritten Ansicht normiert § 110 für den Fall, dass die Mittel dem Minderjährigen nicht zweckgebunden, sondern zur freien Verfügung überlassen worden sind, eine Teilgeschäftsfähigkeit des Minderjährigen für die Verwendung der Mittel, entsprechend den in § 112 und § 113 vorgesehenen Teilgeschäftsfähigkeiten (so GANSKE RdJ 1964, 208 f; SAFFERLING Rpfleger 1972, 124, 125 f). Hiernach beruht auch die Wirksamkeit des Verfügungsgeschäfts nicht auf einer Einwilligung des gesetzlichen Vertreters, sondern sie ergibt sich als Rechtsfolge des § 110 aufgrund der Mittelüberlassung.

5 Im Rahmen einer Bewertung der verschiedenen Meinungen kann der o unter Rn 4 dargelegten nicht gefolgt werden. Gegen die Annahme einer Teilgeschäftsfähigkeit des Minderjährigen, dem die Mittel zur freien Verfügung überlassen worden sind, spricht zum einen der Wortlaut der Vorschrift, in der – anders als in den §§ 112, 113 – von einer unbeschränkten Geschäftsfähigkeit des Minderjährigen in dem entsprechenden Umfang keine Rede ist. Vor allem aber bestände dann ein grundsätzlicher Unterschied zwischen den beiden Alternativen der zweckgebundenen und der Überlassung zur freien Verfügung, bei der allein Teilgeschäftsfähigkeit eintreten soll. Für einen solchen Unterschied sprechen aber keine Anhaltspunkte. Die beiden Alternativen sind nicht als absolute Gegensätze aufzufassen, sondern das Gesetz dürfte eher von einer gleitenden Skala nach dem Grad der Zweckbindung ausgehen, die sich zwischen den beiden Endpunkten einer Mittelüberlassung nur für ein ganz bestimmtes einzelnes Geschäft und einer Mittelüberlassung mit weitgehender Freiheit in der Verwendung der Mittel bewegt. Auch eine Mittelüberlassung zu weitgehend freier Verfügung kann deshalb nach überwiegend vertretener Ansicht vom gesetzlichen Vertreter noch mit gewissen Einschränkungen versehen werden (vgl u Rn 14). Eine solche Elastizität bei der Überlassung wäre nicht möglich, wenn sie als gesetzliche Folge eine Teilgeschäftsfähigkeit des Minderjährigen zeitigte. Der gesetzliche Vertreter hätte dann nur die Wahl zwischen einer Mittelüberlassung ohne jede Einschränkung und einer relativ strengen Bindung. Der Gesichtspunkt des Vertrauensschutzes des anderen Teils kann wegen des vorrangigen Minderjährigenschutzes hiergegen nicht ins Feld geführt werden.

6 Die beiden o zu Rn 2 und 3 dargelegten Auffassungen führen trotz ihrer unterschiedlichen dogmatischen Ausgangspunkte praktisch kaum zu divergierenden Ergebnissen. Eine von dem Willen des gesetzlichen Vertreters nicht gedeckte Verwendung der überlassenen Mittel durch den Minderjährigen wird nach beiden Ansichten verhindert. Nach der hM geschieht dies durch die von ihr auch im Fall der Mittelüberlassung angenommene Zustimmungsbedürftigkeit des Verpflichtungsvertrages nach den §§ 107, 108, die in § 110 lediglich modifiziert wird; das Verpflichtungsgeschäft ist dann bei einer Überschreitung der Zweckbestimmung des gesetzlichen Vertreters schwebend unwirksam. Das gleiche Ziel erreicht aber auch

die das Einwilligungserfordernis auf das dingliche Erfüllungsgeschäft beschränkende Gegenmeinung; sie führt bei fehlender Einwilligung zu einer schwebenden Unwirksamkeit des dinglichen Übereignungsvertrages mit der Folge, dass dann auch die Wirksamkeit des Verpflichtungsgeschäfts nach § 110 nicht eintritt. So gelangt auch diese Ansicht zB in dem „Lotterielos-Fall" RGZ 74, 234 ff zum gleichen Ergebnis wie das Reichsgericht: Die zwecks Kaufpreiszahlung erfolgte Übereignung des Geldes aus dem Lotteriegewinn gem § 929 S 1 war gem § 108 Abs 1 zunächst schwebend unwirksam, da sich die Einwilligung des gesetzlichen Vertreters nicht auch auf diese Verwendung des Surrogats des Taschengeldes erstreckte (vgl iE u zu Rn 13), und sie wurde mit der Verweigerung der Genehmigung endgültig unwirksam; infolgedessen war auch der zugrundeliegende Kaufvertrag des Minderjährigen nicht nach § 110 wirksam geworden und der Rückzahlungsanspruch aus § 985 war deshalb einredefrei begründet (vgl Leenen FamRZ 2000, 863, 864). Die für die Wirksamkeit des Verfügungsgeschäfts erforderliche Einwilligung des gesetzlichen Vertreters nach § 107 als Voraussetzung für die Wirksamkeit des Verpflichtungsgeschäfts verhindert ferner auch nach dieser Ansicht die Begründung offener Verbindlichkeiten des Minderjährigen. Ist somit der von § 110 intendierte Minderjährigenschutz nach beiden dogmatischen Konzeptionen gleichermaßen gewährleistet, so sprechen für die eine Wirksamkeit des Verpflichtungsvertrages allein aufgrund des wirksamen Erfüllungsgeschäfts annehmende Meinung (o Rn 3) sowohl der Gesetzeswortlaut als auch die Entstehungsgeschichte und die systematische Stellung der Vorschrift. Die problematische Einschränkung des Merkmals „ohne Zustimmung des gesetzlichen Vertreters" auf eine nicht erforderliche ausdrückliche Zustimmung (vgl o Rn 2) wird hierbei vermieden; die Wirksamkeit des Verpflichtungsgeschäfts tritt auch ohne (konkludente) Zustimmung allein aufgrund des wirksamen Verfügungsgeschäfts ein. Dies entspricht auch der Auffassung des historischen Gesetzgebers. Die Wirksamkeit des Veräußerungsgeschäfts des Minderjährigen folgte nach Ansicht der Ersten Kommission ohne weiteres aus der Überlassung der Mittel. Das Problem wurde deshalb nur in der Schaffung einer schuldrechtlichen Grundlage für die beiderseits wirksam erbrachten Leistungen gesehen, um gegenseitige Kondiktionsansprüche zu verhindern. Mit § 110 (§ 69 E I) wurde somit allein bezweckt, den Verpflichtungsvertrag ohne die an sich nach § 108 notwendige Genehmigung des gesetzlichen Vertreters wirksam werden zu lassen (vgl Mot I 147 f = Mugdan I 433; auch schon Begr zu § 86 VE AT [bei Schubert, AT II 73 f]). Hielten die Gesetzesverfasser aber das Verpflichtungsgeschäft ohne die besondere Vorschrift des § 110 für genehmigungsbedürftig, so folgt daraus, dass sie in der Mittelüberlassung auch noch keine (schlüssige) Einwilligung des gesetzlichen Vertreters in diesen Vertrag gesehen haben, anderenfalls eine Genehmigung überflüssig gewesen wäre. Schließlich ergibt sich für die hM das Problem, die Einschränkung der ihrer Ansicht nach in der Mittelüberlassung liegenden Einwilligung des gesetzlichen Vertreters in das Grundgeschäft durch die nach § 110 erforderliche Leistungsbewirkung konstruktiv zu begründen; eine allgemein anerkannte Lösung (s Überblick bei Leenen FamRZ 2000, 863, 865) ist bisher noch nicht gelungen. Bei einer Einwilligungsbedürftigkeit nur des Erfüllungsgeschäfts entfällt hingegen diese Schwierigkeit. Aus diesen Gründen ist – insoweit abweichend von der Vorauflage (dort Rn 1, 6) – derjenigen Ansicht zu folgen, nach der der Verpflichtungsvertrag eines Minderjährigen gem § 110 ohne Zustimmung des gesetzlichen Vertreters allein aufgrund des durch dessen Einwilligung wirksamen Verfügungsgeschäfts wirksam wird.

III. Voraussetzungen

1. Vertragsschluss des Minderjährigen

7 § 110 verlangt zunächst den Abschluss eines (schuldrechtlichen) Vertrages des Minderjährigen mit einem Dritten. Es muss sich um einen Vertrag handeln, der gem § 107 zu seiner Wirksamkeit der Einwilligung des gesetzlichen Vertreters bedarf, also nicht um einen dem Minderjährigen rechtlich lediglich vorteilhaften oder neutralen Vertrag, da ein solcher auch ohne Einwilligung wirksam wäre. Der Vertrag muss auf eine Verpflichtung des Minderjährigen gerichtet sein, die ihrer Natur nach mit überlassenen Mitteln (hierzu u Rn 11 f) erfüllbar sind. In Betracht kommen daher in erster Linie Kauf-, Tausch-, Miet- und Pachtverträge. Auf nicht vermögenswerte Leistungen des Minderjährigen gerichtete Verträge können daher mangels Erfüllbarkeit mit überlassenen Mitteln nicht nach § 110 wirksam werden, so ein die Verpflichtung des Mitglieds zu immateriellen Leistungen mit sich bringender Vereinsbeitritt (HOFMANN Rpfleger 1986, 5, 6 f). Zu eng dürfte es hingegen sein, den Beitritt zu einem Verein generell aus dem Anwendungsbereich des § 110 herauszunehmen, weil die Leistungen des Vereins an den Minderjährigen nicht auf Grund des Beitrittsvertrages, sondern gem der Vereinsordnung erfolgen (so aber HOFMANN aaO). Zur Frage einer entsprechenden Anwendung des § 110 auf Dienst- oder Werkleistungen s u Rn 12.

2. Fehlende Zustimmung des gesetzlichen Vertreters

8 § 110 greift nach der hier vertretenen Auffassung (vgl o Rn 6) im Einklang mit seinem Wortlaut nur ein, wenn der auf die Verpflichtung des Minderjährigen gerichtete Schuldvertrag nicht durch eine Zustimmung des gesetzlichen Vertreters gedeckt ist, der Vertreter mithin in den Vertragsschluss weder eingewilligt noch ihn genehmigt hat, da der Vertrag andernfalls unabhängig von der Erfüllung bereits nach § 107 bzw § 108 wirksam wäre. Die Wirksamkeit gem § 107 tritt auch bei einem Vertragsschluss aufgrund einer beschränkten Generaleinwilligung ein, so dass bei deren Vorliegen für § 110 kein Raum mehr ist (OLG Stuttgart WRP 1978, 151, 154; WIESER FamRZ 1973, 434 f). Es muss daher im Einzelfall festgestellt werden, ob in einer Mittelüberlassung zur freien Verfügung oder zu einem nur allgemein bestimmten Zweck schon die Erteilung eines entsprechenden Generalkonsenses zu erblicken ist. Die Frage ist nach zutreffender allgemeiner Ansicht im Regelfall zu verneinen. Nach der dem § 110 zugrundeliegenden gesetzlichen Wertung willigt der gesetzliche Vertreter durch die Mittelhingabe allein im Regelfall gerade noch nicht auch schon in den Vertragsschluss ein, was wegen der mit der Erfüllung ohnedies eintretenden Wirksamkeit auch gar nicht erforderlich ist. Von einer (generellen) Einwilligung des gesetzlichen Vertreters ist deshalb als Ausnahme von dieser Regel nur dann auszugehen, wenn die dem Minderjährigen ohne ein Wirksamwerden des Vertrages schon vor Erbringung seiner Leistung drohenden Nachteile das Interesse, nicht mit offenen Verbindlichkeiten belastet zu werden, eindeutig überwiegen (in diesem Sinne LINDACHER, in: FS Bosch [1976] 533, 540, 546; NIERWETBERG Jura 1984, 127, 131 f; LEENEN FamRZ 2000, 863, 869 f; MEDICUS, AT Rn 579; MünchKomm/SCHMITT Rn 29, 30; SOERGEL/HEFERMEHL Rn 2, 4; auch HARDER NJW 1990, 858 f; aA WIESER FamRZ 1973, 434 f). Ein solcher Fall liegt typischerweise bei bestimmten Dauerschuldverträgen, insbesondere der Anmietung einer Unterkunft durch den Minderjährigen vor, denn ohne eine sofortige Wirk-

samkeit des Mietvertrages könnte das Mietverhältnis nach § 110 allenfalls für den auf die erfolgte erste Mietzahlung entfallenden Zeitraum wirksam werden mit der Folge, dass der Minderjährige danach ohne Anspruch auf Überlassung der Wohnmöglichkeit dastände.

3. Bewirkung der vertragsmäßigen Leistung

Der Minderjährige muss die Leistung, wie in dem Schuldvertrag vorgesehen, bewirken. Unter „Bewirken" ist die Erfüllung iSv § 362 zu verstehen, wobei allerdings eine wirksame Verbindlichkeit bis dahin noch gar nicht existiert, diese vielmehr erst mit der Erfüllung begründet werden soll. Die Erfüllung geschieht in der Regel im Wege eines entsprechenden Verfügungsgeschäfts, je nach Art der überlassenen Mittel (hierzu u Rn 11) durch Übereignung der Geldscheine oder -stücke nach § 929 S 2, durch Abtretung einer Forderung nach § 398 usw. Die Wirksamkeit dieser Verfügung des Minderjährigen ergibt sich aus § 107, denn mit der Überlassung der Mittel, über die verfügt wird, oder mit der Zustimmung zu der Überlassung seitens eines Dritten hat der gesetzliche Vertreter in das Verfügungsgeschäft eingewilligt (vgl o Rn 6). Bewirkt werden kann die Leistung auch durch ein **Erfüllungssurrogat**, also durch Leistung eines überlassenen Gegenstandes an Erfüllungs Statt (§ 364 Abs 1), durch Hinterlegung unter Rücknahmeausschluss (§ 378) oder durch Aufrechnung (§ 389) mit einer überlassenen Gegenforderung (Weimar JR 1969, 219, 220; Duvernell 44 ff; vWatzdorf 9 f; MünchKomm/Schmitt Rn 11; BGB-RGRK/Krüger-Nieland Rn 5; einschr Bruns 39 f; Colonius 53 f; Ploschke 23 f; Planck/Flad Anm 1 aE: nicht durch Aufrechnung; Brandt 42: auch nicht durch Hinterlegung). Mittels bargeldloser Zahlung ist die Leistung also auch dann bewirkt, wenn in einer Banküberweisung nur eine Leistung an Erfüllungs Statt gesehen wird (LG Bochum VersR 1970, 25 f: Vers-Prämien; allg MünchKomm/Schmitt Rn 11). Bedürfte der gesetzliche Vertreter zu einer von ihm selbst in Vertretung des Minderjährigen vorgenommenen Verfügung der betreffenden Art der Genehmigung des Familien- oder Vormundschaftsgerichts (§§ 1643, 1821 ff) oder des Gegenvormundes (§ 1812), so unterliegt auch seine Einwilligung zur Verfügung des Minderjährigen dem Genehmigungserfordernis; deshalb ist diese Genehmigung auch zur Leistungsbewirkung gem § 110 erforderlich (vgl RGZ 74, 235). **9**

Indem das Gesetz die Leistungsbewirkung als Erfordernis für das Wirksamwerden des Verpflichtungsgeschäfts normiert, erreicht es den mit § 110 verfolgten grundlegenden Zweck, die Begründung von Verbindlichkeiten des Minderjährigen zu verhindern, die nicht sogleich mit den überlassenen Mitteln erfüllt werden und aus denen der andere Teil dann in das sonstige Vermögen des Minderjährigen vollstrecken kann (vgl o Rn 1). Der Minderjährige wird daher durch § 110 zur wirksamen Vornahme nur von **Bargeschäften**, nicht auch von Kreditgeschäften in die Lage versetzt (vBlume JherJb 48 [1904] 417, 451 f; Weimar JR 1969, 219; vWatzdorf 12 f; Flume, AT II § 13 7c cc S 199; Hübner, AT § 33 III 1 Rn 720; BGB-RGRK/Krüger-Nieland Rn 5; Soergel/Hefermehl Rn 2). Das Verpflichtungsgeschäft wird deshalb nur dann wirksam, wenn der Minderjährige die vereinbarte Leistung mit den überlassenen Mitteln **vollständig** erbringt; erbringt er nur eine Teilleistung, so bleibt grundsätzlich der gesamte Vertrag gem § 108 Abs 1 schwebend unwirksam. So tritt die Wirksamkeit eines Abzahlungskaufs des Minderjährigen erst mit Zahlung der letzten Rate ein (Medicus, AT Rn 580; MünchKomm/Schmitt Rn 13); eine bloße Anzahlung macht den Vertrag auch nicht teilweise wirksam (AG Herford DAVorm 1968, 363, 364). Gleiches gilt **10** bei einer Anzahlung auf einen Kfz-Mietvertrag (OLG Hamm NJW 1966, 2357, 2358). Eine Ausnahme von diesem Grundsatz ist jedoch dann anzuerkennen, wenn auch die vereinbarte Leistung des anderen Vertragsteils **teilbar** ist. Der Vertrag wird dann mit der Erbringung der Teilleistungen seitens des Minderjährigen teilweise wirksam, nämlich im Umfang der den erbrachten Teilleistungen entsprechenden Gegenleistungspflicht des anderen Teils, auf die der Minderjährige dadurch einen Anspruch erlangt (AG Siegen FamRZ 1991, 1046, 1047; WEIMAR MDR 1962, 273; SCHILKEN FamRZ 1978, 642, 643; BRANDT 41; BRUNS 43; vWATZDORF 12; HÜBNER, AT § 33 III 1 Rn 720; MEDICUS, AT Rn 580; MünchKomm/SCHMITT Rn 13; SOERGEL/HEFERMEHL Rn 3), sofern nicht § 139 entgegensteht. Hierzu zählen insbesondere gewisse Dauerschuldverhältnisse, wie (Wohnungs-)Mietverträge, sofern hier nicht eine Wirksamkeit bereits nach § 107 anzunehmen ist (vgl o Rn 8), und Verträge über wiederkehrende Leistungen, wie Abonnementverträge (SCHILKEN, SOERGEL/HEFERMEHL jeweils aaO; MünchKomm/SCHMITT Rn 14). Gleiches wird für den Beitritt zu einem Verein hinsichtlich der gezahlten Beiträge angenommen (PULTE Rpfleger 1982, 262, 263). Bei (Fern-)Unterrichtsverträgen war die Teilbarkeit der Leistung des Veranstalters vor Inkrafttreten von § 2 Abs 2 FernunterrichtsschutzG vom 24. 8. 1976 (BGBl I 2525), das diese Frage im bejahenden Sinn entschieden hat, umstritten (für Teilbarkeit bei Sprachkurs aus mehreren Lektionen AG Bensberg MDR 1963, 840 f; kritisch hierzu WEIMAR DB 1963, 1602, 1603 u AK-BGB/KOHL Rn 10). Versicherungsverträge eines Minderjährigen sind grundsätzlich für den Zeitraum wirksam, für den der Minderjährige die Prämien aus den überlassenen Mitteln gezahlt hat; tritt in diesem Zeitraum der Versicherungsfall ein, hat der Versicherer dem Minderjährigen daher Versicherungsschutz zu gewähren (OLG Nürnberg VersR 1963, 164, 165; LG Koblenz VersR 1956, 314; LG Bochum VersR 1970, 25; SCHELLWIEN DJZ 1908, 29, 39 f; SCHWEIGHÄUSER VN 1951, 77; E SCHULZ ZfV 1961, 485, 538; SCHILKEN FamRZ 1978, 642, 643 f; DUVERNELL 51 f; HÜBNER, AT § 33 III 1 Rn 70; MünchKomm/SCHMITT Rn 16; BGB-RGRK/ KRÜGER-NIELAND Rn 5; SOERGEL/HEFERMEHL Rn 3). Dies gilt aber nach überwiegender Ansicht nicht für Kapitallebensversicherungen auf den Erlebens- und Todesfall, denn hier hat der Minderjährige bei Einstellung der Prämienzahlung und vorzeitiger Beendigung des Versicherungsvertrages gem § 176 Abs 1, 3 VVG, § 4 ALB 86 nur einen Anspruch auf Erstattung des die gezahlten Prämien nicht erreichenden Rückkaufswertes – der völlige Wegfall des Erstattungsanspruchs bei einer Beitragszahlung von weniger als drei Jahren nach den früheren §§ 173, 4 Abs 3 HS 2 ALB tritt allerdings seit der Aufhebung dieser Vorschriften nicht mehr ein –. Eine Aufrechterhaltung des Versicherungsverhältnisses bis zur Beendigung kommt deshalb hier gem § 139 nicht in Betracht (SCHILKEN aaO; MünchKomm/SCHMITT Rn 17). Lebensversicherungsverträge, deren Laufzeit sich auf einen Zeitraum von mehr als einem Jahr nach Eintritt der Volljährigkeit erstrecken, sind auch dann als genehmigungsbedürftig nach §§ 1822 Nr 5, 1643 Abs 1 anzusehen, wenn der Minderjährige die Prämien aus den überlassenen Mitteln zahlt (AG Hamburg NJW-RR 1994, 721, 722; ADAM ZfV 1964, 625 ff; SCHILKEN FamRZ 1978, 642, 645 f; MünchKomm/SCHMITT Rn 16; vgl auch BGHZ 28, 78 ff; **aA** WOLTERECK VersR 1965, 649, 650; grundsätzl auch H SCHMIDT VersR 1966, 313 ff).

4. Mit überlassenen Mitteln

a) Mittel

11 Als Mittel iSd § 110 kommen in erster Linie **Geldbeträge** in Betracht. Der Hauptfall ist das dem Minderjährigen gewährte Taschengeld. Hierauf beschränkt sich aber der Begriff der Mittel nicht, weshalb die übliche Bezeichnung „Taschengeldparagraph" für § 110 zu eng ist. So fallen unter die Vorschrift auch andere Geldbeträge, zB solche, die an außerhalb des Haushalts des gesetzlichen Vertreters lebende Minderjährige zur Bestreitung ihres Unterhalts gezahlt werden. Es muss sich jedoch bei den von § 110 erfassten Gegenständen keineswegs um Geldmittel handeln. Überlassen werden können auch Sachen, Forderungen, Wertpapiere usw.

Eine unmittelbare Anwendung des § 110 auf vom Minderjährigen erbrachten **Arbeitsleistungen** scheidet wegen der gegenüber sächlichen Vermögenswerten andersartiger Natur des persönlichen Gutes der Arbeitskraft aus. Eine entsprechende Anwendung wird jedoch teilweise befürwortet, um den Minderjährigen für die geleistete Arbeit den Anspruch auch auf den vereinbarten Lohn und sonstige vertragliche Ansprüche gegen den Arbeitgeber zu verschaffen (Weimar JR 1973, 143 f; BRANDT 44; BRUNS 25; COLONIUS 38; POLSCHKE 27; ROSENDORF 20; vTUHR, AT II 1 § 59 VII; ENNECCERUS/NIPPERDEY I 2 § 152 II 3b; BGB-RGRK/KRÜGER-NIELAND Rn 9; PALANDT/HEINRICHS Rn 3; Hk-BGB/DÖRNER Rn 2; einschr LARENZ/WOLF, AT § 25 V 4 Rn 43: nur f gelegentl Tätigkeiten). Ein Bedürfnis für eine solche Analogie ist aber nicht zu erkennen. In der für eine „Überlassung" der Arbeitskraft liegenden Gestattung einer Arbeitsaufnahme durch den gesetzlichen Vertreter wird meist eine zur Teilgeschäftsfähigkeit des Minderjährigen führende Ermächtigung iSv § 113 liegen. Macht der gesetzliche Vertreter den Lohnanspruch für die geleistete Arbeit gerichtlich geltend, so liegt hierin eine Genehmigung in den Abschluss des Arbeitsvertrages nach § 108. Im Übrigen ist der Schutz des Minderjährigen durch die Anwendung der Grundsätze über das faktische Arbeitsverhältnis gewährleistet, zumal hiernach – anders als entsprechend § 110 – Gegenansprüche des Arbeitgebers wegen Pflichtverletzung im Arbeitsverhältnis ausscheiden (vgl Vorbem 36, 37 zu §§ 104–115). Die entsprechende Anwendung des § 110 auf Arbeitsleistungen ist deshalb mit einer im Vordringen befindlichen Ansicht abzulehnen (SCHILKEN FamRZ 1978, 642, 644; HOFMANN Rpfleger 1986, 5, 6; AK-BGB/KOHL Rn 4; BAMBERGER/ROTH/WENDTLAND Rn 11; JAUERNIG/JAUERNIG Rn 4; MünchKomm/SCHMITT Rn 20; SOERGEL/HEFERMEHL Rn 6; anders STAUDINGER/DILCHER[12] Rn 13).

b) Überlassung durch gesetzlichen Vertreter oder mit dessen Zustimmung durch Dritten

Die Mittel müssen dem Minderjährigen überlassen sein. Die Überlassung kann ausdrücklich oder schlüssig erfolgen. Überlassender kann sowohl der gesetzliche Vertreter selbst als auch eine dritte Person sein. Im letztgenannten Fall muss aber der gesetzliche Vertreter der Überlassung durch den Dritten und einer ggf von diesem bestimmten Zweckbindung der überlassenen Mittel zustimmen. Gegenstände, zu deren Veräußerung der gesetzliche Vertreter der Genehmigung des Familien- oder Vormundschaftsgerichts bedarf, kann er gem §§ 1644, 1824 auch nicht dem Minderjährigen zur Erfüllung eines von diesem geschlossenen Vertrages oder zur freien Verfügung überlassen (RGZ 74, 235). Gegenstände, die der Minderjährige mit den ihm unmittelbar überlassenen Gegenständen erworben hat (**Surrogate**), können auch dann nicht ohne weiteres als ebenfalls iSv § 110 überlassen angesehen werden, wenn die ursprünglichen Mittel zur freien Verfügung überlassen worden waren (so aber RIEZLER DJZ 1903, 565 ff). Entscheidend ist vielmehr, ob sich der (mutmaßliche) Überlassungswille des gesetzlichen Vertreters auch auf die Surrogate und deren Verwendung zu dem betreffenden Zweck erstreckt hat (so die ganz überwiegende Ansicht: BOETHKE DJZ 1903, 450, 451; WEIMAR MDR 1962, 273; COESTER-WALTJEN Jura 1994, 668,

670; BRANDT 47 f; BRUNS 32; FLUME, AT II § 13, 7c cc [S 199]; LARENZ/WOLF, AT § 25 V 4 Rn 44; AK-BGB/KOHL Rn 5; MünchKomm/SCHMITT Rn 31; BGB-RGRK/KRÜGER-NIELAND Rn 4; SOERGEL/HEFERMEHL Rn 5). Von einem solchen Willen ist grundsätzlich dann auszugehen, wenn die Surrogate den zunächst überlassenen Mitteln wertmäßig in etwa entsprechen (COESTER-WALTJEN aaO). Dies ist nicht der Fall bei einem mit dem überlassenen Taschengeld erzielten Lotteriegewinn in Höhe eines vielfachen Betrages (RGZ 74, 234 ff; vgl auch BayObLGZ 17, 124, 127 ff: Anschaffung von Wertpapieren).

c) **Zweckbindung oder freie Verfügung**

14 Der gesetzliche Vertreter bestimmt den Umfang, innerhalb dessen der Minderjährige über die ihm überlassenen Mittel verfügen darf. In diesem Bestimmungsrecht ist der Vertreter nicht beschränkt. Seine Bestimmungsbefugnis reicht von einer ganz engen Zweckbindung etwa für ein bestimmtes einzelnes Geschäft mit einem bestimmten Vertragspartner über die Gewährung eines mehr oder weniger weiten Spielraums an den Minderjährigen bis hin zum Verzicht auf die Bestimmung irgendwelcher Zwecke durch Überlassung zu freier Verfügung. Dieses Bestimmungsrecht steht auch dem überlassenden Dritten zu, die Bestimmung muss jedoch von der Zustimmung des gesetzlichen Vertreters umfasst sein. Diese weitgehende Freiheit des gesetzlichen Vertreters beruht auf der dem § 110 zugrundeliegenden Erziehungszweck (o Rn 1). Der Vertreter kann am besten beurteilen, welches Maß an Verfügungsfreiheit dem Minderjährigen nach dessen individueller, insbesondere altersmäßiger Reife zuzugestehen ist. Auch mit einer Überlassung zur freien Verfügung räumt der gesetzliche Vertreter deshalb dem Minderjährigen nicht notwendig eine völlig unbeschränkte Befugnis zur Vornahme jedes (erlaubten) Rechtsgeschäftes ein; es können sich vielmehr auch hier aufgrund der Umstände des Einzelfalls gewisse immanente Beschränkungen ergeben (RGZ 74, 234, 235 f; LG Mönchengladbach VersR 1955, 429, 430; AG Freiburg NJW-RR 1999, 637, 638; LINDACHER, in: FS Bosch [1976] 533, 542 f; BRUNS 29; vWATZDORF 25; AK-BGB/KOHL Rn 6; MünchKomm/SCHMITT Rn 26; SOERGEL/HEFERMEHL Rn 4; offengelassen in OLG Hamm VersR 1954, 218, 219; **aA** SAFFERLING Rpfleger 1972, 124 f). So kann in der Mittelüberlassung grundsätzlich nicht auch die Einwilligung des Vertreters in die Vereinbarung einer Haftungsbeschränkung des anderen Vertragsteils durch den Minderjährigen gesehen werden (LG Mönchengladbach aaO). Auch die Finanzierung einer Pauschalurlaubsreise aus dem dafür ausreichenden Taschengeld kann die Einwilligungsschranke überschreiten (AG Siegburg Fremdenverkehrsrechtliche Entscheidungen 6, 270). Inwieweit die einem Minderjährigen überlassene Ausstattung der freien Verfügung unterliegt, ist durch Auslegung zu ermitteln. Maßgeblich ist dabei auf die in § 1624 genannte Zwecksetzung abzustellen; so kann etwa bei zur Erhaltung der Lebensstellung überlassenen Wertpapieren eine freie Verfügung des Minderjährigen nach § 110 wirksam sein. Für den Umfang der Beschränkung ist das Innenverhältnis zwischen gesetzlichem Vertreter und Minderjährigen maßgeblich; hat der Minderjährige die Beschränkung gekannt, so kann sich der andere Vertragsteil nicht auf seine Unkenntnis der entsprechenden Umstände berufen, denn sein guter Glaube wird auch insofern nicht geschützt (AG Freiburg NJW-RR 1999, 638; LINDACHER aaO; AK-BGB/KOHL Rn 11; MünchKomm/SCHMITT Rn 27, 28; **aA** insoweit RGZ 74, 236). Der gesetzliche Vertreter kann dem Minderjährigen die Mittel nicht zu solchen Geschäften überlassen, die er selbst im Rahmen seines Sorgerechts nicht vornehmen dürfte. Da ihm gem §§ 1641, 1804 Schenkungen in Vertretung des Minderjährigen grundsätzlich untersagt sind, kann er dem Minderjährigen auch nicht die Mittel für einen von diesem vorzunehmende Schenkung überlassen, sofern es sich nicht um Pflicht- oder Anstandsschenkungen handelt (OLG Stuttgart FamRZ 1969, 39, 40). Die in der Mittelüberlassung liegende Einwilligung zur Verfügung des Minderjährigen kann der gesetzliche Vertreter gem § 183 bis zur Vornahme des Verfügungsgeschäfts widerrufen (OLG Celle NJW 1970, 1850, 1851; LG Mannheim ZMR 1977, 145; BGB-RGRK/KRÜGER-NIELAND Rn 6; SOERGEL/HEFERMEHL Rn 7).

Die Zweckbestimmung oder die Überlassung zur freien Verfügung muss nicht ausdrücklich erfolgen; sie kann sich also auch aus den Umständen ergeben. So ist in der Regel davon auszugehen, dass der gesetzliche Vertreter den vom Minderjährigen erzielten Arbeitsverdienst, soweit er diesen ihm nicht abverlangt, zur freien Verfügung überlässt (OLG Nürnberg VersR 1963, 164, 165; OLG Celle NJW 1970, 1850; LG Mannheim ZMR 1977, 145; WEIMAR RdJ 1956, 149; vgl auch ArbG Herne ARST 1967, 3 [Nr 1]). Diese Überlassung des Lohns deckt dann grundsätzlich auch den Abschluss eines (Kfz-) Mietvertrages mit diesen Mitteln (LG Braunschweig VersR 1961, 1131, 1132). Ermächtigt der gesetzliche Vertreter den Minderjährigen zur Arbeitsaufnahme an einem entfernt liegenden Ort und zur freien Verfügung über das erzielte Arbeitseinkommen, so ist der Minderjährige auch zum selbstständigen Abschluss eines Mietvertrages über eine am Arbeitsort liegende Wohnung berechtigt, die nach Mietpreis, Größe und Ausstattung in einem vertretbaren Verhältnis zu seinem Arbeitseinkommen und seinem Wohnbedarf steht (LG Mannheim MDR 1969, 670 [Ls]). Die Gefährlichkeit der Benutzung eines Motorrades soll bei einer Mittelüberlassung zur freien Verfügung nicht darauf schließen lassen, dass sich die Einwilligung des gesetzlichen Vertreters nicht auf die Anmietung eines Motorrads erstreckt (OLG Hamm VersR 1954, 218, 219). Die Errichtung eines Spargiro- oder Sparkontos durch den Minderjährigen ist nach § 110 wirksam, wenn ihm die eingezahlten Mittel zur Errichtung des Kontos oder zur freien Verfügung überlassen worden sind (SCHEERER BB 1971, 981, 981, 985; HAGEMEISTER JuS 1992, 924, 927; VORTMANN WM 1994, 965, 967; einschr KUNKEL Rpfleger 1997, 1, 6 f). Gleiches gilt für eine von dem Minderjährigen vorgenommene Überweisung von dem Girokonto und bei einer Überlassung zur freien Verfügung – nicht notwendig auch zur Kontoerrichtung – auch von einer Abhebung (SCHEERER BB 1971, 981, 983 f, 985; HAGEMEISTER JuS 1992, 924, 927; VORTMANN WM 1994, 967). Der Abschluss eines Depotvertrages und eines Auftrags zum Erwerb von Effekten als Kommissionsgeschäft kann bei sofortiger Bewirkung der in der Zahlung des Gegenwertes an die Bank liegenden Gegenleistung des Minderjährigen gem § 110 wirksam sein (SCHEERER BB 1971, 981, 986). Die Ausstellung oder Annahme eines Wechsels durch den Minderjährigen ist hingegen gem §§ 1643, 1822 Nr 9 nur mit familien- bzw vormundschaftsgerichtlicher Genehmigung wirksam (SCHEERER BB 1971, 981, 985). Zur Frage der Wirksamkeit eines Beitritts des Minderjährigen zu einem Investmentclub nach § 110 vgl BINS WP 1972, 82 ff.

IV. Rechtsfolgen

Die Bewirkung der Leistung mit den überlassenen Mitteln hat nach der hier vertretenen Auffassung (so Rn 6) die Wirksamkeit des dieser Verfügung zugrundeliegenden Verpflichtungsvertrages zur Folge, ohne dass hierfür eine besondere Zustimmung des gesetzlichen Vertreters erforderlich ist. Die Verfügung ist dadurch mit Rechtsgrund erfolgt, so dass eine Rückabwicklung der beiderseits erbrachten Leistungen nicht mehr in Betracht kommt. Dies gilt aber nur bei vollständiger Erbringung der Leistung des Minderjährigen (o Rn 10). Ferner muss die Leistung von der

Zweckbestimmung des gesetzlichen Vertreters gedeckt sein, andernfalls bereits das Verfügungsgeschäft mangels Einwilligung nach § 107 schwebend unwirksam ist und eine Wirksamkeit des Verpflichtungsvertrages deshalb nicht eintreten kann. Solange der Minderjährige den Vertrag mit den überlassenen Mitteln nicht oder nicht vollständig erfüllt hat, steht dem anderen Vertragsteil auch hier das Widerrufsrecht aus § 109 zu, da sich der andere Teil dann in der gleichen Situation der Unsicherheit befindet wie bei einem mangels Genehmigung schwebend unwirksamen Vertrag (so MünchKomm/Schmitt Rn 34; ferner Erman/Palm Rn 5; Palandt/Heinrichs Rn 4; aA Soergel/ Hefermehl Rn 7). Die Überlassung der Mittel begründet – anders als die Ermächtigung nach §§ 112, 113 – keine entsprechende Teilgeschäftsfähigkeit und damit mangels selbstständiger Verpflichtungsfähigkeit gem § 52 ZPO auch keine Prozessfähigkeit des Minderjährigen (OLG Nürnberg VersR 1963, 154, 155; Weimar RdJ 1956, 149, 150; Ploschke 39; Coester-Waltjen Jura 1994, 668, 670; vTuhr, AT II 1 § 59 VII; MünchKomm/ Schmitt Rn 5). Die wahrheitswidrige Behauptung des Minderjährigen gegenüber dem anderen Teil, dass ihm die geleisteten Mittel zu dem betreffenden Zweck oder zur freien Verfügung überlassen worden seien, lässt den Vertrag nicht wirksam werden. Bei gegebener Deliktsfähigkeit kann sich der Minderjährige aber gem §§ 823 Abs 2, 263 oder 265a StGB oder aus § 826 schadensersatzpflichtig machen (MünchKomm/ Schmitt Rn 35; AK-BGB/Kohl Rn 13).

V. Beweislast

17 Die Beweislast für die Voraussetzungen einer Wirksamkeit des Vertrages nach § 110 trägt derjenige, der sich auf die Wirksamkeit beruft. Er hat also darzutun, dass dem Minderjährigen die Mittel zu dem betreffenden Zweck oder zur freien Verfügung überlassen worden sind, dass bei einer Überlassung durch Dritte der gesetzliche Vertreter zugestimmt und der Minderjährige die Leistung aus diesen Mitteln erbracht hat (Baumgärtel/Laumen Rn 1; MünchKomm/Schmitt Rn 36). Im Grundbuchverkehr sind diese Voraussetzungen in der Form des § 29 GBO nachzuweisen (LG Aschaffenburg Rpfleger 1972, 134). Beruft sich der andere Teil auf die Wirksamkeit eines – mit den überlassenen Mitteln nicht vollständig erfüllten – Kreditgeschäfts des Minderjährigen aufgrund einer beschränkten Generaleinwilligung des gesetzlichen Vertreters, so muss er das Vorliegen dieser Einwilligung ebenfalls beweisen (Baumgärtel/Laumen Rn 3; MünchKomm/Schmitt Rn 36).

VI. Rechtliche Betreuung

18 § 110 findet auch im Falle einer rechtlichen Betreuung bei angeordnetem Einwilligungsvorbehalt entsprechende Anwendung (§ 1903 Abs 1 S 2).

§ 111
Einseitige Rechtsgeschäfte

Ein einseitiges Rechtsgeschäft, das der Minderjährige ohne die erforderliche Einwilligung des gesetzlichen Vertreters vornimmt, ist unwirksam. Nimmt der Minderjährige mit dieser Einwilligung ein solches Rechtsgeschäft einem anderen gegenüber vor, so ist das Rechtsgeschäft unwirksam, wenn der Minderjährige die Einwilligung nicht in schriftlicher Form vorlegt und der andere das Rechtsgeschäft

aus diesem Grund unverzüglich zurückweist. Die Zurückweisung ist ausgeschlossen, wenn der Vertreter den anderen von der Einwilligung in Kenntnis gesetzt hatte.

Materialien VE AT § 82 Abs 2; KE § 64 Abs 3 S 2 Alt 1; E I § 65 Abs 3 S 2 Alt 1; E II § 85; E III § 107; SCHUBERT, AT I 54; JAKOBS/SCHUBERT, AT 522, 535, 537, 551, 554 f, 557 f, 562 f, 564, 567, 568 ff, 571; Mot I 133 f = MUGDAN I 425; Prot 123 ff, 132 f = MUGDAN I 675 f, 677 f.

Schrifttum

S die Angaben bei den Vorbem zu §§ 104–115 und zu den §§ 104–110.

Systematische Übersicht

I. Bedeutung ___ 1	2. Rechtsfolgen ___ 13
II. Fehlende Einwilligung (Satz 1)	IV. Beweislast ___ 14
1. Voraussetzungen ___ 2	
2. Rechtsfolgen ___ 9	V. Rechtliche Betreuung ___ 15
III. Einwilligung nicht in schriftlicher Form (Satz 2 und 3)	VI. Ähnliche Vorschriften ___ 16
1. Voraussetzungen ___ 10	

Alphabetische Übersicht

Betreuung ___ 15	Schutzbedürftigkeit (des Erklärungsempfängers) ___ 1, 16
Beweislast ___ 14	
Einwilligung	Überweisungsauftrag ___ 5
– fehlende ___ 2	
– Kenntnis ___ 12	Verletzung persönlicher Rechte und Rechtsgüter ___ 6
– Schriftform ___ 10 ff	Vollmacht (vom Minderjährigen erteilte) ___ 3 f
Gefahr (Sichaussetzen einer) ___ 6	
Rechtsgeschäftsähnliche Rechtshandlungen ___ 8	Zurückweisungsrecht ___ 1, 10 f, 13

I. Bedeutung

§ 111 knüpft an den Grundsatz des § 107 an, wonach jedes dem Minderjährigen **1** rechtlich nicht lediglich vorteilhafte Rechtsgeschäft zu seiner Wirksamkeit der Einwilligung des gesetzlichen Vertreters bedarf. Während sich die §§ 108–110 auf die ohne die erforderliche Einwilligung geschlossenen Verträge beziehen, regelt § 111 das Schicksal der nicht konsentierten einseitigen Rechtsgeschäfte. Im Gegensatz zu den nach § 108 Abs 1 nur schwebend unwirksamen Verträgen werden die ohne

Einwilligung vorgenommenen einseitigen Rechtsgeschäfte in § 111 S 1 für schlechthin unwirksam und damit für nichtig erklärt. Diese abweichende Regelung dient dem **Schutz des Erklärungsgegners**. Dieser ist am einseitigen Rechtsgeschäft – anders als an einem Vertragsschluss – nur passiv beteiligt; die Willenserklärung bedarf zu ihrer Wirksamkeit keiner Annahme, sondern – bei Empfangsbedürftigkeit – lediglich des Zugangs (§ 130 Abs 1 S 1) beim Erklärungsempfänger bzw des akustisch richtigen Verständnisses durch diesen. Der Empfänger oder der von einer nicht empfangsbedürftigen einseitigen Willenserklärung Betroffene kann den für ihn mit einer schwebenden Unwirksamkeit verbundenen Unzuträglichkeiten folglich nicht wie beim Vertrag durch eine Verweigerung des Vertragsschlusses mit dem Minderjährigen entgehen, was insbesondere dann misslich ist, wenn dem einseitigen Rechtsgeschäft Gestaltungswirkung zukommt (zB Kündigung). Zwecks Vermeidung des dem Empfänger hier unzumutbaren Schwebezustandes erklärt das Gesetz das einseitige Rechtsgeschäft für nicht genehmigungsfähig (vgl Begr zu § 82 II VE AT [bei SCHUBERT, AT I 54]; Mot I 133 f = MUGDAN I 425; auch BGHZ 110, 363, 369 = NJW 1990, 1721, 1723). Aber selbst bei objektiv vorliegender Einwilligung des gesetzlichen Vertreters ist der Empfänger dann schutzwürdig, wenn er sich mangels eindeutigen Nachweises der Einwilligung über deren Erteilung und damit über die Wirksamkeit des Geschäfts nicht sicher sein kann. Den Schutz gegen diese subjektive Ungewissheit gewährleistet § 111 S 2 durch Einräumung eines Zurückweisungsrechts des Empfängers bei nicht schriftlich vorgelegter Einwilligung. Ist die Ungewissheit aufgrund einer Unterrichtung des Empfängers von der erteilten Einwilligung seitens des gesetzlichen Vertreters nicht gegeben, lässt § 111 S 3 die Zurückweisungsbefugnis folgerichtig entfallen.

II. Fehlende Einwilligung (Satz 1)

1. Voraussetzungen

2 Erforderlich ist die Vornahme eines **einseitigen Rechtsgeschäfts** (zum Begriff MEDICUS, AT Rn 202) durch den Minderjährigen. Für einseitige Rechtsgeschäfte, die ein anderer *gegenüber* einem Minderjährigen vornimmt, gilt § 131 Abs 2. Das von dem Minderjährigen vorgenommene einseitige Rechtsgeschäft muss diesem rechtlich (auch) nachteilig sein, da rechtlich lediglich vorteilhafte oder neutrale Geschäfte gem § 107 ohne Einwilligung wirksam sind. Satz 1 des § 111 findet sowohl auf einseitige empfangsbedürftige als auch auf einseitige nicht empfangsbedürftige Rechtsgeschäfte Anwendung. Die wichtigsten Arten der erstgenannten Gruppe sind ua Anfechtung, Kündigung, Rücktritt, Widerruf, Aufrechnung; zu den nicht empfangsbedürftigen Rechtsgeschäften gehören etwa die Auslobung nach § 657 und die Aufgabe des Eigentums nach § 659 (hierzu Vorbem 92 zu §§ 104–115). Für gewisse einseitige Rechtsgeschäfte familien- oder erbrechtlicher Art enthält das Gesetz auch insoweit besondere Regelungen. Die Anerkennung der Vaterschaft durch einen beschränkt Geschäftsfähigen bedarf nach § 1596 Abs 1 S 2 der Zustimmung des gesetzlichen Vertreters, so dass hier im Gegensatz zu § 111 S 1 auch eine Genehmigung (§ 184 Abs 1) möglich ist; anders als nach dem früheren § 1600e Abs 3 ist die Genehmigung nicht mehr an eine mit der öffentlichen Beurkundung der Anerkennung (§ 1597 Abs 1) beginnende Frist gebunden. Die Testamentserrichtung bedarf keiner Zustimmung des gesetzlichen Vertreters (§ 2229 Abs 2).

Titel 1 § 111
Geschäftsfähigkeit 3–5

Umstritten ist die Behandlung der von einem Minderjährigen einem anderen erteil- **3**
ten **Vollmacht**. Ein Teil der Lehre betrachtet Vollmachterteilung und Vertretergeschäft als einen einheitlichen Gesamttatbestand und will deshalb auf die Bevollmächtigung nicht den § 111, sondern den § 108 dann anwenden, wenn die Vollmacht zum Abschluss eines Vertrages erteilt wird; der Bevollmächtigte werde durch die somit bestehende Genehmigungsfähigkeit auch der Bevollmächtigung bei erteilter Genehmigung vor einer Haftung als Vertreter ohne Vertretungsmacht geschützt (MÜLLER-FREIENFELS, Die Vertretung beim Rechtsgeschäft [1955] 245 ff; LARENZ/WOLF, AT § 47 II 4b aa Rn 31; AK-BGB/KOHL Rn 2). Die Genehmigungsfähigkeit nach § 108 besteht aber im Interesse des Minderjährigen, nicht des anderen Teils. Es ist deshalb derjenigen Ansicht zuzustimmen, die auch die Vollmachterteilung ungeachtet der Art des Vertretergeschäfts als unter § 111 fallendes Rechtsgeschäft ansieht (ENNECCERUS/NIPPERDEY I 2 § 152 II 1 Fn 4; MünchKomm/SCHMITT Rn 10; BAMBERGER/ROTH/WENDTLAND Rn 2). Eine Ausnahme von diesem Grundsatz ist jedoch dann anzuerkennen, wenn die Vollmacht mit dem ihrer Erteilung zugrundeliegenden Vertrag (zB Auftrag) eine rechtliche Einheit iSd § 139 bildet: Eine Behandlung der Vollmacht wie des Grundgeschäfts nach § 108 statt nach § 111 ist hier deshalb gerechtfertigt, weil sich der Bevollmächtigte durch den Vertragsschluss mit der Bevollmächtigung ebenfalls einverstanden erklärt hat (BGHZ 110, 363, 369 ff = NJW 1990, 1721, 1723).

Die im Fall einer Geschäftseinheit von Bevollmächtigung und Grundgeschäft Platz **4**
greifende Erwägung (o Rn 3) gilt allgemein: Erklärt sich der Empfänger der Willenserklärung des Minderjährigen mit dem Rechtsgeschäft **einverstanden**, so entfällt damit dessen dem § 111 zugrundeliegendes Schutzbedürfnis. Die Situation ist hier nicht anders, als wenn die Wirkung des einseitigen Rechtsgeschäfts durch einen entsprechenden Vertrag herbeigeführt, etwa statt einer Kündigung ein Aufhebungsvertrag oder statt einer Aufrechnung eine Verrechnungsvereinbarung geschlossen wird. Das einseitige Rechtsgeschäft ist deshalb auch in diesen Fällen nicht nach § 111 S 1 nichtig, sondern gem § 108 Abs 1 schwebend unwirksam (RGZ 76, 89, 91 f; BGHZ 110, 363, 370 = NJW 1990, 1721, 1723; AK-BGB/KOHL Rn 7; MünchKomm/SCHMITT Rn 8; BGB-RGRK/KRÜGER-NIELAND Rn 1; SOERGEL/HEFERMEHL Rn 1). Nicht zu folgen ist dagegen der Ansicht, die § 108 und nicht § 111 darüber hinaus auch noch auf diejenigen einseitigen Rechtsgeschäfte anwenden will, die dem Erklärungsempfänger rechtlich lediglich vorteilhaft sind zB die Aufgabe eines Grundstücksrechts nach § 875 (so ERMAN/PALM Rn 3); denn abgesehen von den mit dem Erfordernis des lediglich rechtlichen Vorteils verbundenen Zweifelsfragen kann der Empfänger auch hier an einer Vermeidung des Schwebezustandes interessiert sein (für Anwendung des § 111 auch hier die hM: MünchKomm/SCHMITT Rn 5; SOERGEL/HEFERMEHL Rn 2).

Der **Überweisungsauftrag** bei einer Banküberweisung wurde bisher als eine einsei- **5**
tige Weisung des Überweisenden an die Überweiserbank im Rahmen des mit dieser bestehenden Giroverhältnisses qualifiziert und deshalb ein Überweisungsauftrag eines Minderjährigen nach § 111 behandelt (vgl HAGEMEISTER JuS 1992, 839, 841; VORTMANN WM 1994, 965, 966). Nunmehr erfolgt aber gem § 676a jede Überweisung aufgrund eines besonderen Überweisungsvertrages (anwendbar gem Art 228 Abs 1 EGBGB auf die Überweisungen, deren Abwicklung nach dem 14. 8. 1999 begonnen hat) mit der Folge der Anwendbarkeit des § 108. Ferner wurden früher **wertpapiermäßige** Verbindlichkeiten nach der sog Kreationstheorie als durch den einseitigen Skripturakt begründet aufgefasst und demzufolge zB auf die Wechselzeichnung

durch einen Minderjährigen § 111 angewendet (s die Darstellung des früheren Meinungsstandes bei STAUDINGER/COING[10/11] Rn 2). Die heute ganz herrschende Auffassung verlangt hingegen einen unter § 108 fallenden Begebungsvertrag.

6 Die **Einwilligung in die Verletzung persönlicher Rechte und Rechtsgüter**, zu denen auch die Einwilligung in die Vornahme einer medizinischen Operation fällt, hat nach der hier vertretenen Auffassung Rechtsgeschäftscharakter (s Vorbem 57 zu §§ 104–115). Auf die Einwilligung eines Minderjährigen ist deshalb § 111 grundsätzlich anwendbar (aA AK-BGB/KOHL; ERMAN/PALM jeweils Rn 3). Dies gilt allerdings nur mit den sich aus der Eigenart dieser Erklärungen je nach den Umständen des Einzelfalls erforderlichen Modifikationen. Ist etwa der ärztliche Eingriff unaufschiebbar (lebenswichtige Operation), so kann von einer mutmaßlichen Einwilligung des gesetzlichen Vertreters ausgegangen werden, und es entfällt dann auch ein Zurückweisungsrecht nach S 2. Dagegen liegt in dem **bewussten Sichaussetzen einer Gefahr** (Mitfahrt in Kfz, Teilnahme an sportlichen Wettkämpfen) nach heutiger Auffassung grundsätzlich keine rechtsgeschäftliche Einwilligung in ggf dabei erfolgende Verletzungen (s Vorbem 64 zu §§ 104–115). Entsprechende Verhaltensweisen eines Minderjährigen sind daher nicht nach § 111 zu beurteilen, sondern sie führen – bei gegebener Deliktsfähigkeit gem dem entsprechend anzuwendenden § 828 Abs 3 – uU zu einer Minderung eines Schadenersatzanspruchs nach § 254 Abs 1 (MünchKomm/SCHMITT Rn 16, 17; SOERGEL/HEFERMEHL Rn 2; aA wohl BGB-RGRK/KRÜGER-NIELAND Rn 2).

7 Die **Unterwerfung unter die sofortige Zwangsvollstreckung** gem § 794 Abs 1 Nr 5 ZPO wird heute nicht mehr als sachlich-rechtliche Willenserklärung, sondern als Verfahrenshandlung angesehen (BGH NJW 1985, 2423). Sie ist daher nicht nach § 111, sondern nach § 52 ZPO zu beurteilen (RGZ 146, 308, 312, 314; ERMAN/PALM Rn 3; SOERGEL/HEFERMEHL Rn 2; anders noch RGZ 84, 317, 318 f; wohl auch OLG Königsberg HRR 1939 Nr 1157).

8 Auf einseitige **rechtsgeschäftsähnliche Rechtshandlungen** eines Minderjährigen, die diesem rechtlich auch nachteilig sind (vgl Vorbem 88 ff zu §§ 104–115), ist § 111 entsprechend anwendbar (s allgem Vorbem 86 zu §§ 104–115).

2. Rechtsfolgen

9 Ein ohne die erforderliche Einwirkung des gesetzlichen Vertreters vom Minderjährigen vorgenommenes einseitiges Rechtsgeschäft erklärt § 111 S 1 für **unwirksam**. Diese Unwirksamkeit ist eine endgültige und unheilbare; sie kann daher als **Nichtigkeit** bezeichnet werden (vTUHR, AT II 1 § 59 VI 1 m Fn 85). Das Rechtsgeschäft kann deshalb auch nicht durch eine Genehmigung des gesetzlichen Vertreters wirksam werden. In einer Genehmigung des gesetzlichen Vertreters oder des Minderjährigen nach eingetretener Volljährigkeit kann aber eine Bestätigung des Geschäfts liegen, die gem § 141 Abs 1 als Neuvornahme zu betrachten ist und deshalb nur für die Zukunft wirkt, was insbesondere für fristgebundene Erklärungen (Kündigung) bedeutsam ist (vgl FLUME, AT § 13, 7c bb).

III. Einwilligung nicht in schriftlicher Form (Satz 2 und 3)

1. Voraussetzungen

Die Unwirksamkeit eines einseitigen Rechtsgeschäfts tritt nach § 111 S 2 auch dann ein, wenn der Minderjährige das Geschäft mit Einwilligung des gesetzlichen Vertreters vornimmt, aber die Einwilligung **nicht in schriftlicher Form** dem Empfänger vorlegt und dieser das Geschäft aus diesem Grund unverzüglich zurückweist. Diese Vorschrift gilt aber – anders als Satz 1 – nur für empfangsbedürftige Rechtsgeschäfte, während nicht empfangsbedürftige nach § 107 aufgrund der erteilten Einwilligung stets wirksam werden. Das dem Erklärungsempfänger eingeräumte Zurückweisungsrecht, das den Grundsatz des § 107, wonach konsentierte Rechtsgeschäfte ohne weiteres wirksam sind, in gewisser Weise durchbricht, soll den Empfänger vor der Ungewissheit hinsichtlich einer vorliegenden Einwilligung und damit bzgl der Wirksamkeit des Rechtsgeschäfts bewahren. Es setzt deshalb die Nichtvorlage einer in schriftlicher Form erteilten Einwilligung des gesetzlichen Vertreters voraus, denn mit der Vorlage einer schriftlichen Einwilligung ist deren Vorhandensein eindeutig nachgewiesen und das Schutzbedürfnis entfällt. Die schriftliche Einwilligung kann vor, bei und auch noch nach Vornahme des Rechtsgeschäfts vorgelegt werden, allerdings nur bis zur erfolgten Zurückweisung; eine Vorlage erst nach erfolgter Zurückweisung kann an der dadurch eingetretenen Unwirksamkeit nichts mehr ändern, jedoch kann auch hierin eine Neuvornahme gem § 141 gesehen werden (BGB-RGRK/Krüger-Nieland Rn 2; Soergel/Hefermehl Rn 3). § 111 S 2 erfordert nicht, dass der Minderjährige das Vorliegen der Einwilligung behauptet hat; will der Empfänger den Eintritt der Wirksamkeit des Rechtsgeschäfts verhindern, muss er auch in diesem Fall zurückweisen (RGZ 50, 212, 213 [zu § 1398 aF]). Mangels Zurückweisung wird das Rechtsgeschäft auch dann wirksam, wenn der Empfänger, etwa aufgrund einer vorgelegten gefälschten schriftlichen Einwilligung, vom Vorliegen des Konsenses ausgegangen ist, denn ein Gutglaubenschutz findet auch insoweit nicht statt (vgl Flume, AT § 13, 7c bb).

Die Zurückweisung ist eine **einseitige empfangsbedürftige Willenserklärung**. Sie kann entsprechend § 109 Abs 1 S 2, abweichend von § 131 Abs 2, auch gegenüber dem Minderjährigen wirksam erklärt werden (Erman/Palm Rn 4; MünchKomm/Schmitt Rn 20; BGB-RGRK/Krüger-Nieland Rn 8; Soergel/Hefermehl Rn 4) und sie kann auch durch schlüssiges Handeln erfolgen. Der Empfänger muss unverzüglich, also gem § 121 Abs 1 S 1 ohne schuldhaftes Zögern, zurückweisen. Hat der Minderjährige dem Empfänger die Vorlage der schriftlichen Einwilligung in Aussicht gestellt, so ist ein angemessenes Zuwarten mit der Zurückweisung nicht als schuldhaftes Zögern zu qualifizieren (MünchKomm/Schmitt Rn 20; Erman/Palm Rn 4; Soergel/Hefermehl Rn 4; s auch LAG Hamburg ARS 35 Nr 8 [LAG] zu § 174). Bei der Zurückweisung muss der Empfänger – nicht notwendig ausdrücklich – deutlich machen, dass sie wegen der nicht schriftlich vorgelegten Einwilligung erfolgt (BAG NJW 1981, 2374, 2375; ZIP 2003, 1161, 1163 u Vorinstanz LAG Düsseldorf BB 2001, 2479, 2480 f).

Nach § 111 S 3 entfällt das Zurückweisungsrecht, wenn der Vertreter den Empfänger von der erteilten Einwilligung **in Kenntnis gesetzt** hatte. Diese Unterrichtung lässt das Schutzbedürfnis des Empfängers in gleicher Weise entfallen wie eine schriftliche Einwilligung. Bei dem Inkenntnissetzen handelt es sich um eine rechtsgeschäftsähnliche Rechtshandlung (Mitteilung), da sich der Wille des gesetzlichen Vertreters nicht auf die dadurch herbeigeführte Rechtsfolge des Ausschlusses des Zurückweisungsrechts zu erstrecken braucht. Die Mitteilung muss erfolgt sein, bevor der Empfänger die Erklärung des Minderjährigen zurückgewiesen hat (BGB-RGRK/KRÜGER-NIELAND Rn 8). Für die Wirksamkeit der Mitteilung reicht nach dem Rechtsgedanken des § 130 Abs 1 S 1 deren Zugang an den Empfänger aus; eine tatsächliche Kenntnisnahme durch den Empfänger, auf die der gesetzliche Vertreter keinen Einfluss hat, ist nicht erforderlich (MünchKomm/SCHMITT Rn 22). Eine vom Empfänger auf andere Weise erlangte Kenntnis von der Einwilligung soll nach einer vertretenen Ansicht der Mitteilung gleichstehen (so ERMAN/PALM Rn 4); diese anderweitige Information muss aber ebenso zuverlässig sein wie eine schriftliche Einwilligung oder eine Mitteilung des gesetzlichen Vertreters.

2. Rechtsfolgen

13 Die (wirksame) Zurückweisung des Rechtsgeschäfts durch den Empfänger lässt das Geschäft **unwirksam** werden. Unterbleibt die Zurückweisung, so wird das Rechtsgeschäft endgültig wirksam. Sowohl die Unwirksamkeit als auch die Wirksamkeit treten rückwirkend auf den Zeitpunkt der Vornahme des Rechtsgeschäfts ein.

IV. Beweislast

14 Das Vorliegen der Einwilligung des gesetzlichen Vertreters muss derjenige beweisen, der sich auf die Wirksamkeit des einseitigen Rechtsgeschäfts beruft. Der diese Wirksamkeit Bestreitende kann dann den Beweis der rechtzeitig erfolgten Zurückweisung führen. Dem sich auf die Wirksamkeit des Geschäfts Berufenden steht hiergegen der Beweis der Vorlage einer schriftlichen Einwilligung nach Satz 2 oder der Mitteilung nach Satz 3 offen (zum Ganzen BAUMGÄRTEL/LAUMEN Rn 1; PLANCK/FLAD Anm 5; ERMAN/PALM Rn 6; MünchKomm/SCHMITT Rn 23; BGB-RGRK/KRÜGER-NIELAND Rn 9; SOERGEL/HEFERMEHL Rn 6).

V. Rechtliche Betreuung

15 Für einseitige Rechtsgeschäfte eines Betreuten gilt bei angeordnetem Einwilligungsvorbehalt § 111 entsprechend (§ 1903 Abs 1 S 2).

VI. Ähnliche Vorschriften

16 Dem § 111 ähnliche Vorschriften, die ebenfalls auf dem Gedanken der Schutzbedürftigkeit des Erklärungsempfängers beruhen, enthält das Gesetz in den §§ 174, 1367, 1427 Abs 1, 1453 Abs 1, 1487 Abs 1, 1831.

§ 112
Selbständiger Betrieb eines Erwerbsgeschäfts

(1) Ermächtigt der gesetzliche Vertreter mit Genehmigung des Vormundschaftsgerichts den Minderjährigen zum selbständigen Betrieb eines Erwerbsgeschäfts, so ist der Minderjährige für solche Rechtsgeschäfte unbeschränkt geschäftsfähig, welche

Titel 1 § 112
Geschäftsfähigkeit

der Geschäftsbetrieb mit sich bringt. Ausgenommen sind Rechtsgeschäfte, zu denen der Vertreter der Genehmigung des Vormundschaftsgerichts bedarf.

(2) Die Ermächtigung kann von dem Vertreter nur mit Genehmigung des Vormundschaftsgerichts zurückgenommen werden.

Materialien: VE AT § 83, KE § 64, E I § 67, E II § 86, E III § 108; SCHUBERT, AT I 15, AT II 61 ff; JAKOBS/SCHUBERT I 527 ff, 541 ff, 553, 554 f, 556, 558, 565, 568, 570, 571, 576, 578; Mot I 141 ff = MUGDAN I 430 f; Prot 135 ff = MUGDAN I 682; Bericht d RT-Kommission 37 = MUGDAN I 964.

Schrifttum

S die Angaben bei den Vorbem zu §§ 104–115, zu den §§ 104–110 sowie
AMMERMANN, Beschränkt Geschäftsfähige in Personalgesellschaften (Diss Köln 1933)
BEHREND, Aktuelle handelsrechtliche Fragen in Rechtsprechung und Praxis, NJW 2003, 1563
BÜCHEL, Beteiligung von Minderjährigen an Familiengesellschaften (Diss Regensburg 2001)
DAMRAU, Die Fortführung des von einem Minderjährigen ererbten Handelsgeschäfts, NJW 1985, 2236
FÖRSTER, Der ermächtigte Minderjährige des Bürgerlichen Rechts (Diss Marburg 1930)
KUNZ, Der Minderjährige als Kaufmann, ZBlJR 1981, 490
LENZ, Die rechtliche Stellung des minderjährigen Kaufmanns (Diss Greifswald 1903)
MÜLLER, Die Ermächtigung eines Minderjährigen oder Mündels zum selbständigen Betrieb eines Erwerbsgeschäfts, BB 1957, 457

PFAEFFLIN, Die abgeleitete Geschäftsfähigkeit der Minderjährigen aufgrund der §§ 112, 113 BGB, Gruchot 48 (1904) 1
RÄNSCH, Der ein Erwerbsgeschäft selbständig betreibende Minderjährige (Diss Leipzig 1908)
SCHEFOLD, Die Geschäfts- und Prozessfähigkeit des Minderjährigen und das elterliche Verwaltungsrecht, AcP 94 (1903) 305
VSCHIMPFF, Der Minderjährige als selbständiger Gewerbsmann (Diss Leipzig 1907)
SCHNITZERLING, Das „Erwerbsgeschäft" des Kindes und Mündels, RdJ 1959, 103
WEIMAR, Die partielle Geschäftsfähigkeit des Handelsmündigen, DB 1964, 1509
ders, Die Handelsmündigkeit als partielle Geschäftsfähigkeit, DB 1982, 1554
WOLTERECK, Der minderjährige Kaufmann im gemeinen Recht (Diss Göttingen 1894).

Systematische Übersicht

I.	Bedeutung	1	V.	Teilgeschäftsfähigkeit	
			1.	Grundsatz	9
II.	Selbstständiger Betrieb eines Erwerbsgeschäfts		2.	Umfang	10
			3.	Einschränkung nach Abs 1 S 2	11
1.	Erwerbsgeschäft	3			
2.	Selbstständiger Betrieb	5	VI.	Rücknahme der Ermächtigung	12
III.	Ermächtigung	6	VII.	Beweislast	14
IV.	Genehmigung des Vormundschaftsgerichts	7	VIII.	Rechtliche Betreuung	15
			IX.	Ähnliche Vorschriften	16

Alphabetische Übersicht

Bedeutung der Norm	1	Prozessfähigkeit	9 f
Beweislast	14		
		Rechtliche Betreuung	15
Ermächtigung			
– Erteilung	6 f	Selbstständiger Betrieb (eines Erwerbs-	
– Gegenstand	3	geschäfts)	5
– Rücknahme	12	Selbstständiger Handelsvertreter	3
– Umfang	10		
– Wesen	6	Teilgeschäftsfähigkeit	
– Wirkung	6	– Einschränkung	11
Ermessen (Ausübung)	8, 12	– Grundsatz	9
Erwerbsgeschäft	3 f	– Umfang	10
Genehmigung des Vormundschaftsgerichts	7		

I. Bedeutung

1 Eine selbstständige Erwerbstätigkeit als Kaufmann, gewerblicher Unternehmer, Handwerker, Freiberufler oä setzt nach Handelsrecht, Gewerberecht usw grundsätzlich nicht die Volljährigkeit des in dieser Weise Tätigen voraus (für Betrieb eines Handelsgewerbes vgl GLITSCH, in: EHRENBERG [Hrsg], Hdb d ges Handelsrechts II [1918] § 18, 1; BROX, Handelsrecht u Wertpapierrecht Rn 30). Als beschränkt Geschäftsfähige könnten die Minderjährigen aber die bei dieser Betätigung typischerweise anfallenden Rechtsgeschäfte, insbesondere Kreditgeschäfte, nur mit Zustimmung ihres gesetzlichen Vertreters vornehmen, was die Erwerbstätigkeit in eigener Person weitgehend unmöglich machen würde. Schon im gemeinen Recht der frühen Neuzeit bildete sich daher angesichts der nach römischem Recht mit dem vollendeten 25. Lebensjahr sehr spät eintretenden Volljährigkeit (vgl Vorbem 107 zu §§ 104–115) gewohnheitsrechtlich eine – dem römischen Recht unbekannte (vgl WOLTERECK 32 ff) – besondere „Handelsmündigkeit" oder „Erwerbsmündigkeit" heraus: Ein Minderjähriger, der mit Zustimmung der zuständigen Behörde einen bestimmten Beruf oder ein bestimmtes Gewerbe öffentlich ausübte, konnte die zur ordnungsgemäßen Ausführung dieser Tätigkeit erforderlichen Verträge ohne Zustimmung seines Vormundes wirksam abschließen, und eine Wiedereinsetzung in den vorigen Stand wegen der Minderjährigkeit war bei solchen Verträgen ausgeschlossen (hierzu KNOTHE, Geschäftsfähigkeit § 20 I 1). In einigen deutschen Partikularrechten des 18. und 19. Jh's wurde dieser Grundsatz positiviert, so in ALR I 5 §§ 20, 21 (hierzu MINZENMAY 128 f), die allerdings den wichtigsten Fall der kaufmännischen oder gewerblichen Betätigung nicht mit umfassten, oder im bayerischen Einführungsgesetz zum ADHGB Art 7, wonach Minderjährige, denen die Befugnis zum Betrieb eines Handelsgewerbes zustand, für alle auf den Gewerbebetrieb bezogenen Geschäfte als großjährig erachtet wurden (vgl i Übrigen Mot I 141 f = MUGDAN 430). Im Gebiet des rheinisch-französischen Rechts schloss Art 1308 Cc die Restitution wegen Verletzung gegenüber solchen Verträgen aus, die ein minderjähriger Kaufmann, Bankier oder Handwerker in Ausübung seiner gewerblichen Betätigung vorgenommen hatte (vgl Vorbem 125 zu §§ 104–115). Der unmittelbare Vorläufer von § 112 war § 5 des preußischen Geschäftsfähigkeitsgesetzes vom 12.7.1875 (vgl Vorbem 113 zu §§ 104–115). Ein Minderjähriger, dem der Vater oder mit vormundschaftsgerichtlicher Genehmigung der Vormund den selbstständigen Betrieb eines Erwerbsgeschäfts gestattet hatte, war hiernach zur selbstständigen Vornahme derjenigen Rechtsgeschäfte fähig, die der Betrieb des Erwerbsgeschäfts mit sich brachte.

Auf § 5 PrGeschäftsfähigkeitsG beruht im Wesentlichen die in § 112 getroffene 2 Regelung. Die Vorschrift soll, wie ihre Vorgängernorm, den Minderjährigen zur Ausübung einer selbstständigen Erwerbstätigkeit in eigener Person rechtlich in die Lage versetzen. Dies geschieht, indem § 112 für eine solche nach Handels- und Gewerberecht zulässige Betätigung im Bereich des Geschäftsfähigkeitsrechts die bürgerlich-rechtliche Grundlage schafft (vgl Begr zu § 83 VE AT [bei Schubert, AT II 61]; Mot I 142 = Mugdan I 430). Zu diesem Zweck räumt die Vorschrift dem Minderjährigen für den Bereich der Erwerbstätigkeit, zu der ihn der gesetzliche Vertreter mit Genehmigung des Vormundschaftsgerichts ermächtigt hat, eine echte **Teilgeschäftsfähigkeit** ein. Eine bloße Generaleinwilligung, wie sie dem § 5 PrGeschäftsfähigkeitsG zugrunde gelegen hatte, erschien den Gesetzesverfassern hierfür als nicht ausreichend, da der gesetzliche Vertreter dann einem einzelnen Rechtsgeschäft des Minderjährigen widersprechen könnte und eine solche Lösung zudem nicht auch die erwünschte Prozessfähigkeit des Minderjährigen zur Folge hätte (Begr zu § 83 VE AT [bei Schubert, AT 62, 64]; Jakobs/Schubert I 528 f; Mot I 143 = Mugdan I 430). Das in § 112 Abs 1 S 2 normierte Erfordernis der vormundschaftsgerichtlichen Genehmigung für diejenigen Rechtsgeschäfte, für die auch der gesetzliche Vertreter dieser Genehmigung bedarf, schränkt die Tragweite dieser partiellen Geschäftsfähigkeit und damit überhaupt die praktische Bedeutung des § 112 nicht unerheblich ein (vgl iE u Rn 11). Über diese Wirkung war sich der historische Gesetzgeber auch durchaus im Klaren; § 112 sollte denn auch dem Minderjährigen nur zum Betrieb von kleineren Erwerbsgeschäften in die Lage versetzen, etwa ererbten Handwerksbetrieben oder Bauernwirtschaften, während für den Betrieb größerer Unternehmungen die Volljährigkeitserklärung mit der Folge einer vollständigen Geschäftsfähigkeit als das geeignete Mittel angesehen wurde (Mot I 143 f = Mugdan I 431; auch Pfaefflin Gruchot 48 [1904] 1, 20). Einen weiteren entscheidenden Bedeutungsverlust hat das Institut der Erwerbsmündigkeit durch die Herabsetzung des Volljährigkeitsalters vom vollendeten 21. auf das vollendete 18. Lebensjahr mit Wirkung ab 1.1.1975 erfahren, denn einen noch nicht 18jährigen wird der gesetzliche Vertreter kaum zum selbstständigen Betrieb eines Erwerbgeschäfts ermächtigen und noch weniger wird das Vormundschaftsgericht hierzu seine Genehmigung erteilen. In besonders gelagerten Fällen kann sich aber durchaus ein Bedürfnis für eine Teilgeschäftsfähigkeit nach § 112 ergeben, weshalb eine Streichung der Vorschrift auch angesichts des allgemein bejahten Erfordernisses einer Stärkung des Mutes zur Selbstständigkeit rechtspolitisch nicht zu empfehlen sein dürfte (für Streichung aber AK-BGB/Kohl Rn 2).

II. Selbstständiger Betrieb eines Erwerbsgeschäfts

1. Erwerbsgeschäft

Gegenstand der Ermächtigung gem § 112 ist der Betrieb eines Erwerbsgeschäfts. 3 Der Ausdruck „Erwerbsgeschäft", durch den die Erste Kommission die in § 83 VE

§ 112
3

AT gebrauchte Formulierung „Gewerbe, Kunst oder Landwirtschaft" ersetzt hatte (JAKOBS/SCHUBERT I 541 f, 543), ist in einem weiten Sinn zu verstehen. Insbesondere geht dieser Begriff über den des Gewerbebetriebs iSv § 1 Abs 2 HGB und des Gewerbes iSd Gewerbeordnung hinaus. Unter einem Erwerbsgeschäft ist **jede erlaubte, dauernd ausgeübte und auf selbstständigen Erwerb gerichtete Tätigkeit** zu verstehen; es fällt hierunter eine Tätigkeit im Handel, im Betrieb eines industriellen oder sonstigen gewerblichen Unternehmens, eines Handwerks, einer Landwirtschaft, aber auch im künstlerischen oder wissenschaftlichen Bereich (Mot I 142 = MUGDAN I 430; RGZ 144, 1, 2; BGHZ 83, 76, 78 f; OLG Düsseldorf OLGE 22, 161; OLG Karlsruhe OLGZ 1976, 333, 334; ArbG Berlin VersR 1969, 96, 97). Erwerbsgeschäft ist damit – anders als eine Gewerbe nach § 1 Abs 2 HGB – insbesondere auch eine freiberufliche Tätigkeit. Ein Einsatz von Kapital ist für ein Erwerbsgeschäft nicht notwendig (so schon RGZ 28, 278, 279 f zu § 5 PrGeschäftsfähigkeitsG). Ein Erwerbsgeschäft betreibt daher zB auch der Makler. Gleiches gilt für den selbstständigen Handelsvertreter gem § 84 Abs 1 HGB ungeachtet einer ggf bestehenden wirtschaftlichen Abhängigkeit vom Unternehmer, weshalb § 112 auch auf den arbeitnehmerähnlichen Handelsvertreter iSd §§ 92a HGB, 5 Abs 3 ArbGG anwendbar ist; für den angestellten Handelsvertreter nach § 84 Abs 2 HGB gilt hingegen mangels Selbstständigkeit nicht § 112, sondern § 113 (BAGE 15, 335, 344 = NJW 1964, 1641, 1642 = AP § 90a HGB Nr 1 m Anm HEFERMEHL; ArbG Berlin VersR 1969, 96, 97 m Anm BRIEGER). Im Innenverhältnis zum Unternehmer ist allerdings auch auf den selbstständigen Handelsvertreter § 113 anwendbar, da auch dieser zum Unternehmer zwar nicht in einem Arbeitsverhältnis, wohl aber in einem Dienstverhältnis iSd Vorschrift steht (BAG aaO; HEFERMEHL Bl 1054; KUNZ ZBlJugR 1981, 490, 491; vgl u § 113 Rn 6; **aA** ArbG Berlin aaO m insoweit abl Anm BRIEGER; wohl auch BEHREND NJW 2003, 1563, 1564). Die früher umstrittene, aber überwiegend bejahte (WEIMAR DB 1964, 1509, 1510; SCHEERER BB 1971, 981, 987; ERMAN/PALM Rn 3; MünchKomm/SCHMITT Rn 6; BGB-RGRK/KRÜGER-NIELAND Rn 2; SOERGEL/ HEFERMEHL Rn 2; STAUDINGER/DILCHER[12] Rn 3) Qualifikation der Stellung eines Minderjährigen als (persönlich haftender) Gesellschafter einer Personengesellschaft folgt seit dem Inkrafttreten des Minderjährigenhaftungsbeschränkungsgesetzes aus der – über §§ 105 Abs 3, 161 Abs 2 HGB auch für die OHG und KG geltenden – Vorschrift des § 723 Abs 1 S 5 (CHRISTMANN ZEV 2000, 45, 47). Aufgrund der Ermächtigung nach § 112 ist deshalb der Minderjährige für die Gesellschaft auch geschäftsführungs- und vertretungsbefugt (vgl AMMERMANN 23; BÜCHEL 140 f; SCHEERER BB 1971, 981, 987), sofern die Vertretung nicht schon als ein für den Minderjährigen neutrales und damit der Einwilligung nach § 107 nicht bedürftiges Geschäft (vgl § 107 Rn 20) angesehen wird, was allerdings wegen der persönlichen Haftung des Gesellschafters aus den geschlossenen Geschäften bedenklich ist. Vertretungsorgan einer juristischen Person des Handelsrechts (Vorstandsmitglied einer AG, Geschäftsführer einer GmbH) kann ein Minderjähriger hingegen auch nicht aufgrund einer Ermächtigung nach § 112 sein. Die Vorschriften der §§ 76 Abs 3 S 1 AktG, 6 Abs 2 S 1 GmbHG, die diese Positionen unbeschränkt geschäftsfähigen Personen vorbehalten, müssen in dem Sinn verstanden werden, dass hierfür die bloße Teilgeschäftsfähigkeit des § 112 nicht genügt, denn das Erfordernis der vormundschaftsgerichtlichen Genehmigung gem Abs 1 S 2 gerade für die im Handelsverkehr besonders wichtigen Geschäfte (vgl § 1822 Nr 8, 9 u 11) ist mit der Notwendigkeit einer eigenverantwortlichen Führung der Kapitalgesellschaft unvereinbar (OLG Hamm NJW-RR 1992, 1253; SCHEERER aaO; MünchKomm/SCHMITT Rn 7).

Inhaber eines aus sächlichen Betriebsmitteln bestehenden Erwerbsgeschäfts kann 4
der Minderjährige durch Übertragung eines bereits bestehenden Geschäfts oder
durch Neugründung werden. Ein rechtsgeschäftlicher Erwerb unter Lebenden bedarf, jedenfalls wenn es sich hierbei um ein Handelsgeschäft handelt und der
Minderjährige die bisherige Firma fortführt, der Einwilligung des gesetzlichen Vertreters nach § 107 (vgl § 107 Rn 28) und – bei Entgeltlichkeit des Erwerbs des Erwerbsgeschäfts – der Genehmigung des Familien- bzw Vormundschaftsgerichts gem
§§ 1643 Abs 1, 1822 Nr 3. Ein Erwerb kraft Erbfolge ist genehmigungsfrei (aA
KARSTEN SCHMIDT, HR § 5 I 1 a [Fn 4]; hiergegen DAMRAU NJW 1985, 2236 f). Zur Neugründung eines Erwerbsgeschäfts für den Minderjährigen benötigt der gesetzliche Vertreter gem §§ 1645, 1823 eine familien- oder vormundschaftsgerichtliche Genehmigung (vgl SCHNITZERLING RdJ 1959, 103).

2. Selbstständiger Betrieb

Die Ermächtigung muss sich auf den selbstständigen Betrieb des Erwerbsgeschäfts 5
durch den Minderjährigen beziehen. Die Selbstständigkeit der Betriebsführung ist
das entscheidende Abgrenzungsmerkmal gegenüber der Teilgeschäftsfähigkeit gem
§ 113, die unselbstständige Betätigungen erfasst (vgl OLG Düsseldorf OLGE 22, 161 f).
Ein selbstständiger Betrieb in diesem Sinn verlangt die nicht nur vorübergehende
Leitung des Erwerbsgeschäfts durch den Minderjährigen in eigener Person. Der
Minderjährige darf hierbei nicht fremden Weisungen unterworfen sein, er muss über
seine Arbeitskraft frei bestimmen können. Eine Tätigkeit als Arbeitnehmer, etwa
als Handlungsgehilfe gem § 59 HGB, erfüllt daher nicht das Erfordernis der Selbstständigkeit (PFAEFFLIN Gruchot 48 [1904] 1, 5 f). Das Erwerbsgeschäft muss nicht nur im
Namen des Minderjährigen, sondern auch von diesem selbst betrieben werden,
nicht durch einen anderen, der im Namen des Minderjährigen handelt. Beschränkungen in der Geschäftsleitung, etwa aufgrund von Vereinbarungen mit anderen
Unternehmen oder Wirtschaftsverbänden, lassen die Selbstständigkeit hingegen
nicht entfallen (BGB-RGRK/KRÜGER-NIELAND Rn 2).

III. Ermächtigung

Zu dem selbstständigen Betrieb des Erwerbsgeschäfts muss der gesetzliche Vertreter den Minderjährigen ermächtigen. Mit der Verwendung des Begriffs „Ermächtigung" unterstreicht das Gesetz die über einen bloßen Generalkonsens hinausgehende Wirkung dieses Aktes. Die Erteilung der Ermächtigung liegt im Ermessen
des gesetzlichen Vertreters, der sich hierbei am Wohl des Minderjährigen zu orientieren hat. Ein Anspruch des Minderjährigen auf die Ermächtigung besteht nicht.
Die Ermächtigung kann auch nicht durch das Vormundschaftsgerichts ersetzt werden (WEIMAR DB 1964, 1509, 1510). Von der Normierung einer Mindestaltersgrenze für
die Ermächtigung oberhalb der wegen § 104 Nr 1 erforderlichen Vollendung des
7. Lebensjahrs hat der Gesetzgeber bewusst abgesehen (vgl Begr zu § 83 VE AT [bei
SCHUBERT, AT II 64]). Die Ermächtigung erfolgt durch **einseitige empfangsbedürftige
Willenserklärung**, die – abweichend von § 131 Abs 2 – mit dem Zugang an den
Minderjährigen wirksam wird. Mangels einer vorgeschriebenen Form kann sie auch
durch schlüssiges Verhalten des gesetzlichen Vertreters erfolgen (Begr zu § 83 VE AT
[bei SCHUBERT, AT II 62]; PFAEFFLIN Gruchot 48 [1904] 1, 4 f; WEIMAR DB 1982, 1554). Die
Ermächtigung kann nur für den Betrieb des Erwerbsgeschäfts insgesamt erteilt

werden; eine Beschränkung auf bestimmte Arten von Rechtsgeschäften ist – anders als nach § 113 Abs 2 – hier nicht möglich (SOERGEL/HEFERMEHL Rn 4).

IV. Genehmigung des Vormundschaftsgerichts

7 Die vom gesetzlichen Vertreter erteilte Ermächtigung bedarf zu ihrer Wirksamkeit der vormundschaftsgerichtlichen Genehmigung. Die Genehmigung ist auch erforderlich, wenn es sich bei dem gesetzlichen Vertreter um die Eltern handelt. Diese auf die Erste Kommission zurückgehende Regelung (§ 83 VE AT hatte im Einklang mit § 5 Abs 1 PrGeschäftsfähigkeitsG das Genehmigungserfordernis nur für den Vormund vorgesehen) war im Gesetzgebungsverfahren besonders umstritten (vgl Bericht d RT-Kommission 37 = MUGDAN I 964) und wurde im älteren Schrifttum als ungerechtfertigte Einschränkung der elterlichen Gewalt kritisiert (so DERNBURG, Persönl Rechtsstellung 8 ff). Die Notwendigkeit der Genehmigung auch für die Ermächtigung seitens der Eltern sollte verhindern, dass diese den Minderjährigen nur als Deckmantel für die Vornahme eigener Geschäfte zum Nachteil ihrer Gläubiger vorschieben, sowie die eingetretene Teilgeschäftsfähigkeit zweifelsfrei klarstellen (JAKOBS/SCHUBERT I 528; Mot I 143 = MUGDAN I 431). Auch für die Genehmigung der elterlichen Ermächtigung ist weiterhin das Vormundschaftsgericht zuständig, nicht das Familiengericht, da das Kindschaftsrechtsreformgesetz vom 16. 12. 1997 eine dem § 1643 entsprechende Regelung für § 112 nicht getroffen hat (PALANDT/HEINRICHS Rn 1; JAUERNIG/JAUERNIG Rn 2). Wegen des Genehmigungserfordernisses kann eine bloße Duldung des Betriebes des Erwerbsgeschäfts seitens des gesetzlichen Vertreters, selbst wenn hierin eine konkludent erteilte Ermächtigung gesehen werden könnte (vgl o Rn 6), die Rechtsfolgen des § 112 nicht auslösen. Andererseits reicht die vormundschaftsgerichtliche Genehmigung allein ohne die Ermächtigung des gesetzlichen Vertreters nicht aus; ohne oder gegen den Willen des gesetzlichen Vertreters kann die Teilgeschäftsfähigkeit daher nicht eintreten.

8 Über die Erteilung der Genehmigung entscheidet das Vormundschaftsgericht nach **pflichtgemäßem Ermessen** nach Lage der Sache unter Berücksichtigung der Interessen des Minderjährigen. Voraussetzung ist eine psychische und charakterliche Reife des Minderjährigen, die derjenigen eines Volljährigen entspricht. Auf dieser Grundlage ist dann zu erwägen, ob der Minderjährige über die zum selbstständigen Betrieb eines Erwerbsgeschäfts erforderlichen Eigenschaften, Fähigkeiten und Kenntnisse verfügt, ob er gewillt und imstande ist, die mit dem Geschäft verbundenen Verantwortungen und Verpflichtungen dritten Personen und der Allgemeinheit gegenüber zu erfüllen und ob ihn nicht etwa sonstige tatsächliche Gründe (zB Krankheit) an der erforderlichen Sorge für das Geschäft hindern (so KG JW 1937, 470; OLG Köln NJW-RR 1994, 1450; AG Moers DAVorm 1997, 925, 926). Für die Entscheidung über die Genehmigung ist es ohne Einfluss, dass ein Minderjähriger nach ausländischem Recht für die zum Betrieb eines von ihm im Ausland gegründeten Unternehmens gehörenden Geschäfte als volljährig gilt (BayObLGZ 31, 8). Aufgrund der erteilten Genehmigung wird die Ermächtigung des gesetzlichen Vertreters nur für die Zukunft wirksam, da die Genehmigung keine Rückwirkung entfaltet. Ein schon vor der Genehmigung vom Minderjährigen geschlossenes und von der Ermächtigung gedecktes Geschäft wird deshalb nicht automatisch wirksam; aufgrund der erlangten Teilgeschäftsfähigkeit kann der Minderjährige aber dieses Rechtsgeschäft jetzt selbst gem § 108 Abs 3 genehmigen (OLG München HRR 1940 Nr 486).

V. Teilgeschäftsfähigkeit

1. Grundsatz

Als Rechtsfolge der vormundschaftsgerichtlich genehmigten Ermächtigung erwirbt der Minderjährige nach § 112 Abs 1 S 1 grundsätzlich – zur Ausnahme des Satzes 2 s u Rn 11 – die unbeschränkte Geschäftsfähigkeit für diejenigen Rechtsgeschäfte, die der Betrieb des Erwerbsgeschäfts mit sich bringt. Der Minderjährige erlangt damit eine entsprechende Teilgeschäftsfähigkeit. Die hierfür eingebürgerte Bezeichnung „Handelsmündigkeit" ist allerdings zu eng, da ein Erwerbsgeschäft iSd § 112 keineswegs nur in einem Handelsgewerbe nach § 1 Abs 2 HGB bestehen muss (s o Rn 3); angemessener ist die Bezeichnung „Unternehmerfähigkeit" (vgl WEIMAR DB 1964, 1509). Die vom Minderjährigen im Bereich seiner Teilgeschäftsfähigkeit vorgenommenen Rechtsgeschäfte sind mithin ohne Zustimmung des gesetzlichen Vertreters von Anfang an wirksam. Der gesetzliche Vertreter verliert insoweit die Befugnis zur Vertretung des Minderjährigen. Wegen der Möglichkeit der Rücknahme der Ermächtigung nach Abs 2 kann die Vertretungsmacht für die Zeit der Wirksamkeit der Ermächtigung als ruhend bezeichnet werden (ERMAN/PALM Rn 1; BGB-RGRK/KRÜGER-NIELAND Rn 1; PALANDT/HEINRICHS Rn 1). Für die Zeit des Ruhens verliert der gesetzliche Vertreter auch die Eigenschaft als Repräsentant des minderjährigen Versicherungsnehmers für eine den Betrieb des Erwerbsgeschäfts betreffende (private) Versicherung; führt der gesetzliche Vertreter bei einer Schadensversicherung den Versicherungsfall vorsätzlich oder grob fahrlässig herbei, so wird der Versicherer deshalb nicht gem § 61 VVG von seiner Leistungspflicht gegenüber dem Minderjährigen frei (RGZ 135, 370, 372). Im Bereich der Teilgeschäftsfähigkeit ist der Minderjährige aufgrund der dadurch erlangten selbstständigen Verpflichtungsfähigkeit auch gem § 52 ZPO prozessfähig und im Verfahren der freiwilligen Gerichtsbarkeit allgemein verfahrensfähig. Im Umfang der Prozessfähigkeit können und müssen Zustellungen deshalb an den Minderjährigen selbst statt an den gesetzlichen Vertreter erfolgen (vgl AG Betzdorf JurBüro 1971, 371). Für Verbindlichkeiten aus einem von § 112 gedeckten Rechtsgeschäft kann der Minderjährige die Haftungsbeschränkung aus § 1629a Abs 1 nicht geltend machen (§ 1629a Abs 2 Alt 1) und bei einer Beteiligung an einer Personengesellschaft (vgl o Rn 3) entfällt gem § 723 Abs 1 S 5 auch das Kündigungsrecht aus § 723 Abs 1 S 3 Nr 2 (hierzu CHRISTMANN ZEV 2000, 45 f, 47; kritisch zum Wegfall d Haftungsbeschränkungsmöglichkeit MUSCHELER WM 1998, 2271, 2281 f: wohl verfassungswidrig). Die Ermächtigung zum Betrieb eines Handelsgewerbes ist nach hM erforderlich zum Erwerb der Kaufmannseigenschaft durch den Minderjährigen (BayObLGZ 1972, 106, 108; Bedenken hiergegen bei KARSTEN SCHMIDT, HR § 5 I 1 a [Fn 8]).

2. Umfang

Die Teilgeschäftsfähigkeit umfasst nach § 112 Abs 1 S 1 alle Rechtsgeschäfte, die der selbstständige Betrieb des Erwerbsgeschäfts mit sich bringt. Die Rechtsgeschäfte müssen demgemäß einen **Zusammenhang mit dem Aufbau oder der Fortführung des Erwerbsgeschäfts** aufweisen. Ob dies der Fall ist, bestimmt sich nach der Verkehrsauffassung. Für die Ermittlung des Zusammenhangs ist aber – anders als nach §§ 54, 56 HGB – nicht abstrakt auf die Typizität des Erwerbsgeschäfts abzustellen, sondern maßgeblich ist die konkrete Gestalt des einzelnen Rechtsgeschäfts, zu deren Bestimmung in Zweifelsfällen alle Umstände zu ermitteln sind, die dem Rechtsgeschäft das Gepräge geben (zum Ganzen s BGHZ 83, 76, 80; LARENZ/WOLF, AT § 25 V 9a Rn 63; SOERGEL/HEFERMEHL Rn 4; MünchKomm/SCHMITT Rn 15). Als regelmäßig zum Geschäftsbetrieb gehörig sind hiernach anzusehen die Einstellung und Entlassung von Arbeitnehmern, das Anmieten des Geschäftslokals, der Einkauf der zur Produktion erforderlichen Roh- und Hilfsstoffe sowie Halbfabrikate, der Verkauf der produzierten Waren, der Beitritt zu Arbeitgeberverbänden des betreffenden Wirtschaftszweigs uä (vgl MünchKomm/SCHMITT Rn 16). Nach der zugrundezulegenden konkreten Betrachtungsweise können die unter § 112 fallenden Rechtsgeschäfte sehr verschieden sein. So ist zum Geschäftsbetrieb eines Reisenden, der über Land fahren muss, auch der Tausch eines Motorrades gegen einen Kraftwagen gerechnet worden (OLG München HRR 1940 Nr 486). Nach heute wohl einhelliger Auffassung gehören zum Geschäftsbetrieb auch die zur Beschaffung eines angemessenen Lebensunterhalts für den Minderjährigen geschlossenen Rechtsgeschäfte (anders noch PFAEFFLIN Gruchot 48 [1904] 1, 11), jedoch nicht Luxusausgaben (MünchKomm/SCHMITT Rn 16). Der aus dem Betrieb des Erwerbsgeschäfts erzielte Erwerb einschließlich des Gewinns unterliegt insoweit nicht der Vermögensverwaltung des gesetzlichen Vertreters (auch nicht der elterlichen Verwendungsbefugnis nach § 1649 Abs 2), als ihn der Minderjährige wiederum für den Geschäftsbetrieb verwendet; anderenfalls gelten keine Besonderheiten, wobei auf § 1649 Abs 1 S 2 hinzuweisen ist (SCHEFOLD AcP 94 [1903] 305, 307 ff; FLUME, AT II § 13, 8 S 209 f; MünchKomm/SCHMITT Rn 19; BGB-RGRK/KRÜGER-NIELAND Rn 4; SOERGEL/HEFERMEHL Rn 4). Die teilweise Geschäfts- und Prozessfähigkeit bezieht sich auch auf die mit dem Geschäftsbetrieb verbundenen, heute immer wichtiger werdenden Rechtshandlungen öffentlich-rechtlicher Art, vornehmlich auf dem Gebiet des Steuer- und Sozialversicherungsrechts (KRAUSE VerwArch 61 [1970] 297, 313; DISSARS DStR 1997, 417, 419; vgl allg Vorbem 98 zu §§ 104–115). Teilgeschäftsfähig ist der Minderjährige nur für die zum Betrieb des Erwerbsgeschäfts (einschließlich des Aufbaus) erforderlichen Rechtsgeschäfte, nicht auch für die der Auflösung des Geschäftsbetriebes dienenden. Nicht nach § 112 wirksam sind daher die zwecks Aufgabe des Erwerbsgeschäfts vorgenommenen Rechtshandlungen, zu denen auch der Antrag auf Eröffnung des Insolvenzverfahrens zu rechnen ist (PFAEFFLIN Gruchot 48 [1904] 1, 10; WEIMAR DB 1964, 1509, 1510; MünchKomm/SCHMITT Rn 22; BGB-RGRK/KRÜGER-NIELAND Rn 4; SOERGEL/HEFERMEHL Rn 4). Für die Anwendbarkeit des § 112 kommt es nur auf die objektive Zugehörigkeit des Rechtsgeschäfts zu dem Geschäftsbetrieb an; der gute Glaube des Geschäftsgegners auf eine solche in Wirklichkeit nicht bestehende Zugehörigkeit, etwa aufgrund einer entsprechenden Behauptung des Minderjährigen, wird auch hier nicht gestützt (WEIMAR DB 1964, 1509, 1510; aA wohl PFAEFFLIN Gruchot 48 [1904] 1, 11 f).

3. Einschränkung gem Abs 1 S 2

11 § 112 Abs 1 S 2 nimmt von der Teilgeschäftsfähigkeit diejenigen Rechtsgeschäfte aus, die der gesetzliche Vertreter für den Minderjährigen nur mit Genehmigung des Vormundschaftsgerichts abschließen kann. Es handelt sich vornehmlich um die in den §§ 1821 Abs 1, 1822 iVm 1643 Abs 1 aufgeführten Geschäfte. Für solche Geschäfte bleibt es mithin bei den Regeln der §§ 107–111. Diese erhebliche Einschränkung der Teilgeschäftsfähigkeit beruht darauf, dass es den Gesetzesverfassern als nicht angängig erschien, den Minderjährigen auch zu solchen Geschäften zu ermächtigen, die dem gesetzlichen Vertreter selbst nur mit vormundschaftsgerichtlicher Genehmigung möglich sind (Begr zu § 83 Abs 2 VE AT [bei SCHUBERT, AT II 64]; Mot I 143 f = MUGDAN I 431). Die Bewegungsfreiheit des Minderjährigen bei der Führung des Erwerbsgeschäfts wird vornehmlich durch die in § 1822 Nr 8 (Kreditaufnahme), Nr 9 (Eingehung bestimmter Wertpapierverbindlichkeiten, insbesondere von Wechselverpflichtungen), Nr 10 (Eingehung einer Bürgschaft) und Nr 11 (Prokuraerteilung) spürbar gemindert, zumal § 112 Abs 1 S 2 auch bei Erteilung einer allgemeinen Ermächtigung gem §§ 1643 Abs 3, 1825 für die in § 1822 Nr 8–10 bezeichneten Geschäfte Anwendung findet (PFAEFFLIN Gruchot 48 [1904] 1, 18; FÖRSTER 19; BGB-RGRK/ KRÜGER-NIELAND Rn 4). Die Teilgeschäftsfähigkeit nach § 112 befähigt den Minderjährigen daher nur zur Führung von Erwerbsgeschäften kleineren Umfangs, was durchaus der Absicht des historischen Gesetzgebers entsprach (vgl o Rn 2). Ein aufgrund einer Ermächtigung nach § 112 Abs 1 S 1 geschäftsführungs- und vertretungsbefugter minderjähriger Gesellschafter einer Personengesellschaft (vgl o Rn 3) bedarf nach heute wohl überwiegender Auffassung zu den von ihm in dieser Eigenschaft vorzunehmenden, an sich genehmigungsbedürftigen Rechtsgeschäften nicht der familien- bzw vormundschaftsgerichtlichen Genehmigung (AMMERMANN 24; WEIMAR DB 1964, 1509, 1510; SCHEERER BB 1971, 981, 987, aber für Zust d gesetzl Vertreters). Erst recht ist diese Genehmigung nicht erforderlich für Rechtsgeschäfte der Gesellschaft, bei deren Abschluss ein von der Vertretung ausgeschlossener Minderjähriger nicht mitgewirkt hat (RGZ 125, 380, 381). Zur Unwirksamkeit einer Ermächtigung zur Mitgliedschaft eines Minderjährigen im Vertretungsorgan einer Kapitalgesellschaft (vgl o Rn 3). Die Wirkung des § 112 Abs 1 S 2 ist unterschiedlich je nach dem, ob es sich bei dem gesetzlichen Vertreter des ermächtigten Minderjährigen um dessen Eltern oder einen Vormund handelt. Denn § 1643 Abs 1 verlangt die Genehmigung des Familiengerichts nicht für sämtliche Rechtsgeschäfte, zu denen der Vormund nach § 1822 der Genehmigung des Vormundschaftsgerichts bedarf, sondern nur für einige aus dem Katalog der letztgenannten Vorschrift, zu denen allerdings auch die für den Betrieb eines Erwerbsgeschäfts besonders wichtigen der Nr 8–11 des § 1822 zählen. Die Teilgeschäftsfähigkeit des Minderjährigen unter elterlicher Sorge hat infolgedessen einen größeren Umfang als diejenige des Minderjährigen unter Vormundschaft, da der Minderjährige unter elterlicher Sorge auch diejenigen in § 1822 aufgeführten Rechtsgeschäfte, auf die § 1643 Abs 1 nicht verweist, selbstständig vornehmen kann (eingehend MÜLLER BB 1957, 457, 458). Diese unterschiedliche Stellung der beiden Gruppen von Minderjährigen wird im Schrifttum kritisiert (vgl FLUME, AT II § 13, 8 S 209: „wenig sinnvoll, aber dennoch Rechtens"), teilweise sogar als Art 3 Abs 1 GG widersprechend angesehen (so ERMAN/PALM Rn 8). Die rechtlich und tatsächlich unterschiedliche Ausgestaltung von elterlicher Sorge und Vormundschaft (idR bessere Kenntnis der Eltern hinsichtlich der Reife ihres Kindes) stellt aber wohl einen sachlichen Grund für die Differenzierung dar (auf die Unterschiede weist DERNBURG, Persönl Rechtsstellung 9 f in diesem Zusammenhang hin).

VI. Rücknahme der Ermächtigung

Der gesetzliche Vertreter kann die erteilte Ermächtigung zurücknehmen. Die Zurücknahme bedarf ebenso wie die Erteilung der Ermächtigung der Genehmigung des Vormundschaftsgerichts (§ 112 Abs 2). Eine Rücknahme allein durch das Vormundschaftsgericht ohne den gesetzlichen Vertreter ist nicht möglich. Über die Genehmigung entscheidet das Vormundschaftsgericht nach pflichtgemäßem Ermessen. Eine Verweigerung der Genehmigung ist vornehmlich dann angezeigt, wenn die

Rücknahme durch den gesetzlichen Vertreter auf sachfremden Erwägungen beruht. Die Ermächtigung kann nur insgesamt zurückgenommen werden; eine bloße Einschränkung der Ermächtigung ist – anders als nach § 113 Abs 2 – nicht möglich (MünchKomm/Schmitt Rn 25; BGB-RGRK/Krüger-Nieland Rn 8; als vollst Rücknahme verbunden mit einer neuen eingeschr Ermächtigung wird eine Beschränkung aufgefasst von Erman/ Palm Rn 9; auch schon Zitelmann, Rechtsgeschäfte 64). Erst recht kann der gesetzliche Vertreter nicht einzelne vom Minderjährigen im Rahmen der Ermächtigung getätigte Rechtsgeschäfte widerrufen, da es sich bei der Ermächtigung nicht lediglich um einen beschränkten Generalkonsens handelt (vgl o Rn 2, 9).

13 Die Rücknahme der Ermächtigung erfolgt wie deren Erteilung durch einseitige empfangsbedürftige Willenserklärung gegenüber dem Minderjährigen. Die Erklärung bedarf keiner Form und kann deshalb auch durch schlüssiges Handeln erfolgen. Die Rücknahme wirkt nur für die Zukunft ab Zugang der Erklärung bei dem Minderjährigen (§ 131 Abs 2 gilt auch hier nicht) bzw ab Wirksamkeit der vormundschaftsgerichtlichen Genehmigung. Vor diesem Zeitpunkt geschlossene Rechtsgeschäfte des Minderjährigen bleiben daher wirksam. Die Rücknahme der Ermächtigung zum selbstständigen Betrieb eins Handelsgewerbes hat nicht notwendig den Verlust der Kaufmannseigenschaft des Minderjährigen zur Folge (Scheerer BB 1971, 981, 987; anders wohl BayObLGZ 1972, 106, 108).

VII. Beweislast

14 Wer sich auf die Wirksamkeit eines Rechtsgeschäfts des Minderjährigen beruft, hat die Erteilung der Ermächtigung in dem für die Wirksamkeit des Rechtsgeschäfts erforderlichen Umfang und deren Genehmigung durch das Vormundschaftsgericht zu beweisen. Die Beweislast für eine vormundschaftsgerichtlich genehmigte Rücknahme der Ermächtigung obliegt demjenigen, der die Unwirksamkeit des Rechtsgeschäfts geltend macht (zum Ganzen Baumgärtel/Laumen Rn 1; MünchKomm/Schmitt Rn 27).

VIII. Rechtliche Betreuung

15 § 112 findet gem § 1903 Abs 1 S 2 auch auf die rechtliche Betreuung bei angeordnetem Einwilligungsvorbehalt Anwendung. Auch ein in dieser Weise Betreuter kann folglich, sofern er nicht geschäftsunfähig nach § 104 Nr 2 ist, vom Betreuten mit vormundschaftsgerichtlicher Genehmigung zum selbstständigen Betrieb eines Erwerbsgeschäfts ermächtigt werden. Praktisch wird eine solche Ermächtigung aber nur in Ausnahmefällen in Betracht kommen. Das Vormundschaftsgericht hat hier die Voraussetzungen einer Genehmigung besonders sorgfältig zu prüfen (vgl KG JW 1937, 470, 471 betr Entmündigten wg Geistesschwäche nach dem früheren § 114).

IX. Ähnliche Vorschriften

16 Dem § 112 ähnliche Vorschriften enthält das BGB in den §§ 1431 und 1456 für den selbstständigen Betrieb eines Erwerbsgeschäfts durch einen im Güterstand der Gütergemeinschaft lebenden Ehegatten (hierzu BGHZ 83, 76, 78 ff).

§ 113
Dienst- oder Arbeitsverhältnis

(1) Ermächtigt der gesetzliche Vertreter den Minderjährigen, in Dienst oder in Arbeit zu treten, so ist der Minderjährige für solche Rechtsgeschäfte unbeschränkt geschäftsfähig, welche die Eingehung oder Aufhebung eines Dienst- oder Arbeitsverhältnisses der gestatteten Art oder die Erfüllung der sich aus einem solchen Verhältnis ergebenden Verpflichtungen betreffen. Ausgenommen sind Verträge, zu denen der Vertreter der Genehmigung des Vormundschaftsgerichts bedarf.

(2) Die Ermächtigung kann von dem Vertreter zurückgenommen oder eingeschränkt werden.

(3) Ist der gesetzliche Vertreter ein Vormund, so kann die Ermächtigung, wenn sie von ihm verweigert wird, auf Antrag des Minderjährigen durch das Vormundschaftsgericht ersetzt werden. Das Vormundschaftsgericht hat die Ermächtigung zu ersetzen, wenn sie im Interesse des Mündels liegt.

(4) Die für einen einzelnen Fall erteilte Ermächtigung gilt im Zweifel als allgemeine Ermächtigung zur Eingehung von Verhältnissen derselben Art.

Materialien: VE AT § 84, KE § 67; E I § 68, E II § 87, E III § 109; Schubert, AT I 65 f; Jakobs/Schubert I 529 f, 543, 555, 558 f, 570, 573, 576 ff; Mot I 14 f = Mugdan I 431 f; Prot 137 ff, 8356, 8393 = Mugdan I 683 f; Bericht d RT-Kommission 38 = Mugdan I 964 f; Beratung i RT-Plenum = Mugdan I 999 f.

Schrifttum

S die Angaben bei den Vorbem zu §§ 104–115, zu den §§ 104–112 sowie
Bernemann, Wesen und Methode der Ermächtigung nach § 113 BGB, RdJ 1971, 101
Brill, Der minderjährige Arbeitnehmer in der Rechtsprechung, BB 1975, 284
Capeller, Lohnkonten Minderjähriger, BB 1961, 453
ders, Scheckverkehr minderjähriger Lohnkonteninhaber, BB 1961, 682
Eberhard, Randglossen zu § 113 BGB, Recht 1911, 29
Feller, Die Rücknahme oder Beschränkung der „Ermächtigung" des gesetzlichen Vertreters eines Minderjährigen nach § 113 Abs 2 BGB, FamRZ 1961, 420
Fraenkel, Das Koalitionsrecht der Minderjährigen, Arbeitsrecht 14 (1927) Sp 837
Freybe, Rechtswirksamkeit von Lehrverträgen im Handwerk bei berufsrechtlichen Mängeln?, BB 1956, 214
Gaedtke, Der nach § 113 des Bürgerlichen Gesetzbuches ermächtigte Minderjährige in Dienst und Arbeit (Diss Göttingen 1931)
Gefaeller, Entstehung und Bedeutungswandel der Arbeitsmündigkeit (§ 113 BGB) (Diss Berlin 1967)
Gilles/Westphal, Bürgerliches Recht: Ein problematischer Gewerkschaftsbeitritt, JuS 1981, 899
Grüter, Minderjährige im Wehrdienstverhältnis, RdJ 1971, 353
Heindl, Das Recht des Lehrlings (1955)
Herrmann, Operae liberales, operae illiberales – vom Schicksal einer Unterscheidung, ZfA 2002, 1
Hess, Ermächtigung Minderjähriger zum Eingehen von Arbeitsverhältnissen BB 1960, 554

HOFFMANN, Krankheit und Unfall als Rechtsfragen in Lehrverträgen, RdJ 1957, 17
ders, Der Beitritt minderjähriger Arbeitnehmer zu einer Gewerkschaft, BB 1965, 126
HOHN, Gesetzliche Vertretung von Minderjährigen im Arbeits- und Lehrverhältnis, BB 1960, Beilage 24
KUBE, Die Koalitionsfreiheit des minderjährigen Arbeitnehmers (Diss Köln 1967)
ders, Die Problematik des Gewerkschaftsbeitritts eines Minderjährigen, DB 1968, 1126
LUBRICHS, Der Beitritt Minderjähriger zu Koalitionen (Diss Köln 1970)
NATZEL, Der Beginn des Berufsausbildungsverhältnisses, DB 1970, 1383
SCHATTER, Die Ermächtigung des gesetzlichen Vertreters an Minderjährige, in Arbeit zu treten (§ 113 BGB), RdA 1951, 445
E SCHMIDT, Der Volontär nach dem Berufsausbildungsgesetz, BB 1971, 622

H W SCHMIDT, Zur Geschäftsfähigkeit der Heranwachsenden, SchlHA 1967, 91
SIEBERT, Zum Abschluß von Lehrverträgen – Die Geschäftsfähigkeit des Lehrlings, BB 1951, 195
WEIMAR, Die partielle Geschäftsfähigkeit des Arbeitsmündigen, MDR 1963, 651
H P WESTERMANN, Die Bedeutung der Güterstände und der beschränkten Geschäftsfähigkeit für die Bankgeschäfte, FamRZ 1967, 645
WOLTERECK, Bedenkliche Entscheidungen zum Gewerkschaftsbeitritt, DB 1964, 1777
ders, Der Gewerkschaftsbeitritt Minderjähriger, AuR 1965, 193, 237, 263
ders, Zum Ersatzkassenbeitritt Minderjähriger, SGb 1965, 161
ZITELMANN, Die Rechtsgeschäfte in dem Entwurf eines Bürgerlichen Gesetzbuchs für das Deutsche Reich I (1889).

Systematische Übersicht

I.	**Bedeutung**	1
II.	**Dienst- oder Arbeitsverhältnisse**	5
III.	**Ermächtigung**	
1.	Rechtsnatur und Erteilung	10
2.	Ersetzung (Abs 3)	12
IV.	**Teilgeschäftsfähigkeit**	
1.	Grundsatz	13
2.	Umfang	14
a)	Unmittelbare Gestaltung des Dienst- oder Arbeitsverhältnisses	14
aa)	Eingehung	14
bb)	Erfüllung der Vertragspflichten	15
cc)	Aufhebung	16
b)	Geschäfte im Zusammenhang mit dem Dienst- oder Arbeitsverhältnis	17
c)	Erstreckung auf gleichartige Dienst- oder Arbeitsverhältnisse (Abs 4)	24
d)	Prozeßfähigkeit	25
e)	Einschränkung durch Erfordernis vormundschaftsgerichtlicher Genehmigung (Abs 1 S 2)	26
V.	**Zurücknahme oder Einschränkung der Ermächtigung (Abs 3)**	27
VI.	**Beweislast**	31
VII.	**Rechtliche Betreuung**	32

Alphabetische Übersicht

Außergewöhnliche Geschäfte	13, 19
Bedeutung der Norm	1 f, 4
Berufsausbildungsverhältnisse	7
Beweislast	31
Dienst- oder Arbeitsverhältnisse	5, 14
Erfüllung von Vertragspflichten	15
Ermächtigung	
– Einschränkung	27 f, 30
– Erklärungsempfänger	28
– Ersetzung	12
– Erteilung	10 f
– Rechtsnatur	10

Titel 1 § 113
Geschäftsfähigkeit 1

– Rücknahme	27 f, 30	Öffentlich-rechtliche Dienstverhältnisse	8
– Umfang	14 f, 17		
– Wirkung	13	Prozessfähigkeit	25
Ermessen (Ausübung)	27		
Erwerbsgeschäft	6	Rechtliche Betreuung	32
Genehmigung des Vormundschaftsgerichts	26	Schadensersatzansprüche	23
Gewerkschaftsbeitritt	19, 27	Selbstständiger Handelsvertreter	6
		Sozialversicherungsrecht	20
Hilfs- oder Folgegeschäfte	17 f	Teilgeschäftsfähigkeit	
Lohn- oder Gehaltsentgelt	21 f	– Grundsatz	13
Lohn- oder Gehaltskonto	21	– Umfang	14 f, 17

I. Bedeutung

In § 113 normiert das BGB den zweiten Fall einer **Teilgeschäftsfähigkeit** der Minder- 1
jährigen neben der in § 112 geregelten „Handelsmündigkeit". Gegenstand der partiellen Geschäftsfähigkeit des § 113 ist die Begründung, inhaltliche Ausgestaltung und Aufhebung von Dienst- oder Arbeitsverhältnissen, weshalb sich hierfür der Ausdruck „Arbeitsmündigkeit" eingebürgert hat. Die Vorschrift betrifft also ebenfalls die Erwerbstätigkeit des Minderjährigen, jedoch besteht diese Erwerbstätigkeit hier im Gegensatz zu § 112 nicht in der Führung eines Erwerbsgeschäfts, sondern in der Erbringung von Dienst- oder Werkleistungen aufgrund eines entsprechenden Rechtsverhältnisses gegenüber einem Gläubiger gegen Entgelt. Unter diesen Rechtsverhältnissen steht unter den Gegebenheiten des modernen Wirtschaftslebens die im Rahmen eines Arbeitsverhältnisses vorzunehmende Leistung des (minderjährigen) Arbeitnehmers an einen Arbeitgeber ganz im Vordergrund. Auch die Arbeitsmündigkeit wird erworben aufgrund einer Ermächtigung des Minderjährigen durch den gesetzlichen Vertreter zur Eingehung von Arbeitsverhältnissen oder sonstigen Dienstverhältnissen bestimmter Art. Die Ermächtigung bedarf hier nicht der Genehmigung des Vormundschaftsgerichts und sie kann auch ohne diese Genehmigung zurückgenommen oder beschränkt werden. Unter den Voraussetzungen des § 113 Abs 3 ist eine Ersetzung der Ermächtigung durch das Vormundschaftsgericht möglich. Eine Ermächtigung zur Begründung eines bestimmten Dienst- oder Arbeitsverhältnisses umfasst nach § 113 Abs 4 im Zweifel allgemein die Befugnis zur Eingehung von Rechtsverhältnissen der betreffenden Art. Der Minderjährige wird hierdurch fähig zur Vornahme der die Begründung oder Auflösung eines Rechtsverhältnisses der gestatteten Art oder die Erfüllung der sich hieraus ergebenden Verpflichtungen betreffenden Rechtsgeschäfte. Der primäre Zweck der Teilgeschäftsfähigkeit des § 113 besteht nach heutiger Auffassung darin, denjenigen Minderjährigen, die auf Einkommenserzielung durch eigene Erwerbstätigkeit angewiesen sind, den schnellen und reibungslosen Abschluss der hierzu erforderlichen Geschäfte zu ermöglichen, insbesondere zu verhindern, dass ihnen sich gegebenenfalls auf dem Arbeitsmarkt bietende Chancen deshalb entgehen, weil die erforderliche Zustimmung des gesetzlichen Vertreters zu einem Vertragsschluss nicht rechtzeitig eingeholt werden kann. Daneben soll auch dem anderen Vertragsteil – in der Regel dem Arbeitgeber – die Sicherheit gegeben werden, dass eine mit dem Min-

derjährigen im Rahmen von dessen Teilgeschäftsfähigkeit getroffene Vereinbarung von Bestand ist; diese Sicherheit wird allerdings durch die mögliche Rücknahme oder Einschränkung der Ermächtigung erheblich relativiert.

2 Die in § 113 getroffene Regelung ist, wie die des § 112, das Ergebnis einer längeren **geschichtlichen Entwicklung** (hierzu eingehend GEFAELLER 16 ff; auch KNOTHE, Geschäftsfähigkeit § 20 II 1). Der Ursprung der erweiterten Selbstständigkeit der Minderjährigen bei der Verpflichtung zu Dienstleistungen liegt im Gesindewesen der vorindustriellen Zeit. Um dem Bedürfnis der potenziellen Dienstgeber nach Gewinnung des benötigten Dienstpersonals, das bei dem hohen gemeinrechtlichen Volljährigkeitstermin von 25 Jahren (vgl Vorbem 107 zu §§ 104–115) wohl sogar in der Mehrzahl der Fälle noch minderjährig war, zu genügen und umgekehrt den Jugendlichen der unteren Bevölkerungsschichten die Möglichkeit zu einem entsprechenden Broterwerb ohne die – unter dem damaligen Kommunikationsverhältnissen oft beschwerliche – Einschaltung des Vaters oder Vormundes zu verschaffen, war schon in der älteren gemeinrechtlichen Epoche ohne Grundlage im Corpus Iuris Civilis als allgemeines deutsches Gewohnheitsrecht anerkannt, dass der Minderjährige, der sich mit Zustimmung seines Vaters oder Vormundes als Dienstbote verdingte, befugt sei, andere Dienstbotenverträge gleicher Art wirksam abzuschließen. Dieser gemeinrechtliche Grundsatz wurde dann von den Gesetzgebungen verschiedener deutscher Staaten aufgenommen (so in ALR II 5 §§ 6, 8; pr GesindeO v 8. 11. 1810 – GS 101 – §§ 6, 8; s auch ABGB § 246 HS 2 aF). Im Laufe des 19. Jh's wurde dann diese „Dienstmündigkeit" zur Befriedigung des Arbeitsplatzbedarfs der sich entwickelnden Industrie auch auf die minderjährigen gewerblichen Arbeiter ausgedehnt (zu diesem Prozess s GEFAELLER 38 ff). So erklärte § 6 PrGeschäftsfähigkeitsG vom 12. 7. 1875 den Minderjährigen, dem der Vater oder Vormund die Genehmigung erteilt hatte, „in Dienst oder Arbeit" zu treten für selbstständig befugt zur Einführung und Auflösung von Dienst- oder Arbeitsverhältnissen der genehmigten Art. Auf dieser Vorschrift sowie auf einem württembergischen Gesetz vom 30. 6. 1865 Art 3 Nr 2 beruht im Wesentlichen auch § 113 (vgl Begr zu § 84 VE AT [bei SCHUBERT, AT I 66]). Die dem Minderjährigen in § 6 PrGeschäftsfähigkeitsG eingeräumte Befugnis war allerdings noch keine Teilgeschäftsfähigkeit, sondern die Folge einer entsprechenden Generaleinwilligung des Vaters oder Vormundes, wie dies auch noch § 68 E I vorgesehen hatte. Die Ausgestaltung der Dienst- und Arbeitsmündigkeit als Teilgeschäftsfähigkeit wurde erst von der Zweiten Kommission beschlossen (vgl Prot 8393 = MUGDAN I 683 f).

3 Das Institut einer besonderen Arbeitsmündigkeit ist von seiner historischen Entstehung und seiner Zweckrichtung her immer wieder auf scharfe rechtspolitische **Kritik** gestoßen. Das mit § 113 und seinen Vorgängernormen vom historischen Gesetzgeber verfolgte Ziel wird von der Kritik darin gesehen, die Jugendlichen der vermögenslosen Bevölkerungskreise des ansonsten vom Geschäftsfähigkeitsrecht normierten Schutzes zu berauben, um ihre verschärfte Ausbeutung durch die besitzenden Schichten zu ermöglichen (vgl MENGER, Das bürgerl Recht u die besitzlosen Volksklassen [1890] 70 ff; GEFAELLER 33 f u passim; Bedenken auch bei ZITELMANN, Rechtsgeschäfte 68 f, vgl auch D SCHWAB AcP 172 [1972] 276 f). Die Schaffung einer entsprechend vorteilhaften Position für den Dienstherrn bei Vertragsschluss mit den minderjährigen Dienstboten stand sicher insbesondere bei den älteren gesinderechtlichen Vorschriften im Vordergrund. Dass dies die alleinige Zweckrichtung der erweiterten

Selbstständigkeit gewesen sei, muss aber für das ältere Recht und vollends im Hinblick auf die Entstehung des § 113 bezweifelt werden. Dagegen spricht schon das ebenfalls seit langem anerkannte Parallelinstitut der Handelsmündigkeit, das den Minderjährigenschutz gerade für die Angehörigen der über einiges Vermögen verfügenden Bevölkerungsgruppen ebenfalls spürbar verringert. Vor allem aber war gerade in früheren Zeiten sicher bei den arbeitssuchenden Minderjährigen und ihren Eltern durchaus ein Bedürfnis nach einer über das allgemeine Geschäftsfähigkeitsrecht hinausgehenden Selbstständigkeit in der Gestaltung ihrer Dienst- und Arbeitsverhältnisse vorhanden, da andernfalls ihre Verdienstmöglichkeiten erheblich geschmälert worden wären. Dies gilt insbesondere für solche junge Menschen, die sich auf Arbeitssuche fern vom Elternhaus begeben mussten; das Zustandekommen eines Vertrages wäre hier häufig an der nicht rechtzeitig beigebrachten Zustimmung gescheitert (vgl die Begr zu § 84 VE AT [bei SCHUBERT, AT I 65]). Bei der Beratung des § 109 E III (= § 113) im Reichstag wurde bezeichnenderweise von sozialdemokratischer Seite eine Ausdehnung der vormundschaftsgerichtlichen Ersetzungsbefugnis auf die vom elterlichen Gewalthaber verweigerte Ermächtigung wiederholt beantragt, um dem Minderjährigen eine Arbeitsaufnahme auch gegen den Willen des von eigennützigen Motiven geleiteten Vaters zu ermöglichen (Bericht d RT-Kommission 38 = MUGDAN I 965; Beratung im RT-Plenum bei MUGDAN I 999 f).

Die **praktische Bedeutung** des § 113 ging besonders in der Vergangenheit und geht **4** auch heute noch über die des § 112 erheblich hinaus. Dies beruht in erster Linie darauf, dass der Kreis der als Arbeitnehmer tätigen Minderjährigen größer ist als derjenige der minderjährigen Gewerbetreibenden. Zudem bedarf der gesetzliche Vertreter zu einer Ermächtigung nach § 113 im Gegensatz zu einer solchen nach § 112 nicht der vormundschaftsgerichtlichen Genehmigung. Gleichwohl hat sich auch die rechtstatsächliche Bedeutung der Arbeitsmündigkeit in den letzten Jahren stark vermindert. Hauptgrund hierfür ist auch hier die Herabsetzung des Volljährigkeitsalters auf das vollendete 18. Lebensjahr seit dem 1. 1. 1975. Diese Gesetzesänderung wirkte sich um so stärker aus, als sich andererseits die Ausbildungszeiten der Jugendlichen in den letzten Jahrzehnten wesentlich verlängert haben und auch berufliche Ausbildungsverhältnisse nicht von § 113 erfasst werden (vgl u Rn 7). Auf die Zeit nach dem 1.1. 1975 sich beziehende veröffentlichte Gerichtsentscheidungen sind auch zu einem erheblichen Teil solche der Finanzgerichtsbarkeit, die sich mit der Wirksamkeit eines zwischen dem Minderjährigen und seinen Eltern vereinbarten Dienst- oder Arbeitsverhältnisses nach § 113 als Vorfrage für die Anerkennung des von den Eltern gezahlten Entgelts als Betriebsausgaben oder Werbungskosten befassen.

II. Dienst- oder Arbeitsverhältnisse

Die aus § 113 folgende Teilgeschäftsfähigkeit bezieht sich auf Dienst- oder Arbeits- **5** verhältnisse des Minderjährigen als Dienstverpflichteten bzw Arbeitnehmer. Der Begriff des Dienst- und Arbeitsverhältnisses im Sinne des § 113 geht über denjenigen Dienstvertrages gem §§ 611 ff oder des Arbeitsvertrages im Sinne des Arbeitsrechts hinaus. Nach der *ratio* der Vorschrift, dem Minderjährigen einen Freiraum für die rechtsgeschäftliche Ausgestaltung seiner Erwerbstätigkeit zu geben (vgl o Rn 1), fallen hierunter alle Rechtsverhältnisse, die den Minderjährigen gegenüber einem anderen zur persönlichen Leistung irgendwelcher Dienstleistungen gegen Entgelt verpflichten (PFAEFFLIN Gruchot 48 [1904] 1, 8; SCHATTER RdA 1951, 445, 446; FÖRSTER 31 f; GAEDTKE 19). § 113 findet damit auch auf Werkverträge Anwendung (allg Meinung; anders nur AK-BGB/KOHL Rn 6, der die Vorschrift auf Arbeitsverträge beschränken will). Die Rechtsverhältnisse müssen, da sie dem Erwerb des Minderjährigen dienen sollen, auf entgeltliche Leistungen gerichtet, also gegen Lohn oder Gehalt zu erbringen sein, wobei die Gegenleistung allerdings nicht notwendig in Geld zu bestehen braucht (BGH NJW 1974, 1947, 1949; PFAEFFLIN Gruchot 48 [1904] 1, 8 f).

6 Nicht von § 113 erfasst wird (natürlich) der Betrieb eines Erwerbsgeschäfts gem § 112. Die beiden Teilgeschäftsfähigkeiten des § 112 und des § 113 sind nicht in der Weise voneinander abzugrenzen, dass unter § 113 nach dem Vorbild der gemeinrechtlichen Unterscheidung zwischen *operae liberales* und *operae illiberales* (hierzu jetzt HERRMANN ZfA 2002, 1 ff) nur die sogenannten niederen Dienste fielen, während Dienste höherer Art dem § 112 unterlägen, wie dies noch für § 5 und § 6 PrGeschäftsfähigkeitsG vertreten worden war (so RGZ 28, 278, 281). § 113 findet daher auf alle Dienstverhältnisse Anwendung, auch wenn sie die Leistung von freien Diensten zum Gegenstand haben (OLG Düsseldorf OLGE 22, 161 f; PFAEFFLIN Gruchot 48 [1904] 1, 5 f). Für die §§ 112, 113 sah das ältere Schrifttum die Selbstständigkeit der Erwerbstätigkeit als das entscheidende Abgrenzungsmerkmal an. Eine selbstständige, von fremden Weisungen unabhängige Tätigkeit stellte hiernach den Betrieb eines Erwerbsgeschäfts gem § 112 dar, während für ein Dienst- oder Arbeitsverhältnis nach § 113 die Weisungsunterworfenheit und damit die Unselbstständigkeit kennzeichnend sein sollte (so OLG Düsseldorf u PFAEFFLIN aaO; ferner SCHATTER RdA 1951, 445, 446; FÖRSTER 31 f, GAEDTKE 19). Das Bundesarbeitsgericht hat jedoch auch den zwischen einem selbstständigen Handelsvertreter gem § 84 Abs 1 HGB und dem Unternehmer bestehenden Dienstvertrag mit Geschäftsbesorgungscharakter nach § 113 beurteilt, daneben allerdings auch den § 112 für anwendbar erklärt (BAGE 15, 335, 344 = NJW 1964, 1641, 1642 = AP § 90a HGB m zust Anm HEFERMEHL; ferner BRIEGER VersR 1969, 98). Diese Entscheidung ist von der neueren Kommentarliteratur dahingehend verallgemeinert worden, dass die Unselbstständigkeit der Dienst- und Arbeitsleistung für § 113 nicht erforderlich sei (ERMAN/PALM Rn 5; MünchKomm/SCHMITT Rn 7; PALANDT/HEINRICHS Rn 2). Das BAG-Urteil ist aber auf die besondere Stellung des selbstständigen Handelsvertreters zugeschnitten, der einerseits in einem Rechtsverhältnis zum Unternehmer steht, andererseits aber nach außen hin selbstständig gegenüber dem Kunden auftritt. Für das Verhältnis des Handelsvertreters zum Unternehmer ist in der Tat die Anwendung des § 113 angemessen, während sein Tätigwerden gegenüber dem Kunden nach § 112 beurteilt werden muss (vgl SOERGEL/HEFERMEHL Rn 2). Von diesen und ähnlichen Besonderheiten abgesehen kann aber *cum grano salis* am Kriterium der Selbstständigkeit festgehalten werden. Für das Verhältnis des arbeitnehmerähnlichen Einfirmenvertreters gem §§ 92 HGB, 5 Abs 3 ArbGG zum Unternehmer gilt erst Recht § 113 (LAG Baden-Würtemberg DB 1963, 734), auf den angestellten Handelsvertreter nach § 84 Abs 2 HGB ist allein diese Vorschrift anwendbar. Ebenso ist die Tätigkeit der Heimarbeiter, die nach dem HeimarbeitsG arbeitnehmerähnliche Personen sind, nach § 113 zu beurteilen. Mangels Beschränkung des § 113 auf einfache Dienste gilt diese Vorschrift auch für Engamentverträge von Schauspielern (OLG Düsseldorf OLGE 22 161 f; zu § 6 PrGeschäftsfähigkeitsG noch ablehnend RGZ 28, 278 ff).

7 Keine Dienst- und Arbeitsverträge im Sinne des § 113 sind diejenigen Verträge, bei denen der **Ausbildungszweck** der Tätigkeit im Vordergrund steht. Berufsausbildungsverhältnisse nach dem Berufsausbildungsgesetz (früher Lehrverhältnisse) werden deshalb nach heute wohl einheitlicher Ansicht nicht von § 113 erfasst (BFH BB 1987, 251; RAG ARS 34, 186, 191 [Nr 33] m Anm Nipperdey; LAG Breslau ARS 33, 187, 193 [Nr 37] m Anm Hueck; LAG Düsseldorf 1950, 290; LAG Hannover BB 1951, 813; LAG Kiel BB 1955, 997; 1958, 758; LAG Baden-Württemberg BB 1956, 925; LAG Bremen BB 1958, 738; Siebert BB 1951, 195; Schatter RdA 1951, 445, 446 f; Weimar MDR 1963, 651, 652; Woltereck AuR 1965, 193, 237, 263; Gaedtke 23 f; Larenz/Wolf, AT § 25 V 9 b Rn 67; MünchKomm/Schmitt Rn 14; BGB-RGRK/Krüger-Nieland Rn 12; aA RAGE 3, 300, 302; RAG ARS 5, 330, 332 [Nr 81] m Anm Hueck; LAG Düsseldorf 1962, 606). Bei § 113 handelt es sich somit um eine dem Wesen und dem Zweck des Berufsausbildungsvertrages widersprechende Rechtsvorschrift für den Arbeitsvertrag, so dass § 3 Abs 2 BeBiG seine Anwendung auf den Berufsausbildungsvertrag ausschließt. Die Nichtanwendbarkeit des § 113 auf die Vertragsverhältnisse der Volontäre und Praktikanten gem § 19 BeBiG folgt heute zwar nicht mehr aus der durch § 10 BeBiG beseitigten früheren Unentgeltlichkeit dieser Beschäftigungen, wohl aber aus dem auch hier bestehenden primären Ausbildungszweck (RAG ARS 9, 281, 283 [Nr 64]; LAG Kiel BB 1955, 997; LAG Baden-Württemberg BB 1956, 925; LAG Düsseldorf AP HandwerksO § 21 Nr 1; Weimar MDR 1969, 651, 652; Natzel DB 1970, 1383, 1384; E Schmidt BB 1971, 622; MünchKomm/Schmitt Rn 14; Erman/Palm Rn 5; BGB-RGRK/Krüger-Nieland Rn 12; Soergel/Hefermehl Rn 2; aA Schatter RdA 1951, 445, 447).

Auf **öffentlich-rechtliche Dienstverhältnisse** findet § 113 entsprechende Anwendung **8** (Erman/Palm Rn 5; Soergel/Hefermehl Rn 2; aA Pfaefflin Gruchot 48 [1904] 1, 9; Förster 23; AK-BGB/Kohl Rn 6). Die Vorschrift gilt daher für eine Dienstverpflichtung als Zeitsoldat bei der Bundeswehr (OVG Münster NJW 1962, 758; FamRZ 1966, 51) oder für den Dienst im Bundesgrenzschutz (BVerwGE 34, 168; DVBl 1996, 1143, 1144). § 113 wird sogar auf einen öffentlich-rechtlich geregelten Vorbereitungsdienst trotz des auch hier im Vordergrund stehenden Ausbildungszwecks (vgl o Rn 7) für anwendbar gehalten, da der erforderliche Minderjährigenschutz durch die öffentlich-rechtliche Ausgestaltung dieses Dienstverhältnisses gewährleistet sei (BVerwG DVBl 1996, 1143, 1144). Für unanwendbar erklärt hatte der BGH hingegen den § 113 auf Erklärungen von Wehrpflichtigen gem dem früheren § 19 Abs 5 WehrpflichtG (vgl hierzu Vorbem 99 zu §§ 104–115), so dass Minderjährige insoweit nicht den Beschränkungen des § 113 Abs 1 S 2 unterlagen (BVerwG NJW 1964, 1386).

Die Frage, ob ein Dienst- oder Arbeitsverhältnis der in § 113 genannten Art auch **9 mit dem gesetzlichen Vertreter selbst** begründet werden kann, beschäftigt seit neuerer Zeit die Finanzgerichte, da die bürgerlich-rechtliche Wirksamkeit eines solchen Vertragsverhältnisses als Voraussetzung für die Anerkennung des vom gesetzlichen Vertreter an den Minderjährigen gezahlten Entgelts als Betriebsausgabe nach § 4 Abs 4 EStG oder als Werbungskosten gem § 9 Abs 1 EStG angesehen wird. Ein solches Vertragsverhältnis wird grundsätzlich als nach § 113 möglich erachtet. Umstritten ist lediglich, ob der gesetzliche Vertreter die zum wirksamen Vertragsschluss notwendige Ermächtigung dem Minderjährigen selbst erteilen kann oder ob hierfür die Bestellung eines Ergänzungspflegers nach § 1909 erforderlich ist. Richtiger Ansicht nach muss ein Ergänzungspfleger in entsprechender Anwendung von § 181 bestellt werden, da die Ermächtigung zwar kein eigentliches In-Sich-Geschäft darstellt, aber eine Kollision zwischen den Interessen des Minderjährigen und des gesetzlichen Vertreters, deren Verhinderung nach neuerer Auffassung der Zweck des § 181 ist, als möglich erscheint (FG Schleswig-Holstein NJW 1987, 1784; Rh-PfFG EFG 1989, 274; MünchKomm/Schmitt Rn 12, 13; Bamberger/Roth/Wendtland Rn 4; auch EFG 1990, 344, 345).

III. Ermächtigung

1. Rechtsnatur und Erteilung

10 Die entscheidende Voraussetzung für die Erlangung der Teilgeschäftsfähigkeit nach § 113 ist eine dem Minderjährigen vom gesetzlichen Vertreter erteilte Ermächtigung zum Eintritt in ein Dienst- oder Arbeitsverhältnis. Die Ermächtigung ist eine **einseitige empfangsbedürftige Willenserklärung**. Nach überwiegender Meinung muss die Ermächtigung zu ihrer Wirksamkeit dem Minderjährigen gegenüber erklärt werden (BAG AP § 113 Nr 6 = DB 1974, 2062; LAG Düsseldorf BB 1961, 1238; LAG Hamm BB 1971, 779 f; Schatter RdA 1951, 445; Fomferek 63 f; AK-BGB/Kohl Rn 5; Bamberger/Roth/Wendtland Rn 3; MünchKomm/Schmitt Rn 17; BGB-RGRK/Krüger-Nieland Rn 3; Soergel/Hefermehl Rn 3). Abweichende Ansichten lassen in Analogie zu § 182 Abs 1 die Erklärung auch gegenüber dem anderen Vertragsteil zu (so Bernemann RdJ 1971, 101, 104 ff) oder verlangen sogar eine an den anderen Vertragsteil gerichtete Erklärung (so Feller FamRZ 1961, 420, 422). Die hM verdient wegen der die Teilgeschäftsfähigkeit des Minderjährigen begründenden Wirkung der Ermächtigung den Vorzug.

11 Die Ermächtigung bedarf **keiner Form**. Sie kann deshalb auch durch schlüssiges Verhalten erfolgen und wird regelmäßig auch auf diese Weise erteilt werden (BAG AP § 113 Nr 6 = DB 1974, 2062 = FamRZ 1975, 90 m Anm Fenn; Pfaefflin Gruchot 48 [1904] 1, 4; Schatter RdA 1951, 445, 446; Feller FamRZ 1961, 420, 421; Bernemann RdJ 1971, 101, 102). Eine Ermächtigung kann folglich auch darin liegen, dass der gesetzliche Vertreter eine ihm bekannte Tätigkeit des Minderjährigen in einem bestimmten Betrieb oder einer bestimmten Branche duldet und dagegen nicht einschreitet (BAG AP § 113 Nr 6 = DB 1974, 2062 f = FamRZ 1975, 90 m Anm Fenn; ArbG Wilhelmshaven ARST 1968, 94 [Nr 1164]; Erman/Palm Rn 3; **aA** AK-BGB/Kohl Rn 5). Nicht als Ermächtigung zu werten ist aber eine bloße Hinnahme der Tätigkeit aus Resignation, wenn der gesetzliche Vertreter mangels Durchsetzungsfähigkeit gegenüber dem Minderjährigen keine weitere Einwirkungsmöglichkeit auf diesen zu haben glaubt (BAG aaO). Von der Einwilligung gem § 107 unterscheidet sich die Ermächtigung dadurch, dass diese dem Minderjährigen eine gewisse freie Entschließung einräumt. Als bloße Einwilligung, nicht als Ermächtigung ist daher grundsätzlich anzusehen, wenn der gesetzliche Vertreter selbst den Vertrag mit dem anderen Teil abschließt (RAGE 3, 221, 223; 300, 303; BayObLGZ 1978, 152, 155; auch LAG Düsseldorf DB 1968, 2221; LAG Hamm DB 1971, 779, 780). Gleiches gilt im Zweifel auch für eine Mitunterzeichnung des Vertrages durch den gesetzlichen Vertreter neben dem Minderjährigen (LAG Düsseldorf BB 1961, 1238; vgl aber LG Krefeld JW 1924, 1197). Eine wirksam erteilte Ermächtigung wirkt nur für die Zukunft; vom Minderjährigen schon vorher geschlossene Rechtsgeschäfte werden dadurch also nicht rückwirkend nach § 113 wirksam (Pfaefflin Gruchot 48 [1904] 1, 5).

2. Ersetzung (Abs 3)

Die vom Vormund als gesetzlichem Vertreter verweigerte Ermächtigung kann nach **12**
§ 113 Abs 3 S 1 vom Vormundschaftsgericht ersetzt werden. Gem Abs 3 S 2 ist das
Vormundschaftsgericht zur Ersetzung verpflichtet, wenn sie im Interesse des Minderjährigen liegt. Der die Ersetzung aussprechende Beschluss des Vormundschaftsgerichts unterliegt gem §§ 60 Abs 1 Nr 6 und 50 Abs 1 S 1 FGG der sofortigen
Beschwerde. Der Beschluss ist deshalb dem Minderjährigen nach § 16 Abs 2 FGG
zuzustellen. Eine von den Eltern verweigerte Ermächtigung ist hingegen nicht nach
§ 113 Abs 3 ersetzbar (kritisch hierzu FÖRSTER 54). Anträge, auch insoweit die Ersetzung zuzulassen, wurden im Gesetzgebungsverfahren als mit der elterlichen Stellung
unvereinbar abgelehnt (vgl o Rn 3). Eine Ersetzung der elterlichen Ermächtigung
kommt aber nach § 1666 Abs 3 in Betracht. Hierzu ist jedoch eine Gefährdung des
Kindeswohls nach § 1666 Abs 1 erforderlich, die nicht ohne Weiteres schon dann zu
bejahen ist, wenn die Ermächtigung im Interesse des Minderjährigen liegt (MünchKomm/SCHMITT Rn 44; **aA** KG OLGE 3, 347, 348).

IV. Teilgeschäftsfähigkeit

1. Grundsatz

Die Rechtsfolge der erteilten Ermächtigung besteht darin, dass der Minderjährige **13**
in dem durch sie bestimmten Umfang **unbeschränkt geschäftsfähig** wird. Auch die
Ermächtigung nach § 113 stellt also keine bloße Generaleinwilligung des gesetzlichen Vertreters dar, sondern sie begründet – ebenso wie die Ermächtigung nach
§ 112 – eine echte Teilgeschäftsfähigkeit des Minderjährigen. Wegen dieser weitreichenden Wirkung ist die Ermächtigung, bei der im Gegensatz zu § 112 auch keine
vormundschaftsgerichtliche Kontrolle vorgesehen ist, einschränkend auszulegen. Sie
umfasst daher im Zweifel nicht außergewöhnliche Geschäfte, aus denen sich für den
Minderjährigen möglicherweise nachteilige Folgen ergeben können, sondern nur
solche Geschäfte, die mit der Eingehung, Abwicklung und Beendigung des Dienst-
oder Arbeitsverhältnisses **üblicherweise** verbunden sind (BAG AP § 113 Nr 7 m Anm
GITTER = BB 2000, 567, 568 mwN; LAG Bremen DB 1971, 2318). Nach heute allgemein
anerkannter Ansicht verliert der gesetzliche Vertreter in dem Umfang der erlangten
Teilgeschäftsfähigkeit seine Vertretungsbefugnis (BAG aaO; LAG Düsseldorf BB 1961,
1238; GAEDTKE 15 f; ENNECCERUS/NIPPERDEY I 2 § 151 III 4 c; BGB-RGRK/KRÜGER-NIELAND
Rn 10; SOERGEL/HEFERMEHL Rn 1). Eine früher teilweise angenommene konkurrierende
Vertretungsbefugnis des gesetzlichen Vertreters (so FÖRSTER 37 ff) wäre mit dem
Status der partiellen Geschäftsfähigkeit unvereinbar.

2. Umfang

a) Unmittelbare Gestaltung des Dienst- oder Arbeitsverhältnisses

Die erlangte Teilgeschäftsfähigkeit erfasst zunächst nach dem Wortlaut des § 113 **14**
Abs 1 S 1 solche Rechtsgeschäfte, die das Dienst- oder Arbeitsverhältnis unmittelbar betreffen.

aa) Eingehung

Partiell geschäftsfähig wird der Minderjährige für die Eingehung des Dienst- oder

Arbeitsverhältnisses (hierzu BRILL BB 1975, 284, 287). Der Minderjährige kann also die ein solches Verhältnis begründenden Verträge mit dem anderen Teil wirksam abschließen, ohne hierzu der Zustimmung des gesetzlichen Vertreters nach den §§ 107, 108 zu bedürfen. Der Begriff der „Eingehung" eines Dienst- oder Arbeitsverhältnisses beschränkt sich hierbei nicht auf den bloßen Abschluss eines inhaltlich bereits festgelegten Vertrages, sondern er umfasst auch die Ausgestaltung der Rechte und Pflichten aus dem Vertragsverhältnis im Einzelnen (BAG AP § 113 Nr 7 m Anm GITTER = BB 2000, 568 GILLES/WESTPHAL JuS 1981, 899, 902).

bb) Erfüllung der Vertragspflichten

15 Als weiteren Bereich der Teilgeschäftsfähigkeit nennt das Gesetz diejenigen Rechtsgeschäfte, die die Erfüllung der sich aus dem Dienst- oder Arbeitsverhältnis ergebenden Verpflichtungen betreffen. Hierunter fallen sowohl die Verpflichtungen des Minderjährigen als auch diejenigen des anderen Vertragsteils. Hinsichtlich dieser Verbindlichkeiten kann der Minderjährige also selbstständig modifizierende Abreden treffen. Er ist deshalb fähig zur Erteilung einer Ausgleichsquittung an den Arbeitgeber (LAG Plauen ARS 4, 53, 54 [Nr 14]; LAG Frankfurt/M ARS 9, 12, 13 [Nr 3] m zust Anm NIPPERDEY; LAG Niedersachsen DB 1964, 115; LAG Hamm DB 1971, 779; **aA** AK-BGB/ KOHL Rn 10). Die Verabredung einer Vertragsstrafe mit dem Arbeitgeber fällt richtiger Ansicht nach nur dann unter § 113, wenn sie für ein Vertragsverhältnis der betreffenden Art üblich ist (RAG 1, 355, 356 = JW 1928, 1672; SCHATTER RdA 1951, 445, 447). Gleiches gilt für die Vereinbarung von Wettbewerbsverboten, soweit diese nicht überhaupt von Minderjährigen nicht wirksam begründet werden können, wie nach §§ 74a Abs 2 S 1 HGB, 133 f Abs 2 GewO (GAEDTKE 35 f; generell ablehnend RAG ARS 2, 282, 284 [Nr 81]; ebenso die Vorinstanz LAG Hamburg ARS 2, 171, 172 [Nr 57] m zust Anm HUECK; SCHATTER aaO; WEIMAR MDR 1963, 651, 652; für entspr Anwendung v § 74a Abs 2 S 1 auf arbeitnehmerähnliche Handelsvertreter LAG Baden-Württemberg DB 1963, 734). Als einschneidend und außergewöhnlich und damit nicht von § 113 gedeckt bezeichnet wurde die Vereinbarung eines dreijährigen Wettbewerbsverbots für eine Tätigkeit in der Steuer- und Buchprüfungsberatung mit einer Vertragsstrafe von 1000 DM für jeden Fall der Zuwiderhandlung (LAG Berlin BB 1963, 897). Unwirksam und auch nicht gem § 113 Abs 1 gedeckt ist eine Vereinbarung, durch welche sich der Minderjährige nach Kündigung zur Erstattung von Lehrgangskosten verpflichtet hatte (ArbG Wilhelmshaven AuR 1963, 347; ArbG Celle ARST 1971, 2 [Nr 2]). Grundsätzlich zulässig sind Vereinbarungen über die Regulierung von Schadensersatzansprüchen aus dem Vertragsverhältnis (vgl ArbG Herne DB 1963, 1362 f).

cc) Aufhebung

16 Schließlich wird auch die Aufhebung eines Dienst- oder Arbeitsverhältnisses von § 113 erfasst. Der Minderjährige ist daher ermächtigt, das Vertragsverhältnis ordentlich oder außerordentlich zu kündigen oder eine Kündigung von Seiten des anderen Teils entgegen zu nehmen (OLG Colmar Recht 1903, 102 [Nr 440]; ArbG Wilhelmshaven DB 1965, 1864). Auch einen Aufhebungsvertrag kann der Minderjährige zustimmungsfrei abschließen. Wegen der gebotenen engen Auslegung des § 113 gilt dies aber nicht für den Aufhebungsvertrag einer schwangeren Arbeitnehmerin, die dadurch auf die ihr im Rahmen des Mutterschutzgesetzes zustehenden Vorteile verzichtet (LAG Bremen DB 1971, 2318).

b) Geschäfte im Zusammenhang mit dem Dienst- oder Arbeitsverhältnis

Nach dem Wortlaut des § 113 Abs 1 S 1 erstreckt sich die Teilgeschäftsfähigkeit nur auf solche Rechtsgeschäfte, die das Dienst- oder Arbeitsverhältnis unmittelbar betreffen. Es ist aber heute anerkannt, dass die Teilgeschäftsfähigkeit auch solche Geschäfte erfassen muss, die mit dem Dienst- oder Arbeitsverhältnis in einem so engen Zusammenhang stehen, dass dieses Verhältnis ohne deren Abschluss nicht oder nur unter erheblichen Schwierigkeiten durchführbar wäre. Es handelt sich hierbei um **Hilfsgeschäfte** oder **Folgegeschäfte** des Dienst- oder Arbeitsverhältnisses. Derartige Geschäfte können nicht nur mit dem anderen Teil des Dienst- oder Arbeitsvertrages, sondern auch, wie das häufig erforderlich sein wird, mit dritten Personen abgeschlossen werden. 17

Als Hilfsgeschäfte sind vornehmlich solche Rechtsgeschäfte anzusehen, die zur Beschaffung des für den Minderjährigen erforderlichen **Lebensbedarfs** (Nahrung, Kleidung) und einer **Unterkunft** am Arbeitsort notwendig sind. Diese Geschäfte kann der Minderjährige daher auf Grund seiner Teilgeschäftsfähigkeit zustimmungsfrei abschließen (OLG Karlsruhe OLGE 12, 11, 17; SCHATTER RdA 1951, 445, 448). Für die Anmietung eines Zimmers oder einer Wohnung gilt dies aber nur, wenn der gesetzliche Vertreter den Minderjährigen zur Arbeitsaufnahme an einem von dem Wohnort der Eltern weit entfernten Ort ermächtigt hat; die Wohnung muss zudem nach Mietpreis, Größe und Ausstattung in einem angemessenen Verhältnis zum Arbeitseinkommen und dem Wohnbedarf des Minderjährigen stehen (LG Mannheim WuM 1969, 110 f). Ist die Dienst- oder Arbeitsleistung hingegen am Wohnort des gesetzlichen Vertreters oder in dessen unmittelbarer Nähe zu erbringen, so ist die Beschaffung einer eigenen Wohnung mangels Vorliegens besonderer Gründe nicht von § 113 gedeckt (LG Mannheim NJW 1969, 239). Ebenso wenig erfasst die Ermächtigung in der Regel die Einwilligung auch des gesetzlich krankenversicherten Minderjährigen in eine nicht unumgänglich gebotene ärztliche Operation (RG JW 1907, 505 [Nr 2]). Die gelegentliche Anmietung eines Kraftfahrzeugs ist hingegen als normale Urlaubsgestaltung eines gut verdienenden minderjährigen Facharbeiters als nach § 113 wirksam angesehen worden (so OLG München VersR 1958, 149). 18

Den Beitritt des minderjährigen Arbeitnehmers zu einer **Gewerkschaft** hat eine ältere Ansicht nicht als von § 113 erfasst angesehen (LG Frankfurt/M NJW 1963, 1361 f m abl Anm FARTHMANN NJW 1963, 1982, 1983; AG Köln BB 1964, 1171). Nach heutiger Auffassung wird hingegen eine Teilgeschäftsfähigkeit auch für diesen Vertragsschluss ganz überwiegend bejaht (LG Frankenthal DB 1966, 586 f; LG Düsseldorf BB 1966, 587 LG Essen DB 1965, 2302 f; LG Frankfurt/M FamRZ 1967, 680 f; AG Bamberg DB 1964, 1558; AG Oberhausen DB 1964, 1778 f; AG Fürth DGVZ 1972, 187, 188; FRAENKEL Arbeitsrecht 14 [1927] Sp 837, 840; HOFFMANN BB 1965, 126 ff; SCHATTER RdA 1951, 445, 447 f; LUBERICHS 193; eingehend GILLES/WESTPHAL JuS 1981, 899, 901 ff; WOLTERECK DB 1964, 1777 f; ders AuR 1965, 193, 237, 263, 264 ff; i Ergebnis auch KUBE DB 1968, 1126, 1128 ff; ders, Koalitionsfreiheit 95 ff). Dieser Ansicht ist zuzustimmen. Bei Tarifbindung des Arbeitgebers wirkt sich der Gewerkschaftseintritt auf Grund von § 4 Abs 1 TVG unmittelbar auf den Inhalt des Arbeitsverhältnisses aus und zwar in der Regel wesentlich stärker als dies heute durch Individualvereinbarung geschieht. Aber auch wenn der Arbeitgeber nicht tarifgebunden ist, liegt ein Gewerkschaftsbeitritt angesichts der heutigen Bedeutung der Gewerkschaften im Wirtschaftsleben durchaus im Interesse des Minderjährigen. Schließlich ist der minderjährige Arbeitnehmer auf Grund seiner Arbeitsmündigkeit auch zur 19 selbstständigen Ausübung seines Grundrechts aus Art 9 Abs 3 GG berechtigt. Eine Einschränkung der Ermächtigung seitens des gesetzlichen Vertreters gem § 113 Abs 2 in der Weise, dass der Gewerkschaftsbeitritt von der Ermächtigung nicht mehr erfasst wird, dürfte daher unzulässig sein. Als außergewöhnliches Geschäft nicht von § 113 gedeckt ist hingegen die Aufnahme eines Darlehens des Minderjährigen bei seiner Gewerkschaft selbst dann, wenn es sich bei diesem Kredit um eine Streik-Unterstützungsmaßnahme handelt (LG Münster MDR 1968, 146 f). Tarifvertraglich vorgesehene Gestaltungsmöglichkeiten sind idR als verkehrsüblich von der Ermächtigung erfasst (BAG AP § 113 Nr 7 m insoweit abl Anm GITTER = BB 2000, 567, 568).

20 Die Frage der Anwendbarkeit des 113 auch auf Rechtshandlungen im Bereich des **Sozialversicherungsrechts** hat sich mit dem Inkrafttreten des § 36 SGB I nicht erledigt, denn die dort eingeführte „Sozialmündigkeit" umfasst mit der Stellung und Verfolgung von Anträgen auf Sozialleistungen (vgl Vorbem 99 zu §§ 104–115) nur einen Ausschnitt der möglichen sozialversicherungsrechtlichen Handlungen. Die Verfahrensfähigkeit des § 11 Abs 1 Nr 2 SGB X knüpft an eine bestehende Teilgeschäftsfähigkeit, etwa nach § 113, an, erfordert also die Bestimmung von deren Umfang auf diesem Rechtsgebiet. Klärungsbedürftig ist insbesondere die Erstreckung der Teilgeschäftsfähigkeit des § 113 auf den freiwilligen Beitritt zu einer Sozialversicherung und die Stellung eines Antrags auf Befreiung von der Versicherungspflicht. Der Abschluss einer Krankenversicherung mit einer Ersatzkasse an Stelle der Pflichtversicherung bei der AOK wird als gem § 113 wirksam angesehen (AG Wiesbaden DGVZ 1962, 156; WOLTERECK SGb 1965, 161, 164; ERMAN/PALM Rn 14; PALANDT/HEINRICHS Rn 4). Die sachlich enge Beziehung der Sozialversicherung des Arbeitnehmers zu dessen Arbeitsverhältnis spricht in der Tat dafür, dem arbeitsmündigen Minderjährigen auch die Fähigkeit zur selbstständigen Gestaltung der mit seinem Arbeitnehmerstatus verbundenen Sozialversicherungsverhältnisse zuzuerkennen (vgl auch SOERGEL/HEFERMEHL Rn 4; **aA** KRAUSE VerwArch 61 [1970] 297, 313; MünchKomm/SCHMITT Rn 26).

21 Die Teilgeschäftsfähigkeit umfasst auch die Befugnis des Minderjährigen zur Verfügung über die ihm gegen den Dienstberechtigten oder den Arbeitgeber zustehende **Entgelt- (Lohn- oder Gehalts-) forderung**. Denn hierbei handelt es sich um Rechtsgeschäfte, die die Erfüllung einer Verpflichtung betreffen, zu denen § 113 Abs 1 S 1 den Minderjährigen für fähig erklärt. Der Minderjährige kann deshalb den Arbeitslohn mit für den Arbeitgeber befreiender Wirkung entgegennehmen, er kann auf den Lohnanspruch verzichten, ihn stunden, mit ihm aufrechnen, sich über ihn vergleichen und er kann auch eine Ausgleichsquittung erteilen (LAG Hamm DB 1971, 779). Der gesetzliche Vertreter ist nach der Erteilung der Ermächtigung gem § 113 Abs 1 dagegen nicht zum Einklagen des Lohnes befugt (RAG ARS 13, 447, 448 [Nr 103] m Anm GERSTEL; LG Landsberg/Warthe KGBl 1905, 74; SCHEFOLD AcP 94 [1903] 305, 308 f). Angesichts der heute allgemein üblichen bargeldlosen Überweisung des Arbeitsentgelts auf ein **Lohn- oder Gehaltskonto** des Arbeitnehmers, zu dessen Unterhaltung dieser arbeitsvertraglich sogar meist verpflichtet ist, ergibt sich aus der Verfügungsbefugnis über den Entgeltanspruch auch das Recht des Minderjährigen zur selbstständigen Eröffnung eines solchen Kontos (CAPELLER BB 1961, 453, 454; HAGEMEISTER JuS 1992, 839, 842; VORTMANN WM 1994, 965, 967; MünchKomm/SCHMITT Rn 28; SCHEERER BB 1971, 981, 983 f: auch Kündigung des Kontos). Der Minderjährige ist auch zu Verfügungen über das Konto in Form von Barabhebungen in Höhe des Wertes des Arbeitsentgeltes berechtigt (CAPELLER BB 1961, 453, 455; HAGEMEISTER JuS 1992, 839,

842; ERMAN/PALM § 113 Rn 12; MünchKomm/SCHMITT Rn 28; SOERGEL/HEFERMEHL Rn 5; zweifelnd SCHEERER BB 1971, 981, 983; **aA** AK-BGB/KOHL Rn 15). In diesem Fall erhält der Minderjährige sein Arbeitsentgelt nicht anders als bei einer Barauszahlung durch den Arbeitgeber. Nicht von § 113 gedeckt sind aber mangels Beziehungen zum Arbeitsverhältnis Verfügungen über das Lohnkonto mittels Banküberweisung oder Scheckausstellung (CAPELLER BB 1961, 453, 455; SCHEERER BB 1971, 981, 983; H P WESTERMANN FamRZ 1967, 645, 649 ff; SOERGEL/HEFERMEHL Rn 5). Etwas anderes gilt nur für die Überweisung von Gewerkschaftsbeiträgen, denn hier ist eine Verbindung zum Arbeitsverhältnis zu bejahen (vgl o Rn 19; ebenso VORTMANN WM 1994, 965, 967; HAGEMEISTER JuS 1992, 839, 842, der gleiches auch für die Rücküberweisung von Lohnüberzahlungen annimmt).

Auf das – durch Abhebung von dem Lohn- oder Gehaltskonto oder durch Barzahlung **22** des Arbeitgebers erlangte – **Arbeitsentgelt** selbst erstreckt sich die Teilgeschäftsfähigkeit nicht. Das Entgelt unterliegt folglich gem §§ 1626, 1793 der Verwaltungs- und Verfügungsbefugnis des gesetzlichen Vertreters (ArbG Göttingen DB 1962, 606; ArbG Celle ARST 1971, 2 [Nr 2]; KGJ 37, A 39, A 43 [Nr 8]; HAGEMEISTER JuS 1992, 839, 842, SCHEFOLD AcP 94 [1903] 305, 308; VORTMANN WM 1994, 965, 967; FÖRSTER 44 f; GAEDTKE 38 f; FLUME, AT II § 13 8; BGB-RGRK/KRÜGER-NIELAND Rn 6; ERMANN/PALM Rn 12; MünchKomm/SCHMITT Rn 31; SOERGEL/HEFERMEHL Rn 5; **aA** – für ein Verfügungsrecht des Minderjährigen über das erlangte Entgelt – SCHATTER RdA 1951, 445, 447). Dem Minderjährigen steht nach § 113 nur insoweit ein Verfügungsrecht zu, als er das Arbeitsentgelt zur Erfüllung des Dienst- oder Arbeitsverhältnisses benötigt (vgl o Rn 17). Häufig kann auch davon ausgegangen werden, dass der gesetzliche Vertreter dem Minderjährigen das erlangte Arbeitsentgelt zur freien Verfügung gem § 110 überlässt (BGH WM 1976, 1351, 1352; OLG Celle NJW 1970, 1850; vgl § 110 Rn 15). Der gesetzliche Vertreter kann auch bestimmten Verfügungen konkludent nach § 107 zustimmen. Für eine schlüssige Zustimmung müssen jedoch besondere Anhaltspunkte vorliegen, da sie nach Sinn und Zweck des Minderjährigenschutzes wie auch nach dem Wortlaut des § 113 nicht als Regelfall anzusehen ist (**aA** wohl GEFAELLER 92 ff; SOERGEL/HEFERMEHL Rn 5).

Schadensersatzansprüche, die aus dem Dienst- oder Arbeitsverhältnis entstanden **23** sind, kann der Minderjährige gegen seinen Arbeitgeber geltend machen, dieser allerdings auch umgekehrt gegen den Minderjährigen (LAG Hamm DB 1971, 779).

c)   Erstreckung auf gleichartige Dienst- oder Arbeitsverhältnisse (Abs 4)
Die Teilgeschäftsfähigkeit des Minderjährigen erstreckt sich nach der Auslegungsregel des § 113 Abs 4 auch auf die Eingehung gleichartiger Beschäftigungsverhältnisse. **24** Die Gleichartigkeit eines Beschäftigungsverhältnisses bestimmt sich nach der Verkehrsanschauung, nicht nach der Rechtsnatur des Vertrages. Bei der Beurteilung der Vergleichbarkeit ist auf die Entwicklung des Minderjährigen Rücksicht zu nehmen. Deshalb kann durch die Ermächtigung auch der Wechsel in einen anderen verwandten Berufszweig gedeckt sein. Nicht gleichartig sind die Tätigkeiten als Haushaltshilfe und als Servitierin oder als kaufmännische Angestellte (KG DJZ 1906, Sp 322; LAG Altona DRiZR 1931 Nr 514 = Das Recht 1931, 441 [Nr 514]), als Büromaschinentechniker und als Kraftfahrer (ArbG Wilhelmshaven DB 1965, 1863), in einer Wäscherei und als Bedienung in einer Gaststätte (LAG Bayern ARST 1968, 163), sowie als Fotomodell für Werbeaufnahmen und als Modell für Aktaufnahmen (BGH NJW 1974, 1947, 1949). Auch erfasst die Ermächtigung, als Kellnerin tätig zu sein, nicht die Tätigkeit als Bardame in einem Nachtlokal (ERMAN/PALM Rn 15; MünchKomm/SCHMITT Rn 46).

d) Prozessfähigkeit

25 Ob die Ermächtigung des Minderjährigen auch eine entsprechende **Prozessfähigkeit** begründen sollte, war im Gesetzgebungsverfahren rechtspolitisch besonders umstritten. Zunächst überwog die verneinende Ansicht; in § 87 Abs 1 S 1 E II sollte dem Minderjährigen die Prozessfähigkeit ausdrücklich abgesprochen werden, damit er von leichtsinnigem Austragen von Prozessen abgehalten und der Dienstherr gegen die Gefahr geschützt (werde), durch frivoles Prozessieren des Minderjährigen Einbuße an Zeit und Geld zu erleiden (MUGDAN I 683). Die Vorschrift wurde erst in zweiter Lesung der Zweiten Kommission nach vorheriger Ablehnung entsprechender Anträge (JAKOBS/SCHUBERT 573; Prot 8356 = MUGDAN I 683) schließlich gestrichen und die Prozessfähigkeit als Konsequenz der eingeräumten Teilgeschäftsfähigkeit sowie deshalb zuerkannt, weil sie in einem großen Teil Deutschlands bereits geltendes Recht war, ohne Nachteile zu zeitigen und sie einem praktischen Bedürfnis entspräche (Prot 8393 = MUGDAN I 683 f). Soweit der Umfang der Teilgeschäftsfähigkeit nach § 113 reicht, ist der Minderjährige folglich auch gem § 52 ZPO prozessfähig (RG WarnR 1931, 214; AG Bamberg DB 1964, 1558; AG Fürth DGVZ 1972, 187 f; PFAEFFLIN Gruchot 48 [1904] 1, 13 ff; SCHATTER RdA 1951, 445, 446; BGB-RGRK/KRÜGER-NIELAND Rn 8). Die Gegenansicht (EBERHARD Recht 1911, 29 f; WEIMAR MDR 1963, 651, 652), nach der grundsätzlich von einer Prozessführungsbefugnis durch den gesetzlichen Vertreter aufgrund einer (schlüssigen) Einschränkung der Ermächtigung gem § 113 Abs 2 auszugehen sei, ist schon auf Grund der dargelegten Entstehungsgeschichte abzulehnen. Die Prozessfähigkeit erfasst alle Prozesshandlungen und gilt auch im Rahmen der Zwangsvollstreckung (AG Bamberg DB 1964, 1558). Der Minderjährige kann deshalb auch selbstständig Vollstreckungsgegenklage gem § 767 ZPO erheben (LG Essen NJW 1965, 2302, 2303). Aus einer nach § 113 wirksam begründeten Verpflichtung ist der Minderjährige auch fähig zur Leistung der eidesstattlichen Versicherung nach § 899 ff ZPO (AG Wiesbaden DGVZ 1962, 156).

e) Einschränkung durch Erfordernis vormundschaftsgerichtlicher Genehmigung (Abs 1 S 2)

26 Gem § 113 Abs 1 S 2 ist die Ermächtigung ausgeschlossen, sofern der gesetzliche Vertreter für einen von der Ermächtigung erfassten Vertrag seinerseits der Genehmigung des Familien- oder Vormundschaftsgerichtes bedürfte (vgl §§ 1643, 1821, 1822). Die Eingehung eines Dienst- oder Arbeitsverhältnisses fällt nicht unter § 1822 Nr 5, sondern unter die speziellere Vorschrift des § 1822 Nr 7. Für Minderjährige unter elterlicher Sorge ist deshalb – anders als für bevormundete Minderjährige – mangels Verweisung des § 1643 Abs 1 auch auf § 1822 Nr 7 zur Eingehung eines Dienst- oder Arbeitsverhältnisses für länger als ein Jahr auf Grund elterlicher Ermächtigung eine familiengerichtliche Genehmigung nicht erforderlich (RAGE 2, 135, 137 = JW 1929, 1263 f m Anm KASKEL; LG Essen NJW 1965, 2302, 2303; GILLES/WESTPHAL JuS 1981, 899, 904 f: entspr Anwendung v § 1822 Nr 7 auf Gewerkschaftsbeitritt; aA ENNECCERUS/NIPPERDEY I 2 § 151 III 2 [Fn 20]; zu vormundschaftsgerichtlicher Genehmigung u Gewerkschaftsbeitritt vgl WOLTERECK AuR 1965, 193, 237 ff). Die Einschränkung des § 113 Abs 1 S 2 wird somit vornehmlich praktisch für den Abschluss von Dienst- und Arbeitsverträgen durch unter Vormundschaft stehende Minderjährige.

V. Zurücknahme oder Einschränkung der Ermächtigung (Abs 2)

27 Der gesetzliche Vertreter kann die erteilte Ermächtigung nach § 113 Abs 2 zurück-

nehmen oder einschränken. Die Rücknahme oder Einschränkung der Ermächtigung liegt im Ermessen des gesetzlichen Vertreters. Sie ist also nicht anders zu behandeln als die Erteilung der Ermächtigung. Bei Gefährdung des Kindeswohls kann das Vormundschaftsgericht allerdings Maßnahmen nach §§ 1666, 1667 treffen. Teilweise wird angenommen, dass das **Verbot eines Gewerkschaftsbeitritts** des Minderjährigen als Einschränkung der Ermächtigung unter dem Aspekt des Eingriffs in die Koalitionsfreiheit *per se* eine Gefährdung des Kindeswohls darstelle (KUBE DB 1968, 1126; SCHATTER RdA 1951 445, 446; LUBERICHS 193 f; MünchKomm/GITTER³ Rn 31 ff; aA MünchKomm/SCHMITT Rn 39). Dem ist zuzustimmen. Zum einen kommt durch das Verbot des Beitritts die Möglichkeit in Betracht, dass der Arbeitgeber den minderjährigen Arbeitnehmer nicht in den einschlägigen Tarifvertrag miteinbeziehen, da es insoweit an der Tarifgebundenheit fehlt (vgl o Rn 19). Zum anderen würde ein Verbot, der Gewerkschaft beizutreten, die Wahrnehmung des in Art 9 Abs 3 GG enthaltenen Grundrechts auf Koalitionsfreiheit verhindern, welches ua auch das Recht zum Beitritt zu einer Gewerkschaft gewährleistet (JARASS-PIEROTH/JARASS, Kommentar zum GG [6. Aufl 2002] Art 9 Rn 25).

Rücknahme und Einschränkung der Ermächtigung sind **einseitige empfangsbedürftige Willenserklärungen**. Sie sind formlos wirksam. Grundsätzlich bedürfen sie nicht der Genehmigung durch das Vormundschaftsgericht, es sei denn die Ermächtigung ist gem § 113 Abs 3 durch das Vormundschaftsgericht ersetzt worden (vgl o Rn 12). Auch bei der Einschränkung oder der Rücknahme der Ermächtigung ist der Erklärungsempfänger der Minderjährige (BAG AP § 113 Nr 7 m Anm GITTER = BB 2000, 567, 568; FOMFEREK 65 f; MünchKomm/SCHMITT Rn 36; AK-BGB/KOHL Rn 19; BAMBERGER/ROTH/WENDTLAND Rn 6; BGB-RGRK/KRÜGER-NIELAND Rn 3). Beide Erklärungen erfordern zu ihrer Wirksamkeit nicht die Kenntnis des Vertragspartners des Minderjährigen (BAG AP § 113 Nr 7 m Anm GITTER = BB 2000, 567, 568; PrOVGE 43, 424, 426; LAG Berlin AuR 1962, 187; PFAEFFLIN Gruchot 48 [1904] 1, 19; WEIMAR MDR 1963, 651, 652; KUBE, Koalitionsfreiheit 17; BGB-RGRK/KRÜGER-NIELAND Rn 3; MünchKomm/SCHMITT Rn 36; PALANDT/HEINRICHS Rn 1). Die von der Gegenansicht vertretene Auffassung (LAG Dortmund ARS 34, 63, 65 [Nr 12] m zust Anm HUECK; ArbG Bremen DB 1959, 863; BERNEMANN RdJ 1971, 101, 107; FELLER FamRZ 1961, 420, 423; HOHN DB 1960, Beilage 24; SOERGEL/HEFERMEHL Rn 8; differenzierend JAUERNIG/JAUERNIG Rn 7), die Rücknahme- bzw Einschränkungserklärung könne oder müsse gegenüber dem Vertragspartner erfolgen, wenn ein solcher vorhanden ist, ist abzulehnen. Das für alle Beteiligten bestehende Interesse, den Vertragspartner von der neuen Rechtslage in Kenntnis zu setzen, kann durch Kundgabe der Rücknahme- bzw Einschränkungserklärung in beliebiger Weise erfüllt werden. Es ist nicht erforderlich, die Erklärung von Rücknahme oder Einschränkung zur Wirksamkeitsvoraussetzung zu machen. Eine Erklärung gegenüber dem Vertragspartner als Wirksamkeitsvoraussetzung entbehrt auch einer gesetzlichen Grundlage. Die Ermächtigung ist eben keine besondere Form der Zustimmung, welche auch gegenüber dem Vertragspartner des Minderjährigen erteilt oder verweigert werden kann (vgl § 182 Abs 1), sondern durch sie erhält der Minderjährige in Teilbereichen den Status eines Volljährigen. Folglich haben sowohl Rücknahme als auch Einschränkung der Ermächtigung als *actus contrarius* zur Ermächtigung ebenfalls eine statusverändernde Bestimmung und können nur dem Minderjährigen gegenüber erklärt werden (MünchKomm/SCHMITT Rn 36).

Eine Rücknahme oder Einschränkung der Ermächtigung wirkt nur **für die Zukunft**

(BAG AP § 113 Nr 7 m Anm GITTER = BB 2000, 567, 568; ArbG Wilhelmshaven ARST 1957, 215). Sie muss daher vor der Vornahme des betreffenden Rechtsgeschäfts durch den Minderjährigen erklärt werden.

30 Greift der gesetzliche Vertreter in das Arbeitsverhältnis des Minderjährigen ein, ohne dies diesem gegenüber zuvor ausdrücklich erklärt zu haben, ist darin idR eine konkludente Rücknahme oder Einschränkung der Ermächtigung zu sehen (LAG Dortmund ARS 34, 63, 66 f [Nr 12] m zust Anm HUECK; LAG Hamm DB 1971, 779, 780). Erklärt der gesetzliche Vertreter dem Arbeitgeber gegenüber die Kündigung des Arbeitsverhältnisses, so ist darin eine Einschränkung oder Rücknahme der Ermächtigung zu erblicken (JAUERNIG/JAUERNIG Rn 7). In der Rücknahme der Ermächtigung liegt allerdings als solche noch keine Kündigung des Dienst- oder Arbeitsverhältnisses. Der gesetzliche Vertreter muss dann die Kündigung besonders erklären (LAG Gleiwitz ARS 31, 158, 159 [Nr 41] m zust Anm HUECK; PFAEFFLIN Gruchot 48 [1904] 1, 19; SCHATTER RdA 1951, 445, 446).

VI. Beweislast

31 Wer sich bei feststehender Minderjährigkeit auf die Wirksamkeit eines Rechtsgeschäfts beruft, hat die Erteilung der Ermächtigung in dem für die Wirksamkeit des Rechtsgeschäfts erforderlichen Umfang zu beweisen (BAUMGÄRTEL/LAUMEN Rn 1). Auch derjenige, der sich auf eine Einschränkung oder Rücknahme einer Ermächtigung gem § 113 beruft, ist hierfür beweispflichtig (MünchKomm/SCHMITT Rn 47). Wegen § 113 Abs 4 („im Zweifel") muss derjenige, der behauptet, die Ermächtigung sei nur für einen einzelnen Vertrag erteilt worden, diese Behauptung beweisen (SCHATTER RdA 1951, 445, 448; BAUMGÄRTEL/LAUMEN Rn 3).

VII. Rechtliche Betreuung

32 § 113 gilt gem § 1903 Abs 1 S 2 entsprechend für einen – nicht geschäftsunfähigen – Betreuten im Rahmen eines angeordneten Einwilligungsvorbehaltes.

§§ 114, 115

(aufgehoben)

1 § 114 betraf die beschränkte Geschäftsfähigkeit der wegen Geistesschwäche, Verschwendung, Trunk- oder Rauschgiftsucht Entmündigten sowie der unter vorläufige Vormundschaft Gestellten. § 115 regelte die Folgen einer Aufhebung des Entmündigungsbeschlusses oder der Rücknahme eines Entmündigungsantrages auf die vorher geschlossenen Rechtsgeschäfte. Mit der Beseitigung des Instituts der Entmündigung durch das BtG sind beide Vorschriften mit Wirkung ab 1.1.1992 aufgehoben worden (Art 1 Nr 3 BtG v 12.9.1990 – BGBl I 2002).

Titel 2
Willenserklärung

Vorbemerkung zu §§ 116–144

Schrifttum

ADOMEIT, Die gestörte Vertragsparität – ein Trugbild, NJW 1994, 2467
BÄHR, Ueber Irrungen im Contrahiren, JherJb 14 (1875) 393
BARTHOLOMEYCZIK, Die subjektiven Merkmale der Willenserklärung, in: FS Ficker (1967) 51
BICKEL, Rechtsgeschäftliche Erklärungen durch Schweigen?, NJW 1972, 607
BREHM, Zur automatisierten Willenserklärung, in: FS Niederländer (1991) 233
BREHMER, Willenserklärung und Erklärungsbewusstsein – BGHZ 91, 324, JuS 1986, 440
BUSCHE, Privatautonomie und Kontrahierungszwang (1999)
F BYDLINSKI, Privatautonomie und objektive Grundlagen des verpflichtenden Rechtsgeschäfts (1967)
ders, Erklärungsbewusstsein und Rechtsgeschäft, JZ 1975, 1
ders, Die Entmythologisierung des „kaufmännischen Bestätigungsschreibens" im österreichischen Recht, in: FS Flume I (1978) 335
ders, Kriterien und Sinn der Unterscheidung von Privatrecht und öffentlichem Recht, AcP 194 (1994) 319
ders, Das Privatrecht im Rechtssystem einer „Privatrechtsgesellschaft" (1994)
CANARIS, Die Vertrauenshaftung im deutschen Privatrecht (1971)
ders, Schweigen im Rechtsverkehr als Verpflichtungsgrund, in: FS Wilburg (1975) 77
ders, Grundrechte und Privatrecht, AcP 184 (1984) 201
ders, Bewegliches System und Vertrauensschutz im rechtsgeschäftlichen Verkehr, in: BYDLINSKI ua (Hrsg), Das Bewegliche System im geltenden und künftigen Recht (1986) 102
ders, Verfassungs- und europarechtliche Aspekte der Vertragsfreiheit in der Privatrechtsgesellschaft, in: FS Lerche (1993) 873
ders, Die Feststellung von Lücken im Gesetz (1993)
ders, Die Bedeutung der iustitia distributiva im deutschen Vertragsrecht (1997)
ders, Wandlungen des Schuldvertragsrechts – Tendenzen zu seiner „Materialisierung", AcP 2000 (2000) 274
ders, Die Vertrauenshaftung im Lichte der Rechtsprechung des BGH, in: Festgabe 50 Jahre Bundesgerichtshof (2000) 129
CLEMENS, Die elektronische Willenserklärung, NJW 1985, 1998
CORNELIUS, Vertragsabschluss durch autonome elektronische Agenten, MMR 2002, 353
DANZ, Die Auslegung der Rechtsgeschäfte. Zugleich ein Beitrag zur Rechts- und Tatfrage (1911)
DIEDERICHSEN, Der Vertragsschluss durch kaufmännisches Bestätigungsschreiben, JuS 1966, 129
ders, Das Bundesverfassungsgericht als oberstes Zivilgericht – ein Lehrstück der juristischen Methodenlehre, AcP 198 (1998) 171
DIESSELHORST, Die Lehre des Hugo Grotius vom Versprechen (1959)
DREXL, Die wirtschaftliche Selbstbestimmung des Verbrauchers (1998)
DULCKEIT, Zur Lehre vom Rechtsgeschäft im klassischen römischen Recht, in: FS Schulz I (1951) 148
EBERT, Schweigen im Vertrags- und Deliktsrecht, JuS 1999, 754
ENDERLEIN, Rechtspaternalismus und Vertragsrecht (1996)
VEINEM, Die Rechtsnatur der Option (1974)
ESSER, Wert und Bedeutung der Rechtsfiktionen (1969)

FABRICIUS, Stillschweigen als Willenserklärung, JuS 1966, 50
FASTRICH, Richterliche Inhaltskontrolle im Privatrecht (1992)
FROTZ, Verkehrsschutz im Vertretungsrecht (1972)
HABERSACK, Fehlendes Erklärungsbewusstsein zu Lasten des Erklärungsempfängers? – BGH NJW 1995, 953, JuS 1996, 585
HANAU, Objektive Elemente im Tatbestand der Willenserklärung, AcP 165 (1965) 220
HEIDERHOFF, Internetauktionen als Umgehungsgeschäfte, MMR 2001, 640
HEINRICH, Formale Freiheit und materiale Gerechtigkeit (2000)
vHIPPEL, Das Problem der rechtsgeschäftlichen Privatautonomie (1936)
HÖNN, Der Schutz des Schwächeren in der Krise, in: FS Alfons Kraft (1998) 18
HOFFMANN/HÖPFNER, Verbraucherschutz bei Internetauktionen, EWS 2003, 107
HONSELL, Bürgschaft und Mithaftung einkommens- und vermögensloser Familienmitglieder, NJW 1994, 565
HORN, Übermäßige Bürgschaften mittelloser Bürgen: wirksam, unwirksam oder mit eingeschränktem Umfang?, WM 1997, 1081
HUSSERL, Rechtskraft und Rechtsgeltung. Erster Band. Genesis und Grenzen der Rechtsgeltung (1925)
ISAY, Die Willenserklärung im Tatbestande des Rechtsgeschäfts (1899)
JAHR, Geltung des Gewollten und Geltung des Nicht-Gewollten – Zu Grundfragen des Rechts empfangsbedürftiger Willenserklärungen, JuS 1989, 249
KINDL, Rechtsscheintatbestände und ihre rückwirkende Beseitigung (1999)
KÖHLER, Die Problematik automatisierter Rechtsvorgänge, insbesondere von Willenserklärungen, AcP 182 (1982) 126
KRAMER, Grundfragen der vertraglichen Einigung. Konsens, Dissens und Erklärungsirrtum als dogmatische Probleme des österreichischen, schweizerischen und deutschen Privatrechts (1972)
ders, Schweigen als Annahme eines Antrages, Jura 1984, 235
ders, Der Irrtum beim Vertragsschluss. Eine weltweit rechtsvergleichende Bestandsaufnahme (1998)
KRAUSE, Schweigen im Rechtsverkehr (1933)
KRÜGER/BÜTTER, Elektronische Willenserklärungen im Bankgeschäftsverkehr: Risiken des Online-Banking, WM 2001, 221
KUCHINKE, Zur Dogmatik des Bestätigungsschreibens, JZ 1965, 167
LARENZ, Die Methode der Auslegung des Rechtsgeschäfts (1930)
ders, Richtiges Recht: Grundzüge einer Rechtsethik (1979)
LEENEN, Die Anfechtung von Verträgen – Zur Abstimmung zwischen § 142 Abs 1 und §§ 119 ff BGB, Jura 1991, 393
LENEL, Parteiabsicht und Rechtserfolg, JherJb 19 (1881) 154
LIESECKE, Die typischen Klauseln des internationalen Handelsverkehrs in der neueren Praxis, WM-Sonderbeilage Nr 3/1978, 6
LOBINGER, Rechtsgeschäftliche Verpflichtung und autonome Bindung (1999)
ders, Privatautonome Gestaltung oder Prinzipienpluralismus als Grundlage rechtsgeschäftlicher Bindungen?, in: Jahrbuch junger Zivilrechtswissenschaftler (1994) 77
S LORENZ, Der Schutz vor dem unerwünschten Vertrag: eine Untersuchung von Möglichkeiten und Grenzen der Abschlusskontrolle im geltenden Recht (1997)
LÜDERITZ, Auslegung von Rechtsgeschäften. Vergleichende Untersuchung angloamerikanischen und deutschen Rechts (1966)
MANIGK, Willenserklärung und Willensgeschäft (1907)
ders, Irrtum und Auslegung (1918)
ders, Das rechtswirksame Verhalten (1939)
MANKOWSKI, Beseitigungsrechte (2003)
OECHSLER, Gerechtigkeit im modernen Austauschvertrag (1997)
OERTMANN, Bemerkungen über die Bedeutung des Schweigens im Handelsverkehr, ZBH 1 (1926) 7
PAEFGEN, Bildschirmtext – Herausforderung zum Wandel der allgemeinen Rechtsgeschäftslehre?, JuS 1988, 592
PAWLOWSKI, Rechtsgeschäftliche Folgen nichtiger Willenserklärungen (1966)

PETERSEN, Schweigen im Rechtsverkehr, Jura 2003, 687
PHILIPOWSKI, Schweigen als Genehmigung, BB 1964, 1069
POHL, Mängel bei der Erbschaftsannahme und -ausschlagung, AcP 177 (1977) 52
REINACH, Die apriorischen Grundlagen des bürgerlichen Rechts, Zweiter unveränderter Abdruck (Sonderdruck aus: Jahrbuch für Philosophie und phänomenologische Forschung) Bd I (1922) 685
ders, Zur Phänomenologie des Rechts (1953)
REPGEN, Abschied von der Willensbetätigung. Die Rechtsnatur der Vertragsannahme nach § 151 BGB, AcP 200 (2000) 533
RITTNER, Über das Verhältnis von Vertrag und Wettbewerb, AcP 188 (1988) 101
ders, Über den Vorrang des Privatrechts, in: FS Müller-Freienfels (1986) 509
RÖVER, Über die Bedeutung des Willens bei Willenserklärungen (1874)
SCHMIDT-RIMPLER, Grundfragen einer Erneuerung des Vertragsrechts, AcP 147 (1941) 130
SCHWARZE, Die Annahmehandlung in § 151 BGB als Problem der prozessualen Feststellbarkeit des Annahmewillens, AcP 202 (2002) 607
SINGER, Geltungsgrund und Rechtsfolgen der fehlerhaften Willenserklärung, JZ 1989, 1030
ders, Selbstbestimmung und Verkehrsschutz im Recht der Willenserklärungen (1995)
ders, Vertragsfreiheit, Grundrechte und der Schutz des Menschen vor sich selbst, JZ 1995, 1133
ders, Rezension zu Thomas Lobinger: Rechtsgeschäftliche Verpflichtung und autonome Bindung (1999), AcP 201 (2001) 93
SONNENBERGER, Verkehrssitten im Schuldvertrag (1970)
SPINDLER, Vertragsabschluss und Inhaltskontrolle bei Internetauktionen, ZIP 2001, 809
STATHOPOULOS, Zur Methode der Auslegung der Willenserklärung, in: FS Larenz (1973) 357
STÜSSER, Die Anfechtung der Vollmacht nach bürgerlichem Recht und Handelsrecht (1986)
ULRICI, Die enttäuschende Internetauktion – LG Münster, MMR 2000, 280, JuS 2000, 947
WEDEMEYER, Der Abschluss des obligatorischen Vertrags durch Erfüllungs- und Aneignungshandlung (1904)
WEILER, Die beeinflusste Willenserklärung (2002)
WENZEL, Vertragsabschluss bei Internet-Auktion – ricardo.de, NJW 2002, 1550
WESTERMANN, Einheit und Vielfalt der Wertungen in der Irrtumslehre, JuS 1964, 169
WIEACKER, Willenserklärung und sozialtypisches Verhalten, in: FS OLG Celle (1961) 263
WIEBE, Die elektronische Willenserklärung (2002)
WINDSCHEIDT, Wille und Willenserklärung, AcP 63 (1880) 72
WOLF, Willensmängel und sonstige Beeinträchtigungen der Entscheidungsfreiheit in einem europäischen Vertragsrecht, in: BASEDOW (Hrsg), Europäische Vertragsrechtsvereinheitlichung und deutsches Recht (1999) 85
ZITELMANN, Die juristische Willenserklärung, JherJb 16 (1878) 357
ZÖLLNER, Die Privatrechtsgesellschaft im Gesetzes- und Richterstaat (1996)
ders, Regelungsspielräume im Schuldvertragsrecht, AcP 196 (1996) 1
ZUNFT, Anfechtbarkeit des Schweigens auf kaufmännisches Bestätigungsschreiben, NJW 1959, 276.

Systematische Übersicht

I.	**Grundlagen**			
1.	Rechtsgeschäft und Willenserklärung	1		
2.	Wesen und Funktion der Willenserklärung	6		
II.	**Rechtsgeschäftslehren**	14		
1.	Willens- und Erklärungstheorie	15		
2.	Geltungstheorie	17		
3.	Normative, legale und fiktive Rechtsgeschäftslehren	18		
4.	Kombinatorische Theorie	19		

a)	Herrschende Lehre: Selbstbestimmung, Verkehrs- und Vertrauensschutz als Elemente der Willenserklärung	19	IV.	**Ausdrückliche und konkludente Willenserklärungen**
b)	Stellungnahme	21	1.	Begriffe und Beispiele ... 51
			a)	Ausdrückliche Willenserklärungen ... 51
III.	**Willensmängel und ihre Rechtsfolgen**		b)	Konkludente Willenserklärungen ... 53
1.	Arten der Willensmängel ... 26		c)	Betriebliche Übung ... 55
a)	Handlung und Handlungswille ... 27		d)	Elektronische und automatisierte Willenserklärungen ... 57
b)	Erklärungsbewusstsein ... 28		2.	Die Gleichwertigkeit ausdrücklicher und konkludenter Willenserklärungen ... 58
c)	Geschäfts- und Rechtsfolgewille ... 29			
2.	Die gesetzliche Regelung im Überblick ... 30		3.	Flumes Lehre vom konkludenten Verhalten ... 59
3.	Ungeregelte und streitige Fälle ... 33		4.	Schweigen als Willenserklärung ... 60
a)	Fehlendes Erklärungsbewusstsein ... 33		a)	Vereinbartes Schweigen ... 61
aa)	HM: Analoge Anwendung der §§ 119, 121, 122 ... 34		b)	Gesetzlich normiertes Schweigen ... 62
			aa)	Tatbestände ... 62
bb)	Stellungnahme ... 37		bb)	Bedeutung und Reichweite der Fiktionen, insbesondere für Willensmängel ... 65
cc)	Vertrauensschutz zu Lasten des Erklärungsempfängers ... 41			
dd)	Sonderfälle konkludenter Willenserklärungen: Genehmigung, Bestätigung, Verzicht ... 43		c)	Individuell-konkludentes Schweigen ... 73
			aa)	Konkludenz kraft Verkehrssitte, insbesondere im Handelsverkehr ... 73
b)	Abhandenkommen von Willenserklärungen ... 49		bb)	Indizien mutmaßlichen Willens ... 76
			cc)	Dogmatische Einordnung ... 77
c)	Handlungswille ... 50		dd)	Willensmängel ... 79
			d)	Stellungnahme ... 80

I. Grundlagen

1. Rechtsgeschäft und Willenserklärung

1 Der zweite Titel des dritten Abschnitts im Ersten Buch des BGB enthält Regelungen über die Willenserklärung. Damit gewinnt der **Begriff der Willenserklärung** zentrale Bedeutung, nicht nur für die Anwendung der betreffenden Vorschriften im zweiten Titel, sondern wegen der Klammerfunktion des Allgemeinen Teils für alle Regelungen und Institute des BGB, die eine Willenserklärung voraussetzen. Das Gesetz hat den Begriff der Willenserklärung nicht definiert und auch einige Zweifelsfälle, aus deren Lösung mittelbar Rückschlüsse gezogen werden könnten, unentschieden gelassen, so dass der alte Streit über den Begriff der Willenserklärung bis heute fortdauert (vgl dazu näher unten Rn 12 ff). Dabei geht es weniger um den **objektiven Tatbestand** der Willenserklärung. Nach einer gebräuchlichen Definition handelt es sich um die Äußerung eines Willens, der unmittelbar auf die Herbeiführung einer Rechtswirkung gerichtet ist (BGH NJW 2001, 289 [290]; PALANDT/HEINRICHS Vorb § 116 Rn 1; MEDICUS AT Rn 175). Umstritten ist vor allem die Frage, ob neben dem äußeren Tatbestand der Willenserklärung, durch den der innere Wille nach außen sichtbar wird, **subjektive Mindestvoraussetzungen** vorliegen müssen. Inzwischen wird dies von der hM zwar für den Handlungswillen bejaht (unten Rn 27), für das Erklärungsbewusstsein und den Geschäftswillen aber verneint (unten Rn 30, 34–36). Auch die Frage nach dem sog **Rechtsbindungswillen** ist nach hM mit den Mitteln der objektiven Auslegung festzustellen (vgl Rn 29, § 133 Rn 25 f). Nach hM liegt folgerichtig nicht nur dann eine Willenserklärung vor, wenn das Erklärte gewollt ist, sondern auch dann, wenn in zurechenbarer Weise der **Anschein** einer solchen Erklärung hervorgerufen wurde und der dafür Verantwortliche keine oder andere Rechtsfolgen in Geltung setzen wollte (Einzelheiten unten Rn 34 ff).

Bereits am objektiven Tatbestand einer Willenserklärung fehlt es bei bloßen **geschäftsähnlichen Handlungen**. Dabei handelt es sich um Erklärungen („Willensäußerungen"), denen ein bestimmter Kundgabesinn zukommt (vgl LARENZ AT § 26 = S 514), die jedoch im Unterschied zu Willenserklärungen nicht unmittelbar auf den Eintritt dieser Rechtsfolgen gerichtet sind oder gerichtet sein müssen (LARENZ AT § 26 = S 512; PALANDT/HEINRICHS Vorb § 116 Rn 1; MEDICUS AT Rn 175; ULRICI NJW 2003, 2053, 2054). Beispiele sind Anmeldung (§ 651g Abs 1; vgl dazu BGH NJW 2001, 289, 290), Anzeige (zB §§ 149, 374 Abs 2, 409, 410 Abs 2, 556b Abs 2, 650 Abs 2, 663, 665 S 2, 673, 692 S 2, 703, 789, 1280), Aufforderung (§§ 108 Abs 2, 177 Abs 2; 295 Abs 2, 415 Abs 2 S 2, 451 Abs 1 S 2, 516 Abs 2), Beanstandung (§ 180 S 2), Benachrichtigung (§§ 384 Abs 2, 411, 1220 Abs 2), Fristsetzung (§§ 264 Abs 2, 281 Abs 1 u 4, 323 Abs 1; 455 S 1), Information (§ 611a Abs 5), Mängelrüge (§ 377 HGB), Mahnung (§ 286) und Mitteilung (zB §§ 171, 411, 415 Abs 1 S 2, 416 Abs 1 S 1, 469, 554 Abs 3, 566e). Auf geschäftsähnliche Handlungen sind die Regeln über die **Geschäftsfähigkeit, Auslegung** und **Zugang** nach allg Ansicht entsprechend anzuwenden (BGH NJW 1983, 1542; 2001, 289, 290; MünchKomm/KRAMER vor § 116 Rn 36 f; LARENZ AT § 27 = S 514). Dagegen führt die Anwendung der Regeln über **Willensmängel** nicht immer zu sachgerechten Ergebnissen, so dass die §§ 116 ff je nach Interessenlage analog anzuwenden sind oder nicht (vgl näher § 119 Rn 103).

Im Unterschied zu geschäftsähnlichen Handlungen erschöpfen sich **willentliche Realakte** wie zB Besitzergreifung (§ 854 Abs 1), Besitzaufgabe (§ 858 Abs 1) oder Verzeihung (§§ 532, 2337, 2343) in der Herbeiführung eines tatsächlichen Erfolges und werden grundsätzlich nicht mit Bezug auf die Herbeiführung bestimmter Rechtsfolgen vorgenommen. Bei diesen Realakten dürfen daher die Regeln für Rechtsgeschäfte im Allgemeinen nicht entsprechend angewendet werden (RGZ 123, 235, 237; BGHZ 4, 10, 34 f; BGH NJW 1952, 417; 1953, 1506, 1507; FLUME, § 9, 2 a bb = S 111; MünchKomm/KRAMER vor § 116 Rn 33). Eine eigenartige Ausnahme macht in Bezug auf die Geschäftsfähigkeit § 8. Bei der **Wohnsitzbegründung** handelt es sich um einen Realakt, bei dem das Willensmoment nicht in dem Akt selbst aufgeht, sondern daneben selbständige Bedeutung hat. Die Wohnsitzbegründung steht daher auf einer Stufe mit geschäftsähnlichen Handlungen (oben Rn 2, vgl MünchKomm/KRAMER vor § 116 Rn 34; STAUDINGER/HABERMANN/WEICK [1995] § 8 Rn 1).

Von den Willenserklärungen werden in Rechtsprechung und Schrifttum die sog **Willensbetätigungen** unterschieden (BGHZ 111, 97, 101; BGH WM 1986, 322, 324; NJW 2000, 276, 277; LARENZ/WOLF § 22 Rn 9 ff; MEDICUS AT Rn 383; P BYDLINSKI JuS 1988, 36, 37). Dabei handelt es sich um Handlungen, die zwar Ausdruck eines auf eine bestimmte Rechtsfolge gerichteten Willens sind, denen aber kein Kundgabezweck zukommt und die dementsprechend nicht empfangsbedürftig sind, zB die nicht zugangsbedürftige Annahme eines Vertragsangebots (§ 151), die Aneignung einer beweglichen Sache (§ 958) oder die Eigentumsaufgabe (§ 959). Die Unterscheidung von Willenserklärungen soll insbesondere deswegen gerechtfertigt sein, weil das Wirksamwerden von Willensbetätigungen keinen Zugang erfordere, dementsprechend bei der Auslegung nicht auf den Empfängerhorizont abzustellen sei, sondern lediglich ein tatsächlicher Annahme-, Aneignungs- oder Aufgabewille vorliegen müsse (Larenz/Wolf aaO Rn 12 f). Aus Gründen der Rechtssicherheit und des Vertrauensschutzes, die auch bei nicht empfangsbedürftigen Willenserklärungen Beachtung verdienen (§ 122 Abs 1), sollte freilich entweder ein tatsächlicher Annahmewille vorliegen oder der Rechtsfolgewille „nach außen" hervorgetreten sein (vgl dazu näher unten Rn 47; § 133 Rn 16; zur Erlassfalle § 133 Rn 56; aA Schwarze AcP 202 [2002] 607 [614], der selbst die Manifestation des Annahmewillens gem § 151 für entbehrlich hält). Wenn sich die Willensbetätigungen nur dadurch von den gewöhnlichen Willenserklärungen unterscheiden, dass sie nicht an einen bestimmten Adressaten gerichtet sind, andererseits darin übereinstimmen, dass sie Ausdruck eines bestimmten Rechtsfolgewillens sind, sollte man die sog Willensbetätigung als nicht empfangsbedürftige, **konkludente Willenserklärung** (Rn 53 f) anerkennen und auf die Kundgabe als Wesensmerkmal der Willenserklärung verzichten (zutr Repgen AcP 200 [2000] 533, 548 ff; Staudinger/Bork [2003] § 151 Rn 14; vgl auch Singer, Selbstbestimmung 163 ff).

5 Die Begriffe **Willenserklärung und Rechtsgeschäft** decken sich weitgehend, sind aber nicht synonym: *Einseitige Rechtsgeschäfte* wie zB Kündigung oder Anfechtung bestehen aus einer Willenserklärung, *mehrseitige* wie Vertrag oder Satzung aus mehreren Willenserklärungen (Flume Bd II § 2, 3 a und b). Manche Rechtsgeschäfte bedürfen zu ihrer Wirksamkeit außer der Abgabe einer Willenserklärung eines weiteren Aktes, zB bei dinglichen Rechtsgeschäften der Übergabe der Sache (§ 929) oder der Eintragung der Rechtsänderung in das Grundbuch (§ 873). Das BGB verwendet die Begriffe Willenserklärung und Rechtsgeschäft zwar in der Regel gleichbedeutend (Mot I 125; Medicus Rn 242 m Bsp), unterscheidet aber nicht ohne Bedacht. So bezieht sich die *Anfechtbarkeit* gem den §§ 119, 120 und 123 sinnvollerweise auf die „Erklärung", weil nur demjenigen ein Anfechtungsrecht zustehen soll, von dem die Erklärung stammt. *Gegenstand der Anfechtung* ist aber bei einem Vertrag nicht diese Erklärung, sondern das „Rechtsgeschäft" (§ 142 Abs 1), weil es dem Anfechtenden gerade darauf ankommt, dessen Wirkungen zu beseitigen. Die einzelne Willenserklärung ist nun nicht mehr von Bedeutung, da sie mit dem Zustandekommen des Vertrages ihre eigenständige Funktion eingebüßt hat (vgl näher Leenen Jura 1991, 393 f; krit Giesen Rn 201).

2. Wesen und Funktion der Willenserklärung

6 Rechtsgeschäft und Willenserklärung sind *die* Gestaltungsinstrumente der **Privatautonomie** (Canaris, Vertrauenshaftung 413). Privatautonomie bezeichnet ein Rechtsprinzip, das den Einzelnen die Möglichkeit einräumt, ihre Beziehungen untereinander innerhalb bestimmter Grenzen durch Rechtsgeschäfte selbst zu regeln (Larenz, AT § 2 II e). Da solche „Selbstgestaltung durch Selbstbestimmung" (Flume § 1, 1) für jeden Einzelnen gewährleistet sein muss, vollzieht sich die Regelung privatautonomer Beziehungen typischerweise durch einverständliches Handeln, also durch den Abschluss von Verträgen. Sofern Privatautonomie nicht nur von untergeordneter Bedeutung ist, sondern das Rechtssystem eines Gemeinwesens geradezu prägt, kann man die Gesellschaftsform mit dem von Böhm (ORDO 17 [1966] 75 ff)

geprägten Begriff der „**Privatrechtsgesellschaft**" kennzeichnen. Trotz der sich zunehmend verdichtenden Regulierung privatrechtlicher Beziehungen durch staatliche und überstaatliche Rechtsetzungsakte (krit ZÖLLNER, Privatrechtsgesellschaft 21 ff; CANARIS, in: FS Lerche 873, 887 ff; vgl auch F BYDLINSKI, Privatrechtsgesellschaft 62 ff; ders AcP 194 [1994] 319, 327 f mwN) ist das geltende Privatrecht nach wie vor wesensbestimmendes Element dieser „Privatrechtsgesellschaft".

Als Sinngebilde ist die Willenserklärung nicht bloße Mitteilung eines Wollens oder 7
Ankündigung einer Handlung, sondern bestimmender Akt. In den Kategorien der analytischen Sprachphilosophie handelt es sich um eine „performative Äußerung", also einen Sprechakt, durch dessen Vollzug genau das bewirkt wird, wovon darin die Rede ist (CANARIS, in: FS 50 Jahre BGH [2000] 129 [139]). Da die Willenserklärung zum Ausdruck bringt, dass bestimmte Rechtsfolgen fortan gelten sollen, und zugleich bewirkt, dass diese Rechtsfolgen gelten, ist sie ihrem Wesen nach **Geltungserklärung** (grundlegend LARENZ, Methode 34 ff; ders, AT BGB § 19 I = S 334). Über diese Bedeutung der Geltungstheorie besteht heute Einigkeit (vgl STATHOPOULOS, in: FS Larenz [1973] 357, 358 f; FLUME Bd II § 4, 7; SOERGEL/HEFERMEHL Rn 7). Dagegen konnte der weitergehende Versuch von LARENZ, mit Hilfe der Geltungstheorie auch den Gegensatz von Wille und Erklärung zu überwinden, nicht gelingen (vgl näher Rn 17).

Selbstgestaltung durch Selbstbestimmung ist gewährleistet, wenn die in Geltung 8
gesetzten Rechtsfolgen dem **Willen** der Beteiligten entsprechen. Dementsprechend definierte die Erste Kommission zum Entwurf des BGB das Rechtsgeschäft als „Privatwillenserklärung, gerichtet auf die Hervorbringung eines rechtlichen Erfolges, der nach der Rechtsordnung deswegen eintritt, weil er gewollt ist" (Mot I 126). Privatautonomie bedeutet daher, nach richtiger – aber bestrittener – Auffassung (näher unten Rn 19 ff) *finale Gestaltung der Rechtsverhältnisse nach dem eigenen Willen* (FLUME Bd II § 10, 1 = S 114).

Der Hinweis der Ersten Kommission auf die Rechtsordnung weist daraufhin, dass 9
autonome Rechtssetzung durch Private sowohl der grundsätzlichen **Anerkennung** als auch der näheren **Ausgestaltung durch die Rechtsordnung** bedarf. Man hat zwar versucht, die apriorische Verbindlichkeit eines Versprechens zu begründen. Sie folge aus dem Wesen des Versprechensaktes an sich (REINACH, Grundlagen 685, 730 ff; s a LARENZ, Richtiges Recht 60 ff; ders abweichend, AT § 2 II e = S 41 f), entstehe kraft originärer Rechtschöpfung (G HUSSERL, Rechtskraft 26 und 39) oder kraft Naturrechts (vHIPPEL, Privatautonomie 98 ff; zu den spätmittelalterlichen Naturrechtslehren, insbesondere in der Ausprägung durch Hugo Grotius DIESSELHORST, Versprechen 34 ff). Daran ist richtig, dass das Versprechen seinem Sinn gemäß darauf gerichtet ist, verbindlich zu sein. Aber die genannten Lehren haben Schwierigkeiten zu erklären, warum der Gesetzgeber bestimmte Versprechen nicht anerkennen oder Einschränkungen unterwerfen darf. Es ist aber völlig unzweifelhaft, dass rechtsgeschäftliche Versprechen bestimmten Mindestanforderungen genügen müssen, um Wirksamkeit zu erlangen (vgl insb §§ 104 ff, 134 und 138). Ob ein Versprechen rechtlich bindet und durch dieses übernommene Pflichten notfalls mit staatlicher Hilfe durchgesetzt werden können, beruht folglich mindestens auch auf spezifisch rechtlichen Erwägungen, nicht nur auf dem Wesen des Versprechensaktes an sich (LARENZ, AT § 2 II e = S 41 ff; FLUME Bd II § 1, 2; CANARIS AcP 184 [1984] 201, 217 ff; BUSCHE 102 ff).

10 Indem die Rechtsordnung autonome Rechtssetzung durch Private anerkennt, erkennt sie zugleich an, dass die betreffenden Selbstbestimmungsakte als solche verbindlich sind und insoweit ihre Rechtfertigung in sich selbst tragen. Staatliche Anerkennung bedeutet aber nicht heteronome Rechtssetzung. Denn die Rechtsordnung akzeptiert private Akte grundsätzlich um ihrer selbst willen. Es gilt der Grundsatz: „**stat pro ratione voluntas**" (FLUME Bd II § 1, 5). Aus der Anerkennung der Selbstbestimmungsakte um ihrer selbst willen folgt indes nicht, dass diesen die materiale Qualifikation des Rechts fehle und nicht gefragt werden dürfe, ob die Selbstbestimmung „rechtens" sei (so aber FLUME § 1, 5 und 6 a). Eine Rechtsordnung, die den Privatrechtspersonen die Freiheit zur eigenmächtigen Gestaltung ihrer Beziehung überlässt, darf zwar diese Entscheidung nicht wieder in Frage stellen, indem sie generell überprüft, ob die jeweiligen Selbstbestimmungsakte den Anforderungen der **Gerechtigkeit** genügen. Aber man kann auf einer tiefer liegenden Ebene die Frage stellen, ob dieses System willkürlicher Selbstbestimmung grundsätzlich geeignet ist, gerechte Ergebnisse hervorzubringen.

11 Diese Frage ist mit der hM zu bejahen (vgl näher CANARIS, Vertragsrecht 44 ff; ders, in: FS Lerche 873 [881]; RITTNER, in: FS Müller-Freienfels 509 [514 f]; ders AcP 188 [1988] 101 [121 ff]; SINGER, Selbstbestimmung 39 ff). Privatautonomie bedeutet allerdings nicht, dass der Einzelne ausschließlich nach seinem Belieben bestimmen kann, was gilt. Sofern er in den Rechtskreis anderer hineinwirkt und demzufolge die Möglichkeit zur Fremdbestimmung besteht, bedarf der Einzelne entweder der Zustimmung zur Rechtsgestaltung in Gestalt eines Vertrages, oder – bei einseitigen Rechtsgeschäften – einer vom Gesetzgeber verliehenen Rechtsmacht zu einseitiger Gestaltung. Während im letztgenannten Fall eine legislatorische und daher demokratische Legitimation besteht, beruht die **Gerechtigkeit privatautonomer Selbstbestimmung** bei Verträgen maßgeblich auf dem **Vertragsmechanismus**. Dieser gewährleistet, dass ohne die Zustimmung jedes Einzelnen keine Rechtsfolgen in Geltung gesetzt werden können (grundlegend SCHMIDT-RIMPLER AcP 147 [1941] 130, 156) und ist somit eine Ausprägung der Maxime „*volenti non fit iniuria* (CANARIS, Vertragsrecht 46, mit Diskussion weiterer Gerechtigkeitspostulate aaO 64 ff; LOBINGER, Prinzipienpluralismus 83). Es geht also nicht um die Gewährleistung inhaltlicher Richtigkeit, sondern um **prozedurale Gerechtigkeit** (CANARIS aaO; ders AcP 200 [2000] 273, 283 ff). Ihr Wert hängt davon ab, inwiefern die Freiheit zur Selbstbestimmung nicht nur *formal*, sondern auch *material* gewährleistet ist (eingehend CANARIS AcP 200 [2000] 273, 277 ff). Aus diesem Grunde bestimmt das geltende Recht ua, dass die Vertragspartner geschäftsfähig sein müssen (§§ 104 ff), Irrtum und Täuschung zur Anfechtung berechtigen (§§ 119 ff) sowie Unerfahrenheit und Notlagen nicht ausgenutzt werden dürfen (§ 138 Abs 2). Eine der großen Kontroversen am Ende des vergangenen Millenniums drehte sich um die Frage, in welchem Maße die Privatrechtsordnung Freiheitseinschränkungen verträgt und unter welchen Voraussetzungen insbesondere der Rechtsanwender zu Eingriffen in die Vertragsfreiheit berechtigt ist (zuletzt monographisch DREXL, der ausgehend von einem ordoliberalen Verständnis wirtschaftlicher Selbstbestimmung Beschränkungen daran misst, ob sie dem verbraucherschutzrechtlichen Verhältnismäßigkeitsprinzip genügen [insbes 449 ff]; großzügiger ENDERLEIN [135 ff], der paternalistische Freiheitseinschränkungen mit – beweglichen – Kriterien zu rechtfertigen sucht; ähnlich HEINRICH [325 ff], der aus dem flexiblen „Zusammen- und Widerspiel" systemprägender Wertungselemente Entscheidungsparameter gewinnen will; anders wiederum OECHSLER [199 ff], der den Gegensatz zwischen formaler und materialer Selbstbestimmung dadurch zu überwinden sucht, dass er die Vertragsrechtsordnung als eine die Gerechtigkeit des Austauschvertrages zugleich prägende Überformung der Parteivereinbarung begreift). Umstritten ist nach wie vor, ob in so genannten **Ungleichgewichtslagen** eine **Inhaltskontrolle** von Verträgen (grdl FASTRICH, Richterliche Inhaltskontrolle im Privatrecht [1992]) durchgeführt werden soll. Seit der viel diskutierten **Bürgschaftsentscheidung** wird diese Frage vom Bundesverfassungsgericht unter den Voraussetzungen bejaht, dass der Inhalt des Vertrages für eine Seite ungewöhnlich belastend, dh als Interessenausgleich offensichtlich unangemessen ist, und diese Regelung das Ergebnis strukturell ungleicher Verhandlungsstärke ist (BVerfGE 89, 214, 234 im Anschluss an E 81, 242, 255; zustimmend zB WIEDEMANN JZ 1994, 411, 412; H HONSELL NJW 1994, 565 f; SINGER JZ 1995, 1133, 1137; CANARIS AcP 200 [2000] 273, 296 ff; scharf ablehnend insb ADOMEIT NJW 1994, 2467 ff; ZÖLLNER AcP 196 [1996] 1 ff mwN; zur Rolle des Bundesverfassungsgerichts als „oberstes Zivilgericht" krit DIEDERICHSEN AcP 198 [1998] 171). Nimmt man den vom Bundesverfassungsgericht deutlich gekennzeichneten Ausnahmecharakter dieser richterlichen Vertragskorrektur ernst und beschränkt Eingriffe in die Vertragsfreiheit auf die Bekämpfung schwerer Missstände, wie sie bei den Bürgschaften vermögensloser, aufgrund der familiären Zwangslage zur Haftungsübernahme bereiter Ehegatten oder Kinder des Kreditschuldners unzweifelhaft und in typisierbarer Weise vorlagen (vgl außer BVerfGE 89, 214 noch BGHZ 128, 230 [236 ff]; BGH NJW 1996, 2088, 2089; STAUDINGER/SACK [1996] § 138 Rn 314 ff; HORN WM 1997, 1081 ff; DREXL 505 ff), kann man den vom Bundesverfassungsgericht aufgestellten Grundsätzen trotz der Unsicherheit, wie „strukturelle Ungleichgewichtslagen" festgestellt werden können (vgl außer ZÖLLNER aaO noch HÖNN, in: FS Kraft [1998] 251 [259 ff]), zustimmen. Es gilt zwar ein Vorrang formaler Selbstbestimmung, aber dieser darf nicht verabsolutiert werden, da zu den ungeschriebenen Funktionsvoraussetzungen des Selbstbestimmungsprinzips ein ausreichender Schutz vor faktischer Fremdbestimmung gehört.

In der Regel will derjenige, der eine Willenserklärung abgibt, einen **wirtschaftlichen oder gesellschaftlichen Erfolg** herbeiführen. Wer etwa eine Sache kauft, will diese zu einem bestimmten Zweck in seine Verfügungsgewalt bringen, diese benutzen oder mit Gewinn weiterverkaufen und dergleichen. Daraus folgt aber nicht, dass der wirtschaftliche oder gesellschaftliche Erfolg Inhalt der Willenserklärung sei (so die Vertreter der *Grundfolgentheorie*, vgl LENEL JherJb 19 [1881] 154 ff; DANZ, Auslegung 6 ff mwN). Inhalt der Willenserklärung ist, dass etwas von Rechts wegen gelten soll. Wer eine Sache „kauft", will ein Rechtsverhältnis begründen, das ihm die rechtliche Verfügungsmacht verschaffen soll. Dafür verspricht er, den Kaufpreis zu zahlen. Weitergehende wirtschaftliche oder gesellschaftliche Zwecke sind – wenn die Parteien nichts anderes vereinbart haben – nicht *Inhalt des Rechtsgeschäfts*, sondern bloßes Motiv (FLUME Bd II § 4, 5; s a LARENZ/WOLF, AT § 22 Rn 4).

Nach verbreiteter Ansicht besteht eine weitere wichtige Funktion der Willenserklärung in der Verständigung der Verkehrsteilnehmer. Die Willenserklärung habe eine Doppelfunktion: einerseits Akt der Selbstbestimmung, andererseits **Kommunikations- oder Sozialakt** (REINACH, Phänomenologie [1953], 37 ff, 54 ff; ENNECCERUS/NIPPERDEY, AT § 164 III = S 1023 f; FLUME II § 4, 8 = S 61; LARENZ, AT § 19 I = S 335; SOERGEL/HEFERMEHL Rn 7; MünchKomm/KRAMER Rn 37; WIEACKER, in: FS Celle 263 [278]). Das Hauptanliegen dieser Lehren besteht darin, die bei gescheiterter Kommunikation geltenden Regeln und Grundsätze, insbesondere die Prinzipien des Verkehrs- und Vertrauensschutzes, in die Rechtsgeschäftslehre zu integrieren. Dieses Ziel stößt nicht nur deshalb auf Bedenken, weil die maßgebenden Prinzipien und damit das Wesen der Willenserklärung aus dem pathologischen Fall und nicht aus dem Normal-Fall abgeleitet werden (vgl FLUME Bd II § 4, 3 = S 49; JAUERNIG Rn 3). Die Funktionsbeschreibung als Kommunikations- oder Sozialakt ist auch zu allgemein, um daraus konkrete Schlussfolgerungen für die tragenden Prinzipien rechtsgeschäftlicher Selbstbestimmung ziehen zu können. Ob bei gestörter Kommunikation das Erklärte gilt oder durch Anfechtung beseitigt werden kann, ob Vertrauen des Erklärungsempfängers eine positive Einstandspflicht rechtfertigt oder nur das negative Interesse zu ersetzen ist, all diese Fragen hängen von der konkreten Ausgestaltung der Rechtsgeschäftslehre durch den Gesetzgeber ab und lassen sich allein mit dem Wesen und der Funktion der Willenserklärung nicht ausreichend beantworten.

II. Rechtsgeschäftslehren

14 Bedeutet Privatautonomie rechtliche Selbstbestimmung, dürfte bei fehlerhaften Erklärungen eigentlich nicht das Erklärte gelten. Andererseits steht der Erklärende dem Risiko von Willensmängeln wesentlich näher als der Erklärungsempfänger. Dieser wiederum verdient Schutz für sein Vertrauen, das Erklärte entspreche dem Gewollten. Bezüglich dieses Konflikts zwischen **Selbstbestimmung** einerseits, **Vertrauens- und Verkehrsschutz** andererseits gibt es keine a priori richtige Lösung (FLUME Bd II § 4, 8 = S 62). Vor Inkrafttreten des BGB und für eine gewisse Zeitspanne danach gehörte die Problematik der Willensmängel zu den umstrittensten Themen im rechtswissenschaftlichen Schrifttum (instruktiv KRAMER, Grundfragen 119 ff m Nachw).

1. Willens- und Erklärungstheorie

15 Die im gemeinen Recht vorherrschende, im 19. Jahrhundert besonders von SAVIGNY (System III 257 ff) geprägte **Willenstheorie** ging davon aus, dass „der Wille an sich als das einzig Wichtige und Wirksame gedacht werden" müsse (SAVIGNY 258). Außer der Erklärung verlangte man regelmäßig noch einen ihr entsprechenden Willen (WINDSCHEIDT, Wille und Willenserklärung, AcP 63 [1880] 72 ff; ZITELMANN JherJB 16, 357 ff). Bei Divergenz von Wille und Erklärung war die Erklärung nichtig (sog Willensdogma). Der Willenstheorie entsprach der erste Entwurf des BGB (§ 98 E I). **Vertreter der Erklärungstheorie** behaupteten demgegenüber, auch die irrtümliche Erklärung gelte. Entscheidend sei, wie die Erklärung verstanden werde und nach Treu und Glauben verstanden werden dürfe (BÄHR JherJb 14 [1875] 393 ff [400 f]; RÖVER, Willenserklärungen 17 f; DANZ, Auslegung 14 ff, 75 ff).

16 Beide Theorien sind nicht Gesetz geworden. Mit der Willenstheorie ist die Preisgabe des Nichtigkeitsdogmas zugunsten der bloßen Anfechtbarkeit gemäß § 119 nicht zu vereinbaren, ebenso wenig die Unbeachtlichkeit des geheimen Vorbehalts gemäß § 116 S 1. Die Erklärungstheorie disharmoniert mit der gesetzlichen Grundentscheidung für das Anfechtungsmodell, da die vollzogene Anfechtung die Rechtsfolgen der fehlerhaften Erklärung beseitigt. Der äußere Tatbestand der Willenserklärung, wie ihn der Empfänger verstehen durfte, ist also nicht in dem Sinne verlässlich, dass sein Bestand gesichert ist. Außerdem hat die Erklärungstheorie keine plausible Begründung dafür, dass das von den Vertragsparteien wirklich Gewollte ohne Rücksicht auf die objektive Bedeutung des Erklärten gilt (*„falsa demonstratio non nocet"*; dazu näher unten § 133 Rn 13 ff).

2. Geltungstheorie

Die Willenserklärung ist ihrem Wesen nach Geltungserklärung in dem Sinne, dass **17** sie unmittelbare Geltungsanordnung ist (oben Rn 7). Die vor allem im älteren Schrifttum vertretene **Geltungstheorie** ging über diese allgemein anerkannte Deutung hinaus und versuchte, den „Dualismus von Wille und Erklärung" zu überwinden. Für LARENZ war der Akt des In-Geltung-Setzens zugleich Geltungsgrund der rechtsgeschäftlichen Regelung. Auch die irrige Erklärung bleibe ihrem Sinn nach Geltungserklärung (Methode 68 f). Ob sie gelte, sei eine Frage der Zurechnung, bei der aber der so genannte Geschäftswille „vollkommen ausscheide" (LARENZ 53). Denn auch bei der irrtümlichen Willenserklärung liege ein willentliches In-Geltung-Setzen vor (ebenso DULCKEIT, in: FS Fritz Schulz I 148 ff [158]; CANARIS, Vertrauenshaftung 422; SOERGEL/HEFERMEHL Rn 14; SONNENBERGER, Verkehrssitten 147). Gegen die Geltungstheorie ist berechtigterweise eingewendet worden, dass der Dualismus von Wille und Erklärung nicht beseitigt, sondern nur elegant überspielt werde. Als Faktum sei er nun einmal nicht aus der Welt zu schaffen (KRAMER, Grundfragen 131; FLUME II § 4, 7; F BYDLINSKI, Privatautonomie 3 f). Davon abgesehen kommt die Geltungstheorie nicht daran vorbei, dass Privatautonomie Selbstbestimmung der in Geltung gesetzten *Rechtsfolgen* bedeutet (oben Rn 7). Bei einem Inhalts- und Erklärungsirrtum (Rn 29) verhält es sich aber so, dass die verlautbarten Rechtsfolgen nicht gelten sollten, sondern andere. Von Selbstbestimmung kann freilich nicht die Rede sein, wenn zwar der Akt als solcher willentlich in Geltung gesetzt worden ist, nicht aber die in diesem Akt verlautbarten Rechtsfolgen. Fehlerhafte Selbstbestimmung ist daher in Wahrheit keine Selbstbestimmung (SINGER, Selbstbestimmung 74 f).

3. Normative, legale und fiktive Rechtsgeschäftslehren

Die Tatsache, dass das Gesetz unter bestimmten Voraussetzungen die Geltung auch **18** der fehlerhaften Willenserklärung anordnet und sogar unbewusstes Erklärungsverhalten voll zurechnet, hat manche Autoren dazu bewogen, das Defizit an Selbstbestimmung durch die Hereinnahme normativer Elemente in den Begriff der Willenserklärung zu überwinden. In diesem Sinne rechnete MANIGK auch die fehlerhafte Willenserklärung zum „*legalen Begriff der We.*" (Verhalten 102 ff; Willenserklärung 150 ff), obwohl hier dem Prinzip der Selbstbestimmung in Bezug auf die in Geltung gesetzten Rechtsfolgen nicht entsprochen wird. MANIGK genügte, dass eine fehlerhafte Willenserklärung immerhin eine „vorsätzliche" Erklärung darstellt, berücksichtigte aber – wie die Vertreter der Geltungstheorie (Rn 17) – nicht, dass es nicht auf das Wollen der Erklärung, sondern auf das Wollen der in Geltung gesetzten Rechtsfolgen ankommt. HEFERMEHL begründet die „normative" Bedeutung der Willenserklärung damit, dass es nicht „Sinn der Privatautonomie" sei, den Erklärenden vom Risiko eines Irrtums zu befreien (Rn 17). In Wirklichkeit gestattet aber das Gesetz dem Irrenden, sich durch Anfechtung von der fehlerhaften Erklärung zu befreien. Für PAWLOWSKI ist Grundlage der Privatautonomie der „vernünftige, freie" – und das heißt der vom Recht bestimmte – Wille (Folgen 232 ff, 251). Auch dieses normative Konzept ist nur schwer damit zu vereinbaren, dass Privatautonomie die Parteien gerade nicht zur Vernunft zwingt, sondern ihnen eine wirklich freie Gestaltung der Rechtsverhältnisse ermöglicht. Rein fiktiv ist schließlich die Theorie der Willenserklärung von BREHMER, der dem rechtsgeschäftlichen Willen zu Unrecht bloße „Leitbildfunktion" beimisst (38 f), ihn im Irrtumsfall dann aber doch ersetzt durch eine „normative Willensprämisse" (228; ders JuS 1986, 445). Die Theorie trägt wenig zur Klärung bei und ist zudem nicht gesetzeskonform, da fehlerhafte Willenserklärungen gemäß §§ 119, 123 angefochten werden können.

4. Kombinatorische Theorie

a) Herrschende Lehre: Selbstbestimmung, Verkehrs- und Vertrauensschutz als Elemente der Willenserklärung

19 Indem das Gesetz bei bestimmten Willensmängeln die Anfechtung der Willenserklärung gestattet, zugleich aber bestimmt, dass nach Ablauf der Anfechtungsfrist die fehlerhafte Willenserklärung mit dem verlautbarten Inhalt gilt, liegt die Annahme nahe, dass zum **Tatbestand der Willenserklärung** nicht nur die Selbstbestimmung gehört, sondern weitere Elemente hinzukommen müssen. Nach geltendem Recht trifft den Teilnehmer am rechtsgeschäftlichen Verkehr auch eine Selbstverantwortung, muss auf die Interessen des Verkehrs und das Vertrauen des Erklärungsempfängers Rücksicht genommen werden. Nach inzwischen **herrschender Lehre** erschöpft sich der Tatbestand einer Willenserklärung deshalb nicht in der finalen Gestaltung der Rechtsverhältnisse, vielmehr genügt auch ein Verhalten, das objektiv auf die Verwirklichung eines Rechtsfolgewillens schließen lasse, sofern der Handelnde mit einer solchen Deutung nach den Umständen rechnen konnte und musste. Mit anderen Worten: Nicht nur die finale, sondern auch die normativ zugerechnete Erklärung ist Willenserklärung im Sinne des BGB (KRAMER, Grundfragen 171; ders, in: MünchKomm Rn 39; F BYDLINSKI JZ 1975, 1, 4; differenzierend ders, Privatautonomie 144 ff; ders, in: Mélanges Schmidlin [1998] 189 [196 ff]; gegen dessen „bewegliches System" der Rechtsgeschäftslehre CANARIS, in: BYDLINSKI, Das Bewegliche System [1986], 102 ff; LARENZ, AT § 19 I = S 336; LARENZ/WOLF § 28 Rn 10; MEDICUS, AT Rn 323; WIEACKER, in: FS Celle 278 f; SOERGEL/HEFERMEHL Rn 13; JAUERNIG Rn 5 f; PALANDT/HEINRICHS Rn 3 und 17; im älteren Schrifttum insb MANIGK, Verhalten 97; vTUHR, AT II 1 § 61 IV mwN).

20 Die **Rechtsprechung** geht von ähnlichen Grundsätzen aus. So hat das Reichsgericht den Satz geprägt, dass „eine Partei ihre Erklärung in dem Sinne gegen sich gelten lassen müsse, wie ihn die Gegenpartei nach Treu und Glauben und der Verkehrssitte auffassen durfte" (vgl RGZ 67, 431, 433; 68, 126, 128; 86, 86, 88; 95, 122, 124; 101, 401, 405; 126, 348, 351; 131, 343, 350; 134, 195, 198; RG JW 1908, 324, 325; 1915, 19; Gruchot 71, 605, 606; SeuffA 78 Nr 62). Der Bundesgerichtshof hat diese Grundsätze übernommen (BGHZ 21, 102, 106 f; 36, 30, 33; 47, 75, 78; 53, 304, 307; 56, 204, 210; BGH WM 1963, 528, 529; 1964, 224, 225; 1986, 643, 644; NJW 1984, 721) und in dem bekannten Sparkassen-Fall BGHZ 91, 324 dogmatisch untermauert: „Das Recht der Willenserklärung baut nicht nur auf der Selbstbestimmung des Rechtsträgers auf; es schützt in §§ 119, 157 BGB das Vertrauen des Erklärungsempfängers und die Verkehrssicherheit, indem es dem Erklärenden auch an nicht vorgestellte und, was dem gleich zu achten ist, an nicht bewusst in Geltung gesetzte Rechtsfolgen bindet" (BGHZ 91, 330; bestätigt in BGHZ 109, 171, 177; BGH NJW 1995, 953; ebenso BAGE 47, 130, 133; 49, 290, 296; 59, 73, 85 f; BAG NZA 1995, 419, 420). Daraus folgt insbesondere, dass das Erklärungsbewusstsein nicht zum Tatbestand der Willenserklärung gehört.

b) Stellungnahme

21 Dem BGH ist darin zuzustimmen, dass die gesetzliche Irrtumsregelung nicht nur auf dem Prinzip des Vertrauensschutzes beruht, sondern auch der **Verkehrssicherheit** im

weiteren Sinne dient. Die Geltung der fehlerhaften Willenserklärung ist nicht allein mit dem Vertrauensprinzip zu begründen (vgl SINGER JZ 1989, 1030; Selbstbestimmung 61 ff; zweifelnd auch CANARIS, Vertrauenshaftung 422; ders, in: FS 50 Jahre BGH [2000], 129 [152 f]; FROTZ, Verkehrsschutz 476 f; LOBINGER 53 ff und 134 ff). Das wäre nur zutreffend, wenn das Gesetz ohne Rücksicht auf etwaige Willensmängel die volle Geltung des Verlautbarten anordnen würde. Indem das Gesetz aber dem Irrenden gestattet, gemäß § 119 eine fehlerhafte Willenserklärung anzufechten, den Erklärungsempfänger bei erfolgter Anfechtung auf einen Schadensersatzanspruch gemäß § 122 BGB verweist und den Irrenden nur beim Versäumen der Anfechtungsfrist des § 121 an seine Erklärung bindet, bietet es eine differenziertere Lösung des Interessenkonflikts zwischen Erklärendem und Erklärungsempfänger.

In der Verschiedenheit der Rechtsfolgen, je nachdem, ob die Anfechtung erklärt **22** oder verfristet ist, kann man ein **mehrstufiges System des Vertrauensschutzes** sehen (S LORENZ 224; anders noch SINGER, Selbstbestimmung 62 f). Das bedeutet, dass die §§ 119, 121 durch die endgültige Bindung an das Erklärte jedenfalls auch dem Vertrauen des Erklärungsempfängers Rechnung tragen, nicht nur § 122. Aber Vertrauensschutz allein erklärt diese endgültige Bindung nicht (ebenso JAHR JuS 1989, 249, 255). Andernfalls wäre nicht verständlich, warum das Gesetz im Konflikt zwischen Selbstbestimmung und Vertrauensschutz grundsätzlich dem Selbstbestimmungsrecht den Vorrang vor dem Bestandsinteresse des Erklärungsempfängers einräumt und diesen – im Falle der Anfechtung – auf die Liquidierung des Vertrauensinteresses verweist. Die Gründe, die zu der differenzierten Irrtumsregelung geführt haben, sind also offenbar komplexer. Indem sich das Gesetz – bei Ausübung des Selbstbestimmungsrechts – für einen konkreten Schadensausgleich entscheidet, trägt es zunächst einmal dem Verhältnismäßigkeitsprinzip Rechnung (SINGER 91 ff). Das Vertrauensprinzip rechtfertigt nicht ohne weiteres eine Erfüllungshaftung, da im Irrtumsfall der Vertragsmechanismus nicht funktioniert und daher nicht gewährleistet ist, dass der Vertrauende die irrtümlich versprochene Leistung wirklich „verdient". Zu Recht hat F BYDLINSKI darauf hingewiesen, dass die volle Aufrechterhaltung des Vertrages häufig auf „glatte Ausbeutung" hinauslaufe (Privatautonomie 144; das wird von WOLF, Vertragsrechtsvereinheitlichung 94, zu wenig berücksichtigt). Der Ausweg kann allerdings nicht darin bestehen, die Erfüllungshaftung einer Äquivalenzkontrolle zu unterziehen (so F BYDLINSKI 145), da es dafür keine rationalen Maßstäbe gibt und das Gesetz eine solche zu Recht nicht vorsieht, auch nicht in § 119 Abs 1 letzter HS.

Nach den Vorstellungen der Zweiten Kommission beruht das Anfechtungsmodell **23** vor allem darauf, dass der Erklärende uU nicht „die Geltendmachung des Irrtums für zweckmäßig halte, vielmehr nicht selten auch nach Erkenntnis desselben es bei seiner Erklärung belassen würde" (MUGDAN I 719; s a Prot I 106 f). Ihm sollte ein **Wahlrecht** eingeräumt werden (ebenso BGHZ 91, 324, 329 f; MEDICUS, AT Rn 607; F BYDLINSKI JZ 1975, 1, 3; HABERSACK JuS 1996, 585, 586). Die dem Anfechtungsberechtigten dadurch eröffnete Möglichkeit, erneut über die Geltung der fehlerhaften Willenserklärung zu entscheiden, trägt zum einen dem Prinzip der Selbstbestimmung Rechnung (ebenso WEILER 495 ff). Zum andern soll die strenge Frist des § 121 verhindern, dass der Anfechtungsberechtigte auf Kosten des Gegners spekuliert (MUGDAN I 718). Ein Wahlrecht hätte der Gesetzgeber freilich nicht nur – wie geschehen – in Gestalt „schwebender Wirksamkeit" gewährleisten können, sondern auch durch die Anordnung „schwebender Unwirksamkeit". Die Entscheidung für die vorläufige und nach Ablauf der Anfechtungsfrist endgültige Bindung an das Erklärte beruht folglich auf zusätzlichen Erwägungen, die mit der Wahlfreiheit des Irrenden und seiner Selbstbestimmung nichts zu tun haben. Da „schwebende Wirksamkeit" tendenziell die Aufrechterhaltung fehlerhafter Rechtsgeschäfte begünstigt, dient diese Regelung jedenfalls auch dem (generellen) **Verkehrsinteresse** (zweifelnd WEILER 492 f). Eine verkehrsfreundliche Lösung der pathologischen Fälle erscheint ausgesprochen sinnvoll, um den Rechtsgeschäftsverkehr nicht noch stärker mit Unsicherheiten und Risiken zu belasten als dies wegen der relativ großzügigen Anfechtungsmöglichkeit im Vergleich zu **ausländischen Rechtsordnungen** (dazu eingehend KRAMER, Irrtum Rn 26 ff) sowie den **Europäischen und Unidroit-Prinzipien** (dazu WOLF 97 ff) ohnehin der Fall ist.

24 Hinzu kommt, dass den Irrenden eine größere Verantwortung für die Beseitigung des Rechtsscheins einer einwandfreien Willenserklärung trifft, nachdem er von der Anfechtungsmöglichkeit Kenntnis erlangt hat (vgl auch FROTZ, Verkehrsschutz 434 und 481 f; LARENZ, AT § 20 I b; FLUME II § 20, 3; MEDICUS, AT Rn 604; MünchKomm/KRAMER § 118 Rn 7). Die Regelung der §§ 119, 121 BGB ist zwar mit den Tatbeständen der Rechtsscheinhaftung gemäß §§ 170–172 BGB (so FROTZ aaO) und § 116 Satz 1 BGB (so LARENZ aaO) nicht identisch, weil der Erklärungsempfänger durch die Anfechtungsfrist absolut und ohne Rücksicht auf eine zwischenzeitliche Bösgläubigkeit geschützt wird (vgl SINGER, Selbstbestimmung 67 und 182 f). Aber diesen und ähnlichen Bestimmungen (zB §§ 179 Abs 1, 463 Satz 1 aF) ist jedenfalls die übereinstimmende Wertung zu entnehmen, dass bei positiver Kenntnis von einem Vertrauenstatbestand **erhöhte Zurechnungsmöglichkeiten** bestehen, wenn der Verantwortliche den Rechtsschein nicht unverzüglich beseitigt.

25 Das gesetzliche Modell der Irrtumsanfechtung beruht also im Ganzen nicht nur auf einem Kompromiss zwischen Selbstbestimmung und Vertrauensschutz, sondern auf einem komplexeren System teilweise komplementärer, teilweise aber auch kollidierender Prinzipien. Selbstbestimmungsfreiheit wahrt das Anfechtungsrecht gemäß § 119, Vertrauensschutz gewährleistet § 122, ferner § 121, der aber darüber hinaus auch dem generellen Verkehrsinteresse dient sowie dem Prinzip der Selbstbestimmung Rechnung trägt. Die Einstandspflicht für das in Anspruch genommene Vertrauen ist gerechtfertigt durch das Prinzip der Selbstverantwortung, wobei die volle Zurechnung der erklärten Rechtsfolgen an eine erhöhte Verantwortlichkeit des informierten und trotzdem säumigen Anfechtungsberechtigten anknüpfen kann. Dieses System kann natürlich nicht beanspruchen, die einzig denkbare „richtige" Lösung des Interessenkonflikts zwischen Irrendem und Erklärungsempfänger darzustellen. Die in ausländischen Rechtsordnungen und supranationalen Entwürfen stärker entwickelte Tendenz, dem Gedanken des Verkehrsschutzes und der Risikoverantwortung größeres Gewicht beizulegen (vgl KRAMER, Irrtum Rn 26 ff; WOLF 97 ff), beruht auf mindestens genauso fundierten Gerechtigkeitsvorstellungen wie das deutsche Recht.

III. Willensmängel und ihre Rechtsfolgen

1. Arten der Willensmängel

26 Vom äußeren Tatbestand der Willenserklärung unterscheidet man ihre subjektiven

Elemente, die üblicherweise in Handlungswille, Erklärungsbewusstsein und Geschäftswille gegliedert werden (vgl BARTHOLOMEYCZIK, in: FS Ficker [1967] 51 ff). Von Willensmängeln spricht man, wenn eines oder mehrere dieser Elemente fehlen.

a) Handlung und Handlungswille

Die Willenserklärung ist Ausdruck menschlichen Verhaltens und daher „**Handlung**". Als solche setzt die Willenserklärung ein vom Willen beherrschbares Verhalten voraus (BGHZ 39, 103, 106; 98, 135, 137; DUNZ JR 1987, 239 f; JAUERNIG Rn 4; abw HEPTING, in: FS Univ Köln [1988] 209, 211, der die Zurechenbarkeit mangels Verschuldens verneint). Das bedeutet nicht zwingend, dass ein Handlungswille im Sinne eines ziel- und erfolgsgerichteten Verhaltens vorliegen muss. Wer durch eine unbewusste Bewegung eine Vase umstößt, nimmt trotz fehlenden Handlungswillens eine Handlung vor (LARENZ/ CANARIS, Schuldrecht II/1 § 75 II 1 a = S 361). Daher kommt es für den Tatbestand der Willenserklärung nicht auf einen Handlungswillen oder ein Handlungsbewusstsein (BARTHOLOMEYCZIK 55 und 67) an, sondern auf die Beherrschbarkeit des Verhaltens. Diese fehlt, wenn eine Person im Zustande der Bewusstlosigkeit, aufgrund eines unkontrollierten **Reflexes**, unter dem Einfluss von **Hypnose** oder aufgrund von **Gewalt („"vis absoluta"")** den äußeren Tatbestand einer Willenserklärung verwirklicht (FLUME § 4, 2 a). Zu „elektronischen" Willenserklärungen s näher Rn 57 und § 119 Rn 35 ff.

b) Erklärungsbewusstsein

Auf der nächsten Stufe steht das Fehlen des **Erklärungsbewusstseins**. Hier hat derjenige, der den äußeren Tatbestand einer Willenserklärung setzt, zwar Handlungswillen, weiß aber nicht, dass seine Handlung berechtigterweise als Willenserklärung aufgefasst werden darf. Schulbeispiel ist der legendäre, von ISAY erfundene Fall der Trierer Weinversteigerung, bei der ein Ortsfremder eine Gastwirtschaft besucht, ohne zu bemerken, dass in den Räumen eine Weinversteigerung abgehalten wird; als er einem Freund zuwinkt, um ihn zu begrüßen, wird seine Geste – ohne dass ihm das bewusst ist – als Gebot verstanden (ISAY, Willenserklärung 25 f; abgewandelt bei LARENZ, AT § 19 III; ähnliche Lehrbuchbeispiele bei WEDEMEYER 58 [„Blaufeuer"]; MANIGK, Irrtum 111 [„Fahnensignal"] 243 f und ders, Willenserklärung 178; Verhalten 133, 235 [„Lampensignal"]; STÜSSER 71 [„Glückwunschschreiben"]; einen Klausurfall schildert GEBAUER, Die ungewollte Reise in die Hauptstadt, Jura 2002, 482). Praktische Fälle sind eher selten. In der grundlegenden Entscheidung im Sparkassen-Bürgschaftsfall BGHZ 91, 324 fehlte das Erklärungsbewusstsein nur dann, wenn man mit dem BGH annahm, dass der Sparkassenbeamte objektiv eine Bürgschaftserklärung abgab und irrtümlich annahm, er würde über eine früher einmal erteilte Bürgschaft lediglich Auskunft geben. Bei richtiger Auslegung war die Erklärung bereits objektiv als bloße Auskunft zu verstehen, so dass ohne Rücksicht auf die subjektiven Vorstellungen des Beamten der Tatbestand einer Willenserklärung fehlte (CANARIS NJW 1984, 2281; MEDICUS, AT Rn 608 a; zu weiteren – ebenfalls nicht einschlägigen – Bsp aus der Rechtsprechung vgl BYDLINSKI JZ 1975, 1 f; SINGER 130 ff). Häufig fehlt das Erklärungsbewusstsein bei stillschweigenden Genehmigungen, Verzichtserklärungen und dergleichen; typischerweise liegt hier auch objektiv keine Willenserklärung vor (dazu unten Rn 44 ff).

c) Geschäfts- oder Rechtsfolgewille

Der **Geschäftswille** fehlt ua in den Fällen des § 119 Abs 1. Hier will der Erklärende eine Willenserklärung abgeben, irrt aber über die objektive Bedeutung des Erklärten *(Inhaltsirrtum* gem § 119 Abs 1 1. Alt) oder verwechselt die Erklärungszeichen, indem er sich verspricht, vergreift oder verschreibt (sog *Erklärungsirrtum* oder *Irrung* gemäß § 119 Abs 1 2. Alt). Da der Geschäftswille darauf gerichtet ist, bestimmte Rechtsfolgen in Geltung zu setzen, wird der sog **Rechtsfolgewille** als Synonym des Geschäftswillens verwendet (vgl den Leitsatz BGHZ 91, 324; FLUME § 4, 3 c; krit JAUERNIG Rn 6). Vom Rechtsfolgewillen streng zu unterscheiden ist aber der so genannte **Rechtsbindungswille**. Mit diesem Begriff sollen bloße gesellschaftliche Verpflichtungen, die Übernahme von **Gefälligkeiten** oder so genannte **gentleman-agreements**, sowie die bloße Aufforderung zur Abgabe von Willenserklärungen **(invitatio ad offerendum)** von rechtsverbindlichen Erklärungen abgegrenzt werden (ausf STAUDINGER/BORK [2003] Vorbem 3, 79 ff zu §§ 145–156; STAUDINGER/J SCHMIDT [2001] Einl 174 ff zu §§ 241 ff). Die Abgrenzung ist anhand objektiver Kriterien vorzunehmen (vgl auch § 133 Rn 25 f; zur sog Erlassfalle § 133 Rn 56). Sofern danach kein Rechtsbindungswille festgestellt werden kann, fehlt bereits der objektive Tatbestand einer Willenserklärung, und es bedarf im Gegensatz zum fehlenden Geschäfts- oder Rechtsfolgewillen keiner Anfechtung, um den Mangel zur Geltung zu bringen.

2. Die gesetzliche Regelung im Überblick

30 Fehlt der Geschäftswille infolge eines *Inhalts- oder Erklärungsirrtums*, ist die Willenserklärung nicht nichtig, sondern innerhalb der Frist des § 121 BGB anfechtbar (§ 119 Abs 1). Rechtsfolge wirksamer Anfechtung ist dann Nichtigkeit des angefochtenen Rechtsgeschäfts (§ 142 Abs 1). Beim *Übermittlungsirrtum* gem § 120 kommt die Erklärung beim Empfänger mit einem anderen Inhalt an als er der mit der Übermittlung betrauten Person oder Anstalt mitgeteilt wurde. Dieser Willensmangel ähnelt dem Erklärungsirrtum gem § 119 I 2. Alt und berechtigt deshalb ebenso zur Anfechtung wie jener. Der Geschäftswille fehlt auch beim *geheimen Vorbehalt* (§ 116). Hier liegt jedoch kein Irrtum vor, sondern eine bewusste Lüge. Der Lügner muss für sein Versprechen einstehen (§ 116 S 1), es sei denn, der Erklärungsempfänger ist bösgläubig, weil er den Vorbehalt kennt (§ 116 S 2). Der Geschäftswille fehlt auch, wenn die Willenserklärung nur zum *Schein* abgegeben wird. Geschieht dies im Einverständnis mit dem Erklärungsempfänger, entspricht die Interessenlage dem durchschauten geheimen Vorbehalt. Das Scheingeschäft ist daher nichtig (§ 117 Abs 1).

31 Im Gegensatz zum „bösen" Scherz gem § 116 S 1, wo dem Erklärenden bewusst ist, dass er eine Willenserklärung abgibt, fehlt beim „guten" *Scherz* gem § 118 BGB das *Erklärungsbewusstsein*. Der Erklärende hofft vergebens, dass die fehlende Ernstlichkeit seiner Erklärung erkannt wird, irrt also darüber, dass er den Anschein einer (ernsten) Willenserklärung hervorruft. Das Gesetz bestimmt in dem rechtspolitisch umstrittenen § 118 (dort Rn 5), dass die zum Scherz abgegebene Erklärung nichtig ist, verpflichtet aber den Scherzenden zum Ersatz des Vertrauensschadens (§ 122).

32 Während Handlung oder Handlungswille, Geschäftswille und Erklärungsbewusstsein den Vorgang der Willensäußerung betreffen, spricht man von einem **Motivirrtum**, wenn sich der Irrtum auf Umstände bei der Willensbildung bezieht. Beispiel: Kauf von Trauringen für die geplante, später aber geplatzte Hochzeit. Würde man bei Motivirrtümern die Anfechtung zulassen, hätte dies für die Zuverlässigkeit des Geschäftsverkehrs kaum erträgliche Konsequenzen (anschaulich H WESTERMANN

JuS 1964, 169 [171]). Das Gesetz gestattet daher die Anfechtung nur in besonderen Fällen: §§ 119 Abs 2, 123, 779, 2078 Abs 2, 2079, 2281 Abs 1, 2308 Abs 1. Im Umkehrschluss folgt daraus der Grundsatz, dass ein reiner Motivirrtum unbeachtlich ist (BGH NJW 1999, 2664 [2665]; OLG Bamberg MDR 2003, 80; PALANDT/HEINRICHS § 119 Rn 17; zur Entwicklungsgeschichte des Grundsatzes vgl WIELING Jura 2001, 577 [578 f]; zur Kritik aus rechtspolitischer Sicht vgl § 119 Rn 5; zum Kalkulationsirrtum § 119 Rn 51 ff). Auch wenn diese Regel durch zahlreiche Ausnahmen durchbrochen ist (vgl § 119 Rn 52), sollte man schon deshalb am Grundsatz festhalten, weil jede Ausnahme besonderer Begründung bedarf und dieses Erfordernis durch die Betonung des Prinzips verdeutlicht wird.

3. Ungeregelte und streitige Fälle

a) Fehlendes Erklärungsbewusstsein

Welche **Rechtsfolgen bei fehlendem Erklärungsbewusstsein** gelten, ist gesetzlich nicht (eindeutig) geregelt. § 118 betrifft nur einen Spezialfall, dessen Aussagekraft in Bezug auf den Normalfall des fehlenden Erklärungsbewusstseins lange Zeit die entscheidende Streitfrage war (vgl einerseits CANARIS, Vertrauenshaftung 427 f und 550 f; andererseits FLUME § 20, 3 = S 414 f; F BYDLINSKI JZ 1975, 1 [2]). 33

aa) HM: Analoge Anwendung der §§ 119, 121, 122

Nachdem sich der Bundesgerichtshof lange Zeit einer eindeutigen Stellungnahme entzogen hatte, schloss sich der IX. Zivilsenat im Urteil vom 7.6.1984 (BGHZ 91, 324) dem Kreis jener Autoren an, die zwischen Geschäftsirrtum und fehlendem Erklärungsbewusstsein keine signifikanten Unterschiede sahen und daher nicht §§ 118, 122, sondern §§ **119, 121, 122 analog** anwenden wollten (F BYDLINSKI JZ 1975, 1, 4 f; ders, Privatautonomie 163 f und 177 f; LARENZ, AT § 19 III = S 356; KRAMER, Grundfragen 169 f). Anders als im Fall des § 118 BGB, wo sich der Erklärende bewusst gegen die Geltung der Erklärung entschieden habe, erschien es auch dem BGH sinnvoll, bei unbewusstem Erklärungsverhalten dem Verantwortlichen die Wahl zu belassen, ob er anficht und den Vertrauensschaden bezahlt (§ 122) oder ob er es bei der Erklärung belässt und uU in den Genuss der versprochenen Gegenleistung kommt (BGHZ 91, 329 f im Anschluss an F BYDLINSKI JZ 1975, 1, 3; MünchKomm/KRAMER § 119 Rn 82; vgl im übrigen bereits FLUME § 20, 3 = S 415). Dem Einwand von CANARIS, dass bei fehlendem Erklärungsbewusstsein nicht einmal ein Minimum an Selbstbestimmung vorliege (Vertrauenshaftung 427 f; ders NJW 1984, 2282), begegnet der BGH mit dem Argument, dass das Recht der Willenserklärungen nicht nur auf dem Grundsatz der Selbstbestimmung aufbaue, sondern auch auf dem Prinzip des Verkehrs- und Vertrauensschutzes, indem es den Erklärenden „auch an nicht vorgestellte und, was dem gleichzuachten ist, an nicht bewusst in Geltung gesetzte Rechtsfolgen" binde (BGHZ 91, 330; ebenso F BYDLINSKI JZ 1975, 3; MünchKomm/KRAMER § 119 Rn 83). 34

Allerdings ist die Bindung an das unbewusste Erklärungsverhalten davon abhängig, dass dieses dem Erklärenden **zugerechnet** werden kann. Das setzt nach Ansicht des BGH voraus, „dass dieser bei Anwendung der im Verkehr erforderlichen Sorgfalt hätte erkennen und vermeiden können, dass seine Erklärung oder sein Verhalten vom Empfänger nach Treu und Glauben und mit Rücksicht auf die Verkehrssitte als Willenserklärung aufgefasst werden durfte" (BGHZ 91, 330 im Anschluss an LARENZ, AT § 19 III = S 356; ebenso F BYDLINSKI, Privatautonomie 159 f; ders JZ 1975, 1, 5; MünchKomm/ 35

KRAMER § 119 Rn 83). Liegen diese Voraussetzungen – wie zumeist – vor, kann sich der Erklärende von der Bindung an das Erklärte nur befreien, wenn er innerhalb der Frist des § 121 die Anfechtung erklärt. Gerade bei fehlendem Erklärungsbewusstsein wird diese Frist häufig versäumt, ua deswegen, weil der BGH auch hier strenge Anforderungen an die Eindeutigkeit der Anfechtungserklärung stellt (vgl näher STAUDINGER/ROTH [2003] § 143 Rn 3).

36 Der Ansicht des BGH hat sich die überwiegende Meinung in Rechtsprechung und Schrifttum angeschlossen. Dem BGH folgen inzwischen BAG (BAGE 47, 130, 133; 49, 290, 296; 59, 73, 85; NZA 1995, 419, 420; NJW 2000, 308, 309), Oberlandesgerichte (OLG Nürnberg WM 1990, 928, 930; OLG Hamm BB 1992, 2177; anders noch OLG Düsseldorf OLGZ 82, 240, 242), sämtliche Kommentare und fast alle einschlägigen Lehrbücher (LARENZ, AT § 19 III; MEDICUS, AT Rn 607; GIESEN, AT Rn 27; RÜTHERS/STADLER, AT § 17 Rn 8 ff; LÖWISCH, AT Rn 274; PAWLOWSKI, AT Rn 446 f; KÖHLER, AT § 7 Rn 5; BROX, AT Rn 135; ders, in: ERMAN[9] Rn 3; ERMAN/PALM[11] Rn 3; MünchKomm/KRAMER § 119 Rn 82 ff; PALANDT/HEINRICHS Rn 17; SOERGEL/HEFERMEHL Rn 13 f; JAUERNIG Rn 5; AK-BGB/HART Rn 127; eingehend LORENZ, Schutz 216 ff mwN).

bb) Stellungnahme

37 Ungeachtet der überwältigenden Zustimmung zur Position des BGH (oben Rn 34) sollen die **Bedenken gegen die Gleichstellung** von Geschäftsirrtum und fehlendem Erklärungsbewusstsein auch im Rahmen dieser Kommentierung nicht unterschlagen werden (krit insb CANARIS NJW 1984, 2282; ders, in: FS 50 Jahre BGH [2000] 129 [140 ff]; SONNENBERGER, Verkehrssitten 142 ff; SCHUBERT JR 1985, 15, 16; SINGER JZ 1989, 1030 ff; ders, Selbstbestimmung 169 ff; ders AcP 201 [2001] 93 [99 f]; HÜBNER, AT Rn 677 f; GIESEN Rn 202; LOBINGER 172 ff und 219 f; im älteren Schrifttum insb ENNECCERUS/NIPPERDEY § 145 II A 4). Bei der Auseinandersetzung um § 118 wird von der hM verkannt, dass die gesetzlich vorgesehene Rechtsfolge – Nichtigkeit der Scherzerklärung und Ersatz des Vertrauensschadens – nicht allein damit erklärt werden kann, dass der Scherzende auf ein **Wahlrecht** bewusst verzichtet hat. Unter diesem Gesichtspunkt spräche nämlich alles dafür, angesichts der gesteigerten Verantwortung für das gefährliche Verhalten den Scherzenden auf Erfüllung haften zu lassen. Wenn der Gesetzgeber von einer solchen strengen Haftung Abstand genommen hat, so kann dies nur darauf beruhen, dass bei fehlendem Erklärungsbewusstsein Bedenken gegen eine Erfüllungshaftung bestehen. Diese bestehen in der Tat, da die §§ 119, 121, 122 nicht nur auf dem Prinzip des Vertrauensschutzes beruhen, sondern auch auf dem Bedürfnis des Verkehrs, die Störanfälligkeit von Rechtsgeschäften in Grenzen zu halten (oben Rn 21). Dieses Bedürfnis hat der Gesetzgeber im Fall des § 118 BGB offenbar nicht als gravierend angesehen, da an der Geltung von Scherzerklärungen kein ausgeprägtes Interesse besteht. Entsprechendes gilt bei unbewussten Erklärungen, da derjenige, dem die Willenserklärung zugerechnet werden soll, in diesen Fällen von vornherein keinen Geschäftsabschluss geplant hat. Insofern greift es zu kurz, wenn fehlendes Erklärungsbewusstsein und fehlender Geschäftswille als potentiell gleichwertige Mängel der Selbstbestimmung qualifiziert werden. Zwar ist es richtig, dass in beiden Fällen die Selbstbestimmung mangelhaft ist und bei Kenntnis des Irrtums hier wie dort nicht diese Willenserklärung abgegeben worden wäre, aber strukturell betrifft das Fehlen des Erklärungsbewusstseins einen anders gearteten und bei typisierender Betrachtung auch gravierenderen Mangel.

Dies zeigt sich spätestens auf der Ebene der Zurechnung des Missverständnisses, die 38
bei der von der hM befürworteten Analogie allergrößte Schwierigkeiten bereitet.
Unter Zurechnungsgesichtspunkten erscheint es nämlich evident leichter, das von
der gesetzlichen Regelung in den §§ 118-120 und 122 verwirklichte Prinzip der
Risikozurechnung anzuwenden, wenn sich jemand bewusst auf die – potentiell gefährliche – Ebene des Rechtsgeschäftsverkehrs begibt, als bei unbewusstem Verhalten. Das Risikoprinzip als die schärfste und einschneidendste Zurechnungsform
kann ja nicht beliebig herangezogen werden. Vielmehr bedarf es mindestens einer
Verknüpfung mit einem typisierbaren potentiell gefährlichen Verhalten. Genau
diesem Erfordernis trägt das Gesetz Rechnung. Die Zurechnung des Verständigungsrisikos beim Geschäftsirrtum gem § 119 Abs 1 BGB setzt voraus, dass der
Verantwortliche am Rechtsgeschäftsverkehr teilnimmt. Dabei handelt es sich um
einen typischen Bereich mit erhöhtem Gefahrenpotential, bei dem es gerechtfertigt
ist, das Risiko entsprechend der Steuer- und Beherrschbarkeit zu verteilen. Entsprechendes gilt für die Einschaltung von Hilfspersonen bei der Übermittlung von
Willenserklärungen gem § 120, die ebenfalls einen typischen, abgrenzbaren Bereich
mit erhöhtem Verständigungsrisiko betrifft. Und schließlich greift die Risikohaftung
beim misslungenen Scherz gem § 118 deswegen ein, weil der Scherzende nach der
Natur des Aktes ein hochgradig riskantes Manöver unternommen hat. Ohne vergleichbar riskantes und zugleich *typisierbares* Verhalten fehlt es hingegen an geeigneten Anknüpfungsgesichtspunkten für das Risikoprinzip, so dass hM und Rspr im
Ergebnis zu Recht das **individuelle Verschuldensprinzip** als Zurechnungsform heranziehen, wenn keine bewusste Teilnahme am Rechtsgeschäftsverkehr festgestellt
werden kann (vgl BGHZ 91, 324, 330; LARENZ, AT § 19 III = S 356 f; F BYDLINSKI JZ 1975, 1, 5;
MünchKomm/KRAMER § 119 Rn 83; SINGER AcP 201 [2001] 93 [99 f]; teilw abw ders, Selbstbestimmung 194 ff).

Mit dem Rekurs auf das Verschuldensprinzip ist aber zum einen das Eingeständnis 39
verbunden, dass beide Irrtumsfälle eben nicht vollkommen gleich gelagert sind.
Zum anderen bedient man sich unverkennbar der Zurechnungselemente einer
Haftung aus **culpa in contrahendo** (§§ 280 Abs 1, 241 Abs 2, 311 Abs 2). Die Haftung
wegen vorvertraglicher Pflichtverletzung stellt zweifellos die sachgerechtere und
dem Prinzip der Verhältnismäßigkeit erheblich besser entsprechende Sanktion für
missverständliches Verhalten dar, wenn nicht einer der gesetzlich geregelten Irrtumsfälle mit erhöhter Risikoverantwortung des Irrenden vorliegt. Die angemessene Rechtsfolge ist gem § 280 Abs 1 die Verpflichtung zum Schadensersatz, die iE
Ersatz des negativen Interesses bedeutet. Eine Erfüllungshaftung für „Erklärungsfahrlässigkeit" (vgl MANIGK, Verhalten 210 ff [217]; ders, Irrtum und Auslegung 110 f) ist
demgegenüber nicht systemkonform und kann daher nicht durch analoge Anwendung der §§ 119, 121 und 122 begründet werden, sondern höchstens durch Umkonstruktion dieser Normen. Dazu fehlt jedoch den Gerichten aus Gründen der Gewaltenteilung die Kompetenz. An der mangelnden Befugnis zur Umgestaltung der
gesetzlichen Regelung scheitert auch LOBINGERS Vorschlag, bei fehlendem Erklärungsbewusstsein in Analogie zu den §§ 108, 177 schwebende Unwirksamkeit anzuordnen und den Erklärenden, der schuldhaft gehandelt hat, bei Verweigerung seiner
Genehmigung analog § 122 haften zu lassen (Rechtsgeschäftliche Verpflichtung 219 f).

Selbst wenn man sich aber über diese Bedenken hinwegsetzen und trotz unter- 40
schiedlicher Zurechnungskriterien an der angeblichen Rechtsähnlichkeit von Ge-

schäftsirrtum und fehlendem Erklärungsbewusstsein festhalten wollte, so ist damit immer noch nicht entschieden, dass die aus Gründen der Ähnlichkeit befürwortete **Analogie** von Rechts wegen **erlaubt** ist. Die veröffentlichten Gerichtsurteile zum fehlenden Erklärungsbewusstsein belegen, dass den ohne Erklärungsbewusstsein Handelnden überhaupt nicht klar war, dass sie zur Vermeidung einer rechtsgeschäftlichen Bindung unverzüglich eine ordnungsgemäße Anfechtungserklärung abgeben mussten (vgl insb die Fälle BGHZ 91, 324; 109, 171 und BGH NJW 1995, 953). Die auf den ersten Blick willkürlich erscheinende Mutmaßung, dass den unbewusst Handelnden – anders als bei einem Geschäftsirrtum – kein „urwüchsiger innerer Drang" befalle, seinen wahren Willen umgehend klarzustellen (so LOBINGER 159 f und 203), hat durchaus einen realen Hintergrund, da die Notwendigkeit einer Anfechtung bei fehlendem Erklärungsbewusstsein nicht mit der erforderlichen Klarheit im Gesetz zum Ausdruck kommt. Die Befürworter einer Analogie setzen sich über das Bedürfnis nach Voraussehbarkeit solch einschneidender Sanktionen hinweg. Wegen des aus dem Rechtsstaatsprinzip abzuleitenden **Vorhersehbarkeitsgrundsatzes** wird indessen im methodologischen Schrifttum zu Recht eine ausdehnende Auslegung von Fristbestimmungen nur mit äußerster Zurückhaltung zugelassen (vgl CANARIS, Die Feststellung von Lücken im Gesetz [2. Aufl 1993] 183 Fn 40 und 186 f). Zurückhaltung ist im vorliegenden Zusammenhang schon deshalb geboten, weil die Gleichartigkeit der Fälle gerade nicht so evident ist, wie behauptet wird. Immerhin hat sich der Mangel der Vorhersehbarkeit in den einschlägigen Fällen entscheidend ausgewirkt. Auf der anderen Seite geschieht dem Erklärungsempfänger kein gravierendes Unrecht, wenn nicht der Bestand der scheinbaren Erklärung gesichert ist, da der unbewusst Handelnde im Falle seines Verschuldens gemäß § 280 Abs 1 auf Schadensersatz haftet. Im Ergebnis sollten daher Mängel des Erklärungsbewusstseins und Geschäftswillens nicht gleich behandelt werden (vgl auch § 122 Rn 8 ff).

cc) Vertrauensschutz zu Lasten des Erklärungsempfängers?

41 Wenn man mit der hM die §§ 119, 121 und 122 analog anwendet, gilt die normativ zugerechnete Willenserklärung ohne Rücksicht darauf, ob diese Wirkung zugunsten oder zu Lasten des Erklärungsempfängers geht. Demgegenüber hat BGH NJW 1995, 953 den Standpunkt eingenommen, dass der **Erklärungsempfänger** auch noch nach Ablauf der Anfechtungsfrist den **Mangel des Erklärungsbewusstseins** geltend machen dürfe. Anlass für diese Entscheidung bot ein Fall, in dem nicht – wie üblich – der Irrende, sondern der Erklärungsempfänger daran interessiert war, das Fehlen des Erklärungsbewusstseins geltend zu machen. Es ging um den angeblichen Widerruf einer postmortalen Vollmacht, die eine Tante des Erblassers dazu ermächtigte, die ihr anvertrauten Wertpapiere an die Lebensgefährtin des Erblassers auszuhändigen, falls ihm etwas passiere. Das Berufungsgericht sah einen konkludenten Widerruf der Vollmacht darin, dass sich die Alleinerbin und frühere Ehefrau des Erblassers bei der bevollmächtigten Tante und der Lebensgefährtin des Erblassers nach dem Verbleib der Papiere erkundigt hatte. Die auf Herausgabe der Wertpapiere verklagte Lebensgefährtin vertrat demgegenüber den Standpunkt, dass die Vollmachtgeberin überhaupt keine Kenntnis von der Vollmacht gehabt und ihr somit das Erklärungsbewusstsein gefehlt hätte. Es handelt sich also um einen Fall, in dem nicht der Erklärende, sondern eine von der Erklärung betroffene Person das Fehlen des Erklärungsbewusstseins geltend macht. Der BGH hielt diesen Einwand für beachtlich, weil tatsächlichem Verhalten ohne Erklärungsbewusstsein nur dann die Wirkungen einer Willenserklärung beigelegt werden könnten, wenn dies zum

Schutze des redlichen Verkehrs erforderlich sei. Der sich Äußernde müsse Vertrauen auf einen bestimmten Erklärungsinhalt geweckt haben. „Dieser Begründungsansatz und der Schutzzweck der §§ 119 ff schlössen es aus, aus einem tatsächlichen Verhalten ohne Erklärungsbewusstsein **Rechtsfolgen zu Lasten Dritter** herzuleiten" (BGH aaO). Das erscheint inkonsequent (insoweit zu Recht krit HABERSACK JuS 1996, 585, 587), da auch die fehlerhafte Willenserklärung ohne Rücksicht auf konkretes Vertrauen des Empfängers gilt. Außerdem hat sich der Gesetzgeber beim Geschäftsirrtum gerade deswegen für das Anfechtungsmodell entschieden, um zu vermeiden, dass sich Erklärungsempfänger oder Dritte auf den angeblichen Willensmangel berufen (Prot I 106).

Dennoch hat der BGH im Ergebnis richtig entschieden (oben Rn 41), da es im konkreten Fall nicht nur am subjektiven, sondern auch am *objektiven* Tatbestand einer Willenserklärung fehlte. Weder aus Sicht der Alleinerbin – der „Erklärenden" – noch aus Sicht der Bevollmächtigten oder Schenkungsempfängerin gab es irgendeinen Anhaltspunkt für die Annahme, dass die Alleinerbin die vom Erblasser erteilte Vollmacht widerrufen habe. Diese hatte keine Kenntnis vom Bestehen der Vollmacht, die sie widerrufen haben soll, und aus der Perspektive des Erklärungsempfängers ist es beim konkludenten Widerruf einer Willenserklärung regelmäßig unmöglich, ohne Kenntnis der inneren Willensrichtung anhand bloßer äußerer Umstände auf das Vorhandensein eines rechtsgeschäftlichen Willens zu schließen. Bei solchen **konkludenten Widerrufserklärungen** steht der BGH seit jeher zu Recht auf dem Standpunkt, dass sie „das Bewusstsein voraussetzen, eine rechtsgeschäftliche Erklärung sei wenigstens möglicherweise erforderlich" (vgl die Nachw in Rn 44). Diese Sonderregelung beruht darauf, dass Genehmigungen, Bestätigungen, Widerrufs- und Verzichtserklärungen jeweils eine Bezugnahme auf ein früheres Rechtsgeschäft voraussetzen. Ohne diese kann bei konkludentem Verhalten nicht auf einen entsprechenden Geschäftswillen geschlossen werden. Ein konkludenter Widerruf setzt daher hier – ausnahmsweise – Erklärungsbewusstsein voraus. 42

dd) Sonderfälle konkludenter Willenserklärungen: Genehmigung, Bestätigung, Verzicht
Im *Zwangsverwalter-Fall* BGHZ 109, 171 hat der BGH seine neue Rspr **zum Erklärungsbewusstsein auch auf konkludente Willenserklärungen ausgedehnt**. Dem ist zuzustimmen, da das BGB zwischen ausdrücklichen und konkludenten Willenserklärungen nicht unterscheidet (vgl auch § 164 Abs 1 S 2 BGB) und daher auch keine Unterschiede hinsichtlich der subjektiven Wirksamkeitsvoraussetzungen gerechtfertigt sind (eingehend F BYDLINSKI, Privatautonomie 56 gegen FLUME § 5, 4 = S 74, der zu Unrecht zwischen ausdrücklichen und konkludenten Willenserklärungen unterscheidet und nur bei den letztgenannten ein Erklärungsbewusstsein verlangt). 43

Auf der anderen Seite hat die Rspr bei bestimmten konkludenten Willenserklärungen wie **Genehmigungen, Bestätigungen oder Verzichtserklärungen** seit jeher auf subjektive Mindestanforderungen bestanden und verlangt, „dass sich der Genehmigende der schwebenden Unwirksamkeit des Vertrages bewusst ist oder doch jedenfalls mit einer solchen Möglichkeit rechnet" (BGHZ 2, 150, 153; ständige Rspr, vgl außerdem BGHZ 53, 174, 178; BGH NJW 1973, 1789; 1982, 1099, 1100; 1988, 1200; WM 1988, 216, 217). Bei der Bestätigung eines anfechtbaren Rechtsgeschäfts wird folgerichtig verlangt, „dass der Bestätigende sein Anfechtungsrecht kennt oder doch zumindest aus der 44

Vorstellung heraus handelt, es könne ihm ein solches Recht zustehen" (RGZ 68, 398, 399 ff; BGHZ 110, 220, 222; 129, 371, 377; BGH NJW 1971, 1795, 1800; WM 1977, 387, 389). Auch bei der **konkludenten Annahmeerklärung gem § 151 BGB** verlangt der BGH „Erklärungsbewusstsein" oder einen „wirklichen Annahmewillen" (BGHZ 111, 97, 101; BGH WM 1986, 324; NJW 1990, 1656, 1658; 2000, 276, 277), ebenso bei der **stillschweigenden Abtretung** einer Forderung (LM Nr 20 zu § 398 BGB) und – wie soeben Rn 41 f erörtert – beim **konkludenten Widerruf** einer Vollmacht (NJW 1995, 953). Allerdings ist die Rspr nicht ganz einheitlich, da der BGH im *Zwangsverwalter-Fall* eine konkludente Zustimmung zur Einziehung einer Forderung gem §§ 185, 362 Abs 2 ohne Rücksicht auf fehlendes Erklärungsbewusstsein annahm (BGHZ 109, 171, 177; ebenso BGH DtZ 1995, 250, 252; WM 1989, 650, 652: Verweigerung einer Genehmigung gem § 108).

45 Entgegen dem ersten Eindruck beinhaltet die Rspr zu den Sonderfällen konkludenter Genehmigung, Bestätigung und dergleichen keine grundsätzliche Abweichung von den allgemeinen Grundsätzen zum fehlenden Erklärungsbewusstsein (SINGER, Selbstbestimmung 134; vgl auch FROTZ, Verkehrsschutz 495 ff; MEDICUS, AT Rn 531). Die scheinbare Sonderstellung (vgl F BYDLINSKI JZ 1975, 1, 2 Fn 4; POHLE MDR 1958, 84; PHILIPOWSKI BB 1964, 1069 ff) dieser konkludenten Willenserklärungen – FLUMES konkludentes „Verhalten" (dazu unten Rn 59) – hängt damit zusammen, dass bei Genehmigungen oder Bestätigungen die **Auslegung konkludenten Verhaltens** auf nahezu unüberwindliche Schwierigkeiten stößt. Der Schluss auf einen bestimmten Rechtsfolgewillen kann in diesen Fällen nicht ohne Berücksichtigung subjektiver Elemente gezogen werden. So kann man etwa aus der Erfüllung eines genehmigungsbedürftigen Vertrages nur dann auf dessen stillschweigende Genehmigung schließen, wenn der *Erklärungsempfänger* davon ausgehen darf, dass der Handelnde von der Genehmigungsbedürftigkeit des Vertrages weiß. Andernfalls ist es regelmäßig unmöglich, aus dem äußeren Verhalten auf das Vorliegen einer rechtsgeschäftlichen Regelung zu schließen. Die Annahme eines Rechtsgeschäfts scheitert deshalb regelmäßig an den Schwierigkeiten, den objektiven Tatbestand einer Willenserklärung feststellen zu können (SINGER 147; s a FROTZ 497; MEDICUS Rn 531).

46 Ausgehend von diesen Grundsätzen hätte im *Zwangsverwalter-Fall* (BGHZ 109, 171) keine Zustimmung zur Einziehung der Fremdforderungen angenommen werden dürfen, da der Verwalter irrtümlich von der Berechtigung des Einziehenden ausging und daher keinen Anlass hatte, eine konkludente Willenserklärung abzugeben. Auch aus der Sicht der Schuldner bestand keine Veranlassung, eine konkludente Genehmigung des Verwalters anzunehmen, da diese von einem wirksamen Rechtsübergang auf den Forderungsprätendenten ausgingen. Insofern bestand für sie kein Grund, der Duldung durch den Zwangsverwalter konstitutive rechtsgeschäftliche Bedeutung beizumessen (**aA** LOBINGER, Jahrb junger Zivilrechtswissenschaftler [1994], 77, 81 f). Zutreffend entschieden ist dagegen der *Vollmachtswiderrufs-Fall* (BGH NJW 1995, 953), da hier aus Sicht der Bevollmächtigten des Erblassers kein Anhaltspunkt dafür bestand, dass die Alleinerbin Kenntnis von ihrer Bevollmächtigung und demzufolge Veranlassung gehabt hätte, diese zu widerrufen (oben Rn 42; **aA** HABERSACK JuS 1996, 585, 588; JAUERNIG 5).

47 Keine Besonderheiten sind dagegen bei der **konkludenten Annahme** gem § 151 BGB anzuerkennen, da hier die objektive Auslegung des Erklärungsverhaltens typischerweise keine Schwierigkeiten bereitet. Mangels Empfangsbedürftigkeit der Willens-

erklärung kommt es allerdings nicht auf den Empfängerhorizont an, sondern darauf, ob das Verhalten des Angebotsempfängers vom Standpunkt eines unbeteiligten objektiven Dritten aufgrund der äußeren Indizien auf einen „wirklichen Annahmewillen" gemäß § 133 schließen lässt (BGHZ 111, 97, 101; BGH NJW 2000, 276, 277; vgl auch § 133 Rn 16). Wenn man mit der hM (oben Rn 34, 36) das Erklärungsbewusstsein im Allgemeinen nicht zum subjektiven Tatbestand der Willenserklärung rechnet, ist es folgerichtig, auch bei § 151 BGB kein Erklärungsbewusstsein zu verlangen (zutr STAUDINGER/BORK [1996] § 151 Rn 16 mwN; REPGEN AcP 200 [2000] 533 [553 f]). Liegen dagegen die subjektiven Voraussetzungen wie Genehmigungs- oder Bestätigungsbewusstsein vor (zB BGHZ 2, 150, 153), spielt es für die Verbindlichkeit der konkludenten Willenserklärung in der Regel keine Rolle, dass der Rechtsfolgewille uU nicht objektiv zum Ausdruck gekommen ist (SINGER 148 ff). Bei genehmigten oder bestätigten Verträgen wird ohnehin dem rechtsgeschäftlichen Willen des Vertragspartners entsprochen, so dass entsprechend den Grundsätzen der *falsa demonstratio* jedenfalls individueller Konsens gegeben ist. Im Übrigen hat der Vertragspartner das Recht, den missverständlich Auftretenden an seinem wahren Rechtsfolgewillen festzuhalten (unten § 119 Rn 100).

Falls weder der objektive noch der subjektive Tatbestand einer konkludenten Genehmigung oder Zustimmung vorliegt, kommt allenfalls noch eine Haftung nach den Grundsätzen der **Vertrauenshaftung** in Betracht. Im *Zwangsverwalter-Fall* (BGHZ 109, 171) mussten die Mieter den Eindruck gewinnen, der Verwalter dulde und bestätige, dass die Einziehung der Mietzinsforderungen durch den (scheinbaren) Gläubiger zu Recht erfolge. Für diese – deklaratorische – Bestätigung einer falschen Rechtslage, die der Verwalter fahrlässig verursacht hat, haftet er gegenüber den gutgläubigen Mietern aufgrund dieser *culpa in contrahendo* gem §§ 280 Abs 1, 241 Abs 2, 311 Abs 2 auf Schadensersatz (vgl allgemein CANARIS, Vertrauenshaftung 73 und 318), was in diesem Fall einer Erfüllungshaftung praktisch gleichkommt. **48**

b) Abhandenkommen von Willenserklärungen
Dem Fehlen des Erklärungsbewusstseins entspricht in struktureller Hinsicht das **Abhandenkommen von Willenserklärungen**. Schulbeispiel ist der Fall, dass die Sekretärin den auf dem Schreibtisch liegenden, unterschriebenen Brief in der Meinung absendet, dieser sei versehentlich liegen geblieben – in Wahrheit wollte es sich der Verfasser noch einmal überlegen. Da auch hier das Vertrauen des Erklärungsempfängers Schutz verdient und für den Verfasser das Wahlrecht des § 119 Abs 1 ausgesprochen sinnvoll erscheint (MEDICUS, AT Rn 266 und 607; FLUME § 23, 1 = S 449 f; SOERGEL/HEFERMEHL § 130 Rn 5), spricht in der Tat alles für eine Gleichbehandlung der Fälle. Begriffliche Überlegungen, ob etwa zum Mindesttatbestand der Willenserklärungen Handlung und Handlungswille gehören (zuletzt S LORENZ 220 Fn 35 im Anschluss an Mot I 157; früher auch STAUDINGER/COING[11] § 130 Rn 18 und 24), sollten demgegenüber zurückstehen. Insofern ist es folgerichtig, dass die wohl hM wie bei einem Geschäftsirrtum gem § 119 Abs 1 von der vorläufigen Geltung der versehentlich in den Verkehr gelangten Erklärung ausgeht (MEDICUS, FLUME, HEFERMEHL aaO; MünchKomm/FÖRSCHLER § 130 Rn 6; PALANDT/HEINRICHS § 130 Rn 4). Nach der hier vertretenen Auffassung (oben Rn 37 ff) bedeutet die gebotene Gleichbehandlung der Fälle, dass der Urheber der Erklärung nicht auf Erfüllung haften, sondern nur einen etwaigen Vertrauensschaden ersetzen sollte, wenn er das Missverständnis zu vertreten hat (§ 280 Abs 1, 241 Abs 2, 311 Abs 2). In einem ähnlich gelagerten Fall hat der BGH **49**

eine Person wegen *culpa in contrahendo* haften lassen, nachdem es einem falsus procurator gelungen war, unter Vorlage einer von dieser Person ausgestellten Vollmachtsurkunde, die zwischenzeitlich an sie zurückgegeben, von ihr aber nicht sicher verwahrt worden war, ein Grundstück zu verkaufen. Obwohl der **Anschein einer wirksamen Bevollmächtigung** hervorgerufen wurde, hat der BGH keine Erfüllungshaftung der scheinbaren Vollmachtgeberin angenommen, sondern bloß eine Haftung auf den Ersatz des Vertrauensschadens nach den Grundsätzen der culpa in contrahendo (BGHZ 65, 13, 15). Das entspricht der hier vertretenen Auffassung, wonach bei unbewusstem Erklärungsverhalten eine Haftung auf das negative Interesse grundsätzlich angemessen ist (oben Rn 39; vgl auch BGH NJW 2000, 3127, 3128 m Anm SINGER, LM Nr 20 zu § 117). Allerdings kommt hier wegen des erhöhten Missbrauchsrisikos sogar eine verschuldensunabhängige Haftung analog § 122 in Betracht, nicht nur eine Haftung auf das negative Interesse gemäß § 280 Abs 1 wegen Verschuldens bei Vertragsschluss (vgl näher § 122 Rn 10; inkonsequent LARENZ, AT § 21 II a = S 418 f, der hier § 122 anwendet, ohne die bei fehlendem Erklärungsbewusstsein geforderte Anfechtung analog §§ 119, 121 zu verlangen).

c) Handlungswille

50 Entsprechendes gilt beim fehlenden **Handlungswillen**. Hier ist sich die hM zwar einig, dass nach der Wertung der §§ 104 Ziff 2, 105 Abs 2 BGB Nichtigkeit solcher „Willenserklärungen" angenommen werden müsse (MEDICUS, AT Rn 606; MünchKomm/ KRAMER Rn 7 a). Das ist auch vollkommen richtig, weil derjenige, der „unbewusst" eine Willenserklärung abgibt, demjenigen gleichsteht, der dies – wie es in § 105 Abs 2 heißt – im Zustande der „Bewusstlosigkeit" tut. Allerdings gilt auch hier, dass etwaige Vertrauensschäden wegen Verschuldens bei Vertragsverhandlungen zu ersetzen sind, wenn das Missverständnis zurechenbar ist (**aA** S LORENZ, Schutz 216). Das wird bei Bewusstlosigkeit, Hypnose oder vis absoluta in der Regel nicht in Betracht kommen, ist aber auch nicht undenkbar. So soll sich in Großbritannien der Fall tatsächlich ereignet haben, dass der Besucher einer Immobilienversteigerung den Zuschlag erhielt, weil ein unwillkürliches „Zucken" seiner rechten Hand vom Auktionator als Gebot missverstanden wurde (vgl zu diesem in den Medien verbreiteten Fall aus dem Jahre 1987 SINGER, Selbstbestimmung 129 mN). Beruhte dieses nervöse Zucken auf einem chronischen Leiden, hätte dem Besucher der Versteigerung vorgehalten werden können, dass sich dieser in Kenntnis des Leidens in eine Situation gebracht hatte, ohne Vorkehrungen gegen eventuelle Missverständnisse getroffen zu haben. Nach deutschem Recht hätte er in einem solchen Fall wegen Verschuldens bei Vertragsschluss den Vertrauensschaden ersetzen müssen (§§ 280 Abs 1, 241 Abs 2, 311 Abs 2).

IV. Ausdrückliche und konkludente Willenserklärungen

1. Begriffe und Beispiele

a) Ausdrückliche Willenserklärungen

51 Bei **ausdrücklichen Willenserklärungen** wird der Wille, Rechtsfolgen in Geltung zu setzen, unmittelbar zum Ausdruck gebracht. Die Parteien schließen ausdrücklich einen „Vertrag" oder treffen eine „Vereinbarung", der Käufer „bestellt" die gewünschte Sache oder „nimmt" das „Angebot" des Verkäufers an. Auch bei einer **Stimmabgabe** (zB auf einer Eigentümerversammlung) handelt es sich in der Regel

um eine ausdrückliche Willenserklärung (BayObLG BayObLGZ 2000, 66 [69]); wie jede andere Willenserklärung kann die Stimmabgabe aber auch konkludent erfolgen oder durch bloßes **Schweigen** (BGHZ 152, 63, 68).

„Ausdrücklichkeit" der Willenserklärung ist erforderlich, wenn die Parteien dies vereinbart haben. Das **Gesetz** verlangt ausdrückliche Erklärungen in §§ 244 Abs 1, 700 Abs 2, 1059a Nr 1 BGB, 48 Abs 1 HGB und §§ 38 Abs 3, 1027 Abs 1 S 1 ZPO. Dabei handelt es sich um ungewöhnliche oder besonders gefährliche Rechtsgeschäfte. Das Ausdrücklichkeitserfordernis hat somit Klarstellungs- und/oder Warnfunktion (vgl MEDICUS, AT Rn 335; BGH NJW 1982, 431, 432) und ist insoweit mit einem Formerfordernis vergleichbar. Eine ausdrückliche Willenserklärung liegt vor, wenn der rechtsgeschäftliche Wille eindeutig zum Ausdruck kommt und dem Empfänger völlige Klarheit über die Rechtslage verschafft (BGH NJW 1982, 431, 432 zu § 247 Abs 2 S 2 aF). Zuweilen verlangt die Rechtsprechung eine „ausdrückliche" Erklärung auch dann, wenn dies gesetzlich nicht vorgeschrieben ist. Dabei handelt es sich um außergewöhnliche Vereinbarungen oder besonders gefährliche Rechtsgeschäfte, deren Abschluss bei interessengerechter Auslegung nicht unterstellt werden kann. Das Erfordernis ausdrücklicher Klarstellung ist hier kein „echtes" Wirksamkeitserfordernis, sondern ergibt sich mittelbar aus der Anwendung **anerkannter Auslegungsgrundsätze** (vgl § 133 Rn 52). Ausdrückliche Vereinbarung erfordern zB das Nebeneinander von schuldrechtlichen und dinglichen Nutzungsrechten ähnlichen Inhalts (BGH NJW 1974, 2123), der Ausschluss eines Gesellschafters ohne Vorliegen eines wichtigen Grundes (BGH NJW 1977, 1292, 1293) sowie das Einverständnis von Patienten mit der Weitergabe der Behandlungsunterlagen an Übernehmer einer Arztpraxis (BGHZ 116, 268, 275).

b) Konkludente Willenserklärungen

Als **konkludente Willenserklärung** bezeichnet man ein Verhalten, das zwar nicht unmittelbar einen bestimmten Rechtsfolgewillen zum Ausdruck bringt, aber mittelbar den Schluss auf einen solchen ermöglicht (LARENZ, AT § 19 IV b = S 358). Die vielfach verwendete Bezeichnung **„stillschweigende Willenserklärung"** empfiehlt sich im vorliegenden Zusammenhang nicht, weil dadurch das Missverständnis hervorgerufen werden könnte, es ginge um bloßes **„Schweigen"** (LARENZ § 19 IV b = S 358; PALANDT/HEINRICHS Einf v § 116 Rn 6). Konkludente Willenserklärungen sind aber durchaus auch solche, die sich in positivem Tun äußern.

Typische Fälle konkludenter Willenserklärungen sind **die Inanspruchnahme von Waren oder Dienstleistungen**, die üblicherweise nur gegen Entgelt angeboten werden. Wer in ein Taxi einsteigt, das Fahrziel ansagt und vom Fahrer wortlos befördert wird, hat einen konkludenten Beförderungsvertrag abgeschlossen (LARENZ/WOLF, AT § 24 Rn 17; BROX, AT Rn 89; BayObLG NWwZ 1998, 727, 728). Entsprechendes gilt für Handlungen **zur Ausführung und Erfüllung schuldrechtlicher Verpflichtungen**. Die Übergabe der verkauften Sache bringt den Willen des Verkäufers zum Ausdruck, die Sache übereignen zu wollen, es sei denn, dass ein Eigentumsvorbehalt vereinbart war (LARENZ 359). Der Schluss auf den rechtsgeschäftlichen Willen zur Übereignung macht sich die Erfahrung zunutze, dass sich die Beteiligten im rechtsgeschäftlichen Verkehr im Regelfall folgerichtig und redlich verhalten (vgl LÜDERITZ, Auslegung 340 ff; LARENZ 359 Fn 70; BGH LM § 151 Nr 12 unter II 2 a aa). Feststellung und Inhaltsermittlung konkludenter Willenserklärungen sind insofern eine Frage der

Auslegung gem §§ 133, 157 BGB (vgl die Erläuterungen zu § 133 Rn 44 ff und bei STAU-DINGER/ROTH [1996] § 157 Rn 3).

c) Betriebliche Übung

55 Nach Rechtsprechung und hM können Arbeitnehmer (und Arbeitgeber) auch aufgrund betrieblicher Übung Ansprüche erwerben (BAGE 37, 228 [234], 39, 271 [276]; 40, 126 [133]; 52, 33 [49]; 52, 340 [346]; 59, 73 [85]; BAG NZA 1995, 418 [419]; STAUDINGER/RICHARDI [1999] § 611 Rn 258 f; SCHAUB, Arbeitsrechtshandbuch § 111 Rn 3 ff; HROMADKA, Zur betrieblichen Übung, NZA 1984, 241). Eine betriebliche Übung liegt vor, „wenn der Arbeitgeber bestimmte Verhaltensweisen regelmäßig wiederholt, aus denen die Arbeitnehmer schließen können, dass ihnen eine Leistung oder Vergünstigung auf Dauer gewährt werden soll" (so die Formulierung in BAGE 49, 151 [159]). Zumeist handelt es sich um Gratifikationen, Zulagen und andere Vergünstigungen wie zB Weihnachtsgeld, Essenszuschüsse oder die bezahlte Arbeitsfreistellung am Rosenmontag (vgl die Aufstellung bei SEITER, Die Betriebsübung [1967], 74 ff). Beim Weihnachtsgeld soll der Anspruch nach dreimaliger vorbehaltloser Leistungsgewährung entstehen. In der Leistungsgewährung kommt nach Auffassung des BAG ein Rechtsbindungswille des Arbeitgebers zum Ausdruck (vgl BAGE 47, 130 [133]; 49, 290 [295]). Dessen Angebot nehme der Arbeitnehmer gemäß § 151 BGB an. Gegen diese **Vertragstheorie** spricht, dass sich der Arbeitgeber bei freiwillig erbrachten Leistungen gerade nicht verpflichten will, schon gar nicht bei irrtümlich gewährten Zuschlägen und Vergünstigungen (CANARIS, Vertrauenshaftung 257 f, 388 f; SINGER, Neue Entwicklungen im Recht der Betriebsübung, ZfA 1993, 487 [491 ff]). Bei einer Betriebsübung im Bereich des öffentlichen Dienstes geht das BAG denn auch zutreffend – von seinem Standpunkt aus aber inkonsequent – davon aus, dass der Arbeitgeber zum Normvollzug verpflichtet sei und sich folglich nicht zu einer übertariflichen Zulage verpflichten wolle (BAGE 6, 59 [62]; 37, 228 [234]; 38, 291 [297]; 52, 33 [49 f]; 59, 73 [85]; AP Nr 121 zu § 242 BGB Ruhegehalt; AP Nr 31 zu § 75 BPersVG; einschränkend BAGE 51, 115 [118]; krit SINGER ZfA 1993, 487 [498 ff]). Schutzwürdig ist allerdings das **Vertrauen** des Arbeitnehmers darauf, dass er die vom Arbeitgeber gewährte Leistung mit Recht erhält, und zwar bei privaten Arbeitgebern genauso wie im Bereich des öffentlichen Dienstes (aA das BAG in std Rspr, vgl nur BAGE 59, 73 [85]). Das bedeutet zum einen, dass der Arbeitnehmer die in der Vergangenheit gutgläubig empfangenen Leistungen behalten darf – freiwillige Zuwendungen genauso wie irrtümlich gewährte. Für die Zukunft besteht dagegen nur eingeschränkter Vertrauensschutz. Sofern der Arbeitnehmer keine irreversiblen Dispositionen getroffen hat, wie etwa bei Maßnahmen zur Altersvorsorge (BAGE 47, 130 [135]), ist es für ihn in aller Regel zumutbar, dass die künftigen Leistungen an die tariflichen und gesetzlichen Bestimmungen angepasst werden (SCHAUB § 111 Rn 9 mwN). Bei freiwilligen Leistungen ist der Vertrauenstatbestand auch ohne unmissverständlich zum Ausdruck gebrachten Freiwilligkeitsvorbehalt ohnehin so schwach, dass dem Arbeitgeber das Abbrechen einer Übung jedenfalls dann gestattet werden kann, wenn er dafür einen sachlichen Grund hat (ebenso HROMADKA NZA 1984, 242 u 246; BAGE 14, 174, 179). Dem berechtigten Bedürfnis des Arbeitgebers, freiwillige Leistungen flexibel an die jeweilige wirtschaftliche Lage anzupassen, kann dann Rechnung getragen werden, ohne dass man die Interpretationskunst überstrapazieren muss. Wenn das BAG bei jährlichen Gehaltsanpassungen (BAG AP Nr 15 zu § 4 TVG Übertariflicher Lohn u Tariflohnerhöhung; NZA 1986, 521 [522]), Zahlungen in unterschiedlicher Höhe (BAG NZA 1996, 758 [759]) oder Gewährung freier Tage (BAGE 22, 429 [434 f]) einen Bindungswillen vermisst oder relativ großzügig stillschweigend erklärte Widerrufsvorbehalte annimmt (BAGE 53, 42 [57 f]; BAG EzA Nr 20 zu § 77 BetrVG), andererseits aber verlangt, dass ein Freiwilligkeitsvorbehalt unmissverständlich zum Ausdruck kommen muss (vgl BAG AP Nr 187, 193 zu § 611 BGB Gratifikation; AP Nr 55 zu § 242 BGB Betriebliche Übung; ZIP 2000, 2127 [2129]), hängt der Vertrauensschutz des Arbeitnehmers von kaum zu kalkulierenden Voraussetzungen ab.

Ist aufgrund betrieblicher Übung ein unwiderruflicher vertraglicher Anspruch entstanden, kann dieser vom Arbeitgeber grundsätzlich nur im Wege der Änderungskündigung oder aufgrund einer Vereinbarung mit dem Arbeitnehmer beseitigt werden (BAG NJW 1998, 475). Die Abänderung oder Beseitigung eines vertraglichen Anspruchs kann jedoch nach der Rechtsprechung des BAG auf dem gleichen Wege wieder beseitigt werden, wie dieser begründet wurde. Eine solche **ablösende Betriebsübung** soll bereits dann entstanden sein, wenn der Arbeitnehmer einer dreimaligen Leistungsgewährung, die der Arbeitgeber mit einem Freiwilligkeitsvorbehalt versehen hat, nicht widersprochen hat (BAG AP Nr 8 zu § 242 BGB Betriebliche Übung; NJW 1998, 475 [476]; 2000, 308 [309]). Das ist vor allem dann kaum akzeptabel, wenn sich die Änderung darauf beschränkt, dass die unverändert ausgezahlte Leistung (zB die Jahreszuwendung) unter Freiwilligkeitsvorbehalt gestellt wird (krit auch Kettler, Das BAG und die „umgekehrte" betriebliche Übung, NJW 1998, 435 [437]). Eine solche Änderung der Betriebsübung dürfte in aller Regel unbemerkt bleiben, weil sich die Änderung im Leistungsvollzug zunächst überhaupt nicht auswirkt. Die Rechtsprechung zur verschlechternden Betriebsübung steht denn auch in Widerspruch zu den Auslegungsgrundsätzen, die das BAG für die stillschweigende Änderung von Arbeitsverträgen aufgestellt hat. Danach kann die **widerspruchslose Fortsetzung der Tätigkeit** durch den Arbeitnehmer nach einem Änderungsangebot des Arbeitgebers nur dann als Annahme der Vertragsänderung angesehen werden, wenn diese sich wenigstens teilweise unmittelbar im Arbeitsverhältnis auswirkt (BAG AP Nr 2 und 4 zu § 305; NZA 2003, 924 [927]; dazu auch unten Rn 75). **56**

d) Elektronische und automatisierte Willenserklärungen
Sofern Formvorschriften nicht entgegenstehen, können Willenserklärungen auch durch **elektronische Übermittlung** einer Datei „per Mausklick" im Internet abgegeben werden (BGH NJW 2002, 363 [364] „ricardo.de"; OLG Hamm NJW 2001, 1142; Spindler ZIP 2001, 809, 810; Ulrici JuS 2000, 947 [948]; Wiebe 213; zum Zugang § 130 Rn 51). Um „echte" Willenserklärungen handelt es sich auch bei sog **„computergestützten Willenserklärungen"** (zum Begriff Wiebe 203; abweichender Sprachgebrauch bei Köhler AcP 182 [1982] 126 [132 ff]; Brehm, in: FS Niederländer [1991] 234; weitere Nachw § 119 Rn 35), bei denen ein Teil der Erklärung (zB die Höhe der Kreditraten bei einem Online-Kreditantrag) von einem Computerprogramm erzeugt, das Gesamtergebnis aber vom Erklärenden als eigene Willenserklärung in den Verkehr gebracht wird. Sogar bei **„automatisierten Willenserklärungen"** (Wiebe 203; Krüger/Bütter WM 2001, 221 [223] bezeichnen diese als sog „Computererklärungen"), die vollständig von einem Computerprogramm generiert werden (zB die Annahme eines Vertragsangebots), handelt es sich zweifelsfrei um Willenserklärungen, da die durchgeführten Rechenoperationen aufgrund menschlicher Bedienungsanweisungen durchgeführt werden und somit dem Willen ihres Urhebers zuzurechnen sind (vgl Brehm, in: FS Niederländer [1991] 233, 234; Paefgen JuS 1988, 592 [593]). Entsprechendes gilt beim Vertragsschluss durch „intelligente" elektronische Agenten (Cornelius MMR 2002, 353 [355]). Für die Neuschöpfung einer **„elektronischen Willenserklärung"**, die aufgrund des Risikoprinzips **57**

dem Betreiber zugerechnet werden soll (dafür WIEBE 206 ff; vgl auch CLEMENS NJW 1985, 1998, 2001 ff), besteht daher kein Bedarf. Sofern keine Manipulationen „von außen" in Frage stehen, besteht an der (vorläufigen) Zurechnung auch fehlerhafter Computererklärungen kein Zweifel. Allerdings stellen sich bei fehlerhafter Programmierung diffizile Anfechtungsfragen (s näher § 119 Rn 36 f). Davon abgesehen ist die auf den Abschluss eines Fernabsatzvertrages (§ 312b) gerichtete Willenserklärung des Verbrauchers grundsätzlich **widerruflich** (§ 312d). Dies gilt allerdings nicht für „Versteigerungen (§ 156)" (§ 312d Abs 4 Nr 5). Entgegen verbreiteter Ansicht sollte dieser Widerrufsausschluss auch für **Internet-Auktionen** gelten, da der tiefere Grund der Ausnahmebestimmung in der nicht auf die Fälle des § 156 beschränkten Irreversibilität des Versteigerungsprozesses zu sehen ist (ebenso HOFFMANN/HÖPFNER EWS 2003, 107 [111]; HEIDERHOFF MMR 2001, 640 [642]; einschränkend MünchKomm/WENDEHORST § 312d Rn 48; **aA** AG Kehl NJW-RR 2003, 1060 f; PALANDT/HEINRICHS § 312d Rn 13; SPINDLER ZIP 2001, 809 [810]; WENZEL NJW 2002, 1550 [1551]). Nach dem Willen des Gesetzgebers sollte vor allem in jenen Fällen ein Widerrufsrecht bestehen, in denen der Anbieter – anders als nach den AGB von ricardo.de – selbst nicht gebunden sein will (vgl die Begründung des Rechtsausschusses BT-Drucks 14/3195, S 30).

2. Die Gleichwertigkeit ausdrücklicher und konkludenter Willenserklärungen

58 Das geltende Recht geht von **der Gleichwertigkeit ausdrücklicher und konkludenter Willenserklärungen** aus (vgl schon Mot I 153; RGZ 95, 122, 123 f; 134, 195, 197; BGH NJW 1980, 2245, 2246; WM 1984, 243; PALANDT/HEINRICHS Rn 6; MünchKomm/KRAMER Rn 22). Soweit Parteivereinbarung oder Gesetz nicht ausdrückliche Willenserklärungen verlangen (oben Rn 53), finden die allgemeinen Regeln für Willenserklärungen Anwendung, insbesondere hinsichtlich Auslegung und Anfechtung (MünchKomm/KRAMER; PALANDT/HEINRICHS aaO). Erweist sich nach Treu und Glauben und der Verkehrssitte (§ 157) der Schluss auf einen bestimmten Rechtsfolgewillen als berechtigt, ist das Vertrauen des Empfängers nicht weniger schutzwürdig als wenn eine ausdrückliche Willenserklärung abgegeben worden wäre (MünchKomm/KRAMER aaO).

3. Flumes Lehre vom konkludenten Verhalten

59 In Widerspruch dazu differenziert FLUME zwischen echten (finalen) Willenserklärungen durch schlüssiges Verhalten und bloßem „**konkludenten Verhalten**", das nur den Anschein einer Willenserklärung verkörpere und nur dadurch zum Rechtsgeschäft werde, dass sich der Handelnde der Schlüssigkeit seines Handelns bewusst sei (FLUME § 5, 4 = S 74; vgl auch § 23, 1 = S 450). Diese Unterscheidung ist mit Recht kritisiert worden, weil zwischen ausdrücklichen und konkludenten Willenserklärungen kein Unterschied gemacht werden darf, auch nicht in der Frage des Erklärungsbewusstseins (vgl insb F BYDLINSKI, Privatautonomie 56 ff; KRAMER, Grundfragen 165 ff). FLUMES Theorie kommt freilich nicht von ungefähr, sondern knüpft zum Teil ausdrücklich an die gefestigte Rechtsprechung zu stillschweigenden Genehmigungen, Bestätigungen und Verzichtserklärungen an, wo in der Tat zur Voraussetzung von Willenserklärungen gemacht wird, dass sich der Genehmigende, Bestätigende oder Verzichtende der Konkludenz seines Handelns bewusst sein müsse (oben Rn 44). FLUME übersieht aber, dass der Grund für diese Sonderbehandlung nichts mit erhöhten Anforderungen an das Erklärungsbewusstsein zu tun hat, sondern auf dem Versagen der objektiven Auslegungsmethode bei den genannten stillschweigenden

Willenserklärungen beruht (näher dazu oben Rn 45). Nur weil objektiv nicht der Schluss auf einen bestimmten Rechtsfolgewillen gezogen werden konnte, kam es darauf an, ob der Genehmigende, Bestätigende oder Verzichtende tatsächlich einen Rechtsfolgewillen hatte.

4. Schweigen als Willenserklärung

Eine konkludente Willenserklärung kann auch in bloßem „**Schweigen**" bestehen **60** (BGH NJW 2002, 3629 [3631]; MünchKomm/KRAMER vor § 116 Rn 24; CANARIS, in: FS Wilburg 78; aA PALANDT/HEINRICHS vor § 116 Rn 7). Darunter ist – im Gegensatz zur „**stillschweigenden Willenserklärung**" (oben Rn 53) – nur der Fall zu verstehen, dass überhaupt kein Erklärungszeichen gesetzt worden ist. Insofern gehören auch die Tatbestände des § 151 nicht in den vorliegenden Zusammenhang, da diese Vorschrift lediglich auf den Zugang der Annahmeerklärung verzichtet (EBERT JuS 1999, 754, 755; REPGEN AcP 200 [2000] 533 [546]; SCHWARZE AcP 202 [2002] 607 [611 f], der freilich der Sache nach § 151 wie eine – nach allgemeinen Regeln [Rn 76] nicht zu rechtfertigende – Annahme durch Schweigen behandelt). Zu Unrecht wird bestritten, dass beim Schweigen überhaupt eine Erklärung vorliegen könne (vgl HANAU AcP 165 [1965] 241; BICKEL NJW 1972, 608; formal auch STAUDINGER/BORK [2003] § 146 Rn 5; PALANDT/HEINRICHS Einf v § 116 Rn 7). Schweigen kann – je nach Situation – durchaus „beredt" sein, zB wenn die Parteien dies als Erklärungszeichen verabredet haben oder die Indizien so eindeutig sind, dass im Wege der **Auslegung** gem §§ 133, 157 auf einen bestimmten rechtsgeschäftlichen Willen geschlossen werden kann (BGHZ 152, 63, 68; MünchKomm/KRAMER vor § 116 Rn 24; LARENZ, AT § 19 IV a = S 357; CANARIS, in: FS Wilburg 79). Dieser Schluss mag zwar „nie sicher" sein (HANAU AcP 165 [1965] 241), aber dies trifft auf alle Willenserklärungen zu (CANARIS, in: FS Wilburg 78; KRAMER Jura 1984, 242). Allerdings ist bei der Interpretation des Schweigens als Willenserklärung Vorsicht geboten, weil aufgrund der latenten Mehrdeutigkeit des Schweigens die Gefahr von Fehldeutungen besonders groß ist. Schweigen mit Erklärungswirkung ist daher nur in **besonderen Fällen** anzuerkennen.

a) Vereinbartes Schweigen
Schweigen hat Erklärungsbedeutung, wenn dies im Voraus so **vereinbart** war. Eine **61** solche Vereinbarung kann auch **konkludent** getroffen werden und kann sich zB aus einer zwischen den Parteien eingebürgerten Übung ergeben, dass Schweigen als Annahme eines Angebots gelten soll (MEDICUS, AT Rn 393; MEDER WM 1999, 2137, 2138). Auch ohne Vereinbarung bedeutet Schweigen Zustimmung (oder Ablehnung), wenn der Versammlungsleiter bei einer **Abstimmung** über einen Beschlussantrag (zB auf der Versammlung von Wohnungseigentümern; oben Rn 51) das Abstimmungsergebnis bereits nach der Abstimmung über zwei von drei – auf Zustimmung, Ablehnung oder Enthaltung gerichteten – Abstimmungsfragen feststellt, indem er die Zahl der noch nicht abgegebenen Stimmen als Ergebnis der dritten Abstimmungsfrage wertet (BGHZ 152, 63, 69 f und amtl Leitsatz). Bei dieser sog Subtraktionsmethode wird keinem Versammlungsteilnehmer eine ungewollte Stimmabgabe aufgezwungen. Wer sich der Abstimmung entziehen will, wird zwar gezwungen, bei der Frage nach Stimmenthaltungen zu votieren, da Passivität als Zustimmung oder Ablehnung gewertet würde. Aber dieser Zwang beruht auf den üblichen Regeln bei Abstimmungen, die von jedem Teilnehmer stillschweigend akzeptiert werden, und beeinträchtigt daher nicht die Privatautonomie des Schweigenden. Anders verhält es sich, wenn jemand sein Angebot mit der Bestimmung versieht, dass Schwei-

gen als Zustimmung gewertet werde. Die Privatautonomie in ihrer negativen Ausprägung erlaubt es nicht, dass der Antragende über die **Bedeutung des Schweigens einseitig** und aus eigener Machtvollkommenheit **bestimmt**. Wenn mit einem Angebot die Aufforderung verbunden ist, binnen einer Frist zu antworten, kann der Empfänger daher gefahrlos schweigen (SchlHArbG SchlHA 1971, 84 f). Wegen der Bedrohung der Selbstbestimmungsfreiheit bestimmt im übrigen § 308 Nr 5, dass einseitige **Erklärungsfiktionen in AGB** (vgl zB Nr 7 Abs 2 S 2, Abs 3 S 2 AGB der Banken idF April 2002) nur wirksam werden, wenn sich der Verwender verpflichtet, den Vertragspartner bei Beginn der Frist auf die Bedeutung des Schweigens als Zustimmung oder Annahme hinzuweisen, und dieser Verpflichtung auch nachkommt (STAUDINGER/COESTER-WALTJEN [1998] § 10 Nr 5 AGBG Rn 14). Im **Schweigen auf die Zusendung von Kontoauszügen** kann freilich keine Genehmigung eventueller Fehlbuchungen gesehen werden (vgl BGH NJW 1979, 1164, 1165; 2000, 2667 [2668]; OLG Dresden ZIP 1999, 1627, 1628), da es sich um rein tatsächliche Mitteilungen handelt. Dagegen hat das Schweigen des Kunden auf zugegangene **Rechnungsabschlüsse** die Bedeutung einer Genehmigung bisher nicht genehmigter Belastungsbuchungen, wenn der Kunde auch auf diese Folge bei Erteilung des Rechnungsabschlusses besonders hingewiesen wurde. Einen solchen Hinweis hatten Banken und Sparkassen in der Vergangenheit versäumt (BGH NJW 2000, 2667 [2668]), doch haben diese zwischenzeitlich ihre AGB den Anforderungen angepasst (vgl Nr 7 Abs 3 AGB-Banken, Nr 7 Abs 4 AGBSp idF April 2002).

b) Gesetzlich normiertes Schweigen
aa) Tatbestände

62 In einigen Fällen bestimmt das **Gesetz**, dass Schweigen die Wirkung einer Willenserklärung hat. Nicht einschlägig sind allerdings die §§ 108 Abs 2 S 2, 177 Abs 2 S 2, 415 Abs 2 S 2, 451 Abs 1 S 2, da hier dem Selbstbestimmungsrecht lediglich **zeitliche Schranken** gesetzt werden. Die gesetzliche Fiktion einer Willenserklärung ist hier ohne sachliche Bedeutung und hätte genauso gut unterbleiben können (F BYDLINSKI, Privatautonomie 73 f). Entsprechendes gilt bei § 455 S 2, der das Rücktrittsrecht des Käufers lediglich zeitlich befristet (VEINEM, Option 95 f; abw ESSER, Fiktionen 60), für das befristete Ausschlagungsrecht des § 1943, das nach Fristablauf den vom Erblasser oder von Gesetzes wegen verfügten Erwerb der Erbschaft sicherstellt (POHL AcP 177 [1977] 52, 59; aA STÜSSER, Anfechtung 268; ESSER, Fiktionen 60), und für die Genehmigungsfiktion des § 377 Abs 2 HGB, die der Sache nach eine Abkürzung der bürgerlichrechtlichen Gewährleistungsfristen darstellt (vgl F BYDLINSKI, Privatautonomie 73).

63 *Positive Rechtsgeschäftsfolgen* bestimmen die §§ 149 S 2, 416 Abs 2 S 2, 516 Abs 2 S 2, 2307 Abs 2 S 2 BGB und die §§ 75 h, 91 a, 362 HGB. Es handelt sich um Tatbestände, in denen Schweigen mutmaßlich **Annahme eines Antrags** oder **Genehmigung** eines Rechtsgeschäfts bedeutet, weil das Zustandekommen eines Rechtsgeschäfts im *Interesse* des Schweigenden liegt oder einer entsprechenden *kaufmännischen Verkehrssitte* entspricht (CANARIS, in: FS Wilburg [1975] 78 und 90 f; ders, Vertrauenshaftung 197 ff; KRAMER Jura 1984, 244 f und 248 f). Die gesetzliche Regelung bezweckt, Missverständnisse über die Bedeutung des Schweigens auszuschließen und definitiv klarzustellen, dass Schweigen Annahme oder Zustimmung bedeutet. Die §§ 545 und 625 gehören ebenfalls in den vorliegenden Zusammenhang, da das Gesetz klarstellt, dass die widerspruchslose Fortsetzung des beendeten Miet-, Arbeits- oder Dienstverhältnisses als Verlängerung „gilt". Nach der gesetzlichen Wertung wird ein vertragsloser Zustand als nicht interessengerecht angesehen, weil dies dem mutmaßlichen Willen der Parteien widerspräche und die für die vereinbarte Vertragsdauer ausgehandelten Bedingungen sachgerechter erscheinen als eine sonst erforderliche Abwicklung nach Bereicherungsrecht (zutr F BYDLINSKI, Privatautonomie 82 f).

Um einen Fall des **§ 362 HGB** handelt es sich beim Zustandekommen von Über- **64** weisungsverträgen gemäß § 676a BGB. Der **Überweisungsvertrag** kommt dadurch zustande, dass das Kreditinstitut dem Antrag des Kunden auf Abschluss eines Überweisungsvertrages nicht unverzüglich widerspricht (MEDER JZ 2003, 443; DERLEDER/KNOPS/BAMBERGER-SINGER, Handbuch zum deutschen und europäischen Bankrecht [2004] § 31 Rn 5, 19 f mwN). Da der Sinn des **Girovertrages** gerade darin besteht, den Zahlungsverkehr für den Kunden durchzuführen, dürfen Kreditinstitute trotz der Beschränkung des § 676f S 1 auf „abgeschlossene" Überweisungsverträge die Ausführung eines Überweisungsantrags nur aus sachlichen Gründen ablehnen, zB beim Verdacht der Geldwäsche, bei Überweisungen an radikale Parteien oder in unsichere Länder (BT-Drucks 14/745, S 19; P BYDLINSKI, Bemerkungen zum Regierungsentwurf eines Überweisungsgesetzes, WM 1999, 1046 [1048] mit Fn 25; DERLEDER/KNOPS/BAMBERGER-SINGER Rn 19). Falls die Bank einem Antrag unbegründet widerspricht, ist dieser **Widerspruch** wegen Treuwidrigkeit unbeachtlich. Die damit scheinbar verbundene Einschränkung der Privatautonomie ist nur äußerlicher Natur, da das Kreditinstitut – der Privatautonomie gemäß – in den Abschluss des Girovertrages eingewilligt hat (iE wie hier MEDER JZ 2003, 443 [447], der jedoch die Maxime *protestatio facto contraria non valet* heranzieht, die nach der hier vertretenen Ansicht keine Grundlage im geltenden Recht hat, vgl dazu § 133 Rn 57). Die gleichen Grundsätze gelten für den aus der Erteilung einer **Gutschrift** (§ 656g) resultierenden Zahlungsanspruch. Hier ist es der Kunde, der durch sein **Schweigen** das Zustandekommen des Schuldanerkenntnisvertrages (§§ 780, 781) bewirkt und im Hinblick auf sein grundsätzliches Einverständnis im Girovertrag nur beim Vorliegen eines triftigen Grundes widersprechen darf (MEDER aaO im Anschluss an BGHZ 128, 135, 139).

bb) Bedeutung und Reichweite der Fiktionen, insbesondere für Willensmängel
Umstritten sind **Bedeutung und Reichweite der gesetzlichen Fiktionen** (vgl dazu MA- **65** NIGK, Verhalten 105 ff, 279 ff; KRAUSE 127 ff; ESSER, Rechtsfiktionen 50 ff; HANAU AcP 165 [1965] 220, 223 ff; F BYDLINSKI 70 ff; FLUME §§ 10, 2 und 21, 9; CANARIS, Vertrauenshaftung 196 ff; ders, in: FS Wilburg 77 ff; MANKOWSKI 525). Eine Fiktion kann zum einen bedeuten, dass die normierte Wirkung schlechthin „gilt", also allein aufgrund der Verwirklichung des gesetzlichen Tatbestandes und ohne Rücksicht auf einen etwa entgegenstehenden Willen (so insb MANIGK, Verhalten 284 f; m Einschr auch OERTMANN ZBH 1 [1926] 7, 9 f). Eine Fiktion kann aber auch bedeuten, dass der normierte Tatbestand in jeder Hinsicht als Willenserklärung zu beurteilen ist mit der weiteren Folge, dass bei entgegenstehendem Willen des Betroffenen auch die gesetzlich normierte Erklärungswirkung angefochten werden kann (so insb F BYDLINSKI, Privatautonomie 74). In diesem Sinne bestimmt § 1956 „aus Billigkeitsgründen" (Prot V 632), dass das bloße Verstreichenlassen der für die Ausschlagung einer Erbschaft bestimmten Frist (§ 1944) anfechtbar ist. Dieses Anfechtungsrecht wird damit gerechtfertigt, dass derjenige, dessen Verhalten als Annahme der Erbschaft fingiert wird, nicht schlechter stehen dürfe als derjenige, der wirklich die Annahme erklärt hat (STAUDINGER/OTTE [2000] § 1956 Rn 1). Die Anfechtung richtet sich nach den allgemeinen Regeln der §§ 119 ff

und umfasst folglich auch den Irrtum über die Bedeutung des Fristversäumnisses (RGZ 143, 419, 424; OLG Hamm OLGZ 85, 286, 288 f; STAUDINGER/OTTE [2000] § 1956 Rn 3; PALANDT/EDENHOFER § 1956 Rn 2; überholt RGZ 58, 81, 85; vgl auch unten § 119 Rn 72).

66 **Stellungnahme**: Ersichtlich zu weit ginge die Auffassung, dass Willensmängel beim gesetzlich normierten Schweigen überhaupt keine Rolle spielen dürfen. Dies würde zu dem ungereimten Ergebnis führen, dass man sich auf das Schweigen stärker verlassen könnte als auf ausdrückliche Willenserklärungen, der schwächere Vertrauenstatbestand also weitergehenden Schutz gewährte als der stärkere (F BYDLINSKI 75). Im Allgemeinen besteht auch kein Grund, den Schweigenden schlechter zu stellen als denjenigen, der eine ausdrückliche Willenserklärung abgegeben hat. Dementsprechend lässt die ganz hM die **Anfechtung wegen arglistiger Täuschung, Drohung oder wegen Irrtums über verkehrswesentliche Eigenschaften** zu, und aus dem gleichen Grunde verlangt man **Geschäftsfähigkeit** des Schweigenden (FLUME § 10, 2 = S 119; CANARIS, Vertrauenshaftung 205 f; ders, Handelsrecht [23. Aufl] § 25 Rn 6 und 38; PETERSEN Jura 2003, 687, 690; SCHLEGELBERGER/HEFERMEHL, HGB § 362 Rn 21; BAUMBACH/HOPT § 362 Rn 6).

67 Auf der anderen Seite ginge es ebenfalls zu weit, die Regeln über Willenserklärungen in vollem Umfang anzuwenden (so aber F BYDLINSKI 74 ff). Dies hätte zur Konsequenz, dass gesetzliche Fiktionen in erheblichem Umfang leer liefen, weil allzu leicht mit der Begründung angefochten werden könnte, man habe die gesetzlich normierte Wirkung des Schweigens nicht gekannt. Die ganz überwiegende Meinung in Rechtsprechung und Schrifttum hält deshalb eine Anfechtung wegen Irrtums über die Bedeutung des Schweigens (sog **„Schlüssigkeitsirrtum"**) mit Recht für ausgeschlossen (KRAUSE 135; CANARIS, Vertrauenshaftung 190, 202, 218 f; ders, Handelsrecht § 25 Rn 4 und 34; MünchKomm/KRAMER § 119 Rn 62; HANAU AcP 165 [1965] 124; KINDL 167). Der Einwand, auf diese Weise erfahre ein minderwürdiger Tatbestand stärkeren Bestandsschutz als eine normale Willenserklärung (F BYDLINSKI 75), erweist sich demgegenüber als nicht durchschlagend. Gerade weil der rechtsgeschäftliche Tatbestand in objektiver und subjektiver Hinsicht nicht eindeutig ist und eine gesetzliche Klarstellung erfordert, wäre die Bestandskraft der gesetzlichen Regeln in weit höherem Maße gefährdet als bei sonstigen Willenserklärungen. Bei diesen kommen Schlüssigkeitsirrtümer nicht so häufig vor und können auch nicht so leicht behauptet werden, weil das Konkludenzurteil auf der Annahme beruht, das Übliche und Redliche (oben Rn 54) sei gewollt. Insofern macht es durchaus Sinn, die schwächeren Vertrauenstatbestände stärker gegen den Einwand abzuschirmen, die keineswegs zwingende, aus Rechtssicherheitsgründen aber gesetzlich festgelegte Rechtsfolge habe nicht dem Willen des Betroffenen entsprochen.

68 Beruht der Irrtum des Schweigenden nicht darauf, dass er die Bedeutung seines Verhaltens verkannt hat, sondern auf Unkenntnis der zugrunde liegenden Tatsachen (sog **„Tatsachenirrtum"**), plädiert die hM im kaufmännischen Verkehr ebenfalls für einen Ausschluss der Irrtumsanfechtung, wenn der **Irrtum verschuldet** ist (so FLUME § 21, 9 c; MEDICUS, BürgR Rn 58; ZUNFT NJW 1959, 276, 277; MünchKomm/KRAMER § 119 Rn 59; MANKOWSKI 525). Schulbeispiel ist der Fall, dass dem Kaufmann ein Antrag gem § 362 HGB zwar zugegangen, aber von ihm unbemerkt geblieben ist. Er hat zB den Brief ungelesen in seine Rocktasche gesteckt und ihn dort vergessen (RGZ 54, 176, 177) oder das Schreiben flüchtig gelesen und dabei wesentliche Punkte missverstanden (CANARIS, Handelsrecht § 25 Rn 6) oder das Schreiben nicht erhalten, weil es ein ungetreuer Angestellter nicht weitergeleitet hat (RGZ 103, 401, 403; vgl auch DIEDERICHSEN JuS 1966, 129, 137). Allerdings kann der Anfechtungsausschluss nicht nur damit begründet werden, dass den Irrenden ein Verschulden treffe. Nach dem gesetzlichen Leitbild der §§ 119 ff kann auch bei verschuldetem Irrtum angefochten werden (CANARIS, Vertrauenshaftung 228). Der Anfechtungsausschluss folgt auch nicht aus dem Erfordernis „unverzüglicher" Antwort (so MEDICUS, BürgR Rn 58), da sich das Verhaltensgebot des § 121, wonach „ohne schuldhaftes Zögern" zu handeln ist, nicht auf die Umstände eines etwaigen Irrtums bezieht, sondern allein auf die Ausnutzung der für die Anfechtung zur Verfügung stehenden Zeit (zutr CANARIS, Handelsrecht § 25 Rn 5).

Auch **Risikozurechnungsgründe** rechtfertigen den Anfechtungsausschluss nicht. Unanwendbar ist in diesem Zusammenhang insbesondere der Rechtsgedanke des § 130 BGB, da dieser nur die Risikoverteilung beim Empfang fremder Willenserklärungen, nicht aber bei Abgabe eigener Willenserklärungen regelt (OERTMANN ZBH 1 [1926] 10; CANARIS, in: FS Wilburg 92). Keine ausschlaggebende Bedeutung hat ferner der Gesichtspunkt des kaufmännischen Organisationsrisikos, da das Irrtumsrisiko ohnehin der Irrende trägt, beim Versäumen der Anfechtungsfrist sowieso und im Falle der Anfechtung wenigstens im Rahmen von § 122 BGB. Die entscheidende Frage ist nicht, wen das Irrtumsrisiko trifft – das ist regelmäßig der Irrende –, sondern welche Rechtsfolgen mit der Risikotragung verbunden sind. Für einen Anfechtungsausschluss wird hier insbesondere das Bedürfnis für einen **gesteigerten Vertrauens- und Verkehrsschutz im Handelsverkehr** angeführt (CANARIS, Vertrauenshaftung 201 ff, 218; zT ähnl MünchKomm/KRAMER § 119 Rn 58; KINDL 171; PETERSEN Jura 2003, 687, 690). Dieses Bedürfnis besteht freilich nicht nur beim gesetzlich normierten Schweigen, sondern generell bei Willenserklärungen, die unter Kaufleuten ausgetauscht werden (so folgerichtig CANARIS, Vertrauenshaftung 229; s a FLUME § 21, 9 c; MünchKomm/ KRAMER § 119 Rn 59 und 63 m Fn 46). Der Anfechtungsausschluss müsste folgerichtig auf alle Rechtsgeschäfte im Handelsverkehr ausgedehnt werden, eine Konsequenz, die jedoch offensichtlich keine Stütze im Handelsrecht findet und deshalb in dieser Allgemeinheit auch nicht vertreten wird (insoweit übereinstimmend CANARIS, Vertrauenshaftung 229 f).

Zu weitgehend erscheint freilich auch eine Beschränkung des Anfechtungsausschlusses im Handelsverkehr auf sämtliche Erklärungsirrtümer, die auf **„professioneller Unsorgfalt"** beruhen (so MünchKomm/KRAMER § 119 Rn 59 im Anschluss an FLUME §§ 21, 4 und 9 c; 36, 7 aE; LG Tübingen JZ 1997, 312, 313 f m zust Anm LINDEMANN). Auf Verschulden kommt es nach dem Leitbild des gesetzlichen Irrtumsrechts nicht an. Ferner fehlt es an nachvollziehbaren Gründen dafür, warum nur kaufmännisches Verschulden, nicht aber das sonstiger Privatpersonen schaden soll. Aus dem gleichen Grunde erscheint es bedenklich, zwar solche Irrtümer zuzurechnen, die ihren Grund in den **Organisationsrisiken des kaufmännischen Betriebs** haben, nicht aber solche, die dem Betriebsinhaber selbst unterlaufen. Wertungsmäßig leuchtet es zwar ein, dass dem Geschäftspartner durch die arbeitsteilige Organisation kein Nachteil entstehen dürfe. Aus dem Verbot der Schlechterstellung folgt aber nicht, dass er *besser* stehen soll als bei Fehlern des Betriebsinhabers selbst. Davon abgesehen dürfte eine Unterscheidung zwischen solchen Irrtümern, die auf Mängeln der kaufmännischen Betriebsorganisation beruhen, und solchen, die dem Geschäftsinhaber selbst unterlaufen, daran scheitern, dass die Sonderbehandlung von Irrtümern, die auf Mängeln der kaufmännischen Betriebsorganisation beruhen, keine Grundlage im Gesetz findet (abw CANARIS, Vertrauenshaftung 228, der diesen Einwand nicht gelten lässt; vgl auch MünchKomm/KRAMER § 119 Rn 57).

71 Im **Ergebnis** ist somit ein Anfechtungsausschluss nur bei einem Schlüssigkeitsirrtum, nicht aber bei Tatsachenirrtümern anzuerkennen. Die Sonderstellung des Schlüssigkeitsirrtums ist im Übrigen nicht begrenzt auf die Fälle gesetzlich normierten Schweigens, sondern lässt sich übertragen **auf jeden Irrtum über die verkehrsmäßige Typisierung von Erklärungen im Handelsverkehr.** Dementsprechend ist anerkannt, dass ein Kaufmann nicht mit der Begründung anfechten kann, ihm sei zB die Bedeutung einer *Handelsklausel* unbekannt gewesen (so schon RGZ 42, 143, 146 bezügl der Klausel „cif"; OLG Hamburg AWD 1966, 120 bezügl der Klausel „Hamburger freundschaftliche Arbitrage", wo allerdings zu Unrecht ein Motivirrtum angenommen wird; zust FLUME § 21, 9 c; K SCHMIDT, Handelsrecht § 19 IV 2; CANARIS, Handelsrecht § 24 Rn 31; LIESECKE WM Sonderbeilage Nr 3/1978, S 6). Die gesteigerte Haftung ist damit zu rechtfertigen, dass man von einem Kaufmann Kenntnis der Handelsbräuche und -sitten erwarten kann und daher das Vertrauen des Geschäftspartners insoweit stärkeren Schutz verdient als bei sonstigen Irrtümern (zutr CANARIS, Vertrauenshaftung 219; ders, Handelsrecht § 25 Rn 3).

72 In dogmatischer Hinsicht lassen sich die Rechtsfolgen der Erklärungsfiktion nur begrenzt rechtsgeschäftlich erklären. Wer am Erfordernis des Erklärungsbewusstseins festhält (oben Rn 34, 36), könnte zwar das Zustandekommen eines Vertrages mit der Notwendigkeit des Verkehrs- und Vertrauensschutzes erklären (so CANARIS, Vertrauenshaftung 200 ff; ders, in: FS Wilburg 87 ff). Aber auch der hM, die auf das Erklärungsbewusstsein verzichtet (oben Rn 34, 36), gelingt eine vollständige Einordnung der Fiktion in die Rechtsgeschäftslehre nicht, da die Konkludenzindizien nicht immer ausreichen, um auf einen entsprechenden Rechtsfolgewillen zu schließen (KRAMER Jura 1984, 235, 245; LARENZ, SchR I § 19 IV c = S 361). Da hier nicht auf das Zustandekommen eines Vertrages vertraut werden dürfte, kann die gesetzliche Regelung auch nicht allein auf das Prinzip des Vertrauensschutzes zurückgeführt werden. Die positive Erklärungswirkung beruht zwar tendenziell auf der Vermutung, dass diese dem Willen des Schweigenden entspricht, und hat somit eine gewisse Grundlage in den Prinzipien der **Selbstbestimmung** und des **Vertrauensschutzes**. Diese Prinzipien bedürfen aber der Ergänzung durch den Grundsatz **der Verkehrs- und Rechtssicherheit** (vgl SINGER, Selbstbestimmung 119 ff; auch K SCHMIDT, Handelsrecht §§ 19 III 1 d = S 566: „Verkehrsschutzregel"), der es rechtfertigt, die Rechtsverhältnisse klarzustellen ohne Rücksicht darauf, wie das Schweigen im jeweiligen Einzelfall gemeint oder zu verstehen war.

c) Individuell-konkludentes Schweigen
aa) Konkludenz kraft Verkehrssitte, insbesondere im Handelsverkehr

73 Die Tatbestände des normierten Schweigens waren Vorbild für eine Reihe weiterer Fälle, in denen Rspr und Schrifttum dem Schweigen positive Erklärungswirkung beigemessen haben. So beruhen die Grundsätze über das **Schweigen auf ein kaufmännisches Bestätigungsschreiben** auf dem gleichen Grundgedanken wie § 362 HGB. Auch hier ist es die kaufmännische Verkehrssitte, welche die Bedeutung des Schweigens als Zustimmung zum Inhalt des Bestätigungsschreibens prägen soll, und auch hier besteht die Notwendigkeit, dem Schweigenden den Einwand zu versagen, er habe die Bedeutung des Schweigens verkannt (CANARIS, Vertrauenshaftung 206 ff; ders,

Handelsrecht § 25 Rn 34; G ROTH, Handels- und Gesellschaftsrecht Rn 663 ff; KRAMER Jura 1984, 235, 246 f; KINDL 209). Schweigen gilt allerdings nur dann als Zustimmung, wenn sich der Inhalt des Bestätigungsschreibens nicht so weit von dem zuvor Vereinbarten entfernt, dass der Absender vernünftigerweise mit dem Einverständnis des Empfängers rechnen kann (BGHZ 40, 42, 44; 61, 282, 286; 93, 338, 343; 101, 357, 365; BGH NJW 1987, 1940, 1942; 1994, 1288; vgl dazu näher K SCHMIDT § 19 III 5 b = S 581 f; CANARIS, Handelsrecht § 25 Rn 25; abw KRAMER Jura 1984, 246; ders, in: MünchKomm § 151 Rn 37 m strengeren Anforderungen an die Konsensfähigkeit des Bestätigungsschreibens; nach F BYDLINSKI, Privatautonomie 201; ders, in: FS Flume [1978] [I] 335, 350 hat Schweigen lediglich die Bedeutung eines deklaratorischen Anerkenntnisses, das die Beweislast für Abweichungen auf den Schweigenden verlagert; das entspricht aber nicht der kaufmännischen Verkehrssitte; ausf Replik bei CANARIS, Vertrauenshaftung 207 Fn 50 a; K SCHMIDT, Handelsrecht § 19 III 6 a = S 587 f).

Die gleichen Grundsätze gelten beim Schweigen auf die **Schlussnote eines Handelsmaklers** gem § 94 HGB, da dieses dem gleichen Zweck dient wie ein kaufmännisches Bestätigungsschreiben (RGZ 58, 366, 367; 59, 350, 351; 90, 166, 168; 105, 205, 206; 123, 97, 99; BGH NJW 1955, 1916; CANARIS, Handelsrecht § 25 Rn 48). Dagegen ist der Empfänger einer **Rechnung** oder **Saldenmitteilung** nicht ohne weiteres verpflichtet, die mitgeteilten Salden zu überprüfen und unrichtigen Angaben zu widersprechen (BGH NJW 1959, 1679; WM 1972, 283, 285; 1973, 1014; NJW 1997, 1578, 1579; weitergehend OLG Köln NJW 1960, 1669; sa oben Rn 55). Aus dem gleichen Grund bedeutet die **vorbehaltlose Annahme einer Schlussrechnung** durch den Auftraggeber keinen Verzicht auf etwaige Restforderungen. Die entsprechende Regelung des § 16 Nr 3 Abs 2 VOB/B über den „Ausschluss" von Nachforderungen verstößt sogar gegen § 307 Abs 1, wenn nicht die VOB „als Ganzes" vereinbart worden ist und dadurch die mit der Klausel verbundene erhebliche Beeinträchtigung der Kundeninteressen durch andere Bestimmungen kompensiert wird (BGHZ 101, 357, 364 ff). **74**

Auch im **kaufmännischen Verkehr** bedeutet Schweigen auf ein Angebot grundsätzlich keine Annahme oder Zustimmung (BGHZ 101, 357, 364; BGH NJW 1981, 43, 44; 1988, 1790, 1791; LM Nr 7 zu § 346 HGB [D]). Dies gilt insbesondere für das Schweigen des Kaufmanns auf eine **Auftragsbestätigung** (BGHZ 18, 212, 215 f; 61, 282, 285; BGH WM 1977, 451, 452; OLG Düsseldorf DB 1982, 592 f; CANARIS, Handelsrecht § 25 Rn 49; aA K SCHMIDT, Handelsrecht § 19 III 3 d; EBERT JuS 1999, 754, 757). Im Unterschied zum Bestätigungsschreiben bezieht sich die Auftragsbestätigung nicht auf einen bereits erfolgten Vertragsschluss, sondern stellt eine Annahmeerklärung dar, die den Vertrag erst zustande bringen soll (BGHZ 61, 282, 285 f; BGH NJW-RR 1986, 456, 457; hM; teilw abw und weitergehend CANARIS, Handelsrecht § 25 Rn 49 f und § 6 Rn 85). Weicht die Auftragsbestätigung vom Angebot ab (modifizierte Auftragsbestätigung), gilt die Annahmeerklärung als Ablehnung verbunden mit einem neuen Angebot (§ 150 Abs 2). Schweigen auf dieses neue Angebot bedeutet zwar nicht Zustimmung, wohl aber – unter bestimmten Voraussetzungen – die **widerspruchslose Annahme der** erbrachten **Leistung** (BGHZ 61, 282, 287 f; BGH WM 1977, 451, 452; NJW 1995, 1671, 1672). Auch diese Bedeutung des Schweigens kann aber durch eine vorausgegangene Verlautbarung des gegenteiligen Willens – zB durch Abwehrklauseln in AGB – ausgeschlossen werden (BGHZ 61, 282, 288; BGH WM 1977, 451; NJW 1985, 1838, 1839 f). Bietet ein Arbeitgeber nachträglich geänderte (verschlechterte) Bedingungen an, ist in dem Schweigen des Arbeitnehmers und seinem widerspruchslosen Weiterarbeiten nur dann eindeutig eine Zustimmung zu sehen, wenn sich die Vertragsänderung unmit- **75** telbar im Arbeitsverhältnis auswirkt und der Arbeitnehmer deshalb umgehend feststellen kann, welchen Einfluss die Änderung auf seine Rechte und Pflichten hat (BAG AP Nr 2 und 4 zu § 305 BGB; NZA 1986, 474, 475; 2003, 924, 927; dazu auch oben Rn 56).

bb) Indizien mutmaßlichen Willens

76 In bestimmten typischen Situationen kann entsprechend den Fällen gesetzlich normierten Schweigens §§ 149 S 2, 455 S 2 und 516 Abs 2 S 2 an den **mutmaßlichen Willen** des Schweigenden angeknüpft werden. Ausreichende „**Konkludenzindizien**" (KRAMER § 151 Rn 4 a; CANARIS, in: FS Wilburg 78 und 90 f; SOERGEL/HEFERMEHL Rn 36; EBERT JuS 1999, 754, 756 f) bestehen, wenn der angebotene Vertrag für den Schweigenden *lediglich vorteilhaft* ist (OLG Frankfurt aM NJW-RR 1986, 1164; vgl auch BGH NJW 2000, 276, 277; SCHWARZE AcP 202 [2002] 607 [609 f]), wenn für ihn *Kontrahierungszwang* besteht (gesetzliches Beispiel § 5 III 1 PflVG) oder wenn der Schweigende – wenn auch rechtlich nicht verbindlich – seine *Zustimmung* zum Vertragsschluss *bereits erteilt* hat. So verhält es sich beim Schweigen auf *eine verspätete Annahmeerklärung*, falls keine Umstände vorliegen, die eine mögliche Sinnesänderung nahe legen (BGH NJW 1951, 313; 1986, 1807, 1809; BB 1953, 957; NJW-RR 1994, 1163, 1165; LM Nr 7b zu § 346 HGB [D]), beim Schweigen auf die *Annahme eines „freibleibenden" Angebots* (RGZ 102, 227, 229 f; nicht bei abweichender Annahme iSd § 150 Abs 2 RGZ 103, 312, 313) oder auf ein Angebot, das *einer Aufforderung zur Abgabe eines Angebots* nachkommt (BAG ZTR 1993, 248, 249). Entsprechendes gilt bei *geringfügigen Abweichungen einer Annahmeerklärung*, die gem § 150 Abs 2 als neues Angebot gilt (LARENZ/WOLF, AT Rn 51). Mutmaßliches Einverständnis ist schließlich zu vermuten, wenn auf ein endgültiges Angebot geschwiegen wird, das aufgrund einverständlicher und alle wichtigen Punkte betreffender *Vorverhandlungen* ergeht (BGH LM Nr 2 zu § 151 BGB; 4 zu § 157 [Gb]; NJW 1995, 1281). Das ist nicht der Fall, wenn die Vorverhandlungen noch zu keiner Übereinstimmung geführt haben (BGH NJW 1996, 919, 920). Mit der Deutung des Schweigens als Zustimmung ist insbesondere dann größte Zurückhaltung geboten, wenn es sich *um außergewöhnliche oder besonders bedeutsame Geschäfte* handelt (BGH NJW-RR 1994, 1163, 1165; RG WarnRspr 1919 Nr 131) oder der Vertragsschluss *rechtliche oder wirtschaftliche Nachteile* für den Schweigenden zur Folge hätte (BGH NJW 1981, 43, 44; LM Nr 7, 7 b zu § 346 HGB [D]).

cc) Dogmatische Einordnung

77 Sofern Schweigen nach den vorstehend dargelegten Grundsätzen Zustimmung bedeutet, liegt es nahe, eine rechtsgeschäftliche Bindung anzunehmen. In der Maxime „qui tacet, consentire videtur, ubi loqui potuit ac debuit" klingt zwar an, dass der Schweigende **zum Widerspruch verpflichtet ist**, um die Deutung als Zustimmung auszuschließen (vgl auch BGHZ 1, 353, 355; 11, 1, 5; 20, 149, 154; BGH NJW 1981, 43, 44). Dabei handelt es sich aber nicht um eine echte Rechtspflicht oder auch nur um eine Obliegenheit (so aber HANAU AcP 165 [1965] 220, 239 ff; FABRICIUS JuS 1966, 50, 51 ff; ähnl MANIGKS Lehre vom Tatbestand der „Erklärungsfahrlässigkeit", Verhalten 215 ff), da damit nur Schadensersatzpflichten oder der Verlust eines Rechts, nicht aber das Zustandekommen eines Vertrages erklärt werden könnte (zutr CANARIS, in: FS Wilburg 83). Vielmehr drückt die Formel nur aus, dass Schweigen wegen des zu erwartenden Widerspruchs als Zustimmung erscheint, also die Konkludenz des Schweigens begründet (CANARIS, in: FS Wilburg 82; KRAMER Jura 1984, 247).

Rspr und Teile des Schrifttums stehen deshalb auf dem Standpunkt, dass *Schweigen* **78** *als konkludente Willenserklärung* zu qualifizieren ist (RGZ 115, 266, 268; 145, 87, 94; BGHZ 1, 353, 355; BGH LM Nr 1 zu § 150 BGB; NJW 1995, 1281; NJW-RR 1986, 456, 457; 1994, 1163, 1165; KRAMER Jura 1984, 246 f; ders, in: MünchKomm § 151 BGB Rn 5; wohl auch SOERGEL/ WOLF § 147 BGB Rn 26). Schweigt der Angebotsempfänger bewusst, was grundsätzlich zu vermuten ist (CANARIS, in: FS Wilburg 80), liegt zweifellos ein **Rechtsgeschäft** vor. Da nach hM das Erklärungsbewusstsein nicht zum Tatbestand einer Willenserklärung gehört (oben Rn 34, 36), gilt dies folgerichtig auch, wenn dem Schweigenden die Bedeutung seines Verhaltens nicht bewusst ist (KRAMER Jura 1984, 247; ders, in: Münch-Komm Rn 5). Folgt man dagegen der hier vertretenen Meinung, wonach das Erklärungsbewusstsein zum Tatbestand einer Willenserklärung gehört und eine Gleichstellung mit einer echten „finalen" Willenserklärung nicht in Betracht kommt, lassen sich die Grundsätze über das Schweigen im Rechtsverkehr nur vertrauenstheoretisch erklären. Der Schweigende wird an dem von ihm zurechenbar gesetzten Rechtsschein der Zustimmung festgehalten, so als ob er sich rechtsgeschäftlich wirksam verpflichtet hätte (so CANARIS, Vertrauenshaftung 206 ff; ders, in: FS Wilburg 89 ff; für gesetzliche Zurechnung auch BAUMBACH/HOPT § 346 HGB Rn 33; K SCHMIDT, Handelsrecht § 19 III 1 d = S 566 f; DIEDERICHSEN JuS 1966, 137; FLUME II § 36, 7; wohl auch SCHLEGELBERGER/ HEFERMEHL § 346 HGB Rn 120).

dd) Willensmängel
Ob und ggf unter welchen Voraussetzungen **beim Schweigen auf ein kaufmännisches** **79** **Bestätigungsschreiben** Willensmängel geltend gemacht werden können, entscheidet die hM im Grundsatz wie bei den Tatbeständen des gesetzlich normierten Schweigens im Handelsverkehr (oben Rn 66 ff). Unstreitig kann sich derjenige, der schweigt, nicht darauf berufen, ihm sei die Bedeutung des Schweigens nicht bewusst gewesen (**„Schlüssigkeitsirrtum"**, vgl BGHZ 11, 1, 5; 20, 149, 154; BGH NJW 1969, 1711, 1712; 1972, 45; SCHLEGELBERGER/HEFERMEHL, HGB § 346 Rn 121; CANARIS, Handelsrecht § 25 Rn 34 mwN). Einigkeit besteht ferner darüber, dass die irrtümliche Annahme, das „richtig verstandene" Bestätigungsschreiben gebe die Verhandlungen richtig wieder, als bloßer **Motivirrtum** unbeachtlich ist (BGH NJW 1972, 45; LARENZ, AT § 33 IV; HANAU AcP 165 [1965] 226; BAUMBACH/HOPT § 346 HGB Rn 33; s aber RGZ 97, 191, 195: Bösgläubigkeit des Absenders). Ein bei den vorhergehenden Verhandlungen unterlaufener Irrtum ist dann von Bedeutung, wenn er auch das Schweigen erfasst wie zB regelmäßig bei arglistiger Täuschung gem § 123 BGB (CANARIS, Vertrauenshaftung 211). Im Übrigen kommt es darauf an, ob Schweigen auf ein Bestätigungsschreiben auch solche Einwendungen präkludiert, die sich gegen die Wirksamkeit des bestätigten Vertrages richten. Dies ist mit Rücksicht auf den Zweck des Bestätigungsschreibens, Zustandekommen und Inhalt des Vertrages klar und sicher festzulegen, zu bejahen (ebenso iE RGZ 129, 347 f; KUCHINKE JZ 1965, 167, 168; enger CANARIS, Vertrauenshaftung 212). Hauptstreitpunkt sind im übrigen jene Fälle, in denen der Empfänger des Bestätigungsschreibens einem **„Tatsachenirrtum"** unterliegt, der zu einem Mangel des Geschäftswillens oder Erklärungsbewusstseins führt. So verhält es sich, wenn der Adressat das Schreiben ungelesen weglegt und dann vergisst (RGZ 54, 176, 177; aA CANARIS, Handelsrecht § 24 Rn 32), aufgrund flüchtigen Lesens inhaltlich missversteht (RG Gruchot 55, 888, 891; MünchKomm/KRAMER § 119 Rn 55; CANARIS, Handelsrecht §§ 24 Rn 32, 25 Rn 38; FLUME § 21, 9 c) oder vom Zugang des Bestätigungsschreibens keine Kenntnis erlangt, weil er sich auf Reisen befindet (RGZ 105, 389), sein Büro schlecht organisiert (RG JW 1928, 1607 f) oder ein Angestellter das Schreiben unterschlägt (RGZ 103, 401, 403; HANAU AcP

165 [1965] 225). Früher dominierte die Ansicht, dass bei einem „Tatsachenirrtum" uneingeschränkt angefochten werden könne, weil der Schweigende sonst schlechter stünde als bei einer ausdrücklich erklärten Zustimmung (KRAUSE 137 f; ZUNFT NJW 1959, 276; F BYDLINSKI 74 ff; LARENZ, AT § 33 IV = S 649; BAUMBACH/HOPT § 346 Rn 33; RGZ 103, 401, 405; offen BGH NJW 1969, 1711; 1972, 45). Nach einer im Vordringen begriffenen Ansicht soll die Anfechtung aber dann ausgeschlossen sein, wenn der Irrtum auf „professioneller Unsorgfalt" des Kaufmanns beruhe (FLUME § 21, 9 c und 36, 7; MEDICUS, BürgR Rn 58 und 65; MünchKomm/KRAMER § 119 Rn 58 f und 62) oder seinen Grund in Mängeln des kaufmännischen Organisationsrisikos habe (CANARIS, Vertrauenshaftung 209 f, 228 f; ders, Handelsrecht § 25 Rn 4 f und 35 ff).

d) **Stellungnahme**

80 Die oben bei Rn 68 ff erhobenen Bedenken gegen eine Einschränkung der Irrtumsanfechtung wegen Verschuldens oder aus Gründen des kaufmännischen Betriebsrisikos gelten an sich auch hier. Im Unterschied zu § 362 HGB ist allerdings bei einem kaufmännischen Bestätigungsschreiben ein besonderes Bedürfnis für den **Anfechtungsausschluss auch bei Tatsachenirrtümern** anzuerkennen. Denn der *Zweck des Bestätigungsschreibens* ist nicht nur darauf gerichtet, dem unterbliebenen Widerspruch die Bedeutung einer Zustimmung zu verleihen, sondern darüber hinausgehend auch Inhalt und Zustandekommen des Vertrages von Einwendungen freizustellen. Dem Adressaten des Bestätigungsschreibens ist folglich zu Recht verwehrt, Mängel des Vertragsschlusses wie Dissens oder Vertretung ohne Vertretungsmacht geltend zu machen (vgl CANARIS, Vertrauenshaftung 210; ders, Handelsrecht § 25 Rn 13 ff). Das Bestätigungsschreiben würde seinen Zweck, den Inhalt des Vertragsschlusses auf eine eindeutige und sichere Grundlage zu stellen, nur unvollkommen erfüllen, wenn der Vertrag wegen Inhaltsirrtums oder fehlenden Erklärungsbewusstseins angefochten werden könnte. Insofern ist hier der im Vordringen begriffenen Ansicht zu folgen und – insoweit über sie hinausgehend – ohne Rücksicht auf ein Verschulden des Kaufmanns die Anfechtung auch bei Tatsachenirrtümern auszuschließen. Bei dieser Lösung wird zwar befürchtet, dass der Schweigende schlechter gestellt wird als derjenige, der eine ausdrückliche Erklärung abgibt (MEDICUS, BürgR Rn 56, 65; CANARIS, Handelsrecht § 25 Rn 38). Entsprechend der Funktion des Bestätigungsschreibens, den Inhalt des Vertrags einwandfrei darzustellen, ist diesem Wertungswiderspruch aber dadurch zu begegnen, dass auch die ausdrückliche Zustimmung zu einem Bestätigungsschreiben definitiv bindet und einer Anfechtung entzogen ist.

81 In den übrigen Fällen **individuell-konkludenten Schweigens** sind dagegen keine Besonderheiten hinsichtlich der Behandlung von Willensmängeln anzuerkennen (ebenso KRAMER Jura 1984, 249; § 119 Rn 51; LARENZ/WOLF § 28 Rn 53). Die hierzu entwickelten Regeln besagen nur, dass Schweigen als konkludente Zustimmung zu werten ist, erschöpfen sich also in der Begründung des objektiven Tatbestandes einer Willenserklärung. Da für konkludente Willenserklärungen keine anderen Regeln gelten als für ausdrückliche (oben Rn 53), besteht kein Grund, die Berufung auf einen Schlüssigkeitsirrtum abzuschneiden.

Titel 2
Willenserklärung

§ 116
Geheimer Vorbehalt

Eine Willenserklärung ist nicht deshalb nichtig, weil sich der Erklärende insgeheim vorbehält, das Erklärte nicht zu wollen. Die Erklärung ist nichtig, wenn sie einem anderen gegenüber abzugeben ist und dieser den Vorbehalt kennt.

Materialien: E I § 95; II § 91; III § 112; Mot I 191; Prot I 94; STAUDINGER/BGB-Synopse 1896–2000 § 116.

Schrifttum

BYDLINSKI, Privatautonomie und objektive Grundlagen des verpflichtenden Rechtsgeschäfts (1967)
CANARIS, Die Vertrauenshaftung im deutschen Privatrecht (1971)
FABRICIUS, Stillschweigen als Willenserklärung, JuS 1966, 1
HENLE, Vorstellungs- und Willenstheorie in der Lehre von der juristischen Willenserklärung (1910)
HOLZHAUER, Dogmatik und Rechtsgeschichte der Mentalreservation, in: FS Gmür (1983) 119
LARENZ, Die Methode der Auslegung des Rechtsgeschäfts (1930)
LOBINGER, Rechtsgeschäftliche Verpflichtung und autonome Bindung (1999)

PREUSS, Geheimer Vorbehalt, Scherzerklärung und Scheingeschäft, Jura 2002, 815
MIGSCH, Der durchschaute geheime Vorbehalt und verwandte Erscheinungen, in: FS Schnorr (1988) 737
POHL, Mängel bei der Erbschaftsannahme und -ausschlagung, AcP 177 (1977) 52
SINGER, Selbstbestimmung und Verkehrsschutz im Recht der Willenserklärungen (1995)
WACKE, Mentalreservation und Simulation bei formbedürftigen Geschäften, in: FS Medicus (1999) 651
WIEACKER, Die Methode der Auslegung des Rechtsgeschäfts, JZ 1967, 385.

Systematische Übersicht

I. Dogmatik und Anwendungsbereich	
1. Dogmatische Grundlagen	1
2. Anwendungsbereich	2
3. Praktische Bedeutung	3
II. Einzelfragen	
1. Geheimer Vorbehalt gem § 116 S 1	4
2. Entsprechende Anwendung von § 116 S 1	5
3. Vorbehalt bei der Stellvertretung	7
III. Durchschauter Vorbehalt gem § 116 S 2	
1. Tatbestand	8
2. Anwendungsbereich und Sonderregeln	9
3. Kenntnis bei der Stellvertretung	10
4. Teilnichtigkeit	11
IV. Abgrenzung zu verwandten und konkurrierenden Tatbeständen	12
V. Beweislast	13

I. Dogmatik und Anwendungsbereich

1. Dogmatische Grundlagen

1 Behält sich der Erklärende insgeheim vor, das Erklärte nicht zu wollen, darf dies die Verbindlichkeit der Willenserklärung nicht beeinträchtigen. Wer bewusst lügt, verdient keinen Schutz. Über die rechtsethische Selbstverständlichkeit von § 116 S 1 besteht kein Zweifel (vgl schon SAVIGNY, System III S 258 f; s ferner HOLZHAUER, in: FS Gmür [1983] 119 u 131 f). Umstritten ist aber die **dogmatische Begründung** dieses Grundsatzes und dessen Ausnahme bei durchschautem Vorbehalt gemäß § 116 S 2. Während die hL die Verbindlichkeit des Rechtsgeschäfts damit erklärt, dass ungeachtet des Vorbehalts eine rechtsgeschäftliche Regelung „willentlich" in Geltung gesetzt werde (so zB FLUME § 20, 1 = S 402; ähnl LARENZ, Methode 88; ders, AT § 20 I a = S 363 f; LARENZ/WOLF § 35 Rn 5; F BYDLINSKI, Privatautonomie 112 f; CANARIS, Vertrauenshaftung 420; SOERGEL/HEFERMEHL § 116 Rn 1), gab es schon immer gegenteilige Stimmen (vgl etwa HENLE, Willenstheorie 39; ENNECCERUS/NIPPERDEY § 153 IV B 2 a = S 948 f Fn 21). In der Tat entspricht es dem Wesen der Privatautonomie, dass die in Geltung zu setzenden *Rechtsfolgen* vom Willen getragen sein sollten, nicht bloß die Erklärung als solche (vgl näher SINGER 203; ebenso LOBINGER 114 ff). Die Bindung an das Erklärte kann daher beim geheimen Vorbehalt nicht als Konsequenz *rechtsgeschäftlicher* Selbstbestimmung gedeutet werden, auch nicht als bloßer Motivirrtum (vgl aber HOLZHAUER 122). Nicht zu folgen ist auch WIESER (AcP 189 [1989] 112, 115), der die Geltung des Erklärten auf die normative Auslegung der Erklärung zurückführt, dabei aber verkennt, dass § 116 S 1 auch bei nicht empfangsbedürftigen Willenserklärungen gilt. Außerdem hat die hL Schwierigkeiten, die Ausnahme des § 116 S 2 zu erklären, weil die Bösgläubigkeit des Empfängers kein ausreichender Grund wäre, einem fehlerfreien Rechtsgeschäft die verpflichtende Kraft abzuerkennen (vgl F BYDLINSKI 113; MünchKomm/KRAMER Rn 8). Vor diesem Hintergrund ist die teilweise scharfe Polemik gegen den Gerechtigkeitsgehalt von § 116 S 2 zu sehen, am entschiedensten vorgetragen von LARENZ, der sogar einen Verstoß gegen die Rechtsidee reklamierte (Methode 88 f; zurückhaltender ders, AT § 20 I a = S 364; s ferner MünchKomm/KRAMER Rn 8; krit WIEACKER JZ 1967, 385, 390). Indessen leuchtet nicht ein, dass ein Lügner und Vertragsbrüchiger unter allen Umständen und ohne Rücksicht auf die Schutzwürdigkeit des anderen Teils haften soll. Denn „die Möglichkeit einer Täuschung oder Schädigung des anderen Teiles liegt nicht vor", wenn dieser den Vorbehalt kennt (Mot Bd 1 S 192). Auf der anderen Seite lassen sich beide Rechtssätze des § 116 durchaus als in sich folgerichtige Ausprägung einer gesetzlichen **Vertrauenshaftung** plausibel erklären (ebenso POHL AcP 177 [1977] 52, 62; krit LOBINGER 110 f), die darüber hinaus dem Bedürfnis nach Rechtssicherheit entspricht: Zum einen setzt Vertrauen Gutgläubigkeit voraus, woran es im Fall des S 2 fehlt; zum anderen lässt sich die positive Bindung an den Rechtsschein eines gültigen Selbstbestimmungsaktes gemäß S 1 bei empfangsbedürftigen Willenserklärungen auf das im BGB in den §§ 171 Abs 1, 172 Abs 1, 179 Abs 1 immerhin rudimentär verankerte Prinzip zurückführen, dass für die wissentliche Schaffung eines Rechtsscheins unbedingt einzustehen und für das positive Interesse aufzukommen ist (vgl CANARIS, Vertrauenshaftung 29 und 31; SINGER, Selbstbestimmung 204; vgl auch OLG Düsseldorf OLGZ 1982, 240, 242). Es bedarf daher auch nicht der phantasievollen Deutung WIEACKERS, der als typische Fälle des § 116 S 2 solche vermutet, in denen der Erklärungsgegner eine gesellschaftliche oder moralische Zwangslage des Erklärenden ausnutzt (abl auch LARENZ/WOLF § 35 Rn 9 m Fn 5). Bei nicht empfangsbedürftigen Willenserklärungen entspricht es dem Gebot der Rechtssicherheit, dass die Erklärung nicht dem willkürlichen Widerruf durch den Erklärenden ausgesetzt sein soll (vgl Rn 2 sowie § 133 Rn 1). Andernfalls wäre die Funktionsfähigkeit des Rechtsgeschäftsverkehrs auf das Schwerste beeinträchtigt (vgl auch LOBINGER 123 ff).

2. Anwendungsbereich

§ 116 S 1 gilt für alle Willenserklärungen, ausdrückliche und konkludente, für empfangsbedürftige und – im Gegensatz zu § 116 S 2 – nicht empfangsbedürftige, privatrechtliche ebenso wie für öffentlich-rechtliche (RGZ 147, 36, 40; RG DNotZ 1937, 839 Nr 3). Bei **letztwilligen Verfügungen** hatte noch die erste Kommission entschieden, dass das Willensdogma mit Rücksicht auf die Interessen der gesetzlichen Erben strikt durchgeführt werden und § 95 – der spätere § 116 – folglich nicht gelten sollte (§ 1779 E I; vgl MUGDAN Bd 5, 24), doch hat die zweite Kommission die Ausnahmebestimmung wieder gestrichen, da auch dem Erblasser nicht gestattet werden dürfe, „mit letztwilligen Verfügungen gewissermaßen sein Spiel zu treiben" (MUGDAN Bd 5, 539). Diese gesetzgeberische Entscheidung darf man nicht mit dem Argument außer Kraft setzen, dass bei letztwilligen Verfügungen dem Vertrauensschutz keine Bedeutung zukäme (so zB BROX, Erbrecht Rn 252; LANGE/KUCHINKE, Lehrb des Erbrechts § 35 I 1b). Auch im Erbrecht erfordern Rechtssicherheit und Rechtsklarheit, dass ein geheimer Vorbehalt unbeachtlich ist (BayObLG FamRZ 1977, 347, 348; OLG Frankfurt aM OLGZ 1993, 461, 466; STAUDINGER/OTTE [2003] Vorbem 12 ff zu §§ 2064–2086; HOLZHAUER 134 f; WACKE, in: FS Medicus [1999] 651, 656 ff). Dies gilt auch dann, wenn der geheime Vorbehalt durchschaut wurde, da § 116 S 2 nur für empfangsbedürftige Willenserklärungen gilt und bei letztwilligen Verfügungen nicht analog angewendet werden darf (vgl näher unten Rn 8).

3. Praktische Bedeutung

Die praktische Bedeutung der Vorschrift ist schon deswegen groß, weil sie das Funktionieren des rechtsgeschäftlichen Verkehrs sicherstellt. Auch in der Gerichtspraxis spielt die Berufung auf einen geheimen Vorbehalt eine größere Rolle als gemeinhin angenommen (vgl etwa SOERGEL/HEFERMEHL Rn 2; LARENZ/WOLF § 35 Rn 8), zumal ihre Einschlägigkeit gelegentlich übersehen wird. So ist etwa das Betrugsmanöver eines Käufers, der die in einem Vertragsentwurf vorgesehene Klausel über die Haftungsbeschränkung des Verkäufers bei Lieferschwierigkeiten „in einer Weise eingeklammert (hat), dass die Klammern leicht übersehen werden konnten", durchaus ein typischer Fall von heimlichem Vorbehalt, so dass § 116 anzuwenden war und nicht, wie das Reichsgericht annahm, § 242 (RGZ 100, 134, 135; dazu MEDICUS, AT Rn 592. – Weitere einschlägige Fälle: RGZ 73, 220, 222; 147, 36, 40; RG DNotZ 1937, 839 Nr 3; BGH NJW 1966, 1915 f; 1999, 2882 f; NJW-RR 2001, 1130 [1131]; OLG München HRR 1940, Nr 615; BayObLG FamRZ 1977, 347, 348; OLG Frankfurt OLGZ 1993, 461, 466 f; OLG München NJW-RR 1993, 1168, 1169; OLG Düsseldorf MittBayNot 2001, 321 [323]; AG Köln VersR 1977, 944; AG Delmenhorst WM 1996, 580 f; LG Frankfurt WM 2002, 455 [457]).

II. Einzelfragen

1. Geheimer Vorbehalt gem § 116 S 1

4 Die Mentalreservation gem § 116 S 1 kennzeichnet – im Unterschied zu § 118 (vgl unten Rn 11) – die bewusste Geheimhaltung der Absicht, das Erklärte nicht zu wollen. Gleichgültig ist, aus welchen **Motiven** die Erklärung unter Vorbehalt abgegeben wird. Es kann sich um einen „bösen Scherz" handeln (vgl auch unten Rn 11), zB wenn man einen Handwerker, um ihn zu ärgern, an eine nicht vorhandene Adresse bestellt (LARENZ/WOLF § 35 Rn 8; vgl auch § 118 Rn 7). Es kann aber auch in guter Absicht getäuscht werden, wenn etwa der Gläubiger den schwerkranken Schuldner durch den Erlass seiner Schuld zunächst einmal beruhigen, später jedoch bei dessen Genesung seinen inneren Vorbehalt aufdecken möchte (MEDICUS, AT Rn 597; FLUME § 20, 1 = S 403). Auch hier liegt kein Fall des § 118 vor, da der Gläubiger seinen Vorbehalt nicht offenbaren konnte und wollte. Der Vorbehalt gem § 116 muss sich auf die in der Erklärung bezeichnete Rechtsfolge selbst beziehen und ist daher zu unterscheiden von der **Absicht**, die durch das Rechtsgeschäft eingegangene Verpflichtung **nicht zu erfüllen**. Auf diese Absicht kommt es erst recht nicht an (LARENZ, AT § 20 I a = S 364). In Betracht kommt höchstens eine Anfechtung des Rechtsgeschäfts gem § 123. Auch § 116 S 2 ist nicht anzuwenden, nicht einmal analog, da der Erklärende ungeachtet seiner fehlenden Erfüllungsbereitschaft ein gültiges Rechtsgeschäft abgeschlossen hat. Kein Fall des § 116 S 1 liegt schließlich dann vor, wenn es an hinreichenden objektiven Anhaltspunkten für einen Geschäftswillen mangelt. § 116 S 1 setzt das Bestehen einer Willenserklärung voraus (BGH NJW-RR 2001, 1130 [1131]).

2. Entsprechende Anwendung von § 116 S 1

5 Eine entsprechende Anwendung des § 116 S 1 wird **im Bereich des § 151** erwogen, wenn sich der Angebotsempfänger trotz objektiv eindeutiger Manifestation des Annahmewillens, insbesondere durch Aneignung, Gebrauch oder Vollzug der für die Annahme des Angebots gestatteten Handlung, darauf beruft, er habe das Angebot nicht annehmen wollen (BGH NJW-RR 1986, 415, 416; MünchKomm/KRAMER § 151 Rn 50; LARENZ, AT § 28 I = S 533; krit STAUDINGER/BORK [2003] § 151 Rn 16; zu § 151 vgl noch Vorbem 4 u 47 zu §§ 116–144). In den genannten Fällen begründet der Angebotsempfänger seinen fehlenden Annahmewillen häufig damit, dass ihm die Bedeutung seines Verhaltens nicht bewusst gewesen sei. Dagegen bietet § 116 S 1 keine geeignete Handhabe, weil der „geheime" Vorbehalt schon begrifflich voraussetzt, dass der Erklärende über seinen wahren Willen **bewusst täuscht**. Obwohl § 116 S 1 nicht einschlägig ist, führt der Einwand fehlenden Annahmewillens in den genannten Fällen zumeist nicht zum Ziel. Wer die tatsächlichen Verhältnisse kennt, aus denen auf einen Annahmewillen geschlossen wird, kann nämlich in der Regel keine überzeugende Erklärung anbieten, warum trotzdem der Annahmewille gefehlt haben soll. Der Einwand scheitert daher dann an der Substantiierungs- bzw Beweislast (Rn 12) desjenigen, der sich auf das Fehlen des Annahmewillens beruft (vgl auch MünchKomm/KRAMER § 151 Rn 50; teilw abw PAWLOWSKI, AT Rn 608, der dem Angebotsempfänger zu Unrecht gestattet, die rechtliche Bedeutung seiner Handlung selbst festzulegen, und insoweit im Rahmen von § 151 auch geheime bzw dem Empfänger unbekannte Vorbehalte berücksichtigt).

Allerdings fehlt es an einer eindeutigen Manifestation des Annahmewillens, wenn **6** das Angebot eine sog **Erlassfalle** darstellt. Dabei handelt es sich um Fälle, in denen der Schuldner dem Gläubiger einen Scheck über einen verhältnismäßig geringen Teil der geschuldeten Summe aushändigt und die Einlösung nur gestattet, wenn der Gläubiger das zugleich übermittelte Angebot auf Teilerlass annimmt (vgl näher § 133 Rn 49). Die nach allgemeinen **Auslegungsgrundsätzen** begründete Annahme, dass sich die Teilnehmer am rechtsgeschäftlichen Verkehr redlich verhalten (§ 133 Rn 47), ist bei solchen Erlassfallen häufig durch die besonderen Umstände des Falles entkräftet. So ist der Schluss auf einen Annahmewillen jedenfalls dann nicht mehr gerechtfertigt, wenn sich der Angebotsempfänger gegen die Deutung seines Verhaltens ausdrücklich verwahrt (BVerfG NJW 2001, 1200; BGHZ 111, 97 [102 f]; BGH NJW-RR 1987, 937) oder der angebotene Teilerlass für den Angebotsempfänger überraschend ist, weil zwischen dem Betrag der Gesamtforderung und der angebotenen Abfindung ein grobes Missverhältnis besteht oder der Vergleichsvorschlag keine Grundlage in vorausgegangenen Verhandlungen hat (BGH NJW 2001, 2324 [2325]; STAUDINGER/BORK [2003] § 151 Rn 18 mwN; zur sog „Erlassfalle" s näher § 133 Rn 49). Entgegen verbreiteter Ansicht (WIEACKER JZ 1957, 61; OLG Köln NJW-RR 2000, 1073) bietet auch § 116 S 1 keine Handhabe, den Angebotsempfänger an der ihm aufoktroyierten Interpretation seines Verhaltens festzuhalten. Denn § 116 S 1 erklärt nur den geheimen, nicht den offen erklärten Vorbehalt für unbeachtlich. Eine Bindung des Angebotsempfängers lässt sich auch nicht mit der Maxime **„protestatio facto contraria non valet"** (vgl dazu TEICHMANN, Die protestatio facto contraria, in: FS Michaelis [1972] 294; KÖHLER, Kritik der Regel „protestatio facto contraria non valet", JZ 1981, 464) begründen. Soweit dieses Sprichwort erklären soll, dass auch die offene Verwahrung gegen die Deutung des eigenen Verhaltens unbeachtlich sei, bietet dafür jedenfalls § 116 S 1 keine Grundlage. Und als allgemeine Auslegungsregel verdient die Maxime ebenfalls keine Anerkennung. Da nach dem Grundsatz der Vertragsfreiheit niemand zum Vertragsschluss gezwungen werden darf, verlangt der offene Widerspruch gegen einen solchen Vertrag volle Beachtung (dazu näher § 133 Rn 49 und 52).

3. Vorbehalt bei der Stellvertretung

Wenn jemand als Vertreter ein Rechtsgeschäft abschließt und sich insgeheim vor- **7** behält, das Erklärte nicht zu wollen oder im eigenen Namen zu handeln, handelt es sich jeweils um eine unbeachtliche Mentalreservation gem § 116 S 1 (zur Kollusion des Vertreters vgl Rn 10; § 117 Rn 8; § 118 Rn 7). Tritt jemand im eigenen Namen auf und hat dieser die Absicht, für einen anderen zu handeln, folgt schon aus § 164 Abs 2, dass der „Mangel des Willens, im eigenen Namen zu handeln", unerheblich ist. Dies gilt auch bei einer Mentalreservation (MünchKomm/KRAMER Rn 5; LARENZ/WOLF § 35 Rn 8).

III. Durchschauter Vorbehalt gem § 116 S 2

1. Tatbestand

Wird der geheime Vorbehalt durchschaut, ist der Erklärungsempfänger nicht **8** schutzwürdig (zur ratio legis oben Rn 1). Bedingter Vorsatz genügt, nicht aber Kennenmüssen (SOERGEL/HEFERMEHL Rn 7). Gemäß § 116 S 2 kommt es auf die **Kenntnis des Erklärungsempfängers** an, doch wird dies der Interessenlage nicht immer gerecht. Wird eine **Vollmacht** unter dem Vorbehalt erteilt, sie nicht erteilen zu wollen oder nicht aus ihr verpflichtet zu werden, so ist dieser Vorbehalt gem § 116 S 1 wirkungslos, wenn der *Geschäftsgegner* den Vorbehalt nicht kennt. Auf die *Kenntnis des Bevollmächtigten* kommt es nicht an (BGH NJW 1966, 1915, 1916; JAUERNIG Rn 2; LARENZ/WOLF § 35 Rn 6). Wird der **Vorbehalt** nicht geheim gehalten, sondern dem Erklärungsempfänger ausdrücklich **bekannt gegeben**, soll entsprechend dem Rechtsgedanken des § 116 S 2 das förmlich Erklärte nicht verbindlich sein (RGZ 78, 371, 376 f). Das ist im Ergebnis richtig, folgt aber bereits daraus, dass in einem solchen Fall die Auslegung der Erklärung ergibt, ob und in welchem Umfang das Rechtsgeschäft gelten soll (vgl STAUDINGER/DILCHER[12] Rn 11; LARENZ, AT § 20 I a = S 365). Erklärt zB der Grundstücksverkäufer, dass bestimmte Parzellen von der Veräußerung ausgenommen sein sollen, dann ist dieser Vorbehalt Inhalt der Willenserklärung. Erklärt nun der Käufer seinerseits, er wolle die Auflassung nur mit den streitigen Parzellen entgegennehmen (wie im Fall RGZ 78, 371), besteht Dissens (LARENZ aaO).

2. Anwendungsbereich und Sonderregeln

9 § 116 S 2 gilt seinem Wortlaut nach nur für **empfangsbedürftige Willenserklärungen**. Auf nicht empfangsbedürftige Willenserklärungen kann dieser Rechtssatz zumindest teilweise entsprechend angewendet werden, da es sich bei der Einschränkung des Vertrauensschutzes gegenüber Bösgläubigen um einen allgemeinen Rechtsgedanken handelt (FLUME § 20, 1 = S 404; ERMAN/PALM Rn 3; SOERGEL/HEFERMEHL Rn 7; STAUDINGER/DILCHER[12] Rn 8; JAUERNIG Rn 4; PREUSS Jura 2002, 815 [818]; **aA** MünchKomm/KRAMER Rn 10; BGB-RGRK/KRÜGER-NIELAND Rn 5). Dementsprechend kann sich derjenige, der bei einer **Auslobung** den geheimen Vorbehalt erkannt hat, nicht auf den Wortlaut von § 116 S 2 berufen. Bei **letztwilligen Verfügungen** sprechen freilich Rechtssicherheitsgründe für die Unbeachtlichkeit des § 116 S 2, da die Vererbung nur einheitlich vollzogen werden kann und die erbrechtliche Lage nicht von dem uU unterschiedlichen Kenntnisstand der Erbprätendenten und anderer Beteiligter abhängen kann (gegen die Anwendung von § 116 S 2 RGZ 104, 320, 322; BayObLG FamRZ 1977, 347, 348; OLG Frankfurt aM OLGZ 1993, 461, 467 f; PREUSS Jura 2002, 815 [818]; vgl auch oben Rn 2 aE und § 117 Rn 3). Aus dem gleichen Grunde kann § 116 S 2 auch nicht angewendet werden, wenn zwar der Empfänger den Vorbehalt erkennt, nicht aber ein anderer, für den die Erklärung materiell-rechtlich bestimmt ist. Dementsprechend schadet es bei **amtsempfangsbedürftigen Willenserklärungen** wie der Erbschaftsausschlagung nicht, dass der Rechtspfleger am Nachlassgericht den Vorbehalt durchschaut (BayObLG DtZ 1992, 284, 285; FLUME § 20, 1 = S 404; MünchKomm/KRAMER Rn 10; ERMAN/PALM Rn 6; MünchKomm/LEIPOLD § 1945 Rn 2). Entgegen POHL (AcP 177 [1977] 52, 62 f) sollte es auch nicht darauf ankommen, ob die Erbschaftsbeteiligten den Vorbehalt kennen. Die erbrechtliche Lage kann nicht davon abhängen, dass einige Beteiligte den Vorbehalt erkennen, andere nicht (vgl insbesondere OLG Frankfurt aM OLGZ 1993, 461, 467). Keine Anwendung findet § 116 auf die **Eheschließung** (SOERGEL/HEFERMEHL Rn 10), da die §§ 1310, 1313 ff eine **abschließende Sonderregelung** für fehlerhafte Ehen enthalten und nur die einverständliche Simulation als Aufhebungsgrund gilt (§ 1314 Abs 2 Nr 5; s a § 1315 Abs 1 S 1 Nr 5). Entsprechendes gilt für den Vorrang anderer Sonderwertungen, die auch zur Einschränkung der Irrtumsanfechtung führen, zB bei Prozesshandlungen, beim Abschluss von Versicherungs-, Gesellschafts- und Arbeitsverträgen oder Registereintragungen (SOERGEL/HEFERMEHL Rn 10; MünchKomm/ KRAMER Rn 10; ausf § 119 Rn 104 ff).

3. Kenntnis bei der Stellvertretung

Wird beim Vertretergeschäft der Vertretene getäuscht, während der Vertreter den 10
geheimen Vorbehalt des Geschäftspartners durchschaut, muss sich der Vertretene
die **Kenntnis** seiner Vertrauensperson nicht gem §§ 116 S 2, 166 Abs 1 **zurechnen**
lassen. In einem solchen Fall des kollusiven Zusammenwirkens von Vertreter und
Geschäftspartner zum Nachteil des Vertretenen ist alleine der Vertretene schutzwürdig. Ihm gegenüber stellt sich der Vorbehalt als „geheim" dar, so dass die
Unbeachtlichkeit des Willensmangels gemäß § 116 S 1 die sachgerechte Rechtsfolge
darstellt (BGH NJW 1999, 2882 f = LM Nr 6 m Anm SINGER; FLUME § 20, 1 = S 404; **aA**
MünchKomm/SCHRAMM § 166 Rn 5; vgl dazu auch § 117 Rn 8 u § 118 Rn 7). Der zugleich
gegebene Missbrauch der Vertretungsmacht durch den Vertreter sollte entgegen
der hM (STAUDINGER/SCHILKEN [2003] § 167 Rn 100; MünchKomm/SCHRAMM § 164 Rn 99) nicht
zur Nichtigkeit des Geschäfts führen, sondern zur schwebenden Unwirksamkeit, die
durch Genehmigung des Vertretenen gemäß §§ 177 Abs 1, 182 Abs 1 geheilt werden
kann (vgl SINGER Anm LM Nr 6; für Gültigkeit des Geschäfts iE auch BGH NJW 1999, 2882
[2883]). Umgekehrt gilt nicht § 166 Abs 1, sondern Abs 2 (iVm § 116 S 2), wenn der
Vertretene den Vorbehalt des Geschäftspartners durchschaut. Bei mehreren Vertretern schadet dem Vertretenen die Bösgläubigkeit eines Vertreters (BGH NJW 1999,
2882 = LM Nr 6 m Anm SINGER; SOERGEL/HEFERMEHL Rn 8; vgl auch § 117 Rn 8 u § 118 Rn 7).

4. Teilnichtigkeit

Sofern der Geschäftspartner den Vorbehalt nur zum Teil kennt, richtet sich die 11
Gültigkeit des verbleibenden Teils des Rechtsgeschäfts nach § 139 (MünchKomm/
KRAMER Rn 15).

IV. Abgrenzung zu verwandten und konkurrierenden Tatbeständen

Beim **Scheingeschäft** sind sich beide Parteien darüber einig, dass das Erklärte nicht 12
gelten soll (JAUERNIG Rn 4). Um einen Fall des § 117 und nicht des § 116 S 2 handelt es
sich daher in dem Fall LG Köln BB 1963, 1153, in dem sich ein Großhändler von
seinen Kunden unter Androhung von Schadensersatz versprechen ließ, dass diese
die Waren zum Weiterverkauf erwerben würden, dieses Versprechen aber selbst
nicht ernst nahm und seine Einhaltung auch nicht überprüfte, da er es lediglich zur
Vorlage bei den beliefernden Herstellerfirmen benötigte. Für ein Schcingeschäft im
Sinne von § 117 reicht das beiderseitige Bewusstsein, dass das Erklärte nicht gelten
soll (§ 117 Rn 3). Um einen Anwendungsfall von § 118 handelt es sich, wenn der
Erklärende – irrtümlich – davon ausgeht, der Empfänger werde die mangelnde
Ernstlichkeit erkennen. Im Gegensatz zu diesem **„guten Scherz"** kennzeichnet § 116
die Absicht des Erklärenden, dass der Erklärungsempfänger den Vorbehalt nicht
durchschaut, umfasst also auch den **„bösen Scherz"**. Abgrenzungsprobleme können
schließlich zu § 123 bestehen, da der Bedrohte die Geltung des Rechtsgeschäfts
typischerweise nicht will und der Drohende dies mutmaßlich erkennt. Für den
überwiegenden Teil des Schrifttums geht hier § 116 S 2 vor (FLUME § 27, 1 = S 530;
MünchKomm/KRAMER Rn 13; JAUERNIG Rn 4; PALANDT/HEINRICHS Rn 6; HOLZHAUER, in:
FS Gmür [1983] 119, 122). Das würde aber zu dem ungereimten Ergebnis führen, dass
die von § 123 eigentlich vorgesehene Rechtsfolge der Anfechtbarkeit des Rechtsgeschäfts in den meisten Fällen der **Drohung** gerade nicht zum Zuge käme, sondern

die von § 116 S 2 vorgesehene Nichtigkeit. Der Grundtatbestand des § 116 geht jedoch von dem Fall aus, dass der Erklärende der Betrüger ist, während im Falle der Drohung der Vorbehalt unter dem Einfluss von Druck und Zwang zustande gekommen ist. Insofern macht es Sinn, bei einer durch Drohung hervorgerufenen Mentalreservation dem Erklärenden das Wahlrecht des § 123 zu belassen, nicht aber, wenn diese besondere Zwangslage nicht vorliegt. § 123 geht somit als die speziellere Regelung dem § 116 vor und nicht umgekehrt (iE übereinstimmend FABRICIUS JuS 1966, 1, 7; STAUDINGER/COING[11] Rn 11). Bei einer **arglistigen Täuschung** besteht dagegen keine Konkurrenz mit § 123, da diese einen Irrtum des Getäuschten voraussetzt, eine Mentalreservation dagegen das Bewusstsein, das Erklärte nicht zu wollen (zutr FABRICIUS aaO).

V. Beweislast

13 Wer sich auf die Nichtigkeit der Erklärung gem § 116 S 2 beruft, muss sowohl den geheimen Vorbehalt beweisen als auch die positive Kenntnis des Erklärungsempfängers oder desjenigen, für den die Erklärung bestimmt ist (vgl oben Rn 7).

§ 117
Scheingeschäft

(1) Wird eine Willenserklärung, die einem anderen gegenüber abzugeben ist, mit dessen Einverständnis nur zum Schein abgegeben, so ist sie nichtig.

(2) Wird durch ein Scheingeschäft ein anderes Rechtsgeschäft verdeckt, so finden die für das verdeckte Rechtsgeschäft geltenden Vorschriften Anwendung.

Materialien: E I § 96; II § 92; III § 113; Mot I 192; Prot I 95; STAUDINGER/BGB-Synopse 1896–2000 § 117.

Schrifttum

BAECK, Das Scheingeschäft – ein fehlerhaftes Rechtsgeschäft (Diss Würzburg 1988)
BAER, Scheingeschäfte (1931)
BEHR, Die Inzahlungnahme von Gebrauchtwagen als Beispiel der Entstehung eigenen Rechts für verkehrstypische Verträge, AcP 185 (1985) 401
BUSS/HONERT, Die „prozesstaktische" Zession, JZ 1997, 694
CANARIS, Gesetzliches Verbot und Rechtsgeschäft (1983)
CREZELIUS, Zivilrechtliche Beziehungen beim Bauherren-Modell – BGH NJW 1980, 992, JuS 1981, 494

HATTENHAUER, Scheingeschäft und Einwendungsdurchgriff beim finanzierten Grundstückskauf – OLG Koblenz NJW-RR 2002, 194, JuS 2002, 1162
HOHMEISTER, Arbeits- und sozialversicherungsrechtliche Konsequenzen eines vom Arbeitnehmer gewonnenen Statusprozesses, NZA 1999, 1009
ders, Letztmals: Zur Abgrenzung zwischen Scheingeschäft und Umgehungsgeschäft bei vorsätzlich falscher Rechtsformenwahl, NZA 2000, 408
HONSELL, Sachmängelprobleme beim Neuwa-

genkauf mit Inzahlungnahme eines Gebrauchtwagens, Jura 1983, 523
HUBER, Typenzwang, Vertragsfreiheit und Gesetzesumgehung, JurA 1970, 784
KALLIMOPOULOS, Die Simulation im bürgerlichen Recht (1966)
KELLER, Faktisches Arbeitsverhältnis bei Vorliegen eines Umgehungsgeschäfts?, NZA 1999, 1311
KIEHL, Schutz des Dritten gegen Scheingeschäfte, Gruchot 63, 558
KRAMER, Das Scheingeschäft des Strohmanns – BGH, NJW 1982, 569, JuS 1983, 423
KROPFF, Zur Wirksamkeit bilanzpolitisch motivierter Rechtsgeschäfte, ZGR 1993, 41
O KUHN, Strohmanngründung bei Kapitalgesellschaften (1964)
MICHAELIS, Scheingeschäft, verdecktes Geschäft und verkleidetes Geschäft im Gesetz und in der Rechtspraxis, in: FS Wieacker (1978) 444
OEHLER, Die Inzahlungnahme gebrauchter Kraftfahrzeuge, JZ 1979, 787
OERTMANN, Scheingeschäft und Kollusion, Recht 1923 Sp 74
OTTE, „Wenn der Schein trügt" – zum zivil-, verfahrens- und kollusionsrechtlichen Umgang mit der sog „Aufenthaltsehe" in Deutschland und Europa, JuS 2000, 148
POHL, Mängel bei der Erbschaftsannahme und -ausschlagung, AcP 177 (1977) 52
SCHNEIDER, Die Rückdatierung von Rechtsgeschäften, AcP 175 (1975) 279
SCHULZE-OSTERLOH, Zivilrecht und Steuerrecht, AcP 190 (1990) 139
THIESSEN, Scheingeschäft, Formzwang und Wissenszurechnung, NJW 2001, 3025
WAAS, Scheingeschäft des Vertreters gem § 117 BGB und Missbrauch der Vertretungsmacht, Jura 2000, 292
WACKE, Mentalreservation und Simulation bei formbedürftigen Geschäften, in: FS Medicus (1999) 651
WALZ, Die steuerrechtliche Herausforderung des Zivilrechts, ZHR 147 (1983) 281
WALZ/WIENSTROH, Das Verhältnis von Form und Inhalt in Zivil- und Steuerrecht am Beispiel der Inzah-lungnahme gebrauchter Kraftfahrzeuge, BB 1984, 1693
WURSTER, Das Scheingeschäft bei Basissachverhalten, DB 1983, 2057.

Systematische Übersicht

I.	**Tatbestand und Normzweck**	1
II.	**Anwendungsbereich**	
1.	Empfangsbedürftige Willenserklärungen	3
2.	Scheinehe, Scheinadoption	4
3.	Scheingesellschaft	6
III.	**Voraussetzungen des Scheingeschäfts gem § 117 Abs 1**	
1.	Einverständnis der Parteien	7
2.	Fehlender Rechtsbindungswille	10
a)	Beispiele	11
b)	Bloße Falschbezeichnungen	12
c)	Steuerlich motivierte Vertragsgestaltungen	13
3.	Abgrenzungen: Umgehungs-, Strohmanngeschäft und Treuhand	15
a)	Umgehungsgeschäft	15
b)	Strohmanngeschäft	17
c)	Treuhand	20
IV.	**Rechtsfolgen**	21
V.	**Das verdeckte Geschäft gem § 117 Abs 2**	
1.	Wirksamkeitshindernisse gem §§ 134, 138	25
2.	Schwarzbeurkundung	26
3.	Scheingeschäfte und staatliches Teilungsunrecht	27
VI.	**Darlegungs- und Beweislast**	28

I. Tatbestand und Normzweck

1 Beim Scheingeschäft **(Simulation)** sind sich die Parteien darüber einig, dass sie nur den äußeren Schein des Abschlusses eines Rechtsgeschäfts hervorrufen, die mit dem betreffenden Rechtsgeschäft verbundenen Rechtswirkungen aber nicht eintreten lassen wollen (BGHZ 34, 84, 87 f; 67, 334, 339; BGH LM Nr 5; NJW 1980, 1572, 1573; 1982, 569, 570; 1984, 2350; NJW-RR 1997, 238; BAG NJW 1993, 2767; PALANDT/HEINRICHS Rn 3; JAUERNIG Rn 2). Schulfall ist die **Schwarzbeurkundung** beim Grundstückskaufvertrag, bei dem nicht der vereinbarte, sondern ein niedrigerer Kaufpreis beurkundet wird, um die nach dem Kaufpreis berechneten Gebühren für den Notar und das Grundbuchamt sowie Grunderwerbssteuer zu sparen (vgl dazu Rn 14, 23 u 26). § 117 Abs 1 ist Ausdruck des allgemeinen Grundsatzes, dass es bei der Auslegung von Willenserklärungen primär auf den übereinstimmenden Willen der Parteien ankommt und sich dieser auch gegenüber einer abweichenden objektiven Bedeutung der Erklärung behauptet (LARENZ, AT § 20 I c = S 366; zum Vorrang der individuellen Auslegung vgl näher § 133 Rn 13 f und 33). Indem das Gesetz die simulierte Erklärung für nichtig erklärt, trägt es der **Privatautonomie in negativer Hinsicht** Rechnung (BGH NJW 2000, 3127 [3128]; MünchKomm/KRAMER Rn 1; KALLIMOPOULOS S 19). Die Nichtgeltung des Erklärten ist geradezu Geschäftsinhalt, so dass es entgegen dem Wortlaut der Vorschrift bereits am **Tatbestand einer Willenserklärung fehlt** (MEDICUS, AT Rn 594; SOERGEL/HEFERMEHL Rn 1 [„Nichterklärung"]; vgl auch BGHZ 45, 376, 379; BGH NJW 2000, 3127, 3128). Daraus folgt zugleich, dass es sich nicht um eine antizipierte Aufhebungsvereinbarung handelt (so aber WACKE, in: FS Medicus [1999] 651 ff im Anschluss an vTUHR, AT II 1 § 66 II = S 564). Es kann nur aufgehoben werden, was bereits Rechtsgeltung erlangt hat. Insofern überzeugt es nicht, den Simulationswillen etwaigen für Aufhebungsvereinbarungen geltenden Förmlichkeiten zu unterziehen (so WACKE u TITZE aaO). Da die Parteien auch nicht auf die Gültigkeit der simulierten Willenserklärung vertrauen, besteht grundsätzlich keine Veranlassung, diese an ihrer objektiven Erklärung festzuhalten. In § 117 Abs 1 wird somit nichts ausgesprochen, was nicht ohnehin gelten würde (MICHAELIS, in: FS Wieacker [1978] 444, 447). § 117 Abs 2 entspricht wiederum dem **positiven Prinzip der Privatautonomie**. Sofern ein anderes Rechtsgeschäft verdeckt werden soll, ist es der übereinstimmende Wille der Parteien, dass dieses sog **dissimulierte Rechtsgeschäft** gelten soll. Folgerichtig verlangt aber § 117 Abs 2, dass auch die Wirksamkeitsvoraussetzungen des verdeckten Geschäfts erfüllt sein müssen (vgl näher Rn 25 ff).

2 Von den §§ 116 und 118 unterscheidet sich die Simulation dadurch, dass sich die Parteien **über die Nichtgeltung einig** sind, der Erklärungsempfänger also nicht getäuscht oder wenigstens vorübergehend verblüfft werden soll (zur Abgrenzung vgl auch § 116 Rn 12 und § 118 Rn 7). Insofern handelt es sich nicht um einen Fall des § 117, wenn dem *Geschäftspartner* ein Darlehensvertrag mit der Begründung *untergeschoben* wird, es handle sich um eine „Formalie" (aA KG JW 1934, 1796, 1797; vgl auch Rn 11). Da der Darlehensgläubiger in solchen Fällen weiß oder wissen muss, dass der Geschäftspartner seine Erklärung nicht ernst nimmt, führt freilich die Auslegung des Rechtsgeschäfts gem §§ 133, 157 zum gleichen Resultat, dass nämlich keine verbindliche Willenserklärung abgegeben wurde (zur untergeschobenen Willenserklärung vgl § 119 Rn 9 ff). Das **misslungene Scheingeschäft** ist kein Fall des § 117, da es an einer Einigung über die Nichtgeltung des Erklärten fehlt. Da hier jedenfalls eine Partei das Erklärte nicht gelten lassen will, zugleich aber annimmt, dass auch die andere

Seite keinen Geschäftswillen hat, liegt ein klassischer Anwendungsfall des § 118 vor (vgl BGH NJW 2000, 3127 [3128] und dazu näher Rn 9). Beim Scheingeschäft besteht zumeist eine **Täuschungsabsicht gegenüber Dritten**, zB Gläubigern, Steuerbehörden oder Urkundspersonen, doch handelt es sich insoweit nicht um eine Tatbestandsvoraussetzung des § 117 (RGZ 90, 273, 277; 95, 160, 162; Larenz § 20 I c = S 366; MünchKomm/Kramer Rn 9a; abw Kallimopoulos, S 48, der bei fehlender Täuschungsabsicht § 118 für einschlägig hält; zur Abgrenzung gegenüber § 118 vgl dort Rn 7). Die Getäuschten genießen weitestgehenden Schutz durch die allgemeinen Vorschriften zum **Verkehrs- und Vertrauensschutz** (vgl näher Rn 21 ff). Eine feste Regel, dass das Scheingeschäft gegenüber Dritten gültig sein soll, ist dem Gesetz aber fremd. Sie wäre auch nicht sachgerecht, da der Dritte je nach Sachlage auch an der Nichtigkeit des Scheingeschäfts interessiert sein kann (vgl näher Rn 21 u 23).

II. Anwendungsbereich

1. Empfangsbedürftige Willenserklärungen

§ 117 Abs 1 gilt ausdrücklich nur für empfangsbedürftige Willenserklärungen. Bei nicht-empfangsbedürftigen Willenserklärungen fehlt es von vornherein an einem Partner, mit dem das erforderliche Einverständnis über die Nichtgeltung des Erklärten erzielt werden könnte. Insofern kommen bei **letztwilligen Verfügungen** nur die Tatbestände der §§ 116 S 1, 118 in Betracht, nicht aber § 117 (RGZ 104, 320, 322; OLG Düsseldorf WM 1968, 811, 812 f; BayObLG FamRZ 1977, 347, 348; OLG Frankfurt aM OLGZ 1993, 461, 466 f; Flume § 20, 2 a = S 405; Palandt/Heinrichs Rn 2). **Amtsempfangsbedürftige Erklärungen** wie zB Annahme oder Ausschlagung einer Erbschaft werden nicht dadurch zu Scheingeschäften, dass der zuständige Beamte des Nachlassgerichts den Scheincharakter der Erklärung erkennt und billigt. Dies folgt schon daraus, dass die Behörden nur formal Adressaten der Erklärung sind und ihrem Einverständnis daher keine Bedeutung zukommen kann (insoweit zutr Pohl AcP 177 [1977] 62 u 64; ferner zB Staudinger/Dilcher[12] Rn 7; Soergel/Hefermehl Rn 2). Entgegen Pohl (64) kommt es freilich auch nicht auf das Einverständnis der materiell-rechtlich Beteiligten an, da der betreffende Personenkreis nur schwer abgrenzbar ist und die Gefahr gespaltener Rechtsverhältnisse aus Rechtssicherheitsgründen vermieden werden sollte. Die Vorstellung, dass etwa die Erbfolge nicht gegenüber allen Beteiligten einheitlich gelten würde, wäre nur schwer erträglich (zutr OLG Frankfurt aM OLGZ 1993, 467; hM, vgl schon RG LZ 1911, 379; Palandt/Heinrichs Rn 2; s ferner § 116 Rn 9 zum Parallelproblem des durchschauten Vorbehalts). Setzt die Wirksamkeit empfangsbedürftiger Willenserklärungen die **Mitwirkung staatlicher Stellen oder Behörden** voraus, zB in Form einer Beurkundung oder Eintragung, kommt es für die rechtliche Qualifikation als Scheingeschäft ausschließlich auf das Einverständnis der Vertragspartner an. Das Rechtsgeschäft ist also nichtig, wenn diese über den Scheincharakter einig sind. Es ist gültig, wenn nur der Vertreter der Behörde eingeweiht war (Flume 405; Erman/Brox Rn 2). Die Eintragung einer zum Schein erklärten Auflassung bewirkt selbstverständlich keine Heilung des Willensmangels (Staudinger/Dilcher[12] Rn 8). Bei einer Erklärung, die wahlweise entweder einem Beteiligten *oder* einer Behörde gegenüber abzugeben ist (idR dem Grundbuchamt, vgl §§ 875 Abs 1 S 2, 876 S 3, 880 Abs 2 S 3, 1168 Abs 2 S 2, 1180 Abs 1 S 2), liegt ein Scheingeschäft vor, wenn zwischen dem Erklärenden und Beteiligten Einverständnis über den Scheincharakter herrscht, und zwar auch dann, wenn die Erklärung gegenüber der Behörde abgegeben wird (ENNECCERUS/NIPPERDEY § 165 II = S 1025 Fn 6; FLUME § 20, 2 a = S 405; MünchKomm/KRAMER Rn 6).

2. Scheinehe, Scheinadoption

4 Nicht anwendbar ist § 117 auf simulierte Eheschließungen. Seit Inkrafttreten des am 1. 7. 1998 in Kraft getretenen Eherechtsreformgesetzes ist die **Scheinehe gültig, aber aufhebbar** (§§ 1314 Abs 2 Nr 5, 1315 Abs 1 S 1 Nr 5). Das Gesetz betrachtet die zum Schein geschlossenen „Aufenthaltsehen" nicht unter dem Aspekt des Willensmangels, sondern als Fall des Rechtsmissbrauchs wegen eines vom Gesetz missbilligten Eheschließungsmotivs (vgl HEPTING FamRZ 1998, 720 u 727 mwN; krit WACKE, in: FS Medicus [1999] 651, 662 ff; OTTE, JuS 2000, 148, 150 ff zum bisherigen Recht vgl STAUDINGER/vBAR/MANKOWSKI [1996] Art 13 EGBGB Rn 326 ff). Für **Eheverträge** gelten aber keine Besonderheiten, so dass insoweit § 117 anwendbar ist (MünchKomm/KRAMER Rn 4).

5 Auf die **Scheinadoption** ist § 117 ebenfalls nicht anzuwenden, weil das frühere Vertragssystem durch das sog Dekretsystem abgelöst wurde: Gem § 1752 erfolgt die Adoption durch Beschluss des Vormundschaftsgerichts (MünchKomm/LÜDERITZ § 1752 Rn 1; BGHZ 103, 12, 17). Scheinadoptionen sind zwar unzulässig (vgl BayObLG FamRZ 1980, 1158, 1159; PALANDT/DIEDERICHSEN § 1767 Rn 8 mwN; MünchKomm/LÜDERITZ § 1763 Rn 10), aber trotz rechtsmissbräuchlicher Begründung zunächst einmal gültig und auch nicht ohne weiteres aufhebbar (zu Scheinadoptionen Volljähriger vgl BGHZ 103, 12, 15 f; KG FamRZ 1987, 655, 636; OLG Schleswig FamRZ 1995, 1016; zum früheren Recht BGHZ 35, 75, 81; zur Adoption Minderjähriger vgl OLG Frankfurt FamRZ 1982, 848, 849; MünchKomm/LÜDERITZ § 1763 Rn 10).

3. Scheingesellschaft

6 Weiteren Einschränkungen unterliegt die Geltendmachung des Simulationseinwandes im Gesellschaftsrecht (Bsp unten Rn 11). Im **Kapitalgesellschaftsrecht** folgt aus den Vorschriften über die Nichtigkeitsklage (§§ 275 ff AktG, 75 ff GmbHG, 94 ff GenG), dass der Einwand der Scheingründung nach der Registereintragung präkludiert ist. Bei den **Personengesellschaften** vertritt hingegen der BGH die Ansicht, dass im *Innenverhältnis* die Grundsätze über die fehlerhaft gegründete Gesellschaft nicht anwendbar sein sollen (BGH NJW 1953, 1220; BGHZ 11, 190, 191). Dem ist zuzustimmen (ganz hM, vgl nur MünchKomm/ULMER § 705 Rn 246 u 291; SCHLEGELBERGER/ SCHMIDT, HGB § 105 Rn 228), weil die Lehre von der fehlerhaften Gesellschaft zur Minimalvoraussetzung hat, dass wenigstens ein konkludenter Vertragsschluss vorliegt, mag dieser auch fehlerhaft sein. Beim Scheingeschäft fehlt es bereits am Tatbestand der Willenserklärung (oben Rn 1). Im Übrigen wird – wie der BGH zutreffend bemerkt – dem tatsächlichen Willen der Beteiligten gem § 117 Abs 2 entsprochen, wenn die Rechtsbeziehungen nicht dem Gesellschaftsrecht unterstellt werden (NJW 1953, 1220). Im Außenverhältnis ist die Gesellschaft nach Rechtsscheingrundsätzen als wirksam zu behandeln (STAUB/ULMER, HGB § 105 Rn 381; zu Haftungsproblemen der Scheinsozietät vgl SCHÄFER DStR 2003, 1078).

III. Voraussetzungen des Scheingeschäfts gem § 117 Abs 1

1. Einverständnis der Parteien

Maßgebliches Kennzeichen des Scheingeschäfts ist das **Einverständnis** der Parteien 7 über die Simulation (oben Rn 2). Dieses verlangt keine selbständige Willenserklärung neben dem Scheingeschäft, aber im Unterschied zu § 116 S 2 mehr als Kenntnis des Vorbehalts (JAUERNIG Rn 2). Es genügt allerdings das „beiderseitige Bewusstsein", dass der simulierten Erklärung kein Wille entsprechen soll, da hier typischerweise anzunehmen ist, die Parteien seien sich über den Simulationscharakter einig (RGZ 134, 33, 37; BGH NJW 1999, 2882 = LM Nr 6 zu § 116 m Anm SINGER; NJW 2000, 3127 [3128]; SOERGEL/HEFERMEHL Rn 3, vgl auch BGHZ 45, 376, 379; LG Köln BB 1963, 1153 [dazu § 116 Rn 12]; strenger MünchKomm/KRAMER Rn 8 Fn 13).

Bei rechtsgeschäftlicher **Stellvertretung** kommt es gem § 166 Abs 1 darauf an, ob mit 8 dem *Vertreter* Einverständnis über den Scheincharakter des Rechtsgeschäfts herrscht (BGHZ 1, 181, 184; ERMAN/BROX Rn 4). Im Falle der *Gesamtvertretung* genügt das Einverständnis eines Vertreters (RGZ 134, 33, 37; BGH NJW 1996, 663, 664), da positive Rechtsgeschäftswirkungen im Falle der Gesamtvertretung eine intakte Selbstbestimmung aller Vertreter voraussetzen. Sofern aber Geschäftspartner und Vertreter zum Nachteil des Vertretenen **kolludieren**, handelt es sich diesem gegenüber um einen „bösen" Scherz, so dass nicht § 117 anzuwenden ist, sondern § 116 S 1 (BGH NJW 1999, 2882 f = LM Nr 6 zu § 116 m Anm SINGER; vgl schon RG Gruchot 52, 933, 936; RGZ 134, 33, 37 im Anschluss an OERTMANN Recht 1923 Sp 74, 76; s ferner FLUME § 20, 2 c = S 411; PALANDT/HEINRICHS Rn 7; einschränkend WAAS Jura 2000, 292, 295; dazu auch § 118 Rn 7 m Nachw). Entsprechendes gilt, wenn auf einer Seite des Rechtsgeschäfts **mehrere Parteien** stehen und nicht alle über den Scheincharakter einig sind. Vereinbaren zB mehrere Gläubiger mit dem Schuldner einen teilweisen Forderungsverzicht und trifft einer der Gläubiger mit dem Schuldner eine heimliche Sonderabsprache, dass die Forderung zwischen diesen beiden Parteien fortbestehen soll, hat dieses „Scheingeschäft" gegenüber den gutgläubigen Parteien die Qualität eines geheimen Vorbehalts gem § 116 S 1. Daraus folgt einerseits die Unbeachtlichkeit der Sonderabsprache, andererseits die Gültigkeit des „Scheingeschäfts" (iE zutr OLG Celle NJW 1965, 399, 400; SOERGEL/HEFERMEHL Rn 3; vgl auch MEDICUS, AT Rn 599 und § 116 Rn 1). Da es um den *Vertrauensschutz* des Gutgläubigen geht, darf ihm dieser jedoch nicht aufgedrängt werden (vgl auch Rn 23). Wird einem von zwei Verkäufern eines Grundstücks verheimlicht, dass mit dem Geschäftspartner ein höherer Kaufpreis als der beurkundete vereinbart war, kann sich dieser mit Recht auf den Standpunkt stellen, dass das beurkundete Rechtsgeschäft als Scheingeschäft nichtig ist (§ 117 Abs 1) und auch das verdeckte Rechtsgeschäft nicht dem Willen *aller* Beteiligten entspricht. Das wäre aber Voraussetzung für die Anwendung von § 117 Abs 2. In einem solchen Fall bleibt daher nur die Möglichkeit, das gesamte Rechtsgeschäft für nichtig zu erklären (iE zutr OLG Schleswig SchlHA 1996, 67; PALANDT/HEINRICHS Rn 3).

Sind sich der Verhandlungsbevollmächtigte des Käufers und der Verkäufer eines 9 Grundstücks über die Unterverbriefung des Kaufpreises einig, während der den notariellen Vertrag abschließende Käufer selbst (angeblich) keine Kenntnis von der Simulationsabrede hat, fehlt es am Tatbestand eines Scheingeschäfts (BGH NJW 2000, 3127 [3128]; 2001, 1062; zust THIESSEN NJW 2001, 3025 [3027]; SCHUBERT JR 2001, 330 f; LORENZ

EWiR 2000, 997 f; SINGER LM Nr 20 zu § 117; wohl auch M WOLF LM Nr 44 zu § 166; für Anwendung des § 117 dagegen SCHÖPFLIN JA 2001, 1 [3]; KOOS WuB IV A § 117 BGB 1.01; für Anwendung des § 116 [S 1?] GRZIWOTZ MDR 2000, 1309 [1310]). § 117 Abs 1 fordert das Einverständnis der „Parteien" über die Simulation. Dafür genügt es nicht, wenn dem Vertretenen das **Wissen seines Verhandlungsbevollmächtigten analog § 166 zugerechnet** wird, da damit nur den kognitiven, nicht aber den volitiven Voraussetzungen des § 117 Abs 1 entsprochen wird (aA SCHÖPFLIN, M WOLF aaO). § 117 Abs 1 ist Ausdruck der Privatautonomie in ihrer negativen Ausprägung (oben Rn 1). Das Erfordernis eines übereinstimmenden – negativen – Rechtsfolgewillens ist daher nicht mit Hilfe von § 166 Abs 1 substituierbar. Im Ergebnis unterscheiden sich die Rechtsfolgen freilich nicht. Zwar gelten im Falle einer solchen **misslungen Simulation** die §§ 118, 122 BGB, da in einem solchen Fall die eine Partei irrtümlich davon ausgeht, auch die andere Seite sei mit der Unterverbriefung einverstanden (vgl BGH NJW 2000, 3127), aber der nicht eingeweihte Vertragspartner hat – wie bei § 117 Abs 1 – grundsätzlich keinen Anspruch auf Ersatz eines Vertrauensschadens, weil ihm das Wissen seines Verhandlungsbevollmächtigten analog § 166 Abs 1 zugerechnet werden muss (SINGER LM Nr 20 zu § 117). Wenn der Käufer eines Grundstücks dem Verhandlungsbevollmächtigten des Verkäufers eine Provision für das Zustandekommen des Kaufvertrages verspricht, unterliegt diese Abrede grundsätzlich nicht dem Formzwang des § 311b Abs 1; bei Nichtbeurkundung einer solchen Absprache gelten daher auch nicht die Regeln für das misslungene Scheingeschäft (BGH NJW 2001, 1062 f = LM Nr 44 zu § 166 m Anm M WOLF).

2. Fehlender Rechtsbindungswille

10 Ob ein Scheingeschäft gewollt ist, richtet sich danach, ob den Parteien zur Erreichung des mit dem Rechtsgeschäft erstrebten Erfolges eine Simulation genügt oder ob sie ein ernst gemeintes Rechtsgeschäft für nötig halten – sog **subjektiver Simulationsbegriff** (vgl BGHZ 21, 378, 382; 36, 84, 88; HUBER JurA 1971, 784, 794; SOERGEL/HEFERMEHL Rn 4). Kann der mit dem Rechtsgeschäft bezweckte Erfolg nur bei dessen Gültigkeit erreicht werden, ist dieses in der Regel nicht zum Schein abgeschlossen (BGH NJW 1982, 569 f; OLG Köln NJW 1993, 2623; OLG Hamm NJOZ 2002, 469, 472; VersR 2003, 446, 447; KRAMER JuS 1983, 423, 424). **Strohmann-, Treuhand und Umgehungsgeschäfte** sind daher in der Regel keine Scheingeschäfte (ausf Rn 15 ff). Kennzeichnend für das Scheingeschäft ist der fehlende **Rechtsbindungswille** (BGHZ 36, 84, 88; OLG Hamm NJW-RR 1996, 1233). Ob ein Rechtsbindungswille vorliegt, ist nicht vom Standpunkt eines objektiven neutralen Beobachters zu entscheiden, sondern hängt davon ab, was die Parteien tatsächlich und ernsthaft gewollt haben (BGH WM 1986, 1179, 1181; LARENZ, AT § 20 I c = S 366; missverständlich BAG NJW 1993, 2767: Auslegung gem §§ 133, 157; aA M WOLF LM Nr 44 zu § 166).

a) Beispiele

11 Kein Scheingeschäft ist die Bestellung einer Hypothek für eine zum Schein begründete Forderung, wenn die bestellte Sicherheit nach dem Willen der Parteien dazu dienen soll, für eine in Aussicht stehende andere Hypothek den Rang zu sichern (BGHZ 36, 84, 88; vgl auch RGZ 79, 74, 75). Denn die beabsichtigte **Rangsicherung** ist nur bei einer wirksamen Hypothekenbestellung zu erreichen und daher auch ernsthaft gewollt. Dabei spielt es keine Rolle, dass der Hypothekenbestellung eine gem § 117 nichtige Scheinforderung zugrunde liegt, da eine Hypothek ohne akzessorische

Forderung gem §§ 1163 Abs 1 S 1, 1177 Abs 1 als Eigentümergrundschuld entsteht. Die **prozesstaktische Abtretung einer Forderung**, damit der Zedent im Prozess als Zeuge auftreten kann, ist ebenfalls ernstlich gewollt, da die angestrebte Verfahrensstellung des Zedenten nur bei wirksamer Zession erreicht werden kann (OLG München BauR 1985, 209, 210; Buss/Honert JZ 1997, 694). **Arbeitsverträge zwischen Ehegatten** (zu Schenkungen vgl Rn 16) sind nicht allein deshalb Scheinverträge, weil sie das Ziel verfolgen, den Unterhalt der Familie zu sichern. Dieses Ziel kann durch Begründung eines Arbeitsverhältnisses mit dem Ehegatten durchaus erreicht werden, da der Unterhaltsbedarf entfällt, wenn der Berechtigte selbst für seinen Unterhalt sorgen kann (§§ 1569, 1577). Um ein Scheingeschäft handelt es sich aber dann, wenn beide Teile darüber einig sind, dass keine Arbeitsleistung zu erbringen ist (BGH NJW 1984, 2350; vgl auch BGH WM 1977, 922, 923; BAG NJW 1996, 1299, 1301) oder wenn es sich um Tätigkeiten handelt, die über unbedeutende Hilfeleistungen nicht hinausgehen (vgl BFHE 126, 285, 287 – Pflege des häuslichen Arbeitszimmers). Ein **Gesellschaftsvertrag**, der ausschließlich **zu dem Zweck einer Grundstücksübertragung** abgeschlossen wird, ist Scheingeschäft, weil die Parteien kein gemeinschaftliches Ziel verfolgen, sondern für ihre individuellen Ziele die äußere Form des Gesellschaftsvertrages benutzen (BGH DNotZ 1977, 416, 417; vgl auch RG JW 1930, 2655 f m zust Anm Hachenburg). Der Geschäftswille fehlt auch, wenn die Unterzeichnung eines Darlehensformulars nur **„pro forma"** – zur Vorlage bei der bankinternen Revision – erfolgt (BGH NJW 1993, 2435 f), ein Architektenvertrag nachträglich geschlossen wird, um Ansprüche aus der Haftpflichtversicherung des Architekten zu erlangen (OLG Hamm NJW-RR 1996, 1233), oder eine Vielzahl von Kaufverträgen über in Wahrheit nicht existierende Bohrsysteme, um Kreditgeber zu täuschen (LG Frankfurt WM 2002, 455 [457] „FlowTex"). Zwar liegt ein Scheingeschäft nicht vor, wenn der erstrebte Erfolg die Gültigkeit des Rechtsgeschäfts voraussetzt (oben Rn 9). Aber dieses Rechtsgeschäft muss dann auch wirklich gewollt sein und nicht bloß dessen äußerer Schein.

b) Bloße Falschbezeichnungen

Bloße Falschbezeichnungen lassen die Gültigkeit des Rechtsgeschäfts unberührt, **12** sofern dadurch der eigentliche Geschäftswille nicht in Frage gestellt wird (Jauernig Rn 3). So handelt es sich nicht um ein Scheingeschäft, wenn die Vertragsparteien einen Vertrag lediglich **vordatieren**, da und sofern der Vertrag wirklich gewollt ist (RG Recht 1930 Nr 1482; BGH WM 1986, 1179, 1181; allg zur Rückdatierung von Rechtsgeschäften U Schneider AcP 175 [1975] 279, 283). Wird in einem **Schuldschein** der Wahrheit zuwider der Empfang eines Darlehens bescheinigt, so handelt es sich um eine irrelevante Falschbezeichnung, wenn die Parteien darüber einig sind, dass der Aussteller gegenüber einem künftigen Erwerber der Forderung haften soll (RGZ 60, 21, 23). Insofern ist nicht mehr entscheidend, dass der Zessionar gemäß § 405 gegen den Einwand des Scheingeschäfts geschützt ist, wenn ihm die Forderung unter Vorlage des Schuldscheins abgetreten wird. Die **unrichtige Bezeichnung des Geschäftstyps** ist ebenfalls unschädlich, da es für die rechtliche Qualifizierung des Vertragstyps und die daran anknüpfenden Rechtsfolgen nicht auf die Bezeichnung ankommt, sondern auf die objektiven Verhältnisse (Flume § 20, 2 a = S 406; Larenz, AT § 20 I c = S 367; Huber JurA 1971, 784, 796; BGH FamRZ 1998, 908, 910; vgl auch BFH DB 1972, 514, 515: Falschbezeichnung einer Gesellschaft des bürgerlichen Rechts als „OHG"). Dementsprechend entscheidet über den **rechtlichen Status eines Arbeitnehmers**, wie die Vertragsbeziehung objektiv einzuordnen ist; ausschlaggebend dafür ist die tatsächliche Durchführung des Vertrages, nicht die uU abweichende Vereinbarung (BAGE 69, 62, 69 f; BAG NZA 1996, 477, 478 f; 2003, 854, 855 f; KELLER NZA 1999, 1311, 1312; aA HOFFMEISTER NZA 1999, 1009, 1010 und NZA 2000, 408, 409). Verbirgt sich hinter einem „Erbvertrag" ein verschleierter Kaufvertrag, ist – entsprechend dem wirklichen Willen der Parteien – ein **Verkaufsfall** eingetreten (BGH FamRZ 1998, 908, 910).

c) Steuerlich motivierte Vertragsgestaltungen

13 Wählen die Parteien eine bestimmte Rechtsgestaltung lediglich aus steuerlichen Gründen, fehlt es in der Regel nicht am erforderlichen Rechtsbindungswillen, da die steuerliche Anerkennung ein gültiges, ernstlich gewolltes Rechtsgeschäft voraussetzt. Allein daraus, dass sich die Vertragsgestaltung als zivilrechtlich nachteilig herausstellt, kann nicht der Einwand des Scheingeschäfts hergeleitet werden. Eine vertragliche Regelung kann **nicht gleichzeitig als steuerrechtlich gewollt und zivilrechtlich nicht gewollt** angesehen werden (BGHZ 67, 334, 338; 76, 86, 89; BGH NJW-RR 1993, 367; NJW 1993, 2609, 2610; LM Nr 129 zu § 242 [Bb]; PALANDT/HEINRICHS Rn 4; MEDICUS, AT Rn 594; krit WALZ ZHR 147 [1983] 281, 302 ff, der freilich der Privatautonomie zu enge – objektiv-rechtliche – Grenzen setzt; vgl auch WALZ/WIENSTROH BB 1984, 1693, 1696; dagegen mit Recht SCHULZE-OSTERLOH AcP 190 [1990] 146 f, 149). Die beim **Bauherrenmodell** aus steuerlichen Gründen erteilte Vollmacht für den Baubetreuer, im Namen des Erwerbers Bauarbeiten zu vergeben, ist daher auch zivilrechtlich wirksam, weil die angestrebten steuerlichen Vorteile zur Voraussetzung haben, dass der Erwerber als „Bauherr" anerkannt wird. Das kann er nur, wenn er auf eigene Rechnung baut oder bauen lässt (BGHZ 67, 334, 337 f; 76, 86, 94; CREZELIUS JuS 1981, 494, 498). Nehmen Kommanditisten einer mit Verlust arbeitenden KG im eigenen Namen ein Darlehen auf und stellen sie dieses der Gesellschaft unverzinslich zur Verfügung, dann ist der beabsichtigte steuerliche Vorteil, dass nämlich die Darlehenszinsen von den Kommanditisten als Betriebsausgaben abgesetzt werden können und nicht unter das Verbot des Schuldabzugs für negative Einkünfte gem § **15a EStG** fallen, nur zu erreichen, wenn die Gesellschafter persönlich für die Darlehensschuld und die Zinsen haften. Insofern ist der Darlehensvertrag kein Scheingeschäft, selbst wenn die Absicht bestanden haben sollte, die wirtschaftlichen Folgen der Kreditaufnahme von der Gesellschaft tragen zu lassen (BGH NJW 1993, 2609, 2610 m Anm JASPERS WIB 1994, 33; zur Problematik des Umgehungsgeschäfts vgl unten Rn 15). Auch die Gründung von sog **„Basisgesellschaften"** im Ausland ist regelmäßig kein simuliertes Rechtsgeschäft, da nur mit einer wirksam errichteten Gesellschaft die Transaktionen durchgeführt werden können, durch die das Steuergefälle zwischen Inland und dem Staat, in dem die Gesellschaft ihren Sitz hat, ausgenutzt werden kann (WURSTER DB 1983, 2057, 2058 f). Kein Scheingeschäft ist schließlich in der Regel der im **Gebrauchtwagenhandel** nach dem Inkrafttreten des § 25a UStG (dazu WIDMANN DB 1990, 1057; DZIADKOWSKI DStR 1990, 123) an Bedeutung verlierende, seit der Schuldrechtsreform mit Blick auf die Regeln des Vebrauchsgüterkaufs (§§ 474 ff) wieder attraktiver scheinende **Agenturvertrag**. Durch diese Vertragsgestaltung sollte vermieden werden, dass der Händler Zwischenerwerber wird und bei der Weiterveräußerung einen – systemwidrigen (vgl WALZ/WIENSTROH BB 1984, 1693, 1701 f) – umsatzsteuerpflichtigen Vorgang auslöst. Die beabsichtigte Steuerersparnis setzt also voraus, dass der Agenturvertrag von beiden Seiten wirksam gewollt war (BGH NJW 1978, 1482; 1980, 2184, 2185; 1980, 2190, 2191; 1981, 388, 389; 1982, 1699; OLG Koblenz NJW-RR 1988, 1137; OEHLER JZ 1979, 787, 793 f; BEHR AcP 185 [1985] 401, 425; SOERGEL/HUBER vor § 433 Rn 216 ff mwN; enger SCHULZE/OSTERLOH AcP 190 [1990] 139, 148 f; aA ESPENHAIN WM 1978, 1107, 1110 ff; HONSELL Jura 1983, 523, 530). Auch die übliche Vereinbarung eines Mindestpreises spricht nicht

gegen die Ernsthaftigkeit eines Vermittlungsauftrages, da die Finanzverwaltung diese Vertragsgestaltung im Grundsatz akzeptierte (BGH NJW 1980, 2190, 2191; 1981, 388, 389; BFH BStBl II [1988] 153, 155). Als steuerschädlich behandelte sie zwar sog Minusgeschäfte, bei denen der Mindestpreis selbst dann in vollem Umfang auf den Neuwagenpreis angerechnet wurde, wenn der Verkaufserlös des Gebrauchtwagens unter dem Mindestpreis liegen sollte (BMF-Erlass v 29. 4. 1988, BB 1988, 1109 f; BFH BStBl II [1987] 657, 659; vgl auch BFH BStBl II [1988] 153, 154 f). Aber selbst wenn dadurch im Einzelfall ein steuerpflichtiger Vorgang ausgelöst wurde, änderte sich nichts an der zivilrechtlichen Verbindlichkeit des Agenturvertrages, da die beabsichtigte Steuerersparnis gleichwohl Motiv der Vertragsgestaltung war und daher einen entsprechenden Geschäftswillen voraussetzte (BGH NJW 1980, 2184, 2185; zust SOERGEL/HUBER vor § 433 Rn 219 m Fn 34). Um Scheingeschäfte handelt es sich hingegen bei **bilanzpolitisch motivierten Geschäftsdarstellungen**, die sachlich nicht zutreffen und daher weder zivilrechtlich noch bilanzrechtlich maßgebend sein können (KROPFF ZGR 1993, 41, 47 f mwN).

Das klassische Beispiel für ein steuerlich motiviertes Scheingeschäft ist die **Schwarzbeurkundung beim Grundstückskauf** (Rn 1, 23 u 26). Lassen die Parteien absichtlich einen zu niedrigen Kaufpreis beurkunden, um Steuern und Gebühren zu sparen, ist der beabsichtigte steuerliche Effekt nicht durch eine *legale* rechtliche Gestaltung zu erreichen, sondern nur durch das Vorspiegeln einer in Wahrheit nicht gewollten vertraglichen Regelung (BGHZ 67, 334, 338). Ein solcher Tatbestand, bei dem nur der äußere Anschein einer steuerlich günstigen Vertragsgestaltung hervorgerufen wird, ist unstreitig als Scheingeschäft gemäß § 117 Abs 1 zu qualifizieren (BGHZ 54, 56 [62]; 89, 41 [43]; OLG Koblenz NJW-RR 2002, 194 [195] m Bspr HATTENHAUER JuS 2002, 1162; PALANDT/HEINRICHS § 311b Rn 36; MEDICUS, AT Rn 595; LARENZ, AT § 20 I c = S 369; zur Gültigkeit des dissimulierten Geschäfts unten Rn 26). Weder der Tatbestand des § 117 Abs 1 noch der des § 311b Abs 1 ist freilich einschlägig, wenn Kaufvertragsparteien wahrheitswidrig beurkunden lassen, dass der Käufer eine angeblich im Kaufpreis von 1 235 000 DM enthaltene, in Wahrheit aber nicht gewollte Sanierung des verkauften Objekts im Wert von 235 000 DM übernehme. Diese – überflüssige – Angabe kann gestrichen werden, ohne dass sich am Inhalt des gewollten Vertrages etwas ändert (BGH NJW-RR 2002, 1527; OLG Oldenburg MDR 2000, 877).

3. Abgrenzungen: Umgehungs-, Strohmanngeschäft und Treuhand

a) Umgehungsgeschäft*

Bei einem **Umgehungsgeschäft** versuchen die Parteien, rechtliche Hindernisse, Verbote oder Belastungen dadurch zu vermeiden, dass sie den gleichen rechtlichen oder wirtschaftlichen Erfolg mit Hilfe anderer rechtlicher Gestaltungsformen zu verwirk-

---

* **Schrifttum:** BEHRENDS, Die fraus legis (1982); COING, Die Treuhand kraft privaten Rechtsgeschäfts (1973); FLUME, Die GmbH-Einmanngründung, ZHR 146 (1982) 205; GERNHUBER, Die fiduziarische Treuhand, JuS 1988, 355; GRUNDMANN, Der Treuhandvertrag: insbesondere die werbende Treuhand (1997); HÄSEMEYER, Die Spannungen zwischen Insolvenzrecht und Privatautonomie als Aufgabe der Rechtsprechung, in: FS Universität Heidelberg (1986) 163; HENSSLER, Treuhandgeschäft – Dogmatik und Wirklichkeit, AcP 196 (1996) 37; HONSELL, In fraudem legis agere, in: FS Kaser (1976) 111; HÜFFER, Zuordnungsprobleme und Sicherung der Kapitalaufbringung bei der Einmanngründung der GmbH, ZHR 145 (1981) 521; REGELSBERGER, Zwei Beiträge zur Lehre von der Zession, AcP 63 (1880) 157; SCHRÖDER, Gelichen suchen (BAECK, Das Scheingeschäft ein fehlerhaftes Rechtsgeschäft [Diss Würzburg 1988] 96; SOERGEL/HEFERMEHL Rn 12; MünchKomm/KRAMER Rn 15). So war zB der Agenturvertrag im Gebrauchtwagenhandel eine rechtliche Gestaltung, durch die beim Neuwagenverkauf das Entstehen der *Umsatzsteuerpflicht* im Falle der Weiterveräußerung des in Zahlung genommenen Gebrauchtwagens vermieden werden konnte (oben Rn 13). Für Umgehungsgeschäfte ist **typisch**, dass die **alternative Gestaltung ernstlich gewollt** ist, um die unerwünschten Rechtsfolgen zu vermeiden und das erwünschte wirtschaftliche Ziel dennoch zu erreichen. Insofern versucht man heute nicht mehr, das Problem des Umgehungsgeschäfts durch seine Einordnung als Scheingeschäft zu lösen (vgl TEICHMANN 7 f; J SCHRÖDER 42 mwN zum ält Schrifttum; missverständlich noch SAVIGNY Bd 1, 325; zu den Ursprüngen der Gesetzesumgehung als Folge der römischen Gesetzesinterpretation H HONSELL, in: FS Kaser [1976] 111, 113 ff; O BEHRENDS, Die fraus legis [1982]; rechtsvergleichend SCHURIG, in: FS Ferid [1988] 375 ff). Umgehungsgeschäfte sind auch nicht per se unzulässig, sondern nur, wenn diese gegen Sinn und Zweck bestimmter Normen verstoßen (BORK, AT Rn 1121; MünchKomm/ARMBRÜSTER § 134 Rn 17; LARENZ/WOLF, AT § 40 Rn 30; SIEKER 8 ff; STAUDINGER/SACK [2003] § 134 Rn 145 ff, der aber stattdessen § 138 Abs 1 heranzieht; dagegen zutr TEICHMANN 70 f). Häufig ergibt schon die **extensive oder restriktive Auslegung** einer Norm, dass diese auf den betreffenden Umgehungstatbestand anzuwenden ist (vgl TEICHMANN 48 ff, der insoweit aber keine „Umgehungsgeschäfte" ieS annimmt, 65). Im übrigen handelt es sich um das Problem der **analogen Anwendung** dieser Norm (TEICHMANN 89 ff; HUBER JurA 1971, 784, 796 ff; HÄSEMEYER, in: FS Juristenfakultät Heidelberg [1986] 163, 172 ff; rechtsstaatliche Bedenken bei MünchKomm/ARMBRÜSTER § 134 Rn 14), die freilich nur bei eindeutiger Gesetzeslage geboten ist und daher zB nicht der Begründung des von § 930 zugelassenen Sicherungseigentums (HUBER JurA 1971, 799 f) oder der Strohmanngründung einer Einmann-GmbH (O KUHN 153 ff) im Wege steht. Erkennt man die von den Parteien gewählte Rechtsform an – zB Sicherungseigentum –, darf man diese Wahlfreiheit nicht dadurch wieder zunichte machen, dass man die Regeln der vermiedenen Rechtsform – zB des Pfandrechts gem §§ 1204 ff – analog anwendet (HUBER JurA 1971, 804 ff). Im **Steuerrecht** verbietet § 42 AO einen „Missbrauch von Gestaltungsmöglichkeiten des Rechts" und ermöglicht dadurch eine den wirtschaftlichen Vorgängen angemessene Besteuerung (vgl TIPKE/KRUSE, AO [80. Lfg Okt 1996] § 42 Rn 15; SONTHEIMER JuS 1999, 872, 874 f; gegen das Missbrauchskriterium SIEKER 18 ff). Darüber hinaus enthält das **Verbraucherschutzrecht des BGB** zahlreiche **spezielle Umgehungsverbote** (vgl §§ 306 a, 312 f S 2, 487 S 2 u 506 Abs 1 S 2), so dass einiges dafür spricht, das vom historischen Gesetzgeber (vgl Prot I S 257) noch abgelehnte, allgemeine Umgehungsverbot nunmehr anzuerkennen (so MünchKomm/ARMBRÜSTER § 134 Rn 16; grundsätzlich zust STAUDINGER/SACK § 134 Rn 151; **aA** BORK, AT Rn 1121). § 117 Abs 1 ist allerdings anzuwenden, falls die rechtliche Gestaltung lediglich dazu dienen soll, den wirklichen Rechtsfolgewillen zu verschleiern. Aus diesem Grunde handelt es sich bei der Falschbeurkundung beim **Schwarzkauf** um ein Scheingeschäft (vgl Rn 14, 23 u 26). Entsprechendes gilt, wenn aus steuerlichen Gründen ein Teil des Kaufpreises für einen GmbH-Anteil durch ein fingiertes Beraterhonorar abgegolten werden soll (BGH NJW 1983, 1843, 1844; MünchKomm/KRAMER Rn 15). Es ist zwar grundsätzlich das Recht des Steuerpflichtigen, diejenige Rechtsgestaltung zu wählen, die für ihn die günstigste ist. Es

setzesauslegung und Gesetzesumgehung (1985); SCHURIG, Die Gesetzesumgehung im Privatrecht, in: FS Ferid (1988) 375; SIEKER, Umgehungsgeschäfte (2001); SONTHEIMER, Vertragsgestaltung und Steuerrecht, JuS 1999, 872; TEICHMANN, Die Gesetzesumgehung (1962).

genügt aber nicht das bloß **äußere Erscheinungsbild eines Rechtsgeschäfts**, das in Wirklichkeit nur dazu dienen soll, den Steuertatbestand zu verdecken (SCHULZE-OSTERLOH AcP 190 [1990] 139, 147 f; FLUME § 20, 2 b cc = S 409).

Einzelfälle: Ein **Mietvertrag mit einem Familienangehörigen**, dessen alleiniger Zweck **16** darin besteht, die Räumung eines Grundstücks gem § 93 ZVG zu verhindern, wird im Regelfall nur zum Schein abgeschlossen (vgl OLG Frankfurt aM Rpfleger 1989, 209; LG Freiburg Rpfleger 1990, 266, 267; LG Wuppertal Rpfleger 1993, 81; **aA** LG Krefeld Rpfleger 1987, 259 m krit Anm MEYER/STOLTE). Jedenfalls sind an den Nachweis des Rechtsbindungswillens strenge Anforderungen zu stellen. Der Mietvertrag sollte mindestens ortsüblichen Bedingungen entsprechen und tatsächlich praktiziert werden. Besteht aber der alleinige Zweck des Vertrages darin, die Räumung zu verhindern, wird das Recht offenkundig missbraucht (**aA** OLG Düsseldorf NJW-RR 1996, 720). **Zuwendungen unter Ehegatten** sind zwar in der Regel keine Schenkungen iSv § 516, weil sie ihre Grundlage in der ehelichen Lebensgemeinschaft haben (BGHZ 82, 227, 230 f; BGH WM 1977, 922, 923; NJW 1999, 2962, 2965; LM Nr 129 zu § 242 [Bb]; zu Arbeitsverträgen oben Rn 11). Eine Schenkung ist aber möglich, wenn dies dem rechtsgeschäftlichen Willen der Partner entspricht. Davon ist zB auszugehen, wenn der Notar ausdrücklich einen „Schenkungsvertrag" beurkundet (BGHZ 87, 145, 146 f) oder wenn durch die rechtliche Qualifizierung der Zuwendung als Schenkung vermieden werden soll, dass für den Erwerb eines Grundstücks Grunderwerbsteuer anfällt (BGH LM Nr 129 zu § 242 [Bb]). Die **steuerliche Anerkennung** von Vereinbarungen unter nahen Angehörigen macht die Finanzrechtsprechung davon abhängig, dass diese bürgerlich-rechtlich wirksam abgeschlossen sind und sowohl die Gestaltung als auch die Durchführung des Vereinbarten dem zwischen Fremden Üblichen entspricht (vgl insbes BFH GrS BStBl 1990 II, 160, 164; BVerfG BStBl 1996, 34, 36; STEEGER DStR 1998, 1339, 1342 f; SONTHEIMER JuS 1999, 872, 876; vgl auch BVerfGE 69, 188, 205 ff). Das Erfordernis der **Meisterprüfung** für den selbständigen Betrieb eines Handwerks kann derjenige, der nicht über diese Qualifikation verfügt, dadurch umgehen, dass er mit einem in die Handwerksrolle eingetragenen Meister als Konzessionsträger eine Personengesellschaft gründet (vgl §§ 1 Abs 1 S 1; 7 Abs 1 S 1, Abs 4 S 2 HandwO). Das hat freilich zur Konsequenz, dass dieser als Gesellschafter auch persönlich haftet und nicht einwenden kann, seine Gesellschafterstellung sei nur zum Schein begründet worden (BAG NJW 1994, 2973, 2974; ähnl BGH WM 1965, 370, 371: Gründung einer KG zur Umgehung zwingender Tarifvorschriften des GüKG). Ernstlich gewollt sind auch Vertragsgestaltungen, durch die das vom Hersteller von Kraftfahrzeugen praktizierte **einstufige Vertriebssystem** (OLG Schleswig NJW 1988, 2247) oder das von einem Vertragshändler ausgesprochene **Reimportverbot** umgangen werden sollen (OLG Oldenburg DAR 1987, 120, 121), da es den Parteien gerade auf die Gültigkeit des Umgehungsgeschäfts ankommt. Eine andere Frage ist, ob die rechtsgeschäftlichen Verbote sinngemäß auch Umgehungsgeschäfte erfassen sollten. Dadurch werden aber nur Ansprüche gegen den Vertragspartner begründet, nicht gegen den Strohmann; dieser haftet gegenüber Dritten nur unter den Voraussetzungen des § 826 (vgl Rn 24).

b)   Strohmanngeschäft
Ein **Strohmann** soll im eigenen Namen, aber für Rechnung und im Interesse des im **17** Hintergrund bleibenden Geschäftsherrn Rechtsgeschäfte abschließen. Die Mittelsperson wird aus den von ihr abgeschlossenen Geschäften selbst unmittelbar berechtigt und verpflichtet, ist aber ihrem Auftraggeber gemäß §§ 675, 667 zur Herausgabe

verpflichtet (BGH NJW 1995, 727 f; LARENZ, AT § 20 I c = S 367; vgl auch soeben Rn 16). Strohmänner werden eingeschaltet, um Ziele zu verwirklichen, die der Hintermann selbst nicht verwirklichen will oder kann (STAUDINGER/SCHILKEN [2001] Vorbem 49 zu §§ 164 ff), zB um beim Erwerb eines Gegenstandes die Identität des wahren Geschäftspartners *geheim zu halten* (BGH NJW 1959, 332, 333; LARENZ, AT § 20 I c = S 367) oder um unerwünschte Rechtsfolgen *zu umgehen,* die an sich den Hintermann treffen würden (zum Umgehungsgeschäft oben Rn 15 f). Da *und sofern* diese Ziele nur verwirklicht werden können, wenn sowohl das Geschäft des Strohmanns als auch sein Auftrag zur Geschäftsbesorgung gültig sind, handelt es sich **in der Regel nicht um Scheingeschäfte** (RGZ 84, 304 f; BGHZ 21, 379, 381; NJW 1959, 332, 333; 1982, 569 f; 1995, 727; 2002, 2030, 2031; LM Nr 5; LARENZ aaO; MünchKomm/KRAMER Rn 12 f). Sofern eine natürliche Person als Strohmann für einen anderen ein eigenes Gewerbe anmeldet und betreibt, hat dies auch zur Folge, dass der Strohmann grundsätzlich nicht als **Verbraucher** im Sinne des § 13 anzusehen ist (BGH NJW 2002, 2030, 2031). Ohne Bedeutung ist, ob der Geschäftspartner die Strohmanneigenschaft der Mittelsperson kennt (BGH NJW 1980, 1572, 1573; 1982, 569, 570; WM 1980, 1085, 1086 – *„BKG-Fall";* 1985, 348 f; LM Nr 5; anders noch RGZ 69, 44, 47). Allerdings gibt es auch **Scheingeschäfte des Strohmanns** (BGHZ 21, 378, 382). Ein solches liegt zB vor, wenn der Strohmann nicht nur im Innenverhältnis von den haftungsrechtlichen Konsequenzen eines lediglich „papiermäßig" abgeschlossenen Darlehensvertrages freigestellt werden soll, sondern auch im Außenverhältnis. Insofern handelt es sich um ein Scheingeschäft, wenn zur **Umgehung der Bardepotpflicht** für Auslandskredite die Kreditabwicklung über Zwischenfirmen organisiert wird und alle Beteiligten darüber einig sind, dass diese nicht für die Rückzahlung des Darlehens aufkommen sollen (so im „BKG-Fall" BGH NJW 1980, 1573 f; 1982, 570; WM 1980, 1087; KRAMER JuS 1983, 423, 424). Entsprechendes gilt, wenn eine 20-jährige Schülerin nur ihren Namen hergeben soll, um die Vermittlungstätigkeit ihres schlecht beleumundeten Vaters, die er für eine Versicherung ausübt, dieser gegenüber zu verdecken (BAG NJW 1993, 2767).

18 Schwierigkeiten bereitete die Ermittlung des Rechtsbindungswillens bei der nach früherem Recht unzulässigen Gründung einer **Einmann-GmbH**. Die Errichtung einer GmbH kann nämlich nicht nur Bestandskraft erlangen, wenn ein gültiger Gesellschaftsvertrag vorliegt, sondern auch wenn eine Scheingründung erfolgt, da nach erfolgter Eintragung im Handelsregister nur noch bestimmte Nichtigkeitsgründe geltend gemacht werden können, nicht aber § 117 Abs 1 (vgl § 75 GmbHG und oben Rn 6). Sollen die vorgeschobenen Strohmänner nicht Gesellschafter werden, insbesondere keine Stammeinlagen übernehmen, liegt ein Scheingeschäft vor, wenn die Beteiligten glauben, „die Eintragung der ‚Gesellschaft' schon durch eine nicht ernstlich gemeinte Gründung herbeiführen zu können" (BGHZ 21, 378, 381). Wenn die Beteiligten für die Verwirklichung ihrer Ziele einen Scheinvertrag für genügend erachten, liegt in der Tat ein Fall des § 117 Abs 1 vor (vgl auch OGHZ 4, 105, 107; LARENZ, AT § 20 I c = S 367 f; MünchKomm/KRAMER Rn 11; O KUHN 138; dazu unten Rn 20). Im Einzelfall kann die Feststellung eines Rechtsbindungswillens aber schwierig werden, so dass häufig die Beweislast den Ausschlag geben wird (vgl dazu O KUHN 138 f sowie unten Rn 28). Inzwischen hat die Problematik an Bedeutung verloren, seit § 1 GmbHG nF die Gründung einer Einmann-GmbH ausdrücklich erlaubt (zur Problematik der Einmann-Vorgesellschaft im Gründungsstadium HÜFFER ZHR 145 [1981] 521 ff; FLUME ZHR 146 [1982] 205 ff).

Sofern das Strohmanngeschäft zugleich ein **Umgehungsgeschäft** darstellt (dazu einge- 19
hend, aber nur in besonderen Fällen wie zB Steuerhinterziehung bejahend O KUHN 157 ff), gelten
auch dessen Regeln (oben Rn 15 f). Strohmanngeschäfte können daher auch gemäß
§§ 134, 138 nichtig sein. Im Übrigen haftet der Strohmann aus den abgeschlossenen
Geschäften persönlich. **Gegen den Hintermann** können die Gläubiger des Strohmanns nur **vorgehen**, wenn sie den Schuldbefreiungsanspruch des Strohmanns pfänden und sich überweisen lassen (STAUDINGER/DILCHER[12] Rn 31). Zu den sachenrechtlichen und vollstreckungsrechtlichen Konsequenzen der Strohmanngeschäfte vgl
näher STAUDINGER/SCHILKEN (2001) Vorbem 50 zu §§ 164 ff mwN.

c) **Treuhand**
Durch das Treuhandgeschäft wird dem Treuhänder eine Rechtsposition übertragen, 20
die dieser nicht im eigenen, sondern im Interesse des Treugebers ausüben soll (vgl
COING, Die Treuhand kraft privaten Rechtsgeschäfts [1973] 85; HENSSLER AcP 196 [1996] 37, 41 f;
STAUDINGER/SCHILKEN [2001] Vorbem 48 zu §§ 164 ff). Kennzeichnend für die so umschriebene **fiduziarische Vollrechtstreuhand** (zur Abgrenzung von der bloßen Ermächtigungs- und
Vollmachtstreuhand vgl GERNHUBER JuS 1988, 355; HENSSLER 42) ist die schuldrechtliche
Bindung des Treuhänders durch die Treuhandabrede, die sein Können im Außenverhältnis an die Interessen des Treugebers im Innenverhältnis bindet (RGZ 153, 366,
368; BGH LM Nr 206 zu § 13 GVG unter II 2 b der Gründe; COING 91 ff; BÜLOW, Der Treuhandvertrag [2. Aufl 1993] 2; GERNHUBER JuS 1988, 355, 357; ausf GRUNDMANN, Der Treuhandvertrag
[1997] 169 ff, der die Treubindung mit der dem Treuhänder unentgeltlich eingeräumten Einwirkungsmacht rechtfertigt). Von größter praktischer Bedeutung ist die Treuhand im
Kreditsicherungsrecht in Gestalt der Sicherungsübereignung und Sicherungszession
(vgl dazu STAUDINGER/WIEGAND [1995] Anh zu §§ 929–931 Rn 51 ff; MünchKomm/ROTH § 398
Rn 95 ff). Die Treuhandkonstruktion setzt voraus, dass die Übertragung der dinglichen Rechtsposition **ernstlich gewollt** ist. Nur so kann der Treuhänder erreichen,
dass er gegenüber dem Zugriff durch andere Gläubiger des Sicherungsgebers geschützt ist (MEDICUS, AT Rn 601; zu den Grenzen des Schutzes in Zwangsvollstreckung und
Insolvenz STAUDINGER/WIEGAND [1995] Anh zu §§ 929–931 Rn 249 ff; zur veränderten Rechtslage
nach der seit 1.1. 1999 geltenden InsO vgl EICKMANN, in: Heidelberger Kommentar zur InsO § 47
Rn 7 u 14 f; zur Rechtslage im Steuerrecht vgl BÜLOW 7 ff). Entsprechendes gilt, wenn von
der Treuhand im Sinne ihrer Verbergungs- und Umgehungsfunktion Gebrauch gemacht wird (RGZ 153, 366, 368; HENSSLER AcP 196 [1996] 45; zu solchen Strohmanngeschäften
vgl Rn 17). Es handelt sich daher **grundsätzlich nicht** um ein **Scheingeschäft** (grdl
REGELSBERGER AcP 63 [1880] 157, 170 ff; COING 30 ff). Im Einzelfall können die Parteien
freilich auch andere Absichten verfolgt haben. So ist die Übertragung eines Gesellschaftsanteils an einen Mitgesellschafter, durch die ein Gläubiger vom Zugriff auf
das eigene Vermögen abgehalten werden sollten, durchaus Scheingeschäft, wenn die
Vertragspartner davon ausgegangen sind, der Gläubiger ließe sich durch die bloße
Vorlage der Urkunde über einen nur dem Schein nach geschlossenen Vertrag abschrecken (OGHZ 4, 105, 107; LARENZ, AT § 20 I c = S 367; MünchKomm/KRAMER Rn 11; im
gleichen Sinne BGHZ 21, 378, 382 [dazu oben Rn 10]; OLG Hamburg NJW-RR 1992, 1496; anders
noch RGZ 69, 44, 46 f). Treuhandgeschäfte, die zugleich **Umgehungsgeschäfte** darstellen, können ferner gem §§ 134, 138 nichtig sein (dazu oben Rn 15). Der früher gegen
die **Sicherungsübereignung** durch Vereinbarung eines Besitzkonstituts erhobene Einwand der Gesetzesumgehung (skeptisch noch LARENZ, Methodenlehre der Rechtswissenschaft [6. Aufl 1991] 414 f) war allerdings nicht berechtigt und ist spätestens durch

gewohnheitsrechtliche Anerkennung des Instituts obsolet geworden (vgl eingehend STAUDINGER/WIEGAND [1995] Anh zu §§ 929–931 Rn 52–55).

IV. Rechtsfolgen

21 Die Nichtigkeit des Scheingeschäfts kann nicht nur von den Parteien untereinander geltend gemacht werden, sondern wirkt absolut gegenüber jedermann. Falls der Schuldner Vermögensgegenstände zum Schein einem anderen überträgt, kann auch der Gläubiger *als Dritter* die Nichtigkeit des Scheingeschäfts geltend machen und im Rahmen der Zwangsvollstreckung auf die Gegenstände zugreifen (LARENZ § 20 I c = S 368; MünchKomm/KRAMER Rn 16). In diesem Fall wirkt sich also die Nichtigkeit zugunsten des Dritten aus (vgl auch Rn 8 u 22). Sofern Dritte auf die Gültigkeit des Scheingeschäfts vertrauen, ist diesen aber zumeist mit der Nichtigkeit nicht gedient. Ihnen kommen deshalb die allgemeinen Vorschriften über den **Verkehrs- und Vertrauensschutz** zugute, die in weitem Umfang den guten Glauben auf die Gültigkeit eines Scheingeschäfts schützen (so explizit Mot I 193; daran anknüpfend RGZ 90, 273, 278; ERMAN/PALM Rn 9; SOERGEL/HEFERMEHL Rn 16): Beruht der Rechtserwerb des Veräußerers einer Sache oder eines dinglichen Rechts seinerseits auf einem Scheingeschäft, schützen den Dritten die §§ 932 ff und 892 f, bei einer Scheinverpfändung oder einem Scheinnießbrauch die §§ 1207, 1032. Auf eine Scheinvollmacht darf man gem §§ 171f vertrauen. Der gutgläubige Schuldner kann gem § 409 an den Scheinzessionar mit befreiender Wirkung leisten, wenn ihm die Abtretung angezeigt wurde. Gleichen Schutz bietet § 576 zugunsten des Mieters, dem die Eigentumsübertragung angezeigt worden ist. Schließlich ermöglicht § 405 den gutgläubigen Erwerb einer scheinbaren, urkundlich verbrieften Forderung, wenn diese unter Vorlage der Urkunde abgetreten wird. Entsprechendes gilt gem § 413 für andere verbriefte Rechte.

22 Für einen weitergehenden, allgemeinen Vertrauensschutz bestand nach Ansicht des Gesetzgebers kein Bedürfnis (vgl Mot I 193; Prot I 204; zust ENNECCERUS/NIPPERDEY § 165 II 4 = S 1027; SOERGEL/HEFERMEHL Rn 15; ERMAN/PALM Rn 8; LARENZ, AT § 20 I c = S 368; STAUDINGER/DILCHER[12] Rn 17). Im weiteren Verlauf der Rechtsentwicklung ist aber deutlich geworden, dass der in den genannten Einzelvorschriften ausgeformte Vertrauensschutz nicht ausreicht (vgl schon BAER 37 f). Allgemein anerkannt ist denn auch die schon vom Reichsgericht vollzogene **Erweiterung des Vertrauensschutzes**, wenn ein Vertreter mit dem Geschäftspartner kolludiert und den Scheincharakter des Geschäfts dem Vertretenen gegenüber verheimlicht (RG Gruchot 52, 933, 936; RGZ 134, 33, 37; dazu oben Rn 8). Ihre dogmatische Rechtfertigung findet dieser erweiterte Vertrauensschutz in einer Verallgemeinerung des in § 116 S 1 zum Ausdruck kommenden Rechtsgedankens, wonach zu seinem Wort stehen muss, wer bewusst den Rechtsverkehr täuscht (vgl CANARIS, Vertrauenshaftung 28 ff u 280 f; SINGER, Selbstbestimmung 115 u 204). Dieser Gedanke trifft nun aber – über den Tatbestand der Kollusion hinausgehend – den typischen Fall des Scheingeschäfts, da es nur selten vorkommen wird, dass der an einem Scheingeschäft Beteiligte nicht mit der Täuschung Dritter rechnet (vgl CANARIS, Vertrauenshaftung 282 f; SOERGEL/HEFERMEHL Rn 15). Auch der in den §§ 171 f, 405 und 409 verankerten Einstandspflicht bei der Zession einer Scheinforderung sowie der Scheinzession und Scheinvollmacht lässt sich ein verallgemeinerungsfähiges Rechtsprinzip entnehmen. In der Aushändigung einer Urkunde über ein Scheingeschäft sowie in dessen Anzeige oder Mitteilung liegt eine bewusste

Kundgabe des Rechtscheins, die auch in anderen vergleichbaren Fällen eine Haftung des Verantwortlichen rechtfertigt. Ausdrücklich anknüpfend an die §§ 171 f, 405 und 409 hat das RG den guten Glauben eines Scheinzessionars auf den Erwerb einer Hypothekenforderung geschützt, obwohl es nicht wie im Fall des § 405 um die Zession einer beurkundeten Scheinforderung ging, sondern um eine beurkundete Scheinzession zwischen dem Erst- und Zweitzedenten (vgl RGZ 90, 273, 279; zust KIEHL Gruchot 63, 558, 574; BAECK 148; CANARIS, Vertrauenshaftung 93 f; MEDICUS, AT Rn 599; MünchKomm/KRAMER Rn 18; noch weitergehend RGZ 20, 336, 340; FLUME § 20, 2 c = S 411 f [dagegen wiederum mit Recht CANARIS, Vertrauenshaftung 89 f; LARENZ, AT § 20 Ic Fn 20]). Die analoge Anwendung der §§ 171 f, 405, 409 einerseits, des § 116 S 1 andererseits führt im Ergebnis zu einem nahezu umfassenden Vertrauensschutz für Dritte, der sich zwar von den (bloßen) *Vorstellungen des Gesetzgebers* entfernt, dafür aber die Autorität des *Gesetzes* und des in ihm enthaltenen Systems besitzt (allg zum Vorrang des Normzwecks vor den Vorstellungen des Normgebers CANARIS, in: FS Medicus [1999] 25, 50 ff).

Vertrauensschutz und Rechtscheinhaftung können dem getäuschten Dritten nach 23 allgemeinen Grundsätzen (vgl insbes CANARIS, Vertrauenshaftung 518 ff) **nicht aufgedrängt** werden. Das bedeutet, dass dieser ohne Einschränkung die Nichtigkeit des Scheingeschäfts geltend machen kann (vgl die Bsp oben Rn 8 u 21). Notar oder Fiskus müssen also bei nachträglichem Bekanntwerden einer Schwarzbeurkundung nicht etwa den simulierten niedrigen Preis als Berechnungsgrundlage ihrer Ansprüche akzeptieren, sondern können die wirklich gewollte Kaufsumme zugrunde legen (dazu auch MEDICUS, AT Rn 598). Will ein Dritter die Nichtigkeit des Scheingeschäfts im Wege der Feststellungsklage gem § 256 ZPO geltend machen, muss er nach allgemeinen Grundsätzen ein eigenes rechtliches Interesse besitzen (vgl BAECK 134 f in Auseinandersetzung mit KALLIMOPOULOS 117 ff).

Neben der Vertrauens- und Rechtsscheinhaftung der an einem Scheingeschäft Be- 24 teiligten kommt auch eine **deliktische Haftung** gem §§ 823 II, 826 in Betracht (ERMAN/PALM Rn 8; JAUERNIG Rn 4; SOERGEL/HEFERMEHL Rn 15; BAER 28 ff). Wer sich zB in Kenntnis einer Treuhandabrede am Vertragsbruch des Treuhänders beteiligt, haftet für Schäden des Treugebers gem § 826 (BGH NJW-RR 1993, 367, 368). Vereitelt oder erschwert die Scheinzession einer Hypothek an die Ehefrau die Durchsetzung der schuldrechtlichen Verpflichtung, einer Baugeldhypothek des Eigentümers den Vorrang zu verschaffen, kann der Gläubiger gem § 826 Bewilligung des Vorrangs von der Scheinzessionarin verlangen (RGZ 95, 160, 163).

V. Das verdeckte Geschäft gem § 117 Abs 2

1. Wirksamkeitshindernisse gem §§ 134, 138

Die Gültigkeit des dissimulierten Rechtsgeschäfts gem § 117 Abs 2 trägt dem Par- 25 teiwillen Rechnung (oben Rn 1). Voraussetzung ist, dass auch die Wirksamkeitsvoraussetzungen dieses Rechtsgeschäfts, zB Form- oder Genehmigungserfordernisse, erfüllt sind. Seine Wirksamkeit wird nicht allein dadurch beeinträchtigt, dass es sich um ein verdecktes Rechtsgeschäft handelt (BGH NJW 1983, 1843, 1844; ERMAN/PALM Rn 17; PALANDT/HEINRICHS Rn 8). Allerdings kann das verdeckte Rechtsgeschäft nach den für Umgehungsgeschäfte geltenden Regeln gem §§ 134, 138 nichtig sein (eingehend STAUDINGER/SACK [2003] § 134 Rn 145 ff mN). So verstößt zB eine den Wert der verkauften Einrichtungsgegenstände weit übersteigende Ablösevereinbarung zwischen Vor- und Nachmieter, die einen Maklervertrag verdecken soll, jedenfalls dann gegen § 138 Abs 1, wenn der Vormieter ein Vielfaches der üblichen Courtage verlangt und dabei die Zwangslage des Wohnungssuchenden ausnutzt (LG Frankfurt aM NJW-RR 1992, 715 f; zu weitgehend LG Hamburg NJW-RR 1991, 1161 f). Sofern die Parteien durch die Simulation eine **Steuerhinterziehung** beabsichtigen, verstößt der Vertrag, der diese erst vorbereitet, noch nicht gegen ein gesetzliches Verbot (BGHZ 14, 25, 30 f; BGH NJW 1983, 1843, 1844; NJW-RR 1989, 1089, 1100; Canaris, Gesetzliches Verbot und Rechtsgeschäft [1983] 48).

2. Schwarzbeurkundung

26 Hauptanwendungsfall des § 117 Abs 2 ist die **Schwarzbeurkundung beim Grundstückskauf** (Rn 14). Die beurkundete Vereinbarung zu dem niedrigeren Preis ist nichtig, weil sie von den Parteien nur zum Schein getroffen worden ist (§ 117 Abs 1). Der tatsächlich gewollte Vertrag über den höheren Grundstückspreis ist hingegen nicht formgerecht beurkundet und daher gem §§ 311b Abs 1 S 1, 125 S 1 nichtig. Der Grundsatz *falsa demonstratio non nocet* (vgl dazu § 133 Rn 13 ff) hilft den Kaufvertragsparteien hier nicht, weil diese nur bei versehentlicher, nicht aber bei bewusster Falschbeurkundung schutzwürdig sind (BGHZ 74, 116, 119; 89, 41, 43; Larenz, AT § 20 I c = S 369; zweifelnd Kramer JuS 1983, 423, 426). Allerdings kann der Formmangel gem § 311b Abs 1 S 2 geheilt werden, wenn Auflassung und Eintragung des Erwerbers in das Grundbuch erfolgen (BGH NJW-RR 1991, 613, 615; vgl auch BGH NJW 1983, 1843, 1844 zu § 15 Abs 4 S 2 GmbHG). Zuvor hat der Erwerber noch keine sichere Erwerbsaussicht. Auch eine Vormerkung des Auflassungsanspruchs nützt ihm nichts, da der gesicherte Anspruch nicht rückwirkend, sondern erst mit **Heilung ex nunc** wirksam wird (BGHZ 54, 56, 63 f; BGH NJW 1983, 1543, 1545; OLG Hamm NJW 1986, 136; Staudinger/Wufka [2001] § 313 Rn 302; Staudinger/Gursky [2002] § 883 Rn 45 mwN). Solange der Erwerber nicht im Grundbuch eingetragen ist, kann die Auflassung gem § 812 Abs 1 S 1 Fall 1 kondiziert werden. Diesen Anspruch kann der Veräußerer seinerseits durch ein Erwerbsverbot sichern, so dass die Eintragung des Erwerbers und damit die Heilung des formnichtigen Kaufvertrages verhindert werden kann (vgl RGZ 117, 287, 290 ff; Staudinger/Wufka [2001] § 313 Rn 288).

3. Scheingeschäfte und staatliches Teilungsunrecht

27 Etwas anders gelagert sind die **zum Schein vereinbarten Grundstücksschenkungen oder -veräußerungen**, durch deren Vornahme ausreisewillige DDR-Bürger einer drohenden Zwangsveräußerung zuvorkommen wollten (vgl dazu BGHZ 122, 204; 124, 321; BGH LM Nr 1 zu § 63 DDR-ZGB; Nr 1 zu § 66 DDR-ZGB m Anm M Weber; Nr 206 zu § 13 GVG; DtZ 1996, 112; OLG Naumburg OLG-NL 1994, 1; BezG Potsdam OLG-NL 1994, 2 m Anm P Bydlinski). Durch die Scheingeschäfte sollten entweder Veräußerungsverträge oder die treuhänderische Übertragung von Vermögenswerten verdeckt werden. Obwohl das **Zivilrecht der DDR** keine dem § 117 BGB vergleichbare Regelung enthielt, wurden zum Schein abgegebene Willenserklärungen ebenfalls als unwirksam angesehen (Kollektivlehrbuch zum Zivilrecht [1981] Teil 1, 206; BGH LM Nr 1 zu § 66 ZGB [DDR] unter II 1 a der Gründe; OLG Naumburg OLG-NL 1994, 1, 2). Die verdeckten Treuhandgeschäfte oder Kaufverträge waren wegen Nichteinhaltung der in § 297 Abs 1 S 2 ZGB (DDR) vorgeschriebenen Beurkundungsform gem § 66 Abs 2 ZGB (DDR) ebenfalls nichtig. Im Unterschied zu § 313 S 2 BGB gab es nach dem Zivilrecht der DDR jedoch keine Heilung, so dass eigentlich Nichtigkeit der Scheingeschäfte angenommen werden müsste (BGH LM Nr 1 zu § 66 ZGB [DDR]; BGHZ 122, 204, 206; 124, 321, 324). Eine zivilrechtliche Rückabwicklung kommt dennoch in der Regel nicht in Betracht, weil der Mangel der Beurkundung in untrennbarem Zusammenhang mit dem **staatlichen Teilungsunrecht** steht und dessen Wiedergutmachung ausschließlich nach dem VermG, das insoweit abschließende Wirkung hat (grdl BGHZ 118, 34, 38 f), erfolgen soll (BGHZ 122, 204, 207 ff; BGH NJW 1993, 2530; ausf FREUDENBERG, Die Entwicklung des rechtsgeschäftlichen Eigentumserwerbs in der DDR [1997] 168 ff mwN). Bestandsschutz gewährt der BGH auch bei Grundstückskaufverträgen, die zur Umgehung der staatlichen Preislenkung mit vorgetäuschtem Kaufpreis abgeschlossen wurden, begründet jedoch die Aufrechterhaltung des Vertrags zum wirklich gewollten und nicht – wie § 305 Abs 3 ZGB (DDR) vorsah – zum beurkundeten Preis mit dem „Zweck des Gesetzes, jedenfalls aber mit Treu und Glauben" (BGH WM 1999, 1720, 1721). Im Gegensatz dazu ließ der BGH bei der **verdeckten Treuhand** die zivilrechtliche Geltendmachung des Mangels zu, obwohl es auch hier um Teilungsunrecht ging (LM Nr 1 zu § 66 ZGB [DDR] m krit Anm M WEBER). Die inzwischen gefestigte Rechtsprechung (vgl BGH LM Nr 206 zu § 13 GVG; DtZ 1996, 112, 113; **aA** aber BVerwG ZIP 1995, 415, 418 f) ist vom Ergebnis her nachzuvollziehen, da die treuhänderische Rechtsposition ihrem Wesen nach nur eine vorläufige sein soll und der Treuhänder auch nach den Wertungen des VermG keinen Vertrauens- und Bestandsschutz in Anspruch nehmen könnte. Für den Treugeber wäre es daher nur schwer nachzuvollziehen, wenn die zivilrechtliche Rückabwicklung am Vorrang des VermG scheitern würde.

VI. Darlegungs- und Beweislast

Darlegungs- und Beweislast für den Scheincharakter einer Vereinbarung treffen **28** den, der sich auf die Nichtigkeit des Rechtsgeschäfts beruft (BGH NJW 1982, 1572, 1573; 1988, 2597, 2599; 1991, 1617, 1618; 1999, 3481 f; WM 1978, 785, 786; BAG NJW 1996, 1299, 1300; NZA 2003, 854, 856; LAG Köln DB 1985, 1647). Bei einem **non liquet** ist folglich von der Gültigkeit des Rechtsgeschäfts auszugehen. Wer sich auf rechtsgeschäftliche Erklärungen beruft, braucht nicht etwa ihre Ernstlichkeit nachzuweisen (BGH NJW 1988, 2597, 2599). Beruht der vom Gläubiger als Schadensersatz geltend gemachte entgangene Gewinn auf einem nicht zur Ausführung gekommenen Kaufvertrag mit einem Dritten, ist es Sache des Schuldners, die fehlende Ernstlichkeit des Rechtsgeschäfts darzulegen und zu beweisen (BGH NJW 1999, 3481 f). Umgekehrt muss derjenige, der aus dem *verdeckten* Rechtsgeschäft Rechte ableitet, den erforderlichen Rechtsbindungswillen darlegen und ggf beweisen (PALANDT/HEINRICHS Rn 9). Der Beweis des Scheingeschäfts kann – allgemeinen Regeln entsprechend – durch **Indizien** geführt werden, wobei auch aus **nachträglichem Verhalten** der Parteien Rückschlüsse gezogen werden können (BGH WM 1978, 785, 786; NJW-RR 1997, 238). So spricht zB gegen ein Scheingeschäft, wenn ein Rechtsanwalt seiner Inanspruchnahme aus einem angeblichen Scheingeschäft nicht unverzüglich widerspricht (BGH NJW-RR 1997, 238; vgl auch LG Mannheim ZMR 1993, 117 f). Hat ein Vertreter der Darlehensgläubigerin, die auf Rückzahlung klagt, ein Jahr nach Abschluss des Darlehensvertrages bestätigt, die Unterschriften seien nur der Form halber zu leisten gewesen, so spricht dies für die Anwendung von § 117 (BGH NJW 1993, 2435, 2436). Kein ausreichendes Indiz für ein Scheingeschäft ist aber der Umstand, dass der Nießbraucher dem Eigentümer vorläufig die Grundstücksverwaltung und Einziehung der Mietzinsen überlässt (RG Recht 1918 Nr 962). Es existiert auch kein allgemeiner Erfahrungssatz des Inhalts, dass die Übertragung von Vermögensgegenständen zur Vereitelung von Gläubigerzugriffen stets nur scheinbar (oder treuhänderisch) erfolgt (BGH WM 1962, 1372), oder dass der Abschluss eines Arbeitsvertrages mit einem bisher als freier Mitarbeiter tätigen Berater im insolvenznahen Zeitpunkt lediglich zum Schein erfolgt (BAG NZA 2003, 854, 856). Im Rahmen der Gesamtbeurteilung der Beweismittel sind diese Verdachtsmomente allerdings zu würdigen.

§ 118
Mangel an Ernstlichkeit

Eine nicht ernstlich gemeinte Willenserklärung, die in der Erwartung abgegeben wird, der Mangel der Ernstlichkeit werde nicht verkannt werden, ist nichtig.

Materialien: E I § 97 Abs 1, 2 und 4; II § 93; III § 114; Mot I 193; Prot I 98; STAUDINGER/BGB-Synopse 1896–2000 § 118.

Schrifttum

BAILAS, Das Problem der Vertragsschließung und der vertragsbegründende Akt (1962)
BROX, Die Einschränkung der Irrtumsanfechtung (1960)
BYDLINSKI, Erklärungsbewusstsein und Rechtsgeschäft, JZ 1975, 1
CANARIS, Die Vertrauenshaftung im deutschen Privatrecht (1971)
DANZ, Die Auslegung der Willenserklärungen (1906)
ders, Zur Willens- und Erklärungstheorie des Bürgerlichen Gesetzbuchs, DJZ 1906, 1280
FROTZ, Verkehrsschutz im Vertretungsrecht (1972)

JACOBI, Die Theorie der Willenserklärungen (1910)
OERTMANN, Scheingeschäft und Kollusion, Recht 1923 Sp 74
SINGER, Selbstbestimmung und Verkehrsschutz im Recht der Willenserklärungen (1995)
ders, Wann ist widersprüchliches Verhalten verboten?, NZA 1998, 1309
TSCHERWINKA, Die Schmerzerklärung gem § 118 BGB, NJW 1995, 308
WEILER, Wider die Schmerzerklärung, NJW 1995, 2608.

Systematische Übersicht

I. **Tatbestand**	III. **Anwendungsbereich** ... 6
1. Nichternstlich gemeinte Erklärungen ... 1	IV. **Abgrenzungen** ... 7
2. Subjektive Voraussetzungen ... 2	V. **Beweislast** ... 9
II. **§ 118 als Sonderfall fehlenden Erklärungsbewusstseins** ... 5	

I. Tatbestand

1. Nicht ernstlich gemeinte Erklärungen

§ 118 unterscheidet sich von § 116 dadurch, dass der Erklärende nicht täuschen will, sondern – irrtümlich – davon ausgeht, sein fehlender Geschäftswille würde vom Empfänger erkannt. Gemäß § 118 sind solche Erklärungen nichtig, doch muss der Erklärende einen etwaigen Vertrauensschaden des Erklärungsempfängers ersetzen (§ 122). Nach den Vorstellungen der Gesetzesverfasser handelt es sich um „**scherzweise Erklärungen**", um solche, die „als höfliche Redensart, als Lehrbeispiel usw" gebraucht werden, schließlich um den Fall des **misslungenen Scheingeschäfts**, bei dem nur eine Partei Simulationsabsichten hat, die andere wider Erwarten das Rechtsgeschäft ernst nimmt (BGH NJW 2000, 3127, 3128 m Anm SINGER LM Nr 20 zu § 117; Mot I 194 f; dazu unten Rn 7 u § 117 Rn 2 u 9). Die Beispiele sind zu ergänzen um ironische Übertreibungen (vgl zB OLG Rostock OLGE 40, 273), Erklärungen aus Prahlerei oder zum Zwecke reißerischer Reklame (LARENZ, AT § 20 I b = S 365; ERMAN/PALM Rn 2). Auch Erklärungen aus Wut, Enttäuschung oder Verzweiflung – „**Schmerzerklärungen**" – können unter § 118 fallen, wenn diese nicht ernst gemeint sind, sondern in erster Linie Aufmerksamkeit erregen sollen (TSCHERWINKA NJW 1995, 308 f; PALANDT/HEINRICHS Rn 2; krit MEDICUS, AT Rn 596; WEILER NJW 1995, 2608). So sind die Kündigung eines Mietvertrages aus Verzweiflung über das Verhalten des Vermieters, der zugleich Nachbar und Verwandter ist (vgl den von TSCHERWINKA mitgeteilten Fall NJW 1995, 308; s a AG Bonn WuM 1992, 611), oder die Eigenkündigung eines Arbeitsvertrages durch den Arbeitnehmer als Reaktion auf Kollegen-Mobbing (vgl den Fall BAG NZA 1998, 420 m Bspr SINGER NZA 1998, 1309, 1313) häufig nicht ernsthaft gewollt, sondern womöglich nur als – moralische – Appelle zur Besinnung und Umkehr gedacht. Wer solche Absichten plausibel darstellen kann (zur Beweislast Rn 9), darf nicht beim Wort genommen werden. Unter § 118 fällt jede Erklärung, die nach dem Willen des Erklärenden nicht gelten soll, sofern dieser nur glaubt, auch der Empfänger erkenne dies (FLUME § 20, 3 = S 413).

2. Subjektive Voraussetzungen

Falls der **Empfänger die fehlende Ernstlichkeit tatsächlich erkennt oder erkennen musste**, ergibt sich schon aus allgemeinen Auslegungsgrundsätzen, dass es am Tatbestand einer Willenserklärung mangelt (LARENZ, AT § 20 I b = S 365; MEDICUS, AT Rn 596; SOERGEL/HEFERMEHL Rn 1). Dies gilt insbesondere für Erklärungen zu theatralischen oder didaktischen Zwecken, reklamehafte Übertreibungen, Gefälligkeitsvereinbarungen oder Abreden im gesellschaftlichen Bereich (aA PAWLOWSKI, AT Rn 476 b), während gelungene Scherze und ironisch gemeinte Erklärungen gerade darauf angelegt sind, nicht leicht durchschaut zu werden. Im Übrigen tritt die Rechtsfolge der Nichtigkeit gem § 118 gerade dann ein, wenn der Empfänger den Scherz nicht erkannt hat und auch nicht erkennen konnte (LARENZ, AT § 20 I b = S 365). Dieser trägt also das Risiko eines Missverständnisses, jedenfalls in Bezug auf die Ungültigkeit als Willenserklärung, und muss sich im Übrigen, wenn er den Scherz nicht erkennen konnte (§ 122 Abs 2), mit dem Ersatz des Vertrauensschadens begnügen (§ 122 Abs 1).

§ 118 ist auch nicht dahingehend einzuschränken, dass die **Erwartung des Erklären-**

den, die mangelnde Ernstlichkeit werde erkannt, für den Empfänger **erkennbar zum Ausdruck kommen** muss (BGH NJW 2000, 3127, 3128 m Anm Singer LM Nr 20 zu § 117; **aA** Danz DJZ 1906, 1279, 1280 f; ders, Die Auslegung der Willenserklärungen [2. Aufl 1906] 15 f; Jacobi, Die Theorie der Willenserklärungen [1910] 55 ff; Bailas, Das Problem der Vertragsschließung und der vertragsbegründende Akt [1962] 60 f; Pawlowski, AT Rn 476 a). Abgesehen davon, dass dem Text des § 118 kein Anhaltspunkt für eine solche einschränkende Auslegung zu entnehmen ist, widerspräche eine solche Restriktion auch der Regelung des § 122 Abs 2. Da gem § 122 Abs 2 der Anspruch auf Ersatz des Vertrauensschadens ausgeschlossen ist, wenn der Empfänger den Grund der Nichtigkeit kennen musste, hätte § 118 zur Voraussetzung, was gem § 122 Abs 2 zum Verlust des Schadensersatzes führen würde. Im Falle des § 118 wäre also stets der Anspruch auf Schadensersatz ausgeschlossen. Das kann schon deshalb nicht richtig sein, weil § 122 ausdrücklich von seiner Anwendbarkeit im Falle des § 118 ausgeht (vgl Frotz, Verkehrsschutz 116 f Fn 277; Canaris, Vertrauenshaftung 550 Fn 53; F Bydlinski JZ 1975, 3; MünchKomm/Kramer Rn 4). Nicht gesetzeskonform ist auch der Ansatz von Staudinger/J Schmidt ([1995] § 242 Rn 364), der wenigstens eine „objektive Grundlage in den Erklärungsumständen" verlangt. Seine Befürchtung, andernfalls würde die Grenzziehung zu § 116 S 1 verwischt, ist zwar berechtigt, aber keine Frage der tatbestandlichen Abgrenzung, sondern der Plausibilität und Überzeugungskraft eines vorgebrachten Willensvorbehalts, die nicht materiell-rechtlich, sondern nur auf der prozessualen Ebene der Darlegungs- und Beweislast gelöst werden muss (zutr MünchKomm/Kramer Rn 6; ähnl Erman/Palm Rn 2; vgl dazu auch unten Rn 5).

4 Ebenfalls keine Rolle spielt, ob die irrige Annahme des Erklärenden, die Nichternstlichkeit der Erklärung werde erkannt, vermeidbar war (Soergel/Hefermehl Rn 7). Sogar bei **grober Fahrlässigkeit** kann sich der Scherzende auf § 118 berufen (Canaris, Vertrauenshaftung 550). Der erste Entwurf hatte noch in § 97 Abs 2 bestimmt, dass die irrige Erwartung bei grober Fahrlässigkeit keinen Schutz verdiene und daher eine gültige Willenserklärung vorliege (vgl auch Mot I 194). Von der zweiten Kommission wurde diese systemwidrige „Anomalie" aber zu Recht wieder beseitigt (Prot I, 206; zum Ganzen Flume § 20, 3 = S 413; MünchKomm/Kramer Rn 5).

II. § 118 als Sonderfall fehlenden Erklärungsbewusstseins

5 Da der Erklärende irrtümlich davon ausgeht, der falsche Schein einer Willenserklärung würde erkannt, fehlt ihm in den Fällen des § 118 das sog **Erklärungsbewusstsein** (Larenz, AT § 19 III = S 356; Canaris, Vertrauenshaftung 428 Fn 16, 549). Da ferner der Erklärende nicht an dem Anschein einer ernstlichen Willenserklärung festgehalten wird und bloß auf das negative Interesse haftet (§ 122), hat man zum Teil in § 118 das gesetzliche Leitbild für die rechtliche Behandlung des fehlenden Erklärungsbewusstseins (dazu ausf Vorbem 30 ff zu §§ 116 ff) gesehen. Wenn schon bei einer bewusst abgegebenen Scherzerklärung ipso iure Nichtigkeit eintrete, dann erst recht bei den übrigen Fällen fehlenden Erklärungsbewusstseins, wo die Zurechnungsvoraussetzungen schwächer sind (Canaris, Vertrauenshaftung 550). Der Einwand, § 118 betreffe einen Sonderfall, bei dem das Wahlrecht des § 119 nicht sachgerecht sei (Flume § 20, 3 = S 415; zust Medicus, AT Rn 607; F Bydlinski JZ 1975, 1, 3; MünchKomm/Kramer Rn 9), überzeugt freilich nicht (vgl Canaris NJW 1984, 2281; Singer, Selbstbestimmung 178 ff). Es geht nicht um das Wahlrecht des Irrenden. Wer das Erklärte gelten lassen will, was bei fehlendem Erklärungsbewusstsein reichlich Phantasie voraussetzt (Schack, AT

Rn 206, hält dies für „lebensfremd"), braucht nur den Mangel im Erklärungsbewusstsein nicht aufdecken. Entscheidend ist vielmehr die Frage, ob eine Bindung an das Erklärte gerechtfertigt ist, und das ist eine Frage der Zurechnung. Diese bereitet nun aber auch aus Sicht der hM bei fehlendem Erklärungsbewusstsein erhebliche Schwierigkeiten, da sie auf das systemwidrige Verschuldensprinzip zurückgreifen muss (vgl Vorbem 35 f zu §§ 116 ff). Damit kann zwar der Tatbestand der culpa in contrahendo begründet werden, nicht aber die Bindung an das Erklärte. Die Regelung des § 118 zeigt, dass allein der Vertrauensschutz des Erklärungsempfängers noch keine Bindung an den Anschein einer rechtsgeschäftlichen Erklärung rechtfertigt. Vielmehr löst das Gesetz den Interessenkonflikt zwischen Erklärendem und Erklärungsempfänger dahingehend, dass zwar einerseits an dem Risikoprinzip als Zurechnungsmaßstab festgehalten (§ 122), andererseits aber die Einstandspflicht auf das negative Interesse reduziert wird (§§ 118, 122). Diese Kompromisslösung ist keineswegs systemwidrig (so aber PALANDT/HEINRICHS Rn 2; aA SONNENBERGER, Verkehrssitten 144) oder ein bloßes Relikt des dem Willensdogma verpflichteten ersten Entwurfs zum BGB (so BROX, Irrtumsanfechtung 53; auch MünchKomm/KRAMER Rn 1, der die Regelung nur aus der Perspektive des Erklärenden für plausibel hält), sondern vermeidet im Gegenteil eine **Verabsolutierung des Vertrauensprinzips**, die dem geltenden Recht auch sonst fremd ist (vgl außer den §§ 119, 122 noch die §§ 179, 663; bis zum 31. 12. 2001 auch die §§ 307, 309 aF, die jetzt in § 280 Abs 1 aufgehen). Insofern kann aus § 118 durchaus der Schluss gezogen werden, dass bei noch schwächeren Zurechnungsvoraussetzungen erst recht keine Bindung an das Erklärte in Betracht kommt (vgl näher Vorbem 34 ff zu §§ 116 ff). Davon geht nun auch der V. Senat des BGH aus, der in Bezug auf die Rechtsfolgen eines misslungenen Scheingeschäfts den Anspruch auf Vertrauensentsprechung ausdrücklich ablehnt und den Ersatz des Vertrauensschadens als sachgerecht ansieht, selbst wenn der Geschädigte auf die Richtigkeit einer notariellen Urkunde vertraut hat (NJW 2000, 3127, 3128; dazu auch Rn 7). Es ist kaum nachzuvollziehen, dass der Erklärende bei unbewusstem Verhalten strenger haften soll als in Fällen wie diesem, wo der Erklärende eine bewusst unrichtige Erklärung notariell beurkunden ließ. Außerhalb des Anwendungsbereiches des § 118 sprechen allerdings die besseren Gründe für eine Haftung wegen culpa in contrahendo und gegen eine analoge Anwendung von § 122, da das Risikoprinzip nur bei bewusster Teilnahme am rechtsgeschäftlichen Verkehr – wie im Fall der §§ 119, 120 – oder bei risikoerhöhendem Verhalten – wie im Fall des § 118 – passt (vgl Vorbem 35 zu §§ 116 ff).

III. Anwendungsbereich

§ 118 gilt für alle Arten von Willenserklärungen, auch für nicht empfangsbedürftige **6** wie zB das Testament (RGZ 104, 320, 322). Im Übrigen gelten die gleichen Beschränkungen wie bei der Anfechtung gem § 119. Es ist also insbesondere der Vorrang von Spezialnormen und -wertungen (§ 119 Rn 106 ff) zu beachten, die Einschränkung der Nichtigkeitsfolge bei Dauerschuldverhältnissen (§ 119 Rn 108 ff) und der Einwendungsausschluss für Gültigkeitsmängel im Wertpapierverkehr (§ 119 Rn 111 f).

IV. Abgrenzungen

Beim **Scheingeschäft (§ 117)** sind sich die Parteien über die fehlende Ernstlichkeit **7** ihrer Erklärungen einig, während bei § 118 der Erklärende den Empfänger nicht eingeweiht hat, sondern wenigstens für einen Augenblick verblüffen will (vgl RGZ 168, 204, 205; MEDICUS, AT Rn 596). § 118 ist aber auf das **misslungene Scheingeschäft** anwendbar (oben Rn 1, § 117 Rn 2 u 9). Allerdings gilt dies wiederum **nicht, wenn** durch das Scheingeschäft **ein Dritter**, insbesondere der an dem Rechtsgeschäft selbst nicht unmittelbar beteiligte Vertretene, **getäuscht** werden soll (RGZ 134, 33, 37; 168, 204, 206; BGH NJW 1999, 2882 f = LM Nr 6 zu § 116 m Anm SINGER; FLUME § 20, 2 c = S 411 und 20, 3 = S 414; SOERGEL/HEFERMEHL Rn 8; MEDICUS, AT Rn 599). Gegenüber dem *Vertretenen* handelt es sich in solchen Fällen um einen „bösen Scherz", so dass die Regeln über die **Mentalreservation gem § 116 S 1** anzuwenden sind (vgl dazu § 116 Rn 4) und nicht § 117 (zutr OERTMANN Recht 1923 Sp 74, 76; abw STAUDINGER/J SCHMIDT [1995] § 242 Rn 364; dazu § 117 Rn 2). Von solchen Täuschungsfällen abgesehen spielt es aber keine Rolle, ob der Willensvorbehalt eine mündliche oder beurkundete Erklärung betrifft (BGH NJW 2000, 3127, 3128 m Anm SINGER LM Nr 20 zu § 117; missverständlich RGZ 168, 204, 206; OLG München NJW-RR 1993, 1168, 1169; STAUDINGER/DILCHER[12] Rn 7; PALANDT/HEINRICHS Rn 2). Ist zwischen dem Verkäufer eines Grundstücks und dem Verhandlungsbevollmächtigten des Käufers aus steuerlichen Gründen die Unterverbriefung des Kaufpreises verabredet, ohne dass der Käufer, der den notariellen Vertrag selbst abgeschlossen hat, davon wusste, bestimmen sich die Rechtsfolgen nicht nach den §§ 116 oder 117, sondern nach den §§ 118, 122 (BGH NJW 2000, 3127, 3128; dazu § 117 Rn 2 und 9 mwN). Die Beweis- und Klarstellungsfunktion der notariellen Urkunde ändert daran nichts, weil Formvorschriften nicht die Aufgabe zukommt, die Ermittlung des rechtsgeschäftlichen Willens zu beschränken, sondern lediglich sicherzustellen, dass das Gewollte auch formgerecht erklärt wird (BERNARD, Formbedürftige Rechtsgeschäfte [1979] 21 ff). Nicht unter § 118 fällt der **Unterschriftsirrtum**, da und sofern sich der Erklärende über den Inhalt des Rechtsgeschäfts überhaupt keine Gedanken macht und das Erklärte daher so akzeptiert wie es tatsächlich ist – tel quel (OLG Celle WM 1988, 1436, 1437; zu den Rechtsfolgen bei den verschiedenen Spielarten des Unterschriftsirrtums § 119 Rn 9 ff).

8 Nach verbreiteter Ansicht wird aus dem „guten Scherz" ein „böser" im Sinne von § 116 S 1, **wenn der Erklärende erkennt, dass sein Scherz vom Empfänger missverstanden** und die Erklärung ernst genommen **wurde** (FLUME § 20, 3 = S 413; MEDICUS, AT Rn 604; MünchKomm/KRAMER Rn 7). Der Erklärende sei nach Treu und Glauben zu sofortiger **Aufklärung** des Gegners verpflichtet; andernfalls werde aus der Scherzerklärung nachträglich ein nicht durchschauter geheimer Vorbehalt im Sinne von § 116 S 1 (ähnl LARENZ, AT § 20 I b = S 365 f). Dem ist jedoch nicht zu folgen, weil auf dem Umweg über die Begründung einer Aufklärungspflicht und die Gleichstellung der unterlassenen Aufklärung mit einer in Täuschungsabsicht verübten Mentalreservation der Wille des Gesetzes missachtet wird. Denn der Sache nach ist eine Pflicht zu sofortiger Aufklärung hinsichtlich Voraussetzungen (Kenntnis, unverzüglich) und Rechtsfolgen (Geltung des objektiv Erklärten) gleichbedeutend mit der Anfechtungsobliegenheit des § 119, die der Gesetzgeber jedoch bei § 118 gerade nicht aufgestellt hat. Nach richtiger Ansicht muss es genügen, wenn der Erklärende auch bei nachträglicher Kenntniserlangung von dem ernst genommenen – weil missverstandenen – Scherz auf das negative Interesse haftet (iE übereinstimmend STAUDINGER/J SCHMIDT [1995] § 242 Rn 365).

V. Beweislast

Die Beweislast für den Willensvorbehalt trifft nach allgemeinen Grundsätzen den, **9** der sich auf den Tatbestand des § 118 beruft (BAUMGÄRTEL/LAUMEN Rn 1; MünchKomm/ KRAMER Rn 10). Zu beweisen ist im Streitfall die fehlende Ernstlichkeit sowie die Erwartung, diese werde erkannt. Der allgemeinen, nicht näher substantiierten Behauptung, das betreffende Rechtsgeschäft sei nicht ernstlich gewollt, muss das Gericht nicht nachgehen (OLG Celle WM 1988, 1436, 1437 betr Bürgschaft). Nicht ausreichend ist ferner zB die Behauptung, eine Erklärung sei nur „der Form wegen" abgegeben worden (OLG Hamburg SeuffA 63 Nr 240). Der Beweispflichtige muss in einem solchen Fall konkret begründen, zu welchem Zweck eine bloß scheinbare Verpflichtung hätte begründet werden sollen. Je nach den konkreten Umständen kann es durchaus plausibel sein, dass die Erklärung nicht ernst gemeint war, etwa bei Prahlereien am Biertisch oder bei unverkennbar ironischen Überzeichnungen (vgl etwa OLG Rostock OLGE 40, 263; vgl auch SOERGEL/HEFERMEHL Rn 9). Dann liegt freilich im Regelfall schon objektiv keine Willenserklärung vor.

§ 119
Anfechtbarkeit wegen Irrtums

(1) Wer bei der Abgabe einer Willenserklärung über deren Inhalt im Irrtum war oder eine Erklärung dieses Inhalts überhaupt nicht abgeben wollte, kann die Erklärung anfechten, wenn anzunehmen ist, dass er sie bei Kenntnis der Sachlage und bei verständiger Würdigung des Falles nicht abgegeben haben würde.

(2) Als Irrtum über den Inhalt der Erklärung gilt auch der Irrtum über solche Eigenschaften der Person oder der Sache, die im Verkehr als wesentlich angesehen werden.

Materialien: E I §§ 98, 99 Abs 1 und 3; II § 94; III § 115; Mot I 196; Prot I 102 und 114; VI 122; STAUDINGER/BGB-Synopse 1896–2000 § 119.

Schrifttum

ADAMS, Irrtümer und Offenbarungspflichten im Vertragsrecht, AcP 186 (1986) 453
ARENS, Willensmängel bei Parteihandlungen im Zivilprozess (1968)
BAILAS, Das Problem der Vertragsschließung und der vertragsbegründende Akt (1962)
BAUMGÄRTEL, Neue Tendenzen der Prozesshandlungslehre, ZZP 87 (1974) 121
BECKMANN/GLOSE, Irrtumsanfechtung bei der Mängelrüge nach § 377 HGB, BB 1989, 857
BEITZKE, Anfechtung des Verlöbnisses?, JR 1947, 141

BEUTHIEN, Das fehlerhafte Arbeitsverhältnis als bürgerlich-rechtliches Abwicklungsproblem, RdA 1969, 161
BIRK, § 119 BGB als Regelung für Kommunikationsirrtümer, JZ 2002, 446
BRAUER, Der Eigenschaftsirrtum (1941)
BROX, Die Einschränkung der Irrtumsanfechtung (1960)
BYDLINSKI, Privatautonomie und objektive Grundlagen des verpflichtenden Rechtsgeschäfts (1967)

ders, Erklärungsbewusstsein und Rechtsgeschäft, JZ 1975, 1
CANARIS, Das Verlöbnis als „gesetzliches" Rechtsverhältnis, AcP 165 (1965) 1
ders, Die Vertrauenshaftung im deutschen Privatrecht (1971)
ders, Leistungsstörungen beim Unternehmenskauf, ZGR 1982, 395
ders, Wandlungen des Schuldvertragsrechts – Tendenzen zu seiner „Materialisierung", AcP 200 (2000) 273
DANZ, Über das Verhältnis des Irrtums zur Auslegung nach dem BGB, JherJb 46 (1904) 381
DIEDERICHSEN, Der Auslegungsdissens, in: FS Hübner (1984) 421
DIESSELHORST, Zum Irrtum beim Vertragsschluss, in: Sympotica Wieacker (1970) 180
DÖRNER, Anfechtung im Arbeitsrecht, AR-Blattei SD 60
ECKERT, Ungerechtfertigte Bereicherung im Arbeitsrecht, AR-Blattei SD 1620
FLEISCHER, Konkurrenzprobleme um die culpa in contrahendo: Fahrlässige Irreführung versus arglistige Täuschung, AcP 200 (2000) 91
FLUME, Eigenschaftsirrtum und Kauf (1948)
ders, Eigenschaftsirrtum und Sachmängelhaftung beim Spezieskauf, DB 1979, 1637
ders, Die Problematik der Änderung des Charakters der großen Kommentare, JZ 1985, 470
FROTZ, Verkehrsschutz im Vertretungsrecht (1972)
GAMILLSCHEG, Mutterschutz und Sozialstaat, in: FS Molitor (1962) 57
ders, Der Abschluss des Arbeitsvertrages im neuen Arbeitsvertragsgesetz, in: FS Weber (1974) 793
ders, Zivilrechtliche Denkformen und die Entwicklung des Individualarbeitsrechts, AcP 176 (1976) 197
GAUL, Willensmängel bei Prozesshandlungen, AcP 172 (1972) 342
GIERKE, Sachmängelhaftung und Irrtum beim Kauf, ZHR 114 (1951) 73
GOETTE, Fehlerhafte Personengesellschaftsverhältnisse in der jüngeren Rechtsprechung des Bundesgerichtshofes, DStR 1996, 266
GOTTWALD, Die Haftung für culpa in contrahendo, JuS 1982, 877

GRADENWITZ, Anfechtung und Reurecht beim Irrthum (1902)
GRIGOLEIT, Vorvertragliche Informationshaftung (1997)
ders, Abstraktion und Willensmängel, AcP 199 (1999) 380
GRUNEWALD, Die Anfechtung wegen arglistiger Täuschung bei der Übertragung von GmbH-Geschäftsanteilen, ZGR 1991, 452
HABERSACK, Verkauf einer Grafik aufgrund veralteter Preisliste – LG Bremen, NJW 1991, 915, JuS 1992, 548
HARDER, Die historische Entwicklung der Anfechtbarkeit von Willenserklärungen, AcP 173 (1973) 209
HARTMANN, Zur Widerruflichkeit und Anfechtbarkeit von öffentlich-rechtlichen Willenserklärungen am Beispiel der Nachbarunterschrift gem Art 73 BayBO, DöV 1990, 8
HAUPT, Über faktische Vertragsverhältnisse (1943)
HEISS, Widerruflichkeit und Anfechtbarkeit der Nachbarunterschrift gem Art 89 BayBO, BayVBl 1973, 260
HENRICH, Die Unterschrift unter einer nichtgelesenen Urkunde, RabelsZ 35 (1971) 55
HÖNN, Zur Problematik fehlerhafter Vertragsverhältnisse, ZfA 1987, 61
HOKE, Willensmängel beim Verwaltungsakt, DöV 1962, 281
P HUBER, Irrtumsanfechtung und Sachmängelhaftung (2001)
JACOBSOHN, Die Anfechtung stillschweigender Willenserklärungen wegen Irrtums, JherJb 56 (1910) 329
A JUNKER, Die Bindung an eine fehlerhafte Rechnung, ZIP 1982, 1158
KÄSSER, Der fehlerhafte Arbeitsvertrag (1975)
KIRCHHOF, Der Verwaltungsakt auf Zustimmung, DVBl 1985, 651
KLUTH, Rechtsfragen der verwaltungsrechtlichen Willenserklärung, NVwZ 1990, 608
KOCH, Die Ökonomie der Gestaltungsrechte, in: FS Zweigert (1981) 851
KÖHLER, Rückabwicklung fehlerhafter Unternehmenszusammenschlüsse, ZGR 1985, 307
ders, Das Rücktrittsrecht nach § 13a UWG, JZ 1989, 262
KÖHLER/FRITZSCHE, Anfechtung des Verkäu-

fers wegen Eigenschaftsirrtums – BGH, NJW 1988, 2597, JuS 1990, 16
KORNBLUM, Die überzähligen Klorollen – LG Hanau, NJW 1979, 721, JuS 1980, 258
KRAISS, Die Anfechtung der Annahme und Ausschlagung der Erbschaft, BWNotZ 1992, 31
KRAMER, Grundfragen der vertraglichen Einigung (1972)
ders, Der Irrtum beim Vertragsschluss. Eine weltweit rechtsvergleichende Bestandsaufnahme (1998)
ders, Bundesgerichtshof und Kalkulationsirrtum: Ein Plädoyer für eine rechtsvergleichende Öffnung im Irrtumsrecht, in: 50 Jahre Bundesgerichtshof, Band I (2000) 57
KRAMPE/BERG, Ein willkommener Druckfehler, Übungsklausur Zivilrecht, Jura 1986, 206
KRAUSE, Die Willenserklärung des Bürgers im Bereich des öffentlichen Rechts, VerwArch 1970, 298
ders, Willensmängel bei mitwirkungsbedürftigen Verwaltungsakten und öffentlichrechtlichen Verträgen, JuS 1972, 425
KÜCHENHOFF, Die öffentlich-rechtliche Willenserklärung der Privatperson, in: FS Laforet (1952) 317
LAMBRECHT, Die Lehre vom faktischen Vertragsverhältnis (1994)
LARENZ, Die Methode der Auslegung des Rechtsgeschäfts (1930)
LEENEN, Der „vertragsgemäße Gebrauch" der Mietsache als Problem der Rechtsgeschäftslehre, MDR 1980, 353
ders, Abschluss, Zustandekommen und Wirksamkeit des Vertrages, AcP 188 (1988) 381
LENZEN, Die „vorbehaltlose" Erteilung der Schlussrechnung im Baurecht, BauR 1982, 23
LESSMANN, Irrtumsanfechtung nach § 119 BGB, JuS 1969, 478 u 525
LIESECKE, Neuere Rechtsprechung, insbesondere des Bundesgerichtshofes, zum Einheitlichen Wechsel- und Scheckrecht, WM 1969, 1366
LOBINGER, Irrtumsanfechtung und Reurechtsausschluss, AcP 195 (1995) 274
ders, Rechtsgeschäftliche Verpflichtung und autonome Bindung (1999)
LÖHNIG, Irrtum über Eigenschaften des Vertragspartners (2001)

ders, Irrtumsrecht nach der Schuldrechtsmodernisierung, JA 2003, 516
LORENZ, Der Schutz vor dem unerwünschten Vertrag (1997)
LORENZ/RIEHM, Lehrbuch zum neuen Schuldrecht (2002)
LÜDERITZ, Das neue Adoptionsrecht, NJW 1976, 1865
LÜKE, Die persönlichen Ehewirkungen und die Scheidungsgründe nach dem neuen Ehe- und Familienrecht, in: FS Bosch (1976) 627
MANIGK, Das Wesen des Vertragsschlusses in der neueren Rechtsprechung, JherJb 75 (1925) 127
MANKOWSKI, Beseitigungsrechte (2003)
MAYER, Der Rechtsirrtum und seine Folgen im bürgerlichen Recht (1989)
MAYER-MALY, Rechtsirrtum und Rechtsunkenntnis als Probleme des Privatrechts, AcP 170 (1970) 133
MIDDEL, Öffentlich-rechtliche Willenserklärungen von Privatpersonen (1971)
MÖSCHEL, Das Außenverhältnis der fehlerhaften Gesellschaft, in: FS Hefermehl (1976) 171
MÜLLER, Umsätze und Erträge – Eigenschaften der Kaufsache?, ZHR 147 (1983) 501
NEUFFER, Die Anfechtung der Willenserklärung wegen Rechtsfolgeirrtums (1991)
NEUNER, Die Rechtsfindung contra legem (1992)
ders, Die Rückwirkung von Tarifverträgen, ZfA (1998) 83
ORFANIDES, Die Berücksichtigung von Willensmängeln im Zivilprozess (1982)
PASCHKE, Die fehlerhafte Korporation, ZHR 155 (1991) 1
PAWLOWSKI, Die Kalkulationsirrtümer: Fehler zwischen Motiv und Erklärung, JZ 1997, 741
PETERS, Die Handwerkerrechnung und ihre Begleichung, NJW 1977, 552
PEUSQUENS, Der Irrtum über den Steuersatz als Irrtum über die Kalkulationsgrundlage, NJW 1974, 1644
PICKER, Die Anfechtung von Arbeitsverträgen, ZfA 1981, 1
PLANDER, Ansätze bürgerlichrechtlichen Verbraucherschutzes bei Vertretergeschäften, BB 1980, 133

POHL, Mängel bei der Erbschaftsannahme und -ausschlagung, AcP 177 (1977) 52
PREIS, Arbeitsrecht, Verbraucherschutz und Inhaltskontrolle, NZA 2003, Sonderbeil zu Heft 16, 19
RAAPE, Sachmängelhaftung und Irrtum beim Kauf, AcP 150 (1949) 481
REHBINDER, Die Abwicklung fehlerhafter Unternehmensverträge beim GmbH-Vertragskonzern, in: FS Fleck (1988) 253
ROTHER, Die Bedeutung der Rechnung für das Schuldverhältnis, AcP 164 (1964) 97
ROTHOEFT, System der Irrtumslehre als Methodenfrage der Rechtsvergleichung, dargestellt am deutschen und englischem Vertragsrecht (1968)
SACK, Der rechtswidrige Arbeitsvertrag, RdA 1975, 171
SCHMIDT-DE CALUWE, Zur Anfechtung privater Willenserklärungen im Öffentlichen Recht, insbesondere im Sozialrecht, Jura 1993, 399
SCHMIDT-RIMPLER, Grundfragen einer Erneuerung des Vertragsrechts, AcP 147 (1941) 130
ders, Eigenschaftsirrtum und Erklärungsirrtum, in: FS Lehmann I (1956) 213
SCHMIDT-SALZER, Gewährleistungsausschluss und Irrtumsanfechtung, JZ 1967, 661
SCHNELL, Der Antrag im Verwaltungsverfahren (1986)
SCHUBERT/CZUB, Die Anfechtung letztwilliger Verfügungen, JA 1980, 257
SCHWAB, Gegenwartsprobleme der deutschen Zivilprozessrechtswissenschaft, JuS 1976, 69
ders, Probleme der Prozesshandlungslehre, in: FS Baumgärtel (1990) 503
SCHWINTOWSKI, Grenzen der Anerkennung fehlerhafter Gesellschaften, NJW 1988, 937
SIEBERT, Faktische Vertragsverhältnisse (1959)
SIEGEL, Die privatrechtlichen Funktionen der Urkunde, AcP 111 (1914) 1
SIMITIS, Die faktischen Vertragsverhältnisse als Ausdruck der gewandelten sozialen Funktion der Rechtsinstitute des Privatrechts (1957)
SINGER, Das Verbot widersprüchlichen Verhaltens (1993)
ders, Selbstbestimmung und Verkehrsschutz im Recht der Willenserklärungen (1995)
ders, Fehler beim Kauf – Zum Verhältnis von Mängelgewährleistung, Irrtumsanfechtung und culpa in contrahendo, in: Festgabe aus der Wissenschaft anlässlich des 50-jährigen Bestehens des Bundesgerichtshofs (2000) 381
ders, Arbeitsvertragsgestaltung nach der Reform des BGB, RdA 2003, 194
SINGER/MÜLLER, Eigenmächtige Vertreterin, Übungsklausur Zivilrecht, Jura 1988, 485
SPELLENBERG, Fremdsprache und Rechtsgeschäft, in: FS Ferid (1988) 463
SPIESS, Zur Einschränkung der Irrtumsanfechtung, JZ 1985, 593
STAHLHACKE, Ausgleichsquittung und Kündigungsschutz, NJW 1968, 580
STEWING/SCHÜTZE, Irrtumsanfechtung bei der Mängelrüge nach § 377 HGB, BB 1989, 2130
STICHLBERGER, Anfechtung öffentlich-rechtlicher Willenserklärungen durch Private, BayVBl 1980, 393
STOLL, Schädigung durch Vertragsschluss, in: FS Deutsch (1999) 361
TITZE, Die Lehre vom Missverständnis (1910)
ders, Vom sogenannten Motivirrtum, in: FS Heymann II (1940) 72
TRUPP, Die Bedeutung des § 133 für die Auslegung von Willenserklärungen, NJW 1990, 1346
ULMER, Der Einwendungsausschluss im einheitlichen Wechselgesetz, in: FS Raiser (1974) 225
ders, Fehlerhafte Unternehmensverträge im GmbH-Recht, BB 1989, 10
ders, Hundert Jahre Personengesellschaftsrecht: Rechtsfortbildung bei OHG und KG, ZHR 161 (1997) 102
ULRICI, Geschäftsähnliche Handlungen, NJW 2003, 2053
WALKER, Der Vollzug des Arbeitsverhältnisses ohne wirksamen Arbeitsvertrag, JA 1985, 138
WALZ, Die steuerliche Herausforderung des Zivilrechts, ZHR 147 (1989) 281
WEBER, Zur Lehre von der fehlerhaften Gesellschaft (1978)
WESTERMANN, Einheit und Vielfalt der Wertungen in der Irrtumslehre, JuS 1964, 169
WIEDEMANN, Das Arbeitsverhältnis als Austausch- und Gemeinschaftsverhältnis (1966)
WIEGAND, Vertragliche Beschränkungen der Berufung auf Willensmängel (2000)
WIELING, Die Bedeutung der Regel „falsa de-

monstratio non nocet" im Vertragsrecht, AcP 172 (1972) 297
WIESER, Zurechenbarkeit des Erklärungsinhalts, AcP 184 (1984) 40
WIESNER, Die Lehre von der fehlerhaften Gesellschaft (1980)
WILLEMSEN, Zum Verhältnis von Sachmängelhaftung und culpa in contrahendo beim Unternehmenskauf, AcP 182 (1982) 515
WITTE, Die Irrtumsanfechtung von Willenserklärungen gegenüber dem Patentamt, GRUR 1962, 497
WOLF, Das Anerkenntnis im Prozessrecht (1969)
WOLF/GANGEL, Anfechtung und Kündigungsschutz, AuR 1982, 271
ZITELMANN, Irrtum und Rechtsgeschäft (1879)
ZWEIGERT, Irrtümer über den Irrtum, ZfRvgl 1966, 12.

Systematische Übersicht

I. Grundlagen der Irrtumsregelung	
1. Die gesetzliche Regelung im Überblick	1
2. Die rechtspolitische Unterscheidung zwischen Geschäfts- und Motivirrtum	3
II. Irrtum	6
1. Der Grundsatz Auslegung vor Anfechtung	7
2. Bewusste Unkenntnis vom Inhalt der Erklärung	8
a) Unterschriftsirrtum	9
b) Unerkannter Verzicht in Ausgleichsquittungen	14
c) Sprachbedingte Missverständnisse und Irrtumsanfechtung	17
aa) Zugang gem § 130	18
bb) Auslegung	21
cc) Anfechtung	24
d) Irrtum über allgemeine Geschäftsbedingungen	26
e) Blankettmissbrauch	31
III. Erklärungsirrtümer gem § 119 Abs 1	33
1. Irrtum in der Erklärungshandlung	34
a) Ungewollte Bedeutungszeichen: Versprechen, Vergreifen, Verschreiben	34
b) Irrtümer bei elektronischen und automatisierten Erklärungen	35
2. Inhaltsirrtum	38
a) Das Verhältnis von Auslegung und Anfechtung	39
b) Arten des Inhaltsirrtums	43
aa) Verlautbarungsirrtum	43
bb) Identitätsirrtum	45
cc) Irrtum über die Soll-Beschaffenheit	47
3. Der Kalkulationsirrtum und die Lehre vom erweiterten Inhaltsirrtum	51
a) Unschädliche Falschbezeichnungen	54
b) Vom Geschäftspartner veranlasster oder gemeinsamer Irrtum über die Berechnungsgrundlage	55
aa) Ungerechtfertigte Irrtumszurechnung bei Fremdverantwortung	57
bb) Irrtumszurechnung beim gemeinsamen Irrtum über die Berechnungsgrundlage	60
c) Der erkannte und ausgenutzte interne Kalkulationsirrtum	62
aa) Die fehlende Schutzwürdigkeit des Erklärungsempfängers	62
bb) Treu und Glauben statt Anfechtung?	63
d) Kenntnis und treuwidrige Kenntnisvereitelung	65
4. Rechtsfolgeirrtum und Rechtsfolgemotivirrtum	67
a) Das Anfechtungsrecht als Kehrseite autonomer Rechtsfolgenbestimmung	67
b) Die Erweiterung des Inhaltsirrtums auf gesetzliche Rechtsfolgen	70
c) Anfechtung wegen fremdverschuldeten Rechtsfolgemotivirrtums	74
5. Verallgemeinerung: Die Erweiterung der Irrtumsanfechtung gemäß §§ 119, 121 BGB beim gemeinsamen oder vom Geschäftspartner verschuldeten oder erkannten Motivirrtum	78

IV.	**Eigenschaftsirrtum** _____ 79	VI.	**Einschränkungen der Anfechtung**
1.	Verkehrswesentlichkeit _____ 80	1.	Ausschluss der Irrtumsanfechtung
2.	Der Vorrang des Leistungsstörungs- und Gewährleistungsrechts vor der Anfechtung wegen Eigenschaftsirrtums _____ 82		wegen Rechtsmissbrauchs (§ 242) __ 99
		2.	Anfechtungsausschluss durch Rechtsgeschäft und Verwirkung ___ 102
3.	Eigenschaften der Person oder Sache _____ 84	VII.	**Anwendungsbereich der §§ 119 ff und Konkurrenzen**
a)	Verkehrswesentliche Eigenschaften der Person _____ 86	1.	Anwendungsbereich _____ 103
		2.	Vorrang konkurrierender Sondernormen und -wertungen _____ 106
aa)	Person _____ 86	a)	Sondernormen _____ 106
bb)	Einzelne Eigenschaften: Vertrauenswürdigkeit und Zuverlässigkeit ___ 87	b)	Einschränkung der Irrtumsanfechtung bei Dauerschuldverhältnissen _ 108
b)	Verkehrswesentliche Eigenschaften einer Sache _____ 92	c)	Willenserklärungen mit normativer Wirkung _____ 110
aa)	Sachen _____ 92		
bb)	Einzelne Eigenschaften der Sache _ 93	d)	Verkehrs- und Vertrauensschutz ___ 111
V.	**Kausalität des Irrtums** _____ 98	VIII.	**Beweislast** _____ 113

I. Grundlagen der Irrtumsregelung

1. Die gesetzliche Regelung im Überblick

1 Bedeutet Privatautonomie „Selbstgestaltung in Selbstbestimmung" (oben Vorbem 3 zu §§ 116 ff), so fehlt es offensichtlich am tragenden Grund für die Rechtsgeltung der Erklärung, wenn die Selbstbestimmung an irgendeinem Mangel leidet. Dies trifft nicht nur auf Irrtümer bei der Erklärungshandlung zu (Inhalts- und Erklärungsirrtum), sondern auch auf Irrtümer bei der Willensbildung (Motivirrtum). Indessen würden Rechts- und Verkehrssicherheit geradezu unerträglich beeinträchtigt, wenn jeder Irrtum die Ungültigkeit des Rechtsgeschäfts zur Folge hätte. Der **Kreis der relevanten Irrtümer** bedarf einer **Begrenzung**. Auch das Vertrauen des Erklärungsempfängers verdient Schutz, da und sofern der Mangel seinen Ursprung in der Sphäre des Erklärenden hat und diesem folglich der Vertrauenstatbestand zugerechnet werden kann. Insofern dürfte sich der Urheber einer Willenserklärung eigentlich nicht beschweren, wenn er jedenfalls für endogene Willensmängel in vollem Umfang zur Verantwortung gezogen würde.

2 Der Gesetzgeber entschied sich jedoch für keine der denkbaren, in dem historischen Streit zwischen Willens- und Erklärungstheorie (dazu oben Vorbem 12 f zu §§ 116 ff) leidenschaftlich umkämpften Extrempositionen, sondern bemühte sich um einen **Kompromiss**. Dieser besteht zum einen darin, dass der Kreis der relevanten Irrtümer grundsätzlich auf solche begrenzt ist, die den Erklärungsvorgang selbst und nicht die Willensbildung betreffen (§ 119 Abs 1). Abgesehen von Sonderfällen, zu denen auch der in § 119 Abs 2 geregelte Irrtum über Eigenschaften der Person oder Sache gehört, ist ein **Motivirrtum** grundsätzlich unbeachtlich (vgl Vorbem 29 zu §§ 116 ff). Das BGB knüpft hier an die in der Lehre des 19. Jahrhunderts bei SAVIGNY schon angelegte (System Band III [1840] 112 ff; dazu FLUME § 22, 2; MünchKomm/KRAMER Rn 2; KRAMER,

Irrtum Rn 20), später von ZITELMANN subtil weitergeführte **psychologische Unterscheidung der Irrtumsarten** an (Irrtum und Rechtsgeschäft [1879] 359 ff; dazu ROTHOEFT 64 ff). Ein weiterer, wichtiger Kompromiss zwischen Willens- und Erklärungstheorie besteht darin, dass die relevanten Irrtümer gem §§ 119, 120 nicht zur Nichtigkeit der Willenserklärung führen, sondern lediglich zur Anfechtung berechtigen (zur historischen Entwicklung des Anfechtungsrechts vgl HARDER AcP 173 [1973] 209 ff). Dem Irrenden wird dadurch ein – gem § 121 befristetes – **Wahlrecht** eingeräumt und somit – entsprechend dem Grundsatz der Privatautonomie – keine Regelung aufgedrängt, sondern rechtsgeschäftliche Entscheidungsfreiheit zurückgegeben. Dem **Vertrauensschutz** des Empfängers wird im Falle der Anfechtung nur noch in abgeschwächter Form durch die Verpflichtung zum Schadensersatz gem § 122 entsprochen (Vorbem 19 zu §§ 116 ff).

2. Die rechtspolitische Unterscheidung zwischen Geschäfts- und Motivirrtum

Die gesetzliche Regelung des BGB ist oft **kritisiert** worden (eindringlich TITZE, in: **3** FS Heymann 72 ff; ZWEIGERT ZfRVgl 1966, 12 ff; zuletzt MünchKomm/KRAMER § 119 Rn 8 ff und 97 ff; KRAMER, Irrtum Rn 20; dazu ausf SINGER, Selbstbestimmung 241 ff). Anstatt der eher zufälligen und in Grenzfällen unsicheren Unterscheidung nach psychologischen Kriterien hätte darauf abgestellt werden sollen, ob der Erklärungsempfänger den Irrtum veranlasst, erkannt hat oder hätte erkennen können (SOERGEL/HEFERMEHL § 119 Rn 2; MünchKomm/KRAMER § 119 Rn 8 und 10 aE). Dem Bedürfnis, eine sachgerechte Risikoverteilung zu erzielen, entsprechen Ausweichkonstruktionen wie die Lehre vom erweiterten Inhaltsirrtum (unten Rn 51) oder vom Wegfall der Geschäftsgrundlage (unten Rn 52, 55). Auf Kritik stößt auch die Verkehrsfeindlichkeit der Anfechtung, die zu großflächigen Ausnahmen nötige, insbesondere im Arbeits-, Gesellschafts- und Handelsrecht (MünchKomm/KRAMER Rn 9).

Stellungnahme: Der Kritik ist zuzugeben, dass sich mit der Unterscheidung zwischen **4** Erklärungs- und Motivirrtum nicht alle Probleme sachgerecht lösen lassen und insbesondere dort Korrekturen erforderlich sind, wo die Verantwortung für einen Motivirrtum nicht oder jedenfalls nicht allein beim Irrenden selbst liegt (dazu näher Rn 51 ff). Auch ist die Grenzziehung zwischen Irrtümern in der Erklärungshandlung und im Stadium der Vorbereitung nicht immer leicht zu vollziehen. Daraus folgt aber nicht, dass de lege lata das geltende Irrtumsrecht umgeschrieben und statt dessen – beschränkt auf die Kategorie der sog Sachverhaltsirrtümer – auf die Erkennbarkeit oder Veranlassung des Irrtums durch den Erklärungsempfänger abgestellt werden sollte (so aber MünchKomm/KRAMER § 119 Rn 10 und 97 ff). Zu einer solch weitreichenden Umkonstruktion der Irrtumslehre, die als **Rechtsfindung contra legem** zu qualifizieren wäre, fehlt dem Rechtsanwender die Kompetenz (zutr LARENZ, AT § 20 II b; MEDICUS, AT Rn 770; FLUME JZ 1985, 470, 474; zu den allg Grenzen des contra-legem-Justizierens vgl die unterschiedlichen Ansätze von LARENZ/CANARIS, Methodenlehre der Rechtswissenschaft [3. Aufl 1995] 246 ff und NEUNER, Die Rechtsfindung contra legem [1992] 132 ff).

Dessen ungeachtet beruht die Unterscheidung zwischen Geschäfts- und Motivirrtum **5** jedenfalls im Grundsatz auf durchaus fundierten **Gerechtigkeitserwägungen** (ebenso FLUME § 21, 11 = S 433; LARENZ/WOLF § 36 Rn 9 ff; ausf SINGER 241 ff; aus ökonomischer Sicht auch H KOCH, in: FS Zweigert [1981] 851, 869 ff). Sie ist Ausprägung der für das BGB charakteristischen **Unterscheidung von formaler und materialer Selbstbestimmung**. Danach ist für die Verbindlichkeit autonomer Willenserklärungen erforderlich, aber auch ausreichend, dass die erklärten Rechtsfolgen wirklich gewollt sind. Unter welchen materialen Bedingungen sich dieser Wille gebildet hat, interessiert nur in Ausnahmefällen. Dabei handelt es sich im Wesentlichen um gravierende Störungen der Selbstbestimmung, wie sie etwa bei arglistiger Täuschung und Drohung gem § 123 oder bei Ausnutzung bestimmter Schwächen des Geschäftspartners gem § 138 in Erscheinung treten. Eine weniger weitreichende Beeinträchtigung der Entscheidungsfreiheit etwa durch bloße intellektuelle oder informationelle Unterlegenheit eines Vertragspartners hat erst durch die Ausbildung von Sonderprivatrechten und daran anknüpfende Sonderkodifikationen wie dem früheren AGBG, HWiG und VerbraucherkreditG (nunmehr §§ 305 ff; 312; 491 ff) verstärkt Anerkennung gefunden, ändert aber nichts am prinzipiellen Vorrang formaler Selbstbestimmung und Vertragsfreiheit. Auf der gleichen Ebene liegt die beschränkte Relevanz des Motivirrtums. Diese hat ihren Grund hauptsächlich, aber nicht nur im Bedürfnis nach **Rechts- und Verkehrssicherheit**. Würde man die Verbindlichkeit rechtsgeschäftlicher Abreden davon abhängig machen, ob im Einzelfall wirklich Entscheidungsfreiheit gewährleistet war, wäre die Bestandskraft von Verträgen kaum gesichert, geschweige denn berechenbar (vgl das instruktive Beispiel von WESTERMANN JuS 1964, 169, 171; ferner SCHMIDT/RIMPLER AcP 147 [1941] 130, 191 f). Die weitreichende Anerkennung des Motivirrtums im Erbrecht beruht denn auch darauf, dass dort auf Verkehrs- und Vertrauensschutzinteressen nicht in vergleichbarem Maße Rücksicht genommen werden muss. Im Geschäftsverkehr gehen persönliche Motive und Entscheidungsfaktoren den Vertragspartner jedoch nichts an (FLUME § 21, 11 = S 433). Ihre Berücksichtigung widerspräche dem Prinzip der **Selbstverantwortung**, das die Kehrseite autonomer Gestaltungsfreiheit darstellt und schlechthin konstitutiv ist für die Anerkennung der Person als Subjekt rechtsgeschäftlichen Handelns (LARENZ, AT § 2 II e = S 41). Während Irrtümer bei Abgabe der Erklärung nicht mehr korrigiert werden können, besteht bei Irrtümern im Stadium der Willensbildung noch die Möglichkeit der Ergebniskontrolle und Fehlerberichtigung (BERGER Anm LM Nr 36 zu § 119); dieser größeren Beherrschbarkeit des Irrtumsrisikos korrespondiert ein höheres Maß an Verantwortung. Außerdem entspricht es geradezu dem **Sinn des rechtsgeschäftlichen Versprechens**, dass der Erklärende das Risiko für die Verwirklichung persönlicher Zweckvorstellungen und Motive übernimmt. Die im Rechtsgeschäft unbedingt übernommene Verpflichtung im Sinne eines rechtsethischen „Sollens" kann nur ernst genommen werden, wenn sie eine unbedingte Bindung bedeutet (DIESSELHORST, in: Sympotica Wieacker [1970] 180 [190 f]). Die Gegenprobe zeigt: Kaum je ein Vertrag käme zustande, wenn die Erfüllung persönlicher Motive oder die Gewährleistung vollkommener Entscheidungsfreiheit zur Vertragsbedingung gemacht würde. Rechtsethisch handelt es sich bei Motiv und Geschäftswille um verschiedene Ebenen: Wer ein Versprechen eingeht und sich wieder davon lösen will, weil sich seine persönlichen Ziele und Zwecke nicht erfüllt haben, bricht das „bewusst" gegebene Wort (DIESSELHORST 190; s a F BYDLINSKI, Privatautonomie 58). Beim Erklärungs- und Geschäftsirrtum ist dies nicht der Fall, weil das Versprechen selbst an einem Mangel leidet. Das erklärt die unterschiedlichen Sanktionen: Für das bewusst gegebene Wort muss man im geltenden Recht unbedingt einstehen, wie insbesondere die §§ 116 S 1, 170–172, 179 Abs 1, 405 und 463 S 1 zeigen. Kann man den Verantwortlichen nicht beim Wort nehmen, kann dagegen die Einstandspflicht nicht mehr mit Sinn und Wesen der Selbstbestimmung begründet werden, sondern nur mit heteronomen Erwägungen wie dem Prinzip des Verkehrs- und Vertrauensschutzes. Dieses ist im Hinblick auf Sanktionen durchaus indifferent und solchen Abstufungen zugänglich wie sie das geltende Recht in Gestalt der Kombination von Anfechtungsrecht und negativem Vertrauensschutz gem § 122 vorsieht. Insgesamt beruht die Unterscheidung von Geschäfts- und Motivirrtum auf Erwägungen, die im Kern durchaus überzeugen. Dass sie in Grenzfällen unsicher wird und sachlich an Überzeugungskraft verliert, spricht nicht gegen das Prinzip, rechtfertigt aber in bestimmten Fallgruppen eine die tragenden Prinzipien des Irrtumsrechts wahrende, teleologische **Rechtsfortbildung**. Der Sache nach wird diese längst praktiziert und zwar auf der einen Seite durch Erweiterung der Irrtumsanfechtung, insbesondere beim offenen Kalkulationsirrtum, auf der anderen Seite durch die Ausweitung anerkannter, ursprünglich ebenfalls im Wege der Rechtsfortbildung entstandener schuldrechtlicher Institute, zB durch Anerkennung des gemeinschaftlichen Irrtums als Geschäftsgrundlage des Vertrages (vgl nunmehr § 313), Begründung einer vorvertraglichen Haftung für fremdverschuldete Motivirrtümer (vgl nunmehr §§ 280 Abs 1, 241 Abs 2, 311 Abs 2) und Berufung auf die Einrede unzulässiger Rechtsausübung, die ihre konkretisierungsbedürftige Grundlage in der Generalklausel des § 242 hat (vgl näher unten Rn 53 ff).

II. Irrtum

Nach allgemeinem Sprachgebrauch bezeichnet man als Irrtum jede Fehlvorstellung **6** von der Wirklichkeit (LARENZ/WOLF § 36 Rn 1). Der Irrtum kann sich auf die Erklärung selbst, auf den Geschäftsgegenstand oder auf sonstige Umstände beziehen, die für den Vertragsschluss von Bedeutung sind (LARENZ, AT § 20 II a = S 370). Bezieht sich der Irrtum auf die Erklärung selbst, kennzeichnet ihn das **unbewusste Auseinanderfallen von Wille und Erklärung** (RGZ 85, 322, 324; 134, 25, 31 f; BGH WM 1983, 447; LM Nr 21 zu § 119; BAG NJW 1960, 2211, 2212; 1969, 184; zur bewussten Übernahme von Risiken bei sog tel quel-Geschäften unten Rn 11 f).

1. Der Grundsatz Auslegung vor Anfechtung

Um überhaupt feststellen zu können, ob Wille und Erklärung auseinander fallen, **7** muss zunächst der genaue Inhalt der Willenserklärung ermittelt werden. **Auslegung geht Anfechtung** prinzipiell **vor** (RGZ 85, 322, 324; MEDICUS, AT Rn 317; LARENZ, AT § 20 II a = S 371). Diese entfällt somit, wenn der Erklärungsempfänger das Gewollte erkennt, da hier kein Anlass besteht, aus Gründen des Vertrauensschutzes am Grundsatz der objektiven Auslegung festzuhalten. Vielmehr gilt getreu der Maxime „*falsa demonstratio non nocet*" das Gewollte – ohne Rücksicht darauf, ob dieses in der Erklärung irgendwie zum Ausdruck gekommen ist (vgl dazu näher § 133 Rn 13 ff; s ferner unten Rn 9 u 39).

2. Bewusste Unkenntnis vom Inhalt der Erklärung

Fraglich wird die Anfechtung wegen Inhalts- oder Erklärungsirrtums auch dann, **8** wenn dem Erklärenden bewusst ist, dass er den Inhalt der Erklärung nicht kennt. Dabei sind verschiedene Fallkonstellationen bewusster Unkenntnis zu unterscheiden: der Unterschriftsirrtum beim Unterschreiben ungelesener Urkunden (a), insbesondere bei der Ausgleichsquittung (b), sprachbedingte Missverständnisse (c), Irrtümer bei der Einbeziehung von AGB (d) und der Blankettmissbrauch (e).

a) Unterschriftsirrtum

9 Wenn eine Urkunde unterzeichnet wird, ohne dass sie der Unterzeichnende vorher gelesen hat, sind verschiedene **Fallkonstellationen** zu unterscheiden (vgl HENRICH RabelsZ 35 [1971] 55 ff). Denkbar ist zunächst der Fall, dass sich die Parteien eines Vertrages über den Inhalt der Urkunde einig sind, diese ihren Willen aber nicht einwandfrei zum Ausdruck bringt. Hier besteht nach dem Grundsatz **falsa demonstratio non nocet** (§ 133 Rn 13 ff) kein Anlass, die Erklärung anzufechten, da das übereinstimmend Gewollte gilt. Entsprechendes gilt, wenn der Partner den abweichenden Willen des Unterzeichnenden erkannt hat (FLUME § 23, 2 b; MünchKomm/KRAMER § 119 Rn 37; HENRICH RabelsZ 35 [1971] 68 f; vgl auch BGH WM 1983, 92; OLG Düsseldorf MittBayNot 2001, 321, 323). So verhält es sich etwa, wenn einer Partei, die Kaufvertragsformulare zu unterschreiben glaubt, gegen ihren Willen Darlehensantragsformulare untergeschoben werden (BGH WM 1973, 750, 751). Obwohl das Verhalten des Geschäftspartners eine arglistige Täuschung darstellt, bedarf es hier wegen des Vorrangs der Auslegung keiner Anfechtung. Notwendig bleibt die Anfechtung aber, wenn der Geschäftspartner die Täuschung nicht kennt wie zB beim Abschwindeln von Abonnements durch eigenmächtig handelnde Zeitschriftenwerber (MEDICUS, AT Rn 753). Um **untergeschobene Verträge** handelt es sich auch in den früher viel diskutierten Wechselzeichnungsfällen, wo der erste Wechselnehmer dem Aussteller vorspiegelte, dieser unterschreibe einen Spesenbeleg für das Finanzamt (so der Fall OGH JBl 1965, 323; dazu F BYDLINSKI JZ 1975, 1 f), Abrechnungsquittungen über Prolongationsspesen oder eine Ermächtigung zur Grundstücksbesichtigung durch Kaufinteressenten (so BGH NJW 1968, 2102; dazu SINGER, Selbstbestimmung 131 f). Gegenüber dem ersten Wechselnehmer hätte der Aussteller nicht gehaftet, da er für diesen erkennbar keine Wechselzeichnung eingegangen ist. Dritten gegenüber greift jedoch die wertpapierrechtliche Rechtsscheinhaftung ein, weil und sofern die Einwendungen des Ausstellers gem Art 10, 16 II WG präkludiert sind (BGH NJW 1973, 282, 283; BAUMBACH/HEFERMEHL Art 17 WG Rn 45).

10 Im Übrigen unterscheiden Rechtsprechung und hM danach, ob der Unterzeichnende geradezu „blind" unterschrieben oder sich (auch) **konkrete Vorstellungen vom Inhalt der Urkunde** gemacht hat. Ausgehend von dem Grundsatz, dass der Irrtum durch das unbewusste Auseinanderfallen von Wille und Erklärung gekennzeichnet ist (oben Rn 6), hat das Reichsgericht den Umkehrschluss gezogen und festgestellt, dass bei bewusster Unkenntnis vom Inhalt einer unterzeichneten Urkunde kein Irrtum vorliege (RGZ 62, 201, 205; 77, 309, 312; 88, 278, 282). Der Erklärende irre nicht, „weil er sich klar über seine Unkenntnis ist und auf alle Fälle will, mag die Sache so oder anders liegen" (RGZ 62, 201, 205; s a RGZ 134, 25, 32). Davon zu unterscheiden sei aber der Fall, dass der Anfechtende die Urkunde in dem irrenden Glauben unterschrieben hat, sie gebe die vorausgegangenen Vertragsverhandlungen richtig wieder, oder wenn er sich sonst eine unrichtige Vorstellung über den Inhalt der Urkunde gemacht hat (RGZ 88, 278, 283). Die Rechtsauffassung des Reichsgerichts hat sich in Rechtsprechung und Schrifttum durchgesetzt (zust BGH BB 1956, 254; NJW 1995, 190, 191; 1999, 2664, 2665; 2002, 956, 957; BAG NJW 1971, 639, 640; OLG Frankfurt aM WM 1984, 962; OLG Düsseldorf MittBayNot 2001, 321, 323; LG Krefeld NJW-RR 1998, 1522; MEDICUS, AT Rn 755; LARENZ, AT § 20 II a = S 372; MünchKomm/KRAMER § 119 Rn 38 ff).

11 Stellungnahme: Rechtsprechung und hL ist im Wesentlichen zuzustimmen. Wer einen Vertragstext ungelesen unterzeichnet, hat grundsätzlich den rechtsgeschäftlichen Willen, die Urkunde so gelten zu lassen, wie sie nun einmal ist – „tel quel" (SIEGEL AcP 111 [1914] 1, 92). Eine Anfechtung kommt hier nicht in Betracht, weil sich Wille und Erklärung in der Tat decken. Wer einen Bürgschaftsvertrag ungelesen unterschreibt, kann daher nicht mit der Begründung anfechten, er habe mit einem Verzicht auf die Einrede der Vorausklage nicht gerechnet. Der Wille, die Erklärung so zu akzeptieren, wie sie nun einmal ist, hat bei lebensnaher Betrachtung allerdings Grenzen. Auch wer „blind" unterschreibt, hat doch gewisse Mindestvorstellungen über Art und Umfang des Rechtsgeschäfts (MEDICUS, AT Rn 755; LARENZ aaO 372; LARENZ/WOLF § 36 Rn 42). In Bezug auf diese Vorstellungen ist dem Unterzeichner der Inhalt der Urkunde keineswegs gleichgültig, so dass eine Divergenz zwischen Wille und Erklärung sehr wohl in Betracht kommt (ähnl SPELLENBERG, in: FS Ferid 472 und 475, der den Maßstab für das Überschreiten des übernommenen Risikos § 3 AGBG entnimmt).

Beispiele: Wer glaubt, eine Erklärung bezüglich seines Sparguthabens abzugeben, **12** akzeptiert alle einschlägigen Sparbedingungen „tel quel", aber nicht den Abschluss eines *Bürgschaftsvertrages* (BGH NJW 1995, 190, 191). Wird die Aufmerksamkeit des Lesers auf bestimmte irreführende Angaben gelenkt, kommt ebenfalls ein Inhaltsirrtum in Betracht, wenn der Unterzeichnete andere wichtige Angaben zum Umfang seiner Verpflichtungen übersehen hat (LG Waldshut-Tiengen NJW-RR 1995, 1075 f). Wer bei der Unterzeichnung eines *Krankenhausaufnahmevertrages* den Wunsch nach Unterbringung in einem Einbett- oder Zweibettzimmer geäußert hat, muss nicht damit rechnen, dass er ein Formular über die Inanspruchnahme privatärztlicher Leistungen unterzeichnet (LG Köln NJW 1988, 1518; VersR 1989, 1265, 1266; abw LG Flensburg MedR 1993, 200, 201 bei „blinder" Unterschrift). Entsprechendes gilt bei einer notariell beurkundeten Erklärung, wenn die Partei eine vom *Notar* eingefügte, vorher nicht besprochene Klausel beim Vorlesen überhört (BGHZ 71, 260, 263 f; überholt RGZ 50, 420, 422 f; BGH LM Nr 3 zu § 415 ZPO mwN, wonach mangels Kenntnisnahme von der Klausel bereits tatbestandlich keine Genehmigung vorliege und somit eine Anfechtung entbehrlich sei). Wurde über die betreffende Klausel vorher gesprochen, dürfte der Beweis eines Irrtums schwer fallen. Zu weit geht aber VGH Baden Württemberg (Justiz 1983, 105), der in einem solchen Fall wegen der prozessbeendigenden Wirkung des *Prozessvergleichs* jedwede Irrtumsanfechtung kategorisch ausschloss. Dabei wird nicht ausreichend berücksichtigt, dass der Prozessvergleich nicht nur Prozesshandlung, sondern auch bürgerlich-rechtlicher Vertrag ist und eine wirksame Prozessbeendigung davon abhängt, dass dieser Vertrag als Rechtsgeschäft gültig ist (vgl BGHZ 79, 71 [74]; OLG München NJW-RR 1990, 1406). Typische „tel quel"-Geschäfte sind Verkäufe auf Flohmärkten und dergleichen. Keinem (beachtlichen) Irrtum unterliegt daher der Verkäufer, der auf dem *Flohmarkt* ein Bündel Notenhefte veräußert, ohne zu merken, dass sich darunter wertvolle Notenmanuskripte befinden (*"Mozart-Fund"*, AG Coburg NJW 1993, 988; **aA** PALANDT/HEINRICHS Rn 27).

Sofern nach den vorstehend genannten Grundsätzen ein Irrtum anzunehmen ist, **13** handelt es sich um einen **Inhaltsirrtum gem § 119 Abs 1, 1. Alt**, nicht um einen Irrtum in der Erklärungshandlung gem § 119 Abs 1, 2. Alt, da das Erklärungszeichen – die Unterschrift – bewusst und gewollt gesetzt worden ist (MEDICUS, AT 755; vgl schon SIEGEL AcP 111 [1914] 91).

b) Unerkannter Verzicht in Ausgleichsquittungen
Bei Beendigung des Arbeitsverhältnisses entspricht es verbreiteter Praxis, dass dem **14**

ausscheidenden Arbeitnehmer eine so genannte Ausgleichsquittung zur Unterschrift vorgelegt wird. Dabei handelt es sich um eine vorformulierte Erklärung, die bescheinigt, dass der Arbeitnehmer seine Arbeitspapiere (Lohnsteuerkarte, Versicherungsausweis) und eventuellen Restlohn erhalten hat, dass ihm aber darüber hinaus keine Ansprüche mehr aus dem Arbeitsverhältnis und seiner Beendigung zustehen (SCHAUB, Arbeitsrechtshandbuch § 72 II 2; KRAMER/MARHOLD AR-Blattei „Ausgleichsquittung" [Stand Sept 1993] Rn 1 f). Umfang und Tragweite des Verzichts sind zunächst durch **Auslegung** der abgegebenen Willenserklärung zu ermitteln. Die Rechtsprechung des BAG fordert Klarheit und Eindeutigkeit etwaiger Verzichtserklärungen. Ein Verzicht auf die Erhebung oder Durchführung einer *Kündigungsschutzklage* liegt daher nicht vor, wenn der Arbeitnehmer lediglich erklärt hat, es bestünden „nunmehr keinerlei Rechte aus dem Arbeitsverhältnis" mehr (BAG AP Nr 5 zu § 4 KSchG 1969) oder „aus dem Arbeitsverhältnis und seiner Beendigung" (AP Nr 6 aaO). Auch ein Verzicht auf Ruhegeldansprüche kommt in einer solchen Erklärung nicht mit der nötigen Klarheit zum Ausdruck (AP Nr 163 zu § 242 BGB Ruhegehalt). Dagegen hat der Vierte Senat des BAG die ausdrückliche Erklärung, dass „sämtliche Ansprüche aus dem Arbeitsverhältnis und seiner Beendigung, gleich aus welchem Rechtsgrunde, ausgeglichen sind" und „gegen die Kündigung ... keine Einwendungen erhoben" werden, als hinreichend deutlich angesehen (AP Nr 4 zu § 4 KSchG 1969).

15 Der Fünfte Senat des BAG stellt allerdings nicht nur Anforderungen an die textliche Verdeutlichung des Verzichts, sondern verlangt darüber hinaus, dass der Arbeitgeber „nach **Wortlaut und Begleitumständen**" deutlich mache, dass vom Arbeitnehmer ein Verzicht auf mögliche Ansprüche erwartet werde (AP Nr 3 zu § 9 LohnfG). Dies sei nicht der Fall, wenn sich die als „Ausgleichsquittung" überschriebene und daher für den flüchtigen Leser missverständliche Erklärung im ersten Teil ausschließlich mit der Bestätigung von Tatsachen beschäftigt und bescheinigt, dass der Arbeitnehmer Arbeitspapiere und Restlohn erhalten habe. Wenn im Anschluss daran ohne drucktechnische Hervorhebung oder besondere Kennzeichnung die Erklärung folge, dass damit „alle Ansprüche abgegolten" seien und der Arbeitnehmer „keine Forderungen gegen die Firma mehr habe", dürfe der Arbeitgeber nicht annehmen, dass der Arbeitnehmer mit seiner Unterschrift mehr bestätige als den Empfang der Papiere und die Richtigkeit der Lohnabrechnung. Diese Auffassung hatte schon immer breite Unterstützung im Schrifttum (vgl GRUNSKY Anm zu AP Nr 6 zu § 4 KSchG 1969; BERNERT Anm AP Nr 5 zu § 4 KSchG 1969 unter II und III 1; BAG NJW 1982, 1479; KRAMER/MARHOLD AR-Blattei „Ausgleichsquittung" Rn 40 ff und 49 ff; SPELLENBERG, in: FS Ferid 471 f; ebenso ArbG Bochum BB 1980, 1323). Seit 1. 1. 2002 unterliegen die Verzichtserklärungen in Ausgleichsquittungen gemäß § 310 Abs 4 S 2 der Kontrolle an den Maßstäben des **AGB-Rechts**. Das bedeutet zum einen, dass nur klar formulierte und drucktechnisch hervorgehobene Verzichtsklauseln überhaupt Vertragsbestandteil werden (§§ 305 Abs 1c, 307 Abs 1 S 2). Darüber hinaus dürfte der einseitige Verzicht auf bestehende Rechte ohne kompensatorische Gegenleistung in der Regel eine unangemessene Vertragsgestaltung darstellen, die dem Maßstab des § 307 Abs 1 nicht standhält (PREIS NZA 2003, Sonderbeil zu Heft 16, S 19, 29). Es ist nicht ersichtlich, inwiefern arbeitsrechtliche Besonderheiten dies rechtfertigen könnten (vgl dazu auch SINGER RdA 2003, 194, 198 f).

16 Wenn man einen Verzicht in Ausgleichsquittungen nicht schon am Maßstab der

§§ 305 Abs 1c, 307 Abs 1 scheitern lässt, kommt subsidiär eine **Anfechtung wegen Inhaltsirrtums** in Frage. Dabei gelten die allgemeinen Grundsätze des Unterschriftsirrtums (oben Rn 9 ff). Es kommt also darauf an, ob der Arbeitnehmer irrig der Meinung war, er unterschreibe lediglich eine einfache Quittung und verzichte nicht auf Ansprüche oder Rechte aus dem Arbeitsverhältnis (so RAG JW 1930, 2729, 2730 f; BAG NJW 1971, 639, 640; LAG Baden Württemberg BB 1966, 860). Der Einwand, dass die Durchsetzung des Anfechtungsrechts bei eindeutigen Verzichtserklärungen auf Beweisschwierigkeiten stoße (so STAHLHACKE NJW 1968, 580, 581; KRAMER/MARHOLD aaO Rn 154 f), rechtfertigt nicht den Ausschluss der Irrtumsanfechtung. Eine Anfechtung scheidet nach den allgemeinen Grundsätzen des Unterschriftsirrtums nur aus, wenn der Arbeitnehmer das ihm vorgelegte Schriftstück ungelesen unterschreibt, ohne sich **konkrete Vorstellungen** über den Inhalt zu machen. Obwohl die Gerichte häufig von einem solchen Tatbestand ausgehen (vgl zB LAG Düsseldorf BB 1968, 125; ArbG Heilbronn BB 1969, 535; ArbG Gelsenkirchen BB 1967, 999; LAG Hamm DB 1976, 923 f), dürfte gerade dieser Fall an der Realität vorbeigehen (zutr schon SIEGEL AcP 111 [1914] 92; SPELLENBERG, in: FS Ferid 472 und 490 Fn 69). Die Umstände der Unterzeichnung und die äußere Aufmachung der Ausgleichsquittungen (vgl die Formulierungen bei KRAMER/MARHOLD aaO Rn 2; BAG AP Nr 4–6 zu § 4 KSchG 1969; oben Rn 12) legen es im Gegenteil nahe, dass der Unterzeichner von der konkreten Vorstellung beherrscht wird, lediglich den Empfang der Papiere und etwaigen Restlohn zu quittieren (SPELLENBERG, in: FS Ferid 471; TRINKNER BB 1967, 999, 1001; ders BB 1968, 125, 128; CORTS Anm AP Nr 1 zu § 4 TVG Formvorschriften). Folglich sollte er auch wegen Inhaltsirrtums anfechten dürfen.

c)   Sprachbedingte Missverständnisse und Irrtumsanfechtung*
Bei Rechtsgeschäften, die von oder gegenüber **fremdsprachigen Geschäftspartnern** 17
vorgenommen werden, stellt sich bei misslungener sprachlicher Verständigung die Frage, welche Partei das sog „**Sprachrisiko**" zu tragen hat (vgl dazu SPELLENBERG, in:

---

* **Schrifttum:** BLEISTEIN, Die angefochtene Ausgleichsquittung – Arbeitsrechtsklausur, JuS 1970, 406; DROBNIG, Allgemeine Geschäftsbedingungen im internationalen Handelsverkehr, in: FS Mann (1977) 591; FISCHER, Die Blanketterklärung (1975); FISCHER, Die dogmatische Stellung der Blanketterklärung (Diss Bonn 1969); GÖTZ, Zum Schweigen im rechtsgeschäftlichen Verkehr (1968); GRUNSKY, Neue Literatur und Rechtsprechung zum Recht der Allgemeinen Geschäftsbedingungen, JurA 1969, 87; JANCKE, Das Sprachrisiko des ausländischen Arbeitnehmers im Arbeitsrecht (1987); JAYME, Sprachrisiko und internationales Privatrecht beim Bankverkehr mit ausländischen Kunden, in: FS Bärmann (1975) 509; KOCH, Legal aspects of a language policy for the Europeen Communities: Language risks, equal opportunities, and legislating a language, in: COULMAS, A language Policy for the European Community (1991) 147; LINKE, Sonderanknüpfung der Willenserklärung?, ZVR 79 (1980) 1; LOCHER, Zur Anfechtung wegen Irrtums über die Einbeziehungsvoraussetzungen und über den Inhalt einzelner Klauseln in AGB, BB 1981, 818; LOEWENHEIM, Irrtumsanfechtung bei Allgemeinen Geschäftsbedingungen, AcP 180 (1980) 433; MARTINY, Babylon in Brüssel?, ZEuP 1998, 227; MÜLLER, Zu den Grenzen der analogen Anwendbarkeit des § 172 BGB in den Fällen des Blankettmissbrauchs und den sich daraus ergebenden Rechtsfolgen, AcP 181 (1981) 515; REINICKE/TIEDTKE, Die Haftung des Blankettgebers aus dem abredewidrig ausgefüllten Blankett im bürgerlichen Recht, JZ 1984, 550; ROTH/HELMKE, „Diese verflixten allgemeinen Geschäftsbedingungen", Der praktische Fall Zivilrecht, JuS 1977, 243; SCHÄFER, Vertragsschluss unter Einbeziehung von Allgemeinen Geschäftsbedingungen gegenüber Fremdmuttersprachlern, JZ 2003, 879; SCHLECHTRIEM, Das „Sprachrisiko" – ein neues

FS Ferid 463 ff; ders, in: MünchKomm vor Art 11 EGBGB Rn 69 ff; SCHLECHTRIEM, in: FS Weitnauer [1980] 129 ff; DROBNIG, in: FS Mann [1977] 591 ff; JAYME, in: FS Bärmann [1975] 509 ff; JANCKE, Das Sprachrisiko des ausländischen Arbeitnehmers im Arbeitsrecht [1987]; H KOCH, in: COULMAS, A Language policy for the European Community [1991] 147 ff). Die Anwendung deutschen Rechts vorausgesetzt (vgl Art 28 ff EGBGB; das Sprachrisiko folgt der „lex causae" und ist nach hM kein tauglicher Gegenstand einer Sonderanknüpfung, vgl insb LINKE ZVR 79 [1980] 1 ff [23 ff]; s ferner MünchKomm/SPELLENBERG vor Art 11 EGBGB Rn 71; MARTINY ZEuP 1998, 227, 247 f; **aA** JAYME, in: FS Bärmann 514 ff), geht es primär um Fragen des Zugangs (aa) und der Auslegung (bb) von Willenserklärungen. Nur wenn der fremdsprachige Partner das Sprachrisiko trägt, stellt sich bei sprachbedingten Missverständnissen das Problem der Irrtumsanfechtung (cc).

aa) Zugang gem § 130

18 Auszugehen ist von dem Grundsatz, dass das deutsche **Recht keine bestimmte Sprache** vorschreibt, sondern den Gebrauch jeder lebenden und toten Sprache erlaubt (MünchKomm/SPELLENBERG vor Art 11 EGBGB Rn 70). Eine Grenze bildet freilich § 130: Empfangsbedürftige Willenserklärungen erlangen erst Wirksamkeit, wenn sie auch sprachlich dem Adressaten zugegangen sind. **Zugang** setzt voraus, dass sich der Empfänger unter gewöhnlichen Verhältnissen Kenntnis vom Inhalt der Erklärung verschaffen konnte und nach den Gepflogenheiten des Verkehrs von ihm zu erwarten war, dass er sich diese tatsächlich verschaffte (RGZ 142, 402, 407; BGH NJW 1980, 990; FLUME § 14, 3 b; MünchKomm/FÖRSCHLER § 130 Rn 10 mwN). Insofern kann man **bei schriftlich verkörperten Willenserklärungen unter Abwesenden** im Regelfall Zugang annehmen, wenn sich der Absender der **Verhandlungs- und Vertragssprache** bedient (BGHZ 87, 112, 114; OLG Hamm WM 1991, 1460, 1462; LG Köln WM 1986, 821, 822; OLG Bremen WM 1973, 1228, 1229; STAUDINGER/SCHLOSSER [1998] § 2 AGBG Rn 28; krit MünchKomm/SPELLENBERG vor Art 11 EGBGB Rn 99 ff). Wer sich auf eine ihm fremde Sprache als Verhandlungs- und Vertragssprache einlässt, trägt zwangsläufig das Risiko einer gelungenen Verständigung. Das folgt letztlich aus dem Prinzip der Privatautonomie, aber auch aus pragmatisch/ökonomischen Erwägungen. Denn der Fremdsprachler kann jedenfalls eher als sein muttersprachlicher Kontrahent beurteilen, ob die Kenntnisse der fremden Sprache zur Verständigung ausreichen (SCHÄFER JZ 2003, 879, 883). Nicht erforderlich ist eine rechtsgeschäftlich verbindliche Regelung der Vertragssprache. Soweit eine Verhandlungs- und Vertragssprache (noch) nicht existiert, gelten die gleichen Grundsätze. Wer sich bei **Rechtsgeschäften im Inland** der **landesüblichen Sprache** bedient, darf auch im Verkehr mit Ausländern grundsätzlich mit ausreichender Sprachkunde rechnen (vgl auch MEDICUS, AT Rn 296; SCHLECHTRIEM 137; **aA** JANCKE 219). Nur wenn konkrete Anhaltspunkte für mangelnde Sprachkenntnisse des Adressaten sprechen (vgl zB OLG Stuttgart MDR 1964, 412 f; IPrax 1988, 293, 294; OLG Karlsruhe NJW 1972, 2185; LAG Berlin BB 1973, 1030), ist das Vertrauen auf die Möglichkeit zumutbarer Kenntnisnahme nicht gerechtfertigt. Dem Erklärenden grundsätzlich das Sprachrisiko zuzuweisen (so MünchKomm/SPELLENBERG aaO Rn 92) oder ihm eine Erkundigungspflicht aufzuerlegen (so JANCKE 218 ff), geht hingegen zu

---

Problem?, in: FS Weitnauer (1980) 129; SCHMIDT, Grundlagen und Grundzüge der Inzidentkontrolle allgemeiner Geschäftsbedingungen nach dem AGB-Gesetz, JuS 1987, 929; SIEGEL, Die Blanketterklärung (1908); TIL-

MANN, Das AGB-Gesetz und die Einheit des Privatrechts, ZHR 142 (1978) 52; WURM, Blanketterklärung und Rechtsscheinhaftung, JA 1986, 577.

weit, da dadurch die Verkehrssicherheit beeinträchtigt und berechtigtes Vertrauen des Absenders enttäuscht würde. Insofern besteht auch nicht die Obliegenheit, eine Übersetzung rechtsgeschäftlicher Erklärungen zur Verfügung zu stellen. Es ist vielmehr dem Adressaten zuzumuten, sich selbst die erforderliche Übersetzung zu beschaffen (BGHZ 87, 112, 114 f; BGH NJW 1995, 190; OLG Bremen WM 1973, 1228, 1230; OLG Frankfurt aM WM 1984, 962; OLG Hamm WM 1991, 1460, 1462; LG Memmingen NJW 1975, 452, 453; LG Köln WM 1986, 821, 822; SOERGEL/HEFERMEHL § 130 Rn 8; MünchKomm/FÖRSCHLER § 130 Rn 19). Bei fristgebundenen Willenserklärungen wie zB einer Kündigung ist zwar zu bedenken, dass die Beschaffung einer Übersetzung je nach Umfang und Schwierigkeit des Textes Zeit in Anspruch nehmen kann. Würde man aber hier den Zugang um unbestimmte Zeit verschieben, wäre die Rechtssicherheit erheblich beeinträchtigt. Die gesetzlichen Fristen sind denn auch regelmäßig so bemessen, dass keine zusätzliche Frist für den Zugang angesetzt werden muss (aA LAG Hamm NJW 1979, 2488; SOERGEL/HEFERMEHL aaO, vgl dazu auch § 130 Rn 72).

Bei der Einbeziehung von **Allgemeinen Geschäftsbedingungen** gem § 305 Abs 2 Nr 2 BGB gelten im Wesentlichen die gleichen Grundsätze. Ist Verhandlungs- und Vertragssprache deutsch, werden deutschsprachige AGB bei **Inlandsgeschäften** auch gegenüber sprachunkundigen Ausländern Vertragsbestandteil (BGHZ 87, 112, 114 f; OLG Bremen WM 1973, 1228, 1229; WOLF/LINDACHER, AGBG § 2 Anh Rn 43). Im Regelfall darf der Verwender davon ausgehen, dass der Kunde die **Inlandssprache** versteht und sich gegebenenfalls der Hilfe eines Übersetzers bedient (WOLF/LINDACHER aaO; enger MünchKomm/SPELLENBERG Art 31 EGBGB Rn 42: nur AGB in der Verhandlungssprache). Die Vermutung zu erwartender Sprachkenntnis ist aber widerleglich: Wer auf einer Messe mit einem des Deutschen erkennbar nicht mächtigen Portugiesen auf Englisch verhandelt, darf nicht darauf vertrauen, dass dieser deutsche AGB zur Kenntnis nimmt (OLG Stuttgart IPrax 1988, 293, 294; ebenso OLG München/Augsburg NJW 1974, 2181). Bei **internationalen Distanzgeschäften** darf man nicht generell voraussetzen, dass der Kunde die Sprache des Verwenders versteht. Immerhin ist die Vermutung gerechtfertigt, dass der Geschäftspartner seine Muttersprache, die Verhandlungssprache und – jedenfalls im kaufmännischen Verkehr – eine in seinem Kulturkreis gebräuchliche Weltsprache beherrscht (MünchKomm/SPELLENBERG Art 31 Rn 40 f; WOLF/LINDACHER Anh § 2 Rn 40; MARTINY ZEuP 1998, 249; OLG Hamburg NJW 1980, 1232, 1233; OLG Koblenz IPrax 1988, 46, 48; OLG Karlsruhe DZWiR 1994, 70, 71; einschränkend OLG Hamm NJW-RR 1996, 1271, 1272 – Rückfrage). Streitig ist aber, ob AGB in der von der Verhandlungssprache abweichenden **Vertragssprache** wirksam einbezogen werden können. Die überwiegende Meinung verneint dies zu Recht, weil die Konfrontation mit AGB in einer anderen Sprache als der Verhandlungssprache für den Geschäftspartner überraschend ist und der Verwender gerade nicht darauf vertrauen darf, dass der Kunde eine andere als die Verhandlungssprache versteht (zutr DROBNIG, in: FS Mann [1977] 591, 595; MünchKomm/SPELLENBERG Art 31 Rn 42; ULMER/H SCHMIDT, AGBG Anh § 2 Rn 18; WOLF/LINDACHER, AGBG Anh § 2 Rn 42; OLG Saarbrücken NJW 1953, 1832, 1833; OLG Düsseldorf AWD 1974, 103; OLG Karlsruhe NJW 1972, 2185; OLG Frankfurt aM RIW/AWD 1976, 532, 533; OLG Stuttgart IPrax 1988, 293, 294; aA STAUDINGER/SCHLOSSER [1998] § 2 AGBG Rn 28 a: Verhandlungs- oder Vertragssprache; vgl auch CANARIS, Bankvertragsrecht[2] Rn 2508 f und 2514 f). – Zur Anfechtung beim Irrtum über die Einbeziehung und den Inhalt von Allgemeinen Geschäftsbedingungen s allg unten Rn 23 ff.

Bei **mündlichen Erklärungen unter Anwesenden** trägt nach der im älteren Schrifttum herrschenden Vernehmungstheorie der Erklärende das Sprachrisiko (FLUME § 14, 3 f; STAUDINGER/COING[11] Rn 12). Dieser Theorie ist jedoch mit einer im Vordringen begriffenen Ansicht nicht zu folgen, da sie die Interessen des Erklärenden, insbesondere sein **Vertrauen** auf eine gelungene Verständigung, nicht ausreichend berücksichtigt. Wie bei Erklärungen unter Abwesenden ist vielmehr darauf abzustellen, ob der sich sprachlich und akustisch deutlich ausdrückende Erklärende davon ausgehen konnte, dass der Empfänger ihn richtig verstanden hat (LARENZ, AT § 21 II c; SOERGEL/HEFERMEHL § 130 Rn 21; ERMAN/PALM § 130 Rn 18; vgl dazu unten § 130 Rn 16). Das Risiko einer **nicht erkennbaren Sprachunkenntnis** des ausländischen Geschäftspartners braucht der Erklärende nicht zu tragen (MünchKomm/SPELLENBERG vor Art 11 EGBGB Rn 93; aA MünchKomm/FÖRSCHLER § 130 Rn 20). Entscheidend ist, wie sich der Geschäftspartner präsentiert. Wenn der Partner kein Wort deutsch versteht und nur radebrecht, darf man nicht darauf vertrauen, verstanden zu werden (MünchKomm/ SPELLENBERG vor Art 11 EGBGB Rn 98; OLG Stuttgart IPrax 1988, 293, 294). Bei Ausländern, die längere Zeit in Deutschland leben, besteht aber eine – widerlegbare (vgl LAG Berlin BB 1973, 1030; OLG München/Augsburg NJW 1974, 1659, 1660) – Vermutung genügender Sprachkenntnisse (MünchKomm/SPELLENBERG aaO Rn 95; s a MEDICUS, AT Rn 296).

bb) Auslegung

21 Während der Zugang das Sprachrisiko beim Verstehen fremder Willenserklärungen regelt, betrifft die Frage, ob sprachunkundige Personen eigene Willenserklärungen wirksam abgeben, eine solche der **Auslegung**. Nach allgemeinen Auslegungsgrundsätzen gem §§ 133, 157 liegt keine gültige Willenserklärung vor, wenn der Empfänger erkennt oder erkennen muss, dass der Geschäftspartner wegen mangelnder Sprachkenntnisse den Inhalt seiner Erklärung nicht durchschaut (JAYME, in: FS Bärmann [1975] 509, 518; MünchKomm/SPELLENBERG vor Art 11 EGBGB Rn 78 ff). Es gelten also bei der Auslegung die gleichen Maßstäbe wie beim Zugang (oben Rn 18).

22 Hauptanwendungsfall ist die Unterzeichnung von **Ausgleichsquittungen** (oben Rn 14 ff) durch sprachunkundige Ausländer (vgl dazu SCHAUB § 72 II 4; SPELLENBERG, in: FS Ferid [1988] 463 ff [470]). Nach der hier vertretenen Auffassung darf der Arbeitgeber ohne deutlichen Hinweis auf den wirklichen Inhalt von Ausgleichsquittungen nicht annehmen, dass Arbeitnehmer auf Forderungen oder die Erhebung der Kündigungsschutzklage verzichten wollen (oben Rn 15). Erst recht gilt dies, wenn ausländischen Arbeitnehmern Ausgleichsquittungen zur Unterschrift vorgelegt werden, obwohl diese erkennbar sprachunkundig sind (vgl die Fälle LAG Baden-Württemberg BB 1966, 860 und DB 1967, 867 und DB 1971, 245; ArbG Gelsenkirchen BB 1967, 999; ArbG Heilbronn BB 1969, 535; LAG Frankfurt BB 1975, 562; aA LAG Berlin AP § 4 TVG Nr 1 m abl Anm CORTS; LAG Düsseldorf/Köln BB 1968, 125; vgl auch TRINKNER BB 1967, 999, 1000; ders BB 1968, 125, 127; STAHLHACKE NJW 1968, 580, 582). Einer besonderen **Fürsorgepflicht** des Arbeitgebers bedarf es hier nicht (zutr TRINKNER BB 1968, 127).

23 Die vorstehend dargelegten Auslegungsgrundsätze gelten allerdings nicht, wenn sich der Ausländer eines **Dolmetschers** oder sonstiger sprachkundiger Hilfspersonen bedient (BGH NJW 1995, 190; LG Memmingen NJW 1975, 451, 452; MünchKomm/SPELLENBERG vor Art 11 EGBGB Rn 87). Wer in Begleitung eines Dolmetschers zur Vertragsunterzeichnung erscheint, muss sich die Vertragsbedingungen notfalls übersetzen lassen (BGH NJW 1995, 190). Etwaiges Fehlverhalten der Hilfsperson ist der sprachunkundigen Partei zuzurechnen (OLG Bremen WM 1973, 1228, 1229).

cc) Anfechtung

Für eine Anfechtung bleibt in all jenen Fällen Raum, in denen der Sprachunkundige **24** das Sprachrisiko zu tragen hat. Das trifft insbesondere zu, wenn dieser trotz bestehender Obliegenheit die Hilfe eines Dolmetschers nicht in Anspruch genommen hat. Wer die Möglichkeit von Übersetzungshilfen nicht nutzt, steht nach zutreffender Auffassung des BGH demjenigen gleich, der eine Urkunde unterschrieben hat, ohne sich über ihren Inhalt Gewissheit verschafft zu haben (BGH NJW 1995, 190, 191; OLG München WM 1988, 1408, 1409). Es gelten also die Regeln des **Unterschriftsirrtums** (oben Rn 9 ff). Eine Anfechtung kommt daher nicht in Betracht, wenn ganz allgemein behauptet wird, den Text einer Vertragsurkunde nicht verstanden zu haben, wohl aber, wenn sich der Unterzeichnende vom Inhalt des Schriftstücks eine **bestimmte**, und, wie sich später herausstellt, **unrichtige Vorstellung** gemacht hat (oben Rn 10–12). Wer zB ein Bürgschaftsformular unterzeichnet in der Annahme, eine rechtsgeschäftliche Erklärung bezüglich eines Sparguthabens abzugeben, unterliegt einem gem § 119 Abs 1 Fall 1 relevanten Inhaltsirrtum (BGH NJW 1995, 191). Davon abgesehen berechtigt natürlich auch ein Irrtum über die Bedeutung fremdsprachiger Ausdrücke ebenso wie das Missverständnis deutschsprachiger Texte zur Anfechtung. Wer also zB glaubt, der norwegische Ausdruck für Haifischfleisch „Haakjöringsköd" bedeute Walfischfleisch (vgl RGZ 99, 147, 148), kann wegen Inhaltsirrtums anfechten (bei beiderseitigem Irrtum – wie im Originalfall RGZ 99, 147 – handelt es sich freilich um eine unschädliche Falschbezeichnung).

Für Personen, die des Lesens nicht mächtig sind, gelten die gleichen Grundsätze. **25** **Analphabeten** müssen sich notfalls der Hilfe anderer Personen bedienen, um sich Kenntnis vom Inhalt der unterschriebenen Urkunde zu verschaffen (OLG Karlsruhe VersR 1983, 169, 170). Unabhängig davon besteht aber ein Anfechtungsrecht, wenn sie sich vom Inhalt der Urkunde konkrete und unrichtige Vorstellungen gemacht haben.

d) Irrtum über allgemeine Geschäftsbedingungen

Hinsichtlich der Irrtumsanfechtung von allgemeinen Geschäftsbedingungen (eingehend LOEWENHEIM AcP 180 [1980] 433 ff) bestehen ebenfalls Parallelen zum Unterschriftsirrtum. Zu unterscheiden sind der Irrtum über die Einbeziehung von AGB und der Irrtum über deren Inhalt. Weiß der Kunde, dass dem Vertrag AGB zugrunde liegen, kommt ein **Irrtum über den Inhalt einzelner Klauseln** nur in Betracht, wenn sich dieser konkrete Fehlvorstellungen über den Inhalt gemacht hat. Sofern der Kunde die AGB nicht oder nur flüchtig gelesen hat und später von ihrem Inhalt überrascht wird, liegt tatbestandlich kein Irrtum vor (LG Mannheim DB 1956, 304; LOEWENHEIM 444; LOCHER BB 1981, 818, 819; E SCHMIDT JuS 1987, 929, 932; GÖTZ, Schweigen 129 f; ERMAN/PALM Rn 36; MEDICUS, AT Rn 419). In der Tat verhält es sich hier wie beim Unterschriftsirrtum, wo der Vertragstext „tel quel" akzeptiert wird. Auch ungelesene AGB akzeptiert der Kunde so, wie sie nun einmal sind. Eine Divergenz zwischen Wille und Erklärung besteht hier nicht. Macht sich hingegen der Kunde **konkrete Fehlvorstellungen**, etwa weil er einzelne Klauseln inhaltlich missversteht, die Bedingungen irrtümlich von früher her zu kennen glaubt oder der Verwender sie zwischenzeitlich geändert hat, liegen die tatbestandlichen Voraussetzungen eines Irrtums vor. Eine Irrtumsanfechtung soll aber im Fall inhaltlicher Fehlinterpretation daran scheitern, dass ein unbeachtlicher Rechtsfolgeirrtum über bloße Nebenwirkungen der Willenserklärung vorliegt (LOEWENHEIM 445). Dem ist nicht zu folgen.

Beruht die Geltung von AGB, wie dies § 305 Abs 2 unmissverständlich klarstellt, auf rechtsgeschäftlichen Einbeziehungsvoraussetzungen, handelt es sich um einen beachtlichen Irrtum über die zum Inhalt der Willenserklärung gehörenden Rechtsfolgen. Ein Rechtsfolgeirrtum berechtigt nur dann nicht zur Anfechtung, wenn die ungewollte Rechtsfolge bloß mittelbare Folge eines Rechtsgeschäfts ist, ihren Geltungsgrund aber heteronomer Rechtssetzung verdankt (grd RGZ 88, 278, 284; FLUME, AT § 23, 4 d = S 465; LARENZ, AT § 20 II a). AGB-Klauseln sind jedoch autonomes Recht (CANARIS, Vertrauenshaftung 215; GRUNSKY JurA 1969, 87, 88; ULMER/BRANDNER/HENSEN § 2 AGBG Rn 62).

27 Ein Teil des Schrifttums hält die Anfechtung wegen Irrtums über allgemeine Geschäftsbedingungen generell für unzulässig, weil der Kunde durch Einbeziehungs- und Inhaltskontrolle gem §§ 305 f und 307 ff ausreichend geschützt sei und **die normativen Wertungen des AGB-Rechts** nicht durch Anfechtung wieder in Frage gestellt werden dürften (so im Kern übereinstimmend ROTH/HELMKE JuS 1977, 243, 247; TILMANN ZHR 142 [1978] 52, 61; E SCHMIDT JuS 1987, 929, 932). Die Beachtung der gesetzlichen Kautelen bei der Einbeziehung und Inhaltskontrolle von Allgemeinen Geschäftsbedingungen ändern jedoch nichts am rechtsgeschäftlichen Geltungsgrund der Klauseln. Es liegt in der Konsequenz der Privatautonomie und des geltenden Irrtumsrechts, dass auch angemessene Verträge und Klauseln nicht gegen den Willen des Einzelnen durchgesetzt werden können (MEDICUS, AT Rn 419). Auch wenn die zumutbare Möglichkeit bestanden hat, vom genauen Inhalt der AGB Kenntnis zu nehmen, und aufgetretene Missverständnisse gem § 305c nicht dem Verwender, sondern dem Kunden zur Last fallen (E SCHMIDT JuS 1987, 932; krit ULMER/BRANDNER/HENSEN, AGBG Einl Rn 26 Fn 47), ändert dies nichts am Bestehen des – verschuldensunabhängigen – Anfechtungsrechts. Es stellt keine Besonderheit des AGB-Rechts dar, dass das Ergebnis wertender Zurechnung (ROTH/HELMKE JuS 1977, 247) bei widersprechendem Individualwillen im Wege der Anfechtung wieder beseitigt wird (zu der überholten Unterwerfungstheorie bei Allgemeinen Geschäftsbedingungen CANARIS, Vertrauenshaftung 215).

28 Dennoch dürfte nur in den seltensten Fällen eine Anfechtung erfolgreich sein. Der Anfechtungsberechtigte muss gem § 119 Abs 1, letzter HS darlegen und **beweisen**, dass er „bei Kenntnis der Sachlage und verständiger Würdigung des Falles" die Willenserklärungen nicht abgegeben haben würde. Das dürfte im allgemeinen schon schwer fallen, weil der Kunde meist nur durch Parteivernehmung gem § 448 ZPO den Irrtum beweisen kann und diese nur zulässig ist, wenn zumindest eine gewisse Wahrscheinlichkeit für die Behauptung spricht (ZÖLLER/GREGER, ZPO § 448 Rn 2 und 4; LOEWENHEIM AcP 180 [1980] 453 Fn 79, BLEISTEIN JuS 1970, 406, 409). Bei branchenüblichen AGB-Klauseln ist der Beweis nahezu unmöglich, da nachgewiesen werden müsste, dass sich entweder der Verwender auf Änderungswünsche eingelassen oder der Kunde auf den Vertragsschluss verzichtet hätte (vgl CANARIS, Vertrauenshaftung 216; STAUDINGER/SCHLOSSER [1998] § 2 AGBG Rn 38; GRUNSKY JurA 1969, 87, 90).

29 Auch bei einem **Irrtum über die Einbeziehung von AGB** dürfte in den seltensten Fällen ein Anfechtungsrecht durchgreifen. Ein Urteil des Reichsgerichts aus dem Jahre 1901 betraf einen Fall, in dem ein Kunde die auf der Rückseite eines Bestellformulars abgedruckte Gerichtsstandsvereinbarung nicht zur Kenntnis genommen hatte (RGZ 48, 218). Es ist extrem unwahrscheinlich und daher auch kaum zu beweisen, dass der Kunde bei Kenntnis der – nebensächlichen – Prorogation keinen Kaufvertrag abgeschlossen hätte. Zugleich liegt darin der Hauptgrund, warum die vom Reichsgericht (RGZ 48, 218, 220 f) noch ohne Umschweife bejahte Anfechtung wegen Irrtums über die Einbeziehung von AGB in der Praxis kaum eine Rolle spielt. Davon abgesehen scheitert eine Anfechtung häufig daran, dass es am **Tatbestand eines Irrtums** fehlt. Wer ein Bestellformular unterzeichnet, ohne dies genau durchzulesen und deshalb den Hinweis auf die AGB des Verwenders übersieht, akzeptiert den Vertrag „tel quel" (oben Rn 10; aA aber GRUNSKY JurA 1969, 89). Allerdings gilt dies nicht generell. Beruht der Irrtum nicht auf flüchtigem Lesen, sondern zB darauf, dass ein Aushang am Ort des Vertragsschlusses übersehen wurde (§ 305 Abs 2 Nr 1; vgl auch STAUDINGER/SCHLOSSER [1998] § 2 AGBG Rn 38), dann ist dies kein Fall, in dem der Kunde bewusst ein Risiko über den genauen Inhalt des Vertrags eingegangen ist. Ein Irrtum kann hier folglich nicht mit der Begründung verneint werden, das Gewollte richte sich nicht auf die „Nichteinbeziehung" der AGB (so aber LOEWENHEIM 442). Es muss vielmehr genügen, dass der Kunde von einem Vertrag ohne Einbeziehung von AGB ausgegangen ist. Ein Inhaltsirrtum liegt auch vor, wenn der Kunde aufgrund eines Rechtsirrtums nicht erkennt, dass sein Verhalten als stillschweigendes Einverständnis mit AGB gewertet wird. Das kommt etwa bei ausländischen Kunden in Betracht, wenn nach ihrem Heimatrecht strengere Einbeziehungsvoraussetzungen gelten (vgl den Fall BGH NJW 1971, 2126). Eine Anfechtung findet hier dennoch kaum statt, weil sie regelmäßig an der fehlenden Kausalität des Irrtums für den Vertragsschluss scheitern dürfte.

Ein **Anfechtungsrecht des Verwenders**, der irrtümlich von der Einbeziehung seiner **30** AGB ausgeht, ist grundsätzlich ausgeschlossen. Die Rechtsfolgen gescheiterter Einbeziehung ergeben sich ausschließlich aus § 306 (PALANDT/HEINRICHS Rn 9; ULMER/BRANDNER/HENSEN, AGBG [8. Aufl 1997] Rn 62). Sofern sich der Verwender über den Inhalt einzelner Klauseln irrt, besteht zwar die Möglichkeit der Anfechtung wegen Inhaltsirrtums (aA LOEWENHEIM 447 f; MEDICUS, AT Rn 420: Rechtsfolgeirrtum als Motivirrtum), aber dennoch dürfte auch hier der Sinn des § 306 einer Anfechtung des Rechtsgeschäfts im Wege stehen. Danach muss der Wille des Verwenders, den Vertrag nur unter Zugrundelegung seiner AGB zu schließen, gegenüber dem Interesse des Kunden am Bestand des Vertrages zurückstehen (ähnl MEDICUS, AT Rn 420).

e) **Blankettmissbrauch**
Häufig wird im Zusammenhang mit dem „Unterschriftsirrtum" die Einstandspflicht **31** für **missbräuchlich ausgefüllte Blanketterklärungen** diskutiert (vgl MünchKomm/KRAMER § 119 Rn 43; PALANDT/HEINRICHS § 119 Rn 10; zur Blanketterklärung vgl aus neuerer Zeit G MÜLLER AcP 181 [1981] 515 ff; G FISCHER, Die Blanketterklärung [1975]; P FISCHER, Die dogmatische Stellung der Blanketterklärung [Diss Bonn 1969]; WURM JA 1986, 577 ff; CANARIS, Die Vertrauenshaftung im deutschen Privatrecht [1971] 54 ff; KINDL, Rechtsscheintatbestände und ihre rückwirkende Beseitigung [1999]). Die Parallelen sind augenscheinlich, weil der Unterzeichner in beiden Fällen bewusst das Risiko eingeht, dass der Inhalt der Erklärung seinem Willen und seinen Vorstellungen nicht entspricht. Es bestehen aber auch Unterschiede. So lässt sich die Haftung des Blankettausstellers bei abredewidriger Ausfüllung nicht rechtsgeschäftlich begründen (so zB P FISCHER 161 ff), sondern lediglich mit dem vom Aussteller zurechenbar geschaffenen **Rechtsschein** (BGHZ 40, 65, 67; 40, 297, 304; 113, 48, 54; BGH WM 1973, 750, 751; CANARIS, Vertrauenshaftung 54 ff; G FISCHER 82). Bei der „verdeckten" Ausfüllung wird der Rechtsschein erzeugt, dass eine

Willenserklärung des Ausstellers und Botenmacht des Überbringers vorliegt (CANARIS 65), bei der „offenen" Ausfüllung, dass der Blankettinhaber zur Ausfüllung befugt ist (CANARIS 57 f). Die Befugnis des Blankettinhabers, Rechtswirkungen für und gegen den Unterzeichnenden herbeizuführen, lässt sich zwar nicht als rechtsgeschäftliche Vertretungsmacht einordnen, kommt dieser aber so nahe, dass Stellvertretungsrecht analog anzuwenden ist (so CANARIS 56 ff; zust G MÜLLER AcP 181 [1981] 521 ff; KINDL 137; aA SIEGEL, Die Blanketterklärung [1908] 46; KOPPENSTEINER RdA 1974, 313, 314: § 120 analog). Daraus folgt zum einen, dass ein **Irrtum des Ausfüllenden** analog § 166 Abs 1 zur Anfechtung berechtigt (FLUME § 22, 2 c; MünchKomm/KRAMER Rn 43 Fn 91). Beim Missbrauch der Ausfüllungsbefugnis haftet zum anderen der Aussteller für den zurechenbar hervorgerufenen Rechtsschein entsprechend den für die Vollmachtskundgabe geltenden §§ 171 ff. Der Erteilung eines Blanketts entspricht, wenn der Geschäftsherr einem Angestellten **Postkarten mit aufgedruckter Firma** (RGZ 105, 183) oder mit **Faksimile-Stempel** (BGHZ 21, 122, 128) überlässt. Dagegen begründet eine blanko geleistete **„Oberschrift"** (BGHZ 113, 48, 54) nicht den Rechtsschein, dass die darunter stehende Erklärung vom Aussteller stammt. Eine Rechtsscheinhaftung bei formnichtigen **Blankett-Bürgschaften** scheitert idR daran, dass der Gläubiger den Mangel kennt (BGHZ 132, 119, 128).

32 Eine **Irrtumsanfechtung** kommt beim Blankettmissbrauch grundsätzlich nicht in Betracht (FLUME, AT § 23 2 c = S 455; CANARIS aaO 60; WURM JA 1986, 577, 580; KINDL 136 ff; aA RGZ 105, 183, 185; REINICKE/TIEDTKE JZ 1984, 550, 552; G FISCHER 83 ff; SIEGEL 46 ff; vgl auch OLG Hamm WM 1984, 829). Zwar treten beim Blankettmissbrauch ungewollte Rechtsfolgen in Kraft, aber diese beruhen nicht auf einem unbewussten Auseinanderfallen von Wille und Erklärung. Wer ein Blankett ausstellt, weiß, dass dieses beliebig ausgefüllt werden kann. Die Erwartung, der Blankettnehmer werde sich an die ihm auferlegten Beschränkungen halten, ist als bloßes Motiv unbeachtlich (CANARIS 60; WURM JA 1986, 580; G MÜLLER AcP 181 [1981] 540). Der Rechtsschein beim Blankettmissbrauch ähnelt dem Rechtsschein bei Vertretung ohne Vertretungsmacht, wenn der Vertreter extern bevollmächtigt wurde oder im Besitz einer Urkunde ist (§ 171f). Auch hier haftet der Hintermann, ohne sich auf Willensmängel berufen zu können (vgl BGHZ 40, 65, 68; 40, 297, 305, wo – etwas ungenau – der Rechtsgedanke von § 172 Abs 2 anstatt von Abs 1 herangezogen wird; krit CANARIS, Vertrauenshaftung 58 Fn 16). Die strenge Erfüllungshaftung hat ihren Grund in den erhöhten Zurechnungsmöglichkeiten, die bewusstes Schaffen eines Rechtsscheins bietet (CANARIS 106 f; SINGER 115). Grenzen der Rechtsscheinhaftung bestehen – entsprechend dem Rechtsgedanken des § 173 – bei Bösgläubigkeit des Geschäftspartners (BGH NJW 1984, 798). Bei unüblichen und ungewöhnlichen Geschäften darf der Geschäftspartner daher nicht auf die Legitimation des Blankettnehmers vertrauen (CANARIS 59 und 66; FLUME aaO). Im Wertpapierverkehr haftet der Aussteller eines Blanketts kraft ausdrücklicher Bestimmung gem Art 10 WG bzw Art 13 ScheckG gegenüber gutgläubigen Erwerbern (HUECK/CANARIS, Recht der Wertpapiere[12] § 10 IV 2 = S 123 mwN).

III. Erklärungsirrtümer gem § 119 Abs 1

33 § 119 Abs 1 regelt zwei Irrtumsarten, die den **Erklärungsvorgang** betreffen. Anfechten kann, wer „bei der Abgabe einer Willenserklärung über den Inhalt im Irrtum war" oder „eine Erklärung dieses Inhalts überhaupt nicht abgeben wollte". Der erste Fall ist dadurch gekennzeichnet, dass die Erklärung einen anderen Inhalt hat als der Erklärende glaubt. Man bezeichnet ihn daher als **Inhaltsirrtum**, seltener als Bedeutungsirrtum (LARENZ/WOLF § 36 Rn 18). § 119 Abs 1, 2. Fall betrifft einen **Irrtum in der Erklärungshandlung**. Das sind Tatbestände, bei denen der Erklärende versehentlich andere Worte oder Zeichen verwendet als von ihm beabsichtigt war (LARENZ § 20 II a; FLUME § 21, 3). Manche bezeichnen den Irrtum in der Erklärungshandlung auch als **Erklärungsirrtum** – ein Begriff, den LARENZ für die Kennzeichnung beider Fälle des § 119 Abs 1 reservieren möchte (AT S 371) – oder als **Irrung**.

1. Irrtum in der Erklärungshandlung

a) Ungewollte Bedeutungszeichen: Versprechen, Vergreifen, Verschreiben

Irrtümer in der Erklärungshandlung beziehen sich auf die verwendeten Worte oder Zeichen (oben Rn 6). Es handelt sich in erster Linie um die Fälle des **Versprechens, Verschreibens und Vergreifens.** So verhält es sich, wenn der Verkäufer sich vertippt und statt für 154 für 145 € anbietet oder ein 2 €-Stück anstatt eines 1 €-Stücks herausgibt (SOERGEL/HEFERMEHL Rn 11; MEDICUS, AT Rn 746). Wer bei einer **Abstimmung** mit „Ja" stimmen will und versehentlich eine ungültige Stimme abgibt, unterliegt einem Irrtum in der Erklärungshandlung (BayObLGZ 2000, 66, 69). Ein vergleichbarer Fall ist die unrichtige Übermittlung durch einen **Boten**, da dieser wie ein Erklärungswerkzeug eingesetzt wird (BROX, AT Rn 416; näher § 120 Rn 1). Bei Abweichungen von der zu übermittelnden Erklärung werden aus der Sicht des Auftraggebers ungewollte Erklärungszeichen gesetzt. Ähnlich liegt der Fall, in dem die Hilfsperson nicht selbst übermittelt, sondern nur bei der Herstellung der verkörperten Willenserklärung beteiligt ist wie zB die Sekretärin, die das Diktat falsch versteht oder sich an den Auftrag falsch erinnert (LARENZ/WOLF § 36 Rn 20). Auch hier führt der Fehler der Hilfsperson zu einem Erklärungsirrtum gem § 119 Abs 1, 2. Fall, da die abgegebenen Erklärungszeichen nicht dem Willen des Erklärenden entsprechen. Übermittelt der rechtsgeschäftliche **Vertreter** falsch, gilt nicht § 120, sondern § 166 Abs 1. Es kann also entsprechend den allgemeinen Regeln der §§ 119 ff angefochten werden, wenn *diesem* ein Irrtum unterlief (LARENZ/WOLF § 36 Rn 22; STAUDINGER/SCHILKEN [1995] § 166 Rn 12) oder wenn bei der Vollmachtserteilung ein Willensmangel aufgetreten ist (vgl näher STAUDINGER/SCHILKEN [1995] § 167 Rn 77 ff). Um einen Motivirrtum des Verkäufers handelt es sich aber, wenn ein Ladenangestellter das **Preisschild** falsch abliest (ebenso HABERSACK JuS 1992, 548, 551; aA LG Hannover MDR 1981, 579; LG Hamburg NJW-RR 1986, 156; LARENZ/WOLF § 36 Rn 20; für entspr Anw des § 119 Abs 1, 2. Alt auch PALANDT/HEINRICHS § 119 Rn 10). Der Irrtum ist zwar äußerlich nahe bei der Erklärungshandlung, aber die Grenzlinie verläuft nun einmal beim Erklärungsvorgang selbst, der beim Ablesen des Preisschildes noch nicht begonnen hat (iE richtig LG Hamburg NJW-RR 1986, 156). Allerdings dürfte der Käufer zumeist die Preisauszeichnung kennen, so dass ein beachtlicher (externer) **Kalkulationsirrtum** vorliegt. Sofern nämlich der Käufer das eigentlich Gewollte erkennt, kann durch Auslegung der richtige Preis bestimmt werden (zutr MEDICUS, AT Rn 758; unten Rn 54). Die Unterscheidung zwischen Geschäftswille und Motiv kann hier ausnahmsweise vernachlässigt werden, da der eingeweihte Käufer kein schutzwürdiges Interesse an dieser formalen Abgrenzung hat (ebenso iE LG Hamburg aaO). Entnimmt der Verkäufer den Preis einer veralteten (internen) **Preisliste**, liegt dagegen ein einseitiger und daher unbeachtlicher Motivirrtum vor (LG Bremen NJW 1992, 915; HABERSACK JuS 1992, 548; MEDICUS, AT Rn 762; PALANDT/HEINRICHS § 119 Rn 10). Die Abgrenzung zwischen Verlesen und Verschreiben verliert in solchen Grenzfällen zwar an sachlicher Überzeugungskraft, liegt aber in der Konsequenz der Unterscheidung von Motiv- und Erklärungsirrtum, die wiederum aus Rechtssicherheitsgründen auch in Grenzsituationen nicht aufgeweicht werden sollte (allg FLUME § 23, 2 a = S 451; für entspr Anw des § 119 Abs 1, 2. Alt aber PALANDT/HEINRICHS § 119 Rn 10). Zur Anfechtung beim Kalkulationsirrtum ausf unten Rn 51 ff.

b) Irrtümer bei elektronischen und automatisierten Erklärungen*

35 Abgrenzungsfragen stellen sich auch bei Irrtümern, die bei der Herstellung elektronischer und automatisierter Willenserklärungen vorkommen (ausf KÖHLER AcP 182 [1982] 126, 134 ff). Falls sich der Kunde bei Abgabe einer elektronischen Willenserklärungen mit der Maustaste „verklickt" hat, handelt es sich zumeist um einen **Erklärungsirrtum** gemäß § 119 Abs 1 Fall 2 (vgl zB OLG Nürnberg MMR 2003, 183, 184: Ankauf von 150 statt 15 Aktien; vgl dazu BALZER WM 2001, 1533, 1538; ders EWiR 2003, 403 f; ESCHER WuB I G 2.-2.01; HELD EWiR 2003, 57 f; unten Rn 41), seltener um Fälle, in denen das Erklärungsbewusstsein oder gar der Handlungswille fehlt (Bsp schildert CZEGUHN JA 2001, 708). Da Missverständnisse wegen der Anonymität der Vertragsschlusssituation nicht sofort aufgeklärt werden können, besteht für den Kunden ein erhöhtes Schutzbedürfnis. § 312e Abs 1 verpflichtet daher den Unternehmer beim Vertragsschluss im elektronischen Geschäftsverkehr, „angemessene, wirksame und zugängliche **technische Mittel** zur Verfügung zu stellen, mit deren Hilfe der Kunde Eingabefehler vor Abgabe seiner Bestellung erkennen und berichtigen kann" (zum Anwendungsbereich der Vorschrift vgl LORENZ/RIEHM Rn 138). Über die Handhabung dieser

---

* **Schrifttum:** BRAUNER, Das Erklärungsrisiko beim Einsatz von elektronischen Datenverarbeitungsanlagen (1988); BREHM, Zur automatisierten Willenserklärung, in: FS Niederländer (1991) 233; BULTMANN-RAHN, Rechtliche Fragen des Teleshopping, NJW 1988, 2432; CLEMENS, Die elektronische Willenserklärung, NJW 1985, 1998; CZEGUHN, Vertragsschluss im Internet, JA 2001, 708; DAUMKE, Rechtsprobleme der Telefaxübermittlung, ZIP 1995, 722; DÖRNER, Rechtsgeschäfte im Internet, AcP 202 (2002) 363; EBNET, Die Entwicklung des Telefax-Rechts seit 1992, JZ 1996, 507; FRITSCHE-MALZER, Ausgewählte zivilrechtliche Probleme elektronisch signierter Willenserklärungen, DNotZ 1995, 3; GILLES, Recht und Praxis des Telemarketing, NJW 1988, 2423; GROSSFELD, Computer und Recht, JZ 1984, 696; HEUN, Die elektronische Willenserklärung, CR 1994, 595; KÖHLER, Die Problematik automatisierter Rechtsvorgänge, insbesondere von Willenserklärungen, AcP 182 (1982) 126; ders, Rechtsgeschäfte mittels Bildschirmtext, in: HÜBNER ua, Rechtsprobleme des Bildschirmtextes (1986) 51; KÖHLER/ARNDT, Recht des Internet (2. Aufl 2000); KUHN, Rechtshandlungen mittels EDV und Telekommunikation (1991); LÖHNIG, Irrtumsrecht nach der Schuldrechtsmodernisierung, JA 2003, 516; PAEFGEN, Bildschirmtext aus zivilrechtlicher Sicht. Die elektronische Anbahnung und Abwicklung von Verträgen (1988); ders, Forum: Bildschirmtext – Herausforderung zum Wandel der allgemeinen Rechtsgeschäftslehre?, JuS 1988, 592; PLATH, Zu den rechtlichen Auswirkungen betrieblicher Rationalisierungsmaßnahmen im Versicherungswesen (Diss Hamburg 1967); SCHMIDT, Rationalisierung und Privatrecht, AcP 166 (1966) 1; SCHMITTMANN, Zu Telefaxübermittlungen im Geschäftsverkehr und den Gefahren der Manipulation, Betr 1993, 2575; TAUPITZ/KRITTER, Electronic Commerce – Probleme bei Rechtsgeschäften im Internet, JuS 1999, 839; ULTSCH, Digitale Willenserklärungen und digitale Signaturen, in: Jahrbuch junger Zivilrechtswissenschaftler (1998) 127; VIEBKE, „Durch Datenverarbeitungsanlagen abgegebene" Willenserklärungen und ihre Anfechtung (Diss Marburg 1972); WALDENBERGER, Grenzen des Verbraucherschutzes beim Abschluss von Verträgen im Internet, BB 1996, 2365; WIEBE, Die elektronische Willenserklärung (2002).

Mittel muss der Unternehmer rechtzeitig vor Abgabe der Bestellung „klar und verständlich" **informieren** (§ 312e Abs 1 Nr 2, Art 241 EGBGB, § 3 Nr 3 BGB-InfoVO). Falls der Unternehmer seinen Pflichten nachkommt, ist die Geltendmachung von Willensmängeln gleichwohl nicht ausgeschlossen (BT-Drucks 14/6040, S 173). Falls er seine Pflichten verletzt, muss er den anfechtenden Kunden gemäß § 280 Abs 1 von dessen Schadensersatzpflicht aus § 122 frei stellen. Zum gleichen Ergebnis führt die in der Regierungsbegründung angestellte Überlegung, der Anspruch aus § 122 sei wegen widersprüchlichen Verhaltens des Unternehmers ausgeschlossen (BT-Drucks aaO; LÖHNIG, JA 2003, 516 [520]; ähnlich DÖRNER, AcP 202 [2002] 363 [382], der den Ausschluss mit § 122 Abs 2 begründet). Sofern der Kunde Verbraucher ist (§ 13), ist dieser freilich nicht auf die Anfechtung angewiesen, sondern kann das Geschäft mit dem Unternehmer (§ 14) gemäß §§ 312d Abs 1 S 1, 355 **widerrufen**, und zwar ohne zeitliche Begrenzung, solange der Unternehmer seine Pflichten gemäß § 312e Abs 1 nicht erfüllt hat. Vor Inkrafttreten des § 312e bestand zwar keine Pflicht, bei elektronisch erteilten Aufträgen Sicherungsmaßnahmen zu ergreifen. Eine **Direktbank** soll jedoch zur Nachfrage verpflichtet sein, wenn sich das Versehen eines Kunden geradezu aufdrängt (OLG Nürnberg MMR 2003, 183, 184). Wegen des Vorrangs der Irrtumsanfechtung überzeugt das allerdings nicht (vgl dazu unten Rn 41). Umgekehrt besteht für den Online-Anbieter, der seinen Irrtum korrigiert, keine Verpflichtung, das positive Interesse zu ersetzen, da § 281 Abs 1 ein bestehendes Schuldverhältnis voraussetzt. Der Anspruch auf das negative Interesse ist bei offensichtlichen Fehlern gemäß § 122 Abs 2 regelmäßig ausgeschlossen (HOFFMANN MMR 2003, 276; iE auch OLG München MMR 2003, 274).

Besondere Irrtumsprobleme bereiten sog **automatisierte Computererklärungen** (zum Begriff Vorbem 57 zu §§ 116–144), die der Rechner selbst herstellt und die ohne menschliche „Inhaltskontrolle" in den Verkehr gebracht werden (vgl zB OLG Frankfurt MMR 2003, 405). Auch insoweit handelt es sich um **echte Willenserklärungen**, da der Computer keine autonomen Entscheidungen trifft, sondern lediglich logische Operationen aufgrund menschlicher Bedienungsanweisungen ausführt (Vorbem 57 zu §§ 116–144). **Eingabefehler** wirken sich zwangsläufig auf das Endprodukt aus. Dennoch liegt streng genommen kein Inhalts- oder Erklärungsirrtum vor, da die eingegebenen Daten noch nicht die fertige Willenserklärung verkörpern und es insoweit an einem konkreten Geschäftswillen fehlt (KUHN 70; WIEBE 373 ff). Da es im weiteren Verlauf nicht zu einer inhaltlichen Überprüfung der fertigen Willenserklärung durch menschliches Personal kommt, wird zum Teil vorgeschlagen, dem Betreiber entsprechend den Grundsätzen zur Unterzeichnung ungelesener Urkunden (oben Rn 9 ff) das Risiko von Eingabefehlern aufzubürden (so BREHM, in: FS Niederländer [1991] 240; S LORENZ 278). Dagegen spricht aber, dass dem Urheber einer Computererklärung nicht gleichgültig ist, welchen Inhalt die Computererklärung hat, da es sich um einen gesteuerten Prozess handelt (vgl auch KÖHLER AcP 182 [1982] 134). Da es sich bei dem Eingabefehler andererseits auch nicht um einen Prozess der Willensbildung handelt, sondern um einen Fehler, der aufgrund der automatisierten Herstellung der Willenserklärung zwangsläufig der Erklärung selbst anhaftet, ist dieser auch nicht mit einem bloßen **Motivirrtum** vergleichbar (so aber LG Köln MMR 2003, 481 f; KÖHLER AcP 182 [1982] 136; BREHM, in: FS Niederländer [1991] 241; HEUN CR 1994, 596; KUHN 152 ff; HEUN CR 1994, 596; MEHRINGS MMR 1998, 30, 32; PAEFGEN 51; S LORENZ 277 f; WIEBE 375). Wertungsmäßig liegt es vielmehr nahe, das Recht der Irrtumsanfechtung jedenfalls dann bereits auf den Vorgang der **Dateneinspeisung** oder **Programmierung** anzuwenden, wenn sich dieser Fehler unmittelbar auf den Inhalt der automatisierten Erklärung auswirkt. Hatte zB der Sachbearbeiter einer Versicherung anlässlich einer Tarifumstellung bei der Eingabe von Zahlen das Datenfeld verwechselt und wurde daraufhin automatisch ein falscher Versicherungsschein ausgestellt, der ein Vielfaches der tatsächlich geschuldeten Versicherungssumme auswies, dann liegt es nahe, diesen Eingabefehler genauso zu behandeln, als wenn sich der Sachbearbeiter beim Ausfertigen des Versicherungsscheins auf der Schreibmaschine verschrieben hätte (zutr OLG Hamm NJW 1993, 2321; ebenso OLG Köln NVersZ 2001, 351 [352]; AG Bad Homburg NJW-RR 2002, 1282; OLG Frankfurt MMR 2003, 405, 406; Palandt/Heinrichs § 119 Rn 10; Taupitz/Kritter JuS 1999, 839, 843; insoweit auch Medicus, AT Rn 256). Um einen Erklärungsirrtum handelt es sich folgerichtig auch, wenn durch einen **Codierfehler** sich die Angebotspreise automatisch um zwei Kommastellen verringern (OLG Frankfurt MMR 2003, 405, 406, das einen Übermittlungsfehler entsprechend § 120 annimmt) oder bei der Online-Buchung eines Fluges ein „First-Class-Ticket" für den Preis der „Economy-Class" angeboten wird (OLG München NJW 2003, 367 m Anm Hoffmann MMR 2003, 274 f).

37 Anders verhält es sich nur, wenn **fehlerhaftes Datenmaterial** eingegeben wurde (AG Frankfurt NJW-RR 1990, 116 f). Dieser Irrtum betrifft nicht die der Abgabe der Willenserklärung vergleichbare Dateneingabe, sondern das vorausgehende Stadium der Datenerhebung. Insofern ähnelt der Fall der Verwendung veralteter Preislisten (oben Rn 34); diese führt nur zu einem Motivirrtum, der grundsätzlich nicht zur Anfechtung berechtigt (OLG Frankfurt VersR 1996, 1353, 1354; Palandt/Heinrichs § 119 Rn 10; Brehm, in: FS Niederländer [1991] 241 f; Wiebe 375 f; Medicus aaO 256).

2. Inhaltsirrtum

38 Ein Inhaltsirrtum liegt vor, wenn sich der Erklärende zwar bewusst ist, welche Worte oder Zeichen er benutzt, aber sein Wille und seine Vorstellung über das Erklärte und die rechtlich maßgebende Bedeutung des Erklärten auseinander fallen (BGH WM 1980, 875, 876; Flume § 23, 4 = S 457; Jauernig Rn 7; MünchKomm/Kramer Rn 44). Rechtlich maßgebend ist gem §§ 133, 157 die objektiv normative Bedeutung der Willenserklärung aus der Sicht des Erklärungsempfängers (vgl § 133 Rn 18). Inhaltsirrtum ist also **Divergenz zwischen individuellem Erklärungswillen und objektiv-normativer Bedeutung** der Erklärung.

a) Das Verhältnis von Auslegung und Anfechtung

39 Wegen des Vorrangs der Auslegung vor der Anfechtung (oben Rn 7) scheidet trotz entsprechender Divergenz eine Anfechtung bei **beiderseitigen Falschbezeichnungen** (§ 133 Rn 13 ff) aus. Entsprechendes gilt bei einseitigen Falschbezeichnungen, wenn der Erklärungsempfänger durch Zufall oder aufgrund eindeutiger Begleitumstände den wahren Willen des Erklärenden erkannt hat (**erkannter und ausgenutzter Irrtum**, vgl RGZ 66, 427, 429; BGH LM Nr 6 zu § 119 BGB; WM 1972, 1422, 1424; 1983, 92; NJW-RR 1995, 859; LG Aachen NJW 1982, 1106; MünchKomm/Kramer Rn 49). Wird zB bei Verhandlungen über den Abschluss eines Lebensversicherungsvertrages über das Verhältnis zwischen Prämie und Laufzeit ausführlich gesprochen und sind in dem Antrag des Versicherungsnehmers eine Versicherungsdauer von 26 Jahren und eine Prämie von halbjährlich 1833,20 DM angegeben, dann ist nicht die im *Versicherungsschein* versehentlich angegebene und daher wegen § 5 VVG eigentlich maßgebende Laufzeit von nur 16 Jahren, sondern die nach dem Ergebnis der Vertragsverhandlungen eindeutig gewollte Vertragsdauer von 26 Jahren Vertragsinhalt (BGH NJW-RR 1995, 859; s ferner das Bsp von KRAMER, in: MünchKomm Rn 48). Kündigt der Abonnent der Zeitschrift *JuS* versehentlich die nicht bestellte Zeitschrift *Jura*, muss dem Buchhändler klar sein, dass sich die Kündigung auf die einzige von dem Kunden bestellte Zeitschrift, also die *JuS* bezieht (AG Wedding NJW 1990, 1797). Einschlägig sind schließlich auch jene Fälle, in denen der Erklärungsempfänger dem Erklärenden rechtsgeschäftliche Erklärungen unterschiebt (vgl die Bsp oben Rn 9 und 15).

§ 122 Abs 2 steht dem nicht entgegen. Die Vorschrift geht zwar ersichtlich von der **40** Anfechtbarkeit einer Willenserklärung aus, wenn der Erklärungsempfänger „den **Grund der Anfechtbarkeit kannte oder** infolge von Fahrlässigkeit nicht kannte **(kennen musste)**". Aber eine solche Interpretation hätte die systemwidrige Konsequenz, dass Anfechtung der Auslegung vorginge. Das Gegenteil ist richtig und folgt insbesondere daraus, dass die §§ 119 ff eine den Anforderungen des § 122 Abs 2 entsprechende, objektiv-normative Auslegung von Willenserklärungen voraussetzen (grdl LARENZ, Die Methode der Auslegung des Rechtsgeschäfts [1930] 75; s ferner TRUPP NJW 1990, 1346 f; PALANDT/HEINRICHS § 133 Rn 11). Infolgedessen ist die **Anwendung des § 122 Abs 2** auf den Fall beschränkt, dass der Erklärungsempfänger erst nach dem Vertragsschluss den Irrtum bemerkt (DANZ JherJb 46 [1904] 381, 426; WIELING AcP 172 [1972] 297, 300 Fn 15 mwN; TRUPP NJW 1990, 1346, 1347) oder einem Eigenschaftsirrtum erliegt (LARENZ, Methode 79 f Fn 2; WIELING aaO). Nicht einschlägig ist § 122 Abs 2 jedoch in dem häufig erwähnten Fall, dass der Empfänger zwar den Irrtum erkennt, nicht aber den wahren Willen des Erklärenden; mangels Schutzwürdigkeit des Empfängers ist hier von der Nichtigkeit der Erklärung auszugehen (zutr LARENZ aaO; SOERGEL/WOLF § 155 Rn 12; für Anfechtbarkeit und Anwendung des § 122 Abs 2 WIELING aaO; MünchKomm/ KRAMER § 122 Rn 10).

Aus Vorstehendem folgt im Übrigen auch, dass nicht nur der erkannte Irrtum bei **41** der Inhaltsermittlung berücksichtigt werden muss, sondern auch der erkennbare. Im Fall des erkannten Willens handelt es sich um individuelle Auslegung entsprechend dem Grundsatz *falsa demonstratio non nocet*, wohingegen die **Beachtlichkeit des bloß erkennbaren Geschäftsirrtums** das Ergebnis objektiv-normativer Auslegung ist (vgl RGZ 97, 191, 195; LARENZ, AT § 20 II c = S 387; LEENEN MDR 1980, 353, 357; KRAMER, Grundfragen 194 ff; vgl schon JACOBSOHN JherJb 56 [1910] 329, 361 f; **aA** insoweit BGH LM Nr 6 zu § 119 unter unrichtiger Bezugnahme auf MANIGK JherJb 75 [1925] 127, 211; FLUME § 16, 1 d = S 302; ERMAN/BROX[9] § 122 Rn 9; nicht eindeutig BGH NJW-RR 1995, 859). Motiv- und Kalkulationsirrtümer sind zwar grundsätzlich unbeachtlich, doch verdient der Erklärungsempfänger in den Fällen, in denen er den Irrtum erkannt hat oder er ihm geradezu in die Augen springen musste, nach den gleichen Wertungsgesichtspunkten ebenfalls keinen Schutz (vgl dazu näher unten Rn 52, 62 ff). Beim automatisierten Vertragsschluss im **Online-Verkehr** (Rn 35) wird bei evidenten Eingabefehlern des Kunden ebenfalls eine **Nachfragepflicht des Vertragspartners** bejaht, deren Verletzung Schadensersatzansprüche gemäß § 280 Abs 1 begründen soll (LG Nürnberg-Fürth WM 2001, 988; OLG Nürnberg MMR 2003, 183, 184; ESCHER WuB I G 2.-2.01; BALZER WM 2001, 1533, 1538; ders EWiR 2003, 403 f; krit HELD EWiR 2003, 57 f). Das überzeugt allerdings nicht, weil der Irrende die Möglichkeit hat, Eingabefehler zu korrigieren und seine fehlerhafte Willenserklärung gemäß § 119 Abs 1 2. Alt anzufechten. Schutzpflichten dürfen nicht dazu benutzt werden, um die gesetzliche Risikoverteilung, insbesondere das

Erfordernis einer unverzüglichen Anfechtung gemäß §§ 119, 121 zu umgehen (vgl auch Rn 35 aE).

42 Abgrenzung zum Dissens: Der unbewusste, „versteckte" **Dissens** (zum „offenen" Dissens vgl STAUDINGER/BORK [2003] § 154 Rn 2; zu den verschiedenen Arten des Dissenses ausf DIEDERICHSEN, in: FS Hübner [1984] 421 ff) wurde in der Lehre des 19. Jahrhunderts als Irrtumsfall angesehen (LEENEN AcP 188 [1988] 381, 414 ff; STAUDINGER/BORK [2003] § 155 Rn 2; FLUME § 34, 4 = S 623 f). Noch der Erste Entwurf des BGB behandelte beide Fälle gleich (vgl §§ 98 u 100 E I), weil nach Ansicht der 1. Kommission auch beim Dissens die erforderliche „Übereinstimmung des Willens der Vertragsschließenden" (§ 100 E I) fehle. Ein Irrtum liegt in der Tat vor, da die Parteien beim versteckten Dissens meinen, sie hätten einen Vertrag geschlossen. Da aber Willenserklärungen objektiv-normativ auszulegen sind (§ 133 Rn 18), kann trotz fehlender Willensübereinstimmung eine vertragliche Einigung zustande kommen. Für einen versteckten Dissens bleiben jene Fälle, in denen weder der individuelle Wille der Parteien übereinstimmt (§ 133 Rn 13), noch die durch Auslegung ermittelte objektive Bedeutung der beiderseitigen Willenserklärungen (BGH LM § 155 Nr 1 und 2; DIEDERICHSEN, in: FS Hübner [1984] 421, 426 f; STAUDINGER/BORK [2003] § 155 Rn 3 jew mit Bsp). Eine **Anfechtung** wegen Irrtums setzt hingegen übereinstimmende Willenserklärungen voraus (ERMAN/ARMBRÜSTER § 155 Rn 2). Dabei ist gleichgültig, ob nur einer der Kontrahenten oder beide irren. Selbst wenn jede Partei eine vom objektiven Inhalt der Erklärung und vom subjektiven Willen des Gegners abweichende Vorstellung hat (Fall des **beiderseitig getrennten Erklärungsirrtums** – Bsp: A und B erklären x, A meint jedoch y und B meint z), liegt kein Dissens vor. Vielmehr kommt der Vertrag im Sinne des objektiv Erklärten zustande (im Bsp x) und kann von beiden Parteien wegen Inhaltsirrtums gem § 119 Abs 1 angefochten werden (DIEDERICHSEN, in: FS Hübner [1984] 425 f; FROTZ 422 Fn 1018; TITZE, Missverständnis 421; ders, in: FS Heymann [1940] [II] 72, 75 f; **aA** – für Anwendung des § 155 – BAILAS 19 ff; MünchKomm/KRAMER § 155 Rn 10; für Lösungsrecht aus § 242 ENNECCERUS/NIPPERDEY § 177 VI = S 1086).

b) Arten des Inhaltsirrtums
aa) Verlautbarungsirrtum

43 Ein Inhaltsirrtum kann darauf beruhen, dass der Erklärende seinen Worten und Zeichen einen anderen Sinn beilegt, als ihnen aus der Perspektive des Empfängers objektiv zukommt. Man spricht dann von einem **Verlautbarungsirrtum** (PALANDT/ HEINRICHS Rn 11; MünchKomm/KRAMER Rn 63). Nicht nur Lehrbuchbeispiele (dazu SOERGEL/HEFERMEHL Rn 22) sind Verwechslungen von **Maß-, Gewichts- und Münzbezeichnungen**. Im Fall LG Hanau NJW 1979, 721 (dazu KORNBLUM JuS 1980, 258; PLANDER BB 1980, 133; SINGER/MÜLLER Jura 1988, 485; MEDICUS, AT Rn 745) bestellte eine Lehrerin 25 Gros (= 3600) Rollen Toilettenpapier in der irrigen Annahme, die Bezeichnung „Gros" sei eine Maß-, nicht eine Mengenangabe. Anschauliche Beispiele liefert auch der Gebrauch **fach- und fremdsprachlicher Ausdrücke** (zum Sprachrisiko oben Rn 17 ff). In dem bekannten „Haakjöringsköd"-Fall (RGZ 99, 147) hätte der Käufer wegen Inhaltsirrtums anfechten können, wenn nur er (und nicht wie im Originalfall auch der Verkäufer) den norwegischen Ausdruck für Haifischfleisch mit Walfischfleisch verwechselt hätte (zum Originalfall und dem dort anzuwendenden Grundsatz falsa demonstratio non nocet § 133 Rn 13; zur Variante FLUME § 23, 4 c = S 461). RGZ 70, 391 (394) betraf einen Irrtum über einen juristischen Fachausdruck: Bei der Abfassung eines Testaments verkannte der Erblasser, dass gem § 1925 zu den „gesetzlichen

Erben" auch die halbbürtigen Geschwister zählen (weitere Bsp MünchKomm/KRAMER Rn 63; SOERGEL/HEFERMEHL Rn 22). **Rechtsirrtümer**, die sich auf den Inhalt von Willenserklärungen und nicht auf gesetzliche Rechtsfolgen beziehen, ermöglichen also grundsätzlich die Anfechtung (vgl näher unten Rn 67). Voraussetzung ist jedoch, dass es sich um einen relevanten Irrtum iS von § 119 Abs 1 2. HS handelt. Wer einen von Pferden gezogenen Planwagen samt Kutscher anmietet und weiß, dass es sich um eine entgeltliche Gebrauchsüberlassung handelt, kann nicht wegen Irrtums über die rechtliche Einordnung dieses Rechtsgeschäfts als „Miete" anfechten (iE richtig OLG Karlsruhe NJW 1989, 907 [908]; PALANDT/HEINRICHS Rn 12; ebenso BAG AP Nr 7 zu § 242 Geschäftsgrundlage mit Anm MAYER-MALY: Irrtum über Arbeitnehmerstatus). Beim Irrtum über die gesetzlich normierte Bedeutung rechtsgeschäftlichen Verhaltens, insbesondere des Schweigens, scheidet eine Anfechtung wegen Irrtums über die Bedeutung des Schweigens ebenfalls aus, da sonst die Klarstellungsfunktion der gesetzlichen Erklärungsfiktion entwertet würde (Vorbem 58 ff [64] zu §§ 116–144). Aus dem gleichen Grunde ist eine Anfechtung wegen Irrtums über die Bedeutung sog „materialer Auslegungsregeln" abzulehnen (aA LARENZ, AT § 19 II g; MünchKomm/KRAMER Rn 63 aE). Davon abgesehen unterliegen jedoch die Ergebnisse objektiv-normativer Auslegung der Anfechtung wegen Inhaltsirrtums, wenn der Anfechtende tatsächlich einem Irrtum über die normative Bedeutung seiner Erklärung unterlegen ist (abw LEENEN MDR 1980, 353, 357). Gem § 119 Abs 1 geht die Selbstbestimmung dem Vertrauensschutz vor, sogar bei objektiv **eindeutigen Erklärungen**.

Auch bei sprachlich richtiger Ausdrucksweise kann ein Inhaltsirrtum vorliegen, **44** wenn die Erklärung ihren Sinn durch **Bezugnahme auf bestimmte Umstände** erhält und der Erklärende darüber irrt. Wer einen objektiv eindeutigen **Antrag missversteht** und ihn so, wie er vorliegt, annimmt (also mit „ja" oder „einverstanden"), macht sich die objektive Bedeutung des Antrags zu eigen (FLUME § 34 3 = S 620; WIESER AcP 184 [1984] 40 [44]). Sein Missverständnis wirkt sich bei dieser **indifferenten Annahme** als Irrtum über den Inhalt der eigenen Erklärung aus (MünchKomm/KRAMER Rn 45 u 64; SOERGEL/HEFERMEHL Rn 23; vgl auch RG Recht 1926 Nr 386 = S 156). Dementsprechend handelt es sich auch um einen Inhaltsirrtum, wenn ein Gesellschafter einem Beschluss zustimmt, ohne zu bemerken, dass er dadurch einer Vertragsänderung zustimmt (BGH LM § 119 HGB Nr 10 unter 4 c), oder wenn ein Arbeitnehmer einen befristeten Arbeitsvertrag abschließt und dadurch unbewusst ein unbefristetes Arbeitsverhältnis ablöst (SINGER, Selbstbestimmung 238 f; J MAYER, Der Rechtsirrtum und seine Folgen im bürgerlichen Recht [1989] 206; **aA** BAG AP § 119 Nr 8 unter I 2, das diesen Rechtsirrtum zu Unrecht als Motivirrtum bewertete; dazu näher unten Rn 76).

bb) Identitätsirrtum
In den vorliegenden Zusammenhang wird häufig auch der **Identitätsirrtum** eingeordnet (vgl MünchKomm/KRAMER Rn 63 f). Das trifft zu, wenn die Erklärung auf eine bestimmte Person oder einen bestimmten Gegenstand bezogen ist, aber aufgrund der Begleitumstände auf eine andere als die gemeinte Person oder einen anderen als den gemeinten Gegenstand zutrifft (FLUME § 23 4 = S 457; LARENZ, AT § 20 II a = S 373; MünchKomm/KRAMER Rn 65). Bsp: M will dem bekannt tüchtigen Rechtsanwalt R 1 einen Auftrag zu seiner Prozessvertretung erteilen, ruft aber versehentlich den gleichnamigen R 2 an und erteilt diesem den Auftrag. Ein solcher **error in persona**, bei der die Individualisierung des Geschäftspartners misslingt, ist als Irrtum über den Inhalt der Willenserklärung zu qualifizieren (LARENZ aaO; s a PALANDT/HEINRICHS

Rn 13; OLG Karlsruhe JW 1938, 662: Irrtum über den Namen des Gläubigers bei Erteilung eines Überweisungsauftrags). Gegenbeispiel: M trifft R 2 auf der Straße und erteilt ihm einen Auftrag, weil er ihn mit R 1 verwechselt, der ihn vor Jahren erfolgreich vertreten hat. Hier ist der Geschäftspartner durch die persönliche Kontaktaufnahme einwandfrei individualisiert; die Vorstellung von M, er spreche mit R 1, ist unbeachtliches Motiv (GIESEN, AT Rn 260 ff [262]; BROX, AT Rn 381). Inhaltsirrtum kann auch der Irrtum über die Identität des Geschäftsgegenstandes sein (**error in objecto**; vgl dazu auch Rn 46). Es kann sich aber auch um einen Irrtum in der Erklärungshandlung handeln, zB wenn man sich im Selbstbedienungsmarkt vergreift und die falsche Ware einpackt oder statt eines 1 €-Stücks ein 2 €-Stück hinlegt (MEDICUS, AT Rn 763). Wird bei einem Grundstückskaufvertrag die falsche Parzelle bezeichnet, liegt zwar auch ein Identitätsirrtum vor (PALANDT/HEINRICHS Rn 14; MünchKomm/KRAMER Rn 65), aber dieser lässt sich idR nach dem Grundsatz *falsa demonstratio non nocet* durch Auslegung berichtigen (BGHZ 87, 150, 153; PALANDT/HEINRICHS § 133 Rn 19).

46 Gewisse Schwierigkeiten bereitet die **Abgrenzung von Identitätsirrtum und Eigenschaftsirrtum**, wenn die Beschaffenheit dazu dient, Geschäftsgegner oder Geschäftsgegenstand zu identifizieren. Das trifft in erster Linie auf Gattungskäufe zu (vgl ERMAN/PALM Rn 39; LESSMANN JuS 1969, 525, 528), kommt aber auch bei Spezieskäufen vor. Von TITZE stammt das **Beispiel des Rennpferdes „Nixe"**, das von A dem B brieflich zum Verkauf angeboten und von B in der irrigen Vorstellung akzeptiert wird, es handele sich um eine bekannte Preisträgerin (FS Heymann II [1940] 72 ff [81 f]). Während TITZE der Auffassung war, es handele sich um einen Inhaltsirrtum, weil B nur sein Einverständnis zum Ankauf einer Preisträgerin erklären wollte (aaO 81; zust MünchKomm/KRAMER Rn 66), differenziert FLUME (§ 23, 4 b = S 459): Wird das Pferd ausschließlich durch seine Bezeichnung als „Nixe" identifiziert, ist bei Mehrdeutigkeit der Namensangabe Dissens anzunehmen (abw PAWLOWSKI, AT Rn 551); ist die Bezeichnung eindeutig, kommt ein Inhaltsirrtum in Gestalt eines Identitätsirrtums in Betracht, wenn B irrtümlich davon ausgeht, „Nixe" sei die bekannte Preisträgerin, die aber in Wahrheit anders, zB „Nike", heißt. Ist das Pferd dagegen schon einmal vorgeführt worden und daher vom Aussehen her identifiziert, liegt kein Identitätsirrtum vor, da sich die Erklärung in diesem Fall auf den wirklich gemeinten Gegenstand bezieht (vgl auch LARENZ, AT § 20 II a = S 373; MEDICUS, AT Rn 764). Es handelt sich vielmehr um einen Eigenschaftsirrtum, den KRAMER (in: MünchKomm Rn 66) gleichwohl wie in der ersten Fallvariante entweder als Dissens oder als Inhaltsirrtum qualifiziert, da B das „Angebot ‚Nixe' in Bezug auf deren Eigenschaften falsch" interpretiere. Dem ist jedoch nicht zu folgen, da auch insoweit keine Divergenz zwischen Wille und Erklärung vorliegt, sondern eine solche zwischen Erklärung und Wirklichkeit (einschränkend PAWLOWSKI aaO; zur Abgrenzung von Eigenschaftsirrtum und Inhaltsirrtum sogl näher Rn 47 ff).

cc) **Irrtum über die Soll-Beschaffenheit**

47 Die Kontroverse im Fall „Nixe" berührt sich hier mit der allgemeinen – nach wie vor umstrittenen – Frage, wie **Eigenschaftsirrtum und Inhaltsirrtum** voneinander **abzugrenzen** sind. Praktische Bedeutung hat die Abgrenzung trotz der gleichen Rechtsfolge gemäß § 119 (vgl MEDICUS, AT Rn 765; PALANDT/HEINRICHS Rn 13) in jenen Fällen, in denen – wie im Fall „Nixe" (Rn 46) – eine Anfechtung wegen Eigenschaftsirrtums am Vorrang des Sachmängelgewährleistungsrechts scheitern würde. Als Ausgangspunkt ist zunächst festzuhalten, dass zum Inhalt eines Rechtsgeschäfts die ausdrückliche oder stillschweigende Vereinbarung gehören kann, eine Person oder Sache solle bestimmte Eigenschaften haben (FLUME, Eigenschaftsirrtum 13 ff; SCHMIDT/RIMPLER, in: FS Lehmann [1956] 213 ff [215]; anders noch ZITELMANN, Irrtum und Rechtsgeschäft [1879] 439 f u 459: bloßes Motiv). Eine solche **Soll-Beschaffenheitsvereinbarung** (BRAUER, Eigenschaftsirrtum 26 ff) ist wesenstypisch für den Gattungskauf, wird aber nicht selten auch bei Speziesgeschäften getroffen. So ist etwa ein Ring „als golden" verkauft, wenn dies ausdrücklich gesagt wird oder sich aufgrund der Gesamtumstände wie Preis und/oder Exklusivität des Warenangebots ergibt (FLUME § 23, 4 c = S 463). Ist der Ring in Wirklichkeit nur „vergoldet", ist streitig, welcher Kategorie der dann vorliegende Irrtum zuzuordnen ist. Nach der von BRAUER (Eigenschaftsirrtum 24 ff) entwickelten Lehre von der Soll-Beschaffenheit soll es sich um einen Inhaltsirrtum handeln, da ein Irrtum über den Inhalt der „Norm" vorliege (aaO 33 f) bzw die versprochene Eigenschaft des Rings „golden" Geschäftsinhalt geworden sei (so SCHMIDT/RIMPLER aaO 220; SOERGEL/HEFERMEHL Rn 26; RAAPE AcP 150 [1949] 481, 494 ff; dazu wiederum krit vGIERKE ZHR 114 [1951] 73, 81 ff; neuerdings wiederum BIRK JZ 2002, 446 [447 f]: „Eigenschaftsirrtum als Kommunikationsirrtum"). Indessen befindet sich der Käufer bei einem Irrtum über die Beschaffenheit des Rings nicht in einem **Irrtum über die Soll-Beschaffenheit**. Er irrt sich nicht über die Bedeutung des Erklärten – er will einen goldenen Ring kaufen und erklärt dies auch –, sondern über die *Ist-Beschaffenheit* des erworbenen Gegenstandes. Ein solcher **Realitätsirrtum** ist seinem Wesen nach Motivirrtum, nicht Inhaltsirrtum (vgl näher SINGER, Selbstbestimmung 214; LESSMANN JuS 1969, 525, 528; LORENZ 297 ff).

Die Einordnung als Inhaltsirrtum wird in solchen Fällen zum Teil auch damit **48** begründet, dass die *erklärte* Sollbeschaffenheit mit der *gewollten* Sollbeschaffenheit nicht übereinstimme (ENNECCERUS/NIPPERDEY § 167 IV 3 = S 1038 mit Fn 17; vgl auch MünchKomm/KRAMER Rn 66: Falschinterpretation in Bezug auf Eigenschaften). Zu Unrecht! Es kommt nicht darauf an, was der Erklärende *wollte*, sondern was er *erklären* wollte. § 119 Abs 1 fordert einen Irrtum über den Inhalt der Erklärung; es genügt daher nicht die *allgemeine* Feststellung, dass das Erklärte nicht gewollt ist (insoweit zutr SCHMIDT/RIMPLER, in: FS Lehmann [1956] 213 [219]). Andernfalls würde sich ein Motivirrtum in einen Inhaltsirrtum verwandeln und damit würde eine der grundlegenden Abgrenzungen des geltenden Irrtumsrechts aufgegeben. Keinem Inhaltsirrtum, sondern einem Eigenschaftsirrtum erliegt folglich auch der Kunde, der ALBRECHTS Buch über „Gewere" ersteht in der Meinung, es unterrichte über Schusswaffen, oder in der Rossschlächterei ein Filet verlangt, das er für Rindfleisch hält, oder „Deidesheimer" bestellt im Glauben, es handle sich um Rheinwein usw (ebenso FLUME § 23, 4 c = S 463; PALANDT/HEINRICHS Rn 17 aE; STAUDINGER/DILCHER[12] Rn 43; FIKENTSCHER, Schuldrecht Rn 709; SCHACK, AT Rn 280; **aA** BRAUER 23 ff [34]; SOERGEL/HEFERMEHL Rn 26; SCHMIDT/RIMPLER 224; BROX, AT Rn 428; BIRK JZ 2002, 446 [449]; ENNECCERUS/NIPPERDEY § 167 IV 3 = S 1039 in offenkundigem Gegensatz zum Bsp des goldenen Rings, wo NIPPERDEY mit Recht einen Inhaltsirrtum ablehnt). Recht hat insoweit FLUME (aaO): Wer „Deidesheimer" kauft, weiß, dass „Deidesheimer" nicht Rheinwein *heißt*; er kann nur darüber irren, dass „Deidesheimer" Rheinwein *ist*.

Aus Vorstehendem folgt zugleich, dass ein **Eigenschaftsirrtum als Inhaltsirrtum** zu **49** bewerten ist, wenn sich der Erklärende über die *Bedeutung* der zur Beschreibung der Eigenschaften verwendeten Worte und Zeichen irrt. Um einen solchen **Doppelirrtum** (BRAUER 23) handelt es sich zB, wenn jemand „Haakjöringsköd" kauft in der

Meinung, es handele sich um Walfischfleisch (dazu oben Rn 43), oder irrtümlich glaubt, „Cognac" bezeichne ausschließlich französischen Weinbrand (vgl FLUME § 23, 4 c = S 461 ff; MünchKomm/KRAMER Rn 68; zu Unrecht aA SCHACK, AT Rn 280). Ein **Irrtum in der Erklärungshandlung** gem § 119 Abs 1 2. HS liegt vor, wenn der Erklärende versehentlich Angaben zur Soll-Beschaffenheit vergisst (FLUME aaO 464; S LORENZ 298) oder sich bei deren Beschreibung verschreibt oder verspricht. Wer zB bei der Offerte von chemischen Produkten hinsichtlich des Mischungsverhältnisses versehentlich das Komma falsch setzt, kann gem § 119 Abs 1 2. HS anfechten (vgl auch RG WarnRspr 1910 Nr 137, wo allerdings ein Motivirrtum vorlag, weil der Schreibfehler nicht dem Angebot, sondern dem vom Käufer eingeholten Gutachten über die Warenprobe anhaftete; entgegen RG [aaO] hätte allerdings die Anfechtung wegen Eigenschaftsirrtums durchgreifen müssen; zutr FLUME § 23 4 c = S 462; MünchKomm/KRAMER Rn 68; **aA** BRAUER 22 ff).

50 Auf eine Erweiterung des Anwendungsbereichs des Bedeutungsirrtums zielt der Vorschlag von SCHMIDT/RIMPLER (in: FS Lehmann [1956] 213 [220 ff]), wonach zum Bestandteil der Willenserklärung auch jene **Eigenschaften** zählen, über die **bei Vertragsschluss nicht gesprochen** wurde. Dies gelte jedenfalls, wenn die betreffende Eigenschaft „so typisch für jedermann wesentlich ist und deshalb in die Rechtsfolge mit aufgenommen wird, dass der Erklärungsempfänger damit rechnen muss" (aaO 222). Gegen diese Lehre spricht schon im Ansatz, dass sie sich einer Fiktion bedienen muss, um den Erklärungsinhalt auszuweiten (SINGER, Selbstbestimmung 216 f; zust S LORENZ 297 f). Auch wertungsmäßig leuchtet nicht ein, den zu schützen, der „den Mund nicht aufgemacht" hat (FLUME aaO 465). Schließlich dürfte ein solcher Bedeutungsirrtum ausgesprochen selten vorkommen, geschweige denn beweisbar sein. Wie soll man sich den Fall vorstellen, in dem der Käufer objektiv normativ erklärt, er wolle einen vergoldeten Ring erwerben, tatsächlich aber glaubt, seine Erklärung *bezeichne* einen goldenen (vgl auch die Bsp von FLUME aaO 464 – „Meißner Porzellan" – und MEDICUS, AT Rn 766 – „Taucheruhr")? Typisch ist gerade der umgekehrte Fall, dass die Soll-Beschaffenheitsvereinbarung fehlerfrei zustande kam („golden"), tatsächlich aber nicht eingehalten wurde. Das aber ist Realitäts-, nicht Bedeutungsirrtum (zur **Lehre vom geschäftswesentlichen Eigenschaftsirrtum** s näher unten Rn 80).

3. Der Kalkulationsirrtum und die Lehre vom erweiterten Inhaltsirrtum*

51 Kalkulationsfehler betreffen nicht den Inhalt der Willenserklärung, sondern die Willensbildung. Insofern handelt es sich eigentlich um (unbeachtliche) Motivirrtümer. Hinsichtlich des **internen Kalkulationsirrtums** entspricht dies auch ganz herr-

---

* **Schrifttum:** BASEDOW, Preiskalkulation und culpa in contrahendo, NJW 1982, 1030; CHIOTELLIS, Rechtsfolgenbestimmung bei Geschäftsgrundlagenstörungen in Schuldverträgen (1981); FLEISCHER, Der Kalkulationsirrtum, RabelsZ 65 (2001) 264; GIESEN, Zur Relevanz des Kalkulationsirrtums, JR 1971, 403; GOLTZ, Motivirrtum und Geschäftsgrundlage im Schuldvertrag (1973); GRIGOLEIT, Neuere Tendenzen zur schadensrechtlichen Vertragsaufhebung, NJW 1999, 900; HEIERMANN, Der Kalkulationsirrtum des Bieters beim Bauvertrag, BB 1984, 1836; HENRICH, Die unbewusste Irreführung, AcP 162 (1963) 88; JOHN, Auslegung, Anfechtung, Verschulden beim Vertragsschluss und Geschäftsgrundlage beim sog Kalkulationsirrtum – BGH, NJW 1981, 1551, JuS 1983, 176; KINDL, Der Kalkulationsirrtum im Spannungsfeld von Auslegung, Irrtum und unzulässiger Rechtsausübung, WM 1999, 2198; LARENZ, Bemerkungen zur Haftung für „culpa in contrahendo", in: FS Ballerstedt (1975) 397;

schender Meinung (vgl BGH NJW 1998, 3192 [3193]; BGH WM 2003, 973 [974]; LG Bremen NJW 1992, 915 [dazu oben Rn 34]; LARENZ, AT § 20 II a = S 374; PALANDT/HEINRICHS Rn 18 mwN; aA TITZE, in: FS Heymann II 72 [88 f]; neuerdings auch BIRK JZ 2002, 446 [450]). Nach der insbesondere vom Reichsgericht vertretenen **Lehre vom „erweiterten Inhaltsirrtum"** ist ein Kalkulationsirrtum unter den Tatbestand des § 119 Abs 1 zu subsumieren, wenn es sich nicht nur um einen verdeckten, sondern um einen **offenen Kalkulationsirrtum** handelt. Ausgangspunkt für diese Erweiterung des Inhaltsirrtums war der Fall RGZ 64, 266, in dem der Käufer eines Inventars aufgrund falscher Angaben eines Beauftragten des Verkäufers irrtümlich angenommen hatte, der Preis berechne sich auf der Grundlage von Einkaufspreisen, während in Wirklichkeit Verkaufspreise zugrunde gelegt wurden. Die Anfechtung des Käufers hatte zwar in diesem Fall zu Recht keinen Erfolg, aber das Reichsgericht sprach sich in einem *obiter dictum* eindeutig für eine Anfechtung wegen Inhaltsirrtums aus, sofern nur der verlangte Kaufpreis „dem anderen Teile erkennbar" als ein „durch näher bezeichnete Kalkulationen zustande gekommener bezeichnet ist" (RGZ 64, 266, 268). Seither hat das Reichsgericht in st Rspr einen Kalkulationsfehler als Inhaltsirrtum qualifiziert, „wenn die Berechnung in der Erklärung selbst oder doch bei den entscheidenden Verhandlungen erkennbar zum Ausdruck gekommen ist" (RGZ 162, 198 [201]; s ferner RGZ 90, 268, 270 [Altmetall-Fall]; 101, 107, 108 [Silber-Fall]; 105, 406, 407 [Rubel-Fall]; 116, 15, 18 [Börsenkurs-Fall]; 149, 235, 239 [Friedensmiete-Fall]; für analoge Anwendung des § 119 Abs 1 BGB im Fall des erkennbaren Irrtums ADAMS AcP 186 [1986] 453, 486 ff; beim erkannten Irrtum auch WIESER NJW 1972, 708 ff; CHIOTELLIS, Rechtsfolgenbestimmung 106; für analoge Anwendung des § 119 Abs 2 BGB MünchKomm/KRAMER § 119 Rn 73, 122–125; PAWLOWSKI JZ 1997, 741 [746]). Der wohl überwiegende Teil des Schrifttums ist dem mit Recht nicht gefolgt (vgl FLUME, AT II § 23, 4 e; LARENZ, AT § 20 II a = S 375 f; MEDICUS, AT Rn 758; JOHN JuS 1983, 176 [178]; PALANDT/HEINRICHS Rn 18 mN), denn es handelt sich nicht um einen Fall des § 119 Abs 1. Auch wenn die Kalkulationsgrundlage dem Geschäftspartner mitgeteilt wird, bezieht sich der Irrtum nicht auf die Bedeutung des Erklärten oder die verwendeten Erklärungszeichen, sondern auf die Realität. Insofern bleibt es bei der Einordnung als Motivirrtum.

Nachdem der BGH lange Zeit offen gelassen hat, welcher Auffassung er Gefolgschaft leisten wolle (BGH LM Nr 8, 21 zu § 119; NJW 1981, 1551 [1552]; 1983, 1671 [1672]; WM 1986, 564 [565]), liegt seit dem Urteil des X. Senats vom 7. 7. 1998 eine richtungsweisende Entscheidung vor (BGHZ 139, 177; vgl dazu BERGER Anm LM Nr 36 zu § 119; FLEISCHER, RabelsZ 65 [2001] 264; HARDER WuB IV A.-1.99; MEDICUS EWiR 1998, 871; KINDL

LIEB, Vertragsaufhebung oder Geldersatz?, in: FS Universität Köln (1988) 251; ders, Culpa in contrahendo und rechtsgeschäftliche Entscheidungsfreiheit, in: FS Medicus (1999) 337; S LORENZ, Vertragsaufhebung wegen culpa in contrahendo: Schutz der Entscheidungsfreiheit oder des Vermögens?, ZIP 1998, 1053; MEDICUS, Grenzen der Haftung für Culpa in contrahendo, JuS 1965, 209; REINICKE, Das Verhältnis der Ausschlussfrist des § 124 BGB zu der Verjährung von Vertragsaufhebungsansprüchen aus Delikt und cic, JA 1982, 1; SACK,

Wettbewerb und Folgeverträge (1974); SCHUBERT, Unredliches Verhalten Dritter bei Vertragsschluss, AcP 168 (1968) 470; SCHUMACHER, Vertragsaufhebung wegen fahrlässiger Irreführung unerfahrener Vertragspartner (1979); SINGER, Der Kalkulationsirrtum – ein Fall für Treu und Glauben?, JZ 1999, 342; WAAS, Der Kalkulationsirrtum zwischen Anfechtung und unzulässiger Rechtsausübung – BGHZ 139, 177, JuS 2001, 14; WIESER, Der Kalkulationsirrtum, NJW 1972, 708.

WM 1999, 2198; Peters JR 1999, 157; Singer JZ 1999, 342; Waas JuS 2001, 14). Danach soll die **Anfechtung wegen eines internen Kalkulationsirrtums** selbst dann **ausgeschlossen** sein, wenn der Erklärungsempfänger diesen erkannt oder sich dieser Kenntnis bewusst verschlossen hat. Allerdings könne es eine gem § 242 **unzulässige Rechtsausübung** darstellen, „wenn der Empfänger ein Vertragsangebot annimmt und auf der Durchführung des Vertrages besteht, obwohl er wusste (oder sich treuwidrig der Kenntnisnahme entzog), dass das Angebot auf einem Kalkulationsfehler beruht" (BGHZ 139, 177 [184]; zur unzul Rechtsausübung vgl bereits BGHZ 46, 268, 273; BGH LM Nr 8; NJW 1980, 180; 1983, 1671 [1672]). Dabei legt der BGH einen strengen Maßstab an und verlangt, dass „die Vertragsdurchführung für den Erklärenden schlechthin unzumutbar ist, etwa weil er dadurch in erhebliche wirtschaftliche Schwierigkeiten geriete" (aaO 185; vgl dazu die Kritik Rn 62 ff). In Betracht kämen zwar auch Schadensersatzansprüche wegen **vorvertraglicher Pflichtverletzung** gem §§ 280 Abs 1, 241 Abs 2, 311 Abs 2. Diese setzten aber ebenfalls voraus, dass der Geschäftspartner den Kalkulationsirrtum der Gegenseite *erkenne*; wohingegen nicht genüge, dass er ihn hätte *erkennen können* (BGH NJW 1980, 180; 1998, 3194; WM 1986, 564; NJW-RR 1995, 1360; OLG Köln BauR 1995, 98 [99]). Seien die Parteien übereinstimmend davon ausgegangen, dass der Verkäufer den Kaufpreis nach den Selbstkosten berechne, müsse dieser den Käufer darüber aufklären, wenn er von dieser Absprache abweiche und einen höheren Kaufpreis verlange (BGH NJW 1981, 2050 f). Nach der umstrittenen Rechtsprechung zum Unternehmenskauf (BGHZ 69, 53 [58]) soll der Käufer als Schaden sogar den Betrag verlangen können, den er beim Erwerb der Kaufsache zu viel aufgewendet hat (NJW 1981, 2051; krit Basedow NJW 1982, 1030 f). Im Allgemeinen bestehe aber keine Aufklärungspflicht über Methoden und andere Umstände der Preisberechnung (Lorenz 275 f Fn 359 gegen OLG Bremen NJW 1963, 1455 [1457]). Jedoch sei eine Anpassung des Vertrages nach den Grundsätzen über den **Wegfall der Geschäftsgrundlage** möglich, wenn beide Parteien einen bestimmten Berechnungsmaßstab zur Grundlage ihrer Vereinbarung gemacht hätten (BGHZ 46, 268 [273]; BGH NJW-RR 1995, 1360). Voraussetzung sei aber, dass der Geschäftswille der Parteien auf dieser Grundlage aufbaue. Dies hat der BGH beim Kauf eines Grundstücks, dessen Kaufpreis nach einem Vielfachen der Jahresmiete berechnet werden sollte, verneint (NJW 1981, 1551 m zust Bspr John JuS 1983, 176), ebenso bei einem Pauschalpreisvertrag über Bauleistungen (NJW-RR 1995, 1360). Dagegen hat der BGH das ausdrücklich vereinbarte, erheblich überhöhte Honorar für einen Vermögensverwalter wegen Wegfalls der Geschäftsgrundlage angemessen herabgesetzt, weil sich die Parteien zugleich darüber einig waren, dass für die Vergütung „die üblichen Regeln gelten" sollten (BGHZ 46, 268 [272 f]). Eine Vertragsanpassung kommt aber nicht schon bei einseitigen Erwartungen einer Vertragspartei in Betracht, selbst wenn diese bei Vertragsschluss offenbart, erkannt oder sogar gebilligt werden (Medicus, AT Rn 758; Giesen JR 1971, 403, 406; Singer, Selbstbestimmung 238; abw OLG Bremen NJW 1963, 1455, 1456; Adams AcP 186 [1986] 453, 486 ff).

53 Die in Rechtsprechung und Schrifttum unternommenen Bemühungen, bei Kalkulationsfehlern das Dogma der Unbeachtlichkeit des **Motivirrtums** zu durchbrechen, beruhen darauf, dass vor allem hier die Abgrenzung zwischen beachtlichem Inhaltsirrtum und unbeachtlichem Motivirrtum als fragwürdig angesehen wird. Während ein Fehler bei der Bedienung der Schreibmaschine gemäß § 119 Abs 1 2. Fall zur Anfechtung berechtigt, müsse der gleiche Fehler bei der Bedienung der Rechenmaschine als Irrtum bei der Willensbildung außer Betracht bleiben (vgl Titze, in:

FS Heymann II 72, 88; Brox, Irrtumsanfechtung 64). Dennoch würden die Grenzen zulässiger **Rechtsfortbildung** überschritten, wenn man die Entscheidung des Gesetzgebers kurzerhand beiseite schieben würde. Diese beruht im Übrigen auf durchaus nachvollziehbaren Erwägungen (ausf oben Rn 5): Im Unterschied zu einem Fehler bei Abgabe der Erklärung kann man einen Fehler bei der Willensbildung durch Ergebniskontrolle noch erkennen und berichtigen (Berger Anm LM Nr 36 zu § 119). Eine Rechtsfortbildung kann daher nicht auf einem schlichten Analogieschluss beruhen, sondern nur dort sinnvoll anknüpfen, wo der vom Gesetzgeber beabsichtigte Verkehrs- und Vertrauensschutz nicht gerechtfertigt ist. Dabei lassen sich – in weitgehender Übereinstimmung mit Rechtsprechung und Schrifttum – folgende **Fallgruppen** unterscheiden, in denen der **Erklärungsempfänger nicht schutzwürdig** ist: bei unschädlicher Falschbezeichnung, beim gemeinsamen oder vom Geschäftspartner veranlassten Irrtum über die Berechnungsgrundlage und beim Ausnutzen eines internen, aber erkannten oder evidenten Kalkulationsirrtums (vgl schon Henrich AcP 162 [1963] 88, 97).

a) Unschädliche Falschbezeichnungen

Zum Teil lässt sich die fehlerhafte Kalkulation bereits durch **Auslegung des Rechtsgeschäfts** korrigieren. Eine solche Berichtigung des Geschäftsergebnisses im Sinne der materialen Äquivalenzbewertung kommt allerdings nur in Betracht, wenn die Auslegung ergibt, dass beide Parteien einerseits die richtige Kalkulation für wesentlich und andererseits deren konkretes Ergebnis für unwesentlich halten, so dass dieses als unschädliche Falschbezeichnung nach dem Grundsatz *falsa demonstratio non nocet* (vgl nur RGZ 99, 147 f; BGHZ 87, 150, 153; BGH NJW 1984, 721; Medicus AT Rn 327) außer Betracht bleiben kann. Das trifft in der Regel zu, wenn aus mehreren Einzelposten eine Gesamtsumme gebildet wird und lediglich bei der Addition ein **offenkundiger Rechenfehler** vorkommt (LG Aachen NJW 1982, 1106; OLG Frankfurt WM 2001, 565; Larenz, AT § 20 II a = S 375; Larenz/Wolf § 36 Rn 73; Medicus, AT BürgR Rn 134; MünchKomm/Kramer Rn 75; Titze, in: FS Heymann II 72 [87]). Wegen **Evidenz des Fehlers** gilt Entsprechendes in dem Beispiel von Medicus (BürgR Rn 134), in dem ein Unternehmer verspricht, 100 cbm Erdreich zum Preis von 100 € pro cbm zu bewegen und dafür versehentlich als Gesamtpreis nur 1000 € statt richtig 10 000 € verlangt (zust Fleischer RabelsZ 65 [2001] 264 [268]; Birk JZ 2002, 446 [449]). Zweifelhaft ist dagegen die Offenkundigkeit des Fehlers in dem vom LG Aachen für beachtlich gehaltenen Irrtum eines Bauhandwerkers, der in seiner Schlussrechnung den Einheitspreis in einen Materialanteil von 54,70 DM und einen Lohnanteil von 19,23 DM aufgeschlüsselt und als Gesamtpreis 54,20 DM statt 73,93 DM berechnet hat (NJW 1982, 1106). Da (und sofern) eine Schlussrechnung eine Vielzahl aufgelisteter Rechnungsposten enthält, muss ein solcher Fehler nicht ins Auge springen – und eine Nachprüfung kann man vom Geschäftspartner nicht verlangen, da man sonst das eigene Risiko auf diesen abwälzen würde. Eine offensichtliche Falschbezeichnung dürfte regelmäßig vorliegen, wenn der Verkäufer ein für den Käufer deutlich sichtbares **Preisschild** falsch abliest (LG Hamburg NJW-RR 1986, 156), wohingegen der Irrtum irrelevant bleibt, wenn der Verkäufer den Preis einer internen **Preisliste** entnimmt und sich dabei verliest oder versehentlich ein veraltetes Exemplar benutzt (LG Bremen NJW 1991, 915; Habersack JuS 1992, 548; vgl dazu näher oben Rn 34). Um eine unschädliche *falsa demonstratio* handelt es sich schließlich beim Irrtum über den richtigen Wechselkurs, da es beim Umtausch von Valuta nach dem Willen der Parteien ausschließlich auf das richtige Äquivalenzverhältnis und nicht auf die angegebenen Nominalwerte ankommt. Insofern hat das Reichsgericht den sog **Rubel-Fall** richtig entschieden und den Schuldner, der 30 000 Rubel als Darlehen erhalten hatte, nur zur Rückzahlung des wirklichen Gegenwerts in Höhe von 300 Mark – anstatt irrtümlich errechneter 7500 Mark – verurteilt (RGZ 105, 406 f; ähnl LG Kleve WM 1991, 2060 f [Bankangestellter übersah Abwertung jugoslawischer Dinare]). Dagegen kann in den übrigen Fällen, in denen sich die Parteien bei der Preisberechnung an einem bestimmten Kurs oder anderen Berechnungsmaßstab orientieren, zB am aktuellen **Börsenkurs** beim Kauf von Wertpapieren (RGZ 94, 65; 97, 138; 101, 51; 116, 15) oder am Preis pro Gewichtseinheit (zB RGZ 90, 268 – **Altmetall**; 101, 107 – **Silber**), nicht angenommen werden, dass der Geschäftspartner auch die größere Menge zum höheren Preis akzeptierte. Hier würde eine Anpassung des Geschäftsergebnisses entsprechend der beiderseitigen Kalkulationsgrundlage mit der Selbstbestimmungsfreiheit des anderen Teils kollidieren, weil nicht auszuschließen ist, dass sich dieser nur in Höhe der bezeichneten Endsumme verpflichten wollte. Außerdem ist sein Vertrauen auf die Maßgeblichkeit des Endergebnisses schutzwürdig (LARENZ/WOLF § 36 Rn 74), solange der Fehler nicht bemerkt wird oder offen zu Tage tritt. Die sich inhaltlich widersprechenden Bestimmungen über Menge und Preis sind also entgegen verbreiteter Ansicht häufig nicht „gleichrangig" (so aber FLUME § 26, 4 b = S 502 f; teilw auch MünchKomm/KRAMER Rn 76 f und 123; dazu sogl näher unter Rn 55), so dass der Widerspruch zwischen Geschäftsergebnis und Geschäftsgrundlage im Regelfall nicht durch Auslegung behoben werden kann, sondern nur in den genannten, besonders gelagerten Fällen des Wechselkursirrtums und bei offensichtlichen Additionsfehlern. Ist in dem Verwaltungsreglement eines **Investmentfonds** festgelegt, dass sich der Preis für die Rückgabe von Investmentanteilen nach dem Anteilswert am Rücknahmetag bestimme und unterläuft dem einlösenden Kreditinstitut bei der Einlösung ein Berechnungsfehler, so betrifft dieser Fehler nicht die Abgabe einer Willenserklärung, da der Preis aufgrund des Verwaltungsreglements bereits feststeht; insofern handelt es sich lediglich um eine **rechtsgrundlose Überzahlung**, die – ohne Anfechtung – nach Bereicherungsrecht wieder rückgängig gemacht werden kann (BGH WM 2003, 973, 974 f).

b) Vom Geschäftspartner veranlasster oder gemeinsamer Irrtum über die Berechnungsgrundlage

55 Sofern mit dem Instrumentarium der Auslegung keine Vertragsanpassung erzielt werden kann, besteht allerdings weitgehend Einvernehmen darüber, dass sich der vom Geschäftspartner veranlasste oder von ihm geteilte Irrtum über die Berechnungsgrundlage eines Vertrages jedenfalls auf dessen Bestand auswirken kann (vgl PALANDT/HEINRICHS Rn 18; MünchKomm/KRAMER Rn 77 und 123 f; SOERGEL/HEFERMEHL Rn 31 mwN). So kann man die gemeinsame Berechnungsgrundlage gemäß § 313 Abs 1 als **Geschäftsgrundlage** des Vertrages ansehen, wie dies der BGH vielfach praktiziert hat (BGHZ 46, 268 [273]; BGH LM Nr 8; ebenso PALANDT/HEINRICHS [Fn 12] Rn 18; LARENZ, AT § 20 II a; III). In Betracht kommt des Weiteren eine Vertragsauflösung wegen **vorvertraglicher Pflichtverletzung** gem §§ 280 Abs 1, 241 Abs 2, 311 Abs 2, wenn der Geschäftspartner den Irrtum zu vertreten hat (MEDICUS, AT Rn 761; vgl auch BGH NJW 1980, 180; 1998, 3192 [3194]; 2001, 284 [285]). Eine Vertragsauflösung wegen Willensmangels setzt allerdings nach geltendem Recht grundsätzlich die Anfechtung des Vertrages voraus, so dass **die Abstimmung mit den Vorschriften des Anfechtungsrechts** zur Kardinalfrage der zu dieser Fallgruppe vertretenen Lösungsvorschläge und Konstruktionen wird. Der für einen Teil der Fälle vertretene Vorschlag, die

Willenserklärungen wegen **Dissenses** (so teilweise MünchKomm/KRAMER Rn 76 im „Silberfall" RGZ 101, 107; zust PALANDT/HEINRICHS Rn 18) oder **Perplexität** der sich widersprechenden Elemente (so MEDICUS, AT Rn 759; ders, BürgR Rn 134 bei offensichtlichen Rechenfehlern) ipso iure für nichtig zu erklären, berücksichtigt diesen Gesichtspunkt zu wenig.

Für einen Vorrang der Anfechtung plädiert KRAMERS **Lehre vom erweiterten Sach-** 56 **verhaltsirrtum**. Danach soll eine Irrtumsanfechtung in Analogie zu § 119 Abs 2 BGB zugelassen werden, wenn der Motivirrtum vom anderen Kontrahenten veranlasst worden ist oder ihm hätte offenbar auffallen müssen oder von ihm geteilt worden ist und sich auf einen Umstand bezog, der auch für diesen nach Treu und Glauben die Grundlage des Geschäfts ausmachte (MünchKomm Rn 97 ff [101]; ähnl PAWLOWSKI JZ 1997, 741 [746]; abl LARENZ, AT § 20 II b = S 382; MEDICUS, AT Rn 770; LORENZ, Schutz 284 ff; FLUME JZ 1985, 470 [474]; WAAS JuS 2001, 14 [16 f]). Die genannten Kriterien sind rechtspolitisch überzeugend, lassen sich aber schwerlich in § 119 Abs 2 hineininterpretieren. Nach dem klaren Wortlaut von § 119 Abs 2 BGB besteht ein Anfechtungsrecht auch dann, wenn es sich um einen einseitigen Irrtum über „verkehrswesentliche" Eigenschaften handelt und die von KRAMER aufgezählten einschränkenden Voraussetzungen eines beachtlichen Motivirrtums nicht vorliegen. In dem Zielkonflikt zwischen Verkehrsinteresse und Rücksichtnahme auf Störungen der Selbstbestimmung hat der Gesetzgeber eine typisierende Entscheidung getroffen und den Eigenschaftsirrtum als besonderen Motivirrtum wegen dessen großer Bedeutung für das vertragliche Äquivalenzverhältnis für beachtlich erklärt. Eine solche Typisierung darf nicht im Wege der Rechtsfortbildung korrigiert werden, auch wenn diese sachgerechter erscheint und Wertungswidersprüche vermieden werden könnten (dafür erneut KRAMER, in: FS 50 Jahre BGH 57 [64 f], der jedoch ebenfalls auf Grenzen der Rechtsfortbildung stößt, aaO Fn 41; ebenso FLEISCHER RabelsZ 65 [2001] 264, 289 f). Auch die Lehre vom geschäftswesentlichen Eigenschaftsirrtum eröffnet insoweit keine zusätzliche Legitimation (so aber PAWLOWSKI JZ 1997, 741 [746] im Anschluss an FLUME, Eigenschaftsirrtum und Kauf [1948] 83 ff; ders, AT II § 24, 2 b), denn diese Lehre hat die Funktion, die an sich zulässige Anfechtung aus Gründen des Verkehrsschutzes zu beschränken, wohingegen es hier um die Begründung einer an sich nicht gegebenen Anfechtungsmöglichkeit geht. Auf der anderen Seite braucht man den Begründungsansatz nur zu modifizieren, um wesentliche – insoweit von KRAMER mit Recht für maßgeblich gehaltene – Wertungsgesichtspunkte in das System des geltenden Rechts zu integrieren.

aa) Ungerechtfertigte Irrtumszurechnung bei Fremdverantwortung

Hat der Vertragspartner den **Irrtum zurechenbar veranlasst** (vgl MünchKomm/KRAMER 57 § 119 Rn 101; SINGER 227), erscheint es nicht nur evident ungerecht, den Irrenden das Risiko eines Kalkulationsirrtums tragen zu lassen. Vielmehr besteht schon nach allgemeinen Grundsätzen die Möglichkeit, den Partner jedenfalls bei fahrlässiger Irreführung wegen **vorvertraglicher Pflichtverletzung** gem §§ 280 Abs 1, 241 Abs 2, 311 Abs 2 in Anspruch zu nehmen und als Schadensersatz Aufhebung des ohne Täuschung nicht zustande gekommenen Vertrages zu verlangen (grundl BGH NJW 1962, 1196 [1198 f]; bestätigt durch BGH NJW 1998, 302, 304 mit der Klarstellung, dass durch die Pflichtverletzung ein Vermögensschaden entstanden sein muss; insoweit zu Recht krit Anm von WIEDEMANN aaO 1177; S LORENZ ZIP 1998, 1053, 1055; MEDICUS Anm LM Nr 13 zu § 249 [A]; GRIGOLEIT NJW 1999, 900, 901 f; STOLL, in: FS Deutsch [1999] 361, 368; einschränkend CANARIS

AcP 200 [2000] 273, 314; zum Ganzen eingehend GRIGOLEIT, Informationshaftung 50 ff und 137 ff; vgl dazu auch § 123 Rn 95). Von da an ist es nur noch ein kleiner Schritt, das gleiche Ergebnis auch auf dem Wege der – sachnäheren – Anfechtung herbeizuführen (zutr GRIGOLEIT, Informationshaftung 140; vgl auch SINGER, Selbstbestimmung 238). Bei bloßer Veranlassung besteht zwar keine vollkommene Symmetrie zwischen culpa in contrahendo und Irrtumsanfechtung (vgl S LORENZ, Schutz 268 Fn 311, 284 ff), aber zum einen ist das Verschuldenserfordernis praktisch stets erfüllt (vgl GRIGOLEIT, Informationshaftung 8), zum anderen gibt es außer dem Verschulden weitere Zurechnungsmöglichkeiten, die in Gestalt der Risikozurechnung insbesondere im Bereich der Vertrauenshaftung weitgehend anerkannt sind (vgl CANARIS, Vertrauenshaftung 481, 485 f; SINGER, Verbot 132 ff; BGHZ 29, 6, 12; 48, 396, 399; BGH WM 1972, 1027; 1981, 491, 492). Eine Anfechtung wegen veranlassten Kalkulationsirrtums wäre zB auch in der grundlegenden Entscheidung RGZ 64, 266 in Betracht gekommen, weil die Annahme des Käufers, das Lager sei „unter Einkaufspreisen aufgenommen", durch die unrichtige Information eines Beauftragten des Verkäufers hervorgerufen wurde (vgl auch RGZ 95, 58: falsche Angaben zur Straßenoberkante gegenüber einem Bauunternehmer führen zu ungenügender Preiskalkulation; MEDICUS, AT Rn 761). Die Unbeachtlichkeit des Motivirrtums beruht auf dem Schutz des rechtsgeschäftlichen Verkehrs und dem Prinzip der Selbstverantwortung des Irrenden (vgl oben Rn 5). Unter beiden Gesichtspunkten besteht aber kein Anlass, den Geschäftspartner zu schützen, wenn *dieser* die Verantwortung für die Störung der Willensbildung zu tragen hat (aA S LORENZ 268 Fn 311, 293 f). Methodisch handelt es sich um eine **teleologische Restriktion** (zu Begriff und Methode vgl LARENZ, Methodenlehre der Rechtswissenschaft [6. Aufl 1991] 391; CANARIS, Die Feststellung von Lücken im Gesetz [2. Aufl 1983] 82 ff) **des Prinzips von der Unbeachtlichkeit des Motivirrtums** oder – anders gewendet – um eine **teleologische Extension** (LARENZ 397; CANARIS 90) **der Irrtumsvorschriften**, wobei die größere Sachnähe zu § 119 Abs 1 und nicht zu § 119 Abs 2 (dafür KRAMER, in: FS 50 Jahre BGH [2000] 57 [64]; FLEISCHER, RabelsZ 65 [2001] 264, 289 f) bestehen dürfte.

58 Gegen einen Vorrang der Anfechtung wurde insbesondere die größere Flexibilität des Schadensrechts ins Feld geführt (S LORENZ, Schutz 336). Indessen hat sich der Gesetzgeber bei Willensmängeln grundsätzlich für die Anfechtung des Rechtsgeschäfts entschieden, so dass es systemgerechter erscheint, auch bei gesetzlich nicht geregelten Motivirrtümern an dieser Wertung festzuhalten. Das schließt Schadensersatzansprüche wegen culpa in contrahendo nicht aus, doch ist der Anwendungsbereich dieses Instituts enger als die Fallgruppen der Anfechtung wegen Motivirrtums, und es bedarf aus Gründen der Systemgerechtigkeit einer Harmonisierung der konkurrierenden Institute (dazu sogleich Rn 59). Gegen eine Erweiterung der Anfechtungsmöglichkeit wegen Motivirrtums könnte allerdings sprechen, dass § 123 die Selbstbestimmungsfreiheit nur bei vorsätzlicher Irrtumserregung schützt – ein Einwand, der auch gegenüber einer **Vertragsauflösung wegen vorvertraglicher Pflichtverletzung** gem §§ 280 Abs 1, 241 Abs 2, 311 Abs 2 (vgl oben Rn 57) erhoben worden ist (urspr gegen eine Vertragsauflösung kraft culpa in contrahendo MEDICUS JuS 1965, 209 [212 ff], der aber inzwischen bei einer „Garantenstellung" des Informationspflichtigen eine Vertragsauflösung akzeptiert [vgl dens, BürgR Rn 150]; ähnlicher Wandel bei CANARIS, vgl früher ZGR 1982, 395, 417 f; heute AcP 200 [2000] 273, 306; vgl auch WILLEMSEN AcP 182 [1982] 515 [540] und GOTTWALD JuS 1982, 877 [881].- Die Vertragsauflösung gem cic einschränkend SCHUBERT AcP 168 [1968] 470, 504 ff [Vertragsauflösung, sofern weitere Vermögensschäden entstanden sind]; LIEB, in: FS Universität Köln [1988] S 251, 258 ff; ders, in: FS Medicus [1999] 337, 339 ff; R SCHUMACHER,

Vertragsaufhebung wegen fahrlässiger Irreführung unerfahrener Vertragspartner [1979] 31 ff, 118 f [Vertragsauflösung nur zugunsten geschäftlich Unerfahrener]). Indessen darf § 123 nicht isoliert betrachtet werden. Die Vorschrift ist vielmehr im Kontext zu sehen mit der im BGB selbst angelegten, lediglich unvollkommen geregelten Haftung für Vertrauensdispositionen des Partners, wenn diese schuldhaft oder sonst wie zurechenbar herbeigeführt worden sind (vgl insb die §§ 122, 170–172, 179 u 663). Seit der Schuldrechtsreform ist die Haftung wegen vorvertraglicher Pflichtverletzung unleugbar ein *gesetzlicher* Tatbestand, der in gleicher Weise Verbindlichkeit beansprucht wie § 123 (SINGER, Selbstbestimmung 238; zust FLEISCHER AcP 200 [2000] 91, 99). Im Hinblick auf die Verantwortung für irrtümliche Dispositionen des Vertragspartners bestehen also jedenfalls keine eindeutigen, wenn nicht sogar widersprüchliche gesetzliche Anordnungen, so dass der formale Hinweis auf § 123 nicht ausreicht, um die Verantwortung für fahrlässige Irreführung des Vertragspartners einzuschränken (eingehend GRIGOLEIT, Informationshaftung 50 ff [80]; s ferner S LORENZ, Schutz 333; WIEDEMANN JZ 1998, 1176; CANARIS AcP 200 [2000] 273, 308 ff). Unter teleologischen Gesichtspunkten erscheint es jedenfalls nicht gerechtfertigt, den Irrenden das Risiko eines Fehlers tragen zu lassen, obwohl nicht ihn, sondern den Kontrahenten die Verantwortung dafür trifft. Darüber hinaus wäre es inkonsistent, die als gesetzeskonform akzeptierte Vertrauenshaftung für geschäftliche Dispositionen ausgerechnet in dem ebenso typischen wie wichtigen Fall einzuschränken, in dem die entscheidende Disposition im Vertragsschluss selbst besteht (vgl auch § 123 Rn 95 sowie MünchKomm/KRAMER § 119 Rn 101, Fn 236 unter Hinw auf CANARIS, Vertrauenshaftung S 511).

Bejaht man aber eine Vertragsaufhebung wegen vorvertraglicher Pflichtverletzung, **59** ist es nur folgerichtig, auch die Anfechtung wegen veranlassten Motivirrtums zuzulassen. Zur Vermeidung von Wertungswidersprüchen müssen allerdings die einschlägigen Normen aufeinander abgestimmt werden (vgl zB MEDICUS JuS 1965, 209, 211; MünchKomm/KRAMER Rn 104 a und § 123 Rn 30.- Gegen eine analoge Anwendung der §§ 121, 124 aber BGH NJW 1979, 1983 f; 1984, 2814, 2815; FLUME §§ 21, 11 und 25; S LORENZ, Schutz 275 ff, 345 ff). Der Gesetzgeber hat die Berücksichtigung von Willensmängeln einerseits vom Willen des Irrenden abhängig gemacht, dieses Wahlrecht aber zur Verhinderung von Spekulationen zeitlich befristet (MUGDAN I 718 f; MünchKomm/KRAMER § 121 Rn 2; SINGER, Selbstbestimmung 66 f). Wenn man aber bereits **bei Geschäftsirrtümern rechtzeitig anfechten** muss, dann **erst recht bei bloßen Motivirrtümern**, die nach dem Willen des Gesetzgebers grundsätzlich geringere Bedeutung besitzen sollen, dort aber, wo dieser sie für beachtlich hält (vgl §§ 119 Abs 2, 2078), im Wege der Anfechtung geltend zu machen sind (eine – systemwidrige – Ausnahme bildet § 779, der einen Sonderfall fehlender Geschäftsgrundlage darstellt [vgl MünchKomm/ PECHER § 779 Rn 1]). Fraglich kann nur sein, ob die §§ 119, 121 oder die §§ 123, 124 analog anzuwenden sind. Zum Teil wird eine **Analogie zu den §§ 123, 124** vorgeschlagen, weil diese Tatbestände eine fremdverantwortliche Störung der Selbstbestimmung betreffen (HENRICH AcP 162 [1963] 88, 104; SACK, Wettbewerb und Folgeverträge [1974] 18 f; M REINICKE JA 1982, 1, 6; GRIGOLEIT, Informationshaftung 150 f; CANARIS AcP 200 [2000] 273, 319), wohingegen die knappe Anfechtungsfrist der §§ 119, 121 auf solche Fälle zugeschnitten ist, in denen der Irrtum in den Verantwortungsbereich des Irrenden selbst fällt. Für die **Analogie zu den §§ 119, 121** spricht jedoch, dass bei bloßen Motivirrtümern nicht großzügiger spekuliert werden sollte als bei Geschäftsirrtümern (vgl auch MünchKomm/KRAMER § 121 Rn 5; ADAMS AcP 186 [1986] 453, 488). Die relativ lange Frist des § 124 von einem Jahr beruht ersichtlich darauf, dass es sich um besonders massive Störungen der Selbstbestimmung durch den Anfechtungsgegner handelt und dieser somit nicht besonders schutzwürdig erscheint (vgl in anderem Zusammenhang RGZ 84, 131 [134]; BGH NJW 1979, 1983). Bei bloß fahrlässiger Irrtumserregung trifft dies nicht in gleichem Maße zu. Außerdem hat die Anwendung der relativ schneidigen Präklusionsnorm des § 121 den Vorteil, dass sie einer ausufernden Berücksichtigung von Kalkulationsfehlern entgegenwirkt und dadurch zum Schutz des Verkehrs beiträgt. Dem gesetzgeberischen Anliegen, einem Motivirrtum grundsätzlich die Relevanz zu versagen, wird also tendenziell durchaus Rechnung getragen (vgl auch § 123 Rn 95).

bb) Irrtumszurechnung beim gemeinsamen Irrtum über die Berechnungsgrundlage

60 Ist ein bestimmter Berechnungsmaßstab für beide Parteien Grundlage des Rechtsgeschäfts, erscheint es ebenfalls nicht gerechtfertigt, den Irrenden das Irrtumsrisiko alleine tragen zu lassen. Die teleologischen Gründe für den Ausschluss des Motivirrtums (oben Rn 5) treffen auch hier nicht zu, da und sofern beide Parteien für den Irrtum in gleichem Maße verantwortlich sind. Es erscheint geradezu willkürlich, nur den für die Folgen eines Irrtums haften zu lassen, zu dessen Nachteil sich der beiderseitige Irrtum auswirken würde, obwohl ihn nicht alleine die Verantwortung trifft. Auf dieser Wertung beruht denn auch die allgemeine Akzeptanz der seit 1.1.2002 in § 313 gesetzlich verankerten Lehre von der **Geschäftsgrundlage** (vgl LARENZ, AT § 20 III). Der Gegenvorschlag von FLUME, jeder Partei wahlweise das Recht zuzubilligen, den anderen Teil an den für diesen günstigeren Bedingungen festzuhalten (AT II § 26, 4 b), ist zwar auch teleologisch gerechtfertigt (vgl MünchKomm/KRAMER Rn 124 mit zutr Hinw auf die im Irrtumsrecht allg anerkannte „Reduktion auf das Gewollte"), kommt aber dann nicht zum Tragen, wenn keine Partei an einem solchen ungünstigen Vertrag Interesse zeigt. Für diesen Fall hält auch FLUME den Vertrag für „hinfällig" (477), was im Ergebnis dem Fehlen der Geschäftsgrundlage entspricht. Beide Konstruktionen können freilich Wertungswidersprüche mit dem Irrtumsrecht nicht vermeiden (vgl oben Rn 59), so dass auch bei beiderseitigem Irrtum über die Geschäftsgrundlage die Loslösung vom Vertrag von der rechtzeitigen Ausübung eines Anfechtungsrechts abhängig gemacht werden sollte. Dies hätte dann auch zur Konsequenz, dass der Anfechtende gemäß § 122 für den **Vertrauensschaden** des anderen Teils aufkommen müsste. Das wird zum Teil als unbillig angesehen, weil eben beide Parteien dem Irrtum erlegen sind und daher auch gemeinsam die Verantwortung tragen sollten (vgl LARENZ, AT § 20 III = S 293; MünchKomm/KRAMER Rn 124; ders, in: FS 50 Jahre BGH 2000, 57 [63 f]; FLUME, AT II § 26, 4 b = S 503; GIESEN JR 1971, 403, 404). Indessen kann man die Ersatzpflicht als Kompensation für die Zubilligung eines tatbestandlich an sich nicht einschlägigen Anfechtungsrechts durchaus rechtfertigen, zumal damit dem Prinzip rechtsgeschäftlicher Selbstverantwortung wenigstens auf der Ebene des Schadensersatzrechts entsprochen wird (vgl auch MEDICUS, BürgR Rn 162; STAUDINGER/J SCHMIDT [1995] § 242 Rn 448).

61 Voraussetzung für die Erweiterung der Irrtumsanfechtung auf den gemeinsamen Irrtum über die Geschäftsgrundlage ist freilich, dass auch der **Geschäftswille** der anderen **Partei auf der Kalkulation aufbaut**. Andernfalls kann von einer gemeinsamen Verantwortung für Fehler der Willensbildung nicht die Rede sein. Es gibt keinen Erfahrungssatz, dass der Auftragnehmer – der Subunternehmer – bereit ist, die Folgen eines Kalkulationsirrtums seines Auftraggebers – des Generalunternehmers – zu tragen (BGH NJW-RR 2000, 1219, 1220). Im **Jahresmiete-Fall** (BGH NJW 1981, 1551 [1552]) hat der BGH folgerichtig den Kalkulationsirrtum des Verkäufers nicht berücksichtigt, weil dessen Kalkulationsgrundlage – der Kaufpreis sollte nach seinen Vorstellungen das 11-fache der Jahresmiete betragen – nur für seinen Geschäftswillen, nicht aber für den des Käufers maßgebend war (ebenso BGH NJW-RR 1995, 1360; Wegfall der Geschäftsgrundlage bejahend aber BGHZ 46, 268 [272 f]). Die **bloße Offenlegung der Kalkulationsgrundlage** genügte dem BGH mit Recht nicht, weil sich der Käufer typischerweise am Geschäftsergebnis orientiert und nicht an dessen Berechnungsmethode (vgl auch JOHN JuS 1983, 176 [179]; abw ADAMS AcP 186 [1986] 453, 486 f). Anders verhält es sich in den **Börsenkursfällen** (RGZ 94, 65; 97, 138; 101, 51; 116, 15) und im **Silber-Fall** (RGZ 101, 107). Der dort zugrunde gelegte (relative) Bewertungsmaßstab ist aus der Sicht beider Parteien schlechthin konstitutiv für die Äquivalenz der Leistungspflichten. Es ist daher nur folgerichtig, dass das Risiko eines Kalkulationsfehlers nicht einer Partei alleine zur Last fällt, sondern von der anderen geteilt wird. Entsprechendes gilt, wenn sich der Grundstückspreis nach dem Willen der Parteien zwar nach dem objektiven, durch neutrale Dritte zu ermittelnden Verkehrswert richten sollte, es dann aber zu einer Einigung zu einem deutlich unter dem Verkehrswert liegenden Preis gekommen ist (BGH NJW 2001, 284 f). Anders verhält es sich jedoch, wenn der Kalkulationsirrtum – wie im **Altmetall-Fall** (RGZ 90, 268) – auf einer einverständlichen, aber unrichtigen Schätzung beruht; denn diese beinhaltet eine bewusste Risikoentscheidung, die ihrem Wesen nach eine Korrektur von Schätzungsfehlern gerade ausschließt (vgl BGHZ 74, 370, 374; ebenso GOLTZ, Motivirrtum und Geschäftsgrundlage im Schuldvertrag [1973] 244; iE auch CHIOTELLIS, Rechtsfolgenbestimmung bei Geschäftsgrundlagenstörungen in Schuldverträgen [1981] 107 f).

c)   Der erkannte und ausgenutzte interne Kalkulationsirrtum
aa) Die fehlende Schutzwürdigkeit des Erklärungsempfängers
Hat der Erklärungsempfänger **erkannt**, dass dem Erklärenden bei der Abgabe seiner Willenserklärung ein **interner Rechenfehler** unterlaufen ist, kann an die erste Fallgruppe der unschädlichen Falschbezeichnung angeknüpft werden. Auch hier erscheint es nicht gerechtfertigt, wegen der formalen Unterscheidung von Geschäfts- und Motivirrtum den Irrenden das Irrtumsrisiko tragen zu lassen, obwohl der Geschäftspartner in seinem **Vertrauen** auf den äußeren Inhalt der Willenserklärung **nicht schutzwürdig** ist. Erkennt er gar den wirklich gewollten Betrag, ist dieser nach der Maxime *falsa demonstratio non nocet* maßgebend (zutr WIESER NJW 1972, 708 [709]; FLEISCHER RabelsZ 65 [2001] 264 [270]; MEDICUS, AT Rn 758). Erkennt er nur, dass der genannte Betrag nicht stimmen kann und folglich ein Kalkulationsirrtum vorliegen müsse, besteht zwar keine Möglichkeit, dem unbekannten wahren Willen zu entsprechen. Aber jedenfalls ist ein Festhalten am Vertrag nicht gerechtfertigt, wenn der Empfänger positiv weiß, dass das Erklärte nicht gewollt ist. Motivirrtümer sind deswegen unbeachtlich, weil sich der Verkehr auf das gegebene Wort verlassen können soll (oben Rn 5). Dieser Schutz ist nicht erforderlich, wenn der Geschäftspartner den Willensmangel **kennt** oder wenn dieser **evident** ist (überzeugend FLEISCHER RabelsZ 65 [2001] 264, 286). Vielmehr liegt es nahe, dem Irrenden ein **Anfechtungsrecht analog § 119 Abs 1** zu gewähren (WIESER [aaO]; ebenso HEIERMANN BB 1984, 1836, 1840; G MÜLLER ZHR 147 [1983] 501, 533; ADAMS AcP 186 [1986] 453, 488). Zum gleichen Ergebnis führt die teilweise auch hier befürwortete **analoge Anwendung von § 119 Abs 2** (MünchKomm/KRAMER Rn 101, 106; FLEISCHER RabelsZ 65 [2001] 264, 289; ähnl PAWLOWSKI JZ 1997, 741, 745 f), während andere Autoren das Festhalten am erkannten Irrtum

als **unzulässige Rechtsausübung** begreifen (vgl insb FLUME, AT II § 25 = S 493, der freilich verlangt, dass der Irrende „unverzüglich" seine Rechte geltend macht; SOERGEL/HEFERMEHL Rn 29; S LORENZ S 275 und 283; ebenso OLG München NJW 2003, 367 m Anm HOFFMANN MMR 2003, 274 f; PETERS JR 1999, 157, 158; dazu auch oben Rn 36 aE). Auch der BGH hat bisher entweder mit dem Einwand unzulässiger Rechtsausübung operiert oder den Empfänger aus culpa in contrahendo haften lassen (vgl oben Rn 52), weil dieser den Irrenden nicht auf seinen Irrtum hingewiesen habe. In seinem Grundsatzurteil vom 7.7. 1998 (BGHZ 139, 177) knüpft der BGH an diese Rechtsprechung an, schließt aber erstmals dezidiert die Möglichkeit der Irrtumsanfechtung aus und gewährt stattdessen dem Irrenden unter bestimmten weiteren Voraussetzungen die **Einrede der unzulässigen Rechtsausübung** (aaO 184 ff; ebenso FLUME § 25 = S 493; LORENZ, Schutz 283). Die vom BGH gegebene Begründung überzeugt aber nicht.

bb) Treu und Glauben statt Anfechtung?

63 Die entscheidenden Gründe, die gegen ein Anfechtungsrecht ins Feld geführt werden, seien nicht – wie der BGH betont – „teleologisch-wertende", sondern „systematische" (BGHZ 139, 137 [183]). Damit will der BGH zum Ausdruck bringen, dass der erkannte und ausgenutzte Kalkulationsirrtum durchaus rechtlich relevant sein könne, aber die Lösung des Problems „außerhalb der §§ 119 ff BGB" gefunden werden müsse (zust WAAS JuS 2001, 14 [15 f]; PETERS JR 1999, 157 [158]). Maßgeblicher Grund für diese **„Flucht aus dem Anfechtungsrecht"** ist die Vorschrift des **§ 121 BGB**. Bei einer Anfechtung wegen erkannten Kalkulationsirrtums käme es für den Beginn der Anfechtungsfrist des § 121 BGB darauf an, „wann der Erklärende Kenntnis von der Kenntnis des Erklärungsempfängers erlangt". Eine solche **„Häufung subjektiver Umstände"** würde die mit jeder Anfechtungsmöglichkeit verbundene Rechtsunsicherheit „in unerträglichem Maße" verstärken, und im Falle treuwidriger Kenntnisvereitelung wäre § 121 BGB überhaupt nicht mehr sinnvoll anwendbar (alle Zitate aaO 183). Dieser Einwand ist schon deshalb nicht überzeugend, weil im konkreten Fall über die Rechtzeitigkeit der Anfechtung überhaupt nicht gestritten wurde und somit nicht die vom BGH angeführte Rechtsunsicherheit bestand. Die Verdrängung der Anfechtung gemäß §§ 119, 121 durch das Institut der unzulässigen Rechtsausübung hätte auf der anderen Seite zur Konsequenz, dass die Funktion von § 121, Spekulationen des Irrenden auf Kosten des Empfängers zu vermeiden (vgl § 121 Rn 1 und oben Rn 59), ausgerechnet bei dem grundsätzlich weniger schutzwürdigen und wohl auch missbrauchsanfälligeren Motivirrtum überhaupt nicht zum Zuge käme (vgl näher SINGER JZ 1998, 342, 347; krit auch BERGER Anm LM Nr 36 zu § 119; KINDL WM 1999, 2198, 2203; FLEISCHER RabelsZ 65 [2001] 264, 290). Der Gesetzgeber hat sich jedoch nun einmal dafür entschieden, bei gestörter Selbstbestimmung dem Irrenden ein Wahlrecht einzuräumen, dieses aber zur Vermeidung von Spekulationen auf Kosten des Erklärungsempfängers an eine knappe Präklusivfrist gebunden (vgl § 121 Rn 1 und oben Rn 59). Bei einem bloßen Motivirrtum ist dieser Spekulationsgefahr erst recht zu begegnen (vgl auch FLUME, AT II § 26, 4 b = S 503; WIESER NJW 1972, 708 [710]; aA GIESEN JR 1971, 403, 406; LORENZ, Schutz 332 ff). Dann erscheint es aber auch folgerichtig, die Lösung innerhalb des Irrtumsrechts zu suchen und nicht mit einer diffusen unzulässigen Rechtsausübung zu operieren, die eher eine stärkere Beeinträchtigung der Rechtssicherheit darstellen dürfte (zust KRAMER, in: 50 Jahre BGH [2000] 57 [62 f]; aA WAAS JuS 2001, 14 [15 f]).

64 Nicht zu folgen ist ferner der Einschränkung des Rechtsmissbrauchseinwandes auf eine „**schlechthin unzumutbare**" Vertragsdurchführung (dem BGH insoweit folgend LORENZ, Schutz 283). Abgesehen von der mangelnden Justiziabilität dieses Kriteriums besteht kein Anlass, bei dieser Fallgruppe der unzulässigen Rechtsausübung auf die Zumutbarkeitsformel der Geschäftsgrundlagenstörung (vgl zB BGHZ 121, 378, 393; BGH NJW 1985, 313, 314) zurückzugreifen. Diese macht Sinn, wenn an einem an sich intakten Rechtsgeschäft wegen zwischenzeitlich eingetretener Veränderungen – zB wegen Leistungserschwerung oder Äquivalenzstörung – nicht mehr ohne Modifikationen festgehalten werden könnte, ohne gegen Treu und Glauben zu verstoßen. Beim **Wegfall** einer solchen „**objektiven**" Geschäftsgrundlage wird das Prinzip *pacta sunt servanda* außer Kraft gesetzt, obwohl ein völlig einwandfreier Akt der Selbstbestimmung vorliegt. Da dies allenfalls in äußersten Extremfällen gerechtfertigt sein kann, wird eine Befreiung von der eingegangenen rechtsgeschäftlichen Bindung mit Recht nur in Betracht gezogen, wenn die Vertragsdurchführung „schlechterdings unzumutbar" ist (zutr LARENZ, SchuldR I § 21 II = S 325). Beim gemeinsamen Irrtum über die „**subjektive**" Geschäftsgrundlage, die LARENZ zutr in die Irrtumslehre einordnet (vgl auch § 313 Abs 2), liegt hingegen eine Störung der Selbstbestimmung vor. Da hier die Maxime pacta sunt servanda nicht in gleichem Maße tangiert ist, besteht hier kein Anlass, den Irrtum nur bei Überschreiten einer wie auch immer gearteten Zumutbarkeitsschwelle zu berücksichtigen (LARENZ, AT § 20 III = S 392 f; **aA** MEDICUS, BürgR 28 Rn 134 iVm Rn 166). Erst recht besteht dazu keine Veranlassung beim erkannten und ausgenutzten Motivirrtum (dafür aber MEDICUS EWiR 1998, 871 [872]). Die Einschränkung der rechtsgeschäftlichen Bindung beruht hier darauf, dass diese vom Zweck der gesetzlichen Vorschriften über die Willensmängel und ihrer Differenzierung zwischen Erklärungs- und Motivirrtum nicht gefordert ist. Die formale Unterscheidung von Geschäfts- und Motivirrtum bezweckt den **Schutz des rechtsgeschäftlichen Verkehrs** (oben Rn 5). Dieser soll sich auf das Versprechen verlassen können, ohne sich um Beweggründe und Interna des Geschäftspartners kümmern zu müssen. Dieses Schutzes bedarf aber nicht, wer als Empfänger die fehlerhafte Grundlage des Selbstbestimmungsaktes kennt und somit nicht auf dessen Verbindlichkeit vertrauen darf (zutr WIESER NJW 1972, 708, 709 f; ebenso HEIERMANN BB 1984, 1836, 1840; **aA** WAAS JuS 2001, 14 [15 f]). Es handelt sich also auch hier um eine **teleologische Extension der Irrtumsvorschriften**. In einer älteren Entscheidung hat der BGH bei einem Kalkulationsirrtum denn auch völlig zu Recht auf das Zumutbarkeitskriterium verzichtet und eine Rechtsausübung bereits für unzulässig gehalten, „ohne dass ein grobes Missverhältnis der beiderseitigen Leistungen vorzuliegen braucht" (BGH LM Nr 8 zu § 119 BGB [unter 2 c]). Richtig ist zwar, dass der Irrtum ein Mindestmaß an Erheblichkeit besitzen muss, um nicht als bloßer Vorwand für ein nach geltendem Recht nicht anzuerkennendes Reurecht missbraucht zu werden. Aber dies erfordert nur die entsprechende Anwendung des § 119 Abs 1 2. HS BGB, die bei der vorzugswürdigen Anerkennung eines Anfechtungsrechts ganz selbstverständlich ist. Im Ergebnis ist somit von der Anfechtbarkeit einer Willenserklärung auszugehen, wenn dem Erklärenden ein vom Gegner erkannter oder evidenter Kalkulationsirrtum unterlaufen ist (vgl SINGER JZ 1999, 342, 349; ebenso mit unterschiedlicher Begründung KINDL WM 1999, 2198, 2207 f; KRAMER, in: FS 50 Jahre BGH [2000] 57 [65 ff]; FLEISCHER RabelsZ 65 [2001] 253, 289; BIRK JZ 2002, 446 [450]; abw MEDICUS Anm EWiR 1998, 871 f; WAAS JuS 2001, 14 [19]).

d) Kenntnis und treuwidrige Kenntnisvereitelung
Der **maßgebliche Zeitpunkt**, bis zu dem Kenntnis des Erklärungsempfängers scha- **65**

det, ist nach Ansicht des BGH der Zeitpunkt des **Vertragsschlusses**. Bei der **Beteiligung an einer Ausschreibung** kann folglich der Bieter bis zur Erteilung des Zuschlags noch dafür sorgen, dass der Auftraggeber „bösgläubig" wird und daraufhin das Angebot nicht mehr annehmen kann. Das erscheint nicht unbedenklich, weil auf diese Weise bereits begründetes Vertrauen in die Gültigkeit einer Willenserklärung nachträglich wieder enttäuscht werden kann. Insbesondere scheint dies der Wertung des § 130 Abs 1 Satz 2 BGB zu widersprechen, wonach das Vertrauen in den Bestand einer Willenserklärung ab dem Zeitpunkt des Wirksamwerdens, also ab Zugang, schutzwürdig ist, und zwar ohne Rücksicht auf besondere Dispositionen des Empfängers. Dennoch ist dem BGH insoweit zuzustimmen, da § 130 Abs 1 BGB von einer fehlerfreien Willenserklärung ausgeht, während hier die Gültigkeit einer jedenfalls in materieller Hinsicht fehlerhaften Willenserklärung in Frage steht. Unter diesem Gesichtspunkt leuchtet es ein, die Schutzwürdigkeit des Empfängers und damit die teleologische Rechtfertigung der Irrtumsanfechtung bei einem bloßen Berechnungsfehler davon abhängig zu machen, ob der Geschädigte im Vertrauen auf die Gültigkeit der Willenserklärung bereits **Dispositionen getroffen** hat. Eine solche Disposition stellt jedenfalls die Annahme des Angebots bzw der Vertragsschluss dar, kommt aber auch bei anderen vertrauensbedingten Reaktionen des Empfängers auf die scheinbar intakte Willenserklärung in Betracht. Dies gilt im Übrigen unabhängig davon, ob man die Irrtumsanfechtung zulässt oder mit dem BGH § 242 BGB anwendet.

66 Der Kenntnis von einem Kalkulationsirrtum steht im Übrigen gleich, dass sich **der Empfänger bewusst einer Kenntnisnahme verschlossen** hat (offen BGH NJW 1998, 3192 [3195]). Dabei handelt es sich um **evidente**, gleichsam ins Auge springende **Kalkulationsfehler** (FLUME, AT II § 25 = S 493; FLEISCHER RabelsZ 65 [2001] 264, 286). Der Maßstab deckt sich mit dem Kriterium der **groben Fahrlässigkeit** (FLEISCHER aaO), doch sollte man an die Evidenz strenge Anforderungen stellen, weil man sonst entgegen dem Grundsatz von der Unbeachtlichkeit des Motivirrtums den Erklärungsempfänger zu Nachforschungen und Misstrauen nötigen würde (SINGER JZ 1999, 342, 349). Gerade das wollte der Gesetzgeber mit seiner Entscheidung gegen die Beachtlichkeit des Motivirrtums vermeiden (zutr S LORENZ 293 f in Auseinandersetzung mit MünchKomm/KRAMER Rn 73 und 105). Wenn der Vertragspartner den Irrtum lediglich hätte erkennen können, also bei **einfacher Fahrlässigkeit**, bleibt es folglich bei der Unbeachtlichkeit des Kalkulations- und Motivirrtums (BGH NJW 1980, 182; BGHZ 139, 177, 181; BAG AP Nr 1 zu § 1 BetrAVG Auskunft). Um einen evidenten Kalkulationsirrtum handelt es sich etwa, wenn das Gebot deutlich aus dem Rahmen der übrigen Gebote fällt (Thüringer OLG, OLG-NL 2002, 73, 75, iE verneint). So verhielt es sich zB im Fall BGH NJW 1980, 180: Die Auftraggeberin hatte die Aufwendungen auf 80 000 DM geschätzt, das Gebot der Beklagten lag bei 63 000, die übrigen Gebote bei 85 000, 101 000, 133 000 und 185 000 DM (für Evidenz mit Recht FLEISCHER RabelsZ 65 [2001] 264, 291).

4. Rechtsfolgeirrtum und Rechtsfolgemotivirrtum

a) Das Anfechtungsrecht als Kehrseite autonomer Rechtsfolgenbestimmung

67 Den Grenzbereich zwischen Inhalts- und Motivirrtum berührt auch das Problem des Rechtsfolgeirrtums. Nachdem das Reichsgericht lange Zeit im Banne der Maxime „error iuris nocet" stand und jeden Rechtsirrtum für unbeachtlich hielt (vgl zB RGZ 51, 281, 283; 57, 270, 273; 62, 201, 202; 76, 439, 440), leitete das Urteil vom 3. 6. 1916 (RGZ 88,

278) eine bis heute maßgebliche Differenzierung ein. Danach berechtigt ein **Rechtsirrtum** im gleichen Umfang zur Anfechtung wie jeder andere Tatsachenirrtum auch (vgl § 146 E I und dazu MAYER-MALY AcP 170 [1970] 133 [144 ff]). „Ein Irrtum über den Inhalt der Erklärung liegt ... vor, wenn infolge Verkennung oder Unkenntnis seiner rechtlichen Bedeutung ein Rechtsgeschäft erklärt ist, das nicht die mit seiner Vornahme erstrebte, sondern eine davon wesentlich verschiedene Rechtswirkung, die nicht gewollt ist, hervorbringt, nicht dagegen, wenn ein rechtsirrtumsfrei erklärtes und gewolltes Rechtsgeschäft außer der mit seiner Vornahme erstrebten Rechtswirkung noch andere, nicht erkannte und nicht gewollte Rechtswirkungen hervorbringt" (RGZ 88, 284). Anders ausgedrückt: Rechtsfolgen, die als **autonome Rechtssetzung** erscheinen, aber so nicht gewollt sind, unterliegen der Anfechtung wegen Inhaltsirrtums, **nicht** aber **Rechtsfolgen, die auf heteronomer** (gesetzlicher) **Bestimmung beruhen** (hM, vgl MAYER-MALY AcP 170 [1970] 133 [170]; LARENZ, AT § 20 II a = S 376; FLUME, AT II § 23, 4 d = S 465; MEDICUS, AT Rn 751; ders, BürgR Rn 133, MünchKomm/KRAMER § 119 Rn 70; SOERGEL/HEFERMEHL § 119 Rn 24; krit, aber in Ergebnis und Begründung ähnl J MAYER, Rechtsirrtum 176 ff, 190; abw zuletzt NEUFFER, Anfechtung 124 ff, der zum Teil Rechtsirrtümer über *gesetzliche* Hauptwirkungen eines Rechtsgeschäfts für beachtlich hält; LORENZ, Schutz 269 wenigstens Irrtümer über dispositives Recht). Ein Irrtum über jene Rechtsfolgen, die unabhängig vom Willen des einzelnen eintreten, wird zwar in der Regel ebenfalls die Willensentschließung der Person beeinflussen, aber dabei handelt es sich um einen reinen **Motivirrtum**, der nach geltendem Recht grundsätzlich unbeachtlich ist (vgl MEDICUS, AT Rn 750; MünchKomm/KRAMER § 119 Rn 70 [modifizierend Rn 107]).

Wenn man – in Übereinstimmung mit der hier vertretenen Konzeption (oben Vorbem 14 zu §§ 116–144) – unter Privatautonomie die autonome Bestimmung der konkreten Rechtsfolgen durch die Privatrechtssubjekte versteht, ist die von der hM vollzogene Abgrenzung in der Tat folgerichtig und konsequent. Denn das Anfechtungsrecht gem § 119 Abs 1 BGB ist nur die Kehrseite der autonomen Rechtssetzung und daher gerechtfertigt, wo diese infolge Geschäfts- oder Erklärungsirrtums fehlgeschlagen ist. Die durch **ergänzende Auslegung, dispositives oder zwingendes Recht** geschaffenen Rechtsfolgen sind dagegen unabhängig vom Parteiwillen „richtig" (zutr FLUME, AT II § 23, 4 d = S 465). Es kann daher nicht kraft Selbstbestimmungsrechts korrigiert werden, was unabhängig von diesem gilt. Mit Recht sagt FLUME, es sei „unbeachtlich, wenn sich jemand über die ‚richtige' Rechtsfolge irrt" (aaO; krit WIELING Jura 2001, 577 [581]; LORENZ, Schutz 269, der den Bereich des Inhaltsirrtums weiter fasst; vgl Rn 51). Bei einem Irrtum über gesetzliche Rechtsfolgen wäre die Willenserklärung zwar zumeist auch nicht abgegeben worden, aber dabei handelt es sich um einen bloßen **Motivirrtum**, der nach der gesetzlichen Wertentscheidung des BGB prinzipiell nicht zur Anfechtung berechtigt. Insofern besteht im theoretischen Ausgangspunkt Klarheit: Ist der Rechtsirrtum Inhaltsirrtum, kann angefochten werden; ist der Rechtsirrtum Motivirrtum, besteht grundsätzlich kein Anfechtungsrecht. **68**

In **einfach gelagerten Fällen** herrscht demgemäß Einigkeit über die Abgrenzung von Rechtsfolgeirrtum und Rechtsfolgemotivirrtum. Wer irrig glaubt, als Verkäufer ohne besondere Zusage nicht für Sach- und Rechtsmängel zu haften (MAYER-MALY AcP 170 [1970] 133, 171; LARENZ, AT § 20 II a = S 376; FLUME, AT II § 23, 4 d = S 465; krit S LORENZ, Schutz 277), unterliegt einem reinen Motivirrtum, desgleichen, wer über das Bestehen eines gesetzlichen Irrtumsrechts irrt (BGH NJW 2002, 3100 [3103]), die gesetzliche Haftung des Übernehmers gem § 419 aF (J MAYER 184, s a BGHZ 55, 105, 108; **69**

70, 47, 48 f), die Haftung gem § 28 HGB beim Eintritt in das Geschäft eines Einzelkaufmanns (RGZ 76, 439, 440; FLUME, AT II § 23, 4 d = S 466; MünchKomm/KRAMER § 119 Rz 70 f), die nähere Ausgestaltung des übernommenen Vertrages bei der Vertragsübernahme (BGH NJW 1999, 2664, 2665), die Wirkung eines Vorkaufsrechts gem § 464 BGB (OLG Stuttgart JZ 1987, 570, 571, mit insoweit zust Anm FLUME) oder die Auswirkungen einer „Führungsklausel" beim Abschluss eines Vergleichs mit dem führenden Versicherer (OLG Hamm VersR 1998, 1440). Umgekehrt irrt eindeutig über den Inhalt seiner Erklärung, wer in einem Testament die „gesetzlichen Erben" einsetzt, nichts ahnend, dass gem § 1925 BGB auch die halbbürtigen Geschwister dazugehören (RGZ 70, 391, 394; MünchKomm/KRAMER § 119 Rn 69 a; im Grundsatz übereinst auch FLUME, AT II § 23, 4 d = S 467, der aber eine unschädliche „falsa demonstratio" annimmt). Gleiches gilt, wenn jemand eine Sache „verleiht", in der Meinung, Leihe bedeute entgeltliche Gebrauchsüberlassung, oder wenn jemand auf die „Eviktionshaftung" verzichtet und glaubt, Eviktionshaftung bedeute Sachmängelhaftung (MünchKomm/KRAMER § 119 Rn 63). Die automatische Auflösung des unbefristeten Arbeitsverhältnisses durch Abschluss eines neuen befristeten Arbeitsvertrages ist – wenn überhaupt – rechtsgeschäftliche Konsequenz des neuen Vertrages, nicht – wie BAGE 57, 13, 18 annimmt – „bloße rechtliche Nebenfolge"; ein diesbezüglicher Irrtum wäre daher Inhalts-, nicht nur Motivirrtum (zutr J MAYER 206). Zweifel bestehen aber am objektiven Auflösungswillen (richtig noch BAGE 36, 171, 176; 36, 235, 238; dazu näher SINGER, Selbstbestimmung 238 f m Fn 176).

b) Die Erweiterung des Inhaltsirrtums auf gesetzliche Rechtsfolgen

70 Die im Schrifttum geäußerten Zweifel an der dogmatischen Bewältigung des Rechtsfolgeirrtums entzünden sich hauptsächlich an **Zweifels- und Grenzfällen**, bei denen vor allem die Rechtsprechung nicht immer konsequent an der Unterscheidung von autonomen und heteronomen Rechtsfolgen festgehalten hat. Inkonsequent ist die Rechtsprechung des Reichsgerichts zB beim **Irrtum des Konkursverwalters** über die Wirkung seines Erfüllungsverlangens gem § 17 KO aF (jetzt § 103 InsO). Zwar betont das Reichsgericht zu Recht, dass der Irrtum über die Rechtsfolge des § 17 KO als unbeachtlicher Rechtsirrtum zu qualifizieren ist (RGZ 51, 281, 283; 98, 136, 137), aber unverständlich ist dann die Zulassung der Irrtumsanfechtung gem § 119 Abs 1, wenn der Konkursverwalter bei der Ausübung seines Erfüllungsverlangens nicht wusste, dass der Geschäftspartner noch ausstehende Forderungen hatte, die nun als Masseschulden voll zu begleichen waren (so aber RGZ 51, 281, 284; 62, 201, 204; 85, 221, 223). Dabei handelt es sich nicht um einen Irrtum über die Bedeutung der Erklärung, sondern über deren wirtschaftliche Auswirkungen, also um einen reinen Motivirrtum (ebenso MünchKomm/KRAMER § 119 Rn 71; MEDICUS, BürgR, Rn 133). Nicht zuzustimmen ist auch FLUME, der wenigstens dann einen gem § 119 Abs 1 BGB beachtlichen Erklärungsirrtum annehmen würde, wenn der Verwalter Erfüllung verlangt, ohne zu wissen, dass der Vertrag bereits teilweise vom Geschäftspartner erfüllt ist (AT II § 23, 4 d = S 467). Denn auch hier irrt der Verwalter nicht über die *Bedeutung* der Erklärung, sondern über ihre *gesetzlichen Rechtsfolgen* und wirtschaftlichen Auswirkungen.

71 Um einen Grenzfall handelt es sich auch, wenn der rechtsgeschäftliche Wille *ex lege* sein Ziel verfehlt. Wer beim Grundbuchamt **Löschung einer Hypothek** beantragt und über die von Gesetzes wegen eintretende, sog **„gleitende" Rangfolge der nachrückenden Rechte** irrt (vgl RGZ 88, 278; FLUME aaO 468; MEDICUS, BürgR Rn 133; MünchKomm/

KRAMER § 119 Rn 69 a; MAYER, Rechtsirrtum 193 ff; s a RGZ 89, 29, 33 f), erliegt nur scheinbar einem Inhaltsirrtum. Zwar umfasst der Inhalt der rechtsgeschäftlichen Erklärung uU auch die erstrebte, aber von Gesetzes wegen nicht zu verwirklichende Rechtsfolge. So hatte der Eigentümer in RGZ 88, 278 außer der Löschung seiner Eigentümergrundschuld ausdrücklich beantragt, der an dritter Stelle eingetragenen Hypothek einer Sparkasse den „unbedingten Vorrang" vor der an zweiter Stelle stehenden Hypothek einzuräumen. Aber der Irrtum über die mit der Erklärung erstrebte und von ihrem Inhalt umfasste Rechtsfolge ist bedeutungslos, weil diese bereits von Rechts wegen nicht herbeigeführt werden kann. Es geht somit entgegen RGZ 88, 278 (283) nicht in erster Linie um eine Divergenz zwischen Wille und Erklärung, sondern um einen Fall der rechtlichen Unmöglichkeit einer übernommenen Verpflichtung, die nach dem Grundsatz *impossibilium nulla est obligatio* gemäß § 275 Abs 1 nicht erfüllt werden muss. Wenn aber die *erklärte* Vorrangseinräumung keine durchsetzbare Verpflichtung begründet, sollte der damit verbundene Löschungsantrag nach dem **Rechtsgedanken von § 139** ebenfalls keinen Bestand haben. Aus Gründen der Systemgerechtigkeit ist freilich nicht die allgemein befürwortete Nichtigkeit (so FLUME § 23 II, 4 d = S 466; MEDICUS, BürgR Rn 133 und MünchKomm/ KRAMER § 119 Rn 69a; vgl auch BGHZ 102, 237, 240 f und das Bsp unten Rn 74; krit J MAYER 194), sondern Anfechtbarkeit analog §§ 119, 121 die sachgerechte Sanktion.

Zu den umstrittenen Problemen zählen Rechtsirrtümer, die bei **Annahme und Ausschlagung der Erbschaft** vorkommen (vgl dazu KRAISS BWNotZ 1992, 31 ff sowie unten Rn 96). Nur im Ausgangspunkt besteht Einigkeit: Wer die **Erbschaft durch schlüssiges Verhalten** annimmt, ohne das Ausschlagungsrecht zu kennen, kann wegen Inhaltsirrtums anfechten (BayObLGZ 1983, 153 [162 f]; MünchKomm/LEIPOLD § 1954 Rz 5). Die Erbschaftsannahme (§ 1943 1. HS) bedeutet objektiv-normativ Verzicht auf das Ausschlagungsrecht, so dass in der Tat ein Irrtum über die *rechtsgeschäftliche* Folge des Verhaltens vorliegt (MünchKomm/LEIPOLD § 1943 Rn 9). § 1943, 1. HS ist insoweit materiale Auslegungsregel (vgl dazu LARENZ, AT § 19 II g), da die gesetzlich angeordnete Rechtsfolge dem typischen Sinn der Erbschaftsannahme entspricht. Beim **Versäumen der Ausschlagungsfrist** (§ 1943 2. HS) handelt es sich zwar um eine *gesetzliche* Fiktion, aber gem § 1956 kann die Fristversäumnis „in gleicher Weise wie die Annahme angefochten" werden, also auch dann, wenn der Anfechtende keine Kenntnis vom Ausschlagungsrecht hatte oder irrtümlich glaubte, Schweigen sei Ausschlagung (RGZ 143, 419 [424]; OLGZ 1985, 286, 288 f; vgl auch Vorbem 58 zu §§ 116–144). Bei **ausdrücklicher Annahme der Erbschaft** scheidet hingegen die Anfechtung aus, da die Unkenntnis vom Ausschlagungsrecht hier nicht den Inhalt der Willenserklärung berührt (BayObLGZ 1987, 356 [359]; NJW-RR 1995, 904 [906]; MünchKomm/LEIPOLD § 1954 Rn 5; iE auch KRAISS BWNotZ 1992, 31, 33). Die Erklärung, die Erbschaft werde angenommen, bedeutet nichts anderes als endgültig Erbe sein zu wollen, und darüber herrscht keine Fehlvorstellung. Die Unkenntnis des Ausschlagungsrechts ist insoweit unbeachtliches Motiv.

Um einen reinen Motivirrtum handelt es sich auch, wenn der Ausschlagende irrtümlich davon ausgeht, der Nachlass falle infolge der Ausschlagung einer bestimmten Person zu, während gemäß § 1953 Abs 2 andere Personen als Nächstberufene bestimmt sind (KG SeuffA 58 Nr 216; HRR 1932 Nr 8; JW 1938, 858; OLG Düsseldorf FamRZ 1997, 905; POHL AcP 177 [1977] 52, 74; KRAISS BWNotZ 1992, 31, 34; MünchKomm/LEIPOLD § 1954 Rn 6; s a OLG Stuttgart OLGZ 1983, 304). Hier bezieht sich der Irrtum nicht auf den

Inhalt der Erklärung, sondern auf eine **gesetzliche Rechtsfolge der Ausschlagung**. Gleichwohl bemüht man sich, ähnlich wie im Hypothekenlöschungs-Fall RGZ 88, 278 einen Inhaltsirrtum zu konstruieren. Ein Anfechtungsrecht bestehe dann, wenn der Ausschlagende meint, durch die Ausschlagung die Übertragung zu „erklären" (vgl oben Rn 71). Im Fall des OLG Hamm (OLGZ 1982, 41, 50) hatte die Mutter zweier minderjähriger Kinder die Erbschaft in der Absicht ausgeschlagen, statt des mit Auflagen beschwerten Nachlasses für ihre Kinder den gesetzlichen Pflichtteil zu erlangen, doch scheiterte dies an § 2306 Abs 1 S 2. Wie im *Hypothekenlöschungs-Fall* RGZ 88, 278 scheitert das Wirksamwerden des erklärten Willens nicht an einer Divergenz zwischen Wille und Erklärung, sondern an der **rechtlichen Unmöglichkeit** des Gewollten. Da jedoch dieser Mangel nach dem Rechtsgedanken des § 139 (oben Rn 71) auf die Wirksamkeit der Ausschlagungserklärung durchschlägt, kommt dem Motivirrtum schlussendlich doch rechtliche Relevanz zu. Entsprechendes gilt in dem umgekehrten Fall, in dem jemand die **Annahme der Erbschaft** erklärt, ohne zu wissen, dass wegen der Quotentheorie gem § 2306 Abs 1 S 2 damit zugleich der Pflichtteilsanspruch verloren geht. In beiden Fällen ist freilich nicht Nichtigkeit, sondern **Anfechtbarkeit** der Willenserklärung gem oder analog §§ 119, 121 die systemgerechte Sanktion (dafür iE auch OLG Düsseldorf ZEV 2001, 109; OLG Hamm aaO).

c) Anfechtung wegen fremdverschuldeten Rechtsfolgemotivirrtums

74 Beachtung verdient ein Rechtsfolgemotivirrtum ferner, wenn die Verantwortung nicht beim Irrenden allein, sondern zumindest auch beim Geschäftspartner liegt. Der Grundsatz von der Unbeachtlichkeit des Motivirrtums ist durch neuere Rechtsentwicklungen eingeschränkt, wobei den Schadensersatzansprüchen wegen **culpa in contrahendo** und der Vertragsanpassung wegen Irrtums über die **Geschäftsgrundlage** maßgebliche Bedeutung zukommt. Die Gründe, die insoweit für die Unbeachtlichkeit des Motivirrtums sprechen, treffen hier nicht oder nicht in gleichem Maße zu (vgl näher oben Rn 56). Auch besitzt die Maxime *error iuris nocet* längst nicht mehr absoluten Geltungsanspruch (MAYER-MALY AcP 170 [1970] 133 [143 ff]), sondern erfordert eine differenzierte, den Ursachen des Irrtums und den Verantwortungssphären gerecht werdende Betrachtung. Hinsichtlich der Verantwortung für Rechtsirrtümer kann an zwei Entwicklungen in der Rechtspraxis angeknüpft werden, die jeweils eine Verlagerung des Irrtumsrisikos vom Irrenden auf den Kontrahenten zum Gegenstand haben. So ist anerkannt, dass Personen mit besonderer Sach- und Rechtskompetenz bei der Vertragsanbahnung uU auch **über rechtliche Risiken der Vertragsgestaltung aufklären** müssen (vgl GOTTWALD JuS 1982, 877, 882; MünchKomm/EMMERICH vor § 275 Rn 44 ff; BGHZ 33, 293, 296; 40, 22, 27; 47, 207, 210 f; BGH NJW 1969, 1625, 1626; 1979, 2092, 2093 f; 1980, 1514, 1517; 1983, 2630, 2631; 1999, 3335, 3338). Auf der gleichen Linie liegt die umfangreiche Rechtsprechung zur Überwindung von Formmängeln und anderen gesetzlichen Wirksamkeitserfordernissen. In ihrem sachlichen Kern gewährt die Rechtsprechung Vertrauensschutz zugunsten rechtsunkundiger, geschäftsunerfahrener Personen, wenn diese mit Partnern zu tun haben, die den **Rechtsirrtum „veranlasst"** haben oder aufgrund ihrer größeren **Sach- und Rechtskompetenz** „näher dran" sind, für die Einhaltung der Rechtsvorschriften zu sorgen (vgl PALANDT/HEINRICHS § 125 Rn 22 f; MünchKomm/FÖRSCHLER § 125 Rn 65; CANARIS, Vertrauenshaftung 274 ff, 298 f; SINGER, Verbot 120 ff.- BGHZ 16, 334, 338; 85, 315, 318; 92, 164, 175; 99, 101, 107 f; BGH NJW 1984, 606, 607; 1999, 3335, 3338). In all diesen Fällen geht es zwar primär um die Aufrechterhaltung unwirksamer Verträge oder um die Begründung von Schadensersatzpflichten, aber dabei handelt es sich nur um eine andere Ausprägung des gleichen

Phänomens: Es geht um die Risikoverteilung für einen Rechtsirrtum, den primär nicht der irrende, sondern der andere Vertragspartner zu verantworten hat (im Ergebnis übereinstimmend und in der Begründung ähnl MünchKomm/KRAMER § 119 Rn 97 ff, der allerdings bei § 119 Abs 2 BGB ansetzt; dazu oben Rn 56). Allerdings muss sich der Vertragspartner grundsätzlich nicht um die Angelegenheiten des Kontrahenten kümmern, sondern nur dann, wenn er für diesen eine Art **„Garantenstellung"** einnimmt (insoweit zutr MEDICUS, BürgR Rn 150 aE). Eine solche „Garantenstellung" lässt sich insbesondere bei Veranlassung des Irrtums oder bei überlegener Sachkunde begründen, wohingegen die bloße Erkennbarkeit des Irrtums nicht genügt (vgl auch oben Rn 59).

Nach diesen Grundsätzen hätte die Rechtsprechung in bestimmten Fällen, in denen sie die Anfechtung eines Vertrages wegen unbeachtlichen Motivirrtums abgelehnt hat, prüfen müssen, ob nicht primär der Vertragspartner für den Rechtsirrtum verantwortlich war, weil dieser eine **Aufklärungspflicht verletzt** hat. Geradezu klassisch ist der Fall der schwangeren Arbeitnehmerin, die vom Arbeitgeber mit Erfolg zum unverzüglichen **Abschluss eines Aufhebungsvertrages** gedrängt wurde (BAG AP Nr 22 zu § 123 BGB m krit Anm HERSCHEL; s a ArbG Bremen BB 1956, 307), nachdem dieser Kenntnis von der **Schwangerschaft** erlangt hatte. Kennt der Arbeitgeber die Schwangerschaft nicht, besteht weder eine Aufklärungspflicht, noch ein Anfechtungsrecht der Arbeitnehmerin (BAG NJW 1992, 2173, 2174). Das BAG hielt die Anfechtung aber auch für unwirksam, wenn der Arbeitgeber von der Schwangerschaft wusste, weil die Arbeitnehmerin einem „reinen Rechtsfolgeirrtum" erlegen sei und das Verhalten des Arbeitgebers nicht die von § 123 Abs 1 BGB gezogenen Grenzen überschritten habe (BAG AP Nr 22 aaO; **aA** HERSCHEL Anm aaO, der sogar den Tatbestand des § 123 BGB bejaht; abw auch GAMILLSCHEG, in: FS Molitor [1962] 57, 80, der ein Anfechtungsrecht gem § 119 Abs 2 BGB annimmt, vgl dazu auch unten Rn 86 und 91). Damit war das Argumentationspotential indessen nicht ausgeschöpft, da der Arbeitgeber grundsätzlich „näher dran" war, die Verantwortung für den Motivirrtum der Arbeitnehmerin zu tragen. Er verfügte über die größere Sach- und Rechtskompetenz und hat den Rechtsirrtum zudem „veranlasst", da er den Vertragstext vorbereitet und durch sein Drängen zudem verhindert hat, dass die Arbeitnehmerin ihren Entschluss in Ruhe überdenken und gegebenenfalls rechtliche Erkundigungen einziehen konnte.

Auf der Grundlage vorstehender Überlegungen hätte das BAG zB auch im Befristungs-Fall BAGE 57, 13 eine Irrtumsanfechtung zulassen müssen. Der Rechtsirrtum des Arbeitnehmers betraf hier die Folgen eines im Anschluss an einen (unwirksam) **befristeten Arbeitsvertrag** abgeschlossenen weiteren befristeten Arbeitsvertrages. Nach ständiger Rechtsprechung des BAG beinhaltet der vorbehaltlose Abschluss eines befristeten Arbeitsvertrages automatisch die Auflösung eines bis dahin bestehenden Arbeitsverhältnisses, das wegen unwirksamer Befristung von Rechts wegen als unbefristetes anzusehen ist (seit BAGE 49, 73, 79 f; 50, 298, 307; 51, 319, 323 f; einschränkend BAG AP Nr 4 zu § 620 BGB Hochschule, **aA** noch BAGE 36, 171, 176; 36, 235, 238). Kennt der Arbeitnehmer diese Rechtsfolge nicht, kann er seine Willenserklärung nach Auffassung des BAG gleichwohl nicht anfechten, weil die **„automatische Auflösung" des unbefristeten Arbeitsvertrages** eine „bloße rechtliche Nebenfolge" des nunmehr maßgeblichen befristeten Arbeitsverhältnisses darstellen soll (BAGE 57, 13, 18). Auch hier hätte es indessen nahe gelegen, nach der Verantwortung für den Rechtsirrtum des Arbeitnehmers zu fragen. Denn die Vertragsgestaltung beruhte auf der Initiative des Arbeitgebers, einer Hochschule, und diese verfügte im Vergleich zu dem Beschäftigten, einem Diplom-Soziologen, über eine überlegene Sach- und Rechtskunde. Demnach war ihr der Rechtsirrtum des Arbeitnehmers zuzurechnen, und dieser hätte analog §§ 119, 121 BGB wirksam anfechten können (vgl auch OLG Zweibrücken VersR 1977, 806: Falschauskunft einer Versicherung über Rechtsfolgen einer Erklärung des Versicherungsnehmers).

77 Rechtsirrtümer können ferner wegen Irrtums über die **Geschäftsgrundlage** (§ 313) relevant sein. Das ist in der Rechtsprechung im Grundsatz anerkannt (BGHZ 25, 390, 392 f) und zB in einem Fall angenommen worden, in dem alle Vertragsbeteiligten bei der Änderung einer gesellschaftsvertraglichen *Nachfolgeklausel* von einer falschen erbrechtlichen Rechtslage ausgegangen sind (BGHZ 62, 20, 24 f). Im gleichen Sinne hatte der BGH in Bezug auf einen *Erbverzicht* entschieden, den ein Erbprätendent und die übrigen Parteien in der (irrigen) Annahme vereinbart hatten, die Erblasserin sei Nacherbin, während sie in Wahrheit Vollerbin war (BGH WM 1980, 875). Allerdings muss der **Rechtsirrtum** so **erheblich** sein, dass ohne ihn der Vertrag nicht abgeschlossen worden wäre (§ 119 Abs 1 2. HS; dazu oben Rn 43). Daran fehlt es, wenn sich nachträglich herausstellt, dass ein als freier Mitarbeiter eingestellter Fahrlehrer in Wahrheit Arbeitnehmerstatus hatte (BAG AP Nr 7 zu § 242 BGB Geschäftsgrundlage m zust Anm MAYER-MALY). Zum Rechtsirrtum über steuerrechtliche Fragen vgl PEUSQUENS NJW 1974, 1644; WALZ ZHR 147 (1989) 281, 310.

5. Verallgemeinerung: Die Erweiterung der Irrtumsanfechtung gemäß §§ 119, 121 BGB beim gemeinsamen oder vom Geschäftspartner verschuldeten oder erkannten Motivirrtum

78 Die Untersuchung des Rechtsirrtums (Rn 67 ff) hat im Wesentlichen die beim Kalkulationsirrtum (Rn 55 ff) gefundenen Ergebnisse bestätigt, so dass sich die **Verallgemeinerung** der betreffenden **Grundsätze** geradezu aufdrängt. Kalkulations- und Rechtsirrtum verkörpern auch nicht eigenständige Irrtumskategorien (MEDICUS, AT Rn 762), sondern nur spezielle Erscheinungsformen des **Motivirrtums**, die in wesentlicher Hinsicht gleich gelagert sind und daher auch gleich behandelt werden müssen (vgl auch die teilw übereinst Anfechtungstatbestände in Art 3.5 der „Unidroit-Grundsätze" [Abdr IPRax 1997, 205]; dazu auch der Hinw von WIEDEMANN JZ 1998, 1176). Im Ergebnis berechtigen solche Rechtsirrtümer und Kalkulationsfehler zur Irrtumsanfechtung, die sich auf die vom gemeinsamen Willen getragene Berechnungsgrundlage beziehen, die der Geschäftspartner verschuldet oder erkannt und bewusst zum eigenen Vorteil ausgenutzt hat. Die Einschränkung des Dogmas von der Unbeachtlichkeit des Motivirrtums ist denn auch in teleologischer Hinsicht weitgehend anerkannt (vgl die Nachw oben Rn 52), auch wenn Rechtsprechung und teilweise das Schrifttum andere Konstruktionen bevorzugen und die Folgen des Irrtums mit Schadensersatzansprüchen wegen culpa in contrahendo, der Lehre vom Fehlen der Geschäftsgrundlage oder dem Einwand unzulässiger Rechtsausübung korrigieren (vgl MünchKomm/KRAMER Rn 100, 104 a; GRIGOLEIT 80, 140; S LORENZ, Schutz 332 ff; prinzipiell gegen die damit vollzogene Rechtsfortbildung LIEB, in: FS Medicus [1999] 337 ff). Indessen gilt generell, was insbesondere zum Kalkulationsirrtum ausgeführt worden ist, dass nämlich Wertungswidersprüche zum Irrtumsrecht vermieden werden müssen und eine Berücksichtigung des Irrtums von der **unverzüglichen Anfechtung** des Rechtsgeschäfts analog § 121 BGB abhängig sein sollte (vgl näher Rn 59). Da es sich um eine äußerst schneidige Präklusionsfrist handelt, trägt diese Lösung auch den Belangen des Verkehrs Rechnung und kommt so dem Anliegen, die Berücksichtigung von Motivirrtümern in Grenzen zu halten, in nicht unerheblichem Maße entgegen.

IV. Eigenschaftsirrtum*

Beim Irrtum über Eigenschaften einer Sache oder Person stimmen Erklärung und 79 Geschäftswille überein (FLUME, Eigenschaftsirrtum 101). Abgesehen von sog Doppelirrtümern (dazu oben Rn 49) bezieht sich der Eigenschaftsirrtum gerade nicht auf die Soll-Beschaffenheit, sondern auf die Ist-Beschaffenheit. Bei einem solchen Irrtum über die Verhältnisse in der Wirklichkeit handelt es sich grundsätzlich um einen

---

* **Schrifttum**: BAUR, Die Gewährleistungshaftung des Unternehmensverkäufers, BB 1979, 381; BECKER/EBERHARD, Der nicht beweisbar echte Elvis – OLG Düsseldorf, NJW 1992, 1326, JuS 1992, 461; BRORS, Zu den Konkurrenzen im neuen Kaufgewährleistungsrecht, WM 2002, 1780; BUCHNER, Gleichbehandlungsgebot und Mutterschutz, in: FS Stahlhacke (1995) 83; CANARIS, Die Bedeutung der iustitia distributiva im deutschen Vertragsrecht (1997); DÖRNER, „Mängelhaftung" bei Sperre des transferierten Fußballspielers? – BGH, NJW 1976, 565, JuS 1977, 225; FLUME, Der Kauf von Kunstgegenständen und die Urheberschaft des Kunstwerks, JZ 1991, 633; HASSOLD, Die Mängelhaftung im Mietrecht, JuS 1975, 550; HEROLD, Wann kann ein Mietvertrag angefochten werden?, BlGBW 1962, 278; HIDDEMANN, Leistungsstörungen beim Unternehmenskauf aus der Sicht der Rechtsprechung, ZGR 1982, 435; HOFMANN, Zur Offenbarungspflicht des Arbeitnehmers, ZfA 1975, 1; HOMMELHOFF, Zur Abgrenzung von Unternehmenskauf und Anteilserwerb, ZGR 1982, 366; ders, Die Sachmängelhaftung beim Unternehmenskauf (1975); ders, Der Unternehmenskauf als Gegenstand der Rechtsgestaltung, ZHR 150 (1986) 254; HONSELL, Der defekte Mähdrescher – BGHZ 78, 216, JuS 1982, 810; HUBER, Mängelhaftung beim Kauf von Gesellschaftsanteilen, ZGR 1972, 395; IMMENGA, Fehler oder zugesicherte Eigenschaft?, AcP 171 (1971) 1; KÖHLER, Grundfälle zum Gewährleistungsrecht bei Kauf, Miete und Werkvertrag, JuS 1979, 647; LINDACHER, Rechte des vorleistungspflichtigen Verkäufers bei anfänglicher Kreditunwürdigkeit des Käufers, MDR 1977, 797; LINNENKOHL, Arbeitsverhältnis und Vorstrafenfragen, AuR 1983, 129; MÖSSLE, Leistungsstörungen beim Unternehmenskauf – neue Tendenzen, BB 1983, 2146; MÜLLER, Arbeitsrechtliche Aufhebungsverträge (1991); ders, Zur Beachtlichkeit des einseitigen Eigenschaftsirrtums beim Spezieskauf, JZ 1988, 381; ders, Haftungs- und Lossagungsrecht des Verkäufers von GmbH-Anteilen bei einseitiger oder gemeinsamer Fehleinschätzung der Unternehmenslage (Diss Bonn 1980); NEUMANN-DUESBERG, Gewährleistung für Unternehmensmängel bei Verkauf von Gesellschaftsanteilen, WM 1968, 494; OTTO, Gewährleistungspflicht des Vermieters trotz anfänglicher objektiver Unmöglichkeit – BGH, NJW 1985, 1025, JuS 1985, 848; PRÖLLS, Die Haftung des Verkäufers von Gesellschaftsanteilen für Unternehmensmängel, ZIP 1981, 337; SCHRÖDER, Irrtumsanfechtung und Sachmängelhaftung beim Kunsthandel nach deutschem und Schweizer Recht, in: FS Kegel (1977) 397; WASMUTH, Wider das Dogma vom Vorrang der Sachmängelhaftung gegenüber der Anfechtung wegen Eigenschaftsirrtums, in: FS Piper (1996) 1083; WEBER/EHRICH, Anfechtung eines Aufhebungsvertrages – der verständig denkende Arbeitgeber, NZA 1997, 414; WEIMAR, Der Irrtum des Vermieters über verkehrswesentliche Eigenschaften des Mieters, ZMR 1982, 196; WESTERMANN, Neuere Entwicklungen der Verkäuferhaftung beim Kauf von Unternehmensbeteiligungen, ZGR 1982, 45; WEYERS, Über die „Unmittelbarkeit" als Rechtsbegriff, JZ 1991, 999; WIEDEMANN, Die Haftung des Verkäufers von Gesellschaftsanteilen für Mängel des Unternehmens, in: FS Nipperdey I (1965) 815.

reinen **Motivirrtum** (vgl näher oben Rn 47 f), den das Gesetz aber wie einen Erklärungsirrtum gemäß § 119 Abs 1 behandelt, wenn die Eigenschaften verkehrswesentlich sind. Die **ratio legis des** § 119 Abs 2 wird aus den Beratungen der Gesetzgebungskommission nicht recht deutlich. Während noch der erste Entwurf den Eigenschaftsirrtum für unerheblich erachtete (Mot I 199), begründete die zweite Kommission das Anfechtungsrecht recht vage damit, dass der erste Entwurf „dem Bedürfnisse des Verkehrs, der Billigkeit und dem Zuge der modernen Rechtsentwicklung nicht gerecht werde" (Prot I 238 ff; vgl dazu FLUME § 24, 1 = S 472 ff). Immerhin lässt sich für die Anfechtung anführen, dass es sich bei den Eigenschaften einer Sache oder Person typischerweise um besonders wichtige, für das Zustandekommen des Rechtsgeschäfts und die beiderseitige Äquivalenzbewertung meist ausschlaggebende Motive handelt. Erst später erkannte man die durch den relativ konturlosen Tatbestand des Eigenschaftsirrtums heraufbeschworene Gefahr für die Sicherheit des rechtsgeschäftlichen Verkehrs (vgl RGZ 90, 342, 343 f). „Das Problem der Beachtlichkeit des Eigenschaftsirrtums wie des Irrtums überhaupt ist ihre Beschränkung" (FLUME, Eigenschaftsirrtum 83). Diese versucht man zum Teil mit Hilfe des Tatbestandsmerkmals der Verkehrswesentlichkeit zu bewältigen. Indessen zeigt sich, dass man hier häufig nicht zu rechtssicheren Bewertungen kommt, so dass ergänzend nach weiteren Instrumentarien zur Begrenzung der Irrtumsanfechtung Ausschau zu halten ist. Als wirksam erweist sich hier insbesondere die Regel vom Vorrang der Leistungsstörungsregeln des besonderen Schuldrechts, die bisher hauptsächlich bei den §§ 459 ff aF (nunmehr §§ 434 ff) zur Anwendung gekommen ist, aber sinnvollerweise auf andere Vertragstypen wie Miet-, Werk- und Arbeitsvertrag ausgedehnt werden sollte.

1. Verkehrswesentlichkeit

80 Ob bestimmte Eigenschaften verkehrswesentlich sind, beurteilt die **Rechtsprechung** danach, ob sie von dem Erklärenden in irgendeiner Weise **dem Vertrag zugrunde gelegt** worden sind, ohne dass er sie geradezu zum Inhalt seiner Erklärung gemacht haben muss (BGHZ 88, 240, 264; s ferner RGZ 64, 266, 269; BGHZ 16, 54, 57; BGH LM Nr 20 zu § 81 BEG). Dies kann auch konkludent geschehen: „Versteht es sich von selbst", dass bestimmte Eigenschaften von entscheidender Bedeutung für den Vertragsschluss sind (zB das Alter oder Baujahr eines gekauften Fahrzeugs), müssen diese nicht ausdrücklich zum Gegenstand der Vertragsverhandlungen gemacht werden (BGH NJW 1979, 160, 161 unter I 3 b = in BGHZ 72, 252 nicht abgedruckt). Bei atypischen Eigenschaften muss der Anfechtungswillige deutlich machen, dass es auf das Vorhandensein bestimmter Eigenschaften ankommen soll. Wer etwa Wert darauf legt, dass Sanitärarbeiten durch einen in die Handwerksrolle eingetragenen Meister durchgeführt werden sollen (BGHZ 88, 240, 246; LG Görlitz NJW-RR 1994, 117, 118; s a OLG Hamm NJW-RR 1990, 523), oder wer auf die gesundheitliche Verträglichkeit eines Wohnsitzes in Höhenlage besteht (BGH DB 1972, 479, 481), muss dies sagen. Im Wesentlichen zum gleichen Ergebnis kommt FLUME'S Lehre vom „geschäftswesentlichen Eigenschaftsirrtum" (grdl Eigenschaftsirrtum 69 f, 86 f; ders § 24, 2 b; ders DB 1979, 1637, 1638; zust MEDICUS, BürgR Rn 140; PAWLOWSKI JZ 1997, 741, 746; BAG AP Nr 13 zu § 119; vgl auch MünchKomm/KRAMER Rn 96). Danach bestehe der „eigentliche Grund" für die Beachtlichkeit des Eigenschaftsirrtums nicht im Irrtum, sondern in der Tatsache, dass „der Gegenstand oder die Person hinsichtlich einer Eigenschaft nicht dem Rechtsgeschäft entspricht" (§ 24, 2 = S 478). Insofern komme es darauf an, ob es sich bei der betreffenden Eigenschaft um einen Umstand handelt, auf den „sich das Rechtsgeschäft kraft besonderer Bestimmung oder nach der Art des Geschäftstypus bezieht" (§ 24, 2 d – S 481). Es geht also gerade nicht um einen Irrtum über die „Soll-Beschaffenheit", auf den FLUME in diesem Zusammenhang (S 478) zu Unrecht hinweist, sondern um die Berücksichtigung einer Leistungsstörung. Das entspricht aber nicht dem Gesetz, das keine Regelung der Nichterfüllung, sondern eine solche des Irrtums beinhaltet und bezweckt (zutr SOERGEL/HEFERMEHL Rn 34; S LORENZ 300 ff; vgl auch SCHMIDT-RIMPLER, in: FS Lehmann 227 ff).

Zu ähnlichen Ergebnissen kommt man, wenn man das Merkmal der **Verkehrswesentlichkeit objektiv bestimmt** und auf das **konkrete Geschäft** bezieht (so KÖHLER JR 1984, 324, 325; G MÜLLER JZ 1988, 381, 383; PALANDT/HEINRICHS Rn 20). Dass es auf das konkrete Rechtsgeschäft und seine konkrete Zielsetzung ankommt, folgt in der Tat aus der Natur der Sache. Ob die Vorstrafe des Vertragspartners für den Geschäftsentschluss wesentlich ist, hängt nicht nur von der Art der Vorstrafe, sondern auch von der Art des Rechtsgeschäfts und dessen Zweck ab. Im Übrigen hat das Tatbestandsmerkmal „verkehrswesentlich" ersichtlich die Funktion, eine missbräuchliche Ausübung des Anfechtungsrechts durch vorgeschobene Anfechtungsgründe zu verhindern, und diese Aufgabe erfordert eine Objektivierung der Kausalität. Maßstab für die Erheblichkeit des Irrtums kann daher nur die **Verkehrsauffassung** sein, nicht die subjektive Anschauung des Erklärenden (KÖHLER JR 1984, 324, 325; BROX Rn 421). Danach sind auf jeden Fall solche Eigenschaften relevant, deren Erheblichkeit sich in Bezug auf das konkrete Geschäft „von selbst versteht", während solche, deren Bedeutung objektiv nicht geschäftstypisch ist, nur dann objektive – „verkehrswesentliche" – Bedeutung erlangen, wenn sie dem Rechtsgeschäft erkennbar zugrunde gelegt worden sind. Allerdings ist nicht zu übersehen, dass die Subsumtion unter diese Kriterien zwangsläufig mit **Rechtsunsicherheit** verbunden ist, welche die Beschränkung des Anfechtungsrechts angreifbar macht. So ist es zwar nachzuvollziehen, dass **Alter und Baujahr eines Fahrzeugs bei dessen Erwerb** verkehrswesentliche Eigenschaften sind (RG Recht 1928 Nr 2458; BGH NJW 1979, 160, 161; BGHZ 78, 216, 221; vgl dazu auch Rn 82 u 93). Auch in dem Paradebeispiel vom Erwerb eines imitierten **Barockleuchters** ergibt sich aus dem Inhalt des Rechtsgeschäfts, ob dessen „Echtheit" geschäftswesentlich ist (vgl auch PAWLOWSKI Rn 544; G MÜLLER JZ 1988, 383). Dagegen kann man mit Fug und Recht darüber streiten, ob die **Eintragung eines beauftragten Handwerkers in die Handwerksrolle** zu den atypischen Konditionen eines Werkvertrages zählt und daher nur wesentlich ist, wenn der Unternehmer mit dem Prestige eines „Fach- oder Meisterbetriebs" wirbt (so OLG Hamm NJW-RR 1990, 523; OLG Nürnberg BauR 1985, 322) oder seitens des Bestellers erkennbar Wert auf diese Eigenschaft des Vertragspartners gelegt wurde (so BGHZ 88, 240, 246 f; LG Görlitz NJW-RR 1994, 117, 118 f; vgl dazu unten Rn 87). Entsprechendes gilt für die Indikationsbreite eines Ultraschallgeräts, der vom BGH nur insoweit Verkehrsrelevanz zugesprochen wurde, als diese Gegenstand einer ausdrücklichen oder konkludenten Vereinbarung war (BGHZ 16, 54, 57; G MÜLLER JZ 1988, 383). Und schließlich bestehen erhebliche Bedenken gegen die Auffassung des BAG, das die **Schwangerschaft** einer Arbeitnehmerin nur insoweit als verkehrswesentlich anerkennen will, als die Eigenschaft zwar „nicht geradezu zum Inhalt der Erklärung gemacht ist, diese aber doch in irgendeiner Weise zum Ausdruck bringt, dass es dem Erklärenden bei der von ihm gestalteten Rechtsfolge auf die Eigenschaft maßgeblich ankommt und sie den Beweggrund für seine Willenserklärung bildet" (NJW 1992, 2173, 2174). Das entspricht

FLUMES Lehre vom geschäftlichen Eigenschaftsirrtum, der jedoch nicht zu folgen ist (oben Rn 80). Angesichts solcher Unsicherheiten empfiehlt es sich, das Merkmal der Verkehrswesentlichkeit nicht allzu streng zu handhaben und stattdessen nach anderen, die Anfechtung begrenzenden Kriterien Ausschau zu halten. Als geeignetes Kriterium erweist sich insoweit der Grundsatz, dass die sich tatbestandlich mit dem Irrtumsrecht überschneidenden Regeln des besonderen Schuldrechts vorgehen, da (und sofern) diese Regeln auf die besondere Interessenlage des betreffenden Rechtsverhältnisses zugeschnitten und daher sachgerechter sind (dazu sogl Rn 82 f).

2. Der Vorrang des Leistungsstörungs- und Gewährleistungsrechts vor der Anfechtung wegen Eigenschaftsirrtums

82 Während bei einem **Erklärungsirrtum (§ 119 Abs 1) und einer arglistigen Täuschung (§ 123 Abs 1) uneingeschränkt angefochten** werden kann, ist nach überwiegender Ansicht eine Anfechtung durch den **Käufer** gemäß § 119 Abs 2 ausgeschlossen, wenn sich der Irrtum auf solche **Eigenschaften einer Kaufsache bezieht, „welche Gewährleistungsansprüche begründen können"**. Diese vor der Schuldrechtsreform in Rechtsprechung und Schrifttum vorherrschende Ansicht (BGHZ 16, 54, 57; 34, 32, 34; 63, 369, 376; 78, 216, 218; BGH NJW 1979, 160, 161; PALANDT/HEINRICHS Rn 28; SOERGEL/HEFERMEHL Rn 78 f; G MÜLLER JZ 1988, 386; krit aber J SCHRÖDER, in: FS Kegel [1977] 397 ff; WASMUTH, in: FS Piper [1996] 1083 ff; WIEGAND 27 ff; P HUBER 306 ff; LARENZ/WOLF § 36 Rn 53) dominiert auch nach der Reform (BT-Drucks 14/6040, S 210; LORENZ/RIEHM, Lehrbuch Rn 573; HUBER/FAUST, Schuldrechtsmodernisierung [2002] Kap 14, Rn 6; P HUBER 297; BRORS WM 2002, 1780, 1781; krit LÖHNIG, JA 2003, 516, 521; EMMERICH, SchuldR § 5 Rn 3). Für die Präklusion der Anfechtung spricht insbesondere, dass sich der Käufer auch nach Ablauf der Verjährungsfrist des § 438, die mit der Übergabe oder Ablieferung beginnt, durch Anfechtung vom Vertrag lösen kann, sofern er die zwar knappe, aber erst mit Kenntnis des Irrtums beginnende Ausschlussfrist des § 121 wahrt. Außerdem könnte das prinzipielle Erfordernis einer Nachfristsetzung gemäß §§ 437 iVm §§ 439, 323, 281 umgangen werden sowie andere gewährleistungsrechtliche Besonderheiten wie der Haftungsausschluss bei grober Fahrlässigkeit des Käufers gemäß § 442. Aus diesen Gründen sollte der Vorrang des Gewährleistungsrechts auch auf die Haftung wegen eines **Rechtsmangels (§§ 434 Abs 1 S 2, 435) oder einer Falschlieferung (§ 434 Abs 3)** erstreckt werden, da sich diese nunmehr ebenfalls nach Gewährleistungsrecht richtet und dessen Wertungen nicht unterlaufen werden dürfen (BRORS WM 2002, 1780, 1781; PALANDT/HEINRICHS Rn 28). Für zulässig hielt die hM eine Anfechtung allerdings in der Vergangenheit dann, wenn **kein Sachmangel im Sinne des § 434 Abs 1 (§ 459 Abs 1 aF)** vorlag. Dem ist weder nach altem noch nach neuem Recht zu folgen. Ungeachtet des subjektiven Fehlerbegriffs (§ 434 Abs 1 S 1), der bei einer konkludenten Beschaffenheitsvereinbarung einen Gleichlauf von Mängelgewährleistung und verkehrswesentlicher Eigenschaft gewährleistet, würde danach gerade in dem problematischen Fall des einseitig gebliebenen Eigenschaftsirrtums (oben Rn 82) die Anfechtung Erfolg haben. So hat der BGH in zwei viel beachteten Entscheidungen die Anfechtung durch den Käufer eines Mähdreschers bzw einer Mercedeslimousine zugelassen, weil sich der Irrtum des Käufers auf das **Alter bzw Baujahr** des verkauften Fahrzeugs bezog, es sich dabei um verkehrswesentliche Eigenschaften handelte und Gewährleistungsansprüche nicht in Betracht kamen. Denn ohne besondere Abrede über die Soll-Beschaffenheit des verkauften Fahrzeugs hinsichtlich Alter oder Baujahr ist dieses nun einmal verkauft wie es ist, so dass tatbestand-

lich kein Sachmangel vorliegt. Die Konsequenz kann freilich entgegen herrschender Ansicht in der Rechtsprechung (BGHZ 78, 216, 218 f; BGH NJW 1979, 160, 161; OLG Stuttgart NJW 1989, 2547) nicht darin bestehen, die Anfechtung zuzulassen, sondern muss erst recht zu ihrem Ausschluss führen (vgl schon FLUME, Eigenschaftsirrtum 134; ferner zB G MÜLLER JZ 1988, 387 f; SOERGEL/HUBER Vor § 459 Rn 195 f; S LORENZ, Schutz 306 f; SINGER, in: BGH Festgabe [2000] 381, 385; vgl auch OLG Düsseldorf NJW 1992, 1326, 1327; dazu unten Rn 93). Andernfalls würde man den Käufer, der es entgegen dem **Prinzip „caveat emptor!"** unterlassen hat, seine Interessen durch Abschluss einer Beschaffenheitsvereinbarung zu wahren, uU besser stellen als den Vorsichtigen, der sich mit Erfolg um eine solche Absprache bemüht hat. Die §§ 434 ff verkörpern daher eine abschließende Regelung für den Fall, dass die Eigenschaften der Kaufsache den Erwartungen des Käufers nicht entsprechen, gleichgültig ob es sich um einseitige Erwartungen an die Soll-Beschaffenheit handelt oder solche, die zu einer Beschaffenheitsvereinbarung oder Garantie geführt haben. Im Ergebnis führt diese Lösung also zu dem rechtspolitisch vielfach begrüßten Ausschluss der Anfechtung bei einseitigem Eigenschaftsirrtum des Käufers (zutr S LORENZ, Schutz 307).

Ein entsprechender **Vorrang des Leistungsstörungsrechts sollte auch für andere Vertragstypen gelten**, zB **Miete** (LG Ravensburg WuM 1984, 297; HASSOLD JuS 1975, 550, 552; KÖHLER JuS 1979, 647, 651; FLUME § 24, 3b = S 486; MünchKomm/KRAMER Rn 28a; PALANDT/HEINRICHS Rn 28; **aA** RGZ 157, 173 [174]; HEROLD BlGBW 1962, 278, 279; differenzierend OTTO JuS 1985, 852 f) oder **Werkvertrag** (RGZ 62, 282, 284 f; BGH BB 1960, 152; NJW 1967, 719; MünchKomm/KRAMER Rn 29; PALANDT/HEINRICHS Rn 28). Entgegen der hM (vgl BAGE 5, 157, 162 f; BAG AP Nr 3 zu § 119 m zust Anm KÜCHENHOFF; SCHAUB § 35 II 2; bezogen auf die außerordentliche Kündigung eingehend PICKER ZfA 1981, 1, 20 ff) sollte auch beim **Arbeitsvertrag** ein Vorrang des spezifisch arbeitsrechtlichen Sanktionssystems anerkannt werden. Denn Anlass für die Anfechtung des Arbeitsvertrages bilden regelmäßig Störungen beim Leistungsvollzug (vgl Rn 108). Die Anfechtung soll also in funktionaler Hinsicht die zumeist rechtlich schwierige, wenn nicht unmögliche Kündigung ersetzen. Wenn diese aber rechtlich nicht möglich ist, sollte diese gesetzliche Wertung nicht durch Gewährung eines Anfechtungsrechts konterkariert werden. Der Einwand der hM, dass sich Anfechtung und Kündigung wesensmäßig unterscheiden (BAGE 5, 157, 161 f; BAG AP Nr 3 zu § 119; PICKER ZfA 1981, 24 ff), ist nicht sehr überzeugend, da dieses Argument auch auf die konkurrierenden Tatbestände des Gewährleistungs- und Anfechtungsrechts gem §§ 434 ff und § 119 Abs 2 zutrifft, bei der die hM jedoch zurecht von einem Vorrang des Leistungsstörungsrecht ausgeht. Für einen **Vorrang des Kündigungsrechts** spricht insbesondere, dass die hM ihrerseits genötigt ist, die als unsachgerecht angesehenen Anfechtungsfolge der Nichtigkeit *ex tunc* (§ 142) zu korrigieren. Bei einem Vorrang der Kündigung versteht sich von selbst, dass das Arbeitsverhältnis nur *ex nunc* aufgelöst werden kann. Ferner ist sichergestellt, dass die zum Schutze der Arbeitnehmer bestehenden Vorschriften des KSchG, MuSchG und §§ 85 ff SGB IX nicht umgangen werden können und zweifelhafte Abgrenzungen wie die, ob und unter welchen Voraussetzungen zB Krankheit, Schwerbehinderung oder Schwangerschaft verkehrswesentliche Eigenschaften sind (vgl unten Rn 86, 90 f), vermieden werden. Davon unberührt bleibt lediglich die Anfechtung wegen **arglistiger Täuschung**, weil der Arbeitnehmer hier nicht schutzwürdig ist (BAG NZA 1999, 584, 585 f). Die Anfechtungsfrage konzentriert sich dann im Arbeitsvertragsrecht auf die in der Praxis ohnehin im Vordergrund stehende Frage, ob der Arbeitgeber ein berechtigtes Interesse an bestimmten Eigenschaften des Arbeitgebers hat und dieses durch Erkundigungen bzw Fragen erkennbar zum Ausdruck gebracht hat (dazu näher § 123 Rn 30 ff). Ein darüber hinausgehendes Anfechtungsrecht – zusätzlich zu den Kündigungsvorschriften – anzuerkennen, ist weder rechtlich geboten noch praktisch notwendig (vgl auch unten Rn 108).

3. Eigenschaften der Person oder Sache

84 Unter **Eigenschaften** versteht die Rechtsprechung nicht nur die natürlichen Merkmale einer Person oder Sache, sondern auch solche **tatsächlichen und rechtlichen Verhältnisse, die infolge ihrer Beschaffenheit und Dauer auf die Brauchbarkeit und den Wert von Einfluss sind** (BGHZ 16, 54, 57; 34, 32, 41; 70, 47, 48; 88, 240, 245; PALANDT/ HEINRICHS Rn 24; JAUERNIG Rn 13). Es muss sich um gegenwärtige oder vergangene Umstände handeln, nicht um künftige, da man in Bezug auf **zukünftige Verhältnisse** nur hoffen, nicht aber irren kann (RGZ 85, 322, 325; OLG Stuttgart MDR 1983, 751; SOERGEL/HEFERMEHL Rn 37). Eine fehlerhafte Prognose über die künftige politische und wirtschaftliche Entwicklung – insbesondere die Wiedervereinigung – berechtigt daher nicht zur Irrtumsanfechtung (BVerfG DtZ 1994, 312; OLG Frankfurt OLGZ 1992, 35 [40]; KG DtZ 1992, 188, 189 und 355, 356; OLG Düsseldorf ZEV 1995, 32 [34]; s a BGHZ 124, 270 [280 f]), wohl aber die Unkenntnis von Vermögen auf dem Gebiet der ehemaligen DDR (KG OLGZ 1993, 1, 4). Nicht zu den Eigenschaften zählen auch **ganz vorübergehende Erscheinungen** wie zB die akute Erkrankung eines Arbeitnehmers (AP Nr 3 zu § 119), doch sollte man entgegen einer vom Bundesarbeitsgericht vertretenen Ansicht (BAGE 11, 270, 272; BAG NJW 1983, 2958 f; insoweit offen NJW 1992, 2173, 2174; krit auch LÖHNIG, Irrtum 196) dazu nicht die **Schwangerschaft** rechnen, da diese auf das Rechtsverhältnis zwischen Arbeitnehmer und Arbeitgeber für eine nicht unerhebliche Zeit maßgeblichen Einfluss hat und der durch die einschränkende Interpretation des Eigenschaftsbegriffs ursprünglich bezweckte Schutz der weiblichen Arbeitnehmer auf andere Weise erreicht werden kann (vgl unten Rn 86 und 91). Entgegen BGH NJW 1970, 653, 655 stellen auch die Jahresumsätze eines Unternehmens genauso wie dessen Ertragsfähigkeit Eigenschaften dar, da sie den Wert des Unternehmens wenigstens mitbestimmen (zutr PUTZO Anm aaO; zur Anfechtung s aber unten Rn 95).

85 Aus Gründen der **Rechtssicherheit** sollen nach der Rechtsprechung ferner nur solche Umstände berücksichtigt werden, die den Gegenstand selbst kennzeichnen, nicht solche, die nur **mittelbar** Einfluss auf seine Bewertung oder Verwertbarkeit auszuüben vermögen (RGZ 149, 235 [238]; RG Gruchot 48, 100, 102; BGHZ 16, 54 [57]; 70, 47 [48]; LM Nr 2 zu § 779; OLG Hamm NJW 1966, 1080, 1081; PALANDT/HEINRICHS Rn 24; LARENZ/WOLF § 36 Rn 49). Diese Voraussetzung war nach Ansicht der Gerichte zB nicht erfüllt hinsichtlich der Indikationsbreite eines Ultraschallgerätes (BGHZ 16, 54 [57]), der wirtschaftlichen Ertragsfähigkeit eines Grundstücks für die darauf lastende Grundschuld (RGZ 149, 235 [238]) oder hinsichtlich der Gefahr einer Inanspruchnahme des Erwerbers gemäß § 419 aF bei der Veräußerung eines Erbbaurechts (BGHZ 70, 47 [48 f]). Auf der anderen Seite hat die Rechtsprechung nicht nur anerkannt, dass auch die Beziehungen zur Umwelt wie die Lage oder Bebaubarkeit eines Grundstücks zu den Eigenschaften einer Sache gehören (RGZ 61, 84, 86; RG JW 1912, 850, 851; OLG Köln MDR 1965, 292), sondern sogar ausdrücklich gefordert, dass diese Eigenschaften „durch Umstände bedingt sind, die außerhalb der Sache selbst liegen" (BGHZ 34, 32, 41; OLG Hamm NJW 1966, 1080, 1081). Insofern erweist sich das Kriterium der

Unmittelbarkeit kaum als praktikables Abgrenzungskriterium (krit auch MEDICUS, BürgR Rn 139; H HONSELL JuS 1982, 810, 812; MünchKomm/KRAMER Rn 89 f; allg zur Untauglichkeit des Begriffs „Unmittelbarkeit"; WEYERS JZ 1991, 999 ff), da Wert und Brauchbarkeit einer Sache letztlich stets von Faktoren bestimmt werden, die nicht nur in der Sache selbst ihren Grund haben, sondern in ihrer Beziehung zur Umwelt. Dementsprechend leuchtet auch nicht ein, wieso zB die Ertragsfähigkeit des belasteten Grundstücks keine verkehrswesentliche Eigenschaft beim Kauf einer Grundschuld sein soll (so RGZ 149, 235 [239]), obwohl diese ersichtlich von ausschlaggebender und daher zwangsläufig unmittelbarer Bedeutung für den Wert der Grundschuld als Sicherheit ist (krit auch LARENZ/WOLF § 36 Rn 52). Die mit dem Unmittelbarkeitserfordernis angestrebte Einschränkung der Irrtumsanfechtung lässt sich indessen auf andere Weise bewältigen (vgl auch Rn 95). Eine gewisse, freilich auch nicht rechtssicher handbare Begrenzung leistet bereits das Erfordernis der **Verkehrswesentlichkeit** (oben Rn 81), jedenfalls aber der **Vorrang des Leistungsstörungs- und Gewährleistungsrechts**, wenn man diesen konsequent durchsetzt (dazu ausf oben Rn 82 f). Im Falle BGHZ 70, 47 (Anm MESSER NJW 1978, 1257 f) hätte es zB nahe gelegen, den Veräußerer wegen der damals drohenden Haftung des Erwerbers gemäß § 419 aF nach Gewährleistungsrecht haften zu lassen, wobei heute dahingestellt bleiben könnte, ob es sich um einen Sach- oder Rechtsmangel handelt (§ 433 Abs 1 S 2). Wenn man aber eine solche Haftung ablehnt, wofür sich der BGH im Falle der §§ 459 ff aF aus den gleichen Gründen wie bei der Anfechtung wegen Eigenschaftsirrtums entschieden hat, so hätte sich doch jedenfalls eine Haftung des Veräußerers wegen fahrlässiger Informationspflichtverletzung förmlich aufgedrängt, so dass entgegen BGHZ 70, 47 das Risiko einer Inanspruchnahme des Erwerbers nicht dieser, sondern der dafür verantwortliche Veräußerer hätte tragen müssen. Im Ergebnis richtig entschieden ist dagegen der Ultraschallgeräte-Fall BGHZ 16, 54, da die fehlende Indikationsbreite des Geräts nicht vertraglich vorausgesetzt war, daher kein Sachmangel vorlag und somit erst recht nicht wegen Eigenschaftsirrtums angefochten werden konnte (oben Rn 81).

a) Verkehrswesentliche Eigenschaften der Person
aa) Person

Der Eigenschaftsirrtum wird zwar in der Regel die **Person des Vertragspartners** **86** betreffen, doch verlangt dies § 119 Abs 2 nicht (aA LÖHNIG, Irrtum 176 ff; ders JA 2003, 516, 518; iE auch MANKOWSKI 502). Der Irrtum kann sich daher auch auf **Eigenschaften Dritter** beziehen, wenn diese für das konkrete Rechtsgeschäft von wesentlicher Bedeutung sind (RG Gruchot 52, 923, 925; RGZ 98, 206, 208). So kann zB der Gläubiger seine Kreditzusage gegenüber dem Schuldner anfechten, wenn er sich über die **Zahlungsfähigkeit des Bürgen** irrt (RG Recht 1915 Nr 2216; MEDICUS, BürgR Rn 137; FLUME § 24, 4 = S 489 f). Dagegen ist die **Anfechtung für den Bürgen**, der sich über die **Vermögensverhältnisse des Hauptschuldners** geirrt hat, **ausgeschlossen**, weil der Bürge nach Inhalt und Zweck des Bürgschaftsvertrages für das Risiko solcher Fehleinschätzungen einstehen soll (RGZ 134, 126, 129; BGH WM 1956, 885, 889; 1965, 80 f; NJW 1988, 3205, 3206; FLUME § 24, 4 = S 490; MünchKomm/HABERSACK § 765 Rn 37 mwN; abw aber RGZ 158, 166, 170). Dies gilt auch dann, wenn die Parteien übereinstimmend von einer bestimmten Vermögenslage ausgegangen sind, da eine Bürgschaft gerade auch das unwägbare, nicht erkannte oder voraussehbare Risiko abdecken soll (RGZ 134, 129; BGH NJW 1988, 3806; aA SOERGEL/HEFERMEHL Rn 43). Aus dem gleichen Grunde kann ein Irrtum des Bürgen über die Verwendung des Kredits, über das Bestehen von Ausgleichsansprüchen im Falle der Inanspruchnahme (BGH WM 1957, 66, 67) oder über die Werthaltigkeit anderer Kreditsicherheiten (BGH WM 1966, 92, 94) nicht berücksichtigt werden. Da § 119 Abs 2 nicht danach unterscheidet, mit welcher Person die betreffenden Eigenschaften verknüpft sind, kann sich der Irrtum auch auf **Eigenschaften des Erklärenden selbst** beziehen, zB seinen Gesundheitszustand (Rn 90), eine bestehende Schwangerschaft (Rn 91) oder das Verbot einer Nebenbeschäftigung (OLG Düsseldorf JW 1921, 537). Rechtsprechung und Schrifttum (insbes LÖHNIG, Irrtum 276 ff; ders JA 2003, 516, 518) versuchen zum Teil, diese Anfechtungsmöglichkeiten einzuschränken. Indessen überzeugt es nicht, dass BGH LM Nr 20 zu § 81 BEG einem Verfolgten, der in Unkenntnis seines schlechten Gesundheitszustandes auf einen Rentenanspruch verzichtete, die Anfechtung mit der Begründung versagt hat, für die Entschädigungsbehörde sei dieses Motiv nicht erkennbar gewesen. Die Bedeutung der Gesundheit liegt bei einem Verzicht auf einen Rentenanspruch so offen zu Tage, dass sich ihre Wesentlichkeit offensichtlich von selbst versteht. Im Ergebnis ist dem BGH aber zuzustimmen, da der Verzicht gerade die Funktion hatte, die Frage einer künftigen Bedürftigkeit außer Streit zu stellen, so dass **nach dem Inhalt des Rechtsgeschäfts ein Anfechtungsausschluss** vereinbart war (zum Anfechtungsausschluss bei einer Krankenhauskostenübernahmeerklärung und Irrtum der Versicherung über die Mitgliedschaft des Patienten zutr BSG SozR 7610 § 119 Nr 4). Zu den Eigenschaften des Erklärenden selbst gehört auch die **Schwangerschaft**. Insofern leuchtet nicht ein, dass das BAG die Anfechtung eines **Aufhebungsvertrages**, dem eine Arbeitnehmerin in Unkenntnis ihrer Schwangerschaft zustimmte, an der fehlenden Dauerhaftigkeit dieses Zustands scheitern ließ und damit die in anderem Zusammenhang gefundene – freilich überflüssige (vgl Rn 91) - Notbegründung, die schwangeren Arbeitnehmerinnen ihre von einer Arbeitgeberanfechtung bedrohten Mutterschutzrechte erhalten sollte, glatt in ihr Gegenteil verkehrte (NJW 1983, 2958 f; 1992, 2173, 2174; zust MünchKomm/KRAMER Rn 112; CH MÜLLER, Arbeitsrechtliche Aufhebungsverträge [1991], S 115 ff; WEBER/EHRICH NZA 1997, 414, 419 mwN). Auch bei der Zahlungsfähigkeit, Kreditwürdigkeit oder Zuverlässigkeit einer Person handelt es sich nicht zwangsläufig um dauerhafte Merkmale, und dennoch besteht an ihrer Relevanz kein Zweifel (ebenso MünchArb/WANK § 112 Rn 27; MünchArb/RICHARDI § 44 Rn 34; GAMILLSCHEG, in: FS Molitor [1962] 57, 80; ders RdA 1968, 117, 118; vgl auch oben Rn 75). Sofern die Schwangerschaft und ihre Folgen nicht unter dem Gesichtspunkt der Leistungsstörungen zu erfassen sind und wegen des Vorrangs des Kündigungsrechts eine Anfechtungsmöglichkeit ausscheidet (vgl oben Rn 83 und unten Rn 91), bestehen keine Bedenken, die Schwangerschaft als verkehrswesentliche Eigenschaft anzusehen und demnach die Anfechtung von Aufhebungsverträgen bei Vorliegen eines Irrtums zuzulassen.

87 bb) Einzelne Eigenschaften: Vertrauenswürdigkeit und Zuverlässigkeit des Geschäftspartners sind in der Regel nur bei solchen Rechtsgeschäften von wesentlicher Bedeutung, die auf eine vertrauensvolle Zusammenarbeit angelegt sind. Entscheidend ist, ob die betreffenden Umstände das Risiko von Leistungsstörungen erhöhen (LÖHNIG, Irrtum 203 ff). Das ist hauptsächlich der Fall bei **langfristigen, stark persönlich bestimmten Verträgen** wie zB der Tätigkeit als „Repräsentant" eines Unternehmens (RG Recht 1921 Nr 2322; BGH WM 1969, 291, 292) oder als dessen „Vertreter" (RGZ 143, 429, 432), bei einem Dienst- oder Arbeitsvertrag (BAG AP Nr 2 zu § 123 m Anm A HUECK), Personalberatungsvertrag (LG Darmstadt NJW 1999, 365, 366: Scientology-Mitgliedschaft; differenzierend LÖHNIG, Irrtum 206), Transfervertrag über den Vereinswechsel eines Fußballspielers (BGH NJW 1976, 565 [566], der die – wegen Bestechung versagte –

Spielerlaubnis als Geschäftsgrundlage des Transfervertrages ansah; gegen die Anfechtung DOERNER JuS 1977, 225, 226), **Baubetreuungsvertrag** (BGH WM 1970, 906 f), langfristigen **Werkvertrag** über die Errichtung zweier Häuser (RGZ 90, 342, 346), **Sukzessivlieferungsvertrag** (RGZ 100, 205, 207; einschränkend BGH BB 1960, 152), **Maklervertrag** (PALANDT/ HEINRICHS Rn 26; **aA** OLG Köln MDR 1961, 231) und **Miet- oder Pachtvertrag** (RGZ 102, 225, 226; OLG Augsburg SeuffA 77 Nr 18). Dagegen ist die Vertrauenswürdigkeit des Vertragspartners bei reinen **Güteraustauschverträgen** grundsätzlich nicht verkehrswesentlich (RGZ 107, 208, 212; BGH BB 1960, 152). An der Verkehrswesentlichkeit fehlt es evidentermaßen auch bei der Partei- oder Glaubenszugehörigkeit des Mieters (LG Köln WuM 1986, 81, 82; WEIMAR ZMR 1982, 196, 197), wohingegen die Nichtraucher-Eigenschaft entgegen LG Stuttgart NJW-RR 1992, 1360 zwar verkehrswesentlich ist, aber im Ergebnis nicht zur Anfechtung berechtigt. Eine Auflösung des Mietverhältnisses scheitert am Erfordernis einer erheblichen Beeinträchtigung der Vermieterinteressen, die der sachnähere und daher vorrangige § 543 Abs 2 Nr 2 ausdrücklich verlangt. Aus **Einzelverstößen** kann man nicht ohne weiteres auf eine schon bei Vertragsschluss bestehende Vertrauensunwürdigkeit des Vertragspartners schließen. Da und sofern die Unzuverlässigkeit erst aus dem Inhalt der erbrachten Leistung hervorgeht, gehen ohnehin die gesetzlichen Vorschriften über die **Nicht- oder Schlechterfüllung** der Irrtumsanfechtung vor (vgl näher oben Rn 82 f). Dementsprechend kommt es nicht darauf an, ob bei einem Werkvertrag der Auftragnehmer über eine entsprechende **berufsrechtliche Qualifikation** verfügt, es sei denn, dass bereits darin ein „Mangel" des Werks iSd § 633 Abs 2 zu Tage tritt. Dies hängt nach dem „subjektiven Fehlerbegriff", der auch § 633 Abs 2 zugrunde liegt, in der Tat davon ab, ob eine entsprechende Soll-Beschaffenheit des Werkes vereinbart wurde. Dies kann auch konkludent geschehen, indem zB der Auftragnehmer trotz fehlender Eintragung in die Handwerksrolle mit der fachlichen Qualifikation seines „Meisterbetriebs" wirbt wie im Fall BGHZ 88, 240, der folglich im Ergebnis richtig entschieden wurde (oben Rn 81). Bei **juristischen Personen** kommt es auf die Vertrauenswürdigkeit jener Personen an, die auf die Erfüllung des Vertrages maßgeblichen Einfluss nehmen. Das sind regelmäßig die Organe, je nach Sachlage auch der Hauptgesellschafter und etwaige Hintermänner, welche die Gesellschaft beherrschen (RGZ 143, 429, 431; SOERGEL/HEFERMEHL Rn 40), nicht aber bloße Bevollmächtigte (RG WarnR 1937 Nr 87).

Vorstrafen stellen zwar als solche keine verkehrswesentlichen Eigenschaften dar, **88** doch können aus der strafgerichtlichen Verurteilung mittelbar Rückschlüsse auf bestimmte Charaktereigenschaften einer Person wie Zuverlässigkeit oder Vertrauenswürdigkeit gezogen werden. Hauptanwendungsgebiet ist der Abschluss eines **Arbeitsvertrages** durch vorbestrafte **Arbeitnehmer** (vgl näher MünchArb/RICHARDI § 44 Rn 33; zum Fragerecht des Arbeitgebers s näher § 123 Rn 30 ff; zur Anfechtbarkeit wegen Vorstrafen eines Pächters RG JW 1912, 25; Geschäftsführers beim Architektenvertrag OLG Düsseldorf BauR 1996, 574; s aber BGH ZIP 1991, 321 [323], wonach durch Vorstrafen belegte Charakterschwäche eines maßgeblichen Mitarbeiters keine dem verkauften Unternehmen anhaftende Eigenschaft darstellt). Verkehrswesentlich sind aber nur einschlägige Vorstrafen, also solche, die einen Bezug zum Aufgabenbereich des Arbeitnehmers haben. Das trifft auf Verkehrsdelikte zu, wenn jemand als Kraftfahrer eingestellt wird, nicht aber bei einer Tätigkeit als Bankangestellter. Dieser wiederum darf nicht wegen Vermögensdelikten straffällig geworden sein (BAGE 5, 159, 165; krit zum Erfordernis der Einschlägigkeit HOFMANN ZfA 1975, 1 [33]). Als unwesentlich wurde die Wahrheitsliebe bei einem ungelernten Arbeiter angesehen (BAG AP Nr 17 zu § 123 m zust Anm BEUTHIEN). Bei Führungspositionen bestehen hingegen erhöhte Anforderungen an die Zuverlässigkeit und Vertrauenswürdigkeit, so dass auch bei nicht einschlägigen Vorstrafen je nach Indizwirkung eine Anfechtung in Betracht kommt (vgl LINNENKOHL AuR 1983, 129 [137]; MünchArb/RICHARDI § 38 Rn 141). Sofern sich ein Arbeitnehmer gemäß § 53 BZRG als ungestraft bezeichnen darf, dürfte schon der Rückschluss auf ungünstige persönliche Eigenschaften nicht mehr möglich sein; jedenfalls fehlt den persönlichen Merkmalen aus objektiv-normativen Gründen die Verkehrswesentlichkeit.

89 **Zahlungsfähigkeit und Kreditwürdigkeit** einer Person sind verkehrswesentliche Eigenschaften, wenn es sich um Kreditgeschäfte handelt (RGZ 66, 385, 387; RG Recht 1915 Nr 2216; SeuffA 84 Nr 1; LINDACHER MDR 1977, 797 [798 f]). Dagegen spielt die Kreditwürdigkeit bei Bargeschäften regelmäßig keine Rolle (RGZ 105, 206 [208 f]). Das in § 321 dem vorleistungspflichtigen Vertragsteil zuerkannte Leistungsverweigerungsrecht wegen Vermögensverschlechterung der anderen Seite schließt die Irrtumsanfechtung nicht aus, da bei fern liegender Fälligkeit nur die Anfechtung eine rasche Klärung der Rechtsverhältnisse ermöglicht (LINDACHER MDR 1977, 797 [799 f]; MünchKomm/KRAMER Rn 111; aA FLUME § 24, 3 b = S 487: Vorrang des § 321). Kein Anfechtungsrecht hat aber der **Bürge**, der sich über die Vermögenslage des Hauptschuldners irrt (vgl näher oben Rn 86).

90 Beim Abschluss von Arbeitsverträgen spielen die Beeinträchtigung der Leistungsfähigkeit durch **Krankheit oder mangelnde Eignung des Arbeitnehmers** eine wesentliche Rolle. Zu Recht hält allerdings das Bundesarbeitsgericht den Grad der Leistungsfähigkeit des Arbeitnehmers noch nicht für eine verkehrswesentliche Eigenschaft (BAG AP Nr 3 zu § 119 [unter 2. der Gründe]; MünchKomm/KRAMER Rn 112), da sich der Arbeitnehmer lediglich im Rahmen seiner persönlichen Leistungsfähigkeit (§ 613) verpflichtet und das Kündigungsrecht als speziellere Regelung für Leistungsstörungen vorgeht (vgl oben Rn 83). Insofern ist dem BAG nicht zu folgen, das die Anfechtung ausnahmsweise dann zulässt, wenn dem Arbeitnehmer wegen eines nicht nur kurzfristig auftretenden Leidens (zB Epilepsie) die notwendige Fähigkeit fehlt oder erheblich beeinträchtigt ist, die vertraglich übernommene Arbeit auszuführen (BAG aaO; zust KÜCHENHOFF Anm AP Nr 3 zu § 119; SCHAUB § 35 II 4; MünchArb/RICHARDI § 44 Rn 32; MünchKomm/KRAMER Rn 112; s a BAG AP Nr 87 zu § 1 LohnFG: keine Lohnfortzahlung bei missglücktem Arbeitsversuch eines an Lungen-TBC leidenden Arbeitnehmers). Aus dem Erfordernis der Verkehrswesentlichkeit des Eigenschaftsirrtums lässt sich diese Differenzierung kaum ableiten, wohl aber, wenn man von vornherein das Kündigungsrecht als sedes materiae ansieht. Denn eine Kündigung wegen Krankheit kommt unter der Geltung des Kündigungsschutzgesetzes nur bei dauerhaften Leiden in Betracht, die zu einer erheblichen Beeinträchtigung der betrieblichen Interessen führen (BAGE 61, 131, 138; BAG AP Nr 26 zu § 1 KSchG 1969 Krankheit; NZA 1992, 1073, 1076; 1994, 67, 68). Die gleichen Grundsätze gelten bei mangelnder Leistungsfähigkeit des Arbeitnehmers, so dass im Ergebnis das Arbeitsverhältnis in der Tat nur beendet werden kann, wenn die für eine bestimmte Arbeitsaufgabe erforderliche durchschnittliche Leistungsfähigkeit erheblich beeinträchtigt ist. Entsprechend strenge Grundsätze gelten beim Irrtum über die Schwerbehinderteneigenschaft des Arbeitnehmers (BAGE 49, 214, 220; BAG AP Nr 19 zu § 123; NJW 1985, 645; NZA 1994, 407; 1996, 371, 372).

Hinsichtlich der **Schwangerschaft** steht die Rechtsprechung auf dem – unrichtigen **91**
(oben Rn 84) – Standpunkt, es handele sich wegen des vorübergehenden Zustandes
regelmäßig nicht um eine verkehrswesentliche Eigenschaft (BAG AP Nr 2 zu § 9
MuSchG [unter III der Gründe]; Nr 1 zu § 8 MuSchG 1968 [unter II 2 a]; BAGE 11, 270, 272;
NJW 1963, 222). Mit diesem Begründungsansatz war nur schwer zu rechtfertigen, dass
„etwas anderes in den Fällen zu gelten habe, in denen die im Vertrag übernommene
Tätigkeit infolge der Schwangerschaft nicht ausgeübt werden kann, wozu die immer
wieder angeführten Fälle der Tänzerin, Sportlehrerin oder Vorführdame gehören"
(BAGE 11, 272 f). Entsprechendes gilt für den anerkannten Ausnahmefall, dass das
Arbeitsverhältnis befristet ist und die Arbeitnehmerin infolge der Beschäftigungsverbote und Beschäftigungsbeschränkungen des Mutterschutzgesetzes für eine im
Hinblick auf die vereinbarte Gesamtdauer des Arbeitsverhältnisses erhebliche Zeit
ausfällt (BAG AP Nr 24 zu § 9 MuSchG; vgl auch Nr 1 zu § 8 MuschG 1968, das wegen der
beantragten Ausnahmeerlaubnis gemäß § 8 Abs 6 MuSchG nicht von vornherein eine Unvereinbarkeit der geschuldeten Tätigkeit als Nachtschwester und der Schwangerschaft annahm). Nach
der neueren Rechtsprechung, die maßgeblich vom europäischen Gerichtshof geprägt worden ist (vgl insbesondere EuGH Slg I [1994] 1657 – HABERMANN/BELTERMANN), stellt
die Anfechtung eines Arbeitsvertrages wegen Irrtums über die Schwangerschaft
eine – sowohl nach europäischem Recht (Art 119 EWG-Vertrag; Art 2 Abs 1 und 3
Abs 1 Richtlinie 76/207 EWG, Abl L 39, S 40) als auch nach nationalem Recht (Art 3
Abs 2 und 3 GG; § 611a BGB) verbotene – Diskriminierung aufgrund des Geschlechts dar (vgl auch BAG NZA 1993, 257, 258 im Anschluss an EuGH Slg I [1990] 3941 –
DEKKER; teilweise abweichend noch BAGE 51, 167, 175; eingehend dazu BUCHNER, in:
FS Stahlhacke [1995] 83 ff). Auch soweit ein Beschäftigungsverbot besteht und die
schwangere Arbeitnehmerin zB von Anfang an daran gehindert ist, die vertraglich
vorgesehene Tätigkeit als Nachtwache in einem Altenheim auszuüben, widerspräche es dem Schutzzweck des **Nachtarbeitsverbots**, wenn der Vertrag wegen der bloß
zeitweiligen Verhinderung angefochten werden könnte (EuGH Slg I [1994] 1657 Tz
24–26; vgl auch EuGH NZA 2000, 255 f – MAHLBURG: Schwangerschaft kein Grund zur Ablehnung
einer Bewerberin, auch wenn die vorgesehene Tätigkeit als OP-Schwester von Anfang an nicht
ausgeübt werden konnte). Eine Anfechtung sei danach nur dann zulässig, wenn die
Arbeitnehmerin befristet eingestellt werde und wegen bestehender Beschäftigungsverbote erhebliche Zeit ausfalle (BUCHNER, in: FS Stahlhacke [1995] 91; ders Anm EzA Nr 39
zu § 123 [unter 3]; STAHLHACKE/PREIS, Kündigung und Kündigungsschutz im Arbeitsverhältnis
[6. Aufl 1995] Rn 807 c). **Der Rechtsprechung des EuGH ist zuzustimmen** (jedenfalls bei
Täuschung über die Schwangerschaft hinsichtlich der Entgeltansprüche gemäß §§ 11, 14 MuSchG
zweifelnd CANARIS, Die Bedeutung der iustitia distributiva im deutschen Vertragsrecht [1997] 101 ff;
auch BUCHNER 98 ff). Nach der hier vertretenen Auffassung besteht ohnehin ein Vorrang des Kündigungsrechts (oben Rn 83), so dass wegen der Schranke des § 9
MuSchG das Arbeitsverhältnis nicht wegen eines Eigenschaftsirrtums beendet werden kann, auch nicht bei befristeten Arbeitsverhältnissen (**aA** BUCHNER u STAHLHACKE/
PREIS aaO). Hier bleibt nur die Anfechtung wegen arglistiger Täuschung (dazu § 123
Rn 39). Das Verbot der Diskriminierung wegen des Geschlechts steht auch einer
Anfechtung wegen Irrtums über die **Geschlechtszugehörigkeit** eines Arbeitnehmers
entgegen (EuGH NZA 1996, 695, 696; anders noch BAG NZA 1991, 719, 722 = AP Nr 35 zu
§ 123). Aus diesem Grunde hätte der Arbeitsvertrag eines transsexuell veranlagten
und eine Änderung seiner Geschlechtszugehörigkeit gemäß §§ 8, 10 TSG anstre-
benden Mannes, der in einer Arztpraxis als „Arzthelferin" eingestellt wurde, nicht
mit der Begründung angefochten werden dürfen, dass sich die Patienten in ihrem

Intimbereich (angeblich) nur einer weiblichen Arzthelferin anzuvertrauen wünschen (so aber BAG aaO). Wenn überhaupt hätte man an eine Kündigung in Gestalt der umstrittenen „Druckkündigung" (BAG AP Nr 33 zu § 1 KSchG 1969 Betriebsbedingte Kündigung; krit MünchArb/BERKOWSKY § 140 Rn 16 ff mwN) denken können, doch durfte man ohne konkrete Anhaltspunkte eine Gefährdung betrieblicher Interessen – etwa durch das Abwandern von Patienten – nicht unterstellen (vgl in anderem Zusammenhang treffend BAG NJW 2003, 1685, 1687; BVerfG NJW 2003, 2815, 2816: Kündigung wegen Tragens eines – islamischen – Kopftuchs). Zur Anfechtung eines arbeitsrechtlichen **Aufhebungsvertrages** wegen Irrtums über die Schwangerschaft oben Rn 86.

b) Verkehrswesentliche Eigenschaften einer Sache

92 **aa)** **Sachen** im Sinne des § 119 Abs 2 sind nicht nur körperliche Gegenstände (§ 90), sondern im weiteren Sinne sämtliche „Gegenstände" wie zB Forderungen (BGH LM Nr 2 zu § 779; WM 1963, 252, 253), Rechte (RGZ 149, 235, 238: Grundschuld; BGHZ 65, 246, 255: GmbH-Anteile), Sachinbegriffe (BGH MDR 1997, 260, 262; BayObLG NJW-RR 1995, 904, 905: Nachlass) oder Unternehmen (BGH NJW 1959, 1584 [1585]; 1969, 184; Münch-Komm/KRAMER Rn 115; FLUME § 24, 2e = S 482). Als Eigenschaften gelten nicht nur ihre natürlichen Merkmale, sondern auch solche tatsächlichen und rechtlichen Verhältnisse, die infolge ihrer Beschaffenheit und Dauer auf die Brauchbarkeit und den Wert von Einfluss sind (RGZ 64, 266, 269; BGHZ 16, 54, 57; 34, 32, 41; 70, 47, 48; OLG Düsseldorf NJW 1992, 1326; oben Rn 84). Um angesichts dieses weiten Eigenschaftsbegriffs die Anfechtbarkeit nicht ausufern zu lassen, bemüht sich die Rechtsprechung um Einschränkungen, indem sie nur **unmittelbare Eigenschaften** der Sache anerkennt (vgl dazu oben Rn 85) und das Merkmal der **Verkehrswesentlichkeit** auf solche Umstände begrenzt, die vom Erklärenden in irgendeiner Weise dem Vertrag erkennbar zugrunde gelegt worden sind, ohne dass er sie geradezu zum Inhalt seiner Erklärung gemacht haben muss (BGH LM Nr 20 zu § 81 BEG; BGHZ 16, 54, 57; 88, 240, 246; ebenso BAG NJW 1992, 2173, 2174; ausf dazu oben Rn 80). Beide Kriterien eignen sich nur bedingt für diesen Zweck, da sie willkürliche Entscheidungen ermöglichen (vgl etwa BGH NJW 1979, 160, 161 einerseits, BGHZ 80, 240, 246 und BAG NJW 1992, 2173, 2174 andererseits) und daher die Rechtssicherheit erheblich beeinträchtigen (zur Kritik oben Rn 80 und 86). Eine wirksame Begrenzung des Anfechtungsrechts leistet dagegen der Vorrang des Leistungsstörungs- und Gewährleistungsrechts, und zwar nicht nur beim Kaufvertrag, sondern auch bei den anderen Vertragstypen des BGB wie Miete, Werk- und Arbeitsvertrag (näher oben Rn 82 f).

bb) Einzelne Eigenschaften der Sache

93 Als verkehrswesentliche Eigenschaften anerkannt hat die Rechtsprechung **Alter und Baujahr** eines Fahrzeugs (RG Recht 1928 Nr 2458; BGH NJW 1979, 160, 161; BGHZ 78, 216, 221), wobei nach richtiger Ansicht die **abschließende Regelung der Sachmängelgewährleistungsvorschriften** auch in negativer Hinsicht hätte beachtet werden müssen (näher oben Rn 82). Dies gilt entsprechend bei anderen Eigenschaften eines Fahrzeugs wie zB der **Fahrleistung** (OLG München DB 1974, 1059, 1060) oder **Fabrikneuheit** (OLG Zweibrücken MDR 1970, 325), für die **Größe** einer Sache (BGH NJW 1959, 1584 [1585]; LG Mannheim MDR 1974, 672, 673) oder zB den **Bestand** einer verkauften Plantage mit Gummibäumen (RGZ 101, 64, 68). Bereits an der fehlenden **Verkehrswesentlichkeit** scheiterte die Berücksichtigung der wirtschaftlichen Verwertbarkeit (BGHZ 16, 54, 57; BGH LM Nr 52 zu § 123; dazu oben Rn 85 aE), der Weiterverkaufsmöglichkeit eines Fahrzeugs (OLG Frankfurt BB 1974, 1093 f) und der – wissenschaftlich nicht erwiesenen

– Gesundheitsgefährdung durch den Betrieb von Mobilfunkstationen (LG München I NVwZ 2002, 647). Die **Herkunft** eines Kunstwerks und die **Urheberschaft** an einem Gemälde sind dagegen zweifellos verkehrswesentliche Eigenschaften der verkauften Sache, so dass der *Verkäufer* anfechten kann, wenn er sich über diese geirrt hat (RGZ 124, 115, 120 – *Ming-Vasen*; BGH NJW 1988, 2597, 2598 f – *Duveneck* m Bspr H HONSELL JZ 1989, 44; H SCHULZ JA 1989, 40; KÖHLER/FRITSCHE JuS 1990, 16; differenzierend FLUME JZ 1991, 633 f). Anders als beim Eigenschaftsirrtum des *Käufers* (RGZ 135, 339, 342 – *Ruysdael*; BGHZ 63, 369, 376 – *Jawlensky*; s a BGH NJW 1980, 1619, 1621 – *Bodensee-Kunstauktion*) stehen die Gewährleistungsvorschriften einer Anfechtung durch den Verkäufer nicht im Wege, sofern nicht zu besorgen ist, dass sich dieser durch die Anfechtung seiner Gewährleistungshaftung entziehen will (BGH NJW 1988, 2598). Die bloße Überzeugung der Vertragsparteien von der Echtheit eines Kunstwerks ist freilich keine Eigenschaft, da sie im Unterschied zu der Expertise eines Kunstsachverständigen (BGH NJW 1972, 1658) auf den (objektiven) Wert der Sache selbst keinerlei Einfluss hat (zutr OLG Düsseldorf NJW 1992, 1326, 1327 – *Warhol*). Sofern nicht sicher ist, ob die verkauften Bilder wirklich unecht sind und der Tatbestand eines Irrtums über die Echtheit der Bilder überhaupt vorliegt, kann dieses Defizit nicht durch die Verlagerung der Irrtumsproblematik auf eine Diskrepanz zwischen „Überzeugung" und „Zweifel" an der Echtheit umgangen werden. Im übrigen scheitert die Anfechtung am Vorrang des Gewährleistungsrechts, das auch dann die Anfechtung wegen Eigenschaftsirrtums sperrt, wenn ein Sachmangel nicht vorliegt oder wegen bloßer Zweifel an der Echtheit des Kunstwerks nicht bewiesen werden kann (zutr OLG Düsseldorf aaO; G MÜLLER JZ 1988, 381, 382; SOERGEL/HUBER vor § 459 Rn 196; S LORENZ 306 f; für einen Sachmangel bei bloßen Echtheitszweifeln BECKER-EBERHARD JuS 1992, 461, 467). Beim Kauf eines Bündels Notenhefte auf dem **Flohmarkt** liegt ein typisches tel quel Geschäft vor, bei dem beide Seiten nach dem Inhalt des Rechtsgeschäfts bewusst das Risiko von Irrtümern über verkehrswesentliche Eigenschaften der Kaufsache eingehen (oben Rn 12). Es fehlt daher schon der Tatbestand eines Irrtums, wenn sich später herausstellt, dass in dem verkauften Bündel wertvolle Notenblätter von Mozart enthalten waren (iE zutr AG Coburg NJW 1993, 938 [939]; **aA** PALANDT/HEINRICHS Rn 27). Auch beim Kauf von **Aktien** geht der Erwerber entsprechend dem Inhalt des Rechtsgeschäfts bewusst das Risiko ein, dass seine Vorstellungen über bestimmte Eigenschaften des Unternehmens nicht der Realität entsprechen (zutr FLUME, Eigenschaftsirrtum 189 f). Es liegt daher nicht an der bloßen Mittelbarkeit der Eigenschaften, dass eine Irrtumsanfechtung ausscheidet, wenn sich der Erwerber über die Qualität der von dem Unternehmen ausgebeuteten Grube und ihrer Erze im Irrtum befunden hat (so aber RGZ 59, 240, 243; vgl die Kritik oben Rn 85), sondern am Spekulationscharakter des Geschäfts und am Vorrang anderer Haftungsinstitute (§§ 434 ff; cic; dazu näher unten Rn 95).

Bei **Grundstücken** sind dessen Umweltbeziehungen von großer Bedeutung, allerdings in erster Linie als Sachmängel. Wegen des Vorrangs der §§ 434 ff ist daher die folgende Rechtsprechung nur bedingt aussagekräftig für die Anfechtbarkeit wegen Eigenschaftsirrtums. Als verkehrswesentlich gilt die Eigenschaft eines Grundstücks, an einen See anzugrenzen (BGHZ 60, 319, 320: **Seeufer-Grundstück**) oder einen unverbaubaren Blick auf Naturschönheiten zu ermöglichen (RGZ 161, 330, 333: *Venusberg*; s a RGZ 61, 84, 86), nicht aber die gesundheitliche Verträglichkeit seiner Höhenlage (BGH DB 1972, 479, 481; dazu oben Rn 80). **Bebaubarkeit** und Freiheit von Baubeschränkungen des erworbenen oder angrenzenden Grundstücks sind verkehrswesentlich

(RG WarnR 1911 Nr 172; JW 1912, 850, 851; RGZ 61, 84, 86 f; BGHZ 34, 32, 41; BGH DB 1977, 91 f; OLG Köln MDR 1965, 292, 293), ebenso die mit dem Eigentum verbundenen Berechtigungen (RG Recht 1912 Nr 1273; BGHZ 34, 32, 41), die gewerbliche Verwendbarkeit (RG WarnR 1911 Nr 172; 1912 Nr 65), **Belastung** mit Steuern und Abgaben (RG SeuffA 40 Nr 102; JW 1912, 850, 851; Recht 1929 Nr 1460), Hypotheken (MünchKomm/KRAMER Rn 117; einschränkend RG Recht 1915 Nr 2215), **Ertragsfähigkeit** (RGZ 61, 84, 86; BGH NJW 1959, 1584, 1585; 1970, 653, 655), schließlich **Grenzen** (RG Recht 1912 Nr 2797) sowie **Umfang und Lage** (RG WarnR 1911 Nr 368; 1912 Nr 205). Nicht zu den verkehrswesentlichen Eigenschaften zählt die Rechtsprechung die Ertragsfähigkeit eines Grundstücks, wenn es um den Erwerb einer **Hypothek oder Grundschuld** geht (RGZ 149, 235 [239]; RG WarnR 1909 Nr 134; 1931 Nr 60). Das trifft im Regelfall zu, doch beruht dies nicht darauf, dass die Eigenschaften des Grundstücks bloß mittelbar einen Einfluss auf die Bewertung des erworbenen Rechts auszuüben vermögen (vgl dazu bereits oben Rn 85). Entscheidend ist, ob der Erwerber der Grundschuld eine bestimmte Soll-Beschaffenheit des Grundstücks erwarten durfte, was nach der Wertung der §§ 434 ff, 453 Abs 1 idR voraussetzt, dass diese dem Vertragsschluss erkennbar zugrunde gelegt wurde (vgl schon FLUME, Eigenschaftsirrtum 180). Liegen die Voraussetzungen einer Haftung des Veräußerers für Mängel des für die Sicherheit haftenden Grundstücks nicht vor, wäre es erst recht nicht gerechtfertigt, dem Erwerber die Anfechtung wegen Eigenschaftsirrtums zu gestatten. Dies gilt auch bei einem Irrtum über Rang, Fälligkeit und Verzinsung der Sicherheit (aA RGZ 149, 235 [239]; MünchKomm/KRAMER Rn 119).

95 Beim **Unternehmenskauf** (vgl dazu WOLF/KAISER, Die Mängelhaftung beim Unternehmenskauf nach neuem Recht, DB 2002, 411; KNOTT, Unternehmenskauf nach der Schuldrechtsreform, NZG 2002, 249; GRONSTEDT/JÖRGENS, ZIP 2002, 52; EIDENMÜLLER, Rechtskauf und Unternehmenskauf, ZGS 2002, 290; zum alten Recht vgl insbes HUBER ZGR 1972, 395; J PRÖLSS ZIP 1981, 337; H P WESTERMANN ZGR 1982, 45; HOMMELHOFF, Die Sachmängelhaftung beim Unternehmenskauf [1975]; ders ZGR 1982, 366; ders ZHR 150 [1986] 254; G MÜLLER Haftungs- und Lossagungsrecht des Verkäufers von GmbH-Anteilen bei einseitiger oder gemeinsamer Fehleinschätzung der Unternehmenslage [Diss Bonn 1980]; ders ZHR 147 [1983] 501; ders JZ 1988, 381 [384 f]; CANARIS ZGR 1982, 395; WILLEMSEN AcP 182 [1982] 515) handelt es sich zwar nicht um den Verkauf einer „Sache", sondern um einen Inbegriff von Gegenständen. Dennoch hat die Rechtsprechung die §§ 459 ff aF analog angewendet, wenn ein Mangel dem Unternehmen insgesamt anhaftete oder bestimmte Eigenschaften zugesichert wurden (RGZ 63, 57 [61]; BGH NJW 1959, 1584 [1585]; 1970, 556 f; 1977, 1538 f; 1979, 33 m Anm FRIESEN NJW 1979, 2288; BGHZ 65, 246 [251]; 85, 367 [370]; STAUDINGER/HONSELL [1995] § 459 Rn 8 mwN; WILLEMSEN AcP 182 [1982] 515 [526]). Hier schied eine Irrtumsanfechtung gemäß § 119 Abs 2 wegen des Vorrangs der Sachmängelgewährleistung unproblematisch aus (oben Rn 82). Dies galt auch beim Verkauf von **Gesellschaftsanteilen**, der zwar primär als Rechtskauf zu qualifizieren ist, bei dem aber die §§ 459 ff aF analog angewendet wurden, wenn die Veräußerung sämtliche Anteile umfasste, da dies im wirtschaftlichen Ergebnis dem Verkauf des Unternehmens entsprach (RGZ 120, 283 [287]; 122, 378 [381]; 146, 120; BGHZ 65, 246 [251]; 85, 367 [370]; BGH NJW 1969, 184; WM 1970, 819 [821]; 1980, 284 [287]; ZIP 1991, 321 [322]; SOERGEL/HUBER § 459 Rn 289). Entsprechend war die Rechtslage, wenn die verbleibenden Anteile so geringfügig waren, dass sie die unternehmerische Leitungs- und Verfügungsbefugnis des Erwerbers nicht beeinträchtigten, wobei die Rechtsprechung nur grobe prozentuale Grenzen umrissen hat (nach BGHZ 65, 246 [252] und BGH NJW 1980, 2408 [2409] genügte Erwerb von 50 bzw 60% nicht; unschädlich dagegen verbleibender Rest von 0,25%, BGH WM 1970, 819 [821]). Die Anwendung der §§ 459 ff aF bedeutete der Sache nach, dass eine Einstandsverpflichtung im Regelfall eine Vereinbarung über die Soll-Beschaffenheit des verkauften Unternehmens voraussetzte (vgl HUBER ZGR 1972, 395 [404]; HOMMELHOFF ZGR 1982, 366, 370 ff). Im Übrigen wurde die Gewährleistungshaftung weitgehend verdrängt durch die Haftung aus **culpa in contrahendo**, da und sofern es – wie meist – um **unrichtige Angaben über Umsatz, Ertrag oder falsche Bilanzen** ging (BGH NJW 1970, 653 [655]; 1977, 1536 [1537]; 1990, 1658 [1659]; DB 1974, 231). Eine Anfechtung wegen Eigenschaftsirrtums kam hier ebenfalls nicht in Betracht. Die hM begründete allerdings die Unanwendbarkeit des § 119 Abs 2 mit dem angreifbaren (oben Rn 84) Argument, die Ertragsfähigkeit eines Unternehmens, einzelne Umsatzergebnisse oder Bilanzen seien keine auf Dauer dem Unternehmen selbst anhaftende Eigenschaften, sondern beruhten maßgeblich auf anderen Faktoren wie der Person des Inhabers und der konjunkturellen Lage (RGZ 67, 86, 87; BGH NJW 1970, 653, 655 m krit Anm PUTZO; DB 1974, 231; NJW 1977, 1536, 1537; 1977, 1538, 1539; 1979, 33; 1990, 1658, 1659; krit auch MünchKomm/KRAMER Rn 115). In Widerspruch dazu wurde freilich die Anfechtung wegen Eigenschaftsirrtums zugelassen, wenn die Voraussetzungen der Sachmängelgewährleistung nicht gegeben waren wie zB beim Verkauf von Geschäftsanteilen an einer GmbH in Höhe von 49% des Stammkapitals (BGHZ 65, 246, 253; s a BGH NJW 1969, 184). Nach der **Reform des Schuldrechts** sollten solche Ungereimtheiten der Vergangenheit angehören. Denn zum einen ist mit der Gleichstellung von Rechts- und Sachkauf die einheitliche Anwendung des Kaufrechts gewährleistet, und zum anderen ermöglicht die weitere Fassung des Fehlerbegriffs gemäß § 434 Abs 1, auch falsche **Ertrags- und Umsatzangaben** als **Beschaffenheitsmerkmale** des Unternehmens und der Unternehmensbeteiligung zu qualifizieren (zutr WOLF/KAISER DB 2002, 414 u 416; KNOTT NZG 2002, 249, 251; GRONSTEDT/JÖRGENS ZIP 2002, 52, 55; aA EIDENMÜLLER ZGS 2002, 290, 295). Im Ergebnis scheidet also beim Unternehmens- und Anteilskauf nicht anders als bei einem gewöhnlichen Sachkauf (oben Rn 82) eine Anfechtung wegen Eigenschaftsirrtums durchgängig aus (ebenso zur Rechtslage vor der Schuldrechtsreform G MÜLLER 387 und 391; ders ZHR 147[1983] 501 [530 f]; ders JZ 1988, 385).

Bei **Annahme und Ausschlagung einer Erbschaft** (vgl schon oben Rn 72 f) hat die Rechtsprechung insbesondere auch den Umfang des Nachlasses als verkehrswesentliche Eigenschaft anerkannt, weil durch ihn dessen Wert mitbestimmt wird (BGH LM Nr 2 zu § 779; KG OLGZ 1993, 1 [4] m zust Anm KRAMER EwiR § 119 BGB 1/92, 1053 f; vgl schon RGZ 101, 64 [68]; dazu oben Rn 93). Entsprechendes gilt für den quotenmäßigen Anteil am Nachlass (OLG Hamm NJW 1966, 1080 [1081]). Auch die Überschuldung des Nachlasses oder dessen Belastung mit wesentlichen Verbindlichkeiten sind verkehrswesentliche Eigenschaften (BayObLG NJW-RR 1999, 590, 592; POHL AcP 177 [1977] 78). Die Erbschaftsannahme ist daher anfechtbar, wenn der (vorläufige) Erbe keine Kenntnis von einem Vermächtnis hatte, das seinen Pflichtteil gefährdete (BGHZ 106, 359 [363]), oder wenn ein zusätzlicher Miterbe berufen ist, von dessen Existenz die Anfechtende bei Annahme der Erbschaft nichts wusste (BGH WM 1997, 272 [274]). Voraussetzung ist aber, dass der Irrtum ursächlich für die Annahme der Erbschaft war. Bei unwesentlichen Verbindlichkeiten scheidet daher eine Anfechtung regelmäßig aus (BayObLG NJW-RR 1999, 590, 592). Die Zugehörigkeit bestimmter Vermögensgegenstände zum Nachlass ist auch dann Irrtum über eine verkehrswesentliche Eigenschaft, wenn der Anfechtungsberechtigte infolge eines Rechtsirrtums (hier: über die

Sittenwidrigkeit eines Rechtsgeschäfts) glaubte, Eigentümer der betreffenden Nachlassgegenstände zu sein (BayObLG NJW-RR 1998, 797 f). Um einen reinen Motivirrtum handelt es sich, wenn der Ausschlagende irrtümlich davon ausgegangen ist, ein Gläubiger würde seine Forderung gegen den Nachlass rechtzeitig vor Ablauf der Verjährungsfrist geltend machen (LG Berlin NJW 1975, 2104). Zum Irrtum über verkehrswesentliche Eigenschaften von *Nachlassbeteiligten* vgl KRAISS BWNotZ 1992, 31, 33.

97 Nicht zu den verkehrswesentlichen Eigenschaften einer Sache gehören ihr **Wert als solcher** oder ihr **Marktpreis** (vgl RGZ 116, 15, 18; RG JW 1912, 525; HRR 1932 Nr 224; BGHZ 16, 54, 57; BGH LM Nr 2 zu § 779; ZEV 1995, 34; BayObLG NJW-RR 1995, 904 [905]; OLG Düsseldorf NJW-RR 1995, 1396). Die Rechtsprechung leitet diese Einschränkung aus der Definition von Eigenschaften einer Sache ab, indem sie diese in erster Linie durch wertbestimmende Merkmale gekennzeichnet sieht (oben Rn 84 f). Gerade dies treffe auf den Wert oder Preis einer Sache nicht zu, ebenso wenig auf ihre wirtschaftliche Verwertbarkeit (BGH LM Nr 52 zu § 779; BGHZ 16, 54 [57]) oder das Eigentum an einer Sache (BGHZ 34, 32 [41]). Soweit die Rechtsprechung einem Irrtum über Wert oder Marktpreis einer Sache keine Relevanz beimisst, ist ihr im Ergebnis zu folgen. Wenig überzeugend ist allerdings die formal begriffliche Ableitung aus der selbst geschaffenen Definition einer Eigenschaft im Sinne von wertbildenden Merkmalen, da diese unverkennbar zirkulären Charakter hat. Entsprechendes gilt für das Erfordernis, Eigenschaften müssten der Sache selbst (unmittelbar) anhaften (so BGHZ 16, 54 [57]; krit H HONSELL JZ 1989, 44), zumal gerade dieses Abgrenzungsmerkmal nicht konsequent durchgehalten wird. So soll das Eigentum an einer Sache deshalb keine Eigenschaft sein, weil es sich nicht um einen Umstand handelt, der „außerhalb der Sache selbst" liegt (BGHZ 34, 32, 41; krit auch MünchKomm/KRAMER Rn 116). Richtig ist vielmehr, dass das Eigentum durchaus als rechtliche „Umweltbeziehung" der Sache anerkannt werden könnte, jedoch im konkreten Fall BGHZ 34, 32 keine verkehrswesentliche Bedeutung erlangte, weil der Verkäufer in der Lage war, den zur Zeit des Kaufvertragsschlusses noch im Eigentum seiner Ehefrau stehenden Miteigentumsanteil an den Erwerber zu übereignen. Auch die Beeinträchtigung der wirtschaftlichen Verwertbarkeit einer Filmlizenz durch die Vergabe einer Zweitlizenz stellt entgegen BGH LM Nr 52 zu § 123 eine solche „Umweltbeziehung" dar, so dass die erwünschte Einschränkung der Anfechtung überzeugender aus dem Vorrang der gemäß § 453 Abs 1 anwendbaren §§ 434 ff abgeleitet werden sollte. Hinsichtlich des Irrtums über den Wert oder Marktpreis einer Sache sollte der Anfechtungsausschluss ebenfalls nicht mit dem Begriff der Eigenschaft, sondern treffender mit dem Prinzip der Privatautonomie begründet werden, da diese den Parteien die Preisfestsetzung weitestgehend in eigener Verantwortung überlässt und damit zwangsläufig auch die Risiken von Fehleinschätzungen zuweist. Von Fällen unzulässiger Beeinflussung abgesehen (vgl dazu § 123 Rn 14) darf man sich diesem Risiko nicht durch Anfechtung wieder entledigen, ohne das System der freien Preisbildung am Markt zu (zer)stören (vgl STAUDINGER/COING[11] Rn 29; LARENZ, AT § 20 II 2 b = S 383 f; MünchKomm/ KRAMER Rn 114; FLUME JZ 1991, 634; H HONSELL JZ 1989, 44; teilw einschr ADAMS AcP 186 [1986] 453 [472]: wenn der Informationsvorsprung des Vertragspartners auf einer „offensichtlich sozial schädlichen Informationsverschaffung beruhte").

V. Kausalität des Irrtums

Voraussetzung für das Anfechtungsrecht gemäß § 119 ist sowohl für den Geschäfts- **98** irrtum gemäß Abs 1 als auch für den Eigenschaftsirrtum, der gemäß Abs 2 als Inhaltsirrtum gilt und daher den gleichen Regeln unterliegt, dass der Irrende die Erklärung „bei Kenntnis der Sachlage und bei verständiger Würdigung des Falles nicht abgegeben haben würde" (§ 119 Abs 1). Das Gesetz verlangt also **subjektive und objektive Erheblichkeit des Irrtums.** Der Maßstab der „**verständigen Würdigung**" soll einen Missbrauch des Anfechtungsrechts ausschließen, indem es „subjektiven Launen" (Prot I 231) den Schutz versagt. Die Berufung auf den Irrtum muss – mit anderen Worten – frei sein von Willkür, Eigensinn und „törichten Anschauungen" (vgl RGZ 62, 201 [206]; BGH NJW 1988, 2597 [2599]; BAG NJW 1991, 2723 [2726]; PALANDT/ HEINRICHS Rn 31; SINGER, Selbstbestimmung 69 f; nur vordergründig aA STAUDINGER/DILCHER[12] Rn 73). Danach ist die Anfechtung insbesondere zu versagen, wenn der Erklärende **durch den Irrtum keine wirtschaftlichen Nachteile** erleidet (vgl RGZ 128, 116 [121]; OLG Zweibrücken FGPrax 1996, 113 [114 f]; ERMAN/PALM Rn 54), doch gilt dies nicht ausnahmslos, wie der Fall *Duveneck* (BGH NJW 1988, 2597 [2599]) zeigt. Der BGH gestattete hier dem Verkäufer zurecht die Anfechtung eines Kaufvertrages über ein Gemälde von *Wilhelm Leibl*, das irrtümlich dem Künstler *Frank Duveneck* zugeschrieben wurde, obwohl die irrtümliche Zuschreibung ohne Einfluss auf den Wert des Kunstwerkes war. Die Regel, dass ein verständiger Mensch nicht anficht, wenn er durch den Irrtum wirtschaftlich keine Nachteile erleidet, kann hier offensichtlich nicht gelten, da beim Kauf von Kunstgegenständen nicht nur wirtschaftliche Gesichtspunkte, sondern auch subjektive Vorlieben, insbesondere die persönliche Wertschätzung eines Künstlers, eine wesentliche Rolle spielen. Beim Eigenschaftsirrtum dürfte die Einschränkung der Irrtumsanfechtung durch den Maßstab verständiger Würdigung ohnehin nur geringe praktische Bedeutung erlangen, da schon das Erfordernis verkehrswesentlicher Eigenschaften verhindert, dass aus unsinnigen Gründen angefochten wird und der Irrtum lediglich als Vorwand dient (vgl oben Rn 79; MünchKomm/ KRAMER Rn 126). Im Übrigen widerspricht die Anfechtung verständiger Würdigung, wenn sich der Irrtum nur auf **unwesentliche Nebenpunkte** eines Vertrages bezieht (RG Recht 1915 Nr 2214), insbesondere auf einzelne **AGB-Klauseln**, weil diese erfahrungsgemäß keinen Einfluss auf die Bereitschaft zum Vertragsschluss haben (vgl CANARIS, Vertrauenshaftung 216). Entsprechendes gilt, wenn der Anfechtende ohnehin **zur Abgabe der** betreffenden **Willenserklärung** aus Rechtsgründen **verpflichtet** war und folglich gar keine andere Wahl hatte, als die nun angefochtene Erklärung abzugeben (OLG München WRP 1985, 237 [238] betr Unterlassungserklärung wegen unlauteren Wettbewerbs).

VI. Einschränkungen der Anfechtung

1. Ausschluss der Irrtumsanfechtung wegen Rechtsmissbrauchs (§ 242)

In engem Zusammenhang mit dem Erfordernis objektiver Kausalität (soeben Rn 98) **99** steht die allgemein befürwortete Einschränkung des Anfechtungsrechts, wenn der Irrtum zwar beim Abschluss des angefochtenen Rechtsgeschäfts erheblich war, aber im Zeitpunkt der Ausübung des Anfechtungsrechts seine Relevanz eingebüßt hat, so dass die **Rechtslage des Anfechtenden nicht mehr beeinträchtigt** ist (vgl auch § 123 Rn 86). § 119 Abs 1 2. HS passt zwar nicht unmittelbar, wohl aber der tragende

Grundgedanke der Vorschrift, eine missbräuchliche Ausübung des Anfechtungsrechts zu verhindern. Als rechtsmissbräuchlich wäre aber zu bewerten, wenn der Berechtigte kein objektives Interesse an der Ausübung eines Rechts hätte (vgl SINGER, Selbstbestimmung 69 f). Solche Fälle kommen hauptsächlich bei Dauerschuldverhältnissen vor, also insbesondere bei Arbeits-, Gesellschafts-, Versicherungs-, Miet- und Pachtverträgen (RGZ 128, 116 [121]; BGH WM 1977, 343 [344]; 1983, 1055 [1056]; BAG AP Nr 17 und 32 zu § 123; NJW 1991, 2723 [2726]; OLG Frankfurt NJW-RR 1986, 1205, 1206; PICKER ZfA 1981, 1 [83 ff]). Typisch ist etwa der Fall, dass eine ursprünglich fehlende Genehmigung später erteilt wird (BGH WM 1983, 1055 [1056]) oder dass sich ein unzuverlässiger Arbeitnehmer über Jahre hinweg bewährt (BAG AP Nr 17 zu § 123) oder ursprünglich nicht vorhandene Fertigkeiten inzwischen erworben hat (STAUDINGER/J SCHMIDT [1995] § 242 Rn 438).

100 Ebenfalls kein schutzwürdiges Interesse an der Ausübung des Anfechtungsrechts hat der Irrende, wenn sich der Anfechtungsgegner bereit erklärt, die Willenserklärung in dem vom Anfechtenden wirklich gewollten Sinne gelten zu lassen (LOBINGER AcP 195 [1995] 274 [278]). Besteht der Käufer von „Haakjöringsköd" (oben Rn 43; § 133 Rn 13) darauf, dass der Verkäufer das von ihm irrtümlich falsch bezeichnete Walfischfleisch liefern soll, dann kann er sich dieser Verpflichtung nicht durch Anfechtung wegen Inhaltsirrtums entziehen. Der Ausschluss der Irrtumsanfechtung beruht hier darauf, dass der tragende Grund des Anfechtungsrechts, einen Akt fehlerhafter Selbstbestimmung zu beseitigen, entfällt, wenn der Selbstbestimmung durch **Anpassung des Rechtsgeschäfts an das wirklich Gewollte** entsprochen wird. Es handelt sich also genau genommen nicht um einen Anwendungsfall von Treu und Glauben, sondern um eine teleologische Restriktion des Anfechtungsrechts (zum Begriff LARENZ, Methodenlehre 391), die im Ergebnis allerdings in der Tat vermeidet, dass das **Anfechtungsrecht als Reurecht** missbraucht werden kann (vgl dazu schon GRADENWITZ, Anfechtung und Reurecht [1902] 74 ff; MEDICUS, AT Rn 781; LARENZ, AT § 20 II c = S 386; FLUME § 21, 6 = S 421 f; LOBINGER AcP 195 [1995] 274 [278 ff]; STAUDINGER/J SCHMIDT [1995] § 242 Rn 439 aE; **aA** SPIESS JZ 1985, 593 ff; dazu KRAMPE/BERG Jura 1986, 206 ff). Auch beim Eigenschaftsirrtum ist die Reduktion auf das Gewollte durchaus sachgerecht und muss nicht durch Umdeutung gemäß § 140 entsprechend dem hypothetischen Parteiwillen korrigiert werden (so aber KÖHLER/FRITSCHE JuS 1990, 16 [19]). Es ist nichts Ungerechtes daran zu finden, wenn etwa der Verkäufer für ein gewolltes, aber nicht einwandfrei erfüllbares Rechtsgeschäft einstehen soll, also zB dafür, dass das verkaufte Gemälde nicht von *Duveneck*, sondern von *Leibl* ist (vgl zu diesem Fall oben Rn 98).

101 Im umgekehrten Fall, in dem der Anfechtungsgegner den **Irrenden an seinem Irrtum festhalten** will (MünchKomm/KRAMER Rn 130), greifen solche teleologischen Überlegungen nicht. Das Anfechtungsrecht hat ja gerade die Funktion, die Bindung an das – fehlerhafte! – Rechtsgeschäft zu beseitigen, dient also der Verwirklichung von Selbstbestimmung. Davon zu unterscheiden ist die nicht mehr mit der Rechtsgeschäftslehre zu bewältigende Frage, ob in besonderen Fällen uU ein über § 122 hinausgehender positiver Vertrauensschutz in Betracht kommt. Diese unter bestimmten Voraussetzungen – insbesondere bei irreversiblen Investitionen und Schutzwürdigkeit des Vertrauens – durchaus zu bejahende Frage gehört systematisch zum Komplex der sog **Vertrauenshaftung** (grdl CANARIS, Vertrauenshaftung, insbes 287 ff; speziell zum Ausschluss der Irrtumsanfechtung SINGER, Selbstbestimmung 113). Praktische

Anschauungsbeispiele sind etwa die Einschränkung der Irrtumsanfechtung bei in Vollzug gesetzten Arbeits- und Gesellschaftsverträgen, wo die Nichtigkeitsfolgen der Anfechtung wegen der Irreversibilität der Verhältnisse jedenfalls nicht auf die Vergangenheit durchschlagen dürfen (vgl näher Rn 108). Nicht in den vorliegenden Zusammenhang gehört das von KRAMER (in MünchKomm Rn 130) angeführte Urteil des BAG (MDR 1969, 699), das einem Arbeitnehmer verwehrte, den Arbeitgeber an seiner irrtümlichen Auslegung eines Tarifvertrages festzuhalten und die zu Unrecht erhaltenen Feiertagszuschläge auch für die Zukunft zu erhalten. Hier geht es nicht darum, dass sich der Irrende von einer rechtsgeschäftlichen Verpflichtung lösen möchte, sondern es geht um die Bindung an die Fehlinterpretation einer (Tarifvertrags-)Norm, die von vornherein nur mit dem Instrumentarium der Vertrauenshaftung bewältigt werden kann (vgl näher CANARIS, Vertrauenshaftung 336 ff; SINGER, Verbot 182 ff und 234 ff mwN; im konkreten Fall hat das BAG zurecht keinen Vertrauensschutz für die Zukunft gewährt, doch lag dies nicht an der fehlenden Gutgläubigkeit des Arbeitnehmers, der den Fehler nicht zu erkennen brauchte, sondern an der fehlenden Irreversibilität der Verhältnisse für die Zukunft; vgl dazu schon den berühmten *Friedensmiete-Fall* RGZ 134, 195; FLUME § 10, 3 e; F BYDLINSKI, Privatautonomie 189 f; CANARIS, Vertrauenshaftung 337 f; SINGER, Verbot 186 mwN).

2. Anfechtungsausschluss durch Rechtsgeschäft und Verwirkung

Wie jedes Recht unterliegt auch die Anfechtung der **Verwirkung** (vgl MünchKomm/ KRAMER Rn 128; STAUDINGER/J SCHMIDT [1995] § 242 Rn 441). Da das Anfechtungsrecht ausschließlich den Interessen des Erklärenden dient, kann der Berechtigte darauf **verzichten** (FLUME Bd II § 21, 1 = S 417) oder das Rechtsgeschäft gem § 144 Abs 1 **bestätigen** (BGH NJW 1971, 1795, 1800). Allerdings darf der Vertragspartner, der bei der Kenntnisnahme der Erklärung den Irrtum erkennt, diesen nicht treuwidrig ausnutzen (FLUME aaO; weitergehend D WIEGAND 145 ff, der die Vereinbarung bereits dann nicht gelten lässt, wenn auch der Vertragspartner den Irrtum zu verantworten hat; für individualvertragliche Vereinbarungen dürfte diese Einschränkung der Vertragsfreiheit zu weit gehen, wie auch § 476 zeigt). Im Übrigen kann der Verzicht im Voraus und auch konkludent erklärt werden. Ein **stillschweigender Verzicht** kommt freilich nur unter besonderen Umständen in Betracht, da niemand ohne Grund freiwillig auf bestehende Rechte verzichtet (BGH NJW 1971, 1795, 1800). Von einem Verzicht ist jedoch regelmäßig dann auszugehen, wenn nach Sinn und Zweck des Rechtsgeschäfts **der Irrende selbst das Risiko** etwaiger Fehleinschätzungen **tragen** soll. Das haben Rechtsprechung und Schrifttum insbesondere beim **Irrtum des Bürgen** über die finanzielle Leistungsfähigkeit des Hauptschuldners angenommen (grdl RGZ 134, 126 [129]; oben Rn 86), beim Abschluss eines **Vergleichs**, wenn sich der Irrtum auf die durch den Vergleich beizulegenden Streitpunkte bezieht (RGZ 106, 233, 234; 162, 198, 201; BGHZ 1, 57, 61; OLG Stuttgart NJW-RR 2000, 1036, 1037; STAUDINGER/MARBURGER [2002] § 779 Rn 80 mwN), bei einer Kostenübernahmeerklärung durch den Versicherer (BSG SozR 7610 § 119 Nr 4; oben Rn 86), beim Verzicht auf eine Vertriebenenrente (BGH LM Nr 20 zu § 81 BEG; dazu oben Rn 86), ferner zB bei spekulativen Rechtsgeschäften wie dem Erwerb von **Aktien** (SOERGEL/HEFERMEHL Rn 76; FLUME, Eigenschaftsirrtum 189 f) oder Verkäufen auf dem **Flohmarkt** (AG Coburg NJW 1993, 988 – „Mozart-Fund"; oben Rn 12 und 93). In **Allgemeinen Geschäftsbedingungen** ist ein Ausschluss der Irrtumsanfechtung allerdings im Regelfall unzulässig, weil den Irrtumsvorschriften Leitbildfunktion iSv § 305 Abs 2 Nr 1 zukommt (BGH NJW 1983, 1671 [1672]; SOERGEL/HEFERMEHL Rn 73; D WIEGAND aaO 162 f; abw MünchKomm/KRAMER Rn 128; ERMAN/PALM Rn 6). Mit Recht hat es der

BGH sogar beanstandet, dass die AGB eines Bauträgers die Berücksichtigung eines Kalkulationsirrtums seitens des Auftragnehmers kategorisch ausschlossen, obwohl die Rechtsprechung jedenfalls beim beiderseitigen oder erkannten Kalkulationsirrtum eine Auflösung des Vertrages oder jedenfalls eine Anpassung ermöglicht (BGH aaO; ebenso OLG München BB 1984, 1386). Allerdings ist die Anfechtung wegen Eigenschaftsirrtums regelmäßig ausgeschlossen, wenn die AGB des Verkäufers einen – beim Verbrauchsgüterkauf gem § 475 inzwischen stark eingeschränkten – **Gewährleistungsausschluss für Sachmängel** enthalten (vgl schon RG JW 1905, 79; BGHZ 63, 369 [376 f]; BGH BB 1967, 96; aA SCHMIDT-SALZER JZ 1967, 661 [664]). Der entscheidende Grund besteht freilich weniger darin, dass der Gewährleistungsausschluss im Wege der Auslegung auf den Ausschluss der Irrtumsanfechtung erstreckt werden müsste (so insbesondere RG JW 1905, 79; BGH BB 1967, 96; zust ERMAN/PALM Rn 6; MünchKomm/KRAMER Rn 128), sondern in der abschließenden Regelung der Vorschriften über die Sachmängelgewährleistung (zutr BGHZ 63, 369 [376]; OLG Karlsruhe NJW-RR 1993, 1138 [1139]; FLUME DB 1979 1637 [1638]; aA BGH WM 1962, 511 [512]; NJW 1979, 160 [161]; OLG Stuttgart NJW 1989, 2547). Haftet der Verkäufer nicht, insbesondere weil die Sache nicht mangelhaft ist oder die Gewährleistung ausgeschlossen wurde, darf dieses Ergebnis nicht auf dem Umweg über die Anfechtung wegen Eigenschaftsirrtums wieder korrigiert werden (ausf oben Rn 82).

VII. Anwendungsbereich der §§ 119 ff und Konkurrenzen

1. Anwendungsbereich

103 Die §§ 119 ff gelten für alle privatrechtlichen Willenserklärungen, ausdrückliche wie konkludente (vgl oben Vorbem 52 zu §§ 116–144; zur abw Ansicht von FLUME § 5, 4 vgl oben Vorbem 42 u 53 zu §§ 116–144; zur Anfechtung beim Schweigen vgl Vorbem 58 ff zu §§ 116–144; beim kaufmännischen Bestätigungsschreiben Vorbem 72 f zu §§ 116–144). Die **Stimmabgabe** in einer Wohnungseigentümerversammlung unterliegt als Willenserklärung den Vorschriften des BGB über die Anfechtung (BayObLGZ 2000, 66, 69). **Geschäftsähnliche Handlungen** (Vorbem 2 zu §§ 116–144) sind im allgemeinen unter den gleichen Voraussetzungen wie Willenserklärungen anfechtbar, da sie zwar nicht auf die Herbeiführung der vom Gesetz daran geknüpften Rechtsfolgen gerichtet sind, aber doch bezwecken, die Voraussetzungen herbeizuführen, von denen das Gesetz die Begründung von Ansprüchen oder Rechtspositionen abhängig macht (vgl LARENZ, AT § 26 = S 512). Folgerichtig hat der BGH die Anfechtung einer **Tilgungsbestimmung** gem § 366 Abs 1 zugelassen, da es sich jedenfalls um eine geschäftsähnliche Handlung handelt (BGHZ 106, 163, 166; für die Qualifikation als Willenserklärung zB SOERGEL/ZEISS § 366 Rn 7; vgl auch STAUDINGER/OLZEN [2000] § 366 Rn 27, 34). Soweit bestimmte deklaratorische Erklärungen Grundlage einer **Rechtsscheinhaftung** sind, wie zB die Kundgabe einer erteilten Innenvollmacht (§ 171), ist die Anfechtung wegen Irrtums nicht prinzipiell ausgeschlossen, sondern nur in jenen Fällen, in denen ein Bedürfnis für gesteigerten Verkehrsschutz besteht, wie insbesondere im Handelsverkehr (vgl näher unten Rn 112). Dient die geschäftsähnliche Handlung der Erhaltung von Rechten wie zB **Mahnung, Fristsetzung** oder **Mängelrüge**, fehlt ein praktisches Bedürfnis für die Anfechtung wegen Irrtums. Werden etwa beim Handelskauf bestimmte Mängel aufgrund eines Schreibfehlers versehentlich nicht gerügt, nützt die Anfechtung dem Käufer nichts (ULRICI NJW 2003, 2053, 2054 f; STEWING/SCHÜTZE BB 1989, 2130, 2131; aA BECKMANN/GLOSE BB 1989, 857, 859). Diesem bleibt nur die Möglichkeit, das Versäumte „unverzüglich" nachzuholen. Nicht anfechtbar ist das Auslassen einer Widerrufsmöglichkeit in einem Prozessvergleich, da das **Unterlassen einer Willenserklärung** selbst keine Willenserklärung ist (OLG Celle NJW 1970, 48). Auch auf **Realakte** (Vorbem 3 zu §§ 116–144) finden die §§ 119 ff keine Anwendung, da diese lediglich auf einen tatsächlichen Erfolg gerichtet sind (Larenz, AT § 26 = S 511). **Rechnungen** sind nur insoweit anfechtbar, als ihnen konstitutive Wirkung zukommt. Dies ist bei der Schlussrechnung von Architekten, Statikern und Ingenieuren nicht der Fall, da sich die Höhe des Honorars nach der HOAI richtet (vgl BGHZ 120, 133, 137). Entgegen einer zum Teil vertretenen Auffassung hat auch die Abrechnung von Dienst- und Werkleistungen keine konstitutive Bedeutung, da sich die Höhe der Vergütung aus dem Gesetz – §§ 612 Abs 2, 632 Abs 2 – ergibt: geschuldet ist die übliche Vergütung (Singer, Verbot 220; Lenzen BauR 1982, 23, 25; **aA** Rother AcP 164 [1964] 97, 110; Peters NJW 1977, 552, 553 ff; Junker ZIP 1982, 1158, 1163).

Auf **Prozesshandlungen** sind die Vorschriften über Willensmängel nach hM nicht **104** anwendbar. Auch eine analoge Anwendung kommt nicht in Betracht, weil das Prozessrecht die Verfahrenslage weitgehend vor Unsicherheit schützen will und deshalb einen Widerruf von Prozesshandlungen nur in Ausnahmefällen zulässt (BGHZ 80, 389, 392; BGH NJW-RR 1986, 1327 f; Zöller/Greger, ZPO vor § 128 Rn 21 mwN; MünchKommZPO/Lüke Einl Rn 282; Gaul AcP 172 [1972] 342, 354 f; **aA** mit Unterschieden im Einzelnen Arens, Willensmängel bei Parteihandlungen im Zivilprozess [1968] 22 ff; Orfanides, Die Berücksichtigung von Willensmängeln im Zivilprozess [1982] 55 ff; M Wolf, Das Anerkenntnis im Prozessrecht [1969] 71; ders AcP 184 [1984] 517 f; dagegen wiederum überzeugend Schwab, in: FS Baumgärtel [1990] 503, 505 f; ders JuS 1976, 69, 70 f). Für die Zulassung der Irrtumsanfechtung besteht kaum ein Bedürfnis. In dem praktisch wichtigsten Fall, dass die Prozesshandlung von einem Irrtum über die Sach- und Rechtslage beeinflusst ist, liegt ohnehin ein unbeachtlicher Motivirrtum vor (vgl OLG Celle NJW 1971, 145 f; Baumgärtel ZZP 87 [1974] 121[130 f]; Schwab 506). Offensichtliche Irrtümer lassen sich zumeist durch Auslegung bereinigen (BGH NJW-RR 1994, 568; Zöller/Greger vor § 128 Rn 25). Und in den wichtigen Fällen der arglistigen Täuschung oder Drohung sorgt die Restitutionsklage gemäß § 580 ZPO für Abhilfe (vgl RGZ 150, 392, 395 f; BGHZ 12, 284, 285 f; 80, 389, 394; BGH NJW-RR 1986, 1327 f). Beim **Prozessvergleich** kann die hM ihren formalen Ansatz allerdings nicht konsequent durchhalten und nimmt aufgrund seiner „Doppelnatur" als materiell-rechtliches Rechtsgeschäft und Verfahrenshandlung an, dass Willensmängel gemäß §§ 116 ff auch auf seine verfahrensbeendigende Wirkung durchschlagen und diese rückwirkend beseitigen (BGHZ 16, 388, 390; 28, 171, 172; 41, 310, 311; 79, 71, 74; BGH NJW 1985, 1962, 1963; WM 1983, 825, 826; Zöller/Stöber, ZPO § 794 Rn 15; vgl auch BVerwG NJW 1994, 2306 f). Als unanfechtbare Verfahrenshandlung hat die Rechtsprechung den Antrag auf Eintragung einer Rechtsänderung im **Grundbuch** und die Eintragungsbewilligung angesehen (BayObLG ZfIR 2003, 682; Demharter, GBO § 19 Rn 13). Entsprechendes gilt für die Anmeldung zum **Handelsregister** (BayObLG DB 1990, 168, 169), doch sollte dies nicht in Bezug auf die materiell-rechtliche Willenserklärung gelten, die mit der Anmeldung verbunden ist wie zB das erklärte Ausscheiden eines Gesellschafters. Rücknahme einer **Patentanmeldung und Patentverzicht** sind ungeachtet ihres verfahrensrechtlichen Charakters wegen der materiell-rechtlichen Auswirkungen der Anmeldung gemäß §§ 119 ff anfechtbar (BPatGE 12, 128, 131; 16, 11, 13; BPatG GRUR 1983, 432 f; Benkard PatG § 35 Rn 151; Witte GRUR 1962, 497, 499 f; einschränkend hinsichtlich § 119 II Abs 2 BPatGE 8, 28, 36 f). Ausgeschlossen ist die Irrtumsanfechtung jedoch, wenn die

Erklärung des Anmelders Grundlage einer Entscheidung geworden ist, die Wirkung nach außen entfaltet, wie die Bekanntmachung nach früherem Recht und die Patenterteilung nach heutigem Recht (BGH GRUR 1977, 780, 782 f m zust Anm FISCHER unter Aufgabe von BGH GRUR 1966, 146, 149; vgl auch BENKARD Rn 160). Eine öffentlichrechtliche Willenserklärung stellt schließlich auch die Abgabe eines **Gebots in der Zwangsversteigerung** dar (BAUR/STÜRNER, Zwangsvollstreckung-, Konkurs- und Vergleichsrecht Rn 36.15; GERHARDT ZZP 93 [1980] 109, 110; **aA** OLG Hamm Rpfleger 1972, 378; LG Krefeld Rpfleger 1989, 166). Die Regeln über die Anfechtung sind aber entsprechend anzuwenden; sobald der Zuschlag in Rechtskraft erwächst, ist die Anfechtung ausgeschlossen (BAUR/STÜRNER aaO Rn 36.15; ZELLER/STÖBER, ZVG § 71 Rn 3).

105 Bei **öffentlich-rechtlichen Willenserklärungen Privater** (zum Begriff vgl KRAUSE VerwArch 1970, 298 u 304; ERICHSEN, AllgVerwR § 22 I Rn 1 f m Bsp), zB bei Anträgen oder Zustimmungen im Verwaltungsverfahren, Beitritts-, Widmungs- oder Verzichtserklärungen sowie im Rahmen mitwirkungsbedürftiger Verwaltungsakte, ist die Anwendung der §§ 119 ff im Grundsatz zu Recht anerkannt (ERICHSEN § 22 IV = S 401; KNACK, VwVfG § 9 Rn 26; MIDDEL, Öffentlich-rechtliche Willenserklärungen von Privatpersonen [1971] 112 ff; SCHNELL, Der Antrag im Verwaltungsverfahren [1986] 142 ff; KÜCHENHOFF, in: FS Laforet [1952] 317, 321; HEISS BayVBl 1973, 260, 264; STICHLBERGER BayVBl 1980, 393, 394; KLUTH NVwZ 1990, 608, 613; HARTMANN DöV 1990, 8, 13 f; SCHMIDT-DE CALUWE Jura 1993, 399, 402 ff; RGZ 132, 232 ff; OVG Koblenz NVwZ 1984, 316, 317; OVG Münster NJW 1987, 1964, 1965; 1988, 1043; BSGE 37, 257, 260; 60, 79, 82; VGH Mannheim VBlBW 1983, 22 f; 1988, 151, 152 f; einschränkend aber VGH NJW 1985, 1723; 1990, 268 betr Begründung einer Baulast; für eine – dem geltenden Recht fremde – Unterscheidung zwischen verschuldetem und unverschuldetem Irrtum KRAUSE VerwArch 1970, 297, 329; ders JuS 1972, 425, 430). Dem ist zuzustimmen, da auch die Richtigkeitsgewähr öffentlichrechtlicher Willenserklärungen davon abhängt, dass diese in freier Selbstbestimmung zustande kommen. Wie sonstige Fehler des Verwaltungsaktes sind auch Mängel der Mitwirkung – zB wegen Irrtums – grundsätzlich durch (fristgemäße) Anfechtung geltend zu machen (KIRCHHOF DVBl 1985, 651, 659 ff; KOPP vor § 9 Rn 12 a; s KRAUSE VerwArch 1970, 317 u 332 f). Sofern die Willenserklärung zu einem abschließenden, unanfechtbar gewordenen Verwaltungsakt geführt hat, darf dessen **Bestandskraft** allerdings nicht durch Anfechtung wegen Willensmängeln rückwirkend beseitigt werden. Auch die Anfechtung des **gemeindlichen Einvernehmens** ist nicht zulässig, weil sonst das Ziel des § 36 Abs 2 S 2 BauBG, innerhalb der dort geregelten Frist klare Verhältnisse zu schaffen, gefährdet wäre (OVG Schleswig NVwZ 2002, 821). **Verfahrensrechtliche Erklärungen** unterliegen zwar nicht generell den gleichen Regeln wie Prozesshandlungen, jedenfalls aber solche im verwaltungsgerichtlichen Vorverfahren; die Rücknahme eines Widerspruchs kann daher (vgl oben Rn 104) nur bei Vorliegen von Restitutionsgründen angefochten werden (BVerwGE 57, 342, 347 f; BayObLG BayVBl 1975, 674, 675; ERICHSEN aaO; KLUTH NVwZ 1990, 614; weitergehend KOPP vor § 9 Rn 12 a; s KRAUSE VerwArch 1970, 334 f). Auf **Willenserklärungen der Verwaltung** sind die §§ 119 ff nicht anwendbar, auch nicht analog, da Rechtmäßigkeit und Geltungsgrund von Verwaltungshandeln nicht von privatautonomer Selbstbestimmung der staatlichen Entscheidungsinstanzen abhängen, sondern von Gesetz und Recht. Im übrigen gibt es Sondervorschriften im allgemeinen und besonderen Verwaltungsrecht, die den Interessenkonflikt zwischen Willensmängeln einerseits und Vertrauensschutz andererseits in eigenständiger Form lösen (vgl insbes §§ 47 ff VwVfG), so dass für eine Irrtumsanfechtung von **Verwaltungsakten** kein Raum bleibt (ERICHSEN 402; STICHLBERGER BayVBl 1980, 393, 396; KLUTH NVwZ 1990,

613; vgl schon FORSTHOFF § 12, 1 e aa = S 240; HOKE DöV 1962, 281, 288 f). **Öffentlich-rechtliche Verträge** beruhen ungeachtet des in § 54 S 1 VwVfG betonten Vorrangs des Gesetzes auf der Selbstbestimmung der Beteiligten. Insofern versteht sich hier die Geltung der §§ 116 ff von selbst (vgl KOPP § 62 Rn 6 ff; KRAUSE JuS 1972, 425, 430; OVG Koblenz DVBl 1965, 771; VGH München BayVBl 1978, 148; RGZ 148, 266).

2. Vorrang konkurrierender Sondernormen und -wertungen

a) Sondernormen
Die Vorschriften des besonderen Schuldrechts über Leistungsstörungen und die Gewährleistung wegen Sachmängeln sind abschließende Regelungen hinsichtlich des Vorhandenseins oder Fehlens von Eigenschaften einer Sache oder Person. Die **§§ 434 ff, §§ 536 ff und §§ 633 ff** gehen daher der Anfechtung wegen eines Eigenschaftsirrtums vor, und zwar auch, soweit tatbestandlich kein Mangel vorliegt (vgl näher oben Rn 82 ff). Aus dem gleichen Grunde schließt der in § 56 S 3 ZVG bei der Grundstücksversteigerung geregelte Gewährleistungsausschluss die Anfechtung wegen eines Irrtums über ungünstige Eigenschaften des Grundstücks aus (LG Bielefeld MDR 1978, 678). Eine **Schenkung** ist nicht wegen Irrtums über bestimmte Eigenschaften des Beschenkten anfechtbar, da die §§ 530 ff eine spezielle und abschließende Regelung für den Widerruf darstellen (ERMAN/PALM Rn 15; aA RG Recht 1913 Nr 2830). Vorrangig ist ferner die Regelung des **§ 779**, soweit sich der Irrtum auf die Vergleichsgrundlage bezieht (ERMAN/PALM Rn 14; vgl auch STAUDINGER/MARBURGER [2002] § 779 Rn 80; zum Anfechtungsausschluss wegen Irrtums über die durch den Vergleich beizulegenden Streitpunkte oben Rn 102). Nach Ansicht des BGH ist die Anfechtung eines **Versicherungsvertrages** wegen Vorrangs der §§ 16 ff VVG ausgeschlossen, soweit der Irrtum des Versicherers gefahrerhebliche Umstände betrifft (BGH NJW-RR 1987, 148, 149; 1995, 725, 726; PRÖLSS/MARTIN, VVG § 17 Anm 10; BRUCK/MÖLLER, VVG [8. Aufl 1961] § 22 Anm 11 mwN). Im Bereich des § 119 Abs 2 sollte dies freilich erst recht gelten, wenn der Irrtum Umstände betrifft, die nicht gefahrerheblich sind. Eine abschließende Sonderregelung enthalten schließlich auch die **§§ 1036 ff ZPO** über die Ablehnung eines Schiedsrichters. Daneben kommt eine Anfechtung wegen Irrtums über ungünstige Eigenschaften eines Schiedsrichters gemäß § 119 Abs 2 nicht mehr in Betracht (BGHZ 17, 7, 8). Keinen Vorrang soll das in § 13a UWG geregelte besondere Rücktrittsrecht des Verbrauchers bei unwahren und irreführenden Werbeangaben genießen, da dieses die Rechtsstellung des Verbrauchers stärken und nicht einschränken soll (KÖHLER JZ 1989, 262 [270]). Da jedoch der Verkäufer inzwischen gem § 434 Abs 1 S 3 in bestimmtem Umfang auch für falsche **Werbeaussagen** haftet, folgt wiederum aus dem Vorrang des sachnäheren Gewährleistungsrechts die Unzulässigkeit der Irrtumsanfechtung. Entgegen der hM sollte auch bei **Arbeitsverträgen** die Kündigung der Anfechtung wegen eines Eigenschaftsirrtums vorgehen (ausf oben Rn 82), während die Anfechtung wegen arglistiger Täuschung zulässig ist (dazu näher Rn 108).

Im **Familien- und Erbrecht** bestehen Sonderregelungen für Willensmängel, die der Anfechtung nach den allgemeinen Vorschriften vorgehen. Eine Ehe kann auch bei Irrtum, Täuschung und Drohung nur durch Urteil aufgehoben werden (§§ 1313, 1314 Abs 2 Nr 2–4 [seit 1. 7. 1998; zur Rechtslage vor Inkrafttreten des Eherechtsreformgesetzes vgl MünchKomm/KRAMER Rn 116]). Für die Anerkennung der Vaterschaft enthalten die §§ 1598 ff eine abschließende Regelung (PALANDT/DIEDERICHSEN § 1598 Rn 2).

Deshalb kann auch die Zustimmung zur Anerkennung der Vaterschaft nicht angefochten werden (KG NJW-RR 1987, 388 f; STAUDINGER/RAUSCHER [1997] § 1600 f Rn 14). Die Annahme als Kind unterliegt seit 1976 nicht mehr dem Vertragssystem, sondern gem § 1752 dem sog Dekretsystem (MünchKomm/LÜDERITZ § 1752 Rn 1). Inhalts- und Erklärungsirrtümer rechtfertigen die Aufhebung der Adoption gem § 1760 Abs 2 lit b (MünchKomm/LÜDERITZ § 1760 Rn 12). Streitig ist die Anfechtbarkeit des Verlöbnisses. Wegen der besonderen Rechtsfolgen ist der Rücktritt vom Verlöbnis einer Anfechtung vorzuziehen (zutr BEITZKE JR 1947, 141, 142; BROX Irrtumsanfechtung 228; ders in ERMAN[9] Rn 13; CANARIS AcP 165 [1965] 1, 20 f; GERNHUBER/COESTER-WALTJEN, Lehrb des Familienrechts [4. Aufl 1994] § 8 II 4 = S 71 f; aA RG JW 1936, 863: Eigenschaftsirrtum ist zugleich Rücktrittsgrund). Ebenfalls speziell sind die Vorschriften über die Berichtigung von Einträgen in Personenstandsbüchern gemäß §§ 46 a ff PStG, so dass die Erklärung über die Namenswahl gemäß § 1355 Abs 2 unanfechtbar ist (BayObLG NJW 1993, 337, 338; OLG Stuttgart Justiz 1987, 28; OLG Zweibrücken NJWE-FER 2000, 4; LÜKE, in: FS Bosch [1976] 627, 630; PALANDT/DIEDERICHSEN § 1355 Rn 5; ERMAN/PALM Rn 13; für Anfechtung bei § 1355 Abs 3 OLG Celle FamRZ 1982, 267, 268). Für das Erbrecht gelten vorrangig die §§ 1949, 1954, 1956, 2078, 2080, 2281, 2283, 2308 (vgl zur Anfechtung letztwilliger Verfügungen SCHUBERT/CZUB JA 1980, 257 ff u 334 ff; zur Anfechtung der Erbschaftsannahme und -ausschlagung oben Rn 96; s ferner WESTERMANN JuS 1964, 169 [174 ff]).

b) Einschränkung der Irrtumsanfechtung bei Dauerschuldverhältnissen

108 Bedeutsamen Einschränkungen unterliegt die Irrtumsanfechtung im Arbeits- und Gesellschaftsrecht. Das Thema ist freilich nicht irrtumsspezifisch, sondern betrifft sämtliche Nichtigkeitsgründe wie zB auch die §§ 134, 138. Der Sache nach geht es um die Regeln über die Rechtsfolgen der Vertragsnichtigkeit, die hier im Allgemeinen nicht passen (vgl BAG AP Nr 2, 15, 19 und 23 zu § 123 BGB; AP Nr 4 zu § 60 HGB und Nr 32 zu § 63 HGB; BROX, Irrtumsanfechtung 233 ff und 271 f; WALKER JA 1985, 138 [140 ff]; DÖRNER AR-Blattei SD 60: „Anfechtung im Arbeitsrecht", Rn 90 ff; MünchArb/RICHARDI § 44 Rn 58 ff; ErfK/PREIS § 611 BGB Rn 170 f und 511 ff; vgl auch oben Rn 83). Bei einem **Arbeitsverhältnis**, das in Vollzug gesetzt worden ist, würde die von § 142 Abs 1 angeordnete ex-tunc Nichtigkeit zur Rückabwicklung nach Bereicherungsrecht führen. Dann müsste die bei intaktem Arbeitsverhältnis irrelevante Frage nach dem objektiven Wert der geleisteten Arbeit beantwortet werden, und soziale Schutzvorschriften, etwa über die Entgeltfortzahlung oder bezahlten Urlaub, würden rückwirkend außer Kraft gesetzt (für flexible Anpassung des Bereicherungsrechts aber BEUTHIEN RdA 1969, 161 [164 ff]). Die dogmatische Begründung ist umstritten. Das ältere Schrifttum vertrat zum Teil die Lehre vom **faktischen Arbeitsverhältnis** (HAUPT, Über faktische Vertragsverhältnisse [1943] 19 ff; NIKISCH, Arbeitsrecht I, 174; SIMITIS, Die faktischen Vertragsverhältnisse [1957] 379 ff; SIEBERT, Faktische Vertragsverhältnisse [1959] 68 ff; aus dem jüngeren Schrifttum noch SCHAUB § 35 III 3 = S 272; dogmengeschichtlich LAMBRECHT, Die Lehre vom faktischen Vertragsverhältnis [1994]), die freilich mit dem Prinzip der Privatautonomie nicht vereinbar ist. Heute dominieren teleologische sowie vertrauens- und verkehrsschutzorientierte Überlegungen (vgl WALKER JA 1985, 149; KÄSSER, Der fehlerhafte Arbeitsvertrag [1975] 109 ff; SACK RdA 1975, 171 ff; MünchArb/RICHARDI § 44 Rn 64). Hauptstreitpunkt ist im Wesentlichen die Reichweite des Arbeitnehmerschutzes, insbesondere bei arglistiger Täuschung. Während vertrauensorientierte Lehren konsequent die Schutzwürdigkeit auch des Täuschenden verneinen (BAG NJW 1984, 646, 647; WIEDEMANN, Das Arbeitsverhältnis als Austausch- und Gemeinschaftsverhältnis [1966] 79; F BYDLINSKI, Privatautonomie [1967] 147; MAYER-MALY Anm AP Nr 32 zu § 63 HGB; ders Anm AP Nr 24 zu

§ 123 BGB; Kässer 130; Walker JA 1985, 149; wohl auch BAG AP Nr 24 zu § 123 BGB), ziehen andere die Grenze erst dort, wo die Arbeitsleistung infolge der Täuschung für den Arbeitgeber ohne jedes Interesse ist (Küchenhof Anm AP Nr 3 zu § 119 BGB; Picker ZfA 1981, 1 [58]; MünchArb/Richardi § 44 Rn 66; Eckert, AR-Blattei SD 1620 „Ungerechtfertigte Bereicherung", Rn 72; ähnl BAG AP Nr 32 zu § 63 HGB: nur bei einem Vermögensschaden für den Arbeitgeber). Vom hier vertretenen Standpunkt aus (oben Rn 106) ist der erstgenannten Auffassung zu folgen. Da die Anfechtung die Funktion hat, eine ungestörte Ausübung der Privatautonomie zu gewährleisten, ginge es zu weit, der Kündigung generell den Vorrang vor der Anfechtung von Willenserklärungen einzuräumen (für die „Kündigungstheorie" zB MünchKomm/Schwerdtner § 626 Rn 29; ders, Arbeitsrecht I [1976], Rn 8 und 24; Gamillscheg, in: FS Werner Weber [1974] 793 [813]; AcP 176 [1976] 197 [217]; in modifizierter Form auch Hönn ZfA 1987, 61 [84 ff]; aA die hM, vgl insbes BAGE 5, 159 [162]; Picker ZfA 1981, 1 [23 ff]; Wolf/Gangel AuR 1982, 271 [272 f]). Die **Kündigung** stellt lediglich insoweit eine **Sonderregelung** dar, als es um das Verhältnis zwischen der Anfechtung wegen ungünstiger Eigenschaften des Arbeitnehmers und der Kündigung wegen Leistungsstörungen geht, nicht aber im Verhältnis zur arglistigen Täuschung (vgl oben Rn 83). Es bestehen hier auch keine grundsätzlichen Bedenken gegen die Rückwirkung der Anfechtung, da der Arbeitnehmer bei Arglist grundsätzlich nicht schutzwürdig ist (BAG NZA 1999, 584, 585 f). Es ist auch kein Unrecht darin zu sehen, dass bei einer aufgrund Täuschung erschlichenen Arbeitsvergütung der Wert der eigenen Leistung berücksichtigt wird, denn nur bei geringwertiger Arbeit oder Entgeltfortzahlung aus sozialen Gründen (EFZG, BUrlG) wirkt sich die rückwirkende Nichtigkeit aus. Beim Erschleichen staatlicher Sozialleistungen oder Subventionen sehen die einschlägigen Vorschriften ohne Einschränkung die Rücknahme des Verwaltungsaktes mit Wirkung für die Vergangenheit vor und erklären das Vertrauen des Begünstigten ausdrücklich für nicht schutzwürdig (vgl zB § 48 Abs 2 S 3 u 4 VwVfG; § 45 Abs 2 S 3 u 4 SGB X). Entsprechendes gilt für das Verhältnis zu anderen Nichtigkeitsgründen, deren Rückwirkung wegen des Vorrangs des Kündigungsrechts je nach Schutzwürdigkeit des Vertrauens zum Tragen kommt (vgl auch Sack RdA 1975, 171 [175 ff]). Dies gilt erst recht, wenn sich die Ausnutzung des Vorrangprinzips als rechtsmissbräuchlich darstellt, weil die aufgrund der Täuschung erschlichene Arbeit gänzlich wertlos ist (BAG NZA 1999, 584, 586; vgl schon Picker aaO; MünchArb/Richardi § 44 Rn 66 f). Dagegen sind die Sonderregeln des fehlerhaften Arbeitsverhältnisses nicht schon deshalb unanwendbar, wenn dieses infolge einer unwirksamen (!) Kündigung durch den Arbeitgeber angeblich „außer Funktion gesetzt" worden ist (so noch BAG AP Nr 24 zu § 123 BGB; deutlich distanzierend nunmehr BAG NZA 1999, 584, 586).

Auch im **Gesellschaftsrecht** besteht ein praktisches Bedürfnis, die Rückabwicklung eines Rechtsverhältnisses zu vermeiden, das bereits ins Leben getreten ist. Mit der tatsächlichen Durchführung des Gemeinschaftsverhältnisses sind auch im Innenverhältnis Fakten geschaffen worden, die mit dem bereicherungsrechtlichen Instrumentarium nicht mehr „entwirrt", sondern nur noch „gesellschaftsrechtlich auseinandergesetzt werden können und sollten" (K Schmidt § 6 I 2 = S 146 f; stRspr, vgl insbes BGHZ 3, 285 [288]; 55, 5 [8]; aus dem umfangr Schrifttum vgl Flume I/1 § 2 III = S 13 ff; MünchKomm/Ulmer § 705 Rn 272 f; Wiesner, Die Lehre von der fehlerhaften Gesellschaft [1980]; den bereicherungsrechtlichen Ausgleich verteidigend Hansjörg Weber, Zur Lehre von der fehlerhaften Gesellschaft 1978, 102 ff; für eine Rechtsscheinhaftung im Außenverhältnis Möschel, in: FS Hefermehl [1976] 177 ff; Schulze-Osterloh, Das Prinzip der gesamthänderischen Bindung [1972] 237 ff; CANARIS, Vertrauenshaftung 175 ff). Insofern liegt es nahe und deckt sich mit der hier vertretenen Konzeption vom Vorrang spezialgesetzlicher Beendigungsnormen, dass den **Vorschriften über die Kündigung und Auflösung der Gesellschaft** (§§ 723 BGB; 133, 140, 142 HGB) der Vorrang gebührt, wobei es für die Beendigung der Gesellschaft für die Zukunft genügt, dass ein zur Anfechtung berechtigender Vertragsmangel vorliegt (RGZ 165, 193, 204 f; BGHZ 3, 285 [289 f]; 13, 320 [323]; 55, 5 [10]; 63, 338 [345]; MünchKomm/ULMER § 705 Rn 263; SOERGEL/HADDING § 705 Rn 78; GOETTE DStR 1996, 266, 269 f; ULMER ZHR 161 [1997] 102, 117). Grenzen sollen bei Gesetzesverstößen oder besonders grober Sittenwidrigkeit bestehen (BGHZ 62, 234 [241]; 75, 214 [217 f]; 97, 243, 250 f; BGH WM 1980, 12, 14), nicht aber bereits dann, wenn der Abschluss des Gesellschaftsvertrages auf arglistiger Täuschung beruht (BGHZ 26, 330 [335 f]; 55, 5 [9 f]; BGH WM 1975, 512 [514]; NJW-RR 1988, 1379; OLG Rostock NZG 2000, 930, 931 f; MünchKomm/ULMER § 705 Rn 247; zu Scheingründungen vgl § 117 Rn 6). Demgegenüber tritt ein Teil des Schrifttums zu Recht dafür ein, auch in diesen Fällen den Vorrang der gesellschaftsrechtlichen Auseinandersetzung zu wahren (K SCHMIDT § 6 III 3 c bb = S 158 f; SCHWINTOWSKI NJW 1988, 937 [942]). Bei reinen Innengesellschaften ohne Gesamthandsvermögen besteht an sich keine Rechtfertigung, die Rückwirkung der Anfechtung auszuschließen (vgl MünchKomm/ULMER § 705 Rn 276), doch wendet die Rechtsprechung gleichwohl die Sonderregeln auch hier an (BGHZ 55, 5 [8]; BGH WM 1973, 900 [901]; 1977, 196 [197]). Die für die fehlerhafte Gesellschaft geltenden Grundsätze gelten auch für den **fehlerhaften Beitritt** in eine bestehende Personengesellschaft (BGHZ 26, 330 [334 f]; 63, 338 [344]; BGH NJW 1988, 1324 f). Im Recht der **Korporationen** gewährleisten die §§ 241 ff, 275 ff AktG, 75 ff GmbHG und 94 ff GenG noch weitergehenden Bestandsschutz, da die ex nunc zu vollziehende Auflösung von einer fristgerecht erhobenen Nichtigkeitsklage und dem Vorliegen bestimmter Nichtigkeitsgründe abhängt. Eine rückwirkende Auflösung scheidet hier auch bei schweren Mängeln des Gesellschaftsvertrages wie dem Verstoß gegen §§ 134, 138 aus (PASCHKE ZHR 155 [1991] 1 [17]). Die Grundsätze über die fehlerhafte Gesellschaft gelten schließlich auch für **fehlerhafte Unternehmensverträge** (BGHZ 103, 1, 4; BGH ZIP 1992, 29; REHBINDER, in: FS Fleck [1988] 253 [264 f]; ULMER BB 1989, 10 [15 f]; abw KÖHLER ZGR 1985, 307 [310 ff]; LAUBER-NÖLL, Die Rechtsfolgen fehlerhafter Unternehmensverträge [1993] 26 ff) und **fehlerhafte Anteilsübertragungen** (BGH WM 1968, 892 [893]; NJW 1988, 1324 [1325]; MünchKomm/ULMER § 705 Rn 290; aA K SCHMIDT § 6 IV 3 = S 143). Allerdings wendet der BGH diese Grundsätze im Recht der Kapitalgesellschaften nicht an, weil gemäß §§ 67 Abs 2 AktG, 16 GmbHG die Rückwirkungsfolge der Anfechtung ohne Einfluss auf die Rechtsbeziehungen zwischen Gesellschaft und Gesellschafter ist (BGH NJW 1990, 1915 [1916]; zust GRUNEWALD ZGR 1991, 452 [460 ff]).

c) **Willenserklärungen mit normativer Wirkung**

Keine Rückwirkung kommt ferner der **Anfechtung eines Tarifvertrages** zu, da sich dessen normative Wirkung gemäß § 4 Abs 1 TVG auf die Tarifunterworfenen erstreckt und deren Vertrauen in die Verbindlichkeit der Tarifnormen geschützt werden muss (vgl ErfK/SCHAUB § 1 TVG Rn 9; LÖWISCH § 1 TVG Rn 355; allg zu den Grenzen der Rückwirkung von Tarifverträgen NEUNER ZfA 1998, 83 [96 ff]). Entsprechendes gilt für **Betriebsvereinbarungen**, die in ihrem normativen Teil ebenfalls nicht durch Irrtumsanfechtung rückwirkend beseitigt werden können (BAG AP Nr 1 zu § 615 BGB Kurzarbeit). Dagegen gelten für die Anfechtung eines schuldrechtlichen **Vorvertrages** zwischen Tarifvertragsparteien keine Einschränkungen, da dieser für die Tarifunterworfenen keine unmittelbaren Rechtswirkungen erzeugt (BAG NJW 1977, 318 [319]).

d) Verkehrs- und Vertrauensschutz

Einschränkungen unterliegt die Irrtumsanfechtung auch dort, wo besondere Bedürfnisse für einen über den von §§ 119, 122 hinausgehenden Verkehrs- und Vertrauensschutz bestehen. Dies ist insbesondere im **Wertpapierrecht** der Fall, wo es allerdings nicht um eine Haftung kraft Rechtsgeschäfts, sondern um eine solche kraft Rechtsscheins geht und die §§ 119 ff somit allenfalls analog herangezogen werden können. Davon abgesehen ist eine Anfechtung wegen Irrtums gegenüber gutgläubigen Erwerbern gemäß Art 10, 16 Abs 2 WG ausgeschlossen (vgl BGH NJW 1973, 282 [283]; HUECK/CANARIS, Recht der Wertpapiere [12. Aufl 1986] § 9 II 3 d = S 114; BAUMBACH/HEFERMEHL Art 17 WG Rn 45; ULMER, in: FS Raiser [1974] 225 [237]; LIESECKE WM 1969, 1366 [1369]; BERG NJW 1969, 604; abw noch BGH NJW 1968, 2102, 2103, wo Art 17 WG angewendet wurde), da es sich um einen Gültigkeitseinwand handelt (vgl auch § 796; § 364 HGB). Grenzen der Zurechnung bestehen, wenn der Rechtsschein wechselmäßiger Haftung nicht in zurechenbarer Weise herbeigeführt wurde, zB bei nachträglicher Verfälschung der Unterschrift oder der Erklärung (BAUMBACH/HUECK aaO). Dazu gehört insbesondere auch der Fall des untergeschobenen Wechsels, etwa bei einer Autogrammstunde, wohingegen die Zeichnung eines Wechsels im Glauben, eine Glückwunschkarte zu unterschreiben, ein zurechenbares Risiko darstellt (abw CANARIS aaO, der die Zurechnung vom Bewusstsein, am Wertpapierverkehr teilzunehmen, abhängen lässt).

Außerhalb des Wertpapierrechts besteht im Allgemeinen kein Grund, die **Rechtsscheinhaftung** von der Irrtumsanfechtung zur Gänze auszuschließen. Andernfalls geriete man in Wertungswidersprüche zum Recht der Willenserklärungen, die ja ebenfalls einen Vertrauenstatbestand verkörpern und gleichwohl gemäß §§ 119 ff anfechtbar sind (zutr CANARIS, Vertrauenshaftung 35 f, 455; LARENZ, AT § 33 I b = S 641 und § 33 II = S 643). Dementsprechend ist die Kundgabe einer Bevollmächtigung und die Aushändigung einer Vollmachtsurkunde unter den gleichen Voraussetzungen anfechtbar, wie die Erteilung einer Außenvollmacht (STAUDINGER/SCHILKEN [2001] § 171 Rn 9 und § 172 Rn 10 mwN). Allerdings besteht – vor allem im Handelsrecht – ein gesteigertes Verkehrsschutzbedürfnis, wenn der Rechtsschein gegenüber einem unbestimmten Personenkreis erzeugt wird (CANARIS 36 f, 455). Hier wäre die Rückwirkung der Irrtumsanfechtung kaum erträglich (BAUMBACH/HOPT, HGB § 5 Rn 11; vgl auch MünchKomm/KRAMER Rn 22 f in einem gewissen Gegensatz zu Rn 35 a vor § 116). So muss sich nach der Lehre vom **Scheinkaufmann** auch derjenige als Kaufmann behandeln lassen, der womöglich schuldlos den unrichtigen Eindruck seiner Kaufmannseigenschaft hervorgerufen hat (vgl CANARIS, Handelsrecht [23. Aufl 2000] § 6 Rn 8; BAUMBACH/HOPT § 5 Rn 11). Entsprechendes gilt für den zurechenbar hervorgerufenen **Rechtsschein, persönlich haftender Gesellschafter** einer Handelsgesellschaft zu sein (BGHZ 17, 13 [16]), für den Rechtsschein der Haftungsübernahme bei Firmenfortführung (BGHZ 22, 234 [239]) oder zB für die registerrechtliche Rechtsscheinhaftung des § 15 Abs 3 HGB, die den Verkehr selbst bei richtiger Anmeldung durch den Betroffenen schützt, wenn nur die Eintragung falsch war (CANARIS, Vertrauenshaftung 158; ders, Handelsrecht § 5 Rn 52). Im Übrigen hängt es von der jeweiligen Funktion des gesetzlich normierten Vertrauensschutzes ab, ob die Irrtumsanfechtung einzuschränken ist. Bei der **Fiktion des § 5 Abs 3 VVG**, wonach der Inhalt des Versicherungsantrags als vereinbart gilt, wenn der Versicherer auf Abweichungen im Versicherungsschein nicht hingewiesen hat, spricht zB der vom Gesetz bezweckte Schutz des Versicherten dafür, die Anfechtung auszuschließen (OLG Hamm VersR 1980, 1164 f; HENNRICHS

JuS 2002, 975, 979; **aA** LG Hannover VersR 1979, 1146, 1147; PRÖLSS/MARTIN, VVG § 5 Rn 15). Zur Einschränkung der Irrtumsanfechtung beim gesetzlich typisierten **Schweigen** vgl Vorbem 58 ff zu §§ 116–144; bei individuell-konkludentem Schweigen vgl Vorbem 74 zu §§ 116–144; beim Schweigen auf ein **kaufmännisches Bestätigungsschreiben** vgl Vorbem 72 f zu §§ 116–144; allg bei Willenserklärungen im **kaufmännischen Verkehr** vgl Vorbem 62 f zu §§ 116–144; zur Anfechtung beim **Blankettmissbrauch** vgl oben Rn 31; bei der Erteilung einer **Innenvollmacht** STAUDINGER/SCHILKEN § 167 Rn 79.

VIII. Beweislast

113 Wer sich auf die Rechtsfolgen der Anfechtung beruft, hat aufgrund des Charakters des Anfechtungsrechts als Gegenrecht **sämtliche Voraussetzungen** des § 119 darzulegen und ggf zu **beweisen** (BGH WM 1959, 348 [349]; LAG Düsseldorf NZA-RR 2002, 12, 14). Insofern tragen je nach Sachlage auch andere Personen als der Anfechtende die Beweislast, zB der Anfechtungsgegner oder ein Dritter, wenn sich einer von diesen auf die Anfechtung beruft (BAUMGÄRTEL/LAUMEN § 119 Rn 1). Zu den beweispflichtigen Umständen gehört nicht nur das Vorliegen des Irrtums, sondern auch seine Ursächlichkeit einschließlich der von § 119 Abs 1 2. HS geforderten subjektiven und objektiven Erheblichkeit des Irrtums (oben Rn 98). Ausreichend ist, dass an Hand von Indizien auf das Vorliegen eines Irrtums geschlossen wird (RG JW 1905, 525), aber es müssen konkrete Tatsachen vorgetragen werden (OLG Hamm NJW-RR 1988, 1308 [1309]; OLG Düsseldorf NJW-RR 1995, 1396; BAUMGÄRTEL/LAUMEN Rn 2). Sofern es sich um ungewöhnliche, bei durchschnittlicher Sorgfalt vermeidbare Irrtümer handelt (vgl RG HRR 1935 Nr 1372 „denen ein sorgfältig handelnder Mann, zumal ein gewandter und die Lage überblickender Kaufmann, nicht anheim zu fallen pflegt"), sind an den Nachweis strenge Anforderungen zu stellen.

§ 120
Anfechtbarkeit wegen falscher Übermittlung

Eine Willenserklärung, welche durch die zur Übermittlung verwendete Person oder Anstalt unrichtig übermittelt worden ist, kann unter der gleichen Voraussetzung angefochten werden wie nach § 119 eine irrtümlich abgegebene Willenserklärung.

Materialien: E I § 101; II § 95; III § 116; Mot I 202; Prot I 116; STAUDINGER/BGB-Synopse 1896–2000 § 120.

Schrifttum

CANARIS, Die Vertrauenshaftung im deutschen Privatrecht (1971)
FRITZSCHE/MALZER, Ausgewählte zivilrechtliche Probleme elektronisch signierter Willenserklärungen, DNotZ 1995, 3
GRAMLICH, Ende gut, alles gut? – Anmerkungen zum neuen Postgesetz, NJW 1998, 866

A HUECK, Bote – Stellvertreter im Willen – Stellvertreter in der Erklärung, AcP 152 (1952) 432
MARBURGER, Absichtliche Falschübermittlung und Zurechnung von Willenserklärungen, AcP 173 (1973) 137

MEHRINGS, Vertragsabschluß im Internet, MMR 1998, 30

SCHWUNG, Die Verfälschung von Willenserklärungen durch Boten, JA 1983, 12.

Systematische Übersicht

I. Tatbestand und ratio legis
1. Ähnlichkeit mit § 119 Abs 1 2. Alt ... 1
2. Vorsätzliche Abweichungen und angemaßte Botenstellung ... 2
3. Besondere Übermittlungsfehler ... 4

II. Die zur Übermittlung verwendete Person oder Anstalt ... 5

III. Innenverhältnis zwischen Absender und Erklärungsboten ... 7

I. Tatbestand und ratio legis

1. Ähnlichkeit mit § 119 Abs 1, 2. Alt

Die falsche Übermittlung einer Willenserklärung durch eine vom Absender verwendete Person oder Anstalt behandelt das Gesetz wie einen Irrtum bei der Abgabe der Erklärung gem § 119 Abs 1 2. Alt. Die unrichtige Erklärung eines Boten ist also innerhalb der Frist des § 121 anfechtbar, aber im Falle der Anfechtung muss der Absender gem § 122 einen etwaigen Vertrauensschaden des Erklärungsempfängers ersetzen (vgl RG SeuffA 76 Nr 189). Die **Gleichstellung mit dem Irrtum in der Erklärungshandlung gem § 119 Abs 1 2. Alt.** ist in der Tat gerechtfertigt, da der Bote wie ein „Werkzeug" bei der Erklärung eingesetzt wird und daher falsch übermittelte Erklärungszeichen nicht mit den vom Absender gewollten übereinstimmen (MEDICUS, AT Rn 747). Da der Absender die Gefahr der Falschübermittlung potentiell eher beherrschen und beeinflussen kann als der Empfänger, ist es auch sachgerecht, dass jener für das ihm vom Empfänger entgegengebrachte **Vertrauen** einstehen muss, und zwar bei rechtzeitiger Anfechtung durch Ersatz des Vertrauensschadens gem § 122, bei Versäumnis der Anfechtungsfrist sogar durch Bindung an das Erklärte (MARBURGER AcP 173 [1973] 137, 155; zu Unrecht zweifelnd FLUME § 23, 3 = S 456). In diesem eingeschränkten Umfang verdient der verbreitete Satz Zustimmung, dass der Auftraggeber für das **Risiko** der gewählten Übermittlungsart einstehen müsse (LARENZ § 20 II a = S 377; SOERGEL/HEFERMEHL Rn 1; MünchKomm/KRAMER Rn 1; zum Risikoprinzip als Zurechnungsgrund fehlerhafter Willenserklärungen § 122 Rn 2).

2. Vorsätzliche Abweichungen und angemaßte Botenstellung

Die Gleichstellung von Irrtum und Falschübermittlung beschränkt sich nach hM auf die unbewusste Falschübermittlung. Für die **bewusst verfälschte oder frei erfundene Willenserklärung** soll der Auftraggeber dagegen nicht haften (RG HRR 1940 Nr 1278; BGH WM 1963, 165, 166; FLUME § 23, 3 = S 456; LARENZ, AT § 20 II a = S 377; LARENZ/WOLF § 46 Rn 44; SOERGEL/HEFERMEHL Rn 4; ERMAN/PALM Rn 3; PALANDT/HEINRICHS Rn 4; STAUDINGER/DILCHER[12] Rn 9; STAUDINGER/SCHILKEN [2001] Vorbem 81 zu §§ 164 ff; SCHILKEN, Wissenszurechnung im Zivilrecht [1983] 220; JAUERNIG Rn 4; ENNECCERUS/NIPPERDEY § 167 III 2 = S 1036; SCHWUNG JA 1983, 12, 13 f), da nicht mehr eine Willenserklärung des Absenders zugegangen sei, sondern eine eigene des Boten. Dieser sei folglich wie ein Vertreter ohne Vertretungsmacht zu behandeln, so dass allenfalls dieser, nicht aber der Auftraggeber hafte (OLG Oldenburg NJW 1978, 951; G HUECK AcP 152 [1952] 432, 442; PALANDT/

HEINRICHS Rn 4; ERMAN/PALM aaO). Dem ist im Wesentlichen nicht zu folgen. Zunächst trifft es nicht zu, dass aus dem Boten bei vorsätzlicher Falschübermittlung ein Vertreter ohne Vertretungsmacht werde. Die Qualifikation des Boten richtet sich nach seinem *äußeren Auftreten als Übermittler* (vgl STAUDINGER/SCHILKEN [2001] Vorbem 74 mwN zu §§ 164 ff), und in dieser Hinsicht gibt es keine Unterschiede zwischen vorsätzlichen und fahrlässigen Abweichungen von der zu übermittelnden Erklärung. Im Übrigen ist zu differenzieren: Nicht zurechenbar sind nur Willenserklärungen, die ausgerichtet werden, **ohne dass der „Pseudobote"** vom angeblichen Absender **überhaupt beauftragt worden ist** (LARENZ aaO; MEDICUS, AT Rn 747; ders, BürgR Rn 80). Für Fälschungen muss man nicht einstehen, soweit man nicht – wie zB beim Ausstellen von Blanketts – ein erhöhtes Fälschungsrisiko geschaffen hat (vgl dazu CANARIS, Vertrauenshaftung 482 f und 487 f). Von solchem gefahrerhöhenden Verhalten abgesehen, besteht aber kein Grund, für das eigenmächtige Tätigwerden Dritter einzustehen, da und sofern dieses nicht verhindert werden kann. Hier haftet nur der „Pseudobote", wobei keine Bedenken bestehen, neben deliktischen Ansprüchen aus §§ 823 Abs 2, 826 auch die §§ 177–179 analog anzuwenden (OLG Oldenburg NJW 1978, 951 f; MEDICUS, AT Rn 747; krit STAUDINGER/DILCHER[12] Rn 10). Eigenmächtig handelt der „Pseudobote" auch, wenn die zu übermittelnde Willenserklärung noch vor ihrer Weiterleitung an den Empfänger widerrufen worden ist (OLG Koblenz BB 1994, 819, 820). Macht der Bote aber von einer urkundlich verkörperten Willenserklärung Gebrauch, muss der ursprüngliche Auftraggeber für den zurechenbar hervorgerufenen Rechtsschein entsprechend der Wertung des § 172 Abs 2 einstehen (abw OLG Koblenz aaO; s a BGHZ 65, 13, 15; dazu Vorbem 49 zu §§ 116–144 ff).

3 Von der angemaßten Botenstellung ist die **Verfälschung** einer abgegebenen Willenserklärung **durch den beauftragten Boten** zu unterscheiden. Hat der Erklärende zur Übermittlung seiner Willenserklärung einen Boten eingeschaltet, treffen die Gründe für die Risikozurechnung gem § 120 auch zu, wenn der Bote vorsätzlich von dem Auftrag abweicht (**aA** hM, vgl Rn 2). Der Auftraggeber hat die Möglichkeit, zuverlässige und geeignete Übermittlungspersonen auszuwählen sowie diese zu überwachen; er vermag daher auch das Risiko *vorsätzlich* falscher Übermittlung in gewissem Umfang zu beherrschen oder zu steuern. Insofern ist er auch näher dran als der Adressat der Erklärung, das Fälschungsrisiko in gleichem Umfang zu tragen, als wäre ihm selbst ein Fehler bei der Abgabe der Erklärung unterlaufen (MARBURGER AcP 173 [1973] 137, 155 f; MEDICUS, AT Rn 748; tendenziell auch MünchKomm/KRAMER Rn 3; LARENZ aaO, die jedenfalls eine Haftung des Auftraggebers analog § 122 befürworten). § 120 verlangt dagegen nicht eine Parallelität zur Irrtumsregelung dergestalt, dass der Botenirrtum der irrtümlichen Abgabe durch den Erklärenden selbst gleichzustellen sei (so SCHILKEN 220) oder entsprechend dem § 119 einen unbewussten Fehler voraussetze (dagegen zutr MARBURGER AcP 173 [1973] 137, 145 f). Neben der Haftung gem §§ 120, 122 besteht im Übrigen kein Bedürfnis mehr für eine Haftung des Auftraggebers wegen **culpa in contrahendo** (dafür zB SOERGEL/HEFERMEHL Rn 4 aE; PALANDT/HEINRICHS Rn 4).

3. Besondere Übermittlungsfehler

4 Aus dem gleichen Grunde spielt es für die Anwendung von § 120 keine Rolle, ob der Sinn der **Erklärung völlig verändert** wird und zB das mit dem erklärten Willen „verkaufen" aufgegebene Telegramm als Erklärung mit dem Inhalt „kaufen" an-

kommt (genau umgekehrt verhielt es sich im legendären *Köln – Frankfurter Telegraphenfall* aus dem Jahre 1856, vgl LG Köln Zs f dt Recht u dt Rechtswiss 19 [1859] 456 ff; dazu MARBURGER AcP 173 [1973] 137, 150 f; s ferner LARENZ, AT § 20 II a = S 377). Entsprechendes gilt für die Übermittlung an den **falschen Adressaten**, sofern sich nicht aus dem Inhalt der Erklärung ergibt, dass sie für einen anderen Adressaten bestimmt ist (FLUME § 23, 3 = S 457; PALANDT/HEINRICHS Rn 3; SOERGEL/HEFERMEHL Rn 7). Unerheblich ist des Weiteren, ob die Falschübermittlung auf einer mentalen Veränderung der Erklärung beruht oder durch Naturereignisse verursacht wird. So handelt es sich durchaus um einen Fall von § 120, wenn eine Postkarte vom Postboten dem Regen ausgesetzt und dadurch teilweise unleserlich wird (**aA** STAUDINGER/DILCHER[12] Rn 7). Auch hier erfordert das Selbstbestimmungsprinzip, dass Ungewolltes außer Kraft gesetzt werden kann, rechtfertigt andererseits das Prinzip der Risikozurechnung, dass das Vertrauen des Empfängers auch bei solchen Übermittlungspannen geschützt wird. Wegen der gleich zu bewertenden Interessenlage überzeugt es auch nicht, dass § 120 nicht zur Anwendung kommen soll, wenn eine **urkundlich verkörperte Willenserklärung** im Original **übermittelt** werden soll (so STAUDINGER/COING[11] Rn 7; JAUERNIG Rn 2; iE wie hier OLG Koblenz BB 1994, 819, 820). **Ergibt die Erklärung** für den Empfänger infolge des Übermittlungsfehlers **überhaupt keinen Sinn**, zB bei einer in fremder Sprache abgefassten Erklärung, fehlt es dagegen nach allgemeinen Auslegungsgrundsätzen bereits am Tatbestand einer Willenserklärung, so dass es hier keiner Anfechtung bedarf (STAUDINGER/DILCHER[12] Rn 8; ERMAN/PALM Rn 3).

II. Die zur Übermittlung verwendete Person oder Anstalt

§ 120 betrifft die Übermittlung fremder Willenserklärungen. Bei den zur Übermittlung verwendeten Personen handelt es sich also um **Boten** (STAUDINGER/DILCHER[12] Rn 2). Als Bote wird auch der Dolmetscher tätig (BGH WM 1963, 165, 166). Bei den Anstalten, die zur Übermittlung verwendet werden, dachten die Gesetzesverfasser zwar in erster Linie an „Telegraphen- oder Fernsprechanstalten" (Mot I 203), doch ist der Begriff untechnisch zu verstehen und umfasst im weitesten Sinne sämtliche Unternehmen, die Nachrichten übermitteln, also die Deutsche Post AG und ihre Mitbewerber (vgl §§ 5, 51 PostG vom 30.12.1997, BGBl I 3294), die Deutsche Telekom AG und andere Anbieter von Post- oder Telekommunikationsdienstleistungen (vgl FRITSCHE/MALZER DNotZ 1995, 3, 13 f; MEHRINGS MMR 1998, 30, 32; OLG Frankfurt MMR 2003, 405, 406; vgl dazu auch § 119 Rn 36). Auf **telefonisch übermittelte Willenserklärungen** ist § 120 **nicht** anzuwenden, da hier keine anderen Missverständnisse auftreten können als bei einem direkten rechtsgeschäftlichen Kontakt und folglich kein Bedarf für die Anwendung von § 120 besteht (ähnl LARENZ, AT § 20 II a = S 377). Anders verhält es sich wiederum bei der telefonischen Aufgabe oder Übermittlung eines **Telegramms**, da hier Boten in den Übermittlungsvorgang eingeschaltet und somit Tatbestand und Funktion von § 120 unmittelbar einschlägig sind.

Beim Tätigwerden von **Stellvertretern** ist § 120 nicht anzuwenden, da der Stellvertreter eine eigene Willenserklärung abgibt und somit keine fremde übermittelt (zur Abgrenzung STAUDINGER/SCHILKEN [2001] Vorbem 73 ff zu §§ 164 ff). Der Irrtum des Stellvertreters berechtigt zur Anfechtung (§ 166), wenn ein unter §§ 119 ff subsumierbarer Irrtum vorliegt (ERMAN/PALM Rn 2). Anfechtungsberechtigt ist der Vertretene, bei vollmachtloser Vertretung wegen § 179 der Vertreter (STAUDINGER/SCHILKEN [2001] § 166 Rn 18 u § 179 Rn 10). § 120 gilt des Weiteren nur für Übermittlungsfehler des *vom*

Absender beauftragten **Erklärungsboten**. Bei der Falschübermittlung durch einen **Empfangsboten** handelt es sich dagegen um eine Frage des Zugangs gem § 130. Nach hM trägt hier der Erklärungsempfänger das Risiko von Fehlübermittlungen, sofern von einer Empfangsermächtigung der Übermittlungsperson auszugehen ist (FLUME § 23, 3 = S 456 f; LARENZ, AT § 20 IIa = S 377; SCHILKEN 221 f; SOERGEL/HEFERMEHL Rn 9; PALANDT/HEINRICHS Rn 2; Einzelheiten § 130 Rn 54 ff). Eine Anfechtung wegen Irrtums kommt im Übrigen nur hinsichtlich der eigenen Willenserklärung in Betracht (FLUME § 23, 3 = S 457; SCHILKEN 221). So liegt zB ein Fall des § 119 Abs 1 1. Alt vor, wenn der Empfänger sein Einverständnis mit dem falsch übermittelten Angebot des Absenders erklärt. Kommt das Angebot des A „Verkaufe Aktien" als „Kaufe Aktien" an, dann bedeutet das Einverständnis des Adressaten B objektiv (aus der Sicht des Antragenden), dass B *kaufen* will, während sein Wille auf *Verkauf* gerichtet ist.

III. Innenverhältnis zwischen Absender und Erklärungsboten

7 Die §§ 120, 122 betreffen lediglich das Verhältnis zwischen Absender und Adressaten der Willenserklärung. Die Haftung des Boten gegenüber seinem Auftraggeber bestimmt sich nach dem jeweiligen Innenverhältnis, das Auftrag, Geschäftsbesorgungsvertrag, Dienst- oder Arbeitsverhältnis oder bloße Gefälligkeit sein kann (MünchKomm/KRAMER Rn 7). Für Verträge mit der **Deutschen Post AG** sehen die AGB weitreichende **Haftungsbeschränkungen** vor (vgl zB Ziff 6 Abs 1–4 AGB BfD Inl Stand 1/2004), die allerdings die Grenzen von § 309 Nr 7 beachten und im übrigen einer Inhaltskontrolle nach § 307 Abs 2 Nr 2 standhalten dürften. Denn die Massenbeförderung von Briefen im Interesse der Allgemeinheit kann nur schnell und kostengünstig erfolgen, wenn auf umfangreiche und kostspielige Überwachungs- und Sicherungsmaßnahmen zugunsten der Individualinteressen verzichtet wird (vgl OLG Köln ArchPT 1992, 144, 146 f; BGH ArchPT 1992, 147 f; aA GRAMLICH NJW 1998, 866, 871 f.- Die Entscheidungen ergingen zwar zu § 11 Abs 1 PostG aF, doch sind die dort maßgebenden Gründe auch für die Interessenabwägung gem § 307 Abs 2 Nr 2 von Bedeutung, vgl ALTMANNSPERGER ArchPT 1992, 148, 149; STOBER/MOELLE, in: STERN [Hrsg], Postrecht der Bundesrepublik Deutschland [1997] § 11 PostG Rn 5 u 21). Auch für Anbieter von Telekommunikationsdienstleistungen sind haftungsrechtlich keine Besonderheiten anzuerkennen (§ 7 Abs 1 Telekommunikations-Kundenschutzverordnung [TKV] vom 11.12.1997, zuletzt geändert am 7.5.2002, BGBl I 2910). Die gem § 7 Abs 2 TKV vorgesehene Haftungsbeschränkung für Vermögensschäden bis zum Höchstbetrag von € 12 500 je Nutzer verstößt als *gesetzliche* Haftungsbegrenzung nicht gegen § 309 Nr 7.

§ 121
Anfechtungsfrist

(1) Die Anfechtung muss in den Fällen der §§ 119, 120 ohne schuldhaftes Zögern (unverzüglich) erfolgen, nachdem der Anfechtungsberechtigte von dem Anfechtungsgrunde Kenntnis erlangt hat. Die einem Abwesenden gegenüber erfolgte Anfechtung gilt als rechtzeitig erfolgt, wenn die Anfechtungserklärung unverzüglich abgesendet worden ist.

(2) Die Anfechtung ist ausgeschlossen, wenn seit der Abgabe der Willenserklärung zehn Jahre verstrichen sind.

Materialien: E II § 96; III § 117; Prot I 112; VI 122; BT-Drucks 14/6040, S 98; STAUDINGER/ BGB-Synopse 1896–2000 § 121.

Schrifttum

PICKER, Die Anfechtung von Arbeitsverträgen, ZfA 1981, 1

WOLF/GANGEL, Anfechtung und Kündigungsschutz, AuR 1992, 271.

Systematische Übersicht

I.	**Allgemeines**		c) Bewusstsein des Irrtums	7
1.	Überblick über die Regelung und ihre Funktion	1	2. Unverzüglichkeit der Anfechtung	8
2.	Ausschlussfristen	2	**III. Beweislast**	10
3.	Anwendungsbereich	3	**IV. Die Rechtzeitigkeit der „Abgabe"**	
II.	**Anfechtungsfrist des § 121 Abs 1**		gemäß § 121 Abs 1 S 2	11
1.	Kenntnis des Anfechtungsgrundes	4	**V. Die Ausschlussfrist des § 121 Abs 2**	13
a)	„Zuverlässige Kenntnis" und treuwidrige Kenntnisverweigerung	5		
b)	Einzelfälle treuwidriger Kenntnisverweigerung	6		

I. Allgemeines

1. Überblick über die Regelung und ihre Funktion

§ 121 macht die Ausübung des Anfechtungsrechts von der Einhaltung bestimmter **1** Fristen abhängig. Sobald der Anfechtungsberechtigte weiß, dass einer der Anfechtungsgründe der §§ 119, 120 vorliegt, muss er unverzüglich die Anfechtung erklären, spätestens aber 10 Jahre nach Abgabe der Willenserklärung (zur Anfechtungserklärung, Anfechtungsberechtigung und zum Anfechtungsgegner vgl STAUDINGER/ROTH [2003] § 143 Rn 2 ff, 14 ff und 17 ff). Die Regelung des § 121 ist eine Konsequenz der gesetzgeberischen Entscheidung für das Anfechtungsmodell (dazu Vorbem 23 ff zu §§ 116–144). Das Anfechtungsrecht verleiht dem Irrenden ein Wahlrecht, das nach freiem Belieben ausgeübt werden kann. Geschäftspartner oder Dritte sollten darauf keinen Einfluss haben und den Mangel nicht gegen den Willen des Irrenden geltend machen dürfen (Prot I 106). Das Wahlrecht bedarf aber zeitlicher Begrenzung, um zu verhindern, dass der Anfechtungsberechtigte auf Kosten des Gegners spekuliert (MUGDAN Bd 1 S 718). Die durch die Ausübung des Gestaltungsrechts auflösend bedingte, „schwebende" Wirksamkeit des anfechtbaren Rechtsgeschäfts begünstigt tendenziell die Aufrechterhaltung gestörter Rechtsgeschäfte und dient somit auch dem Verkehrs- und Vertrauensschutz (Vorbem 24 f zu §§ 116–144). Die endgültige Bindung an das

Erklärte lässt sich mit der erhöhten Verantwortung für den Willensmangel rechtfertigen, nachdem der Irrende davon Kenntnis erlangt hat und nun weiß, dass der Geschäftspartner auf die Gültigkeit der Erklärung vertraut. In vergleichbaren Fällen bewusster Täuschung hält das Gesetz den Verantwortlichen ebenfalls an seinem Versprechen fest (vgl §§ 116 S 1, 170–172, 179 Abs 1 und früher § 463 S 1 aF; näher dazu Vorbem 24 zu §§ 116–144).

2. Ausschlussfristen

2 Die Anfechtungsfristen gem § 121 Abs 1 und 2 sind **Ausschlussfristen** (zum Begriff vgl STAUDINGER/WERNER [2001] § 187 Rn 2). Das bedeutet, dass das Anfechtungsrecht nur innerhalb der Fristen wirksam ausgeübt werden kann und ihr Ablauf von Amts wegen zu berücksichtigen ist (ERMAN/PALM Rn 1). Eine Unterbrechung oder Hemmung des Fristablaufs kommt nicht in Betracht (MünchKomm/KRAMER Rn 10).

3. Anwendungsbereich

3 § 121 bezieht sich nur auf die Anfechtungsgründe gem §§ 119, 120, nicht auf § 123, für den die Ausschlussfrist des § 124 gilt. Soweit Rechtsgeschäfte wegen eines **Motivirrtums** angefochten werden können, was nach der hier vertretenen Auffassung bei dessen Veranlassung, bei einem gemeinsamen Irrtum über die Geschäftsgrundlage und beim erkannten und ausgenutzten Motivirrtum in Betracht kommt (vgl § 119 Rn 57 ff, 74 ff), finden §§ 119 Abs 1 und 121 entsprechende Anwendung (vgl § 119 Rn 59 u 78; s ferner MünchKomm/KRAMER Rn 5).

II. Anfechtungsfrist des § 121 Abs 1

1. Kenntnis des Anfechtungsgrundes

4 Die Anfechtung muss unverzüglich erfolgen, nachdem der Anfechtungsberechtigte von dem Anfechtungsgrund (Rn 2) Kenntnis erlangt hat. Die Kenntnis des **Vertreters** wird dem Vertretenen gem § 166 Abs 1 zugerechnet (BGH LM Nr 5 zu § 96 BEG 1956 [unter 6.]; NJW 1983, 2034, 2035; STAUDINGER/DILCHER[12] Rn 6; zur Unverzüglichkeit in diesem Fall vgl Rn 9 aE; zur Zurechnung des Anwaltsverschuldens vgl Rn 10). Liegen **mehrere Anfechtungsgründe** vor, laufen für jeden einzelnen Willensmangel getrennte Fristen, die jeweils mit dem Zeitpunkt beginnen, zu dem der Anfechtungsberechtigte von ihnen Kenntnis erlangt (ERMAN/BROX Rn 2). Wird die Anfechtung mit einer bestimmten Begründung erklärt, können andere Gründe, deren Geltendmachung verspätet ist, nicht **nachgeschoben** werden (BGH NJW 1966, 39; BAG BB 1981, 1156 f). Nur **positive Kenntnis** setzt die Frist in Lauf, bloßes **Kennenmüssen genügt nicht** (RG LZ 1916 Sp 1225; BGH WM 1973, 750, 751; BAG NJW 1984, 446, 447; STAUDINGER/DILCHER[12] Rn 6). Der Anfechtungsberechtigte muss sich die erforderliche Kenntnis daher nicht durch besondere Nachforschungen verschaffen (weitergehend bei ernsthaften Zweifeln ERMAN/PALM Rn 2; dazu sogleich Rn 5).

a) „Zuverlässige Kenntnis" und treuwidrige Kenntnisverweigerung

5 Rechtsprechung und Schrifttum fordern allerdings nicht, dass der Anfechtungsberechtigte volle Überzeugung vom Vorliegen eines Irrtums haben müsse, sondern verlangen lediglich eine „**zuverlässige**" **Kenntnis**, die über bloße Zweifel, Vermutungen oder den Verdacht eines Irrtums hinausgehen soll (RG Recht 1912 Nr 2915; JW 1914, 347; Gruchot 1915, 481, 483; BGH DB 1967, 1807; WM 1973, 750, 751; BAG NJW 1984, 446, 447; DB 1988, 2107, 2108; BayObLG NJW-RR 1998, 797, 798; LG Berlin NJW 1991, 1238, 1240; SOERGEL/HEFERMEHL Rn 3; STAUDINGER/DILCHER[12] Rn 6; ERMAN/PALM Rn 2; MünchKomm/KRAMER Rn 6; PALANDT/HEINRICHS Rn 2; LARENZ/WOLF § 36 Rn 98). Die genannten Abgrenzungskriterien ermöglichen allerdings keine zuverlässige Subsumtion. So herrscht denn auch Uneinigkeit in der Frage, ob bereits die erkannte Möglichkeit, dass eine Willenserklärung anders ausgelegt werden könnte, als sie der Erklärende versteht, das nötige Maß an Überzeugung gewährleistet und eine – zulässige – **Eventualanfechtung** erzwingt (so BGH NJW 1968, 2099; OLG München WM 1988, 1408, 1409; OLG Bamberg NJW 1993, 2813, 2815; PALANDT/HEINRICHS Rn 2; MünchKomm/KRAMER Rn 7; SOERGEL/HEFERMEHL Rn 8; BGB-RGRK/KRÜGER-NIELAND Rn 10), oder ob es sich um bloße Zweifel handelt, auf die noch nicht reagiert werden muss (so RG Gruchot 1915, 481, 483; LZ 1916 Sp 1225; wohl auch BGH WM 1961, 785, 787 und LS 5, wo offenbar verlangt wird, dass der Irrtum durch die Auslegung der Erklärung „endgültig festgestellt" wird; dagegen wiederum ERMAN/BROX Rn 3). Die gleiche Problematik stellt sich bei anderen gesetzlichen Vorschriften, die ebenfalls positive Kenntnis voraussetzen, zB bei den §§ 116 S 2, 138, 179 Abs 1, 814, 817 S 2, 819 Abs 1, 852 Abs 1 oder 990 Abs 1 S 2 (vgl LARENZ/CANARIS, SchR II/1 § 73 II 1a = S 309 f). Dabei ist einerseits der Versuchung zu widerstehen, fahrlässiges Nichtkennen der Kenntnis gleichzustellen (deutlich BGH WM 1973, 750, 752; vgl auch BAG DB 1988, 2107, 2108). Es ist daher nicht zutreffend, wenn man bei einem Irrtum über die richtige Auslegung eines Rechtsgeschäfts ausschließlich auf das – zumeist vorliegende – Verschulden des Anfechtungsberechtigten abstellt (so aber SOERGEL/HEFERMEHL Rn 8; MünchKomm/KRAMER Rn 7), da sich das Verschulden nur auf die Verzögerung der Anfechtungserklärung bezieht, ein schuldhaftes Zögern aber die Kenntnis des Anfechtungsgrundes voraussetzt. Kennenmüssen genügt insoweit gerade nicht. Andererseits ist **Missbräuchen** durch die nur schwer zu widerlegende Vortäuschung fehlender Kenntnis wirksam zu begegnen. Dabei kann auf Grundsätze zurückgegriffen werden, die bei anderen, positive Kenntnis voraussetzenden Normen ebenfalls zur Anwendung kommen und – anknüpfend an den Rechtsgedanken des § 162 Abs 1 – die treuwidrige Kenntnisverweigerung der Kenntnis gleich stellen. Danach ist von einer **positiven Kenntnis** auszugehen, wenn **der Anfechtungsberechtigte vor sich aufdrängenden Schlussfolgerungen gleichsam die Augen verschließt** (vgl zu dieser im Zusammenhang mit den §§ 138 Abs 1, 819 Abs 1 oder 990 Abs 1 S 2 so oder ähnlich verwendeten Formel BGHZ 26, 256, 260; 32, 76, 92; 80, 153, 160 f; 133, 246, 251; BGH NJW 1996, 2030, 2031; LARENZ/CANARIS § 73 II 1 a = S 309 f; STAUDINGER/SACK § 138 Rn 61; STAUDINGER/W LORENZ [1999] § 812 Rn 6; PALANDT/THOMAS § 990 Rn 5).

b) Einzelfälle treuwidriger Kenntnisverweigerung
Eine treuwidrige Kenntnisverweigerung iSv § 162 Abs 1 ist anzunehmen, wenn einer des Deutschen nicht hinreichend mächtigen Ausländerin jedenfalls klar war, dass die von ihr unterzeichneten Erklärungen wesentlich inhaltsreicher waren als das, was sie (angeblich) verstanden hatte (vgl OLG München WM 1988, 1408, 1409; dazu auch § 119 Rn 24); einer – systemwidrigen – Eventualanfechtung bedarf es hier nicht. Ergibt sich aus den Gründen eines erstinstanzlichen Urteils, dass sich der Anfechtungsberechtigte im Irrtum über die Nachlasszugehörigkeit eines Vermögensgegenstandes befindet, so läuft spätestens mit dem Datum der Berufungsschrift, die diesen Standpunkt bekämpft, die Anfechtungsfrist (BayObLG NJW-RR 1998, 797, 798). Von einem „die Augen Verschließen" kann freilich keine Rede sein, wenn dem

Berechtigten eine Mitteilung zugeht, die zu gewichtigen Zweifeln Anlass bietet (BGH DB 1967, 1807; STAUDINGER/DILCHER[12] Rn 6), wenn die an den Berechtigten gerichtete Mahnung inhaltlich nicht aussagekräftig ist (BGH WM 1973, 750, 752) oder noch weitere Ermittlungen erforderlich sind, um den Sachverhalt aufzuklären (RG JW 1914, 347). Bloße Behauptungen des Gegners verschaffen noch keine zuverlässige Kenntnis (RG WarnR 1918 Nr 25). Erst recht genügt es nicht, wenn der Tatbestand des Irrtums objektiv noch nicht feststeht (abw LG Berlin NJW 1991, 1238, 1240 betr Irrtum über politische Stabilität der ehem DDR; vgl dazu wiederum § 119 Rn 84). Aus dem gleichen Grunde sollte schließlich die bloße **Möglichkeit eines Irrtums** nicht ausreichen und den Berechtigten zu einer vorsorglichen Anfechtung nötigen, wenn eine andere, von ihm nicht geteilte Auslegung der Willenserklärung in Betracht kommt (vgl die Nachw oben Rn 5). Solange nicht feststeht, ob sich der Anfechtungsberechtigte in einem Irrtum befunden hat, kann er schon aus Gründen der Logik keine Kenntnis davon haben. Insofern hat er auch keine Veranlassung, tätig zu werden. Gänzlich unvertretbaren Zweifeln am Vorliegen eines Irrtums sollte freilich – wie dargelegt – durch entsprechende Anwendung des § 162 Abs 1 begegnet werden. Besteht somit zwar keine Obliegenheit zur Anfechtung bei nur möglichen Irrtümern, so bestehen andererseits auch keine Bedenken gegen die Gültigkeit und damit auch Rechtzeitigkeit einer **Eventualanfechtung**, die bereits zu einem Zeitpunkt erfolgte, als der Irrtum über die Auslegung eines Rechtsgeschäfts noch nicht endgültig festgestellt war (BGH WM 1961, 785, 787; s a BGH NJW 1968, 2099; 1979, 765). Hat der Anfechtungsberechtigte seinen Irrtum bemerkt und hält er lediglich eine Anfechtung für überflüssig, geht es nicht um die Unkenntnis des Anfechtungsgrundes, sondern um die Unkenntnis der Anfechtungsbedürftigkeit. Insofern stellt sich höchstens die Frage, ob das Versäumen der Anfechtungsfrist verschuldet ist (vgl dazu Rn 7 und 9).

c) **Bewusstsein des Irrtums**

7 Anfechtungsgrund ist der Irrtum, nicht die **Tatsachen**, auf die sich der Irrtum bezieht (RGZ 85, 221, 223; vgl aber OLG Hamm OLGZ 1985, 286, 290; BayObLG NJW-RR 1997, 72, 74). Daraus wird zum Teil abgeleitet, dass die Kenntnis des richtigen Sachverhalts nicht immer ausreicht, um die Anfechtungsobliegenheit des § 121 zu begründen, sondern dass sich der Erklärende **seines Irrtums bewusst sein** müsse (RGZ 85, 221, 223 f; STAUDINGER/DILCHER[12] Rn 7; SOERGEL/HEFERMEHL Rn 5). Wenn der Anfechtungsberechtigte die maßgeblichen Tatsachen kennt, aus denen sich der Irrtum ergibt, dürfte freilich regelmäßig der Einwand erhoben werden, dass dieser *vor nahe liegenden Schlussfolgerungen nicht die Augen verschließen* darf (vgl soeben Rn 5 f). Dies gilt nicht zuletzt auch für den Insolvenzverwalter, der die Konsequenzen seines Erfüllungsverlangens nicht erkannt haben will und damit vom Reichsgericht zu Unrecht gehört wurde (RGZ 85, 221, 224). Von der Unkenntnis des Anfechtungsgrundes ist die **Unkenntnis der Anfechtungsbedürftigkeit** zu unterscheiden. Sofern der Anfechtungsberechtigte den Anfechtungsgrund kennt, beginnt die Frist des § 119 zu laufen ohne Rücksicht darauf, ob der Anfechtungsberechtigte über das Bestehen eines Anfechtungsrechts und die Notwendigkeit anzufechten Bescheid weiß (RGZ 134, 25, 32; BayObLGZ 1993, 88, 94 f; NJW-RR 1997, 72, 74; 1998, 797, 798; OLG Hamm OLGZ 1985, 286, 289; SOERGEL/HEFERMEHL Rn 5). Allerdings kann ein solcher Rechtsirrtum unter besonderen Voraussetzungen den Vorwurf entkräften, es handele sich um ein „schuldhaftes" Zögern (vgl dazu unten Rn 9). Um eine Frage der Anfechtungsbedürftigkeit geht es auch in dem Fall, in dem der Anfechtungsberechtigte seinen Irrtum erkannt hat und irrtümlich glaubt, *eine Anfechtung sei überflüssig, weil der Gegner den*

Irrtum erkannt hat. Hat er für diese Annahme keine plausiblen Anhaltspunkte, ist das Versäumen der Anfechtungsfrist verschuldet (iE zutr daher ENNECCERUS/NIPPERDEY § 170 I 1 a = S 1056; ERMAN/PALM Rn 3; SOERGEL/HEFERMEHL Rn 8; MünchKomm/KRAMER Rn 7).

2. Unverzüglichkeit der Anfechtung

Während die zehnjährige Frist gem Abs 2 genau bestimmt ist, handelt es sich bei dem Erfordernis unverzüglicher Anfechtung gem Abs 1 um eine „elastische" Frist (LARENZ, AT § 20 II c = S 385). „Unverzüglich" bedeutet nach der Erläuterung des § 121 Abs 1 S 1 „ohne schuldhaftes Zögern". Die **Legaldefinition** gilt für das gesamte Privatrecht (§§ 377 Abs 1 Abs 3 HGB, 92 Abs 1 AktG, 9 MuSchG, 91 Abs 5 SGB IX) und öffentliche Recht (§§ 216 Abs 2 ZPO, 68 b Abs 1 S 1 Nr 8 StGB, 23 Abs 2 S 1 u 3 VwVfG, 91 Abs 2 BSHG), stellt aber je nach Kontext durchaus unterschiedliche Anforderungen an die Reaktionszeit des Verpflichteten. So ist bei der Mängelanzeige des § 377 Abs 2 HGB im Zweifel größere Eile geboten als bei der Anfechtungsobliegenheit des § 121 (RGZ 64, 159, 162; BGH WM 1962, 511, 513). Auf den Maßstab des § 121 Abs 1 S 1 wird im übrigen auch verwiesen, wenn der Begriff „unverzüglich" in einem Rechtsgeschäft (RGZ 75, 354, 357: Fristsetzung gem § 542 Abs 1 S 2 aF), in AGB (vgl zB § 2 Nr 8 Abs 2 VOB/B; dazu BGH NJW-RR 1994, 1108, 1109; s ferner OLG Bamberg NJW 1993, 2813, 2814: Verlustanzeige für Kreditkarte) oder in einem Tarifvertrag (LAG Köln DB 1983, 1771 f: Mitteilung der Arbeitsunfähigkeit gem § 47 Abs 6 BAT) verwendet wird.

Da nur „**schuldhaftes Zögern**" schadet, bedeutet „unverzüglich" **nicht** etwa **sofort** (RGZ 124, 115, 118; BGH WM 1962, 511, 513; SOERGEL/HEFERMEHL Rn 7). Vielmehr hat der Anfechtungsberechtigte die Erklärung so rechtzeitig abzugeben, wie ihm dies unter den gegebenen Umständen und unter Berücksichtigung der Interessen des anderen Teils an alsbaldiger Aufklärung **möglich und zumutbar** war (BGH NJW-RR 1994, 1108, 1109; LARENZ, AT § 20 II c = S 385). Danach steht dem Berechtigten eine angemessene Überlegungsfrist zu, um sich über Bedeutung und Folgen der Anfechtung klar zu werden. Soweit erforderlich, darf er – in der gebotenen Eile (BAG NJW 1991, 2723, 2725) – **Rechtsrat** einholen (RG HRR 1931 Nr 584; RGZ 156, 334, 336). Selbst wenn Rechtsrat eingeholt werden muss, darf mit der Anfechtung **nicht drei Wochen** gewartet werden, wenn sonst keine besonderen Umstände vorliegen (OLG Hamm NJW-RR 1990, 523; vgl auch BGH NJW-RR 1994, 1108, 1109; BAG BB 1981, 1156, 1157; OLG Braunschweig VersR 1967, 73, 74 [mehrere Monate]; KG NJOZ 2001, 1121, 1123 [ein Monat]). Bei der Anfechtung von Arbeitsverträgen wegen Eigenschaftsirrtums orientiert sich das BAG an der **Frist des § 626 Abs 2 S 1** (BAG NJW 1980, 1302, 1303; WOLF/GANGEL AuR 1992, 271, 274 f; LARENZ/WOLF § 36 Rn 100; PALANDT/HEINRICHS Rn 3; krit PICKER ZfA 1981, 15 ff und 111 ff; ders SAE 1981, 86, 87; SOERGEL/HEFERMEHL Rn 7), doch handelt es sich hier um eine Obergrenze, die selbst bei der gebotenen Einholung von Rechtsrat nicht zwangsläufig ausgeschöpft werden darf (BAG NJW 1991, 2723, 2726; vgl auch BAG NJW 1981, 1332, 1335: 9 Tage für Kündigung gem § 18 Abs 6 SchwbG aF = § 91 Abs 5 SGB IX nicht mehr „unverzüglich"). Nach dem hier vertretenen Standpunkt (vgl § 119 Rn 83 und 108) geht bei einem Irrtum über Eigenschaften des Arbeitnehmers das vertragsnahe Leistungsstörungsrecht vor, so dass § 626 Abs 2 S 1 nur gilt, falls wegen der Leistungsstörung außerordentlich gekündigt würde. Für die ordentliche Kündigung gilt § 626 Abs 2 nicht (vgl STAUDINGER/PREIS [2002] § 626 Rn 275). Davon abgesehen sollte bei der Konkretisierung des § 121 Abs 1 S 1 nicht allein der **Zeitraum** entscheiden, der zwischen Kenntniserlangung und Abgabe der Anfechtungserklärung verstreicht (BGH WM 1962, 511, 513). Es gibt keine Regel des Inhalts, dass „am Tage nach Erlangung der Kenntnis" angefochten werden müsse (STAUDINGER/DILCHER[12] Rn 4; zu eng daher RGZ 64, 159, 163). Unter besonderen Umständen kann es gerechtfertigt sein, dass der Anfechtungsberechtigte die Erlangung eines Arrestbefehls gegen den Anfechtungsgegner abwartet und sogar erst nach einem Monat die Anfechtung erklärt, wenn er bei früherem Vorgehen befürchten muss, dass dieser Waren ins Ausland schafft und dadurch die mit der Anfechtung bezweckte Restitution des früheren Zustandes vereitelt (RGZ 124, 115, 118 f). Es ist ferner nicht zu beanstanden, wenn der Anfechtungsberechtigte zunächst eine vergleichsweise Erledigung der durch den Irrtum aufgeworfenen Differenzen anstrebt und erst wenige Tage nach der Ablehnung seines Vergleichsvorschlages die Anfechtung erklärt (BGH WM 1962, 511, 513) oder wenn er eine notwendige Aufklärung des Sachverhaltes abwartet (RGZ 64, 159, 163; 156, 334, 337), die freilich ihrerseits mit der gebotenen Eile durchgeführt werden muss (BAG NJW 1980, 1302, 1303). Sofern bei Geschäftsunfähigkeit des Erklärungsgegners für diesen ein Pfleger bestellt werden muss (§§ 131 Abs 1, 1629 Abs 2, 1795 Abs 2), ist der erforderliche Antrag ebenfalls unverzüglich zu stellen (RGZ 156, 334, 336 f). Falls ein Vertreter anfechtungsberechtigt ist und er Kenntnis vom Anfechtungsgrund erlangt hat, darf dieser erst noch mit dem Vollmachtgeber Kontakt aufnehmen, bevor er die Anfechtung erklärt (RG SeuffA 84 Nr 1). Ein **Rechtsirrtum über die Anfechtungsbedürftigkeit** (oben Rn 7 aE) ist nicht immer verschuldet, sondern kann unter bestimmten Voraussetzungen (vgl § 119 Rn 74 ff) den Vorwurf „schuldhaften" Zögerns ausräumen (vgl auch RGZ 152, 228, 232: unter „strengen" Voraussetzungen; ebenso STAUDINGER/DILCHER[12] Rn 5; MünchKomm/KRAMER Rn 7). Entschuldigt ist der Rechtsirrtum insbesondere, wenn er primär vom Gegner zu verantworten ist (§ 119 Rn 74), was im vorliegenden Zusammenhang noch am ehesten denkbar ist, wenn dieser den Rechtsirrtum veranlasst hat. Ansonsten genügt es, dass der Anfechtungsberechtigte seine irrige Rechtsansicht aufgrund sorgfältiger Prüfung der Rechtslage gebildet hat (PALANDT/HEINRICHS Rn 3). Bei **Vertretung durch einen Anwalt** ist aber dessen Verschulden dem Berechtigten zuzurechnen (LAG Düsseldorf DB 1964, 1032; STAUDINGER/DILCHER[12] Rn 5; zur Wissenszurechnung oben Rn 4). Auch Verzögerungen, die durch die Überlastung der zuständigen Behörde oder Mängel der kaufmännischen Organisation verursacht sind, exkulpieren nicht (RAG HRR 1929 Nr 508; ERMAN/BROX Rn 3; MünchKomm/KRAMER Rn 7). Geht es dagegen um die **Rechtsfrage, ob ein Irrtum besteht**, schadet gem § 121 Abs 1 S 1 nur positive Kenntnis (abw SOERGEL/HEFERMEHL Rn 8; MünchKomm/KRAMER Rn 7, die Verschulden prüfen und im Regelfall bejahen). Ein diesbezüglicher Rechtsirrtum ist daher grundsätzlich beachtlich, sofern er nicht auf gänzlich unvertretbaren Erwägungen beruht und nach dem Rechtsgedanken von § 162 Abs 1 außer Betracht bleiben muss (oben Rn 5).

III. Beweislast

10 Auszugehen ist zunächst von dem Grundsatz, dass die Voraussetzungen der Anfechtung von der Partei darzulegen und ggf zu beweisen sind, die sich auf die Anfechtung beruft (vgl § 119 Rn 113). Beruft sich nun der Prozessgegner auf die Verspätung der Anfechtung, so obliegt ihm der Beweis dafür, zu welchem Zeitpunkt der Anfechtende **Kenntnis** von seinem Irrtum erlangt hat. Der Beweis kann auch durch Indizien erbracht werden (BGH NJW 1983, 2034, 2035). Sofern danach festzustellen ist, dass die Anfechtungserklärung verspätet abgegeben wurde, ist es wie-

derum Aufgabe des Anfechtenden, den Nachweis zu führen, dass eine etwaige Verzögerung der Anfechtung nicht **schuldhaft** erfolgt ist (RGZ 57, 358, 362; BGH WM 1959, 348, 349; BAG NJW 1980, 1302, 1303; OLG München WM 1988, 1408, 1409; BAUMGÄRTEL/ LAUMEN Rn 2 f; SOERGEL/HEFERMEHL Rn 12; vgl auch BGH NJW 1983, 2034, 2035; LM Nr 1 zu § 1594; RG JW 1914, 347; SeuffA 84 Nr 1). Die Frage, ob sich das Zögern als schuldhaftes darstellt, ist eine Rechtsfrage, die der Nachprüfung durch das **Revisionsgericht** unterliegt (RGZ 64, 159, 161; 124, 115, 118).

IV. Die Rechtzeitigkeit der „Abgabe" gemäß § 121 Abs 1 S 2

Wird die Anfechtung gegenüber Abwesenden erklärt, bedarf es zu ihrer Wirksamkeit des Zugangs (§ 130 Abs 1). Hinsichtlich der Rechtzeitigkeit der Anfechtung weicht § 121 Abs 1 S 2 von dieser Regel ab und bestimmt, dass für die Rechtzeitigkeit unverzügliche Absendung genügt. Die Anfechtung muss also zwar nach wie vor zugehen, aber der Empfänger trägt das **Verzögerungsrisiko** (ERMAN/BROX Rn 4). Das ist sachgerecht, weil und sofern der Absender auf die Verzögerung keinen Einfluss nehmen kann und auf der anderen Seite die Interessen des Anfechtungsgegners durch § 122 geschützt werden. Umgekehrt werden auch die Grenzen der Risikoverlagerung auf den Anfechtungsgegner sichtbar. Die Anwendung von § 121 Abs 1 S 2 ist nicht gerechtfertigt, wenn der Absender einen **unzuverlässigen oder umständlichen Übermittlungsweg** gewählt hat. Nur solche Risiken, die der Absender nicht beherrschen oder beeinflussen kann, dürfen ihn von seiner Verantwortung für die rechtzeitige Information des Gegners entlasten. Erklärt der Berechtigte die **Anfechtung in der Klageschrift**, liegen diese Voraussetzungen nicht vor, da die Klageschrift gem §§ 253 Abs 1, 270 ZPO bei Gericht eingereicht und erst von diesem an die beklagte Partei zugestellt wird (BGH NJW 1975, 39; WM 1981, 1302; STAUDINGER/DILCHER[12] Rn 2; PALANDT/HEINRICHS Rn 4; MünchKomm/KRAMER Rn 9 m Fn 12; SOERGEL/HEFERMEHL Rn 10; **aA** SCHUBERT JR 1975, 152 f, der – zu Unrecht – die Zustellung einer Klageschrift wie einen Zustellungsauftrag an den Gerichtsvollzieher gem § 132 Abs 1 behandeln möchte). Insoweit scheidet auch eine analoge Anwendung des § 167 ZPO (= § 270 Abs 3 aF) aus, der die Wirkungen der Zustellung auf den Zeitpunkt der Einreichung der Klage zurückbezieht. Der Zweck des § 167 ZPO (= § 270 Abs 3 aF) besteht darin, denjenigen, der für die Wahrung einer Frist auf die Mitwirkung des Gerichts angewiesen ist (wie zB bei der Verjährungsunterbrechung), vor Verzögerungen durch das Tätigwerden der staatlichen Organe zu schützen. Dieses Schutzbedürfnis entfällt, wenn es um die Frist des § 121 geht, da diese durch einfachen Brief gewahrt werden kann (BGH NJW 1975, 39, 40; WM 1981, 1302 f; zust ZÖLLER/GREGER, ZPO § 167 Rn 4; THOMAS/ PUTZO, ZPO § 167 Rn 5; zu § 270 ZPO aF vgl STEIN/JONAS/SCHUMANN, ZPO [21. Aufl 1997] § 270 Rn 44; vgl auch BAG AP Nr 3 zu § 496 ZPO m krit Anm G HUECK; Nr 4 zu § 496 ZPO m zust Anm WIEDEMANN; Nr 4 zu § 345 ZPO m krit Anm GRUNSKY jew zur Wahrung tariflicher Ausschlussfristen durch rechtzeitige Klageeinreichung, aber verspätete Zustellung).

§ 121 Abs 1 S 2 ist nicht ohne weiteres **entsprechend anzuwenden**, wenn andere gesetzliche Vorschriften eine unverzügliche Erklärung verlangen. Wenn zB gem § 91 Abs 5 SGB IX die Kündigung unverzüglich nach Erteilung der Zustimmung durch die Hauptfürsorgestelle „erklärt" werden muss, bedeutet dies, dass sie innerhalb kürzester Zeit „zugehen" muss (BAG NJW 1981, 1332, 1334). Dem ist zuzustimmen, da das Zugangserfordernis bei Erklärungen unter Abwesenden gem § 130 gesetzliche Wirksamkeitsvoraussetzung ist. Das Anfechtungsrecht bei Mängeln der

Selbstbestimmung ist dagegen Resultat einer besonderen Interessenbewertung, bei der die Interessen des Anfechtungsgegners auch bei verspäteter Anfechtung durch die Regelung des § 122 nicht ungeschützt bleiben. Insofern ist es bei der Anfechtung (oben Rn 11) gerechtfertigt, den Erklärenden vom Verzögerungsrisiko zu entlasten, soweit seine Bindung an das Erklärte in Frage steht.

V. Die Ausschlussfrist des § 121 Abs 2

13 Die Anfechtung ist endgültig ausgeschlossen, wenn seit der Abgabe der Willenserklärung **zehn Jahre** verstrichen sind (§ 121 Abs 2). Bis zum 31.12.2001 war die Anfechtung für denjenigen, der keine Kenntnis vom Anfechtungsgrund hatte, erst ausgeschlossen, wenn seit der Abgabe der Willenserklärung dreißig Jahre verstrichen waren. Mit der Verkürzung der Ausschlussfrist auf zehn Jahre wollte der Gesetzgeber die Anfechtungsfrist an die Neuregelung des Verjährungsrechts im Zuge der **Schuldrechtsmodernisierung** angleichen (BT-Drucks 14/6040, S 98). Die reformierte Obergrenze für die **Verjährung** von Ansprüchen beträgt ohne Rücksicht darauf, ob der Gläubiger die anspruchsbegründenden Umstände und die Person des Schuldners kennt oder kennen muss, ebenfalls zehn Jahre (§ 199 Abs 2 S 1).

14 Ebenso wie bei § 121 Abs 1 handelt es sich bei der Zehnjahresfrist um eine **Ausschlussfrist** (oben Rn 2). Im Unterschied zu § 121 Abs 1 besteht hier aber kein Bedürfnis, den Berechtigten bei einer Anfechtung gegenüber Abwesenden von dem **Verzögerungsrisiko** zu entlasten. § 121 Abs 1 S 2 gilt hier also nicht, so dass die Anfechtung innerhalb von zehn Jahren zugehen muss (MünchKomm/KRAMER Rn 9).

§ 122
Schadenersatzpflicht des Anfechtenden

(1) Ist eine Willenserklärung nach § 118 nichtig oder auf Grund der §§ 119, 120 angefochten, so hat der Erklärende, wenn die Erklärung einem anderen gegenüber abzugeben war, diesem, andernfalls jedem Dritten den Schaden zu ersetzen, den der andere oder der Dritte dadurch erleidet, dass er auf die Gültigkeit der Erklärung vertraut, jedoch nicht über den Betrag des Interesses hinaus, welches der andere oder der Dritte an der Gültigkeit der Erklärung hat.

(2) Die Schadensersatzpflicht tritt nicht ein, wenn der Beschädigte den Grund der Nichtigkeit oder der Anfechtbarkeit kannte oder infolge von Fahrlässigkeit nicht kannte (kennen musste).

Materialien: E I §§ 97 Abs 3, 99 Abs 2 und 3, 101, 146; II § 97; III § 118; Mot I 194, 200 und 281; Prot I 98 und 116; STAUDINGER/BGB-Synopse § 122.

Schrifttum

BEUTHIEN, Zweckerreichung und Zweckstörung im Schuldverhältnis (1969)
BORSUM/HOFFMEISTER, Rechtsgeschäftliches Handeln unberechtigter Personen mittels Bildschirmtext, NJW 1985, 1205
BYDLINSKI, Erklärungsbewusstsein und Rechtsgeschäft, JZ 1975, 1
ders, Privatautonomie und objektive Grundlagen des verpflichtenden Rechtsgeschäfts (1967)
CANARIS, Die Vertrauenshaftung im deutschen Privatrecht (1971)
CLASEN, Die Haftung für Vertrauensschaden, NJW 1952, 14
vCRAUSHAAR, Haftung aus culpa in contrahendo wegen Ablehnung des Vertragsabschlusses – BGH LM § 276 (Fa) BGB Nr 28, in: JuS 1971, 127
ERMAN, Beiträge zur Haftung für das Verschulden bei Vertragsverhandlungen, AcP 139 (1934) 273
FROTZ, Verkehrsschutz im Vertretungsrecht (1972)
GOTTWALD, Die Haftung für culpa in contrahendo, JuS 1982, 877
HARKE, Positives als negatives Interesse. Beweiserleichterung beim Vertrauensschaden, JR 2003, 1
HENLE, Vorstellungs- und Willenstheorie in der Lehre von der juristischen Willenserklärung (1910)
HEPTING, Erklärungswille, Vertrauensschutz und rechtsgeschäftliche Bindung, in: FS Universität Köln (1988) 209
JHERING, Culpa in contrahendo oder Schadensersatz bei nichtigen oder nicht zur Perfection gelangten Verträgen, JherJb 4 (1861) 1
KÖHLER, Unmöglichkeit und Geschäftsgrundlage bei Zweckstörungen im Schuldverhältnis (1971)
ders, Die Problematik automatisierter Rechtsvorgänge, insbesondere von Willenserklärungen, AcP 182 (1982) 126
KOLLER, Die Risikozurechnung bei Vertragsstörungen in Austauschverträgen (1979)
KÜPPER, Das Scheitern der Vertragsverhandlungen als Fallgruppe der culpa in contrahendo (1988)
KUHLENBECK, Zur Lehre vom sog negativen Vertragsinteresse, DJZ 1905 Sp 1142
LARENZ, Geschäftsgrundlage und Vertragserfüllung (1963)
ders, Bemerkungen zur Haftung für „culpa in contrahendo", in: FS Ballerstedt (1975) 397
LESSMANN, Schadensersatzpflicht nach Irrtumsanfechtung des Meistbietenden – BGH, NJW 1984, 1950, JuS 1986, 112
MANIGK, Irrtum und Auslegung (1918)
ders, Das Wesen des Vertragsschlusses in der neueren Rechtsprechung, JherJb 75 (1925) 127
ders, Das rechtswirksame Verhalten (1939)
MÜLLER-ERZBACH, Gefährdungshaftung und Gefahrtragung, AcP 106 (1910) 309
NIRK, Culpa in contrahendo – eine geglückte richterliche Rechtsfortbildung – Quo vadis?, in: FS Möhring (1975) 71
OERTMANN, Die Verantwortlichkeit für den eigenen Geschäftskreis, Recht 1922 Sp 5
OSTHEIM, Probleme bei Vertretung durch Geschäftsunfähige, AcP 169 (1969) 193
OTTO/STIERLE, (Fehl-)Entwicklungen beim girovertraglichen Stornorecht der Kreditinstitute?, WM 1978, 530
PICKER, Fristlose Kündigung und Unmöglichkeit, Annahmeverzug und Vergütungsgefahr im Dienstvertragsrecht, JZ 1985, 641 u 693
RAISER, Schadenshaftung bei verstecktem Dissens, AcP 127 (1927) 1
ROTHOEFT, Faktoren der Risikoverteilung bei privatautonomem Handeln, AcP 170 (1970) 230
SINGER, Selbstbestimmung und Verkehrsschutz im Recht der Willenserklärungen (1995)
ders, Das Verbot widersprüchlichen Verhaltens (1993)
STOLL, Tatbestände und Funktionen der Haftung für culpa in contrahendo, in: FS vCaemmerer (1978) 435
VEIT, Die Anfechtung von Erbverträgen durch den Erblasser, NJW 1993, 1553
WIEACKER, Leistungshandlung und Leistungserfolg im bürgerlichen Schuldrecht, in: FS Nipperdey I (1965) 783.

Systematische Übersicht

I.	**Grundlagen**		a)	Vertrauensschaden	12
1.	Normzweck und Rechtsgrund der Haftung	1	b)	Erfüllungsinteresse	14
			c)	Maßgeblicher Zeitpunkt	15
2.	Zurechnungsmaßstab	2	3.	Ausschluss bei Kenntnis und Kennenmüssen (§ 122 Abs 2)	16
II.	**Anwendungsbereich**				
1.	Beschränkung auf die Tatbestände der §§ 118–120	3	**IV.**	**Verhältnis zur culpa in contrahendo**	
			1.	§ 122 als abschließende Regelung	19
2.	Analoge Anwendung des § 122 auf andere Mängel	4	2.	Die Begrenzung auf das Erfüllungsinteresse gem § 122 Abs 1 als allgemeines Prinzip	20
a)	Formfehler und andere Wirksamkeitshindernisse	5			
b)	Leistungsstörungen	7	3.	Verallgemeinerungsfähigkeit des § 122 Abs 2	21
c)	Fehlendes Erklärungsbewusstsein	8			
d)	Sonderfälle	10	**V.**	**Verjährung**	22
III.	**Schadensersatzanspruch**		**VI.**	**Beweislast**	23
1.	Ersatzberechtigte	11			
2.	Umfang des Ersatzanspruchs	12			

I. Grundlagen

1. Normzweck und Rechtsgrund der Haftung

1 Ein wichtiger Bestandteil des vom Gesetzgeber gefundenen Kompromisses zwischen Selbstbestimmung und Verkehrs- und Vertrauensschutz ist die Regelung des § 122. Wer auf eine Willenserklärung vertraut, die wegen fehlender Ernstlichkeit gem § 118 nichtig oder wegen Irrtums oder falscher Übermittlung gem §§ 119, 120 rechtswirksam angefochten ist, muss zwar hinnehmen, dass seinem Vertrauen auf die Verbindlichkeit der Rechtsgeschäfte nicht entsprochen wird. Aber der Erklärende muss ihm gemäß § 122 den sog Vertrauensschaden ersetzen, haftet also wenigstens auf das negative Interesse (zur Unterscheidung von positiver und negativer Vertrauenshaftung grdl CANARIS, Vertrauenshaftung 5 f, 266 f und 526 ff; vgl auch SINGER, Verbot 112 ff). **Rechtsgrund** der Haftung ist der **Schutz des Vertrauens** des Erklärungsempfängers (vgl auch Rn 3). Im Zusammenspiel mit der Regelung der §§ 119, 121 besteht ein mehrstufiges System der Vertrauenshaftung (Vorbem 19 f zu §§ 116–144), die am weitesten reicht, wenn der Erklärende sein Anfechtungsrecht versäumt, aber mindestens den Ersatz des Vertrauensschadens gewährt. Die Vertrauenshaftung ist zwar auch Konsequenz der **rechtsgeschäftlichen Verantwortung** für das gegebene Wort (vgl FLUME § 21, 7 = S 423; LARENZ, AT § 20 II c = S 386 f), beruht aber selbst nicht mehr auf dem rechtsgeschäftlichen Geltungsgrund der Selbstbestimmung (zu diesem Vorbem 5 und 11 ff zu § 116–144). Die Haftung auf Schadensersatz tritt nicht ein, weil sie gewollt ist, sondern weil ein Vertrauenstatbestand geschaffen wurde. Es handelt sich also um eine **Vertrauens- oder Rechtsscheinhaftung** (LARENZ aaO; ders, SchR I § 9 I = S 107; ders, in: FS Ballerstedt [1975] 415 ff; BEUTHIEN, Zweckerreichung und Zweckstörung im Schuldverhältnis [1969] 93; MEINCKE AcP 179 [1979] 170, 171; SOERGEL/HEFERMEHL Rn 1 aE).

2. Zurechnungsmaßstab

Die Verantwortung des Erklärenden setzt nach Wortlaut und Entstehungsgeschichte des § 122 **kein Verschulden** voraus (aA LOBINGER 207 ff; vgl auch ROTHOEFT AcP 170 [1970] 230, 241). In den meisten Fällen beruht der Irrtum zwar auf einem Verschulden des Erklärenden; doch gibt es auch Konstellationen, in denen dies nicht zutrifft, insbesondere beim Irrtum über verkehrswesentliche Eigenschaften. Einen atypischen unverschuldeten Inhaltsirrtum betrifft zB der **Speisekarten-Fall** (dazu § 133 Rn 20). Überwiegend wird die Haftung mit dem **Veranlassungsprinzip** begründet (RGZ 81, 395, 398; BGH NJW 1969, 1380; STAUDINGER/DILCHER[12] Rn 2; ERMAN/PALM Rn 1; PALANDT/HEINRICHS Rn 1; JAUERNIG Rn 2; BGB-RGRK/KRÜGER-NIELAND Rn 1; vgl schon JHERING JherJB 4 [1861] 1, 20, 26; einschränkend FLUME § 21, 7 = S 422 f). Das ist insofern ungenau, als das Veranlassungsprinzip eine reine Kausalhaftung darstellt und daher einem weitgehenden Verzicht auf Zurechungskriterien gleichkommt (krit CANARIS S 473 ff; s a FROTZ, Verkehrsschutz 474). Die Verantwortung des Irrenden beruht denn auch nicht nur auf der Verursachung des Mangels, sondern auch auf dem Umstand, dass sich der Verantwortliche in einem *typisierbaren Bereich erhöhter Gefahr* bewegt und die dabei auftretenden *Risiken potentiell besser beherrscht* als derjenige, der auf die Erklärung vertraut (vgl Prot I 452 f). Sowohl bei der Teilnahme am rechtsgeschäftlichen Verkehr (§ 119) als auch bei der Abgabe riskanter Erklärungen (§ 118) oder der Einschaltung von Übermittlungspersonen (§ 120) handelt es sich um Situationen, die als Quellen erhöhter Gefahr hinreichend typisierbar sind und daher für die Risikozurechnung in Frage kommen. Maßgebliches Zurechnungskriterium ist also das **Risikoprinzip** (vgl schon MÜLLER-ERZBACH AcP 106 [1910] 309, 351 ff und 437 f; OERTMANN Recht 1922 Sp 5, 11; R RAISER AcP 127 [1927] 1, 27; ERMAN AcP 139 [1934] 273, 327; aus dem jüngeren Schrifttum eingehend CANARIS, Vertrauenshaftung 479 ff und 535 f; BEUTHIEN 93 f; HEPTING, in: FS Universität Köln [1988] 219 ff; SOERGEL/HEFERMEHL Rn 1; MünchKomm/KRAMER Rn 3; SINGER, Selbstbestimmung 189 mwN).

II. Anwendungsbereich

1. Beschränkung auf die Tatbestände der §§ 118–120

Die Haftung auf das Vertrauensinteresse besteht nach dem Gesetz nur bei Nichtigkeit der Willenserklärung gem § 118 oder gem §§ 119, 120 iVm § 142 Abs 1. Die Vorschrift des § 122 ist daher nicht anzuwenden, wenn neben den §§ 118–120 noch andere Nichtigkeitsgründe bestehen, sofern diese nicht ebenfalls der Sphäre des Erklärenden zuzurechnen sind (dazu näher Rn 4 f). Bei der Anfechtung einer **letztwilligen Verfügung** bestimmt § 2078 Abs 3 ausdrücklich, dass die Vorschrift des § 122 nicht anzuwenden ist. Dies gilt auch für die Anfechtung eines gemeinschaftlichen Testaments und gemäß ausdrücklicher Bestimmung des § 2281 für die **Anfechtung eines Erbvertrages** (MünchKomm/LEIPOLD § 2078 Rn 46). Das leuchtet unmittelbar ein bei der Anfechtung durch Dritte, da diese für den Irrtum des Erblassers nicht haftbar gemacht werden können, sollte aber auch bei einer Anfechtung durch den Erblasser selbst gelten. Abgesehen vom Wortlaut des § 2281, der ohne Einschränkung auf § 2078 verweist, spricht für den Ausschluss des § 122, dass der Bedachte durch Testament und Erbvertrag keine rechtlich gesicherte Anwartschaft erwirbt und sein Vertrauen daher nicht schutzwürdig ist (OLG München NJW 1997, 2331; MünchKomm/MUSIELAK § 2281 Rn 20; LANGE/KUCHINKE § 25 X 4 = S 489; VEIT NJW 1993, 1553, 1556;

einschränkend v Lübtow, Erbrecht I S 448 [nur Beurkundungskosten]; aA Staudinger/Kanzleiter [1998] § 2281 Rn 37; Soergel/Wolf § 2281 Rn 6; Palandt/Edenhofer § 2281 Rn 10; vgl auch RGZ 170, 65, 69). Bei **Falschübermittlung durch Boten** gilt § 122 unmittelbar (zur – umstrittenen – Anwendung des § 122 bei bewusster Verfälschung und dem Auftreten eines Pseudoboten vgl § 120 Rn 2 f). § 122 ist ferner anzuwenden, wenn ein **Gebot in der Zwangsversteigerung** wirksam angefochten wurde, da es sich zumindest um einen rechtsgeschäftsähnlichen Akt handelt, auf den die §§ 116 ff (entsprechend) anzuwenden sind (BGH NJW 1984, 1950; Lessmann JuS 1986, 112, 114 f; zur Rechtsnatur des Gebots und zum Anfechtungsausschluss nach Rechtskraft des Zuschlags vgl § 119 Rn 104 aE). Nicht anwendbar ist § 122 aber auf den **Widerruf** einer Willenserklärung (Staudinger/Coing[11] Rn 13).

2. Analoge Anwendung des § 122 auf andere Mängel

4 Einigkeit besteht zunächst darin, dass § 122 bei der Anfechtung wegen **arglistiger Täuschung oder Drohung** (§ 123) nicht gilt (RG Recht 1912 Nr 8; Flume § 27, 4 = S 532; Soergel/Hefermehl Rn 2) und auch nicht analog anzuwenden ist, da im Unterschied zu den §§ 118–120 der Mangel nicht aus der „Sphäre" des Anfechtenden stammt. Im Übrigen ist die entsprechende Anwendung des § 122 auf andere als die in §§ 118–120 genannten Mängel eines Rechtsgeschäfts streitig. Das Reichsgericht sah in § 122 die Grundlage für einen **allgemeinen Rechtsgedanken** und wendete diesen an, wenn jemand im berechtigten Vertrauen auf den Bestand eines Rechtsgeschäfts einen Schaden erlitten und der Mangel des Rechtsgeschäfts seine alleinige Ursache in der Person eines Beteiligten hatte (RGZ 170, 65, 69; ähnl BGH WM 1986, 608, 610; zust Canaris, Vertrauenshaftung 537 f; MünchKomm/Kramer Rn 4 f; früher schon Kuhlenbeck DJZ 1905 Sp 1142, 1145; Erman AcP 139 [1934] 273, 336). Nach der Gegenansicht darf man die Vorschrift des § 122 nicht auf andere Fälle der Nichtigkeit oder Anfechtbarkeit ausdehnen (Erman/Palm Rn 2; Soergel/Hefermehl Rn 2; Palandt/Heinrichs Rn 2; Staudinger/Dilcher[12] Rn 3; Staudinger/Coing[11] Rn 13). Diese restriktive Haltung wird freilich in dieser Allgemeinheit nicht durchgehalten, da die genannten Autoren durchweg keine Bedenken haben, § 122 bei fehlendem Erklärungsbewusstsein und abhanden gekommenen Willenserklärungen entsprechend anzuwenden (dazu unten Rn 7 u 9). Im Ergebnis ist denn auch zu differenzieren zwischen Mängeln, die bei typisierender Betrachtung dem Risikobereich einer Partei zuzuordnen sind und solchen Mängeln, die eine individualisierende Zurechnung nach Verschuldenskriterien erfordern. Letztere überwiegen, so dass bei anderen Mängeln als den §§ 118–120 vorwiegend nur Ansprüche wegen culpa in contrahendo in Betracht kommen.

a) Formfehler und andere Wirksamkeitshindernisse

5 Bei **Formfehlern und anderen gesetzlichen Wirksamkeitshindernissen** ist § 122 in der Regel nicht entsprechend anzuwenden, da (und sofern) die Einhaltung der gesetzlichen Vorschriften grundsätzlich beide Parteien in gleicher Weise angeht und daher nicht dem Risikobereich eines Beteiligten zugewiesen werden kann. Auf der anderen Seite ist es nur konsequent, in bestimmten Fällen eine Vertrauenshaftung anzuerkennen, wenn nämlich ausnahmsweise doch eine der Parteien für den Mangel des Rechtsgeschäfts oder den Irrtum des Gegners verantwortlich gemacht werden kann (vgl Canaris, Vertrauenshaftung 288 ff; Singer, Verbot 86 ff, 120 ff). Da und sofern diese außergewöhnlichen Situationen einer typisierenden Risikozurechnung nach Sphärengesichtspunkten nicht zugänglich sind, kann allerdings diese Vertrauenshaf-

tung grundsätzlich nicht bei § 122 anknüpfen, sondern in erster Linie bei der Haftung für culpa in contrahendo und dem dort geltenden individuellen Verschuldensprinzip (vgl näher SINGER, Verbot 95 ff in Anknüpfung an die §§ 307, 309 aF; vgl schon ERMAN AcP 139 [1934] 273, 327; zur unzulässigen Berufung auf Formmängel vgl STAUDINGER/ HERTEL § 125 Rn 110 ff; nur teilw übereinstimmend STAUDINGER/J SCHMIDT [1995] § 242 Rn 626 ff). Das Risikoprinzip kommt aber subsidiär zur Anwendung, wenn bei typisierender Betrachtung das Fehlerrisiko in die Zuständigkeit einer Partei fällt. So haftet etwa bei der Erteilung einer falschen Auskunft eine dafür zuständige und mit überlegener Sach- und Rechtskompetenz ausgestattete Person auch dann, wenn diese in concreto kein Verschulden trifft (BAG AP Nr 4 zu § 9 BetrAVG; zust SINGER, Verbot 184). Eine solche Typisierung ist auch möglich bei der Ausübung des **Stornorechts gem Ziff 8 Abs 1** (früher Ziff 4 Abs 1 S 3) **AGB der Banken**, da das Stornorecht dogmatisch dem Anfechtungsrecht ähnelt und es typischerweise um Mängel geht, die allein aus der Sphäre des Kreditinstituts stammen (CANARIS, Bankvertragsrecht I [3. Bearb 1988] Rn 451; OTTO/STIERLE WM 1978, 530, 546; aA BAUMBACH/HOPT Ziff 8 AGB Banken Rn 1 u 3: verschuldensabhängiger Anspruch). Dagegen lässt sich das Risiko der **Geschäftsunfähigkeit eines Vertreters** wohl nicht nach Sphärengesichtspunkten aufteilen. War die Geschäftsunfähigkeit des Vertreters nicht erkennbar, stehen beide Parteien diesem Mangel gleich nah oder fern. Eine Haftung gem § 122 ist daher nicht gerechtfertigt, doch haftet der Vertretene wegen culpa in contrahendo, wenn er den Mangel erkennen konnte (iE übereinstimmend ERMAN/BROX Rn 3; aA OSTHEIM AcP 169 [1969] 193, 222 f; CANARIS, Vertrauenshaftung 537; MünchKomm/KRAMER Rn 5).

Entgegen hM (vgl RGZ 104, 265, 268; 143, 219, 221; R RAISER AcP 127 [1927] 1, 35; PALANDT/ HEINRICHS § 155 Rn 5; STAUDINGER/BORK [2003] § 155 Rn 17; MEDICUS, AT Rn 439) gibt es auch keine Haftung analog § 122 oder wegen culpa in contrahendo, wenn ein Vertrag wegen **Dissenses** nicht zustande gekommen ist. Da der Dissens besteht, obwohl von den Parteien verlangt wird, dass sie die Willenserklärungen unter Beachtung der im Verkehr erforderlichen Sorgfalt auslegen, kann es nicht vorkommen, dass einer von ihnen dennoch zugleich für das Missverständnis verantwortlich ist (MANIGK JherJb 75 [1925] 189 ff, 198; FLUME § 34, 5; MünchKomm/KRAMER § 155 Rn 13; SINGER, Verbot 167 f). Ein Teil des Schrifttums befürwortet die entsprechende Anwendung des § 122, wenn das Vertragsangebot gem § 153 infolge **Tod oder Geschäftsunfähigkeit des Offerenten** unwirksam geworden ist (KUHLENBECK DJZ 1905 Sp 1142, 1145; ERMAN AcP 139 [1934] 273, 336; CLASEN NJW 1952, 14; PALANDT/HEINRICHS § 153 Rn 2; LARENZ § 27 I b = S 520; CANARIS, Vertrauenshaftung 537). Dem ist nicht zu folgen. War für den Angebotsempfänger erkennbar, dass das Angebot nur den Offerenten verpflichten und nicht über seinen Tod hinaus gelten sollte, durfte der Angebotsempfänger nicht auf dessen unbeschränkte Gültigkeit vertrauen. Der Tod des Offerenten ist dann ein Risiko, das zum Inhalt des Angebots gehört (zutr FLUME § 35 I 4 = S 647). War der abweichende Wille aber nicht erkennbar, ist er für den Inhalt des Rechtsgeschäfts auch nicht maßgeblich, das Angebot des Verstorbenen also zunächst einmal verbindlich (vgl FLUME aaO im Anschluss an die Fassung des ersten und zweiten Entwurfs [§ 89 E I; § 125 E II]; ihm folgend MünchKomm/KRAMER Rn 5; STAUDINGER/BORK [2003] § 153 Rn 8; vgl auch SOERGEL/WOLF § 153 Rn 13). In Betracht kommt aber uU eine Anfechtung wegen Inhaltsirrtums des Erblassers durch dessen Erben. In diesem Fall würde § 122 unmittelbar gelten. Nicht einschlägig ist die Vertrauenshaftung schließlich beim **Abbruch von Vertragsverhandlungen**, wenn zuvor der Vertragsschluss als sicher hingestellt und der Gegner zu Dispositionen veranlasst wurde (für § 122 aber BGH LM Nr 28

6

zu § 276 BGB [Fa]; LARENZ, in: FS Ballerstedt [1975] 397, 416; ders, SchR I § 9 I = S 108; MünchKomm/KRAMER Rn 5). Denn hier geht es nicht um Vertrauen auf den Bestand einer Willenserklärung, sondern um Vertrauen auf künftiges Verhalten, dessen Schutz eine eigenständige Kategorie der Vertrauenshaftung darstellt und besonderer Rechtfertigung bedarf, die allein mit dem Kriterium der Risikosphäre nicht bewältigt werden kann (vgl dazu ausf SINGER, Verbot 279 ff; abl auch vCRAUSHAAR JuS 1971, 127, 130; STAUDINGER/LÖWISCH [2001] Vorbem 66 zu §§ 275 ff; KÜPPER 205 ff; bei formbedürftigen Rechtsgeschäften BGH NJW 1975, 43, 44; LM Nr 80 zu § 313 BGB [unter III 2b]).

b) Leistungsstörungen

7 Maßgebliche Bedeutung hat der Sphärengedanke im Leistungsstörungsrecht, insbesondere in den Fällen der **Verwendungszweckstörung oder Zweckerreichung** (vgl nur MEDICUS, SchuldR AT Rn 450 ff). Wenn die geschuldete Leistung ihren vertragsgemäßen Sinn aus Gründen verloren hat, die in der Sphäre des Gläubigers ihren Grund haben (zB wenn das frei zu schleppende Schiff von alleine freikommt), liegt es nahe, die Aufwendungen des Schuldners, die dieser im Vertrauen auf die Durchführbarkeit des Vertrages gemacht hat, entsprechend § 122 zu ersetzen (CANARIS, Vertrauenshaftung 537 m Fn 62; MünchKomm/KRAMER Rn 5) Die hM geht aber zu Recht andere Wege und wendet **nicht § 122, sondern** die sachnäheren Risikotragungsregeln der **§§ 537** (552 aF), **615 und 644 f** (entsprechend) an (KÖHLER, Unmöglichkeit 38 ff; PICKER JZ 1985, 694 [698, 703]; LARENZ, SchR I § 21 I c = S 314 f; ders, Geschäftsgrundlage 178 f; SOERGEL/WIEDEMANN § 275 Rn 34; vgl schon WIEACKER, in: FS Nipperdey I [1965] 783, 808; hinsichtlich §§ 644f auch BGHZ 40, 71, 75; 60, 14, 20 f; 77, 320, 324 f; 78, 352, 354 f; 83, 197, 203 ff; OLG Köln OLGZ 1975, 323, 324 f). Die genannten Vorschriften beschränken die Risikozuweisung auf *bestimmte* Umstände aus der Sphäre des Gläubigers und beinhalten eine Absage an eine allgemeine „Sphärentheorie" (dagegen schon Prot II 234 zu § 645; s ferner KÖHLER 39; BEUTHIEN 231 ff [251]; MünchKomm/EMMERICH vor § 275 Rn 34; offen BGHZ 40, 71, 75; 78, 352, 355; sehr weitgehend aber BGHZ 83, 197, 204 f). Diese Entscheidung des Gesetzgebers darf durch die Analogie zu § 122 nicht unterlaufen werden, zumal es hier nicht um Störungen der Selbstbestimmung, sondern um Risiken der Vertragsdurchführung geht (abl auch PALANDT/HEINRICHS Rn 2; BEUTHIEN 97; KOLLER 70). Auch der Vorschlag, den Schuldner im Falle **anfänglich unmöglicher Leistung** analog § 122 wenigstens zum Ersatz des Vertrauensschadens des Gläubigers zu verpflichten (CANARIS JZ 2001, 499, 507 f; zust BOSAK JA 2002, 858, 859), gerät in Konflikt mit dem im Zuge der Schuldrechtsmodernisierung reformierten Haftungssystem. Nach § 311a Abs 2 muss der Schuldner das positive Interesse des Gläubigers befriedigen und Schadensersatz statt der Leistung oder Aufwendungsersatz leisten, wenn er das Leistungshindernis kannte oder hätte erkennen können. Eine zusätzliche, verschuldensunabhängige Vertrauenshaftung soll zwar nach der Regierungsbegründung nicht ausgeschlossen sein (BT-Drucks 14/6040, 166) und stünde auch im Einklang mit den allgemeinen Prinzipien der Vertrauenshaftung (vgl SINGER, Verbot 95 ff). Aber man darf nicht übersehen, dass sich der Gesetzgeber nun einmal dafür entschieden hat, die früher für diese Fälle vorgesehene und als unbefriedigend angesehene negative Vertrauenshaftung gem §§ 307, 309 aF abzulösen und stattdessen eine verschuldensabhängige Haftung auf das positive Interesse zu begründen. § 311a Abs 2 sollte daher als abschließende Sonderregelung anerkannt werden (iE hM, vgl PALANDT/HEINRICHS § 311a Rn 14; FAUST, in: HUBER/FAUST Rn 7/38; AnwKomm/DAUNER-LIEB § 311a Rn 18; MünchKomm/ERNST § 311a Rn 14; WEBER, in: WESTERMANN/BYDLINSKI/WEBER, SchuldR AT § 7/94).

c) Fehlendes Erklärungsbewusstsein

Nach hM ist § 122 bei **fehlendem Erklärungsbewusstsein analog** anzuwenden (BGHZ **8** 91, 324, 329 f; F Bydlinski, Privatautonomie 177; ders JZ 1975, 1, 5; Larenz § 19 III = S 356; Köhler, AT § 14 II 2 = S 138; Erman/Palm Rn 3; Soergel/Hefermehl vor § 116 Rn 49; differenzierend Flume § 23, 1, der § 122 bei konkludenten Willenserklärungen nicht anwenden will; vgl dazu die krit Vorbem 53 zu § 116–144). Nach Ansicht von Kramer handelt es sich sogar um eine unmittelbare Anwendung, da der Tatbestand des fehlenden Erklärungsbewusstseins unter § 119 Abs 1 zu subsumieren sei (in: MünchKomm Rn 5; § 119 Rn 87). Dabei ist allerdings zu beachten, dass das unbewusste Verhalten nur dann als Willenserklärung zugerechnet wird, wenn der Verantwortliche bei Anwendung der im Verkehr erforderlichen Sorgfalt hätte erkennen und vermeiden können, dass sein Verhalten als Willenserklärung aufgefasst wird (BGHZ 91, 324, 330; vgl dazu näher Vorbem 32 f zu § 116–144). Für die (entsprechende) Anwendung von § 122 sind schließlich auch jene Autoren, die zwar das Erklärungsbewusstsein zum Tatbestand der Willenserklärung rechnen und daher von der Nichtigkeit einer solchen Erklärung analog § 118 ausgehen; da im Falle des § 118 für den Vertrauensschaden des Adressaten gem § 122 aufzukommen ist, erscheint die Erweiterung der Analogie auf § 122 nur folgerichtig (Canaris, Vertrauenshaftung 537, 550; Frotz, Verkehrsschutz 469 ff; Hübner, AT Rn 677; Singer, Selbstbestimmung 194 ff; aus dem älteren Schrifttum Henle, Vorstellungstheorie 495, 500 f). Auch hier findet sich regelmäßig die Einschränkung, dass die Ersatzpflicht Erkennbarkeit und Vermeidbarkeit des missverständlichen Verhaltens voraussetzt (Canaris 550; Frotz 472; Hübner Rn 684). Die Rechtsfigur der **Erklärungsfahrlässigkeit** (Manigk, Verhalten 210 ff [217]; ders, Irrtum und Auslegung 110 f) widerspricht aber dem System der gesetzlichen Vorschriften über die Irrtumsanfechtung, da sowohl die Bindung an den objektiven Tatbestand einer Erklärung gem §§ 119, 121 als auch der Ersatz des Vertrauensschadens gem § 122 kein Verschulden voraussetzen. Da es auf der anderen Seite aber auch nicht sachgerecht wäre, das Risiko unbewusster Missverständnisse stets demjenigen zuzuweisen, von dem die (scheinbare) Erklärung stammt (vgl die Einzelfälle unten Rn 9), ist die **analoge Anwendung von § 122 in sich unschlüssig und daher grundsätzlich abzulehnen** (krit auch Medicus, AT Rn 608; vgl Vorbem 35 f zu § 116–144). Richtig ist vielmehr, dass die Verantwortung für einen Vertrauenstatbestand, der durch unbewusste Teilnahme am Rechtsgeschäftsverkehr entstanden ist, nicht wie bei der gesetzlichen Risikohaftung der §§ 118, 119 und 120 iVm § 122 typisierend, sondern entsprechend den Umständen des Einzelfalls grundsätzlich nur individualisierend festgestellt werden kann. Als Zurechnungsmaßstab eignet sich daher in erster Linie das **Verschuldensprinzip**, so dass es in der Tat darauf ankommt, ob der Anschein einer gültigen Willenserklärung erkennbar und vermeidbar war. Soweit danach das Verschuldensprinzip als Zurechnungsmaßstab zur Anwendung kommt, ist die Rechtsfortbildung nicht mehr ein Anwendungsfall des § 122, sondern ein Fall der **culpa in contrahendo** (zutr Ennecerus/Nipperdey § 145 II A 4 Anm 26; Medicus, AT Rn 608).

Im Lehrbuch-Fall der **Trierer Weinversteigerung** zeigt sich die Überlegenheit des **9** Verschuldensprinzips als Zurechnungsmaßstab. Da es nicht möglich ist, bestimmte Risikosphären zu definieren, kann es sinnvollerweise nur darauf ankommen, ob für den Besucher der Gaststätte erkennbar war, dass dort gerade eine Auktion stattfindet, was bei Ortsfremden im Zweifel zu verneinen ist (zutr Larenz, AT § 19 III = S 356; Hübner, AT Rn 684; vgl auch Singer, Selbstbestimmung 199 f). Die Anwendung des Verschuldensprinzips beim fehlenden Erklärungsbewusstsein hat ferner zur Konsequenz, dass bei untergeschobenen Willenserklärungen (zB der Vorlage eines Wechselformulars auf der **Autogrammstunde** eines Prominenten) eine Zurechnung des Rechtsscheins zumeist ausscheidet, weil der Massencharakter solcher Veranstaltungen geradezu blindes Signieren erfordert und daher die Täuschung über die Bedeutung der Unterschrift meist nicht zu erkennen und zu vermeiden ist (anders noch in der Begründung SINGER 196). Umgekehrt ist von demjenigen, der beim Versand von Glückwunschschreiben versehentlich eine Vertragsofferte mit unterzeichnet, im Regelfall zu erwarten, dass er einen solchen Irrtum erkennt und vermeidet. Bei **automatischen Willenserklärungen** hängt die Zurechnung ungewollt in den Verkehr gelangter Willenserklärungen davon ab, ob der Betreiber dafür verantwortlich gemacht werden kann. Eine rechtsgeschäftliche Gefährdungshaftung erscheint hier nicht zwingend gerechtfertigt, da der Betreiber nicht für jeden Fehler verantwortlich gemacht werden kann, insbesondere wenn dieser auf Manipulationen durch Dritte beruht (iE übereinstimmend KÖHLER AcP 182 [1982] 126, 136; BORSUM/HOFFMEISTER NJW 1985, 1205, 1206; für Risikozurechnung aber HEPTING, in: FS Universität Köln [1988] 220 f).

d) Sonderfälle

10 Das Verschuldensprinzip gilt aber nicht ausnahmslos. So muss man auch **ohne Verschulden** für bestimmte Risiken einstehen, wenn man durch risikoerhöhendes Verhalten eine besondere Gefahrenlage für die Vermögensinteressen anderer Verkehrsteilnehmer geschaffen hat (zur Risikoerhöhung als qualifizierendem Zurechnungsmerkmal vgl CANARIS, Vertrauenshaftung 482 u 485). So verhält es sich etwa beim **Blankett-Missbrauch**. Hier darf es den Aussteller nicht entlasten, dass er mit einem Missbrauch nicht gerechnet hat oder damit nicht rechnen musste, weil bereits das Ausstellen eines Blanketts diese Gefährdung herbeigeführt oder doch wenigstens erhöht hat. Allerdings handelt es sich hier nicht um eine rechtsgeschäftliche Haftung, sondern um die Einstandspflicht für einen vom Blankettgeber gesetzten Rechtsschein, der analog §§ 171f zu behandeln ist (vgl § 119 Rn 31 f). Ein vergleichbarer Fall ist das **Abhandenkommen einer Vollmachtsurkunde**, da hier ebenfalls ein erhöhtes Missbrauchsrisiko geschaffen wurde. Eine Haftung analog §§ 171f scheidet hier aber aus, da der Anschein einer bestehenden Vollmacht nicht – wie in §§ 171f vorausgesetzt – willentlich erzeugt wurde. Wegen des riskanten Verhaltens kann es auch nicht darauf ankommen, ob der Missbrauch fahrlässig ermöglicht wurde (so BGHZ 65, 13, 15), so dass die **analoge Anwendung des § 122** in der Tat sachgerecht ist (vgl CANARIS JZ 1976, 132, 134; ders, Vertrauenshaftung 548; SINGER, Selbstbestimmung 197). Auch bei **abhanden gekommenen Willenserklärungen** (vgl dazu Vorbem 46 zu § 116–144) ist eine Typisierung der Zurechnung im Sinne des Risikoprinzips möglich. Wer eine Willenserklärung so vorbereitet, dass sie im Verkehr als einwandfreie Willenserklärung erscheint, hat ein erhöhtes, typisierbares und mit den Tatbeständen der §§ 118–120 vergleichbares Fehlerrisiko geschaffen. Der vermeintliche Absender haftet daher analog § 122, wenn sich das Risiko verwirklicht und der Entwurf entgegen seinem Willen, und ohne dass ihn daran ein Verschulden trifft, in den Verkehr gelangt (CANARIS JZ 1976, 132, 134; LARENZ, AT § 21 II a = S 418 f; MünchKomm/KRAMER Rn 5; ERMAN/PALM Rn 3; für culpa in contrahendo MEDICUS, AT Rn 266 aE iVm Rn 608). Handelt es sich freilich um ein unterzeichnetes Schriftstück, das für die Entstehung des Schadens gänzlich untergeordnete Bedeutung hatte (hier: Kündigung eines Sparbuchs durch den Erblasser bei Auszahlung an Nichtberechtigten), scheidet eine verschuldensunabhängige Haftung analog § 122 aus (BGH WM 1986, 608, 610).

III. Schadensersatzanspruch

1. Ersatzberechtigte

Bei einer *empfangsbedürftigen* Willenserklärung bestimmt § 122 Abs 1 ausdrücklich, **11** dass nur der Erklärungsempfänger **anspruchsberechtigt** sein soll. Dies gilt auch beim Vertrag zugunsten Dritter (Erman/Palm Rn 4). Bei *nicht empfangsbedürftigen* Willenserklärungen (zB Auslobung) ist jeder ersatzberechtigt, der berechtigterweise auf die Willenserklärung vertraut hat und dadurch geschädigt wurde. Entsprechendes gilt für *amtsempfangsbedürftige* Willenserklärungen: Ficht bei der Zwangsversteigerung eines Grundstücks der Meistbietende sein Gebot an (zur Zulässigkeit der Anfechtung und ihren Grenzen vgl § 119 Rn 104 aE), so hat er dem Gläubiger, der auf die Wirksamkeit des Gebots vertraut hat, dessen Vertrauensschaden zu ersetzen (BGH NJW 1984, 1950; Lessmann JuS 1986, 112, 114). Bei Anfechtung einer Forderungsabtretung wird das Vertrauen des Schuldners, der an den bisherigen Gläubiger leistet, gem §§ 409 f geschützt, so dass § 122 nicht anzuwenden ist (Erman/Palm Rn 4). Zum **Ersatz verpflichtet** ist derjenige, dessen Erklärung gem § 118 oder §§ 119, 120 iVm § 142 nichtig ist, im Falle rechtsgeschäftlicher Stellvertretung also der Vertretene (Palandt/Heinrichs Rn 3).

2. Umfang des Ersatzanspruchs

a) Vertrauensschaden

Der gem § 122 zu ersetzende Schaden umfasst alle Vermögensnachteile, die durch **12** das Vertrauen auf die Gültigkeit der Erklärung entstanden sind, den sog **Vertrauensschaden**. Der Ersatzberechtigte ist wirtschaftlich so zu stellen, wie er stehen würde, wenn er sich *nicht* auf die Gültigkeit der Erklärung oder das Zustandekommen des Vertrages eingestellt hätte (RGZ 170, 281, 284; RG SeuffA 61 Nr 131; BGH NJW 1984, 1950, 1951; Larenz, AT § 20 II c). Man spricht daher auch vom Ersatz des **negativen Interesses**. Dieses umfasst *nutzlos gewordene Aufwendungen* im Zusammenhang mit der *Vertragsdurchführung* (zB Transportkosten), die *Kosten des Vertragsschlusses* selbst (zB Beurkundungsgebühren), da diese ohne den Vertragsschluss nicht entstanden wären (vgl auch Flume § 21, 7 = S 423; Erman/Palm Rn 5; Staudinger/Coing[11] Rn 9), *Schadensersatzleistungen*, die der Anspruchsberechtigte gegenüber seinem Vertragspartner wegen Nichterfüllung erbringen muss, den *Gewinn*, der dem Geschädigten dadurch entgangen ist, dass er den Abschluss eines anderen Geschäfts unterlassen hat (BGH NJW 1984, 1950, 1951), Mehrkosten eines *Deckungsgeschäfts* (RG SeuffA 62 Nr 226), und schließlich *eigene Leistungen* des Ersatzberechtigten an den Anfechtenden (LG Ulm WM 1984, 27, 28). § 122 verschafft dadurch dem Leistenden einen von dem Entreicherungseinwand der Leistungskondiktion (§ 818 Abs 3) unabhängigen Rückforderungsanspruch, so dass der Anfechtende im Ergebnis das Risiko des zufälligen Untergangs oder der zufälligen Verschlechterung der empfangenen Leistung trägt (Flume, AT § 21, 7 = S 423 f; Larenz, AT § 20 II c = S 388). Für den Kondiktionsanspruch des Anfechtenden gilt § 818 Abs 3, doch gilt dieser Einwand bei gegenseitigen Verträgen nur bei Untergang der empfangenen Leistung durch Zufall oder höhere Gewalt (vgl zu diesem sehr streitigen Problem statt aller Staudinger/Lorenz [1999] § 818 Rn 44 f mwN).

Ein Vertrauensschaden kann auch darin bestehen, dass der Geschädigte im Ver- **13** trauen auf die Gültigkeit einer Willenserklärung **verfahrensrechtliche Maßnahmen unterlassen** hat, durch die Vermögensnachteile hätten abgewendet werden können (BGH NJW 1984, 1950, 1951; LESSMANN JuS 1986, 112, 115: Widerspruch gegen Höchstgebot gem § 72 Abs 1 S 1 ZVG). Streitig ist, ob die **Kosten eines** infolge Anfechtung einer Willenserklärung **verlorenen Prozesses** ersatzfähig sind (dafür ERMAN/PALM Rn 5; PALANDT/HEINRICHS Rn 4; dagegen BGH NJW 1962, 1670, 1671; OLG Celle OLGZ 72, 193, 195; zweifelnd BGB-RGRK/KRÜGER-NIELAND Rn 8). Die Frage ist nicht einheitlich zu beantworten (vgl STAUDINGER/DILCHER[12] Rn 8). Wurde die Anfechtung vor dem Prozess erklärt, handelt der Gegner wie bei jedem sonstigen Prozess auf eigenes – wohl auch durch § 122 Abs 2 zugewiesenes – Risiko, wenn er die Anfechtung nicht gelten lassen will und sich mit seinem Standpunkt nicht durchsetzt (zutr BGH aaO). Wird die Anfechtung erst im Prozess erklärt, sind die Kosten der Prozessführung im Vertrauen auf die Rechtsbeständigkeit der angefochtenen Erklärung entstanden. Man könnte dem Gegner des Anfechtenden höchstens vorwerfen, dass er es entgegen § 254 Abs 2 S 1 *unterlassen* hat, den Prozess durch Klagerücknahme oder Anerkenntnis zu beenden und sich von der Kostenlast analog § 93 ZPO zu befreien (so OLG Celle aaO). Aber zum einen hätte auch in diesem Fall der Anfechtende die Kosten des Prozesses tragen müssen, so dass es allenfalls noch um die Differenz zu den höheren Kosten eines durch Urteil beendeten Verfahrens geht. Zum anderen dürfte bei Abwägung des beiderseitigen Verschuldens die Obliegenheit, das streitige Verfahren durch Klagerücknahme oder Anerkenntnis zu beenden, gegenüber der Verantwortung des Anfechtenden, der den Prozess veranlasst hat, zurücktreten.

b) Erfüllungsinteresse

14 Da durch die Anfechtung die Selbstbestimmung des Irrenden gewahrt werden soll, hat der Geschädigte **keinen Anspruch auf Erfüllung oder das Erfüllungsinteresse**. Er kann also nicht verlangen, dass der Zustand hergestellt wird, der sich bei Gültigkeit des angefochtenen Rechtsgeschäfts und dessen Ausführung ergeben würde (RGZ 103, 154, 159; STAUDINGER/DILCHER[12] Rn 7). Zum positiven Interesse gehört zB auch der Gewinn, der bei Weiterveräußerung der gekauften Sache erzielt worden wäre (LARENZ, AT § 20 II c = S 388). Nicht zu folgen ist daher dem Vorschlag von HARKE (JR 2003, 1, 5), im Rahmen des § 122 auch den Vertrauensschaden abstrakt zu berechnen und zugunsten des Gläubigers zu vermuten, dass diesem durch sein Vertrauen auf das nicht zur Entstehung gelangte Geschäft ein Gewinn entgangen sei, der dem positiven Interesse an der Durchführung des nicht zustande gekommenen Geschäfts entspreche. Wie man es dreht und wendet: Der durch Weiterveräußerung erzielbare Gewinn entspricht dem positiven Interesse des Gläubigers. Dieses ist im Rahmen des § 122 nicht ersatzfähig, bildet aber gemäß § 122 Abs 1, letzter HS die **Obergrenze** des zu ersetzenden Vertrauensschadens. Der Geschädigte soll nicht besser stehen, als er stünde, wenn sein Vertrauen berechtigt gewesen wäre (SOERGEL/HEFERMEHL Rn 4; LARENZ aaO). Es besteht daher keine Ersatzpflicht, wenn das angefochtene Rechtsgeschäft überhaupt keine Vorteile erbracht hätte (PALANDT/ HEINRICHS Rn 4 aE).

c) Maßgeblicher Zeitpunkt

15 Ersatzfähig sind nur die Schäden, die bis zu dem Zeitpunkt entstanden sind, in dem der Ersatzberechtigte den Anfechtungsgrund noch nicht kannte und auch nicht kennen musste. Dies folgt unmittelbar aus § 122 Abs 2, der *Gutgläubigkeit* des Geschädigten voraussetzt (RG Gruchot 57, 906, 907; ERMAN/PALM Rn 6).

3. Ausschluss bei Kenntnis und Kennenmüssen (§ 122 Abs 2)

Haftungsgrund der Ersatzpflicht ist das Vertrauensprinzip (oben Rn 1). Insofern ist es **16** eigentlich konsequent, dass § 122 Abs 2 die Verpflichtung zum Schadensersatz ausschließt, wenn der Geschädigte den Grund der Nichtigkeit oder Anfechtbarkeit kannte oder kennen musste. Denn in diesen Fällen hat der Anfechtungsgegner entweder **nicht** auf die Gültigkeit der Erklärung **vertraut** oder sein **Vertrauen** war **nicht schutzwürdig** (BGB-RGRK/Krüger-Nieland Rn 4). Indessen sind diese Grundsätze schon bei der **Auslegung** der betreffenden Willenserklärungen zu beachten, und diese **geht der Anfechtung vor** (vgl dazu ausf § 119 Rn 39–41). Daher gilt die Erklärung entweder in dem Sinne, in dem sie zu verstehen war, oder es liegt überhaupt keine gültige Willenserklärung vor, wenn nämlich der Empfänger zwar erkennen konnte, dass ein Irrtum vorlag, nicht aber, was der Irrende erklären wollte (§ 119 Rn 40). In all diesen Fällen bedarf es nicht der Anfechtung, so dass § 122 Abs 2 überhaupt nicht zum Zuge kommt. Die **Anwendung des § 122 Abs 2** ist vielmehr auf den Eigenschaftsirrtum oder den Fall **beschränkt**, dass der Erklärungsempfänger den Irrtum erst nach dem Vertragsschluss bemerkt (§ 119 Rn 40). Anzuwenden ist § 122 Abs 2 auch bei der in dieser Kommentierung für möglich gehaltenen Anfechtung wegen gemeinsamen Irrtums über die Geschäftsgrundlage (§ 119 Rn 60) und wegen erkannten Motivirrtums (§ 119 Rn 62 ff), sofern in diesen Fällen der Irrtum nicht bereits im Wege der Auslegung berücksichtigt werden kann. Bei der (Mit-)Verursachung des Irrtums durch den Anfechtungsgegner scheidet dagegen eine Vertrauenshaftung des Irrenden zur Gänze aus, so dass auch § 122 Abs 2 nicht zur Anwendung kommt (dazu näher Rn 18).

Kennenmüssen bedeutet nach dem Gesetz fahrlässige Unkenntnis. Dabei genügt **17** jeder Grad von Fahrlässigkeit, es muss sich nicht um eine grobe Fahrlässigkeit handeln (RGZ 83, 348, 353; **aA** Mankowski 556). Danach ist die Ersatzpflicht ausgeschlossen, wenn zB der Irrtum bei gehöriger Aufmerksamkeit, die ggf eine Rückfrage beim Absender erfordert, entdeckt worden wäre (RGZ 116, 15, 19; RG JW 1927, 1081, 1082 jew bzgl eines Kalkulationsirrtums; s ferner RG PucheltsZ 36 [1905] 442, 444). Die **Legaldefinition von Kennenmüssen** gem § 122 Abs 2 gilt im gesamten Privatrecht (Palandt/Heinrichs Rn 5).

§ 122 geht als **lex specialis** den allgemeinen Vorschriften über die Schadensberech- **18** nung gem §§ 249 ff vor. Dies hat insbesondere Konsequenzen für die **Anwendung des § 254**, der zum Teil von der Sonderregelung des § 122 Abs 2 verdrängt wird. Bezieht sich der Vorwurf des Mitverschuldens allein darauf, dass der Geschädigte den Grund der Nichtigkeit oder Anfechtbarkeit kannte oder kennen musste, ist ausschließlich § 122 Abs 2 anzuwenden (RGZ 57, 87, 89 f; Staudinger/Dilcher[12] Rn 12). Für eine Abwägung der Verursachungsbeiträge ist kein Raum, da es in diesen Fällen bereits an einem schutzwürdigen Vertrauen und damit an dem maßgeblichen Haftungsgrund mangelt (vgl auch Singer, Verbot 166; vgl auch Rn 19). Bezieht sich der Mitverschuldensvorwurf nicht auf den Haftungsgrund, sondern auf den Umfang des Schadens, etwa weil der Geschädigte schadensverhütende oder -mindernde Maßnahmen unterlassen hat, bestehen hingegen keine Bedenken gegen die Anwendung des § 254 Abs 2 auf den Schadensersatzanspruch gem § 122 (RGZ 116, 15, 19; Medicus, BürgR Rn 145; Flume § 21, 7 = S 424; Soergel/Hefermehl Rn 6). Bezüglich der Schadensminderungspflicht des Geschädigten trifft § 122 keine Regelung, die vorrangig beachtet werden müsste. Folgerichtig wendet die hM § **254 analog** an, wenn der Geschädigte den zur Anfechtung berechtigenden **Irrtum mitverschuldet oder** wenigstens **mit veranlasst** hat (BGH NJW 1969, 1380; STAUDINGER/DILCHER[12] Rn 13; SOERGEL/HEFERMEHL Rn 6; ERMAN/PALM Rn 8; krit MEDICUS, BürgR Rn 145). Indessen sollte man noch weiter gehen und eine Haftung des Irrenden gem § 122 überhaupt ausschließen, wenn der Mangel nicht aus der Sphäre des Irrenden, sondern aus der des Anfechtungsgegners stammt. Das § 122 zugrunde liegende Prinzip der Risikozurechnung setzt voraus, dass bei typisierender Betrachtung alleine der Anfechtende das Irrtumsrisiko beherrscht. Gerade dies trifft auf den vom Gegner verschuldeten oder veranlassten Irrtum nicht zu, so dass § 122 aus teleologischen Gründen zu reduzieren und auf solche Fälle überhaupt nicht anzuwenden ist (ebenso CANARIS, Vertrauenshaftung 486; FLUME § 21, 7 = S 424; MünchKomm/KRAMER Rn 12; ähnlich RGZ 81, 395, 399, das mit der exceptio doli zum gleichen Ergebnis kam). Sofern beim Anfechtenden ein Schaden entstanden ist, kann dieser seinerseits den Irrtumsverursacher wegen culpa in contrahendo in Anspruch nehmen (STAUDINGER/DILCHER[12] Rn 4 u 13).

IV. Verhältnis zur culpa in contrahendo

1. § 122 als abschließende Regelung

19 **Nach hM schließt** die Vertrauenshaftung gem § **122 eine konkurrierende Haftung wegen culpa in contrahendo** (§§ 280 Abs 1, 241 Abs 2, 311 Abs 2) **nicht aus**, da es sich um verschiedene Anspruchsgrundlagen mit unterschiedlichen Voraussetzungen handelt (MünchKomm/KRAMER Rn 6; ERMAN/PALM Rn 10; SOERGEL/HEFERMEHL Rn 7; PALANDT/HEINRICHS Rn 6). Daraus wird ganz überwiegend die Konsequenz gezogen, dass die Beschränkung des § 122 auf den Ersatz des **Erfüllungsinteresses** bei der Haftung aus cic nicht gelte (so RGZ 151, 357, 359 f; BGHZ 49, 77, 82; 57, 191, 193; 69, 53, 56; BGH NJW-RR 1990, 229, 230; NIRK, in: 2. FS Möhring [1975] 70, 89; PALANDT/HEINRICHS Rn 6; Vorbem v § 249 Rn 17; ERMAN/PALM Rn 10; MünchKomm/KRAMER Rn 6; aA ENNECCERUS/NIPPERDEY § 171 II 4 = S 1058; STAUDINGER/DILCHER[12] Rn 4) und bei **Bösgläubigkeit des Geschädigten** § 254 anstelle von § 122 Abs 2 anzuwenden sei (RGZ 151, 357, 360; BGHZ 99, 101, 109; BAGE 14, 206, 211; BGH WM 1967, 798, 799; PALANDT/HEINRICHS Rn 6, § 276 Rn 99; MEDICUS, Verschulden bei Vertragsverhandlungen, in: Gutachten und Vorschläge zur Überarbeitung des Schuldrechts I [1981] 515; aA ENNECCERUS/NIPPERDEY § 171 II 5 = S 1059). Diese Ansicht verdient nur teilweise Zustimmung. Im Ausgangspunkt richtig ist die Beobachtung, dass der Anwendungsbereich für die Haftung aus culpa in contrahendo wesentlich weiter reicht als das von § 122 erfasste Fallspektrum (RGZ 151, 357, 359; SOERGEL/HEFERMEHL Rn 7; zu den verschiedenen Fallgruppen der culpa in contrahendo vgl STAUDINGER/LÖWISCH [2001] Vorbem 53 ff zu §§ 275 ff). Während § 122 ausschließlich das Vertrauen auf eine nichtige Willenserklärung schützt, setzt eine vorvertragliche Pflichtverletzung weder den Abschluss eines Vertrages noch Vertrauen auf die Gültigkeit einer nichtigen Willenserklärung voraus. Außerhalb des von § 122 erfassten Bereichs kann diese Norm also keine Sperrwirkung entfalten, und es geht nur um die Frage, ob die in § 122 genannten Beschränkungen des Vertrauensschutzes auf den Umfang des Erfüllungsinteresses und der Haftungsausschluss bei Bösgläubigkeit des Geschädigten verallgemeinerungsfähige Grundsätze darstellen, die auch auf die Vertrauenshaftung aus cic übertragen werden können (dazu unten Rn 20 f). **Soweit sich** aber **der Anwendungsbereich von § 122 und** der Haftung aus **cic überschneiden**, dürfen die speziellen Regelungen von § 122 nicht durch die

allgemeinen Haftungsregeln bei Anwendung der cic unterlaufen werden. Bezieht sich der Verschuldensvorwurf auf die Herbeiführung einer gem §§ 118–120 nichtigen Willenserklärung, **enthält § 122** folglich **eine abschließende Regelung** (ebenso SOERGEL/HEFERMEHL Rn 7; STAUDINGER/DILCHER[12] Rn 4; ENNECCERUS/NIPPERDEY § 171 II 4 = S 1058). Andernfalls hätte § 122 so gut wie keine eigenständige Bedeutung mehr, da sich ein Irrtum bei gehöriger Sorgfalt fast immer vermeiden lässt und somit in den Fällen der §§ 118–120 in aller Regel zugleich ein Verschulden bei Vertragsschluss vorläge.

2. Die Begrenzung auf das Erfüllungsinteresse gem § 122 Abs 1 als allgemeines Prinzip

Geht es um eine Haftung aus **culpa in contrahendo**, die sich **nicht mit dem Anwendungsbereich von § 122 überschneidet**, besteht kein Grund, § 122 eine Sperrwirkung beizumessen. Insoweit stellt sich nur die Frage, inwieweit die in § 122 enthaltenen Beschränkungen des Vertrauensschutzes verallgemeinerungsfähig sind. Hinsichtlich der **Begrenzung des Schadensersatzanspruches auf das Erfüllungsinteresse** wird dies von der überwiegenden Meinung bestritten (BGHZ 49, 77, 82; 57, 191, 193; 69, 53, 56; BGH NJW-RR 1990, 229, 230; NIRK, in: 2. FS Möhring [1975] 71, 89; PALANDT/HEINRICHS Rn 6; Vorbem v § 249 Rn 17; ERMAN/PALM Rn 10; MünchKomm/KRAMER Rn 6), doch ist dem in dieser Allgemeinheit nicht zu folgen, sondern wie folgt zu differenzieren. Bei Schutzpflichtverletzungen geht es um den Schutz des Integritätsinteresses; hier macht die Begrenzung des Schadensersatzes durch das Erfüllungsinteresse in der Tat keinen Sinn, weil der Geschädigte keinen Vertrauensschaden geltend macht. Als sinnlos erweist sich die Begrenzung auf das Erfüllungsinteresse auch, wenn der Geschädigte geltend macht, dass ohne das Verschulden bei Vertragsschluss überhaupt kein Vertrag zustande gekommen wäre oder jedenfalls zu anderen Bedingungen; denn hier verlangt der Geschädigte ja gerade Befreiung von der eingegangenen Verpflichtung, so dass er schadensrechtlich auch nicht an seiner Entscheidung für den Vertrag festgehalten werden darf (allg zur Schadensberechnung in solchen Fällen STAUDINGER/ LÖWISCH [2001] Vorbem 94 zu §§ 275 ff). Darin besteht im übrigen der zutreffende Kerngehalt der grundlegenden Entscheidung RGZ 151, 357, 359, bei der es um die Herbeiführung eines nicht erwartungsgerechten Vertrages ging und der Geschädigte so gestellt werden wollte wie er ohne den Vertragsschluss gestanden hätte. Insofern wird die Entscheidung des Reichsgerichts in den genannten Kommentaren und Gerichtsurteilen zu Unrecht als verallgemeinerungsfähiger Beleg für die Ablehnung einer Schadensersatzbegrenzung durch das Erfüllungsinteresse herangezogen (differenzierend aber SOERGEL/HEFERMEHL Rn 7; GOTTWALD JuS 1982, 877, 884; MEDICUS, in: Gutachten und Vorschläge I [1981] 514; vgl auch STAUDINGER/LÖWISCH [2001] Vorbem 76 zu §§ 275 ff). Macht der Geschädigte dagegen geltend, dass er im Vertrauen auf die Gültigkeit einer Willenserklärung, deren Nichtigkeit vom Gegner zu vertreten ist, Schaden erlitten hat, ist die Begrenzung auf das Erfüllungsinteresse durchaus folgerichtig. Wer auf die Gültigkeit einer Erklärung vertraut, kann nicht verlangen, besser gestellt zu werden als er stünde, wenn sein Vertrauen berechtigt und die Erklärung mithin gültig gewesen wäre. Er soll also – wie das Reichsgericht in jener Entscheidung zutreffend ausgeführt hat – „Schaden, der ihn auch bei Gültigkeit des Vertrages getroffen hätte, selbst tragen müssen" (RGZ 151, 357, 359; ebenso BGH VersR 1962, 562, 563; SOERGEL/HEFERMEHL Rn 7; GOTTWALD aaO; SINGER, Verbot 102; iE auch HANS STOLL, in: FS vCaemmerer [1978] 435, 440). Im gleichen Sinne hat der BGH bei der

Verletzung von Beratungs- und Auskunftspflichten entschieden und dabei den Grundsatz aufgestellt, dass der Ersatz des Vertrauensschadens durch das Interesse an der Richtigkeit der Auskunft begrenzt ist (BGHZ 116, 209, 213; BGH NJW 1998, 982, 983). Dass der Geschädigte nicht besser gestellt werden darf, als er bei Erfüllung des Vertrages stünde, wird von der Rechtsprechung schließlich auch anerkannt, wenn sich das Vertrauensinteresse *inhaltlich* mit dem Erfüllungsinteresse deckt (BGHZ 49, 77, 83; NIRK, in: FS Möhring 91). Insofern erscheint es geradezu zwingend, dass dieser Grundsatz der Schadensberechnung konsequent auch bei anderen Fällen vorvertraglicher Pflichtverletzung angewendet wird, *wenn das Vertrauen auf Zustandekommen und Gültigkeit eines Vertrages enttäuscht worden ist*. Auf diesem Grundsatz beruht auch die übereinstimmende Regelung der Vertrauenshaftung gem § 179 Abs 2, früher auch des § 307 Abs 1 S 1 aF.

3. Verallgemeinerungsfähigkeit des § 122 Abs 2

21 Nach herrschender Ansicht (RGZ 151, 357, 360; BGHZ 99, 101, 109; BGH WM 1967, 798, 799; BAGE 14, 206, 211; PALANDT/HEINRICHS Rn 6; MünchKomm/KRAMER Rn 6; vgl auch LARENZ, SchR I § 8 III = S 104) ist anstelle des **Haftungsausschlusses gem § 122 Abs 2 die Vorschrift des § 254 entsprechend** anzuwenden, wenn jemand (außerhalb des Anwendungsbereichs der §§ 118–120, 122) für die von ihm verschuldete Unwirksamkeit des Vertrages wegen culpa in contrahendo haften soll, der Geschädigte aber die Unwirksamkeit kannte oder kennen musste. Auch diese Ansicht verdient keine Zustimmung, da der Haftungsausschluss auch bei einer Begründung der Haftung auf den Tatbestand der culpa in contrahendo aus teleologischen Gründen zwingend ist (**aA** aber RGZ 104, 265 – Weinsteinsäure –; MEDICUS, AT Rn 438; STAUDINGER/BORK [2003] § 155 Rn 17; PALANDT/HEINRICHS § 155 Rn 1; R RAISER AcP 127 [1977] 1, 35; wie hier insbes FLUME, AT § 34, 5 = S 626; KRAMER, Grundfragen 193 f). Dieser liegt in der Konsequenz des tragenden Haftungsprinzips, da die Schutzwürdigkeit des anderen Teils auf dem in Anspruch genommenen Vertrauen beruht und folgerichtig entfällt, wenn dieser die Unwirksamkeit des Vertrages kannte oder kennen musste (vgl FROTZ 61; SINGER, Verbot 102 u 166; zust MANKOWSKI 555; differenzierend GOTTWALD JuS 1982, 877, 884; der Sache nach auch BGH VersR 1969, 796, 797; WM 1970, 253, 255; 1978, 1092, 1093). Genauso verhält es sich, wenn das Mitverschulden darin besteht, dass der Geschädigte die Unwirksamkeit oder das Scheitern des Vertrages mit verursacht hat, da ein Verschuldensvorwurf sinnvollerweise nur erhoben werden kann, wenn der Geschädigte das Hindernis erkennen konnte und sein Vertrauen daher nicht schutzwürdig war (**aA** BGH WM 1967, 798, 799).

V. Verjährung

22 Der Anspruch auf Ersatz des Vertrauensschadens gem § 122 verjährt in der gleichen Frist wie der Erfüllungsanspruch aus dem angefochtenen Rechtsgeschäft (BGHZ 57, 191, 196; STAUDINGER/DILCHER[12] Rn 9; MünchKomm/KRAMER Rn 13). Das Erfüllungsinteresse bildet gem § 122 Abs 1 die Obergrenze des zu ersetzenden Vertrauensschadens. Diesem Rechtssatz ist die allgemeine Wertung zu entnehmen, dass der Schadensersatzanspruch in seiner „Intensität" nicht weiterreichen kann als der Erfüllungsanspruch (so zutr BGHZ 49, 77, 83; vgl auch oben Rn 20 f), und dies gilt auch für die Länge der Verjährungsfrist. An diesen Grundsätzen hat sich durch die Vereinheitlichung der Verjährungsfristen im Zuge der Schuldrechtsmodernisierung (§ 195) nichts geändert, da der Beginn der Verjährung wegen § 199 Abs 1 Nr 2 nach wie vor zu unterschiedlichen Verjährungsfristen führen kann.

VI. Beweislast

Wer den Vertrauensschaden ersetzt haben will, muss folgende Tatbestandsmerkmale beweisen (vgl BAUMGÄRTEL/LAUMEN Rn 1–3): Nichtigkeit oder wirksame Anfechtung einer Willenserklärung aus einem der in §§ 118–120 genannten Gründe (Rn 3–10), einen dadurch verursachten Vertrauensschaden (Rn 12 f) und seine Zugehörigkeit zum Kreis der Ersatzberechtigten (Rn 10). Dem Ersatzpflichtigen obliegt der Beweis dafür, dass der geltend gemachte Schaden das Erfüllungsinteresse übersteigt (Rn 14) und der Geschädigte bösgläubig war (Rn 16 ff). **23**

§ 123
Anfechtbarkeit wegen Täuschung oder Drohung

(1) Wer zur Abgabe einer Willenserklärung durch arglistige Täuschung oder widerrechtlich durch Drohung bestimmt worden ist, kann die Erklärung anfechten.

(2) Hat ein Dritter die Täuschung verübt, so ist eine Erklärung, die einem anderen gegenüber abzugeben war, nur dann anfechtbar, wenn dieser die Täuschung kannte oder kennen musste. Soweit ein anderer als derjenige, welchem gegenüber die Erklärung abzugeben war, aus der Erklärung unmittelbar ein Recht erworben hat, ist die Erklärung ihm gegenüber anfechtbar, wenn er die Täuschung kannte oder kennen musste.

Materialien: E I § 103; II § 98; III § 119; Mot I 204; Prot I 118; VI 128; STAUDINGER/BGB-Synopse 1896–2000 § 123.

Schrifttum

CANARIS, Die Vertrauenshaftung im deutschen Privatrecht (1971)
COESTER-WALTJEN, Die fehlerhafte Willenserklärung, Jura 1990, 362
GRIGOLEIT, Vorvertragliche Informationshaftung (1997)
HANAU, Objektive Elemente im Tatbestand der Willenserklärung, AcP 165 (1965) 220
HOPT, Haftung der Banken bei der Finanzierung von Publikumsgesellschaften und Bauherrenmodellen – Zur Grenzziehung bei § 123 Abs 2 BGB, Einwendungsdurchgriff, culpa in contrahendo und Prospekthaftung, in: FS Stimpel (1985) 265

JÜTTNER, Die Zurechnung der arglistigen Täuschung Dritter im rechtsgeschäftlichen Bereich unter besonderer Berücksichtigung des Problems der „gespaltenen" Arglist (Diss Münster 1998)
KAISER, Betrug durch bewusstes Ausnutzen von Fehlern beim Geldwechseln, NJW 1971, 601
KARKATSANES, Die Widerrechtlichkeit in § 123 BGB (1974)
S LORENZ, Der Schutz vor dem unerwünschten Vertrag (1997)
vLÜBTOW, Zur Anfechtung von Willenserklärungen wegen arglistiger Täuschung, in: FS Bartholomeyczik (1973) 249

MAYER-MALY, Was leisten die guten Sitten?, AcP 194 (1994) 105
MEDICUS, Verschulden bei Vertragsverhandlungen, in: Gutachten und Vorschläge zur Überarbeitung des Schuldrechts, Band I (1981) 479
NEUMANN-DUESBERG, Rechtswidrigkeitserfordernis und Rechtswidrigkeitsausschluss (Notwehr) im Täuschungstatbestand des § 123 BGB, JR 1967, 1
ders, Persönlichkeitsrecht, Vertragsfreiheit und gegenseitige Sozialpflichtigkeit, JZ 1962, 204
PFEIFFER/DAUCK, BGH-Rechtsprechung aktuell: Haustürgeschäftewiderrufsgesetz, NJW 1996, 2077

PIKART, Die Rechtsprechung des Bundesgerichtshofs zur Anfechtung von Willenserklärungen, WM 1963, 1198
REINKING/KIPPELS, Arglisthaftung und Organisationsverschulden, ZIP 1988, 892
ROESCH, Haftpflicht des Arztes bei arglistiger Täuschung, ZfV 1975, 100
SCHUBERT, Unredliches Verhalten Dritter bei Vertragsabschluß, AcP 168 (1968) 470
SINGER, Selbstbestimmung und Verkehrsschutz im Recht der Willenserklärungen (1995)
WEIMAR, Die Anfechtung wegen arglistiger Täuschung, MDR 1961, 204.

Systematische Übersicht

I. Bedeutung und Anwendungsbereich des § 123 1	a) Das Merkmal der „Widerrechtlichkeit" 29
II. Geschichtliche Entwicklung 3	b) Fragerechte des Arbeitgebers beim Abschluss von Arbeitsverträgen 30
III. Anfechtbarkeit wegen arglistiger Täuschung 5	aa) Schulischer und beruflicher Werdegang 32
1. Begriff der Täuschung 6	bb) Persönliche Verhältnisse 33
a) Tatsachencharakter 7	cc) Finanzielle Verhältnisse 34
b) Äußere und innere Tatsachen 8	dd) Graphologische und psychologische Gutachten, Intelligenz- und Eignungstests 35
2. Täuschung durch positives Tun 9	
3. Täuschung durch Unterlassen 10	ee) Konfessions-, Gewerkschafts- und Parteizugehörigkeit 36
a) Begründung von Aufklärungspflichten 10	ff) Krankheiten 37
b) Aufklärungspflichten bei einzelnen Vertragstypen 13	gg) Schwerbehinderteneigenschaft 38
aa) Kaufverträge 13	hh) Schwangerschaft 39
bb) Mietverträge 19	ii) Vorstrafen 40
cc) Aufklärungspflichten der Banken 20	kk) Öffentlicher Dienst 41
dd) Aufklärungspflichten bei Werk- und Werklieferungsverträgen 22	ll) Tätigkeit für das Ministerium für Staatssicherheit 42
ee) Aufklärungspflichten bei Bürgschaftsverträgen 23	mm) Anschlussbeschäftigung 43
ff) Anzeigepflichten bei Versicherungsverträgen 24	c) Fragerechte des Vermieters beim Abschluss von Mietverträgen 44
4. Kausalität zwischen Täuschung und Willenserklärung 26	7. Täuschung durch Dritte, § 123 Abs 2 S 1 45
5. Der subjektive Tatbestand der arglistigen Täuschung 27	a) Begrenzung des Anfechtungsrechts 45
6. Rechtswidrigkeit der Täuschung 29	b) Die Person des Dritten 46
	c) Einzelfälle 48
	aa) Vertreter 48
	bb) Verhandlungsgehilfen 49
	cc) Makler 50

dd)	Finanzierter Abzahlungskauf	51	aa) Drohung mit einer Strafanzeige	71
ee)	Finanzierter Beitritt zu einer Abschreibungsgesellschaft, Finanzierung von Publikumsgesellschaften und Bauherrenmodellen	52	bb) Drohung mit einer Kündigung	73
			cc) Drohung mit einer Klage	75
			dd) Drohung mit sonstigen Mitteln	76
			5. Subjektiver Tatbestand	77
ff)	Finanzierungsleasing	53	a) Bestimmungsvorsatz	77
gg)	Täuschung eines Sicherungsgebers	54	b) Subjektive Vorstellungen hinsichtlich der Widerrechtlichkeit	78
hh)	Gesellschafter	55		
d)	Kenntnis oder Kennenmüssen	56	c) Irrtum über die Widerrechtlichkeit	79
8.	Anfechtung gegenüber demjenigen, der aus der Erklärung unmittelbar ein Recht erworben hat, § 123 Abs 2 S 2	57	d) Weitere subjektive Merkmale	80
			V. Beweislast	81
9.	Anfechtung einer Vollmachterteilung oder Zustimmungserklärung	58	VI. Rechtsfolgen	
			1. Anfechtbarkeit der Willenserklärung	82
10.	Anfechtung wegen arglistiger Täuschung bei Schuldübernahme	59	2. Rückwirkung der Anfechtung	83
			3. Ausnahmen bei Dauerschuldverhältnissen	84
IV.	**Anfechtbarkeit wegen widerrechtlicher Drohung**		4. Ausschluss der Anfechtung	86
1.	Sinn und Zweck	60	5. Rückforderung der erbrachten Leistung nach §§ 812 ff	88
2.	Begriff der Drohung	61	6. Kein Ersatz des Vertrauensschadens	89
a)	vis absoluta und vis compulsiva	61	VII. **Sonderregeln und Konkurrenzen**	
b)	Inaussichtstellung eines Übels	62	1. Sonderregeln	90
c)	Abgrenzung: nicht zu beeinflussende Übel	63	2. Irrtumsanfechtung	91
d)	Die Person des Drohenden	64	3. Sittenwidrigkeit gem § 138	92
e)	Die Person des Bedrohten	65	4. Rücktritt und Kündigung	93
3.	Kausalität	66	5. Gewährleistungsrechte	94
4.	Widerrechtlichkeit	67	6. culpa in contrahendo	95
a)	Drohung mit einem rechtswidrigen Mittel	68	7. Unerlaubte Handlung	96
b)	Erstreben eines rechtswidrigen Erfolges	69	8. Das Rücktrittsrecht nach § 13a UWG	97
c)	Inadäquanz von Mittel und Zweck	70		

I. Bedeutung und Anwendungsbereich des § 123

§ 123 gewährt ein Anfechtungsrecht, wenn die Entscheidungsfreiheit durch eine arglistige Täuschung oder widerrechtliche Drohung beeinflusst wurde. Die Vorschrift schützt die rechtsgeschäftliche **Selbstbestimmung** vor gravierenden Störungen im Bereich der Willensbildung (Mot I 204; RGZ 134, 43, 55; BGHZ 51, 141, 147). Anders als bei dem Inhalts- und Erklärungsirrtum gem § 119 Abs 1, der nur Fehler bei der **Willenserklärung** berücksichtigt, gewährt § 123 auch bei **Mängeln der Willensbildung** Schutz (LARENZ/WOLF, AT § 37 Rn 1; Vorbem 32 zu §§ 116–144). Die Relevanz von „Motivirrtümern" beruht darauf, dass in den Fällen des § 123 Willensbildung und -entschließung durch äußere Einwirkungen des Erklärungsempfängers oder Dritter beeinträchtigt werden, die dem Erklärenden nicht zugerechnet werden können. Eine unter dem Einfluss von Täuschungshandlungen oder einer Drohung zustande

1

gekommene Willenserklärung leidet an einem so schweren Mangel, dass der Erklärende nicht auf seine formale Selbstbestimmung verwiesen werden darf (SINGER 209). Der Gesetzgeber hat aber nicht Nichtigkeit angeordnet, sondern sich für eine Anfechtbarkeit entschieden. Der Getäuschte bzw Bedrohte hat also die Wahl, ob er trotz Täuschung oder Drohung das Rechtsgeschäft gelten lassen möchte oder nicht (zur Rechtsfolge auch Rn 82). Die Anfechtung muss nicht unverzüglich (§ 121), sondern binnen Jahresfrist nach § 124 erfolgen, nachdem der Anfechtungsberechtigte die Täuschung entdeckt oder die Zwangslage aufgehört hat. Wegen der fehlenden Zurechenbarkeit der angefochtenen Willenserklärung haftet der Getäuschte oder Bedrohte anders als bei einer Anfechtung nach § 119 nicht für den Vertrauensschaden. § 123 greift im Übrigen erst recht ein, wenn die Täuschung nicht nur die Willensbildung, sondern den Akt der Willenserklärung direkt beeinflusst hat. Es ist also gleichgültig, ob die Täuschung zu einem Erklärungsirrtum oder zu einem Sachverhaltsirrtum geführt hat (MünchKomm/KRAMER Rn 13).

2 § 123 ist auf **alle Arten von** privatrechtlichen rechtsgeschäftlichen **Willenserklärungen** anwendbar, empfangsbedürftige und nicht empfangsbedürftige, ausdrückliche und konkludente (Vorbem 52 zu §§ 116–144, § 119 Rn 103), sofern nicht besondere Vorschriften vorgehen (vgl dazu Rn 90 und § 119 Rn 106 f). Wird **Schweigen** vom Gesetz als Ablehnung fingiert, ist § 123 nicht anwendbar (HANAU AcP 165 [1965] 220, 224). Hat Schweigen Erklärungswirkung, ist § 123 anwendbar (Vorbem 66 zu §§ 116–144). § 123 gilt nicht für den durch rechtswidrige Willensbeeinflussung bewirkten **Widerruf ehrenkränkender Behauptungen**, weil es sich nicht um eine Erklärung mit einem rechtsgeschäftlichen Charakter handelt. In Betracht kommt aber ein Beseitigungsanspruch analog § 1004 (BGH NJW 1952, 417).

II. Geschichtliche Entwicklung

3 Die Anfechtung wegen arglistiger Täuschung hat ihren **Ursprung** in der **actio de dolo malo** des **römischen Rechts** und in dem römisch-gemeinrechtlichen Dolusbegriff (KASER 627 f mwN). Unter dem vieldeutigen Begriff dolus malus ist nach hM die Vorspiegelung eines unrichtigen Sachverhalts zu verstehen (vgl dazu vLÜBTOW 249, 261 ff). Man unterschied danach, ob der Erklärende durch Vorspiegelung falscher Tatsachen zur Abgabe einer Erklärung veranlasst worden war, die er tatsächlich gar nicht abgeben wollte – dann war das Geschäft nichtig – oder ob lediglich der Geschäftswille selbst durch arglistige Täuschung hervorgerufen wurde – dann war das Geschäft gültig. In diesem Fall wurde aber der Getäuschte durch die Einrede der exceptio doli und durch den Wiederherstellungsanspruch der actio doli geschützt (vgl dazu STAUDINGER/RIEZLER[7/8] § 123 Abs 2; STAUDINGER/COING[10/11] Rn 2). Bezüglich des Umfangs dieses Wiederherstellungsanspruchs unterschied man den Fall des sog **dolus causam dans** (in dem angenommen werden muss, der Erklärende hätte ohne den Betrug das Geschäft überhaupt nicht abgeschlossen) und den Fall des **dolus incidens** (in dem er ohne den Betrug das Geschäft nicht unterlassen, sondern nur in anderer Weise abgeschlossen hätte). Beim dolus causam dans hatte er die Wahl, Reszission des Geschäftes und Schadensersatz oder Schadensersatz unter Aufrechterhaltung des Geschäftes (mit der sog Differenzklage) zu fordern. Beim dolus incidens dagegen hatte er diese Wahl nicht, sondern war auf einen durch den Differenzbetrag begrenzten Entschädigungsanspruch beschränkt (vgl REGELSBERGER 535 ff; WINDSCHEID 207 ff; DERNBURG 239, 245).

Der Begriff der Drohung hatte im **gemeinen Recht** regelmäßig die Bezeichnung 4
Zwang und Furcht. Man unterschied die Willensbeeinflussung durch **vis absoluta**
und **vis compulsiva**. Eine durch vis absoluta herbeigeführte Erklärung war nichtig.
Bei vis compulsiva, also insbesondere bei durch Drohung hervorgerufener Furcht
(metus), ging man davon aus, dass der wirkliche Wille erklärt wurde, und betrachtete deshalb die Willenserklärung als wirksam. Dem Bedrohten stand aber ein
ausgedehnter Rechtsschutz gegen die Nachteile zu, die ihm aus seiner Erklärung
entstehen konnten. Ansprüchen konnte er mit der Einrede exceptio quod metus
causa begegnen. Hatte er auf Grund seiner Willenserklärung einen Vermögensverlust erlitten, so konnte er mit der actio quod metus causa vom Drohenden selbst
vollen Schadensersatz, von anderen das verlangen, was infolge des Geschäfts in
ihrem Vermögen war (STAUDINGER/RIEZLER[7/8] § 123 Abs 2; DERNBURG 239 ff; REGELSBERGER
529 ff; WINDSCHEID 213 ff).

III. Anfechtbarkeit wegen arglistiger Täuschung

Voraussetzung für die Anfechtung einer Willenserklärung wegen arglistiger Täu- 5
schung ist eine Täuschung zum Zweck der Erregung oder Aufrechterhaltung eines
Irrtums (Rn 6), die durch positives Tun (Rn 9) oder durch ein Unterlassen (Rn 10 ff)
begangen werden kann. Zwischen der Täuschung und der irrtumsbedingten Willenserklärung muss ein Kausalzusammenhang bestehen (Rn 26). Die Täuschung erfordert in subjektiver Hinsicht Arglist (Rn 27 ff) und muss rechtswidrig sein (Rn 29 ff).

1. Begriff der Täuschung

Unter einer Täuschung im Sinne des § 123 versteht man die vorsätzliche Erregung, 6
Bestärkung oder Aufrechterhaltung eines Irrtums, sei es durch das **Vorspiegeln**
falscher oder das **Verschweigen** wahrer Tatsachen, um den Willensentschluss des
Getäuschten zu beeinflussen (BGH NJW 1957, 988; LARENZ/WOLF, AT § 37 Rn 5; MünchKomm/KRAMER Rn 8; PALANDT/HEINRICHS Rn 2). Ob die Täuschung den Erklärungswillen
erst geweckt oder ihn in eine bestimmte Richtung gelenkt hat, ist ohne Bedeutung
(SOERGEL/HEFERMEHL Rn 2). Es empfiehlt sich nicht, die arglistige Täuschung als
„zivilrechtlichen Betrug" zu bezeichnen (vLÜBTOW 249, 250). Mit dem strafrechtlichen
Betrug nach § 263 StGB ist die arglistige Täuschung nach § 123 zwar hinsichtlich der
Merkmale der Täuschung zum Zwecke der Irrtumserregung, Irrtumsbestärkung
oder Irrtumserhaltung vergleichbar, aber § 123 schützt anders als § 263 StGB nicht
das Vermögen und setzt weder eine Vermögensschädigung, noch die Absicht einer
Vermögensvorteilsverschaffung voraus.

a) Tatsachencharakter
Die Täuschung muss sich auf **objektiv nachprüfbare Tatsachen** beziehen, dh der 7
Inhalt der Täuschungsaussage muss dem Urteil „wahr" oder „falsch" zugänglich
sein (vgl dazu BAUMBACH/HEFERMEHL § 3 UWG Rn 12 ff). Dies trifft auf Aussagen über
wertbildende Merkmale des Vertragsgegenstandes zu, zB die Fahrleistung eines
Motors (OLG Köln DB 1971, 2015), die Bezeichnung von Bremsen als „neu" (KG
MDR 1972, 604, 605), eines Gegenstandes als generalüberholt (BGH NJW 1995, 955,
956), die Kundenzahl eines Fitness-Studios (OLG Düsseldorf WuM 2003, 138), die Höhe
einer Forderung, für die gebürgt werden soll (RG SeuffA 89 Nr 68), oder das Alter
eines Orientteppichs (BGH WM 1977, 260, 261). Eine Täuschung liegt vor, wenn

Nachbildungen alter Möbel und Gemälde aus jüngster Zeit als „Kunst und Antiquitäten" aus einer „Schlossauflösung" angeboten werden (OLG Düsseldorf NJW 2002, 612). Eine falsche Tatsachenbehauptung ist auch zu bejahen, wenn ein erheblich überhöhtes Angebot als „ordentlicher" Preis bezeichnet wird oder wenn der Verkäufer eines Gebrauchtwagens fälschlich vorspiegelt, der Preis in der „Schwacke-Liste" liege höher als der betreffende Kaufpreis (LG Osnabrück DAR 1987, 121, 122). Worauf sich die Täuschung bezieht, ist unerheblich. Es ist also gleichgültig, ob über eine Eigenschaft eines Gegenstandes, über einen Bewertungsfaktor wie zB Marktpreis oder Börsenkurs oder über andere Umstände, die auf die Willensbildung Einfluss nehmen, getäuscht wird (LARENZ/WOLF, AT § 37 Rn 8). **Subjektiven Werturteilen, Vermutungen und Angaben**, die ihrem Inhalt nach ungewiss sind, kann kein sachlicher Gehalt beigemessen werden (SOERGEL/HEFERMEHL Rn 3; PALANDT/HEINRICHS Rn 3). **Marktschreierische Anpreisungen und Werbungsmaßnahmen** sind ebenfalls keine Tatsachenbehauptungen, solange ihnen nach der Verkehrsauffassung keine sachliche Bedeutung beizumessen ist und deshalb von einem verständigen Menschen nicht ernst genommen werden (SOERGEL/HEFERMEHL Rn 3; vgl auch Rn 97). Jedoch können auch einzelne Werbepassagen oder Anpreisungen objektiv nachprüfbare Aussagen enthalten. Wenn dieser sog **„Tatsachenkern"** nachweisbar objektiv falsch ist, kann eine Anfechtung gem § 123 in Betracht kommen. Die Erklärung, die Eigentumswohnung werde sich durch Mieten und Steuerersparnisse selbst tragen, ist keine bloße Anpreisung, sondern eine Tatsachenbehauptung (KG NJW 1998, 1082, 1083). Wirbt ein Baubetreuer mit hohen Vorsteuererstattungsansprüchen, ist er verpflichtet, Interessenten auf geltend gemachte Bedenken der Finanzbehörden über die Frage der Erstattungsfähigkeit von Vorsteuern hinzuweisen (OLG Düsseldorf NJW-RR 1986, 320, 321; vgl auch KG ZIP 2000, 268 ff). Preist ein Verkäufer in seiner Broschüre Diamanten als Ersatzwährung an, während der Kaufpreis mehr als 20% über dem Preisniveau des deutschen Einzelhandels liegt, so erweckt er fälschlich den Eindruck, es gebe einheitlich festliegende Bewertungskriterien und keinen Spielraum für eine individuelle Preisgestaltung (LG Frankfurt NJW-RR 1994, 241). Wird ein Time-Sharing-Nutzungsrecht hinsichtlich einer Ferienanlage derart beworben, dass sich ein First-Class-Charakter aufdrängen muss, so liegt eine arglistige Täuschung vor, wenn es sich nur um eine 3-Sterne-Kategorie handelt (OLG Düsseldorf NJW-RR 1995, 686). Das Äußern einer **Rechtsansicht** kann ebenfalls eine Tatsachenbehauptung darstellen (RG LZ 1926, 324 f), zB wenn nach einem Verkehrsunfall die Einschätzung der materiellen Rechtslage bewusst falsch wiedergegeben wird, um ein Schuldanerkenntnis zu erwirken (KG OLGZ 1972, 257, 261).

b) Äußere und innere Tatsachen

8 Die Täuschung kann sich auf Tatsachen der äußeren Erscheinungswelt, aber auch auf innere Tatsachen beziehen. Über innere Tatsachen wird getäuscht, wenn bestimmte Kenntnisse oder Fähigkeiten falsch angegeben werden oder wenn die Ernsthaftigkeit des Vertragsabschlusses entgegen der Wahrheit vorgespiegelt wird. Eine Täuschung über innere Tatsachen liegt auch bei der Absicht vor, den Vertrag nicht erfüllen zu wollen oder zu können (RGZ 48, 282, 284 f; BGH LM Nr 12). In der Eingehung einer Verpflichtung liegt die konkludente Behauptung der Erfüllungsmöglichkeit und -absicht. Wer zB auf Kredit kauft, erklärt schlüssig durch den Vertragsschluss, den Kaufpreis bei Fälligkeit zahlen zu wollen und zu können (OLG Köln NJW 1967, 740, 741). Im Übrigen besteht grundsätzlich keine Aufklärungspflicht über wirtschaftliche Bedrängnisse, es sei denn die wirtschaftliche Situation ist für die Vereitelung des Vertragszwecks von erheblicher Bedeutung (BGH NJW 1974, 1505, 1506; 1983, 1607, 1609).

2. Täuschung durch positives Tun

Die Täuschung kann durch positives Tun oder durch Unterlassen begangen werden, **9** wobei es für die Anfechtbarkeit nach § 123 auf die konkrete Täuschungsform nicht ankommt. Eine Täuschung durch ein positives Tun kann zB durch Behauptungen über Zustände oder Ereignisse, durch Vorspiegeln, Unterdrücken oder Entstellen von Tatsachen, durch mündliche oder schriftliche Äußerungen, konkludentes Verhalten, Tathandlungen (zB Verdecken von Sachmängeln) oder auch durch das Gesamtverhalten des Handelnden erfolgen. Der Inhalt der Täuschung ist durch Auslegung zu ermitteln. Dabei sind Halbwahrheiten und unvollständige Angaben regelmäßig der aktiven Täuschungshandlung zuzuordnen (FLEISCHER 250 ff).

3. Täuschung durch Unterlassen*

a) Begründung von Aufklärungspflichten

Das Verschweigen von Umständen, die für die Willensentschließung des Erklä- **10** rungsgegners wesentlich sind, kann ebenfalls eine Täuschung darstellen. Zu unterscheiden ist, ob auf eine Frage wahre Tatsachen verschwiegen werden oder ob auch

---

* **Schrifttum:** ADAMS, Irrtümer und Offenbarungspflichten im Vertragsrecht, AcP 186 (1986) 453; BÖHMER, Zur Anfechtung von Versicherungsverträgen nach § 123 BGB, MDR 1958, 207; BREIDENBACH, Die Voraussetzungen von Informationspflichten beim Vertragsabschluß (1989); F BYDLINSKI, Über listiges Verschweigen beim Vertragsschluss, JBl 1980, 393; EIDENMÜLLER, Effizienz als Rechtsprinzip (1995); FLEISCHER, Informationsasymmetrie im Vertragsrecht – Eine rechtsvergleichende und interdisziplinäre Abhandlung zu Reichweite und Grenzen vertragsschlussbezogener Aufklärungspflichten (2001); GRUNEWALD, Die Anfechtung wegen arglistiger Täuschung bei der Übertragung von GmbH-Geschäftsanteilen, ZGR 1991, 452; HEERSTRASSEN, Arglistige Täuschung beim Kunstkauf – OLG Hamm, NJW-RR 1993, 628, JuS 1995, 197; HOMMELHOFF, Verbraucherschutz im System des deutschen und europäischen Privatrechts (1996); KLINGLER, Aufklärungspflichten im Vertragsrecht (1981); KNOCHE, Sachmängelgewährleistung beim Kauf eines Altlastengrundstücks, NJW 1995, 1985; LANDSCHEIDT/SEGBERS, Der Verkauf eines Unfallwagens, NZV 1991, 289; OTT, Vorvertragliche Aufklärungspflichten im Recht des Güter- und Leistungsaustausches, in: OTT/SCHÄFER, Ökonomische Probleme des Zivilrechts (1991) 142; MANKOWSKI, Beseitigungsrechte, 309; ders, Arglistige Täuschung durch vorsätzlich falsche oder unvollständige Antworten auf konkrete Fragen, JZ 2004, 121; PAULUSCH, Die Rechtsprechung des Bundesgerichtshofs zum Kaufrecht, WM Beilage Nr 9/1991; REHM, Aufklärungspflichten im Vertragsrecht (2003); REICH, Schuldrechtliche Informationspflichten gegenüber Endverbrauchern, NJW 1978, 513; REINKING/EGGERT, Der Autokauf. Rechtsfragen beim Kauf neuer und gebrauchter Kraftfahrzeuge sowie beim Leasing (4. Aufl 1990); SCHÄFER, Ökonomische Analyse von Aufklärungspflichten, in: OTT/SCHÄFER, Ökonomische Probleme des Zivilrechts (1991) 117; SCHÜNEMANN, Aufklärungspflicht und Haftung, BB 1987, 2243; SKIBBE, Zur Aufklärungspflicht bei Kaufvertragsverhandlungen, in: FS Kurt Rebmann (1989) 807; STENGEL/SCHOLDERER, Aufklärungspflichten beim Beteiligungs- und Unternehmenskauf, NJW 1994, 158; STRUTZ, Umfang der Aufklärungspflicht beim Verkauf eines gebrauchten Kraftfahrzeugs, NJW 1968, 436; THAMM/PILGER, Vertragliche Nebenpflicht zur Aufklärung und

ohne ausdrückliche Nachfrage eine Offenbarungspflicht besteht. Auf **ausdrückliche Fragen** muss der Vertragspartner, sofern er die Beantwortung nicht vollkommen ablehnt, grundsätzlich vollständig und richtig antworten (RGZ 91, 80, 81; BGHZ 74, 383, 392; NJW 1967, 1222 f; 1977, 1914, 1915; LG Bremen DAR 1984, 91, 92; FLEISCHER 254; MünchKomm/KRAMER Rn 18; PALANDT/HEINRICHS Rn 5a). Große Schwierigkeiten bereitet die Begründung von Aufklärungspflichten ohne solche Nachfrage. Grundsätzlich besteht **keine allgemeine Aufklärungspflicht**, den Vertragspartner hinsichtlich aller Einzelheiten und Umstände zu informieren, die die Willensentschließung beeinflussen könnten (statt vieler BGH LM Nr 64 = NJW 1983, 2493, 2494; MünchKomm/KRAMER Rn 18; PALANDT/HEINRICHS Rn 5). Zum Wesen der Privatautonomie gehört die **Selbstverantwortung** für rechtsgeschäftliches Handeln. Insofern ist es im Grundsatz jedermanns eigene Angelegenheit, die für die eigene Willensentscheidung notwendigen Informationen auf eigene Kosten und auf eigenes Risiko selbst zu beschaffen (statt vieler BGH NJW 1989, 763, 764). Wann und in welchem Ausmaß Aufklärungspflichten ausnahmsweise doch bestehen, hat der Gesetzgeber nicht normiert, weil ihm eine generelle Regelung unmöglich erschien (Mot I 208). Im Bereich der Verbraucherverträge gibt es zunehmend gesetzlich angeordnete Informationspflichten, durch die der Gesetzgeber seiner Pflicht zur Umsetzung verbraucherrechtlicher EG-Richtlinien nachkommt. Die **BGB-InfoV** vom 5. 8. 2002 (BGBl I 3002) enthält eine Zusammenfassung der wichtigsten Informationspflichten bei Verbraucherverträgen (s ferner zB § 492 Abs 1 S 5). Die Konkretisierungsaufgabe, wann und in welchem Umfang ein Vertragsbeteiligter Informationen dem Vertragspartner weitergeben muss und wann er einen Informationsvorsprung als eigenen Vorteil nutzen darf, also bewusst schweigen darf, wurde Rechtsprechung und Literatur überlassen. Diese Aufgabe ist bisher nur ansatzweise gelöst und vielleicht auch nicht umfassend lösbar (so auch MEDICUS, Gutachten 479, 539; MünchKomm/ROTH § 242 Rn 260 ff; zuletzt monografisch FLEISCHER [2001] und REHM [2003]). Viele Definitionen sind vage und unpraktikable Leerformeln.

11 Die Rechtsprechung bejaht eine Pflicht zur Mitteilung auch ohne Nachfrage dann, wenn eine Aufklärung nach Treu und Glauben (§ 242) und den im Verkehr üblichen Gewohnheiten geboten ist und der Vertragspartner daher mit einer Aufklärung der Sachlage redlicherweise rechnen darf (statt vieler RGZ 77, 309, 314; 111, 233, 235; BGH NJW 1989, 763, 764). Eine Aufklärungspflicht könne immer nur aus besonderen Gründen anhand der **Umstände des Einzelfalles** bejaht werden (BGH NJW 1983, 2493, 2494). Im Schrifttum gibt es unterschiedliche Ansatzpunkte zur Konkretisierung der Aufklärungspflichten, die aber auch nicht zu wesentlich präziseren und praktikableren Ergebnissen führen. Vor allem die Kommentarliteratur beschränkt sich darauf, die

---

Beratung bei Lieferverträgen und deren Regelung in Geschäftsbedingungen des kaufmännischen Verkehrs, BB 1994, 729; TESKE, Zur Untersuchungspflicht des Gebrauchtwagenhändlers, NJW 1983, 2428; TIEDTKE, Der Inhalt des Schadensersatzanspruchs aus Verschulden beim Vertragsabschluß wegen fehlender Aufklärung, JZ 1989, 569; WERRES, Aufklärungspflichten in Schuldverhältnissen und deren Grenzen (Diss Köln 1985); WILBURG, Entwicklung eines beweglichen Systems im bürgerlichen Recht. Rede, gehalten bei der Inauguration als Rector magnificus der Karl-Franzens-Universität am 22. November 1950 (ohne Ort und Jahr); WINKLER VON MOHRENFELS, Abgeleitete Informationsleistungspflichten im deutschen Zivilrecht (1986); ZAHRNT, Die Rechtsprechung zu Aufklärungs- und Beratungspflichten bei der Beschaffung von DV-Leistungen, BB 1992, 720.

Einzelfälle aus der Judikatur nach abstrakten Merkmalen zu ordnen. Zum Teil wird dabei nach der Art des jeweiligen Schuldverhältnisses unterschieden (zB FLUME § 29, 1 = S 541; LARENZ/WOLF, AT § 37 Rn 6; MünchKomm/KRAMER Rn 17). Andere differenzieren danach, ob es sich bei dem angestrebten Vertrag um einen interessengegengesetzten, einen interessenwahrenden Vertrag oder einen Gemeinschaftsvertrag handelt (SOERGEL/HEFERMEHL Rn 6; SOERGEL/TEICHMANN § 242 Rn 136). Sofern einzelne Sachkriterien herangezogen werden, um Aufklärungspflichten zu begründen, lassen sich diese häufig auf **Vertrauensschutzerwägungen** zurückführen (BGH NJW 1965, 812; BGHZ 56, 81, 84 f; LARENZ, in: FS Ballerstedt [1975] 397 [398 f, 403]). In diesem Zusammenhang gehören auch solche pflichtenbegründende Umstände wie die besondere Sachkenntnis des Vertragspartners, dessen Berufserfahrung, das Bestehen einer laufenden Geschäftsbeziehung zwischen den Vertragspartnern (RGZ 27, 118, 121; 126, 50, 52; BGHZ 13, 198, 200; 21, 102, 107; OLG Saarbrücken OLGZ 1981, 248; SOERGEL/HEFERMEHL Rn 8; S LORENZ 433 f) sowie der Gesichtspunkt, dass sich Vertragsverhandlungen über einen längeren Zeitraum hinwegziehen (vgl BGH LM Nr 64 = NJW 1983, 2493, 2494). Strenger ist insbesondere MEDICUS (Bürgerliches Recht Rn 150), der für die Begründung von Aufklärungspflichten eine Garantenstellung des Verpflichteten verlangt. Pflichtenbegründend wirken ferner die **strukturelle Überlegenheit** des Informationspflichtigen einerseits und die Unerfahrenheit des Vertragspartners andererseits. Angesichts der relativen Offenheit der Kriterien lag es nahe, die verschiedenen Gesichtspunkte zu einem beweglichen System zu verknüpfen und das Bestehen und die Intensität von Aufklärungspflichten aus dem Zusammenspiel dieser Kriterien je nach ihrer Zahl und Stärke zu begründen (F BYDLINSKI JBl 1980, 393, 397; BREIDENBACH 61 ff im Anschluss an WILBURG 12 ff; vgl auch S LORENZ 416 ff). Das System von BREIDENBACH kommt mit drei, freilich ebenfalls relativ offenen Elementen aus: dem Informationsbedarf des Berechtigten, der Möglichkeit der Information durch den Verpflichteten und die Zugehörigkeit der Information zu seinem Funktionskreis. Ferner wurden Aufklärungspflichten mit ökonomischen Gesichtspunkten begründet (SCHÄFER 117 ff; OTT 142, 148; ADAMS AcP 186 [1986] 453, 468 ff; REHM [2003] 24 ff; krit GRIGOLEIT 73 ff). In diesem Kontext wird auch darauf aufmerksam gemacht, dass Informationen grundsätzlich einen wirtschaftlichen Wert beinhalten und ohne Gegenleistung grundsätzlich keine vorvertragliche Aufklärung erwartet werden könne (REHM 235 ff). Das Verdienst der sehr materialreichen Monographie von FLEISCHER besteht wiederum darin, die aus rechtsgeschichtlichen Erfahrungen und informationsökonomischen Einsichten gewonnene Interessenlage herauszustellen und zu versuchen, den Konflikt der im Widerstreit stehenden Interessen durch „Hin- und Herwandern des Blickes" nachvollziehbar zu lösen (FLEISCHER 277 ff).

Eine deduktive Ableitung von Aufklärungspflichten verspricht insgesamt wenig **12** Erfolg, da es an klaren normativen Vorgaben fehlt. Das im folgenden bevorzugte induktive Vorgehen, bei dem die wichtigsten in Rechtsprechung und Schrifttum behandelten Fallgruppen untersucht werden, geht ungeachtet dessen von einigen **Basiswertungen** aus, die an die vorstehend genannten pflichtenbegründenden Elemente anknüpfen. Ausgangspunkt ist die dem System der Privatautonomie immanente **Selbstverantwortung** für die Folgen rechtsgeschäftlichen Handelns (vgl auch REHM 235 ff). Infolgedessen kommen Aufklärungspflichten in erster Linie dort in Betracht, wo die **Funktionsvoraussetzungen der Privatautonomie** nicht gewährleistet oder erheblich **beeinträchtigt** sind. Das trifft insbesondere zu, wenn dem Partner die erforderliche Geschäftserfahrung fehlt und daher von Selbstbestimmung in Selbstverantwortung nur noch sehr eingeschränkt die Rede sein kann (vgl bezgl des Konsumentenkredits SINGER ZBB 1998, 141, 143 mwN; s ferner Rn 20). Privatautonomer Selbstschutz versagt auch regelmäßig dort, wo der eine Vertragspartner nicht in der Lage ist, sich die erforderlichen Informationen selbst zu beschaffen, und darauf angewiesen ist, dass der andere ihn informiert (vgl zB Rn 17). Dabei handelt es sich um Fallgruppen, in denen besonderes **Vertrauen** des Vertragspartners berechtigterweise in Anspruch genommen wird (vgl zB Rn 15). Und schließlich folgt aus dem **Sinn des rechtsgeschäftlichen Versprechens**, dass der Kontrahent über solche Umstände, die dessen Durchführung gefährden oder vereiteln, aufklären muss (vgl Rn 13 ff). Wer einen Vertrag abschließt, erkennt das Interesse des Kontrahenten an dessen Durchführung an. Die in den folgenden Fallgruppen von Rechtsprechung und Schrifttum begründeten Aufklärungspflichten lassen sich im Wesentlichen auf die genannten Basiskriterien zurückführen.

b) Aufklärungspflichten bei einzelnen Vertragstypen
aa) Kaufverträge

13 Der Verkäufer einer Sache muss nicht ungefragt über alle Umstände aufklären, die für dessen Kaufentschluss von Bedeutung sein können. Eine Offenbarungspflicht besteht nur, wenn es sich um Umstände handelt, die für den Vertragsentschluss des Käufers erkennbar von Bedeutung sind und deren Mitteilung er nach der Verkehrsauffassung erwarten darf (statt vieler BGH NJW 1983, 2493, 2494 mwN). Aufzuklären ist daher zB über eine versicherungsrechtlich ausgesteuerte Augenerkrankung des verkauften Dressurpferdes, weil die Versicherungsfähigkeit eines wertvollen Pferdes ein für den Kaufentschluss wesentlicher Umstand ist (OLG Nürnberg OLGZ 1984, 121, 122). Der Verkäufer eines Mehrfamilienhauses muss auf erhebliche Zahlungsrückstände eines Mieters hinweisen (OLG Celle NJW-RR 1999, 280 f). Bei Kaufverträgen dürfen wegen des natürlichen Interessengegensatzes die Anforderungen aber nicht überhöht werden (vgl aber BGH LM Nr 52). Auch ungünstige Eigenschaften der Kaufsache müssen grundsätzlich nicht ohne Nachfrage mitgeteilt werden (OLG München NJW 1967, 158; OLGZ 1970, 409, 411 f). Der Käufer einer Forderung darf zB nicht ohne weiteres erwarten, dass der Verkäufer ihn ungefragt über die wirtschaftlichen Verhältnisse des Schuldners aufklärt (BGH WM 1975, 157, 158). Es muss aber darüber aufgeklärt werden, wenn eine Kaufsache für den Käufer **nicht erkennbare Mängel** aufweist, die ihren Wert erheblich mindern oder sogar unbrauchbar machen. Durch eine mangelhafte Leistung wird der **Vertragszweck erheblich beeinträchtigt**, so dass eine Aufklärungspflicht aus dem Sinn des rechtsgeschäftlichen Versprechens selbst folgt.

14 Zum Wesen der Privatautonomie gehört, dass die Preise am Markt das Ergebnis eines von den Marktteilnehmern selbst (mit)bestimmten Prozesses verkörpern. Insofern braucht ein Verkäufer keine Angaben über Grundlagen von **Preisberechnungen** zu machen, auch nicht darüber, ob nach der Marktlage mit einem Steigen oder Fallen der Preise zu rechnen ist (RGZ 111, 233, 234). Eine Verpflichtung, ohne Nachfrage auf erhebliche Abweichungen vom Listenpreis hinzuweisen, besteht nicht. Auch seine Verdienstspanne muss der Verkäufer nicht offenbaren. Die Grenze zulässiger Preisgestaltung zieht § 138 Abs 2 (OLG Düsseldorf NJW-RR 1989, 116, 117). Wer aber bei Geschäftsverhandlungen ungefragt Angaben zu Preisgestaltungen oder zu seiner Verdienstspanne macht, muss bei der Wahrheit bleiben (BGH LM Nr 30 a = NJW 1964, 811). So liegt eine arglistige Täuschung vor, wenn im Einzelfall

unter Hervorhebung besonderer Umstände von einem besonders günstigen Angebot oder von einem „Sonderpreis" gesprochen wird, der tatsächlich verlangte Preis aber keineswegs günstig ist oder über der Preisempfehlung liegt (OLG Frankfurt DAR 1982, 294 f; OLG Hamm NJW-RR 1993, 628, 629). Hat zB der Verkäufer wahrheitswidrig erklärt, das verkaufte Bild stamme aus dem Nachlass einer Malerfamilie und sei deshalb preislich günstiger als in Galerien üblich, berechtigt dies den Käufer zur Anfechtung wegen arglistiger Täuschung (OLG Hamm NJW-RR 1993, 628 f; HEERSTRASSEN JuS 1995, 197 ff). Der Verkäufer, der bei den Vertragsverhandlungen auf der Grundlage seines Listenpreises einen Nachlass von 30% gewährt hat, ist nicht verpflichtet, das erhebliche Sinken des Herstellerlistenpreises zwischen Abschluss der Verhandlungen und Unterzeichnung des Vertrages mitzuteilen (BGH LM Nr 64 = NJW 1983, 2493 f). Hat der zur Aufklärung Verpflichtete seinem Vertragspartner eine entgeltliche Übertragung der durch ein entgeltliches Gutachten erworbenen Informationen angeboten, besteht keine unentgeltliche Aufklärungspflicht (BGH NJW 1993, 1643 f). Verschweigt ein Makler einem Kaufinteressenten, dass er auch vom Verkäufer die Provision verlangt, also letztlich den doppelten Betrag kassieren will, liegt eine arglistige Täuschung vor (OLG Frankfurt NJW-RR 1988, 1199).

Der Verkäufer kann zu einer erhöhten Aufklärung verpflichtet sein, wenn der Käufer erkennbar geschäftlich oder sachlich unerfahren ist bzw auf die **Fachkenntnisse** und den Rat des Verkäufers **vertraut** (BGH NJW 1971, 1795, 1799; LG Berlin NJW-RR 1989, 504, 505). Umgekehrt kann eine Aufklärungs- bzw Offenbarungspflicht begrenzt sein oder sogar ganz entfallen, wenn angenommen werden kann, dass der Geschäftspartner aufgrund seines Berufs oder besonderer Erfahrungen eigene entsprechende Kenntnisse hat. So braucht zB eine Bank über den spekulativen Charakter einer Kapitalanlage nicht aufzuklären, wenn der Anleger von einem Vermögensberater betreut wird und bereits feste Vorstellungen von dem gewünschten Geschäft hat (BGH NJW 1996, 1744). 15

Die Anfechtung wegen Verschweigens von Informationen hat insbesondere im **Kraftfahrzeughandel** große praktische Bedeutung. Der BGH hat in ständiger Rechtsprechung eine Offenbarungspflicht insbesondere bei **Unfallschäden** eines verkauften Gebrauchtwagens bejaht (BGHZ 29, 148, 150; 63, 382, 386; 74, 383, 391). Wegen entsprechender Wertminderung, unter Umständen Reparaturanfälligkeit und möglicherweise bestehender materialbedingter Gefahren ist die Kenntnis über einen Unfall für den Käufer grundsätzlich von kaufentscheidender Bedeutung. Nach einem schweren Unfall muss über den Umfang des Schadens und über alle Einzelheiten der ausgeführten Instandsetzungsarbeiten aufgeklärt werden (OLG Karlsruhe MDR 1992, 645; OLG Köln VersR 1994, 111), nicht aber darüber hinaus über die Beurteilung des Schadens als sog wirtschaftlichen Totalschaden, da diese dem Käufer selbst möglich und zuzumuten ist (str, OLG Düsseldorf NJW-RR 1991, 1402; OLG Karlsruhe DAR 1992, 151; aA OLG Hamm DAR 1983, 355). Eine möglicherweise vorliegende Verkehrsunsicherheit des Fahrzeugs nach nicht vollständig durchgeführter Reparatur ist dem Käufer mitzuteilen (OLG Hamm DAR 1996, 499 f; OLG Koblenz DAR 2002, 169 f). Keiner Mitteilung bedürfen **„Bagatellschäden"**, da ein geringfügiger Unfall bei vernünftiger Betrachtungsweise den Kaufentschluss nicht beeinflussen kann (vgl zB OLG Karlsruhe DAR 2002, 167 f). Grundsätzlich wird bei *Pkw* nur bei ganz geringfügigen äußeren Lackschäden ein Bagatellschaden angenommen. Bei *Lastkraftwagen* ist es gerechtfertigt, auch etwas weitergehende Schäden als „Bagatellschäden" 16 zu behandeln, weil hier weniger auf das äußere Erscheinungsbild Wert gelegt wird. Voraussetzung ist aber auch hier, dass weitergehende Beeinträchtigungen tragender oder wesentlicher Fahrzeugteile auszuschließen sind (BGH NJW 1982, 1386 f; WM 1982, 511; 1987, 137, 138). Beim Verkauf eines unfallgeschädigten Wagens besteht eine Offenbarungspflicht auch dann, wenn der *Käufer* Gebrauchtwagenhändler ist (OLG Köln NJW-RR 1995, 51). Umgekehrt sind die Anforderungen an Aufklärungspflichten höher, wenn der **Verkäufer** nicht Privatperson, sondern **Gebrauchtwagenhändler** ist. Diesem wird als Fachmann in der Regel mehr Vertrauen entgegengebracht als einer Privatperson, weshalb auch ein höherer Kaufpreis in Kauf genommen wird. Der gesamte Gebrauchtwagenhandel beruht auf der berechtigten Erwartung des Kunden, dass der Händler ihn über den Zustand des Wagens besser informiert als ein privater Verkäufer (OLG Frankfurt VersR 1981, 388, 389; OLG Koblenz VRS Bd 77 [1989] 404; STRUTZ NJW 1968, 436). Es ist auch üblich, dass ein Händler einen übernommenen Wagen vor einer Weiterveräußerung insbesondere auf Unfallschäden und auf die Zulassungsfähigkeit hin untersucht. Ist die Untersuchung unterblieben, muss er darauf hinweisen (OLG Hamburg DAR 1992, 378 f; OLG Düsseldorf VersR 1993, 1027, 1028; OLG Köln NJW-RR 1997, 1214, 1215). Eine solche Untersuchungspflicht trifft den privaten Verkäufer nicht (OLG Köln NJW-RR 1992, 49, 50). Bei einem sehr niedrigen Kaufpreis kann der Käufer grundsätzlich weniger Aufklärung erwarten als bei einem verhältnismäßig hohem Preis, denn bei äußerst preiswerten Wagen ist vom Preis auf einen entsprechend schlechteren Zustand zu schließen und damit weniger Vertrauen in die Mängelfreiheit gerechtfertigt (BGH LM Nr 10). Bereits der begründete Verdacht eines Unfallschadens verpflichtet den Gebrauchtwagenhändler zur Aufklärung (OLG Frankfurt NJW-RR 1999, 1064). Nicht nur über Unfälle, sondern auch über **andere wertbildende Faktoren**, Schäden oder Mängel muss aufgeklärt werden, sofern davon auszugehen ist, dass der Kaufentschluss dadurch beeinflusst wird. Rechnet ein fachlich erfahrener Gebrauchtwagenhändler mit der Durchrostung eines Pkw, so muss er den Käufer darauf hinweisen (BGH NJW 1979, 1707). Weicht die wahre Laufleistung eines Pkw von dem Tachostand ab, so muss der Verkäufer dies ungefragt offenbaren. Die Gesamtlaufleistung eines Fahrzeuges ist Grundlage für die Prognose, wie lange das Fahrzeug noch laufen wird, und ist deshalb für den Kaufentschluss und den Kaufpreis von ausschlaggebender Bedeutung (OLG Köln NJW-RR 1988, 1136). Aufklärungspflichten bestehen auch hinsichtlich eines „grau" importierten Pkws, der zum vollen Richtpreis verkauft wird (LG Düsseldorf DAR 1987, 385), ebenso wenn bei einem Importauto aus den USA ein Ölkühler fehlt (OLG Düsseldorf NJW-RR 1993, 1463 f). Auch über den Umstand, dass das verkaufte Fahrzeug aus dem Ausland reimportiert bzw importiert ist, muss aufgeklärt werden, da **Importfahrzeuge** einen deutlich niedrigeren Marktpreis haben. Ferner besteht die Gefahr, dass das Fahrzeug nicht den in Deutschland geltenden Zulassungsbestimmungen, den kaufvertraglichen Vereinbarungen und dem Stand der Technik entspricht (OLG Saarbrücken NJW-RR 1999, 1063 f; anders OLG Köln VRS 89 [1995] 362, 364 f). Keine Aufklärungspflicht besteht, wenn ein nicht gebrauchtes, aber einige Zeit eingelagertes Kfz als **fabrikneu** verkauft wird, sofern es noch dem neuesten Modell entspricht und keine durch die Standzeit bedingten Mängel aufweist (BGH NJW 1980, 1097 f; 1980, 2127 f). Der Verkäufer eines fabrikneuen Wagens muss dem Käufer nicht das baldige Erscheinen eines neuen Modells desselben Typs ungefragt mitteilen, da dies alleine noch keine ungünstige Eigenschaft des verkauften Fahrzeugs begründet (OLG München NJW 1967, 158). Wird ein Wagen, der in einem Betrieb eines Kfz-Händlers kurz als Mietwagen genutzt wurde, als Vorführwagen bezeichnet, besteht eine Aufklärungspflicht, weil Mietwagen bereits nach einem Jahr zur Hauptuntersuchung nach § 29 StVZO vorgeführt werden müssen, während allgemein ein Pkw erstmals nach drei Jahren nach der Erstzulassung und dann alle zwei Jahre vorgeführt werden muss (etwas anders der Fall OLG Düsseldorf NJW-RR 1997, 427, 428). Der Käufer muss nicht über seine Wiederverkaufsabsicht aufklären, selbst wenn er weiß, dass dem Verkäufer vom Hersteller untersagt ist, an nicht autorisierte Händler zu verkaufen (BGHZ 117, 280, 283), denn der Käufer ist an dieses Verbot nicht gebunden und im Übrigen nicht verpflichtet, dem Verkäufer mitzuteilen, wofür er die Sache verwenden will.

Auch beim **Haus- bzw Grundstücksverkauf** gilt der Grundsatz, dass den Verkäufer **17** eine Aufklärungspflicht trifft, wenn der Verkaufsgegenstand für den Käufer nicht erkennbare Mängel aufweist, die seinen Wert erheblich mindern oder ihn sogar unbrauchbar machen. Eine Aufklärung über Mängel, die einer Besichtigung zugänglich und ohne weiteres erkennbar sind, kann der Käufer mit Rücksicht auf seine rechtsgeschäftliche Selbstverantwortung nicht erwarten. Der Umfang der Informationspflicht richtet sich danach, welche Erwartungen der Käufer angesichts von **Qualität und Erhaltungszustand** des Kaufobjekts an dessen Beschaffenheit stellen kann. Über die Verwendung von fäulnisbefallenen Bauhölzern (BGH LM Nr 50), den erheblichen Befall des Dachgebälks von Holzbockkäfern (BGH NJW 1965, 34), nach Renovierung erneut auftretende Nässe (BGH NJW 1993, 1703 f), Trocken- oder Nassfäule (BGH LM Nr 8 zu § 463; OLG Celle MDR 1971, 392), das Bestehen einer Einsturzgefahr (BGHZ 109, 327, 330), das Fehlen der Bauerlaubnis für das verkaufte Haus (BGH NJW 1979, 2243), schikanöses Verhalten eines Miteigentümers (OLG Hamm NJW-RR 1997, 1168 f; vgl auch BGH NJW 1991, 1673, 1674), erhebliche Mängel des Abwasserabflusses (OLG Koblenz NJW-RR 1990, 149) oder der Fäkalienhebeanlage (BGH NJW-RR 1990, 847, 848) muss aufgeklärt werden. Dagegen besteht keine Aufklärungspflicht eines Altbauverkäufers bei starken Rissebildungen am Estrich infolge unfachmännisch durchgeführter Umbauarbeiten vor dem Kamin, weil und sofern derartige Risse bei sorgfältiger Inaugenscheinnahme durch den Käufer erkennbar sind (OLG München BB 1997, 961 f). Es besteht ebenfalls keine Offenbarungspflicht, wenn Dachdeckerarbeiten im Wege der Schwarzarbeit durchgeführt worden sind, sofern die ausgeführten Arbeiten von einwandfreier Qualität sind (OLG Celle MDR 1997, 926, 927). Das gleiche gilt, wenn Arbeiten in Eigenleistung erbracht wurden (OLG Düsseldorf MDR 1997, 1010). Für den Käufer eines Grundstücks ist die Kenntnis von **Altlasten** von besonderer Bedeutung, da Schadstoffkontaminationen den Wert bzw die Gebrauchstauglichkeit des Grundstücks erheblich beeinflussen. Deshalb darf ein Grundstückskäufer erwarten, über sanierungsbedürftige Altlasten (vgl BGH ZIP 2000, 2257) und alle Auffälligkeiten bezüglich der Bodenbeschaffenheit aufgeklärt zu werden. Das Vorhandensein von Fundamentresten eines alten Gebäudes muss mitgeteilt werden (OLG Köln ZIP 2000, 1486 ff). Aufklärungspflichten bestehen selbst dann, wenn nur der Verdacht einer Bodenverunreinigung besteht (vgl dazu KNOCHE NJW 1995, 1985, 1989 ff mwN; vgl auch BGH NJW 2001, 64 ff). So begründet die dem Verkäufer bekannte Nutzung des Grundstücks als ehemalige Mülldeponie eine Mitteilungspflicht, weil bei einer Deponie immer in Rechnung gestellt werden muss, dass auf ihr auch Abfälle gelagert werden, die wegen ihrer chemischen Zusammensetzung eine besondere Gefahr darstellen (BGH NJW 1991, 2900, 2901; 1992, 1953, 1954; 1995, 1549 ff; OLG Düsseldorf NJW 1996, 3284 f). Dagegen wurde von dem BGH eine Aufklärungspflicht bei dem Verkauf eines Grundstücks, das ehemals als Gaswerk genutzt wurde, verneint, da nicht jedes Industriegelände von vornherein als altlastenverdächtig einzustufen sei, vor allem wenn die Nutzung schon längere Zeit zurückliege (BGH NJW 1994, 253, 254; krit KNOCHE NJW 1995, 1985, 1991). Aus dem gleichen Grunde musste der Verkäufer eines zu Wohnzwecken verkauften Grundstücks die frühere Nutzung des Betriebes einer chemischen Reinigung in einer geschlossenen Halle nicht offenbaren, da keine konkreten Anhaltspunkte für Bodenbelastungen bestanden (OLG Celle NJW-RR 1997, 848 ff). Über die zurückliegende Nutzung eines Wohnhauses als bordellähnlicher Swinger-Club muss nicht aufgeklärt werden, da keine gegenwärtige Beeinträchtigung des Hauses mehr vorliegt (OLG Hamm NJW-RR 2000, 1183 f). Ein Grundstücksverkäufer muss den Käufer über **rechtliche Nutzungshindernisse** aufklären, zB über ein baurechtliches Verbot der Nutzung des Hauses zu Wohnzwecken (BGH NJW-RR 1988, 1290), über eine Veränderungssperre (BGH IBR 2002, 382) oder über ein baurechtliches Verbot, den für die gewerbliche Nutzung erforderlichen Kamin zu errichten (BGH NJW-RR 1988, 394, 395). Auch das Planungsvorhaben der Gemeinde, nach der das Grundstück zur Straßenerweiterung in Anspruch genommen werden soll (BGH LM Nr 45) oder nach der eine Verkehrsumgestaltung vorgesehen ist, die mit der vom Käufer beabsichtigten Nutzung unvereinbar ist (OLG Frankfurt NJW-RR 2002, 522 ff), muss offenbart werden.

18 Im Zusammenhang mit dem **Erwerb von Unternehmen** bzw Unternehmensbeteiligungen (vgl dazu STENGEL/SCHOLDERER NJW 1994, 158 ff mwN) gelten im Wesentlichen die gleichen Grundsätze. Der Käufer ist daher über sämtliche Tatsachen zu informieren, die den Vertragszweck vereiteln bzw die für den Kaufentschluss wesentlich sind (BGH NJW-RR 1998, 1406 f). Dies gilt vor allem für **Mängel**, die den Wert oder die Tauglichkeit des Unternehmens zu dem gewöhnlichen oder dem nach dem Vertrag vorausgesetzten Gebrauch aufheben oder mindern, sowie für Hinderungsgründe, die der Produktionsfortsetzung des Unternehmens entgegenstehen können. Der Käufer muss daher über den Fehlbestand bei der technischen Ausrüstung des Unternehmens (BGH NJW 1979, 33), in der Bilanz nicht aufgeführte Schulden (BGH NJW 1980, 2408, 2409 f) sowie rückständige Umsatzsteueransprüche des Finanzamtes informiert werden (OLG Köln NJW-RR 1994, 1064, 1065). Über Einzelheiten des Umsatzes und Ertrages besteht keine generelle Informationspflicht (zu den Besonderheiten der Honorarstruktur beim Verkauf einer Arztpraxis BGH NJW 1989, 763 f). Bei der Änderung von **Gesellschaftsverträgen** müssen sich die Gesellschafter aufgrund ihrer gesellschaftlichen Verbundenheit und der daraus resultierenden Treuepflicht untereinander über nachteilige Veränderungen aufklären (BGH NJW 1992, 300, 302; zur arglistigen Täuschung bei der Übertragung von GmbH-Geschäftsanteilen vgl auch GRUNEWALD ZGR 1991, 452 ff; ferner BGH NJ 2001, 483). Im Rahmen einer Auseinandersetzung muss ein Gesellschafter seine Mitgesellschafter über solche Vorgänge vollständig und zutreffend informieren, die deren mitgliedschaftliche Vermögensinteressen berühren (BGH ZIP 2003, 73 f).

bb) Mietverträge*

19 Bei einem **Mietvertrag** ist über solche Umstände aufzuklären, die den reibungslosen Verlauf des Mietverhältnisses gefährden, für den anderen Teil nicht erkennbar sind und für die Entschließung des Partners von wesentlicher Bedeutung sein können

---

* **Schrifttum:** HILLE, Zur Anfechtung des Mietvertrages wegen arglistiger Täuschung und zu den vorvertraglichen Informationspflichten des Mieters, WuM 1984, 292; LAMMEL, Wohn-

(STERNEL I Rn 256). **Offenbarungspflichten des Vermieters** (dazu STERNEL I Rn 258 f mwN) bestehen daher, wenn beim Abschluss des Mietvertrages bereits Zwangsverwaltung und Zwangsversteigerung des Grundstücks angeordnet worden war (OLG Hamm MDR 1988, 585) oder die angebotene Neubauwohnung baurechtlich noch nicht genehmigt ist (STAUDINGER/DILCHER[12] Rn 14). Bei einem Mietvertrag auf unbestimmte Zeit ist auf eine drohende Beendigung des Vertrages durch Geltendmachung von Eigenbedarf hinzuweisen (BVerfG NJW 1989, 970, 972), ebenso auf die Absicht, bald wegen Aufnahme einer Pflegeperson zu kündigen (LG Trier WuM 1990, 349, 350), auf künftig zu erwartende finanzielle Mehrbelastungen, zB aufgrund geplanter Modernisierungen, sowie auf unerkennbare Störfaktoren im Hause. Nebenkosten sind realistisch anzugeben (LG Frankfurt WuM 1979, 24; OLG Düsseldorf ZMR 2000, 604 f). Der Vermieter darf nicht eine sicher zu erwartende Überschreitung der vereinbarten Heizkostenpauschale verschweigen (etwas anders der Fall AG Augsburg ZMR 1959, 295 f). Entgegen LG Kassel (WuM 1989, 620, 621) muss der Vermieter einer Hochhauswohnung mitteilen, dass in einer Nachbarwohnung der Prostitution nachgegangen wird. Dagegen muss der Vermieter den Mieter nicht über die Existenz eines ein Kilometer entfernten Swinger-Clubs aufklären (LG Dortmund NJW-RR 2002, 1162 f).
Offenbarungspflichten des Mieters (dazu STERNEL I Rn 260 ff) bestehen insbesondere bei unsicheren Vermögensverhältnissen. Mit Abschluss des Mietvertrages behauptet der Mieter seine Zahlungsfähigkeit und -willigkeit. Besteht aufgrund schlechter Vermögensverhältnisse die Befürchtung, dass der Mieter die Miete nicht ordnungsgemäß bezahlen kann, muss er dies dem Vermieter auch ungefragt offenbaren (LAMMEL § 535 Rn 29; AG Frankfurt WuM 1989, 620; AG Gießen ZMR 2001, 894 f). Im Übrigen ist der Mieter nicht verpflichtet, den Vermieter vor Vertragsschluss ohne Befragen über seine Einkommens- und Vermögensverhältnisse (LG Ravensburg WuM 1984, 297) oder den Bezug von Sozialhilfe (aA LG Mannheim ZMR 1990, 303) aufzuklären. Zu den Fragerechten des Vermieters vgl Rn 44. Ein Mietvertrag über einen **Standort für eine Mobilfunkstation** kann von der vermietenden Gemeinde nicht mit der Begründung angefochten werden, sie sei von dem Betreiber des Funknetzes nicht über die „elektromagnetische Umweltverträglichkeit" aufgeklärt worden, denn dazu existieren öffentliche und allgemein zugängliche Publikationen (OLG Karlsruhe NJW 1994, 2100, 2101).

cc) **Aufklärungspflichten der Banken***
Im Bereich des Bank- und des Kapitalmarktrechts bestehen zahlreiche und zum Teil weitreichende Aufklärungs-, Beratungs- und Warnpflichten zum Schutz des Kunden. Diese Pflichten resultieren zum Teil aus Gesetzen, zum Teil aus vertraglichen Be-

---

raummietrecht (1998); SCHMID, Zur Anfechtung von Wohnraummietverträgen, DWW 1986, 302; STERNEL, Mietrecht (3. Aufl 1988).

* **Schrifttum**: BRUCHNER, Die Bankenhaftung bei vermittelten Immobilienkrediten, ZfIR 2000, 677; CANARIS, Bankvertragsrecht, Teil 1 (3. Aufl 1988) Rn 100 ff; DÖTSCH/KELLNER, Aufklärungs- und Beratungspflichten der Kreditinstitute beim Vertrieb von Aktienanleihen, WM 2001, 1994; EDELMANN, Bankenhaftung – Aufklärungs- und Hinweispflichten bei der Fi-

nanzierung von Bauherren- und Erwerbermodellen, MDR 2000, 1172; ELLENBERGER, Die neuere Rechtsprechung des Bundesgerichtshofes zu Aufklärungs- und Beratungspflichten bei der Anlageberatung, WM Sonderbeil Nr 1 zu Heft 15, 2001; FRÜH, Zur Bankenhaftung bei Immobilien-Kapitalanlagen, ZIP 1999, 701; FUELLMICH/RIEGER, Die Haftung der Banken für massenhaft fehlerhafte Treuhandmodellfinanzierungen, ZIP 1999, 465; FRÜH, Zur Bankenhaftung bei Immobilien-Kapitalanlagen, ziehungen oder aus dem Vertragsanbahnungsverhältnis. ZB ordnet § 492 Abs 1 S 5 den schriftlich festzuhaltenden Inhalt des **Verbraucherdarlehens** an und bezweckt damit auch die Aufklärung des Darlehensnehmers (PALANDT/PUTZO § 492 Rn 1; vgl auch § 4 VerbrKrG aF; dazu SINGER ZBB 1998, 141, 142), und §§ 31 ff WpHG normiert für den **Anlegerschutz** Verhaltenspflichten der Wertpapierdienstleistungsunternehmen (dazu HORN ZBB 1997, 139, 142; LANG WM 2000, 450 ff; HELMSCHROTT/WASSMER WM 1999, 1853 ff; überholt ist § 53 Abs 2 BörsG aF, der die Börsentermingeschäftsfähigkeit durch Information regelte, vgl dazu noch SCHOCH BB 2000, 163 ff). Im Übrigen sind die sich aus dem Vertragsanbahnungsverhältnis ergebenden Beratungs- und Aufklärungspflichten von Art und Umfang her unsicher. Zunächst ist auch im Verhältnis zwischen Bank und Kunden von dem Grundsatz auszugehen, dass jeder das eigene Entscheidungsrisiko selbst trägt (HEYMANN/HORN § 347 Rn 45). Auch Banken dürfen grds ihr eigenes geschäftliches Interesse verfolgen. Aufklärungspflichten können aber aufgrund der besonderen Sachkunde, des Wissensvorsprungs (BGH NJW 2000, 2352 ff; WM 1999, 678 f; OLG Jena ZIP 1999, 1554, 1556; OLG München ZIP 1999, 1751, 1752), des strukturellen Ungleichgewichts (BVerfGE 89, 214, 230 ff), des besonderen Vertrauensverhältnisses und der Einwirkungsmöglichkeit der Bank auf die Vermögensangelegenheiten des Kunden bestehen (vgl SINGER ZBB 1998, 141, 143 mwN; vgl auch BRUCHNER ZfIR 2000, 677 ff; FRÜH ZIP 1999, 701 ff). Die Schwierigkeit besteht darin, jeweils die Grenze zu der Eigenverantwortung des Kunden zu ziehen. Im Einzelnen hängen die Aufklärungs- und Beratungspflichten von der Art und den Umständen des betreffenden Bankgeschäfts ab (HORN ZBB 1997, 139, 142). Zu berücksichtigen sind insbesondere die Kompliziertheit und das Risiko des betreffenden Geschäfts auf der einen Seite sowie Wissensstand und Risikobereitschaft des Kunden auf der anderen Seite.

21 Im **Überweisungsverkehr** und beim **Verbraucherdarlehen** bestehen gemäß § 492 Abs 1 S 5 und § 12 BGB-InfoV umfangreiche Informationspflichten. Darüber hinaus gehende Aufklärungspflichten bestehen im Allgemeinen jedoch nicht (BGHZ ZIP 1986, 1537; CANARIS Rn 104, 109). Die Bank muss insbesondere nicht über die Risiken der Darlehensverwendung aufklären, da dieses Risiko aus dem Verhältnis des Kunden mit einem Dritten hervorgeht (SINGER ZBB 1998, 141, 149). Anders ist die Rechtslage, wenn die Bank mit dem Partner des Kreditnehmers in der Weise zusammenwirkt, dass beide Verträge eine wirtschaftliche Einheit bilden und als

ZIP 1999, 701; HELMSCHROTT/WASSMER, Aufklärungs-, Beratungs- und Verhaltenspflichten von Wertpapierdienstleistern nach §§ 31, 32 WpHG bei der Anlage in Aktien des Neuen Marktes, WM 1999, 1853; HEYMANN, Handelsgesetzbuch, Band 4 (1990); vHEYMANN, Bankenhaftung bei Immobilienanlagen: Neueste Rechtsprechung, BB 2000, 1149; HOPT, Funktion, Dogmatik und Reichweite der Aufklärungs-, Warn- und Beratungspflichten der Kreditinstitute, in: FS Gernhuber (1993) 169 ff; ders, Haftung der Banken bei der Finanzierung von Publikumsgesellschaften und Bauherrenmodellen, in: FS Stimpel (1985) 265; HORN, Die Aufklärungs- und Beratungspflichten der Banken, ZBB 1997, 139; LANG, Die Beweislastverteilung im Falle der Verletzung von Aufklärungs- und Beratungspflichten bei Wertpapierdienstleistungen, WM 2000, 450; SCHOCH, Bankenhaftung wegen Aufklärungs- und Beratungspflichtverletzung bei Börsentermingeschäften, BB 2000, 163; SINGER, Aufklärungspflichten (und Sittenverstöße) im Konsumentenkreditgeschäft, ZBB 1998, 141; SPICKHOFF/PETERSHAGEN, Bankenhaftung bei fehlgeschlagenen Immobilienerwerber-Treuhandmodellen, BB 1999, 165.

verbundene Verträge gemäß §§ 358, 359 gelten (vgl auch Rn 51). **Immobilienfinanzierungen** sind nur in besonderen Fällen verbundene Verträge (§ 358 Abs 3 S 3). Kreditinstitute sind daher im Allgemeinen nicht verpflichtet, einen Immobilienerwerber über den Zustand des zu finanzierenden Objekts und über die Unangemessenheit des Kaufpreises aufzuklären, solange nicht die Wuchergrenze überschritten ist (BGH NJW 2000, 2352 f; BKR 2004, 108, 109 f; zu den Fallgruppen, in denen ausnahmsweise doch eine Aufklärungspflicht besteht vgl vHeymann BB 2000, 1149, 1152). Das finanzierende Kreditinstitut ist ferner grundsätzlich nicht verpflichtet, über eine im finanzierten Kaufpreis „versteckte Innenprovision" aufzuklären. Eine solche Pflicht besteht aber ausnahmsweise dann, wenn die Innenprovision zu einer so wesentlichen Verschiebung der Relation zwischen Kaufpreis und Verkehrswert führt, dass die Bank von einer sittenwidrigen Übervorteilung des Käufers ausgehen muss (BGH NJW 2003, 424, 425; zur Einstandspflicht der Bank für falsche Angaben des Vermittlers vgl Rn 50 f). Die Bank muss auch über die Tatsache aufklären, dass sie selbst in einem gefährdeten Unternehmen Kredite ausstehen hat und diese Kredite dadurch retten will, dass sie gerade die Kunden als Kapitalgeber für das betreffende Unternehmen wirbt, da sie hier über die neutrale Rolle als Zahlungsmittlerin hinausgeht (BGHZ 72, 92, 99, 103 ff; NJW 1978, 2547 f). Eine Warnpflicht der Bank kann ausnahmsweise auch dann bestehen, wenn sie zB positiv weiß, dass der Geschäftspartner des Kunden, dem dieser einen Kredit gewähren will, vor dem **wirtschaftlichen Zusammenbruch** steht oder dass das zu finanzierende Vorhaben zum Scheitern verurteilt ist (BGH NJW-RR 1988, 1071, 1072 mwN; NJW 1999, 2032 ff; Canaris Rn 110; Horn ZBB 1997, 139, 141 mwN). Nimmt eine Bank einen Wechsel zum Diskont herein, so braucht sie den Diskontnehmer in der Regel nicht über die Vermögensverhältnisse anderer Wechselbeteiligter zu informieren. Weiß sie aber von der Zahlungsunfähigkeit des Akzeptanten und erweckt durch die Gutschrift des vollen Wechselbetrages den Anschein, der Akzeptant sei kreditwürdig, so muss sie entweder die Diskontierung ablehnen oder den Diskontnehmer darauf hinweisen, dass er voraussichtlich den Wechselbetrag im Wege des Rückgriffs zurückzahlen müsse (BGH WM 1977, 638 f). Unter Umständen hat die Bank die Aufklärungspflicht mit der Geheimhaltungspflicht abzuwägen (BGH NJW 1991, 693 f; dazu Anm Emmerich JuS 1991, 422; Horn ZBB 1997, 139, 140 mwN). Bei der Vermittlung oder dem Vertrieb von Geld- oder Kapitalanlagen bestehen gegenüber dem Anlageninteressenten Aufklärungspflichten über die entscheidungsrelevanten Informationen (OLG Koblenz ZIP 1999, 1667 ff; OLG Karlsruhe WM 1999, 1059, 1062; KG ZIP 2000, 268 ff [erkennbar unerfahrener Anleger]; Heymann/Horn § 347 Rn 75). Selbst von einem eingetragenen Kaufmann und mittelständischen Unternehmer kann die Kenntnis der Technik des Warenterminoptionsgeschäfts nicht erwartet werden, wenn er nicht mit dieser Art von Geschäften beruflich befasst ist (BGH NJW 1981, 1440). Bei der Vermittlung der hoch riskanten und wenig aussichtsreichen Spekulation an ausländischen Warenterminbörsen besteht sogar die Pflicht der schriftlichen Aufklärung und Warnung des Kunden (BGHZ 124, 151, 154 ff; BGH WM 1994, 492 f).

dd) Aufklärungspflichten bei Werk- und Werklieferungsverträgen
Auch bei Werk- und Werklieferungsverträgen kommen Aufklärungspflichten in erster Linie dort in Betracht, wo die Vertragsdurchführung durch Umstände, die für den anderen Teil nicht erkennbar sind, gefährdet ist. Ein Unternehmer, der neue und weitgehend unerprobte Technik liefert, ist daher verpflichtet, den Besteller über die Brauchbarkeit des Werks für dessen Verwendungszwecke zu beraten und

ihn auf Bedenken gegen die Brauchbarkeit hinzuweisen (BGH WM 1987, 1303, 1304; BB 1993, 26, 27). Ebenso muss der Architekt, der neue Baustoffe verwendet, den Kunden beraten und aufklären (vgl BGH BauR 1970, 177 ff; WM 1975, 1275 ff; BauR 1976, 66 ff). Ein Werkvertrag über einen Behindertenlifteinbau kann wegen arglistiger Täuschung angefochten werden, wenn der Besteller nicht darüber aufgeklärt wurde, dass für das Betreiben eine Erlaubnis des Gewerbeaufsichtsamtes erforderlich ist und sich aus der Aufzugsverordnung den Gebrauch des Aufzugs einschränkende Auflagen ergeben können (OLG Nürnberg NJW-RR 1993, 694, 695). Dagegen kann ein Architektenvertrag nicht wegen arglistiger Täuschung angefochten werden, wenn der Vertragspartner nicht in der Architektenliste der Architektenkammer eingetragen ist, aber die materiellen Voraussetzungen für eine Eintragung vorliegen (OLG Düsseldorf BauR 1982, 86; zur Anfechtung wegen Nichteintragung in die Handwerksrolle vgl § 119 Rn 81 u 87). Ohne Nachfrage des Käufers besteht auch keine Aufklärungspflicht des Lieferers bei Verkauf einer Vorführanlage über deren Alter, da aus dem Alter einer Maschine als solchem nichts über die Gebrauchstauglichkeit abzuleiten ist (OLG Düsseldorf BB-Beilage 24/1990, 4 Nr 3). Es besteht keine Hinweispflicht des Lieferers einer Scanner-Kasse auf künftige hohe Anpassungskosten für das Weiterverarbeitungsprogramm, da es sich um Kosten der Software und nicht um solche der zu liefernden Kasse handelt (OLG Köln NJW 1992, 1772, 1773).

ee) Aufklärungspflichten bei Bürgschaftsverträgen

23 Ein Gläubiger ist nach der Rechtsprechung grundsätzlich nicht verpflichtet, den in Betracht kommenden Bürgen über die **wirtschaftlichen Verhältnisse des Hauptschuldners** aufzuklären (RGZ 91, 80, 81; BGH WM 1956, 885, 888; 1990, 59, 61; 1996, 475, 476; NJW 1988, 3205, 3206 f; OLG München WM 1984, 469, 471). Denn nach dem Inhalt des Bürgschaftsvertrages übernimmt der Bürge das aus der Vermögenslage des Hauptschuldners resultierende Risiko. Macht jedoch der Gläubiger dem Bürgen Angaben über die Hauptschuld oder den Hauptschuldner, so müssen diese wahrheitsgemäß sein (BGH WM 1956, 885, 888). Auch die Tatsache, dass eine Bank oder Sparkasse Gläubigerin eines Bürgschaftsvertrages ist, begründet gegenüber ihrem langjährigem Kunden als Bürgen noch keine weitergehenden Aufklärungspflichten über das Bürgschaftsrisiko durch Hinweise auf eine Kreditunwürdigkeit des Hauptschuldners, soweit nicht besondere Umstände in der Person des Hauptschuldners (zB betrügerisches Verhalten) oder seiner Vermögenssituation (zB bevorstehende Zahlungsunfähigkeit) vorliegen (OLG Köln NJW-RR 1990, 755, 756). Weigert sich der eine Bürgschaft Übernehmende zur Grundschuldbestellung, muss die Bank darauf hinweisen, dass durch die Bürgschaft mit dem Grundstück letztlich ebenso gehaftet wird wie bei einer Grundschuldbestellung (BGH WM 1999, 1614 ff). Ist bei der Übernahme einer Bürgschaft die Erwartung, dass „Geld fließen" werde, offensichtlich von entscheidender Bedeutung, so ist darüber aufzuklären, wenn von falschen Voraussetzungen ausgegangen wird (BGH NJW 2001, 3331, 3332). Im Schrifttum wird zum Teil bei Bürgschaften vermögensloser Familienangehöriger (vgl insb BVerfGE 89, 214) vorgeschlagen, die Kreditinstitute für eine (etwaige) Aufklärungspflichtverletzung haftbar zu machen (HOMMELHOFF 26 ff; KÖNDGEN NJW 1991, 2018 f; WIEDEMANN JZ 1994, 411, 413). Allerdings ist die Selbstbestimmung der Kreditgeber weniger aufgrund ihrer informationellen Unterlegenheit beeinträchtigt, als vielmehr aufgrund der familiären und finanziellen Drucksituation, so dass eine Aufklärung letztlich nicht geeignet ist, das Problem adäquat zu lösen (vgl SINGER ZBB 1998, 141, 147).

ff) Anzeigepflichten bei Versicherungsverträgen

Beim Abschluss eines Versicherungsvertrages hat der Versicherungsnehmer gem 24 § 16 VVG alle ihm bekannten Umstände, die für die Übernahme der Gefahr erheblich sind, dem Versicherer anzuzeigen. Nach S 2 dieser Vorschrift sind die Gefahrumstände erheblich, die geeignet sind, auf den Entschluss des Versicherers, den Vertrag überhaupt oder zu dem vereinbarten Inhalt abzuschließen, einen Einfluss auszuüben. Meist stellt der Versicherer vor Abschluss des Versicherungsvertrages entsprechende Fragen, insbesondere anhand von **Fragebögen**. Hat der Versicherungsnehmer einen umfangreichen Fragenkatalog richtig beantwortet, braucht er in der Regel keine weiteren Umstände ungefragt zu offenbaren (BGHZ 117, 385, 387). Die Pflicht zur Anzeige, ohne dass Fragen gestellt werden, spielt demzufolge nur eine geringe Rolle (PRÖLSS/MARTIN, VVG §§ 16, 17 Rn 1). Beruht eine unrichtige Antwort auf einer mehrdeutigen Fragestellung, geht das im Zweifel zu Lasten des Versicherers (OLG Frankfurt NJW-RR 1992, 1248, 1249). Werden Anzeigeobliegenheiten verletzt, so kann der Versicherer gem §§ 16, 17 VVG von dem Vertrag zurücktreten. § 22 VVG stellt aber klar, dass das Recht des Versicherers, den Vertrag wegen arglistiger Täuschung über Gefahrumstände anzufechten, unberührt bleibt (vgl zu den Konkurrenzen Rn 90).

Einzelfälle: Verschweigt zB ein Versicherungsnehmer das Bestehen einer Mehrzahl 25 von ähnlichen Versicherungen (vgl § 59 VVG) und ist sich dabei der Erheblichkeit der Frage für den Vertragsabschluss bewusst, kann der Versicherer den Vertrag wegen arglistiger Täuschung nach § 123 anfechten (OLG Düsseldorf VersR 1972, 197; OLG Koblenz VersR 1992, 229). Die Kündigung von Versicherungsverträgen muss angezeigt werden (OLG Frankfurt VersR 1993, 568, 569). Fragen nach Vorversicherungen sind wahrheitsgemäß zu beantworten (OLG Koblenz VersR 1981, 31 ff; LG Bielefeld VersR 1984, 256, 257; LG Hamburg VersR 1991, 1051). Hat der Versicherungsnehmer frühere oder gegenwärtige Krankheiten oder Untersuchungen verschwiegen, kommt eine Anfechtung wegen arglistiger Täuschung in Betracht, wenn es sich um erhebliche Erkrankungen handelt (vgl ua BGH NJW-RR 1995, 216 ff; OLG Köln VersR 1992, 1252, 1253; OLG Hamm NJW-RR 1996, 406, 407; OLG Saarbrücken VersR 1996, 488, 489; OLG Köln VersR 1996, 831 f; OLG Frankfurt NVersZ 2002, 401 f; LG Köln VersR 1980, 1141; LG Berlin NJW-RR 2003, 246 f). So muss der Versicherungsnehmer bei Abschluss eines Krankenversicherungsvertrages die Frage nach dem Gesundheitszustand vollständig beantworten und darf zB nicht eine fast einjährige Arbeitsunfähigkeit aufgrund einer Daumenverletzung verschweigen (LG Bielefeld VersR 1984, 256, 257). Verschwiegene Umstände wie zB ein Suizidversuch (OLG Frankfurt VersR 2002, 1134 f), eine Alkoholerkrankung (OLG Celle VersR 2001, 357 f) oder eine chronische Raucherbronchitis (OLG Frankfurt VersR 2001, 1097 f) berechtigen den Versicherer, den Lebensversicherungsvertrag wegen arglistiger Täuschung anzufechten. Beim Abschluss einer Lebensversicherung müssen auch solche Krankheiten offenbart werden, die nach Meinung des Versicherungsnehmers nicht geeignet sind, das Leben zu verkürzen (RGZ 81, 13, 15 ff). Auch Verdachtsdiagnosen sind uU anzugeben (Verdacht eines Wirbelsäulenleidens OLG Düsseldorf VersR 2001, 1408 ff; anders aber bei Verdacht eines sich entwickelnden Morbus Dupytren OLG Koblenz NVersZ 2001, 74 f). Hat der Versicherungsnehmer im Versicherungsvertrag den behandelnden Arzt angegeben und diesen von der Schweigepflicht entbunden, so liegt keine arglistige Täuschung vor, da davon auszugehen ist, dass der Arzt den Versicherer über den Gesundheitszustand informieren wird (OLG Frankfurt VersR 2003, 357 f; siehe aber anders OLG Saarbrücken VersR 2003,

890 ff). Ein Versicherungsnehmer täuscht den Versicherer auch dann arglistig, wenn er erkennt, dass der Agent beim Ausfüllen des Antragsformulars unkorrekt zum Nachteil des Versicherers handelt. In einem solchen Fall gilt die „Auge-und-Ohr-Rechtsprechung" nicht; dh die Zurechnung der Kenntnisse des Agenten zu Lasten des Versicherers ist ausgeschlossen (OLG Hamm NVersZ 2002, 108 f; vgl auch OLG Hamm NVersZ 2002, 16 f). Ist **die Täuschung** für den Versicherungsschutz **nicht relevant**, darf sich der Versicherer nach Treu und Glauben gem § 242 nicht auf vollständige Leistungsfreiheit berufen (BGH VersR 1992, 1465 f). Die Anfechtung des Versicherungsvertrages wegen arglistiger Täuschung entfaltet ausnahmsweise dann keine Rückwirkung, wenn zwischen dem arglistig verschwiegenen Umstand und dem Eintritt des Versicherungsfalls eindeutig kein sachlicher Zusammenhang besteht (OLG Nürnberg VersR 1998, 217 f; 2000, 437 ff; 2001, 1369 f; **aA** OLG Saarbrücken VersR 2001, 751 f; siehe auch Rn 86). Für den Versicherungsnehmer ist es ferner unzumutbar, sich unaufgefordert der Begehung strafbarer Handlungen zu bezichtigen, die bislang unentdeckt geblieben sind, und sich so überhaupt erst der Gefahr strafrechtlicher Verfolgung auszusetzen (BGH VersR 1986, 1089, 1090). Umgekehrt bestehen auch für den **Versicherer** Aufklärungspflichten: kraft seiner Sachkunde muss er den künftigen Versicherungsnehmer über alle Punkte aufklären, denen dieser erkennbar Bedeutung beimisst (OLG Celle VersR 1963, 648, 649; weitere Beispiele in PRÖLSS/MARTIN § 22 Rn 7; vgl auch BÖHMER MDR 1958, 207 f).

4. Kausalität zwischen Täuschung und Willenserklärung

26 § 123 setzt einen Kausalzusammenhang zwischen der Täuschung und der irrtumsbedingten Willenserklärung voraus (MünchKomm/KRAMER Rn 12; vLÜBTOW 249, 256). Der durch die Täuschung hervorgerufene Irrtum muss also den Erklärenden zur Abgabe der anzufechtenden Willenserklärung bestimmt haben (RG JW 1911, 275; SOERGEL/HEFERMEHL Rn 20). Eine **Mitverursachung** genügt (RGZ 77, 309, 314; LG Berlin NJW-RR 1988, 504, 505; vLÜBTOW 249, 256 mwN). Kausalität ist auch gegeben, wenn der Erklärende ohne Täuschung *die Erklärung nicht zu dem konkreten Zeitpunkt abgegeben* hätte, die Täuschung also entscheidenden Einfluss auf die Beschleunigung des Vertragsabschlusses hatte (RGZ 134, 43, 51; BGH NJW 1964, 811; SOERGEL/HEFERMEHL Rn 20; MünchKomm/KRAMER Rn 12). Erfolgte die Täuschung erst nach Abgabe der Erklärung, fehlt es am Kausalzusammenhang. Die Kausalität der Täuschung ist subjektiv zu beurteilen und nicht nach dem Maßstab eines rechtsverständigen Dritten (BGH WM 1978, 221, 222; MünchKomm/KRAMER Rn 12). Es fehlt daher die Ursächlichkeit, wenn der Erklärende die **Täuschung durchschaut** hat (BGH NJW 1971, 1795, 1798). Entsprechendes gilt, wenn der Erklärende vor einer solchen Täuschung bewusst die Augen verschlossen hat. So kommt zB trotz Falschbeantwortung der Frage nach einer Schwerbehinderung keine Anfechtung wegen arglistiger Täuschung in Betracht, wenn die Schwerbehinderung für den fragenden Arbeitgeber **offensichtlich** war (BAG NJW 2001, 1885 ff). Hat der Erklärende mit einer Täuschung gerechnet, die Willenserklärung aber trotzdem abgegeben, fehlt es an der Kausalität (BGH LM Nr 4). Dagegen besteht ein Kausalzusammenhang, wenn der Erklärende mit einer Täuschung in einem gewissen Umfang gerechnet hat, sich aber später herausstellt, dass er noch in weit größerem Umfang getäuscht wurde (BGH WM 1972, 1443, 1446; 1975, 1279, 1282; LM Nr 4; NJW-RR 1986, 1258, 1259; SOERGEL/HEFERMEHL Rn 21; MünchKomm/KRAMER Rn 12). Hatte der Erklärende bloß fahrlässige Unkenntnis von der Täuschung, ist der ursächliche Zusammenhang zu bejahen. Auf ein Verschulden des Getäuschten kommt es nicht an (BGH NJW 1971, 1795, 1798; 1989, 287, 288; Münch-Komm/KRAMER Rn 12).

5. Der subjektive Tatbestand der arglistigen Täuschung

Nach dem Wortlaut des § 123 muss die Täuschung **arglistig** sein. Was unter „Arglist" **27** zu verstehen ist, geht aus dem Gesetz nicht hervor. Der **Begriff** wird auch noch in §§ 438 Abs 3, 442 Abs 1 S 2, 444, 536b S 2, 536d, 634a Abs 3, 639, 2183 S 2 und § 377 Abs 5 HGB verwendet, aber an keiner Stelle definiert (vgl auch §§ 443 aF, 460 S 2 aF, 463 S 2 aF, 476 aF, 477 Abs 1 aF, 478 Abs 2 aF, 479 S 2 aF, 480 Abs 2 aF, 485 S 2 aF, 540 aF, 637 aF, 638 Abs 1 aF; dazu STAUDINGER/HONSELL [1995] § 463 aF Rn 24 ff; § 476 aF Rn 24 ff; JÜTTNER 52 ff). Die Aufnahme des Tatbestandsmerkmals „Arglist" basiert auf einem Missverständnis der römischrechtlichen Lehre von dolus malus und dolus bonus (MünchKomm/KRAMER Rn 9 mwN). Dolus war in neutralem Sinne als List zu verstehen und konnte daher auch Klugheit bedeuten. Erst durch die Verknüpfung mit dem Adjektiv malus gelangte man zur „argen List" (vLÜBTOW 249, 263). In sachlicher Hinsicht ist das zusätzliche Erfordernis der Arglist überflüssig, weil schon dem **Wortsinn** nach keine Täuschung vorliegt, wenn jemand unrichtige Angaben macht, ohne zu wissen, dass sie unrichtig sind. Da § 123 den Schutz der rechtsgeschäftlichen Entscheidungsfreiheit bezweckt, kommt es nicht darauf an, ob der Täuschende eine moralisch verwerfliche oder gute Gesinnung hatte. Es kommt nur auf die Lage des Getäuschten an, der zu einer Erklärung bestimmt wurde, die er ohne Täuschung nicht oder nicht so abgegeben hätte (vLÜBTOW 249, 269 ff mwN). Daraus folgt, dass der Getäuschte eine Willenserklärung auch anfechten kann, wenn der Täuschende erklärt, er habe nur „das Beste" für den Vertragspartner gewollt, denn über „das Beste" soll jeder selbst frei entscheiden können (FLUME § 29, 2 = S 543; MünchKomm/KRAMER Rn 9; MEDICUS AT Rn 789; LARENZ/WOLF AT § 37 Rn 11; **aA** BGH LM Nr 9; PALANDT/HEINRICHS Rn 11).

Der **Vorsatz** des Täuschenden muss sich auf die Täuschungshandlung, die Irrtums- **28** erregung und die dadurch erfolgende Willensbeeinflussung erstrecken. Ein Täuschungswille kann nur vorliegen, wenn der Täuschende die Unrichtigkeit seiner Angaben kennt. Der Täuschende muss ferner das Bewusstsein und den Willen haben, durch das Vorspiegeln oder Verschweigen von Tatsachen im Erklärungsgegner einen Irrtum zu erregen und diesen dadurch zur Abgabe einer konkreten Willenserklärung veranlassen (BGH NJW 1957, 988; WM 1990, 505, 506; vLÜBTOW 249, 259 mwN; MünchKomm/KRAMER Rn 8; SOERGEL/HEFERMEHL Rn 29). Als Vorsatzform ist mindestens **dolus eventualis** erforderlich (BGHZ 7, 301, 302; WM 1974, 866, 867; OLG Nürnberg NJW-RR 2002, 1705 ff; STAUDINGER/DILCHER[12] Rn 22; SOERGEL/HEFERMEHL Rn 27; LARENZ/WOLF, AT § 37 Rn 10; MünchKomm/KRAMER Rn 8; PALANDT/HEINRICHS Rn 11; vgl auch MANKOWSKI, Beseitigungsrechte 339 mit zahlr Nachw). Bei einer Täuschung durch **Verschweigen** eines offenbarungspflichtigen Mangels handelt arglistig, wer einen Fehler mindestens für möglich hält, gleichzeitig weiß oder damit rechnet und billigend in Kauf nimmt, dass der Vertragsgegner den Fehler nicht kennt und bei Offenbarung den Vertrag nicht oder nicht mit dem vereinbarten Inhalt geschlossen hätte (BGH NJW 1994, 253, 254). Macht der Täuschende unrichtige **Angaben „ins Blaue hinein"**, rechnet er mit der Unrichtigkeit und nimmt dies billigend in Kauf (BGH NJW 1981, 1441, 1442; NJW-RR 1986, 700; dazu DAUNER-LIEB, in: FS Kraft [1998] 43, 55). **Fahrlässigkeit** ist nicht ausreichend (SOERGEL/HEFERMEHL Rn 27; MünchKomm/KRAMER Rn 8; vgl aber MANKOWSKI,

Beseitigungsrechte 342 ff, der bei einer fahrlässigen Täuschung für eine analoge Anwendung der §§ 123 Abs 1, 124 plädiert; vgl ferner FLEISCHER AcP 200 [2000] 91, 93 ff). Eine fahrlässige Irreführung kann aber eine Haftung aus culpa in contrahendo (§§ 280 Abs 1 iVm §§ 241 Abs 2, 311 Abs 2, 3) auslösen und berechtigt uU zur Anfechtung wegen eines ausnahmsweise beachtenswerten Motivirrtums analog §§ 119, 121 (vgl dazu näher § 119 Rn 57 ff). Für eine Täuschung im Sinne des § 123 ist im Gegensatz zu § 263 StGB **keine Bereicherungsabsicht** des Täuschenden und **keine Absicht der Vermögensschädigung** des Getäuschten erforderlich (RGZ 111, 5, 7; 134, 43, 55). Es kommt ferner nicht darauf an, dass für den Getäuschten der Irrtum vermeidbar war. Schuldlosigkeit des Getäuschten wird nicht vorausgesetzt (BGHZ 33, 302, 310; BGH NJW 1962, 1907; 1989, 287, 288; 1997, 1845, 1847).

6. Rechtswidrigkeit der Täuschung*

a) Das Merkmal der „Widerrechtlichkeit"

29 Das Merkmal „widerrechtlich" bezieht sich nach dem Wortlaut des § 123 Abs 1 nur auf die Drohung, nicht auf die arglistige Täuschung. Dies bedeutet aber nicht, dass der **Rechtswidrigkeit** bei der arglistigen Täuschung keinerlei Bedeutung zukommt.

---

* **Schrifttum:** ADOMEIT, Schwangerschaftsfrage vor der Einstellung, Anm zu Urt des BAG v 15. 10. 1992, JZ 1993, 844; BAUER/BAECK/MERTEN, Scientology-Fragerecht des Arbeitgebers und Kündigungsmöglichkeiten, DB 1997, 2534; BELLGARDT, Die Zulässigkeit der Frage nach der Schwangerschaft und das Benachteiligungsverbot des § 611a BGB, BB 1983, 2187; ders, Anm zu Urt des BAG v 20. 2. 1986, BB 1986, 2414; BEPLER, Persönlichkeitsverletzung durch graphologische Begutachtung im Arbeitsleben, NJW 1976, 1872; BRILL, Die Frage nach dem Gesundheitszustand des Stellenbewerbers, BlStSozArbR 1985, 113; BRORS, Berechtigtes Informationsinteresse und Diskriminierungsverbot – Welche Fragen darf der Arbeitgeber bei Einstellung eines behinderten Bewerbers stellen?, BB 2003, 1734; BUSCHBECK-BÜLOW, Fragerecht des Arbeitgebers nach der Schwangerschaft, Anm zum Urt des BAG v 20. 2. 1986, JZ 1987, 311; ders, Die Unzulässigkeit der Frage nach der Schwangerschaft, BB 1993, 360; CONZE, Fragerecht des öffentlichen Arbeitgebers und Offenbarungspflicht des Bewerbers bei der Vertragsanbahnung, ZTR 1991, 99; COLNERIC, Recht auf Diskriminierung beim Einstellungsgespräch?, BB 1986, 1573; DAMMANN/KUTSCHA, Das Verschweigen einer früheren MfS-Tätigkeit von Beschäftigten im öffentlichen Dienst – ein Pflichtverstoß mit unabsehbaren Konsequenzen?, NJ 1999, 281; DONAT, Die Frage nach der Schwangerschaft beim Einstellungsgespräch, BB 1986, 2413; EHRICH, Die Entscheidung des BAG zur Zulässigkeit der Frage nach bestehender Schwangerschaft. – Ein Beitrag zur Verwirklichung des Diskriminierungsverbots?, DB 1993, 431; ders, Fragerecht des Arbeitgebers bei Einstellungen und Folgen der Falschbeantwortung, DB 2000, 421; FALKENBERG, Fragen des Arbeitgebers an den einzustellenden Arbeitnehmer, BB 1970, 1013; FARTHMANN, Anfechtung des Arbeitsvertrages – BAGE 5, 159, JuS 1964, 141; GÖTZ, Zur Zulässigkeit der Befragung von Stellenbewerbern nach Vorstrafen, BB 1971, 1325; GOLA, Krankheit im Arbeitsverhältnis, BB 1987, 538; GROSSMANN, Schwerbehinderte im Konflikt zwischen Statusrecht und Offenbarungspflicht, NZA 1989, 702; HEILMANN, Rechtsprobleme von Einstellungsuntersuchungen, AuA 1995, 157; ders, AIDS und (Arbeits-) Recht, BB 1989, 1413; ders, Fragerecht des Arbeitgebers, Anm zum Urt des BAG v 20. 2. 1986, ArbuR 1987, 117; HEILMANN/THELEN, Der werksärztliche Fragebogen – ein Mitbestimmungsproblem, BB 1977, 1556; HOFMANN, Zur Offenbarungspflicht des Arbeitnehmers, ZfA 1975, 1; HROMADKA, Die Frage nach der Schwangerschaft – Gedanken zu Diskriminierungsverbot und Mutterschutz, DB 1987, 687; HUNOLD, Das Fragerecht

Der Gesetzgeber hat es lediglich als überflüssig angesehen, auch der arglistigen Täuschung das Attribut „widerrechtlich" ausdrücklich voranzustellen, weil er davon ausging, dass jede arglistige Täuschung selbstverständlich auch widerrechtlich sei (vgl Beratungen der Reichstagskommission S 39; MUGDAN Bd 1 S 965; NEUMANN-DUESBERG JR 1967, 1, 2).

b) Fragerechte des Arbeitgebers beim Abschluss von Arbeitsverträgen
Große Bedeutung hat das Merkmal der Rechtswidrigkeit beim **Abschluss von Ar-** 30

---

des Arbeitgebers nach Schwangerschaft einer Bewerberin, NZA 1987, 4; JANKER, Das Fragerecht des Arbeitgebers bei der Einstellung, AuA 1991, 264; JOUSSEN, Si tacuisses – Der aktuelle Stand zum Fragerecht des Arbeitgebers nach einer Schwerbehinderung, NJW 2003, 2857; KLAK, AIDS und die Folgen für das Arbeitsrecht, BB 1987, 1382; KLEIN, Ausforschung von Stellenbewerbern durch Fragebogen und psychologische Tests, ArbuR 1978, 266; vKOPPENFELS-SPIES, Schwangerschaft und Schwerbehinderung – zwei weiterhin unbeliebte Fragen im Arbeitsrecht, ArbuR 2004, 43; LEIPOLD, Einstellungsfragebögen und das Recht auf Arbeit, ArbuR 1971, 161; LIEBSCHER, Wahrheitswidrige Antwort auf Frage nach Anschlussbeschäftigung, Anm zu LAG Hamm v 19. 5. 1994, BB 1995, 2117; LÖWISCH, Arbeitsrechtliche Fragen von AIDS-Erkrankung und AIDS-Infektion, DB 1987, 939; MEILICKE, Recht auf Lügen beim Einstellungsgespräch?, BB 1986, 1288; MESSINGSCHLAGER, „Sind Sie schwer behindert?" – Das Ende einer (un)beliebten Frage, NZA 2003, 301; MORITZ, Fragerecht des Arbeitgebers sowie Auskunfts- und/oder Offenbarungspflicht des Arbeitnehmers bei der Anbahnung von Arbeitsverhältnissen?, NZA 1987, 329; PAHLEN, Die Frage nach der Schwerbehinderteneigenschaft vor der Einstellung und Art 3 Abs 3 Satz 2 GG, RdA 2001, 143; PICKER, Die Anfechtung von Arbeitsverträgen, ZfA 1981, 1; RAAB, Das Fragerecht des Arbeitgebers nach schwebenden Strafverfahren und die Unschuldsvermutung des Bewerbers, RdA 1995, 36; REINFELD, Vorstrafen im Arbeitsverhältnis, AR Blattei SD 1780; ROSE, Fragerecht des Arbeitgebers nach der Schwangerschaft, BetrR 1986, 614; SANDER, Fragerechte und Auskunftspflichten, AuA 1995, 9; SCHATZSCHNEIDER, Frage nach der Schwangerschaft und gemeinschaftsrechtliches Diskriminierungsverbot, NJW 1993, 1115; SCHAUB, Ist die Frage nach der Schwerbehinderung zulässig?, NZA 2003, 299; SCHMID, Die rechtliche Zulässigkeit psychologischer Testverfahren im Personalbereich, NJW 1971, 1863; SCHMIDT, Weiterleitung von Erkenntnissen über Stasi-Mitarbeit an einen Stellenbewerber durch den Arbeitgeber, RdV 1993, 63; SCHULTE WESTENBERG, Die Frage nach der Schwangerschaft – Entwicklung der Rechtsprechung, NJW 1994, 1573; ders, Nichtarbeit von Schwangeren und Kündigung des Arbeitsvertrages, NJW 1995, 761; SCHWENK, Die Auskunftspflicht des Arbeitnehmers über Vorstrafen, MDR 1960, 353; SCHWERDTNER, Arbeitsrecht I, Individualarbeitsrecht (1976); SIMITIS, Datenschutz und Arbeitsrecht, ArbuR 1977, 97; SOWKA, Die Frage nach der Schwangerschaft, NZA 1994, 967; SPIEKER, Alkohol im Betrieb, AuA 1994, 21; STREHLE, Verschweigen einer Tätigkeit für das frühere Ministerium für Staatssicherheit bei Neueinstellungen im öffentlichen Dienst, RiA 1994, 128; STRICK, Die Anfechtung von Arbeitsverträgen durch den Arbeitgeber, NZA 2000, 695; THÜSING/LAMBRICH, Das Fragerecht des Arbeitgebers – aktuelle Probleme zu einem klassischen Thema, BB 2002, 1146; WALKER, Zur Zulässigkeit der Frage nach der Schwangerschaft, DB 1987, 273; WIESE, Der Persönlichkeitsschutz des Arbeitnehmers gegenüber dem Arbeitgeber, ZfA 1971, 273; WOHLGEMUTH, Fragerecht und Erhebungsrecht, ArbuR 1992, 46; ZELLER, Die arbeitsrechtlichen Aspekte des Personalfragebogens als Mittel der Personalauswahl, BB 1987, 1522; ders, Die Unzulässigkeit der Frage nach der Schwangerschaft, BB 1993, 219; ders, Die Zulässigkeit der Frage nach der Schwangerschaft, BB 1991, 1124.

beitsverträgen. Nicht jede Täuschung des Stellenbewerbers ist rechtswidrig. Wird dieser beim Einstellungsgespräch oder Ausfüllen eines Personalfragebogens mit Fragen konfrontiert, die in unzulässiger Weise in sein Persönlichkeitsrecht eingreifen, darf er unwahre Antworten geben. Der Arbeitnehmer wäre nämlich nicht ausreichend geschützt, wenn er nicht lügen, sondern nur die Antwort verweigern dürfte. Bei einer solchen Weigerung müsste er damit rechnen, dass der Arbeitgeber dies zu seinen Lasten wertet und ihn womöglich nicht einstellen würde. Die Notlüge des Bewerbers auf **unzulässige Fragen** ist somit die erforderliche **Verteidigung gegen den rechtswidrigen Angriff** auf sein Persönlichkeitsrecht und daher **als Notwehr (§ 227) gerechtfertigt** (NEUMANN-DUESBERG JR 1967, 1, 3; vLÜBTOW 249, 275; krit LEIPOLD ArbuR 1971, 161, 163). Während das BAG früher das Anfechtungsrecht gem § 123 mit der Begründung abgelehnt hat, die Notlüge erfülle nicht den *Tatbestand* der „Arglist" (BAGE 11, 270, 273; NJW 1958, 516, 517), scheint sich das BAG in einem jüngeren Urteil der hM anzunähern, da es die Täuschung eines männlichen Stellenbewerbers über seine Transsexualität wegen des Schutzzwecks des Transsexuellengesetzes jedenfalls als nicht *rechtswidrig* qualifiziert hat (NJW 1991, 2723, 2724).

31 **Umfang und Grenzen des Fragerechts des Arbeitgebers** richten sich nach dem Gewicht der jeweils betroffenen Interessen. Ein Fragerecht des Arbeitgebers bei den Einstellungsverhandlungen wird vom BAG nur insoweit anerkannt, als der Arbeitgeber „ein berechtigtes, billigenswertes und schutzwürdiges Interesse an der Beantwortung seiner Frage im Hinblick auf das Arbeitsverhältnis hat" (BAG NZA 1976, 371 f). Das Interesse des Arbeitgebers muss dabei so gewichtig sein, dass dahinter das Interesse des Arbeitnehmers, seine persönlichen Lebensumstände zum Schutz seines Persönlichkeitsrechts und zur Sicherung der Unverletzlichkeit seiner Individualsphäre geheim zu halten, zurückzutreten hat (BAG AP Nr 26; NZA 1996, 372). Ein berechtigtes Interesse besteht von vornherein nur bei solchen Fragen, die mit dem Arbeitsplatz oder der zu leistenden Arbeit in einem Zusammenhang stehen (SCHAUB § 26 III 2 b). Wesentliche das Arbeitsverhältnis betreffende Tatsachen muss ein Arbeitnehmer sogar **ungefragt** offenbaren. Ist die Erfüllung der arbeitsvertraglichen Hauptpflicht dauerhaft oder unter Umständen auch nur zeitweilig unmöglich, besteht auch ohne explizite Nachfragen eine **Aufklärungspflicht** (vgl Rn 10 ff). Kann beispielsweise der Bewerber die in Aussicht stehende Arbeit gesundheitsbedingt gar nicht leisten, zB wenn der Aufgabenbereich das Transportieren von Lasten umfasst, der Bewerber aber einen Bandscheibenschaden hat, so muss er dies von sich aus ungefragt dem Arbeitgeber mitteilen (vgl BAG NJW 1987, 398 f; MORITZ NZA 1987, 329, 331; zu datenschutzrechtlichen Bedenken im Zusammenhang mit den Einstellungsfragen des Arbeitgebers vgl SIMITIS ArbuR 1977, 97 ff; THÜSING/LAMBRICH BB 2002, 1146, 1149; ferner BAG BB 1987, 1461 ff; zum Irrtum des Bewerbers über die Grenzen des Fragerechts vgl STRICK NZA 2000, 695, 697).

aa) Schulischer und beruflicher Werdegang
32 Der Arbeitnehmer muss wahrheitsgemäß Fragen nach seinem schulischen und beruflichen Werdegang, nach Zeugnissen, nach früheren Arbeitgebern und nach der Dauer der jeweiligen Beschäftigungsverhältnisse beantworten (LAG Köln MDR 1996, 615 f). Die Frage nach der **Wehr- oder Ersatzdienstleistung** wird zum Teil als zulässig angesehen (SCHAUB § 26 III 3). Ein türkischer Bewerber muss nach Ansicht des BAG (EzA § 626 Nr 87) auf Befragen des Arbeitgebers eine bevorstehende oder erfolgte Einberufung zum Grundwehrdienst in seiner Heimat mitteilen und behördliche

Bescheinigungen vorweisen. Da die Frage nach dem Wehrdienst in der Regel nur männlichen Bewerbern gestellt wird, bedeutet sie aber eine unzulässige Benachteiligung wegen des Geschlechts. Demnach sollte die Frage nach dem zukünftig zu leistenden Wehrdienst nicht erlaubt sein, mit Blick auf die Rechtsprechung des EuGH zur Diskriminierung weiblicher Arbeitnehmer (EuGH DB 2001, 2451; unten Rn 39) auch dann nicht, wenn es um die Besetzung eines befristeten Arbeitsverhältnisses geht, und der Bewerber wegen des Wehrdienstes überwiegend an der Ausübung dieses Arbeitsverhältnisses verhindert ist (enger noch EHRICH DB 2000, 421, 425 f; ErfKomm/PREIS BGB 230 § 611 Rn 348 mwN). Ohne Zweifel unzulässig ist die Frage, wenn der Bewerber nicht mehr im grundwehrdienstfähigen Alter ist (WOHLGEMUTH ArbuR 1992, 46, 48).

bb) Persönliche Verhältnisse

Allgemeine Angaben zur Person muss der Bewerber wahrheitsgemäß mitteilen. **33** Dazu gehören Angaben zu Name, Personenstand, Wohnort, Geburtsdatum, Zahl der Kinder und Staatsangehörigkeit. Zulässig sind weiterhin Fragen nach der zuständigen Krankenkasse und nach sonstigen Sozialversicherungsverhältnissen (ZELLER BB 1987, 1522 ff). Weitergehende Fragen nach der persönlichen Lebensführung sind grundsätzlich unzulässig. Sexualverhalten, Heiratsabsichten, private Beziehungen, Verwandtschaftsverhältnisse, Freizeitbeschäftigung und Wohnbedingungen gehören zum Intimbereich des Arbeitnehmers, den der Arbeitgeber nicht ausforschen darf (MORITZ NZA 1987, 329, 333; SCHAUB § 26 III 3). Ein transsexueller Arbeitnehmer muss nicht über sein wahres Geschlecht aufklären, weil sonst der Schutzzweck des TSG unterlaufen würde (zutr BAG NJW 1991, 2723, das in Widerspruch dazu aber die Anfechtung wegen Eigenschaftsirrtums zuließ; dagegen zu Recht EuGH NZA 1996, 695 f; vgl dazu § 119 Rn 91).

cc) Finanzielle Verhältnisse

Fragen nach den Vermögensverhältnissen sind nur zulässig, wenn der Arbeitgeber **34** ein berechtigtes Interesse an geordneten Vermögensverhältnissen des Bewerbers hat. Die Frage nach **bestehenden Lohnpfändungen** oder Sicherheitsabtretungen ist nach hM wegen des damit verbundenen Aufwands und der Risiken für den Arbeitgeber zulässig (ZELLER BB 1987, 1522, 1523 mwN; aA EHRICH DB 2000, 421, 422). Fragen nach **Schulden** des Bewerbers sind ansonsten nur zulässig, wenn es sich bei dem zu besetzenden Arbeitsplatz um eine besonders verantwortungsvolle Stelle handelt. Fragt der Arbeitgeber nach der **bisherigen Lohn- oder Gehaltshöhe**, so ist dies unzulässig, wenn das bisherige Gehalt für die neue Stelle keine Aussagekraft und der Bewerber das bisherige Gehalt auch nicht als Mindestvergütung gefordert hat (BAG AP Nr 25; EHRICH DB 2000, 421). Dem ist zuzustimmen, weil das Arbeitsentgelt nach dem Grundsatz der Vertragsfreiheit frei auszuhandeln ist und eine Verpflichtung zur wahrheitsgemäßen Auskunft einseitig die Verhandlungsposition des Bewerbers schwächen würde (MORITZ NZA 1987, 329, 333; aA SCHAUB § 26 III 3).

dd) Graphologische und psychologische Gutachten, Intelligenz- und Eignungstests

Bei der Anwendung derartiger Tests und Gutachten besteht die Gefahr, dass die **35** gesamte Persönlichkeit des Bewerbers erfasst wird. Deshalb wird für Intelligenz-, Eignungstests, graphologische und psychologische Gutachten stets die Einwilligung des Bewerbers verlangt (dazu ausf ErfKomm/PREIS BGB 230 § 611 Rn 374 ff). Verlangt der Arbeitgeber einen handgeschriebenen Lebenslauf, so kann man zwar davon ausgehen, dass der Bewerber mit einer graphologischen Begutachtung rechnet (offen BAG AP Nr 24; krit und abl Schwerdtner Rn 16 mwN). Sofern aber der Bewerber nicht (wie im Fall BAG AP Nr 24) ausdrücklich seine Sympathie mit den Methoden der Graphologie bekundet, kann man nicht ohne weiteres eine Einwilligung unterstellen. Da der Bewerber mit einer Weigerung der Einwilligung ebenso wie beim Schweigen auf unzulässige Fragen schlechtere Einstellungschancen befürchten muss, fehlt es an wirklicher Entscheidungsfreiheit. Dieses Defizit kann man entgegen Brox (Anm AP aaO) nicht dadurch relativieren, dass man ein berechtigtes Interesse des Arbeitgebers an einer Persönlichkeitsausforschung auch ohne Einverständnis des Arbeitnehmers anerkennt und im Einzelfall eine Güterabwägung der beiderseitigen Interessen vornimmt. Dies führt im Ergebnis doch zu einer Verletzung des Persönlichkeitsrechts, gegen die sich der Arbeitnehmer nur mit einer „Täuschung" zur Wehr setzen kann (vgl auch Bepler NJW 1976, 1872 ff; Schmid NJW 1971, 1863 ff; Klein ArbuR 1978, 266 ff).

ee) Konfessions-, Gewerkschafts- und Parteizugehörigkeit

36 Der Arbeitgeber darf grundsätzlich nicht nach Religions-, Gewerkschafts- (Ehrich DB 2000, 421, 426; Falkenberg BB 1970, 1013, 1016; Simitis ArbuR 1977, 97, 99) oder Parteizugehörigkeit des Bewerbers (LAG Mainz NJW 1985, 510) fragen. Das Verbot der Frage nach der Gewerkschaftszugehörigkeit ergibt sich aus der Koalitionsfreiheit des Art 9 Abs 3 S 1 GG, die Unzulässigkeit der Frage nach der Religionszugehörigkeit folgt aus Art 4 Abs 1, 33 Abs 3 GG sowie Art 140 GG iVm Art 136 Abs 3 WRV. Anders verhält es sich bei **Tendenzbetrieben** (§ 118 BetrVG). Da die tendenzbezogene unternehmerische Betätigung schutzwürdig ist und der Bewerber weiß, für welchen Betrieb er tätig werden soll, sind Fragen zur Tendenztreue des Bewerbers legitim (Moritz NZA 1987, 329, 333). Die Frage nach der Zugehörigkeit zur **Scientology-Organisation** ist nicht bereits wegen der generellen Unzulässigkeit von Fragen nach der Religionszugehörigkeit untersagt. Das BAG ist nach ausführlicher Analyse von Selbstverständnis, Lehre und Praktiken der Scientology-Organisation zu Recht zu dem Ergebnis gekommen, dass es sich dabei nicht um eine Religions- oder Weltanschauungsgemeinschaft im Sinne der Art 4, 140 GG, 137 WRV handelt (BAGE 79, 319 ff). Da sich die Organisation zum Ziel gesetzt hat, durch Besetzung von „Schlüsselpositionen" die Lehre ihres Gründers wirkungsvoll zu verbreiten, ist die Frage nach der Zugehörigkeit zu dieser Organisation jedenfalls für die Besetzung von besonders vertrauensvollen Stellen zulässig (Bauer/Baeck/Merten DB 1997, 2534 ff). Der Bewerber um eine Führungsposition muss auch ungefragt über die Mitgliedschaft in einer Scientology-Organisation oder die enge Verbindung zu ihr aufklären (OLG Stuttgart NJW 1999, 3640, 3641; **aA** LG Darmstadt NJW 1999, 365, 366, das aber eine Anfechtung gem § 119 Abs 2 durchgreifen lässt).

ff) Krankheiten

37 Fragen nach Krankheiten sind nur zulässig, wenn sie im Zusammenhang mit dem einzugehenden Arbeitsverhältnis stehen. Zulässig ist danach die Frage, ob eine Krankheit oder eine Beeinträchtigung des Gesundheitszustandes vorliegt, welche die **Eignung** für die zu besetzende Stelle dauerhaft oder in periodisch wiederkehrenden Abständen einschränkt (BAG AP Nr 26; ErfKomm/Preis BGB 230 § 611 Rn 343). Entsprechendes gilt für Krankheiten, wenn eine Ansteckungsgefahr für Kollegen oder Geschäftskunden besteht. Der Arbeitgeber darf auch danach fragen, ob zum Zeitpunkt des Dienstantritts oder in absehbarer Zeit mit einer Arbeitsunfähigkeit zu rechnen ist, zum Beispiel wegen einer geplanten Operation oder einer bereits bewilligten Kur. Die Frage nach früheren, ausgeheilten oder für den Arbeitsplatz irrelevanten Krankheiten ist dagegen unzulässig (vgl BRILL BlStSozArbR 1985, 113 f). Bei **AIDS** ist zwischen Infizierung und akuter Erkrankung zu differenzieren. Zulässig ist nur die Frage nach der akuten Erkrankung, nicht dagegen nach einer AIDS-Infizierung, weil die bloße Infizierung mit dem Virus die arbeitsvertraglich geschuldete Leistung nicht berührt und sofern keine Ansteckungsgefahr für andere Arbeitnehmer oder Dritte besteht (HEILMANN BB 1989, 1413, 1414 f; LÖWISCH DB 1987, 936, 939 f; ErfKomm/PREIS BGB 230 § 611 Rn 344; aA KLAK BB 1987, 1382, 1383 f). Der Stellenbewerber hat auf die Frage nach erhöhtem **Alkoholkonsum** wahrheitsgemäß zu antworten, da Alkoholabhängigkeit eine Krankheit ist, die mit hoher Wahrscheinlichkeit die vertraglich geschuldete Arbeitsleistung erheblich beeinträchtigt (SPIEKER AuA 1994, 21; zul ist auch die Frage nach der Teilnahme an einer Entziehungskur LAG Köln MDR 1996, 615, 616). Nach einer **Körperbehinderung** (zur Schwerbehinderung ieS sogl Rn 38) darf nur insoweit gefragt werden, als sie die zu verrichtende Arbeit beeinträchtigen würde (BAG NJW 1985, 645 ff). Werden Arbeitnehmer vor ihrer Einstellung **werksärztlich** untersucht, so kann dadurch das Fragerecht wegen der Anamnese grundsätzlich nicht erweitert werden (ausf zur Einstellungsuntersuchung ErfKomm/PREIS BGB 230 § 611 Rn 363 ff). Dem Arbeitgeber dürfen nur Angaben zur Gesundheit des Bewerbers mitgeteilt werden, die für den konkreten Arbeitsplatz relevant sind. Genaue Befunde und Diagnosen dürfen aber dem Arbeitgeber ohne Einwilligung des Bewerbers nicht bekannt gegeben werden (HEILMANN AuA 1995, 157 ff). **Genomanalysen**, durch die Erbanlagen für Krankheiten offen gelegt werden, bedeuten eine besonders hohe Gefahr für das Persönlichkeitsrecht des Bewerbers und werden überwiegend auch ohne ausdrückliches gesetzliches Verbot als unzulässige Untersuchungsmethode abgelehnt (DÄUBLER CR 1994, 101, 105; DIEKGRÄF BB 1991, 1854, 1859; dazu auch ErfKomm/PREIS BGB 230 § 611 Rn 371 ff; ferner WIESE RdA 1988, 217, 222).

gg) Schwerbehinderteneigenschaft
Nach der bisherigen Rechtsprechung und der bislang überwiegenden Meinung galt die Frage nach einer Schwerbehinderteneigenschaft oder einer Gleichstellung (§ 2 Abs 3 SGB IX) als zulässig, und zwar unabhängig davon, ob die Schwerbehinderung für die auszuübende Tätigkeit von Bedeutung ist. Begründet wurde diese Auffassung damit, dass an die Schwerbehinderteneigenschaft zahlreiche gesetzliche Pflichten anknüpfen, so dass der Arbeitgeber auf entsprechende Informationen angewiesen sei (BAG NJW 1987, 398 f; ZELLER BB 1987, 1522, 1524 mwN; FALKENBERG BB 1970, 1013, 1015). Dem Schwerbehinderten dürfe kein Recht auf „unauffällige Integration" gewährt werden (BAG NJW 1996, 2323, 2324). Nur in einer Entscheidung hatte das BAG den Standpunkt eingenommen, die Frage nach einer Schwerbehinderung sei lediglich dann zulässig, wenn die Schwerbehinderung für die auszuübende Tätigkeit von Bedeutung sei (BAG NJW 1994, 1363, 1364). Die Rechtsprechung zur Zulässigkeit der Frage nach der Schwerbehinderung ist zu Recht auf Kritik gestoßen (siehe GOLA BB 1987, 538; GROSSMANN NZA 1989, 702 ff). Den Arbeitgeber treffen nur unbedeutende Ausgleichsabgaben und Bußgelder im Fall unbesetzter Schwerbehindertenplätze. Deshalb ist zweifelhaft, ob sich der Schwerbehindertenschutz mit der Zulässigkeit der Frage nach dieser Eigenschaft nicht in sein Gegenteil verkehrt. Das alte Schwerbehindertengesetz leistete insofern nur einen unvollkommen Schutz vor Benachteiligungen Schwerbehinderter gem Art 3 Abs 3 S 2 GG. Mit Wirkung zum 1. 7. 2001 wurde jedoch in § 81 Abs 2 SGB IX ein Diskriminierungsverbot in das inzwischen

im SGB IX geregelte Schwerbehindertenrecht aufgenommen (BGBl I 1046). Danach kann eine Ungleichbehandlung Schwerbehinderter nur mit wesentlichen und entscheidenden beruflichen Anforderungen gerechtfertigt werden. Nach dieser neuen Rechtslage sollte die Frage nach der Schwerbehinderteneigenschaft nicht mehr als zulässig bewertet werden, wenn diese die Arbeitsleistung nicht tangiert (BRORS DB 2003, 1734 ff; DÜWELL BB 2001, 1527, 1529 f; MESSINGSCHLAGER NZA 2003, 301, 303; THÜSING/ LAMBRICH BB 2002, 1146, 1149; aA SCHAUB NZA 2003, 299 ff).

hh) Schwangerschaft

39 Es war lange Zeit umstritten, ob die Frage nach einer vorliegenden oder beabsichtigten Schwangerschaft als zulässig zu bewerten ist (vgl zur Schwangerschaftsfrage ua ADOMEIT JZ 1993, 846 ff; BELLGARDT BB 1983, 2187 ff; EHRICH DB 1993, 431 ff; ders DB 2000, 421, 424 f; HROMADKA DB 1987, 687 f; HUNOLD NZA 1987, 4 ff; vKOPPENFELS-SPIES ArbuR 2004, 43 ff; SCHATZSCHNEIDER NJW 1993, 1115 f; SOWKA NZA 1994, 967 ff; THÜSING/LAMBRICH BB 2002, 1146 ff; WALKER DB 1987, 273 ff jeweils mwN). Ursprünglich hielt das BAG die Frage nach einer bestehenden Schwangerschaft für grundsätzlich zulässig (grdl BAG AP Nr 15 m Anm LARENZ; krit FALKENBERG BB 1970, 1013, 1015; LEIPOLD ArbuR 1971, 161, 166). Später galt die Frage nur noch dann als zulässig, wenn sich nur Frauen um einen Arbeitsplatz bewarben, da in diesem Fall keine Diskriminierung aufgrund des Geschlechts zu befürchten sei (sog gespaltene Lösung, vgl BAGE 51, 167, 174 f = ArbuR 1987, 117 ff m Anm HEILMANN). Der EuGH schließlich sah die Frage nach einer Schwangerschaft mit Recht als generell unzulässig an, da sie gegen Art 141 (Art 119 aF) EGV sowie die EG-Richtlinie 76/207 zur Gleichbehandlung von Männern und Frauen hinsichtlich des Zugangs zur Beschäftigung, zur Berufsbildung und zum beruflichen Aufstieg sowie in Bezug auf die Arbeitsbedingungen verstoße (EuGH Slg I 1990, 3941, 3974 – DEKKER; AP Nr 23 zu Art 119 EWG-Vertrag). Da die Frage nur Frauen gestellt wird, beinhalte sie eine unmittelbare Diskriminierung aufgrund des Geschlechts. Das BAG passte daraufhin seine Rechtsprechung an (vgl die grundlegende Entscheidung BAG NJW 1993, 1154) und hielt die Frage nach der Schwangerschaft nur noch in wenigen Ausnahmefällen für zulässig. Ein solcher Ausnahmefall liege vor, wenn eine Schwangerschaft mit dem eingegangenen Arbeitsverhältnis völlig unvereinbar sei (wie zB bei einer Tänzerin oder einem Mannequin), die Tätigkeit wegen sogleich eintretender Mutterschutzfristen oder Erziehungsurlaubs überhaupt nicht ausgeübt werden könne, Beschäftigungsverbote entgegenstünden (BAG NJW 1989, 929 ff) oder wenn es um den gesundheitlichen Schutz der Arbeitnehmerin oder des ungeborenen Kindes gehe (BAG NJW 1994, 148 f; vgl zur Entwicklung der älteren Rechtsprechung SCHULTE WESTENBERG NJW 1994, 1573 ff). Demgegenüber ist nach der **Rechtsprechung des EuGH** allein die **zeitweilige Verhinderung** einer schwangeren Arbeitnehmerin kein ausreichender Grund, einen auf unbestimmte Zeit geschlossenen Arbeitsvertrag für nichtig oder anfechtbar zu halten (NJW 1994, 2077, 2078; Nachtarbeitsverbot für Altenpflegerin). Ferner entschied der EuGH, dass sich Mutterschutzvorschriften nicht nachteilig bei der Begründung eines Arbeitsverhältnisses auswirken dürfen, auch wenn die Arbeitnehmerin die vorgesehene Tätigkeit aufgrund eines während der Schwangerschaft bestehenden Verbotes zunächst nicht würde ausüben können (EuGH Slg I 2000, 549 – MAHLBURG). Und am 4. 10. 2001 entschied der EuGH, dass die Frage nach der Schwangerschaft stets eine unzulässige Diskriminierung darstelle, selbst wenn es um eine Bewerberin um einen **befristeten Arbeitsvertrag** gehe (EuGH DB 2001, 2451 ff m Anm THÜSING – TELE DANMARK). In diesem Kontext ist nun auch die Richtlinie 2002/73/ EG zu beachten, nach der jede unterschiedliche Behandlung einer Frau im Zusammenhang mit der Schwanger- oder Mutterschaft als Diskriminierung wegen des Geschlechts anzusehen ist. Mit der Entscheidung vom 6. 2. 2003 passte das BAG seine Rechtsprechung den europarechtlichen Vorgaben des EuGH an und bewertete die Schwangerschaftsfrage als eine unzulässige Diskriminierung, wenn eine unbefristet eingestellte schwangere Arbeitnehmerin die vereinbarte Tätigkeit wegen eines Beschäftigungsverbots zunächst nicht ausüben könne. Die Schwangerschaft sei ein vorübergehender Zustand und beeinträchtige das Arbeitsverhältnis nicht dauerhaft (BAG NZA 2003, 848 f). Bisher noch nicht geäußert hat sich das BAG dazu, ob es den europäischen Vorgaben auch bei befristeten Arbeitsverhältnissen folgen wird, doch sollte daran kein Zweifel bestehen (vgl dazu auch vKoppenfels-Spies ArbuR 2004, 43, 44).

ii) Vorstrafen

40 Aus Gründen der Resozialisierung Straffälliger ist die Frage nach Vorstrafen nur eingeschränkt zulässig. Soweit es die Aufgaben des zu besetzenden Arbeitsplatzes erfordern, darf nach „einschlägigen" Vorstrafen gefragt werden (vgl BAG NJW 1958, 516 f; BB 1970, 803 f; Götz BB 1971, 1325 f; Ehrich DB 2000, 421, 422 f; Linnenkohl ArbuR 1983, 129 ff; Reinfeld AR Blattei SD 1780; Zeller BB 1987, 1522, 1525). Wenn sich der Arbeitnehmer gem § 53 BundeszentralregisterG als unbestraft bezeichnen darf, begeht er allerdings keine rechtswidrige Täuschung. Die Frage nach einem schwebenden Strafverfahren kann zulässig sein, wenn das Verfahren einschlägige Straftatbestände betrifft oder wenn mit einer erheblichen zeitlichen Inanspruchnahme durch Ermittlungsverfahren oder Hauptverhandlung zu rechnen ist, so dass die Verfügbarkeit des Arbeitnehmers stark eingeschränkt wird (Raab RdA 1995, 36 ff). Aus der in Art 6 Abs 2 EMRK verankerten Unschuldsvermutung kann nicht der Schluss gezogen werden, dass dem Betroffenen, gegen den ein Ermittlungsverfahren anhängig ist, überhaupt keine Nachteile entstehen dürfen (vgl BAG NJW 1999, 3653, 3654). Ein Arbeitnehmer, der demnächst eine mehrmonatige Freiheitsstrafe verbüßen muss, ist bei Bewerbung um eine Dauerstellung auch ungefragt zur Mitteilung verpflichtet (LAG Frankfurt NZA 1987, 352, 353 ff). Bei *gewerblichen Nutzung eines Adelsnamens* hat der Namensträger die Pflicht, über erhebliche Vorstrafen aufzuklären (BGH NJW-RR 1991, 439, 440).

kk) Öffentlicher Dienst

41 Für Arbeiter und Angestellte des öffentlichen Dienstes gelten hinsichtlich des Fragerechts des Arbeitgebers prinzipiell die gleichen Grundsätze (Conze ZTR 1991, 99, 101). Ansonsten ist aufgrund der Vorgaben von Art 33 Abs 2 GG, wonach jeder Deutsche nach seiner Eignung, Befähigung und fachlichen Leistung gleichen Zugang zu jedem öffentlichen Amt hat, eine differenzierte Betrachtungsweise erforderlich. Entsprechend den Anforderungen des Amtes können Fragen zur Eignung zulässig sein (dazu ausf Conze ZTR 1991, 99, 101 ff). Insbesondere wird von den Angehörigen des öffentlichen Dienstes je nach Bedeutung und Funktion der Tätigkeit erwartet, dass sie sich mit ihrem gesamten Verhalten zur freiheitlich demokratischen Grundordnung bekennen (vgl BAGE 39, 235, 253; 40, 1, 8, 10; BAG AP Nr 24 zu § 1 KSchG 1969 Verhaltensbedingte Kündigung). Die Zulässigkeit der Frage hängt nicht davon ab, ob die Verfassungswidrigkeit der Organisation bereits festgestellt wurde (vgl BVerfG AP Nr 2 zu Art 33 Abs 5 GG). Solange politische Einstellungen den Arbeitnehmer nicht an der ordnungsgemäßen Erfüllung seiner Berufspflichten hindern, besteht aber keine Pflicht, politische Einstellungen und Mitgliedschaften ungefragt zu offenbaren (vgl LAG Mainz NJW 1985, 510 zur Offenbarungspflicht der Mitgliedschaft in der DKP). Lehrer und Erzieher unterliegen im Regelfall einer gesteigerten politischen Treuepflicht; die bloße Mitgliedschaft in der DKP reicht aber nicht aus, wenn die politische Einstellung des Lehrers nicht „in seine Lehrtätigkeit hineinwirkt" (AP Nr 24 aaO betr eine Kündigung).

ll) Tätigkeit für das Ministerium für Staatssicherheit

42 Die Befragung hinsichtlich einer ehemaligen Mitarbeit im Staatssicherheitsdienst ist dann zulässig, wenn es um die Einstellung in den öffentlichen Dienst geht (vgl nur BAG AP Nr 53 zu Einigungsvertrag Anlage I Kap XIX; Nr 33 zu § 1 KSchG 1969; BVerfG NZA 1997, 992, 995 betr die Kündigung gem Sonderkündigungsrecht gem Anl I Kap XIX Einigungsvertrag; BAG NZA 1998, 474, 475) oder um einen Arbeitsplatz, bei dem besondere Sicherheit oder Integrität vorausgesetzt wird (ArbG Darmstadt BB 1994, 2495 ff m Anm Heidsiek; BAG BB 1996, 749 ff; NZA 2003, 265, 266; Janker AuA 1991, 264, 266; Dammann/Kutscha NJ 1999, 281 ff). Fragen nach einer Tätigkeit für das MfS, die vor 1970 abgeschlossen sind, verletzen jedoch regelmäßig den Befragten in seinem allgemeinen Persönlichkeitsrecht und sind deshalb unzulässig. Dieser vom BVerfG aufgestellte Grundsatz ist jedoch nicht im Sinne einer Stichtagsregelung zu verstehen, sondern es kommt jeweils auf den Zeitablauf und die Bedeutung der Umstände des Einzelfalls an (BVerfGE 96, 171, 187 f; NZA 1998, 418 f; 1999, 1095). So darf der öffentliche Arbeitgeber auch nach einer vor 1970 abgeschlossenen Stasitätigkeit fragen, wenn es sich um besonders schwerwiegende Tätigkeiten handelt (BAG AP Nr 58). Umgekehrt ist eine knapp dreimonatige Berichtstätigkeit für das MfS in der Zeit von Oktober bis Dezember 1973, als die Mitarbeiterin gerade 18 Jahre alt war, nicht als schwerwiegend eingestuft worden, da die Berichte keinen denunziantorischen Charakter hatten (BAG NZA 1998, 474, 475 f). Die pauschale Aufforderung, Kontakte zum MfS zu offenbaren, ist nach zutreffender Ansicht des BAG zu allgemein gehalten und daher nicht zulässig, weil sonst ausgenutzt werden könnte, dass der Arbeitnehmer mehr offenbart als er von Rechts wegen sagen müsste (BAG NZA 2003, 265, 266 f).

mm) Anschlussbeschäftigung

43 Der Arbeitnehmer ist bei Vergleichsgesprächen im Prozess nicht verpflichtet, ungefragt über eine Anschlussbeschäftigung Auskunft zu geben. Nur auf Nachfrage des Gerichts oder des Arbeitgebers muss er wahrheitsgemäß antworten (LAG Hamm BB 1994, 2072; Liebscher BB 1995, 2117 ff).

c) Fragerechte des Vermieters beim Abschluss von Mietverträgen

44 Fragen des Vermieters nach den persönlichen Verhältnissen des Mieters sind ebenfalls durch das Persönlichkeitsrecht begrenzt. Es dürfen nur solche Fragen gestellt werden, die für den Bestand des Mietverhältnisses erforderlich sind. Da auch hier der Mieter bei Nichtbeantwortung von unzulässigen Fragen der Gefahr ausgesetzt ist, als Vertragspartner auszuscheiden, darf er insoweit falsche Antworten geben (Lammel § 535 Rn 28). Der Vermieter darf nach Umständen fragen, die die Erfüllung der Hauptpflicht des Mieters, die Mietzahlung, in Frage stellen können. Der Umfang der Mitteilungspflicht des Mieters richtet sich nach § 321 BGB analog. Es sind also nur solche Vermögensverschlechterungen zu offenbaren, die nach Inkrafttreten eines Vertrages zur Leistungsverweigerung des Vorleistungspflichtigen führen würden. Der Mieter muss zB die Frage nach der Abgabe einer eidesstattlichen Versicherung, der Einleitung eines Vergleichsverfahrens, der Hingabe ungedeckter

Schecks, nach Wechselprotesten und dem Erdulden zahlreicher Zwangsvollstreckungsmaßnahmen wahrheitsgemäß beantworten (LAMMEL § 535 Rn 29). Der Empfang von Sozialhilfe ist anzugeben, weil das Sozialamt nicht in jedem Fall verpflichtet ist, die Miete zu zahlen (BVerwG NJW 1994, 2968 ff; LG Mannheim ZMR 1990, 303). Fragen nach sonstigen persönlichen Verhältnissen, wie zB nach dem Familienstand (aA LG Landau WuM 1986, 133), dem Geburtsdatum, dem Gesundheitszustand, der Staatsangehörigkeit, der Aufenthaltsberechtigung (AG Wiesbaden WuM 1992, 597 f), einem laufenden staatsanwaltlichen Ermittlungsverfahren (AG Hamburg WuM 1992, 598) oder bisherigen Mietverhältnissen (AG Kerpen WuM 1990, 62) brauchen grundsätzlich nicht wahrheitsgemäß beantwortet zu werden, weil sie für die Erfüllungsbereitschaft des Mieters unbedeutend sind. Der Vermieter ist aber berechtigt, in einem Fragebogen, der von dem Mieter vor Vertragsabschluss auszufüllen ist, danach zu fragen, ob schon einmal ein Mietverhältnis zwischen den Parteien bestanden hat (LG Braunschweig WuM 1984, 297). Wird in einer Anzeige mit dem Angebot zur Vermietung einer Einliegerwohnung ein „Nichtraucher" gesucht, und gibt die Mieterin auf die Frage, ob sie Nichtraucherin sei, an, sie habe aufgehört, dann begründet gelegentliches Rauchen der Mieterin und ihrer Gäste keine Arglistanfechtung des Mietvertrages, da (und sofern) nicht erwiesen ist, dass die Mieterin die Unwahrheit gesagt hat (iE auch LG Stuttgart NJW-RR 1992, 1360; vgl dazu oben Rn 19).

7. Täuschung durch Dritte, § 123 Abs 2 S 1*

a) Begrenzung des Anfechtungsrechts

§ 123 Abs 2 S 1 beschränkt die Anfechtbarkeit von **empfangsbedürftigen Willenserklärungen** („Erklärungen, die einem anderen gegenüber abzugeben waren"), wenn die Täuschung durch einen Dritten verübt wurde. Eine Willenserklärung ist in diesem Fall nur dann anfechtbar, wenn der Erklärungsempfänger die Täuschung kannte oder kennen musste. Das Anfechtungsrecht wurde vom Gesetzgeber eingeschränkt, um „Härten" zu vermeiden, „wenn bei einer Willenserklärung... die Beeinflussung von einem Dritten ausging, während der Empfänger der Willenserklärung bei der Beeinflussung nicht beteiligt war, auch dieselbe weder kannte noch kennen musste" (Mot I 206; zur Entstehungsgeschichte des § 123 Abs 2 vgl WINDEL AcP 199 [1999] 421, 425 ff). Das Gesetz hält also in diesem Fall das Vertrauen des Erklärungs-

---

* **Schrifttum:** BÜLOW, Verbraucherkreditrecht (5. Aufl 2002); CANARIS, HGB, Bankvertragsrecht, 3. Band (2. Bearb 1981); GAUL, Die Neuregelung des Abstammungsrechts durch das Kindschaftsreformgesetz, FamRZ 1997, 1441; HECKELMANN, Zur Anfechtbarkeit von Schuldübernahmen (Diss Münster 1965); HIRSCH, Die Anfechtung der Schuldübernahme, ihre Voraussetzungen und Wirkungen, JR 1960, 291; HOFFMANN, Arglist des Unternehmers aus der Sicht für ihn tätiger Personen, JR 1969, 372; IMMENGA, Der Begriff des Dritten nach § 123 Abs 2 BGB beim finanzierten Beitritt zu einer Abschreibungsgesellschaft, BB 1984, 5; PAULUS, Zur Zurechnung arglistigen Vertreterhandelns, in: FS Michaelis (1972) 215; RIMMELSPACHER, Schuldübernahmetheorien und Anfechtbarkeit der befreienden Schuldübernahme, JR 1969, 201; STÖTTER, Anfechtung eines Darlehensvertrages bei Täuschung durch Repräsentanten der Bank, NJW 1983, 1302; vWESTPHALEN, Der Leasingvertrag; WINDEL, Welche Willenserklärungen unterliegen der Einschränkung der Täuschungsanfechtung gem § 123 Abs 2 BGB?, AcP 199 (1999) 421; WUNDERLICH, Zur Haftung der Kreditinstitute gegenüber den Bauherren bei der Finanzierung von Immobilienerwerb nach dem Bauherrenmodell, DB 1980, 913.

empfängers für schutzwürdiger als die Willensfreiheit des Erklärenden. Der Anfechtungsausschluss gilt nicht für **nicht empfangsbedürftige Willenserklärungen** (zB Auslobungen), auch „wenn ein gutgläubiger Dritter kostspielige Anstalten zur Herbeiführung des Erfolges getroffen hat, für den die Belohnung ausgesetzt ist" (MünchKomm/Kramer Rn 21; Soergel/Hefermehl Rn 30; für analoge Anwendung des § 123 Abs 2 S 1 Windel AcP 199 [1999] 421, 439 ff). Bei der Anfechtung des **Vaterschaftsanerkenntnisses** gegenüber dem Kind ist der Ausschluss nicht zu beachten, wenn die Mutter getäuscht hat, da es sich bei dem Anerkenntnis um eine den Beteiligten zwar zu übersendende (§ 1597 Abs 2), aber eben nicht empfangsbedürftige Erklärung handelt (RGZ 58, 348, 353; 107, 175, 176; zur Rechtsnatur des Vaterschaftsanerkenntnisses vgl Palandt/Diederichsen § 1594 Rn 4; Gaul FamRZ 1997, 1441, 1449 und zur Anfechtung 1454 ff; vgl ferner Windel AcP 199 [1999] 421, 451 ff).

b) Die Person des Dritten

46 Hinsichtlich der Begrenzung des Anfechtungsrechts stellt sich das Problem der Interpretation des Begriffs des „Dritten". Hierbei geht es um die Abgrenzung der Personen, deren täuschendes Verhalten sich der Erklärungsempfänger zurechnen lassen muss, von solchen Personen (Dritten), die zwar auch in täuschender Weise den Vertragsschluss kausal beeinflusst haben, für die der Erklärungsempfänger aber nicht zur Verantwortung gezogen werden kann. Nur im Falle der Zurechnung besteht das Anfechtungsrecht uneingeschränkt. Ansonsten kann der Getäuschte nur anfechten, wenn der Erklärungsempfänger die Täuschung des Dritten kannte oder kennen musste. Je weiter der Begriff des Dritten verstanden wird, desto stärker ist das Anfechtungsrecht begrenzt. Nach den Motiven ist als Dritter nur ein am Geschäft Unbeteiligter anzusehen (Mot I 206). Diese Definition ist sehr vage und lässt (zu) große Auslegungsspielräume zu. Auch die Umschreibungen des „Dritten" in Rechtsprechung und Literatur sind unpräzise. Das RG neigte zu einer noch stärkeren Anfechtungsbegrenzung als heute der BGH und betrachtete als Dritte auch jene, die nicht autorisierte Erklärungsempfänger, Stellvertreter oder Verhandlungsgehilfen waren (vgl RGZ 61, 207, 212; 72, 133, 135; 81, 433, 436). „Dritter" iSd § 123 Abs 2 war der Vertreter des Erklärungsgegners dagegen dann nicht, wenn er zwar zunächst ohne Vertretungsmacht gehandelt hat, das Geschäft jedoch später vom Vertretenen genehmigt wurde (Rn 48). Inzwischen tendiert man dazu, durch restriktive Interpretation des Begriffs „Dritter" erhöhte, über die Haftung für Vertreterhandeln hinausgehende Zurechnungsmöglichkeiten zu schaffen, um die Anfechtungsmöglichkeit bei arglistiger Täuschung nicht zu stark zu begrenzen (MünchKomm/Kramer Rn 22; Soergel/Hefermehl Rn 32; Medicus, AT Rn 801).

47 Über die **Abgrenzungskriterien** hat sich noch keine einheitliche Auffassung gebildet (Soergel/Hefermehl Rn 32). Nach einer häufig verwendeten Formel kann als unbeteiligter Dritter nicht angesehen werden, wer auf der Seite des Erklärungsgegners steht und maßgeblich an dem Zustandekommen des Geschäfts mitwirkt (so Flume § 29, 3 = S 544; Soergel/Hefermehl Rn 32; krit zu dem Ausmaß der Mitwirkung Schubert AcP 168 [1968] 470, 484). Verkaufen die Eigentümer einer im Eigentum einer **Erbengemeinschaft** stehenden Sache gemeinschaftlich, und täuscht einer der Verkäufer den Käufer arglistig, ohne dass die anderen von der Täuschung wissen oder wissen müssen, so ist der Käufer dennoch allen Verkäufern gegenüber zur Anfechtung berechtigt, da der täuschende Verkäufer nicht als Dritter iSv § 123 Abs 2 angesehen werden kann (OLG Koblenz NJW-RR 2003, 119 ff). Zum Teil wird darauf abgestellt, ob der Täuschende von dem Geschäft wirtschaftlich unmittelbar betroffen wurde (STAUDINGER/COING[11] Rn 37). Nach Ansicht des BGH ist maßgeblich, ob die Beziehungen des Täuschenden zum Erklärungsempfänger so eng sind, dass dieser die Täuschung wie eine eigene zu vertreten habe und deshalb den Getäuschten nicht am Vertrage festhalten dürfe. **Repräsentanten** (vgl Rn 50), **Vertrauenspersonen des Erklärungsempfängers** (BGHZ 33, 302, 310) sowie diejenigen, deren Verhalten diesem „**nach Billigkeitsgesichtspunkten** unter Berücksichtigung der Interessenlage" (BGH NJW 1978, 2144, 2145) **zuzurechnen** ist, seien nicht Dritte. Zur Konkretisierung dieser allgemeinen Kriterien hat der BGH insbesondere die Zurechnungsnorm für Pflichtverletzungen des Schuldners – § 278 – herangezogen (BGHZ 47, 224, 229; BGH NJW 1962, 2195, 2196; 1967, 1026, 1027; WM 1963, 250, 252). Diesen Gedanken hat SCHUBERT (AcP 168 [1968] 470, 476 ff) aufgegriffen und weiterentwickelt. Er sieht in § 123 eine gesetzliche Sonderregelung der Haftung für culpa in contrahendo. Niemand dürfe bei Vertragsverhandlungen den Kontrahenten täuschen. Bediene sich der Erklärungsgegner bei den Verhandlungen einer anderen Person, so müsse er sich deren Verhalten nach § 278 auch unter dem Gesichtspunkt des § 123 Abs 2 S 1 zurechnen lassen. Die **Anknüpfung an § 278** erweist sich aber insoweit als zu eng, als dadurch die Haftung für Vertreter ohne Vertretungsmacht generell ausgeschlossen würde. Dies ist weder sachgerecht, wenn der Geschäftsherr das vollmachtlose Auftreten später genehmigt (§§ 177, 184), noch wenn zu seinen Lasten die Grundsätze über die Anscheins- oder Duldungsmacht eingreifen (vgl auch SCHUBERT AcP 168 [1968] 470, 483, der allerdings nur die Grundsätze der Duldungsvollmacht, nicht jedoch die der Anscheinsvollmacht heranziehen will). Insofern ist die Zurechnung gem § 278 noch um die **Zurechnungsnormen für Vertreterhandeln (§§ 164 ff) zu ergänzen**. Da die Beschränkung des Anfechtungsrechts nur Härten für den Anfechtungsgegner vermeiden soll, ist ein restriktives Verständnis des Dritten geboten. Dritte können daher nur diejenigen sein, die unter keinem rechtlichen Gesichtspunkt dem Kreis des Erklärungsgegners zurechenbar sind. In **Zweifelsfällen** ist der Täuschende als Nichtdritter anzusehen, denn nach dem Regel-Ausnahme-Prinzip des § 123 Abs 1 u 2 ist im Regelfall von der Anfechtbarkeit bei arglistiger Täuschung auszugehen.

c) Einzelfälle
aa) Vertreter
Ein Vertreter des Erklärungsempfängers ist kein Dritter (BGHZ 20, 36, 39; NJW 1974, 1505, 1506), auch nicht der **Vertreter ohne Vertretungsmacht**, wenn der Geschäftsherr den Vertragsschluss genehmigt (RGZ 76, 107, 108; BGH WM 1979, 235, 237). Wegen der Abstraktheit der Vollmacht nützt es dem Vertretenen nichts, dass er dem Vertreter im Innenverhältnis Täuschungen untersagt hat (vgl auch HOFFMANN JR 1969, 372). Auch der **mittelbare Stellvertreter** und der **Strohmann** sind nicht Dritte iSd § 123 Abs 2 S 1, da sie regelmäßig im Auftrag des Geschäftsherrn tätig werden und somit § 278 greift. Entsprechendes gilt für den **Kommittenten**, da das vom Kommissionär als Vertragspartei geschlossene Ausführungsgeschäft sachlich ein Geschäft des Kommittenten ist (SOERGEL/HEFERMEHL Rn 34). Der **Versicherungsagent**, der gem § 43 VVG als Vertreter des Versicherers gilt, ist ebenfalls nicht Dritter (PRÖLSS/MARTIN § 43 VVG Rn 41 mwN). Dies gilt auch bei einer Vollmachtsüberschreitung (RG JW 1928, 1740, 1741), und zwar selbst dann, wenn ein Antrag falsch ausgefüllt wurde, um die Provision zu erschleichen (**aA** OLG Hamm VersR 1974, 562 f). Nicht Dritte sind Vertreter von Personengesellschaften und **Organe juristischer Personen** (RGZ 81, 433 ff; SCHUBERT AcP 168 [1968] 470, 485). Auch **gesetzliche Vertreter** zählen nicht zum Kreis

der Dritten iSd § 123 Abs 2 S 1, also insbesondere Eltern (§ 1626 BGB), Vormund (§ 1793), Betreuer (§ 1902), Insolvenzverwalter (§§ 56 ff InsO), Nachlassverwalter (§ 1985) und Testamentsvollstrecker (§ 2205; vgl Schubert AcP 168 [1968] 470, 487). Wurde umgekehrt der Vertreter vom Vertragspartner getäuscht und dadurch zur Erteilung einer Weisung an den Vertretenen zum Abschluss des Vertrages bestimmt, so ist der Vertretene analog § 166 Abs 2 zur Anfechtung berechtigt (BGHZ 51, 141, 145 ff; Soergel/Hefermehl Rn 32).

bb) Verhandlungsgehilfen

49 Kein Dritter ist nach dem Rechtsgedanken des § 278 BGB der Verhandlungsgehilfe, der **ohne Abschlussvollmacht** an den Verhandlungen mitgewirkt und den Vertrag, der anschließend ohne seine Beteiligung geschlossen wird, vollständig ausgehandelt und vorbereitet hat (RGZ 72, 133, 137; BGH NJW 1962, 2195; 1978, 2144 f; 1989, 2879, 2880; KG NJW 1998, 1082, 1084). Zum Teil wird verlangt, dass der Verhandlungsgehilfe im Auftrag des Erklärungsgegners tätig geworden ist (Medicus, AT Rn 801; Soergel/ Hefermehl Rn 32; so auch BGH NJW 1996, 1051: eine nicht beauftragte, aus eigenem Antrieb einen Vertragsabschluss anbahnende Person sei Dritter; nach MünchKomm/Kramer Rn 22 soll es ausreichend sein, wenn der Täuschende nach außen hin als „Vertrauensmann" des Anfechtungsgegners erschien). Regelmäßig wird aber in dem später zustande kommenden Vertragsschluss eine Genehmigung der Verhandlungsführung durch den Gehilfen zu sehen sein, so dass es nach vertretungsrechtlichen Grundsätzen gerechtfertigt ist, sein Handeln dem Erklärungsgegner zuzurechnen (dazu Rn 48). Sofern der Verhandlungsgehilfe mit dem Geschäftspartner mündliche Abreden trifft und damit zugleich über das in den Allgemeinen Geschäftsbedingungen enthaltene Verbot mündlicher Vereinbarungen hinwegsetzt, wirkt sich dies wegen § 305b nicht zum Nachteil des Geschäftspartners aus, so dass die Anfechtung gem § 123 unzulässig ist (überholt Schubert AcP 168 [1968] 470, 488).

cc) Makler

50 Ein Makler ist in der Regel Dritter (RGZ 101, 97 ff; BGHZ 33, 302, 309; Flume § 29, 3 = S 544). Dies gilt jedenfalls, wenn der Makler uneingeschränkt für beide Seiten des Geschäfts tätig ist. Nimmt der Makler jedoch nicht die Interessen beider Parteien wahr, sondern führt die Verhandlungen nur für eine Partei oder ist aufgrund enger Beziehungen als deren Vertrauensperson anzusehen, so ist dieser Partei eine arglistige Täuschung des Maklers zuzurechnen (BGH NJW 1996, 451 f mwN; OLG Schleswig ZMR 2000, 543 ff; OLG Zweibrücken NJW-RR 2002, 418 f). Auch wenn der **Handelsmäkler** nach § 98 HGB jeder der beiden Parteien für den durch sein Verschulden entstehenden Schaden haftet, kann daraus nicht gefolgert werden, dass er hinsichtlich beider Partner die gleiche Stellung hat (Flume § 29, 3 = S 544). Dies gilt erst recht für den **Handelsvertreter** iSv § 84 I HGB (OLG Hamburg BB 1959, 612). Ein **Kreditvermittler**, der den Darlehensnehmer durch arglistige Täuschung zum Abschluss des Darlehensvertrages bestimmt, ist kein Dritter, wenn er wegen seiner engen Beziehungen zum Erklärungsempfänger als dessen **Vertrauensperson** erscheint (BGH NJW 1979, 1593, 1594; Soergel/Hefermehl Rn 33) oder mit einer Bank als deren **Repräsentant** in der Weise zusammenarbeitet, dass er von dieser ein im Zinssatz stehendes Honorar bekommt (OLG Stuttgart NJW 1982, 1599; dazu Stötter NJW 1983, 1302 f). Bei der Vermittlung von **kreditfinanzierten Immobiliengeschäften** muss sich die Bank nach der Rechtsprechung des BGH falsche Vermittlerangaben im Grundsatz nur dann zurechnen lassen, wenn sich diese auf das Kreditgeschäft beziehen. Angaben über den

Zustand des Objekts, über erzielbare Steuervorteile sowie Mieteinkünfte braucht sich das Kreditinstitut danach nicht zurechnen zu lassen (BGH WM 2000, 1685, 1686; krit SINGER WuB I G. 5. Immobilienanlagen 2.01). In diesen Fällen ist der Vermittler somit als Dritter zu betrachten. Diese Schlussfolgerung hat der BGH insbesondere auch für die Zurechnung der Vermittlertätigkeit beim Abschluss von **Haustürkreditgeschäften** gezogen, da der in einer Haustürsituation Überrumpelte nicht besser stehen dürfe als der arglistig Getäuschte. Allein die Kenntnis der Bank davon, dass die Immobilie über einen Vermittler verkauft wird, genüge für die Zurechnung der Haustürsituation nicht (BGH NJW 2003, 424, 425; 2003, 1390, 1391). Allerdings dürften die Kreditinstitute sich einer Zurechnung kaum entziehen können, wenn dem Vermittler zur Vertragsanbahnung Kreditantragsformulare überlassen wurden, da dieser dann nicht als „Dritter" iSd § 123 Abs 2 anzusehen ist. Ein Vermittler ist auch dann kein Dritter, wenn er mit Wissen und Wollen einer der späteren Vertragsparteien Aufgaben übernimmt, die typischerweise ihr obliegen, da er damit in ihrem Pflichtenkreis tätig und als ihre Hilfsperson zu betrachten ist (BGH NJW 2001, 358 f).

dd) Finanzierter Abzahlungskauf
Beim finanzierten Abzahlungskauf, an dem gewöhnlich unerfahrene Käuferschichten beteiligt sind, ist der das Darlehen vermittelnde **Verkäufer** nach der Rspr und dem überwiegenden Schrifttum als Nichtdritter iSd § 123 Abs 2 zu bewerten (BGHZ 20, 36, 41; 33, 302, 308 ff; 47, 224, 227 ff; BGH NJW 1978, 2144, 2145; 1979, 1593, 1594; STAUDINGER/DILCHER[12] Rn 35; SOERGEL/HEFERMEHL Rn 33; MEDICUS, AT Rn 802; MünchKomm/KRAMER Rn 23; FLUME § 29, 3 = S 544). Die Bank muss sich eine arglistige Täuschung des Käufers durch den Verkäufer zurechnen lassen, auch wenn sie von der Täuschung nichts weiß und auch nichts wissen muss. Der Zurechnungsgrund wird in erster Linie auf das Schutzbedürfnis des Käufers und auf den **engen wirtschaftlichen Zusammenhang** des Kauf- und Kreditgeschäftes gestützt (vgl BÜLOW, VerbrKrG § 9 Rn 24; BGH NJW 1981, 389 ff und nunmehr die Regelung über verbundene Verträge in §§ 358 f). Typischerweise übergibt der Verkäufer die Kreditantragsformulare der Bank dem Käufer, hilft diesem beim Ausfüllen der Formulare und leitet sie schließlich an die Bank weiter. Für die Zurechnung kommt es nicht auf die anfänglich stets betonte *ständige Geschäftsverbindung* des Verkäufers mit dem Darlehensgeber an (BGHZ 33, 302, 308 ff). Die Bank muss sich Täuschungen des Verkäufers auch dann als eigene anrechnen lassen, wenn das Rahmenverhältnis erst kurze Zeit bestand, wenn der Verkäufer keine Originalformulare der Bank verwendet oder nur in einem Einzelfall beim Zustandekommen des Darlehensvertrages mitgewirkt hat (BGHZ 47, 224, 229 ff), und schließlich wenn der Käufer über eine gehobene Bildung und soziale Stellung verfügt (BGHZ 33, 302, 309). Es kommt nicht darauf an, ob die Bank den Verkäufer mit den Kreditverhandlungen beauftragt hat, sondern es genügt, dass er tatsächlich eingeschaltet wurde. Das zeitliche Auseinanderfallen von Kauf- und Darlehensvertrag sowie der Umstand, dass diese Verträge von verschiedenen Personen vermittelt wurden, bewirken nicht, dass die *Kreditvermittler* Dritte iSv § 123 Abs 2 werden, sofern sie eng mit der Verkäuferfirma zusammenarbeiten (BGH NJW 1979, 1593, 1594 in Fortentwicklung von BGH NJW 1978, 2144, 2145). Der getäuschte Käufer kann die Darlehensvereinbarung mit dem Finanzierungsinstitut also uneingeschränkt anfechten.

ee) Finanzierter Beitritt zu einer Abschreibungsgesellschaft, Finanzierung von Publikumsgesellschaften und Bauherrenmodellen
Obwohl sich die Rechtslage des finanzierten Beitritts zu einer Abschreibungsgesell-

schaft, der Finanzierung von Publikumsgesellschaften und von Bauherrenmodellen ähnlich darstellt wie die des finanzierten Abzahlungskaufs, sieht die wohl hM den Anlagevermittler in diesen Fällen als Dritten iSd § 123 Abs 2 S 1 an (IMMENGA BB 1984, 5 ff; HOPT, in: FS Stimpel 265 ff; aA WUNDERLICH DB 1980, 913, 917). Die unterschiedliche Bewertung zu den Fällen des finanzierten Abzahlungskaufs beruhe zum einen darauf, dass der Anlageninteressent in der Regel über mehr Kenntnisse verfüge als der Abzahlungskäufer und deshalb weniger schutzwürdig ist. Aus diesem Grunde hat die Rechtsprechung schon immer einen **Einwendungs- und Widerrufsdurchgriff** bei **Immobilienfinanzierungen** abgelehnt (BGH WM 1980, 1446, 1448; 1986, 1561, 1562; 2002, 1181, 1186; krit SINGER DZWiR 2003, 221, 223 f). Da auch der Gesetzgeber bei Immobilienfinanzierungen nur unter sehr engen Voraussetzungen eine wirtschaftliche Einheit von Kreditgeschäft und Immobilienerwerb anerkennt (§ 353 Abs 3 S 3), besteht für die geschädigten Anleger nur dann eine Chance, der Rückzahlung der Valuta zu entgehen, wenn der EuGH in dem zurzeit anhängigen Vorlageverfahren (C-350/03; LG Bochum NJW 2003, 2612) den in seinem **Heininger-Urteil** (EuGH NJW 2002, 281; vgl dazu BGH NJW 2002, 1881) auch bei Immobilienfinanzierungen für möglich gehaltenen Widerruf des Darlehensvertrages auf den Kaufvertrag durchschlagen lässt. Unabhängig davon sollte das Vermittlerverhalten der Bank zugerechnet werden, wenn diese dem Anlageberater Kreditformulare übergeben und dadurch nach außen den Anschein des Zusammenwirkens erweckt hat (WUNDERLICH DB 1980, 913, 917; SINGER WuB I G. 5. Immobilienanlagen 2.01; zur Zurechung des Vermittlers s noch STREIT ZIP 1999, 477 ff; FUELLMICH/RIEGER ZIP 1999, 465, 471; OLG Stuttgart NZM 1999, 525, 526).

ff) Finanzierungsleasing

53 Dem Leasinggeber ist eine **Täuschung des Lieferanten** des Leasingobjektes gegenüber dem Leasingnehmer zuzurechnen, wenn der Lieferant mit dem Leasingnehmer verhandelt, insbesondere wenn der Lieferant Vertragsformulare des Leasinggebers verwendet und einzelne Modalitäten des Leasingvertrages ausgehandelt hat. Der Lieferant ist nicht Dritter iSd § 123 Abs 2, so dass es nicht darauf ankommt, ob der Leasinggeber vom täuschenden Verhalten des Lieferanten Kenntnis hatte oder haben musste (MünchKomm/KRAMER Rn 23). Anders als bei den sonstigen Finanzierungsgeschäften, wie zB beim finanzierten Abzahlungskauf (vgl Rn 51), spielt der Lieferant keine Doppelrolle. Der Leasinggeber steht dem Leasingnehmer als einziger Vertragspartner gegenüber (JÜTTNER 121). Während die den Kauf finanzierende Bank nicht verpflichtet ist, über den Kaufgegenstand aufzuklären, trifft den Leasinggeber sowohl hinsichtlich der Finanzierungsfragen als auch über den Gegenstand selbst eine umfassende Aufklärungsverpflichtung. Bedient sich der Leasinggeber zur Vorbereitung des Leasingvertrages eines Lieferanten, so ist ihm jede Täuschung des Lieferanten, gleichgültig ob über Finanzierungsmodalitäten oder über technische Details, zuzurechnen. Der Lieferant handelt als Verhandlungs- bzw Erfüllungsgehilfe iSd § 278 des Leasinggebers und kann als „Vertrauensperson" bzw als „Repräsentant" des Leasinggebers bezeichnet werden (so BGH NJW 1989, 287, 288). Eine Täuschung des Lieferanten ist auch dann dem Leasinggeber zuzurechnen, wenn Lieferant und Leasingnehmer zunächst alle Details vollständig ausgehandelt haben und der Leasinggeber erst nachträglich eingeschaltet wird. Mit Abschluss des Leasingvertrages billigt der Leasinggeber die bisherigen Verhandlungen des Lieferanten. Der Lieferant wird nachträglich Erfüllungs- bzw Verhandlungsgehilfe des Leasinggebers (JÜTTNER 124). Zum Teil wird die Täuschung des Lieferanten dem Leasinggeber nur beim absatzfördernden Händlerleasing zugerechnet. Beim reinen

Finanzierungsleasing sei der Lieferant dagegen Dritter iSd § 123 Abs 2 (CANARIS, HGB, Bankvertragsrecht, 3. Bd [2. Bearb 1981] Rn 1746 und 1752; ders NJW 1982, 305, 311). Nach Ansicht des BGH besteht zwischen dem absatzfördernden Händlerleasing und dem sog reinen Finanzierungsleasing kein erheblicher Unterschied (BGH NJW 1989, 287, 288). Für die Zurechnung des Lieferantenverhaltens spricht, dass der Leasinggeber durch den Einstieg in den Vertrag die bisherigen Verhandlungen billigt. Eine Unterscheidung zwischen absatzförderndem und reinem Finanzierungsleasing lässt sich praktisch ohnehin kaum durchführen, da es sich oft um Mischformen handelt (JÜTTNER 124). Unabhängig von der rechtlichen Einordnung des Leasingvertrages gehört die Aufklärung über technische und kommerzielle Details zu dem Pflichtenkreis des Leasinggebers. Im Fall der arglistigen Täuschung ist daher der Lieferant sowohl beim Händlerleasing als auch beim reinen Finanzierungsleasing *Verhandlungsgehilfe* des Leasinggebers und kein Dritter iSd § 123 Abs 2.

gg) Täuschung eines Sicherungsgebers
Das Beteiligtenproblem des § 123 Abs 2 S 1 stellt sich auch im Zusammenhang mit **54** Geschäften, bei denen ein Schuldner Sicherheiten beibringen soll und dabei den Sicherungsgeber täuscht. Wird für eine Schuld seitens eines Dritten Sicherheit geleistet, beispielsweise eine **Bürgschaft** übernommen oder eine **Grundschuld** bestellt, so steht der Schuldner der zu sichernden Schuld grundsätzlich nicht auf der Seite des Gläubigers. Der Schuldner nimmt mit der Besorgung eines Bürgen seine eigenen Interessen und nicht die des Gläubigers wahr (BGH NJW 1962, 1907, 1908; 1962, 2195, 2196; 1968, 986, 987; LG Ulm WM 1984, 27 f; FLUME § 29, 3 = S 545; MEDICUS, AT Rn 803; SOERGEL/HEFERMEHL Rn 34; MünchKomm/KRAMER Rn 23; SCHUBERT AcP 168 [1968] 470, 497 ff; anders noch die frühere Rspr RG JW 1934, 219, 220). Dies gilt selbst dann, wenn der Schuldner auf Veranlassung des Gläubigers eine Bürgschaftserklärung beschafft und hierbei den Bürgen durch arglistige Täuschung zur Abgabe der Bürgschaftserklärung bestimmt hat. Es genügt nicht, dass der Gläubiger die Bürgschaftsurkunde entworfen und den Anstoß für die Verhandlungen gegeben hat (BGH NJW-RR 1992, 1005, 1006). Unerheblich ist auch die Tatsache, dass der Gläubiger ein wirtschaftliches Interesse an der Sicherheitsleistung hat. Der Bürge kann sich nur dann dem Gläubiger gegenüber auf die arglistige Täuschung des Schuldners berufen, wenn der Schuldner gegenüber dem Bürgen als Beauftragter oder als Vertrauensperson des Gläubigers auftritt (BGH NJW 1962, 1907 f; LM Nr 31; OLG Köln OLGZ 1968, 130, 131). Eine solche Konstellation wird in den seltensten Fällen vorliegen.

hh) Gesellschafter
Der Allein- oder Mehrheitsgesellschafter einer **GmbH** ist nicht Dritter, wenn er sein **55** Weisungsrecht gegenüber der Geschäftsführung dazu missbraucht, einen Geschäftspartner der GmbH arglistig zu täuschen. In diesem Fall einer **Täuschung in mittelbarer Täterschaft** sind die Beziehungen zwischen dem Täuschenden und dem Erklärungsempfänger so eng, dass dieser die Täuschung wie eine eigene zu vertreten hat (BGH NJW 1990, 1915 mwN). Wer zu einer gegenüber einer **Aktiengesellschaft** abgegebenen Erklärung durch eine von deren einzigem Aktionär verübte arglistige Täuschung bestimmt worden ist, kann die Erklärung anfechten, wenn die Aktiengesellschaft lediglich ein Werkzeug ist, mit dem der Aktionär seine eigenen Belange wahrnimmt. In diesem Fall ist der Aktionär im Verhältnis zur Aktiengesellschaft nicht Dritter (OLG Düsseldorf WM 1976, 1257, 1262). Demgegenüber soll in einer **Kommanditgesellschaft** mit einer Vielzahl von Kommanditisten eine arglistige Täuschung

des persönlich haftenden Gesellschafters, durch die ein Kommanditist zum Beitritt bewogen wurde, den übrigen Gesellschaftern nicht zugerechnet werden, auch wenn die Beitrittsverträge aufgrund einer im Gesellschaftsvertrag enthaltenen Ermächtigung mit dem persönlich haftenden Gesellschafter abzuschließen sind (BGH LM Nr 3 zu § 132 HGB; MünchKomm/KRAMER Rn 23). Das steht zwar in Widerspruch zu den allgemeinen Zurechnungsgrundsätzen bei der Täuschung (oben Rn 47), ist aber deswegen gerechtfertigt, weil die Anfechtung zu Lasten der nicht minder schutzwürdigen Mitgesellschafter ginge und es keinen sachlichen Grund gibt, einzelne Beitretende zu bevorzugen.

d) Kenntnis oder Kennenmüssen

56 Hinsichtlich der Kenntnis bzw des Kennenmüssens des Erklärungsgegners von der Täuschung ist jede Form von Fahrlässigkeit ausreichend. Hat der Erklärungsempfänger Anhaltspunkte dafür, dass die Willenserklärung nicht einwandfrei zustande gekommen ist, muss er dem nachgehen (RGZ 104, 191, 194; BGH NJW-RR 1992, 1005, 1006 = LM Nr 75 m Anm PECHER; MünchKomm/KRAMER Rn 24; **aA** FLUME § 29, 3 = S 543, der eine Erkundigungspflicht ablehnt).

8. Anfechtung gegenüber demjenigen, der aus der Erklärung unmittelbar ein Recht erworben hat, § 123 Abs 2 S 2

57 Im Unterschied zu § 123 Abs 2 S 1 geht es bei § 123 Abs 2 S 2 nicht um die Frage der Zurechnung der Täuschung eines Dritten, sondern in erster Linie darum, ob ein aus dem Rechtsgeschäft Begünstigter die erlangten Vorteile behalten darf oder nicht. Die beiden Sätze des § 123 Abs 2 verfolgen also unterschiedliche Zwecke (SCHUBERT AcP 168 [1968] 470, 495). § 123 Abs 2 S 2 gewährt dem arglistig Getäuschten gegenüber demjenigen ein Anfechtungsrecht, der aus der Erklärung unmittelbar ein Recht erworben hat und die Täuschung kannte oder kennen musste. In der Regel sind im Fall des § 123 Abs 2 S 2 **vier Personen** beteiligt: Aufgrund der Täuschung eines Dritten gibt der Getäuschte gegenüber einem gutgläubigen Erklärungsempfänger eine Erklärung ab, aus der ein „anderer" – der Vierte – unmittelbar ein Recht erwirbt (BGHZ 31, 321, 327; SOERGEL/HEFERMEHL Rn 36). Typischer Fall ist der Abschluss eines **Vertrages zugunsten Dritter** (zB eines Lebensversicherungsvertrages), bei dem ein „Vierter" begünstigt wird und nicht der Vertragspartner (= VersN), sondern ein „anderer" (zB Arzt) täuscht (SOERGEL/HEFERMEHL Rn 37; MEDICUS, AT Rn 800; FLUME § 29, 3 = S 546). Erst recht hat der Getäuschte ein Anfechtungsrecht, wenn der Begünstigte selbst getäuscht hat (FLUME § 29, 3 = S 546). Beim Lebensversicherungsvertrag begründet die **Täuschung durch den Bezugsberechtigten** aber dann kein Anfechtungsrecht iSd § 123 Abs 2 S 2, wenn die Bezugsberechtigung jederzeit frei widerruflich ist, weil dann nur eine unsichere Chance auf den künftigen Rechtserwerb bestanden hat (OLG Hamm VersR 1988, 458, 460). § 123 Abs 2 S 2 ist praktisch bedeutungslos, wenn der Erklärende bereits ein Anfechtungsrecht nach § 123 Abs 2 S 1 hat, etwa weil der Erklärungsempfänger wusste oder wissen musste, dass ein Dritter oder der Begünstigte selbst den Erklärenden getäuscht hat. Bei dem weiterreichenden Anfechtungsrecht gem § 123 Abs 2 S 1 entfällt das Recht des Dritten mit der Anfechtung gegenüber dem Vertragspartner gem § 334 (SOERGEL/HEFERMEHL Rn 37; FLUME § 29, 3 = S 546). Das Recht des Begünstigten steht diesem nur bei Gültigkeit des Vertrages zu. Die **Anfechtung** nach § 123 Abs 2 S 2 **erfolgt** nicht gegenüber dem Erklärungsempfänger, sondern **nur gegenüber dem Begünstigten** (vgl auch

§ 143 Abs 2). Mit einer solchen Anfechtung verliert der Begünstigte seinen Anspruch gegenüber dem Erklärenden. Die Anfechtung gegenüber dem Begünstigten wirkt nur in dem Umfang, wie das aus der Erklärung erworbene Recht reicht. Dagegen bleibt die Verpflichtung des Erklärenden gegenüber dem Erklärungsempfänger bestehen. Inwiefern sich die Anfechtung auf den sonstigen Bestand des Rechtsgeschäfts auswirkt, beurteilt sich nach § 139 (SOERGEL/HEFERMEHL Rn 37; aA ERMAN/PALM Rn 41). Falls der gutgläubige Erklärungsempfänger wegen der Anfechtung seine Rechte aus den §§ 332, 335 verliert, ist ihm analog § 122 sein Vertrauensschaden zu ersetzen (SOERGEL/HEFERMEHL aaO).

9. Anfechtung einer Vollmachterteilung oder Zustimmungserklärung

In den Fällen, in denen eine Anfechtung wegen arglistiger Täuschung einer Vollmachtserteilung oder Zustimmungserklärung in Betracht kommt, ist zu beachten, dass diese Anfechtung auch das mit der Vollmacht oder Zustimmung getätigte Rechtsgeschäft beseitigt. In solchen Fällen erscheint der Vertragspartner des Vertretergeschäfts in seinem Vertrauen auf die abgegebene Erklärung ebenso wie in den anderen Fällen des § 123 Abs 2 schutzwürdig. Daher sollen Vollmachtserteilung oder Zustimmung nach verbreiteter Auffassung mit Wirkung gegenüber dem Vertragspartner nur dann angefochten werden können, wenn dieser die arglistige Täuschung kannte oder kennen musste (FLUME § 29, 3 = S 546; STAUDINGER/SCHILKEN [2001] § 167 Rn 80; MünchKomm/KRAMER Rn 26; krit PETERSEN AcP 201 [2001] 375, 384 f). Bei Anfechtung der Vollmacht ist die Rechtslage aber anders, weil das Vertrauen des Geschäftspartners auf das Bestehen einer Vertretungsmacht bereits gem § 179 geschützt wird. Diese Vorschrift geht einer Erweiterung des § 123 Abs 2 als lex specialis vor. Falls aber eine schriftliche Vollmacht vorgelegt wird, kann die Anfechtbarkeit der Vollmacht dem Geschäftspartner gem §§ 142 Abs 2, 173, 172 iVm § 171 nur entgegengehalten werden, wenn dieser die Täuschung kannte oder kennen musste (BGH NJW 1989, 2879, 2880). Ein Vermieter kann die von ihm erteilte Zustimmung zu einer zwischen dem bisherigen und einem neuen Mieter vereinbarten Vertragsübernahme im Fall einer arglistigen Täuschung seitens des neuen Mieters nur dann anfechten, wenn der bisherige Mieter die Täuschung gekannt oder infolge Fahrlässigkeit nicht gekannt hat (BGH NJW 1998, 531, 533; dazu Anm KRAMER LM Nr 79; ferner Anm SCHUBERT JR 1998, 460 f; Bespr EMMERICH JuS 1998, 495 ff).

10. Anfechtung wegen arglistiger Täuschung bei Schuldübernahme

Bei der Anfechtung wegen arglistiger Täuschung bei Schuldübernahme ist zwischen den beiden Varianten gem § 414 und § 415 zu unterscheiden. Im Fall der **Schuldübernahme nach § 414** erfolgt diese durch Vertrag zwischen Gläubiger und Schuldübernehmer. Hat der Altschuldner den Übernehmer arglistig getäuscht, ist der Altschuldner im Hinblick auf den Schuldübernahmevertrag zwischen Übernehmer und Gläubiger „Dritter". Eine Anfechtung erfolgt nach § 123 Abs 2 S 1, dh der Übernehmer kann dem Gläubiger gegenüber nur dann anfechten, wenn dieser die Täuschung kannte oder kennen musste (SOERGEL/HEFERMEHL Rn 38). § 417 Abs 2 steht dem nicht entgegen. Die Vorschrift besagt, dass der Übernehmer Einwendungen aus den der Schuldübernahme zugrunde liegenden Rechtsverhältnissen zwischen ihm und dem bisherigen Schuldner dem Gläubiger gegenüber nicht geltend machen kann. Dieser Wertung trägt § 123 Abs 2 S 1 durchaus Rechnung. Im Fall der **Schuld-**

übernahme nach § 415 erfolgt die Schuldübernahme durch Vertrag des Übernehmers mit dem Altschuldner und Genehmigung durch den Gläubiger. Wenn der Altschuldner den Übernehmer arglistig getäuscht hat, wendet die Rechtsprechung § 123 Abs 1 an und lässt – konstruktiv konsequent – die Anfechtung des Übernahmevertrages ohne Einschränkung zu, also ohne dass es auf die Kenntnis oder das Kennenmüssen des Gläubigers ankommt (RGZ 119, 418, 421; BGHZ 31, 321, 324 ff; LM Nr 2 zu § 417). Im Schrifttum wird überwiegend die Ansicht vertreten, dass die Anfechtung gegenüber dem Gläubiger nur dann durchschlagen soll, wenn dieser bösgläubig ist. Allerdings sind die Konstruktionen unterschiedlich: Zum Teil wird § 123 Abs 2 Satz 2 (vgl Heckelmann 108 ff; Esser/E Schmidt, SchuldR AT § 37 II 1 b) oder § 123 Abs 2 Satz 1 entsprechend angewendet (Rimmelspacher JR 1969, 201, 208 mit Fn 51; Brox JZ 1960, 367, 369 ff), andere stützen sich auf die Wertung des § 417 Abs 2 (Flume § 29, 3 = S 547; MünchKomm/Kramer Rn 25; Medicus, AT Rn 800; Soergel/Hefermehl Rn 38) oder den Rechtsschein, der von der Anzeige gem § 415 Abs 1 S 2 dem Gläubiger gegenüber hervorgerufen wird (Canaris, Vertrauenshaftung 127 ff). Im Ergebnis sollte in der Tat kein Zweifel bestehen, dass der Schutz des Gläubigers nicht von der technischen Durchführung der Übernahme abhängen kann (zu Unrecht einschränkend MünchKomm/ Möschel § 417 Rn 16 f). Da ohne die privatautonome Beteiligung des Gläubigers eine Schuldübernahme nicht rechtswirksam zustande kommt, ist dieser in materialer Hinsicht als Partner der von Willensmängeln beeinflussten Schuldübernahme anzusehen. Daraus folgt aber, dass der Gläubiger im Falle einer Täuschung durch den Altschuldner schutzwürdig ist, wenn er die Täuschung weder kannte noch kennen musste. Im Verhältnis zu der in materieller Hinsicht ausschlaggebenden Rechtsbeziehung Übernehmer/Gläubiger ist der Altschuldner nämlich trotz seiner formalen Stellung als Partner des Übernahmevertrages wegen der fehlenden „Nähe" zum Gläubiger „Dritter" iSv § 123 Abs 2 Satz 1.

IV. Anfechtbarkeit wegen widerrechtlicher Drohung*

1. Sinn und Zweck

60 Zweck des Anfechtungsrechtes wegen widerrechtlicher Drohung ist ebenso wie bei der Anfechtungsmöglichkeit wegen arglistiger Täuschung der Schutz der freien Selbstbestimmung des Erklärenden (vgl oben Rn 1; Mot I 204; MünchKomm/Kramer Rn 42). Der Gesetzgeber hat die Drohung als die schlimmere und gefährlichere Willensbeeinflussung angesehen (vgl schon Savigny, System III 117; Flume § 27, 2 =

---

* **Schrifttum:** Friedländer, Grenzlinien von Drohung und Wucher, JherJb 82 (1932) 149; Kurz, Die widerrechtliche Bestimmung durch Drohung als Erfordernis für die Anfechtung einer Willenserklärung nach § 123 BGB (Diss Münster 1956); W Lorenz, Zur Widerrechtlichkeit der Drohung, Anm zum BGH-Urteil v 20. 6. 1962, JZ 1963, 318; S Lorenz, Vertragsaufhebung wegen unzulässiger Einflussnahme auf die Entscheidungsfreiheit: Der BGH auf dem Weg zur reinen Abschlusskontrolle?, NJW 1997, 2578; Mankowski, Beseitigungsrechte 349; Offenloch, Rechtswidriger Zwang im rechtsgeschäftlichen Verkehr (Diss Freiburg 1967); Scheuerle, Die Kapitulation des (kündigenden) Arbeitnehmers, BB 1962, 882; Titze, Rechtsvergleichendes Handwörterbuch, Bd V (1936); Walther, Unter welchen Voraussetzungen ist die Drohung eines Unternehmers mit dem Abbruch der Geschäftsverbindung rechtswidrig?, WRP 1957, 97; Wenzel, Güteversuch, Vergleichsdruck und Drohung von der Richterbank, NJW 1967, 1587.

S 530 f). Das zeigt sich darin, dass bei einer **Drohung durch Dritte** anders als bei einer arglistigen Täuschung durch Dritte das Anfechtungsrecht uneingeschränkt gewährt wird. § 123 Abs 2 gilt nur für den Fall der arglistigen Täuschung. Die Rechtfertigung dieser Unterscheidung erklärt der Gesetzgeber (Mot I 206) etwas schwer verständlich damit, „dass nicht selten, namentlich in aufgeregten Zeiten, einzelne Personen Drohungen im Interesse Vieler mit Erfolg anwenden" würden. Man brauche sich nur vorzustellen, „in welcher ungünstigen Lage der durch solche Drohungen zu Leistungen Veranlasste sich befinden würde, wenn er jedem, der infolgedessen etwas erlangt hat, seine Mitschuld oder nur sein Kennen oder Kennenmüssen nachweisen sollte". Die Privilegierung der Anfechtung wegen Drohung wird auch damit begründet, dass „im Fall des Drittbetruges dem Betrogenen noch immer die Anfechtungsrechte, die ihm in seiner Eigenschaft als Irrenden zustehen", bleiben, während „der Schutz des Bedrohten im Falle der von einem Dritten ausgehenden Drohung ausschließlich von dessen Schadenshaftung und dessen Zahlungsfähigkeit abhängig" ist, wenn man „der Drohung die in rem-Wirkung" versagt (TITZE 838). Dass der Getäuschte in einem stärkeren Umfang als der Bedrohte das Risiko der Willensbeeinflussung zu tragen hat, erscheint auch deswegen gerechtfertigt, weil der Getäuschte immerhin freiwillig am Rechtsgeschäftsverkehr teilnimmt. Niemand ist gezwungen, sich dem Urteil eines anderen anzuvertrauen und sich auf Tatsachenbehauptungen Dritter zu verlassen. Insofern besteht dort ein Mindestmaß an Selbstverantwortung, wohingegen bei der Drohung aufgrund der Zwangslage keine Möglichkeit besteht, sich in zumutbarer Weise selbst zu schützen (SINGER 208 ff, 211; vgl auch COESTER-WALTJEN Jura 1990, 362, 366).

2. Begriff der Drohung

a) vis absoluta und vis compulsiva

Die Anfechtung wegen widerrechtlicher Drohung betrifft nur den Fall, dass psychischer Zwang – **vis compulsiva** – ausgeübt wurde (LARENZ/WOLF, AT § 37 Rn 23). Voraussetzung für eine Anfechtung wegen widerrechtlicher Drohung ist nämlich, dass dem Bedrohten noch ein gewisser Entscheidungsspielraum zur Abgabe der Willenserklärung zur Verfügung stand. Der Drohende lenkt die Willensbildung insofern noch in die von ihm gewollte Richtung, als er dem Bedrohten die Entscheidungsfreiheit zwischen zwei verschiedenen Übeln belässt, wobei die abgenötigte Erklärung als das kleinere Übel erscheint. Im Fall von physischer Gewalteinwirkung – **vis absoluta** – ist die Selbstbestimmung dagegen völlig ausgeschlossen. Die Erklärung wird hier dem Erklärenden aufgezwungen. Es fehlt an einem zurechenbaren Handlungswillen des Erklärenden (vgl Vorbem 24 zu §§ 116–144), so dass bereits begrifflich keine Willenserklärung vorliegt (LARENZ/WOLF, AT § 37 Rn 23). Wurde zB ein Wechselakzept durch Schläge erzwungen, ist dieses nichtig und bedarf keiner Anfechtung (BGH WM 1975, 1002 f; SOERGEL/HEFERMEHL Rn 39).

b) Inaussichtstellung eines Übels

Unter einer Drohung versteht man das vom Gegner ernst genommene **Inaussichtstellen eines künftigen Übels**, auf dessen Eintritt oder Nichteintritt der Drohende einwirken zu können behauptet und das verwirklicht werden soll, wenn der Bedrohte nicht die von dem Drohenden gewünschte Willenserklärung abgibt (BGHZ 2, 287, 295; 6, 348, 351; BGH NJW 1988, 2599, 2600 f; NJW-RR 1996, 1281, 1282; SOERGEL/HEFERMEHL Rn 40; MünchKomm/KRAMER Rn 45; LARENZ/WOLF, AT § 37 Rn 23; FLUME § 28, 1 = S 534).

Der Drohende muss Einfluss auf die Verwirklichung des Übels haben oder dies in der Weise vortäuschen, dass der Bedrohte glaubt, das Übel hänge vom Einfluss des Drohenden ab. Das Inaussichtstellen eines Übels muss nicht ausdrücklich, sondern kann auch versteckt erfolgen (BGH NJW 1988, 2599, 2601). Aus dem Gesetz geht nicht hervor, welcher Art und Intensität das angedrohte Übel sein muss. Es kann in einem Tun oder Unterlassen bestehen, ideeller oder materieller Natur sein. Ferner kann auch mit einem objektiv geringfügigen Übel gedroht werden. Aus § 124 Abs 2 ist jedoch zu entnehmen, dass die Drohung geeignet sein muss, den Bedrohten in eine Zwangslage zu versetzen; andernfalls würde auch die Kausalität zwischen Drohung und Abgabe der Willenserklärung fehlen (SOERGEL/HEFERMEHL Rn 41; ERMAN/PALM Rn 57; FLUME § 28, 1 = S 534).

c) Abgrenzung: nicht zu beeinflussende Übel

63 Im Unterschied zur Drohung wird bei einer bloßen **Warnung** lediglich auf Risiken oder sowieso eintretende Übel hingewiesen. Entsprechendes gilt für den **Hinweis auf Schwierigkeiten**. Eine Drohung setzt voraus, dass der Warnende auf das aufgezeigte Übel entsprechenden Einfluss hat und der Erklärende deshalb in eine Zwangslage gerät. Daran fehlt es, wenn zB auf ohnehin gegebene Schwierigkeiten im Falle des Scheiterns von Vertragsverhandlungen hingewiesen wird (SOERGEL/HEFERMEHL Rn 40). Keine Drohung ist auch der Hinweis auf eine bereits vollzogene Maßnahme, wie zB die Mitteilung einer bereits erstatteten Strafanzeige (SOERGEL/HEFERMEHL Rn 40). Vergleichsvorschläge, welche auch den Interessen des Adressaten Rechnung tragen, sind ebenfalls nicht als Drohung zu verstehen (KARAKATSANES 35 ff). Kontrovers diskutiert wurde ein Fall, in dem der Vorsitzende Richter dem Beklagten die Verurteilung androhte, wenn er nicht den vom Kläger angebotenen **Vergleich** abschließe. Während das Berufungsgericht das Vorliegen einer Drohung verneinte, entschied der BGH mit Recht genau umgekehrt, weil der Vorsitzende den Eindruck erweckt hatte, mit einer bereits feststehenden Entscheidung gegen Verfahrensvorschriften zu verstoßen. Außerdem war die freie Willensentscheidung dadurch beeinträchtigt, dass der Beklagte befürchten musste, sich der Autorität des Gerichts beugen zu müssen (BGH NJW 1966, 2399 ff m Bespr SCHNEIDER; OSTLER NJW 1966, 2400 f; ARNDT NJW 1967, 1585 ff; WENZEL NJW 1967, 1587 ff; KUBISCH NJW 1967, 1605 f; vgl auch KARAKATSANES 25 f). Um keine Drohung handelt es sich, wenn die **Befreiung aus einer Notlage** von der Bedingung abhängig gemacht wird, dass die gewünschte Willenserklärung abgegeben wird. Auch der Hinweis auf eine unabhängig vom Drohenden bestehende Notlage, die ausgenutzt wird, ist keine Drohung (BGH NJW 1988, 2599, 2601; SOERGEL/HEFERMEHL Rn 40). Das abgeschlossene Rechtsgeschäft kann in diesen Fällen aber nach § 138 nichtig sein. Eine Drohung kann im Übrigen vorliegen, wenn eine bestehende Notlage ohne Verlängerung durch den Drohenden enden würde (STAUDINGER/DILCHER[12] Rn 49).

d) Die Person des Drohenden

64 Im Unterschied zur arglistigen Täuschung ist es unerheblich, von wem die Drohung ausgeht. Drohender kann der Erklärungsempfänger und jeder Dritte sein. Hat ein **Dritter** gedroht, so wird für die Anfechtbarkeit nicht vorausgesetzt, dass der Erklärungsempfänger von der Drohung wusste oder hätte wissen müssen. § 123 Abs 2 S 1 findet auf den Fall der Drohung keine Anwendung (SOERGEL/HEFERMEHL Rn 42; LARENZ/WOLF, AT § 37 Rn 24). Auch eine **politische Kollektivdrohung** kann zur Anfechtung berechtigen, wenn zB eine ganze Bevölkerungsgruppe politisch verfolgt wird und auch die weiteren Voraussetzungen des § 123 „Kausalzusammenhang" (vgl Rn 66) und „Bestimmungsvorsatz" (vgl Rn 77) vorliegen (KG JR 1947, 83 ff; OLG Hamburg MDR 1947, 253; SOERGEL/HEFERMEHL Rn 42).

e) Die Person des Bedrohten

Das angedrohte Übel muss nicht den Bedrohten in Person treffen. Es kann sich 65 auch auf andere Personen beziehen, deren Wohlergehen dem Bedrohten wichtig ist. Bsp: Geiselnahme mit dem Ziel, Angehörige zu erpressen, oder Drohung mit einer Strafanzeige eines Angehörigen für den Fall, dass der Bedrohte die gewünschte Willenserklärung nicht abgibt (RGZ 60, 371, 373; dazu auch Rn 72).

3. Kausalität

Der Bedrohte muss zur Abgabe einer Willenserklärung **bestimmt worden** sein. Der 66 insoweit erforderliche Kausalzusammenhang liegt vor, wenn der Bedrohte die Erklärung ohne Drohung überhaupt nicht, mit einem anderen Inhalt oder zu einem anderen Zeitpunkt abgegeben hätte (RGZ 134, 43, 51; BGHZ 2, 287, 299; BGH LM Nr 30 a). Die Drohung muss nicht die einzige Ursache für die Abgabe der Willenserklärung gewesen sein. Es genügt, wenn sie für die Erklärung **mitentscheidend** war (BGHZ 2, 287, 299; BGH BB 1963, 452, 453; NJW 1991, 1673, 1674). So schließt der Umstand, dass jemand zur Abgabe einer Erklärung verpflichtet ist, die Kausalität der Drohung nicht aus. Entscheidend ist, ob sich der Erklärende von der Drohung oder von selbständigen Überlegungen hat leiten lassen (vgl auch BGH WM 1974, 1023; PALANDT/HEINRICHS Rn 24). Zwischen Drohung und Willenserklärung kann ein längerer Zeitraum liegen. Der Kausalzusammenhang zwischen Drohung und Abgabe der Willenserklärung ist **subjektiv** – aus der Sicht des Bedrohten – zu beurteilen. Hat der Erklärende eine Handlung nicht als Drohung aufgefasst, fehlt es an der Ursächlichkeit. Es ist nicht entscheidend, ob die Drohung einen besonnenen Menschen beeinflusst hätte. Auch eine unbedeutende, imaginäre oder schwer zu verwirklichende Drohung kann daher für die Abgabe der Willenserklärung kausal sein (SOERGEL/HEFERMEHL Rn 43; MünchKomm/KRAMER Rn 52).

4. Widerrechtlichkeit

Gem § 123 Abs 1 muss die Drohung **widerrechtlich** sein. Nicht jeder Hinweis auf 67 einen Nachteil, der den Willen eines anderen beeinflusst, gewährt ein Anfechtungsrecht (LARENZ/WOLF, AT § 37 Rn 26). „Soweit ein Recht besteht, einen Anderen zur Abgabe einer Willenserklärung zu nöthigen, ist die abgenöthigte Erklärung gültig" (vgl Mot I 207; MUGDAN Bd 1 S 467). Die Widerrechtlichkeit ist auf alle Fälle ausgeschlossen, wenn ein allgemeiner Rechtfertigungsgrund herangezogen werden kann (RGZ 64, 52, 59). Darüber hinaus haben sich für die Beurteilung der Widerrechtlichkeit drei **Fallgruppen** herausgebildet (BGHZ 25, 217, 218 ff; LM Nr 32): Die widerrechtliche Bestimmung zur Abgabe der Willenserklärung kann erstens aus einer Drohung mit einem rechtswidrigen Mittel (dazu Rn 68), zweitens aus dem Erstreben eines rechtswidrigen Erfolges (dazu Rn 69) und schließlich drittens aus der inadäquaten Verwendung eines an sich rechtmäßigen Mittels zur Erreichung eines an sich rechtmäßigen Erfolgs resultieren (dazu Rn 70 ff).

a) Drohung mit einem rechtswidrigen Mittel

68 Widerrechtlichkeit liegt vor, wenn das drohende Verhalten separat betrachtet bereits rechtswidrig ist. Es kommt dann nicht mehr auf den mit der Drohung bezweckten Erfolg an. Auch einen erlaubten Erfolg darf man nicht **mit rechtswidrigen Mitteln** erlangen (SOERGEL/HEFERMEHL Rn 45; MEDICUS, AT Rn 816; LARENZ/WOLF, AT § 37 Rn 29). Zieht ein Gläubiger beispielsweise eine fällige Forderung ein, indem er dem Schuldner Prügel oder das Aufschneiden der Autoreifen androht, falls dieser nicht umgehend leistet, darf der Schuldner anfechten. Der drohende Gläubiger darf dann gegenüber dem Bereicherungsanspruch des Bedrohten weder aufrechnen noch eine Zurückbehaltungseinrede erheben (§§ 393, 273 Abs 2 analog). Mit einem rechtswidrigen Mittel wird gedroht, wenn die angedrohte Handlung durch die Rechtsordnung verboten ist. Es wird aber nicht vorausgesetzt, dass mit der Drohung ein Straftatbestand, insbesondere §§ 240 ff StGB, verwirklicht wird (STAUDINGER/ DILCHER[12] Rn 53). Das Verbot kann auch aus Vorschriften des Zivil-, Verwaltungs- oder Verfassungsrechts herrühren. Rechtswidrig ist daher die Androhung einer Vertragsverletzung (KARAKATSANES 43 ff). Die **von der Rechtsordnung zugelassenen Handlungen, Rechte und Rechtsbehelfe** zur Durchsetzung eigener oder allgemeiner Interessen, insbesondere eines Rechtsanspruchs, sind grundsätzlich **rechtmäßig**. Daher kann nicht angefochten werden, wenn mit einer Klage oder anderen Rechtsbehelfen wie zB Arrest, einstweilige Verfügung, Zwangsvollstreckung, Eröffnung des Insolvenzverfahrens oder berechtigter Selbsthilfe gedroht wird (BGH WM 1972, 946 f; zur Drohung mit Intervention bei amerikanischen Behörden LM Nr 23; zur Drohung mit Insolvenzantrag MANKOWSKI, Beseitigungsrechte 361 ff; vgl ferner KARAKATSANES 103 ff; FLUME § 28, 2 b = S 535 f). Neben den zivilprozessualen Behelfen ist auch das Drohen mit strafprozessualem Vorgehen, zB Erstatten einer **Strafanzeige**, grds rechtmäßig (vgl aber Rn 71; vgl auch BGH DB 1965, 30; dazu ferner MANKOWSKI, Beseitigungsrechte 358 ff). Auch ist die Geltendmachung zivilrechtlicher Mittel, zB Kündigung oder Berufung auf ein Zurückbehaltungsrecht, grds rechtmäßig (OLG Düsseldorf WM 1970, 998, 1000; vgl aber Rn 73 ff). Wer bei zweifelhafter Rechtslage einen vertretbaren Standpunkt einnimmt und die sich daraus ergebenden Forderungen androht, wenn der Partner die gewünschte Erklärung nicht abgibt, handelt nicht rechtswidrig (BGH JZ 1963, 318 m Anm LORENZ). **Streik** und **Aussperrung** gehören grundsätzlich zu den rechtlich zulässigen Arbeitskampfmitteln und können daher nicht Gegenstand einer widerrechtlichen Drohung sein (BAG NJW 1977, 318, 319).

b) Erstreben eines rechtswidrigen Erfolges

69 Widerrechtlichkeit liegt auch vor, wenn die mit der Drohung erstrebte Erklärung nach ihrem Inhalt und der sich ergebenden **Rechtsfolge** für sich betrachtet von der Rechtsordnung **missbilligt** wird (LARENZ/WOLF, AT § 37 Rn 31; SOERGEL/HEFERMEHL Rn 46). Der Erfolg selbst muss rechtswidrig sein. Rechtswidrig sind zB die Androhung der ordentlichen Kündigung, um die Mitwirkung an Steuerhinterziehungen oder die Teilnahme an anderen Straftaten zu erreichen, desgleichen die Drohung mit der Rückforderung eines gewährten Darlehens, falls der Bedrohte dem Drohenden nicht Haschisch unter dem Marktpreis verkauft (LARENZ/WOLF, AT § 37 Rn 32; SCHEUERLE BB 1962, 882, 884). Die Widerrechtlichkeit kann aber nicht schon dann bejaht werden, wenn dem Drohenden kein Anspruch auf den erstrebten Erfolg zusteht. Für die Rechtmäßigkeit des erstrebten Erfolges genügt es, dass an ihm ein berechtigtes Interesse besteht (BGHZ 2, 287, 296 f; 25, 217, 219 f; WM 1963, 511, 512; 1974, 967, 969; 1983, 1146, 1147; LM Nr 32; BAG AP Nr 13; SOERGEL/HEFERMEHL Rn 46, 48; BGB-

RGRK/Krüger-Nieland Rn 45, 46; Flume § 28, 2 b = S 536; Karakatsanes 56 ff; anders noch die frühere Rspr RGZ 108, 102, 104 f; 110, 382, 384; 112, 226, 227). Droht zB ein Rechtsanwalt die Niederlegung des Mandats rechtzeitig für den Fall an, dass sein Auftraggeber nicht bereit ist, ihm eine höhere als die gesetzliche Vergütung zu zahlen, so ist dies rechtmäßig, nicht weil der Anwalt nach den Umständen des Einzelfalls ein berechtigtes Interesse an einer zusätzlichen Vergütung hat, sondern weil die Ablehnung des Mandats der Vertragsfreiheit entspricht (iE zutr BGH LM Nr 49; vgl auch BGH NJW 2002, 2774 ff; MünchKomm/Kramer Rn 49). In den meisten Fällen wird eine auf einen rechtswidrigen Erfolg gerichtete Erklärung bereits gem §§ 134, 138 nichtig sein, so dass es auf eine Anfechtbarkeit gar nicht mehr ankommt (Larenz/Wolf, AT § 37 Rn 31; Soergel/Hefermehl Rn 46).

c) Inadäquanz von Mittel und Zweck
Widerrechtlichkeit der Bestimmung zu der Abgabe einer Willenserklärung kann **70** auch in Fällen anzunehmen sein, in denen der Drohende zwar mit einem erlaubten Mittel einen erlaubten Erfolg erreichen will, aber der **Einsatz des konkreten Mittels im Verhältnis zum Erfolg inadäquat** und somit unangemessen ist (MünchKomm/Kramer Rn 48; Larenz/Wolf, AT § 37 Rn 33; Soergel/Hefermehl Rn 47; Palandt/Heinrichs Rn 21; Karakatsanes 56 ff). Die Frage, wann diese Mittel-Zweck-Relation zu missbilligen und somit rechtswidrig ist, erfordert die schwierige Abgrenzung eines noch sozial adäquaten von einem schon widerrechtlichen Geschäftsgebaren. Nach der Rechtsprechung ist die Adäquanz nach dem Grundsatz von Treu und Glauben aufgrund einer umfassenden Würdigung aller Umstände des Falles zu beurteilen, wobei sich die Wertung an Verfassung, Gesetz, Verkehrsanschauung und den sittlichen Maßstäben aller billig und gerecht Denkenden orientieren soll (BGHZ 2, 287, 296; 25, 217, 220; LM Nr 32; NJW 1969, 1627; 1982, 2301, 2302; 1983, 384, 385; WM 1983, 1017, 1019; BAG AP Nr 16). Die Formel lässt richterlichem Ermessen einen überaus weiten Spielraum (Larenz/Wolf, AT § 37 Rn 36) und bedarf daher der Konkretisierung, die anhand der wichtigsten Fallgruppen (vgl dazu Karakatsanes 84 ff) vorgenommen werden soll:

aa) Drohung mit einer Strafanzeige
Paradebeispiel für die Inadäquanz von Mittel und Zweck ist die **Drohung mit einer** **71** für sich genommen **berechtigten Strafanzeige**, wenn damit ein Erfolg erreicht werden soll, der mit der Straftat in keinem Zusammenhang steht. Das ist zB der Fall, wenn jemand mit einer Strafanzeige wegen eines zufällig beobachteten Verkehrsdelikts droht, um die Zahlung einer fälligen Schuld zu erreichen (MünchKomm/Kramer Rn 48; Jauernig Rn 15). Dagegen ist die Drohung als adäquat zu bewerten, wenn zum einen der der Anzeige zugrunde liegende Sachverhalt mit der **Forderung in einem inneren Zusammenhang** steht und zum anderen, wenn der Drohende keine unangemessenen oder ihm materiellrechtlich nicht zustehenden Vorteile erstrebt. Rechtmäßig ist die Drohung zB, wenn der Verletzte den Täter zur Wiedergutmachung eines **feststehenden** Schadens veranlassen will (dazu RGZ 59, 351, 353; 102, 311, 312; 110, 382, 384; 112, 226, 227; BGHZ 25, 217, 221; BGH WM 1963, 511, 512; 1973, 574, 575; BAG AP Nr 1 zu § 781 BGB; NZA 1999, 417, 419 = EzA § 781 BGB Nr 5 m Anm Franzen; Soergel/Hefermehl Rn 52; Karakatsanes 87 ff). Von dem Bedrohten darf jedoch keine überstürzte Entscheidung erzwungen werden, vielmehr muss ihm eine Überlegungszeit gelassen werden (Flume § 28, 2 c = S 537 f). Droht zB der Betrogene mit Betrugsanzeige, falls der Betrüger den Schaden nicht wieder gutmacht oder ein schriftliches Schuldanerkenntnis nach § 781 abgibt, so ist dies als adäquat zu bewerten, sofern dem Be-

drohten noch eine Überlegungszeit gelassen wird (MünchKomm/KRAMER Rn 48). Auch darf die Forderung einer Ersatzleistung wegen Unterschlagung mit der Drohung einer Strafanzeige verfolgt werden (STAUDINGER/DILCHER[12] Rn 63). Gewährleistungsansprüche können mit der Androhung einer Betrugsanzeige rechtmäßig verfolgt werden (RGZ 110, 382, 384 f). Verlangt dagegen der Verletzte zur Wiedergutmachung unangemessene Leistungen oder steht die Höhe des wieder gut zu machenden Schadens nicht fest, so ist die Drohung mit einer Strafanzeige widerrechtlich. Rechtswidrig ist auch die Drohung mit der Anzeige wegen Doppelehe, um bei einem Auseinandersetzungsvergleich zwischen Ehegatten überhöhte Unterhaltszahlungen zu erreichen (RGZ 166, 40, 44 ff). Der Verletzte kann den Täter nicht durch Drohung mit einer Strafanzeige dazu veranlassen, den Betrag an eine Wohltätigkeitsorganisation zu zahlen, da dies nicht die geschuldete Leistung gem § 362 ist (abl auch FLUME § 28, 2 c = S 537 mit dem Argument, dem Einzelnen stehe keine Strafjustiz zu; differenzierend KARAKATSANES 98 f; **aA** SOERGEL/HEFERMEHL Rn 52; ENNECCERUS/NIPPERDEY § 173 II 2 b = S 1064).

72 Umstritten ist, ob die Drohung mit einer Strafanzeige widerrechtlich ist, wenn durch sie nicht der Täter, sondern ein **Dritter wegen seiner engen verwandtschaftlichen oder gesellschaftlichen Beziehung** zu diesem unter Druck gesetzt wird. Nach einer zum Teil vertretenen Ansicht soll es unbeachtlich sein, ob eine Drohung mit der Strafanzeige zur Wiedergutmachung des Schadens allein dem Täter gegenüber oder ihm nahe stehenden Dritten ausgesprochen wird. Wenn sich Dritte mit dem Täter so verbunden fühlen, dass sie ihn vor einer Strafverfolgung schützen wollen, so sollen sie auch die Wiedergutmachung des Schadens tragen. Es sei alltäglich, dass Angehörige oder Freunde einen Schaden durch eine Ersatzleistung wiedergutmachen, um eine drohende Strafanzeige gegen den Täter zu vermeiden (FLUME § 28, 2 c = S 537). Nach wohl überwiegender Ansicht ist die Ausnutzung einer engen verwandtschaftlichen oder gefühlsmäßigen Verbundenheit zwischen Täter und Drittem besonders verwerflich (ENNECCERUS/NIPPERDEY § 173 II 2 b = S 1064 f Fn 22; KARAKATSANES 92 ff; SOERGEL/HEFERMEHL Rn 5; ZWEIGERT Anm JZ 1958, 570 f). Die reichsgerichtliche Rechtsprechung hielt die **Drohung gegen Angehörige** deswegen für widerrechtlich, weil der Geschädigte nur gegen den Täter selbst, nicht aber gegen Dritte einen Anspruch auf Wiedergutmachung habe (RG JW 1913, 638 f; 1915, 238 f; 1917, 459; HRR 1940 Nr 140). Diesem Argument wird entgegengehalten, für die Widerrechtlichkeit komme es nicht nur darauf an, ob der Drohende einen Rechtsanspruch, sondern darauf, ob der Drohende ein berechtigtes Interesse an dieser Form der Wiedergutmachung habe (vgl bereits Rn 69). Die Widerrechtlichkeit ist jedoch schon deshalb zu bejahen, weil es allein Angelegenheit des Täters ist, seine verwandtschaftlichen oder freundschaftlichen Beziehungen heranzuziehen, um eine Strafanzeige durch deren Wiedergutmachung des Schadens zu vermeiden. Der Geschädigte darf die aus diesen Beziehungen bestehende Hilfsbereitschaft jedenfalls nicht ausnützen (so auch MünchKomm/ KRAMER Rn 50; KARAKATSANES 95 f). Insofern ist die Drohung mit einer Strafanzeige gegen Verwandte oder Freunde des Täters grundsätzlich widerrechtlich. Entgegen der hM (**aA** BGHZ 25, 217, 221; OLG Hamm FamRZ 1986, 269; KARAKATSANES 96 f; SOERGEL/ HEFERMEHL Rn 52) gilt dies auch, wenn eine enge wirtschaftliche Beziehung zwischen dem Täter und dem Dritten besteht und dieser aus der Straftat profitiert. Solange ein Dritter nicht straf- oder zivilrechtlich zurechenbar an der Straftat mitgewirkt hat und dieser von der Rechtsordnung nicht verpflichtet wird, erlangte Vorteile an den Drohenden herauszugeben, sind diese Wertungen auch für die Bewertung der

Widerrechtlichkeit der Drohung zu respektieren (zutr ZWEIGERT Anm JZ 1958, 570). Alles andere liefe auf eine undifferenzierte „Sippenhaftung" hinaus, die unserer Rechtsordnung fremd ist. Unproblematisch sind aber die Fälle, in denen nahe stehende Dritte aufgrund autonomer Entscheidung die Wiedergutmachung des Schadens auf sich genommen haben, denn hier fehlt es entweder bereits an der Drohung oder jedenfalls an der Kausalität zwischen Drohung und Abgabe der Willenserklärung (vgl Rn 66; SOERGEL/HEFERMEHL Rn 52; KARAKATSANES 95).

bb) Drohung mit einer ordentlichen oder außerordentlichen Kündigung*
Praktisch von großer Bedeutung ist die Frage, unter welchen Voraussetzungen das 73 Verhalten des Arbeitgebers, der den Arbeitnehmer zum Abschluss eines **Aufhebungsvertrages** bewegt, als widerrechtliche Drohung zu beurteilen ist. Die zum Abschluss eines Aufhebungsvertrages führenden Motive können höchst unterschiedlich sein. So kann die Initiative vom Arbeitnehmer ausgehen, der vermeiden möchte, dass das Arbeitsverhältnis durch Kündigung beendet wird. Häufig wird es aber darum gehen, einen unliebsam gewordenen Arbeitnehmer loszuwerden, ohne dass die Voraussetzungen einer sozialen Rechtfertigung nach dem KSchG oder eines wichtigen Grundes iSv § 626 vorliegen. Hier besteht die Gefahr, dass die Kündigungsdrohung dazu missbraucht wird, um eine von Rechts wegen nicht mögliche einseitige Auflösung des Arbeitsverhältnisses durch den Abschluss eines Aufhebungsvertrags zu erreichen. Rspr und Literatur vertreten dazu unterschiedliche Auffassungen. Zum Teil wurde bereits bezweifelt, ob das Inaussichtstellen einer Kündigung überhaupt eine **Drohung** darstellt oder bloß eine rechtlich unbedenkliche Warnung (HERSCHEL Anm zu BAG AP Nr 16; dazu Rn 63). Indessen liegt das angedrohte Übel durchaus in der Macht des Arbeitgebers. Das Inaussichtstellen der Kündigungserklärung ist daher zweifellos eine Drohung (vgl auch BAG AP Nr 13 m Anm HUECK; DEUBNER JuS 1971, 71 mwN).

Hauptsächlich geht die Diskussion um die Frage, unter welchen Voraussetzungen 74 das Androhen einer Kündigung **widerrechtlich** ist. In nunmehr ständiger Rechtsprechung vertritt das BAG die Auffassung, dass die Drohung mit einer rechtlich nicht zulässigen Kündigung des Arbeitsvertrages durchaus rechtmäßig sei und nicht zur Anfechtung des Aufhebungsvertrages berechtige, wenn ein **verständiger Arbeitgeber**

---

* **Schrifttum:** BENGELSDORF, Arbeitsrechtlicher Aufhebungsvertrag und gestörte Vertragsparität, BB 1995, 978; BLAESE, Die arbeitsrechtliche Druckkündigung, DB 1988, 178; BOEMKE Anm zu BAG AP Nr 37 zu § 123 BGB; DEUBNER, Kündigungsdrohung als Zwang zur Abgabe einer Willenserklärung – BAG NJW 1970, 775, JuS 1971, 71; EHRICH, Unwirksamkeit eines Aufhebungsvertrages wegen „Überrumpelung" durch den Arbeitgeber, NZA 1994, 438; GALPERIN, Die Anfechtung von Willenserklärungen des Arbeitnehmers wegen Drohung mit Entlassung oder Anzeige, DB 1961, 238; LINGEMANN, Neues zum arbeitsrechtlichen Aufhebungsvertrag – Klarstellung des BAG, NJW 1997, 640; MÜLLER, Arbeitsrechtliche Aufhebungsverträge (1991); PAULY, Widerrufsrecht bei arbeitsrechtlichen Aufhebungsverträgen, MDR 1995, 1081; SCHLACHTER Anm EWiR 1998, 1065; SCHLÜTER/SCHRÖDER Anm zu BAG v 16.11.1979, SAE 1981, 121; SINGER, Arbeitsvertragsgestaltung nach der Reform des BGB, RdA 2003, 194 ff; WANK, Zur Wirksamkeit eines Auflösungsvertrages, EzA § 611 BGB Aufhebungsvertrag Nr 21; WEBER/EHRICH, Anfechtung eines Aufhebungsvertrages – der verständig denkende Arbeitgeber, NZA 1997, 414; ZWANZIGER/BENGELSDORF, Aufhebungsverträge und Vertragsfreiheit, BB 1996, 903.

die Kündigung ernsthaft in Betracht gezogen hätte (BAG AP Nr 8, 16 und 21; NJW 1994, 1021; 1997, 676, 677; NZA 1987, 91, 92; 1992, 1023, 1024; 1996, 756, 757; 1996, 811; 1996, 875, 876; 2000, 27, 28; BB 2002, 1814, 1815; DB 2003, 1685 f; LAG Mecklenburg-Vorpommern NZA 1996, 535, 537; teilweise abweichend BAG AP Nr 13 m Anm HUECK; vgl ferner den Fall BGH NJW-RR 2000, 1227 f, in dem der Dienstherr einem Richter auf Probe mit Entlassung droht). Das Schrifttum hat sich dieser Auffassung nur teilweise angeschlossen (vgl STAUDINGER/DILCHER[12] Rn 65; LINGEMANN NJW 1997, 640 f; MANKOWSKI, Beseitigungsrechte, 375 ff), überwiegend aber **mit Recht** den Wertungsmaßstab des „verständigen Arbeitgebers" **kritisiert** (HERSCHEL Anm zu BAG AP Nr 16; DEUBNER JuS 1971, 71, 72; EHRICH DB 1992, 2239, 2241; KARAKATSANES 157 ff; MÜLLER 126 ff; SCHLÜTER-SCHRÖDER SAE 1981, 121, 124; MünchKomm/ KRAMER Rn 49; SINGER RdA 2003, 194, 197; SOERGEL/HEFERMEHL Rn 54; WEBER/EHRICH NZA 1997, 414, 416). Der Maßstab des „verständigen Arbeitgebers" ist vor allem deswegen nicht anzuerkennen, weil er nicht justitiabel ist und daher willkürliche Entscheidungen ermöglicht. Eine Kündigung ist entweder berechtigt oder nicht. Unberechtigte Kündigungen darf ein Arbeitgeber nicht in Betracht ziehen (SINGER RdA 2003, 194, 197). Als Vorfrage der Widerrechtlichkeit ist somit inzident ein fiktiver – prozessrechtlich unbedenklicher – „Kündigungsschutzprozess" durchzuführen (MÜLLER 127; aA MANKOWSKI, Beseitigungsrechte, 375). Das BAG begründete im Urteil vom 14. 7. 1960 (AP Nr 13) die Widerrechtlichkeit der angedrohten Kündigung auch damit, dass der **Betriebsrat** vor der Androhung der Kündigung **nicht angehört** worden war. Das überzeugt nicht, weil gem § 102 Abs 1 BetrVG nur die Kündigung, nicht aber bereits ihre Androhung die Anhörung des Betriebsrates voraussetzt. Entsprechendes gilt für die erforderliche Zustimmung der im Rahmen des Sonderkündigungsschutzes zuständigen Stellen (dazu MÜLLER 131). Dagegen ist die Drohung mit einer Kündigung, der eine **Abmahnung** vorausgehen müsste, rechtswidrig, da dieser Mangel im Unterschied zur Anhörung des Betriebsrats nicht mehr behoben werden kann (BAG NZA 1992, 1023, 1024). Die gegenüber einem türkischen Gastarbeiter wegen dessen **Wehrdienstverpflichtung** ausgesprochene Drohung mit einer fristlosen Kündigung für den Fall, dass dieser nicht selbst kündige, ist widerrechtlich, weil der Bedrohte wegen des obligatorischen Wehrdienstes in seinem Heimatland ein Leistungsverweigerungsrecht hat und somit kein Kündigungsgrund gegeben ist (BAG AP Nr 23 m Anm KRAMER = RdA 1983, 254, 256). Zweifelhaft ist auch, ob die **Drohung mit einer Strafanzeige** den Arbeitnehmer zur Anfechtung des Aufhebungsvertrages wegen widerrechtlicher Drohung berechtigt. Das BAG stellt auch in diesem Fall wieder auf den „verständigen Arbeitgeber" ab (BAG NZA 1987, 91, 92; Hess LAG DB 1998, 82; dazu ferner LAG Köln EWiR 1998, 1065 f m Anm SCHLACHTER). Die Drohung mit einer Strafanzeige ist jedoch nur dann als rechtmäßig einzustufen, wenn die Straftat objektiv feststeht (KARAKATSANES 94, 101). Im Übrigen muss die Straftat in einem inneren Zusammenhang mit dem Arbeitsverhältnis stehen (MÜLLER 134 mwN).

cc) **Drohung mit einer Klage**

75 Die Drohung mit einer **Klage** oder anderen von der Rechtsordnung zur Verfügung gestellten Rechtsbehelfen wird in den meisten Fällen rechtmäßig sein (vgl Rn 68). Dies gilt vor allem dann, wenn der Drohende einen Anspruch auf die Willenserklärung hat, den er auch mittels Klageerhebung oder anderen Rechtsbehelfen durchsetzen könnte. Aber auch dann, wenn der Drohende im Ergebnis keinen Anspruch auf den gewünschten Erfolg hat, kann man die Drohung mit einer Klage nicht ohne weiteres als rechtswidrig bezeichnen. Mit einem Rechtsstreit werden legitime Interessen verfolgt, wenn zB eine unsichere Rechtslage geklärt werden soll.

Grundsätzlich muss daher jeder eine Klageandrohung akzeptieren, auch wenn sie nicht berechtigt sein sollte, zumal sich der Drohende mit Klageerhebung auch einem Kostenrisiko aussetzt (BGH WM 1972, 946 f; Levy Anm zu RG JW 1925, 1485; Bälz AcP 176 [1976] 373, 376; Soergel/Hefermehl Rn 53). Auch gegenüber einem rechtlich unerfahrenen Gegner darf mit einer Klage gedroht werden (BGH WM 1972, 946, 947). Die Drohung mit einem Rechtsstreit kann aber dann widerrechtlich sein, wenn lediglich eine formale Rechtsposition ohne konkrete Erfolgschancen und -absichten ausgenutzt werden soll, zB wenn die angedrohte Prozessführung nur dazu dient, Zeit zu gewinnen (dazu BGHZ 79, 131, 143; MünchKomm/Kramer Rn 47). Missbräuchlich handelt auch, wer mit der Klageandrohung seine stärkere Rechtsposition ausnutzt, um im Ergebnis mehr zu erreichen als bei Durchsetzung der Klage. Dies gilt freilich nicht, wenn eine „adäquate Entwicklung" zwischen alter und neuer Verbindlichkeit und eine Vergleichbarkeit der wirtschaftlichen Situation gegeben ist, da dann legitime Interessen verfolgt werden (vgl Karakatsanes 103 ff; Lorenz Anm zu BGH JZ 1963, 319 ff). Kein Anfechtungsrecht besteht daher, wenn jemand unter dem Druck einer Klageandrohung eine objektiv bestehende Schuld durch Schuldanerkenntnis anerkennt (RGZ 110, 382 ff) oder für die bestehende Schuld eine Sicherheit bestellt (zB BGH LM Nr 23).

dd) Drohung mit sonstigen Mitteln

Die Drohung einer Mutter, ihre erwachsene **Tochter aus dem Elternhaus zu verstoßen**, wenn sie nicht in die Adoption ihres nichtehelichen Kindes einwillige, hat die Rspr nicht als widerrechtlich angesehen (BGHZ 2, 287, 295 ff). Dem ist nicht zu folgen, da die Entscheidung über die Adoption nicht gegen den Willen der Tochter erfolgen und es somit nicht genügen kann, dass der Ausschluss einer volljährigen Tochter aus der Familiengemeinschaft als angedrohtes Übel rechtlich unbedenklich ist. Sofern der Grundstücksverkäufer dem Makler androht, er werde das **Grundstück nicht verkaufen**, sofern dieser nicht auf seine Verkäuferprovision verzichte, liegt darin noch keine inadäquate Verknüpfung von Mittel und Zweck. Eine solche liegt erst vor, wenn die Ursache für die Drohung allein auf dem Hintergedanken beruht, der Makler werde darauf eingehen, um wenigstens die Käuferprovision zu erhalten (BGH NJW 1969, 1627 f; vgl auch NJW 1993, 2494 ff; aA LG Frankfurt NJW-RR 1992, 1273, 1274). Die vorbehaltlose Abnahme eines mangelhaften Hauses ist nicht wegen widerrechtlicher Drohung, das Haus werde nur im Fall der Abnahme übergeben, anfechtbar (BGH NJW 1983, 384 f). Dagegen ist ein Anfechtungsrecht wegen Unverhältnismäßigkeit zwischen Vor- und Nachteilen in einem Fall bejaht worden, in dem die vorbehaltlose Anerkennung einer Abrechnung mit der Drohung, das verkaufte Haus werde nicht übergeben, erzwungen wurde (BGH NJW 1982, 2301, 2302). Inadäquanz von Mittel und Zweck liegt ohne Zweifel vor, wenn jemand mit der ruinösen **Nichteinlösung eines Wechsels** droht, um den Bedrohten zu einem Grundstücksverkauf zu bewegen (BGH LM Nr 32). Die Androhung, einen Wechsel ohne vorherige Mängelbeseitigung nicht einzulösen, ist aus dem gleichen Grund als rechtswidrig zu bewerten (Staudinger/Dilcher[12] Rn 63; OLG Hamburg OLGE 45, 111 f). Demgegenüber handelt es sich nicht um inadäquaten Druck, wenn eine Bürgschaftserklärung unter der Drohung abgegeben wurde, anderenfalls werde der Hauptschuldner oder der Bürge aus früherer **Bürgschaft** in Anspruch genommen (BGH LM Nr 28; vgl auch NJW 1996, 1274, 1275). Entsprechendes gilt für die Drohung, andernfalls werde der **Kredit** der GmbH **gekündigt** (BGH NJW 1997, 1980, 1981). In all diesen Fällen wird mit rechtlich zulässigen Mitteln Druck ausgeübt. Im Wesentlichen gelten die gleichen

Gesichtspunkte für die Drohung mit einer **Presseveröffentlichung** (vgl STAUDINGER/ DILCHER[12] Rn 63).

5. Subjektiver Tatbestand

a) Bestimmungsvorsatz

77 Der Drohende muss jemanden zur Abgabe einer Willenserklärung **bestimmen** wollen. Das bedeutet, dass dieser bewusst, mindestens mit **dolus eventualis**, den Zweck verfolgen muss, den Bedrohten zur Abgabe einer bestimmten Willenserklärung zu bewegen – sog **Nötigungs- oder Erpressungswille** (MÜLLER 123). Mit der Ankündigung des Übels muss der Drohende den Bedrohten bewusst in eine Zwangslage versetzen wollen (BGH NJW-RR 1996, 1281, 1282). Der Drohende muss sich der Geeignetheit seiner Drohung zur Willensbeeinflussung bewusst sein (RGZ 104, 79, 80), also der Tatsache, dass dieser nur noch die Wahl zwischen zwei Übeln hat, von denen die Abgabe der gewünschten Willenserklärung nach der Vorstellung des Drohenden als das kleinere und damit favorisierte Übel erscheint (LARENZ/WOLF, AT § 37 Rn 23). Er muss aber nicht seine Drohung in die Tat umsetzen wollen. Das Inaussichtstellen eines Übels muss sich auf **eine konkrete Willenserklärung beziehen** (LARENZ/WOLF, AT § 37 Rn 24; MünchKomm/KRAMER Rn 45). Droht zB ein Mieter seinem Vermieter mit Gewalt für den Fall, dass dieser den Mietzins nicht senkt, und verkauft daraufhin der Vermieter das Haus, um die unangenehmen Auseinandersetzungen zu umgehen, so ist der Kaufvertrag nicht wegen widerrechtlicher Drohung anfechtbar, weil der Mieter dieses Ziel nicht erreichen wollte und der Vermieter den Verkaufsentschluss aufgrund eigenständiger Überlegungen gefasst hat (LARENZ/WOLF, AT § 37 Rn 25).

b) Subjektive Vorstellungen hinsichtlich der Widerrechtlichkeit

78 Umstritten ist die Frage, ob für die Bejahung der Widerrechtlichkeit seitens des Drohenden gewisse innere Merkmale vorliegen müssen (DEUBNER JuS 1971, 71, 72; MANKOWSKI, Beseitigungsrechte 369 ff; LARENZ/WOLF, AT § 37 Rn 37 ff; MünchKomm/KRAMER Rn 51; SOERGEL/HEFERMEHL Rn 51). Die Rechtsprechung verlangt, dass der Drohende entweder die Umstände kennt, die seiner Drohung den sittlich anstößigen Charakter geben oder dass seine Unkenntnis auf **Fahrlässigkeit** beruht (RGZ 104, 79, 80; 108, 102, 104; 112, 226, 228; BGHZ 25, 217, 225). In der Literatur wird diese Auffassung jedoch zu Recht überwiegend abgelehnt (SOERGEL/HEFERMEHL Rn 51; SCHLÜTER-SCHRÖDER Anm zu BAG SAE 1981, 121, 124; DEUBNER JuS 1971, 71, 72; FLUME § 28, 3 = S 538 f). Nach dem Sinn und Zweck des § 123 (vgl Rn 1 und 60) kann es nur darauf ankommen, ob die Entschließungsfreiheit des Bedrohten **objektiv widerrechtlich** beeinflusst wurde. § 123 will die Freiheit der Willensentschließung sichern, nicht aber eine Sanktion gegen den Drohenden verhängen. Über den Bestimmungsvorsatz hinaus ist weder das Bewusstsein der Rechtswidrigkeit noch die Erkennbarkeit der Rechtswidrigkeit zu verlangen. Für den Anfechtungstatbestand der Drohung ist es also nicht entscheidend, ob der Drohende hinsichtlich der Umstände, welche die Widerrechtlichkeit begründen, gutgläubig ist.

c) Irrtum über die Widerrechtlichkeit

79 Nach den vorstehend (Rn 78) erörterten Grundsätzen ist es folgerichtig, dass die Rechtsprechung eine Anfechtung für ausgeschlossen hält, wenn der Drohende sich unverschuldet über Tatsachen im Irrtum befand, aus denen die Widerrechtlichkeit folgt (BGHZ 25, 217, 224; BGH WM 1962, 843, 845). Diese Auffassung wird im Schrifttum

mit Recht abgelehnt, da sie Sinn und Zweck des § 123 zu wenig berücksichtigt (vgl die Nachw Fn 78). Das Risiko des **schuldlosen Irrtums** über die Widerrechtlichkeit ist daher vom Drohenden und nicht vom Bedrohten zu tragen (vgl auch die Wertung des § 231).

d) Weitere subjektive Merkmale
Der Drohende muss keine Bereicherungs- oder Schädigungsabsicht haben. Auf die **Verschuldens-** oder **Deliktsfähigkeit** des Drohenden kommt es nicht an. Auch ein **Geisteskranker** kann die Entschließungsfreiheit eines anderen widerrechtlich bedrohen (SOERGEL/HEFERMEHL Rn 51). **80**

V. Beweislast*

Die Voraussetzungen der Anfechtung wegen arglistiger Täuschung bzw wegen widerrechtlicher Drohung sind in vollem Umfang von demjenigen **zu beweisen**, der sich auf die Anfechtung beruft (BGH NJW 1957, 988 f; LM Nr 23, 47; WM 1976, 1330, 1331; NJW-RR 1987, 1415, 1416; OLG Köln VersR 1973, 1161; MünchKomm/KRAMER Rn 29; SOERGEL/HEFERMEHL Rn 57). In den meisten Fällen wird das der Anfechtende sein. Es ist aber auch denkbar, dass der Anfechtungsgegner Ansprüche geltend macht, die eine wirksame Anfechtung voraussetzen. Macht der Anfechtende geltend, durch **arglistiges Verschweigen** getäuscht worden zu sein, obliegt ihm auch für diese negativen Tatsachen die Beweislast (BGH LM Nr 47; OLG Köln NJW-RR 1992, 908, 910; PALANDT/HEINRICHS Rn 30; BGB-RGRK/KRUEGER-NIELAND Rn 69; SOERGEL/HEFERMEHL Rn 57). Die Anforderungen an diesen Beweis dürfen aber nicht überzogen werden, so dass der Anfechtende nicht alle theoretisch denkbaren Möglichkeiten einer **Aufklärung** ausräumen muss. Er genügt vielmehr seiner Darlegungs- und Beweislast, wenn er die von dem Aufklärungspflichtigen vorzutragende konkrete, dh räumlich, zeitlich und inhaltlich spezifizierte Aufklärung widerlegt (BGH NJW 2001, 64, 65). Nach den Grundsätzen des Anscheinsbeweises kann der Beweis als erbracht angesehen werden, wenn Umstände dargelegt werden, die vermuten lassen, dass die erforderliche Aufklärung unterlassen wurde (BGH VRS 31 [1966] 321, 324; MünchKomm/KRAMER Rn 9; vgl auch LANG WM 2000, 450 ff). Umstritten ist, ob für den Nachweis der **Kausalität** der **Beweis des ersten Anscheins** ausreichend ist. Auch die Rspr beurteilt diese Frage nicht einheitlich (vgl BGH JZ 1978, 111, 112 m Anm WALTER. – Grds dafür: BGH LM Nr 16; WM 1976, 111, 113; OLG Karlsruhe NJW-RR 1992, 1144; SOERGEL/HEFERMEHL Rn 122; vLÜBTOW 249, 257; BAUMGÄRTEL/LAUMEN Rn 8 ff; grds dagegen: BGH NJW 1957, 988, 989; 1968, 2139; 1996, 1051; WM 1958, 991, 992; BGB-RGRK/KRUEGER-NIELAND Rn 68; MEDICUS, AT Rn 804). Im Regelfall ist kein Anscheinsbeweis möglich, denn „die Frage, ob eine arglistige Täuschung für den Willensentschluss eines anderen Menschen ursächlich gewesen ist, ist von zahlreichen individuellen Umständen abhängig und kann nicht generell nach einem allgemeinen Erfahrungssatz beantwortet werden. Die Verhältnisse des jeweils in Betracht kommenden Einzelfalles können so verschieden gelagert sein, dass es nicht möglich ist, aus den Erfahrungssätzen des Lebens von einem **81**

---

* **Schrifttum:** BAUMGÄRTEL/LAUMEN, Handbuch der Beweislast im Privatrecht, Bd 1 (2. Aufl 1991) § 123; HAASEN, Zur Beweislast bei der Anfechtung wegen arglistiger Täuschung, VersR 1954, 482 f; SCHULTZ, Beweislast für fremde Willensentschlüsse nach Aufklärungsfehlern, VersR 1990, 808; STODOLKOWITZ, Beweislast und Beweiserleichterungen bei der Schadensursächlichkeit von Aufklärungspflichtverletzungen, VersR 1994, 11.

allgemein üblichen Verlauf auch einen Schluss auf den Verlauf im jeweiligen Einzelfall zu ziehen" (BGH WM 1958, 991, 992). Der Anscheinsbeweis sollte deshalb nur ausnahmsweise zugelassen werden, wenn die Art des Rechtsgeschäfts einen typischen Geschehensablauf mit sich bringt (BGH LM Nr 11 zu § 286 C ZPO; NJW 1968, 2139; WM 1976, 111, 113; MünchKomm/KRAMER Rn 29). Kein typischer Geschehensablauf liegt zB vor, wenn es um die Geldanlage von Privatpersonen geht, denn ein solches Geschäft beruht auf einer individuellen Willensentscheidung, auf die die Grundsätze des Anscheinsbeweises nicht angewendet werden können (BGH MDR 1960, 660). Dagegen kann man bei gewöhnlichen Umsatzgeschäften einen typischen Geschehensablauf annehmen (BGH LM Nr 16). Dann müssen Umstände dargelegt werden, die für die Willensentschließung bedeutsam sein können und im Hinblick auf die Art des Rechtsgeschäfts nach der Lebenserfahrung auch einen Einfluss auf die Entschließung auszuüben pflegen (BGH LM Nr 16). Hat der Getäuschte den Beweis geführt, dass er durch den Irrtum zur Willenserklärung bestimmt worden ist, muss der Gegner den Gegenbeweis führen, indem er etwa eine spätere Beseitigung des Irrtums darlegt (BGH LM Nr 47). Es geht hier um eine Frage der Beweiswürdigung, nicht der Beweislastumkehr (BGH WM 1976, 1330, 1331; LM Nr 47; zur Beweislast bei Aufklärungsfehlern vgl auch SCHULTZ VersR 1990, 808 ff). Den Anfechtenden trifft die volle Beweislast auch hinsichtlich des **subjektiven Tatbestandes** der arglistigen Täuschung oder widerrechtlichen Drohung (BGH NJW 1957, 988, 989; OLG Stuttgart NJW 1983, 1200; BGB-RGRK/KRUEGER-NIELAND Rn 68; SOERGEL/HEFERMEHL Rn 57). Es gibt keinen Erfahrungssatz, dass der Täuschende stets arglistig in Hinsicht auf die Willensbildung des Getäuschten gehandelt hat (BGH NJW 1957, 988, 989). Meistens wird die Arglist durch Indizien nachzuweisen sein (BGHZ 53, 245, 260 ff). Verschweigt zB ein Versicherungsnehmer schwere Erkrankungen, so kann dies als Indiz für das Vorliegen der Täuschungsabsicht gewertet werden (OLG Köln VersR 1973, 1161; OLG Koblenz NVersZ 2001, 503 f; NVersZ 2002, 498 f; zu den Anforderungen an den Nachweis arglistigen Verschweigens einer Vorerkrankung, wenn diese langwierig und einschneidend war OLG Hamm VersR 1990, 765). Der Anfechtende muss schließlich den Beweis führen, dass der Erklärungsempfänger die Täuschung des „Dritten" iSv **§ 123 Abs 2 S 1** kannte oder kennen musste (BAUMGÄRTEL/LAUMEN Rn 16). Bei der **Anfechtung wegen widerrechtlicher Drohung** muss der Anfechtende Tatsachen darlegen und beweisen, die die Widerrechtlichkeit begründen (BGH WM 1960, 1325, 1326; 1961, 580, 582; 1983, 1017, 1019; MünchKomm/KRAMER Rn 54; BAUMGÄRTEL/LAUMEN Rn 14). Zwar hat bei einer unerlaubten Handlung gem § 823 BGB derjenige, der ein geschütztes Rechtsgut verletzt hat, die Beweislast dafür, dass sein Verhalten im Einzelfall gerechtfertigt ist (BGHZ 24, 21, 27 f). Diese Grundsätze können aber nicht auf die Anfechtung übertragen werden, da nicht jede Ankündigung eines Übels verboten und deren Rechtswidrigkeit somit nicht indiziert ist. Die bei der arglistigen Täuschung entwickelten Grundsätze über den Anscheinsbeweis können nicht ohne weiters auch auf die Anfechtung wegen widerrechtlicher Drohung übertragen werden. Dies gilt insbesondere dann, wenn es sich um einen in keine Regel einzuordnenden Sachverhalt handelt (BGH WM 1961, 580, 582).

VI. Rechtsfolgen

1. Anfechtbarkeit der Willenserklärung

82 Eine arglistige Täuschung bzw widerrechtliche Drohung führt zur **Anfechtbarkeit**

der **Willenserklärung**. Die Erklärung ist zunächst gültig, kann aber durch eine Anfechtungserklärung vernichtet werden. Der Gesetzgeber hat nicht Nichtigkeit angeordnet, sondern sich für Anfechtbarkeit entschieden. Dahinter verbirgt sich das berechtigte Anliegen, auch dem Getäuschten und Bedrohten ein **Wahlrecht** einzuräumen, ob er trotz Täuschung oder Drohung das Rechtsgeschäft gelten lassen möchte oder nicht (MünchKomm/KRAMER Rn 1; SINGER 209).

2. Rückwirkung der Anfechtung

Die wirksam angefochtene Willenserklärung ist **gem § 142 Abs 1 als von Anfang an** 83 **nichtig** anzusehen. Grundsätzlich bewirkt die Anfechtung des Grundgeschäfts nicht auch die Wirksamkeit des **Erfüllungsgeschäfts**, es sei denn Anfechtungsgrund und Anfechtungserklärung erstrecken sich auf beide Rechtsgeschäfte (RGZ 70, 55, 57; BGH DB 1966, 818). Wurde ein bindender **Vorvertrag** und ein Hauptvertrag geschlossen, so müssen auch diese unabhängig voneinander angefochten werden (BGH WM 1973, 238 f; BGB-RGRK/KRÜGER-NIELAND Rn 71). Ob bei einer teilweisen Anfechtung das gesamte Rechtsgeschäft nichtig ist, beurteilt sich nach § 139 (vgl BAG NJW 1970, 1941, 1943; vgl auch Rn 57).

3. Ausnahmen bei Dauerschuldverhältnissen

Die genannten Grundsätze gelten nach hM bei **Dauerschuldverhältnissen** nicht un- 84 eingeschränkt. Die **Anfechtung eines bereits in Vollzug gesetzten Arbeitsvertrages** soll nicht auf den Zeitpunkt des Vertragsschlusses zurückwirken, sondern nach der Lehre vom **fehlerhaften, aber in Vollzug gesetzten Arbeitsverhältnis** dieses grundsätzlich nur für die Zukunft beenden (zu Einzelheiten und dogmatischer Begründung vgl § 119 Rn 108). Umstritten ist allerdings, ob diese Ausnahme auch im Fall der Anfechtung wegen arglistiger Täuschung gerechtfertigt ist. Nach der hier vertretenen Auffassung handelt es sich um eine Frage der Konkurrenz mit vorrangigen Sondernormen des besonderen Schuldrechts. Danach ist zwar die Anfechtung wegen Irrtums über verkehrswesentliche Eigenschaften ausgeschlossen, weil das Kündigungsrecht vorgeht (vgl § 119 Rn 108); hinsichtlich der **arglistigen Täuschung** und Drohung besteht dieses Konkurrenzverhältnis jedoch nicht, so dass die Anfechtung uneingeschränkt zulässig ist. Handelt der Arbeitnehmer arglistig, ist er auch unter keinem rechtlichen Gesichtspunkt schutzwürdig, so dass es bei der gesetzlichen Folge der Rückwirkung der Anfechtung gem § 142 bleiben sollte (vgl § 119 Rn 83). Eine mit diesem Ergebnis übereinstimmende Wertung findet sich auch beim Erschleichen von staatlichen Sozialleistungen oder Subventionen. In diesen Fällen sehen die entsprechenden Vorschriften die Rücknahme des Verwaltungsaktes mit Wirkung für die Vergangenheit vor und erklären das Vertrauen des Begünstigten nicht für schutzwürdig (vgl § 119 Rn 108).

Im Wesentlichen die gleichen Grundsätze gelten für die **Anfechtung des Gesell-** 85 **schaftsvertrages** (§ 119 Rn 109). Nicht nur im Außenverhältnis, auch im Innenverhältnis sind Fakten geschaffen worden, die mit bereicherungsrechtlichen Regeln nicht mehr „entwirrt", sondern nur noch „gesellschaftsrechtlich auseinandergesetzt werden können und sollten" (K SCHMIDT § 6 I 2 = S 146 f). Aus diesem Grunde rechtfertigt hier nicht einmal die Anfechtung wegen **arglistiger Täuschung** die Auflösung der Gesellschaft mit Wirkung ex tunc, sondern nur die gesellschaftsrechtliche Auseinandersetzung mit Wirkung für die Zukunft (str, vgl näher § 119 Rn 109 m Nachw zu Rspr und Schrifttum).

4. Ausschluss der Anfechtung

86 Die Täuschungsanfechtung steht wie die Irrtumsanfechtung unter dem Vorbehalt von **Treu und Glauben gem § 242** (vgl § 119 Rn 99 ff). Die Anfechtung ist daher ausgeschlossen, wenn die arglistige Täuschung zu keiner Einbuße beim Erklärenden geführt hat und seine Rechtsposition nicht beeinträchtigt worden ist (vgl die Nachw § 119 Rn 99 sowie MünchKomm/KRAMER Rn 28). Für die Feststellung, ob die Rechtslage des Getäuschten beeinträchtigt ist, ist der **Zeitpunkt** der Abgabe der Anfechtungserklärung und nicht der des Zugangs maßgeblich (BGH NJW 2000, 2894). Die Anfechtung ist aber wirksam, wenn der Anfechtungsgrund im Zeitpunkt der Anfechtungserklärung vorübergehend weggefallen war, dann aber in dem Zeitpunkt, in dem über sie zu entscheiden ist, wieder vorliegt (BGH NJW 1992, 2346, 2348). Die Anfechtung ist erst recht ausgeschlossen, wenn dem Erklärenden durch die Täuschung im Ergebnis Vorteile zugeflossen sind (ERMAN/PALM Rn 45). Die gleichen Grundsätze sollten gelten, wenn der **Versicherungsnehmer** unwahre Angaben gemacht hat, die für den Versicherungsfall folgenlos sind. Der BGH bevorzugt demgegenüber eine am Maßstab des § 242 orientierte, letztlich kaum praktikable Einzelfallprüfung, ob die Täuschung zur teilweisen Versagung des Versicherungsschutzes führen soll oder sich der Versicherer auf vollständige Leistungsfreiheit berufen darf (BGHZ 40, 387 ff; 96, 88, 92; BGH VersR 1992, 1465 f).

87 Das Anfechtungsrecht kann **durch vertragliche Vereinbarung**, aber nicht durch AGB ausgeschlossen werden (vgl näher § 119 Rn 102). Im Übrigen ist auch ein individualvertraglich vereinbarter Ausschluss der Irrtumsanfechtung nichtig, wenn die Vereinbarung durch arglistige Täuschung herbeigeführt wurde. Wurde der vertragliche Ausschluss der Anfechtung durch einen „Dritten" veranlasst (oben Rn 46 ff), ist dieser jedoch nur dann unwirksam, wenn der Geschäftspartner von der Täuschung wusste oder wissen musste (vgl MünchKomm/KRAMER Rn 27). Das Anfechtungsrecht kann unter besonderen Umständen **durch Verzicht, Verwirkung** oder **Bestätigung** (§ 144 Abs 1) ausgeschlossen sein (vgl § 119 Rn 102; § 124 Rn 9).

5. Rückforderung der erbrachten Leistung nach Bereicherungsrecht

88 Nach einer wirksamen Anfechtung kann jeder Partner seine erbrachte Leistung nach den Vorschriften der **ungerechtfertigten Bereicherung gem §§ 812 ff** herausverlangen, wobei zu beachten ist, dass der arglistig Täuschende gem § 819 verschärft haftet. Ihm steht deshalb das Haftungsprivileg des § 818 Abs 3 nicht zu (vgl näher STAUDINGER/LORENZ [1999] § 818 Rn 43 f).

6. Kein Ersatz des Vertrauensschadens

89 Aus Wortlaut und Stellung des § 122 folgt, dass der wegen arglistiger Täuschung oder widerrechtlicher Drohung Anfechtende keinen Ersatz des Vertrauensschadens zu leisten braucht (ERMAN/PALM Rn 49). Aus der Täuschung folgen allerdings regelmäßig Ansprüche des Anfechtenden (vgl dazu unten Rn 95 f).

VII. Sonderregeln und Konkurrenzen*

1. Sonderregeln

Im **Familien- und Erbrecht** gibt es Sonderregeln, die der Anfechtung – auch nach 90
§ 123 – vorgehen (vgl näher § 119 Rn 107). Für den **Versicherungsvertrag** gelten hinsichtlich der aufklärungspflichtigen Gefahrumstände die besonderen Regeln der §§ 16 ff VVG. Eine Anfechtung wegen arglistiger Täuschung gem § 123 ist aber nicht ausgeschlossen (§ 22 VVG). Ein **Vergleich** (§ 779) kann wegen arglistiger Täuschung angefochten werden, wenn sich die Anfechtung auf die beim Vertragsschluss bestrittenen und unzweifelhaften Punkte bezieht. Anders als bei einem Irrtum erstreckt sich die streiterledigende Funktion des Vergleichs nicht auf eine arglistige Täuschung, da mit einem unredlichen Verhalten des Geschäftspartners niemand zu rechnen braucht (BGH WM 1972, 1443, 1446; LM Nr 4; MünchKomm/Kramer Rn 2). Ist in **Allgemeinen Geschäftsbedingungen** eine überraschende Klausel im Sinne von § 305c enthalten, trifft den Verwender gegenüber dem Kunden eine Aufklärungspflicht aufgrund seines vorangegangenen gefährdenden Vorverhaltens (vgl BGH NJW 1994, 1656, 1657). Sofern der Vertragspartner mit den betreffenden Klauseln nicht gerechnet hat und im Falle ihrer Kenntnis den Vertrag nicht abgeschlossen hätte, ist es interessengerecht, neben der AGB-Kontrolle eine Anfechtung des gesamten Vertrages wegen arglistiger Täuschung zuzulassen. § 306 will zwar den

---

* **Schrifttum:** Adlerstein/Adlerstein, Das Verhältnis zivilrechtlicher Anfechtung zum Vermögensgesetz bei Grundstücksveräußerungen von Ausreisewilligen, DtZ 1991, 417; Beitzke, Anfechtung des Verlöbnisses?, JR 1947, 141; Canaris, Leistungsstörungen beim Unternehmenskauf, ZGR 1982, 395; ders, Das Verlöbnis als „gesetzliches" Rechtsverhältnis, AcP 165 (1965) 1; Fleischer, Konkurrenzprobleme um die culpa in contrahendo: Fahrlässige Irreführung versus arglistige Täuschung, AcP 200 (2000) 91; Gernhuber/Coester-Waltjen, Lehrbuch des Familienrechts (4. Aufl 1994); Grigoleit, Neuere Tendenzen zur schadensrechtlichen Vertragsaufhebung, NJW 1999, 900; Gottwald, Die Haftung für culpa in contrahendo, JuS 1982, 877; Hubernagel, Doppelwirkungen und Konkurrenzen, AcP 137 (1933) 205; Köhler, Das Verhältnis der Gewährleistungsansprüche zu den anderen Rechtsbehelfen des Käufers, JA 1982, 157; Larenz, Bemerkungen zur Haftung für „culpa in contrahendo", in: FS Ballerstedt (1975) 397; Lass, Zum Lösungsrecht bei arglistiger Verwendung unwirksamer AGB, JZ 1997, 67; Lieb, Vertragsaufhebung oder Geldersatz?, in: FS der Rechtswissenschaftlichen Fakultät zur 600-Jahrfeier der Universität Köln (1988) 251; Liebs, „Fahrlässige Täuschung" und Formularvertrag, AcP 174 (1974) 26; S Lorenz, Vertragsaufhebung wegen unzulässiger Einflussnahme auf die Entscheidungsfreiheit: Der BGH auf dem Weg zur reinen Abschlusskontrolle?, NJW 1997, 2578; Lüderitz, Das neue Adoptionsrecht, NJW 1976, 1865; Lüke, Die persönlichen Ehewirkungen und die Scheidungsgründe nach dem neuen Ehe- und Familienrecht, in: FS Bosch (1976) 627; Medicus, Grenzen der Haftung für culpa in contrahendo, JuS 1965, 209; Reinicke, Das Verhältnis der Ausschlussfrist des § 124 zu der Verjährung von Vertragsaufhebungsansprüchen aus Delikt und cic, JA 1982, 1; Sack, Das Rücktrittsrecht gem § 13a UWG, in: Beilage 2/1987 zu BB 1987 Heft 5; Schumacher, Vertragsaufhebung wegen fahrlässiger Irreführung unerfahrener Vertragspartner (1979); Stoll, Schädigung durch Vertragsschluss, in: FS Deutsch (1999) 361; Weitnauer, Der arglistig getäuschte Käufer, NJW 1970, 637; Wiedemann, Anm BGH 26. 9. 1997, JZ 1998, 1173, 1176; Willemsen, Zum Verhältnis von Sachmängelhaftung und culpa in contrahendo beim Unternehmenskauf, AcP 182 (1982) 515.

Kunden im Allgemeinen am gesamten Vertrag festhalten und nur die entsprechende Klausel als Vertragsbestandteil eliminieren (vgl LASS JZ 1997, 67, 71 f); die Norm ist aber lediglich eine Sonderregel zu § 139, nicht zu § 123. Eine Anfechtung des Vertrages dürfte dennoch in der Regel daran scheitern, dass die Kausalität der Täuschung für den Vertragsschluss kaum nachzuweisen ist (vgl CANARIS, Vertrauenshaftung 216). Die Restitutionsregelung des **Vermögensgesetzes** für die Wiedergutmachung staatlichen Unrechts auf dem Gebiet der DDR verdrängt in ihrem Anwendungsbereich eine Anfechtung wegen arglistiger Täuschung oder widerrechtlicher Drohung (BGHZ 118, 34, 39; PALANDT/HEINRICHS Rn 29; ADLERSTEIN/ADLERSTEIN DtZ 1991, 417 ff; vgl dazu auch § 117 Rn 27 mwN). Rückerstattungsansprüche wegen nationalsozialistischer Verfolgungsmaßnahmen sind durch die Rückerstattungsgesetze der Militärregierungen geregelt, die als abschließende Sonderregelungen dem § 123 vorgehen (BGHZ 10, 340 ff).

2. Irrtumsanfechtung

91 Neben § 123 kann auch ein Anfechtungsrecht nach § 119 gegeben sein (BGHZ 34, 32, 38 ff; 78, 216, 221; MünchKomm/KRAMER Rn 30; ERMAN/PALM Rn 3; BGB-RGRK/KRUEGER-NIELAND Rn 85). Der Anfechtende hat die **Wahl**, auf welchen Grund er die Anfechtung stützen will. Er kann die beiden Anfechtungsmöglichkeiten auch miteinander verbunden geltend machen. Auch ohne ausdrückliche Erklärung kann eine wegen arglistiger Täuschung geltend gemachte Anfechtung eine Irrtumsanfechtung nach § 119 enthalten. Dies ist durch **Auslegung** zu ermitteln (RGZ 57, 358, 362; BGHZ 34, 32, 38 ff; BGH NJW 1979, 160, 161; MünchKomm/KRAMER Rn 30; PALANDT/HEINRICHS Rn 28). In der Regel werden die beiden Anfechtungsmöglichkeiten nur hilfsweise für den Fall verbunden werden, dass die Täuschungsanfechtung nach § 123 keinen Erfolg hat, da sich der Anfechtende im Falle des § 123 anders als im Falle des § 119 keiner Schadensersatzpflicht nach § 122 aussetzt (vgl § 122 Rn 4). Nach § 123 kann auch dann noch angefochten werden, wenn zuerst die wirtschaftlich uU ungünstigere Irrtumsanfechtung geltend gemacht worden ist (LARENZ, AT § 20 IV mwN; MünchKomm/KRAMER Rn 30). Das Anfechtungsrecht nach § 119 kann für den Getäuschten dann bedeutsam sein, wenn ein **Dritter** ohne Kenntnis bzw ohne zurechenbare Unkenntnis des Erklärungsempfängers getäuscht hat (MünchKomm/KRAMER Rn 30). Zu beachten sind die unterschiedlich geregelten Anfechtungsfristen. Gemäß § 124 muss die Anfechtung nach § 123 nicht unverzüglich, sondern binnen Jahresfrist erfolgen. Auch eine Anfechtung wegen Drohung und eine Anfechtung wegen arglistiger Täuschung schließen sich nicht gegenseitig aus (BGH NJW-RR 1996, 1281, 1282).

3. Sittenwidrigkeit gem § 138

92 § 123 kann mit § 138 konkurrieren. Aufgrund einer unzulässigen Willensbeeinflussung zustande gekommene Rechtsgeschäfte sind aber nicht zwangsläufig sittenwidrig und damit per se nichtig, da sonst die spezifische Rechtsfolge der §§ 123, 124 obsolet würde (BGH NJW 1988, 902, 903). Erst wenn weitere Umstände oder einseitig belastende Regelungen in AGB hinzukommen wie zB ein auffälliges Missverhältnis zwischen Leistung und Gegenleistung (§ 138 Abs 2) hinzukommen, kann § 138 in Betracht gezogen werden (RGZ 72, 216, 218; 114, 338, 341 f; 115, 378, 383; BGHZ 60, 102, 104; NJW 1988, 2599, 2601; 1995, 1425, 1428; auch schon WM 1966, 585, 589; PALANDT/HEINRICHS § 138 Rn 15; MünchKomm/KRAMER Rn 33).

4. Rücktritt und Kündigung

Neben der Anfechtungsmöglichkeit gem § 123 kann auch ein Rücktritts- oder 93
Kündigungsrecht bestehen. Der Berechtigte hat die Wahl, welches der Rechte er
geltend machen will. Die Anfechtung wegen arglistiger Täuschung ist im Allgemeinen nicht wegen eines bereits erklärten Rücktritts oder einer Kündigung ausgeschlossen (OLG München NJW 1953, 424; OLG Hamburg MDR 1966, 49; ERMAN/PALM Rn 5; MünchKomm/KRAMER Rn 31), doch gilt im Gesellschaftsrecht ein Vorrang der Kündigung (§ 119 Rn 109; zur Rechtslage im Arbeitsrecht § 119 Rn 108). Umgekehrt kommt nach erfolgter Anfechtung ein Rücktrittsrecht nicht in Betracht, da der Rücktritt einen gültigen Vertrag voraussetzt (BGB-RGRK/KRUEGER-NIELAND Rn 87). Werden im Prozess sowohl Anfechtung als auch Rücktritt erklärt, ist erst die Anfechtung zu überprüfen und dann über den Rücktritt zu entscheiden (SOERGEL/HEFERMEHL Rn 61; ERMAN/PALM Rn 5). Unter Umständen kann eine Anfechtungserklärung in einen Rücktritt umgedeutet werden (str, dazu OLG Köln VersR 1993, 297 mwN).

5. Gewährleistungsrechte

Im Unterschied zur Irrtumsanfechtung (dazu oben § 119 Rn 82 f, 106) wird die Anfech- 94
tung gem § 123 durch die Gewährleistungsvorschriften des Kaufrechts (§§ 434 ff)
nicht ausgeschlossen. Gewährleistungsansprüche und Anfechtungsrecht aus § 123
stehen wahlweise nebeneinander, jedenfalls solange ihre Voraussetzungen gegeben
sind. Wenn einer der gewünschten Rechtsbehelfe erfolglos bleibt, kann noch der
andere geltend gemacht werden (RGZ 96, 156, 157 f; BGHZ 110, 220, 222; SOERGEL/HEFERMEHL Rn 62; MünchKomm/KRAMER Rn 34; MEDICUS, AT Rn 809; PALANDT/HEINRICHS Rn 29;
ERMAN/PALM Rn 6; BGB-RGRK/KRÜGER-NIELAND Rn 86; vgl auch KÖHLER JA 1982, 157, 158).
Zu beachten ist jedoch, dass die Anfechtung das Rechtsgeschäft gemäß § 142 Abs 1
rückwirkend vernichtet, Gewährleistungsrechte aber einen gültigen Vertrag voraussetzen (BGH NJW 1960, 237 f; MEDICUS, AT Rn 809; MünchKomm/KRAMER Rn 34; SOERGEL/
HEFERMEHL Rn 62; ERMAN/PALM Rn 6; FLUME § 31, 6 = S 568; GIESEN Anm zu BGH NJW 1971,
1795, 1797). Umgekehrt dürfte der Rücktritt wegen eines Sachmangels, der im Regelfall den Ablauf einer dem Schuldner gesetzten, angemessenen Nachfrist voraussetzt
(§§ 434, 437 Nr 2, 323, 326 Abs 5), die Anfechtung nicht ausschließen (BGHZ 110, 220,
222; GIESEN Anm zu BGH NJW 1971, 1795, 1797), da die Anfechtung wegen § 142 Abs 1
der weitergehende Rechtsbehelf ist. Nach beiden Richtungen hin ist eine Umdeutung gem § 140 möglich, so dass der Rücktritt als Anfechtungserklärung und die
Anfechtung als Rücktritt ausgelegt werden kann (GIESEN Anm zu BGH NJW 1971, 1795,
1797). Wird neben der Anfechtung **Schadensersatz statt der Leistung** verlangt, ist das
dahin auszulegen, dass der Erklärende nicht anfechten will (ERMAN/PALM Rn 6; FLUME
§ 31, 6 = S 567 f; MünchKomm/KRAMER Rn 34; vgl dazu auch § 133 Rn 47; aA wohl BGB-RGRK/
KRUEGER-NIELAND Rn 86). Muss man aber von einer Anfechtung ausgehen, ist dem
Schadensersatzanspruch aus §§ 437 Nr 3 iVm 281 die Rechtsgrundlage entzogen
(BGH NJW 1960, 237, 238). Die Mängelrechte sind in Bezug auf die Verjährung gem
§ 438 Abs 3 im Regelfall günstiger als die Anfechtung wegen arglistiger Täuschung,
da die Frist des § 195 grundsätzlich wesentlich länger ist als die des § 124 und nur im
Fall des § 199 Abs 1 Nr 2, 2. Alt kürzer sein kann. Werden Gewährleistungsrechte
geltend gemacht, so liegt darin nach Ansicht des BGH weder **ein Verzicht auf die
Anfechtung noch eine Bestätigung des anfechtbaren Rechtsgeschäfts gem § 144 Abs 1**,
es sei denn, der Berechtigte besteht trotz Kenntnis aller die Anfechtung begrün-

denden Tatsachen auf Vertragserfüllung (BGH NJW 1958, 177; BGHZ 110, 220, 221 ff; FLUME § 31, 7 = S 569; BGB-RGRK/KRUEGER-NIELAND Rn 86). Vom vertraglichen **Ausschluss sämtlicher Gewährleistungsansprüche** wird das Recht zur Anfechtung wegen arglistiger Täuschung nicht betroffen (OLG Nürnberg DAR 1962, 202, 203; BGB-RGRK/KRUEGER-NIELAND Rn 86).

6. culpa in contrahendo

95 Neben der Anfechtung des Vertrages wegen arglistiger Täuschung oder widerrechtlicher Drohung kommt gleichzeitig auch ein Anspruch aus culpa in contrahendo gem §§ 280 Abs 1, 241 Abs 2 iVm 311 Abs 2 u 3 in Betracht. Diesen Anspruch kann der Getäuschte auch noch nach erklärter Anfechtung geltend machen, da die Haftung aus culpa in contrahendo keinen wirksamen Vertrag voraussetzt. Der sich daraus ergebende Schadensersatzanspruch richtet sich nach den §§ 249 ff. Umstritten ist, ob der Getäuschte bzw Bedrohte auch gemäß § 249 als Naturalrestitution die Rückgängigmachung des Vertrages verlangen kann. Dies ist problematisch, weil für die Anfechtung nach § 123 die Jahresfrist gem § 124 gilt, wogegen ein Anspruch aus culpa in contrahendo gem §§ 195, 199 frühestens in 3 Jahren verjähren kann. Außerdem ist für Ansprüche aus culpa in contrahendo als Verschuldensform bereits Fahrlässigkeit nach § 276 ausreichend, während § 123 Arglist und daher mindestens dolus eventualis (vgl Rn 27 f) erfordert. Die Rechtsprechung gewährte lange Zeit Ansprüche aus culpa in contrahendo neben § 123 ohne Einschränkung (grdl BGH NJW 1962, 1196, 1198), schränkt dies aber neuerdings dahingehend ein, dass die **Vertragsaufhebung** wegen vorvertraglicher Pflichtverletzung gemäß §§ 280, 241 Abs 2, 311 Abs 2 wenigstens einen **Vermögensschaden** erfordere (BGH NJW 1998, 302, 304; 1998, 898 f; NJW-RR 2002, 308, 310). Diese Grundsätze gelten auch bei einer vorsätzlichen Täuschung (BGH NJW 1998, 302, 303), überzeugen jedoch nicht (vgl eingehend § 119 Rn 57 f). Auch bei dem Erfordernis eines Vermögensschadens in dem vom BGH verstandenen Sinne, der teilweise subtile Betrachtungen erfordert (vgl BGH NJW 1998, 304 f; 1998, 895 f), laufen Vorsatzdogma und Fristen des Anfechtungsrechts weitgehend leer. Die Naturalrestitution gem § 249 setzt zudem gerade nicht einen Vermögensschaden voraus (S LORENZ ZIP 1998, 1053, 1055; GRIGOLEIT NJW 1999, 900, 901 f; MEDICUS Anm LM Nr 113 zu § 249 [A]; vgl auch FLEISCHER AcP 200 [2000] 91, 108 ff). Und schließlich wird man sogar den Abschluss eines nicht gewollten oder in freier Selbstbestimmung getätigten Vertrages als Vermögensschaden qualifizieren können (so GRIGOLEIT, Informationshaftung 20 f, 88). Seit der Schuldrechtsreform ist die Haftung wegen culpa in contrahendo unleugbar ein gesetzlicher Haftungstatbestand, der in gleicher Weise Verbindlichkeit beansprucht wie § 123 (vgl SINGER, Selbstbestimmung 238; FLEISCHER AcP 200 [2002] 91, 99]). Drohenden Wertungswidersprüchen kann man dadurch begegnen, dass man die §§ **121, 124** auch auf die Vertragsaufhebung wegen vorvertraglicher Pflichtverletzung **analog** anwendet (eingehend GRIGOLEIT 137 ff; ders NJW 1999, 900, 903; s ferner LARENZ, in: FS Ballerstedt [1975] 397, 409 ff; PALANDT/HEINRICHS § 276 Rn 78; REINICKE JA 1982, 1, 61; SACK Beilage 2/1987 zu BB 1987 Heft 5, 26 f; vgl auch § 119 Rn 59). Danach kann bei fahrlässiger Irreführung eine unter dem Titel der culpa in contrahendo geltend gemachte Vertragsaufhebung lediglich in den Grenzen des § 121, bei vorsätzlicher Täuschung in den Grenzen des § 124 geltend gemacht werden (ebenso MünchKomm/KRAMER Rn 35; vgl auch § 119 Rn 59). Auch eine **Drohung** begründet regelmäßig eine Haftung wegen Verschuldens bei Vertragsschluss (BGH NJW-RR 2002, 308 ff); insofern gelten hier die gleichen Überlegungen.

7. Unerlaubte Handlung

Mit dem Anfechtungsrecht nach § 123 konkurriert häufig auch ein Schadensersatz- 96
anspruch aus unerlaubter Handlung (insbesondere aus § 823 Abs 2 iVm §§ 240 oder
263 StGB, § 826, vgl BGH NJW 1974, 1505, 1506; OLG Saarbrücken NJW-RR 1989, 1211, 1212;
MünchKomm/Kramer Rn 35; Palandt/Heinrichs Rn 26; Erman/Palm Rn 7). Der Umfang
dieses Schadensersatzanspruches richtet sich nach §§ 249 ff. Als Naturalrestitution
kann die **Beseitigung des Vertrages** verlangt werden. § 124 verdrängt nicht die
längere Regelverjährung für deliktische Ansprüche (§§ 195, 199). Der Gesetzgeber
hat das Problem der kollidierenden Fristen erkannt und wollte die Möglichkeit
eines auf Vertragsaufhebung gezielten Schadensersatzanspruchs nicht ausschließen
(vgl Mot I 308). Der deliktische Schadensersatzanspruch kommt also auch dann in
Betracht, wenn die Anfechtung wegen Ablaufs der Anfechtungsfrist ausgeschlossen
ist (RGZ 84, 131, 134; 103, 154, 159; MünchKomm/Kramer Rn 35; ausf S Lorenz 332 ff). Nach
Ablauf der Frist des § 124 steht dem Getäuschten auch die Einrede nach § 853 zu
(Palandt/Heinrichs Rn 26). Der Schadensersatzanspruch richtet sich grundsätzlich
auf das **negative Interesse** (RGZ 103, 154, 159; BGHZ 57, 137, 139; BGH NJW 1960, 237,
238; 1974, 1505, 1506; OLG Köln NJW-RR 1994, 1064, 1066). Danach ist die hypothetische
Vermögenslage, wie sie ohne unerlaubte Handlung bestünde, mit der durch den
Vertragsschluss herbeigeführten Lage zu vergleichen. Der Schädiger muss dann die
Differenz ersetzen. Ein **Ersatz des Erfüllungsinteresses** kommt nur in Betracht, wenn
ohne die unerlaubte Handlung nachweislich ein anderes Geschäft mit günstigeren
Bedingungen zustande gekommen wäre (RGZ 83, 245, 246; 103, 47, 51; 103, 154, 160; BGH
NJW 1960, 237, 238; DB 1969, 877, 878; BGB-RGRK/Krueger-Nieland Rn 81; Erman/Palm
Rn 52; Palandt/Heinrichs Rn 26). Der Getäuschte kann auch dann das Erfüllungsinteresse verlangen, wenn sich die Täuschung auf bestimmte Eigenschaften einer
Sache bezog, die bei ihrem Vorliegen den Wert der Sache erhöhen würden (RGZ
66, 335, 337; 103, 154, 160; BGH NJW 1960, 237, 238; **aA** Flume § 31, 6 = S 567 f). Hat ein
Dritter getäuscht oder gedroht, kann, außer in den Fällen der §§ 830 f, nur von
diesem Schadensersatz verlangt werden (Erman/Palm Rn 7).

8. Das Rücktrittsrecht nach § 13a UWG

Weil eine arglistige Täuschung häufig schwer nachweisbar ist, hat der Gesetzgeber 97
in das Gesetz gegen den unlauteren Wettbewerb die Vorschrift des § 13a UWG
eingefügt (Gesetz vom 25. 7. 1986, BGBl I 1196). Ein Abnehmer hat danach die
Möglichkeit, vom Vertrag zurückzutreten, wenn er durch unwahre und zur Irreführung geeignete Werbeangaben iSv § 4 UWG zur Abnahme bestimmt worden ist.
Das Rücktrittsrecht steht dem Abnehmer neben dem Anfechtungsrecht aus § 123 zu
(Baumbach/Hefermehl § 13a UWG Rn 2a), hat aber in der Praxis kaum nennenswerte
Bedeutung erlangt, weil dessen Voraussetzungen und Rechtsfolgen so eng gefasst
sind, dass es gegenüber dem Gewährleistungsrecht und den Regeln der culpa in
contrahendo praktisch keine nennenswerte Bedeutung erlangt hat (Köhler/Piper,
UWG, [3. Aufl 2002] § 13a Rn 1). Nachdem die Schuldrechtsreform die Haftung für
Werbeangaben verschärft und die Gewährleistungsrechte des Käufers erweitert
hat (vgl dazu Grigoleit/Herresthal JZ 2003, 233, 236 ff), gilt dies a fortiori.

§ 124
Anfechtungsfrist

(1) Die Anfechtung einer nach § 123 anfechtbaren Willenserklärung kann nur binnen Jahresfrist erfolgen.

(2) Die Frist beginnt im Falle der arglistigen Täuschung mit dem Zeitpunkt, in welchem der Anfechtungsberechtigte die Täuschung entdeckt, im Falle der Drohung mit dem Zeitpunkt, in welchem die Zwangslage aufhört. Auf den Lauf der Frist finden die für die Verjährung geltenden Vorschriften der §§ 206, 210 und 211 entsprechende Anwendung.

(3) Die Anfechtung ist ausgeschlossen, wenn seit der Abgabe der Willenserklärung zehn Jahre verstrichen sind.

Materialien: E I § 104; II § 99; III § 120; Mot I 204 und 208; Prot I 120; VI 129 und 290; BT-Drucks 14/6040, S 98; STAUDINGER/BGB-Synopse 1896–2000 § 124.

Schrifttum

LESSMANN, Nachschieben von Gründen und Arglisteinrede bei verspäteter Anfechtung wegen arglistiger Täuschung, JuS 1970, 504 ff.

Systematische Übersicht

I.	**Allgemeines**		3.	Zugang der Anfechtungserklärung	7
1.	Bedeutung und Anwendungsbereich	1			
2.	Ausschlussfristen	2	**III.**	**Die Ausschlussfrist des § 124 Abs 3**	8
II.	**Die Anfechtungsfrist des § 124 Abs 1**	3	**IV.**	**Ausschluss des Anfechtungsrechts vor Fristablauf**	9
1.	Beginn der Einjahresfrist bei empfangsbedürftigen Willenserklärungen	4	**V.**	**Rechtsfolgen des Fristablaufs**	10
a)	bei arglistiger Täuschung	4	**VI.**	**Beweislast**	12
b)	bei widerrechtlicher Drohung	5			
2.	Beginn der Einjahresfrist bei nicht empfangsbedürftigen Willenserklärungen	6			

I. Allgemeines

1. Bedeutung und Anwendungsbereich

Durch die gesetzlichen Ausschlussfristen des § 124 (Rn 2) wird die Anfechtbarkeit 1
wegen Täuschung bzw Drohung zeitlich begrenzt. Die Anfechtungsfrist beträgt ein
Jahr und beginnt mit dem Zeitpunkt, in welchem der Anfechtungsberechtigte die
Täuschung entdeckt oder die Zwangslage aufhört; gem § 124 Abs 3 muss aber
spätestens innerhalb von zehn Jahren nach Abgabe der Willenserklärung angefochten werden (Rn 8). Diese Fristen sind für den Anfechtenden vorteilhafter als die bei
der Irrtumsanfechtung nach §§ 119, 120, da diese gem § 121 Abs 1 S 1 eine unverzügliche Anfechtung verlangt. Das Privileg des § 124 ist durchaus gerechtfertigt,
weil das Interesse des Anfechtungsgegners an der Gewissheit über den Bestand der
Willenserklärung aufgrund der schweren, ihm zurechenbaren Mängel kaum schutzwürdig ist (Soergel/Hefermehl Rn 1). Das Wahlrecht der Anfechtbarkeit der Willenserklärung bedarf jedoch auch hier zeitlicher Begrenzung, um zu verhindern, dass
der Anfechtungsberechtigte die Rechtslage ausbeuten kann (Mot I 209). Außerdem
soll das Rechtsgeschäft im Interesse des Rechtsverkehrs nicht allzu lange in der
Schwebe bleiben (Erman/Palm Rn 1; vgl auch § 121 Rn 1). Ob diese lange Anfechtungsfrist auch angemessen ist, wenn nicht der Täuschende oder Drohende, sondern ein
Dritter der Anfechtungsgegner ist, wird teilweise bezweifelt (vgl MünchKomm/Kramer
Rn 1; Flume § 27, 3 = S 531 f). Flume (aaO) billigt in diesem Fall dem Anfechtungsgegner das Recht zu, dem Anfechtungsberechtigten eine angemessene Frist zur
Anfechtung zu setzen, nach deren Ablauf der Anfechtungsberechtigte keine Rechte
mehr aus der Anfechtung herleiten dürfe. Dies überzeugt nicht, da die Interessen
des Anfechtungsgegners bei der Täuschung durch Dritte bereits durch § 123 Abs 2
berücksichtigt sind. Sofern die täuschende Person nicht ohnehin dem Anfechtungsgegner zuzurechnen ist (vgl § 123 Rn 46 ff), hängt die Anfechtbarkeit der Willenserklärung davon ab, ob der Anfechtungsgegner die Täuschung des Dritten kannte
oder kennen musste (vgl dazu § 123 Rn 45). Liegen diese Voraussetzungen vor, ist der
Anfechtungsgegner in seinem Vertrauen auf den Bestand der Willenserklärung
ebenso wenig schutzwürdig als hätte er selbst getäuscht. Bei der **Leistungsbestimmung** der Leistung **durch einen Dritten** muss die Anfechtung wegen arglistiger
Täuschung oder Drohung jedoch gem **§ 318 Abs 2 unverzüglich** erfolgen. Die Frist
des § 124 gilt auch für die Anfechtung von Arbeitsverträgen (BAG WM 1984, 352, 353),
nicht aber für das Leistungsverweigerungsrecht des Versicherers bei Täuschung
über gefahrerhebliche Umstände, da insoweit die §§ 16 ff VVG eine abschließende Sonderregelung darstellen (BGH NJW 1984, 2814, 2815; Soergel/Hefermehl Rn 1).

2. Ausschlussfristen

Die Fristen des § 124 sind **Ausschlussfristen** (zum Begriff vgl Staudinger/Werner [2001] 2
§ 186 Rn 2). Nur innerhalb dieser festen Fristen kann das Anfechtungsrecht wirksam
ausgeübt werden, danach geht es ersatzlos unter. Der Fristablauf ist von Amts
wegen zu berücksichtigen (Erman/Palm Rn 1). **Verjährungsregeln** finden nur im Rahmen von § 124 Abs 2 Anwendung, wo das Gesetz ausdrücklich auf die §§ 206, 210 u
211 verweist. Gemäß § 206 ist bei **höherer Gewalt** der Fristablauf gehemmt. § 210
will verhindern, dass eine geschäftsunfähige oder in der **Geschäftsfähigkeit** beschränkte Person ihr Recht allein deshalb verliert, weil sich niemand rechtzeitig

um das Recht kümmert. Die Verjährung wird deshalb bei einer geschäftsunfähigen oder in der Geschäftsfähigkeit beschränkten Person, die keinen Vertreter hat, nicht vor Ablauf von 6 Monaten nach dem Wegfall des Vertretungshindernisses vollendet (vgl dazu MünchKomm/KRAMER Rn 5; PALANDT/HEINRICHS § 210 Rn 1). Eine entsprechende Regelung trifft § 211 für den Fall, dass sich das Anfechtungsrecht auf einen **Nachlass** bezieht und die Erbschaft noch nicht angenommen wurde. Andere als die in § 124 Abs 2 genannten Hemmungsgründe greifen nicht ein; zB ist bei einem Rechtsstreit über die Bindung an eine Vertragsbestimmung der Lauf der Anfechtungsfrist nicht bis zur rechtskräftigen Erledigung dieses Rechtsstreits aufgeschoben (SOERGEL/HEFERMEHL Rn 4). Die Fristberechnung richtet sich nach den §§ 187 Abs 1, 188 Abs 2 (ERMAN/PALM Rn 2; MünchKomm/KRAMER Rn 4).

II. Die Anfechtungsfrist des § 124 Abs 1

3   Der nach § 123 Anfechtungsberechtigte muss die Anfechtung binnen Jahresfrist erklären.

1. Beginn der Einjahresfrist bei empfangsbedürftigen Willenserklärungen

a) bei arglistiger Täuschung

4   Die einjährige Frist des § 124 Abs 1 beginnt gem § 124 Abs 2 im Fall der arglistigen Täuschung mit dem Zeitpunkt, in welchem der Anfechtungsberechtigte die Täuschung entdeckt. Entscheidend ist der Moment, in dem er von dem Irrtum und dem arglistigen Verhalten des anderen Teils Kenntnis erlangt hat und über die Täuschung bestimmte Behauptungen treffen kann (MANKOWSKI, Beseitigungsrechte 751; SOERGEL/HEFERMEHL Rn 2; PALANDT/HEINRICHS Rn 2). Der Anfechtungsberechtigte muss sowohl die objektive Unrichtigkeit der seine Willensentschließung beeinflussenden Angaben erkannt haben, als auch die Täuschungsabsicht des Anfechtungsgegners (RGZ 65, 86, 89; BGB-RGRK/KRUEGER-NIELAND Rn 4). Nur **positive Kenntnis** setzt die Frist in Lauf. Nicht ausreichend ist lediglich ein Verdacht, eine Vermutung oder die auf Fahrlässigkeit beruhende Nichtkenntnis (vgl dazu § 121 Rn 4 ff; BGH WM 1973, 750, 751; BGB-RGRK/KRUEGER-NIELAND Rn 4; PALANDT/HEINRICHS Rn 2). Der Anfechtungsberechtigte muss sich wirkliche Kenntnis auch nicht durch Nachforschungen verschaffen (RG JW 1936, 1950; vgl aber zur treuwidrigen Kenntnisverweigerung § 121 Rn 5 f). Allerdings ist nicht erforderlich, dass der Anfechtungsberechtigte alle beliebigen Einzelheiten der Täuschung kennt, vielmehr ist der **Gesamteindruck** entscheidend (RG JW 38, 2202; PALANDT/HEINRICHS Rn 2). Die Frist beginnt mit der Kenntnis und nicht mit der Beschaffung der notwendigen Beweismittel (BGB-RGRK/KRUEGER-NIELAND Rn 4).

b) bei widerrechtlicher Drohung

5   Im Fall der widerrechtlichen Drohung beginnt die einjährige Frist des § 124 Abs 1 gem § 124 Abs 2 mit dem Zeitpunkt, in welchem die Zwangslage aufhört. Die Zwangslage endet entweder mit der Verwirklichung des angedrohten Übels oder dann, wenn mit dem Eintritt des Übels nicht mehr ernsthaft zu rechnen ist (RGZ 60, 371, 374; 90, 411 f; MANKOWSKI, Beseitigungsrechte 800; PALANDT/HEINRICHS Rn 2). Auf die objektive Sachlage kommt es nicht an (RG JW 1929, 242 ff; BGB-RGRK/KRUEGER-NIELAND Rn 5). Ob die Zwangslage aufgehört hat, lässt sich nur unter Berücksichtigung der Eigenart des Bedrohten, seiner Persönlichkeit und seines Verhaltens feststellen.

Entscheidend ist, ab wann sich der Anfechtungsberechtigte **subjektiv nicht mehr bedroht fühlt**. Wurde zB mit einer Strafanzeige gedroht, hört die Zwangslage auf, wenn der Bedrohte nach seiner Vorstellung die Erstattung nicht mehr befürchten muss oder weiß, dass die Strafanzeige bereits erstattet wurde (RGZ 60, 371, 373; 90, 411 f).

2. Beginn der Einjahresfrist bei nicht empfangsbedürftigen Willenserklärungen

Wann die Einjahresfrist des § 124 Abs 1 bei nicht empfangsbedürftigen Willenserklärungen beginnt, ist gesetzlich nicht gesondert geregelt (MünchKomm/KRAMER Rn 3). Aufgrund der Seltenheit des Falles wollte der Gesetzgeber dieses Problem Wissenschaft und Praxis überlassen (Mot I 209). Gem § 143 Abs 4 S 1 ist bei nicht empfangsbedürftigen Willenserklärungen derjenige Anfechtungsgegner, der aus dem Rechtsgeschäft unmittelbar einen rechtlichen Vorteil erlangt hat. Sinnvoll ist es daher, die Anfechtungsfrist in dem Moment beginnen zu lassen, in dem ein Anfechtungsgegner vorhanden ist und der Anfechtungsberechtigte davon erfährt (PALANDT/HEINRICHS Rn 3).

3. Zugang der Anfechtungserklärung

Die Anfechtungserklärung muss dem Anfechtungsgegner innerhalb der Einjahresfrist iSv § 130 zugehen. Der Absender trägt also das Verzögerungsrisiko. Die Erleichterung des § 121 Abs 1 S 2, wonach es für die Fristwahrung ausreichend ist, wenn die Anfechtungserklärung rechtzeitig abgegeben ist, ist nicht entsprechend anwendbar, da aufgrund der längeren Anfechtungsfrist des § 124 kein vergleichbares Schutzbedürfnis des Anfechtungsberechtigten besteht (MünchKomm/KRAMER Rn 4; SOERGEL/HEFERMEHL Rn 6; BGB-RGRK/KRUEGER-NIELAND Rn 1).

III. Die Ausschlussfrist des § 124 Abs 3

Spätestens mit Ablauf von **zehn Jahren** seit der Abgabe der Willenserklärung ist die Anfechtung ausgeschlossen. Die Frist wurde im Zuge der **Schuldrechtsmodernisierung** an die neue zehnjährige Obergrenze für die Verjährung von Ansprüchen (§ 199 Abs 2 S 1) angepasst (BT-Drucks 14/6040, S 98). Die Frist ist eine **Ausschlussfrist** (oben Rn 2). Es kommt hier nicht darauf an, wann der Anfechtungsberechtigte die arglistige Täuschung entdeckt bzw wann die Zwangslage geendet hat. Auf die Obergrenze kommt es freilich nur an, wenn das Anfechtungsrecht nicht bereits durch Ablauf der einjährigen Frist nach Abs 1 erloschen ist (Mot I 209). Im Gegensatz zur Einjahresfrist kann die Zehnjahresfrist weder unterbrochen noch gehemmt werden (MünchKomm/KRAMER Rn 7).

IV. Ausschluss des Anfechtungsrechts vor Fristablauf

Grundsätzlich kann der Anfechtungsberechtigte die Fristen des § 124 voll ausnutzen. Nur in Ausnahmefällen kommt eine **Verwirkung** des Anfechtungsrechts vor Ablauf der Frist in Betracht. Verwirkt ist das Anfechtungsrecht zB, wenn der Anfechtungsgegner aufgrund des Verhaltens des Anfechtungsberechtigten schon vor Ablauf der Frist nicht mehr mit einer Anfechtung rechnen musste (BGH NJW 1971, 1795, 1800; BGB-RGRK/KRUEGER-NIELAND Rn 6; MünchKomm/KRAMER Rn 8; SOERGEL/HEFERMEHL Rn 5). Ausgeschlossen ist die Anfechtung vor Fristablauf auch dann, wenn der Anfechtungsgrund der arglistigen Täuschung oder Drohung für die Vertragsdurchführung, insbesondere bei Dauerschuldverhältnissen, inzwischen bedeutungslos geworden ist (BAG NJW 1970, 1565, 1566; WM 1984, 352, 353) oder die Rechtslage des Getäuschten nicht mehr beeinträchtigt (vgl dazu § 123 Rn 86). Ferner ist die Anfechtung vor Fristablauf ausgeschlossen, wenn der Anfechtungsberechtigte das Rechtsgeschäft iSv § 144 bestätigt hat (BGB-RGRK/KRUEGER-NIELAND Rn 8). An das Vorliegen einer **Bestätigung** durch konkludentes Verhalten sind aber strenge Anforderungen zu stellen, weil nicht anzunehmen ist, dass jemand ohne weiteres auf bestehende Befugnisse oder Gestaltungsmöglichkeiten verzichtet. Nicht jede Benutzung der Kaufsache ist schon eine Bestätigung, insbesondere nicht, wenn sie wirtschaftlicher Notwendigkeit entspricht (BGH NJW 1971, 1795, 1800; BGB-RGRK/KRUEGER-NIELAND Rn 6). Verlangt der Käufer in Kenntnis der Anfechtbarkeit vom Verkäufer Gewährleistung, so ist daraus nicht zwingend auf einen Bestätigungswillen zu schließen (BGH ZIP 1990, 314 f; dazu Anm MAYER-MALY EWiR § 144 BGB 1/90, 335 f). Dagegen liegt eine Verwirkung des Anfechtungsrechts vor, wenn der Anfechtungsberechtigte trotz Kenntnis des Anfechtungsgrundes im Prozess ein Urteil oder einen Schiedsspruch gegen sich ergehen ließ (MünchKomm/KRAMER Rn 8; SOERGEL/HEFERMEHL Rn 5). Bei einer **Vollstreckungsgegenklage** ist die Anfechtung gem § 767 Abs 2 ZPO ausgeschlossen, wenn zum Zeitpunkt der letzten mündlichen Verhandlung der Anfechtungsgrund bereits objektiv gegeben war. Auf die Kenntnis des Getäuschten von dem Anfechtungsgrund kommt es nicht an. Unerheblich ist es auch, ob die Anfechtung zu diesem Zeitpunkt erklärt wurde. Durch § 767 Abs 2 ZPO wird somit die Anfechtungsfrist des § 124 beschnitten (BGHZ 42, 37, 42; BGB-RGRK/KRUEGER-NIELAND Rn 7; SOERGEL/HEFERMEHL Rn 5). Wurde rechtzeitig angefochten, so können neue Anfechtungsgründe nur berücksichtigt werden, wenn sie innerhalb der Anfechtungsfrist nachgeschoben wurden. Durch das **Nachschieben** von Anfechtungsgründen kann die Frist des § 124 nicht ausgedehnt werden (BGH NJW 1966, 39; BGB-RGRK/KRUEGER-NIELAND Rn 9; LESSMANN JuS 1970, 504, 505).

V. Rechtsfolgen des Fristablaufs

10 Bei Fristablauf geht das Anfechtungsrecht verloren. Unabhängig von dem Verlust des Anfechtungsrechts kann der Getäuschte oder Bedrohte jedoch **Schadensersatzansprüche** aus **unerlaubter Handlung** und **culpa in contrahendo** geltend machen (vgl dazu eingehend § 119 Rn 57 ff; 123 Rn 95 u 96). Das Problem der kollidierenden Fristen von § 124 und den Ansprüchen aus unerlaubter Handlung hat der Gesetzgeber gesehen und gebilligt (Mot I 308; Prot I 121 f; S LORENZ 332 f). Die Rechtsprechung gewährt darüber hinaus Ansprüche aus culpa in contrahendo bei vorsätzlicher und fahrlässiger Täuschung des Vertragspartners, die auf Vertragsaufhebung gerichtet sein können und nicht den für die Anfechtung geltenden Ausschlussfristen der §§ 121, 124 unterliegen, aber voraussetzen, dass der Getäuschte einen Vermögensschaden erlitten hat (BGH NJW 1998, 302, 307 f; 1998, 898 f; vgl näher § 123 Rn 95). Nach der hier vertretenen Auffassung sollte man auf die Voraussetzung eines Vermögensschadens verzichten und stattdessen zur Vermeidung von Wertungswidersprüchen bei fahrlässiger Täuschung § 121, bei vorsätzlicher § 124 analog anwenden (vgl oben §§ 119 Rn 59 und § 123 Rn 95; ebenso MünchKomm/KRAMER § 123 Rn 35).

11 Gemäß §§ 438 Abs 4 u 5, 821, 853 kann einem durch arglistige Täuschung oder Drohung erworbenen Recht trotz Abschluss der Verjährungsfrist die **Einrede der Arglist** entgegengehalten werden. In Bezug auf § 124 fehlt eine entsprechende Regelung. Allein auf das Vorliegen der Anfechtungsgründe des § 123 kann die Arglisteinrede auch nicht gestützt werden, weil sonst die Ausschlussfrist des § 124 weitgehend leer liefe (LESSMANN JuS 1970, 504, 506; BGB-RGRK/KRÜGER-NIELAND Rn 10; BGH NJW 1969, 604 f). Für die Arglisteinrede müssen demgemäß über den Anfechtungstatbestand hinaus weitere Umstände hinzukommen. Handelt es sich um Fälle, die zugleich eine unerlaubte Handlung darstellen, so kann die spezielle Arglisteinrede des § 853 erhoben werden (MünchKomm/KRAMER Rn 6; PALANDT/HEINRICHS Rn 1). Da § 853 nur ein besonderer Fall der allgemeinen Arglisteinrede ist, kann die Arglisteinrede aber auch bei Vorliegen anderer zusätzlicher Umstände, die keine unerlaubte Handlung darstellen, in Betracht kommen. Ein solcher Verstoß gegen Treu und Glauben kann zB gegeben sein, wenn der Anfechtungsgegner den Anfechtungsberechtigten bewusst dazu veranlasst hat, die Anfechtungsfrist verstreichen zu lassen (LESSMANN JuS 1970, 504, 506; BGB-RGRK/KRUEGER-NIELAND Rn 10).

VI. Beweislast

Auszugehen ist von dem Grundsatz, dass von demjenigen alle Voraussetzungen der Anfechtung darzulegen und zu beweisen sind, der sich auf sie beruft. Beruft sich der Anfechtungsgegner auf die Verspätung der Anfechtung, muss er beweisen, zu welchem Zeitpunkt der Anfechtende Kenntnis von der arglistigen Täuschung erlangt hat oder die durch widerrechtliche Drohung geschaffene Zwangslage beendet war (BGH WM 1973, 750, 751; ZIP 1992, 775, 777; NJW 1992, 2346, 2347 f; OLG Nürnberg VersR 2001, 1368, 1369; MünchKomm/KRAMER Rn 10; SOERGEL/HEFERMEHL Rn 6; PALANDT/HEINRICHS Rn 5; BGB-RGRK/KRUEGER-NIELAND Rn 12). Das Vorliegen eines die Frist gem § 124 Abs 2 S 2 verlängernden Umstandes muss dagegen die Partei beweisen, die sich auf die Wirksamkeit der Anfechtung beruft (BAUMGÄRTEL/LAUMEN Rn 2). Der Nachweis des Verstreichens der zehnjährigen Frist des § 124 Abs 3 ist vom Anfechtungsgegner zu erbringen (BAUMGÄRTEL/LAUMEN Rn 3).

§ 125
Nichtigkeit wegen Formmangels

Ein Rechtsgeschäft, welches der durch Gesetz vorgeschriebenen Form ermangelt, ist nichtig. Der Mangel der durch Rechtsgeschäft bestimmten Form hat im Zweifel gleichfalls Nichtigkeit zur Folge.

Materialien: E I § 91 Abs 2; II § 104 Abs 2; III § 121; Mot I 178; Prot I 87; VI 130; JAKOBS/SCHUBERT, AT I, 645 ff.

Schrifttum

Spezielles Schrifttum zu Beurkundungserfordernissen ist unter Vorbem zu §§ 127a, 128 aufgeführt.
BATTES, Erfüllungsansprüche trotz beiderseits bewußten Formmangels?, JZ 1969, 683

BECK, Rechtsgeschäftliche Formen und abstrakte Rechtsgeschäfte im römischen und gemeinen Recht, in: CAROINI/HOFSTETTER (Hrsg), Itinera iuris – Arbeiten zum römischen Recht und seinem Fortleben (Bern 1980) 265

BERNHARD, Formbedürftige Rechtsgeschäfte (1979)
BOCKEMÜHL, Formbedürftige Willenserklärungen und Bezugnahmemöglichkeiten (Diss Köln 1969)
BÖHM, Das Abgehen von rechtsgeschäftlichen Formgeboten, AcP 179 (1979) 425
CAHN, Zum Begriff der Nichtigkeit im Bürgerlichen Recht, JZ 1997, 8
COING, Form und Billigkeit im modernen Privatrecht, DNotZ 1965, 29* (Sonderheft Deutscher Notartag)
DANZ, Die Auslegung der Formvorschriften in der reichsgerichtlichen Rechtsprechung, JW 1914, 665
EBEL, Recht und Form – Vom Stilwandel im deutschen Recht, Recht und Staat (1975) 449
ECKERT, Formwahrung durch Telefax, DStR 1996, 1608
GERNHUBER, Formnichtigkeit und Treu und Glauben, in: FS Schmidt-Rimpler (1957) 151
HÄSEMEYER, Die gesetzliche Form der Rechtsgeschäfte – Objektive Ordnung und privatautonome Selbsbestimmung im formgebundenen Rechtsgeschäft (1970)
HÄSEMEYER, Die Bedeutung der Form im Privatrecht, JuS 1980, 1
HAGEN, Formzwang und Formzweck im Zivilprozeßrecht, JZ 1972, 505
HEISS, Formmängel und ihre Sanktionen. Eine privatrechtsvergleichende Untersuchung (1999)
HELDRICH, Die Form des Vertrages, AcP 147 (1941) 89
vHIPPEL, Formalismus und Rechtsdogmatik (1935)
HOLZHAUER, Die eigenhändige Unterschrift (1973)
HUECK, Formvorschriften für die Änderung von Gesellschaftsverträgen, DB 1968, 1207
KAISER, Schadensersatz aus culpa in contrahendo bei Abbruch von Verhandlungen über formbedürftige Verträge, JZ 1997, 448
KAPP/KÜPPER, Schadensersatz aus culpa in contrahendo beim gescheiterten Abschluß eines formbedürftigen Vertrages, DB 1990, 2460 und DB 1991, 1265
KEIM, Keine Anwendung des § 139 bei Kenntnis der Parteien von der Teilnichtigkeit, NJW 1999, 2866
KLIEMT, Formerfordernisse im Arbeitsverhältnis (1995)
KÖLBL, Die Bedeutung der Form im heutigen Recht, DNotZ 1983, 207
ders, Falsa demonstatio non nocet? – Verstoß gegen den Formzwang?, DNotZ 1983, 598
LIWINSKA, Übersendung auch von Schriftsätzen per Telefax – Zulässigkeit, Beweisbarkeit und Fristprobleme, MDR 2000, 500
LORENZ, Das Problem der Aufrechterhaltung formnichtiger Schuldverträge, AcP 156 (1957) 381
LORENZ, Rechtsfolgen formnichtiger Verträge, JuS 1966, 429
LUDWIG, Die gesetzliche Form der Rechtsgeschäfte – Objektive Ordnung und privatautonome Selbstbestimmung im formgebundenen Rechtsgeschäft (1971)
ders, Formgebote als Inhaltsverbote?, DNotZ 1982, 356
MANGEN, Die Form des Tarifvertrages gem § 1 II TVG, RdA 1982, 229
MARTIN, Heilung formwidrig begründeter Verpflichtungen durch Erfüllung (1935)
vMEHREN, Formal Requirements, in: International Encyclopedia of Comparative Law, volume VII, chapter 10 (1998)
MEYER-PRITZL, §§ 125–129. Form der Rechtsgeschäfte, in: Historisch-kritischer Kommentar zum BGB (2003)
MERTENS, Die Reichweite gesetzlicher Formvorschriften im BGB, JZ 2004, 431
MERZ, Auslegung, Lückenfüllung und Normberichtigung – Dargestellt an den Beispielen der unzulässigen Berufung auf Formungültigkeit und des Mißbrauchs der Verjährungseinrede, AcP 163 (1963) 305
MICHALSKI, Die Formbedürftigkeit von Abänderungs- und Aufhebungsverträgen, WiB 1997, 785
NAGEL, Zur Frage der Heilung formnichtiger Verträge beim Fehlen gesetzlicher Heilungsvorschriften (Diss Osnabrück 1957)
NIPPERDEY, Formmängel, Vertretungsmängel, fehlende Genehmigung bei Rechtsgeschäften der öffentlichen Hand, MDR 1953, 1
PIKART, Die Rechtsprechung des BGH zur Formnichtigkeit von Verträgen, WM 1963, 1018

REICHEL, Zur Behandlung formnichtiger Verpflichtungsgeschäfte, AcP 104 (1909) 1
REINHART, Das Verhältnis von Formnichtigkeit und Heilung des Formmangels im bürgerlichen Recht (Diss Heidelberg 1969)
REINICKE, Formmangel und Verschulden bei Vertragsschluß, DB 1967, 109
ders, Rechtsfolgen formwidrig abgeschlossener Verträge, 1969
RICHARDI/ANNUSS, Der neue § 623 BGB – Eine Falle im Arbeitsrecht?, NJW 2000, 1231
RÖSLER, Formbedürftigkeit der Vollmacht, NJW 1999, 1150
SCHERER, Andeutungsformel und falsa demonstratio beim formbedürftigen Rechtsgeschäft in der Rechtsprechung des Reichsgerichts und des Bundesgerichtshofs (1987)
SCHOLZ, Formnichtigkeit u Arglisteinrede, NJW 1950, 81
SEIBERT, Erfüllung und Konvaleszenz, JZ 1981, 380
SEROZAN, Die Überwindung der Rechtsfolgen des Formmangels im Rechtsgeschäft nach deutschem, schweizerischem und türkischem Recht (Diss Tübingen 1968)
SINGER, Formnichtigkeit und Treu und Glauben, WM 1983, 254
VOLLKOMMER, Formenstrenge und prozessuale Billigkeit (1973)
WELSER, Zivilrechtliche Formgebote und Notariatsakt, in: W RECHBERGER (Hrsg), Formpflicht und Gestaltungsfreiheit (2002)
WESTERHOFF, Wie begründen wir Formnichtigkeit?, AcP 184 (1984) 341
WIELING, Die Bedeutung der Regel „falsa demonstratio non nocet" im Vertragsrecht, AcP 172 (1972) 297.

Systematische Übersicht

I.	**Allgemeines**	1
II.	**Gesetzliche Formen**	
1.	Grundsatz der Formfreiheit und gesetzliche Formen	3
2.	Mündliche Erklärung	6
3.	Textform (§ 126b)	8
4.	Gesetzliche Schriftform und elektronische Form (§§ 126, 126a)	9
a)	Schriftform	9
b)	Elektronische Form	10
c)	Eigenhändiges Testament (§ 2247)	11
d)	Ausdrücklicher Inhalt	14
5.	Öffentliche Beglaubigung (§ 129, §§ 39, 40 BeurkG)	16
6.	Notarielle Beurkundung (§§ 127a, 128, §§ 6 ff. BeurkG)	19
a)	Beurkundung von Willenserklärungen	19
b)	Erklärung vor dem Urkundsbeamten (§§ 925, 1310)	20
7.	Genehmigungserfordernisse	21
III.	**Übersicht über die wichtigsten gesetzlichen Formvorschriften des Privatrechts nach Rechtsgebieten**	22
1.	Allgemeiner Teil des BGB	23
2.	Schuldrecht	25
3.	Sachenrecht	27
4.	Familienrecht	29
5.	Erbrecht	30
6.	Gesellschaftsrecht	31
7.	Geltung zivilrechtlicher Formvorschriften bei öffentlich-rechtlichen Rechtsgeschäften – Bedeutung für das Steuerrecht	32
IV.	**Formwirkungen (Formzwecke)**	34
1.	Übereilungsschutz (Warnfunktion)	37
2.	Beratungs- und Belehrungsfunktion	38
3.	Klarstellungsfunktion	41
a)	Nachlesbarkeit	41
b)	Abgrenzung zwischen Vertragsverhandlungen und Vertragsschluß	42
4.	Beweisfunktion	43
5.	Vollstreckbarkeit	49
6.	Formwirkungen zugunsten Dritter und zugunsten der Allgemeinheit	50
a)	Justizentlastung	50
b)	Vorkontrolle vor der Eintragung in öffentliche Register	51
c)	Kontrollfunktion – Verhinderung spekulativen Handels	52

d)	Gläubigerschutz und Schutz von Anteilserwerbern	53	VII.	**Rechtsfolgen bei Einhaltung der gesetzlichen Form**
V.	**Umfang der Formbedürftigkeit**		1.	Beweislast 90
1.	Anwendungsbereich	54	2.	Beweiswirkung 91
2.	Zusammentreffen mehrerer Formerfordernisse	57	3.	Vermutung der Vollständigkeit und Richtigkeit 92
3.	Nebenabreden und verknüpfte Geschäfte	58	VIII.	**Rechtsfolgen bei Fehlen der gesetzlichen Form**
a)	Nebenabreden	58	1.	Formnichtigkeit 97
b)	Verknüpfte Geschäfte	61	a)	Grundsatz 97
4.	Vorvertrag, Vollmacht und Genehmigung	63	b)	Formerfordernis erfaßt nur einzelne Vertragsklauseln 100
a)	Vorvertrag	63	c)	Teilunwirksamkeit 101
b)	Vollmacht (§ 167 Abs 2)		d)	Nichtigkeit nur für die Zukunft bei
aa)	Gesetzliche Formerfordernisse für die Vollmacht	65		vollzogenen Gesellschafts- und Arbeitsverträgen 103
bb)	Erstreckung des Formerfordernisses für das Rechtsgeschäft	66	2.	Heilung 105
			a)	Gesetzliche Heilungsvorschriften 105
c)	Einwilligung und Genehmigung (§ 182 Abs 2)	68	b)	Modifizierende Heilung bei Verstoß gegen Informationspflichten gegenüber Verbrauchern 109
d)	Verfahrensrechtlicher Nachweis von Vollmacht oder Genehmigung	72	3.	Treu und Glauben untersagen Berufung auf Formnichtigkeit 110
5.	Änderungen und Aufhebung	73		
a)	Änderungen grundsätzlich formbedürftig	73	a)	Schwere Treuepflichtverletzung 112
b)	Einseitiger Formzwang	74	b)	Existenzgefährdung des Vertragspartners 115
c)	Erfüllung der formbedürftigen Verpflichtung	75	c)	Höferecht 116
d)	Keine Ausnahme de minimis	76	4.	Schadensersatz wegen Abbruchs von Vertragsverhandlungen 117
e)	Wechsel der Vertragsparteien, Schuldbeitritt, Abtretung	78	IX.	**Gewillkürtes Formerfordernis (§ 125 S 2)** 120
f)	Vertragsaufhebung im Regelfall formlos	80	1.	Zulässigkeit gewillkürter Formerfordernisse 121
VI.	**Auslegung formbedürftiger Erklärungen**	84	2.	Inhalt der vereinbarten Form 123
1.	Falsa demonstratio	85	3.	Unwirksamkeit bei Nichteinhaltung der vereinbarten Schriftform 124
2.	Andeutungstheorie	87	4.	Aufhebung oder Abänderung einer Formvereinbarung 126

I. Allgemeines

1 Schreibt das Gesetz für ein Rechtsgeschäft eine gesetzliche Form vor, so ist die Einhaltung der Form grundsätzlich eine **Wirksamkeitsvoraussetzung**. Nach § 125 S 1 ist das Rechtsgeschäft nur wirksam, wenn die gesetzlich vorgeschriebene Form eingehalten wurde.

Die **Formerfordernisse** selbst sind bei den jeweiligen Vertrags- bzw Rechtsgeschäftstypen geregelt (vgl die nach Rechtsgebieten geordnete Übersicht in Rn 22 ff bzw die Übersichten bei den jeweiligen Formerfordernissen [Beurkundungserfordernisse: Vorbem 43 ff zu §§ 127a, 128; Unterschriftsbeglaubigung § 129 Rn 5 ff; Schriftformerfordernisse § 126 Rn 18 ff; Textform § 126b Rn 11 ff]). Die Anforderungen an die **gesetzlichen Formen** sind in §§ 126 ff geregelt bzw für die Beurkundungsform im Beurkundungsgesetz (BeurkG).

Auch ein Verstoß gegen ein **gewillkürtes Formerfordernis** führt nach § 125 S 2 im Zweifel zur Nichtigkeit des Rechtsgeschäftes. Auslegungsregeln für den Inhalt einer vereinbarten Form (Schriftform, elektronischen Form oder Textform) finden sich in § 12.

II. Gesetzliche Formen

1. Grundsatz der Formfreiheit und gesetzliche Formen

Soweit nichts anderes vorgeschrieben ist, bedürfen Rechtsgeschäfte im deutschen Recht zu ihrer Wirksamkeit keiner besonderen Form (**Grundsatz der Formfreiheit**). Der Erste Entwurf des BGB von 1888 sah vor, diesen Grundsatz ausdrücklich zu regeln: „Für ein Rechtsgeschäft ist eine besondere Form nur dann erforderlich, wenn eine solche durch Gesetz oder Rechtsgeschäft bestimmt ist" (§ 91 Abs 1 Entwurf I). Die Zweite Kommission beschloß hingegen, diesen Absatz zu streichen, da entbehrlich sei, das dem Entwurf zugrundeliegende gesetzgeberische Prinzip besonders auszusprechen (Jakobs/Schubert, AT I 662).

Das deutsche Recht regelt im Allgemeinen Teil des BGB **fünf verschiedene Formen** bzw vier Stufen von Formerfordernissen. In aufsteigender Reihenfolge sind dies (1) die **Textform** (§ 126b), (2a) die **Schriftform** (§ 126) und (2b) die ihr gleichgestellte **elektronische Form** (§ 126a), (3) die notarielle **Unterschriftsbeglaubigung** (§ 129, §§ 39, 40 BeurkG) und (4) die **notarielle Beurkundung** (durch Niederschrift; §§ 127a, 128, §§ 6 ff BeurkG).

Als **Sonderformen** finden sich im BGB, aber außerhalb des Allgemeinen Teiles, noch die **eigenhändige Schriftform** beim eigenhändigen Testament (§ 2247) sowie die **Erklärung vor einem Urkundsbeamten** bei Auflassung oder Eheschließung (§§ 925, 1310). Erstere kann man als Sonderfall der gesetzlichen Schriftform, letztere als Sonderform der Beurkundung ansehen.

Will man darüber hinausgehend alle möglichen Stufen der Form systematisieren, so unterscheidet man sinnvollerweise fünf Gruppen, nämlich (1) nur **konkludente Erklärungen** (als Gegenbegriff zu ausdrücklichen Erklärungen, die die vier folgenden Gruppen umfassen), (2) **mündliche** Erklärungen, (3) **textliche oder schriftliche** Erklärungen im weiteren Sinn, also mit wie ohne Unterschrift, einschließlich eigenhändiger Erklärungen, (4) **unterschriftsbeglaubigte** (schriftliche) Erklärungen und (5) **Beurkundungen**, einschließlich vor der Urkundsperson abzugebenden Erklärungen der §§ 925, 1310.

Die ausländischen Rechtsordnungen teilweise bekannte Form der **Zeugenurkunde** (mit dem wohl bekanntesten Beispiel des Zwei-Zeugen-Testamentes nach Common

Law) gibt es im deutschen Recht nur in Ausnahmefällen, etwa bei Nottestamenten vor dem Bürgermeister (§ 2249) oder vor drei Zeugen (Dreizeugentestament, § 2250). Auch bei Beurkundungen mit behinderten Beteiligten ist teilweise die Zuziehung eines Zeugen vorgeschrieben (§§ 22 Abs 1, 25 BeurkG – vgl Vorbem 552 ff zu §§ 127a, 128). Bei der Beurkundung einer Verfügung von Todes wegen ist auf Verlangen des Erblassers ein Zeuge (oder ein zweiter Notar) zuzuziehen (§ 29 BeurkG). Bei der Eheschließung vor dem Standesbeamten können auf Wunsch der Eheschließenden ebenfalls Zeugen mitwirken (§ 1312 Abs 1 S 2 BGB).

2. Mündliche Erklärung

6 Ein gesetzliches Erfordernis der ausdrücklichen mündlichen Erklärung (im Gegensatz zu einer bloß konkludenten Willenserklärung, etwa durch Kopfnicken oder andere Zeichen) verlangte **§ 2232 S 1 HS 1** in der Fassung vor dem OLG-Vertretungsänderungsgesetz (BGBl 2002 I 2850). Vor der Änderung setzte die Errichtung eines Testamentes durch Erklärung zur Niederschrift voraus, daß der Erblasser dem Notar seinen letzten Willen „mündlich" erklärte. Dieses Mündlichkeitserfordernis wurde mittlerweile gestrichen, um auch Mehrfachbehinderten, die weder sprechen noch schreiben können, die Errichtung eines Testamentes zu ermöglichen (vgl Vorbem 580 zu §§ 127a, 128).

Die Rechtsprechung zu § 2232 aF ließ sehr weitgehend selbst ein bloßes „Ja" noch als mündliche Erklärung genügen, um auch behinderten Erblassern die Testamentserrichtung zu ermöglichen. Aufgrund dieser speziellen Zielrichtung kann diese Rechtsprechung nicht anderweitig als Definition einer mündlichen Erklärung herangezogen werden (zumal es sich um eine mündliche Erklärung im Rahmen eines Beurkundungsverfahrens handelte).

7 Im übrigen verlangt das deutsche Recht jedoch, soweit mir ersichtlich, nirgendwo Mündlichkeit, sondern verlangte bisher entweder Schriftform – oder ließ gleich eine formlose Erklärung ebenso wie eine mündliche genügen. Die Abgrenzung ist nun verwischt durch die Textform.

3. Textform (§ 126b)

8 Die Textform ist die jüngste und geringste Form. Sie wurde erst durch das Formvorschriftenanpassungsgesetz (BGBl 2001 I 1542) mit Wirkung zum 1. 8. 2001 eingeführt. Sie erfordert nur eine in Papierform oder elektronisch in Schriftzeichen **speicherbare Erklärung**, deren Abschluß und Absender erkennbar sind; eine **Unterschrift ist hingegen nicht erforderlich**. Ein E-mail oder Computerfax genügt daher zur Einhaltung der Textform.

4. Gesetzliche Schriftform und elektronische Form (§§ 126, 126a)

a) Schriftform

9 Zuvor war hingegen die Schriftform (§ 126) die niedrigste Stufe der Formanforderung. Sie erfordert nicht nur eine schrifliche Erklärung, sondern auch eine **eigenhändige Unterschrift** des Erklärenden.

Bei einem **Vertrag** muß jede Vertragspartei den **vollen Vertragstext unterschreiben** – nicht etwa nur das Angebot oder nur die Annahme. Im Regelfall erfolgen die Unterschriften auf derselben Urkunde. Werden jedoch mehrere gleichlautende Urkunden erstellt, so genügt die Unterzeichnung auf der jeweils für die andere Vertragspartei bestimmten Urkunde (§ 126 Abs 2).

b) Elektronische Form

Der papiernen Schriftform grundsätzlich gleichgestellt ist die ebenfalls durch das **10** Formvorschriftenanpassungsgesetz (BGBl 2001 I 1542) mit Wirkung zum 1. 8. 2001 eingeführte elektronische Form, die als Substitut zur eigenhändigen Unterschrift eine **qualifizierte elektronische Signatur** erfordert, gewissermaßen ein elektronisches Siegel.

Vollständig ist die elektronische Form der Schriftform aber nicht gleichgestellt. In manchen Vorschriften läßt der Gesetzgeber ausdrücklich nur die Papierform, nicht aber die elektronische Form zu (§§ 492 Abs 1 S 2 und Abs 4, 623 HS 2, 766 S 2, 780 S 2, 781 S 2: Verbraucherkredit, Kündigung des Arbeitsvertrages, Bürgschaft, Schuldversprechen und – anerkenntnis; vgl § 126 Rn 31). Bei einer empfangsbedürftigen Erklärung kann die elektronische Form die (papierne) Schriftform außerdem nur dann ersetzen, wenn der Erklärungsempfänger (vorab) sein Einverständnis damit zum Ausdruck gebracht hat (§ 126a Rn 17, 31).

c) Eigenhändiges Testament (§ 2247)

Die Sonderform der **eigenhändigen Schriftform** verlangt das BGB nur für das eigen- **11** händige Testament (als eine von zwei ordentlichen Testamentsformen neben der Testamentserrichtung zur Niederschrift eines Notars – § 2232). Das eigenhändige Testament setzt über die Schriftform hinaus voraus, daß die Urkunde vom Erblasser vollständig handschriftlich verfaßt wurde.

Die Anforderungen an die **Unterschrift** (vgl § 126 Rn 124 ff; Vorbem 387 ff zu §§ 127a, 128) sind nach § 2247 Abs 3 erleichtert, da der Erblasser zwar grundsätzlich mit Vor- und Familiennamen unterschreiben soll, aber nach der ausdrücklichen gesetzlichen Regelung auch eine Unterzeichnung in anderer Weise genügt, wenn sie zur Feststellung der Urheberschaft des Erblassers und der Ernstlichkeit seiner Erklärung ausreicht.

Die eigenhändige Niederschrift und damit eine Verschärfung gegenüber der allgemeinen Schriftform ist vorgeschrieben, um die **Echtheit des Testaments** nachprüfen zu können und besser vor Fälschungen, Täuschungen oder Beeinflussungen des Erblassers zu schützen. Andererseits dienen die geringeren Anforderungen an die Unterschrift dem *favor testamenti*.

Die Frage der **Eigenhändigkeit der Unterschrift** bei Schrifthilfen war Gegenstand **12** verschiedener Gerichtsentscheidungen. Die dort vorgenommenen Abgrenzungen können auch auf die Frage der Eigenhändigkeit der Unterschrift nach § 126 bzw nach § 13 BeurkG herangezogen werden – und vice versa (vgl § 126 Rn 133 und Vorbem 388 zu §§ 127a, 128).

Eigenhändigkeit ist nicht gegeben, wenn dem Erblasser die Hand geführt wird und dadurch die Schriftzüge von einem Dritten geformt werden; der Erblasser muß die Gestaltung der Schriftzüge selbst bestimmen; die Schriftzüge dürfen nicht von einem anderen durch Führen der Hand des Testierenden ohne dessen Willen und damit lediglich mit der „Feder in der Hand" des Erblassers hergestellt werden. Zulässig ist dagegen eine unterstützende Schreibhilfe (Abstützen des Armes, Halten der zitternden oder geschwächten Hand), solange der Erblasser die Formung der Schriftzeichen vom eigenen Willen getragen selbst bestimmt (BGHZ 47, 68, 70 f = LM § 16 TestG Nr 1; BGH FamRZ 1981, 651 = JZ 1981, 536 = MDR 1981, 829 = MittBayNot 1981, 144 = NJW 1981, 1900, 1901; BayObLG DNotZ 1986, 299 = FamRZ 1985, 1286 = MittBayNot 1986, 38 = Rpfleger 1985, 493). Weicht das Schriftbild krass vom sonstigen Schriftbild des Erblassers ab, so spricht dies gegen die Eigenhändigkeit (OLG Hamm FamRZ 2002, 769 = NJW-RR 2002, 222 = OLG-Report 2002, 140 = Rpfleger 2002, 80 = ZEV 2002, 108; vgl allg STAUDINGER/ BAUMANN [2003] § 2247 Rn 38 ff).

Die zwingende Eigenhändigkeit kann nicht dadurch ersetzt werden, daß der Erblasser sich eines Dritten als Werkzeug bedient oder diesen ermächtigt, die letztwillige Verfügung niederzuschreiben (BayObLG FamRZ 1990, 441, 442; OLG Hamm FamRZ 2002, 769 = NJW-RR 2002, 222).

13 Wird das eigenhändige Testament auf **mehreren Blättern** errichtet, so müssen diese nicht äußerlich verbunden werden; es genügt, wenn sie inhaltlich zusammenhängen. Daher genügt eine einzige Unterschrift zum Abschluß des gesamten Textes (BayObLGZ 1970, 173, 179; BayObLG DNotZ 1989, 180 = FamRZ 1988, 1211, 1212 = NJW-RR 1989, 9; FamRZ 1991, 370, 371; KG RJA 5, 163, 166; KG OLGE 24, 93; 36, 235; KG JFG 21, 36; OLG Neustadt Rpfleger 1962, 446; STAUDINGER/BAUMANN [2003] § 2247 Rn 53). Dies entspricht den Anforderungen bei gesetzlicher Schriftform (§ 126 Rn 112 ff).

d) Ausdrücklicher Inhalt

14 Einzelne Schriftformerfordernisse verlangen einen bestimmten ausdrücklichen Inhalt der Erklärung. Insbesondere gilt dies für Formerfordernisse zur Erfüllung von **Informationspflichten gegenüber Verbrauchern** (bei Fernabsatzverträgen, § 312c Abs 2; Verbraucherdarlehen, Überziehungskrediten und Ratenlieferungsverträgen, §§ § 492 Abs 1, 493 Abs 1 S 5, 505 Abs 2 S 3; sowie bei Darlehensvermittlungsverträgen, § 655b Abs 1 S 3).

Beim Verbraucherdarlehen sind die Pflichtangaben selbst für die **Vollmachtserteilung** erforderlich (§ 492 Abs 4), was praktisch nur eine Spezialvollmacht nach Kenntnis der Vertragsbedingungen zuläßt – oder die Erteilung einer notariell beurkundeten Vollmacht, da diese gesetzlich von den Pflichtangaben ausgenommen ist (da der Vollmachtgeber bereits durch die notarielle Beurkundung geschützt ist).

15 Auch eine (Vorsorge-)**Vollmacht zur Einwilligung in ärztliche Maßnahmen** oder eine freiheitsentziehende Unterbringung (§§ 1904 Abs 2 S 2, 1906 Abs 5) muß die betroffenen Maßnahmen ausdrücklich nennen. Eine allgemeine Vollmacht zu medizinischen oder ärztlichen Maßnahmen genügt daher nicht (BT-Drucks 13/7158 S 34). Sinn der Regelung ist, dem Vollmachtgeber die – möglicherweise sein Leben oder seine Freiheit beendende – eingreifende Wirkung der Vollmacht deutlich vor Augen zu führen.

Zu Problemen führt dieses Ausdrücklichkeitserfordernis bei vor der zum 1. 1. 1999 wirksam gewordenen Gesetzesänderung erteilten Vorsorgevollmachten. Denn frühere Vollmachten gingen davon aus, daß nach deutschem Recht eine zusammenfassende Bezeichnung der Befugnisse des Bevollmächtigten genügt (und deshalb nicht wie etwa in den angelsächsischen Ländern üblich eine Aufzählung der einzelnen zulässigen Rechtshandlungen erforderlich ist). Allerdings war vor der Gesetzesänderung strittig, ob die Einwilligung in ärztliche Maßnahmen oder Freiheitsentziehung höchstpersönlich ist und daher überhaupt nicht durch einen Bevollmächtigten erklärt werden kann.

5. Öffentliche Beglaubigung (§ 129, §§ 39, 40 BeurkG)

Die öffentlich beglaubigte Urkunde ist ein Zwitter, insofern sie eine **in Schriftform** **16** **errichtete Privaturkunde** mit der **Unterschriftsbeglaubigung als öffentlicher Urkunde** verbindet. Die Unterschriftsbeglaubigung stellt den Aussteller beweiskräftig fest.

Elektronische Erklärungen können derzeit (bei Manuskriptschluß im August 2004) noch **17** nicht beglaubigt werden. Hier weist das vom Formvorschriftenanpassungsgesetz (BGBl 2001 I 1542) geschaffene System noch eine Lücke auf. Jedoch liegt bereits ein Regierungsentwurf zur Regelung der elektronischen Beglaubigung vor (§ 39a BeurkG idF durch das Justizkommunikationsgesetz – JKomG vom 13. 8. 2004, Regierungsentwurf BR-Drucks 609/04 S 37, 142; die Gesetzesänderung ist für die elektronische Handelsregisteranmeldung erforderlich, die der Gesetzgeber aufgrund einer EG-Richtlinie spätestens zum 1.1. 2007 einführen muß, vgl § 126a Rn 38).

Teilweise nähert sich die Schutzwirkung der Unterschriftsbeglaubigung der Wirkung **18** einer notariellen Beurkundung an: Stammt nämlich auch der **Entwurf** des zu beglaubigenden Textes **vom Notar** – wie regelmäßig bei zum Grundbuchamt oder Handelsregister einzureichenden Erklärungen –, so ist der Notar auch zur rechtlichen Prüfung und **Belehrung** verpflichtet (vgl § 129 Rn 83; Vorbem 446 ff zu §§ 127a, 128).

6. Notarielle Beurkundung (§§ 127a, 128, §§ 6 ff BeurkG)

a) Beurkundung von Willenserklärungen

Die höchste Form des deutschen Rechtes ist die (notarielle) Beurkundung, bei der **19** der Notar die Beteiligten rechtlich belehren muß und die zu einer öffentlichen Urkunde führt.

Die Beurkundung ist mehr als nur eine Form; sie ist ein **Verfahren, das zu einer Form führt**. Die Beurkundungsform ist nicht im BGB geregelt; Begriff und Erfordernisse ergeben sich vielmehr aus dem Beurkundungsgesetz. Bis zum Inkrafttreten des Beurkundungsgesetzes im Jahr 1969 war die Beurkundung von Testamenten und Erbverträgen in §§ 2231 ff, 2276, die Beurkundung anderer Willenserklärungen in §§ 168 ff FGG geregelt (vgl Vorbem 223 zu §§ 127a, 128).

b) Erklärung vor dem Urkundsbeamten (§§ 925, 1310)

Den Sonderfall der Erklärung vor dem Urkundsbeamten als Wirksamkeitserfordernis **20** kennt das deutsche Recht für die **Auflassung** (§ 925) und die **Eheschließung** (§ 1310). Die eine muß vor dem Notar, die andere vor dem Standesbeamten erklärt werden.

Der Urkundsbeamte muß eine Niederschrift über die Erklärung aufnehmen (bei der Auflassung nach §§ 6 ff BeurkG, § 20 GBO, bei der Eheschließung nach § 9 PStG) bzw die Eheschließung im Heiratsbuch eintragen (§ 1312 Abs 2). Jedoch ist nur die Erklärung vor dem Urkundsbeamten Wirksamkeitsvoraussetzung, nicht aber die Niederschrift oder die Eintragung im Heiratsbuch. Die Eheschließung ist auch wirksam, wenn die Urkundsperson gar nicht Standesbeamter war (etwa mangels wirksamer Ernennung oder bei Tätigkeit außerhalb seines Bezirkes), gleichwohl aber dessen Amt öffentlich ausgeübt und die Ehe in das Heiratsbuch eingetragen hat (§ 1310 Abs 2).

Beide Vorschriften sollen zwar einerseits sicherstellen, daß die Eheschließung als Statusakt bzw die Auflassung als Rechtsgeschäft zur Eigentumsübertragung beurkundet werden. Andererseits sind die Akte nicht nur für die Beteiligten, sondern auch gegenüber Dritten so wichtig, daß eventuelle Fehler der Beurkundung – und bei der Ehe selbst das (nicht erkennbare) Fehlen der Amtsträgereigenschaft – die Wirksamkeit des Aktes nicht beeinträchtigen sollen.

7. Genehmigungserfordernisse

21 Behördliche oder gerichtliche Genehmigungserfordernisse behandelt das deutsche Recht nicht als Formvorschrift, sondern als gesetzliches Verbot (§ 134). Genehmigungserfordernisse stehen jedoch Formerfordernissen nahe, insbesondere dem Beurkundungserfordernis, in Funktion und Schutzwirkung nahe, weshalb andere Rechtsordnungen Genehmigungserfordernisse auch den Formfragen im weiteren Sinn zuordnen.

III. Übersicht über die wichtigsten gesetzlichen Formvorschriften des Privatrechts nach Rechtsgebieten

22 Die nachstehende Aufzählung soll eine erste Übersicht über die wichtigsten gesetzlichen Formvorschriften des Privatrechts vermitteln, geordnet nach der Gesetzessystematik des BGB. Im einzelnen sind die Formerfordernisse bei der Kommentierung der betreffenden Form dargestellt (Beurkundungserfordernisse Vorbem 43 ff zu §§ 127a, 128; Unterschriftsbeglaubigung § 129 Rn 5 ff; Schriftformerfordernisse § 126 Rn 18 ff; Textform § 126b Rn 11 ff).

Dabei läßt sich feststellen, daß im Schuldrecht v a das Schriftformerfordernis eine Rolle spielt, während im Familien-, Erb- und Gesellschaftsrecht meist die Beurkundung erforderlich ist, soweit überhaupt eine Form vorgeschrieben ist.

1. Allgemeiner Teil des BGB

23 Im Allgemeinen Teil des BGB regeln §§ 167 Abs 2, 182 Abs 2, daß weder die **Vollmacht** noch die Zustimmung (Einwilligung oder **Genehmigung**) der Form bedürfen, die für das Rechtsgeschäft erforderlich ist, auf das sie sich beziehen. Für die Zustimmung hat die Rechtsprechung die gesetzliche Formfreiheit weitgehend durchgehalten. Eine Vollmacht ist jedoch abweichend vom gesetzlichen Grundsatz nach der Rechtsprechung formbedürftig, wenn sie bereits ebenso bindet wie das spätere Rechtsgeschäft (vgl Rn 66).

Allerdings geben §§ 111 Abs 1 S 2, 174, 182 Abs 3 **bei einseitigen Rechtsgeschäften** 24 ein **Zurückweisungsrecht**, wenn die Einwilligung zu dem Geschäft des Minderjährigen, die Vollmacht oder Zustimmung nicht zumindest in gesetzlicher Schriftform vorgelegt wird (ähnlich im allgemeinen Schuldrecht das Zurückweisungsrecht des Zessionars, sofern ihm keine schriftliche Abtretungsurkunde vorgelegt wird, § 410).

2. Schuldrecht

Der **notariellen Beurkundung** bedürfen im Schuldrecht insbesondere die Verpflich- 25 tung zur Veräußerung oder zum Erwerb von **Grundstücken** (§ 311b Abs 1) sowie **Schenkungsversprechen** (§ 518 Abs 2).

Schriftform ist als Wirksamkeitsvoraussetzung insbesondere für **einseitig verpflich-** 26 **tende Verträge** vorgeschrieben – und zwar einseitig nur für die Erklärung des Verpflichteten (Leibrentenversprechen, Bürgschaft, abstraktes Schuldversprechen und Schuldanerkenntnis, §§ 761, 766, 780 S 1, 781 S 1; vgl § 126 Rn 20).

Verbraucherschutzvorschriften schreiben hingegen umgekehrt Schriftform v a vor, damit der Verbraucher die für den Vertragsschluß wesentlichen Angaben schriftlich vorliegen hat (§§ 484, 492, Teilzeitwohnrechte- und Verbraucherdarlehenvertrag; ähnlich im Schutzzweck, wenngleich mit anderer Regelungstechnik § 3 FernUSG, der eine schriftliche Erklärung des Verbrauchers nach Information durch den Anbieter des Fernunterrichts verlangt).

Gesetzlicher Schriftform bedürfen auch die **Befristung von Miet- oder Arbeitsverträgen** (Grundstücksmietverträge bei Befristung von mehr als einem Jahr, § 550 S 1; befristete Arbeitsverträge nach § 14 Abs 4 TzBfG) oder deren **Kündigung** (bei Wohnraummiete, § 568; bei Arbeitsverträgen, § 623 – dort auch für Aufhebungsverträge; vgl § 126 Rn 30, 42 ff).

Eine weitere Gruppe gesetzlicher Schriftformerfordernisse betrifft **Abweichungen von gesetzlichen Gebührenordnungen** zu Lasten des Bestellers oder Mandanten (§ 3 Abs 1 S 1 BRAO, § 4 HOAI).

3. Sachenrecht

Im Sachenrecht bedarf lediglich die **Auflassung** (Einigung über die Eigentumsüber- 27 tragung eines Grundstücks) der Erklärung vor einem Notar (§ 925; ebenso die Bestellung oder Übertragung eines Erbbaurechtes, § 11 Abs 2, oder die Begründung von Sondereigentum, § 4 Abs 3 WEG; vgl Vorbem 48, 144 ff zu §§ 127a, 128).

Die Einigung über die Bestellung beschränkter dinglicher Rechte an Grundstücken ist hingegen materiell-rechtlich formfrei möglich. Lediglich **grundbuchverfahrensrechtlich** verlangt § 29 GBO eine Eintragungsbewilligung in öffentlicher Form, in der Praxis meist als Unterschriftsbeglaubigung. Grundschulden werden meist beurkundet, um eine Zwangsvollstreckungsunterwerfung aufnehmen zu können.

Bei **beweglichen Sachen** ist hingegen weder die Einigung über den Eigentumsüber- 28 gang noch die über die Bestellung eines Nießbrauches oder Pfandrechtes formbedürftig. Die Kundbarmachungsfunktion, die im Grundstücksrecht Eintragung und öffentliche Urkunde übernehmen, fällt im Recht der beweglichen Sachen der Besitzübergabe zu.

4. Familienrecht

29 Soweit im Familienrecht ein Formerfordernis vorgeschrieben wird, ist es idR die notarielle Beurkundung (**Ehevertrag**, § 1408; Adoptionsantrag bzw Einwilligungserklärungen dazu, §§ 1750 Abs 1 S 2, 1752 Abs 2 S 2), daneben die einer Beurkundung ähnliche Erklärung der Eheschließung vor dem Standesbeamten (§ 1310 Abs 1).

5. Erbrecht

30 Das Erbrecht ist von **Formenstrenge** gekennzeichnet. Die meisten erbrechtlichen Rechtsgeschäfte unterliegen dem Beurkundungserfordernis, um Rechtssicherheit zu schaffen (vgl Vorbem 65, 166, 182 ff zu §§ 127a, 128).

Unter den **Verfügungen von Todes wegen** stehen für Testamente als ordentliche Testamentsformen das eigenhändige und das öffentliche (= notarielle) Testament gleichrangig nebeneinander (§ 2231). Lediglich für den Erbvertrag ist wegen seiner Bindungswirkung ein Beurkundungserfordernis vorgeschrieben (§ 2276).

Die Annahme der Erbschaft ist formlos möglich, die Erbschaftsausschlagung muß hingegen entweder direkt gegenüber dem Nachlaßgericht oder mit Unterschriftsbeglaubigung erfolgen (§ 1945 Abs 1). Beurkundungsbedürftig sind weiter der **Erbund Pflichtteilsverzicht** (§ 2348), **Erbschaftskauf** und Erbteilsübertragung (§§ 2033 Abs 1 S 2, 2371).

6. Gesellschaftsrecht

31 Im Gesellschaftsrecht bedarf die **Gesellschaftsgründung** (und spätere Satzungsänderungen) bei Kapitalgesellschaften der notariellen Beurkundung (§§ 23, 130 AktG, §§ 2, 53 Abs 2 GmbHG – vgl Vorbem 76, 193 ff zu §§ 127a, 128), bei der Gründung anderer juristischer Personen der Schriftform (§§ 81 Abs 1 S 1; §§ 5, 11 Abs 2 Nr 1 GenG), während der Gesellschaftsvertrag einer OHG oder KG formlos wirksam ist (anders hingegen § 3 Abs 1 PartGG). Diese Unterscheidung kann man mit der unterschiedlichen Schutzbedürftigkeit des Rechtsverkehrs gegenüber satzungsmäßigen Regelungen in den verschiedenen Gesellschaftsformen begründen: Juristische Personen mit einer Haftungsbegrenzung auf das Stammkapital sind für Dritte, die mit der Gesellschaft Geschäfte abschließen, gefährlicher als Personengesellschaften, bei denen zumindest ein Gesellschafter unbeschränkt persönlich haftet (und die Haftungsbeschränkung der übrigen aus dem Handelsregister ersichtlich ist). Und unter den juristischen Personen nehmen Kapitalgesellschaften verhältnismäßig stärker als die anderen Rechtsformen am allgemeinen Geschäftsverkehr teil, so daß man auch hieraus ein größeres Schutzbedürfnis bejahen kann.

Die **Anteilsübertragung** unterliegt nur bei der GmbH einem Beurkundungserfordernis (§ 15 Abs 3 und 4 GmbHG – vgl Vorbem 87, 147 ff zu §§ 127a, 128). Bei Personenhandelsgesellschaften ist der Gesellschafterwechsel in das Handelsregister einzutragen und dafür mit Unterschriftsbeglaubigung (§ 12 HGB) anzumelden. Im übrigen bestehen keine gesetzlichen Formerfordernisse für die Anteilsübertragung.

Satzungsändernde Gesellschafterbeschlüsse sind bei Kapitalgesellschaften immer zu beurkunden (§ 130 AktG, § 53 Abs 2 GmbHG), bei börsennotierten Aktiengesellschaften darüber hinaus alle Hauptversammlungsbeschlüsse (§ 130 AktG), bei anderen Aktiengesellschaften nur die Beschlüsse, für die mindestens eine Drei-Viertel-Mehrheit erforderlich ist (vgl Vorbem 77, 210 ff zu §§ 127a, 128). Bei anderen Gesellschaftsformen bestehen keine Formerfordernisse für Gesellschafterbeschlüsse.

7. Geltung zivilrechtlicher Formvorschriften bei öffentlich-rechtlichen Rechtsgeschäften – Bedeutung für das Steuerrecht

Für öffentlich-rechtliche Verträge verlangt § 57 VwVfG (mindestens) Schriftform, soweit nicht durch Rechtsvorschrift etwas anderes geregelt ist. Privatrechtliche Schriftformerfordernisse spielen daher für öffentlich-rechtliche Verträge keine Rolle. Anzuwenden sind hingegen privatrechtliche **Beurkundungserfordernisse**, wie dies insbesondere für den in der Praxis insoweit allein relevanten § 311b Abs 1 (Grundstücksveräußerung) in ständiger Rechtsprechung entschieden wurde (BGH NJW 1972, 1364; BVerwGE 70, 247 = NVwZ 1985, 346; BVerwGE 101, 12 = MittBayNot 1996, 387 = NVwZ 1996, 794, 796 – vgl Vorbem 119 zu §§ 127a, 128).

Auch wenn das Steuerrecht die Maßgeblichkeit des Zivilrechts voraussetzt, ist die (Form-)Unwirksamkeit nach § 41 Abs 1 AO für die **Besteuerung** grundsätzlich unerheblich, soweit und solange die Beteiligten das wirtschaftliche Ergebnis des Rechtsgeschäftes gleichwohl eintreten und bestehen lassen (vgl BFHE 173, 144 = BStBl II 1994, 687 = DB 1994, 510 = NJW-RR 1995, 148: unvollständig beurkundeter Kaufvertrag kann dennoch Spekulationsfrist nach § 23 Abs 1 Nr 1 a EStG aF in Lauf setzen; BFHE 191, 403 = BStBl II 2000, 588 = BB 2001, 78- = DB 2000, 1646 = DStR 2000, 1179 = ZEV 2000, 336: Erfüllung eines in einem formunwirksamen Testament ausgesetzten Vermächtnisses). Jedenfalls auf die Grunderwerbsteuer ist § 41 Abs 1 AO aber nur anwendbar, wenn ein notarieller Kaufvertrag aufgrund teilweiser Nichtbeurkundung unwirksam ist, nicht hingegen, wenn überhaupt keine notarielle Beurkundung vorliegt (BFHE 158, 126 = BStBl II 1989, 989 = DB 1989, 2416 = NJW 1990, 1750).

Rechtsgeschäfte zwischen **nahen Angehörigen** sowie zwischen einer Gesellschaft und deren beherrschendem Gesellschafter oder dessen Angehörigen werden hingegen ertragssteuerlich nur anerkannt, wenn sie klar und ernstlich gewollt sind, rechtswirksam vereinbart und entsprechend auch durchgeführt wurden. Dies setzt insbesondere die Einhaltung der zivilrechtlichen Formvorschriften voraus (BFH/NV 1986, 91; Ausnahme BFHE 191, 250 = BStBl II 2000, 386 = BB 2000, 1869 = DB 2000, 1445 = NJW-RR 2000, 1195: Ein zunächst formunwirksamer Vertrag zwischen nahen Angehörigen ist ausnahmsweise dann von vornherein steuerlich anzuerkennen, wenn aus den besonderen übrigen Umständen des konkreten Einzelfalles ein ernsthafter Bindungswillen der Angehörigen zweifelsfrei abgeleitet werden kann. Dies trifft jedenfalls dann zu, wenn den Angehörigen aufgrund der bestehenden Rechtslage nicht anzulasten ist, daß sie die Formvorschriften zunächst nicht beachtet haben, und wenn sie zeitnah nach dem Auftauchen von Zweifeln alle erforderlichen Maßnahmen ergriffen haben, um die zivilrechtliche Wirksamkeit des Vertrages herbeizuführen). Aufgrund der Erfordernisse einer klaren und eindeutigen Vereinbarung sowie des Fremdvergleiches empfiehlt sich im

Regelfall eine schriftliche Fixierung auch dann, wenn dies zivilrechtlich für die Wirksamkeit nicht erforderlich ist.

IV. Formwirkungen (Formzwecke)

34 Während man bei anderen Vorschriften nach dem Regelungsziel oder -zweck fragt, spricht man bei Formvorschriften herkömmlich von Formzwecken. Ich ziehe es vor, umfassender von den Wirkungen der Form (**Formwirkungen**) zu sprechen.

Denn nicht alle Wirkungen der Form hat der **historische Gesetzgeber** bezweckt; manchmal geben die Gesetzesmaterialien nur dürftig Auskunft über die Schutzzwecke, die den historischen Gesetzgeber zur Einführung einer bestimmten Formvorschrift veranlaßt haben.

In anderen Fällen haben sich die **Formzwecke mittlerweile geändert**; anstelle des ursprünglichen Formzweckes ist eine neue Funktion der Form getreten, um derentwillen der Gesetzgeber die ursprünglich aus ganz anderen Gründen eingeführte Form beibehalten hat. Ähnlich diskutiert die Literatur bei manchen Formvorschriften, ob sich der ursprüngliche Formzweck verschiedener Formvorschriften mit dem rechtlichen Umfeld, in dem die jeweilige Formvorschrift zu sehen ist, und mit den sozialen Verhältnissen und der Rechtswirklichkeit mittlerweile geändert hat (KANZLEITER ZIP 2001, 2105, 2106 ff; STAUDINGER/WUFKA [2001] § 313 Rn 1).

Auch für die Auslegung, inbes für die ohnehin bei Formvorschriften nur vorsichtig einzusetzenden Argumente einer erweiternden analogen Anwendung oder einer teleologischen Einschränkung sollte man nicht allein auf den Zweck des historischen Gesetzgebers abstellen, sondern auch darauf, welche Wirkung eine Analogie oder Einschränkung angesichts der heutigen Bedeutung der jeweiligen Formvorschrift hat.

Die **Anwendung** der Formvorschriften hängt nicht davon ab, ob der jeweilige Formzweck im Einzelfall möglicherweise nicht einschlägig ist oder schon auf andere Weise erreicht werden kann (BGHZ 16, 334; BGHZ 53, 189, 194 = DNotZ 1970, 492 = MDR 1970, 404 = NJW 1970, 999; MünchKomm/EINSELE § 125 Rn 9; PALANDT/HEINRICHS § 125 Rn 2c).

35 Als Formzwecke werden klassisch meist **Warnfunktion, Klarstellungsfunktion und Beweisfunktion** genannt – exemplarisch etwa in den **Motiven zum BGB**: „Die Notwendigkeit der Beobachtung einer Form ruft bei den Beteiligten eine geschäftsmäßige Stimmung hervor, weckt das juristische Bewußtsein, fordert zur besonneren Überlegung heraus und gewährleistet die Ernstlichkeit der gefaßten Entschließung. Die beobachtete Form stellt ferner den rechtlichen Charakter der Handlung klar, dient, gleich dem Gepräge einer Münze, als Stempel des fertigen juristischen Willens und setzt die Vollendung des Rechtsaktes außer Zweifel. Die beobachtete Form sichert endlich den Beweis des Rechtsgeschäftes, seinem Bestande und Inhalte nach für alle Zeit; sie führt auch zur Verminderung oder zur Abkürzung und Vereinfachung der Prozesse" (MUGDAN I 451).

Will man die Formzwecke – oder Formwirkungen – systematisieren, so lassen sich zum einen Formwirkungen im Verhältnis der am Rechtsgeschäft Beteiligten von

Formwirkungen zum Schutz Dritter oder der Allgemeinheit unterscheiden. Zum anderen lassen sich inhaltliche Wirkungen (Übereilungsschutz und Beratungsfunktion) von verfahrensrechtlichen Wirkungen (wie Beweiserleichterung oder Vollstreckbarkeit) unterscheiden.

Die Einteilung in nur konkludente, mündliche, schriftliche (im weiteren Sinn) und beurkundete Erklärungen hilft auch zur Systematisierung der Formwirkungen. Denn die unterschiedlichen gesetzlichen Formarten haben unterschiedliche Wirkungen. **36**

	Formwirkung gegenüber den **am Rechtsgeschäft Beteiligten**		Formwirkungen gegenüber **Dritten** oder der **Allgemeinheit**
	inhaltlicher Schutz der Beteiligten	verfahrensrechtlich	
Formwirkungen der **Textform**	–	Klarstellung (Nachlesbarkeit)	–
zusätzliche Formwirkungen der **Schriftform**	Übereilungsschutz (Warnfunktion)	Beweiserleichterung (§ 416 ZPO; Identitätsfunktion)	gewisse Streitvermeidung durch Beweiserleichterung
zusätzliche Formwirkungen der **Unterschriftsbeglaubigung**	sofern Notar Entwurf erstellt: Belehrung und Beratung	Beglaubigungsvermerk selbst ist öffentliche Urkunde; Vermutung der Echtheit für beglaubigten Text (§ 440 Abs 2 ZPO)	ggf Vorkontrolle vor der Eintragung in öffentliche Register
zusätzliche Formwirkungen der notariellen **Beurkundung**	Belehrung und Beratung (§ 17 BeurkG)	öffentliche Urkunde (§ 418 ZPO) + ggf Vollstreckbarkeit	ggf Vorkontrolle vor der Eintragung in öffentliche Register (zT auch Kontrollfunktion); Justizentlastung (durch Beweiserleichterung und inhaltliche Beratung)

1. Übereilungsschutz (Warnfunktion)

37 **Nahezu alle Formerfordernisse** bewirken einen **Übereilungsschutz (Warnfunktion)**. Häufig war der Übereilungsschutz auch wichtiges Motiv des historischen Gesetzgebers für die Einführung des Formerfordernisses (oder dessen Übernahme aus den früheren deutschen Partikularrechten). Denn ein Ja zu einem Angebot ist schnell gesagt, mit einer Unterschrift zögert man schon eher und liest sich den Vertragstext vielleicht doch noch einmal durch.

Jedoch ist der Übereilungsschutz bei den unterschiedlichen Formen in **verschiedenem Maß** ausgeprägt: Bei der Textform fehlt er nahezu völlig – wie schnell ist nicht eine e-mail abgeschickt. Die Schriftform bietet einen gewissen Übereilungsschutz – insbesondere dann, wenn der Erklärende die Erkärung erst selbst schreiben muß; wird dem Erklärenden hingegen nur eine vom Vertragspartner schon vorbereitete Urkunde zur Unterzeichnung vorgelegt, so ist der Übereilungsschutz deutlich geringer.

Wesentlich höher ist der Übereilungsschutz bei einer **notariellen Beurkundung**. Schon daß man erst einen Termin vereinbaren muß, kann einen übereilten Vertragsschluß verhindern, erst recht aber die Einschaltung des Notars als unabhängigen Dritten und die Belehrung durch den Notar. Zur Verstärkung des Übereilungsschutzes hat der Gesetzgeber in § 17 Abs 2a S 2 Nr 2 BeurkG seit 2002 für Verbraucherverträge die vorherige Entwurfsversendung ausdrücklich vorgeschrieben (bei Grundstücksveräußerungen mit einer Regelfrist von zwei Wochen); damit sollen insbesondere auch Überrumpelungsversuche durch den stärkeren Vertragspartner durch die vorherige Reservierung eines Beurkundungstermines verhindert werden (vgl Vorbem 517 ff zu §§ 127a, 128).

2. Beratungs- und Belehrungsfunktion

38 Bei der notariellen Beurkundung werden die Beteiligten nicht nur – wie durch ein Schriftformerfordernis – gewarnt, daß sie im Begriff sind, ein wichtiges Rechtsgeschäft abzuschließen, sondern sie werden vom Notar auch über die **Rechtsfolgen des Geschäftes** (insbes Wirksamkeitsvoraussetzungen und Haftungsfolgen) und ggf über dessen **besondere Gefahren** belehrt. Ja darüber hinaus ist der Notar zu einer alle relevanten Punkte regelnden und ausgewogenen Vertragsgestaltung verpflichtet (§ 17 BeurkG – Vorbem 458, 488, 510 ff zu §§ 127a, 128). Dies ist eine qualitativ weitergehende Art des Schutzes als die bloße Warnfunktion: Statt einer bloßen Warnung erhalten die Beteiligten einen umfassenden Gestaltungsvorschlag.

39 Durch seine Amtspflichten zur Belehrung und zu einer ausgewogenen Vertragsgestaltung gleicht der Notar ein **Ungleichgewicht zwischen den Vertragsparteien** insoweit aus, als es auf überlegener Geschäfts- und Rechtskenntnis beruht. Denn den Beteiligten werden die für sie nachteiligen Rechtsfolgen verdeutlicht und eine faire Vertragsgestaltung vorgeschlagen. Dies setzt allerdings voraus, daß der unterlegene Vertragsbeteiligte auch bereit und in der Lage ist, die vom Notar als nachteilig benannten Vertragsklauseln abzulehnen („**Vertragsparität durch Beurkundung**" – vgl Vorbem 16 ff zu §§ 127a, 128).

Die **Unterschriftsbeglaubigung** hat dieselbe Belehrungswirkung wie eine Beurkundung, wenn der Notar auch den Entwurf der beglaubigten Erklärung verfaßt hat. Denn dann ist er zu derselben Belehrung und Beratung verpflichtet, wie bei einer notariellen Niederschrift (BGH DNotZ 1955, 396; 1956, 94; 1958, 101; BGHZ 125, 218, 226 = DNotZ 1994, 764 = NJW 1994, 1344; DNotZ 1997, 51 = NJW 1996, 1675; OLG Celle DNotZ 1955, 94; 1973, 504; OLG Düsseldorf DNotI-Report 1995, 117 = NJW-RR 1995, 1147 = OLG-Report 1995, 268 – vgl § 129 Rn 83; Vorbem 446 ff zu §§ 127a, 128).

3. Klarstellungsfunktion

a) Nachlesbarkeit

Eine nur konkludente Erklärung hat den Nachteil, daß der Erklärungsinhalt oft nicht klar ist. Hier ist schon die mündliche Erklärung von Vorteil. Eine Erklärung in Textform, Schriftform oder in öffentlich beurkundeter Form hat darüber hinaus den Vorteil, später nachlesbar zu sein, so daß der Erklärungsempfänger immer wieder auf den Erklärungsinhalt zurückgreifen kann und insbesondere kompliziertere oder detailliertere Erklärungen besser erfassen kann.

Für die **Textform** ist dies der einzige Vorteil gegenüber einer formlosen (mündlichen oder konkludenten) Erklärung.

b) Abgrenzung zwischen Vertragsverhandlungen und Vertragsschluß

Ein Formerfordernis grenzt bloße noch nicht rechtlich verbindliche Absichtsbeurkundungen und Vertragsverhandlungen vom bindenden Vertragsschluß ab.

Die bloße **Textform** kann dies noch nicht leisten, denn bei Vertragsverhandlungen werden häufig auch schriftliche Entwürfe ausgetauscht.

Erst die Unterschrift (dh die **gesetzliche Schriftform**) ermöglicht diese Abgrenzung. Wenn die Vertragsparteien unterschreiben, wissen sie: Erst jetzt ist der Vertrag zustande gekommen. Alles andere, was sie sich während der Vertragsverhandlungen zugesagt haben, ist noch nicht verbindlich. Zugeständnisse, die sie während der Vertragsverhandlungen gemacht haben, können sie ebensogut wieder zurücknehmen, wenn der andere Vertragspartner darauf nicht wie gewünscht reagiert. Dasselbe gilt für die notarielle Beurkundung.

Bei einer **vereinbarten Schriftform** (oder Beurkundungsform) ergibt sich diese Abgrenzung – als Auslegungsregel – aus der Parallelnorm des **§ 154 Abs 2**: Wurde eine Beurkundung vereinbart (wozu auch eine vereinbarte Schriftform zählt, OLG Celle NJW-RR 2000, 485 = NZG 2000, 84; OLG Köln NJW-RR 1997, 405 = IBR 1997, 289), so ist – im Zweifel – der Vertrag noch nicht geschlossen, solange die vereinbarte Beurkundung noch nicht erfolgt ist. Ebenso wie nach § 125 S 2 handelt es sich aber nur um Zweifelsregelung; die Beteiligten können sich zwischenzeitlich auch zu einem formlosen Vertragsschluß entschließen.

4. Beweisfunktion

Innerhalb der Beweisfunktion werden teilweise die **Identitäts-, Echtheits- und Verifikationsfunktion** unterschieden (Palandt/Heinrichs § 125 Rn 2a). Die Identitätsfunktion läßt den Aussteller der Urkunde erkennen.. Die Echtheitsfunktion beweist, daß die Urkunde von dem Aussteller stammt. Die Verifikationsfunktion schließlich ermöglicht dem Empfänger der Erklärung oder jedem anderen, der die Urkunde in Händen hat, die Überprüfung der Echtheit.

44 Die Abstufung der verschiedenen Formen im deutschen Recht zeigt sich auch an ihrer Beweisfunktion: Die **notarielle Niederschrift** einer Willenserklärung erbringt als **öffentliche Urkunde iSd § 415 Abs 1 ZPO vollen Beweis** der Abgabe (und ggf auch des Zugangs) der beurkundeten Willenserklärung. Der Gegenbeweis der unrichtigen Beurkundung ist zwar zulässig; insoweit liegt aber die volle Beweislast bei dem, der die Unrichtigkeit des Beurkundeten behauptet (vgl Vorbem 700 ff zu §§ 127a, 128). Die notariell beurkundete Willenserklärung ist damit der stärkste Urkundsbeweis überhaupt.

45 Bei einer **Unterschriftsbeglaubigung** ist nur der Beglaubigungsvermerk selbst öffentliche Urkunde (§ 418 ZPO), der beglaubigte Text selbst ist nur Privaturkunde (§ 416 ZPO). Die Unterschriftsbeglaubigung begründet aber die Vermutung der Echtheit (§ 440 Abs 2 ZPO). Solange die Vermutung der Echtheit nicht erschüttert ist, erbringt daher die unterschriftsbeglaubigte Urkunde vollen Beweis über die Abgabe der darin enthaltenen Erklärungen (§ 416 ZPO; vgl § 129 Rn 112 ff). Dies gilt auch für die durch Justizkommunikationsgesetz vorgesehene elektronische Beglaubigung (§ 317a Abs 2 ZPO iVm § 39a BeurkG nach dem Entwurf des JKomG, BR-Drucks 609/04, S 7, 37, 79, 132 f). Damit kommt die Beweiswirkung einer Unterschriftsbeglaubigung der einer notariell beurkundeten Erklärung nahe.

Besonders wichtig ist die Beweisfunktion der Unterschriftsbeglaubigung für die **Eintragung in öffentliche Register**. Da an die Registereintragung jedenfalls Vermutungs- oder Publizitätswirkung (§ 891, § 15 HGB), teils auch Gutglaubensschutz anknüpft (§ 892), muß sichergestellt sein, daß die Eintragungsbewilligung bzw der Antrag tatsächlich vom Berechtigten kommt. Dies sichert die Unterschriftsbeglaubigung.

46 Die Einhaltung der gesetzlichen **Schriftform** führt zu einer **Privaturkunde iSd § 416 ZPO**. Wird die Echtheit bestritten, muß sie derjenige beweisen, der sich auf die Privaturkunde beruft (§ 440 Abs 1 ZPO). Ist die Echtheit aber unstritten oder bewiesen, so erbringt auch die Privaturkunde vollen Urkundsbeweis der darin abgegebenen Erklärungen.

47 Bei der **elektronischen Form** sieht § 292a ZPO (bzw künftig § 371a Abs 1 S 2 ZPO nach dem Entwurf des Justizkommunikationsgesetzes, BR-Drucks 609/04, 7) demgegenüber einen Anscheinsbeweis für die Echtheit vor, der „nur durch Tatsachen erschüttert werden (kann), die ernstliche Zweifel daran begründen, daß die Erklärung mit dem Willen des Signaturschlüssel-Inhabers abgegeben worden ist" (§ 126a Rn 62 ff). Wer sich auf eine qualifizierte elektronische Signatur beruft, hat damit eine deutlich bessere Beweisposition als bei der Berufung auf eine privatschriftliche Urkunde – obwohl zivilrechtlich beide Formen gleichgestellt sind.

Der **Textform** ermöglicht hingegen **keinen Urkundsbeweis**. Zwar ist der Erklärende **48** angegeben. Da aber keine Unterschrift erforderlich ist, ist die bloße Textform keine Privaturkunde iSd § 416 ZPO.

Eine Urkunde in Textform kann lediglich im Rahmen des **Augenscheins** Beweis erbringen (§§ 371 ff ZPO). Insoweit unterliegt sie keinen gesetzlichen Beweisregeln, sondern nur dem Freibeweis.

5. Vollstreckbarkeit

Vollstreckungstitel kann nur die **notarielle Urkunde** sein – vorausgesetzt der Schuld- **49** ner unterwirft sich der Zwangsvollstreckung (§ 794 Abs 1 Nr 5 ZPO – vgl Vorbem 92, 708 ff zu §§ 127a, 128). Denn allein die notarielle Urkunde ist von einem Amtsträger in einem besonderen, Richtigkeit gewährenden Verfahren aufgenommen und unterliegt daher bereits einer hinreichenden Vorkontrolle, so daß der Staat seinen Vollstreckungsapparat auch einer privatautonom erstellten Titel zur Verfügung stellen kann.

Dies zeigt auch ein Vergleich mit den beiden anderen privatautonomen Vollstreckungstiteln des deutschen Rechts: Der **Prozeßvergleich** setzt die Protokollierung durch den Richter im laufenden Verfahren voraus (§ 794 Abs 1 Nr 1 ZPO). Der **Anwaltsvergleich** (§ 796a ZPO) erfordert – zusätzlich zur Schriftform – die Mitwirkung von Anwälten auf beiden Seiten (da der Anwalt nicht gleichzeitig die Interessen beider Beteiligter vertreten kann); und die Vollstreckungsklausel kann nicht vom Anwalt selbst erteilt werden (weder von dem Anwalt des Schuldners noch von dem des Gläubigers), sondern nur entweder vom Gericht oder vom Notar (§ 796c ZPO), so daß jedenfalls bei der Klauselerteilung nochmals eine – wenngleich begrenzte – staatliche Kontrolle erfolgt.

6. Formwirkungen zugunsten Dritter und zugunsten der Allgemeinheit

a) Justizentlastung
Die Beweisfunktion der Schriftform und der höheren Formen bewirkt auch eine **50** Justizentlastung – sei es, daß die Beteiligten angesichts der klaren Beweislage von der Einleitung eines gerichtlichen Verfahrens absehen, sei es, daß ein allfälliges Gerichtsverfahren schneller und ohne sonstige Beweisaufnahme abgeschlossen werden kann.

Während die Justizentlastung bei der Schriftform nur begrenzt ist, dürfte sie bei Beurkundungen deutlich höher liegen, nicht so sehr wegen der höheren Beweiskraft als aufgrund der notariellen Beratung und der ausgewogenen Vertragsgestaltung durch den Notar, die mögliches Streitpotential durch unklare oder unsachgemäße Regelungen vermeiden hilft (BAUMANN MittRhNotK 1996, 1, 19 f).

b) Vorkontrolle vor der Eintragung in öffentliche Register
Beurkundungserfordernis oder Unterschriftsbeglaubigung dienen oder bewirken **51** jedenfalls eine **Vorkontrolle vor der Eintragung in öffentliche Register**. In den Rechtsordnungen, die in der Tradition des Code Napoleon stehen, findet sich häufig eine Regelung, wonach nur öffentliche Urkunden Grundlage der Eintragung in

öffentliche Register sein können (wobei idR notarielle Niederschriften erforderlich sind, nicht nur Unterschriftsbeglaubigungen).

Das deutsche Recht kennt zwar keinen allgemeinen derartigen Rechtssatz. Wohl aber erfordern § 29 GBO und § 12 HGB für die Eintragung in das Grundbuch bzw das Handelsregister jeweils zumindest unterschriftsbeglaubigte Erklärungen (sowie § 20 GBO für die Auflassung eine Beurkundung durch Niederschrift). Im Ergebnis gehen damit fast alle Eintragungsbewilligungen oder -anträge zunächst durch die Hand des Notars. Häufig fertigt der Notar auch den Entwurf, so daß Grundbuchamt und Handelsregister idR schon vorgeprüfte Erklärungen erhalten (vgl § 129 Rn 9 ff).

c) Kontrollfunktion – Verhinderung spekulativen Handels

52 An die notarielle Beurkundung können auch andere Kontrollfunktionen geknüpft sein, insbes bei **Mitteilungspflichten des Notars** an Behörden (vgl Vorbem 652 f zu §§ 127a, 128) – nicht zuletzt auch zur Durchsetzung staatlicher Steueransprüche. Diese Funktion notarieller Beurkundung ist in Deutschland im internationalen Vergleich eher schwach ausgeprägt.

Als Beispiel für ein der öffentlichen Kontrolle dienendes gesetzliches Schriftformerfordernis wurde der bis Ende 1998 geltende § **34 GWB aF** angeführt (vgl § 126 Rn 64).

Noch über eine bloße Kontrolle hinausgehend, wird als Formzweck des § 15 Abs 3 und 4 GmbHG häufig die „**Verhinderung spekulativen Handels**" mit GmbH-Geschäftsanteilen genannt. Der Sache nach handelt es sich aber dabei – entgegen der hM – nicht so sehr um eine Verhinderung des Handels im öffentlichen Interesse, als um einen nur anders formulierten Übereilungsschutz der Beteiligten (Vorbem 87 ff zu §§ 127a, 128).

d) Gläubigerschutz und Schutz von Anteilserwerbern

53 Der Schutz individueller Dritter spielt vor allem für die Beurkundungspflichten im **Kapitalgesellschaftsrecht** und im **Umwandlungsrecht** eine Rolle. Durch die Beurkundungserfordernisse sind hier Satzung und Haftungsverhältnisse bei den Gesellschaften ohne persönliche haftende Gesellschafter leicht feststellbar – ebenso Satzungsänderungen bzw andere beurkundungsbedürftige Beschlüsse der Gesellschafterversammlung. Der Schutz dient sowohl Gläubigern der Gesellschaft wie künftigen Anteilseignern, damit diese Rechtssicherheit bei Rechtsgeschäften mit der Gesellschaft bzw beim Anteilserwerb haben (Vorbem 23 zu §§ 127a, 128).

Aus Gründen des **Gläubigerschutzes** ordnen ausländische Rechtsordnungen teilweise ein Beurkundungserfordernis auch für Verträge zwischen Ehegatten an (so etwa das österreichische Recht § 1 Abs 1 lit b NotAktsG – vgl WELSER, Zivilrechtliche Formgebote und Notariatsakt 1, 14 ff).

V. Umfang der Formbedürftigkeit

1. Anwendungsbereich

54 Die Auslegung der **jeweiligen Formvorschrift** bestimmt, wie weit die Formbedürftigkeit jeweils reicht. Nachdem Formvorschriften strenges Recht sind, sollte die Auslegung im Interesse der Rechtssicherheit grundsätzlich eng am Wortlaut bleiben. Sowohl eine erweiternde wie eine einschränkende Auslegung will wohlbegründet sein, damit sich der Rechtsverkehr auf das Formerfordernis auch einstellen kann – da die einschneidende Folge die Nichtigkeit ist.

Das heißt, daß man im Zweifel auch alte Ausnahmen oder Erweiterungen durch eine gefestigte Rechtsprechung sinnvollerweise fortschreiben wird, sofern nicht deutlich bessere Argumente für eine Rechtsprechungsänderung sprechen.

Zu manchen „entlegenen" Formvorschriften gibt es nur wenig Rechtsprechung und Literatur. Hier kann man vielfach auf die Auslegung vergleichbarer Formvorschriften zurückgreifen. Daher habe ich versucht, soweit möglich die Gemeinsamkeiten verschiedener Formvorschriften herauszuarbeiten: 55

– **Beurkundungserfordernisse** werden idR am Beispiel von Grundstücksveräußerungen oder GmbH-Geschäftsanteilsveräußerungen diskutiert, weil es dazu zahlreiche Entscheidungen und Literaturstimmen gibt. Jedoch kann man deren Dogmatik weitgehend auf andere **Veräußerungsverträge** übertragen (insbes den Erbschaftskauf und die Erbteilsübertragung, §§ 2033, 2071).

– Eine weitere Fallgruppe bilden die Beurkundungserfordernisse für **Gesellschaftssatzungen**. Hier läuft die Argumentation bei GmbH und AG weitgehend parallel. In vielem läßt sich dies auf die der Schriftform unterliegenden Gesellschaftsverträge (etwa der Genossenschaft) übertragen.

– **Einseitige Formerfordernisse** gibt es sowohl als Beurkundungserfordernis (Schenkungsversprechen, § 518 Abs 1; Zwangsvollstreckungsunterwerfung, § 794 Abs 1 Nr 5 ZPO) wie als Schriftformerfordernisse (Leibrentenversprechen, Bürgschaft, abstraktes Schuldversprechen und Schuldanerkenntnis, §§ 761, 766, 780 S 1, 781 S 1). Gemeinsam ist ihnen etwa, daß Änderungen nur dann dem Formerfordernis unterliegen, soweit sie die Verpflichtung erweitern, die dem Formerfordernis unterliegt. 56

– Einer gemeinsamen Dogmatik folgen auch die **Zurückweisungsrechte bei einseitigen Rechtsgeschäften** (§§ 111 Abs 1 S 2, 174, 182 Abs 3 – und ähnlich auch bei mangelnder schriftlicher Legitimation des Zessionars, § 410).

2. Zusammentreffen mehrerer Formerfordernisse

Unterfällt ein Rechtsgeschäft oder eine Verbindung mehrerer Rechtsgeschäfte mehreren gesetzlichen Formerfordernissen, so ist es nur formwirksam, wenn es alle Formerfordernisse erfüllt. Bei verbundenen Verträgen heißt dies idR, daß sich das strengere Formerfordernis auch auf den an sich nicht formbedürftigen oder einer geringeren Form unterfallenden Vertrag erstreckt. Im Regelfall genügt, die strengere Form zu prüfen, da diese die minderen Formen ersetzt (§§ 126 Abs 4, 129 Abs 2). Allerdings kann für eines der Rechtsgeschäfte zusätzlich gleichzeitige Anwesenheit der Vertragsparteien (§§ 925, 1410) oder persönlicher Abschluß (§ 2274) erforderlich sein. 57

3. Nebenabreden und verknüpfte Geschäfte

a) Nebenabreden

58 Grundsätzlich erfaßt das gesetzliche Formerfordernis das **gesamte Rechtsgeschäft**, also auch Nebenabreden, mögen diese auch unwesentlich sein (MünchKomm/EINSELE § 125 Rn 30; PALANDT/HEINRICHS § 125 Rn 7; aA STAUDINGER/DILCHER[12] § 125 Rn 17). Entschieden ist dies bei beurkundungsbedürftigen Rechtsgeschäften insbesondere für **Grundstücksveräußerungen** (BGHZ 69, 266 = BB 1977, 1734 = DNotZ 1978, 148 = NJW 1978, 102; BGHZ 74, 346, 348 = BB 1979, 1215 = DNotZ 1979, 476 = JZ 1979, 603; BGH BB 1979, 1216 = DNotZ 1979, 406 = JZ 1979, 602 = NJW 1979, 1495; BGHZ 85, 315, 317 = DNotZ 1983, 232 = NJW 1983, 563 = WM 1982, 1434; BGH DNotZ 1984, 236 = NJW 1984, 974 = WM 1984, 170; BGHZ 85, 315 = DNotZ 1983, 232 = NJW 1983, 563 = WM 1982, 1434 – Vorbem 126 ff zu §§ 127a/128) und **GmbH-Geschäftsanteilsveräußerungen** (BGH NJW 1969, 132; MDR 1970, 26 = NJW 1969, 2049; DNotZ 1984, 481 = NJW 1983, 1843 = WM 1983, 565; DStR 2000, 1272 – Vorbem 154 zu §§ 127a/128), **strittig für Eheverträge** (Vorbem 176 zu §§ 127a/128).

Zum **Schriftformerfordernis** scheinen die Maßstäbe der Rechtsprechung jedenfalls zu § 550 (= § 556 aF – Schriftform für **Wohnraummiete** von über einem Jahr) weniger streng, wenn sie genügen läßt, wenn sich aus der Vertragsurkunde die wesentlichen Vertragsbedingungen – insbesondere der Mietgegenstand, der Mietzins sowie die Dauer und die Parteien des Mietverhältnisses – sowie die weiteren Vertragsbestimmungen ergeben, die nach dem Willen der Parteien ein wichtiger Vertragsbestandteil sein sollen (BGH NJW 1999, 2591, 2592 = MDR 1999, 1374 = NZM 1999, 962 = WM 1999, 2088 = ZIP 1999, 1635; MDR 2000, 323 = NJW 2000, 1105 = NZM 2000, 184 = WM 2000, 776 = ZfIR 2000, 616). Dies muß aber nicht für generell geringere Anforderungen bei gesetzlicher Schriftform sprechen; denn Rechtsfolge des § 550 ist nur der unbefristete Abschluß des Mietvertrages (nicht dessen Unwirksamkeit).

59 Soweit nur die Erklärung eines Vertragsteiles formbedürftig ist (**einseitiges Formerfordernis**), müssen nur die ihn verpflichtenden Erklärungen formgerecht erfolgen (zur Bürgschaft: BGH NJW 1993, 724 = WM 1993, 239, 240; BGHZ 121, 224, 229 = DNotZ 1994, 440 = NJW 1993, 1126 = WM 1993, 496 = ZIP 1993, 424; BGH DB 1993, 677 = NJW 1993, 1261 = WM 1993, 544, 545 = ZIP 1993, 501; NJW 1995, 959 = WM 1995, 331 = ZIP 1995, 274; NJW 1995, 1886 = WM 1995, 900 = ZIP 1995, 812 – vgl § 126 Rn 83; ebenso zur Zwangsvollstreckungsunterwerfung nach § 794 Abs 1 Nr 5 ZPO: BGHZ 73, 156 = DNotZ 1979, 342 = NJW 1979, 928 – vgl Vorbem 217 zu §§ 127a–128). Formbedürftig sind aber auch Nebenpflichten (OLG Rostock SeuffA 67 Nr 33: Übernahme der Schenkungssteuer durch den Schenker – vgl Vorbem 213 zu §§ 127a, 128).

60 Beurkundungserfordernisse für **Gesellschaftssatzungen** hat die Rechtsprechung auf die gesellschaftsvertraglichen Regelungen begrenzt. Nicht formbedürftig sind daher schuldrechtliche Nebenabreden im Verhältnis der Gründungsgesellschafter untereinander, da diese zukünftige Gesellschafter nicht binden (BGH WM 1965, 1076; WM 1969, 1321; DB 1977, 764 = DNotZ 1977, 427 = NJW 1977, 1151; RGZ 83, 216, 219; RGZ 170, 358, 367 f; RG JW 1930, 2675) – und zwar selbst dann nicht, wenn die vereinbarte Leistung für die wirtschaftlichen Zwecke der Gesellschaft unerläßlich ist (BGH BB 1969, 1410 = MDR 1970, 215 = LM § 2 GmbHG Nr 8; vgl Vorbem 199 zu §§ 127a, 128).

Daher erfaßt auch die in ihrem Zweck vergleichbare Formvorschrift des § 55 GmbHG, nach der bei einer Kapitalerhöhung die Übernahme einer Stammeinlage einer Unterschriftsbeglaubigung bedarf, keine schuldrechtlichen Nebenabreden, die lediglich die derzeitigen Vertragsparteien binden und nicht die künftigen gesellschaftsrechtlichen Beziehungen mitbestimmen sollen (BGH DB 1977, 764 = DNotZ 1977, 427 = MDR 1977, 561 = NJW 1977, 1151 = WM 1977, 387).

b) Verknüpfte Geschäfte
Vor allem an Fällen zu **Grundstücksveräußerungen** hat die Rechtsprechung den 61 Grundsatz entwickelt, daß sich das Beurkundungserfordernis des § 311b Abs 1 S 1 (= § 313 aF) auch auf für sich allein nicht beurkundungsbedürftige Vereinbarungen erstreckt, „wenn sie dem Willen der Parteien gemäß derart voneinander abhängen, daß sie miteinander **stehen und fallen** sollen" – oder (bei einseitiger Abhängigkeit) präziser, sofern das beurkundungsbedürftige Rechtsgeschäft von dem nicht beurkundungsbedürftigen abhängt (BGHZ 76, 43, 49 = DNotZ 1980, 409 = NJW 1980, 829; BGHZ 78, 346, 349 = DNotZ 1981, 115 = NJW 1981, 274; BGH DNotZ 1983, 231 = NJW 1983, 565 = WM 1982, 1362; DNotZ 1985, 279 = WM 1984, 837; BGHZ 97, 147 = DNotZ 1986, 742 = NJW 1986, 1983; BGH MittBayNot 1987, 21 = NJW 1987, 1069 = WM 1987, 215; BGHZ 101, 393, 396 = DNotZ 1988, 547 = NJW 1988, 132; BGH DNotZ 1989, 501 = NJW-RR 1989, 198, 199; NJW-RR 1993, 1421; DNotZ 2000, 635 = NJW 2000, 951 = ZIP 2000, 232; MittBayNot 2001, 69 = NJW 2001, 226 = ZIP 2001, 2222; DNotZ 2002, 944 = MittBayNot 2003, 46 m Anm WUFKA = NJW 2002, 2559 = NotBZ 2002, 297 m Anm OTTO = RNotZ 2003, 44 m Anm KEIM – Vorbem 130 ff zu §§ 127a, 128).

Dasselbe gilt aber etwa für die **GmbH-Anteilsveräußerung** (BGH DNotZ 1986, 689 m Anm TIEDAU = NJW 1986, 2642 = WM 1986, 823; OLG Hamm GmbHR 1993, 106 = OLG-Report 1993, 10) und andere Veräußerungsgeschäfte.

Darüber hinaus gilt es für **alle Formerfordernisse, die den gesamten Vertrag erfassen** (vgl Rn 58) – also mit Ausnahme von einseitigen Formerfordernissen sowie von einer Verknüpfung rein schuldrechtlicher Vereinbarungen mit gesellschaftsvertraglichen Regelungen.

Formbedürftig sind dann nicht nur beide Rechtsgeschäfte, sondern auch die **Ver-** 62 **knüpfung zwischen ihnen** (BGH DNotZ 2000, 635 = NJW 2000, 951 = ZIP 2000, 232; NJW 2000, 2017; DNotZ 2003, 632 = WM 2003, 1141 = ZNotP 2003, 234 – Vorbem 106 zu §§ 127a, 128).

4. Vorvertrag, Vollmacht und Genehmigung

a) Vorvertrag
Ein Vorvertrag unterliegt dann bereits dem Formerfordernis, wenn sich daraus 63 bereits eine **(bedingte) Verpflichtung** zum Abschluß des Hauptvertrages ergibt (so für Grundstückskaufverträge: BGHZ 82, 398 = DNotZ 1982, 433 = NJW 1982, 759 = WM 1982, 203; BGHZ 97, 147 = DNotZ 1986, 742 = NJW 1986, 1983 = WM 1986, 557; BGH DB 1988, 1893 = DNotZ 1989, 506 = NJW 1989, 166 = WM 1988, 1367 = ZIP 1988, 1117; ebenso die Literatur zur GmbH-Geschäftsanteilsveräußerung – vgl Vorbem 121, 151 zu §§ 127a, 128; **aA** OLG Köln WM 1995, 1224 zur Bürgschaft).

Auch **mittelbare Verpflichtungen** können dem Formerfordernis unterfallen, wie die

Rechtsprechung insbes zu einer erfolgsunabhängigen Maklerprovision bei Grundstücksveräußerungen entschied (vgl Vorbem 124 zu §§ 127a, 128).

b) Vollmacht (§ 167 Abs 2)

64 Nach § 167 Abs 2 bedarf die Vollmacht grundsätzlich nicht der Form, die für das Rechtsgeschäft bestimmt ist, auf das sich die Vollmacht bezieht.

aa) Gesetzliche Formerfordernisse für die Vollmacht

65 Ausdrücklich **gesetzlich angeordnet** ist ein Formerfordernis hingegen zB für die Vollmacht zum Abschluß eines **Verbraucherdarlehens** (§ 492 Abs 4: Schriftform mit Pflichtangaben zum Vertragsinhalt – dazu VOLMER MittBayNot 1999, 346), für die (Vorsorge-)Vollmacht zur Einwilligung in **ärztliche Maßnahmen** oder eine freiheitsentziehende Unterbringung (§§ 1904 Abs 2 S 2, 1906 Abs 5: Schriftform mit ausdrücklicher Bevollmächtigung zur Einwilligung), für die Vollmacht zur **Ausschlagung einer Erbschaft** (§ 1945 Abs 3: Unterschriftsbeglaubigung; entsprechend anwendbar auf die Ablehnung der fortgesetzten Gütergemeinschaft, § 1484 Abs 2), die Vollmacht zur **Gründung einer GmbH** (§ 2 Abs 2 GmbHG: Unterschriftsbeglaubigung) oder zur Stimmrechtsvertretung in der **Hauptversammlung einer Aktiengesellschaft** (§ 134 Abs 3 AktG: Schriftform, satzungsdispositiv).

In all diesen Fällen genügt nach der ausdrücklichen gesetzlichen Regelung für die Vollmacht Schriftform oder Unterschriftsbeglaubigung, auch wenn für das Rechtsgeschäft selbst ein Beurkundungserfordernis besteht.

Teilweise begründen die Vorschriften ein **originäres Formerfordernis (nur) für die Vollmacht**, obwohl das Rechtsgeschäft selbst, auf das sich die Vollmacht bezieht, formfrei möglich ist (§§ 1904 Abs 2 S 2, 1906 Abs 5: Schriftform und Ausdrücklichkeitserfordernis sollen dem Vollmachtgeber die Reichweite der Einwilligung in ärztliche Maßnahmen oder in eine freiheitsentziehende Unterbringung vor Augen führen – Warnfunktion, da die Vollmacht insbesondere für den Fall erteilt wird, daß der Vollmachtgeber nicht mehr in der Lage ist, selbst über die Einwilligung zu entscheiden).

bb) Erstreckung des Formerfordernisses für das Rechtsgeschäft

66 Nach der Rechtsprechung erstreckt sich jedoch das Formerfordernis des Rechtsgeschäftes auf die Vollmacht, wenn die Vollmacht entweder **unwiderruflich erteilt** wurde oder wenn sie zwar rechtlich widerrufen werden kann, tatsächlich aber mit der Bevollmächtigung schon die **gleiche Bindungswirkung** eintreten sollte und nach der Vorstellung des Vollmachtgebers auch eingetreten ist wie durch den Abschluß des beurkundungsbedürftigen Hauptvertrages (zur Grundstücksveräußerung: BGH DNotZ 1952, 477 = NJW 1952, 1210 m zust Anm GRUSSENDORF; DNotZ 1966, 92 = WM 1965, 1006; WM 1966, 761; OLG Schleswig DNotZ 2000, 775 = NJW-RR 2001, 733; ebenso für Eheverträge: BGHZ 138, 239 = DNotZ 1999, 46 = FamRZ 1998, 902, 904 = NJW 1998, 1857 = JZ 1999, 239 m abl Anm VOLLKOMMER/VOLLKOMMER = LM § 167 Nr 40 m zust Anm LANGENFELD – vgl Vorbem 140, 178 zu §§ 127a–128; allg auch BGH WM 1965, 107; BGH DB 1979, 1226 = DNotZ 1979, 684 m Anm KANZLEITER = NJW 1979, 2306 = LM § 313 Nr 82; BayObLG DNotZ 1981, 567; ebenso für die Bürgschaft: BGHZ 132, 119 = NJW 1996, 1467 = WM 1996, 762 = ZIP 1996, 745). Die in der Rechtspraxis häufig als maßgebliche angesehene Befreiung des Bevollmächtigten von § 181 begründet für sich allein noch keine Formbedürftigkeit der

Vollmacht (BayObLG DNotZ 1981, 567), kann aber als eines von mehreren Argumenten für die Bindung des Vollmachtgebers gewertet werden (OLG Schleswig DNotZ 2000, 775 = NJW-RR 2001, 733).

Als dritte Fallgruppe prüft die Rechtsprechung, ob auch die **Vollmacht als Teil des** 67 **zugrundeliegenden Kausalgeschäftes** (zB eines Auftrages oder Geschäftsbesorgungsvertrages) einer Form bedurft hätte (BGH DNotZ 1990, 359 = NJW-RR 1989, 1099 = WM 1989, 997; BGHZ 110, 363 = DNotZ 1991, 374 = NJW 1990, 1721 = WM 1990, 1077 = ZIP 1990, 797; BGH DB 1992, 1925 = NJW 1992, 3237, 3238 = WM 1992, 1662 = LM BeurkG Nr 41/42; DNotZ 1997, 701 = NJW 1997, 312 = WM 1996, 2230 = ZIP 1996, 2169; BayObLGZ 1996, 62 BayObLGZ = DNotZ 1997, 312 = NJW-RR 1996, 848 – alle zur Grundstücksveräußerung).

Die neuere Literatur sieht hierin den eigentlichen Grund für das Formerfordernis der Vollmacht auch für die beiden erstgenannten Fallgruppen (Vorbem 141 zu §§ 127a, 128).

b) Einwilligung und Genehmigung (§ 182 Abs 2)
Auch die nachträgliche Genehmigung (§ 184; oder die in der Praxis kaum vorkom- 68 mende vorherige Einwilligung, § 183) bedürfen nach **§ 182 Abs 2** grundsätzlich nicht der für das Rechtsgeschäft bestimmten Form.

Gesetzliche Formvorschriften für Zustimmungen bestehen etwa in §§ 1516 Abs 2 S 3, 69 1517 Abs 1 S 2, 1597, 1750 (Beurkundungserfordernisse). Eine Zurückweisungsmöglichkeit bei einem nicht formgerechten Nachweis der Zustimmung geben § 184 (Schriftform), § 71 ZVG (Unterschriftsbeglaubigung).

Wichtiger ist die **analoge Anwendung der gesetzlichen Formerfordernisse für Vollmachten** auf die Zustimmung. So ist etwa das Erfordernis einer Unterschriftsbeglaubigung für eine Vollmacht zur GmbH-Gründung (2 Abs 2 GmbHG) analog auch auf die nachträgliche Genehmigung der Gründung anzuwenden (OLG Köln BB 1995, 2545 = MittRhNotK 1995, 356 = NJW-RR 1996, 550 = WM 1996, 207: Änderung eines GmbH-Gesellschaftsvertrages vor Eintragung durch vollmachtlosen Vertreter; BAUMBACH/HUECK § 2 GmbHG Rn 18).

Hingegen hat es die Rechtsprechung **abgelehnt, die Einschränkungen der Formfrei-** 70 **heit des § 167 Abs 2** auch auf § 182 Abs 2 zu übertragen und sich hierfür v a auf die Kontinuität der Rechtsprechung gestützt, die es aus Gründen der Rechtssicherheit fortzuführen gelte, da sich der Rechtsverkehr auf die Formfreiheit der Genehmigung eingestellt habe (BGHZ 125, 218 = DNotZ 1994, 764 = NJW 1994, 1344, 1345 – zur Genehmigung einer Grundstücksveräußerung; ebenso bereits RGZ 110, 319, 322; RGZ 129, 284, 286 ff; RG LZ 1926, 438, 439; LZ 1926, 480; OLG Köln NJW-RR 1993, 1364 – vgl Vorbem 142 zu §§ 127a, 128; ebenso zur Auflassung: BGH NJW 1998, 1482; ebenso zur Genehmigung eines Ehevertrages: BGH BB 1989, 658 = DB 1989, 1280 = FamRZ 1989, 476 = JZ 1989, 402 = MDR 1989, 527 = MittBayNot 1989, 136 = NJW 1989, 1728 = WM 1989, 650; ebenso zur Genehmigung einer Gesellschaftsgründung: BGH BB 1980, 857 = DNotZ 1981, 183 = MDR 1980, 737 = Rpfleger 1980, 335 = WM 1980, 866 = ZIP 1980, 451; zur Genehmigung einer GmbH-Geschäftsanteilsabtretung verweist BGHZ 125, 218 auf BGH BB 1989, 372 = DB 1989, 568 = DNotZ 1990, 122 = NJW-RR 1989, 291 = WM 1989, 256, 257 ff = ZIP 1989, 234, obwohl dort Entscheidungsgegenstand nur der einseitige Verzicht auf eine Bedingung war; ebenso für die Genehmigung einer Bürgschaftserklärung: RG JW 1927, 1363; sowie einer Wechselerklärung: RGZ 118, 170).

Die Literatur ist gespalten. Während ein Teil der Rechtsprechung des BGH folgt (MünchKomm/Schramm § 177 Rn 39; MünchKomm/Kanzleiter § 311b Rn 38; Soergel/Leptien § 182 Rn 5; Staudinger/Gursky [2004] § 182 Rn 27; Staudinger/Wufka [2001] § 313 Rn 130; ausführlich Wufka DNotZ 1990, 339, insbesondere auch zur Gesetzesentstehung), will eine starke **Mindermeinung** bei Formerfordernissen, die primär eine Warnfunktion erfüllen, das Formerfordernis jedenfalls nach denselben Grundsätzen wie für eine Vollmacht auch auf die Genehmigung erstrecken (OLG München DNotZ 1951, 31; Einsele DNotZ 1996, 835, 865 ff; DNotZ 1999, 43; Erman/Palm § 182 Rn 4; Lerch ZRP 1998, 347; MünchKomm/Thiele[2] § 177 Rn 34 und § 182 Rn 14; noch weitergehend für generelle Erstreckung des Formerfordernisses bei Warnfunktion: Brox, AT Rn 299, 503; Flume § 54 Rn 6b; Larenz, AT § 24 S 486; Medicus, AT[5] Rn 1017; Reinecke/Tiedtke, Kaufvertrag[4] 60; Tiedtke JZ 1990, 75, 76).

Als sachlichen Unterschied zwischen Vollmacht und Genehmigung kann man für die hM anführen, daß der Genehmigende zumindest weiß, was er genehmigt, während der Vollmachtgeber die „Katze im Sack" kauft und deshalb stärker schutzbedürftig ist.

71 Die **vorherige Einwilligung** unterliegt hingegen ebenfalls dem Formerfordernis, wenn sie unwiderruflich oder sonst ebenso bindend wie die Verfügung selbst ist (BGH DNotZ 1999, 40 = NJW 1998, 1482, 1484 = ZfIR 1998, 207 = ZIP 1998, 741 – zur Auflassung).

d) Verfahrensrechtlicher Nachweis von Vollmacht oder Genehmigung

72 Auch soweit die Vollmacht oder Zustimmung materiell-rechtlich zur Wirksamkeit keiner besonderen Form bedarf, kann doch verfahrensrechtlich ihr Nachweis in einer bestimmten Form erforderlich sein. So ist etwa im Grundbuchverfahren die Vollmacht bzw die Genehmigung vollmachtloser Vertretung für eine Grundbuchbewilligung oder Auflassung in zumindest unterschriftsbeglaubigter Form nachzuweisen (**§ 29 GBO**), ebenso Vollmachten für Handelsregisteranmeldungen (§ 12 HGB). Vollmachten zur Vertretung im streitigen Zivilprozeß oder in Verfahren der Freiwilligen Gerichtsbarkeit sind schriftlich nachzuweisen (§ 80 ZPO; § 13 FGG).

Daher gibt etwa § 2120 S 3 dem Vorerben bei einer Verfügung im Rahmen ordnungsgemäßer Verwaltung einen Anspruch auf eine Zustimmung in unterschriftsbeglaubigter Form.

5. Änderungen und Aufhebung

a) Änderungen grundsätzlich formbedürftig

73 Grundsätzlich bedürfen auch Änderungen und Ergänzungen eines formbedürftigen Rechtsgeschäftes **derselben Form**, derer sie bedurft hätten, **wären sie zeitgleich mit dem ursprünglichen Rechtsgeschäft vereinbart** worden (Palandt/Heinrichs Rn 8; Soergel/Hefermehl Rn 16; Wendtland, in: Bamberger/Roth Rn 10; iE ähnlich MünchKomm/Einsele Rn 16).

Formbedürftig ist grundsätzlich auch jede Änderung eines formbedürftigen Angebotes (vgl § 128 Rn 27).

b) Einseitiger Formzwang

Von diesem Grundsatz gibt es aber wichtige Ausnahmen: Schreibt das Gesetz lediglich einseitig für die Erklärung einer Vertragspartei eine Form zu deren Schutz vor (so zB die notarielle Beurkundung des Schenkungsversprechens, § 518, oder die Schriftform für die Erklärung des Bürgen oder des Verpflichteten bei Schuldversprechen, Schuldanerkenntnis oder für die Annahme einer Anweisung, §§ 766, 780, 781, 784 Abs 2), so sind Änderungen nur insoweit (einseitig) formbedürftig, als sie die **formbedürftige Verpflichtung erweitern** (MünchKomm/EINSELE Rn 16; SOERGEL/ HEFERMEHL Rn 16), also etwa den Bürgen belasten (BGHZ 26, 142 = NJW 1958, 217 = WM 1958, 71; BGH NJW-RR 1997, 684 = WM 1997, 625 = ZIP 1997, 536; TIEDTKE NJW 1999, 1209, 1212 – alle zur Erweiterung des Umfangs einer Bürgschaft). 74

Den Verpflichteten **entlastende Änderungen** sind hingegen **formfrei** möglich (BGH NJW 1968, 393; NJW 1986, 3131, 3132 = WM 1986, 961 = ZIP 1986, 970; NJW 1994, 1656 = WM 1994, 784 = ZIP 1994, 697 – je zu den Bürgen entlastenden Änderungen).

c) Erfüllung der formbedürftigen Verpflichtung

Insbesondere bei Veräußerungsgeschäften können auch **Vertragsänderungen nach Erfüllung der das Formerfordernis begründenden Verpflichtung** formfrei sein. 75

So sind bei der **Grundstückveräußerung** nach ständiger Rechtsprechung Vertragsänderungen **nach Beurkundung der Auflassung** formlos möglich (BGH BB 1971, 1026 = MDR 1971, 737 = NJW 1971, 1450 = LM § 313 Nr 49; BB 1973, 728; DNotZ 1985, 284 m abl Anm KANZLEITER = NJW 1985, 266 = WM 1984, 1539). Die Rechtsprechung begründet dies damit, daß der Veräußerer mit Erklärung der Auflassung seine wesentliche Pflicht schon erfüllt habe. Die wohl hM sieht den Schutzzweck hingegen erst mit dem Vollzug der Auflassung entfallen. Denn es besteht kein Wertungsunterschied zwischen dem Veräußerer, der die Auflassung mit Vorlagesperre bereits erklärt hat, und dem, der dem Erwerber eine Auflassungsvollmacht (unter ähnlichen Kautelen) erteilt hat (Vorbem 134 zu §§ 127a, 128). Auch wenn die Ausnahme der Rechtsprechung daher dogmatisch abzulehnen ist, kann man sich in der Praxis auf die diesbezüglich seit vielen Jahrzehnten unveränderte Rechtsprechung verlassen.

d) Keine Ausnahme de minimis

Ob eine Änderung vertragswesentlich ist oder nicht, spielt hingegen keine Rolle. Grundsätzlich sind **auch kleine und unwesentliche Änderungen** des Rechtsgeschäftes **formbedürftig**. 76

Diskutiert wird dies vor allem für das schuldrechtliche Geschäft zur Veräußerung eines **GmbH-Geschäftsanteiles** (§ 15 Abs 4 GmhHG). Hier sind nach ständiger Rechtsprechung grundsätzlich alle Änderungen beurkundungsbedürftig, sofern sie – nach der von der Rechtsprechung verwandten Formel – „nicht bloß klarstellende Funktion haben, sondern so wichtig sind, daß ohne sie eine Abtretungspflicht nicht bestehen soll" (BGH DNotZ 1990, 122 = GmbHR 1989, 194, 195 = NJW-RR 1989, 291 = ZIP 1989, 234; RG DR 1940, 1292 – vgl Vorbem 157 zu §§ 127a, 128).

77 Lediglich bei der **Grundstücksveräußerung** hat die Rechtsprechung diese klare Linie verlassen. Formfrei sind hier nach der Rechtsprechung auch Vertragsänderungen, die lediglich der Beseitigung von **Schwierigkeiten** dienen, die **bei der Abwicklung des Vertrages** aufgetreten sind und die den Inhalt der gegenseitigen Leistungspflichten im Kern unberührt lassen (BGH WM 1966, 656; BB 1973, 582 = MDR 1973, 208 = NJW 1973, 37 = WM 1972, 556 = LM § 313 Nr 57; NJW 1974, 271 = MDR 1974, 391 = LM § 313 Nr 63).

Diese Ausnahme ist abzulehnen. Sie kann zu geradezu grotesken Ergebnissen führen, wie die Anerkennung der Schwangerschaft der Erwerberin als „Abwicklungsschwierigkeit" durch den VII. Zivilsenat des BGH zeigt (BGH DNotZ 2001, 798 m krit Anm KANZLEITER = NJW 2001, 1932 = WM 2001, 1307 = ZIP 2001, 883; kritisch auch GRZIWOTZ EWiR 2001, 569; SUPPLIET NotBZ 2001, 221). Sinnvoller und mit der Dogmatik der Formvorschriften vereinbar erscheint deshalb, mit einer Literaturansicht darauf abzustellen, ob eine (formlos wirksame) Vereinbarung der Vertragsparteien vorliegt, wie sie eine ergänzende Vertragsauslegung nach § 157 vornehmen wollen (MünchKomm/KANZLEITER § 313 Rn 58; STAUDINGER/WUFKA [2001] § 313 Rn 201). Damit erfaßt man ebenfalls die berechtigten Anliegen der meisten zitierten Entscheidungen, vermeidet aber eine zu starke Aufweichung der Formvorschrift.

e) Wechsel der Vertragsparteien, Schuldbeitritt und Abtretung

78 Formbedürftig ist auch der vertragliche **Wechsel der Vertragsparteien** (BGHZ 65, 49 = NJW 1975, 1653; BGH NJW 1979, 369 – beide zu Mieterwechsel) oder der **Schuldbeitritt** zu einem für den Beitretenden der formbedürftigen Vertrag (BGH NJW 1991, 3095, 3098 = WM 1991, 1009 – Honorarvereinbarung nach § 3 BRAGO; BGHZ 134, 94 = NJW 1997, 654 = WM 1997, 158; BGH NJW 1997, 1442 = ZIP 1997, 642; NJW 1997, 3169 = WM 1997, 2000 = ZIP 1997, 1694 – Schuldbeitritt zu Verbraucherdarlehen bzw Finanzierungsleasingvertrag; aA – unabhängig von einer Formbedürftigkeit der Hauptverpflichtung immer – nur – Schriftform analog der Bürgschaft, § 766, erforderlich: HARKE ZBB 2004, 147, 151). Hingegen hielt der BGH den Schuldbeitritt zu einem konstitutiven Schuldanerkenntnis nicht für formbedürftig, da er nicht vom Schutzzweck des § 781 erfaßt werde (BGHZ 121, 1, 3 = NJW 1993, 584 = WM 1993, 287 = ZIP 1993, 100: das Schriftformerfordernis bezwecke nicht den Schutz des Schuldners vor Übereilung, sondern diene der Rechtssicherheit durch Schaffung klarer Beweisverhältnisse).

79 Die **Abtretung** von Ansprüchen ist hingegen formfrei möglich, auch wenn deren Begründung einem Formerfordernis unterliegt (so zur Grundstücksveräußerung: BGHZ 89, 41, 46 = DB 1984, 713 = DNotZ 1984, 319 = NJW 1984, 973 = WM 1984, 337; BGHZ 125, 218 = DNotZ 1994, 764 = NJW 1994, 1344, 1346 = WM 1994, 746) oder dessen Verpfändung (BayObLG DNotZ 1977, 107 = NJW 1976, 1895 – alle drei Entscheidungen zur Grundstücksveräußerung), da durch die bloße Abtretung – anders als auch die Vertragsübernahme – keine Erwerbspflicht des Zessionars begründet wird.

f) Vertragsaufhebung im Regelfall formlos

80 Inwieweit die Aufhebung eines formbedürftigen Vertrages vom jeweiligen Formerfordernis erfaßt wird, ist durch Auslegung der jeweiligen Formvorschrift zu entnehmen. Maßgeblich ist der Schutzzweck bzw die Schutzwirkung der Vorschrift. **Im Regelfall ist die Vertragsaufhebung formfrei möglich.**

81 Immer formlos möglich ist die Aufhebung einer Verpflichtung, deren Eingehung lediglich einem **einseitigen Formerfordernis** unterliegt.

Schreibt das Gesetz ein Formerfordernis für die Veräußerung oder den Erwerb vor **82** (zB von Grundstücken oder GmbH-Geschäftsanteilen, § 311b Abs 1, § 15 Abs 4 GmbHG), so ist die Vertragsaufhebung nur formbedürftig, wenn sie zu einer **neuen Rückveräußerungs- bzw Rückerwerbspflicht** führt – also entweder nach dinglicher Übereignung bzw bei der Grundstücksveräußerung nach hM bereits mit Entstehung eines Anwartschaftsrechtes (BGHZ 83, 395 = DNotZ 1982, 619 m Anm Ludwig = NJW 1982, 1639 = WM 1982, 715; BGHZ 103, 175 = DNotZ 1988, 560 = NJW 1988, 1385 = WM 1988, 672; BGH NJW 1993, 3223 = WM 1993, 2129 – vgl Vorbem 138 ff zu §§ 127a, 128).

Die Aufhebung unterliegt hingegen dem Formerfordernis, wenn **jede Veränderung** **83** **der Rechtslage dem Schutzzweck unterfällt** – so etwa beim **Ehevertrag**. Dies gilt auch, wenn dadurch wieder die gesetzliche Rechtslage hergestellt wird (Gruntkowski Mitt-RhNotK 1993, 1, 18; MünchKomm/Kanzleiter § 1410 Rn 3; **aA** OLG Karlsruhe FamRZ 1995, 361 = NJW-RR 1994, 1414 zur bloßen Aufhebung einer Vereinbarung über den Versorgungsausgleich).

Ausdrücklich gesetzlich geregelt ist das Formerfordernis für die Aufhebung eines **Erbvertrages** (§ 2290 Abs 4).

VI. Auslegung formbedürftiger Erklärungen

Die Auslegung formbedürftiger Willenserklärungen hat zunächst nach den allge- **84** meinen Regeln unter Heranziehung aller für die Auslegung relevanten Umstände zu erfolgen, **ohne Beschränkung auf den in der Urkunde selbst formgerecht festgelegten Text**. Erst wenn durch diese umfassende Auslegung der Inhalt der Willenserklärungen festgestellt wurde, ist in einem zweiten Schritt zu fragen, ob das Gewollte auch formgerecht erklärt wurde.

1. Falsa demonstratio

Haben die Vertragsparteien übereinstimmend etwas anderes als das tatsächlich **85** Erklärte gewollt, ohne jedoch den Unterschied zwischen Erklärung und Erklärungsinhalt zu bemerken, so gilt das tatsächlich Gewollte, nicht das Erklärte (**falsa demonstratio**). Die Form ist gewahrt, wenn das tatsächlich Erklärte formgerecht erklärt wurde – auch wenn sich daraus keine Andeutung für das tatsächlich übereinstimmend Gewollte ergibt. Dies gilt für alle gesetzlichen Formerfordernisse, insbes auch für beurkundungsbedürftige Rechtsgeschäfte (BGH DNotZ 1965, 347; WM 1978, 12; BGHZ 87, 150 = DNotZ 1983, 618 = NJW 1983, 1610 = WM 1983, 657; ebenso bei der Auflassung: BGH DNotZ 2001, 846, 847 = MDR 2001, 1046 = WM 2001, 1905 = ZfIR 2002, 160 = ZNotP 2001, 348; BGH NJW 2002, 1038 = NotBZ 2002, 97 m Anm Waldner NotBZ 2002, 174 = Rpfleger 2002, 255 = WM 2002, 763 = ZfIR 2002, 485 = ZNotP 2002, 149 – vgl Vorbem 697 zu §§ 127a, 128).

Davon zu unterscheiden ist das **Scheingeschäft** (§ 117 Abs 1), bei dem Erklärender **86** und Erklärungsempfänger **wissen, daß das Erklärte nicht gewollt** ist, also bewußt etwas anderes als das Gewollte erklären. Hier ist das Erklärte unwirksam, da es nicht gewollt ist (§ 117 Abs 1). Das tatsächlich Gewollte ist nicht formwirksam erklärt, wenn das Rechtsgeschäft einem Formerfordernis unterliegt.

2. Andeutungstheorie

87 Ist (ggf unter Zuhilfenahme von außerhalb der Urkunde liegenden Umständen) der Inhalt der Erklärung festgestellt (und liegt keine *falsa demonstratio* vor), so ist in einem zweiten Schritt zu prüfen, ob das Gewollte auch formgerecht erklärt wurde. Dabei genügt es, wenn das Gewollte in der Urkunde einen, wenn auch unvollkommenen Ausdruck gefunden hat („**Andeutungstheorie**"; BGHZ 63, 359 = DNotZ 1975, 358 = NJW 1975, 536, 362; BGH DNotZ 1998, 944 = NJW 1996, 2792, 2793 = WM 1996, 1735 = ZIP 1996, 1747 = EWiR 1996, 831 m Anm GEIMER).

88 Besonders großzügig ist die Rechtsprechung bei der Anerkennung von Andeutungen im Rahmen von **Testamenten**, da sie hier auch den *favor testamenti* berücksichtigt (BGHZ 2, 35 = LM § 2065 Nr 1; BGH BB 1956, 31 = LM § 2084 Nr 7; BGHZ 26, 204 = DNotZ 1958, 321 = NJW 1958, 498 und 689; MDR 1963, 487 = NJW 1963, 1150 = LM § 2108 Nr 1; MDR 1965, 274 = NJW 1965, 584 = LM § 2078 Nr 10; WM 1970, 221; WM 1972, 313; BGHZ 80, 242 = DNotZ 1982, 321 = FamRZ 1981, 662 = NJW 1981, 1737 = WM 1981, 796; BGHZ 86, 41, 46 = DNotZ 1984, 38 = NJW 1983, 672 = WM 1983, 234).

In diesem Zusammenhang wird auch verständlich, warum die Rechtsprechung den **stillschweigenden Erb- und Pflichtteilsverzicht** in einem gemeinschaftlichen Testament oder Erbvertrag unter Beteiligung des Verzichtenden anerkennt (BGHZ 22, 364 = JR 1957, 339 m abl Anm v LÜBTOW = NJW 1957, 422 = LM § 2348 Nr 1; BGH DNotZ 1977, 247 = NJW 1977, 1728; vgl JOHANNSEN WM 1979, 631; KEIM ZEV 2001, 1; PALANDT/EDENHOFER § 2346 Rn 5; J MAYER, in: BAMBERGER/ROTH § 2346 Rn 8; **aA** noch RG LZ 1932, 102 = HRR 1932 N4r 628; **aA** auch die wohl **hM** in der Literatur: HABERMANN JuS 1979, 169; REUL MittRhNotK 1997, 373, 378; MünchKomm/STROBEL § 2348 Rn 8; SOERGEL/DAMRAU § 2346 Rn 8; STAUDINGER/SCHOTTEN [2002] § 2346 Rn 13, 15 mw Nachw; nicht gegen die BGH-Rechtsprechung, aber zurückhaltender in der Auslegung: BayObLGZ 1981, 30 = MDR 1981, 673 = MittBayNot 1981, 143 = Rpfleger 1981, 305; – vgl Vorbem 192 zu §§ 127a, 128): Denn die Zuwendung von Todes wegen erhielte einen völlig anderen Sinn, wenn aus der Urkunde nicht zugleich auch der Verzicht hervorgeht.

89 Eine bloße Andeutung genügt nicht, soweit das Gesetz „**ausdrückliche**" Erklärung eines bestimmten Inhaltes verlangt (so insbes in § 492 Abs 1 und 4: Abschluß eines Verbraucherdarlehens bzw Vollmacht dazu; §§ 1904 Abs 2 S 2, 1906 Abs 5: Vollmacht zur Einwilligung in ärztliche Maßnahmen oder eine freiheitsentziehende Unterbringung – vgl Rn 14 f).

VII. Rechtsfolgen bei Einhaltung der gesetzlichen Form

1. Beweislast

90 Wer aus einem formbedürftigen Rechtsgeschäft Rechte ableitet, muß ggf auch beweisen, daß die erforderliche Form eingehalten wurde (MünchKomm/EINSELE § 125 Rn 32). Mit Blick auf die Beweislast müßte § 125 daher umgekehrt formuliert werden: „Ein Rechtsgeschäft, für welches das Gesetz eine Form vorschreibt, ist nur bei Einhaltung der gesetzlichen Form wirksam."

2. Beweiswirkung

Zur Beweiswirkung der verschiedenen Formen vgl oben Rn 44 ff. **91**

3. Vermutung der Vollständigkeit und Richtigkeit

Nach ständiger Rechtsprechung besteht für die über ein Rechtsgeschäft aufgenom- **92** menen **Urkunden** die Vermutung der Vollständigkeit und Richtigkeit. Dies gilt sowohl für die **Schriftform** (BGHZ 20, 109, 111 = BB 1956, 286 = NJW 1956, 665 = LM § 282 ZPO Nr 3; BGH MittRhNotK 2000, 201 = MDR 2000, 19 = WM 1999, 2475 = ZIP 1999, 1887, 1888) wie für **notarielle Urkunden** (BGH MDR 1999, 759 = NJW 1999, 1702 = WM 1999, 965 = ZfIR 1999, 516; DNotI-Report 2002, 149 = NJW 2002, 3164 = ZIP 2002, 1809 = ZNotP 2002, 409); ebenso für **elektronische Urkunden**, da diese der Schriftform gleichstehen (§ 126a Abs 1).

Zweifelhaft erscheint, ob die Vermutung auch bei bloßer **Textform** (§ 126b) gilt; jedenfalls ist sie hier aufgrund der minderen Formqualität leichter zu erschüttern.

Die Vermutung setzt voraus, daß die **Urkunde echt** ist. Dies wird für notariell **93** beurkundete Erklärungen gesetzlich vermutet (§ 437 Abs 1 ZPO), ebenso für unterschriftsbeglaubigte Erklärungen (§ 440 Abs 2 ZPO). Bei privatschriftlichen Urkunden ist die Echtheit hingegen im Bestreitensfall zu beweisen (§ 440 Abs 1 ZPO), für elektronische Urkunden wird man wohl auch hier den Anscheinsbeweis des § 292a ZPO heranzuziehen haben.

Die Vermutung betrifft nur getroffene **rechtsgeschäftliche Vereinbarung**, nicht etwa **94** das Datum der Vereinbarung (BGH BB 1990, 872 = DB 1990, 983 = NJW-RR 1990, 737 = WM 1990, 638).

Die Vollständigkeitsvermutung gilt auch **nicht für tatsächliche Erklärungen** der Beteiligten. Schweigt der Urkundstext eines Grundstückskaufvertrages daher über die Größe und die Wohnungsbindung der verkauften Eigentumswohnung, so spricht die Vermutung der Vollständigkeit zwar gegen eine (rechtsgeschäftliche) Zusicherung einer bestimmten Wohnungsgröße, nicht aber gegen die (nicht rechtsgeschäftliche) Aufklärung über die Wohnungsbindung (BGH DNotZ 1986, 78 = WM 1985, 699; ebenso BGH Rechtsprechung Zivilsachen § 313 S 1 Vollständigkeitsvermutung 1 = § 415 ZPO Abs 1 Beweiskraft 1).

Weiter setzt die Vollständigkeits- und Richtigkeitsvermutung voraus, daß der **Ge-** **95** **schäftsinhalt durch den Urkundstext bestimmt** werden kann; unklar Bleibendes kann keine Vermutung für eine bestimmte Erklärung begründen (BGH NJW 2002, 1500 = WM 2002, 377). Allerdings muß der Urkundsinhalt nicht so eindeutig sein, daß für eine Auslegung kein Raum mehr bleibt (BGHZ 25, 318, 319; 80, 246, 250 = DNotZ 1982, 323 = NJW 1981, 1736 = Rpfleger 1981, 289 = WM 1981, 653; **aA** MünchKomm/Mayer-Maly/Busche § 133 Rn 46). Denn in diesem Falle wäre die Vermutung dem Beweis des Gegenteils nicht zugänglich, ginge mithin über eine Beweislastregelung hinaus.

Die Vermutung ist vielmehr bereits dann begründet, wenn der Urkundstext nach Wortlaut und innerem Zusammenhang unter Berücksichtigung der Verkehrssitte

(§ 157) einen bestimmten Geschäftsinhalt zum Ausdruck bringt. Die außerhalb der Urkunde liegenden Mittel der Auslegung, die Begleitumstände des Vertragsabschlusses, dessen Entstehungsgeschichte, Äußerungen der Parteien außerhalb der Urkunde ua, bleiben hierbei allerdings außer Betracht; sie sind umgekehrt gerade Hilfsmittel zur Widerlegung der durch die Urkunde begründeten Vermutung des Geschäftsinhalts (BGH DNotI-Report 2002, 149 = NJW 2002, 3164 = ZIP 2002, 1809 = ZNotP 2002, 409).

96 Rechtsfolge der Vermutung ist, daß sich die Partei, die sich auf **außerhalb der Urkunde liegende Umstände beruft** – sei es zum Nachweis eines vom Urkundstext abweichenden übereinstimmenden Willens der Beteiligten, sei es zum Zwecke der Deutung des Inhalts des Beurkundeten aus der Sicht des Erklärungsempfängers (§§ 133, 157) –, die Beweislast für deren Vorliegen trifft (BGHZ 20, 109, 111 = BB 1956, 286 = NJW 1956, 665 = LM § 282 ZPO Nr 3; BGH NJW 1999, 1702 = WM 1999, 965 = ZfIR 1999, 516).

VIII. Rechtsfolgen bei Fehlen der gesetzlichen Form

1. Formnichtigkeit

a) Grundsatz

97 Erfüllt ein Rechtsgeschäft nicht die gesetzlich vorgeschriebene Form, so ist es **unwirksam** (§ 125 S 1). Nach deutschem Recht sind Formvorschriften damit grundsätzlich Wirksamkeitsvoraussetzung. Manche Formvorschriften wiederholen die Regel des § 125 S 1 nochmals ausdrücklich (so § 241 Nr 2 AktG, da die ursprüngliche Fassung des AktG älter ist als das BGB).

98 § 125 gilt nicht, sofern das Gesetz ausdrücklich **andere Rechtsfolgen** an die Form anknüpft:

– So erfordern etwa § 29 GBO, § 12 HGB lediglich **verfahrensrechtlich** eine öffentliche Urkunde (dh mindestens Unterschriftsbeglaubigung), während materiellrechtlich viele einzutragenden Rechtsgeschäfte keinem Formerfordernis unterliegen.

– Im materiellen Recht führt die fehlende Form teilweise nicht zur materiellen Unwirksamkeit, sondern zu einem **Zurückweisungsrecht** des Geschäftsgegners (beim Fehlen schriftlichen Nachweises der Einwilligung, Vollmacht, Zustimmung oder Abtretung nach §§ 111, 174, 182 Abs 3, 410).

– Umgekehrt kann die Form Voraussetzung für den Schutz des **guten Glaubens** sein (so die Schriftform nach §§ 370, 409 Abs 1 bei der Leistung an den Überbringer der Quittung oder den schriftlich legitimierten Zedenten; die Unterschriftsbeglaubigung nach § 1155 bei einer Kette beglaubigter Briefgrundschuldabtretungen für die Legitimation des Briefbesitzers).

– Teilweise gewährt das Gesetz einem Beteiligten auch lediglich **zu Beweiszwecken einen Anspruch** auf eine in einer **bestimmten Form** abzugebende Erklärung, ohne dies zur Wirksamkeitsvoraussetzung zu machen (so zB der Anspruch auf eine schriftliche Quittung, § 368, einen schriftlichen Vertrag nach § 4 Abs 1, § 112 Abs 1 BetrVG, § 85 HGB, oder ein schriftliches Zeugnis nach § 630, § 109 GewO).

Die Beteiligten können **gesetzliche Formerfordernisse nicht abbedingen** (und eben- 99 sowenig die gesetzliche Nichtigkeitsfolge abbedingen) – auch wenn im konkreten Fall möglicherweise der gesetzliche Schutzzweck nicht eingreift.

b) Formerfordernis erfaßt nur einzelne Vertragsklauseln
Betrifft das Formerfordernis ausnahmsweise nur eine einzelne Klausel des Rechts- 100 geschäftes, so ist nur diese Klausel unwirksam, das Rechtsgeschäft im übrigen aber wirksam.

Ist etwa die **Befristung eines Arbeitsvertrages** entgegen § 14 Abs 4 TzBfG nicht schriftlich vereinbart, so ist zwar die Befristung unwirksam, der Arbeitsvertrag jedoch wirksam – als unbefristeter Arbeitsvertrag (RICHARDI/ANNUSS NJW 2000, 1231, 1234 zur Vorgängernorm des § 623 aF). Ähnlich ist bei der **Befristung eines Mietverhältnisses über Wohnraum** bei einem Verstoß gegen die Verpflichtung des Vermieters, dem Mieter den Grund der Befristung bei Vertragsschluß schriftlich mitzuteilen (§ 575 Abs 1 S 1 HS 2) nach der ausdrücklichen gesetzlichen Regelung nur die Befristung unwirksam, der Mietvertrag als unbefristeter aber wirksam. Dies ähnelt der nachstehend (Rn 109) zu besprechenden modifizierenden Heilung.

c) Teilunwirksamkeit
Ist lediglich ein Teil des Rechtsgeschäftes formunwirksam, so ist nach der Regel des 101 § 139 **im Zweifel das gesamte Rechtsgeschäft unwirksam** (BGHZ 69, 266 = DNotZ 1978, 148 m Anm BRAMBRING = NJW 1978, 102 = WM 1977, 1383 = LM § 313 Nr 74 m Anm HAGEN: mangels Anforderungen an Verweisung nach § 13a BeurkG formunwirksame Baubeschreibung führt zu Unwirksamkeit des gesamten Bauträgervertrages).

Die Vermutung für eine Nichtigkeit des gesamten Rechtsgeschäfts nach § 139 gilt grundsätzlich auch für eine im Rahmen des Veräußerungsgeschäfts erteilte **Auflassungsvollmacht**. Als selbständig gewollt wirksam ist die Auflassungsvollmacht hingegen, wenn ausnahmsweise eine Partei die andere unwiderruflich zur Auflassung bevollmächtigt, um so die Vollziehung des Vertrages – und damit die Heilung der Formnichtigkeit des gesamten Vertrages gemäß § 311b Abs 1 2 – zu sichern (BGH BB 1964, 148 = WM 1964, 182, 183; DNotZ 1985, 294 = NJW 1985, 730 = ZIP 1985, 16; WM 1985, 596, 597 = EWiR 1985, 361 m Anm LOCHER; BGHZ 102, 60 = DB 1988, 174 = DNotZ 1988, 551 = NJW 1988, 697 = WM 1987, 1426 = ZIP 1987, 1454; BGH BB 1988, 163 = DB 1988, 176 = NJW-RR 1988, 348 = WM 1988, 48 = ZIP 1988, 316; BB 1989, 1227 = DNotZ 1990, 359 m Anm HECKSCHEN = NJW-RR 1989, 1099 = WM 1989, 997).

Eine **bloße beschränkte Teilunwirksamkeit** kann sich jedoch aus dem Willen der 102 Beteiligten ergeben. Objektiv setzt dies Teilbarkeit des Rechtsgeschäftes voraus, so daß der verbleibende Teil als selbständiges Rechtsgeschäft für sich Bestand haben kann (BGH NJW 1962, 913). Subjektiv muß abweichend von der Zweifelsregelung des § 139 der (mutmaßliche) Wille der Beteiligten auf eine teilweise Aufrechterhaltung feststellbar sein.

So läßt etwa die Formnichtigkeit einer **Kaufpreisverrechnungsabrede** die Wirksamkeit des übrigen Kaufvertrages unberührt, wenn der Käufer die Belegung des Kaufpreises zu beweisen vermag (BGH DNotZ 1994, 303 = MDR 1994, 376 = NJW 1994, 720 = WM 1994, 598 = LM § 125 Nr 46; BB 2000, 1214 = DNotZ 2000, 931 = NJW 2000, 2100 = WM 2000, 1403 = ZfIR 2000, 521 = ZIP 2000, 1167 = ZNotP 2000, 278).

Bei **Erschließungsverträgen** und bei **städtebaulichen Verträgen**, die aufgrund einer darin enthaltenen Pflicht zur Veräußerung oder zum Erwerb eines Grundstückes beurkundungsbedürftig sind (aber nicht oder unvollständig beurkundet sind), neigt die verwaltungsgerichtliche Rechtsprechung dazu, entgegen § 139, § 59 Abs 3 VwVfG nur eine Teilunwirksamkeit der Grundstücksveräußerung anzunehmen (OVG Koblenz DÖV 1978, 444 m Anm ZIEGLER – zustimmend zitiert von BONK, in: STELKENS/BONK/SACHS § 59 VwVfG Rn 64; OVG Münster NVwZ-RR 1993, 507 = ZMR 1993, 38 = NWVBl 1993, 151 = KStZ 1993, 171 – zustimmend zitiert von ERNST, in: ERNST/ZINKAHN/BIELENBERG/KRAUTZBERGER § 124 BauGB Rn 12; ähnlich VGH Mannheim BRS 56, Nr 243 = NJW-RR 1995, 721 = RdL 1995, 159 = ZfBR 1995, 225 zu einer Umlegungsvereinbarung – zustimmend zitiert bei SCHRÖDTER/QUAAS, BauGB [6. Aufl 1998] § 124 BauGB Rn 20). Diese Rechtsprechung erscheint fragwürdig, da jedenfalls der Erschließungsträger (oder der Grundstückseigentümer bei der Umlegung) sich idR nur dann zur Übereignung der Grundstücke verpflichten will, wenn die Gemeinde zugleich den Erschließungsvertrag bzw Umlegungsvertrag abschließt.

Eine allgemeine **salvatorische Klausel** (wonach bei Teilunwirksamkeit einzelner Regelungen der Vertrag im übrigen wirksam sein soll) entbindet nach neuerer Rechtsprechung nicht von der nach § 139 BGB vorzunehmenden Prüfung, ob die Parteien das teilnichtige Geschäft als Ganzes verworfen hätten oder aber den Rest hätten gelten lassen. Sie führt lediglich zu einer **Beweislastumkehr gegenüber § 139 BGB**, so daß beweispflichtig ist, wer sich entgegen der salvatorischen Klausel auf die Gesamtnichtigkeit des Vertrages beruft (BGH DB 2002, 2646 = DNotI-Report 2003, 37 = NJW 2003, 347 = WM 2003, 211 = ZfIR 2003, 675 = ZIP 2003, 126 = ZNotP 2003, 65 – unter ausdrücklicher Aufgabe von BGH NJW 1994, 1651 = WM 1994, 1035 = LM § 139 BGB Nr 81 [7/1994] „Pronuptia II"; vgl auch BGH DStR 1995, 1924 m Anm GOETTE = NJW 1996, 773, 774 = WM 1996, 22; DB 1997, 646 = DNotI-Report 1997, 92 = MDR 1997, 466 = WM 1997, 625, 6287 = ZIP 1997, 536; OLG Stuttgart ZIP 1989, 60, 63; STAUDINGER/ROTH [2003] § 139 Rn 22).

Gesamtnichtigkeit trotz salvatorischer Klausel kommt insbesondere in Betracht, wenn nicht nur eine Nebenabrede, sondern eine wesentliche Vertragsbestimmung unwirksam ist und durch die Teilnichtigkeit der Gesamtcharakter des Vertrages verändert würde (BGH WM 1976, 1027; DStR 1995, 1924 m Anm GOETTE = NJW 1996, 773, 774 = WM 1996, 22; vgl KG NJW-RR 2001, 1215, 1216). Gesamtnichtigkeit tritt auch ein, wenn der Vertrag durch entsprechende Auslegung oder Fortfall der unwirksamen Bedingungen einen wesentlich anderen Inhalt erhalten würde (BGH BB 1982, 2071 = NJW 1983, 159 = WM 1982, 1354 = ZIP 1982, 1449).

d) **Nichtigkeit nur für die Zukunft bei vollzogenen Gesellschafts- und Arbeitsverträgen**

Für Arbeitsverträge schreibt das Gesetz keine besondere Form vor, doch verlangen **Tarifverträge** teilweise Schriftform. Auch dies ist ein gesetzliches Schriftformerfordernis (BAG NJW 1958, 397; AP BAT § 4 Nr 1; DB 1977, 2145 – vgl § 126 Rn 8, 48). Zu prüfen ist aber, ob der jeweilige Tarifvertrag die Form als Wirksamkeitserfordernis oder nur zu Beweiszwecken vorschreibt. So wird etwa die Schriftform von § 4 Abs 2 BAT nur als Beweiserleichterung verstanden, nicht als Wirksamkeitsvoraussetzung (KLIEMT 263 ff; MünchKomm/EINSELE § 125 Rn 41).

Verstößt ein Arbeitsvertrag gegen ein konstitutives (Schrift-)Formerfordernis, wurde das Arbeitsverhältnis aber bereits in Vollzug gesetzt, so kann die **Nichtigkeit grundsätzlich nur für die Zukunft geltend gemacht** werden; für die Vergangenheit ist das Arbeitsverhältnis als wirksam zu behandeln (BAG AP § 125 Nr 2; KLIEMT 522 f).

Entsprechendes gilt nach der Lehre von der **fehlerhaften Gesellschaft** für eine **104** formunwirksam begründete, aber bereits in Vollzug gesetzte Gesellschaft: Für die Vergangenheit ist die Gesellschaft als wirksame anzusehen. Die Formunwirksamkeit kann lediglich als Auflösungsgrund für die Zukunft geltend gemacht werden. Dabei hat die Auflösung der Gesellschaft nach den auch für wirksam gegründete Gesellschaften geltenden Regeln zu erfolgen (BGHZ 55, 5 = NJW 1971, 375, 376 f).

Bei **GmbH und Aktiengesellschaft heilt die Handelsregistereintragung** grundsätzlich die Formunwirksamkeit (vgl Rn 106); die Lehre von der fehlerhaften Gesellschaft gilt daher hier nur für die Zeit zwischen In-Vollzug-Setzung und Registereintragung.

2. Heilung

a) Gesetzliche Heilungsvorschriften

Bei einigen der in der Praxis wichtigsten Formvorschriften, insbes bei Beurkun- **105** dungserfordernissen, ordnet das Gesetz Heilung des Formmangels durch **Erfüllung** an. So wird die fehlende **Beurkundung** durch Erfüllung geheilt bei der Grundstücksveräußerung (§ 311b Abs 1 S 2), bei Schenkungsversprechen (§ 518 Abs 2) und bei der Veräußerung von GmbH-Geschäftsanteilen (§ 15 Abs 4 S 2 GmbHG; vgl Vorbem 665 ff zu §§ 127a, 128).

Ebenso wird die fehlende **Schriftform** der Bürgschaftserklärung (§ 766 S 3) oder der Gebührenvereinbarung mit einem Rechtsanwalt (§ 3 Abs 1 S 2 BRAGO) durch die Erfüllung (der Hauptverbindlichkeit) geheilt bzw die fehlende Schriftform der Schiedsvereinbarung durch die Einlassung auf die schiedsgerichtliche Verhandlung zur Hauptsache (§ 1031 Abs 6 ZPO).

Praktisch wichtig ist auch die **Heilung durch Handelsregistereintragung**. Wurde die **106** Beurkundungsform für die Gründung einer Kapitalgesellschaft nicht eingehalten, so ist der Formfehler grundsätzlich mit der Registereintragung der Gesellschaft geheilt (§ 275 Abs 1 AktG; § 75 Abs 1 GmbHG) – sofern nicht Angaben über Unternehmensgegenstand oder Stammkapital/Grundkapital fehlen.

Dasselbe gilt für in das Handelsregister eingetragene formunwirksame **Hauptversammlungsbeschlüsse** einer AG (§ 242 Abs 1 AktG) und analog auch einer GmbH (BGH DNotZ 1996, 684 = NJW 1996, 257 = WM 1995, 2185 = ZIP 1995, 1983) sowie für eingetragene Umwandlungsvorgänge hinsichtlich von Formfehlern der zugrundeliegenden Umwandlungsverträge oder der Zustimmungs- und Verzichtserklärungen einzelner Anteilsinhaber (§ 20 Abs 1 Nr 4 UmwG; vgl allg Vorbem 684 ff zu §§ 127a, 128).

107 Die vorhandenen Heilungsvorschriften hat die Rechtsprechung **teilweise erweiternd angewandt** auch auf einzelne nicht unmittelbar vom Wortlaut erfaßte Fallgruppen, aber stets nur **innerhalb des Anwendungsbereiches der jeweiligen Formvorschrift**: So wird etwa ein formnichtiger Vorvertrag bereits mit dem formgerechten Abschluß des Hauptvertrages geheilt (BGHZ 82, 398 = DNotZ 1982, 433 = NJW 1982, 759 = WM 1982, 203 – zu § 313 aF = § 311b Abs 1).

108 Gibt es zu aber einer gesetzlichen Formvorschrift keine ausdrückliche Heilungsvorschrift, so kann aber eine Heilung grundsätzlich **nicht in Analogie zu einer anderen Heilungsvorschrift** oder in Gesamtanalogie zu einer Gruppe anderer Heilungsvorschriften angenommen werden. Denn im Regelfall fehlt es bereits an einer unbewußten Regelungslücke des Gesetzes. Der BGB-Gesetzgeber sah von Anfang an für bestimmte Formvorschriften eine Heilung vor. Von daher ist es grundsätzlich als bewußte Entscheidung des Gesetzgebers zu werten, wenn bei anderen Formvorschriften eine Heilungsvorschrift fehlt.

So verneint etwa die ständige Rechtsprechung eine Heilungsmöglichkeit bei einem formnichtigen Erbschaftskauf oder Erbteilskauf (§ 2371; BGH WM 1960, 551, 553; NJW 1967, 1128, 1131 = LM § 2371 Nr 2; DNotZ 1971, 37 = WM 1970, 1319; **aA** eine starke Literaturmeinung – vgl Vorbem 677 zu §§ 127a, 128). Ebenso besteht nach allgemeiner Ansicht keine Heilungsmöglichkeit bei einem formunwirksamen Vertrag über das gegenwärtige Vermögen (§ 311b Abs 3; BGH DNotZ 1971, 38; RGZ 76, 3; 137, 175, 350 – vgl Vorbem 678 zu §§ 127a, 128).

b)   Modifizierende Heilung bei Verstoß gegen Informationspflichten gegenüber Verbrauchern

109 Bei einem **Verbraucherdarlehen** führt ein Verstoß gegen die (etwas erleichterte) Schriftform oder die in Schriftform abzugebenden Informationspflichten zwar grundsätzlich ebenfalls zur Formunwirksamkeit des Vertrages (§ 494 Abs 1). Mit Empfang oder Inanspruchnahme des Darlehens durch den Verbraucher wird die Formnichtigkeit geheilt (§ 494 Abs 1 S 1). Die erste Abweichung von den Grundregeln liegt hier darin, daß der Verbraucher entscheiden kann, ob er sich auf die Formnichtigkeit beruft – oder ob das Darlehen „in Anspruch nimmt" und **mit seinem Auszahlungsverlangen die Formwirksamkeit heilt**.

Hat der Unternehmer seine **Informationspflichten verletzt**, so muß er dies auch bei einer Heilung gegen sich gelten lassen: Der Zinssatz ermäßigt sich auf den gesetzlichen Zinssatz, wenn der effektive Jahreszins gar nicht angegeben wurde – bzw bei zu niedriger Angabe auf den zu niedrig angegebenen Zins (§ 494 Abs 2 S 2 und Abs 3). Der Inhalt des Rechtsgeschäftes wird daher bei der Heilung modifiziert.

3.   Treu und Glauben untersagen Berufung auf Formnichtigkeit

110 In besonderen Ausnahmefällen kann es einem Beteiligten versagt sein, sich auf die Formunwirksamkeit zu berufen (**aA** lediglich HÄSEMEYER S 295 ff, der generell Ausnahmen von der Nichtigkeitsfolge ablehnt). Unterschiedliche Ansätze bestehen hingegen in der Begründung und hinsichtlich der betroffenen Fallgruppen. Die Rechtsprechung sieht die Ausnahmen als auf **Treu und Glauben (§ 242) als Rechtsgrundlage** beruhenden Einwand. Teile der Literatur leiten den Anspruch hingegen als Schadensersatzanspruch aus *culpa in contrahendo* bzw § 826 ab (vgl insbes Medicus, Bürgerliches Recht AT Rn 631). Wieder andere Stimmen sehen die eigentliche Begründung für die Ausnahmen darin, daß der Formzweck hier nicht eingreife (MünchKomm/Einsele Rn 59 ff, 63).

Eine Ausnahme kann aber **nur in ganz besonders gelagerten Fällen** gemacht werden, **111** in denen nach den gesamten Umständen die Nichtigkeitsfolge mit Treu und Glauben unvereinbar wäre und zu schlechthin unerträglichen Ergebnissen führen würde, da ansonsten die Formvorschriften des bürgerlichen Rechts ausgehöhlt werden (BGHZ 26, 142, 151; 121, 224, 233). An die Bejahung eines Ausnahmefalles sind daher strenge Anforderungen zu stellen; daß die Nichtigkeit den einen Vertragsteil hart trifft, oder sonst allgemeine Billigkeitserwägungen reichen nicht aus (BGHZ 29, 6, 10 = NJW 1959, 626; BGHZ 85, 315, 318 f = DNotZ 1983, 232 = MDR 1983, 215 = NJW 1983, 563 = WM 1982, 1434 = LM § 313 Nr 96; BGHZ 92, 164, 171 f = DB 1985, 593 = MDR 1985, 298 = NJW 1985, 1778 = NVwZ 1985, 607; FamRZ 2004, 947 = NJW 2004, 1960; EBE/BGH 2004, 278 = FamRZ 2004, 1471 = ZGS 2004, 325; NJW 2004, 1103 = NZM 2004, 97).

Die Versagung der Berufung auf die Formnichtigkeit ist notwendig eine Einzelfallentscheidung. Doch lassen sich aus der Rechtsprechung zu § 311b Abs 1 (= § 313 aF) **zwei anerkannte Fallgruppen** ablesen, nämlich zum einen eine schwere Treuepflichtverletzung dessen, der sich auf die Formunwirksamkeit berufen will, zum anderen eine Existenzgefährdung des anderen Vertragsteils. Bei anderen Formvorschriften ließ die Rechtsprechung teilweise Ausnahmen auch unter etwas geringeren Voraussetzungen zu.

a) Schwere Treuepflichtverletzung

Innerhalb der schweren Treuepflichtverletzung kann man verschiedene Untergruppen unterscheiden, wobei allerdings die Rechtsprechung selbst keine weiteren Untergruppen bildet und daher manche Fälle nicht klar zu der einen oder anderen Untergruppe zugeordnet werden können. Auf die Formnichtigkeit kann sich daher nicht berufen, wer selbst **arglistig seinen Vertragspartner von der Wahrung der Form abgehalten** hat, um sich später auf die Formnichtigkeit berufen zu können (RGZ 96, 315). **112**

Entschieden wurde dies insbesondere für Fälle, in denen ein Vertragspartner eine Beurkundung wünschte, der andere ihn aber davon abhielt – etwa unter Hinweis auf die Kosten der Beurkundung, so daß der auf die Beurkundung drängende Vertragspartner annahm, auch eine formlose Vereinbarung sei wirksam (BGH BB 1961, 1142 = WM 1961, 1172; BGHZ 48, 396, 399 = BB 1967, 1355 = DNotZ 1968, 344 = MDR 1968, 136 = NJW 1968, 39 = LM § 313 Nr 31: Ein „bedeutendes wirtschaftliches Unternehmen" hielt einen früheren Angestellten durch den Hinweis, daß es einen privatschriftlichen Vertrag einem notariellen als gleichwertig anzusehen pflege, von der Einhaltung der Form ab; BGH DNotZ 1973, 18: Hofübergeber hält den Übernehmer von Beurkundung ab; Hofübernehmer kündigt aber im Vertrauen auf den Vertrag seine bisherige Stellung – so daß auch die Existenzgefährdung eine Rolle spielt, auch wenn dies in den Entscheidungsgründen nicht thematisiert wird).

Noch nicht genügt hingegen für einen Einwand aus § 242, wenn ein Vertragsteil den Formmangel zwar verursacht hat, dies aber nicht auf seinem **Verschulden** beruht (BGH DB 1977, 1990 = DNotZ 1978, 37 = MDR 1978, 126 = NJW 1977, 2072 = WM 1977, 1144: Bauträger veranlaßt, daß Baupläne und Baubeschreibung nicht mitbeurkundet wurden, ohne aber zu wissen, daß dadurch der Vertrag formunwirksam wurde; BGH MDR 1971, 479 = LM § 125 Nr 32).

Ebensowenig genügt, wenn zwar Verschulden, aber keine **Arglist** vorliegt (BGH BB 1969, 775 = MDR 1969, 562 = NJW 1969, 1167 m abl Anm REINICKE = LM § 313 Nr 37: Berufung auf die Formnichtigkeit ist auch dann nicht ausgeschlossen, wenn das verkaufende Unternehmen dem Grundstückserwerber ausdrücklich erklärte, es werde sich nicht auf die Formunwirksamkeit berufen – und könne sich auch nicht darauf berufen, weil dem der Arglisteinwand entgegenstünde).

Im letzteren Fall kann aber ein Anspruch auf **Geldentschädigung** aus culpa in contrahendo gegeben sein (BGH BB 1965, 350 = MDR 1965, 369 = NJW 1965, 812: Grundstückskaufvertrag war wegen eines vom Verkäufer verschuldeten Formfehlers nichtig, wäre aber ohne das schuldhafte Verhalten formgültig abgeschlossen worden; der Käufer konnte zwar nicht Übereignung des formnichtig verkauften Grundstücks verlangen, der Verkäufer mußte ihn aber in Geld entschädigen, so daß er sich ein gleichwertiges anderes Grundstück kaufen konnte).

113 Zweiter Unterfall der schweren Treuepflichtverletzung ist die Verletzung einer **Betreuungspflicht bei deutlich überlegener Verhandlungsposition einer Vertragspartei**, auf den formgerechten Vertragsschluß hinzuwirken. Dies wurde etwa bejaht für Verkäufe durch Siedlungsträger (BGHZ 16, 334; BGHZ 45, 179), im Verhältnis zwischen einer Wohnungsbaugenossenschaft und ihren Mitgliedern (BGH BB 1972, 727 = MDR 1972, 852 = NJW 1972, 1189) oder im Verhältnis zwischen einer Großstadt und einem Bauunternehmen (BGHZ 92, 164, 171 f = DB 1985, 593 = MDR 1985, 298 = NJW 1985, 1778 = NVwZ 1985, 607: Gemeinde läßt Wohnungsbauunternehmen aufgrund wiederholter Zusicherungen erhebliche Aufwendungen auf formunwirksame Zusage zu Grundstücksverkauf erbringen).

Verneint wurde eine derartige Betreuungspflicht für das Verhältnis zwischen Familienangehörigen (BGH MDR 1975, 127 = NJW 1975, 43: Bei einem formnichtigen Grundstücksverkauf hatte die Verkäuferin ihr „Wort als Mutter und Schwiegermutter" gegeben – aber erst nach Zahlung des größten Kaufpreisteiles; anders BGH DNotZ 1973, 18: formloser Hofübergabevertrag) und im Verhältnis von Gesellschaftern untereinander (BGH DB 1988, 1893 = DNotZ 1989, 506 = NJW 1989, 166 = WM 1988, 1367 = ZIP 1988, 1117: GmbH-Gesellschafter hatte mit der GmbH formnichtigen Vorvertrag über den Verkauf eines Grundstücks an die GmbH geschlossen; die GmbH hatte daraufhin bereits mit der Errichtung eines Betriebsgebäudes begonnen; auch wenn dies einen Verstoß gegen gesellschaftsvertragliche Treuepflicht des GmbH-Gesellschafters darstellen mag, kann sich der Gesellschafter auf die Formnichtigkeit des Vorvertrages berufen).

114 Eine schwere Treuepflichtverletzung kann zum dritten auch in **widersprüchlichem Verhalten** liegen, so inbesondere wenn eine Partei zunächst die Vorteile des formunwirksamen Vertrages in Anspruch nimmt, dann aber dessen Erfüllung unter Berrufung auf die Formnichtigkeit verweigert (BGH DNotZ 1997, 307 = NJW 1996, 2503 = WM 1996, 1732 = LM BGB § 313 Nr 143 [10/1996]; REITHMANN: Beteiligter erklärt formunwirksamen Vertragseintritt in Grundstückskaufvertrag auf Verkäuferseite, um Rangrücktritt der Auflassungsvormerkung des Käufers zu erreichen; ist der bezweckte Rangrücktritt vollzogen, so kann sich der Eintretende nicht – ohne zusätzliche Gründe – auf die Formwirksamkeit berufen).

Ebenso kann die Berufung des mit der **Ersteigerung** eines Grundstücks Beauftragten auf Formnichtigkeit des Auftrags rechtsmißbräuchlich sein, etwa wenn er das Grundstück mit Mitteln des Auftraggebers ersteigert hat (BGHZ 85, 245 = DNotZ 1984,

241 = MDR 1983, 215 = NJW 1983, 566 = Rpfleger 1983, 81 = WM 1983, 15; BGHZ 127, 168 = DNotZ 1995, 529 = NJW 1994, 3346 = WM 1994, 2202 = ZIP 1994, 1778; BGH DNotZ 1998, 941 = NJW 1996, 1960 = WM 1996, 1143).

Treuwidrig kann auch sein, wenn der Kläger seinen Vertragspartner **prozeßtaktisch** zunächst zur Offenlegung des Formverstoßes veranlaßt, nur um sich dann (entgegen seines ursprünglichen Prozeßantrages) auf die Formnichtigkeit zu berufen (BGH MDR 1992, 965 = NJW 1992, 1897 = WM 1992, 923: Anstelle der eigentlich vereinbarten war eine andere Nebenabrede beurkundet; der Verkäufer klagte aus der nicht gewollten, aber beurkundeten Nebenabrede und zwang den Käufer so, die nicht beurkundete Nebenabrede offenzulegen; dann schwenkte Verkäufer auf sein eigentliches Prozeßziel um und trug Formnichtigkeit des Vertrages vor; ähnlich BGHZ 85, 315 = DNotZ 1983, 232 = MDR 1983, 215 = NJW 1983, 563 = WM 1982, 1434 = LM § 313 Nr 96: Treuwidrig ist, wenn der Grundstücksverkäufer zunächst den Erhalt einer Vorauszahlung bestreitet und später, nachdem er das Bestreiten nicht mehr aufrechterhalten kann, Unterverbriefung des Kaufpreises behauptet und unter Berufung auf die Formnichtigkeit des Vertrages die Herausgabe des Grundstücks verlangt).

b) Existenzgefährdung des Vertragspartners
Eine Berufung auf die Formunwirksamkeit ist auch ausgeschlossen, wenn die Nichterfüllung oder Rückabwicklung des Vertrages die **wirtschaftliche Existenz der anderen Partei vernichten** oder zumindest gefährden würde, die gutgläubig auf die Wirksamkeit des Rechtsgeschäftes vertraut hat (BGH BB 1972, 727 = MDR 1972, 852 = NJW 1972, 1189: Handwerker hatte kurz vor Ruhestand mit seinen ganzen Ersparnissen von einer Wohnungsbaugenossenschaft – formwirksam – ein Haus erworben; bestätigt etwa in BGHZ 85, 315 = DNotZ 1983, 232 = MDR 1983, 215 = NJW 1983, 563 = WM 1982, 1434 = LM § 313 Nr 96; ähnlich, wenngleich ohne die Fallgruppe zu zitieren: BGH DNotZ 1973, 18: formunwirksamer Hofübergabevertrag, für den der Hofübernehmer seine Stellung kündigt und auf den Hof umzieht). **115**

Einschlägig ist die Fallgruppe vor allem, wenn der Käufer zwar den Kaufpreis schon gezahlt, den Kaufgegenstand aber noch nicht erhalten hat und der Verkäufer zwischenzeitlich in Insolvenz gefallen ist (der Anspruch aber ansonsten insolvenzfest ist, etwa aufgrund der Eintragung einer Auflassungsvormerkung beim Grundstückskauf).

c) Höferecht
Im Höferecht versagte die Rechtsprechung die Berufung auf die Formunwirksamkeit in deutlich weitergehendem Umfang, so daß man von der Anerkennung „**formloser Übergabe- und Erbverträge" im Höferecht** sprechen kann. So kann nach ständiger Rechtsprechung einer formlosen Vereinbarung ausnahmsweise die Wirkung eines formgerechten Übergabe- oder Erbvertrages zukommen, wenn der Hofeigentümer durch Art, Umfang und Dauer der Beschäftigung eines Abkömmlings auf dem Hof zu erkennen gegeben hat, daß dieser den Hof übernehmen soll und sich der Abkömmling darauf eingestellt hat (so für formlose Übergabeverträge: BGHZ 12, 286 = DNotZ 1954, 357 = NJW 1954, 1644; DNotZ 1956, 134 = RdL 1955, 109; DNotZ 1956, 138 = RdL 1955, 197; BGHZ 87, 237 = DNotZ 1984, 54 = NJW 1983, 2504; ebenso für formlose Erbverträge: BGHZ 23, 249 = NJW 1957, 787; ebenso bei Anwendung des Reichserbhofgesetzes: BGH NJW 1958, 377; ebenso die obergerichtliche Rspr; ablehnend die hM in der Literatur – vgl STAUDINGER/KANZLEITER [1998] § 2276 Rn 14 f m w Nachw zur Rspr; J MAYER, in: DITTMANN/REIMANN/BENGEL § 2276 Rn 44). **116**

Im Geltungsbereich der HöfeO (dh in der ehemaligen britischen Zone) ist eine formlose Hoferbenbestimmung mittlerweile in § 7 Abs 2 HöfeO ausdrücklich geregelt. Trotz der zwischenzeitlichen gesetzlichen Regelung ist nach Ansicht des BGH ein Rückgriff auf die Grundsätze der früheren Rechtsprechung nicht von vornherein ausgeschlossen (BGHZ 73, 324 = DNotZ 1979, 564 = NJW 1979, 1453; BGHZ 87, 237 = DNotZ 1984, 54 = NJW 1983, 2504).

Diese Grundsätze gelten aber **nicht außerhalb des Höferechts**. Der BGH hat seine Rechtsprechung ausdrücklich auf die Hoferbfolge beschränkt (und sie stets aus Besonderheiten des Höferechtes abgeleitet; BGH MDR 1962, 122; WM 1963, 1066, 1068; NJW 1965, 812, 813 = WM 1965, 315, 316; MDR 1966, 227; BGHZ 47, 184; BGHZ 119, 387, 389).

4. Schadensersatz wegen Abbruchs von Vertragsverhandlungen

117 Allgemein kann der Abbruch von Vertragsverhandlungen einen Schadensersatzanspruch aus *culpa in contrahendo* auf Ersatz der vom anderen Vertragsteil im Vertrauen auf das Zustandekommen des Vertrages nutzlos erbrachten Aufwendungen begründen, falls der Abbrechende dem Partner im Laufe der Verhandlungen den späteren Vertragsabschluß ausdrücklich oder durch schlüssiges Verhalten als sicher hingestellt hat (BGH DB 1989, 1022 = NJW-RR 1989, 627 = ZIP 1989, 514). Bei gesetzlich formbedürftigen Verträgen gilt dies jedoch nicht, soweit dadurch der Schutzzweck der Formvorschrift beeinträchtigt wäre, den Beteiligten bis zum Abschluß in der gesetzlichen Form ihre Entscheidungsfreiheit zu belassen. So löst der Abbruch von Vertragsverhandlungen über eine Grundstücksveräußerung **grundsätzlich keine Schadensersatzpflicht aus cic** aus, auch wenn ein triftiger Grund für den Abbruch fehlt (BGH MDR 1975, 127 = NJW 1975, 43 = WM 1974, 1223; DB 1977, 1548 = WM 1977, 618; WM 1979, 458; DNotZ 1983, 621 = WM 1982, 1436; OLG Köln NJW-RR 1987, 801; OLG Naumburg OLG-Report Naumburg 2002, 244).

118 Aber ebenso wie dem Vertragspartner bei einem abgeschlossenen Vertrag aus Treu und Glauben untersagt sein kann, sich auf die Formunwirksamkeit des Vertrages zu berufen (vgl Rn 110 ff), so kann ein besonders schwerwiegender Treueverstoß ausnahmsweise eine Schadensersatzpflicht aus culpa in contrahendo begründen.

In der Regel kommt dafür nur eine vorsätzliche Treupflichtverletzung in Betracht, wie sie im **Vorspiegeln tatsächlich nicht vorhandener Abschlußbereitschaft** liegt (BGH NJW 1975, 43 = WM 1974, 1223).

Dasselbe gilt, wenn der Vertragspartner nicht offenbart, daß er zwischenzeitlich **von seiner anfänglich vorhandenen Abschlußbereitschaft wieder abgerückt** ist (BGH DNotZ 1997, 624 = NJW 1996, 1884 = WM 1996, 1728 = ZIP 1996, 1174 m Anm OCHSENFELD; dazu KAISER JZ 1997, 448; MEDICUS EWiR 1996, 679: Der potentielle Verkäufer hatte sich bereits mit Aus- und Umbaumaßnahmen des Kaufinteressenten einverstanden erklärt, offenbarte aber nicht, daß er nicht mehr zu dem ursprünglich erwogenen, sondern nur mehr zu einem höheren Preis verkaufen wollte; BGH BGH-Report 2001, 406 = DStR 2001, 802: Verkäufer hat das Grundstück bereits anderweitig verkauft, erwähnt dies aber nie, sondern nährt in einjährigen Verhandlungen mit dem Kaufinteressenten den Eindruck, er werde das Grundstück an den Kaufinteressenten veräußern, ua durch eine feierlichen Handschlagsvereinbarung und die Aufforderung, nun den Beurkundungstermin beim Notar zu vereinbaren).

Dient das Formerfordernis aber nicht dem **Schutz der Entschließungsfreiheit der** 119
Vertragsparteien, so gelten die allgemeinen Regeln über cic bei grundlosem Abbruch von Vertragsverhandlungen (nachdem der Abbrechende den Vertragsschluß als sicher hingestellt hatte) ohne Einschränkungen (OLG Celle OLG-Report Celle 2000, 97 = ZMR 2000, 168: zum Schriftformerfordernis für längerfristig befristete Mietverträge nach § 550 = § 566 aF).

IX. Gewillkürtes Formerfordernis (§ 125 S 2)

Auch ein Verstoß gegen ein gewillkürtes Formerfordernis führt nach § 125 S 2 im 120
Zweifel zur Nichtigkeit des Rechtsgeschäftes. § 125 S 2 begründet aber nur eine **Zweifelsregel.** Anders als bei gesetzlichen Formerfordernissen gilt hier grundsätzlich völlige Vertragsfreiheit: Die Beteiligten können sowohl regeln, ob (über die gesetzlichen Erfordernisse hinaus) ein gewillkürtes Formerfordernis bestehen soll, als auch was die inhaltlichen Anforderungen an die gewillkürte Form sein sollen, als schließlich auch, welche Rechtsfolgen eine Verletzung des gewillkürten Formerfordernisses haben soll.

1. Zulässigkeit gewillkürter Formerfordernisse

Im Rahmen der **Vertragsfreiheit** steht es den Vertragsparteien grundsätzlich frei, ein 121
Formerfordernis vertraglich zu vereinbaren, auch soweit gesetzlich keine Form vorgeschrieben ist – oder ein strengeres als das gesetzliche Formerfordernis festzulegen. Sie können nur nicht umgekehrt ein gesetzliches Formerfordernis abbedingen.

Die **Formvereinbarung** ist **formlos möglich** (und bedarf nicht etwa der vereinbarten Form – sonst liefen §§ 125 S 2, 154 Abs 2 prakisch leer).

Die Formvereinbarung kann sich auch auf **andere später zwischen den Parteien abgegebene Erklärungen** beziehen. Die in der Praxis häufigsten Formvereinbarungen regeln entweder eine bestimmte Form für spätere Vertragsänderungen oder die Vertragsaufhebung oder schreiben eine Form für Erklärungen zwischen den Vertragsparteien vor (zB die Kündigung oder Mängelrügen).

Einseitig gestellte Formklauseln können jedoch in Allgemeinen Geschäftsbedingun- 122
gen oder Verbraucherverträgen unzulässig und damit unwirksam sein. So verbietet
§ **309 Nr 13** AGB-Klauseln, durch die für Anzeigen oder Erklärungen gegenüber dem Verwender oder einem Dritten eine strengere als Schriftform verlangt wird. Unwirksam sind nach der Rechtsprechung auch Klauseln, wonach „**Änderungen und Ergänzungen**" des Vertrages der Schriftform bedürfen (BGH NJW 1985, 320, 321; NJW 1995, 1488, 1489 – je zu AGB im Möbelhandel). Praktisch betrifft dies ausschließlich Schriftformklauseln (vgl § 127 Rn 9 ff).

2. Inhalt der vereinbarten Form

§ 127 gibt Auslegungsregeln für den Inhalt einer vereinbarten Schriftform, elektro- 123
nischen Form oder Textform. Auch diese Regeln greifen aber nur ein, soweit sich nicht ein abweichender Wille der Beteiligten feststellen läßt.

3. Unwirksamkeit bei Nichteinhaltung der vereinbarten Schriftform

124 Ist ein gewillkürtes Formerfordernis nicht eingehalten, so hat dies nach der Auslegungsregel des § 125 S 2 „im Zweifel" die Nichtigkeit des nicht formgerecht erklärten Rechtsgeschäftes zur Folge. Im Zweifel wirkt ein gewillkürtes Formerfordernis also **konstitutiv** und nicht nur deklaratorisch.

125 § 154 Abs 2 stellt eine entsprechende **Parallelregelung für die Phase der Vertragsverhandlungen** auf: Danach ist der Vertrag im Zweifel noch nicht geschlossen, solange die vereinbarte Form noch nicht eingehalten ist. Das Gesetz spricht von der vereinbarten Beurkundung; dazu zählt aber nach einhelliger Meinung auch eine vereinbarte Schriftform (OLG Celle NJW-RR 2000, 485 = NZG 2000, 84; OLG Köln NJW-RR 1997, 405 = IBR 1997, 289). Auch dies ist nur eine Zweifelsregelung; die Beteiligten können sich in Abweichung von einem zunächst vereinbarten Formerfordernis auch zu einem formlosen Vertragsschluß entschließen. Für gesetzliche Formerfordernisse ist eine entsprechende Regelung entbehrlich, da sich hier bereits aus § 125 S 1 ergibt, daß das Rechtsgeschäft nur bei Einhaltung der gesetzlichen Form wirksam ist.

4. Aufhebung oder Abänderung einer Formvereinbarung

126 Nach ständiger Rechtsprechung können die Vertragsparteien ein rechtsgeschäftlich begründetes Formerfordernis auch **formfrei aufheben** – auch wenn für Vertragsänderungen bzw die Aufhebung der Formvereinbarung ausdrücklich eine bestimmte Form vereinbart wurde (BGH, WM 1962, 1091; NJW 1965, 293 = WM 1965, 175; WM 1966, 1200; WM 1966, 1335; WM 1970, 93, 94; BGHZ 66, 378, 382 = MDR 1976, 925 = ZMR 1977, 232; NJOZ 2002, 833; RG JW 1911, 94; Warn 1912 Nr 367; RGZ 95, 175; KG KG-Report 2001, 237 = Grundeigentum 2001, 278; **aA** MünchKomm/Einsele § 125 Rn 66). Eine Ausnahme macht die Rechtsprechung lediglich bei einer zwischen Kaufleuten individualvertraglich vereinbarten Schriftformklausel, wonach die Aufhebung der Schriftform ebenfalls schriftlich erfolgen muß (BGHZ 66, 378, 382 = MDR 1976, 925 = ZMR 1977, 232; OLG Frankfurt MDR 1997, 1139 = OLG-Report 1997, 247, vgl § 127 Rn 59 ff).

Allerdings trägt die Beweislast, wer sich auf die formlose Änderung und die damit verbundene Abbedingung der ursprünglich vertraglich vereinbarten Form beruft (OLG Frankfurt, MDR 1981, 498).

127 Daher sind rechtsgeschäftliche Formvereinbarungen für den Vertragsschluß selbst bzw für Vertragsänderungen in der Praxis nur von geringer Relevanz.

Praktische Bedeutung erlangt eine vereinbarte Form idR nur für **einseitige Erklärungen** (Kündigung, Anzeigen etc).

§ 126
Schriftform

(1) Ist durch Gesetz schriftliche Form vorgeschrieben, so muss die Urkunde von dem Aussteller eigenhändig durch Namensunterschrift oder mittels notariell beglaubigten Handzeichens unterzeichnet werden.

(2) Bei einem Vertrag muss die Unterzeichnung der Parteien auf derselben Urkunde erfolgen. Werden über den Vertrag mehrere gleichlautende Urkunden aufgenommen, so genügt es, wenn jede Partei die für die andere Partei bestimmte Urkunde unterzeichnet.

(3) Die schriftliche Form kann durch die elektronische Form ersetzt werden, wenn sich nicht aus dem Gesetz ein anderes ergibt.

(4) Die schriftliche Form wird durch die notarielle Beurkundung ersetzt.

Materialien: E I § 92 Abs 1, 3; § 94 Abs 1; II § 105; III § 122; Mot I 184; Prot I 89, 99; V 444; VI 130; JAKOBS/SCHUBERT, AT I 645 ff; BT-Drucks 14/4987 und 14/5561; BR-Drucks 283/01

Schrifttum

BASTY/WOLFF, Verpflichtungserklärungen der Gemeinde bei notarieller Beurkundung, MittBayNot 2004, 21
FISCHER, Formnichtigkeit der Blankobürgschaft, JuS 1998, 205
HAASE, Das mietvertragliche Formerfordernis und das Prinzip der Einheitlichkeit der Urkunde: Die ratio legis des § 566 BGB als Regulativ des Zusammenwirkens der §§ 566, 126, WuM 1995, 625
HÄSEMEYER, Die Bedeutung der Form im Privatrecht, JuS 1980, 1
HEILE, Gesetzlicher Formzwang nach § 566 BGB für Mietvorverträge über Grundstücke und Räume?, NJW 1991, 6
HEINEMANN, Neubestimmung der prozessualen Schriftform (2002)
HEINEMANN, Schriftform der Verwahrungsanweisung, ZNotP 2002, 105
HENNEKE, Form- und Fristfragen beim Telefax, NJW 1998, 2194
HIRSCHBERG, Rechtsprechung zur Einhaltung der Schriftform bis zum In-Kraft-Treten des Formvorschriftenanpassungsgesetzes und dessen Auswirkung auf Mitteilungen im Lebensversicherungsbereich, VersR 2002, 1083
HOLZHAUER, Die eigenhändige Unterschrift – Geschichte und Dogmatik des Schriftformerfordernisses im deutschen Recht (1973)
KÖHLER, Die Unterschrift als Rechtsproblem, in: FS Schippel (1996)
LEHMANN, Die Unterschrift im Tatbestand der schriftlichen Willenserklärung (1940)
LINDNER-FIGURA, Mietverträge: Schriftformerfordernis bei Nachtragsvereinbarungen, MDR 1997, 209
LIST, Die Unterschrift, DB 1983, 1672
MÜNCH, Die Reichweite der Unterschrift im Wechselrecht – Ein Plädoyer für die Maßgeblichkeit des räumlichen Sinnzusammenhanges (1993)
RIECHMANN, Abschaffung des Schriftformerfordernisses gemäß § 34 GWB zu wessen Nutzen?, GRUR 1986, 427
RÖGER, Gesetzliche Schriftform und Textform arbeitsrechtlicher Erklärungen, NJW 2004, 1764
RUMMEL, Telefon und Schriftform, in: FS Ostheim (1990) 211

SCHLEMMINGER, Das Schriftformerfordernis bei Abschluß langfristiger Mietverträge, NJW 1992, 2249
K SCHMIDT, Formfreie Bürgschaften eines geschäftsführenden Gesellschafters, ZIP 1986, 1510
TSCHENTSCHER, Beweis und Schriftform bei Telefaxdokumenten, CR 1991, 141
VOLLKOMMER, Formenstrenge und prozessuale Billigkeit (1973)
WEIHRAUCH, Verwaltungsrechtlicher Vertrag und Urkundeneinheit, VerwArch 1991, 543
WIMMER-LEONHARDT, Rechtsfragen der Blankourkunde, JuS 1999, 81.

Systematische Übersicht

I. **Allgemein**	1
II. **Anwendungsbereich und Formzwecke gesetzlicher Schriftform**	
1. Anwendungsbereich	7
a) Privatrechtliche Gesetze, Tarifvertrag	7
b) Öffentlich-rechtlicher Vertrag	9
c) Prozeßhandlungen und verfahrensrechtliche Schriftform	12
d) EG-Recht und internationale Abkommen	16
2. Beispiele gesetzlicher Schriftformerfordernisse	18
a) Schutz des Erklärungsempfängers bei einseitigen Rechtsgeschäften	20
b) Schutz des Schuldners bei Abtretung von Rechten – Leistung nur gegen Quittung	26
c) Miet- und Pachtrecht, Energielieferungsverträge	30
d) Verbraucherdarlehen und Bankrecht	36
e) Arbeitsrecht	42
f) Dienst-, Werk- und Geschäftsbesorgungsvertrag	49
g) Einseitig verpflichtende Verträge (Bürgschaft, Schuldversprechen)	54
h) Gesellschaftsrecht, Verein, Stiftung	61
i) § 34 GWB	64
k) Eigenhändiges Testament	65
3. Formfunktion gesetzlicher Schriftformerfordernisse	66
a) Übereilungsschutz	66
b) Klarheit	69
c) Beweissicherung	74
d) Staatliche Kontrolle oder allgemeiner Schutz des Rechtsverkehrs	76
III. **Umfang des Formerfordernisses**	78
1. Einseitiges oder beidseitiges Formerfordernis	79
2. Schriftform für gesamtes Rechtsgeschäft	82
a) Reichweite allgemein	82
b) Andeutungstheorie	87
c) Gesetzlich geregelte Mindestangaben	89
d) Getrennte Urkunde	92
3. Zeitpunkt der Vereinbarung	95
4. Vorvertrag, Vertragsänderung und -aufhebung	96
a) Vorvertrag	96
b) Vertragsänderung	99
c) Wechsel der Vertragsparteien	102
d) Vertragsaufhebung	105
5. Formfreiheit von Vollmacht und Zustimmung	106
IV. **Schriftliche Urkunde**	
1. Schriftlich	108
2. Einheitliche Urkunde	112
a) Mehrere Blätter	113
b) Zusammengehörigkeit mehrerer Urkunden	115
c) Nachtrag und Änderung	122
V. **Unterschrift oder notariell beglaubigtes Handzeichen**	
1. Unterschrift	124
a) Zweck der Unterschrift	125
b) Räumlicher Abschluß	127
c) Blankounterschrift – Änderungen nach der Unterschrift	130
d) Eigenhändige Unterschrift	133
e) Familienname	137

f)	Lesbarkeit – Abgrenzung von bloßer Paraphe	143	**VII.**	**Ersetzung der Schriftform**	
g)	Unterschrift durch Vertreter	148	1.	Ersetzung durch elektronische Form (§ 126 Abs 3)	166
2.	Notariell beglaubigtes Handzeichen	150	a)	Anwendungsbereich	166
3.	Unterzeichnung bei Verträgen (§ 126 Abs 2)	152	b)	Öffentlich-rechtliche Verträge	168
a)	Allgemein	152	2.	Ersetzung durch notarielle Beurkundung (§ 126 Abs 4)	169
b)	Arbeitsrecht	156			
c)	Öffentliches Recht	157	**VIII.**	**Rechtsfolgen formgerechter Schriftform**	
VI.	**Zugang der Erklärung**		1.	Auslegung	171
1.	Zugang in Schriftform	159	2.	Beweiswirkung (§§ 416, 440 Abs 2 ZPO)	172
2.	Telefax	162			
3.	Rechtsgeschäftliche Erleichterung des Zugangs	165	**IX.**	**Rechtsfolgen bei Formfehlern**	
			1.	Konstitutive Form (§ 125 S 1)	176
			2.	Deklaratorische Form und Zurückweisungsrecht	179

I. Allgemein

§ 126 regelt die Anforderungen an die gesetzliche Schriftform. Absatz 3 wurde durch **1** das „Gesetz zur Anpassung der Formvorschriften des Privatrechts und anderer Vorschriften an den modernen Rechtsgeschäftsverkehr" vom 13. 7. 2001 (BGBl 2001 I 1542) eingefügt (s § 126a Rn 2, 28). Im übrigen blieb § 126 seit Erlaß des BGB unverändert.

Nach Absatz 1 erfordert die gesetzliche Schriftform eine **schriftliche Urkunde**, die **2** eigenhändig durch **Namensunterschrift** (oder mittels notariell beglaubigten Handzeichens) unterzeichnet wurde. Im Zweifel gelten dieselben Anforderungen auch für die gewillkürte Schriftform (§ 127 Abs 1). Von § 126 abweichende Sondervorschriften gelten insbesondere für das eigenhändige Testament (§ 2247) sowie für Wechsel (Art 1, 11, 13, 25 WG).

Früher war die Schriftform die niedrigste Stufe eines Formerfordernisses, jetzt ist sie **3** die **zweite Stufe nach der Textform** (§ 126b). Die Schriftform kann grundsätzlich durch die gleichwertige elektronische Form ersetzt werden, soweit nicht in der jeweiligen gesetzlichen Formvorschrift etwas anderes geregelt ist (§ 126 Abs 3). Eine notarielle Unterschriftsbeglaubigung (§ 129) erfüllt zugleich immer auch das gesetzliche Schriftformerfordernis. Die Schriftform wird durch die höhere Form der notariellen Beurkundung ersetzt (§ 126 Abs 4).

Verlangt das Gesetz die Einhaltung der Schriftform für ein Rechtsgeschäft, so ist **4** das **Rechtsgeschäft nichtig**, wenn es die gesetzliche Schriftform nicht einhält (§ 125 S 1; konstitutive Schriftform). § 126 ist aber auch anwendbar, soweit die Schriftform nicht Wirksamkeitsvoraussetzung ist, sondern daran andere Rechtsfolgen anknüpfen (zB nach § 550 = § 556 aF nur die Befristung eines Mietvertrages unwirksam ist und dieser als auf unbestimmte Zeit abgeschlossen gilt) oder soweit das Gesetz einen Anspruch auf eine schriftliche Urkunde gibt.

5 In der **Praxis** besonders wichtig ist das Schriftformerfordernis für einseitige Verpflichtungen (Bürgschaft, Schuldversprechen und -anerkenntnis, §§ 766, 780, 781), für Grundstücks-, insbes Wohnraummietverträge, die auf längere Zeit als ein Jahr befristet werden (§ 550 = § 556 aF) sowie für die Kündigung von Arbeitsverhältnissen (für die § 623 seit dem 1.5. 2000 allgemein die Schriftform vorschreibt). Bedeutsam sind auch die Zurückweisungsrechte des Erklärungsempfängers bei einseitigen Rechtsgeschäften, wenn eine für die Wirksamkeit des Geschäftes erforderliche Vollmacht, Genehmigung o ä nicht zugleich mit der Erklärung schriftlich vorgelegt wird (§§ 111, 174).

6 Die Schriftform dient nahezu immer den **Schutzzwecken** des Übereilungsschutzes, der Klarheit und Beweissicherung (BGHZ 136, 357 = NJW 1998, 58, 60 = WM 1997, 2361 = ZIP 1997, 2085). In Einzelfällen soll sie auch eine staatliche Kontrolle ermöglichen (so § 34 GWB aF; s im einzelnen Rn 65 ff).

II. Anwendungsbereich und Formzwecke gesetzlicher Schriftform

1. Anwendungsbereich

a) Privatrechtliche Gesetze, Tarifvertrag

7 § 126 gilt für alle gesetzlichen Schriftformerfordernisse im BGB und in anderen **privatrechtlichen Gesetzen**. Teilweise spricht das Gesetz hier nicht ausdrücklich von der Schriftform oder Schriftlichkeit, sondern nur von der Ausstellung einer „Urkunde" (so insbes §§ 409 Abs 1, 410 Abs 1, 793 Abs 1).

8 Auch auf Schriftformerfordernisse in **Tarifverträgen** ist § 126 anzuwenden, da auch der Tarifvertrag Rechtnorm ist (BAG NJW 1958, 397; AP BAT § 4 Nr 1; DB 1977, 2145). In der Regel gilt § 126 auch, soweit in einem Individualarbeitsvertrag auf einen Tarifvertrag Bezug genommen wird, da die Bezugnahme auch die tarifvertragliche Auslegung der Schriftformklausel erfaßt (LAG Köln NZA-RR 2002, 163). § 126 ist aber nicht anwendbar, soweit der Tarifvertrag die Schriftform nicht für rechtsgeschäftliche, sondern nur für rechtsgeschäftsähnliche Handlungen anordnet (vgl Rn 48).

b) Öffentlich-rechtlicher Vertrag

9 Im öffentlichen Recht gilt § 126 nur für **öffentlich-rechtliche Verträge** (entsprechend), hingegen nicht für Verwaltungsakte etc. Denn öffentlich-rechtliche Verträge sind nach § 57 VwVfG schriftlich zu schließen, soweit nicht durch Rechtsvorschrift eine andere Form vorgeschrieben ist. Da das Verwaltungsverfahrensgesetz keine näheren Bestimmungen über die Schriftform enthält, sind hierfür nach der allgemeinen Verweisungsnorm des § 62 VwVfG die Vorschriften des Bürgerlichen Gesetzbuches, also § 126, entsprechend anzuwenden (OVG Lüneburg NJW 1992, 1404, 1405; BONK, in: STELKENS/BONK/SACHS, VwVfG [6. Aufl 2001] § 57 VwVfG Rn 12 ff; KOPP/RAMSAUER § 57 VwVfG Rn 8 ff; OBERMAYER/TIEDEMANN, VwVfG [3. Aufl 1999] § 57 VwVfG Rn 8; aA HENNEKE, VwVfG [8. Aufl 2004] § 57 VwVfG Rn 5 f; offen BVerwGE 84, 236 = NVwZ 1990, 665, 667; BVerwGE 96, 326, 332 ff = NJW 1995, 1104, 1105; OVG Saarlouis NJW 1993, 1612). Allerdings gilt das Erfordernis der Urkundeneinheit (§ 126 Abs 2) nicht uneingeschränkt (vgl Rn 157).

10 Für **städtebauliche Verträge** sowie für **Erschließungsverträge** ordnen § 11 Abs 3 bzw

§ 124 Abs 4 BauGB ebenfalls ausdrücklich Schriftform an. Eigenständige Bedeutung hat dieses Formerfordernis, soweit die Verträge privatrechtlich zu qualifizieren sind (da dann § 57 VwVfG nicht eingreift). Auch hierauf ist § 126 (entsprechend) anzuwenden (STICH, in: Berliner Kommentar BauGB [Stand August 2002] § 11 BauGB Rn 61 ff; BRÜGELMANN/NEUHAUSEN, BauGB [Stand Juli 2000] § 11 BauGB Rn 76; KRAUTZBERGER, in: ERNST/ZINKAHN/BIELENBERG/KRAUTZBERGER, BauBG [Stand Oktoner 2003] § 11 Rn 180 f; SCHRÖDTER/QUAAS, BauGB [6. Aufl 1998] § 11 BauGB Rn 49 und § 124 Rn 19). Enthält der öffentlich-rechtliche Vertrag aber – wie insbesondere städtebauliche Verträge häufig – eine Verpflichtung zur Grundstücksübereignung oder zum -erwerb (oder sonst ein beurkundungsbedürftiges Rechtsgeschäft), so ist er zu beurkunden; Schriftform genügt dann nicht (s Vorbem 119 zu §§ 127a–128).

Außerhalb von Verträgen gilt § 126 jedoch für die **öffentlich-rechtliche Schriftform** **11** **nicht**. Insbesondere kann nach öffentlichem Recht trotz Schriftformerfordernisses die Unterschrift entbehrlich sein (so zB bei einem mittels EDV erstellten Verwaltungsakt, BVerwGE 40, 212; BVerwGE 45, 189; OLG Frankfurt NJW 1976, 337).

Nicht als Formerfordernis, sondern als Beschränkung der Vertretungsmacht sieht es die Rechtsprechung an, soweit Gemeindeordnungen für Verpflichtungserklärungen durch Gemeindeorgane Schriftform vorschreiben (zB Art 38 Abs 2 BayGO; § 71 HessGO; § 49 GemO RP – BGH BB 1972, 628 = DVBl 1972, 778 = DÖV 1972, 717 = NJW 1972, 940, 941; DVBl 1979, 514 = DÖV 1979, 609 = MDR 1979, 381 = NJW 1980, 117, 118; DNotZ 1994, 474 = NJW 1994, 1528 = WM 1994, 551). Teilweise weichen die Anforderungen an die Schriftform in diesen Vorschriften auch von § 126 ab; so verlangt etwa Art 38 Abs 2 BayGO oder § 49 GemO RP auch die Angabe der Amtsbezeichnung bei der Unterschrift. Soweit aber nichts abweichendes geregelt ist, entsprechen die Voraussetzungen der Schriftform im Sinne dieser Vorschriften denen des § 126. Die Unwirksamkeit einer dagegen verstoßenden Erklärung ergibt sich dann allerdings aus § 164 und nicht aus § 125 S 1. Auch die Frage, wann die Berufung auf die Unwirksamkeit gegen Treu und Glauben verstößt, wird ähnlich wie bei der Formnichtigkeit behandelt (vgl § 125 Rn 110 ff).

c) Prozeßhandlungen und verfahrensrechtliche Schriftform
Auch soweit für **Prozeßhandlungen** Schriftform vorgeschrieben, gilt nicht § 126, **12** sondern allein die speziellen Formerfordernisse des Prozeßrechts (so etwa § 129 ZPO für vorbereitende Schriftsätze; BGHZ 24, 297, 300; GemSenat OGB NJW 2000, 2340). Unterschiede zwischen § 126 und prozeß- oder verfahrensrechtlichen Schriftformerfordernissen bestehen etwa in der Anerkennung der Faxübermittlung oder des Computerfaxes, die nach § 126 nicht genügen, wohl aber bei verfahrensrechtlichen Schriftformerfordernissen (vgl Rn 162). Jedoch kann die Rechtsprechung zu den verfahrensrechtlichen Anforderungen an die Unterschrift unter prozeßleitende Schriftsätze auch auf das Unterschriftserfordernis nach § 126 übertragen werden (vgl Rn 143 ff)

§ 126 ist auch nicht anwendbar, soweit in Verfahren der Freiwilligen Gerichtsbar- **13** keit Schriftform angeordnet ist. So ist etwa auch bei der Verwahrung auf **Notaranderkonto** für die Schriftform, die § 54a Abs 4 BeurkG für die Verwahrungsanweisung und die Treuhandaufträge Dritter vorschreibt, nicht § 126 einschlägig, sondern ein Vergleich mit anderen verfahrensrechtlichen Schriftformerfordernissen (HEINE-

MANN ZNotP 2002, 104; HERTEL, in: EYLMANN/VAASEN, BNotO und BeurkG, § 54a BeurkG Rn 29).

14 § 126 ist hingegen grundsätzlich anwendbar, soweit das Gesetz für Vereinbarungen der Parteien, die die Zuständigkeit des Gerichts erst begründen, Schriftform erfordert. So gilt § 126 (einschließlich des Absatz 2) für **Schiedsvereinbarungen bei Beteiligung eines Verbrauchers**. § 1031 Abs 5 ZPO formuliert dies lediglich anders, wenn er verlangt, daß die Schiedsvereinbarung „in einer von den Parteien eigenhändig unterzeichneten Urkunde enthalten sein" muß (ALBERS, in: BAUMBACH/LAUTERBACH/ALBERS/HARTMANN, ZPO [62. Aufl 2004] § 1031 ZPO Rn 4; MUSIELAK/VOIT, ZPO [3. Aufl 2002] § 38 ZPO Rn 10; SCHLOSSER, in: STEIN/JONAS, ZPO [22. Aufl 2002] § 1031 ZPO Rn 12; REICHOLD, in: THOMAS/PUTZO, ZPO [26. Aufl 2004] § 1031 ZPO Rn 3 und 9; ZÖLLER/GEIMER, ZPO [24. Aufl 2004] § 1031 ZPO Rn 6; grundsätzlich ebenso MünchKommZPO/MÜNCH [2. Aufl 2001] § 1031 ZPO Rn 25, der jedoch § 126 Abs 2 S 2 – zu unrecht – ausnehmen will) – entsprechend der alten Rechtslage zu § 1027 ZPO aF (BGH NJW 1994, 2300, 2301; OLG Hamburg KTS 1984, 172). Darüber hinaus darf die Urkunde über die Schiedsvereinbarung keine anderen Vereinbarungen enthalten „als solche, die sich auf das schiedsrichterliche Verfahren beziehen" (§ 1031 Abs 5 S 3 ZPO; anders jedoch bei notarieller Beurkundung der Schiedsvereinbarung). Anders als nach früherem Recht (vgl dazu BGHZ 38, 155, 165 = NJW 1963, 203) ist jedoch ein gesondertes Blatt nicht erforderlich; eine räumlich getrennte und getrennt unterzeichnet Vereinbarung genügt.

Ist hingegen an der Schiedsvereinbarung kein Verbraucher beteiligt, so genügen nach § 1031 Abs 1 ZPO neben einem „von den Parteien unterzeichneten Schriftstück" (= § 126) auch zwischen den Parteien „gewechselte Schreiben, Fernkopien, Telegramme oder andere Formen der Nachrichtenübermittlung" – also auch ohne Urkundeneinheit (§ 126 Abs 2), ja selbst ohne Unterschrift.

Eine unwirksame Schiedsvereinbarung wird durch rügelose Einlassung zur Hauptsache geheilt (§ 1031 Abs 6 ZPO).

15 Die Schriftform für **Gerichtsstandsvereinbarungen** (§ 38 Abs 2 und 3 ZPO) legt die Literatur heute überwiegend in Anlehnung an Art 23 EuGVO („Brüssel I-VO"; = Art 17 EuGVÜ) bzw Art 17 Luganer Übereinkommen (LugÜ) aus, um Abweichungen zwischen autonomem Prozeßrecht (im Verhältnis zu Drittstaaten) und Gemeinschaftsrecht (im Verhältnis zu EU- bzw EWR-Mitgliedstaaten) zu vermeiden). Abweichend von § 126 Abs 2 läßt die Literatur daher auch eine Gerichtsstandsvereinbarung durch Schriftwechsel genügen (MünchKommZPO/PATZINA § 38 ZPO Rn 32; MUSIELAK/SMID § 38 ZPO Rn 17; THOMAS/PUTZO § 38 ZPO Rn 15 und 27; ZÖLLER/VOLLKOMMER § 38 ZPO Rn 27; SAMTLEBEN NJW 1974, 1595; ebenso BGH 2001, 1731 zu Art 17 LugÜ). Der BGH hat die Frage offengelassen; er ließ aber ein kaufmännisches Bestätigungsschreiben für die Gerichtsstandsvereinbarung genügen (BGHZ 116, 77, 80 = NJW 1993, 1070 = WM 1992, 87 = IPRax 1992, 377).

Auch hier tritt Heilung durch rügelose Einlassung zur Hauptsache ein (§ 39 ZPO).

d) EG-Recht und internationale Abkommen

16 § 126 gilt nicht, soweit das **EG-Recht** Schriftform erfordert (BGH NJW 1983, 519, 521 = WM 1982, 1255). Denn § 126 ist eine Vorschrift des deutschen Rechts, während die

Formerfordernisse des Gemeinschaftsrechts autonom aus dem Gemeinschaftsrecht auszulegen sind.

Auch soweit **internationale Abkommen** Schriftformerfordernisse aufstellen, sind diese autonom auszulegen. Dies kann von § 126 abweichen.

2. Beispiele gesetzlicher Schriftformerfordernisse

Wirksamkeitsvoraussetzung ist die Schriftform insbes nach §§ 32 Abs 1, 108 Abs 3, 122, 134 Abs 3 **AktG**; § 12 Abs 1 **AÜG**; § 32 Abs 6 **AVBWasserV** bzw § 32 Abs 7 **AVBEltV, AVBFernwärmeV, AVBGasV**; § 15 Abs 3 **BBiG**; §§ 32 Abs 2, 37 Abs 1, 81, 416, 492 (= § 4 VerbrKrG), 550 (= § 566 aF), 568, 585a, 623, 761, 766, 780, 781, 792, 1154 **BGB**; § 77 Abs 2 **BetrVG**; § 11 Abs 4 **BJagdG**; § 7 **BKleinG**; §§ 5 Abs 1, 10, 12 Abs 1, 13 Abs 1, 15 Abs 2, 20 Abs 2 und 3, 24 **DepotG**; § 3 **FernUSG**; §§ 5, 11 Abs 2 **GenG**; §§ 17 Abs 2, 48 Abs 2 **GmbHG**; § 4 **HOAI**; § 3 **FernUSG**; § 34 **GWB** aF; §§ 90a, 365 **HGB**; § 3 Abs 1 **PartGG**; § 23 **RSiedlG**; § 4 Abs 1 **RVG**; § 14 Abs 4 **TzBfG**; § 1 Abs 2 **TVG**; Art 11 **WG**.

Einen **Anspruch** auf eine schriftliche Urkunde gewähren ua § 4 Abs 1 BBiG; § 112 Abs 1 BetrVG; §§ 368, 630; § 109 GewO § 85 HGB. Ein **Zurückweisungsrecht** bei Fehlen schriftlichen Nachweises geben insbes §§ 111, 174, 182 Abs 3, 410; während §§ 370, 409 Abs 1 den **guten Glauben** in eine schriftliche Urkunde schützen.

a) Schutz des Erklärungsempfängers bei einseitigen Rechtsgeschäften
Betrachten wir die Schriftformerfordernisse in den einzelnen Rechtsgebieten, beginnend mit dem BGB-AT: Dem Schutz des Erklärungsempfängers dienen Regelungen, wonach der Erklärungsempfänger **bei einseitigen Rechtsgeschäften** eine Erklärung **zurückweisen** kann, wenn ihm der Erklärende seine Berechtigung nicht durch eine schriftliche Urkunde nachweist. Denn der Erklärungsempfänger soll nicht im unklaren über die Wirksamkeit des einseitigen Rechtsgeschäftes sein (in der Praxis typischerweise die Kündigung eines Mietvertrages). Auf das Zurückweisungsrecht ist § 174 anzuwenden.

Ein solches Zurückweisungsrecht gewährt § 174 bei einseitigen Rechtsgeschäften eines Bevollmächtigten, wenn dieser nicht zugleich eine **Vollmachtsurkunde** vorlegt. Dasselbe gilt nach § 182 Abs 3 für die Zustimmung zu einem einseitigen Rechtsgeschäft.

Dasselbe Zurückweisungsrecht besteht bei einseitigen Rechtsgeschäften eines beschränkt geschäftsfähigen **Minderjährigen**, wenn dieser nicht zugleich mit dem Rechtsgeschäft die Einwilligung seiner gesetzlichen Vertreter in schriftlicher Form vorlegt (§ 111 Abs 1 S 2).

Ein Zurückweisungsrecht analog §§ 182 Abs 3 u 111 S 2 und 3 besteht auch, wenn der Arbeitgeber mit **Einwilligung des vorläufigen Insolvenzverwalters** (§ 21 Abs 2 Nr 2 InsO) kündigt, dabei dem gekündigten Arbeitnehmer die Einwilligung aber nicht in schriftlicher Form vorlegt (LAG Düsseldorf BB 2001, 2479).

Derselbe Rechtsgedanke findet sich in § 410 Abs 1 S 2 für eine Mahnung oder

Kündigung des **Zessionars** gegenüber dem Schuldner. Auf andere einseitige Rechtsgeschäfte durch Gestaltungsrechte wie zB eine Aufrechung ist die Vorschrift analog anzuwenden (BGHZ 26, 246).

25 In allen Fällen ist eine der Schriftform nach § 126 entsprechende Urkunde im **Original** vorzulegen. Die Vorlage einer beglaubigten Abschrift oder einer einfachen Kopie genügt nicht (BGH NJW 1981, 1210; NJW 1994, 1472 = MDR 1994, 837; OLG Frankfurt NJW-RR 1996, 10; LAG Düsseldorf MDR 1995, 612 – alle zu § 174; **aA** BAG NJW 1968, 2078 zu § 410).

b) Schutz des Schuldners bei Abtretung von Rechten – Leistung nur gegen Quittung

26 Verschiedene Vorschriften sehen Schriftform bei der Abtretung von Rechten vor: **Wirksamkeitsvoraussetzung** ist die Schriftform für die **Abtretung eines Grundpfandrechtes** (§ 1154 Abs 1) sowie für die Übertragung der Anweisung (§ 792 Abs 1 S 2). Entsprechend bedarf bei der Übernahme einer Hypothekenschuld durch den Erwerber eines Grundstücks aufgrund Vertrages mit dem Veräußerer auch die Mitteilung des Veräußerers an den Gläubiger der Schriftform (§ 416 Abs 2 S 2).

27 Schriftform in der speziellen Form eines **Indossaments** ist auch erforderlich für die Übertragung eines Wechsels (Art 11, 13 WG) bzw der Rechte aus kaufmännischen Orderpapieren (§§ 363–365 HGB).

28 Im übrigen ist die Abtretung zwar wirksam, der Schuldner kann jedoch die **Leistung verweigern**, solange ihm nicht eine (schriftliche) **Abtretungsurkunde** ausgehändigt wird bzw die Abtretung vom bisherigen Gläubiger schriftlich angezeigt wird (§ 410; vgl BGHZ 100, 36, 46 = NJW 1987, 1703 = WM 1987, 434). Liegt eine (auch mündliche) Abtretungsanzeige oder -urkunde vor, so wird der Schuldner durch Leistung an den durch die Abtretungsurkunde ausgewiesenen (angeblichen) Zessionar frei (§ 409 Abs 1), und zwar selbst wenn er positiv weiß, daß keine oder keine wirksame Abtretung vorliegt – es sei denn, die fehlende Berechtigung läge offen zutage.

29 Ähnlich ist das Recht des Schuldners auf eine **schriftliche Quittung** (§ 368 S 1) bei Empfang der Leistung durch den Gläubiger. Auch hierfür gilt § 126 (BGH NJW-RR 1988, 881 = WM 1988, 524). Auch hier schützt das Gesetz den guten Glauben des Schuldners bei Leistung an den Überbringer einer (schriftlichen) Quittung (§ 370).

c) Miet- und Pachtrecht, Energielieferungsverträge

30 Im Mietrecht erfordert § 550 S 1 (vgl § 566 aF) Schriftform, wenn ein Mietvertrag für Wohnraummiete für längere Zeit als ein Jahr abgeschlossen wird. Dasselbe gilt aufgrund der Verweisung des § 578 für andere **Mietverträge über Grundstücke und Räume für längere Zeit als ein Jahr**. Dies ist aber kein Wirksamkeitserfordernis iSd § 125 S 1. Rechtsfolge ist lediglich, daß der Mietvertrag als für unbestimmte Zeit abgeschlossen gilt und damit innerhalb der ordentlichen Kündigungsfristen gekündigt werden kann (BGH NJW 2004, 1103 = NZM 2004, 97) und nicht ohne Kündigung abläuft. Jedoch ist eine Kündigung nach § 550 frühestens zum Ablauf eines Jahres nach Besitzüberlassung möglich. Die Schriftform dient dem Schutz eines künftigen Grundstückserwerbers, der kraft Gesetzes in den Mietvertrag eintritt (§ 566 = § 571 aF), und daher die Möglichkeit haben soll, sich aus dem schriftlichen Mietvertrag über seine Rechte und Pflichten als Vermieter zu unterrichten (MUGDAN II S 823 ff; vgl ua BGHZ 42, 333, 339 = NJW 1964, 1851; BGHZ 52, 25, 28 = NJW 1969, 1063; BGHZ 136, 357 = NJW 1998, 58, 60 = WM 1997, 2361 = ZIP 1997, 2085; vgl aus der Literatur HAASE WuM 1995, 625; HEILE NJW 1991, 6; LINDNER-FIGURA MDR 1997, 209; SCHLEMMINGER NJW 1992, 2249). Der Schriftform bedarf dann nicht nur die Befristung als solche, sondern der gesamte Mietvertrag; sind wesentliche Nebenabreden nicht im schriftlichen Mietvertrag enthalten, so gilt der Mietvertrag als auf unbestimmte Zeit abgeschlossen (KG KG-Report 2004, 151). Hingegen bedürfen Änderungen oder Ergänzungen eines langfristigen Mietvertrages, die nicht länger als ein Jahr Wirkungen entfalten können, nicht der Schriftform (OLG Hamburg OLG-Report 2003, 153).

Die Schriftform der **Kündigung des Wohnraummietverhältnisses** (§ 568) ist hingegen **31** Wirksamkeitsvoraussetzung für die Kündigung. Sie dient dem Schutz des Mieters sowohl vor einer übereilten eigenen Kündigung als auch seiner Rechtssicherheit bei einer vom Vermieter ausgesprochenen Kündigung. § 568 gilt nicht für Mietverhältnisse über andere Räume oder Grundstücke (zur Einhaltung der Schriftform durch einen prozessualen Schriftsatz im Mietprozeß vgl Rn 160). Nach früherem Recht war Schriftform auch für Mieterhöhungsverlangen erforderlich (§ 10 WoBindG; § 2 MHRG aF – jetzt genügt aber Textform: § 558a Abs 1).

Teilweise erfordert das Gesetz auch die **Angabe der Kündigungsgründe** im Kündigungsschreiben, so insbes § 573 Abs 3 bei der ordentlichen Kündigung des Vermieters die Angabe der Gründe für das berechtigte Interesse des Vermieters. Rechtsfolge ist hier aber nicht die Formunwirksamkeit der Kündigung, sondern die Nichtberücksichtigung der nicht angegebenen Kündigungsgründe (§ 573 Abs 3 S 2). Die Angabe der Gründe soll dem Mieter ermöglichen, sich ein klares Bild seiner Rechtsstellung zu verschaffen (zu den Anforderungen an die Angabe der Kündigungsgründe vgl BVerfG NJW 1992, 1877; NJW 1992, 2411; NJW 1998, 2662; BayObLG WuM 1985, 50 = ZMR 1985, 96; KINNE ZMR 2001, 317).

Ein **Landpachtvertrag** bedarf nach § 585a der Schriftform, wenn er für längere Zeit **32** als zwei Jahre befristet abgeschlossen wird. Andernfalls ist er wirksam, gilt aber als auf unbestimmte Zeit abgeschlossen und kann daher ordentlich innerhalb der Fristen des § 594a BG gekündigt werden. § 585a ist also Parallelnorm zu § 550 S 1.

Der Schriftform bedarf auch der Abschluß eines Pachtvertrages mit landwirtschaft- **33** lichen Arbeitern nach dem **Reichssiedlungsgesetz** (§ 23 RSiedlG) sowie eines **Jagdpachtvertrages** (§ 11 Abs 4 BJagdG).

Die **Kündigung eines Kleingartenpachtvertrages** bedarf zu ihrer Wirksamkeit der **34** schriftlichen Form (§ 7 BKleinG; vgl BGH WM 1986, 1419 = ZMR 1987, 56).

Auch die **Kündigung von Energielieferungsverträgen** uä bedarf der Schriftform (§ 32 **35** Abs 7 AVBEltV; § 32 Abs 7 AVBFernwärmeV; § 32 Abs 7 AVBGasV; § 32 Abs 6 AVBWasserV). Die Allgemeinen Vertragsbedingungen für die Wasser- und Fernwärmeversorgung ergingen dabei als Verordnung aufgrund § 27 AGBG (jetzt Art 243 EGBGB; BGBl 1980 I 742 und 750), die Elektrizitäts- und Gas-Versorgungsbedingungen als Verordnungen aufgrund von § 7 Abs 2 Energiewirtschaftsgesetz (BGBl 1979 I 684 und 676). Die in ihnen enthaltenen Schriftformerfordernisse sind daher gesetzliche Schriftform iSd § 126. Schutzzweck ist Rechtsklarheit (insbes bei Kündigung von Seiten des Lieferanten) und bei Kündigung durch den Abnehmer auch Übereilungsschutz.

d) Verbraucherdarlehen und Bankrecht

36 Der **Verbraucherdarlehensvertrag** bedarf nach § 492 Abs 1 S 1 (= § 4 VerbrKrG) der Schriftform, wobei das Gesetz einen bestimmten Mindestinhalt für die Erklärung des Darlehensnehmers vorschreibt (S 5). Die Schriftform dient hier vor allem der **Information des Verbrauchers**, insbes durch den ausdrücklich vorgeschriebenen Mindestinhalt, und soll ihm damit einen Preisvergleich verschiedener Kreditinstitute ermöglichen. Wie bei jeder anderen Schriftform auch, wird der Verbraucher auch vor übereiltem Vertragsschluß gewarnt und Klarheit und Beweismöglichkeiten geschaffen.

37 Abweichend von § 126 Abs 2 können Antrag und Annahme je getrennt schriftlich erklärt werden (§ 492 Abs 1 S 3). Eigenhändig unterschreiben muß lediglich der Darlehensnehmer (§ 126 Abs 1); beim Darlehensgeber genügt auch eine automatisch erstellte Unterschrift (§ 492 Abs 1 S 4).

38 **Wirksamkeitserfordernis** ist die Schriftform mit den Mindestangaben des § 492 Abs 1 S 5 Nr 1 bis 6 (§ 494 Abs 1). Jedoch heilt der Empfang oder die Inanspruchnahme des Darlehens die Unwirksamkeit; allerdings ermäßigt sich der vereinbarte Zins auf den gesetzlichen Zinssatz (§ 246: 4%), wenn die Angabe des effektiven Jahreszinses oder des Gesamtbetrages der Zins- und Tilgungsleistungen fehlt (§ 494 Abs 2).

39 Seit der Schuldrechtsreform bedarf auch die **Vollmacht** zum Abschluß eines Verbraucherdarlehensvertrages der Schriftform (§ 492 Abs 4 – anders noch BGH DNotZ 2001, 620 = NJW 2001, 1931, 1932 = WM 2001, 1024; DNotZ 2001, 769 = NJW 200, 2963 – je zu § 4 VerbrKrG). In der Anwendung auf Generalvollmachten, insbesondere Vorsorgevollmachten (§ 1896 Abs 3) führt die neue Vorschrift zu unsinnigen Ergebnissen (HERTEL, in: AMANN/BRAMBRING/HERTEL, Vertragspraxis nach neuem Schuldrecht [2. Aufl 2003] 395 f).

Für vor dem 1. Januar 2002 erteilte Kreditvollmachten bleibt es hingegen noch bei der alten Rechtslage (Art 229 § 5 S 1 EGBGB; BT-Drucks 14/7052, S 201; BÜLOW, Verbraucherkreditrecht [5. Aufl 2002] Art 229 EGBGB Rn 6; DÖRRIE ZfIR 2002, 89, 93; PETERS/GRÖPPER WM 2001, 2199, 2203). Diese sind daher wirksam, auch wenn sie nicht die Angaben nach § 492 (= § 4 VerbrKrG) enthalten.

40 Das OLG-Vertretungsänderungsgesetz (BGBl 2002 I 2850) unterwarf auch Immobiliardarlehen dem Verbraucherwiderruf (§ 495). Zugleich ermöglicht es aber (zeitlich befristet bis zum 30.6.2005 – Art 34 S 2 OLG-Vertretungsänderungsgesetz) eine **Abbedingung des Widerrufsrechtes** durch „besondere schriftliche Vereinbarung" (§ 506 Abs 2). Hierfür genügt eine **gesonderte Unterschrift**; eine getrennte Urkunde ist nicht erforderlich (PALANDT/PUTZO § 506 Rn 12; HERTEL, in: AMANN/BRAMBRING/HERTEL 407).

41 Das **Depotgesetz** (BGBl 1995 I 34, zuletzt geändert BGBl 1999 I 2384) verlangt eine schriftliche Vereinbarung für diverse von den beiden Regelfällen der Sonder- oder Sammelverwahrung abweichende Verwahrungsarten, so für die ungetrennte Verwahrung, Tauschverwahrung, die Ermächtigung zur Verpfändung bzw zur Verfügung über das Eigentum oder die unregelmäßige Verwahrung (§§ 5 Abs 1, 10, 12 Abs 1, 13 Abs 1, 15 Abs 2 DepotG), ferner für bestimmte Erklärungen des Kommissionärs bei der Einkaufskommission für Wertpapiere (§§ 20 Abs 2 und 3, 24 DepotG).

e) Arbeitsrecht

Die **Begründung des Arbeitsverhältnisses** ist gesetzlich immer formfrei möglich. Nur **42** bei der **Arbeitnehmerüberlassung** bedarf der Vertrag zwischen Verleiher und Entleiher der Schriftform (§ 12 Abs 1 AÜG). Beim **Berufsausbildungsverhältnis** hat der Auszubildende einen Anspruch auf eine schriftliche „Niederschrift" über den wesentlichen Inhalt des Vertrages mit im Gesetz näher bestimmten Mindestangaben (§ 4 Abs 1 BBiG); dies ist aber nicht Wirksamkeitsvoraussetzung des Berufsausbildungsvertrages.

Schriftform erfordert hingegen die **Befristung** eines Arbeitsvertrages (§ 14 Abs 4 **43** TzBfG, in Kraft ab 1.1.2001; zwischen 1.5.2000 und 1.1.2001 in § 623 BGB geregelt). § 14 Abs 4 TzBfG dient zur Absicherung der Kündigungsschutzvorschriften (wie schon die Regelung zunächst in § 623 BGB zeigt). Hingegen bedürfen befristete Erhöhungen der Arbeitszeit oder andere Befristungen einzelner Arbeitsvertragsbedingungen im Rahmen eines unbefristeten Arbeitsverhältnisses nicht der Schriftform (BAG NJW 2004, 1126).

Auch die rechtsgeschäftliche Beendigung von Arbeitsverträgen durch **Kündigung 44 oder Aufhebungsvertrag** („Auflösungsvertrag") bedarf **seit 1.5.2000** der Schriftform (Arbeitsgerichtsbeschleunigungsgesetz vom 30.3.2000, BGBl 2000 I 333). Die Schriftform kann nicht durch die elektronische Form ersetzt werden (§ 623). Erfolgt die Kündigung nicht schriftlich, ist sie unwirksam (§ 125 S 1; CASPERS RdA 2001, 28). Zuvor war häufig tarifvertraglich (zB in § 57 BAT) oder arbeitsvertraglich Schriftform für Kündigung und Aufhebungsvertrag vorgesehen (s § 127 Rn 71). Auf tarifvertragliche Schriftformklauseln war dabei § 126 anzuwenden, da der Tarifvertrag Rechtsnorm ist; dasselbe galt bei einer individualvertraglichen Inbezugnahme eines Tarifvertrages, da diese auch die tarifvertragliche Auslegung der Schriftformklausel erfaßt (LAG Köln NZA-RR 2002, 163).

Die **Kündigung eines Berufsausbildungsverhältnisses** erfordert über die bloße Schriftform hinaus – wenn sie nach Ablauf der Probezeit erfolgt – auch die Angabe der Kündigungsgründe (§ 15 Abs 3 BBiG).

§ 109 GewO gibt dem Arbeitnehmer, § 630 anderen dauerhaft Dienstverpflichteten **45** einen Anspruch auf Erteilung eines **schriftlichen Arbeitszeugnisses** bzw Dienstzeugnisses (zur Unterschrift des Arbeitszeugnisses vgl Rn 147).

Im kollektiven Arbeitsrecht bedürfen **Tarifverträge** (§ 1 Abs 2 TVG) sowie **Betriebs- 46 vereinbarungen** (§ 77 Abs 2 BetrVG) zu ihrer Wirksamkeit der Schriftform. Formzweck ist hier, den betroffenen Arbeitsvertragsparteien Klarheit über den Inhalt der für sie geltenden Regelungen zu geben. Eine Warnfunktion ist damit nicht verbunden. Daher bedarf ein schuldrechtlicher Vorvertrag zum Abschluß eines Tarifvertrages nicht der Schriftform (BAG NJW 1977, 318).

47 Der **Interessenausgleich über die Betriebsänderung** ist ebenfalls schriftlich niederzulegen (§ 112 Abs 1 BetrVG); dies ist aber nur ein deklaratorisches Formerfordernis. Ist jedoch der Interessenausgleich nicht schriftlich niedergelegt, so kann der Arbeitgeber im Kündigungsschutzprozeß bei einer betriebsbedingten Kündigung die Einhaltung der Sozialauswahl bzw die Erforderlichkeit, aus betrieblichen Erfordernissen von der Sozialauswahl abzuweichen, kaum nachweisen (ArbG Hannover DB 1998, 208).

48 § 126 ist auch anwendbar, soweit ein **Tarifvertrag Schriftform vorschreibt**. Denn auch der Tarifvertrag ist eine Rechtsnorm (BAG NJW 1958, 397; AP BAT § 4 Nr 1; DB 1977, 2145). Jedoch gilt § 126 nur für Rechtsgeschäfte, wie zB für die Kündigung, nicht für rechtsgeschäftsähnliche Handlungen. Nach der Rechtsprechung des BAG gilt § 126 nicht für rechtsgeschäftliche Erklärungen (BAGE 96, 28 = NJW 2001, 989; BAG NJW 2003, 843 = NZA 2003, 226; DB 2003, 290; aA Röger NJW 2004, 1764).

f) Dienst-, Werk- und Geschäftsbesorgungsvertrag

49 Bei Geschäftsbesorgungsverträgen und anderen freien Dienst- oder Werkverträgen ist teilweise Schriftform für Honorarvereinbarungen vorgeschrieben, so für die **Gebührenvereinbarung des Anwalts** (§ 4 Abs 1 RVG – ebenso früher § 3 Abs 1 BRAGO) oder des **Architekten oder Ingenieurs** (§ 4 HOAI). Auch hier dient die Schriftform der Warnung des die Verpflichtung eingehenden Vertragspartners und der Klarstellung, wenn von den gesetzlich festgelegten Gebührensätzen abgewichen werden soll.

50 Bei der **anwaltlichen Gebührenvereinbarung** bedarf lediglich die Erklärung des Vertragspartners der Schriftform, nicht die des Anwalts. Die Schriftform bleibt gewahrt, wenn der Anwalt die Urkunde über die wirksam eingegangene Gebührenvereinbarung später vernichtet (wegen devisenrechtlicher Bedenken des ausländischen Mandanten) und durch eine in anderer Währung ausgestellte entsprechende Erklärung ersetzt (BGH NJW 1991, 3095 – zu § 3 BRAGO).

Darüber hinaus schreibt § 4 Abs 1 RVG (ebenso wie früher § 3 Abs 1 S 1 BRAGO) vor, daß die Erklärung des Mandanten nicht in der (Prozeß-)Vollmacht enthalten sein darf. Ein Vordruck muß ausdrücklich als Vergütungsvereinbarung bezeichnet sein; die Vergütungsvereinbarung muß von anderen Vereinbarungen deutlich abgesetzt sein (§ 4 Abs 1 S 2 RVG). (Noch weitergehend hatte § 3 Abs 1 BRAGO Vordrucke verboten, die neben der Gebührenvereinbarung noch andere Erklärungen umfaßten. Nach OLG Düsseldorf [MDR 2000, 420] war deshalb eine Gebührenvereinbarung bereits dann unwirksam, wenn der Vordruck des Rechtsanwalts zusätzlich die Erklärung des Mandanten enthielt, er habe ein Exemplar der Vereinbarung erhalten.) Hat der Mandant aber bereits freiwillig und ohne Vorbehalt gezahlt, so kann er das Geleistete nicht unter Berufung auf einen Formverstoß der Honorarvereinbarung zurückfordern (§ 4 Abs 1 S 3 RVG).

51 Die Honorarvereinbarung nach **HOAI** erfordert hingegen Schriftform der gesamten Vereinbarung. Die einseitige schriftliche „Auftragsbestätigung" genügt daher nicht (BGH BauR 1989, 222 = MDR 1989, 442 = ZfBR 1989, 104), ebensowenig wechselseitige Bestätigungsschreiben (BGH NJW-RR 1994, 280 = BauR 1994, 131 = ZfBR 1994, 73; aA KG BauR 1998, 818).

§ 4 Abs 1 und 4 HOAI erfordert außerdem, daß die Honorarvereinbarung bereits „bei Auftragserteilung" getroffen wird. Eine spätere Vereinbarung genügt auch dann nicht, wenn sie in unmittelbarem zeitlichen Zusammenhang mit der Auftragserteilung erfolgt (BGH NJW-RR 1986, 18 = BauR 1985, 582; NJW-RR 1987, 13 = BauR 197, 112; OLG Schleswig NJW-RR 1987, 535).

Dem Verbraucherschutz dient das (einseitige) Schriftformerfordernis für die Erklärung des Verbrauchers zum Abschluß eines **Fernunterrichtsvertrages** (§ 3 FernUSG; BGBl 2000 I 1670; geändert BGBl 2002 I 2850). Ähnlich wie beim Verbraucherdarlehen stellt das Gesetz (in Umsetzung einer EG-Richtlinie) einen Mindestinhalt für den Vertrag auf Schutzzweck ist auch hier, durch Informationspflichten dem Verbraucher einen Vergleich zwischen verschiedenen Angeboten und einen überlegten Vertragsschluß zu ermöglichen. 52

Nicht als gesetzliches Schriftformerfordernis wird man hingegen die Formerfordernisse der VOB/B ansehen (**aA** SOERGEL/HEFERMEHL § 126 Rn 2), da die VOB/B lediglich allgemeine Geschäftsbedingungen darstellen, auch wenn die öffentliche Hand zu deren Anwendung verpflichtet ist und auch wenn sie in der Praxis normähnlichen Charakter hat. Inhaltlich wird man die Schriftformerfordernisse der VOB/B (§§ 4 Nr 3, 13 Nr 4 VOB/B) aber ebenso auslegen wie nach § 126. 53

g)   Einseitig verpflichtende Verträge (Bürgschaft, Schuldversprechen)
Bei verschiedenen einseitig verpflichtenden Verträgen über eine akzessorische Haftung bzw abstrakte Verpflichtung erfordert das Gesetz Schriftform als Wirksamkeitserfordernis für das **Leibrentenversprechen** (§ 761), die **Bürgschaftserklärung** (§ 766), **abstraktes Schuldversprechen** und **Schuldanerkenntnis** (§ 780 S 1, § 781 S 1). In allen Fällen genügt die elektronische Form nicht. 54

Formfrei möglich sind hingegen nach § 350 HGB Bürgschaft, Schuldversprechen und Schuldanerkenntnis bei **Kaufleuten**, soweit die Verpflichtung für sie Handelsgeschäft ist (§§ 343, 344 HGB). Hingegen gilt das Formerfordernis auch für die Bürgschaftserklärung etc eines geschäftsführenden Gesellschafters (BGH NJW-RR 1987, 42 = WM 1986, 939 = ZIP 1986, 1457; **aA** K SCHMIDT ZIP 1986, 1510). 55

Formzweck der §§ 761, 766, 780 und 781 ist, den Bürgen (bzw den Schuldner beim Schuldversprechen oder -anerkenntnis) zu **warnen** und vor nicht ausreichend überlegten Erklärungen zu sichern (BGHZ 121, 224, 229; BGH NJW 1995, 1886 = WM 1995, 900 = ZIP 1995, 812; BGHZ 132, 119 = NJW 1996, 1467 = WM 1996, 762 = ZIP 1996, 745). 56

Formbedürftig ist jeweils **nur einseitig die Erklärung des Verpflichteten**, nicht die Erklärung des (Bürgschafts-)Gläubigers (vgl KG NJW-RR 2000, 1307). Anzugeben sind mindestens die Personen des Gläubigers und des Hauptschuldners sowie die gesicherte Forderung; zur Bezeichnung des Gläubigers genügen dabei allgemeine Angaben (BGHZ 132, 119 = NJW 1996, 1467 = WM 1996, 762 = ZIP 1996, 745; BGH NJW 1992, 1448). Die Pflichtangaben des § 492 sind jedoch auch bei der Bürgschaft eines Verbrauchers nicht erforderlich; denn § 492 ist nach wohl hM auf die Bürgschaftserklärung nicht anwendbar (**aA** ULMER JZ 2000, 781). 57

Änderungen der Bürgschaft bedürfen der Schriftform, soweit sie den Bürgen bela- 58 sten, insbesondere die Erstreckung der Bürgschaft auf weitere Schulden (BGHZ 26, 142 = NJW 1958, 217 = WM 1958, 71; BGH NJW-RR 1997, 684 = WM 1997, 625 = ZIP 1997, 536). Den Bürgen etc entlastende Vereinbarungen sind hingegen formfrei (BGH NJW 1968, 393; NJW 1986, 3131, 3132 = WM 1986, 961 = ZIP 1986, 970; NJW 1994, 1656 = WM 1994, 784 = ZIP 1994, 697).

59 Nach dem Schutzzweck genügt eine durch einen Dritten (insbes den Gläubiger) nach Unterzeichnung durch den Bürgen ausgefüllte **Blankobürgschaft** nicht dem Formerfordernis des § 766 (BGHZ 132, 119 = NJW 1996, 1467 = WM 1996, 762 = ZIP 1996, 745; dies bedeutete eine Abkehr von der früheren Rechtsprechung seit RGZ 57, 66, 69; RGZ 76, 99, 100; RGZ 78, 26, 29; BGH WM 1962, 575; WM 1962, 720; NJW 1968, 1131; NJW 1984, 798; NJW 1992, 1448, 1449; vgl BGHZ 76, 187, 189; BGH NJW 1993, 724, 725; NJW 1995, 1886, 1887).

Auch die **Vollmachtserteilung** bedarf jedenfalls bei der Bürgschaft der Schriftform (BGHZ 132, 119 = NJW 1996, 1467 = WM 1996, 762 = ZIP 1996, 745; Anmerkungen: BENEDICT Jura 1999, 78; PAWLOWSKI JZ 1997, 306; TIEDTKE WiB 1996, 807; VEIT VuR 1996, 247; **aA** FISCHER JuS 1998, 205; KEIM NJW 1996, 2774). Dasselbe muß entsprechend für die Vollmacht für bzw für ein blanko erteiltes Schuldversprechen oder -anerkenntnis gelten. Unstreitig kann jedoch die Bürgschaftserklärung durch einen Vertreter abgegeben werden (RG JW 1927, 1361).

60 Nach dem Schutzzweck muß § 766 auch für die **Verpflichtung** zur Eingehung der Bürgschaft gelten (**aA** OLG Köln WM 1995, 1224).

h) Gesellschaftsrecht, Verein, Stiftung

61 Im Gesellschaftsrecht und Recht der juristischen Personen erfordert der Gründungsakt beim **Stiftungsgeschäft unter Lebenden** Schriftform (§ 81 Abs 1 S 1), ebenso das **Statut einer Genossenschaft** (§§ 5, 11 Abs 2 Nr 1 GenG) sowie der Partnerschaftsvertrag einer freiberuflichen Partnerschaft (§ 3 Abs 1 PartGG), ebenso der Gründungsbericht bei der Sachgründung einer Aktiengesellschaft (§ 32 Abs 1 AktG). Der Schriftform bedarf auch die Genehmigung zur Teilung eines Geschäftsanteils (§ 17 Abs 2 GmbHG). Hier soll der Inhalt des Gesellschaftsvertrages (Gründungsaktes) bzw die Zahl der Gesellschafter im Interesse der Gesellschafter selbst wie im Interesse des Rechtsverkehrs eindeutig und beweiskräftig feststehen.

62 Schriftform ist meist auch für das Verlangen eines bestimmten Mitgliederquorums auf **Einberufung einer Mitgliederversammlung** etc vorgeschrieben (§ 37 Abs 1 beim Verein; § 122 AktG für Einberufungsverlangen der Hauptversammlung bei Aktiengesellschaft).

63 Wieder andere Vorschriften regeln die **schriftliche Beschlußfassung** (§ 32 Abs 2 bei allen Mitgliedern eines Vereins; § 48 Abs 2 GmbHG für die GmbH-Gesellschafter; § 108 Abs 3 AktG schriftliche Stimmabgabe abwesender Aufsichtsratsmitglieder).

i) § 34 GWB

64 Auch das kartellrechtliche Schriftformerfordernis des § 34 GWB in der bis zum 31.12.1998 geltenden Fassung (BGBl 1957 I 1081) erforderte eine Schriftform iSd § 126. Die Schriftform sollte die Kontrolle (zulässiger) wettbewerbsbeschränkender

Vereinbarungen erleichtern (BGH NJW 1997, 2182 = WM 1997, 1352 = ZIP 1997, 1169 – „Kölsch-Vertrag"; RIECHMANN GRUR 1986, 427; MünchKomm/EINSELE § 126 Rn 1).

k) Eigenhändiges Testament
Das eigenhändige Testament (§ 2247) ist eine Sonderform der Schriftform. Einerseits sind die Anforderungen der Form an den Text höher, da dieser nicht nur schriftlich, sondern eigenhändig geschrieben sein muß. Andererseits sind die Anforderungen an die Unterschrift herabgesetzt, da hier der Name entbehrlich ist, sondern auch eine andere Bezeichnung (insbesondere durch Verwandtschaftsbezeichnung – „Euer Vater") ausreicht, sofern nur die Urheberschaft und die Ernstlichkeit der Erklärung daraus hervorgeht (vgl im einzelnen § 125 Rn 11 ff).

3. Formfunktion gesetzlicher Schriftformerfordernisse

a) Übereilungsschutz
Der Schutz vor Übereilung kommt am deutlichsten in einigen Vorschriften zum Ausdruck, die die (zT einseitige) Schriftform als Wirksamkeitsvoraussetzung für die **Eingehung einseitiger Verpflichtungen** vorsehen (§§ 766, 780, 781).

Übereilungsschutz kombiniert mit einer **Information des Verbrauchers** bzw Bestellers ist Zweck des Schriftformerfordernisses beim Abschluß des Verbraucherdarlehensvertrages (§ 492) sowie nach § 3 BRAGO, § 4 HOAI, § 3 FernUSG.

Bei der **Kündigung wichtiger Verträge** (§§ 568, 623 – Wohnraummiete, Arbeitsvertrag; ebenso Energielieferungsverträge oder § 7 BKleinG) bezweckt das Schriftformerfordernis bei Kündigung durch den Mieter, Arbeitnehmer oder Abnehmer vor allem Übereilungsschutz – während das Formerfordernis für die Kündigung durch den Vermieter, Arbeitgeber oder Lieferanten vor allem der Rechtsklarheit dient. Als Absicherung des Kündigungsschutzes dient § 14 Abs 4 TzBfG.

b) Klarheit
Klarheit bezwecken die Vorschriften, die dem Erklärungsempfänger bei einseitigen Rechtsgeschäften (oder sonst dem Schuldner) ein **Zurückweisungsrecht** gewähren, soweit der Erklärende (Gläubiger) seine Berechtigung nicht durch eine schriftliche Urkunde nachweist (§§ 111, 174, 410; § 364 Abs 3 HGB).

Klarheit bezwecken aber auch Vorschriften, die die Wirksamkeit einer **Abtretung** an die Schriftform knüpfen (§§ 792 Abs 1 S 2, 1154 Abs 1; § 363 HGB; ebenso § 416 Abs 2 S 2 für die Mitteilung der Übernahme einer Hypothekenschuld) oder die den **guten Glauben** in eine schriftliche Urkunde über eine Quittung oder Abtretung schützen (§§ 370, 409 Abs 1).

Der Klarheit eines **künftigen Grundstückserwerbers** dient die Schriftform für längerfristig, aber befristet abgeschlossene Mietverträge (§§ 550, 585a = § 556 aF; vgl Rn 30); ähnlich § 23 RSiedlG sowie § 11 Abs 4 BJagdG.

Der Klarheit für die betroffenen Arbeitsvertragsparteien dient die Schriftform von **Tarifverträgen** (§ 1 Abs 2 TVG) und **Betriebsvereinbarungen** (§ 77 Abs 2 BetrVG).

73 Der Klarheit (durch eindeutige Feststellung, ob das erforderliche Quorum auch erreicht wurde), daneben aber auch der Beweissicherung dient das Schriftformerfordernis beim **Einberufungsverlangen einer Minderheit** (§ 37 Abs 1; § 122 AktG).

c) Beweissicherung

74 Vor allem der Beweissicherung dienen die Vorschriften, die lediglich einen Anspruch auf eine schriftliche Urkunde gewähren, ohne die Wirksamkeit des Rechtsgeschäfts davon abhängig zu machen („**deklaratorische Schriftform**"; zB § 4 Abs 1 BBiG; § 112 Abs 1 BetrVG; §§ 368 S 1, 630; § 109 GewO; § 85 HGB).

75 Ebenfalls der Beweissicherung dienen Vorschriften über die **schriftliche Beschlußfassung** (§ 32 Abs 2; § 48 Abs 2 GmbHG; § 108 Abs 3 AktG).

d) Staatliche Kontrolle oder allgemeiner Schutz des Rechtsverkehrs

76 Als Beispiel für ein der staatlichen Kontrolle dienendes Schriftformerfordernis konnte man früher die **kartellrechtliche Schriftform** des § 34 GWB aF heranziehen (vgl Rn 64), heute vielleicht noch den Gründungsbericht bei der Sachgründung einer Aktiengesellschaft (§ 32 Abs 1 AktG).

77 Als Schutz des Rechtsverkehrs entweder hier oder als Sonderfall der Klarheit einordnen kann man die Formerfordernisse bei der **Gründung juristischer Personen** (§ 81 Abs 1 S 1; §§ 5, 11 Abs 2 Nr 1 GenG; § 3 Abs 1 PartGG – ähnlich auch § 17 Abs 2 GmbHG – vgl Rn 61).

III. Umfang des Formerfordernisses

78 Der Umfang des Formerfordernisses ergibt sich weder aus § 125 noch aus § 126. Er ist grundsätzlich für jede Formvorschrift gesondert zu bestimmen und richtet sich nach dem Schutzzweck der jeweiligen Formvorschrift. Dennoch lassen sich allgemeine Grundsätze herausbilden, die für die meisten gesetzlichen Schriftformerfordernisse gelten.

1. Einseitiges oder beidseitiges Formerfordernis

79 Bei verschiedenen Rechtsgeschäften bedarf **nur die Erklärung eines Vertragsteils** der Schriftform, da dies zu seinem Schutz genügt. Dies betrifft insbesondere die einseitig verpflichtenden Rechtsgeschäfte wie Bürgschaft, Schuldversprechen und -anerkenntnis (§§ 766, 781, 782), ebenso die Erklärung des Mandanten bei der anwaltlichen Gebührenvereinbarung (§ 4 Abs 1 RVG; ebenso früher § 3 BRAGO) oder die auf den Abschluß eines Fernunterrichtsvertrages gerichtete Erklärung des Teilnehmers (§ 3 FernUSG).

80 Andere Vorschriften sehen **Formerleichterungen für den einen Vertragsteil** vor, so etwa für die Unterschrift des Unternehmers beim Verbraucherdarlehen (§ 492 Abs 1 S 4 – automatische Erstellung der Unterschrift zulässig).

81 Soweit aber nichts abweichendes geregelt ist, bedarf das gesamte Rechtsgeschäft und damit die Erklärungen aller Vertragsbeteiligten der Schriftform.

2. Schriftform für gesamtes Rechtsgeschäft

a) Reichweite allgemein

Grundsätzlich umfaßt das Schriftformerfordernis das gesamte Rechtsgeschäft. Zu prüfen ist daher zunächst, ob die Schriftform alle **essentialia negotii** umfaßt. 82

So gilt etwa das Formerfordernis einer **Bürgschaftserklärung**, den Bürgen zu warnen und vor nicht ausreichend überlegten Erklärungen zu sichern (BGHZ 121, 224, 229 = DNotZ 1994, 440 = NJW 1993, 1126 = WM 1993, 496 = ZIP 1993, 424), für alle wesentlichen Teile einer Bürgschaftserklärung. Außer dem Willen, für eine fremde Schuld einzustehen, muß die Urkunde die Bezeichnung des Gläubigers, des Hauptschuldners und der verbürgten Hauptschuld enthalten (BGH NJW 1995, 1886 = WM 1995, 900 = ZIP 1995, 812). Ergeben sich diese Bestandteile nicht bereits aus dem Wortlaut der Bürgschaftserklärung, so können zur Auslegung auch außerhalb der Urkunde liegende Umstände herangezogen werden, sofern ein zureichender Anhaltspunkt in der Urkunde besteht, der Inhalt der Bürgschaftsverpflichtung also dort irgendwie seinen Ausdruck gefunden hat (BGH WM 1993, 239, 240 = WM 1993, 239; DB 1993, 677 = NJW 1993, 1261 = WM 1993, 544, 545; NJW 1995, 1886 = WM 1995, 900 = ZIP 1995, 812). Trotz der Auslegung nicht auszuräumende Zweifel gehen zu Lasten des Gläubigers (BGH NJW 1995, 959 = WM 1995, 331 = ZIP 1995, 274). 83

Darüber hinaus sind grundsätzlich alle **weiteren Bestandteile des Rechtsgeschäfts** vom Formbedürfnis umfaßt, grundsätzlich auch Nebenabreden. 84

Der Schutzzweck erfordert hingegen keine Schriftform, soweit das Formerfordernis nur dem **Schutz nur eines Beteiligten** dient und dieser durch die betreffende Abrede gerade begünstigt wird, so zB den Bürgen entlastende Vereinbarungen (BGH NJW 1994, 1656 = WM 1994, 784 = Z/P 1994, 697 – für eine Änderungsvereinbarung). 85

Für das mietvertragliche Formerfordernis des § 550 (= § 556 BGB aF) läßt es die Rechtsprechung genügen, wenn sich aus der Vertragsurkunde die wesentlichen Vertragsbedingungen – insbesondere der Mietgegenstand, der Mietzins sowie die Dauer und die Parteien des Mietverhältnisses – sowie die weiteren Vertragsbestimmungen ergeben, die nach dem Willen der Parteien ein wichtiger Vertragsbestandteil sein sollen (BGH NJW 1999, 2591, 2592 = MDR 1999, 1374 = NZM 1999, 962 = WM 1999, 2088 = ZIP 1999, 1635; MDR 2000, 323 = NJW 2000, 1105 = NZM 2000, 184 = WM 2000, 776 = ZfIR 2000, 616). Hingegen nahm der BGH Abreden von lediglich **„nebensächlicher Bedeutung"** aus, die nicht über das hinausgehen, was bereits im Vertragstext selbst seinen Niederschlag gefunden hat, oder dessen Inhalt nicht modifizieren, sondern lediglich erläutern oder veranschaulichen sollen, so zB die Auflistung der Nebenkosten, die (bedeutungslose) Hausordnung sowie sogar die Grundrißzeichnung (bei textlicher Beschreibung der vermieteten Räume im Mietvertrag; BGH NJW 1999, 2591, 2592 f). Richtiger erschiene mir, hier das Schriftformerfordernis zu bejahen, die Unwirksamkeit aber auf die Anlage zu beschränken und den Vertrag im übrigen als wirksam anzusehen (entgegen der Auslegungsregel des § 139; vgl Rn 116). 86

b) Andeutungstheorie

Grundsätzlich müssen sich alle regelungsbedürftigen Punkte in der Urkunde selbst finden. Dabei können jedoch Unklarheiten durch **Auslegung** behoben werden und 87 dabei auch Umstände berücksichtigt werden, die außerhalb der Urkunde liegen, sofern wenigstens ein **Anhalt in der Urkunde** selbst zu finden ist (BGHZ 26, 142, 146; BGH WM 1970, 816; NJW-RR 1987, 1138 = MDR 1987, 1019 = ZIP 1987, 972, 973; NJW 1989, 1484 = WM 1989, 559, 560 = ZIP 1989, 434; NJW-RR 1991, 757 = WM 1991, 536; NJW 1992, 1448 = WM 1992, 177; RGZ 57, 66, 69; 76, 99, 100; 78, 26, 29; RG JW 1927, 1363 – jeweils zur Bürgschaftserklärung nach § 766).

88 Ein Anhalt in der Urkunde genügt grundsätzlich auch für die Auslegung bei anderen Schriftformerfordernissen (vgl zur Wohnraummiete: BGHZ 142, 158 = NJW 1999, 2591 = ZIP 1999, 1311; NJW 2000, 354, 357), soweit nicht im Einzelfall der Gesetzeswortlaut oder der Schutzzweck des Gesetzes eine ausdrückliche Regelung in der Urkunde fordert.

c) Gesetzlich geregelte Mindestangaben

89 Insbesondere dem Verbraucherschutz dienende Formvorschriften regeln teilweise einen bestimmten Mindestinhalt des formbedürftigen Rechtsgeschäftes. So bestimmt § 492 Abs 1 S 5 (früher § 4 Abs 2 VerbrKrG) beim **Verbraucherdarlehen** detailliert, welche Angaben die Vertragsurkunde enthalten muß (mit Nichtigkeitsfolge nach § 494 Abs 1). Dies dient der Information, aber auch der Warnung des Verbrauchers. Ähnlich ist die Regelung des § 3 Abs 2 FernUSG.

§ 4 Abs 1 S 2 BRAGO erfordert, bei Verwendung eines Vordrucks diesen ausdrücklich als „Vergütungsvereinbarung" zu bezeichnen (ähnlich früher § 3 Abs 1 BRAGO – vgl BGHZ 57, 53 = NJW 1971, 2227, 2228).

90 Eine weitere Fallgruppe sind Vorschriften, die bei einer Kündigung auch die **Angabe der Kündigungsgründe** verlangen, so etwa § 573 Abs 3 für die **Wohnraummiete** bei der ordentlichen Kündigung des Vermieters. Dies soll dem Mieter Klarheit über seine Rechtsstellung geben (s o Rn 31).

§ 15 Abs 3 BBiG verlangt bei Kündigung eines **Ausbildungsverhältnisses** (nach Ablauf der Probezeit) auch die Angabe der Kündigungsgründe – und zwar auch bei einer Kündigung durch den Auszubildenden. Der Auszubildende soll sich hier im klaren werden, warum er die Ausbildung nicht fortsetzen will und vor einer übereilten Kündigung geschützt werden.

91 Der Information, aber auch der Beweissicherung dienen die Mindestangaben, die für das **Berufsausbildungsverhältnis** niederzulegen sind (§ 4 Abs 1 BBiG). Beweiszwecken dienen die Mindestangaben in Arbeits- und Dienstzeugnis (§ 109 GewO; § 630).

d) Getrennte Urkunde

92 Manche gesetzliche Vorschriften verlangen eine **gesonderte Urkunde** oder jedenfalls eine **gesonderte Unterschrift** für ein bestimmtes Rechtsgeschäft und verbieten die Verbindung mit anderen Erklärungen in einer gemeinsamen Urkunde, so zB die Schiedsvereinbarung bei Beteiligung eines Verbrauchers (§ 1031 Abs 5 – Rn 14; ebenso früher § 3 BRAGO) für die anwaltliche Gebührenvereinbarung (vgl Rn 50).

93 Auch für die „besondere schriftliche Vereinbarung" zur Abbedingung des Verbrau-

cherwiderrufsrechtes bei Verbraucherdarlehen (§ 506 Abs 2 iVm § 495) genügt hingegen eine **gesonderte Unterschrift**; eine getrennte Urkunde ist nicht erforderlich (vgl Rn 40).

Zweck ist insbesondere, die Bedeutung der betreffenden Vereinbarung hervorzuheben und überraschende Klauseln zu vermeiden und so deutlicher noch als durch die bloße Schriftform zu **warnen**. 94

3. Zeitpunkt der Vereinbarung

Vereinzelt ist mit dem Schriftformerfordernis auch ein Ausschlußzeitpunkt für den Abschluß der Vereinbarung verknüpft. So kann insbesondere die **Honorarvereinbarung nach § 4 HOAI** nicht mehr nach Auftragtragserteilung getroffen werden (vgl Rn 51). Mit dem Schutzzweck der Schriftform hat dies allerdings nichts zu tun. Vielmehr geht es darum, den Werkbesteller vor möglichem Druck durch das Verlangen einer nachträglichen Gebührenvereinbarung zu schützen. 95

4. Vorvertrag, Vertragsänderung und -aufhebung

a) Vorvertrag

Auch der **Vorvertrag** unterliegt grundsätzlich dem Schriftformerfordernis des Hauptvertrages. Andernfalls liefe der Schutzzweck des Formerfordernisses ins Leere. Allerdings ist hier auch wieder auf den Zweck der konkreten Formvorschrift abzustellen. Mangels Warnfunktion bedarf etwa der schuldrechtliche (dh nur die Tarifvertragsparteien selbst bindende) Vorvertrag zu einem Tarifvertrag noch nicht der Schriftform (BAG NJW 1977, 318 – vgl Rn 46). 96

Für die Verpflichtung zur Abgabe einer **Bürgschaftserklärung** verneinte das OLG Köln (WM 1995, 1224) ein Schriftformerfordernis – mE zu Unrecht. Insbesondere ergibt sich ein Wertungswiderspruch zu BGHZ 132, 119 (= NJW 1996, 1467), worin der BGH auch für die Vollmacht zur Bürgschaftserklärung Schriftform verlangte. 97

Strittig ist die Frage auch im **Mietrecht**. Hier verneint HEILE (NJW 1991, 6) das Schriftformerfordernis (§ 550) für Mietvorverträge, da der beabsichtigte Schutz des Grundstückserwerbers erst ab der Überlassung der Mietsache erforderlich sei; denn erst ab dann wirkt der Mietvertrag auch gegen den Grundstückserwerber (§ 566). 98

b) Vertragsänderung

Ebenso gilt das gesetzliche Schriftformerfordernis grundsätzlich auch für **Vertragsänderungen und Nachträge**, soweit die entsprechende Vereinbarung bei Vertragsschluß vom Formerfordernis erfaßt worden wäre. 99

Höchstrichterlich entschieden wurde dies für **Mietverträge** (BGHZ 52, 25, 28 = NJW 1969, 1063; BGH NJW 1998, 62 = NZM 1998, 29; vgl LINDNER-FIGURA MDR 1997, 209). 100

Bei der **Bürgschaft** sind hingegen nur die den Bürgen belastenden Änderungen formbedürftig, insbesondere die Erstreckung auf weitere Schulden, nicht die den Bürgen entlastenden Vereinbarungen (vgl Rn 58). 101

c) Wechsel der Vertragsparteien

102 Der Schriftform bedarf auch der Wechsel der Vertragsparteien oder der Schuldbeitritt zu einem für den Beitretenden der Schriftform bedürftigen Vertrag.

103 Entschieden wurde dies für den **Mieterwechsel** bei einem längerfristigen Mietvertrag (BGHZ 65, 49 = NJW 1975, 1653; NJW 1979, 369).

104 Dasselbe gilt für den **Schuldbeitritt** eines Verbrauchers zu einem **Verbraucherdarlehen** bzw Finanzierungsleasingvertrag entsprechend § 4 Abs 1 S 1 VerbrKrG (§ 492; BGHZ 134, 94 = NJW 1997, 654 = WM 1997, 158; BGH NJW 1997, 1442 = ZIP 1997, 642; NJW 1997, 3169 = WM 1997, 2000 = ZIP 1997, 1694).

d) Vertragsaufhebung

105 Die **Vertragsaufhebung** bedarf hingegen im Regelfall nicht der für den Vertragsschluß vorgeschriebenen Schriftform, da der Schutzzweck der einzelnen Formvorschriften zur gesetzlichen Schriftform idR nur für die Eingehung der Verpflichtung eingreift, nicht für deren Aufhebung (vgl § 125 Rn 80 ff).

5. Formfreiheit von Vollmacht und Zustimmung

106 Nach § 167 Abs 2 bedarf die Vollmachtserteilung grundsätzlich nicht der für das Rechtsgeschäft selbst gesetzlich vorgeschriebenen Form, ebensowenig nach § 182 Abs 2 die Zustimmung zu einem formbedürftigen Geschäft.

Abweichend bedarf die aktienrechtliche **Stimmrechtsvollmacht** der Schriftform. Jedoch kann die Satzung der Gesellschaft Formerleichterungen vorsehen (§ 134 Abs 3 AktG).

107 Die Formfreiheit der Vollmacht oder Zustimmung kann jedoch durch den Schutzzweck der betreffenden Formvorschrift eingeschränkt sein. Schriftform bedarf deshalb die **Vollmachtserteilung** bei einer Spezialvollmacht für eine Bürgschaft nach BGHZ 132, 119 (= DNotZ 1997, 616 = NJW 1996, 1467 = WM 1996, 762 = ZIP 1996, 745: Ermächtigung zur Ausfüllung eines Bürgschaftsblanketts muß ebenfalls die nach § 766 erforderlichen Angaben in Schriftform enthalten; vgl STAUDINGER/HORN [1997] § 766 Rn 38 ff; **aA** FISCHER JuS 1998, 205). Dasselbe muß mE für die (Spezial-)Vollmacht für ein Schuldversprechen oder -anerkenntnis gelten (s o Rn 59). Demgegenüber genügt eine Generalvollmacht auch zur Abgabe einer Bürgschaft, jedenfalls wenn die Generalvollmacht notariell beurkundet wurde (**aA** OLG Düsseldorf DNotZ 2004, 313 m abl Anm KEIM = MDR 2004, 223 = ZIP 2003, 1696).

IV. Schriftliche Urkunde

1. Schriftlich

108 Eine schriftliche Urkunde erfordert lediglich **dauerhaft verkörperte Schriftzeichen**. Gleichgültig ist, in welcher Sprache oder Schrift die Urkunde verfaßt ist. Eine fremde oder tote Sprache ist ebenso zulässig (OLG Brandenburg GmbHR 1998, 1037, 1038 = NJW-RR 199, 543) wie fremde Schriftzeichen (Arabisch, Chinesisch, Kyrillisch etc – vgl VGH München NJW 1978, 510, 511), wohl auch Blindenschrift. Entscheidend ist, daß die Zeichen Dritten verständlich sind: Allgemein verständliche Abkürzungen oder Stenographie genügen demnach. Ungenügend wäre hingegen eine nur den Beteiligten gebräuchliche Geheimschrift oder bloße Bilder.

Gleichgültig ist, **wie die Urkunde geschrieben** wurde. Sie kann eigenhändig, von fremder Hand, mit Schreibmaschine, Computer oder sonstwie geschrieben sein. Möglich ist auch die Wiederverwendung einer unwirksam gewordenen alten Urkunde (RGZ 78, 31). Denkbar ist auch die Verwendung einer Kopie (SOERGEL/HEFERMEHL § 126 Rn 3), in der Praxis häufig die Verwendung eines **Vordrucks**. Eigenhändig muß nur die Unterschrift sein (anders § 2247 für das eigenhändige Testament – vgl § 125 Rn 11 ff). 109

Typischerweise wird die Urkunde auf Papier geschrieben sein. Es genügt aber auch jedes andere **Schreibmaterial**. Als dauerhafte Verkörperung ließ die Rechtsprechung selbst ein Testament auf einer Schiefertafel genügen (RG DJZ 15 [1910] 594). 110

Ungenügend ist ein **elektronisches Dokument**. Eine schriftliche Urkunde ist nur der (unterschriebene) Ausdruck des Dokuments (vgl aber zur elektronischen Form § 126 Abs 3 und § 126a). 111

2. Einheitliche Urkunde

Die gesetzliche Schriftform erfordert eine einheitliche Urkunde. Dies entnimmt die Rechtsprechung zu Recht aus dem gesetzlich nicht näher definierten Begriff der „Urkunde". Hinsichtlich der Frage, welche Anforderungen aber an die „Einheitlichkeit" der Urkunde zu stellen sind, entwickelte sich die **Rechtsprechung** aber **zunächst uneinheitlich und teilweise widersprüchlich**. So verlangte BGHZ 40, 255 (= NJW 1964, 395 = LM § 566 aF Nr 10) für den Fall der Bezugnahme auf andere Urkunden die körperliche Verbindung der Schriftstücke, für deren Lösung „Gewaltanwendung" erforderlich sein müsse. Aus dem Anwendungsbereich dieser – jedenfalls in ihrer Allgemeinheit zu hohen – Anforderungen nahm die Rechtsprechung im Zuge der (vom BGH selbst so bezeichneten) „Auflockerungsrechtsprechung" zunächst Nachtragsvereinbarungen aus (BGHZ 52, 25, 28 = NJW 1969, 1063; BGH NJW 1992, 2283), später dann auch eine aus mehreren Blättern bestehende Urkunde (BGH, NJW 1997, 2182; BGHZ 136, 357 = NJW 1998, 58), um schließlich auch bei einer aus mehreren Schriftstücken bestehenden Urkunde andere Möglichkeiten der Bezugnahme anzuerkennen (BGH BB 1999, 495 = NJW 1999, 1104; BGHZ 142, 158 = NJW 1999, 2591 = ZIP 1999, 1311). 112

a) Mehrere Blätter

Besteht die Urkunde aus mehreren Blättern, so muß deren Zusammengehörigkeit feststehen. Hierfür genügt aber, wenn sich die Einheit der Urkunde aus der fortlaufenden Nummerierung der Seiten und/oder der einzelnen Bestimmungen, einheitlicher graphischer Gestaltung, inhaltlichem Zusammenhang des Texts oder vergleichbaren Merkmalen zweifelsfrei ergibt. Eine **körperliche Verbindung** der einzelnen Blätter der Urkunde ist **nicht erforderlich** (BGH NJW 1997, 2182 = WM 1997, 1352 = ZIP 1997, 1169 – zu § 34 GWB aF; BGHZ 136, 357 = NJW 1998, 58 = WM 1997, 2361 = ZIP 1997, 2085 = ZfIR 1997, 721 = ZMR 1998, 12 = LM § 566 Nr 32; vgl die Anmerkungen von GOETTE DStR 1997, 1980; NETTESHEIM BB 1998, 288). 113

114 Auch für die Schriftform eines (auf einen längeren Zeitraum als ein Jahr befristet abgeschlossen) **Wohnraummietvertrages** nach § 550 S 1 (vgl § 566 aF) gelten keine strengeren Anforderungen (BGHZ 136, 357 = aaO). Instanzgerichtliche Entscheidungen hatten hingegen für Wohnraummietverträge teilweise unter Berufung auf BGHZ 40, 255 (= NJW 1964, 395) eine körperliche Verbindung gefordert (so etwa OLG Düsseldorf OLG-Report 1994, 184 = WuM 1994, 271 = ZMR 1994, 213; ebenso LG Berlin GE 1997, 963, das aber eine nachträgliche Verbindung mit Willen der Vertragsparteien genügen ließ; im Sinne der BGH-Entscheidung hingegen bereits: OLG Naumburg NJ 1997, 543; LG Berlin GE 1997, 1027).

b) Zusammengehörigkeit mehrerer Urkunden

115 Besteht der Vertrag hingegen aus mehreren Urkunden, so erforderte BGHZ 40, 255 (= NJW 1964, 395 = LM § 566 aF Nr 10), wie erwähnt, eine körperliche Verbindung dergestalt, „daß entweder die **Auflösung der Verbindung nur mit teilweiser Substanzzerstörung** möglich ist (so beim Heften mit Faden oder Anleimen) oder die körperliche Verbindung muß als dauernd gewollt erkennbar sein und ihre Lösung Gewaltanwendung erfordern (so beim Heften mit Heftmaschinen)". Die Entscheidung betraf den Sonderfall einer Bezugnahme auf einen zwischen Dritten abgeschlossenen, selbst nicht der Schriftform genügenden Vertrag. In dem zugrundeliegenden Sachverhalt ging es um die Übernahme eines Mietvertrages durch dreiseitigen Vertrag zwischen altem und neuen Mieter sowie Eigentümer. Der Übernahmevertrag war nur durch den in Bezug genommenen Mietvertrag einerseits und einen Mieterdarlehensvertrag andererseits verständlich; die beiden in Bezug genommenen Verträge waren nicht beigeheftet. Die in Bezug genommenen Verträge genügten auch für sich nicht der Schriftform, da der Mieterdarlehensvertrag selbst eine Bezugnahme auf den noch abzuschließenden Mietvertrag enthielt, nicht aber umgekehrt der Mietvertrag auf den Darlehensvertrag, obwohl der Darlehensvertrag das ordentliche Kündigungsrecht des Vermieters vor der auf 20 Jahre vorgesehenen Darlehensrückzahlung ausschloß.

116 Wie dargestellt, hat der BGH den **Anwendungsbereich** dieser Entscheidung zunächst auf Fälle beschränkt, in denen der abgeschlossene Vertrag selbst aus mehreren Urkunden besteht (vgl Rn 112). Weiter eingeschränkt hat er den Anwendungsbereich, indem er ihn auf die essentialia negotii und weitere Bestimmungen eingrenzt, die ebenfalls **„wesentlicher Inhalt"** des Vertrages sein sollen. Denn Abreden von lediglich „nebensächlicher Bedeutung" bedürften nicht der Schriftform; insbesondere sei die Schriftform entbehrlich für Bestimmungen, die nicht über das hinausgehen, was bereits im Vertragstext selbst seinen Niederschlag gefunden hat, oder dessen Inhalt nicht modifizieren, sondern lediglich erläutern oder veranschaulichen sollen (BGHZ 142, 158 = NJW 1999, 2591, 2592 = MDR 1999, 1374 = NZM 1999, 962 = WM 1999, 2088 = ZIP 1999, 1635).

So hielt es der BGH für unschädlich, wenn bei einem nach § 550 (= § 556 aF) der Schriftform bedürftigen längerfristigen Mietvertrag folgende Anlagen nicht körperlich mit dem unterschriebenen Vertrag verbunden waren: Die genaue Auflistung über die Nebenkosten (entsprechend § 27 der II. Berechnungsverordnung), die Hausordnung (die im konkreten Fall bei der Miete in einem reinen Geschäftsgebäude weitgehend gegenstandslos war) sowie sogar die Grundrißzeichnung der vermieteten (und noch zu errichtenden) Räume, da diese bereits im Text des Mietvertrages hinreichend genau beschrieben waren (BGHZ 142, 158 = NJW 1999, 2591, 2592 f). Richtiger (wenngleich mit demselben Ergebnis) erschiene mir dieser Fall über § 139 gelöst.

In einem anderen Fall hielt es der BGH für unschädlich, daß die Erstellung einer im Hauptvertrag vorgesehenen Inventarliste unterblieben war, da entsprechend der gesetzlichen Regelung des § 311c (= § 314 aF) das gesamte Inventar von dem Pachtvertrag erfaßt sein sollte (BGH NJW 2000, 354, 357).

Vor allem hat der BGH die zu enge und unreflektiert aus Bestimmungen über Amtspflichten bzw Dienstpflichten des Notars (§ 44 BeurkG, § 28 Abs 2 DONot 1984 = § 30 Abs 2 DONot 2000) übernommene Anforderung körperlicher Verbindung (Heftung) durch die Möglichkeit anderweitiger **zweifelsfreier Bezugnahme** erweitert. Auch bei Anlagen hält der BGH nun eine feste Verbindung nicht für erforderlich, „wenn und soweit die Echtheit der Vertragsurkunde aus anderen Gründen außer Zweifel steht" (BGH NJW 1999, 1104, 1105 = MDR 1999, 473 = NZM 1999, 310 = WM 1999, 595). Im entschiedenen Fall ließ es der BGH dabei genügen, daß sich die Einheit von Urkunde und Anlage aus der Verweisung sowie den Unterschriften der Vertragspartner auch auf jedem Blatt der Anlage zweifelsfrei ergab (im ausdrücklichen Anschluß an BGHZ 136, 357 = NJW 1998, 58). Ebenso genügte eine bloße Paraphierung der Anlage auf jeder Seite bei einer eindeutigen Bezugnahme (BGH NJW 2000, 354, 357; NZM 2002, 20 = BGH-Report 2002, 225). Ebenso muß eine eindeutige Bezugnahme genügen, wenn das in Bezug genommene Schriftstück selbst der Schriftform entspricht, also selbst am Ende unterzeichnet ist. **117**

Ist das Rechtsgeschäft in mehreren Urkunden enthalten, so genügt zur Einhaltung der Schriftform jedoch nicht die Schriftform beider Teile des Rechtsgeschäfts. Die Bezugnahme (oder körperliche Verbindung) ist ebenfalls erforderlich. Die Bezugnahme muß jedenfalls in der Haupturkunde enthalten sein. So genügt es nicht, wenn zwar das zu einer wettbewerbsbeschränkenden Vereinbarung abgegebene Vertragsstrafeversprechen selbst unter Bezugnahme auf den Hauptvertrag schriftlich abgegeben wurde, wenn aber der (wettbewerbsbeschränkende) Hauptvertrag selbst keine Bezugnahme enthält (BGH NJW 1997, 2954 = WM 1997, 1355 = ZIP 1997, 938). Ist nicht eindeutig erkennbar, daß das andere Schriftstück eine bloße Anlage ist (sondern könnte es auch eine eigenständige Vereinbarung sein), so muß in beiden Schriftstücken eine **wechselseitige Bezugnahme** erfolgen. **118**

Nachdem sich die Rechtsprechung des BGH erst allmählich entwickelt hat, überrascht nicht, daß die **Rechtsprechung der Instanzgerichte** zu den Anforderungen an die Zusammengehörigkeit mehrerer Urkunden **uneinheitlich** war. Die Entscheidungen können daher nur zum Teil noch herangezogen werden: Die BGH-Entscheidungen von 1999 und 2000 bereits vorweg nahm etwa das Kammergericht, das bei einem Formularmietvertrag mit Anlage zur Einhaltung des Schriftformerfordernisses nach § 550 keine körperliche Verbindung erforderte, sondern genügen ließ, daß Hauptvertrag und Anlage wechselseitig aufeinander Bezug nahmen (KG NJW-RR 1998, 943 = NZM 1998, 369). Für die nach § 2 II 1 MHRG aF erforderliche schriftliche Begründung des Mieterhöhungsverlangens ließ das KG den Verweis auf eine dem Schreiben beigefügte (nicht unterschriebene oder paraphierte) Aufstellung von Vergleichswohnungen genügen (KG MDR 1985, 893 = WuM 1984, 101 = ZMR 1984, 168); nach **119** heutiger Rechtslage ist für das Erhöhungsverlangen ohnehin Textform ausreichend (§ 558a Abs 1).

Demgegenüber ließ etwa das OLG Jena die Verbindung eines Mietvertrages mit Anlagen durch eine Büroklammer nicht genügen (OLG Jena OLG-NL 1997, 102 = ZMR 1997, 291). Ebensowenig soll nach LAG Frankfurt (NZA 1990, 117) die Verbindung des Sozialplans mit der unterschriebenen Urkunde nur durch Heftrücken nicht genügen.

120 **Zusammenfassend** lassen sich aus der jetzigen Rechtsprechung des BGH mE vier Kriterien für die Einhaltung der Schriftform bei mehreren Urkunden ableiten: Zum ersten muß die Haupturkunde (isoliert betrachtet) selbst dem Schriftformerfordernis genügen. Zum zweiten muß die Haupturkunde auf die Anlagen oder sonstigen Nebenurkunden Bezug nehmen. Zum dritten muß eindeutig feststehen, worauf sich die Haupturkunde bezieht. Dies kann entweder durch eine körperliche Verbindung der Urkunden erfolgen. Es genügt aber auch, wenn die Einheit der Vertragsurkunde aus anderen Gründen außer Zweifel steht, insbesondere bei Paraphierung oder Unterzeichnung der Anlage. Viertens ist nach § 130 Abs 1 auch Voraussetzung, daß die Anlagen dem Vertragspartner zusammen mit der unterschriebenen Haupturkunde auch zugehen. Auf letzteres würde ich das Ergebnis von BGHZ 40, 255 (= NJW 1964, 395) stützen.

121 Kein Fall der Bezugnahme auf eine andere Urkunde, sondern eine **Bezugnahme auf eine allgemeine Rechtsnorm** ist die Bezugnahme auf einen Tarifvertrag. Dieser ist daher nicht beizufügen, eine inhaltlich bestimmte Bezugnahme genügt (Soergel/ Hefermehl § 126 Rn 4; **aA** RAGE 17, 237).

c) **Nachtrag und Änderung**

122 Wird ein formgerecht schriftlich abgeschlossener Vertrag später geändert oder ergänzt, so muß die Nachtragsvereinbarung als solche dem Schriftformerfordernis genügen. Eine körperliche Verbindung mit der ursprünglichen Urkunde ist nicht erforderlich. Auch muß die Nachtragsvereinbarung nicht erneut alle (unverändert fortgeltenden) wesentlichen Bestandteile des ursprünglichen Vertrages enthalten; eine **eindeutige Bezugnahme** genügt (BGHZ 52, 25, 28 = NJW 1969, 1063; BGH NJW-RR 1988, 201 = WM 1988, 270; NJW-RR 1990, 270, 271 = WM 1990, 566 = ZMR 1990, 170; NJW 1998, 62 = NZM 1998, 29; KG NJW-RR 1998, 943; offen hingegen noch in BGHZ 42, 333; vgl auch RGZ 136, 422, 425; RGZ 125, 156, 159; ebenso OLG Düsseldorf NJW-RR 1994, 1234 = MDR 1994, 1009 = ZMR 1994, 505 zum gewillkürten Schriftformerfordernis).

123 Dies gilt auch, wenn Nachtrag oder Änderung zwischen **anderen als den ursprünglichen Vertragsparteien** abgeschlossen werden (BGH NJW-RR 1998, 2001 = LM § 126 Nr 18; NJW-RR 1992, 654; NJW 1999, 62).

Wird hingegen der ursprüngliche Vertrag **aufgehoben** und ein neuer Vertrag abgeschlossen, der lediglich hinsichtlich einzelner Punkte auf den aufgehobenen alten Vertrag verweist, so gelten die Anforderungen an die Urkundeneinheit bei mehreren Urkunden (vgl Rn 115 ff; BGH NJW 1992, 2283, 2284 = WM 1992, 1160 = ZMR 1992, 292).

V. Unterschrift oder notariell beglaubigtes Handzeichen

1. Unterschrift

Die Anforderungen an die Unterschrift bei gesetzlicher Schriftform gelten im Zweifel auch für eine gewillkürte Schriftform (§ 126 Abs 1). Hingegen sind die Anforderungen an eine Unterschrift unter eine notarielle Niederschrift nach § 13 Abs 1 BeurkG davon unabhängig zu bestimmen (s Vorbem 387 zu §§ 127a, 128). **124**

a) Zweck der Unterschrift
Die Unterschrift soll die **Identität** des Ausstellers erkennbar (insbes gegenüber dem Erklärungsempfänger) und die **Echtheit** der Urkunde gewährleisten und beweisbar machen (**Zuordnungsfunktion**). Das Unterschriftserfordernis erschwert Fälschungen zumindest. **125**

Ebenso hat die Unterschrift **Abschluß- und Deckungsfunktion**, indem sie den bloßen Entwurf von der abgegebenen Erklärung unterscheidet, dabei dem Unterzeichnenden die Ernstlichkeit der Willenserklärung warnend vor Augen führt, zugleich aber auch nach außen diese Ernstlichkeit bezeugt (aus der Literatur vgl insbes KANZLEITER, DNotZ 2002, 520; KÖHLER AcP 182 [1982] 126; KÖHLER, in: FS Schippel [1996] S 209; LIST DB 1983, 1672). **126**

b) Räumlicher Abschluß
Die Unterschrift muß die Urkunde **räumlich abschließen**, also unterhalb des Textes stehen, da sie nur dann den Urkundeninhalt deckt (BGHZ 22, 128, 132 = NJW 1957, 137; BGHZ 50, 39; BGHZ 113, 48 = NJW 1991, 487, 448 = WM 1991, 57 = ZIP 1991, 92; RGZ 52, 277, 280; 110, 166, 168). Die diesbezügliche Rechtsprechung zur Beweiswirkung nach §§ 416, 440 Abs 2 ZPO hat der BGH ausdrücklich auch auf den materiell-rechtlichen Begriff der Schriftform übertragen (BGHZ 113, 48 = NJW 1991, 487, 448; ablehnend MünchKomm/EINSELE § 126 Rn 9). **127**

Eine bloße „**Oberschrift**", wie sie früher häufig für Bankformulare vorgesehen war, genügt daher nicht (BGHZ 113, 48 = NJW 1991, 487, 448; aA KÖHLER, in: FS Schippel S 209, 219, wenn der Aussteller bei der Oberschrift ersichtlich den Willen hatte, die in dem Schriftstück enthaltene Erklärung abzugeben, insbes bei einem Formular mit für die Oberschrift vorgesehenem Leerfeld), ebensowenig eine „**Nebenschrift**" neben dem Text (BGH NJW 1992, 829 = WM 1992, 626 = ZIP 1992, 253; anders hingegen beim eigenhändigen Testament nach § 2247: OLG Köln FGPrax 2000, 116 = MittRhNotK 2000, 30 = OLG-Report 2000, 126 = Rpfleger 2000, 163). Ausnahmsweise kann eine Nebenschrift jedoch genügen, wenn unterhalb des Textes auf dem Blatt kein Platz mehr ist (KÖHLER AcP 182 [1982] 126, 147 f; KÖHLER, in: FS Schippel S 209, 219; MünchKomm/EINSELE § 126 Rn 9). **128**

Anlagen zu einer schriftlichen Erklärung genügen nicht nur dann der Schriftform, wenn sie selbst unterzeichnet sind (BGH NJW 1999, 1104 = WM 1999, 595), sondern auch bei einer bloßen Paraphierung, vorausgesetzt es liegt eine eindeutige Bezugnahme vor (BGH NJW 2000, 354, 357; NZM 2002, 20 = BGH-Report 2002, 225 – vgl Rn 115 ff). **129**

Ist hingegen nur die Haupturkunde unterzeichnet, so lassen verschiedene untergerichtliche Entscheidungen auch eine **feste körperliche Verbindung** der Anlagen mit der Haupturkunde nicht genügen; denn die Unterschrift decke dann nur die Erklärung des unterschriebenen Schriftstückes ab, nicht jedoch den Erklärungsinhalt der anderen verbundenen Schriftstücke (LG Berlin GE 2001, 1403 – Mieterhöhungserklärung nach § 10 WoBindG; LG Mainz NJW-RR 2000, 1567 = Rpfleger 2000, 164 – Anmeldung einer Prokura). ME genügt hingegen nach den Maßstäben von BGHZ 40, 255 (= NJW 1964, 395) auch eine feste körperliche Verbindung der Anlage, soweit die unterschriebene Haupturkunde außerdem eine eindeutige Bezugnahme enthält (vgl auch BGH NJW 1999, 2591; ebenso MünchKomm/EINSELE § 126 Rn 8).

c) Blankounterschrift – Änderungen nach der Unterschrift

130 Zeitlich kann die Unterschrift jedoch grundsätzlich auch vor der Niederschrift des Urkundstextes erfolgen. Verbesserungen und **Ergänzungen oberhalb der Unterschrift**, die nach dem **übereinstimmenden Willen** der Vertragsschließenden erfolgten, sieht die Rechtsprechung noch als von der Unterschrift gedeckt an. Nur Nachträge, die auf einer bereits unterschriebenen Vertragsurkunde unterhalb der Unterschriften angebracht werden und wegen der Regelung eines wesentlichen Punktes formbedürftig sind, müssen zur Wahrung der Schriftform erneut von beiden Vertragsteilen unterzeichnet werden (BGH WM 1973, 386, 387; NJW-RR 1990, 518; NJW 1994, 2300, 2301 – zur Schiedsvertragsurkunde; RGZ 57, 66, 68; für eine Würdigung der Gesamtumstände, ob die Unterschrift auch den Nachtrag noch deckt, hingegen MünchKomm/EINSELE § 126 Rn 9).

131 Auch eine Urkunde, deren Text nachträglich über einer **Blankounterschrift** angebracht wurde, genügt grundsätzlich der Schriftform, wenn die Ergänzung vom übereinstimmenden Willen der Unterzeichnenden getragen wurde (BGHZ 22, 128, 132 = NJW 1957, 137; RGZ 27, 269, 272; RGZ 63, 230, 234; OLG Hamm WM 1984, 829; WIMMER-LEONHARDT JuS 1999, 81). Bei abredewidriger Ausfüllung des Blanketts ist zwar die Schriftform nicht eingehalten; hat der Unterzeichnende aber das Blankett selbst aus der Hand gegeben, so kann er nach Rechtsscheinsgrundsätzen analog § 172 Abs 2 haften (BGHZ 132, 119 = NJW 1996, 1467, 1469; BGH NJW 1991, 487, 488).

132 Bei einzelnen Formerfordernissen stellt der Schutzzweck jedoch höhere Anforderungen. So genügt eine **Blankobürgschaft**, die erst nach Unterzeichnung durch den Bürgen durch einen Dritten (insbes den Gläubiger) ausgefüllt wurde, nicht dem Formerfordernis des § 766 (BGHZ 132, 119 = NJW 1996, 1467 = WM 1996, 762 = ZIP 1996, 745 – vgl Rn 59). Hier muß der Bürge selbst das Blankett ausfüllen. Dasselbe muß für ein abstraktes Schuldversprechen oder Schuldanerkenntnis gelten (§§ 780, 781), da dort derselbe Schutzzweck eingreift (zu weitgehend hingegen MünchKomm/EINSELE § 126 Rn 11, die das Schriftformerfordernis auf alle Ermächtigungen zum Ausfüllen eines Blanketts ausdehnen will).

d) Eigenhändige Unterschrift

133 Grundsätzlich ist eine **eigenhändige** Unterschrift erforderlich. Ein bloßer Unterschriftsstempel, eine eingescannte oder mittels Computerfax oder ähnlicher rein technischer Mittel erzeugte Unterschriftskopie genügt nicht (BGHZ 24, 297, 298 = NJW 1957, 1275 – Fernschreiber; RGZ 74, 339; RGZ 106, 330; zur bloßen Übermittlung einer eigenhändig unterschriebenen Erklärung durch Telefax vgl Rn 162).

Nach der Rechtsprechung steht die bloße Gewährung von **Schreibhilfe** der Eigenhändigkeit einer Unterschrift aber nicht entgegen, solange der Schriftzug vom

Willen des Erklärenden abhängig bleibt – selbst dann nicht wenn das Schriftbild mehr der Schreibweise des Schreibhelfers als der des Unterschreibenden entspricht und die Unterschrift überwiegend auf die Tätigkeit und die Willensimpulse des Helfers zurückgeht und nicht auf solche des Unterschreibenden. Eigenhändigkeit ist jedoch zu verneinen, wenn die Hand des Erklärenden völlig unter der Herrschaft und Leitung des Schreibhelfers gestanden hat und der Schriftzug nur mit der „Feder in der Hand" des Erklärenden gemacht wird (BGH NJW 1981, 1900 = FamRZ 1981, 651; BGHZ 47, 68, 71; BayObLG DNotZ 1986, 299, 300 = FamRZ 1985, 1286 = Rpfleger 1985, 493 – jeweils zur Errichtung eines Testaments).

Eine automatisch erstellte bzw **vervielfältigte Unterschrift** lassen allerdings einige **134** Sonderregelungen zu, so zB für die Unterschrift des Darlehensgebers bei Verbraucherdarlehen (§ 492 Abs 1 S 4), für Inhaberschuldverschreibungen (§ 793 Abs 2), Frachtbriefe (§ 426 Abs 1 Nr 9 HGB), Aktien und Zwischenscheinen (§ 13 AktG), den Versicherungsschein (§ 3 Abs 1 S 2 VVG) sowie für die Prämienmahnung und Prämienrechnung (§ 39 Abs 1 S 1 HS 2, § 43 Nr 4 VVG). Im übrigen reicht aber auch bei Massenerklärungen der Faksimilestempel nicht aus (Soergel/Hefermehl § 126 Rn 8).

Auch bei einem **öffentlich-rechtlichen Vertrag** (§ 57 VwVfG) ist die eigenhändige **135** Unterschrift beider Vertragsparteien bzw von deren Vertreter erforderlich (vgl Rn 9). Teile der Literatur lassen hier allerdings auch einen maschinengeschriebenen, gedruckten oder faksimilierten Namen genügen (Henneke, VwVfG [8. Aufl 2004] § 57 VwVfG Rn 5 f; offen: OVG Saarlouis NJW 1993, 1612, 1613).

Gleichgültig ist, in **welcher Schrift** die Unterschrift erfolgt. Druckschrift ist ebenso **136** zulässig wie ausländische Schriftzeichen (VGH München NJW 1978, 510, 511 – zur Unterschrift in arabischer Schrift; Soergel/Hefermehl § 126 Rn 16: Spiegelschrift oder Vertikalschrift eines Linkshänders, anerkannte Kurzschrift; Blank/Börstinghaus, Mietrecht [2000] § 566 Rn 46: Druckschrift – vgl zur Unterschriftenbeglaubigung § 129 Rn 60; zur Unterschrift unter notarielle Urkunden Vorbem 394 zu §§ 127a, 128). Die Unterschrift kann auch von der üblichen Unterschrift abweichen. Kriterium ist insoweit allein die Eigenhändigkeit.

e) **Familienname**
Die Namensunterschrift muß die Person des Ausstellers kenntlich machen. Dafür ist **137** grundsätzlich Unterschrift mit dem **Familiennamen** erforderlich, aber auch genügend. Auch bei häufig vorkommenden Nachnamen („Meier") ist nicht erforderlich, den Vornamen hinzuzufügen (MünchKomm/Einsele § 126 Rn 16). Ort und Zeit der Unterschrift müssen nicht angegeben werden.

Auch die Unterzeichnung mit einem Teil eines Doppelnamens genügt (BGH NJW 1996, 997 = MDR 1996, 520), ebenso m. E. die Unterzeichnung mit einem **früheren Familiennamen**, inbes. mit dem vor Eheschließung geführten Namen (ebenso Kanzleiter DNotZ 2002, 520, 527; Köhler, in: FS Schippel 209, 210).

Kaufleute können auch mit ihrer **Firma** unterzeichnen (RGZ 75, 1, 2; 50, 51, 59 f RG **138** WarnR 1914 Nr 272).

In der Literatur allgemein anerkannt ist auch die Unterzeichnung mit einem Künst- **139** lernamen oder anderen **Pseudonym**, sofern dieses den Unterzeichnenden eindeutig kennzeichnet („Loriot"). Ungenügend ist hingegen die Unterschrift mit einem bloßen **Fantasienamen** („Cvaralblichlalja"; KG FamRZ 1996, 1242 = NJW-RR 1996, 1414 = DNotI-Report 1996, 125 = Rpfleger 1996, 349, wobei man nach dem mitgeteilten Sachverhalt auch an der Testierfähigkeit oder doch an der Ernstlichkeit des Testierwillens zweifeln kann). Die Rechtsprechung ließ sogar die **versehentliche** Verwendung eines falschen Namens genügen, sofern sich der Aussteller der Urkunde dennoch zweifelsfrei ergibt (BayObLG NJW 1956, 24).

140 Ungenügend ist die bloße Unterschrift mit einer **Verwandtschaftsbezeichnung** („Euer Vater" – RGZ 134, 310) oder einer **Rechtsstellung** („Geschäftsführer"), da § 126 eine „Namensunterschrift" verlangt (anders als nach § 2247 Abs 3 beim eigenhändigen Testament – vgl BGHZ 27, 274, 276; KG NJW-RR 1996, 1414 = FamRZ 1996, 1242).

141 Die Unterzeichnung nur mit dem **Vornamen** kann allenfalls beim hohen Adel oder Klerus (der Papst, die Queen) zur zweifelsfreien Bezeichnung des Unterzeichnenden genügen; ferner bei Beteiligten, deren Personalstatut keine Nachnamen, sondern nur Vornamen kennt (BGH DNotI-Report 2003, 29 – zu § 13 BeurkG; BGHZ 27, 274, 276 – zu § 16 TestG; OLG Stuttgart DNotZ 2002, 543, 544 – je mit weiteren Nachw; MünchKomm/ EINSELE § 126 Rn 16). Auch bei Rechtsgeschäften unter nahen Angehörigen kann die Unterzeichnung mit dem bloßen Vornamen genügen, da man sich unter Angehörigen nicht mit Nachnamen anredet (RGZ 137, 214).

142 Die Unterschrift durch einen von mehreren **Gesamtvertretern** genügt, wenn für den Erklärungsempfänger erkennbar ist, daß der Unterzeichnende zugleich in Vertretung des anderen Gesamtvertreters gehandelt hat (RGZ 106, 268; SOERGEL/HEFERMEHL § 126 Rn 17). Unterschreibt ein Ehegatte, so ist daraus nicht ohne weiteres zu entnehmen, daß er zugleich auch in Vertretung des anderen Ehegatten handelt (BGHZ 125, 175 = NJW 1994, 1649; KG OLGE 33, 315).

f) Lesbarkeit – Abgrenzung von bloßer Paraphe

143 Die Unterschrift muß **nicht lesbar** sein. Jedoch darf es sich **nicht um eine bloße Paraphe, Handzeichen** oder sonstige Abkürzung des Familiennamens handeln. Insofern kann auch die Rechtsprechung zu den Anforderungen an eine Unterschrift bei prozeßbestimmenden Schriftsätzen (§§ 129, 130 Nr 6 ZPO) herangezogen werden. Nach der Formel der Rechtsprechung setzt die Unterschrift „einen individuellen Schriftzug voraus, der sich – ohne lesbar sein zu müssen – als Wiedergabe eines Namens darstellt und die Absicht der vollen Unterschriftsleistung erkennen läßt. Ein Schriftzug, der als bewußte oder gewollte Namensabkürzung erscheint (**Handzeichen, Paraphe**), stellt demgegenüber keine formgültige Unterschrift dar" (BGH NJW 1997, 3380, 3381 = MDR 1997, 1052; ebenso BGH NJW 1967, 2310; NJW 1985, 1227; NJW 1987, 1333, 1334; NJW 1989, 588; NJW 1992, 243; NJW 1994, 55; NJW 1996, 997; BFHE 189, 37 = BStBl II 1999, 668 = BB 1999, 1907 = DB 1999, 1883 = NJW 2000, 607). Ob ein Schriftzug eine Unterschrift oder lediglich eine Abkürzung darstellt, beurteilt sich dabei nach dem äußeren Erscheinungsbild (BGH NJW 1982, 1467; NJW 1987, 957; NJW 1994, 55; NJW 1997, 3380, 3381).

Dabei läßt es die Rechtsprechung genügen, wenn zumindest **ein Buchstabe lesbar** ist und sich aus dem Gesamtbild der Unterschrift ergibt, daß eine **vollständige Unter-**

zeichnung gewollt war (also zumindest ein irgendwie gekrümmter Strich folgt, während ein Punkt nach dem einzigen lesbaren Buchstaben auf eine bloße Paraphe hindeuten würde).

Viele Entscheidungen betreffen Grenzfälle, bei denen ein gegenteiliges Ergebnis häufig ebenso gut zu begründen gewesen wäre. Für **unzureichend** hielt die **Rechtsprechung** etwa einen „nach rechts unten offenen Rundhaken, der in zwei auseinander gezogenen Wellen ausläuft" (BGH NJW 1974, 1090 = Rpfleger 474, 353 – zu §§ 129, 130 ZPO), eine „nahezu senkrecht verlaufende Linie mit feinem Aufstrich und kurzem wellenförmigen Auslauf" (BGH NJW 1982, 1467 = WM 1982, 644 – zu §§ 129, 130 ZPO), einen „Aufstrich, Abstrich und weiteren Aufstrich mit Schlinge", da dies allenfalls zu deuten war als ein „Buchstabe mit einem zusätzlichen Schnörkel" (BFH DB 1983, 1694 – zu § 64 FGO), ebenso die Unterzeichnung nur mit dem Vornamen und dem Anfangsbuchstaben des Nachnamens (OLG Stuttgart DNotZ 2002, 543 – zu § 13 BeurkG), einen „halbwegs lesbaren Vornamen, den allenfalls erkennbaren Anfangsbuchstaben (des Nachnamens) und den Haken mit zwei Punkten darüber" (LG Oldenburg BWNotZ 1991, 120 – zu § 13 BeurkG) oder eine „wellenförmige Kugelschreiberlinie ohne maschinenschriftliche Namenszufügung" (AG Dortmund NJW-RR 2000, 151). **144**

Genügen ließ die Rechtsprechung demgegenüber ein „Schriftgebilde, das mit einem markanten Querstrich und einer großen Schleife beginnt und in einem langen Strich mit einem übergesetzten Punkt ausläuft" (BGH VersR 1983, 402 – zu § 212a ZPO aF = § 174 ZPO nF), ebenso ein „ovale(s) Gebilde, das nach rechts durchgezogen ist und außerhalb des Ovals einen nach unten abknickenden Schwanz hat" (BGH VersR 1983, 555 – zu §§ 129, 130 ZPO), ein Gebilde, dessen erster Teil „noch als ‚A' und damit als Anfangsbuchstabe im Namen des RA A identifiziert werden" konnte, wenngleich der Querstrich des A fehlte, dem eine „langgezogene, doppelhakenförmige und mit einem langen Aufwärtsstrich endende Linie" folgt (BGH JurBüro 1984, 215 = VersR 1984, 142 – zu §§ 129, 130, 519 ZPO), ebenso eine „nach links gebogene Linie, welche sich nach rechts in einem Oval fortsetzt und dann noch weiter in einer leicht gekrümmten Linie ausläuft" (BGH NJW 1987, 1334 = MDR 1988, 128 – zu §§ 129, 130, 519 ZPO) oder ein Gebilde aus „mehreren ineinander verschlungenen ovalen Linien, ... verbunden mit einem doppelten Anstrich von unten und einem weit nach rechts ausschwingenden Haken"(BGH FamRZ 1997, 737 – zu §§ 129, 130, 519 ZPO). **145**

Gerade in den letzten Jahren zeigt die höchstrichterliche Rechtsprechung dabei einen **großzügigen Maßstab**. So sei „in Anbetracht der Variationsbreite, die selbst Unterschriften ein und derselben Person aufweisen, ... insoweit ein großzügiger Maßstab anzulegen, wenn die Autorenschaft gesichert ist" (BGH NJW 1997, 3380, 3381 = MDR 1997, 1052 unter Verweis auf BGH NJW 1987, 1333, 1334 und BVerfGE 78, 123, 126 = NJW 1988, 2787 – zu §§ 129, 130, 519 ZPO). Danach genüge etwa ein aus „drei steil und gerade verlaufenden Auf- und Abstrichen", als großes K zu deutender Anfangsbuchstabe, der in einem „kürzere(n), flacher ansteigende(n) und leicht gekrümmte(n) weitere(n) Aufstrich" ausläuft, der wohl für den Rest des Namens stehen solle. Ebenso großzügig wie der BGH entscheidet der Bundesfinanzhof: Weist ein handschriftliches Gebilde „mehrere unverwechselbare Striche und Schleifen auf, die zwar nur zwei leserliche Buchstaben, aber bei der gebotenen großzügigen Betrachtungsweise die Tendenz zu einem vollen Namenszug erkennen lassen", so soll auch ein „punktähnliches Schlußzeichen" nicht gegen eine vollständige Unterschriftsleistung spre- **146** chen (BFHE 189, 37 = BStBl II 1999, 668 = BB 1999, 1907 = DB 1999, 1883 = NJW 2000, 607 – zu § 64 FGO).

Dieser großzügige Maßstab ist sinnvoll. Unterschreibt ein Beteiligter immer unleserlich, so wäre es merkwürdig, ihm für die rechtsverbindliche Unterschrift eine andere Unterschrift in Schönschrift anzusinnen. Wer aber aus einem unleserlichen Schriftzug Rechte herleiten will, muß allerdings sowohl die Identität des Unterschreibenden als auch den Unterschriftscharakter nachweisen (OLG Brandenburg WM 2003, 2037 unter ausdrücklicher Berufung auf STAUDINGER/DILCHER[12] § 126 Rn 29).

147 Bei einzelnen Formvorschriften verlangten Instanzgerichte jedoch eine lesbare Unterschrift bzw einen **lesbaren Zusatz** des Namens des Unterschreibenden. So hält das LAG Hamm (MDR 2000, 1198 = NZA 2001, 576) bei einem **arbeitsrechtlichen Zeugnis** (§ 630; § 109 GewO) neben der eigenhändigen Unterschrift auch die maschinenschriftliche Namensangabe für erforderlich, da die bloße Unterschrift häufig nicht entzifferbar sei und das Zeugnis nicht von einem Anonymus ausgestellt werden solle (ähnlich AG Dortmund NJW-RR 2000, 151 für die Vermieterkündigung eines Wohnraummietverhältnisses durch einen Prokuristen der Vermieterin). Man wird dies aber nicht als Auslegung des Schriftformerfordernisses begründen können (sonst käme man in Widerspruch zu § 126), sondern als zusätzlichen Anspruchsinhalt des § 109 GewO bzw § 630.

g) Unterschrift durch Vertreter

148 Der Vertreter hat grundsätzlich mit seinem eigenen Namen zu unterzeichnen. Daß er als Vertreter handelt, ist Teil seiner rechtsgeschäftlichen Erklärung und muß daher in der Urkunde ausgedrückt werden (RGZ 96, 286, 289; OLG Rostock NJW-RR 2001, 514 = NZM 2001, 46 = ZMR 2001, 29). Dabei schadet allerdings nicht, wenn sich erst aus dem Text unterhalb der Unterschrift ergibt, in welcher **Eigenschaft** der Erklärende unterschrieben hat (zB bei gesetzlicher oder organschaftlicher Vertretung; BGH NJW 1995, 43). Für Prokuristen oder Handlungsbevollmächtigte schreiben dies die Ordnungsvorschriften der §§ 51, 57 HGB ohnehin vor.

149 Der Vertreter kann aber auch **mit dem Namen des Vertretenen** unterschreiben (BGHZ 45, 193, 195; RGZ 74, 69; RGZ 81, 1, 2). Dies soll auch bei gewillkürter Stellvertretung gelten (OLG Hamburg OLGE 37, 67). Ein Vertretungszusatz ist dann nach der Rechtsprechung nicht erforderlich (ebenso HÄSEMEYER JuS 1980, 1, 2; **aA** HOLZHAUER S 135 ff; kritisch auch MünchKomm/EINSELE § 126 Rn 12; SOERGEL/HEFERMEHL § 126 Rn 18: „heute kraft Gewohnheitsrechtes anerkannt, obwohl es sich kaum mit dem Wortlaut des § 126 vereinbaren läßt" – vgl auch zur Unterschriftsbeglaubigung § 129 Rn 64). Materiell-rechtlich genügt die bloße Unterzeichnung mit dem Namen des Vertretenen, wenn der Vertreter auch diesbezüglich Vertretungsmacht hat. Die Schriftform scheint mir aber doch zumindest zu fordern, auch die Tatsache der Vertretung schriftlich festzuhalten (wenn man denn schon auf die Unterzeichnung mit dem Namen des Vertretenen gegen den Wortlaut des § 126 zuläßt). Die von der Rechtsprechung anerkannte Praxis widerspricht auch der Zuordnungsfunktion der Unterschrift, dem Erklärungsempfänger eine Prüfung der Echtheit der Unterschrift zu ermöglichen.

2. Notariell beglaubigtes Handzeichen

Anstelle einer Unterschrift genügt auch ein notariell beglaubigtes Handzeichen. **150**
Dies ist Ausdruck des Grundsatzes, daß die **höhere Form** (Unterschriftsbeglaubigung) die niedrigere Form (Schriftform) ersetzt. Die ausdrückliche Regelung in § 126 Abs 1 stellt aber zum einen klar, daß ein Handzeichen ohne Beglaubigung für die Einhaltung der gesetzlichen Schriftform nicht genügt – und zum anderen, daß für die Ersetzung der gesetzlichen Schriftform nicht nur die Beglaubigung einer Unterschrift genügt (die ohnehin auch alle Merkmale der gesetzlichen Schriftform umfaßt), sondern auch die bloße Beglaubigung eines Handzeichens.

Das Handzeichen muß vom Aussteller der Urkunde **eigenhändig** gesetzt werden. **151**
Gleichgültig ist aber, welches Handzeichen der Unterzeichner verwendet. Eine Paraphe ist ebenso möglich wie drei Kreuze o ä. Weder muß das Handzeichen eine Individualisierung des Ausstellers zulassen noch ist erforderlich, daß der Aussteller immer dasselbe Handzeichen verwendet. Alle diese sonst durch die Unterschrift gewährleisteten Funktionen ersetzt hier die notarielle Beglaubigung (s § 129 Rn 61).

3. Unterzeichnung bei Verträgen (§ 126 Abs 2)

a) Allgemein

Bei Verträgen muß die Unterschrift beider Vertragsparteien auf **derselben Urkunde** **152**
erfolgen (§ 126 Absatz 2). Ungenügend ist, wenn eine Vertragpartei lediglich das Angebot, die andere die Annahme unterzeichnet, wie zB bei einem Briefwechsel (BGH NJW-RR 1994, 280; NJW 2001, 221 = MDR 2001, 207 = NZM 2001, 42 = WM 2000, 2553; RGZ 95, 84; RG JW 1934, 1233; OLG Düsseldorf NJW-RR 2004, 372; LAG Düsseldorf AP 1952, 187) – anders im Zweifel bei der gewillkürten Schriftform (§ 127 Abs 2). § 128 gilt für die gesetzliche Schriftform nicht (RGZ 87, 196; RGZ 112, 199).

§ 126 Abs 2 gilt nicht, soweit lediglich die Erklärung eines Vertragsteils der Schriftform bedarf So kann eine Bürgschaftserklärung durch Brief ebenso angenommen werden wie mündlich (SOERGEL/HEFERMEHL § 126 Rn 20).

Auch wenn Angebot und Annahme in einer Urkunde enthalten sind, müssen beide **153**
Unterschriften den **gesamten Vertragsinhalt decken** (BGH NJW 2001, 221 = MDR 2001, 207 = NZM 2001, 42 = WM 2000, 2553; RGZ 112, 200; RG JW 1924, 796; aA OLG Hamburg ZMR 2000, 589). Dabei können die Unterschriften jedoch durchaus auf verschiedenen Seiten erfolgen (RG JW 1924, 796). Jedoch genügt, wenn die Vertragsbestimmungen in einem unterzeichneten Schreiben der einen Vertragspartei niedergelegt sind, das die andere mit oder ohne einen das uneingeschränkte Einverständnis erklärenden Zusatz ihrerseits unterzeichnet hat, ohne daß eine nochmalige Unterzeichnung durch die erste Partei unterhalb der Gegenzeichnung der anderen Partei erforderlich wäre (BGH NJW 2004, 2962 – unter ausdrücklicher Aufgabe von RGZ 105, 60, 62). Demnach genügt es auch, wenn zunächst der Anbietende sein Angebot unterzeichnet und danach der Annehmende darunter unterzeichnet (unabhängig, ob er dazwischen noch ein „Ja, angenommen" setzt oder ob sich dies nur indirekt aus der Unterschrift ergibt). Der Schriftform ist hingegen nicht genügt, wenn der annehmende Vertragsteil vor seiner Unterschrift noch einen – von der Unterschrift des

Anbietenden nicht gedeckten – den Vertragsinhalt ändernden Zusatz setzt (OLG Köln OLG-Report 2004, 72: Wahlleistungsvereinbarung nach § 22 BPflVO).

154 Enthält hingegen die Urkunde den vollen Vertragstext und werden **mehrere gleichlautende Urkunden** aufgenommen, so genügt, wenn jede Partei die für die andere bestimmte Vertragsurkunde unterzeichnet (§ 126 Abs 2). Entscheidend ist, daß beide Urkunden denselben Text enthalten; die graphische Gestaltung (Seitenumbruch etc) muß nicht dieselbe sein.

155 Stellen die Vertragsparteien **mehrere Vertragsexemplare** her, so genügt, wenn nur eines davon das Schriftformerfordernis erfüllt (BGHZ 142, 158 = NJW 1999, 2591 = ZIP 1999, 1311).

b) Arbeitsrecht

156 Auf **Betriebsvereinbarungen** ist § 126 Abs 2 S 2 nach LAG Hamm (DB 1991, 2593) nicht anwendbar, da diese nach § 77 Abs 2 S 1 HS 1 BetrVG „von beiden Seiten zu unterzeichnen" sind. Hier müsse daher dieselbe Urkunde die Unterschriften von Arbeitgeber und Betriebsrat tragen.

c) Öffentliches Recht

157 Bei öffentlich-rechtlichen Verträgen (§ 57 VwVfG) gilt das Erfordernis der Urkundeneinheit nur eingeschränkt: Enthält der öffentlich-rechtliche Vertrag lediglich eine **einseitige Verpflichtung des Bürgers** gegenüber der Verwaltung (wie bei einem Schuldanerkenntnis nach § 781), so genügt nach BVerwGE 96, 326, 332 ff (= NJW 1995, 1104, 1105) ein schriftliches Vertragsangebot des Bürgers und eine dem entsprechende unmißverständliche schriftliche Annahmeerklärung der Behörde – insofern abweichend von § 126 Abs 2 S 1.

158 Bei sonstigen öffentlich-rechtlichen Verträgen fordert eine Meinung entsprechend § 126 Abs 2 S 1 mE zu recht die Unterzeichnung beider Vertragsparteien auf derselben Urkunde oder jedenfalls einen Austausch inhaltsgleicher Urkunden nach § 126 Abs 2 S 2 (OVG Lüneburg NJW 1992, 1404, 1405 = KStZ 1992, 92; NJW 1998, 2921; STICH, in: Berliner Kommentar BauGB [Stand August 2002] § 11 BauGB Rn 62; DRIEHAUS, in: Berliner Kommentar § 124 BauGB Rn 10; BRÜGELMANN/NEUHAUSEN, BauGB [Stand März 2004] § 11 BauGB Rn 76; OBERMAYER/TIEDEMANN, VwVfG [3. Aufl 1999] § 57 VwVfG Rn 15; LÖWER WissR 1993, 233; SCHRÖDTER/QUAAS BauGB [6. Aufl 1998] § 11 BauGB Rn 49 und § 124 Rn 19), während eine andere Meinung va unter Verweis auf § 37 VwVfG den bloßen **Austausch von Angebots- und Annahmeschreiben** genügen lassen will (OVG Saarlouis NJW 1993, 1612; BIRK, Städtebauliche Verträge [4. Aufl 2002] Rn 133; BONK, in: STELKENS/BONK/SACHS, VwVfG [6. Aufl 2001] § 57 VwVfG Rn 20; HENNEKE, VwVfG [8. Aufl 2004] § 57 VwVfG Rn 6; vDANWITZ JuS 1995, 4; HERMS BayVBl 1997, 74, 76; WEIHRAUCH VerwArchiv 1991, 543, 550 f; **offen**: VG München NVwZ 1987, 814; KOPP/RAMSAUER § 57 VwVfG Rn 9). Klarheits- und Beweisfunktion sprechen für eine entsprechende Anwendung von § 126 Abs 2. Bei der Vertragsgestaltung wird man den Beteiligten jedenfalls sicherheitshalber zur Einhaltung von § 126 raten.

VI. Zugang der Erklärung

1. Zugang in Schriftform

Bedarf eine empfangsbedürftige Willenserklärung gesetzlich der Schriftform, so **159** wird sie erst wirksam, wenn sie auch **in Schriftform zugeht** (§ 130 Abs 1 S 2; BGH NJW 1962, 1388 = MDR 1962, 647: mündliche Mitteilung von der Vertragsunterzeichnung genügt nicht; RGZ 61, 414; RGZ 93, 175; OLG Karlsruhe NJW 1973, 1001; OLG München OLGE 34, 88). Das Schriftformerfordernis des § 4 Abs 1 VerbrKrG (= § 492 Abs 1) steht aber einem konkludenten Verzicht auf den Zugang der Annahmeerklärung gemäß § 151 nicht entgegen (BGH WM 2004, 1381 = ZIP 2004, 1303).

Formgerechter Zugang kann auch durch die Zustellung eines **Schriftsatzes im Prozeß** **160** erfolgen, insbesondere bei einseitigen Rechtsgeschäften wie der Kündigung (BGH NJW-RR 1997, 203 = WM 1997, 540 = ZMR 1997, 280; NJW-RR 1989, 77 = WM 1999, 153 = ZMR 1989, 59; BayObLGZ 1981, 232 = OLGZ 1981, 492 = NJW 1981, 2197 = WuM 1981, 200 = ZMR 1981, 333; OLG Hamm NJW 1982, 452; OLG Zweibrücken OLGZ 1981, 350 = MDR 1981, 585 = ZMR 1982, 11 – je für Mietkündigung; Elzer/Jacoby ZIP 1997, 1821, 1826; **aA** Baron ZMR 1998, 683). Allerdings muß dem Erklärungsempfänger eindeutig erkennbar sein, daß der Schriftsatz auch die materiell-rechtliche Willenserklärung enthält (und nicht nur die Prozeßhandlung). Dabei läßt die Rechtsprechung die Unterzeichnung durch den Prozeßvertreter genügen. Materiell-rechtlich setzt die Wirksamkeit der Kündigung voraus, daß dem Prozeßvertreter (wenn nur er unterschrieben hat) auch insoweit Vollmacht erteilt wurde. Der Erklärungsgegner kann die Kündigung zurückweisen, wenn der erklärende Prozeßvertreter nicht auch insoweit seine Vollmacht bei Erklärung schriftlich nachweist (§ 174).

Bei einer Erklärung **unter Anwesenden** genügt noch nicht, daß der Erklärungsemp- **161** fängers anwesend ist bzw die Erstellung der Urkunde und die Unterschrift wahrgenommen hat. Die Urkunde muß auch in seinen Herrschaftsbereich gelangt sein. Daran fehlt es, wenn sich der Erklärende der Urkunde noch nicht entäußert hat, sie etwa noch in seinen Händen ist (BGH NJW-RR 1996, 641 = WM 1996, 1273 = ZEV 1996, 192; NJW 1998, 3344 = NZG 1998, 679 = ZIP 1998, 1392; BAG NJW 1985, 823).

2. Telefax

Die Übermittlung per **Telefax** etc genügt grundsätzlich **nicht** zur Einhaltung eines **162** gesetzlichen Schriftformerfordernisses iSd § 126. Die Rechtsprechung hat Fax und andere fernmeldetechnischer Übertragungsmittel zwar verfahrensrechtlich insbesondere zur Einhaltung von Rechtsmittel- und Rechtsmittelbegründungsfristen ausreichen lassen (vgl Henneke NJW 1998, 2194). Dies ist aber nicht auf materiell-rechtliche Schriftformerfordernisse übertragbar.

Der **BGH** entschied dies zunächst für eine Bürgschaftserklärung und stützte sich **163** dabei auf deren Schutzzweck; die Übereilungs- und Warnfunktion verböten eine Übermittlung der Bürgschaft durch Fax oä (BGHZ 121, 224 = DNotZ 1994, 440 = NJW 1993, 1126 = WM 1993, 496 = ZIP 1993, 424; ebenso bereits OLG Frankfurt NJW 1991, 2154). In einer späteren Entscheidung zum Verbraucherkreditgesetz dehnte der BGH dies auf alle gesetzlichen Schriftformerfordernisse aus (BGH NJW 1997, 3169 = WM 1997,

2000 = ZIP 1997, 1694). Ebenso haben Instanzgerichte etwa entschieden, daß ein per Telefax zustande gekommener arbeitsrechtlicher Aufhebungsvertrag nichtig ist (ArbG Hannover NZA-RR 2002, 245; anders ggf für frühere rechtsgeschäftliche Schriftformerfordernisse im Arbeitsrecht – s § 127 Rn 29 f).

164 Hingegen hatte das OLG Düsseldorf (NJW 1992, 1050) die Kündigung eines **VOB-Vertrages** mittels Telefax als der Schriftform des § 126 entsprechend anerkannt. Ebenso hielt das Kammergericht es für die Schriftform nach § **4 HOAI** ausreichend, wenn der Architekt seinem Vertragspartner eine Ausfertigung per Telefax dem Vertragspartner übermittelt und dasselbe Fax von diesem ebenfalls unterzeichnet und per Telefax zurückgesandt wird (KG NJW-RR 1994, 1298 = BauR 1994, 791; zustimmend: KNIFFKA/KOEBLE, Kompendium des Baurechts [2. Aufl 2004] 9. Teil Rn 96; anders bei Unterschriften auf getrennten Faxschreiben).

Die Schriftform nach VOB/B mag man dabei noch als rechtsgeschäftliches Schriftformerfordernis ansehen und das Ergebnis daher (anders als das OLG Düsseldorf) auf § 127 stützen. Die Entscheidung des KG ist hingegen mit der bisherigen Rechtsprechung nicht vereinbar. Gerade im Hinblick darauf, daß der Gesetzgeber nun mit der Textform eine unterhalb der Schriftform stehende Form geschaffen hat, halte ich es nicht für richtig, die bisherigen Anforderungen an die Schriftform im Wege der Auslegung herunterzuschrauben. Der Gesetzgeber hat bereits auf die technischen Änderungen reagiert, dabei aber § 126 Abs 1 und 2 unverändert gelassen und daneben eine neue, mindere Form geschaffen.

3. Rechtsgeschäftliche Erleichterung des Zugangs

165 Die gesetzlichen Zugangsvorschriften können die Beteiligten grundsätzlich rechtsgeschäftlich abbedingen (BGHZ 130, 71 = NJW 1995, 2217 = DNotZ 1996, 967 = WM 1995, 1547 – für beurkundungsbedürftige Willenserklärung). Unabdingbar ist aber das gesetzliche Erfordernis formgerechter Abgabe der Willenserklärung, dh insbesondere auch der Entäußerung des Schriftstücks durch den Erklärenden. Zu recht formuliert die Literatur hier Unbehagen, daß damit der Schutzzweck jedenfalls bei Schriftformerfordernissen mit Warnfunktion unterlaufen werden könnte (MünchKomm/EINSELE § 126 Rn 21). ME ist zu erwägen, ob nicht in bestimmten Fällen (insbes bei Warnzwecken der Schriftform) das jeweilige Schriftformerfordernis Vereinbarungen über die Zugangserleichterung verbietet bzw solche Vereinbarungen zumindest ebenfalls der Schriftform bedürfen. Das Schutzbedürfnis ist hier anders als bei notariell beurkundeten Verträgen, die Gegenstand der BGH-Entscheidung (BGHZ 130, 71) waren. Denn dort ist dem Schutz bereits durch die notarielle Beurkundung Genüge getan, bei bloßer Schriftform kommt hingegen auch der Übergabe des Schriftstücks noch Warnfunktion zu. Umgekehrt ist die Beweisfunktion bei notarieller Beurkundung ebenfalls bereits mit der Beurkundung als solcher gesichert (im Regelfall ist der Notar zudem angewiesen, dem Erklärungsempfänger eine Ausfertigung zuzusenden); bei der bloßen Faxübermittlung einer schriftlichen Erklärung hätte der Erklärungsempfänger hingegen eine schlechtere Beweislage.

VII. Ersetzung der Schriftform

1. Ersetzung durch elektronische Form (§ 126 Abs 3)

a) Anwendungsbereich

Nach dem durch das „Gesetz zur Anpassung der Formvorschriften des Privatrechts **166** und anderer Vorschriften an den modernen Rechtsgeschäftsverkehr" vom 13. 7. 2001 (BGBl 2001 I 1542 – vgl § 126a Rn 2, 28) eingefügten § 126 Absatz 3 **ersetzt die elektronische Form** des § 126a als gleichwertige Form grundsätzlich die Schriftform.

Ausdrücklich **ausgenommen** sind nach den speziellen Vorschriften jedoch insbesondere der Verbraucherdarlehensvertrag einschließlich Vollmacht hierzu (§ 492 Abs 1 S 2 und Abs 4), Kündigung oder Aufhebung eines Arbeitsverhältnisses (§ 623 HS 2), Bürgschaftserklärung, abstraktes Schuldversprechen und Schuldanerkenntnis (§§ 766 S 2, 780 S 2, 781 S 2). Hier hielt der Gesetzgeber zu recht die Warnfunktion der elektronischen Form nicht für ausreichend (BT-Drucks 14/4987, S 17; zustimmend MünchKomm/EINSELE § 126a Rn 25; RAPP S 163 ff).

Die elektronische Form kann nach wohl hM nur dann die gesetzliche Schriftform **167** ersetzen, wenn der **Empfänger damit einverstanden** ist (BT-Drucks 14/4987, S 15, 41; AnwKomm/NOACK § 126 Rn 16; PALANDT/HEINRICHS § 126a Rn 6), nach **aA** ist dies hingegen lediglich eine Frage des Zugangs der Willenserklärung (HEINEMANN ZNotP 2002, 414, 417 f; LORENZ/RIEHM, Lehrbuch zum neuen Schuldrecht [2002] Rn 22; MünchKomm/EINSELE § 126 Rn 11). Hat der Empfänger einer empfangsbedürftigen Willenserklärung seine Mailbox nicht für elektronische Erklärungen freigegeben, nimmt er aber eine dort in elektronischer Form einlangende Erklärung gleichwohl zur Kenntnis, so wäre nach hM damit das Schriftformerfordernis nicht ersetzt, während die Mindermeinung einen wirksamen Zugang bejahen würde. Mir erscheint die hM richtig, da man ansonsten vom Empfänger die Prüfung der Signatur verlangen würde, womit er möglicherweise nicht vertraut ist und obwohl er möglicherweise eine Unterschrift der elektronischen Signatur vorzieht. Zumindest wird man man einen wirksamen Zugang verneinen müssen, wenn der Empfänger unverzüglich eine schriftliche Erklärung anstelle der elektronischen Erklärung verlangt.

b) Öffentlich-rechtliche Verträge

Auch bei öffentlich-rechtlichen Verträgen kann die elektronische Form die Schrift- **168** form ersetzen. Dies kann man entweder aus § 126 Abs 3 ableiten (CATREIN NWVBl 2001, 53) oder aus **§ 3a Abs 2 S 1 VwVfG** (idF durch das Dritte Gesetz zur Änderung verwaltungsrechtlicher Vorschriften vom 21. 8. 2002, BGBl 2002 I 3322; so ROSSNAGEL NJW 2003, 469, 474). Je nachdem wird man die Hinzufügung des Namens des Erklärenden für erforderlich halten (nach § 126a Abs 1) oder auch nicht (nach § 3a Abs 2 S 2 VwVfG). Vor allem hängt daran auch die Frage, ob ein inhaltsgleiches Dokument elektronisch zu signieren ist (so nach § 126a Abs 1) – oder ob der Austausch von Angebots- und Annahmetext je als elektronische Dokumente ausreicht.

2. Ersetzung durch notarielle Beurkundung (§ 126 Abs 4)

Als höhere Form ersetzt die **notarielle Beurkundung** die Schriftform (§ 126 Abs 4), **169** ebenso die der notariellen Beurkundung gleichwertige **gerichtliche Protokollierung** eines Vergleiches (§ 127a).

Die notarielle Beurkundung ersetzt auch die teilweise in den Gemeindeordnungen der Länder für Verpflichtungserklärungen durch Gemeindeorgane vorgeschriebene Schriftform. Geht man mit der Rechtsprechung davon aus, daß es sich dabei nicht um ein Formerfordernis, sondern um eine Vertretungsbeschränkung handelt (vgl Rn 11), so ist § 126 Abs 4 zwar nicht unmittelbar anwendbar. Jedoch ist dem Sinn der gemeinderechtlichen Schriftformerfordernisse insbes in systematischer Zusammenschau mit den Regelungen der §§ 125 ff und auch § 126 Abs 4 zu entnehmen, daß der jeweilige Landesgesetzgeber nur Vorschriften für Erklärungen in Schriftform oder in geringerer Form treffen wollte, nicht aber für die notarielle Beurkundung, bei der ohnehin eine Vertretungsprüfung durch den Notar erfolgt (im Ergebnis ebenso, jedoch mit zT abweichender Begründung die ganz hM – vgl die Nachweise bei BASTY/ WOLFF MittBayNot 2004, 21, die selbst eine teleologische Reduktion vertreten).

170 Nicht ausdrücklich regeln mußte der Gesetzgeber, daß auch eine **unterschriftsbeglaubigte Erklärung** (§ 129) die gesetzliche Schriftform erfüllt. Denn die unterschriftsbeglaubigte Erklärung erfüllt stets alle Tatbestandsmerkmale des § 126, setzt sie doch eine schriftliche Erklärung voraus, die entweder unterschrieben oder mit Handzeichen versehen ist. § 126 Abs 1 läßt aber auch ein notariell beglaubigtes Handzeichen für die Schriftform genügen.

VIII. Rechtsfolgen formgerechter Schriftform

1. Auslegung

171 Für die Auslegung einer der gesetzlichen Schriftform unterliegenden Erklärung können auch Umstände außerhalb der Urkunde herangezogen werden, soweit sich in der Urkunde wenigstens ein **Anhalt** dafür findet (vgl Rn 87).

2. Beweiswirkung (§§ 416, 440 Abs 2 ZPO)

172 Von den Ausstellern unterschriebene Privaturkunden erbringen nach § 416 ZPO „vollen Beweis dafür, daß die in ihnen enthaltenen **Erklärungen von den Ausstellern abgegeben** sind." Ist allerdings streitig, ob die Unterschrift unter einer Privaturkunde echt ist, so muß dies derjenige beweisen, der sich auf die Urkunde beruft (§ 440 Abs 1 ZPO) – anders als bei einer notariell beglaubigten Erklärung (§ 440 Abs 2 ZPO). Gegen diese äußere Beweiskraft ist der Gegenbeweis möglich, daß die Erklärung nicht oder nicht so abgegeben wurde, obwohl die Unterschrift echt (oder notariell beglaubigt) ist (BGHZ 104, 172, 177 = NJW 1988, 2741 = WM 1988, 957).

173 Genügt eine Urkunde den Anforderungen der **gesetzlichen Schriftform** (§ 126), so erfüllt sie auch die Voraussetzungen des § 416 ZPO. § 416 ZPO gilt jedoch darüber hinaus zB auch für Telegramme, auch erfordert § 416 ZPO keine eigenhändige Unterschrift (REICHOLD, in: THOMAS/PUTZO, ZPO [26. Aufl 2004] § 416 ZPO Rn 2).

174 Die (äußere) Beweiskraft nach § 416 ZPO erstreckt sich nur auf die Abgabe der in der Urkunde enthaltenen Erklärung. **Nicht umfaßt** sind insbesondere deren **Begleit-**

umstände (Zeit und Ort) sowie der **Zugang** der Erklärung (innere Beweiskraft); insoweit gilt die freie Beweiswürdigung nach § 286 ZPO (BGH NJW 1986, 3086 = WM 1986, 1238; NJW-RR 1989, 1323; BGHZ 109, 240, 244 = NJW 1990, 716; BGH NJW-RR 1990, 737 – WM 1990, 638; NJW-RR 1993, 1379 = WM 1993, 1801 = ZIP 1993, 1170; KG MDR 1977, 674).

Für die Beweiswürdigung der inneren Beweiskraft gilt außerdem der Erfahrungssatz, daß unterschriebene Vertragsurkunden die vollständigen Willenserklärungen der Vertragspartner richtig wiedergeben (**Vermutung der Vollständigkeit und Richtigkeit**) (BGH NJW-RR 1989, 1323; NJW-RR 1998, 1470; NJW 1999, 1702 = WM 1999, 965; MUSIELAK/HUBER, ZPO [3. Aufl 2002] § 416 ZPO Rn 4; THOMAS/PUTZO § 416 ZPO Rn 3).

IX. Rechtsfolgen bei Formfehlern

1. Konstitutive Form (§ 125 S 1)

Verlangt das Gesetz Schriftform für ein Rechtsgeschäft, so ist ein der Form nicht genügendes Rechtsgeschäft **wegen Formmangels nichtig** (§ 125 S 1; konstitutive Form; s § 125 Rn 97 ff).

Abweichend von § 125 S 1 ist bei einem langfristig befristeten (Wohnraum- oder Grundstücks-)**Mietvertrag nur die Befristung unwirksam**, der Mietvertrag aber wirksam (§§ 550, 585a – s o Rn 30, 32).

Eine **Heilung** des formnichtigen Vertrages sieht etwa § 494 Abs 2 durch Empfang des Verbraucherdarlehens vor (allerdings zu dem für den Verbraucher günstigeren gesetzlichen Zinssatz).

2. Deklaratorische Form und Zurückweisungsrecht

Gibt das Gesetz nur einen **Anspruch auf eine schriftliche Urkunde**, so handelt es sich nur um eine deklaratorische Form (insbes § 4 Abs 1 BBiG; § 112 Abs 1 BetrVG; §§ 368, 630; § 109 GewO § 85 HGB).

Andere Vorschriften geben dem Erklärungsgegner bzw dem Schuldner lediglich ein **Zurückweisungsrecht** bei Fehlen eines schriftlichen Nachweises (insbes §§ 111, 174, 410; s o Rn 20 ff).

§ 126a
Elektronische Form

(1) Soll die gesetzlich vorgeschriebene schriftliche Form durch die elektronische Form ersetzt werden, so muss der Aussteller der Erklärung dieser seinen Namen hinzufügen und das elektronische Dokument mit einer qualifizierten elektronischen Signatur nach dem Signaturgesetz versehen.

(2) Bei einem Vertrag müssen die Parteien jeweils ein gleichlautendes Dokument in der in Absatz 1 bezeichneten Weise elektronisch signieren.

Materialien: BR-Drucks 535/00 vom 8. 9. 2000 (Regierungsentwurf); BT-Drucks 14/4987 vom 14. 12. 2000 (Regierungsentwurf mit Stellungnahme des Bundesrates und Gegenäußerung der Bundesregierung); BT-Drucks 14/5561 vom 14. 3. 2001 (Beschlußempfehlung und Bericht des Rechtsausschusses); BT-Drucks 14/6044 vom 15. 5. 2001 (Anrufung des Vermittlungsausschusses durch den Bundesrat); BT-Drucks 14/6353 vom 20. 6. 2001 (angenommener Vermittlungsvorschlag); BR-Drucks 609/04 vom 13. 8. 2004 (Regierungsentwurf JKomG) S 37, 142.

Schrifttum

ABRAM, Schriftformprobleme im Internet – Eine Bestandsaufnahme, NVersZ 2002, 202
ADAMS/LÜDEMANN, Die elektronische Signatur in der Rechtspraxis, K & R 2002, 8
AHRENS, Elektronische Dokumente und technische Aufzeichnungen als Beweismittel. Zum Urkunden- und Augenscheinsbeweis der ZPO, in: FS Geimer (2002)
BECKER, Die Präsenz des Notars im Internet, NotBZ 2000, 13
BENESCH, Mit dem Notarnetz sicher ins Internet, MittBayNot 2001, 548
ders, Präsentation des Notarnetzes auf dem 26. Deutschen Notartag in Dresden, DNotZ Sonderheft 2002, 101*
ders, Elektronische Signatur für die Notare in Deutschland, Notarius International 2001, 72
BETTENDORF, Elektronischer Rechtsverkehr und Schriftform des Zivil- und Prozeßrechts, in: FS Rheinisches Notariat (1998) 417
BIESER/KERSTEN, Chipkarte statt Füllfederhalter – Daten beweissicher „elektronisch unterschreiben" und zuverlässig schützen (1998)
BIESER, Das neue Signaturgesetz, DStR 2001, 27
BITZER/BRISCH, Digitale Signatur – Grundlagen, Funktion und Einsatz (1999)
BLAUROCK/ADAM, Elektronische Signatur und Europäisches Privatrecht, ZEuP 2001, 93
BOENTE/RIEHM, Das BGB im Zeitalter digitaler Kommunikation – Neue Formvorschriften, Jura 2001, 793
BORGES, Prozessuale Formvorschriften und der elektronisch Geschäftsverkehr, K & R 2001, 196
BRITZ, Urkundenbeweis und Elektroniktechnologie, (1996)
BRÜTTING, Per e-mail klagen, Pilotprojekt des Bundesgerichtshofs, Anwalt 2002, 50
Bundesnotarkammer, Tagungsbericht: „Drittes Forum Elektronischer Rechtsverkehr der Bundesnotarkammer", DNotZ 1997, 434
DÄSTNER, Neue Formvorschriften im Prozessrecht, NJW 2001, 3469
Deutsches Institut für Urbanistik, Kommunalwissenschaftliches Informationszentrum, E-Government in Kommunen – Auswahlbibliographie 2001/2002, Bayerischer Bürgermeister 2002, 527
DÖRNER, Rechtsgeschäfte im Internet, AcP 202 (2002) 363
DOMS, Probleme bei der Organisation und Einbindung von E-5. l in Behörden, LKV 2002, 110
EIFERT/SCHREIBER, Elektronische Signatur und Zugang zur Verwaltung – Die Folgen der EU-Signaturrichtlinie für das Verwaltungsrecht und die Verwaltungspraxis, MMR 2000, 340
ERBER-FALLER, Perspektiven des elektronischen Rechtsverkehr, MittBayNot 1995, 182
dies, Elektronischer Rechtsverkehr und digitale Signatur in Deutschland – Bisherige Entwicklungen, internationale Bezüge und Zukunftsperspektiven aus notarieller Sicht, in: FS Rheinisches Notariat (1998) 429
dies (Hrsg), Elektronischer Rechtsverkehr (2000)
FISCHER-DIESKAU, Der Referentenentwurf zum Justizkommikationsgesetz aus Sicht des Signaturrechts, MMR 2003, 701
FRITZSCHE/MALZER, Ausgewählte zivilrechtliche Probleme elektronisch signierter Willenserklärungen, DNotZ 1995, 3
GRAF FRINGUELLI/WALLHÄUSER, Formerfordernisse beim Vertragsschluß im Internet, CR 1999, 93
GASSEN, Digitale Signaturen in der Praxis – Grundlagen, Sicherheitsfragen und normativer Rahmen (Diss Köln 2002)

Geis, Die digitale Signatur, NJW 1997, 3000
Geis (Hrsg), Rechtsaspekte des elektronischen Geschäftsverkehrs – Auf dem Weg zur Informationsgesellschaft, Kryptographietechnologien: Digitale Signatur und Verschlüsselung, Rechtliche Rahmenbedingungen (1999)
ders, Die elektronische Signatur: Eine internationale Architektur der Identifizierung im E-Commerce, MMR 2000, 667
Göttlinger, Notariat und Grundbuchamt im elektronischen Zeitalter, DNotZ 2002, 743
Gragert/Wiehe, Das BAG im Strudel neuer Medien, NZA 2001, 311
Gravesen/Dumortier/van Ecke, Die europäische Signaturrichtlinie – Regulative Funktion und Bedeutung der Rechtswirkung, MMR 1999, 557
Hähnchen, Das Gesetz zur Anpassung der Formvorschriften des Privatrechts und anderer Vorschriften an den modernen Rechtsgeschäftsverkehr, NJW 2001, 2831
Heinemann, Neubestimmung der prozessualen Schriftform (2002)
ders, Neue Formvorschriften im Privatrecht: Ein Jahr „Gesetz zur Anpassung der Formvorschriften des Privatrechts und anderer Vorschriften an den modernen Rechtsgeschäftsverkehr", ZNotP 2002, 414
Hoeren, Vorschlag für eine EU-Richtlinie über E-Commerce – Eine erste kritische Analyse, MMR 1999, 192
ders, Der Vertragsschluß im Internet und die digitale Signatur – einige ungelöste Fragen, in: Schulze/Schulte-Nölke (Hrsg), Die Schuldrechtsreform vor dem Hintergrund des Gemeinschaftsrechts (2001) 315
Hoeren/Schüngel, Rechtsfragen der digitalen Signatur (1999)
Hontheim, Das Gesetz zur Anpassung der Formvorschriften des Privatrechts und anderer Vorschriften an den modernen Rechtsverkehr, NWB 2001, 3249 (= Fach 19, S 2757)
John, Grundsätzliches zum Wirksamwerden empfangsbedürftiger Willenserklärungen, AcP 184 (1984) 385
Kilian, EG-Richtlinie über digitale Signaturen in Kraft, BB 2000, 733
Kindl, Elektronischer Rechtsverkehr und digitale Signatur, MittBayNot 1999, 29

Köhler, Die Problematik automatisierter Rechtsvorgänge, insbesondere von Willenserklärungen, AcP 182 (1982) 126
Krüger/Bütter, „Justitita goes online!" Elektronischer Rechtsverkehr im Zivilprozess, MDR 2003, 181
Leistenschneider, Gravierende Änderungen, Digitale Signatur und Anwaltschaft, Anwalt 2002, 48
Maennel, Elektronischer Geschäftsverkehr ohne Grenzen – der Richtlinienvorschlage der Europäischen Kommission, MMR 1999, 187
Mallmann/Heinrich, Schriftform bei Geschäften im Internet, ZRP 2000, 470
Malzer, Zivilrechtliche Form und prozessuale Qualität der digitalen Signatur nach dem Signaturgesetz, DNotZ 1998, 96
Maniotis, Über die Rechtswirkung elektronischer Signaturen gemäß Art 5 der Signaturrichtlinie (1999/93/EG), in: FS Geimer (2002) 615
Mankowski, Zum Nachweis des Zugangs bei elektronischen Erklärungen, NJW 2004, 1901
Mayer, Änderungen im spanischen Register- und Grundbuchwesen, ZfIR 2002, 255
Melullis, Zum Regelungsbedarf bei der elektronischen Willenserklärung, MDR 1994, 109
Miedbrod/Mayer, E-Commerce – Digitale Signaturen in der Praxis, MDR 2001, 432
Müglich, Neue Formvorschriften für den E-Commerce – Zur Umsetzung der EU-Signaturrichtlinie in deutsches Recht, MMR 2000, 7
Noack, Digitaler Rechtsverkehr: Elektronische Signatur, elektronische Form und Textform, DStR 2001, 1893
ders, in: Dauner-Lieb/Heidel/Lepa/Ring (Hrsg), Das Neue Schuldrecht – Ein Lehrbuch (2002) § 15 Elektronische Form und Textform
Nöcker, Urkunden und EDI-Dokumente, CR 2000, 176
Nowak, Der elektronische Vertrag – Zustandekommen und Wirksamkeit unter Berücksichtigung des neuen „Formvorschriftenanpassungsgesetzes", MDR 2001, 841
Notthoff, Telefax, Computerfax und elektronische Medien – Der aktuelle Stand zum Schriftformerfordernis im Verfahrensrecht, DStR 1999, 1076
Oberndörfer, Die EG-Richtlinie über „ge-

meinschaftliche Rahmenbedingungen für elektronische Signaturen" und das Bankgeschäft – am Beispiel von db-order, NJW-CoR 2000, 228
OERTEL, Der elektronische Rechtsverkehr in der notariellen Praxis, MittRhNotK 2000, 181
ders, Elektronische Form und notarielle Aufgaben im elektronischen Rechtsverkehr, MMR 2001, 419
PÜLS, Signatur statt Siegel? – Notarielle Leistungen im elektronischen Rechtsverkehr, DNotZ Sonderheft 2002, 168
RAMMING, Ermöglichen die neuen §§ 126 III, 126a BGB die Ausstellung elektronischer Konnossemente?, VersR 2002, 539
RAPP, Rechtliche Rahmenbedingungen und Formqualität elektronischer Signaturen (2002)
REDEKER, EU-Signaturrichtlinie und Umsetzungsbedarf im deutschen Recht, CR 2000, 455
REUSCH, Schriftformerfordernisse beim Abschluß von Versicherungsverträgen über das Internet, NVersZ 1999, 110
ROSSNAGEL, Das neue Recht elektronischer Signaturen – Neufassung des Signaturgesetzes und Änderung des BGB und der ZPO, NJW 2001, 1817
ders, Die neue Signaturverordnung, BB 2002, 261
ders, Rechtliche Unterschiede von Signaturverfahren, MMR 2002, 215
ders, Das elektronische Verwaltungsverfahren, NJW 2003, 469
ders, Die fortgeschrittene elektronische Signatur, MMR 2003, 164
RÜSSMANN, Das Beweisrecht elektronischer Dokumente, Jur-PC 1995, 3212
SCHEFFLER/DRESSLER, Vorschläge zur Änderung zivilrechtlicher Formvorschriften und ihre Bedeutung für den Wirtschaftszweig E-Commerce, CR 2000, 378
SCHMITTMANN, Gesetz über rechtliche Rahmenbedingungen für den elektronischen Geschäftsverkehr, NWB 2002, 1387 (= Fach 28, 949)
SCHMITTNER, Digitale Signaturen als Herausforderung und Chance, BWNotZ 2001, 107
SCHMITZ/SCHLATMANN, Digitale Verwaltung? – Das dritte Gesetz zur Änderung verwaltungsverfahrensrechtlicher Vorschriften, NVwZ 2002, 1281
SCHWAB, Elektronische und digitale Signaturen, NotaBene (= Zeitschrift der Österreichischen Notariatskammer) 12/2002, 7
SEILER, Elektronischer Geschäftsverkehr – Umfang und Auswirkungen der neuen EG Richtlinie, UR 2002, 460
SIEBER/NÖDING, Die Reform der elektronischen Unterschrift, ZUM 2001, 199
STELZER, Die elektronische Unterschrift beim E-Government, Bayerischer Bürgermeister 2002, 508
STRAUCH, Rechtliche und archivische Probleme der digitalen Signatur, in: FS Lüderitz (2000) 751
ULTSCH, Zugangsprobleme bei elektronischen Willenserklärungen, NJW 1997, 3007
ders, Zivilrechtliche Probleme elektronischer Erklärungen – dargestellt am Beispiel der Elektronic 5. l, DZWir 1997, 466
VEHSLAGE, Das geplante Gesetz zur Anpassung der Formvorschriften des Privatrechts und anderer Vorschriften an den modernen Rechtsverkehr, DB 2000, 1801
VIEFHUES/SCHERF, Die digitale Signatur in der juristischen Praxis, ZAP 2001, 1109 (= Fach 23, 561)
YILDIRIM, Elektronische Signaturen in der öffentlichen Verwaltung (Tagungsbericht), DVBl 2002, 241.
Vgl auch die Kommentare zu § 292a ZPO.

Systematische Übersicht

I.	**Allgemeines**	1
II.	**Technische Grundlagen und Gesetzgebungsgeschichte**	
1.	Technische Funktion der Signatur	4
2.	Gesetzgebung bis zum Signaturgesetz 1997	8
a)	Diskussion bis zum Erlaß des Signaturgesetzes 1997	8
b)	Signaturgesetz 1997	9

c)	Gesetzesvorschlag der Bundesnotarkammer zur elektronischen Form	12	IV.	**Voraussetzungen der elektronischen Form**
3.	EG-Signaturrichtlinie und E-Commerce-Richtlinie	13	1.	Einverständnis des Empfängers ... 39
			2.	Elektronische Erklärung ... 40
a)	EG-Signaturrichtlinie	13	3.	Name des Ausstellers der Erklärung 44
b)	E-Commerce-Richtlinie	15	4.	Qualifizierte elektronische Signatur 46
4.	Novellierung des Signaturgesetzes 2001	19	5.	Abgabe und Zugang ... 48
			a)	Abgabe ... 48
a)	Einfache, fortgeschrittene und qualifizierte elektronische Signatur	20	b)	Zugang: Widmung des elektronischen Briefkastens ... 49
b)	Anforderungen an die Vergabe qualifizierter elektronischer Zertifikate	24	c)	Zugang bei verschlüsselter oder technisch fehlerhafter Erklärung ... 53
c)	Freiwillige Akkreditierung von Zertifizierungsdienstleistungsanbietern	26	6.	Vertragsschluß (§ 126a Abs 2) ... 55
			a)	Elektronische Signatur oder Unterschrift unter vollständigem Vertragstext ... 55
5.	Formvorschriftenanpassungsgesetz 2001	28	b)	Kombination von Schriftform und elektronischer Form ... 57
			c)	Zugang ... 58
III.	**Anwendungsbereich der elektronischen Form**		V.	**Rechtsfolgen elektronischer Signatur und Beweisfragen**
1.	Funktionsäquivalent zur Schriftform	29		
2.	Formwirkungen	31	1.	Widerruf, Anfechtung und Vertrauensschaden ... 59
a)	Erleichterung für den elektronischen Geschäftsverkehr	32	a)	Widerrufsrecht bei Fernabsatzverträgen (§ 312d) ... 59
b)	Beweisfunktion	33	b)	Anfechtung ... 60
c)	Unterschiede bei der Warnfunktion	36	2.	Anscheinsbeweis elektronisch signierter Erklärung (§ 292a ZPO) ... 61
3.	Bisher fehlende praktische Bedeutung der elektronischen Form	37		

I. Allgemeines

Die elektronische Form (§ 126a) erfordert ein elektronisches Dokument, das mit **1** einer **qualifizierten elektronischen Signatur** nach näherer Maßgabe des Signaturgesetzes versehen wurde (§ 126a Abs 1). Soweit der Erklärungsempfänger damit einverstanden ist, kann sie die gesetzliche Schriftform ersetzen (§ 126 Abs 3).

Die elektronische Form wurde zusammen mit der Textform (§ 126b) als neue **2** Formen durch das „Gesetz zur Anpassung der Formvorschriften des Privatrechts und anderer Vorschriften an den modernen Rechtsgeschäftsverkehr" (**Formvorschriftenanpassungsgesetz** – s Rn 28) vom 13. 7. 2001 (BGBl 2001 I 1542) mit Wirkung zum 1. 8. 2001 eingeführt.

Durch beide neue Formen will der Gesetzgeber die Formvorschriften des BGB den **Erfordernissen des modernen Geschäftsverkehrs** anpassen, indem einerseits mit der elektronischen Form eine zusätzliche Option zur Wahrung der gesetzlichen Schriftformerfordernisse auf elektronischem Weg anbietet, soweit die Beteiligten das wollen, andererseits aber durch die Herabstufung verschiedener bisheriger Schriftformerfordernisse auf die bloße (unterschriftslose) Textform

3 Die elektronische Form des § 126a ist ein **Angebot des Gesetzgebers** für den sich entwickelnden elektronischen Rechtsverkehr, das in der Rechtspraxis aber **(noch) kaum genutzt** wird (s Rn 37). Der Gesetzgeber versucht damit, in einem sich schnell verändernden technischen Umfeld gleichwohl schon rechtliche Rahmenbedingungen zum Schutz des Rechtsverkehrs zu setzen.

II. Technische Grundlagen und Gesetzgebungsgeschichte

1. Technische Funktion der Signatur

4 Die elektronische Signatur ist eine Art **„elektronisches Siegel"** (HEINEMANN, Neubestimmung der prozessualen Schriftform [2002] 333; OERTEL MittRhNotK 2000, 181, 183), dh die fälschungssichere Zuordnung eines Datenschlüssels zu einem elektronischen Dokument – und nicht etwa eine Abbildung der Namensunterschrift in elektronischer Form, wie man aus dem Begriff „Signatur" fälschlich schließen könnte.

Die elektronische Signatur **schützt nur die Echtheit, nicht die Vertraulichkeit** des Dokuments. Denn sie läßt erkennen, ob das signierte Dokument nach der Signatur verändert wurde (so daß eine unbefugte nachträgliche Veränderung auffällt). Die elekronische Signatur schützt aber nicht gegen unbefugte Kenntnisnahme; dafür wäre eine Verschlüsselung erforderlich. Neben der Signatur kann auch eine Verschlüsselung erfolgen. Tatsächlich sind dies aber zwei unterschiedliche Vorgänge. Und rechtlich geregelt ist im Signaturgesetz nur die elektronische Signatur, nicht die Verschlüsselung.

5 Allerdings beruht die elektronische Signatur auf einem Verschlüsselungsverfahren. Jedoch wird das **Dokument als solches unverschlüsselt** übermittelt, verschlüsselt ist allein die mitversandte Signatur.

Das Signaturgesetz sieht hierfür ein **asymmetrisches Verschlüsselungsverfahren** vor, in dem jeder Beteiligte einen nur ihm bekannten **privaten Schlüssel** (*private key*) und einen **öffentlichen Schlüssel** (*public key*) hat. Der öffentliche Schlüssel ist in einer Art Telephonbuch (Verzeichnisdienst) des jeweiligen Zertifizierungsanbieters allgemein zugänglich. Der private Schlüssel ist auf einer Signaturerstellungseinheit (§ 2 Nr 10 SigG) gespeichert, idR einer Chipkarte, die nur mittels einer (nur dem Verwender bekannten) PIN aktiviert werden kann und deren Daten nicht ausgelesen werden können.

Die (qualifzierte) **elektronische Signatur** wird erstellt, indem die mathematische Quersumme des Dokumentes (der sog **Hash-Wert**) mit dem privaten Schlüssel des Absenders verschlüsselt wird. Der Empfänger des Dokumentes kann dann mit Hilfe des öffentlichen Schlüssels des Absenders gegenrechnen, ob das ihm übermittelte Dokument denselben Hash-Wert hat, dh ob es nicht verändert wurde und damit von dem signierenden Absender stammt. Verschlüsselt ist aber nur die Signatur, nicht etwa das Dokument. Ein Dritter, der das Dokument abfängt, kann es daher lesen (und auch verändern; dann ist zwar die Tatsache der Veränderung feststellbar, nicht aber die Ursprungsfassung des Dokuments).

Soll (ggf zusätzlich) eine **Verschlüsselung** des elektronischen Dokuments erfolgen, so wird dabei genau umgekehrt wie bei der Signatur das Dokument **mit dem öffentlichen Schlüssel des Empfängers** verschlüsselt. Der Empfänger – und nur dieser – kann das Dokument dann mit seinem privaten Schlüssel entschlüsseln. Auch der Absender kann das verschlüsselte Dokument dann nicht mehr lesen; daher wird er es ggf unverschlüsselt oder (nur) mit seinem eigenen Schlüssel verschlüsselt bei sich speichern.

Elektronische Signatur wie Verschlüsselung setzen voraus, daß Absender wie Empfänger entsprechende **technisch ausgerüstet** sind, dh der Empfänger jedenfalls die zum Lesen erforderlichen EDV-Programme, der Absender auch ein Lesegerät zur Verwendung der Signaturkarte hat.

Ein **gemeinsamer Standard** der verschiedenen Zertifizierungsanbieter ist weitgehend fertig (ISIS-NTT), der eine sichere elektronische Kommunikation auch mit Verwendern von Signaturkarten anderer Anbieter ermöglichen wird (Allg zur Technik der elektronischen Signatur vgl insbesondere BIESER DStR 2001, 27; GASSEN, Digitale Signaturen in der Praxis – Grundlagen, Sicherheitsfragen und normativer Rahmen [Diss Köln 2002]; RAPP, Rechtliche Rahmenbedingungen und Formqualität elektronischer Signaturen [2002]).

2. Gesetzgebung bis zum Signaturgesetz 1997

a) Diskussion bis zum Erlaß des Signaturgesetzes 1997

Erste wissenschaftliche Veröffentlichungen zu den Rechtsproblemen des (damals gerade entstehenden) elektronischen Rechtsverkehr und zur Frage, ob eine Anpassung der Formvorschriften sinnvoll sei, finden sich ab Mitte der 1980er Jahren (vgl etwa AUERBACH CR 1988, 18; BACHHOFER NJW-CoR 1/1993, 25; CLEMENS NJW 1985, 1998; EBNET NJW 1992, 1985; KÖHLER AcP 182 [1982] 126; ROSSNAGEL NJW-CoR 2/1994, 96; TSCHENTSCHER CR 1991, 141).

Eine erste öffentliche Diskussion, inwieweit der Gesetzgeber Zulassung und Rechtsfolgen digitaler Signaturen regeln sollte, fand im Jahr **1993** auf einem **Forum der Bundesnotarkammer** zum Thema „Elektronischer Rechtsverkehr – digitale Signaturen und Rahmenbedingungen" statt (vgl Berichte in NJW 15/1994, S XII, NJW-CoR 1994, 46; MELLULIS MDR 1994, 109; zu der sich daran anschließenden Debatte vgl etwa ERBER-FALLER MittBayNot 1995, 182; FRITZSCHE/MALZER DNotZ 1995, 3).

b) Signaturgesetz 1997

Mit dem „Gesetz zur digitalen Signatur" (Signaturgesetz – SigG vom 22.7.1997, BGBl 1997 I 1870, 1872) regelte der deutsche Gesetzgeber erstmals die Rahmenbedingungen für elektronische Signaturen (die damals noch als digitale Signaturen bezeichnet wurden). Da das Signaturgesetz im Jahr 2001 umfassend überarbeitet wurde, wird die alte Fassung hier zur Unterscheidung als **Signaturgesetz 1997** bezeichnet.

Das Signaturgesetz war Teil eines umfassenderen Artikelgesetzes, des „Gesetzes zur Regelung der Rahmenbedingungen für Informations- und Kommunikationsdienste" (Informations- und Kommunikationsdienste-Gesetz – IuKDG – in der Literatur häufig auch **Multimedia-Gesetz** genannt), das daneben insbesondere noch das „Gesetz über die Nutzung von Telediensten" (TeledensteG – TDG) und das „Gesetz über den Datenschutz bei Telediensten" (Teledienstedatenschutzgesetz – TDDSG) einführte (vgl GEIS NJW 1997, 3000; MALZER DNotZ 1998, 96).

Technische Einzelheiten der Anforderungen an digitale Signaturen und an die Betreiber von Zertifizierungsstellen regelte die **Signaturverordnung 1997** (BGBl 1997 I 2498).

10 Zweck des Signaturgesetzes war es, **technische und organisatorische „Rahmenbedingungen für digitale Signaturen** zu schaffen, unter denen diese als sicher gelten und Fälschungen digitaler Signaturen oder Verfälschungen von signierten Daten zuverlässig festgestellt werden können" (§ 1 Abs 1 SigG 1997). So regelte das Signaturgesetz insbesondere Vergabe (§ 5), Inhalt (§ 7) und technische Komponenten (§ 14) von Signaturschlüssel-Zertifikaten.

Der Betrieb einer Zertifizierungsstelle für digitale Signaturen bedurfte der **Genehmigung** der Regulierungsbehörde nach § 66 Telekommunikationsgesetz (TKG) (§ 4 Abs 1 SigG 1997). Bis zur Ersetzung der Genehmigungspflicht im Jahr 2001 durch eine freiwillige Akkreditierung wurden drei Zertifizierungsstellen genehmigt, nämlich die Deutsche Telekom (1998), die Deutsche Post und die Bundesnotarkammer (beide im Jahr 2000).

11 Das Signaturgesetz 1997 kannte nur eine **einzige Art digitaler Signatur** (§ 2 Abs 1, § 7 SigG 1997), die in ihren Anforderungen der „qualifizierten elektonischen Signatur mit Anbieter-Akkreditierung" (§ 15 Abs 1 S 4 SigG 2001), also der höchsten Stufe der Signatur nach neuem Recht, entspricht.

Anwendungsbereich und Rechtsfolgen der digitalen Signatur waren (und sind) im Signaturgesetz **nicht geregelt**. Dies überließ das Signaturgesetz 1997 ausdrücklich anderen Rechtsvorschriften (§ 1 Abs 2 SigG 1997).

c) Gesetzesvorschlag der Bundesnotarkammer zur elektronischen Form

12 Da weder Regierung noch Parlament im Zusammenhang mit dem Erlaß des Signaturgesetzes einen Gesetzesentwurf für die zivilrechtlichen Fragen der digitalen Signatur vorlegten, erarbeitete die **Bundesnotarkammer** einen **Gesetzesvorschlag**, der am 13. 3. 1997 im Rahmen des „Dritten Forums Elektronischer Rechtsverkehr der Bundesnotarkammer" öffentlich vorgestellt wurde (vgl Tagungsberichte in DNotZ 1997, 434; BNotK-Intern 4/2000, 1 – auch im Internet unter: www.bnotk.de – BNotK-Service; ferner ERBER-FALLER CR 1996, 375, 380; GEIS NJW 1997, 3000, 3002; SCHIPPEL, in: FS Odersky [1996] 657, 661).

Der in diesem „Entwurf eines Gesetzes über den Elektronischen Rechtsverkehr" enthaltene Vorschlag der Bundesnotarkammer zur Einfügung eines § 126a umfaßt bereits wesentliche Elemente, die auch in den jetzt Gesetz gewordenen § 126a eingeflossen sind:

> „§ 126a (Abs 1) Ist durch Gesetz die elektronische Form vorgeschrieben, so muß der Aussteller der Erklärung dem Text seinen Namen hinzusetzen und beides elektronisch unterzeichnen (elektronische Unterschrift). Die elektro-

nische Unterschrift muß in einem als sicher anerkannten Verfahren erklärungsabhängig und unterzeichnerabhängig hergestellt werden. Erklärung und Unterschrift müssen dauerhaft und lesbar wiedergegeben werden können. Die elektronische Unterschrift muß auf eine Urkunde verweisen, in der der Aussteller die Zuordnung des verwendeten Unterschriftsschlüssels zu seiner Person erklärt hat, die Erklärung wiedergeben und die Stelle nennen, bei der der Unterschriftsschlüssel überprüft werden kann. Die Erklärung bedarf der notariellen Beurkundung.

(Abs 2) Für die Anerkennung von Verfahren nach Abs 1 Satz 2 sowie für die Zulassung von Stellen, die für die Ausgabe, Verwaltung und Überprüfung von Unterschriftsschlüsseln zuständig sind, gilt das Signaturgesetz.

(Abs 3) Bei einem Vertrag gilt § 126 Abs 2 entsprechend.

(Abs 4) Die elektronische Form wird durch die schriftliche Form, die notarielle Beglaubigung durch die notariellen Beurkundung ersetzt."

3. EG-Signaturrichtlinie und E-Commerce-Richtlinie

a) EG-Signaturrichtlinie

Handlungsbedarf für den deutschen Gesetzgeber entstand durch zwei EG-Richtlinien, nämlich zum einen die Signaturrichtlinie, zum anderen die E-Commerce-Richtlinie. Die **Signaturrichtlinie** (Richtlinie 1999/93/EG des Europäischen Parlaments und des Rates vom 13. 12. 1999 über gemeinschaftliche Rahmenbedingungen für elektronische Signaturen, ABl EG 2000 L 13, S 12; vgl Gravesen/Dumortier/van Ecke MMR 1999, 557; Kilian BB 2000, 733; Maniotis, in: FS Geimer [2002] 615; Müglich MMR 2000, 7; Redeker CR 2000, 455) untersagt, die Bereitstellung von Zertifizierungsdiensten von einer vorherigen Genehmigung abhängig zu machen (Art 3 Abs 1). Die Qualitätssicherung soll statt dessen über eine *Haftung* des Zertifizierungsdiensteanbieter für die Richtigkeit und Funktionsfähigkeit des Zertifikates zum Zeitpunkt seiner Ausstellung erfolgen (Art 6). Den Mitgliedstaaten bleibt es aber vorbehalten, freiwillige Akkreditierungssysteme vorzusehen (Art 3 Abs 2). 13

Zugleich verpflichtet die Signaturrichtlinie die Mitgliedstaaten zu regeln, „daß fortgeschrittene elektronische Signaturen, die auf einem qualifizierten Zertifikat beruhen und die von einer sicheren Signaturerstellungseinheit erstellt werden, a) die rechtlichen Anforderungen an eine Unterschrift in bezug auf in elektronischer Form vorliegende Daten in gleicher Weise erfüllen wie handschriftliche Unterschriften in bezug auf Daten, die auf Papier vorliegen, und b) in Gerichtsverfahren als Beweis zugelassen sind" (Art 5 Abs 1). 14

Damit mußte der deutsche Gesetzgeber die **qualifizierte elektronische Signatur der Schriftform gleichstellen,** wie dies durch § 126 Abs 3 erfolgte.

b) E-Commerce-Richtlinie

Die **E-Commerce-Richtlinie** (Richtlinie 2000/31/EG des Europäischen Parlamentes und des Rates vom 8. 6. 2000 über bestimmte Aspekte der Dienste der Informationsgesellschaft, insbesondere des elektronischen Geschäftsverkehrs im Binnen- 15 markt – „Richtlinie über den elektronischen Geschäftsverkehr", ABl EG 2000 L 178, S 1 = NJW 2000, Beilage zu Heft 36; vgl Hoeren MMR 1999, 192; Maennel MMR 1999, 187; Seiler UR 2002, 460) enthält neben allgemeinen Anforderungen an „Diensteanbieter" für „Dienste der Informationsgesellschaft" (vulgo E-Commerce-Betreiber), deren Informationspflichten die Richtlinie hauptsächlich regelt, auch Vorgaben für das Zivilrecht der Mitgliedstaaten.

Nach Art 9 Abs 1 der E-Commerce-Richtlinie müssen die Mitgliedsstaaten einen **elektronischen Vertragsschluß grundsätzlich zulassen**: „Die Mitgliedstaaten stellen sicher, daß ihr Rechtssystem den Abschluß von Verträgen auf elektronischem Wege ermöglicht. Die Mitgliedstaaten stellen insbesondere sicher, daß ihre für den Vertragsabschluß geltenden Rechtsvorschriften weder Hindernisse für die Verwendung elektronischer Verträge bilden noch dazu führen, daß diese Verträge aufgrund des Umstandes, daß sie auf elektronischem Wege zustande gekommen sind, keine rechtliche Wirksamkeit oder Gültigkeit haben."

16 Art 9 Abs 1 der E-Commerce-Richtlinie erforderte damit die **Öffnung der Schriftform** des § 126 **auch für elektronische Verträge**. Denn nach Ziffer 34 der Erwägungsgründe hat jeder Mitgliedstaat „seine Rechtsvorschriften zu ändern, in denen Bestimmungen festgelegt sind, die die Verwendung elektronisch geschlossener Verträge behindern könnten; dies gilt insbesondere für Formvorschriften."

Der nationale Gesetzgeber kann jedoch für den Vertrag eine fortgeschrittene elektronische Signatur eines qualifizierten Zertifizierungsdiensteanbieteres iSd Art 5 Abs 1 SignaturRL verlangen (dh die elektronische Form iSd § 126a mittels **qualifizierter elektronischer Signatur**). Denn nach Ziffer 35 der Erwägungsgründe läßt die Richtlinie „die Möglichkeit der Mitgliedstaaten unberührt, allgemeine oder spezifische rechtliche Anforderungen für Verträge, die auf elektronischem Wege erfüllt werden können, insbesondere Anforderungen für sichere elektronische Signaturen, aufrechtzuerhalten oder festzulegen".

17 Art 9 Abs 2 der Richtlinie ermöglicht den Mitgliedstaaten, für die dort bestimmten Kategorien von Verträgen ganz oder für bestimmte Vertragstypen daraus einen elektronischen Vertragsschluß **auszuschließen** (und etwa eine strengere Form vorzuschreiben). Dies betrifft nach Art 9 Abs 2 RL:

„a) Verträge, die Rechte an **Immobilien** mit Ausnahme von Mietrechten begründen oder übertragen;

b) Verträge, bei denen die **Mitwirkung von Gerichten**, Behörden **oder öffentliche Befugnisse ausübenden Berufen** gesetzlich vorgeschrieben ist;

c) **Bürgschaftsverträge** und Verträge über Sicherheiten, die von Personen außerhalb ihrer gewerblichen, geschäftlichen oder beruflichen Tätigkeit eingegangen werden;

d) Verträge im Bereich des **Familienrechts** oder des **Erbrechts**".

Die **Ausnahmen des deutschen Rechts**, in denen die elektronische Form des § 126a die Schriftform nicht ersetzen kann, sind alle durch das europäische Recht entweder zugelassen oder sogar geboten: So konnte sich der deutsche Gesetzgeber auf Art 9 Abs 2 lit c) RL stützen, wenn er die elektronische Form für **Bürgschaftserklärung**, abstraktes Schuldversprechen und Schuldanerkenntnis nicht genügen läßt (§§ 766 S 2, 780 S 2, 781 S 2). Die Ausnahme für den **Verbraucherdarlehensvertrag** (§ 492 Abs 1 S 2 und Abs 4) ergibt sich unmittelbar aus der Verbraucherkreditrichtlinie (Richtlinie 87/102/EWG des Rates vom 22. 12. 1986 zur Angleichung der Rechts- und Verwaltungsvorschriften der Mitgliedstaaten über den Verbraucherkredit, ABl EG Nr L 42 S 48), die in Art 4 Abs 1 Schriftform für den Verbraucherkredit verlangt (und insoweit nicht durch die E-Commerce-Richtlinie abgeändert wurde; vgl BT-Drucks 14/4987, S 27). Da Art 9 Abs 1 RL nur den „Abschluß von Verträgen auf elektronischem Weg" regelt, konnte der deutsche Gesetzgeber die elektronische Form für **Kündigung oder Aufhebung von Arbeitsverhältnissen** ausschließen (§ 623 HS 2; HEINEMANN ZNotP 2002, 414, 417).

Unberührt von der Öffnungspflicht des Art 9 Abs 1 der E-Commerce-Richtlinie bleiben Formerfordernisse des nationalen Rechts, die eine **öffentliche Beglaubigung oder öffentliche Beurkundung** verlangen. Denn aus dem Anwendungsbereich der Richtlinie ausgenommen sind nach Art 1 Abs 1 lit d) 1. Spiegelstrich die „Tätigkeiten von Notaren oder Angehörigen gleichwertiger Berufe, soweit diese eine unmittelbare und besondere Verbindung zur Ausübung öffentlicher Befugnisse aufweisen". Außerdem greift auch insoweit die Befugnis der Mitgliedstaaten ein, bestimmte Vertragskategorien von der Öffnung für elektronische Verträge auszunehmen, nämlich „Verträge, bei denen die Mitwirkung von Gerichten, Behörden oder öffentliche Befugnisse ausübenden Berufen gesetzlich vorgeschrieben ist" (Art 9 Abs 2 lit b).

Ausdrücklich erwähnt diese Ausnahmemöglichkeit auch Ziffer 36 der Erwägungsgründe: „Die Mitgliedstaaten können Beschränkungen für die Verwendung elektronisch geschlossener Verträge in bezug auf Verträge beibehalten, bei denen die Mitwirkung von Gerichten, Behörden oder öffentliche Befugnisse ausübenden Berufen gesetzlich vorgeschrieben ist. Diese Möglichkeit gilt auch für Verträge, bei denen die Mitwirkung von Gerichten, Behörden oder öffentliche Befugnisse ausübenden Berufen erforderlich ist, damit sie gegenüber Dritten wirksam sind, und für Verträge, bei denen eine notarielle Beurkundung oder Beglaubigung gesetzlich vorgeschrieben ist."

4. Novellierung des Signaturgesetzes 2001

Die technischen und organisatorischen Vorgaben der Signaturrichtlinie über Anforderungen an Zertifizierungsdiensteanbieter setzte der deutsche Gesetzgeber fristgerecht um durch die Novellierung des Signaturgesetzes vom 16. 5. 2001 (**Signaturgesetz 2001**; BGBl 2001 I S 876; vgl allg BIESER DStR 2001, 27; BLAUROCK/ADAM ZEuP 2001, 93; ROSSNAGEL NJW 2001, 1817; ROSSNAGEL MMR 2002, 215).

Die zugleich neu gefasste **Signaturverordnung 2001** vom 16. 11. 2001 (BGBl 2001 I 3074) regelt Einzelheiten der Anforderungen an qualifizierte elektronische Signaturen, Zertifizierungsdiensteanbieter und deren freiwillige Akkreditierung (vgl ROSSNAGEL BB 2002, 261).

a) Einfache, fortgeschrittene und qualifizierte elektronische Signatur

20 Das Signaturgesetz unterscheidet nunmehr in Anlehnung an die EG-Signaturrichtlinie drei Arten elektronischer Signaturen (mit einer zusätzlichen Unterart):

(Einfache) „elektronische Signaturen" sind nach § 2 Nr 1 SigG (= Art 2 Nr 1 Signaturrichtlinie) „Daten in elektronischer Form, die anderen elektronischen Daten beigefügt oder logisch mit ihnen verknüpft sind und die zur Authentifizierung dienen". Bereits die bloße Absenderangabe in einem e-mail ist daher eine einfache elektronische Signatur. Die einfache Signatur erfüllt daher **keinerlei Sicherheitsstandards**.

21 **„Fortgeschrittene elektronische Signaturen"** müssen darüber hinaus § 2 Nr 2 SigG (= Art 2 Nr 2 Signaturrichtlinie) a) ausschließlich dem Signaturschlüssel-Inhaber zugeordnet sein, b) die Identifizierung des Signaturschlüssel-Inhabers ermöglichen, c) mit Mitteln erzeugt werden, die der Signaturschlüssel-Inhaber unter seiner alleinigen Kontrolle halten kann, und d) mit den Daten, auf die sie sich beziehen, so verknüpft sein, dass eine nachträgliche Veränderung der Daten erkannt werden kann (vgl ROSSNAGEL MMR 2003, 164).

22 **„Qualifizierte elektronische Signaturen"** erfüllen alle Anforderungen für fortgeschrittene elektronische Signaturen die nach § 2 Nr 3 SigG (entspricht Art 5 Abs 1 Signaturrichtlinie) noch darüber hinaus „a) auf einem zum Zeitpunkt ihrer Erzeugung gültigen qualifizierten Zertifikat beruhen und b) mit einer sicheren Signaturerstellungseinheit erzeugt werden".

23 **Akkreditierte elektronische Signaturen** sind eine Unterform der qualifizierten elektronischen Signatur („qualifizierte elekonische Signaturen mit Anbieter-Akkreditierung" – § 15 Abs 1 S 4 SigG). Diese Zertifizierungsanbieter (§ 1 Nr 8 SigG) wurden im Akkreditierungsverfahren von der Regulierungsbehörde umfassend auf technische und administrative Sicherheit geprüft (§ 15 Abs 1 SigG bzw Art 2 Nr 13 und Art 5 Abs 2 Signaturrichtlinie – s u Rn 27). In Deutschland dürften derzeit praktisch alle qualifizierten elektronischen Signaturen von akkreditierten Zertifizierungsanbietern stammen.

b) Anforderungen an die Vergabe qualifizierter elektronischer Zertifikate

24 § 7 SigG regelt den **Inhalt** eines qualifizierten elektronischen Zertifikates (neben der eigentlichen Signatur):

– Name des Signaturschlüssel-Inhabers (§ 7 Abs 1 Nr 1 SigG),

– Signaturprüfschlüssel und zugeordnete Algorithmen (Nr 2–3),

– Nummer des Zertifikates, Beginn und Dauer der Gültigkeit, Name und Sitzstaat des Zertifizierungsdiensteanbieters, die Angabe, daß es sich um ein qualifiziertes Zertifikat handelt (§ 7 Abs 1 Nr 4–6, 8 SigG),

– ggf Beschränkungen der Nutzung der Signatur (zB nur für Verträge bis zu einer bestimmten Maximalsumme; Nr 8),

– ggf weitere Attribute, wie zB die Eigenschaft als Rechtsanwalt, Steuerberater oder Notar (§ 7 Abs 1 Nr 1 SigG).

Das Zertifikat darf nur nach einer **Identifikationsprüfung** vergeben werden (§ 5 **25** SigG). Enthält das Zertifikat Angaben über die Vertretungsmacht für eine dritte Person, so ist die Angabe nur mit Einwilligung des Dritten zulässig (§ 5 Abs 2 S 2 HS 1 SigG). Berufsbezogene Angaben sind durch die zuständige Stelle zu bestätigen (§ 5 Abs 2 S 2 HS 2 SigG), so zB die Eigenschaft als Rechtsanwalt, Steuerberater oder Notar durch eine Bestätigung der jeweiligen Kammer.

Die vorgeschlagene Änderung des Signaturgesetzes (Regierungsentwurf BT-Drucks 15/ 3417 vom 24. 6. 2004) würde die Beantragung einer Signaturkarte auf rein elektronischem Weg ermöglichen (Wegfall des Unterschriftserfordernisses bei Aushändigung der Karte in § 6 Abs 3 SigG, § 5 Abs 2 SigVO). Damit sinkt der Sicherungsstandard – und damit auch die Rechtfertigung für die Gleichsetzung der elektronischen mit der Schriftform (§ 126 Abs 3), v a aber für die Beweisregel des § 292a ZPO (vgl Rn 62).

c)   Freiwillige Akkreditierung von Zertifizierungsdienstleistungsanbietern

Nach der ursprünglichen Fassung des Signaturgesetzes bestand eine Genehmigungs- **26** pflicht für Zertifizierungsstellen. Mit der Novellierung des Signaturgesetzes im Jahr 2001 wurde die **Genehmigungspflicht** entsprechend der EU-Richtlinie **abgeschafft** (§ 4 Abs 1 SigG 2001). Formell muß der Zertifizierungsanbieter der Regulierungsbehörde lediglich anzeigen, daß er den Betrieb aufnimmt (§ 4 Abs 3 SigG). Materiell muß der Zertifizierungsanbieter insbesondere die erforderliche Zuverlässigkeit und Sachkunde sowie eine Versicherung von mindestens 500 000 Euro je Schadensereignis nachweisen (§ 4 Abs 2 SigG).

Daneben besteht die Möglichkeit einer **freiwilligen Akkreditierung** von Zertifizie- **27** rungsdiensteanbietern (§§ 15 ff SigG). Akkreditierte Zertifizierungsdiensteanbieter erhalten ein Gütezeichen (Zertifkat nach § 16 SigG) der Regulierungsbehörde für Telekommunikation und Post. Mit dem **Gütezeichen** wird der Nachweis der umfassend geprüften technischen und administrativen Sicherheit für die auf ihren qualifizierten Zertifikaten beruhenden qualifizierten elektronischen Signaturen zum Ausdruck gebracht (§ 15 Abs 1 S 4 SigG).

Akkreditierte Zertifizierungsanbieter (im Internet abrufbar unter: *www.regtp.de* – unter Zertifizierungsdiensteanbieter) sind per August 2004 insbesondere die Deutsche Telekom (seit 1998), Deutsche Post (seit 2000 – zunächst bis 31. 8. 2004 Deutsche Post Signtrust GmbH, seit 17. 8. 2004 Deutsche Post Com GmbH), verschiedene Kammern der rechts- und steuerberatenden Berufe, so die Bundesnotarkammer (seit 2000 – alle drei bisher Genannten noch aufgrund des alten Genehmigungsverfahrens), verschiedene Rechtsanwaltskammern (Bamberg und Koblenz seit 2001, Berlin, Hamburg und München seit 2002, Frankfurt seit 2003, Nürnberg seit 2004) und Steuerberaterkammern (Berlin, Bremen, München, Nürnberg, Saarland und Stuttgart seit 2001, Brandenburg und Niedersachen seit 2002, Sachsen seit 2003; Hessen und Nordbaden seit 2004), die Wirtschaftsprüferkammer und die Patentanwaltskammer, ferner gewerbliche Anbieter (DATEV, Authenti Date International AG und TC Trustcenter AG seit 2001, D-Trust-GmbH seit 2002).

Einem gewerblichen Anbieters wurde die Akkreditierung bereits **widerrufen** (Medizon AG).

5. Formvorschriftenanpassungsgesetz 2001

28 Die zivilrechtlichen Vorgaben von **Art 5 Abs 1 der Signaturrichtlinie** und **Art 9 der E-Commerce-Richtlinie** setzte der deutsche Gesetzgeber hingegen durch das Formvorschriftenanpassungsgesetz und dort insbesondere durch § 126a um (vgl allg zum Formvorschriftenanpassungsgesetz vgl BOENTE/RIEHM Jura 2001, 793; HÄHNCHEN NJW 2001, 2831; HEINEMANN ZNotP 2002, 414; HONTHEIM NWB 2001, 3249 [= Fach 19, S 2757]; LEISTENSCHNEIDER Anwalt 2002, 48; OBERNDÖRFER NJW-CoR 2000, 228; RAPP, Rechtliche Rahmenbedingungen und Formqualität elektronischer Signaturen [2002]: REUSCH NNVersZ 1999, 110; SCHEFFLER/DRESSLER CR 2000, 378; SIEBER/NÖDING ZUM 2001, 199; VEHSLAGE DB 2000, 1801; VIEFHUES/SCHERF ZAP 2001, 1109 [= Fach 23, 561]).

Das EG-Recht erforderte, eine der Schriftform gleichwertige elektronische Form zu schaffen (aA HEINEMANN ZNotP 2002, 414, 416, der eine Umsetzung auch ohne Einführung einer neuen Form für möglich gehalten hätte). Mit dem Inkrafttreten des Formvorschriftenanpassungsgesetzes zum 1. 8. 2001 wurde allerdings die Umsetzungsfrist für die Signaturrichtlinie knapp versäumt (19.7. 2001 nach Art 13 RL); die Umsetzungsfrist für die E-Commerce-Richtlinie wurde eingehalten (17.1. 2002 nach Art 22 RL).

III. Anwendungsbereich der elektronischen Form

1. Funktionsäquivalent zur Schriftform

29 Grundsätzlich kann die elektronische Form des § 126a die **gesetzliche Schriftform** ersetzen (Funktionsäquivalenz; § 126 Absatz 3; s § 126 Rn 166 ff).

30 Ausdrücklich **ausgenommen** sind nach den speziellen Vorschriften jedoch insbesondere der Verbraucherdarlehensvertrag einschließlich Vollmacht hierzu (§ 492 Abs 1 S 2 und Abs 4), Kündigung oder Aufhebung eines Arbeitsverhältnisses (§ 623 HS 2), Bürgschaftserklärung, abstraktes Schuldversprechen und Schuldanerkenntnis (§§ 766 S 2, 780 S 2, 781 S 2). Hier hielt der Gesetzgeber zu recht die Warnfunktion der elektronischen Form nicht für ausreichend (BT-Drucks 14/4987, S 17; zustimmend MünchKomm/EINSELE § 126a Rn 25; RAPP 163 ff). Für den Verbraucherdarlehensvertrag schreibt das europäische Recht auch (bisher noch) Schriftform vor ohne die Möglichkeit der Ersetzung durch die elektronische Form (s Rn 17).

2. Formwirkungen

31 Der Gesetzgeber maß der elektronischen Form grundsätzlich die dieselben Formwirkungen zu wie der Schriftform – jedenfalls mußte er dies aufgrund der Entscheidung des Europäischen Gesetzgebers (Art 9 Abs 1 der E-Commerce-Richtlinie – s Rn 14).

a) Erleichterung für den elektronischen Geschäftsverkehr

32 Hintergrund für die Einführung der elektronischen Form war das Bestreben, auch formbedürftige Verträge einem Vertragsschluß auf elektronischem Weg zu öffnen.

Ein Medienbruch für den Vertragsschluß sollte vermieden werden, wenn Vertragsverhandlungen und spätere Korrespondenz zum Vertragsvollzug elektronisch geführt werden (BT-Drucks 14/4987, S 15; ähnlich Ziffer 34 der Erwägungsgründe der E-Commerce-Richtlinie)

b) Beweisfunktion
Hinsichtlich der Identitäts-, Echtheits- oder Beweisfunktion wird die Beweismöglichkeit der eigenhändigen Unterschrift, deren Echtheit notfalls durch ein graphologisches Gutachten untersucht werden kann, ersetzt durch die technische Absicherung mittels Signaturkarte und PIN. 33

Eine **technische Fälschung** ohne die originale Signaturkarte und ohne Kenntnis der PIN-Nummer dürfte nach dem technischen Standard bei Ausgabe der Signaturkarte nahezu ausgeschlossen sein. Nachdem die Rechner aber immer schneller werden, ist zu erwarten, daß heute sichere Sicherheitsstandards schon in wenigen Jahren unschwer zu überwinden sind. Daher darf die **Gültigkeitsdauer** eines qualifizierten Zertifikates nach § 14 Abs 3 SigV 2001 (BGBl 2001 I 3074) **höchstens fünf Jahre** betragen und den Zeitraum der Eignung der eingesetzten Algorithmen und zugehörigen Parameter zur fälschungssicheren Signatur nicht überschreiten. 34

Anders als einer gefälschten Unterschrift, der oft schon der Laie, meist zumindest der graphologische Gutachter die Fälschung ansieht, ist hingegen eine unbefugte Verwendung von Signaturkarte und PIN-Nummer nachträglich nicht feststellbar – sofern nicht der Karteninhaber den Verlust der Karte rechtzeitig bemerkt und die Karte sperren läßt (oder nachweisen kann, daß er die Karte bereits vor dem Abgabezeitpunkt der Erklärung abgegeben hat). Der Verlust der Signaturkarte ist daher so gefährlich wie der Verlust eines Siegels, mit dessen Hilfe ein Fälscher gefälschte amtliche Urkunden herstellen kann – oder noch gefährlicher, da ein Siegel idR nur zusammen mit einer Unterschrift verwandt wird. 35

c) Unterschiede bei der Warnfunktion
Hingegen sah der Gesetzgeber die **Warnfunktion** bei der elektronischen Form als (noch) **etwas geringer als bei der eigenhändigen Unterschrift** an. 36

Grundsätzlich komme auch der elektronischen Form eine Warnfunktion zu. So muß der Zertifizierungsdiensteanbieter bei der Vergabe eines qualifizierten elektronischen Zertifikates den **Antragsteller** darüber „**unterrichten**, dass eine qualifizierte elektronische Signatur im Rechtsverkehr die gleiche Wirkung hat wie eigenhändige Unterschrift, soweit nicht gesetzlich etwas anderes geregelt ist" (§ 5 Abs 2 SigG 2001). Durch diese Unterrichtung und durch die technischen Erfordernisse bei Verwendung der Signatur (Einführen der Signaturkarte in das Lesegerät und Eingabe der PIN) werde dem Erklärenden die Bedeutung der Erklärung verdeutlicht (BT-Drucks 14/4987, S 17).

Unterschiede sieht die Regierungsbegründung vor allem darin, daß die Verwendung elektronischer Signaturen und damit deren Rechtsqualität noch nicht im allgemeinen Bewußtsein verankert ist (BT-Drucks 14/4987, S 17). Deshalb machte der Gesetzgeber Gebrauch von der Möglichkeit der E-Commerce-Richtlinie, für bestimmte Rechtsgeschäfte die elektronische Form auszuschließen (s Rn 17, 30).

3. Bisher fehlende praktische Bedeutung der elektronischen Form

37 Die elektronische Form wird im Rechtsverkehr aber **bisher kaum genutzt**. Der Aufwand für eine elektronische Signierung erscheint der Rechtspraxis bisher zu hoch im Vergleich zum Nutzen der Signatur. Zur Erfüllung gesetzlicher Schriftformerfordernisse wird weiterhin auf die (papierne) Schriftform zurückgegriffen. Soweit die Beteiligten nur rechtsgeschäftlich eine Form vereinbaren oder – häufiger noch – eine Form zu Beweiszwecken wünschen, ziehen sie fast immer die eigenhändige Unterschrift vor, ggf auch mit Übermittlung per Fax. Wählen die Beteiligten hingegen elektronische Erklärungen, so belassen sie es fast immer beim e-mail (dh bloßer Textform).

Ein Bedürfnis besteht lediglich für die beweiskräftige elektronische Speicherung, insbesondere auch ursprünglich schriftlicher (oder textlicher) Urkunden, zB von Rechnungen oder Schriftverkehr (**elektronische Archivierung**). Diese ist aber gesetzlich nicht geregelt. Hier könnte sich ein Anwendungsbereich der elektronischen Form etwa für die Ablage umfangreicher Vertragskonvolute mit zahlreichen technischen Einzelheiten entwickeln.

38 Ein größerer Anwendungsbereich für die elektronische Form ist zu erwarten, sobald **Handelsregisteranmeldungen auch elektronisch** erfolgen können. Dies muss in allen EU-Staaten spätestens ab dem 1. 1. 2007 möglich sein – was Deutschland voraussichtlich schon 2006 umsetzen will; die Mitgliedstaaten können auch vorschreiben, daß die Handelsregisteranmeldungen oder Teile davon nur mehr in elektronischer Form eingereicht werden können (Art 3 Abs 2 Unterabsatz 2 der Ersten Gesellschaftsrichtlinie, 68/151/EWG, in der Fassung durch die „SLIM IV"-Richtlinie, Richtlinie 2003/58/EG des Europäischen Parlaments und des Rates vom 15. 7. 2003 zur Änderung der Richtlinie 68/151/EWG des Rates in Bezug auf die Offenlegungspflichten von Gesellschaften bestimmter Rechtsformen, ABl EG 2003 Nr L 221 S 13; vgl SCHEMMANN GPR 2004, 92; SCHOLZ EuZW 2004, 172; BNotK-Intern 5/2004 S 1 – im Internet unter: www.bnotk.de). Spätestens ab 1. 1. 2007 müssen auch in Papierform eingehende Neuanmeldungen durch das Register in elektronische Form gebracht werden (Art 3 Abs 2 Unterabsatz 2 RL 68/151/EWG nF). Die elektronische Handelsregisteranmeldung müßte dann mit einer elektronischen Unterschrifts- (oder genauer Signatur-)Beglaubigung verbunden werden (dazu § 129 Rn 132; allerdings gibt es auch Vorschläge, die Unterschriftsbeglaubigung nach § 12 HGB für elektronische Anmeldungen abzuschaffen, vgl BNotK-Intern 4/2004, S 1).

In einzelnen EU-Staaten sind bereits heute Anmeldungen zum Handelsregister oder Grundbuchamt auf elektronischem Wege möglich – teilweise auch ohne elektronische Signatur (zur spanischen „Blitz-GmbH": FRÖHLINGSDORF RIW 2003, 586; VIETZ GmbHR 2003, 27; vgl zum spanischen Grundbuchwesen: MAYER ZfIR 2002, 255).

IV. Voraussetzungen der elektronischen Form

1. Einverständnis des Empfängers

39 Die elektronische Form kann nur dann die gesetzliche Schriftform ersetzen, wenn der Empfänger damit einverstanden ist (s § 126 Rn 167).

2. Elektronische Erklärung

Eine **elektronische** Erklärung liegt vor, wenn die Daten mittels EDV gespeichert **40** sind und ohne technische Hilfsmittel nicht lesbar sind (BT-Drucks 14/4987, S 25). Ein an ein Faxgerät versandtes Computerfax ist demnach keine elektronische Erklärung, da es zwar mittels EDV generiert wird, aber als Ausdruck ankommt (anders wenn das Computerfax von einem anderen Computer empfangen wird).

Eine elektronische **Erklärung** liegt vor, wenn sie zumindest auf dem Bildschirm in **41** Buchstaben (**Schriftzeichen**) dargestellt werden kann. Wenn dies schon für die niedrigere Textform erforderlich ist (s § 126b Rn 10, 28), so muß dies erst recht für die höhere elektronische Form gelten.

Das Dokument muß vom Empfänger elektronisch dauerhaft, dh nicht auf immer, **42** aber **auf unbestimmte Zeit gespeichert und ausgedruckt** werden können (BOENTE/ RIEHM Jura 2001, 796; MünchKomm/EINSELE Rn 3). Daher ist die Form nicht gewahrt, wenn der Erklärende die übersandte Datei gegen das Ausdrucken sperrt. Ausdrücklich verlangt dies das Gesetz nur für die Textform; aber die Kenntnisnahmemöglichkeiten des Empfängers können bei der höheren elektronischen Form nicht geringer sein. Andernfalls würde die elektronische Form der Perpetuierungsfunktion (BT-Drucks 14/4987, S 16) nicht genügen.

Beispiele für elektronische Erklärungen sind danach insbesondere das **e-mail** sowie **43** als Anhang eines e-mail versandte Dokumente.

3. Name des Ausstellers der Erklärung

Die elektronische Form erfordert keine Unterzeichnung, wohl aber die **Angabe des** **44** **Namens**. Zweck ist allein, daß der Aussteller für den Empfänger erkennbar ist (BT-Drucks 14/4987, S 16). Soweit für die Unterzeichnung der bloße Nachname oder sogar ein Künstlername oder Pseudonym genügt, genügt dies auch für die elektronische Form; denn die bloße Namensangabe kann keinen strengeren Anforderungen als die Unterschrift unterliegen. Außerdem läßt sogar das Signaturgesetz (§ 5 Abs 3 S 1) die Vergabe qualifizierter Zertifikate unter einem Pseudonym zu.

Der Name muß **nicht am Ende stehen**, sondern kann etwa auch im Briefkopf oder im Text enthalten sein. Denn die Abschlußfunktion der eigenhändigen Unterschrift übernimmt die elektronische Signatur.

Die **Zuordnung und Identitätsfunktion** übernimmt bei der elektronischen Form be- **45** reits die **elektronische Signatur**. Allerdings muß der Empfänger den Signaturprüfschlüssel im Verzeichnis des Zertifizierungsdienstanbieters unter dem Namen des Erklärenden abrufen, um die Echtheit der Signatur mittels des öffentlichen Signaturprüfschlüssels nachprüfen zu können.

4. Qualifizierte elektronische Signatur

Die qualifizierte elektronische Signatur ist **Substitut der eigenhändigen Unterschrift** **46** (BT-Drucks 14/4987, S 12). Es handelt sich aber nicht etwa um eine Verschlüsselung der

Unterschrift, sondern um eine Art **elektronisches Siegel** als Subsitut der Unterschrift (HEINEMANN ZNotP 2002, 414, 419; OERTEL MittRhNotK 2000, 181, 183).

47 Die Voraussetzungen der qualifizierten elektronischen Signatur ergeben sich im Wege einer **dynamischen Verweisung** aus dem Signaturgesetz und der Signaturverordnung (s Rn 19 ff) in ihrer bei Zugang der Erklärung jeweils geltenden Fassung (BOENTE/RIEHM Jura 2001, 796; MünchKomm/EINSELE Rn 7; PALANDT/HEINRICHS Rn 8).

5. Abgabe und Zugang

a) Abgabe

48 Der Gesetzgeber hat darauf verzichtet, **Abgabe** und Zugang einer elektronisch übermittelten Willenserklärung (ob nun in elektronischer Form nach § 126a oder in Textform nach § 126b) eigens zu regeln.

Wurde die Erklärung **ohne Willen des Erklärenden abgesandt** – etwa weil die Sekretärin die im Ausgangsfach (vermeintlich) fertig gespeicherte e-mail versandt hat, so ist die Erklärung nicht abgegeben und damit unwirksam. Es bedarf daher keiner Anfechtung. Jedoch kann der Empfänger Ersatz seines Vertrauensschadens analog § 122 verlangen (BT-Drucks 14/4987 S 11).

b) Zugang: Widmung des elektronischen Briefkastens

49 Grundsätzlich gelten die Regeln für den **Zugang** von Willenserklärungen unter **Abwesenden** (BT-Drucks 14/4987 S 11).

Nach ganz hM ist eine elektronisch übermittelte Willenserklärung dem Empfänger nach § 130 Abs 1 S 1 dann zugegangen, wenn sie für den Empfänger abrufbar gespeichert wurde, sei es in dessen eigener Datenverarbeitungsanlage, sei es in dessen **Mailbox** (elektronischem Briefkasten) bei seinem Mailserver (BT-Drucks 14/4987 S 11 unter Verweis auf BGHZ 67, 271, 275 = NJW 1977, 194; DÖRNER AcP 202 [2002] 363, 366 f; JOHN AcP 184 [1984] 385, 403 ff).

50 Weitere Voraussetzung ist, daß der elektronische Briefkasten vom Empfänger auch für rechtsgeschäftliche Erklärungen bestimmt wurde (**Widmung** oder Freigabe; BT-Drucks 14/4987 S 11; DÖRNER AcP 202 [2002] 363, 367; MünchKomm/EINSELE § 130 Rn 18; PALANDT/HEINRICHS § 130 Rn 17; ULTSCH NJW 1997, 3007). Diese Widmung liegt bei einem Verbraucher noch nicht in der bloßen Mitteilung der e-mail Adresse auf dem Briefkopf rechtsgeschäftlicher Erklärungen vor (vgl zur entsprechenden Frage im Verwaltungsverfahren: Regierungsbegründung zu § 3a VwVfG, BT-Drucks 14/9000, S 30 f). Werden hingegen rechtsgeschäftliche Erklärungen von einer e-mail-Adresse aus versandt, so muß der Erklärende damit rechnen, daß er unter dieser Adresse auch Erklärungen jedenfalls von dem ursprünglichen Erklärungsempfänger erhält.

In allen Fällen kann der Erklärende durch einseitigen Hinweis **ausschließen**, daß er unter der betreffenden Adresse keine rechtsgeschäftlichen Erklärungen erhalten will. Dann muß er diesen Briefkasten nicht auf eingehende Erklärungen durchsehen. Denn es gibt keine allgemeine Rechtspflicht, elektronisch erreichbar zu sein.

51 **Zugangszeitpunkt** ist – vergleichbar dem Briefkasten für die papierne Post – der

Zeitpunkt, in dem Kenntnisnahme durch den Empfänger möglich und nach der Verkehrsanschauung zu erwarten ist (BGH LM Nr 2 zu § 130).

Von einem **Unternehmer** kann man erwarten, daß er seine Mailbox mindestens einmal täglich leert – nach Ansicht einiger Literaturstimmen sogar zweimal täglich (Dörner AcP 202 [2002] 363, 369) oder sogar mehrmals täglich (Heinemann ZNotP 2002, 414, 420).

Bei einem **Verbraucher** würde ich hingegen eine Mailbox-Leerung nur alle paar Tage, vielleicht sogar nur einmal die Woche erwarten (Schneider AnwBl 2002, 275). Die wohl hM nimmt hingegen auch hier tägliche Leerung (am Abend) als Verkehrssitte an (Dörner AcP 202 [2002] 363, 369; Heinemann ZNotP 2002, 414, 420 f; Ultsch NJW 1997, 3007, 3008; Vehslage AnwBl 2002, 86, 88); dies halte ich für unrealistisch. Denn auch wer ab und an etwas im Internet kauft, muß deshalb nicht täglich seinen Rechner hochfahren – während im papiernen Briefkasten doch fast täglich etwas zu finden ist, und sei es nur die Zeitung oder Werbung.

Der zusätzliche Zeitaufwand für die **Entschlüsselung** einer verschlüsselt erhaltenen Erklärung oder. für die **Prüfung der Signatur** einer in elektronischer Form (§ 126a) erhaltenen Erklärung fällt nur dann ins Gewicht, wenn man nicht erwarten kann, daß der Empfänger die technischen Möglichkeiten und Kenntnisse zur Entschlüsselung bzw Überprüfung bereits besitzt.

Hat der Empfänger seine Mailbox **nicht für rechtsgeschäftliche Erklärungen freigegeben**, nimmt er aber dennoch vom Inhalt einer dort eingegangenen Erklärung Kenntnis, so ist ihm die Erklärung im Zeitpunkt der tatsächlichen Kenntniserlangung auch zugegangen. Uneingeschränkt gilt dies für Erklärungen, die keiner Form oder allenfalls der Textform bedürfen (s § 126b Rn 34). Bedarf die Erklärung hingegen gesetzlich der Schriftform, so wird die Schriftform nur bei entsprechendem Einverständnis des Empfängers durch die elektronische Form des § 126a substituiert; die bloße Kenntnisnahme einer auf einer nicht freigegebenen Mailbox eingelangten Erklärung würde daher nur genügen, wenn der Empfänger dennoch anderweitig (etwa für eine andere Mailbox) sein Einverständnis zum Erhalt von Dokumenten in der Form des § 126a ausgedrückt hat. **52**

c) Zugang bei verschlüsselter oder technisch fehlerhafter Erklärung

Ist die **Erklärung verschlüsselt**, so ist sie dem Empfänger nur dann zugegangen, wenn der Erklärende erwarten kann, daß sie der Empfänger entschlüsseln kann (etwa weil er innerhalb desselben auf Verschlüsselung basierenden VPN [virtual private network] angeschlossen ist). **53**

Kommt die Erklärung infolge Übertragungsfehlern **unvollständig oder unlesbar** an, so ist sie (teilweise) nicht zugegangen. Ist infolge Übertragungsfehlern lediglich die elektronische Signatur unlesbar, so fehlt es am formgerechten Zugang. **54**

6. Vertragsschluß (§ 126a Abs 2)

a) Elektronische Signatur oder Unterschrift unter vollständigem Vertragstext

Bei einem **Vertrag** erfordert die gesetzlichen Schriftform, daß beide Vertragsparteien den vollständigen Vertragstext unterzeichnen – sei es auf derselben Urkunde **55** oder auf der für den jeweils anderen Vertragsteil bestimmten Urkunde (§ 126 Abs 2). § 126a Abs 2 ist die inhaltsgleiche, nur sprachlich verkürzte Parallelvorschrift zu § 126 Abs 2 für die gesetzliche elektronische Form. Der Grundsatz der Einheitlichkeit der Urkunde gilt auch hier für das elektronische Dokument.

Auch bei der elektronischen Form muß jede Vertragspartei den **vollständigen Vertragstext** mit ihrer qualifizierten elektronischen Signatur versehen. Es genügt nicht, daß die eine Vertragspartei nur das Angebot, die andere nur die Annahme („Ja") signiert (BT-Drucks 14/4987, S 17; MünchKomm/Einsele Rn 26; vgl Hoeren, in: Schulze/Schulte-Nölke [Hrsg], Die Schuldrechtsreform vor dem Hintergrund des Gemeinschaftsrechts, 2001, 315; Nowak MDR 2001, 841).

56 § 126a Abs 2 schreibt vor, daß beide Vertragsparteien zumindest ein gleichlautendes, **für die jeweils andere Vertragspartei bestimmtes Dokument** signieren müssen (entsprechend § 126 Abs 2 S 2; Soergel/Marly Rn 24).

Erst recht genügt natürlich, wenn **beide Vertragsparteien dasselbe Dokument** mit ihrer qualifizierten Signatur elektronisch signieren (MünchKomm/Einsele Rn 26; Palandt/Heinrichs Rn 10; Soergel/Marly Rn 24). Auch wenn das Gesetz dies nicht ausdrücklich regelt, ergibt es sich *a maiore ad minus* und aus dem systematischen Zusammenhang mit § 126 Abs 2 S 1.

b) Kombination von Schriftform und elektronischer Form

57 Dritte Möglichkeit eines Vertragsschlusses in (teilweise) elektronischer Form ist schließlich, daß nur eine Partei elektronisch signiert, während die **andere Partei** den Vertrag in **Schriftform** unterzeichnet (BT-Drucks 14/4987, S 18; MünchKomm/Einsele Rn 26; Palandt/Heinrichs Rn 10). Denn dann genügen beide Erklärungen je für sich der erforderlichen Form.

Ebenso denkbar ist eine Kombination der Erklärung eines Vertragsteiles in elektronischer Form, der des anderen Vertragsteiles mittels Unterschrifts beglaubigter Urkunde oder in notariell beurkundeter Form. Denn diese Formen sind der elektronischen Form gleichwertig oder sogar höherwertig. Erforderlich ist nur jeweils, daß beide Erklärungen den vollen Vertragsinhalt enthalten (§ 126a Abs 2) – und nicht nur das Angebot oder die Annahme.

c) Zugang

58 Der Vertrag kommt jeweils mit dem formgerechten **Zugang** der zeitlich späteren Erklärung zustande (§ 130 Abs 1 S 1).

V. Rechtsfolgen elektronischer Signatur und Beweisfragen

1. Widerruf, Anfechtung und Vertrauensschaden

a) Widerrufsrecht bei Fernabsatzverträgen (§ 312d)

59 Ist ein Verbraucher an einem elektronisch (sei es in Textform, sei es in elektronischer Form) abgeschlossenen Vertrag beteiligt, wird häufig ein Fernabsatzvertrag iSd § 312b vorliegen. Dann steht dem Verbraucher nach § 312d Abs 1 ein Widerrufsrecht nach § 355 zu.

b) Anfechtung

Für die Anfechtung elektronischer Willenserklärungen gelten die allgemeinen Vor- 60
schriften der §§ 119 ff. Sonderregelungen hielt der Gesetzgeber hier für ebenso
entbehrlich wie hinsichtlich des Zugang (BT-Drucks 14/4987, S 11).

2. Anscheinsbeweis elektronisch signierter Erklärung (§ 292a ZPO)

Elektronische Dokumente – auch solche in elektronischer Form nach § 126a – 61
unterliegen den Vorschriften des **Beweises durch Augenschein** (§§ 371, 372 ZPO),
nicht den Vorschriften des Urkundsbeweises (BT-Drucks 14/4987, S 25; REICHOLD, in:
THOMAS/PUTZO § 292a ZPO Rn 2).

Bei einer Privaturkunde muß derjenige, der sich auf die Urkunde beruft, im Be- 62
streitensfall die Echtheit der Unterschrift beweisen (§ 440 Abs 1 ZPO) (während
bei einer Unterschriftsbeglaubigung der Beglaubigungsvermerk Beweis für die
Echtheit der Urkunde erbringt, §§ 418 Abs 1, 440 Abs 2 ZPO – vgl § 129 Rn 113 ff).
Entsprechendes gilt grundsätzlich auch für das elektronische Dokument. Doch gewährt § **292a ZPO** (bzw künftig § 371a Abs 1 S 2 ZPO nach dem Entwurf des
Justizkommunikationsgesetzes, JKomG, BR-Drucks 609/04, 7) eine **Beweiserleichterung
durch einen gesetzlichen Anscheinsbeweis**: Ist die Erklärung in elektronischer Form
nach § 126a BGB abgegeben, so begründet dies einen Anscheinsbeweis für die
Echtheit der Erklärung. Dieser kann „nur durch Tatsachen erschüttert werden, die
ernstliche Zweifel daran begründen, daß die Erklärung mit dem Willen des Signaturschlüssel-Inhabers abgegeben worden ist" (§ 292a ZPO).

Der Gesetzgeber fügte diese Beweiserleichterung ein, da er sonst den Erklärungsempfänger als beweispflichtige Partei als schutzlos ansah gegenüber einem unbegründeten Einwand des Beweisgegners, die Erklärung sei nicht von dem Signaturschlüssel-Inhaber abgegeben worden. Die Beweiserleichterung entspreche dem
hohen Schutzstandard der qualifizierten elektronischen Signatur (BT-Drucks 14/4987,
S 25; wiederholt zu § 371a ZPO idF des JKomG, BR-Drucks 609/04, 79).

Der **Beweisführende** muß daher nur nachweisen, daß die Erklärung **mit dem ange-** 63
gebenen Signaturschlüssel abgegeben wurde (BT-Drucks 14/4987, S 24). Dies ist durch
eine Überprüfung mit dem öffentlichen Schlüssel des Erklärenden einfach möglich.

Der **Beweisgegner** muß dann keinen vollen Gegenbeweis erbringen, sondern nur 64
den Anscheinsbeweis erschüttern; insofern ist der Beweiswert der elektronischen
Form geringer als der einer Unterschriftsbeglaubigung. Jedoch kann der Anscheinsbeweis „nur durch Tatsachen erschüttert werden, die es ernsthaft als möglich erscheinen lassen, daß die Erklärung nicht mit dem Willen des Signaturschlüssel-Inhabers abgegeben worden ist" (§ 292a ZPO).

Welche Anforderungen an die Erschütterung des Anscheinsbeweises zu stellen sind,
muß die Rechtsprechung erst noch herausarbeiten. Dabei wird die Rechtsprechung
sich auch fragen müssen, inwieweit der gesetzliche Anscheinsbeweis sich durch die
tatsächliche Erfahrung begründen läßt (vgl ROSSNAGEL NJW 2001, 1817, 1826). Als
Faustregel gilt, daß der Anscheinsbeweis bei einer Signatur eines akkreditierten

Signaturanbieters schwerer zu erschüttern ist als bei einer nicht akkreditierten qualifizierten elektronischen Signatur.

Wird der Anscheinsbeweis erschüttert, so muß der Beweisbelastete vollen Beweis für die Echtheit des elektronischen Dokuments erbringen. Dies wird ihm kaum jemals gelingen.

65 Im Gesetzgebungsverfahren war § 292a ZPO **heftig umstritten**. Der **Bundesrat** forderte in seiner Stellungnahme die Streichung der Vorschrift als nicht sachgerecht. Ein gesetzlicher Anscheinsbeweis sei der ZPO systemfremd. Ob tatsächlich ein entsprechender Erfahrungssatz gerechtfertigt sei, müsse sich erst im Laufe der Zeit in der Gerichtspraxis erweisen (BT-Drucks 14/4987, S 36 f).

Ähnlich kritisch äußerten sich im Gesetzgebungsverfahren Verbraucherverbände und Bundesnotarkammer in einer gemeinsamen Erklärung (Zusammenfassung ZNotP 2000, 387; Volltext im Internet unter www.bnotk.de). § 292a ZPO bürde nahezu sämtliche Fälschungsrisiken dem (vermeintlich) Erklärenden auf; der Anscheinsbeweis verkenne die anerkannten Risiken bei der PIN-Identifikation. So kann etwa die PIN durch sogenannte „Keylogger" technisch einfach ausgespäht werden. Auch im **Schrifttum** wurde der Anscheinsbeweis teilweise heftig kritisiert (ROSSNAGEL NJW 2001, 1817, 1826).

§ 126b
Textform

Ist durch Gesetz Textform vorgeschrieben, so muss die Erklärung in einer Urkunde oder auf andere zur dauerhaften Wiedergabe in Schriftzeichen geeignete Weise abgegeben, die Person des Erklärenden genannt und der Abschluss der Erklärung durch Nachbildung der Namensunterschrift oder anders erkennbar gemacht werden.

Materialien: BR-Drucks 535/00 vom 8.9.2000 (Regierungsentwurf); BT-Drucks 14/4987 vom 14.12.2000 (Regierungsentwurf mit Stellungnahme des Bundesrates und Gegenäußerung der Bundesregierung); BT-Drucks 14/5561 vom 14.3.2001 (Beschlußempfehlung und Bericht des Rechtsausschusses); BT-Drucks 14/6044 vom 15.5.2001 (Anrufung des Vermittlungsausschusses durch den Bundesrat); BT-Drucks 14/6353 vom 20.6.2001 (angenommener Vermittlungsvorschlag).

Schrifttum

Vgl zunächst das bei § 126a aufgeführte allgemeine Schrifttum, ferner speziell:
DONNERBAUER, Das „Formanpassungsgesetz" – was von der Textform übrig blieb, MDR 14/2001, R 1
GEISLER, In Textform – Was ist das?, NZM 2001, 689
MANKOWSKI, Textform und Formerfordernisse im Miet- und Wohnungseigentumsrecht, ZMR 2002, 481
NIES, Schrift- oder Textform im Mietrecht, NZM 2001, 1071.

Systematische Übersicht

I.	**Übersicht**		2.	Geltendmachung von Ansprüchen durch den Verbraucher oder Mieter ... 21
1.	Schriftlich (oder elektronisch), aber ohne Unterschrift ... 1		3.	Ladung und Beschlußfassung ... 24
2.	Einführung durch das Formvorschriftenanpassungsgesetz ... 2	**V.**	**Voraussetzungen und Zugang**	
			1.	Urkunde oder zur dauerhaften Wiedergabe in Schriftzeichen geeignet ... 25
II.	**Entstehungsgeschichte** ... 3		a)	Mündliche Erklärung genügt nicht ... 25
1.	Regierungsentwurf ... 4		b)	Papierdokument ... 26
2.	Fassung durch den Vermittlungsausschuß ... 7		c)	Elektronisches Dokument ... 27
			2.	Keine Unterschrift oder Signatur erforderlich ... 29
III.	**Normzweck**		a)	Person des Erklärenden genannt ... 30
1.	Zusammenfassung vorhandener Vorschriften über unterschriftslose Erklärungen ... 8		b)	Abschluß der Erklärung erkennbar ... 31
2.	Absenken bisheriger Schriftformerfordernisse ... 9		3.	Einverständnis mit elektronischer Übermittlung und Zugang ... 33
3.	Nachlesbarkeit als einzige Formwirkung ... 10		a)	Einverständnis keine Voraussetzung der Form ... 33
			b)	Kein Zugang ohne Kenntnis bei fehlendem Einverständnis ... 34
IV.	**Anwendungsbereich** ... 11		c)	Sonstige Zugangsfragen ... 35
1.	Informationspflichten ... 12			
a)	Informationspflichten gegenüber Verbrauchern ... 12	**VI.**	**Rechtsfolgen und Beweis**	
b)	Mietvertrag ... 18	1.	Formnichtigkeit ... 36	
c)	Informationspflichten bei Handelsgeschäften ... 20	2.	Beweisfragen ... 38	

I. Übersicht

1. Schriftlich (oder elektronisch), aber ohne Unterschrift

Die Textform § 126b als **Dokument ohne Unterschrift** ist die niedrigste Stufe der gesetzlichen Formen, eine nahezu formlose Form. **1**

Der Textform entsprechen sowohl papierne Urkunden ohne Unterschrift wie elektronische Dokumente ohne elektronische Signatur; zwischen elektonischen und Papierurkunden wird hier nicht unterschieden (anders als in §§ 126, 126a). Prototyp und Hauptfälle sind einerseits das (nicht unterzeichnete, sondern automatisch erstellte) **Computerfax**, andererseits das **e-mail**.

2. Einführung durch das Formvorschriftenanpassungsgesetz

§ 126b wurde – ebenso wie § 126a und die Änderung des § 127 eingeführt durch das **2**
„Gesetz zur Anpassung der Formvorschriften des Privatrechts und anderer Vorschriften an den modernen Rechtsgeschäftsverkehr" vom 13.7.2001 (BGBl 2001 I

1542) mit Wirkung vom 1.8.2001 eingeführt (**Formvorschriftenanpassungsgesetz**; s § 126a Rn 28).

II. Entstehungsgeschichte

3 Die Textform war – anders als die elektronische Form – im Gesetzgebungsverfahren **heftig umstritten**. Die jetzige Fassung des § 126b, vor allem aber der Anwendungsbereich der Textform wurde erst im **Vermittlungsausschuß** formuliert.

1. Regierungsentwurf

4 Der von der Bundesregierung vorgelegte **Regierungsentwurf** sah noch eine andere Fassung für § 126b vor: „Ist durch Gesetz Textform vorgeschrieben, so muss die Erklärung einem anderen gegenüber so abgegeben werden, dass sie in Schriftzeichen lesbar, die Person des Erklärenden angegeben und der Abschluss der Erklärung in geeigneter Weise erkennbar gemacht ist" (BR-Drucks. 535/00, S 2 = BT-Drucks 14/4987, S 5).

5 Der **Bundesrat** sprach sich hingegen gegen die Einführung der Textform als neuen Formtypus des Privatrechts aus. Die Textform könne keine der klassischen Formfunktionen erfüllen (Warn-, Beweis-, Identitätsfunktion). Für die Textform bestehe daher kein Bedürfnis. Statt dessen könne man entsprechend § 8 MHG, § 4 Abs 1 S 3 VerbrKrG für elektronisch erstellte oder übermittelte Erklärungen in geeigneten Fällen auf die eigenhändige Unterschrift verzichten. In bestimmten Bereichen könne auch ganz auf Schriftformerfordernisse verzichtet werden (BT-Drucks 14/4987, S 33).

Auch forderte der Bundesrat, auf das Unterschriftserfordernis nicht zu verzichten in den Regelungen der §§ 410 Abs 2, § 416 Abs 2 S 2, § 541b Abs 2 S 1 (= § 554 Abs 2 nF), § 552a (= § 556b Abs 2 nF) und 651g Abs 2 S 3 aF (BT-Drucks 14/4987, S 33).

6 Auch die Arbeitsgemeinschaft der **Verbraucherverbände** und die **Bundesnotarkammer** kritisierten die Einführung der Textform in einer gemeinsamen Erklärung vom 22.7.2000 (ZNotP 2000, 387; Volltext im Internet unter www.bnotk.de). Insbesondere sahen sie die Gefahr, daß die an den Erklärungszugang geknüpften Rechtsfolgen dem Erklärungsempfänger bei bloßer Textform nicht deutlich genug vor Augen geführt werden.

2. Fassung durch den Vermittlungsausschuß

7 Der Bundesrat rief den Vermittlungsausschuß an, weil er sich gegen die Einführung Textform in **§ 126b** (und für prozeßleitende Schriftsätze in § 130a ZPO) wandte (BT-Drucks 14/6044, S 1). Aus dem Vermittlungsausschuß stammt der schließlich Gesetz gewordene Wortlaut des § 126b. Inhaltlich neu gegenüber dem ursprünglichen Regierungsentwurf ist das Erfordernis zur dauerhaften Wiedergabe (zumindest Ausdruckmöglichkeit – während BT-Drucks 14/4987, S 20, eine Nur-Lese-Version zwar im Regelfall, aber nicht kategorisch ausgeschlossen hatte).

Gestrichen wurde im Vermittlungsausschuß die ursprünglich vorgesehene Einführung der Textform für § 410 Abs 2 und § 416 Abs 2 S 2. Weiterhin der Schriftform (samt Unterschrift) bedürfen daher die Anzeige der Forderungsabtretung durch den bisherigen Gläubiger und die Mitteilung des Veräußerers an den Grundpfandrechtsgläubiger über eine mit dem Erwerber vereinbarte Schuldübernahme.

III. Normzweck

1. Zusammenfassung vorhandener Vorschriften über unterschriftslose Erklärungen

Nach der Regierungsbegründung soll die Textform „als verkehrsfähige Form den Rechtsgedanken **aus bislang verstreuten Einzelvorschriften** im Hinblick auf **unterschriftslose Erklärungen zusammenfassen** und in geeigneten Fällen die eigenhändige Unterschrift entbehrlich machen und den Rechtsverkehr vereinfachen" (BT-Drucks 14/4987, S 1, ähnlich S 18). **8**

Einerseits hat der Gesetzgeber damit durch die Textform Vorschriften systematisiert, die bereits früher zwar eine schriftliche Erklärung verlangten, aber abweichend von § 126 keine Unterschrift erforderten. So war für das Mieterhöhungsverlangen (§ 8 MHG) oder die Erklärung des Kreditgebers zum Abschluß des Verbraucherkreditvertrages (§ 4 Abs 1 S 3 VerbrKrG) keine Unterschrift erforderlich, „wenn sie mit Hilfe einer automatischen Einrichtung erstellt wird" (§ 4 Abs 1 S 3 VerbrKrG). Hier wurde nun die Unterschrift unabhängig von der Art der Erstellung der Erklärung für verzichtbar erklärt.

Eine – von der Gesetzesbegründung nicht erwähnte – wesentliche Änderung gegenüber der bisherigen Rechtslage liegt aber darin, nicht nur unterschriftslose schriftliche Erklärungen, sondern auch Erklärungen durch EDV (e-mail) zuzulassen.

2. Absenken bisheriger Schriftformerfordernisse

Zum anderen hat der Gesetzgeber die **gesetzlichen Schriftformerfordernisse durch-** **9** **forstet** und durch die Textform ersetzt, soweit ihm das **Unterschriftserfordernis entbehrlich** erschien: „Die Textform ist für solche bislang der strengen Schriftform unterliegenden Fälle vorgesehen, in denen das Erfordernis einer eigenhändigen Unterschrift unangemessen und verkehrserschwerend ist. Das ist insbesondere bei Vorgängen ohne erhebliche Beweiswirkung und bei nicht erheblichen oder leicht wieder rückgängig zu machenden Erklärungen der Fall, also in den Fällen, in denen der Beweis- und der Warnfunktion der Schriftform ohnehin kaum Bedeutung zukommt" (BT-Drucks 14/4987, S 18).

3. Nachlesbarkeit als einzige Formwirkung

Einzige Wirkung der Textform ist damit, daß die Beteiligten den Inhalt der Erklä- **10** rung **in Ruhe durchlesen** und später gegebenenfalls nochmals nachlesen können.

Beweis- oder Warnfunktion kommt der Textform nicht zu, wie schon die Regierungsbegründung ausdrücklich ausführt: „Die Textform ist nur für solche Formtatbestände vorgesehen, bei denen eine ausreichende Rechtssicherheit auch gegeben ist, wenn beispielsweise lediglich eine Kopie einer Erklärung (zB Telefax), ein nicht unterschriebenes Papierdokument herkömmlich postalisch oder die Erklärung überhaupt nur mittels telekommunikativer Einrichtungen übermittelt wird. Dies gilt vor allem für Formtatbestände, bei denen keiner der Beteiligten und auch kein Dritter ein ernsthaftes Interesse an einer Fälschung der Erklärung haben kann" (BT-Drucks 14/4987, S 18).

IV. Anwendungsbereich

11 Erklärungen in Textform schreiben insbesondere folgende Vorschriften vor:

- **AktG** § 109;

- **BGB** §§ 312c Abs 2, 355 Abs 1 S 2, 356 Abs 2, 357 Abs 3, 477 Abs 2, 493 Abs 2, 502 Abs 2, 505 Abs 2 S 3, 554 Abs 2, 556a Abs 2, 556b Abs 2, 557b Abs 3, 558a Abs 1, 559a Abs 1, 655b Abs 1 S 3;

- **BörsenG** §§ 45, 53, 73;

- **BKleingartenG** §§ 5, 8, 9, 12;

- **GmbHG** §§ 47 Abs 3, 48 Abs 2;

- **HGB** §§ 410 Abs 1, 438 Abs 4, 455 Abs 1 S 2, 468 Abs 1;

- **KAGG** § 19;

- **KWG** § 23a Abs 2;

- **PflVersG** § 3;

- **UmwG** §§ 89, 182, 216, 230, 256, 260, 267;

- **VAG** § 53c;

- **VVG** §§ 5 Abs 2 S 1, 5a Abs 1 S 1, 37, 158e Abs 1 S 2 und

- **WEG** § 24 Abs 4.

1. Informationspflichten

a) Informationspflichten gegenüber Verbrauchern

12 Ein wichtiger, unmittelbar einleuchtender Anwendungsbereich für die Textform sind **Informationspflichten gegenüber Verbrauchern oder Mietern**, insbesondere vor Vertragsschluß, aber auch bei Anpassungen in laufenden Verträgen Hier soll der Verbraucher oder Mieter die Information in Ruhe nachlesen können – zunächst vor, aber auch später nochmals nach dem Vertragsschluß. Daher genügt eine Information in Textform, ohne daß eine Unterschrift des Unternehmers oder eines Vertreters erforderlich wäre.

Wichtigstes Beispiel ist die Informationspflicht über das **Widerrufs- und Rückgabe-** 13
recht bei Verbraucherverträgen (§§ 355 Abs 2, 357 Abs 3).

In anderen Fällen ist Textform für Informationen über den **Vertragsinhalt** vorge- 14
schrieben, so zB:

– bei **Fernabsatzverträgen** Information über den Vertragsinhalt nach der BGB-InfoV (§ 312c Abs 2); ebenso bei Teilzahlungsgeschäften im Fernabsatz (502 Abs 2

– anstelle der für Teilzahlungsgeschäfte sonst vorgeschriebenen Schriftform für die Erklärung des Verbrauchers);

– bei **Überziehungskrediten** über die Bedingungen der Inanspruchnahme des Darlehens (§ 493 Abs 1 S 5 – Mitteilung auf dem Kontoauszug genügt ausdrücklich);

– bei **Ratenlieferungsverträgen** die Mitteilung über den Vertragsinhalt (§ 505 Abs 2 S 3; sofern nicht das Schriftformerfordernis nach S 1 eingreift);

– bei einem **Darlehensvermittlungsvertrag** die Mitteilung des Darlehensvermittlers an den Verbraucher über den Vertragsinhalt (§ 655b Abs 1 S 4).

Für das **Verbraucherdarlehen** genügt hingegen eine unterschriftslose Erklärung des 15
Darlehensgebers über den Vertragsinhalt ebenso wie im bisherigen Recht nur, wenn
die Erklärung vom Darlehensgeber „**mit Hilfe einer automatischen Einrichtung erstellt**" wurde (§ 492 Abs 1 S 4). Nach dem in der Regierungsbegründung angeführten Gesetzeszweck hätte es nahegelegen, auch hier unabhängig von der Art der Erstellung für die Erklärung des Darlehensgebers die Textform genügen zu lassen. Dem stand aber entgegen, daß Art 4 Abs 1 der Verbraucherkreditrichtlinie (Richtlinie 87/102/EWG, ABl EG 1986 Nr L 42 S 48) hierfür weiterhin Schriftform verlangt (vgl BT-Drucks 14/4987, S 27).

Im Zuge der beabsichtigten grundlegenden *Überarbeitung der Verbraucherkreditrichtlinie* soll jedoch auch hier eine Aushändigung der Informationen über den Vertragsinhalt vor Vertragsschluß „auf Papier oder auf einem anderen dauerhaften Datenträger" genügen (Art 6 Abs 2 iVm Art 2 lit o des Änderungsvorschlages der Kommission, KOM/2002/0443 endg – COD 2002/0222, ABl EG 2002 Nr C 331 E, S 200). Entsprechend könnte dann auch der deutsche Gesetzgeber Textform für die Mitteilung des Darlehensgebers genügen lassen.

Bei **Bank- oder Versicherungsverträgen** als typischen Massengeschäften ist teilweise 16
für Mitteilungen des Kreditinstituts oder des Versicherers gegenüber den Kunden
oder Dritten ebenfalls nur die Textform vorgesehen:

– So muß ein Kreditinstitut seinen Kunden mit Ausnahme anderer Kreditinstitute sowie gegenüber den Aufsichtsbehörden in Textform mitteilen, sofern das Kreditinstitut aus einer *Sicherheitseinrichtung für Einlageforderungen* etc ausscheidet (§ 23a Abs 2 KWG).

– Textform genügt, wenn das Versicherungsunternehmen anstelle der *Abbuchung von Versicherungsprämien* auf deren Überweisung umstellen will (§ 37 VVG).

– Der Textform unterliegt schließlich auch der Hinweis des *Haftpflichtversicherers* gegenüber dem geschädigten Dritten auf die Folgen der Nichterfüllung seiner Auskunftspflichten (§ 158e Abs 1 S 2 iVm § 158d Abs 3 VVG).

17 In anderen Fällen kann der Verbraucher die **Aushändigung einer Erklärung in Textform verlangen**, zB bei einer Garantie im Verbrauchsgüterkauf (§ 477 Abs 2). Die Wirksamkeit der Erklärung hängt hiervon nicht ab (§ 477 Abs 2). Zweck ist allein die bessere Information des Verbrauchers und eine Beweiserleichterung für diesen.

b) Mietvertrag

18 Ähnlich ist für **Informationspflichten des Vermieters**, aber auch dessen **Mieterhöhungsverlangen** und andere einseitige Erklärungen des Vermieters während des laufenden Mietverhältnisses teilweise Textform vorgeschrieben:

– Mitteilung über voraussichtlichen Umfang und Beginn zu duldender Erhaltungs- und *Modernisierungsmaßnahmen* (§ 554 Abs 2),

– Erklärung über Umstellung der *Betriebskostenabrechnung* auf Verbrauch bzw nach Wohnfläche (§ 556a Abs 2),

– *Mieterhöhung* bei Indexmiete (§ 557b Abs 3) oder bei Erhöhung entsprechend der ortsüblichen Vergleichsmiete (§ 558a Abs 1) oder bei Modernisierung (§ 559b Abs 1; ähnlich bereits früher §§ 2 bis 7 iVm § 8 MHG).

19 Umgekehrt ist Textform auch für die nach § 556b Abs 2 erforderliche **Ankündigung des Mieters** über die beabsichtigte Aufrechnung oder Zurückbehaltung der Miete vorgeschrieben.

c) Informationspflichten bei Handelsgeschäften

20 Auch das HGB sieht die Textform für gewisse Informationspflichten beim Fracht-, Speditions- und Lagerschäft vor, so zB:

– für die bei **Gefahrgut** dem Frachtführer, Spediteur oder Lagerhalter zu erteilende Information über erforderliche Vorsichtsmaßnahmen (§§ 410 Abs 1, 455 Abs 1 S 2, 468 Abs 1 HGB),

– ebenso für die **Schadensanzeige** beim Frachtvertrag (§ 438 Abs 4 HGB).

2. Geltendmachung von Ansprüchen durch den Verbraucher oder Mieter

21 Für die Willenserklärung des Verbrauchers zum Vertragsschluß verlangt das Gesetz demgegenüber in vielen Fällen Schriftform, da nur dadurch zumindest eine gewisse Warnfunktion und Übereilungsschutz für den Verbraucher erreicht wird.

22 Soweit der Verbraucher (oder sonst der Vertragspartner in typischen Massengeschäften) hingegen nur **Rechte aus einem bereits bestehenden Vertrag geltend machen**

will, läßt das Gesetz – wenn es überhaupt eine Form erfordert – meist die Textform genügen.

– Insbesondere genügt die Textform für die **Ausübung des Verbraucherwiderrufs** oder sogar eine konkludente Erklärung durch Rücksendung der Sache (§ 355 Abs 1 S 2); zu Lasten des Verbrauchers kann keine stärkere Form vereinbart werden.

– Ebenso genügt, wie erwähnt, Textform für die **Ankündigung des Mieters** über die beabsichtigte Aufrechnung oder Zurückbehaltung der Miete (§ 556b Abs 2).

– Der **Widerspruch des Versicherten** gegen Abweichungen des Versicherungsscheins gegenüber seinem Antrag erfordert ebenfalls nur Textform (§ 5 Abs 2 S 1 VVG), ebenso der Widerspruch gegen die Geltung von bei Vertragsschluß noch nicht vorliegenden Allgemeinen Versicherungsbedingungen (§ 5a Abs 1 S 1 VVG).

Ähnlich genügt für die fristwahrende Schadensanzeige des Geschädigten gegenüber dem **KfZ-Haftpflichtversicherer** des Unfallverursachers eine Anzeige in Textform (§ 3 Nr 7 PflVG). 23

3. Ladung und Beschlußfassung

Für die Ladung zur **Wohnungseigentümerversammlung** ist nun Textform vorgeschrieben (§ 24 Abs 4 WEG – früher war Schriftform erforderlich), ebenso bei der **GmbH-Gesellschafterversammlung** für Stimmrechtsvollmachten oder für eine Abstimmung in Textform (§§ 47 Abs 3, 48 Abs 2 GmbHG – ebenfalls anstelle der früher erforderlichen Schriftform). 24

V. Voraussetzungen und Zugang

1. Urkunde oder zur dauerhaften Wiedergabe in Schriftzeichen geeignet

a) Mündliche Erklärung genügt nicht
Die Textform umfaßt **sowohl Papierdokumente wie elektronische Dokumente**; anders als bei der gesetzlichen Schriftform bzw der elektronischen Form ist jedoch die Unterschrift oder die qualifizierte elektronische Signatur entbehrlich. 25

Erforderlich ist jedoch eine Abgabe „in **Schriftzeichen**". Damit stehen „alle nichtmündlichen Möglichkeiten" zur Abgage und Übermittlung der Erklärung offen (BT-Drucks 14/4987, S 18). Eine **mündliche Erklärung genügt nicht**, ebensowenig eine elektronisch dem Empfänger verlesene Nachricht.

b) Papierdokument
Zum einen umfaßt die Textform damit **Papierdokumente ohne Unterschrift**, sei es eine durch Datenverarbeitung unterschriftslos erstelltes Schriftstück, sei es ein Schriftstück mit bloßem Unterschriftsfaksimile, etwa ein Computerfax, sei es auch im Original zwar unterschriebene, aber ohne Unterschrift (sondern zB nur in Kopie oder als Fax) zugegangene Schriftstücke. 26

c) Elektronisches Dokument

27 Zum anderen umfaßt die Textform **elektronische Dokumente ohne qualifizierte elektronische Signatur**, also inbesondere ein e-mail oder eine abgerufene Internetseite, auch die Übersendung einer Diskette oder CD.

28 Nach der im Vermittlungsausschuß entstandenen endgültigen Gesetzesfassung muß die Erklärung „zur dauerhaften Widergabe in Schriftzeichen" geeignet sein, während der Regierungsentwurf genügen lassen wollte, daß sie „in Schriftzeichen lesbar" war. Jedenfalls nach der endgültigen Gesetzesfassung, wohl auch schon nach dem ursprünglichen Regierungsentwurf setzt dies bei einer empfangsbedürftigen Willenserklärung voraus, daß der Empfänger die Erklärung **speichern und ausdrucken kann**; nicht erforderlich ist allerdings, daß tatsächlich ein Ausdruck erfolgt (Anwaltskommentar/Noack Rn 12 f; MünchKomm/Einsele Rn 4; vgl auch BT-Drucks 14/4987, S 19 f). Eine Nur-Lese-Datei genügt daher nicht (unklar Palandt/Heinrichs Rn 3).

2. Keine Unterschrift oder Signatur erforderlich

29 Die Textform unterscheidet sich von der gesetzlichen Schriftform und der elektronischen Form gerade dadurch, daß eine eigenhändige Unterschrift nicht erforderlich ist. Die Zuordnungsfunktion und die Abschlußfunktion der Unterschrift sind daher durch andere Tatbestandsmerkmale ersetzt.

a) Person des Erklärenden genannt

30 Die erforderliche Angabe des Absenders soll sicherstellen, daß der Empfänger zuordnen kann, von wem er das Dokument erhalten hat (BT-Drucks 14/4987, S 20). Die Angabe ersetzt die Zuordnungsfunktion der Unterschrift.

Sinnvollerweise enthält die Erklärung die vollständigen Absenderangaben, also Vor- und Nachname sowie Postanschrift. Nachdem die Angabe aber anstelle der Unterschrift tritt, genügt im Regelfall die Angabe von (Vor- und) **Nachnamen**; erforderlich ist allerdings, daß der Erklärungsempfänger daraus die Identität des Erklärenden erkennen kann – etwa indem auf einen konkreten (zwischen den Beteiligten bereits bestehenden) Vertrag Bezug genommen wird. Andernfalls ist die Erklärung inhaltlich unbestimmt, wenn etwa ein Hans Meier erklärt, sein Widerrufsrecht für das Zeitschriftenabonnement auszuüben, in dem fraglichen Zeitraum aber diverse Hans Meier eine Zeitschrift dieses Verlages abonniert haben.

Abweichend von § 126 Abs 1 (und in Anlehnung an die Testamentsunterschrift nach § 2247 Abs 1) kann anstelle der Namensangabe „bei bestehenden Beziehungen ... beispielsweise die Nennung eines **Vor- oder gar Spitznamens** üblich und ausreichend sein" (BT-Drucks 14/4987, S 20). Der Vermieter, der an seinen Duzfreund vermietet hat, genügt daher seiner Informationspflicht auch, wenn er mit „Dein Hans" unterschreibt. Auch hier muß allerdings eindeutig sein, von wem die Erklärung kommt.

Unerheblich ist, an welcher Stelle der Erklärung die Absenderangabe erfolgt. Typischerweise erfolgt sie bei schriftlichen Erklärungen im **Briefkopf**, beim e-mail durch einen **Zusatz am Ende des e-mail**.

b) Abschluß der Erklärung erkennbar

31 Die **Abschluß- und Deckungsfunktion** der Unterschrift wird bei der Textform typischerweise durch eine **Namensangabe am Ende der Erklärung** ersetzt, sei es durch eine maschinenschriftliche Wiedergabe des Namens, durch eine Unterschriftskopie, eine eingescannte Unterschrift oder eine mittels EDV automatisiert erstellte Unterschrift; das Gesetz spricht hier von der „Nachbildung der Namensunterschrift". Verdeutlicht wird die Abschlußfunktion meist durch eine eine Schlußformel, zB „mit freundlichen Grüßen".

32 Dem Gesetz genügt anstelle der Namensnennung auch ein bloßer Zusatz wie „**Diese Erklärung ist nicht unterschrieben**" oder ähnliches, sofern dadurch zum Ausdruck gebracht wird, daß die Erklärung abgeschlossen ist – und daß es sich nicht nur um ein Verhandlungsangebot oder einen Entwurf, sondern eine rechtlich bindende Erklärung handelt (BT-Drucks 14/4987, S 20). Ebenso kann daher das Wort „Ende" genügen oder eine bloße Zeichenfolge (–, ***), sofern dies im Zusammenhang eindeutig als Abschluß zu verstehen ist (Anwaltskommentar/Noack Rn 12).

3. Einverständnis mit elektronischer Übermittlung und Zugang

a) Einverständnis keine Voraussetzung der Form

33 Bei empfangsbedürftigen Erklärungen kann die gesetzliche Schriftform nach hM nur dann durch die **elektronische Form** ersetzt werden, wenn der Erklärungsempfänger mit der elektronischen Übermittlung von Erklärungen einverstanden ist, etwa weil er seine e-mail-Adresse bei der Abgabe rechtsgeschäftlicher Erklärungen nennt (s § 126 Rn 166 ff).

Es liegt nahe, dies als allgemeinen Grundsatz auch auf die Textform zu übertragen, sofern dort empfangsbedürftige Erklärungen durch elektronische Dokumente übertragen werden. Dagegen spricht allerdings, daß der Gesetzeswortlaut des § 126b nicht zwischen Papier- und elektronischen Dokumenten unterscheidet.

Dagegen spricht auch, daß die bloße **Textform** eine **geringere Schutzfunktion** hat als die gesetzliche Schriftform – und daß die Überprüfung der Echtheit der Signatur bei der elektronischen Form gewisse technische Kenntnisse voraussetzt, was bei der bloßen Textform nicht der Fall ist. Vom Schutzzweck erscheint mir durchaus vertretbar, zwar bei den wichtigeren, der gesetzlichen Schriftform unterliegenden Erklärungen dem Empfänger die Wahl zu lassen, ob er hierfür eine eigenhändige Unterschrift will (oder sich mit dem elektronischen „Siegel" begnügt), hingegen bei der niedrigeren Textform jedem, der eine e-mail liest und ausdrucken kann, auch zumutet, diese Erklärung als formgerecht zugegangen gegen sich gelten zu lassen – denn was hätte er gewonnen, wenn er statt dessen einen Ausdruck der e-mail per Post zugesandt erhält?

b) Kein Zugang ohne Kenntnis bei fehlendem Einverständnis

34 Einigkeit besteht, daß ein elektronisches Dokument auch in Textform nur dann bereits mit der bloßen Abrufbarkeit beim Empfänger zugegangen ist, wenn dieser das betreffende elektronische Postfach auch **für rechtsgeschäftliche Erklärungen gewidmet** hat (MünchKomm/Einsele Rn 10; Palandt/Heinrichs Rn 3).

Betrachtet man das Einverständnis (Widmung des Postfachs) aber nur als Zugangsfrage, so wäre die Erklärung trotz fehlender Widmung im Zeitpunkt **tatsächlicher Kenntnisnahme** auch zugegangen. Das erscheint mir hier ein durchaus vertretbares Ergebnis – anders als bei der elektronischen Form, bei der die tatsächliche Kenntnisnahme noch nicht bedeutet, daß der Empfänger auch die Echtheit der Signatur überprüft hat.

c) **Sonstige Zugangsfragen**

35 Zu sonstigen Fragen des Zugangs elektronischer Erklärungen vgl § 126a Rn 48 ff.

VI. Rechtsfolgen und Beweis

1. Formnichtigkeit

36 Soweit Textform für **rechtsgeschäftliche Erklärungen** vorgeschrieben ist, ist die Erklärung, wenn sie nicht mindestens die Erforderniss der Textform einhält (insbes wenn sie nur mündlich erklärt wird; § 125 S 1).

37 Ebenso erfüllen **geschäftsähnliche Erklärungen**, insbesondere Informationspflichten, für die Textform vorgeschrieben ist, die gesetzlichen Anforderungen nur, wenn sie mindestens in Textform erklärt und zugegangen sind.

2. Beweisfragen

38 Eine Erklärung in Textform unterliegt den Vorschriften über den Urkundsbeweis (§§ 415 ff ZPO) nur, wenn sie in Papierform (schriftlich) abgegeben wurde. Handelt es sich um ein elektronisches Dokument, so unterliegt sie den Vorschriften über den Beweis durch Augenschein (§§ 371, 372 ZPO; HARTMANN, in: BAUMBACH/LAUTERBACH/ALBERS/HARTMANN, ZPO [62. Aufl 2004] Übers § 415 ZPO Rn 5 ff; MUSIELAK/HUBER, ZPO [3. Aufl 2002] § 415 ZPO Rn 5; ZÖLLER/GEIMER, ZPO [24. Aufl 2004] vor § 415 ZPO Rn 2); strittig ist die Einordnung des Ausdrucks eines elektronischen Dokuments.

39 Der Textform kommt **keine besondere Beweiskraft** zu. Die Beweislast für die Einhaltung der Textform trägt die Partei, die aus der Einhaltung der Textform Rechte herleiten will.

§ 127
Vereinbarte Form

(1) Die Vorschriften des § 126, des § 126a oder des § 126b gelten im Zweifel auch für die durch Rechtsgeschäft bestimmte Form.

(2) Zur Wahrung der durch Rechtsgeschäft bestimmten schriftlichen Form genügt, soweit nicht ein anderer Wille anzunehmen ist, telekommunikative Übermittlung und bei einem Vertrag Briefwechsel. Wird eine solche Form gewählt, so kann nachträglich eine dem § 126 entsprechende Beurkundung verlangt werden.

(3) Zur Wahrung der durch Rechtsgeschäft bestimmten elektronischen Form genügt, soweit nicht ein anderer Wille anzunehmen ist, auch eine andere als die in § 126a bestimmte elektronische Signatur und bei einem Vertrag der Austausch von Angebots- und Annahmeerklärung, die jeweils mit einer elektronischen Signatur versehen sind. Wird eine solche Form gewählt, so kann nachträglich eine dem § 126a entsprechende elektronische Signierung oder, wenn diese einer der Parteien nicht möglich ist, eine dem § 126 entsprechende Beurkundung verlangt werden.

Materialien: E I § 92 Abs 2, 93, 94 Abs 2; II § 106; III § 123; Mot I 185, 187; Prot I 90, 92 ff, 99 ff; VI 130 ff; JAKOBS/SCHUBERT, AT I 645 ff; BT-Drucks 14/4987 und 14/5561; BR-Drucks 535/00 und 283/01.

Schrifttum

BOERGEN, Die Effektivität vertraglicher Schriftformklauseln, BB 1971, 202
EISNER, Die Schriftformklausel in der Praxis, NJW 1969, 118
KLIEMT, Wirksamkeit einer trotz Schriftformerfordernis mündlich erklärten Kündigung bei widerspruchsloser Entgegennahme?, DB 1993, 1874
LINDACHER, Zur Vertretungsmachtbegrenzung durch formularmäßige Schriftform- und Bestätigungsvorbehaltsklauseln, JR 1982, 1
MICHALSKI Schriftformklauseln in Individual- und Formularverträgen, DStR 1998, 771
REILING, Vorkehrungen gegen Vertragsänderungen durch den Vertragspartner: Schriftformklauseln, JABl 2000, 866
REINICKE, Die Bedeutung der Schriftformklausel unter Kaufleuten, DB 1976, 2289
SCHMIDT-SALZER, Rechtsprobleme der Schriftformklausel, NJW 1968, 1257
SCHULZ, Schriftformklauseln in AGB, Jura 1995, 71
TESKE, Schriftformklauseln in AGB (1990)
VOSS/DEPPING, Qualifizierte Schriftformklausel und verdeckte Gewinnausschüttung, DStR 1992, 341
WEIGEL, Schriftformklauseln in AGB (1989).

Systematische Übersicht

I.	**Allgemeines**		3.	Zulässigkeit rechtsgeschäftlicher Formerfordernisse	8
1.	Auslegungsregeln	1	a)	Grundsatz: Freiheit der Formvereinbarung	8
2.	Änderungen durch das Formvorschriftenanpassungsgesetz 2001	3	b)	AGB: Formklauseln für Anzeigen oder Erklärungen des Vertragspartners	9
II.	**Vereinbarung oder Bestimmung der gewillkürten Schriftform**		c)	AGB: Andere Formerfordernisse, insbes für Vertragsänderungen	12
1.	Anwendungsbereich	5	**III.**	**Voraussetzungen gewillkürter Schriftform**	
a)	Nur materiell-rechtliche Rechtsgeschäfte	5	1.	Auslegung der gewillkürten Schriftform	21
b)	Vertrag, einseitiges Rechtsgeschäft, Satzung	6	a)	Vorrang der Auslegung	21
2.	Keine bloße Wiederholung gesetzlichen Formerfordernisses	7			

b)	Vermutung für Wirksamkeit nach Unterzeichnung	25	V.	**Vertragsänderung, Aufhebung oder Abänderung einer Schriftformklausel** 56
2.	Gesetzliche Vermutungsregeln	27	1.	Vorrang späterer mündlicher Individualvereinbarungen gegenüber AGB-Formklauseln 57
a)	Verweis auf jeweilige gesetzliche Form	27		
b)	Briefwechsel	28	2.	Formfreie Aufhebung 59
c)	Telegraphische Übermittelung vor dem Formvorschriftenanpassungsgesetz 2001	29	a)	Formfreie Aufhebung 59
			b)	Konkludente Aufhebung 64
d)	Telekommunikative Übermittlung nach dem Formvorschriftenanpassungsgesetz 2001	32	4.	Verbleibende Bedeutung von Schriftformklauseln 66
e)	Anwendung auf vor dem 1.8.2001 abgeschlossene Rechtsgeschäfte	37	VI.	**Beispielsfälle für Schriftformklauseln**
3.	Schriftliche Urkunde	38	1.	Mietrecht 69
4.	Unterschrift	40	2.	Arbeitsrecht 71
a)	Auslegung	40	3.	Vereinssatzung und Gesellschaftsvertrag 74
b)	Auslegungsregel nach altem Recht	42		
c)	Formvorschriftenanpassungsgesetz 2001	44	VII.	**Andere gewillkürte Formen – Ersetzung durch andere Formen** 76
5.	Zugang	46	1.	Gewillkürte elektronische Form (§ 127 Abs 1 und 3) 77
IV.	**Rechtsfolgen gewillkürter Schriftform**		a)	Erleichterungen gegenüber der gesetzlichen elektronischen Form 78
1.	Auslegung	50	b)	Anspruch auf Nachbeurkundung in gesetzlicher elektronischer Form oder Schriftform 80
2.	Im Zweifel kein wirksamer Vertrag	52		
3.	Anspruch auf nachträgliche Beurkundung in gesetzlicher Schriftform (Abs 2 S 2)	54	2.	Gewillkürte Textform (§ 127 Abs 1) 81
			3.	Mischformen 82
			4.	Ersetzung einer gewillkürten Form 83
			VIII.	**Beweislast** 84

I. Allgemeines

1. Auslegungsregeln

1 § 127 gibt verschiedene **Auslegungsregeln** für den Inhalt eines rechtsgeschäftlich begründeten (gewillkürten) Formerfordernisses, falls die Beteiligten (wie regelmäßig) keine näheren Bestimmungen über die Anforderungen der vereinbarten Form getroffen haben und sich auch durch Auslegung der Inhalt des rechtsgeschäftlichen Formerfordernisses nicht feststellen läßt. Im Zweifel verweist § 127 auf die entsprechenden **gesetzlichen Formerfordernisse, allerdings mit gewissen Formerleichterungen**.

2 Die Wirkung der Nichteinhaltung gewillkürter Formklauseln regelt hingegen nicht § 127, sondern § 125 S 2 (und auch § 154 Abs 2). Anders als bei gesetzlichen Formerfordernissen tritt nicht notwendig, sondern nur **„im Zweifel" Nichtigkeit** ein. Denn gewillkürte Formerfordernisse können auch als bloße Beweisform dienen.

August 2004

2. Änderungen durch das Formvorschriftenanpassungsgesetz 2001

Ursprünglich umfaßte § 127 inhaltlich nur die jetzt in Absatz 1 und 2 enthaltenen **3** Regelungen zur gewillkürten Schriftform (ohne Unterteilung in Absätze und mit etwas anderem Wortlaut). Seine jetzige Fassung erhielt § 127 durch das „**Gesetz zur Anpassung der Formvorschriften des Privatrechts und anderer Vorschriften an den modernen Rechtsgeschäftsverkehr**" vom 13.7.2001 (BGBl 2001 I 1542) mit Wirkung zum 1.8.2001 (vgl § 126a Rn 28). Dabei lehnen sich die Neuregelungen für die gewillkürte elektronische und die gewillkürte Textform an diejenigen über die gewillkürte Schriftform an.

Durch die Gesetzesänderung wurden die Auslegungsregeln für die gewillkürte **4** Schriftform im Ergebnis **praktisch auf die Erfordernisse der gesetzlichen Textform herabgestuft**. Denn nach der Neufassung genügt (im Zweifel) „telekommunikative Übermittlung", einschließlich einer bloßen e-mail, dh handschriftliche Unterschrift und ohne elektronische Signatur (BT-Drucks 14/4987). Dies verändert die Bedeutung der (vorrangigen) Auslegung nach dem Parteiwillen: Bisher ergaben sich aus der Auslegung nach dem tatsächlichen Parteiwillen eher noch weitere Erleichterungen gegenüber der Vorschrift des § 127. Nachdem das Gesetz die Formvoraussetzungen stark abgesenkt hat, wird die Auslegung künftig häufiger ergeben, daß die Beteiligten strengere Voraussetzungen vereinbaren wollten, als sie sich nach der Zweifelsregelung des § 127 ergeben.

II. Vereinbarung oder Bestimmung der gewillkürten Schriftform

1. Anwendungsbereich

a) Nur materiell-rechtliche Rechtsgeschäfte

§ 127 gilt grundsätzlich nur für materiell-rechtliche Rechtsgeschäfte, **nicht für eine** **5** **für Verfahrenshandlungen vereinbarte Schriftform** (so nach RGZ 135, 338 nicht für den Widerruf eines Prozeßvergleichs, der durch „einfache Anzeige" zu den Gerichtsakten erfolgen soll). Für Vereinbarungen der Prozeßparteien außerhalb der mündlichen Verhandlung ist hingegen § 127 anwendbar (BAG NJW 1960, 1364, 1365; SOERGEL/MARLY Rn 5).

b) Vertrag, einseitiges Rechtsgeschäft, Satzung

Ein gewillkürtes Formerfordernis kann nicht nur durch Vertrag, sondern auch durch **6** einseitiges Rechtsgeschäft (zB Auslobung) begründet werden. Die (erst mit der Schuldrechtsreform 2002 neu eingefügte) amtliche Überschrift „vereinbarte Form" nennt daher nur ein pars pro toto; die Überschrift „**gewillkürte Form**" wäre richtiger.

Auch ein durch **Vereins- oder Gesellschaftssatzung** begründetes Formerfordernis ist gewillkürtes Formerfordernis iSd § 127 (BGHZ 66, 82 = WM 1976, 472 – KG-Gesellschaftsvertrag; BGH NJW-RR 1996, 866 – Vereinssatzung). Ebenso kann der Vollmachtgeber die Vollmacht auf schriftlich abgeschlossene Verträge beschränken oder der Anbietende nur eine schriftliche, unterschriftsbeglaubigte oder notariell beurkundete Annahme als wirksam bestimmen; denn nur ein dieser (Form-)Bedingung entsprechendes Rechtsgeschäft bzw Annahme ist von der Vertretungsmacht gedeckt bzw erfüllt die Voraussetzungen des Angebots (ENNECERUS/NIPPERDEY, Lehrbuch des Bürgerlichen Rechts, AT [15. Aufl 1959/1960] § 157 I; FLUME, Allgemeiner Teil des Bürgerlichen Rechts, 2. Teil,

Bd 2, Das Rechtsgeschäft [4. Aufl 1992] § 15 II 2a, Fn 34; **aA** MünchKomm/EINSELE Rn 3, die auch hierfür das Einverständnis des anderen Teils erfordert).

2. Keine bloße Wiederholung gesetzlichen Formerfordernisses

7 Unterliegt der Vertrag bereits einem gesetzlichen (Schrift-)Formerfordernis, das aber nicht Wirksamkeitsvoraussetzung ist (insbes § 550), so legte der BGH eine Schriftformklausel im Zweifel nicht als zusätzliche Vereinbarung einer konstitutiven rechtsgeschäftlichen Form aus, sondern lediglich als **deklaratorische Wiederholung des gesetzlichen Formerfordernisses** (BGH NJW 2000, 354, 356 zur Wiederholung des Schriftformerfordernisses des jetzigen § 550 für längerfristig befristete Wohnraummietverträge, das kein gesetzliches Wirksamkeitserfordernis aufstellt; die Regel erscheint zweifelhaft im Hinblick auf BGH NJW 2003, 2739 = ZIP 2003, 1547, wonach die Wiederholung der gesetzlichen Kündigungsfristen bereits eine „vertragliche Vereinbarung" der Frist iSd Art 229 § 3 Abs 10 EGBGB darstellt); von Belang ist dies v a bei einem späteren Wegfall des gesetzlichen Formerfordernisses.

3. Zulässigkeit rechtsgeschäftlicher Formerfordernisse

a) Grundsatz: Freiheit der Formvereinbarung

8 Den Vertragsparteien steht es grundsätzlich **frei ein Formerfordernis vertraglich zu vereinbaren** oder rechtsgeschäftlich zu bestimmen, auch soweit gesetzlich keine Form vorgeschrieben ist – oder ein strengeres als das gesetzliche Formerfordernis festzulegen. Sie können nur nicht umgekehrt ein gesetzliches Formerfordernis abbedingen.

b) AGB: Formklauseln für Anzeigen oder Erklärungen des Vertragspartners

9 Einseitig gestellte Formklauseln können jedoch in **Allgemeinen Geschäftsbedingungen** oder **Verbraucherverträgen** unzulässig und damit unwirksam sein.

10 Nach **§ 309 Nr 13** (= § 11 Nr 16 AGBG) unwirksam sind Klauseln in Allgemeinen Geschäftsbedingungen (oder Verbraucherverträgen), durch die **für Anzeigen oder Erklärungen**, die dem Verwender oder einem Dritten gegenüber abzugeben sind, an eine **strengere Form als die Schriftform** (oder an besondere Zugangserfordernisse) gebunden werden; dasselbe gilt nach § 310 Abs 3 für entsprechende Klauseln in Verbraucherverträgen. Unwirksam sind deshalb Klauseln, die die Benutzung bestimmter **Formulare des Klauselverwenders** als Wirksamkeitsvoraussetzung einer Erklärung des Vertragspartners vorsahen (OLG München NJW-RR 1987, 661, 664; OLG Schleswig NJW-RR 2002, 818; HENSEN, in: ULMER/BRANDNER/HENSEN § 11 Nr 16 AGBG Rn 5; STAUDINGER/COESTER-WALTJEN [1998] § 11 Nr 16 AGBG Rn 5; WOLF, in: WOLF/HORN/LINDACHER, § 11 Nr 16 AGBG Rn 7; **aA** HELM NJW 1978, 129, 131). Unwirksam ist auch das Erfordernis, Erklärungen per **Telegramm oder Fax** zu übermitteln (BGH NJW 1993, 263), ebenso das Erfordernis eines **Einschreibens** (BGH NJW 1985, 2585, 2587; vgl für den kaufmännischen Verkehr auch OLG Naumburg NZM 2000, 90).

11 Im Gegenschluß läßt sich aus § 309 Nr 13 (= § 11 Nr 16 AGBG) jedoch eine vom Gesetzgeber getroffene Wertentscheidung entnehmen, daß die **Schriftform** für derartige Anzeigen und Erklärungen grundsätzlich auch formularmäßig vereinbart werden kann. Für **wirksam** hielt der BGH daher Klauseln, die Schriftform für Rücktritt oder Kündigung verlangten (BGH NJW-RR 1989, 625, 626 = ZIP 1989, 311; LG

Hamburg NJW 1986, 262) oder für Mitteilungen des Versicherungsnehmers an den Versicherer (BGH NJW 1999, 1633).

c) AGB: Andere Formerfordernisse, insbes für Vertragsänderungen
Im übrigen sind Schriftformklauseln an der **Generalklausel** des § 307 (§ 9 AGBG) zu messen. Ihre Wirksamkeit hängt von der Ausgestaltung und dem Anwendungsbereich der konkreten Klausel ab (BGHZ 82, 21 = NJW 1982, 331, 333; NJW 1985, 320; NJW 1986, 1809; NJW 1991, 2259 = WM 1991, 1306; NJW 1995, 1488, 1489). **12**

Eine **gesetzliche Regelung** bei Erlaß des AGBG **unterblieb bewußt**, da der Gesetzgeber zwar sah, daß Schriftformklauseln „zur Klarheit im Rechtsverkehr und auch im Interesse des Kunden zur Erleichterung des Beweises wichtiger Vertragsklauseln beitragen" können, gleichwohl aber der Rechtsprechung die Möglichkeit zur Verwerfung mißbräuchlicher Klauseln offengehalten werden sollte (BT-Drucks 7/5422, S 5; für generelle Unzulässigkeit von Schriftformklauseln hingegen noch der Regierungsentwurf BT-Drucks 7/3919, S 7, 20; für generelle Zulässigkeit demgegenüber der Entwurf der CDU/CSU-Fraktion: BT-Drucks 7/3200, S 3, 10). **13**

Für **wirksam** hielt der BGH dabei eine **einfache Schriftformklausel** in KfZ-Verkaufsbedingungen, wonach Liefertermine schriftlich anzugeben waren, weil das Formular bereits eine Leerzeile zum Ausfüllen des individualvertraglich vereinbarten Bestelltermins vorsah (BGHZ 82, 21 = NJW 1982, 331, 333 = WM 1982, 9 = ZIP 1982, 71). **14**

Unwirksam sind hingegen nach der Rechtsprechung formularmäßige Klauseln, wonach „**Änderungen und Ergänzungen**" des Vertrages der Schriftform bedürfen. Denn dadurch könnte der Vertragspartner zu dem Fehlschluß verleitet werden, eine Vertragsänderung durch spätere mündliche Individualvereinbarung sei unwirksam, obwohl die Individualvereinbarung nach § 305b (§ 4 AGBG) der formularvertraglichen Schriftformklausel vorgehe (BGH NJW 1985, 320, 321; NJW 1995, 1488, 1489 – je Möbelhandel). Dasselbe gilt für einen formularvertraglichen Bestätigungsvorbehalt („mündliche Abmachungen haben ohne schriftliche Bestätigung keine Wirksamkeit"), jedenfalls soweit dieser auch nach Vertragsschluß getroffene mündliche Änderungen betrifft (BGH NJW 1982, 1389 = WM 1982, 445: Reparaturzeitangabe in Elektrogerätebranche; NJW 1983, 1853: „Bestätigung" bei Einmannbetrieb; NJW 1986, 1809 = WM 1986, 712; BGH NJW 2004, 502: Bauvertrag). **15**

Ob damit auch einfache Schriftformklauseln unzulässig sind, nach denen (nur) **bei Vertragsschluß mündlich getroffene Nebenabreden** unwirksam sind, ließ der BGH in den neueren Entscheidungen ausdrücklich offen. In älteren Entscheidungen hatte er derartige einfache Schriftformklauseln als zulässig aufrechterhalten (BGH DB 1976, 1475 = BB 1977, 61 = WM 1977, 740; BB 1979, 1789 = DB 1980, 395 = NJW 1980, 234, 235 – in den Entscheidungen ging es stets um behauptete Nebenabreden durch – untergeordnete – Angestellte des Formularverwenders). In der Literatur wird dies überwiegend als Beschränkung der Vertretungsmacht des für den Klauselverwender auftretenden Angestellten anerkannt, sofern die Klausel deutlich sichtbar (etwa direkt über der Unterschriftszeile des Kunden) angebracht und unmißverständlich ist (LINDACHER JZ 1982, 1; Münch-Komm/BASEDOW § 305b Rn 14; WOLF, in: WOLF/HORN/LINDACHER, § 9 Rn S 47; STAUDINGER/SCHLOSSER [1998] § 4 AGBG Rn 33; **aA** – grundsätzlich gegen Zulässigkeit formularmäßiger Schriftformklauseln: BRANDNER, in: ULMER/BRANDNER/HENSEN Anh §§ 9–11 AGBG Rn 634). **16**

17 Die Sonderform einer **qualifizierten Schriftformklausel** liegt vor, wenn die schriftliche Bestätigung durch bestimmte Personen erfolgen muß.

18 Keine Schriftformklausel, sondern eine **Vollständigkeitsklausel** liegt vor, wenn festgestellt wird: „Weitere Vereinbarungen und Zusagen sind nicht getroffen" oder „Mündliche Nebenabreden wurden nicht getroffen" (OLG Karlsruhe NJW-RR 1988, 1194). Derartige Vollständigkeitsklauseln sind wirksam, da sie lediglich die ohnehin gesetzlich bestehende Vermutung der Vollständigkeit und Richtigkeit der Urkunde ausdrücken (MünchKomm/BASEDOW § 305b Rn 13; WOLF, in: WOLF/HORN/LINDACHER, § 9 Rn S 49; vWESTPHALEN, AGB, Schriftformklauseln Rn 32; aA TESKE S 195 f).

19 Nach dem Anhang zur **EG-Klauselrichtlinie** (RL EG 93/13) können zu den mißbräuchlichen Klauseln insbesondere auch solche gehören, durch die „die Verpflichtung des Gewerbetreibenden zur Einhaltung der von seinen Vertretern eingegangenen Verpflichtungen eingeschränkt wird oder diese Verpflichtung von der Einhaltung einer besonderen Formvorschrift abhängig gemacht wird" (Anhang Ziffer 1. n).

20 **Unwirksam** ist auch eine Klausel in einem Wohnraummietvertrag, wonach die **Zustimmung des Vermieters zur Untermiete** oder Gebrauchsüberlassung an Dritte der Schriftform bedarf (BGH NJW 1991, 1750 = WM 1991, 1306 = Bestätigung von OLG Hamm NJW 1983, 826).

III. Voraussetzungen gewillkürter Schriftform

1. Auslegung der gewillkürten Schriftform

a) Vorrang der Auslegung

21 Es steht den Beteiligten frei die Anforderungen einer von ihnen vereinbarten (oder sonst rechtsgeschäftlich bestimmten) Form ebenfalls frei zu vereinbaren, sofern sie dabei nicht hinter einem gesetzlichen Formerfordernis zurückbleiben. Was die Beteiligten als Inhalt einer Schriftformklausel vereinbart haben, ist daher **zunächst durch Auslegung** zu ermitteln. Nur wenn die Auslegung zu keinem (eindeutigen) Ergebnis führt, ist auf die gesetzlichen Auslegungsregeln des § 127 zurückzugreifen.

22 Wichtig für die Auslegung kann der **Formzweck** sein, um dessentwillen die Beteiligten eine bestimmte Form rechtsgeschäftlich bestimmt haben. Im Zweifel werden sie dieselben (privatnützigen) Formzwecke bzw Formwirkungen verfolgen, wie sie der entsprechenden gesetzlichen Form zugrundeliegen (ähnlich MünchKomm/EINSELE § 125 Rn 66). Nicht übertragbar sind hingegen im Zweifel Anforderungen, die sich nur aus öffentlichen Formzwecken ergeben (zB Kontrollzwecke). Wäre die gesetzliche Schriftform für den von den Beteiligten verfolgten Zweck unpraktikabel, so spricht dies für entsprechend geringere Anforderungen der rechtsgeschäftlichen Form (vgl BGHZ 66, 82, 87 = WM 1976, 472: Privatschriftliches Protokoll der Gesellschafterversammlung genügt, wenn KG-Gesellschaftsvertrag auf Aufnahme weiterer Kommandisten zugeschnitten ist, für die Erhöhung der Kapitalbeteiligung aber Schriftform vereinbart ist; RGZ 106, 330, 331 f und RGZ 125, 68, 72 f: Für Kündigung oder Mahnschreiben einer Versicherungsgesellschaft genügt bei vereinbarter Schriftform ein Faksimilestempel oder eine vorgedruckte Unterschrift, da die Erklärungen einer Vielzahl von Beteiligten gegenüber abzugeben sind).

Die bisher veröffentlichte Rechtsprechung betraf fast ausnahmslos Fälle, in denen **23** die Auslegung dazu führte, geringere Anforderungen an die Form zu stellen, als dies nach den Auslegungsregeln des § 127 der Fall gewesen wäre. Nachdem das Formvorschriftenanpassungsgesetz 2001 die Auslegungsregel des § 127 aber im Ergebnis nach hM nahezu auf eine bloße Textform herabgestuft hat (Rn 32 ff), wird künftig bei der Auslegung verstärkt darauf zu achten sein, ob die Beteiligten nicht **höhere Anforderungen** als nach § 127 bestimmt haben.

Verlangt ein Tarifvertrag Schriftform, so ist dies die gesetzliche Schriftform des **24** § 126, da der Tarifvertrag Rechtsnorm ist (so § 126 Rn 48). Bei einzelvertraglicher **Inbezugnahme auf die Schriftformklausel eines geltenden Tarifvertrages** liegt zwar eine gewillkürte Schriftform vor; deren Inhalt ist aber nicht anders zu verstehen als bei unmittelbarer Anwendung des Tarifvertrages (LAG Köln NZA-RR 2002, 163: Ist daher im Individualarbeitsvertrag auf den BAT und damit auch auf die Schriftformklausel des § 57 BAT Bezug genommen, so genügt eine Kündigungserklärung mit nur eingescannter Unterschrift nicht).

b) Vermutung für Wirksamkeit nach Unterzeichnung

Haben die Vertragsparteien ein gewillkürtes (konstitutives) Schriftformerfordernis **25** vereinbart und dann einen **Vertrag unterzeichnet**, ohne dabei der Form der §§ 126, 127 zu genügen (etwa weil auch die wesentlichen Vertragsteile nur unvollständig schriftlich niedergelegt wurden), so spricht dies regelmäßig dafür, daß sie jedenfalls bei Unterzeichnung davon ausgingen, daß die eingehaltene Form auch der vereinbarten Form entsprach und dass das rechtsgeschäftliche Formerfordernis deshalb entsprechend auszulegen ist (LAG Rheinland-Pfalz NZA 2000, 258 = MDR 1999, 1393 für Ergänzungsvertrag zum Arbeitsvertrag).

Dies gilt auch, wenn ausnahmsweise gesetzliche und gewillkürte Form zusammentreffen, etwa weil Mietvertragsparteien die Schriftform eines ohnehin nach § 550 (= § 566 aF) zur Wirksamkeit der Befristung formbedürftigen Vertrages rechtsgeschäftlich als konstitutive Form vereinbart haben (BGH NJW 2000, 354, 356 = MDR 2000, 79 = NZM 2000, 36 = WM 2000, 539 – die Nichteinhaltung der gesetzlichen Form führt nach § 550 nur zur Unwirksamkeit der vereinbarten Befristung, nicht zur Unwirksamkeit des Wohnraummietvertrages als solchen).

Bei einem gewillkürten Schriftformerfordernis kommt daher nach Vertragsunter- **26** zeichnung eine Unwirksamkeit nach §§ 125 Satz 2, 154 Abs 2 regelmäßig nicht mehr in Betracht, sondern allenfalls bei nur mündlicher Einigung (sofern nicht auch dadurch die ursprüngliche Schriftformklausel wieder aufgehoben wurde – vgl Rn 59 ff; BGH NJW 2000, 354, 356 = MDR 2000, 79 = NZM 2000, 36 = WM 2000, 539; WM 1966, 979, 980. Unberührt bleiben allerdings die Folgen eines allfälligen gesetzlichen Schriftformerfordernisses, so daß in dem Fall von BGH NJW 2000, 354 die Befristung nach § 550 unwirksam war).

2. Gesetzliche Vermutungsregeln

a) Verweis auf jeweilige gesetzliche Form

Ist durch Rechtsgeschäft Schriftform, elektronische Form oder Textform bestimmt, **27** so gelten im Zweifel die Voraussetzungen für die jeweilige gesetzliche Form auch für die rechtsgeschäftliche bestimmte Form (§ 127 Abs 1) mit Erleichterungen hinsichtlich des Erfordernisses der Einheitlichkeit der Urkunde sowie bei der Übermittlung (§ 127 Abs 2 und 3).

b) Briefwechsel

28 Anders als für die gesetzliche Schriftform genügt für die gewillkürte Schriftform im Zweifel ein Briefwechsel (Abs 2 S 1 HS 2; vgl BGH WM 1961, 1359: Vertragsschluß durch Austausch von Bestätigungsschreiben). Jedenfalls nach altem Recht war dabei auf jedem der Briefe eine **eigenhändige Unterschrift** des jeweiligen Erklärenden erforderlich (RGZ 106, 268, 269); mE gilt dies auch nach neuem Recht weiter (vgl Rn 45).

Die beiden Vertragsparteien müssen nicht dieselbe Übermittlungsart einhalten. Möglich ist auch, daß ein Teil seine Erklärung per Brief abgibt, der andere die seine „telekommunikativ übermittelt" (zB per e-mail oder Fax).

c) Telegraphische Übermittelung vor dem Formvorschriftenanpassungsgesetz 2001

29 Bis zur Änderung durch das Formvorschriftenanpassungsgesetz 2001 (vgl § 126a Rn 28) ließ das Gesetz lediglich **„telegraphische Übermittlung** und bei einem Vertrage Briefwechsel" als Erleichterung der gewillkürten gegenüber der gesetzlichen Schriftform zu (§ 127 S 2 HS 2 aF).

30 Unter die „telegraphische Übermittlung" wurde dabei auch das **Telefax** gefaßt (BGH NJW-RR 1996, 866: Übermittlung einer Austrittserklärung mittels Telefax genügt der „vereinsrechtlichen" Schriftform; ebenso LAG Hamm ZIP 1993, 1109 zur Kündigung eines Arbeitsvertrages mittels Telefax bei nur individualvertraglicher, nicht tarifvertraglicher Schriftform; aA ArbG Gelsenkirchen CR 1989, 823 bei mittels Boten überbrachter Telekopie – anders seit 1. 5. 2000 aufgrund des in § 623 neu eingeführten gesetzlichen Schriftformerfordernis für Kündigungen; ebenso BAG NJW 1999, 596 = DB 1999, 101 = NZA 1998, 1330 – obiter dictum; BAGE 96, 28 = NJW 2001, 989 = BB 2001, 1201 = DB 2001, 387 = NZA 2001, 231 = AP § 4 TVG Ausschlußfristen Nr 153 zur Auslegung einer tariflichen Ausschlußklausel zur „schriftlichen" Erhebung eines Anspruches – auch dafür reiche ein Telefax; die Entscheidung des BAG stützt sich allerdings nicht auf § 127, da der Tarifvertrag als Rechtsnorm keine rechtsgeschäftliche Form begründet). Jedoch erforderte zumindest eine Ansicht eine Unterschrift des Originals, so daß nur für die Übermittlung das Fax genügte, während etwa ein Computerfax als unzureichend angesehen wurde (vgl Rn 43).

31 Erforderlich war danach eine schriftliche Urkunde (Telegramm, Telefax); ein elektronisches Dokument, zB **bloße e-mail, genügte nicht** (vgl Rn 39).

d) Telekommunikative Übermittlung nach dem Formvorschriftenanpassungsgesetz 2001

32 Nach der Änderung durch das Formvorschriftenanpassungsgesetz 2001 genügt jedoch seit dem dem 1. 8. 2001 **„telekommunikative Übermittlung"** und bei einem Vertrag Briefwechsel, soweit nicht ein anderer Wille anzunehmen ist.

Die **Regierungsvorlage** begründet die Änderung wie folgt: „Die enge Bindung der Übermittlung an den Telegraphen entspricht nicht mehr dem modernen technischen Standard und der verbreiteten Praxis. Es ist mittlerweile allgemein anerkannt, dass auch mittels Telefax wie auch Fernschreiben oder Teletext schriftliche Erklärungen formgerecht abgegeben werden können (BGH NJW-RR 1986, 866). Es gibt aber keinen Grund, andere Möglichlichkeiten der Telekommunikation, die inzwischen Telegramm oder Teletext ganz oder teilweise verdrängt haben, zur Übermittlung von Nachrichten oder Erklärungen von dieser Formerleichterung des § 127 auszunehmen, insbesondere die E-Mail oder das sog Computerfax. Es kommen alle Arten der Telekommunikation mittels Telekommunikationsanlagen ... in Betracht, soweit die Übermittlung nicht in der Form von Sprache erfolgt. Da sich die Formerleichterung des § 127 allein auf das Unterschriftserfordernis bezieht, reicht eine mündliche Übermittlung einer Erklärung in keinem Fall für die Formwahrung aus" (BT-Drucks 14/4987, S 20 f).

Nach der Regierungsbegründung wäre damit die gewillkürte Schriftform (im Zweifel) inhaltlich **im Ergebnis wenig anders als die Textform** des § 126b auszulegen, deren typischer Anwendungsfall die (nicht elektronisch signierte) **e-mail** ist. Die bisherige Literatur wiederholt die Regierungsbegründung insoweit kritiklos (vgl etwa MünchKomm/EINSELE Rn 10; PALANDT/HEINRICHS Rn 2; SOERGEL/MARLY Rn 8). **33**

Als Unterschied zur Textform verbliebe dann insbesondere, daß in den Übermittlungsformen, in denen das Original üblicherweise eine Unterschrift trägt, auch für die gewillkürte Schriftform eine Unterschrift des Originals erforderlich ist. Ein **nicht unterschriebener Brief** oder ein (auch nicht mechanisch) unterschriebenes Fax genügen demnach der gewillkürten Schriftform auch nach der neuen Auslegungsregel des § 127 Abs 2 S 1 nicht (SOERGEL/MARLY Rn 8 – su Rn 35).

Man kann bezweifeln, ob der **Gesetzeswortlaut**, der nur von einer erleichterten Übermittlung spricht, aber nicht das Erfordernis einer eigenhändig unterschriebenen Originalurkunde abbedingt (die es ja beim Telegramm nach der alten Gesetzesfassung auch noch gab), die weite Auslegung der Regierungsbegründung trägt. Systematisch paßt es jedenfalls nicht, wenn die gewillkürte Form nicht der entsprechenden gesetzlichen Form (Schriftform) entspricht, sondern im Zweifel einer anderen gesetzlichen Form (nämlich der Textform). Vor allem dürfte die gesetzliche Auslegungsregel in der weiten Form der Regierungsbegründung nicht mehr dem typischen Parteiwillen entsprechen – was aber gerade **Gesetzeszweck** einer gesetzlichen Auslegungsregel ist. Der Grund, zwischen Fax und e-mail zu unterscheiden, den die Regierungsbegründung nicht zu erkennen vermag, liegt in der Rechtsanschauung der Beteiligten. Man mag mit einem Vertragspartner längere Zeit durch e-mail verhandelt haben; wenn es am Ende zum Vertragsschluß kommt, wird der Vertragspartner im Zweifel zumindest eine per Fax übermittelte Unterschrift haben wollen – weil er es doch als etwas anderes ansieht als ein bloßes e-mail. **34**

Daher halte ich eine **restriktivere Gesetzesauslegung** als die der hM für geboten. Insbesondere erscheint mir das Unterschriftserfordernis im Zweifel nur insoweit zu entfallen, als dies für die jeweilige Übermittlungsart erforderlich ist (su Rn 44 f). **35**

Die Rechtsprechung wird auf die weite Gesetzesauslegung wohl reagieren, indem sie bei der **Vertragsauslegung** genauer hinterfragt, ob die Beteiligten wirklich bei der rechtsgeschäftlichen Bestimmung des Formerfordernisses alle telekommunikativen Übermittlungsarten genügen lassen wollten (etwa ein bloßes e-mail für die „schrift- **36** liche" Vertragskündigung) – oder ob sie nicht doch etwas Unterschriebenes verlangen wollten.

e) Anwendung auf vor dem 1. 8. 2001 abgeschlossene Rechtsgeschäfte

37 Das Formvorschriftenanpassungsgesetz enthält keine eigene Übergangsvorschrift. Die gesetzlichen Auslegungsregeln in der neuen Fassung sind daher auch auf vor dem 1. 8. 2001 abgeschlossene Rechtsgeschäfte anzuwenden. Jedoch wird man bei der Vertragsauslegung zu berücksichtigen haben, wenn die Beteiligten das Rechtsgeschäft noch unter Geltung der alten Auslegungsregeln abgeschlossen haben. Dies kann ein Anhaltspunkt dafür sein, daß auch sie die gewillkürte Schriftform im Sinne der früheren gesetzlichen Regelung verstanden.

3. Schriftliche Urkunde

38 Nach **früherem Recht** erforderte auch die rechtsgeschäftlich bestimmte Schriftform im Zweifel eine schriftliche Urkunde (vgl § 126 Rn 108 ff). Erforderlich waren dauerhaft verkörperte Schriftzeichen; eine bloße e-mail genügte nicht (KG GE 2001, 849 = KG-Report 2001, 380).

39 Nach **neuem Recht** läßt die Regierungsbegründung zum Formvorschriftenanpassungsgesetz hingegen auch eine **e-mail genügen** (BT-Drucks 14/4987, S 20 f – zitiert bei Rn 32).

4. Unterschrift

a) Auslegung

40 Nimmt eine vertragliche Schriftformklausel **auf die gesetzliche Schriftform Bezug** – sei es auch indirekt durch Bezugnahme auf die Schriftformklausel eines (gültigen) Tarifvertrages, so ist eine Unterschrift nach § 126 erforderlich (LAG Köln NZA-RR 2002, 163: Nimmt ein Individualarbeitsvertrag auf die Schriftformklausel des § 57 BAT Bezug, so genügt eine Kündigungserklärung mit nur eingescannter Unterschrift nicht).

41 Umgekehrt kann die Auslegung auch ergeben, daß die gewillkürte Schriftform trotz Fehlens einer Unterschrift gewahrt ist, wenn gleichwohl der **mit der Formvereinbarung erstrebte Zweck** erreicht wird (BGH NJW-RR 1996, 641, 642 = WM 1996, 1273 = ZEV 1996, 192: Für die durch die Schriftformvereinbarung bezweckte Klarheit genügt, wenn der Beteiligte zumindest seinen Namen eigenhändig in die Erklärung einfügt).

b) Auslegungsregel nach altem Recht

42 In den Beratungen zum BGB war zunächst für die Übermittlung durch Telegramm (die zunächst auch für die gesetzliche Schriftform bei einseitigen Erklärungen zugelassen werden sollte) eine ausdrückliche Regelung vorgesehen, wonach das Aufgabetelegramm eigenhändig unterschrieben sein mußte (Prot I 146 und KE § 91; Jakobs/Schubert S 650 ff, 659). Nachdem diese Formulierung nicht in die endgültige Fassung übernommen wurde, schloß die hM daraus, daß auch ein nicht unterzeichnetes und selbst ein **telephonisch aufgegebenes Telegramm** (im Zweifel) der gewillkürten Schriftform genüge (MünchKomm/Einsele[4] Rn 8; Palandt/Heinrichs[60] Rn 2; Staudinger/Dilcher[12] Rn 3).

Ob hingegen bei einem **Fax** die gewillkürte Schriftform bei Anwendung der Aus- **43** legungsregel des § 127 in der vor dem 1. 8. 2001 geltenden Fassung im Zweifel eine **Unterschrift** nach Maßgabe des § 126 (s dort Rn 124 ff) erforderte, war **strittig**. Aus der auch nach altem Recht bestehenden Möglichkeit „telegraphischer Übermittlung" hatte der BGH abgeleitet, daß eine handschriftlichen Unterzeichnung nicht erforderlich sei, sondern die Nennung des jeweiligen Urhebers der fernschriftlichen Erklärung genüge (BGH NJW-RR 1999, 697 = WM 1999, 72 = ZIP 1999, 136, 137). Die wohl herrschende Literaturmeinung hatte zumindest mechanisch hergestellte Unterschriften (Stempel oder Druck) ausreichen lassen (MünchKomm/Einsele[4] Rn 8; Staudinger/Dilcher[12] Rn 4).

Demgegenüber hatte das KG eine bloße e-mail auch deshalb nicht genügen lassen, weil sie keine Unterschrift, sondern lediglich den in Maschinenschrift geschriebenen bzw ausgedruckten Namen enthält (KG GE 2001, 849 = KG-Report 2001, 380 – im Ergebnis war die gewillkürte Schriftform jedenfalls deshalb nicht eingehalten, weil die nur elektronische Übermittlung nach altem Recht nicht als „telegraphische" Übermittlung anerkannt war).

c) Formvorschriftenanpassungsgesetz 2001

In der Fassung durch das Formvorschriftenanpassungsgesetz 2001 genügt hingegen **44** nach der Regierungsbegründung auch das **e-mail oder Computerfax** der Auslegungsregel des § 127 Abs 2 S 1 (BT-Drucks 14/4987, S 20 f – zitiert bei Rn 32). Erforderlich ist allerdings zumindest die Nennung des Erklärenden (da sonst nicht einmal die Textform als geringste Form eingehalten wäre). Über die Textform hinaus ist mE auch erforderlich, daß ein Unterschriftsersatz (mechanisch hergestellte Unterschrift oder zumindest Namensnennung) die Erklärung abschließt; ein sonstiger Abschluß (zB „Diese Erklärung ist nicht unterschrieben") genügt anders als nach § 126b (vgl dort Rn 32) nicht. Denn § 127 Abs 2 läßt lediglich eine telekommunikative „Übermittlung" zu, ohne das Unterschriftserfordernis des § 126 Abs 1 abzubedingen; das Unterschriftserfordernis entfällt daher nur insoweit, als dies für die jeweilige Übermittlungsart erforderlich ist. Bei Massengeschäften mit für eine Vielzahl von Empfängern bestimmten Erklärungen kann sich allerdings aus der Auslegung ergeben, daß eine Unterschrift nicht erforderlich sein soll (so Rn 22).

Deshalb genügen auch ein **nicht unterschriebener Brief** oder ein nicht unterschrie- **45** benes Fax weiterhin nicht der gewillkürten Schriftform (Soergel/Marly Rn 8; aA MünchKomm/Einsele Rn 11: Unterschrift nur erforderlich bei Zweifeln, ob es sich um einen Entwurf handelt). Bei einem Computerfax genügt auch eine mechanisch hergestellte Unterschrift, da dies wesensgemäß zu der speziellen Art der Übertragung gehört. Hingegen dürfte für einen postalisch versandten Brief nach § 127 Abs 2 S 1 weiterhin eine handschriftliche Unterschrift erforderlich sein (aA MünchKomm/Einsele Rn 10). Der Wertungsunterschied gegenüber einem (im Zweifel zulässigen) Computerfax liegt darin, daß der Empfänger bei einem Brief kontrollieren kann, ob eine eigenhändige Unterschrift vorliegt, während eine eingescannte oder kopierte Unterschrift bei einem Fax ohnehin nicht erkennbar ist.

5. Zugang

Vor dem 1. 8. 2001 genügte für die gewillkürte Schriftform (im Zweifel) „telegra- **46** phische Übermittlung" (so Rn 29). Beim Empfänger mußte zumindest eine Urkunde ankommen; dh bei einem Telegramm eine Ausfertigung des Telegramms, die **telephonische Durchsage des Telegramms** genügte nicht (MünchKomm/EINSELE[4] Rn 8; PALANDT/HEINRICHS[60] Rn 2; aA STAUDINGER/DILCHER[12] Rn 3). Ebensowenig genügte nach altem Recht eine bloße e-mail.

47 Nach neuem Recht genügt hingegen im Zweifel auch die „**telekommunikative Übermittlung**", dh insbesondere auch ein e-mail. Weiterhin ausgeschlossen ist jedoch die mündliche Übermittlung (BT-Drucks 14/4987, S 20 f – zitiert bei Rn 32; ebenso S 35 f und 43).

48 Auch wenn eine Vertragsklausel bestimmt, die **Kündigung** müsse **durch eingeschriebenen Brief** ausgesprochen werden, war eine Kündigung durch Fax im Zweifel wirksam (OLG Frankfurt NJW-RR 1999, 955 = NZM 1999, 419 – zu einem Mietvertrag vor der Einführung des gesetzlichen Schriftformerfordernisses für die Wohnraumkündigung in § 568). Denn das Einschreiben ist im Zweifel nur als Beweiserleichterung, nicht als Wirksamkeitsvoraussetzung vereinbart (BAG AP § 125 Nr 8 = NJW 1980, 1304; RGZ 77, 70). Für die als Wirksamkeitsvoraussetzung der Kündigung verbleibende rechtsgeschäftlich vereinbarte Schriftform genügt aber nach § 127 Abs 2 S 1 Var 1 im Zweifel auch das Fax (anders für die Kündigung bei Wohnraummiete, die nach § 585a der gesetzlichen Schriftform bedarf).

49 Bei einem **Brief** muß grundsätzlich das **unterschriebene Original** zugehen oder eine eigenhändig unterschriebene Kopie (SOERGEL/MARLY Rn 8). In besonderen Ausnahmefällen kann jedoch auch die Aushändigung einer unbeglaubigten Fotokopie der ordnungsgemäß unterzeichneten Originalurkunde genügen, wenn dadurch keine Zweifel an der Urheberschaft und Echtheit entstehen können. So hielt das BAG die Übergabe einer unbeglaubigten Fotokopie des in der Gerichtsakte im Original enthaltenen Kündigungsschreibens in einem Gerichtstermin in Anwesenheit des Erklärenden für formgerecht (BAG NJW 1999, 596 = DB 1999, 101 = NZA 1998, 1330).

IV. Rechtsfolgen gewillkürter Schriftform

1. Auslegung

50 Ebenso wie die Voraussetzungen können auch die Rechtsfolgen einer rechtsgeschäftlich bestimmten Form durch die Beteiligten frei vereinbart werden. Zunächst ist daher durch **Auslegung** zu ermitteln, welche Rechtsfolgen die Beteiligten der Nichteinhaltung der Form zumessen wollten. Dabei kann sich etwa auch ergeben, daß die Beteiligten lediglich zu Beweiszwecken einen Anspruch auf (nachträgliche) Beurkundung in einer bestimmten Form begründen wollten, die Vereinbarung aber auch ohne Einhaltung der Form wirksam sein soll (BGH NJW 1962, 1269, 1270). Ebenso legte der BGH etwa Schriftformerfordernissen für die Änderung von Gesellschaftsverträgen bei Personenhandelsgesellschaften im Wege der Auslegung nur deklaratorische Wirkung zu (BGHZ 49, 364, 365 ff = NJW 1968, 1378).

51 Abzulehnen ist hingegen die in der Literatur teilweise vertretene Auslegungsregel, wonach rechtsgeschäftliche Formerfordernisse für **einseitige Erklärungen** (wie zB eine Kündigung) im Zweifel nur Beweiszwecken dienen, nicht aber Wirksamkeitsvoraussetzung sind (wie hier LARENZ/WOLF, Allgemeiner Teil des Deutschen Bürgerlichen Rechts [8. Aufl 1997] § 27 Rn 58; **aA** MünchKomm/EINSELE Rn 4; ebenso noch STAUDINGER/

DILCHER[12] Rn 5). Gerade bei einer Kündigung können die Vertragsparteien ein gewichtiges Interesse daran haben, eine mündlich ausgesprochene Kündigung nicht als wirksam zuzulassen.

2. Im Zweifel kein wirksamer Vertrag

Haben die Vertragsparteien ein rechtsgeschäftliche Form verabredet, so ist nach § 154 Abs 2 im Zweifel der **Vertrag noch nicht abgeschlossen**, solange die Beurkundung in der verabredeten Form noch nicht erfolgte. Dies gilt nicht nur für die Verabredung notarieller Beurkundung, sondern auch für die verabredete Schriftform oder andere rechtsgeschäftliche Formen (OLG Köln NJW-RR 1997, 405; OLG Celle NJW-RR 2000, 485; OLG Schleswig OLG-Report 2004, 343; KG KG-Report 2004, 59: Unterzeichnung von Aufnahmeformular und Aufnahmevereinbarung bei Schulvertrag vereinbart, aber nur Aufnahmeformular unterzeichnet). 52

Ist der Vertrag bereits geschlossen oder das Rechtsgeschäft bereits vorgenommen, dabei aber ein gewillkürtes Formerfordernis nicht eingehalten, so hat dies nach der Auslegungsregel des § 125 S 2 „im Zweifel" die Nichtigkeit des nicht formgerecht erklärten Rechtsgeschäftes zur Folge. Im Zweifel wirkt ein gewillkürtes Formerfordernis also **konstitutiv** und nicht nur deklaratorisch (vgl § 125 Rn 124). 53

3. Anspruch auf nachträgliche Beurkundung in gesetzlicher Schriftform (Abs 2 S 2)

Machen die Beteiligten von den Erleichterungen Gebrauch, die die rechtsgeschäftlich bestimmte Form gegenüber der gesetzlichen Schriftform aufweist, so kann jeder der Beteiligten nachträglich eine der gesetzlichen Schriftform entsprechende Beurkundung verlangen (§ 127 Abs 2 Satz 2). Im Zweifel besteht dieser Anspruch auch, wenn sich die Erleichterungen gegenüber der gesetzlichen Form nicht aus der Auslegungsregel des § 127 Abs 2, sondern aus der Auslegung der vertraglichen Formvereinbarung ergeben; allerdings kann die Auslegung dann zugleich ergeben, daß die Parteien den Anspruch auf nachträgliche Beurkundung ausschließen und es bei der erleichterten Form belassen wollten. 54

Die nachträgliche Beurkundung dient lediglich Beweiszwecken; ihre Einhaltung hat auf die Wirksamkeit des Rechtsgeschäftes keinen Einfluß.

Der Anspruch auf nachträgliche Beurkundung verjährt in der gesetzlichen **dreijährigen Verjährungsfrist** (§ 195) – auch wenn der durch das Rechtsgeschäft begründete vertragliche Anspruch einer längeren Verjährungsfrist unterliegt (Anwaltskommentar/ NOACK Rn 16). Spätestens verjährt der Beurkundungsanspruch jedoch mit dem Anspruch aus dem Rechtsgeschäft (entsprechend § 217). Bei einer vertraglichen Verjährungsvereinbarung (§ 202) ist durch Auslegung zu ermitteln, ob sie ggf auch den Anspruch auf Beurkundung erfassen soll. 55

V. Vertragsänderung, Aufhebung oder Abänderung einer Schriftformklausel

In der Praxis häufig sind vertragliche Schriftformklauseln, wonach **Änderungen und Ergänzungen** des ursprünglichen Vertrages der Schriftform bedürfen. Aber auch 56 ohne eine ausdrückliche Klausel unterliegen Änderungen und Ergänzungen des Vertrages im Zweifel ebenfalls der vereinbarten Schriftform. Dennoch spielt die Schriftformklausel für vertragliche Änderungen kaum eine Rolle. Denn in formlosen Vertragsänderungen sieht die Rechtsprechung nahezu immer auch eine (konkludente) Abbedingung des früheren Formerfordernisses. Bei vertraglichen Änderungen wirkt sich die Schriftformklausel eigentlich nur auf die Beweislast aus, da beweispflichtig ist, wer sich auf die (formlose) Änderung und die damit verbundene Abbedingung der ursprünglich vertraglich vereinbarten Form beruft (vgl OLG Frankfurt MDR 1981, 498).

1. Vorrang späterer mündlicher Individualvereinbarungen gegenüber AGB-Formklauseln

57 Ist das Formerfordernis in Allgemeinen Geschäftsbedingungen enthalten, so ergibt sich der Vorrang einer **später** abweichend davon formlos getroffenen **Individualvereinbarung** schon aus § 305b (§ 4 AGBG; BGH NJW 1981, 405, 406; NJW 1982, 1389 = WM 1982, 445; NJW 1985, 320, 321; NJW 1986, 1809 = WM 1986, 712; NJW 1986, 3131, 3132; NJW 1995, 1488, 1489; NJW-RR 1995, 179, 180). AGB-Klauseln, aus denen der Vorrang der (späteren) Individualabrede nicht klar hervorgeht, sind deshalb sogar unwirksam (so Rn 15).

58 Nach älteren BGH-Entscheidungen verhindert hingegen eine AGB-Klausel, wonach Nebenabreden zu ihrer Gültigkeit der schriftlichen Bestätigung bedürfen, **bei Vertragsschluß mündlich getroffene Nebenabreden**, jedenfalls sofern die Nebenabreden durch – untergeordnete – Angestellte des Formularverwenders getroffen werden (BGH DB 1976, 1475 = BB 1977, 61 = WM 1977, 740; BB 1979, 1789 = DB 1980, 395 = NJW 1980, 234, 235; BGHZ 82, 21 = NJW 1982, 331). In neueren Entscheidungen ließ der BGH aber ausdrücklich offen, ob er an dieser Rechtsprechung festhält (so Rn 16).

2. Formfreie Aufhebung

a) Formfreie Aufhebung

59 Nach ständiger Rechtsprechung können die Vertragsparteien ein rechtsgeschäftlich begründetes Formerfordernis auch **formfrei aufheben** (BGH WM 1962, 1091; NJW 1965, 293 = WM 1965, 175; WM 1966, 1200; WM 1966, 1335; WM 1970, 93, 94; BGHZ 66, 378, 382 = MDR 1976, 925 = ZMR 1977, 232; NJOZ 2002, 833; RG JW 1911, 94; Warn 1912 Nr 367; RGZ 95, 175; **aA** MünchKomm/Einsele § 125 Rn 66). Denn als actus contrarius zur formfreien Begründung des Formzwangs sei die Aufhebung der Formabrede gleichfalls formfrei.

60 Nach der Rechtsprechung soll dies auch gelten, wenn die Vertragsparteien ausdrücklich vereinbart haben, daß eine Änderung oder Aufhebung der Schriftformklausel selbst ebenfalls der Schriftform bedarf Denn die Vertragsparteien könnten nicht für die Zukunft auf ihre Vertragsfreiheit verzichten oder diese einschränken (KG KG-Report 2001, 237 = Grundeigentum 2001, 278: ausdrückliche mündliche Abänderung einer Schriftformklausel; Häsemeyer JuS 1980, 1, 8; Palandt/Heinrichs § 125 Rn 14; Soergel/Hefermehl[13] § 125 Rn 33; **aA** hingegen noch BGHZ 66, 378, 382 = MDR 1976, 925 = ZMR 1977, 232; OLG Frankfurt MDR 1997, 1139 = OLG-Report 1997, 247; BFH BStBl II 1991, 934; MünchKomm/Einsele § 125 Rn 66).

Auch im **Arbeitsrecht** hat das BAG anerkannt, daß ein vertraglich vereinbartes **61** Schriftformerfordernis, wonach Änderungen des Arbeitsvertrages der Schriftform bedürften, formlos abgeändert bzw aufgehoben werden kann. So seien mündlich vereinbarte Änderungen wirksam, wenn „die Parteien die Maßgeblichkeit der mündlichen Vereinbarung übereinstimmend gewollt haben" (BAG NJW 1989, 2149 = NZA 1989, 797 – im Anschluß an BGH NJW 1975, 1653).

Dogmatisch nicht einleuchtend ist, warum die Rechtsprechung hingegen bei einer **62** **zwischen Kaufleuten individualvertraglich vereinbarten Schriftformklausel**, wonach die Aufhebung der Schriftform ebenfalls schriftlich erfolgen muß, eine spätere formlose Vertragsänderung oder -aufhebung nicht anerkennen will (BGHZ 66, 378, 382 = MDR 1976, 925 = ZMR 1977, 232; OLG Frankfurt MDR 1997, 1139 = OLG-Report 1997, 247).

Ein **formularmäßige** Schriftformklausel kann hingegen auch zwischen Kaufleuten formlos aufgehoben werden. Insbesondere genügt eine durch kaufmännisches Bestätigungsschreiben nachgewiesene mündliche Aufhebung des formularmäßig vereinbarten Schriftformerfordernisses (BGH NJW-RR 1995, 179, 180; OLG Düsseldorf MDR 1991, 349 = NJW-RR 1991, 374; OLG Düsseldorf MDR 1991, 349 = NJW-RR 1991, 374).

Unter Berufung auf die BGH-Rechtsprechung zu qualifizierten Schriftformklauseln **63** zwischen Kaufleuten verneinte der BFH auch die **steuerliche Anerkennung der formlosen Aufhebung einer Schriftformklausel**, die zwischen einer GmbH und ihrem Geschäftsführer vereinbart war, wonach die Aufhebung der Schriftform ebenfalls der Schriftform bedurfte (BFHE 165, 256 = BStBl II 1991, 933 = BB 1992, 51 = DB 1991, 2521). Die formlose Aufhebung einer sonstigen Schriftformklausel, die keine besondere Form für ihre Aufhebung begründet, ist hingegen auch dann steuerlich anzuerkennen, wenn die Klausel ausdrücklich auch Vertragsänderungen erfaßt (BFH NV 1993, 385 = GmbHR 1993, 448).

b) Konkludente Aufhebung

Die Rechtsprechung verlangt **nicht einmal eine ausdrückliche Aufhebung** der Form- **64** klausel; es genüge, wenn die Vertragsparteien „übereinstimmend die Maßgeblichkeit des mündlich Vereinbarten gewollt haben, sich also darüber einig waren, daß für ihre vertraglichen Beziehungen neben dem Urkundeninhalt auch jene mündliche Abrede gelten solle" (BGHZ 66, 378, 382 = MDR 1976, 925 = ZMR 1977, 232; ähnlich NJW 1962, 1908; WM 1982, 902; BGH, 12.12.2001, XII ZR 351/99, NJOZ 2002, 833; BAG NJW 1989, 2149; OLG Brandenburg NJW-RR 2001, 1673; OLG Düsseldorf OLG-Report 2002, 2 = NZM 2001, 591 = ZMR 2001, 529).

Schließlich soll durch eine spätere mündliche Vertragsänderung oder -aufhebung **65** selbst dann die Formklausel abbedungen sein, wenn die Vertragsparteien **nicht einmal an die ursprüngliche Formklausel gedacht** haben (BGHZ 71, 162, 164; NJW 1965, 293; NJW 1975, 1653; BAG FamRZ 1984, 692; aA BGH NJW-RR 1991, 1289; BFH NJW 1997, 1327; MünchKomm/Einsele § 125 Rn 66; Staudinger/Dilcher[12] § 125 Rn 12).

4. Verbleibende Bedeutung von Schriftformklauseln

Bei Vertragsänderungen haben Schriftformklauseln damit im wesentlichen nur für **66** die **Beweislast** Bedeutung. Denn die Beweislast trägt, wer sich auf die Aufhebung der Schriftformklausel beruft (OLG Frankfurt MDR 1981, 498 – vgl Rn 86).

67 Bei Arbeitsverträgen kann eine Schriftformklausel Konkretisierungen des Arbeitsvertrages durch – auch lang andauernde – **betriebliche Übung verhindern** (BAG DB 2003, 2339 = NJW 2003, 3725; LAG Köln NZA-RR 1997, 391: jahrelange Zuweisung zuschlagspflichtiger Nachtschichten). Eine Änderung der jahrelangen Praxis unterliegt dann allerdings den Beschränkungen des § 315.

68 Von Bedeutung ist die Schriftformklausel ansonsten vor allem für **einseitige Erklärungen** (Kündigung, Anzeigen etc).

VI. Beispielsfälle für Schriftformklauseln

1. Mietrecht

69 Bei Raum- und Wohnraummiete wird sowohl für den **Vertragsschluß** wie für die Kündigung häufiger rechtsgeschäftlich Schriftform vereinbart. Vereinbaren die Parteien bei einem bereits der gesetzlichen Schriftform des § 550 unterliegenden (da befristet auf länger als ein Jahr abgeschlossenen) Mietvertrag die Einhaltung der Schriftform, so ist dies im Zweifel nur als deklaratorische Wiederholung des gesetzlichen Formerfordernisses zu verstehen (BGH NJW 2000, 354, 356 – so Rn 7). Bringen die Vertragsparteien hingegen zum Ausdruck, auch die Wirksamkeit des Vertrages solle von der Einhaltung der Schriftform abhängen, so handelt es sich um eine konstitutive Formvereinbarung.

70 Die **Kündigung** von Wohnraummietverträgen bedarf seit 1. 9. 2001 nach § **568** der Schriftform (Wirksamkeitsvoraussetzung). Vertragliche Formerfordernisse für die Kündigung haben daher nur mehr außerhalb der Wohnraummiete Bedeutung (theoretisch bei Wohnraummiete auch, sofern sie eine strengere Form als die gesetzliche Schriftform verlangen).

2. Arbeitsrecht

71 Zahlreiche Arbeitsverträge sahen und sehen eine konstitutive Schriftform für **Vertragsänderungen** vor.

Die Klausel „Änderungen oder Ergänzungen dieses Vertrags bedürfen der Schriftform. Mündliche Nebenabreden bestehen nicht", enthält aber nach der Auslegung des BAG regelmäßig kein Schriftformerfordernis für die **Beendigung** des Arbeitsverhältnisses (BAGE 94, 325 = AP H 10/2000, § 125 Nr 15 = BB 2000, 1786 = DB 2000, 1768 = MDR 2000, 1253 = NJW 2000, 3155 = NZA 2000, 939; vgl MANKOWSKI, JZ 2001, 356; ebenso bereits LAG Sachsen-Anhalt NZA 1995, 791; aA LAG Hamm NZA 1995, 993; DB 1999, 2067). Ist jedoch ein konstitutives Schriftformerfordernis für jede Kündigung vereinbart, so gilt dies auch für eine außerordentliche Eigenkündigung des Arbeitnehmers; eine mündliche Kündigung ist unwirksam; der Arbeitnehmer kann sich auch selbst auf die Unwirksamkeit der eigenen Kündigung berufen (LAG Hamm AuA 2000, 445).

72 **Seit 1. 5. 2000** bedarf jedoch die rechtsgeschäftliche Beendigung von Arbeitsverträ-

gen durch **Kündigung oder Aufhebungsvertrag** („Auflösungsvertrag") der Schriftform (§ 623 idF durch das Arbeitsgerichtsbeschleunigungsgesetz vom 30. 3. 2000, BGBl 2000 I 333). Die Schriftform kann nicht durch die elektronische Form ersetzt werden. Erfolgt die Kündigung nicht schriftlich, ist sie unwirksam (§ 125 S 1; CASPERS RdA 2001, 28).

Tarifvertragliche Schriftformerfordernisse unterfallen nicht § 127, sondern § 126, da **73** ein in Kraft befindlicher Tarifvertrag wie eine Rechtsnorm wirkt. Dies gilt auch für die individualvertragliche Bezugnahme auf die Schriftformklausel in einem geltenden Tarifvertrag (LAG Köln NZA-RR 2002, 163; so Rn 24).

3. Vereinssatzung und Gesellschaftsvertrag

Auch die in einer **Vereinssatzung** vorgeschriebene Schriftform ist grundsätzlich als **74** gewillkürte Schriftform iSd § 127 und nicht als eine durch Gesetz vorgeschriebene Schriftform iSd § 126 zu behandeln; deshalb genügt die Übermittlung einer nach der Vereinssatzung schriftlich zu erklärenden Austrittserklärung mittels Telefax (BGH NJW-RR 1996, 866).

Bei Schriftformklauseln in **Gesellschaftsverträgen** stellt die Rechtsprechung beson- **75** ders deren Auslegung nach dem von den Gesellschaftern erstrebten Zweck und der Praktikabilität der Form in den Vordergrund (BGHZ 66, 82, 87 = WM 1976, 472 – so Rn 22).

VII. Andere gewillkürte Formen – Ersetzung durch andere Formen

Die gesetzlichen Regelungen zu anderen gewillkürten Formen, insbes zur gewill- **76** kürten elektronischen Form, sind denen zur gewillkürten Schriftform nachgebildet. Die vorstehenden Ausführungen zur gewillkürten Schriftform und die dort zitierte Rechtsprechung und Literatur können daher in vielem entsprechend herangezogen werden.

1. Gewillkürte elektronische Form (§ 127 Abs 1 und 3)

Wird durch Rechtsgeschäft elektronische Form bestimmt, so ist auch deren Inhalt **77** zunächst durch Auslegung zu ermitteln. Ergibt die Auslegung kein (eindeutiges) Ergebnis, so gelten im Zweifel die **Voraussetzungen der gesetzlichen elektronischen Form** (§ 126a) auch für die gewillkürte elektronische Form (§ 127 Abs 1). Doch gewährt das Gesetz Erleichterungen ähnlich wie im Verhältnis von gesetzlicher und gewillkürter Schriftform.

a) Erleichterungen gegenüber der gesetzlichen elektronischen Form

Während die gesetzliche elektronische Form eine qualifizierte elektronische Signa- **78** tur iSd Signaturgesetzes erfordert (§ 126a), genügen nach § 127 Abs 3 Satz 1 für die gewillkürte elektronische Form im Zweifel auch andere elektronische Signaturen, **dh auch einfache oder fortgeschrittene elektronische Signaturen** (BT-Drucks 14/4987, S 21 – zu den Begriffen vgl § 126a Rn 20 ff). Da jedoch bereits die bloße Absenderangabe eine einfache Signatur iSd § 2 Nr 1 SigG darstellt, wird man zusätzlich fordern, daß der Signatur dieselbe Abschluß und Deckungsfunktion wie einer Unterschrift zukommt; so daß etwa eine Absenderangabe nur im Briefkopf im Zweifel nicht genügt (wohl aA MünchKomm/EINSELE Rn 13).

79 Auch müssen bei einem Vertrag nicht beide Beteiligten dasselbe elektronisch Dokument signieren. Für die gewillkürte Form genügt der **Austausch von Angebot und Annahmeerklärung**, die je mit einer elektronischen Signatur versehen sind.

b) Anspruch auf Nachbeurkundung in gesetzlicher elektronischer Form oder Schriftform

80 Wurde eine dieser Erleichterungen gegenüber dem gesetzlichen Formerfordernis in Anspruch genommen, so kann jeder der Beteiligten nachträglich eine Signatur in der gesetzlichen elektronischen Form verlangen (§ 127 Abs 3 Satz 2 Var 1). Hat einer der Beteiligten keine qualifizierte elektronische Signatur, so kann statt dessen Beurkundung in gesetzlicher Schriftform verlangt werden (§ 127 Abs 3 S 2 Var 2). Die nachträgliche Beurkundung ist für die Formwirksamkeit nicht erforderlich; sie dient lediglich Beweiszwecken. Damit soll einerseits die Verwendung auch anderer als qualifizierter elektronischer Signaturen erleichtert werden, andererseits den Beteiligten nach Vertragsschluß für allfällige spätere Streitigkeiten eine beweiskräftige Form ermöglicht werden (BT-Drucks 14/4987 S 21).

2. Gewillkürte Textform (§ 127 Abs 1)

81 Die Voraussetzungen der gewillkürten Textform entsprechen im Zweifel denen der gesetzlichen Textform (§ 127 Abs 1). Erleichterungen für die gewillkürte Form sieht das Gesetz hier keine vor, „da die Textform ohnehin schon eine einfache Form ist, die keine weiteren Erleichterungen verträgt" (BT-Drucks 14/4987, S 21).

3. Mischformen

82 Denkbar sind auch Mischformen, bei denen etwa für die Erklärungen eines Vertragsteiles eine andere Form als für Erklärungen des anderen Vertragsteiles vereinbart wird. Führt die Auslegung der Formvereinbarung zu keinem anderen Ergebnis, gelten dann für jede der Erklärungen die jeweiligen gesetzlichen Auslegungsregeln. Auch für den Zugang der Erklärung sind im Zweifel die für die jeweilige Erklärung geltenden gesetzlichen Regeln anzuwenden (und nicht etwa die strengere von beiden anwendbaren Regeln).

4. Ersetzung einer gewillkürten Form

83 Nach einer Ansicht kann die gewillkürte elektronische Form im Zweifel nicht durch die Schriftform ersetzt werden, da die Beteiligten mit der Vereinbarung der elektronischen Form eine Zeit und Kostenersparnis bezweckten (MünchKomm/EINSELE Rn 6; NOACK, in: DAUNER-LIEB/HEIDEL/LEPA/RING, Das neue Schuldrecht – Ein Lehrbuch [2002] § 15 Rn 68). Dies hängt aber ganz von der Auslegung des Parteiwillens ab; eine diesbezügliche gesetzliche Auslegungsregel gibt es nicht.

VIII. Beweislast

84 Wer behauptet, vertraglich sei ein **Formerfordernis vereinbart** (oder sonst rechtsge-

schäftlich bestimmt) worden, trägt dafür die Beweislast (MünchKomm/EINSELE Rn 16; PALANDT/HEINRICHS Rn 7; SOERGEL/MARLY Rn 15; aA RG Recht 1916 Nr 1842; WarnR 1918 Nr 72; SeuffArchiv 73 Nr 111). Ebenso trägt die Beweislast, wer behauptet, der Inhalt eines rechtsgeschäftlich bestimmten Formerfordernisses weiche von den Auslegungsregeln des § 127 ab (RG JW 1919, 304).

Ist hingegen bewiesen, daß ein Formerfordernis rechtsgeschäftlich bestimmt wurde, **85** so trägt die Beweislast für die **Einhaltung der Form** derjenige, der sich auf die Wirksamkeit des Rechtsgeschäftes stützt. Ebenso ist beweispflichtig, wer abweichend von § 125 S 2 die Wirksamkeit eines von der rechtsgeschäftlich bestimmten Form abweichenden Rechtsgeschäfts behauptet (etwa weil er vorträgt, die vereinbarte Form sei nur zu Beweiszwecken, nicht als konstitutive Form vereinbart).

Beweispflichtig ist auch, wer sich auf die (formlose) **Änderung** und die damit ver- **86** bundene Abbedingung der ursprünglich vertraglich vereinbarten Form beruft (OLG Frankfurt MDR 1981, 498). Wurde allerdings der Vertrag längere Zeit zu den abgeänderten Bedingungen vollzogen, kann sich daraus eine tatsächliche Vermutung für den Abschluß eines Änderungsvertrages ergeben (BGH LM § 305 Nr 7; LM § 105 HGB Nr 22; PALANDT/HEINRICHS Rn 7).

Vorbemerkungen zu §§ 127a und 128

Beurkundungsgesetz

Beurkundungsgesetz (BeurkG) vom 28. 8. 1969 (BGBl I 1513), zuletzt geändert durch Gesetz vom 23. 4. 2004 (BGBl I 598).

Erster Abschnitt
Allgemeine Vorschriften

§ 1
Geltungsbereich

(1) Dieses Gesetz gilt für öffentliche Beurkundungen und Verwahrungen durch den Notar.

(2) Soweit für öffentliche Beurkundungen neben dem Notar auch andere Urkundspersonen oder sonstige Stellen zuständig sind, gelten die Vorschriften dieses Gesetzes, ausgenommen § 5 Abs. 2, entsprechend.

§ 2
Überschreiten des Amtsbezirks

Eine Beurkundung ist nicht deshalb unwirksam, weil der Notar sie außerhalb seines Amtsbezirks oder außerhalb des Landes vorgenommen hat, in dem er zum Notar bestellt ist.

Vorbem zu §§ 127a, 128 (BeurkG) Buch 1
Abschnitt 3 · Rechtsgeschäfte

§ 3
Verbot der Mitwirkung als Notar

(1) Ein Notar soll an einer Beurkundung nicht mitwirken, wenn es sich handelt um

1. eigene Angelegenheiten, auch wenn der Notar nur mitberechtigt oder mitverpflichtet ist,

2. Angelegenheiten seines Ehegatten, früheren Ehegatten oder seines Verlobten,

2a. Angelegenheiten seines Lebenspartners oder früheren Lebenspartners,

3. Angelegenheiten einer Person, die mit dem Notar in gerader Linie verwandt oder verschwägert oder in der Seitenlinie bis zum dritten Grade verwandt oder bis zum zweiten Grade verschwägert ist oder war,

4. Angelegenheiten einer Person, mit der sich der Notar zur gemeinsamen Berufsausübung verbunden oder mit der er gemeinsame Geschäftsräume hat,

5. Angelegenheiten einer Person, deren gesetzlicher Vertreter der Notar oder eine Person im Sinne von Nummer 4 ist,

6. Angelegenheiten einer Person, deren vertretungsberechtigtem Organ der Notar oder eine Person im Sinne der Nummer 4 angehört,

7. Angelegenheiten einer Person, für die der Notar außerhalb seiner Amtstätigkeit oder eine Person im Sinne der Nummer 4 außerhalb ihrer Amtstätigkeit in derselben Angelegenheit bereits tätig war oder ist, es sei denn, diese Tätigkeit wurde im Auftrag aller Personen ausgeübt, die an der Beurkundung beteiligt sein sollen,

8. Angelegenheiten einer Person, die den Notar in derselben Angelegenheit bevollmächtigt hat oder zu der der Notar oder eine Person im Sinne der Nummer 4 in einem ständigen Dienst – oder ähnlichen ständigen Geschäftsverhältnis steht, oder

9. Angelegenheiten einer Gesellschaft, an der der Notar mit mehr als fünf von Hundert der Stimmrechte oder mit einem anteiligen Betrag des Haftkapitals von mehr als 2 500 Euro beteiligt ist.

Der Notar hat vor der Beurkundung nach einer Vorbefassung im Sinne der Nummer 7 zu fragen und in der Urkunde die Antwort zu vermerken.

(2) Handelt es sich um eine Angelegenheit mehrerer Personen und ist der Notar früher in dieser Angelegenheit als gesetzlicher Vertreter oder Bevollmächtigter tätig gewesen oder ist er für eine dieser Personen in anderer Sache als Bevollmächtigter tätig, so soll er vor der Beurkundung darauf hinweisen und fragen, ob er die Beurkundung gleichwohl vornehmen soll. In der Urkunde soll er vermerken, daß dies geschehen ist.

(3) Absatz 2 gilt entsprechend, wenn es sich handelt um

1. Angelegenheiten einer Person, deren nicht zur Vertretung berechtigtem Organ der Notar angehört,

2. Angelegenheiten einer Gemeinde oder eines Kreises, deren Organ der Notar angehört,

3. Angelegenheiten einer als Körperschaft des öffentlichen Rechts anerkannten Religions- oder Weltanschauungsgemeinschaft oder einer als Körperschaft des öffentlichen Rechts anerkannten Teilorganisation einer solchen Gemeinschaft, deren Organ der Notar angehört.

In den Fällen der Nummer 2 und 3 ist Absatz 1 Nr. 6 nicht anwendbar.

§ 4
Ablehnung der Beurkundung

Der Notar soll die Beurkundung ablehnen, wenn sie mit seinen Amtspflichten nicht vereinbar wäre, insbesondere wenn seine Mitwirkung bei Handlungen verlangt wird, mit denen erkennbar unerlaubte oder unredliche Zwecke verfolgt werden.

§ 5
Urkundensprache

(1) Urkunden werden in deutscher Sprache errichtet.

(2) Der Notar kann auf Verlangen Urkunden auch in einer anderen Sprache errichten. Er soll dem Verlangen nur entsprechen, wenn er der fremden Sprache hinreichend kundig ist.

Zweiter Abschnitt
Beurkundung von Willenserklärungen

1. Ausschließung des Notars

§ 6
Ausschließungsgründe

(1) Die Beurkundung von Willenserklärungen ist unwirksam, wenn

1. der Notar selbst,

2. sein Ehegatte,

2a. sein Lebenspartner,

3. eine Person, die mit ihm in gerader Linie verwandt ist oder war

oder

4. ein Vertreter, der für eine der in den Nummern 1 bis 3 bezeichneten Personen handelt,

an der Beurkundung beteiligt ist.

(2) An der Beurkundung beteiligt sind die Erschienenen, deren im eigenen oder fremden Namen abgegebene Erklärungen beurkundet werden sollen.

§ 7
Beurkundungen zugunsten des Notars oder seiner Angehörigen

Die Beurkundung von Willenserklärungen ist insoweit unwirksam, als diese darauf gerichtet sind,

1. dem Notar,

2. seinem Ehegatten oder früheren Ehegatten,

2a. seinem Lebenspartner oder früheren Lebenspartner oder

3. einer Person, die mit ihm in gerader Linie verwandt oder verschwägert oder in der Seitenlinie bis zum dritten Grade verwandt oder bis zum zweiten Grade verschwägert ist oder war,

einen rechtlichen Vorteil zu verschaffen.

2. Niederschrift

§ 8
Grundsatz

Bei der Beurkundung von Willenserklärungen muß eine Niederschrift über die Verhandlung aufgenommen werden.

§ 9
Inhalt der Niederschrift

(1) Die Niederschrift muß enthalten

1. die Bezeichnung des Notars und der Beteiligten

sowie

2. die Erklärungen der Beteiligten.

Erklärungen in einem Schriftstück, auf das in der Niederschrift verwiesen und das dieser beigefügt wird, gelten als in der Niederschrift selbst enthalten. Satz 2 gilt entsprechend, wenn die Beteiligten unter Verwendung von Karten, Zeichnungen oder Abbildungen Erklärungen abgeben.

(2) Die Niederschrift soll Ort und Tag der Verhandlung enthalten.

§ 10
Feststellung der Beteiligten

(1) In der Niederschrift soll die Person der Beteiligten so genau bezeichnet werden, daß Zweifel und Verwechslungen ausgeschlossen sind.

(2) Aus der Niederschrift soll sich ergeben, ob der Notar die Beteiligten kennt oder wie er sich Gewißheit über ihre Person verschafft hat. Kann sich der Notar diese Gewißheit nicht verschaffen,

wird aber gleichwohl die Aufnahme der Niederschrift verlangt, so soll der Notar dies in der Niederschrift unter Anführung des Sachverhalts angeben.

§ 11
Feststellungen über die Geschäftsfähigkeit

(1) Fehlt einem Beteiligten nach der Überzeugung des Notars die erforderliche Geschäftsfähigkeit, so soll die Beurkundung abgelehnt werden. Zweifel an der erforderlichen Geschäftsfähigkeit eines Beteiligten soll der Notar in der Niederschrift feststellen.

(2) Ist ein Beteiligter schwer krank, so soll dies in der Niederschrift vermerkt und angegeben werden, welche Feststellungen der Notar über die Geschäftsfähigkeit getroffen hat.

§ 12
Nachweise für die Vertretungsberechtigung

Vorgelegte Vollmachten und Ausweise über die Berechtigung eines gesetzlichen Vertreters sollen der Niederschrift in Urschrift oder in beglaubigter Abschrift beigefügt werden. Ergibt sich die Vertretungsberechtigung aus einer Eintragung im Handelsregister oder in einem ähnlichen Register, so genügt die Bescheinigung eines Notars nach § 21 der Bundesnotarordnung.

§ 13
Vorlesen, Genehmigen, Unterschreiben

(1) Die Niederschrift muß in Gegenwart des Notars den Beteiligten vorgelesen, von ihnen genehmigt und eigenhändig unterschrieben werden; soweit die Niederschrift auf Karten, Zeichnungen oder Abbildungen verweist, müssen diese den Beteiligten anstelle des Vorlesens zur Durchsicht vorgelegt werden. In der Niederschrift soll festgestellt werden, daß dies geschehen ist. Haben die Beteiligten die Niederschrift eigenhändig unterschrieben, so wird vermutet, daß sie in Gegenwart des Notars vorgelesen oder, soweit nach Satz 1 erforderlich, zur Durchsicht vorgelegt und von den Beteiligten genehmigt ist. Die Niederschrift soll den Beteiligten auf Verlangen vor der Genehmigung auch zur Durchsicht vorgelegt werden.

(2) Werden mehrere Niederschriften aufgenommen, die ganz oder teilweise übereinstimmen, so genügt es, wenn der übereinstimmende Inhalt den Beteiligten einmal nach Absatz 1 Satz 1 vorgelesen oder anstelle des Vorlesens zur Durchsicht vorgelegt wird. § 18 der Bundesnotarordnung bleibt unberührt.

(3) Die Niederschrift muß von dem Notar eigenhändig unterschrieben werden. Der Notar soll der Unterschrift seine Amtsbezeichnung beifügen.

§ 13a
Eingeschränkte Beifügungs- und Vorlesungspflicht

(1) Wird in der Niederschrift auf eine andere notarielle Niederschrift verwiesen, die nach den Vorschriften über die Beurkundung von Willenserklärungen errichtet worden ist, so braucht diese nicht vorgelesen zu werden, wenn die Beteiligten erklären, daß ihnen der Inhalt der anderen Niederschrift bekannt ist, und sie auf das Vorlesen verzichten. Dies soll in der Niederschrift festgestellt werden. Der Notar soll nur beurkunden, wenn den Beteiligten die andere Niederschrift

zumindest in beglaubigter Abschrift bei der Beurkundung vorliegt. Für die Vorlage zur Durchsicht anstelle des Vorlesens von Karten, Zeichnungen oder Abbildungen gelten die Sätze 1 bis 3 entsprechend.

(2) Die andere Niederschrift braucht der Niederschrift nicht beigefügt zu werden, wenn die Beteiligten darauf verzichten. In der Niederschrift soll festgestellt werden, daß die Beteiligten auf das Beifügen verzichtet haben.

(3) Kann die andere Niederschrift bei dem Notar oder einer anderen Stelle rechtzeitig vor der Beurkundung eingesehen werden, so soll der Notar dies den Beteiligten vor der Verhandlung mitteilen; befindet sich die andere Niederschrift bei dem Notar, so soll er diese dem Beteiligten auf Verlangen übermitteln. Unbeschadet des § 17 soll der Notar die Beteiligten auch über die Bedeutung des Verweisens auf die andere Niederschrift belehren.

(4) Wird in der Niederschrift auf Karten oder Zeichnungen verwiesen, die von einer öffentlichen Behörde innerhalb der Grenzen ihrer Amtsbefugnisse oder von einer mit öffentlichem Glauben versehenen Person innerhalb des ihr zugewiesenen Geschäftskreises mit Unterschrift und Siegel oder Stempel versehen worden sind, so gelten die Absätze 1 bis 3 entsprechend.

§ 14
Eingeschränkte Vorlesungspflicht

(1) Werden Bilanzen, Inventare, Nachlaßverzeichnisse oder sonstige Bestandsverzeichnisse über Sachen, Rechte und Rechtsverhältnisse in ein Schriftstück aufgenommen, auf das in der Niederschrift verwiesen und das dieser beigefügt wird, so braucht es nicht vorgelesen zu werden, wenn die Beteiligten auf das Vorlesen verzichten. Das gleiche gilt für Erklärungen, die bei der Bestellung einer Hypothek, Grundschuld, Rentenschuld, Schiffshypothek oder eines Registerpfandrechts an Luftfahrzeugen aufgenommen werden und nicht im Grundbuch, Schiffsregister, Schiffsbauregister oder im Register für Pfandrechte an Luftfahrzeugen selbst angegeben zu werden brauchen. Eine Erklärung, sich der sofortigen Zwangsvollstreckung zu unterwerfen, muß in die Niederschrift selbst aufgenommen werden.

(2) Wird nach Absatz 1 das beigefügte Schriftstück nicht vorgelesen, so soll es den Beteiligten zur Kenntnisnahme vorgelegt und von ihnen unterschrieben werden; besteht das Schriftstück aus mehreren Seiten, soll jede Seite von ihnen unterzeichnet werden. § 17 bleibt unberührt.

(3) In der Niederschrift muß festgestellt werden, daß die Beteiligten auf das Vorlesen verzichtet haben; es soll festgestellt werden, daß ihnen das beigefügte Schriftstück zur Kenntnisnahme vorgelegt worden ist.

§ 15
Versteigerungen

Bei der Beurkundung von Versteigerungen gelten nur solche Bieter als beteiligt, die an ihr Gebot gebunden bleiben. Entfernt sich ein solcher Bieter vor dem Schluß der Verhandlung, so gilt § 13 Abs. 1 insoweit nicht; in der Niederschrift muß festgestellt werden, daß sich der Bieter vor dem Schluß der Verhandlung entfernt hat.

§ 16
Übersetzung der Niederschrift

(1) Ist ein Beteiligter nach seinen Angaben oder nach der Überzeugung des Notars der deutschen Sprache oder, wenn die Niederschrift in einer anderen als der deutschen Sprache aufgenommen wird, dieser Sprache nicht hinreichend kundig, so soll dies in der Niederschrift festgestellt werden.

(2) Eine Niederschrift, die eine derartige Feststellung enthält, muß dem Beteiligten anstelle des Vorlesens übersetzt werden. Wenn der Beteiligte es verlangt, soll die Übersetzung außerdem schriftlich angefertigt und ihm zur Durchsicht vorgelegt werden; die Übersetzung soll der Niederschrift beigefügt werden. Der Notar soll den Beteiligten darauf hinweisen, daß dieser eine schriftliche Übersetzung verlangen kann. Diese Tatsachen sollen in der Niederschrift festgestellt werden.

(3) Für die Übersetzung muß, falls der Notar nicht selbst übersetzt, ein Dolmetscher zugezogen werden. Für den Dolmetscher gelten die §§ 6, 7 entsprechend. Ist der Dolmetscher nicht allgemein vereidigt, so soll ihn der Notar vereidigen, es sei denn, daß alle Beteiligten darauf verzichten. Diese Tatsachen sollen in der Niederschrift festgestellt werden. Die Niederschrift soll auch von dem Dolmetscher unterschrieben werden.

3. Prüfungs- und Belehrungspflichten

§ 17
Grundsatz

(1) Der Notar soll den Willen der Beteiligten erforschen, den Sachverhalt klären, die Beteiligten über die rechtliche Tragweite des Geschäfts belehren und ihre Erklärungen klar und unzweideutig in der Niederschrift wiedergeben. Dabei soll er darauf achten, daß Irrtümer und Zweifel vermieden sowie unerfahrene und ungewandte Beteiligte nicht benachteiligt werden.

(2) Bestehen Zweifel, ob das Geschäft dem Gesetz oder dem wahren Willen der Beteiligten entspricht, so sollen die Bedenken mit den Beteiligten erörtert werden. Zweifelt der Notar an der Wirksamkeit des Geschäfts und bestehen die Beteiligten auf der Beurkundung, so soll er die Belehrung und die dazu abgegebenen Erklärungen der Beteiligten in der Niederschrift vermerken.

(2a) Der Notar soll das Beurkundungsverfahren so gestalten, daß die Einhaltung der Pflichten nach den Absätzen 1 und 2 gewährleistet ist. Bei Verbraucherverträgen soll der Notar darauf hinwirken, dass

1. die rechtsgeschäftlichen Erklärungen des Verbrauchers von diesem persönlich oder durch eine Vertrauensperson vor dem Notar abgegeben werden und

2. der Verbraucher ausreichend Gelegenheit erhält, sich vorab mit dem Gegenstand der Beurkundung auseinander zu setzen; bei Verbraucherverträgen, die der Beurkundungspflicht nach § 311b Abs 1 Satz 1 und Abs 3 des Bürgerlichen Gesetzbuchs unterliegen, geschieht dies im Regelfall dadurch, dass dem Verbraucher der beabsichtigte Text des Rechtsgeschäfts zwei Wochen vor der Beurkundung zur Verfügung gestellt wird.

Weitere Amtspflichten des Notars bleiben unberührt.

(3) Kommt ausländisches Recht zur Anwendung oder bestehen darüber Zweifel, so soll der Notar die Beteiligten darauf hinweisen und dies in der Niederschrift vermerken. Zur Belehrung über den Inhalt ausländischer Rechtsordnungen ist er nicht verpflichtet.

§ 18
Genehmigungserfordernisse

Auf die erforderlichen gerichtlichen oder behördlichen Genehmigungen oder Bestätigungen oder etwa darüber bestehende Zweifel soll der Notar die Beteiligten hinweisen und dies in der Niederschrift vermerken.

§ 19
Unbedenklichkeitsbescheinigung

Darf nach dem Grunderwerbsteuerrecht oder dem Kapitalverkehrsteuerrecht eine Eintragung im Grundbuch oder im Handelsregister erst vorgenommen werden, wenn die Unbedenklichkeitsbescheinigung des Finanzamts vorliegt, so soll der Notar die Beteiligten darauf hinweisen und dies in der Niederschrift vermerken.

§ 20
Gesetzliches Vorkaufsrecht

Beurkundet der Notar die Veräußerung eines Grundstücks, so soll er, wenn ein gesetzliches Vorkaufsrecht in Betracht kommen könnte, darauf hinweisen und dies in der Niederschrift vermerken.

§ 20a
Vorsorgevollmacht

Beurkundet der Notar eine Vorsorgevollmacht, so soll er auf die Möglichkeit der Registrierung bei dem Zentralen Vorsorgeregister nach § 78a Abs. 1 der Bundesnotarordnung hinweisen.

§ 21
Grundbucheinsicht, Briefvorlage

(1) Bei Geschäften, die im Grundbuch eingetragene oder einzutragende Rechte zum Gegenstand haben, soll sich der Notar über den Grundbuchinhalt unterrichten. Sonst soll er nur beurkunden, wenn die Beteiligten trotz Belehrung über die damit verbundenen Gefahren auf einer sofortigen Beurkundung bestehen; dies soll er in der Niederschrift vermerken.

(2) Bei der Abtretung oder Belastung eines Briefpfandrechts soll der Notar in der Niederschrift vermerken, ob der Brief vorgelegen hat.

4. Beteiligung behinderter Personen

§ 22
Hörbehinderte, sprachbehinderte und sehbehinderte Beteiligte

(1) Vermag ein Beteiligter nach seinen Angaben oder nach der Überzeugung des Notars nicht hinreichend zu hören, zu sprechen oder zu sehen, so soll zu der Beurkundung ein Zeuge oder ein

zweiter Notar zugezogen werden, es sei denn, daß alle Beteiligten darauf verzichten. Auf Verlangen eines hör- und sprachbehinderten Beteiligten soll der Notar einen Gebärdensprachdolmetscher hinzuziehen. Diese Tatsachen sollen in der Niederschrift festgestellt werden.

(2) Die Niederschrift soll auch von dem Zeugen oder dem zweiten Notar unterschrieben werden.

§ 23
Besonderheiten für hörbehinderte Beteiligte

Eine Niederschrift, in der nach § 22 Abs. 1 festgestellt ist, daß ein Beteiligter nicht hinreichend zu hören vermag, muß diesem Beteiligten anstelle des Vorlesens zur Durchsicht vorgelegt werden; in der Niederschrift soll festgestellt werden, daß dies geschehen ist. Hat der Beteiligte die Niederschrift eigenhändig unterschrieben, so wird vermutet, daß sie ihm zur Durchsicht vorgelegt und von ihm genehmigt worden ist.

§ 24
Besonderheiten für hör- und sprachbehinderte Beteiligte, mit denen eine schriftliche Verständigung nicht möglich ist

(1) Vermag ein Beteiligter nach seinen Angaben oder nach der Überzeugung des Notars nicht hinreichend zu hören oder zu sprechen und sich auch nicht schriftlich zu verständigen, so soll der Notar dies in der Niederschrift feststellen. Wird in der Niederschrift eine solche Feststellung getroffen, so muss zu der Beurkundung eine Person zugezogen werden, die sich mit dem behinderten Beteiligten zu verständigen vermag und mit deren Zuziehung er nach der Überzeugung des Notars einverstanden ist; in der Niederschrift soll festgestellt werden, dass dies geschehen ist. Zweifelt der Notar an der Möglichkeit der Verständigung zwischen der zugezogenen Person und dem Beteiligten, so soll er dies in der Niederschrift feststellen. Die Niederschrift soll auch von der zugezogenen Person unterschrieben werden.

(2) Die Beurkundung von Willenserklärungen ist insoweit unwirksam, als diese darauf gerichtet sind, der nach Absatz 1 zugezogenen Person einen rechtlichen Vorteil zu verschaffen.

(3) Das Erfordernis, nach § 22 einen Zeugen oder zweiten Notar zuzuziehen, bleibt unberührt.

§ 25
Schreibunfähige

Vermag ein Beteiligter nach seinen Angaben oder nach der Überzeugung des Notars seinen Namen nicht zu schreiben, so muß bei dem Vorlesen und der Genehmigung ein Zeuge oder ein zweiter Notar zugezogen werden, wenn nicht bereits nach § 22 ein Zeuge oder ein zweiter Notar zugezogen worden ist. Diese Tatsachen sollen in der Niederschrift festgestellt werden. Die Niederschrift muß von dem Zeugen oder dem zweiten Notar unterschrieben werden.

§ 26
Verbot der Mitwirkung als Zeuge oder zweiter Notar

(1) Als Zeuge oder zweiter Notar soll bei der Beurkundung nicht zugezogen werden, wer

1. selbst beteiligt ist oder durch einen Beteiligten vertreten wird,

2. aus einer zu beurkundenden Willenserklärung einen rechtlichen Vorteil erlangt,

3. mit dem Notar verheiratet ist,

3a. mit ihm eine Lebenspartnerschaft führt oder

4. mit ihm in gerader Linie verwandt ist oder war.

(2) Als Zeuge soll bei der Beurkundung ferner nicht zugezogen werden, wer

1. zu dem Notar in einem ständigen Dienstverhältnis steht,

2. minderjährig ist,

3. geisteskrank oder geistesschwach ist,

4. nicht hinreichend zu hören, zu sprechen oder zu sehen vermag,

5. nicht schreiben kann oder

6. der deutschen Sprache nicht hinreichend kundig ist; dies gilt nicht im Falle des § 5 Abs. 2, wenn der Zeuge der Sprache der Niederschrift hinreichend kundig ist.

5. Besonderheiten für Verfügungen von Todes wegen

§ 27
Begünstigte Personen

Die §§ 7, 16 Abs. 3 Satz 2, § 24 Abs. 2, § 26 Abs. 1 Nr. 2 gelten entsprechend für Personen, die in einer Verfügung von Todes wegen bedacht oder zum Testamentsvollstrecker ernannt werden.

§ 28
Feststellungen über die Geschäftsfähigkeit

Der Notar soll seine Wahrnehmungen über die erforderliche Geschäftsfähigkeit des Erblassers in der Niederschrift vermerken.

§ 29
Zeugen, zweiter Notar

Auf Verlangen der Beteiligten soll der Notar bei der Beurkundung bis zu zwei Zeugen oder einen zweiten Notar zuziehen und dies in der Niederschrift vermerken. Die Niederschrift soll auch von diesen Personen unterschrieben werden.

§ 30
Übergabe einer Schrift

Wird eine Verfügung von Todes wegen durch Übergabe einer Schrift errichtet, so muß die Niederschrift auch die Feststellung enthalten, daß die Schrift übergeben worden ist. Die Schrift soll derart gekennzeichnet werden, daß eine Verwechslung ausgeschlossen ist. In der Niederschrift soll vermerkt werden, ob die Schrift offen oder verschlossen übergeben worden ist. Von dem Inhalt einer offen übergebenen Schrift soll der Notar Kenntnis nehmen, sofern er der Sprache, in der die Schrift verfaßt ist, hinreichend kundig ist; § 17 ist anzuwenden. Die Schrift soll der Niederschrift beigefügt werden; einer Verlesung der Schrift bedarf es nicht.

§ 31
(aufgehoben)

§ 32
Sprachunkundige

Ist ein Erblasser, der dem Notar seinen letzten Willen mündlich erklärt, der Sprache, in der die Niederschrift aufgenommen wird, nicht hinreichend kundig und ist dies in der Niederschrift festgestellt, so muß eine schriftliche Übersetzung angefertigt werden, die der Niederschrift beigefügt werden soll. Der Erblasser kann hierauf verzichten; der Verzicht muß in der Niederschrift festgestellt werden.

§ 33
Besonderheiten beim Erbvertrag

Bei einem Erbvertrag gelten die §§ 30 und 32 entsprechend auch für die Erklärung des anderen Vertragschließenden.

§ 34
Verschließung, Verwahrung

(1) Die Niederschrift über die Errichtung eines Testaments soll der Notar in einen Umschlag nehmen und diesen mit dem Prägesiegel verschließen. In den Umschlag sollen auch die nach den §§ 30 und 32 beigefügten Schriften genommen werden. Auf dem Umschlag soll der Notar den Erblasser seiner Person nach näher bezeichnen und angeben, wann das Testament errichtet worden ist; diese Aufschrift soll der Notar unterschreiben. Der Notar soll veranlassen, daß das Testament unverzüglich in besondere amtliche Verwahrung gebracht wird.

(2) Beim Abschluß eines Erbvertrages gilt Absatz 1 entsprechend, sofern nicht die Vertragschließenden die besondere amtliche Verwahrung ausschließen; dies ist im Zweifel anzunehmen, wenn der Erbvertrag mit einem anderen Vertrag in derselben Urkunde verbunden wird.

(3) Haben die Beteiligten bei einem Erbvertrag die besondere amtliche Verwahrung ausgeschlossen, so bleibt die Urkunde in der Verwahrung des Notars. Nach Eintritt des Erbfalls hat der Notar die Urkunde an das Nachlaßgericht abzuliefern, in dessen Verwahrung sie verbleibt.

§ 35
Niederschrift ohne Unterschrift des Notars

Hat der Notar die Niederschrift über die Errichtung einer Verfügung von Todes wegen nicht unterschrieben, so ist die Beurkundung aus diesem Grunde nicht unwirksam, wenn er die Aufschrift auf dem verschlossenen Umschlag unterschrieben hat.

Dritter Abschnitt
Sonstige Beurkundungen

1. Niederschriften

§ 36
Grundsatz

Bei der Beurkundung anderer Erklärungen als Willenserklärungen sowie sonstiger Tatsachen oder Vorgänge muß eine Niederschrift aufgenommen werden, soweit in § 39 nichts anderes bestimmt ist.

§ 37
Inhalt der Niederschrift

(1) Die Niederschrift muß enthalten

1. die Bezeichnung des Notars sowie

2. den Bericht über seine Wahrnehmungen.

Der Bericht des Notars in einem Schriftstück, auf das in der Niederschrift verwiesen und das dieser beigefügt wird, gilt als in der Niederschrift selbst enthalten. Satz 2 gilt entsprechend, wenn der Notar unter Verwendung von Karten, Zeichnungen oder Abbildungen seinen Bericht erstellt.

(2) In der Niederschrift sollen Ort und Tag der Wahrnehmungen des Notars sowie Ort und Tag der Errichtung der Urkunde angegeben werden.

(3) § 13 Abs. 3 gilt entsprechend.

§ 38
Eide, eidesstattliche Versicherungen

(1) Bei der Abnahme von Eiden und bei der Aufnahme eidesstattlicher Versicherungen gelten die Vorschriften über die Beurkundung von Willenserklärungen entsprechend.

(2) Der Notar soll über die Bedeutung des Eides oder der eidesstattlichen Versicherung belehren und dies in der Niederschrift vermerken.

§§ 39 – 41 sind unten bei der Erl § 129 abgedruckt.

2. Vermerke

§ 42
Beglaubigung einer Abschrift

(1) Bei der Beglaubigung der Abschrift einer Urkunde soll festgestellt werden, ob die Urkunde eine Urschrift, eine Ausfertigung, eine beglaubigte oder einfache Abschrift ist.

(2) Finden sich in einer dem Notar vorgelegten Urkunde Lücken, Durchstreichungen, Einschaltun-

gen, Änderungen oder unleserliche Worte, zeigen sich Spuren der Beseitigung von Schriftzeichen, insbesondere Radierungen, ist der Zusammenhang einer aus mehreren Blättern bestehenden Urkunde aufgehoben oder sprechen andere Umstände dafür, daß der ursprüngliche Inhalt der Urkunde geändert worden ist, so soll dies in dem Beglaubigungsvermerk festgestellt werden, sofern es sich nicht schon aus der Abschrift ergibt.

(3) Enthält die Abschrift nur den Auszug aus einer Urkunde, so soll in dem Beglaubigungsvermerk der Gegenstand des Auszugs angegeben und bezeugt werden, daß die Urkunde über diesen Gegenstand keine weiteren Bestimmungen enthält.

§ 43
Feststellung des Zeitpunktes der Vorlegung einer privaten Urkunde

Bei der Feststellung des Zeitpunktes, zu dem eine private Urkunde vorgelegt worden ist, gilt § 42 Abs. 2 entsprechend.

Vierter Abschnitt
Behandlung der Urkunden

§ 44
Verbindung mit Schnur und Prägesiegel

Besteht eine Urkunde aus mehreren Blättern, so sollen diese mit Schnur und Prägesiegel verbunden werden. Das gleiche gilt für Schriftstücke sowie für Karten, Zeichnungen oder Abbildungen, die nach § 9 Abs. 1 Satz 2, 3, §§ 14, 37 Abs. 1 Satz 2, 3 der Niederschrift beigefügt worden sind.

§ 44a
Änderungen in den Urkunden

(1) Zusätze und sonstige, nicht nur geringfügige Änderungen sollen am Schluß vor den Unterschriften oder am Rande vermerkt und im letzteren Falle von dem Notar besonders unterzeichnet werden. Ist der Niederschrift ein Schriftstück nach § 9 Abs. 1 Satz 2, den §§ 14, 37 Abs. 1 Satz 2 beigefügt, so brauchen Änderungen in dem beigefügten Schriftstück nicht unterzeichnet zu werden, wenn aus der Niederschrift hervorgeht, daß sie genehmigt worden sind.

(2) Offensichtliche Unrichtigkeiten kann der Notar auch nach Abschluß der Niederschrift durch einen von ihm zu unterschreibenden Nachtragsvermerk richtigstellen. Der Nachtragsvermerk ist am Schluß nach den Unterschriften oder auf einem besonderen, mit der Urkunde zu verbindenden Blatt niederzulegen und mit dem Datum der Richtigstellung zu versehen. Ergibt sich im übrigen nach Abschluß der Niederschrift die Notwendigkeit einer Änderung oder Berichtigung, so hat der Notar hierüber eine besondere Niederschrift aufzunehmen.

§ 45
Aushändigung der Urschrift

(1) Die Urschrift der notariellen Urkunde bleibt, wenn sie nicht auszuhändigen ist, in der Verwahrung des Notars.

(2) Die Urschrift einer Niederschrift soll nur ausgehändigt werden, wenn dargelegt wird, daß sie im

Ausland verwendet werden soll, und sämtliche Personen zustimmen, die eine Ausfertigung verlangen können. In diesem Fall soll die Urschrift mit dem Siegel versehen werden; ferner soll eine Ausfertigung zurückbehalten und auf ihr vermerkt werden, an wen und weshalb die Urschrift ausgehändigt worden ist. Die Ausfertigung tritt an die Stelle der Urschrift.

(3) Die Urschrift einer Urkunde, die in der Form eines Vermerks verfaßt ist, ist auszuhändigen, wenn nicht die Verwahrung verlangt wird.

§ 46
Ersetzung der Urschrift

(1) Ist die Urschrift einer Niederschrift ganz oder teilweise zerstört worden oder abhanden gekommen und besteht Anlaß, sie zu ersetzen, so kann auf einer noch vorhandenen Ausfertigung oder beglaubigten Abschrift oder einer davon gefertigten beglaubigten Abschrift vermerkt werden, daß sie an die Stelle der Urschrift tritt. Der Vermerk kann mit dem Beglaubigungsvermerk verbunden werden. Er soll Ort und Zeit der Ausstellung angeben und muß unterschrieben werden.

(2) Die Urschrift wird von der Stelle ersetzt, die für die Erteilung einer Ausfertigung zuständig ist.

(3) Vor der Ersetzung der Urschrift soll der Schuldner gehört werden, wenn er sich in der Urkunde der sofortigen Zwangsvollstreckung unterworfen hat. Von der Ersetzung der Urschrift sollen die Personen, die eine Ausfertigung verlangen können, verständigt werden, soweit sie sich ohne erhebliche Schwierigkeiten ermitteln lassen.

§ 47
Ausfertigung

Die Ausfertigung der Niederschrift vertritt die Urschrift im Rechtsverkehr.

§ 48
Zuständigkeit für die Erteilung der Ausfertigung

Die Ausfertigung erteilt, soweit bundes- oder landesrechtlich nichts anderes bestimmt ist, die Stelle, welche die Urschrift verwahrt. Wird die Urschrift bei einem Gericht verwahrt, so erteilt der Urkundsbeamte der Geschäftsstelle die Ausfertigung.

§ 49
Form der Ausfertigung

(1) Die Ausfertigung besteht in einer Abschrift der Urschrift, die mit dem Ausfertigungsvermerk versehen ist. Sie soll in der Überschrift als Ausfertigung bezeichnet sein.

(2) Der Ausfertigungsvermerk soll den Tag und den Ort der Erteilung angeben, die Person bezeichnen, der die Ausfertigung erteilt wird, und die Übereinstimmung der Ausfertigung mit der Urschrift bestätigen. Er muß unterschrieben und mit dem Siegel der erteilenden Stelle versehen sein.

(3) Werden Abschriften von Urkunden mit der Ausfertigung durch Schnur und Prägesiegel verbunden oder befinden sie sich mit dieser auf demselben Blatt, so genügt für die Beglaubigung dieser Abschriften der Ausfertigungsvermerk; dabei soll entsprechend § 42 Abs. 3 und, wenn die Urkun-

den, von denen die Abschriften hergestellt sind, nicht zusammen mit der Urschrift der ausgefertigten Urkunde verwahrt werden, auch entsprechend § 42 Abs. 1, 2 verfahren werden.

(4) Auf der Urschrift soll vermerkt werden, wem und an welchem Tage eine Ausfertigung erteilt worden ist.

(5) Die Ausfertigung kann auf Antrag auch auszugsweise erteilt werden. § 42 Abs. 3 ist entsprechend anzuwenden.

§ 50
Übersetzungen

(1) Ein Notar kann die deutsche Übersetzung einer Urkunde mit der Bescheinigung der Richtigkeit und Vollständigkeit versehen, wenn er die Urkunde selbst in fremder Sprache errichtet hat oder für die Erteilung einer Ausfertigung der Niederschrift zuständig ist. Für die Bescheinigung gilt § 39 entsprechend. Der Notar soll die Bescheinigung nur erteilen, wenn er der fremden Sprache hinreichend kundig ist.

(2) Eine Übersetzung, die mit einer Bescheinigung nach Absatz 1 versehen ist, gilt als richtig und vollständig. Der Gegenbeweis ist zulässig.

(3) Von einer derartigen Übersetzung können Ausfertigungen und Abschriften erteilt werden. Die Übersetzung soll in diesem Fall zusammen mit der Urschrift verwahrt werden.

§ 51
Recht auf Ausfertigungen, Abschriften und Einsicht

(1) Ausfertigungen können verlangen

1. bei Niederschriften über Willenserklärungen jeder, der eine Erklärung im eigenen Namen abgegeben hat oder in dessen Namen eine Erklärung abgegeben worden ist,

2. bei anderen Niederschriften jeder, der die Aufnahme der Urkunde beantragt hat,

sowie die Rechtsnachfolger dieser Personen.

(2) Die in Absatz 1 genannten Personen können gemeinsam in der Niederschrift oder durch besondere Erklärung gegenüber der zuständigen Stelle etwas anderes bestimmen.

(3) Wer Ausfertigungen verlangen kann, ist auch berechtigt, einfache oder beglaubigte Abschriften zu verlangen und die Urschrift einzusehen.

(4) Mitteilungspflichten, die auf Grund von Rechtsvorschriften gegenüber Gerichten oder Behörden bestehen, bleiben unberührt.

§ 52
Vollstreckbare Ausfertigungen

Vollstreckbare Ausfertigungen werden nach den dafür bestehenden Vorschriften erteilt.

§ 53
Einreichung beim Grundbuchamt oder Registergericht

Sind Willenserklärungen beurkundet worden, die beim Grundbuchamt oder Registergericht einzureichen sind, so soll der Notar dies veranlassen, sobald die Urkunde eingereicht werden kann, es sei denn, daß alle Beteiligten gemeinsam etwas anderes verlangen; auf die mit einer Verzögerung verbundenen Gefahren soll der Notar hinweisen.

§ 54
Rechtsmittel

(1) Gegen die Ablehnung der Erteilung der Vollstreckungsklausel oder einer Amtshandlung nach den §§ 45, 46, 51 sowie gegen die Ersetzung einer Urschrift ist die Beschwerde gegeben.

(2) Für das Beschwerdeverfahren gelten die Vorschriften des Gesetzes über die Angelegenheiten der freiwilligen Gerichtsbarkeit. Über die Beschwerde entscheidet eine Zivilkammer des Landgerichts, in dessen Bezirk die Stelle, gegen die sich die Beschwerde richtet, ihren Sitz hat.

§ 63

Die Länder sind befugt, durch Gesetz die Zuständigkeit für die öffentliche Beglaubigung von Abschriften oder Unterschriften anderen Personen oder Stellen zu übertragen.

Vom Abdruck der §§ 54a–62 u 64–71 BeurkG wurde abgesehen.

Materialien: BT-Drucks V 3282.

Schrifttum

(Vgl auch das Schrifttum zu Formvorschriften bei § 125 sowie die speziellen Hinweise bei den Kommentierungen zu den einzelnen Beurkundungserfordernissen.)
ANTENREITER, Länderbericht Österreich, Notar Int'l (Notarius International) 2002, 119
ARMBRÜSTER, Zur Beurkundungsbedürftigkeit von Treuhandabreden über GmbH-Anteile, DNotZ 1997, 762
BARDY, Belehrungspflicht und Hinweise des Notars in Fällen mit Auslandsberührung, Mitt-RhNotK 1993, 305
BAUMANN, Das Amt des Notars – Seine öffentlichen und sozialen Funktionen, Mitt-RhNotK 1996, 1
F BAUR, Sinn und Funktion der notariellen Beurkundung, BWNotZ 1977 Sonderheft 43*
Beck'sches Notar-Handbuch, hrsg von BRAMBRING/JERSCHKE (3. Aufl 2000)
BEZZENBERGER, Die Niederschrift über eine beurkundungsfreie Hauptversammlung, in: FS Schippel (1996) S 361
BINDSEIL, Konsularisches Beurkundungswesen, DNotZ 1993, 5
BINZ/MAYER, Beurkundungspflichten bei der GmbH & Co. KG, NJW 2002, 3054
BOCKEMÜHL, Formbedürftige Willenserklärungen und Bezugnahmemöglichkeiten (Diss Köln 1969)
BRAMBRING, Das Gesetz zur Änderung und Ergänzung beurkundungsrechtlicher Vorschriften in der notariellen Praxis, DNotZ 1980, 281
CALO, Länderbericht Italien, Notar Int'l 2001, 151, 179
vCAMPE, Zum Bestimmtheitserfordernis bei der Bezeichnung von Grundstücksteilflächen –

Vereinbarung eines Leistungsbestimmungsrechts als Problemlösung?, DNotZ 2000, 109
DAIMER/REITHMANN, Die Prüfungs- und Belehrungspflicht des Notars (4. Aufl 1974)
DAMRAU, Nochmals: Bedarf der dem Erbverzicht zugrundeliegende Verpflichtungsvertrag notarieller Beurkundung?, NJW 1984, 1163
DITTMANN/REIMANN/BENGEL, Testament und Erbvertrag (3. Aufl 2000) darin Kommentierung zu §§ 1–35 BeurkG von LIMMER, REIMANN und BENGEL
ECKHARDT, Die Aufhebung des Grundstückskaufvertrages, JZ 1996, 934
EINSELE, Formerfordernis bei mehraktigen Rechtsgeschäften, DNotZ 1996, 835
ERTL, Sind die Abtretung und Verpfändung des Auflassungsanspruchs und die Verpflichtungsgeschäfte dazu noch formfrei?, DNotZ 1976, 68
EYLMANN/VAASEN, Bundesnotarordnung, Beurkundungsgesetz (2000)
FERNANDINI BARREDA, Länderbericht Peru, Notarius International 2003, 28
FITZ/ROTH, Der Notar im Kapitalgesellschaftsrecht, JBl (Österreich) 2004, 205
FLEISCHHAUER, Hauptversammlung und neue Medien, ZIP 2001, 1133
FLUME, Testamentsauslegung bei Falschbezeichnung, NJW 1983, 2007
FRENZ, Einige Anmerkungen zum Verhältnis von Formzweck, Beurkundungsverfahren und Berufsrecht, in: FG Willi Weichler (1997) S 175
ders, Verfahrensrechtliche Besonderheiten bei der Beurkundung von Testamenten mit behinderten Personen, ZNotP 1998, 373
GÄRTNER/ROSENBAUER, Formbedürftigkeit gem § 15 Abs 3 und 4 GmbHG bei Verkauf und Abtretung von Anteilen an ausländischer Gesellschaft mit beschränkter Haftung, DB 2002, 1871
GARRIDO CHAMORRO, Economía de Mercado y Seguridad Jurídica (Madrid 2004)
GEHRLEIN, Haftung nach Abbruch von Verhandlungen über formgebundene Verträge, MDR 1998, 445
GOETTE, Auslandsbeurkundungen im Kapitalgesellschaftsrecht, in: FS Boujong (1996) 130
ders, Auslandsbeurkundungen im Kapitalgesellschaftsrecht, DStR 1996, 709 = MittRhNotK 1997, 1

GROSSFELD/BERNDT, Die Übertragung von deutschen GmbH-Anteilen im Ausland, RIW 1996, 625
GRUBER, Studien zur Teleologie der notariellen Form, in: W RECHBERGER (Hrsg), Formpflicht und Gestaltungsfreiheit (2002) 55
HABSCHEID, Zur Heilung formnichtiger Erbteilsverkäufe, FamRZ 1968, 13
HAERENDEL, Die Beurkundung gesellschaftsrechtlicher Akte im Ausland, DStR 2001, 1802
HAGEN, Entwicklungstendenzen zur Beurkundungspflicht bei Grundstücksverträgen, DNotZ 1984, 263
ders, Die neuere Rechtsprechung des Bundesgerichtshofs bei Grundstückskaufverträgen, WM 1986, Sonderbeilage 6
HAGEN/BRAMBRING, Der Grundstückskauf (7. Aufl 2000)
HARKE, Formzweck und Heilungsziel – Funktion und Voraussetzungen der Konvaleszenz formnichtiger Verpflichtungsgeschäfte im Grundstücks- und Geschäftsanteilsverkehr, WM 2004, 357
HARKE, Schuldbeitritt und Form, ZBB 2004, 147
HARTMANN, Die elektronische Hauptversammlung, ZNotP 2001, 250
HAUG, Die Amtshaftung des Notars (2. Aufl 1997)
HEIDENHAIN, Zum Umfang der notariellen Beurkundung bei der Veräußerung von Geschäftsanteilen, NJW 1999, 3073
ders, Aufgabe des Beurkundungserfordernisses bei Verkauf und Abtretung von GmbH-Geschäftsanteilen, ZIP 2001, 721 (mit Replik KANZLEITER ZIP 2001, 2105)
ders, Nochmals: Der Zweck der Beurkundungspflicht für Veräußerungsverträge über GmbH-Geschäftsanteile, ZIP 2001, 2113
HEINEMANN, Zu den Anforderungen an die Unterschrift der Beteiligten in der notariellen Niederschrift, ZNotP 2002, 223
HERRMANN, Vollzug von Schenkungen nach § 518 II BGB, MDR 1980, 883
HÖFER/HUHN, Allgemeines Urkundenrecht (1968)
HOFMEISTER, Rechtssicherheit und Verbraucherschutz – Form im nationalen und europäischen Recht, DNotZ 1993, Sonderheft S 32*

Hügel, Die Formbedürftigkeit von Vollmachten bei Erbteilsübertragungen, ZEV 1995, 121
Huhn/vSchuckmann, Beurkundungsgesetz (4. Aufl 2003)
Jakobs, Gleichwertigkeit von Beurkundungen in der Schweiz, MittRhNotK 1985, 57
Jansen, FGG, Bd 3, BeurkG (2. Aufl 1971)
Janssen/Roberts, Die Formwirksamkeit des internationalen GmbH-Unternehmenskaufs, GmbHR 2003, 433
Kanzleiter, Das Gesetz zur Änderung des § 313 BGB, DNotZ 1973, 519
ders, Der Ausschluß der Rückforderung von Leistungen auf formnichtige Grundstücksgeschäfte, DNotZ 1986, 258
ders, Die nachträgliche Berichtigung notarieller Urkunden, DNotZ 1990, 478
ders, Der Zugang beurkundeter Willenserklärungen, DNotZ 1996, 931
ders, Bedürfen Rechtsgeschäfte „im Zusammenhang" mit Ehe- und Erbverträgen der notariellen Beurkundung?, NJW 1997, 217
ders, Das Vorlesen der Niederschrift, DNotZ 1997, 261
ders, Ausreichende Bezeichnung der noch nicht vermessenen Teilfläche im Grundstückskaufvertrag, NJW 2000, 1919
ders, Die notarielle Beurkundung als ein Weg zum „richtigen Vertrag", DNotZ Sonderheft 2001, 69*
ders, Der Zweck der Beurkundungspflicht für Veräußerungsverträge über GmbH-Geschäftsanteile (Entgegnung zu Heidenhain ZIP 2001, 721), ZIP 2001, 2105
ders, Anforderungen an die Unterschriften von Beteiligten und Notar unter der notariellen Niederschrift, DNotZ 2002, 520
ders, Die Beurkundungsbedürftigkeit des „Verknüpfungswillens" bei zusammenhängenden Rechtsgeschäften – ein Scheinproblem!, DNotZ 2004, 178 (mit Replik von Weigl DNotZ 2004, 339; Duplik Kanzleiter DNotZ 2004, 341)
Kaufhold, Vereinbarungen über den Nachlaß oder einzelne Nachlaßgegenstände ohne Mitwirkung des künftigen Erblassers, ZEV 1996, 454
B Keim, Das notarielle Beurkundungsverfahren (1990)
C Keim, Der stillschweigende Erbverzicht: sachgerechte Auslegung oder unzulässige Unterstellung?, ZEV 2001, 1
Keller, Formproblematik der Erbteilsveräußerung (1995)
Kersten/Bühling, Formularbuch und Praxis der Freiwilligen Gerichtsbarkeit (21. Aufl 2001)
Klingsporn, Der Abschluß formnichtiger Grundstücksveräußerungsverträge durch Wohnungsunternehmen, DB 1957, 367
König, Zur notariellen Beurkundung der Abtretung von GmbH-Geschäftsanteilen – Ein Vorschlag zur Einschränkung des § 15 Abs 3 und 4 GmbHG, ZIP 2004, 1838
Korte, Zum Beurkundungszwang des Grundstückskaufvertrages und damit im Zusammenhang stehender Rechtsgeschäfte, DNotZ 1984, 3 und 82
ders, Handbuch der Beurkundung von Grundstücksgeschäften (1990)
Krejci, Formgebote im Gesellschaftsrecht, in: W Rechberger (Hrsg), Formpflicht und Gestaltungsfreiheit (2002) 1
Krieger, Muß der Hauptversammlungsnotar die Stimmauszählung überwachen?, ZIP 2002, 1597
ders, Berichtigung von Hauptversammlungsprotokollen, NZG 2003, 366
Kröll, Beurkundung gesellschaftsrechtlicher Vorgänge durch einen ausländischen Notar, ZGR 2000, 111
Kuchinke, Bedarf der dem Erbverzicht zugrundeliegende Verpflichtungsvertrag notarieller Beurkundung?, NJW 1983, 2358
Lamers, Die Beurkundung der Hauptversammlung einer Aktiengesellschaft, DNotZ 1962, 287
Lange/Schäfer-Gölz, Sind Kaufverträge, die vor dem 3. 10. 1990 von bundesdeutschen und Westberliner Notaren über in der ehemaligen DDR belegenes Grundvermögen beurkundet worden, formunwirksam?, DtZ 1991, 292
Langhein, Reform des Mietrechts – Ausübung des Mietervorkaufsrechts durch schriftliche Erklärung, ZRP 2000, 473
Lehmann, Zur Aufhebung des Anwartschaftsrechts an einem Grundstück, DNotZ 1987, 142
Lerch, Inhalt und Grenzen der Belehrungspflicht durch den Notar unter besonderer Be-

rücksichtigung der haftungsrechtlichen Konsequenzen, BWNotZ 1997, 53
LERCH, Beurkundung und formfreie Genehmigung, ZRP 1998, 347
LEUTNER, Die vollstreckbare Urkunde im europäischen Rechtsverkehr (1997)
LIMMER, Vertragsgerechtigkeit notarieller Urkunden und europäischer Verbraucherschutz, in: FS des Rheinischen Notariats (1998) S 15
LICHTENBERGER, Das Gesetz zur Änderung und Ergänzung beurkundungsrechtlicher Vorschriften, NJW 1980, 159
ders, Zum Umfang des Formzwangs und zur Belehrungspflicht, DNotZ 1988, 531
LICKLEDER, Die Verpflichtung, Eigentum an einem Grundstück zu erwerben, AcP 1999 (1999) 629
LIMMER, Erbschaftsverträge nach § 312: Bestandsaufnahme und Neuorientierung, DNotZ 1998, 927
ders, Die freiwillige Grundstücksversteigerung durch den Notar, in: FS Bezzenberger (2000) 509
LITZENBURGER, §§ 1–35 BeurkG, in: BAMBERGER/ROTH, BGB (2003)
LODE, Formfreie Abweichungen vom notariellen Treuhandvertrag?, BB 1986, 84
LORITZ, Rechtsfragen der notariellen Beurkundung bei Verkauf und Abtretung von GmbH-Geschäftsanteilen, DNotZ 2000, 90
LUDWIG, Entwicklungstendenzen des Rechts der notariellen Beurkundung, AcP 180 (1980) 373
J MAYER, §§ 1–35 BeurkG, in: SOERGEL, BGB (13. Aufl 2002)
MECKE/LERCH, Beurkundungsgesetz (2. Aufl 1991)
MERKT, Vertragsform beim Kauf von Anteilen an einer ausländischen Gesellschaft, ZIP 1994, 1417
MERTENS, Die Reichweite gesetzlicher Formvorschriften im BGB, JZ 2004, 431
MESSNER, Formpflicht und Konsumentenschutz, ÖNZ 1992, 191
MIHM, Berufsrechtliche Kollisionsprobleme beim Anwaltsnotar (2000)
MOURATIDOU, Länderbericht Griechenland, Notar Int'l 2001, 94
MÜLBERT, Die Anwendung der allgemeinen Formvorschriften bei Sachgründungen und Sachkapitalerhöhungen, AG 2003, 281
MÜLLER, Beurkundungsbedürftigkeit der Änderung und Aufhebung von Kaufverträgen über Grundstücke und grundstücksgleiche Rechte, MittRhNotK 1988, 243
MÜNCH, Vollstreckbare Urkunde und prozessualer Anspruch (1989)
ders, Der Anwendungsbereich der Vollstreckungsunterwerfung – Zum neuen Recht der vollstreckbaren Urkunde, ZNotP 1998, 474
OBERMÜLLER/WERNER/WINDEN/BUTZKE, Die Hauptversammlung der Aktiengesellschaft (4. Aufl 2001)
OBERNECK, Das Notariatsrecht der deutschen Länder, insbesondere Preußens (8.–10. Aufl 1929)
OTT, Das Notariat im Spannungsfeld von überliefertem Rechtsstatus und wirtschaftlicher Entwicklung, DNotZ 2001, Sonderheft S 83*
PEPIN, Länderbericht Québec, Notarius International 2003, 194
PETZOLD, Beurkundungszwang im Gesellschaftsrecht wegen § 313 BGB: Berücksichtigung der Ausdehnung des § 313 BGB auf Erwerbsverpflichtungen, BB 1975, 905
PLANELLS DEL POZO/TORRES ESCÁMEZ, Länderbericht Spanien, Notarius Int'l 2003, 283
POHLMANN, Die Heilung formnichtiger Verpflichtungsgeschäfte durch Erfüllung (1992)
ders, Formbedürftigkeit und Heilung der Aufhebung eines Grundstückskaufvertrages, DNotZ 1993, 355
PRIESTER, Notar und Gesellschaftsrecht, DNotZ 2001, Sonderheft S 52*
ders, Aufgaben und Funktion des Notars in der Hauptversammlung, DNotZ 2001, 661
READY, Brooke's Notary (12. Aufl 2002)
RECHBERGER, Formpflicht und Gestaltungsfreiheit (2002)
REINICKE/TIEDTKE, Heilung eines formnichtigen Vorvertrages und ihre Auswirkung auf die Vertragsstrafe, NJW 1982, 1430
dies, Das Anwartschaftsrecht des Auflassungsempfängers und die Formbedürftigkeit der Aufhebung eines Grundstücksvertrages, NJW 1992, 2281
REITHMANN, Allgemeines Urkundenrecht: Begriffe und Beweisregeln (1972)

ders, Zur Formulierung der notariellen Urkunde, DNotZ 1973, 152
ders, Notarielle Vertragsgestaltung und mitgebrachte Entwürfe, in: FS Franz Merz (1992) 469
ders, Beurkundung, Beglaubigung, Bescheinigung durch inländische und durch ausländische Notare, DNotZ 1995, 360
ders, Vertragsgestaltung als „Urkundstätigkeit", in: FS Schippel (1996) 769
ders, Berichtigung notarieller Urkunden, DNotZ 1999, 27
ders, Substitution bei Anwendung der Formvorschriften des GmbH-Gesetzes, NJW 2003, 385
REITHMANN/ALBRECHT, Handbuch der notariellen Vertragsgestaltung (8. Aufl 2001)
REITHMANN/BASTY/RINCK, Notarpraxis (2. Aufl 2001)
REUL, Die notarielle Beurkundung einer Hauptversammlung, AG 2002, 543
REUTER, Keine Auslandsbeurkundung im Gesellschaftsrecht?, BB 1998, 116
REIMANN, Formerfordernisse beim Abschluß von Gesellschaftsverträgen, DStR 1991, 154
RITZINGER, Der Vorvertrag in der notariellen Praxis, NJW 1990, 201
RÖLL, Die Beurkundung von GmbH-Gesellschafterbeschlüssen, DNotZ 1979, 644
SARINGHAUSEN, Formfreie Ausübung des Vorkaufsrechts nach § 505 I BGB im Hinblick auf Grundstückskaufverträge, NJW 1998, 37
SCHAAF, Die Praxis der Hauptversammlung (2. Aufl 1999)
SCHERVIER, Beurkundung GmbH-rechtlicher Vorgänge im Ausland, NJW 1992, 593
SCHMEINCK, Beurkundungsrechtliche Fragen bei Beteiligung von Personengesellschaften am Grundstücksverkehr, MittRhNotK 1982, 97
SCHMIDT, Formfreie Schenkung von stillen Beteiligungen und Unterbeteiligungen?, DB 2002, 829
F SCHMIDT, Zum Anwendungsbereich des § 313 BGB, ZfBR 1980, 173
KARSTEN SCHMIDT, Mobilisierung des Bodens: Grundbuch und Gesellschaftsrecht, NJW 1996, 3325
M SCHMIDT, §§ 27–35 BeurkG, in: ERMAN, BGB (11. Aufl 2004)
SCHOTTEN, Zur Formwirksamkeit von Verträgen über Grundbesitz in der ehemaligen DDR, die vor der Vereinigung in den alten Bundesländern beurkundet worden sind, DNotZ 1991, 771
SCHULTE, Die Niederschrift über die Verhandlung der Hauptversammlung einer AG, AG 1985, 33
SCHWACHTGEN, Das luxemburgische Notariat, MittBayNot 2004, 408
SCHWANECKE, Formzwang des § 313 BGB S 1 bei Durchgangserwerb von Grundeigentum, NJW 1984, 1185
SEEGER, Die „einseitige Abhängigkeit" – zum Umfang der Beurkundungsbedürftigkeit zusammengesetzter Grundstücksgeschäfte, MittBayNot 2003, 11
SEMLER/VOLHARD, Arbeitshandbuch für die Hauptversammlung (2. Aufl 2003)
SHAW, Notaries in Central Europe: Transformation as Reprofessionalisation, Notarius International 3–4/2004
SIEGLE, Umfang des Formzwangs bei Unternehmenskauf, NJW 1984, 2657
SPECKS, Heilung von Formmängeln gemäß § 311b Abs 1 Satz 2 BGB (§ 313 Satz 2 BGB aF) und § 15 Abs 4 Satz 2 GmbHG, RNotZ 2002, 193
STAUF, Umfang und Grenzen der Verweisungsmöglichkeiten nach § 13a BeurkG und der eingeschränkten Vorlesungspflicht nach § 14 BeurkG, RNotZ 2001, 129
STÜRNER, Der Notar – unabhängiges Organ der Rechtspflege?, JZ 1974, 154
TIEDTKE, Formbedürftigkeit der Aufhebung eines Grundstückskaufvertrages und Aufhebung des Formmangels, DB 1991, 2273
ders, Die Form des Verlängerungsvertrages, DNotZ 1991, 348
ULMER/LÖBBE, Zur Anwendbarkeit des § 313 BGB im Personengesellschaftsrecht, DNotZ 1998, 711
VOGEL, Gutglaubenserwerb, Fälschung, Staatshaftung und Identitätsfeststellung im schwedischen Grundstücksrecht, in: Aufbruch nach Europa, 75 Jahre Max-Planck-Institut für Privatrecht (2001) S 1065 = notar 2002, 42
WAGNER, Zum Schutzzweck des Beurkundungszwanges gem § 313 BGB, AcP 172 (1972) 452
WALDNER, Geschäftsanteilsabtretung in der notariellen Praxis, ZNotP 2001, 380

WANG JIAN, Das Notariat in China, Notarius Int'l 2003, 152
WELSER, Zivilrechtliche Formgebote und Notariatsakt, in: W RECHBERGER (Hrsg), Formpflicht und Gestaltungsfreiheit (2002) 1
WIESBROCK, Formerfordernisse beim Unternehmenskauf, DB 2002, 2311
WIESNER, Beurkundungspflicht und Heilungswirkung bei Gründung von Personengesellschaften und Unternehmensveräußerungen, NJW 1984, 95 (mit Erwiderung TIEDAU NJW 1984, 95)
WILHELMI, Der Notar in der Hauptversammlung der Aktiengesellschaft, BB 1987, 1331
WILL, Die notarielle Niederschrift über die Hauptversammlung einer Aktiengesellschaft, BWNotZ 1977, 133
WINKLER, Beurkundungsgesetz (15. Aufl 2003)
ders, Die Formbedürftigkeit von Kaufanwärterverträgen über Grundstücke und Eigentumswohnungen, NJW 1971, 401
ders, Aktuelle Entwicklungen des Beurkundungsrechts, FGPrax 2004, 179
DE WITT/TOMLOW, Länderbericht Niederlande, Notar Int'l 2002, 8, 27
WOLF, Rechtsgeschäfte im Vorfeld von Grundstücksübertragungen und ihre eingeschränkte Beurkundungsbedürftigkeit, DNotZ 1995, 179
WOLFSTEINER, Die vollstreckbare Urkunde (1978)
ders, Rechtssicherheit und Verbraucherschutz – Form im nationalen und europäischen Recht, DNotZ 1993, Sonderheft S 21*
ders, Die vollstreckbare Urkunde nach der 2. Zwangsvollstreckungsnovelle, DNotZ 1999, 306
WUFKA, Rechtseinheit zwischen Kausalgeschäft und Einigung bei Erbbaurechtsbestellungen, DNotZ 1985, 651
ders, Formfreiheit und Formbedürftigkeit der Genehmigung von Grundstücksverträgen, der Ausübung von Wiederkaufs-, Vorkaufs- und Optionsrechten sowie der Anfechtung, des Rücktritts und der Wandelung, DNotZ 1990, 339
YAMAMOTO, Länderbericht Japan, Notarius International 2003, 66
ZELLER, Die Formbedürftigkeit nachträglicher Änderungen von Grundstückskaufverträgen (1986)
ZUGEHÖR/GANTER/HERTEL, Handbuch der Notarhaftung (2004).

Systematische Übersicht

I.	Allgemein	1
II.	**Formwirkungen notarieller Beurkundung**	6
1.	Warnfunktion und Übereilungsschutz	7
a)	Allgemein	7
b)	Beratungsgerechte Gestaltung des Beurkundungsverfahrens (§ 17 Abs 2a BeurkG)	9
c)	Wertungswiderspruch zwischen Beurkundungserfordernis und nachträglicher Widerrufsmöglichkeit	10
2.	Beteiligtenschutz durch notarielle Belehrung und Vertragsgestaltung	11
a)	Rechtsberatungs- und Belehrungsfunktion	12
b)	Ausgewogene Vertragsgestaltung durch unabhängigen Dritten	13
c)	Schutz des schwächeren Beteiligten – Verbraucherschutz	16
3.	Klarstellungs- und Beweisfunktion	18
a)	Klarstellungsfunktion	18
b)	Beweisfunktion (§§ 415, 418 ZPO)	19
c)	Legitimationsfunktion	20
d)	Kundbarmachung im Grundbuch- und Registerverfahren	21
4.	Vollstreckbarkeit (§ 794 Abs 1 Nr 5 ZPO)	22
5.	Kontrolle im Interesse Dritter oder im öffentlichen Interesse	23
a)	Rechtssicherheit für Dritte	23
b)	Filterfunktion vor Eintragung in öffentliche Register	25
c)	Justizentlastung	26
d)	Meldepflichten	27
6.	Law and Economics	28
a)	Beurkundungserfordernisse	28

b)	Anforderungen an notarielles Berufsrecht und Verfahrensrecht	38	
c)	Notargebühren	40	

III. Hauptsächliche Beurkundungserfordernisse und ihr jeweiliger Schutzzweck (Formwirkungen) ... 43

1. Grundstücksveräußerung und sonstiges Immobilienrecht ... 45
   a) Verpflichtung zu Grundstücksveräußerung oder -erwerb (§ 311b Abs 1) ... 45
   b) Auflassung (§ 925) ... 48
   c) Aufteilung in Wohnungs- und Teileigentum (§ 4 Abs 2 WEG) ... 50
   d) Rechte an Grundstücken ... 52
2. Schenkungen, Verpflichtung über das Vermögen als Ganzes ... 53
   a) Schenkungsversprechen (§ 518 Abs 1) ... 53
   b) Verträge über den Nachlaß oder das gegenwärtige Vermögen (§ 311b Abs 3 und 5) ... 56
3. Familienrecht ... 59
   a) Ehevertrag und Scheidungsvereinbarung (§ 1410) ... 59
   b) Vaterschaftsanerkennung (§ 1597); Sorgeerklärung (§ 1626d) und Adoption (§§ 1750, 1752) ... 63
   c) Vorsorgevollmacht und Betreuungsverfügung ... 64
4. Erbrecht ... 65
   a) Verfügungen von Todes wegen (§§ 2232, 2276) ... 65
   b) Schenkungsversprechen von Todes wegen (§ 2301 Abs 1) ... 69
   c) Erb- und Pflichtteilsverzicht (§ 2348) ... 70
   d) Eidesstattliche Versicherung für Erbscheinsantrag (§ 2356 Abs 2) ... 71
   e) Erbschaftskauf und Erbteilsübertragung (§§ 2033 Abs 1 S 2, 2371) ... 72
5. Gesellschaftsrecht ... 75
   a) Gründung einer Kapitalgesellschaft (§ 23 AktG, § 2 GmbHG) ... 76
   b) Satzungsänderung einer Kapitalgesellschaft und Hauptversammlungsbeschlüsse (§ 130 AktG, § 53 GmbHG) ... 77
   c) Gründung anderer Gesellschaftsformen ... 81
   d) Umwandlungsvorgänge (§§ 6, 13 Abs 3, 193 Abs 3 UmwG) ... 84
   e) Abtretung von GmbH-Geschäftsanteilen (§ 15 Abs 3 und 4 GmbHG) ... 87
   f) Handelsregisteranmeldungen ... 91
6. Zwangsvollstreckungsunterwerfung (§ 794 Abs 1 Nr 5 ZPO) ... 92

IV. Anwendungsbereich, Umfang und Besonderheiten der wichtigsten Beurkundungserfordernisse im Überblick ... 94

1. Vergleichende Übersicht der Beurkundungserfordernisse ... 95
   a) Schuldrechtliches und dingliches Geschäft ... 96
   b) Erfaßte Veräußerungsgeschäfte ... 97
   c) Bedingte Verpflichtung, Vorvertrag ... 99
   d) Umfang des Beurkundungserfordernisses ... 101
   e) Gemischte oder zusammenhängende Verträge ... 105
   f) Vertragsänderung und -aufhebung ... 107
   g) Vollmacht und Genehmigung ... 110
2. Grundstücksveräußerung (§ 311b Abs 1) ... 112
   a) Veräußerung oder Erwerb eines Grundstück ... 112
   b) Rechtsgeschäftliche Verpflichtung ... 116
   c) Künftige, bedingte oder mittelbare Verpflichtung ... 121
   d) Umfang des Beurkundungserfordernisses ... 125
   e) Gemischte und zusammengesetzte Verträge ... 130
   f) Vertragsänderung ... 133
   g) Vertragsaufhebung ... 138
   h) Vollmacht und Genehmigung ... 140
3. Auflassung und Begründung von Wohnungseigentum ... 144
   a) Auflassung ... 144
   b) Sondereigentum nach WEG ... 146
4. GmbH-Geschäftsanteilsveräußerung ... 147
   a) Anwendungsbereich ... 147
   b) Umfang des Beurkundungserfordernisses ... 153

c)	Gemischte und zusammengesetzte Verträge	155
d)	Vertragsänderung oder -aufhebung	157
e)	Dingliche Abtretung	159
f)	Vollmacht und Genehmigung	163
5.	Erbschaftskauf, Verträge über das Vermögen als Ganzes, Erbschaftsverträge	166
a)	Erbschaftskauf und Erbteilsübertragung	166
b)	Verträge über das Vermögen als Ganzes (§ 311b Abs 3)	172
c)	Erbschaftsverträge (§ 311b Abs 5)	175
6.	Familienrecht: Ehevertag, Vaterschaftsanerkenntnis, Sorgeerklärung und Adoption	176
a)	Ehevertrag	176
b)	Vaterschaftsanerkenntnis, Sorgeerklärung und Adoption	180
7.	Erbrecht: Verfügungen von Todes wegen und Erbverzicht	182
a)	Öffentliches Testament (§ 2232)	182
b)	Erbvertrag (§ 2276)	185
c)	Erb- und Pflichtteilsverzicht (§ 2348)	188
8.	Gesellschaftssatzungen, Umwandlungsvorgänge, Gesellschafterversammlungen	193
a)	Satzung einer Aktiengesellschaft	193
b)	Gesellschaftsvertrag der GmbH	198
c)	Umwandlungsvorgänge	203
d)	Satzungsänderungen und Gesellschafterversammlungen	209
9.	Einseitige Formerfordernisse	213
a)	Schenkungsversprechen (§ 518 Abs 1)	213
b)	Zwangsvollstreckungsunterwerfung (§ 794 Abs 1 Nr 5 ZPO)	215
V.	**Beurkundungsverfahren allgemein**	
1.	Begriffe öffentliche Beurkundung und notarielle Beurkundung	221
2.	Beurkundungsgesetz	222
3.	Abgrenzung zwischen der Beurkundung von Willenserklärungen und sonstigen Beurkundungen	225
4.	Traditionelle Vorstellung des Beurkundungsverfahrens	227
5.	Zur Unwirksamkeit führende Beurkundungsfehler	230
VI.	**Beurkundungszuständigkeit**	
1.	Notar	235
a)	Notariatsverfassungen	236
b)	Bestellung zum Notar und Erlöschen des Amtes	242
2.	Notarvertreter oder Notariatsverwalter	244
a)	Notarvertreter	245
b)	Notariatsverwalter	250
3.	Konsularische und gerichtliche Beurkundung	253
a)	Konsularische Beurkundung	253
b)	Keine gerichtliche Beurkundungszuständigkeiten mehr	256
4.	Örtliche Beschränkungen (§ 2 BeurkG; §§ 10–11a BNotO)	257
a)	Unwirksamkeit einer Beurkundung außerhalb Deutschlands	258
b)	Amtsbezirk (OLG-Bezirk)	261
c)	Amtsbereich (idR Amtsgerichtsbezirk)	263
d)	Auswärtsbeurkundung außerhalb der Geschäftsstelle	266
VII.	**Mitwirkungsverbote**	
1.	Allgemein	269
2.	Mitwirkungsverbote wegen Beteiligung von dem Notar nahestehenden Personen	273
a)	Beteiligung des Notars selbst oder naher Angehöriger (§ 3 Abs 1 S 1 Nr 1–3 BeurkG)	274
b)	Beteiligung von dem Notar beruflich verbundener Personen (§ 3 Abs 1 S 1 Nr 4 BeurkG)	278
c)	Notar als Vertreter eines Beteiligten (§ 3 Abs 1 S 1 Nr 5–6 und 8 BeurkG)	281
d)	Gesellschaftsbeteiligung des Notars (§ 3 Abs 1 S 1 Nr 9 BeurkG)	284
e)	Begriff der Sachbeteiligung iSd § 3 BeurkG	285
aa)	Beurkundung von Willenserklärungen	286
bb)	Beurkundung von Versammlungsbeschlüssen	293

cc)	Eidesstattliche Versicherung, Unterschrifts- und Abschriftsbeglaubigung	294	b)	Zeugnispflicht (§ 12 BeurkG)	344
3.	Mitwirkungsverbot bei außernotarieller Vorbefassung (§ 3 Abs 1 S 1 Nr 7 BeurkG)	297	c)	Nachweis gegenüber Grundbuchamt und Handelsregister	347
			d)	Registerbescheinigungen (§ 21 BNotO)	348
a)	Anwendungsbereich	298	4.	Bezeichnung sonstiger mitwirkender Personen und des Dolmetschers	349
b)	Einheitlicher Lebenssachverhalt	301			
c)	Ausnahme bei Vorbefassung im Auftrag aller Urkundsbeteiligter	304	5.	Erklärungen der Beteiligten (§ 9 Abs 1 S 1 Nr 2 BeurkG)	350
d)	Bürointerne Kontrolle, Frage- und Vermerkpflicht	305	6.	Angabe von Zeit und Ort der Niederschrift (§ 9 Abs 2 BeurkG)	353
4.	Hinweispflicht des Notars und Ablehnungsrecht der Beteiligten (§ 3 Abs 2 und 3 BeurkG)	307	**IX.**	**Verlesung der Niederschrift, Genehmigung und Unterschrift**	355
			1.	Verlesung (§ 13 Abs 1 BeurkG)	357
a)	Frühere Vertretung oder Vertretung in anderer Sache (§ 3 Abs 2 BeurkG)	308	a)	Zweck der Verlesung	358
			b)	Verlesung durch oder in Anwesenheit des Notars	359
b)	Zugehörigkeit zu nicht vertretungsberechtigtem Organ (§ 3 Abs 3 Nr 1 BeurkG)	309	c)	Zu verlesender Text – Art der Verlesung	361
			d)	Verlesungsvermerk und -vermutung	364
c)	Zugehörigkeit zu Gemeinderat oder Kirchenvorstand (§ 3 Abs 3 Nr 2 und 3 BeurkG)	310	e)	Karten, Zeichnungen und Abbildungen	366
d)	Verhältnis zu den Mitwirkungsverboten des Abs 1	311	f)	Sammelbeurkundung (§ 13 Abs 2 BeurkG)	368
e)	Hinweis- und Vermerkpflicht	313	g)	Ausnahmen von der Verlesungspflicht	369
5.	Selbstablehnung wegen Befangenheit	314	h)	Fehlende Verlesung	370
6.	Folgen bei Verstößen gegen Mitwirkungsverbote (§§ 6, 7 BeurkG)	315	2.	Anwesenheit der Beteiligten	371
			a)	Gleichzeitige Anwesenheit	372
a)	Unwirksamkeit der gesamten Beurkundung (§ 6 BeurkG)	315	b)	Stufenbeurkundung durch Angebot und Annahme	374
b)	Unwirksamkeit einzelner Willenserklärungen (§ 7 BeurkG)	320	c)	Abschnittsweise Beurkundung	375
c)	Disziplinarische Sanktionen	326	d)	Unterbrechung der Beurkundungsverhandlung	376
VIII.	**Inhalt der Niederschrift**	327	3.	Änderungen während der Beurkundungsverhandlung	377
1.	Bezeichnung des Notars (§ 9 Abs 1 S 1 Nr 1 BeurkG)	328	a)	Änderungen im Text der Niederschrift (§ 44a Abs 1 BeurkG)	378
a)	Notarvertreter	329	b)	Neuausdruck und erneute Verlesung	381
b)	Notariatsverwalter	330	4.	Genehmigung (§ 13 Abs 1 BeurkG)	382
2.	Feststellungen zu den formell Beteiligten	331	5.	Eigenhändige Unterschrift der Beteiligten	385
a)	Bezeichnung der Beteiligten (§ 9 Abs 1 S 1 Nr 1, § 10 BeurkG)	331	a)	Zeitpunkt	386
b)	Feststellungen zur Geschäftsfähigkeit (§ 11 BeurkG)	337	b)	Vergleich mit Unterschrift bei Schriftform	387
3.	Vertretungsverhältnisse	340	c)	Eigenhändige Unterschrift	388
a)	Materielle Prüfungspflicht	340	d)	Familienname	389

e)	Keine Paraphe – unleserliche Unterschrift	392	XI.	**Prüfungs- und Belehrungspflichten, notarielle Vertragsgestaltung**	446
f)	Nachholung der fehlenden Unterschrift eines Beteiligten	395	1.	Ablehnung unwirksamer Beurkundung – Zweifelsfälle	448
g)	Folgen der fehlenden Unterschrift eines Beteiligten	397	a)	Ablehnung gesetzeswidriger oder unredlicher Rechtsgeschäfte (§ 4 BeurkG)	448
6.	Unterschrift beigezogener Personen	398	aa)	Nichtiges Rechtsgeschäft	449
7.	Unterschrift des Notars (§ 13 Abs 3 BeurkG)	399	bb)	Unerlaubter oder unredlicher Zweck	452
a)	Zeitlich nach Unterschrift der Beteiligten und Beigezogenen	399	cc)	Beurteilungsermessen	455
b)	Anforderungen an die Unterschrift	400	b)	Bloße Zweifel an der Wirksamkeit (§ 17 Abs 2 BeurkG)	456
c)	Wirksamkeitserfordernis	403	2.	Vertragsgestaltung	458
d)	Nachholung der Unterschrift des Notars	404	a)	Unselbständige und selbständige Beratung	458
X.	**Beurkundung durch Anlagen oder Verweisung**	406	b)	Erforschung des Willens der Beteiligten (§ 17 Abs 1 S 1 Var 1 BeurkG)	459
1.	Abgrenzungen	407	c)	Formulierungspflicht (§ 17 Abs 1 S 1 Var 4 BeurkG)	464
a)	Untechnische Bezugnahme	407	d)	Wahl des sichersten Weges	468
b)	Anlagen zu bloßen Beweiszwecken	408	e)	Ungesicherte Vorleistungen	469
2.	Mitverlesene Anlagen (§ 9 Abs 1 S 2 und 3 BeurkG)	409	f)	Vertragsgestaltung nach dem Stand notarieller Kunst	474
a)	Wirksamkeitserfordernisse: Beifügen, Verweisen, Verlesen	410	g)	Ausgewogene Vertragsgestaltung	476
b)	Karten, Zeichnungen oder Abbildungen als Anlagen (S 3)	414	3.	Sachverhaltsklärung	477
c)	Rechtsfolgen	416	a)	Fragen an die Beteiligten (§ 17 Abs 1 S 1 Var 2 BeurkG)	477
d)	Weitere Amtspflichten des Notars	418	b)	Grundbucheinsicht (§ 21 BeurkG)	481
3.	Verweisung (§ 13a BeurkG)	420	aa)	Grundbucheinsicht	481
a)	Notarielle Niederschrift als Verweisungsgegenstand	421	bb)	Beurkundung ohne Grundbucheinsicht	486
b)	Wirksamkeitserfordernisse: Zwei Erklärungen, zwei Verzichte, ein Vermerk	423	cc)	Vermerk über Briefvorlage	487
c)	Weitere Amtspflichten des Notars	429	4.	Allgemeine Rechtsbelehrung (§ 17 Abs 1 S 1 Var 3 BeurkG)	488
d)	Pflichtgemäßes Ermessen des Notars	432	a)	Belehrung über Wirksamkeitsvoraussetzungen	490
e)	Verweisungen auf amtliche Karten und Zeichnungen (§ 13a Abs 4)	434	b)	Belehrung über unmittelbare Rechtsfolgen, insbes Haftungsrisiken	492
4.	Bestandsverzeichnis und Grundpfandrechte (§ 14 BeurkG)	437	c)	Keine Belehrung über wirtschaftliche und steuerliche Folgen	494
a)	Bestandsverzeichnis	438	d)	Umfang der Rechtsbelehrung	497
b)	Grundpfandrechte	440	e)	Belehrungsvermerk	499
c)	Wirksamkeitserfordernisse	441	5.	Spezielle gesetzliche Hinweispflichten (§§ 17 Abs 3, 18–20 BeurkG)	501
d)	Weitere Amtspflichten	444	a)	Genehmigungserfordernisse (§ 18 BeurkG)	502

b)	Gesetzliche Vorkaufsrechte (§ 20 BeurkG)	503	bb)	Verständigungsperson bei Unmöglichkeit schriftlicher Verständigung	559
c)	Grunderwerbssteuer (§ 19 BeurkG) und Erbschaftssteuer	504	cc)	Zuziehung eines Gebärdendolmetschers	562
d)	Mögliche Anwendbarkeit ausländischen Rechts (§ 17 Abs 3 BeurkG)	507	dd)	Mitwirkungsverbote für zugezogene Personen	563
6.	Warn- und Schutzpflichten (§ 14 Abs 12 S 2 BNotO iVm § 17 Abs 1 S 2 BeurkG)	510	ee)	Vereinigung mehrerer Rollen in einer Person	566
			c)	Besonderheiten der Verlesung	567
a)	Objektiv besondere Gefahrenlage	511	d)	Vermerke in der Urkunde	569
b)	Unkenntnis des Gefährdeten	513	e)	Besonderheiten der Unterschrift	570
c)	Subjektiv Kenntnis oder Kennenmüssen des Notars	514	**XIII.**	**Sondervorschriften für Verfügungen von Todes wegen**	572
d)	Insbesondere Warnung vor steuerlicher Gefahrenlage	515	1.	Mitwirkungsverbote (§ 27 BeurkG)	573
7.	Belehrungsgerechte Gestaltung des Beurkundungsverfahrens (§ 17 Abs 2a BeurkG)	517	2.	Feststellungen über die Geschäftsfähigkeit (§ 28 BeurkG)	576
			3.	Mitwirkung von Zeugen (§ 29 BeurkG)	577
a)	Besondere Hinwirkungspflichten bei Verbraucherverträgen (S 2)	519	4.	Testamentserrichtung durch Übergabe einer Schrift (§ 30 BeurkG)	579
b)	Persönliche Abgabe von Willenserklärungen des Verbrauchers (S 2 Nr 1)	521	a)	Übergabe der Schrift und Erklärung des Erblassers	580
			b)	Niederschrift	581
c)	Entwurfsversendung an den Verbraucher (S 2 Nr 2)	525	c)	Kennzeichnung und Beifügung der übergebenen Schrift	582
d)	Sonstige Gestaltung des Beurkundungsverfahrens (S 1)	533	d)	Kenntnisnahme des Notars von der offenen Schrift	584
8.	Rechtsfolgen bei Verstößen gegen Belehrungspflichten	537	5.	Sprachunkundiger Erblasser (§ 32 BeurkG)	586
XII.	**Sondervorschriften bei sprachunkundigen oder behinderten Beteiligten**		6.	Verschließung und Verwahrung (§§ 34, 35 BeurkG)	589
1.	Übersetzung bei sprachunkundigen Beteiligten	539	a)	Ablieferung zur Verwahrung durch das Nachlaßgericht	589
a)	Urkundssprache (§ 5 BeurkG)	539	b)	Erbvertrag	590
b)	Übersetzung (§ 16 BeurkG)	541	c)	Benachrichtigung des Geburtsstandesamtes (§ 20 DONot)	591
aa)	Fehlende Sprachkunde	541			
bb)	Mündliche Übersetzung	543			
cc)	Schriftliche Übersetzung der Urkunde	545	**XIV.**	**Niederschriften über andere als Willenserklärungen**	592
dd)	Person des Übersetzers	547	1.	Eide, eidesstattliche Versicherungen (§ 38 BeurkG)	593
ee)	Besonderheiten des Verfahrens	549	a)	Zuständigkeit	593
ff)	Feststellungen in der Urkunde	551	b)	Eidesstattliche Versicherung	594
2.	Beteiligung Behinderter (§§ 22–26 BeurkG)	552	c)	Eid	597
a)	Hör-, Sprach- oder Sehbehinderung	553	d)	Affidavit	598
b)	Zuziehung weiterer Personen	557	2.	Beurkundung von GmbH-Gesellschafterbeschlüssen	599
aa)	Zuziehung eines Zeugen oder zweiten Notars	557			

a)	Tatsachenbeurkundung oder Beurkundung als Willenserklärung	600	5. Vollzug	654
b)	Inhalt der Niederschrift bei Tatsachenbeurkundung	601	a) Einreichung beim Grundbuchamt oder Registergericht (§ 53 BeurkG)	654
c)	Beurkundungsverfahren	603	b) Freiwillige Übernahme des Vollzugs (§ 24 Abs 1 BNotO)	656
d)	Keine Belehrungspflicht	604	c) Vollzugsanweisungen der Beteiligten	657
3.	Beurkundung von Hauptversammlungsbeschlüssen einer Aktiengesellschaft (§ 130 AktG)	605	d) Widerruf und Aussetzen des Vollzuges von Amts wegen	659
a)	Aufgaben des Notars	607	e) Überwachung des Vollzuges	662
b)	Beurkundungsverfahren allgemein	608	**XVI. Materiell-rechtliche Rechtsfolgen**	
c)	Notwendiger Inhalt der Niederschrift	610	1. Wirksamkeitsvoraussetzungen	664
d)	Inbes Protokollierung der Beschlüsse	614	2. Heilung von Veräußerungsverträgen durch Vertragsvollzug	665
e)	Weitere protokollierungspflichtige Vorgänge	618	a) Schenkungsversprechen unter Lebenden und von Todes wegen (§§ 518 Abs 2, 2301 Abs 2)	666
f)	Prüfungspflichten des Notars und fakultativer Protokollinhalt	621	b) Grundstücksveräußerung (§ 311b Abs 1 S 2)	669
g)	Anlagen	623	c) Veräußerung von GmbH-Geschäftsanteilen (§ 15 Abs 4 S 2 GmbHG)	675
h)	Nachträgliche Berichtigung	626	d) Erbschaftskauf (§ 2371)	677
i)	Einreichung beim Handelsregister, Abschriften	628	e) Keine Heilung bei Verträgen über gegenwärtiges Vermögen	678
			f) Familienrecht und Erbrecht	679
XV.	**Beurkundungsnachverfahren (Behandlung der Urkunden)**		3. Formverstöße bei Gesellschaftgründung und Gesellschafterbeschlüssen	681
1.	Urschrift	630	a) Gesellschaftsgründung	681
a)	Verbindung mit Schnur und Prägesiegel (§ 44 BeurkG)	630	b) Heilung von Hauptversammlungsbeschlüssen der AG und Satzungsänderungen der GmbGH (§ 242 Abs 1 AktG)	684
b)	Verwahrung der Urschrift (§ 45 BeurkG)	632	c) Umwandlung (§ 20 Abs 2 UmwG)	687
c)	Ersetzung einer Urschrift (§ 46 BeurkG)	635	4. Adoption	689
2.	Änderungen nach der Unterschrift des Notars (§ 44a Abs 2 BeurkG)	636	5. Teilunwirksamkeit	690
a)	Keine Änderung der Urschrift	636	6. Treu und Glauben	691
b)	Nachtragsvermerk bei offensichtlicher Unrichtigkeit	637	7. Ausschluß von Verbraucherwiderrufsrechten	693
3.	Ausfertigungen und Abschriften (§§ 42, 47–52 BeurkG)	640	8. Auslegung	695
a)	Ausfertigung, beglaubigte Abschrift und einfache Abschrift	640	a) Allgemeine Auslegungsgrundsätze	695
b)	Reinschrift	644	b) Vermutung der Vollständigkeit und Richtigkeit	696
c)	Auszugsweise Abschrift	646	c) Falsa demonstratio	697
d)	Recht auf Ausfertigungen, Abschriften und Einsicht (§ 51 BeurkG)	647	d) Andeutungstheorie	698
e)	Vollstreckbare Ausfertigung (§ 52 BeurkG; § 797 Abs 2 ZPO)	651	**XVII. Beweiswirkung und Vollstreckbarkeit**	
4.	Mitteilungspflichten des Notars	652	1. Beweiswirkung	700

a)	Öffentliche Urkunde	701
b)	Beweisinhalt: Erklärungen oder Tatsachen	702
c)	Beweiskraft	704
d)	Minderung des Beweiswertes	706
2.	Vollstreckbarkeit	708

XVIII. Verantwortlichkeit des Notars bei fehlerhafter Beurkundung

1.	Amtshaftung	712
2.	Disziplinarische Maßnahmen gegen den Notar	719
3.	Strafbarkeit	721

XIX. Anerkennung ausländischer Beurkundungen ... 722

1.	Fallgruppen ausschließlicher Zuständigkeit deutscher Notare	723
a)	Auflassung (§ 925 Abs 1 S 2)	723
b)	Gesellschaftsrecht: Gründung, Satzungsänderung, Umwandlungsvorgänge	725
2.	Einhaltung der Geschäftsform durch gleichwertige ausländische Beurkundung	728
a)	Geschäftsform erforderlich	729
aa)	Verfügungen über Sachen (Art 11 Abs 5 EGBGB)	729
bb)	Dingliche Abtretung von GmbH-Geschäftsanteilen (§ 15 Abs 3 GmbHG)	730
cc)	Exkurs: Veräußerung ausländischer GmbH-Anteile in Deutschland	733
b)	Voraussetzungen für die Gleichwertigkeit ausländischer Beurkundungen	735
c)	Gleichwertigkeit nach Ländern	739
aa)	Europäische Länder	740
bb)	Übersee	746
3.	Alternative Einhaltung entweder der Geschäfts- oder der Ortsform	748
a)	Allgemeine Regel (Art 11 Abs 1 EGBGB)	748
b)	Rechtswahl für Ehewirkungen und Ehegüterrecht (Art 14 Abs 4, 15 Abs 3 EGBGB)	749
4.	Legalisation oder Apostille	750

XX. Rechtsvergleichung: Ausländische Beurkundungserfordernisse ... 754

1.	Allgemein	755
a)	Länder des lateinischen Notariats	755
b)	Common Law und skandinavischer Rechtskreis	756
c)	Typische Beurkundungserfordernisse	757
2.	Immobilienrecht	758
a)	Beurkundungspflicht der Grundstücksveräußerung	758
b)	Beurkundung als Eintragungsvoraussetzung	759
3.	Schenkungen	762
4.	Familienrecht	764
5.	Erbrecht	766
a)	Notarielles Testament	766
b)	Erbvertrag, Schenkung von Todes wegen	769
c)	Nachlaßverfahren	772
6.	Gesellschaftsrecht	774
7.	Vollstreckbare Urkunde	778

XXI. Anerkennung deutscher Urkunden im Ausland ... 780

1.	Ausschließliche Zuständigkeit ausländischer Notare	781
a)	Beurkundung von Immobiliengeschäften	781
b)	Hinterlegung ausländischer Urkunden	784
c)	Gesellschaftsrecht	787
d)	Familien- und Erbrecht	789
2.	Anerkennung der deutschen Beurkundung bei Gleichwertigkeit	792
3.	Anerkennung bei anderen Formerfordernissen	797
4.	Anerkennung der Ortsform als Grundregel	799
a)	Römisches Schuldrechtsübereinkommen	799
b)	Haager Testamentsformübereinkommen	800
c)	Nationales IPR	802
5.	Legalisation oder Apostille	803

I. Allgemein

Die notarielle Beurkundung ist die **umfassendste Form** der (früher drei, jetzt vier) 1
allgemeinen Formen des BGB. Sie ersetzt alle anderen Formen (§ 126 Abs 3) und
kann selbst nur durch einen gerichtlichen Vergleich ersetzt werden (§ 127a).

Das BGB definiert die notarielle Beurkundung nicht. Der Allgemeine Teil des BGB 2
enthält mit §§ 127a und 128 lediglich zwei Sondervorschriften zur notariellen Beurkundung. Die Anforderungen an eine notarielle Beurkundung **ergeben sich vielmehr aus dem Beurkundungsgesetz** (BeurkG; vgl Rn 222 ff).

Notarielle Beurkundung iSd BGB ist daher eine durch einen Notar nach Maßgabe
des Beurkundungsgesetzes aufgenommene Niederschrift, genauer eine die Wirksamkeitsvoraussetzungen des BeurkG einhaltende Niederschrift. Das Beurkundungsgesetz ist Verfahrensrecht, regelt aber zugleich mit dem Beurkundungsverfahren auch, welche der Verfahrensschritte notwendige Voraussetzungen für die
materiell-rechtliche Wirksamkeit sind (vgl Rn 230 ff).

Rechtsnatur und Wirksamkeitserfordernisse der notariellen Beurkundung gehören 3
systematisch zu den Formvorschriften des Allgemeinen Teil des BGB. Daher findet
sich nachfolgend eine **systematische Darstellung des Beurkundungsverfahrens**. Für
die Prüfung der materiellen Wirksamkeit könnte man sich auf die materiellen
Wirksamkeitserfordernisse beschränken. Gleichwohl sind auch die übrigen Regelungen des BeurkG dargestellt – einesteils weil die Wirksamkeitserfordernisse im
Sinnzusammenhang besser verständlich sind, andererseits aber auch, weil sich daraus erst wesentliche Beurkundungszwecke ergeben – man denke nur an die notariellen Belehrungspflichten.

Welche Rechtsgeschäfte einem **Beurkundungserfordernis** unterliegen, ergibt sich 4
nicht aus dem Allgemeinen Teil des BGB, sondern aus Vorschriften der besonderen
Teile des BGB und aus anderen Gesetzen. Praktisch besonders wichtig sind Beurkundungserfordernisse im Immobilienrecht, insbesondere für Grundstücksveräußerungen (§§ 311b Abs 1, 925 – Rn 45, 112 ff), im Familienrecht für Eheverträge und
Scheidungsvereinbarungen (§ 1410 – Rn 59 ff), im Erbrecht die Möglichkeit des
notariellen Testamentes sowie das Beurkundungserfordernis für Erbverträge
(§§ 2232, 2276 – Rn 65 ff), im Gesellschaftsrecht für die Gründung von Kapitalgesellschaften (§ 2 GmbHG, § 7 AktG) und die Veräußerung von GmbH-Geschäftsanteilen (§ 15 Abs 3 und 4 GmbHG – Rn 147 ff) sowie schließlich die Möglichkeit,
durch eine Zwangsvollstreckungsunterwerfung zu notarieller Urkunde einen vollstreckbaren Titel auch ohne gerichtliches Erkenntnisverfahren zu schaffen (§ 794
Abs 1 Nr 5 ZPO – Rn 92 ff).

Als umfassendste Form vereint die notarielle Beurkundung auch alle **Formwirkun-** 5
gen in sich: Warnfunktion und Übereilungsschutz sind bei der notariellen Urkunde
am deutlichsten ausgeprägt und werden durch die **notarielle Belehrung und Vertragsgestaltung** (§ 17 ff BeurkG – Rn 11, 446 ff) zu einem Schutz der Beteiligten (und
insbesondere des schwächeren Beteiligten) in eine neue Qualität gebracht, die so
keine andere Form bieten kann.

Auch die **Beweisfunktion** ist deutlich gestärkt, da die notarielle Urkunde Beweis der in ihr enthaltenen Willenserklärungen erbringt (§ 415 ZPO – Rn 18, 700 ff). Über die bloße Beweisfunktion hinaus kann die notarielle Urkunde auch Vollstreckungstitel sein.

II. Formwirkungen notarieller Beurkundung

6 Den meisten gesetzlichen Beurkundungspflichten liegt eine **Kombination verschiedener Schutzzwecke** oder Formwirkungen zugrunde (vgl ARMBRÜSTER/RENNER, in: HUHN/vSCHUCKMANN, BeurkG, Einl Rn 29 ff; F BAUR BWNotZ 1977 Sonderheft 43*; FRENZ, in: FG Willi Weichler [1997] S 175; RECHBERGER, Formpflicht und Gestaltungsfreiheit [2002]; STAUDINGER/WUFKA [2001] § 313 Rn 3 ff; WINKLER, BeurkG Einl Rn 19 ff; vgl auch zum österreichischen Recht: WELSER, Zivilrechtliche Formgebote und Notariatsakt 1, 9 ff). Wie dargestellt, halte ich den Begriff „Formwirkung" für treffender als den herkömmlichen Begriff des „Formzwecks" (vgl zur Terminologie § 125 Rn 34). Insbesondere entspricht der Formzweck des historischen Gesetzgebers nicht notwendig der hauptsächlichen Formwirkung, die der Formvorschrift in der heutigen Gesellschaft zukommt und die die Aufrechterhaltung der Formvorschrift begründet.

1. Warnfunktion und Übereilungsschutz

a) Allgemein

7 **Übereilungsschutz** (Warnfunktion) bewirken alle Formerfordernisse, ein Beurkundungserfordernis jedoch stärker als die anderen, schwächeren Formen. Treffend heißt es in den Motiven: „Die Notwendigkeit der Beobachtung einer Form ruft bei den Beteiligten eine geschäftsmäßige Stimmung hervor, weckt das juristische Bewußtsein, fordert zur besonneren Überlegung heraus und gewährleistet die Ernstlichkeit der gefaßten Entschließung" (MUGDAN I 451).

Dies gilt erst recht für die Beurkundung durch den Notar: Wenn die Beteiligten zum Notar gehen müssen, wird ihnen bewußt, daß es sich hierbei um ein besonders wichtiges Rechtsgeschäft handelt. Einer Übereilung ist schon dadurch vorgebeugt, daß die Beteiligten die Form nicht selbst, sondern nur durch Einschaltung des Notars als unparteilichen Dritten erfüllen können. Allein durch die Terminsvergabe liegen idR zumindest mehrere Tage zwischen dem Entschluß, das Rechtsgeschäft abzuschließen, und der Beurkundung, die den Beteiligten Gelegenheit geben, das Rechtsgeschäft nochmals zu durchdenken.

8 Für nahezu alle Beurkundungserfordernisse wird der Übereilungsschutz bzw die Warnfunktion in den Gesetzesmaterialien als wichtiger Formzweck genannt, so etwa bei der Grundstücksveräußerung, Geschäften über das Vermögen als Ganzes, Schenkungen oder Eheverträgen.

Lediglich für die Form der **Veräußerung von GmbH-Geschäftsanteilen** (§ 15 Abs 4 GmbHG) soll nach hM nicht ein Individualschutz, sondern mit der Verhinderung spekulativen Handels ein Allgemeininteresse im Vordergrund gestanden haben. Aber auch die Verhinderung spekulativen Handels ist nicht als Rechtsgeschäftsverhinderung gemeint, sondern nur Kehrseite des Übereilungsschutzes. Entgegen der hM war daher auch bei § 15 Abs 4 GmbHG der Übereilungsschutz Motiv des historischen Gesetzgebers (vgl Rn 89).

b) Beratungsgerechte Gestaltung des Beurkundungsverfahrens (§ 17 Abs 2a BeurkG)

Der Übereilungsschutz spiegelt sich auch im notariellen Verfahrens- und Berufs- **9** recht wieder: Insbesondere schreiben § 17 Abs 2a BeurkG und Abschnitt II. 1 RLE-BNotK (Richtlinienempfehlung der Bundesnotarkammer, DNotZ 1999, 259 – im Internet: www.bnotk.de – unter Texte Berufsrecht) bzw die Richtlinien der Notarkammern (im Internet: www.bnotk.de) vor, das Beurkundungsverfahren so zu gestalten, daß die mit dem Beurkundungserfordernis verfolgten Zwecke gewahrt und insbesondere die Belehrung der Beteiligten gewährleistet ist.

So muß der Notar schon bei der Terminsvergabe eine Überrumpelung eines Beteiligten durch einen anderen Beteiligten verhindern: Er darf insbesondere nicht auf Veranlassung des Maklers oder Bauträgers für noch unbekannte Erwerber „Blankotermine" vergeben oder Termine an Abenden oder Wochenenden, wenn dadurch der Makler oder Unternehmer in die Lage versetzt wird, Kaufinteressenten im unmittelbaren zeitlichen Anschluß an Verkaufsgespräche zur Vornahme der Beurkundung zu veranlassen, ohne daß ihnen noch eine ausreichende Überlegungsfrist verbleibt (OLG München MittBayNot 1994, 373; STARKE ZNotP 2002, Sonderheft Notartag, Rn 17). Anders natürlich bei kurzfristiger Vergabe eines Beurkundungstermines auf Wunsch aller Beteiligten, insbesondere wenn ein Grund für die Eilbedürftigkeit ersichtlich ist.

Im Regelfall muß der Notar den Beteiligten auch vorab einen Entwurf übersenden. Für Grundstücksveräußerungen zwischen Verbrauchern und Unternehmern schreibt § 17 Abs 2a S 2 Nr 2 HS 2 BeurkG sogar eine zweiwöchige Regelfrist für die Entwurfsversendung vor (Rn 525). Auch dies dient dem Übereilungsschutz.

c) Wertungswiderspruch zwischen Beurkundungserfordernis und nachträglicher Widerrufsmöglichkeit

Ein Übereilungsschutz ist auch durch die **Verbraucherwiderrufsrechte** bezweckt, die **10** insbesondere durch das **europäische Recht** in das deutsche Recht eingeführt wurden. Notarielle Beurkundung und Widerrufsrecht dienen damit demselben Ziel (wobei die notarielle Beurkundung aber nicht nur den Verbraucher schützt, sondern allgemein die schwächere – oder auch nur die unachtsame – Vertragspartei). Notarielle Beurkundung und Verbraucherwiderruf sind aber **nur alternativ, nicht kumulativ sinnvoll**. Ein Verbraucherwiderrufsrecht in einem notariellen Vertrag ist ein Widerspruch in sich (BAUMANN MittRhNotK 2000, 1, 6; HERTEL ERA-Forum 2/2003, 70, 83 = Notarius International 2002, 217, 226; HOFMEISTER DNotZ 1993, Sonderheft 32*, 43*; KRAFKA DNotZ 2002, 677, 680; LIMMER, FS Rheinisches Notariat, S 15, 44 f; ähnlich RICHTER DNotZ 2002, Sonderheft Notartag 29*, 55*). Denn ein Widerrufsrecht entwertet sowohl die Warnfunktion wie die Belehrung bei der notariellen Beurkundung. Der Verbraucher hört nur mit halbem Ohr zu, weil er sich wegen seines Widerrufsrechtes in Sicherheit wägt, anstatt erforderlichenfalls noch energisch auf eine Nachbesserung bei den vom Notar als problematisch gekennzeichneten Klauseln zu drängen.

Zu Recht hat daher der deutsche Gesetzgeber den **Verbraucherwiderruf bei nota-**

rieller Beurkundung in verschiedenen Bestimmungen **ausgeschlossen** (§ 491 Abs 3 Nr 1; vgl Rn 693). De lege ferenda sollten sämtliche Verbraucherwiderrufsrechte bei notarieller Beurkundung ausgeschlossen werden.

2. Beteiligtenschutz durch notarielle Belehrung und Vertragsgestaltung

11 Durch die notarielle Beratung und Belehrung geht die notarielle Beurkundung jedoch einen entscheidenden Schritt über einen bloßen Übereilungsschutz auf eine qualitativ neue Stufe über. Man mag von einem **Beteiligungsschutz durch notarielle Belehrung und notarielle Vertragsgestaltung** sprechen.

Dies ist die **Hauptwirkung jeder Beurkundungspflicht**; die anderen Formwirkungen wären ohne sie nicht denkbar.

a) Rechtsberatungs- und Belehrungsfunktion

12 Zunächst einmal bewirkt die notarielle Beurkundung von Willenserklärungen eine Belehrung durch den Notar (§ 17 BeurkG – vgl Rn 446; nur eingeschränkt bei Tatsachenbeurkundungen wie etwa dem Hauptversammlungsprotokoll einer Aktiengesellschaft – vgl Rn 604, 621). Die Belehrung ist grundsätzlich nur Rechtsbelehrung, insbesondere Belehrung über die Wirksamkeitsvoraussetzungen und unmittelbaren Rechtsfolgen, insbesondere Haftungsgefahren. Der Notar muß aber auch vor ungesicherten Vorleistungen warnen, in Ausnahmefällen auch vor von den Beteiligten nicht erkannten wirtschaftlichen oder steuerlichen Gefahren.

Das notariell beurkundete Rechtsgeschäft ist damit nicht nur ein vor Übereilung geschütztes, sondern auch ein **informiert abgeschlossenes Rechtsgeschäft**.

13 Als Teil der Beratungsfunktion im engeren Sinn wird man auch die **Gültigkeits- und Richtigkeitsgewähr** ansehen. Der Notar muß die Beurkundung ablehnen, wenn das Rechtsgeschäft unwirksam wäre (§ 4 BeurkG, § 14 Abs 2 BNotO). Bei Zweifeln an der Wirksamkeit muß er die Beteiligten belehren (§ 17 Abs 2 BeurkG).

b) Ausgewogene Vertragsgestaltung durch unabhängigen Dritten

14 Die Aufgabe des Notars und damit die Wirkung der Beurkundung geht aber über eine bloße Belehrung und Richtigkeitsgewähr weit hinaus. Auch wenn dies nirgendwo ausdrücklich gesetzlich geregelt ist, hat der Notar eine Amtspflicht zur Vertragsgestaltung – und zwar zu einer ausgewogenen und den Stand der notariellen Praxis entsprechenden Vertragsgestaltung. WOLFSTEINER spricht von einer „**Gestaltungsaufgabe des Notars**" (WOLFSTEINER DNotZ 1993, Sonderheft S 21*, 25*; ähnlich F BAUR BWNotZ 1977 Sonderheft 43*, 44* f).

Selbstbewußt formuliert WINKLER: „Die notarielle Beurkundung soll vielmehr (gemeint: über die Formzwecke von Übereilungsschutz und Beweisfunktion hinaus) die Mitwirkung des Notars an der Rechtsgestaltung sicherstellen" (WINKLER Einl Rn 21).

15 Die Vertragsgestaltung durch den Notar spielt sowohl bei der Vorbereitung der Beurkundung eine Rolle, da der Entwurf idR vom Notar erstellt wird, wie in der Beurkundungsverhandlung selbst. Insbesondere bei Eheverträgen und bei Verfügungen von Todes wegen entschließen sich die Beteiligten nach Beratung durch den

Notar nicht selten zu anderen – ihren eigentlichen Zielen aber besser entsprechenden – Regelungen, als sie sie ursprünglich beabsichtigten.

c) Schutz des schwächeren Beteiligten – Verbraucherschutz

Die notarielle Beurkundung schützt damit den schwächeren Vertragspartner. Denn zwischen den Vertragsparteien bestehende Verhandlungsungleichgewichte können durch die notarielle Belehrung und die Vorschläge des Notars als unparteilichen Dritten zur ausgewogenen Vertragsgestaltung ganz oder teilweise wieder ausgleichen werden („**Vertragsparität durch Beurkundung**" – LIMMER, in: FS Rheinisches Notariat 15, 39; ähnlich ARMBRÜSTER/RENNER, in: HUHN/vSCHUCKMANN, BeurkG Einl Rn 69; KANZLEITER DNotZ 2001, Sonderheft S 69*, 71* ff; KEIM MittBayNot 1994, 2, 5; KRAFKA DNotZ 2002, 677, 679 ff; RICHTER DNotZ 2002, Sonderheft Notartag 29*, 38* ff). 16

Jedenfalls bei der Belehrung über ungesicherte Vorleistungen oder den Warnpflichten des Notars tritt die Amtspflicht zur Unparteilichkeit hinter die Schutzpflichten des Notars zurück (ZUGEHÖR, in: ZUGEHÖR/GANTER/HERTEL Rn 415 – vgl auch Rn 452, 510 ff).

Insofern bewirkt die notarielle Beurkundung im Ergebnis **Verbraucherschutz** (BAUMANN MittRhNotK 1996, 6, 22 f; HERTEL ERA-Forum 2/2003, 70 = Notarius International 2002, 217; LIMMER, in: FS Rheinisches Notariat 15, 39; SOERGEL/J MAYER vor § 1 BeurkG Rn 12; MESSNER NZ [Österreich] 1992, 191; WELSER, Zivilrechtliche Formgebote und Notariatsakt 1, 22) – auch wenn die einzelnen Formvorschriften nicht speziell Verbraucherschutz als Schutzzweck haben (§ 311b Abs 1 etwa ist keine verbraucherschützende Norm; BGH DNotZ 2003, 698 = NJW-RR 2003, 1136). Die verbraucherschützende Funktion der notariellen Beurkundung spiegelt sich auch in der Rechtsprechung zur Amtshaftung des Notars wieder (BGH NJW 2004, 1865 = ZIP 2004, 719 = ZNotP 2004, 243; VOLLKOMMER ZfIR 2004, 578). 17

Allerdings ist es nicht Verbraucherschutz im engeren Sinn, da nicht auf die formale Rolle als Verbraucher abgestellt wird. Besser spricht man daher vom **Beteiligtenschutz** (da der schwächere Beteiligte geschützt wird, der nicht notwendig Verbraucher sein muß). Im Ergebnis kann man das aber durchaus als intelligenten, weil maßgeschneiderten Verbraucherschutz ansehen.

3. Klarstellungs- und Beweisfunktion

a) Klarstellungsfunktion

Als höchster Form kommt der notariellen Beurkundung auch eine weitergehende Klarstellungs- und Beweisfunktion als den anderen Formen zu. Die Klarstellungsfunktion manifestiert sich vor allem in den notariellen **Amtspflichten zur Willenserforschung und der Formulierungspflicht** (§ 17 Abs 1 S 1 Var 1 und 4 BeurkG – s Rn 459, 464). Die Aufgabe des Notars beschränkt sich daher nicht darauf, den Beteiligten gültige Urkunden zu verschaffen, sondern ebenso inhaltlich richtige und eindeutige (FRENZ, in: FG Willi Weichler [1997] 175, 177). 18

b) Beweisfunktion (§§ 415, 418 ZPO)

Die Beweisfunktion der notariellen Urkunde unterscheidet sich qualitativ von der einer privatschriftlichen Urkunde: Die notarielle Niederschrift erbringt in Verfahren der streitigen wie der freiwilligen **Gerichtsbarkeit vollen Beweis** über die darin 19 enthaltenen Willenserklärungen (§ 415 ZPO) sowie der Tatsachenfeststellungen des Notars (§ 418 ZPO; Rn 700 ff).

c) Legitimationsfunktion

20 Erhöhten Beweiswert hat die notarielle Urkunde auch im **sonstigen Rechtsverkehr**. BAUMANN (MittRhNotK 1996, 6, 19) spricht von einer **Legitimationsfunktion** der notariellen Urkunde.

Man denke etwa an die Ausfertigungen notariell beurkundeter Vollmachten (vgl § 172). Ebenso kann man die Möglichkeit einer Nachweiskette der GmbH-Geschäftsanteilsabtretungen nach § 15 Abs 3 GmbHG nennen (oder natürlich die Abtretungskette bei Briefgrundpfandrechten, die in Verbindung mit dem Briefbesitz sogar einen Gutglaubensschutz begründet, § 1155, die allerdings nur unterschriftsbeglaubigte, keine durch Niederschrift beurkundeten Abtretungserklärungen erfordert).

d) Kundbarmachung im Grundbuch- und Registerverfahren

21 Die besondere Klarstellungs- und Beweisfunktion notarieller Urkunden (wiederum sowohl für Niederschriften wie für unterschriftsbeglaubigte Erklärungen) zeigt sich auch bei der Kundbarmachung im Grundbuch oder Handelsregister etc. Hier dient die notarielle Urkunde nicht nur als Eintragungsgrundlage, sondern kann auch bei Verlängerung des Grundbuchs durch Bezugnahme (§ 874) indirekt selbst **Teil der Kundbarmachung des Grundbuchs** werden (ähnlich beim Handelsregister etwa die Satzungsbescheinigung des Notars über den vollständigen aktuellen Satzungstext, § 54 GmbHG; vgl BAUMANN MittRhNotK 1996, 6, 19).

4. Vollstreckbarkeit (§ 794 Abs 1 Nr 5 ZPO)

22 Auch formell hat die notarielle Urkunde durch die Möglichkeit der Vollstreckungsunterwerfung eine qualitativ über die bloßen Klarstellungs- und Beweisfunktion anderer Formen hinausgehende Qualität (ebenso wie inhaltlich die Beratungs- und Schutzfunktion qualitativ eine neue Stufe gegenüber der bloßen Warnfunktion anderer Formen darstellt).

Nach deutschem Recht ist die notarielle Urkunde nicht per se Vollstreckungstitel, sondern nur, insoweit der Verpflichtete eine gesonderte **Vollstreckungsunterwerfung** erklärt (§ 794 Abs 1 Nr 5 ZPO; Rn 708).

5. Kontrolle im Interesse Dritter oder im öffentlichen Interesse

a) Rechtssicherheit für Dritte

23 Während die übrigen Formen im wesentlichen nur die am Rechtsgeschäft selbst Beteiligten schützen (vor Übereilung, zu Klarstellung und Beweis), kann die notarielle Urkunde darüber hinaus auch dem Schutz Dritter dienen.

So dienen etwa die Beurkundungserfordernisse der **Satzungen von GmbH oder Aktiengesellschaften** zwar auch der Warnung und dem Schutz der Gesellschaftsgründer. Wichtigster Formzweck ist aber die Rechtssicherheit: Durch die Beurkundung wird nicht nur der Text der Satzung sicher festgestellt (Klarstellungs- und

Beweisfunktion auch im Verhältnis zu Dritten), sondern auch in gewissem Umfang eine inhaltliche Richtigkeits- und Rechtmäßigkeitskontrolle durch die notarielle Prüfung und Belehrung erreicht (vgl für die AG: RGZ 54, 418, 419; RGZ 66, 116, 121; RGZ 149, 385, 395; HÜFFER, AktG [5. Aufl 2002] § 23 Rn 1; für die GmbH insbes: BGHZ 105, 324, 338 = DNotZ 1989, 102 = NJW 1989, 295; DNotZ 1988, 504 = NJW-RR 1988, 288; SCHOLZ/ EMMERICH, GmbHG [9. Aufl 2000] § 2 Rn 13; HACHENBURG/ULMER, GmbHG [8. Aufl 1989 ff] § 2 Rn 11). PRIESTER spricht treffend von einer **"Rechtspflegefunktion"** (SCHOLZ/PRIESTER, GmbHG [9. Aufl 2002] § 53 GmbHG Rn 72). Geschützt werden dadurch sowohl Vertragspartner der Kapitalgesellschaften wie künftige Erwerber von Gesellschaftsanteilen.

In anderen Rechtsordnungen war der **Gläubigerschutz** jedenfalls historisch wichtiges Motiv für die Einführung von Beurkundungserfordernissen für Eheverträge und andere **Rechtsgeschäfte unter Ehegatten** (zur Verhinderung von Scheingeschäften; vgl zum österreichischen Recht: WELSER, Zivilrechtliche Formgebote und Notariatsakt, 1, 14 ff). Im deutschen Recht spielt dieser Aspekt kaum eine Rolle. **24**

b) Filterfunktion vor Eintragung in öffentliche Register

Eine Kontrolle und Richtigkeitsgewähr im öffentlichen Interesse nehmen die Notare auch durch ihre **faktische Vorkontrolle vor Eintragungen in öffentliche Register** wahr, soweit der Gesetzgeber dafür öffentliche Urkunden verlangt (§ 29 GBO, § 12 HGB). Dies betrifft nur zum Teil notarielle Niederschriften (allerdings für die materiell besonders wichtigen Rechtsgeschäfte der Gründung von Kapitalgesellschaften, der Umwandlung von Gesellschaften und der Übertragung des Grundstückseigentums), zahlenmäßig überwiegend nur Unterschriftsbeglaubigungen, bei denen den Notar aber dieselben Prüfungs- und Belehrungspflichten wie bei der Niederschrift treffen, wenn der Notar – wie bei Grundbuchbewilligungen und Handelsregisteranmeldungen im Regelfall – den zu beglaubigenden Text selbst entworfen hat. **25**

Grundbuchamt bzw Registergericht erhalten eine bereits vorgeprüfte Erklärung, was die eigene Rechtsprüfung durch das eintragende Gericht wesentlich erleichtert (§ 129 Rn 17, 83; BAUMANN MittRhNotK 1996, 6, 19; PRIESTER DNotZ 2001, Sonderheft S 52*, 64*). Diese **Filterfunktion der Notare gegenüber den Registern der Freiwilligen Gerichtsbarkeit** ist nicht zu unterschätzen, auch wenn bisher keine quantitativen Schätzungen über die dadurch bei den Registern erzielte Zeit- und Kostenersparnis vorliegen. Dies zeigt insbesondere ein Vergleich mit anderen Ländern, deren Register keinen derartigen Schutz vorsehen (vgl insbes VOGEL, Gutglaubenserwerb, Fälschung, Staatshaftung und Identitätsfeststellung im schwedischen Grundstücksrecht, in: FS Max-Planck-Institut für Privatrecht [2001] S 1065 = notar 2002, 42).

c) Justizentlastung

Die notarielle Urkunde trägt damit zur **Justizentlastung** bei – sei es durch die notarielle Vorprüfung vor Register- und Grundbucheintragungen, durch die Schaffung eines einfachen Vollstreckungstitels in der vollstreckbaren Urkunde – oder allgemein, indem notariell beurkundete Verträge weniger streitanfällig sein müßten, weil sie fachkundig entworfen sind und weil die Beteiligten wissen, worauf sie sich einlassen. **26**

d) Meldepflichten

27 Die manchmal auch genannte **Kontrollfunktion** der Beurkundung drückt sich im deutschen Recht meist allenfalls als Nebenzweck durch (steuerliche) Meldepflichten des Notars aus (vgl § 18 GrEStG für Grundstücksveräußerungen, § 34 ErbStG für Schenkungen, Erbauseinandersetzung uä, § 54 EStDV für die Gründung oder Umwandlung sowie die Anteilsveräußerung an Kapitalgesellschaften – vgl Rn 652 f).

In anderen Rechtsordnungen kann diese Kontrollfunktion wesentlich wichtiger sein, sei es für steuerliche Zwecke, aber auch um betrügerische Transaktionen zu verhindern. So ist etwa die Zahl der Autodiebstähle und der damit zusammenhängenden Urkundsfälschungen in Peru deutlich zurückgegangen, nachdem eine Beurkundungspflicht für KfZ-Verkäufe eingeführt wurde (FERNANDINI BARREDA, Länderbericht Peru, Notarius International 2003, 28, 30).

6. Law and Economics

a) Beurkundungserfordernisse

28 Mit Beurkundungserfordernissen zwingt der Gesetzgeber die Beteiligten zur Einhaltung einer Sicherheit, die sie im Einzelfall vielleicht gar nicht benötigen oder jedenfalls subjektiv als überflüssig empfinden. **Zwingende Sicherheitsstandards** setzt der Gesetzgeber aber auch in zahlreichen anderen Bereichen, ob er etwa im materiellen Recht zwingende Vorschriften erläßt, im Bau- oder Umweltrecht verbindliche Standards setzt oder gesetzliche Kranken- und Sozialversicherungen für alle vorschreibt.

Ebenso wie andere zwingenden Sicherheitsstandards müssen sich Beurkundungserfordernisse an einer Abwägung der gesamtgesellschaftlichen Kosten und Nutzen messen lassen. Insbesondere stellt sich natürlich die Frage, warum der Gesetzgeber nicht den Beteiligten selbst die Entscheidung über den ihnen angemessen erscheinenden Schutzstandard überläßt. Leider gibt es noch keine ausführlichen Untersuchungen über ökonomische Auswirkungen von Formerfordernissen im allgemeinen und Beurkundungserfordernissen im besonderen (einige Ideen finden sich bei OTT, Das Notariat im Spannungsfeld von überliefertem Rechtsstatus und wirtschaftlicher Entwicklung, DNotZ 2001, Sonderheft S 83*).

29 Bei **öffentlichen Registern** (Grundbuch – Handelsregister) muß der Gesetzgeber eine **Systementscheidung** treffen, welchen Schutzstandard das Register bieten soll. Der Standard muß notwendig ein einheitlicher für das gesamte Register sein. Richtigkeitsvermutung und guter Glaube des Grundbuchs setzen voraus, daß der Grundbuchinhalt von ganz seltenen Ausnahmen abgesehen tatsächlich stimmt.

Die Entscheidung, für Anmeldungen zum Register jedenfalls öffentliche Urkunden, für bestimmte Vorgänge darüber hinaus notarielle Beurkundung zu verlangen (wie etwa für die Gründung oder Satzungsänderung von Kapitalgesellschaften, für Umwandlungen von Gesellschaften oder für die Eigentumsübertragung von Grundstücken), ist dann bereits Ausfluß der Grundentscheidung für ein sicheres und Eintragungsgewähr bietendes Registersystem. Das deutsche Grundbuch oder Handelsregister ist ohne die Filterfunktion der notariellen Beurkundung oder Entwurfserstellung nur schwer vorstellbar.

Andere Registrierungssysteme – etwa das US-amerikanische Registrierungssystem für Grundstücksveräußerungen und Rechte an Grundstücke – erfordern zur Absicherung des Erwerbers eine aufwendige *title search* (Kontrolle aller registrierten Urkunden für den gesamten Ersitzungszeitraum auf ihre Richtigkeit hin), ergänzt durch eine *title insurance* (Versicherung für den Fall, daß der Veräußerer doch nicht unbelastetes Eigentum übertragen kann). Hier hat der Einzelne zwar (theoretisch) die Wahl, ob er die Sicherheit der *title insurance* wünscht (praktisch wird er darauf nie verzichten); er kann aber nicht die Sicherheit eines Grundbuchsystems wählen, weil dies eine entsprechende Grundentscheidung des Gesetzgebers voraussetzt.

Beurkundungserfordernisse und entsprechende staatliche Register bieten daher eine **vorsorgende Richtigkeitsgewähr** für Rechtsgeschäfte, während andernfalls nur eine nachträgliche Absicherung durch Versicherung möglich ist. Dies ist eine Systementscheidung, die nur der Gesetzgeber treffen kann, die er dann aber für alle verbindlich treffen muß.

Weniger deutlich ist die Systementscheidung bei den Beurkundungserfordernissen im Familien- und Erbrecht, also zB für **Ehe- und Erbverträge, Pflichtteilsverzicht** uä. Aber auch hier muß der Gesetzgeber entscheiden, ob er vorbeugend höhere Hürden für bestimmte grundlegende Rechtsgeschäfte aufstellt – oder ob nachträglich entsprechend größere Resourcen für Streitigkeiten über den Nachlaß, die vermögensrechtlichen Beziehungen der Ehegatten etc aufgewendet werden sollen. Denn über derart wichtige Rechtsverhältnisse werden die Beteiligten im Streitfall später prozessieren, wenn nicht das Ergebnis von vornherein eindeutig feststeht.

In anderen Fällen definiert der Gesetzgeber durch Beurkundungserfordernisse die **Qualität eines Rechtes**. Am deutlichsten zeigt dies ein Vergleich zwischen GmbH-Geschäftsanteilen und nicht-verbrieften Aktien einer „kleinen" AG. Bei ersteren kann der Erwerber aufgrund des Beurkundungserfordernisses nach § 15 Abs 3 und 4 GmbHG jedenfalls die Kette der bisherigen Veräußerer nachprüfen, bei letzteren muß er sich nahezu völlig auf die Angaben des Veräußerers verlassen (vgl Rn 90).

Zum zweiten: Zwingende Schutzstandards **verhindern eine Externalisierung von Kosten**. Ansonsten könnten die Beteiligten möglicherweise auf Schutzmaßnahmen verzichten, obwohl das dadurch erhöhte Risiko nicht nur die Beteiligten selbst, sondern auch Dritte trügen. Bei Beurkundungserfordernissen spielt insbesondere der **Gläubigerschutz** eine Rolle.

Gläubigerschutz sowie der Schutz künftiger Gesellschafter machen verständlich, warum zwar für die **Satzung von Kapitalgesellschaften** (mit beschränkter Haftung) ein Beurkundungserfordernis besteht, nicht aber für Personengesellschaften, in denen stets zumindest ein Gesellschafter auch persönlich haftet und die weniger auf eine Veräußerung der Gesellschaftsanteile angelegt sind.

In anderen Rechtsordnungen ist der Gläubigerschutz ein wesentliches Argument für Beurkundungserfordernisse für Schenkungen, zT auch andere **Rechtsgeschäfte zwischen Ehegatten** (oder war jedenfalls historisch Motiv für die Formvorschriften; vgl zum österreichischen Recht: WELSER, Zivilrechtliche Formgebote und Notariatsakt, 1, 14 ff). Im deutschen Recht kennen wir eine ähnliche Fragestellung im Steuerrecht hinsichtlich der Anerkennung von Rechtsgeschäften zwischen nahen Angehörigen, deren zur steuerrechtlichen Anerkennung Schriftform erfordert, auch wenn diese zivilrechtlich nicht Wirksamkeitsvoraussetzung ist.

Zum **Schutz der Erben** sehen fast alle Rechtsordnungen Formerfordernisse für Testamente vor. Ansonsten wären Fälschungen zu einfach – die ökonomisch ebenfalls eine Externalisierung von Kosten wären.

33 Drittens: Entschließt sich der Gesetzgeber zur Einführung von Schutzstandards im Vertragsrecht, so stehen ihm meist verschiedene Mittel zur Wahl, insbes zwingende Normen, Verbraucherwiderrufsrechte oder eben Beurkundungserfordernisse. Ökonomisch stellt sich dann die Frage, **welche Schutzmaßnahme** (oder welche Kombination von Schutzmaßnahmen) das angestrebte Ziel **am effizientesten** erreicht. Für Massengeschäfte scheidet die Beurkundung schon wegen der damit notwendig verbundenen Kosten aus. Für wirtschaftlich hochwertige Güter aber erscheint mir prima facie die maßgeschneiderte Beratung und Vertragsgestaltung durch den Notar einleuchtender als ein pauschales Widerrufsrecht. Rechtstatsächliche Untersuchungen zur (vergleichenden) Effektivität fehlen aber leider bisher.

34 Viertens: Bei Rechtsgeschäften, bei denen ohnehin jeder Beteiligte vernünftigerweise Rechtsberatung in Anspruch genommen hätte, ist es billiger, wenn der Notar als Unabhängiger beide Vertragsparteien berät, als wenn jeder Beteiligte eigenen Rechtsrat beanspruchen und bezahlen müßte. **Ersetzt der Notar zwei Anwälte**, so hilft die Beurkundung durch den Notar, **Kosten zu sparen** (Kanzleiter ZIP 2001, 2105, 2109).

Vergleichen wir etwa einen Ehevertragsschluß nach **common law**: Etwa in den USA ist es nicht unüblich, daß sich beide Ehegatten vor dem Abschluß eines Ehevertrages anwaltlich beraten lassen. Um einen Ehevertrag möglichst wenig angreifbar zu machen, dokumentieren Vertragsmuster ausdrücklich, daß beiderseits eine anwaltliche Beratung stattgefunden hat oder daß der andere Ehegatte jedenfalls aufgefordert wurde, den Entwurf von seinem Anwalt durchsehen zu lassen und hierfür ihm auch ausreichend Zeit eingeräumt wurde.

Theoretisch wäre eine gemeinsame Beratung wäre zwar auch auf freiwilliger Basis denkbar. Praktisch setzt sie aber zumindest die **Existenz eines unparteilich rechtsberatenden Berufsstandes** voraus. Denn bei gegensätzlichen Interessen müssen beide Vertragsparteien hinreichendes Vertrauen in die Unabhängigkeit des Dritten haben. Dieses Vertrauen wächst idR nur bei entsprechender institutioneller Absicherung etwa durch das notarielle Berufsrecht (Fitz/Roth JBl 2004, 205, 211). Die Versuche in den USA zur Einführung juristischer Mediaton zeigen, wie mühsam es ist, einen unparteilichen Rechtsberater auf freiwilliger Basis in einem System einzuführen, das einen vergleichbaren Berufsstand bisher nicht kennt. Andererseits belegen die Bemühungen auch das Bedürfnis nach unparteilicher Beratung gerade im Heimatland der adversiellen Rechtskultur.

35 Mehrkosten entstehen hingegen, wenn die Beteiligten ohne das Beurkundungserfordernis möglicherweise auf juristische Beratung verzichtet hätten – und sich möglicherweise nur ein Vertragsformular im Schreibwarenladen gekauft hätten

(wie dies zB für Mietverträge bei privaten Vermietern üblich ist). Ökonomisch stellt sich hier die Frage, inwieweit der **gesamtwirtschaftliche Nutzen des Beurkundungserfordernisses dessen Kosten übersteigt**. Vielfach bringt das Beurkundungserfordernis dabei einen wichtigen Teil seines Nutzens nicht für die indivuellen Vertragsbeteiligten, sondern für die Allgemeinheit (Rechtssicherheit) oder bestimmte Dritte (Gläubigerschutz).

Die Beurkundungskosten tragen aber die Urkundsbeteiligten selbst. Dies läßt sich jedenfalls dann rechtfertigen, wenn der Nutzen der Beratung und Beurkundung für den betreffenden Geschäftstyp im Durchschnitt die Kosten übersteigt oder doch in einem vertretbaren Verhältnis zum Geschäftswert steht. Daher erfassen Beurkundungserfordernisse typischerweise **ökonomisch besonders wichtige Geschäfte** (vgl KANZLEITER DNotZ 2001, Sonderheft 69*, 79* f). Grundstücke etwa sind typischerweise teuer, der Grundstückserwerb ist für die Beteiligten in vielen Fällen (inbes beim Erwerb einer Wohnung zur Eigennutzung oder eines Grundstücks für den Betrieb eines Unternehmens) von existentieller Bedeutung. Die Beteiligten können sich hier Risiken nicht leisten – und schon gar nicht einen langfristigen Streit über das Eigentum riskieren. Vor allem aber sind Grundstücke nicht austauschbar, so daß Ansprüche auf Nachlieferung oder Schadensersatz nicht oder nur begrenzt helfen würden (während man sich etwa über die Übereignung von börsennotierten Aktien für 1 Mio Euro auch jahrelang streiten kann; im Zweifel wird bei Prozeßende die Möglichkeit bestehen, tatsächlich eine entsprechende Anzahl Aktien zu übereignen).

Ein gewisses Indiz für den Individualnutzen der Beurkundung mag ein Vergleich mit den Transaktionskosten in Rechtssystemen ohne Beurkundungserfordernisse bieten. Nach einer von der KPMG für den Bayerischen Notarverein erstellten Studie zum **Vergleich der Transaktionskosten** für Grundstücksveräußerungen und Gesellschaftsgründungen sind erstere in Deutschland etwas höher, letztere etwas niedriger als in England, liegen aber in vergleichbaren Größenordnungen (vgl OTT DNotZ 2001, Sonderheft 83*, 100* f).

Zumindest über die zahlenmäßige Bedeutung von **Korrekturen von Fremdentwürfen** durch Notare gibt es eine Untersuchung aus Österreich: Nach einer Befragung durch FITZ/ROTH (JBl 2004, 205, 212 f) nahmen die befragten Notare bei Gesellschaftsgründungen bei Entwürfen von Rechtsanwälten in 37% der Fälle, bei Entwürfen von Steuerberatern etc in 53% der Fälle inhaltliche Korrekturen oder Verbesserungen vor (bei GmbH-Anteilsübertragungen an 23% der Entwürfe von Rechtsanwälten bzw an 38% der Entwürfe von Steuerberatern, wobei jeweils für ca ein Drittel der Beurkundungen Entwürfe von den Beteiligten bzw deren Beratern vorgelegt wurden). Auch wenn damit über die inhaltliche Bedeutung der jeweiligen Änderung noch nichts ausgesagt ist, läßt sich zumindest die zahlenmäßige Bedeutung der Vertragsgestaltung und der Richtigkeitsgewähr durch den Notar auch in den Fällen belegen, in denen die Beteiligten bereits anderweitigen Rechtsrat eingeholt haben.

Soweit hingegen **nur Interessen der unmittelbar am Rechtsgeschäft Beteiligten** betroffen sind, hat der Gesetzgeber zwar der notariellen Beurkundung teilweise weiterreichende Rechtswirkungen verliehen. Er hat es aber der freien Entscheidung der Beteiligten anheimgestellt, ob sie von der Beurkundungsmöglichkeit Gebrauch machen. Ökonomisch ist dies sinnvoll, da hier nicht die Gefahr einer Externalisierung von Kosten besteht, wenn die Beteiligten auf die Form und die damit verbundene Rechtssicherheit verzichten.

Wichtigstes Beispiel ist wohl die notarielle **Zwangsvollstreckungsunterwerfung** (§ 794 Abs 1 Nr 5 ZPO): Ist der Schuldner dazu bereit, so kann er einen Vollstreckungstitel zu notarieller Urkunde schaffen. Andernfalls muß der Gläubiger ggf vor Gericht klagen.

Zweites Beispiel ist die besondere **Beweiswirkung** notarieller Urkunden – wie dargestellt der wesentliche Grund, warum viele Vollmachten zu notarieller Niederschrift erteilt werden.

Als drittes Beispiel mag man den Ausschluß bestimmter Verbraucherwiderrufsrechte bei notarieller Beurkundung anführen (insbes § 491 Abs 3 Nr 1 – vgl Rn 693).

37 Insgesamt sind Beurkundungserfordernisse als Teil einer kontinentaleuropäischen Rechtstradition zu sehen, möglichst durch **vorsorgende Rechtspflege** Streitigkeiten zu verhindern, anstelle auftretende Streitigkeiten erst später durch die streitige Gerichtsbarkeit entscheiden zu lassen bzw anstelle die Beteiligten nur auf Schadensersatzansprüche zu verweisen. In diesem Zusammenhang steht auch die Gerichtsentlastung durch Beurkundungen – oder allgemein durch die vorsorgende Rechtspflege.

Ökonomisch scheint das Modell der vorsorgenden Rechtspflege jedenfalls nicht weniger effizient zu sein als das der „nachsorgenden" Rechtspflege. Genaue Zahlen liegen nicht vor; doch kommt eine vom Verband der US-Aktuare in Auftrag gegebene Studie zu dem Ergebnis, daß in USA insgesamt 2,6% des Bruttosozialproduktes für die Rechtspflege ausgegeben werden, während es in Europa, Japan und Kanada jeweils zwischen 0,4% und 0,8% seien (zitiert nach SCHWACHTGEN DNotZ 1999, 268, 270 f. Die Größenordnung erscheint nicht abwegig, wenn man die Anwaltsdichte vergleicht – oder auch allgemein die Juristendichte. Ein wesentlicher Faktor ist offenbar nicht nur die Organisation der Rechtspflege, sondern auch die juristische „Streitkultur": Andernfalls wäre der deutliche Unterschied zwischen den USA und Kanada nicht erklärlich).

b) Anforderungen an notarielles Berufsrecht und Verfahrensrecht

38 Wenn der Gesetzgeber Beurkundungserfordernisse einführt, muß er nicht nur das **Beurkundungsverfahren regeln**, sondern auch zwingende Anforderungen an die Urkundsperson regeln, deren Einhaltung kontrollieren und ggf sanktionieren.

Auch hier ist der kontinentaleuropäische Ansatz in den Ländern des lateinischen Notariats eine **vorbeugende Kontrolle**, angefangen durch eine strenge Auswahl beim Berufszugang und regelmäßige Amtsprüfungen zur Verhinderung von Mißständen. Der gegenteilige Ansatz, einer nachträglichen Kontrolle primär über Haftungsansprüche, verbunden mit einer Versicherungspflicht als alleinigem oder doch hauptsächlichem Kontrollinstrumentarium (wie er eher dem angloamerikanischen Ansatz entspricht) riskiert, daß das für die notarielle Amtstätigkeit unerläßliche Vertrauen in die Verläßlichkeit und Unparteilichkeit des Notars gefährdet wird.

Für eine staatliche Kontrolle und gegen eine Marktkontrolle spricht, daß eine **Marktkontrolle wahrscheinlich nicht effizient** wäre, da die Qualität notarieller Amtstätigkeit in vielem nicht meßbar ist. Was eine gute Urkunde ist, erkennt häufig nur ein Fachmann – der Laie merkt es allenfalls hinterher im Prozeß. Am ehesten können die Beteiligten noch Sekundärqualitäten wie Schnelligkeit, Freundlichkeit, Pünktlichkeit etc beurteilen, die häufig, aber nicht notwendig der Qualität der notariellen Urkunden entsprechen. Es gibt daher jedenfalls kein empirisches Argument, daß eine Deregulierung effizienter wäre (OTT DNotZ 2001, Sonderheft 83*, 96* ff, 101*)

Der Qualitätssicherung dient auch der **numerus clausus** der Berufszulassung nur nach dem Urkundsbedarf (§ 4 BNotO). Zum einen können Berufsträger, die nur wenige Beurkundungen im Jahr durchführen, kaum die notwendige Erfahrung und Praxis gewinnen. Zum anderen wäre angesichts geringer Eintrittskosten bei einer Öffnung des Berufszuganges eine Konkurrenz auf Kosten der Qualität und der Unabhängigkeit zu befürchten (wie sie STÜRNER JZ 1974, 154, 155 ff, beschreibt). Bei einer Beschränkung auf den Bedarf kann der einzelne Berufsträger Ansinnen auf unzulässige Beurkundungen oder eine unausgewogene Vertragsgestaltung viel leichter abwehren, als wenn er befürchten muß, daß irgendeiner der zahlreichen, dann unausgelasteten Konkurrenten doch der Versuchung erliegen könnte wird (WELSER, Zivilrechtliche Formgebote und Notariatsakt, 1, 9).

Außerdem kann sich ein in seiner Effizienz als Binnenkontrolle nicht zu unterschätzendes **Berufsethos** am ehesten in einer kleineren und in sich abgeschlossenen Berufsgruppe entwickeln und erhalten (SHAW Notarius International 3–4/2004).

c) Notargebühren

Der Notar ist **freier Gebührenbeamter**, dh er vereinnahmt die für die Amtshandlungen anfallenden Gebühren selbst, trägt aber auch alle Kosten. STÜRNER (JZ 1974, 155 ff) sieht darin eine Gefährdung der notariellen Unabhängigkeit; denn der Notar werde sich bemühen, Beteiligte mit einem hohen Geschäftsaufkommen (zB Bauträger) nicht zu verärgern; es bestehe daher ein Anreiz, nur die gesetzlich unbedingt notwendige Belehrung durchführen. Diese Gefährdung ist unbestreitbar, doch ist STÜRNER'S Rezept untauglich, die Notare mit einem festen Gehalt zu verbeamten. Wie das Beispiel der Notare im Landesdienst in Baden-Württemberg oder Staatsnotariate in anderen Ländern (etwa bisher in Portugal) zeigen, bietet das freiberufliche Notariat einen besseren Service für alle Beteiligten als ein Staatsnotariat – vor allem, weil der Staat den staatlichen Notaren keine hinreichende personelle und sachliche Ausstattung gibt, sondern das staatliche Notariat als Einnahmequelle sieht. Im freiberuflichen Notariat sorgt die Konkurrenz für besseren Service. Bietet ein freiberuflicher Notar schlechten Service, so können die Beteiligten zu einem anderen Notar wechseln. Im staatlichen Notariat wird aber landesweit überall der gleiche Standard angeboten, das staatliche Notariat kann sich daher einen schlechteren Standard eher leisten.

Die von STÜRNER beschriebenen Gefährdungen lassen sich besser durch die Notaraufsicht, vor allem aber auch durch das Berufsethos bei einem auf den Bedarf beschränkten *numerus clausus* an Notaren bekämpfen.

41 Auch die **gesetzliche Festschreibung der Gebühren** durch die Kostenordnung (KostO) spielt eine wichtige Rolle in diesem System. Dadurch schließt der Gesetzgeber eine Konkurrenz durch Gebühren aus; es gibt **keinen Anreiz, an der Qualität zu sparen** (OTT DNotZ 2001, Sonderheft 83*, 96* ff).

42 Nur durch eine gesetzliche Gebührenordnung können die Gebühren weitgehend in **Abhängigkeit vom Geschäftswert** bestimmt werden, so daß die Beteiligten bei kleineren Geschäften verhältnismäßig nicht mehr belastet werden als bei größeren Geschäften. Denn durch den Markt bestimmte, dh primär nach den Kosten kalkulierte Gebühren lägen bei kleineren Geschäften höher, bei größeren Geschäften niedriger als die gesetzlichen Gebühren, da der Bearbeitungsaufwand weitgehend unabhängig vom Geschäftswert ist. Dies zeigt etwa die (schrittweise) Freigabe der Notargebühren in den Niederlanden. Lediglich bei sehr hohen Geschäftswerten käme es infolge der Versicherungsprämien wieder zu einem deutlicheren Anstieg.

Eine gesetzliche Gebührenordnung ermöglicht eine **Quersubventionierung** der Geschäfte mit kleinerem Wert durch die Geschäfte mit hohem Wert, so daß die Beteiligten bei für sie wichtigen (und daher nach dem Gesetz beurkundungsbedürftigen) Rechtsgeschäften eine qualifizierte Beratung und Betreuung unabhängig vom Geschäftswert erhalten (BAUMANN MittRhNotK 1996, 6, 23 f spricht daher von einem „sozialen Gebührensystem"). Dasselbe gilt natürlich für die Gerichtsgebühren. So wird verhindert, daß das Beurkundungserfordernis bei kleinen Geschäftswerten zu prohibitiven Kosten führt. Im Gegenteil sind hier die Gebühren etwa im Vergleich zu anwaltlichen Beratungsgebühren bei gleichen Geschäftswerten deutlich niedriger.

III. Hauptsächliche Beurkundungserfordernisse und ihr jeweiliger Schutzzweck (Formwirkungen)

43 Die wichtigsten Beurkundungserfordernisse finden sich in nachstehenden Vorschriften: **AktG** §§ 7, 130; **BGB**: §§ 311b Abs 1, Abs 3 und Abs 5 S 2, 518 Abs 1, (925), 1410, 1516 Abs 2 S 3, 1587o Abs 2 S 1, 1597 Abs 1, 1626d Abs 1, 1750 Abs 1 S 2, 2033 Abs 1 S 2, 2232, 2276, (2301 Abs 1), 2348, (2352 S 3), 2356 Abs 2, 2371; **EGBGB** Art 14 Abs 4 S 1; (§ 15 Abs 3); **ErbbauVO** § 11 Abs 2; **GmbHG** §§ 2, 15 Abs 3 und 4, 53 Abs 2; **LPartG** § 7 Abs 1 S 2; **UmwG** § 6; **WEG** § 4 Abs 3 und **ZPO** §§ (630 Abs 1 Nr 3 und Abs 3), 794 Abs 1 Nr 5.

44 Systematisierend (und notwendig vereinfachend) lassen sich die Beurkundungserfordernisse zu **vier hauptsächlichen Fallgruppen** zusammenfassen, bei denen schwerpunktmäßig je unterschiedliche Formwirkungen hervortreten:

Zum ersten ordnet das Gesetz die Beurkundung der Veräußerung **bestimmter Gegenstände** an, insbes für Grundstücke und GmbH-Geschäftsanteile (§ 311b Abs 1 BGB; § 15 Abs 4 GmbHG), aber auch für den Erbschafts- oder Erbteilskauf(§ 2371). Einerseits sind dies für die Beteiligten häufig wirtschaftlich besonders wichtige Geschäfte, andererseits würde hier eine Unklarheit über die Rechtsinhaberschaft hier den Rechtsverkehr stärker behindern als bei fungiblen Gütern. Beurkundungserfordernisse dienen hier sowohl dem Schutz der Beteiligten (Übereilungsschutz und Beratungsfunktion) wie dem Allgemeininteresse an Rechtssicherheit. Entsprechend ist hier typischerweise sowohl das schuldrechtliche **Verpflichtungsgeschäfte** wie die daran anknüpfende **dingliche Übertragung** beurkundungsbedürftig(§§ 925, Abs 1 BGB; § 15 Abs 3 GmbHG).

Zweite Gruppe sind Beurkundungserfordernisse für **unentgeltliche Geschäfte** (Schenkungsversprechen – § 518 Abs 1) sowie für **Verfügungen von Todes wegen** (§§ 2232, 2276). Hier soll die Beurkundung vor allem die Übereilung verhindern, aber auch angesichts der bei unengeltlichen Geschäften höheren Fälschungsgefahr der Beweissicherung und damit der Rechtssicherheit dienen. Maßgeblich ist hier allein, daß eine Verpflichtung zu einer unentgeltlichen Veräußerung vorliegt, unabhängig welcher Vermögensgegenstand zu übertragen ist. Von daher wird verständlich, warum im Erbrecht nur für den **Erbvertrag** – als bindende Verfügung – ein Beurkundungserfordernis besteht, während für ein Testament die notarielle Beurkundung zwar eine von zwei ordentlichen Testamentsformen ist (§ 2231), aber auch die gegenüber der Schriftform und Beweissicherheit bietende eigenhändige Form genügt (§ 2247).

Die dritte Gruppe läßt sich als **statusrechtliche** Beurkundungserfordernisse im weiteren Sinn beschreiben: Im Familienrecht sind dies die Beurkundungserfordernisse für den Antrag und die Zustimmungen zur **Adoption** (§§ 1750, 1752), im weiteren Sinn aber auch Vereinbarungen über den **Güterstand** (und über den damit zusammenhängenden Versorgungsausgleich; § 1490). Damit läßt sich systematisch auch erklärbar, warum der Gesetzgeber Vereinbarungen über den nachehelichen Unterhalt keinem Beurkundungserfordernis unterworfen hat, obwohl doch ein vergleichbares Schutzbedürfnis wie für güterrechtliche Vereinbarungen bestünde.

Statusrechtlich im weiteren Sinn ist auch die **Gründung und Satzungsänderung von Kapitalgesellschaften** (AG und GmbH) bzw die **Umwandlung** von Gesellschaften (§§ 23, 130 AktG; §§ 2, 53 GmbHG; §§ 6, 13, 193 Abs 3 UmwG). Denn die Verfassung von Kapitalgesellschaften ist für Dritte im Rechtsverkehr bedeutsamer als die Verfassung von Personengesellschaften, deren Gesellschafter alle in das Handelsregister einzutragen sind und die – vorbehaltlich einer abweichenden Handelsregistereintragung – auch persönlich gesamtschuldnerisch haften.

Eine (vierte) Gruppe für sich bildet schließlich die Beurkundung der **Zwangsvollstreckungsunterwerfung** als Voraussetzung eines außergerichtlichen Vollstreckungstitels (§ 794 Abs 1 Nr 5 ZPO). Hier wollte der Gesetzgeber einerseits die Möglichkeit eines privatautonomen Vollstreckungstitels schaffen (insbes zur Justizentlastung), andererseits aber dem Vollstreckungsschuldner einen der gerichtlichen Titelschaffung vergleichbaren Schutz geben.

Nachstehend sind die Beurkundungserfordernisse nicht nach vorstehenden Fallgruppen, sondern nach Rechtsgebieten geordnet dargestellt. Der Umfang der einzelnen Beurkundungserfordernisse ist daran anschließend in Fallgruppen geordnet dargestellt (Rn 94 ff), da sich hinsichtlich des Umfangs Argumente von vergleichbaren Formerfordernissen übertragen lassen.

1. Grundstücksveräußerung und sonstiges Immobilienrecht

a) Verpflichtung zu Grundstücksveräußerung oder -erwerb (§ 311b Abs 1)

45 Das praktisch wichtigste schuldrechtliche Beurkundungserfordernis findet sich in § 311b Abs 1 nF (= § 313 aF). Danach bedarf die Verpflichtung zu **Veräußerung oder Erwerb eines Grundstückes** der notariellen Beurkundung. § 311b Abs 1 erfaßt auch die Veräußerung eines Miteigentumsanteils an einem Grundstück (BayObLG DNotZ 1999, 212 = NZM 1998, 973).

Dasselbe gilt kraft gesetzlicher Verweisung für die Verpflichtung zur Bestellung, Veräußerung oder zum Erwerb eines **Erbbaurechtes** (§ 11 Abs 2 ErbbauVO) oder zur Einräumung, zum Erwerb oder zur Aufhebung von Sondereigentum nach bei **Wohnungs- oder Teileigentum** (§ 4 Abs 3 WEG) sowie für das Gebäudeeigentum nach ZGB im Beitrittsgebiet (Art 233 § 4 Abs 1 EGBGB).

§ 311b Abs 1 gilt nicht nur für entgeltliche Grundstückskaufverträge, sondern auch für Grundstücksschenkungen (wobei sich deren Beurkundungserfordernis auch bereits aus § 518 Abs 1 ergäbe) und **Grundstücksüberlassungen** (Übergabeverträge) im Wege der vorweggenommenen Erbfolge.

46 Bei der Grundstücksveräußerung spielen nahezu alle Formwirkungen eine Rolle: Die Beurkundung hat eine **Warnfunktion** und bewirkt Übereilungsschutz (RGZ 50, 163).

Die notarielle Urkunde dient nicht nur den Vertragsparteien zum **Beweis**, sondern auch dem Rechtsverkehr, der Klarheit über das Grundstückseigentum bedarf (BGHZ 29, 10; RG JW 1931, 3269; OGHZ 1, 219).

Vor allem aber erhalten die Beteiligten bei einem für sie häufig nur einmal im Leben vorgenommenen und wirtschaftlich herausragenden Geschäft umfassende neutrale **Beratung** und ausgewogene **Vertragsgestaltung** (Mot II, 189, 190; BT-Drucks 7/63; BGHZ 29, 9; RGZ 135, 71). Besonders wichtig ist die belehrende Betreuungspflicht vor ungesicherten Vorleistungen, aufgrund derer der Notar bei entgeltlichen Verträgen eine Vertragsgestaltung vorschlagen muß, bei der beide Vertragsparteien keine ungesicherten Vorleistungen eingehen bzw die Beteiligten warnen muß, wenn sie etwas anderes zu beurkunden wünschen (vgl Rn 469) – also daß der Erwerber erst zahlt, wenn er sicher ist, auch das Grundstückseigentum zu erwerben, weil eine Vormerkung für ihn eingetragen ist, alle zur Lastenfreistellung erforderlichen Unterlagen und erforderlichen Genehmigungen vorliegen, und daß umgekehrt der Verkäufer sein Eigentum erst verliert, nachdem er den Kaufpreis erhalten hat, weil entweder erst dann die Auflassung zu erklären ist oder weil die Auflassung zwar bereits erklärt, ihr Vollzug aber durch Treuhandauflage an den Notar bis zum Nachweis der Kaufpreiszahlung ausgesetzt ist.

47 Eine bloße **Erwerbspflicht** führt erst seit 1973 zu einem Beurkundungserfordernis (BGBl 1973 I 501; dazu KANZLEITER DNotZ 1973, 519; LÖWE DNotZ 1972, 329; zur früheren Rechtslage vgl BGHZ 57, 394 = NJW 1972, 715). Schutzzweck des Gesetzgebers war vor allem, den Erwerber vor „benachteiligenden, bedenklichen und gar unredlichen Vertragsklauseln" zu bewahren (BT-Drucks 7/63, 1).

b) Auflassung (§ 925)

Die sachenrechtliche **Auflassung** bedarf zu ihrer materiellen Wirksamkeit keiner **48** Beurkundung. Sie muß lediglich vor einem (deutschen) Notar erklärt werden, um materiell wirksam zu sein (§ 925). Grundbuchverfahrensrechtlich ist allerdings ein Nachweis durch notarielle Urkunde erforderlich (§ 20 GBO; Rn 144).

§ 925 hat gegenüber den Vertragsbeteiligten dieselben Formwirkungen wie § 311b **49** Abs 1, insbesondere die Warnung vor Übereilung und die notarielle Beratung.

Dieser Individualschutz setzt voraus, daß dem Notar bei Beurkundung der Auflassung das zugrundeliegende schuldrechtliche Geschäft bekannt ist. Auch deshalb darf der Notar nach § 925a die Auflassung nur beurkunden, wenn ihm zugleich eine Urkunde (idR beglaubigte Abschrift oder Ausfertigung) über das Grundgeschäft vorgelegt wird. Ein Verstoß beeinträchtigt aber die Wirksamkeit der Beurkundung nicht. Auch kann das Grundbuchamt die Eigentumsumschreibung nicht von der Vorlage der Urkunde über das Schuldgeschäft abhängig machen (OLG Hamm Rpfleger 1979, 127; OLG Schleswig SchlHA 1960, 341).

Gleichbedeutend mit dem Schutz der unmittelbar Beteiligten ist der Schutz des Rechtsverkehrs in die **Richtigkeit des Grundbuches**, daß für die Eigentumsumschreibung als die wirtschaftlich wichtigste Grundbucheintragung eine notarielle Niederschrift verlangt wird und nicht nur eine Unterschriftsbeglaubigung (wie sonst für die Bewilligung von Grundbucheintragungen, § 29 GBO).

c) Aufteilung in Wohnungs- und Teileigentum (§ 4 Abs 2 WEG)

Die Aufteilung in Wohnungs- und Teileigentum bedarf zu ihrer Wirksamkeit ding- **50** lich der Auflassungsform, schuldrechtlich einer notariellen Beurkundung, wenn mehrere **Miteigentümer vertraglich** die **Aufteilung** vornehmen und sich dabei gegenseitig Sondereigentum einräumen (§§ 3, 4 Abs 2 und 3 WEG) oder Miteigentumsanteile veräußern.

Die einseitige Teilungserklärung durch einen **Alleineigentümer** bedarf hingegen materiell-rechtlich zu ihrer Wirksamkeit keiner besonderen Form (§ 8 WEG); lediglich für den Grundbuchvollzug ist eine Unterschriftsbeglaubigung erforderlich (§ 29 GBO). Dasselbe gilt für die Aufteilung durch mehrere Miteigentümer, wenn sich deren Miteigentum unverändert an allen entstehenden Wohnungseigentumseinheiten fortsetzt. In der Praxis wird allerdings auch die Teilungserklärung des Alleineigentümers häufig beurkundet, nämlich immer dann, wenn ein Bauträger aufteilt und bereits vor Vollzug der Teilungserklärung im Grundbuch die ersten Einheiten verkaufen will; denn eine Bezugnahme auf die Teilungserklärung im Bauträgervertrag ist nur möglich, wenn die Teilungserklärung beurkundet ist (§ 13a BeurkG).

Die **Veräußerung** einer Wohnungs- oder Teileigentumseinheit ist nach den allgemei- **51** nen Vorschriften der §§ 311b Abs 1, 925 schon deshalb zu beurkunden bzw (die Auflassung) vor einem Notar zu erklären, weil der Miteigentumsanteil veräußert wird. Der notariellen Beurkundung bedarf auch die bloße Veräußerung von Sondereigentum ohne einen Miteigentumsanteil (§ 4 Abs 3 WEG), etwa bei einem Kellertausch oder der sonstigen Übertragung einzelner Räume von einer auf eine andere Einheit.

d) Rechte an Grundstücken

52 Die Einigung zur Bestellung oder Inhaltsänderung beschränkter dinglicher Rechte an Grundstücken erfordert hingegen materiell-rechtlich keine besondere Form (§ 873 Abs 1). Auch zur Eintragung ins Grundbuch genügt eine **unterschriftsbeglaubigte Eintragungsbewilligung** (§§ 19, 29 Abs 1 S 1 GBO).

Lediglich **Grundschulden** werden idR durch Niederschrift beurkundet, da nur dann eine Zwangsvollstreckungsunterwerfung (§ 704 Abs 1 Nr 1 ZPO) möglich ist (vgl den Formulierungsvorschlag für ein Grundschuldformular des Ausschusses der Bundesnotarkammer für Schuld- und Liegenschaftsrecht, DNotZ 2002, 84).

2. Schenkungen, Verpflichtung über das Vermögen als Ganzes

a) Schenkungsversprechen (§ 518 Abs 1)

53 Schenkungsversprechen unterliegen im deutschen Recht einem Beurkundungserfordernis (§ 518 Abs 1 S 1) – ebenso wie in vielen anderen Rechtsordnungen auch.

Das Formerfordernis gilt auch für aus **sittlicher Pflicht** oder Anstand eingegangene Schenkungsversprechen (RGZ 125, 380, 384; RG WarnR 1937 Nr 47; BAG NJW 1959, 1511); ebenso für belohnende (**remuneratorische**) Schenkungsversprechen (OLG München OLGZ 1983, 210 = JZ 1983, 255 = NJW 1983, 759: Ein Fan – nicht der Arbeitgeber – verspricht einer Sportmannschaft eine Geldzuwendung für Fall des Klassenerhalts). Auch ein Versprechen über eine **ehebedingte Zuwendung** unterfällt § 518 (SANDWEG NJW 1989, 1965, 1969; STAUDINGER/CREMER [1995] § 518 Rn 7; aA MORHARD NJW 1987, 1734, 1736). Bei einer **gemischten Schenkung** ist – jedenfalls bei unteilbarer Leistung – das gesamte Schenkungsversprechen beurkundungsbedürftig, wenn der Schenkungscharakter überwiegt; bei teilbarer Leistung wird hingegen teilweise eine Beurkundung nur des Schenkungsteiles für ausreichend gehalten (STAUDINGER/CREMER [1995] § 516 Rn 46).

Beurkundungsbedürftig ist **nur einseitig** die Verpflichtung des Schenkenden (insofern vergleichbar den einseitigen Schriftformerfordernissen für die Erklärungen des Bürgen oder beim abstrakten Schuldversprechen oder Schuldanerkenntnis, §§ 766 S 1, 780 S 1, 781 S 1). Greifen jedoch etwa § 311b Abs 1 oder § 15 Abs 4 GmbHG ein, so ist der gesamte Schenkungsvertrag zu beurkunden und nicht nur die Erklärung des Schenkers. Wird ein abstraktes Schuldversprechen oder -anerkenntnis schenkungsweise abgegeben, so muß auch dieses (und nicht nur das Schenkungsversprechen) beurkundet werden (§ 518 Abs 1 S 2), da ansonsten auch bei unwirksamem Schenkungsversprechen die bloße schriftliche Abgabe des Schuldversprechens die Schenkung heilen würde.

54 Hauptzweck der Vorschrift ist der **Übereilungsschutz** (Prot I 1793; Mot II 293; MünchKomm/KOLLHOSSER § 518 Rn 8; STAUDINGER/CREMER [1995] § 518 Rn 2). Ebenso wird durch die Beurkundung (oder die Handschenkung) die bloße unverbindliche Ankündigung, etwas schenken zu wollen, klar von der bindenden Verpflichtung abgegrenzt (Klarstellungsfunktion).

Daneben bezweckt die Vorschrift einen Gleichlauf oder doch **Vergleichbarkeit mit den erbrechtlichen Formvorschriften** – sowohl zum Schutz des Erblassers wie der Erben – oder, wie es die Gesetzesmotiven formulieren, um die Umgehung der Formvorschriften für Verfügungen von Todes wegen bzw für Schenkungen auf den Todesfall zu verhindern und Streitigkeiten nach dem Erbfall über angebliche Schenkungen des Erblassers zu vermeiden (Prot I 1794).

Der **praktische Anwendungsbereich** der Vorschrift ist gering. In der Praxis werden **55** im wesentlichen nur **Grundstückszuwendungen** beurkundet (insbesondere Überlassungs- oder Übergabeverträge), die bereits nach § 311b Abs 1 beurkundungsbedürftig sind.

Im Gesellschaftsrecht spielt die Beurkundung nicht nur für die Schenkung von **GmbH-Geschäftsanteilen** eine Rolle (die schon nach § 15 Abs 4 GmbHG beurkundungsbedürftig ist), sondern insbesondere auch für die **Schenkung von Innenbeteiligungen** (insbes einer Beteiligung als stiller Gesellschafter). Denn die bloße „Einbuchung" der stillen Einlage durch Gutschrift ist nach der Rechtsprechung kein wirksamer Schenkungsvollzug (vgl Rn 666).

Andere Schenkungen erfolgen in der Praxis entweder als Handschenkung (Realschenkung) nach § 516, die grundsätzlich formfrei ist (soweit nicht Grundstücke oder GmbH-Geschäftsanteile geschenkt werden), oder es wird zunächst ein formunwirksames Schenkungsversprechen gegeben, das jedoch nach § 518 Abs 2 durch die Bewirkung der versprochenen **Leistung geheilt** wird.

b) **Verträge über den Nachlaß oder das gegenwärtige Vermögen (§ 311b Abs 3 und 5)**

Von geringer praktischer Bedeutung sind auch Verträge über das (eigene) gegen- **56** wärtige Vermögen oder über den Nachlaß eines noch lebenden Dritten, für die § 311b Abs 3 (= § 311 aF) bzw § 311b Abs 5 S 2 (= § 312 Abs 2 S 2 aF) – soweit sie denn überhaupt gesetzlich zulässig sind – notarielle Beurkundung vorschreiben.

Verträge über das (eigene) künftige Vermögen sind unwirksam (§ 311b Abs 2 = § 310 aF), **Verträge über das gegenwärtige Vermögen** sind zulässig, aber beurkundungsbedürftig (§ 311b Abs 3 = § 311 aF). Die Form soll daher der Warnung des Vermögensinhabers vor dem übereiltem Abschluß eines derart weitreichenden Geschäftes dienen (Mot II 188; BGHZ 25, 1, 5 = NJW 1957, 1514; RGZ 72, 118; 94, 314; RG WarnR 1917 Nr 49; STAUDINGER/WUFKA [2001] § 311 Rn 1; aA KNIEPER MDR 1970, 979). Die Vorschrift dient nur dem Schutz des verpflichteten Vermögensinhabers, nicht dem Schutz des Erwerbers (RGZ 69, 420; 139, 199, 203).

Ähnlich sind **Verträge über den Nachlaß eines noch lebenden Dritten** grundsätzlich **57** unwirksam, ebenso Verträge über den Pflichtteil oder ein Vermächtnis daraus (§ 311b Abs 4 = § 312 Abs 1 aF).

Wirksam, aber beurkundungsbedürftig sind lediglich **Verträge unter künftigen gesetzlichen Erben** über den gesetzlichen Erbteil oder den Pflichtteil eines von ihnen (§ 311b Abs 5 = § 312 Abs 2 aF).

58 Für beide Vorschriften finden sich in den Protokollen zum BGB dieselben Begründungen wie für die Form des Schenkungsversprechens – wobei die Protokolle ausdrücklich auch die Parallelität zu § 518 betonen: Das Beurkundungserfordernis sei notwendig „zur Verhütung von Uebereilungen, zur Befestigung der Rechtssicherheit und um die Umgehung der unerläßlichen Formvorschriften für die Verfügungen auf den Todesfall zu verhüten" (Prot I 2914 = JAKOBS/SCHUBERT, Recht der Schuldverhältnisse I, 394).

3. Familienrecht

a) Ehevertrag und Scheidungsvereinbarung (§ 1410)

59 Im Ehegüterrecht bedarf die Vereinbarung eines anderen als des gesetzlichen **Güterstandes** oder die Modifikation des gesetzlichen Güterstandes der notariellen Beurkundung (§ 1410 – entspricht § 1434 aF).

Beurkundungsbedürftig in Form eines Ehevertrages ist auch die **Rechtswahl des Güterstatuts** sei es eines ausländischen Güterstatuts oder umgekehrt die Wahl des des deutschen Güterrechts bei Geltung eines ausländischen Güterstatuts (Art 15 Abs 3 iVm Art 14 Abs 4 S 1 EGBGB) oder eine Rechtswahl der allgemeinen Ehewirkungen (Art 14 Abs 4 EGBGB).

Entsprechend bedarf auch der **Lebenspartnerschaftsvertrag** über die vermögensrechtlichen Verhältnisse (= Güterrecht) der Lebenspartner der notariellen Beurkundung (§ 7 Abs 1 S 2 LPartG). Lediglich die „Vereinbarung" des gesetzlichen Vermögensstandes der Ausgleichsgemeinschaft kann durch formlose Erklärung gegenüber der Behörde (= Standesbeamter) bei Begründung der Lebenspartnerschaft erfolgen.

60 Als **Formzwecke** des Ehevertrages werden meist sowohl die Schutzfunktion durch sachkundige Beratung der Beteiligten – einschließlich der dadurch bedingten Richtigkeits- und Gültigkeitsgewähr – wie Übereilungsschutz bzw Warnfunktion, schließlich auch Beweis- und Klarstellungsfunktion genannt (EINSELE NJW 1998, 1206; ERMAN/HECKELMANN § 1410 Rn 1; GERNHUBER/COESTER-WALTJEN, Lehrbuch des Familienrechts [4. Aufl 1994] § 32 II 1; MünchKomm/KANZLEITER § 1410 Rn 1 f; SOERGEL/GAUL § 1410 Rn 2; STAUDINGER/THIELE [2000] § 1410 Rn 14).

In der Rechtspraxis steht eindeutig die **Beratungsfunktion** (Schutzfunktion) bzw die Vertragsgestaltung durch den Notar im Vordergrund: Der Ehevertrag greift durch die Begründung oder den Ausschluß von Vermögensrechten tief und vor allem dauerhaft in die vermögensrechtlichen Verhältnisse der Ehegatten ein und hat idR Auswirkungen bis zum Tod oder zur Scheidung (MünchKomm/KANZLEITER § 1410 Rn 1).

Demselben Formzweck der Beratung durch den Notar dient auch die für eine **Rechtswahl** der allgemeinen Ehewirkungen oder des Ehegüterrechtes vorgeschriebene Ehevertragsform (Art 14 Abs 4 S 1, 15 Abs 3 EGBGB; LICHTENBERGER, in: FS Murad Ferid [1988] 269, 271; WEGMANN NJW 1987, 1742; STAUDINGER/MANKOWSKI [2003] Art 14 EGBGB Rn 120 ff).

61 Beurkundungsbedürftig ist auch der Ausschluß oder die Modifikation des **Versor-**

gungsausgleiches (§§ 1408 Abs 2, 1410 bzw im Rahmen einer Scheidungsvereinbarung nach § 1587o Abs 2 S 1, wobei letzterenfalls zusätzlich eine gerichtliche Genehmigung erforderlich ist).

Hierfür gelten dieselben Schutzzwecke wie für den Ehevertrag. Im Vordergrund steht auch hier die notarielle Beratung, sowohl wegen der weitreichenden Folgen eines Ausschlusses, aber auch da die Beteiligten immer wieder Gestaltungen zum Versorgungsausgleich wünschen, die rechtlich gar nicht möglich sind (STAUDINGER/ REHME [2000] § 1408 Rn 94; zur Amtshaftung bei fehlender Belehrung vgl UDSCHING NJW 1978, 289, 294 f).

Hingegen unterliegen Vereinbarungen über den **Scheidungsunterhalt** nach § 1585c gesetzlich **keinem Formerfordernis**; die Beteiligten können aber rechtsgeschäftlich ein Beurkundungserfordernis vereinbaren (OLG Karlsruhe FamRZ 1983, 174). Wird ein Ehevertrag abgeschlossen, werden darin aber meist auch Vereinbarungen über den Scheidungsunterhalt getroffen. **62**

Indirekt ergibt sich ein Beurkundungserfordernis für eine **einvernehmliche Scheidung**. Denn dem einvernehmlichen Scheidungsantrag soll das Gericht nach § 630 Abs 1 Nr 3 und Abs 3 ZPO erst stattgeben, wenn ein vollstreckbarer Titel über den nachehelichen Unterhalt und den Kindesunterhalt (sowie die Rechtsverhältnisse an der Ehewohnung) aufgrund einer Einigung der Ehegatten vorliegt. Praktisch kann der Titel nur durch eine Zwangsvollstreckungsunterwerfung in einer notariell beurkundeten Scheidungsvereinbarung erreicht werden.

Ein Beurkundungserfordernis kann sich auch ergeben, wenn eine **Grundstücksveräußerung** von einer Unterhaltsvereinbarung abhängt (§ 311b Abs 1; vgl BGH FamRZ 2002, 1179 = MDR 2002, 1125 = NJW-RR 2002, 1513 = ZNotP 2002, 399; OLG Bamberg FamRZ 1998, 25, 27) oder wenn eine Unterhaltspflicht **schenkweise** begründet wird (518 Abs 1; MünchKomm/MAURER § 1750 Rn 26 und 19, wobei man wohl § 518 Abs 1 S 2 analog heranziehen kann). IdR erfolgen Unterhaltsvereinbarungen aber – wenn sie nicht im Rahmen eines Ehevertrages oder einer Scheidungsfolgenvereinbarung getroffen werden – vergleichsweise und nicht schenkungsweise.

Das Schutzbedürfnis ist für Unterhaltsvereinbarungen, insbesondere einen Unterhaltsverzicht, nicht geringer als für Vereinbarungen über Güterrecht oder Versorgungsausgleich. *De lege ferenda* ist daher auch für Unterhaltsvereinbarungen ein **Beurkundungserfordernis wünschenswert** (AK 18 des 12. Deutschen Familiengerichtstages, FamRZ 1998, 473, 474; BÜTTNER, in: JOHANNSEN/HENRICHS, Eherecht: Trennung, Scheidung, Folgen [4. Aufl 2003] § 1585c Rn 4; LANGENFELD, Handbuch der Eheverträge und Scheidungsvereinbarungen [4. Aufl 2000] Rn 632).

b) Vaterschaftsanerkennung (§ 1597), Sorgeerklärung (§ 1626d Abs 1) und Adoption (§§ 1750, 1752)

Bei der **Vaterschaftsanerkennung** müssen die Anerkennung selbst und die Zustimmung der Mutter (und erforderlichenfalls auch die des Kindes, falls der Mutter insoweit die elterliche Sorge nicht zusteht, § 1595 Abs 2) öffentlich beurkundet werden (§ 1597 Abs 1). Für die Beurkundung sind neben den Notaren auch das Amtsgericht (§ 62 Abs 1 Nr 1 BeurkG, § 3 Nr 1 f RPflG), der Standesbeamte (§ 58 **63**

BeurkG, § 29a PStG), das Jugendamt (§§ 59, 60 SGB VIII) sowie ggf das Gericht, bei dem die Vaterschaftsklage anhängig ist (§ 641c ZPO), zuständig. Da die Vaterschaftsanerkennung statusbegründend wirkt, dient die Beurkundunsgform sowohl zur Warnung und Belehrung des Erklärenden als auch zum Beweis der abgegebenen Erklärung (BT-Drucks 5/2370, 29; STAUDINGER/RAUSCHER [2002] § 1597 Rn 3).

Die **gemeinschaftliche Sorgeerklärung** der nicht miteinander verheirateten Eltern (§ 1626a Abs 1 Nr 1) ist einer Vaterschaftsanerkennung statusrechtlich insofern vergleichbar, als sie die gemeinsame Sorge über das nichteheliche Kind begründet (ZIMMERMANN DNotZ 1998, 404, 416 f). Die Sorgeerklärung (sowie die Zustimmungserklärung des gesetzlichen Vertreters eines beschränkt geschäftsfähigen Elternteiles, § 1626c Abs 2) bedarf zu ihrer Wirksamkeit der öffentlichen Beurkundung (§ 1626d Abs 1). Die Beurkundung kann entweder durch den Notar oder durch das Jugendamt erfolgen (§ 59 Abs 1 Nr 8 SGB VIII). Durch die Beurkundung soll insbes die Belehrung über die Folgen der Sorgeerklärung sichergestellt werden (BT-Drucks 13/4899 S 95). Ebenso dienen die beurkundeten Sorgeerklärungen dem Nachweis der gemeinschaftlichen Sorge sowie der „Seriositätssicherung" (STAUDINGER/COESTER [2002] § 1626d Rn 3).

Nach § 1752 Abs 2 S 2 bedarf der **Adoptionsantrag** der notariellen Beurkundung (vgl BayObLG FamRZ 1983, 532). Beurkundungsbedürftig sind nach § 1750 Abs 1 S 2 auch die **Einwilligungserklärungen des Kindes** (§ 1746), der **Eltern** des Kindes (§ 1747) und ggf des **Ehegatten** des Annehmenden bei Annahme durch einen Ehegatten allein (§ 1749). Nicht beurkundungsbedürftig ist demgegenüber nach hM die Zustimmung des gesetzlichen Vertreters zur Einwilligung des Kinders (§ 1746 Abs 1 S 3 HS 2; STAUDINGER/FRANK [2001] § 1746 Rn 33).

Zweck der Beurkundungsform ist auch hier zum einen **Übereilungsschutz** zum Schutz der Einwilligenden (RegE BT-Drucks 7/3601, 40; BT-Drucks 13/4899, 170, ERMAN/SAAR § 1750 Rn 5), zum anderen **Richtigkeitsgewähr und Beweisfunktion**, damit das Vormundschaftsgericht den statusändernden Beschluß auf Grundleage einer einwandfreien Erklärung treffen kann (STAUDINGER/FRANK [2001] § 1750 Rn 9). Von Bedeutung ist auch die notarielle Beratung, etwa über die erbrechtlichen Folgen der Adoption (vgl den Haftungsfall BGHZ 58, 343, 353 = NJW 1972, 1422). Dies unterschätzen Literaturstimmen, die die Beurkundungsform teilweise als nur für die Einwilligung der Eltern gerechtfertigt ansehen oder eine Beurkundung durch das Jugendamt de lege ferenda für sinnvoller hielten, da im wesentlichen nur eine Aufklärung und Beratung über soziale und psychologische Fragen erforderlich sei, nicht aber eine rechtliche Beratung (vgl MünchKomm/MAURER § 1750 Rn 2; ausführlich MünchKomm/LÜDERITZ § 1750 Rn 2 m w Hinw auf die Debatte bei Erlaß des Adoptionsgesetzes, BGBl 1976 I 1749; dagegen zu Recht STAUDINGER/FRANK [2001] § 1752 Rn 4).

c) **Vorsorgevollmacht und Betreungsverfügung**

Vorsorgevollmachten und Betreuungsverfügungen (§ 1896 Abs 2) sind zwar grundsätzlich formfrei. In der Praxis werden sie aber häufig notariell beurkundet (ebenso wie Generalvollmachten), um **Nachweisprobleme** für die Vollmachtserteilung und die Geschäftsfähigkeit des Vollmachtgebers bei Vollmachtserteilung zu vermeiden.

4. Erbrecht

a) Verfügungen von Todes wegen (§§ 2232, 2276)

Von den Verfügungen von Todes wegen ist lediglich der **Erbvertrag** beurkundungsbedürftig (§ 2276).

Einseitiges wie gemeinschaftliches Testament können sowohl durch eigenhändiges Testament wie durch notariell beurkundetes Testament (**öffentliches Testament** – § 2232) als den beiden ordentlichen Testamentsformen errichtet werden. § 2232 sieht zwei Formen des notariellen Testamentes vor: Entweder durch Erklärung gegenüber dem Notar oder durch Übergabe einer Schrift an den Notar (wobei letzteres in der Praxis fast nie vorkommt).

Für die Beurkundung von Verfügungen von Todes wegen gelten zusätzlich zu den allgemeinen Vorschriften des Beurkundungsgesetzes noch die **Sondervorschriften der §§ 27 bis 35 BeurkG** (vgl Rn 572 ff)

Beide ordentlichen Testamentsformen verbinden die verschiedenen Formwirkungen. Der BGH umschrieb dies für den Formzweck eines **eigenhändigen Testamentes** wie folgt – wobei dasselbe erst recht für das notarielle Testament gilt: „Durch die Formvorschriften für die Testamentserrichtung verfolgt das Gesetz verschiedene Zwecke: Die einzuhaltenden Förmlichkeiten sollen den Erblasser dazu veranlassen, sich selbst klar darüber zu werden, welchen Inhalt seine Verfügung von Todes wegen haben soll, und seinen Willen möglichst deutlich zum Ausdruck zu bringen. Sie sollen außerdem dazu dienen, Vorüberlegungen und Entwürfe von der maßgebenden Verfügung exakt abzugrenzen. Die Eigenhändigkeit eines Testaments soll nach der Wertung des Gesetzes außerdem eine erhöhte Sicherheit vor Verfälschungen des Erblasserwillens bieten. Alle diese Formzwecke sollen in ihrer Gesamtheit dazu beitragen, verantwortliches Testieren zu fördern und Streitigkeiten der Erbprätendenten über den Inhalt letztwilliger Verfügungen hintanzuhalten" (BGHZ 80, 242, 246 = DNotZ 1982, 321 = FamRZ 1981, 662 = NJW 1981, 1737 = WM 1981, 796; ebenso BayObLG FamRZ 2001, 771 = Rpfleger 2001, 181; BGHZ 2, 172 = LM § 11 TestG Nr 1; BGH NJW 1962, 1149 = LM § 2249 Nr 1). Kurz läßt sich auch formulieren, daß die ordentlichen Testamentsformen dazu dienen, den **letzten Willen des Erblassers zuverlässig und unbeeinflußt wiederzugeben** (MünchKomm/BURKART § 2231 Rn 1; ausführlich zu den Formwirkungen: STAUDINGER/BAUMANN [2003] § 2231 Rn 17 f).

An erster Stelle steht die Warnfunktion (**Übereilungsschutz**). Zwar treffen den Erblasser selbst die Folgen einer unbedachten Verfügung von Todes wegen nicht mehr. Doch wäre es dem Rechtsfrieden abträglich, wenn jede leichtfertige Äußerung des Erblassers schon ein Testament wäre. Damit soll einerseits der Erblasser geschützt werden, sich möglicherweise von einem anderen einen vorbereiteten Testamentsentwurf zur Unterschrift unterschieben zu lassen. Andererseits sollen auch die gesetzlichen oder früheren Testamentserben vor einer in einer Augenblickslaune hingeworfenen Verfügung geschützt werden.

Zum zweiten grenzen die ordentlichen Testamentsformen bloße Überlegungen von dem rechtlich bindenden Willen ab und halten dessen Wortlaut eindeutig fest (**Klarstellungsfunktion**).

Beim Testament besonders wichtig ist die damit verbundene **Beweisfunktion**, aus der man die Identitätsfunktion nochmals gesondert hervorheben kann. Die Fälschungsgefahr liegt auf der Hand. Beim eigenhändigen Testament gibt es meist nur eine Person, die wirklich weiß, ob das Testament echt ist – den Erblasser, und den kann man nicht mehr befragen. Damit sind die Testamentsformen für die **Rechtssicherheit** erforderlich.

67 Das **notarielle Testament** zeigt **dieselben Formwirkungen sogar in höherem Maß**: Der Übereilungsschutz ist durch die Einschaltung eines Dritten größer. Die Klarstellungsfunktion ist durch die notarielle Willenserforschungs- und Formulierungspflicht (§ 17 Abs 1 S 1 Var 1 und 4 BeurkG) verstärkt.

Die **Beweiswirkung** ist zum Vollbeweis durch öffentliche Urkunde gesteigert (§ 415); aufgrund eines notariellen Testamentes (mit Eröffnungsniederschrift) kann etwa bereits das Grundbuch auf den Erben berichtigt werden (während bei gesetzlicher Erbfolge oder bei einem eigenhändigen Testament ein Erbschein erforderlich ist, **§ 35 Abs 1 GBO**). Auch Banken lassen teilweise als Nachweis der Verfügungsbefugnis des Erben ein öffentliches Testament in Verbindung mit der Eröffnungsniederschrift des Nachlaßgerichtes genügen (Ziffer 5 Banken-AGB). Praktisch ist der Beweiswert auch dadurch gesteigert, daß ein völliger Verlust aller Abschriften eines notariellen Testamentes unwahrscheinlich ist: Die Urschrift ist nach § 34 Abs 1 S 4 BeurkG iVm §§ 2258a, b in die besondere amtliche Verwahrung des Amtsgerichtes zu geben; meist behält der Norar auf Wunsch des Erblassers eine beglaubigte Abschrift in seiner Urkundssammlung zurück (§ 20 Abs 1 S 3–4 DONot).

Als entscheidende zusätzliche Formwirkung hinzu kommt noch die **Beratungs- und Gestaltungsfunktion** durch die notarielle Belehrung. Die Formvorschriften zur Errichtung eines öffenlichen Testamentes gewährleisten, daß sich der Erblasser seinen letzten Willen hinreichend überlegt; § 17 BeurkG gewährleistet, daß dieser Wille im notariellen Testament wirksam, richtig und klar wiedergegeben wird; § 415 ZPO, § 35 Abs 1 S 2 GBO geben dem notariellen Testament besondere Beweiskraft (NIEDER, Handbuch der Testamentsgestaltung [2. Aufl 2000] Rn 447 ff; STAUDINGER/BAUMANN [2003] § 2231 Rn 17 und § 2232 Rn 20).

68 Genau diese zusätzliche Beratungsfunktion veranlaßte den Gesetzgeber festzulegen, daß ein **Erbvertrag** nur durch notarielle Urkunde errichtet werden kann (§ 2276). Denn die Mitwirkung des Notars soll – über die anderen Formzwecke und über das Erfordernis persönlicher Errichtung durch den Erblasser hinaus – sichern, daß der Erblasser sachkundig beraten wird und ihm insbesondere die Bedeutung der Bindung duch den Erbvertrag bewußt wird (LANGE/KUCHINKE, Erbrecht § 25 III 1; MünchKomm/MUSIELAK § 2276 Rn 1; ähnlich SOERGEL/WOLF § 2276 Rn 1; STAUDINGER/ KANZLEITER [1998] § 2276 Rn 17; REIMANN, in: DITTMANN/REIMANN/BENGEL § 2301 Rn 6;).

b) Schenkungsversprechen von Todes wegen (§ 2301 Abs 1)

69 § 2301 ordnet für ein Schenkungsversprechen, das unter der Bedingung erteilt wird, daß der Beschenkte den Schenker überlebt (**Schenkungsversprechen von Todes wegen**) die Anwendung der für Verfügungen von Todes wegen geltenden Bestimmungen an; vollzieht der Schenker die Schenkung durch Leistung, so gelten hingegen die Vorschriften über Schenkungen unter Lebenden (§§ 516 ff). Das BGB behandelt damit die Schenkung von Todes wegen nicht als eigenständiges Rechtsinstitut, sondern beschränkt sich auf die Anordnung entweder der erbrechtlichen oder der schenkungsrechtlichen Vorschriften.

Zweck des § 2301 ist, zu verhindern, daß die Formvorschriften für Verfügungen von Todes wegen umgangen werden, indem ein Rechtsgeschäft zwar nach seiner äußeren Gestalt in ein Rechtsgeschäft unter Lebenden gekleidet wird, in Wirklichkeit der Vermögensverlust des Versprechenden und die Zuwendung erst mit dem Todesfall eintreten.

Für ein Schenkungsversprechen von Todes wegen ist nach § 2301 Abs 1 die Form des **Erbvertrages** einzuhalten; denn nur der Erbvertrag bewirkt die für ein Schenkungsversprechen erforderliche vertragliche Bindung (so die wohl **hM**: PALANDT/EDENHOFER § 2301 Rn 6; STAUDINGER/KANZLEITER [1998] § 2301 Rn 4; REIMANN, in: DITTMANN/REIMANN/BENGEL § 2301 Rn 6). Für die hM sprechen auch die Entstehungsgeschichte (Mot V 350; Prot V 460) und die Systematik (§ 2301 findet sich im Abschnitt über den Erbvertrag).

Teilweise wird auch ein **gemeinschaftliches Testament** von Ehegatten (aufgrund der eingeschränkten Widerrufsmöglichkeiten) für nach § 2301 ausreichend gehalten (SOERGEL/WOLF § 2301 Rn 6). Eine Mindermeinung und die ältere Rechtsprechung läßt sogar jede Verfügung von Todes wegen genügen, also auch **Einzeltestamente**, wobei sie insbesondere auf den Gesetzeswortlaut verweist (RGZ 83, 223, 227; LANGE/KUCHINKE, Erbrecht § 33 II 1; LITZENBURGER, in: BAMBERGER/ROTH § 2301 Rn 7; MünchKomm/MUSIELAK § 2301 Rn 13; REISCHL, Zur Schenkung von Todes wegen – Unter besonderer Berücksichtigung der legislativen Zielsetzung [1996] S 152 ff).

Im Ergebnis kann der Meinungsstreit jedoch idR dahinstehen: Denn die hM läßt zumindest eine **Umdeutung** (§ 140) des (mangels Erbvertragsvertragsform) unwirksamen Schenkungsversprechens von Todes wegen in ein Testament zu (RG Recht 1919 Nr 602; LZ 1924, 162; PALANDT/EDENHOFER § 2301 Rn 6; STAUDINGER/KANZLEITER [1998] § 2301 Rn 4; REIMANN, in: DITTMANN/REIMANN/BENGEL § 2301 Rn 6; SOERGEL/WOLF § 2301 Rn 6).

c) Erb- und Pflichtteilsverzicht (§ 2348)

Das Beurkundungserfordernis des Erb- oder Pflichtteilsverzichtes (§ 2348) dient sowohl dem Individualschutz wie der Rechtssicherheit: Die Beteiligten sollen vor übereiltem Handeln bewahrt werden (**Warnfunktion**), vor allem sollen ihre sachkundige Beratung und Belehrung durch den Notar gesichert werden (**Belehrungs- und Gestaltungsfunktion**). Zugleich dient die Beurkundung der **Klarstellung und dem Beweis** über Abschluß und Inhalt des Verzichtes (DAMRAU, Der Erbverzicht als Mittel zweckmäßiger Vorsorge für den Todesfall [1996] S 132; J MAYER, in: BAMBERGER/ROTH § 2348 Rn 1; MünchKomm/STROBEL § 2348 Rn 1; STAUDINGER/SCHOTTEN [1997] § 2348 Rn 2).

Dabei soll nicht nur der Verzichtende geschützt werden, sondern auch der **Erblasser** (wie das Erfordernis des persönlichen Abschlusses nur auf Seiten des Erblassers nach § 2347 Abs 2 zeigt); denn der Erblasser soll ggf seine Verfügungen von Todes wegen auf den Verzicht abstellen können.

d) Eidesstattliche Versicherung für Erbscheinsantrag (§ 2356 Abs 2)

71 Für den Erbscheinsantrag ist im Regelfall eine **eidesstattliche Versicherung** erforderlich (§ 2356 Abs 2), insbes darüber, welche als gesetzliche Erben in Betracht kommenden Angehörigen der Erblasser hinterlassen hat und ob Verfügungen von Todes wegen vorhanden sind.

Diese eidesstattliche Versicherung kann entweder vor dem Nachlaßgericht oder vor einem **Notar** abgegeben werden. Praktisch häufiger ist die Erklärung gegenüber dem Nachlaßgericht; aber gerade bei rechtlich verwickelten Erbfolgen gibt der antragstellende Erbe die Erklärung gern vor dem Notar ab, um sich zugleich rechtlich beraten zu lassen. Beurkundet der Notar, so wird in der Praxis meist zugleich mit der eidesstattlichen Versicherung auch der Erbscheinsantrag mitbeurkundet, obwohl der Antrag als solcher formfrei ist.

Durch die eidesstattliche Versicherung erhält das Nachlaßgericht eine **zuverlässige Beweisgrundlage** für die Erteilung des Erbscheines hinsichtlich der Angaben, für die ein Nachweis durch öffentliche Urkunden nicht möglich oder doch jedenfalls zu aufwendig wäre.

Die eidesstattliche Versicherung ist keine Willenserklärung, sondern eine (strafbewehrte – §§ 156, 163 StGB) Wissenserklärung. Der Notar hat über die eidesstattliche Versicherung eine **Niederschrift** entsprechend der Niederschrift über Willenserklärungen aufzunehmen (§ 38 Abs 1 BeurkG – vgl Rn 593). Außerdem soll er über die Bedeutung der eidesstattlichen Versicherung belehren und dies in der Urkunde vermerken (§ 38 Abs 2 BeurkG; unbedingte Amtspflicht, aber keine Wirksamkeitsvoraussetzung).

e) Erbschaftskauf und Erbteilsübertragung (§§ 2033 Abs 1 S 2, 2371)

72 Beurkundungsbedürftig sind sowohl der **Erbschafts- oder Erbteilskauf** (§ 2371; dh das entgeltliche schuldrechtliche Geschäft) wie die **Erbteilsübertragung** (§ 2033 Abs 1 S 2 als das dingliche Erfüllungsgeschäft des Erbteilskaufes; vgl ausführlich KELLER, Formproblematik der Erbteilsveräußerung [1995]).

73 Das Beurkundungserfordernis des Erbschaftskaufes (§ **2371**) fand sich erst im Entwurf der **Zweiten Kommission** (Prot II, Bd 5, S 443 f = JAKOBS/SCHUBERT, Erbrecht II 2201). Die Erste Kommission hatte ein Formerfordernis noch abgelehnt und insbesondere das dafür vorgebrachte Argument der Gleichlaufs mit der Verfügung über das Vermögens als Ganzes unter Lebenden als nicht hinreichend angesehen (Mot II 354; Prot I 11295 = JAKOBS/SCHUBERT, Erbrecht II 2184).

Genau der **Gleichlauf** mit § 311b Abs 3 und 5 (= §§ 311, 312 Abs 2 aF) war aber für die Zweite Kommission ein wesentliches Argument für die Einführung der Formpflicht des § 2371 (Prot II, S 114; RG JW 1905, 721; RGZ 72, 209 f; MünchKomm/MUSIELAK § 2371 Rn 1; STAUDINGER/OLSHAUSEN [2004] § 2371 Rn 4).

Schutzzweck des § 2371 ist damit einerseits der **Schutz des Veräußerers vor Übereilung** und Übervorteilung (insbes auch durch gewerbliche Ankäufer; Prot II 114; RGZ 72, 209, 210; RGZ 137, 171, 174; OLG Schleswig SchlHA 1957, 181; HÜGEL ZEV 1995, 121, 122; MünchKomm/MUSIELAK § 2371 Rn 1; STAUDINGER/OLSHAUSEN [2004] § 2371 Rn 4).

Andererseits hat die Form **Klarstellungs- und Beweisfunktion**, insbesondere im Interesse der Gläubiger, da mit dem Zeitpunkt des Vertragsschlusses der Haftungsbeginn des Erbschaftserwerbers nachweisbar ist – aber auch, um dem Erwerber den Nachweis seiner Rechte zu erleichtern.

Demgegenüber hält die hM den **Schutz des Erwerbers** nicht für einen Normzweck des § 2371; dies sei nur Schutzreflex der Belehrung der notariellen Beurkundung (Keller, Formproblematik der Erbteilsveräußerung [1995] Rn 7; Staudinger/Olshausen [2004] § 2371 Rn 4; aA Häsemeyer, Die gesetzliche Form der Rechtsgeschäfte, S 185 f; MünchKomm/Musielak § 2371 Rn 1). Für den historischen Gesetzgeber mag das richtig sein; doch ist die Belehrung des Erwerbers, etwa über die Haftungsfolgen oder über das Vorkaufsrecht der Miterben, eine wesentliche Wirkung des Beurkundungserfordernis. Deshalb wäre es gefährlich, aus einem möglicherweise engeren Schutzzweck des historischen Gesetzgebers Schlußfolgerungen für den Umfang des Beurkundungserfordernisses zu ziehen.

Das Beurkundungserfordernis des Erbteilskaufes und das der dinglichen **Erbteils-** 74 **übertragung** (§ 2033) verstärken sich gegenseitig (RGZ 137, 171, 173 f).

Die Übertragung der Erbschaft als Ganzes ist nach deutschem Recht nicht möglich Der Erbschaftskauf ist vielmehr durch Einzelübertragung aller Vermögensgegenstände des Nachlasses zu erfüllen. So kann zur Erfüllung eines Erbschaftskaufes nur für die Übertragung bestimmter Gegenstände etwa nach § 311b Abs 1 oder § 15 Abs 3 GmbHG eine Beurkundung erforderlich sein.

5. Gesellschaftsrecht

Im Gesellschaftsrecht (zu den Aufgaben des Notars im Gesellschaftsrecht vgl allg Priester 75 DNotZ 2001, Sonderheft S 52*) sind insbesondere die **Gründung einer GmbH oder einer Aktiengesellschaft** (§ 2 GmbHG bzw § 23 AktG – vgl Rn 193, 198), Hauptversammlungsbeschlüsse börsennotierter Aktiengesellschaften und Satzungsänderungen (§ 53 GmbHG, §§ 130, 179 Abs 2 AktG – vgl Rn 209 ff) sowie Umwandlungsvorgänge (§§ 6, 13 Abs 3, 193 Abs 3 UmwG – vgl Rn 203 ff) beurkundungsbedürftig.

a) Gründung einer Kapitalgesellschaft (§ 23 AktG, § 2 GmbHG)
Formzweck der §§ 23 AktG, 2 GmbHG ist vor allem der **Schutz des Rechtsverkehrs** 76 durch die mit der Beurkundung verbundene **Rechtssicherheit**. Durch die notarielle Beurkundung steht der Satzungstext fest (Klarstellung bzw Beweissicherung) und kann zum Handelsregister angemeldet werden (Publizitätsfunktion). Zugleich kann der Rechtsverkehr davon ausgehen, daß die Satzung durch den Notar rechtlich geprüft wurde (Richtigkeitsgewähr). Priester bezeichnet dies treffend als „**Rechtspflegefunktion**" (Scholz/Priester [9. Aufl 2002] § 53 GmbHG Rn 72; vgl OLG Hamburg OLGZ 1994, 42 = AG 1993, 384 = DB 1993, 1232 = MittBayNot 1994, 80 = NJW-RR 1993, 1317 = WM 1993, 1186 = ZIP 1993, 921: Unzulässigkeit einer Satzungsbestimmung zur Abhaltung der Hauptversammlung im Ausland).

Daneben tritt aber auch ein **Individualschutz**: Die Gründer sollen davor geschützt werden, die mit der Gründung einer AG verbundenen erheblichen Pflichten und Risiken voreilig einzugehen, und ihnen soll die Bedeutung ihrer Willenserklärungen deutlich gemacht werden (**Warnfunktion und Beratung**) (so allg zu den Formzwecken der **Satzung der AG**: RGZ 54, 418, 419; RGZ 66, 116, 121; RGZ 130, 74; RGZ 149, 385, 395; RGZ 156, 138; HÜFFER, AktG [6. Aufl 2004] § 23 Rn 1; KölnerKommAktG/KRAFT § 23 Rn 136; MünchKomm-AktG/PENTZ [2. Aufl 2000] § 23 Rn 26; ebenso für die **GmbH-Gründung**: BGHZ 80, 76 = DNotZ 1981, 451 = NJW 1981, 1160 = WM 1981, 376 = ZIP 1981, 402 – Beurkundung durch ausländischen Notar; BGH BB 1988, 159 = DB 1988, 223 = DNotZ 1988, 504 = NJW-RR 1988, 288 = WM 1988, 163 – Vorvertrag; MICHALSKI, GmbHG [2002] § 2 GmbHG Rn 14; SCHOLZ/EMMERICH § 2 GmbHG Rn 13).

Allerdings hält die Rechtsprechung und die hM in der Lehre die **Belehrungsfunktion für verzichtbar** (BGHZ 80, 76 = DNotZ 1981, 451 = NJW 1981, 1160 = WM 1981, 376 = ZIP 1981, 402 – zur Beurkundung durch einen ausländischen Notar, dessen Verfahrensordnung keine Belehrung vorschreibt bzw den Verzicht auf eine Belehrung zuläßt; zustimmend SCHOLZ/EMMERICH § 2 GmbHG Rn 13). Diskutiert wird die Frage v in hinsichtlich der Zulässigkeit der Beurkundung von Gründung, Satzungsänderung oder Hauptversammlungsbeschlüssen durch einen ausländischen Notar (vgl Rn 725). Ein Verzicht auf die Belehrung durch den deutschen Notar ist aber nicht möglich; allenfalls kann ein geringerer Belehrungsumfang genügen, wenn die Beteiligten zu erkennen geben, daß sie sich über die Rechtsfolgen und Risiken des Rechtsgeschäftes bewußt sind (Rn 497).

b) Satzungsänderung einer Kapitalgesellschaft und Hauptversammlungsbeschlüsse (§ 130 AktG, § 53 GmbHG)

77 Beurkundungsbedürftig sind auch spätere **Satzungsänderungen** der Kapitalgesellschaften (§ 53 GmbHG, §§ 179 Abs 2 iVm 130 Abs 1 AktG). Das Gesetz regelt hier in einem eigenen Tatbestand, was sich außerhalb des Gesellschaftsrechts (insbes bei Austauschverträgen) schon aus der jeweiligen Formvorschrift selbst ergibt.

Bei **börsennotierten Aktiengesellschaften** sind darüber alle **Beschlüsse der Hauptversammlung** zu beurkunden, während bei nicht börsennotierten Gesellschaften („**kleine AG**") nur Hauptversammlungen beurkundungsbedürftig sind, auf denen Beschlüsse gefaßt werden, für die das Gesetz mindestens eine Drei-Viertel-Mehrheit vorschreibt (sog **Grundlagenbeschlüsse**, inbes satzungsändernde Beschlüsse und – strittig – sog „Holzmüller"-Beschlüsse; 130 Abs 1 S 1 und 3 AktG – vgl zur „kleinen AG" im einzelnen Rn 210).

78 Für die **Satzungsänderung** und andere Grundlagenbeschlüsse bestehen grundsätzlich dieselben Formzwecke wie für die Gesellschaftsgründung, also in erster Linie **Rechtssicherheit** für die Allgemeinheit (mit Richtigkeitsgewähr und Vorkontrolle vor der Registeranmeldung – „Rechtspflegefunktion"), in zweiter Linie aber auch eine **Warn- und Belehrungsfunktion** im Individualinteresse der Beteiligten (BGHZ 105, 324, 338 = DNotZ 1989, 102 = NJW 1989, 295 = ZIP 1989, 29 – „Supermarkt"; HACHENBURG/ ULMER § 53 GmbHG Rn 43; SCHOLZ/PRIESTER § 53 GmbHG Rn 72; teilweise **aA** BAUMBACH/ HUECK/ZÖLLNER, GmbHG [17. Aufl 2000] § 53 Rn 38, der die materielle Richtigkeitsgewähr bestreitet und die Belehrungsfunktion bezweifelt).

Uneingeschränkt besteht die Belehrungsfunktion allerdings nur, wenn die Satzungsänderung nach den Vorschriften über die Beurkundung von Willenserklärungen aufgenommen wird (was bei der GmbH aber der praktische Regelfall ist). Wird hingegen eine Niederschrift über Tatsachen nach § 37 BeurkG oder nach § 130

AktG aufgenommen, so besteht nur eine eingeschränkte Belehrungs- und Prüfungspflicht des Notars; § 17 BeurkG gilt nicht (vgl Rn 604 und 621 ff).

Weitgehend mit den Formzwecken für die Gesellschaftsgründung identisch sind die **79**
Formzwecke der Hauptversammlungsniederschrift. Die Beurkundungspflicht wurde durch die Aktienrechtsnovelle 1884 in Art 238a ADHGB eingeführt. Nach der damaligen Gesetzesbegründung war Zweck, wegen der Wichtigkeit der Beschlüsse für die Aktionäre, die Verwaltungsorgane und die Gesellschaftsgläubiger „formell jede Ungewissheit über einen von der Generalversammlung gefassten Beschluss auszuschließen" (Begründung des Entwurfs eines Gesetzes, betreffend die KGaA und die AG zu Art 238a ADHGB, abgedruckt bei SCHUBERT/HOMMELHOFF, 100 Jahre modernes Aktienrecht [1985] S 505 f; ähnlich auch die Gesetzesbegründung zum RegE zum Gesetz für kleine AG und zur Deregulierung des Aktienrechts, abgedruckt bei SEIBERT/KÖSTER/KIEM, Die kleine AG [3. Aufl 1996] Rn 350). Ähnlich formuliert die Rechtsprechung, durch die notarielle Beurkundung wolle das Gesetz „für die Zukunft Zweifel und Streitigkeiten über das Zustandekommen eines Beschlusses vermeiden" (BGH AG 1994, 466, 467 = DNotZ 1995, 549 = NJW-RR 1994, 1250 = WM 1994, 1521 = ZIP 1994, 1171; KG DNotZ 1933, 727, 728; KGJ 32 A 148, 152).

Auch hier ist Hauptzweck die **Rechtssicherheit**, einerseits im Interesse der Aktionäre, andererseits aber auch zum Schutze der Gläubiger und des Publikums (OLG Düsseldorf AG 2003, 510, 512 = DNotZ 2003, 775 = RNotZ 2003, 328 = WM 2003, 1266 = ZIP 2003, 1147; GroßKommAktG/WERNER [4. Aufl 1993] § 130 Rn 3; HÜFFER § 130 Rn 1; OBERMÜLLER/WERNER/WINDEN/BUTZKE N Rn 2). Nicht bezweckt ist dagegen, mit dem notariellen Protokoll zugleich Beweis zu erbringen für die Gesetzmäßigkeit der protokollierten Vorgänge (SCHAAF Rn 808; FLEISCHHAUER, Der Notar in der virtuellen Hauptversammlung, in; ZETZSCHE, Die virtuelle Hauptversammlung [2001] Rn 227).

Bei einer nicht börsennotierten Aktiengesellschaft ist eine Beurkundung nur bei **80**
Hauptversammlungen erforderlich, auf denen Grundlagenbeschlüsse gefaßt werden (§ 130 Abs 1 S 2 AktG). Damit wollte der Gesetzgeber die **„kleine Aktiengesellschaft"** der GmbH annähern (§ 48 GmbHG) und von Kosten entlasten, um die Rechtsform der AG attraktiver zu machen (Fraktionsbegründung BT-Drucks 12/6721 S 9 = ZIP 1994, 247, 252). Ob sich die Formerleichterung bewährt (insbes bei Aufsichtsratswahlen), bleibt abzuwarten (befürwortend etwa SEIBERT/KÖSTER/KIEM, Die kleine AG [3. Aufl 1996] § 130 Rn 159 ff; LUTTER AG 1994, 429, 439; skeptisch auch BEZZENBERGER, in: FS Schippel S 361, 386; HÜFFER § 130 Rn 14a. Zur Abgrenzung der Grundlagenbeschlüsse vgl Rn 209).

c) Gründung anderer Gesellschaftsformen

Die Gesellschaftsverträge von **Personengesellschaften** (einschließlich der Gesell- **81**
schaft bürgerlichen Rechts und Partnerschaft) unterliegen hingegen grundsätzlich keinem Formerfordernis. So ist auch bei der Gründung einer GmbH & Co KG nur der Gesellschaftsvertrag der GmbH beurkundungsbedürftig, nicht der KG-Vertrag.

Ein Beurkundungserfordernis kann sich jedoch aus **§ 311b Abs 1** ergeben, wenn durch den Gesellschaftsvertrag eine Verpflichtung zur Veräußerung oder zum Erwerb eines bestimmten Grundstücks eingegangen wird (REIMANN DStR 1991, 154).

Ebenso ist ein KG-Vertrag – insgesamt – beurkundungsbedürftig, wenn er eine Verpflichtung zur Übertragung von GmbH-Geschäftsanteilen enthält (**§ 15 Abs 4 GmbHG**) – etwa um bei einer GmbH & Co KG einen Gleichlauf der Beteiligungsverhältnisse zwischen GmbH und KG zu erreichen (MICHALSKI/EBBING § 15 GmbHG Rn 89; RIEGER, in: Münchener Vertragshandbuch-Gesellschaftsrecht [5. Aufl 2002] Muster VII 7, Ziff 7, S 275; IHRIG, in: SUDHOFF, GmbH & Co. KG [5. Aufl 2002] § 9 Rn 19; SOMMER, Die Gesellschaftsverträge der GmbH & Co. KG [1992] S 54).

82 Für das Statut einer **Genossenschaft** genügt Schriftform (§ 11 Abs 2 Nr 1 GenG).

83 Für **Stiftungen** wurde im Gesetzgebungsverfahren mehrfach ein Beurkundungserfordernis vorgeschlagen. Dies hätte dem Schutzzweck und der Gesetzessystematik entsprochen. Dennoch griff der Gesetzgeber diese Vorschläge nicht auf, da er eine hinreichende Richtigkeitskontrolle bereits in der Anerkennung (früher Genehmigung) der Stiftung sah.

d) Umwandlungsvorgänge (§§ 6, 13 Abs 3, 193 Abs 3 UmwG)
84 Im Umwandlungsrecht sind insbes der **Verschmelzungsvertrag** (§ 6 UmwG) und der **Spaltungsvertrag** oder Spaltungsvertrag beurkundungsbedürftig (§ 125 iVm § 6 UmwG).

Ebenfalls beurkundungsbedürftig sind die zustimmenden Beschlüsse, sowohl die **Verschmelzungsbeschlüsse** (dh die zustimmenden Beschlüsse der Anteilseigner der verschiedenen beteiligten Rechtsträger – § 13 Abs 3 UmwG), wie der **Zustimmungsbeschluß zum Spaltungsvertrag** oder Spaltungsplan (§§ 125 iVm 13 Abs 3 UmwG) sowie schließlich der **Umwandlungsbeschluß** beim Formwechsel (§ 193 Abs 3 S 1 UmwG). Wird ein Zustimmungsbeschluß schon vor der Beurkundung des Vertrages gefaßt, so muß für den Beschluß ein schriftlicher Vertragsentwurf vorliegen (§ 4 Abs 2 UmwG), um dem Beschluß eine hinreichende Grundlage und einen präzisen Inhalt zu geben. Dann hat der Notar bei der Beurkundung darauf zu achten, daß die beurkundete Fassung mit der beschlossen übereinstimmt bzw ggf auf das Erfordernis einer erneuten Beschlußfassung hinzuweisen (§ 17 Abs 1 BeurkG).

Schließlich sind auch die nach dem UmwG erforderlichen **Zustimmungserklärungen einzelner Anteilsinhaber** zu beurkunden (§ 13 Abs 3 S 1 Var 2 UmwG), nämlich insbes in den Fällen der §§ 40 Abs 2 S 2 – persönliche Haftung eines bisher nur beschränkt haftenden Gesellschafters, 50 Abs 2 – Beeinträchtigung gesellschaftsvertraglicher Minderrechte oder von Sonderrechten zur Geschäftsführung, 51 UmwG – Gefahr der Haftung für Fehlbeträge bei noch unvollständiger Leistung auf Stammkapital einer an der Verschmelzung beteiligten GmbH.

85 Beurkundungsbedürftig sind auch Umwandlungsvorgänge unter Beteiligung von **Personengesellschaften**, Partnerschaftsgesellschaften, Vereinen oder Genossenschaften, deren Gründung oder Gesellschaftsvertragsänderung ansonsten keinem Beurkundungserfordernis unterliegt.

Auch soweit Umwandlungsvorgänge **vor Inkrafttreten des Umwandlungsgesetzes** (BGBl 1994 I 3210) bereits gesetzlich geregelt waren, war für den Vertrag wie die zustimmenden Beschlüsse idR Beurkundungsform erforderlich. Ausnahmen gab es etwa bei der Verschmelzung von Genossenschaften, §§ 63e Abs 2, 93c GenG aF.

Als **Formzweck** für das Beurkundungserfordernis des **Verschmelzungsvertrages** führt 86 die Gesetzesbegründung zu § 6 UmwG (Fraktionsentwurf BT-Drucks 12/6699 = Regierungsentwurf BT-Drucks 12/7265) neben dem früheren Rechtszustand va die Paralle zur Beurkundungspflicht von Verträgen über das Vermögen als Ganzes an (§ 311b Abs 2 = § 311 aF).

Als Formzweck für die **Zustimmungserklärungen** sieht die Gesetzesbegründung zu § 13 UmwG die „**Rechtssicherheit** durch die Kontrolle des Notars, der die Veantwortung dafür übernimmt, daß die Versammlung der Anteilsinhaber ordnungsgemäß abgewickelt wird" (Fraktionsentwurf BT-Drucks 12/6699 = Regierungsentwurf BT-Drucks 12/7265), bei den Zustimmungen einzelner Anteilseigener auch den Individualschutz durch die **Warnfunktion**, für die individuelle wie die Versammlungszustimmung schließlich auch die Vorkontrolle durch den Notar, die dem **Registerrichter die Prüfung vereinfacht** – da nach der Eintragung der Verschmelzung deren Wirksamkeit nicht mehr wirksam angegriffen werden kann.

Dieselben Formzwecke gelten auch für die Beurkundung des **Umwandlungsbeschlusses beim Formwechsel** (§ 193 Abs 3 UmwG).

Formzweck bzw Beurkundungswirkungen entsprechen damit denen bei der Beurkundung der **Gründung von Kapitalgesellschaften**. Im Vordergrund steht auch hier die **Rechtssicherheit** und damit die **Richtigkeitsgewähr** im öffentlichen Interesse (GOETTE, in: FS Boujong [1996] 130 = DStR 1996, 709 = MittRhNotK 1997, 1; LIMMER, Handbuch der Unternehmensumwandlung Rn 192, 2357). Dieser hauptsächliche Formzweck besteht auch bei der Umwandlung innerhalb eines Konzerns; abzulehnen sind daher Vorschläge, Umwandlungen im Konzern *de lege ferenda* vom Formerfordernis auszunehmen (so etwa Arbeitskreis Umwandlungsrecht ZGR 1993, 321, 328; dazu neigend auch LUTTER § 6 UmwG Rn 2 Fn 2).

e) **Abtretung von GmbH-Geschäftsanteilen (§ 15 Abs 3 und 4 GmbHG)**
Beurkundungsbedürftig ist ferner die **Veräußerung von GmbH-Geschäftsanteilen** – 87 sowohl die dingliche Abtretung wie die schuldrechtliche Verpflichtung dazu (§ 15 Abs 3 und 4 GmbHG).

Nach der **Gesetzesbegründung** soll damit einerseits der „spekulative Handel mit 88 Gesellschaftsbeteiligungen" verhindert werden, zum anderen müsse – nachdem es keinen übertragbaren Anteilsschein gibt – „die Form des Übertragungsaktes selbst eine derart authentische sein, daß Zweifel und Unklarheiten über die Tatsache der Übertragung nicht entstehen können" (Gesetzesbegründung GmbHG, Sten Berichte über die Verhandlungen des Reichstages, 8. Legislaturperiode, I. Session 1890/1892, 5. Anlageband = Bd 125, S 3724, 3729 – zitiert bei GROSSFELD/BERNDT RIW 1996, 625, 629 – mit ausführlicher Darstellung der Gesetzesbegründung).

Die ständige **Rechtsprechung** betont daher, „daß das Formerfordernis in erster Linie den Handel mit GmbH-Geschäftsanteilen erschweren und daneben den Beweis erleichtern soll" (BGH BB 1969, 1242 = MDR 1970, 26 = NJW 1969, 2049 = LM § 2 GmbHG Nr 7; MittRhNotK 1996, 416 = NJW 1996, 3338, 3339 = ZIP 1996, 1901, 1902).

Der Individualschutz (Warnfunktion oder weitergehend Belehrungsfunktion) ist hingegen nach überwiegender Ansicht kein Schutzzweck von § 15 Abs 3 und 4 GmbHG (vgl ausführlich SCHLÜTER, in: FS Bartholomeyczik [1973] S 359, 361 ff).

Vereinzelt wurde auch der Sinn des Beurkundungserfordernisses *de lege ferenda* ganz in Frage gestellt (HEIDENHAIN NJW 1999, 3073; HEIDENHAIN ZIP 2001, 721; ähnlich bei vorhergehender juristischer Beratung der Vertragsparteien: KÖNIG ZIP 2004, 1838; dagegen KANZLEITER ZIP 2001, 2105).

89 Formzweck und Formwirkung von § 15 GmbHG verdienen eine genauere Betrachtung: Historisch wollte der Gesetzgeber die Zwischenstellung der GmbH zwischen der Personengesellschaft, bei der ein Gesellschafterwechsel grundsätzlich durch Vereinbarung aller Gesellschafter erfolgte, und der AG, bei der Anteilsrechte frei gehandelt werden können, auch hinsichtlich der Anteilsübertragung ausformen, deren Ausformung „den Charakter der Mitgliedschaft als eines der Regel nach dauernden Verhältnisses ... nicht beseitigen soll" (Gesetzesbegründung S 3724, 3729).

Die Erschwerung spekulativen Handels einerseits und der Schutz des Publikums vor spekulativem Handel andererseits – und damit auch der **Schutz der individuellen Beteiligten** vor spekulativem, übereiltem Handel – sind aber nur zwei Seiten derselben Medaille, die untrennbar miteinander verbunden sind. Die Handelserschwerung des § 15 Abs 4 GmbHG dient damit – anders als dies die hM sieht – in Ergebnis wie Zielsetzung auch dem Übereilungsschutz (ebenso FRENZ, in: Freundesgabe Willi Weichler 175, 179; HARKE WM 2004, 357; vgl auch OLG Colmar OLG Rspr 2, 204).

Die notarielle Beurkundung bewirkt in jedem Fall auch Schutz durch **Belehrung** und Beratung – unabhängig ob man dies auch als ursprüngliches Ziel des Gesetzes ansieht (so wohl GROSSFELD/BERNDT RIW 1996, 625, 630; ähnlich im Ergebnis ARMBRÜSTER DNotZ 1997, 762, 784 f; SCHWARZ, in: FS Rheinisches Notariat [1998] S 371, 378) oder von einem Wandel des Schutzzweckes ausgeht (so KANZLEITER DNotZ 1994, 275, 282 und ZIP 2001, 2105, 2108) oder – was ich bevorzuge – lieber von Formwirkungen als von Formzwekken spricht (ähnlich im Ergebnis LORITZ DNotZ 2000, 90, 94 ff, der den historischen Formzweck der Verhinderung spekulativen Handels allerdings als überholt ansieht und der notariellen Beurkundung nur eine faktische Schutzwirkung zugesteht, ohne bei der Gesetzesauslegung darauf abzustellen). Auch in Österreich wird der Individualschutz als Grund für die Beurkundungspflicht der Abtretung von GmbH-Geschäftsanteilen genannt (FITZ/ROTH JBL 2004, 205 208 f).

De lege ferenda ist daher zu fragen, ob Unterschiede in der Veräußerung zwischen Aktien und Personengesellschaftsanteilen einerseits und GmbH-Anteilen andererseits heute den Formzwang begründen können. Diese Unterschiede bestehen mE auch heute: Denn wer in Aktien „anlegt", der weiß, daß er nur eine Geldanlage vornimmt. Die Beteiligung an einer GmbH ist hingegen auch heute typischerweise keine reine Geldanlageform, sondern idR mit einer Mitarbeit aller oder jedenfalls einiger Gesellschafter verbunden. Der Sohn, der nun als angehender Schreinermeister mit einem Geschäftsanteil in die elterliche GmbH einsteigt, ist – selbst wenn ihm die Eltern den Anteil schenken – sehr wohl belehrungsbedürftig, etwa über eine Nachhaftung für noch ausstehende Stammeinlagen. Genauso oder sogar noch mehr schutzbedürftig wäre er, wenn er als Kommanditist oder gar als persönlich haftender Gesellschafter in die OHG oder KG seiner Eltern eintritt; hier steht jedoch einem Beurkundungserfordernis entgegen, daß der Gesetzgeber nur den GmbH-Gesellschaftsvertrag der Beurkundung unterworfen hat, weil er für die Gläubiger aufgrund der Haftungsbeschränkung gefährlicher ist.

Zweite Formwirkung ist die **Beweisfunktion**. Die historische Gesetzesbegründung liest sich ein bißchen so, als sollte die Beurkundung der Abtretung die (mangels Verkörperung) nicht mögliche *traditio* (körperliche Übergabe) ersetzen. Im übrigen erwähnt die Gesetzesbegründung die Klarstellungsfunktion, zwischen der bloßen Absicht und der tatsächlichen Übertragung abzugrenzen. **90**

Die eigentliche Beweisfunktion ist begrenzt. Zwar ermöglicht das Beurkundungserfordernis, die Abtretungskette (dinglich) ggf bis zu den Gründern zu verfolgen. In der Praxis prüft man aber selten so weit. Außerdem wird dadurch nur eine formwirksame Abtretungserklärung nachgewiesen. Es bleibt möglich, daß die Abtretung infolge einer früheren anderweitigen Abtretung ins Leere ging oder infolge Pfändung oder Verpfändung etc nur ein belasteter Geschäftsanteil erworben wurde. Denn das Gesetz sieht **keinen Gutglaubensschutz** vor.

Gleichwohl ist auch die Beweisfunktion nicht zu unterschätzen, wie ein Vergleich mit der „kleinen" AG zeigt, wenn deren Aktien – wie häufig – nicht verbrieft sind. Denn dann gibt es bei der kleinen AG allenfalls schriftliche Abtretungserklärungen, manchmal nicht einmal das, zum Nachweis der Inhaberschaft des Aktienveräußerers. Letztlich muß sich der Erwerber bei der kleinen AG auf sein Vertrauen in den Veräußerer verlassen, während er bei einer GmbH zumindest die Kette von Abtretungen nachprüfen kann, so daß er nur bei einem Betrug durch Doppelveräußerung oder Verschweigen einer Pfändung oä schutzlos wäre (Loritz DNotZ 2000, 90, 109, schlägt vor, die Beweisfunktion zu einem „lückenlosen Lebenslauf" auszubauen, indem in der GmbH-Satzung geregelt wird, daß eine wirksame Anteilsübertragung die Vorlage der notariellen Urkunde an den GmbH-Geschäftsführer oder besser noch die Eintragung in eine vom Geschäftsführer geführte Gesellschafterliste voraussetzt).

f) Handelsregisteranmeldungen

Keiner Beurkundung durch Niederschrift, sondern lediglich einer Unterschriftsbeglaubigung bedürfen im übrigen **Anmeldungen zum Handelsregister** (§ 12 HGB). § 12 HGB enthält kein materiell-rechtliches Wirksamkeitserfordernis, sondern lediglich eine verfahrensrechtliche Anforderung an den Nachweis (vgl auch § 129 Rn 13). **91**

6. Zwangsvollstreckungsunterwerfung (§ 794 Abs 1 Nr 5 ZPO)

Nach § 794 Abs 1 Nr 5 ZPO kann sich der Schuldner in einer notariellen Urkunde der Zwangsvollstreckung unterwerfen. Der Notar kann dann selbst die Vollstreckungsklausel zu dieser Urkunde erteilen (§ 797 Abs 2 ZPO, § 52 BeurkG). Die Urkunde wird damit zu einem Vollstreckungstitel, ohne daß der Gläubiger das Gericht einschalten müßte. **92**

§ 794 Abs 1 Nr 5 ZPO begründet kein Beurkundungserfordernis im eigentlichen Sinn. Es schreibt nicht die Beurkundungsform für ein bestimmtes Rechtsgeschäft vor, sondern eröffnet den Beteiligten nur eine zusätzliche Möglichkeit zu einem vollstreckbaren Titel zu gelangen – neben der weiterbestehenden Möglichkeit, einen Titel im gerichtlichen Verfahren zu erstreiten.

93 Die vollstreckbare Urkunde erfüllt das **Bedürfnis nach einem möglichst einfach zu erlangenden Vollstreckungstitel bei unstreitigen Ansprüchen**: Der (vorläufige) Verzicht auf einen richterlichen Spruch erspart dem Gläubiger Zeit, dem Schuldner Kosten (STEIN/JONAS/MÜNZBERG, ZPO [22. Aufl 2002] § 794 Rn 105). Denn ein Vollstreckungstitel durch notarielle Urkunde kostet nur einen Bruchteil (durchschnittlich unter 10%) der Kosten eines streitigen Titels. Zugleich dient die vollstreckbare Urkunde damit der **Justizentlastung**.

Durch die Vollstreckungsunterwerfung kann zum einen die **Durchsetzung vertraglicher Verpflichtungen** erleichtert werden (etwa aus einem Kaufvertrag). Zum zweiten kann auch ein **effektives Sicherungsmittel** geschaffen werden. Insbesondere bei Grundpfandrechten erfolgt in der Praxis ganz überwiegend eine Zwangsvollstreckungsunterwerfung (MünchKommZPO/WOLFSTEINER [2. Aufl 2000] § 794 Rn 126, spricht von der „Korrektur der gesetzgeberischen Fehlleistung, zur Vollstreckung von Hypotheken und Grundschulden einen zusätzlichen Vollstreckungstitel zu verlangen"; hätte der Gesetzgeber allerdings Grundpfandrechte per se vollstreckbar gemacht, hätte der Schuldnerschutz für eine Beurkundungspflicht der Grundpfandrechtsbestellung gesprochen).

Daß der Gesetzgeber einen **privatautonomen Vollstreckungstitel nur durch notarielle Urkunde** (oder durch Anwaltsvergleich, § 769a ZPO) zuläßt, ist leicht einsichtig: Denn der Staat muß verhindern, daß sein Vollstreckungsapparat mißbraucht wird – insbesondere um die Legitimität staatlicher Zwangsmaßnahmen zu sichern; würde mit vollstreckbaren Titeln Schindluder betrieben, so würden sich die Rechtsbehelfe dagegen häufen und eine effektive Vollstreckung wäre auch bei berechtigten Titeln erschwert.

In den meisten Ländern des **lateinischen Notariats** ist die notarielle Urkunde Vollstreckungstitel auch ohne gesonderte Vollstreckungsunterwerfung (vgl LEUTNER, Die vollstreckbare Urkunde im europäischen Rechtsverkehr [1997]). Auch in den deutschen Partikularrechten hat die vollstreckbare Urkunde eine lange Tradition (vgl MÜNCH, Vollstreckbare Urkunde und prozessualer Anspruch [1989] S 35 ff).

IV. Anwendungsbereich, Umfang und Besonderheiten der wichtigsten Beurkundungserfordernisse im Überblick

94 Nachfolgend sei versucht werden, in einer Übersicht über die wichtigsten Beurkundungserfordernisse **gemeinsame Grundsätze**, aber auch Unterschiede insbes hinsichtlich des Umfangs des Beurkundungserfordernisses darzustellen – ohne jedoch eine erschöpfende Kommentierung der einzelnen Formvorschriften anzustreben.

Eine vergleichende Betrachtung ist insbesondere für die **Veräußerungsverträge** sinnvoll (insbes Grundstücksveräußerung Rn 125, GmbH-Geschäftsanteilsveräußerung Rn 147 und Erbschaftskauf Rn 166). Denn Rechtsprechung und Literatur gibt es vor allem zu

§ 311b Abs 1 (= § 313 aF); dessen Auslegungsgrundsätze können weitgehend auch auf andere Veräußerungsverträge übertragen werden.

1. Vergleichende Übersicht der Beurkundungserfordernisse

Vergleicht man den Umfang der verschiedenen Formerfordernisse, so fallen **gemein-** 95 **same Charakteristika für alle Veräußerungsverträge** auf, dh §§ 311b Abs 1, 3 und 5, 2371 sowie § 15 Abs 4 GmbHG (und die damit verbundenen Formvorschriften über die dingliche Übertragung nach §§ 925, 2033 und § 15 Abs 4 GmbHG). Die Veräußerungstatbestände haben weitgehend vergleichbare Strukturen, so daß man Argumentationen – und vorliegende Gerichtsentscheidungen – zum Beurkundungserfordernis bei einem Veräußerungsvertrag vielfach auch auf Formfragen der anderen Veräußerungsverträge übertragen kann. Insbesondere die durch Rechtsprechung und Literatur stärker als bei den meisten anderen Veräußerungsverträgen ausdifferenzierte Dogmatik des § 311b Abs 1 (= § 313 aF) läßt sich zur Auslegung der anderen Formvorschriften heranziehen und wird vielfach auch herangezogen.

a) Schuldrechtliches und dingliches Geschäft
Grundsätzlich ordnet das Gesetz bei Veräußerungsverträgen ein Beurkundungser- 96 fordernis sowohl für das schuldrechtliche **Verpflichtungsgeschäft** wie für das dingliche **Erfüllungsgeschäft** an. Am deutlichsten ist die Parallelität bei der Veräußerung von GmbH-Geschäftsanteilen (§ 15 Abs 4 und 3 GmbHG), während bei der Grundstücksveräußerung (§ 311b Abs 1) für die dingliche Übereignung materielle Wirksamkeitsvoraussetzung nicht die Beurkundung, sondern nur die Erklärung vor dem Notar ist (§ 925 – vgl Rn 144). Beim Erbschafts- und Erbteilskauf (§ 2371) ist lediglich die Erfüllung der Erbteilsübertragung formbedürftig (§ 2033 Abs 1 S 2), da der Erbschaftskauf durch Übertragung der Nachlaßgegenstände erfüllt wird.

Von daher ist konsequent, wenn die hM das Formerfordernis für den Erb- und Pflichtteilsverzicht (§ 2348) auch auf die schuldrechtliche Verpflichtung zum Verzicht erstreckt, da auch hier eine Parallelität von Verpflichtungs- und Erfüllungsgeschäft wie bei den Veräußerungsverträgen vorliegt (vgl Rn 190).

Vergleicht man den Anwendungsbereich des Beurkundungserfordernisses bei den 97 Veräußerungsverträgen, so erfassen § 311b Abs 1 und § 15 Abs 4 GmbHG (als die beiden in der Praxis wichtigsten Tatbestände) alle Veräußerungsverträge, also **entgeltliche wie unentgeltliche**.

Enger ist demgegenüber das Formerfordernis des § 2371: Es erfaßt nur den **Erbschaftskauf**, nicht die Schenkung (wobei dann aber das Schenkungsversprechen nach § 518 Abs 2 zu beurkunden ist bzw zumindest die dingliche Erbteilsübertragung, § 2033 Abs 1 S 2).

Weitergehend erfaßt hingegen § 311b Abs 3 über Veräußerungen hinaus auch die Belastung mit einem Nießbrauch, § 311b Abs 5 noch weitergehend auch alle anderen Verpflichtungen zu Belastungen oder sonstige Verpflichtungen hinsichtlich des Nachlasses (zB Verträge über Ausgleichungspflichten zwischen den gesetzlichen Erben).

Unmittelbare Parallelen bei der Auslegung können daher nur für die Verpflichtung zu Verkauf oder Veräußerung gezogen werden.

98 Verpflichtungen durch **einseitige Rechtsgeschäfte** (Stiftung, Auslobung etc) sind nach hM nur bei der Grundstücken (Rn 116) sowie nach § 311b Abs 3, nicht bei GmbH-Geschäftsanteilen (Rn 149) vom Formerfordernis erfaßt. Einen einleuchtenden dogmatischen Grund für die Differenzierung sehe ich nicht; der Schutzzweck spricht eher die Einbeziehung auch unter § 15 Abs 4 GmbHG.

c) Bedingte Verpflichtung, Vorvertrag
99 Bei allen **Veräußerungsverträgen** besteht das Formerfordernis auch für eine bedingte Veräußerungs- oder Erwerbsverpflichtung und insbesondere für einen Vorvertrag.

Auch soweit bei anderen Rechtsgeschäften ein Vorvertrag überhaupt denkbar ist, ist er vom Formerfordernis erfaßt, so etwa beim **Ehevertrag** oder bei der **Gründung von Kapitalgesellschaften**, theoretisch auch im Umwandlungsrecht.

100 Die Rechtsfigur der **mittelbaren Bindung** (dh einer rechtlichen Bindung gleichkommende wirtschaftliche Bindung) spielte in der Rechtsprechung bisher nur bei Grundstücksveräußerungen eine Rolle (insbes für erfolgsunabhängig geschuldete Maklerprovision – Rn 124). Ebenso ließe sie sich aber auch auf andere Veräußerungsverträge übertragen. Ein ähnlicher Rechtsgedanke steht hinter der ausnahmsweisen Beurkundungsbedürftigkeit einer unwiderruflichen oder sonst bindenden Vollmacht (Rn 110, 140, 163 ff).

d) Umfang des Beurkundungserfordernisses
101 Bei allen **Veräußerungsverträgen** ist das gesamte Rechtsgeschäft zu beurkunden, nicht nur die essentialia negotii, sondern auch alle **Nebenabreden** – auch unwichtige Nebenabreden (und einschließlich zusammenhängender Verträge). Bei der Grundstücksveräußerung ist dies unstrittig, bei der Veräußerung von GmbH-Geschäftsanteilen wird es von einer Mindermeinung bestritten (Rn 154). Im Grundsatz kann man dies aber für alle Verpflichtungsverträge feststellen.

Im Familienrecht ist hingegen strittig, inwieweit auch Nebenabreden des **Ehevertrages** (Rn 176) von der Beurkundungspflicht erfaßt werden.

102 Bei **einseitigen Formerfordernissen** (Schenkungsversprechen – Rn 213, Zwangsvollstreckungsunterwerfung – Rn 215) ist nur die Verpflichtungserklärung als solche beurkundungsbedürftig, nicht Erklärungen des anderen Vertragsteiles und auch keine Nebenabreden etc.

103 Außerhalb von Verpflichtungsverträgen gilt hingegen der Grundsatz, wonach das gesamte Rechtsgeschäft einschließlich aller Nebenabreden zu beurkunden ist, nicht: Im Gesellschaftsrecht schreibt das Gesetz statt dessen vielfach einen bestimmten **Mindestinhalt** etwa für die Gesellschaftssatzung (Rn 198), das Hauptversammlungsprotokoll (§ 130 AkG – Rn 610) oder den Umwandlungsvertrag (§§ 5, 126 UmwG – Rn 203 ff) vor; ähnlich bei der (vertraglichen) Aufteilung in Wohnungseigentum (§ 3 WEG). Für die Wirksamkeit ist nur dieser Mindestinhalt erforderlich. Weitere Abreden der Beteiligten untereinander sind deshalb nicht unwirksam, wirken aber nur schuldrechtlich im Verhältnis der Beteiligten untereinander, nicht gegenüber späteren Erwerbern eines Gesellschaftsanteils oder eines Wohnungseigentums.

Im **Erbrecht** gibt es nicht einmal einen Mindestinhalt: Was immer der Erblasser formwirksam verfügt, gilt. Im übrigen gilt die gesetzliche Erbfolge. **104**

e) Gemischte oder zusammenhängende Verträge

Soweit – bei Veräußerungsverträgen oder anderen Verpflichtungsverträgen – der gesamte Vertrag zu beurkunden ist, sind auch damit verbundene bzw. gemischte oder zusammenhängende Verträge zu beurkunden. Rechtsprechung und Literatur haben dies vor allem zu § 311b Abs 1 stark ausdifferenziert entwickelt; jedenfalls die ganz hM erkennt dies aber auch für § 15 Abs 4 GmbHG an (Rn 155) und ebenso gilt es für die anderen Veräußerungsverträge. **105**

Entscheidend ist dabei allein, ob das beurkundungsbedürftige Rechtsgeschäft von einem anderen (für sich genommen nicht beurkundungsbedürftigen) Rechtsgeschäft abhängt; dann erstreckt sich das Beurkundungserfordernis des ersteren auch auf das letztere Rechtsgeschäft. Hängt hingegen nur das für sich nicht beurkundungsbedürftige Rechtsgeschäft von einem beurkundungsbedürftigen Rechtsgeschäft ab, so wird es nicht vom Formerfordernis erfaßt (BGH DNotZ 2000, 635 = NJW 2000, 951 = ZIP 2000, 232; MittBayNot 2001, 69 = NJW 2001, 226 = ZIP 2001, 2222; DNotZ 2002, 944 = MittBayNot 2003, 46 m Anm WUFKA = NJW 2002, 2559 = NotBZ 2002, 297 m Anm OTTO = RNotZ 2003, 44 m Anm KEIM – Rn 130).

Besteht eine Verknüpfungsabsicht, so sind nicht nur beide Rechtsgeschäfte beurkundungsbedürftig. Beurkundungsbedürftig ist vielmehr auch die **Verknüpfungsabsicht** als solche (BGH DNotZ 2000, 635 = NJW 2000, 951 = ZIP 2000, 232; DNotI-Report 2000, 105 = NJW 2000, 2017 = NotBZ 2000, 188 = ZNotP 2000, 276; BGH, 13.2.2003, DNotI-Report 2003, 64 = DNotZ 2003, 632 = WM 2003, 1141 = ZNotP 2003, 234). Andernfalls sind beide Vereinbarungen **formunwirksam** (kritisch zur Rechtsprechung: KANZLEITER, Die Beurkundungsbedürftigkeit des „Verknüpfungswillens" bei zusammenhängenden Rechtsgeschäften – ein Scheinproblem!, DNotZ 2004, 178; mit Replik von WEIGL DNotZ 2004, 339; Duplik KANZLEITER DNotZ 2004, 341). **106**

Strittig ist, ob die Beurkundung der **Verknüpfungsabrede in einer der beiden Urkunden** genügt, falls die verknüpften Rechtsgeschäfte in getrennten Urkunden beurkundet werden: Bei einer **Nachtragsurkunde** genügt nach einer Entscheidung des BGH die Verlautbarung des Verknüpfungswillens lediglich in der zweiten Urkunde (BGHZ 104, 18 = DNotZ 1988, 562 = MittBayNot 1988, 120 = NJW 1988, 1781). Da die Nachtragsurkunde im zugrunde liegenden Sachverhalt am selben Tag errichtet wurde, spricht manches dafür, daß dies auch dann gilt, wenn der Verknüpfungswille bereits zum Zeitpunkt der Errichtung der ersten Urkunde bestand. Ein Teil der Literatur läßt es daher allgemein auch genügen, wenn der Einheitswille in der Folgeurkunde erkennbar ist (SOERGEL/WOLF § 313 Rn 70; WIESNER NJW 1984, 95, 96) oder wenn sich der Zusammenhang entweder aus der Ersturkunde oder aus der Folgeurkunde ergibt (MünchKomm/KANZLEITER § 311b Rn 55).

Ein anderer Teil der Rechtsprechung und Literatur verlangt hingegen wohl zu Recht eine Verlautbarung des Verknüpfungswillens **in beiden Urkunden**, wenn der

Verknüpfungswille bereits zum Zeitpunkt der Errichtung der ersten Urkunde bestand. Eine Verlautbarung lediglich in der Folgeurkunde würde nur dann genügen, wenn es sich um eine erst später vereinbarte Änderung handelt, hinsichtlich derer zur Zeit der Errichtung der ersten Urkunde noch kein Verknüpfungswille bestand. Denn wenn der Verknüpfungswille nur in einer Urkunde verlautbart wird, so erweckt die andere Urkunde den unzutreffenden Eindruck der rechtlichen Selbständigkeit ihres Inhalts; damit wäre das Rechtsgeschäft unvollkommen beurkundet (OLG Hamm DNotI-Report 1996, 164; KORTE, Handbuch Rn 3 207; LICHTENBERGER DNotZ 1988, 531; STAUDINGER/WUFKA [2001] § 313 Rn 184 f; in diese Richtung auch: OLG Stuttgart DNotI-Report 2001, 100 = OLG-Report 2001, 408).

Sinnvollerweise wird der Notar daher die Verknüpfungsabsicht in beiden Urkunden mit beurkunden. Hingegen muß der Notar die Beurkundung ablehnen, wenn die Beteiligten die Verknüpfungsabsicht in einer der Urkunden nicht erwähnen wollen, weil sie damit einen Dritten täuschen wollen, etwa das Finanzamt hinsichtlich der Grunderwerbssteuer (§ 4 BeurkG; § 14 Abs 2 BNotO).

f) Vertragsänderung und -aufhebung

107 Vertragsänderungen unterliegen bei allen beurkundungsbedürftigen Rechtsgeschäften grundsätzlich ebenfalls dem Formerfordernis, ohne Beschränkung auf wesentliche Änderungen.

Ausgenommen sind **einseitige Formerfordernisse** (Schenkungsversprechen, Zwangsvollstreckungsunterwerfung): Hier gilt das Formerfordernis nur, soweit die Pflichten der Vertragspartei erweitert werden, deren Erklärung formbedürftig ist (Rn 214, 217).

Bei **Grundstücksveräußerungen** nimmt die Rechtsprechung auch Vertragsänderungen nach erklärter Auflassung vom Beurkundungserfordernis aus, ebenso unwesentliche Änderungen zur Behebung nachträglich aufgetretener Abwicklungsschwierigkeiten (Rn 134). Eine Mindermeinung in der Literatur hält entsprechend auch Änderungen des Erbteilskaufvertrages nach der dinglichen Erbteilsübertragung für formlos wirksam. Diese Rechtsprechung mag mittlerweile Gewohnheitsrecht sein; dogmatisch überzeugen kann sie nicht.

108 Die **Vertragsaufhebung** ist bei **einseitigen Formerfordernissen** formfrei möglich.

Formfrei ist grundsätzlich auch die Aufhebung von **Veräußerungsverträgen**, solange die Übereignung/Rechtsübertragung noch nicht vollzogen wurde. Nach erfolgter Übertragung begründet die vertragliche Aufhebung hingegen eine rechtsgeschäftliche – und damit formbedürftige – **Rückübertragungspflicht**. Bei der Grundstücksveräußerung ist die Aufhebung bereits formbedürftig, sobald der Erwerber ein Anwartschaftsrecht erhalten hat, da auch hier die Vertragsaufhebung zu einer rechtsgeschäftlichen Rückübertragungspflicht führen würde (Rn 138).

Beurkundungsbedürftig ist hingegen nach hM eine Aufhebung des **Erbschaftskaufvertrages** (Rn 170); begründen kann man den Unterschied damit, daß Formzweck des § 2348 auch die Rechtssicherheit für die Nachlaßgläubiger ist.

Ich frage mich aber, ob nicht auch der Schutzzweck der anderen Formvorschriften eher dafür spräche, entgegen der ganz einhelligen Meinung auch bei den anderen Veräußerungsverträgen die Aufhebung dem Formerfordernis zu unterwerfen: So besteht etwa ein erhebliches Schutz- und Regelungsbedürfnis, wenn ein Grundstückskaufvertrag aufgehoben wird, nachdem bereits Kaufpreisteile gezahlt wurden. In der Praxis ergibt sich häufig ein Formerfordernis, da aufgrund Vormerkung und erklärter Auflassung bereits ein Anwartschaftsrecht besteht.

Bei anderen Beurkundungserfordernissen (als Veräußerungsverträgen) bedarf hingegen auch die Aufhebung der Beurkundung, so etwa die Aufhebung des **Ehevertrages** (MünchKomm/KANZLEITER § 1410 Rn 3) oder des **Erbvertrages** (§ 2290 Abs 4). Auch das Aufhebungstestament bedarf wieder der Testamentsform, wobei allerdings jede Testamentsform genügt (eigenhändiges oder öffentliches Testament), unabhängig in welcher Form das aufzuhebende Testament errichtet ist.

Soweit im **Gesellschaftsrecht** die Gesellschaftsgründung beurkundungsbedürftig ist **109** (bei Kapitalgesellschaften), ist es auch die Satzungsänderung (§ 53 GmbHG, §§ 130, 179 Abs 2 AktG), die Auflösung hingegen nur bei der Aktiengesellschaft (§ 262 Abs 1 Nr 2 AktG), nach hM hingegen idR nicht bei der GmbH (§ 60 Abs 1 Nr 2 GmbHG – Rn 211).

Umwandlungsvorgänge sind hingegen grundsätzlich beurkundungsbedürftig (Rn 203).

g) Vollmacht und Genehmigung

Den gesetzlichen Grundsatz, wonach die **Vollmacht** nicht der Form des Rechtsge- **110** schäfts bedarf, für das sie bestimmt ist (§ 167 Abs 2), hat die Rechtssprechung schon bald durch Ausnahmen eingeschränkt, um Mißbrauchsfälle zu verhindern. Die meisten Entscheidungen betreffen Grundstücksveräußerungen (Rn 140). Die Ausnahmen lassen sich aber auch auf die anderen Veräußerungsverträge und andere Verpflichtungsverträge übertragen, insbes auch auf Eheverträge (Rn 178).

Nach der Rechtsprechung erstreckt sich daher das Beurkundungserfordernis des Rechtsgeschäftes auf die Vollmacht, wenn die Vollmacht entweder **unwiderruflich** erteilt wurde oder wenn sie zwar rechtlich widerrufen werden kann, tatsächlich aber mit der Bevollmächtigung schon die **gleiche Bindungswirkung** eintreten sollte und nach der Vorstellung des Vollmachtgebers auch eingetreten ist wie durch den Abschluß des beurkundungsbedürftigen Hauptvertrages (BGH DNotZ 1952, 477 = NJW 1952, 1210 m zust Anm GRUSSENDORF; WM 1966, 761; DNotZ 1966, 92 = WM 1965, 1006 – vgl Rn 140).

Die neuere Literatur begründet das Formerfordernis hingegen eher damit, daß die Unwiderruflichkeit der Vollmacht nur aus dem der Vollmachtserteilung zugrunde liegenden Rechtsverhältnis entspringen könne und daß daher der Auftrag – bei entsprechender Bindung des Vollmachtgebers – dem Beurkundungserfordernis unterliege (und damit ggf auch die zur Durchführung des Auftrages erteilte Vollmacht; Rn 141).

Bei der **Genehmigung** schränkt die Rechtsprechung die Formfreiheit des § 182 Abs 2 **111** hingegen nicht ein. Historisch erklären läßt sich der Unterschied damit, daß sich die

Frage dem BGH erst zu einer Zeit stellte, als eine gefestigte Praxis und Rechtsprechung den Grundsatz der Formfreiheit nach § 182 Abs 2 bereits ausnahmslos angewandt hatten, so daß der BGH Ausnahmen auch aus Gründen der Rechtssicherheit verwarf (BGHZ 125, 218 = DNotZ 1994, 764 = NJW 1994, 1344, 1345). Richtiger erscheint mir jedoch die Mindermeinung, das Formerfordernis jedenfalls bei Vorschriften, die primär eine Warn- und Schutzfunktion bezwecken, auch auf die Genehmigung auszudehnen (Rn 142).

2. Grundstücksveräußerung (§ 311b Abs 1)

a) Veräußerung oder Erwerb eines Grundstück

112 Nun zum Anwendungsbereich der einzelnen Beurkundungsvorschriften: **Vertragsgegenstand** der Verpflichtung nach § 311b Abs 1 kann sowohl ein **Grundstück** wie ein Miteigentumsanteil sein (BayObLG DNotZ 1999, 212 = NZM 1998, 973), ebenso ein Wohnungseigentum (hinsichtlich des Miteigentumsanteils ist § 311b Abs 1 unmittelbar anwendbar, während § 4 Abs 3 WEG hinsichtlich des Sondereigentums darauf verweist) oder Erbbaurecht (§ 11 Abs 2 ErbbauVO). § 311b Abs 1 ist auch auf die Veräußerung ausländischer Grundstücke anwendbar (BGHZ 52, 239; BGHZ 53, 189, 194 = MDR 1970, 404; BGHZ 73, 391, 394 = DNotZ 1979, 539 = MDR 1979, 830 = NJW 1979, 1773; RGZ 77, 131; OLG München DNotZ 1984, 245 = MDR 1983, 1022 = NJW 1984, 243). Es kommt auch nicht darauf an, ob das Grundstück bereits dem Veräußerer gehört (aA OLG Nürnberg OLGZ 1966, 278 bei einer Auslobung). Es genügt, wenn wahlweise die Veräußerung oder der Erwerb eines Grundstücks geschuldet wird (Wahlschuld oder Ersetzungsbefugnis: OLG Köln VersR 1993, 321).

Formbedürftig ist auch die Verpflichtung zu Übertragung oder Erwerb des **Anwartschaftsrechtes** (BGHZ 83, 395, 400 = DNotZ 1982, 619 m Anm LUDWIG = NJW 1982, 1639 = WM 1982, 715). Formfrei sind hingegen die bloße **Abtretung** eines schuldrechtlichen Übereignungsanspruches und die Verpflichtung zur Abtretung (BGHZ 89, 41, 45 f = DNotZ 1984, 319 = NJW 1984, 973 = WM 1984, 337; BGHZ 125, 218 = DNotZ 1994, 764 = NJW 1994, 1344, 1346 = WM 1994, 746; ebenso für die Verpfändung des Auflassungsanspruches: BayObLG DNotZ 1977, 107 = NJW 1976, 1895); beurkundungsbedürftig wäre hingegen, falls eine Erwerbspflicht des Zessionars begründet würde.

Formfrei ist die Verpflichtung zur Übertragung von **Gesellschaftsanteilen**, auch wenn das Gesellschaftsvermögen überwiegend oder ausschließlich aus einem oder mehreren Grundstücken besteht (BGHZ 86, 367 = BB 1983, 660 = NJW 1983, 1110 = WM 1983, 358: zu Personengesellschaften). Die Form greift jedoch ein bei Gesetzesumgehung (BGHZ 86, 367, 371 = NJW 1983, 1110; BGH WM 1997, 2200, 2222; OLG Frankfurt NJW-RR 1996, 1123, 1124 – im konkreten Fall aber jeweils Umgehung verneint; KORTE, Handbuch Rn 6.71), wobei nach einer zustimmenswürdigen Auffassung bereits eine objektive Umgehung genügt, dh wenn der Gesellschafterwechsel wirtschaftlich gesehen auf eine Übertragung eines Grundstücksanteils hinausläuft (ULMER/LÖBBE DNotZ 1998, 711; STAUDINGER/WUFKA [2001] § 313 Rn 122 ff).

113 Nach § 311b Abs 1 ist sowohl die vertragliche Verpflichtung zur **Veräußerung** wie zum **Erwerb** eines Grundstückes beurkundungsbedürftig (letzteres erst seit 1973 – vgl Rn 47).

Formfrei ist hingegen die bloße **Belastung** eines Grundstückes – ausgenommen mit einem Erbbaurecht (§ 11 Abs 2 ErbbauVO) und ausgenommen die rechtsgeschäftliche Bestellung eines Vorkaufsrechtes oder anderen Erwerbsrechtes (Rn 122).

Eine Veräußerung liegt auch vor, wenn das Eigentum von einer Personengesellschaft auf eine andere Gesellschaft, auch eine **personengleiche Gesellschaft** übertragen wird (RGZ 136, 405; BayObLGZ 1980, 305; KG NJW-RR 1987, 1321); erst recht bei der Übertragung von einer **Gesamthandsgemeinschaft auf Bruchteilseigentümer** und umgekehrt (die griffig, wenngleich dogmatisch nicht ganz richtig auch als „Änderung der Eigentumsform" bezeichnet wird; RGZ 57, 432; RGZ 129, 123; OLG München DNotZ 1971, 544).

Nicht unter § 311b Abs 1 fällt hingegen die **Umwandlung des Rechtsträgers** (RGZ 155, 186). Die Umwandlung als solche ist allerdings nach §§ 6, 13 Abs 3, 125, 193 Abs 3 UmwG beurkundungsbedürftig.

Formfrei ist hingegen die **negative Verpflichtung**, ein Grundstück nicht zu veräußern (vgl § 137 S 2; BGHZ 31, 19; BGHZ 103, 238) oder nicht zu erwerben (OLG Hamm OLGZ 1974, 123). Soll die negative Pflicht aber eine positive Veräußerungs- oder Erwerbspflicht sichern, so ist eine Beurkundung erforderlich (BGH DNotZ 1966, 364; OLG Köln NJW 1971, 1942).

b)   Rechtsgeschäftliche Verpflichtung
Erfaßt ist jede **vertragliche** Verpflichtung, auch eine **unentgeltliche** (Staudinger/Wufka [2001] § 313 Rn 58). Es kann auch ein Vertrag zugunsten Dritter sein (BGH MDR 1983, 566 = NJW 1983, 1543, 1545 = MittBayNot 1983, 10 = WM 1983, 311; BGHZ 92, 164, 171 = NJW 1985, 1778 = NVwZ 1985, 607).

Darüber hinaus erfaßt § 311b Abs 1 auch Veräußerungspflichten (theoretisch auch Erwerbspflichten) durch **einseitiges Rechtsgeschäft**, so etwa ein **Stiftungsgeschäft** (§§ 80, 82) oder eine **Auslobung** (§ 657; BGHZ 15, 182; BGH MDR 1973, 751; Palandt/ Heinrichs § 311b Rn 5; Staudinger/Wufka [2001] § 313 Rn 59).

Auch der Abschluß eines Veräußerungsvertrages im Wege einer öffentlichen **Versteigerung** unterfällt § 311b Abs 1 (BGH DNotZ 1998, 342 = NJW 1998, 2350: Beurkundung nach §§ 8 ff BeurkG; Dietsch NotBZ 2000, 322; Limmer, in: FS Bezzenberger 509 ff; Limmer, in: Eylmann/Vaasen § 20 BNotO Rn 36; Staudinger/Wufka [2001] § 313 Rn 95 f).

Beurkundungsbedürftig ist auch eine **Ausbietungsgarantie**, durch die sich der Garant verpflichtet, in der Zwangsversteigerung ein bestimmtes Gebot abzugeben (BGHZ 85, 245, 250 = DNotZ 1984, 241 = NJW 1983, 566 = WM 1983, 15; BGHZ 110, 319 = DNotZ 1991, 531 = NJW 1990, 1662 = WM 1990, 897). Kann der Garant aber wählen, anstelle der Abgabe eines Versteigerungsgebotes lieber das Darlehen der Bank zurückzuzahlen, so schlägt das Formerfordernis der Ausbietungsgarantie nicht auf den Garantievertrag im übrigen durch; dieser ist daher wirksam (abweichend von § 139), auch wenn die Ausbietungsgarantie nicht beurkundet wurde (BGH NJW-RR 1993, 14 = ZIP 1992, 1538).

Auch die **Schuldübernahme** (oder ein Schuldbeitritt) der Pflicht zur Grundstücksveräußerung oder -erwerb ist eine rechtsgeschäftliche Verpflichtung und damit beurkundungsbedürftig, während die Übernahme der Kaufpreisschuld nicht unter die Formpflicht fällt (BGH DNotZ 1997, 307 = NJW 1996, 2503). Nicht beurkundungsbedürftig sind auch Bürgschaft oder Garantie für die Veräußerungs- oder Erwerbspflicht (BGH NJW-RR 1988, 1196, 1197; RGZ 140, 218), soweit der Veräußerungsvertrag damit „steht und fällt" (BGH NJW 1962, 586).

118 Ein **Gesellschaftsvertrag** zur Gründung einer Gesellschaft ist dann nach § 311b Abs 1 beurkundungsbedürftig, wenn sich daraus die Verpflichtung zumindest eines Gesellschafters oder der Gesellschaft zu Veräußerung oder Erwerb eines Grundstücks ergibt (vgl allg STAUDINGER/WUFKA [2001] § 313 Rn 110 ff; BINZ/MAYER NJW 2002, 3054; ULMER/LÖBBE DNotZ 1998, 711). Beurkundungsbedürftig ist daher der Gesellschaftsvertrag etwa bei Verpflichtung eines Gesellschafters zur Einbringung eines Grundstückes zu Eigentum der Gesellschaft (BGH WM 1955, 298; WM 1967, 610; NJW 1972, 480; RGZ 56, 96; RGZ 68, 262; RGZ 79, 304; RG JW 1907, 830; JW 1925, 1750; Gruchot 49, 627; OLG Koblenz NJW-RR 1992, 614 – anders bei bloßer Einbringung der Grundstücksnutzung: RGZ 109, 380; Beurkundungspflicht hingegen bei Pflicht zu späterem Verkauf: BGH NJW 1974, 2279; RGZ 166, 165); ebenso bei Erwerbspflicht der Gesellschafter für bestimmte Wohnung im Wege der Realteilung (BGH DB 1978, 1218 = DNotZ 1978, 422 = NJW 1978, 2505: „Hamburger Modell").

Ist **Gesellschaftszweck** lediglich allgemein der Erwerb oder die Veräußerung von Grundstücken, so ergibt sich daraus noch kein Formerfordernis (BGH DNotZ 1997, 40 = NJW 1996, 1279 = WM 1996, 537). Eine Beurkundung ist nur erforderlich, wenn sich eine Veräußerungs- oder **Erwerbspflicht für bestimmte Grundstücke** aus dem Vertrag ergibt.

War der ursprüngliche Gesellschaftsvertrag wegen einer darin enthaltenen Erwerbs- oder Veräußerungspflicht beurkundungsbedürftig, so müssen auch Änderungen des Gesellschaftsvertrages beurkundet werden, solange die Auflassung zur Erfüllung der formbegründenden Pflicht noch nicht erklärt wurde (KORTE, Handbuch S 186 ff). Im übrigen ist eine **Änderung des Gesellschaftsvertrages** dann zu beurkunden, wenn sie eine Erwerbs- oder Veräußerungspflicht begründet (OGHZ 1, 206 = NJW 1949, 24). Eine bloße Auseinandersetzung hinsichtlich eines im Gesellschaftsvermögen befindlichen Grundstückes entsprechend der gesetzlichen Regeln (§§ 752, 753) ist demgegenüber formfrei (RGZ 54, 78; RGZ 77, 132; RG JW 1937, 1306).

Ebenso ist der **Beitritt eines Gesellschafters** beurkundungsbedürftig, wenn sich dadurch eine Erwerbs- oder Veräußerungspflicht des Beitretenden ergibt. So muß der Beitritt zu einer Personengesellschaft beurkundet werden, wenn eine gesellschaftsvertragliche Pflicht zum Erwerb eines bestimmten Grundstücks besteht und dieses Grundstück nicht zwischenzeitlich bereits von der Gesellschaft erworben wurde.

Immobilienfonds werden in der Praxis häufig bewußt so konstruiert, daß jedenfalls der Beitritt der Kapitalanleger nicht beurkundungsbedürftig ist (STAUDINGER/WUFKA [2001] § 313 Rn 125). Der ursprüngliche Gesellschaftsvertrag ist hingegen meist beurkundungsbedürftig (HECKSCHEN, in: Beck'sches Notar-Handbuch A X Rn 10).

Satzungen von (Wohnungs-)Genossenschaften sollen hingegen nach ständiger Rechtsprechung entgegen der allgemeinen Grundsätze auch dann nicht beurkundungsbedürftig sein, wenn wenn sie eine konkrete Verpflichtung zur Übertragung von Grundstücken enthalten (BGHZ 15, 177, 182 = NJW 1955, 178; BGH WM 1961, 829; DNotZ 1973, 756; RGZ 110, 241; RGZ 126, 221; RGZ 147, 207; RGZ 156, 216); lediglich bei einer Erwerbspflicht der Genossen bejaht die Rechtsprechung ein Beurkundungserfordernis (BGH NJW 1978, 2505 = Rpfleger 1978, 726). Ein dogmatisches Argument für die Abweichung von den allgemeinen Grundsätzen ist nicht ersichtlich (zu Recht für Formerfordernis der Satzung daher MünchKomm/KANZLEITER § 313 Rn 24; STAUDINGER/WUFKA [2001] § 313 Rn 127). Ist ist die Verpflichtung in der Satzung hinreichend konkretisiert, so bedarf nach der Rechtsprechung auch die satzungsmäßige Zuweisung durch Beschluß nicht der Beurkundung (zustimmend die Literatur). Soweit – wie regelmäßig – noch nicht der gesamte Vertragsinhalt durch die Satzung geregelt ist, fordert die Mindermeinung in der Literatur zu Recht auch eine Beurkundung des eigentlichen Erwerbsvertrages (ebenso OLG Karlsruhe OLGZ 1980, 447).

§ 311b Abs 1 gilt auch für **öffentlich-rechtliche Verträge**, so daß insbesondere Er- 119 schließungsverträge und andere städtebauliche Verträge der notariellen Beurkundung bedürfen, wenn sie eine Verpflichtung zu Veräußerung oder Erwerb eines Grundstückes beinhalten (BGH NJW 1972, 1364; BVerwGE 70, 247 = NVwZ 1985, 346; BVerwGE 101, 12 = MittBayNot 1996, 387 = NVwZ 1996, 794, 796; BIRK, Städtebauliche Verträge [4. Aufl 2002] Rn 131; LÖHR, in: BATTIS/KRAUTZBERGER/LÖHR [8. Aufl 2002] § 124 BauGB Rn 15; KRAUTZBERGER, in: ERNST/ZINKAHN/BIELENBERG/KRAUTZBERGER, § 11 BauGB Rn 26; KOPP/RAMSAUER § 57 VwVfG Rn 8; SCHRÖDTER/QUAAS, BauGB [6. Aufl 1998] § 11 BauGB Rn 49 und § 124 Rn 19; STAUDINGER/WUFKA [2001] § 313 Rn 72 f).

Nicht beurkundungsbedürftig ist eine Übereignungspflicht, die sich aus dem **Gesetz** 120 ergibt.

Abgrenzungsprobleme ergeben sich vor allem bei **Auftrag**, Geschäftsbesorgung und Treuhandvertrag. Eine rechtsgeschäftliche Veräußerungspflicht des Auftragnehmers verneint die Rechtsprechung hier idR, da dessen Pflicht zur Übereignung des im Wege des Auftrages erlangten Grundstücks auf dem Gesetz beruhe (§ 667); im Ergebnis bejaht die Rechtsprechung jedoch ein Beurkundungserfordernis aufgrund einer Erwerbspflicht des Auftraggebers (BGHZ 85, 245, 248 = DNotZ 1984, 241 = NJW 1983, 566 = WM 1983, 15: Ersteigerungsauftrag; BGH DNotZ 1981, 372 = NJW 1981, 1267 = WM 1981, 361; BGHZ 127, 168, 170 = DNotZ 1995, 529 = NJW 1994, 3346 = WM 1994, 2202 = ZIP 1994, 1778; BGH DNotZ 1998, 941 = NJW 1996, 1960 = WM 1996, 1143).

c) Künftige, bedingte oder mittelbare Verpflichtung

Beurkundungsbedürftig ist auch der **Vorvertrag**, sofern daraus bereits ein (beding- 121 ter) Anspruch auf Abschluß des Hauptvertrages entspringt (BGHZ 82, 398 = DNotZ 1982, 433 = NJW 1982, 759 = WM 1982, 203: Heilung des formnichtigen Vorvertrages bereits mit formgerechtem Abschluß des Hauptvertrages; BGHZ 97, 147 = DNotZ 1986, 742 = NJW 1986, 1983 = WM 1986, 557; BGH DB 1988, 1893 = DNotZ 1989, 506 = NJW 1989, 166 = WM 1988, 1367 = ZIP 1988, 1117; KORTE, Handbuch Rn 2.35, 3 145; WOLF DNotZ 1995, 179, 196; STAUDINGER/WUFKA [2001] § 313 Rn 98 ff). Auch wenn der Vorvertrag wirksam beurkundet wurde, bleibt der Hauptvertrag weiterhin beurkundungsbedürftig.

Beurkundungsbedürftig ist auch die rechtsgeschäftliche **Einräumung eines Vorkaufs-** 122

rechtes (§§ 464, 1094 ff – sowohl eines schuldrechtlichen wie eines dinglichen Vorkaufsrechtes); denn mit der Vorkaufsrechtseinräumung geht der Eigentümer eine Veräußerungspflicht ein – wenn auch aufschiebend bedingt auf die Vorkaufsrechtsausübung (BGH DNotZ 1968, 93; RGZ 72, 385, 392; RGZ 79, 435; RGZ 110, 327, 332 ff; RGZ 122, 140; RGZ 137, 31; RGZ 148, 105, 108; SOERGEL/HUBER § 504 Rn 4; STAUDINGER/MADER [2004] § 463 Rn 6; STAUDINGER/WUFKA [2001] § 313 Rn 85 f; **aA** – nur die Ausübung des Vorkaufsrechtes, nicht die Pflicht zu dessen Einräumung ist zu beurkunden: MünchKomm/EINSELE § 125 Rn 25).

Ebenso beurkundungsbedürftig ist die Einräumung eines **Wiederkaufsrechtes** (BGH NJW 1973, 37 mNw; STAUDINGER/WUFKA [2001] § 313 Rn 87) oder anderen Erwerbsrechtes.

123 Die **Vorkaufsrechtsausübung** bedarf hingegen nach ständiger Rechtsprechung und hM aufgrund von § 464 Abs 1 S 2 (= § 505 aF) keiner Form, obwohl dadurch ebenfalls die Verpflichtung zum Erwerb des Grundstücks begründet wird (so zu einem rechtsgeschäftlichen Ankaufsrecht: BGH DNotI-Report 1996, 158 = MittBayNot 1996, 367 = NJW-RR 1996, 1167; ebenso zu einem dinglichen Vorkaufsrecht: OLG Frankfurt, DNotI-Report 1999, 13 = OLG-Report 1998, 338 = MDR 1998, 1093; ebenso zum gesetzlichen Mietervorkaufsrecht des § 570b aF: BGHZ 144, 357 = DNotZ 2000, 764 m abl Anm RIEGER = NJW 2000, 2665 = WM 2000, 2109; OLG Düsseldorf, DNotI-Report 1998, 208 = MittRhNotK 1998, 316 = NZM 1998, 1001; OLG München, DNotZ 1999, 800; MERTENS JZ 2004, 431, 437; **aA** Beurkundungserfordernis für Vorkaufsrechtsausübung: MünchKomm/EINSELE § 125 Rn 25; STAUDINGER/MADER [2004] § 464 Rn 4 f; STAUDINGER/WUFKA [2001] § 313 Rn 92 f; ebenso speziell zu § 570b aF: HAMMEN, DNotZ 1997, 543; F SCHMIDT MittBayNot 1994, 285, 286 – allerdings schreibt § 577 Abs 3 nF seit der Mietrechtsreform vom September 2001 für den speziellen Fall der Ausübung des Mietervorkaufsrechtes Schriftform vor). Eine von der Literatur vorgeschlagene teleologischen Reduktion des § 505 Abs 1 S 2 aF (EINSELE DNotZ 1996, 835, 854 ff, WUFKA, DNotZ 1990, 339, 350) lehnte der BGH ausdrücklich ab (BGHZ 144, 357 = DNotZ 2000, 764 m abl Anm RIEGER = NJW 2000, 2665 = WM 2000, 2109).

De lege ferenda ist der Vorkaufsberechtigte aber jedenfalls bei gesetzlichen Vorkaufsrechten zugunsten Privater durchaus schutzbedürftig (zB beim Mietervorkaufsrecht nach § 577 nF = § 570b aF). Es gab daher mehrfach Gesetzesvorschläge zur Einführung eines Beurkundungserfordernisses auch für die Vorkaufsrechtsausübung jedenfalls bei bestimmten gesetzlichen Vorkaufsrechten, so zuletzt im Rahmen der Schuldrechtsreform. Leider wurden diese Vorschläge vom Bundestag abgelehnt (BT-Drucks 14/6857, 30, 62). Doch beziehen sich Schutzbedürfnis und Schutz durch die Beurkundung auf die Belehrung über die rechtlichen Folgen der Vorkaufsrechtsausübung. Andernfalls kann es etwa vorkommen, daß der Mieter vorschnell sein Vorkaufsrecht ausübt und dann erst merkt, daß er dafür keine Finanzierung von der Bank erhält – so daß er sich möglicherweise Schadensersatzansprüchen des Verkäufers ausgesetzt sieht, wenn der Drittkäufer infolge der Vorkaufsrechtsausübung mittlerweile vom Kauf Abstand genommen hat.

124 Auch **mittelbare Verpflichtungen** durch rechtsgeschäftliche Erklärungen fallen unter § 311b Abs 1, wenn die eingegangenen Bindungen wirtschaftlich einer Veräußerungs- oder Erwerbspflicht gleichstehen, da sie dem Verpflichteten die Entschließungsfreiheit nehmen, sich auch gegen den Abschluß des Grundstücksvertrages zu entscheiden (KORTE, Handbuch Rn 2.34; STAUDINGER/WUFKA [2001] § 313 Rn 104 ff). Allerdings muß sich die mittelbare Verpflichtung unmittelbar aus dem Rechtsgeschäft ergeben (und nicht nur als wirtschaftliche Zwangslage aufgrund gesetzlicher Verpflichtungen – STAUDINGER/WUFKA [2001] § 313 Rn 106).

Entschieden wurde dies va zu **Maklerverträgen**: Eine Vereinbarung, nach der der Maklerkunde auch für ergebnislos gebliebene Bemühungen Maklerlohn schuldet – oder gar eine Vertragsstrafe –, ist nur dann formlos gültig, wenn und solange der Maklerkunde dadurch nicht so unter Druck gesetzt wird, daß seine freie Entscheidung ernsthaft gefährdet ist (BGH DNotZ 1971, 295 = NJW 1970, 1916 = LM § 652 Nr 39; BB 1973, 1141 = WM 1973, 816; MDR 1982, 37 = NJW 1981, 2293 = WM 1981, 993). Jedenfalls beurkundungsbedürftig ist ein (über einen bloßen Kostenersatz hinausgehendes) Bindungsentgelt, das **10–15% der vereinbarten Provision** übersteigt (BGH NJW 1980, 1622 = WM 1980, 742 = LM § 652 Nr 66). Aber auch ein niedrigeres Bindungsentgelt kann je nach den Umständen schon eine Beurkundungspflicht auslösen, insbesondere aufgrund seiner absoluten Höhe (BGH BB 1986, 1876 = DNotZ 1987, 745 = NJW 1987, 54 = WM 1986, 1438; BB 1989, 1015 = NJW-RR 1989, 760 = WM 1989, 918; OLG Hamburg WM 1991, 1178; ähnlich OLG Dresden BB 1997, 2342 = MDR 1997, 1011 = OLG-Report 1997, 265: Aufwendungsersatz von über 10% der üblichen Provision).

Nach denselben Grundsätzen kann auch eine **Reservierungsvereinbarung** mit dem Makler formbedürftig sein (BGHZ 103, 235 = DNotZ 1989, 225 = NJW 1988, 1716 = WM 1988, 830; OLG Düsseldorf NJW 1983, 181; OLG Hamburg NJW-RR 1992, 20).

Auch das an einen **Anlagevermittler** für ein Bauherrenmodell unabhängig vom Beitritt zu zahlende Entgelt (Provision) kann eine mittelbare Erwerbsverpflichtung sein, wenn sich aus daraus ein wirtschaftlicher Druck ergibt, das Grundstücksgeschäft auch tatsächlich einzugehen (BGH DNotZ 1990, 651 = NJW 1990, 390 = WM 1989, 1692).

d) Umfang des Beurkundungserfordernisses

125 Zu beurkunden ist der **gesamte Vertrag**, also die Erklärungen beider Vertragsteile, sowohl das **Angebot** (BGH BB 1962, 1303 = MDR 1963, 37 = LM § 433 Nr 16; MDR 1974, 919 = § 883 Nr 13; RGZ 81, 134; RG WarnR 1913 Nr 184; Gruchot 59, 349; JW 1915, 22) wie die **Annahme** (BGH MDR 1961, 400 = LM § 313 Nr 19; RGZ 91, 226; RGZ 95, 7; RGZ 169, 70; STAUDINGER/WUFKA [2001] § 313 Rn 79 ff). Auch vor der Erstreckung des Anwendungsbereichs auf die Erwerbspflicht war bei Begründung einer Veräußerungspflicht daher auch die Erklärung des Erwerbers beurkundungsbedürftig; ebenso bedarf bei einer Grundstücksschenkung auch die Erklärung des Beschenkten der Beurkundung (RGZ 82, 152; RGZ 110, 392).

Eine getrennte Beurkundung von Angebot und Annahme (**Sukzessivbeurkundung**, § 128) ist beim Schuldvertrag möglich (nicht aber für die Auflassung, § 925 Abs 1 S 1).

126 Beurkundungspflichtig sind bei Grundstücksgeschäften alle Vereinbarungen, aus denen sich nach dem Willen der Vertragspartner das schuldrechtliche Veräußerungsgeschäft zusammensetzt. Zum Inhalt eines Rechtsgeschäfts gehört – nur – der Teil der Erklärungen, der eine Regelung enthält, das heißt Rechtswirkungen erzeugt (BGHZ 63, 359, 361; BGH NJW 1961, 1764; BGHZ 74, 346, 348 = BB 1979, 1215 = DNotZ 1979, 476 = JZ 1979, 603; BB 1974, 106 = MDR 1974, 391 = NJW 1974, 271 = LM § 313

Nr 63; BGH BB 1979, 1216 = DNotZ 1979, 406 = JZ 1979, 602 = NJW 1979, 1495; BGH DNotZ 1984, 236 = NJW 1984, 974 = WM 1984, 170; BGHZ 85, 315, 317 = DNotZ 1983, 232 = NJW 1983, 563 = WM 1982, 1434).

In jedem Fall zu beurkunden sind die **essentialia negotii**, also insbes die Vereinbarungen über Kaufpreis und Kaufgegenstand (vgl STAUDINGER/WUFKA [2001] § 313 Rn 160 ff).

Keine Formfrage, sondern Frage der materiellen Wirksamkeit ist die **Bestimmtheit** des Kaufgegenstandes beim Teilflächenkauf.

127 Zu beurkunden sind aber auch alle anderen rechtlichen Vereinbarungen der Vertragsparteien. Auch **unwesentliche Nebenabreden** sind beurkundungsbedürftig (RGZ 97, 220; BayObLG DNotZ 1979, 180).

Beurkundungsbedürftig sind nach der Rechtsprechung **beispielsweise** die **Baubeschreibung** (BGHZ 69, 266 = BB 1977, 1734 = DNotZ 1978, 148 = NJW 1978, 102; anders noch BGHZ 63, 359, 361), Baupläne (BGHZ 74, 346, 348 = BB 1979, 1215 = DNotZ 1979, 476 = JZ 1979, 603), die Teilungserklärung (BGH BB 1979, 1216 = DNotZ 1979, 406 = JZ 1979, 602 = NJW 1979, 1495) oder die Einigung über **anzurechnende Vorauszahlungen** (BGH DNotZ 1984, 236 = NJW 1984, 974 = WM 1984, 170; BGHZ 85, 315 = DNotZ 1983, 232 = NJW 1983, 563 = WM 1982, 1434).

Hinsichtlich vieler Nebenpunkte haben sich die Beteiligten von sich aus noch keine Gedanken gemacht. Hier greift aber die **Amtspflicht des Notars zur Vertragsgestaltung** ein, aufgrund derer er die Beteiligten auf die nach den Regeln notarieller Kunst im betreffenden Fall sinnvollerweise zu regelnden Punkte hinweist und meist gleich einen ausgewogenen Lösungsvorschlag macht (vgl Rn 474).

128 Bei der **Übernahme von Rechten oder Verpflichtungen** oder dem Eintritt in Verträge (zB Mietverhältnis) ist nur der Eintritt bzw die Übernahme als solche Inhalt des Rechtsgeschäfts und damit beurkundungsbedürftig; die Rechte bzw der Vertrag, in den eingetreten wird, muß hingegen nicht mit beurkundet werden (BGHZ 75, 15 = DNotZ 1979, 733 m Anm SCHIPPEL = NJW 1979, 2387: Vertragsübernahme; BGHZ 125, 235 = DNotZ 1994, 476 = NJW 1994, 1347: Übernahme von Verbindlichkeiten; BGH DNotZ 1999, 50 m Anm KANZLEITER = NJW 1998, 3197 = WM 1998, 1886 = ZIP 1998, 1593: bei Mitübertragung des Rechts an einer vorhandenen Baugenehmigungsplanung im Grundstückskaufvertrag müssen Planungsunterlagen nicht mitbeurkundet werden; BRAMBRING DNotZ 1980, 281; HAGEN DNotZ 1984, 267).

Etwas anderes gilt allerdings, wenn der Inhalt eines bestimmten Vertrags zugesichert werden soll; dann ist der Inhalt der Zusicherung eine rechtsgeschäftliche Erklärung und muß mitbeurkundet werden.

129 **Wissenserklärungen** (zB die Offenbarung von Sachmängeln) unterliegen dem Beurkundungserfordernis nicht. Gleichwohl empfiehlt sich häufig eine Mitbeurkundung zu Beweiszwecken (oder eine Anlage zu Beweiszwecken – Rn 407).

e) Gemischte und zusammengesetzte Verträge

Bei gemischten oder zusammengesetzten Verträgen erstreckt sich das Beurkun- **130** dungserfordernis des § 311b Abs 1 S 1 nach ständiger Rechtsprechung auch auf für sich allein nicht beurkundungsbedürftige Vereinbarungen, „wenn sie dem Willen der Parteien gemäß derart voneinander abhängen, daß sie **miteinander stehen und fallen** sollen" (so etwa BGHZ 76, 43, 49 = DNotZ 1980, 409 = NJW 1980, 829; BGHZ 78, 346, 349 = DNotZ 1981, 115 = NJW 1981, 274; BGH DNotZ 1985, 279 = WM 1984, 837; MittBayNot 1987, 21 = NJW 1987, 1069 = WM 1987, 215; BGHZ 101, 393, 396 = DNotZ 1988, 547 = NJW 1988, 132; DNotZ 1989, 501 = NJW-RR 1989, 198, 199).

Erforderlich ist eine rechtliche, nicht nur eine wirtschaftliche Abhängigkeit beider Verträge. Allerdings ist der **wirtschaftliche Zusammenhang** ein wichtiges Indiz für den Verknüpfungswillen (BGH DNotZ 1980, 344 m Anm WOLFSTEINER; DNotZ 1987, 350 = NJW 1987, 1069 = LM § 313 Nr 113; OLG Hamm DNotZ 1982, 367 = MDR 1981, 931; Münch-Komm/KANZLEITER § 311b Rn 54).

Sind der Grundstückskaufvertrag und der andere Vertrag **wechselseitig voneinander abhängig**, so erstreckt sich das Beurkundungserfordernis auch für die für sich allein nicht beurkundungsbedürftigen Vereinbarungen.

Für Fälle **einseitiger Abhängigkeit** hat der BGH hingegen seine Rechtsprechung dahingehend präzisiert, daß es darauf ankommt, ob die Grundstücksveräußerung von der als solcher nicht beurkundungsbedürftigen Vereinbarung abhängt; dann ist diese ebenfalls beurkundungsbedürftig (BGH DNotZ 1983, 231 = NJW 1983, 565 = WM 1982, 1362; BGHZ 97, 147 = DNotZ 1986, 742 = NJW 1986, 1983; NJW-RR 1993, 1421; SEEGER MittBayNot 2003, 11; **aA** – nur wechselseitige Abhängigkeit begründet Formerfordernis: KORTE DNotZ 1984, 3, 17).

Ist hingegen umgekehrt nur eine als solche nicht beurkundungsbedürftige Vereinbarung von einer Grundstücksveräußerung abhängig, nicht aber die Grundstücksveräußerung von ihr, so wird die andere Vereinbarung nicht von dem Formgebot des § 311b Abs 1 erfaßt (BGH DNotZ 2000, 635 = NJW 2000, 951 = ZIP 2000, 232: zusätzlich Verpflichtung zur Vorkaufsrechts- sowie Dienstbarkeitsbestellung; BGH MittBayNot 2001, 69 = NJW 2001, 226 = ZIP 2001, 2222: zusätzlich GmbH-Geschäftsanteilsabtretung sowie Einlagenrückgewähr und Forderungsabtretung; BGH DNotZ 2002, 944 = MittBayNot 2003, 46 m Anm WUFKA = NJW 2002, 2559 = NotBZ 2002, 297 m Anm OTTO = RNotZ 2003, 44 m Anm KEIM: zusätzlich Bauvertrag; vgl allg SEEGER MittBayNot 2003, 11. Frühere Entscheidungen lassen sich aber zT so lesen, als genüge auch die einseitige Abhängigkeit des anderen vom beurkundungsbedürftigen Rechtsgeschäft: BGHZ 78, 346, 349 = DNotZ 1981, 115 = NJW 1981, 274; OLG Koblenz DNotZ 1994, 771 m Anm Wolf; OLG Schleswig NJR-WW 1991, 1175. KANZLEITER wollte deshalb eine einseitige Abhängigkeit genügen lassen, wenn das andere Geschäft „mit Rücksicht auf das in Aussicht genommene" formbedürftige Rechtsgeschäft abgeschlossen wurde, MünchKomm/KANZLEITER § 311b Rn 54).

Entscheidend ist also der **Verknüpfungswille** der Vertragsparteien der Grundstücks- **131** veräußerung. Es genügt, wenn nur ein Vertragspartner einen Verknüpfungswillen hat, dieser aber dem anderen Vertragspartner erkennbar ist und von ihm gebilligt oder zumindest hingenommen wurde (BGHZ 78, 346, 349 = DNotZ 1981, 115 = NJW 1981, 274; BGH MittBayNot 1987, 21 = NJW 1987, 1069 = WM 1987, 215; BGHZ 101, 393, 396 =

DNotZ 1988, 547 = NJW 1988, 132; BGH NJW-RR 1993, 1421; DNotZ 2003, 632 = WM 2003, 1141).

Dabei kommt es **nicht** auf die **zeitliche Reihenfolge** der Rechtsgeschäfte an (BGH DNotZ 2002, 944 = NJW 2002, 2559).

Auch die **Vertragsparteien** können **unterschiedlich** sein, so insbesondere, wenn der Erwerber einerseits einen Kaufvertrag mit dem Grundstückseigentümer, andererseits einen Werkvertrag mit dem Bauunternehmer abschließt. Allerdings muß der Verknüpfungswille bei den Parteien der Grundstücksveräußerungsvertrages vorliegen (BGH DNotZ 1954, 191; DNotZ 1966, 737; DNotZ 1976, 685; BGHZ 76, 43 = BB 1980, 341 = DNotZ 1980, 409 = NJW 1980, 829 = Rpfleger 1981, 95 = WM 1980, 405; BGHZ 78, 346 = BB 1981, 82 = DNotZ 1981, 115 = NJW 1981, 274 = WM 1981, 97; BGH DNotZ 1989, 501 = NJW-RR 1989, 198; Staudinger/Wufka [2001] § 313 Rn 179).

132 Dabei wird man nach **Fallgruppen** unterscheiden (vgl MünchKomm/KANZLEITER § 311b Rn 55 ff; SEEGER MittBayNot 2003, 11, 18 ff; STAUDINGER/WUFKA [2001] § 313 Rn 186 ff). Zwar muß der Notar bei der Beurkundung im Zweifelsfall bzw der Richter im Streitfall die Beteiligten befragen, inwieweit eine Verknüpfungsabsicht besteht. Aber es gibt doch typische Interessenlagen, die auf eine bestimmte „übliche" Willensrichtung hindeuten:

Beim **Bauträgervertrag** ist nicht nur der Grundstücksverkauf, sondern auch die Verpflichtung zur Errichtung des Gebäudes beurkundungsbedürftig.

Auch bei Personenverschiedenheit ist eine Verknüpfung von Grundstücksverkauf und **Werkvertrag** idR beurkundungsbedürftig, wenn der Bauunternehmer das Grundstück „an der Hand hat", aber (um Grunderwerbssteuer zu sparen oder um – vermeintlich – der MaBV zu entgehen) der Erwerber das Grundstück ohne Zwischenerwerb des Bauträgers kauft. Hier hat idR der Bauunternehmer ein starkes Interesse, daß der Verkauf nur bei Abschluß eines wirksamen Werkvertrages erfolgt. Der Grundstückseigentümer wird ebenfalls die Verknüpfung wollen, wenn er dem Bauunternehmer vertraglich verpflichtet ist. Auf der anderen Seite wird häufig auch der Erwerber von sich aus einen Verknüpfungswillen haben, weil er ein schlüsselfertiges Haus kaufen will, nicht einen unbebauten Grundstück kaufen oder nur einen Werkvertrag ohne Grundstück abschließen will (vgl BGH BB 1994, 462 = MDR 1994, 378 = NJW 1994, 721= WM 1994, 798: Generalunternehmervertrag).

Beim **Fertighausvertrag** liegt nicht allein deshalb eine Verknüpfung mit dem Grundstücksvertrag vor, weil das Haus nicht ohne Grundstück errichtet werden kann; es kommt vielmehr darauf an, ob Haus und Grundstück als einheitliches Leistungspaket angeboten wurden und das Grundstück nicht ohne das Haus verkauft bzw gekauft werden sollte (BGHZ 76, 43 = DNotZ 1980, 409 = BB 1980, 341 = NJW 1980, 829 = WM 1980, 405; OLG Hamm MDR 1989, 903; NJW-RR 1995, 1045 = MittBayNot 1995, 447; OLG Jena DNotI-Report 1996, 6 = OLG-NL 1995, 231; OLG Köln DNotI-Report 1997, 38 = MittBayNot 1997, 99 = MittRhNotK 1997, 25 = NJW-RR 1996, 1484 – die Entscheidungen sind allerdings alle unter dem Vorbehalt zu lesen, daß es nach BGH DNotZ 2000, 635 = NJW 2000, 951 = ZIP 2000, 232 nur auf die Abhängigkeit der Grundstücksveräußerung vom Fertighausvertrag ankommt, nicht auf eine mögliche umgekehrte Abhängigkeit).

Beim **Unternehmenskauf** ist idR der gesamte Vertrag beurkundungsbedürftig, wenn Betriebsgrundstücke mitverkauft werden, da weder der Erwerber das Grundstück ohne das restliche Unternehmen kaufen noch der Veräußerer das Grundstück ohne das restliche Unternehmen veräußern will.

Ob der Grundstückskaufvertrag vom **Inventarverkauf** abhängt (insbes beim Verkauf einer Gaststätte oder eines Gewerbegrundstücks), ist im Einzelfall zu entscheiden (BGH NJW 1961, 1764; DNotZ 1975, 89; MünchKomm/KANZLEITER § 311b Rn 55).

Mit einem **Miet- oder Pachtvertrag** verknüpft ist die Grundstücksveräußerung bei einem „sale and lease back" (vgl BGHZ 104, 18, 22 = MittBayNot 1988, 120 = NJW 1988, 1781; RGZ 97, 219, 221 f). Dasselbe gilt, falls bei einem Kaufangebot der Angebotsempfänger einstweilen als Mieter zur Grundstücksnutzung berechtigt sein soll (BGH NJW 1988, 2880 = WM 1988, 905; OLG München DNotZ 1988, 563 = NJW-RR 1987, 1042 – vgl LICHTENBERGER DNotZ 1988, 531).

Wird einem Grundstückspächter oder -mieter ein **Vorkaufsrecht** bestellt, so ist idR nicht nur die Verpflichtung zur Vorkaufsrechtsbestellung, sondern auch der Pacht- oder Mietvertrag beurkundungsbedürftig (BGH DNotZ 1968, 93; BGH LM § 581 Nr 2; BayObLGZ 1986, 342 = MittBayNot 1987, 53).

Bei einem **Darlehensvertrag** ist im Drei-Personen-Verhältnis hingegen eine Verknüpfungsabsicht idR selbst dann zu verneinen, wenn ein verbundenes Geschäft iSd § 358 Abs 3 vorliegt (SCHMUCKER DNotZ 2002, 900; SEEGER MittBayNot 2003, 11, 19; VOLMER MittBayNot 2002, 336, 341 f).

f) Vertragsänderung
Grundsätzlich sind auch **Änderungen** eines Grundstücksveräußerungsvertrages **133** **formbedürftig** (STAUDINGER/WUFKA [2001] § 313 Rn 198 ff).

Dabei kommt es nicht darauf an, ob die Änderung wesentlich oder **unwesentlich** ist (**aA** eine Zeitlang die Rechtsprechung des Reichsgerichtes, RGZ 76, 34; RG WarnR 1909 Nr 74; WarnR 1911 Nr 266; RGZ 103, 331) oder ob sie die Übereignungspflicht verschärfen (**aA** BGH DNotZ 1954, 668; RGZ 109, 27; RGZ 148, 108 – zwischenzeitlich aufgegeben und durch die Erweiterung des Beurkundungserfordernisses auch auf die Erwerbspflicht überholt).

Formfrei sind nach der **Rechtsprechung** jedoch Vertragsänderungen **nach erklärter** **134** **Auflassung**, auch wenn noch keine Eigentumsumschreibung erfolgte (BGH BB 1971, 1026 = MDR 1971, 737 = NJW 1971, 1450 = LM § 313 BGB Nr 49; BB 1973, 728; DNotZ 1985, 284 m abl Anm KANZLEITER = NJW 1985, 266 = WM 1984, 1539; RG WarnR 1911 Nr 226; HRR 1933 Nr 1410; SeuffA 94, 128, 129; OLG Bamberg MDR 1999, 151 = OLG-Report 1998, 353 = ZfIR 1999, 270; zustimmend PALANDT/HEINRICHS § 311b BGB Rn 44). Denn der Erwerber ist an die erklärte Auflassung gebunden (§ 873 Abs 2), so daß er diese nicht mehr einseitig zurücknehmen kann. Damit sieht die Rechtsprechung nachträgliche Vertragsänderungen als nicht mehr vom Schutzzweck des § 311b Abs 1 BGB erfaßt. Formbedürftig ist hingegen eine der Auflassung nachfolgende Änderungsvereinbarung, die eine durch die Auflassung selbst noch nicht erfüllte Übereignungspflicht betreffen und diese zum Nachteil des Veräußernden maßgeblich modifizieren – insbes bei ausgesetzter Eigentumsumschreibung (OLG Düsseldorf DNotZ 1998, 949 m Anm KANZ-

LEITER = NJW 1998, 2225; ähnlich LG Limburg MittBayNot 1986, 123; MünchKomm/KANZLEITER § 311b Rn 59; PALANDT/HEINRICHS § 311b Rn 44; STAUDINGER/WUFKA [2001] § 313 Rn 202).

Die **hM in der Literatur** stellt demgegenüber zu recht auf die **Eigentumsumschreibung** im Grundbuch ab; erst damit ist die Übereignungspflicht erfüllt und sind spätere Vertragsänderungen formfrei (ausführlich STAUDINGER/WUFKA [2001] § 313 Rn 210; ebenso GEHRLEIN, in: BAMBERGER/ROTH § 311b Rn 27 Fn 245; MünchKomm/KANZLEITER § 311b Rn 57; SOERGEL/WOLF § 313 Rn 85; KORTE, Handbuch Rn 3 222; MÜLLER MittRhNotK 1988, 243, 248; WESER MittBayNot 1993, 253, 260; ähnlich auf den Zeitpunkt von Auflassung und Vollzugsreife, insbes Antragsstellung beim Grundbuchamt abstellend: ERMAN/GRZIWOTZ § 311b Rn 59). Erst mit Umschreibung (bzw Umschreibungsantrag) entfällt das Schutzbedürfnis. Denn in der Praxis wird häufig die Auflassung gleichzeitig mit dem Kaufvertragsschluß erklärt; der Notar wird jedoch angewiesen, die Auflassung erst dann dem Grundbuchamt zur Eigentumsschreibung vorzulegen, wenn ihm der Verkäufer bestätigt, den Kaufpreis erhalten zu haben. Nach der Rechtsprechung wäre wirksam, wenn der Käufer den Verkäufer zwischenzeitlich überredet, doch einer formlosen Kaufpreisherabsetzung zuzustimmen.

135 Formfrei sind nach der Rechtsprechung auch Vertragsänderungen, die lediglich der Beseitigung von **Schwierigkeiten** dienen, die **bei der Abwicklung des Vertrages** aufgetreten sind und die den Inhalt der gegenseitigen Leistungspflichten im Kern unberührt lassen (BGH WM 1966, 656; BB 1973, 582 = MDR 1973, 208 = NJW 1973, 37 = WM 1972, 556 = LM § 313 Nr 57; NJW 1974, 271 = MDR 1974, 391 = LM § 313 Nr 63; DNotZ 2001, 798 m krit Anm KANZLEITER = NJW 2001, 1932 = WM 2001, 1307 = ZIP 2001, 883: Schwangerschaft der Erwerberin als „Abwicklungsschwierigkeit" – eine auch bei grundsätzlicher Anerkennung der Fallgruppe sehr fragwürdige Entscheidung – kritisch auch GRZIWOTZ EWiR 2001, 569; SUPPLIET NotBZ 2001, 221). Nach der Gegenansicht kann allerdings im Einzelfall eine (formlos wirksame) Vereinbarung der Vertragsparteien vorlegen, wie sie eine ergänzende Vertragsauslegung nach § 157 vornehmen wollen (MünchKomm/KANZLEITER § 311b Rn 58; STAUDINGER/WUFKA [2001] § 313 Rn 201); dies ist zwar auch nicht präziser als die Formel der BGH-Rechtsprechung, aber enger und wird damit dem Schutz durch das Beurkundungserfordernis besser gerecht.

Als **formbedürftig** sah die Rechtsprechung hingegen etwa **Änderungen des Kaufpreises** an (insbes den Erlaß oder die Herabsetzung des Kaufpreises: BGH DNotZ 1954, 667; DNotZ 1958, 383; DNotZ 1980, 222; NJW 1982, 434; Übernahme von Belastungen unter Anrechnung auf den Kaufpreis: BGHZ 56, 562; BGH BB 1955, 432), grundätzlich auch Änderungen in der **Leistungszeit** (zB Verlängerung der Bebauungsfrist oder des Übereignungszeitpunktes: BGH DNotZ 1971, 722; NJW 1974, 271; RGZ 76, 33; anders aber die Fälle BGH BGH BB 1957, 1151; WM 1966, 576; DNotZ 2001, 798 m krit Anm KANZLEITER = NJW 2001, 1932 = WM 2001, 1307), ebenso grundsätzlich Änderungen der Voraussetzungen für ein **Rücktrittsrecht** (zB Änderung der Bedingung über Rücktrittsrecht des Käufers durch Verlängerung der Genehmigungsfrist für den Verkäufer: BGH DNotZ 1989, 228 = NJW 1988, 3263 = WM 1988, 1026 – anders bei bloßer Fristverlängerung nach BGHZ 66, 270 = DNotZ 1976, 682 = MDR 1977, 35 = WM 1976, 1033) oder für ein **Wiederkaufsrecht** (zB Verlängerung der Ausübungsfrist: BGH NJW 1996, 452 = WM 1996, 181 = ZIP 1996, 79 = MittBayNot 1996, 26 = LM § 313 Nr 138. Wegen weiterer Beispiele aus der Rechtsprechung sei auf die umfassende Darstellung bei STAUDINGER/WUFKA [1995] § 313 Rn 202 ff verwiesen.)

Formfrei möglich ist nach einer Entscheidung des BGH auch die **Fristverlängerung** 136
für ein vertragliches Rücktrittsrecht, da dies einer (formfrei möglichen) Aufhebung
gleichzustellen sei (BGHZ 66, 270 = DNotZ 1976, 682 = MDR 1977, 35 = WM 1976, 1033 =
ZMR 1978, 232; **aA** zu recht MünchKomm/KANZLEITER § 311b Rn 58; formbedürftig ist hingegen
nach einer späteren Entscheidung des BGH, wenn die Fristverlängerung mit einer Verschärfung der
Rücktrittsvoraussetzungen verbunden wird: BGH DNotZ 1989, 228 = NJW 1988, 3263 = WM 1988,
1026).

HEINRICHS führt die Entscheidung als (einziges) Beispiel einer dritten Fallgruppe
an, in der Vertragsänderungen nicht formbedürftig seien, weil sie die Veräußerungs-
und Erwerbspflicht weder unmittelbar noch mittelbar verschärfen oder erweitern
(PALANDT/HEINRICHS § 311b Rn 42). Wenn man diese Fallgruppe denn anerkennt, müßte
man sie als **einer (Teil-)Aufhebung gleichstehende Änderungen** bezeichnen. Denn
Vertragsänderungen, die weder die Position des Erwerbers noch die des Veräußerers verschlechtern, gibt es nicht nicht.

Ist die Änderung formunwirksam, so beeinträchtigt dies die Wirksamkeit des ur- 137
sprünglichen Vertrages jedoch nicht (RGZ 65, 392; RG LZ 1918, 835; STAUDINGER/WUFKA
[2001] § 313 Rn 205) – anders, wenn der vollmachtlos Vertretene den Vertrag nur mit
den formunwirksamen Änderungen genehmigt (BGH DNotZ 1989, 228 = NJW 1988, 3263
= WM 1988, 1026).

g) Vertragsaufhebung
Die Vertragsaufhebung bedarf nach heutiger Rechtsprechung und hM dann der 138
Form des § 311b Abs 1, wenn der Erwerber bereits ein **Anwartschaftrecht** innehat;
zuvor ist eine Vertragsaufhebung formfrei möglich (BGHZ 83, 395 = DNotZ 1982, 619
m Anm LUDWIG = NJW 1982, 1639 = WM 1982, 715; BGHZ 103, 175 = DNotZ 1988, 560 = NJW
1988, 1385 = WM 1988, 672; BGH NJW 1993, 3223 = WM 1993, 2129; RG Recht 1914 Nr 1806;
BayObLG DNotZ 1989, 365; OLG Düsseldorf DNotZ 1990, 370; OLG Hamm OLGZ 1991, 122 =
DB 1991, 2279 = DNotZ 1991, 149 m Anm BRAMBRING; vgl statt aller STAUDINGER/WUFKA [2001]
§ 313 Rn 217 ff; ECKHARDT JZ 1996, 934; **aA** – formfrei bis zur Eigentumsumschreibung: BGH WM
1964, 509 – zwischenzeitlich aufgegeben; ebenso REINECKE/TIEDTKE NJW 1982, 2281; TIEDTKE JZ
1990, 75, 78; **aA** – Aufhebung des Kaufvertrages als – formlos mögliche – reine Rechtsgrundabrede
für die gleichzeitig oder vorher erfolgte Aufgabe des Anwartschaftsrechts: POHLMANN DNotZ 1993,
355).

Ein Anwartschaftsrecht setzt zum einen die erklärte **Auflassung**, zum anderen
entweder den **Umschreibungsantrag oder die Eintragung einer Auflassungsvormerkung** voraus. Wird daher die bereits erklärte Auflassung wieder aufgehoben oder
die Vormerkung wirksam im Grundbuch gelöscht, so entfällt mit dem Anwartschaftsrecht auch das Formerfordernis für die Kaufvertragsaufhebung. Da die Aufhebung der Auflassung als solche formlos möglich ist, können die Vertragsparteien
in einem ersten Schritt (formlos) die Auflassung aufheben und danach in einem
zweiten Schritt (ebenfalls formlos) den Veräußerungsvertrag aufheben (BGH NJW
1993, 3323, 3325 = WM 1993, 2129; MünchKomm/KANZLEITER § 311b Rn 60). Hat der Käufer
aber bereits den Kaufpreis gezahlt, kann er gegen eine ungesicherte Vorleistung bei
der Rückabwicklung nur durch eine – beurkundungsbedürftige – durch die Rückzahlung des Kaufpreises aufschiebend bedingte Vertragsaufhebung abgesichert
werden.

Hingegen **heilt** der nachträgliche Wegfall des Anwartschaftsrechtes eine formunwirksame Vertragsaufhebung nicht (MünchKomm/KANZLEITER § 311b Rn 60; **aA** OLG Düsseldorf DNotZ 1990, 370; OLG Hamm OLGZ 1991, 122 = DB 1991, 2279 = DNotZ 1991, 149 m Anm BRAMBRING; POHLMANN DNotZ 1993, 355).

139 Auch eine Vertragsaufhebung **nach Eigentumsumschreibung** im Grundbuch bedarf der Beurkundung (BGHZ 83, 395 = DNotZ 1982, 619 = NJW 1982, 1639 = WM 1982, 715; BGHZ 85, 245 = DNotZ 1984, 241 = JZ 1995, 97 m Anm DILCHER = NJW 1983, 566 = WM 1983, 15; BGHZ 127, 168, 174 = DNotZ 1995, 529 = NJW 1994, 3346 = ZIP 1994, 1778; ECKARDT JZ 1996, 934, 936; STAUDINGER/WUFKA [2001] § 313 Rn 216)

h) Vollmacht und Genehmigung

140 Grundsätzlich bedarf die Vollmacht zu Erwerb oder Veräußerung eines Grundstückes bzw zur Auflassung nicht der für das Rechtsgeschäft vorgeschriebenen Form (§ 167 Abs 2). Ausnahmsweise erstreckte sich jedoch das Formerfordernis auf die Vollmacht, wenn der Vollmachtgeber durch Erteilung der Vollmacht tatsächlich oder rechtlich bereits ebenso gebunden ist wie durch den Abschluß des formbedürftigen Hauptvertrages selber.

Formbedürftig ist daher nach ständiger Rechtsprechung eine **unwiderrufliche Vollmacht** zur Veräußerung (oder zum Erwerb) von Grundstücken (BGH DNotZ 1952, 477 = NJW 1952, 1210 m zust Anm GRUSSENDORF; WM 1966, 761; OLG Karlsruhe MittBayNot 1986, 244 = NJW-RR 1986, 100, 101).

Formbedürftig ist die Vollmacht auch, wenn sie zwar rechtlich widerrufen werden kann, tatsächlich aber mit der Bevollmächtigung schon die **gleiche Bindungswirkung** eintreten sollte und nach der Vorstellung des Vollmachtgebers auch eingetreten ist wie durch Abschluß des formbedürftigen Hauptvertrages, die Vollmacht also den damit in Wahrheit bereits gewollten Grundstücksübertragungsvertrag nur verdeckt (etwa bei Gebrauch der Vollmacht bereits am Tag nach der Vollmachtserteilung: BGH DNotZ 1966, 92 = WM 1965, 1006; OLG Schleswig DNotZ 2000, 775 = NJW-RR 2001, 733; allg auch BGH WM 1965, 107; BGH DB 1979, 1226 = DNotZ 1979, 684 m Anm KANZLEITER = NJW 1979, 2306 = LM § 313 Nr 82; BayObLG DNotZ 1981, 567).

Eine Bindung des Vollmachtgebers ergibt sich nicht schon aus der Befreiung des Bevollmächtigten von den Beschränkungen des **§ 181**. Die Befreiung erweitert nur den Umfang der Vertretungsmacht und rechtfertigt deshalb für sich allein noch nicht die Formbedürftigkeit der erteilten Vollmacht (BayObLG DNotZ 1981, 567). Ein Formbedürfnis entsteht auch nicht daraus, daß der Vollmachtgeber entschlossen ist, die Vollmacht nicht zu widerrufen (BGH DNotZ 1966, 92 = WM 1965, 1006; WM 1966, 761; DB 1979, 1226 = DNotZ 1979, 684 m Anm KANZLEITER = NJW 1979, 2306 = LM § 313 Nr 82). Die Befreiung von § 181 kann aber als eines von mehreren Argumenten für die Bindung des Vollmachtgebers gewertet werden (so bei „zeitnaher Umsetzung des Auftrages durch den Bevollmächtigten": OLG Schleswig DNotZ 2000, 775 = NJW-RR 2001, 733).

141 Die neuere **Literatur** stellt demgegenüber überwiegend darauf ab, ob das **der Vollmachtserteilung zugrunde liegende Kausalgeschäft formbedürftig** ist (etwa weil es direkt oder indirekt bereits eine Veräußerungs- oder Erwerbspflicht enthält) – und ob sich das Formerfordernis der *causa* der Vollmacht auf die Vollmachtserteilung als Teil eines einheitlichen Rechtsgeschäftes erstrecke (EINSELE DNotZ 1996, 835; MERTENS JZ 2004, 431, 435; STAUDINGER/WUFKA [2001] § 313 Rn 140 ff).

Vor allem in zwei Punkten kann die neuere Ansicht zu **anderen Ergebnissen** als die bisherige Rechtsprechung führen: Zum einen ist der Umfang des Beurkundungserfordernisses häufig weiter, da nicht nur die Vollmachtserteilung als solche, sondern vor allem das gesamte ihr zugrundeliegende Rechtsverhältnis der Beurkundung bedarf. Andererseits wären jedenfalls theoretisch auch Fälle denkbar, in denen zwar das Rechtsgeschäft im Innenverhältnis zwischen Vollmachtgeber und Bevollmächtigtem beurkundungsbedürftig wäre, nicht aber die Vollmacht als solche. Der von der Rechtsprechung bezweckte und erreichte Schutz des Vollmachtgebers wäre aber unvollständig, wenn die formlose Vollmacht (und damit das Vertretergeschäft) wirksam wäre und der Vollmachtgeber auf Schadensersatz gegen den Bevollmächtigten beschränkt wäre. Zu sinnvollen Ergebnissen kommt man daher nur, wenn man entweder (zumindest im Regelfall) eine Geschäftseinheit zwischen der Vollmachtserteilung und dem ihr zugrunde liegenden Kausalgeschäft annimmt (so etwa STAUDINGER/WUFKA [2001] § 313 Rn 142) oder wenn man die von der Rechtsprechung entwickelten Grundsätze unverändert weiter anwendet und nur zusätzlich ein Formerfordernis auch für das Kausalverhältnis prüft – und damit eine zusätzliche Fallgruppe von Formerfordernissen der Vollmacht (so etwa ERMAN/GRZIWOTZ § 311b Rn 33; MünchKomm/KANZLEITER § 311b Rn 47; PALANDT/HEINRICHS § 311b Rn 19). Jedenfalls für die Praxis halte ich es letzteres für sinnvoll.

Dies entspricht auch dem Ansatz der **Rechtsprechung**, die überkommenen Fallgruppen nicht in Frage zu stellen, sondern nur zusätzlich zu prüfen, ob auch das der Vollmacht zugrundeliegende Kausalgeschäft einer Form bedurfte – und ob die Vollmacht möglicherweise unwirksam ist, weil das Kausalgeschäft nicht beurkundet wurde (BGH DNotZ 1990, 359 = NJW-RR 1989, 1099 = WM 1989, 997; BGHZ 110, 363 = DNotZ 1991, 374 = NJW 1990, 1721 = WM 1990, 1077 = ZIP 1990, 797; BGH DB 1992, 1925 = NJW 1992, 3237, 3238 = WM 1992, 1662 = LM BeurkG Nr 41/42; DNotZ 1997, 701 = NJW 1997, 312 = WM 1996, 2230 = ZIP 1996, 2169: je zur Unwirksamkeit der Vollmacht führende fehlende Beurkundung bei Immobilientreuhand/Bauherrenmodellen; BayObLGZ 1996, 62 BayObLGZ = DNotZ 1997, 312 = NJW-RR 1996, 848: Unwiderruflichkeit der Vollmacht kann sich nur aus dem Grundgeschäft ergeben, das dann auch beurkundungsbedürftig ist).

Bei der **Genehmigung** gilt die Formfreiheit nach § 182 Abs 2 hingegen nach Rechtsprechung und hM uneingeschränkt (BGHZ 125, 218 = DNotZ 1994, 764 = NJW 1994, 1344, 1345 = MittBayNot 1994, 414 m Anm KORTE; OLG Köln NJW-RR 1993, 1364 = OLG-Report 1993, 162; MünchKomm/SCHRAMM § 177 Rn 39; MünchKomm/KANZLEITER § 311b Rn 38; SOERGEL/LEPTIEN § 182 Rn 5; STAUDINGER/GURSKY [2004] § 182 Rn 27; STAUDINGER/WUFKA [2001] § 313 Rn 130; ausführlich WUFKA DNotZ 1990, 339, insbesondere auch zur Gesetzesentstehung).

Eine starke **Mindermeinung** erstreckt hingegen bei § 311b – ebenso wie allgemein bei Formerfordernissen, die primär eine Warnfunktion erfüllen – das Formerfordernis auch auf die Genehmigung (generell beurkundungsbedürftig: BROX, AT Rn 299, 503; FLUME § 54 Rn 6b; LARENZ, AT § 24 S 486; MEDICUS, AT[5] Rn 1017; REINECKE/TIEDTKE, Kaufvertrag[4] 60; TIEDTKE JZ 1990, 75, 76; nach denselben Grundsätzen wie eine Vollmacht beurkundungsbedürftig: OLG München DNotZ 1951, 31; EINSELE DNotZ 1996, 835, 865 ff; DNotZ 1999, 43; ERMAN/PALM § 182 Rn 4; LERCH ZRP 1998, 347; MünchKomm/THIELE[2] § 177 Rn 34 und § 182 Rn 14). Als sachlichen Unterschied zwischen Vollmacht und Genehmigung kann man für die hM anführen, daß der Genehmigende zumindest weiß, was er genehmigt, während der Vollmachtgeber die „Katze im Sack" kauft und deshalb stärker schutzbedürftig ist.

143 Nach denselben Grundsätzen beurteilt die Rechtsprechung auch **Auflassungsvollmachten**. So ist die Auflassungsvollmacht formbedürftig, wenn sie der Sache nach bereits eine Bindung des Vollmachtgebers bewirkt und sie sich damit nur als äußere Einkleidung einer formunwirksam begründeten Veräußerungs- oder Erwerbspflicht darstellt (BGH DNotZ 1963, 672; KG OLGZ 1985, 187; OLG Schleswig DNotZ 2000, 775 = NJW-RR 2001, 733; KORTE DNotZ 1984, 82, 88). Auch eine unwiderrufliche Auflassungsvollmacht ist aber formfrei, wenn sie in Erfüllung eines formwirksamen Veräußerungsgeschäftes erteilt wurde (OLG Zweibrücken Rpfleger 1982, 216).

Auch eine vorherige **Einwilligung in die Auflassung** unterfällt dem Formgebot, wenn sie das formbedürftige Geschäft vorwegnähme; auch insoweit sind die Grundsätze der Rechtsprechung zur ausnahmsweisen Formbedürftigkeit der Vollmacht entsprechend anzuwenden; formfrei ist die Einwilligung, wenn ihre freie Widerruflichkeit (§ 183) keiner Einschränkung unterliegt (BGH DNotZ 1999, 40 = NJW 1998, 1482, 1484 = ZfIR 1998, 207 = ZIP 1998, 741).

Grundsätzlich formfrei ist hingegen die **Genehmigung** der Auflassung (BGH DNotZ 1999, 40 = NJW 1998, 1482, 1484 = ZfIR 1998, 207 = ZIP 1998, 741).

Dieselben Grundsätze gelten auch für die **Ermächtigung** zur Auflassung (§ 185).

3. Auflassung und Begründung von Wohnungseigentum

a) Auflassung

144 Die Auflassung bedarf zu ihrer materiellen Wirksamkeit keiner Beurkundung. Sie muß lediglich vor einem Notar erklärt werden, um materiell wirksam zu sein (§ 925 Abs 1).

Die Auflassung kann nur vor einem **deutschen Notar** erklärt werden; die Erklärung vor einem ausländischen Notar genügt nicht (Rn 723).

Bei der Auflassung müssen Veräußerer und Erwerber **gleichzeitig anwesend** sein (nach RG JW 1928, 2519 in Ausnahmefällen auch in getrennten Räumen). Bei mehreren Veräußerern oder Erwerbern genügt, sofern die verschiedenen Veräußerer/Erwerber nacheinander getrennt die Auflassung erklären, sofern nur die Auflassung von allen Veräußerern an alle Erwerber erklärt wird (KG OLGZ 9, 342). Die gleichzeitige Anwesenheit ist Wirksamkeitsvoraussetzung (BGHZ 29, 6, 10 = DNotZ 1959, 215 = NTW 1959, 626 = MDR 1959, 288). Eine Vertretung ist aber zulässig, auch eine vollmachtlose Vertretung mit anschließender Nachgenehmigung.

Wirksamkeitserfordernis ist aber nur die Erklärung vor dem Notar. Die **Beurkundung als solche ist nicht Wirksamkeitsvoraussetzung** der Auflassung; die Auflassung ist daher auch wirksam, wenn sie zwar vor einem Notar erklärt, aber von diesem nicht (wirksam) beurkundet wurde (BGH DNotZ 1993, 55 = NJW 1992, 1101 = WM 1992, 313: nach § 7 BeurkG zur Nichtigkeit der Beurkundung führender Verstoß gegen Mitwirkungsverbote; BayObLG

MittBayNot 1994, 39 = Rpfleger 1994, 62: fehlende Unterschrift eines Beteiligten). Unwirksam ist die Auflassung demgegenüber, wenn ein Beteiligter die Auflassung nicht erklärt, sondern nur ein entsprechendes Schriftstück dem Notar übergibt (RGZ 131, 406).

Verfahrensrechtlich ist dem **Grundbuchamt** die Auflassung durch die beurkundete **145** Niederschrift nachzuweisen (§ 20 GBO). Ist die Beurkundung unwirksam, so hat das Grundbuchamt die Eigentumsumschreibung zu verweigern, mag auch die Auflassung vor dem Notar erklärt sein (BayObLGZ 2001, 14 = DNotZ 2001, 560 m Anm REITHMANN = NJW-RR 2001, 734: fehlende Unterschrift eines Beteiligten; BayObLG DNotZ 2001, 557 m Anm REITHMANN = FGPrax 2001, 13 = MDR 2001, 501 = MittBayNot 2001, 202 m kritischer Anm KANZLEITER: nach dem Wortlaut der Urkunde erklärt nur ein Beteiligter die Auflassung, während der andere zwar diese Erklärung mitunterzeichnet, ohne dabei aber selbst die Auflassung zu erklären – wobei zu fragen ist, ob sich nicht entgegen der BayObLG-Entscheidung doch die Auflassung auch des Erwerbers durch Auslegung ergab oder zumindest durch Berichtigung der Urkunde nachzuweisen war). Ein Tatsachenzeugnis des Notars (§ 39 BeurkG) über die vor ihm vorgenommene Auflassung genügt nicht (KG HRR 1934, 652; SCHÖNER/STÖBER Rn 3324; STAUDINGER/PFEIFER [2004] § 925 Rn 76; **aA** OLG Celle MDR 1948, 252; LG Oldenburg Rpfleger 1980, 224; FUCHS-WISSEMANN Rpfleger 1977, 9; 1978, 431).

b) Sondereigentum nach WEG
Die Beurkundungserfordernisse des § 4 WEG erstrecken nur die Formerfordernisse **146** der §§ 311b Abs 1, 925 vom Miteigentumsanteil (auf den die BGB-Paragraphen unmittelbar anwendbar sind) auf das **Sondereigentum**: So gilt auch für die schuldrechtliche Verpflichtung zu Einräumung, Erwerb oder Aufhebung von Sondereigentum § 311b Abs 1 entsprechend (§ 4 Abs 3 WEG). Ebenso ist für die dingliche Einigung über die Einräumung oder die Aufhebung von Sondereigentum die Form der Auflassung erforderlich (§ 4 Abs 2 WEG). Für den Umfang des Formerfordernisses gelten daher dasselbe wie nach §§ 311b Abs 1, 925.

4. GmbH-Geschäftsanteilsveräußerung

a) Anwendungsbereich
Die Beurkundungspflicht des § 15 Abs 4 GmbHG greift auch ein, wenn **Vertrags-** **147** **gegenstand** nur ein Teil eines GmbH-Geschäftsanteiles (RGZ 87, 246) oder ein künftiger GmbH-Geschäftsanteil ist (BGHZ 21, 242, 245; BGHZ 21, 378, 383; BGHZ 29, 300, 302 = DNotZ 1959, 423 = NJW 1959, 934; BGH DB 1987, 1135 = NJW 1987, 2437= WM 1987, 686; DNotZ 1995, 562 = NJW 1995, 128, 129 = ZIP 1994, 1855).

Nach hM ist auch eine **Erwerbspflicht** (Abnahmepflicht) beurkundungsbedürftig **148** (auch wenn dem keine Veräußerungspflicht gegenübersteht; RGZ 57, 61; RGZ 82, 353; RGZ 102, 64; RGZ 127, 71; RGZ 149, 397; OLG München BB 1995, 427 = DB 1995, 316 = OLG-Report 1995, 50 = WM 1995, 670; BAUMBACH/HUECK/FASTRICH, GmbHG [17. Aufl 2000] § 15 Rn 32; HACHENBURG/ZUTT § 15 Rn 36; MICHALSKI/EBBING, GmbHG [2002] § 15 Rn 83; SCHOLZ/ WINTER, GmbHG [9. Aufl 2000] § 15 Rn 56).

§ 15 Abs 4 GmbHG gilt nach hM nur für Verträge, nicht für eine **einseitige rechts-** **149** **geschäftliche Verpflichtung** (Stiftung, Auslobung etc; BAUMBACH/HUECK/FASTRICH § 15 Rn 30; MICHALSKI/EBBING § 15 Rn 57) – insoweit anders als § 311b, während der Anwendungsbereich hinsichtlich der erfaßten Veräußerungsverträge im übrigen gleich gesehen wird. Für die dabei in der Literatur ebenfalls genannten erbrechtlichen Rechtsgeschäfte (insbes Testament oder Auseinandersetzungsplan des Testamentsvollstreckers, BayObIGZ 1967, 240) stimmt dies; für einseitige Verpflichtungsgeschäfte gibt es aber keinen durchgreifenden Grund, dogmatisch anders als bei § 311b Abs 1 zu entscheiden. Allenfalls könnte man anführen, daß das Schutzbedürfnis des Veräußerers bei Grundstücksveräußerungen höher ist.

Unter § 15 Abs 4 GmbHG fallen **alle Arten vertraglicher Verpflichtungen**, insbesondere auch unentgeltiche Veräußerungen, ebenso eine vergleichsweise Verpflichtung (OLG München DB 1993, 2477 = DNotZ 1994, 315 = GmbHR 1994, 251 = NJW-RR 1994, 496).

150 Bei einem **Auftrag** oder **Treuhandverhältnis** führt nach hM – entsprechend der Rechtslage nach § 311b Abs 1 (Rn 120) – die Abtretungspflicht des Beauftragten nach § 667 noch nicht zu einem Beurkundungserfordernis, weil es sich dabei um einen gesetzlichen Anspruch handelt – auch wenn die Abtretungspflicht deklaratorisch in den Vertrag aufgenommen wurde (BGHZ 19, 69, 70; BGH WM 1971, 306, 307; RGZ 82, 354; RGZ 124, 371, 376; OLG Hamm GmbHR 1994, 880; OLG Rostock GmbHR 1998, 641; ebenso RGZ 80, 99, 102 zum Anspruch aus § 384 Abs 2 HGB bei Einkaufkommission; SCHAUB DStR 1995, 1634; BAUMBACH/HUECK/FASTRICH § 15 Rn 33; HACHENBURG/ZUTT § 15 Rn 43; LUTTER/BAYER, in: LUTTER/HOMMELHOFF, GmbHG [16. Aufl 2004] § 15 Rn 32; MICHALSKI/EBBING § 15 Rn 60; im Ergebnis ebenso aufgrund teleologischer Reduktion: ARMBRÜSTER DNotZ 1997, 762) – auch hier ist fraglich, ob man wirklich so feinsinnig unterscheiden kann.

Verpflichtet sich hingegen der Auftragnehmer zum Erwerb oder der Auftraggeber zur Abnahme des Geschäftsanteils, so ist der Auftrag beurkundungsbedürftig (ARMBRÜSTER DNotZ 1997, 762).

151 Formbedürftig ist auch ein **Vorvertrag**, aus dem sich eine (bedingte) Pflicht zum Abschluß eines Veräußerungsvertrages ergibt (BAUMBACH/HUECK/FASTRICH § 15 Rn 31; MICHALSKI/EBBING § 15 Rn 64).

152 Formbedürftig ist auch die Begründung eines **Vorkaufsrechtes** (RG JW 1916, 575). Die Ausübung eines Vorkaufsrechtes oder anderen Erwerbsrechtes ist nach hM formfrei (BGH NJW 1969, 2049; DStR 1998, 539; RGZ 113, 147, 149 f; MICHALSKI/EBBING § 15 Rn 70) – ebenso die hM zu § 311b Abs 1.

b) Umfang des Beurkundungserfordernisses

153 Formbedürftig sind die Erklärungen beider Vertragsparteien, also bei getrennter Beurkundung (§ 128) sowohl **Angebot wie Annahme** (BGHZ 21, 242, 247 = NJW 1956, 1435; BGH GmbHR 1963, 188).

154 Der Beurkundungspflicht nach § 15 Abs 4 GmbHG unterliegt der **gesamte Vertrag** mit allen Vereinbarungen, von denen nach dem gemeinsamen Vertragswillen der Vertragsparteien die Veräußerungspflicht abhängt – ebenso wie nach § 311b Abs 1 (= § 313 aF), auf dessen Auslegung man daher zurückgreifen kann (BGH NJW 1969, 132; MDR 1970, 26 = NJW 1969, 2049; DNotZ 1984, 481 = NJW 1983, 1843 = WM 1983, 565; DStR 2000, 1272; RGZ 51, 179; 52, 1; OLG Celle NZG 2002, 459 = OLG-Report 2001, 284 = WM 2001, 2444: Inventarliste mit beurkundungsbedürftig; OLG Düsseldorf MDR 1978, 668; OLG Karlsruhe GmbHR 1991, 19, 20; OLG München BAUMBACH/HUECK/FASTRICH § 15 Rn 29; HACHENBURG/

ZUTT § 15 Rn 49; LUTTER/BAYER, in: LUTTER/HOMMELHOFF § 15 Rn 33; MICHALSKI/EBBING § 15 Rn 89; SCHOLZ/WINTER § 15 Rn 69; KANZLEITER DNotZ 1994, 275; KEMPERMANN NJW 1991, 684; PETZOLD GmbHR 1976, 72, 81; im Ergebnis ähnlich, aber eine entsprechende Anwendung von § 311b Abs 1 ablehnend: LORITZ DNotZ 2000, 90, 99).

Es genügt daher nicht, wenn nur die bloßen Verpflichtung zur Veräußerung beurkundet wird (aA HEIDENHAIN NJW 1999, 3073; SCHLÜTER, in: FS Bartholomeyczik [1973] 359; SIGLE/MAURER NJW 1984, 2657, 2658 ff) oder wenn nur die „wesentlichen Vereinbarungen" des Veräußerungsvertrages (ohne die „technischen Details" wie zB Zahlungsmodalitäten) beurkundet werden (aA OLG Hamm GmbHR 1979, 57, 59 f; OLG München NJW 1967, 1326, 1328); beurkundungsbedürftig sind auch alle Nebenvereinbarungen. Bloße Rechenfehler in einer Anlage machen die Beurkundung aber nicht unwirksam, wenn der Vertragswille beurkundet wurde (BGH DStR 2000, 1272).

c) Gemischte und zusammengesetzte Verträge

155 Bei gemischten und zusammengesetzten Verträgen erstreckte sich daher das Beurkundungserfordernis – ebenso wie bei § 311b Abs 1 – auf alle Vereinbarungen, von denen die Veräußerung des GmbH-Geschäftsanteiles abhängt (OLG Hamm GmbHR 1993, 106 = OLG-Report 1993, 10).

Daher bedarf etwa bei der Veräußerung von Anteilen an einer **GmbH & Co KG** nicht nur die Veräußerung des GmbH-Geschäftsanteils, sondern auch die des **Kommanditanteils** der Beurkundung, wenn die Veräußerung des GmbH-Geschäftsanteils davon abhängt (was insbes bei einem Gleichlauf der Beteiligungsverhältnisse in Komplementär-GmbH und Kommanditgesellschaft der Fall sein wird; BGH DNotZ 1986, 689 m Anm TIEDAU = NJW 1986, 2642 = WM 1986, 823; LIMMER ZNotP 2000, 297, 298 f; WIESNER NJW 1984, 95, 97; WITT ZIP 2000, 1033; MICHALSKI/EBBING § 15 GmbHG Rn 90).

156 Allerdings heilt die dingliche Übertragung des GmbH-Anteiles auch die Verpflichtung zur Übertragung des Kommanditanteiles (BGH DNotZ 1993, 615 = NJW-RR 1992, 991 = WM 1992, 670; OLG München DNotZ 1993, 614).

d) Vertragsänderung oder -aufhebung

157 Auch spätere **Änderungen** des Verpflichtungsvertrages bedürfen der Beurkundung – nach der Formel der Rechtsprechung, „sofern sie nicht bloß klarstellende Funktion haben, sondern so wichtig sind, daß ohne sie eine Abtretungspflicht nicht bestehen soll", dh im Ergebnis bei der Änderung aller auch ursprünglich beurkundungsbedürftiger Punkte, insbes auch Änderungen in Nebenpunkten (BGH DNotZ 1990, 122 = GmbHR 1989, 194, 195 = NJW-RR 1989, 291 = ZIP 1989, 234; RG DR 1940, 1292; MICHALSKI/ EBBING § 15 GmbHG Rn 90; ROTH/ALTMEPPEN § 15 GmbHG Rn 47; SCHOLZ/WINTER § 15 GmbHG Rn 69).

158 Die **Vertragsaufhebung** ist formlos möglich, solange die Abtretung noch nicht erfolgt ist (BAUMBACH/HUECK/FASTRICH § 15 Rn 34; HACHENBURG/ZUTT § 15 Rn 41; MICHALSKI/EBBING § 15 Rn 79; SCHOLZ/WINTER § 15 Rn 64 ff).

e) Dingliche Abtretung

159 Der **Anwendungsbereich** des § 15 Abs 3 GmbHG erfaßt jede rechtsgeschäftliche Übertragung eines GmbH-Geschäftsanteiles, auch wenn der dinglichen Abtretung ein gesetzlicher Anspruch zugrundeliegt. Erfaßt ist auch die Abtretung von Teil-Geschäftsanteilen oder von künftigen Anteilen.

Auch die Abtretung des **Anspruchs auf Übertragung eines Geschäftsanteils** bedarf der Beurkundung (BGHZ 75, 352 = BB 1980, 278 = DNotZ 1980, 376 = NJW 1980, 1100 = WM 1980, 191; BAUMBACH/HUECK/FASTRICH § 15 Rn 25; HACHENBURG/ZUTT § 15 Rn 39; LUTTER/BAYER, in: LUTTER/HOMMELHOFF § 15 Rn 18; aA SCHOLZ/WINTER § 15 Rn 45 – insofern anders als die Abtretung des Übereignungsanspruches für ein Grundstück). Keiner Form bedarf hingegen nach der Rechtsprechung die Abtretung des Anspruchs des Treugebers gegen den bisherigen Treuhänder auf Übertragung eines Geschäftsanteils auf einen neuen Treuhänder (BGHZ 19, 69, 72 = NJW 1956, 58)

160 Auch bei der dinglichen Abtretung (§ 15 Abs 3 GmbHG) ist eine getrennte Beurkundung von **Angebot und Annahme** (§ 128) möglich (anders als für die Auflassung, § 925). Formbedürftig sind dabei sowohl Angebot wie Annahme (BGHZ 21, 242, 247 = NJW 1956, 1435; BGH GmbHR 1963, 188).

161 Auch bei der dinglichen Abtretung erstreckt sich das Formerfordernis auf **alle Abreden**, die Teil des dinglichen Abtretungsvertrages sind (BGHZ 82, 188; OLG Düsseldorf MDR 1978, 668; OLG München NJW 1967, 1326, 1328; LUTTER/BAYER, in: LUTTER/HOMMELHOFF § 15 Rn 19; MICHALSKI/EBBING § 15 GmbHG Rn 125; SCHOLZ/WINTER § 15 Rn 40). Allerdings ist dabei streng zwischen Teilen der dinglichen Abtretung und Nebenabreden des schuldrechtlichen Vertrages zu unterscheiden; diese Unterscheidung erfolgt in den zitierten Fundstellen nicht immer hinreichend scharf.

162 Hat der Veräußerer mehrere Geschäftsanteile gleicher Größe, so muß bei der dinglichen Abtretung genau bestimmt werden, welcher der Anteile abgetreten wird. Ist nicht mehr klar erkennbar, welche Geschäftsanteile abgetreten sind und welche beim Veräußerer verbleiben sollen, so ist die dingliche Abtretung zwar formwirksam, aber mangels **Bestimmtheit** unwirksam (OLG Brandenburg OLG-Report 1998, 250 = NZG 1998, 951; OLG Düsseldorf MDR 1978, 668; dagegen berührt es die Wirksamkeit nicht, wenn der abgetretene Anteil lediglich zusammenfassend bezeichnet ist, ohne daß dadurch ernstliche Zweifel an dem Gegenstand der Abtretung hervorgerufen werden können BGH NJW-RR 1987, 807).

f) Vollmacht und Genehmigung

163 Eine **Vollmacht** zur GmbH-Geschäftsanteilsveräußerung ist nach hM selbst dann formfrei, wenn sie **unwiderruflich erteilt** wird oder sonst den Veräußerer wirtschaftlich ebenso wie eine Veräußerungsverpflichtung bindet (RGZ 135, 70; BAUMBACH/HUECK/FASTRICH § 15 GmbHG Rn 22; MICHALSKI/EBBING § 15 GmbHG Rn 93; SCHOLZ/WINTER § 15 GmbHG Rn 47; aA FISCHER GmbHR 952, 114). Die Abweichung von der Dogmatik des § 311b Abs 1 begründet die hM damit, daß § 15 Abs 4 GmbH keinen Übereilungsschutz bezwecke. Mir erscheint diese Differenzierung zweifelhaft.

164 Aus dem Formzweck des § 15 Abs 4 GmbH leitet die hM jedoch die Unwirksamkeit einer **Blankovollmacht** ab, die weder Bevollmächtigten noch Erwerber bezeichnet und außerdem von § 181 befreit. Denn eine solche Blankovollmacht ermöglichte den spekulativen Handel mit GmbH-Geschäftsanteilen, so als ob diese Inhaberpapiere wären. Eine solche Blankovollmacht ist daher auch bei notarieller Beurkundung nichtig (BAUMBACH/HUECK/FASTRICH § 15 GmbHG Rn 22; LUTTER/HOMMELHOFF § 15

GmbHG Rn 19; MICHALSKI/EBBING § 15 GmbHG Rn 94; weitergehend SCHOLZ/WINTER § 15 GmbHG Rn 46: auch ohne Befreiung von § 181; aA MEYER-LANDRUT/MILLER/NIEHUS Rn 29); als wirksam sieht die Rechtsprechung hingegen eine Befreiung von § 181 bei namentlicher Benennung des Bevollmächtigten an (BGHZ 13, 49, 53 = NJW 1954, 1157).

Formfrei ist nach hM auch die **Genehmigung** (vgl aber zur abweichenden Auffassung Rn 142). **165**

Auch die Verpflichtung zur Genehmigung des durch einen Vertreter abgeschlossenen Kaufvertrages über einen GmbH-Geschäftsanteil bedarf nach der Rechtsprechung nicht der Form des GmbHG § 15 Abs 4 S 1 (BGH MittRhNotK 1996, 416 = NJW 1996, 3338, 3339 = ZIP 1996, 1901, 1902).

5. Erbschaftskauf, Verträge über das Vermögen als Ganzes, Erbschaftsverträge

a) Erbschaftskauf und Erbteilsübertragung

Der **Anwendungsbereich** des § 2371 erfaßt auch Verträge über Teile eines Erbteiles. Nach § 2385 ist die Vorschrift entsprechend anwendbar auf den Kauf einer vom Verkäufer durch Vertrag erworbenen Erbschaft sowie auf andere Verträge, die auf die Veräußerung einer dem Veräußerer angefallenen oder anderweitig von ihm erworbenen Erbschaft gerichtet sind. **166**

Auch für den Erbschaftskauf oder den Erbteilskauf gelten dieselben Grundsätze wie für die anderen beurkundungsbedürftigen Veräußerungsverträge, insbes für § 311b Abs 1. Der Formzwang erstreckt sich daher auf **Nebenabreden**, zB auf die Abrede, wer die Erbschaftssteuer trägt (BGH FamRZ 1967, 465; WM 1969, 592; RG JW 1910, 998, 999; KELLER, Formproblematik der Erbteilsveräußerung Rn 10). **167**

Auch der **Vorvertrag** ist beurkundungsbedürftig (STAUDINGER/OLSHAUSEN [2004] § 2371 Rn 8). **168**

Nach hM sind grundsätzlich alle **Änderungen** des Erbschaftskaufes formbedürftig (vorausgesetzt, sie wären auch als Bestandteil des ursprünglichen Vertrages formbedürftig gewesen; OLG München OLGE 21, 360, 361; RG HRR 1937 Nr 1383; RG WarnR 1927 Nr 8; STAUDINGER/OLSHAUSEN [2004] § 2371 Rn 9). **169**

Eine Mindermeinung will **Vertragsänderungen nach erfolgter dinglicher Erbteilsübertragung** (§ 2033 Abs 1) vom Formerfordernis ausnehmen (KELLER Rn 26, 32; anders die hM: STAUDINGER/OLSHAUSEN [2004] § 2371 Rn 9). Zur Begründung verweist die Mindermeinung auf die entsprechende Dogmatik des § 311b Abs 1 und § 15 Abs 4 GmbHG. Die Analogie trifft aber nur zu, wenn man – entgegen der hM – eine Heilungsfunktion der dinglichen Erbteilsübertragung bejahte (vgl Rn 677).

Die **Aufhebung** eines Erbschaftskaufs ist nach wohl hM ebenfalls formbedürftig (OLG Schleswig SchlHAnz 1957, 181; BENGEL/REIMANN, in: Beck'sches Notar-Handbuch C Rn 231; KELLER Rn 39; MünchKomm/MUSIELAK § 2371 Rn 4; PALANDT/EDENHOFER § 2371 Rn 2; STAUDINGER/OLSHAUSEN [2004] § 2371 Rn 10; aA – Formerfordernis erst, sofern der Erbteil bereits dinglich übertragen ist und damit durch die Aufhebung eine Verpflichtung zur Rückübertragung begründet wird: LANGE/KUCHINKE, Erbrecht § 47 II 1; ZARNEKOW MittRhNotK 1969, 625). Die **170** hM beruft sich auf den Schutzzweck (Gläubigerschutz durch beweiskräftige Urkunde über den haftungsauslösenden Tatbestand) sowie auf § 2385, die Mindermeinung auf den angeblichen Grundsatz, wonach die Aufhebung eines formbedürftigen Rechtsgeschäftes idR formfrei möglich ist, soweit das Gesetz nichts anderes regelt. Einen solchen Grundsatz gibt es aber nicht, auch wenn sich im Regelfall aus dem Formzweck ergibt, daß die Vertragsaufhebung formlos möglich ist (Rn 138).

171 **Vollmachten** zur Erbteilsübertragung sind formbedürftig, wenn der Miterbe ähnlich wie aus einem Veräußerungsgeschäft gebunden wird, insbes bei einer unwiderruflichen Vollmacht (OLG Schleswig SchlHA 1962, 173). Rechtsprechung und wohl hM erfordern eine Beurkundung teilweise bereits bei Befreiung des Bevollmächtigten von § 181 (BayObLGZ 1954, 225; LG Erfurt MittRhNotK 1994, 177 m abl Anm HÜGEL); richtigerweise wird man entsprechend der Dogmatik zu § 311b Abs 1 (Rn 140) zusätzlich verlangen müssen, daß damit im konkreten Einzelfall eine der Veräußerung zumindest tatsächlich gleichstehende Bindung eintritt, etwa weil der Bevollmächtigte innerhalb kurzer Fristen von der Vollmacht Gebrauch machen soll, so daß ein Widerruf praktisch kaum mehr möglich ist oder weil die Bevollmächtigung die in Wirklichkeit gewollte Übertragung nur verdeckt (HÜGEL ZEV 1995, 121).

b) **Verträge über das Vermögen als Ganzes (§ 311b Abs 3)**

172 **Vermögen** iSd § 311b Abs 3 (= § 311 aF) ist die **Gesamtheit der Aktiva** ohne die Passiva. Die Verpflichtung zur Übertragung einzelner Vermögensgegenstände ist auch dann nicht erfaßt, wenn diese das gesamte Aktivvermögen des Verpflichteten ausmachen und dies den Beteiligten bekannt ist – auch wenn sich die Verpflichtung auf mehrere Vermögensgegenstände oder einen Sachinbegriff bezieht (BGHZ 25, 1, 5 = NJW 1957, 1514; RGZ 69, 285, 416; 82, 277; 94, 314; STAUDINGER/WUFKA [2001] § 311 Rn 9 ff; **aA** ERMAN/GRZIWOTZ § 311b Rn 86; KNIEPER MDR 1970, 979; anders nur, wenn die Beteiligten nicht nur die einzelnen Vermögensgegenstände, sondern „in Bausch und Bogen" das Vermögen insgesamt übertragen wollten).

Die Verpflichtung zur Übertragung **fremden Vermögens** fällt nicht unter § 311b Abs 3 (RGZ 79, 285), sondern unter Absätze 4 und 5 oder unter §§ 2371, 2385.

Formbedürftig ist lediglich die Verpflichtung zur **Übertragung** oder zur Belastung mit einem Nießbrauch. Zahlungsverpflichtungen fallen nicht unter § 311b Abs 3.

173 § 311b Abs 3 gilt für alle **schuldrechtlichen Verpflichtungsgeschäfte** (auch **einseitige**), hingegen nicht für familien- und erbrechtliche Verpflichtungen oder für Übertragungsverpflichtungen im Rahmen von Umwandlungsvorgängen (STAUDINGER/WUFKA [2001] § 311 Rn 2).

174 Auch bei einer Verpflichtung zur Übertragung des gegenwärtigen Vermögens (§ 311b Abs 3) bedarf der gesamte Vertrag der Beurkundung, nicht nur die Verpflichtung des Vermögensinhabers (OLG Marienwerder OLGE 17, 376; ERMAN/BATTES[10] § 311 Rn 1; STAUDINGER/WUFKA[13] § 311 Rn 18; unklar MünchKomm/KRÜGER § 311b Rn 101) – so daß die Grundsätze des § 311b Abs 1 auch hier herangezogen werden können.

c) **Erbschaftsverträge (§ 311b Abs 5)**

175 Zu den Erbschaftsverträgen, die § 311b Abs 5 (= § 312 Abs 2 aF) zwischen (potentiellen) gesetzlichen Erben in Abweichung von dem allgemeinen Verbot von Verträgen über den Nachlaß eines noch lebenden Dritten (§ 311b Abs 4 = § 312 Abs 1 aF) zuläßt, gehören nicht nur Verpflichtungen zur Übertragung eines künftigen Erbteils (auch eines testamentarischen Erbteils, allerdings quantitativ begrenzt auf die Höhe des gesetzlichen Erbteils: BGHZ 104, 279 = DNotZ 1989, 169 = NJW 1988, 2726 = WM 1988, 1132; MünchKomm/KRÜGER § 311b Rn 120; STAUDINGER/WUFKA [2001] § 312 Rn 34) oder Pflichtteils (beim Pflichtteil ist auch bereits eine antizipierte Übertragung möglich), sondern etwa auch Verträge über Ausgleichungspflichten künftiger gesetzlicher Erben (§§ 2050, 2052; vgl allg KAUFHOLD ZEV 1996, 454; LIMMER DNotZ 1998, 927). Soweit Erbschaftsverträge daher überhaupt in der Praxis vorkommen, sind sie meist, aber nicht zwingend Veräußerungsverträge.

6. Familienrecht: Ehevertag, Vaterschaftsanerkenntnis und Adoption

a) Ehevertrag

Beim Ehevertrag ist der Umfang des Beurkundungserfordernisses strittig: Nach **hM** 176 ergreift das Beurkundungserfordernis auch für sich selbst nicht beurkundungsbedürftige **Nebenabreden** und **verbundene Verträge**, von denen der Ehevertrag abhängt (J MAYER, in: BAMBERGER/ROTH § 1410 Rn 3; PALANDT/BRUDERMÜLLER § 1410 Rn 3; STAUDINGER/ THIELE [2000] § 1410 Rn 14; KIETHE MDR 1994, 639, 642). Nach **aA** erfordert erfaßt das Beurkundungserfordernis des § 1410 hingegen nur den Ehevertrag als solchen, nicht hingegen Vereinbarungen, die nur damit in Zusammenhang stehen (KANZLEITER DNotZ 1994, 275, 279 f; KANZLEITER NJW 1997, 217; MünchKomm/KANZLEITER § 1410 Rn 3).

Der Schutzzweck spricht für die weite Fassung des Beurkundungserfordernisses (vergleichbar § 311b Abs 1). Allerdings wird die fehlende Beurkundung von Nebenabreden wegen der grundsätzlich auf Lebenszeit angelegten Dauer des Ehevertrages bzw wegen des Interesses der Vertragsparteien an einer wirksamen Scheidungsvereinbarung wohl in der Mehrzahl der Fälle dazu, daß entgegen der Regel des § 139 die fehlende Mitbeurkundung der Nebenabrede nicht zur Formunwirksamkeit des Ehevertrages im übrigen führt. Andernfalls würde sich die weite Auslegung des Formerfordernisses (und das Fehlen einer Heilungsvorschrift) zu Lasten des vertragstreuen Beteiligten auswirken.

Formbedürftig ist auch der **Vorvertrag** zu einem Ehevertrag (BGH FamRZ 1966, 492, 177 495; RGZ 48, 183, 186; RGZ 68, 322; MünchKomm/KANZLEITER § 1410 Rn 3; SOERGEL/GAUL § 1410 Rn 2; STAUDINGER/THIELE [2000] § 1410 Rn 4).

Jedenfalls die widerruflich erteilte **Vollmacht** zum Abschluß eines Ehevertrages 178 bedarf nach hM grundsätzlich keiner notariellen Beurkundung (BGHZ 138, 239 = DNotZ 1999, 46 = FamRZ 1998, 902, 904 = NJW 1998, 1857 = JZ 1999, 239 m abl Anm VOLLKOMMER/VOLLKOMMER = LM § 167 Nr 40 m zust Anm LANGENFELD: Vertretung der Ehefrau durch Notarangestellte aufgrund notariell beglaubigter Vollmacht; **aA** EINSELE NJW 1998, 1206; EINSELE DNotZ 1999, 43; VOLLKOMMER/VOLLKOMMER JZ 1999, 522; ebenso die Mindermeinung, die alle Formvorschriften mit Warnfunktion auch auf die Vollmachtserteilung erstrecken will, STAUDINGER/ SCHILKEN [2004] § 167 Rn 20 m w Nachw).

Der BGH ließ offen, ob die von der Rechtsprechung zu § 311b Abs 1 entwickelten Grundsätze auf § 1410 zu übertragen seien oder ob jedenfalls **unwiderrufliche oder** sonst bindende **Vollmachten** formbedürftig seien; dies wird von der wohl hM in der Literatur zu Recht bejaht (jedenfalls für letztere Fälle: GERNHUBER/COESTER-WALTJEN, Lehrbuch des Familienrechts [4. Aufl 1994] § 32 II 1; MünchKomm/KANZLEITER § 1410 Rn 4; MünchKomm/SCHRAMM § 167 Rn 29; insgesamt für Anwendung der Grundsätze zu § 311b Abs 1: STAUDINGER/THIELE [2000] § 1410 Rn 6; offen: J MAYER, in: BAMBERGER/ROTH § 1410 Rn 3). Denn das Schutzbedürfnis bei einem Ehevertrag ist nicht geringer als das bei einer Grundstücksveräußerung. Die Bevollmächtigung des anderen Ehegatten unter Befreiung von § 181 hielten ältere Entscheidungen hingegen für formlos wirksam (RGZ 79, 282, 283; BayObLG JW 1925, 2139; OLG Karlsruhe ZBlFG 12, 755 = BadRspr 78 Nr 6, 61).

De lege ferenda ist für den Ehevertrag persönlicher Abschluß zu fordern, ein Beurkundungserfordernis der Vollmacht wäre nur die zweitbeste Lösung (GERBER DNotZ 1998, Sonderheft Notartag, 288*, 294*; KANZLEITER NJW 1999, 1612, 1613; MünchKomm/KANZLEITER § 1410 Rn 4).

Beurkundungsverfahrensrechtlich sichert den vollmachtgebenden Ehegatten die notarielle Amtspflicht zur belehrungsgerechten Gestaltung des Beurkundungsverfahrens (§ 17 Abs 2a S 1 BeurkG – vgl Rn 517; KANZLEITER NJW 1999, 1612, 1614; J MAYER, in: BAMBERGER/ROTH § 1410 Rn 3). Der Notar darf nur beurkunden, wenn die Belehrung des vertretenen Ehegatten anderweitig gesichert ist, insbes aufgrund einer ausführlichen Vorbesprechung des Entwurfs.

179 Formfrei ist auch die **Genehmigung** zu einem von einem vollmachtlosen Vertreter abgeschlossenen Ehevertrag (BGHZ 138, 239 = DNotZ 1999, 46 = FamRZ 1998, 902, 904 = NJW 1998, 1857: formfreie Vollmacht für Ehevertrag – unter Berufung auf BGH BB 1989, 658 = FamRZ 1989, 476 = MittBayNot 1989, 136 = NJW 1989, 1728 = WM 1989, 650: vom Volljährigen genehmigter Vertrag des Minderjährigen; MünchKomm/KANZLEITER § 1410 Rn 4; PALANDT/BRUDERMÜLLER § 1410 Rn 2; aA STAUDINGER/THIELE § 1410 Rn 6; THIELE, Die Zustimmung in der Lehre vom Rechtsgeschäft [1966] 136 f).

b) Vaterschaftsanerkenntnis, Sorgeerklärung und Adoption

180 Bei der Beurkundung des **Vaterschaftsanerkenntnisses** (§ 1597 Abs 1) ist die Richtigkeit des Anerkenntnis nicht zu prüfen (STAUDINGER/RAUSCHER [2002] § 1597 Rn 15). Die besondere Bestandskraft von Vaterschaftsanerkenntnis und Sorgeerklärung als statusändernden Rechtsakten regeln §§ 1598, 1626e, die die Unwirksamkeit auf bestimmte Unwirksamkeitsgründe beschränken, wozu allerdings jeweils die Formnichtigkeit der Erklärung gehört. Die Erklärung ist aber nicht etwa deshalb formnichtig, weil personenstandsrechtlich erforderliche Angaben fehlen, solange die Person des Erklärenden eindeutig feststeht (OLG Hamm OLGZ 1988, 151 = NJW-RR 1988, 452: Im Vaterschaftsanerkenntnis sind nicht alle Vornamen des Anerkennenden angegeben; soweit deren Angabe beim Geburtseintrag verfahrensrechtlich oder durch Verwaltungsvorschrift vorgeschrieben ist, muß sich der Standesbeamte anderweitig um die fehlenden Angaben bemühen – zu den beurkundungsrechtlichen Erfordernissen vgl Rn 333).

Bei der Beurkundung einer **Sorgeerklärung** (§ 1626d) wird der Notar oder der Beamte des Jugendamtes die Beteiligten insbes darüber belehren, daß die nichteheliche Mutter mit der Sorgeerklärung ihre bisherige alleinige elterliche Sorge verliert und daß sich die Eltern bei Meinungsverschiedenheiten über die elterliche Sorge einigen müssen (und daß eine gerichtliche Änderung des Sorgerechtes nur bei späterem Getrenntleben möglich ist, § 1671). Sinnvoll und für die Beteiligten wichtig ist auch ein Hinweis auf die Drei-Monatsfrist zur Neubestimmung des Kindesnamens (§ 1617b Abs 1; Schwab DNotZ 1998, 437, 452 ff; Staudinger/Coester [2002] § 1626d Rn 4 f).

Die Beurkundungsform gilt nur für den Adoptionsantrag (§ 1752 BGB). Die **Rück-** **181** **nahme** des Antrages bedarf hingegen keiner Form (BayObLGZ 1982, 318, 321 f; Staudinger/Frank [2001] § 1752 Rn 8).

Die Adoption ist wirksam, auch wenn der Adoptionsantrag oder eine erforderliche Einwilligung (§ 1750) formunwirksam war. Strittig ist aber, ob die Adoption wegen der Formunwirksamkeit aufgehoben werden kann (Rn 689).

7. Erbrecht: Verfügungen von Todes wegen und Erbverzicht

a) Öffentliches Testament (§ 2232)

Ein öffentliches Testament kann entweder durch **Erklärung zur Niederschrift** des **182** Notars errichtet werden (§ 2232 S 1 Var 1) oder durch **Übergabe einer Schrift** (Var 2), wobei die Schrift entweder offen oder verschlossen übergeben werden kann (§ 2232 S 2). In der Praxis werden öffentliche Testamente nahezu ausnahmslos zur Niederschrift des Notars beurkundet; die Übergabe einer Schrift kommt sehr selten vor.

Eine **Belehrung** (§ 17 BeurkG) erfolgt nur bei der Beurkundung durch Niederschrift oder bei der Übergabe einer offenen Schrift (§ 30 S 4 HS 2 BeurkG). Bei der Übergabe einer offenen Schrift beschränkt sich dies jedoch auf eine Rechtsbelehrung (§ 17 Abs 1 S 1 Var 3, Abs 2 BeurkG). Notarielle Vertragsgestaltung und die notarielle Formulierungspflicht (§ 17 Abs 1 S 1 Var 4 BeurkG) kommen nur bei der Beurkundung durch Niederschrift zum Tragen.

Eine **Vertretung** des Erblassers ist nicht nur beim eigenhändigen Testament, sondern **183** auch bei einem öffentlichen Testament ausgeschlossen.

Anders als bei Rechtsgeschäften unter Lebenden gibt es für das Testament **keinen** **184** **zwingenden Mindestinhalt**: Was formwirksam erklärt wurde, gilt. Im übrigen greift eben die gesetzliche Erbfolge ein.

b) Erbvertrag (§ 2276)

Beim Erbvertrag sind die Erklärungen beider Vertragsparteien beurkundungsbe- **185** dürftig, nicht nur die des Erblassers. **Persönlicher Abschluß** ist aber nur auf Seiten des Erblassers erforderlich (§ 2274), nicht auf Seiten des anderen Vertragsteiles (anders, wenn dieser auch selbst Verfügungen von Todes wegen trifft).

§ 2276 Abs 2 sieht zur **Formerleichterung** vor, daß für einen **mit einem Ehevertrag** **186** **verbundenen Erbvertrag** zwischen Ehegatten oder Verlobten die Einhaltung der für den Ehevertrag verbundenen Form genügt. Die Vorschrift ist heute praktisch funktionslos.

Bei Inkrafttreten des BGB lag die Formerleichterung vor allem darin, daß § 2233 aF eine Zuziehung von Überwachungspersonen für das öffentliche Testament und damit auch für den Erbvertrag verlangte, der Ehevertragsschluß hingegen grundsätzlich nicht (STAUDINGER/KANZLEITER [1998] § 2276 Rn 7). Nach Inkrafttreten des BeurkG (1.1.1970) galten für den Ehevertrag gewisse Formerleichterung bei behinderten Erblassern. Seit Inkrafttreten des OLG-Vertretungsänderungsgesetzes (2002) beschränkt sich der Unterschied auf die Geltung der §§ 28–33 BeurkG (im wesentlichen ist nur der Vermerk über die Testierfähigkeit beim Ehevertrag entbehrlich, der aber ohnehin nur Soll-Vorschrift ist).

187 Mindestinhalt eines Erbvertrages ist, daß er **zumindest eine erbvertraglich bindende Verfügung** (§ 2278) enthält (BGHZ 26, 204, 208 f; BGH MDR 1958, 223; STAUDINGER/KANZLEITER [1998] Vorbem 9 zu §§ 2274 ff). Andernfalls ist der Erbvertrag als Erbvertrag unwirksam, aber als einseitiges Testament aufrechtzuerhalten (ggf als zwei in einer Urkunde enthaltene Testamente). Der Formwirksamkeit steht dies nicht entgegen, da Erbvertrag und durch Niederschrift beurkundetes notarielles Testament denselben Formerfordernissen unterliegen.

c) Erb- und Pflichtteilsverzicht (§ 2348)

188 **Anwendungsbereich**: Beurkundungsbedürftiger Erbverzicht iSd § 2348 ist nicht nur der völlige Verzicht auf das gesetzliche Erbrecht, sondern auch der **Pflichtteilsverzicht** oder ein gegenständlich eingeschränkter oder teilweiser Erb- und Pflichtteilsverzicht (STAUDINGER/SCHOTTEN [1997] § 2348 Rn 6).

Für den **Zuwendungsverzicht** verweist § 2352 S 3 auf die Formvorschriften der §§ 2347, 2348; ebenso § 1517 Abs 2 für den Verzicht eines Abkömmlings auf seinen Anteil am Gesamtgut der fortgesetzten ehelichen Gütergemeinschaft.

Auch die Einwilligung oder **Zustimmung des Vertragserben** zu einer ihn beeinträchtigenden Schenkung (§ 2287) unterfällt dem Formerfordernis des § 2348. Die Nähe eines solchen Verzichts zum Erbverzicht gebietet die entsprechende Anwendung der Formvorschift, sowohl im Interesse der Rechtsklarheit als auch des Schutzes des (angeblich) Verzichtenden vor unüberlegten Äußerungen (BGHZ 108, 252 = DNotZ 1990, 803 = FamRZ 1989, 1076 = NJW 1989, 2618 = Rpfleger 1989, 413 – unter ausdrücklicher Abweichung von RGZ 134, 325, 327).

189 Auch die **Verpflichtung** zum Erb- oder Pflichtteilsverzicht bedarf der notariellen Beurkundung nach § 2348 (KG OLGZ 1974, 263 = MDR 1974, 76; DAMRAU NJW 1984, 1163; DAMRAU, Der Erbverzicht als Mittel zweckmäßiger Vorsorge für den Todesfall [1996] S 132; J MAYER, in: BAMBERGER/ROTH § 2348 Rn 3; MünchKomm/STROBEL § 2348 Rn 2; PALANDT/EDENHOFER § 2348 Rn 1; STAUDINGER/SCHOTTEN [1997] § 2348 Rn 10 mwN; aA KUCHINKE NJW 1983, 2358; LANGE/KUCHINKE, Erbrecht § 7 I 4 b). Dafür spricht zum einen der Schutzzweck, da andernfalls etwa die Belehrung des Verzichtenden ins Leere liefe, wenn dieser sich bereits wirksam zum Verzicht verpflichtet hat. Zum anderen spricht dafür auch ein systematisches Argument: Das Gesetz läßt zwar teilweise die formlose Erfüllung einer beurkundungsbedürftigen Verpflichtung zu (insbes beim Schenkungsversprechen, § 518 Abs 2); umgekehrt ist aber bei Beurkundungserfordernissen für dingliche Rechtsgeschäfte immer auch die zugrundeliegende schuldrechtliche Verpflichtung beurkundungsbedürftig.

Formbedürftig ist daher auch die unwiderrufliche **Vollmacht** des Verzichtenden zum Abschluß eines Erbverzichts (STAUDINGER/SCHOTTEN [1997] § 2348 Rn 9).

Zum **Umfang** des Beurkundungserfordernisses: Der **schuldrechtliche Verpflichtungs-** **190** **vertrag** ist in vollem Umfang zu beurkunden, ebenso wie auch beurkundungsbedürftige Veräußerungsverträge (MünchKomm/STROBEL § 2346 Rn 22;). Insbesondere ist daher bei einem entgeltlichen Erbverzicht auch die geschuldete Gegenleistung mitzubeurkunden. Eine Mitbeurkundung ist auch erforderlich, wenn man in der Abfindung für einen Erbverzicht eine Schenkung sieht (wie dies insbes STAUDINGER/SCHOTTEN [2004] § 2346 Rn 122 ff, 128 vertritt).

Erfolgt der **dingliche Verzicht** unter einer vertraglich vereinbarten Bedingung (etwa der Bedingung der Leistung einer Abfindung), so muß auch die Bedingung mitbeurkundet werden (BayObLGZ 1995, 29, 32 = DNotZ 1996, 796 = FamRZ 1995, 964, 965 = NJW-RR 1995, 648 = ZEV 1995, 228; OLG Celle NdsRpfl 1949 119, 121; STAUDINGER/SCHOTTEN [2004] § 2348 Rn 8).

Zur **Beurkundung**: Der **Erblasser** (= Verzichtsempfänger) kann den Verzichtsvertrag **191** **nur persönlich** schließen (§ 2347 Abs 2); der Verzichtende kann sich hingegen vertreten lassen. Gleichzeitige Anwesenheit beider Vertragsparteien ist nicht erforderlich, ein Vertragsschluß durch Angebot und Annahme (§ 128) daher möglich.

Der Verzicht kann auch **stillschweigend** in einer notariellen Urkunde erklärt sein: So **192** kann etwa ein Erbvertrag zwischen Ehegatten und ihren Kindern einen stillschweigenden Pflichtteilsverzicht der als Schlußerben eingesetzten Kinder für den ersten Erbfall enthalten (BGHZ 22, 364 = JR 1957, 339 m abl Anm v LÜBTOW = NJW 1957, 422 = LM § 2348 Nr 1). Ebenso kann in einer (beurkundeten) gemeinschaftlichen Verfügung der Ehegatten zugunsten eines Dritten ein stillschweigender Erb- und Pflichtteilsverzicht des übergangenen Ehegatten liegen (BGH DNotZ 1977, 247 = NJW 1977, 1728; zustimmend JOHANNSEN WM 1979, 631; KEIM ZEV 2001, 1; PALANDT/EDENHOFER § 2346 Rn 5; J MAYER, in: BAMBERGER/ROTH § 2346 Rn 8; **aA** noch RG LZ 1932, 102 = HRR 1932 N4r 628; **aA** auch die wohl **hM** in der Literatur: HABERMANN JuS 1979, 169; REUL MittRhNotK 1997, 373, 378; MünchKomm/STROBEL § 2348 Rn 8; SOERGEL/DAMRAU § 2346 Rn 8; STAUDINGER/SCHOTTEN [2004] § 2346 Rn 13, 15 mw Nachw; nicht gegen die BGH-Rechtsprechung, aber zurückhaltender in der Auslegung: BayObLGZ 1981, 30 = MDR 1981, 673 = MittBayNot 1981, 143 = Rpfleger 1981, 305). Im Ergebnis macht das Sinn, da man ansonsten die Verfügung entwertete – oder gar den Verzichtenden die Zuwendung (oder zB Schlußerbeneinsetzung) behalten ließe, ohne ihn an den im Gegenzug gewollten (wenn auch nicht ausdrücklich erklärten) Verzicht zu binden.

8. Gesellschaftssatzungen, Umwandlungsvorgänge, Gesellschafterversammlungen

a) Satzung einer Aktiengesellschaft

§ 23 AktG und § 2 GmbHG sind in ihrer dogmatischen Struktur weitgehend parallel **193** aufgebaut. Daher kann man Rechtsprechung und Literatur zur Satzung der Aktiengesellschaft vielfach auch für den GmbH-Gesellschaftsvertrag heranziehen und umgekehrt.

In beiden Vorschriften ist nach dem Beurkundungserfordernis der Satzung (§ 23 Abs 1 S 1 AktG bzw § 2 Abs 1 GmbHG) zunächst das Erfordernis einer Unterschriftsbeglaubigung für Gründungsvollmachten geregelt (§ 23 Abs 1 S 2 AktG bzw § 2 Abs 2 GmbHG). Es folgen Vorschriften über den zwingenden (Mindest-)Inhalt der Gründungsurkunde bzw Satzung (§ 23 Abs 2-4 AktG; § 3 GmbHG) sowie fakultativen Satzungsinhalt (nur § 23 Abs 5 AktG).

194 § 23 Abs 3 und 4 AktG regeln den **notwendigen Inhalt der Satzung**, insbes Firma, Sitz und Gegenstand des Unternehmens (Nr 1 und 2), die Höhe des Grundkapitals, dessen Zerlegung und die Art der Aktien (Nennbetrags- oder Stückaktien, Inhaberoder Namensaktien; Nr 3-5), die Zahl der Vorstandsmitglieder (Nr 6) sowie die Verkündungsblätter der Gesellschaft (Abs 4). Mit der Festlegung des notwendigen Inhalts erreicht das Gesetz eine **Publizitätswirkung** (neben der dadurch für Satzungsänderungen bedingten innergesellschaftlichen Kompetenzverteilung – MünchKommAktG/PENTZ [2. Aufl 2000] § 23 Rn 64).

Beurkundungsbedürftig ist auch der sonstige, **fakultative Satzungsinhalt**. Materiellrechtlich sind vom Gesetz abweichende Satzungsregelungen allerdings nur zulässig, soweit das Gesetz dies ausdrücklich zuläßt – bzw gesetzesergänzende Satzungsregelungen nur, soweit das Gesetz keine abschließende Regelung enthält (§ 23 Abs 5 AktG). Im übrigen spielt jedoch die Unterscheidung zwischen materiellen – oder körperschaftlichen bzw normativen – und formellen Satzungsbestimmungen – mit indifferenten Bestimmungen als Mittelgruppe – für die Beurkundungsbedürftigkeit und das Beurkundungsverfahren keine Rolle.

195 In der Gründungsurkunde mitzubeurkunden ist auch die **Aktienübernahmeerklärung** (§ 23 Abs 2 AktG), dh insbes die Namen der Gründer, die von den einzelnen Gründern übernommenen Aktien sowie der auf das Grundkapital eingezahlte Betrag. Jedenfalls früher wurde dies mehrheitlich als von der Feststellung der Satzung getrenntes Rechtsgeschäft angesehen (KölnerKommAktG/KRAFT § 2 Rn 7 ff und § 23 Rn 87 f); heute betrachtet jedenfalls eine starke Meinung die Einlageverpflichtung als Bestandteil der Satzung, so daß nur ein einheitliches Rechtsgeschäft vorläge (HÜFFER, AktG [6. Aufl 2004] § 23 Rn 3 und 16; MünchKommAktG/PENTZ § 23 Rn 55).

196 In der Urkunde ist jedoch die Satzung iSd § 23 Abs 3 AktG von der Aktienübernahme (§ 23 Abs 2 AktG) zu unterscheiden. Auch aus § 181 AktG, wonach bei einer Satzungsänderung der **vollständige Satzungswortlaut** der Handelsregisteranmeldung beizufügen ist, schließt man, daß bereits die Gründungsurkunde klar zwischen der Satzung iSd § 23 Abs 3-5 AktG und anderen Vereinbarungen zwischen den Gründern unterscheiden muß, um die Satzung nicht mit Angaben zu belasten, die nur im Gründungsstadium von öffentlichem Interesse sind (HÜFFER NJW 1979, 1065, 1066). Am einfachsten erfolgt dies, indem die Satzung als Anlage iSd § 9 Abs 1 S 2 BeurkG mitbeurkundet wird.

197 Während die früher mögliche Stufengründung (bei der noch vor der Gründung nacheinander weitere Gesellschafter beitraten) mittlerweile abgeschafft ist, ist eine **Stufenbeurkundung** weiterhin möglich. Gleichzeitige Anwesenheit der Gründer ist nicht erforderlich; deren Willenserklärungen können nacheinander oder auch durch verschiedene Notare beurkundet werden (vgl Rn 201 zur GmbH).

Die **Nachgenehmigung** einer von einem vollmachtlosen Vertreter bei der Gründung für einen Gründer abgegebenen Erklärung bedarf allerdings der Beurkundung oder Unterschriftsbeglaubigung (entsprechend § 23 Abs 1 S 2 AktG – OLG Köln GmbHR 1995, 725 = MDR 1995, 888 m Anm H Schmidt = MittRhNotK 1995, 356 = NJW-RR 1996, 550).

b) Gesellschaftsvertrag der GmbH

Alle satzungsmäßigen Vereinbarungen bedürfen der Beurkundung nach § 2 Abs 1 **198** GmbHG – nicht nur der notwendige Inhalt nach § 3 GmbHG, sondern auch alle darüber hinausgehenden Regelungen zum fakultativen Satzungsinhalt.

Zwingender Inhalt des GmbH-Gesellschaftsvertrages sind sind nach § 3 Abs 1 GmbHG Firma, Sitz und Gegenstand des Unternehmens (Nr 1 und 2), das Stammkapital (Nr 3) sowie die Stammeinlage der Gründungsgesellschafter (Nr 4).

Als **fakultativer Satzungsinhalt** beurkundungsbedürftig sind kraft ausdrücklicher gesetzlicher Regelung etwa eine zeitliche Beschränkung der Gesellschaft sowie satzungsmäßige Nebenleistungspflichten (§ 3 Abs 2 GmbHG), Sacheinlageverpflichtungen (§§ 5 Abs 4, 19 Abs 5) oder Nachschußpflichten (§ 26 Abs 1), Vinkulierungen (§ 15 Abs 5), Teilgeschäftsanteile (§ 17 Abs 3) die Voraussetzungen für die Einziehung von Geschäftsanteilen (§ 34 Abs 1), die Bestellung eines fakultativen Aufsichtsrates (§ 52 Abs 1), die Festlegung von Auflösungsgründen (§ 60 Abs 2) sowie die Festlegung der für Bekanntmachungen bestimmten öffentlichen Blätter (§§ 30 Abs 2 S 2, 52 Abs 2 S 2, 58 Abs 2 S 2 GmbHG); dasselbe gilt für die Übernahme von Gründungsaufwand durch die GmbH (entsprechend § 26 AktG).

Ebenso beurkundungsbedürftig sind beispielsweise gesellschaftsvertragliche Sonderrechte (BGH BB 1968, 1399 = MDR 1969, 204 = NJW 1969, 131; BB 1981, 926 = GmbHR 1982, 129, 130 = WM 1981, 438; RGZ 165, 132; RGZ 170, 358, 368) oder Pflichten wie Konkurrenzverbote (vgl BGHZ 104, 246 = DNotZ 1989, 238 = NJW 1988, 2737 = WM 1988, 1357 = ZIP 1988, 1080; RGZ JW 1930, 2676), Vorkaufsrechte; Andienungs- oder sonstige Erwerbsrechte an Geschäftsanteilen (BB 1969, 1242 = MDR 1970, 26 = NJW 1969, 2049 = LM § 2 GmbHG Nr 7; BGH DNotZ 1992, 172 = NJW 1992, 300 = WM 1991, 1988 = ZIP 1991, 1489; OLG Stuttgart GmbHR 1997, 1108 = OLG-Report 1997, 24), eine vom Gesetz abweichende Vertretungsmacht der GmbH-Geschäftsführer bzw die Befugnis der Gesellschafterversammlung zur Erteilung abweichender Vertretungsmacht (BGHZ 87, 59, 60 = DNotZ 1983, 633 = NJW 1983, 1676 = WM 1983, 446; OLG Hamm BB 1998, 1328 = GmbHR 1998, 682 = MittRhNotK 1998, 282 = NJW-RR 1998, 1193 – je zur Befreiung des Alleingesellschafter-Geschäftsführers von § 181).

Daneben sind **formfreie schuldrechtliche Nebenabreden** der (Gründungs-)Gesell- **199** schafter möglich, die aber nur im Verhältnis der Gründungsgesellschafter untereinander schuldrechtlich wirken und daher zB zukünftige Gesellschafter nicht binden, sofern sie sie nicht gesondert übernehmen bzw einen Schuldbeitritt erklären (BGH WM 1965, 1076; WM 1969, 1321; DB 1977, 764 = DNotZ 1977, 427 = NJW 1977, 1151; RGZ 83, 216, 219; RGZ 170, 358, 367 f; RG JW 1930, 2675).

Die Abgrenzung kann im Einzelfall Schwierigkeiten bereiten: So nahm etwa das OLG Dresden eine gesellschaftsrechtliche – und nicht schuldrechtliche – Verpflichtung an, wenn ein Gesellschafter bei der GmbH-Gründung die Erbringung einer

Nebenleistung von erheblicher wirtschaftlicher Bedeutung zusagt, ohne eine schuldrechtliche Gegenleistung zu empfangen; mangels Beurkundung der Verpflichtung war der gesamte Gesellschaftsvertrag insgesamt formnichtig (OLG Dresden GmbHR 1997, 746: Nutzungsrecht an einer Festwiese).

200 Die **Vollmacht** zur GmbH-Gründung bedarf nach § 2 Abs 2 GmbHG (entsprechend § 23 Abs 1 S 2 AktG) ebenfalls einer notariellen Beurkundung oder zumindest einer Unterschriftsbeglaubigung.

Beurkundungsbedürftig ist auch der **Vorvertrag** über die Gründung einer GmbH (BGH DNotZ 1988, 504 = NJW-RR 1988, 288 = WM 1988, 163).

201 Die **gleichzeitige Anwesenheit** der GmbH-Gründer ist **nicht** erforderlich (RG JW 1908, 520, 521; KG OLGE 3, 262). Die Willenserklärungen der Gründer können daher auch nacheinander oder bei verschiedenen Notaren beurkundet werden; jedoch kann die GmbH erst angemeldet und eingetragen werden, wenn die Erklärungen aller Gründer beurkundet sind (HACHENBURG/ULMER § 2 GmbHG Rn 13; MICHALSKI § 2 GmbHG Rn 15; SCHOLZ/EMMERICH § 2 GmbHG Rn 15). Man spricht insoweit von einer zulässigen Stufenbeurkundung, im Gegensatz zur unzulässigen Stufengründung oder Sukzessivgründung, bei der erst nach Abschluß des Gründungsvertrages, aber noch vor Eintragung der Gesellschaft noch Gesellschafter beitreten (RGZ 83, 256, 258 f; vgl SCHMIDT-LEITHOFF, in: ROWEDDER/SCHMIDT-LEITHOFF § 2 GmbHG Rn 34, 37).

202 Aus der in § 54 GmbHG (entsprechend § 181 AktG) enthaltenen Pflicht zur Einreichung des vollständigen Satzungswortlauts bei Satzungsänderungen entnehmen Rechtsprechung und hM, daß auch bei der GmbH-Gründung die Satzungsbestimmungen von den übrigen Vertragsbestimmungen getrennt sein müssen (OLG Frankfurt GmbHR 1981, 694 = Rpfleger 1981, 309; OLG Köln GmbHR 1973, 11 = Rpfleger 1972, 410; OLG Stuttgart DNotZ 1979, 359 = Rpfleger 1979, 63; RÖLL GmbHR 1982, 251, 254). Üblich ist daher, die **GmbH-Satzung als Anlage** nach § 9 Abs 1 S 2 BeurkG zu beurkunden. Es genügt aber auch, wenn die Satzung sonst innerhalb eines einheitlichen Textes deutlich getrennt von den übrigen Vertragsbestimmungen enthalten ist (etwa in einem eigenen Teil oder Abschnitt der Urkunde).

c) **Umwandlungsvorgänge**

203 Das Umwandlungsrecht ist für die allgemeine Dogmatik der Formerfordernisse wenig ergiebig. Das Umwandlungsgesetz regelt detailliert den **zwingenden (Mindest-)Inhalt** der verschiedenen Verschmelzungsverträge (Grundnorm § 5 UmwG) bzw Spaltungsverträge (Grundnorm § 126 UmwG für den Spaltungs- und Übernahmevertrag) – insofern vergleichbar § 23 AktG und § 3 GmbHG. Zusätzlicher Mindestinhalt ist teilweise für besondere Arten der Verschmelzung oder Spaltung vorgeschrieben; entsprechend gelten die Vorschriften für die Vermögensübertragung (§§ 174 ff UmwG – insbes die Vermögensübertragung auf die öffentliche Hand).

Bei der **Verschmelzung durch Aufnahme** etwa gehören zum Mindestinhalt Firma und Sitz aller beteiligten Rechtsträger (§ 5 Abs 1 Nr 1 UmwG), die Vereinbarung über die Vermögensübertragung als Ganzes gegen Anteilsgewährung (Nr 2) sowie Umtauschverhältnis, Modalitäten von Anteilsübertragung oder -erwerb sowie der Beginn des Gewinnanspruches (Nr 3–5), der Verschmelzungsstichtag (Nr 6), Sonderrechte für einzelne Anteilsinhaber oder Organe (Nr 7, 8) sowie die Folgen für die Arbeitnehmer (Nr 9).

Bei der **Verschmelzung durch Neugründung** muß im Verschmelzungsvertrag darüber hinaus noch der Gesellschaftsvertrag (Satzung etc) des neuen Rechtsträgers enthalten sein (§ 37 UmwG). Wird etwa eine Personengesellschaft oder Genossenschaft neu gegründet, so ist auch deren Gesellschaftsvertrag beurkundungsbedürftig. Der notwendige Inhalt des Gesellschaftsvertrages ergibt sich aus den Vorschriften über die Gründung des betreffenden Rechtsträgers (also zB § 23 AktG, § 3 GmbHG).

Bei der **Spaltung zur Aufnahme** sind zwingend ebenfalls Angaben über Firma und Sitz aller beteiligten Rechtsträger erforderlich (§ 126 Abs 1 Nr 1 UmwG) sowie – in weitgehender Parallelität zu § 5 UmwG – die Vereinbarung über die Übertragung der betroffenen Teile des Vermögens als Gesamtheit gegen Anteilsgewährung (Nr 2) sowie Umtauschverhältnis, Modalitäten von Anteilsübertragung oder -erwerb sowie der Beginn des Gewinnanspruches (Nr 3–5), der Spaltungsstichtag (Nr 6), Sonderrechte für einzelne Anteilsinhaber oder Organe (Nr 7, 8) sowie die Folgen für die Arbeitnehmer (Nr 11) – sowie über die Parallele zu § 5 UmwG hinaus die genaue Bezeichnung der übertragenen Vermögensgegenstände (Aktiva und Passiva; Nr 9) sowie bei Aufspaltung und Abspaltung die Aufteilung der Anteile der neu entstehenden Rechtsträger (Nr 10).

Bei der **Spaltung durch Neugründung** tritt anstelle des Spaltungs- und Übernahmevertrages ein **Spaltungsplan** (§ 136 UmwG), für den ebenfalls der Mindestinhalt des § 126 UmwG gilt. Auch hier ist der Gesellschaftsvertrag des neuen Rechtsträgers mitzubeurkunden (§§ 135 Abs 1, Abs 2 iVm 125 Abs 2, 37 UmwG).

Auch beim Formwechsel gibt es keinen Vertrag, sondern nur den **Umwandlungsbeschluß**, dessen Mindestinhalt das Gesetz festlegt (§ 194 Abs 1 UmwG). Der Beschluß ist in einer Versammlung der Anteilsinhaber zu fassen, die notariell beurkundet werden muß – ebenso wie die gesetzlich erforderlichen Zustimmungserklärungen einzelner Anteilsinhaber, soweit sie nicht dem Beschluß der Anteilseigentümerversammlung zugestimmt haben.

Das Beurkundungserfordernis für Verschmelzungs- oder Spaltungsvertrag (§ 6 UmwG) erfaßt alle Vereinbarungen, von denen die Umwandlung abhängt; die Grundsätze des § 311b Abs 1 zu **verknüpften Verträgen** können auch hier angewandt werden (LIMMER, Handbuch der Unternehmensumwandlung [2. Aufl 2001] Rn 193; LUTTER, UmwG [2. Aufl 2000] § 6 UmwG Rn 3; STRATZ, in: SCHMITT/HÖRTNAGL/STRATZ, UmwStG [3. Aufl 2001] § 6 Rn 3; HECKSCHEN, in: WIDMANN/MAYER § 6 UmwG Rn 13 ff).

Beurkundungsbedürftig ist – ebenso wie nach § 311b Abs 1 – auch bereits der **Vorvertrag** (LG Paderborn NZG 2003, 899: Vertragsstrafe; LUTTER § 6 UmwG Rn 3; SCHÖER, in: SEMLER/STENGEL, UmwG [2003] § 6 Rn 4).

Nachträgliche Änderungen und Ergänzungen eines Umwandlungsvertrages erfordern ebenfalls Beurkundungsform (SCHÖER, in: SEMLER/STENGEL § 6 Rn 5). Inhaltliche Änderungen erfordern auch einen erneuten Zustimmungsbeschluß der Anteilseignerversammlungen.

Strittig ist, inwieweit die **Aufhebung** eines Umwandlungsvertrages der Beurkundung bedarf (allg für Formfreiheit: MARSCH-BARNER, in: KALLMEYER, UmwG [2. Aufl 2001] § 4 Rn 18; SCHÖER, in: SEMLER/STENGEL § 6 Rn 6; aA – für Formbedürfnis, wenn die Zustimmungsbeschlüsse der Anteilseigentümerversammlungen bereits vorliegen und nur noch die Registereintragung fehlt: HECKSCHEN, in: WIDMANN/MAYER § 6 UmwG Rn 41; MAYER, in: WIDMANN/MAYER § 4 UmwG Rn 63). Die Parallele zur Grundstücksveräußerung spricht für grundsätzliche Formfreiheit; ab der Entstehung eines Anwartschaftsrechtes ist jedoch ist die Vertragsaufhebung bei der Grundstücksveräußerung beurkundungsbedürftig; dies kann man durchaus mit einem vollzugsreifen Umwandlungsvertrag vergleichen.

208 **Vollmachten** bedürfen bei der Verschmelzung zur Neugründung (mindestens) einer Unterschriftsbeglaubigung (Wirksamkeitserfordernis), soweit eine GmbH, AG oder KGaA neugegründet wird (§ 2 Abs 2 GmbHG, § 23 Abs 1 S 2 AktG, da dann der Verschmelzungsvertrag die Satzung der neuen Gesellschaft enthalten muß (§ 37 UmwG). Strittig ist, ob nach § 55 Abs 1 S 1 GmbHG eine Unterschriftsbeglaubigung auch erforderlich ist, wenn bei der übernehmenden GmbH eine Kapitalerhöhung zur Durchführung der Verschmelzung vereinbart wird (Formerfordernis bejahend: WIDMANN/MAYER § 4 UmwG Rn 41; HECKSCHEN, in: WIDMANN/MAYER § 6 UmwG Rn 35 – Formerfordernis verneinend: ZIMMERMANN, in: KALLMEYER § 6 UmwG Rn 6; LUTTER § 6 UmwG Rn 6).

Im Umwandlungsrecht ist die Vollmacht dem Registergericht grundsätzlich **in Schriftform nachzuweisen** (bloßes verfahrensrechtliches Formerfordernis, kein Wirksamkeitserfordernis; LUTTER § 6 UmwG Rn 6) – insofern abweichend von den Vorschriften für GmbH- und AG-Gründung.

Genehmigungen von Umwandlungsverträgen sind formlos möglich. Ein möglicherweise im Vertrag enthaltener Verzicht (etwa Verzicht auf den Verschmelzungsbericht) kann jedoch nicht genehmigt werden, sondern muß neu beurkundet werden, da es sich dabei um ein nicht empfangsbedürftiges einseitiges Rechtsgeschäft handelt, bei dem eine vollmachtlose Vertretung nach § 180 S 1 nicht möglich ist.

d) Satzungsänderungen und Gesellschafterversammlungen

209 Bei **börsennotierten Aktiengesellschaften** sind alle Beschlüsse der Hauptversammlung zu beurkunden (§ 130 Abs 1 S 1 AktG), ferner verschiedene andere vom Gesetz ausdrücklich geregelte Vorgänge der Hauptversammlung. Insbes § 130 Abs 2 AktG gibt einen zwingenden Inhalt der Hauptversammlungsniederschrift vor, ohne den die Beurkundung unwirksam ist. Darüber hinaus kann der Notar weiteren – fakultativen – Inhalt in die Niederschrift aufnehmen; teilweise ist er dazu sogar beurkundungsrechtlich verpflichtet; nur führt das Fehlen solcher Angaben nicht zur Unwirksamkeit der Beurkundung (vgl im einzelnen Rn 605 ff).

210 Bei nichtbörsennotierten (**„kleinen"**) **Aktiengesellschaften** reicht hingegen anstelle einer notariellen Niederschrift auch ein Protokoll des Aufsichtsratsvorsitzenden, wenn keine **Grundlagenbeschlüsse** gefaßt werden, dh keine Beschlüsse, für die das Gesetz eine Dreiviertel- oder größere Mehrheit bestimmt (§ 130 Abs 1 S 3 AktG – eingeführt durch BGBl 1994 I 1961). Abzustellen ist auf das vertretene Grundkapital, nicht auf die die Zahl der abgegebenen Stimmen (BT-Drucks 12/6721 S 9 = ZIP 1994, 247, 252). Beurkundungsbedürftig sind damit insbes Beschlüsse über eine **Satzungsänderung** (§ 179 Abs 2 AktG), Kapitalerhöhung (§§ 182 Abs 1 S 2, 193 Abs 1 S 3, 202

Abs 2 S 4, 207 Abs 2 S 1 AktG), Verträge zur Übertragung des gesamten Gesellschaftsvermögens (§ 179a Abs 1 S 1 AktG), Auflösung bzw Fortsetzung der aufgelösten Gesellschaft (§§ 262 Abs 1 Nr 2, 274 Abs 1 S 2 AktG), Unternehmensverträge (§ 293 Abs 1 S 2 AktG), Eingliederung (§ 319 Abs 2 AktG) sowie im Umwandlungsrecht über Verschmelzung (§§ 65 Abs 1 S 1, 66 UmwG) oder Formwechsel (§ 233 Abs 2 S 1, 240 UmwG).

Beurkundungsbedürftig sind auch sogenannte **„Holzmüller-Beschlüsse"** (dh Beschlüsse aufgrund ungeschriebener – ausnahmsweise und nur in engen Grenzen anerkannter – Mitwirkungsbefugnisse der Hauptversammlung bei Maßnahmen, die zwar das Gesetz grundsätzlich dem Vorstand als Leitungsaufgabe zuweist, wenn aber im Einzelfall eine vom Vorstand in Aussicht genommene Umstrukturierung der Gesellschaft an die Kernkompetenz der Hauptversammlung, über die Verfassung der Aktiengesellschaft zu bestimmen, rührt, weil sie Veränderungen nach sich zieht, die denjenigen zumindest nahe kommen, welche allein durch eine Satzungsänderung herbeigeführt werden können – vgl BGHZ 83, 122, 131 = DB 1982, 795 = NJW 1982, 1703 = WM 1982, 388; BGH DNotZ-Report 2004, 105 = NZG 2004, 575 = WM 2004, 1085 = ZIP 2004, 1001; ebenso für Beurkundungserfordernis: BLANKE BB 1994, 1505, 1510; PRIESTER ZHR 163 [1999], 187, 201; **aA** – nicht beurkundungsbedürftig: HÜFFER § 130 Rn 14c; MünchKommAktG/KUBIS § 130 Rn 25; KINDLER NJW 1994, 3041, 3045). Der Schutzzweck spricht für das Beurkundungserfordernis. Wenn die Gegenansicht va auf die angesichts des noch nicht im einzelnen geklärten Anwendungsbereichs der Holzmüller-Beschlüsse auf die Rechtsunsicherheit verweist, so kann in Zweifelsfällen vorsichtshalber eine Beurkundung erfolgen.

Werden in einer **gemischten Hauptversammlung** einer „kleinen AG" neben Grundlagenbeschlüssen auch „einfache" Beschlüsse gefaßt, so ist die gesamte Hauptversammlung zu beurkunden. Die Hauptversammlung bildet eine insgesamt zu beurkundende Einheit; allein die Beurkundung der Grundlagenbeschlüsse genügt nicht (HÜFFER § 130 Rn 14c; MünchKommAktG/KUBIS § 130 Rn 27; HECKSCHEN DNotZ 1995, 275, 283 f; HOFMANN-BECKING ZIP 1995, 1, 7; ZIMMERMANN, in: SEIBERT/KIEM, Handbuch der kleinen AG [4. Aufl 2000] Rn 618; Gutachten DNotI-Report 2000, 91 mwN; **aA** – Beurkundung nur der Grundlagenbeschlüsse genügt: BLANKE BB 1995, 681, 682; LUTTER AG 1994, 429, 440; SCHAAF, Die Praxis der Hauptversammlung [2. Auflage 1999] Rn 812 f; SEIBERT/KÖSTER/KIEM, Die kleine AG [3. Aufl 1996] § 130 Rn 165). Nach der Mindermeinung wären nach § 130 Abs 5 AktG zwei, möglicherweise einander widersprechende Niederschriften zur Handelsregisteranmeldung einzureichen. Möglich und zulässig ist allerdings (und bei einem geschlossenen Aktionärskreis auch praktikabel), unmittelbar hintereinander zwei Hauptversammlungen abzuhalten, so daß alle beurkundungsbedürftigen Beschlüsse in einer Hauptversammlung gebündelt werden; allerdings ist dann auch doppelt zu laden etc.

Bei der **GmbH** sind grundsätzlich nur Beschlüsse über **Satzungsänderungen** beurkundungsbedürftig (§ 53 Abs 2 GmbHG). Bei der Stammkapitalerhöhung der GmbH genügt für die Übernahmeerklärung hingegen eine Unterschriftsbeglaubigung (§ 55 Abs 1 GmbHG).

Dabei betrachtet die hM den Beschluß über die **Auflösung der GmbH** (§ 60 Abs 1 Nr 2 GmbHG) nur dann als (beurkundungsbedürftige) Satzungsänderung, wenn der Gesellschaftsvertrag ausnahmsweise die Zeitdauer der GmbH bestimmt; im übrigen sei der Beschluß formlos möglich (RGZ 65, 264, 266 f; BayObLG BB 1995, 168 = GmbHR

1995, 54 = NJW-RR 1995, 1001 = Rpfleger 1995, 301 = WM 1995, 714; BAUMBACH/HUECK/
SCHULZE-OSTERLOH § 60 Rn 18; HACHENBURG/ULMER § 60 Rn 32; LUTTER/KLEINDIEK, in: LUTTER/HOMMELHOFF § 60 Rn 5; MICHALSKI/NERLICH § 60 Rn 40; SCHOLZ/SCHMIDT § 60 Rn 14).

212 Für Gesellschafterversammlungen sieht das Gesetz eine Beurkundung durch Niederschrift über **Tatsachenwahrnehmungen** vor (§ 37 BeurkG; § 130 AktG). Ebenso zulässig ist aber eine Beurkundung als Niederschrift über Willenserklärungen (vgl Rn 600 und 606).

9. Einseitige Formerfordernisse

a) Schenkungsversprechen (§ 518 Abs 1)

213 § 518 Abs 1 (Rn 53) begründet ein einseitige Beurkundungserfordernis nur für das Schenkungsversprechen. Die **Annahme** ist nach § 518 Abs 1 nicht beurkundungsbedürftig (Prot I 1797; RGZ 98, 124, 127); ein Beurkundungserfordernis kann sich jedoch aus anderen Formvorschriften ergeben (§§ 311b, 2371, § 15 Abs 4 GmbHG).

Beurkundet werden muß die Verpflichtung des Schenkers in ihrem **gesamten Inhalt**. Mitzuberkunden sind auch Nebenpflichten des Schenkers (OLG Rostock SeuffA 67 Nr 33: Übernahme der Schenkungssteuer). Bei einer Auflagenschenkung (§ 525) muß auch die Auflage mitbeurkundet werden (MünchKomm/KOLLHOSSER § 518 Rn 5; PALANDT/PUTZO § 525 Rn 2). Eingeschränkt auf die Verpflichtung des Schenkers kann daher die Dogmatik des § 311b Abs 1 herangezogen werden.

§ 518 erfordert hingegen keine Beurkundung der *causa*, also der Tatsache, daß das Versprechen **unentgeltlich** abgegeben wird. Aufgrund seiner Amtspflicht zur Vertragsgestaltung wird der Notar aber auch die Mitbeurkundung der Unentgeltlichkeit vorschlagen. Er muß sogar auf der Mitbeurkundung bestehen, wenn Anhaltspunkte vorliegen, daß andernfalls Dritte getäuscht werden sollen (etwa das Finanzamt über die Schenkungssteuerpflicht; 14 Abs 2 BNotO, § 4 BeurkG).

214 Bei späteren **Änderungen** des Schenkungsversprechens ist die Erklärung des Schenker (wiederum nur einseitig) formbedürftig, soweit die Erklärung des Schenkers ohne Gegenleistung erweitert wird (MünchKomm/KOLLHOSSER § 518 Rn 5; STAUDINGER/CREMER[13] § 518 Rn 6). Formfrei sind hingegen Einschränkungen des Schenkungsversprechens möglich (auch soweit darin ein teilweiser Erlaß durch den Versprechensempfänger liegt, § 516).

Ein formunwirksames Schenkungsversprechen kann durch nachfolgende Beurkundung einer **Bestätigung** (§ 141) geheilt werden. Ein notariell beurkundeter, jedoch mißlungener Erfüllungsversuch kann nur dann in eine Bestätigung oder Neuvornahme des Versprechens umgedeutet werden, wenn sich daraus ausnahmsweise ein Verpflichtungswille des Versprechenden ableiten läßt (OLG Dresden HRR 1938 Nr 202).

b) Zwangsvollstreckungsunterwerfung (§ 794 Abs 1 Nr 5 ZPO)

215 Ein einseitiges Beurkundungserfordernis beinhaltet auch die Zwangsvollstreckungsunterwerfung (§ 794 Abs 1 Nr 5 ZPO). Hier beschränkt sich das Beurkundungserfordernis sogar noch weitergehend nur auf die prozessuale Unterwerfungserklärung als solche, diese muß nur bestimmt sein; der zugrundeliegende materiell-rechtliche

Anspruch oder das Rechtsgeschäft im übrigen muß hingegen nicht beurkundet werden.

Der Kreis der **unterwerfungsfähigen Ansprüche** wurde erheblich erweitert durch die zum 1.1.1999 in Kraft getretene **Zweite Zwangsvollstreckungsnovelle** (BGBl 1997 I 3039 – vgl HERTEL DNotZ 1999, 1; LIMMER DNotI-Report 1998, 9; MÜNCH ZNotP 1998, 474; WOLFSTEINER DNotZ 1999, 306). Waren früher nur „auf Zahlung von Geld oder Leistung einer vertretbaren Sache" gerichtete Ansprüche unterwerfungsfähig, so sind heute grundsätzlich alle Ansprüche unterwerfungsfähig, die „einer vergleichsweisen Regelung zugänglich sind", dh der Parteidisposition unterliegen. **216**

Ausgenommen sind lediglich zum einen Ansprüche zur **Räumung von Wohnraum**. Hier kann eine Unterwerfungserklärung erst nach Beendigung des Mietverhältnisses erfolgen; unterwerfungsfähig sind auch Räumungsansprüche bei Gewerbemiete; bei gemischten Mietverhältnissen ist auf den Schwerpunkt abzustellen (Gutachten DNotI-Report 1999, 157). Ebenfalls ausgeschlossen sind Ansprüche auf **Abgabe von Willenserklärungen**. Diesbezüglich ist eine Unterwerfung unnötig, da die Erklärungen gleich abgegeben werden können, ggf unter einer aufschiebenden Bedingung oder doch verfahrensrechtlich verbunden mit der Anweisung an den Notar, Abschriften der Erklärung nur unter bestimmten Voraussetzungen herauszugeben.

Beurkundet werden muß **nur die Zwangsvollstreckungsunterwerfung** als solche (BGHZ 73, 156 = DNotZ 1979, 342 = NJW 1979, 928; MünchKomm-ZPO/WOLFSTEINER [2. Aufl 2000] § 794 Rn 166; MUSIELAK/LACKMANN, ZPO [3. Aufl 2002] § 794 Rn 29; ZÖLLER/STÖBER, ZPO [24. Aufl 2004] § 794 Rn 29; Gutachten DNotI-Report 1999, 9). Zum einen muß nur eine Erklärung des Schuldners beurkundet werden, nicht Erklärungen des Gläubigers. Zum anderen muß nur die prozessuale Vollstreckungsunterwerfung beurkundet werden, eine Beurkundung auch des zugrundeliegenden Rechtsgeschäftes erfordert § 794 Abs 1 Nr 5 ZPO nicht, wenngleich das diesbezügliche Angebot des die Unterwerfung Erklärenden in der Praxis meist mitbeurkundet wird. **217**

Bei späteren **Änderungen** ist daher nur eine Erweiterung oder Verschärfung der vollstreckbaren Verpflichtung zu beurkunden, nicht umgekehrt eine Einschränkung oder ein Erlaß.

Die Beurkundung erfolgt nach den Vorschriften über die **Beurkundung von Willenserklärungen** (§§ 8 ff BeurkG), auch wenn die Unterwerfungserklärung Prozeßhandlung ist. **218**

Nach hM ist auch eine Verweisung nach § 13a BeurkG möglich (MünchKommZPO/WOLFSTEINER § 794 Rn 172; aA ZÖLLER/STÖBER § 800 Rn 12). Ein Verzicht auf die Verlesung der Unterwerfung nach § 14 BeurkG ist jedoch nach dem ausdrücklichen Gesetzeswortlaut ausgeschlossen.

Erforderlicher Inhalt der Unterwerfungserklärung (vgl MünchKommZPO/WOLFSTEINER § 794 Rn 181 ff) ist zum ersten die Erklärung des Schuldners, sich wegen des näher bezeichneten Anspruchs der sofortigen Zwangsvollstreckung (aus der Urkunde) zu **unterwerfen**; dies muß sich zumindest durch Auslegung ergeben (BayObLG DNotZ 1992, 309: Pfandausdehnung einer Grundschuld „samt Unterwerfungsklausel" als Unterwerfungs- **219**

erklärung ausgelegt). Macht der Schuldner die Erteilung vollstreckbarer Ausfertigungen von Bedingungen abhängig, so ist auch diese Anweisung an den Notar mitzubeurkunden (allerdings wohl nicht Wirksamkeitserfordernis der Unterwerfungserklärung).

Die beurkundete Unterwerfung muß den Anspruch hinreichend **bestimmt** bezeichnen, insbes Schuldner und Gläubiger sowie den Anspruchsinhalt bestimmen, so daß die Urkunde einen vollstreckbaren Inhalt hat. Weicht der vollstreckbar gestellte (dh prozessuale) von dem materiell geschuldeten Anspruch ab, so genügt (Beurkundung und) Bestimmtheit des prozessualen Anspruchs (OLG Celle DNotZ 1969, 105; zB indem bei Verzugszinsen die Unterwerfung ab dem voraussichtlichen Zeitpunkt der Kaufpreisfälligkeit erfolgt, ggf verbunden mit einer Anweisung an den Notar, die Klausel insoweit nur zu erteilen, wenn zumindest ein in der Anweisung vorgegebenes formalisiertes Nachweisverfahren durchgeführt wurde). Die Bestimmtheit ist keine formelle, sondern materielle Wirksamkeitsvoraussetzung.

Nachdem das Gesetz nunmehr die Unterwerfung wegen „des zu bezeichnenden Anspruchs" erfordert, genügt nach der wohl **hM** die früher übliche Unterwerfung „wegen aller in dieser Urkunde enthaltenen (unterwerfungsfähigen/Zahlungs-) Ansprüchen" nicht mehr; erforderlich sei die **konkrete Bezeichnung jedes Anspruchs**, hinsichtlich dessen eine Unterwerfung erfolgen soll (ZÖLLER/STÖBER § 794 Rn 26a; MünchKommZPO/WOLFSTEINER § 794 Rn 186 – unter Bezug auf die Gesetzesbegründung BT-Drucks 13/341). Sinnvoll ist dies sicher, da nunmehr auch andere als Zahlungsansprüche vollstreckbar sind. Jedoch wäre mE etwa eine Unterwerfung „wegen aller Zahlungsansprüche in der Urkunde" in einem Kaufvertrag auch dann jedenfalls hinsichtlich des Kaufpreisanspruches wirksam, wenn die Urkunde auch eine Regelung über Verzugszinsen und über die Kostentragung enthält.

Auch wenn das zugrundeliegende Rechtsverhältnis nicht mitbeurkundet werden muß, ist der Anspruch doch insoweit zu identifizieren, um ihn ggf von anderen Ansprüchen gleichen Inhalts unterscheiden zu können (insbes bei Zahlungsansprüchen). Daher ist der Rechtsgrund zumindest kurz zu erwähnen.

220 Die Unterwerfungserklärung ist **streng einseitige Prozeßhandlung** (BGHZ 73, 156 = NJW 1979, 928; BGHZ 88, 62 = NJW 1983, 2262; BGH NJW 1985, 2423; BayObLG DNotZ 1987, 176; MünchKommZPO/WOLFSTEINER [2. Aufl 2000] § 794 Rn 145).

Die Geschäftsfähigkeit bestimmt sich daher nach prozessualen, nicht nach materiell-rechtlichen Regeln. Vertretung und Vertretung ohne Vertretungsmacht sind auch bei der Unterwerfungserklärung möglich

V. Beurkundungsverfahren allgemein

1. Begriffe öffentliche Beurkundung und notarielle Beurkundung

221 Es gibt nur eine Beurkundungsform im deutschen Recht. Die Formvorschriften sprechen meist von „**notarieller Beurkundung**" (so zB § 23 Abs 1 AktG; §§ 127a, 128, 311b Abs 1, 3 und 5 S 1, 518 Abs 1, 1516 Abs 2 S 3, 1587o, 1750 Abs 1, 2348, 2371 BGB; Art 14 Abs 4 S 1 EGBGB; § 6 UmwG), teilweise aber auch von einer

„**Erklärung zur Niederschrift eines Notars**" (§§ 1410, 2276 Abs 1; § 7 Abs 1 S 1 LPartG; ähnlich auch § 794 Abs 1 Nr 5 ZPO: „von einem deutschen Notar aufgenommene Urkunde"), im älteren GmbH-Gesetz auch von „notarieller Form" (§§ 2 Abs 1 S 1, 15 Abs 3 und 4 GmbHG). Inhaltlich besteht kein Unterschied zwischen diesen Begriffen.

Von „**öffentlicher Beurkundung**" spricht das Gesetz insbesondere dort, wo neben dem Notar noch andere Urkundspersonen zuständig sind (etwa §§ 1597, 1626d Abs 1 – Vaterschaftsanerkennung oder Sorgeerklärung). Die öffentliche Beurkundung ist daher der Oberbegriff, während die notarielle Beurkundung die öffentliche Beurkundung durch den Notar ist (§ 1 Abs 1 BeurkG). Allerdings spielen die sonstigen öffentlichen Beurkundungen nur bei wenigen Formerfordernissen eine Rolle. Denn für alle „öffentlichen" Beurkundungen sind heute grundsätzlich ausschließlich die Notare zuständig (§ 20 Abs 1 S 1 BNotO). Die frühere konkurrierende Beurkundungszuständigkeit der Gerichte (Rn 256) wurde mit Inkrafttreten des BeurkG abgeschafft. Soweit für „öffentliche" Beurkundungen auch andere Amtsträger zuständig sind, ist dies ausdrücklich gesetzlich geregelt. Und dann gilt grundsätzlich auch für die anderen Urkundspersonen das Beurkundungsgesetz (§ 1 Abs 2 BeurkG).

Es gibt auch **keine** von der gesetzlichen abweichende „**gewillkürte Beurkundungsform**", während bei der Schriftform zwischen der gesetzlichen und der gewillkürten Schriftform zu unterscheiden ist. Auch soweit die Beurkundung nicht aufgrund eines gesetzlichen Beurkundungserfordernisses erfolgt, sondern die Beteiligten rechtsgeschäftlich eine notarielle Beurkundung vereinbaren, hat die Beurkundung zwingend nach den Vorschriften des Beurkundungsgesetzes zu erfolgen.

2. Beurkundungsgesetz

Die Anforderungen an eine notarielle Beurkundung ergeben sich nicht aus dem BGB, sondern seit dem 1.1.1970 aus dem **Beurkundungsgesetz** (BeurkG) vom 28.8.1969 (BGBl 1969 I 1513; vgl BT-Drucks V 3282; Kommentare zum BeurkG: EYLMANN/ VAASEN Bundesnotarordnung, Beurkundungsgesetz [2000]; HUHN/vSCHUCKMANN Beurkundungsgesetz, [4. Aufl 2003]; JANSEN, FGG, Bd 3, BeurkG [2. Aufl 1971]; MECKE/LERCH, Beurkundungsgesetz [2. Aufl 1991]; WINKLER, Beurkundungsgesetz [15. Aufl 2003]; Teilkommentierungen finden sich bei: LITZENBURGER, §§ 1–35 BeurkG, in: BAMBERGER/ROTH, BGB [2003]; ERMANN/ M SCHMIDT[11] §§ 27–35 BeurkG; SOERGEL/MAYER[13] §§ 1–35 BeurkG).

Für die Beurkundung von Willenserklärungen gelten die §§ 1–5 BeurkG (1. Abschnitt: Allgemeine Vorschriften) sowie speziell die §§ 6–35 BeurkG (2. Abschnitt: Beurkundung von Willenserklärungen), während §§ 36–43 (3. Abschnitt: Sonstige Beurkundungen) etwa Vorschriften zur Beurkundung von Gesellschafterversammlungen, zu eidesstattlichen Versicherungen oder Unterschriftsbeglaubigungen enthält. Das Beurkundungsnachverfahren ergibt sich für alle Arten von Urkunden aus §§ 44–54 (4. Abschnitt: Behandlung der Urkunden). Neu seit 1998 sind §§ 54a–54e mit Vorschriften über die Verwahrung auf Notaranderkonto (5. Abschnitt: Verwahrung). In der nachfolgenden systematischen Darstellung behandelt sind nur die für die Beurkundung von Willenserklärung relevanten Vorschriften der §§ 1–35 BeurkG, sowie die Beurkundung von Versammlungsbeschlüssen nach § 37

BeurkG, § 130 AktG – mit kurzen Verweisen auf das Beurkundungsnachverfahren (§§ 44–54 BeurkG). Die Verfahrensvorschriften zur Unterschriftsbeglaubigung (§§ 39, 40 BeurkG) sind im Rahmen der Kommentierung des § 129 mit abgehandelt. Das Verwahrungsverfahren (Notaranderkonto) ist nicht kommentiert.

223 Bis 1970 war das Beurkundungsverfahren für Verfügungen von Todes wegen in **§§ 2231 ff, 2276 aF** geregelt, während für alle anderen Beurkundungsverfahren **§§ 168 ff FGG aF** galten. Zwischen beiden Beurkundungsverfahren bestanden gewisse Unterschiede – teils ohne daß hierfür sachliche Gründe erkennbar waren, teils galten aber auch weitgehend inhaltsgleiche Parallelnormen. Die Aufklärungs- und Beratungspflichten fanden sich in §§ 22 Abs 4, 25–37 BNotO aF. § 200 Abs 1 FGG aF und Art 151 S 1 EGBGB aF ließen ergänzend weitere landesrechtliche Vorschriften für das Beurkundungsverfahren zu, die aber keine Wirksamkeitsvoraussetzungen für die Beurkundung begründen konnten. Viele der Vorschriften des Beurkundungsgesetzes entsprechen wörtlich oder doch inhaltlich weitestgehend diesen Vorgängernormen.

224 Die erste große **Änderung** des Beurkundungsgesetzes erfolgte im Jahr **1980** (Gesetz zur Änderung und Ergänzung beurkundungsrechtlicher Vorschriften vom 20.2.1980, BGBl 1980 I 157; vgl vgl ARNOLD DNotZ 1980, 262; BAUER NJW 1980, 2552; BRAMBRING DNotZ 1980, 281; DEMPEWOLF DB 1980, 961; LAMBINUS/SCHUBERT MittBayNot 1980, 53; LICHTENBERGER NJW 1980, 864; NIEDER BB 1980, 1130; VOLHARD NJW 1980, 103; WINKLER Rpfleger 1980, 915). Insbesondere wurde mit dem neuen § 13a BeurkG die von der Praxis bereits standardmäßig genutzte Verweisungsmöglichkeit gesetzlich kodifiziert (um eine diese Praxis unerwartet für unzulässig erklärende Rechtsprechung des BGH zu überwinden – vgl Rn 420) und Regelungen zur Mitbeurkundung von Karten, Zeichnungen etc als Anlagen oder durch Verweisung in §§ 9, 13, 37 und 44 BeurkG eingefügt.

Mit dem **Beitritt der DDR** trat das Beurkundungsgesetz zum 3.10.1990 auch in den neuen Ländern und im Ostteil Berlins in Kraft.

Eine zweite größere Reform erfuhr das Beurkundungsgesetz durch die **Dritte BNotO-Novelle** im Jahr 1998 (Drittes Gesetz zur Änderung der Bundesnotarordnung – BGBl 998 I 2582) mit Wirkung zum 8.9.1998. Dadurch wurde das Verwahrungsverfahren (Notaranderkonto) erstmals gesetzlich kodifiziert (§§ 54a ff BeurkG). Im allgemeinen Teil wurden die Mitwirkungsverbote verschärft (§ 3 BeurkG), im Beurkundungsverfahren die Pflicht zur belehrungsgerechten Gestaltung des Beurkundungsverfahrens eingeführt (§ 17 Abs 2a BeurkG) sowie im Beurkundungsnachverfahren erstmals die nachträgliche Änderung offensichtlicher Unrichtigkeiten kodifiziert (§ 44a BeurkG; neben weiteren Änderungen in §§ 1, 14, 34 und 45).

Das **OLG-Vertretungsänderungsgesetz** (BGBL 2002 I 2850 – vgl Rn 518 ff) brachte schließlich eine Erweiterung des § 17 Abs 2a BeurkG um Sonderregelungen für Verbraucherverträge (insbes Zwei-Wochen-Regelfrist für Entwurfsversendung) sowie eine Überarbeitung der Regelungen über behinderte Urkundsbeteiligte (sprachliche Anpassungen in §§ 22–24, 33/34 BeurkG und Abschaffung des § 31 BeurkG – vgl Rn 552 ff).

3. Abgrenzung zwischen der Beurkundung von Willenserklärungen und sonstigen Beurkundungen

Verfahrensrechtlich unterscheidet das Beurkundungsgesetz zwischen der Beurkundung von **Willenserklärungen**, über die eine **Niederschrift nach §§ 8 ff BeurkG** aufzunehmen ist und sonstigen Beurkundungen (§§ 36 ff BeurkG). Soweit daher das materielle Recht die Beurkundung einer vertraglichen oder sonst rechtsgeschäftlichen Willenserklärung erfordert, ist eine Niederschrift nach §§ 8 ff BeurkG erforderlich. Daher ist (nach den allgemeinen, auch für sonstige Beurkundungen geltenden Vorschriften über Zuständigkeiten und Mitwirkungsverbote) zunächst die Beurkundung von Willenserklärungen dargestellt, insbesondere der notwendige Inhalt der Niederschrift (§ 9 BeurkG) und deren Verlesung (§ 13 BeurkG).

Dem Verfahren nach §§ 8 ff BeurkG unterliegt etwa auch eine **freiwillige Grundstücksversteigerung** nach § 156 S 1. Die Niederschrift muß daher sowohl dem Auktionator wie dem Ersteigerer vorgelesen, von diesen genehmigt und unterschrieben werden (§ 13 Abs 1 S 1 BeurkG; BGHZ 138, 339 = DNotZ 1999, 242 = NJW 1998, 2350 = WM 1998, 1402 = ZfIR 1998, 405; Dietsch NotBZ 2000, 322; Limmer, in: FS Bezzenberger 509 ff; Limmer, in: Eylmann/Vaasen § 20 BNotO Rn 36)

Unter den materiell-rechtlichen Beurkundungserfordernissen ist lediglich für die Beurkundung von **Versammlungsbeschlüssen** (§ 37 BeurkG, § 130 AktG) sowie die **eidesstattliche Versicherung** (§ 38 BeurkG) nicht das Verfahren nach §§ 8 ff BeurkG vorgeschrieben. Die Besonderheiten dieser Verfahren sind nach der Beurkundung von Willenserklärungen dargestellt (Rn 592 ff).

4. Traditionelle Vorstellung des Beurkundungsverfahrens

In den Vorschriften des BeurkG spiegelt sich eine **hergebrachte Vorstellung des Beurkundungsverfahrens**, wie es jedenfalls im Jahr 1970 nicht mehr Realität war – und möglicherweise auch bei Inkrafttreten der Vorgängervorschriften in FGG und BGB um 1900 nicht mehr der Regelfall war: Nach dieser hergebrachten Vorstellung „erscheinen" die Beteiligten auf der Amtsstube und tragen der Urkundsperson ihr Begehren vor. Die Urkundsperson nimmt dann über diese „Verhandlung" eine „Niederschrift" auf, liest sie den Beteiligten vor, damit diese sehen können, ob auch alles richtig so niedergeschrieben sei, wie sie es wollten. Dabei erteilt die Urkundsperson ein paar rechtliche Belehrungen. Dann genehmigen und unterschreiben die Beteiligten die Niederschrift; der Notar schließt die Verhandlung mit seiner eigenen Unterschrift und reicht den Vertrag zum Vollzug beim Grundbuchamt ein.

Diese traditionelle Bild des Beurkundungsverfahrens stimmt heute in mehreren Punkten nicht mehr – wenn es denn je richtig war: Zum einen gibt es die Einheit der Verhandlung heute fast nie mehr. Nahezu immer wird vorab ein **Entwurf** erstellt. Dennoch fand der Entwurf erstmals im Jahr 2000 im Gesetz Erwähnung (als „beabsichtigter Text des Rechtsgeschäftes" in § 17 Abs 2a S 2 Nr 2 HS 2 BeurkG). Die Vorbereitung der Beurkundung hat damit ein wesentlich stärkeres Gewicht bekommen, während das Gesetz diese Phase früher nur durch die Grundbucheinsicht erwähnte (§ 21 BeurkG).

Ebenso erfordert der **Vollzug** heute wesentlich mehr notarielle Arbeit als dies die schlichte Vorschrift des § 53 BeurkG erahnen lassen könnte. Die Treuhandaufträge für die Lastenfreistellung etwa sind bis heute gesetzlich nicht ausdrücklich geregelt, die Einholung von Genehmigungen oder Vorkaufsrechtsverzichtserklärungen durch den Notar findet in § 24 BNotO allenfalls eine ansatzweise Regelung.

229 Auch inhaltlich fehlt im Beurkundungsgesetz eine Hauptaufgabe des Notars, nämlich die **Vertragsgestaltung** (Rn 458 ff). Nach dem BeurkG schreibt der Notar die Erklärungen der Beteiligten nieder. Er hat deren Willen zu „erforschen", diesen „klar und unzweideutig" wiederzugeben und auch die Beteiligten rechtlich zu belehren (§ 17 Abs 1 BeurkG). Nirgends aber erwähnt das Gesetz, daß der Vertragstext überwiegend vom Notar stammt und etwa beim Grundstückskaufvertrag die Beteiligten wenig anderes als ihren Namen, das Kaufobjekt und den Kaufpreis nennen müssen, um einen zwanzigseitigen notariellen Kaufvertragsentwurf mit zahlreichen Regelungen zu erhalten, an die sie von sich aus möglicherweise nie gedacht hätten. Ähnliche Aufgaben bei der Vertragsgestaltung übernahm der Notar natürlich auch schon im Jahr 1900. Aber mit dem Umfang der notariellen Urkunden scheint mir auch der Anspruch an die Paßgenauigkeit der vertraglichen Regelungen auf den Einzelfall gewachsen zu sein.

Das **Gesetz spricht von Belehrung, aber es meint Vertragsgestaltung**. Der Notar soll den Beteiligten kein rechtliches Kolloquium bieten, indem er ein Problem nach dem anderen aufzählt, bis die Beteiligten ganz erschöpft sind ob solcher unlösbarer Aufgaben, wo sie doch nur ein Grundstück kaufen wollten. Sondern der Notar soll den Beteiligten eine für beiden Seiten sichere, ausgewogene und die typischen Problemfälle abdeckende Lösung anbieten. Es ist die eigene Entscheidung der Beteiligten, ob sie diese Lösung annehmen, oder ob sie sich ggf auf eine andere Lösung einigen – bei deren Findung, Gestaltung und Formulierung ihnen aber wieder der Notar hilft.

5. Zur Unwirksamkeit führende Beurkundungsfehler

230 Das Beurkundungsgesetz unterscheidet zwischen Muß- und Soll-Vorschriften. Der Unterschied liegt in der Rechtsfolge: Lediglich ein Verstoß gegen **Muß-Vorschriften** des Beurkundungsgesetzes führt zur **Unwirksamkeit der Beurkundung**, nicht hingegen ein Verstoß gegen Soll-Vorschriften (BT-Drucks V/3282 S 24; BayObLGZ 1983, 101, 106 = MittBayNot 1983, 136; BayObLGZ 1992, 220 = DNotZ 1993, 471, 473 = MDR 1992, 906; ARMBRÜSTER/RENNERR, in: HUHN/VSCHUCKMANN Einl Rn 40 ff; WINKLER Einl Rn 13 f; daher wertete der BGH einen falsch beurkundeten Soll-Vermerk nicht als Falschbeurkundung im Amt iSd § 348 StGB: BGHSt 44, 186 = DNotZ 1999, 811 = NJW 1998, 3790).

Für den Notar hingegen sind Muß- wie Sollvorschriften in gleichem Maße verbindlich; die **Soll-Vorschriften** des BeurkG geben ihm nicht etwa ein Ermessen, sondern sind ebenso **ausnahmslos einzuhaltende Amtspflichten**.

Die **Verletzung von Soll-Vorschriften** führt zwar nicht zur Unwirksamkeit der Beurkundung. Sie kann jedoch die Beweisfunktion der Urkunde (§ 415 ZPO) beeinträchtigen (Rn 707). Auch kann ein Amtshaftungsanspruch gegen den Notar bestehen, wenn ein Beteiligter infolge der Amtspflichtverletzung einen Schaden erlitten hat, etwa wenn der Notar verabsäumt hat, eine zum Schutz vor ungesicherter Vorleistung erforderliche Regelung vorzuschlagen (Rn 712). Ebenso sind Verstöße von der Dienstaufsicht zu verfolgen und ggf zu ahnden – bei besonders schweren und wiederholten Verstößen bis hin zur Amtsenthebung (Rn 719).

Die **ratio legis** der Unterscheidung ist leicht einsichtig: Das Beurkundungsgesetz legt dem Notar zahlreiche Amtspflichten auf, um ein belehrungsgerechtes Beurkundungsverfahren, eine beweiskräftige Urkunde und einen ausgewogenen und dem Willen der Beteiligten entsprechenden Vertragsinhalt zu sichern. Diese Amtspflichten muß der Notar einhalten; von ausdrücklich geregelten Ausnahmen abgesehen sind sie auch nicht etwa zur Disposition der Beteiligten gestellt. **231**

Andererseits dienen die Amtspflichten gerade dem **Schutz der Beteiligten**. Dieser Schutz würde beeinträchtigt, wenn jeder Verstoß gegen Amtspflichten bei der Beurkundung zur Unwirksamkeit der Beurkundung führen würde. Am deutlichsten wird dies bei gesetzlich vorgeschriebenen Belehrungen oder erforderlichen Urkundsvermerken: Warum sollen die Urkundsbeteiligten schlechter gestellt werden (durch Unwirksamkeit der Beurkundung), nur weil der Notar einen vorgeschriebenen Vermerk nicht in die Urkunde aufgenommen hat? Was kann etwa der andere Vertragsteil dafür, wenn der Notar eine Belehrung des schutzbedürftigen Vertragsteiles vergißt? Es dient der Rechtssicherheit, wenn im Verhältnis zwischen den Beteiligten nicht später über kleinere vermeintliche oder auch nur behauptete Fehler des Beurkundungsverfahrens gestritten wird (etwa wenn ein Beteiligter mit dem Vertrag später nicht mehr zufrieden ist, aber keine materiell-rechtlichen Angriffspunkte findet); die Urkunde soll gerade Rechtssicherheit schaffen und nicht Anlaß zu neuen Streitpunkten geben. Daher sollen die Beteiligten nicht die Leidtragenden sein, wenn der Notar Amtspflichten des Beurkundungsverfahrens nicht beachtet hat.

Nur soweit **elementare Verfahrensvorschriften** verletzt wurden, die den Charakter der Urkunde als öffentliche Urkunde beeinträchtigen, sieht das Gesetz daher Muß-Vorschriften und damit die Unwirksamkeit der Beurkundung als Fehlerfolge vor. Dabei hat das BeurkG die Wirksamkeitserfordernisse gegenüber den Vorgängervorschriften der §§ 168 ff FGG aF noch eingeschränkt (HAEGELE Rpfleger 1969, 367; MATTERN Rpfleger 1969, 39).

Bei jeder Prüfung des BeurkG ist daher nach dem **Prüfungsgegenstand** zu unterscheiden: Fragt man, ob eine Beurkundung wirksam ist, so sind nur die Muß-Vorschriften zu prüfen; alle anderen möglichen Verstöße sind irrelevant. Die Soll-Vorschriften sind nur dann prüfungsrelevant, wenn sich der Notar fragt, wie er das Beurkundungsverfahren durchführen muß – oder wenn im Rahmen der Dienstaufsicht oder der Notarhaftung nach möglichen Amtspflichtverletzungen gesucht wird. **232**

Um die Wirksamkeit der Beurkundung einer Willenserklärung festzustellen, sind grundsätzlich nur **fünf Wirksamkeitserfordernisse** zu prüfen:

– Die Niederschrift muß durch einen **Notar** aufgenommen worden sein (Rn 235 ff), der nicht nach §§ 6 und 7 BeurkG von der Beurkundung **ausgeschlossen** war (Rn 315 ff).

– Die Niederschrift enthält die **Bezeichnung** des beurkundenden Notars und der (formell) Beteiligten (§ 9 Abs 1 S 1 Nr 1 BeurkG; Rn 327 ff).

– Die Niederschrift enthält die **Willenserklärungen** der Beteiligten (§ 9 Abs 1 S 1 Nr 2 BeurkG; Rn 350 ff), ggf auch als Anlage oder in Form einer Verweisung (§ 9 Abs 1 S 2, § 13a BeurkG; Rn 406 ff).

– Die Niederschrift wurde in Gegenwart des Notars den Beteiligten vollständig **vorgelesen** (§ 13 Abs 1 S 1 BeurkG; Rn 357 ff).

– Die Niederschrift wurde von den Beteiligten **genehmigt** und von ihnen sowie vom Notar eigenhändig **unterschrieben** (§ 13 Abs 1 S 1 und Abs 4 BeurkG; Rn 0 ff).

233 Weitere Wirksamkeitserfordernisse können sich aus **Besonderheiten des Beurkundungsverfahrens** ergeben:

– Sind Beteiligte der Beurkundungssprache nicht hinreichend kundig, muß diesen die Niederschrift **übersetzt** werden (§ 16 bzw § 32 BeurkG; Rn 541 ff).

– Bei Beteiligung **behinderter Personen** ist ggf etwa eine **Verständigungsperson** zuzuziehen (bei Tauben oder Stummen, mit denen auch eine schriftliche Verständigung nicht möglich ist) oder ein **Schreibzeuge** (bei Schreibunfähigen; §§ 22–26 BeurkG; Rn 552 ff). Einem Hörbehinderten muß die Niederschrift anstelle der Verlesung zur Durchsicht vorgelegt werden (§ 23 S 1 BeurkG).

– Bei der (seltenen) Errichtung einer **Verfügung von Todes wegen durch Übergabe einer Schrift** muß die Niederschrift auch die Feststellung enthalten, daß die Schrift übergeben wurde (§ 30 BeurkG; Rn 579 ff).

234 Alle anderen Vorschriften des Beurkundungsgesetzes begründen bloße Soll-Vorschriften, deren Verletzung die Wirksamkeit der Beurkundung nicht beeinträchtigt.

VI. Beurkundungszuständigkeit

1. Notar

235 Die Niederschrift ist nur wirksam, wenn sie durch einen Notar aufgenommen wurde. Der Notar muß wirksam ernannt sein (vgl Rn 242); anstelle des Notars kann auch ein Notarvertreter oder Notariatsverwalter beurkunden (vgl Rn 244). Ein deutscher Notar kann wirksam nur in Deutschland beurkunden (vgl Rn 258). Der Notar darf nicht beurkunden, wenn ein Mitwirkungsverbot besteht („Befangenheit"); unwirksam ist die Beurkundung aber nur in den eng umgrenzten Fällen der §§ 6 und 7 BeurkG (vgl Rn 269, 315 ff).

a) Notariatsverfassungen

236 In Deutschland gibt es infolge der früheren partikularrechtlichen Regelungen verschiedenen Notariatsverfassungen. Allen deutschen Notaren stehen aber dieselben Beurkundungskompetenzen zu. Allerdings sind den baden-württembergischen Notaren im Landesdienst über die Beurkundungszuständigkeiten hinaus zusätzlich noch verschiedene Aufgaben der Freiwilligen Gerichtsbarkeit übertragen. § 3 BNotO regelt die **zwei Hauptformen**, nämlich einerseits den hauptberuflichen Notar (**„Nurnotar"**), andererseits den **Anwaltsnotar**, der zugleich den Beruf eines Anwaltes und das öffentliche Amt eines Notars ausübt.

Das **Nurnotariat** besteht heute in **Süddeutschland**, den **neuen Ländern** (ohne Ostberlin), der ehemaligen **preußischen Rheinprovinz** und **Hamburg**. Dies sind die Bundesländer Bayern, Brandenburg, Hamburg, Mecklenburg-Vorpommern, Rheinland-Pfalz, Saarland, Sachsen, Sachsen-Anhalt und Thüringen – sowie in Nordrhein-Westfalen die OLG-Bezirke Köln und Düsseldorf (letzterer mit Ausnahme der rechtsrheinischen Gebiete, genauer des LG-Bezirkes Duisburg und des AG-Bezirkes Emmerich). 237

Entsprechend seines Ursprungs in den altpreußischen Gebieten gibt es das **Anwaltsnotariat** heute vor allem in den **ehemals preußischen Gebieten außerhalb der früheren DDR** – mit Ausnahme des Rheinlandes. Dies sind die Länder Berlin, Bremen, Hessen, Niedersachsen, Schleswig-Holstein sowie in Nordrhein-Westfalen der OLG-Bezirk Hamm, ferner die rechtsrheinischen Teile des OLG-Bezirks Düsseldorf. 238

Als Sonderform gibt es im Bundesland **Baden-Württemberg** Beamtennotare (Art 138 GG), vom Landesgesetz als „Notare im Landesdienst" bezeichnet – nämlich einerseits die **Richternotare** in Baden, andererseits die **Bezirksnotare** (früher Amtsnotare) in Württemberg. Für die Notare im Landesdienst gilt nicht die Bundesnotarordnung (§§ 114 Abs 1, 115 BNotO), sondern das „Landesgesetz über die freiwillige Gerichtsbarkeit" (LFGG) vom 12. Februar 1975 (GBl BW 1975, S 116 – zuletzt geändert durch G v 20.11.2001, GBl BW 2001, 605; Kommentar: RICHTER/HAMMEL, Baden-württembergisches Landesgesetz über die freiwillige Gerichtsbarkeit [4. Aufl 1996]; vgl ferner HÄNLE, Vereinheitlichung der Notariatsverfassung in Baden-Württemberg, BWNotZ 1974, 21; HENSSLER, Notariatsrecht in Baden-Württemberg, DRiZ 1976; 75; RICHTER, Rechtsbereinigung in Baden-Württemberg, Rpfleger 1975, 417). 239

Auch innerhalb Baden-Württembergs ist zu unterscheiden: Im **badischen Rechtsgebiet** (dh dem OLG-Bezirk Karlsruhe ausgenommen Maulbronn und Schwenningen – § 1 Abs 4 S 1 LFGG) amtieren nur **Richternotare**, dh Juristen mit der Befähigung zum Richteramt (Zweites Juristisches Staatsexamen; § 17 Abs 2 HS 1 LFGG). Baden-Württemberg strebt jedoch eine Grundgesetzänderung des Art 138 GG durch eine Öffnungsklausel an, um auch im badischen Rechtsgebiet „freie" Nurnotare bestellen zu können (BT-Drucks 15/3147 und 15/3471 und BR-Drucks 538/04 v 2.7.2004 und 9.7.2004). 240

Im **württembergischen Rechtsgebiet** hingegen (dh dem OLG-Bezirk Stuttgart sowie im Amtsgerichtsbezirk Maulbronn und in Schwenningen – § 1 Abs 4 S 1 LFGG) werden für den Landesdienst **Bezirksnotare** ernannt (früher Amtsnotare; 17 Abs 2 HS 1 LFGG). Das Amt des Bezirksnotars erfordert eine besondere Ausbildung und Prüfung an der Württembergischen Notarakademie nach Art einer Fachhochschulausbildung, die zu einem als „württembergischer Notariatsassessor" bezeichneten Vorbereitungsdienst führt (§ 24 Abs 3 APRONot, idF v 14.12.1993, GBl BW 1994, S 50, zuletzt geändert durch VO v 4.9.1996, GBl BW 1996, S 600). Der württembergischer Notariatsassessor ist zu unterscheiden von dem Notarassessor, dh dem An- 241 wärterdienst im hauptberuflichen Notariat, § 7 BNotO. Im OLG-Bezirk Stuttgart gibt es neben den dort hauptsächlich vertretenen Bezirksnotaren auch Nur-Notare und Anwaltsnotare.

b) Bestellung zum Notar und Erlöschen des Amtes

242 Lediglich ein wirksam bestellter Notar kann eine Beurkundung durchführen. Zur Frage, inwieweit die Beurkundung durch einen ausländischen Notar genügt, vgl unten Rn 722 ff. Die Notarbestellung wird wie bei anderen öffentlichen Ämtern erst mit der Übergabe der **Bestellungsurkunde** wirksam (§ 12 S 1 BNotO). Die Bestellung erfolgt grundsätzlich auf Lebenszeit (§ 3 Abs 1 BNotO).

243 Das **Amt des Notars erlischt** ua (§ 47 BNotO), wenn der Notar die Altersgrenze von 70 Jahren erreicht (§ 48a BNotO), mit der Entlassung aus dem Amt auf Verlangen des Notars (§ 48 BNotO) oder der Amtsenthebung des Notars (§ 50 BNotO). Verliert ein Anwaltsnotar seine Zulassung als Rechtsanwalt, so erlischt auch sein Amt als Notar (§ 47 Nr 3 BNotO).

2. Notarvertreter oder Notariatsverwalter

244 Die Beurkundung kann auch vor einem Notarvertreter oder Notariatsverwalter erfolgen. Wirksamkeitsvoraussetzung ist nur, daß der Vertreter oder Verwalter wirksam ernannt wurde und daß die Ernennung auch für den Zeitraum der Amtstätigkeit gilt.

a) Notarvertreter

245 Für Zeiten der Abwesenheit oder sonstigen Verhinderung des Notars kann der Landgerichtspräsident dem Notar einen **Notarvertreter** bestellen (§ 39 BNotO). Dieser versieht dann das Amt anstelle des vertretenen Notars (§ 41 Abs 1 BNotO) und mit allen dessen Befugnissen. So erteilt der Vertreter zB Ausfertigungen von oder Vollstreckungsklauseln für vom vertretenen Notar errichtete Urkunden oder kann über Notaranderkonten des vertretenen Notars verfügen (ohne daß hierfür eine Kontovollmacht erforderlich wäre).

246 Die Vertreterbestellung erfolgt durch **schriftliche Verfügung des Landgerichtspräsidenten** (§ 40 Abs 1 BNotO). Die Bestellung wird mit ihrer Bekanntgabe an den Notarvertreter wirksam. Es genügt aber auch eine telephonische Bekanntgabe durch die Geschäftsstelle des Landgerichts; die Aushändigung einer Urkunde ist nicht erforderlich (LERCH in: ARNDT/LERCH/SANDKÜHLER, § 40 BNotO Rn 3; WILKE, in: EYLMANN/VAASEN § 40 BNotO Rn 2; SCHIPPEL/VETTER, § 40 BNotO Rn 3; WEINGÄRTNER/SCHÖTTLER, DONot [5. Aufl] Rn 586).

247 Nimmt der Vertreter eine Beurkundung vor, ohne zuvor wirksam zum Vertreter bestellt zu sein, so ist die Beurkundung formunwirksam und muß ggf wiederholt werden. Ebenso ist Wirksamkeitsvoraussetzung, daß die Amtshandlung innerhalb des **Zeitraumes** erfolgt, für den der Vertreter ernannt ist. Kann sich etwa ein Beteiligter bei der Beurkundung nicht ausweisen und bringt er deshalb später seinen Ausweis nach, so kann die Identitätsfeststellung nur erfolgen, wenn derselbe Notarvertreter, vor dem die Beurkundung erfolgte, auch bei der Personenfeststellung noch oder wieder Notarvertreter des betreffenden Notars ist.

Der Notarvertreter darf erst mit der **Übergabe des Amtes** durch den Notar amtieren 248 (§ 44 Abs 1 S 1 BNotO). Seine Beurkundungen sind aber wirksam, sobald er nur tatsächlich (sei es auch ohne Einverständnis des Notars) die Amtsgeschäfte übernommen hat und für den vertretenen Notar tätig wird (vorausgesetzt, er ist wirksam zum Vertreter bestellt; WILKE, in: EYLMANN/VAASEN § 44 BNotO Rn 1, 3 f; SCHIPPEL/VETTER § 44 BNotO Rn 4).

Während der Amtsausübung durch den Vertreter muß sich der **Notar eigener Amtstätigkeit enthalten** (§ 33 Abs 1 S 2 BNotO). Denn die Vertretung soll nicht zur Erweiterung der Beurkundungskapazität führen, sondern die Betreuung der Bevölkerung aufrechterhalten. Verstößt der Notar jedoch hiergegen, sind seine Beurkundungen gleichwohl wirksam (WILKE, in: EYLMANN/VAASEN § 44 BNotO Rn 6; SCHIPPEL/VETTER § 44 BNotO Rn 7).

Von dem Notarvertreter nach §§ 39 ff BNotO zu unterscheiden ist der Notarvertreter 249 bei den Notaren im Landesdienst in **Baden-Württemberg**. Seine Zuständigkeit ist nicht auf den Vertretungsfall beschränkt. Vielmehr hat der Notarvertreter nach § 25 Abs 2 LFGG auch eigene Befugnisse; er kann daher immer beurkunden.

b) Notariatsverwalter

Im **hauptberuflichen Notariat** wird ein **Notariatsverwalter** bestellt (früher **Notarver-** 250 **weser**), um Zwischenzeiten zwischen dem Ausscheiden eines Notars und der Bestellung des Amtsnachfolgers zu überbrücken (§ 56 Abs 1 BNotO). Der Notariatsverwalter, idR ein Notarassessor, führt das Amt mit den gleichen Befugnissen und Pflichten wie der Notar weiter (§ 57 Abs 1 BNotO). Wirtschaftlich wird die Verwaltung aber auf Rechnung der Notarkammer geführt. Der Notariatsverwalter erhält lediglich eine Vergütung von der Kammer (§§ 59 ff BNotO).

Im **Anwaltsnotariat** wird hingegen nur dann ein Notariatsverwalter bestellt, wenn 251 hierfür ein besonderes Bedürfnis besteht. Die Bestellung ist hier ausnahmslos auf die **Abwicklung** des Notariats angelegt und wird daher grundsätzlich auf wenige Monate bis zu einem Jahr befristet (§ 56 Abs 2 BNotO). Denn anders als im Nurnotariat gibt es im Anwaltsnotariat keine Amtsnachfolge durch Ausschreibung gerade dieser Stelle. Neue Amtsgeschäfte darf der Notariatsverwalter daher nur innerhalb der ersten drei Monate der Verwaltung übernehmen (§ 56 Abs 2 S 3 BNotO); ein Verstoß hiergegen macht die Beurkundung aber nicht unwirksam. Für die Wirksamkeit erforderlich ist lediglich, daß die Beurkundung während der Dauer der Ernennung des Notariatsverwalters erfolgt.

Im Regelfall erfolgt im Anwaltsnotariat daher keine Notariatsverwaltung, sondern 252 wird nur **Aktenverwahrung** angeordnet (§ 51 BNotO). Mit der Aktenverwahrung wird idR ein anderer Notar betraut, sofern noch Amtsgeschäfte abzuwickeln sind (häufig, aber nicht notwendig ein Sozius des ausgeschiedenen Notars); ansonsten wird das Amtsgericht mit der Aktenverwahrung betraut. Der Aktenverwahrer hat etwa Ausfertigungen und Abschriften der Urkunden bzw Vollstreckungsklauseln zu erteilen (§ 45 Abs 2 BNotO). Die Aktenverwahrung als solche gibt ihm keine Beurkundungszuständigkeit. Da der Aktenverwahrer aber notwendig selbst Notar ist (sofern nicht eine Aktenverwahrung durch das Amtsgericht erfolgt), kann er kraft seines Amtes als Notar auch Beurkundungen vornehmen.

3. Konsularische und gerichtliche Beurkundung

a) Konsularische Beurkundung

253 Im Ausland können Beurkundungen durch den jeweiligen **deutschen Konsularbeamten** durchgeführt werden (§ 10 KonsularG – Gesetz über die Konsularbeamten, ihre Aufgaben und Befugnisse vom 11. 9. 1974, BGBl 1974 I 2317; vgl BINDSEIL DNotZ 1993, 5).

254 Dem Konsularbeamten ist ein bestimmter **Konsularbezirk** zugewiesen, der funktional dem Amtsbezirk des Notars entspricht. Der Konsularbeamte darf dienst- und völkerrechtlich nur innerhalb seines Konsularbezirkes beurkunden (oder sonst konsularisch tätig werden); eine Überschreitung des Konsularbezirkes macht die Beurkundung aber nicht unwirksam (§ 10 Abs 3 KonsularG iVm § 2 BeurkG). Unwirksam ist hingegen eine Beurkundung, die der Konsularbeamte außerhalb seines Empfangsstaates vornimmt (HOFFMANN § 10 KonsG Rn 1.4; vSCHUCKMANN/PREUSS, in: HUHN/vSCHUCKMANN § 2 BeurkG Rn 25).

255 Nachdem der Konsularbeamte deutscher Urkundsbeamter ist, bedürfen seine Urkunden zur Verwendung in Deutschland **keiner Apostille** oder Legalisation.

Umgekehrt ist zumindest fraglich, ob eine Beurkundung oder Unterschriftsbeglaubigung durch einen Konsularbeamten auch zur Verwendung im Empfangsstaat selbst genügt, da die Urkundstätigkeit der Konsularbeamten grundsätzlich **nur zur Verwendung im Entsendestaat bestimmt** ist (GEIMER DNotZ 1978, 3, 14 f).

b) Keine gerichtliche Beurkundungszuständigkeiten mehr

256 Seit Inkrafttreten des Beurkundungsgesetzes zum **1. 1. 1970** gibt es **keine gerichtlichen Beurkundungszuständigkeiten mehr**. Jedoch ersetzt die gerichtliche Protokollierung eines Vergleichs die notarielle Beurkundung (und damit auch alle anderen allfälligen Formerfordernisse; § 127a – s die dortige Kommentierung).

Vor 1970 waren hingegen für die öffentliche Beurkundung von Willenserklärungen (ebenso wie für öffentliche Beglaubigungen von Unterschriften und Handzeichen) neben den Notaren auch die Amtsgerichte zuständig (§ 167 FGG aF). Durch Landesrecht konnte jedoch die Beurkundungszuständigkeit der Gerichte (Art 141 EGBGB) bzw die Beglaubigungszuständigkeit der Gerichte ausgeschlossen werden (§ 191 Abs 2 FGG aF). Dies war in den Ländern Bayern, Bremen und Hamburg sowie in den Landesteilen Baden und Pfalz geschehen; hier bestand daher schon vor 1970 eine ausschließliche Beurkundungszuständigkeit der Notare.

4. Örtliche Beschränkungen (§ 2 BeurkG; §§ 10–11a BNotO)

257 Aus dem notariellen Berufs- und Standesrecht unterliegt der Notar verschiedenen örtlichen Beschränkungen seiner Amtstätigkeit. **Unwirksam** ist die Beurkundung aber nur, wenn der Notar **außerhalb Deutschlands** beurkundet.

Im übrigen beeinträchtigen Verstöße gegen örtliche Beschränkungen die Wirksamkeit einer innerhalb Deutschlands vorgenommenen Beurkundung nicht (§ 11 Abs 3 BNotO, § 2 BeurkG). Der Notar hat jedoch eine Amtspflicht verletzt, so daß disziplinarische Sanktionen verhängt werden können.

a) Unwirksamkeit einer Beurkundung außerhalb Deutschlands

Beurkundet ein Notar hingegen **außerhalb Deutschlands**, so ist die Beurkundung **258** **unwirksam**. Denn die Beurkundung und alle anderen Amtstätigkeiten des Notars sind hoheitliches Handeln. Die Befugnisse des Notars können daher nicht über das deutsche Hoheitsgebiet hinausreichen (BGHZ 138, 359 = DNotZ 1999, 346 = NJW 1998, 2830 = WM 1998, 1275 m Anm RIERING IPrax 2000, 16; SAENGER JZ 1999, 103; RG JW 1927, 2126; BLUMENWITZ DNotZ 1968, 713; SCHOETENSACK DNotZ 1952, 265, 270; WINKLER Einl Rn 40; STAUDINGER/WINKLER VON MOHRENFELS [2000] Art 11 EGBGB Rn 277). Unzulässig und unwirksam sind sowohl Beurkundungen eines deutschen Notars in einem anderen Staat wie Beurkundungen in hoheitsfreien Gebieten (terra nullius, etwa der Antarktis); denn auch dort besteht keine deutsche Staatsgewalt als unentbehrliche Voraussetzung der notariellen Amtstätigkeit.

Formunwirksam sind auch Beurkundungen, die vor dem 3.10.1990 von bundesdeutschen Notaren in der damaligen **DDR** vorgenommen wurden, da sich die Notarbestellung auf den damaligen Geltungsbereich des Grundgesetzes und damit der bundesdeutschen Territorialgewalt beschränkte. Hingegen sind in den alten Ländern über DDR-Grundstücke beurkundete Kaufverträge formwirksam (SCHOTTEN DNotZ 1991, 771; aA LANGE/SCHÄFER-GÖLZ DtZ 1991, 292; DtZ 1992, 44).

Unwirksam ist auch die Beurkundung durch einen Notar in einer **deutschen Bot-** **259** **schaft** oder einem Konsulat im Ausland (SCHIPPEL § 11a BNotO Rn 1; WINKLER Einl Rn 42; LIMMER, in: EYLMANN/VAASEN § 2 BeurkG Rn 21); hier kann nur ein für den jeweiligen Empfangsstaat bestellter deutscher Konsularbeamter beurkunden.

Auf **deutsche Seeschiffe** und deutsche **Flugzeuge** erstreckt sich hingegen die deutsche Territorialgewalt, jedenfalls soweit sie sich auf hoher See bzw im Luftraum befinden; hier kann ein deutscher Notar wirksam beurkunden; auch greifen die örtlichen Beschränkungen der § 2 BeurkG, § 11 BNotO nicht (wohl aber § 10a Abs 2 BNotO und Ziffer IX. 2. RLE BNotK – vgl Rn 266; WINKLER Einl Rn 43 f).

Der Notar kann auch nicht etwa eine ihm gegenüber **im Ausland anerkannte Unter-** **260** **schrift** im Inland beglaubigen (BGHZ 138, 359 = aaO) oder im Ausland eine Tatsache amtlich wahrnehmen und hierüber im Inland eine notarielle Feststellung treffen.

Die von einem deutschen Notar außerhalb Deutschlands errichtete Urkunde ist daher eine **bloße Privaturkunde**.

b) Amtsbezirk (OLG-Bezirk)

Nach § 11 Abs 2 BNotO darf ein Notar Urkundstätigkeiten (§§ 20–22 BNotO) **261** außerhalb seines Amtsbezirkes, also **außerhalb des OLG**-Bezirkes (Legaldefinition in § 11 Abs 1 BNotO) nur vornehmen, wenn es die **Aufsichtsbehörde genehmigt** hat (OLG-Präsident) oder bei **Gefahr im Verzug** (etwa wenn ein ortsfremder Notar an einer Unfallstelle vorbeikommt, an der ein – möglicherweise – lebensgefährlich Verletzter ein notarielles Testament errichten will, so daß nicht sicher ist, ob ein örtlicher Notar noch rechtzeitig erreicht werden könnte).

Ein Verstoß gegen § 11 BNotO berührt die **Gültigkeit der Beurkundung** ausdrücklich **262** auch dann nicht, wenn der Notar außerhalb des Bundeslandes beurkundet, das ihn zum Notar bestellt hat (§ 11 Abs 3 BNotO) – solange er innerhalb Deutschlands beurkundet.

c) Amtsbereich (idR Amtsgerichtsbezirk)

263 Nach **§ 10a Abs 2 BNotO** soll der Notar seine Urkundstätigkeit (§§ 20–22 BNotO) nur innerhalb seines Amtsbereichs ausüben, sofern nicht besondere berechtigte Interessen der Rechtssuchenden ein Tätigwerden außerhalb des Amtsbereichs gebieten.

Der Amtsbereich ist nach § 10a Abs 1 BNotO grundsätzlich identisch mit dem **Bezirk des Amtsgerichtes**, in dem der Notar seinen Amtssitz hat. Der Amtsbereich ist zu unterscheiden vom Amtsbezirk (dh dem Oberlandesgerichtsbezirk, in dem der Notar seinen Amtssitz hat – § 11 Abs 1 BNotO). Die Landesjustizverwaltung kann den Amtsbereich auch kleiner oder größer als den Amtsgerichtsbezirk festlegen (§ 10a Abs 1 S 2 BNotO). So ist etwa in Bayern idR ein engerer Amtsbereich innerhalb des Amtsgerichtsbezirkes festgelegt. Umgekehrt ist für alle Notare im Bezirk des OLG Stuttgart der Amtsbereich auf den gesamten OLG-Bezirk ausgedehnt.

264 Die Richtlinienempfehlung der Bundesnotarkammer (RLE BNotK, DNotZ 1999, 258; im Internet unter: www.bnotk.de) nennt in Ziffer IX. 1. **Beispielsfälle**, in denen besondere berechtigte Interessen der Rechtssuchenden die Überschreitung des Amtsbereichs gebieten, nämlich

(a) **Gefahr im Verzug**,

(b) wenn der Notar auf Erfordern einen **Urkundsentwurf** gefertigt hat und sich danach (nicht etwa von vornherein!) aus unvorhersehbaren Gründen ergibt (zB wegen einer plötzlichen Erkrankung eines Beteiligten bei einer nicht aufschiebbaren Beurkundung), daß die Beurkundung außerhalb des Amtsbereichs erfolgen muß,

(c) wenn der Notar eine nach § 16 KostO zu behandelnde Urkundstätigkeit vornimmt, also eine wegen **falscher Sachbehandlung** durch den betreffenden Notar kostenfreie Nachtragsurkunde beurkundet wird,

oder (d) wenn in Einzelfällen eine **besondere Vertrauensbeziehung** zwischen Notar und Beteiligten besteht (vgl BGH DNotZ 1967, 448; OLG Celle NdsRpfleger 1966, 117), deren Bedeutung durch die Art der vorzunehmenden Amtstätigkeit unterstrichen werden muß, die Auswärtsbeurkundung rechtfertigt und es den Beteiligten unzumutbar ist, den Notar in seiner Geschäftsstelle aufzusuchen. Letzteres sind etwa die Fälle, in denen Auswärtige sich bei ihren Urkundsgeschäften regelmäßig durch einen bestimmten Notar betreuen ließen und nun ein wichtiges Rechtsgeschäft (zB Testament oder Ehevertrag) beurkundet werden soll, die Beteiligten aber krankheitshalber diesmal ausnahmsweise an der Anreise verhindert sind. Erkranken die Beteiligten hier, nachdem der Notar bereits einen Entwurf versandt hat, liegt bereits die Fallgruppe unter Ziffer IX. 1. b vor.

265 Außerdem muß der Notar alle Beurkundungen außerhalb seines Amtsbereiches der

Aufsichtsbehörde (Landgericht) bzw der Notarkammer unverzüglich und unter Angabe der Gründe **mitteilen** (§ 10a Abs 3 BNotO). Die Meldepflicht ermöglicht eine effektive Kontrolle. Daher anerkannte die Rechtsprechung bereits vor Inkrafttreten des § 10a BNotO im Jahr 1991 entsprechende Regelungen in Satzungen der Notarkammern (BVerfG DNotZ 1993, 748; BGH DNotZ 1966, 409; OLG Köln DNotZ 1988, 649).

d) Auswärtsbeurkundung außerhalb der Geschäftsstelle

Nach Ziffer IX. 2 der **Richtlinienempfehlungen der Bundesnotarkammer** (RLE BNotK, DNotZ 1999, 258; im Internet unter: www.bnotk.de) darf der Notar Beurkundungen und andere Amtsgeschäfte außerhalb seiner Geschäftsstelle nur vornehmen, wenn **„sachliche Gründe"** vorliegen. Diesen Teil der Richtlinienempfehlung hat nur ein **Teil der Notarkammern** übernommen (so Bayern, Hamburg, Kassel, Koblenz, Mecklenburg-Vorpommern, Pfalz, Rheinische Notarkammer, Sachsen-Anhalt, Thüringen); andere Notarkammern lassen Auswärtsbeurkundungen grundsätzlich zu. (Die Richtlinien aller Notarkammern sind abrufbar über die Homepage der Bundesnotarkammer: www.bnotk.de. Für den einzelnen Notar verbindlich sind nur die Richtlinien seiner Kammer; die Richtlinienempfehlungen der BNotK sollen lediglich einer einheitlichen Rechtssetzung durch die Notarkammern dienen.)

266

Es ist strittig, ob die Regelungskompetenz der Notarkammern zur Regelung der „bei der Vornahme von Beurkundungen außerhalb des Amtsbereichs und der Geschäftsstelle zu beachtenden Grundsätze" (§ 67 Abs 2 S 3 Nr 9 BNotO) eine ausreichende **Rechtsgrundlage** für das grundsätzliche Verbot von Auswärtsbeurkundungen darstellt (verneinend etwa JAEGER ZNotP 2001, 2; EYLMANN, in: EYLMANN/VAASEN § 10 BNotO Rn 13 ff; bejahend etwa: WÖSTMANN ZNotP 2003, 133, 137). Für das früher geltende Verbot in § 5 DONot aF hatte das BVerfG keine ausreichende Rechtsgrundlage gesehen (BVerfG 2000, 787 m Anm EYLMANN – vgl dazu BNotK, Vertreterversammlung, DNotZ 2001, 497; DNotZ 2002, 481, 485).

In den Richtlinien aller Notarkammern umgesetzt wurde hingegen Ziffer IX. 3 RLE BNotK, wonach Auswärtsbeurkundungen unzulässig sind, wenn dadurch der Anschein von amtswidriger Werbung, der Abhängigkeit oder der **Parteilichkeit** entsteht oder der Schutzzweck des Beurkundungserfordernisses gefährdet wird.

Mit dem grundsätzlichen Verbot der Auswärtsbeurkundung soll zum einen sichergestellt werden, daß die rechtsuchende Bevölkerung den Notar während der üblichen Dienstzeiten in seiner Geschäftsstelle antrifft. Zum anderen soll ein falscher Anschein der Parteilichkeit vermieden werden, der sich insbesondere bei Beurkundungen in den Geschäftsräumen eines von mehreren Beteiligten ergeben könnte. Grenzen ergeben sich daher insbesondere aus der **Neutralitätspflicht** des Notars (§ 14 Abs 1 S 2 BNotO).

267

In manchen Fällen ist die Beurkundung nur außerhalb der Geschäftsstelle möglich, so zB bei einer Verfügung von Todes wegen im Krankenhaus oder in der Wohnung des Erblassers, wenn der Erblasser bettlägrig ist, oder die Beurkundung der Hauptversammlung einer Aktiengesellschaft am Ort der Hauptversammlung.

268

Ein **sachlicher Grund** ist ebenso, wenn alle Urkundsbeteiligten an demselben Ort wohnhaft oder geschäftsansässig sind – oder sie sich nicht oder nur erschwert im Notariat selbst versammeln können, etwa:

– bei der Entgegennahme von Unterschriften zur Beglaubigung im Geschäftslokal des Unterschriftsleistenden (zB Löschungsbewilligungen einer Bank, an denen sonst kein anderer formell beteiligt ist),

– Beurkundung einer Straßengrundabtretung mit einer Vielzahl von Beteiligten in der Schule oder einem Wirtshausnebenraum am betreffenden Ort,

– Beurkundung der Hofübergabe auf dem Hof selbst.

VII. Mitwirkungsverbote

1. Allgemein

269 Unerläßliche Voraussetzung für die notarielle Tätigkeit ist nicht nur Vertrauen in die Sachkunde des Notars und die Qualität seiner Amtstätigkeit, sondern auch **Vertrauen in die Integrität und Unabhängigkeit des Notars**. Ebenso wie dem Richter ist daher auch dem Notar die Amtstätigkeit untersagt, soweit Interessenkonflikte zwischen seinen Amtspflichten zur Unabhängigkeit und Neutralität und einer besonderen Nähe des Notars zu den Beteiligten oder zum Gegenstand der Beurkundung entstehen könnten. Die Mitwirkungsverbote sichern die Unabhängigkeit und Unparteilichkeit des Notars als wichtigste Prinzipien des notariellen Berufsrechtes sowie das Vertrauen der Bevölkerung hierin und damit das Fundament des Notarberufes (BT-Drucks 13/4184, S 36; BVerfG DNotZ 2003, 65, 66 f; BGH NJW 2004, 1954).

Die Mitwirkungsverbote sind in §§ 3 ff BeurkG geregelt. Dabei untersagt das Gesetz die Mitwirkung des Notars in Fällen, in denen der Notar aufgrund seiner Nähe zu den Urkundsbeteiligten (§ 3 Abs 1 S 1 Nr 1–6 BeurkG) oder zum Gegenstand der Beurkundung (§ 3 Abs 1 Nr 7 BeurkG) in **Interessenkonflikte** kommen könnte und damit nach außen zumindest der böse Schein entstehen könnte, der Notar sei nicht so unabhängig, wie man dies zu recht von einem Amtsträger erwartet (BT-Drucks 13/4184, S 36).

In anderen Fällen geringerer Interessenkonflikte läßt das Gesetz es genügen, wenn der Notar eine besondere Nähe zu den Beteiligten vor der Beurkundung **offenlegt** und es damit den Beteiligten überläßt, ob sie deshalb einen anderen Notar zur Beurkundung aufsuchen wollen oder ob sie dem möglichen Interessenkonflikt keine (§ 3 Abs 2 und 3 BeurkG).

Auch soweit kein gesetzliches Mitwirkungsverbot besteht, aber ein bestehendes Näheverhältnis doch gegenüber Urkundsbeteiligten oder Außenstehenden die Besorgnis der **Befangenheit** begründen könnte, kann sich der Notar (nach seinem eigenen Ermessen) der Amtsausübung enthalten (§ 16 Abs 2 BNotO).

270 Die Einhaltung der Mitwirkungsverbote ist unbedingte Amtspflicht des Notars. Zur Unwirksamkeit führt ein Verstoß jedoch nur bei besonders gravierenden Verstößen: **Insgesamt unwirksam** ist die gesamte Beurkundung (also auch die Erklärungen

anderer Urkundsbeteiligter), wenn der Notar eigene Willenserklärungen oder die naher Angehöriger beurkundet (**§ 6 BeurkG**).

Im übrigen sind hingegen nur die Willenserklärungen unwirksam sind, die dem Notar oder bestimmten nahen Angehörigen einen rechtlichen Vorteil verschaffen, während die anderen beurkundeten Erklärungen wirksam beurkundet sind (**§ 7 BeurkG**).

Die gesetzlichen Mitwirkungsverbote der §§ 3–7 BeurkG lassen sich damit als **fünf konzentrische Kreise** beschreiben: Die beiden innersten Kreise (§§ 6, 7 BeurkG) enthalten die schwersten, zur Unwirksamkeit führenden Verstöße gegen Mitwirkungsverbote, dann folgen die sonstigen Mitwirkungsverbote (§ 3 Abs 1 BeurkG), wiederum weiter außen die bloßen Hinweispflichten (§ 3 Abs 2 und 3 BeurkG) mit dem Selbstablehnungsrecht als äußerstem Kreis.

Steht die Wirksamkeit einer Beurkundung in Frage, so sind daher nur §§ 6 und 7 BeurkG zu prüfen. Überlegt der Notar hingegen vor der Beurkundung, ob er die Beurkundung ablehnen muß oder doch ablehnen kann, so wird seine Prüfung mit § 3 BeurkG beginnen, da die dortigen Mitwirkungsverbote die schweren Verstöße nach §§ 6 und 7 BeurkG ebenfalls umfassen.

Die Mitwirkungsverbote des § 3 BeurkG gelten nicht nur für die gesamte Beurkun- **271** dungstätigkeit des Notars (§ 3 BeurkG), sondern auch für seine **sonstige Amtstätigkeit** (§ 16 Abs 1 BeurkG), dh insbesondere auch für die notarielle Verwahrung (§ 23 BNotO) und die sonstige Betreuungstätigkeit des Notars (§ 24 BNotO).

Das notarielle Berufsrecht kann dem Notar auch anwaltliche oder andere Tätigkeiten untersagen. So besteht bei notarieller Vorbefassung ein **Tätigkeitsverbot als Anwalt in derselben Rechtssache** nicht nur aus anwaltlichem Berufsrecht (§ 45 Abs 1 Nr 1 BRAO), sondern nach hM jedenfalls im selben Umfang, möglicherweise sogar darüber hinaus auch aus notariellem Berufsrecht, insbesondere aus dem grundlegenden Gebot notarieller Unabhängigkeit (§ 14 Abs 1 BNotO; OLG Hamm DNotZ 1977, 441; OLGZ 1990, 101 = NJW 1992, 1174 = MittRhNotK 1991, 294; KammerReport Hamm 4/2004, 39; OLG Köln DNotZ 1963, 631; Notarkammer Hamm KammerReport Hamm 5/2003, 40; G SANDKÜHLER, in: ARNDT/LERCH/SANDKÜHLER, § 16 BNotO Rn 107 ff; EYLMANN, in: HENSSLER/PRÜTTING, BRAO [1997] § 45 Rn 9; ARMBRÜSTER, in: HUHN/VSCHUCKMANN § 3 BeurkG Rn 85; SCHIPPEL/VETTER § 16 BNotO Rn 96 ff). Daher kann ein unzulässiges anwaltliches Tätigwerden nach notarieller Vorbefassung nicht nur anwaltsrechtlich, sondern auch von der notariellen Dienstaufsicht aufgegriffen werden. Unterscheiden sich anwaltliches und notarielles Berufsrecht in Tatbestand oder Rechtsfolge, so ist das strengere Berufsrecht anzuwenden (C SANDKÜHLER, in: Beck'sches Notar-Handbuch [3. Aufl 2000] K II Rn 2).

Beurkundet ein **Notarvertreter**, so hat dieser nicht nur die in seiner eigenen Person **272** bestehenden Mitwirkungsverbote zu beachten, sondern auch die Mitwirkungsverbote, denen der von ihm vertretene Notar unterläge (§ 41 Abs 2 BNotO). Dürfte der Notar nicht beurkunden, so darf daher auch sein Notarvertreter nicht beurkunden.

Der **Notariatsverwalter** (§ 56 BNotO) hat hingegen nur die in seiner eigenen Person bestehenden Mitwirkungsverbote zu beachten, nicht etwaige Mitwirkungsverbote, denen der frühere Notar unterlegen wäre. Denn der Notariatsverwalter hat ein eigenes, kein abgeleitetes Amt.

Die durch die Dritte BNotO-Novelle 1998 verschärfte Fassung der Mitwirkungsverbote gilt als Amtspflicht für alle ab dem Inkrafttreten der Novelle zum 8. 9. 1998 vorgenommenen Amtshandlungen, auch soweit der Beurkundungs- oder Betreuungsauftrag bereits zuvor übernommen worden war (OLG Celle NdsRpfleger 2002, 109).

2. Mitwirkungsverbote wegen Beteiligung von dem Notar nahestehenden Personen

273 Systematisch lassen sich die Mitwirkungsverbote unterteilen einerseits in Verbote, die in der Sachbeteiligung von **dem Notar nahestehenden Personen** gründen (insbes Ehegatte, Verwandte oder Sozien des Notars), und andererseits in Verbote, die auf einer besonderen Sachnähe des Notars beruhen, insbesondere auf dessen **Vorbefassung** als Anwalt oder Steuerberater.

Bei der ersten Gruppe ist zu fragen, inwieweit dem Notar nahestehende Personen an der Beurkundung **sachbeteiligt** sind. Bei der zweiten Gruppe kommt es darauf an, ob die außernotarielle Vorbefassung und die dem Notar jetzt angetragene Beurkundung denselben **Lebenssachverhalt** betreffen. Für beides verwendet das Gesetz denselben Begriff der **Angelegenheit** – was zu Verwirrung führen kann, da in den Fällen des § 3 Abs 1 S 1 Nr 1–6 und Nr 8–9 BeurkG auf die Sachbeteiligung einer Person abzustellen ist, bei Nr 7 hingegen auf die Identität des Lebenssachverhaltes.

a) Beteiligung des Notars selbst oder naher Angehöriger (§ 3 Abs 1 S 1 Nr 1–3 BeurkG)

274 Ist der **Notar selbst** an der Beurkundung beteiligt, so verbietet ihm § 3 Abs 1 S 1 Nr 1 BeurkG die Beurkundung.

275 § 3 Abs 1 S 1 Nr 2 BeurkG verbietet dem Notar Beurkundungen, an denen sein **Ehegatte**, sein früherer Ehegatte oder sein Verlobter beteiligt ist. Nr 2a erweitert dies auf eine Beteiligung des **Lebenspartners** (iSd Lebenspartnergesetzes) oder des früheren Lebenspartners.

Bei Beteiligung des **nichtehelichen Partners** des Notars greift hingegen kein gesetzliches Mitwirkungsverbot ein (aA Grziwotz, Nichteheliche Lebensgemeinschaft [3. Aufl 1999] S 170 Rn 66 m w Nachw). Der Gesetzgeber hat eine Regelung aber vor allem deshalb unterlassen, weil eine gesetzliche Definition des nichtehelichen Partners nicht mit der erforderlichen begrifflichen Abgrenzungsschärfe möglich ist. Bei Beteiligung des nichtehelichen Partners wäre es aber ermessensfehlerhaft, wenn der Notar die Beurkundung nicht nach § 16 Abs 2 BNotO wegen Befangenheit ablehnt (Winkler § 3 BeurkG Rn 65).

276 Bei **Verwandten oder Verschwägerten in gerader Linie** (dh Vorfahren oder Abkömmlingen sowie deren Ehegatten oder Lebenspartnern, insbes auch bei Schwiegereltern

oder Schwiegerkindern) besteht immer ein Mitwirkungsverbot (§ 3 Abs 1 S 1 Nr 3 BeurkG).

In der Seitenlinie besteht ein Mitwirkungsverbot hingegen nur bei **Verwandten bis zum dritten Grad** (zB Vetter, Großtante) und bei **Verschwägerten bis zum zweiten Grad** (dh Schwager oder Schwägerin).

Soweit Mitwirkungsverbote nach § 3 Abs 1 S 1 Nr 1–3 BeurkG eingreifen, sind jedenfalls die **Willenserklärungen zugunsten des Notars oder seiner Angehörigen formunwirksam** (§ 7 BeurkG). **277**

Insgesamt unwirksam ist die Beurkundung, wenn unter den **formell Beteiligten** (§ 6 Abs 2 BeurkG) der Notar selbst, sein Ehegatte oder Lebenspartner zur Zeit der Beurkundung oder Verwandte des Notars in gerader Linie (dh Vorfahren oder Abkömmlinge) sind (während die formelle Beteiligung des früheren Ehegatten oder Lebenspartners, von Verwandten in der Seitenlinie oder von Verschwägerten nicht zur Gesamtunwirksamkeit führt).

b) Beteiligung von dem Notar beruflich verbundener Personen (§ 3 Abs 1 S 1 Nr 4 BeurkG)

§ 3 Abs 1 S 1 Nr 4 BeurkG verbietet Beurkundungen unter Beteiligung von **Sozien des Notars**, genauer von mit dem Notar „zur gemeinsamen Berufsausübung verbundenen" Personen oder von Personen, mit denen der Notar „gemeinsame Geschäftsräume hat". **278**

Zur gemeinsamen Berufsausübung verbunden können nur die nach § 9 BNotO **sozietätsfähigen Berufe** sein, dh bei Nurnotaren nur andere Nurnotare, bei Anwaltsnotaren neben anderen Anwaltsnotaren auch (Nur-)Anwälte, Patentanwälte, Steuerberater oder -bevollmächtigte, Wirtschaftsprüfer und vereidigte Buchprüfer. Bei Beteiligung eines nicht(voll-)juristischen Angestellten des Notars, wie zB des Bürovorstehers oder von Notarfachangestellten oder eines Referendars besteht daher kein Mitwirkungsverbot (ARMBRÜSTER, in: HUHN/VSCHUCKMANN § 3 BeurkG Rn 58; EYLMANN, in: EYLMANN/VAASEN § 3 BeurkG Rn 33; WINKLER § 3 BeurkG Rn 79; aA für Referendare, die aufgrund eines Anstellungsverhältnisses mitarbeiten – und nicht aufgrund einer Zuweisung zur Ausbildung im Referendariat: MIHM BerlAnwBl 1999, 363, 365), ebensowenig bei Beteiligung eines Notarassessors.

Dem Mitwirkungsverbot unterfallen zum einen alle Formen gleichberechtigter Kooperation (gleichgültig ob etwa als GbR, Partnerschaftsgesellschaft oder in einer Rechtsanwalts-GmbH, auch in einer EWIV). Auch bei **internationalen Sozietäten** gelten die Mitwirkungsverbote im vollen Umfang (Bundesnotarkammer Rundschreiben Nr 21/2001 v 10. 7. 2001 – im Internet unter: www.bnotk.de – unter BNotK-Service/Merkblätter). Auch außerhalb gesellschaftsrechtlicher Formen führt eine Kooperation zum Mitwirkungsverbot, wenn sie nach außen verlautbart wird, insbesondere auf Geschäftspapieren, in Kanzleibroschüren, auf Kanzleischildern oder in ähnlicher Weise, und damit von einer **„verfestigten" Kooperation** auszugehen ist; die Mitwirkungsverbote bestehen auch, wenn einer nach außen verlautbarten Kooperation tatsächlich keine feste Vereinbarung zugrundeliegt (Bundesnotarkammer Rundschreiben Nr 20/2000 v 12. 7. 2000).

§ 3 Abs 1 S 1 Nr 4 BeurkG gilt auch bei Beteiligung eines **angestellten Rechtsanwalts** oder freien Mitarbeiters (ARMBRÜSTER, in: HUHN/vSCHUCKMANN § 3 BeurkG Rn 85; SANDKÜHLER, in: ARNDT/LERCH/SANDKÜHLER § 16 BNotO Rn 54b; WINKLER § 3 Rn 75).

Ebenso besteht das Mitwirkungsverbot bei einer Bürogemeinschaft oder sonst **gemeinsamen Geschäftsräumen**, soweit das Recht besteht, die Räume jederzeit betreten zu können (hingegen jedenfalls nach einer Meinung noch nicht bei der bloßen Untermiete abschließbarer Räumen – ARMBRÜSTER, in: HUHN/vSCHUCKMANN § 3 BeurkG Rn 60; WINKLER § 3 BeurkG Rn 76). Für die gesetzliche Regelung ausschlaggebender Gesichtspunkt war, daß bei gemeinsamer Raumnutzung nicht zuverlässig ausgeschlossen werden kann, daß der Verschwiegenheitspflicht unterliegende Tatsachen dem anderen Mitnutzer der Räume bekannt werden (EYLMANN, in: EYLMANN/VAASEN § 3 BeurkG Rn 33)

Das Mitwirkungsverbot gilt nur für eine im Zeitpunkt der Amtstätigkeit **bestehende Berufsverbindung**. Es erlischt mit Beendigung der gemeinsamen Berufsausübung, etwa durch einen Sozietätswechsel (insofern anders als die anwaltlichen Tätigkeitsverbote nach § 45 Abs 3 BRAO; anders auch noch als im ursprünglichen Gesetzesentwurf, der noch nachwirkende Mitwirkungsverbote aus früheren Sozietäten vorsah – vgl BT-Drucks 13/11034, S 40).

279 Kein Mitwirkungsverbot nach Nr 4 besteht hingegen, wenn nur **Angehörige der Sozien** beteiligt sind. Bei minderjährigen Kindern eines Sozius, deren gesetzlicher Vertreter der Sozius ist, greift hingegen das Mitwirkungsverbot der Nr 5. Jedenfalls in den Fällen, in denen die Beurkundung durch den Sozius selbst nach §§ 6, 7 BeurkG unwirksam wäre (zB bei Beteiligung der Ehefrau oder eines Kindes des Sozius), wird aber auch der nicht selbst verwandte Sozius sinnvollerweise wegen Befangenheit nach § 16 Abs 2 BNotO die Beurkundung ablehnen; die herrschende Praxis begnügt sich hier allerdings mit einem Hinweis nach § 3 Abs 2 BeurkG.

Bei anderen Angehörigen (oder bei Notariatsmitarbeitern) wird der Notar sinnvollerweise analog § 3 Abs 2 BeurkG die Beteiligten vor der Beurkundung auf das Näheverhältnis hinweisen (wenn ihnen dies nicht ohnehin bereits bekannt ist) und sie darauf hinweisen, daß sie (ohne Kostenfolge) einen anderen Notar beauftragen können (ähnlich HARBORTH/LAU DNotZ 2002, 412, 417; WINKLER § 3 BeurkG Rn 79; WINKLER, in: FS Geimer [2002] S 1509, 1510).

280 Abzulehnen sind **Mindermeinungen**, die § 3 Abs 1 Nr 4 BeurkG teleologisch reduzieren wollen: So sollen Niederschriften über **einseitige Erklärungen** des Sozius oder Unterschriftsbeglaubigungen nach einer Mindermeinung zulässig sein (HARDER/SCHMIDT DNotZ 1999, 949, 958). Ein Grund für die Differenzierung gegenüber § 3 Abs 1 Nr 1–3 BeurkG ist aber nicht ersichtlich. Vielmehr zeigt die Einführung der Nr 4, daß der Gesetzgeber den Schutzzweck bei Beteiligung von Sozien nicht anders als bei Beteiligung von Angehörigen des Notars bewertet (trotz anfänglicher Sympathie daher die Mindermeinung jetzt auch ablehnend: ARMBRÜSTER, in: HUHN/vSCHUCKMANN § 3 BeurkG Rn 62; weitergehend noch ARMBRÜSTER/LESKE ZNotP 2002, 46, 47).

Zulässig ist lediglich die Beurkundung einer **Vollzugsvollmacht** für den Sozius, da der Notar selbst sich eine entsprechende Vollzugsvollmacht erteilen lassen dürfte (Präsidentin OLG Frankfurt, in: Rechtsanwaltskammer/Notarkammer Kassel, Mitteilungen Nr 2/2003, S 14 f; Präsident OLG Hamm, in: KammerReport Hamm 372003, S 45 – beide möglicherweise darüber hinaus auch für Zulässigkeit einer Beurkundung aufgrund der Vollzugsvollmacht; zu Vollzugsvollmachten für den Notar selbst vgl Rn 290). Jedoch darf der Notar keine Erklärung des Sozius in Ausübung der Vollzugsvollmacht beurkunden (aA OLG Köln, das Erklärungen von Sozien aufgrund von **Vollzugsvollmachten**, die ihnen in Urkunden des Notars erteilt wurden, vom Mitwirkungsverbot ausnehmen will – OLG Köln Beschl v 20. 4. 2004 – 2 X [Not] 17/03, KammerReport Hamm 4/2004, 40; ebenso MAASS ZNotP 2003, 322; ders ZNotP 2004, 91). Denn seine eigene Erklärung darf der Notar auch dann nicht beurkunden, wenn er aufgrund einer Vollzugsvollmacht handelt (§ 7 Abs 1 Nr 1 BeurkG). Das Gesetz begründet ein Mitwirkungsverbot bei Beteiligung des Sozius aber ebenso wie Beteiligung des Notars selbst (lediglich die Rechtsfolgen sind nach §§ 6, 7 BeurkG bei Beteiligung des Notars deutlich schärfer). Ebenso will das OLG Köln andere Vertretungsfälle, in denen der Sozius gleichzeitig als vollmachtloser Vertreter für alle Beteiligten handelte, vom Mitwirkungsverbot des § 3 Abs 1 Nr 4 BeurkG ausnehmen, weil hier kein Anschein einer Gefährdung der Parteilichkeit gegeben sei (OLG Köln KammerReport Hamm 4/2004, 40)

c) **Notar als Vertreter eines Beteiligten (§ 3 Abs 1 S 1 Nr 5–6 und 8 BeurkG)**
Ein Mitwirkungsverbot besteht auch **bei gesetzlicher, organschaftlicher oder rechtsgeschäftlicher Vertretung durch den Notar** – genauer, wenn der Notar (oder eine ihm beruflich nach Nr 4 verbundene Person) gesetzlicher Vertreter eines Beteiligten ist (§ 3 Abs 1 S 1 Nr 5 BeurkG) oder dem vertretungsberechtigten Organ eines Beteiligten angehört (§ 3 Abs 1 S 1 Nr 6 BeurkG) oder in einem ständigen Dienst- oder ähnlichen Geschäftsverhältnis zu einem Beteiligten steht oder von einem Beteiligten in derselben Angelegenheit bevollmächtigt wurde (§ 3 Abs 1 S 1 Nr 8 BeurkG).

Als **gesetzlicher Vertreter einer natürlichen Person** (Nr 5) darf der Notar nicht beurkunden, wenn er etwa Vormund (§ 1793), Betreuer (§ 1902) oder Pfleger (§§ 1915, 1793) eines Beteiligten ist.

Dasselbe gilt, wenn der Notar gesetzlicher Vertreter einer **juristischen Person** ist (Nr 5; also etwa der Bürgermeister für die Gemeinde nach den meisten Gemeindeverfassungen) oder wenn der Notar einem Organ angehört, das gesetzlicher Vertreter einer juristischen Person ist (Nr 6), also zB dem vertretungsberechtigten Vorstand eines eingetragenen Vereins (§ 26 Abs 2), dem Stiftungsvorstand (§ 86 S 1 iVm § 26), den Geschäftsführern einer GmbH (§ 35 GmbHG) oder dem Vorstand einer Aktiengesellschaft (§ 78 AktG) oder Genossenschaft (§ 24 GenG). Letztlich kann hier dahinstehen, ob eine gesetzliche Vertretung iSd Nr 5 oder Nr 6 vorliegt.

Der **Aufsichtsrat einer Aktiengesellschaft** ist hingegen grundsätzlich nicht vertretungsberechtigtes Organ iSd Nr 6 (vgl Rn 309, 311 f; ARMBRÜSTER, in: HUHN/VSCHUCKMANN § 3 BeurkG Rn 65; SCHIPPEL/VETTER § 16 BNotO Rn 43; WINKLER § 3 BeurkG Rn 92; **aA** – wonach auch der Aufsichtsrat grundsätzlich unter § 3 Abs 1 Nr 6 BeurkG fällt: SEMLER, in: MünchHdb-GesR, Band 4 [2. Aufl 1999] § 40 Rn 7). Auch fakultativ eingerichtete GmbH-Beiräte uä fallen nicht unter § 3 Abs 1 Nr 6, sondern unter Absatz 3 Nr 1, ebenso wenig Beiräte juristischer Personen des öffentlichen Rechts.

Nicht Nummern 5 oder 6, sondern Nr 1 ist einschlägig, wenn der Notar Mitgesellschafter einer urkundsbeteiligten GbR, OHG oder KG ist – oder wenn er Verwalter kraft Amtes (Testamentsvollstrecker, Insolvenzverwalter etc) ist.

Ist der Notar gesetzlicher Vertreter oder gehört er dem vertretungsberechtigten Organ an, so darf er die Beurkundung auch dann nicht vornehmen, wenn nicht er selbst, sondern ein anderer (gesetzlicher oder rechtsgeschäftlicher) Vertreter auftritt (vgl Harborth/Lau DNotZ 2002, 412, 408; Sandkühler, in: Arndt/Lerch/Sandkühler § 16 BNotO Rn 58; Eylmann, in: Eylmann/Vaasen § 3 BeurkG Rn 38; Schippel/Vetter § 16 BNotO Rn 43; Winkler, § 3 BeurkG Rn 92). Tritt der Notar (oder sein Sozius) hingegen selbst als Vertreter auf, so ergibt sich das Mitwirkungsverbot schon aus § 3 Abs 1 S 1 Nr 1 BeurkG (bzw Nr 4).

282 § 3 Abs 1 S 1 Nr 8 BeurkG (bis 1998 Nr 5) schließt den Notar auch aus, wenn er von einem materielle Urkundsbeteiligten in derselben Angelegenheit **rechtsgeschäftlich bevollmächtigt** wurde oder er – oder eine ihm beruflich verbundene Person – in einem ständigen Dienst- oder ähnlichen Geschäftsverhältnis zu einem Beteiligten steht.

Die erste Fallvariante hat heute durch die Einführung des Vorbefassungsverbotes (Nr 7) ihre praktische Bedeutung weitgehend verloren. Denn soweit der Notar (oder sein Sozius etc) aufgrund der Vollmacht oder des Dienstverhältnisses bereits tätig geworden ist, greift bereits der **speziellere Nr 7** ein. Für Nr 8 verbleiben damit eigentlich nur Fälle, in denen zwar eine Vollmacht vorliegt, der Notar (oder sein Sozius etc) aber noch nicht tätig wurde (Mihm DNotZ 1999, 8, 22; Vaasen/Starke DNotZ 1998, 661, 672; Winkler § 3 BeurkG Rn 148). Das Mitwirkungsverbot der Nr 8 endet mit der Vollmacht. Wurde aber bereits von der Vollmacht Gebrauch gemacht, bleibt das Mitwirkungsverbot aus Nr 7 bestehen.

Auch die Bevollmächtigung einer dem Notar **beruflich verbundenen Person** führt zum Mitwirkungsverbot, auch wenn der Gesetzeswortlaut die Einbeziehung des Sozius sprachlich ungenau nur auf das Dienstverhältnis bezieht (Soergel/J Mayer § 3 BeurkG Rn 16; Winkler § 3 BeurkG Rn 147; **aA** Armbrüster, in: Huhn/vSchuckmann § 3 BeurkG Rn 88).

Ebenso wie das Vorbefassungsverbot der Nr 7 eine Vorbefassung als Notar nicht verbietet, ist auch vom „Doppelbefassungsverbot" der Nr 8 eine Bevollmächtigung des Urkundsnotars oder seines Sozius als Notar nicht betroffen. Eine dem Notar **für notarielle Amtstätigkeit erteilte Vollmacht** (insbes eine in einer Vorurkunde in derselben Sache erteilte Vollzugsvollmacht) begründet daher kein Mitwirkungsverbot (Winkler § 3 BeurkG Rn 148). Eine dem Anwaltsnotar erteilten Anwalts- oder Prozeßvollmacht führt hingegen zu einem Mitwirkungsverbot.

Strittig ist hingegen, ob § 3 Abs 1 S 1 Nr 8 Var 1 BeurkG eingreift, wenn ein Vorbefassungsverbot aufgrund Vorbefassung im Auftrag aller Urkundsbeteiligter ausscheidet (§ 3 Abs 1 S 1 Nr 7 HS 2; ein Mitwirkungsverbot aus Nr 8 bejahen: Armbrüster, in: Huhn/vSchuckmann § 3 BeurkG Rn 87; Mihm DNotZ 1999, 8, 22; Vaasen/Starke DNotZ 1998, 661, 672; **aA** – für analoge Anwendung der Ausnahme hingegen: Eylmann, in: Eylmann/ Vaasen § 3 BeurkG Rn 56; Winkler § 3 BeurkG Rn 148)

283 Von Bedeutung ist hingegen die zweite Fallvariante der Nr 8. Wegen eines **ständigen Dienst- oder ähnlichen Geschäftsverhältnisses** unzulässig ist danach etwa eine Beurkundung, wenn ein Sozius des Notars zugleich **Syndikus oder Justitiar** eines (materiell) Urkundsbeteiligten ist. Vorausgesetzt wird eine enge wirtschaftliche und rechtliche Bindung des Notars (oder seines Sozius etc), die seine Unabhängigkeit in Frage stellt, zB ein Dienstvertrag mit festen Bezügen (SCHIPPEL/VETTER § 16 BNotO Rn 73; SOERGEL/J MAYER § 3 BeurkG Rn 17; WINKLER § 3 BeurkG Rn 147), während eine andere Meinung darüber hinausgehend Weisungsgebundenheit für erforderlich hält (ARMBRÜSTER, in: HUHN/vSCHUCKMANN § 3 BeurkG Rn 88; EYLMANN, in: EYLMANN/VAASEN § 3 BeurkG Rn 57). Ein bloßes Dauermandat genügt hingegen nach allgemeiner Ansicht noch nicht.

Notare im Landesdienst in **Baden-Württemberg** stehen in einem öffentlich-rechtlichen Beamtenverhältnis zum Land. Gleichwohl können sie auch Beurkundungen unter Beteiligung des Landes (oder seiner Untergliederungen) vornehmen. § 3 Abs 1 S 1 Nr 8 Var 2 BeurkG ist insoweit nach § 64 S 2 BeurkG nicht anwendbar, auch wenn § 64 noch auf § 3 Abs 1 Nr 5 BeurkG aF als Vorgängernorm des jetzigen § 3 Abs 1 S 1 Nr 8 Var 2 BeurkG nF verweist und die Verweisung im Zuge der Dritten-BNotO-Novelle 1998 nicht redaktionell angepaßt wurde – die Änderung wird wohl durch das Justizkommunikationsgesetz nachgeholt (JKomG, Regierungsentwurf BR-Drucks 609/04, 37 f, 133).

Ist ein Notar zugleich **Honorarkonsul** eines ausländischen Staates, so kann sich daraus für Beurkundungen unter Beteiligung des betreffenden Staates ein Mitwirkungsverbot nach § 3 Abs 1 S 1 Nr 8 Var 2 BeurkG oder doch jedenfalls ein Ablehnungsgrund nach § 16 Abs 2 BNotO ergeben (ARMBRÜSTER, in: HUHN/vSCHUCKMANN § 3 BeurkG Rn 98).

d) Gesellschaftsbeteiligung des Notars (§ 3 Abs 1 S 1 Nr 9 BeurkG)
Ist eine **Kapitalgesellschaft** (GmbH, AG) oder Genossenschaft (materiell) urkunds- **284** beteiligt, an der der Notar **mehr als 5% der Stimmrechte** hält oder an der er mit einem anteiligen Betrag des Haftkapitals (Nominalbetrag, insbes Stammkapital der GmbH – bei Nennbetragsaktien anteiliger Wert des Grundkapitals) von **mehr als 2 500 Euro** beteiligt ist, so besteht ein Mitwirkungsverbot nach Nr 9.

Nr 9 gilt entsprechend auch für **eingetragene Vereine** (dh ein Mitwirkungsverbot besteht nur, wenn dem Notar mehr als 5% der Stimmrechte zustehen, – oder ggf § 3 Abs 1 S 1 Nr 6 und Abs 3 Nr 1, sofern der Notar einem Gesellschaftsorgan angehört). Bei Personengesellschaften ist hingegen Nr 1 einschlägig (Rn 288).

Schachtelanteile und von **Treuhändern** für den Notar gehaltene Anteile sind ebenfalls dem Notar zuzurechnen (ARMBRÜSTER, in: HUHN/vSCHUCKMANN § 3 BeurkG Rn 91; EYLMANN, in: EYLMANN/VAASEN § 3 BeurkG Rn 58; WINKLER § 3 BeurkG Rn 168). Kapitalbeteiligungen von Angehörigen oder Sozien des Notars begründen hingegen kein Mitwirkungsverbot, soweit der Betreffende nicht wirtschaftlich gesehen Inhaber der Gesellschaft ist (Rn 289)

e) Begriff der Sachbeteiligung iSd § 3 BeurkG
Die Mitwirkungsverbote der § 3 Abs 1 S 1 Nr 1–6 und 8–9 greifen ein, wenn es sich **285** bei der Beurkundung um „Angelegenheiten" einer der genannten Personen handelt. Gemeint ist damit eine Sachbeteiligung (**materielle Beteiligung**). Das Gesetz verwendet den Begriff der Angelegenheit und nicht den der Sachbeteiligung wohl

insbesondere, um eine Verwechslung mit dem formellen Beteiligtenbegriff nach § 6 Abs 2 BeurkG zu vermeiden.

Das Gesetz enthält keine Legaldefinition der Angelegenheit oder Sachbeteiligung, auch wenn sich insbesondere aus § 3 Abs 1 S 1 Nr 1 BeurkG Anhaltspunkte entnehmen lassen. Üblicherweise wird dies dahingehend umschrieben, daß es sich dann um die Angelegenheit einer Person handelt, wenn deren **Rechte oder Pflichten durch den Urkundsvorgang unmittelbar betroffen** werden; dabei genügt es, wenn deren Rechte, Pflichten oder Verbindlichkeiten faktisch unmittelbar günstig oder ungünstig beeinflußt werden (BGH DNotZ 1985, 231 = NJW 1985, 2027 = WM 1984, 1167; Harborth/Lau DNotZ 2002, 412, 414; Mihm DNotZ 1999, 8, 12; Sandkühler, in: Arndt/Lerch/Sandkühler § 16 BNotO Rn 15; Schippel/Vetter § 16 BNotO Rn 6, 17; Winkler § 3 BeurkG Rn 24). Eine neuere Meinung möchte statt dessen auf das sich durch den konkreten Beurkundungsauftrag begrenzte Rechtsverhältnis abstellen, unter Einbeziehung der dadurch unmittelbar präjudizierten Rechtsverhältnisse (Armbrüster/Leske ZNotP 2001, 450, 453; Armbrüster, in: Huhn/vSchuckmann § 3 BeurkG Rn 19); das ist aber auch nicht präziser.

Dabei „erfordert ... der **Schutzzweck** der Vorschrift, die das Vertrauen in die Unparteilichkeit und Unabhängigkeit des Notars gewährleisten soll, eine diesem Zweck entsprechende, **nicht zu enge Auslegung** des Begriffs der ‚eigenen Angelegenheit'" (BGH DNotZ 1985, 231 = NJW 1985, 2027 = WM 1984, 1167; Sandkühler, in: Arndt/Lerch/Sandkühler § 16 BNotO Rn 13; Schippel/Vetter § 16 BNotO Rn 17; Winkler § 3 BeurkG Rn 25; aA für ein etwas engeres Verständnis: Armbrüster, in: Huhn/vSchuckmann § 3 BeurkG Rn 18 f).

Weitgehende Einigkeit besteht über die erfaßten Sachverhalte; daher ist der gesetzliche Begriff präzise genug.

aa) Beurkundung von Willenserklärungen

286 Bei Willenserklärungen sind zunächst die **Erklärenden** selbst sachbeteiligt.

Gibt ein **Vertreter** die Erklärung ab oder nimmt ein Vertreter sie entgegen, so sind sowohl der Vertreter wie der Vertretene sachbeteiligt. D.h. der formell Beteiligte iSd § 6 Abs 2 BeurkG ist immer auch sachbeteiligt iSd § 3 BeurkG. Damit ist es nicht möglich, die Mitwirkungsverbote durch die Einschaltung von Vertretern zu umgehen. Dies gilt auch, wenn ein vollmachtloser Vertreter handelt (OLG Celle DNotZ 2004, 716 NdsRpfl 2004, 16 = ZNotP 2004, 117; KG DNotZ 1935, 656 = JW 1935, 2068; einschränkend Maass ZNotP 2004, 91). Entsprechend sind bei Erklärungen von Treuhändern auch die Treugeber sachbeteiligt (Eylmann, in: Eylmann/Vaasen § 3 BeurkG Rn 11).

287 Handelt ein **Verwalter kraft Amtes**, zB ein Testamentsvollstrecker, Insolvenzverwalter oder Zwangsverwalter, so ist nur der Verwalter als solcher sachbeteiligt, nicht der Inhaber des betroffenen Vermögens (also zB nicht die Erben des Nachlasses, für den der Testamentsvollstrecker eingesetzt ist; OLG Düsseldorf DNotZ 1989, 638 = Rpfleger 1989, 58). Der Verwalter kraft Amtes darf jedoch die Masse betreffende Rechtsgeschäfte nicht beurkunden; so darf ein Notar, der zugleich Insolvenzverwalter ist, die Löschungsbewilligung für ein Grundpfandrecht auf einem zur Masse gehörenden Grundstück nicht beglaubigen (Armbrüster, in: Huhn/vSchuckmann § 3 BeurkG Rn 22; Schippel/Vetter § 16 BNotO Rn 34).

Nach § 3 Abs 1 S 1 Nr 1 BeurkG liegt eine eigene Angelegenheit ausdrücklich auch **288** vor, wenn der Notar nur **mitberechtigt** oder mitverpflichtet ist. Auch wenn sich eine ausdrückliche Regelung nur in Nr 1 findet, gilt derselbe Begriff der Angelegenheit auch für die anderen Tatbestände des § 3 BeurkG. Dh eine Angelegenheit eines Angehörigen oder eines Sozius des Notars liegt bereits bei deren Mitberechtigung oder Mitverpflichtung vor (SANDKÜHLER, in: ARNDT/LERCH/SANDKÜHLER § 16 BNotO Rn 29; EYLMANN, in: EYLMANN/VAASEN § 3 BeurkG Rn 16; WINKLER § 3 BeurkG Rn 34).

Ein Mitwirkungsverbot besteht daher bei Beteiligung einer **Personengesellschaft** (Gesellschaft bürgerlichen Rechts, OHG oder KG), deren Gesellschafter der Notar (oder eine der in § 3 Abs 1 S 1 Nr 2–4 genannten Personen) ist (SANDKÜHLER, in: ARNDT/LERCH/SANDKÜHLER § 16 BNotO Rn 29; EYLMANN, in: EYLMANN/VAASEN § 3 BeurkG Rn 60; WINKLER, § 3 BeurkG Rn 163). Dasselbe gilt bei einem **nichtrechtsfähigen Verein** (WINKLER, § 3 BeurkG Rn 34), wenn dieser eine personalistische Struktur hat, nicht hingegen bei Zugehörigkeit des Notars zu einer urkundsbeteiligten Gewerkschaft oder Partei.

Wird hingegen die **Veräußerung eines Wohnungseigentums** oder Miteigentumsbruchteiles beurkundet, und gehört dem Notar (oder einem Angehörigen oder Sozius) ein anderes Wohnungseigentum oder ein anderer Bruchteil desselben Grundstückes, so sind sie dadurch noch nicht sachbeteiligt (WINKLER § 3 BeurkG Rn 36; anders bei einem Zustimmungserfordernis der anderen Wohnungseigentümer nach § 12 WEG; anders wohl auch, soweit dem Notar etc ein Vorkaufsrecht am Kaufgegenstand zusteht).

Werden Willenserklärungen für eine **juristische Person** abgegeben, so ist nur die **289** juristische Person als solche und der konkret handelnde Vertreter sachbeteiligt (OLG Colmar ZBlFG 11, 368; OLG Stuttgart GenBl 1940, 339). Jedoch begründen § 3 Abs 1 S 1 Nr 5 und 6 BeurkG ein Mitwirkungsverbot bereits bei bloßer Zugehörigkeit des Notars oder seines Sozius zu einem vertretungsberechtigten Organ der juristischen Person, auch wenn bei der Beurkundung nicht der Notar selbst oder sein Sozius, sondern ein anderer Vertreter für die Gesellschaft handelt. Sachbeteiligt sind hingegen die Gesellschafter einer werdenden juristischen Person (SANDKÜHLER, in: ARNDT/LERCH/SANDKÜHLER § 16 BNotO Rn 30).

Sachbeteiligt ist auch der **wirtschaftliche Inhaber** einer juristischen Person, insbesondere bei einer Einmanngesellschaft oder wenn sonst die Gesellschaftsbeteiligung und der Einfluß auf die Gesellschaft so hoch ist, daß wirtschaftlich gesehen ein Geschäft des Inhabers vorliegt (SANDKÜHLER, in: ARNDT/LERCH/SANDKÜHLER § 16 BNotO Rn 28; SCHIPPEL/VETTER § 16 BNotO Rn 20; WINKLER § 3 BeurkG Rn 33).

Bei empfangsbedürftigen Erklärungen sind auch die **Erklärungsempfänger** sachbe- **290** teiligt – auch wenn der Notar nur die Erklärung beurkundet und nicht deren Empfang (oder nicht die Erklärung des anderen Vertragsteiles). Daher ist bei der Beurkundung einer Vollmacht auch der Bevollmächtigte beteiligt iSd § 3 BeurkG, bei einem Angebot auch der Angebotsempfänger (und umgekehrt bei der Annahme auch der Anbietende), bei der Grundschuldbestellung oder einem Schuldanerkenntnis auch der Gläubiger (BGH NJW 2004, 1954) oder bei der Abgabe einer Löschungsbewilligung auch der Grundstückseigentümer des belasteten Grundstücks (SAND-

KÜHLER, in: ARNDT/LERCH/SANDKÜHLER § 16 BNotO Rn 16 ff; EYLMANN, in: EYLMANN/VAASEN § 3 BeurkG Rn 9 ff; SCHIPPEL/VETTER § 16 BNotO Rn 18 ff; WINKLER § 3 BeurkG Rn 26 ff).

Eine ihm (oder seinem Sozius – vgl Rn 280) erteilte **Vollzugsvollmacht** darf der Notar hingegen beurkunden, da er insoweit nicht als Person sachbeteiligt ist (anders als bei einer ihm erteilten Generalvollmacht), sondern ihm die Vollmacht als Amtsträger erteilt wird (ARMBRÜSTER, in: HUHN/vSCHUCKMANN § 3 BeurkG Rn 52; SANDKÜHLER, in: ARNDT/LERCH/SANDKÜHLER, § 16 BNotO Rn 88; WINKLER § 3 BeurkG Rn 27). Zu weit geht hingegen das OLG Köln, wenn es auch die Ausübung einer derartigen Vollzugsvollmacht durch einen Anwaltssozius des Urkundsnotars nicht als eigene Angelegenheit des Sozius wertet (OLG Köln Beschl v 20. 4. 2004 – 2 X [Not] 17/03, KammerReport Hamm 4/2004, 40 – vgl Rn 280). Dem Urkundsnotar selbst ist ein Gebrauchmachen von der Vollmacht auch nur gestattet, soweit er nicht seine eigene Erklärung beurkundet, sondern eine notarielle Eigenurkunde (vgl § 129 Rn 53) errichtet.

291 Andere Personen neben dem Erklärenden und dem Erklärungsempfänger sind hingegen nur sachbeteiligt, soweit sich ihre Rechtsstellung durch das beurkundete Rechtsgeschäft unmittelbar ändert. Dies ist für den **echten Vertrag zugunsten Dritter** zu bejahen (§ 328 Abs 1). Sachbeteiligt sind auch Dritte, deren **Zustimmung** für die Wirksamkeit des Vertrages erforderlich ist (zB bei einem Zustimmungserfordernis des Grundstückseigentümers zur Veräußerung oder Belastung des Erbbaurechts nach § 5 ErbbauVO; ebenso § 12 WEG; SANDKÜHLER, in: ARNDT/LERCH/SANDKÜHLER § 16 BNotO Rn 26). Ebenso betrachtet die hM die **Bestellung von Sicherheiten** (zB §§ 765, 1113, 1191) durch einen Dritten aufgrund des Schutzzwecks der Mitwirkungsverbote zu recht auch als Angelegenheit des Schuldners (SCHIPPEL/VETTER § 16 BNotO Rn 19; WINKLER § 3 BeurkG Rn 29; aA SANDKÜHLER, in: ARNDT/LERCH/SANDKÜHLER § 16 BNotO Rn 25). Ebenso ist der Kaufvertrag auch eine Angelegenheit des aufgrund des Kaufvertragsschlusses **provisionsberechtigten Maklers** (BGH DNotZ 1985, 231 = NJW 1985, 2027 = WM 1984, 1167).

Die **Abtretung** ist hingegen keine Angelegenheit des Schuldners der abgetretenen Forderung (ARMBRÜSTER, in: HUHN/vSCHUCKMANN § 3 BeurkG Rn 25; EYLMANN, in: EYLMANN/VAASEN § 3 BeurkG Rn 15; SCHIPPEL/VETTER § 16 BNotO Rn 19; aA WINKLER § 3 BeurkG Rn 29), da sie dessen Rechtsstellung nach §§ 404 ff nicht berührt. Ebensowenig betrifft der Verkauf des belasteten Grundstücks die Inhaber der eingetragenen beschränkten dinglichen Grundstücksrechte.

292 Bei der Beurkundung einer **Verfügung von Todes wegen** ist nicht nur der Erblasser selbst sachbeteiligt, sondern auch die durch die Verfügung Bedachten (Erben, Vermächtnisnehmer – LIMMER, in: DITTMANN/REIMANN/BENGEL § 3 BeurkG Rn 10; aA nur THIEL ZNotP 2003, 244, 246) sowie der zum **Testamentsvollstrecker** Benannte, wohl auch die Enterbten – nach hM hingegen nicht die durch eine Auflage Begünstigten. Daher darf der Notar seine eigene Benennung zum Testamentsvollstrecker nicht beurkunden (§ 3 Abs 1 Nr 1 BeurkG); insoweit wäre die Beurkundung unwirksam (§ 27 iVm § 7 Nr 1 BeurkG; Gutachten DNotI-Report 1999, 101, 102).

Die **Erbschaftsausschlagung** betrifft neben dem Ausschlagenden die durch die Ausschlagung als Erben Nachrückenden, nicht hingegen die Pflichtteilsberechtigten (**aA** SCHIPPEL/VETTER § 16 BNotO Rn 19), die Vermächtnisnehmer oder die Nachlaßgläubiger, ebensowenig den Testamentsvollstrecker (EYLMANN, in: EYLMANN/VAASEN § 3

BeurkG Rn 13). Daher kann der Notar die Erbschaftsausschlagung beurkunden, auch wenn er noch eine Kostenforderung gegen den Nachlaß hat.

Auch der vom Erben selbst gestellte **Erbscheinsantrag** bzw die eidesstattliche Versicherung dazu ist nur eine Angelegenheit des Antragstellers und aller anderen Erbprätendenten, nicht dagegen der Vermächtnisnehmer oder des Testamentsvollstreckers (EYLMANN, in: EYLMANN/VAASEN § 3 BeurkG Rn 20; aA JANSEN § 3 BeurkG Rn 20), nach hM auch nicht der Pflichtteilsberechtigten (sofern sie kein Erbrecht beanspruchen – EYLMANN, in: EYLMANN/VAASEN § 3 BeurkG Rn 20; weitergehend – nie Angelegenheit der Enterbten: ARMBRÜSTER, in: HUHN/vSCHUCKMANN § 3 BeurkG Rn 28).

bb) Beurkundung von Versammlungsbeschlüssen

Die Beurkundung von Versammlungsbeschlüssen einer Gesellschaft ist stets sowohl Angelegenheit der **Gesellschaft** als solcher, der **Versammlungsteilnehmer** und aller an die Beschlüsse gebundener **Gesellschaftsorgane** (SANDKÜHLER, in: ARNDT/LERCH/SANDKÜHLER § 16 BNotO Rn 33 ff; JANSEN § 3 BeurkG Rn 16, 33, MECKE/LERCH § 3 BeurkG Rn 11; ARMBRÜSTER, in: HUHN/vSCHUCKMANN § 3 BeurkG Rn 33 ff; EYLMANN, in: EYLMANN/VAASEN § 3 BeurkG Rn 19; SCHIPPEL/VETTER § 16 BNotO Rn 22; WINKLER § 3 BeurkG Rn 38 ff). 293

Die **bloße Gesellschafterstellung** führt daher bei Personengesellschaften immer zu einem Mitwirkungsverbot für die Beurkundung von Gesellschafterbeschlüssen (§ 3 Abs 1 S 1 Nr 1 BeurkG – vgl Rn 288), bei juristischen Personen hingegen erst ab 5% Stimmrecht bzw 2 500.- Euro Beteiligung am Nominalkapital (§ 3 Abs 1 S 1 Nr 9 BeurkG). Eine Mitberechtigung und damit ein Mitwirkungsverbot nimmt eine Meinung auch bei einer personalistisch strukturierten GmbH oder AG oder bei der Generalversammlung einer kleinen ländlichen Genossenschaft an (SANDKÜHLER, in: ARNDT/LERCH/SANDKÜHLER § 16 BNotO Rn 35; WINKLER § 3 BeurkG Rn 49 f, 51); doch das ließe die Konturen des § 3 BeurkG zu sehr verschwimmen (ARMBRÜSTER, in: HUHN/vSCHUCKMANN § 3 BeurkG Rn 38). Allerdings ist in diesen Fällen häufig eine Selbstablehnung nach § 16 Abs 2 BNotO angebracht.

Nimmt der Notar als Gesellschafter an der **Versammlung teil** oder übt ein Vertreter dabei seine Stimmrechte aus, so besteht ebenfalls ein Mitwirkungsverbot (§ 3 Abs 1 S 1 Nr 1 Beurk; WINKLER § 3 BeurkG Rn 46; aA nur SCHIPPEL/VETTER § 16 BNotO Rn 22).

Ein Mitwirkungsverbot besteht auch für die Beurkundung von Beschlüssen, die den Urkundsnotar (oder einen seiner Angehörigen oder Sozien) wesentlich stärker als die anderen Gesellschafter betreffen, so etwa bei Beschlüssen über die Einräumung oder Entziehung von **Sonderrechten** (hingegen noch nicht bei verschiedenen Klassen von Aktien), die Geltendmachung von Schadensersatzansprüchen gegen den Urkundsnotar (oder eine Person nach § 3 Abs 1 S 1 Nr 2–4 BeurkG) oder deren Wahl in ein Gesellschaftsorgan (ARMBRÜSTER, in: HUHN/vSCHUCKMANN § 3 BeurkG Rn 39; WINKLER § 3 BeurkG Rn 45).

§ 3 Abs 1 S 1 Nr 1 BeurkG greift auch ein, wenn der Notar einem Organ angehört, das an die Versammlungsbeschlüsse gebunden ist. Dies gilt nicht nur für vertretungsberechtigte, sondern auch für Aufsichtsorgane. Daher darf der Notar die **Hauptversammlung einer Aktiengesellschaft** nicht beurkunden, wenn er deren **Aufsichtsrat** angehört (so neben der vorstehenden notarrechtlichen Literatur auch die hM in der aktienrechtlichen Literatur: Happ, Aktienrecht [1995] S 628; Henn, Handbuch des Aktienrechts, [6. Aufl 1998] Rn 851; Semler, in: MünchHdb GesR, Band 4 [2. Aufl 1999] § 40 Rn 7; Werner, in: GroßKommAktG [4. Lief 1993] § 130 AktG Rn 82; **aA** Eckarth, in: Gessler/Hefermehl, AktG [5. Lief 1974] § 130 AktG Rn 52; Schaaf, Die Praxis der Hauptversammlung [2. Aufl 1999] Rn 835 J; Semler/Volhard, Arbeitshandbuch für die Hauptversammlung [1999] I H Rn 21, S 26 – im Widerspruch zur Kommentierung von Semler in MünchHdb GesR).

cc) Eidesstattliche Versicherung, Unterschrifts- und Abschriftsbeglaubigung

294 Die eidesstattliche Versicherung (§ 38 BeurkG) ist Angelegenheit all derer, deren Rechtsstellung durch die Beurkundung berührt wird (Armbrüster, in: Huhn/vSchuckmann § 3 BeurkG Rn 40; Winkler § 3 BeurkG Rn 53; vgl zum Erbscheinsantrag Rn 292).

295 Die **Unterschriftsbeglaubigung** (§ 40 BeurkG) ist nicht nur eine Angelegenheit des Unterzeichnenden, sondern auch der Personen, die an dem in der Urkunde enthaltenen **Rechtsgeschäft materiell beteiligt** sind (Eylmann, in: Eylmann/Vaasen § 3 BeurkG Rn 17; Winkler § 3 BeurkG Rn 37). Nach **aA** gilt dies nur für Unterschriftsbeglaubigungen mit Entwurf, während an Beglaubigungen ohne Entwurf nur der Unterzeichnende sachbeteiligt sei (Armbrüster, in: Huhn/vSchuckmann § 3 BeurkG Rn 29; Maass ZNotP 1999, 178, 182 f).

296 Die **Abschriftsbeglaubigung** (§ 42 BeurkG) ist nach **hM** nur eine Angelegenheit des Antragsstellers (Armbrüster, in: Huhn/vSchuckmann § 3 BeurkG Rn 31; Winkler § 3 BeurkG Rn 59). Nach hM müßte der Notar etwa ablehnen, wenn ihn sein Sozius um eine Abschriftsbeglaubigung seines Abiturzeugnisses bittet; beantragt hingegen die Frau des Sozius dieselbe Abschrift (dh des Zeugnisses des Sozius), so dürfte der Notar die Beglaubigung vornehmen. Diese Differenzierung leuchtet mir nicht ein. **ME** darf der Notar daher auch dann nicht mitwirken, wenn er die Urkunde nach ihrem Inhalt oder der Person ihres Ausstellers nicht hätte aufnehmen dürfen (Jansen § 3 BeurkG Rn 18); dies kann man allerdings auch aus § 16 Abs 2 BNotO ableiten.

3. Mitwirkungsverbot bei außernotarieller Vorbefassung (§ 3 Abs 1 S 1 Nr 7 BeurkG)

297 In der Praxis am meisten Fragen wirft das durch die Dritte BNotO-Novelle von 1998 eingeführte Mitwirkungsverbot bei außernotarieller Vorbefassung (§ 3 Abs 1 S 1 Nr 7 BeurkG) auf. Danach darf der Notar nicht tätig werden, wenn er zuvor in derselben Angelegenheit bereits außerhalb seiner notariellen Amtstätigkeit, insbes als Anwalt, tätig wurde.

Das anwaltliche Berufsrecht enthält in **§ 45 Abs 1 Nr 1 BRAO** eine **weitgehend spiegelgleiche Parallelvorschrift**; sie kommt zum Tragen, falls umgekehrt zunächst die notarielle Amtstätigkeit erfolgte und nun um ein anwaltliches Tätigwerden des Urkundsnotars oder seine Sozius nachgesucht wird (vgl auch Rn 271).

a) Anwendungsbereich
298 Das Mitwirkungsverbot erfaßt außernotarielle **berufliche Vorbefassungen**, insbes eine **anwaltliche Vorbefassung**, aber auch eine Vorbefassung als **Steuerberater**, Wirtschaftsprüfer oder im Rahmen einer Nebentätigkeit als Insolvenzverwalter, **Testamentsvollstrecker** etc.

Hingegen gilt es **nicht bei notarieller Vorbefassung**, insbesondere nicht bei einer notariellen Betreuungstätigkeit nach § 24 BNotO (BT-Drucks 13/4184, 36) oder bei einer Amtstätigkeit als Gütestelle (nach § 794 Abs 1 Nr 1 ZPO oder § 15a EGZPO), Schlichter oder Mediator (Winkler § 3 BeurkG Rn 109). Viele dieser Tätigkeiten kann der Anwaltsnotar auch als Anwalt vornehmen. Abgrenzungsschwierigkeiten werden vermieden, wenn der Anwaltsnotar pflichtgemäß zu Beginn seiner Tätigkeit gegenüber den Beteiligten klargestellt hat, ob er als Anwalt oder als Notar tätig wird (Ziffer I. 3 RLE-BNotK, DNotZ 1999, 258). Ansonsten ist die gesetzliche Zweifelsregel des § 24 Abs 2 BNotO anzuwenden. War ein Notar im Landesdienst in Baden-Württemberg in derselben Angelegenheit bereits als Nachlaß- oder Vormundschaftsrichter oder als Grundbuchamt tätig, so begründet dies kein Vorbefassungsverbot nach § 3 Abs 1 S 1 Nr 7 BeurkG, da die Vorbefassung auch in amtlicher Eigenschaft erfolgte (Justizministerium Baden-Württemberg, Rundschreiben an die OLG, LG und Notariate vom Februar 1999, Az 3830/0271, S 6 – nv).

Das Mitwirkungsverbot gilt auch, wenn die **Vorbefassung bereits abgeschlossen** ist. Dies erschien dem Gesetzgeber erforderlich, um einen Mißbrauch durch willkürliche Mandatsniederlegungen zu verhindern (BT-Drucks 13/4184, 36).

Erfaßt wird auch die Vorbefassung einer **beruflich verbundenen Person** iSd § 3 Abs 1 S 1 Nr 4 BeurkG. Dies ist der praktische Hauptfall des Mitwirkungsverbotes.

Die Verweisung auf § 3 Abs 1 S 1 Nr 4 BeurkG setzt eine **bestehende Berufsverbindung** voraus (anders als § 45 Abs 3 BRAO). Scheidet daher der allein aktiv mit der Angelegenheit befaßte Sozius aus, so wird die bisherige Sozietät von dem Mitwirkungsverbot frei (auch wenn formell auch andere Anwaltssozien mandatiert waren, aber mit dem Vorgang nichts zu tun hatten und daher keinerlei geheimhaltungsbedürftige Informationen erlangt haben). Wechselt er zu einer anderen Sozietät, so unterliegt dafür nun die aufnehmende Sozietät (bzw deren Sozien) dem Mitwirkungsverbot in Angelegenheiten, mit denen der Sozietätswechsler aktiv befaßt war (da das Mitwirkungsverbot zwar eine bestehende Berufsverbindung voraussetzt, aber auch abgeschlossene Sachverhalte erfaßt; Armbrüster, in: Huhn/vSchuckmann § 3 BeurkG Rn 70; Winkler § 3 BeurkG Rn 112). Der Sozietätswechsler (oder auch verbleibende Berufsträger) unterliegen dem Mitwirkungsverbot, soweit sie – über eine bloße Mitmandatierung hinaus – aktive Tätigkeit entfaltet haben, worunter aber auch vorbereitende oder unterstützende Tätigkeit ohne Außenwirkung fallen kann (Bundesnotarkammer BNotK-Intern 1/2001, S 4; Armbrüster, in: Huhn/vSchuckmann § 3 BeurkG Rn 70; vgl auch BVerGE 108, 150 = MDR 2003, 1081 = NJW 2003, 2520 zum anwaltlichen Berufsrecht).

Hat die frühere Kanzlei trotz des Ausscheidens des allein mit der abgeschlossenen Angelegenheit befaßten Berufsträgers noch eine Kenntnisnahmemöglichkeit von der Angelegenheit (insbes aufgrund der verbliebenen Anwaltsakte), so empfiehlt sich eine Ablehnung der Beurkundung nach § 16 Abs 2 BNotO (Eylmann, in: Eylmann/Vaasen § 3 BeurkG Rn 49).

Wissenschaftliche, künstlerische oder Vortragstätigkeit (§ 8 Abs 4 BNotO) ist keine Vorbefassung iSd § 3 Abs 1 S 1 Nr 7 BeurkG, da sie nicht „für" einen Dritten ausgeübt wird (Vaasen/Starke DNotZ 1998, 661, 670; Winkler § 3 BeurkG Rn 105; ähnlich Armbrüster, in: Huhn/vSchuckmann § 3 BeurkG Rn 71).

Auch eine nicht berufliche, sondern **private Vorbefassung** begründet nach wohl hM kein Mitwirkungsverbot (LERCH BWNotZ 1999, 41, 48; MIHM DNotZ 1999, 8, 17; SANDKÜHLER, in: ARNDT/LERCH/SANDKÜHLER § 16 BNotO Rn 73; SOERGEL/J MAYER § 3 BeurkG Rn 13; WINKLER § 3 BeurkG Rn 110a; **aA** BT-Drucks 13/4184, 37; BRAMBRING FGPrax 1998, 201; EYLMANN NJW 1988, 2929; EYLMANN, in: EYLMANN/VAASEN § 3 BeurkG Rn 20). Auch wenn sich der Notar in seiner Freizeit im Vorstand einer lokalen Bürgerinitiative für oder gegen den Neubau einer Umgehungsstraße hervorgetan hat, steht § 3 Abs 1 Nr 7 BeurkG der Beurkundung eines dafür erforderlichen Grundstückstauschs nicht entgegen. Allerdings mag es angebracht sein, daß der Notar von sich die Beurkundung nach § 16 Abs 2 BNotO ablehnt.

b) Einheitlicher Lebenssachverhalt

301 Entscheidend ist, ob die außernotarielle Vorbefassung und die jetzige Amtstätigkeit „dieselbe Angelegenheit" betreffen. In § 3 Abs 1 S 1 Nr 7 BeurkG dient der Begriff der Angelegenheit damit der Abgrenzung zwischen verschiedenen Beurkundungsgegenständen, während derselbe Begriff in den anderen Tatbeständen des § 3 Abs 1 BeurkG der Bestimmung der Sachbeteiligten dient. Deutlicher wäre gewesen, der Gesetzgeber hätte zwei verschiedene Begriffe verwandt.

Der Begriff „derselben Angelegenheit" in § 3 Abs 1 S 1 Nr 7 BeurkG (und der spiegelgleiche Begriff „derselben Rechtssache" in § 45 Abs 1 Nr 1 BRAO) meint einen **einheitlichen Lebenssachverhalt** (SANDKÜHLER, in: ARNDT/LERCH/SANDKÜHLER § 16 BNotO Rn 70; LITZENBURGER, in: BAMBERGER/ROTH § 3 BeurkG Rn 16; EYLMANN, in: EYLMANN/ VAASEN § 3 BeurkG Rn 46; SCHIPPEL/VETTER § 16 BNotO Rn 47; WINKLER § 3 BeurkG Rn 114; **aA** ARMBRÜSTER, in: HUHN/vSCHUCKMANN § 3 BeurkG Rn 19, 75, der den Begriff etwas enger versteht, in vielem aber zu ähnlichen Ergebnissen kommt. Armbrüster will den Begriff der Angelegenheit als „ein durch den konkreten Beurkundungsauftrag begrenztes Rechtsverhältnis mit den sich heraus ergebenden Rechten und Pflichten verstehen, einschließlich solcher Rechtsverhältnisse, die von dem Gegenstand der Beurkundung unmittelbar präjudiziert werden"). Zu Recht vertritt die hM mit Blick auf den Schutzzweck der Mitwirkungsverbote einen eher weiten Begriff „derselben Angelegenheit".

Das Mitwirkungsverbot ist ein **mandatsbezogenes**, kein mandantenbezogenes Verbot. Je weiter allerdings die außernotarielle Tätigkeit als Anwalt, Steuerberater oder Wirtschaftsprüfer für einen Mandanten war, um so eher wird eine Vorbefassung iSd Nr 7 vorliegen, so daß hier im Ergebnis faktisch weitgehend einem Mitwirkungsverbot für Angelegenheiten des betreffenden Beteiligten gleichkommen kann (EYLMANN NJW 1988, 2929, 2932; VAASEN/STARKE DNotZ 1998, 661, 671 f; EYLMANN, in: EYLMANN/VAASEN § 3 BeurkG Rn 49; zur früheren Rechtslage vor Verschärfung der Mitwirkungsverbote durch die Dritte – BNotO-Novelle 1998 – *de lege ferenda* sehr kritisch zum Tätigwerden als Notar nach vorheriger einseitiger, sei es anwaltlicher, sei es notarieller Beratung: STÜRNER JZ 1974, 154, 155).

302 Unproblematisch dieselbe Angelegenheit liegt vor, soweit **derselbe Anspruch** Gegenstand der Vorbefassung und der notariellen Amtstätigkeit sein soll. Daher darf ein Anwaltsnotar nicht zunächst als Anwalt einen Beteiligten in einem Unterhaltsverfahren vertreten (oder hinsichtlich eines Darlehns oder eines anderen Zahlungsanspruches) und danach als Notar ein Schuldanerkenntnis über diesen (Unterhalts-) Anspruch beurkunden (BGH NJW 2004, 1954 = ZNotP 2004, 370; ARMBRÜSTER, in: HUHN/ vSCHUCKMANN § 3 BeurkG Rn 76; MIHM, DNotZ 1999, 8, 19; SCHIPPEL/VETTER § 16 BNotO Rn 47;

WINKLER § 3 BeurkG Rn 100). Ebenso darf umgekehrt ein Anwaltsnotar, der eine notarielle Urkunde über die Anerkennung einer Unterhaltsschuld (mit oder ohne Vollstreckungsunterwerfung) beurkundet hat, nicht einen der Beteiligten zugleich oder später in einem Rechtsstreit über die Unterhaltspflichten anwaltlich vertreten (AG Emmerich MDR 1999, 644; FEUERICH/WEYLAND, BRAO [6. Aufl 2003] § 45 BRAO Rn 8; EYLMANN, in: Henssler/Prütting, § 45 BRAO Rn 16).

Darüber hinaus sind die vermögensrechtlichen Beziehungen der Ehegatten und noch darüber hinaus die gesamte **eheliche Lebensgemeinschaft** einschließlich der Rechtsbeziehungen zu den Kindern als einheitliche Angelegenheit anzusehen (EYLMANN, in: EYLMANN/VAASEN § 3 BeurkG Rn 47). Daher darf der Notar weder Ehevertrag noch Scheidungsfolgenvereinbarung noch eine Unterhaltsvereinbarung zwischen Ehegatten beurkunden, wenn er (oder sein Sozius) zuvor oder gleichzeitig einen Ehegatten als Prozessbevollmächtigter im Scheidungsverfahren vertreten hat (BGH NJW 2004, 1954 = ZNotP 2004, 370; EYLMANN, in: EYLMANN/VAASEN § 3 BeurkG Rn 47; JANSEN § 3 BeurkG Rn 40; MIHM, Berufsrechtliche Kollisionsprobleme beim Anwaltsnotar [2000] 108; ROHS, Die Geschäftsführung der Notare [10. Aufl] 201; SCHIPPEL/VETTER § 16 BNotO Rn 47; WINKLER § 3 BeurkG Rn 100; ebenso ARMBRÜSTER, in: HUHN/vSCHUCKMANN § 3 BeurkG Rn 76, trotz seines etwas engeren Begriffsverständnisses der Angelegenheit). Ebensowenig ist umgekehrt dem Notar, der eine Scheidungsfolgenvereinbarung oder einen Ehevertrag beurkundet hat, erlaubt, später als Anwalt im Scheidungsverfahren tätig zu werden, auch wenn es im Scheidungsverfahren auf den Ehevertrag nicht ankommt, ja selbst wenn er zwischenzeitlich aufgehoben wurde (EYLMANN, in: HENSSLER/PRÜTTING § 45 BRAO Rn 16), da er gleichwohl aus seiner notariellen Vorbefassung noch für das Scheidungsverfahren relevante, ihm als Notar anvertraute Kenntnisse haben kann.

Nicht mehr dieselbe Angelegenheit ist hingegen die Verwendung des im Rahmen des Zugewinnausgleichs erlangten Vermögens, etwa der Kauf einer neuen Wohnung durch den geschiedenen Ehegatten (ARMBRÜSTER, in: HUHN/vSCHUCKMANN § 3 BeurkG Rn 76; EYLMANN, in: EYLMANN/VAASEN § 3 BeurkG Rn 49). Wollen die in Scheidung lebenden Ehegatten hingegen die bisher gemeinsam genutzte Familienwohnung verkaufen, so setzen sie sich damit über einen wesentlichen Vermögensgegenstand bereits auseinander; dies ist daher dieselbe Angelegenheit wie das Scheidungsverfahren (ARMBRÜSTER/LESKE ZNotP 2002, 46, 48 f).

Ebenso wird die **Erbfolge** nach einer Person grundsätzlich als einheitliche Angelegenheit angesehen: Wer als Anwalt oder Steuerberater jemanden im Hinblick auf die Erbfolge beraten hat, darf als Notar weder die letztwillige Verfügung des Mandanten beurkunden noch nach dem Erbfall an Erbscheinsanträgen und Nachlassauseinandersetzungen mitwirken (EYLMANN, in: EYLMANN/VAASEN § 3 BeurkG Rn 48). Hat der Notar umgekehrt zunächst eine Verfügung von Todes wegen oder einen Erbscheinsantrag beurkundet, so darf er (oder sein Sozius) nicht später als Anwalt die Interessen einzelner Erben bei der Erbauseinandersetzung vertreten oder Mandate zur Geltendmachung oder Abwehr von Pflichtteils- und Vermächtnisansprüchen für oder gegen die Erben übernehmen (EYLMANN, in: HENSSLER/PRÜTTING BRAO [1997] § 45 BRAO Rn 16; FEUERICH/WEYLAND § 45 BRAO Rn 8).

Bei **Grundstückskaufverträgen** gehört die Maklertätigkeit zur selben Angelegenheit (BGH DNotZ 1985, 231 = NJW 1985, 2027 = WM 1984, 1167). Den Kauf und einen späteren

Weiterverkauf sieht ARMBRÜSTER (in: HUHN/vSCHUCKMANN § 3 BeurkG Rn 76) als unterschiedliche Angelegenheiten an, da sie zwar dasselbe Kaufobjekt, aber unterschiedliche Rechtsgeschäfte betreffen. Vom Schutzzweck her könnte man dies auch anders sehen: Möglicherweise hat etwa der Anwalt bei der Beratung für den ersten Kaufvertrag auch Tatsachen über das Grundstück erfahren, die nun auch für den Weiterverkauf von Belang sind, die aber der Verkäufer nicht offenbaren will. So kann man selbst zweifeln, ob möglicherweise ein Mietvertrag noch dieselbe Angelegenheit wie ein Kaufvertrag über dasselbe Grundstück ist: Denn sowohl nähere Kenntnisse über den langjährigen Gewerbemietvertrag wie über einen Mietprozeß können für den Kaufvertrag eine wesentliche Rolle spielen. Jedenfalls in tatsächlichen Konfliktfällen wird der Notar seine Mitwirkung versagen (ggf nach § 16 Abs 2 BNotO).

Ging der Beurkundung eine **steuerliche oder wirtschaftliche Beratung** voraus, die den Inhalt eines konkreten Rechtsgeschäftes betraf, so greift das Mitwirkungsverbot des § 3 Abs 1 S 1 Nr 7 BeurkG ein. Gab die steuerliche Beratung hingegen nur Anlaß zu einer Beurkundung, ohne deren konkrete Ausgestaltung zu beeinflussen (etwa weil der Steuerberater nur allgemein riet, doch auch etwas in Immobilien zu investieren), so begründet dies kein Mitwirkungsverbot (EYLMANN, in: EYLMANN/VAASEN § 3 BeurkG Rn 49). Schwer faßbar ist hingegen die steuerliche Dauerberatung: Je umfangreicher die Beratung ist, desto eher wird aus dem gesetzlichen mandatsbezogenen Mitwirkungsverbot faktisch ein mandantenbezogenes Mitwirkungsverbot, weil faktisch alle Beurkundungen erfaßt sind (EYLMANN NJW 1998, 2929, 2932; WINKLER § 3 BeurkG Rn 115).

c) Ausnahme bei Vorbefassung im Auftrag aller Urkundsbeteiligter

304 Eine außernotarielle Vorbefassung steht der Beurkundung nicht entgegen, wenn die Vorbefassung „im Auftrag aller Personen" erfolgte, „die an der Beurkundung beteiligt sein sollen".

Ebenso wie die „Angelegenheit" in den anderen Tatbeständen des § 3 BeurkG ist der Begriff der Beteiligung dabei als **materielle Beteiligung** zu verstehen (ARMBRÜSTER/LESKE ZNotP 2002, 46, 49; ARMBRÜSTER, in: HUHN/vSCHUCKMANN § 3 BeurkG Rn 77; BRAMBRING FGPrax 1998, 201; EYLMANN NJW 1988, 2929, 2931; EYLMANN, in: EYLMANN/VAASEN § 3 BeurkG Rn 46; HARDER/SCHMIDT DNotZ 1999, 949, 962; MIHM DNotZ 1999, 8, 20; G SANDKÜHLER, in: ARNDT/LERCH/SANDKÜHLER § 16 BNotO Rn 78; C SANDKÜHLER, in: Beck'sches Notarhandbuch K II Rn 77; VAASEN/STARKE DNotZ 1998, 661, 670; WINKLER § 3 BeurkG Rn 122; **aA** – für den formellen Beteiligungsbegriff des § 6 Abs 2 BeurkG: STRUNZ ZNotP 2002, 133; SOERGEL/J MAYER § 3 BeurkG Rn 13 Fn 55).

Beispiele sind die Beurkundung einer GmbH-Gründung nach vorheriger Beratung aller Gründungsgesellschafter durch den Steuerberater-Sozius (was strenggenommen auch eine Mandatierung der Steuerberatung duch die Vor-GmbH voraussetzt), die Beurkundung eines Übergabevertrages nach anwaltlicher oder steuerlicher Vorberatung aller Beteiligter oder die Beurkundung des in einer vorherigen anwaltlichen Mediation erzielten Vergleichs. Ein Testament kann der Anwaltsnotar hingegen nach vorheriger anwaltlicher Beratung nur nach Ansicht der Mindermeinung beurkunden (STRUNZ ZNotP 2002, 133), nach hM nur, wenn die anwaltliche Vorberatung auch im Auftrag aller testamentarisch Begünstigten (und ggf des als Testamentsvollstrecker Benannten) erfolgte. Ein anderes Beispiel mag die Prolematik der Mindermeinung zeigen: Nach der Mindermeinung wäre auch zulässig, wenn der Anwaltsnotar zunächst den Grundstücksverkäufer einseitig berät und danach als Notar dessen Verkaufsangebot beurkundet – wobei er wiederum unparteiisch auch die Interessen des Käufers berücksichtigen müßte.

Vom Gesetz nicht erfordert ist hingegen, daß die spätere Beurkundung schon bei der Auftragserteilung für (anwaltliche oder sonstige) Vorbefassung beabsichtigt war (ARMBRÜSTER, in: HUHN/vSCHUCKMANN § 3 BeurkG Rn 77; aA SOERGEL/J MAYER § 3 BeurkG Rn 13 Fn 56; WINKLER § 3 BeurkG Rn 121).

d) Bürointerne Kontrolle, Frage- und Vermerkpflicht

Um die Einhaltung des Vorbefassungsverbotes auch kontrollieren zu können, statuiert § 3 Abs 1 S 2 BeurkG eine **Frage- und Vermerkpflicht**, wonach der Notar die Beteiligten vor der Beurkundung nach einer Vorbefassung iSd § 3 Abs 1 S 1 Nr 7 BeurkG zu fragen und in der Urkunde die Antwort zu vermerken hat. Zu fragen sind nur die formell Beteiligten iSd § 6 Abs 2 BeurkG, bei der Beurkundung einer Gesellschaftsversammlung die anwesenden Gesellschaftsorgane.

Auf den **hauptberuflichen Notar** wird diese Frage- und Vermerkpflicht von allen betroffenen Landesjustizverwaltungen in teleologischer Gesetzesreduktion nicht angewandt, da eine außernotarielle Vorbefassung so gut wie nie vorliegt (am ehesten ist sie noch bei Berufswechslern in den neuen Bundesländern denkbar, dort aber wegen der früheren Tätigkeit in einer anderen geographischen Region ebenfalls nur theoretisch relevant) und daher die Appell- und Kontrollfunktion der Frage- und Vermerkpflicht nicht zum Tragen kommt, sondern sich Frage und Vermerk nur als überflüssige Förmlichkeit darstellen (neben den Landesjustizverwaltungen ebenso ARMBRÜSTER/LESKE ZNotP 2002, 46, 50; ARMBRÜSTER, in: HUHN/vSCHUCKMANN § 3 BeurkG Rn 80; BRAMBRING FGPrax 1998, 201, 202; EYLMANN, in: EYLMANN/VAASEN § 3 BeurkG Rn 52; HELLER/VOLLRATH MittBayNot 1998, 322, 325; HERMANNS MittRhNotK 1998, 359; LISCHKA NotBZ 1998, 208; SOERGEL/J MAYER § 3 BeurkG Rn 15; WINKLER § 3 BeurkG Rn 126; aA EYLMANN, in: EYLMANN/VAASEN § 3 BeurkG Rn 52; SANDKÜHLER, in: ARNDT/LERCH/SANDKÜHLER § 16 BNotO Rn 79; MAASS ZNotP 1999, 178, 179).

Auch für den außerhalb einer Berufsverbindung **als Einzelnotar tätigen Anwaltsnotar** verneinen Teile der Literatur eine Fragepflicht, da der Berufsträger selber weiß bzw prüfen kann, ob er bereits vorbefaßt war (EYLMANN, in: EYLMANN/VAASEN § 3 BeurkG Rn 52; HELLER/VOLLRATH MittBayNot 1998, 322, 325; WINKLER § 3 BeurkG Rn 126; aA SOERGEL/J MAYER § 3 BeurkG Rn 15); die Dienstaufsicht prüft hingegen auch beim einzeln tätigen Anwaltsnotar den Vermerk.

Die Frage- und Vermerkpflicht gilt nicht nur für Niederschriften, sondern für die gesamte Urkundstätigkeit. Ausgenommen sind nur berichtigende, abändernde oder aufhebende Urkunden oder bloße Vollzugsurkunden (zB die Auflassung zu einem vom selben Notar beurkundeten Kaufvertrag; EYLMANN, in: EYLMANN/VAASEN § 3 BeurkG Rn 54; aA HARBORTH/LAU DNotZ 2002, 412, 424). De lege ferenda sollten **Abschrifts- und Unterschriftsbeglaubigungen** ohne Entwurf von der Frage- und Vermerkpflicht ausgenommen werden (Bundesnotarkammer DNotZ 2002, 485); de lege lata gilt § 3 Abs 1 S 2 BeurkG jedoch auch hier (BRAMBRING FGPrax 1998, 201; SANDKÜHLER, in: ARNDT/LERCH/SANDKÜHLER § 16 BNotO Rn 79; EYLMANN, in: EYLMANN/VAASEN § 3 BeurkG Rn 53; HARBORTH/LAU DNotZ 2002, 412, 423; WINKLER § 3 BeurkG Rn 126; aA SCHIPPEL/VETTER § 16 BNotO Rn 55).

306 Nach § 28 BNotO hat der Notar durch geeignete Vorkehrungen die Wahrung der Unabhängigkeiten und Unparteilichkeit seiner Amtsführung, insbesondere die Einhaltung der Mitwirkungsverbote sicherzustellen. Nach Abschnitt VI RLE-BNotK (DNotZ 1999, 259) hat sich der Notar vor Übernahme einer notariellen Amtstätigkeit in zumutbarer Weise zu vergewissern, dass Kollisionsfälle im Sinne des § 3 Abs 1 BeurkG nicht bestehen. Dazu hat er Beteiligtenverzeichnisse oder sonstige zweckentsprechend **Dokumentationen** zu führen, die eine Identifizierung der in Betracht kommenden Personen ermöglichen. Die Offenbarung und Dokumentation durch die ihm verbundenen Berufsträger hat er durch entsprechende schriftliche Vereinbarung zu sichern.

§ 15 DONot stellt nähere Anforderungen an die Dokumentation zur Einhaltung der Mitwirkungsverbote auf, wobei allerdings die Regelungskompetenz der DONot als bloßer Verwaltungsvorschrift von der Literatur überwiegend bezweifelt wird, da die Richtlinien der Notarkammern die unbestimmten Gesetzesbegriffe des § 28 BNotO schon ausfüllen (vgl Berufsrechtsausschuß der Bundesnotarkammer BNotK-Intern 1/2001, S 4; LERCH ZNotP 2002, 166; MAASS ZNotP 2002, 217; WÖSTMANN ZNotP 2002, 96).

4. Hinweispflicht des Notars und Ablehnungsrecht der Beteiligten (§ 3 Abs 2 und 3 BeurkG)

307 In anderen Fällen begründet das Gesetz kein von Amts wegen zu beachtendes Mitwirkungsverbot, sondern überläßt es den Beteiligten selbst die Entscheidung, ob sie wegen möglicher Interessenkonflikte des Urkundsnotars sich lieber an einen anderen Notar wenden oder ob sie den Interessenkonflikt für unwesentlich halten. Das Gesetz begründet hier lediglich eine Amtspflicht des Notars, die Beteiligten auf ein bestehendes Näheverhältnis zu einem der Beteiligten **hinzuweisen**, damit sie ihr Ablehnungsrecht wahrnehmen können.

a) Frühere Vertretung oder Vertretung in anderer Sache (§ 3 Abs 2 BeurkG)

308 Eine Hinweispflicht besteht nach § 3 Abs 2 BeurkG bei Sachbeteiligung mehrerer Personen, wenn der Notar entweder **früher in derselben Angelegenheit** als (gesetzlicher oder rechtsgeschäftlicher) **Vertreter** (insbes auch als Anwalt) tätig war (Var 1) oder wenn er für eine der Personen **gleichzeitig in einer anderen Angelegenheit** als (rechtsgeschäftlich) **Bevollmächtigter** tätig ist (Var 2).

§ 3 Abs 2 BeurkG läuft nach der Einführung des (vorrangigen) **§ 3 Abs 1 S 1 Nr 7 BeurkG** in seiner ersten Variante weitgehend leer, da bei einer Vorbefassung in derselben Angelegenheit nicht nur eine Hinweispflicht, sondern ein Mitwirkungsverbot besteht, von dem die Beteiligten den Notar nicht befreien können. Im wesentlichen verbleiben nur die Fälle der zweiten Variante, dh der gleichzeitigen Bevollmächtigung in einer anderen Angelegenheit. Die frühere Bevollmächtigung in einer anderen Angelegenheit oder die gleichzeitige *gesetzliche* Vertretung in einer anderen Angelegenheit unterfällt nicht § 3 Abs 2 BeurkG.

b) Zugehörigkeit zu nicht vertretungsberechtigtem Organ (§ 3 Abs 3 Nr 1 BeurkG)

309 Eine bloße Hinweispflicht besteht auch, wenn der Notar dem nicht vertretungsberechtigten Organ einer juristischen Person angehört, also insbesondere dem **Aufsichtsrat einer Aktiengesellschaft (oder einer GmbH) oder der Vertreterversammlung einer Genossenschaft.

c) Zugehörigkeit zu Gemeinderat oder Kirchenvorstand (§ 3 Abs 3 Nr 2 und 3 BeurkG)
Ebenfalls kein Mitwirkungsverbot, sondern nur eine Hinweispflicht besteht, wenn der **310** Notar dem Organ einer kommunalen Gebietskörperschaft (Gemeinde, Kreis, analog auch Bezirk oder kommunale Zweckverbände) oder einer als Körperschaft des öffentlichen Rechts anerkannten Religions- oder Weltanschauungsgemeinschaft (oder deren Teilorganisation) angehört. Der Gesetzgeber wollte die Notare nicht schlechter stellen, die sich für eine (im Regelfall ehrenamtliche) Mitarbeit in **Gemeinderat oder Kirchenvorstand/Pfarrgemeinderat** zur Verfügung stellen (BT-Drucks 3/2183, 4, 5).

§ 3 Abs 3 Nr 2 und 3 BeurkG ist vorrangig gegenüber § 3 Abs 1 Nr 6 BeurkG, wie Abs 3 S 2 ausdrücklich regelt. Auch soweit der Gemeinderat oder Kirchenvorstand **vertretungsberechtigt** ist, besteht daher nur eine Hinweispflicht, kein absolutes Vertretungsverbot (HARBORTH/LAU DNotZ 2002, 412, 418; WINKLER § 3 BeurkG Rn 184).

Abs 3 gilt auch für **rechtlich unselbständige Untergliederungen**, etwa bei Beteiligung der Stadtwerke als Kommunalunternehmen. Bei Beteiligung einer rechtlich selbstständigen Tochter (also zB der Stadtwerke-GmbH), gilt hingegen nicht Abs 3 Nr 2 und 3: Gehört der Notar dem Aufsichtsrat der Stadtwerke-GmbH an, so gilt nur Abs 3 Nr 1; gehört der Notar (nur) dem Gemeinderat an, so ist bei Beteiligung der Stadtwerke-GmbH auch kein Hinweis gesetzlich vorgeschrieben (wenngleich dennoch sinnvoll, § 16 Abs 2 BNotO). Hingegen will die Literatur teilweise Nr 3 auch auf kirchliche oder weltanschauliche Stiftungen oder Anstalten anwenden (zB auf eine Pfarrpfründestiftung oder eine sonstige rechtlich selbständige kirchliche Stiftung, deren Organ der Notar angehört; WINKLER § 3 BeurkG Rn 186).

d) Verhältnis zu den Mitwirkungsverboten des Abs 1
Ist der **Notar hingegen selbst sachbeteiligt**, so besteht ein Mitwirkungsverbot nach § 3 **311** **Abs 1 Nr 1 BeurkG**. Daher kann der Notar nicht beurkunden, falls ausnahmsweise das an sich nicht vertretungsberechtigte Organ als gesetzlicher Vertreter handelt (etwa nach § 112 AktG) bzw falls ein Geschäft der Zustimmung des Organs bedarf (SANDKÜHLER, in: ARNDT/LERCH/SANDKÜHLER § 16 BNotO Rn 59; SCHIPPEL/VETTER § 16 BNotO Rn 80; WINKLER § 3 BeurkG Rn 92; aA SCHIPPEL/VETTER § 16 BNotO Rn 81, der lediglich eine Hinweispflicht nach Abs 2 sieht, soweit zwar eine Zustimmungspflicht des Aufsichtsrats besteht, der Notar aber diese Zustimmung nicht beurkundet). Dasselbe gilt, falls der Notar eine Erklärung oder einen Beschluß des Gemeinderates oder Kirchenvorstandes beurkunden soll, wenn er selbst an der Beschlußfassung teilnimmt.

Ebensowenig darf der Notar die **Hauptversammlung einer Aktiengesellschaft** beurkunden, wenn er deren **Aufsichtsrat** angehört (vgl Rn 293). Denn die Hauptversammlung ist eine Angelegenheit aller Gesellschaftsorgane, auch der nicht vertretungsberechtigten, da alle Organe an die Hauptversammlungsbeschlüsse gebunden sind (JANSEN § 3 BeurkG Rn 16, 33, MECKE/LERCH § 3 BeurkG Rn 11; SANDKÜHLER, in: ARNDT/LERCH/SANDKÜHLER § 16 BNotO Rn 33; SCHIPPEL/VETTER § 16 BNotO Rn 22; WINKLER § 3 BeurkG Rn 38 ff und 92; ebenso in der aktienrechtlichen Literatur etwa: HAPP, Aktienrecht [1995] S 628; HENN, Handbuch des Aktienrechts, [6. Aufl 1998] Rn 851; SEMLER, in: MünchHdb GesR, Band 4 [2. Aufl 1999] § 40 Rn 7;

WERNER, in: GroßKommAktG [4. Lief 1993] § 130 AktG Rn 82; **aA** ECKARTH, in: GESSLER/HEFERMEHL, AktG [5. Lief 1974] § 130 AktG Rn 52; SCHAAF, Die Praxis der Hauptversammlung [2. Aufl 1999] Rn 835 J; SEMLER/VOLHARD, Arbeitshandbuch für die Hauptversammlung [1999] I H Rn 21, S 26 – im Widerspruch zur Kommentierung von SEMLER, in MünchHdb GesR).

312 Strittig ist das Verhältnis zum **Vorbefassungsverbot des Abs 1 Nr 7**. Besser begründbar erscheint mir die Ansicht, wonach ein Mitwirkungsverbot aufgrund außernotarieller Vorbefassung besteht, soweit der Notar (oder sein Sozius) als Aufsichtsrat, Gemeinderat oder sonstiges Organmitglied iSd Abs 3 konkret mit der Sache befasst war (Notarkammer Hamm, KammerReport Hamm 2/2004, 40; ARMBRÜSTER, in: HUHN/VSCHUCKMANN § 3 BeurkG Rn 94; G SANDKÜHLER, in: ARNDT/LERCH/SANDKÜHLER § 16 BNotO Rn 72; C SANDKÜHLER, in: Beck'sches Notar-Handbuch [3. Aufl 2001] K II Rn 70; MIHM DNotZ 1999, 8, 15 f; dies, Berliner Anwaltsblatt 1999, 363, 367; dies, Berufsrechtliche Kollisionsprobleme beim Anwaltsnotar [2000] S 105).

Andere Literaturstimmen verneinen hingegen ein Vorbefassungsverbot bei Vorbefassung (ausschließlich) im Rahmen der Zugehörigkeit zu einem Gemeinderat oder Kirchenvorstand (§ 3 Abs 3 Nr 2 und 3 BeurkG); daher genüge ein bloßer Hinweis des Notars auf seine Zugehörigkeit zum Gemeinderat oder Kirchenvorstand (EYLMANN, in: EYLMANN/VAASEN § 3 BeurkG Rn 42 und 62; SCHIPPEL/VETTER § 16 BNotO Rn 85; WINKLER § 3 BeurkG Rn 183, 185). Bei einer Vorbefassung im Rahmen eines nichtvertretungsberechtigten Gesellschaftsorgans (§ 3 Abs 3 Nr 1 BeurkG) scheint aber auch diese Meinung von einem Vorrang von § 3 Abs 1 S 1 Nr 7 BeurkG und damit von einem Mitwirkungsverbot auszugehen.

Für die zweite Ansicht läßt sich die Absicht des Gesetzgebers anführen, die Mitwirkung im Rahmen der kommunalen und kirchlichen Selbstverwaltung zu privilegieren (BT-Drucks 3/2183, S 4, 5). Doch hat der Gesetzgeber nur Absatz 1 Nr 6 für unanwendbar erklärt, nicht auch Nr 7. Eine „Bestrafung" der ehrenamlich im (Kirch-)Gemeinderat tätigen Notare liegt darin nicht, wenn man den Begriff der Vorbefassung auf die Entscheidung über den jeweiligen Vertrag bzw über die allgemeinen Vertragsklauseln begrenzt. Keine Vorbefassung läge hingegen etwa in einer Beschlußfassung des Gemeinderates über die Baugebietsausweisung als solche.

e) **Hinweis- und Vermerkpflicht**

313 In den genannten Fällen soll (unbedingte Amtspflicht) der Notar die Beteiligten jeweils vor der Beurkundung auf das bestehende Näheverhältnis **hinweisen**. Zugleich soll der Notar die Beteiligten **fragen**, ob er die Beurkundung gleichwohl vornehmen soll (§ 3 Abs 2 S 1 BeurkG).

Sinnvollerweise sollte der Notar die Beteiligten bereits bei der **Entwurfsversendung** (oder ggf bereits bei der Terminsvergabe) informieren, da sie dann den Notar noch ohne Zeitverlust wechseln können. Andernfalls genügt auch ein Hinweis unmittelbar vor Beginn der Beurkundung. Die Beteiligten können ihr Ablehnungsrecht bis zum Schluß der Beurkundung ausüben. Denkbar, aber wohl eher theoretisch ist auch eine Ablehnung für das Beurkundungsnachverfahren (zB die Erstellung von Ausfertigungen), eher möglich hingegen für die Klauselerteilung (WINKLER § 3 BeurkG Rn 191).

Der Notar soll Hinweis und Frage in der Urkunde **vermerken** (§ 3 Abs 2 S 2 BeurkG).

Ein Verstoß gegen die Hinweis- und Vermerkpflicht des § 3 Abs 2 und 3 BeurkG beeinträchtigt die Formwirksamkeit der Beurkundung nicht.

5. Selbstablehnung wegen Befangenheit

Auch wenn kein Mitwirkungsverbot nach § 3 BeurkG eingreift, kann der Notar eine Beurkundung wegen **Befangenheit** ablehnen (§ 16 Abs 2 BNotO), ohne gegen seine Urkundsgewährungspflicht nach § 15 Abs 1 BNotO zu verstoßen. 314

Der Notar hat in eigener Verantwortung darüber zu entscheiden, ob er sich selbst für befangen hält oder ob ein Sachbeteiligter bei verständiger Würdigung, Grund haben kann, seiner vollen Unparteilichkeit zu zweifeln (SANDKÜHLER, in: ARNDT/LERCH/SANDKÜHLER § 16 BNotO Rn 102 f). Nach Ansicht eines Teils der Literatur kann sich dies zu einer Verpflichtung der Selbstablehnung bei Befangenheit verdichten (WINKLER § 3 BeurkG Rn 9), während nach anderer Ansicht eine über die im Beurkundungsgesetzen normierten Mitwirkungsverbote hinausgehende Pflicht zur Amtsverweigerung, deren Verletzung berufsrechtlich geahndet werden könnte, zu verneinen sei (EYLMANN, in: EYLMANN/VAASEN § 16 BNotO Rn 3).

6. Folgen bei Verstößen gegen Mitwirkungsverbote (§§ 6, 7 BeurkG)

a) Unwirksamkeit der gesamten Beurkundung (§ 6 BeurkG)
§ 6 BeurkG regelt die Fälle, in denen die **gesamte Beurkundung unwirksam** ist. Vorläuferregelungen fanden sich in § 170 FGG aF und § 2234 aF. 315

§§ 6 und 7 BeurkG gelten nur für die **Beurkundung von Willenserklärungen** (und entsprechend für die Abnahme von Eiden oder die Aufnahme eidesstattlicher Versicherungen, § 38 BeurkG), nicht hingegen für die Beurkundung tatsächlicher Vorgänge (zB der Hauptversammlung einer Aktiengesellschaft) oder für Unterschriftsbeglaubigungen.

Allerdings ist auch die **Beglaubigung der eigenen Unterschrift** unwirksam, da eine Eigenbeglaubigung nicht mit der Stellung des Notars als unabhängigen Trägers eines öffentlichen Amtes vereinbar ist (JANSEN § 40 BeurkG Rn 24; ARMBRÜSTER, in: HUHN/vSCHUCKMANN § 6 BeurkG Rn 2; WINKLER § 6 BeurkG Rn 2). Hingegen ist die Beglaubigung der Unterschrift des Ehegatten oder von Kindern des Notars wirksam, wenngleich unzulässig (§ 3 Abs 1 Nr 2–3 BeurkG).

§ 6 stellt auf die **formelle Beteiligung** ab. Formell beteiligt sind nur die zur Beurkundungsverhandlung Anwesenden, deren im eigenen oder fremden Namen abgegebene Erklärungen beurkundet werden sollen (§ 6 Abs 2 BeurkG – entspricht dem früheren § 168 S 2 FGG aF). Die formelle Beteiligung ist aus der Urkunde selbst ersichtlich (aus der Feststellung über die Urkundsbeteiligten nach § 9 Abs 1 S 1 Nr 1 BeurkG) und, da die Angehörigen des Notars idR auch denselben Namen tragen werden, können auch Dritte idR bereits aus der Urkunde selbst zumindest Anhaltspunkte für die Unwirksamkeit entnehmen. 316

Die gesamte Beurkundung ist unwirksam, wenn der Notar darin eigene Erklärungen beurkundet (§ 6 Abs 1 Nr 1; so etwa eine vom Notar selbst erklärte Löschungsbewilli- 317 gung: OLG Zweibrücken Rpfleger 1982, 276) oder Erklärungen seines **Ehegatten** oder Lebenspartners iSd LPartGG (Nr 2/2a) oder von **Verwandten in gerader Linie** (Nr 3). Ausdrücklich erfaßt der Gesetzestext auch eine frühere Verwandtschaft („war"; etwa nach einer Minderjährigenadoption, § 1755).

Die Ausschließungsgründe (Unwirksamkeitsgründe) des § 6 erfassen damit einen engeren Personenkreis als die Mitwirkungsverbote des § 3 Abs 1 S 1 Nr 1–3 BeurkG: Nicht erfaßt sind Verlobte, ehemalige Ehegatten/Lebenspartner, in der Seitenlinie Verwandte und alle Verschwägerten.

318 Unwirksam ist die Beurkundung auch, soweit ein **Vertreter** für den Notar, dessen Ehegatten/Lebenspartner oder dessen Verwandte in gerader Linie Erklärungen abgibt (§ 6 Abs 1 Nr 4 BeurkG). Damit will das Gesetz Umgehungen verhindern. Andererseits ist die Person des Vertretenen auch noch aus der Urkunde erkennbar. Eine entsprechende Regelung in § 3 BeurkG ist entbehrlich, da der Vertretene ohnehin vom materiellen Beteiligtenbegriff erfaßt ist.

Unwirksamkeit tritt nach hM auch bei einer Erklärung aufgrund Untervollmacht ein, wenn der Notar als Vertreter die Untervollmacht erteilt hat (OLG Hamm DNotZ 1956, 103 m Anm KEIDEL = Rpfleger 1956, 310 m Anm HAEGELE – zu § 170 FGG aF; EYLMANN, in: EYLMANN/VAASEN § 6 BeurkG Rn 7; SCHIPPEL/VETTER § 16 BNotO Rn 64; WINKLER § 6 BeurkG Rn 21; **aA** – keine Unwirksamkeit, wenn Unterbevollmächtigter direkt als Vertreter des Vertretenen handelt: ARMBRÜSTER, in: HUHN/vSCHUCKMANN § 6 BeurkG Rn 15; MECKE/LERCH § 6 BeurkG Rn 13)

Unwirksam sind auch Beurkundungen, die Erklärungen eines **Verwalters kraft Amtes** über das Vermögen einer der genannten Personen enthalten, also zB des Testamentsvollstreckers über den Nachlaß eines Elternteils des Notars (EYLMANN, in: EYLMANN/VAASEN § 6 BeurkG Rn 7; WINKLER § 6 BeurkG Rn 23).

319 Rechtsfolge des § 6 BeurkG ist die Unwirksamkeit der gesamten Beurkundung, also auch der **Erklärungen der anderen Urkundsbeteiligten**. § 6 BeurkG beschränkt sich jedoch auf eine Formunwirksamkeit. Daher kann eine Heilung durch Vollzug eintreten – falls niemand den Verstoß bemerkt (denn bei Grundstücksgeschäften ist die Auflassung materiell wirksam, wenn sie vor einem Notar erklärt wurde, auch wenn sie nicht formwirksam beurkundet wurde – vgl Rn 48).

b) Unwirksamkeit einzelner Willenserklärungen (§ 7 BeurkG)

320 Greift nicht bereits § 6 BeurkG ein, so ordnet § 7 BeurkG bei etwas weniger deutlichen, aber doch immer noch schweren Verstößen gegen Mitwirkungsverbote die Unwirksamkeit nur der den Notar bzw dessen **Angehörige begünstigender Willenserklärungen** an. Die Vorschrift entspricht im wesentlichen § 171 FGG aF und § 2235 aF, erstreckt die Unwirksamkeit allerdings auf Verwandte dritten Grades in der Seitenlinie.

321 Der **Personenkreis** des § 7 BeurkG erfaßt Beurkundungen von Willenserklärungen zugunsten des Notars selbst (Nr 1), seines Ehegatten, Lebenspartners, **früheren Ehegatten** oder Lebenspartners (Nr 2 und 2a) sowie zugunsten Verwandter und Verschwägerter in gerader Linie oder in der Seitenlinie bei Verwandten bis zum dritten Grad (dh bis zu **Onkel oder Neffe**), bei Verschwägerten bis zum zweiten Grad (**Schwager**), auch wenn die Verwandtschaft oder Schwägerschaft mittlerweile nicht mehr besteht.

Über § 6 BeurkG hinaus sind damit auch der frühere Ehegatte (oder Lebenspartner), enge Verwandte in der Seitenlinie sowie enge Verschwägerte erfaßt. Hingegen sind **nahezu alle Fälle der** § 3 Abs 1 S 1 Nr 1–3 BeurkG erfaßt, mit Ausnahme von Erklärungen zugunsten des Verlobten des Notars, wohl weil die Verlobung häufig für Dritte nicht mit hinreichender Sicherheit erkennbar ist.

Hauptunterschied zu § 6 BeurkG ist aber, daß nicht auf die formelle Beteiligung **322** abgestellt wird (weshalb eine Vertretung der genannten Angehörigen im Gesetz auch nicht eigens genannt werden mußte), sondern darauf, inwieweit die Willenserklärung darauf gerichtet ist, den Genannten einen **rechtlichen Vorteil** zu verschaffen. Rechtlicher Vorteil sind die Vermehrung der Rechte oder die Verminderung der Pflichten der genannten Personen, sei es durch eine *Verfügung* oder durch eine *Verpflichtung* zu ihren Gunsten. Eine etwaige Gegenleistung ist unbeachtlich; auch der Anspruch auf eine entgeltliche Übereignung bzw auf den Kaufpreis ist daher ein rechtlicher Vorteil, unabhängig davon, ob der Kaufvertrag für den Angehörigen wirtschaftlich vorteilhaft wäre (RGZ 88, 147, 150; KG OLGZ 5, 192). Der Vorteil muß nicht auf vermögensrechtlichem Gebiet liegen, sondern kann etwa auch familienrechtlicher Art sein (KGJ 51, 91). Der Erklärende muß weder Absicht noch auch nur Kenntnis von dem rechtlichen Vorteil gehabt haben (ARMBRÜSTER, in: HUHN/VSCHUCKMANN § 7 BeurkG Rn 3; WINKLER § 7 BeurkG Rn 3; **aA** EYLMANN, in: EYLMANN/VAASEN § 6 BeurkG Rn 7). Ebenso irrelevant ist die Kenntnis des beurkundenden Notars.

Die beurkundete Willenserklärung muß auf einen **unmittelbaren Vorteil** gerichtet sein; es genügt nicht, wenn ein Vorteil erst als deren Folge eintritt oder eintreten kann (BGHZ 134, 230 = DNotZ 1997, 466 m Anm REIMANN = MittBayNot 1997, 248 m Anm WINKLER = NJW 1997, 946 = ZEV 1997, 113 m Anm KUMMER; RGZ 88, 147, 151). Unwirksam ist daher eine Willenserklärung zugunsten einer Personengesellschaft (BGB-Gesellschaft, OHG oder KG), der der Notar angehört, nicht aber zugunsten einer juristischen Person (ausgenommen bei wirtschaftlicher Inhaberstellung des Notars; WINKLER § 7 BeurkG Rn 6). Kommt der Vorteil nur einem vom Notar als Verwalter kraft Amtes (Testamentsvollstrecker, Insolvenzverwalter etc) verwalteten Vermögen zugute, so ist er nicht unmittelbar (WINKLER § 7 BeurkG Rn 10).

Beispiele rechtlicher Vorteile sind etwa eine Schenkung an oder eine **Verfügung** **323** zugunsten des Notar oder eines seiner genannten Angehörigen; ebenso ein **Angebot** auf Abschluß eines entgeltlichen Austauschvertrages (hingegen nach hM nicht die Annahme des Angebotes, was mir nicht einleuchtet), ferner die **Abtretung** eines Anspruches (sowohl als entgeltliche wie als unentgeltliche Abtretung) oder die Erteilung einer **Löschungsbewilligung** oder einer Quittung.

Auch eine **Vollmacht** ist für den Bevollmächtigten rechtlich vorteilhaft (ARMBRÜSTER, in: HUHN/VSCHUCKMANN § 7 BeurkG Rn 5; EYLMANN, in: EYLMANN/VAASEN § 6 BeurkG Rn 8; JANSEN § 7 BeurkG Rn 7; **aA** MECKE/LERCH § 7 BeurkG Rn 7). Zulässig und wirksam ist hingegen eine Vollzugsvollmacht, die den Notar zu Amtstätigkeiten auf dem Gebiet der vorsorgenden Rechtspflege bevollmächtigt (WINKLER § 7 BeurkG Rn 8 – vgl oben Rn 290).

Rechtlich vorteilhaft ist auch die Benennung zum **Schiedsrichter**, die nach § 8 Abs 4 BNotO nicht Amtstätigkeit, sondern privatrechtliche Nebentätigkeit ist, wenn auch genehmigungsfrei. Unwirksam ist daher, wenn der Notar seine eigene Benennung zum Schiedsrichter beurkundet (Bundesnotarkammer DNotZ 2000, 401, 409; ARMBRÜSTER, in: HUHN/VSCHUCKMANN § 7 BeurkG Rn 4; EYLMANN, in: EYLMANN/VAASEN § 7 BeurkG Rn 8; WINKLER § 7 BeurkG Rn 7; **aA** MILZER ZNotP 2001, 252, 290, 297).

Dasselbe gilt nach der ausdrücklichen Verweisung des § 27 BeurkG für die Benennung zum Testamentsvollstrecker. Nachdem in § 27 (nur) der Testamentsvollstrecker ausdrücklich genannt ist, hält die hM die Einsetzung als **Vormund**, Gegenvormund, Betreuer, Pfleger, Bestand etc für wirksam (KGJ 51, 91 = RJA 16, 168; ARMBRÜSTER, in: HUHN/VSCHUCKMANN § 7 BeurkG Rn 4; WINKLER § 27 BeurkG Rn 8; **aA** EYLMANN, in: EYLMANN/VAASEN § 6 BeurkG Rn 8; MECKE/LERCH § 7 BeurkG Rn 6; auch mir erscheint der Umkehrschluß der hM nicht überzeugend).

324 Nach § 27 BeurkG gilt § 7 **entsprechend** für Personen, die in einer **Verfügung von Todes wegen** (Testament oder Erbvertrag) bedacht oder zum **Testamentsvollstrecker** ernannt werden. Unwirksam ist damit, wenn der Notar oder einer seiner in § 7 BeurkG aufgeführten Angehörigen zum Erben, Vermächtnisnehmer oder Testamentsvollstrecker eingesetzt wird (auch als Ersatzerbe, Vor- oder Nacherbe oder Ersatznacherbe, ebenso als Ersatz- oder Nachvermächtnisnehmer, hingegen nach heute überwiegender Meinung nicht die indirekte Begünstigung durch eine Auflage). Die Beurkundung der Benennung des Sozius zum Testamentsvollstrecker ist zwar nach § 3 Abs 1 S 1 Nr 4 BeurkG unzulässig, aber wirksam, da auch die Beteiligung des Urkundsnotars am Gewinn der Sozietät keinen rechtlichen Vorteil iSd § 7 BeurkG darstellt (BGHZ 134, 230 = DNotZ 1997, 466 m Anm REIMANN = NJW 1997, 946).

Entsprechend anwendbar ist § 7 auch auf den **Dolmetscher** (§ 16 Abs 3 S 2 BeurkG). § 24 Abs 2 BeurkG enthält eine inhaltsgleiche Unwirksamkeitsvorschrift bei Erklärung zugunsten der bei einem Tauben oder Stummen zugezogenen **„Verständigungsperson"** (früher Vertrauensperson).

Für den bei behinderten Beteiligten **zugezogenen Zeugen** oder zweiten Notar sieht § 26 Abs 1 Nr 2 BeurkG ein Mitwirkungsverbot vor, wenn sie aus der beurkundeten Erklärung einen rechtlichen Vorteil erlangen. Verstöße beeinträchtigen jedoch die Wirksamkeit der Beurkundung nicht.

325 § 7 BeurkG beschränkt die **Formunwirksamkeit** auf die Erklärungen, die dem Notar oder seinen Angehörigen einen rechtlichen Vorteil verschaffen. Im übrigen sind die Erklärung (zunächst) formwirksam. Jedoch wird die Teilunwirksamkeit häufig die Gesamtunwirksamkeit des beurkundeten Rechtsgeschäftes nach sich ziehen (§ 139).

c) Disziplinarische Sanktionen

326 Auch soweit sie die Wirksamkeit der Beurkundung nicht beeinträchtigen, sind Verstöße gegen Mitwirkungsverbote im Rahmen der **notariellen Dienstaufsicht** zu verfolgen. Verstößt ein Notar wiederholt grob gegen Mitwirkungsverbote nach § 3 Abs 1 BeurkG, so ist er (zwingend) seines **Amtes zu entheben** (§ 50 Abs 1 Nr 9 BNotO). Weitere Voraussetzung ist, daß nach einer Gesamtbewertung der Pflichtverletzungen die Entfernung aus dem Amt notwendig ist, um den mit den Mitwirkungsverboten des § 3 Abs 1 BeurkG verfolgten Zweck zu erreichen (BGH NJW 2004, 1954 = ZNotP 2004, 370).

VIII. Inhalt der Niederschrift

Als **Wirksamkeitsvoraussetzungen** muß die Niederschrift die Bezeichnung des beurkundenden **Notars** oder Notarvertreters (vgl Rn 328) und der (formell) **Beteiligten** (vgl Rn 331) sowie die **Erklärungen** der Beteiligten (Rn 350) enthalten (§ 9 Abs 1 S 1 Nr 1 und Nr 2 BeurkG). **327**

Die Bezeichnung der weiteren mitwirkenden Personen (zB Übersetzer, Zeuge, zweiter Notar oder Verständigungsperson) ist hingegen zwar Amtspflicht, aber keine Wirksamkeitsvoraussetzung (Rn 349).

Darüber hinaus hat der Notar noch Ort und Tag der Verhandlung in die Urkunde aufzunehmen. § 9 Abs 2 BeurkG (Rn 353), § 10 BeurkG und § 26 DONot regeln die Feststellung der Personalien (Rn 332). § 11 BeurkG schreibt auch Feststellungen über die Geschäftsfähigkeit in Zweifelsfällen vor (Rn 337), § 12 BeurkG Nachweise über Vollmachten oder gesetzliche Vertretungsmacht (Rn 340) – all dies ist aber für die Wirksamkeit der Beurkundung nicht erforderlich.

Üblicherweise finden sich die Bezeichnungen des Notars und der Beteiligten sowie die sonstigen Feststellungen im Eingang der Urkunde. Danach folgen die Erklärungen der Beteiligten, danach der Schlußvermerk („vorgelesen, genehmigt und unterschrieben").

1. Bezeichnung des Notars (§ 9 Abs 1 S 1 Nr 1 BeurkG)

Üblicherweise wird im Eingang der Urkunde der Notar mit Vor- und Zunamen sowie Amtssitz, idR auch die Geschäftsstelle (= Büroadresse) bezeichnet, da letzteres durch § 9 Abs 2 BeurkG vorgeschrieben ist, wenn dort auch die Beurkundung erfolgt (Rn 353). Für die Wirksamkeit der Urkunde ist aber nur erforderlich, daß der Notar überhaupt in der Urkunde bezeichnet wird. Es genügt nicht, wenn sich nur aus der Unterschrift ergibt, daß es sich um eine notarielle Urkunde handelt. Für die Wirksamkeit ausreichend ist jedoch, wenn im Text bereits erwähnt wird, daß eine Beurkundung vor dem Notar stattfand und sich aus **Text und Unterschrift zusammen** eine ausreichende Bezeichnung der Person des Notars ergibt, also zB im Urkundseingang „vor dem unterzeichnenden Notar erschienen" und am Ende die Unterschrift des Notars mit Familiennamen und dem Zusatz „Notar" (RGZ 50, 16, 19; BGHZ 38, 130, 135 = DNotZ 1964, 104 = NJW 1963, 200 = Rpfleger 1963, 114 m Anm Haegele; KG OLGZ 18, 353; KGJ 41, 81; KG JG 20, 319; OLG Frankfurt MDR 1986, 506 = Rpfleger 1986, 184; LG Koblenz DNotZ 1969, 702; LG Nürnberg-Fürth DNotZ 1971, 764). Ist hingegen im Text ein Notar bezeichnet und hat ein anderer Notar unterzeichnet („Vor mir, Notar Müller, erschienen ..." – Unterschrift „Maier, Notar"), so ist die Urkunde unwirksam, wenn sich nicht anderweitig aus dem Text entnehmen läßt, daß der unterzeichnende Notar **328** beurkundet hat (vgl OLG Hamm OLGZ 1988, 227 = DnotZ 1988, 565 m Anm Reithmann = Rpfleger 1988, 197).

Keinen Einfluß hat es auf die Wirksamkeit, wenn zwar der Notar namentlich benannt ist, aber dennoch – etwa weil es mehrere Notare gleichen Namens im Amtsbezirk gibt („Notar Meier, Berlin") – sich die Person des Notars aus der Urkunde noch nicht eindeutig ergibt. Denn ob der Notar eindeutig bestimmt ist, kann man der Urkunde nicht entnehmen. (Vielleicht gibt es ja doch nur einen Notar Meier in Berlin.)

a) Notarvertreter

329 Beurkundet ein **Notarvertreter**, so sind richtigerweise im Urkundseingang sowohl der Notarvertreter wie der vertretene Notar zu nennen („Vor mir, Rechtsanwalt Anton Maier, als amtlich bestelltem Vertreter des Notars Franz Huber, erschienen in dessen Geschäftsstelle Hauptstraße 8, 11111 Oberndorf"). Für die Wirksamkeit genügt aber auch hier, wenn sich aus Text und Unterschrift zusammen sowohl die Tatsache der Vertretung wie die Person des Notarvertreters ergibt. So ist eine Urkunde wirksam, obwohl im Urkundseingang fälschlicherweise nur der Notar genannt ist, sich aber aus dem übrigen Urkundstext ergibt, daß die Beurkundung von einem Notarvertreter vorgenommen wurde und sich der Name des Notarvertreters aus der Unterschrift (mit dem Zusatz „Notarvertreter") ergibt (LG Koblenz DNotZ 1969, 702). Die Urkunde ist selbst dann wirksam, wenn der vertretene Notar nicht oder nicht richtig genannt ist, sich aber aus dem Text ergibt, daß der Notarvertreter beurkundet hat, und die Person des Vertreters sich aus der Unterschrift entnehmen läßt (Winkler § 9 Rn 4).

Unwirksam ist hingegen eine Beurkundung, wenn im Text der Urkunde nur vom „Notar" die Rede ist, die Urkunde hingegen von einem Rechtsanwalt als „Notarvertreter" unterzeichnet ist; denn es genügt nicht, wenn die Urkundsperson nur in der Unterschrift bezeichnet ist bzw ein aus dem Urkundstext selbst nicht zu klärender Widerspruch zur Unterschrift besteht (OLG Hamm OLGZ 1988, 227 = DNotZ 1988, 565 m Anm Reithmann = Rpfleger 1988, 197).

b) Notariatsverwalter

330 Auch beim **Notariatsverwalter** (oder früher dem Notarverweser) muß sich zumindest aus Text und Unterschrift zusammen Name und Funktion des Notariatsverwalters ergeben. Ungenügend ist daher hier (entsprechend wie beim Notarvertreter), wenn im Urkundstext lediglich der Notar genannt wird und sich nur aus der Unterschrift ergibt, daß der Notariatsverwalter gehandelt hat (OLG Hamm OLGZ 1973, 177 = DNotZ 1973, 444 = Rpfleger 1973, 95).

2. Feststellungen zu den formell Beteiligten

a) Bezeichnung der Beteiligten (§ 9 Abs 1 S 1 Nr 1, § 10 BeurkG)

331 Wirksamkeitserfordernis ist auch die Bezeichnung der **formell Beteiligten** (§ 9 Abs 1 S 1 Nr 1 BeurkG), also der Erschienenen, deren (im eigenen oder fremden Namen abgegebene) rechtsgeschäftliche Erklärungen beurkundet werden (§ 6 Abs 2 BeurkG). Die Bezeichnung der Vertretenen (dh der nur materiell, nicht aber formell Beteiligten) ist zwar erforderlich, damit die Erklärungen materiell-rechtlich für die Vertretenen wirken (§ 164); die Wirksamkeit der Beurkundung ist davon aber nicht abhängig.

§ 10 Abs 1 BeurkG verpflichtet den Notar, die Beteiligten so genau zu bezeichnen, daß Zweifel und Verwechslungen ausgeschlossen sind. **§ 26 Abs 2 DONot** präzisiert dies dahingehend, daß zur Bezeichnung natürlicher Personen deren Name (Familien- und Vorname, einschließlich eines abweichenden Geburtsnamens), Geburtsdatum, Wohnort und Wohnung (= Adresse, mit PLZ) anzugeben sind. Die Geschäftsanschrift anstelle der Wohnanschrift genügt bei Organen oder bevollmächtigten Angestellten juristischer Personen (sowie den Notarangestellten, soweit diese als Vertreter handeln; RENNER NotBZ 2002, 432, 432/435; WINKLER § 10 BeurkG Rn 2, 4 ff).

Auch wenn die DONot dies nicht verlangt, stellt stellt der Notar sinnvollerweise grundsätzlich auch die **Staatsangehörigkeit** sowie den **Güterstand** fest (letzteren nur anhand der Angaben des Beteiligten). Eine Amtspflicht zur diesbezüglichen Sachverhaltsaufklärung (§ 17 Abs 1 S 1 BeurkG) kann sich ergeben, wenn diese Feststellungen für die Gestaltung bzw Rechtsbelehrung erforderlich sind, etwa um ein mögliches Zustimmungserfordernis des anderen Ehegatten bei der Veräußerung bzw einen möglichen Miterwerb des Ehegatten feststellen zu können. Nach einer fremden Staatsangehörigkeit muß der Notar allerdings nur fragen, wenn es Anhaltspunkte gibt, daß ein Beteiligter Ausländer ist (BGH DNotZ 1963, 315, 317).

Die **Berufsangabe** verlangt die DONot in der Neufassung seit 2001/2002 nicht mehr.

Für die **Wirksamkeit** nach § 9 Abs 1 S 1 Nr 1 BeurkG genügt aber jede Bezeichnung, die „**hinreichend auf eine bestimmte Person hinweist**" (BGHZ 38, 130, 135 = DNotZ 1964, 104 = NJW 1963, 200 = Rpfleger 1963, 114 m Anm HAEGELE: „Mühlenwirt von B.", wenn es in B. nur einen Mühlenwirt gibt; erst recht genügt idR die Nennung eines von mehreren Vornamen: OLG Oldenburg StAZ 1956, 113), auch wenn nach § 10 BeurkG/§ 26 Abs 2 DONot erforderliche Angaben fehlen und auch wenn dabei möglicherweise noch gewisse Zweifel verbleiben (WINKLER § 9 BeurkG Rn 7–9). Die Bezeichnung muß nicht im Eingang der Urkunde enthalten sein, sondern kann sich auch aus Angaben in der Urkunde ergeben (LG Oldenburg Rpfleger 1987, 104). Ist ein Beteiligter nicht hinreichend nach § 9 Abs 1 S 1 Nr 1 BeurkG bezeichnet, so kann der Notar die Bezeichnung nicht nach Abschluß der Beurkundung nachholen (RGZ 79, 366, 369). Genügt hingegen die Bezeichnung nach § 9 Abs 1 S 1 Nr 1 BeurkG, so kann der Notar offensichtliche Schreibfehler (zB in Namen oder Geburtsdatum) nach § 44a Abs 2 BeurkG korrigierung (OLG Hamburg DNotZ 1951, 422) oder in einer Zeugnisurkunde nach § 39 BeurkG für den Vollzug weitere Feststellungen zur Person des Beteiligten treffen.

Für die Wirksamkeit irrelevant ist hingegen, wie sich der Notar über die Personalien Gewißheit verschafft hat. Die **Amtspflicht zur Identitätsfeststellung** ist in § 10 Abs 2 BeurkG vorausgesetzt; nach § 26 Abs 1 S 1 DONot hat der Notar die Feststellung „mit besonderer Sorgfalt" zu treffen. Ist eine Identifizierung nicht möglich, so darf der Notar die Beurkundung zwar auf Verlangen dennoch durchführen, hat aber einen entsprechenden Vermerk in die Urkunde aufzunehmen.

Ansonsten muß sich der Notar in der Regel einen **amtlichen Lichtbildausweis** vorlegen lassen (BGH DNotZ 1956, 502, 503 = MDR 1956, 541 m Anm POHLE; RGZ 156, 82, 87).

Dies kann auch ein Führerschein sein oder abgelaufener Ausweis, wenn über die Identität trotz Ablaufs der Gültigkeit kein Zweifel besteht (OLG Frankfurt DNotZ 1989, 640; KANZLEITER DNotZ 1970, 858). Hat ein Beteiligter seinen Ausweis vergessen, bringt er ihn aber später nach, so kann der Notar die Identitätsfeststellung auch in einem eigenständigen Vermerk (§ 39 BeurkG) nach Abschluß der Beurkundung treffen (LG Würzburg DNotZ 1975, 680 = MittBayNot 1975, 34; WINKLER § 10 Rn 32).

Die Vorlage eines Ausweises ist entbehrlich, wenn der Notar einen Beteiligten persönlich kennt, auch wenn er etwa dessen Geburtsdatum oder Wohnung nicht weiß. Die Identitätsfeststellung kann auch erfolgen, indem ein vertrauenswürdiger Dritter (insbesondere ein Notariatsmitarbeiter) dem Notar einen ihm persönlich bekannten Beteiligten **vorstellt** (**"Erkennungszeuge"**; BGH DNotZ 1956, 502, 505; RGZ 24, 62; RGZ 81, 157, 159; DNotZ 1929, 676; JW 1932, 2864; DNotZ 1936, 633 = JW 1936, 1956); im Einzelfall kann die Vorstellung auch durch einen selbst Urkundsbeteiligten erfolgen (RG JW 1913, 1044; KG OLGZ 10, 40); der Vorstellende muß die Urkunde nicht mitunterzeichnen (KG RJA 2, 33). In Ausnahmefällen kann auch bloße Sachkunde bereits zur Feststellung der Identität genügen; idR sind aber noch zusätzliche Nachweise erforderlich (RGZ 81, 125, 129).

§ 10 Abs 2 S 1 BeurkG schreibt einen **Vermerk** in der Niederschrift vor, wie sich der Notar über die Identität Gewißheit verschafft hat (zB: „ausgewiesen durch Personalausweis"). Erfolgte die Identifizierung durch Vorstellung oder sonstige Nachweise, so ist die vorstellende Person bzw das Beweismittel individualisiert genau zu bezeichnen (KGJ 31 A 245). Falsche Angaben über die Art der vorgenommenen Personenfeststellung sind disziplinarisch zu verfolgen; sie gehören jedoch – anders als die Identität der Personen selbst – nicht zu den rechtlich erheblichen Tatsachen iSd § 348 Abs 1 S 1 StGB, so daß keine strafbare Falschbeurkundung im Amt vorliegt (BGH NJW 2004, 3195).

335 Strengere Identitifizierungspflichten stellt das **Geldwäschegesetz** für dem Katalog des § 3 Abs 1 GwG unterliegende Beurkundungen auf: Nach § 1 Abs 5 GwG ist eine Identifizierung nur aufgrund eines *gültigen Personalausweises oder Reisepasses* möglich. Über § 10 BeurkG/§ 26 Abs 1 DONot hinaus sind (neben Namen, Geburtsdatum und Anschrift) auch Geburtsort, Staatsangehörigkeit sowie Art, Nummer und ausstellende Behörde des Ausweises festzustellen (vgl BNotK-Rundschreiben Nr 48/2003 vom 19.11. 2003, im Internet unter: www.bnotk.de unter BNotK-Service/Merkblätter und Empfehlungen). Die Festellungen über die Identifizierung nach dem Geldwäschegesetz sind aufzuzeichnen (§ 9 Abs 1 S 1 GwG; entweder durch eine Ausweiskopie oder einen Vermerk in den Nebenakten oder in der Urkunde selbst) und sechs Jahre lang aufzubewahren. Auch Verstöße gegen die Identitifizierungspflichten des Notars nach dem Geldwäschegesetz beeinträchtigen die Wirksamkeit der Urkunde nicht.

336 Auch die Feststellungen des Notars über die Identität der Beteiligten begründen **vollen Beweis**, daß die dort genannten Beteiligten die beurkundeten Erklärungen abgegeben haben (§ 415 ZPO). Das Grundbuchamt etc kann daher keinen zusätzlichen Nachweis verlangen, daß die in der Niederschrift Genannten tatsächlich die Erklärenden waren – auch nicht, falls der Notar keinen Vermerk über die Art der Identifizierung in die Urkunde aufgenommen hat (RGZ 124, 62; RG WarnR 1913 Nr 418; DNotZ 1929, 676; DNotZ 1936, 633). Das Grundbuchamt kann auch keinen zusätzlichen

Nachweis verlangen, daß der im Grundbuch noch unter seinem Geburtsnamen Eingetragene mit dem Erklärenden identisch ist, wenn der Notar den Geburts- und den jetzigen Namen in seiner Niederschrift festgestellt hat (LG Berlin NJW 1962, 1353; LG Wuppertal MittBayNot 1977, 68 = MttRhNotK 1976, 597).

b) Feststellungen zur Geschäftsfähigkeit (§ 11 BeurkG)
Eine **Prüfung der Geschäftsfähigkeit** ist bei Volljährigen grundsätzlich nicht veran- 337
laßt. Der Notar muß grundsätzlich nicht fragen, ob für einen Beteiligten eine Betreuung oder Pflegschaft angeordnet ist. Anhaltspunkten aufgrund des Verhaltens eines Beteiligten oder sonstiger Informationen hat der Notar hingegen nachzugehen (BGHZ 18, 184, 189 f = NJW 1955, 1714; RG DNotZ 1936, 391, 393; BayObLG DNotZ 1993, 471, 473; OLG Frankfurt DNotZ 1978, 506; OLG Karlsruhe Justiz 1980, 18. Zur Volljährigkeit in ausländischen Rechtsordnungen vgl Süss Rpfleger 2003, 54).

Kommt der Notar jedoch zu der Überzeugung, daß einem Beteiligten die für das betreffende Rechtsgeschäft erforderliche **Geschäftsfähigkeit fehlt** (§§ 104 ff, 2229), so hat er die Beurkundung abzulehnen (§ 11 Abs 1 S 1 BeurkG). Nimmt er die Beurkundung dennoch vor, so ist die Urkunde zwar formwirksam, sind aber, sofern sich der Notar nicht getäuscht hat, jedenfalls die Erklärungen des betreffenden Beteiligten materiell-rechtlich unwirksam.

Zweifelt der Notar, ob ein Beteiligter die erforderliche Geschäftsfähigkeit besitzt, so 338
darf der Notar die Beurkundung aber nur ablehnen, wenn er von der Geschäftsunfähigkeit überzeugt ist (§ 4 BeurkG – vgl OLG Frankfurt DNotZ 1998, 196, 198). Allerdings hat er seine Zweifel in der Urkunde festzuhalten (§ 11 Abs 2 S 2 BeurkG), um keinen falschen Anschein zu wecken. Fehlt der Vermerk, beeinträchtigt dies die Formwirksamkeit der Urkunde jedoch nicht.

Geht hingegen der Notar davon aus, daß alle Beteiligten die erforderliche Geschäfts- 339
fähigkeit haben, ist grundsätzlich kein Vermerk in der Urkunde erforderlich (BGH DNotZ 2002, 536, 538 = NJW 2001, 3135; BayObLG Rpfleger 1974, 396; DNotZ 1993, 471, 473).

Immer einen Vermerk über seine Feststellungen zur Geschäftsfähigkeit aufnehmen soll der Notar (= unbedingte Amtspflicht) jedoch bei einem **schwer kranken** Beteiligten (§ 11 Abs 2 BeurkG) oder bei der Beurkundung einer Verfügung von Todes wegen für den **Erblasser** (§ 28 BeurkG – vgl Rn 576). Damit sollen naheliegende bzw nachträglich nicht mehr aufklärbare Zweifel möglichst ausgeräumt werden.

3. Vertretungsverhältnisse

a) Materielle Prüfungspflicht
Handelt ein formell Urkundsbeteiligter in Vertretung eines anderen (sachlich) Be- 340
teiligten, so muß der Notar die **Vertretungsmacht als Wirksamkeitsvoraussetzung prüfen**; dies ergibt sich aus der allgemeinen Rechtsbelehrungspflicht des Notars (**§ 17 Abs 1 BeurkG** – vgl Rn 490; BGH DNotZ 1989, 43 = NJW-RR 1988, 1206 = WM 1988, 545; OLG Schleswig OLG-Report 2004, 47 = SchlHa 2004, 211; GANTER, in: ZUGEHÖR/GANTER/HERTEL Rn 863 ff; HAGEN/BRAMBRING Rn 690 ff; vSCHUCKMANN/RENNER, in: HUHN/vSCHUCKMANN § 13 BeurkG Rn 6 ff; WINKLER § 12 BeurkG Rn 4 ff).

Bedenken gegen die Vertretungsmacht hat der Notar mit den Beteiligten **zu erörtern** und, wenn die Beteiligten gleichwohl auf der Beurkundung bestehen, durch einen Vorbehalt in der Urkunde kenntlich zu machen (§ 17 Abs 2 BeurkG). Steht der Mangel der Vertretungsmacht fest und erscheint eine Genehmigung durch den Vertretenen ausgeschlossen, hat der Notar die Beurkundung abzulehnen (§ 4 BeurkG; BGH DNotZ 1989, 43 = NJW-RR 1988, 1206 = WM 1988, 545).

341 Zum Prüfungsumfang im einzelnen: Handelt der Vertreter aufgrund einer **Vollmacht**, muß der Notar zunächst prüfen, ob für das betreffende Rechtsgeschäft überhaupt eine **Vertretung zulässig** ist oder ob es nicht eine persönliche Erklärung erfordert (wie zB der Erblasser den Erbverzichtsvertrag nur persönlich abschließen kann, § 2347 Abs 2 S 1, während sich der Verzichtende vertreten lassen kann; höchstpersönliche Erklärungen erfordern etwa auch §§ 1750, 2064, 2274, 2284, 2290, 2296, 2351).

Zum zweiten muß der Notar prüfen, ob eine **wirksame Vollmacht** vorliegt. Zu prüfen ist sowohl die Formwirksamkeit wie (Anhaltspunkte gegen) die materielle Wirksamkeit der Vollmacht. So kann etwa bei Generalvollmachten von Gesellschaftsorganen eine unwirksame organersetzende Vollmacht vorliegen (BGHZ 34, 27, 30; BGHZ 64, 76; BGH DNotZ 1977, 119 = NJW 1977, 199; DNotZ 2003, 147). In letzter Zeit stellte sich insbesondere die früher in der Rechtspraxis kaum geprüfte Frage eines Verstoßes gegen das Rechtsberatungsgesetz (BGHZ 145, 265 = DNotZ 2001, 49 = NJW 2001, 70 = WM 2001, 2443; BGH DNotZ 2002, 51 = NJW 2002, 66 = WM 2001, 2260 = ZIP 2001, 2091; DNotI-Report 2002, 110 = NJW 2002, 2325 = WM 2002, 1273; DNotI-Report 2003, 20 = WM 2003, 247, 249 = ZIP 2003, 165; DNotI-Report 2003, 85 = NJW 2003, 2088 = ZIP 2003, 984; DNotZ 2003, 694 = NJW 2003, 1594 = ZIP 2003, 943). Auch kann die Vollmacht infolge Todes des Vollmachtgebers erloschen sein (LG Koblenz DNotZ 1971, 49).

Drittens muß der Notar prüfen, ob die Vollmacht das beabsichtigte Rechtsgeschäft **abdeckt** (OLG Hamm DNotZ 2000, 379, 382 = FGPrax 2000, 75). Insbesondere ist auf eine mögliche Beschränkung nach § **181** zu achten (Verbot von In-sich-Geschäft und Doppelvertretung).

Zur Prüfung hat sich der Notar die Vollmachtsurkunde grundsätzlich in Urschrift oder – wenn die Vollmacht notariell beurkundet ist – in **Ausfertigung** vorlegen zu lassen (BGH DNotZ 1989, 43 = NJW-RR 1988, 1206 = WM 1988, 545; zu den Folgen, falls der Ausfertigungsvermerk nicht auf den Bevollmächtigten lautet vgl OLG Köln Rpfleger 2002, 198; Helms RNotZ 2002, 235; Waldner/Mehler MittBayNot 1999, 261).

342 Bei einer **Untervollmacht** muß der Notar sowohl die Hauptvollmacht wie die Untervollmacht entsprechend prüfen (Winkler § 12 BeurkG Rn 8; Wolf MittBayNot 1996, 266, 269). In ihrem Vertrauen auf den Fortbestand der Hauptvollmacht sind die Beteiligten nur geschützt (§ 172), wenn auch die Hauptvollmacht in Urschrift oder Ausfertigung vorgelegt wird; eine bloße beglaubigte Abschrift genügt nicht. Daher wird der Notar sich grundsätzlich auch Urschrift oder Ausfertigung der Hauptvollmacht vorlegen lassen. Bei Erklärungen von Untervertretern von Kreditinstituten und größeren Unternehmen kann der Notar allerdings auch ohne besonderen Hinweis davon ausgehen, daß die zugrundeliegenden Hauptvollmachten (und Zwischenvollmachten) fortbestehen oder daß jedenfalls die Untervollmachten von einem zwischenzeitlichen Fortfall der Hauptvollmachten unberührt blieben, da die Unternehmen sonst die Urschriften bzw Ausfertigungen der Untervollmachten wieder zurückgefordert hätten.

Auch bei **gesetzlicher Vertretung** oder Verwaltern kraft Amtes hat der Notar zur **343** Prüfung der Vertretungsbefugnis entweder in das Handelsregister Einsicht zu nehmen oder sich allfällige Vertretungsnachweise vorlegen zu lassen (beglaubigten Handelsregisterauszug, Testamentsvollstreckerzeugnis oder ähnliches). Handeln Eltern für ihre Kinder, muß der Notar aber die Verwandtschaft grundsätzlich nicht prüfen, also nicht etwa Geburtsurkunden verlangen (WINKLER § 12 BeurkG Rn 11).

Auch bei Bestallungsurkunden etc muß der Notar grundsätzlich die Vorlage des Originals oder einer **Ausfertigung** verlangen (WINKLER § 12 BeurkG Rn 14). Hat der Testamentsvollstrecker kein Testamentsvollstreckerzeugnis, so wird der Notar darauf verweisen, daß nur ein Testamentsvollstreckerzeugnis den guten Glauben schützt (§ 2366).

Eine **Handelsregistereinsicht** sollte **nicht älter als 4 bis 6 Wochen** sein (entsprechend der Anforderungen bei Erstellung einer notariellen Registerbescheinigung nach § 21 BNotO – vgl RG DNotZ 1938, 679; OLG Hamm MDR 1990, 163 = Rpfleger 1990, 85; OLG Frankfurt Rpfleger 1995, 248; SCHIPPEL/REITHMANN § 21 BNotO Rn 14; WINKLER § 12 BeurkG Rn 23; **aA** – nicht älter als 14 Tage: OLG Saarbrücken MittBayNot 1993, 398; SCHÖNER/STÖBER Rn 3638). Die Vertretungsbefugnis für eine **Stiftung**, für die kein Register besteht, kann durch Vorlage der Stiftungssatzung oder durch Bescheinigung der Aufsichtsbehörde nachgewiesen werden (Gutachten DNotI-Report 2002, 28).

Bei **ausländischen Gesellschaften** besteht nur teilweise ein dem deutschen System in Eintragungsart und Publizitätsfunktion vergleichbares Handelsregister (vgl etwa zu niederländischen Gesellschaften, insbes BV oder NV: Gutachten, DNotI-Report 2001, 121). Ein höherer Nachweisstandard als nach ausländischem Recht möglich kann nicht verlangt werden. Im Regelfall genügt daher das auch in der betreffenden Rechtsordnung für die Vertretungsmacht übliche Nachweisverfahren (vgl allg HAUSMANN, in: REITHMANN/MARTINY, Internationales Vertragsrecht [6. Aufl 2004] Rn 2292 ff; HERBERSTEIN, Die GmbH in Europa – 50 Länder im Vergleich [2. Aufl 2001]; HOLZBORN/ISRAEL, Internationale Handelsregisterpraxis, NJW 2003, 3014; speziell zu einer *corporation* aus den USA/Delaware: Gutachten DNotI-Report 2001, 29; zur Vertretung einer englischen *Limited*: Gutachten, DNotI-Report 4/1993, S 4).

Bei Behörden oder **juristischen Personen des öffentlichen Rechts** ergibt sich die Vertretungsmacht häufig bereits aus dem Gesetz. Im übrigen wird der Notar bei der Beurkundung keinen strengeren Nachweis als das Grundbuchamt verlangen. Wer Inhaber des betreffenden Amtes ist, ist daher – sofern dies nicht offenkundig ist (wie etwa bei Ministern, Bürgermeister oder Landrat) – entsprechend der Regelung des § 29 Abs 3 GBO entweder durch gesiegelte Erklärung der Behörde selbst nachzuweisen (BayObLG Rpfleger 1978, 141; Rpfleger 1986, 370; OLG Düsseldorf DNotI-Report 2004, 36 = FGPrax 2004, 56 = RNotZ 2004, 92 = Rpfleger 2004, 283; OLG Hamm MittBayNot 1996, 452 = MittRhNotK 1996, 228 m Anm GRZIWOTZ = Rpfleger 1996, 338; OLG Zweibrücken FGPrax 2001, 10 = OLG-Report 2001, 169 = Rpfleger 2001, 71 = ZNotP 2001, 32) oder durch eine Bescheinigung der Aufsichtsbehörde (vgl BayObLGZ 2001, 132 = DNotI-Report 2001, 135 = NJW-RR 2001, 1237 – Pfarrpfründestiftung; Gutachten DNotI-Report 2000, 101 – Landwirtschaftskammer; Gutachten DNotI-Report 2000, 189 – IHK sowie Handwerkskammer).

Bei der Vertretung juristischer Personen des öffentlichen Rechts stellt sich darüber hinaus die Frage, inwieweit Regelungen über die **interne Willensbildung** zugleich als Beschränkung der Vertretungsmacht im Außenverhältnis wirken. Denn dann muß sie auch der Notar als Wirksamkeitsvoraussetzung der Erklärung prüfen (§ 17 Abs 1 BeurkG). So schlägt etwa nach **bayerischem Kommunalrecht** die interne Organzuständigkeit auch auf die Vertretungsmacht des Bürgermeisters im Außenverhältnis durch; soweit der Bürgermeister nach bayerischem Kommunalrecht nur nach einem zustimmenden Gemeinderatsbeschluß handeln darf (also grundsätzlich bei allen Angelegenheit, die über die laufende Verwaltung hinausgehen), ist der Gemeinderatsbeschluß auch Voraussetzung für seine Vertretungsmacht (BayObLGZ 1997, 37 = MittBayNot 1997, 120, 122 m Anm GRZIWOTZ = NJW-RR 1998, 161; BayObLGZ 1997, 223 = MittBayNot 1997, 383, 386). Der Notar muß sich daher bei Rechtsgeschäften bayerischer Gemeinden ggf einen beglaubigten Auszug aus dem Gemeinderatsprotokoll mit dem Gemeinderatsbeschluß vorlegen lassen. Nach dem Kommunalrecht der anderen Bundesländer ist dies hingegen nicht erforderlich, da der Bürgermeister dort im Außenverhältnis unbegrenzte Vertretungsmacht hat, auch soweit im Innenverhältnis ein Gemeinderatsbeschluß erforderlich wäre (vgl etwa BGH BB 1966, 603 = MDR 1966, 669; BB 1966, 1290; NJW 1980, 117, 118; BGHZ 137, 89 = NJW 1998, 377; BGH NJW 1998, 3058 = WM 1998, 2038; OLG Brandenburg DtZ 1996, 323; VGH Mannheim VBlBW 1983, 210; VGH Mannheim NVwZ 1990, 892 = VBlBW 1990, 140; OLG Rostock NJW-RR 1994, 661; SCHÖNER/STÖBER Rn 3660). Auch im Kirchenrecht haben interne Zustimmungs- und Genehmigungserfordernisse teilweise Außenwirkung. Bei anderen juristischen Personen des öffentlichen Rechts wirken hingegen Regelungen über die interne Willensbildung im Zweifel nicht als Beschränkung der Vertretungsmacht im Außenverhältnis (Gutachten, DNotI-Report 2000, 189 – Industrie- und Handelskammer; zum **Schriftformerfordernis** für Verpflichtungserklärungen der Gemeinde als Einschränkung der Vertretungsmacht nach den Gemeindeordnungen mancher Länder vgl § 125 Rn 11, 169).

b) Zeugnispflicht (§ 12 BeurkG)

344 Daß ein formell Beteiligter in Vertretung einer andern Person handelt, ist als Teil der Erklärung des Vertreters zu beurkunden (§ 9 Abs 1 S 1 Nr 1 BeurkG). Üblicherweise vermerkt der Notar bei der Feststellung der Personalien des betreffenden Beteiligten „hier handelnd nicht für sich selbst, sondern für ..." oder ähnliches.

345 § 12 BeurkG regelt eine **Zeugnispflicht**, wonach vorgelegte Nachweise für die Vertretungsberechtigung der Niederschrift in Urschrift oder beglaubigter Abschrift beigefügt werden sollen (unbedingte Amtspflicht, aber keine Wirksamkeitsvoraussetzung). Die Vorschrift entspricht § 29 BNotO aF. Sie gilt nur für die Beurkundung von Willenserklärung; daher muß der Notar etwa bei der Beurkundung der Hauptversammlung einer Aktiengesellschaft die Stimmrechtsvollmachten nicht überprüfen.

346 § 12 BeurkG schreibt die (lose) **Beifügung der Vertretungsnachweise zur Urschrift** vor. Anders als bei Anlagen iSd § 9 Abs 1 S 2 BeurkG handelt es sich jedoch nicht um Bestandteile der Niederschrift. Daher sind sie nicht von § 44 BeurkG erfaßt (Verbindung mit Schnur und Siegel), sondern schreibt nur § 18 Abs 2 S 2 DONot vor, die Vertretungsnachweise an die Niederschrift anzukleben oder anzuheften (§ 30 DONot) und zusammen mit der Niederschrift aufzubewahren. Bei Ausfertigungen oder beglaubigten Abschriften genügt ein einheitlicher Ausfertigungs- oder Abschriftsvermerk für die Urkunde und den Vertretungsnachweis (§ 49 Abs 3 BeurkG).

c) Nachweis gegenüber Grundbuchamt und Handelsregister

Für den Vollzug der Urkunde ist bei Grundstücksgeschäften dem **Grundbuchamt** 347 nachzuweisen, daß die Vertretungsmacht für die Bewilligung bzw die Einigung (§§ 19, 20 GBO) noch im Zeitpunkt des Wirksamwerdens der Erklärung bestand.

Grundsätzlich müßte dazu dem Grundbuchamt die Vollmachtsurkunde in **Urschrift oder Ausfertigung** eingereicht werden; eine beglaubigte Abschrift genügt grundsätzlich nicht, da sich daran keine Rechtsscheinswirkung nach § 172 anknüpft (vgl BGHZ 102, 60 = DNotZ 1988, 551 m abl Anm BOHRER = NJW 1988, 697 = WM 1987, 1426 = ZIP 1987, 1454). Das Original werden die Beteiligten aber häufig nicht aus der Hand geben wollen.

Eine **beglaubigte Abschrift** genügt lediglich dann als Vollmachtsnachweis, wenn der Notar zusätzlich in der Niederschrift feststellt, daß ihm die Vollmachtsurkunde **bei der Beurkundung im Original oder in Ausfertigung vorlag** (BayObLG DNotI-Report 2002, 38 = MittBayNot 2002, 112 = RNotZ 2002, 53 = Rpfleger 2002, 194 = ZNotP 2002, 233; ebenso bei Untervollmacht zur Feststellung über die Hauptvollmacht: OLG Karlsruhe BWNotZ 1992, 102 = Justiz 1992, 315; ebenso wenn der Notar feststellt, daß sich der Bevollmächtigte auf die beim Notar verwahrte Urschrift der Vollmacht beruft: OLG Stuttgart DNotZ 1999, 138 = FGPrax 1998, 125 = NJW-RR 1999, 1321; vgl DEMHARTER, GBO [24. Aufl 2002] § 19 GBO Rn 80; KUHN, Vollmacht und Genehmigung beim Grundstückskaufvertrag, RNotZ 2001, 305; SCHÖNER/STÖBER Rn 3576 ff; STIEGELER BWNotZ 1985, 129; WOLF MittBayNot 1996, 266). Denn die Grundbucherklärung wird bereits mit ihrer Beurkundung wirksam, wenn der Begünstigte einen gesetzlichen Anspruch auf Erteilung einer Ausfertigung der Niederschrift hat. Einen Ausfertigungsanspruch hat der Begünstigte aber, wenn er selbst an der Beurkundung beteiligt ist (§ 51 Abs 1 Nr 1 BeurkG). Daher genügt dem Grundbuchamt der Nachweis, daß bei der Beurkundung (oder danach) die Vollmacht in Urschrift oder Ausfertigung vorlag. Diesen Nachweis erbringt die amtliche Feststellung des Notars in der Niederschrift.

d) Registerbescheinigungen (§ 21 BNotO)

Bei juristischen Personen des Privatrechts ergibt sich die Vertretungsmacht mit 348 Publizitäts- und Rechtsscheinwirkung (§ 15 HGB) idR aus dem Handelsregister oder einem vergleichbaren Register. Der Vertretungsnachweis kann daher durch einen (beglaubigten) **Handelsregisterauszug** geführt werden (§ 9 Abs 2 HGB). Ein solcher Handelsregisterauszug wäre nach § 12 S 1 BeurkG der Niederschrift beizufügen.

Alternativ kann der Vertretungsnachweis durch eine **Registerbescheinigung des Notars** geführt werden. Nach **§ 21 BNotO** (§ 22a BNotO aF) kann der Notar Registerbescheinigungen ua über Bestand und Vertretung von im Handelsregister, Genossenschafts-, Vereins- oder Partnerschaftsregister eingetragenen Gesellschaften etc erstellen (vgl allg MELCHIOR/SCHULTE, Die Vertretungsbescheinigung nach § 21 BNotO in der Handelsregisterpraxis, ZNotP 2003, 344). Die notarielle Registerbescheinigung hat dieselbe Rechtskraft wie ein beglaubigter Handelsregisterauszug (§ 21 Abs 1 S 2 BNotO); sie genügt daher sowohl im Handelsregisterverfahren wie im Grundbuchverfahren (§ 29 GBO) als Vertretungsnachweis.

Auch über § 21 BNotO hinaus können notarielle Bescheinigungen Beweiskraft entfalten: So genügt etwa für das Grundbuchverfahren eine notarielle Bescheinigung über den Inhalt einer Satzungsregelung zur Vertretung einer **altrechtlichen "Corporation"** (BayObLG DNotZ 2000, 293 m Anm LIMMER = NJW-RR 2000, 161 = Rpfleger 2000, 62).

§ 12 S 2 BeurkG erkennt die notarielle Registerbescheinigung ausdrücklich auch beurkundungsverfahrensrechtlich als gleichwertigen Nachweis an. Der Notar genügt daher seiner Zeugnispflicht auch, wenn er der Niederschrift eine Registerbescheinigung beifügt oder als Feststellung in die Niederschrift mit aufnimmt. Letzteres ist der Regelfall; dabei wird die Registerbescheinigung zumeist mit den Feststellungen zur Person des für die Gesellschaft handelnden Beteiligten (§ 9 Abs 1 S 1 Nr 1 BeurkG) verbunden. Dies ist für die Beteiligten meist einfacher verständlich als der Handelsregisterauszug.

4. Bezeichnung sonstiger mitwirkender Personen und des Dolmetschers

349 Wirken sonstige Personen an der Beurkundung mit, die keine Willenserklärungen abgeben (zB Übersetzer, Zeuge, zweiter Notar oder Verständigungsperson), so hat der Notar zwar die unbedingte Amtspflicht („soll"), sowohl deren Namen wie deren Funktion in der Urkunde anzugeben (BGHZ 38, 130, 135 = DNotZ 1964, 104 = NJW 1963, 200 = Rpfleger 1963, 114 m Anm HAEGELE). Dies ist aber **keine Wirksamkeitsvoraussetzung** (anders als früher nach § 176 Abs 1 Nr 2 FGG aF).

5. Erklärungen der Beteiligten (§ 9 Abs 1 S 1 Nr 2 BeurkG)

350 Die Beurkundung der Erklärungen der Beteiligten (§ 9 Abs 1 S 1 Nr 2 BeurkG) ist der unmittelbare Zweck der Niederschrift. Welche Erklärungen der Beteiligten zu beurkunden sind, ist eine Frage des **Beurkundungserfordernisses nach materiellem Recht**. Darüber hinaus sind selbstverständlich auch die Erklärungen der Beteiligten zu beurkunden, die zwar nicht beurkundungsbedürftig sind, deren Beurkundung die Beteiligten aber wünschen (etwa zu Beweiszwecken).

Viele Regelungspunkte wird der Notar in seinen Urkundsentwurf aufnehmen, obwohl die Beteiligten sie nicht von sich aus angesprochen haben. Denn aufgrund seiner Amtspflicht zur **Vertragsgestaltung** muß der Notar einen ausgewogenen Vorschlag zu allen nach dem Stand notarieller Kunst regelungsbedürftigen Punkten des jeweiligen Vertragstyps machen (Rn 474).

Dabei kann sich auch empfehlen, Erklärungen zu Beweiszwecken mitzubeurkunden – auch Erklärungen der Beteiligten über **Tatsachen** (etwa die Offenbarung von Sachmängeln durch den Verkäufer oder umgekehrt die Erklärung des Käufers, ihm seien bestimmte Mängel bekannt).

351 Die Erklärungen der Beteiligten müssen nicht notwendig in der Niederschrift selbst enthalten sein. Sie können auch in **Anlagen** zur Niederschrift ausgelagert sein (§ 9 Abs 1 S 2 bzw § 14 BeurkG) oder durch **Verweisung** auf eine andere notarielle Urkunde (§ 13a BeurkG) beurkundet werden (Rn 406 ff).

352 Die Erklärungen müssen in der Niederschrift nicht wörtlich, wohl aber „klar und unzweideutig" wiedergeben (**Formulierungspflicht** – § 17 Abs 1 S 1 Var 4 BeurkG –

vgl Rn 464). In der Praxis geben die Beteiligten selbst meist nur die *essentialia negotii* und einige weitere Grundvorgaben vor; die übrigen Klauseln schlägt der Notar aufgrund seiner Amtspflicht zur Vertragsgestaltung vor. Aber auch insoweit gilt die Formulierungspflicht.

Ein Verstoß gegen § 17 Abs 1 S 1 Var 4 BeurkG führt nicht zur Unwirksamkeit. Nach materiellem Recht kann allerdings eine unklare Klausel in Allgemeinen Geschäftsbedingungen unwirksam sein (§ 307 Abs 1 S 2). Auch haftet der Notar ggf für einen durch die Unklarheit verursachten Schaden (Rn 467).

6. Angabe von Zeit und Ort der Niederschrift (§ 9 Abs 2 BeurkG)

Ort und Zeit soll (unbedingte Amtspflicht) der Notar in der Niederschrift angeben (§ 9 Abs 2 BeurkG). In der Regel erfolgt dies bereits im Urkundseingang. Beide Angabe sind aber **keine Wirksamkeitsvoraussetzung**. 353

Beim **Ort** ist die volle Adresse anzugeben, also die politische Gemeinde sowie Straße und Hausnummer (BayObLGZ 16, 116; KG KGJ 39 A, 69; OLG Dresden JFG 11, 129; OLG Hamm OLGZ 36, 153; OLG München JFG 14, 71). Hat sich der Notar zu einer Auswärtsbeurkundung begeben, so wird meist in der Urkunde feststellen, wer von den Beteiligten ihn darum gebeten hatte (schon im Hinblick auf die Auswärtsgebühr des § 58 Abs 1 KostO) und ggf auch den sachlichen Grund für die Auswärtsbeurkundung (vgl Rn 266).

Der BGH verneinte jedoch eine nach § 348 StGB strafbare Falschbeurkundung, wenn der Notar wahrheitswidrig in der Urkunde feststellt, die Beurkundung sei am Ort seines Amtssitzes erfolgt, obwohl sie tatsächlich an einem anderen Ort erfolgte (BGHSt 44, 186 = DNotZ 1999, 811 = NJW 1998, 3790 = NotBZ 1999, 23; kritisch Ressler NotBZ 1999, 13).

Das Gesetz erfordert nur die Angabe des **Tages** der Beurkundungsverhandlung. Zieht sich die Verhandlung über mehrere Tage hin, sind alle Tage anzugeben (Winkler § 9 BeurkG Rn 89). Eine Zeitangabe findet sich allenfalls manchmal bei Beurkundungen außerhalb der Geschäftszeiten (§ 58 Abs 3 KostO). 354

Wurde die Beurkundungsverhandlung zwischenzeitlich **unterbrochen** (Rn 376) und erst an einem späteren Tag wieder fortgesetzt, so soll der Notar auch dies angeben und alle Beurkundungstage in der Urkunde aufführen. Er braucht aber nicht kenntlich zu machen, welche Teile an welchem Tag beurkundet wurden (BGHZ 29, 6, 9 = DNotZ 1959, 215).

IX. Verlesung der Niederschrift, Genehmigung und Unterschrift

Während § 9 BeurkG die Wirksamkeitsvoraussetzungen hinsichtlich des Inhalts der Niederschrift enthält, faßt § 13 BeurkG die **Wirksamkeitsvoraussetzungen** des Beurkundungsverfahrens zusammen, nämlich zum einen die **Verlesung**, zum anderen die **Genehmigung** (Rn 382 ff) und die **Unterschriften der (formell) Beteiligten** (Rn 385 ff) sowie zum dritten die **Unterschrift des Notars** (Rn 399 ff). 355

Die notarielle Niederschrift endet daher typischerweise mit dem Vermerk „verlesen, genehmigt und unterschrieben" (oder ausführlicher „vom Notar – samt Anlagen – verlesen, von den Beteiligten genehmigt und von ihnen eigenhändig unterschrieben"; **Schlußvermerk**), gefolgt von den Unterschriften aller Beteiligten und des Notars.

Mit den Unterschriften der Beteiligten und des Notars ist die **Beurkundungsverhandlung abgeschlossen**. Die abgeschlossene Niederschrift kann nicht mehr geändert werden. Stellen die Beteiligten danach fest, daß sie eine Regelung vegessen haben oder ändern wollen, so ist nur eine Nachtragsurkunde möglich (Rn 637 ff). Während der Beurkundungsverhandlung sind hingegen Änderungen möglich; Einschübe und Streichungen hat der Notar allerdings durch einen Vermerk oder seine Unterschrift zu bestätigen, damit ersichtlich ist, daß die Urkunde nicht nachträglich geändert wurde (Rn 377).

356 § 13 BeurkG entspricht weitgehend dem früheren **§ 2242 aF** bzw **§ 177 FGG aF** (wobei letzterer allerdings auch die Verlesung des Schlußvermerks verlangte). Kleinere Änderungen erfolgten 1980 (BGBl 1980 I 157).

1. Verlesung (§ 13 Abs 1 BeurkG)

357 Nach § 13 Abs 1 S 1 BeurkG muß die Niederschrift den Beteiligten in Gegenwart des Notars vorgelesen, von ihnen genehmigt und eigenhändig unterschrieben werden. Die vollständige Verlesung ist damit **Wirksamkeitserfordernis** der Beurkundung (BGH DNotZ 1969, 178). Erst durch die Verlesung (mit Genehmigung und Unterschrift) wird der Entwurf zur Niederschrift.

Die Beteiligten können auf die Verlesung **nicht verzichten** (RG JW 1914, 410; OLG Celle NZG 2002, 459 = OLG-Report 2001, 284 = WM 2001, 2444; OLG Hamm DNotZ 1978, 54, 56).

a) Zweck der Verlesung
358 Vor allem bei längeren Urkunden empfinden die Beteiligten die Verlesung aller „technischer Detailregelungen" manchmal als antiquierte Förmelei. Der Notar kann die Beteiligten dann mit einem Verweis auf die andernfalls drohende Formnichtigkeit der gesamten Urkunde überzeugen, daß er die Verlesung nicht abkürzen kann. Aber die Verlesung der gesamten Urkunde macht auch Sinn (zum Zweck der Verlesung vgl auch BT-Drucks V/4014, 3; KEIM, Das notarielle Beurkundungsverfahren 120, 131 ff; KANZLEITER DNotZ 1997, 261; SAAGE DNotZ 1959, 340, 345; WEBER DNotZ 1965, 7; WINKLER § 13 BeurkG Rn 2):

Durch die Verlesung nimmt jedenfalls der Notar alle Details der Urkunde nochmals zur Kenntnis und kann sie auf ihre **Richtigkeit hin überprüfen**. Die Verlesung kann eine gründliche Vorbereitung der Urkunde zwar nicht ersetzen. Aber manche Fehler merkt man erfahrungsgemäß erst bei der Verlesung, weil das Sprechtempo das bloße Überfliegen einer Klausel verhindert.

Die **Beteiligten** haben zumindest die Möglichkeit und sind eher angehalten, alle Klauseln auch tatsächlich zur Kenntnis zu nehmen – während sie beim Selberlesen erfahrungsgemäß ihnen zunächst irrelevant erscheinende Regelungen überblättern würden. KANZLEITER (DNotZ 1997, 261, 262) spricht vom „heilsamen Zwang" der Verlesung. Der Sinn der Verlesung zeigt sich auch darin, daß sich bei fast jeder Beurkundungsverhandlung (von Grundpfandrechten einmal abgesehen) noch inhaltlicher **Änderungsbedarf** ergibt, den die Beteiligten trotz vorheriger Übersendung des Entwurfes (und damit zumindest der Möglichkeit, den Text zu lesen) zuvor nicht gesehen hatten.

Ein guter Notar wird sich auch bemühen, wichtige Regelungen durch die Art der Verlesung zu unterstreichen – hier etwa gezielt Blickkontakt zu den Beteiligten suchen, um festzustellen, ob sie möglicherweise unausgesprochene Fragen haben – während man weniger wichtige Regelungen auch schneller und weniger akzentuiert vorlesen kann.

Auch die **Belehrung** knüpft an die Verlesung der entsprechenden Klauseln an (KANZLEITER DNotZ 1997, 261, 263; WINKLER § 13 BeurkG Rn 2). Eine verlesene Klausel läßt sich leichter erläutern als eine nur gelesene. Denn die Beteiligten haben die verlesene Klausel noch im Ohr, wenn der Notar sie erläutert.

Auch wenn die die vollständige Verlesung im Einzelfall ermüdend sein mag, ist doch auch *de lege ferenda* **kein besseres Mittel** zur Richtigkeitsgewähr und Sicherung der Belehrung ersichtlich. Das Gesetz gibt dem Notar ausreichend Möglichkeiten, das Beurkundungsverfahren effizient und belehrungseffektiv zu gestalten – sei es durch Aufbau und Gestaltung der Urkunde, etwa indem die wichtigen Regelungen bei längeren Urkunden möglichst nach vorne kommen, wenn die Aufmerksamkeit der Beteiligten noch frisch ist, aber auch durch die Ausnahmen von der Verlesungspflicht in §§ 13a, 14 BeurkG. Eine noch weitergehende Beschränkung – etwa eine Beschränkung auf die Verlesung der wichtigsten Regelungen, wie sie den Beteiligten manchmal vorschwebt – würde zu Abgrenzungsproblemen führen und erscheint streitanfällig. Solche Regelungen sind natürlich möglich, wie verschiedene ausländische Beurkundungsrechte zeigen. Den Schutzzweck der Beurkundung dürfte aber das deutsche Modell der vollständigen Verlesung besser erfüllen.

b) Verlesung durch oder in Anwesenheit des Notars
In der Regel wird der Notar die Urkunde selbst verlesen. Er darf aber auch jemand anderen **vorlesen lassen** (KG DNotZ 1953, 255), insbesondere einen Notarangestellten. Davon kann der Notar etwa Gebrauch machen, wenn er stark erkältet ist und nur mit Mühe sprechen kann.

Eine Verlesung durch einen Beteiligten selber oder durch den Makler ist keine sinnvolle Gestaltung des Beurkundungsverfahrens, wäre aber wirksam (MECKE/LERCH § 13 BeurkG Rn 9; WINKLER § 13 BeurkG Rn 8; **aA** – Selbstverlesung durch einen Beteiligten unwirksam: LITZENBURGER, in: BAMBERGER/ROTH § 13 BeurkG Rn 1). Denn der Makler wird zumindest befangen wirken und der Beteiligte soll sich auf das Verständnis konzentrieren, nicht auf das Vorlesen.

Die **Belehrung** muß der Notar selbst vornehmen; gleichwohl kann der Mitarbeiter des Notars den Belehrungsvermerk verlesen und ggf bereits einige allgemeine Hinweise geben, die der Notar dann ergänzt.

360 Wirksamkeitserfordernis ist, daß der Notar während der gesamten Verlesung sowie der Genehmigung und Unterzeichnung **anwesend** ist, so daß er die gesamte Verhandlung wahrnehmen und leiten und gegebenenfalls eingreifen kann.

Verläßt der Notar das Beurkundungszimmer, etwa um zwischendurch etwas abklären oder Anweisungen für Textänderungen zu geben, so ist grundsätzlich die Beurkundungsverhandlung zu unterbrechen. Die Beurkundung kann aber auch wirksam sein, falls der Notar sich zwischenzeitlich im angrenzenden Zimmer aufhält, sofern er dabei in **Hörweite** und **Blickkontakt** zu den Beteiligten ist; unwirksam sind hingegen die hinter geschlossener Tür in Abwesenheit des Notar verlesenen Urkundsteile oder die außerhalb seiner Sichtweite verlesenen Teile (BGH DNotZ 1975, 365 = Rpfleger 1975, 173 – Falschbeurkundung im Amt iSd § 348 StGB; OLG Celle NdsRpfleger 1956, 131; RGZ 61, 95, 99 = JW 1905, 491; EHLERS NotBZ 1997, 109). Der Notar kann auch nicht gleichzeitig bei mehreren Verlesungen anwesend sein; daher führt auch die gleichzeitige Verlesung zur Unwirksamkeit (WINKLER § 13 BeurkG Rn 6; anders wenn eine Beurkundung unterbrochen wird, um eine andere einzuschieben – zur Sammelbeurkundung nach § 13 Abs 2 BeurkG vgl Rn 368).

c) Zu verlesender Text – Art der Verlesung

361 Zu verlesen ist die **gesamte Niederschrift**, also nicht nur die Erklärungen der Beteiligten, sondern auch die **tatsächlichen Feststellungen** des Notars, etwa die Bezeichnung der Beteiligten und sonstigen Mitwirkenden (RGZ 108, 397, 402), Feststellungen zur Geschäftsfähigkeit, Zeit und Ortsangabe, der Vorbefassungsvermerk oder Belehrungsvermerke (vgl allg RGZ 62, 1, 3; RGZ 108, 397; RG JW 1911, 804; OLG Frankfurt DNotZ 1964, 307; vSCHUCKMANN/RENNER, in: HUHN/vSCHUCKMANN § 13 BeurkG Rn 10; WINKLER § 13 BeurkG Rn 21).

Wird ein Formular mit alternativ auszuwählenden Varianten („zum Ankreuzen") beurkundet (wie zT bei Grundschuldformularen), so sind die nicht zutreffenden Varianten zu streichen; andernfalls müssen sie ebenfalls verlesen werden (WINKLER, in: FS Geimer 1509, 1519; WINKLER § 13 BeurkG Rn 92).

Nicht erforderlich (gleichwohl üblich) ist die Verlesung des **Schlußvermerks** („vorgelesen, genehmigt und unterschrieben"). Der Schlußvermerk kann daher auch den Unterschriften der Beteiligten nachfolgen (RGZ 62, 1, 4; WOCHNER DNotZ 2000, 303; WINKLER § 13 BeurkG Rn 22).

Werden Feststellungen nicht verlesen, die nur von Soll-Vorschriften vorgeschrieben sind, so ist die Feststellung zwar nicht wirksam beurkundet. Dies beeinträchtigt die Wirksamkeit der Beurkundung jedoch ebensowenig wie das völlige Fehlen eines durch eine Soll-Vorschrift vorgeschriebenen Vermerkes (RGZ 62, 1, 5; RGZ 63, 31, 35; RGZ 79, 366, 368; RG JW 1913, 339; WINKLER § 13 BeurkG Rn 25).

362 Zu verlesen ist der dann von den Beteiligten auch unterzeichnete endgültige Vertragstext. Dieser muß bereits **körperlich fixiert** sein. Daher genügt weder das **laute Diktieren** des noch zu schreibenden Textes (BayObLGZ 1979, 232, 236 = Rpfleger 1979, 458; KG DNotZ 1944, 153 = DFG 1944, 48 m Anm VOGEL) noch die Verlesung der Urkunde vom **Bildschirm** des Computers (OLG Frankfurt DNotZ 2000, 513; LIMMER, in: EYLMANN/VAASEN § 13 Rn 7; vSCHUCKMANN/RENNER, in: HUHN/vSCHUCKMANN § 13 BeurkG Rn 10; WINKLER § 13 BeurkG Rn 12; aA LG Stralsund NJW 1997, 3178).

Ebensowenig genügt das **Abspielen eines Tonbandes** mit einer Aufnahme des Vertragstextes (OLG Hamm DNotZ 1978, 54 – NJW 1978, 2604 – Rpfleger 1978, 18; Winkler § 13 BeurkG Rn 9; ebenso jetzt vSchuckmann/Renner, in: Huhn/vSchuckmann § 13 BeurkG Rn 7 – unter ausdrücklicher Aufgabe der noch in der 3. Aufl vertretenen aA; **aA** nur einige ältere Literaturstimmen: Bühling JR 1960, 3; Haegele Rpfleger 1967, 159; Rpfleger 1969, 414; Siegert NJW 1957, 691); denn der gehörte Text leitet sich hier nicht unmittelbar von dem vorliegenden körperlichen Schriftstück ab, mag er auch inhaltsgleich sein.

Ebensowenig genügt das Verlesen eines **bloßen Entwurfs**. Notar und Beteiligten muß vielmehr bereits beim Verlesen bewußt sein, daß das verlesene Schriftstück die Niederschrift ist.

Werden hingegen Klauseln auf bereits verlesenen Seiten geändert und dafür neu ausgedruckt, so genügt eine Verlesung der geänderten Teile; die unverändert übernommenen, bereits verlesenen Teile müssen nicht nochmals neu verlesen werden (Rn 381).

363 Der Notar hat (Amtspflicht) so zu verlesen, daß ihn die Beteiligten auch hören können. Aber Wirksamkeitsvoraussetzung ist nur das Vorlesen, **nicht das Hören** (oder Verstehen). Eine Klausel ist auch dann wirksam verlesen und damit wirksam beurkundet, wenn ein (oder alle) Beteiligten die Klausel überhört haben (BGHZ 71, 260 = DNotZ 1978, 537 = NJW 1978, 1480; Winkler § 13 BeurkG Rn 12 und 68 – vgl Rn 370 zur Anfechtungsmöglichkeit), sei es weil sie mit ihren Gedanken abgeschweift sind oder weil ein Beteiligter eingenickt ist. Selbstverständlich muß der Notar eingreifen, wenn er merkt, daß ein Beteiligter einnickt. Erklären die Beteiligten, eine Klausel (akustisch) nicht verstanden zu haben, muß der Notar sie nochmals vorlesen.

§§ 22 ff BeurkG enthalten Sondervorschriften für **hörbehinderte Beteiligte**: Hier muß (Amtspflicht) der Notar einen Zeugen oder einen zweiten Notar zuziehen, sofern nicht alle Beteiligten darauf verzichten (§ 22 Abs 1 BeurkG). Anstelle des Verlesens muß (Wirksamkeitsvoraussetzung) die Niederschrift dem hörbehinderten Beteiligten **zur Durchsicht vorgelegt** werden (§ 23 BeurkG; vgl Rn 553 ff).

d) Verlesungsvermerk und -vermutung
364 Der Notar soll (unbedingte Amtspflicht) die Verlesung in der Urkunde **vermerken** (§ 13 Abs 1 S 2 BeurkG). In der Regel erfolgt dies im Schlußvermerk der Urkunde („verlesen, genehmigt und unterschrieben" – Rn 384). Der Verlesungsvermerk begründet den (widerlegbaren) Beweis, daß die Niederschrift vollständig verlesen wurde (§ 418 ZPO). Einen (teilweise) unrichtigen Schlußvermerk über die (vollständige) Verlesung wertete das OLG Zweibrücken jedoch nicht als Falschbeurkundung im Amt (§ 348 StGB), weil der Verlesungsvermerk nur von einer Soll-Vorschrift vorgeschrieben wird (OLG Zweibrücken NJW 2004, 2912 = NStZ 2004, 334).

365 Haben die Beteiligten die Niederschrift eigenhändig unterschrieben, so begründet dies die **widerlegbare Tatsachenvermutung**, daß die Niederschrift ordnungsgemäß und vollständig in Gegenwart des Notars verlesen (und von den Unterzeichnenden genehmigt) wurde (§ 13 Abs 1 S 3 BeurkG; BGH DNotZ 1995, 26 = NJW 1994, 1288 = Rpfleger 1994, 412 = WM 1994, 984; WOCHNER DNotZ 2000, 304; WINKLER § 13 BeurkG Rn 68).

e) Karten, Zeichnungen und Abbildungen

366 Soweit die Niederschrift auf Karten, Zeichnungen oder Abbildungen verweist, müssen diese den Beteiligten **anstelle des Vorlesens zur Durchsicht vorgelegt** werden (§ 13 Abs 1 S 1 HS 2 BeurkG). Dies ist **Wirksamkeitsvoraussetzung**.

Der Notar hat in die Niederschrift einen **Vermerk** über die Vorlage zur Durchsicht aufzunehmen; dessen Fehlen beeinträchtigt jedoch die Wirksamkeit der Beurkundung nicht (S 2).

Eine gesonderte Unterzeichnung der Karten etc ist nicht vorgeschrieben; es genügt die **Unterschrift unter der Niederschrift**. Gleichwohl ist eine gesonderte Unterzeichnung oder Paraphierung sinnvoll, schon um Verwechslungen mit möglicherweise weiteren bei den Nebenakten befindlichen Karten zu vermeiden.

Die eigenhändige Unterschrift der Beteiligten unter der Niederschrift begründet auch die **Vermutung**, daß ihnen Karten, Zeichnungen oder Abbildungen, die Bestandteil der Niederschrift sind, zur Durchsicht vorgelegt und von ihnen genehmigt wurden (S 3 Var 2).

367 Keine Frage der Formwirksamkeit, sondern der **materiellen Bestimmtheit** ist, ob die Karte etc den Inhalt der Erklärung bestimmt genug abbildet (BGH DNotI-Report 2002, 29 = NJW-RR 2002, 415 = WM 2002, 202 = ZNotP 2002, 111 – Bestimmtheit des verkauften Wohnungseigentums).

Soweit eine verkaufte Teilfläche oder der Ausübungsbereich einer Dienstbarkeit etc durch eine Karte bestimmt werden soll, ist daher grundsätzlich eine **maßstabsgerechte Karte** erforderlich (BGH DNotZ 1981, 235 = WM 1980, 1013; DNotZ 2000, 121 = NJW-RR 1999, 1030 = ZfIR 1999 118 – Teilflächenerwerb; BGHZ 150, 334 = DNotZ 2002, 937 = NJW 2002, 2247 – von einem Sondernutzungsrecht betroffene Teilfläche). Maßstabsgerecht ist die Karte, wenn alle Längen im selben Verhältnis abgebildet werden und sich damit auch die Flächengrößen aus der Karte ablesen lassen. Unerheblich ist hingegen, ob dies ein glatter Maßstab (1:100, 1:200, 1:1000 etc) oder ein krummer Maßstab ist. Eine nicht maßstabsgerechte Karte genügt, wenn sie zusammen mit einer Beschreibung durch Worte hinreichend bestimmt ist, etwa durch Maßangaben oder bestimmte Messungspunkte. Ausreichend ist auch, einer Vertragsparteien oder einem Dritten ein Leistungsbestimmungsrecht nach § 315 einzuräumen (vgl KANZLEITER NJW 2000, 1919).

Für Einzeichnungen in die Karte sollte. sofern nicht nur bereits vorhandene Grenzen durch Leuchtstift markiert werden, ein **möglichst dünner Stift** verwendet werden, um keine Zweifel über den Grenzverlauf aufkommen zu lassen. Da § 29

DONot keine Bleistifte, sondern nur dokumentenechte Kugelschreiber zuläßt, können Grenzen auch zunächt mit dünnem Bleistift eingezeichnet und danach die Skizze kopiert und die Kopie vorgelegt und zur Urkunde genommen werden, ggf noch mit einer durchsichtigen Farbmarkierung der Einzeichnung.

f) Sammelbeurkundung (§ 13 Abs 2 BeurkG)

Werden mehrere ganz oder teilweise übereinstimmende Niederschriften aufgenommen, so genügt es, wenn der **übereinstimmende Inhalt allen Beteiligten nur einmal vorgelesen** wird (§ 13 Abs 2 S 1 BeurkG). **368**

Anwendungsfälle sind etwa Beurkundungen von Straßengrundabtretungen, die gleichzeitigen Erklärungen mehrerer Auflassungen durch den Bauträger – und war in den 1970er Jahren zur Zeit schnellen Städtewachstums auch die gleichzeitige Beurkundung mehrerer Bauträgerverträge. Durch die gleichzeitige Verlesung gewinnt der Notar Zeit, die er für eine ausführlichere Belehrung der Beteiligten verwenden kann.

Voraussetzung ist, daß allen Beteiligten bereits bei Beginn der Sammelverlesung klar ist, daß der betreffende Text nur einmal verlesen wird und daß er sich auch auf ihre Erklärungen bezieht (OLG Frankfurt DNotI-Report 1999, 113; Nichtannahmebeschluß BGH DNotZ 2000, 512 = NJW 2000, 1725: Unwirksam ist die Sammelbeurkundung daher, wenn sich die Beteiligten erst nach der Verlesung des ersten Vertrages darauf verständigen, daß der Käufer des Erstvertrages nunmehr auch als vollmachtloser Vertreter des nicht erschienenen Käufers des inhaltsgleichen Zweitvertrages handeln und insoweit die Verlesung des Erstvertrages gegen sich gelten lassen soll). Sinnvollerweise wird der Notar vor der Verlesung darauf hinweisen, auch wenn das Gesetz keinen derartigen Hinweis vorschreibt.

Berufsrechtlich ist eine Sammelbeurkundung nur zulässig, soweit dies die **Verschwiegenheitspflicht** nicht verletzt (§ 13 Abs 2 S 1 BeurkG, § 18 BNotO). Daher sind bei verschiedenen Beteiligten die individuellen Teile der Niederschriften (insbes der **Kaufpreis**, aber auch die Personalien der Beteiligten) grundsätzlich in Abwesenheit der nicht an der jeweiligen Beurkundung Beteiligten zu verlesen, sofern nicht alle (formell) Urkundsbeteiligten darauf verzichten (Winkler § 13 BeurkG Rn 36).

Standesrechtlich lassen die Richtlinien der Notarkammern im Regelfall nur die gleichzeitige Beurkundung von **höchstens fünf Niederschriften** bei verschiedenen Beteiligten zu (Ziffer II 1 Abs 2 e RLE-BNotK, DNotZ 1999, 259; zu den standesrechtlichen Fragen der Sammelbeurkundung bei Bauträgerverträgen vgl auch Hamm DNotZ 1973, Sonderheft Notartag 22*; Tiffert DNotZ 1973, Sonderheft Notartag 138 f*). Zulässige Ausnahme ist etwa die Beurkundung kleiner Straßengrundabtretungen, bei denen es ggf auch sinnvoll sein kann, 50 Grundeigentümer zur Abtretung jeweils weniger Quadratmeter am Abend in eine Schule oder notfalls einen Wirtshausnebenraum zu bitten. Maßstab ist jeweils, ob die Beurkundungszwecke, insbes die Schutz- und Belehrungsfunktion der Beurkundung, bei dem gewählten Verfahren der Sammelbeurkundung weiterhin gewahrt bleibt.

g) Ausnahmen von der Verlesungspflicht

Zu verlesen ist die **gesamte Niederschrift**, also nicht nur Protokollierung der Erklärungen der Beteiligten, sondern auch die Feststellungen des Notars. **369**

Grundsätzlich können die Beteiligten nicht auf die Verlesung verzichten (Rn 357). Einen Verzicht auf die Verlesung sieht das Gesetz nur in zwei Ausnahmefällen vor: Zum einen bei der **Verweisung** auf eine andere notarielle Urkunde (§ 13a BeurkG – Rn 420), zum anderen bei **Bestandsverzeichnissen** sowie bei Grundpfandrechtsbestellungen für die nicht in das Grundbuch selbst einzutragenden Erklärungen (§ 14 BeurkG – Rn 437).

h) Fehlende Verlesung

370 Die Verlesung ist **Wirksamkeitsvoraussetzung**. Nicht verlesene Teile der Urkunde sind nicht wirksam beurkundet – etwa wenn der Notar vergißt, einzelne Klauseln oder Sätze zu verlesen.

Wirksam beurkundet ist eine Klausel hingegen auch, wenn die Beteiligten sie **überhört** haben (BGHZ 71, 260 = DNotZ 1978, 537 = NJW 2978, 1480; Winkler § 13 BeurkG Rn 3 – ansonsten wäre die Beweiskraft der Urkunde entwertet). Darin kann jedoch ein Anfechtungsgrund liegen (§ 119 Abs 1), wenn die Beteiligten diese Erklärung gar nicht abgeben wollten.

In vielen Fällen wird die Teilunwirksamkeit später durch den dinglichen Vollzug **geheilt** werden (§ 311b Abs 1 S 2, § 15 Abs 3 S 2 GmbHG). Im übrigen bestimmt sich nach **§ 139**, ob die Formwirksamkeit der nicht verlesenen Klausel zur Unwirksamkeit des gesamten Rechtsgeschäftes führt – wovon im Regelfall mit Ausnahme von Detailregelungen auszugehen ist.

2. Anwesenheit der Beteiligten

371 Jeder Beteiligter muß bei der Verlesung der Niederschrift der **von ihm abgegebenen Erklärungen** und der (auch) ihn betreffenden Feststellungen des Notars anwesend sein. Ist ein Beteiligter während der Verlesung der Niederschrift einer von ihm abgegebenen Erklärung abwesend, so ist seine Erklärung nicht **wirksam** beurkundet.

Hingegen kann sich ein Beteiligter zwischenzeitlich entfernen, wenn nur die Niederschrift von Erklärungen anderer Beteiligter verlesen werden und seine eigene Anwesenheit auch nicht als Erklärungsempfänger erforderlich ist (Winkler § 3 BeurkG Rn 30). Der Notar hat dann den Anwesenheitsvermerk entsprechend einzuschränken. Ist etwa generell formuliert, daß die Erklärungen in Anwesenheit der jeweiligen Erklärungsempfänger abgegeben wurden, so muß der Vermerk nicht geändert werden, wenn sich der Verkäufer bei einer Regelung über das Innenverhältnis der Erwerber zwischenzeitlich kurzfristig entfernt.

a) Gleichzeitige Anwesenheit

372 Nur ausnahmsweise erfordert das materielle Recht eine gleichzeitige Anwesenheit beider Vertragsparteien als Wirksamkeitsvoraussetzung, so bei der **Auflassung** (§ 925 Abs 1 S 1), beim **Ehevertrag** (§ 1410) und beim **Erbvertrag** oder der Erbvertragsaufhebung (§§ 2276 Abs 1, 2290 Abs 4). Das Erfordernis gleichzeitiger Anwesenheit schließt aber nur eine Stufenbeurkundung (§ 128) aus. Eine Vertretung bei der Erklärung ist grundsätzlich zugelassen (so zB für den Ehevertrag: BGHZ 138, 239 = DNotZ 1999, 46, 47 = FamRZ 1998, 902, 904 = NJW 1998, 1857; vgl auch BGHZ 5, 344, 349 =

DNotZ 1952, 368; ebenso für die Auflassung, während der Erbvertrag nach § 2274 vom Erblasser nur persönlich abgeschlossen werden kann).

Gleichzeitige Anwesenheit erfordert zumindest, daß der Notar und alle Beteiligten sich gegenseitig hören und sehen können. Grundsätzlich ist Anwesenheit im selben Raum erforderlich, aber auch genügend. Eine Zuschaltung mittels technischer Hilfsmittel (Telephon, Videokonferenz etc) genügt nicht. Ein tatsächlicher Sichtkontakt ist nicht erforderlich, die bloße Möglichkeit genügt. Nach RG, JW 1928, 2519 genügt daher für eine wirksame Auflassung sogar, wenn der Erwerber nicht im Zimmer der bettlägerigen Veräußerin war, sondern an der Beurkundungsverhandlung nur auf dem Flur durch die einen Spalt geöffnete Tür teilnahm. Dabei hatte der beurkundende Notar Sichtkontakt zu allen Beteiligten, so daß er sich von deren dauernder Anwesenheit und ihrem Einverständnis überzeugen konnte. Ob dieser Grenzfall heute noch so entschieden würde, mag man bezweifeln (vgl BGH DNotZ 1975, 365 = Rpfleger 1975, 173 – Rn 360). Jedenfalls ist es ein nicht übertragbarer Sonderfall. Und unabhängig von der Frage nach der materiellen Wirksamkeit ist eine derartige Gestaltung des Beurkundungsverfahrens grundsätzlich unzulässig; heute sind wohl kaum Fälle vorstellbar, in denen ein Beteiligter nachvollziehbarerweise den anderen bei der Beurkundung nicht sehen will.

Das Grundbuchamt prüft daher die gleichzeitige Anwesenheit als Wirksamkeitsvoraussetzung der Auflassung (§ 20 GBO). Der Nachweis erfolgt durch einen entsprechenden Vermerk des Notars in der Niederschrift (§ 418 ZPO). Andernfalls kann der Notar auch nachträglich noch eine entsprechende Tatsachenfeststellung treffen, da die Anwesenheit nicht den Inhalt der abgegebenen Erklärungen betrifft und damit die Einschränkungen des § 44a Abs 2 BeurkG (Rn 636) nicht gelten.

Üblicherweise erwähnt daher bereits der **Eingangsvermerk** der Niederschrift, daß die Beteiligten ihre Erklärungen **„bei gleichzeitiger Anwesenheit"** abgaben. Dann vergißt man es in den erforderlichen Fällen nicht. Im übrigen ist durch den Vermerk festgehalten, daß die Erklärungen der jeweils anderen Vertragspartei auch zugingen.

b) Stufenbeurkundung durch Angebot und Annahme
Im übrigen läßt § 128 grundsätzlich die **getrennte Beurkundung von Angebot und Annahme** zu (Stufenbeurkundung).

c) Abschnittsweise Beurkundung
Soweit nicht das materielle Recht gleichzeitige Anwesenheit vorschreibt, ist beurkundungsrechtlich auch eine abschnittsweise Beurkundung zulässig, bei der ein Beteiligter nach Abgabe seiner Erklärungen genehmigt und unterschreibt und danach andere Beteiligte noch weitere Erklärungen abgeben. Denkbar wäre etwa, daß der Verkäufer nach Abschluß des Kaufvertrages unterschreibt und geht, während die Erwerber in derselben Urkunde noch verschiedene Regelungen über ihr Verhältnis untereinander treffen. Ebenso wirksam ist ein schuldrechtlicher Kaufvertrag (ohne Auflassung), bei dem zunächst alle Erklärungen des Verkäufers beurkundet werden, und erst nachdem der Verkäufer genehmigt und unterschrieben hat, der Käufer kommt und – noch in derselben Niederschrift – seine eigenen Erklärungen abgibt, genehmigt und unterschreibt (RGZ 69, 130: Erbverzicht; OLG Colmar Recht 1907, 259 Nr 518: mehrere Versteigerungen in einer Urkunde beurkundet; OLG Hamburg DNotZ 1994,

306: Kaufvertrag – insoweit **aA** OLG Colmar aaO; ebenso allg Limmer, in: Eylmann/Vaasen § 13 Rn 9; vSchuckmann/Renner, in: Huhn/vSchuckmann § 13 BeurkG Rn 69; Jansen § 13 BeurkG Rn 7; Winkler § 3 BeurkG Rn 27). Der Notar hat die Besonderheit des Beurkundungsverfahrens in der Niederschrift zu vermerken (keine Wirksamkeitsvorausetzung; RGZ 69, 130, 134; OLG Hamburg DNotZ 1994, 306, 308).

Soll aber bei einem Vertrag zunächst nur ein Beteiligter seine Erklärungen abgeben, während die Erklärungen des anderen erst Tage später beurkundet werden, so wird der Notar eine Beurkundung durch Angebot und Annahme vorschlagen (§ 128). Die Beurkundung in einer einheitlichen Niederschrift wäre zwar wirksam (OLG Hamburg DNotZ 1994, 306), widerspräche aber einer sachgerechten Gestaltung des Beurkundungsverfahrens. Denn die Rechtsqualität der zuerst abgegebenen Erklärungen wäre in der Zwischenzeit in der Schwebe, während bei einem Angebot die Bindung, aber auch die begrenzte Bindungsfrist feststehen.

d) Unterbrechung der Beurkundungsverhandlung

376 Die Beurkundungsverhandlung kann auch **unterbrochen** und später fortgesetzt werden – auch an einem anderen Tag. Der Notar entscheidet kraft seiner Verfahrensherrschaft, bis zu welchem Zeitpunkt er zu einer Fortsetzung der unterbrochenen Verhandlung bereit ist oder ob er einen Neubeginn der Beurkundung verlangt.

Ausdrückliche Einschränkungen hinsichtlich der Länge der Unterbrechung enthält das Beurkundungsrecht nicht. IdR unproblematisch ist eine Fortsetzung am nächsten Werktag. Berufsrechtlich und nach dem Zweck des Beurkundungsverfahrens dürfte hingegen eine Unterbrechung für mehr als **eine Woche** in aller Regel keine zweckmäßige Gestaltung des Beurkundungsverfahrens mehr sein. Sonst erinnern sich die Beteiligten nicht mehr, was sie eigentlich am Ende genehmigen. Bei längeren Unterbrechungen empfiehlt sich, die Beurkundungsverhandlung wieder neu zu beginnen. Bei einer absehbaren längeren Unterbrechung ist allenfalls zu erwägen, die bis dahin bereits verlesenen Teile als eigene Urkunde abzuschließen, insbesondere wenn es sich um einen eigenständigen Regelungsteil handelt; dann muß die Urkunde allerdings zum Ausdruck bringen, daß das Rechtsgeschäft erst mit der Beurkundung der übrigen Teile wirksam werden soll.

Zieht sich die Beurkundungsverhandlung über mehrere Tage hin, so sollen (Amtspflicht) alle Tage in der Niederschrift angegeben werden (BGHZ 29, 6, 9 = DNotZ 1959, 215 – vgl Rn 354).

3. Änderungen während der Beurkundungsverhandlung

377 Der Urkundstext darf **nur bis zum Abschluß der Beurkundungsverhandlung geändert** werden. Änderungen nach Genehmigung und Unterschrift durch die Beteiligten erfordern eine erneute Genehmigung und Unterschrift. Nach der Unterschrift des Notars ist für Änderungen grundsätzlich eine Nachtragsurkunde erforderlich; lediglich bei offensichtlichen Unrichtigkeiten genügt ein Nachtragsvermerk des Notars (Rn 636).

Änderungen während der Beurkundungsverhandlung können entweder durch **Zusätze oder Streichungen im Entwurfstext** erfolgen; dabei sind nicht nur geringfügige

Änderungen durch den Notar zu vermerken und gesondert zu unterzeichnen. Wird hingegen der **geänderte Teil neu ausgedruckt**, so ist er erneut zu verlesen (§ 13 Abs 1 S 1 BeurkG).

Welche der beiden Formen der Notar zur Änderung wählt, ist seinem freien **Ermessen** überlassen. Bei einem Neuausdruck erhält man eine „saubere" Urschrift, während man bei handschriftlichen Änderungen in der Urschrift später erforderlichenfalls dokumentieren kann, daß und welche Änderung in der Beurkundungsverhandlung erfolgte (WINKLER § 44a Rn 9). Für Abschriften kann dann ggf eine Reinschrift erstellt werden (Rn 644).

a) Änderungen im Text der Niederschrift (§ 44a Abs 1 BeurkG)
Geringfügige Änderungen im Urkundstext (vor Abschluß der Beurkundung) bedürfen keines besonderen Vermerkes. Ob eine Änderung geringfügig ist, entscheidet ihre Bedeutung im konkreten Fall, nicht ihr Umfang. Die Verbesserung von Schreibfehlern oder die Streichung eines doppelt geschriebenen Wortes kann daher ohne weiteren Zusatz erfolgen (OLG Hamburg DNotZ 1951, 422). **378**

Nicht geringfügig sind hingegen Änderungen, die sich auf den Inhalt der beurkundeten Erklärungen auswirken können (WINKLER § 44a Rn 8; WOCHNER DNotZ 1995, 33). Inhaltliche Zusätze sind nach § 44a Abs 1 S 1 BeurkG grundsätzlich keine geringfügigen Änderungen; als geringfügig sieht die Literatur hingegen das Ausfüllen von Lücken eines vorgegebenen Entwurfs an (WINKLER § 44a Rn 12). Auch Streichungen können mehr als geringfügig sein (OLG Hamm JMBl NW 1957, 234, 235).

Nicht geringfügige Änderungen erfordern entweder einen **Randvermerk mit gesonderter Unterschrift des Notars** oder einen **Vermerk am Schluß** der Niederschrift vor der Unterschrift des Notars. Das Gesetz schreibt keinen bestimmten Wortlaut für den Vermerk vor. Ein schlichtes „geändert" mit der Unterschrift des Notars genügt daher (WOCHNER DNotZ 1995, 31, 33; ebenso wohl vSCHUCKMANN/PREUSS, in: HUHN/vSCHUCKMANN § 44a BeurkG Rn 4), ebenso wie die bloße Unterschrift des Notars, wenn diese direkt am Ende des geänderten Textes steht, so daß daraus hervorgeht, daß sie die Änderung deckt (LIMMER, in: EYLMANN/VAASEN § 44a BeurkG Rn 6; WINKLER § 44a BeurkG Rn 12; **aA** WEINGÄRTNER/SCHÖTTLER, DONot [7. Aufl 1995] Rn 458). **379**

Beim Randvermerk hält die Literatur eine **Unterschrift** für erforderlich (LIMMER, in: EYLMANN/VAASEN § 44a BeurkG Rn 4). Nachdem das Gesetz von „Unterzeichnung" spricht, könnte man aber auch vertreten (ebenso wie die hM zu § 14 BeurkG – vgl Rn 444), es genüge eine bloße Paraphe. Die Angabe von Zeit und Ort oder eine Beifügung des Siegels ist weder erforderlich noch sinnvoll. Der Vermerk muß vor Abschluß der Beurkundung angebracht werden.

Vor allem in Bayern erfolgen Streichungen häufig dadurch, daß der zu streichende Text eingeklammert und an den Anfang der Vermerk **„lies"** gesetzt wird. Der anstelle des in „lies" gesetzten Textes zu lesende Text findet sich dann meist am Ende der Urkunde mit der Angabe, daß die näher benannte Textstelle anstelle des gestrichenen Textes wie folgt zu lesen sei (vgl § 113 Abs 2 Geschäftsordnung für die Notariate in Bayern vom 24. 11. 1899; GANTZER MittBayNot 1971, 300 zur Frage, ob „lies" der Imperativ von lesen ist – so GANTZER – oder die Abkürzung für „lapsus in expressione scribentis").

380 Fehlt bei Änderungen ein Vermerk oder die Unterschrift des Notars, so beeinträchtigt dies die Wirksamkeit der Beurkundung nicht. Jedoch werden die fehlerhaften Änderungen nicht von der **Beweiskraft** der Urkunde nach § 415 Abs 1 ZPO erfaßt (BGH DNotZ 1995, 28 m Anm WOCHNER = NJW 1994, 2768). Daher kann das Grundbuchamt ggf die Urkunde als nicht formgerecht beanstanden, wenn begründete Zweifel bestehen, ob die nicht mit dem entsprechenden Vermerk des Notars versehene Änderung möglicherweise erst nachträglich erfolgte.

Hat der Notar anstelle seiner Unterschrift nur eine **Paraphe** neben die Änderung gesetzt, so widerspricht dies zwar nach hM seiner Amtspflicht nach § 44a Abs 1 BeurkG; es dürfte aber im Regelfall genügen, um der Urkunde volle Beweiskraft zu geben.

Hat der Notar versäumt, eine im Text vorgenommene Änderung mit einem ordnungsgemäßen Rand- oder Schlußvermerk zu versehen, so darf er nach Abschluß der Beurkundung den Vermerk im Urkundstext nicht nachholen. Wohl aber kann der Notar durch einen mit der Urkunde zu verbindenden **Nachtragsvermerk** (§ 44a Abs 2 BeurkG) feststellen, daß er die Änderung bereits während der Beurkundungsverhandlung vorgenommen hatte. Ein solcher Nachtragsvermerk erbringt zwar nicht Beweis dafür, daß die Änderung tatsächlich bereits während der Beurkundung vorgenommen wurde – wohl aber Beweis dafür, daß der Notar dies erklärt hat. Dies dürfte im Regelfall dem Grundbuchamt etc als Nachweis genügen.

b) Neuausdruck und erneute Verlesung

381 Einen Neuausdruck geänderter Teile wird der Notar va dann wählen, wenn sich während der Beurkundungsverhandlung herausstellt, daß die Beteiligten eine gänzlich andere Regelung wünschen, so daß eine bloße Änderung einzelner Wörter oder Sätze nicht genügt. Bei größeren Texteinschüben und größeren Streichungen ist ein Neuausdruck übersichtlicher.

Bei einem Neuausdruck müssen die **geänderten Passagen** auch **neu verlesen** werden (§ 13 Abs 1 S 1 BeurkG).

Unveränderte Urkundsteile müssen hingegen auch dann **nicht neu verlesen** werden, wenn sie ebenfalls neu mit ausgedruckt wurden – etwa wenn sich auf einer neu ausgedruckten Seite neben den geänderten auch unveränderte Klauseln befinden (Bundesnotarkammer, Rundschreiben Nr 19/1997 vom 3.7.1997, ZNotP 1997, 91 = im Internet: www.bnotk.de; BASTY NotBZ 1997, 201; BRAMBRING, in: HAGEN/BRAMBRING Rn 453, 460; KANZLEITER DNotZ 1997, 261; LIMMER, in: EYLMANN/VAASEN § 13 Rn 8; LITZENBURGER, in: BAMBERGER/ROTH § 8 BeurkG Rn 3; MIHM NJW 1997, 3121; REITHMANN/BASTY/RINCK, Notarpraxis C Rn 98 ff; vSCHUCKMANN/RENNER, in: HUHN/vSCHUCKMANN § 13 BeurkG Rn 11; SOERGEL/J MAYER § 13 BeurkG Rn 4; WINKLER § 13 BeurkG Rn 13 ff; aA EHLERS NotBZ 1997, 109). Ein derartiger Austausch von Seiten mit zu vielen Korrekturen war auch vor Einführung der EDV nicht unüblich (vgl RGZ 375, 374, 376 f). Hierfür kann man insbes den Rechtsgedanken des § 13 Abs 2 S 1 BeurkG heranziehen, wonach bei einer Sammelbeurkundung genügt, wenn der übereinstimmende Text einmal verlesen wurde.

Allerdings liegt es in der Verantwortung des Notars zu **überprüfen**, ob die unverändert neu ausgedruckten Textteile mit dem bereits verlesenen Text **wortgetreu übereinstimmen** (Bundesnotarkammer, Rundschreiben Nr 19/1997 vom 3.7.1997, ZNotP 1997, 91 = im Internet: www.bnotk.de).

Ein unveränderter und damit nicht zu verlesender Neuausdruck liegt nach wohl hM nicht nur dann vor, wenn das Schriftbild der betreffenden Klausel unverändert bleibt, sondern auch, wenn im ursprünglichen Text **zunächst handschriftliche Änderungen vorgenommen** und verlesen wurden, und diese nunmehr wortgleich getippt und neu ausgedruckt werden (BRAMBRING, in: HAGEN/BRAMBRING Rn 453, 460; ebenso wohl KANZLEITER DNotZ 1997, 261, 265 ff; unklar WINKLER § 13 BeurkG Rn 16 f). Hier muß der Notar allerdings besonders genau überprüfen, ob die neu ausgedruckten Teile dem geänderten Text entsprechen. Zur Kontrolle dürfte sich aber in diesen Fällen eine Verlesung zumindest der eingefügten Worte empfehlen. Fügt der Notar die Änderungen zunächst handschriftlich ein und verliest sie dabei auch schon, so empfiehlt sich, die Änderung zugleich zu unterschreiben, ggf auch mit dem Randvermerk „geändert", um den Amtspflichten nach § 44a Abs 1 BeurkG auch dann genügt zu haben, falls der Notar den beabsichtigten Neuausdruck der entsprechenden Seite vergessen sollte.

Unzulässig wäre hingegen, Seiten der Urschrift erst nach der Unterschrift der Beteiligten und des Notars gegen eine Reinschrift auszutauschen. Nachträglich können lediglich Ausfertigungen oder Abschriften in Reinschrift erstellt werden (Rn 644).

4. Genehmigung (§ 13 Abs 1 BeurkG)

Die verlesene Willenserklärung ist nur wirksam beurkundet, wenn sie von dem Beteiligten genehmigt wurde (§ 13 Abs 1 S 1 BeurkG). Häufig fragt der Notar die Beteiligten etwa, ob er so alles richtig und vollständig beurkundet habe – oder ob die Beteiligten noch etwas zu ergänzen oder zu korrigieren hätten. Die Genehmigung kann aber auch **konkludent** dadurch erfolgen, daß der Notar den Schlußvermerk verliest und die Beteiligten dann unterschreiben. **382**

Das Fehlen der Genehmigung (als **Muß-Vorschrift**) macht ebenso wie das Fehlen der Verlesung die Erklärung des entsprechenden Beteiligten unwirksam. Die Frage ist meist nur von theoretischer Relevanz, da der Beteiligte, der nicht genehmigt, in aller Regel auch nicht unterschrieben hat – so daß dann die Wirksamkeit anhand des einfach festzustellenden Fehlens der Unterschrift geprüft wird.

Die Beteiligten können verlangen, daß ihnen die Niederschrift zusätzlich zur Verlesung vor der Genehmigung **zur Durchsicht vorgelegt** wird (§ 13 Abs 1 S 4 Beurk). In der Praxis wird davon selten Gebrauch gemacht. Meist erwähnt der Notar diese Möglichkeit auch nicht ausdrücklich; er muß auch nicht darauf hinweisen. Sinnvoller als eine Vorlage zur Durchsicht nach der Verlesung ist, den Beteiligten **Leseexemplare** zum Mitlesen während der Verlesung zu geben sofern sie nicht ohnehin die vorab versandten Entwürfe zur Beurkundung mitgebracht haben, möglicherweise mit Randvermerken für Rückfragen oder klärungsbedürftige Punkte. **383**

Verpflichtend ist die Vorlage zur Durchsicht nur, soweit eine Verlesung nicht erfolgt, also für die als Anlagen zur Niederschrift genommenen **Karten und Pläne** (§ 9 Abs 1 S 3 BeurkG). Hier – und nur hier – ist die Vorlegung zur Durchsicht **Wirksamkeitsvoraussetzung**, da sie die Verlesung ersetzt.

Auch Anlagen nach **§ 14 BeurkG** (nicht verlesene Bestandsverzeichnissen oder „weitere Erklärungen" zur Grundpfandrechtsbestellung) sollen zur Kenntnisnahme vorgelegt werden und außerdem von den Beteiligten unterschrieben werden. Dies ist zwar unbedingte Amtspflicht, aber nicht Wirksamkeitsvoraussetzung.

Nur auf Verlangen zur Durchsicht vorzulegen ist die **Übersetzung**, die für einen der Urkundssprache nicht hinreichend kundigen Beteiligten gefertigt wird (§ 16 Abs 2 S 1 HS 2 BeurkG). Zwingend erforderlich ist allerdings nur eine mündliche Übersetzung; eine schriftliche Übersetzung ist nur auf Verlangen anzufertigen. Allerdings hat der Notar den Beteiligten darauf hinzuweisen, daß er eine schriftliche Übersetzung verlangen kann (vgl Rn 545).

384 Nach § 13 Abs 1 S 2 BeurkG hat der Notar die **Verlesung und Genehmigung festzustellen**. Beides kann dann durch die Niederschrift als öffentliche Urkunde bewiesen werden (§ 418 ZPO). Wurden Anlagen mitverlesen (§ 9 Abs 1 S 2 BeurkG), so wird daher auch dies sinnvollerweise nochmals ausdrücklich im Schlußvermerk festgestellt (ebenso die Vorlegung von Karten und Plänen zur Durchsicht), um auch dies beweiskräftig festzustellen.

Das Fehlen der Feststellung beeinträchtigt die Wirksamkeit der Urkunde jedoch nicht. Denn soweit die Beteiligten die Niederschrift eigenhändig unterschrieben haben, wird (widerleglich) **vermutet**, daß sie in Gegenwart des Notars vorgelesen und von den unterschreibenden Beteiligten genehmigt wurde (§ 13 Abs 1 S 3 BeurkG).

Üblicherweise findet sich der Schlußvermerk **vor den Unterschriften** der Beteiligten. Da er aber nur Tatsachenfeststellungen durch den Notar enthält und keine Willenserklärungen durch die Beteiligten (sie genehmigen nur bereits zuvor festgehaltene Willenserklärungen), kann er auch nach deren Unterschriften folgen – sofern er nur zeitlich und räumlich vor der Unterschrift des Notars erfolgt.

5. Eigenhändige Unterschrift der Beteiligten

385 Die eigenhändige Unterschrift der Beteiligten ist **Wirksamkeitsvoraussetzung** der Beurkundung (§ 13 Abs 1 S 1 BeurkG). Erforderlich ist die Unterschrift aller formell Beteiligter (§ 6 Abs 2 BeurkG), dh aller der Erschienenen, deren in eigenem oder in fremdem Namen abgegebene Erklärungen beurkundet werden.

a) Zeitpunkt

386 Die Unterschriften der Beteiligten müssen **zeitlich nach der Verlesung** und Genehmigung erfolgen. Allerdings genügt, wenn die Genehmigung gleichzeitig mit konkludent durch die Unterschrift erklärt wird (und damit gleichzeitig mit dieser).

Räumlich finden sich die Unterschriften daher idR nach dem Schlußvermerk; sie können aber auch vor dem Schlußvermerk stehen, solange sie nur unterhalb der

Erklärungen des betreffenden Beteiligten stehen. Eine bestimmte Reihenfolge der Unterschriften ist nicht vorgeschrieben; selbstverständlich können die Unterschriften auch nebeneinander stehen (KG RJA 7, 18; LG Hamburg HansRGZ 1938 B 113).

Ein Beteiligter kann auch nach Verlesung seiner Erklärungen unterschreiben und dann die Beurkundungsverhandlung verlassen, sofern nicht noch an ihn gerichtete Erklärungen der anderen Beteiligten folgen (Rn 375). Der Genehmigungsvermerk und seine Unterschrift sollten dann an die betreffende Stelle der Urkunde gesetzt werden, um deutlich zu machen, welche Teile der Niederschrift ihm verlesen wurden. Wirksam ist aber auch, wenn er statt dessen am Ende unterschreibt (OLG Hamburg DNotZ 1994, 306), wobei dann allerdings der Notar angeben soll, welche Teile welchen Beteiligten verlesen wurden.

b) Vergleich mit Unterschrift bei Schriftform
Die Anforderungen an die eigenhändige Unterschrift iSd § 13 Abs 1 S 1 BeurkG **387** müssen nicht denen der gesetzlichen Schriftform (§ 126) entsprechen; § 13 Abs 1 S 1 BeurkG ist vielmehr **eigenständig auszulegen** (BGHZ 152, 255 = BB 2003, 328 = DNotZ 2003, 269 = NJW 2003, 1120 = ZIP 2003, 482; aA – einheitlicher Begriff der Unterschrift: KEIDEL DNotZ 1956, 98, 100; KÖHLER, in: FS Schippel S 209 ff; vSCHUCKMANN/RENNER, in: HUHN/vSCHUCKMANN § 13 BeurkG Rn 26 ff; REIMANN, in: DITTMANN/REIMANN/BENGEL § 13 BeurkG Rn 23).

Dabei ist allerdings nur vorstellbar, für die **Unterschrift unter eine notarielle Urkunde bereits geringere Voraussetzungen genügen** zu lassen als für die Unterschrift bei Schriftform (LIMMER, in: EYLMANN/VAASEN § 13 Rn 17; WINKLER § 13 BeurkG Rn 51; zu dieser Ansicht neigt auch OLG Stuttgart DNotZ 2002, 543 = NJW 2002, 832). Denn die Unterschriftsfunktionen (Identität und Echtheit, Abschluß- und Deckungsfunktion – s § 126 Rn 125 ff) werden weitestgehend bereits durch die notarielle Beurkundung als solche erfüllt. Eine noch weitergehende Ansicht verneint bei notariellen Urkunden einen Unterschied zwischen Paraphe und Unterschrift und läßt bereits ein absolutes Mindestmaß an Individualisierung genügen (HEINEMANN ZNotP 2002, 223, 224 f; KANZLEITER DNotZ 2002, 520, 524). Will man aber nicht soweit gehen wie KANZLEITER und HEINEMANN, so ist nicht ersichtlich, worin der praktische Unterschied zwischen beiden Unterschriftsbegriffen liegen sollte. Die Entscheidung des BGH ist daher wohl eher als Vorbehalt zu verstehen, ggf auch einmal anders als zu § 126 zu entscheiden.

Nach einhelliger Auffassung liegt jedenfalls dann eine wirksame Unterschrift vor, wenn die Anforderungen des § 126 an eine Unterschrift eingehalten sind (vgl § 126 Rn 133 ff). Diese Anforderungen wird der Notar sinnvollerweise in der notariellen Praxis stellen, will er nicht im Haftungsprozeß austesten, wo die Rechtsprechung ggf doch Unterscheidungen anwendet.

c) Eigenhändige Unterschrift
Die Anforderungen an die **Eigenhändigkeit** der Unterschrift sind dieselben wie bei **388** der Schriftform (§ 126 Rn 133). Danach steht die bloße Gewährung von **Schreibhilfe** der Eigenhändigkeit einer Unterschrift aber nicht entgegen, solange der Schriftzug vom Willen des Erklärenden abhängig bleibt – selbst dann nicht wenn das Schriftbild mehr der Schreibweise des Schreibhelfers als der des Unterschreibenden ent-

spricht und die Unterschrift überwiegend auf die Tätigkeit und die Willensimpulse des Helfers zurückgeht und nicht auf solche des Unterschreibenden. Eigenhändigkeit ist jedoch zu verneinen, wenn die Hand des Erklärenden völlig unter der Herrschaft und Leitung des Schreibhelfers gestanden hat und der Schriftzug nur mit der „Feder in der Hand" des Erklärenden gemacht wird (BGH NJW 1981, 1900 = FamRZ 1981, 651; BGHZ 47, 68, 71; BayObLG DNotZ 1986, 299, 300 = FamRZ 1985, 1286 = Rpfleger 1985, 493 – jeweils zur Testamentsunterschrift unter eigenhändigen Testamenten; LIMMER, in: EYLMANN/VAASEN § 13 BeurkG Rn 17; vSCHUCKMANN/RENNER, in: HUHN/vSCHUCKMANN § 13 BeurkG Rn 63; WINKLER § 13 BeurkG Rn 47; ähnlich: LITZENBURGER, in: BAMBERGER/ROTH § 13 BeurkG Rn 9, wonach der Beteiligte „noch aktiver Urheber des Schriftzuges" sein muß; ähnlich JANSEN § 13 BeurkG Rn 21: „von dem Aussteller persönlich aus eigener Kraft").

„Eigenhändig" unterzeichnet heißt „selbst unterzeichnet". „Eigenhändig" ist auch eine Unterschrift eines Behinderten mit **Mund oder Fuß** (LITZENBURGER, in: BAMBERGER/ROTH § 13 BeurkG Rn 9; vSCHUCKMANN/RENNER, in: HUHN/vSCHUCKMANN § 13 BeurkG Rn 34).

Vermag ein Beteiligter hingegen nach seinen eigenen Angaben oder nach der Überzeugung des Notars seinen Namen nicht eigenhändig zu schreiben, so muß bei der Verlesung und Genehmigung ein **Schreibzeuge** oder zweiter Notar zugezogen werden (§ 25 S 1 BeurkG – vgl Rn 570). Da der Schreibzeuge bereits bei der Verlesung anwesend sein muß, müßte die gesamte Beurkundung wiederholt werden, wenn sich erst am Schluß bei der Unterschrift herausstellt, daß ein Beteiligter nicht unterschreiben kann. Daher empfiehlt sich, in Zweifelsfällen – etwa beim Testament eines Bettlägrigen oder bei einem Beteiligten mit eingegipster Hand – vor Beginn der Beurkundung eine Unterschriftsprobe durchzuführen.

d) Familienname

389 Eine Unterschrift mit dem **Familiennamen** (Nachnamen) genügt. Der Vorname ist nicht erforderlich (LIMMER, in: EYLMANN/VAASEN § 13 BeurkG Rn 20; vSCHUCKMANN/RENNER, in: HUHN/vSCHUCKMANN § 13 BeurkG Rn 34). In der Unterschrift entbehrlich sind auch akademische Titel.

Hingegen ist nach der Rechtsprechung des BGH eine **Unterzeichnung nur mit dem Vornamen unwirksam** (BGHZ 152, 255 = DNotI-Report 2003, 29 = DNotZ 2003, 269 = NJW 2003, 1120; ähnlich OLG Stuttgart DNotZ 2002, 543, 544: Vorname und Anfangsbuchstabe des Nachnamens genügen nicht; dem BGH zustimmend RENNER NotBZ 2003, 178; vSCHUCKMANN/RENNER, in: HUHN/vSCHUCKMANN § 13 BeurkG Rn 34; WINKLER § 13 BeurkG Rn 56; aA HEINEMANN DNotZ 2003, 243; HEINEMANN NotBZ 2003, 467; KANZLEITER MittBayNot 2002, 197; KANZLEITER NotBZ 2003, 10). Der BGH ließ nur die Möglichkeit offen, beim hohen Adel oder Klerus eine Unterzeichnung allein mit dem Vornamen anzuerkennen (BGHZ 152, 255; ebenso bereits zu § 16 TestG: BGHZ 27, 274, 276; RGZ 87, 109, 111; LG Oldenburg BWNotZ 1991, 120).

Zweifel insbesondere bei ausländischen Namen, was Vorname und was Nachname sei, kann der Notar vermeiden, indem er die *Beteiligten um Unterschrift mit ihrem vollen Namen bittet.*

390 Was ist der **Familienname**? Für die gesetzliche Schriftform (§ 126) ließ der BGH auch die Unterzeichnung mit einem **Teil eines Doppelnamens** genügen (BGH NJW

1996, 997 = MDR 1996, 520). Dies kann man wohl auf § 13 BeurkG übertragen; denn bei Doppelnamen wird häufiger nur der verkürzte Familienname verwendete.

Ebenso genügt die Unterzeichnung mit einem **früheren Familiennamen**, inbes mit dem vor Eheschließung geführten Namen (**Geburtsname** oder früherer Ehename; KANZLEITER DNotZ 2002, 520, 527; KÖHLER, in: FS Schippel 209, 210; SOERGEL/J MAYER § 13 BeurkG Rn 11; aA WINKLER, § 13 BeurkG Rn 58).

In der Literatur allgemein anerkannt ist die Unterzeichnung mit einem Künstlernamen oder anderen **Pseudonym**, sofern dieses den Unterzeichnenden eindeutig kennzeichnet, zB „Loriot" (GLASER DNotZ 1958, 302; KÖHLER, in: FS Schippel 209, 211; LIMMER, in: EYLMANN/VAASEN § 13 Rn 20; SOERGEL/J MAYER § 13 BeurkG Rn 11; WINKLER, § 13 BeurkG Rn 58).

Das BayObLG ließ sogar die **versehentliche** Verwendung eines **falschen Namens** 391 genügen, sofern sich der Aussteller der Urkunde dennoch zweifelsfrei ergibt (BayObLGZ 1955, 206 = DNotZ 1956, 95 m Anm KEIDEL = NJW 1956, 24 m abl Anm FIRSCHING: Der Notar hatte mit dem Namen eines Beteiligten unterschrieben anstatt mit seinem eigenen Namen; zustimmend KANZLEITER DNotZ 2002, 520, 527; LIMMER, in: EYLMANN/VAASEN § 13 Rn 20; SOERGEL/J MAYER § 13 BeurkG Rn 11; WINKLER § 13 BeurkG Rn 59). Dies würde der BGH nach den Maßstäben von BGHZ 152, 255 wohl nicht anerkennen; denn der Vorname identifiziert immer noch besser als ein versehentlich falscher Name.

Sicher ungenügend ist die Unterschrift mit einem im Rechtsverkehr sonst nicht verwendeten bloßen **Fantasienamen** („Cvaralblichlalja"; KG DNotI-Report 1996, 125 = FamRZ 1996, 1242 = NJW-RR 1996, 1414 = Rpfleger 1996, 349 – zur Unterzeichnung eines eigenhändigen Testaments, wobei man nach dem mitgeteilten Sachverhalt auch an der Testierfähigkeit oder doch an der Ernstlichkeit des Testierwillens zweifeln kann).

e) Keine Paraphe – unleserliche Unterschrift
Der Nachname muß ausgeschrieben sein; eine **Abkürzung genügt nicht**. Nach der 392 Formel der Rechtsprechung setzt die Unterschrift „einen individuellen Schriftzug voraus, der sich – ohne lesbar sein zu müssen – als Wiedergabe eines Namens darstellt und die Absicht der vollen Unterschriftsleistung erkennen läßt. Ein Schriftzug, der als bewußte oder gewollte Namensabkürzung erscheint (**Handzeichen, Paraphe**), stellt demgegenüber keine formgültige Unterschrift dar" (BGH NJW 1997, 3380, 3381 = MDR 1997, 1052; ebenso BGH NJW 1967, 2310; NJW 1985, 1227; NJW 1987, 1333, 1334; NJW 1989, 588; NJW 1992, 243; NJW 1994, 55; NJW 1996, 997; BFHE 189, 37 = BStBl II 1999, 668 = BB 1999, 1907 = DB 1999, 1883 = NJW 2000, 607). Ob ein Schriftzug eine Unterschrift oder lediglich eine Abkürzung darstellt, beurteilt sich dabei nach dem äußeren Erscheinungsbild (BGH NJW 1982, 1467; NJW 1987, 957; NJW 1994, 55; NJW 1997, 3380, 3381). Unwirksam ist daher eine Unterschrift nur mit dem Anfangsbuchstaben des Nachnamens (und dem Vornamen: OLG Stuttgart DNotZ 2002, 543 = ZNotP 2002, 229; ähnlich LG Oldenburg BWNotZ 1991, 120).

Ein Teil der Literatur will demgegenüber bei notariellen Urkunden jegliche Art der Unterzeichnung genügen lassen, einschließich einer bloßen Paraphe und Unterschrift (HEINEMANN ZNotP 2002, 223, 224 f; KANZLEITER DNotZ 2002, 520, 524).

393 Die Unterschrift muß aber **nicht lesbar** sein (vSCHUCKMANN/RENNER, in: HUHN/vSCHUCKMANN § 13 BeurkG Rn 36; WINKLER § 13 BeurkG Rn 49). Denn es sei „in Anbetracht der Variationsbreite, die selbst Unterschriften ein und derselben Person aufweisen, ... insoweit ein großzügiger Maßstab anzulegen, wenn die Autorenschaft gesichert ist" (BGH NJW 1997, 3380, 3381 = MDR 1997, 1052 unter Verweis auf BGH NJW 1987, 1333, 1334 und BVerfGE 78, 123, 126 = NJW 1988, 2787 – zu §§ 129, 130, 519 ZPO).

Für die Abgrenzung zwischen (ungenügender) Paraphe und ausreichender voller (wenngleich unleserlicher) Unterschrift verwendet die Rechtsprechung dieselben Kriterien wie bei der gesetzlichen Schriftform (vgl die Darstellung der Rechtsprechung bei § 126 Rn 143 ff). Als Faustregel könnte man flapsig formulieren: **Ein (lesbarer) Buchstabe, zwei Wellenlinien, drei Zentimeter Länge – und möglichst kein Punkt am Ende** genügen jedenfalls für eine Unterschrift.

394 Die Unterschrift muß **nicht der üblichen Unterschrift** entsprechen. Sinnvollerweise wird der Notar die Beteiligten sogar auffordern, doch bitte leserlich zu schreiben (damit man die Unterschriften auch lesen kann und damit keine Verwechslung mit einer bloßen Paraphe oder der bloßen Unterzeichnung mit dem Vornamen möglich ist).

Die Unterschrift kann auch in **ausländischen Schriftzeichen** erfolgen (zB arabisch, chinesisch, griechisch, hebräisch, japanisch oder kyrillisch), auch wenn der Notar diese nicht lesen kann (OLG Colmar OLGE 23, 379: hebräisch; JANSEN § 13 BeurkG Rn 23; vSCHUCKMANN/RENNER, in: HUHN/vSCHUCKMANN § 13 BeurkG 39; WINKLER § 13 BeurkG Rn 52; ebenso zur Schriftform VGH München NJW 1978, 510, 511: arabisch).

Daher müßte auch eine Unterschrift in **Druckbuchstaben** zulässig sein (ebenso zur Schriftform: § 126 Rn 136 m w Nachw). Hier kann allerdings fraglich sein, ob tatsächlich eine Unterschrift gewollt ist oder nicht nur eine Wiedergabe des Namens, etwa wenn ein Beteiligter unter einen unleserlichen Schriftzug noch seinen Namen in Druckbuchstaben setzt. Geschieht dies aber auf die Bitte des Notars hin, doch nochmals zu unterschreiben, weil der unleserliche Schriftzug als Paraphe mißverstanden werden könnte, so ist der danach in Druckbuchstaben gesetzte Namenszug als Unterschrift zu werten. Die hM würde hier wohl zumindest noch eine Individualisierung und charakteristische Eigenarten verlangen; diese gibt es aber häufig auch bei Druckbuchstaben.

f) Nachholung der fehlenden Unterschrift eines Beteiligten

395 **Verweigert** ein Beteiligter seine Unterschrift, so kann diese nach Abschluß der Beurkundungsverhandlung nicht mehr nachgeholt werden (LISCHKA NotBZ 1999, 8; WINKLER § 3 BeurkG Rn 64). Die Erklärung des betreffenden Beteiligten ist nicht wirksam beurkundet (OLG Düsseldorf FGPrax 1997, 194 = ZNotP 1007, 71).

396 Hat ein Beteiligter seine Unterschrift hingegen nur **vergessen** oder nicht formwirksam unterschrieben (zB nur mit einer Paraphe oder nur mit dem Vornamen), so kann die Unterschrift nachgeholt werden. Schreibt das Gesetz allerdings gleichzeitige Anwesenheit bei der Erklärung vor, so kann die Unterschrift nicht nachgeholt werden (BayObLGZ 2001, 14 = DNotZ 2001, 560 = NJW-RR 2001, 734 – zur Auflassung).

Nach einer Entscheidung des OLG Düsseldorf ist für die Nachholung eine **Nachtragsbeurkundung** mit einer neuen Niederschrift erforderlich. An der Nachtragsbeurkundung muß aber nur derjenige mitwirken, der seine Unterschrift vergessen hat. Dagegen müssen die anderen an der ursprünglichen Urkunde Beteiligten bei der Nachtragsverhandlung nicht mitwirken (OLG Düsseldorf DNotZ 2000, 299 m Anm WOCHNER = DNotI-Report 1999, 154 = MittRhNotK 1999, 162; Gutachten DNotI-Report 1998, 33, 34).

Ein etwaiger zum Zeitpunkt der Nachtragsverhandlung dem Rechtsgeschäft **entgegenstehender Wille der anderen Beteiligten** ist nach wohl hM unbeachtlich (OLG Düsseldorf DNotZ 2000, 299 m Anm WOCHNER = MittRhNotK 1999, 162; vSCHUCKMANN/RENNER, in: HUHN/ vSCHUCKMANN § 13 BeurkG Rn 55; WINKLER § 13 BeurkG Rn 67; **aA**: Das positiv fortbestehende Einverständnis der anderen Beteiligten mit dem beurkundeten Rechtsgeschäft zum Zeitpunkt der Nachholung verlangt hingegen eine frühere Entscheidung eines anderen Senates des OLG Düsseldorf FGPrax 1997, 194 = ZNotP 1997, 71). Allerdings läßt die Literatur teilweise einen ausdrücklichen Widerruf der Genehmigung durch die anderen Beteiligten bis zur Nachholung zu (LIMMER, in: EYLMANN/VAASEN § 13 BeurkG Rn 22; WOCHNER DNotZ 2000, 303, 305 f).

Zeitliche Grenzen für die Nachholung ergeben sich aus dem materiellen Recht nicht. Verfahrensrechtlich hat die Nachtragsverhandlung aber **unverzüglich** zu erfolgen (vSCHUCKMANN/RENNER, in: HUHN/vSCHUCKMANN § 13 BeurkG Rn 55; wohl **aA** OLG Düsseldorf DNotZ 2000, 299).

g) Folgen der fehlenden Unterschrift eines Beteiligten

Fehlt die Genehmigung oder die Unterschrift eines Beteiligten, so sind dessen Erklärungen nicht formwirksam beurkundet. Die Erklärungen der anderen Beteiligten sind hingegen formwirksam. Jedoch werden die Erklärungen im Zweifelsfall dergestalt miteinander verknüpft sein, daß die Teilunwirksamkeit zur Unwirksamkeit des gesamten Rechtsgeschäftes führt (§ 139).

6. Unterschrift beigezogener Personen

Auch die beigezogenen Personen – etwa Zeugen bei einer Beurkundung mit behinderten Beteiligten – haben zu unterschreiben (Rn 570).

Wirksamkeitsvoraussetzung ist aber lediglich die Unterschrift durch den zugezogenen **Schreibzeugen** oder zweiten Notar bei einem Beteiligten, der seinen Namen nicht schreiben kann (§ 25 S 3 BeurkG); denn der Schreibzeuge (oder der zweite Notar) ersetzt hier die Unterschrift des schreibunfähigen Beteiligten.

Auch die übrigen mitwirkenden Personen haben zu unterschreiben, so der **Dolmetscher** (§ 16 Abs 3 S 5 BeurkG – sinnvollerweise nach den Beteiligten: RGZ 64, 4; 68, 297; WINKLER § 13 BeurkG Rn 77), ebenso ein sonst zugezogener **Zeuge**, zweiter Notar oder eine Verständigungsperson (früher: „Vertrauensperson"; § 22 Abs 2, 24 Abs 1 S 3, 29 S 2 BeurkG); deren Unterschriften sind aber keine Wirksamkeitsvoraussetzung.

Der bloße **Erkennungszeuge** (Rn 334) muß hingegen nicht unterschreiben (KG RJA 2, 33). Denn er gibt keine rechtsgeschäftlichen Erklärungen ab und ist mit Ausnahme der Vorstellung auch sonst nicht bei der Beurkundung anwesend, sondern hilft dem Notar lediglich bei der Feststellung der Identität eines Beteiligten (§ 10 BeurkG).

7. Unterschrift des Notars (§ 13 Abs 3 BeurkG)

a) Zeitlich nach Unterschrift der Beteiligten und Beigezogenen

399 Wirksamkeitsvoraussetzung ist hingegen die Unterschrift des Notars. Sie beendet die Beurkundungsverhandlung. Der Notar soll daher **zeitlich als letzter nach den Unterschriften der Beteiligten** und der beigezogenen Personen unterschreiben. Im Regelfall wird die zeitliche Nachfolge auch in einer räumlichen Nachfolge zum Ausdruck kommen, indem der Notar seine Unterschrift unter die Unterschriften der Beteiligten setzt – oder bei Platzmangel rechts davon.

Unterschreibt ein Beteiligter zeitlich erst nach dem Notar, so beeinträchtigt dies die Wirksamkeit der Urkunde jedenfalls dann nicht, wenn der Beteiligte seine Erklärungen bereits vor der Unterschrift des Notars genehmigt hatte (JANSEN § 13 BeurkG Rn 37; WINKLER § 13 BeurkG Rn 79; vSCHUCKMANN/RENNER, in: HUHN/vSCHUCKMANN, § 13 BeurkG Rn 59 – anders noch HUHN/vSCHUCKMANN [3. Aufl 1995] § 13 BeurkG Rn 26).

Eine Nachtragsbeurkundung ist hingegen erforderlich, wenn erst nach der Unterschrift des Notars bemerkt wird, daß Teile des Urkundstextes nicht verlesen wurden – etwa während der Verhandlung geänderte Seiten.

b) Anforderungen an die Unterschrift

400 Für die Unterschrift des Notars gelten zunächst dieselben Regeln wie für die Unterschrift der Beteiligten: Es muß sich um eine **vollständige Unterschrift** handeln, eine bloße Paraphe genügt nicht. Erforderlich aber genügend ist die Unterschrift mit dem Nachnamen (zur versehentlichen Unterschrift mit einem falschen Namen vgl BayObLGZ 1955, 206 = DNotZ 1956, 95 = NJW 1956, 24 – vgl Rn 391).

Leserlich muß die Unterschrift nicht sein, wenngleich sich eine einigermaßen leserliche Unterschrift empfiehlt, um auch die Beteiligten besser auffordern zu können, so lesbar zu unterschreiben, daß eindeutig festzustellen ist, ob sie mit dem vollständigen Namen unterschrieben haben.

Darüber hinaus soll (unbedingte Amtspflicht) die Unterschrift **mit der beim Landgerichtspräsidenten geleisteten Unterschriftsprobe übereinstimmen**.

401 Der Notar hat seiner Unterschrift die **Amtsbezeichnung** beizufügen („Notar"; § 13 Abs 2 S 2 BeurkG), der Notarvertreter die Bezeichnung „Notarvertreter" (§ 41 Abs 1 S 2 BNotO). Das Fehlen der Amtsbezeichnung beeinträchtigt die Wirksamkeit der Urkunde jedoch nicht. Dies gilt auch für die Vertreterbezeichnung, obwohl § 41 Abs 1 S 2 BNotO nicht als „Soll"-, sondern als „Hat"-Vorschrift ausgestaltet ist; denn die Unterscheidung des BeurkG zwischen Muß- und Sollvorschriften kann nicht auf die ältere BNotO übertragen werden (WILKE, in: EYLMANN/VAASEN § 41 BNotO Rn 12).

Eine Amts- oder Berufsbezeichnung des **Notarvertreters** (zB als Notarassessor, Notar aD, Richter aD oder Rechtsanwalt) ist hingegen weder gesetzlich vorgeschrieben noch üblich.

402 Die Beurkundung ist bereits mit der Unterschrift des Notars abgeschlossen und wirksam; der Beifügung des **Amtssiegels bedarf es nicht** (anders bei Vermerkurkun-

den nach § 39 BeurkG, wie insbesondere der Unterschriftsbeglaubigung). Lediglich für die nachfolgende büromäßige Behandlung schreibt das Gesetz die Siegelung vor – und auch dann nur zur Verbindung mehrerer Blätter mit Schnur und Prägesiegel (§ 44 Abs 1 BeurkG) bzw wenn die Urschrift zur Verwendung im Ausland ausgehändigt wird (§ 45 Abs 1 S 2 BeurkG).

Praktisch erfolgt dennoch ausnahmslos die Siegelung, häufig zunächst mit dem Farbsiegel, damit das Siegel auch auf den Kopien sichtbar ist, und erst später nach Anfertigung der erforderlichen Kopien mit dem Prägesiegel.

c) Wirksamkeitserfordernis

Fehlt die Unterschrift des Notars, so ist die Urkunde formunwirksam. Bei einem zur besonderen amtlichen Verwahrung durch das Nachlaßgericht abgelieferten Testament oder Erbvertrag ersetzt aber die Unterschrift auf dem Umschlag des Testamentes eine ggf fehlende Unterschrift des Notars auf der Niederschrift (§ 35 BeurkG – vgl Rn 589).

Da die Beurkundung bis zur Unterschrift des Notars nicht wirksam ist, kann der Notar seine Unterschrift auch **bewußt zurückhalten**, etwa wenn bei einer GmbH-Geschäftsanteilsabtretung die Abtretung nicht bedingt, sondern sofort gegen Übergabe eines bankbestätigten Schecks erfolgen soll. Nach Unterschrift durch beide Vertragsparteien kann dann der Käufer risikolos den Scheck übergeben; danach unterzeichnet der Notar erst (ähnlich vSCHUCKMANN/RENNER, in: HUHN/vSCHUCKMANN, § 13 Rn 60).

Ungenügend ist dieses Verfahren allerdings für die **Abhängigkeit zweier Verträge**. Will ein Beteiligte den ersten Vertrag nur abschließen, wenn auch der zweite Vertrag zustande kommt, so kann zwar der Vertragsschluß bei einem beurkundungsbedürftigten Erstvertrag dadurch verknüpft werden, daß der Notar im Einverständnis der Beteiligten des Erstvertrages den Erstvertrag erst unterschreibt, wenn auch der Zweitvertrag abgeschlossen ist. Jedoch muß die Abhängigkeit der beiden Verträge jedenfalls dann ausdrücklich mitbeurkundet werden, wenn wie im Regelfall nicht nur der Vertragsschluß voneinander abhängen soll, sondern auch die Unwirksamkeit des einen auf den anderen Vertrag durchschlagen soll (BGH DNotZ 2003, 632 m abl Anm KANZLEITER DNotZ 2004, 178 = NJW-RR 2003, 1565 = WM 2003, 1141).

d) Nachholung der Unterschrift des Notars

Hat der Notar die Niederschrift versehentlich nicht unterzeichnet, so kann er dies nach einer Auffassung nur bis zur Erteilung von Ausfertigungen nachgeholen (OLG Naumburg DNotI-Report 2000, 129; JANSEN § 13 BeurkG Rn 40). Nach herrschender und richtiger Ansicht ist hingegen eine Nachholung der Unterschrift **auch nach Erteilung von Ausfertigungen** noch möglich (LG Aachen DNotZ 1976, 428, 429; Gutachten DNotI-Report 1998, 33; LISCHKA NotBZ 1999, 8, 11; LIMMER, in: EYLMANN/VAASEN § 13 BeurkG Rn 22; MECKE/LERCH § 13 Rn 27; WINKLER § 13 BeurkG Rn 71; WINKLER § 13 BeurkG Rn 71; vSCHUCKMANN/RENNER, in: HUHN/vSCHUCKMANN § 13 BeurkG Rn 63 – anders noch 3. Aufl § 13 Rn 30). Denn die Beurkundungsverhandlung ist erst mit der Unterschrift des Notars abgeschlossen, auch wenn versehentlich bereits Ausfertigungen erteilt wurden.

Wirksamkeitsvoraussetzung ist allein, daß das Amt des Notars noch nicht erloschen ist bzw daß der Notarvertreter noch bzw wieder die Amtsgeschäfte des betreffenden

Notars übernommen hat. Hingegen kann die Unterschrift auch nach einer Amtssitzverlegung noch nachgeholt werden (LITZENBURGER, in: BAMBERGER/ROTH § 13 BeurkG Rn 16; vSCHUCKMANN/RENNER, in: HUHN/vSCHUCKMANN § 13 BeurkG Rn 63).

Es genügt die bloße Unterschrift; eine **„Nachtragsverhandlung"** ist **nicht erforderlich** (LG Aachen DNotZ 1976, 428, 431 f; WINKLER ZZP 1974, 231 – anders die frühere Rechtslage nach § 174 FGG, vgl KEIDEL DNotZ 1957, 583, 589). Unterschreibt der Notar erst an einem späteren Tag, so hat er das Datum der Nachholung anzugeben (entsprechend § 9 Abs 2 BeurkG); dies ist jedoch kein Wirksamkeitserfordernis.

405 Die Beurkundung wird erst **ex nunc wirksam**, sobald der Notar seine Unterschrift nachholt.

Daher kann der Notar seine Unterschrift unter einem Testament oder Erbvertrag nicht mehr nachholen, wenn der **Erblasser bereits verstorben** ist (vSCHUCKMANN/RENNER, in: HUHN/vSCHUCKMANN § 13 BeurkG Rn 65; WINKLER § 13 BeurkG Rn 91) – ausgenommen, der Erblasser verstirbt nach Abgabe und Genehmigung seiner Willenserklärungen unmittelbar während der Beurkundungsverhandlung. Im übrigen ist die Beurkundung hingegen auch wirksam, wenn der Notar seine Unterschrift erst nach dem Tod der Beteiligten nachholt.

Hat einer der Beteiligten seine Willenserklärung **zwischenzeitlich widerrufen** und ist der Widerruf dem anderen Teil zugegangen, so ist die Beurkundung zwar mit Nachholung der Unterschrift wirksam. Materiell wird die Erklärung jedoch infolge des zwischenzeitlichen Widerrufs nicht wirksam (§ 130 Abs 1 S 2). Ein bloßer innerer Sinneswandel eines Beteiligten schadet hingegen nicht (zur Nachholung der Unterschrift eines Beteiligten vgl Rn 396).

X. Beurkundung durch Anlagen oder Verweisung

406 Die beurkundeten Erklärungen können sich auch einer Anlage oder einer Bezugsurkunde finden. Hier regeln §§ 9 Abs 1 S 2, 13a und 14 BeurkG drei Sonderfälle: Eine Anlage nach § 9 Abs 1 S 2 oder 3 BeurkG (Rn 409) ist dabei der Niederschrift beizufügen und mitzuverlesen; lediglich die Unterschrift ist räumlich vorgezogen, da die Unterschrift unter der Niederschrift genügt. Demgegenüber besteht bei der Verweisung auf eine andere notarielle Niederschrift nach § 13a BeurkG (Rn 420) keine Beifügungs- und Vorlesungspflicht, wenn die Beteiligten darauf verzichten. Schließlich ermöglicht § 14 BeurkG (Rn 437) einen Verzicht auf das Vorlesen bei Bestandsverzeichnissen.

1. Abgrenzungen

a) Untechnische Bezugnahme

407 Vor der Frage, ob der Notar bei einer Bezugnahme in der Beurkundung die Anforderungen der §§ 9 Abs 1 S 2, 13a oder 14 BeurkG einhalten muß oder mußte, stellt sich die Vorfrage, ob die in Bezug genommenen Erklärungen überhaupt beurkundungsbedürftig sind. Denn wenn kein Beurkundungserfordernis besteht, so genügt eine **untechnische Bezugnahme** (BRAMBRING DNotZ 1980, 287; WINKLER § 9 BeurkG Rn 72 ff).

So genügt etwa bei der **Annahme** eine Beurkundung des „Ja", eine Verweisung auf das Angebot nach § 13a BeurkG ist nicht erforderlich (BGHZ 125, 218, 223 f = DNotZ 1994, 967 = NJW 1994, 1344 = Rpfleger 1994, 408); dasselbe gilt für die (allerdings kraft Gesetzes nicht beurkundungsbedürftige) Beurkundung der **Genehmigung** der Erklärung eines vollmachtlosen Vertreters (BGH DNotZ 1990, 356 = NJW 1989, 164 = WM 1988, 1418; falsch daher FG Sachsen D-Spezial 23/2003, 3), oder für eine **Vertragsänderung**, so daß etwa für die Verlängerung einer Angebotsfrist eine Bezugnahme nach § 13a BeurkG nur dann erforderlich ist, wenn die ursprüngliche Frist bereits abgelaufen ist (vgl LICHTENBERGER NJW 1980, 864; STAUDINGER/WUFKA [1995] § 313 Rn 231; aA KAMLAH MDR 1980, 532, 539; TIEDTKE DNotZ 1991, 348), nach der Rechtsprechung des BGH auch für die Bestätigung eines (formwirksamen, aber aufgrund Genehmigungsverweigerung materiell unwirksamen) Vertrages (BGH DNotZ 2000, 288, 292 = NJW 1999, 3704, 3705; aA STAUDINGER/WUFKA [1995] § 313 Rn 231).

Bei der Übernahme bestehender Verpflichtungen bzw dem Eintritt in bestehende Vertragsverhältnisse ist nur die Übernahme oder Eintritt als solcher beurkundungsbedürftig; eine Verweisung iSd § 13a BeurkG auf das übernommene Schuldverhältnis ist daher nicht erforderlich (**Schuldübernahme**: BGHZ 125, 235 = DNotZ 1994, 476 = NJW 1994, 1347; Vertragsübernahme: BGHZ 75, 15 = DNotZ 1979, 733 m Anm SCHIPPEL = NJW 1979, 2387). Ebensowenig muß der Inhalt einer **mitverkauften Baugenehmigungsplanung** mitbeurkundet werden und daher auch die Planung weder Gegenstand einer Verweisung nach § 9 Abs 1 S 2 noch nach § 13a BeurkG sein (BGH DNotZ 1999, 50 m Anm KANZLEITER = NJW 1998, 3197 = ZIP 1998, 1593).

Für das Beurkundungserfordernis ist genau zu unterscheiden, was die Beteiligten wollen bzw erklären. Vereinbaren die Beteiligten etwa nur ein bestimmtes Ziel, ohne hierfür ein bestimmtes Verfahren vorzuschreiben, so muß das Verfahren nicht durch Verweisung mitbeurkundet werden (BGH DNotZ 2003, 698 = DNotI-Report 2003, 85 = NJW-RR 2003, 1136 = ZNotP 2003, 216: Ein **Bodengutachten**, das nach der Baubeschreibung zu beachten ist, nicht aber die vertragliche Beschaffenheit des Gebäudes bestimmt, bedarf keiner Beurkundung). Ebenso sind bloße Wissenserklärungen nicht beurkundungsbedürftig, wenngleich ggf eine Mitbeurkundung zu Beweiszwecken gewünscht sein kann; so ist etwa bei einer Erklärung der Beteiligten, ihnen seien (nur) die in einem Bodengutachten genannten Bodenverunreinigungen bekannt, das Gutachten nicht mit beurkundungsbedürftig (anders bei einer entsprechenden Beschaffenheitsvereinbarung).

b) Anlagen zu bloßen Beweiszwecken

Umgekehrt ist nicht jede Anlage, die zur Urkunde geheftet wird, notwendig eine Anlage iSd § 9 Abs 1 S 2 BeurkG. Denn § 9 Abs 1 S 2 BeurkG gilt nur für Anlagen, deren Inhalt nach dem Willen der Beteiligten Inhalt des zu beurkundenden Rechtsgeschäfts sein soll. Davon zu unterscheiden sind Anlagen, die nicht beurkundungsbedürftig sind, aber gleichwohl zu **bloßen Beweiszwecken** als Anlage zur Urkunde genommen und gemeinsam mit dieser ausgefertigt werden. In dem Schlußvermerk der Urkunde ist dann zum Ausdruck zu bringen, ob bzw welche Anlagen mitverlesen wurden – und welche Anlagen nur zu Beweiszwecken angeheftet wurden Sinnvollerweise bringt man die Tatsache, daß eine Anlage nur zu Beweiszwecken verbunden wurde, auch auf der Anlage selbst zum Ausdruck.

Typischer Fall einer nur zu Beweiszwecken beigefügten Anlage ist die **beglaubigte Abschrift einer Vollmacht** (vgl BayObLGZ 1980, 180, 182 = DNotZ 1981, 320) oder ein beigefügter **Handelsregisterauszug** (KG DNotI-Report 1998, 29 = NJW-RR 1997, 1259). Deren Beiheftung dient nur dem Nachweis der Existenz der Gesellschaft bzw der Vertretungsmacht insbesondere gegenüber dem Grundbuchamt.

2. Mitverlesene Anlagen (§ 9 Abs 1 S 2 und 3 BeurkG)

409 Nach § 9 Abs 1 S 2 BeurkG gelten Erklärungen in einem Schriftstück, auf das in der Niederschrift verwiesen wird und das dieser beigefügt wird, als in der Niederschrift selbst enthalten. Der frühere § 176 Abs 2 FGG aF sprach ausdrücklich von einer „**Anlage**", auf die die Beteiligten „Bezug nehmen".

a) Wirksamkeitserfordernisse: Beifügen, Verweisen, Verlesen

410 § 9 Abs 1 S 2 BeurkG regelt die Verweisung auf **Schriftstücke**. Beispiele sind die Auflassung als Anlage zum Kaufvertrag (um eine versehentliche Mitausfertigung vor Kaufpreiszahlung zu vermeiden), der Inhalt des angebotenen Vertrages als Anlage zur Angebotsurkunde, die Teilungserklärung nach WEG sowie die Baubeschreibung für eine spätere Verweisung nach § 13a BeurkG im Bauträgervertrag oder die Satzung als Anlage zum Gründungsvertrag der GmbH. Auch eine Zwangsvollstreckungsunterwerfung nach § 794 Abs 1 Nr 5 ZPO kann in einer Anlage enthalten sein (RG ZBlFG 6, 16; OLG Celle DNotZ 1954, 32 m Anm KEIDEL; WINKLER § 9 Rn 33); ebenso ein Testament (FIRSCHING DNotZ 1955, 292).

411 Die Anlage nach § 9 Abs 1 S 2 BeurkG muß der Niederschrift **körperlich beigefügt** sein. Sie muß auch für die Verlesung bereits bei der Beurkundung vorliegen; eine spätere Beifügung genügt nicht. Ansonsten ist nur eine Verweisung nach § 13a BeurkG möglich, die eine notarielle Niederschrift als Bezugsurkunde voraussetzt.

412 Im Hauptteil der Urkunde muß auf die Anlage **verwiesen** werden; eine Verweisung in der Anlage selbst genügt nicht (BGH DNotZ 1982, 228; OLG Köln MittBayNot 1993, 170 = NJW-RR 1993, 223 = Rpfleger 1993, 71). Die Verweisung auf Anlagen zur Niederschrift muß als Erklärung der Beteiligten protokolliert werden und den Willen erkennen lassen, daß die Erklärungen in der beigefügten Anlage Gegenstand der Beurkundung sein sollen (BGH DNotZ 1995, 35 = LM BeurkG Nr 49 = NJW 1994, 2095 = WM 1994, 1637; RG JW 1936, 990; BayObLGZ 14, 517; OLG Celle DNotZ 1954, 32 m Anm Keidel; KG Recht 1923 Nr 1370; MittBayNot 1997, 378 m Anm WINKLER; OLG Köln OLGZ 1984, 409 = MDR 1984, 1025 = Rpfleger 1984, 407 m Anm STOY Rpfleger 1985, 59). Daher genügt nicht, wenn die Verweisung lediglich als Tatsachenfeststellung des Notars beurkundet wird – etwa im Eingang oder im Schlußvermerk der Niederschrift (OLG Celle DNotZ 1954, 32 m Anm KEIDEL; OLG Köln MittBayNot 1993, 170 = NJW-RR 1993, 223 = Rpfleger 1993, 71).

Auf die **Wortwahl** der Verweisung kommt es nicht an; insbesondere ist es nicht erforderlich, daß Ausdrücke wie „verweisen" oder „Bezugnahme" gewählt werden. Erforderlich ist nur, daß der Wille des Erklärenden ersichtlich wird, die Anlage zum Gegenstand der Beurkundung zu machen. Dazu reicht allerdings ein bloßer Hinweis auf ein als Anlage beigefügtes Schriftstück oder einen Plan nicht aus (OLG Köln OLGZ 1984, 409 = MDR 1984, 1025 = Rpfleger 1984, 407 m Anm STOY Rpfleger 1985, 59). Ebensowenig genügt, wenn bei mehreren Anlagen nur auf eine Anlage verwiesen ist (Beitrittserklärung des Kapitalanlegers), nicht aber auf die Anlage, die das eigentliche Kernstück des Vertrages enthält (Bezeichnung des künftigen Sondereigentums; BGH DNotZ 1995, 35 = LM BeurkG Nr 49 = NJW 1994, 2095 = WM 1994, 1637). Je unselbständiger die Erklärungen in der Anlage sind (zB Inventar oder Baubeschreibung), desto geringere Anforderungen sind an die Verweisungserklärung zu stellen (BOCKEMÜHL S 48; WINKLER § 9 Rn 53).

Möglich ist auch eine **Kettenverweisung**, bei der die verwiesene Anlage ihrerseits wieder Verweisungen auf weitere ebenfalls mitverlesene Anlagen enthält (SOERGEL/ J MAYER § 13a BeurkG Rn 9; WINKLER § 9 BeurkG Rn 54).

Ein **Vermerk auf der Anlage** („Anlage 1 zur Urkunde des Notars ... vom ..., URNr ...") ist üblich und sinnvoll, aber nicht erforderlich (BGH MittRhNotK 1991, 261 = NJW 1991, 1172, 1173 = WM 1991, 552 = EWiR 1991, 221 REITHMANN: Amtshaftung des Notars, der die Anlage weder zur Niederschrift heftet noch inhaltlich eindeutig bezeichnet). Die Zusammengehörigkeit ergibt sich bereits aus der gemeinsamen Heftung und Ausfertigung (vgl Rn 419).

Die Anlage muß zusammen mit der Niederschrift **verlesen** und von den Beteiligten genehmigt werden (§ 13 Abs 1 S 1 BeurkG). Ein Verzicht auf die Verlesung ist nicht möglich (RG LZ 1914, 853; OLG Frankfurt DNotZ 1964, 310). Eine gesonderte Unterschrift ist weder erforderlich noch üblich; die Unterschrift unter der Niederschrift genügt (RGZ 71, 318, 320; RGZ 96, 181, 183; RG DNotZ 1933, 282). **413**

Ein gesonderter **Vermerk** über die Verlesung und Genehmigung ist entbehrlich; denn der Vermerk am Schluß der Niederschrift bezieht sich auch hierauf und erbringt damit Beweis (RGZ 71, 318; RG DNotZ 1933, 282; OLG Celle Rpfleger 1983, 310). Gleichwohl empfiehlt sich aus Beweisgründen und um die Verlesung nicht zu vergessen ein ausdrücklicher Vermerk (zB „samt drei Anlagen verlesen, von den Beteiligten genehmigt und unterschrieben").

b) Karten, Zeichnungen oder Abbildungen als Anlagen (S 3)
Der erst 1980 eingefügte § 9 Abs 1 S 3 BeurkG läßt auch die Verweisung auf eine in Anlage beigefügte **Karte**, Zeichnung oder Abbildung zu (BeurkÄndG vom 20. 2. 1980, BGBl 1980 I 157; vgl ARNOLD DNotZ 1980, 262, 270; BRAMBRING DNotZ 1980, 281, 302). Der BGH hatte dasselbe Ergebnis aber bereits zuvor aus Satz 2 abgeleitet (BGHZ 74, 346 = DNotZ 1979, 476 = NJW 1979, 1496 = Rpfleger 1979, 253; aA noch BGHZ 59, 11, 15). Wichtig ist dies inbesondere beim Teilflächenverkauf, beim Bauträgervertrag über noch nicht errichtetes Wohnungseigentum sowie bei städtebaulichen Verträgen. **414**

Auch Karten ua zeichnerischen Darstellungen müssen körperlich beigefügt und auf sie muß verwiesen werden (§ 9 Abs 1 S 2). Lediglich die Verlesung ist durch die **Vorlage zur Durchsicht** ersetzt (§ 13 Abs 1 S 1 HS 2 BeurkG). Die Vorlage zur Durchsicht ist daher **Wirksamkeitsvoraussetzung**, während der Vermerk über die Vorlegung nur eine Soll-Vorschrift ist (§ 13 Abs 1 S 2 BeurkG). **415**

Eine gesonderte Unterschrift ist auch hier nicht erforderlich, da die Unterschrift unter der Niederschrift auch die Karte als Anlage deckt. Gleichwohl empfiehlt sich hier, wenn zumindest der Notar, **sinnvollerweise** auch die Beteiligten die zur Durchsicht vorgelegte Karte etc **paraphieren oder unterschreiben**, um Verwechslungen bei der Heftung und Ausfertigung zu vermeiden.

c) Rechtsfolgen

416 Die dargestellten Voraussetzungen sind **Wirksamkeitserfordernisse**. Liegt die Anlage nicht bei der Beurkundung vor, wird sie nicht mitverlesen oder fehlt eine Verweisung in der Niederschrift, so ist die Anlage nicht wirksam mitbeurkundet. Inwieweit die übrige Niederschrift dennoch formwirksam ist, bestimmt sich nach § 139 (im Regelfall daher insgesamt formunwirksam, sofern nicht durch Vollzug geheilt).

417 Ist die Anlage formwirksam mitbeurkundet, so gilt sie als **Bestandteil der Niederschrift** selbst (§ 9 Abs 1 S 2 BeurkG). Es macht daher keinen Unterschied, ob eine Erklärung in der Anlage oder in der Niederschrift selbst enthalten ist.

d) Weitere Amtspflichten des Notars

418 Die notariellen **Belehrungs- und Hinweispflichten** gelten für in Anlagen mitbeurkundete Erklärungen ebenso wie für in der Niederschrift selbst enthaltene Erklärungen (BOCKEMÜHL S 51; REITHMANN DNotZ 1972, 71, 72).

419 Nach Abschluß der Beurkundung ist die Anlage mit der Niederschrift durch **Schnur und Prägesiegel** zu verbinden (§ 44 S 2 BeurkG). Bei der Erteilung von Abschriften oder Ausfertigungen sind Anlagen nach § 9 BeurkG mitauszufertigen (KG Rpfleger 1967, 50; WINKLER § 49 BeurkG Rn 7); andernfalls ist die Ausfertigung etc als nur „auszugsweise Ausfertigung" zu kennzeichnen.

3. Verweisung (§ 13a BeurkG)

420 § 13a regelt einen Sonderfall des § 9 Abs 1 S 2 und 3 BeurkG. Er ermöglicht einen **Verzicht der Beteiligten auf die Beifügungs- und Vorlesungspflicht** des § 9 Abs 1 S 2 und 3 BeurkG, wenn Gegenstand der Verweisung eine andere notarielle Niederschrift ist.

Auch § 13a BeurkG wurde erst 1980 in das Beurkundungsgesetz eingefügt (BGBl 1980 I 157). Die notarielle Praxis hatte eine Verweisung auf andere notarielle Niederschriften bereits zuvor für zulässig gehalten und war regelmäßig entsprechend verfahren. Nachdem der BGH diese allgemeine Praxis für unwirksam erklärt hatte (BGH DNotZ 1979, 406 m Anm WINKLER = NJW 1979, 1495 = Rpfleger 1979, 192), sah sich der Gesetzgeber zu einem rückwirkenden Heilungsgesetz veranlaßt (vgl ARNOLD DNotZ 1980, 262; BAUER NJW 1980, 2552; BRAMBRING DNotZ 1980, 281; DEMPEWOLF DB 1980, 961; LAMBINUS/SCHUBERT MittBayNot 1980, 53; LICHTENBERGER NJW 1980, 864; NIEDER BB 1980, 1130; VOLHARD NJW 1980, 103; WINKLER Rpfleger 1980, 915).

a) Notarielle Niederschrift als Verweisungsgegenstand

421 Ein Verzicht auf die Beifügung und Verlesung ist nur möglich, wenn Verweisungsgegenstand eine **notarielle Niederschrift** ist. Die Verweisung auf eine nur unterschriftsbeglaubigte Erklärung genügt nicht.

Ebenso möglich ist eine Verweisung auf von **deutschen Konsularbeamten** errichtete

Niederschriften, da diese nach § 10 Abs 2 KonsG den notariellen Urkunden gleichstehen (ARNOLD DNotZ 1980, 262, 274; vSCHUCKMANN/RENNER, in: HUHN/vSCHUCKMANN § 13a BeurkG Rn 7; SOERGEL/J MAYER § 13a BeurkG Rn 7; WINKLER § 13a BeurkG Rn 36; aA LICHTENBERGER NJW 1980, 864, 866).

Unwirksam ist hingegen eine Verweisung auf eine nach früherem Verfahrensrecht vom Gericht beurkundete Niederschrift oder auf einen **gerichtlichen Vergleich**, obwohl dieser nach § 127a die notarielle Niederschrift materiell ersetzen kann (vSCHUCKMANN/RENNER, in: HUHN/vSCHUCKMANN § 13a BeurkG Rn 7; SOERGEL/J MAYER § 13a BeurkG Rn 7; WINKLER § 13a BeurkG Rn 34).

Nach hM ist eine Verweisung auf Urkunden **ausländischer Notare** auch dann nicht möglich, wenn die ausländische Beurkundung einer deutschen Beurkundung gleichwertig wäre (BRAMBRING DNotZ 1980, 296; WINKLER § 13a BeurkG Rn 35 – zur Gleichwertigkeit vgl Rn 728 ff). Denn die Verlesung ist nach hM nur dann entbehrlich, wenn die Urkunde bereits „über den Tisch eines Notars gegangen" und damit bereits das Verfahren nach § 13 BeurkG eingehalten wurde und insbes die Beteiligten entsprechend belehrt wurden.

Die Niederschrift, auf die verwiesen wird, muß lediglich **formwirksam errichtet** sein, wobei auf die Formvorschriften zum Zeitpunkt ihrer Errichtung abzustellen ist. Ob sie auch materiell-rechtlich wirksam ist, ist für die Formwirksamkeit der Verweisung nicht von Belang (vSCHUCKMANN/RENNER, in: HUHN/vSCHUCKMANN § 13a BeurkG Rn 9; SOERGEL/J MAYER § 13a BeurkG Rn 6; WINKLER § 13a BeurkG Rn 31; WINKLER Rpfleger 1980, 172). Ebensowenig ist erforderlich, daß die Urkunde Willenserklärungen enthält; zB bei der Verweisung auf die Baubeschreibung wäre eine Verlagerung materiell-rechtlicher Regelungen in die Verweisungsurkunde sogar pflichtwidrig, da der Erwerber dort nur technische Angaben erwartet.

Personenidentität ist für die Verweisung **nicht erforderlich** (OLG Düsseldorf DNotI-Report 2003, 14 = FGPrax 2003, 88 = Rpfleger 2003, 176). Allerdings gebietet die notarielle Verschwiegenheitspflicht (§ 18 BNotO), daß der Notar auf persönliche Erklärungen anderer Beteiligter nicht ohne deren Einverständnis verweist.

Ggf empfiehlt sich daher eine **Teilverweisung**, zB nur auf die als Anhang eines Bauträgervertrages mitbeurkundete Teilungserklärung des Bauträgers (LICHTENBERGER NJW 1980, 867; WINKLER § 13a BeurkG Rn 45). Möglich ist auch eine Kettenverweisung etwa auf Anlagen der Verweisungsurkunde.

b)   Wirksamkeitserfordernisse: Zwei Erklärungen, zwei Verzichte, ein Vermerk
Zur Wirksamkeit erforderlich sind zwei Erklärungen der Beteiligten, ferner zwei Verzichtserklärungen und ein Urkundsvermerk: Zum einen muß die Urkunde die Erklärung der Beteiligten über die **Verweisung** enthalten, dh daß bestimmte Erklärungen einer anderen Niederschrift auch Teil der jetzigen Niederschrift sein sollen. Zum zweiten ist die Erklärung der Beteiligten erforderlich, daß ihnen der Inhalt der anderen Niederschrift **bekannt** ist. Dritte und vierte Wirksamkeitsvoraussetzung ist die Erklärung der Beteiligten, daß sie auf das **Verlesen** der Bezugsurkunde und auf deren **Beifügung verzichten**.

Von den verschiedenen in § 13a vorgeschriebenen Vermerken ist fünftens lediglich die **Beurkundung der Verweisungserklärung selbst** für die Wirksamkeit erforderlich.

424 Zu den einzelnen Wirksamkeitserfordernissen – zunächst der **Verweisungserklärung der Beteiligten**: Für sie gilt dasselbe wie für die Verweisung nach § 9 Abs 1 S 2 BeurkG: Ein bestimmter Wortlaut ist nicht erforderlich (vgl Rn 412).

425 Die Verweisung ist nur wirksam, wenn die **Verweisungserklärung mitbeurkundet** ist.

Dabei muß die **Bezugsurkunde** in der Niederschrift so **genau bezeichnet** werden, daß sie zumindest durch Auslegung bestimmbar ist, da sie ja nicht beigefügt wird (OLG Hamm MittBayNot 2000, 59, 62 = NJW-RR 2000, 366; WINKLER § 13a BeurkG Rn 28b).

Auch muß sich der **Inhalt der Verweisung** zumindest durch Auslegung ergeben (vgl OLG Düsseldorf DNotI-Report 2003, 14, das eine pauschale Verweisung in einem Kaufvertrag auf eine Vorurkunde zur Dienstbarkeitsbestellung als Verweis auf die dortige Eintragungsbewilligung für eine Dienstbarkeit an der nun verkauften Fläche genügen ließ, da die Verweisung sonst keinen Sinn gemacht hätte; aA DEMHARTER FGPrax 2003, 139).

426 Zum zweiten müssen die Beteiligten erklären, daß ihnen der Inhalt der anderen Niederschrift **bekannt** ist; dies ist Wirksamkeitsvoraussetzung für die Verweisung.

Auch diese Erklärung soll der Notar in der Niederschrift feststellen (§ 13a Abs 1 S 2 BeurkG); das Fehlen des Vermerks beeinträchtigt die Wirksamkeit jedoch nicht (BGH DNotZ 1993, 615 = NJW-RR 1992, 991; DNotZ 2004, 188 = NJW-RR 2003, 1432 = ZNotP 2003, 394 – bei Fehlen des Vermerks auch keine Änderung der Beweislast zwischen den Vertragsparteien; OLG München DNotZ 1993, 614, 615). Der Notar muß nicht prüfen, ob der Inhalt den Beteiligten tatsächlich bekannt ist (SOERGEL/J MAYER § 13a BeurkG Rn 13; STAUF RNotZ 2001, 129, 142); merkt er jedoch, daß die Beteiligten den Inhalt der Bezugsurkunde nicht (mehr) kennen, so wird er zur sachgerechten Verfahrensgestaltung trotz des Verzichts die Bezugsurkunde vorlesen.

427 Die Pflicht zur **Verlesung** entfällt, wenn alle Beteiligten darauf verzichten; auch dies ist Wirksamkeitsvoraussetzung. Der Vermerk über den Verzicht auf die Verlesung (§ 13a Abs 1 S 2 BeurkG) ist hingegen wieder bloße Soll-Vorschrift und damit Amtspflicht, aber für die Wirksamkeit irrelevant.

Erforderlich ist ein **Verzicht aller formell Beteiligter** iSd § 6 Abs 2 BeurkG. Fehlt der Verzicht auch nur eines Beteiligten, so ist die Verweisung formunwirksam (WINKLER § 13a BeurkG Rn 47).

428 Ebenso entfällt die **Beifügungspflicht** zur Urschrift nur, wenn alle Beteiligten darauf verzichten (§ 13 Abs 2 BeurkG). Auch dies ist Wirksamkeitsvoraussetzung (MECKE/LERCH § 13a BeurkG Rn 16; WINKLER § 13a BeurkG Rn 47) – anders als man vielleicht erwarten würde; denn möglicherweise haben die Beteiligten oder doch einzelne von ihnen keinen Anspruch auf Ausfertigung oder Abschriften der Bezugsurkunde und könnten dann später nicht einmal den Inhalt des von ihnen selbst notariell abgeschlossenen Rechtsgeschäftes feststellen. – Auch hier ist der Vermerk über den Verzicht zwar vorgeschrieben, aber nicht Wirksamkeitsvoraussetzung.

Vom Verzicht auf die Beifügung zur Urschrift zu trennen ist die Frage, ob ggf trotz Beifügung zur Urschrift Ausfertigungen und Abschriften ohne die Bezugsurkunde erstellt werden sollen.

Wird die Bezugsurkunde beigefügt und weicht die beigefügte Abschrift von der Urschrift der Bezugsurkunde ab, so gilt gleichwohl der Wortlaut der Urschrift der Bezugsurkunde. Auf den Wortlaut der beigefügten Abschrift kommt es hingegen an, wenn bei der Beurkundung die Bezugsurkunde nur in dieser Abschrift vorlag – oder wenn die Beteiligten ausdrücklich auf diese Abschrift verwiesen haben (WINKLER § 13a BeurkG Rn 63).

c) Weitere Amtspflichten des Notars

429 Folgende weitere Anforderungen hat der Notar einzuhalten, ohne daß ein Verstoß zur Unwirksamkeit der Beurkundung führen würde: Bereits vor der Beurkundungsverhandlung soll der Notar den Beteiligten mitteilen, wo sie die andere Niederschrift einsehen können (sofern sie nicht ohnehin eine beglaubigte Abschrift davon in Händen haben). Befindet sich die Urschrift bei dem Notar selbst, so hat er den Beteiligten auf Verlangen eine **beglaubigte Abschrift zu übermitteln** (§ 13a Abs 3 BeurkG). Die Mitteilungspflicht besteht nur, wenn eine rechtzeitige Einsichtnahme noch möglich ist, dh wenn den Beteiligten angemessene Zeit für die Durchsicht der Schriftstücke bleibt, ohne daß der von den Beteiligten gewünschte und angesetzte Beurkundungstermin verschoben werden müßte.

Soll in einem **Verbrauchervertrag** auf eine andere Niederschrift verwiesen werden, so hat der Notar nach § 17 Abs 2a S 2 Nr 2 BeurkG den Text der Verweisungsurkunde auch ohne Anforderung zusammen mit dem Entwurf der neuen Urkunde dem Verbraucher vorab zu übersenden – bei Grundstücksveräußerungen mit der Zwei-Wochen-Regelfrist (Rn 527). Dies gilt auch, wenn sich die Urschrift nicht bei dem Notar befindet. Nach § 17 Abs 2a S 2 Nr 2 BeurkG genügt eine Übersendung des unbeglaubigten Textes.

430 Der Notar soll nur beurkunden, wenn den Beteiligten die andere Niederschrift zumindest in **beglaubigter Abschrift** bei der Beurkundung vorliegt (§ 13a Abs 1 S 3 BeurkG). Denn nur so steht fest, was die Beteiligten eigentlich erklären, und nur so kann der Notar zuverlässig belehren.

Eine **einfache Abschrift** (zB ein Fax) kann der Notar jedoch genügen lassen, wenn die formell Beteiligten trotz Belehrung über die damit verbundenen Gefahren auf sofortiger Beurkundung bestehen und wenn er keine Zweifel hat, daß die einfache Abschrift den Vertragstext richtig wiedergibt, zB weil das Fax von dem Notarkollegen kommt, der die Bezugsurkunde beurkundet hat (ARNOLD DNotZ 1980, 262, 277; BRAMBRING DNotZ 1980, 281, 300; LICHTENBERGER NJW 1980, 864, 868 f; vSCHUCKMANN/RENNER, in: HUHN/vSCHUCKMANN § 13a BeurkG Rn 19; aA SOERGEL/J MAYER § 13a BeurkG Rn 14; WINKLER § 13a BeurkG Rn 61). In Zweifelsfällen wird der Notar die Anlage nach § 9 Abs 1 S 2 BeurkG verlesen.

431 Die Verweisung nach § 13a BeurkG ersetzt nur die Verlesung (und ggf Beifügung). **Unberührt bleiben die Prüfungs- und Belehrungspflichten** des Notars (§ 17 BeurkG) über den durch Verweisung übernommenen Inhalt der anderen Urkunde.

Nach § 13a Abs 3 S 2 BeurkG soll der Notar auch über die Bedeutung des Verweisens belehren. Die Belehrung kann etwa dahingehend lauten, daß durch die Verweisung die in Bezug genommenen Erklärungen der Bezugsurkunde Bestandteil der nunmehr beurkundeten Vereinbarung werden und ihnen dieselben Rechtswirkungen und dieselbe Beweiskraft wie den in der Niederschrift selbst enthaltenen Erklärungen zukommt. Ein Belehrungsvermerk ist nicht vorgeschrieben.

d) Pflichtgemäßes Ermessen des Notars

432 **Zweck** des § 13a BeurkG ist, ein Mittel zu geben, bei ansonsten überlangen Beurkundungen das Beurkundungsverfahren auf das Wesentliche konzentrieren zu können, ohne die „zuhörende Aufmerksamkeit" zu überfordern (WINKLER DNotZ 1979, 412) und insbesondere **rein technische Regelungen in eine Bezugsurkunde auslagern** zu können. Typischer Fall ist die Verweisung auf die Baubeschreibung (und ggf die noch unvollzogene Teilungserklärung) im Bauträgervertrag. Ist die Baubeschreibung in einer Bezugsurkunde bereits beurkundet, so der Eindeutigkeit und Beweissicherung Genüge getan. Den übrigen Formwirkungen, insbesondere der Belehrung, dient es eher, wenn nur die rechtsgeschäftlichen Vereinbarungen vorgelesen und hinsichtlich der technischen Bauausführung verwiesen wird.

433 § 13a BeurkG würde noch deutlich darüber hinausgehende Bezugsurkunden zulassen. Die Amtspflicht des Notars zur belehrungsgerechten Gestaltung des Beurkundungsverfahrens nach § 17 Abs 2a BeurkG und die diese Pflicht ausfüllenden Regeln des notariellen Standesrechts verbieten aber insbesondere die „mißbräuchliche Auslagerung geschäftswesentlicher Vereinbarungen in Bezugsurkunden" (Ziffer II. 2 RLE BNotK) und beschränken das **pflichtgemäße Ermessen des Notars** bei der Wahl des Beurkundungsverfahrens.

e) Verweisungen auf amtliche Karten und Zeichnungen (§ 13a Abs 4)

434 § 13a Abs 4 BeurkG läßt auch die Verweisung auf eine von einer öffentlichen Behörde innerhalb der Grenzen ihrer Amtsbefugnis gesiegelte **Karte oder Zeichnung** zu. Praktische Hauptfälle sind der von der Baubehörde nach § 7 Abs 4 Nr 1 WEG unterzeichnete und gesiegelte Aufteilungsplan, genehmigte Baupläne oder gemeindliche Bebauungspläne.

435 Eine Verweisung ist **nur auf die zeichnerischen Darstellungen** möglich, nicht auf die Festsetzungen durch Text, etwa bei einem Bebauungsplan oder genehmigten Bauplänen.

436 Dabei ist jedoch genau zu prüfen, wie weit die **Befugnisse der Behörde** reichen: Ist etwa der **Aufteilungsplan** noch nicht vollzogen, aber bereits von der Baubehörde nach § 7 Abs 4 Nr 1 WEG unterzeichnet und gesiegelt, so kann hierauf hinsichtlich des Sondereigentums verwiesen werden (OLG Zweibrücken MittBayNot 1983, 242, 243). Hinsichtlich von Sondernutzungsrechten besteht aber keine Amtsbefugnis nach § 7 Abs 4 Nr 1 WEG. Insoweit ist daher nur eine Mitbeurkundung als Anlage nach § 9 Abs 1 S 2 BeurkG bzw ein Verweis auf den bereits in einer anderen Niederschrift mitbeurkundeten Plan (§ 13a Abs 1 BeurkG) möglich (Gutachten, DNotI-Report 1999, 17, 19; aA SCHÖNER/STÖBER, Grundbuchrecht Rn 2854).

Auf einen **Bebauungsplan** kann erst dann nach § 13a Abs 4 BeurkG verwiesen werden, wenn der Bebauungsplan bereits **in Kraft getreten** ist; ein bloßer Entwurf genügt nicht (OLG Karlsruhe DNotZ 1990, 422; WINKLER § 13a BeurkG Rn 39).

Die Bezugnahme auf einen amtlichen **Veränderungsnachweis** des Vermessungsamtes ist bei einer „Papiervermessung" Verweisung nach § 13a BeurkG. Sind hingegen die Grenzsteine schon gesetzt, so handelt es sich um eine untechnische Bezugnahme; eine förmliche Verweisung nach § 13a BeurkG schadet aber natürlich nicht und ist vorzugswürdig, wenn der Notar nicht weiß, ob es sich möglicherweise nur um eine Papiervermessung handelt.

4. Bestandsverzeichnis und Grundpfandrechte (§ 14 BeurkG)

§ 14 Abs 1 BeurkG läßt einen Verzicht auf die Verlesung in zwei weiteren Sonderfällen der Anlagen iSd § 9 Abs 1 S 2 BeurkG zu, nämlich zum einen bei Bilanzen, Inventaren, Nachlaßverzeichnissen oder sonstigen **Bestandsverzeichnissen** (Satz 1), zum anderen bei **Grundpfandrechten** uä hinsichtlich der nicht in das Grundbuch einzutragenden Erklärungen (Satz 2).

Ursprünglich enthielt das Beurkundungsgesetz in § 14 nur eine Ausnahme von der Vorlesungspflicht für die als oft zu umfangreich empfundenen Hypotheken- und Grundschuldformulare (vgl BT-Drucks 5/3882, 30; FUCHS DNotZ 1969, 133; HAEGELE Rpfleger 1969, 415; HÖFER JurA 1970, 743; MECKE DNotZ 1968, 603; ZIMMERMANN Rpfleger 1970, 190). Die Ausnahme für Bestandsverzeichnisse wurde erst durch die Dritte BNotO-Novelle eingefügt (BGBl 1998 I S 2585; speziell zu § 14 vgl ISING/vLOEWENICH ZNotP 2003, 176; STAUF RNotZ 2001, 129; WINKLER, in: FS Geimer [2002] 1509).

a) Bestandsverzeichnis

Satz 1 läßt einen Vorlesungsverzicht bei „Bilanzen, Inventaren, Nachlaßverzeichnissen oder sonstigen **Bestandsverzeichnissen** über Sachen, Rechte und Rechtsverhältnisse" zu. Es handelt sich also um Aufzählungen und Zahlenwerke von rein tatsächlicher Bedeutung, die lediglich beschreibender Natur sind.

Rechtsgeschäftliche Erklärungen können **nicht** durch ein Bestandsverzeichnis nach § 14 BeurkG beurkundet werden; ebensowenig können Feststellungen des Notars (etwa die Angaben zu den Urkundsbeteiligten) ausgelagert werden.

Bestand ist **nicht**, was **zu schaffen oder herzustellen** erst noch Inhalt des Vertrages ist. Damit scheidet ein Vorlesungsverzicht bei **Baubeschreibung** oder Teilungserklärung aus (BT-Drucks 13/11034, 60).

Nach der Gesetzesbegründung und anfänglichen Literaturstimmen ist der Begriff des Bestandsverzeichnisses iSd **§ 260** zu verstehen (BT-Drucks 13/11034; LIMMER, in: EYLMANN/VAASEN § 14 Rn 4; WINKLER MittBayNot 1999, 1, 18; Gutachten DNotI-Report 2003, 17). Dies würde voraussetzen, daß der Bestand durch ein **bereits vorhandenes rechtliches Band zu einem Inbegriff zusammengefaßt** wird (RGZ 90, 137, 139; MünchKomm/KRÜGER [4. Aufl 2003] § 260 Rn 5; STAUDINGER/BITTNER [2001] § 260 Rn 5). Damit wäre etwa beim Verkauf einer Mehrzahl von Grundstücken oder anderen Gegenständen deren Auflistung nach § 14 BeurkG nur dann möglich, wenn es sich um alle Grundstücke des Veräußerers bzw alle bereits zuvor einem Betrieb zugeordneten oder sonst durch ein einheitliches Band verbundenen Grundstücke handelt (Gutachten DNotI-Report 2003, 17).

Die mittlerweile **hM** verlangt hingegen kein bereits vor der Beurkundung vorhandenes rechtliches Band (vSCHUCKMANN/RENNER, in: HUHN/vSCHUCKMANN § 14 BeurkG Rn 7; ISING/vLOEWENICH ZNotP 2003, 176; KANZLEITER DNotZ 1999, 292, 298; STAUF RNotZ 2001, 129, 146; WINKLER, in: FS Geimer [2002] 1509; WINKLER § 14 BeurkG Rn 12 ff).

439 Anwendungbeispiele (vgl vSCHUCKMANN/RENNER, in: HUHN/vSCHUCKMANN § 14 BeurkG Rn 7; STAUF RNotZ 2001, 129, 144 ff; WINKLER § 14 BeurkG Rn 12 ff): Die Hauptbedeutung der Vorschrift liegt bei **Unternehmenskaufverträgen**. Hier ermöglicht § 14 BeurkG einen Vorlesungsverzicht bei Bilanzen, Gewinn- und Verlustrechnungen, Auflistungen von Wirtschaftsgütern, bestehenden Verträgen, Personal, anhängige Prozesse etc

Ebenso ist bei **Grundstückskaufverträgen** etwa ein Verzeichnis des mitverkauften Inventars denkbar. Auch eine Liste der veräußerten Grundstücke oder der Grundbuchbeschrieb könnte nach hM in ein Bestandsverzeichnis ausgelagert werden; jedoch wäre ein solches Verfahren idR nach § 17 Abs 2a S 1 BeurkG amtspflichtwidrig, da ein solches Beurkundungsverfahren die Belehrung über die vorhandenen Belastungen nicht mehr sichern würde, obwohl diese ein wesentlicher Teil der nach § 17 Abs 1 BeurkG erforderlichen Rechtsbelehrung ist (KANZLEITER DNotZ 1999, 292, 298; STAUF, RNotZ 2001, 129, 146; WINKLER § 14 BeurkG Rn 23 ff).

Bei einem **Ehevertrag** kann ein Vermögensverzeichnis (§ 1377) nach § 14 BeurkG beurkundet werden, ebenso bei einer Scheidungsvereinbarung nach hM ein Verzeichnis zur Verteilung des Hausrats und der Wohnungseinrichtung (BRAMBRING FGPrax 1998, 202; WINKLER § 14 BeurkG Rn 20; zweifelnd VOSSIUS notar 3/1998, S 22).

Ein **Nachlaßverzeichnis** nach § 14 BeurkG ist etwa bei einem Erbauseinandersetzungsvertrag denkbar. Bei der Aufnahme eines Nachlaßverzeichnisses durch den Notar nach §§ 2002, 2003, 2121, 2215, 2314 Abs 1 S 3 ist die Aufnahme einer zu verlesenden Niederschrift nicht erforderlich; erfolgt sie doch, kann auch hier nach § 14 BeurkG verfahren werden.

Bei einer **eidesstattlichen Versicherung** kann hingegen ein Verzeichnis, dessen Richtigkeit versichert wird, **nicht** in Form des § 14 BeurkG errichtet werden (WINKLER § 14 BeurkG Rn 21).

b) Grundpfandrechte

440 Satz 2 ermöglicht einen Vorlesungsverzicht bei der **Bestellung von Grundpfandrechten** sowie von Schiffshypotheken oder Registerpfandrechten an Luftfahrzeugen, auch wenn die Bestellung im Zusammenhang eines anderen Rechtsgeschäftes erfolgt, etwa bei der im Rahmen des Kaufvertrages bestellten Restkaufpreishypothek. Erklärungen, die nicht zur Grundpfandsrechtsbestellung, sondern nur anläßlich der Bestellung zu anderen Rechtsgeschäften abgegeben werden, können nicht nach § 14 Abs 1 S 2 BeurkG beurkundet werden (BayObLGZ 1974, 30 = DNotZ 1974, 376 m Anm KANZLEITER = Rpfleger 1974, 159).

Vorgelesen werden muß eine allfällige **Zwangsvollstreckungsunterwerfung** (Satz 3)

sowie die **im Grundbuch selbst einzutragenden** Erklärungen (Satz 2), also jedenfalls die nach §§ 881 Abs 2, 1115 Abs 1 HS 1, 1116 Abs 2 S 3, 1179, 1184 Abs 2, 1189 Abs 1 S 2, 1190 Abs 1 S 2, 1192, 1199 Abs 2 S 2, § 24 Abs 1 S 1 SchiffsG, § 24 Abs 1 S 1 LuftfahrzeugRG eintragungspflichtigen Erklärungen (BT-Drucks 5/3282, 31; vSCHUCKMANN/RENNER, in: HUHN/vSCHUCKMANN § 14 BeurkG Rn 11; WINKLER § 14 BeurkG Rn 35).

Auf die Vorlesung verzichten können die Beteiligten hingegen bei Erklärungen, auf die **im Grundbuch Bezug genommen** werden darf (§§ 874, 1115) oder die grundbuchlich gar nicht verlautbart werden müssen, also insbesondere bei Erklärungen über die sichernde Forderung oder über schuldrechtliche Nebenpflichten (OLG Celle DNotZ 1971, 601; LG Landshut MittBayNot 1973, 392; LG Osnabrück Rpfleger 1973, 247).

c) **Wirksamkeitserfordernisse**

Als Wirksamkeitsvoraussetzung erfordert § 14 BeurkG, daß die nicht verlesenen **441** Teile von der verlesenen Urkunde **als Anlage räumlich getrennt** sind. Die Anlage muß nicht zwingend auf einem gesonderten Blatt enthalten sein. Es genügt, wenn sie nach Beurkundungsvermerk und Unterschriften deutlich getrennt auf demselben Blatt folgt. Ungenügend und unwirksam ist hingegen ein im Wechsel beurkundete und nicht beurkundete Teil enthaltender fortlaufender Text, der die „Anlage" nur durch Randvermerke kennzeichnet (BayObLGZ 1973, 213, 218 = DNotZ 1974, 49, 52).

Die Anlage muß bei der Beurkundung bereits vorliegen. Nur dies ist mit der als Muß-Vorschrift formulierten Verpflichtung zur **„Beifügung"** gemeint (LIMMER, in: EYLMANN/VAASEN § 14 BeurkG Rn 9; STAUF RNotZ 2001, 129, 148 f). Nicht hingegen ist damit die nachträgliche Verbindung mit Schnur und Prägesiegel gemeint, die nach § 44 S 2 BeurkG nur eine Soll-Vorschrift darstellt, und von der die Wirksamkeit der Beurkundung schon deshalb nicht abhängen kann, weil dann beim Abschluß der Beurkundung, dh bei der Unterschrift des Notars, noch nicht feststünde, ob eine formwirksame Urkunde vorliegt (insoweit mißverständlich daher vSCHUCKMANN/RENNER, in: HUHN/vSCHUCKMANN § 14 BeurkG Rn 12; WINKLER § 14 BeurkG Rn 3). Umgekehrt genügt die nachträgliche Verbindung mit Schnur und Siegel nicht, wenn die Anlage nicht schon während der Beurkundungsverhandlung vorlag (BGH DNotZ 1995, 26 = NJW 1994, 1288 – zu § 9 Abs 1 S 2 BeurkG).

In der Urkunde muß auf die Anlage **verwiesen** werden. Hierfür gilt dasselbe wie für **442** mitverlesene Anlagen nach § 9 Abs 1 S 2 BeurkG (vgl Rn 412).

Die Beteiligten müssen **auf das Vorlesen verzichten** (§ 14 Abs 1 S 1 BeurkG). **443**

Der Verzicht muß in der Urkunde **vermerkt** werden (Abs 3 HS 1). Nicht nur der Verzicht selbst, sondern auch der Vermerk über den Verzicht ist daher Wirksamkeitsvoraussetzung (anders als bei der Verweisung nach § 13a BeurkG; WINKLER § 14 BeurkG Rn 3). Allerdings kann ein vergessener Verzichtsvermerk ggf als offensichtliche Unrichtigkeit durch Nachtragsvermerk nach § 44a Abs 2 BeurkG berichtigt werden (vSCHUCKMANN/RENNER, in: HUHN/vSCHUCKMANN § 14 BeurkG Rn 14).

d) **Weitere Amtspflichten**

Weitere Amtspflicht, jedoch nicht Wirksamkeitsvoraussetzung ist, daß der Notar die **444** Anlage allen formell Beteiligten zur Kenntnis vorlegt und von ihnen unterschreiben läßt. Dabei ist **jede Seite einzeln zu unterzeichnen** (§ 14 Abs 2 S 1 HS 2 BeurkG), also bei doppelt beschriebenen Blättern Vorder- und Rückseite, nicht nur jedes Blatt.

Jedoch ist lediglich am Schluß des Schriftstücks eine vollständige Unter*schrift* erforderlich; auf den anderen Seiten genügt eine **Paraphierung** zur Unter*zeichnung* (KANZLEITER DNotZ 1999, 292, 299; WINKLER § 14 BeurkG Rn 43; **aA** – Paraphe genügt auch auf der letzten Seite: LIMMER, in: EYLMANN/VAASEN § 14 BeurkG Rn 12; vSCHUCKMANN/RENNER, in: HUHN/vSCHUCKMANN § 14 BeurkG Rn 14; **aA** – auf allen Seiten Unterschrift erforderlich, Paraphe genügt nicht: BRAMBRING, in: HAGEN/BRAMBRING Rn 441).

Die Unterzeichnung muß nicht in Gegenwart des Notars erfolgen; die Beteiligten können daher das Bestandsverzeichnis schon unterzeichnet zur Beurkundung mitbringen (LIMMER, in: EYLMANN/VAASEN § 14 BeurkG Rn 12; vSCHUCKMANN/RENNER, in: HUHN/ vSCHUCKMANN § 14 BeurkG Rn 14; WINKLER,§ 14 BeurkG Rn 45). Lediglich die Verzichtserklärung muß in der Beurkundungsverhandlung gegenüber dem Notar erfolgen (ähnlich wie die Anerkennung einer bereits zuvor geleisteten Unterschrift nach § 40 Abs 1 BeurkG).

Die Unterzeichnungspflicht wurde erst 1998 mit die Erweiterung des § 14 BeurkG auf Bestandsverzeichnisse eingeführt. Sie ist ein *anglo-amerikanischer Fremdkörper* im deutschen Beurkundungsrecht. Erklärlich ist sie nur durch die Besorgnis, bei bloßen Auflistungen könnten leichter Seiten vergessen oder verwechselt werden.

445 In die Niederschrift soll außerdem ein **Vermerk** aufgenommen werden, daß den Beteiligten das Schriftstück zur Kenntnisnahme vorgelegt wurde (§ 14 Abs 3 HS 2). Dies ist jedoch nicht Wirksamkeitsvoraussetzung (anders als der Verzichtsvermerk).

XI. Prüfungs- und Belehrungspflichten, notarielle Vertragsgestaltung

446 Der Schutz der Beteiligten durch die notarielle Belehrung ist zentrale Formwirkung jeder notariellen Beurkundung, so daß die Beurkundungsform auch dann den Schutz der Beteiligten bewirkt, falls dies bei einer Formvorschrift nicht Gesetzeszweck sein sollte. Amtspflicht des Notars ist dabei nicht nur die formwirksame Beurkundung, sondern das materiell wirksame, interessengerechte und ausgewogene Rechtsgeschäft (FEYOCK DNotZ 1952, 254; SOERGEL/J MAYER § 13a BeurkG Rn 9). Zu Recht wird daher die Belehrungspflicht des § 17 BeurkG als **„magna charta" notarieller Tätigkeit** (SCHMITZ-VALCKENBERG DNotZ 1994, 49) oder als „Kernstück" des BeurkG bezeichnet (MECKE/LERCH § 17 BeurkG Rn 1).

Prüfungs- und Belehrungspflichten sind teils ausdrücklich im Gesetz geregelt, teils wurden sie von der Rechtsprechung daraus abgeleitet. Daher hat sich noch keine allgemein verwendete Systematik durchgesetzt (am stärksten systematisiert ist die ausführliche Darstellung von GANTER, in: ZUGEHÖR/GANTER/HERTEL Rn 482 ff). Nachfolgend ist zuerst die Pflicht des Notars zur **Ablehnung unwirksamer Beurkundungen** dargestellt (§ 4 BeurkG; § 14 Abs 2 BNotO), danach – entsprechend der gesetzlichen Regelung in § 17 Abs 1 S 1 BeurkG – als zweites die Amtspflicht zur Erforschung des Willens der Beteiligten und darüber hinausgehend zur **Vertragsgestaltung**, als drittes die Pflicht zur **Sachverhaltsklärung** (insbes zur Grundbucheinsicht, § 21 BeurkG), viertens die eigentliche Pflicht zur **Rechtsbelehrung** (§ 17 Abs 1 S 1 Var 3 BeurkG –

samt den gesetzlich geregelten speziellen Belehrungspflichten über Genehmigungserfordernisse, gesetzliche Vorkaufsrechte und Unbedenklichkeitsbescheinigung, §§ 18, 19, 20 BeurkG) sowie schließlich fünftens die **Schutz- und Warnpflichten** des Notars, die von der Rechtsprechung sowohl auf § 14 Abs 1 S 2 BNotO, wie auf § 17 Abs 1 S 2 BeurkG gestützt werden.

Die Belehrungspflichten des Notars sind so selbstverständlich mit dem Amt des Notars verbunden, daß es etwa der Gesetzgeber des preußischen FGG für überflüssig hielt, sie in der gesetzlichen Regelung des Beurkundungsverfahrens überhaupt nur zu erwähnen (Frenz, in: Freundesgabe Willi Weichler 175, 181).

Alle der nachstehend dargestellten Prüfungs- und Belehrungspflichten sind **keine** **447** **Wirksamkeitsvoraussetzungen** der Beurkundung. Sie dienen gerade dem Schutz der Urkundsbeteiligten, so daß ihre Verletzung sich nicht als Formunwirksamkeit zum Nachteil der Beteiligten auswirken darf. Ihre Verletzung kann jedoch Amtshaftungsansprüche gegen den beurkundenden Notar begründen (Rn 537 ff).

1. Ablehnung unwirksamer Beurkundung – Zweifelsfälle

a) Ablehnung gesetzeswidriger oder unredlicher Rechtsgeschäfte (§ 4 BeurkG)

Der Notar hat die Beurkundung abzulehnen, wenn das Rechtsgeschäft, dessen **448** Beurkundung verlangt wird, unwirksam ist, einem unerlaubten oder unredlichen Zweck dient oder sonst mit seinen Amtspflichten nicht vereinbar ist (§ 4 BeurkG). Damit wird lediglich die allgemeine Amtspflicht des Notars zur **Redlichkeit der Amtsführung** (§ 14 Abs 2 BNotO) für das Beurkundungsverfahren als hauptsächlichen Anwendungsfall wiederholt. Insoweit besteht keine Urkundsgewährungspflicht (§ 15 Abs 1 BNotO).

aa) Nichtiges Rechtsgeschäft

Erkennt der Notar, daß das beabsichtigte Rechtsgeschäft nichtig ist, so hat er die **449** Beurkundung abzulehnen. Dies gilt für **alle Nichtigkeitsgründe** (RG DR 1940, 1568), zB bei einem Scheingeschäft (§ 117 Abs 1 – vgl Reul MittBayNot 1999, 248 zum Ehevertrag bei Scheinehe zwecks Aufenthaltsberechtigung), Formnichtigkeit (§ 125), Verstoß gegen ein gesetzliches Verbot (§ 134 – vgl BGHZ 14, 25, 30; OLG Frankfurt DNotZ 1978, 748: beide zu Steuerhinterziehung als Hauptzweck) oder bei sittenwidrigen Verträgen (§ 138).

Ist **nur eine der gewünschten Klauseln** unwirksam, inbesondere im Formularvertrag oder Verbrauchervertrag nach §§ 305 ff, so hat der Notar die Beurkundung dieser Klausel abzulehnen – und wenn die Beteiligten auf der Klausel beharren, die gesamte Beurkundung abzulehnen (vgl Winkler § 4 BeurkG Rn 17).

Keine Ablehnungspflicht besteht hingegen bei bloß **schwebender Unwirksamkeit**, **450** soweit das Rechtsgeschäft noch wirksam werden kann insbesondere durch eine nachträgliche Genehmigung, ebensowenig bei **bloßer Anfechtbarkeit** der Willenserklärung (§§ 119 ff) oder des Rechtsgeschäfts (§§ 129 ff InsO; §§ 3 ff AnfG; LG Essen DNotZ 1932, 770) – anders hingegen, wenn das Rechtsgeschäft erkennbar unredlichen Zwecken dient.

In vielen Fällen ist der Notar aber zu einem Hinweis oder zur **Belehrung** über die schwebende Unwirksamkeit bzw die Anfechtbarkeit verpflichtet, sei es aufgrund seiner Hinweispflicht auf gerichtliche oder behördliche Genehmigungserfordernisse nach § 18 BeurkG (vgl Rn 501) oder aufgrund seiner Rechtsbelehrungspflicht nach § 17 BeurkG (vgl Rn 488; aA GANTER DNotZ 2004, 421, 423 ff).

451 Auch wenn eine **Heilung** eines zunächst formunwirksamen Rechtsgeschäftes (etwa mit Grundbuchvollzug) denkbar ist, kann der Notar die Beurkundung verweigern (LG Lüneburg NdsRpfl 1999, 169: Verweigerung der bloßen Unterschriftsbeglaubigung unter Erbbaurechtsbestellung). Strittig ist, ob er die Beurkundung verweigern muß (so Niedersächsisches Justizministerium, nach Rundschreiben Notarkammer Celle Nr 2/1999, S 9 f zum zitierten Fall des LG Lüneburg). Jedenfalls darf der Notar nicht ohne Belehrung über die derzeitige Unwirksamkeit beurkunden (BGH VersR 1984, 946, 947; NJW 1992, 3237 = WM 1992, 1662, 1666: keine Beurkundung einer Vollmacht ohne Mitbeurkundung des zugrundeliegenden Treuhandvertrages, der eine Pflicht zum Grundstückserwerb enthielt) und sollte einen entsprechenden Vermerk auch in die Urkunde aufnehmen, um auch Dritten gegenüber keinen falschen Anschein eines bereits wirksamen Geschäftes zu erwecken.

bb) Unerlaubter oder unredlicher Zweck

452 Ebenso hat der Notar die Beurkundung zu verweigern, wenn er einen **unerlaubten oder unredlichen Zweck** erkennen kann, etwa wenn er erkennt, daß die Beteiligten Geldwäsche begehen wollen (§ 261 StGB), wenn potentielle Kreditgeber durch Angabe eines überhöhten Kaufpreises betrogen werden sollen (BGH DNotZ 1978, 373: Warnpflicht der auf Notaranderkonto einzahlenden Bank; ähnlich BGH, Nichtannahmebeschlüsse v 15.11.1990 – IX ZR 65/90 und v 4.7.1991 – IX ZR 205/90, nv, zitiert nach GANTER, in: ZUGEHÖR/GANTER/HERTEL Rn 1293; BGH DNotZ 2001, 566; wistra 2000, 459: Strafbarkeit des Notars wegen Beihilfe zum Betrug des Kreditinstitutes; ebenso bereits BGH wistra 1990, 20; StGB § 263 Abs 1 – Gehilfe 3; vgl aber OLG Jena FGPrax 1999, 115: noch kein unredlicher Zweck erkennbar, wenn Eigentümergrundschuld den Grundstückswert übersteigt; vgl allg FEMBACHER MittBayNot 2002, 496). Abzulehnen ist auch die Beurkundung des Auftrages oder Wunsches nach einer aktiven Sterbehilfe in den Niederlanden, da diese in Deutschland strafbar wäre (vgl Gutachten DNotI-Report 2001, 105. Vgl ferner etwa LG Wuppertal MittBayNot 1994, 273: Ablehnung der Beurkundung einer Zwangsvollstreckungsunterwerfung wegen der Vergütung für einen Partnerschaftsvermittlungsvertrag).

453 Der unerlaubte oder unredliche Zweck muß dem Notar **erkennbar** sein. Ohne besondere Anhaltspunkte muß der Notar nicht nachprüfen, welchen wirtschaftlichen oder sonstigen Zweck die Beteiligten verfolgen, sondern kann sich auf die Angaben der Beteiligten verlassen (BGH DNotZ 1958, 99; DNotZ 1961, 162). Bestehen hingegen Anhaltspunkte für einen unredlichen Zweck, so hat der Notar nachzufragen. Zerstreuen die Beteiligten die Anhaltspunkte, so kann (und muß) er beurkunden; andernfalls hat er die Beurkundung abzulehnen (WINKLER § 4 BeurkG Rn 29).

454 Erkennt der Notar einen unredlichen Zweck, hat er Beteiligte oder Dritte ggf vor ihnen drohenden Gefahren zu **warnen** (BGH BGH DNotZ 1978, 373; DNotZ 2001, 566: jeweils Amtspflicht zur Warnung der finanzierenden Bank vor Kreditbetrug). Die notarielle Verschwiegenheitspflicht (§ 18 BNotO) tritt hinter der Warnpflicht zurück (BGH DNotZ 1973, 494, 496; DNotZ 1978, 373, 375; SCHIPPEL § 18 BNotO Rn 47; ZUGEHÖR, in: ZUGEHÖR/GANTER/HERTEL Rn 1293). In Zweifelsfällen sollte der Notar um eine Entscheidung der Aufsichtsbehörde nach § 18 Abs 3 BNotO nachsuchen.

cc) Beurteilungsermessen

In Grenzfällen, in denen Nichtigkeit oder unredlicher Zweck zwar nicht eindeutig 455 feststehen, aber doch sehr vieles dafür spricht, hat der Notar aufgrund seiner sachlichen Unabhängigkeit einen **Beurteilungsspielraum** bzw ein weitreichendes **Ermessen**, so daß sowohl die Ablehnung der Beurkundung wie deren Durchführung (mit einem Zweifelsvermerk nach § 17 Abs 2 BeurkG) rechtmäßig sein können (GANTER DNotZ 1998, 851; GANTER, in: ZUGEHÖR/GANTER/HERTEL Rn 510; WINKLER § 4 BeurkG Rn 5 f).

b) Bloße Zweifel an der Wirksamkeit (§ 17 Abs 2 BeurkG)

Bestehen lediglich Zweifel an der Wirksamkeit des Rechtsgeschäftes oder ob dieses 456 dem wahren Willen der Beteiligten entspricht, so kann der Notar die Beurkundung grundsätzlich nicht ablehnen, ausgenommen in Grenzfällen nach seinem Beurteilungsermessen. Jedoch hat er die Zweifel mit den Beteiligten zu **erörtern** (§ 17 Abs 2 S 1 BeurkG – vgl BGH NJW 1992, 3237 = WM 1992, 1662).

Für **Zweifel** an der Wirksamkeit iSd § 17 Abs 2 BeurkG genügt, wenn der Notar selbst aufgrund eigener rechtlicher Erwägungen die Wirksamkeit bezweifelt – auch wenn die Rechtsfrage weder gerichtlich entschieden noch in der Literatur behandelt ist, ja selbst wenn die einzigen einschlägigen Entscheidungen oder Literaturstimmen die Gestaltung für wirksam halten, der Notar aber aus rechtlichen Gründen anderer Ansicht ist.

Umgekehrt ist eine Erörterung und ein Zweifelsvermerk auch dann erforderlich, wenn der Notar selbst die Gestaltung für wirksam hält, jedoch veröffentlichte **oberlandesgerichtliche Urteile**, die nicht als bloße isolierte Meinung zu werten sind, BGH-Urteile oder die **herrschende Literaturmeinung** sie für unwirksam hält (ggf auch schon bei einer starken Literaturmeinung). Einzelne entgegenstehende untergerichtliche Urteile oder einzelne Literaturstimmen erfordern hingegen noch keinen Zweifelsvermerk – sonst würde dieser inflatorisch und damit entwertet.

Bestehen die Beteiligten auf der Beurkundung mit der zweifelhaften Klausel, so hat 457 der Notar einen **Zweifelsvermerk** mit seiner Belehrung und den Erklärungen der Beteiligten dazu in die Urkunde aufzunehmen (§ 17 Abs 2 S 2 BeurkG).

Der Zweifelsvermerk entwertet die Urkunde im Rechtsverkehr deutlich; daher ist der Vermerk auf wirkliche Zweifelsfälle zu beschränken. Gleichwohl dient die Belehrung nur dem Schutz der Beteiligten – und der Vermerk der Erinnerung sowie als Beweis der Belehrung. Fehlt der Vermerk, muß umgekehrt der Notar beweisen, daß er die Belehrung doch vorgenommen hat (**Beweislastumkehr**). Dritten gegenüber haftet der Notar hingegen (mangels Schutzwirkung) nicht, wenn der Zweifelsvermerk fehlt (BGH DNotZ 1974, 296, 301 m Anm HAUG; SOERGEL/J MAYER § 17 BeurkG Rn 56; WINKLER § 17 BeurkG Rn 124; aA HAUG, Amtshaftung Rn 591 f; JANSEN § 17 BeurkG Rn 18; wohl auch OLG Frankfurt DNotZ 1986, 244 = NJW 1985, 1229; FRENZ, in: EYLMANN/VAASEN § 17 BeurkG Rn 26).

2. Vertragsgestaltung

a) Unselbständige und selbständige Beratung

Das Beurkundungsgesetz spricht nirgendwo ausdrücklich von einer notariellen 458

Pflicht zur Vertragsgestaltung. Dennoch ist in Rechtsprechung und Lehre zu Recht allgemein anerkannt, daß der Notar eine Amtspflicht zu einer **umfassenden, ausgewogenen und interessengerechten Vertragsgestaltung** hat (BGHZ 96, 157, 168 = DNotZ 1986, 406 = NJW 1986, 576 = WM 1986, 46; BGH NJW-RR 1989, 1492 = WM 1989, 822; BGHZ 123, 178 = DNotZ 1995, 494 = NJW 1993, 2617; BGH DNotZ 1995, 403 = NJW 1994, 2283 = WM 1994, 1673; DNotZ 1995, 407 = NJW 1995, 330 = WM 1995, 118; DNotZ 1996, 568 = NJW 1996, 522 = WM 1996, 84; Brambring/Schippel NJW 1979, 1802, 1806; Ganter, in: Zugehör/Ganter/Hertel Rn 923 ff; Jerschke DNotZ 1998 Sonderheft 21*, 28*; Keim, Das notarielle Beurkundungsverfahren Rn 81; Reithmann, in: FS Schippel 769; Reithmann, in: Reithmann/Albrecht Rn 17 f; Winkler § 17 BeurkG Rn 206 ff und 247 ff). Die Amtspflicht zur Vertragsgestaltung überwölbt die verschiedenen gesetzlich ausdrücklich geregelten Prüfungs- und Belehrungspflichten des § 17 Abs 1 BeurkG: Denn nur wenn der Notar vertragsgestaltend tätig wird, hat seine Rechtsbelehrung (S 1 Var 3) Sinn und kann er den wahren Willen der Beteiligten (S 1 Var 1) in rechtlich passende Formen gießen und dabei zum Schutz der schwächeren Vertragspartei beitragen (S 2).

Kraft Gesetzes ist der Notar nur zur **unselbständigen Beratung** verpflichtet, dh zur Vertragsgestaltung innerhalb des von den Beteiligten vorgegebenen Zieles. Dies ist zu unterscheiden von der **planenden Beratung**, bei der der Notar den Beteiligten erst zu entscheiden hilft, welches Ziel sie eigentlich wollen. Eine unselbständige Beratung liegt etwa vor, wenn der Notar bei der Wahl zwischen Erbeinsetzung und Vermächtnis berät; eine planende Beratung hingegen, wenn die Beteiligten sich noch unschlüssig sind, ob eine Verfügung von Todes wegen oder eine lebzeitige Übertragung zur vorweggenommenen Erbfolge günstiger wäre; ebenso ist bei der Beurkundung einer Scheidungsvereinbarung keine selbständige Beratung über erbrechtliche Gestaltungsmöglichkeiten erforderlich (OLG Brandenburg Urt v 30.11.1999–10 U I/99, nv; dazu Nichtannahmebeschluß BGH v 10.4.2003 – IX ZR 16/00, nv – beide zitiert nach Ganter, in: Zugehör/Ganter/Hertel Rn 940). Ebenso gehört die Beratung über die Satzungsgestaltung einer GmbH noch zur unselbständigen Beratung, die Wahl zwischen AG und GmbH hingegen bereits zur planenden Beratung (OLG Rostock NotBZ 2003, k 243 – vgl allg Ganter WM 1996, 700, 702; Ganter, in: Zugehör/Ganter/ Hertel Rn 945 ff; Hertel, in: Eylmann/Vaasen § 24 BNotO Rn 13; Reithmann, in: Reithmann/Blank/Rinck Notarpraxis Rn D 59, 70). Eine planende Beratung darf der Notar nach § 24 BNotO übernehmen, kann er aber auch ablehnen; denn die planende Beratung unterfällt nicht der Urkundsgewährungspflicht (§ 15 Abs 1 BNotO).

b) Erforschung des Willens der Beteiligten (§ 17 Abs 1 S 1 Var 1 BeurkG)
Nach § 17 Abs 1 S 1 Var 1 BeurkG muß der Notar den **wahren Willen der Beteiligten erforschen**, um ihn dann irrtums- und zweifelsfrei beurkunden zu können. Damit deutet das Gesetz an, daß die Rolle des Notars weit über die bloße Niederschrift der Erklärungen der Beteiligten hinausgeht. Wenn die Beteiligten zum Notar kommen, sind sie sich idR zwar über die Kernpunkte des zu beurkundenden Rechtsgeschäftes im klaren, haben sich aber noch keine näheren Vorstellungen über Nebenpunkte oder über die einzelnen dazu erforderlichen Klauseln gemacht. So haben sich die Parteien eines Grundstückskaufvertrages typischerweise nur über den Kaufpreis und den Übergabetermin verständigt, andere Fragen aber noch nicht angesprochen. Oder der Erblasser weiß zwar, daß die Tochter das Haus und der Sohn das Geschäft bekommen soll, ohne dies aber schon näher in Verfügungen gekleidet zu haben.

Denn rechtliche Laien erklären womöglich etwas anderes als was sie wirklich wollen **460**
(BGH DNotZ 1961, 162, 163; DNotZ 1981, 515 = NJW 1981, 451, 452 = WM 1981, 11; NJW-RR 1989, 153 = WM 1988, 1639; NJW 1993, 729, 730; NJW 1996, 534, 525; GANTER, in: ZUGEHÖR/ GANTER/HERTEL Rn 826 ff).

Zu erforschen ist **nicht das wirtschaftliche Ziel** (oder steuerliche Ziel), sondern nur das rechtlich Gewollte. Denn der Notar ist nicht Wirtschaftsberater, sondern Rechtsberater der Beteiligten (BGH DNotZ 1978, 174, 175; NJW 1991, 1346, 1347; NJW 1993, 729, 730; OLG Düsseldorf DNotZ 1995, 414).

Eine Vorklärung vor der Beurkundung kann auch durch Mitarbeiter des Notars **461** erfolgen. Diese Vorklärung kann auch nur auf den Angaben eines Beteiligten beruhen, wenn die anderen Beteiligten das Angebot zu einer Vorbesprechung oder Rücksprache auf den Entwurf hin nicht wahrnehmen. Vor der Beurkundung müssen **nur die Hauptpunkte** des gewünschten Rechtsgeschäftes ausdrücklich abgeklärt werden. Für Nebenpunkte kann der Notar übliche (und ausgewogene) Nebenbestimmungen in seinen Entwurf aufnehmen, ohne die Beteiligten hierzu vor Entwurfserstellung ausdrücklich befragen zu müssen; denn der Notar darf unterstellen, daß die Beteiligten von sich aus vorbringen würden, wenn sie andere Nebenregelungen wünschen. Soweit daher den Beteiligten nicht nach § 17 Abs 2a BeurkG bereits vorab der beabsichtigte Text zu übersenden ist, genügt, wenn die Beteiligten in der Beurkundungsverhandlung den Vorschlag für Nebenregelungen erfahren (BGH DNotZ 1958, 23, 24; VersR 1959, 28).

Legen die Beteiligten dem Notar bereits einen **Entwurf** vor, so hat der Notar **462** gleichwohl zu erforschen, ob der Entwurf auch ihrem wahren Willen entspricht (BGH DNotZ 1961, 162, 163; REITHMANN, in: FS Merz [1992] 469; REITHMANN DNotZ 1997, 576; aA – eingeschränkt, wonach der zeitlich letzte Entwurf im Zweifel eher dem Parteiwillen entspreche: OLG Frankfurt DNotI-Report 2000, 129). Der Notar ist nicht verpflichtet, Formulierungen des Entwurfs zu übernehmen, etwa wenn er meint, daß eine andere Formulierung den Willen der Beteiligten klarer ausdrückt.

Stammt der Entwurf von einem **fachkundigen Berater** der Beteiligten (zB Steuerberater, Wirtschaftsberater), so kann der Notar zu einem **Hinweis** verpflichtet sein, wenn sein eigener Entwurf in einem möglicherweise relevanten Punkt von dem des auf außerjuristischem Gebiet Sachkundigen abweicht (BGH DNotZ 2003, 845 = NJW-RR 2003, 1498 = WM 2003, 1634: Hinweispflicht bei von Entwurf des Steuerberaters abweichendem Gestaltungsvorschlag; vgl auch BGH NJW 1993, 729, 731). Ebenso bestünde eine Hinweispflicht, falls der Notar etwa von sich Regelungen über die technische Bauausführung in der Baubeschreibung ändern wollte.

Ebenso kann der Notar im Rahmen seiner Amtspflicht zur Willenserforschung **463** verpflichtet sein, ihm offensichtliche Anhaltspunkte für einen **möglichen Irrtum der Beteiligten** aufzuklären (BGH DNotZ 1996, 563 = NJW 1996, 520 = WM 1996, 30: irrtümlich mitverkaufte Straße).

c) **Formulierungspflicht (§ 17 Abs 1 S 1 Var 4 BeurkG)**
Nach § 17 Abs 1 S 1 Var 4 BeurkG soll der Notar die Erklärungen der Beteiligten **464** „klar und unzweideutig in der Niederschrift wiedergeben", so daß „Irrtümer und

Zweifel vermieden werden". Bei der Beurkundung ist der Notar an den Willen der Beteiligten gebunden, aber nicht an deren Formulierungen; im Gegenteil soll er deren Willen in eine eindeutige Form fassen.

Wie der Notar seine Formulierungspficht erfüllt, steht in seinem pflichtgemäßen **Ermessen** (GANTER, in: ZUGEHÖR/GANTER/HERTEL Rn 1310; REITHMANN, in: REITHMANN/ ALBRECHT Rn 4).

Die Urkunde muß vor allem juristisch eindeutig sein; dies hat im Zweifel Vorrang vor der Verständlichkeit für die Beteiligten. Die Verständlichkeit für die Beteiligten ist mehr eine Frage der Belehrung als der Formulierung. Daher wird der Notar im Regelfall **juristische Fachbegriffe** verwenden; zulässig sind aber auch im allgemeinen Sprachgebrauch (ggf auch regional oder auch durch die Tradition notarieller Vertragsgestaltung) eingeführte eindeutige abweichende Bezeichnungen. Im Regelfall wird der Notar auf eigene oder nach Prüfung übernommene **Musterformulierungen** zurückgreifen, da diese erprobtermaßen dem Stand notarieller Kunst entsprechen.

465 Ein **Verstoß** gegen die Formulierungspflicht liegt insbesondere vor, wenn der Wille der Beteiligten unvollständig beurkundet ist (BGH BGH-Report 2002, 195, 196), wenn sich der Wille nur bei Auslegung gegen den Wortlaut ergibt (BGH DNotZ 1992, 811 = NJW-RR 1992, 772) oder wenn die Urkunde sonst auch von Juristen mißverstanden werden kann (vgl die Beispiele bei GANTER, in: ZUGEHÖR/GANTER/HERTEL Rn 1314 ff).

466 Ob eine unklare Formulierung **materiell-rechtlich zu unbestimmt** ist, bestimmt nicht § 17 Abs 1 BeurkG, sondern die einschlägige materiell-rechtliche Vorschrift. So kann das Formulierungsgebot bereits verletzt sein, wenn die Bezeichnung materiell bestimmt genug ist, aber doch zunächst zu einem Streit zwischen den Beteiligten über das tatsächlich Gemeinte führt. Umgekehrt ist etwa bei materiell-rechtlich ungenügender unklarer Bezeichnung des Vertragsgegenstandes bei einer Teilflächenveräußerung idR auch die beurkundungsrechtliche Formulierungspflicht verletzt (GANTER, in: ZUGEHÖR/GANTER/HERTEL Rn 1322 ff), während ein Verstoß gegen das materiell-rechtliche Transparenzgebot (§ 307 Abs 1 S 2) nicht notwendig auch einen Verstoß gegen die Formulierungspflicht darstellt.

467 Für Schäden aus schuldhaft unklarer Formulierung **haftet** der Notar (§ 19 BNotO) bei Verschulden – und zwar sowohl dem Gläubiger des unklar formulierten Anspruchs (BGH DNotZ 2001, 194 = NJW 2000, 1498) wie dem Schuldner (BGH DNotI-Report 2004, 99 = NJW-RR 2004, 1069 = NotBZ 2004, 156 = ZIP 2004, 763 = ZNotP 2004, 330). Amtspflichtwidrig ist aber erst die mißverständliche, noch nicht die nur auslegungsbedürftige Formulierung (RITTER NJW 2004, 2137).

d) Wahl des sichersten Weges

468 Bestehen **mehrere Gestaltungsmöglichkeiten**, so entscheiden die Vertragsparteien als Ausfluß der Vertragsfreiheit, welche dieser Möglichkeiten sie wählen. Der Notar hat sie jedoch dabei zu beraten und die Beurkundung unwirksamer Klauseln abzulehnen.

Unter mehreren Gestaltungsmöglichkeiten hat der Notar diejenige vorzuschlagen, mit der das von den Beteiligten erstrebte Ergebnis am sichersten erreicht werden kann (**sicherster Weg**; BGH DNotZ 1983, 450 = NJW 1983, 1801 = WM 1982, 1437, 1438: Weisung der Beteiligten zur sofortigen Handelsregisteranmeldung, um Steuerersparnis zu erreichen, auch wenn möglicherweise noch Eintragungsunterlagen fehlen; BGH NJW 1992, 3237, 3239 = WM 1992, 1662, 1665: vorsorgliche Mitbeurkundung des Grundgeschäftes, wenn Umfang des Beurkundungserfordernisses bei Vollmacht unklar ist). Zugleich muß er den **gefahrlosesten Weg** bezeichnen, der die geringste Gefahr aufweist, daß ein Beteiligter geschädigt wird (BGHZ 56, 26, 28 = NJW 1971, 1363, 1364). Bei mehreren gleich sicheren und gefahrlosen Wegen, ist der **kostengünstigste Weg** vorzuschlagen (OLG Saarbrücken DNotZ 1982, 451, 453 m Anm Appell: Wahl zwischen zwei gleich sicheren Arten gesellschaftsrechtlicher Umwandlung; BayObLG DNotZ 1984, 110, 112: grundsätzlich keine Belehrungspflicht über Kosten; BayObLGZ 1993, 198 = DNotZ 1994, 492, 493 f m Anm Schmitz-Valckenberg: Beurkundung mit vollmachtlosem Vertreter). Bei der Wahl zwischen einem sichereren und einem billigeren Weg soll der Notar hingegen den sichereren Weg vorschlagen (BGH DNotZ 1962, 263).

Gibt es keinen eindeutig vorzugswürdigen Weg, so kann der Notar von sich aus einen von mehreren dem aktuellen Stand der notariellen Vertragsgestaltung entsprechenden Weg vorschlagen; insoweit hat er einen weiten **Ermessensspielraum**. So entspricht etwa sowohl die Mitbeurkundung der Auflassung mit Vorlagesperre wie die spätere getrennte Beurkundung der Auflassung den Standards notarieller Kunst.

Die verschiedenen Gestaltungsmöglichkeiten muß der Notar darstellen, wenn die Beteiligten ausdrücklich danach fragen. Ungefragt muß er **auf alternative Gestaltungsmöglichkeiten nur bei besonders wichtigen Regelungspunkten hinweisen**, bei denen keine von mehreren Gestaltungsmöglichkeiten eindeutig vorzugswürdig ist. Denn die Beteiligten erwarten zunächst, daß der Notar ihnen eine Lösung vorschlägt und sie nicht mit Entscheidungen über technische Einzelfragen überfrachtet. In Ausnahmefällen kann auch ein Hinweis auf eine zwar etwas weniger sicherere, aber deutlich kostengünstigere Alternative geboten sein (möglicherweise weitergehend für eine Hinweispflicht des Notars Ganter, in: Zugehör/Ganter/Hertel Rn 954, 958).

Schlagen die **Beteiligten** einen weniger sicheren Weg vor, so muß der Notar auf den sicheren Weg hinweisen. Wünschen die Beteiligten nach Belehrung aber bewußt einen weniger sicheren Weg, etwa weil er kostengünstiger ist, so muß sie der Notar nicht davon abhalten (OLG Hamm DNotZ 1979, 236, 239).

e) Ungesicherte Vorleistungen
Durch seine Vertragsgestaltung soll der Notar ungesicherte Vorleistung eines Beteiligten vermeiden. Diese Fallgruppe wurde von der **Rechtsprechung** zunächst als Unterfall der „erweiterten" Belehrungspflicht (Rn 510) aus **§ 14 Abs 1 S 2 BNotO** abgeleitet, also nur in besonders gelagerten Fällen und bei Unkenntnis des Gefährdeten von der Gefahr eingreifende notarielle Warn- und Schutzpflichten verstanden (BGHZ 56, 26, 28 f = NJW 1971, 1363, 1364; BGH VersR 1959, 743, 744; DNotZ 1969, 173, 175; DNotZ 1976, 629, 630; DNotZ 1978, 174 = NJW 1978, 219, 220).

Heute ordnet die Rechtsprechung die Amtspflichten bei ungesicherten Vorleistungen als Teil der Rechtsbelehrung nach **§ 17 Abs 1 BeurkG** ein (BGH DNotZ 1989, 449 = NJW 1989, 102, 103 = EWiR 1989, 13 m Anm Ganter; DNotZ 1990, 58 = NJW-RR 1989, 1492, 1494 = WM 1989, 822 = EWiR 1989, 533 m Anm Reithmann; DNotZ 1995, 407 = NJW 1995, 330, 331 =

WM 1995, 118, 119; DNotZ 1996, 568 = NJW 1996, 522 = WM 1996, 84; DNotZ 1997, 64 = NJW 1996, 3009, 3010; DNotZ 1998, 637 m Anm REITHMANN= WM 1998, 783, 784; DNotZ 2001, 473 m Anm BRIESKE = NJW 1999, 2188, 2189 = WM 1999, 1336, 1338 – ebenso bereits BGH DNotZ 1956, 204; zustimmend ARMBRÜSTER, in: HUHN/vSCHUCKMANN § 17 BeurkG Rn 38; aA WINKLER § 17 BeurkG Rn 232 ff, 236). Denn die Belehrungspflicht über ungesicherte Vorleistungen gilt nicht nur bei besonderen Vertragsgestaltungen, sondern für jede Beurkundung.

Darüber hinaus ist sie nicht nur eine Belehrungspflicht, sondern auch eine Beratungspflicht bzw eine Pflicht zur **Vertragsgestaltung**, da der Notar auch über alternative Gestaltungsmöglichkeiten belehren muß (GANTER NotBZ 2000, 277; GANTER, in: ZUGEHÖR/GANTER/HERTEL Rn 1031 f; ZUGEHÖR, ebd Rn 421). Schlägt der Notar eine Vertragsgestaltung mit ungesicherter Vorleistung vor, obwohl es andere Alternativen gäbe, so ist dies zunächst eine unrichtige Vertragsgestaltung und nicht nur eine fehlende Belehrung. Daher sind die Amtspflichten bei ungesicherten Vorleistungen hier als Teil der Vertragsgestaltung behandelt. Bei der Vertragsgestaltung überschneiden sich die Amtspflichten zur Wahl des sichersten Weges und zur Vermeidung ungesicherter Vorleistungen.

470 Eine **ungesicherte Vorleistung** liegt bei einem Austauschvertrag oder Sicherungsvertrag vor, wenn ein Vertragsteil nach dem Vertrag zur Leistung verpflichtet wäre, ohne daß gesichert ist, daß er die Gegenleistung des anderen Vertragsteils erhält. **Beispiele** sind die Eigentumsumschreibung oder Besitzübergabe vor Sicherstellung der Kaufpreiszahlung (OLG Düsseldorf DNotZ 1983, 55; OLG Hamm VersR 1982, 807), ebenso die Belastung des Kaufgrundstückes mit einer Grundschuld vor Kaufpreiszahlung, sofern nicht der Sicherungszweck auf die Kaufpreiszahlung beschränkt ist und der Gläubiger auch für einen allfälligen Schadensersatzanspruch gut wäre (BGH DNotZ 2001, 473 m Anm BRIESKE = NJW 1999, 2188, 2189 = WM 1999, 1336). Umgekehrt erbringt der Käufer eine ungesicherte Vorleistung, wenn er vor Eintragung der Auflassungsvormerkung zahlt (BGH DNotZ 1954, 319 m Anm DAIMER; VersR 1959, 743; DNotZ 1967, 446; WM 1967, 215 und 433; DNotZ 1978, 174 = NJW 1978, 219; RG JW 1928, 1862; DNotZ 1936, 194; JW 1937, 1058); ungesichert ist auch eine Zahlung vor Sicherstellung der Lastenfreistellung sowie bevor die erforderlichen Genehmigungen und die Vorkaufsrechtsverzichtserklärungen vorliegen (BGH WM 1968, 1149; DNotZ 1995, 407 = NJW 1995, 330 = WM 1995, 118; OLG Hamm DNotZ 1973, 252). Ebenso ist die Abtretung einer Forderung ungesichert, wenn sie nicht durch die Kaufpreiszahlung bedingt oder die Zahlung sonst gesichert ist (BGH DNotZ 2001, 473 m Anm BRIESKE = NJW 1999, 2188 = WM 1999, 1336).

Keine ungesicherte Vorleistung liegt vor, wenn die Leistungen wie üblich in Teilleistungen aufgeteilt werden, die Schritt um Schritt geleistet werden, weil eine echte gleichzeitige Zug um Zug-Leistung bei einer Grundstücksveräußerung nicht möglich ist. Daher ist weder die Eintragung der Auflassungsvormerkung ungesicherte Vorleistung (LG Lüneburg DNotZ 1986, 247; WINKLER § 17 BeurkG Rn 236 – vgl aber zur Warnpflicht bei Eintragung einer Vormerkung für eine ausländische Gesellschaft vor Feststellung der Vertretung Rn 511) noch die Zahlung des Käufers unter den üblichen Fälligkeitsvoraussetzungen. Ebenso wenig liegt eine ungesicherte Vorleistung darin, daß beim Bauträgervertrag die nach der MaBV zulässigen Abschlagszahlungen möglicherweise wertmäßig den erreichten Bautenstand übersteigen (OLG München MittBayNot 1998, 433, 435).

Eine Belehrungspflicht besteht nur, soweit die ungesicherte Vorleistung eine **Hauptpflicht** des Vertrages betrifft (GANTER NotBZ 2000, 277 f); daher besteht keine Belehrungspflicht, wenn die Vormerkung, deren Fehlen als ungesicherte Vorleistung gerügt wird, nicht unmittelbar die vertragliche Gegenleistung des Käufers, sondern erst dessen Rückgewährpflicht für den Fall der Nichterfüllung der Gegenleistung betrifft (BGH LM BeurkG § 17 Abs 1 – Belehrungspflicht § 18).

Die Belehrungspflicht gilt auch für Verträge zwischen **nahen Familienangehörigen** (BGH DNotZ 1997, 64 = NJW 1996, 3009; DNotZ 2001, 473 = NJW 1999, 2188 = WM 1999, 1336). Allerdings wird hier idR eine weniger eindringliche Belehrung genügen, da auch für den Notar nachvollziehbar ist, wenn die Beteiligten im konkreten Fall auf eine Absicherung gegenüber ihren Angehörigen verzichten wollen. Steuerlich wird ein Geschäft unter nahen Angehörigen allerdings ggf nur anerkannt, wenn es einem Drittvergleich standhält und insbes bei Angehörigendarlehen auch übliche Sicherheiten gestellt werden.

Bei einer ungesicherten Vorleistung trifft den Notar eine **doppelte Belehrungspflicht**: **471** Zum einen muß der Notar belehren, daß eine ungesicherte Vorleistung vorliegen würde und welche Risiken der Beteiligte damit eingehen würde.

Die Belehrung muß dem Gefährdeten das **Risiko hinreichend deutlich vor Augen führen**: So genügt es nach der Rechtsprechung nicht, wenn der Notar bei Vereinbarung von Ratenzahlung für den Kaufpreis nur belehrt, daß das Eigentum vor Kaufpreiszahlung umgeschrieben werde; der Notar hätte den Verkäufer vielmehr auf das Risiko hinweisen müssen, bei Insolvenz des Käufers sein Eigentum ohne Gegenleistung zu verlieren (KG, Urt v 19. 5. 1998 – 9 U 600/97; Nichtannahmebeschluß BGH v 6. 7. 2000 – IX ZR 224/98, zitiert nach GANTER NotBZ 2000, 277, 278). Auch die bloße Belehrung, daß die vorzeitige Kaufpreiszahlung „Vertrauenssache" sei, hielt die Rechtsprechung für unzureichend (OLG München, Urt v 26. 5. 1970 – 9 U 2504/69, zitiert nach HAUG BWNotZ 1971, 97, 107; zustimmend DUMOULIN DNotZ 1973, 55; aA GRUNAU DNotZ 1937, 455, der einen vergleichbaren kurzen Vermerk als Anzeichen einer längeren Belehrung sieht).

Auch wenn ein Urkundsbeteiligter weiß, daß er eine ungesicherte Vorleistung **472** erbringt, ist der Notar verpflichtet, ihn über naheliegende **Möglichkeiten zur Vermeidung oder Verminderung des Risikos** zu beraten. Der Notar muß allerdings nur auf solche Sicherungsmöglichkeiten hinweisen, die sich aus dem Inhalt des Geschäftes ergeben, also nicht etwa Sicherheiten aus anderen Vertragsbeziehungen einbeziehen, und die dem anderen Vertragsteil zumutbar sind (BGH DNotZ 2001, 473 = NJW 1999, 2188 = WM 1999, 1336). Insbesondere kann auch ein Hinweis auf die Möglichkeit einer Zwangsvollstreckungsunterwerfung angebracht sein (OLG Düsseldorf MittBayNot 1977, 250, 251 = VersR 1977, 1108; WINKLER § 17 BeurkG Rn 233).

Lehnen die Beteiligten die ihnen vom Notar vorgeschlagenen üblichen Sicherungsmöglichkeiten ab, so soll der Notar nach der Rechtsprechung des BGH ggf sogar verpflichtet sein, falls er nicht ausschließen kann, daß es noch weitere Sicherungsmöglichkeiten gibt, den Beteiligten zur Unterbrechung der Beurkundungsverhandlung zu raten, um noch **nach anderen Sicherungsmöglichkeiten nachforschen** zu können (BGH DNotZ 1998, 637 = WM 1998, 783, 784). Das ist im Grundsatz richtig, wenn der Notar übliche oder naheliegende Sicherungsmöglichkeiten nicht nennt; für die im entschiedenen Fall vom BGH herangezogene in der Standardliteratur nicht behandelte Sicherungsmöglichkeit überspannt dies aber die Belehrungspflichten zu Lasten des Urkundsgewährungsanspruchs (kritisch etwa auch MAASS WuB VIII A § 19 BNotO 1.98; REITHMANN DNotZ 1998, 643, 645; SCHLEE NotBZ 1998, 69; SCHNABEL ZOV 1998, 395; WINKLER § 17 BeurkG Rn 234; für jedenfalls teilweise berechtigt hält die Kritik selbst GANTER NotBZ 2000, 277, 279). Der III. Zivilsenat hat die Beratungspflicht daher zu recht wieder eingeschränkt auf die „sich nach dem Inhalt des Geschäfts sowie dem erkennbaren Willen der Vertragsparteien unter Berücksichtigung auch ihres Leistungsvermögens anbietenden **realistisch in Betracht kommenden Sicherheiten**" (BGH DNotI-Report 2004, 83 = MittBayNot 2004, 294 = NJW-RR 2004, 1071 = RNotZ 2004, 270 = ZNotP 2004, 290, 292).

473 Die Belehrungspflicht bei ungesicherter Vorleistung setzt nicht voraus, daß die Beteiligten in Unkenntnis des Risikos sind (insofern anders als die Warnpflicht oder erweiterte Belehrungspflicht). Jedoch entfällt sie ausnahmsweise, wenn die Beteiligten sich über die Tragweite ihrer Erklärungen und das damit verbundene **Risiko vollständig im klaren** sind und die konkrete Vertragsgestaltung gleichwohl ernsthaft wollen. Die Voraussetzungen einer solchen Ausnahme hat im Streitfall der Notar zu beweisen (BGH DNotZ 1995, 407 = NJW 1995, 330, 331 = WM 1995, 118, 119; DNotZ 1996, 568 = NJW 1996, 522 = WM 1996, 84).

Keine Belehrungspflicht besteht jedoch bei **Spekulationsgeschäften**, bei denen der Beteiligte um der Chance eines hohen Gewinns willen bewußt ein – wenigstens in groben Umrissen erkanntes – Risiko eingeht (GANTER, in: ZUGEHÖR/GANTER/HERTEL Rn 1038).

f) Vertragsgestaltung nach dem Stand notarieller Kunst

474 Der Notar muß alle typischerweise **in vergleichbaren Verträgen geregelten Punkte ansprechen** und einer zumindest durchschnittlichen Anforderungen des Standes der notariellen Praxis entsprechenden Lösung zuführen. Ggf muß der Notar auch von sich aus regelungsbedürftige Punkte ansprechen, so etwa bei einer ehebedingten Zuwendung die Frage, was mit der Zuwendung bei einer möglichen Ehescheidung erfolgen solle (OLG Koblenz DNotI-Report 1998, 140 mit Nichtannahmebeschluß des BGH v 10.12.1998 - IX ZR 368/97, nv - zitiert nach GANTER, in: ZUGEHÖR/GANTER/HERTEL Rn 939). Weiß der Notar, daß dem Erblasser Gesellschaftsbeteiligungen zustehen, so muß er fragen, ob und welche Nachfolgeregelungen im Gesellschaftsvertrag bestehen, um diese ggf bei der erbrechtlichen Gestaltung berücksichtigen zu können (BGH DNotZ 2002, 768 = NJW 2002, 2787 = WM 2002, 2100).

Dies kann auch gelten, wenn es zwar eine dispositive gesetzliche Regelung gibt, diese aber häufig nicht paßt. So hat der Notar etwa die Frage der Lastentragung von Erschließungsbeiträgen im Innenverhältnis anzusprechen (BGH DNotZ 1995, 403 = NJW 1994, 2283 = WM 1994, 1673); dies ist auch nach der gesetzlichen Neuregelung durch die Schuldrechtsreform erforderlich (BRAMBRING DNotZ 2001, 590, 615; GRZIWOTZ NotBZ 2001, 383; HERTEL, in: AMANN/BRAMBRING/HERTEL, Vertragspraxis nach neuem Schuldrecht [2. Aufl 2003] S 139 ff).

Inhaltlich muß die Vertragsgestaltung den **Standards notarieller Kunst** zur Zeit der 475
Beurkundung entsprechen. Was Stand der *ars notarii* ist, bestimmt sich nach dem
Stand von Literatur und Rechtsprechung, also den üblichen Formularbüchern und
notariellen Handbüchern, aber auch den einschlägigen Notarzeitschriften – und
ebenso nach dem, was in der notariellen Praxis üblich ist.

Der Notar muß dabei selbst *Lösungsvorschläge* machen. Denn die Beteiligten erwarten vom Notar als „Fachmann in Sachen Vertragsgestaltung" in der Regel nicht die Darstellung verschiedener Gestaltungsmöglichkeiten, sondern einen ihrem geäußerten Willen, dem Gesetz und dem Stand notarieller Praxis entsprechenden umfassenden, interessengerechten und inhaltlich ausgewogenen Vertragsentwurf (BASTY, in: FS Schippel 571, 585).

Die Vertragsgestaltung besteht aber nur innerhalb der Grenzen des von den Beteiligten *nach Belehrung geäußerten Willens*. Wünschen die Beteiligten nach Belehrung durch den Notar eine außergewöhliche oder gefährliche Vertragsgestaltung, so hat der Notar ihren Willen innerhalb des gesetzlich zulässigen zu beurkunden.

g) Ausgewogene Vertragsgestaltung
Als besondere Pflicht kann man auch noch die Amtspflicht zur ausgewogenen 476
Vertragsgestaltung unterscheiden. Sie gründet in der **Unparteilichkeit des Notars**
(§ 14 Abs 1 S 2 BNotO). So wird etwa diskutiert, ob die ausgewogene Vertragsgestaltung erfordert, bei einer Zwangsvollstreckungsunterwerfung des Käufers wegen seiner Pflicht zur Kaufpreiszahlung auch eine Vollstreckungsunterwerfung des Verkäufers hinsichtlich seiner Pflicht zur Räumung und Besitzübergabe vorzuschlagen (WOLFSTEINER DNotZ 1999, 306, 326).

3. Sachverhaltsklärung

a) Fragen an die Beteiligten (§ 17 Abs 1 S 1 Var 2 BeurkG)
Den wahren Willen der Beteiligten verstehen und diese sinnvoll rechtlich belehren 477
kann der Notar nur, wenn ihm der für das Rechtsgeschäft maßgebliche Sachverhalt bekannt ist. Daher verpflichtet § 17 Abs 1 S 1 BeurkG den Notar auch zur Klärung des Sachverhalts. Da die Sachverhaltsklärung aber nur der Errichtung einer **wirksamen** und den **wahren Willen der Beteiligten** zweifelsfrei wiedergebenden Urkunde dient, ist sie darauf beschränkt (BGH DNotZ 1987, 540 = JR 1987, 285 m Anm WINKLER = NJW 1987, 1266 = WM 1987, 74: nur soweit zur Errichtung einer rechtswirksamen Urkunde erforderlich; erweiternd auf eine dem Willen der Beteiligten entsprechende Urkunde: BGH DNotZ 1989, 43 = NJW-RR 1989, 1206 = WM 1988, 545, 547; DNotZ 1991, 759 = NJW 1991, 1346, 1347 f = WM 1991, 1046; zu Recht daher auch für Einbeziehung der für die unselbständige Gestaltung erforderlichen Sachverhaltsklärung: GANTER, in: ZUGEHÖR/GANTER/HERTEL Rn 832). Der Notar muß daher grundsätzlich nicht den mit dem Rechtsgeschäft verfolgten wirtschaftlichen Zweck aufklären (BGH DNotZ 1991, 759 = NJW 1991, 1346 = WM 1991, 1046).

§ 17 BeurkG begründet aber keine Pflicht zur Amtsermittlung, sondern nur zur 478
„Nachfrage und Nachforschung" durch entsprechende **Fragen an die Beteiligten**
(BGH DNotZ 1985, 635 = NJW 1985, 1255 = WM 1985, 523: keine Pflicht, bei Grundstücksverkauf Erwerbszeitpunkt des jetzigen Verkäufers festzustellen, um ggf über „Spekulationsgeschäft" iSd § 23 Nr 1 EStG belehren zu können; BGH WM 1995, 118, 120; DNotZ 1996, 116 = NJW 1995, 2794

= WM 1995, 1502: keine Verpflichtung zur Ermittlung der tatsächlichen Voraussetzungen für eine erweiterte oder betreuende Belehrung; WINKLER § 17 BeurkG Rn 213).

479 Dabei darf sich der Notar grundsätzlich **auf die tatsächlichen Angaben der Beteiligten verlassen** (BGH DNotZ 1958, 99; DNotZ 1961, 162; VersR 1959, 28; NJW-RR 1999, 1214 = NZM 1999, 669 = WM 1999, 1324, 1326: Notar muß Größe der verkauften Wohnung nicht ermitteln; LG München I, MittBayNot 2003, 72: Notar muß die Angaben der Beteiligten über die Person der Erben nicht überprüfen).

Nur eingeschränkt gilt dies für **Rechtstatsachen**. Hier muß sich der Notar jedenfalls bei rechtlich unerfahrenen Beteiligten durch Rückfragen zu Tatsachen vergewissern, daß die Beteiligten die rechtlichen Begriffe im korrekten Sinn gebraucht haben (BGH NJW 1987, 1266: „Besitz" bei Sicherungsübereignung; BGH NJW 1991, 1346; DNotZ 1996, 572 = NJW 1996, 524, 525 = WM 1996, 78: „Bareinzahlung" bei GmbH-Stammkapitalerhöhung durch Verrechnung mit Gesellschafterforderungen; LESKE NotBZ 2002, 284, 285).

480 Auch von Beteiligten vorgelegte **Unterlagen** hat der Notar durchzusehen, soweit dies die Klärung der Tatsachen erfordert, die für die Errichtung einer wirksamen und dem Willen der Beteiligten entsprechenden Urkunde bedeutsam sind (BGH NJW 1989, 586 = WM 1988, 1853: Mitarbeiter müssen die Unterlagen dem Notar selbst vorlegen; BGH DNotZ 1992, 457; DNotZ 1996, 116 = NJW 1995, 2794 = WM 1995, 1502; DNotZ 1996, 563 = NJW 1996, 520, 521 = WM 1996, 30). Im Regelfall setzt dies aber voraus, daß die Beteiligten die Unterlagen zur näheren Unterrichtung über eine bestimmte Tatsache übergeben. Der Notar muß nicht etwa ihm übergebene Unterlagen aufs Geratewohl durchsehen, ob sie möglicherweise irgendwelche für das zu beurkundende Rechtsgeschäft relevante Informationen enthalten (GANTER WM 1996, 701, 703; FRENZ, in: EYLMANN/VAASEN § 17 BeurkG Rn 6). Auch muß der Notar nicht etwa einen ungeordneten Stapel möglicherweise relevanter Unterlagen zur Durchsicht entgegennehmen, sondern kann von den Beteiligten eine Sichtung und Auswahl nur der zu einer konkreten Tatsache relevanten Dokumente verlangen.

b) Grundbucheinsicht (§ 21 BeurkG)
aa) Grundbucheinsicht
481 Eine eigene Pflicht des Notars zur Tatsachenfeststellung schreibt das Beurkundungsgesetz nur für die Grundbucheinsicht vor. Nach § 21 BeurkG hat sich der Notar vor Beurkundungen über im Grundbuch eingetragene oder einzutragende Rechte über den Grundbuchinhalt zu unterrichten. § 21 BeurkG gilt nur für **Niederschriften**, nicht für eine bloße Unterschriftsbeglaubigung.

Bei einer Unterschriftsbeglaubigung mit Entwurf ist der Notar aber zur Sachverhaltsklärung durch Befragung der Beteiligten verpflichtet (§ 17 Abs 1 S 1 BeurkG); dabei wird der Notar sinnvollerweise eine vorherige Grundbucheinsicht anregen.

482 Der Notar muß das Grundbuch **nicht selbst einsehen**. Er haftet jedoch für Fehler der Einsicht nehmenden Personen wie für eigenes Verschulden (entsprechend § 278) – ohne die Möglichkeit einer Exculpation (BGHZ 131, 200 = DNotZ 1996, 581 m Anm PREUSS DNotZ 1996, 508 = NJW 1996, 464).

483 Die oberlandesgerichtliche Rechtsprechung hat eine **bis zu sechs Wochen** zurückliegende Grundbucheinsicht noch für ausreichend gehalten, sofern nicht im Einzelfall Umstände vorlagen, die eine Änderung nach der Einsichtnahme als möglich erscheinen ließen (etwa weil erst kürzlich Sicherungshypotheken eingetragen wurden; OLG Frankfurt DNotZ 1985, 244; zustimmend WINKLER § 21 BeurkG Rn 5). Die Literatur fordert demgegenüber teilweise kürzere Fristen von zwei bis vier Wochen (FRENZ, in: EYLMANN/VAASEN § 21 BeurkG Rn 2; HAUG Rn 525; HUHN/vSCHUCKMANN § 21 BeurkG Rn 27; MEKKE/LERCH § 21 BeurkG Rn 8; vgl auch LG München MittBayNot 1978, 237).

In der Praxis verstreichen aber fast unvermeidlich zumindest vier Wochen zwischen Grundbucheinsicht und Beurkundung, da der Entwurf bei Beteiligung eines Verbrauchers diesem zwei Wochen vor der Beurkundung zugegangen sein muß. Die sechs Wochen sind daher auch bei elektronischer Grundbucheinsicht realistisch – sofern man nicht eine doppelte Grundbucheinsicht (mit entsprechenden Kosten) verlangt.

Einzusehen ist grundsätzlich nur das **Grundbuch** des betroffenen Grundstücks – und **484** zwar alle Abteilungen einschließlich der Änderungsspalten.

Eine Pflicht zur Einsichtnahme auch in die **Grundakten** besteht nur in Ausnahmefällen, etwa wenn eine Grundbucheintragung, die für das zu beurkundende Rechtsgeschäft von Bedeutung ist, nur aus der in Bezug genommenen Eintragungsbewilligung bei den Grundakten genauer festzustellen ist, zB der genaue Ausübungsbereich eines Wegerechts oder der Umfang einer Baubeschränkung (BGH DNotZ 1953, 493, 495; DNotZ 1985, 635 = JR 1985, 374 m Anm WINKLER = NJW 1985, 1225 = WM 1985, 523; RG HRR 1934 Nr 805; OLG Celle DNotZ 1965, 571). Ebenso muß der Notar die Grundakten einsehen, wenn ihn die Beteiligten darum bitten (BGH DNotZ 1969, 496). Hingegen ist der Notar nicht verpflichtet, die Grundakten einzusehen, um festzustellen, ob der Verkauf noch innerhalb der eine Einkommensteuerpflicht auslösenden zehnjährigen Spekulationsfrist nach § 23 EStG erfolgt (BGH BB 1981, 1545 = DNotZ 1981, 775 = WM 1981, 942; DNotZ 1985, 635 = JR 1985, 374 m Anm WINKLER = NJW 1985, 1225 = WM 1985, 523; DNotZ 1996, 116 = NJW 1995, 2794 = WM 1995, 1502; OLG Bremen DNotZ 1984, 638).

Der Notar muß das Grundbuch nur einsehen und die Beteiligten über den Grund- **485** buchstand unterrichten, soweit es für die Beurkundung relevant ist. In der Regel erfolgt dies durch eine zusammenfassende **Wiedergabe des Grundbuchstandes zu Beginn der Urkunde**. Dann läuft der Notar auch nicht Gefahr, eine Regelung über die Vorbelastungen zu vergessen.

Die Wiedergabe in der Urkunde ist aber keine Amtspflicht (BGH DNotZ 1969, 317). Jedoch wird der Notar nicht wegen des bloßen Wunsches des Verkäufers, die Vorbelastungen nicht aufzuzählen, die Wiedergabe unterlassen (BGH DNotZ 1992, 457 = NJW-RR 1992, 393 = WM 1992, 527).

bb) Beurkundung ohne Grundbucheinsicht
Nach § 21 Abs 1 S 2 BeurkG darf der Notar ohne die erforderliche Grundbuchein- **486** sicht nur beurkunden, „wenn die **Beteiligten trotz Belehrung über die damit verbundenen Gefahren auf einer sofortigen Beurkundung bestehen**"; dies soll der Notar in der Niederschrift vermerken. In der Belehrung wird der Notar insbesondere darauf hinweisen, daß die Gefahr besteht, daß noch weitere als die den Beteiligten be-

kannten Belastungen eingetragen sind (BayObLGZ 1989, 256, 260 = DNotZ 1990, 667; OLG Hamm MittBayNot 1979, 25) und daß der Vertrag möglicherweise nicht wie beurkundet durchgeführt werden kann, wenn das Grundbuch einen anderen als den von den Beteiligten angenommenen Inhalt hat. Insbesondere ist darauf hinzuweisen, falls einer der Beteiligten bei abweichendem Grundbuchstand eine ungesicherte Vorleistung erbringen würde.

cc) Vermerk über Briefvorlage

487 Für die Übertragung oder Verpfändung eines Briefgrundpfandrechtes ist entweder die Briefübergabe (§ 1154 Abs 1) oder die Grundbucheintragung erforderlich; bei der Grundbucheintragung hat sich das Grundbuchamt den Brief vorlegen zu lassen (§ 41 GBO). Deshalb soll der Notar bei der Beurkundung einer Abtretung oder Belastung eines Briefgrundpfandrechtes in der Niederschrift vermerken, ob der Brief vorgelegen hat (§ 21 Abs 2 BeurkG).

4. Allgemeine Rechtsbelehrung (§ 17 Abs 1 S 1 Var 3 BeurkG)

488 § 17 Abs 1 S 1 Var 3 BeurkG verpflichtet den Notar, die Beteiligten „über die rechtliche Tragweite des Geschäftes" zu belehren. Die Belehrungspflicht gilt nur für die Beurkundung von **Willenserklärungen**; bei der Niederschrift von Versammlungsbeschlüssen ua Tatsachenbeurkundungen hat der Notar nur eingeschränkte Prüfungs- und Belehrungspflichten.

489 Belehrungspflichten sind **persönliche** Amtspflichten des Notars; er darf die Belehrung nicht seinen Mitarbeitern überlassen (BGH DNotZ 1989, 452 = NJW 1989, 586). Auch hat die Belehrung grundsätzlich **bei der Beurkundung** zu erfolgen (BGH DNotZ 1997, 62 = NJW 1996, 2037, 2038 = WM 1996, 1694). Der Notar kann jedoch ggf an eine frühere eigene Belehrung oder an vorab durch seine Angestellten erteilte Informationen anknüpfen, insbes bei einfachen und üblichen Geschäften (FRENZ, in: EYLMANN/VAASEN § 17 BeurkG Rn 2; ähnlich OLG Saarbrücken DNotZ 1980, 504, 507; enger von der Unzulässigkeit von Rechtsauskünften durch Mitarbeiter ausgehend: ARMBRÜSTER, in: HUHN/vSCHUCKMANN § 17 Rn 43; GANTER, in: ZUGEHÖR/GANTER/HERTEL Rn 974).

a) Belehrung über Wirksamkeitsvoraussetzungen

490 Der Notar hat die Beteiligten über die formellen und materiellen Voraussetzungen für die Wirksamkeit des gewünschten Rechtsgeschäftes zu belehren (GANTER, in: ZUGEHÖR/GANTER/HERTEL Rn 986 ff). Insbesondere hat er dabei über die **gesetzlichen Formerfordernisse** zu belehren und die Beteiligten darauf hinzuweisen, daß nicht beurkundete Nebenabreden formunwirksam sind und zur Formunwirksamkeit der gesamten Beurkundung führen können (§ 139; BGH NJW 1986, 246 = WM 1985, 1425; NJW-RR 1988, 1367 = WM 1988, 1454, 1455; NJW 1992, 3227, 3238).

491 Die Pflicht zur Ablehnung der Beurkundung unwirksamer Klauseln bzw zur Belehrung bei Klauseln, deren Wirksamkeit zweifelhaft ist, wurde bereits dargestellt (vgl Rn 448 ff). Ebenso hat der Notar auf Genehmigungserfordernisse (§ 18 BeurkG – vgl Rn 502) und weitere **materielle Wirksamkeitsvoraussetzungen** hinzuweisen, etwa auf das Erfordernis einer konstitutiven **Eintragung in das Grundbuch** (BGH DNotZ 1997, 51 = NJW 1996, 1675, 1676 = WM 1996, 518) **oder Handelsregister** (offen für die GmbH-Gründung, aber jedenfalls eine erweiterte Belehrungspflicht bejahend: BGH MDR 1957, 605, 606;

aA – eine Rechtsbelehrungspflicht über das Eintragungserfordernis bei GmbH-Gründung ablehnend: BGH DNotZ 1954, 329, 330 f), auf die Briefübergabe zur Abtretung von Briefrechten oder auf die zur Verpfändung beweglicher Sachen erforderliche Besitzübergabe (BGH DNotZ 1997, 51 = NJW 1996, 1675, 1676 = WM 1996, 518). Ebenso belehren muß der Notar, daß die Erklärung eines vollmachtlosen Vertreters gegen den Vertretenen nur wirkt, wenn dieser die Erklärung nachträglich genehmigt (BGH DNotZ 1982, 53 = WM 1982, 819), daß die Schuldübernahme einer Genehmigung des Gläubigers bedarf oder falls eine **Anzeige zur Abtretung einer Forderung** erforderlich ist (so für Steuerrückzahlungsforderungen oder für den Widerruf der Bezugsberechtigung aus einer Lebensversicherung, § 13 Abs 1 iVm § 14 Abs 4 ALB nF – vgl BGH DNotZ 1994, 377, 379; OLG Düsseldorf VersR 1996, 590).

b) Belehrung über unmittelbare Rechtsfolgen, insbes Haftungsrisiken

Zum zweiten muß der Notar über die unmittelbaren Rechtsfolgen belehren, insbesondere über solche, die sich **unabhängig vom oder sogar gegen den Willen der Beteiligten** ergeben (GANTER, in: ZUGEHÖR/GANTER/HERTEL Rn 1048 ff). Insbesondere muß der Notar über **Haftungsfolgen** belehren.

Bei **Grundstücksgeschäften** muß der Notar daher über **bestehende Belastungen** und deren rechtliche Bedeutung belehren; das Geheimhaltungsinteresse des Verkäufers muß demgegenüber zurückstehen (BGH DNotZ 1982, 504 = WM 1982, 372; WM 1984, 700; DNotZ 1992, 457 = NJW-RR 1992, 393 = WM 1992, 527). Grundsätzlich muß der Notar nicht überprüfen, ob eine Belastung wirksam bestellt ist; ist die Unwirksamkeit allerdings ohne weiteres erkennbar, kann eine Warnpflicht bestehen (BGH DNotZ 2003, 426 = NJW 2003, 1940). Auch bei der Bestellung von beschränkten dinglichen Grundstücksrechten muß der Notar über vorrangige Belastungen belehren (BGH DNotZ 1993, 752 = NJW 1993, 2741 = WM 1993, 1896; DNotZ 1996, 568 = NJW 1996, 5220 = WM 1996, 84: Belehrungspflicht über Erlöschen einer Dienstbarkeit bei Zwangsversteigerung aus vorrangigem Grundpfandrecht). Zu belehren ist auch über Belastungen, die nach der vorgesehenen Vertragsabwicklung erst noch im Rang vor dem Recht des Beteiligten eingetragen werden sollen (BGH DNotZ 1996, 568 = NJW 1996, 5220 = WM 1996, 84). Wird allerdings (wie beim Verkauf üblich) eine Auflassungsvormerkung für den Käufer eingetragen, muß der Notar nicht etwa über mögliche künftige Belastungen spekulieren. Der Käufer ist über den Eintritt in bestehende **Miet- oder Pachtverhältnisse** zu belehren (§ 566 = § 571 aF); hingegen besteht keine generelle Belehrungspflicht gegenüber dem Verkäufer, daß bisher auf dem Grundstück erfüllte schuldrechtliche Verpflichtungen nicht automatisch auf den Käufer übergehen, sondern der Verkäufer möglicherweise weiterhin verpflichtet bleibt (so etwa für eine Bierbezugsverpflichtung: OLG Celle DNotZ 1965, 571).

Bei der **GmbH-Gründung** ist etwa über die Handelndenhaftung nach § 11 GmbHG bei Aufnahme der Geschäfte vor Handelsregistereintragung der GmbH zu belehren (BGH MDR 1957, 605 m Anm POHLE) oder über die Haftung für bei den betreffenden Gesellschaftern uneinbringlichen Fehlbeträge (§ 24 GmbHG) oder über die Differenzhaftung bei Sacheinlagen (BGH DNotZ 1996, 572 = NJW 1996, 524, 525 = WM 1996, 78). Ebenso muß der Notar über die Haftungsfolgen bei der Übernahme eines Handelsgeschäftes unter Firmenfortführung oder dem Eintritt eines persönlich haftenden Gesellschafters oder Kommanditisten in das Geschäft eines Einzelkaufmanns oder in eine OHG oder KG (§§ 25 Abs 1 S 1, 28 Abs 1 S 1, 128 HGB) oder beim Erwerb eines Betriebes belehren (§§ 75 ff AO; GANTER, in: ZUGEHÖR/GANTER/HERTEL Rn 1049 ff).

Zu belehren ist auch über eine Ausgleichungspflicht zwischen Miterben bei einer Vereinbarung über eine vorweggenommene **Erbfolge** (§§ 2050 Abs 3, 2052, 2056), da sich die Ausgleichspflicht ähnlich wie ein Haftungsrisiko auswirkt. Ebenso ist der Erbteilskäufer über seine Haftung für Nachlaßschulden zu belehren.

493 Über die Folgen einer **Nichtleistung**, insbesondere von **Sach- oder Rechtsmängeln**, muß der Notar hingegen nach wohl hM nicht belehren (BGH DNotZ 1991, 759 = NJW 1991, 1346 = WM 1991, 1046: Sachmangel aufgrund öffentlich-rechtlicher Nutzungsbeschränkung; OLG München RNotZ 2002, 344: Verzug; GANTER, in: ZUGEHÖR/GANTER/HERTEL Rn 1077 ff). Allerdings kann der Notar im Rahmen seiner Amtspflicht zur Willenserforschung verpflichtet sein, ihm offensichtliche Anhaltspunkte für einen möglichen Irrtum der Beteiligten aufzuklären (BGH DNotZ 1996, 563 = NJW 1996, 520 = WM 1996, 30: irrtümlich mitverkaufte Straße).

Keine Belehrungspflicht besteht auch über die **Kosten** der Beurkundung oder des Vertragsvollzuges.

c) Keine Belehrung über wirtschaftliche und steuerliche Folgen

494 Nach ständiger Rechtsprechung muß der Notar hingegen im Rahmen seiner Rechtsbelehrungspflicht nach § 17 Abs 1 BeurkG **nicht über die wirtschaftlichen Folgen** des beabsichtigten Rechtsgeschäftes belehren (BGH DNotZ 1991, 759 = NJW 1991, 1346, 1347 = WM 1991, 1046; DNotZ 1993, 459 = NJW 1993, 729, 730 = WM 1993, 260). Dies gilt auch dann, wenn es um die wirtschaftliche Durchführbarkeit des Geschäftes geht (so etwa keine Belehrungspflicht über die geringere Bewertung bloßen Bruchteilseigentums als Finanzierungssicherheit: BGH, Nichtannahmebeschluß v 11.7.1996 – IX ZR 134/95, nv – zitiert nach GANTER, in: ZUGEHÖR/GANTER/HERTEL Rn 1085). Der Notar muß sich daher grundsätzlich weder zur Bonität des Vertragspartners äußern (BGH DNotZ 1967, 323, 324; DNotZ 1976, 54, 55) noch zum Wert des Kaufgegenstandes oder Sicherungsobjektes oder zum Kaufpreis (BGH VersR 1959, 743; WM 1964, 1213, 1214; DNotZ 1982, 384, 385 = WM 1981, 1309 – ausgenommen bei) – er darf sich hierzu im Regelfall auch nicht äußern, will er nicht seine Neutralitätspflicht verletzen (§ 14 Abs 1 S 2 BNotO).

Wirtschaftliche Gefährdungen können jedoch bei besonderer Fallgestaltung oder bei Verdacht auf betrügerische Absichten eine **Warnpflicht** des Notars auslösen (im ersteren Fall nach der Rechtsprechung eine erweiterte, im zweiten Fall eine außerordentliche Belehrungspflicht – vgl Rn 452 und 510 ff).

495 Grundsätzlich besteht auch **keine Belehrungspflicht über steuerliche Folgen** des beurkundeten Rechtsgeschäftes. Denn der Notar ist Rechtsberater, nicht Steuer- oder Wirtschaftsberater der Beteiligten (BGH WM 1979, 202, 203; WM 1983, 123: Ein beurkundender Notar ist grundsätzlich nicht verpflichtet, den am beurkundeten Geschäft beteiligten Personen steuerliche Belehrungen zu erteilen. Anders liegt es, wenn eine aufgrund besonderer Umstände bestehende Betreuungspflicht dem Notar gebietet, auf die Gefahr einer Steuerpflicht hinzuweisen; DNotZ 1985, 635 = NJW 1985, 1225: keine Ermittlung der Besitzzeit einer Immobilie für Spekulationsfrist; DNotZ 1993, 459 = NJW 1993, 729, 730 = WM 1993, 260; DNotZ 1996, 116 = NJW 1995, 2794 = WM 1995, 1502: Der Notar ist nicht verpflichtet, das Grundbuch auf Tatsachen durchzusehen, die für das Entstehen eines zu versteuernden Spekulationsgewinnes bedeutsam sein können; GANTER, in: ZUGEHÖR/GANTER/HERTEL Rn 1088 ff; WÄLZHOLZ NotBZ 2000, 55; WINKLER § 17 BeurkG Rn 264 ff).

Gesetzlich geregelt sind lediglich einzelne **spezielle Hinweispflichten** des Notars auf das Erfordernis der *grunderwerbsteuerlichen* Unbedenklichkeitsbescheinigung (§ 19 BeurkG) und auf eine mögliche *Schenkungssteuer* (§ 8 Abs 4 iVm Abs 1 ErbStDV).

Zu den unmittelbaren Rechtsfolgen, über die der Notar belehren muß, gehört jedoch die **Haftung für Altschulden** (Rn 492) – einschließlich bestehender Steuerschulden, insbes bei der Übernahme eines Handelsgeschäftes unter Firmenfortführung oder dem Eintritt eines persönlich haftenden Gesellschafters oder Kommanditisten in das Geschäft eines Einzelkaufmanns oder in eine OHG oder KG (§§ 25 Abs 1 S 1, 28 Abs 1 S 1, 128 HGB) oder beim Erwerb eines Betriebes (§§ **75 ff AO**; GANTER, in: ZUGEHÖR/GANTER/HERTEL Rn 1089).

Ausnahmsweise kann sich die Rechtsbelehrungspflicht des § 17 Abs 1 BeurkG auch auf die Steuerfolgen erstrecken, wenn die Steuerfolgen das geplante Rechtsgeschäft **unmittelbar berühren** (BGH DNotZ 1992, 813 = NJW-RR 1992, 1178, 1180 = WM 1992, 1533, 1535: bei einem Kettenverkauf will der Erstverkäufer dagegen abgesichert sein, daß er sein Grundeigentum verliert und dennoch Grunderwerbsteuer zahlen muß – kritisch dazu GANTER, in: ZUGEHÖR/GANTER/HERTEL Rn 1093; BGH DNotZ 1991, 313 = NJW 1990, 1484, 1485 = WM 1990, 944: Vertragsaufhebung wegen steuerlicher Nachteile und Neubeurkundung eines die Steuernachteile vermeidenden geänderten Vertrages durch denselben Notar).

Im Ausnahmefall kann sich im Rahmen der „erweiterten Belehrungspflicht" des Notars – vgl Rn 510 ff) eine **Warnpflicht** des Notars auf von den Beteiligten unerkannte steuerliche Gefahren ergeben (vgl GANTER, in: ZUGEHÖR/GANTER/HERTEL Rn 1245 ff). **496**

d) Umfang der Rechtsbelehrung
Die Beteiligten können auf die Belehrung nicht etwa verzichten. Vielmehr entfällt die Amtspflicht zur Rechtsbelehrung nach § 17 Abs 1 BeurkG nur dann ausnahmsweise, wenn die Beteiligten sich über die Tragweite ihrer Erklärungen und das damit verbundene **Risiko vollständig im klaren** sind und die konkrete Vertragsgestaltung gleichwohl ernsthaft wollen; die Voraussetzungen einer solchen Ausnahme hat im Streitfall der Notar zu beweisen (BGH DNotZ 1995, 407 = NJW 1995, 330 = WM 1995, 118). **497**

Dafür genügt noch nicht, daß die Beteiligten sich anderweitig etwa durch einen anderen Notar oder einen Rechtsanwalt beraten lassen haben; vielmehr muß sich der Urkundsnotar vergewissern, daß sie dabei bereits hinreichend belehrt wurden (GANTER, in: ZUGEHÖR/GANTER/HERTEL Rn 971 unter Verweis auf BGH DNotZ 1991, 321 = NJW 1990, 2882, 2883 = WM 1990, 1710, worin der BGH in einem Anwaltshaftungsfall die Unabhängigkeit der Belehrungspflichten bei Einschaltung mehrerer Rechtsberater betont). Eine Belehrungspflicht entfällt hingegen etwa einem selbst urkundsbeteiligten Rechtsanwalt, wenn dieser bei Abschluß des Vertrages unter Hinweis auf seine berufliche Stellung erklärt, er sei mit den Rechtsproblemen des Vertrages genauestens vertraut (OLG Koblenz DNotZ 1996, 128 m Anm VOLLHARDT; WINKLER § 17 Rn 219; ähnlich OLG Saarbrücken DNotZ 1972, 186).

Die Belehrung hat **fallbezogen** auf das vorliegende Rechtsgeschäft zu erfolgen, nicht schematisch (GANTER, in: ZUGEHÖR/GANTER/HERTEL Rn 981). **498**

Außerdem ist die Belehrung an die Verständnismöglichkeiten der Beteiligten anzupassen. Bei einem rechtlich oder geschäftlich erfahrenen Beteiligten mag schon ein kurzer Hinweis genügen, während bei einem unerfahreren oder geschäftsungewandten Beteiligten eine längere und deutlichere Belehrung erforderlich sein kann (FRENZ, in: EYLMANN/VAASEN § 17 BeurkG Rn 17; HAUG Rn 446 ff)

In der Praxis gilt es, die richtige Balance zwischen der gesetzlichen Minimalbelehrung und einem Übermaß von Belehrung zu finden. Denn zuviel Belehrung kann die Beteiligten auch verwirren, insbesondere wenn der Notar die wirklich wichtigen Punkte nicht deutlich hervorhebt; sinnvollerweise sollten die wichtigeren Punkte auch zeitlich vor den eher unwichtigeren Punkten besprochen werden.

e) Belehrungsvermerk

499 Nur an wenigen Stellen schreibt das Gesetz ausdrückliche Belehrungsvermerke vor. Fehlen diese **gesetzlich vorgeschriebenen Belehrungsvermerke**, so führt dies zur Beweislastumkehr im Amtshaftungsprozeß, daß der Notar beweisen muß, daß er die gesetzlich vorgeschriebene Belehrung doch durchgeführt hat (vgl Rn 538).

500 Schreibt das Gesetz hingegen keinen Belehrungsvermerk vor, so kann aus dessen Fehlen nicht etwa geschlossen werden, daß keine Belehrung erfolgte. Allerdings neigen die Instanzgerichte dazu, doch einen Schluß auf das Fehlen einer Belehrung zu ziehen, wenn die Urkunde zahlreiche Belehrungsvermerke zu demselben oder vergleichbaren Punkten enthält – nur eben nicht zu der streitigen Belehrung.

Von daher kann man aus Sicht der Amtshaftung keine eindeutige Verhaltensempfehlung geben, ob der Notar möglichst viele oder möglichst keine Belehrungsvermerke in die Urkunde aufnehmen sollte. Sinn macht allerdings, die Belehrungsvermerke aufzunehmen, die für die Beteiligten möglicherweise auch bei einem späteren Durchlesen der Urkunde noch relevant sind.

5. Spezielle gesetzliche Hinweispflichten (§§ 17 Abs 3, 18–20 BeurkG)

501 Das Beurkundungsgesetz regelt auch mehrere spezielle Belehrungs- oder Hinweispflichten: Eine gesetzliche Hinweispflicht geht weniger weit als die Belehrung, da der Notar hier meist mangels hinreichender Sachverhaltskenntnis nicht feststellen kann – und auch nicht feststellen muß, ob tatsächlich ein Genehmigungserfordernis oder gesetzliches Vorkaufsrecht etc besteht.

a) Genehmigungserfordernisse (§ 18 BeurkG)

502 So hat der Notar nach **§ 18 BeurkG** auf die erforderlichen **gerichtlichen oder behördlichen Genehmigungen** oder Bestätigungen hinzuweisen und hierüber einen Vermerk in die Urkunde aufzunehmen (zB vormundschaftsgerichtliche oder familiengerichtliche Genehmigung bei Beteiligung Minderjähriger, BGH DNotZ 1967, 320, 321). Dies betrifft nicht nur für die Wirksamkeit, sondern auch für den Vollzug des Vertrages erforderliche Genehmigungen.

Hinzuweisen ist nur auf Genehmigungserfordernisse, für deren Eingreifen der Notar Anhaltspunkte aus dem von den Beteiligten mitgeteilten Sachverhalt hat. Bestehen Zweifel über ein Genehmigungserfordernis, ist auch darauf hinzuweisen. So war etwa früher bei Kaufverträgen über Teilgrundstücke regelmäßig über das Genehmigungserfordernis nach § 19 BauGB aF zu belehren (heute nur noch bei entsprechenden landesrechtlichen Genehmigungserfordernissen für die Grundstücksteilung); ebenso ist ein Hinweis auf das Genehmigungserfordernis nach § 2 GrdStVG regelmäßig angebracht, wenn nicht aus dem Grundbuch ersichtlich oder dem Notar sonst bekannt ist, daß es sich nicht um ein land- oder forstwirtschaftlich genutztes Grundstück handelt – (BGH NJW 1993, 648 = WM 1993, 251). Die konkret in Betracht kommenden Genehmigungserfordernisse sind **einzeln aufzuzählen** – und entsprechend auch einzeln im Belehrungsvermerk zu benennen (BT-Drucks 5/3282, 32; BGH NJW 1993, 648, 649 = WM 1993, 251; WINKLER § 18 BeurkG Rn 46).

Hinzuweisen ist nicht nur auf die bloße Tatsache der Genehmigungsbedürftigkeit, sondern insbes auch auf die **Folgen der Genehmigungsversagung**, insbes falls die Genehmigung für die Wirksamkeit des Vertrages erforderlich ist, bzw darauf, inwieweit der Vollzug erst nach Genehmigungserteilung möglich ist, (BGH NJW 1993, 648 = WM 1993, 251). Über die Voraussetzungen der Genehmigung muß der Notar grundsätzlich nicht belehren. Wohl aber muß er belehren, falls die bloße Genehmigung – wie die vormundschaftsgerichtliche Genehmigung – erst mit ihrer Mitteilung an den anderen Vertragsteil wirksam wird (§ 1829 Abs 1) (BGHZ 19, 5, 9 = NJW 1956, 259).

Als **Vermerk** genügt wohl auch, wenn das Vorliegen der entsprechenden Genehmigung als Fälligkeitsvoraussetzung für den Kaufpreis vereinbart wird.

b) Gesetzliche Vorkaufsrechte (§ 20 BeurkG)
Nach § 20 BeurkG muß der Notar auf gesetzliche **Vorkaufsrechte** hinweisen und dies in der Urkunde vermerken (zB zum Miterbenvorkaufsrecht beim Erbteilskauf, BGH BB 1968, 1016 = WM 1968, 1042, 1043). § 20 BeurkG verlangt nur einen Hinweis, keine umfassende Belehrung. Auch wird der Notar in den meisten nicht beurteilen können, ob tatsächlich ein Vorkaufsrecht besteht, sondern nur auf die Möglichkeit hinweisen können.

Eine Belehrungspflicht über die Folgen eingetragener dinglicher Vorkaufsrechte ergibt sich nicht aus § 20 BeurkG, wohl aber aus § 17 iVm § 21 BeurkG.

c) Grunderwerbssteuer (§ 19 BeurkG) und Erbschaftssteuer
Nach § 22 GrEStG darf der Erwerber eines Grundstücks im Grundbuch erst dann eingetragen werden, wenn eine Bescheinigung des Finanzamtes vorgelegt wird, daß der Eintragung steuerliche Bedenken nicht entgegenstehen, weil die Grunderwerbsteuer gezahlt ist oder weil keine Grunderwerbsteuer anfällt. Auf dieses Erfordernis der **grunderwerbsteuerrechtlichen Unbedenklichkeitsbescheinigung** hat der Notar nach **§ 19 BeurkG** hinzuweisen.

Außerdem muß der Notar bei der Beurkundung von Schenkungen (§ 3 ErbStG) und Zweckzuwendungen unter Lebenden (§ 4 Abs 2 ErbStG) die Beteiligten auf die mögliche **Schenkungssteuerpflicht** hinweisen (§ 8 Abs 4 iVm Abs 1 S 6 ErbStDV; vgl zur Vorgängervorschrift des § 17 Abs 2 ErbStAB: OLG Frankfurt DNotZ 1951, 460).

In beiden Fällen muß der Notar nur auf die Tatsache der möglichen Steuerpflicht bzw das Erfordernis der Unbedenklichkeitsbescheinigung hinweisen, nicht aber belehren, ob und in welcher Höhe im konkreten Fall tatsächlich Steuer anfällt oder inwieweit steuersparende Gestaltungen möglich sind (BGH DNotZ 1979, 202 = WM 1979, 202, 203; DNotZ 1980, 563 = NJW 1980, 2472 = WM 1980, 935; WM 1983, 123; WM 1985, 523, 524 – je zu § 19 BeurkG).

Die Ausnahmevorschriften des § 19 BeurkG und des § 8 Abs 1 S 6 ErbStDV können nicht im Wege der Analogie auf andere Steuerarten ausgedehnt werden (BGH VersR 1971, 740; WM 1979, 202, 203; GANTER, in: ZUGEHÖR/GANTER/HERTEL Rn 1170).

d) Mögliche Anwendbarkeit ausländischen Rechts (§ 17 Abs 3 BeurkG)

507 Ausländisches Recht muß der Notar nicht kennen. Kennen muß er allerdings das **deutsche IPR** – und eine mögliche Verweisung durch das deutsche IPR auf eine ausländische Rechtsordnung. In Fällen mit Auslandsberührung hat der Notar daher nur zu belehren, daß (möglicherweise) ausländisches Recht zur Anwendung kommt; über den Inhalt des ausländischen Rechts muß er nicht belehren (§ 17 Abs 3 BeurkG). In die Urkunde ist ein **Belehrungsvermerk** über die mögliche Anwendung ausländischen Rechtes aufzunehmen (§ 17 Abs 3 S 1 HS 2 BeurkG; vgl allg BARDY MittRhNotK 1983, 305).

Anhaltspunkten für einen Auslandsbezug muß der Notar aufgrund seiner Amtspflicht zur **Sachverhaltsklärung** nachgehen (§ 17 Abs 1 S 1 Var 2 BeurkG), etwa wenn er die ausländische Staatsangehörigkeit der Beteiligten feststellt oder wenn die Beteiligten bei der Testamentsbeurkundung Auslandsvermögen erwähnen. Eine generelle Amtspflicht, bei der Testamentsgestaltung auch ohne Anhaltspunkte nach Auslandsvermögen zu fragen, dürfte aber nicht bestehen.

In einem zweiten Schritt hat der Notar zu prüfen, ob das **deutsche IPR** auf ein ausländisches Recht verweist. Ist aus Sicht des deutschen IPR deutsches Sachrecht anwendbar, so ist keine Belehrung nach § 17 Abs 3 BeurkG erforderlich. Gleichwohl ist ein Hinweis an die Beteiligten sinnvoll, daß aus Sicht einer einschlägigen ausländischen Rechtsordnung – etwa des Belegenheitsrechtes bei Auslandsvermögen – möglicherweise ein anderes Recht anwendbar ist.

Verweist das deutsche Recht auf eine ausländische Rechtsordnung, so ist grundsätzlich eine Rückverweisung (*renvoi*) oder Weiterverweisung durch das ausländische Recht möglich, da zunächst das **ausländische IPR** zu prüfen ist (ausgenommen bei Sachnormverweisungen). Der Notar muß das ausländische IPR nicht kennen. Kann aber eine Rück- oder Weiterverweisung nicht ausgeschlossen werden, ist der Belehrungsvermerk dahingehend zu formulieren, daß **„möglicherweise" ausländisches Recht zur Anwendung kommt**. Bei einer Sachnormverweisung ist der Vermerk zwar zu allgemein, aber nicht falsch; insbesondere kann „möglicherweise" aus Sicht des ausländischen Rechts umgekehrt deutsches Recht zur Anwendung kommen.

Auch über den Inhalt des **ausländischen Sachrechts** muß der Notar nicht belehren (§ 17 Abs 3 S 2 BeurkG). Damit gilt auch die Belehrungspflicht über Wirksamkeitszweifel nicht (§ 17 Abs 2 BeurkG). Dennoch wird der Notar in seiner Belehrung sinnvollerweise darauf verweisen, daß nach dem möglicherweise anwendbaren ausländischen Recht das beurkundete Geschäft oder Teile davon unwirksam sein können.

508 Der Notar kann auf die Möglichkeit hinweisen, einen in dem möglicherweise anwendbaren **ausländischen Recht kundigen Rechtsberater** einzuschalten, insbes einen Notar oder Rechtsanwalt aus dem betreffenden Land, aber ggf auch durch eine Auskunft oder ein Gutachten etwa des Max-Planck-Institutes für ausländisches und internationales Privatrecht in Hamburg, einer Universität oder des Deutschen Notarinstitutes (vgl auch die Liste der Gutachter zum ausländischen Recht in DNotZ 1985, 269 = RIW 1985, 287; DNotZ 1988, 425; DNotZ 1994, 88; DNotZ 2003, 310). Eine diesbezügliche Amtspflicht besteht aber nicht (unklar insoweit GANTER, in: ZUGEHÖR/GANTER/HERTEL Rn 1194).

Alle diese Möglichkeiten haben auch Nachteile: Ein ausländischer Rechtsberater versteht möglicherweise den Zusammenhang mit dem deutschen Recht nicht. Inländische Sachkundige haben meist nur begrenzte Erkenntnisquellen. Universitätsgutachten dauern zudem meist lange und sind häufig teuer; DNotI-Gutachten darf der Notar nur intern verwenden, nicht aber den Beteiligten vorlegen (anders ggf gegenüber Gerichten der Freiwilligen Gerichtsbarkeit in nichtstreitigen Grundbuch-, Handelsregister- oder Erbscheinsverfahren). Bei einer Testamentsgestaltung in Deutschland ansässiger Beteiligter mit Auslandsvermögen ist die wohl sicherste – aber aufwendige Möglichkeit, wenn die Beteiligten unter Zuziehung eines ausländischen Notars oder Rechtsanwalts entweder über das Auslandsvermögen eine auf die deutsche Nachfolgeregelung abgestimmte (ggf getrennte) Regelung treffen bzw die deutsche Regelung dort überprüfen lassen.

509 Soweit der Notar doch über ausländisches Recht belehrt, haftet er für **falsche Auskünfte** (HAUG Rn 497).

Allerdings ist eine nur **teilweise Belehrung zum ausländischen Recht zulässig** bzw eine Belehrung, bei der der Notar den Beteiligten deutlich macht, daß er nur begrenzte Kenntnisse des ausländischen Rechts hat. Denn auch wenn der Notar alle ihm zugänglichen Erkenntnisquellen zum ausländischen Recht ausgeschöpft hat und dadurch etwa aufgrund Eigenstudiums der einschlägigen Literatur oder aufgrund eines beim DNotI eingeholten Gutachtens festgestellt hat, daß auf das vorliegende Rechtsgeschäft wohl ausländisches Recht anwendbar ist, so wird er damit doch so gut wie nie hinreichend sichere Kenntnisse haben, um die Rechtslage im konkreten Fall sicher abschließend beurteilen zu können. Andererseits wird der Notar aber zumindest seine begrenzten Kenntnisse den Beteiligten mitteilen und bei der Urkundsgestaltung verwerten wollen, um nicht sehenden Auges eine unwirksame Urkunde zu schaffen. Manchmal wird man dies der Urkunde ohne weiteres ansehen, da sie auf ein bestimmtes Rechtsinstitut des ausländischen Rechtes hin gestaltet wurde (etwa bei einem Erbvertrag mit einem österreichischen Erblasser, der eine Bindung nur hinsichtlich von drei Vierteln des Nachlasses und eine einseitige, nicht bindende Verfügung hinsichtlich des „freien Viertels" vorsieht). Hier würde es dem Zweck des § 17 Abs 3 BeurkG geradezu entgegenlaufen, wenn der Notar nicht wenigstens sein vorhandenes, wenngleich bruchstückhaftes Wissen mitteilen oder verwerten darf – wenn das Gesetz andererseits eine Beurkundung nach deutschem Sachrecht mit einem bloßen Belehrungsvermerk zuließe (Schluß *a maiore ad minus*). Nur muß er die Beteiligten dann darauf hinweisen, daß er keine sicheren Kenntnisse über das ausländische Recht hat.

6. Warn- und Schutzpflichten (§ 14 Abs 12 S 2 BNotO iVm § 17 Abs 1 S 2 BeurkG)

510 Über die Rechtsbelehrungspflicht des § 17 Abs 1 BeurkG hinaus entwickelte die Rechtsprechung eine **erweiterte oder betreuende Belehrungspflicht**, die ich hier zur Unterscheidung als Warn- und Schutzpflicht bezeichnen will. Die **Terminologie** ist uneinheitlich: Die Rechtsprechung spricht herkömmlich von einer „erweiterten" Belehrungspflicht, die Literatur zT auch von einer „betreuenden" Belehrungspflicht (so etwa SANDKÜHLER, in: ARNDT/LERCH/SANDKÜHLER § 14 BNotO Rn 181; während GANTER, in: ZUGEHÖR/GANTER/HERTEL Rn 1198 ff, treffender von Schutzpflichten, insbes Hinweis- und Warnpflichten, spricht, was ich hier übernehme).

Ihre Rechtsgrundlage finden die Warn- und Schutzpflichten in der notariellen Neutralitätspflicht (**§ 14 Abs 1 S 2 BNotO**) iVm der Schutzpflicht unerfahrener Beteiligter (**§ 17 Abs 1 S 2 BeurkG**). Denn der „Notar als Träger der vorsorgenden Rechtspflege darf es nicht untätig geschehen lassen, daß die Beteiligten in die Gefahr eines folgenschweren Schadens geraten, der durch eine mit wenigen Worten zu gebende Belehrung zu vermeiden ist" (BGH DNotZ 1954, 330, 331).

Danach muß der Notar einen Beteiligten warnen, wenn er aufgrund *besonderer Umstände des Falles* – sei es wegen der rechtlichen Anlage oder wegen der Art der Durchführung des konkreten Geschäftes – Anlaß zu der Besorgnis haben muß, dem Beteiligten entstehe ein Schaden, weil er sich der mangelnden Kenntnis der Rechtslage oder von Sachumständen, welche die Bedeutung des beurkundeten Rechtsgeschäfts für seine Vermögensinteressen beeinflussen, einer *Gefährdung dieser Interessen nicht bewußt* ist (BGH DNotZ 1967, 323, 324 = NJW 1967, 931, 932; BGHZ 58, 343, 348 = NJW 1972, 1422; BGH DNotZ 1976, 54, 55 = NJW 1975, 2016, 2017 = WM 1975, 926; DNotZ 1981, 775 = WM 1981, 942, 943; DNotZ 1987, 157 = NJW-RR 1987, 84, 86 = WM 1986, 1283; DNotZ 1989, 45 = NJW-RR 1988, 972 = WM 1988, 722; DNotZ 1989, 452 = NJW 1989, 586 = WM 1853, 1854; DNotZ 1991, 759 = NJW 1991, 1346 = WM 1991, 1046; DNotZ 1992, 813 = NJW-RR 1992, 1178, 1180 = WM 1992, 1533; DNotZ 1994, 485 = NJW 1993, 2744 = WM 1993, 1513; DNotZ 1996, 118 = NJW 1995, 2713 m Anm REITHMANN NJW 1995, 3370 = WM 1995, 1883; GANTER, in: ZUGEHÖR/GANTER/HERTEL Rn 1198 ff).

a) Objektiv besondere Gefahrenlage

511 Voraussetzung der Warnpflicht ist eine gegenüber einem typischen Vertrag dieser Art **erhöhte Gefahr für einen Beteiligten**. Exemplarisch ist etwa die Eintragung einer Auflassungsvormerkung für eine ausländische Gesellschaft, deren Existenz und Vertretungsbefugnis bei Beurkundung noch nicht hinreichend festgestellt wurde (BGH DNotZ 1994, 485 = NJW 1993, 2744, 2745 = WM 1993, 1513): Hier läuft der Verkäufer Gefahr, daß die Vormerkung zwar aufgrund seiner Bewilligung eingetragen wird, jedoch im Fall der Nichtdurchführung des Kaufvertrages eine Klage auf Bewilligung der Löschung bzw der Nachweis der Vertretungsberechtigung für eine erteilte Löschungsbewilligung wesentlich schwieriger als bei einem inländischen Erwerber ist.

Eine Warnpflicht kann nicht nur vor rechtlichen, sondern insbes auch vor **wirtschaftlichen Gefahren** für einen Beteiligten bestehen (BGH DNotZ 1967, 323, 324 = NJW 1967, 931, 932; DNotZ 1967, 446, 447; DNotZ 1976, 54, 55 = NJW 1975, 2016, 2017 = WM 1975, 926; DNotZ 1978, 177 = NJW 1978, 219, 220; DNotZ 1981, 311, 314).

Die erhöhte Gefahr muß auf der rechtlichen Anlage des Geschäftes beruhen, **nicht** 512
auf tatsächlichen Besonderheiten des Geschäftes. Daher besteht etwa keine Warnpflicht, falls der Vertragspartner persönlich oder finanziell nicht hinreichend zuverlässig erscheint (BGH NJW 1967, 931, 932); besser begründet man dies allerdings mit der Neutralitätspflicht des Notars (§ 14 Abs 1 S 2 BNotO).

Bestehen hingegen konkrete Anhaltspunkte, daß ein Beteiligter den anderen **betrügen** will, so muß der Notar warnen (BGH DNotZ 1967, 323, 324 = NJW 1967, 931, 932 = WM 1967, 90; DNotZ 1976, 54, 55 = NJW 1975, 2016, 2017 = WM 1975, 926; NJW-RR 1998, 133, 134 = WM 1997, 1901, 1902) – ebenso wenn beide zusammen einen Dritten betrügen wollen (BGH wistra 1990, 20; wistra 2000, 459, 460; DNotZ 2001, 566 – je Kreditbetrug zu Lasten der finanzierenden Bank; vgl Rn 454). Allerdings spricht die Rechtsprechung hier nicht von einer erweiterten, sondern von einer „**außerordentlichen**" Belehrungspflicht (BGH DNotZ 1978, 373, 375; HAUG Rn 415, 580; kritisch zur Terminologie: GANTER, in: ZUGEHÖR/ GANTER/HERTEL Rn 1283 ff). Im praktischen Ergebnis macht dies keinen Unterschied.

b)   Unkenntnis des Gefährdeten
Weitere Voraussetzung ist, daß der **gefährdete Beteiligte die Gefahr nicht erkennt.** 513
Dies ist etwa der Fall, wenn der Sicherungsnehmer irrtümlich annimmt, er sei bereits grundbuchlich gesichert (BGH DNotZ 1981, 311, 314) oder der Darlehensnehmer sei bereits Eigentümer des Sicherungsobjektes (BGH DNotZ 1982, 384, 386 = WM 1981, 1309).

Die Unkenntnis kann insbesondere auch in einer **falschen rechtlichen Bewertung** liegen: Wird etwa der Kaufpreis zwar am letzten Tag der vereinbarten Frist auf Notaranderkonto eingezahlt, bestehen aber entgegen der vertraglichen Vereinbarung noch einseitige Treuhandauflagen der finanzierenden Bank, so hielt es der BGH für naheliegend, daß der Käufer nicht erkennt, daß die Treuhandauflagen der Erfüllung seiner Einzahlungspflicht entgegenstehen (BGH DNotZ 1995, 489 = NJW 1993, 2317 = WM 1995, 1502 m zust Anm HEGMANNS WuB VIII A § 23 BNotO 1. 93; aA HAUG BWNotZ 1995, 131, 132; HAUG DNotZ 1995, 492; MAASS ZNotP 1998, 58).

c)   Subjektiv Kenntnis oder Kennenmüssen des Notars
Subjektiv setzt die Warnpflicht voraus, daß der Notar sowohl die Tatsachen, aus 514
denen sich die Gefährdung ergibt, wie zum zweiten die Gefährdung als solche und zum dritten die Unkenntnis des Gefährdeten entweder positiv kannte oder doch hätte erkennen können.

Exemplarisch ist der „**Wochenendhausfall**": Der Notar hatte einen Kaufvertrag über ein „Hausgrundstück" beurkundet und dazu weisungsgemäß eine Teilungsgenehmigung beantragt. Die Teilungsgenehmigung erhielt den Zusatz, daß nur eine Nutzung als Wochenendhaus zulässig sei, nicht hingegen eine dauernde Wohnnutzung. Hier hätte dem Notar bewußt sein müssen, daß der Käufer dies womöglich nicht wußte und ihn daher bei der nachfolgenden Beurkundung der Auflassung warnen müssen (BGH DNotZ 1996, 118 = NJW 1995, 2713 = WM 1995, 1883).

Fahrlässigkeit genügt daher für die Warnpflicht und zur Begründung einer diesbezüglichen Amtshaftung des Notars (BGH DNotZ 1987, 157 = NJW-RR 1987, 84, 86 = WM 1986, 1283, 1285; DNotZ 1994, 485 = NJW 1993, 2744, 2746 = WM 1993, 1513, 1515; GANTER, in:

ZUGEHÖR/GANTER/HERTEL Rn 1256 ff), etwa falls Indizien für eine besondere Gefährdung vorliegen und ein durchschnittlich sorgfältiger Notar diesen Indizien nachgegangen wäre (BGH DNotZ 1991, 759 = NJW 1991, 1346, 1348 = WM 1991, 1046 – Jagdhausfall: Indizien für betrügerisches Verhalten).

d) Insbesondere Warnung vor steuerlicher Gefahrenlage

515 Auch vor der Gefahr **steuerlicher Nachteile** hat der Notar die Beteiligten zu warnen, wenn er aufgrund besonderer Umstände des Einzelfalles die Vermutung haben muß, ein Beteiligter sei sich dieser Gefahr nicht bewußt (BGH DNotZ 1980, 563 = NJW 1980, 2472 = WM 1980, 935; DNotZ 1981, 775 = WM 1981, 942; VersR 1983, 181 = WM 1983, 123; DNotZ 1989, 452 = NJW 1989, 586 = WM 1853, 1854; DNotZ 1992, 813 = NJW-RR 1992, 1178 = WM 1992, 1533; DNotZ 1996, 116 = NJW 1995, 2794 = WM 1995, 1502).

Einen **objektiven Anlaß** für eine Warnung bejahte der BGH etwa, wenn ein Beteiligter ausdrücklich nach möglichen steuerlichen Risiken fragt (BGH WM 1983, 123; NJW 1986, 1329, 1330 = WM 1985, 666, 667; NJW 1995, 2794), wenn steuerliche Anträge in der Urkunde mitbeurkundet werden (BGH NJW 1980, 2472; WM 1981, 942, 943; aA HAUG, Amtshaftung Rn 566) oder wenn der Notar von einer von den Beteiligten mit ihrem Steuerberater abgesprochenen Gestaltung abzuweichen vorschlägt (BGH DNotZ 2003, 845 = NJW-RR 2003, 1498 = WM 2003, 1634).

516 Hinsichtlich der **subjektiven** Voraussetzungen unterscheidet sich die steuerliche von der allgemeinen Warnpflicht: Denn nur wenn der Notar die drohenden steuerlichen Folgen (positiv) kennt, muß er davor warnen (BGH NJW-RR 1992, 1178, 1180 = WM 1992, 1533). Kennt er sie nicht, muß er aber annehmen, daß das geplante Geschäft von allen Beteiligten nicht erkannte und nicht gewollte steuerliche Auswirkungen haben könnte, so muß er **empfehlen, die steuerliche Seite von einem Steuerfachmann überprüfen zu lassen** (BGH DNotZ 2003, 845 = NJW-RR 2003, 1498 = WM 2003, 1634). Bei bloßer Fahrlässigkeit besteht damit nur eine eingeschränkte Warnpflicht zur Verweisung auf anderweitige steuerliche Beratung; der BGH verlangt auch insoweit vom Notar keine eigene steuerliche Beratung.

Hinsichtlich der die Steuerpflicht begründenden Tatsachen und der Unkenntnis des Gefährdeten genügt hingegen entsprechend der allgemeinen Grundsätze auch fahrlässige Unkenntnis des Notars (GANTER, in: ZUGEHÖR/GANTER/HERTEL Rn 1265 ff).

7. Belehrungsgerechte Gestaltung des Beurkundungsverfahrens (§ 17 Abs 2a BeurkG)

517 Nach § 17 Abs 2a S 1 BeurkG soll (unbedingte Amtspflicht) der Notar das Beurkundungsverfahren so gestalten, daß die Einhaltung seiner Prüfungs- und Belehrungspflichten nach Abs 1 und 2 gewährleistet ist. Diese unbedingte Amtspflicht gilt für alle Niederschriften über Willenserklärungen. Die Amtspflichten des Notars zur Gestaltung des Beurkundungsverfahrens sind dabei in **drei konzentrischen Kreisen** geregelt.

Zusätzlich zur allgemeinen Regelung des Satz 1 enthält Satz 2 **Sondervorschriften für Verbraucherverträge**: Hier soll der Notar darauf hinwirken, daß die Erklärung durch den Verbraucher persönlich abgegeben wird (Nr 1) und daß der Verbraucher ausreichend Gelegenheit erhält, sich vorab mit dem Gegenstand der Beurkundung auseinander zu setzen (Nr 2).

Satz 2 Nr 2 HS 2 enthält nochmals eine Sonderregelung für nach § 311b Abs 1 oder 3 beurkundungsbedürftige Verbraucherverträge, also insbes **Grundstücksveräußerung oder -erwerb durch einen Verbraucher** an oder von einem Unternehmer: Hier ist der „beabsichtigte Text des Rechtsgeschäftes" (dh der Entwurf) dem Verbraucher in der Regel zwei Wochen vor der Beurkundung zur Verfügung zu stellen. Damit ist erstmals das *Beurkundungsvorverfahren* im Gesetz eigens geregelt (auf das sich bisher lediglich indirekt die Regelung zur Grundbucheinsicht nach § 21 BeurkG bezog).

Satz 1 des Absatz 2a wurde durch die Dritte BNotO-Novelle eingefügt (BGBl 1998 I 2585; vgl BRAMBRING DNotI-Report 1998, 185; BRAMBRING FGPrax 1998, 201; KANZLEITER DNotZ 1999, 292, 300 ff), Sätze 2 und 3 des Absatz 2a durch das **OLG-Vertretungsänderungsgesetz** (BGBl 2002 I 2850; vgl Bundesnotarkammer, Rundschreiben Nr 20/2003 vom 28. 4. 2003 [Anwendungsempfehlungen zu praktischen Umsetzungen von § 17 Abs 2a Satz 2 BeurkG] – im Internet unter: www.bnotk.de – unter: BNotK-Service/Merkblätter; BNotK-Intern 4/2002, S 5; BOHRER DNotZ 2002, 579; BRAMBRING ZfIR 2002, 597; GRZIWOTZ ZfIR 2002, 667; GRZIWOTZ ZIP 2002, 2109; HERTEL ZNotP 2002, 286; JOST ZGS 2002, 346; LITZENBURGER NotBZ 2002, 280; MAASS ZNotP 2002, 455; PHILIPPSEN NotBZ 2003, 137; RIEGER MittBayNot 2002, 325; SCHMUCKER DNotZ 2002, 510; SOLVEEN RNotZ 2002, 318; SORGE DNotZ 2002, 593; STRUNZ ZNotP 2002, 389). **518**

Satz 1 wird durch Ziffer II der Richtlinienempfehlung der Bundesnotarkammer (DNotZ 1999, 259) und die entsprechenden **Richtlinien der Notarkammern** konkretisiert (im Internet unter: www.bnotk.de – unter Texte Berufsrecht). Satz 2 greift die Richtlinienempfehlung inhaltlich weitgehend auf und lehnt sich teilweise auch in der Formulierung daran an.

a) Besondere Hinwirkungspflichten bei Verbraucherverträgen (S 2)

Satz 2 begründet besondere Amtspflichten für **Verbraucherverträge**. Der Begriff entspricht dem des § 310 Abs 3 und erfaßt alle Verträge, bei denen ein Vertragsteil als Unternehmer (§ 14), der andere als Verbraucher (§ 13) handelt, nicht hingegen auf Verträgen, an denen nur Verbraucher oder nur Unternehmer beteiligt sind. Auch Gemeinden und andere juristische Personen des öffentlichen Rechts sind wie Unternehmer zu behandeln. **519**

Die besonderen Amtspflichten gelten auch, wenn der Notar nur eine **einseitige Erklärung** eines Vertragsbeteiligten im Rahmen eines Verbrauchervertrages beurkundet, etwa ein Angebot oder die Grundschuldbestellungserklärung – (**aA** insoweit MAASS ZNotP 2002, 455, 459), hingegen nicht die Teilungserklärung eines Verbrauchers nach § 8 WEG, da diese nicht an einen Dritten und damit auch nicht an einen Unternehmer gerichtet ist.

Satz 2 enthält Soll-Vorschriften in Form von **Hinwirkungspflichten**. Der Begriff der Hinwirkungspflicht findet sich sonst im Beurkundungsgesetz nicht. Er geht jedenfalls über eine bloße Hinweispflicht hinaus; vielmehr verpflichtet sie den Notar, sich effektiv für eine Einhaltung des vom Gesetz vorgesehenen Verfahrens einzusetzen. **520**

Andererseits bleibt sie hinter einer reinen Soll-Vorschrift zurück und begründet keine unbedingte Amtspflicht, sondern läßt **sachlich begründete Ausnahmen** zu, soweit der **Schutzzweck** der Norm trotzdem gewahrt bleibt (ARMBRÜSTER, in: HUHN/ vSCHUCKMANN § 17 BeurkG Rn 173 ff; BRAMBRING ZfIR 2002, 597, 601 f, RIEGER MittBayNot 2002, 325, 328 f; SOLVEEN RNotZ 2002, 318, 322 f; SORGE DNotZ 2002, 593, 594 ff; SOERGEL/ J MAYER § 17 BeurkG Rn 38, 41; WINKLER § 17 BeurkG Rn 103 ff).

Der Notar hat demnach einerseits das **Recht, die Beurkundung abzulehnen**, wenn die Beteiligten sich ohne vernünftige Gründe dem vom Gesetzgeber angestrebten Beurkundungsverfahren verweigern. Da der Notar aber hinsichtlich seines Hinwirkens keiner Erfolgspflicht unterliegt, besteht andererseits grds. keine Pflicht die Beurkundung abzulehnen, wenn die Einhaltung des von § 17 Abs 2a S 2 BeurkG skizzierten Verfahrens trotz entsprechender Initiative durch den Notar nicht möglich ist (Bundesnotarkammer, Rundschreiben Nr 20/2003, Abschnitt B II).

Ein Verstoß gegen die Amtspflichten des § 17 Abs 2a führt **nicht zur Formunwirksamkeit** der Beurkundung. Verstöße können aber uU einen Amtshaftungsanspruch gegen den Notar begründen, falls der Beteiligte einen für ihn ungünstigen Vertrag bei korrekter Gestaltung des Beurkundungsverfahrens nicht abgeschlossen hätte. Allerdings wird man einen Beweiserleichterung dahingehend, daß der Verbraucher bei längerer Überlegungsfrist einen ihm ungünstigen Vertrag wohl nicht abgeschlossen hätte, allenfalls dann anerkennen, wenn der Verbraucher nur zwei, drei Tage Zeit hatte, sich mit dem Gegenstand der Beurkundung auseinander zu setzen – nicht hingegen schon deshalb, weil der Vertragsentwurf dem Verbraucher nur eine Woche anstelle der gesetzlichen Zwei-Wochenfrist vor der Beurkundung zuging (vgl SOERGEL/J MAYER § 17 BeurkG Rn 38; WINKLER § 17 BeurkG Rn 205).

b) Persönliche Abgabe von Willenserklärungen des Verbrauchers (S 2 Nr 1)

521 § 17 Abs 2a S 2 Nr 1 BeurkG begründet die Amtspflicht des Notars, bei Verbraucherverträgen darauf hinzuwirken, daß der Verbraucher seine Erklärungen **selbst abgibt** oder sich durch eine Vertrauensperson vertreten läßt. Denn nur dann kann der Notar den Verbraucher sinnvoll belehren – und kann der Verbraucher auch auf die Belehrung reagieren, indem er etwa eine Änderung einer vom Unternehmer vorgeschlagenen Klausel verlangt.

Hat der Verbraucher einen oder mehr als einen **gesetzlichen Vertreter**, so ist darauf hinzuwirken, daß dieser oder einer von ihnen die Willenserklärung persönlich abgibt.

522 Die Vertretung durch eine **Vertrauensperson** ist der persönlichen Abgabe der Willenserklärung grundsätzlich gleichwertig (SORGE DNotZ 2002, 593, 600; WINKLER § 17 BeurkG Rn 116). Sinnvollerweise grenzt man negativ ab, wer nicht als Vertrauensperson in Betracht kommt: Wer immer dem anderen Vertragspartner (Unternehmer) näher steht als dem Verbraucher, scheidet als Vertrauensperson iSd § 17 Abs 2a S 2 Nr 1 BeurkG im Regelfall aus (HERTEL ZNotP 2002, 286, 288). Die Vertrauensperson muß die Interessen des Verbrauchers wahrnehmen; eine bloße Neutralitätspflicht genügt nicht (PHILIPPSEN NotBZ 2003, 137, 140; RIEGER MittBayNot 2002, 325, 330; WINKLER § 17 BeurkG Rn 116). Auch ein vollmachtloser Vertreter kann Vertrauensperson sein, insbes natürlich enge Familenangehörige.

Untersagt ist damit eine Vertretung durch den **Unternehmer** oder eine Person aus dessen Lager (HERTEL ZNotP 2002, 286, 288). Umgekehrt steht einer vollmachtlosen Vertretung des Unternehmers durch den Verbraucher § 17 Abs 2a S 2 Nr 1 BeurkG nicht entgegen.

Auch **Angestellte des Notars** sind grundsätzlich nicht Vertrauensperson iSd § 17 Abs 2a S 2 Nr 1 BeurkG. Sie sind zwar neutral, genießen aber idR kein persönliches Vertrauen des Verbrauchers, sondern nur aus der Amtsstellung des Notars abgeleitetes Vertrauen. Im Einzelfall kann allerdings eine Vertretung des Verbrauchers durch Notarangestellte zulässig sein, wenn der Verbraucher keinen anderen geeigneten Vertreter benennen kann und der Verbraucher selbst vorschlägt, daß ihn ein Notarangestellter vertreten soll (vgl BNotK-Rundschreiben Nr 20/2003 vom 28. 4. 2003 – mit weiterführenden Literaturhinweisen – im Internet: www.bnotk.de; HERTEL ZNotP 2002, 286, 288; RIEGER MittBayNot 2002, 325, 331; SORGE DNotZ 2002, 593, 602 f; SOLVEEN RNotZ 2002, 318, 321; **aA** Notarkammer Stuttgart, vgl KELLER ZNotP 2003, 180 m Erwiderung SCHMUCKER ZNotP 2003, 243; **aA** auch STRUNZ ZNotP 2002, 389; ebenso LITZENBURGER NotBZ 2002, 280, 282 bei Bindung der Vollmacht an die Notarstelle).

Unproblematisch ist die Vertretung durch **nähere Familienangehörige** oder nichteheliche Lebenspartner, idR auch wenn sowohl Vertretener wie Vertreter auf derselben Seite des Vertrages beteiligt sind (also wenn etwa der Ehemann seine Frau beim Hauskauf mitvertritt).

Vertrauensperson ist idR auch ein vom Verbraucher bevollmächtigter **Rechtsanwalt**, Steuerberater oder Wirtschaftsprüfer – vorausgesetzt allerdings, er handelt nur auf der Vertragsseite des Verbrauchers. Nicht Vertrauensperson sind hingegen die im Rahmen eines Kapitalanlagemodells vorgesehenen Treuhänder, Geschäftsbesorger etc, obwohl ihre Aufgabe gerade die Interessenvertretung der Verbraucher als Anleger ist. Denn ihre Einschaltung wurde bereits vom Unternehmer bzw vom Initiator des Modells veranlaßt und beruht gerade nicht auf einer persönlichen Vertrauensstellung gegenüber dem Verbraucher. Auch können sie ggf konkurrierende Eigeninteressen haben (BT-Drucks 14/9266, 50; WINKLER § 17 BeurkG Rn 120).

Bei **anderen Personen** wird der Notar zunächst prüfen, inwieweit eine Vertrauensstellung vorliegt. Dabei kommt es auch auf das jeweilige Rechtsgeschäft an: So wird etwa beim Handeln für eine Wohnungseigentümergemeinschaft oder Miteigentümer ein Miteigentümer oder der WEG-Verwalter häufig schon aufgrund gleichgerichteter Interessen Vertrauensperson sein (SORGE DNotZ 2002, 593, 601; WINKLER § 17 BeurkG Rn 122). Aus der Erteilung einer **Generalvollmacht** kann wohl regelmäßig auf eine Vertrauensstellung geschlossen werden (SORGE DNotZ 2002, 593, 600; WINKLER § 17 BeurkG Rn 122), hingegen noch nicht allein aus der Tatsache der Erteilung einer Spezialvollmacht (**aA** LITZENBURGER NotBZ 2002, 280, 282), da etwa dem Treuhänder bei Kapitalanlagemodellen regelmäßig auch eine Vollmacht erteilt wird, ohne daß er dadurch zur Vertrauensperson iSd § 17 Abs 2a BeurkG würde.

Vollzugsgeschäfte und Erfüllungsgeschäfte sind im Wege einer teleologischen Reduktion aus dem Anwendungsbereich des § 17 Abs 2a S 2 Nr 1 BeurkG auszunehmen. Damit sind insbes Vollzugsvollmachten an den Notar bzw dessen Mitarbeiter zulässig, aber auch entsprechend eingeschränkte Vollmachten des Verbrauchers an den Unternehmer (BRAMBRING ZfIR 2002, 597, 605; HERTEL ZNotP 2002, 286, 285; RIEGER MittBayNot 2002, 325, 330 f; SORGE DNotZ 2002, 593, 602; SOERGEL/J MAYER § 17 BeurkG Rn 41; SOLVEEN RNotZ 2002, 318, 321; WINKLER § 17 BeurkG Rn 132 ff – im Ergebnis ebenso ARMBRÜSTER, in: HUHN/vSCHUCKMANN § 17 BeurkG Rn 175, der zwar eine teleogische Reduktion ablehnt, aber in diesen Fällen einen sachlichen Grund zur Abweichung bejaht).

Eine Vertretung des Verbrauchers ist damit etwa bei der Erklärung der Auflassung zulässig einschließlich Messungsanerkennung oder Identitätserklärung, bei der Löschung der Auflassungsvormerkung, bei Nachträgen zur Teilungserklärung, bei einer Dienstbarkeitsbestellung, soweit diese in Erfüllung einer vertraglichen Verpflichtung erfolgt und hinreichend begrenzt ist. Nicht zu den Vollzugsgeschäften gehört hingegen eine Vollmacht des Erwerbers an den Veräußerer zur Bestellung einer Finanzierungsgrundschuld, da der Erwerber aus dem Vertrag nicht zur Grundschuldbestellung verpflichtet ist (zu abweichenden Meinungen vgl Rn 534). Zulässig ist hingegen, wenn der Verbraucher als Veräußerer dem Unternehmer als Erwerber eine Finanzierungsvollmacht erteilt, da der Verbraucher zugleich – jedenfalls konkludent – eine Verpflichtung zur Mitwirkung bei der Finanzierung eingeht.

524 Nachdem § 17 Abs 2a S 2 Nr 1 BeurkG nur eine Hinwirkungspflicht begründet, kann bei **sachlich begründeten Ausnahmefällen**, etwa bei plötzlicher Verhinderung durch Krankheit, aber auch bei auswärtigem Wohnort oder längerer Abwesenheit vom Beurkundungsort auch eine Vertretung durch einen anderen Beteiligten erfolgen, der nicht Vertrauensperson des Verbrauchers ist, sofern der Notar die **Belehrung des Verbrauchers anderweitig sicherstellt** insbes durch vorherige Übersendung eines Entwurfes und einen vorherigen Besprechungstermin, aber auch durch das Angebot zu telephonischer Besprechung aufgetretener Fragen (BRAMBRING ZfIR 2002, 597, 603 f; SORGE DNotZ 2002, 593, 602; SOERGEL/J MAYER § 17 BeurkG Rn 41; SOLVEEN RNotZ 2002, 318, 321; WINKLER § 17 BeurkG Rn 143 ff).

Das Gesetz schreibt keinen **Vermerk** und auch keine sonstige Dokumentation vor. Dennoch kann sich empfehlen, für einen späteren Nachweis die diesbezüglichen Erklärungen der Beteiligten bzw die getroffenen Maßnahmen zur anderweitigen Belehrung in der Urkunde oder zumindest in den Nebenakten festzustellen.

c) Entwurfsversendung an den Verbraucher (S 2 Nr 2)

525 Nach § 17 Abs 2a S 2 Nr 2 BeurkG soll der Notar auch darauf hinwirken, daß der Verbraucher ausreichend Gelegenheit erhält, sich vorab **mit dem Gegenstand der Beurkundung auseinander zu setzen** (HS 1). Nach HS 2 ist dazu bei Verbraucherverträgen, die nach § 311b Abs 1 oder Abs 3 beurkundungsbedürftig sind, dem Verbraucher der beabsichtigte Text des Rechtsgeschäftes in der Regel zwei Wochen vor der Beurkundung zur Verfügung zu stellen.

Zunächst ist daher zu unterscheiden, ob der Verbrauchervertrag eine **Grundstücksveräußerung oder einen Grundstückserwerb** betrifft oder auch die Verpflichtung über das Vermögen als Ganzes (**HS 2**). Nur hier gilt die **Zwei-Wochen-Regelfrist**. Erfaßt sind damit neben Grundstücksveräußerungsverträgen (unabhängig, ob der Verbraucher veräußert oder erwirbt), und der Veräußerung von Wohnungseigentum insbesondere auch Bauträgerverträge sowie Verträge über die Bestellung eines Erbbaurechts (aufgrund der Verweisung in § 11 Abs 2 ErbbauVO). Der Beitritt zu einer

Immobilienanlagegesellschaft – also die Verträge, bei denen Klagen von Verbrauchern über übereilte Vertragsschlüsse zur Einführung des § 17 Abs 2a S 2 BeurkG geführt hatten – ist dann erfaßt, wenn er nach § 311b Abs 1 beurkundungsbedürftig ist und nicht nur eine Unterschriftsbeglaubigung ohne Entwurf erfolgt (§ 40 Abs 2 BeurkG) bzw soweit nicht nur außerhalb des Anwendungsbereichs des § 311b Abs 1 eine Vollmacht beurkundet wird – letzterenfalls gilt aber die allgemeine Pflicht des § 17 Abs 2a S 1 mit einem ähnlichen Ergebnis.

Die Zwei-Wochen-Frist gilt hingegen etwa nicht für Grundschulden, bei denen sich ein Beurkundungserfordernis nicht aus § 311b Abs 1, sondern nur aus § 794 Abs 1 Nr 5 ZPO ergeben kann.

Schutzzweck der Zwei-Wochen-Regelfrist ist **nicht die rechtliche Belehrung** als solche; diese erfolgt bei der Beurkundung. Lediglich als Nebeneffekt ermöglicht die Wartefrist dem Verbraucher auch, sich zu überlegen, welche Fragen er dem Notar bei der Beurkundung stellen will (BT-Drucks 14/9266, 50). **526**

Zweck ist vielmehr der Übereilungsschutz: Der Verbraucher soll eine **ausreichende Überlegungsfrist** haben, nachzudenken, ob er das zu beurkundende Rechtsgeschäft wirklich will. Es darf nicht sein, daß ein Unternehmer einen Verbraucher unmittelbar nach der Besichtigung oder nach einem Verkaufsgespräch zu einem Notartermin „schleppt", bevor der Verbraucher die Sache noch einmal in Ruhe und vom Unternehmer unbeeinflußt überdenken kann.

Zugleich ermöglicht die Überlegungsfrist dem Verbraucher, **steuerliche, wirtschaftliche und technische Fragen** zu prüfen (zB um die Finanzierung abzuklären oder sich die Baubeschreibung nochmals genauer anzusehen) und sich ggf auch bei diesbezüglichen Fachleuten beraten zu lassen. Diese Fragen müssen vor der Beurkundung geklärt sein; denn diesbezüglich muß und kann der Notar nicht belehren.

Dem Verbraucher muß der **„beabsichtigte Text des Rechtsgeschäfts"** zur Verfügung gestellt werden. Im Regelfall ist dies der Vertragsentwurf. Mit der Wortwahl drückt das Gesetz jedoch einerseits aus, daß Änderungen bei der Beurkundung möglich sind, und andererseits, daß es sich nicht notwendig um einen Entwurf iSd § 145 KostO handelt, für den auch dann Notargebühren anfallen, wenn es nicht zur Beurkundung kommt. **527**

Der „beabsichtigte Text des Rechtsgeschäfts" liegt auch vor, wenn – insbes bei einem Bauträgerobjekt mit diversen Eigentumswohnungen – lediglich der für das betreffende Objekt erstellte **Mustervertrag** zugesandt wird, die Angaben zu Kaufgegenstand und Kaufpreis, die Personalien des Erwerbers und auch die Sonderwünsche noch fehlen (ARMBRÜSTER, in: HUHN/vSCHUCKMANN § 17 BeurkG Rn 183; BRAMBRING ZfIR 2002, 597, 605 f; HERTEL ZNotP 2002, 286, 289; RIEGER MittBayNot 2002, 325, 332; WINKLER § 17 BeurkG Rn 167; **aA** weitergehende Angaben fordernd: LITZENBURGER NotBZ 2002, 280, 283; SOERGEL/J MAYER § 17 BeurkG Rn 49; SOLVEEN RNotZ 2002, 318, 324; zumindest eine Preisangabe fordernd auch SORGE DNotZ 2002, 593, 604). Denn über das Kaufobjekt und den Kaufpreis macht sich der Erwerber auch ohne den Entwurf schon Gedanken. Die Wartefrist soll dem Verbraucher beim Bauträgervertrag vor allem dazu dienen, die Baubeschreibung genau durchzusehen oder ggf von einem Bausachverständigen durchsehen zu lassen, sowie steuerliche und wirtschaftliche Auswirkungen zu überdenken und ggf mit seinem Steuerberater durchsprechen zu können. Vorzugswürdig ist natürlich, den bereits personalisierten Entwurf zu übersenden. Ungenügend wäre demgegenüber, nur das allgemeine Muster „Grundstückskaufvertrag" etc des betreffenden Notars zu übersenden, wenn der Notar nicht zuvor geprüft hat, daß für den betreffenden Vertrag ebendieses Muster ohne Änderungen paßt. Theoretisch fehlen können auch die Feststellungen des Notars, die verfahrensrechtlichen Erklärungen und die Belehrungsvermerke (BOHRER DNotZ 2002, 579, 584; WINKLER § 17 BeurkG Rn 168).

Verweisungsurkunden, auf die nach § 13a BeurkG verwiesen werden soll, sind nach hM mitzuübersenden allerdings nur im Umfang der Verweisung, auch wenn der Verbraucher dies nicht nach § 13a Abs 3 S 1 BeurkG verlangt. Pläne und Tekturen in Verweisungsurkunden sind vom beabsichtigten „Text" des Rechtsgeschäftes hingegen nicht umfaßt; zweckmäßig ist gleichwohl auch hier die Mitübersendung (SORGE DNotZ 2002, 593, 604; WINKLER § 17 BeurkG Rn 170 f).

Das Gesetz schreibt nicht zwingend die **Übersendung durch den Notar selbst** vor. Es genügt daher, wenn der Verbraucher den Entwurf vom Unternehmer erhalten hat, zB weil der Bauträger im Zuge der Vertragsverhandlungen dem Interessenten bereits das vom Notar ausgearbeitete Muster des Vertrages übergeben hat (BRAMBRING ZfIR 2002, 597, 605 f; HERTEL ZNotP 2002, 286, 289; SOERGEL/J MAYER § 17 BeurkG Rn 48; WINKLER § 17 BeurkG Rn 163). Da es sich aber um eine Amtspflicht des Notars handelt, muß der Notar in geeigneter Weise kontrollieren – sinnvollerweise bereits bei der Terminvereinbarung, ob dem Erwerber der beabsichtigte Text rechtzeitig zur Verfügung gestellt wurde. Vorzugswürdig ist natürlich die Übersendung durch den Notar, da der Notar dann zuverlässig feststellen kann, ob und wann der Entwurf übersandt wurde, und, da bei einer Übersendung durch den Notar klargestellt ist, daß der Entwurf vom Notar selbst stammt, auch wenn der Unternehmer diesen Entwurf den Vertragsverhandlungen zugrunde legt oder als seine AGB stellt (RIEGER MittBayNot 2002, 325, 333).

Der Text ist **an den Verbraucher** bzw an dessen gesetzlichen Vertreter zu übersenden, an einen Bevollmächtigten hingegen nur auf ausdrücklichen Wunsch des Verbrauchers. Bei zusammenlebenden Ehegatten genügt dem Schutzzweck auch die Versendung an einen Ehegatten (**aA** WINKLER § 17 BeurkG Rn 164).

Eine bestimmte Art der Zur-Verfügung-Stellung ist nicht vorgeschrieben; lediglich **Textform** ist erforderlich; dh es genügt auch eine e-mail mit Anhang, sofern die Beteiligten damit einverstanden sind.

528 Strittig ist, inwieweit Änderungen gegenüber dem zunächst versandten Text eine neue Wartefrist erfordern. Die meisten Autoren differenzieren: Nach hM lösen **Änderungen im Beurkundungstermin** jedenfalls dann keine neue Wartefrist aus, wenn sie durch die notarielle Beurkundung veranlaßt wurden (SOLVEEN RNotZ 2002, 318, 324; WINKLER § 17 BeurkG Rn 173; **aA** SOERGEL/J MAYER § 17 BeurkG Rn 48, wenn es durch die Änderung zu einer atypischen oder rechtlich risikobehafteten Gestaltung kommt). Ebenso lösen nach hM **Änderungen auf Wunsch des Verbrauchers** grundsätzlich keine neue Wartefrist aus. solange dadurch kein aliud zum Gegenstand der Beurkundung gemacht wird, wobei aber etwa ein Wechsel des Kaufobjektes innerhalb einer Wohnanlage noch zulässig sei (PHILIPPSEN NotBZ 2003, 137, 143; RIEGER MittBayNot 2002, 325, 332; SOLVEEN RNotZ 2002, 318, 324; SORGE DNotZ 2002, 593, 605; WINKLER § 17 BeurkG Rn 175); Änderungen auf Veranlassung des Unternehmers sollen dagegen eine neue Wartefrist auslösen, soweit sie nicht rechtlich und wirtschaftlich unerheblich sind.

ME erfordern hingegen Änderungen des Textes in der Beurkundungsverhandlung **grundsätzlich keine neue Wartefrist** (HERTEL ZNotP 2002, 286, 290). Denn Zweck der Frist ist nicht, daß der Notar genau das vorliest, was die Beteiligten ohnehin schon vorher schriftlich erhalten haben, sondern daß sich die Beteiligten mit dem Gegenstand der Beurkundung auseinandersetzen konnten. Diese Auseinandersetzung kann gerade zu Änderungswünschen auch des Verbrauchers führen, insbes auch in Reaktion auf die notarielle Belehrung in der Beurkundungsverhandlung. Sonst würde der Zweck des Beurkundungsverfahrens und der notariellen Belehrung auf den Kopf gestellt. Dies gilt grundsätzlich auch, wenn Änderungswünsche vom Unternehmer kommen. Denn in der Beurkundungsverhandlung trifft der Unternehmer auf einen Verbraucher, der sich bereits mit dem Gegenstand der Verhandlung auseinandergesetzt hat und den zudem der Notar über die Bedeutung der Änderung belehren kann und bei wichtigen und nicht aus sich selbst heraus verständlichen Änderungen auch belehren muß. Erfährt der Notar allerdings bereits vor der Beurkundung, daß der Unternehmer eine bestimmte, nicht unwesentliche Änderung wünscht, so ist der Notar jedenfalls dann verpflichtet, dies auch dem Verbraucher mitzuteilen, falls der Unternehmer erklärt, dies sei eine nicht verhandelbare Allgemeine Geschäftsbedingung; dies ergibt sich allerdings aus § 17 Abs 2a S 2 Nr 2 **HS 1** BeurkG, so daß deshalb keine neue Zwei-Wochen-Frist anläuft.

Bei einem **Beteiligtenwechsel** ist der Schutzzweck auch noch dann eingehalten, wenn der Notar den Entwurf nur an einen Ehegatten versandt hat, die Ehegatten aber im Termin erklären, beide erwerben zu wollen – oder wenn nun nur der andere Ehegatte erwerben will. Denn dann kann der Notar davon ausgehen, daß die Ehegatten sich darüber auch bereits vorher verständigt haben und damit auch der andere Ehegatte Gelegenheit hatte, sich mit dem Gegenstand der Beurkundung hinreichend auseinander zu setzen, insbes da das Gesetz insoweit auch eine Vertretung des einen durch den anderen Ehegatten zuließe (§ 17 Abs 2a S 1 Nr 1 BeurkG). Dasselbe gilt, wenn sich die Eltern entschließen, etwa aus Steuergründen oder im Wege der vorweggenommenen Erbfolge gleich die Kinder erwerben zu lassen (RIEGER MittBayNot 2002, 325, 333; SORGE DNotZ 2002, 593, 605; WINKLER § 17 BeurkG Rn 192).

Die zwei Wochen sind eine **Regelfrist** („im Regelfall"). Der Schutzzweck kann es bei schwierigen Geschäften auch gebieten, im Einzelfall dem Verbraucher länger Gelegenheit zu geben, sich mit dem Gegenstand der Beurkundung auseinander zu setzen (BT-Drucks 14/9266, 50) – insbesondere bei Verträgen im Strukturvertrieb oder in komplizierten Immobilienfondskonstruktionen oder auch bei einem Konvolut von Verweisungsurkunden (BRAMBRING ZfIR 2002, 597, 606; WINKLER § 17 BeurkG Rn 198). Ebenso kann im Einzelfall auch erforderlich sein, vor der Beurkundung einen eigenen Besprechungstermin anzubieten als Ausfluß der allgemeinen Pflicht bei Verbraucherverträgen nach § 17 Abs 2a S 2 Nr 2 **HS 1** BeurkG.

Andererseits kann im Einzelfall auch eine **geringere Frist** als zwei Wochen genügen.

Ein Abweichen von der Regelfrist kommt hierbei jedoch nur dann in Betracht, wenn in Einzelfällen nachvollziehbare Gründe auch unter Berücksichtigung der Schutzinteressen des Verbrauchers es rechtfertigen, die dem Verbraucher zugedachte Schutzfrist zu verkürzen (Bundesnotarkammer Rundschreiben Nr 20/2003, Abschnitt D V). Voraussetzung ist daher zum einen ein **sachlicher Grund** für die Fristverkürzung. Zum anderen muß der vom Gesetz bezweckte Übereilungs- und Überlegungsschutz trotzdem gewährleistet sein – ggf auch durch anderweitige Maßnahmen des Notars oder der Beteiligten.

Die Literatur hat hierfür **Fallgruppen** entwickelt: Anerkannt ist eine Fristverkürzung zum ersten bei besonderer **Eilbedürftigkeit**, etwa wegen eines bevorstehenden Krankenhausaufenthaltes oder Urlaubs eines Beteiligten; oder wenn das Rechtsgeschäft, etwa aus steuerlichen Gründen, noch vor Jahresschluss abgeschlossen werden muß oder beim Verkauf nach Anordnung der Zwangsversteigerung, zum zweiten bei einem **rechts- und geschäftserfahrenen Verbraucher**, der deshalb in geringerem Umfang schutzbedürftig ist, etwa wenn ein Rechtsanwalt als oder für einen Verbraucher handelt, zum dritten bei Rechtsgeschäften von für den Verbraucher geringer wirtschaftlicher Bedeutung (**Bagatellfällen**), so etwa bei einem Landtausch von wenigen Quadratmetern zwischen Verbraucher und Unternehmer (ARMBRÜSTER, in: HUHN/vSCHUCKMANN § 17 BeurkG Rn 186 f; BRAMBRING ZfIR 2002, 597, 605 f; HERTEL ZNotP 2002, 286, 289; PHILIPPSEN NotBZ 2003, 137, 146; RIEGER MittBayNot 2002, 325, 334; SOLVEEN RNotZ 2002, 318, 324; SORGE DNotZ 2002, 593, 606 f; SOERGEL/J MAYER § 17 BeurkG Rn 51; WINKLER § 17 BeurkG Rn 185 ff).

Auch und erst recht bei einer Fristverkürzung muß der Notar darauf hinwirken, daß der Verbraucher ausreichend Gelegenheit erhält, sich mit dem Gegenstand der Beurkundung – auch in der kürzeren Frist – auseinander zu setzen und daß damit der **Schutzzweck** gleichwohl erfüllt ist (Bundesnotarkammer Rundschreiben Nr 20/2003, Abschnitt D V). **Je kürzer** die dem Verbraucher verbleibende Frist ist, **desto stärker** müssen die objektiven Gründe für eine frühe Terminsbestimmung sein bzw desto wichtiger sind anderweitige Schutzmaßnahmen. Dabei kann es etwa auch eine Rolle spielen, wenn der Verbraucher bereits vor der Beurkundung im Rahmen eines Besprechungstermins mit dem Notar wesentliche Punkte besprechen konnte; denn bei einer Besprechung kann der Notar dem Verbraucher die noch klärungsbedürftigen Punkte wesentlich nachdrücklicher vor Augen führen. Ebenso kann eine Rolle spielen, wenn der Verbraucher erklärt, er habe das Objekt mit einem Bausachverständigen besichtigt und auch mit der finanzierenden Bank oder seinem Steuerberater bereits gesprochen, wobei aber letzteres allein ohne einen sachlichen Grund zur Fristverkürzung nicht genügt (**aA** weitergehend bei einer Fristverkürzung auf Wunsch eines Verbrauchers, sofern kein Kapitalanlageobjekt vorliegt: BRAMBRING ZfIR 2002, 597, 607; WINKLER § 17 BeurkG Rn 195).

Ein **Vermerk** über die Entwurfsversendung bzw über Gründe für eine Fristverkürzung ist nicht vorgeschrieben. Der Zeitpunkt der Versendung ergibt sich in der Regel ohnehin aus den Nebenakten. Bei einer deutlichen Fristverkürzung empfiehlt sich aber zumindest ein Vermerk zu den Nebenakten, wenn sich das Eilbedürfnis nicht aus der Urkunde selbst entnehmen läßt.

530 Das Gesetz läßt hingegen **keinen Verzicht** auf die Zwei-Wochen-Regelfrist zu; denn notarielle Amtspflichten stehen grundsätzlich nicht zur Disposition der Beteiligten (HERTEL ZNotP 2002, 286, 289; JOST ZGS 2002, 346, 348; SOLVEEN RNotZ 2002, 318, 325; SORGE DNotZ 2002, 593, 604; WINKLER § 17 BeurkG Rn 181; aA LITZENBURGER NotBZ 2002, 280, 283; kritisch gegenüber dem Schutzzweck der Norm auch ARMBRÜSTER, in: HUHN/vSCHUCKMANN § 17 BeurkG Rn 186).

Es genügt auch nicht, wenn anstelle der vorherigen Auseinandersetzung mit dem Entwurf ein **einseitiges Widerrufsrecht** des Verbrauchers vereinbart wird – selbst wenn dem Verbraucher aus dem Widerruf keinerlei Kosten entstehen (Bundesnotarkammer Rundschreiben Nr 20/2003, Abschnitt D V; GRZIWOTZ ZIP 2002, 2109, 2111; RIEGER MittBayNot 2002, 325, 335; WINKLER § 17 BeurkG Rn 182; aA STRUNZ ZNotP 2002, 389; bei Vorliegen eines sachlichen Grundes zur Abweichung von der Zwei-Wochen-Regelfrist auch ARMBRÜSTER, in: HUHN/vSCHUCKMANN § 17 BeurkG Rn 187).

Bei **anderen Verbraucherverträgen**, die keine Grundstücksveräußerung beinhalten, **531** regelt das Gesetz den Inhalt der Hinwirkungspflicht nicht näher (§ 17 Abs 2a S 2 Nr 2 **HS 1** BeurkG).

Regelmäßig wird sich dies auch hier zu einer Amtspflicht zur **Übersendung eines Entwurfes** verdichten, wie dies auch für andere als Verbraucherverträge aus § 17 Abs 2a S 1 BeurkG (bzw § 14 Abs 3 BNotO) abgeleitet wird (SCHIPPEL § 14 BNotO Rn 39; STARKE ZNotP 2002, Sonderheft Notartag, Rn 17 – vgl auch nachstehend Rn 535). Allerdings schreibt das Gesetz hier *keine Regelfrist* vor. Der Notar muß sowohl nach der Art des Rechtsgeschäftes, ggf auch nach dessen Dringlichkeit, und nach dem Schutzbedürfnis der Beteiligten insbes vor einem Übereilungsschutz vor der Terminierung entscheiden, welche Frist dem Verbraucher ausreichend Gelegenheit zur Beschäftigung mit dem Beurkundungsgegegenstand gibt (SOERGEL/J MAYER § 17 BeurkG Rn 46; WINKLER § 17 BeurkG Rn 152 ff). Die Frist zur Auseinandersetzung ist in jedem Fall ausreichend, wenn der Verbraucher den Termin erst nach Entwurfsübersendung von sich aus vereinbart (WINKLER § 17 BeurkG Rn 154). Ergibt sich dennoch in der Beurkundung, daß die Beteiligten noch etwas abklären müssen, wird der Notar ggf die Beurkundung abbrechen.

Bei manchen Verbraucherverträgen ist eine **vorherige Entwurfsversendung** grundsätzlich **nicht erforderlich**, so insbes bei **Finanzierungsgrundschulden** (BRAMBRING ZfIR 2002, 597, 600, HERTEL ZNotP 2002, 286, 290; WINKLER § 17 BeurkG Rn 155). Hier würde der Notar den Verbraucher meist eher in Verwirrung stürzen, wenn er ihm vorab das Grundschuldformular der Bank übersendet – möglicherweise befürchtet der Verbraucher dann, die Bank wolle von ihm 14–18% Zinsen anstelle des vereinbarten Darlehenszinses verlangen. Es genügt, wenn sich der Verbraucher etwa im Rahmen der Kaufpreisfinanzierung mit dem Erfordernis einer Grundschuldbestellung befaßt hat

Ein noch besseres Mittel des Notars, die Beteiligten zur Auseinandersetzung mit **532** dem Gegenstand der Beurkundung zu veranlassen, ist ein eigener (Vor-)**Besprechungstermin** mit dem Notar (SOLVEEN RNotZ 2002, 318, 325; SOERGEL/J MAYER § 17 BeurkG Rn 46). Jedoch stellt es das Gesetz in das Ermessen des Notars, ob er es bei der Übersendung eines Entwurfes beläßt oder den Beteiligten (zuvor oder zusätzlich) einen Vorbesprechungstermin anbietet; grundsätzlich genügt die Entwurfsübersendung (Landesnotarkammer Bayern, Richtlinienbegründung zu Ziffer II – zustimmend zitiert bei SORGE DNotZ 2002, 593, 596 Fn 11; WINKLER § 17 BeurkG Rn 154).

d) Sonstige Gestaltung des Beurkundungsverfahrens (S 1)

533 Liegt kein Verbrauchervertrag vor, so greift die allgemeine Amtspflicht zur belehrungsgerechten Gestaltung des Beurkundungsverfahrens nach § 17 Abs 2a S 1 ein. Konkretisiert wird diese Amtspflicht durch die Richtlinien der Notarkammern (die im Internet synoptisch dargestellt sind unter: www.bnotk.de – unter Texte Berufsrecht), insbesondere durch den jeweils Ziffer II der Richtlinienempfehlung der Bundesnotarkammer (DNotZ 1999, 258; DNotZ 2003, 393) entsprechenden Abschnitt.

534 Aus dieser Vorschrift hatte die Literatur bereits vor Einführung der Sätze 2 und 3 ein Verbot entnommen, die notarielle Belehrung durch **Einschaltung eines Vertreters** zu umgehen. BRAMBRING hatte hierfür folgenden „Lesefassung" des § 17 Abs 2a S 1 BeurkG vorgeschlagen: „Der Notar soll grundsätzlich das Beurkundungsverfahren so gestalten, da ein materiell Beteiligter nicht vollmachtlos vertreten wird oder durch Erteilung einer Vollmacht von einer Beurkundungsverhandlung ausgeschlossen wird" (BRAMBRING DNotI-Report 1998, 184, 185 – unter Verweis auf BT-Drucks 13/11034). Dieses Verständnis wurde auch von der übrigen Literatur übernommen (vgl bereits vor Einführung der Sätze 2 und 3: KEIDEL/WINKLER [14. Aufl 1999] § 17 BeurkG Rn 25; ähnlich FRENZ, in: EYLMANN/VAASEN [2000] § 17 BeurkG Rn 27 ff).

Ebenso heißt es in den **Richtlinienempfehlungen der Bundesnotarkammer** (DNotZ 1999, 258) zu dem nach § 14 Abs 3 BNotO zu beachtenden Verfahren:

„Demgemäß sind die nachgenannten Verfahrensweisen in der Regel unzulässig:

a) systematische Beurkundung mit vollmachtlosen Vertretern;

b) systematische Beurkundung mit bevollmächtigten Vertretern, soweit nicht durch vorausgehende Beurkundung mit dem Vollmachtgeber sichergestellt ist, daß dieser über den Inhalt des abzuschließenden Rechtsgeschäfts ausreichend belehrt werden konnte;

c) systematische Beurkundung mit Mitarbeitern des Notars als Vertreter, ausgenommen Vollzugsgeschäfte; gleiches gilt für Personen, mit denen sich der Notar zur gemeinsamen Berufsausübung verbunden hat oder mit denen er gemeinsame Geschäftsräume unterhält;

d) systematische Aufspaltung von Verträgen in Angebot und Annahme; soweit die Aufspaltung aus sachlichen Gründen gerechtfertigt ist, soll das Angebot vom belehrungsbedürftigeren Vertragsteil ausgehen;

e) gleichzeitige Beurkundung von mehr als fünf Niederschriften bei verschiedenen Beteiligten." (RLE-BNotK Abschnitt II Nr 1 Abs 2)

Ähnliche, wenngleich teilweise in einigen Punkten etwas abweichende Formulierungen finden sich in den **Richtlinien der einzelnen Notarkammern**. Die Abweichungen betreffen vor allem zwei Punkte: Einzelne Kammern untersagen nicht bereits die systematische, sondern nur die „planmäßige und mißbräuchliche" Verwendung von Vertretern etc, so insbes die Notarkammer Frankfurt. Zum anderen umfassen die Vollzugsgeschäfte, bei denen eine Vertretung auch durch Mitarbeiter des Notars zulässig ist, nach den Richtlinien der Notarkammer Frankfurt ausdrücklich auch die Bestellung von Finanzierungsgrundpfandrechten, nach den Richtlinien der Notarkammer Mecklenburg-Vorpommern hingegen ausdrücklich nicht; letzteres ist auch mit den Richtlinien gemeint, die die Frage nicht ausdrücklich ansprechen (vgl STARKE ZNotP 2002, Sonderheft Notartag, Rn 19 und 22).

Der inhaltliche Unterschied gegenüber § 17 Abs 2a S 2 Nr 1 BeurkG ist gering (ARMBRÜSTER, in: HUHN/vSCHUCKMANN § 17 BeurkG Rn 174). Er liegt darin, daß der Verbraucher seine Willenserklärung grundsätzlich immer selber abgeben soll, während bei anderen Beteiligten lediglich die systematische Beurkundung durch Vertreter etc unzulässig ist (RIEGER MittBayNot 2002, 325, 331).

Auch die Amtspflicht, den Beteiligten Gelegenheit zu geben, sich **mit dem Gegenstand der Beurkundung auseinanderzusetzen**, wird in den Richtlinienempfehlungen der Bundesnotarkammer aus § 14 Abs 3 BNotO (und § 17 Abs 2a S 1 BeurkG) abgeleitet: „Der Notar hat das Beurkundungsverfahren so zu gestalten, daß die vom Gesetz mit dem Beurkundungserfordernis verfolgten Zwecke erreicht werden, insbesondere die Schutz- und Belehrungsfunktion der Beurkundung gewahrt und der Anschein der Abhängigkeit oder Parteilichkeit vermieden wird. ... Dazu gehört auch, daß den Beteiligten ausreichend Gelegenheit eingeräumt wird, sich mit dem Gegenstand der Beurkundung auseinanderzusetzen" (Abschnitt II Nr 1 RLE-BNotK, DNotZ 1999, 258).

535

Daraus ergibt sich im Regelfall eine Amtspflicht des Notars zur **Übersendung eines Entwurfes** (SCHIPPEL § 14 BNotO Rn 39; STARKE ZNotP 2002, Sonderheft Notartag, Rn 17). In den Richtlinien der Notarkammer Bremen ist dies ausdrücklich geregelt: „Verträge sind in der Regel im Entwurf vorab auszuhändigen" (ABl Bremen 2000, S 485, und 2001, S 82 – im Internet abrufbar unter: www.bnotk.de unter Texte Berufsrecht).

Inhaltlich besteht hier keine Unterschiede gegenüber der Amtspflicht nach § 17 Abs 2a S 2 Nr 2 **HS 1** BeurkG bei Verbraucherverträgen außerhalb von Grundstücksveräußerungen.

Der Notar darf, nachdem die Beteiligten seinen Vertragsentwurf gebilligt haben, ihn inhaltlich nur verändern, wenn er vor der Unterzeichnung auf die **Änderung hinweist** und deren Bedeutung erläutert (BGH DNotZ 1993, 459 = NJW 1993, 729 = WM 1993, 260 – zu einem vom Notar entworfenen privatschriftlichen Vertrag, bei dem sich die Belehrungspflicht nicht bereits aus § 17 Abs 1 BeurkG ergibt).

536

8. Rechtsfolgen bei Verstößen gegen Belehrungspflichten

Die Prüfungs- und Belehrungspflichten (insbes §§ 17–21 BeurkG) sind **kein Wirksamkeitserfordernis** für die Beurkundung.

537

Allerdings enthalten sie idR drittschützende Amtspflichten, so daß den Beteiligten bei Verletzung **Amtshaftungsansprüche** zustehen können. Dabei hilft dem Geschädigten die Vermutung beratungsgerechten Verhaltens:

538 Enthält die Niederschrift einen **Belehrungsvermerk**, so erbringt dieser im Verhältnis zwischen den Beteiligten und dem Notar sowie im Verhältnis der Beteiligten untereinander **Beweis**, daß die festgestellte Belehrung tatsächlich erfolgte. Ein Gegenbeweis ist möglich.

Fehlt ein **gesetzlich vorgeschriebener Belehrungsvermerk**, so führt dies zu einer **Beweislastumkehr** im Verhältnis zum Notar (BGH DNotZ 1974, 296, 301; DNotZ 1985, 231 = NJW 1985, 2027 = WM 1984, 1167; BGH DNotZ 1990, 441 = NJW 1990, 1242 = WM 1990, 115; OLG Schleswig OLG-Report 2004, 47 = SchlHA 2004, 211; GANTER, in: ZUGEHÖR/GANTER/HERTEL Rn 1013; WINKLER § 13a Rn 75 und § 17 Rn 278). Im Streitfall muß dann der Notar beweisen, daß er doch belehrt hat. Die Beweislast im Verhältnis der Beteiligten untereinander wird durch das Fehlen eines vorgeschriebenen Belehrungsvermerkes jedoch nicht verändert (vgl BGH DNotZ 2004, 188 = MittBayNot 2004, 137 m Anm WINKLER = NJW-RR 2003, 1432 = WM 2004, 195 = ZNotP 2003, 394).

Im Regelfall erfordert das Gesetz jedoch keinen Belehrungsvermerk. Insoweit kann das **Fehlen eines nicht vorgeschriebenen Belehrungsvermerkes** für die Beweiswürdigung nicht herangezogen werden – auch nicht, wenn die Niederschrift zahlreiche andere Belehrungsvermerke enthält oder wenn sich in anderen Niederschriften über Rechtsgeschäfte desselben Typus ein entsprechender Belehrungsvermerk findet, der nur hier fehlt. Anders beurteilt dies jedoch die landgerichtliche Rechtsprechung, die das Fehlen eines beim betreffenden Notar üblichen Belehrungsvermerk teilweise zumindest als Indiz für den Gegenschluß heranzieht, im konkreten Fall sei die Belehrung offenbar unterblieben.

XII. Sondervorschriften bei sprachunkundigen oder behinderten Beteiligten

1. Übersetzung bei sprachunkundigen Beteiligten

a) Urkundssprache (§ 5 BeurkG)

539 Urkundssprache ist grundsätzlich Deutsch (§ 5 Abs 1 BeurkG). Der Notar kann jedoch auf Verlangen Urkunden auch in einer beliebigen anderen Sprache errichten (§ 5 Abs 2 BeurkG). Er soll dies nur tun, wenn er der fremden Sprache hinreichend kundig ist; dies ist aber keine Wirksamkeitsvoraussetzung.

540 Hat ein Notar eine Urkunde in einer Fremdsprache errichtet, so kann er deren deutsche Übersetzung mit der Bescheinigung der Richtigkeit und Vollständigkeit versehen (§ 50 Abs 1 BeurkG).

b) Übersetzung (§ 16 BeurkG)
aa) Fehlende Sprachkunde

541 Ist ein formell Beteiligter der Sprache der Beurkundung nicht hinreichend kundig, so ist nach § 16 BeurkG zumindest mündlich, auf sein Verlangen auch schriftlich zu übersetzen.

Abzustellen ist auf die **Sprache der Beurkundung**. Wird wie im Regelfall auf Deutsch beurkundet, so ist der Ausländer, der kein Deutsch kann, sprachunkundig iSd § 16 Abs 1 BeurkG. Wird hingegen in einer Fremdsprache beurkundet, so ist der deutsche Beteiligte, der diese Sprache nicht kann, sprachunkundig.

Sind beschränkte Sprachkenntnisse vorhanden, so ist entscheidend, ob der Beteiligte alle Erklärungen über den Gegenstand der Beurkundung verstehen und seine eigenen Erklärungen verständlich ausdrücken kann. Die erforderliche Sprachkunde kann **je nach dem Gegenstand der Beurkundung unterschiedlich** sein: So genügen für eine Genehmigungserklärung rudimentäre Sprachkenntnisse, während für komplizierte Gestaltungen etwa eines umfangreichen Gesellschaftsvertrages hohe Sprachkenntnisse zu fordern sind

Der BGH verlangte in einer Entscheidung auch aktive Sprachkenntnisse (BGH DNotZ 1964, 174, 176 = NJW 1963, 1777; vgl OLG Marienwerder OLGE 9, 410), während die Literatur zu Recht überwiegend **passive Sprachkenntnisse genügen** läßt (BayObLG DNotI-Report 2000, 84 = FamRZ 2000, 1124 = NJW-RR 2000, 1175 = MittRhNotK 2000, 178; Litzenburger, in: Bamberger/Roth § 16 BeurkG Rn 1; Limmer, in: Eylmann/Vaasen § 16 BeurkG Rn 4; vSchuckmann/Renner, in: Huhn/vSchuckmann § 16 Rn 7; Winkler § 16 Rn 7). Denn die Übersetzung ersetzt die Verlesung der Niederschrift. Zusätzlich erforderlich ist allerdings, daß sich der Notar mit dem Beteiligten zumindest in irgendeiner Sprache verständigen kann. Sofern die anderen Beteiligten dies nicht verstehen, muß der Notar dann ggf Änderungsvorschläge des Sprachunkundigen den anderen übersetzen.

Die Schutzvorschrift des § 16 BeurkG ist sowohl anwendbar, wenn der Notar die **542** mangelnde Sprachkenntnis feststellt, als auch wenn sie der Beteiligte angibt. **Erklärt der Beteiligte**, der Urkundssprache nicht hinreichend kundig zu sein, so muß und darf der Notar dies nicht überprüfen (BGH DNotZ 1964, 174, 176 = NJW 1963, 1777); nur an eine offensichtlich unwahre Erklärung ist er nicht gebunden (Winkler § 16 Rn 8). Gibt der Beteiligte hingegen umgekehrt an, er sei hinreichend sprachkundig, so bindet dies den Notar nicht.

Der Notar muß die Erklärung eines Beteiligten, er sei der Urkundssprache nicht hinreichend kundig, bzw seine eigene diesbezügliche Feststellung in der Urkunde **vermerken**. Gibt der Notar hingegen umgekehrt an, daß ein Erschienener der deutschen Sprache hinreichend mächtig sei, so ist dies nicht vom öffentlichen Glauben iSd § 418 ZPO umfaßt. Der BGH verneinte daher bei einer unrichtigen Feststellung des Notars über angeblich festgestellte ausreichende Sprachkenntnisse eine Falschbeurkundung im Amt iSd § 348 StGB (BGHSt 47, 39 = DNotZ 2002, 536 = JR 2001, 517 m Anm Puppe = NJW 2001, 3135 = ZNotP 2001, 323).

bb) Mündliche Übersetzung

Enthält die Niederschrift die Feststellung, daß ein Beteiligter die Sprache der **543** Beurkundung nicht hinreichend mächtig ist, so ist eine **mündliche Übersetzung** der Niederschrift als Wirksamkeitsvoraussetzung erforderlich (§ 16 Abs 2 S 1 BeurkG). Dies aber die **einzige Wirksamkeitsvoraussetzung** bei einer Beurkundung mit Sprachfremden. Die Unwirksamkeitsfolge setzt damit voraus, daß das Erfordernis einer Übersetzung aus der Niederschrift selbst erkennbar ist und damit auch von einem

Außenstehenden, der auf die Wirksamkeit der Urkunde vertraut, erkannt werden kann.

Ist die Beurkundung formwirksam, wurde aber nicht oder falsch übersetzt und sind deshalb Erklärungen beurkundet, die der Sprachfremde nicht abgeben wollte, so kann er ggf **nach § 119 Abs 1 anfechten.**

544 Die Übersetzung soll sinngetreu, möglichst auch wortgetreu und vor allem vollständig sein. In der Praxis neigen viele Dolmetscher dazu, nur zusammenfassend zu übersetzen. Hier muß der Notar auf einer vollständigen Übersetzung bestehen.

Nachdem die Übersetzung die Verlesung ersetzt, könnte man erwägen, nicht oder nicht richtig übersetzte Erklärungen für formunwirksam zu halten – ebenso wie nicht verlesene Urkundsteile. Dies würde aber die übersetzten Teile einem doppelten Nichtigkeitsrisiko unterwerfen – sowohl bei fehlender Verlesung wie bei fehlender Übersetzung. Auch ist die fehlende Übersetzung im Nachhinein kaum mehr feststellbar, sofern nicht ausnahmsweise eine schriftliche Übersetzung vorliegt. Vor allem kann aber der Notar häufig die Richtigkeit der Übersetzung nicht einmal während der Beurkundungsverhandlung feststellen, so daß die Rechtssicherheit dafür spricht, die Erklärung auch bei fehlerhafter oder unvollständiger Übersetzung als formwirksam, aber ggf materiell-rechtlich nach § 119 Abs 1 anfechtbar anzusehen.

cc) Schriftliche Übersetzung der Urkunde
545 Auf Verlangen des Sprachunkundigen ist die Übersetzung zusätzlich schriftlich anzufertigen und dem Sprachunkundigen zur Durchsicht vorzulegen (§ 16 Abs 2 S 2 HS 1 BeurkG). Die Übersetzung ist als Anlage zur Urkunde zu nehmen (§ 16 Abs 2 S 2 HS 2 BeurkG).

Auf dieses Recht hat der Notar den Sprachunkundigen **hinzuweisen** und einen entsprechenden Vermerk in die Niederschrift aufnehmen (§ 16 Abs 2 S 3 iVm 4 BeurkG). Hinweis und Vermerk sind entbehrlich, wenn ohnehin eine schriftliche Übersetzung erfolgt.

Praktikabel ist die schriftliche Übersetzung nur, wenn vorab eine schriftliche Übersetzung des Urkundsentwurfs erstellt wird und dann bei der Beurkundung nur Textänderungen gegenüber dem Entwurf nachgetragen werden. Dabei verliest der Dolmetsch dann in praxi seinen Entwurf und korrigiert ihn dabei.

Die Übersetzung muß nicht unterschrieben werden; sinnvoll ist jedoch, den Dolmetscher und den Sprachunkundigen auch die Übersetzung unterschreiben zu lassen.

546 Bei **Verfügungen Sprachfremder von Todes wegen** ist hingegen als **Wirksamkeitsvoraussetzung** eine schriftliche Übersetzung zwingend anzufertigen, sofern der Erblasser nicht ausdrücklich darauf verzichtet (§ 32 BeurkG). Der Verzicht ist nur wirksam, wenn er in der Niederschrift vermerkt wird.

In der notariellen Praxis wird für Vermerke nach § 16 und § 32 BeurkG häufig dieselbe Formulierung verwendet, so daß auch bei Rechtsgeschäften unter Lebenden von einem „Verzicht" auf die schriftliche Übersetzung gesprochen wird.

dd) Person des Übersetzers

Der **Notar kann selbst übersetzen** (§ 16 Abs 3 S 1 HS 1 BeurkG). Ein formaler Nachweis der Sprachkenntnisse ist dafür nicht erforderlich. **547**

Ansonsten ist ein Dolmetscher zur Beurkundung hinzuziehen (**Wirksamkeitserfordernis**). Auch hier sind **keine formellen Qualifikationen** erforderlich. Häufig bringen Beteiligte etwa einen sprachkundigen Freund oder Verwandten mit, schon um Kosten für die Übersetzung zu sparen. Diese „Privatdolmetscher" übersetzen oft nicht schlecht, da sie sich mehr Mühe geben als die berufsmäßigen Dolmetscher. **548**

Für den Dolmetscher gelten die **Mitwirkungsverbote** und damit auch die Unwirksamkeitsgründe nach § 6 wie nach § 7 BeurkG entsprechend, hingegen nicht der weitergehende Katalog des § 3 BeurkG. Weder Beteiligte selbst noch die in §§ 6, 7 BeurkG genannten **nahen Angehörigen** der Beteiligten können daher Dolmetscher sein, insbes nicht ein Kind oder der Ehegatte eines Beteiligten (OLG Köln MittBayNot 1999, 59 = OLG-Report 1999, 22).

ee) Besonderheiten des Verfahrens

Der Dolmetscher ist zu **vereidigen**, sofern er nicht bereits allgemein vereidigt ist und sofern nicht alle Beteiligten auf die Vereidigung verzichten (§ 16 Abs 3 S 3 BeurkG). Die Vereidigung erfolgt entsprechend § 189 GVG dahingehend, daß der Dolmetscher treu und gewissenhaft übertragen wird. Ist der Dolmetscher bereits allgemein vereidigt, genügt wenn er sich auf diesen Eid beruft (RG HRR 1933, 1153). **549**

Die Niederschrift ist auch von dem Dolmetscher zu **unterschreiben** (§ 16 Abs 3 S 3 BeurkG), die Unterschrift ist aber keine Wirksamkeitsvoraussetzung. Eine Genehmigung der Niederschrift durch den Dolmetscher ist nicht erforderlich, da die Niederschrift keine Willenserklärungen des Dolmetschers enthält. **550**

ff) Feststellungen in der Urkunde

In der Urkunde ist daher zu vermerken, (1) falls ein Beteiligter nach seinen eigenen Angaben oder der Überzeugung des Notars nicht hinreichend sprachkundig ist, (2) wer als Dolmetscher zugezogen wurde (entsprechend § 10 BeurkG) und ob der Dolmetscher vereidigt wurde bzw ob alle Beteiligten darauf verzichtet haben, (3) daß mündlich übersetzt wurde (hingegen nicht der Inhalt der Übersetzung), (4) der Hinweis auf die Möglichkeit, eine schriftliche Übersetzung zu verlangen bzw bei Verfügungen von Todes wegen der Verzicht auf die schriftliche Übersetzung als Wirksamkeitsvoraussetzung – bzw, falls eine schriftliche Übersetzung angefertigt wurde, ist zu vermerken, daß eine schriftliche Übersetzung erstellt und dem Sprachunkundigen zur Durchsicht vorgelegt wurde. **551**

2. Beteiligung Behinderter (§§ 22–26 BeurkG)

§§ 22–26 BeurkG sehen besondere Verfahrensvorschriften bei der Beteiligung behinderter Personen vor (vgl FRENZ ZNotP 1998, 373). Eine Übersicht mag die auf den **552** ersten Blick etwas verwirrenden Regelungen verdeutlichen – unter Hervorhebung der Vorschriften, deren Mißachtung zur Unwirksamkeit der Urkunde führt:

Art der Behinderung	Zuziehung von Zeugen/Verständigungsperson etc	Besonderheiten bei Verlesung	Besonderheiten bei Unterschrift
hör- oder sprachbehindert **und** schriftliche Verständigung nicht möglich	Zuziehung einer Verständigungsperson ist **Wirksamkeitserfordernis** (§ 24) + zusätzlich Zeuge oder zweiter Notar (§ 22 Abs 1)		auch Unterschrift der Hinzugezogenen (§ 22 Abs 2)
hörbehindert	Zeuge oder zweiter Notar + Gebärdendolmetscher auf Verlangen (§ 22 Abs 1)	**Vorlegung zur Durchsicht** Wirksamkeitserfordernis! (§ 23) + ggf „Übersetzung" durch Gebärdendolmetscher	auch Unterschrift der Hinzugezogenen (§ 22 Abs 2)
sprachbehindert	Zeuge oder zweiter Notar + Gebärdendolmetscher auf Verlangen (§ 22 Abs 1)	ggf „Übersetzung" durch Gebärdendolmetscher	auch Unterschrift der Hinzugezogenen (§ 22 Abs 2)
sehbehindert	Zeuge oder zweiter Notar (§ 22 Abs 1)		auch Unterschrift der Hinzugezogenen (§ 22 Abs 2)
schreibunfähig (auch in Kombination mit anderer Behinderung)	Zeuge oder zweiter Notar ist **Wirksamkeitserfordernis!** (§ 25)		auch Unterschrift des Hinzugezogenen ist **Wirksamkeitserfordernis!** (§ 25)

Für **Verfügungen von Todes wegen** bestehen keine Sondervorschriften bei Beteiligung behinderter Personen mehr; der frühere § 31 BeurkG – Übergabe einer Schrift durch Stumme – wurde durch das OLG-Vertretungsänderungsgesetz abgeschafft (vgl Rn 580).

a) Hör-, Sprach- oder Sehbehinderung
Während § 22 BeurkG (ebenso zuvor § 169 FGG, § 2233 Abs 1 aF) früher plastisch 553 von Tauben, Stummen und Blinden sprach, unterscheidet die Gesetzesüberschrift in der Fassung durch das OLG-Vertretungsänderungsgesetz (BGBl 2002 I 2850) nunmehr **hör-, sprach- und sehbehinderte Beteiligte**.

Entscheidend ist jeweils, ob das Hör-, Sprech- und Sehvermögen **für eine notarielle Beurkundung nicht mehr ausreicht**. So kommt es etwa darauf an, ob der Beteiligte den Urkundstext lesen kann (OLG Oldenburg NJW 1949, 89; OVG Schleswig SchlHA 1970, 138). Denn das Gesetz will den Beteiligten davor schützen, daß ihm Erklärungen untergeschoben werden, die seinem Willen nicht entsprechen (RG JW 1903, 130 Nr 23; OLG Oldenburg NJW 1949, 80 = MDR 1949, 178; OLG Hamm DNotZ 1967, 317; SEYBOLD DNotZ 1967, 543 – je zu Sehbehinderungen). Die Schutzvorschriften greifen nicht erst ein, wenn der Beteiligte völlig taub, stumm oder blind ist.

Maßgeblich ist der **Gesundheitszustand bei der Beurkundung**: Daher ist etwa auch derjenige sprechbehindert, der wegen einer Operation vorübergehend nicht sprechen kann (KGJ JFG 14, 249) oder dem sein Arzt zur Schonung der Stimmbänder zu Sprechen untersagt hat (OLG Köln DNotZ 1958, 94; MDR 1975, 740). Kann der Beteiligte mit der mitgebrachten Brille oder dem Hörgerät der Beurkundung folgen – oder spricht der Notar laut genug, so daß auch der schwerhörige Beteiligte ihn versteht, so liegt keine Behinderung iSd § 22 BeurkG vor (FRENZ ZNotP 1998, 373).

Eine **Sprachbehinderung** iSd § 22 BeurkG liegt auch vor, wenn der Beteiligte nur 554 „Ja" oder „Nein" sagen kann (aA ARMBRÜSTER, in: HUHN/vSCHUCKMANN § 22 Rn 4).

Zwar ließ die Rechtsprechung als mündliche Erklärung iSd § 2232 aF noch genügen, wenn der Beteiligte **nur „Ja" sagen** konnte (BGHz 37, 79, 84 = NJW 1962, 1149, 1150; BayObLG DNotZ 1969, 301 = MDR 1969, 146 = Rpfleger 1969, 18; ZEV 2000, 67; OLG Hamm OLGZ 1979, 20; DNotZ 1989, 584, 585; KG DNotZ 1960, 485; OLG Köln DNotZ 1958, 94 = MDR 1957, 740). Damit wollte die Rechtsprechung aber nur mehrfachbehinderten schreib- und sprachunfähigen Beteiligten weitestmöglich doch eine Testamentserrichtung ermöglichen, die nach altem Recht entweder eine „mündliche" Erklärung vor dem Notar voraussetzte (§ 2232 S 1 Var 1 aF) oder bei der Übergabe einer Schrift durch einen Stummen, die „eigenhändige" Erklärung, daß die Schrift seinen letzten Willen enthalte (§ 31 BeurkG); dies wurde durch das OLG-Vertretungsänderungsgesetz geändert – (vgl Rn 580). Die Schutzvorschriften der §§ 22 ff BeurkG greifen demgegenüber bereits ein, wenn der Beteiligte seinen Willen nicht in Sätzen artikulieren kann.

Die Unfähigkeit zu schreiben spielt nur dann eine Rolle, wenn der Beteiligte auch 555 seine **eigene Unterschrift nicht schreiben** kann (§ 25 BeurkG). Unerheblich ist, ob der Beteiligte wegen einer Krankheit oder körperlichen Behinderung nicht unterschreiben kann oder ob er Analphabet ist. Nicht zur Unterschrift fähig iSd § 25 BeurkG ist auch, wer nur mit einem Handzeichen unterzeichnen kann (vgl BGH

DNotZ 1958, 650). Nach § 25 BeurkG ist der Schreibzeuge sowohl erforderlich, wenn nach der Überzeugung des Notars der Beteiligte seinen Namen nicht schreiben kann wie wenn der Beteiligte dies selbst angibt.

556 Die besonderen Verfahrensvorschriften sind sowohl anzuwenden, wenn der **Notar die Behinderung zu seiner Überzeugung feststellt**, wie wenn die **Beteiligten selbst angeben**, behindert zu sein. Gibt ein Beteiligter an, behindert iSd § 22 BeurkG oder schreibunfähig iSd § 25 BeurkG zu sein, so muß der Notar dies nicht etwa nachprüfen, sondern nach §§ 22 ff BeurkG vorgehen, ausgenommen die Erklärung ist nicht ernstlich gemeint. Dies entspricht der Regelung des § 16 Abs 1 BeurkG über die mangelnde Sprachkunde.

b) Zuziehung weiterer Personen
aa) Zuziehung eines Zeugen oder zweiten Notars

557 Bei hör-, sprach- oder sehbehinderten Beteiligten ist entweder ein **Zeuge oder ein zweiter Notar** zur Beurkundung zuzuziehen, es sei denn, daß alle Beteiligten, also auch die Nichtbehinderten, darauf verzichten (§ 22 Abs 1 S 1 BeurkG). Die Zuziehung ist grundsätzlich keine Wirksamkeitsvoraussetzung.

558 **Wirksamkeitsvoraussetzung** ist hingegen die Zuziehung eines **Schreibzeugen**, wenn ein Beteiligter seinen Namen nicht schreiben kann (§ 25 BeurkG); hierauf können die Beteiligten nicht verzichten.

Der Schreibzeuge muß an der **gesamten Verlesung** und Genehmigung teilnehmen. Stellt der Notar daher erst am Schluß der Verhandlung fest, daß ein Beteiligter nicht zu unterschreiben vermag, muß er die gesamte Verlesung nach Zuziehung des Schreibzeugen wiederholen. In Zweifelsfällen wird daher der Notar vorsichtshalber einen Beteiligten vorab um Probeunterschriften bitten oder vorsorglich einen Schreibzeugen beiziehen.

bb) Verständigungsperson bei Unmöglichkeit schriftlicher Verständigung
559 **Wirksamkeitsvoraussetzung** ist auch die Zuziehung einer **Verständigungsperson** bei einem **Hör- oder Sprachbehinderten**, mit dem eine **schriftliche Verständigung nicht möglich** ist (§ 24 Abs 1 BeurkG. Vor der Änderung durch das OLG-Vertretungsänderungsgesetz hieß es „Vertrauensperson".).

Die Verständigungsperson ist daher etwa bei einem Sprachbehinderten erforderlich, der nicht schreiben kann, ebenso bei einem Hörbehinderten, der nicht lesen kann, weil er Analphabet oder weil er sehbehindert ist. Denn im ersteren Fall ist die aktive, im zweiten Fall die *passive Verständigung* unmöglich. Keine Verständigungsperson ist hingegen erforderlich, wenn der Sprachbehinderte schreiben oder der Hörbehinderte lesen kann, da dann zumindest eine schriftliche Verständigung möglich ist (Winkler § 24 BeurkG Rn 4). Ungenügend wäre hingegen, wenn der Notar meint, die Gebärden oder Laute eines sprachbehinderten Beteiligten zu verstehen; denn dann liegt keine *schriftliche Verständigung* vor.

Voraussetzung für die Anwendbarkeit des § 24 BeurkG ist – wie für §§ 16, 22, 25 BeurkG – wieder alternativ entweder die **Feststellung des Notars** oder die Erklärung der Beteiligten, wobei letzteres eher eine theoretische Alternative ist.

Der Notar soll die mangelnde Verständigungsmöglichkeit **in der Urkunde vermerken** (§ 24 Abs 1 S 2 BeurkG). Enthält die Niederschrift eine solche Feststellung und wird dennoch keine Verständigungsperson zugezogen, so ist die Beurkundung unwirksam (§ 24 Abs 1 S 2 BeurkG). Voraussetzung für die Formunwirksamkeit ist damit, daß sich die Unwirksamkeit aus der Urkunde selbst ergibt, ebenso wie bei einem Sprachunkundigen nach § 16 Abs 2 S 1 BeurkG (vgl OLG München DNotZ 1998, 214). Enthält die Urkunde einen entsprechenden Vermerk, wurde aber keine Verständigungsperson zugezogen, so ist die Beurkundung auch dann unwirksam, falls doch eine schriftliche Verständigung möglich war (BAUMANN, in: EYLMANN/VAASEN § 24 BeurkG Rn 1). Fehlt ein Vermerk, kann der Beteiligte ggf anfechten (§ 119 Abs 1), wenn er eine Erklärung des beurkundeten Inhalts nicht abgeben wollte.

Aufgabe der Verständigungsperson ist, gemeinsam mit dem Notar in persönlicher Mitverantwortung den erklärten Willen der behinderten Person in der Beurkundungsverhandlung zu ermitteln (OLG Hamm MittBayNot 2002, 406 = NJW 2002, 3410 = Rpfleger 2002, 448 = ZEV 2002, 458, 460; WINKLER § 24 Rn 14). Als **Anforderung** an die Verständigungsperson verlangt das Gesetz daher, daß sie den behinderten Beteiligten verstehen, sich mit ihm **verständigen**, seinen Willen übermitteln und ihm umgekehrt den Inhalt der daraufhin erstellten Urkunde mitteilen kann (ARMBRÜSTER, in: HUHN/VSCHUCKMANN § 24 Rn 5). Das Gesetz regelt nicht weiter, wie diese Verständigung zu erfolgen hat. Der Notar muß jedoch in der Urkunde vermerken, falls er an der Verständigungsmöglichkeit zweifelt.

Der **Behinderte** muß mit der zugezogenen Verständigungsperson nach Überzeugung des Notars **einverstanden** sein. Es genügt, daß der Notar die Überzeugung vom Vorliegen des Einverständnisses aus äußeren Umständen, wie zB dem Verhalten des Beteiligten, gewonnen hat (BT-Drucks 14/9266, 51). In der Praxis werden va nahe Angehörige und andere Vertrauenspersonen in Betracht kommen, da sie die Willensäußerungen des Behinderten am besten verstehen können, aber auch Taubstummendolmetscher und Gebärdendolmetscher. Ein besonderes Vertrauensverhältnis, wie es noch der Begriff der „Vertrauensperson" in § 24 BeurkG aF nahegelegt hatte, ist nicht erforderlich.

cc) Zuziehung eines Gebärdendolmetschers
Bei einem hör- oder sprachbehinderten Beteiligten ist – aber nur auf Verlangen des betreffenden Beteiligten – zusätzlich ein **Gebärdendolmetscher** zuzuziehen (§ 22 Abs 1 S 2 BeurkG idF durch das OLG-Vertretungsänderungsgesetz). Der Gebärdendolmetscher hat eine ähnliche Rolle wie der Übersetzer bei sprachfremden Beteiligten. Daher kann § 16 BeurkG wohl analog angewandt werden.

dd) Mitwirkungsverbote für zugezogene Personen
§ 26 BeurkG regelt Mitwirkungsverbote für Zeugen und zweiten Notar. Tatbestandsmäßig entsprechen die Mitwirkungsverbote für den **zweiten Notar** weitgehend dem Katalog der §§ 6 und 7 BeurkG. Als **Zeugen** sollen darüber hinaus auch **Notarangestellte** nicht zugezogen werden (§ 26 Abs 2 Nr 1 BeurkG), ebensowenig Minderjährige, Geisteskranke oder Geistesschwache (Nr 2–3) oder selbst Behinderte oder Sprachunkundige (Nr 4–6). § 26 Abs 2 BeurkG gilt auch für den Schreibzeugen.

§ 26 Abs 2 Nr 1 BeurkG untersagt nicht die Zuziehung von dem Notar zugewiesenen **Kassenangestellten, Notarassessoren** oder zur Ausbildung zugewiesenen Referendaren (Soergel/J Mayer § 26 Rn 9; Winkler § 26 Rn 8; aA – unzulässig: Armbrüster, in: Huhn/vSchuckmann § 26 Rn 8). Allerdings ist von der Zuziehung von Kassenangestellten oder Referendaren abzuraten (ebenso, allerdings unter Einbeziehung des Notarassessors: Baumann, in: Eylmann/Vaasen § 26 BeurkG Rn 5). Für den Notarassessor genügt die analoge Anwendung von Abs 1.

Die Mitwirkungsverbote des § 26 BeurkG sind nur **Sollvorschriften**, deren Verletzung nicht zur Unwirksamkeit der Beurkundung führt. Wirksam ist daher die Beurkundung etwa auch insoweit, als der Schreibzeuge oder sonstige Zeuge daraus einen rechtlichen Vorteil erlangt.

564 Für die **Verständigungsperson** besteht hingegen nur ein eingschränktes – aber zur **Unwirksamkeit** der betreffenden Erklärungen führendes – Mitwirkungsverbot, soweit die beurkundeten Willenserklärungen darauf gerichtet sind, der Verständigungsperson selbst einen **rechtlichen Vorteil** zu verschaffen (§ 24 Abs 2 BeurkG). Inhaltlich entspricht dies § 7 Nr 1 BeurkG (vgl daher zum Begriff des rechtlichen Vorteils Rn 322). Ein rechtlicher Vorteil liegt auch vor, soweit die Verständigungsperson in einer Verfügung von Todes wegen bedacht oder als Testamentsvollstrecker eingesetzt wird (§ 27 BeurkG; Winkler § 24 Rn 13).

In der Praxis führt dies zu Problemen, da häufig nur eine einzige Verständigungsperson vorhanden ist, die der Behinderte gerade als Erben oder Testamentsvollstrecker einsetzen will (Frenz ZNotP 1998, 373; Armbrüster, in: Huhn/vSchuckmann § 24 Rn 7). Unschädlich ist hingegen, soweit nur Angehörigen der Verständigungsperson ein rechtlicher Vorteil verschafft werden soll.

565 Für den **Gebärdendolmetscher** (§ 22 Abs 1 S 2 BeurkG) gelten nach hM weder die Ausschließungsgründe der §§ 6, 7 noch die Mitwirkungsverbote der §§ 26, 27 BeurkG, da es an einer ausdrücklichen Verweisung fehlt – auch wenn die hM dies selbst als problematisch ansieht (Reimann, in: Dittmann/Reimann/Bengel § 22 BeurkG Rn 19; Soergel/J Mayer § 22 BeurkG Rn 13; Winkler § 22 Rn 23). Ich würde hingegen auch den Gebärdendolmetscher unter § 16 Abs 3 S 2 BeurkG subsumieren oder die Verweisung auf §§ 6, 7 BeurkG jedenfalls analog anwenden, da eine vom Gesetzgeber offenkundig übersehene Regelungslücke vorliegt, die Funktion des Gebärdendolmetschers aber nach dem Willen des Gesetzgebers der des Fremdsprachendolmetschers entspricht. Zumindest ist dem Notar zu raten, auch den Gebärdendolmetscher in den Fällen des §§ 6 oder 7 BeurkG auszuschließen.

ee) Vereinigung mehrerer Rollen in einer Person

566 Vor allem aus den Mitwirkungsverboten und der Funktion der zugezogenen Personen ergibt sich, inwieweit zugezogene Personen zugleich auch andere Rollen bei der Beurkundung übernehmen können:

Der **beurkundende Notar** selbst kann **nie zugleich als zugezogene Person** fungieren. Allerdings kann der Notar bei Hörbehinderten selbst die Niederschrift in die Gebärdensprache „übersetzen", wenn er der Gebärdensprache hinreichend kundig ist (analog § 16 Abs 3 S 1 BeurkG).

Urkundsbeteiligte dürfen nicht zugleich als Zeuge oder zweiter Notar hinzugezogen werden (§ 26 Abs 1 Nr 1 BeurkG); auch können sie nicht Dolmetscher sein (§ 16 Abs 3 S 2 iVm § 6 Abs 1 Nr 1 BeurkG). Hingegen können Urkundsbeteiligte **zugleich als Verständigungsperson** handeln, soweit ihnen nicht die Erklärungen des Mehrfachbehinderten einen rechtlichen Vorteil verschaffen (§ 24 Abs 2 BeurkG); so kann etwa bei einem Übergabevertrag an die Kinder der nichtbehinderte Ehegatte zugleich Verständigungsperson des behinderten Ehegatten sein.

Ein **Dolmetscher oder Gebärdendolmetscher** kann gleichzeitig Verständigungsperson iSd § 24 BeurkG sein, da beide Funktionen vergleichbar sind.

Die Zuziehung eines **Zeugen** oder zweiten Notars ersetzt den Schreibzeugen (§ 25 S 1 HS 2 BeurkG). Hingegen kann ein Zeuge oder Schreibzeuge kann **nicht zugleich Verständigungsperson** sein (§ 24 Abs 3 BeurkG; LG Paderborn MittBayNot 2000, 240; FRENZ ZNotP 1998, 373; WINKLER § 24 Rn 12).

c) Besonderheiten der Verlesung

Einem **Hörbehinderten** ist die Niederschrift anstelle des Vorlesens **zur Durchsicht vorzulegen** (§ 23 S 1 HS 1 BeurkG). Dies ist **Wirksamkeitsvoraussetzung**, wenn die Niederschrift eine Feststellung enthält, daß ein Beteiligter hörbehindert ist (ähnlich wie nach §§ 16 Abs 2 S 1, 24 Abs 1 S 2 BeurkG).

Wird ein **Gebärdendolmetscher** zugezogen, so hat dieser die Niederschrift dem Hörbehinderten anstelle des Vorlesens in die Gebärdensprache zu „übersetzen" (analog § 16 Abs 2 S 1 BeurkG).

Auch bei einem **sehbehinderten** Beteiligten ist eine **Vorlage zur Durchsicht** möglich (zB für Karten nach § 9 Abs 1 S 3 BeurkG). Der Notar muß dann dem Sehbehinderten den Inhalt der vorgelegten Karte hinreichend beschreiben; dies ist auch in der Niederschrift zu vermerken (BT-Drucks 8/3594, 3; WINKLER § 13 BeurkG Rn 20 und § 22 BeurkG Rn 9, 21).

d) Vermerke in der Urkunde

Sämtliche Besonderheiten hat der Notar auch in der Urkunde zu **vermerken**: Zunächst ist die Behinderung eines Beteiligten festzustellen, falls ein Beteiligter nach seinen Angaben oder nach der Überzeugung des Notars nicht hinreichend zu hören, zu sprechen oder zu sehen vermag (§ 22 Abs 1 S 3 BeurkG), ferner falls mit einem Hör- oder Sprachbehinderten keine schriftliche Verständigung möglich ist (§ 24 Abs 1 S 1 BeurkG) oder falls er seinen Namen nicht schreiben kann (§ 25 S 2 BeurkG).

Ebenfalls zu vermerken ist, wenn ein Zeuge oder zweiter Notar, ein Gebärdendolmetscher, eine Verständigungsperson oder ein Schreibzeuge **zugezogen** wurde (§ 22 Abs 1 S 3, 24 Abs 1 S 2 HS 2, 25 S 2 BeurkG); ebenfalls zu vermerken ist, falls alle Beteiligten (im Fall des § 22 BeurkG) auf die Zuziehung eines Zeugen oder zweiten Notars verzichten (§ 22 Abs 1 S 3 BeurkG). Zu vermerken ist auch, ob der Behinderte nach der Überzeugung des Notars mit der zugezogenen Verständigungsperson einverstanden war (§ 24 Abs 1 S 2 HS 2 BeurkG).

Ebenfalls festzustellen ist, daß die Niederschrift einem hörbehinderten Beteiligten anstelle des Verlesens **zur Durchsicht vorgelegt** wurde (§ 23 S 1 HS 2 BeurkG), daß sie vom Gebärdendolmetscher „übersetzt" oder wie einem Sehbehinderten eine zur Durchsicht vorgelegte Karte etc erläutert wurde.

e) Besonderheiten der Unterschrift

570 **Alle zugezogenen Personen** haben auch zu unterschreiben. Ausdrücklich geregelt ist dies für den Zeugen oder zweiten Notar (§ 22 Abs 2 BeurkG), die Vertrauensperson (§ 24 Abs 1 S 3 BeurkG) sowie den Schreibzeugen (§ 25 S 3 BeurkG).

Nicht ausdrücklich geregelt ist dies für den **Gebärdendolmetscher**; jedoch kann man wohl die für den Sprachdolmetscher geltende Regelung des § 16 Abs 3 S 5 BeurkG entsprechend anwenden. Der Gesetzgeber hat wohl bei der Einführung des Gebärdendolmetschers in § 22 Abs 1 BeurkG durch das OLG-Vertretungsänderungsgesetz nur vergessen, den Gebärdendolmetscher in § 22 Abs 2 BeurkG ausdrücklich mit aufzunehmen (SOERGEL/J MAYER § 22 Rn 12; WINKLER § 22 Rn 28).

571 **Wirksamkeitsvoraussetzung** ist nur die Unterschrift des **Schreibzeugen** (§ 25 S 3 BeurkG).

XIII. Sondervorschriften für Verfügungen von Todes wegen

572 Als letzten Überrest der früher an getrennten Stellen geregelten Beurkundungsvorschriften für Verfügungen von Todes wegen einerseits (§§ 2229 ff aF) und sonstigen Beurkundungen von Willenserklärungen andererseits (§§ 168 ff FGG aF) finden sich im Beurkundungsgesetz noch ein paar Sondervorschriften für die Beurkundung von Verfügungen von Todes wegen.

Bei einem **Erbvertrag** gelten die Sondervorschriften für die gesamte Niederschrift, also auch für die Erklärungen des anderen Vertragsschließenden, dh dessen der nur die Annahme des Erbvertrages erklärt, ohne selbst Verfügungen von Todes wegen zu treffen (§ 33 BeurkG).

1. Mitwirkungsverbote (§ 27 BeurkG)

573 § 27 BeurkG stellt klar, daß die verschiedenen Vorschriften über **Mitwirkungsverbote** (§§ 7, 16 Abs 3 S 2, 24 Abs 2, 26 Abs 1 Nr 2) auch für die Personen gelten, die in einer Verfügung von Todes wegen bedacht oder zum Testamentsvollstrecker ernannt werden. Die Vorschrift zeigt, daß das Gesetz von einem weiten, materiellen Begriff der Sachbeteiligung und damit der „Angelegenheit" iSd § 3 Abs 1 BeurkG ausgeht.

Durch eine Verfügung von Todes wegen „**bedacht**" ist jeder Erbe (auch Vor- und Nacherbe, Ersatzerbe oder Ersatznacherbe) sowie Vermächtnisnehmer (auch Ersatz- oder Nachvermächtnisnehmer), hingegen nach hM nicht der durch eine bloße Auflage Begünstigte, da die Auflage ihm keinen Anspruch gibt.

Während die Benennung des Urkundsnotars oder seines Sozius zum **Testamentsvollstrecker** unwirksam ist, soll es nach hM zulässig sein, wenn der Notar nur den

Wunsch des Erblassers an das Nachlaßgericht beurkundet, ihn zum Testamentsvollstrecker zu bestimmen; denn dann erfolgt noch eine Kontrolle durch das Gericht (OLG Stuttgart OLGZ 1990, 14 = DNotZ 1990, 43 m Anm REIMANN; ARMBRÜSTER, in: HUHN/vSCHUCKMANN § 27 Rn 7; WINKLER § 17 Rn 9; aA BAUMANN, in: EYLMANN/VAASEN § 27 BeurkG Rn 4).

Rechtsfolge eines Verstoßes ist die **Unwirksamkeit der Erklärungen** zugunsten des Notars bzw seiner in § 7 BeurkG genannten **Angehörigen**. Beim Testament wird es idR bei einer bloßen Teilunwirksamkeit bleiben, da dem Erblasser im Zweifel eine unvollständige Verfügung immer noch lieber gewesen wäre als gar keine Verfügung von Todes wegen (so insbes für die Beurkundung der Bestimmung des Urkundsnotars oder eines seiner Sozien zum Testamentsvollstrecker: WINKLER § 27 BeurkG Rn 9, 12; problematisch ist dies, wenn keine Benennung eines Ersatztestamentsvollstreckers vorgesehen ist). 574

Die Unwirksamkeit tritt auch ein, wenn der Notar nichts von der Begünstigung wußte – dh auch bei Übergabe eines Testamentes als **verschlossene Schrift** (§ 2232). Ist mit einer begünstigenden Klausel zu rechnen, so empfiehlt sich, auf eine mögliche Unwirksamkeit nach § 27 BeurkG hinzuweisen (BOEHMER DNotZ 1940, 143; WINKLER § 27 BeurkG Rn 13). 575

2. Feststellungen über die Geschäftsfähigkeit (§ 28 BeurkG)

Während der Notar allgemein Feststellungen über die Geschäftsfähigkeit eines Beteiligten nur bei Zweifeln bzw bei einer schweren Erkrankung des Beteiligten treffen muß (§ 11 Abs 1 S 2, Abs 2 BeurkG), hat er bei Verfügungen von Todes wegen immer zu prüfen, ob die erforderliche Testierfähigkeit (§ 2229) bzw Geschäftsfähigkeit für den Erbvertrag (§ 2275 Abs 1) vorliegt und hierüber einen Vermerk in die Urkunde aufzunehmen. Damit ist bei einem Streit über die Testier- oder Geschäftsfähigkeit des Erblassers nach dessen Tod zwar kein Beweis über die Testierfähigkeit selbst möglich, wohl aber über die seinerzeitigen Wahrnehmungen des Notars. 576

Die Feststellungen sind in die Niederschrift aufzunehmen. Ausnahmsweise hält die Literatur auch für zulässig, die Feststellung in einer getrennten, als notarielle Tatsachenbescheinigung erstellten Urkunde erfolgen, wenn dies erforderlich ist, um den Beteiligten zu schonen und eine sachgerechte Beurkundung durchzuführen (WINKLER § 11 BeurkG Rn 15 ff).

3. Mitwirkung von Zeugen (§ 29 BeurkG)

Verlangt es der Erblasser, so soll der Notar zur Beurkundung der Verfügung von Todes wegen **bis zu zwei Zeugen** oder einen zweiten Notar zuziehen. Dies ist in der Urkunde zu vermerken. Die Zeugen sollen die Niederschrift mit unterschreiben. Verstöße gegen § 29 BeurkG beeinträchtigen die Wirksamkeit der Beurkundung nicht. 577

In der Praxis verlangen Erblasser so gut wie niemals die Zuziehung von Zeugen oder eines zweiten Notars. Teilweise erwähnen jedoch Musterformulierungen den

„Verzicht" auf die Zuziehung von Zeugen, um den Beteiligten die Möglichkeit einer Zuziehung vor Augen zu führen.

578 § 29 BeurkG regelt nur, wann der Notar Zeugen zuziehen muß. Er verbietet daher nicht, auch in anderen Fällen oder auch mehr als nur zwei Zeugen zuzuziehen etwa zur Beurkundung eines US-amerikanischen **Drei-Zeugen-Testaments**. Allerdings steht die Zuziehung von Zeugen außerhalb des § 29 BeurkG im Ermessen des Notars.

4. Testamentserrichtung durch Übergabe einer Schrift (§ 30 BeurkG)

579 § 2232 S 1 Var 2 läßt als zweite Möglichkeit der Errichtung eines öffenlichen Testamentes die Übergabe einer Schrift zu – eine in der Praxis allerdings selten genutzte Möglichkeit. Die Schrift kann entweder offen oder verschlossen übergeben werden.

Wer **nicht lesen** kann, kann allerdings kein Testament durch Übergabe einer Schrift errichten (§ 2233 Abs 2). Auch **Minderjährigen** ist die Testamentserrichtung durch Übergabe einer verschlossenen Schrift nicht möglich (§ 2233 Abs 1).

a) Übergabe der Schrift und Erklärung des Erblassers
580 Bei der Übergabe der Schrift muß der **Erblasser erklären**, daß die Schrift seinen letzten Willen enthält.

Nach **früherem Recht** mußte die Erklärung grundsätzlich mündlich abgegeben werden (§ 30 BeurkG aF). Ein Stummer mußte die Erklärung hingegen eigenhändig abgeben (§ 31 BeurkG aF). Da der Stumme (**sprechunfähige Erblasser**) aber nach früherem Recht ein Testament nur durch Übergabe einer Schrift errichten konnte (§ 2233 Abs 3 aF) waren im Ergebnis Erblasser, die sowohl sprech- wie schreibunfähig waren, von der Errichtung von Verfügungen von Todes wegen ganz ausgeschlossen. Dies verstieß nach BVerfGE 99, 341 (= DNotZ 1999, 409 m Anm Rossak = FamRZ 1999, 985 = NJW 1999, 1853 = ZEV 1999, 147 m Anm Vollkommer ZEV 1999, 268) gegen die verfassungsrechtliche Testierfreiheit (Art 14 Abs 1 S 1 GG).

Daher wurden durch das **OLG-Vertretungsänderungsgesetz** (BGBl 2002 I 2850) § 2233 Abs 3 aF und § 31 BeurkG ersatzlos gestrichen und auf das Mündlichkeitserfordernis in § 2232 verzichtet. Ein bloßes Kopfnicken kann daher als Erklärung genügen. Theoretisch könnte auch ein Gesunder dergestalt durch Kopfnicken testieren; in der Praxis wird der Notar dann entweder an der Testierfähigkeit oder an der Ernstlichkeit des geäußerten Willens zweifeln.

b) Niederschrift
581 Über die Übergabe ist eine Niederschrift nach §§ **8 ff BeurkG** aufzunehmen.

Mindestinhalt der Niederschrift ist die **Feststellung, daß die Schrift übergeben wurde** (§ 30 S 1 BeurkG) und daß der Erblasser dabei erklärte, daß die Schrift seinen letzten Willen enthalte (§ 9 Abs 1 S 1 Nr 2 BeurkG). Ansonsten ist die Niederschrift – und damit die Testamentserrichtung – unwirksam.

Im übrigen gelten für die Niederschrift die allgemeinen Regeln, dh die Niederschrift ist dem Beteiligten vorzulesen, von ihm zu genehmigen und zu unterschreiben. Die **übergebene Schrift** muß hingegen auch dann **nicht vorgelesen** werden, wenn sie offen übergeben wird (§ 30 S 5 HS 2 BeurkG); zulässig ist die Verlesung hingegen.

c) Kennzeichnung und Beifügung der übergebenen Schrift

Die Schrift ist zu **kennzeichnen**, so daß eine Verwechslung mit anderen Schriftstücken ausgeschlossen ist (§ 30 S 2 BeurkG). Wichtig ist dies vor allem bei einer verschlossen übergebenen Schrift, wenn diese nicht in Gegenwart des Erblassers zusammen mit der Niederschrift in einen Umschlag verschlossen wird (§ 34 BeurkG läßt auch bei verschlossenen Schriften eine nachträgliche Beifügung zu). **582**

Zur Kennzeichnung könnte der Notar etwa vermerken „zu URNr ... übergebene Schrift" (JANSEN § 30 Rn 3) oder „von Erblasser ... übergebene Schrift". Ebenso möglich ist eine genaue Beschreibung in der Niederschrift, etwa wenn die verschlossene Schrift vom Notar mit einem Zeichen versehen wird (BT-Drucks 5/3282, 35). Sinnvollerweise kombiniert der Notar beides.

Die übergebene Schrift muß bei Errichtung der Niederschrift vorliegen. Sie ist der Niederschrift **beizufügen** (§ 30 S 5 HS 1 BeurkG). Die spätere Verbindung mit Schnur und Siegel (§ 44 BeurkG) ist sinnvoll, aber nicht gesetzlich vorgeschrieben. **583**

Vorgeschrieben ist lediglich, die Niederschrift zusammen mit der übergebenen Schrift in einen Umschlag zu versiegeln, der in die besondere amtliche Verwahrung des Nachlaßgerichtes zu geben ist (§ 34 BeurkG – vgl Rn 589).

d) Kenntnisnahme des Notars von der offenen Schrift

Wird die Schrift **offen übergeben**, hat der Notar von deren Inhalt Kenntnis zu nehmen (§ 30 S 4 BeurkG). Dann treffen den Notar dieselben Prüfungs- und **Belehrungspflichten** (§ 17 BeurkG) wie bei der Niederschrift einer mündlichen Erklärung des Erblassers. Stellt sich dabei heraus, daß die Verfügung sinnvollerweise geändert wird, empfiehlt sich idR eine Beurkundung der mündlichen Erklärung. **584**

Bei Übergabe einer **verschlossenen Schrift** ist der Notar berechtigt, den Erblasser über deren Inhalt zu befragen, um ihn belehren zu können. Eine diesbezügliche Amtspflicht besteht aber nicht (SOERGEL/J MAYER § 30 Rn 7; WINKLER § 30 BeurkG Rn 10). Soweit in der Literatur dem Notar angesonnen wird, jedenfalls unerfahrene Beteiligte auf die Gefahren hinzuweisen und von der Errichtung eines Testaments durch verschlossene Schrift abzuraten (ARMBRÜSTER, in: HUHN/VSCHUCKMANN § 30 Rn 11; BENGEL, in: DITTMANN/REIMANN/BENGEL § 30 BeurkG Rn 9), ist dies als Empfehlung an den Notar richtig, aber nicht als Amtspflicht. **585**

5. Sprachunkundiger Erblasser (§ 32 BeurkG)

Errichtet ein nicht hinreichend sprachkundiger Erblasser eine Verfügung von Todes wegen durch Erklärung zur Niederschrift des Notars (mündlich oder durch Gebärden etc – WINKLER § 32 BeurkG Rn 6), so muß – als **Wirksamkeitsvoraussetzung** – eine **schriftliche Übersetzung** angefertigt werden (§ 32 S 1 BeurkG). Diese soll der Niederschrift beigefügt werden (keine Wirksamkeitsvoraussetzung). **586**

Der Erblasser kann auf die schriftliche Übersetzung **verzichten**; dann muß der Verzicht aber in der Urkunde vermerkt werden (Wirksamkeitsvoraussetzung).

587 § 32 BeurkG macht aus dem Recht es Sprachunkundigen nach § 16 BeurkG, eine schriftliche Übersetzung zu verlangen, eine Wirksamkeitsvoraussetzung – auf die allerdings verzichtet werden kann. Im übrigen ist § 32 BeurkG **in den § 16 BeurkG „hineinzuprüfen"**.

Voraussetzung für die Unwirksamkeitsfolge des § 32 BeurkG ist daher, daß die Urkunde einen **Vermerk über die mangelnde Sprachkunde** enthält (§ 16 Abs 2 S 1 BeurkG; WINKLER § 32 Rn 16); denn nur dann ist der Urkunde selbst die Unwirksamkeit zu entnehmen. Daher ist umgekehrt auch der Verzicht nur wirksam, wenn er in der Niederschrift vermerkt wird.

588 Nach § 16 iVm § 32 BeurkG gilt daher für Verfügungen Sprachunkundiger von Todes wegen: Bemerkt der Notar die mangelnde Sprachkunde oder erklärt sie ein Beteiligter, so ist ein Vermerk in die Urkunde aufzunehmen. Dann muß (Wirksamkeitsvoraussetzung) die Niederschrift dem Erblasser **mündlich übersetzt** werden. Zusätzlich muß (Wirksamkeitsvoraussetzung) eine **schriftliche Übersetzung** erstellt werden, wenn der Sprachunkundige nicht darauf verzichtet und der Verzicht in der Niederschrift vermerkt ist (Wirksamkeitsvoraussetzung). Die zusätzliche mündliche Übersetzung ist entbehrlich, wenn die schriftliche Übersetzung verlesen wird (WINKLER § 32 BeurkG Rn 15).

Um es bei den Fällen des § 32 BeurkG nicht zu vergessen, wird in der Praxis häufig auch bei Rechtsgeschäften Sprachunkundiger unter Lebenden ein Vermerk über einen „Verzicht" der Beteiligten auf die schriftliche Übersetzung aufgenommen.

6. Verschließung und Verwahrung (§§ 34, 35 BeurkG)

a) Ablieferung zur Verwahrung durch das Nachlaßgericht

589 Die Testamentsniederschrift hat der Notar in einen **Umschlag** zu nehmen und mit dem **Prägesiegel** zu verschließen (§ 30 Abs 1 S 1 BeurkG), so daß der Umschlag ohne Verletzung des Prägesiegels nicht wieder geöffnet werden kann. Wird das Testament durch Übergabe einer Schrift errichtet (§ 30 BeurkG) oder hat ein sprachunkundiger Erblasser nicht auf eine schriftliche Übersetzung verzichtet (§ 32 BeurkG), so sind die Schrift bzw die Übersetzung mit in den Umschlag zu nehmen (§ 30 Abs 1 S 2 BeurkG). Anders als nach früherem Recht muß die Verschließung nicht in Gegenwart der Beteiligten erfolgen; der Notar kann daher ggf noch Fehler in der Niederschrift entdecken und durch Nachtragsvermerk korrigieren (BT-Drucks V/3282, 36).

Auf dem Umschlag ist der Erblasser anzugeben sowie das Datum der Testamentserrichtung (§ 30 Abs 1 S 3 BeurkG); hierfür wird idR ein amtlicher Vordruck verwendet. Außerdem soll der Notar auf dem Umschlag **unterschreiben** (§ 30 Abs 1 S 3 BeurkG). Die Unterschrift auf dem Umschlag ersetzt eine ggf fehlende Unterschrift des Notars auf der Testamentsniederschrift (§ 35 BeurkG).

Das Testament ist vom Notar unverzüglich in die besondere amtliche **Verwahrung des Amtsgerichtes** (§§ 2258a, b) zu bringen (§ 30 Abs 1 S 4 BeurkG)

Dasselbe gilt bei einem **Erbvertrag**, sofern die Beteiligten nicht die besondere amtliche Verwahrung durch das Nachlaßgericht ausschließen (§ 34 Abs 2 HS 1 BeurkG).

b) Erbvertrag
Bei einem Erbvertrag können die Beteiligten die besondere amtliche **Verwahrung durch das Nachlaßgericht ausschließen** (§ 34 Abs 2 HS 1 BeurkG). Bei einem Testament kann hingegen die Verwahrung durch das Nachlaßgericht nicht ausgeschlossen werden, ebensowenig bei einem gemeinschaftlichen Testament. IdR erfolgt der Ausschluß ausdrücklich; als Ausschluß gilt aber im Zweifel auch, wenn der Erbvertrag mit einem anderen Vertrag in derselben Urkunde verbunden wird (§ 34 Abs 2 HS 2 BeurkG), also insbes beim Ehe- und Erbvertrag.

Der Erbvertrag bleibt dann in der Verwahrung des Notars und ist nach Eintritt des (ersten) **Erbfalls an das Nachlaßgericht abzuliefern** (§ 34 Abs 3 BeurkG). Damit möglichst keine Erbverträge übersehen werden, muß der Notar 50 Jahre nach Beurkundung des Erbvertrages Ermittlungen anstellen, ob der Erblasser noch lebt und – falls er dies nicht positiv feststellen kann – den Erbvertrag an das Nachlaßgericht abliefern, wo er ggf eröffnet wird (§ 20 Abs 4 DONot iVm §§ 2300a, 2263a). Bei der Ablieferung nimmt der Notar eine beglaubigte Abschrift zu seiner Urkundensammlung (§ 20 Abs 3 DONot).

c) Benachrichtigung des Geburtsstandesamtes (§ 20 DONot)
Außerdem hat der Notar das **Geburtsstandesamt des Erblassers** zu benachrichtigen – sowohl bei der Beurkundung einer Verfügung von Todes wegen wie bei anderen Urkunden, durch die die Erbfolge geändert wird (zB Aufhebungsvertrag zu einem Erbvertrag, Rücktritts- oder Anfechtungserklärung, Erbverzichtsvertrag, Eheverträge mit erbrechtlichen Auswirkungen; § 20 Abs 1 und 2 DONot). Damit soll sichergestellt werden, daß beim Tod sämtliche Rechtsgeschäfte mit Auswirkungen auf die Erbfolge an einer Stelle registriert sind. Zu melden ist nur die Tatsache der Errichtung des betreffenden Rechtsgeschäftes, nicht dessen Inhalt.

XIV. Niederschriften über andere als Willenserklärungen

Von den im Dritten Abschnitt des Beurkundungsgesetzes (§§ 36–43 BeurkG) geregelten sonstigen Beurkundungen spielen für Fragen der materiellen Wirksamkeit von Rechtsgeschäften in der Praxis vor allem die Aufnahme eidesstattlicher Versicherungen (§ 38 BeurkG) und die Beurkundung der Beschlüsse von Gesellschafterversammlungen eine Rolle (§ 37 BeurkG; § 130 AktG).

1. Eide, eidesstattliche Versicherungen (§ 38 BeurkG)

a) Zuständigkeit
§ 22 BNotO regelt die Zuständigkeit der Notare, § 38 BeurkG das Verfahren bei der Abnahme von Eiden und der Aufnahme eidesstattlicher Versicherungen. Nach § 22 Abs 1 BNotO ist der Notar zur **Abnahme von Eiden** grundsätzlich nur für den

Rechtsverkehr mit dem **Ausland** zuständig. Prakischer Hauptfall ist das **Affidavit** zur Verwendung in den anglo-amerikanischen Ländern.

Die **Aufnahme einer eidesstattlichen Versicherung** steht dem Notar hingegen in allen Fällen zu, in denen sie zur Vorlage bei einer Behörde bestimmt ist (§ 22 Abs 2 BNotO). Praktischer Hauptfall ist die eidesstattliche Versicherung für den **Erbscheinsantrag** (§ 2356 Abs 2; ebenso für Testamentsvollstreckerzeugnis, § 2368 Abs 3, Zeugnis über die Fortsetzung einer Gütergemeinschaft, § 1507); häufig sind auch Versicherungen über den Verlust eines Fahrzeugscheines für den Antrag auf Erstellung eines neuen Fahrzeugscheines. Der Notar muß nicht prüfen, ob die Behörde, bei der die Versicherung vorgelegt werden soll, tatsächlich zuständig ist; ist ihm jedoch deren Unzuständigkeit bekannt, hat er die Beurkundung abzulehnen (vSCHUCKMANN/PREUSS, in: HUHN/vSCHUCKMANN § 38 BeurkG Rn 12; SANDKÜHLER, in: ARNDT/ LERCH/SANDKÜHLER § 22 BNotO Rn 24; **aA** – lediglich Berechtigung zur Ablehnung: LIMMER, in: EYLMANN/VAASEN § 38 BeurkG Rn 13; SCHIPPEL/REITHMANN § 22 BNotO Rn 1; WINKLER § 38 BeurkG Rn 6). Eine zur Vorlage gegenüber einer Privatperson bestimmte eidesstattliche Versicherung (etwa ein eidesstattliches Vermögensverzeichnis zur Vorlage bei einer Bank) darf der Notar hingegen nach allgemeiner Ansicht nicht beurkunden, weil dadurch der falsche Eindruck geschaffen würde, als stünde die Erklärung unter einer besonderen, strafrechtlich sanktionierten (§ 156 StGB) Wahrheitspflicht

In einigen Tatbeständen sieht das Gesetz auch eine **ausschließliche Zuständigkeit des Amtsgerichtes** (idR des Rechtspfleger) für die Abnahme der eidesstattlichen Versicherung vor, so zB in §§ 259, 260, 261, 2006, 2028, 2057. Denn hier steht die eidesstattliche Versicherung in unmittelbarem Zusammenhang mit einem Verfahren der streitigen oder freiwilligen Gerichtsbarkeit.

b) Eidesstattliche Versicherung

594 Für das **Beurkundungsverfahren** gelten die Vorschriften über die **Beurkundung von Willenserklärungen entsprechend** (§ 38 Abs 1 iVm §§ 8 ff BeurkG). Als Wirksamkeitserfordernisse muß die Niederschrift daher den Notar und den Beteiligten bezeichnen sowie die Erklärung des Beteiligten enthalten (§ 9 Abs 1 BeurkG), dem Beteiligten vorgelesen, von ihm genehmigt und von ihm sowie vom Notar eigenhändig unterschrieben werden (§ 13 Abs 1 und 4 BeurkG).

Eid und eidesstattliche Versicherungen sind **höchstpersönliche Erklärungen**; eine Vertretung ist unzulässig.

595 Dem Grundsatz nach gelten die Prüfungs- und Belehrungspflichten des § 17 BeurkG; der Sache nach kommen allerdings im wesentlichen nur die Pflicht zur Klärung des Sachverhalts bzw die Willenserforschungspflicht und die Formulierungspflicht in Betracht; die Rechtsbelehrungspflicht erfaßt hingegen nur rechtsgeschäftliche Erklärungen.

Statt dessen verpflichtet § 38 Abs 2 BeurkG (früher § 22 Abs 4 BNotO) den Notar zur **Belehrung über die Bedeutung des Eides** oder der eidesstattlichen Versicherung; die Belehrung ist in der Urkunde zu vermerken (beides keine Wirksamkeitsvoraussetzung). Dazu gehört auch die Belehrung über die strafrechtlichen Folgen einer (vorsätzlichen oder fahrlässigen) falschen Erklärung von Eides statt (§§ 156, 163

StGB) oder eines falschen Eides (vSCHUCKMANN/PREUSS, in: HUHN/vSCHUCKMANN § 38 BeurkG Rn 19; LIMMER, in: EYLMANN/VAASEN § 38 BeurkG Rn 15; WINKLER § 38 BeurkG Rn 14).

Eine **Unterschriftsbeglaubigung unter ein als „eidesstattliche Versicherung"** bezeich- **596** netes Schriftstück sollte der Notar ablehnen, sofern nicht die Überschrift gestrichen wird; denn das Schrifstück bleibt Privaturkunde und erweckt nur den Anschein größerer Wahrheitsgewähr. Nur eine Mindermeinung sieht jedoch eine Pflicht zur Ablehnung aufgrund des falschen Anscheins (SANDKÜHLER, in: ARNDT/LERCH/SANDKÜHLER § 22 BNotO Rn 27; eingeschränkt auch DIETERLE BWNotZ 1987, 11, 14, für den – unwahrscheinlichen – Fall, daß der Notar den Text selbst entworfen hat und eine eidesstattliche Versicherung unzulässig wäre); nach hM ist aufgrund des begrenzten Prüfungsumfangs des § 40 Abs 2 BeurkG die Unterschriftsbeglaubigung zulässig (vSCHUCKMANN/PREUSS, in: HUHN/vSCHUCKMANN § 38 BeurkG Rn 16; LIMMER, in: EYLMANN/VAASEN § 38 BeurkG Rn 10; SCHIPPEL/REITHMANN § 22 BNotO Rn 22; WINKLER § 38 BeurkG Rn 15).

c) Eid

Für den Eid gilt grundsätzlich dasselbe Verfahren. Der Notar liest dem Beteiligten **597** zunächst die zu beeidigende Aussage vor, der Beteiligte genehmigt sie (§ 13 Abs 1 BeurkG). Dann belehrt der Notar über die Bedeutung des Eides (§ 38 Abs 2 BeurkG). Danach erfolgt die Eidesleistung; §§ 481, 392 ZPO sind entsprechend anzuwenden. Der Notar spricht den Eid vor, der Beteiligte spricht ihn nach.

d) Affidavit

Zur Verwendung in den Ländern des *common law* wird häufig ein **Affidavit** benö- **598** tigt. Die jedenfalls früher hM hielt hierfür immer die Abnahme eines Eides nach § 38 BeurkG für erforderlich sei (BRAMBRING DNotZ 1976, 726; HAGENA DNotZ 1978, 387; LIMMER, in: EYLMANN/VAASEN § 38 Rn 10; MECKE/LERCH § 38 Rn 4). Eine neuere Auffassung differenziert hingegen zu recht danach, welche Rechtswirkung die ausländische Rechtsordnung dem Affidavit beimißt; häufig genügt dann ein bloßer Vermerk des Notars mit Unterschriftsbeglaubigung nach §§ 39, 40 BeurkG (SCHIPPEL/REITHMANN § 22 BNotO Rn 25 f; Gutachten DNotI-Report 1996, 4; vSCHUCKMANN/PREUSS, in: HUHN/ vSCHUCKMANN § 38 Rn 7). Denn wenn das ausländische Recht eine der Unterschriftsbeglaubigung ähnliche schriftliche Bekräftigung genügen läßt, ist auch bei der Substitution durch eine deutsche Form kein höherer Standard erforderlich.

IdR muß der Beteiligte einen bestimmten Wortlaut auf Englisch bekräftigen, häufig ist sogar ein **bestimmtes Formular** zu verwenden. Wird eine Niederschrift beurkundet, so kann ein solches Formular als Anlage iSd § 9 Abs 1 S 2 BeurkG mitbeurkundet werden.

IdR benötigt der Beteiligte die Urschrift zum Gebrauch im Ausland. Hierfür ist eine *Aushändigung der Urschrift* auch bei einer Niederschrift zulässig (§ 45 Abs 2 S 1 BeurkG).

2. Beurkundung von GmbH-Gesellschafterbeschlüssen

Bei der GmbH sind lediglich die Gesellschafterbeschlüsse zu Satzungsänderungen **599** beurkundungsbedürftig (§ 53 Abs 1 S 1 GmbHG – Rn 211; vgl allg EICKHOFF, Die Praxis der Gesellschafterversammlung bei GmbH und GmbHG & Co. KG [3. Aufl]; RÖLL DNotZ 1979,

644). Erfolgen im Rahmen der Gesellschafterversammlung noch andere Beschlüsse (zB Geschäftsführerwechsel), so müssen diese nicht mitbeurkundet werden (werden allerdings in der Praxis idR mitbeurkundet; dann hat der Notar bereits den zum Handelsregister mit einzureichenden Gesellschafterbeschluß).

a) Tatsachenbeurkundung oder Beurkundung als Willenserklärung

600 Gesellschafterbeschlüsse sind einseitige zugangsbedürftige Willenserklärungen (BGH NJW 1952, 98). Für sie sieht das Beurkundungsgesetz aber nicht die Niederschrift über Willenserklärungen vor (§§ 8 ff BeurkG), sondern sie können auch als **Tatsachenbeurkundung** aufgenommen werden (§§ 36, 37 BeurkG).

Ebenso zulässig ist jedoch auch eine **Beurkundung als Willenserklärung** nach §§ 8 ff BeurkG; dies in der Praxis sogar der Regelfall. Sollen in derselben Niederschrift auch Willenserklärungen beurkundet werden (zB die Erklärung zur Übernahme einer Stammeinlage bei Stammkapitalerhöhung, § 55 Abs 1 GmbHG), so muß die gesamte Niederschrift nach den Vorschriften über die Beurkundung von Willenserklärungen aufgenommen werden, dh insbes verlesen, genehmigt und unterzeichnet werden; dann ist die **strengere Form einzuhalten** (SCHOLZ/PRIESTER § 53 GmbHG Rn 70; RÖLL DNotZ 1979, 644, 646; WINKLER vor § 36 BeurkG Rn 16). Eine Beurkundung als Willenserklärung setzt jedoch voraus, daß alle Gesellschafter hieran mitzuwirken bereit sind; denn die Beurkundung als Willenserklärung wäre jedenfalls teilweise unwirksam, wenn etwa ein überstimmter Gesellschafter die Unterschrift verweigert.

Die **Gründung** einer GmbH erfolgt durch Vertrag, nicht durch Beschluß; sie ist daher stets nach §§ 8 ff BeurkG zu beurkunden; ebenso Vertragsänderungen vor Entstehung der GmbH (dh Eintragung, § 11 GmbHG). Eine Satzungsänderung kann hingegen auch dann als Beschluß nach §§ 36, 37 BeurkG beurkundet werden, wenn die Satzung völlig neu gefaßt wird (LIMMER, in: EYLMANN/VAASEN § 37 Rn 213; RÖLL MittBayNot 1993, 172; WINKLER DNotZ 1982, 494, 495; offen OLG Köln MittBayNot 1993, 170).

b) Inhalt der Niederschrift bei Tatsachenbeurkundung

601 Bei einer Tatsachenbeurkundung muß (Wirksamkeitserfordernis) die Niederschrift nach § 37 Abs 1 S 1 BeurkG nur die **Bezeichnung des Notars** (Nr 1) sowie den Bericht über seine Wahrnehmungen (Nr 2) enthalten. Für die Bezeichnung des Notars gelten dieselben Anforderungen wie nach § 9 Abs 1 S 1 Nr 1 BeurkG (OLG Frankfurt MDR 1986, 506 = MittBayNot 1986, 274 = Rpfleger 1986, 184 – vgl Rn 328).

Die **Bezeichnung der Beteiligten** ist – anders als bei der Niederschrift von Willenserklärungen – nicht Wirksamkeitsvoraussetzung. Jedoch läßt sich die Wirksamkeit der beurkundeten Satzungsänderung nur belegen, wenn die bei der Gesellschafterversammlung anwesenden oder vertretenen Gesellschafter angegeben werden. Bevollmächtigte bedürfen einer Vollmacht in Textform (§ 47 Abs 3 GmbHG) bzw einer notariell beglaubigten Vollmacht für die Übernahme einer Stammeinlage bei Stammkapitalerhöhung (§§ 55 Abs 1, 2 Abs 1 GmbHG analog – OLG Neustadt GmbHR 1952, 58).

Anzugeben sind ferner sowohl **Tag und Ort der Wahrnehmung wie der Niederschrift** (kein Wirksamkeitserfordernis). Die Niederschrift muß nicht unmittelbar nach der Wahrnehmung erfolgen. Die Vergleich beider Daten läßt aber erkennen, ob der

Notar die Urkunde noch unter dem frischen Eindruck seiner Wahrnehmungen gefertigt hat und ist somit für den Beweiswert der Urkunde wichtig (BT-Drucks 5/3282, 37; WINKLER § 37 BeurkG Rn 7).

Welche Wahrnehmungen in der Niederschrift festzuhalten sind, bestimmt das materielle Recht. Beurkundungsbedürftig ist nach § 53 Abs 1 GmbHG der Beschluß mit dem neuen *Wortlaut der geänderten Satzungsbestimmungen*, ebenso die Erreichung der gesetzlich für die Satzungsänderung geforderten Drei-Viertel-Mehrheit oder einer in der Satzung abweichend festgelegten Mehrheit. **602**

Empfehlenswert, aber nicht für die Wirksamkeit erforderlich ist auch die Beurkundung der tatsächlichen Erklärungen der Beteiligten zur *Einberufung*, da die form- und fristgerechte Einberufung Wirksamkeitsvoraussetzung ist, ferner Angaben zur Art der Abstimmung. Am einfachsten orientiert sich der Notar an den Erfordernissen des *§ 130 AktG* für ein Hauptversammlungsprotokoll (RÖLL DNotZ 1979, 644).

c) Beurkundungsverfahren
Eine Niederschrift über Tatsachen muß **weder verlesen** noch von den Beteiligten genehmigt oder unterzeichnet werden. Erforderlich ist lediglich die Unterschrift des Notars (§ 37 Abs 3 iVm § 13 Abs 3 BeurkG). Der Notar kann daher die Niederschrift auch nachträglich ohne Anwesenheit der Beteiligten erstellen. **603**

d) Keine Belehrungspflicht
Bei einer Tatsachenbeurkundung bestehen keine Prüfungs- und Belehrungspflichten nach § 17 BeurkG, da diese nur für die Niederschrift von Willenserklärungen gelten. Jedoch kann der Notar als unabhängiger Amtsträger (§§ 1, 14 BNotO) zu einem Hinweis auf die Unwirksamkeit oder Anfechtbarkeit der Beschlüsse verpflichtet sein, ggf auch zur Ablehnung der Beurkundung von erkennbaren Scheinbeschlüssen (§ 4 BeurkG; RÖLL DNotZ 1979, 644, 651 ff, 657 f). **604**

3. Beurkundung von Hauptversammlungsbeschlüssen einer Aktiengesellschaft (§ 130 AktG)

Die Niederschrift über Hauptversammlungsbeschlüsse einer Aktiengesellschaft ist in **§ 130 AktG** geregelt (vgl neben den Kommentierungen zu § 130 AktG insbes: KRIEGER ZIP 2002, 1597; LAMERS DNotZ 1962, 287; OBERMÜLLER/WERNER/WINDEN/BUTZKE, Die Hauptversammlung der Aktiengesellschaft [4. Aufl 2001]; PRIESTER DNotZ 2001, 661; REUL AG 2002, 543; SCHAAF, Die Praxis der Hauptversammlung [2. Aufl 1999]; SCHULTE AG 1985, 33; SEMLER, in: Münchener Handbuch des Gesellschaftsrechts, Bd 4 [2. Aufl 1999] §§ 35 ff; SEMLER/VOLHARD, Arbeitshandbuch für die Hauptversammlung [2. Aufl 2003]; WILHELMI DB 1987, 1331; WILL BWNotZ 1977, 133; für die „kleine AG" ferner: BEZZENBERGER, in: FS Schippel 361). **605**

Nach wohl hM ist § 130 AktG **lex specialis** zu § 37 BeurkG und wurde durch die Einführung des BeurkG nicht berührt (§ 59 BeurkG; vSCHUCKMANN/PREUSS, in: HUHN/ vSCHUCKMANN § 37 BeurkG Rn 11; WINKLER § 37 BeurkG Rn 18). Jedoch gelten die übrigen Vorschriften des BeurkG (etwa über Mitwirkungsverbote, §§ 3 ff, oder nachträgliche Änderungen, § 44a BeurkG). Auch sollte man § 130 AktG weitestmöglich entsprechend der allgemeinen Vorschriften des BeurkG auslegen, soweit dort später auch im BeurkG geregelte Anforderungen nur gedoppelt sind; denn zunächst einmal ist davon auszugehen, daß dem Gesetz ein einheitliches Beurkundungsverfahren vorschwebt.

606 Werden ausnahmsweise zugleich mit der Hauptversammlung **Willenserklärungen** beurkundet, so muß die gesamte Niederschrift den Formerfordernissen der §§ 8 ff BeurkG genügen (vgl Rn 327 ff). Praktisch ist dies nur bei einer Hauptversammlung mit wenigen Beteiligten möglich; andernfalls empfiehlt sich, die Willenserklärung in einer getrennten Niederschrift zu beurkunden.

Die meisten der in einer Hauptversammlung abgegebenen Willenserklärungen sind aber **nicht beurkundungsbedürftig**, insbesondere nicht der Verzicht auf Form- und Fristerfordernisse der Einberufung oder der Verzicht auf das Anfechtungsrecht für gefaßte Beschlüsse; materiell-rechtlich ist die Erklärung dann auch ohne Beurkundung wirksam; zum Beweis der Erklärung kann auch die Tatsachenbeurkundung herangezogen werden.

Soweit das Gesetz eine Beurkundung „in der Verhandlungsniederschrift" der Hauptversammlung oder in deren Anhang genügen läßt, genügt nach der Rechtsprechung auch eine Beurkundung nach § 130 AktG; eine Beurkundung nach §§ 8 ff BeurkG sei nicht erforderlich (OLG Stuttgart AG 2003, 587 = DB 2003, 1106 = NZG 2003, 293 = ZIP 2003, 670 – zur Zustimmung der persönlich haftenden Gesellschafter bei der KGaA nach § 285 Abs 2 und 3 AktG).

a) Aufgaben des Notars

607 Während der Notar bei der Niederschrift von Willenserklärungen „Herr" des Beurkundungsverfahrens ist, ist er bei der Protokollierung der Hauptversammlung einer AG als Tatsachenbeurkundung zwar ebenfalls **Herr der Niederschrift, aber nicht Leiter der Hauptversammlung**; das ist ausschließlich Aufgabe des Vorsitzenden. Die Funktionstrennung spiegelt sich in der Niederschrift wieder. Insbesondere hat der Notar nur eingeschränkte Prüfungs- und Belehrungspflichten.

Die für die **Wirksamkeit** der Niederschrift erforderlichen Protokollierungspflichten des Notars sind in § **130 AktG abschließend geregelt** (OLG Düsseldorf DNotZ 2003, 775 = NZG 2003, 816 = RNotZ 2003, 328 m Anm Fleischhauer = WM 2003, 1266 = ZIP 2003, 1147; Krieger ZIP 2002, 1597; Reul AG 2002, 543, 545).

Von den Wirksamkeitserfordernissen streng zu trennen ist die Frage, inwieweit den Notar als Organ der vorsorgenden Rechtspflege nach §§ **1, 14 BNotO** auch darüber hinausgehende **Prüfungs- und Belehrungspflichten** treffen, die ihn ggf auch zur Aufnahme anderer Feststellungen in der Niederschrift verpflichten. Denn dabei handelt es sich zwar um Amtspflichten des Notars, nicht aber um Wirksamkeitsvoraussetzungen der Niederschrift. Vor allem die ältere Literatur vermischt beide Amtspflichten des Notars manchmal; nicht alles was dort als Amtspflicht nach § 130 AktG genannt ist, ist tatsächlich Wirksamkeitsvoraussetzung.

b) Beurkundungsverfahren allgemein

608 Die Beurkundung der Hauptversammlung ist eine Tatsachenbeurkundung iSd §§ 36, 37 BeurkG. Anders als die Niederschrift über Willenserklärungen muß sie daher **den Beteiligten weder verlesen noch von ihnen genehmigt oder unterschrieben**

werden. Erforderlich ist lediglich die Unterschrift des Notars (§ 130 Abs 4 S 1 AktG).

Der Notar kann und wird daher die Unterschrift im Regelfall erst nach der Hauptversammlung abschließen. Allerdings wird üblicherweise schon vor der Hauptversammlung ein Entwurf erstellt, damit sich der Notar v a auf die Aufnahme der Beschlußergebnisse etc konzentrieren kann und ggf den Vorsitzenden auch hinweisen kann, falls dieser etwas vergißt.

Der Notar kann sich bei seiner Niederschrift **Hilfsmittel oder Hilfspersonen** bedienen, insbes einer von der Gesellschaft angefertigten Tonbandaufnahme oder stenographischen Mitschrift der Hauptversammlung oder der Aufnahme des genauen Wortlautes längerer Fragen durch vom Notar damit betraute Hilfspersonen. Dies sind aber nur Hilfsmittel zur Auffrischung der Erinnerung im Detail; die Niederschrift muß auf den eigenen Wahrnehmungen des Notars beruhen.

Vor allem bei der Hauptversammlung großer Gesellschaften wird häufig ein **zweiter Notar** zur Hauptversammlung hinzugezogen oder ein zum allgemeinen Vertreter bestellter Notarassessor oder Rechtsanwalt. Im Regelfall wird der hinzugezogene zweite Notar nur unterstützend tätig. Fällt jedoch der ursprünglich mit der Protokollierung der Hauptversammlung betraute Notar aus (zB krankheitshalber), kann der zweite Notar bzw der Notarvertreter die Niederschrift erstellen (vgl SCHAAF Rn 49; GroßKommAktG/WERNER [4. Aufl 1993] § 130 Rn 74).

c) Notwendiger Inhalt der Niederschrift

Zwingender Inhalt – und Wirksamkeitsvoraussetzung nach § 241 Nr 2 AktG – sind nach § 130 Abs 2 AktG Ort und Tag der Verhandlung, der Name des Notars, Art und Ergebnis der Abstimmung sowie die Feststellung des Vorsitzenden über die Beschlußfassung.

Für den **Ort** der Verhandlung genügt zur Wirksamkeit die Angabe der (politischen) **Gemeinde** (HÜFFER, AktG [6. Aufl 2004] § 130 Rn 15; vSCHUCKMANN/PREUSS, in: HUHN/ vSCHUCKMANN § 37 BeurkG Rn 13; **aA** – auch Straße und Hausnummer seien Wirksamkeitsvoraussetzung: MünchKommAktG/KUBIS [2. Aufl 2004] § 130 Rn 41).

Bei fehlenden – oder falschen – Angaben zum **Datum** der Hauptversammlung ist die Hauptversammlungsniederschrift nichtig (RGZ 109, 368, 371). Angaben zur Uhrzeit von Beginn und Ende der Hauptversammlung sind sinnvoll, aber nicht erforderlich.

Die Niederschrift kann frühestens mit dem Ende der Hauptversammlung abgeschlossen werden; zulässigerweise und im Regelfall wird sie erst danach erstellt. Jedoch hat der Notar (Amtspflicht) das Protokoll so kurzfristig zu erstellen, daß es die Gesellschaft entsprechend ihrer gesetzlichen Verpflichtung **unverzüglich** (§ 121 Abs 1 S 1) zum Handelsregister einzureichen kann (§ 130 Abs 5 AktG).

Das Datum der **Errichtung der Niederschrift** ist weder als Wirksamkeitsvoraussetzung noch nach hM als Amtspflicht vorgeschrieben (in letzterem abweichend von § 37 Abs 2 BeurkG; hier kann man allerdings bezweifeln, ob § 130 AktG tatsächlich eine abschließende Sonderregelung enthält).

612 § 130 Abs 2 AktG verlangt die **Namensangabe des Notars** (Wirksamkeitsvoraussetzung), während §§ § 9 Abs 1 S 1 Nr 1, 37 Abs 1 S 1 Nr 1 BeurkG die „Bezeichnung" des Notars erfordern.

Für § 130 Abs 2 AktG läßt die hM den **Nachnamen** jedenfalls dann genügen, wenn keine Verwechslungsgefahr besteht (Hüffer § 130 Rn 16; MünchKommAktG/Kubis § 130 Rn 43; weitergehend – Vorname immer entbehrlich: KölnerKommAktG/Zöllner § 130 Rn 30; **aA** – immer Vorname erforderlich: Semler, in: MünchHdB AG § 30 Rn 12). Anders als nach § 9 Abs 1 S 1 Nr 1 BeurkG soll hingegen nach ganz hM nicht genügen, wenn sich die Bezeichnung des Notars aus dem Text der Niederschrift nur in Verbindung mit der **Unterschrift** ergibt (vgl etwa vSchuckmann/Preuss, in: Huhn/vSchuckmann § 37 BeurkG Rn 13). ME wäre es aber ein Wertungswiderspruch, wenn als Namensangabe iSd § 130 AktG nicht genügt, was die Rechtsprechung für die Bezeichnung des Notars nach §§ 9, 37 BeurkG genügen läßt; daher genügt es, wenn sich der Name aus der Verbindung mit der Unterschrift ergibt; der Nachname genügt jedenfalls auch in Verbindung mit der Angabe des Amtssitzes.

613 Die **Unterschrift des Notars** ist ebenfalls Wirksamkeitsvoraussetzung (§ 130 Abs 4 S 1 AktG). Inhaltlich gelten hierfür dieselben Anforderungen wie für die Unterschrift unter die Niederschrift von Willenserklärungen bzw anderen Tatsachenbeurkundungen (§§ 37 Abs 3, 13 Abs 3 BeurkG – vgl Rn 400).

Die **Unterschrift des Versammlungsvorsitzenden** ist hingegen seit der Änderung des Abs 3 durch das NaStraG (BGBl 2001 I 123) nicht mehr erforderlich. Auch die Zuziehung von Zeugen ist ausdrücklich nicht erforderlich (§ 130 Abs 4 S 2 AktG).

d) Inbes Protokollierung der Beschlüsse

614 In der Niederschrift ist nicht der Ablauf der Hauptversammlung in allen Einzelheiten wiederzugeben. Die Niederschrift ist nicht Wortprotokoll, sondern Ergebnis-, insbesondere Beschlußprotokoll. Eine Frage des materiellen Rechts ist, welche Gegenstände der Hauptversammlung **beurkundungsbedürftig** sind; eine Frage des Verfahrensrechts ist hingegen, wie diese Beurkundung zu erfolgen hat. Beide Fragen sind aber weitgehend in § 130 AktG geregelt.

Beurkundungsbedürftig sind nach § 130 Abs 1 S 1 AktG alle **Beschlüsse** der Hauptversammlung, auch ablehnende Beschlüsse sowie **Wahlen** (insbes die Wahlen zum Aufsichtsrat). Nach hM sind nicht nur Sachbeschlüsse, sondern auch Verfahrens- einschließlich Geschäftsordnungsbeschlüssen mitzuburkunden (Bezzenberger, in: FS Schippel 361, 367 ff; Hüffer § 130 Rn 2; MünchKommAktG/Kubis § 130 Rn 4).

Werden in der Hauptversammlung einer „**kleinen AG**" auch beurkundungsbedürftige Beschlüsse gefaßt (§ 130 Abs 1 S 3 AktG), so genügt nach hM nicht die Beurkundung nur dieser Beschlüsse; vielmehr ist dann die gesamte Hauptversammlung mit allen Beschlüssen zu beurkunden (Gutachten DNotI-Report 2000, 91 mwN – vgl Rn 210)

615 Bei Beschlüssen muß das Protokoll als Wirksamkeitsvoraussetzung nur Art und Ergebnis der Abstimmung sowie die Feststellung des Vorsitzenden über die Beschlußfassung enthalten (§ 130 Abs 2 AktG).

Als **Abstimmungsart** ist daher anzugeben, ob etwa durch **schriftliche Abstimmung**, Handaufheben, Namensaufruf, auszufüllende Stimmzettel, EDV-Stimmkarten etc abgestimmt wurde (RGZ 75, 259, 267; KG JW 1933, 2465) – insbes auch falls der von der Gesellschaft benannte Stimmrechtsvertreter in einer anderen Art abstimmt (Gutachten DNotI-Report 2004, 135).

Anzugeben ist auch das Zählverfahren (dh ob nach dem **Additionsverfahren** nur die Ja-Stimmen oder nach nach dem **Substraktionsverfahren** nur die Nein-Stimmen und Enthaltungen gezählt wurden, um dann die Ja-Stimmen durch Abzug von der Präsenz zu ermitteln (zu letzterem vgl OLG Frankfurt AG 1999, 231 = NZG 1999, 119; MünchKommAktG/KUBIS § 130 Rn 49; aA SCHULTE AG 1985, 33, 38), während dies für die **Art der Auszählung** (Zählung durch den Versammlungsleiter selbst oder durch Wahlhelfer bzw Stimmenzähler, manuell oder maschinell, mit EDV) wohl nicht erforderlich ist (strittig – gegen Beurkundungserfordernis: PRIESTER EWiR § 120 AktG$^{1}/_{2}$, 2002, 645; REUL AG 2002, 543, 545; SCHULTE AG 1985, 33, 38; **aA** – für Beurkundungserfordernis: OLG Düsseldorf DNotZ 2003, 775 = NZG 2003, 816 = RNotZ 2003, 328 m Anm FLEISCHHAUER = WM 2003, 1266 = ZIP 2003, 1147; OLG Oldenburg AG 2002, 682 = NZG 2003, 691 = ZIP 2003, 1351; HÜFFER § 130 Rn 17).

Angaben zur **Feststellung der Stimmkraft** aufzunehmen, ist ggf Amtspflicht des Notars (so etwa die Angabe, ob bei Abstimmung durch Handzeichen, Aufstehen die Stimmenzahl durch Zuruf ermittelt wurde), aber keine Wirksamkeitsvoraussetzung nach § 130 Abs 2 AktG (REUL AG 2002, 543, 545); anders die **hM**, die eine derartige Feststellung jedenfalls bei unübersichtlichen Stimmverhältnissen verlangt (KG DNotZ 1933, 727, 728 = JW 1933, 2465; KNUR DNotZ 1938, 700, 707; HÜFFER § 130 Rn 18; MünchKommAktG/KUBIS § 130 Rn 51; vgl auch RGZ 105, 373, 374 f). Jedoch läßt auch die hM genügen, wenn die Niederschrift etwa die Feststellung enthält, daß die Anzahl der in einer Stimmkarte verkörperten Aktien kodiert und EDV-lesbar enthalten war.

Gleiches gilt für die Protokollierung, ob und ggf wie **Stimmverbote** beachtet bzw mißachtet wurden: Auch hier verlangt die hM, etwa einen entsprechenden Hinweis des Vorsitzenden nach § 130 Abs 2 AktG zu protokollieren; die tatsächlichen Kontrollmaßnahmen des Vorsitzenden werden hingegen überwiegend zum fakultativen Protokollinhalt gezählt (HÜFFER § 130 Rn 18; MünchKommAktG/KUBIS § 130 Rn 51; OBERMÜLLER/WERNER/WINDEN/BUTZKE Rn N 24); auch hier dürfte es sich aber um eine bloße Amtspflicht des Notars, nicht um eine Wirksamkeitsvoraussetzung handeln (ebenso im Ergebnis: SCHULTE AG 1985, 33, 38).

Als ziffernmäßiges Ergebnis der Abstimmung sind jedenfalls die **Zahl der Ja- und Nein-Stimmen** anzugeben (RGZ 105, 373, 375 ließ auch genügen: „mit allen übrigen Stimmen gegen ... Stimmen"). Die Zahl der Enthaltungen ist hingegen nur beim Substraktionsverfahren Wirksamkeitserfordernis, da sie hier zur Berechnung der Ja-Stimmen erforderlich ist (anders beim Additionsverfahren, bei dem die Ja-Stimmen selbst gezählt werden; OLG Düsseldorf DNotZ 2003, 775 = NZG 2003, 816 = RNotZ 2003, 328 m Anm FLEISCHHAUER = WM 2003, 1266 = ZIP 2003, 1147; KRIEGER ZIP 2002, 1597; REUL AG 2002, 543, 547; MünchKommAktG/KUBIS § 130 Rn 51; OBERMÜLLER/WERNER/WINDEN/BUTZKE Rn N 54; ähnlich HÜFFER § 130 Rn 19: beim Substraktionsverfahren „sollen" auch Enthaltungen angegeben werden). Bei einem einstimmigen Votum muß die Stimmenzahl nicht angegeben werden (LG Düsseldorf ZIP 1995, 1985, 1989; GroßKommAktG/WERNER § 130 Rn 22).

§ 130 Abs 2 AktG erfordert lediglich die Protokollierung der **Feststellung des Vorsitzenden zum Abstimmungsergebnis.** Die Wirksamkeit der notariellen Niederschrift erfordert nicht, daß der Notar eigene Feststellungen zum Abstimmungsergebnis trifft (OLG Düsseldorf DNotZ 2003, 775 = NZG 2003, 816 = RNotZ 2003, 328 m Anm FLEISCHHAUER = WM 2003, 1266 = ZIP 2003, 1147; KRIEGER ZIP 2002, 1597; REUL AG 2002, 543; WILHELMI DB 1987, 1331, 1334; HÜFFER § 130 Rn 19; KölnerKommAktG/ZÖLLNER § 130 Rn 35; GroßKommAktG/WERNER § 130 Rn 26; **aA** – grundsätzliche Protokollierungspflicht, die aber nicht zur Nichtigkeit führt: MünchKommAktG/KUBIS § 130 Rn 53; OBERMÜLLER/WERNER/WINDEN/ BUTZKE Rn N 31; ähnlich OLG Oldenburg AG 2002, 682 = NZG 2003, 691 = ZIP 2003, 1351: eigene Feststellungen des Notars müssen sich jedenfalls nicht ausdrücklich aus der Niederschrift ergeben, wenn sie mit den Feststellungen des Vorsitzenden übereinstimmen; **aA** – Nichtigkeit bei Fehlen eigener Feststellungen des Notars: LG Wuppertal AG 2002, 567 = ZIP 2002, 1621, 1622). Davon zu unterscheiden ist die Frage, inwieweit den Notar möglicherweise verfahrensrechtliche Prüfungs- und Belehrungspflichten treffen, die aber nicht zur Unwirksamkeit der Beurkundung führen, ebensowenig wie bei der Beurkundung von Willenserklärungen ein Verstoß gegen § 17 BeurkG zur Unwirksamkeit führt.

Ist zusätzlich zur einfachen oder qualifizierten Mehrheit noch ein bestimmtes **Beschlußquorum** oder eine bestimmte **Kapitalmehrheit** erforderlich, so sind auch diesbezüglich Feststellungen des Vorsitzenden erforderlich und in die Niederschrift aufzunehmen. Dabei kann jedoch die Angabe der Kapitalmehrheit die erforderliche Angabe der Stimmenmehrheit nicht ersetzen, selbst wenn danach kein Zweifel an der Stimmenmehrheit besteht (BGH AG 1994, 466 = DNotZ 1995, 549 = NJW-RR 1994, 1250 = ZIP 1994, 1171, 1172: Nichtigkeit der Aufsichtsratswahlen nach § 241 Nr 2 AktG).

617 Zu protokollieren ist auch die **Feststellung des Vorsitzenden**, ob der **Beschlußantrag damit angenommen** wurde oder nicht. Die bloße ziffernmäßigen Feststellung und Protokollierung der Stimmenzahl genügt nicht (BayObLG AG 1973, 65 = DNotZ 1973, 125, 126 = NJW 1973, 250; das BayObLG läßt offen, ob die auch für einstimmige Beschlüsse gilt). Nach einhelliger Auffassung muß der Notar die Feststellung des Vorsitzenden auch dann in die Niederschrift aufnehmen, wenn er sie für unrichtig hält. Nicht § 130 Abs 2 AktG, wohl aber die Amtspflicht zur wahrheitsgemäßen Bezeugung gebietet dann jedoch, daß der Notar in der Niederschrift ebenfalls festhält, falls seine eigene Wahrnehmung davon abweicht (vSCHUCKMANN/PREUSS, in: HUHN/vSCHUCKMANN § 2 BeurkG Rn 16; **aA** die derzeit noch **hM** in der aktienrechtlichen Literatur, die auch dies für ein Wirksamkeitserfordernis nach § 130 Abs 2 AktG zu halten scheint: HÜFFER § 130 Rn 21; dies widerspricht der zu OLG Düsseldorf DNotZ 2003, 775 = NZG 2003, 816 = RNotZ 2003, 328 = WM 2003, 1266 = ZIP 2003, 1147 dargelegten Differenzierung; zT schränkt die aktienrechtliche Literatur dies aber selber dahingehend ein, daß die Niederschrift der Feststellungen des Vorsitzenden genüge, wenn die Wahrnehmungen des Notars damit übereinstimmen, so etwa MünchKomm AktG/KUBIS § 130 Rn 57).

Ebenso ist auch der **Inhalt des Beschlusses** in die Niederschrift aufzunehmen; auch hier ist der vom Vorsitzenden festgestellte Inhalt maßgeblich. Bei einem positiven Beschluss ist nur der Inhalt des Beschlusses zu protokollieren, der Beschlußantrag muß nicht in die Niederschrift aufgenommen werden. Nur bei negativen Beschlüssen, die sich in der Ablehnung eines Antrages erschöpfen, ist der Antrag mitzubeurkunden, da andernfalls der Gegenstand der Abstimmung aus der Niederschrift nicht ersichtlich ist (GroßKommAktG/WERNER § 130 Rn 26; SEMLER, in: Münchener Handbuch des Gesellschaftsrechts, Aktiengesellschaft [2. Aufl 1999] § 40 Rn 15; KölnerKommAktG/ZÖLLNER § 130 Rn 38; MünchKommAktG/KUBIS § 130 Rn 57). Umgekehrt läßt es die Literatur auch bei positiven Beschlüssen teilweise genügen, wenn sich der Beschlußinhalt aus dem in der Niederschrift oder aus deren Anlagen ergibt (letzteres betrifft Beschlußvorschläge der Verwaltung – vgl § 130 Abs 3 AktG; VOLHARD, in: SEMLER/VOLHARD Arbeitshandbuch für die Hauptversammlung [2. Aufl 2003] § 15 Rn 52; ZIMMERMANN, in: HAPP Aktienrecht [2003] 1067).

Ein vom Vorsitzenden festgestellter und wirksam protokollierter Beschluß ist auch dann wirksam und kann nur durch eine **Anfechtungsklage** beseitigt werden, wenn der Beschluß überhaupt nicht gefaßt wurde oder wenn der tatsächlich gefaßte Beschluß einen anderen Inhalt hat (RGZ 75, 239, 242 ff; RGZ 122, 102, 107; RGZ 142, 123, 129; ebenso zur GmbH: BGHZ 14, 25, 35 f = NJW 1954, 1401; BGHZ 104, 66, 69 = NJW 1988, 1844).

e) **Weitere protokollierungspflichtige Vorgänge**
Neben Beschlüssen sind insbes **Minderheitsverlangen** in die Niederschrift aufzunehmen (§ 130 Abs 1 S 2 iVm §§ 120 Abs 1 S 2, 137, 147 Abs 1 AktG) – auch wenn sie keinen Beschlußantrag enthalten. **618**

Bei einer **Auskunftsverweigerung** sind Frage und Verweigerungsgrund aufzunehmen, **619** sofern der Aktionär die Aufnahme verlangt (§ 131 Abs 5 AktG). Dabei kann der fragende Aktionär nicht verlangen, daß seine Frage im Wortlaut beurkundet wird; über die – ggf auch zusammenfassende – Formulierung entscheidet vielmehr der Notar, da die Niederschrift die Feststellungen des Notars, nicht die Erklärungen der Beteiligten enthält. Ebenso kann der Vorsitzende den Aktionär aufzufordern, seine *Fragen dem Notar schriftlich zu überreichen* (PRIESTER DNotZ 2001, 661, 666; ähnlich GroßKommAktG/DECHER [4. Aufl 2001] § 131 Rn 372). Andernfalls könnte ein Aktionär mit einer Fülle von Fragen und Unterfragen den Notar und damit ggf die gesamte Hauptversammlung blockieren.

Werden *Auskünfte* erteilt, gehören diese nicht zum zwingenden Protokollinhalt. Sie können aber aufgenommen werden, etwa um einen späteren Beweis über die erteilten Auskünfte zu erleichtern (SEMLER, in: Münchener Handbuch des Gesellschaftsrechts, Aktiengesellschaft § 40 Rn 21).

Aufzunehmen sind auch bestimmte **Widersprüche**, so insbes Widersprüche anwe- **620** sender Aktionäre **gegen Hauptversammlungsbeschlüsse** (§ 245 Nr 1 AktG), Widersprüche einer Minderheit gegen die Wahl von Abschlußprüfern (§ 318 Abs 3 S 2 HGB), Widersprüche einer Minderheit von Aktionären gegen Verzicht oder Vergleich über bestimmte Schadensersatzansprüche (§§ 50 S 1, 93 Abs 4 S 3, 116) bzw auf Ausgleichs- und Ersatzansprüche im Konzern (§§ 302 Abs 3 S 3, 309 Abs 3 S 1, 310 Abs 4, 317 Abs 4, 318 Abs 4, 323 Abs 1 S 2 AktG).

Der Widersprechende muß nicht ausdrücklich die Protokollierung seines Widerspruches wünschen, sie ist Aufgabe des Notars (BGH DNotZ 1994, 615 = NJW 1994, 320 =

WM 1993, 2244 = ZIP 1993, 1867); hat der Notar Zweifel hat, ob ein Widerspruch vorliegt, so muß er nachfragen (Noack AG 1989, 78, 80). Einen bestimmten Wortlaut des Protokolls oder die Aufnahme der Widerspruchsgründe kann der widersprechende Aktionär nicht verlangen. Es genügt die Feststellung in der Niederschrift, daß, von wem und wogegen Widerspruch erklärt wurde (MünchKommAktG/Hüffer § 245 Rn 34; Hüffer § 245 Rn 14); denn der Widerspruch muß nicht begründet werden (LG Dortmund AG 1977, 109, 110). Im übrigen entscheidet der Notar nach seinem Ermessen, ob und inwieweit er über den Widerspruch hinaus noch sonstige Erklärungen des Widersprechenden oder Feststellungen zum Widerspruch in die Niederschrift aufnimmt.

f) Prüfungspflichten des Notars und fakultativer Protokollinhalt

621 Über die Wirksamkeitsvoraussetzungen des § 130 AktG hinaus treffen den Notar als Organ der vorsorgenden Rechtspflege nach §§ 1, 14 BNotO auch weitergehende Prüfungs- und Belehrungspflichten. Deren Einhaltung ist ebenfalls unbedingte Amtspflicht, aber keine Wirksamkeitsvoraussetzung (OLG Düsseldorf DNotZ 2003, 775 = NZG 2003, 816 = RNotZ 2003, 328 m Anm Fleischhauer = WM 2003, 1266 = ZIP 2003, 1147; Krieger ZIP 2002, 1597; Reul AG 2002, 543, 545).

Insbesondere hat sich der Notar ein Bild von der **Ordnungsgemäßigkeit des Versammlungsablaufs** zu machen, angefangen von der Zugangskontrolle und der Präsenzerfassung über den Gang der Verhandlung bis zur Stimmauszählung (Hüffer § 130 Rn 12; KölnerKommAktG/Zöllner § 130 Rn 64; Priester DNotZ 2001, 661, 669). Dabei dürfen die Anforderungen an den Notar aber nicht überspannt werden; der Notar ist nicht Leiter der Hauptversammlung; die ordnungsgemäße Durchführung der Hauptversammlung obliegt dem Vorsitzenden selber. Es genügt, wenn der Notar durch eine Plausibilitätskontrolle oder stichprobenartig prüft, inwieweit der Versammlungsleiter für eine ordnungsgemäße Beschlußfassung und Abstimmung gesorgt hat. Auch ist der Notar nicht verpflichtet, nach Mängeln der Hauptversammlung zu forschen (Berenbrok DNotZ 1933, 13, 17; Wilhelmi BB 1987, 1331, 1335). Kraft Gesetzes muß der Notar nicht etwa die Funktionsrichtigkeit der Auszählungsinstrumente überprüfen, sondern nur Anhaltspunkten für Fehler nachgehen und sie ggf vermerken, wenn sie sich nicht aufklären lassen.

Der Notar kann darüber hinaus rechtliche Hinweise insbesondere zum Gang des Verfahrens geben. Dazu verpflichtet ist er aber kraft Gesetzes nicht. Eine **weitergehende Betreuung** kann der Notar jedoch freiwillig im Rahmen des § 24 BNotO übernehmen, insbesondere auch die Beratung der Gesellschaft im Vorfeld der Hauptversammlung über die ordnungsgemäße Einberufung und Durchführung. Häufig wird der Notar etwa mit der Prüfung eines Entwurfes von Ladung und Tagesordnung beauftragt. Aber auch hierbei darf der Notar nie die durch sein Amt gebotene Unparteilichkeit verlassen. Auch sollte er für eine klare Aufgabenabgrenzung sorgen (Priester DNotZ 2001, 661, 669 f)

622 Beurkundungsrechtlich ist der Notar daher zur **obligatorischen Protokollierung** auch anderer **„unmittelbar beschlußrelevanter" Vorgänge** verpflichtet – oder nach anderer Formulierung gehört all das in das Protokoll, was zur Beurteilung der Ordnungsmäßigkeit und der Wirksamkeit der Beschlüsse erheblich sein könne und was als Voraussetzung zur Wahrung der Rechte eines Beteiligten nachweisbar sein müsse, etwa Beschränkungen des Zugangs oder Teilnahmerechtes, Beschränkungen der Redezeit oder Wortentzug zu beschlußrelevanten Gegenständen, ebenso nicht behandelte Beschlußanträge (BEZZENBERGER, in: FS Schippel 361, 367, 377 ff; HÜFFER § 130 Rn 5 f; KölnKommAktG/ZÖLLNER § 130 Rn 45 ff; MünchKommAktG/KUBIS § 130 Rn 61; SCHAAF Rn 821; SEMLER/VOLHARD H Rn 57 ff). Anders aber als teilweise in der älteren Literatur noch dargestellt, sind dies nur Amtspflichten, keine Wirksamkeitserfordernisse iSd § 130 AktG.

Darüber hinaus kann der Notar nach seinem Ermessen weitere Feststellungen als **fakultativen Inhalt** des Protokolls treffen. Theoretisch könnte dies bis hin zu einem Wortprotokoll der Hauptversammlung gehen. Allerdings verstieße es dann wieder gegen die Amtspflicht zur klaren Formulierung, wenn die gefaßten Beschlüsse und der übrige zwingende Inhalt nicht ohne weiteres ersichtlich, sondern im Protokoll versteckt wären.

g) Anlagen
Nach § 130 Abs 3 AktG sind die **Belege über die Einberufung der Versammlung** der 623
Niederschrift als Anlage beizufügen, wenn sie nicht in der Niederschrift unter Angabe ihres Inhaltes aufgeführt sind. Damit soll die Ordnungsmäßigkeit der Einberufung nachprüfbar gemacht werden. Ersterenfalls sind die Belege in Urschrift beizufügen (RGZ 114, 202; KGJ 34 A 142); letzterenfalls ist auch die Fundstelle der Veröffentlichung anzugeben (KGJ 32 A, 148, 143 f).

Erfolgt die Einberufung in den Gesellschaftsblättern, so wurde in der Praxis bisher regelmäßig ein Exemplar des **Bundesanzeigers** bzw der übrigen Gesellschaftsblätter als Anlage zur Hauptversammlungsniederschrift genommen und mit der eigentlichen Niederschrift urkundstechnisch verbunden (HÜFFER § 130 Rn 24; GroßKommAktG/ WERNER § 130 Rn 49 ff). Bei einer Ladung im **elektronischen Bundesanzeiger** empfiehlt sich, den Inhalt der Veröffentlichung in der Niederschrift aufzuführen; ebenso zulässig ist, einen Ausdruck aus dem Internet als Anlage zur Niederschrift zu nehmen (unter Angabe des Ausdrucksdatums). Bei Ladung durch **eingeschriebenen Brief** genügt, wenn diese Tatsache festgestellt und ein Musterbrief zur Anlage genommen wird (Gutachten DNotI-Report 2003, 130).

Weitere Beifügungspflichten ergeben sich etwa für Nachgründungsverträge (§ 52 624 Abs 2 S 6 AktG), Verträge zur Übertragung des gesamten Gesellschaftsvermögens (§ 179a Abs 2 S 4 AktG), Unternehmensverträge (§ 293g Abs 2 S 2 AktG) sowie für Verschmelzungs- und Spaltungsverträge (§§ 13 Abs 3 S 2 iVm 124 UmwG).

Mit dem NaStraG (BGBl 2001 I 123) entfallen ist hingegen die Pflicht zur Beifügung des **Teilnehmerverzeichnisses**.

Nachdem sowohl für Niederschriften über Tatsachen wie für Niederschriften über 625 Willenserklärungen auch eine **Beurkundung durch Anlagen** zugelassen ist (§§ 9 Abs 1 S 2, 37 Abs 1 S 2 BeurkG), ist mE auch bei der Beurkundung einer Hauptversammlung eine Beurkundung durch Anlagen zulässig. Auch wenn die hM § 130 AktG als abschließende Regelung betrachtet, gilt dies mE nur für den Umfang der Beurkundungspflicht, nicht für das Beurkundungsverfahren.

Alle Anlagen insbes auch die nach § 130 Abs 3 AktG sind nach bzw entsprechend § 44 BeurkG, § 30 Abs 2 DONot mit Schnur und Prägesiegel zu heften.

h) Nachträgliche Berichtigung

626 Bis zur Unterschrift des Notars (§ 130 Abs 4 S 1 AktG) ist die Niederschrift noch nicht abgeschlossen. Bis dahin können daher Änderungen ohne jede Beschränkung vorgenommen werden.

Auch **nach der Unterschrift des Notars** können **offensichtliche Unrichtigkeiten** iSd **§ 44a Abs 2 S 1 BeurkG** (Rn 637) durch einen Nachtragsvermerk berichtigt werden – und zwar auch nachdem bereits Ausfertigungen oder beglaubigte Abschriften erteilt wurden (ausführlich: KRIEGER NZG 2003, 366 ff; HÜFFER § 130 Rn 11a; OBERMÜLLER/WERNER/WINDEN/BUTZKE N Rn 23; SEMLER/VOLHARD § 15 Rn 86 ff; GroßKommAktG/WERNER § 130 Rn 56; KölnKommAktG/ZÖLLNER § 130 Rn 78; WINKLER § 44a Rn 30, 37; Gutachten DNotI-Report 1999, 117, 118). Bereits erteilte unrichtige Ausfertigungen sind einzuziehen bzw mit einem Nachtragsvermerk zu ergänzen; in neuen Ausfertigungen etc kann die Korrektur bereits im Text der Ausfertigung erfolgen (Rn 644).

627 Liegt keine offenbare Unrichtigkeit iSd § 44a BeurkG vor, so ist nach hM ebenfalls eine Korrektur erforderlich und geboten; dafür ist allerdings eine **ergänzende Niederschrift** zu erstellen (§ 44a Abs 2 S 3 BeurkG; KANZLEITER DNotZ 1990, 478, 485; KRIEGER NZG 2003, 366; LIMMER, in: EYLMANN/VAASEN § 44a BeurkG Rn 17; SEMLER/VOLHARD § 15 Rn 87; WINKLER § 44a BeurkG Rn 30; **aA** BayObLG JW 1927, 1704; OLG Köln MittBayNot 1993, 170, 171 – zur GmbH; OLG München HRR 1939, 1109; ebenso Teile der älteren Literatur, vgl GESSLER/HEFERMEHL/ECKART, AktG [1974] § 130 Rn 64; DIETRICH JW 1937, 979; KNUR DNotZ 1938, 700, 713; wohl auch KölnKommAktG/ZÖLLNER [1973] § 130 Rn 78; ähnlich – ergänzende Niederschrift würde neue Hauptversammlung erfordern: OBERMÜLLER/WERNER/WINDEN/BUTZKE N Rn 23). Denn bei einer Tatsachenniederschrift ist der Notar alleiniger Herr des Beurkundungsverfahrens; eine Mitwirkung von Beteiligten ist nicht erforderlich.

i) Einreichung beim Handelsregister, Abschriften

628 Die Hauptversammlungsniederschrift ist nach § 130 Abs 5 AktG unverzüglich (§ 121 Abs 2) **beim Handelsregister einzureichen.**

Soweit Hauptversammlungsbeschlüsse in das Handelsregister eingetragen sind, ist eine allfällige Formunwirksamkeit der Beschlußbeurkundung geheilt (§ 242 Abs 2 AktG – vgl Rn 684).

629 Die Aktionäre können **beim Registergericht Einsicht** in das notarielle Hauptversammlungsprotokoll nehmen und auch eine entsprechende Abschrift gegen Kostenerstattung verlangen (§ 9 Abs 1 HGB).

Außerdem kann der Aktionär von der **Gesellschaft** verlangen, ihm eine Abschrift der Teile des stenographischen Protokolls bzw des Tonbandprotokolls mit seinen eigenen Ausführungen und Anträgen sowie von den dazu abgegebene Stellungnahmen und Antworten der Mitgliedern des Vorstandes zu überreichen (BGHZ 127, 107 = DNotZ 1995, 551 = NJW 1994, 3094 = WM 1994, 1879).

Vom **Notar** können hingegen nur die Gesellschaft selbst und ausnahmsweise der Aufsichtsrat (§ 111 Abs 3 AktG) oder eine Aktionärsminderheit (§ 122 Abs 3 AktG) Abschriften und Ausfertigungen verlangen. Aktionären hingegen darf der Notar Abschriften nur mit Zustimmung der Gesellschaft erteilen; dies gilt nach hM selbst für Aktionäre, die Widerspruch zur Niederschrift erklärt haben (LIMMER, in: EYLMANN/VAASEN § 51 BeurkG Rn 10; WINKLER § 51 Rn 11; ausdrücklich offengelassen von BGHZ 127, 107 = DNotZ 1995, 551, 552). Der Notar sollte die Aktionäre auf ihr Recht hinweisen, beim Registergericht das Protokoll einsehen und dort eine Abschrift zu verlangen, wenn sie ihn um Übersendung einer Abschrift bitten – was nicht selten geschieht (VOLHARD, in: SEMLER/VOLHARD I H 77).

XV. Beurkundungsnachverfahren (Behandlung der Urkunden)

1. Urschrift

a) Verbindung mit Schnur und Prägesiegel (§ 44 BeurkG)

Mit der Unterschrift des Notars ist die Beurkundung abgeschlossen und die Urkunde wirksam. Aufbewahrt werden jedoch nicht die losen Blätter. Vielmehr sind die verschiedenen Blätter der Urkunde mit **Schnur** (nach § 30 Abs 1 S 2 DONot in den Landesfarben) und **Prägesiegel** zu verbinden (§ 44 S 1 BeurkG). Beizuheften sind auch Anlagen und Bestandsverzeichnisse iSd § 9 Abs 1 S 2 und 3, §§ 14, 37 Abs 1 S 2 und 3 BeurkG. **630**

Weitere mit der Urkunde zusammenhängende Urkunden können nicht nur gemeinsam verwahrt, sondern auch zusammengeheftet werden. Gesetzlich vorgeschrieben ist dies für einen Nachtragsvermerk bei offenbarer Unrichtigkeit (§ 44a Abs 2 S 2 BeurkG – vgl Rn 638). **Andere zusammengehörende Urkunden** können **ebenfalls zusammengeheftet** werden wie etwa Kaufvertrag und Auflassung, Angebot und Annahme oder Haupturkunde und Nachträge (§ 18 Abs 2 DONot). Zugeheftet werden können auch für das beurkundete Rechtsgeschäft wichtige nicht-notarielle Urkunden, zB eine gerichtliche Genehmigung, eine Abschrift des Erbscheins etc.

Eine fehlende oder falsche Heftung der Urkunde **beeinträchtigt deren Wirksamkeit nicht**, da § 44 BeurkG nur eine Sollvorschrift enthält. Wird daher die Urschrift nach Unterschrift durch die Beteiligten und den Notar versehentlich im Reißwolf geschreddert, so vernichtet dies die wirksam erfolgte Beurkundung nicht nachträglich (auch wenn es schwierig wird, deren genauen Inhalt zu beweisen). **631**

Werden daher etwa nicht die von den Beteiligten genehmigten und unterschriebenen Originalseiten mit den Unterschriften geheftet, sondern (unter Verstoß gegen § 44 BeurkG und § 30 DONot) eine erst **nach Unterschrift der Beteiligten erstellte Reinschrift**, so ist die Beurkundung wirksam, auch wenn der Notar disziplinarisch verfolgt werden kann (BGH NJW 2003, 2764, anders möglicherweise in einem obiter dictum BGH DNotZ 1999, 350 = MDR 1998, 1444 = NJW-RR 1999, 569 = ZNotP 1998, 507).

Verstöße gegen § 44 BeurkG können allerdings den **Beweiswert** der Urkunde beeinträchtigen (OLG Schleswig DNotZ 1972, 556).

b) Verwahrung der Urschrift (§ 45 BeurkG)

632 Die Urschrift einer durch **Niederschrift** errichteten notariellen Urkunde verbleibt grundsätzlich in der **Verwahrung des beurkundenden Notars** (§ 45 Abs 1 BeurkG).

Nach dem **Ausscheiden aus dem Amt** verwahrt im Nurnotariat grundsätzlich der Amtsnachfolger die Urschriften (§ 51 Abs 1 S 2 BNotO). Die Urkunden eines ausgeschiedenen Anwaltsnotars verwahrt hingegen das Amtsgericht (§ 51 Abs 1 S 1 BNotO), sofern nicht die Aktenverwahrung einem anderen (Anwalts-)Notar übertragen wurde.

Nach **fünfzig Jahren** kann der Notar die Urschriften nach Maßgabe der Landesarchivgesetze an das **Staatsarchiv** abgeben. Dort werden sie – nach derzeitiger Rechtslage – ohne zeitliche Begrenzung verwahrt (§ 5 Abs 4 DONot). Jedoch wird über eine zeitliche Begrenzung auch der Verwahrung von Urschriften diskutiert (zB auf 100 Jahre), da die Staatsarchive überquellen (wobei allerdings vor 1950 erstellte Urkunden wohl auch weiter dauerhaft aufbewahrt werden sollen).

633 Die Urschrift einer Niederschrift darf der Notar nur aushändigen, wenn dargelegt wird, daß sie **im Ausland verwendet** werden soll, und wenn alle Beteiligten zustimmen, die eine Ausfertigung verlangen könnten (§ 45 Abs 2 BeurkG). Der Notar entscheidet dann nach seinem pflichtgemäßen Ermessen, ob er die Urschrift herausgibt; die Beteiligten haben keinen Anspruch darauf (MECKE/LERCH § 45 BeurkG Rn 4; WINKLER § 45 BeurkG Rn 12). Relevant ist dies va für **Vollmachtsurkunden** und für **eidesstattliche Versicherungen** (Affidavit), die im Ausland verwendet werden sollen.

Der Notar siegelt dann die Urschrift, wenn diese nicht ohnehin bereits, wie regelmäßig, gesiegelt ist, weil sie aus mehreren Blättern besteht – § 44 S 1 BeurkG (keine Wirksamkeitsvoraussetzung). Dann fertigt der Notar eine die Urschrift ersetzende Ausfertigung, vermerkt darauf die Herausgabe der Urschrift und verwahrt die Ausfertigung in seiner Urkundensammlung.

634 Bei einer bloßen **Unterschriftsbeglaubigung** kann der Notar den Beteiligten die Urschrift aushändigen, wenn diese nicht ausnahmsweise Verwahrung verlangen (§ 45 Abs 3 BeurkG). Der Notar kann allerdings eine beglaubigte Abschrift zu seiner Urkundssammlung nehmen (§ 20 Abs 1 S 3–5 DONot).

c) Ersetzung einer Urschrift (§ 46 BeurkG)

635 Eine zerstörte oder verschwundene Urschrift kann nach § 46 BeurkG ersetzt werden. Damit können zB nach einem Brand im Notariat Urkunden aufgrund einer an Beteiligte, Grundbuchamt oder Finanzbehörden etc versandten beglaubigten Abschrift wieder rekonstruiert werden. Gibt es hingegen lediglich einfache Abschriften, kann die Urschrift nicht ersetzt werden; die Beteiligten müssen ggf neu beurkunden. Allerdings kann die einfache Abschrift in einem Rechtsstreit zwischen den Beteiligten (oder gegenüber Dritten) zum Beweis herangezogen werden (insbes eine bei einer nicht streitbeteiligten Behörde befindliche Abschrift oder bei Übereinstimmung einfacher Abschriften aus verschiedenen Quellen bzw in Verbindung mit einer Zeugenaussage des Notars). Denn die Vernichtung der Urschrift beeinträchtigt die Formwirksamkeit des Rechtsgeschäftes nicht.

2. Änderungen nach der Unterschrift des Notars (§ 44a Abs 2 BeurkG)

a) Keine Änderung der Urschrift

Nach Abschluß der Beurkundung, dh nach der Unterschrift des Notars, ist keinerlei Änderung des Textes der Urschrift mehr zulässig – auch nicht mit Zustimmung der Urkundsbeteiligten; es bedarf hierzu einer formgerechten neuen Beurkundung (BGHZ 56, 159).

Zulässig ist jedoch, bestimmte **Vermerke auf den Blättern der Urschrift** anzubringen, die den Text der Urschrift nicht ändern. So ordnet das Gesetz selbst einen Vermerk auf der Urschrift über die Erteilung von Ausfertigungen an (§ 49 Abs 4 BeurkG). Ebenso kann der Nachtragsvermerk zur Berichtigung offensichtlicher Unrichtigkeiten nach § 44a Abs 2 BeurkG ausdrücklich auch auf die Urschrift gesetzt werden allerdings getrennt, am Schluß, nach den Unterschriften. Allgemein anerkannt ist auch, daß die Kostenberechnung (§ 154 Abs 3 S 1 KostO) auch auf der Urschrift vermerkt werden darf. Ebenso darf natürlich auch die Urkundennummer nachträglich eingefügt werden (da sie nach § 8 Abs 3 DONot erst nach der Beurkundung vergeben werden muß). In der Praxis vorkommend und zulässig sind auch Randvermerke für den Vollzug, solange sie deutlich abgesetzt sind und keinesfalls mit Urkundstext verwechselt werden können, etwa ein Sperrvermerk „Auflassungssperre" in der oberen Ecke der ersten Seite oder ein Abhaken der Fälligkeitsvoraussetzungen mit Bleistift.

Ebenso zulässig, weil nicht den Text der Urkunde betreffend, ist die nachträgliche Einfügung der Urkundennummer in der Titelzeile, da deren Vergabe idR erst nach der Beurkundung erfolgt; § 8 Abs 3 DONot gibt für die Eintragungen in die Urkundenrolle sogar bis zu 14 Tagen Zeit.

b) Nachtragsvermerk bei offensichtlicher Unrichtigkeit

Offensichtliche Unrichtigkeiten der Urkunde kann der Notar auch nach Abschluß der Niederschrift durch einen Nachtragsvermerk berichtigen (§ 44a Abs 2 BeurkG).

Die Vorgängervorschrift des § 30 Abs 4 DONot hatte lediglich eine Berichtigung „**offensichtlicher Schreibfehler**" zugelassen. Dies waren Schreibfehler und Auslassungen, die aus dem Gesamtzusammenhang der Urkunde ohne weiteres erkannt werden konnten, insbes etwa **Wortumdrehungen** (zB einen Gewährleistungsausschluß des Käufers; BayObLG Rpfleger 2002, 563; OLG Frankfurt DNotZ 1997, 79; OLG Hamburg DNotZ 1951, 422: unrichtige Schreibweise des Geburtsnamens einer Beteiligten; OLG Hamm OLGZ 1998, 227 = DNotZ 1988, 565, 567: keine nachträgliche Berichtigung eines anhand der Urkunde nicht auflösbaren Widerspruchs hinsichtlich der Bezeichnung der Urkundsperson zwischen Urkundstext und Unterschrift; OLG Jena OLG-NL 1998, 282, 283; OLG Köln MittBayNot 1993, 170, 171 = NJW-RR 1993, 223 = Rpfleger 1993, 71; GmbHR 1993, 164)

§ 44a Abs 2 BeurkG erweitert dies auf alle **offensichtlichen Unrichtigkeiten**. Damit übernimmt das Gesetz den Begriff des § 319 Abs 1 ZPO zur Berichtigung eines Urteils; ebenso wie dort ist etwa die Berichtigung von Schreibfehlern, Rechenfehlern und ähnlichen offenbaren Unrichtigkeiten möglich (Limmer, in: Eylmann/Vaasen § 44a BeurkG Rn 14; Winkler § 44a Rn 18; vSchuckmann/Renner, in: Huhn/vSchuckmann § 44a Rn 8). Berichtigt werden können daher nunmehr nicht nur Unrichtigkeiten, die sich aus dem Text der Urkunde ergeben, sondern auch solche, die sich aus dem Gesamtzusammenhang der Beurkundung ergeben, wozu auch aus außerhalb der Urkunde liegende Umständen herangezogen werden können. Nach hM genügt, daß die Unrichtigkeit für den Notar offensichtlich ist (BRAMBRING FGPrax 1998, 201, 203; KANZLEITER DNotZ 1999, 292, 305; LIMMER, in: EYLMANN/VAASEN § 44a BeurkG Rn 14; WINKLER § 44a Rn 19).

Berichtigt werden können einerseits offensichtliche Unrichtigkeiten in den beurkundeten **Erklärungen** der Beteiligten, insbes eine falsche Parzellennummer, aber auch eine *falsa demonstratio*, sofern das wirklich Gewollte feststeht.

Berichtigt werden können aber auch offensichtliche Unrichtigkeiten im **Feststellungsinhalt** der Urkunde – auch soweit dadurch erst nachträglich für die Wirksamkeit der Urkunde erforderliche Vermerke aufgenommen werden (KANZLEITER DNotZ 1999, 292, 304; REITHMANN DNotZ 1999, 27, 32; vSCHUCKMANN/RENNER, in: HUHN/vSCHUCKMANN § 44a Rn 10; WINKLER § 44a Rn 25 ff, 28; **aA** – keine Berichtigung des durch Muß-Vorschriften vorgeschriebenen Feststellungsinhaltes mögich: BRACKER DNotI 1997, 95, 96).

638 Die Berichtigung ist durch einen **gesonderten Vermerk** am Schluß der Niederschrift oder auf einem gesonderten Blatt vorzunehmen, das mit der Niederschrift zu verbinden ist. Sie ist vom Notar zu **unterschreiben**; eine Beifügung des Siegels ist üblich, aber ebensowenig wie für die Niederschrift selbst erforderlich. Bei Ausfertigungen und Abschriften kann die Korrektur unmittelbar in der Reinschrift vorgenommen werden – (Rn 644).

639 Auch der **Vertreter** im Amt, der **Amtsnachfolger** oder der Aktenverwahrer können die Berichtigung vornehmen, sofern sie die Unrichtigkeit aufgrund ihrer eigenen amtlichen Wahrnehmungen feststellen können, also insbes wenn sich die Unrichtigkeit aus der Urkunde selbst ergibt, nicht hingegen, wenn sie sich lediglich aus der Erinnerung des Amtsvorgängers ergibt. Allerdings können sie einen sonstigen Vermerk über die Angaben des Amtsvorgängers zur Urkunde nehmen und ggf mit ausfertigen.

3. Ausfertigungen und Abschriften §§ 42, 47–52 BeurkG)

a) Ausfertigung, beglaubigte Abschrift und einfache Abschrift

640 Da die Urschrift der notariellen Urkunde in der Urkundssammlung des Notars verbleibt (§ 45 BeurkG), müssen Abschriften für den Rechtsverkehr erstellt werden. Beurkundungsgesetz und materielles Recht unterscheiden zwischen Ausfertigungen, beglaubigten Abschriften und einfachen (dh unbeglaubigten) Abschriften. Der Oberbegriff der Abschrift ist in § 39 BeurkG definiert, die beglaubigte Abschrift in § 42 BeurkG, während Ausfertigungen durch §§ 47–51 geregelt sind.

641 Die **Ausfertigung vertritt die Urschrift** im Rechtsverkehr (§ 47 BeurkG – ebenso zuvor Art 39 Abs 1 BayNotG). So begründet etwa die Ausfertigung einer notariell beurkundeten Vollmacht dieselben Rechtsscheinswirkungen (§ 172) wie die Urschrift.

Die Ausfertigung erteilt, wer die Urschrift verwahrt (§ 48 BeurkG), also bei aus dem Amt geschiedenen Anwaltsnotaren idR das Amtsgericht (Rn 632).

Eine wirksame Ausfertigung liegt nur vor, wenn der **Ausfertigungsvermerk unterschrieben und gesiegelt** ist (§ 49 Abs 2 S 2 BeurkG). Außerdem soll (unbedingte Amtspflicht, aber nicht Wirksamkeitsvoraussetzung) der Ausfertigungsvermerk (1) den Tag und den Ort der Erteilung angeben, (2) die Person bezeichnen, der die Ausfertigung erteilt wird und (3) die Übereinstimmung der Ausfertigung mit der Urschrift bestätigen. Schließlich soll (4) die Ausfertigung in der Überschrift ausdrücklich als „Ausfertigung" bezeichnet werden (§ 49 Abs 1 S 2 BeurkG). Ausfertigungen und beglaubigte Abschriften, die aus mehreren Blättern bestehen, sind mit Schnur und Prägesiegel zu verbinden (§ 44 BeurkG – kein Wirksamkeitserfordernis).

Der Ausfertigungsvermerk lautet idR: „Vorstehende, mit der Urschrift übereinstimmende (zweite) Ausfertigung wird Frau/Herrn ... antragsgemäß erteilt. – Ort, Datum, Unterschrift und Siegel des Notars".

Die **beglaubigte Abschrift** (§ 42 BeurkG) erbringt ebenfalls vollen Beweis über die Errichtung der Urschrift und deren Inhalt (OLG Frankfurt OLGZ 1993, 410 = DNotZ 1993, 757 m Anm Kanzleiter; KG FGPrax 1998, 7; LG Wuppertal Rpfleger 1972, 100; Berger NotBZ 2003, 79). Sie genügt daher anstelle der Urschrift oder einer Ausfertigung, soweit nicht die Vorlage der Urkunde als solche erforderlich ist, sondern nur deren Inhalt nachzuweisen ist.

Beglaubigte Abschriften kann der Notar von **Urkunden aller Art** erstellen, also auch von Niederschriften anderer Notare oder von privatschriftlichen Urkunden oder von Urkunden in bloßer Textform, solange sie nur verkörpert sind; ansonsten ist nur eine notarielle Feststellung der Übereinstimmung mit dem elektronischen Original nach § 39 BeurkG möglich, die zwar dieselben Anforderungen wie eine Abschriftenbeglaubigung hat, aber besser nicht als solche bezeichnet werden sollte.

Auch die beglaubigte Abschrift erfordert (als Wirksamkeitsvoraussetzung) ein **unterschriebenes und gesiegeltes Zeugnis** des Notars (§ 39 BeurkG). Ein bestimmter Wortlaut ist für den Vermerk („Zeugnis") nicht vorgeschrieben; Wirksamkeitsvoraussetzung ist jedoch zumindest die Bezeugung, daß es sich um eine beglaubigte Abschrift handelt. Daneben soll (keine Wirksamkeitsvoraussetzung) der Vermerk auch Ort und Tag der Ausstellung angeben (§ 39 BeurkG) und feststellen, ob die Urkunde, deren Abschrift beglaubigt wird, eine Urschrift, Ausfertigung, beglaubigte oder einfache Abschrift ist (§ 42 Abs 1 BeurkG). Auch auf ersichtliche Änderungen, Radierungen etc der Urkunde soll der Notar hinweisen (§ 42 Abs 2 BeurkG) – was natürlich bei Abschriften von den eigenen Niederschriften keine Rolle spielt. Auch wenn das Gesetz es nicht vorschreibt, wird üblicherweise zu Beginn der Abschrift die Überschrift „Beglaubigte Abschrift" gestempelt.

Ein typischer Beglaubigungsvermerk für die Abschrift einer eigenen Urkunde könnte daher lauten: „Vorstehende beglaubigte Abschrift stimmt mit dem Text der Urschrift überein – Ort, Datum, Unterschrift und Siegel des Notars".

Unbeglaubigte Abschriften seiner Urkunden wird der Notar zur Erfüllung gesetzlicher Mitteilungspflichten vorsehen (Rn 652) sowie zur bloßen Information Dritter auf Wunsch der Beteiligten (zB wenn die Beteiligten um eine Abschrift für die finanzierende Bank bitten).

b) Reinschrift

644 Sowohl die Ausfertigung wie die Abschrift muß nur den Text der Urkunde wortgetreu wiedergeben, nicht aber deren Schriftbild. Der Notar kann Ausfertigungen oder Abschriften auch in **Reinschrift (Leseabschrift)** erstellen, dh Seiten mit handschriftlichen Änderungen durch entsprechend sauber getippte neue Seiten ersetzen. Früher, solange es noch keine Fotokopien gab, konnte man ohnehin Abschriften nur durch Abschreiben herstellen, soweit man nicht Matrizen verwendete.

Wurde eine **offensichtliche Unrichtigkeit** durch einen Nachtragsvermerk korrigiert (§ 44a Abs 2 BeurkG – vgl Rn 638), muß der Nachtragsvermerk in der Abschrift oder Ausfertigung nicht als solcher wiedergegeben werden. Statt dessen kann die Unrichtigkeit auch im Text der Reinschrift korrigiert werden (LIMMER, in: EYLMANN/VAASEN § 49 BeurkG Rn 7; vSCHUCKMANN/PREUSS, in: HUHN/vSCHUCKMANN § 49 BeurkG Rn 4; WINKLER § 44a BeurkG Rn 33 und § 49 BeurkG Rn 6).

645 Die **Urschrift** selbst darf der Notar nach Abschluß der Beurkundung (dh nachdem die Beteiligten und er selbst unterschrieben haben) **nicht mehr ändern**. Verbindet der Notar etwa eine erst nach Abschluß der Beurkundung erstellte Reinschrift mit dem originalen Unterschriften, so verstößt er gegen § 44 BeurkG und § 30 DONot. Allerdings beeinträchtigt dies die Wirksamkeit der bereits abgeschlossenen Beurkundung nicht (BGH NJW 2003, 2764; anders möglicherweise in einem obiter dictum BGH DNotZ 1999, 350 = NJW-RR 1999, 569 = ZNotP 1998, 507; falsch OLG Hamm DNotZ 2001, 129 m Anm REITHMANN = FGPrax 2000, 242 = ZEV 2001, 21). Ebensowenig würde es die Wirksamkeit beeinträchtigen, wenn die Urschrift nach Abschluß der Beurkundung verloren geht oder vernichtet wird.

c) Auszugsweise Abschrift

646 Ausfertigungen oder Abschriften können auf Antrag auch auszugsweise erstellt werden. Dann ist aber zu vermerken, daß es sich nur um eine auszugsweise Abschrift handelt – ggf auch, daß die übrige Urkunde über den Gegenstand der auszugsweisen Abschrift keine weiteren Bestimmungen enthält (§ 49 Abs 5 iVm § 42 Abs 3 BeurkG).

d) Recht auf Ausfertigungen, Abschriften und Einsicht (§ 51 BeurkG)

647 Die notarielle Urkunde ist „öffentlich" nur in ihrer Beweisfunktion, sie ist aber nicht etwa öffentlich einsehbar ohne den Willen der Beteiligten. Vielmehr gilt die notarielle Verschwiegenheitspflicht (§ 18 BNotO) auch für die erstellte Urkunde.

648 Einen **gesetzlichen Anspruch** auf Ausfertigungen oder Abschriften haben bei Niederschriften über Willenserklärungen alle, die selbst in der Urkunde Erklärungen abgegeben haben, sei es in eigenem oder in fremdem Namen, sowie die, in deren Namen Willenserklärung abgegeben wurden (§ 51 Abs 1 Nr 1 BeurkG), also sowohl **Vertreter wie Vertretene**. Einer Zustimmung der anderen Urkundsbeteiligten bedarf es dafür nicht.

Keinen Anspruch hat hingegen der **Erklärungsempfänger**, wenn er nicht selbst in der

Urkunde beurkundete Erklärungen abgegeben hat. Keinen Anspruch hat daher etwa der Angebotsempfänger oder der Bevollmächtigte, soweit sie nicht selbst an der Beurkundung mitgewirkt haben.

Die ausfertigungsberechtigten Beteiligten (iSd § 51 Abs 1 BeurkG) können jedoch **gemeinsam bestimmen**, daß auch andere Personen ein Recht auf Ausfertigungen oder Abschriften haben (§ 51 Abs 2 BeurkG). Üblicherweise erfolgt dies dadurch, daß am Schluß der Urkunde bestimmt wird, wer davon Abschriften oder Ausfertigungen erhalten soll. So kann etwa der Vollmachtgeber bestimmen, ob der Bevollmächtigte die Erteilung von Ausfertigungen verlangen kann oder dies ggf auch nur bis zum Widerruf durch den Vollmachtgeber gestatten. 649

Wer kraft Gesetzes oder kraft Gestattung durch die Beteiligten Ausfertigungen verlangen kann, kann auch **beglaubigte oder einfache Abschriften** als geringere Formen verlangen (§ 51 Abs 3 BeurkG). Umgekehrt kann die Gestattung aber auch darauf eingeschränkt werden, daß dritte Personen nur berechtigt sind, beglaubigte oder nur einfache Abschriften zu erhalten – oder auch nur eine einzige Ausfertigung – oder kann die Gestattung nur bedingt oder bis auf Widerruf erteilt werden. 650

e) **Vollstreckbare Ausfertigung (§ 52 BeurkG; § 797 Abs 2 ZPO)**
Die vollstreckbare Ausfertigung ist die mit einer Vollstreckungsklausel versehene Ausfertigung einer notariellen Niederschrift, die eine Zwangsvollstreckungsunterwerfung enthält (vgl Rn 708). 651

4. **Mitteilungspflichten des Notars**

In verschiedenen Gesetzen sind vor allem steuerliche Mitteilungspflichten des Notars geregelt, die die notarielle Verschwiegenheitspflicht durchbrechen (§ 18 BNotO, § 51 Abs 4 BeurkG). Anzeigen muß der Notar insbesondere (vgl ausführlich KÜPERKOCH RNotZ 2002, 297): 652

– Anzeigen an das Finanzamt (**Grunderwerbsteuerstelle**) insbes bei Grundstücksveräußerungen (§§ 18, 20 GrEStG),

– der **Schenkungs- oder Erbschaftssteuer** unterfallende Rechtsgeschäfte insbes Schenkungen, Überlassungen, Erbauseinandersetzungen – aber **nicht Verfügungen von Todes wegen** (§ 34 ErbStG, §§ 7, 8 ErbStDV),

– Urkunden über die **Gründung von Kapitalgesellschaften** oder deren Kapitalerhöhung oder -herabsetzung, Umwandlung oder Auflösung sowie die **Verfügung über Anteile an Kapitalgesellschaften** bzw die Verpflichtung zu einer solchen Verfügung (§ 54 EStDV).

An **außersteuerlichen Mitteilungspflichten** sind insbes zu erwähnen: 653

– die Mitteilung entgeltlicher **Grundstücksveräußerungen** an den **Gutachterausschuß** beim Landratsamt (§ 195 Abs 1 S 1 BauGB), damit dieser daraus die Bodenrichtwerte ermitteln kann,

- Anzeige von **GmbH-Geschäftsanteilsabtretungen** an das Handelsregister (§ 40 Abs 1 S 2 GmbHG),

- **Zahlungen von oder an Gebietsfremde** (dh ohne Wohnsitz bzw Sitz in Deutschland) sowie Forderungen oder Verbindlichkeiten gegenüber diesen (§ 26 AWG iVm §§ 59 ff AWV – mit Ausnahmen insbes für Kleinbeträge unter 12 500 Euro, § 59 Abs 2 AWV),

- im Familienrecht die Übersendung von Urkunden über die **Vaterschaftsanerkennung** oder Mutterschaftsanerkennung (§§ 1597 Abs 2, 29 Abs 2, 29b Abs 2 PStG) sowie über **Sorgeerklärungen** (§ 1626d Abs 2),

- sowie im Erbrecht die Benachrichtigung der Geburtsstandesämter über die Errichtung von **Verfügungen von Todes wegen** oder andere Rechtsgeschäfte, die die Erbfolge beeinflussen (§ 20 Abs 1 und 2 DONot – vgl Rn 591).

5. Vollzug

a) Einreichung beim Grundbuchamt oder Registergericht (§ 53 BeurkG)

654 Eine **gesetzliche Pflicht** des Notars zum Vollzug (nach dem Gesetzeswortlaut genauer: zur Einreichung) von ihm beurkundeter Willenserklärungen besteht nur für Erklärungen, die beim Grundbuchamt oder einem Registergericht durch Eintragung zu vollziehen sind (§ 53 BeurkG).

Die Pflicht betrifft Beurkundungen durch Niederschrift sowie **Unterschriftsbeglaubigungen mit Entwurf** (BGH VersR 1956, 45; RGZ 149, 292; BayObLGZ 1986, 203 = DB 1986, 1666 = MittBayNot 1986, 205 = NJW 1987, 136), nicht aber eine bloße Unterschriftsbeglaubigung ohne Entwurf.

Beim **Grundbuchamt** einzureichende Erklärungen sind sämtliche Bewilligungen (§ 19 GBO), die Auflassung (§ 20 GBO, § 925) und alle Grundbuchanträge (§ 13 GBO). Beim **Handelsregister** einzureichende Erklärungen sind alle Handelsregisteranmeldungen (hingegen nicht das materielle Rechtsgeschäft als solches). § 53 BeurkG gilt ebenso für Anmeldungen zum Vereins-, Genossenschafts- oder Partnerschaftsregister; ebenso für das Personenstands- und das Güterrechtsregister, schließlich für das Schiffsregister und das Kabelbuch. Die Einreichungspflicht betrifft nur eintragungsfähige Erklärungen – also etwa nicht die Erbausschlagung, die zwar amtsempfangsbedürftig, aber nicht einem Register einzutragen ist.

Die Einreichungspflicht besteht nur den formell iSd § 6 Abs 2 BeurkG **Beteiligten** gegenüber, deren Willenserklärungen beurkundet wurden. So besteht zB bei der Grundschuldbestellung durch den Eigentümer mit Eintragungsbewilligung nur diesem gegenüber eine Einreichungspflicht, nicht aber dem Grundschuldgläubiger gegenüber. Daher enthalten etwa die Grundschuldformulare idR einen Eintragungsantrag – und damit zumindest konkludent auch einen diesbezüglichen Antrag auf Vollzug, wenn dieser nicht ausdrücklich im Begleitschreiben der Bank erteilt wird.

655 Die Einreichungspflicht besteht erst bei **Vollzugsreife** (also zB bei Beurkundung der

Auflassung erst mit Vorliegen der Unbedenklichkeitsbescheinigung und der für die Auflassung erforderlichen Genehmigungen).

Als **Frist** für die unverzügliche Einreichung billigt die Literatur dem Notar im Normalfall **acht bis zehn Tage** nach Eintritt der Vollzugsreife zu (KANZLEITER DNotZ 1979, 314; HAUG Rn 646; LIMMER, in: EYLMANN/VAASEN § 53 BeurkG Rn 7; vSCHUCKMANN/ PREUSS, in: HUHN/vSCHUCKMANN § 53 Rn 16; REITHMANN, in: REITHMANN/ALBRECHT Rn 256 Fn 3; WINKLER § 53 Rn 17; während GANTER, in: ZUGEHÖR/GANTER/HERTEL Rn 1493 nur 8 Tage für angemessen hält; **aA** BGH DNotZ 1964, 505: zehn Tage sind zu lang).

Bei erkennbarer **Eilbedürftigkeit** verlangt die Rechtsprechung deutlich kürzere Fristen; so soll etwa eine Grundschuldbestellung nach einer Entscheidung des BGH (DNotZ 1979, 311, 313 m krit Anm KANZLEITER) schon am Tag nach der Vollzugsreife beim Grundbuchamt einzureichen zu sein. Eilbedürftig sind insbes **Handelsregisteranmeldungen**, die **für Haftungsausschlüsse oder -beschränkungen** erforderlich sind (§§ 25 Abs 2, 28 Abs 2, 176 Abs 2 HGB; § 11 Abs 2 GmbHG)

b)   Freiwillige Übernahme des Vollzugs (§ 24 Abs 1 BNotO)
Zur Herbeiführung der Vollzugsreife ist der Notar nicht nach § 53 BeurkG verpflichtet. Er kann dies wie auch sonst den weiteren Vollzug aber als **Betreuungstätigkeit iSd § 24 BNotO** übernehmen, insbes etwa die Einholung von Genehmigungen, der Lastenfreistellungserklärungen bei der Grundstücksveräußerung etc.

IdR erhält der Notar von den Beteiligten auch einen diesbezüglichen Vollzugsauftrag. Daher ist er sogar verpflichtet, die Beteiligten darauf **hinweisen**, falls er ausnahmsweise einen über seine gesetzlichen Pflichten nach § 53 BeurkG hinausgehenden Vollzug nicht übernehmen will (BGH DNotZ 1966, 319, 322; DNotZ 1969, 173, 176; SANDKÜHLER, in: ARNDT/LERCH/SANDKÜHLER § 24 Rn 10; GANTER, in: ZUGEHÖR/GANTER/HERTEL Rn 2052; HAUG Rn 618; RINSCHE Rn II 438; ähnlich SCHIPPEL/REITHMANN § 24 Rn 33).

Dabei handelt der Notar auch dann als Amtsträger – und nicht als Vertreter der Beteiligten, wenn er etwa einen Beteiligten um Übersendung einer Genehmigung oder anderen Erklärung bittet (BGH DNotZ 2000, 714 = NJW 2000, 2428 = ZNotP 2000, 402, 403). Daher setzt die Bitte des Notars an den vollmachtlos Vertretenen um Nachgenehmigung **nicht die Zweiwochenfrist des § 177 Abs 2** in Lauf (OLG Naumburg DNotI-Report 1995, 26 = MittRhNotK 1994, 315; LG Oldenburg NdsRpfleger 1997, 255; BAUMANN MittRhNotK 1994, 316; BRAMBRING DNotI-Report 22/1994, S 8; BRAMBRING DNotI-Report 1995, 26; BRAMBRING ZfIR 1997, 444; HOLTHAUSEN-DUX NJW 1995, 1470; HERTEL, in: EYLMANN/VAASEN § 24 Rn 34; PALANDT/HEINRICHS § 177 Rn 5; **aA** OLG Köln NJW 1995, 1499 = MittRhNotK 1994, 168). Der BGH hielt den Notar sogar für verpflichtet, den Beteiligten zu empfehlen, ihn zum Vollzug zu ermächtigen, wenn dadurch die vorgesehene Abwicklung besser gesichert wird (BGH DNotZ 1956, 319, 321; DNotZ 1969, 173, 176: Grundbuchamt wies den Antrag der Beteiligten mangels Zahlung der Eintragungsgebühren zurück; DNotZ 1969, 499, 501: Rücknahme des allein vom Schuldner gestellten Eintragungsantrages stellte den Gläubiger schutzlos; HAUG Rn 634; **aA** GANTER, in: ZUGEHÖR/GANTER/HERTEL Rn 2125, da der Notar damit unzulässig um Betreuungsaufträge werbe).

c)   Vollzugsanweisungen der Beteiligten
Die Beteiligten können dem Notar sowohl im Rahmen der gesetzlichen Vollzugs-

pflicht nach § 53 BeurkG wie des freiwillig übernommenen Vollzuges nach § 24 BNotO Weisungen erteilen.

658 So wird etwa beim Grundstückskaufvertrag die gesetzliche Vorlagepflicht für die Auflassung (§ 53 BeurkG) idR dahingehend modifiziert, daß der Notar die Auflassung erst dann zum Vollzug beim Grundbuch einreichen darf, wenn ihm der Verkäufer bestätigt hat, daß er den Kaufpreis erhalten hat („**Vorlagesperre**"; vgl OLG Hamm OLGZ 1975, 294 = DNotZ 1975, 686 = Rpfleger 1975, 250; OLG Köln MittBayNot 2001, 228 = OLG-Report 2001, 57).

Der BGH verwarf eine derartige Vorlagesperre als AGB-widrig, wenn sie zugleich materiell-rechtlich Zurückbehaltungsrechte des Erwerbers verkürzte (BGH DNotZ 2002, 41 m Anm BASTY = NJW 2002, 140 = NotBZ 2001, 462 m Anm HERTEL); dies beruhte aber wohl auf einer falschen Auslegung durch die Berufungsinstanz. Denn grundsätzlich handelt es sich dabei nur um eine verfahrensrechtliche Anweisung an den Notar, die als solche keiner AGB-Kontrolle unterliegt (vgl FABIS ZfIR 2002, 177; KEIM MittBayNot 2003, 21; ebenso die Auslegung ähnlicher Klauseln durch OLG Köln RNotZ 2002, 238; LG Bonn RNotZ 2002, 190; LG Erfurt NotBZ 2003, 280 m Anm BASTY; ähnlich im Ergebnis BayObLG DNotI-Report 2002, 174 = MittBayNot 2002, 521 = NotBZ 2002, 418 = ZfIR 2002, 982 = ZNotP 2002, 485, wonach ein möglicher AGB-Verstoß im Vollzug nur bei offensichtlicher Unwirksamkeit der ursprünglichen gemeinschaftlichen Vollzugsanweisung beachtlich sei – wobei das BayObLG offensichtliche Unwirksamkeit der konkreten Klausel verneinte).

d) Widerruf und Aussetzen des Vollzuges von Amts wegen

659 Erkennt der Notar nach der Beurkundung, daß das beurkundete Rechtsgeschäft unwirksam ist oder daß es **unerlaubten oder unredlichen Zwecken** dienen soll (§ 4 BeurkG, § 14 Abs 2 BNotO), so hat er den weiteren Vollzug einzustellen.

Selten aber erlangt der Notar positive Kenntnis von der Unwirksamkeit oder Unredlichkeit. Häufiger ist der Fall, daß ihm nachträglich diesbezügliche **Anhaltspunkte** bekannt werden. Bei Anhaltspunkten auf Unredlichkeit oder Gesetzwidrigkeit wird der Notar den Beteiligten Gelegenheit geben, die Anhaltspunkte zu zerstreuen. Dann kann er vollziehen. Reagieren die Beteiligten nicht oder nur ausweichend, so kann dies die Anhaltspunkte bis zu einer postiven Überzeugung des Notars verstärken, so daß er den weiteren Vollzug einstellen wird (vgl ausführlich WINKLER MittBayNot 1998, 144; WINKLER § 53 Rn 24 ff).

660 Bestehen hingegen nur Anhaltspunkte für eine Formnichtigkeit wegen fehlender Beurkundung von Nebenabreden, so handelt der Notar nicht pflichtwidrig, wenn er die Urkunde zum Vollzug einreicht, obwohl er nicht sicher ist, ob das beurkundete Rechtsgeschäft wegen Formnichtigkeit einer Zusatzvereinbarung gemäß § 139 nichtig ist (BayObLG DNotZ 2000, 372).

661 Ähnlich wird sich der Notar beim einseitigen **Widerruf** der Vollzugsanweisung durch einen Urkundsbeteiligten verhalten. Denn grundsätzlich ist nur der gemeinschaftliche Widerruf durch alle Beteiligten beachtlich. Der einseitige Widerruf ist nur beachtlich, wenn der Notar bei Richtigkeit der vorgetragenen Behauptung bereits von Amts wegen den Vollzug einstellen müßte oder wenn die Unwirksamkeit offenkundig ist (BayObLG DNotI-Report 2002, 174 = MittBayNot 2002, 521 = NotBZ 2002, 418 = ZfIR 2002, 982 = ZNotP 2002, 485).

e) Überwachung des Vollzuges

Im Rahmen seiner gesetzlichen Pflicht zur (= unselbständigen) Vollzugstätigkeit nach § 53 BeurkG muß der Notar den Vollzug im Grundbuch oder Handelsregister nur dann überwachen, wenn er den Grundbuchvollzug selbst beantragt hat (aufgrund Vollmacht der Beteiligten oder nach § 15 GBO); denn nur dann erhält er auch die Eintragungsmitteilung des Grundbuchamtes. **662**

Hat der Notar hingegen nur die Anträge der Beteiligten als Bote beim Grundbuchamt eingereicht, ohne selbst von seinem Antragsrecht Gebrauch zu machen (womit er seiner gesetzlichen Vollzugspflicht nach § 53 BeurkG ebenfalls genügt), so muß er den Grundbuchvollzug nicht überwachen (BGHZ 28, 104 = DNotZ 1958, 557 = NJW 1958, 1532; BGHZ 123, 1, 9 = NJW 1993, 3061; SCHÖNER/STÖBER Rn 188; HAUG Rn 632; WINKLER § 53 Rn 59 f; ebenso jetzt vSCHUCKMANN/PREUSS, in: HUHN/vSCHUCKMANN § 53 BeurkG Rn 21 – anders noch 3. Aufl § 53 Rn 37; offen BGH DNotZ 1990, 441 = NJW 1990, 1242).

Bei einer freiwillig übernommenen **Vollzugstätigkeit nach § 24 BNotO** (= selbständige Vollzugstätigkeit) muß der Notar hingegen den Vollzug auch **überwachen** (BGHZ 123, 1, 9 = NJW 1993, 3061 = WM 1993, 105: Grundstücksverkehrsgenehmigung; BGH DNotZ 1988, 372 = MittRhNotK 1987, 286 = NJW 1987, 63 = WM 1987, 1205: Erteilung eines Erbscheines; ähnlich BGH DNotZ 1976, 506, 509; KG DNotZ 1990, 446 m Anm REITHMANN: Einholung aller erforderlichen Genehmigungen; REITHMANN DNotZ 1975, 332; SANDKÜHLER, in: ARNDT/LERCH/SANDKÜHLER § 24 Rn 42; GANTER, in: ZUGEHÖR/GANTER/HERTEL Rn 2128). Denn wenn die Beteiligten den Notar mit dem Vollzug beauftragen, erwarten sie, daß sie sich um nichts weiter kümmern müssen, außer der Notar weist sie ausdrücklich darauf hin, daß sie etwas noch selbst machen müssen (HERTEL, in: EYLMANN/VAASEN § 24 Rn 36). **663**

XVI. Materiell-rechtliche Rechtsfolgen

1. Wirksamkeitsvoraussetzungen

Die Beurkundung ist formwirksam, wenn alle **Muß-Vorschriften** des Beurkundungsgesetzes eingehalten wurden. Ist hingegen eine beurkundungsbedürftige Willenserklärung nicht oder nur unter Verstoß gegen beurkundungsverfahrensrechtliche Muß-Vorschriften beurkundet, so ist die Beurkundung unwirksam und damit die Erklärung formunwirksam (§ 125). **664**

Eine Verletzung bloßer **Soll-Vorschriften** beeinträchtigt hingegen die Wirksamkeit der Beurkundung nicht (zur Unterscheidung zwischen Muß- und Soll-Vorschriften des BeurkG vgl Rn 230 ff).

2. Heilung von Veräußerungsverträgen durch Vertragsvollzug

Manche gesetzlichen Vorschriften über Beurkundungserfordernisse sehen eine Heilung vollzogener Geschäfte vor. Insbesondere bestehen Heilungsvorschriften beim Vollzug formunwirksamer **Veräußerungsverträge** (Schenkung, Grundstücks- und **665**

GmbH-Geschäftsanteilsveräußerung; vgl allg HARKE WM 2004, 357; SPECKS RNotZ 2002, 193). Für den Erbteilskauf gibt es hingegen keine Heilungsvorschrift (Rn 677).

Die Heilung gilt nur für gesetzliche Beurkundungserfordernisse, nicht für (möglicherweise neben dem Gesetzlichen vereinbarte) rechtsgeschäftliche Formerfordernisse, die aber möglicherweise beim Vollzug konkludent abbedungen wurden (vgl § 125 Rn 126). Geheilt wird jeweils nur die Formunwirksamkeit, nicht allfällige materielle Unwirksamkeitsgründe.

a) Schenkungsversprechen unter Lebenden und von Todes wegen (§§ 518 Abs 2, 2301 Abs 2)

666 Bei Schenkungsversprechen wird die Formnichtigkeit des Versprechens durch die **Bewirkung der versprochenen Leistung** geheilt (§ 518 Abs 2; ebenso bereits im römischen Recht die *lex Cincia*). Bei der Schenkung beweglicher Sachen und von Forderungen bedarf die Leistungsbewirkung idR keiner besonderen Form, jedenfalls keiner Beurkundung. In der Praxis erfolgt hier daher idR auch keine Beurkundung des Schenkungsversprechens; die Beteiligten begnügen sich mit der Heilung durch die Leistungsbewirkung. Der Versprechensempfänger ist in der Zwischenzeit auch nicht schutzbedürftig, da er keine Gegenleistung erbringt und er idR auch keine vorherigen Aufwendungen im Hinblick auf die ihm versprochene Leistung erbringen muß.

Die Heilungsvorschrift führt dazu, daß Schenkungsversprechen in der Praxis nur beurkundet werden, wenn sie auch aus anderen Gründen beurkundungsbedürftig sind (insbes bei **Grundstücken oder GmbH-Geschäftsanteilen**). Auch die **Schenkung von Innenbeteiligungen** (insbes einer Beteiligung als stiller Gesellschafter) sollte jedenfalls vorsorglich beurkundet werden; denn die die bloße „Einbuchung" der stillen Einlage durch Gutschrift ist nach der Rechtsprechung kein wirksamer Schenkungsvollzug (BGHZ 7, 378; SCHMIDT DB 2002, 829; **aA** STAUDINGER/CREMER [1995] § 518 Rn 21; ECKELT NJW 1954, 1905; HUECK NJW 1953, 138; WÜRDINGER JZ 1953, 225).

Ratio der Heilungsvorschrift ist der **beschränkte Formzweck**: Die Form soll vor nur der unbedachten Verpflichtung zur schenkweisen Veräußerung bewahren (**Übereilungsschutz**). Gibt der Schenker hingegen den Schenkungsgegenstand durch Verfügung selbst aus der Hand, so verdeutlicht ihm die Verfügung seinen Verlust schon hinreichend.

667 Tatbestandlich setzt der **Schenkungsvollzug** – genauer die Bewirkung der Leistung – voraus, daß der Schenker alles ihm Obliegende getan hat, um dem Beschenkten den Schenkungsgegenstand zu verschaffen (BGH MDR 1970, 496 = NJW 1970, 941 = LM § 518 Nr 7 [aufgegeben lediglich hinsichtlich der rechtlichen Einordnung der unentgeltlichen Besitzüberlassung als Schenkung – zugunsten einer Charakterisierung als Leihe – durch BGHZ 82, 354 = DNotZ 1982, 557 = NJW 1982, 820 = WM 1982, 295]; DB 1971, 2209; WM 1974, 450; LM § 163 Nr 2; BGHZ 99, 97 = FamRZ 1989, 273 = NJW 1989, 840 = WM 1989, 139; PALANDT/WEIDENKAFF § 518 Rn 9; STAUDINGER/CREMER [1995] § 518 Rn 16 – ebenso die Rechtsprechung zu § 2325 Abs 3: BGHZ 98, 226 = FamRZ 1986, 1197 = NJW 1987, 122 = WM 1986, 1415; **aA** – Leistungserfolg erforderlich: RG JW 1904, 337; OLG Frankfurt NJW-RR 1991, 1157; ERMAN/HERMANN § 518 Rn 5; MünchKomm/KOLLHOSSER § 518 Rn 12 ff; HERMANN MDR 1980, 883, 884 f; REINICKE NJW 1970, 1447; SEIBERT JZ 1981, 380).

Ein **bedingter oder befristeter Vollzug** genügt, etwa eine aufschiebend bedingte Abtretung (BGH FamRZ 1989, 959 = NJW-RR 1989, 1282 = WM 1989, 1344: Übergabe eines Sparbuchs mit Vorbehalt der Schenkerin, noch eigene Abhebungen vornehmen zu können; ebenso im Ergebnis in vielen Fällen die Mindermeinung, die hier nur die bedingte Übertragung als geschuldet ansieht, so daß aus ihrer Sicht auch der Leistungserfolg bereits eingetreten ist).

Die Leistung kann **auch nach dem Tod des Erblassers bewirkt** werden, sei es durch die Erben des Schenkers oder – aufgrund vom Schenker erteilter postmortaler Vollmacht – von einem Vertreter für die Erben (BGHZ 99, 97 = FamRZ 1989, 273 = NJW 1989, 840 = WM 1989, 139 = JZ 1987, 362 m Anm LEIPOLD = JR 1987, 371 m Anm OLZEN); dabei kann auch der Versprechensempfänger selbst bevollmächtigt sein unter Befreiung von § 181 (BGH FamRZ 1985, 693). Dies unterscheidet den Schenkungsvollzug iSd § 518 Abs 2 vom Schenkungsvollzug iSd § 2301. In diesen Fällen ist aber sorgfältig zu prüfen, ob tatsächlich eine Schenkung unter Lebenden vorliegt, und nicht ein Schenkungsversprechen von Todes wegen iSd § 2301 (dh unter Überlebensbedingung), dessen Formunwirksamkeit nach dem Tod des Schenkers nicht mehr geheilt werden kann.

Bei Grundstücksschenkungen genügt die **Erklärung der Auflassung** wohl zur Heilung nach § 518 Abs 2 (BGH NJW 1973, 40); jedoch bleibt die Schenkung bis zur Eigentumsumschreibung nach § 311b Abs 1 S 2 formunwirksam (steuerlich maßgebender Zeitpunkt der Ausführung der Zuwendung iSd § 9 Abs 1 Nr 2 ErbStG liegt aber bereits mit der Auflassung vor: BFHE 127, 437 = BStBl II 1979, 642 = DStR 1979, 448 = DB 1979, 1443 = MittBayNot 1979, 132; BFHE 130, 64 = BStBl II 1980, 307 = DB 1980, 1475 = JZ 1980, 817 = MittBayNot 1980, 184; BFHE 163, 214 = BStBl II 1991, 320 = NJW 1991, 2591).

Für den **schenkweisen Forderungserlaß** genügt ein formloser Erlaßvertrag (Prot II 19; RGZ 53, 294, 296; RGZ 76, 59, 61).

Im Zeitpunkt der der Leistungsbewirkung muß die formnichtige **Einigung** über die versprochene Schenkung **noch fortbestanden** haben; sie darf nicht etwa zwischenzeitlich vom Schenkenden widerrufen worden sein (BGHZ 99, 97 = FamRZ 1989, 273 = NJW 1989, 840 = WM 1989, 139 = JZ 1987, 362 m Anm LEIPOLD = JR 1987, 371 m Anm OLZEN); dabei bezieht sich der BGH ausdrücklich auf seine Rechtsprechung zu § 311b Abs 1 S 2.

Bei einem echten **Schenkungsversprechen von Todes wegen** (dh im Anwendungsbereich des § 2301 Abs 1) sieht das Gesetz keine Heilung vor.

§ 2301 Abs 2 ist **keine Heilungsvorschrift**, sondern ordnet die Geltung der Vorschriften über die Schenkungen unter Lebenden an, wenn der Schenker selbst die Schenkung noch (zu seinen Lebzeiten) durch Leistung des zugewendeten Gegenstandes vollzieht. Die vollzogene Schenkung unter Lebenden unterliegt aber keinem Formerfordernis mehr: Entweder liegt dann eine Handschenkung vor (§ 516), wenn Zuwendung und Vereinbarung der causa zeitlich zusammenfallen, oder ein zunächst formunwirksam abgegebenes Schenkungsversprechen wird durch den Vollzug geheilt (§ 518; BGHZ 99, 97 = FamRZ 1989, 273 = NJW 1989, 840 = WM 1989, 139 = JZ 1987, 362 m Anm LEIPOLD = JR 1987, 371 m Anm OLZEN; BGH FamRZ 1985, 693; RG WarnR 1913 Nr 249; WarnR 1915 Nr 142; STAUDINGER/KANZLEITER [1998] § 2301 Rn 18).

Der Begriff des **Schenkungsvollzuges in § 2301 Abs 2** ist dabei enger als der in § 518 Abs 2: Eine Schenkung von Todes wegen ist erst vollzogen, wenn sie ohne weiteres Zutun des Schenkers eintreten kann (BGHZ 87, 19 = NJW 1983, 1487 = WM 1983, 411). Der Schenker muß die Leistung selbst **noch zu seinen Lebzeiten** bewirken. Anders als bei einem formunwirksamen Schenkungsversprechen unter Lebenden kann bei einem Schenkungsversprechen von Todes wegen eine Leistung nach dem Tod des Schenkers nie zur Heilung der Formunwirksamkeit führen (BGH DNotZ 1987, 25 = NJW 1986, 2107 = WM 1986, 584; BGHZ 99, 97 = FamRZ 1989, 273 = NJW 1989, 840 = WM 1989, 139 m Anm LEIPOLD JZ 1987, 362). So hat etwa der Schenker auch durch die Erteilung einer unwiderruflichen Verfügungsvollmacht über ein Bankguthaben noch nicht geleistet und die Schenkung daher noch nicht im Sinne des § 2301 Abs 2 vollzogen (BGHZ 87, 19 = NJW 1983, 1487 = WM 1983, 411). Hingegen genügt eine aufschiebend auf den Todesfall bedingte Abtretung (BGH FamRZ 1986, 982 = MittBayNot 1986, 197 = NJW-RR 1986, 1133 = WM 1986, 786: Einrichtung eines Oder-Kontos durch Ehegatten).

Ist die Schenkung **nicht zu Lebzeiten des Schenkers vollzogen** und sind damit nach § 2301 Abs 1 die erbrechtlichen Vorschriften anwendbar, so ist eine **Heilung nicht mehr möglich**. § 518 Abs 2 ist auf Schenkungsversprechen nach § 2301 nicht anwendbar; insbesondere kann eine nichtvollzogene Schenkung von Todes wegen ebensowenig wie eine formnichtige Verfügung von Todes wegen nach dem Erbfall durch Handlungen einer vom Erblasser bevollmächtigten Person in Kraft gesetzt werden (BGH DNotZ 1989, 172 = NJW 1988, 2731 = WM 1988, 984).

b) Grundstücksveräußerung (§ 311b Abs 1 S 2)

669 Nach § 311b Abs 1 S 2 wird die Formunwirksamkeit der schuldrechtlichen Verpflichtung zu Veräußerung oder Erwerb eines Grundstücks (oder grundstücksgleichen Rechtes) durch den Eigentumserwerb, dh (wirksame) Auflassung und Eigentumsumschreibung geheilt (vgl allg STAUDINGER/WUFKA [2001] § 313 Rn 262 ff).

Voraussetzung ist, daß die **Auflassung** selbst wirksam erklärt wurde (BGHZ 29, 9; BGHZ 47, 270; BGH DNotZ 1966, 96; NJW 1968, 1928; RGZ 137, 352). Daher führt die Eintragung nicht zur Heilung, wenn die Auflassung aufgrund unwirksamer Vollmacht erklärt wurde (BGH DNotZ 1966, 92 = WM 1965, 1006; OLG Schleswig DNotZ 2000, 775 = NJW-RR 2001, 733) oder wenn für zur Wirksamkeit der Auflassung erforderliche Genehmigungen fehlen (BGH DNotZ 1969, 350; RGZ 111, 239).

Dabei schadet allerdings nicht, wenn die Auflassung nicht wirksam beurkundet wurde, da Wirksamkeitsvoraussetzung nach § 925 Abs 1 nur die Erklärung vor dem Notar ist, nicht die Beurkundung. (Im Ergebnis liefe es allerdings auf dasselbe hinaus, wenn man entgegen der hM zwar die Beurkundung als Wirksamkeitsvoraussetzung der Auflassung fordern würde, aber auch die Formwirksamkeit der Auflassung als durch den Vollzug geheilt ansähe.)

Für die **Eintragung** genügt bei Veräußerung des Erbbaurechts an den Grundstückseigentümer auch die Löschung des Erbbaurechtes (BGHZ 32, 11).

670 Die Auflassung muß **in Erfüllung** des formunwirksamen Vertrages vorgenommen werden; eine vor Vertragsschluß vorgenommene Auflassung bewirkt keine Heilung (BGH MittBayNot 1983, 10 = NJW 1983, 1543, 1545 = Rpfleger 1984, 346 = WM 1983, 311; OLG

Naumburg DNotI-Report 2003, 132 = BauR 2003, 1778; **aA** HARKE WM 2004, 357, 360 f). Ebenso muß die Willensübereinstimmung der Vertragsparteien über den gesamten (BGHZ 54, 56, 64) formunwirksamen schuldrechtlichen Vertrag noch bis zur Erklärung der Auflassung fortbestehen, hingegen nicht mehr bis zur Eintragung (BGHZ 127, 129, 136 = DNotZ 1995, 557 = NJW 1994, 3227 = WM 1994, 1980 = ZIP 1994, 1687 – zu § 15 GmbHG; BGH WM 1973, 612; DNotZ 1978, 539 = MDR 1978, 826 = NJW 1978, 1577; NJW 1994, 586, 588 = WM 1994, 351; **aA** HARKE WM 2004, 357, 359 f); allerdings wird die fortbestehende Willensübereinstimmung vermutet, solange nicht eine Partei erkennbar einen abweichenden Willen äußert (BGH MittBayNot 1993, 202 = NJW-RR 1993, 522 = WM 1993, 167; NJW 1994, 318).

Um eine Umgehung des Beurkundungserfordernisses nach § 311b Abs 1 S 1 für das **671** schuldrechtliche Grundgeschäft zu vermeiden, darf der Notar nach § **925a** die Auflassung nur entgegennehmen, wenn ihm zugleich eine Urkunde über das Grundgeschäft vorgelegt wird (unbedingte Amtspflicht, deren Verletzung aber nicht zur Unwirksamkeit führt). Zugleich mildert § 925a die praktischen Folgen der aus dem Abstraktionsprinzip folgenden Trennung zwischen Schuld- und Sachenrecht (STAUDINGER/PFEIFER [1995] § 925 Rn 4).

Die Heilung erfolgt nicht rückwirkend, sondern **ex nunc** mit der Eintragung (STAU- **672** DINGER/WUFKA [2001] § 313 Rn 302). Der Zeitpunkt der Eintragung tritt an Stelle des Zeitpunktes des Vertragsschlusses. Daher bleibt eine eingetragene Auflassungsvormerkung bis zur Eigentumsumschreibung unwirksam und verleiht keinen Schutz gegen Zwischeneintragungen (BGHZ 54, 56, 63; MittBayNot 1983, 10 = NJW 1983, 1543, 1545 = Rpfleger 1984, 346 = WM 1983, 311). Ebenso wird der Kaufpreis frühestens mit der Eintragung fällig (BGH DB 1979, 938: kein Verzug), und die Verjährung (etwa des Kaufpreisanspruches) beginnt mit der Heilung, da erst damit die Ansprüche entstehen (RGZ 75, 114; RGZ 134, 86); ebenso kommt es für die Kenntnis des Käufers von Mängeln auf den Zeitpunkt der Heilung an anstelle des Zeitpunktes des Vertragsschlusses (OLG Hamm DNotZ 1986, 745 m Anm KANZLEITER = NJW 1986, 136).

Allerdings bestand im Zweifel der mutmaßliche Wille der Vertragsparteien, sich so zu stellen, als wäre der Vertrag von Anfang an wirksam gewesen (BGHZ 32, 13; BGHZ 54, 56, 63; BGHZ 82, 398 = DNotZ 1982, 433 = NJW 1982, 759 = Rpfleger 1982, 138 = WM 1982, 203: daher kann auch eine Vertragsstrafe bereits verwirkt sein).

Geheilt wird die Formunwirksamkeit des **gesamten Rechtsgeschäftes**, also auch da- **673** mit verbundener, für sich selbst nicht formbedürftiger **Nebenabreden** (BGH NJW 1974, 136: Leibrentenversprechen, das entgegen § 761 nur mündlich abgegeben wurde; BGH NJW 1978, 1577; NJW 1981, 2293: formbedürftige Abreden mit Dritten).

Geheilt ist damit auch eine allfällige Pflicht zur **Rückübereignung**, soweit diese denselben Veräußerungsgegenstand betrifft (BGH NJW 1975, 205), nicht aber eine weitergehende Verpflichtung (BGHZ 59, 269).

Sind zwei Grundstücksgeschäfte miteinander verknüpft, so tritt die **Heilung erst mit Vollzug beider Grundstücksgeschäfte** ein (BGH DNotI-Report 2000, 105 = NJW 2000, 2017 = NotBZ 2000, 188 = ZNotP 2000, 276).

674 Ein formnichtiger **Vorvertrag** wird bereits mit dem formgerechten Abschluß des Hauptvertrages geheilt (BGHZ 82, 398 = DNotZ 1982, 433 = NJW 1982, 759 = WM 1982, 203).

c) Veräußerung von GmbH-Geschäftsanteilen (§ 15 Abs 4 S 2 GmbHG)

675 Auch bei der Veräußerung von GmbH-Geschäftsanteilen (Rn 147) heilt die dingliche Abtretung die Formunwirksamkeit der schuldrechtlichen Verpflichtung (§ 15 Abs 4 S 2 GmbHG). Auch hier ist Voraussetzung, daß die Willensübereinstimmung der Vertragsparteien hinsichtlich des schuldrechtlichen Verpflichtungsgeschäfts noch in dem Augenblick fortbesteht, als ihre Bindung an das Verfügungsgeschäft eingetreten ist (BGHZ 127, 129, 136 = DNotZ 1995, 557 = NJW 1994, 3227 = WM 1994, 1980 = ZIP 1994, 1687).

Eine § 925a entsprechende Vorschrift fehlt allerdings, so daß der Notar die dingliche Abtretung auch beurkunden darf, wenn die Beteiligten ausdrücklich erklären, die zugrundeliegende schuldrechtliche Verpflichtung sei noch nicht beurkundet und solle auch nicht beurkundet werden. In der Praxis wird daher häufig nur der dingliche Vertrag beurkundet. De lege ferenda wäre eine Regelung entsprechend § 925a wünschenswert, nach der der Notar die Abtretung nur bei Vorlage der Urkunde über das schuldrechtliche Geschäft beurkunden darf; dies würde die Belehrungswirkung deutlich stärken.

676 Bei der verbundenen Veräußerung von GmbH- und Kommanditanteilen an einer **GmbH & Co KG** heilt die dingliche Abtretung des GmbH-Anteiles nach hM auch die formunwirksame Verpflichtung zur Veräußerung des Kommanditanteiles (BGH DNotZ 1993, 615 = NJW-RR 1992, 991 = WM 1992, 670: Nichtannahmebeschluß zu OLG München DNotZ 1993, 614, allerdings ohne sich jedoch mit der Gegenmeinung auseinanderzusetzen; ebenso die wohl **hM**: Sieveking MDR 1984, 989; Wiesner NJW 1984, 97; Schultze NJW 1991, 1936; Michalski/Ebbing, GmbHG [2002] § 15 Rn 110; Scholz/Winter, GmbHG [9. Aufl 2000] § 15 GmbHG Rn 76; während nach **aA** die Formunwirksamkeit erst geheilt ist, wenn sowohl der GmbH-Anteil wie der Kommanditanteil dinglich übertragen sind: so Kempermann NJW 1991, 685; kritisch Witt ZIP 2000, 1033; zweifelnd auch Limmer ZNotP 2000, 299; Mayer DNotZ 1990, 134).

d) Erbschaftskauf (§ 2371)

677 Für einen formnichtigen **Erbschaftskauf oder Erbteilkauf** (§ 2371) sieht das Gesetz hingegen keine ausdrückliche Heilungsvorschrift durch Vollzug vor. Die **Rechtsprechung verneint eine analoge Anwendung der Heilungsvorschriften** (BGH WM 1960, 551, 553; NJW 1967, 1128, 1131 = LM § 2371 Nr 2; DNotZ 1971, 37 = WM 1970, 1319; RG Recht 1930 Nr 1691; RGZ 129, 122, 123; RGZ 137, 171, 175; RG HRR 1934 Nr 1035; RG WarnR 1942 Nr 92; OLG Frankfurt OLGE 16, 280, 281; OLG Hamburg OLGE 14, 285, 286; OLG München JFG 14, 61, 64; OLG Oldenburg HRR 1936 Nr 877; OLG Hamm RdL 1951, 103; OLG Schleswig SchlHA 1954, 54; zustimmend insbes MünchKomm/Musielak [3. Aufl 1997] § 2371 Rn 7; Palandt/Edenhofer § 2371 Rn 2; Pohlmann S 211 ff; Zarnekow MittRhNotK 1979, 143). Allerdings spricht sich eine starke Literaturmeinung für eine Heilung durch Vollzug aus – insbesondere auch, um den Miterben ein Vorkaufsrecht nach §§ 2034, 2035 und den Nachlaßgläubigern die zusätzliche Haftung nach § 2382 zu geben (Erman/Schlüter § 2371 Rn 5; Lange/Kuchinke, Lehrbuch des Erbrechts [5. Aufl 2001] § 45 II 2; Soergel/Damrau § 2371 Rn 22; Staudinger/Olshausen [2004] § 2371 Rn 27; Keller ZEV 1995, 427, 431). Ebenso könnte man auch erwägen, dem Erbschaftskäufer den Miterben bzw Nachlaßgläubigern gegenüber die Berufung auf die Formnichtigkeit des Kaufvertrages zu verweigern (aA RGZ 170, 203; SOERGEL/DAMRAU § 2371 Rn 27; STAUDINGER/OLSHAUSEN [2004] § 2371 Rn 29).

Teilweise wird auch vertreten, daß in der formwirksamen dinglichen Übertragung zugleich konkludent auch eine formgerechte Wiederholung des zunächst formnichtig geschlossenen Kaufvertrages liegen könne (MünchKomm/MUSIELAK § 2371 Rn 8; STAUDINGER/FERID/CIESLAR[12] § 2371 Rn 30). Dies wird man aber wohl nur in den seltenen Fällen annehmen können, wenn die Vertragsparteien die Formnichtigkeit des ursprünglichen Kaufvertrages zumindest für möglich hielten oder sie aus anderen Gründen den Kaufvertrag nochmals bekräftigend abschließend wollten zB zu Beweiszwecken; denn andernfalls hätten sie keinen Grund zur Wiederholung eines aus ihrer Sicht bereits abgeschlossenen Rechtsgeschäftes.

e) Keine Heilung bei Verträgen über gegenwärtiges Vermögen
Auch § 311b Abs 3 (Verträge über gegenwärtiges Vermögen) sieht keine Heilung durch Erfüllung vor (Mot II 183; BGH DNotZ 1971, 38; RGZ 76, 3; 137, 175, 350; OLG Frankfurt OLGE 8, 35; OLG Marienwerder OLGE 17, 376; MünchKomm/Krüger § 311b Rn 106; STAUDINGER/WUFKA [1995] § 311 Rn 20; aA LANGE AcP 144, 152; REICHEL AcP 104, 33).

f) Familienrecht und Erbrecht
Für Eheverträge gibt es keine Heilungsvorschrift. Die Heilungswirkung des § 311b Abs 1 S 2 beschränkt sich auf die Formunwirksamkeit nach § 311b Abs 1. Ein formunwirksamer Ehevertrag (§ 1410) wird daher nicht durch den Vollzug einer darin enthaltenen Grundstücksveräußerung formwirksam.

Ein mangels notarieller Beurkundung formunwirksamer **Erb- oder Pflichtteilsverzicht** kann nicht analog § 311b Abs 1 S 2 (= § 313 S 2 aF) durch den Vollzug einer darin etwa als Gegenleistung enthaltenen Grundstücksveräußerung geheilt werden (OLG Düsseldorf FamRZ 2002, 1147 = NJW-RR 2002, 584; KG JFG 7, 133; aA DAMRAU NJW 1984, 1163); allenfalls wird die Grundstücksveräußerung selbst geheilt.

3. Formverstöße bei Gesellschaftsgründung und Gesellschafterbeschlüssen

a) Gesellschaftsgründung
Im Interesse der Rechtssicherheit können die Formunwirksamkeit der Gesellschaftsgründung nach deren Invollzugsetzung und erst nach der Handelsregistereintragung nur eingeschränkt geltend gemacht werden. Für Formmängel gilt insoweit nichts anderes als für materielle Mängel des Gesellschaftsvertrages.

Uneingeschränkt nach den allgemeinen Grundsätzen (inbes auch § 125) können Mängel geltend gemacht werden, solange nur der Gesellschaftsvertrag abgeschlossen, die Gesellschaft aber weder in Vollzug gesetzt noch im Handelsregister eingetragen wurde. Bemerkt das Registergericht einen zur Unwirksamkeit der Beurkundung führenden Formfehler, so darf es die **AG oder GmbH nicht eintragen** (für die **AG**: HÜFFER § 38 Rn 7; MünchKommAktG/PENTZS § 38 Rn 43; WIESNER, in: MünchHdB AG § 6 Rn 7; ebenso für die **GmbH**: BAUMBACH/HUECK/FASTRICH § 2 Rn 14; LUTTER/BAYER, in: LUTTER/ HOMMELHOFF § 2 Rn 19; MICHALSKI § 2 Rn 26).

Wurde die Gesellschaft hingegen bereits **in Vollzug gesetzt** (sei es durch Tätigkeit nach außen, etwa durch Vornahme von Rechtsgeschäften mit Dritten, sei es durch die Bildung von Gesellschaftsvermögen, etwa durch die Leistung von Einlagen), so ist sie nach den Grundsätzen über die **fehlerhafte Gesellschaft** zunächst als bestehend zu behandeln, kann jedoch aufgelöst werden, wenn der Mangel fortbesteht, also zB die unwirksame Beurkundung des Gesellschaftsvertrages nicht durch formwirksame Beurkundung nachgeholt wird.

683 Wird die Gesellschaft **eingetragen**, so sind Formmängel des Gesellschaftsvertrages geheilt ebenso Formmängel der von einem Gründer dafür erteilten Vollmacht.

Bei der **Aktiengesellschaft** ergibt sich dies aus § 275 Abs 1 AktG, wonach eine **Klage auf Nichtigerklärung** (= Auflösung) nur darauf gestützt werden kann, daß die Satzung keine Bestimmungen über die Höhe des Grundkapitals oder über den Unternehmensgegenstand enthält oder wenn die Bestimmungen über den Unternehmensgegenstand nichtig sind. Andere Nichtigkeitsgründe läßt § 275 Abs 1 S 2 AktG ausdrücklich nicht zu.

Entsprechend ist bei der **GmbH** ist eine **Nichtigkeitsklage** nach der Eintragung nach § 75 Abs 1 GmbHG nur möglich, wenn der Gesellschaftsvertrag keine Bestimmungen über die Höhe des Stammkapitals oder über den Gegenstand des Unternehmens enthält oder wenn die Bestimmungen über den Unternehmensgegenstand nichtig sind. Auch die Aufzählung des § 75 Abs 1 GmbHG ist abschließend (BGHZ 21, 378, 381).

Enthält die Satzung Angaben über Grund-/Stammkapital oder Unternehmensgegenstand, sind diese aber formunwirksam beurkundet, so hatte dies die ältere Rechtsprechung teilweise als fehlende bzw nichtige Angabe iSd § 275 Abs 1 AktG bzw § 75 Abs 1 GmbHG betrachtet (RGZ 54, 418, 419, 422; RGZ 83, 256, 259; RGZ 114, 77, 80; RG Recht 191 Nr 2988). Nach heute ganz hM ist hingegen ein bloßer Formmangel kein Nichtigkeitsgrund iSd § 275 Abs 1 AktG bzw § 75 Abs 1 GmbHG (so für die **AG**: KölnerKommAktG/Kraft § 23 Rn 110, 112; MünchKommAktG/Pentzs § 23 Rn 174; Hüffer § 275 Rn 9 ff; ebenso für die **GmbH**: Baumbach/Hueck/Fastrich § 2 Rn 15; Hachenburg/Ulmer § 2 Rn 26; Michalski § 2 Rn 26; Roth/Altmeppen § 2 Rn 29; Scholz/Emmerich § 2 Rn 20).

b) **Heilung von Hauptversammlungsbeschlüssen der AG und Satzungsänderungen der GmbH (§ 242 Abs 1 AktG)**

684 Die Nichtigkeit von Hauptversammlungsbeschlüssen einer Aktiengesellschaft, die nicht oder nicht entsprechend § 130 Abs 1, 2 und 4 AktG beurkundet wurden (vgl Rn 605), ist in **§ 241 Nr 2 AktG** spezialgesetzlich geregelt. Bei der GmbH ergibt sich die Formunwirksamkeit aus der allgemeinen Regel des § 125 S 1.

685 Nach der Handelsregistereintragung eines Hauptversammlungsbeschlusses der **AG** kann jedoch nicht mehr geltend gemacht werden, daß er entgegen § 130 Abs 1, 2 und 4 AktG nicht oder nicht wirksam beurkundet wurde (§ 242 Abs 1 AktG). Die Eintragung heilt damit die Formnichtigkeit und zwar sofort, nicht erst nach einer dreijährigen Klagefrist wie bei Einberufungs- oder inhaltlichen Mängeln nach § 242 Abs 2 AktG.

Erforderlich ist aber, daß der betreffende Beschluß in das Handelsregister eingetragen wurde. Die bloße Einreichung einer Hauptversammlungsniederschrift, die den Beschluß enthält, genügt noch nicht.

Für die **GmbH** fehlt eine entsprechende Gesetzesbestimmung. Jedoch heilt auch hier die Registereintragung die Formunwirksamkeit von nicht oder unwirksam beurkundeten Gesellschafterbeschlüssen (insbes Satzungsänderungen). Denn der § 242 Abs 1 AktG zugrundeliegende Gedanke, daß im Interesse der Rechtssicherheit die nach registergerichtlicher Prüfung vorgenommene Handelsregistereintragung den Verstoß gegen das Beurkundungsgebot heilt, trifft bei der GmbH in gleicher Weise zu (BGH DNotZ 1996, 684 = NJW 1996, 257 = WM 1995, 2185 = ZIP 1995, 1983).

c) Umwandlung (§ 20 Abs 2 UmwG)

Bei Umwandlungsvorgängen heilt die Eintragung nach § 20 Abs 1 Nr 4 UmwG Formmängel sowohl der **Umwandlungsverträge** (Verschmelzungs- oder Spaltungsvertrag) wie der erforderlicher **Zustimmungs- und Verzichtserklärungen einzelner Anteilsinhaber** (LIMMER, Handbuch der Unternehmensumwandlung [2. Aufl 2001] Rn 850; LUTTER/GRUNEWALD § 20 UmwG Rn 65; KÜBLER, in: SEMLER/STENGEL § 20 UmwG Rn 82 f; **aA** – keine Heilung bei gänzlich fehlender oder bei Auslandsbeurkundung: VOSSIUS, in: WIDMANN/MAYER § 20 UmwG Rn 370).

Die Eintragung heilt auch die Formunwirksamkeit von nicht (oder nicht wirksam) beurkundeten Nebenabreden. Lagen der Beschlußfassung der Anteilseigner und dem Vertragsschluß der beteiligten Rechtsträger unterschiedliche Vertragsfassungen zugrunde, so gilt nach wohl hM die der Beschlußfassung der Anteilseigner zugrundeliegende Fassung (MARSCH-BARNER, in: KALLMEYER § 20 UmwG Rn 32; LUTTER/GRUNEWALD § 20 UmwG Rn 66; VOSSIUS, in: WIDMANN/MAYER § 20 UmwG Rn 369).

Für die **Zustimmungsbeschlüsse** der Anteilseigner gilt § 20 Abs 1 Nr 4 UmwG nicht. Formfehler von Beschüssen bei AG oder GmbH werden aber durch deren Handelsregistereintragung geheilt (§ 242 Abs 1 AktG), so daß alle Formfehler beurkundungsbedürftiger Beschlüsse (§ 130 AktG) geheilt werden. Ladungs- und inhaltliche Mängel können bei AG und GmbH binnen der Drei-Jahres-Frist des § 242 Abs 2 geltend gemacht werden; bei anderen Gesellschaften (insbes Personengesellschaften) tritt keine Heilung von formeller oder materieller Beschlußmängel ein; jedoch bleibt die Eintragung der Verschmelzung wirksam, auch wenn ein zugrundeliegende Zustimmungsbeschluß nichtig oder anfechtbar ist (§ 20 Abs 2 UmwG).

XVII. Adoption

Ähnlich ist auch die **Wirksamkeit der Adoption** als statusändernder Akt nicht beeinträchtigt, falls der Adoptionsantrag oder eine erforderliche Zustimmung entgegen §§ 1750, 1752 nicht formgerecht beurkundet wurde, gleichwohl aber die Adoption vom Gericht beschlossen wurde.

Strittig ist jedoch, ob die **Adoption wegen des** (erklärten, aber) **nicht formgerechten Antrages bzw der nicht formgerechten Einwilligung aufgehoben** werden kann, sofern der Antrag bzw die Einwilligung nicht noch formgerecht nachgeholt werden, was unstreitig zulässig ist. Nach § 1760 Abs 1 kann eine Adoption vom Vormundschaftsgericht auf Antrag aufgehoben werden, wenn sie ohne Antrag, ohne die Einwilligung des Kindes oder ohne die erforderliche Einwilligung eines Elternteils begründet wurde, während die fehlende Einwilligung des Ehegatten kein Aufhebungsgrund ist. § 1760 Abs 2 regelt abschließend, wann ein Antrag oder eine Einwilligung unwirksam ist. Da die Formunwirksamkeit (§ 125) dabei nicht genannt ist, sieht eine Meinung in der Formunwirksamkeit von Antrag oder Einwilligung keinen Aufhebungsgrund für die Adoption (ENDERS, in: BAMBERGER/ROTH § 1760 Rn 3; ERMAN/SAAR § 1760 Rn 4; MünchKomm/MAURER § 1750 Rn 12 und § 1760 Rn 3); bei der Gegenmeinung liegt hingegen schon tatbestandlich kein Antrag bzw keine Einwilligung iSd § 1760 Abs 1 vor, wenn diese formunwirksam waren (SOERGEL/LIERMANN § 1760 Rn 6; STAUDINGER/FRANK [2001] § 1760 Rn 8).

4. Teilunwirksamkeit

690 Nach den allgemeinen Regeln bestimmt sich, ob eine teilweise Formunwirksamkeit einzelner Klauseln oder eines Teils eines zusammengesetzten Rechtsgeschäftes zur Gesamtunwirksamkeit auch der übrigen Teile des Rechtsgeschäftes führt. Im Zweifel tritt Gesamtnichtigkeit ein (§ 139 – vgl § 125 Rn 101)

5. Treu und Glauben

691 Treu und Glauben (§ 242) können im Ausnahmefall auch bei beurkundungsbedürftigen Rechtsgeschäften der Berufung auf die Formnichtigkeit entgegenstehen. In der Rechtsprechung anerkannt ist dies für zwei Fallgruppen, zum einen bei **schwerer Treuepflichtverletzung**, insbes **arglistigem** Abhalten des anderen Vertragspartners von der Wahrung der Form, zum anderen bei **Existenzgefährdung** des anderen Vertragspartners. Nahezu alle der entschiedenen Fälle betreffen Beurkundungserfordernisse. Dogmatisch stellt sich die Frage aber in gleicher Weise bei anderen Formerfordernissen; daher ist sie bei § 125 behandelt (§ 125 Rn 110 ff).

692 Im **Höferecht** anerkennt § 7 Abs 2 HöfeO auch eine formlose Hoferbenbestimmung wenn der Hoferbe darauf vertrauen durfte. Bereits zuvor hatte die Rechtsprechung formlose Erb- und Übergabeverträge in deutlich weitergehendem Umfang als nach den allgemeinen Grundsätzen anerkannt. Diese Rechtsprechung besteht auch neben § 7 Abs 2 HöfeO fort; sie ist aber nicht außerhalb des Höferechts anwendbar (vgl § 125 Rn 116).

6. Ausschluß von Verbraucherwiderrufsrechten

693 **Verbraucherwiderrufsrechte** und notarielle Beurkundung sind zwei alternative Formen zum Schutz des schwächeren Vertragsbeteiligten. Bei notarieller Beurkundung ist ein Verbraucherwiderrufsrecht weder erforderlich noch sinnvoll (Rn 10). Zu Recht hat daher der deutsche Gesetzgeber daher teilweise Verbraucherwiderrufsrechte **bei notarieller Beurkundung** ausdrücklich **ausgeschlossen**.

So schließt § 491 Abs 3 Nr 1 das Widerrufsrecht bei der Beurkundung eines **Verbraucherdarlehens** (§ 495) aus, wenn die Urkunde zumindest den Jahreszins, die Darlehenskosten und die Voraussetzungen für die Änderungen beider enthält.

Auch bei **Haustürgeschäften** besteht bei notarieller Beurkundung nach § 312 Abs 3 **694** Nr 3 BGB (= § 1 Abs 2 Nr 3 HWiG) kein Widerrufsrecht (vgl BGH, Beschl vom 14. 9. 2004 – XI ZR 307/03). Hier nimmt die hM Einschränkungen vor, die ich nicht für richtig halte.

Die wohl **hM** will die Ausnahme auf **Immobiliengeschäfte beschränken**; dies gebiete das Europarecht (MünchKomm/ULMER § 312 Rn 85; PALANDT/HEINRICHS § 312 Rn 31; KOCH WM 2002, 1601; FISCHER/MACHUNSKY, HaustürWG [2. Aufl 1995] § 1 HWiG Rn 276). Der BGH ließ ausdrücklich offen, ob die Vorschrift gegen Europarecht verstößt oder einschränkend auszulegen ist (BGHZ 144, 223 = DNotZ 2000, 695 = NJW 2000, 2268, 2269). **ME** ist die einschränkende Auslegung der hM nicht erforderlich. Die zugrundeliegende Richtlinie 85/577/WG des Rates vom 20. 12. 1985 betreffend den Verbraucherschutz im Falle von außerhalb von Geschäftsräumen geschlossenen Verträgen (ABl EG Nr L 372 vom 31. 12. 1985, S 31 – Haustür-RL) enthält zwar in Art 3 Abs 2a eine ausdrückliche Ausnahme nur für „Verträge über den Bau, den Verkauf und die Miete von Immobilien sowie Verträge über andere Rechte an Immobilien; Verträge über die Lieferung von Waren und über ihre Einfügung in vorhandene Immobilien oder Verträge über die Reparatur bestehender Immobilien werden von dieser Richtlinie erfaßt." Jedoch ist der Kausalzusammenhang unterbrochen, wenn zwar der Erstkontakt in einer Haustürsituation erfolgte, das Rechtsgeschäft selbst aber notariell beurkundet wurde.

Auf **Bauherren- und Erwerbermodelle** will die wohl **hM** § 312 Abs 3 Nr 3 hingegen nicht anwenden (GALLOIS BB 1990, 2062; STÜSSER NJW 1999, 1586, 1589; PALANDT/HEINRICHS § 312 Rn 28; **aA** STAUDINGER/WERNER [2001] § 1 HWiG Rn 150). Teils wird dies damit begründet, daß hier kein Immobiliengeschäft iSd Haustür-RL vorliege (OLG Karlsruhe BKR 2002, 593 = OLG-Report 2002, 272); teils wird von einem pauschalen Verstoß gegen beurkundungsrechtliche Schutzvorschriften bei der Beurkundung derartiger Modelle ausgegangen. Beide Argumente halte ich für falsch; man kann nicht unterstellen, daß ein Vertragstypus immer grob falsch beurkundet wird.

Das Widerrufsrecht ist nicht ausgeschlossen, wenn die Beurkundung unwirksam ist. Nach wohl **hM** besteht ein Widerrufsrecht auch, wenn gegen verfahrensrechtliche Schutzvorschriften (insbes Belehrungspflichten) verstoßen wurde und damit der Kausalzusammenhang zwischen der unter dem Schutz des HWiG angebahnten Anlageentscheidung und der Abgabe der Willenserklärung trotz der Mitwirkung des Notars nicht unterbrochen wurde, so daß der Verbraucher die Beurkundung nur mehr als bloße Formalie ansah (OLG Stuttgart BB 1999, 1453 = WM 1999, 2305; GILLES NJW 1986, 1131, 1142 f). Teilweise wird dabei die Beurkundung von an sich nicht beurkundungsbedürftigen Rechtsgeschäften sogar als unzulässige Umgehung iSd § 5 Abs 1 HWiG angesehen (OLG Karlsruhe BKR 2002, 593 = OLG-Report 2002, 272). Letzteres ist absurd; ersteres halte ich bei extremen Verstößen (aber auch nur dann) für richtig, insbes wenn die Beurkundung unmittelbar nach der Vertragsanbahnung in der Haustürsituation erfolgte, wenn der Verbraucher zuvor keinen Vertragsentwurf erhalten hatte und wenn der Notar in eklatanter Weise gegen seine Belehrungspflichten verstoßen hat. Beweisrechtlich kann man dem Verbraucher hier helfen, indem man einen Anscheinsbeweis aufgrund des Verhaltens des Notars in anderen vergleichbaren Beurkundungssituationen zuläßt.

7. Auslegung

a) Allgemeine Auslegungsgrundsätze

695 Beurkundungsbedürftige Rechtsgeschäfte sind – ebenso wie andere formbedürftige Rechtsgeschäfte – zunächst entsprechend der allgemeinen Auslegungsgrundsätze auszulegen (§§ 133, 157). Für die Auslegung können dabei **auch außerhalb der Urkunde liegende Umstände** herangezogen werden.

Erst in einem zweiten Schritt ist dann zu fragen, ob der durch die Auslegung ermittelte Inhalt des Rechtsgeschäftes auch formgerecht in der Urkunde enthalten ist.

b) Vermutung der Vollständigkeit und Richtigkeit

696 Eine Besonderheit ergibt sich allerdings bei der Auslegung, falls die Auslegung strittig ist. Denn dann spricht für den, der sich bei seiner Auslegung auf den Text der Urkunde stützt, die Vermutung der Vollständigkeit und Richtigkeit der Urkunde. Diese Beweiserleichterung gilt für notarielle Urkunden ebenso wie für privatschriftliche Urkunden oder die elektronische Form (BGH MDR 1999, 759 = NJW 1999, 1702 = WM 1999, 965 = ZfIR 1999, 516; DNotI-Report 2002, 149 = NJW 2002, 3164 = ZIP 2002, 1809 = ZNotP 2002, 409). Danach ist beweispflichtig, wer sich darauf beruft, daß sich aus außerhalb der Urkunde liegenden Umständen eine andere Auslegung des Rechtsgeschäftes ergibt (vgl ausführlicher § 125 Rn 92 ff).

c) Falsa demonstratio

697 Wirksam beurkundet ist das Gewollte auch bei einer **falsa demostratio** (irrtümliche Falschbezeichnung), dh wenn die Beteiligten zwar übereinstimmend dasselbe wollten, aber versehentlich etwas anderes erklärt haben. Ist das Erklärte ordnungsgemäß beurkundet, so schadet die falsa demonstratio nicht. Dies hat die Rechtsprechung insbesondere auch bei beurkundungspflichtigen Rechtsgeschäften anerkannt (BGH DNotZ 1965, 347; WM 1978, 12; BGHZ 87, 150 = DNotZ 1983, 618 = NJW 1983, 1610 = WM 1983, 657; RGZ 60, 340; 61, 265; 109, 334; 133, 281; 136, 369; RG JW 1904, 58 Nr 13; JW 1909, 47 Nr 8; Gruchot 59, 1052; JR 1925 Nr 481; JR 1927 Nr 1010; OLG Frankfurt OLG-Report 2004, 318; OLG Nürnberg DNotZ 1966, 544; STAUDINGER/WUFKA [2001] § 313 Rn 243; kritisch WIELING AcP 172, 297 ff; HÄSEMEYER 140 ff, 280 ff – offen hingegen noch in BGHZ 74, 116 = NJW 1979, 1350).

Auch bei einer **Auflassung** erfüllt eine falsa demonstratio die gesetzliche Form (BGH DNotZ 2001, 846, 847 = MDR 2001, 1046 = WM 2001, 1905 = ZfIR 2002, 160 = ZNotP 2001, 348; BGH NJW 2002, 1038 = NotBZ 2002, 97 m Anm WALDNER NotBZ 2002, 174 = Rpfleger 2002, 255 = WM 2002, 763 = ZfIR 2002, 485 = ZNotP 2002, 149; PALANDT/BASSENGE § 925 Rn 14; Münch-Komm/KANZLEITER [4. Aufl 2004] § 925 Rn 24; STAUDINGER/PFEIFER [1995] § 925 Rn 68).

Die *falsa demonstratio* kann häufig durch einen Nachtragsvermerk nach § 44a Abs 2 BeurkG berichtigt werden (vgl Rn 637).

d) Andeutungstheorie

698 Auch bei beurkundungsbedürftigen Erklärungen genügt, wenn das Gewollte in der Urkunde einen, wenn auch unvollkommenen Ausdruck gefunden hat („**Andeutungstheorie**"; BGHZ 86, 41, 46 = DNotZ 1984, 38 = NJW 1983, 672 = WM 1983, 234: Testament;

BGH DNotZ 1998, 944 = NJW 1996, 2792, 2793 = WM 1996, 1735 = ZIP 1996, 1747 = EWiR 1996, 831 Geimer: Grundstückskauf; ähnlich bereits BGH DNotZ 1968, 623 = NJW 1968, 1931; BGHZ 63, 359, 362 = DNotZ 1975, 358; Hagen DNotZ 1984, 267, 282; Scherer, Andeutungsformel und falsa demonstratio beim formbedürftigen Rechtsgeschäft in der Rechtsprechung des Reichsgerichts und des Bundesgerichtshofs, 1987 – vgl allg § 125 Rn 87 ff).

So genügt etwa, wenn in einem **Grundstückskaufvertrag** als Bedingung des Kaufes lediglich allgemein von der „behördlichen Genehmigung des Gewerbebetriebs des Käufers" gesprochen wird, auch wenn sich in der Urkunde selbst kein näherer Hinweis findet, daß es sich dabei um eine Autowaschanlage handelt, wenn sich aber beide Vertragsparteien darüber einig waren (BGH DNotZ 1998, 944 = NJW 1996, 2792, 2793 = WM 1996, 1735 = ZIP 1996, 1747 = EWiR 1996, 831 Geimer).

Baubeschreibungen müssen hingegen mitbeurkundet werden; die bloße Andeutung in der Urkunde, daß eine Baubeschreibung vorliegt, genügt nicht. Denn durch die Baubeschreibung sollen weitergehende Verpflichtungen begründet werden (BGH BauR 2001, 790 = NJW-RR 2001, 953 = ZfIR 2001, 646; ebenso bereits BGHZ 74, 346 = DNotZ 1979, 476 = JZ 1979, 603 = NJW 1979, 1496; BGH DNotZ 1998, 944 = NJW 1996, 2792, 2793 = WM 1996, 1735 = ZIP 1996, 1747 mwN).

Ihren hauptsächlichen Anwendungsbereich hat die Andeutungstheorie bei **Verfügungen von Todes wegen**. Danach ist der Testamentsform Genüge getan, wenn der wirkliche Wille des Erblassers in der Testamentsurkunde irgendwie – wenn auch nur andeutungsweise oder versteckt – zum Ausdruck kommt (BGHZ 2, 35 = LM § 2065 Nr 1; BGH BB 1956, 31 = LM § 2084 Nr 7; BGHZ 26, 204 = DNotZ 1958, 321 = NJW 1958, 498 und 689; MDR 1963, 487 = NJW 1963, 1150 = LM § 2108 Nr 1; MDR 1965, 274 = NJW 1965, 584 = LM § 2078 Nr 10; WM 1970, 221; WM 1972, 313; BGHZ 80, 242 = DNotZ 1982, 321 = FamRZ 1981, 662 = NJW 1981, 1737 = WM 1981, 796; BGHZ 86, 41, 46 = DNotZ 1984, 38 = NJW 1983, 672 = WM 1983, 234). **699**

Für eine weniger strenge Anwendung des Formgebotes bei Verfügungen von Todes wegen spricht der *favor testamenti* (vgl § 2084). Eine Heilung ist nach dem Tod des Erblassers nicht mehr möglich. Die weitere Auslegung schadet auch keinem Vertragspartner, sondern verhilft allein dem Willen des Erblassers zum Durchbruch, ohne damit jedoch die Rechtssicherheit zu gefährden, da ja immerhin noch ein Anhaltspunkt in der Urkunde verlangt wird.

Ähnlich anerkannte die Rechtsprechung einen **stillschweigenden Erb- und Pflichtteilsverzicht** in einer notariell beurkundeten Verfügung von Todes wegen (gemeinschaftliches Testament oder Erbvertrag unter Beteiligung des Verzichtenden. Denn die Zuwendung von Todes wegen und der Verzicht liegen hier in derselben Erklärung, auch wenn letzterer nicht ausdrücklich erklärt wird (vgl Rn 192). Dies ist aber auf andere Fallgruppen nicht übertragbar, da dort idR kein derart enger Zusammenhang besteht.

XVIII. Beweiswirkung und Vollstreckbarkeit

1. Beweiswirkung

Die notarielle Urkunde erbringt vollen (Urkunds-)Beweis sowohl der in ihr beur- **700** kundeten Erklärungen (§ 415 ZPO) wie hinsichtlich der in ihr enthaltenen amtlichen Wahrnehmungen des Notars (§ 418 ZPO; Rn 18).

Der Beweisgrundsatz gilt auch in Verfahren der freiwilligen Gerichtsbarkeit (BayObLG DNotZ 2000, 471 = NJW-RR 2000, 456 = ZEV 2000, 66 = ZNotP 1999, 484).

a) Öffentliche Urkunde

701 Voraussetzung ist, daß die Beurkundung durch einen Notar vorgenommen und daß die **Wirksamkeitsvoraussetzungen** der §§ 6 ff BeurkG eingehalten wurden. Ein bloßer Verstoß gegen Soll-Vorschriften des BeurkG muß die Beweiskraft nicht beeinträchtigen, kann sie aber beeinträchtigen.

Außerdem muß die Urkunde echt sein (vgl BGH NJW 2001, 448, 449 = WM 2000, 2170).

b) Beweisinhalt: Erklärungen oder Tatsachen

702 § 415 Abs 1 ZPO regelt die Beweiskraft für die Abgabe und ggf den Zugang der vom Notar beurkundeten **Erklärungen der Beteiligten**. Dies gilt nicht nur für rechtsgeschäftliche, sondern auch für andere Erklärungen der Beteiligten. So erbringt die notarielle Niederschrift der Hauptversammlung einer Aktiengesellschaft (§ 130 AktG) etwa Beweis über einen dort protokollierten Widerspruch eines Aktionärs und umgekehrt auch darüber, daß sich der Widerspruch nur auf den in der Niederschrift bezeugten Teil des Beschlusses bezog (BGH DNotZ 1994, 615 = NJW 1994, 320 = WM 1993, 2244 = ZIP 1993, 1867).

Bewiesen wird auch, **von wem** die Erklärung abgegeben wurde (LG Berlin DNotZ 1963, 250), wobei dies wohl auf § 418, nicht auf § 415 ZPO zu stützen ist (ZÖLLER/GEIMER, ZPO [24. Aufl 2004] § 415 Rn 5 und § 418 Rn 3: § 418 Abs 3 iVm § 10 BeurkG).

Bewiesen wird aber nur, daß der Beteiligte eine Erklärung dieses Inhalts abgegeben hat, **nicht** ob eine über Tatsachen abgegebene Erklärung auch **inhaltlich richtig** ist (OLG Hamburg MDR 1999, 375 = OLG-Report 1998, 439).

703 Beweiskraft kommt auch den vom Notar in einer notariellen Urkunde (Niederschrift nach §§ 8 ff, 36 ff BeurkG oder Vermerk nach §§ 39, 40 BeurkG) **festgestellten Tatsachen** zu.

Es muß sich dabei um eine **eigene Wahrnehmungen** des Notars handeln, nicht nur um die Wiedergabe fremder Wahrnehmungen (BGH NJW 1963, 1010, 1012). Der Notar muß die Wahrnehmung in amtlicher Eigenschaft gemacht haben, also nachdem er von den Beteiligten um die Feststellung der betreffenden Tatsachen ersucht wurde (und nicht etwa als Bericht über eine vom Notar nur zufällig wahrgenommene Tatsache, wie zB einen während der Beurkundung aus dem Fenster des Amtszimmers beobachteten Unfall; über nicht amtlich wahrgenommene Tatsachen darf der Notar auch keine notarielle Tatsachenbescheinigung erstellen, WINKLER § 1 BeurkG Rn 11).

Die Feststellungen zur **Geschäfts- oder Testierfähigkeit** eines Beteiligten erbringen nur Beweis, daß der Notar bei der Beurkundung eine entsprechende Überzeugung gewonnen hat; als subjektiver Eindruck des Notars nimmt sie jedoch an der Beweiskraft des § 418 ZPO nicht teil (BayObLG DNotZ 1975, 555; ZÖLLER/GEIMER § 418 Rn 3).

c) Beweiskraft

§§ 415 Abs 1, 418 Abs 1 ZPO begründen **vollen Beweis** der bezeugten Erklärung bzw Tatsache; eine richterliche Beweiswürdigung ist nicht möglich (nur ggf eine Auslegung der bewiesenen Erklärung).

§§ 415 Abs 2, 418 Abs 2 ZPO lassen einen Gegenbeweis zu. Erforderlich ist jeweils ein **voller Gegenbeweis**, bloße Zweifel oder eine Erschütterung des Urkundsinhaltes genügen nicht (speziell zu notariellen Urkunden: BayObLG DNotZ 2000, 471 = NJW-RR 2000, 456 = ZEV 2000, 66 = ZNotP 1999, 484; LG Stralsund NJW 1997, 3178; ebenso allg: BGHZ 16, 217, 227 = NJW 1965, 625; BGH NJW 1990, 2125 = MDR 1991, 33; RGZ 85, 125; RGZ 131, 288; OLG Düsseldorf NJW 2000, 2831; OLG Köln OLGZ 1987, 481 = MDR 1986, 765 = NJW-RR 1986, 863 = Rpfleger 1986, 393; OLG Schleswig MDR 2000, 632 = OLG-Report 2000, 289).

Die frühere Rechtsprechung ließ einen Gegenbeweis zu, wenn ein Beteiligter angab, einen Teil der beukundeten Erklärung überhört zu haben (RGZ 131, 288; RGZ 50, 422); richtigerweise steht dies aber der Wirksamkeit der Beurkundung nicht entgegen, sondern begründet nur eine Irrtumsanfechtung nach § 119 Abs 1 (BGHZ 71, 262 = DNotZ 1978, 537 = NJW 1978, 1480; hingegen keine Irrtumsanfechtung bei Unterzeichnung der Urkunde in bewußter Unkenntnis des Inhalts: RGZ 88, 282).

d) Minderung des Beweiswertes

Zivilprozessual können nach nach **§ 419 ZPO äußere Mängel** der Urkunde deren Beweiskraft beeinträchtigen. Das Gesetz nennt Durchstreichungen, Radierungen und Einschaltungen; weiter zählen etwa Flecken, Risse, Wechsel der Schriftart oder ein auffälliges Schriftbild hierzu.

Bei notariellen Urkunden betrifft dies inbes entgegen der Vorschrift des § 44a Abs 2 BeurkG (§ 30 Abs 3 DONot aF) **nicht unterzeichnete Randvermerke** (BGH BB 1956, 542 = DNotZ 1956, 643 m Anm Knur = Rpfleger 1957, 110; DNotZ 1995, 28 = NJW 1994, 2768 = WM 1994, 1342; OLG Koblenz DNotZ 1977, 48). Eine § 44a Abs 1 BeurkG entsprechende Ergänzung oder Änderung ist hingegen kein äußerer Mangel. Ein Mangel liegt nicht nur vor, wenn feststeht, daß die unterzeichnete Urkunde nachträglich geändert wurde, sondern auch, wenn das nach ihrem Erscheinungsbild nur möglich ist (BGH DNotZ 1967, 177 = MDR 1966, 835 = NJW 1966, 1657; Winkler § 44a BeurkG Rn 4 – je zu nicht unterzeichneten Randvermerken). Ebenso kann eine Urkunde mit äußeren Mängeln vom Grundbuchamt oder Handelsregister zurückgewiesen werden, wenn begründete Zweifel vorliegen, ob die Änderung nachträglich vorgenommen wurde (OLG Hamm Rpfleger 1957, 113, 114).

Kein Mangel iSd § 419 ZPO liegt vor, wenn in der Urschrift Ergänzungen vorgenommen wurden, die handschriftlich in dafür vorgesehene Lücken des Textes eingefüllt wurden bzw die nach dem fortlaufenden Text unmittelbar über den Unterschriften stehen; denn hier spricht die **Zurechnungsvermutung** für die Echtheit und damit die Beweiskraft (Knur DNotZ 1956, 646; Reithmann/Albrecht Rn 77, 397 ff; Reithmann, Allg Urkundenrecht, 68 ff; Zöller/Geimer § 419 Rn 1; **aA** die **hM**: BGH BB 1956, 542 = DNotZ 1956, 643 = Rpfleger 1957, 110). Anders wäre dies bei nicht unterzeichneten Randvermerken oder bei handschriftlichen Änderungen auf beglaubigten Abschriften oder Ausfertigungen.

Ob ein Mangel iSd § 419 ZPO vorliegt, ist Tatfrage. Nicht jeder Schönheitsfehler der Urkunde ist bereits ein äußerer Mangel.

Grundsätzlich entfällt der Beweiswert auch dann, wenn die von der möglichen Änderung betroffenen Teile nicht entscheidungserheblich sind (BGH NJW-RR 1989, 1323; MUSIELAK/HUBER, ZPO [3. Aufl 2002] § 419 ZPO Rn 2). Auch hier beschränkt eine Mindermeinung zu recht bei notariellen Urkunden die **Beweisminderung auf die möglicherweise geänderten Teile**, jedenfalls soweit die Änderung an der Urschrift erfolgt ist (KNUR DNotZ 1956, 646; REITHMANN/ALBRECHT Rn 404; ZÖLLER/GEIMER § 419 Rn 1; **aA die hM**: BGH BB 1956, 542 = DNotZ 1956, 643 = Rpfleger 1957, 110; HARTMANN, in: BAUMBACH/LAUTERBACH/ALBERS/HARTMANN ZPO [62. Aufl 2004] § 419 Rn 4).

Liegt ein äußerer Mangel vor, so verliert die Urkunde ihre Beweiskraft nach §§ 415, 418 ZPO. Damit gilt wieder die Grundregel der freien Beweiswürdigung (§ 286 Abs 1 ZPO), nach der der Richter entscheidet, welcher Beweiswert der mangelhaften Urkunde noch zukommt.

707 Ebenso können **Verstöße gegen Soll-Vorschriften des Beurkundungsgesetzes** den Beweiswert der notariellen Urkunde beeinträchtigen, auch wenn sie keine äußeren Mängel der Urkunde sind bzw sich auf die **Beweislast gegenüber dem Notar** auswirken. Hat der Notar einen vom Gesetz vorgeschriebenen Vermerk (insbes einen Belehrungsvermerk) nicht in die Urkunde aufgenommen, so sieht ihn die Literatur als mit dem Beweis belastet, daß die nicht vermerkte Belehrung oder sonstige Erklärung oder Handlung doch erfolgte (BGH DNotZ 1974, 296, 301; DNotZ 1990, 441 = NJW 1990, 1242 = WM 1990, 115; OLG Schleswig OLG-Report 2004, 47 = SchlHA 2004, 211; GANTER, in: ZUGEHÖR/GANTER/HERTEL Rn 1013; WINKLER § 13a BeurkG Rn 75 und § 17 Rn 278 – was etwa in einem Amtshaftungsprozeß von Belang ist). In einem Rechtsstreit zwischen den Vetragsbeteiligten wirkt sich das Fehlen eines durch bloße Soll-Vorschriften vorgeschriebenen Vermerkes hingegen nicht auf die allgemeine Darlegungs- und Beweislast aus (BGH DNotZ 2004, 188 = MittBayNot 2004, 137 m Anm WINKLER = NJW-RR 2003, 1432 = WM 2004, 195 = ZNotP 2003, 394: fehlender Soll-Vermerk bei Verweisung).

2. Vollstreckbarkeit

708 Die Vollstreckungsklausel zu einer Niederschrift mit Vollstreckungsunterwerfung (Rn 93, 215) wird vom **Urkundsnotar selbst erteilt** (§ 52 BeurkG, § 797 Abs 2 S 1 ZPO). Die Klauselerteilung ist nicht mehr Teil des Beurkundungsverfahrens, sondern richtet sich nach den Vorschriften der ZPO.

709 Als Klauselerteilungsorgan muß der Notar zum einen prüfen, ob eine **wirksame Vollstreckungsunterwerfung** vorliegt. Dabei steht dem Notar jedoch nach der Rechtsprechung des BGH nur ein formelles Prüfungsrecht zu (BGH DNotI-Report 2004, 161 = WM 2004, 1745: mögliche Unwirksamkeit der von einem Vertreter abgegebenen Zwangsvollstreckungsunterwerfung wegen Verstoßes gegen das Rechtsberatungsgesetz; ähnlich MünchKommZPO/ WOLFSTEINER [2. Aufl 2000] § 797 ZPO Rn 19). Die notarrechtliche Literatur war demgegenüber bisher mehrheitlich davon ausgegangen, daß der Notar die Klauselerteilung jedenfalls verweigern darf und wohl sogar verweigern muß, wenn eine von ihm beurkundete Unterwerfungserklärung nach Maßgabe neuerer obergerichtlicher Entscheidungen unwirksam wäre (DRASDO NZM 1999, 1; HERTEL ZNotP 1999, 3; REITH-

MANN NotBZ 1998, 235; F SCHMIDT MittBayNot 1998, 460; Gutachten DNotI-Report 1999, 141, 142 – jeweils zur Unwirksamkeit der Zwangsvollstreckungsunterwerfung im Bauträgervertrag nach BGH DNotZ 1999, 53 = DNotI-Report 1998, 234 = NJW 1999, 51). Zulässig und sinnvoll ist aber, wenn der Notar den Gläubiger auf die geänderte Rechtsprechung hinweist, damit dieser bei eindeutiger Rechtslage seinen Antrag auf Erteilung der Vollstreckungsklausel zurückziehen kann, wenn absehbar ist, daß der Titel andernfalls im Wege der Vollstreckungsgegenklage (§ 767 ZPO) aufgehoben wird.

Ebenso muß der Notar allfällige **weitere Vollstreckungsvoraussetzungen** prüfen. Da **710** deren Nachweis nur durch öffentliche Urkunde möglich ist (§ 726 Abs 2 ZPO), macht eine Vollstreckungsunterwerfung nur Sinn, wenn die weiteren Voraussetzungen so gestaltet werden, daß sie durch öffentliche Urkunde nachprüfbar sind oder daß die Unterwerfung unbedingt erklärt wird, dem Notar aber Auflagen für die Klauselerteilung gegeben werden. Dabei können für die Klauselerteilung geringere Anforderungen als nach dem materiellen Anspruch gestellt werden: Ist zB die Räumung Voraussetzung für die Kaufpreisfälligkeit, so kann für die Vollstreckungsklausel sinnvollerweise allenfalls auf ein formalisiertes Verfahren abgestellt werden, nach dem der Notar etwa eine Mitteilung des Verkäufers über die Räumung an den Käufer weiterleitet und die Klausel erteilt, sofern der Käufer nicht binnen einer bestimmten Frist widerspricht.

Auch die **Umschreibung der Vollstreckungsklausel** auf einen neuen Gläubiger oder **711** gegen einen neuen Schuldner als Rechtsnachfolger des ursprünglichen Beteiligten (§ 727 ZPO) nimmt der Notar selbst vor. Auch insoweit ist die Rechtsnachfolge durch öffentliche Urkunden nachzuweisen.

XIX. Verantwortlichkeit des Notars bei fehlerhafter Beurkundung

1. Amtshaftung

Verletzt ein Notar die ihm gegenüber einem Beteiligten obliegende Amtspflicht **712** vorsätzlich oder fahrlässig, so hat er dem Beteiligten den daraus entstehenden Schaden zu ersetzen (§ 19 Abs 1 S 1 BNotO; allg zur Notarhaftung vgl insbes: HAUG, Die Amtshaftung des Notars [2. Aufl 1997]; ZUGEHÖR/GANTER/HERTEL, Handbuch der Notarhaftung [2004]).

Die Amtspflichten dienen daher dem vorbeugenden Schutz bei der notariellen Beurkundung, während die Amtshaftung des Notars zumindest eine nachträgliche Schadensliquidation ermöglicht. Indirekt dient die Amtshaftung auch der Prävention, indem die Haftungsgefahr dazu beitragen mag, daß der Notar in Zweifelsfällen lieber etwas mehr als nur seine Amtspflichten macht, um auf der sicheren Seite zu sein (skeptisch zur Präventivfunktion einer von ihm – jedenfalls zum damaligen Zeitpunkt – als unzureichend empfundenen Rechtsprechung zur Notarhaftung: STÜRNER JZ 1974, 154, 157 ff).

Die Amtshaftung setzt zunächst voraus, daß eine **drittschützende Amtspflicht** ver- **713** letzt wurde. Die meisten der vorstehend für das Beurkundungsverfahren geschilderten Amtspflichten sind drittschützende Amtspflichten. Dabei kann auch eine Verletzung bloßer Soll-Vorschriften, die nicht zur Unwirksamkeit der Beurkundung führt, eine Amtshaftung begründen insbesondere natürlich die Verletzung von Belehrungspflichten.

Zum **geschützten Personenkreis** (vgl allg ZUGEHÖR, in: ZUGEHÖR/GANTER/HERTEL Rn 323 ff) gehören nicht nur die **unmittelbar Beteiligten**, die den Notar um die Vornahme des Amtsgeschäftes ersucht haben und dessen materiell Beteiligte oder Verpflichtete sind (dh die Erschienenen, die eigene Erklärungen abgeben, sowie die Vertretenen, hingegen grundsätzlich nicht die Vertreter), sondern auch die **mittelbar Beteiligten**, die – ohne daß von ihnen abgegebene Erklärungen beurkundet werden sollen – im eigenen Interesse an der Beurkundung anwesend sind, etwa weil sie aus dem beurkundeten Rechtsgeschäft verpflichtet werden oder Rechte erwerben sollen, oder die mit dem Notar in Verbindung treten und ihm anläßlich des Amtsgeschäftes eigene Belange anvertrauen (BGH DNotZ 1982, 384, 385 = NJW 1982, 337 = WM 1981, 1309: Belehrung des Darlehensgebers bei Beurkundung eines Schuldanerkenntnisses; DNotZ 1990, 437, 439 = NJW-RR 1990, 462 = WM 1990, 157: Schutz der Gründungsgesellschaft bei GmbH-Gründung; DNotZ 1992, 457 = NJW-RR 1992, 393, 395 = WM 1992, 527, 530: Belehrung der Miteigentümer über Lastenfreistellung eines mitverkauften Miteigentumsanteils; DNotZ 1992, 813 = NJW-RR 1992, 1178 = WM 1992, 1533, 1535: Hinweis auf Grunderwerbsteuer bei Kettenverkauf eines Grundstücks; DNotZ 2003, 426 = NJW 2003, 1940 = WM 2003, 932: Belehrung eines zur Vertragsbeurkundung hinzugezogenen Vorkaufsberechtigten), sowie schließlich diejenigen **sonstigen Dritten**, die zwar nicht unmittelbar oder mittelbar an dem Amtsgeschäft beteiligt sind, durch dieses jedoch nach seiner besonderen Natur und Zweckrichtung in ihrem Rechtskreis betroffen sind (BGHZ 31, 5, 10 = NJW 1960, 33: Haftung gegenüber Erben bei unwirksamem Widerruf eines gemeinschaftlichen Testaments; BGHZ 56, 26, 31 f = NJW 1971, 1363: Notarhaftung gegenüber dem Organ einer juristischen Person, das dieser den durch unrichtige Beurkundung entstandenen Schaden zu ersetzen hatte; BGHZ 58, 343, 353 = NJW 1972, 1422: Schutz der gesetzlichen Erben des Annehmenden bei Adoptionsantrag; BGH NJW 1988, 63 = WM 1987, 1205, 1207: Haftung des Notars gegenüber Nacherben wegen Weiterleitung eines unrichtigen Erbscheins an den Vorerben; DNotZ 1988, 372 = NJW-RR 1988, 1206 = WM 1988, 545; DNotZ 1998, 621 = NJW-RR 1998, 133 = WM 1997, 1901, 1902: Notarhaftung gegenüber dem Verkäufer bei Bestellung einer Finanzierungsgrundschuld durch den Käufer; DNotZ 2001, 483 = NJW 2000, 664 = WM 2000, 35, 37: Haftung gegenüber GmbH bei Rücknahme des Eintragungsantrages für GmbH-Geschäftsführer). Der geschützte Personenkreis ist damit häufig, aber keineswegs immer identisch mit den Sachbeteiligten iSd § 3 BeurkG.

714 Die **objektive Amtspflichtverletzung** muß der Geschädigte beweisen (BGH NJW-RR 1989, 153 = WM 1988, 1639, 1642; DNotI-Report 1999, 89 = NJW-RR 1999, 1214 = WM 1999, 1324, 1326; NJW-RR 2001, 204 = WM 2000, 1808, 1811 = ZNotP 2000, 442: Belehrung der mittlerweile verstorbenen Erblasserin war streitig; GANTER, in: ZUGEHÖR/GANTER/HERTEL Rn 1535 ff).

Hat der Notar aber einen gesetzlich vorgeschriebenen Vermerk unterlassen, so führt dies zu einer Beweislastumkehr im Amtshaftungsprozeß: Dann muß der Notar beweisen, daß er die Belehrung etc, die zu vermerken er versäumt hat, doch vorgenommen hat. Diese Beweislastumkehr gilt aber nur für gesetzlich vorgeschriebene Vermerke, nicht etwa für andere übliche Vermerke (vgl Rn 538).

715 Zur Haftung führt nur eine **schuldhafte**, dh vorsätzliche oder fahrlässige Amtspflichtverletzung. Die Fahrlässigkeit bemißt sich nicht nach subjektiven, sondern nach objektiven Maßstäben. Entscheidend ist, wie sich ein **erfahrener, pflichtbewuß-**

ter und gewisserhafter Durchschnittsnotar verhalten hätte, nicht etwa ein Idealnotar (BGH WM 1992, 1662, 1665; BGHZ 145, 265, 275 = WM 2000, 2443, 2446). Fahrlässig ist, wenn die Amtspflichtverletzung unter den konkreten Umständen einem gewissenhaften Durchschnittsnotar *ex ante* erkennbar und vermeidbar gewesen wäre (BGH DNotZ 1993, 752 = NJW 1993, 2741 = WM 1993, 1896; DNotZ 1996, 563 = NJW 1996, 520 = WM 1996, 30; BGHZ 1234, 100, 109 ff = DNotZ 1997, 221 = NJW 1997, 661 = WM 1997, 78; GANTER, in: ZUGEHÖR/GANTER/HERTEL Rn 1535 ff; HAUG Rn 65 ff; WINKLER § 17 Rn 220).

Für **Verschulden seiner Mitarbeiter** haftet der Notar ebenso wie für eigenes Verschulden, ohne Exculpationsmöglichkeit (BGHZ 131, 200 = NJW 1996, 464 = WM 1996, 81: Haftung für falsche Grundbucheinsicht analog § 278).

Allerdings spricht eine **Vermutung für fahrlässiges Verhalten**, wenn der Notar Amtspflichten verletzt hat; die Beweislast liegt daher beim Notar, der sich zu entlasten hat (BGH NJW-RR 1989, 153 = WM 1988, 1639; BGHZ 145, 265, 275 = DNotZ 2001, 49 = NJW 2001, 70, 72 = WM 2000, 2443; GANTER, in: ZUGEHÖR/GANTER/HERTEL Rn 2192 ff).

Weitere Voraussetzung ist, daß der **Schaden** durch die Amtspflichtverletzung **kausal** **716** **und zurechenbar** verursacht wurde (ZUGEHÖR, in: ZUGEHÖR/GANTER/HERTEL Rn 2198 ff).

Wichtig ist hier insbesondere die Beweiserleichterung durch den Anscheinsbeweis der **Vermutung beratungsgerechten Verhaltens**, wenn bei verständiger Betrachtung nur eine einzige Reaktion des Geschädigten sinnvoll und zweckmäßig gewesen wäre (BGH NJW 1992, 3237 = WM 1992, 1662; DNotZ 1997, 64 = NJW 1996, 3009 = WM 1996, 2071; NJW 2000, 2110 = WM 2000, 1355; DNotZ 2003, 845 = NJW-RR 2003, 1498 = WM 2003, 1634). Wird der Anscheinsbeweis erschüttert, etwa weil mehrere beratungsgerechte Verhaltensweisen in Betracht kommen, so obliegt dem Geschädigten wieder die volle Beweislast.

Bei Urkundstätigkeit haftet der Notar nur subsidiär, wenn der Geschädigte nicht **717** anderweitig Ersatz erlangen kann (§ 19 Abs 1 S 2 BNotO – **Subsidiärhaftung**). Als anderweitige Ersatzmöglichkeit kommen etwa Ansprüche gegen den Vertragspartner in Anspruch, aber auch gegen einen bei der Vertragsvorbereitung durch den geschädigten Beteiligten eingeschalteten Steuerberater oder Rechtsanwalt. Die Haftung des Notars entfällt nur, wenn der Anspruch gegen den Dritten auch tatsächlich realisiert werden kann.

Entsprechend der allgemeinen Grundsätze muß sich der Geschädigte ein etwaiges **718** **Mitverschulden** anrechnen lassen (§ 254).

Bei **Versäumung eines Rechtsmittels** entfällt die Haftung des Notars ganz (§ 839 Abs 3). Streitig ist, ob damit bei Unterlassen der Beschwerde auf einen **notariellen Vorbescheid** hin, in dem der Notar eine beabsichtigte Amtshandlung ankündigt, insbesondere beim Urkundenvollzug oder bei notarieller Verwahrung auf Notaranderkonto die Haftung ganz entfällt (so OLG Düsseldorf DNotZ 1987, 562; BRAMBRING DNotZ 1990, 615, 648; HAUG Rn 720; HERTEL, in: ZUGEHÖR/GANTER/HERTEL Rn 2002; HERTEL, in: 200 Jahre Notarkammer Pfalz, S 167, 194 ff; WINKLER § 53 BeurkG Rn 43; vgl Gutachten DNotI-Report 1997, 181, 183 f; DNotI-Report 2001, 161) oder nur ein Mitverschulden iSd § 254 besteht (so GANTER, in: ZUGEHÖR/GANTER/HERTEL Rn 791; ZUGEHÖR, in: ZUGEHÖR/GANTER/

HERTEL Rn 2306 und 2336 – je unter Verweis auf BGH DNotZ 1993, 129; BGH MittRhNotK 1991, 261 = NJW 1991, 1172, 1174).

2. Disziplinarische Maßnahmen gegen den Notar

719 Die Notare unterliegen der **Dienstaufsicht der Justizverwaltung** (§ 92 BNotO), wobei idR der Landgerichtspräsident zuständig ist, seltener der Präsident des Oberlandesgerichts, für besonders wichtige Entscheidungen, wie zB die Amtsenthebung, auch die Landesjustizverwaltung (Landesjustizministerium).

Insbesondere hat eine regelmäßige Kontrolle durch eine **Amtsprüfung** zu erfolgen. Die Amtsprüfung ist bei einem neu bestellten Notar erstmals innerhalb der ersten zwei Jahre seiner Tätigkeit vorzunehmen (§ 93 Abs 1 S 3 BNotO), danach in regelmäßigen Abständen von in der Regel vier Jahren (§ 32 DONot).

Darüber hinaus wird die Dienstaufsicht tätig, falls ihr anderweitig, inbes durch Beschwerden von Beteiligten, mögliche Verstöße bekannt werden.

Gegenstand der Dienstaufsicht ist die Einhaltung der Amts- und Dienstpflichten des Notars. Bei der Amtsprüfung werden schwerpunktmäßig die Bücher und Verzeichnisse des Notars geprüft, bei den Urkunden vor allem die Einhaltung der äußerlich sichtbaren Formalien wie Vermerke und Anzeigepflichten. Gegenstand der Dienstaufsicht sind aber allgemein auch die Amtspflichten für das Beurkundungsverfahren.

Die Dienstaufsicht hat im wesentlichen **vorbeugenden Charakter**. Sie soll sichern, daß die Notare ihre Amtstätigkeit entsprechend der gesetzlichen und dienstlichen Vorschriften wahrnehmen.

Ihre Grenze findet die Dienstaufsicht in der **Unabhängigkeit des Notars** (§ 1 BNotO; LERCH, in: ARNDT/LERCH/SANDKÜHLER § 93 BNotO Rn 29 ff; BAUMANN, in: EYLMANN/VAASEN § 93 BNotO Rn 9; SCHIPPEL/LEMKE § 93 BNotO Rn 11 ff). Die Dienstaufsicht kann dem Notar keine bestimmte Urkundsgestaltung oder keine bestimmte Auslegung eines Gesetzes vorschreiben. Auch hat der Notar einen weiten Ermessensspielraum bei der Gestaltung des Beurkundungsverfahrens.

720 Werden Anhaltspunkte für Verstöße festgestellt, ermittelt die Dienstaufsicht den Sachverhalt und gibt zunächst dem Notar Gelegenheit zur Stellungnahme. So werden etwa nach der Amtsprüfung dem Notar zunächst die aufgegriffenen Sachverhalte zur Stellungnahme mitgeteilt, bevor der Prüfbericht ergeht.

Bei ordnungswidrigem Verhalten und Pflichtverletzungen leichterer Art spricht die Dienstaufsicht eine **Mißbilligung** aus (§ 94 BNotO). Ebenso kann auch die Notarkammer eine *Ermahnung* aussprechen, § 75 BNotO.

Dienstvergehen (dh schuldhafte Amtspflichtverletzungen – § 95 BNotO) werden hingegen im Disziplinarverfahren verfolgt, für das ergänzend die Disziplinarvorschriften der Länder gelten (§ 96 BNotO). **Disziplinarmaßnahmen** sind **Verweis, Geldbuße** (bis zu 50 000 Euro) und **Entfernung aus dem Amt** (§ 97 BNotO). Die

Entfernung aus dem Amt kann allerdings nicht die Aufsichtsbehörde selbst verfügen, sondern nur das OLG als Disziplinargericht (§ 99 BNotO; STOCKEBRAND, in: EYLMANN/VAASEN § 97 BNotO Rn 39). Bei Nurnotaren kann als milderes Mittel auch auf Entfernung vom bisherigen Amtssitz, bei Anwaltsnotaren auch auf Entfernung aus dem Amt auf bestimmte Zeit erkannt werden (§ 97 Abs 2 und 3 BNotO). Der Anwaltsnotar verliert mit der Entfernung aus dem Amt als Notar zugleich auch seine Zulassung als Rechtsanwalt (§ 97 Abs 5 BNotO).

Bei Verstößen gegen **Amtspflichten bei der Beurkundung** ordnet das Gesetz für wiederholte grobe Verstöße gegen Mitwirkungsverbote nach § 3 Abs 1 BeurkG ausdrücklich die Amtsenthebung an (§ 50 Abs 1 Nr 9 BNotO). Die Sanktion hängt neben der Schwere des objektiven Verstoßes auch vom subjektiven Schuldvorwurf ab. So erkannte der BGH nicht auf Entfernung vom Amt, wenn zwar Beurkundungsvorschriften grob fahrlässig verletzt wurden (der Notar hatte vielfach die während der Beurkundung handschriftlich geänderte Seiten unzulässigerweise nach Abschluß der Beurkundung durch „sauber" neu ausgedruckte Seiten ersetzt), dies aber nicht auf einer Gleichgültigkeit gegenüber den Anforderungen seines Amtes, sondern auf einer, wenn auch gravierenden, Fehleinschätzung der Zulässigkeit und weil dabei der Inhalt der Urkunden nicht verändert und dadurch kein meßbarer Schaden für die Urkundsbeteiligten entstanden war (BGH NJW 2003, 2764)

3. Strafbarkeit

Im Extremfall können Verstöße gegen Beurkundungsvorschriften sogar strafbar **721** sein. Eine **Falschbeurkundung im Amt** (§ 348 StGB) liegt tatbestandlich vor, wenn der Notar eine Tatsache inhaltlich unrichtig beurkundet, die durch die Urkunde mit Beweiswirkung für und gegen jedermann festgestellt wird (§ 418 ZPO; vgl allgemein: BGHSt 22, 201, 203 = NJW 1968, 2153; BGHSt 37, 207, 209 = NJW 1991, 576; speziell zu Notaren: BGH DNotZ 1975, 365 = Rpfleger 1975, 173: Falschbeurkundung bei unrichtiger Angabe über Verlesung in Gegenwart des Notars – vgl Rn 360; § 348 StGB tatbestandlich **verneint** in BGHSt 44, 186, 187 = DNotZ 1999, 811 = NJW 1998, 3790 = NotBZ 1999, 23; falsche Angabe über Ort der Beurkundung – vgl Rn 353; dazu kritisch RESSLER NotBZ 1999, 13: BGHSt 47, 39, 41 f = DNotZ 2002, 536 = JR 2001, 517 m Anm PUPPE = NJW 2001, 3135 = ZNotP 2001, 323: falsche Angabe über Sprachkenntnisse, § 16 BeurkG – vgl Rn 542; BGH NJW 2004, 3195: falsche Angabe über Art der Personenfeststellung, § 10 BeurkG – vgl Rn 344; OLG Zweibrücken NJW 2004, 2912 = NStZ 2004, 334: falsche Angabe über Verlesung, § 13 Abs 1 BeurkG – vgl Rn 364).

Verstöße gegen Warnpflichten bei Ausnutzung der Beurkundung zu unredlichen Zwecken (§ 4 BeurkG; § 14 Abs 2 BNotO) können ggf eine **Teilnahmehandlung an einem Betrug** (§ 263 StGB) darstellen (BGH DNotZ 2001, 566; wistra 2000, 459; wistra 1990, 20; StGB § 263 Abs 1 – Gehilfe 3: Strafbarkeit des Notars wegen Beihilfe zum Betrug des Kreditinstitutes – vgl Rn 452).

XX. Anerkennung ausländischer Beurkundungen

Das deutsche IPR erkennt ein Rechtsgeschäft grundsätzlich als formgültig an, wenn **722** es entweder der Form des **Geschäftsstatutes** (= des auf das Rechtsgeschäft anwendbaren Sachrechtes) oder der **Ortsform** am Errichtungsort genügt (Art 11 Abs 1

EGBGB). Dieser Grundsatz gilt auch für nach deutschem Recht beurkundungsbedürftige Rechtsgeschäfte.

Wichtige **Ausnahmen** zu diesem Grundsatz gelten jedoch gerade für bestimmte beurkundungsbedürftige Rechtsgeschäfte. Weitestgehende Ausnahme sind **ausschließliche Zuständigkeiten der deutschen Notare**: So können ausländische Notare nach hM weder eine **Auflassung** über ein deutsches Grundstück noch die **Verfassung einer deutschen Gesellschaft** betreffende Rechtsakte beurkunden.

In anderen Fällen genügt ebenfalls die Einhaltung der Ortsform nicht, vielmehr ist die Form des Geschäftsstatutes einzuhalten, so etwa für dingliche Verfügungen über Sachen nach Art 11 Abs 5 EGBGB. Soweit jedoch keine ausschließliche Zuständigkeit der deutschen Notare besteht, genügt für die Einhaltung der **Geschäftsform** eines nach deutschem Recht beurkundungsbedürftigen Rechtsgeschäftes, wenn die ausländische Beurkundung der deutschen **gleichwertig** ist (Rn 728).

Soweit die Einhaltung der **Ortsform** genügt (also im Grundfall des Art 11 Abs 1 EGBGB), genügt hingegen die Einhaltung der am Errichtungsort vorgeschriebenen Form bei nach deutschem Recht beurkundungsbedürftigen Rechtsgeschäften auch dann, wenn das ausländische Recht nur eine geringere oder gar keine Form vorschreibt (Rn 748).

1. Fallgruppen ausschließlicher Zuständigkeit deutscher Notare

a) Auflassung (§ 925 Abs 1 S 2)

723 **Dingliche Rechtsgeschäfte über Sachen** müssen die vom jeweiligen Geschäftsrecht – dh vom Belegenheitsrecht – vorgeschriebene Form einhalten (**Art 11 Abs 5 EGBGB**). Art 11 Abs 5 EGBGB gilt für bewegliche wie für unbewegliche Sachen, für Belastungen mit beschränkten dinglichen Rechten ebenso wie für die Übereignung der Sache.

Die Übereignung und Belastung von **in Deutschland belegenen Grundstücken** erfordert daher eine Auflassung bzw Einigung und Eintragung nach §§ 873, 925.

724 Die Erklärung der Auflassung für ein Grundstück (bzw Erbbaurecht) nach § 925 Abs 1 S 2 (iVm § 11 Abs 1 ErbbauVO) kann aber nach hM nur vor einem **deutschen Notar** erfolgen; die Auflassung vor einem ausländischen Notar ist unwirksam (OLG Hamm NJW 1974, 1057; KG OLGZ 1986, 319 = DNotZ 1987, 44 = Rpfleger 1986, 428; OLG Köln OLGZ 1972, 321 = DNotZ 1972, 489 = Rpfleger 1972, 134; LG Ellwangen BWNotZ 2000, 45 = MittRhNotK 2000, 252; BAUSBACK DNotZ 1996, 254; BLUMENWITZ DNotZ 1968, 712, 736; DÖBEREINER ZNotP 2001, 465; JAKOBS MittRhNotK 1985, 57, 58; KROPHOLLER ZHR 140 [1976] 394, 410; REITHMANN, in: REITHMANN/MARTINY Rn 646; RIEDEL DNotZ 1955, 521; WEBER NJW 1955, 1784, 1786, 57; DEMHARTER, GBO [24. Aufl 2002], § 20 Rn 15; PALANDT/BASSENGE § 925 Rn 2; STAUDINGER/FIRSCHING[12] Art 11 EGBGB Rn 18; aA HEINZ ZNotP 2001, 460; MANN NJW 1955, 1177; MANN ZHR 138 [1974], 448, 456; STAUDINGER/WINKLER VON MOHRENFELS [2000] Art 11 EGBGB Rn 315; zweifelnd auch MünchKomm/SPELLENBERG Art 11 EGBGB Rn 45).

§ 925 drückt dies in seinem Wortlaut zwar nicht aus; doch sollte mit der Zuständigkeit „jeden" Notars nur die bis 1934 geltenden territorialen Begrenzungen für

Beurkundungen innerhalb Deutschlands aufgehoben werden (so die Vorgängervorschrift in § 1 Verordnung vom 11.5.1934, RGBl I 378, die inhaltlich in den heutigen § 925 Abs 1 S 2 übernommen wurde durch Art 3 Nr 1 des Gesetzes zur Wiederherstellung der Gesetzeseinheit auf dem Gebiet des Bürgerlichen Rechts vom 5.3.1953, BGBl I 33). Daß keine ausländischen Notare eine Auflassung über deutsche Grundstücke beurkunden könnten, erschien damals als Selbstverständlichkeit nicht regelungswürdig.

Bei einer Anerkennung ausländischer Beurkundung durch mit dem anwendbaren Recht im Regelfall nicht vertraute Urkundspersonen, für deren Zuverlässigkeit die deutsche Dienstaufsicht auch nicht einstehen kann, wäre die Doppelkontrolle durch Notar und Grundbuchamt nicht mehr möglich und damit die Rechtssicherheit und die Publizitätsfunktion des Grundbuches gefährdet.

b) Gesellschaftsrecht: Gründung, Satzungsänderung, Umwandlungsvorgänge
Im Gesellschaftsrecht kann ein ausländischer Notar – nach allerdings umstrittener Auffassung – beurkundungsbedürftige Rechtsgeschäfte nicht wirksam beurkunden, die die **Verfassung einer deutschen Gesellschaft** betreffen, also die Gründung oder Satzungsänderung bei GmbH oder AG und Umwandlungsvorgänge (Verschmelzungen, Spaltungen, Formwechsel etc; OLG Hamburg NJW-RR 1993, 1317; OLG Hamm OLGZ 1974, 419 = BB 1974, 338 = DNotZ 1974, 476 = NJW 1974, 1057 = Rpfleger 1974, 149; OLG Karlsruhe RIW 1979, 565; LG Augsburg NJW-RR 1997, 420 = GmbHR 1996, 941, 942; LG Kiel NotBZ 1997, 139 = RIW 1997, 1223; in der Literatur insbes GOETTE, in: FS Boujong 139; ders DStR 1996, 709; ders MittRhNotK 1997, 4; ähnlich BEITZKE, in: FS Hallstein [1966] 14, 23; BLUMENWITZ DNotZ 1968, 713, 740; KNOCHE, in: FS RheinNot [1998] 297, 316; LERCH DB 1992, 670, 671; LORITZ DNotZ 2000, 108; REITHMANN NJW 2003, 385; WINKLER Einl Rn 61).

Die Frage ist jedoch heftig umstritten. Die Gegenmeinung läßt Einhaltung der **Ortsform** genügen – meist unter Anwendung von Art 11 Abs 1 EGBGB (OLG Düsseldorf DB 1989, 569 = GmbHR 1990, 169 = IPRspr 1989 Nr 34 = NJW 1989, 2200 = WM 1989, 643: Für die Beurkundung eines Kapitalerhöhungsbeschlusses durch einen niederländischen Notar genügt nach Art 11 Abs 1 EGBGB die Ortsform).

In der Mitte steht die Auffassung, nach der die ausländische Beurkundung dann genügt, wenn sie der deutschen Beurkundung **gleichwertig** ist. Das hieße, daß zwar das (deutsche) Gesellschaftsstatut als Geschäftsstatut zwingend auch die Form bestimmt, daß diese Form aber durch eine gleichwertige ausländische Form substituiert werden kann (so wohl MünchKomm/SPELLENBERG Art 11 EGBGB Rn 45b ff, 52). Gleichwertigkeit fordert auch WINKLER VON MOHRENFELS, obwohl er von einer grundsätzlichen Anerkennung der Ortsform ausgeht, diesen Grundsatz aber nach dem deutschen ordre public einschränken will (STAUDINGER/WINKLER VON MOHRENFELS [2000] Art 11 EGBGB Rn 301).

Der **BGH** ließ ausdrücklich **offen**, ob die Einhaltung der Ortsform auch für beurkundungsbedürftige Verfassungsakte der Gesellschaft genügt, und stützte seine bisherigen Entscheidungen auf die Gleichwertigkeit der konkret vorliegenden ausländischen Beurkundung (BGHZ 80, 76 = DB 1981, 983 = DNotZ 1981, 451 = NJW 1981, 1160 = WM 1981, 376 = ZIP 1981, 402: Gleichwertig für die Beurkundung der Satzungsänderung einer

GmbH durch einen Züricher Notar bejaht; ähnlich BGH GmbHR 1990, 25 = WM 1989, 1221 = ZIP 1989, 1052; zu den Kriterien für Gleichwertigkeit vgl Rn 735).

726 Dogmatisch setzt die hier vertretene ausschließliche Zuständigkeit deutscher Notare voraus, daß man zum ersten Art 11 Abs 1 EGBGB auf Verfassungakte der Gesellschaft nicht anwendet und damit die Einhaltung der Ortsform nicht genügen läßt, sondern die Form des Gesellschaftsstatutes für zwingend hält, und zum zweiten, daß man den entsprechenden Formvorschriften eine Beschränkung auf die Beurkundung durch deutsche Notare entnimmt (vergleichbar § 925).

Daß **Art 11 EGBGB** die Formfragen des internationalen Gesellschaftsrechtes nicht regelt, ergibt sich schon aus der Gesetzesgeschichte. Der Deutsche Rat für IPR und das Max-Planck-Institut für ausländisches und internationales Privatrecht hatten beide vorgeschlagen, bei Rechtsgeschäften über die Verfassung einer Gesellschaft oder juristischen Person die Ortsform nicht genügen zu lassen (RabelsZ 47 [1983] 620 f). Der Gesetzgeber wollte die Frage aber ausdrücklich offenlassen: „Aus dem Standort – der Abschnitt betrifft sonst nur das Recht natürlicher Personen – und der Entstehungsgeschichte der Bestimmung – das EG-Schuldvertragsübereinkommen erfaßt das Gesellschafts- und Vereinsrecht nicht, ebensowenig der vorliegende Entwurf insgesamt, ... – ergibt sich dagegen, daß Art 11 nicht die Form von Vorgängen regelt, die sich auf die Verfassung von Gesellschaften und juristischen Personen beziehen" (BT-Drucks 10/504, 49; ebenso LICHTENBERGER DNotZ 1986, 644, 653; STAUDINGER/GROSSFELD [1998] IntGesR Rn 497; insoweit ebenso STAUDINGER/WINKLER VON MOHRENFELS [2000] Art 11 EGBGB Rn 290). Die Abweichung von Art 11 Abs 1 EGBGB wird dabei in der Literatur darüber hinaus teilweise auf Art 37 S 1 Nr 2 EGBGB gestützt als Ausdruck eines allgemeinen Grundsatzes, daß das Internationale Gesellschaftsrecht im EGBGB nicht geregelt ist, wie auf eine Analogie zu Art 11 Abs 5 EGBGB bzw eine teleologische Reduktion des Abs 1 (so GOETTE MittRhNotK 1997, 1, 3; KNOCHE, in: FS RheinNot [1998] 297, 303; SCHERVIER NJW 1992, 593, 594), wie zT auch auf zwingende Vorschriften iSd Art 34 EGBGB. Teils werden auch § 15 Abs 3 und 4 GmbHG als auch international-privatrechtliche Vorschriften und damit als *lex specialis* zu Art 11 EGBGB verstanden (EBENROTH/WILKEN JZ 1991, 1061, 1065).

ME sind materielles Gesellschaftsrecht und Formerfordernisse des Gesellschaftsstatutes so eng miteinander verwoben, daß hier – ebenso wie für dingliche Rechtsgeschäfte nach Art 11 Abs 5 EGBGB und entsprechend den Gesetzesvorschlägen des Deutschen Rats für IPR und des Max-Planck-Institutes – jedenfalls für die Verfassung der Gesellschaft zwingend die Form des Gesellschaftsstatutes einzuhalten ist und die Ortsform nicht genügt.

727 Die ausschließliche Zuständigkeit deutscher Notare für Rechtsgeschäfte über die Verfassung von deutschen Gesellschaften (§§ 23, 130 AktG, 2, 53 GmbHG und 6, 13 Abs 3, 193 Abs 3 UmwG) läßt sich mit der Funktion dieser Beurkundungserfordernisse für die **Sicherheit des Rechtsverkehrs** begründen (vgl BGHZ 105, 324, 338 = DNotZ 1989, 102 = NJW 1989, 295 = ZIP 1989, 29 – „Supermarkt" – vgl Rn 76). Denn Existenz und Satzung der Kapitalgesellschaft bzw die Umwandlung müssen auch gegenüber Dritten (Kapitalanlegern, Gläubigern) feststehen. Es kann nicht angehen, daß die Beteiligten auf Kosten Dritter an der Rechtssicherheit sparen.

Eine ausländische Beurkundung kann zwar dieselbe Klarstellungs- und Beweisfunktion erfüllen wie eine deutsche Beurkundung. Vertragsgestaltung und eine inhaltliche **Richtigkeitskontrolle** der Satzung kann (und will) der ausländische Notar aber in aller Regel nicht vornehmen. Typischerweise hat er keine Kenntnisse im deutschen (Gesellschafts-) Recht. Vor allem aber erfordert das von ihm einzuhaltende ausländische Beurkundungsrecht keine inhaltliche Prüfung nach einem aus dortiger Sicht fremdem (dh dem deutschen) Recht. Bei einer Auslandsbeurkundung funktioniert das vom deutschen Gesellschaftsrecht vorgesehene Zusammenspiel einerseits der notariellen Kontrolle bei der Beurkundung und andererseits der Kontrolle durch das Registergericht bei der Eintragung nicht mehr, weil eine der beiden Säulen der Richtigkeitskontrolle fehlt.

2. Einhaltung der Geschäftsform durch gleichwertige ausländische Beurkundung

Soweit keine ausschließliche Zuständigkeit deutscher Notare besteht, kann hingegen ein vom deutschen Recht aufgestelltes Beurkundungserfordernis (dh die deutsche Geschäftsform) auch durch die Beurkundung durch einen ausländischen Notar erfüllt werden, sofern sowohl die Stellung des Notars wie das nach ausländischem Recht einzuhaltende Beurkundungsverfahren der deutschen Beurkundung als **gleichwertig** anzusehen sind. **728**

a) Geschäftsform erforderlich
aa) Verfügungen über Sachen (Art 11 Abs 5 EGBGB)

Für **dingliche Rechtsgeschäfte** über (bewegliche wie unbewegliche) Sachen ist nach **729** **Art 11 Abs 5 EGBGB** die Form des Geschäftsstatutes einzuhalten; die Einhaltung der Ortsform genügt nicht. Auch nach der Mindermeinung, die für die Auflassung nicht eine Beurkundung durch einen deutschen Notar erfordert, ist daher zumindest eine gleichwertige Beurkundung durch einen ausländischen Notar erforderlich (jedenfalls grundbuchverfahrensrechtlich, § 20 GBO).

bb) Dingliche Abtretung von GmbH-Geschäftsanteilen (§ 15 Abs 3 GmbHG)

Entsprechend ist die Geschäftsform (= Gesellschaftsstatut) auch für die **dingliche** **730** **Abtretung von GmbH-Geschäftsanteilen** (§ 15 Abs 3 GmbHG) einzuhalten (OLG Stuttgart DB 2000, 1218 = GmbHR 2000, 721, 725 = MittRhNotK 2000, 350 = OLG-Report 2000, 265 = RIW 2000, 629; GROSSFELD/BERNDT RIW 1996, 625; STAUDINGER/GROSSFELD [1998] InterGesR Rn 491, 497 ff).

Für das schuldrechtliche Verpflichtungsgeschäft (§ 15 Abs 4 GmbHG) genügt hingegen die Einhaltung der Ortsform (Art 11 Abs 1 EGBGB; STAUDINGER/GROSSFELD [1998] InterGesR Rn 498).

Einzelne Entscheidungen anerkennen hingegen ausdücklich die Ortsform als auch **731** für die dingliche Verfügung ausreichend (BayObLG DNotZ 1978, 170 = IPRspr 1977 Nr 76 = NJW 1978, 500; OLG Frankfurt DNotZ 1982, 186 = IPRspr 1981 Nr 11; OLG Stuttgart DB 2000, 1218 = DStR 2000, 1704 m Anm HERGETH = GmbHR 2000, 721 m Anm EMDE = MittRhNotK 2000, 350 = NZG 2001, 40 m Anm BAUER = OLG-Report 2000, 265 = EWiR 2000, 945, WERNER). Mehrheitlich läßt die **Rechtsprechung** dahinstehen, ob nicht bereits die Einhaltung der Ortsform genügen würde, bejaht aber eine Anerkennung jedenfalls bei Gleichwertigkeit der ausländischen Beurkundung (so zB BGH BB 1989, 1361 = GmbHR 1990, 25,

28 = NJW-RR 1989, 1259 = WM 1989, 1221; OLG München RIW 1998, 147, 148; OLG Stuttgart NJW 1981, 1176).

Die hM in der **Literatur** hält hingegen auch für die dingliche Übertragung die Ortsform für ausreichend (GÄTSCH/SCHULTE ZIP 1999, 1909, 1913; KRÖLL ZGR 2000, 111; BAUMBACH/HUECK § 2 Rn 9; LUTTER/HOMMELHOFF § 15 Rn 19; MünchKomm/SPELLENBERG Art 11 EGBGB Rn 85, 93b; PALANDT/HELDRICH Art 11 EGBGB Rn 8 und Anh zu Art 12 EGBGB Rn 16; SCHOLZ/WESTERMANN, GmbHG [9. Aufl 2000] Einl Rn 95; STAUDINGER/WINKLER VON MOHRENFELS [2000] Art 11 EGBGB Rn 315).

Andere Stimmen halten umgekehrt auch hier – wie für Rechtsgeschäfte über die Verfassung der Gesellschaft – eine Beurkundung des dinglichen Rechtsgeschäftes durch einen deutschen Notar für erforderlich (OLG Hamm OLGZ 1974, 419 = BB 1974, 338 = DNotZ 1974, 476 = NJW 1974, 1057 = Rpfleger 1974, 149; LG München I DNotZ 1976, 501; HACHENBURG/SCHILLING, GmbHG Einl Rn 48; HECKSCHEN DB 1990, 161, 165; MECKE/LERCH Einl V; REITHMANN NJW 2003, 385, 388; REITHMANN, in: REITHMANN/MARTINY Rn 660; WINKLER Einl Rn 61).

732 Gegen die Anerkennung der Ortsform für Verfügungen spricht die enge Verzahnung der Formvorschriften des Gesellschaftsrechtes mit den gesellschaftsrechtlichen Sachnormen – die der Verzahnung bei dinglichen Rechtsgeschäften über Sachen vergleichbar ist, um derentwillen in Art 11 Abs 5 EGBGB die zwingende Anwendung der Form des Geschäftsstatutes angeordnet ist.

Die Bedeutung der Form für die Rechtssicherheit ist aber doch deutlich geringer als bei der Verfassung der Gesellschaft oder bei der Auflassung von Grundstücken. Daher kann § 15 Abs 3 GmbHG **keine ausschließliche Zuständigkeit** deutscher Notare entnommen werden.

cc) **Exkurs: Veräußerung ausländischer GmbH-Anteile in Deutschland**

733 Zu entsprechend unterschiedlichen Ergebnissen kommen die verschiedenen Auffassungen auch bei der Veräußerung ausländischer GmbH-Anteile in Deutschland: Geht man davon aus – wie vorstehend vertreten –, daß die **dingliche Abtretung** zwingend der vom betreffenden Gesellschaftsstatut vorgeschriebenen Form unterliegt, so genügt für die dingliche Abtretung die Einhaltung der vom ausländischen Gesellschaftsstatut vorgeschriebenen Form (**aA** STAUDINGER/WINKLER VON MOHRENFELS [2000] Art 11 EGBGB Rn 315, der die Ortsform des § 15 Abs 3 GmbHG für zwingend einzuhalten hält).

Nach allen Ansichten genügt jedoch jedenfalls eine notarielle Beurkundung. Denn aus Sicht des deutschen Rechtes ersetzt die Beurkundung alle möglicherweise von einem ausländischen Recht vorgeschriebenen Formerfordernisse.

734 Strittig ist hingegen, ob bei **schuldrechtlichen Verpflichtungsgeschäften** zur Abtretung ausländischer GmbH-Anteile § 15 Abs 4 GmbHG anzuwenden ist, wenn das deutsche Recht Geschäftsstatut ist (dh die Verpflichtung dem deutschen Recht unterliegt). Hier ist nach beiden Alternativen des Art 11 Abs 1 EGBGB die Form des deutschen Rechts einzuhalten, weil das deutsche Recht sowohl Orts- wie Geschäftsstatut ist. Nur auf Ebene des materiellen Rechts stellt sich die Frage, ob „GmbH" iSd § 15 Abs 4 GmbHG auch eine ausländische GmbH ist.

Die **Rechtsprechung** ist uneinheitlich: Das OLG München verneinte die Anwendung von § 15 Abs 4 GmbHG (OLG München NJW-RR 1993, 998, 999 – da Schutzzweck nur die Erschwerung freien Handels mit deutschen GmbH-Anteilen sei; zustimmend GÄTSCH/SCHULTE ZIP 1999, 1909, 1914; WREDE GmbHR 1995, 365, 369). Das OLG Celle bejahte hingegen ein Beurkundungserfordernis bei einer Verpflichtung nach deutschem Recht, sofern der ausländische Gesellschaftstypus mit der deutschen GmbH vergleichbar sei (OLG Celle NJW-RR 1992, 1126, 1127; ebenso SOERGEL/KEGEL Art 11 EGBGB Rn 17; STAUDINGER/ WINKLER VON MOHRENFELS [2000] I Art 11 EGBGB Rn 303). Letzteres erscheint mir richtig.

b) Voraussetzungen für die Gleichwertigkeit ausländischer Beurkundungen

Die Voraussetzungen für eine Gleichwertigkeit der ausländischen mit der deutschen Beurkundung umschrieb der **BGH** wie folgt: „Gleichwertigkeit ist gegeben, wenn die ausländische Urkundsperson nach Vorbildung und Stellung im Rechtsleben eine der Tätigkeit des deutschen Notars entsprechende Funktion ausübt und für die Errichtung der Urkunde ein Verfahrensrecht zu beachten hat, das den tragenden Grundsätzen des deutschen Beurkundungsrechts entspricht" (BGHZ 80, 76 = DNotZ 1981, 451 = JZ 1981, 400 = NJW 1981, 1160 = WM 1981, 376 = ZIP 1981, 402; vgl Anm GEIMER DNotZ 1981, 406; HOHLOCH JuS 1981, 846; dazu ferner HECKSCHEN GmbHR 1991, 25; LERCH DB 1992, 670; SCHERVIER MittBayNot 1992, 66; SCHERVIER NJW 1992, 593).

Gleichwertigkeit fordert der BGH zum einen hinsichtlich der **Urkundsperson** – und bejaht dies für den Kanton Zürich: „In Zürich liegt das Beurkundungswesen in den Händen eines gut ausgebildeten Beamtennotariats, dessen Mitglieder nach Vorbildung und Stellung im Rechtsleben dem deutschen Notar gleichwertig sind" (BGHZ 80, 76).

Eine dem deutschen Notariat vergleichbare **Vorbildung** liegt jedenfalls bei einem juristischen Studium sowie einer zusätzlichen praktischen Ausbildung vor. Eine nicht-universitäre Fachausbildung hält die Literatur teilweise für ungenügend (JAKOBS MittRhNotk 1985, 57, 70; STAUDINGER/WINKLER VON MOHRENFELS [2000] Art 11 EGBGB Rn 303, die daher die Gleichwertigkeit Züricher Notare jedenfalls dann ablehnen, soweit die dortigen Notare nur ein viersemestriges Teilstudium absolviert haben). Ein juristisches Vollstudium kann aber im Hinblick auf die württembergischen Notare im Landesdienst nicht verlangt werden. Jedoch spräche es wohl gegen die Gleichwertigkeit, wenn nicht zumindest ein nennenswerter Prozentsatz der Notare landesweit einen juristischen Universitätsabschluß hat. Zusätzlich wird man auch eine praktische Ausbildung verlangen, die aber, soweit ersichtlich, in allen Notariaten üblich ist.

Schon am Kriterium der Vorbildung scheitert der *notary public* der USA, der lediglich eine Ausbildung auf dem Niveau von Rechtsanwaltsgehilfen hat.

Die **Stellung** des Notars umfaßt etwa den Charakter als öffentliches Amt, Unabhängigkeit, Neutralität, Berufspflichten und deren Kontrolle durch Standesorgane und Justizverwaltung. Die Stellung der Notare wäre etwa nicht vergleichbar, soweit diese – wie jedenfalls früher in kommunistisch regierten Ländern – in der Praxis keine hinreichende Unabhängigkeit genießen.

737 Hinsichtlich des **Beurkundungsverfahrensrechts** ließ der BGH im Züricher Fall die Feststellung genügen, das Züricher Beurkundungsverfahren entspräche in folgenden „wesentlichen Punkten" dem deutschen Recht: „die Prüfungspflicht und Belehrungspflicht des Notars, die Identitätsfeststellung der Beteiligten, die Verhandlungsniederschrift, das Vorlesen, Genehmigen und Unterzeichnen der Urkunde durch die Beteiligten sowie Siegeln und Unterzeichnen durch den Notar" (BGHZ 80, 76).

In dieser Auflistung finden sich **nicht nur Wirksamkeitserfordernisse** der Beurkundung: Die Prüfungs- und Belehrungspflichten sind keine Wirksamkeitsvoraussetzung, ebensowenig das Siegeln der Urkunde. Die Vergleichbarkeit darf sich daher nicht nur auf die Wirksamkeitsvoraussetzungen beschränken (in diese Richtung aber STAUDINGER/WINKLER VON MOHRENFELS [2000] Art 11 EGBGB Rn 308). Denn einem auf die Wirksamkeitsvoraussetzungen reduzierten Beurkundungsverfahren würden wesentliche Wirkungen der Beurkundung fehlen. Die Abgrenzung zwischen Wirksamkeitsvoraussetzungen und bloßen Soll-Vorschriften grenzt nicht die besonders wichtigen von weniger wichtigen Vorschriften ab, sondern nimmt innerhalb der wichtigen Vorschriften diejenigen aus, deren Nichteinhaltung nicht zu Lasten der Beteiligten gehen soll, indem sie die Beurkundung unwirksam macht (vgl Rn 230).

Diskutiert wird vor allem, ob Verlesung und Belehrung für die Gleichwertigkeit unentbehrlich sind. Diverse ausländische Beurkundungsrechte erfordern keine vollständige **Verlesung**, sondern lassen eine auszugsweise Verlesung der wichtigsten Teile und die Erläuterung der übrigen Teile genügen. Die vollständige Verlesung ist aber nicht Voraussetzung der Gleichwertigkeit (ebenso im Ergebnis STAUDINGER/ WINKLER VON MOHRENFELS [2000] Art 11 EGBGB Rn 312; aA BRAMBRING NJW 1975, 1255, 1260; KNOCHE, in: FS RheinNot 1998 297, 314). Allerdings ist der Umfang der Verlesung ein wichtiges Argument für die Gleichwertigkeit. Würde in einem ausländischen Verfahren gar nichts vorgelesen und erläutert, so läge nur eine Unterschriftsbeglaubigung vor, keine Beurkundung.

Die **notarielle Belehrung** wird auch in BGHZ 80, 76 als wesentlicher Punkt des Beurkundungsverfahrens angesprochen. Denn die Belehrungspflicht ist das Grundgesetz des Notars (Rn 446). Ein Notar, der nicht belehrt, ist kein Notar. Die Belehrungspflicht ist daher für die Gleichwertigkeit unverzichtbar (aA STAUDINGER/WINKLER VON MOHRENFELS [2000] Art 11 EGBGB Rn 310). Weitergehend wird man wohl auch eine vertragsgestaltende Funktion des Notars für die Gleichwertigkeit fordern.

Ein Teil der Literatur verneint die Gleichwertigkeit der ausländischen Beurkundung, soweit **keine Belehrung zu dem fremden Geschäftsrecht** (konkret idR dem deutschen Gesellschaftsrecht) erfolgt (OLG Hamm NJW 1974, 1057 verlangt – abstrakt – eine „genaue Kenntnis des deutschen Gesellschaftsrechts einschließlich der einschlägigen Rechtsprechung und Literatur"; ähnlichh LG Augsburg GmbHR 1996, 941; KNOCHE, in: FS RheinNot [1998] S 297, 316) – oder soweit diesbezüglich ein Haftungsausschluß erfolgt (SCHERVIER NJW 1992, 593, 594). Der BGH (BGHZ 80, 76) weist treffend darauf hin, daß dann eine Auslandsbeurkundung nie gleichwertig wäre und damit eine ausschließliche Zuständigkeit deutscher Notare bestünde. Damit würde man auch vom ausländischen Notar etwas fordern, was der deutsche Notar selbst zu tun nicht verpflichtet ist (§ 17 Abs 3 BeurkG. Das Argument fehlender Belehrung zum ausländischen Recht hat daher seinen richtigen Platz bei der Frage, inwieweit einzelne Vorschriften nach ihrem Schutzzweck eine ausschließliche Zuständigkeit deutscher Notare voraussetzen. Zumindest schief ist hingegen das Argument, die Beteiligten verzichteten durch die Auslandsbeurkundung indirekt auf die Belehrung; denn die Belehrung als solche ist nicht verzichtbar.

Die Gleichwertigkeit bemißt sich **abstrakt** nach der jeweiligen Notariatsverfassung **738** sowohl nach der Gesetzeslage wie nach der Rechtswirklichkeit und dem gesetzlich vorgeschriebenen Beurkundungsverfahren, nicht nach dem individuellen Notar und nicht konkret nach dem im Einzelfall tatsächlich angewandten Verfahren. Sonderkenntnisse eines ausländischen Notars (etwa ein juristisches Studium in Deutschland) oder die Einhaltung besonderer Formalitäten, die über das vorgeschriebene und übliche Beurkundungsverfahren hinausgehen, genügen für die Gleichwertigkeit nicht. Denn gleichwertig ist nicht eine einzelne Beurkundung, sondern die Beurkundung durch Notare eines bestimmten Staates in einem bestimmten Verfahren. Eine Einzelfallprüfung wäre der Rechtssicherheit abträglich.

Ebensowenig können umgekehrt **Verstöße im Einzelfall** die Gleichwertigkeit als solche beeinträchtigen. Inwieweit trotz der Verstöße noch eine formwirksame Beurkundung vorliegt, ist dann nach Maßgabe des ausländischen Beurkundungsrechtes zu bestimmen. Denn an der ausländischen Beurkundung etwa die Wirksamkeitserfordernisse der §§ 9, 13 etc BeurkG prüfen zu wollen, würde ihr einen nicht passenden Prüfungsmaßstab überstülpen.

c) Gleichwertigkeit nach Ländern

Soweit Rechtsprechung oder Literaturstimmen zur Gleichwertigkeit der Beurkun- **739** dung in einzelnen Ländern vorliegen, geht sie überwiegend davon aus, daß vor einem **notary public** des *common law* Rechtskreises errichtete Urkunden nicht gleichwertig sind, während Beurkundungen durch Notare des **lateinischen Notariats** grundsätzlich gleichwertig sind (PALANDT/HELDRICH Art 11 EGBGB Rn 7).

aa) Europäische Länder

In **England** wird jedenfalls bisher mehrheitlich zwischen den *scrivener notaries* in der **740** City of London und den *public notaries* im übrigen Land unterschieden. Hauptaufgabe der *scrivener* ist der Rechtsverkehr mit den kontinentaleuropäischen Ländern, soweit dafür öffentliche Urkunden erforderlich sind. Zur Ausbildung der *scrivener* gehören daher auch Kenntnisse der Formerfordernisse nach den kontinentalen Rechtsordnungen. Eine Niederschrift durch einen *scrivener* wird als gleichwertig anerkannt, die Beurkundung durch andere englische Notare hingegen nicht (**aA** – Anerkennung aller Beurkundungen als gleichwertig: STRAUCH, Die Geltung ausländischer notarieller Urkunden in der Bundesrepublik Deutschland, [1983]).

Griechenland: Zu Notarrecht und Beurkundungsverfahren vgl MOURATIDOU, Län- **741** derbericht Griechenland, Notarius Int'l 2001, 94.

Italien: Zu Notarrecht und Beurkundungsverfahren vgl CALO, Länderbericht Italien, **742** Notarius Int'l 2001, 151, 179.

Die Gleichwertigkeit einer Beurkundung in den **Niederlanden** ließ das OLG Düssel- **743** dorf offen (OLG Düsseldorf DB 1989, 569 = GmbHR 1990, 169 = IPRspr 1989 Nr 34 = NJW 1989, 2200 = WM 1989, 643); in der Literatur wird sie teilweise mit Blick auf die eingeschränkte Verlesungspflicht verneint (zu Recht im Ergebnis bejahend hingegen: STAUDINGER/WINKLER VON MOHRENFELS [2000] Art 11 EGBGB Rn 310; zu Notarrecht und Beurkundungsverfahren vgl DE WITT/TOMLOW, Länderbericht Niederlande, Notar Int'l 2002, 8, 27).

744 **Österreich**: Zu Notarrecht und Beurkundungsverfahren vgl ANTENREITER, Länderbericht Österreich, Notar Int'l 2002, 119.

745 In der **Schweiz** ist auf den **jeweiligen Kanton** abzustellen, da die Notariatsverfassung und das Beurkundungsverfahren durch kantonales Recht geregelt ist (vgl die Darstellungen bei JAKOBS MittRhNotK 1985, 57, 63 ff; STAUDINGER/WINKLER VON MOHRENFELS [2000] Art 11 EGBGB Rn 316 ff).

Die Beurkundung durch einen Notar im Halbkanton **Basel-Stadt** ist gleichwertig nach OLG München (NJW-RR 1998, 758 = ZNotP 1998, 120: GmbH-Geschäftsanteilsabtretung; ebenso LG Nürnberg-Fürth DB 1991, 2029 m Anm LERCH DB 1992, 670 = NJW 1992, 633 = RIW 1992, 314: Verschmelzungsvertrag; zustimmend STAUDINGER/WINKLER VON MOHRENFELS [2000] Art 11 EGBGB Rn 318).

Der BGH hat eine Beurkundung durch einen **Züricher** Notar als gleichwertig anerkannt (BGHZ 80, 76 = DB 1981, 983 = DNotZ 1981, 451 = NJW 1981, 1160 = WM 1981, 376 = ZIP 1981, 402: Satzungsänderung einer GmbH; BGH GmbHR 1989, 25 = ZIP 1989, 1052, 1055: GmbH-Geschäftsanteilsabtretung).

Als gleichwertig anerkannt hat das LG Stuttgart (IPRspr 1976 Nr 5 A) auch die Beurkundung durch einen Notar im Kanton **Zug** (Abtretung von GmbH-Geschäftsanteilen).

Spanien: vgl PLANELLS DEL POZO/TORRES ESCÁMEZ, Länderbericht Spanien, Notarius Int'l 2003, 283.

bb) Übersee

746 In **Kanada** gibt es in der **Provinz Quebec** ein lateinisches Notariat (PEPIN Notarius Int'l 2003, 194). Die übrigen (anglophonen) Provinzen haben ein System des *notary public*, das dem der USA vergleichbar ist.

Vor einem *notary public* in den **USA** errichtete Urkunden sind einer deutschen Beurkundung nie gleichwertig (OLG Stuttgart DB 2000, 1218 = GmbHR 2000, 721, 725 = MittRhNotK 2000, 350 = OLG-Report 2000, 265 = RIW 2000, 629: GmbH-Geschäftsanteilsabtretung). Die Funktionen des *notary public* beschränken sich im wesentlichen auf Unterschriftsbeglaubigungen. So ist kein juristischer Abschluß erforderlich (häufig sind Sekretärinnen in Anwaltskanzleien *notary public*) und gibt es kein der Beurkundung durch Niederschrift auch nur entfernt vergleichbares Verfahren.

Mittlerweile gibt es in den USA zwar in verschiedenen Bundesstaaten (va mit spanischer oder französischer Rechtstradition) Bestrebungen, eine dem lateinischen vergleichbare unparteiliche Urkundsperson einzuführen, insbesondere für den Rechtsverkehr mit den Ländern des lateinischen Notariats (insofern den Londonern *scrivener* vergleichbar – vgl MÁRQUEZ GONZÁLEZ Notarius Int'l 2003, 111; REYNIS Notar Int'l 2002, 111; vgl die Homepage der National Association of Civil Law Notaries: www.nacln.org); es bleibt abzuwarten, inwieweit diese Entwicklung zu einer der deutschen gleichwertigen Beurkundung führt.

Zu asiatischen Notariaten vgl für **China**: WANG JIAN, Das Notariat in China, Notarius Int'l 2003, 152; für **Japan**: vgl YAMAMOTO, Länderbericht Japan, Notarius Int'l 2003, 194.

3. Alternative Einhaltung entweder der Geschäfts- oder der Ortsform

a) Allgemeine Regel (Art 11 Abs 1 EGBGB)

Soweit hingegen keine ausschließliche Zuständigkeit besteht und auch nicht zwingend die Form des Geschäftsstatutes einzuhalten ist, genügt die Einhaltung der Ortsform auch dann, wenn das deutsche Recht ein Beurkundungserfordernis vorschreibt, das ausländische Recht hingegen eine geringere oder gar keine Form vorsieht.

Grenzen könnten sich dann allenfalls aus dem **ordre public** ergeben (Art 6 EGBGB). Dies ist etwa das Argument, mit dem WINKLER VON MOHRENFELS zwar auch für Rechtsgeschäfte über die Verfassung einer Gesellschaft grundsätzlich die Ortsform anerkennen will, gleichwohl (zu Beweiszwecken) zumindest eine Beurkundung verlangt (STAUDINGER/WINKLER VON MOHRENFELS [2000] Art 11 EGBGB Rn 301).

b) Rechtswahl für Ehewirkungen und Ehegüterrecht (Art 14 Abs 4 und Art 15 Abs 3 EGBGB)

Die **Rechtswahl für die allgemeinen Ehewirkungen** bedarf nach Art 14 Abs 4 S 1 EGBGB der notariellen Beurkundung. Soweit die Rechtswahl im Inland vorgenommen wird, gilt dies auch, wenn sich die Ehewirkungen nach einem ausländischen Recht richten. Wird die Rechtswahl aber im Ausland vorgenommen, so genügt alternativ die Einhaltung entweder der Form des gewählten Rechtes (Geschäftsstatut) oder der Ortsform (Art 14 Abs 4 S 2 EGBGB).

Für die **Rechtswahl des Ehegüterrechtes** gilt Art 14 Abs 4 entsprechend (Art 15 Abs 3 EGBGB). Erfolgt die Güterrechtswahl im Inland, ist sie daher ausnahmslos zu beurkunden (OLG Hamm FamRZ 2002, 459). Erfolgt die Rechtswahl im Ausland, so genügt alternativ entweder die von der Ortsform oder die vom gewählten Recht für einen Ehevertrag vorgeschriebene Form. Nach hM genügt auch die Einhaltung der vom gewählten Recht für eine Güterrechtswahl vorgeschriebenen Form, falls dafür geringere Formanforderungen als für einen Ehevertrag vorgeschrieben sind (MünchKomm/SIEHR [3. Aufl 1998] Art 15 EGBGB Rn 40; SCHOTTEN, Internationales Privatrecht in der notariellen Praxis [1995] Rn 176; vorsichtiger STAUDINGER/MANKOWSKI [2003] Art 15 EGBGB Rn 101 f, der der Praxis rät, sich nicht darauf zu verlassen, solange es keine bestätigende Rechtsprechung gibt; **aA** – Ehevertragsform erforderlich: KLEISTERKAMP IPRax 2004, 399). Als dritte Möglichkeit kann auch hier die deutsche Ehevertragsform (§ 1410) durch eine gleichwertige Beurkundung substituiert werden (STAUDINGER/MANKOWSKI [2003] Art 14 EGBGB Rn 127 ff).

4. Legalisation oder Apostille

750 Grundsatz: Verfahrensrechtlich genügt die ausländische Urkunde nur als Nachweis, sofern ihre Echtheit feststeht. Dieser Echtheitsnachweis ist jedenfalls geführt, wenn eine Legalisation vorliegt (§ 438 Abs 2 ZPO; § 2 Gesetz betr die Beglaubigung öffentlicher Urkunden vom 1.5.1878, RGBl 1878, 89 = BGBl III 318-1). Eine bloße Apostille genügt hingegen im Verhältnis zu den Vertragsstaaten des entsprechenden Haager Übereinkommens. Verschiedene bilaterale Abkommen befreien notarielle Urkunden von jedem zusätzlichen Echtheitsnachweis.

751 Bilaterale Übereinkommen, die einen Echtheitsnachweis für ausländische notarielle Urkunden entbehrlich machen, bestehen im Verhältnis zu **Belgien** (Abk vom 13.5.1975, BGBl 1980 II 813 – das allerdings von den belgischen Stellen zT nicht angewandt wird), **Frankreich** (Abk vom 13.9.1971, BGBl 1974 II 1074), **Italien** (Art 1 Abs 1 und 3 Nr 4 Übereinkommen vom 7.6.1969, BGBl 1974 II, 1071; BGBl 1975 II, 660) sowie zu **Österreich** (Abk vom 21.6.1923, RGBl 1924 II 61).

752 Ein formalisierter Echtheitsnachweis durch eine **Apostille** genügt im Verhältnis zu den Vertragsstaaten des Haager Übereinkommens vom 5.10.1961 zur Befreiung ausländischer öffentlicher Urkunden von der Legalisation (BGBl 1965 II 875). Eine aktualisierte Liste der Vertragsstaaten findet sich auf der Internet-Seite der Haager Konferenz: www.hcch.net/e/conventions/index.html; die Liste der in den jeweiligen Staaten für die Erteilung der Apostille zuständigen Stellen ist abgedruckt bei BÜLOW/BÖCKSTIEGEL, Internationaler Rechtsverkehr Bd 2 D II 1; ebenso bei WEINGÄRTNER, Notarrecht Nr 420 Vb.

753 Die Legalisation erfordert idR zunächst eine **Zwischenbeglaubigung durch den Landgerichtspräsidenten** und eine **Endbeglaubigung durch das Bundesverwaltungsamt** in Köln aufgrund delegierter Zuständigkeit des Auswärtigen Amtes, teilweise dazwischen noch eine weitere Zwischenbeglaubigung durch das Bundesjustizministerium (vgl die Übersicht von ZIMMERMANN, in: Beck'sches Notar-Handbuch [3. Aufl 2001] G Rn 249).

XXI. Rechtsvergleichung: Ausländische Beurkundungserfordernisse

754 Fragt man umgekehrt, ob deutsche notarielle Urkunden im Ausland anerkannt werden, so können Beurkundungserfordernisse nur in Ländern mit lateinischem Notariat bestehen. Wichtige Fallgruppen von Beurkundungserfordernissen seien daher nachstehend zuerst dargestellt – vor der eigentlichen Frage der Anerkennung deutscher Urkunden im Ausland (Rn 780).

1. Allgemein

a) Länder des lateinischen Notariats

755 Das lateinische Notariat besteht in allen Ländern des Rechtskreises des **Code Napoleon** (insbes Frankreich, Belgien, Italien, Liechtenstein, Niederlande, Portugal, Spanien, den lateinamerikanischen Länder und den ehemaligen französischen Kolonien), des **deutschen Rechtskreises** (Deutschland, Österreich, Schweiz, Griechenland, Türkei) sowie in den meisten mittlerweile wieder in den Schoß des kontinentaleuropäischen Rechts zurückgekehrten **ehemals kommunistisch regierten**

Ländern Mittel- und Osteuropas (zB Estland, Kroatien, Lettland, Litauen, Makedonien, Polen, Rumänien, Rußland, Slowakei, Slowenien, Tschechien, Ungarn), aber auch in **einigen asiatischen Ländern** (Japan, in etwas abgewandelter Form auch in der Volksrepublik China, Mongolei, Vietnam. Vgl insbes die Länderberichte zur Tätigkeit der Notare der Zeitschrift Notarius International; allgemein zur Beurkundungszuständigkeit in Frankreich, Italien und Spanien vgl READY, Brooke's Notary [12. Aufl 2002] Rn 11–20 ff).

b) Common Law und skandinavischer Rechtskreis

Die Länder des **common law** und des **skandinavischen Rechtskreises** kennen hingegen historisch für den innerstaatlichen Rechtsverkehr kein lateinisches Notariat.

Für den Rechtsverkehr mit dem Ausland gibt es jedoch seit alters her die **scrivener** in der *City of London*. Ihre Aufgabe war und ist es, Urkunden zu erstellen, die auch im jeweiligen Verwendungsland als öffentliche Urkunden anerkannt werden (CLAUDET, Länderbericht England, Notar Int'l 2002, 39, 53).

Auch in den USA gibt es mittlerweile Bestrebungen, vor allem in Südstaaten mit Resten französischer oder spanischer Tradition, neben dem *notary public* auch eine rechtskundige und unabhängige Urkundsperson ähnlich den **civil law notaries** einzuführen (MÁRQUEZ GONZÁLES Notar Int'l 2003, 111; REYNIS Notar Int'l 2002, 111; vgl auch die Homepage der Notarorganisationen im Internet: National Organisation of Civil Law Notaries: www.nacln.org; National Notary Association: www.nationalnotary.org).

c) Typische Beurkundungserfordernisse

Vergleicht man die Beurkundungserfordernisse in anderen Ländern des lateinischen Notariats, so sind in der Regel ähnliche Rechtsgeschäfte beurkundungsbedürftig wie im deutschen Recht. Weitergehend als im deutschen Recht wird im Ausland der notariellen Urkunde häufig per se die Vollstreckbarkeit zugestanden – ohne daß eine Vollstreckungsunterwerfung erforderlich wäre. Umgekehrt beschränkt sich die Beurkundungspflicht bei Grundstücksgeschäften in den meisten romanischen Ländern auf die Grundbucheintragung, während die Veräußerungspflicht häufig jedenfalls nicht der Beurkundung bedarf (vgl SCHAUB, in: BAUER/VOEFELE [1999] F 475 ff); dem liegt aber auch eine eingeschränkte Funktion des Grundbuchs zugrunde (idR ohne Schutz des guten Glaubens).

2. Immobilienrecht

a) Beurkundungspflicht der Grundstücksveräußerung

Ähnlich wie in Deutschland bedarf etwa auch in **Griechenland** (§ 369 ZGB), **Mexiko** (Art 2330 CC Distrito Federal), **Polen** (Art 158 ZGB) und der **Schweiz** (Art 657 Abs 1 ZGB) die Veräußerung von Grundstücken der öffentlichen Beurkundung. Dabei unterscheidet allerdings das mexikanische und das schweizer Recht nicht zwischen schuldrechtlichem Kausalgeschäft und dinglicher Einigung; Voraussetzung für den Eigentumsübergang ist lediglich ein Übertragungsakt (Art 657 Abs 1 ZGB Schweiz: „Der Vertrag auf Eigentumsübertragung bedarf zu seiner Verbindlichkeit der öffentlichen Beurkundung").

In anderen Ländern bedarf nur die Hypothekenbestellung der notariellen Beurkundung (zB **Québec**, Art 2693 CC Québec; allerdings werden dort auch Grundstückskaufverträge regelmäßig notariell beurkundet).

b) Beurkundung als Eintragungsvoraussetzung

759 Nach dem **Code Napoleon** ist für die schuldrechtlichen Verpflichtung zur Grundstücksveräußerung keine Beurkundung erforderlich. In manchen Ländern ist ab bestimmten Beträgen Schriftform erforderlich, so in Frankreich Art 1341 CC, in anderen ist auch ein mündlicher Vertragsschluß möglich. Einer notariellen Niederschrift bedarf es hingegen für die **Eintragung im Grundbuch** (so etwa in **Belgien** Art 1582 CC iVm Art 2 Hypthekengesetz; **Frankreich** Art 4 Abs 1 und Art 30 Dekret vom 4. 1. 1955; den **Niederlanden**, Portugal Art 875 CC oder **Spanien** die *escritura* nach Art 1280 Nr 1, 1462 CC; ebenso in Lateinamerika zB Argentinien Art 1184 CC, Chile Art 1801 CC, Guatemala Art 1125 CC, Kolumbien Art 1857 CC).

760 In anderen Ländern genügt eine **Unterschriftsbeglaubigung** für die Grundbucheintragung (Österreich: „bücherliche Intabulation") zur Eigentumsübertragung (zB in **Italien** Art 2657 CC, **Österreich** § 432 ABGB, § 31 Abs 1 Grundbuchgesetz – GBG; vgl Gutachten DNotI-Report 2001, 2; BITTNER, Der Immobilienerwerb im Ausland – Österreich, in: DAI-Symposium, Der Immobilienerwerb im Ausland, 19.–20. Mai 2000, S 368 f; in der **Slowakischen Republik** und **Tschechien**, § 46 ZGB; **Ungarn** Art 15 Abs 1 ImmobilienregisterG).

761 In diesen Ländern hat die Grundbucheintragung meist eine geringere Wirkung als in Deutschland, nämlich idR keine rechtsbegründende, sondern nur deklaratorische Wirkung. Die Grundbucheintragung ist allerdings Dritten gegenüber erforderlich, zT begründet sie auch guten Glauben (so etwa in Spanien).

3. Schenkungen

762 Die auch in den meisten anderen Ländern des lateinischen Notariats – ebenso wie in Deutschland – beurkundungsbedürftige **Schenkung** bzw das Schenkungsversprechen (so etwa in Österreich § 1 Abs 1 lit d Notariatszwangsgesetz – NZwG) spielt in der Praxis als Grundstücksschenkung vor allem in den Ländern eine Rolle, in denen Verpflichtungsgeschäfte zur Grundstücksveräußerung im übrigen nicht beurkundungsbedürftig sind.

763 Anders als im deutschen Recht ist im Ausland häufig nicht nur die Erklärung des Schenkers, sondern **auch die Erklärung des Beschenkten** beurkundungsbedürftig (vgl die Kritik an Vorschlägen zur Einführung der „halben Form" bei WELSER, Zivilrechtliche Formgebote und Notariatsakt 1, 13 f)

4. Familienrecht

764 **Eheverträge** zur Vereinbarung eines anderen Güterstandes oder zur Modifikation des gesetzlichen Güterstandes sowie Regelungen über die Scheidungsfolgen bedürfen in den Ländern des lateinischen Notariates typischerweise der notariellen Beurkundung (so etwa in Belgien Art 1393, 1394 CC; Frankreich Art 1394 CC; Griechenland § 1403 ZGB; Italien Art 162, 163 CC; Niederlande Art 1: 115 BW;

Österreich §§ 1217 ff ABGB, § 97 EheG, § 1 Notariatsaktsgesetz; Polen Art 47 § 1 FamGB; Spanien Art 1327 CC; Ungarn § 27 Abs 3 FamGB; ebenso in den meisten Staaten Lateinamerikas, etwa Guatemala Art 119 CC – ausgenommen hingegen Mexiko; ebenso etwa in Québec Art 440 CC). Historisch diente das Formerfordernis teilweise in erster Linie oder doch auch dem Gläubigerschutz; heute ist hierfür der Schutz der Beteiligten entscheidend, weshalb der Gesetzgeber die Beurkundungserfordernisse idR auch auf die historisch jüngeren Scheidungsvereinbarungen erstreckte.

Ausländische Rechtsordnungen schreiben häufig auch für **Schenkungen zwischen** 765 **Ehegatten** und ähnliche Rechtsgeschäfte die Beurkundungsform vor. *Ratio legis* ist hier der Schutz der Gläubiger vor nachträglichen Vermögensverschiebungen (vgl für Österreich: WELSER, Zivilrechtliche Formgebote und Notariatsakt 1, 13 f).

5. Erbrecht

a) Notarielles Testament

Das **notarielle Testament** ist als ordentliche Testamentsform in allen Ländern des 766 **lateinischen Notariats** bekannt – idR neben dem eigenhändigen Testament als zweiter ordentlicher Testamentsform (Übersichten für die europäischen Länder bei: URQUHART, The Will in the Member States of the European Union, Notar Int'l 2001, 131; Deutsches Notarinstitut, Etude de droit comparé sur les régles de conflits de juridictions et de conflits de lois relatives aux testaments et successions dans les Etats membres de l'Union Européenne, im Internet unter: http://europa.eu.int/comm/justice_home/doc_centre/civil/studies/doc_civil_studies_en.htm; vgl etwa für Österreich §§ 577 ff AGBG, §§ 70–75 Notariatsgesetz).

Die ansonsten eher ungewöhnliche Form des **notariellen Zwei-Zeugen-Testamentes** 767 ist in Griechenland für das notarielle Testament vorgeschrieben; ebenso in Österreich für die Verbindung von Ehe- und Erbvertrag (§ 1249 ABGB, § 1 Notariatsaktsgesetz).

Ganz unterschiedlich ist jedoch die **praktische Bedeutung** notarieller Testamente: In einigen Staaten ist das notarielle Testament die Regelform (zB Niederlande, Spanien mit je ca 2/3 der Testamente in notarieller Form), während in Deutschland nur etwa 20% der Testamente in notarieller Form errichtet werden.

Daß das **Probate-Verfahren** in den Ländern des *common law* praktisch und rechts- 768 theoretisch eine ungleich höhere Bedeutung hat als das Nachlaßverfahren in den Ländern der kontinentalen Rechtskreise, dürfte auch am Fehlen der notariellen Testamentsform liegen. Dadurch fehlt den angelsächsischen Ländern ein Verfahren, in dem sie bereits vor dem Erbfall beweiskräftig bestimmte Feststellungen treffen können (wie insbes zur Testierfähigkeit des Erblassers) und ein schon seiner äußeren Form nach stärker bestandskräftiges Testament schaffen können.

b) Erbvertrag, Schenkung von Todes wegen

Der **Erbvertrag** ist hingegen eine Besonderheit des deutschen Rechts, die den 769 meisten Ländern unbekannt ist (ähnlich wie das gemeinschaftliche Testament). Insbesondere die Rechtsordnungen des Code Napoleon und der ehemals kommunistischen Staaten verbieten idR sogar ausdrücklich den Erbvertrag, häufig auch das gemeinschaftliche Testament.

770 Das Verbot steht der Anerkennung eines in Deutschland errichteten Erbvertrages (oder gemeinschaftlichen Testamentes) aber nicht entgegen, wenn es sich um ein **reines Formverbot** handelt, da alle betroffenen Staaten auch ein in der Ortsform errichtetes notarielles Testament anerkennen – und entsprechend auch Verfügungen von Todes wegen (vgl Rn 800).

Handelt es sich hingegen um ein **materielles Verbot**, so ist der Erbvertrag bei Anwendung des betreffenden ausländischen Rechts als Erbstatuts materiell unwirksam (also aus Sicht des deutschen IPR für die Erblasser, die ausländische Staatsangehörige sind, Art 25 Abs 1 EGBGB – vorbehaltlich einer Rechtswahl oder einer Rückverweisung durch das ausländische IPR). Einem Erbvertrag (oder gemeinschaftlichen Testament) eines deutschen Erblassers steht hingegen ein materielles Verbot des ausländischen Rechtes aus Sicht des deutschen IPR nicht entgegen, da das ausländische Recht nicht zur Anwendung berufen ist. Wohl aber kann die materielle Wirksamkeit ggf aus Sicht des ausländischen Rechts zu versagen sein, wenn entweder aus Sicht des ausländischen IPR das ausländische Erbrecht anwendbar ist – oder wenn es zwar zu einer Rückverweisung auf das deutsche IPR kommt, das Verbot des Erbvertrages aber zum *ordre public international* des ausländischen IPR zählt entsprechend Art 6 EGBGB (vgl STAUDINGER/DOERNER [2000] Art 25 EGBGB 2000 Rn 689).

771 Beurkundungsbedürftig ist vielfach auch die **Schenkung von Todes wegen.**

c) Nachlaßverfahren

772 Während in Deutschland der Notar im Nachlaßverfahren im wesentlichen auf die Beurkundung von Erbscheinsanträgen beschränkt ist, erstellt der Notar in den Ländern des Code Napoleon einen dem Erbschein ähnlichen, wenngleich nicht mit Gutglaubensschutz ausgestatteten **acte de notorité** (zB Belgien, Frankreich, Italien, Spanien, Québec).

773 In **Österreich** und den anderen ehemaligen Staaten der Donaumonarchie (insbes **Tschechien** und **Ungarn**) ist den Notaren die gesamte **Verlassenschaftsabhandlung** (= Nachlaßabwicklung iSd deutschen Rechts) als Gerichtskommissären übertragen (dh als übertragene gerichtliche Aufgaben). Der Notar ist hier sowohl für die praktische Abwicklung der Abhandlung zuständig (insbes die Erbensuche, die Ermittlung und Sicherung des Nachlasses), wie die Todesfallaufnahme (dh die Erklärungen der dem Erblasser nahestehenden Personen), die Kundmachung der Verfügungen von Todes wegen sowie den Antrag für den Einantwortungsbeschluß, der funktional dem deutschen Erbschein entspricht, sowie ggf auch das Verlassenschaftsinventar (Nachlaßinventar).

6. Gesellschaftsrecht

774 Auch in anderen Ländern des lateinischen Notariats sind typischerweise nur die **Gründung von GmbH oder Aktiengesellschaft** beurkundungsbedürftig, nicht die Gründung von Personenhandelsgesellschaften (Griechenland: AG, GmbH, Stiftung;

Italien: AG, GmbH; Niederlande: AG, GmbH; Österreich: AG, § 4 GmbHG, § 16 AktG, auch Stiftung § 9 PSG – vgl Fitz/Roth JBL 2004, 205).

Auch **Satzungsänderungen** und darüber hinaus die Hauptversammlungsbeschlüsse 775 von Aktiengesellschaften sind häufig beurkundungsbedürftig (Österreich: § 1 Notariatsaktsgesetz § 49 GmbHG, § 111 AktG).

Umwandlungsvorgänge unter Beteiligung von Kapitalgesellschaften bedürfen in na- 776 hezu allen Ländern des lateinischen Notariats der notariellen Beurkundung, häufig darüber hinaus auch andere Umwandlungsvorgänge (so etwa in den Niederlanden).

Beurkundungsbedürftig ist vielfach auch die **GmbH-Geschäftsanteilsveräußerung** (so 777 verlangen etwa die Niederlande eine notarielle Beurkundung der als Erwerbsmodus erforderlichen Übergabe – *levering*, Art 2:196 BW – Bürgerliches Gesetzbuch der Niederlande; auch Österreich erfordert eine Notariatsakt sowohl für die Verpflichtung zur Übertragung von Geschäftsanteilen wie für die Übertragung selbst, § 76 Abs 2 S 1 und 2 GmbHG Österreich). Beurkundungsbedürftig ist die Veräußerung von GmbH-Geschäftsanteilen ferner etwa in Griechenland, Italien, der Schweiz oder Spanien, während eine formfreie Übertragung etwa in Belgien, Dänemark, Finnland, Frankreich und Schweden möglich ist (Kalss, Die Übertragung von GmbH-Geschäftsanteilen in vierzehn Rechtsordnungen Europas [Wien 2003] passim).

7. Vollstreckbare Urkunde

In vielen Ländern des lateinischen Notariats sind notarielle Urkunden Vollstrek- 778 kungstitel, **ohne** daß eine **gesonderte Vollstreckungsunterwerfung** des Schuldners (wie nach § 794 Abs 1 Nr 5 ZPO) erforderlich wäre.

Allerdings beschränkt sich die Vollstreckbarkeit teilweise auf **Geldforderungen** 779 (ähnlich nach früherem deutschen Recht).

XXII. Anerkennung deutscher Urkunden im Ausland

Inwieweit die Beurkundung durch einen deutschen Notar einem von einer auslän- 780 dischen Rechtsordnung aufgestellten Formerfordernis genügt – oder inwieweit eine Beurkundung durch einen Notar des betreffenden Landes erforderlich ist, entscheidet allein das ausländische Recht. Daher können nachstehend nur einige typische und für die Praxis wichtige Beispiele aufgeführt werden.

Grundsätzlich anerkennt das internationale Privatrecht der meisten Staaten in der betreffenden **Ortsform** errichtete Rechtsgeschäfte (und damit auch notarielle Urkunden deutscher Notare) als formwirksam (Rn 799).

In bestimmten Fällen schreibt jedoch das ausländische IPR die Einhaltung der **Geschäftsform** zwingend vor. Für manche Beurkundungserfordernisse besteht eine ausschließliche Zuständigkeit der Notare des jeweiligen Landes, im übrigen ist hier zu prüfen, ob die deutsche Beurkundung der ausländischen gleichwertig ist und diese ersetzen kann.

Schreibt das ausländische IPR die zwingende Einhaltung einer anderen Geschäftsform als der Beurkundungsform vor, so genügt in den Ländern des lateinischen Notariats eine deutsche Beurkundung grundsätzlich als die höhere Form zur Ersetzung allfällig abweichender ausländischer Geschäftsformen. Dies gilt aber nicht notwendig für alle Formen des *common law*: So verlangen manche Bundesstaaten der USA für Testamente über dort belegene Grundstücke die Einhaltung der nach dem Belegenheitsrecht vorgeschriebenen Form eines Zwei- oder Drei-Zeugen-Testamentes; teilweise ist hier die Anerkennung ausländischer notarieller Testamente ohne Zuziehung von Zeugen nicht gesichert.

1. Ausschließliche Zuständigkeit ausländischer Notare

a) Beurkundung von Immobiliengeschäften

781 In **Frankreich** können ausschließlich französische Notare die Bestellung eines **Grundpfandrechtes** an einem in Frankreich belegenen Grundstücks beurkunden (Art 2128 Code Civil; vgl GRESSER, Der Kauf von Immobilien in Frankreich: DAI-Symposium, Der Immobilienerwerb im Ausland, 19.-20. Mai 2000, S 23).

782 In den **Niederlanden** besteht eine ausschließliche Zuständigkeit der niederländischen Notare für Urkunden, die Grundlage der Eintragung für in staatlichen Registern eingetragene Gegenstände sein sollen: „Wenn eine gesetzliche Bestimmung, die Registergüter betrifft, eine notarielle Urkunde oder eine notarielle Erklärung vorschreibt, ist eine Urkunde oder Erklärung eines niederländischen Notars erforderlich." (Art 3:31 BW = BGB Niederlande).

Damit ist für die zur dinglichen **Grundstücksveräußerung** erforderliche Übergabe *(levering* – Art 3:89 BW) die Urkunde eines niederländischen Notars erforderlich. Das niederländische Recht kennt insoweit keine abstrakte Einigung, sondern erfordert für den Eigentumserwerb *titulus* = Kaufvertrag + *modus* = Übergabe durch notarielles Protokoll; funktional entspricht die *levering* aber der deutschen Auflassung.

Eine ausschließliche Zuständigkeit niederländischer Notare besteht auch, wenn Grundstücke durch **Teilung** bisherigen gemeinschaftlichen Eigentums erworben werden (Art 3:183 BW – vgl TOMLOW/VAN MOURIK, Der Erwerb einer Immobilie in den Niederlanden: DAI-Symposium, Der Immobilienerwerb im Ausland, 19.-20. Mai 2000, S 45).

783 Bei der Veräußerung von in der **Schweiz** belegenen Grundstücken sind die Formvorschriften des Schweizer Rechts zwingend einzuhalten (Art 119 Abs 3 Schweizer IPRG).

Dabei kann die **Grundstücksveräußerung** in allen Kantonen nur von Notaren des jeweiligen Kantons beurkundet werden. Einzelne Kantone erklären dabei alle im Kanton zugelassene Urkundspersonen für die öffentliche Beurkundung aller im ganzen Kanton gelegenen Grundstücke zuständig (zB Kanton Bern), während in den übrigen Kantonen nur die Urkundspersonen zuständig sind, die am jeweiligen Belegenheitsort ihren Amtssitz haben (BRÜCKNER, Schweizerisches Beurkundungsrecht, [1993] Rn 720; SCHMID, Der Immobilienerwerb in der Schweiz, in: DAI-Symposium, Der Immobilienerwerb im Ausland, 19.-20. Mai 2000, S 329; SCHÖBI, Schweizerischer Grundstückskauf und europäisches Recht [1999] S 136 f).

b) Hinterlegung ausländischer Urkunden
Vor allem in **romanischen Ländern** ist teils nicht die Beurkundungszuständigkeit als solche auf inländische Notare beschränkt, jedoch finden sich Vorschriften, nach denen Voraussetzung für die Eintragung im Grundbuch ist, daß die Urkunde des ausländischen Notars bei einem inländischen Notar hinterlegt wurde.

In **Frankreich** findet sich eine entsprechende Vorschrift in Art 4 Abs 3 des Dekretes vom 4.1.1955 (abgedruckt und übersetzt bei STEPHENSON, in: DNotI [Hrsg], Notarielle Fragen des internationalen Rechtsverkehrs [1995] S 137/2 f).

Ebenso müssen in **Italien** nach Art 106, 4 des Notargesetzes ausländische Urkunden zur Grundbucheintragung bei einem italienischen Notar oder Notararchiv hinterlegt werden (ANCHINI/CAFAGNO/PASQUALIS/TASSINARI/LOPS, in: Notarielle Fragen des internationalen Rechtsverkehrs S 193, 209).

c) Gesellschaftsrecht
Im Gesellschaftsrecht bestehen ausschließliche Zuständigkeiten v a bei der **Gründung und Umwandlung** von Gesellschaften.

In den **Niederlanden** gilt die ausschließliche Zuständigkeit der niederländischen Notare auch für die **Abtretung von Gesellschaftsanteilen** nicht für den Kaufvertrag als *titulus*, wohl aber für die Übergabe, *levering*, also den *modus* des Eigentumserwerbs, funktionell vergleichbar der dinglichen Abtretung im deutschen Recht (Art 2:196 iVm 3:31 BW).

d) Familien- und Erbrecht
Im Familien- und Erbrecht sind jedenfalls bei Eheverträgen und Verfügungen von Todes wegen **keine ausschließlichen Beurkundungszuständigkeiten** ersichtlich.

Allerdings wurde in **Portugal** teilweise eine ausschließliche Zuständigkeit der portugiesischen Konsularbeamten für die „Solemnifizierung" von im Ausland zwischen Portugiesen abgeschlossenen Eheverträgen gefordert; nach einer Auskunft der portugiesischen Botschaft gegenüber dem Deutschen Notarinstitut werden aber auch in Portugal vor deutschen Notaren errichtete Eheverträge zwischen Portugiesen als formwirksam anerkannt.

Im Familien- und Erbrecht sprechen **praktische Bedürfnisse** eindeutig gegen ausschließliche Beurkundungszuständigkeiten: Man kann den Beteiligten nicht zumuten, möglicherweise für die Beurkundung in ein anderes Land reisen zu müssen wobei man gar nicht erst an den bettlägrigen Testator denken muß.

Zahlenmäßig stellt sich die Frage der Anerkennung notarieller Urkunden im Ausland in der Praxis auch vor allem bei Verfügungen von Todes wegen und bei Eheverträgen (sowie bei Vollmachten), während Grundstücksgeschäfte oder gesellschaftsrechtliche Beurkundungen mit Auslandsbezug zahlenmäßig eher selten sind (allerdings zT Rechtsgeschäfte mit hohem Gegenstandswert betreffen).

2. Anerkennung der deutschen Beurkundung bei Gleichwertigkeit

792 Die Frage der Gleichwertigkeit der deutschen mit einer ausländischen Beurkundung stellt sich, wenn das ausländische Recht zwar keine ausschließliche Zuständigkeit der dortigen Notare vorsieht, aber die Einhaltung einer ausländischen Beurkundungsform als Geschäftsform erfordert und die bloße Einhaltung der Ortsform nicht genügen läßt.

793 Diskutiert wurde dies inbes für die Veräußerung von **Geschäftsanteilen an einer österreichischen GmbH**. Die schuldrechtliche wie dingliche Veräußerung bedarf nach § 76 Abs 2 S 1 GmbHG Österreich eines „Notariatsaktes" (dh einer Beurkundung durch Niederschrift im Sinne der deutschen Rechtsterminologie). Dies gilt auch, wenn die Abtretung im Ausland erfolgt; die ausländische Beurkundung wird nur anerkannt, wenn sie der österreichischen Notariatsaktform gleichwertig ist.

Der österreichische OGH (IPRax 1990, 252, 253 = IPRE 3, 56) hatte ein Distanzgeschäft als formwirksam anerkannt, bei dem lediglich die Erklärung eines Vertragspartners in Deutschland beurkundet wurde. Daraus schließt die wohl hM, daß allgemein die Beurkundung durch einen deutschen Notar für eine österreichische Geschäftsanteilsabtretung genügt (KRALIK IPRax 1990, 255; KASTNER/DORALT, Grundriß des österreichischen Gesellschaftsrechts [5. Aufl Wien 1990] S 349 Anm 50; KOPPENSTEINER, GmbHG [Wien 1994] § 76 Rn 24; SCHWIND, IPR [Wien 1990] Rn 411 Fn 3; **aA** – gegen Anerkennung – BYDLINSKI, Veräußerung und Erwerb von GmbH-Geschäftsanteilen [Wien 1991] S 43 ff).

794 Obwohl in der **Schweiz** innerstaatlich nur Notare des betreffenden Kantons **Grundstücksveräußerungen** beurkunden dürfen, soll nach der Literatur zum Schweizer IPR eine ausländische Beurkundung dann die Form des Art 657 Abs 1 ZGB Schweiz erfüllen, wenn sie einer Schweizer Beurkundung gleichwertig ist (HEINI, IPRG-Kommentar [1993] Art 124 IPRG Rn 40 ff; HONSELL/VOGT/SCHNYDER, Kommentar zum schweizerischen Privatrecht, Internationales Privatrecht [1996] Art 119 IPRG Rn 18). Dies wäre für deutsche Beurkundungen wohl gegenüber den verschiedenen Schweizer Kantonen anzunehmen.

Während Schweizer Grundbuchämter daher in der Praxis teilweise deutsche notarielle Urkunden anerkennen, scheinen andere von dem – logisch eher einleuchtenden – Grundsatz auszugehen, daß die ausschließliche Zuständigkeit erst recht gegenüber ausländischen Notaren gilt.

795 In **Spanien** ist (ähnlich wie in anderen romanischen Ländern) ein **Grundstückskaufvertrag** zwar grundsätzlich formfrei gültig (Art 1278 CC – Codigo Civil – Zivilgesetzbuch), jedoch ist eine notarielle Beurkundung für die Grundbucheintragung erforderlich (Art 1280 Nr 1 CC).

Art 4 *Lei Hipotecario* und Art 36 *Reglamento Hipotecario* bestimmen ausdrücklich, daß auch im Ausland beurkundete Rechtsvorgänge in das Grundstücksregister *(Registro de la Propiedad)* eingetragen werden können. Daher kann auch ein von einem ausländischen Notar beurkundeter Vertrag in das Grundstücksregister eingetragen werden, wenn die Urkunde die für eine Notarurkunde nach spanischem

Recht *(escritura)* geltenden Formvorschriften einhält, die geringfügig vom deutschen Beurkundungsverfahren abweichen.

Eine ausschließliche Zuständigkeit spanischer Notare ergab sich nur durch eine zwischenzeitlich wieder abgeschaffte Spezialregelung für einen Sonderfall: Nach Art 17 Abs 1 *Real Decreto* (Verordnung) 671/1992 vom 2. 7. 1992 konnten ausländische Investitionen, wozu auch Grundstücksgeschäfte aller Art gerechnet wurden, durch Nichtresidente (dh durch Erwerber ohne Wohnsitz in Spanien oder mit erstem Wohnsitz im Ausland), nur durch einen spanischen Urkundsbeamten (Notar oder spanischer Konsul) beurkundet werden. Ausländische Notare konnten im Gegenschluß daher Grundstückskaufverträge über spanische Grundstücke nur beurkunden, wenn der Erwerber in Spanien ansässig war. Diese Regelung wurde aber mittlerweile aufgehoben durch *Real Decreto* 664/1999 vom 23. 4. 1999 (Investitionsverordnung). Daher können jetzt deutsche (und andere ausländische) Notare Veräußerungen spanischer Grundstücke unabhängig vom Wohnsitz des Erwerbers beurkunden (GANTZER, Spanisches Immobilienrecht [9. Aufl 2003] S 18 ff; LÖBER, Grundeigentum in Spanien [6. Aufl 2000] S 103).

Auch die Hinterlegung der Urschrift der Urkunde des ausländischen Notars bei einem spanischen Notar ist nicht erforderlich (anders als etwa in Frankreich oder Italien – Rn 784).

Vor allem manche Staaten **Lateinamerikas** haben die Voraussetzungen für die Anerkennung ausländischer notarieller Urkunden ausdrücklich gesetzlich geregelt (zB Argentinien Art 1211 CC; Guatemala Art 1126 CC).

3. Anerkennung bei anderen Formerfordernissen

Soweit die zwingend einzuhaltende Geschäftsform eine andere als die Beurkundungsform ist, werden deutsche notarielle Urkunden in aller Regel anerkannt. Denn die inhaltlichen Anforderungen eines **ausländischen Schriftformerfordernisses** erfüllen deutsche notarielle Urkunden idR. In Ländern des lateinischen Notariats kommt noch hinzu, daß die notarielle Beurkundung als höhere Form auch dort idR alle anderen Formen ersetzt.

Anders ist dies in den Ländern des *common law*, soweit dort als zwingend einzuhaltende Geschäftsform eine **höhere als die Schriftform** vorgeschrieben ist.

Teilweise ist dort nicht nur für dingliche Verfügungen über Grundstücke, sondern auch für Testamente über **Grundstücke** die Einhaltung der Form des Belegenheitsrechtes als Geschäftsform zwingend vorgeschrieben, dh es ist zwingend ein **Zwei- oder Drei-Zeugentestament** nach den Vorschriften des jeweiligen US-Bundesstaates zu errichten. Ein (deutsches) notarielles Testament genügt daher nur, wenn ebenfalls Zeugen zur Beurkundung zugezogen werden.

Das deutsche Beurkundungsrecht läßt aber zu, ein notarielles Testament in einer **hybriden Form** so zu beurkunden, daß sowohl die Formvorschriften der §§ 8 ff, 27 ff BeurkG als auch die für US-Zwei-Zeugen-Testamente eingehalten werden. Dazu wird der Notar die Zeugen zur Beurkundung hinzuziehen (wobei deren Anwesenheit erst zur Unterschriftsleistung nach US-Recht genügt) und nach der vom US-Recht vorgeschriebenen Erklärung des Erblassers, daß dies sein Testament sei, und nach der Unterschrift des Erblassers unterschreiben lassen. Vor ihrer Unterschrift würden die Zeugen bestätigen, daß der Erblasser erklärt habe, daß diese Urkunde seinen letzten Willen enthalte und vor ihnen unterschrieben habe. Danach würde der Notar unterschreiben und damit die Niederschrift beenden. Allerdings würde er vor seine Unterschrift noch eine Art Unterschriftsbeglaubigung der Unterschrift der Zeugen setzen, die das US-Recht erfordert und das deutsche Recht nicht verbietet. Eine derartige Beurkundung erfüllt die Anforderungen beider Rechtsordnungen und müßte daher in allen Bundesstaaten der USA anerkannt werden. Eine praktische Schwierigkeit ergibt sich allerdings daraus, daß für das *probate* Verfahren in den USA das Original des Testamentes erforderlich ist.

4. Anerkennung der Ortsform als Grundregel

a) Römisches Schuldrechtsübereinkommen

799 Die Anerkennung der Ortsform ergibt sich als Grundregel etwa auch aus Art 9 Abs 1 des EG-Schuldvertragsübereinkommens vom 19. 6. 1980. Dessen Artikel 9 Abs 1 und 4 entsprechen inhaltich Art 11 Abs 1 EGBGB, während Art 9 Abs 2, 3 und 6 des Abkommens in Art 11 Abs 2–4 EGBGB inhaltlich wiedergegeben sind.

b) Haager Testamentsformübereinkommen

800 Nach dem Haager Übereinkommen über das auf die Form letztwilliger Verfügungen anzuwendende Recht vom 5. 10. 1961 (BGBl 1965 II 1145; BGBl 1966 II 11) ist ein Testament ua dann als formwirksam anzuerkennen, wenn es der Ortsform am Errichtungsort genügt. In allen Vertragsstaaten des Haager Testamentsformübereinkommens wird daher ein in Deutschland formwirksam beurkundetes notarielles Testament als formwirksam anerkannt (ebenso natürlich ein in Deutschland formwirksam errichtetes eigenhändiges Testament).

Auch die Formwirksamkeit eines gemeinschaftlichen Testamentes unterliegt dem Haager Testamentsformübereinkommen, wobei sich die Frage der Bindungswirkung aber nach dem materiellen Erbstatut richtet; eine solche Bindungswirkung kennen nur wenige Rechtsordnungen. Erbverträge sind hingegen nicht vom Haager Testamentsformübereinkommen geregelt.

801 Die meisten europäischen Staaten sind Vertragsstaaten des Haager Testamentsformübereinkommens (Liste im Internet unter: http://www.hcch.net/e/conventions/index.html). Allerdings finden sich auch unter den EU-Staaten einige **Nicht-Vertragsstaaten**, nämlich **Italien**, Lettland, Litauen, **Portugal, Tschechien**, die Slowakei, **Ungarn**, Malta und Zypern. Viele Staaten haben aber innerstaatlich ähnliche Anerkennungsregeln.

Anders ist dies teilweise in den USA, die ebenfalls kein Vertragsstaat sind. Während zahlreiche US-Bundesstaaten ebenfalls die Ortsform bei Testamenten anerkennen, fordern **einzelne US-Bundesstaaten** die Einhaltung ihrer örtlichen Testamentsformen jedenfalls für dort belegene Grundstücke. So kann es vorkommen, daß ein notarielles Testament nur dann anerkannt wird, wenn es zugleich den Anforderungen des jeweiligen US-Bundesstaates an ein **Zwei-Zeugen-Testament** entspricht.

c) Nationales IPR

Locus regit actum gilt als Grundregel des Formstatutes des nationalen IPR in den meisten Staaten – allerdings in unterschiedlichen Ausformungen: Die Mehrzahl der Staaten läßt (ebenso wie Art 11 Abs 2 EGBG) **alternativ** entweder die Einhaltung der **Form des Geschäftsstatutes oder des Ortsstatutes** genügen (vgl die Übersicht bei STAUDINGER/WINKLER VON MOHRENFELS [2000] Anh zu Art 11 EGBGB). **802**

Eher selten sind Rechtsordnungen, die stets die Einhaltung der **Ortsform** fordern; am ehesten findet sich dieser Grundsatz in Lateinamerika und islamischen Staaten (Afghanistan, Argentinien, Brasilien, Irak, Kuba, Litauen, Panama, Philippinen, Uruguay).

Häufiger findet sich eine ausdrückliche Regel, wonach eine **notarielle Beurkundung** der **Ortsform** des Beurkundsortes genügen muß (Chile, Ecuador, El Salvador, Honduras, Kolumbien) – was sich im deutschen Recht (und den meisten anderen Rechten) indirekt aus der Unzulässigkeit einer Beurkundung außerhalb des deutschen Hoheitsgebietes ergibt (ausgenommen die jeweiligen Konsularbeamte).

Die umgekehrte Regel, wonach grundsätzlich die Form des **Geschäftsrechtes** einzuhalten ist, findet sich als Grundregel offenbar nur (eingeschränkt) in Georgien.

5. Legalisation oder Apostille

Auch ausländische Rechtsordnungen verlangen idR eine Legalisation als formelle Voraussetzung für die Anerkennung einer fremden Urkunde, soweit nicht multilaterale oder bilaterale Abkommen hiervon befreien (vgl hinsichtlich der einschlägigen Abkommen Rn 750). Soweit Deutschland Vorbehalte eingelegt hat gegenüber der Ratifizierung des Haager Übereinkommens über die Befreiung ausländischer öffentlicher Urkunden vom Erfordernis der Legalisation, ist damit wohl nicht nur für Urkunden aus dem betreffenden Staat eine Legalisation erforderlich, sondern aufgrund der Wechselseitigkeit auch für die Verwendung deutscher Urkunden im betreffenden Ausland. **803**

§ 127a
Gerichtlicher Vergleich

Die notarielle Beurkundung wird bei einem gerichtlichen Vergleich durch die Aufnahme der Erklärungen in ein nach den Vorschriften der Zivilprozessordnung errichtetes Protokoll ersetzt.

Materialien: BT-Drucks 5/3282 v 25. 9. 1968, S 51.

Schrifttum

Vgl auch die Kommentierungen zu § 794 Abs 1 Nr 1 und § 1053 Abs 3 ZPO.

BREETZKE, Die Beurkundungskraft des gerichtlichen Vergleichs (§ 127a BGB), NJW 1971, 178.

Systematische Übersicht

I. Ersatz notarieller Beurkundung durch gerichtlichen Vergleich 1

II. Anwendungsbereich: Betroffene Formvorschriften 3

III. Voraussetzungen
1. Vergleich in anhängigem Gerichtsverfahren 6
2. Innerer Zusammenhang mit dem Rechtsstreit 14
3. Doppelnatur des Prozeßvergleichs 16
4. Wirksamkeit des Vergleichs zur Prozeßhandlung 18
5. Materiell-rechtliche Voraussetzungen des Prozeßvergleichs 27
6. Belehrungspflicht (§ 17 BeurkG) 32

IV. Rechtsfolgen
1. Ersetzung der notariellen Beurkundung und anderer Formen 35
2. Vollstreckungstitel (§ 794 Abs 1 Nr 1 ZPO) 38
3. Prozessuale oder materiell-rechtliche Unwirksamkeitsgründe 40
4. Widerruf 43
5. Rücktritt 45

V. Vergleichbare Fälle
1. Schiedsspruch mit vereinbartem Wortlaut (§ 1053 Abs 3 ZPO) 48
2. Gerichtliche Niederschrift des Vaterschaftsanerkenntnisses 50
3. In den Insolvenzplan aufgenommene Willenserklärung 51

VI. Anerkennung eines ausländischen Prozeßvergleichs 52

I. Ersatz notarieller Beurkundung durch gerichtlichen Vergleich

1 Der Prozeßvergleich ist eine **der notariellen Beurkundung gleichwertige Form**. Daher kann er diese nach § 127a ersetzen (und damit ebenso die geringeren Formen der Unterschriftsbeglaubigung, Schriftform oder Textform, § 126 Abs 3 und 4, § 129 Abs 2). § 127a wurde erst im Jahr 1969 mit dem BeurkG eingefügt (§ 57 Abs 3 Nr 1 BeurkG, BGBl 1969 I 1513 – auf Vorschlag des Bundesrates, BT-Drucks 5/3282 v 25. 9. 1968, S 51). Die Vorschrift kodifiziert aber nur einen bereits früher gewohnheitsrechtlich anerkannten Grundsatz (BGHZ 14, 381 = DNotZ 1954, 190 = NJW 1954, 1886; BayObLG DNotZ 1998, 295 = NJW-RR 1997, 1511).

2 Ratio des § 127a ist die **Verfahrensökonomie**: Haben sich die Parteien im Prozeß bzw im Schiedsverfahren erst einmal geeinigt, so soll noch im selben Verfahren auch eine alle möglichen Formerfordernisse erfüllende Vereinbarung abgeschlossen werden können, um eine „Gesamtbereinigung strittiger Rechtsverhältnisse im Prozeß" zu ermöglichen (BT-Drucks 5/3282, S 51).

II. Anwendungsbereich: Betroffene Formvorschriften

3 Soweit nicht (nur) eine notarielle Beurkundung, sondern eine **Erklärung gegenüber einer bestimmten Stelle** erforderlich ist, wie zB nach § 1310 Abs 1 die Erklärung über den Willen zur **Eheschließung** gegenüber dem Standesbeamten, genügt ein Prozeßvergleich nach § 127a nicht.

Die nach § 925 Abs 1 S 2 vor dem Notar zu erklärende **Auflassung** kann jedoch nach der ausdrücklichen Regelung des S 3 auch in einem gerichtlichen Vergleich (oder in einem rechtskräftig bestätigten Insolvenzplan) erklärt werden (vgl RGZ 129, 37; BGHZ 14, 381 = DNotZ 1954, 190 = NJW 1954, 1886; wirksam ist auch eine Auflassung vor einem Verwaltungsgericht: BVerwG NJW 1995, 2179 = MDR 1996, 415; MünchKomm/Kanzleiter[3] § 925 Rn 14 – anders noch 2. Aufl; Walchsdörfer NJW 1973, 1103; **aA** die früher hM – vgl BayVGH BayVwBl 1972, 664; Soergel/Hefermehl[13] Rn 1).

Im übrigen gilt § 127a **grundsätzlich für alle Formvorschriften**, die notarielle Beurkundung (oder eine geringere Form) vorschreiben. So kann der Prozeßvergleich etwa einen Grundstückskaufvertrag ersetzen (RGZ 64, 82; BGH WM 1966, 1135). **4**

Eine ausdrückliche gesetzliche Regelung bei der jeweiligen Formvorschrift ist nicht erforderlich – auch wenn § **1587o** Abs 2 S 2 für Vereinbarungen über den **Versorgungsausgleich** im Zusammenhang mit einem Scheidungsverfahren überflüssigerweise ausdrücklich die Geltung von § 127a anordnet (noch dazu fälschlicherweise nur die „entsprechende" Geltung).

Nicht möglich ist nach der Rechtsprechung des BGH hingegen eine **Testamentserrichtung** oder der einseitige Testamentswiderruf durch Prozeßvergleich (BGH DB 1959, 790; **aA** MünchKomm/Einsele Rn 2), da hierzu eine rechtsgeschäftliche – und damit auch eine vergleichsweise Verpflichtung nicht möglich ist. **5**

III. Vergleichsschluß und Voraussetzungen

1. Vergleich in anhängigem Gerichtsverfahren

a) Gericht

Der Vergleich muß während eines vor einem deutschen Gerichts anhängigen Verfahrens abgeschlossen werden. § 127a gilt aber nicht nur für streitige Zivilprozesse, sondern **unabhängig von der Gerichtsbarkeit**, so zB auch bei Verfahren vor Verwaltungsgerichten (BVerwG NJW 1995, 2179 = MDR 1996, 415: vergleichsweise Grundstücksveräußerung bei Klage gegen Planfeststellungsbeschluß), vor einem Gericht in Baulandsachen (OLG München MDR 1976, 150 – zur Abgrenzung von der beurkundeten Einigung nach § 110 Abs 3 BauGB, die einem nicht mehr anfechtbaren Enteignungsbeschluß gleichsteht), im strafgerichtlichen Privatklage- oder Adhäsionsverfahren (§§ 374 ff, 403 ff StPO; OLG Stuttgart NJW 1964, 110), in FGG-Verfahren (BGHZ 14, 381 = DNotZ 1954, 190 = NJW 1954, 1886; OLG Celle DNotZ 1954, 123) oder im landwirtschaftsgerichtlichen Verfahren (BGHZ 14, 381 = NJW 1954, 1886; BGHZ 142, 84 = DNotZ 1999, 985 = NJW 1999, 2806 = WM 1999, 1738. Zu Vergleichen vor ausländischen Gerichten vgl Rn 52 f). **6**

Ebensowenig spielt die **Verfahrensart** eine Rolle. § 127a gilt insbesondere auch in Verfahren des einstweiligen Rechtsschutzes (OLG Hamburg OLGRsp 14, 165; KG DJZ 1915, 1238; **aA** OLG Hamburg JW 1926, 2468) und im Vollstreckungsverfahren (RGZ 165, 162; OLG München DNotZ 1971, 344) sowie im Prozeßkostenhilfeverfahren (Stein/Jonas/Münzberg, ZPO[2] § 794 ZPO Rn 20). Erforderlich ist allerdings, daß die Verfahrensart ein mündliches Verfahren zuläßt und damit eine Vergleichsprotokollierung nach §§ 160 ff ZPO möglich ist; daher scheidet zB das Mahnverfahren aus (vgl Rn 20). **7**

8 **Keine Anwendung** findet § 127a hingegen im **verwaltungsrechlichen Vorverfahren**, sei es in einem Widerspruchsverfahren nach §§ 68 ff VwGO oder in einem landesrechtlich geregelten Anhörungsverfahren (VGH Kassel NVwZ 1997, 618: Protokollierung eines Vergleichs durch den Vorsitzenden des Anhörungsausschusses im Anhörungsverfahren nach §§ 6 ff HessAGVwGO kann die gesetzliche Schriftform für Verpflichtungserklärungen zu Lasten der Gemeinde nach §§ 71 Abs 2 HessGO nicht ersetzen).

9 **Keine Anwendung** findet § 127a auch auf den **Anwaltsvergleich** (§ 796a ZPO; HANSEN AnwBl 1991, 114; ZIEGE NJW 1991, 1580, 1581) oder auf den vor einer **Gütestelle** nach § 794 Abs 1 Nr 1 ZPO bzw nach § 15a EGZPO abgeschlossenen Vergleich, da diese weder die Rechtshängigkeit voraussetzen noch gerichtlich nach §§ 160 ff ZPO protokolliert werden (aA für den Fall, daß die Gütestelle nach §§ 160 ff ZPO protokolliert: STAUDINGER/DILCHER[12] Rn 7).

10 Der Vergleich muß **vor dem Prozeßgericht** abgeschlossen werden. Ein Vergleich vor dem ersuchten oder beauftragten Richter steht dem gleich (BGHZ 14, 381, 387 = DNotZ 1954, 190 = NJW 1954, 1886: Vergleich vor dem Landwirtschaftsgericht). Ist ein Rechtspfleger für das betreffende gerichtliche Verfahren zuständig, so genügt der Vergleich vor dem Rechtspfleger (OLG Nürnberg Rpfleger 1972, 305; HORNUNG Rpfleger 1972, 212).

b) Anhängiges Verfahren

11 Das Verfahren muß bereits und noch **anhängig** sein. Für einen Vergleich nach Rechtskraft gilt § 127a nicht (BGHZ 5, 259 = NJW 1952, 768; BGHZ 15, 190, 195 = NJW 1955, 182; aA OLG München NJW 1997, 2331, 2332 = MDR 1997, 499 für den Sonderfall, daß das Gericht den Vergleich nach Rücknahme der Berufung – und damit nach Ende der Rechtshängigkeit – gleichwohl noch protokollierte, nachdem das Gericht zuvor irrig die Vergleichsverhandlungen als zwecklos abgebrochen und mit der Aufforderung zur Antragstellung die Berufungsrücknahme veranlaßt hatte; dem OLG München zustimmend STEIN/JONAS/MÜNZBERG, ZPO[2] § 794 ZPO Rn 19).

12 Voraussetzung ist lediglich, daß das Verfahren bei dem betreffenden Gericht anhängig ist. Es schadet nicht, wenn das angerufene Gericht gar nicht die eigentlich für den Streitgegenstand zuständige Gerichtsbarkeit ist (OVG Lüneburg NJW 1969, 205: Vergleich über zivilrechtlichen Streitgegenstand vor dem Verwaltungsgericht).

13 Ebensowenig schadet, wenn das Gericht, vor dem das Verfahren anhängig ist, sachlich oder örtlich **unzuständig** ist (LAG Bremen BB 1964, 1125), wenn das Gericht nicht vorschriftsmäßig besetzt ist (BGHZ 35, 309 = NJW 1961, 1817 = MDR 1961, 842) oder wenn sonstige Prozeßvoraussetzungen fehlen (BREETZKE NJW 1971, 178; MünchKomm/EINSELE Rn 6; PALANDT/HEINRICHS Rn 3; STEIN/JONAS/MÜNZBERG, ZPO[2] § 794 ZPO Rn 18).

2. Innerer Zusammenhang mit dem Rechtsstreit

14 Der Vergleich muß in **innerem Zusammenhang** mit dem Rechtsstreit stehen. Der Vergleich muß den **Rechtsstreit** aber **weder ganz noch teilweise beenden**. Es genügt, wenn er die Entscheidung des Gerichts durch gegenseitiges Nachgeben der Parteien, wenn auch nur in unwesentlichen Punkten, vereinfacht oder sonst erleichtert (BGHZ 84, 333 = FamRZ 1982, 991 = NJW 1982, 2373: vergleichsweise Einigung über Aufhebung

der Gütergemeinschaft im Ehescheidungsverfahren; OLG Hamm NJW 1968, 1241: Scheidungsfolgenvergleich im Ehescheidungsverfahren).

Umgekehrt kann der Vergleich auch Vereinbarungen enthalten, die **über den Streit-** **15** **gegenstand hinausgehen**, wenn sie einen integrierenden Bestandteil des Vergleiches darstellen, dh unmittelbar dem Zweck dienen, den zwischen den Parteien herrschenden Streit durch gegenseitiges Nachgeben zu beseitigen, und nicht nur gelegentlich, neben den die Beseitigung des eigentlichen Streites betreffenden Abmachungen geschlossen werden. Integrierender Bestandteil des Prozeßvergleichs ist damit nicht nur, was ohnehin schon objektiv einen inneren Zusammenhang mit dem Prozeßgegenstand hat, sondern auch, was die Prozeßparteien beim Vergleichsschluß in einen Zusammenhang damit bringen, indem sie die Regelung des Prozeßgegenstandes von der Regelung eines anderen Punktes abhängig machen oder umgekehrt (BGHZ 35, 309, 316 = NJW 1961, 1817, 1819: vergleichsweiser Erbverzicht im Rahmen einer Mietaufhebungs- und Räumungsklage zwischen Mutter und Sohn über vom Vater geerbtes Grundstück, da dies Voraussetzung für den Vergleich über den Räumungsanspruch war; ähnlich BGHZ 14, 381, 387; RGZ 48, 183; RG JW 1925, 773). Ja, Vergleichsgegenstand und Streitgegenstand müssen **nicht einmal teilweise deckungsgleich** sein (BGHZ 142, 84 = DNotZ 1999, 985, 988 f = NJW 1999, 2806 = WM 1999, 1738: Im Verfahren vor dem Landwirtschaftsgericht über die Verweigerung der Genehmigung für einen Grundstücksverkauf einigen sich die Kaufvertragsparteien vergleichsweise, den Verkauf auf die für die Genehmigungsbehörde genehmigungsfähigen Grundstücke zu beschränken).

3. Doppelnatur des Prozeßvergleichs

Nach ganz hM in Rechtsprechung und Literatur kommt dem Prozeßvergleich eine **16** Doppelnatur zu, wonach er **sowohl Prozeßhandlung, wie materiell-rechtlicher Vergleich iSd § 779** ist (BGHZ 79, 71 = NJW 1981, 823; BGHZ 142, 84, 88 = DNotZ 1999, 985 = NJW 1999, 2806; BAG MDR 1983, 1053 = NJW 1983, 2212, 2213; BVerwG DVBl 1994, 211 = NJW 1994, 2306; OLG Zweibrücken FamRZ 1998, 1126, 1127 = NJW-RR 1998, 1680; HOLZHAMMER, in: FS Schima [1969] 217).

Eine **Mindermeinung** will demgegenüber den Begriff des Prozeßvergleichs nur aus § 794 Abs 1 Nr 1 ZPO bestimmen (OLG Hamburg FamRZ 1987, 1173; HARTMANN, in: BAUMBACH/LAUTERBACH/ALBERS/HARTMANN[62] Anh § 307 ZPO Rn 3). Dazwischen steht die Lehre vom „Doppeltatbestand" (TEMPEL, in: FS Schiedermair [1976] 543).

Auswirkungen hat der Theorienstreit vor allem auf die Frage, ob der Prozeßver- **17** gleich ein **gegenseitiges Nachgeben iSd § 779** erfordert (vgl Rn 29), sowie auf **Widerruf, Anfechtung und Rücktritt** vom Prozeßvergleich (vgl Rn 43 ff). Im praktischen Ergebnis kommen aber die Vertreter unterschiedlicher dogmatischer Ansatzpunkte häufig zu identischen oder doch ähnlichen Lösungen.

4. Wirksamkeit des Vergleichs als Prozeßhandlung

a) Anwaltliche Vertretung

Jedenfalls muß der Prozeßvergleich die prozessualen Wirksamkeitsvoraussetzungen **18** einhalten. Dazu gehört insbesondere die Einhaltung des im Verfahren vor den Landgerichten oder höheren Gerichten bestehenden **Anwaltszwanges** (§ 78 ZPO).

Ein nicht durch postulationsfähige Anwälte abgeschlossener Prozeßvergleich ist unwirksam (BGH FamRZ 1991, 679 = NJW 1991, 1743; OLG Köln FamRZ 1998, 373 = NJW-RR 1997, 965; OLG Zweibrücken FamRZ 1987, 84: Im Ehescheidungsverbundverfahren bei nur einseitiger anwaltlicher Vertretung getroffener Vergleich über Versorgungsausgleich ist unwirksam, selbst wenn das Gericht die Vereinbarung genehmigt hatte). Als nicht entscheidungserheblich offen ließ der BGH dabei, ob Ausnahmen in Betracht kommen, wenn eine solche Vereinbarung in einem Verfahrensabschnitt ohne Anwaltszwang getroffen wird, etwa im Prozeßkostenhilfeverfahren (vgl OLG Hamburg FamRZ 1988, 1299) oder während eines Sühneversuchs vor einem beauftragten Richter (§§ 78 Abs 3, 279 Abs 1 Satz 2 ZPO; dazu PHILIPPI FamRZ 1982, 1083).

Hingegen muß der lediglich **einem Prozeßvergleich beitretende Dritte** (zB ein Zeuge oder sonst vom Vergleich Betroffener) nach Ansicht des BGH auch im Anwaltsprozeß nicht durch einen bei dem Prozeßgericht zugelassenen Rechtsanwalt vertreten sein (BGHZ 86, 160, 162 = NJW 1983, 1433 = ZIP 1983, 494; OLG Frankfurt OLGZ 1970, 477; **aA** OLG Köln NJW 1961, 786; BERGERFURTH JR 1983, 371; MünchKomm/EINSELE Rn 7; SOERGEL/HEFERMEHL[13] Rn 2, der deshalb als Ausweg die Vertretung des Dritten durch eine Prozeßpartei vorschlägt).

19 Schließt die Prozeßvollmacht einen Vergleichsschluß durch den Anwalt aus, so ist diese nach § 83 Abs 1 ZPO zulässige **Beschränkung des gesetzlichen Umfangs der Prozeßvollmacht** dem Prozeßgegner gegenüber nur wirksam, wenn sie ihm unzweideutig mitgeteilt wird (BGHZ 16, 167 = NJW 1955, 545). Dies kann entweder durch gesonderte (mündliche oder schriftliche) Mitteilung erfolgen oder durch Übermittlung der Prozeßvollmacht, wenn die Vollmachtsurkunde die entsprechende Einschränkung enthält.

b) Protokollierung des Vergleichs

20 Der Vergleich muß nach §§ 160 ff ZPO gerichtlich ordnungsgemäß protokolliert worden sein (BGHZ 14, 381, 386 = DNotZ 1954, 190 = NJW 1954, 1886). Damit scheidet ein Prozeßvergleich in schriftlichen Verfahren wie dem Mahnverfahren aus (STEIN/JONAS/MÜNZBERG, ZPO[2] § 794 ZPO Fn 79; **aA** OLG Celle NJW 1965, 1970).

21 Insbesondere muß das gerichtliche Protokoll den Beteiligten **vorgelesen** (bzw bei Tonbandprotokoll abgespielt) und von ihnen **genehmigt** worden sein (§ 162 Abs 1 ZPO); sonst ist das Protokoll unwirksam (OLG Bamberg FamRZ 2002, 1120 m Anm HENRICH = NJW-RR 2002, 1153 = OLG-Report 2002, 335 zur Substitution durch einen Vergleich vor einem ausländischen Gericht – vgl Rn 30).

22 Wurde das Protokoll jedoch verlesen und genehmigt, so ist unschädlich, wenn der in § 162 Abs 1 S 3 ZPO vorgeschriebene **Vermerk** über Verlesung und Genehmigung im Protokoll fehlt (BGHZ 142, 84 = DNotZ 1999, 985 = NJW 1999, 2806 = WM 1999, 1738 = ZfIR 1999, 784). Denn der fehlende Protokollvermerk beeinträchtigt die Wirksamkeit der (zwar vorgenommenen, aber nicht im Protokoll festgestellten) Prozeßhandlung nicht. Ebensowenig beeinträchtigt das Fehlen des Vermerks die Wirksamkeit des Prozeßvergleichs als materielles Rechtsgeschäft; dies ergibt ein Vergleich mit § 13 Abs 1 S 2 BeurkG, wonach bei der notariellen Beurkundung ebenfalls das bloße Fehlen des Vermerks über die Verlesung und Genehmigung die Wirksamkeit der Beurkundung nicht beeinträchtigt. Denn der Prozeßvergleich, darf zwar – soweit er ein beurkundungsbedürftiges Rechtsgeschäft betrifft – aufgrund seiner Doppelnatur auch als materielles Rechtsgeschäft nicht hinter den Förmlichkeiten zurückbleiben, die das Beurkundungsgesetz an eine notarielle Niederschrift stellt; der Prozeßvergleich muß aber auch nicht über diese Anforderungen hinausgehen (BGHZ 142, 84 = aaO).

Die **Unterschrift des Vorsitzenden** (bzw Einzelrichters) und des **Urkundsbeamten** der Geschäftsstelle, die § 163 Abs 1 S 1 ZPO erfordert, ist hingegen Wirksamkeitsvoraussetzung, wie ein Vergleich mit § 13 Abs 3 S 1 BeurkG zeigt (ebenso wohl Münch-Komm/EINSELE Rn 8). **23**

Zwar soll die Unterschrift noch in der Sitzung oder unmittelbar danach erfolgen; sie kann aber auch später noch zulässigerweise **nachgeholt** werden (bzw kann eine durch den falschen Richter oder Urkundsbeamten erfolgte Unterschrift ersetzt werden) – selbst dann noch, wenn das Fehlen der Unterschrift bereits mit Rechtsmitteln gerügt wurde (BGH NJW 1958, 1237). Nach hM kann die fehlende Unterschrift noch nachgeholt werden, solange der Betreffende noch Richter bzw Urkundsbeamter ist, selbst wenn er mittlerweile nicht mehr zuständig ist, weil sich der Geschäftsverteilungsplan geändert hat oder er an ein anderes Gericht versetzt wurde (OLG Schleswig SchlHA 1960, 145; BUSCH JZ 1964, 749; VOLLKOMMER Rpfleger 1976, 258, 259; ZÖLLER/STÖBER, ZPO[24] § 164 ZPO Rn 8; zu recht hingegen **aA** für den Fall der Versetzung: OLG Stuttgart MDR 1976, 673). Ist der Richter oder Urkundsbeamte hingegen mittlerweile aus dem Richterdienst etc ausgeschieden, so kann seine Unterschrift nicht mehr nachgeholt werden; der Vergleich ist unheilbar unwirksam (und eine Neubeurkundung erforderlich).

Eine Unterschrift durch die Prozeßparteien erfordert § 163 ZPO hingegen nicht (anders als die notarielle Beurkundung nach § 13 Abs 1 S 1 BeurkG).

Allgemein kann man aus BGHZ 142, 84 wohl schließen, daß bei Verstößen gegen §§ 160 ff ZPO, die nicht bereits zur verfahrensrechtlichen Unwirksamkeit des gerichtlichen Protokolls führen, zu fragen ist, ob ein **entsprechender Verstoß in einer notariellen Niederschrift** diese als Beurkundung unwirksam werden ließe – dann genügt das gerichtliche Protokoll nicht nach § 127a zur Ersetzung einer notariellen Beurkundung – oder ob es sich dabei nach dem Beurkundungsgesetz um eine bloße Soll-Vorschrift handelt – dann beeinträchtigt ein Verstoß die Wirksamkeit des gerichtlichen Protokolls nicht. **24**

Fehlen etwa entgegen § 160 Abs 1 Nr 1 ZPO Angaben über Ort und Tag der Verhandlung, so dürfte dies entsprechend § 9 Abs 2 BeurkG die Wirksamkeit des Prozeßvergleiches nach § 127a nicht beeinträchtigen. Zur Unwirksamkeit dürfte hingegen führen, wenn die **Namen der Richter oder der Prozeßparteien fehlen** (§ 160 Abs 1 Nr 2 und Nr 4 ZPO iVm § 9 Abs 1 S 1 Nr 1 BeurkG), wohl auch wenn der Name des **Urkundsbeamten** fehlt. **25**

Unwirksamkeitsgründe aufgrund fehlender Angaben nach § 160 Abs 1 ZPO dürften allerdings selten sein, da das Protokoll nach § 164 ZPO jederzeit **nachträglich berichtigt** werden kann.

26 Unzulässig ist die Protokollberichtigung allerdings, soweit das (unrichtige) Protokoll – also inbesondere der Wortlaut des Vergleichs (§ 162 Abs 1 S 1 iVm § 160 Abs 3 Nr 1 ZPO) – in dieser Form den Prozeßparteien vorgelesen bzw das Tonband vorgespielt und **von den Parteien genehmigt** wurde (OLG Hamm OLGZ 1983, 89 = MDR 1983, 410); hier ist nur eine neue Protokollierung in einem neuen Termin möglich. Zulässig (und erforderlich) ist die Berichtigung genehmigungsbedürftiger Protokollteile hingegen, wenn der richtige Text vorgespielt und genehmigt wurde, er aber falsch vom Tonträger abgeschrieben wurde (OLG Frankfurt MDR 1986, 152).

5. Materiell-rechtliche Voraussetzungen des Prozeßvergleichs

27 Materiell-rechtliche Wirkungen kann der Prozeßvergleich nach § 127a nur hervorrufen, wenn auch die materiell-rechtlichen Voraussetzungen des jeweiligen beurkundungsbedürftigen Rechtsgeschäfts erfüllt sind. So hat man früher häufig angeführt, daß der Prozeßvergleich die **Verfügungsbefugnis** der Prozeßparteien über den Vergleichsgegenstand voraussetze (BGHZ 14, 381, 387 = NJW 1954, 1886, vgl § 1030 Abs 1 S 2). Das ist aber nicht Regelungsgegenstand des § 127a; dieser regelt nur die Formwirksamkeit.

a) Persönliche Erklärung
28 Verlangt das materielle Recht die persönliche Abgabe der Willenserklärung, so muß die Prozeßpartei selbst die Erklärung abgeben (bzw bei Anwaltszwang ggf Prozeßpartei und Rechtsanwalt gemeinsam – BayObLGZ 1965, 86 = NJW 1965, 1276: Erklärung des Erblassers in Erbverzichtsvertrag).

b) Gegenseitiges Nachgeben (§ 779)
29 Da der Prozeßvergleich nach hM zugleich materiell-rechtlicher Vergleichsvertrag iSd § 779 ist, erfordert er nach **wohl noch hM** auch ein **gegenseitiges Nachgeben** (OLG Hamburg JurBüro 1980, 866; MDR 1991, 65).

Ein gegenseitiges Nachgeben iSd § 779 für nicht erforderlich hält demgegenüber die **Mindermeinung**, die die Doppelnatur des Prozeßvergleiches ablehnt (OLG Naumburg JW 1935, 2519; LAG Halle MDR 2000, 1635; HARTMANN, in: BAUMBACH/LAUTERBACH/ALBERS/ HARTMANN[62] Anh § 307 ZPO Rn 3; KESSLER DRiZ 1978, 79; vgl Rn 16).

Die Einhaltung der Formvorschrift des § 127a davon abhängig machen zu wollen, ob inhaltlich beide Prozeßparteien nachgegeben haben, erscheint mir systematisch widersprüchlich. Daher ist mE **§ 779 nicht in § 127a hineinzuprüfen**, unabhängig welche Position man zur allgemeinen Frage nach der Rechtsnatur des Prozeßvergleichs vertritt (SOERGEL/HEFERMEHL[13] Rn 2; **aA** BREETZKE NJW 1971, 178; ERMAN/PALM[10] Rn 4; MünchKomm/EINSELE Rn 3).

30 Der **praktische Unterschied** ist jedoch **gering**, nachdem auch die Mehrheitsmeinung ein Nachgeben in einem geringfügigen Punkt wie der Fälligkeit, von Zinsen oder Kosten genügen läßt – oder selbst den bloßen Verzicht auf ein gerichtliches Urteil (BGHZ 39, 60, 63 ff = NJW 1963, 637; **aA** OLG München MDR 1985, 328 = Rpfleger 1985, 164). Dann läge schon in der bloßen Tatsache des Vergleichsschlusses auch das für § 779 erforderliche gegenseitige Nachgeben – unabhängig vom Inhalt des Vergleiches. Im übrigen wirkt sich der Theorienstreit über die Rechtsnatur des Prozeßvergleichs bei den Wirksamkeitsvoraussetzungen nicht aus.

c) Keine Verpflichtung zu Testamentserrichtung oder -widerruf

Ein Prozeßvergleich scheidet jedoch aus, soweit sich die Prozeßpartei nicht zur **31** Vornahme des entsprechenden Rechtsgeschäftes verpflichten kann. Auch damit läßt sich begründen, warum der BGH die **Testamentserrichtung** oder den einseitigen Widerruf eines Testamentes durch Vergleich nach § 127a **nicht für möglich** gehalten hat (BGH DB 1959, 790; aA MünchKomm/Einsele Rn 2).

Ein **Erbvertrag** kann hingegen auch nach Ansicht der Rechtsprechung durch Prozeßvergleich nach § 127a abgeschlossen werden (OLG Köln OLGZ 1970, 114; auch als Umdeutung der unwirksamen Verpflichtung, ein Testament nicht zu ändern: OLG Stuttgart OLGZ 1989, 415, 416 = NJW 1989, 2700), ebenso ein **Erbverzicht** (RGZ 48, 183; RG JW 1925, 773; BGH FamRZ 1960, 28; BayObLG NJW 1965, 1276) oder ein Pflichtteilsverzicht (BGHZ 35, 309, 316 = NJW 1961, 1817, 1819).

6. Belehrungspflicht (§ 17 BeurkG)

Weder § 127a noch § 794 Abs 1 Nr 1 ZPO noch § 278 ZPO (gütliche Streitbeilegung, **32** Güteverhandlung, Vergleich) regeln ausdrücklich, inwieweit den Richter neben seiner Verpflichtung zur umfassenden Erörterung des Sach- und Streitstandes (§ 278 Abs 2 S 2 ZPO – vergleichbar der allgemeinen Prozeßleitungspflicht nach § 139 ZPO) auch Belehrungspflichten ähnlich wie bei der durch § 127a ersetzten notariellen Beurkundung (insbesondere entsprechend § 17 BeurkG) treffen. Der Schutzzweck spricht dafür, dem Richter bei der Vergleichsprotokollierung jedenfalls grundsätzlich dieselben **Belehrung-, Hinweis- und Warnpflichten** aufzuerlegen wie dem Notar bei der notariellen Beurkundung – wobei dahinstehen mag, ob man dies aus einer analogen Anwendung von § 17 BeurkG oder aus §§ 278, 139 ZPO ableitet.

So muß auch der Richter die Protokollierung eines Vergleichs ablehnen, wenn **33** dieser ihm **erkennbar unwirksam** ist oder unredlichen Zwecken dient (vgl § 4 BeurkG, § 14 Abs 2 BNotO; im Ergebnis ebenso: Hartmann, in: Baumbach/Lauterbach/Albers/Hartmann[62] Anh § 307 ZPO Rn 4; Kessler DRiZ 1978, 79, 80). Eine Belehrung (entsprechend § 17 BeurkG) kann allerdings im Einzelfall entbehrlich sein, soweit die Parteien anwaltlich vertreten sind.

Verstöße gegen die gerichtlichen Belehrungspflichten beeinträchtigen allerdings die **34** Wirksamkeit des gerichtlich protokollierten Vergleichs weder in seiner Prozeßnatur noch als materiell-rechtliches Rechtsgeschäft.

IV. Rechtsfolgen

1. Ersetzung der notariellen Beurkundung und anderer Formen

Sind die prozessualen Formvoraussetzungen des Prozeßvergleichs eingehalten, ist **35** insbesondere der Vergleich ordnungsgemäß nach §§ 160 ff ZPO protokolliert (und liegt zumindest ein teilweises Nachgeben beider Prozeßparteien vor, wie es die wohl noch hM fordert – vgl Rn 29 f), so ersetzt die gerichtliche Protokollierung die notarielle Niederschrift sowie alle niedrigeren Formen.

§ 127a ersetzt aber nur die notarielle Beurkundung als solche, nicht hingegen etwa **36** den **Zugang** der Erklärung an den Erklärungsempfänger oder allfällig (für die Wirksamkeit) erforderliche gerichtliche oder behördliche **Genehmigungen** (BGH BB 1957, 624 = WM 1957, 851 ordnet das Fehlen der devisenrechtlichen Genehmigung demgegenüber als prozessualen Mangel ein).

37 Materiell unterliegt der Vertrag denselben Anforderungen wie ein notariell beurkundeter Vertrag. Inhaltlich sollte sich der Prozeßvergleich daher sinnvollerweise an die für das betreffende Rechtsgeschäft üblichen **Formulierungsmuster** anlehnen. Hier wird leider in der gerichtlichen Praxis manchmal geschludert und nur ein Teil der materiell bzw für den Vollzug erforderlichen Vereinbarungen in den Prozeßvergleich mit aufgenommen, so daß ggf eine Nachtragsbeurkundung erforderlich wird.

2. Vollstreckungstitel (§ 794 Abs 1 Nr 1 ZPO)

38 Der Prozeßvergleich ist **Vollstreckungstitel** (§ 794 Abs 1 Nr 1 ZPO).

39 Die **Vollstreckungsklausel** wird durch das Gericht erteilt, das den Vergleich protokolliert hat und deshalb die gerichtliche Urkunde (Protokoll) hierüber verwahrt (§ 797 Abs 1 ZPO). Dies gilt auch, wenn der Prozeß vor einem Gericht einer eigentlich unzuständigen Gerichtsbarkeit (oder sonst vor einem unzuständigen Gericht) anhängig war und deshalb der Vergleich dort abgeschlossen wurde.

3. Prozessuale oder materiell-rechtliche Unwirksamkeitsgründe

40 Ist der Prozeßvergleich aufgrund **prozessualer Mängel** unwirksam, so kann er auch nicht nach § 127a die notarielle Beurkundung ersetzen. Ist das Rechtsgeschäft allerdings nicht beurkundungsbedürftig, so ist durch (ergänzende) Auslegung nach dem mutmaßlichen Parteiwillen zu ermitteln, ob die Prozeßparteien das darin enthaltene materiell-rechtliche Rechtsgeschäft zumindest als außergerichtlichen Vergleich hätten gelten lassen wollen (BGH FamRZ 1985, 166 = NJW 1985, 1963 – dort bejaht; BVerwG DVBl 1994, 211 = NJW 1994, 2306, 2307; OLG Karlsruhe FamRZ 1995, 998 = NJW 1995, 1561 – dort verneint).

41 Alle denkbaren **materiell-rechtlichen Unwirksamkeits- und Anfechtungsgründe** sind auch auf den Prozeßvergleich anwendbar (so zB die mangelnde Geschäftsfähigkeit nach §§ 104 ff: BGH WM 1956, 1184; RGZ 141, 105; gesetzwidriger oder unsittlicher Zweck nach §§ 134, 138: BGHZ 28, 171 = NJW 1958, 1970; BGHZ 44, 158 = NJW 1965, 2147; BGHZ 51, 141 = NJW 1969, 925; BAGE 4, 84 = NJW 1957, 1127; OLG Celle NJW 1971, 145; OLG Karlsruhe FamRZ 1981, 787; LAG Frankfurt NJW 1970, 1703; BVerwG ZMR 1968, 184; Irrtumsanfechtung nach § 119: BGHZ 142, 253 = NJW 1999, 2903 = ZIP 1999, 1498; OLG Bamberg JurBüro 1987, 1796; OLG Celle NJW 1971, 145; OLG München NJW-RR 1990, 1406; OLG Zweibrücken NJW-RR 1998, 1680; BAGE 9, 319 = NJW 1960, 2211; Anfechtung wegen Drohung oder Täuschung nach § 123: BGHZ 28, 171 = NJW 1958, 1970; BGH NJW 1966, 2399; BGHZ 51, 141 = NJW 1969, 925; BGH WM 1972, 1444; RGZ 153, 65).

42 Auch materiell-rechtliche Unwirksamkeitsgründe bzw eine Anfechtung lassen den Vergleich nach neuerer Rechtsprechung und hM in der Literatur auch als Prozeßhandlung unwirksam werden – so daß der alte Prozeß trotz des (unwirksamen)

Vergleiches **weiterhin rechtshängig** bleibt (ausführlich STEIN/JONAS/MÜNZBERG, ZPO² § 794 ZPO Rn 71 mwNachw).

4. Widerruf

In der Praxis wird der Prozeßvergleich häufig widerruflich abgeschlossen (insbesondere wenn der Prozeßvertreter den Vergleichsinhalt nicht vorab mit seinem Mandanten abstimmen konnte). Insbesondere bei kurzen Widerrufsfristen ist der Widerrufsvorbehalt im Zweifel – entgegen seines Wortlauts – als **aufschiebende Bedingung des Nichtwiderrufs** bis zum Fristende zu verstehen (BGHZ 88, 364, 367 = NJW 1984, 312; OLG Frankfurt FGPrax 1996, 8 = NJW-RR 1996, 14; LG Koblenz JurBüro 2003, 444; BAG DB 1998, 1924; BVerwGE 92, 29 = NJW 1993, 2193; HARTMANN, in: BAUMBACH/LAUTERBACH/ALBERS/HARTMANN[62] Anh § 307 ZPO Rn 10). 43

Je nachdem, welcher Theorie zur Rechtsnatur des Prozeßvergleichs man anhängt, wird man den Widerruf entweder nur an den verfahrensrechtlichen Voraussetzungen messen (OLG München NJW 1992, 3042) oder auch die materiell-rechtlichen Voraussetzungen mit einbeziehen (OLG Hamm NJW 1992, 1705: Prozeßparteien hatten für Widerruf Schriftform vereinbart; dies erforderte nach OLG Hamm im Zweifel die Einhaltung der gesetzlichen Schriftform, §§ 127, 126). Nach dem Widerruf ist der alte Prozeß fortzusetzen. 44

5. Rücktritt

Die Ausübung eines **gesetzlichen Rücktrittsrechtes** führt hingegen nach der Rechtsprechung des BGH nur zur Rückabwicklung des materiell-rechtlichen Rechtsgeschäftes, während der Prozeß trotz des Rücktritts durch den als Prozeßhandlung unberührten Vergleich beendet sei (BGHZ 16, 388, 390 = NJW 1955, 705; BayObLG NJW-RR 1999, 1613, 1614 = ZfIR 1999, 624; BVerwG DÖV 1962, 323; NJW 1994, 2307; ebenso etwa HARTMANN, in: BAUMBACH/LAUTERBACH/ALBERS/HARTMANN[62] Anh § 307 ZPO Rn 43; **aA** STEIN/JONAS/MÜNZBERG, ZPO² 2002, § 794 ZPO Rn 72; ZÖLLER/STÖBER, ZPO[24], § 794 ZPO Rn 15a). 45

Derselbe Meinungsstreit findet sich zum **Wegfall der Geschäftsgrundlage** (BGH MDR 1986, 749 = NJW 1986, 1348) und zur **vertraglichen Aufhebung** des Vergleichs (BGHZ 41, 310 = NJW 1964, 1524). 46

Ein vertragliches Rücktrittsrecht wird hingegen überwiegend wie ein Widerruf des Prozeßvergleiches angesehen. 47

V. Vergleichbare Fälle

1. Schiedsspruch mit vereinbartem Wortlaut (§ 1053 Abs 3 ZPO)

Ebenso wie ein Prozeßvergleich ersetzt im schiedsgerichtlichen Verfahren bei einem **Schiedsspruch mit vereinbartem Wortlaut** (dh bei einem Vergleich im Schiedsverfahren) die Aufnahme der Erklärungen der Beteiligten in den Schiedsspruch die Form der notariellen Beurkundung (§ 1053 Abs 3 ZPO). 48

Auch wenn diese Vorschrift der Verfahrensökonomie dient, verwischt sie doch den

Unterschied zwischen öffentlichen und privaten Urkunden. Ebenso fehlt die sonst durch die notarielle Beurkundung und auch durch die gerichtliche Vergleichsprotokollierung erreichte Belehrung und Prüfung (vgl Rn 32 ff), da weder Voraussetzung ist, daß das Schiedsgericht durch Juristen besetzt ist, noch daß die Schiedsparteien juristisch vertreten sein müssen (wie dies für den Anwaltsvergleich nach § 796a ZPO Voraussetzung ist). Daher wird in der Literatur eine enge Auslegung des § 1053 Abs 3 ZPO vertreten (ZÖLLER/GEIMER, ZPO[24] § 1053 Rn 7; SCHÜTZE, in: FS Werner Lorenz [2001] 275, 281).

49 Nach der Rechtsprechung ist allerdings eine Registereintragung auf Grundlage eines Schiedsspruches erst nach dessen Vollstreckbarkeitserklärung möglich (BayObLGZ 1984, 45, 47 = BB 1984, 746 = Rpfleger 1984, 239 = WM 1984, 809; in der Literatur strittig). Daher ist auch eine Handelsregister- oder **Grundbucheintragung** auf der Grundlage eines Schiedsspruches mit vereinbartem Wortlaut **erst nach dessen Vollstreckbarerklärung** möglich (BT-Drucks 13/5274, S 55; aA ZÖLLER/GEIMER, ZPO[24] § 1053 Rn 7).

2. Gerichtliche Niederschrift des Vaterschaftsanerkenntnisses

50 Eine ähnliche Funktion wie § 127a hat **§ 641c ZPO**, wonach die Anerkennung der Vaterschaft, die Zustimmung der Mutter sowie der Widerruf der Anerkennung, die alle nach § 1597 Abs 1 der öffentlichen Beurkundung bedürfen (die außer durch den Notar auch durch das Amtsgericht oder den Standesbeamten erfolgen kann, § 62 Nr 1 BeurkG bzw § 29a PStG) auch in mündlicher Verhandlung zur Niederschrift durch das Gericht erklärt werden kann, bei dem die Vaterschaftsklage anhängig ist. Auch hier hat die Niederschrift durch gerichtliche Protokollierung nach §§ 160 ff ZPO zu erfolgen.

3. In den Insolvenzplan aufgenommene Willenserklärungen

51 Formerfordernisse einschließlich der notariellen Beurkundung ersetzt auch die Aufnahme von Willenserklärungen der Beteiligten in den **Insolvenzplan** (§ 254 Abs 1 S 2 InsO – genauer in dessen gestaltenden Teil, § 221 InsO).

VI. Anerkennung eines ausländischen Prozeßvergleichs

52 Ist nach deutschem Recht Beurkundung erforderlich, so genügt ein ausländischer Prozeßvergleich, wenn nach deutschem IPR auch die Einhaltung der **Ortsform** genügt (Art 11 Abs 1 Var 2 EGBGB) und der ausländische Prozeßvergleich der dortigen Ortsform genügt.

53 Genügt hingegen die Einhaltung der Ortsform nicht, so ersetzt ein ausländischer Prozeßvergleich die nach deutschem Recht vorgeschriebene Beurkundungsform nur (**Substitution**), wenn er einem **deutschen Prozeßvergleich gleichwertig** ist (aA – generelle Behandlung als außergerichtliche Vergleiche: STEIN/JONAS/MÜNZBERG, ZPO[2] § 794 Rn 27).

Die Gleichwertigkeit ist insbesondere zu verneinen, wenn der Vergleich den Parteien nicht entsprechend § 162 Abs 1 ZPO **vorgelesen** und von ihnen nicht genehmigt wurde (OLG Bamberg FamRZ 2002, 1120 m Anm HENRICH = NJW-RR 2002, 1153 = OLG-

Titel 2 § 128
Willenserklärung

Report 2002, 335 zu einem Vergleich über den Versorgungsausgleich vor einem türkischen Gericht; allerdings halte ich die dort zugrundegelegte Annahme, das türkische Recht kenne keine Ortsform für eine Vereinbarung über den Versorgungsausgleich und deshalb sei allein auf das deutsche Geschäftsrecht abzustellen, für falsch; mE hätte das Gericht bei einem derartigen Fehlen einer unmittelbar entsprechenden Ortsform zunächst die Ortsform für einen Ehevertrag nach türkischem Recht als der alle Vereinbarungen über Güterstand und Unterhalt überwölbenden Form prüfen müssen).

§ 128
Notarielle Beurkundung

Ist durch Gesetz notarielle Beurkundung eines Vertrags vorgeschrieben, so genügt es, wenn zunächst der Antrag und sodann die Annahme des Antrags von einem Notar beurkundet wird.

Materialien: E II § 106a; E III § 124; Mot I 186; III 314; IV 311; V 316; Prot V 443; JAKOBS/ SCHUBERT, AT I, 645 ff.

Schrifttum

Vgl auch das Schrifttum zu Beurkundungserfordernissen Vorbem zu §§ 127a, 128.
BACH, Das Angebot an den noch zu benennenden Dritten, MittRhNotK 1984, 161
BASTY, Vertragsannahme und Folgeverträge beim Angebot an einen noch zu benennenden Dritten, MittBayNot 1998, 419
DENCK, Die Auflassungsvormerkung für den Versprechensempfänger und der Schutz des unbenannten Dritten, NJW 1984, 1009
FLECHTHEIM, Die Sukzessivbeurkundung des § 128 BGB, MittRheinNotK 1951, 49
HERTEL, Angebot, Vorkaufsrechte und andere Erwerbsrechte, in: LAMBERT-LANG/TROPF/ FRENZ, Handbuch der Grundstückspraxis, Teil 2, Rn 394 ff
HOLLAND, Grunderwerbsteuer bei Verkaufsangeboten, ZNotP 1999, 90
LUDWIG, Die Auflassungsvormerkung und der noch zu benennende Dritte, NJW 1983, 2793

LUDWIG, Die Auflassungsvormerkung und der noch zu benennende Dritte, Rpfleger 1986, 345
K SCHMIDT, Zur Durchsetzung vorvertraglicher Pflichten, DNotZ 1990, 708
SCHUMACHER, Der Verkauf an einen noch zu benennenden Dritten in zivilrechtlicher und steuerrechtlicher Hinsicht, MittRhNotK 1965, 609
WEBER, Materiell- und beurkundungsrechtliche Probleme bei sukzessiver Beurkundung von Angebot und Annahme, MittRhNotK 1987, 37
WINKLER, Einseitige Erklärungen des Käufers in der Angebotsurkunde des Verkäufers, DNotZ 1971, 354 und 715
WOLFSTEINER, Zur Erteilung vollstreckbarer Ausfertigungen getrennt beurkundeter Angebots- und Annahmeerklärungen, MittRhNotK 1985, 113
WUDY, Wirksamwerden eines Angebotes auf Abschluß eines Bauträgervertrages, ZNotP 1999, 394.

Systematische Übersicht

I.	Allgemein	1	a)	Keine Verweisung	32
			b)	Belehrung	33
II.	Zulässigkeit getrennter Beurkundung von Angebot und Annahme		3.	Person des Annehmenden	36
			a)	Nicht abtretbar und vererbbar	36
1.	Wirksamkeitserfordernis gleichzeitiger Anwesenheit	2	b)	Angebot mit Benennungsrecht	37
			4.	Inhalt der Annahmeerklärung	40
2.	Beurkundungsrechtliche Unzulässigkeit systematischer Aufspaltung von Kaufverträgen in Angebot und Annahme	3	a)	Vorbehaltlose Annahme	40
			b)	Zusätzliche Bedingungen des Angebotes	41
			c)	Weiterer Inhalt der Annahmeurkunde	42
III.	**Beurkundung des Angebots**		5.	Annahmefrist und Zugang	44
1.	Beteiligung des Angebotsempfängers	6	a)	Setzen einer Annahmefrist oder Bindungsfrist	44
2.	Beurkundungsverfahren	9	b)	Beurkundung oder Zugang (§ 152 S 1)	47
3.	Gestaltung des Angebots	12			
a)	Vertragstext als Anlage	12	c)	Wahrung der Annahmefrist	49
b)	Regelungen im Angebotsmantel	13	d)	Verspätete Annahme	52
c)	Besonderheiten im Vertragstext bei Angebotsbeurkundung	16	V.	**Rechtsgeschäftlich vereinbartes Beurkundungserfordernis**	53
4.	Wirksamwerden mit Zugang einer Angebotsausfertigung	26			
5.	Änderung des Angebotes	27	VI.	**Andere Gestaltungsmöglichkeiten**	
			1.	Nachgenehmigung bei vollmachtloser Vertretung	54
IV.	**Beurkundung der Annahme**		a)	Beurkundungsrechtliche Beschränkungen	55
1.	Zugang des Angebotes	28			
a)	Wirksamwerden des Angebotes	28	b)	Besonderheiten des Beurkundungsverfahrens	57
b)	Vorliegen einer Angebotsabschrift bei Beurkundung der Annahme	29	c)	Materiell-rechtliche Fragen	59
2.	Beurkundungserfordernis und -verfahren	32	2.	Vorvertrag, Option	62

I. Allgemein

1 Die notarielle Beurkundung als solche ist im BGB nicht geregelt. Das Beurkundungsverfahren regeln §§ 6 ff BeurkG (s die Vorbem zu §§ 127a, 128). § 128 regelt – in Verbindung mit § 152 – nur die Spezialfrage der getrennten Beurkundung von Angebot und Annahme. Nach § 128 ist bei der Beurkundung eines Vertrages die **getrennte Beurkundung von Angebot und Annahme formwirksam,** soweit das Gesetz nicht ausnahmsweise die gleichzeitige Anwesenheit der Beteiligten vorschreibt.

II. Zulässigkeit getrennter Beurkundung von Angebot und Annahme

1. Wirksamkeitserfordernis gleichzeitiger Anwesenheit

Eine getrennte Beurkundung von Angebot und Annahme ist formunwirksam, soweit das Gesetz die **gleichzeitige Anwesenheit beider Vertragsparteien** vorschreibt, so insbesondere für die Auflassung (§ 925 Abs 1), den Ehevertrag (§ 1410) und den Erbvertrag (§ 2276 Abs 1), ebenso für dessen Aufhebung (§ 2290 Abs 4). Gleichzeitige Anwesenheit bedeutet aber nicht persönlichen Abschluß; lediglich für den Erbvertrag ist vorgeschrieben, daß der Erblasser diesen nur persönlich abschließen kann (§ 2274). Wer selber keine Verfügung von Todes wegen trifft, kann sich hingegen beim Erbvertrag vertreten lassen. Ebenso ist eine Vertretung bei der Auflassung und beim Ehevertrag möglich, wobei *de lege ferenda* auch für den Ehevertrag persönlicher Abschluß zu fordern ist (vgl Vorbem 178, 372 zu §§ 127a, 128).

Handeln jedoch auf beiden Seiten mehrere Beteiligte, so ist dem Erfordernis gleichzeitiger Anwesenheit auch Genüge getan, wenn zunächst der Veräußerer 1 gegenüber sämtlichen Erwerbern die Auflassung erklärt, später der Veräußerer 2 gegenüber sämtlichen Erwerbern etc bis alle Erwerber die Auflassung erklärt haben (oder umgekehrt, daß zunächst alle Veräußerer gemeinsam die Auflassung gegenüber dem Erwerber 1 erklären, später gegenüber dem Erwerber 2 etc), solange bei jedem Teilakt jedenfalls auf einer Seite alle Beteiligten mitwirken (BayObLGZ 57, 370; KG OLGE 9, 342, 343; KEHE/MUNZIG § 20 GBO Rn 117; MEIKEL/BÖTTCHER, Grundbuchrecht [9. Aufl 2004] § 20 Rn 118; PALANDT/BASSENGE § 925 Rn 4; STAUDINGER/PFEIFER [1995] § 925 Rn 83).

2. Beurkundungsrechtliche Unzulässigkeit systematischer Aufspaltung von Kaufverträgen in Angebot und Annahme

In anderen Fällen ist die getrennte Beurkundung von Angebot und Annahme zwar formwirksam, jedoch durch das Beurkundungsrecht bzw das notarielle Berufsrecht untersagt. Insbesondere verbietet § **17 Abs 2a S 1 BeurkG** die **systematische Aufspaltung von Kaufverträgen in Angebot und Annahme** (BRAMBRING DNotI-Report 1998, 184, 187; FRENZ, in: EYLMANN/VAASEN § 17 BeurkG Rn 37; WINKLER § 17 BeurkG Rn 18 ff; WINKLER MittBayNot 1999, 1, 16 f = ZNotP 1999, Beilage 1/99, S 15). Die Richtlinienempfehlung der Bundesnotarkammer (DNotZ 1999, 258 = im Internet www.bnotk.de) präzisiert dies in Ziffer II. 1. d dahingehend, daß die „systematische Aufspaltung von Verträgen in Angebot und Annahme" in der Regel unzulässig ist; „soweit die Aufspaltung aus sachlichen Gründen gerechtfertigt ist, soll das Angebot vom belehrungsbedürftigeren Vertragsteil ausgehen". Die Richtlinien der Notarkammern (im Internet unter: www.bnotk.de) haben dies weitestgehend wörtlich übernommen.

Denn nach § 17 Abs 2a S 1 BeurkG muß der Notar das Beurkundungsverfahren so gestalten, daß die Zwecke des Beurkundungsverfahrens und insbesondere die Belehrung der materiell Beteiligten sichergestellt ist. Bei der Annahme könnte der Notar den Annehmenden zwar noch belehren (obwohl er nur zur Belehrung über die Bedeutung der Annahme verpflichtet wäre, nicht aber über den Inhalt des angenommenen Vertrages – vgl Rn 33 ff). Wünscht der Annehmende aber auf die Belehrung hin die Änderung einer Vertragsklausel, so erforderte dies eine Angebotsänderung oder eine Annahme unter Abänderung (§ 150 Abs 2). Daher kann der Annehmende nur sehr eingeschränkt auf die Belehrung reagieren.

4 Zulässig ist eine getrennte Beurkundung, soweit **zunächst nur eine einseitige Bindung des Erklärenden gewünscht** wird, etwa als Kauf- oder Verkaufsangebot, wenn der andere Vertragsteil derzeit noch keine vertragliche Bindung eingehen will.

5 Im übrigen ist eine getrennte Beurkundung im Einzelfall zulässig, wenn die Kaufvertragsparteien wegen **Terminproblemen oder örtlicher Entfernung** keinen gemeinsamen Beurkundungstermin wahrnehmen können. Nach § 17 Abs 2a BeurkG und Ziffer II 1. d RLE-BNotK muß dann aber der Notar den schwächeren und damit stärker belehrungsbedürftigen Vertragsbeteiligten (dh beim Verbrauchervertrag idR den Verbraucher) das Angebot abgeben lassen. Besonders wichtig ist hier die vorherige Versendung von Vertragsentwürfen (die § 17 Abs 2a S 2 Nr 2 HS 2 BeurkG für die Immobilienveräußerung als Verbrauchervertrag ausdrücklich vorschreibt – vgl Vorbem 525 ff zu §§ 127a, 128), damit Änderungswünsche des Angebotsempfängers möglichst bereits vor der Angebotsbeurkundung abgeklärt werden können und keinen Angebotsnachtrag erforderlich machen.

III. Beurkundung des Angebots

1. Beteiligung des Angebotsempfängers

6 Eine Mitwirkung des Angebotsempfängers ist erforderlich, wenn sich dieser ebenfalls zu bestimmten Leistungen bereits vor Annahme des Angebotes verpflichtet. Bei einem derartigen **Angebotsvertrag** bedarf auch die Verpflichtung des Angebotsempfängers der Beurkundung, sofern – wie regelmäßig – die Verpflichtung aus dem Angebot nach dem Willen des Anbietenden von der Gegenverpflichtung des Angebotsempfängers abhängt (§ 311b Abs 1; § 15 Abs 4 GmbHG; STAUDINGER/WUFKA [2001] § 313 Rn 80; WEBER MittRhNotK 1987, 37). Ansonsten ist die Verpflichtung des Angebotsempfängers formunwirksam – und damit nach § 139 auch das Angebot.

7 Kein reines Angebot, sondern ein Angebotsvertrag liegt etwa vor, wenn sich der Angebotsempfänger verpflichtet, die **Kosten** des Angebotes zu übernehmen (OLG München MittBayNot 1991, 19 = NJW-RR 1991, 86) oder dem anbietenden Verkäufer ein **Bindungsentgelt** zu zahlen (das bei Annahme im Zweifel auf den Kaufpreis anzurechnen ist) oder eine **Entschädigung**, falls er das Angebot nicht annimmt (BGH DNotZ 1983, 231 = NJW 1983, 565 = WM 1982, 1362 = ZIP 1982, 1415; DNotZ 1986, 264 = NJW 1986, 246 = WM 1985, 1425).

8 Dasselbe gilt für die **Verpflichtung des Angebotsempfängers**, bei einem Verkaufsangebot für ein Grundstück eine für ihn eingetragene Vormerkung unter bestimmten Voraussetzungen wieder löschen zu lassen (insbes falls er das Angebot nicht binnen der gesetzten Frist annimmt) bzw hierfür bereits eine Löschungsbewilligung (**Schubladenlöschung**) oder Löschungsvollmacht zu erteilen. Hier genügt nicht eine mündliche oder privatschriftliche Treuhandauflage an den Notar; vielmehr ist die zugrundeliegende schuldrechtliche Verpflichtung im Verhältnis der Kaufvertragsparteien beurkundungsbedürftig.

2. Beurkundungsverfahren

Ist der Angebotsempfänger nicht ohnehin an der Beurkundung beteiligt, so muß er **9** nur materiell hinreichend bestimmt bezeichnet werden; § 10 Abs 1 BeurkG ist nicht anwendbar. Dennoch empfiehlt sich, die **Person des Angebotsempfängers** mit den auch sonst für Urkundsbeteiligte verwendeten Angaben zu bezeichnen.

Auch kann der Notar nur die Erschienenen (dh formell Beteiligten – § 6 Abs 2 **10** BeurkG) **belehren**. Ist der Angebotsempfänger nicht anwesend, so kann ihn der Notar auch nicht belehren – und kann er auf die Belehrung auch nicht reagieren. Daher soll das Angebot sinnvollerweise von dem stärker belehrungsbedürftigen Vertragsteil ausgehen (s Rn 3). Wird daher für das Angebot ein normales Kaufvertragsmuster samt der üblichen Belehrungsvermerke verwandt, so können die Belehrungsvermerke natürlich nur die Belehrung der formell Beteiligten belegen; dies kann der Notar im Urkundsmantel klarstellen. Es macht jedoch Sinn, auch die an den nicht erschienenen Angebotsempfänger gerichteten Belehrungshinweise im Vertragstext stehen zu lassen, zum einen als Hinweis an den Angebotsempfänger, hier bei dem die Annahme beurkundenden Notar ggf noch nachzufragen, aber auch als Hinweis an den die Annahme beurkundenden Notar, den Annehmenden hierauf zumindest nochmals aufmerksam zu machen (auch wenn er insoweit zur Belehrung nicht verpflichtet ist – s Rn 33 ff).

Ein weiterer wesentlicher Unterschied gegenüber dem normalen Beurkundungsver- **11** fahren ist auch, daß während der Beurkundung **keine Verhandlungen mehr zwischen den Beteiligten** über den Inhalt des Rechtsgeschäfts mehr stattfinden können – sofern der Angebotsempfänger nicht doch anwesend ist. Damit kann auch der Anwesende auf eine Belehrung nur mehr begrenzt reagieren. Er kann zwar Änderungen gegenüber dem Entwurf vornehmen, weiß dann aber nicht, wie der Angebotsempfänger darauf reagieren wird (insbesondere wenn der Entwurf schon detaillierter zwischen den Beteiligten verhandelt wurde) – oder er muß die Beurkundung abbrechen lassen, wenn er nochmals mit dem Angebotsempfänger verhandeln will. Damit geht ein zentrales Element der Beurkundungsverhandlung verloren, auch wenn das Angebot von dem stärker belehrungsbedürftigen Teil abgegeben wird.

3. Gestaltung des Angebots

a) Vertragstext als Anlage

Üblicherweise (ohne daß dies vorgeschrieben wäre) besteht die Angebotsurkunde **12** aus einem **Mantel**, der alle die Aufspaltung in Angebot und Annahme betreffenden Regelungen enthält, während der eigentliche **Vertragsinhalt** (dh der Text des angebotenen Vertrages) sich im zweiten Teil der Urkunde findet oder in einer Anlage (die nach § 9 Abs 1 S 2 BeurkG mitzuverlesen ist).

b) Regelungen im Angebotsmantel

Für die Wirksamkeit des Angebots genügt theoretisch, wenn der Anbietende den **13** Angebotsempfänger bezeichnet (so Rn 9) und das Angebot die **essentialia negotii** des angebotenen Vertrages enthält. Praktisch will der Anbietende aber immer mehr Punkte regeln; dann sind diese Punkte auch als Teil des Angebots beurkundungsbedürftig.

14 Im Angebotsmantel werden sinnvollerweise **folgende Punkte geregelt**:

- der Angebotsempfänger (so Rn 9) sowie Regelungen zur Abtretbarkeit und Vererblichkeit der Rechte aus dem Angebot (s u Rn 36),

- die Annahmefrist (s u Rn 44 ff), ggf auch Form und Zugang der Annahme,

- zusätzliche, über die bloße Annahme hinausgehende Bedingungen für die Wirksamkeit der Annahme,

- einseitige Erklärungen des Anbietenden und Vollzugsanweisungen, die bereits vor der Annahme gelten sollen (s u Rn 15 und 19 ff).

15 Bei **einseitigen Erklärungen des Anbietenden**, etwa einer dem Angebotsempfänger erteilten Vollmacht oder Vollzugsanweisungen an den Notar, ist zu unterscheiden zwischen Erklärungen des Anbietenden, die sofort wirksam sind, und solchen, die durch Annahme des Angebotes aufschiebend bedingt sind. Auch hier kann eine Trennung dadurch erfolgen, daß alle bereits vor Annahme des Angebotes relevanten Erklärungen in den Mantel aufgenommen werden. Was hier steht, soll im Zweifel sofort gelten. Alles andere soll im Zweifel wohl erst mit der Annahme des Angebotes wirken. Die bloße Tatsache, daß etwas nicht in den Angebotsmantel aufgenommen wurde, ist allerdings für sich allein nur ein schwaches Argument; denn möglicherweise wurde auch nur vergessen, die entsprechende Klausel in den Angebotsmantel vorzuziehen.

c) Besonderheiten im Vertragstext bei Angebotsbeurkundung

16 Der Inhalt des angebotenen Kaufvertrages wird idR ebenso **wie der Vertragstext bei Beurkundung des gesamten Kaufvertrages** formuliert – und nicht etwa in Angebotsform umformuliert. Dies hat den Vorteil, daß der Notar auf die bewährten Formulierungen zurückgreifen kann. Gewisse Änderungen sind jedoch gegenüber den Formulierungsmustern erforderlich:

17 Stellen Klauseln auf den Tag der Beurkundung ab („heutiger Tag") etwa für Sachmängel oder Erschließungskosten, so ist zu regeln, ob auf den **Tag der Beurkundung des Angebotes** oder den der Annahme abzustellen ist. In der Regel empfiehlt sich, auf den Tag der Beurkundung des Angebotes abzustellen, weil damit bereits eine Bindung eintritt und der Anbietende nur ihm bis zu diesem Zeitpunkt bekannte Tatsachen bei Angebotsabgabe berücksichtigen kann.

18 Um ein längerfristiges Angebot veränderten Bedingungen anpassen zu können, kann es sinnvoll sein, bestimmte Punkte einem **Leistungsbestimmungsrecht** zu unterwerfen (zur Leistungsbestimmung durch eine Vertragspartei oder durch einen Dritten – §§ 315, 317). Eine Leistungsbestimmung kann etwa auch darin liegen, daß in einem Vertragsangebot in Abstimmung mit dem Angebotsempfänger die endgültige Bestimmung des Kaufgegenstandes einem späteren Zeitpunkt vorbehalten bleibt; analog § 316 bestimmungsberechtigt ist dann der Angebotsempfänger, wenn nichts anderes geregelt ist (OLG Düsseldorf MittBayNot 2002, 44 m Anm KANZLEITER = MittBayNot 2002, 13). Die Leistungsbestimmung bedarf nicht der Beurkundungsform (RG Gruchot 57 Nr 60 S 948).

Enthält das Angebot **einseitige Erklärungen des Anbietenden**, so sollte ausdrücklich **19** geregelt werden, welche davon bereits mit Wirksamwerden (dh Zugang) des Angebotes und welche erst mit Annahme des Angebotes gelten. Im Zweifel ist von einer durch die Annahme aufschiebend bedingten Wirksamkeit auch der einseitigen Erklärungen auszugehen; soweit allerdings einseitige Erklärungen in den Angebotsmantel aufgenommen wurden, gelten sie im Zweifel sofort.

Enthält der Vertragstext **einseitige Erklärungen des Angebotsempfängers** (zB Grund- **20** bucherklärungen, Vollmachten), so ist dies im Zweifel als Verpflichtung zu verstehen, die entsprechenden Erklärungen zugleich mit der Annahme abzugeben, ohne daß jedoch die Wirksamkeit der Annahme davon abhängen würde.

Die **Zwangsvollstreckungsunterwerfung** des Käufers hinsichtlich des Kaufpreises **21** kann beim Käuferangebot sogleich mit dem Angebot beurkundet werden. Im Zweifel ist sie aufschiebend bedingt durch die Annahme des Angebotes. Eine sinnvolle Gestaltungsmöglichkeit ist auch, die Unterwerfung unbedingt zu erklären, dem Notar aber die Anweisung zu erteilen, daß eine vollstreckbare Ausfertigung erst nach Annahme erteilt werden darf (vgl WOLFSTEINER MittRhNotK 1985, 113).

Gibt umgekehrt der Verkäufer das Angebot ab, so wird häufig zur Bedingung für die Wirksamkeit der Annahme gemacht, daß sich der Käufer zugleich der Zwangsvollstreckung wegen des Kaufpreisanspruches unterwirft (vgl Rn 41).

Bei einem Grundstückskaufvertrag kann bereits aufgrund einer Bewilligung im **22** Verkäuferangebot eine **Auflassungsvormerkung** für den Angebotsempfänger eingetragen werden (BGH DNotZ 1981, 179 = NJW 1981, 446; DNotZ 1995, 311 = NJW-RR 1995, 398; BGHZ 149, 1 = DNotZ 2002, 275 m Anm PREUSS = NJW 2002, 213). Deren Löschung bedarf dann aber einer Löschungsbewilligung des Angebotsempfängers, so daß schon aus diesem Grund der Angebotsempfänger häufig bei der Beurkundung des Angebots mitwirken wird. Denn auch die Verpflichtung zur Erteilung einer Löschungsvollmacht oder einer „Schubladenlöschung" bedarf der Beurkundung nach § 311b Abs 1 S 1 (STAUDINGER/WUFKA [2001] § 313 Rn 80; WEBER MittRhNotK 1987, 37). Eine allerdings noch selten gebrauchte Gestaltungsalternative ohne Mitwirkung des Angebotsempfängers wäre eine aufhebend bedingte Vormerkung (vgl HAGENBUCHER MittBayNot 2003, 249, 255 f). Ebenso möglich ist, die Vormerkungsbewilligung im Verkäuferangebot nur unter der Bedingung zu erklären, daß der Verkäufer Löschungsvollmacht oder Schubladenlöschung erteilt (vgl BayObLG DNotZ 1995, 311 = NJW 1995, 398 = Rpfleger 1995, 247).

Angebot und Annahme der **Auflassung** können nicht getrennt beurkundet werden, **23** da die Auflassung nur bei gleichzeitiger Anwesenheit beider Vertragsteile erklärt werden kann (§ 925 Abs 1 S 1). Die Auflassung kann jedoch im Rahmen der Angebotsbeurkundung von dem Anbietenden für sich selbst und zugleich als **vollmachtloser Vertreter** des anderen Vertragsteiles erklärt werden (und dann bei der Annahme durch den Annehmenden nachgenehmigt werden). Sinnvoller ist hingegen eine Gestaltung mittels **Auflassungsvollmacht**. Beim Käuferangebot empfiehlt sich stets eine Auflassungsvollmacht an den Verkäufer.

Beim **Verkäuferangebot** läge eine ungesicherte Vorleistung vor, wenn der Verkäufer

Auflassungsvollmacht erteilt oder bereits die Auflassung erklärt, ohne hinsichtlich seiner Gegenleistung abgesichert zu sein. Zur Absicherung kann etwa im Angebot als Bedingung für die Wirksamkeit der Annahme formuliert werden, daß dem die (Annahme und) Auflassung beurkundenden Notar die Vorlagesperre erteilt wird, die Auflassung erst nach Bestätigung des Verkäufers oder sonstigen Nachweis der vollen Erfüllung des geschuldeten Kaufpreises zum Grundbuchvollzug zu bringen (und bis dahin keine Ausfertigungen oder beglaubigten Abschriften der Auflassung zu erteilen).

Häufiger noch dürfte beim Verkäuferangebot nur eine Pflicht zur Erklärung der Auflassung nach vollständiger Kaufpreiszahlung vorgesehen sein; dies kann durch eine zugleich mit der Annahme vom Käufer erteilte Auflassungsvollmacht (zur Entgegennahme der Auflassung) erleichtert werden. Dies hat den weiteren Vorteil, daß dann der das Angebot beurkundende Notar auch die Vorlagesperre der (dann vor ihm erklärten) Auflassung überwachen kann.

24 Bei der Abtretung eines **GmbH-Geschäftsanteils** kann hingegen auch die dingliche Abtretung (§ 15 Abs 3 GmbHG) in der Form von Angebot und Annahme erfolgen. Dabei kann die dingliche Abtretung auch aufschiebend bedingt (etwa durch Kaufpreiszahlung) erfolgen, auch wenn die Annahme des schuldrechtlichen Abtretungsvertrages selbst an keine Bedingung geknüpft ist.

25 Im Vertragstext zu regeln ist außerdem, welcher der beiden Notare den **Vollzug des (Grundstücks-)Kaufvertrages** übernimmt. Sinnvollerweise wird der Notar beauftragt, der die Auflassung beurkundet – mit Ausnahme der Vollzugshandlungen, die nur der andere Notar ausführen kann (zB der Erteilung von einfachen und vollstreckbaren Ausfertigungen der jeweiligen Urkunde).

4. Wirksamwerden mit Zugang einer Angebotsausfertigung

26 Das Angebot wird nach § 130 Abs 1 erst wirksam, wenn es dem Angebotsempfänger **in Ausfertigung zugeht** (BGH DNotZ 1996, 967 = NJW 1995, 2217; kritisch KANZLEITER DNotZ 1996, 931). Der Zugang einer beglaubigten Abschrift genügt nicht. Die Sondervorschrift des § 152 gilt nur für die Annahme, nicht für das Angebot. Daher kann der Anbietende nachträglich etwa einseitig den Notar anweisen, dem Angebotsempfänger doch keine Ausfertigung zu erteilen (§ 51 Abs 2 BeurkG). Ebenso kann der Anbietende sein Angebot bis zum Zugang einer Angebotsausfertigung widerrufen (§ 130 Abs 1 S 2).

5. Änderungen des Angebots

27 Bei einem beurkundungsbedürftigen Vertrag sind auch spätere Änderungen des Angebots beurkundungsbedürftig, so insbesondere die Verlängerung der Angebotsfrist (RGZ 65, 394; 101, 332; BGH WM 1963, 407; DNotZ 1971, 721; BGHZ 82, 292 = NJW 1982, 881 = WM 1982, 206 – alle zu Grundstücksveräußerungen). Die Änderung ist auch dann beurkundungsbedürftig, wenn sie durch beiderseitige Vereinbarung für den Fall der Angebotsannahme erfolgt, nur die Beseitigung von Abwicklungsschwierigkeiten zum Gegenstand hat und die beiderseitigen Leistungspflichten nicht in ihrem Kern berührt (BGH BB 1966, 266 = DNotZ 1966, 665 = MDR 1966, 488; BGHZ 82, 292 = NJW 1982,

881 = WM 1982, 206; STAUDINGER/WUFKA [2001] § 313 Rn 81) – also soweit die Rechtsprechung bei einer späteren Vertragsänderung eine Ausnahme vom Beurkundungserfordernis machen würde.

IV. Beurkundung der Annahme

1. Zugang des Angebotes

a) Wirksamwerden des Angebotes

Materiellrechtlich kann die Annahme erst erklärt werden, wenn das **Angebot zugegangen** ist. Es genügt daher nicht, wenn der Inhalt des Angebotes bekannt ist, etwa der Text bereits vorab gefaxt wurde oder eine (einfache oder beglaubigte) Abschrift vorliegt, aber dem Angebotsempfänger noch keine Ausfertigung des (beurkundungsbedürftigen) Angebots zugegangen ist. **28**

Nimmt der „Angebotsempfänger" ein (noch nicht wirksam gewordenes) Angebot bereits vor Zugang an, so ist die Annahme als neues Angebot auszulegen. Das neue Angebot ist formwirksam, wenn es entweder selbst alle Bedingungen des Vertrages enthält oder diesbezüglich eine Verweisung auf das ursprüngliche Angebot nach § 13a BeurkG erfolgt. Obwohl nur zwei Angebote vorliegen, bewirken die beiden sich derart **kreuzenden Angebote** ebenfalls einen Kaufvertragsschluß, allerdings erst mit Zugang der letzten der beiden Urkunden in Ausfertigung (Gutachten DNotI-Report 1995, 145), sofern nicht die Beteiligten auf die Form des Zuganges verzichtet haben (BGH DNotZ 1996, 967 = NJW 1995, 2217; ARMBRUSTER NJW 1996, 438).

b) Vorliegen einer Angebotsabschrift bei Beurkundung der Annahme

Davon zu trennen ist die **beurkundungsrechtliche** Frage, inwieweit bei der Beurkundung der Annahme eine beglaubigte oder zumindest eine einfache Abschrift der Angebotsurkunde vorliegen muß. Soll der Notar über den **Inhalt des Angebotes belehren**, so kann er dies nur, wenn ihm zumindest eine einfache Abschrift des Angebots vorliegt (BGHZ 125, 218 = DNotZ 1994, 764, 768 = NJW 1994, 1344, 1346). Daher kann der Notar die Beurkundung der Annahme ablehnen, wenn ihm der Annehmende nicht einmal eine einfache Abschrift des Angebotes vorlegt (Landesnotarkammer Bayern Rundschreiben v 24. 3. 1994 – Mißbräuchliche Gestaltung des Beurkundungsverfahrens, Ziffer IV. 2 = abgedruckt in WEINGÄRTNER, Notarrecht Nr 294c). **29**

Darüber hinaus muß eine **beglaubigte Abschrift** des Angebots vorliegen, wenn ausnahmsweise darauf in der Annahme **verwiesen** werden soll (§ 13a Abs 1 S 3 BeurkG) – etwa hinsichtlich bereits im Angebot formulierter einseitiger Erklärungen des Annehmenden. Andernfalls muß der Notar die Beurkundung der Verweisung (und damit die ganze Beurkundung) ablehnen; ein Verstoß berührt jedoch die Wirksamkeit der Verweisung und damit der Beurkundung nicht. **30**

Eine **Ausfertigung** des Angebotes ist beurkundungsrechtlich für die Beurkundung der Annahme nicht erforderlich. Enthält allerdings das Angebot Vollmachten (etwa eine Auflassungsvollmacht), so ist grundbuchverfahrensrechtlich ein Nachweis nur bei Vorlage einer Ausfertigung möglich (wobei eine Feststellung des Notars genügt, daß ihm eine Ausfertigung bei Beurkundung der Erklärung, in der von der Vollmacht Gebrauch gemacht wurde, vorlag). Auch kann der Notar selbst nur fest- **31** stellen, ob tatsächlich eine Vollmacht vorliegt, wenn ihm eine Ausfertigung der Vollmachtsurkunde vorgelegt wird.

2. Beurkundungserfordernis und -verfahren

a) Keine Verweisung

32 Beurkundungsbedürftig ist nur die Erklärung der Annahme als solche, **nicht** hingegen **der Inhalt des angenommenen Angebotes**. Daher muß das angenommene Angebot zwar hinreichend bestimmt bezeichnet werden. Eine Mitbeurkundung mit erneuter Verlesung (etwa als Anlage – § 9 Abs 1 S 2 BeurkG) oder eine Verweisung (§ 13a BeurkG) ist nicht erforderlich (BGHZ 125, 218, 223 = DNotZ 1994, 764 = NJW 1994, 1344, 1346 = Rpfleger 1994, 408; BGH DNotZ 1990, 356 = NJW 1989, 164; OLG Düsseldorf JurBüro 1980, 1564; WINKLER § 17 BeurkG Rn 22).

b) Belehrung

33 Bei der Beurkundung der Annahme muß der Notar lediglich über die rechtliche Bedeutung der **Annahmeerklärung belehren** (dh daß durch die Annahme der angebotene Vertrag zustandekommt), nicht aber über den Inhalt des angebotenen Rechtsgeschäftes (BGHZ 125, 218, 224 = NJW 1994, 1344 = WM 1994, 746; BGH NJW 1993, 2747, 2750 = WM 1993, 1889; GANTER, in: ZUGEHÖR/GANTER/HERTEL, Handbuch der Notarhaftung [2004] Rn 979; SANDKÜHLER, in: ARNDT/LERCH/SANDKÜHLER, BNotO [5. Aufl 2003] § 14 BNotO Rn 141; **aA** – Belehrungspflicht auch über den Inhalt des angenommenen Rechtsgeschäftes: ARMBRÜSTER, in: HUHN/vSCHUCKMANN, BeurkG [4. Aufl 2003] § 17 BeurkG Rn 164; REITHMANN, in: REITHMANN/ALBRECHT, Handbuch der notariellen Vertragsgestaltung [8. Aufl 2001] Rn 127; WINKLER § 17 BeurkG Rn 58).

34 Die **erweiterte Belehrungspflicht** (dh die Warnpflicht vor nicht erkannten, außergewöhnlichen Gefahren – vgl Vorbem 510 ff zu §§ 127a, 128) besteht hingegen bei Beurkundung der Annahme auch gegenüber aus dem Inhalt des angenommenen Rechtsgeschäftes erwachsenden Gefahren.

35 Relevant ist dies insbesondere für das Verhältnis der Amtspflichten von Zentralnotar und Ortsnotar, wenn ein Kapitalanlageobjekt (Immobilie) überörtlich vertrieben werden soll aufgrund eines einheitlichen, vom **Zentralnotar** entworfenen Mustervertrages, wobei die Willenserklärungen der Kapitalanleger aber vor ihrem jeweiligen **Ortsnotar** beurkundet werden. Nach § 17 Abs 2a S 1 BeurkG iVm Ziffer II. 1. d RLNotE-BNotK (DNotZ 1999, 258) hat dann das Angebot von dem Kapitalanleger als dem in aller Regel belehrungsbedürftigeren Teil auszugehen; dieser ist dann bei der Beurkundung des Angebotes zu belehren. Hat der Zentralnotar dies mißachtet und will deshalb der Kapitalanleger beim Ortsnotar die Annahme beurkunden, so hat sich der Ortsnotar zu vergewissern, daß dem Annehmenden nicht nur die Bedeutung der Annahmeerklärung, sondern auch der Inhalt des Angebots im klaren ist (SANDKÜHLER, in: ARNDT/LERCH/SANDKÜHLER § 14 BNotO Rn 169). Am sinnvollsten erfolgt dies dadurch, daß die Angebotsurkunde (oder der darin enthaltene angebotene Vertrag) als Anlage nach § 9 Abs 1 S 2 BeurkG zur Niederschrift über die Annahme genommen, mit verlesen und diesbezüglich belehrt wird (GANTER, in: ZUGEHÖR/GANTER/HERTEL Rn 1472 f; WINKLER § 17 BeurkG Rn 61). Nach Ansicht des III. Zivilsenates des BGH kann dem Zentralnotar, der nur die Vertragsannahme beurkundet, gleichwohl eine betreuende Belehrungspflicht bezüglich zwischenzeitlich

eingetragener vertragswidriger Belastungen gegenüber dem Anbietenden obliegen (BGH-Report 2004, 730 m Anm WINKLER = NJW 2004, 1865 = ZIP 2004, 719 = ZNotP 2004, 243: Die Begründung geht über den bisherigen Begriff der mittelbaren Beteiligung in der Rechtsprechung des IX. Zivilsenates hinaus; jedenfalls lag aber eine Amtspflichtverletzung im Vollzug trotz zwischenzeitlicher vertragswidriger Belastung vor).

3. Person des Annehmenden

a) Nicht abtretbar und vererbbar

Ob nur der Angebotsempfänger selbst das Angebot annehmen kann oder ob die Rechte aus dem Angebot abtretbar und vererblich sind, sollte bei Beurkundung des Angebotes ausdrücklich geregelt werden. Ansonsten ist es durch Auslegung zu ermitteln. **Im Zweifel** sind die Rechte aus dem Angebot allerdings **nicht abtretbar und vererbbar** (§§ 413, 398, 399; ERMAN/HEFERMEHL § 145 Rn 18; SOERGEL/WOLF § 145 Rn 19; STAUDINGER/BORK [2003] § 145 Rn 35; aA – gegen eine Zweifelsregel für die Auslegung: MünchKomm/KRAMER § 145 Rn 21; PALANDT/HEINRICHS § 145 Rn 5). **36**

b) Angebot mit Benennungsrecht

Jedoch kann auch ein Angebot an den Angebotsempfänger oder einen von diesem Benannten erfolgen (**Angebot mit Benennungsrecht**; vgl Gutachten DNotI-Report 1997, 112; BACH MittRhNotK 1984, 161; BASTY MittBayNot 1998, 419; SCHUMACHER MittRhNotK 1965, 609; zur Absicherung eines Angebotes mit Benennungsrecht durch Vormerkung vgl BGH DNotZ 1983, 484 = NJW 1983, 1543; DENCK NJW 1984, 1009; LUDWIG NJW 1983, 2793; LUDWIG Rpfleger 1986, 345; zur Grunderwerbsteuer vgl Gutachten DNotI-Report 1997, 165; HOLLAND ZNotP 1999, 90). **37**

Besteht dabei ein **Selbsteintrittsrecht des Benennungsberechtigten**, so bedeutet dies im Zweifel nur, daß das Angebot abtretbar (und vererblich) gestaltet ist, auch wenn dies nicht ausdrücklich in der Urkunde festgehalten ist. Durch die „Benennung" erfolgt dann die **Abtretung der Rechte aus dem Angebot** (wobei nur die Rechte selbst, nicht das Benennungsrecht abgetreten werden). Da die Rechtsnatur der Benennung umstritten ist, wird man in der Praxis sinnvollerweise nur von der „Benennung" sprechen und deren Rechtsnatur offenlassen. Als Abtretung bedarf die Benennung nicht der für den Vertrag erforderlichen Form, sofern im Angebot nichts anderes bestimmt ist. **38**

Ist das **Selbsteintrittsrecht** des Benennungsberechtigten hingegen **ausgeschlossen**, so liegt mangels Bestimmung des Angebotsempfängers noch kein wirksames Angebot vor (OLG Karlsruhe DNotZ 1988, 694 m abl Anm LUDWIG = NJW-RR 1988, 19). Im Zweifel bevollmächtigt der Anbietende jedoch damit den Benennungsberechtigten, das Angebot um die Person des Angebotsempfängers zu ergänzen. Eine Bindung des Anbietenden liegt vor, wenn zugleich ein Vorvertrag dahingehend abschlossen wird, daß sich der Anbietende zur Veräußerung an den vom Benennungsberechtigten Benannten nach den im Angebot niedergelegten Bestimmungen verpflichtet (LANGENFELD, in: Münchener Vertragshandbuch Bd 5 [5. Aufl 2003] Muster I. 15 Anm 10, S 154 f; STAUDINGER/WUFKA [2003] § 313 Rn 106); ein solcher Vorvertrag erfordert aber auch eine Mitbeurkundung der Erklärungen des Benennungsberechtigten. Ist nur das Angebot beurkundet, so kann man bei einem Ausschluß des Selbsteintrittsrechtes eine Bindung des Anbietenden nur bejahen, wenn man darin zugleich sowohl ein An- **39** gebot gegenüber dem Benennungsberechtigten auf Abschluß eines unechten Vertrages zugunsten Dritter (nämlich des Benannten) sieht wie ein zweites, vom Benennungsberechtigten noch zu ergänzendes Angebot an den Benannten.

Die Ausübung des Bestimmungsrechtes ist dann als Ergänzung des Angebotes ebenso **beurkundungsbedürftig** wie das Angebot selbst. Empfänger der Bestimmungserklärung ist der Benannte; die Bestimmung kann daher zugleich mit der Annahme beurkundet werden. Zur Formfreiheit der Benennung kommt in diesen Fällen hingegen eine andere Meinung, die darin einen Bedingungseintritt oder – nur – die Ausübung eines Bestimmungsrechtes nach § 315 sieht – (vgl BACH MittRhNotK 1984, 161, 162; MünchKomm/KANZLEITER § 311b Rn 28, 50; PALANDT/HEINRICHS § 311b Rn 29 f). Formfrei ist aber mE lediglich die Bestimmung gegenüber dem Anbietenden zur Festlegung der Pflichten aus dem Vorvertrag, nicht aber die Ergänzung des Angebotes gegenüber dem Angebotsempfänger.

4. Inhalt der Annahmeerklärung

a) Vorbehaltlose Annahme

40 Entsprechend der allgemeinen Regeln darf die Annahme **keine inhaltlichen Abänderungen** oder Erweiterungen enthalten. Sonst gilt sie (zwingend) als Ablehnung, verbunden mit einem neuen Antrag (§ 150 Abs 2). Für die Annahme ist eine Verweisung auf das Angebot nach § 13a BeurkG nicht erforderlich (so Rn 32).

b) Zusätzliche Bedingungen des Angebotes

41 In der Regel enthält die Annahmeurkunde noch weitere Erklärungen. Erforderlich ist dies, wenn der Anbietende die Annahme des Angebotes von weiteren Erklärungen des Annehmenden abhängig gemacht hat (**zusätzliche Bedingungen für die Annahme**), etwa von der Zwangsvollstreckungsunterwerfung des annehmenden Käufers. Fehlt eine solche zusätzliche Bedingung, so liegt darin zwar keine abändernde Annahme; jedoch muß die zusätzliche Erklärung noch innerhalb der Annahmefrist erfolgen (und ggf noch innerhalb der Frist zugehen).

c) Weiterer Inhalt der Annahmeurkunde

42 Häufig enthält der angebotene Vertrag **einseitige Erklärungen des Annehmenden**, etwa Vollmachten, Grundbuchbewilligungen. Dies ist als Verpflichtung zur Abgabe entsprechender Erklärungen auszulegen. So ist der Käufer mit der Annahme etwa zur Abgabe einer **Zwangsvollstreckungsunterwerfung** verpflichtet, wenn ein Verkäuferangebot bereits eine Zwangsvollstreckungsunterwerfung des Käufers enthält (OLG Köln NJW-RR 1996, 1236 mit Korrektur des Leitsatzes in NJW-RR 1997, 336).

Für die Beurkundung der einseitigen Erklärungen genügt jedoch die Beurkundung der Annahme noch nicht; so ist etwa die Zwangsvollstreckungsunterwerfung in der bloßen Annahmeerklärung noch nicht enthalten (OLG Dresden ZNotP 1999, 123; offen BayObLG MittBayNot 1992, 190 = Rpfleger 1992, 99). Die einseitigen Erklärungen müssen vielmehr bei der Annahme (oder später) neu erklärt und beurkundet werden. Sinnvoll ist, die wichtigsten dieser Erklärungen nochmals wörtlich in die Annahmeurkunde aufzunehmen (sowohl um die Belehrung sicherzustellen als auch um die von der Verweisung betroffenen Erklärungen außer Streit zu stellen). Dies kann auch in Form einer Anlage nach § 9 Abs 1 S 2 BeurkG erfolgen, indem die entsprechenden

Erklärungen aus der Angebotsurkunde kopiert und verlesen werden. Um keine einseitigen Erklärungen aus dem Angebot zu vergessen, empfiehlt sich darüber hinaus, in die Annahmeerklärung eine pauschale Erklärung des Annehmenden aufzunehmen, wonach er die im Angebot vorgesehenen einseitigen Erklärungen seinerseits unter **Verweisung auf die Angebotsurkunde** (§ 13a BeurkG) wiederholt, insbesondere eine dort enthaltene Zwangsvollstreckungsunterwerfung, Vollmachten und Grundbucherklärungen (HERTEL, in: LAMBERT/LANG/TROPF/FRENZ, Handbuch der Grundstückspraxis Teil 2 Rn 419).

Enthält die Annahmeurkunde erforderliche einseitige Erklärungen des Annehmenden weder ausdrücklich noch durch Verweisung, so kann ggf auch eine konkludente Bezugnahme auf das Angebot vorliegen (WINKLER DNotZ 1971, 354 und 715). Bei Verfügungen, insbesondere im Käuferangebot enthaltenen Grundbuchbewilligungen, kann auch eine (stillschweigende) Nachgenehmigung nach § 185 erfolgt sein (SCHÖNER/STÖBER, Grundbuchrecht [13. Aufl 2004] Rn 903). Für prozessuale Erklärungen (Zwangsvollstreckungsunterwerfung) und dem Grundbuchamt nachzuweisende Vollmachten (§ 29 GBO) ist aber verfahrensrechtlich eine ausdrückliche Erklärung oder ausdrückliche Verweisung erforderlich.

Auch die **Auflassung** kann nicht durch Angebot und Annahme beurkundet werden **43** (§ 925 Abs 1). Möglicherweise kann sie aber zugleich mit der Annahme aufgrund einer dem Annehmenden erteilten Auflassungsvollmacht mitbeurkundet werden (jedenfalls beim Käuferangebot; so Rn 23). Enthält das Angebot keine Auflassungsvollmacht (etwa weil sie der anbietende Verkäufer für zu riskant hielt), so kann man eine Auflassungsvollmacht des Annehmenden in die Annahmeurkunde aufnehmen. Andernfalls müssen beide Beteiligte zur späteren getrennten Beurkundung der Auflassung erscheinen.

5. Annahmefrist und Zugang

a) Setzen einer Annahmefrist oder Bindungsfrist

Die Annahme muß innerhalb der Annahmefrist erfolgen. Denn mit Ablauf der **44** Annahmefrist erlischt das Angebot (§ 146 Var 2). Bei der Beurkundung des Angebots wird in aller Regel eine **ausdrückliche Annahmefrist** bestimmt. Enthält das Angebot eine Frist, so handelt es sich im Zweifel um eine Annahmefrist, mit deren Ablauf das Angebot von selbst erlischt (§ 148) und nicht nur um eine Bindungsfrist. Es empfiehlt sich, dies im Angebot ausdrücklich klarzustellen.

Fehlt eine ausdrückliche Annahmefrist, so kann das Angebot nur bis zu dem Zeitpunkt angenommen werden, zu dem der Anbietende unter regelmäßigen Umständen den Eingang der Antwort erwarten kann (§ 147 Abs 2; vgl BGH NJW 1999, 2179).

Eine **Fristverlängerung** ist nur vor Ablauf der Annahmefrist möglich. Sie bedarf der **45** notariellen Beurkundung und muß vor Fristende dem Angebotsempfänger zugehen. Ist die Vormerkung bereits eingetragen, so ist zur dinglichen Sicherung der Fristverlängerung ein Vermerk bei der Vormerkung erforderlich (OLG Frankfurt DNotZ 1994, 247; OLG Köln NJW 1976, 631 – für die Eintragung des Vermerks ist die Zustimmung der Gläubiger nachrangiger dinglicher Belastungen nach § 877 erforderlich; aA STAUDINGER/GURSKY [2002] § 883 Rn 225; WACKE DNotZ 1995, 507, 514; PROMBERGER DNotZ 1994, 249).

Nach Fristablauf kann lediglich ein neues Angebot abgegeben werden. Ist dem Käufer bei einem Grundstückskaufvertrag das Recht eingeräumt, die Verlängerung der Annahmefrist für das Verkäuferangebot gegen Zahlung eines Entgelts verlangen zu können, so bedarf die Ausübung dieses Rechtes nach einer Entscheidung des OLG Hamm der notariellen Beurkundung (§ 311b Abs 1; OLG Hamm DNotZ 2000, 772).

46 Möglich ist auch, lediglich eine **Bindungsfrist** vorzusehen, wonach sich der Anbietende nur bis zum Ablauf der Frist an sein Angebot gebunden hält und sich danach den Widerruf vorbehält (§ 145 – vgl BGH NJW 1984, 1885). Eine Annahme ist dann auch nach Fristablauf noch bis zu einem Widerruf möglich. Ist im Angebot nichts anders geregelt, so wird der Widerruf erst mit Zugang an den Angebotsempfänger wirksam; dann ist dem Widerrufenden ein Zustellungsnachweis zu empfehlen. Der Anbietende kann auch bestimmen, daß der Widerruf erst zu einem bestimmten Zeitpunkt oder eine bestimmte Frist nach Zugang oder Erklärung wirksam wird (um dem Angebotsempfänger eine letzte Chance zur Annahme zu geben).

b) Beurkundung oder Zugang (§ 152 S 1)

47 Werden Angebot und Annahme eines Vertrages getrennt beurkundet, so kommt der Vertrag nach § 152 S 1 bereits mit der Beurkundung der Annahme zustande. Abweichend von den allgemeinen Grundsätzen kommt es also auf den Zugang der Annahme an den Anbietenden nicht an. Ratio ist, daß damit das Zustandekommen des Vertrages (und der Zeitpunkt des Vertragsschlusses) sicherer zu beurteilen sind, als wenn dies (wie sonst) an den Zugang der Annahmeerklärung anknüpfte; außerdem beschleunigt § 152 das Zustandekommen des Vertrages.

48 § 152 kann **abbedungen** werden. Dann wird die Annahme noch nicht mit der Beurkundung, sondern erst mit ihrem Zugang wirksam (§ 130 Abs 1 S 1).

c) Wahrung der Annahmefrist

49 Entscheidend ist meist nicht die Frage ob, sondern wann die Annahme wirksam wurde, genauer ob die Annahme noch innerhalb der gesetzten Annahmefrist erfolgte. Wird eine Annahmefrist gesetzt, so sah jedenfalls das Reichsgericht darin eine stillschweigende **Abbedingung von § 152**, so daß die **Annahme noch während der Frist zugehen** müsse (RGZ 49, 127, 132; RG WarnRspr 1913 Nr 354; RG Gruchot Bd 57, 148, 149; RGZ 96, 273, 275 mwN; ebenso wohl BGH NJW-RR 1989, 198, 199 – insoweit in DNotZ 1999, 501 nicht abgedruckt; ebenso PALANDT/HEINRICHS § 152 Rn 2; SOERGEL/WOLF § 152 Rn 7; aA ERMAN/HEFERMEHL § 152 Rn 4; FLUME, Allg Teil des Bürgerlichen Rechts Bd 2 § 35 II 1; Münch-Komm/KRAMER § 152 Rn 3; STAUDINGER/BORK [2003] § 152 Rn 7).

50 Im Regelfall ist dies aber von den Beteiligten nicht gewollt. Denn der Annehmende will meist bei Beurkundung der Annahme Klarheit haben, ob die Annahme noch rechtzeitig erfolgt; dies soll nicht von Zufälligkeiten des Zugangs abhängen, die zudem im Streitfall nur schwer, wenn überhaupt zu beweisen sind. In beurkundeten Vertragsangeboten findet sich daher üblicherweise eine ausdrückliche Regelung, wonach zur **Fristwahrung** der Zugang nicht erforderlich ist, sondern die Beurkundung der Annahme genügt.

51 Teilweise wird darüber hinaus auch für das Wirksamwerden der Annahme und

damit den Vertragsschluß ganz auf den **Zugang der Annahmeurkunde verzichtet** (so daß die gesetzliche Regelung des § 152 gilt). Teilweise wird hingegen auf das Zugangserfordernis nur für die Fristwahrung verzichtet, während die Annahme und damit der Vertrag gleichwohl erst mit Zugang wirksam werden soll; letzteres würde ich für die Vertragsgestaltung empfehlen. In beiden Varianten wird dies idR mit einer Benachrichtigungspflicht des Annehmenden verbunden (damit auch der Anbietende rasch Klarheit hat, ob sein Angebot noch rechtzeitig angenommen wurde).

d) Verspätete Annahme
Eine **verspätete Annahme** geht ins Leere; sie gilt statt dessen als neuer Antrag (§ 150 Abs 1; vgl STAUDINGER/BORK [2003] § 150 Rn 2 ff). **52**

V. Rechtsgeschäftlich vereinbartes Beurkundungserfordernis

Das Gesetz regelt nicht ausdrücklich, ob die Möglichkeit der Sukzessivbeurkundung im Zweifel auch für ein rechtsgeschäftlich vereinbartes Beurkundungserfordernis gilt. Dies ist aber zu bejahen (MünchKomm/EINSELE Rn 2; SOERGEL/HEFERMEHL Rn 7). **53**

Denn bei rechtsgeschäftlicher Vereinbarung der Schriftform, elektronischen Form oder Textform gelten im Zweifel dieselben Erfordernisse wie für die gesetzliche Form (§ 127 Abs 1) – allerdings mit gewissen Erleichterungen für die rechtsgeschäftliche Schrift- und elektronische Form (§ 127 Abs 2 und 3). Eine § 127 Abs 1 entsprechende gesetzliche Regelung fehlt für die Beurkundungsform; sie ist aber hier entbehrlich. Denn der Notar darf eine Willenserklärung nur nach Maßgabe der §§ 6 ff BeurkG beurkunden, auch wenn die Beteiligten etwas anderes wünschen. Allenfalls können die Beteiligten bei einem rechtsgeschäftlich vereinbarten Beurkundungserfordernis bestimmen, daß nur Teile ihrer Willenserklärungen beurkundet werden sollen (was aber idR ausdrücklich als nur teilweise Beurkundung zu vermerken wäre, um eine Irreführung Dritter zu vermeiden, § 14 Abs 2 BeurkG). Auch können die Beteiligten strengere Anforderungen vereinbaren, soweit diese §§ 6 ff BeurkG nicht widersprechen, etwa den persönlichen Abschluß, die Zuziehung von Zeugen – oder eben die gleichzeitige Anwesenheit beider Vertragsparteien entgegen § 128.

VI. Andere Gestaltungsmöglichkeiten

1. Nachgenehmigung bei vollmachtloser Vertretung

Da die getrennte Beurkundung von Angebot und Annahme doch einige Abweichungen im Beurkundungsverfahren und vor allem in der Vertragsgestaltung erfordert, wird als Gestaltungsalternative manchmal ein Vertragsschluß mit vollmachtloser Vertretung des abwesenden Vertragspartners gewählt (§ 177), wobei sinnvollerweise nicht ein Notarangestellter, sondern entweder der Vertragspartner selbst oder ein Dritter als vollmachtloser Vertreter auftritt. **54**

a) Beurkundungsrechtliche Beschränkungen
§ 17 Abs 2a BeurkG setzt auch hier Schranken zum Schutz einer sachgerechten Gestaltung des Beurkundungsverfahren. Sie sind vom Notar als Amtspflichten zu **55**

beachten; ihre Verletzung macht die Beurkundung jedoch nicht unwirksam. Bei **Verbraucherverträgen** soll der Notar darauf hinwirken, daß der Verbraucher seine Erklärungen selbst abgibt oder sich durch eine Vertrauensperson vertreten läßt (§ 17 Abs 2a S 2 Nr 1 BeurkG). Untersagt ist damit eine Vertretung durch den Unternehmer oder eine Person aus dessen Lager (HERTEL ZNotP 2002, 286, 288). Auch die Angestellten des Notars sind grundsätzlich nicht Vertrauensperson iSd § 17 Abs 2a S 2 Nr 1 BeurkG; im Einzelfall kann allerdings eine Vertretung des Verbrauchers durch Notarangestellte zulässig sein, wenn der Verbraucher keinen anderen geeigneten Vertreter benennen kann und der Verbraucher selbst vorschlägt, daß ihn ein Notarangestellter vertreten soll (vgl BNotK-Rundschreiben Nr 20/2003 vom 28. 4. 2003 – mit weiterführenden Literaturhinweisen – im Internet: www.bnotk.de; RIEGER MittBayNot 2002, 325, 331; SOLVEEN RNotZ 2002, 318, 321; **aA** Notarkammer Stuttgart, vgl KELLER ZNotP 2003, 180 m Erwiderung SCHMUCKER ZNotP 2003, 243; aA auch STRUNZ ZNotP 2002, 389). Umgekehrt steht einer vollmachtlosen Vertretung des Unternehmers durch den Verbraucher § 17 Abs 2a Satz 2 BeurkG nicht entgegen.

56 Soweit kein Verbrauchervertrag vorliegt, untersagen § 17 Abs 2a S 1 BeurkG und die ihn ausfüllenden Richtlinien der Notarkammern die **systematische Beurkundung mit vollmachtlosen Vertretern** (vgl Ziffer II der Richtlinienempfehlung der Bundesnotarkammer, DNotZ 1999, 258; WINKLER § 17 BeurkG Rn 17 ff). Auch bei einer Beurkundung mit vollmachtlosen Vertretern muß der Notar eine Belehrungsmöglichkeit aller belehrungsbedürftiger Beteiligter durch geeignete Maßnahmen sicherstellen. Insbesondere wird er den Vertragsentwurf rechtzeitig vorher verschicken. Dabei empfiehlt sich, daß der Notar ausdrücklich anbietet, für Rückfragen auch schon vor dem Beurkundungstermin zur Verfügung zu stehen.

b) Besonderheiten des Beurkundungsverfahrens

57 Gewählt wird die vollmachtlose Vertretung insbesondere bei **Individualverträgen zwischen zwei Verbrauchern** oder zwischen zwei Unternehmern, wenn eine der Vertragsparteien an der Wahrnehmung des Beurkundungstermines **kurzfristig verhindert** ist, der Vertrag aber gleichwohl ohne Verzögerung abgeschlossen werden soll.

58 Der Vorteil gegenüber einer getrennten Beurkundung von Angebot und Annahme liegt darin, daß der vorbereitete Vertrag dann ohne inhaltliche Änderung beurkundet werden kann (während man bei der kurzfristigen Umstellung auf ein Angebot leicht eine notwendige Anpassung übersieht). Wird die Nachgenehmigung nicht erteilt, sind allerdings höhere Notargebühren angefallen (20/10 Gebühr – § 36 Abs 2 KostO) als bei der bloßen Beurkundung eine Angebotes (15/10 Gebühr – § 37 KostO).

c) Materiell-rechtliche Fragen

59 § 181 kann bei einer vollmachtlosen Vertretung durch den anderen Vertragspartner zu Schwierigkeiten führen, wenn für diesen ein **Organ** (oder sonstiger gesetzlicher oder rechtsgeschäftlicher Vertreter) handelt. Nach bisher wohl hM ist dann nämlich auf beiden Seiten eine Befreiung von den Beschränkungen des § 181 erforderlich (BayObLG DNotZ 1988, 117 = NJW-RR 1988, 330 = Rpfleger 1988, 61; OLG Düsseldorf DB 1998, 578 = FGPrax 1999, 80 = MittBayNot 1999, 470; LG Saarbrücken MittBayNot 2000, 433; PALANDT/ HEINRICHS § 181 Rn 3; DEMHARTER GBO [24. Aufl 2002] § 19 Rn 90; FERSTL Rpfleger 1988, 61;

KUHN RNotZ 2001, 305, 324 ff). Auf Seiten des Nachgenehmigenden erfolgt diese Befreiung konkludent mit der Nachgenehmigung (SCHÖNER/STÖBER, Grundbuchrecht [13. Aufl 2003] Rn 3557). Ist jedoch der Vertreter nicht auch im Rahmen seiner gesetzlichen oder rechtsgeschäftlichen Vertretungsmacht von § 181 für Doppelvertretungen befreit, so ist nach hM auch auf dieser Seite eine nachträgliche Befreiung oder Nachgenehmigung erforderlich; diese wird aber häufig jedenfalls nicht ausdrücklich eingeholt. Der Schutzzweck spricht dafür, mit einer neueren Ansicht § 181 nicht auf die vollmachtlose Vertretung anzuwenden (LICHTENBERGER MittBayNot 1999, 470; ders MittBayNot 2000, 434; SCHNEEWEISS MittBayNot 2001, 341; NEUMEYER RNotZ 2001, 249, 265; VOLLHARDT DNotZ 2000, 309). In der Vertragsgestaltung kann man das Problem vermeiden, indem man bei juristischen Personen anstelle des Vertreters des Vertragspartners einen Dritten als vollmachtlosen Vertreter handeln läßt.

In der Regel wird der **Notar** beauftragt, dem vollmachtlos Vertretenen eine Vertragsabschrift mit der **Bitte um Genehmigung** zu übersenden; für die Nachgenehmigung wird meist zumindest eine Unterschriftsbeglaubigung verlangt (idR aber nur zu Beweiszwecken, nicht als rechtsgeschäftliches Formerfordernis). In der Bitte des Notars um Nachgehmigung liegt aber noch keine Aufforderung zur Genehmigung nach § 177 Abs 2 in Vertretung des anderen Vertragsteils – auch nicht wenn dem Notar eine allgemeine Vollzugsvollmacht erteilt war (OLG Naumburg DNotI-Report 1995, 26 = MittRhNotK 1994, 315; OLG Frankfurt MDR 2000, 444 = NJW-RR 2000, 75 = OLG-Report 2000, 75; LG Oldenburg Nds Rpfleger 1997, 255; BAUMANN MittRhNotK 1994, 316; BRAMBRING ZfIR 1997, 444, 446; HOLTHAUSEN/DUX NJW 1995, 1470; aA OLG Köln DNotI-Report 22/1994, S 8 = NJW 1995, 1499 = MittRhNotK 1994, 168); eine solche einseitige Interessenvertretung wäre dem Notar auch berufsrechtlich untersagt. **60**

Sollte der vollmachtlos Vertretene sich nicht kurzfristig erklären, kann der andere Vertragsteil den Schwebezustand durch eine **Aufforderung zur Genehmigung nach § 177 Abs 2** beenden. Bei Verweigerung der Genehmigung geht der vollmachtlose Vertreter kein Haftungsrisiko ein, da das Fehlen einer Vertretungsmacht offengelegt wird (§ 179 Abs 3 S 1); dies kann man in der Urkunde auch klarstellen. **61**

2. Vorvertrag, Option

Ähnliche wirtschaftliche Funktionen wie ein Angebot (oder Angebotsvertrag) können auch durch Abschluß eines bloßen **Vorvertrages** erreicht werden – jedenfalls wenn dieser nur einem Vertragsteil den Anspruch auf Abschluß eines Hauptvertrages einräumt – oder durch eine **Option**, dh einen aufschiebend bedingten Vertrag (§ 158 Abs 1), wobei als aufschiebende Bedingung die Willenserklärung eines Vertragsteiles vereinbart wird, idR des Erwerbsberechtigten (vgl BGH WM 1985, 721). Beide Gestaltungen lösen allerdings sofort eine 20/10 Beurkundungsgebühr aus (§ 36 Abs 2 KostO), sind also teurer als die bloße Beurkundung eines Angebotes (15/10 Gebühr – § 37 KostO), falls es nicht zur Annahme des Angebotes kommt. **62**

§ 129
Öffentliche Beglaubigung

(1) Ist durch Gesetz für eine Erklärung öffentliche Beglaubigung vorgeschrieben, so muss die Erklärung schriftlich abgefasst und die Unterschrift des Erklärenden von einem Notar beglaubigt werden. Wird die Erklärung von dem Aussteller mittels Handzeichens unterzeichnet, so ist die im § 126 Abs. 1 vorgeschriebene Beglaubigung des Handzeichens erforderlich und genügend.

(2) Die öffentliche Beglaubigung wird durch die notarielle Beurkundung der Erklärung ersetzt.

§ 39 BeurkG
Einfache Zeugnisse

Bei der Beglaubigung einer Unterschrift oder eines Handzeichens oder der Zeichnung einer Namensunterschrift, bei der Feststellung des Zeitpunktes, zu dem eine Privaturkunde vorgelegt worden ist, bei Bescheinigungen über Eintragungen in öffentlichen Registern, bei der Beglaubigung von Abschriften, Abdrucken, Ablichtungen und dergleichen (Abschriften) und bei sonstigen einfachen Zeugnissen genügt anstelle einer Niederschrift eine Urkunde, die das Zeugnis, die Unterschrift und das Präge- oder Farbdrucksiegel (Siegel) des Notars enthalten muß und Ort und Tag der Ausstellung angeben soll (Vermerk).

§ 40 BeurkG
Beglaubigung einer Unterschrift

(1) Eine Unterschrift soll nur beglaubigt werden, wenn sie in Gegenwart des Notars vollzogen oder anerkannt wird.

(2) Der Notar braucht die Urkunde nur darauf zu prüfen, ob Gründe bestehen, seine Amtstätigkeit zu versagen.

(3) Der Beglaubigungsvermerk muß auch die Person bezeichnen, welche die Unterschrift vollzogen oder anerkannt hat. In dem Vermerk soll angegeben werden, ob die Unterschrift vor dem Notar vollzogen oder anerkannt worden ist.

(4) § 10 Abs. 1, Abs. 2 Satz 1 gilt entsprechend.

(5) Unterschriften ohne zugehörigen Text soll der Notar nur beglaubigen, wenn dargelegt wird, daß die Beglaubigung vor der Festlegung des Urkundeninhalts benötigt wird. In dem Beglaubigungsvermerk soll angegeben werden, daß bei der Beglaubigung ein durch die Unterschrift gedeckter Text nicht vorhanden war.

(6) Die Absätze 1 bis 5 gelten für die Beglaubigung von Handzeichen entsprechend.

§ 41 BeurkG
Beglaubigung der Zeichnung einer Firma oder Namensunterschrift

Bei der Beglaubigung der Zeichnung einer Namensunterschrift, die zur Aufbewahrung beim Ge-

Titel 2 § 129
Willenserklärung

richt bestimmt ist, muß die Zeichnung in Gegenwart des Notars vollzogen werden; dies soll in dem Beglaubigungsvermerk festgestellt werden. Der Beglaubigungsvermerk muß auch die Person angeben, welche gezeichnet hat. § 10 Abs. 1, Abs. 2 Satz 1 gilt entsprechend.

Materialien: E II § 125; III § 125; Prot II 6, 130 ff; JAKOBS/SCHUBERT, AT I 645 ff; BR-Drucks 609/04 vom 13. 8. 2004, S 37, 142.

Schrifttum

BUSCH, Wesen der öffentlichen Beglaubigung; gesetzliche Behinderung der Urkundsperson, DJZ 1908, 515
EYLMANN/VAASEN, Bundesnotarordnung, Beurkundungsgesetz (2000)
HUHN/vSCHUCKMANN, Beurkundungsgesetz (4. Aufl 2003)
WINKLER, Beurkundungsgesetz (15. Aufl 2003)
MALZER, Die öffentliche Beglaubigung – Wesen, Funktion, Bedeutung und Perspektive einer zivilrechtlichen Formvorschrift, DNotZ 2000, 169
REITHMANN, Allgemeines Urkundenrecht, Begriffe und Beweisregeln (1972) 50
WALDNER, Handelsregisteranmeldungen infolge der Streichung von § 36 HGB, MittBayNot 2000, 13
WEBER, Zur Beglaubigungsbefugnis der Behörden – Auslegung des Artikel 7 Absatz 3 NMaßnG, DNotZ 1962, 22
WEIMAR, Zweifelsfragen bei der Beglaubigung von Unterschriften und Handzeichen, MDR 1966, 475
WINKLER, Urkunden in Vermerkform nach dem Beurkundungsgesetz, DNotZ 1971, 140
WOLFSTEINER, Anmeldungen zum Genossenschaftsregister, MittBayNot 1970, 93
ZIMMERMANN, Kann bei der notariellen Beglaubigung einer Unterschrift diese im Ausland vor dem Notar vollzogen werden?, Rpfleger 1964, 107.

Systematische Übersicht

I.	Allgemein	1
II.	**Erfordernis und Formzweck öffentlicher Beglaubigung**	
1.	Wichtige Formvorschriften	5
2.	Vorkontrolle gegenüber Grundbuchamt und Registergericht	9
a)	Grundbuchamt	10
b)	Handelsregister und Vereinsregister	13
c)	Identitätsfeststellung	16
d)	Inhaltliche Vorkontrolle	17
3.	Familien- und erbrechtliche Erklärungen	21
a)	Güterrechtsregister	21
b)	Namensbestimmung	22
c)	Erbschaftsausschlagung und andere Erklärungen gegenüber dem Nachlaßgericht	25
4.	Gesellschaftsrecht	28
5.	Legitimation gegenüber Dritten	32
6.	Anspruch auf unterschriftsbeglaubigte Erklärung	34
a)	Unterschriftsbeglaubigung zum Nachweis einer Berechtigung bzw deren Erlöschens	36
b)	Unterschriftsbeglaubigung unter Inventar	39
III.	**Abgrenzung und Zuständigkeit**	
1.	Notare	42
2.	Ausnahmsweise zusätzliche Beglaubigungszuständigkeiten nach Landesrecht (§ 63 BeurkG)	44
3.	Sonderzuständigkeiten	46
4.	Abgrenzung zu amtlicher Beglaubigung (§ 34 VwVfG)	47
5.	Entbehrlichkeit der Unterschriftsbe-	

	glaubigung bei gesiegelten Eigenurkunden einer juristischen Person des öffentlichen Rechtes	49	
6.	Eigenurkunde des Notars	53	
IV.	**Schriftform**		
1.	Schriftform	54	
2.	Beifügung von Zeichnungen und Karten	57	
V.	**Unterschrift**		
1.	Unterschrift oder Handzeichen	59	
a)	Unterschrift	59	
b)	Handzeichen	61	
2.	Unterschrift eines Vertreters, Unterschrift mit Firma oder Pseudonym	63	
a)	Unterschrift eines Vertreters	63	
b)	Unterschrift mit Firma	66	
c)	Pseudonym oder Künstlername	67	
VI.	**Beglaubigungsverfahren**		
1.	Vollzug oder Anerkennung der Unterschrift vor dem Notar	69	
a)	Verbot der Fernbeglaubigung	69	
b)	Behinderte und sprachfremde Beteiligten	71	
2.	Identitätsprüfung und Angaben zur Person im Beglaubigungsvermerk	74	
a)	Identitätsprüfung	75	
b)	Angaben zur Person im Beglaubigungsvermerk	76	
c)	Keine Prüfung der Geschäftsfähigkeit	80	
3.	Keine inhaltliche Prüfung und Belehrung durch den Notar	82	
a)	Belehrungspflicht nur bei Unterschriftsbeglaubigung mit Entwurf	82	
b)	Bei bloßer Unterschriftsbeglaubigung nur Prüfung auf Versagungsgründe für Amtstätigkeit	85	
c)	Fremdsprachiger Text	91	

VII.	**Beglaubigungsvermerk**		
1.	Inhalt	93	
a)	Beglaubigung	94	
b)	Bezeichnung der Person	96	
c)	Art der Identitätsfeststellung	99	
d)	Vollzug oder Anerkenntnis der Unterschrift vor dem Notar	100	
2.	Unterschrift und Siegel des Notars	101	
3.	Standort	103	
4.	Zeitpunkt	105	
VIII.	**Rechtsfolgen**		
1.	Zugang	110	
2.	Beweiswirkung der Unterschriftsbeglaubigung	112	
3.	Beurkundung ersetzt Unterschriftsbeglaubigung (§ 129 Abs 2)	116	
IX.	**Fehlender Text oder nachträgliche Änderungen**		
1.	Beglaubigung einer Blankounterschrift	119	
a)	Zulässigkeit	119	
b)	Beglaubigungsvermerk	122	
c)	Rechtsfolgen	124	
2.	Lücken im Text	126	
3.	Nachträgliche Änderungen des Textes	128	
a)	Zulässigkeit	128	
b)	Beweiswert	129	
4.	Änderung des Beglaubigungsvermerkes	131	
X.	**Elektronische Beglaubigung**	132	
XI.	**Unterschriftsbeglaubigung bei Auslandsbeziehung**		
1.	Auslandsbeglaubigung durch deutschen Notar unwirksam	133	
2.	Anerkennung ausländischer Unterschriftsbeglaubigung	134	

I. Allgemein

1 § 129 BGB wurde erst auf Vorschlag des Bundesrates in das BGB aufgenommen. Seine jetzige Fassung erhielt er 1969 durch das BeurkG, das die bis dahin bestehende konkurrierende Beurkundungs- und Beglaubigungszuständigkeit va der Gerichte abschaffte (§ 56 Abs 2 Nr 3 BeurkG, BGBl 1969 I 1513, 1521).

Die bei Manuskriptschluß (August 2004) nur als Gesetzesentwurf vorliegende **elektronische Beglaubigung** (§ 39a BeurkG idF durch das Justizkommunikationsgesetz, JKomG, BR-Drucks 609/04 vom 13.8.2004) wird im Rahmen der Regelungen über die Verwendung elektronischer Dokumente in der Justiz zwar ein Beglaubigungsverfahren für elektronische Dokumente einführen; ein Gesetzesvorschlag für die zivilrechtlichen Wirkungen der elektronischen Beglaubigung (der diese etwa einer Unterschriftsbeglaubigung nach § 129 gleichstellen würde, ggf mit gewissen Ausnahmen – ähnlich der Regelungstechnik des § 126 Abs 3) ist darin aber noch nicht enthalten (vgl zur elektronischen Beglaubigung Rn 132).

Die Unterschriftsbeglaubigung bescheinigt als öffentliche Urkunde (§§ 415, 418 **2** ZPO) die **Echtheit einer Unterschrift** unter einem privatschriftlichen Schriftstück. Eine Unterschriftsbeglaubigung ist vor allem für (auch) verfahrensrechtliche Erklärungen gegenüber Grundbuchamt und Registergericht erforderlich (§ 29 GBO, § 12 HGB); insoweit bewirkt die Unterschriftsbeglaubigung eine **Vorprüfung durch den Notar** noch vor der registergerichtlichen Eintragungsprüfung.

Der Gesetzgeber schreibt die Abgabe einer Erklärung in öffentlich beglaubigter Form in den Fällen vor, in denen aus seiner Sicht die erforderliche Rechtssicherheit durch bloße Schriftform nicht erreicht werden kann, in denen er aber andererseits die weitergehende Prüfungs- und Belehrungsfunktion durch eine notarielle Beurkundung nicht für zwingend erforderlich hält.

Zuständig für die Unterschriftsbeglaubigung sind die **Notare** (§ 20 Abs 1 S 1 **3** BNotO). Das Verfahren der Unterschriftsbeglaubigung ist in **§§ 39, 40 BeurkG** geregelt.

Wirksamkeitsvoraussetzungen der Unterschriftsbeglaubigung (§ 39 aE BeurkG) sind das Zeugnis des Notars (über die Person und die Unterschriftsleistung der Beteiligten sowie die Bestätigung des Notars – Rn 97 ff) sowie Unterschrift und Siegel des Notars (Rn 101 f).

Bei der bloßen Unterschriftsbeglaubigung ohne Entwurf prüft der Notar lediglich **4** die Identität des Unterschreibenden (§ 40 BeurkG). Hat der Notar hingegen die zu beglaubigende **Erklärung selbst entworfen**, so treffen ihn dieselben Prüfungs- und Belehrungspflichten wie bei einer Beurkundung durch Niederschrift (§ 17 BeurkG). Damit bewirkt die Unterschriftsbeglaubigung nicht notwendig, aber doch in vielen Fällen denselben Schutz geschäftsunerfahrener Beteiligter wie die Beurkundung.

II. Erfordernis und Formzweck öffentlicher Beglaubigung

1. Wichtige Formvorschriften

Eine öffentliche Beglaubigung ist ua erforderlich bzw Tatbestandsvoraussetzung **5** nach folgenden Vorschriften:

- **BGB** §§ 77, 371, 403, 411, 1035, 1155, 1355, 1491/1492, 1560, 1617, 1617a, 1617b, 1617c, 1618, 1945, 1955, 2120/2121, 2198, 2215;

- **FGG** §§ 13 S 3, 91, 107;

- **GBO** §§ 29, 31;

- **GenG** § 11 Abs 4, 14 Abs 2, 28 Abs 2, 84 Abs 3, 157;

- **GmbHG** §§ 3 Abs 2, 55 Abs 1;

- **HGB** §§ 12, 29, 33;

- **LPartG** § 3 Abs 1 und 2, § 15 Abs 4;

- **PartGG** § 5 Abs 2;

- **ZPO** §§ 80, 726 f, 750 ff, 756 f und

- **ZVG** §§ 71, 81, 84, 91, 143, 144.

6   § 129 ist nicht nur anwendbar, soweit das materielle Recht eine Unterschriftsbeglaubigung erfordert, sondern auch für **verfahrensrechtliche** Erklärungen (OLG Düsseldorf OLGZ 1984, 259, 260 = DNotZ 1985, 95 = Rpfleger 1984, 275). § 129 gilt auch, soweit für **nicht rechtsgeschäftliche Erklärungen** eine Unterschriftsbeglaubigung erforderlich ist.

7   Von der Unterschriftsbeglaubigung nach § 129, § 40 BeurkG zu unterscheiden ist die in § 41 BeurkG geregelte Beglaubigung der **Zeichnung einer Namensunterschrift zum Handelsregister** bzw zur sonstigen Aufbewahrung bei Gericht, wie sie insbesondere §§ 37 Abs 5, 81 Abs 4, 266 Abs 5, 283 Nr 1 AktG; §§ 8 Abs 5, 39 Abs 4, 67 Abs 5 GmbHG; §§ 11 Abs 3, 28 Abs 2, 84 Abs 3 GenG; §§ 12, 13 Abs 2, 29, 53, 108 Abs 2, 161 Abs 2 HGB und §§ 31 Abs 2, 47 Abs 3 VAG erfordern.

8   Auch durch **Vereinbarung** kann eine Unterschriftsbeglaubigung als Formerfordernis vereinbart werden. Im Zweifel wird eine derartige Vereinbarung nicht als Wirksamkeitserfordernis, sondern lediglich als Nachweiserleichterung gedacht sein.

2.   Vorkontrolle gegenüber Grundbuchamt und Registergericht

9   In der Praxis spielt das Beglaubigungserfordernis vor allem für **verfahrensrechtliche Erklärungen gegenüber Registergerichten** (§ 12 HGB, § 157 GenG, § 5 Abs 2 PartGG) und **Grundbuchamt** (§ 29 GBO) eine Rolle.

a)   Grundbuchamt

10   Eintragungen in das Grundbuch können nach § 29 Abs 1 S 1 GBO nur vorgenommen werden, „wenn die **Eintragungsbewilligung** oder die sonstigen zu der Eintragung erforderlichen Erklärungen durch öffentliche oder öffentlich beglaubigte Urkunden nachgewiesen werden." Auch Grundbuchvollmachten bedürfen damit mindestens der Unterschriftsbeglaubigung. Dasselbe gilt für die Antragsrücknahme bzw den Widerruf einer Grundbuchvollmacht (§ 31 GBO).

Dies betrifft die Bestellung dinglicher Rechte an Grundstücken, vor allem von **Dienstbarkeiten**, da die Veräußerung (und die Verpflichtung zur Bestellung von Vorkaufsrechten) nach § 311b Abs 1 beurkundungsbedürftig ist und da auch die Bestellung von Grundpfandrechten meist durch Niederschrift erfolgt, weil nur dann eine Zwangsvollstreckungsunterwerfung möglich ist (§ 794 Abs 1 Nr 5 ZPO).

Der Begriff der „öffentlich beglaubigten Urkunde" iSd § 29 Abs 1 GBO entspricht **11** dabei dem der öffentlichen Beglaubigung nach § 129 (vgl statt aller DEMHARTER, GBO [24. Aufl 2002] § 29 GBO Rn 41).

Eine Unterschriftsbeglaubigung ist insbesondere regelmäßig auch für die **Nachge-** **12** **nehmigung eines vollmachtlos vertretenen Beteiligten** nach § 177 erforderlich, jedenfalls wenn die Nachgenehmigung dem Grundbuchamt nachgewiesen werden muß (zB für die vollmachtlos erklärte Auflassung). Aber auch darüber hinaus wird bei notariell beurkundeten Verträgen für die Nachgenehmigung regelmäßig eine Unterschriftsbeglaubigung vereinbart (im Zweifel nur als Nachweiserfordernis, nicht als Wirksamkeitserfordernis), um Beweisschwierigkeiten zu vermeiden.

b) Handelsregister und Vereinsregister
Nach § 12 Abs 1 HGB sind die „**Anmeldungen** zur Eintragung in das **Handelsregister** **13** sowie die zur Aufbewahrung bei dem Gericht bestimmten Zeichnungen von Unterschriften ... in öffentlich beglaubigter Form einzureichen" (zu Bestrebungen der Abschaffung der Beglaubigung für elektronische Anmeldungen vgl BNotk-Intern 4/2004, 3). Das selbe gilt für Vollmachten zur Anmeldung (§ 12 Abs 2 S 1 HGB).

Für **Partnerschaftsgesellschaften** von Angehörigen freier Berufe verweist § 5 Abs 2 PartGG auf § 12 HGB.

Dadurch ist eine Beglaubigung insbesondere folgender Anmeldungen bzw Unterschriftszeichnungen erforderlich:

– **AktG** §§ 37, 45, 81, 181, 184, 188, 195, 210, 223, 227, 237, 239, 274, 294, 319;

– **GmbHG** §§ 7, 54, 57, 65, 67;

– **HGB** §§ 31, 34, 53, 106, 108, 148, 162;

– **UmwG** §§ 16, 52, 129, 137, 140, 146, 148, 160, 198, 222, 235, 246, 254, 265, 278, 286, 296.

Für Anmeldungen zum **Genossenschaftsregister** schreibt § 157 GenG die „öffentlich **14** beglaubigte Form" vor. Dies betrifft etwa Anmeldungen nach §§ 11, 16 oder 42 GenG. Auch müssen die Mitglieder des Vorstandes nach § 11 Abs 4 GenG die Zeichnung ihrer Unterschriften ebenfalls in „öffentlich beglaubigter Form" einreichen.

Auch Anmeldungen zum **Vereinsregister** sind „mittels öffentlich beglaubigter Erklä- **15** rung zu bewirken" (§ 77).

c) Identitätsfeststellung

16 Die Unterschriftsbeglaubigung dient zum einen der **Identitätsfeststellung**, da das Grundbuchamt bzw Registergericht sonst nicht zuverlässig feststellen könnte, ob der Anmeldende bzw Bewilligende tatsächlich die in der Urkunde angegebene Person ist.

d) Inhaltliche Vorkontrolle

17 In der Praxis werden aber die allermeisten Grundbuchbewilligungen und Handelsregisteranmeldungen vom Notar nicht nur beglaubigt, sondern auch deren **Text vom Notar entworfen**. Fertigt er den Entwurf, so unterliegt der Notar denselben Prüfungs- und Belehrungspflichten wie bei der Beurkundung einer entsprechenden Erklärung durch notarielle Niederschrift (su Rn 83). Grundbuchamt bzw Registergericht erhalten dann eine bereits vorgeprüfte Erklärung, was die eigene Rechtsprüfung durch das eintragene Gericht wesentlich erleichtert.

18 Diese **Filterfunktion der Notare gegenüber den Registern der Freiwilligen Gerichtsbarkeit** (BAUMANN MittRhNotk 1996, 6, 19) ist nicht zu unterschätzen, auch wenn bisher keine quantitativen Schätzungen über die dadurch bei den Registern erzielte Zeit- und Kostenersparnis vorliegen. Dies zeigt insbesondere ein Vergleich mit anderen Ländern, deren Register keinen derartigen Schutz vorsehen (vgl etwa zu Schweden VOGEL Notar 2002, 42).

19 Haben die Beteiligten selbst die Erklärung gegenüber dem Grundbuchamt oder Registergericht entworfen, so beschränkt sich die Prüfungspflicht des Notars zwar auf die Identitätsfeststellung und die Prüfung, ob der zu beglaubigende Text unwirksam ist oder unlauteren Zwecken dient (§ 40 BeurkG). Jedoch kann der Notar auch hier von den Beteiligten beauftragt werden, den Text der Anmeldung zu prüfen (§ 24 Abs 1 BNotO).

20 Die **Bundesnotarkammer** hat vorgeschlagen, die faktisch im Regelfall weitgehend bereits bestehende Filterfunktion ausdrücklich im Gesetz zu regeln und damit für alle Fälle verbindlich vorzuschreiben. Der Vorschlag sieht eine Ergänzung des § 40 BeurkG vor, durch die der Notar verpflichtet würde, bei der Unterschriftsbeglaubigung von gegenüber einem öffentlichen Register (Grundbuchamt, Handelsregister) abzugebenden Erklärungen auch dann deren **„Registertauglichkeit"** zu prüfen, wenn er den zu beglaubigenden Text nicht selbst entworfen hat, denn wenn er den Entwurf gefertigt hat, muß der Notar ohnehin eine umfassende Rechtsprüfung vornehmen:

Nach dem Gesetzesvorschlag der Bundesnotarkammer sollte nach § 40 Abs 5 BeurkG folgender neuer Absatz eingefügt werden: „Beglaubigt der Notar die Unterschrift unter einer zur Eintragung in das Grundbuch, Handelsregister oder ein ähnliches Register erforderlichen Erklärung, hat er deren Eintragungsfähigkeit zu prüfen und über die rechtliche Tragweite der Eintragung zu belehren." Außerdem würde klargestellt, daß den Notar, wenn er den Entwurf gefertigt hat, die vollständigen Prüfungs- und Belehrungspflichten des § 17 BeurkG treffen (Tätigkeitsbericht der Bundesnotarkammer für das Jahr 1999, DNotZ 2000, 564, 567). Einen ähnlichen Vorschlag hatte die Bundesnotarkammer bereits 1993 erfolglos gemacht.

3. Familien- und erbrechtliche Erklärungen

a) Güterrechtsregister

Auch der Antrag auf Eintragung in das **Güterrechtsregister** erfordert eine öffentliche Beglaubigung (§ 1560 S 2). **21**

b) Namensbestimmung

Die Erklärung zur **Bestimmung des Ehenamens** bedarf einer Unterschriftsbeglaubigung, wenn sie nicht bereits bei der Eheschließung gegenüber dem Standesbeamten, sondern erst danach abgegeben wird (§ 1355 Abs 3 S 2). Neben dem Notar kann auch der Standesbeamte diese nachträgliche Bestimmung des Ehenamens beurkunden oder beglaubigen (§ 15c Abs 1 S 1 PStG); in der Praxis wird diese Erklärung idR vor dem Standesbeamten abgegeben. **22**

Entsprechendes gilt für die **Bestimmung des Geburtsnamens** für Kinder, deren Eltern keinen gemeinsamen Ehenamen führen, wenn die Bestimmung nicht bereits bei der Geburtsanzeige gegenüber dem Standesbeamten, sondern später erfolgt (§ 1617 Abs 1 S 2, § 1617a S 3, § 1617b Abs 2 S 2, § 1617c Abs 1 S 3, § 1618 S 5). Auch hier überwiegt in der Praxis die nach § 31a Abs 1 S 1 PStG mögliche Beurkundung bzw Beglaubigung durch den Standesbeamten. **23**

Bei der **fortgesetzten Gütergemeinschaft** bedarf sowohl der Verzicht eines anteilsberechtigten Abkömmlings auf seinen Anteil am Gesamtgut (§ 1491 Abs 1 S 2 HS 2) wie die Erklärung des überlebenden Ehegatten gegenüber dem Nachlaßgericht zur Aufhebung der fortgesetzten Gütergemeinschaft der öffentlichen Beglaubigung (§ 1492 Abs 1 S 2 HS 2). **24**

c) Erbschaftsausschlagung und andere Erklärungen gegenüber dem Nachlaßgericht

Die **Erbschaftsausschlagung** kann entweder zur Niederschrift des Nachlaßgerichts oder durch notarielle Unterschriftsbeglaubigung erklärt werden (§ 1945 Abs 1). Auch eine diesbezügliche Vollmacht bedarf der Unterschriftsbeglaubigung (§ 1945 Abs 3). Die Ausschlagungsfrist von grundsätzlich sechs Wochen nach Kenntnis von der Berufung zum Erben (§ 1944) ist aber nur durch Eingang der Erklärung beim zuständigen Nachlaßgericht eingehalten, noch nicht durch Abgabe der Erklärung beim Notar. **25**

Bei Ausschlagung durch Erklärung gegenüber dem Nachlaßgericht ist eine Niederschrift nach Maßgabe von §§ 8 ff, 22 ff BeurkG aufzunehmen (§ 1945 Abs 2). Die Ausschlagung unmittelbar durch Erklärung gegenüber dem Gericht erfordert damit eine weitergehende Form als die Erklärung beim Notar.

Dieselben Formerfordernisse gelten für die **Anfechtung** der Erbschaftsausschlagung (§ 1955 S 2). **26**

Auch die **Bestimmung des Testamentsvollstreckers** durch einen Dritten, dem der Erblasser in seiner Verfügung von Todes wegen das Bestimmungsrecht übertragen hatte, muß in öffentlich beglaubigter Form erfolgen (§ 2198 Abs 1 S 2 HS 2). **27**

4. Gesellschaftsrecht

28 Nach § 55 Abs 1 GmbHG bedarf bei der **Erhöhung des Stammkapitals einer GmbH** die Erklärung des Übernehmers zur Übernahme des auf das erhöhte Stammkapital zu leistenden Stammeinlage einer notariell beurkundeten oder doch notariell unterschriftsbeglaubigten Erklärung. Das Formerfordernis erstreckt sich auch auf die Vollmacht zur Übernahme (ZÖLLNER, in: BAUMBACH/HUECK, GmbHG [17. Aufl 2000] § 55 Rn 19).

29 Dies ist ein seltenes Beispiel, in dem die Unterschriftsbeglaubigung Wirksamkeitsvoraussetzung der Erklärung ist (RGZ 50, 48; SCHOLZ/PRIESTER, GmbHG [8. Aufl 2000] § 55 Rn 79). Die Handelsregistereintragung heilt einen allfälligen Formmangel; die bloße Leistung der Einlage heilt hingegen noch nicht (ZÖLLNER, in: BAUMBACH/HUECK, GmbHG § 55 Rn 19).

30 Der Schutzzweck ist hier ein doppelter: Zum einen soll der **Rechtsverkehr geschützt** werden, daß tatsächlich eine beweisbare Übernahmeverpflichtung besteht. Demselben Schutzzweck dient die Versicherung bei der Handelsregisteranmeldung der Erhöhung nach § 57 Abs 2 GmbHG sowie die allgemein vertretene Heilung durch die Registereintragung. Zum anderen bewirkt das Formerfordernis aber auch eine Warnung und **Übereilungsschutz der übernehmenden Gesellschafter**. Wird die Übernahmeerklärung durch Niederschrift beurkundet, wie dies in der Praxis wohl regelmäßig erfolgt, so ist zugleich eine notarielle Belehrung des Übernehmers gesichert.

31 Nach wohl herrschender, aber nicht unstrittiger Meinung soll bei der **Übernahme durch eine Behörde** deren Erklärung auch ohne öffentliche Beglaubigung genügen (KG DNotZ 1942, 415 = DR 1942, 1330 = JFG 23, 306 – unter Aufgabe der früheren eigenen Rechtsprechung, vgl KG DNotZ 1940, 239; LG Dortmund DNotZ 1962, 146; HACHENBURG/ULMER § 55 GmbHG Rn 62).

5. Legitimation gegenüber Dritten

32 Andere Vorschriften sehen einen besonderen Schutz eines Dritten vor, der sich auf eine unterschriftsbeglaubigte Erklärung verläßt: So begründet bei Briefgrundpfandrechten eine ununterbrochene Kette von öffentlich beglaubigten Abtretungserklärungen ebenso eine Vermutungswirkung (§ 891) und ist der gute Glaube des Zessionars (§ 892) ebenso geschützt wie der gute Glaube in das Grundbuch selbst (§§ 1155, 1154). Gewissermaßen **ersetzt die Kette unterschriftsbeglaubigter Abtretungserklärungen für Briefrechte das Grundbuch**.

33 Im weiteren Sinn zu dieser Fallgruppe gehört auch **§ 411**, der zum Schutz der öffentlichen Kassen zum Nachweis einer Gehaltsabtretung der Besoldungsansprüche von Beamten, Richtern oder Soldaten, sowie nach hM auch von Angestellten und Arbeitern des öffentlichen Dienstes (BAG DB 1966, 1936) eine „öffentlich oder amtlich beglaubigte Urkunde" erfordert. Neben der notariellen Unterschriftsbeglaubigung genügt hier auch die amtliche Beglaubigung (§ 65 BeurkG) durch den Dienstbehörde. Ungenügend wäre hingegen die amtliche Beglaubigung durch eine andere Behörde.

6. Anspruch auf unterschriftsbeglaubigte Erklärung

Eine weitere Gruppe von Vorschriften gewährt einen Anspruch auf eine unterschriftsbeglaubigte Erklärung, damit der Beteiligte bei **möglicherweise streitigen Erklärungen** später einen Nachweis durch öffentliche Urkunde führen kann. Im Regelfall sieht das Gesetz vor, daß die Kosten der Unterschriftsbeglaubigung dem Anspruchssteller zur Last fallen.

Auch in FGG-Verfahren kann jeder Beteiligte nach **§ 13 S 3 FGG** einen Nachweis der Vollmacht durch öffentlich beglaubigte Urkunde verlangen. Da hier idR nicht der Verlangende die Kosten zu tragen hat, sondern idR jeder Beteiligte seine außergerichtlichen Kosten selbst zu tragen hat, kann dies in Wohnungseigentumssachen insbes von querulantischen Verfahrensbeteiligten dazu genutzt werden, die Kosten des Verfahrens für die Gegenseite in die Höhe zu treiben; darauf reagierte die Rechtsprechung, indem sie derartige Verlangen teilweise als rechtsmißbräuchlich ansah (BayObLG WE 1990, 182; OLG Hamburg ZMR 2003, 864, 865; **aA** – für Zulässigkeit eines Vollmachtsnachweises nach § 80 Abs 1 ZPO in Wohnungseigentumssachen: ABRAMENKO ZMR 2004, 166).

Soweit ein derartiger Anspruch gesetzlich nicht geregelt ist, kann man ihn ggf im Wege einer **Gesamtanalogie** begründen, wenn der Anspruchssteller eines Nachweises durch öffentliche Urkunden in gleicher Weise bedarf wie in den gesetzlich geregelten Fällen.

a) Unterschriftsbeglaubigung zum Nachweis einer Berechtigung bzw deren Erlöschens

Nach § 403 kann der Zessionar vom Zedenten eine **unterschriftsbeglaubigte Abtretungserklärung** verlangen. Damit ermöglicht das Gesetz dem Zessionar zB bei der Abtretung von Briefrechten einen Nachweis und Gutglaubensschutz nach §§ 1155, 1154.

So kann der Schuldner vom Gläubiger eine öffentlich beglaubigte Erklärung verlangen, daß die Schuld erloschen ist, wenn über die Schuld ein Schuldschein ausgestellt wurde, der Gläubiger aber behauptet, den **Schuldschein nicht mehr zurückgeben** zu können (§ 371).

Der **Vorerbe** kann vom Nacherben eine unterschriftsbeglaubigte Zustimmungserklärung verlangen, soweit dieser im Rahmen der ordnungsgemäßen Verwaltung zur Zustimmung verpflichtet ist (§ 2120 S 2).

b) Unterschriftsbeglaubigung unter Inventar

Der Erbe kann verlangen, daß der **Testamentsvollstrecker** das von ihm zu erstellende **Nachlaßverzeichnis** öffentlich beglaubigen läßt (§ 2215 Abs 2 HS 2).

Ähnlich kann der Nacherbe vom **Vorerben** die Unterschriftsbeglaubigung unter dem vom Vorerben zu erstellenden Verzeichnis der Nachlaßgegenstände verlangen (§ 2121 Abs 1 S 2 HS 2).

Auch beim **Nießbrauch über einen Inbegriff von Sachen** können sowohl Nießbraucher wie Eigentümer vom anderen Teil Mitwirkung an der Erstellung eines Inventars wie dessen Unterschriftsbeglaubigung verlangen (§ 1035).

III. Abgrenzung und Zuständigkeit

1. Notare

42 Zuständig für die Unterschriftsbeglaubigung sind die **Notare** (§ 20 Abs 1 S 1 BNotO;. allg zu den Notariatsformen in Deutschland vgl Vorbem zu §§ 127a–128.

43 Im **Ausland** kann eine Unterschriftsbeglaubigung vor einem deutschen **Konsul** (§ 17 KonsularG) oder vor einem ausländischen Notar erfolgen (su Rn 134).

2. Ausnahmsweise zusätzliche Beglaubigungszuständigkeiten nach Landesrecht (§ 63 BeurkG)

44 § 63 BeurkG ermächtigt die Länder, „durch Gesetz die Zuständigkeit für die öffentliche Beglaubigung von Abschriften oder Unterschriften anderen Personen oder Stellen zu übertragen" (STOLTENBERG JurBüro 1989, 307). Als Fremdkörper innerhalb des Beurkundungsgesetzes ist diese Ausnahmevorschrift eng auszulegen (ARMBRÜSTER, in: HUHN/VSCHUCKMANN § 63 Rn 3; WINKLER § 63 Rn 1). Insbesondere dürfen die Landesbehörden nur Beglaubigungen vornehmen, nicht aber den Text der zu beglaubigenden Urkunden auch entwerfen (§ 1 iVm § 3 Nr 1 RBerG; ARMBRÜSTER, in: HUHN/VSCHUCKMANN § 63 Rn 4; WINKLER § 63 Rn 1; MECKE/LERCH § 63 Rn 3).

45 Unterschriftsbeglaubigungen können daher auch vornehmen: die **Ratsschreiber in Baden-Württemberg** (§ 32 LFGG vom 12.2. 1975, BW GBl 1975, 116), die **Vorsteher der Ortsgerichte in Hessen** (§ 13 HessOGerG idF vom 2.4. 1980, Hess GVBl 1980, 114; vgl WINKLER Rpfleger 1971, 344, 348), sowie in **Rheinland-Pfalz** die **Ortsbürgermeister** und Ortsvorsteher, die Gemeindeverwaltungen der verbandsfreien Gemeinden und die Verbandsgemeindeverwaltungen sowie die Stadtverwaltungen der kreisfreien und großen kreisangehörigen Städte (§§ 1 Abs 1 Nr 1–3, § 2 G über die Beglaubigungsbefugnis vom 21.7. 1978, RP GVBl 1978, 597; vgl auch BVerfG DNotZ 1982, 611 = NJW 1981, 2401). Dabei soll die Unterschriftsbeglaubigung nur erfolgen, wenn der Beteiligte seinen Wohnsitz, ständigen Aufenthalt oder ständigen Arbeitsplatz in der betreffenden Gemeinde oder Verbandsgemeinde hat (Hessen § 13 Abs 1 HessOGerG; Rheinland-Pfalz § 4 GBeglaubBefugnis).

Die Unterschriftsbeglaubigung durch eine nach Landesrecht zuständige Stelle ist auch außerhalb der Landesgrenzen wirksam (LG Bonn Rpfleger 1983, 309).

3. Sonderzuständigkeiten

46 Eine in der Praxis bedeutsame Sonderzuständigkeit (neben der auch insoweit bestehenden allgemeinen Zuständigkeit der Notare) haben die **Standesbeamten** für die Beurkundung oder Beglaubigung von Erklärungen über den **Ehe- oder Geburtsnamen** (§§ 15c, 31a PStG).

Eine Gesetzesinitiative des Bundesrates sieht die Einführung einer Beglaubigungszuständigkeit der Betreuungsbehörden für Vorsorgevollmachten und Betreuungsverfügungen vor (BT-Drucks 15/2494 vom 12.2.2004, S 10 zur Einführung eines § 6 Abs 2 Betreuungsbehördengesetz; derzeit geltendes Gesetz: BGBl 2002 I 2025). Dies läuft konträr zu der durch das Beurkundungsgesetz geschaffenen Konzentration der Beglaubigungszuständigkeit und würde zu einer – auch bei den landesrechtlichen Beglaubigungszuständigkeiten nach § 63 BeurkG zu beobachtenden – Verwirrung des Rechtsverkehrs über die Wirkung der Beglaubigung durch andere Stellen als den Notar schaffen.

4. Abgrenzung zu amtlicher Beglaubigung (§ 34 VwVfG)

Von der Unterschriftsbeglaubigung nach § 63 BeurkG zu unterscheiden ist die **amtliche Beglaubigung** einer Unterschrift durch Verwaltungsbehörden **zur Vorlage bei einer Behörde** nach **§ 34 VwVfG** (bzw den entsprechenden Vorschriften der Landesverwaltungsverfahrensgesetze). Die amtliche Beglaubigung durch Verwaltungsbehörden genügt den Anforderungen des § 129 nach der ausdrücklichen Regelung des § 34 Abs 1 S 2 Nr 2 VwVfG nicht. Die Beweiskraft der amtlichen Unterschriftsbeglaubigung beschränkt sich vielmehr auf den im Beglaubigungsvermerk genannten Verwendungszweck (§ 65 S 2 BeurkG), also auf die Vorlage bei der dort genannten Behörde. Nur in dem betreffenden Verfahren handelt es sich um öffentliche Urkunden iSd § 415 ZPO.

Auch über ihre Zuständigkeit nach § 34 VwVfG hinaus nehmen Behörden in der Praxis aber nicht selten Unterschriftsbeglaubigungen vor. Die Behörden dürfen jedoch amtliche Beglaubigungen nur im Rahmen ihrer Zuständigkeit vornehmen. Überschreiten sie ihre Zuständigkeit, so kommt der Unterschriftsbeglaubigung keinerlei Beweiskraft zu (Förger BayVwBl 1971, 183; Winkler § 65 Rn 2; Mecke DNotZ 1968, 596).

5. Entbehrlichkeit der Unterschriftsbeglaubigung bei gesiegelten Eigenurkunden einer juristischen Person des öffentlichen Rechtes

Für **Eintragungsbewilligungen gegenüber dem Grundbuchamt** erfordert § 29 Abs 1 S 1 GBO ausdrücklich entweder eine „öffentliche" oder eine „öffentlich beglaubigte" Erklärung. Außerdem regelt **§ 29 Abs 3 GBO**, daß für Erklärungen oder Ersuchen einer Behörde, auf Grund deren eine Eintragung vorgenommen werden soll (insbes nach § 38 GBO), Unterschrift und Siegel oder Stempel der Behörde genügt. Nach allgemeiner Auffassung genügt daher die öffentliche Eigenurkunde als Eintragungsbewilligung (BayObLGZ 1975, 227 = DNotZ 1976, 120 = Rpfleger 1975, 315; BayObLG MittBayNot 1980, 130; Demharter, § 29 GBO Rn 34). So genügt zB für die Löschungsbewilligung einer Sparkasse für eine für sie eingetragene Grundschuld eine von der Sparkasse selbst gesiegelte Eigenurkunde.

Unbestritten gilt dies auch für Handelsregisteranmeldungen, für die **§ 12 HGB** „öffentlich beglaubigte Form" vorschreibt (BayObLGZ 1975, 227 = DNotZ 1976, 120 = Rpfleger 1975, 315; OLG Düsseldorf MittRhNotK 1997, 436; LG Berlin Rpfleger 1994, 167). Dies läßt sich mit der Rechtsähnlichkeit zwischen einer Eintragungsbewilligung nach der GBO und einer Handelsregisteranmeldung begründen (vSchuckmann/Preuss, in: Huhn/vSchuckmann § 40 Rn 4; Winkler § 40 Rn 5). So genügt etwa eine Eigenurkunde der Gemeinde zur Eintragung der Vertretungsbefugnis bei Eigenbetrieben (WALDNER MittBayNot 2000, 13).

51 Für die **Namenszeichnung** nach § 12 HGB iVm § 41 BeurkG läßt hingegen ein Teil der Literatur wohl zu Recht eine Eigenurkunde der Behörde nicht genügen, sondern fordert eine notarielle Unterschriftsbeglaubigung, da die Unterschriftsleistung vor dem Amtsträger erfolgen müsse (LIMMER, in: EYLMANN/VAASEN § 40 Rn 28; WEHRSTEDT MittRhNotK 1999, 289).

52 Nach wohl noch hM genügt eine Eigenurkunde bei juristischen Personen des öffentlichen Rechts auch, soweit in **anderen Formvorschriften** nicht nur eine „öffentliche Urkunde" (wie in § 29 Abs 1 GBO) oder „öffentlich beglaubigte" Form (wie in § 12 HGB) vorschreibt, sondern auch soweit ausdrücklich eine „öffentliche Beglaubigung" oder „notarielle Beglaubigung" vorgeschrieben ist (OLG Düsseldorf MittRhNotK 1997, 436; KG DNotZ 1942, 415 m abl Anm HIEBER = DJ 1942, 102 = DR 1942, 1330; LG Berlin Rpfleger 1994, 167; PHILIPPI DNotZ 1962, 147; RÖMER DNotZ 1956, 359, 363).

Vor allem die beurkundungsrechtliche Literatur lehnt diese pauschale Gleichstellung zu Recht ab (HUHN/vSCHUCKMANN § 40 Rn 4; LIMMER, in: EYLMANN/VAASEN § 40 Rn 28; MünchKomm/EINSELE § 129 Rn 4; WINKLER § 40 Rn 6; HIEBER DNotZ 1942, 417). Vielmehr ist für die jeweilige Formvorschrift zu prüfen, welche Schutzzwecke mit der öffentlichen Beglaubigung nach dem materiellen Recht verbunden sind. Kommt es auf das spezifische Pflichtenprogramm der öffentlichen Beglaubigung nach § 40 BeurkG an, dann genügt die gesiegelte Eigenerklärung einer Behörde nicht (LIMMER, in: EYLMANN/ VAASEN § 40 Rn 28) – so etwa nicht für die Vollmacht zur Gründung einer GmbH nach § 2 Abs 2 GmbHG (LIMMER aaO; **aA** OLG Düsseldorf MittRhNotK 1997, 436).

6. Eigenurkunden des Notars

53 Keine Unterschriftsbeglaubigung iSd § 129 BGB, wohl aber eine öffentliche Urkunde iSd § 29 GBO ist eine **Eigenurkunde des Notars**. Voraussetzung ist, daß der Notar grundbuchrechtliche Erklärungen von Beteiligten, die er selbst beurkundet oder beglaubigt hat, im Namen eines Beteiligten nachträglich berichtigt, ergänzt oder grundbuchrechtlichen Erfordernissen angepaßt, wozu er von dem betreffenden Beteiligten ausdrücklich bevollmächtigt wurde. Wird diese Eigenurkunde vom Notar unterzeichnet und gesiegelt, so ist sie eine öffentliche Urkunde und genügt dem Formerfordernis des § 29 GBO (BGHZ 78, 36 = DNotZ 1981, 118 = Rpfleger 1980, 465; ebenso etwa BayObLG DNotZ 1983, 434 = Rpfleger 1982, 416; BayObLG DNotZ 1988, 117 = NJW-RR 1988, 330 = Rpfleger 1988, 60; vgl Gutachten DNotI-Report 1998, 169).

Beispielsfälle für notarielle Eigenurkunden sind insbesondere die Identitätsbescheinigung beim Teilflächenverkauf, die Mitteilung der vormundschaftsgerichtlichen Genehmigung bei Doppelvollmacht des Notars (§ 1829 Abs 1), die nachträgliche Ergänzung einer unvollständigen Grundbuchbewilligung, aber auch eine Rangbestimmung (Gutachten DNotI-Report 1998, 169) oder die nachträgliche Bewilligung einer Auflassungsvormerkung (OLG Frankfurt DNotI-Report 2003, 142).

Ausgeschlossen sind Fälle, in denen der Notar nicht in seiner Eigenschaft als Notar, sondern **als Privatmann handelt,** so etwa wenn er eine Löschungsbewilligung als

Privatperson abgibt (OLG Zweibrücken Rpfleger 1982, 276; daher kann der Notar auch keine Löschungsbewilligung für eine Sicherungshypothek für Notargebühren als Eigenurkunde erstellen) oder eine Freigabeerklärung, die der Notar als Testamentsvollstrecker erklärt (OLG Düsseldorf Rpfleger 1989, 58).

IV. Schriftform

1. Schriftform

Das Gesetz sieht eine Unterschriftsbeglaubigung nur unter schriftlichen Urkunden 54 vor („schriftlich abgefaßt"). Die Urkunde muß daher die Anforderungen an die **gesetzliche Schriftform** (§ 126) erfüllen. Es muß sich aber nicht um eine rechtsgeschäftliche Erklärung handeln; grundsätzlich ist jeder beliebige Text möglich (KG JFG 1, 184, 187; SOERGEL/HEFERMEHL § 129 Rn 2).

Der Text kann in jeder **beliebigen Sprache** verfaßt sein. Er kann auch in fremden 55 Schriftzeichen geschrieben sein (zB Arabisch, Chinesisch oder Kyrillisch; WINKLER § 40 BeurkG Rn 15). Ebenso kann ein stenographisch geschriebener Text beglaubigt werden. Es ist nicht erforderlich, daß der Notar die Sprache des Textes verstehen kann (su Rn 91).

Auch ein erst nach der Unterschriftsbeglaubigung eines **Blanketts** bzw eines lük- 56 kenhaften Textes (vom Unterzeichnenden) ausgefüllter Text entspricht der Form des § 129 (MünchKomm/EINSELE § 129 Rn 5; SOERGEL/HEFERMEHL § 129 Rn 3). Dies ergibt sich indirekt aus § 40 Abs 5 BeurkG, der die Beglaubigung von Blankounterschriften unter bestimmten Voraussetzungen verfahrensrechtlich zuläßt (im einzelnen su Rn 119 ff); dies wäre sinnlos, wenn die Beglaubigung nicht die Form des § 129 erfüllen würde.

2. Beifügung von Zeichnungen und Karten

Vor allem bei Dienstbarkeiten nimmt die beglaubigte Eintragungsbewilligung häu- 57 fig Bezug auf eine beigefügte Zeichnung oder Karte. Daß dies zulässig ist, ist unstrittig (BGHZ 59, 11 = DNotZ 1972, 533 = NJW 1972, 1283). Dabei muß allerdings in der beglaubigten Bewilligung auf die beigefügte Zeichnung **Bezug genommen** werden; die bloße Verbindung der Zeichnung mit der Bewilligung durch Siegel und Schnur oder ein Vermerk des Notars, die Zeichnung sei „Anlage" der beglaubigten Erklärung, genügt nicht (BGH NJW 1981, 1781 = MittBayNot 1981, 126 = WM 1981, 776; CRUSIUS DNotZ 1966, 660; WINKLER § 40 BeurkG Rn 22; ebenso jetzt auch vSCHUCKMANN/ PREUSS, in: HUHN/vSCHUCKMANN § 40 BeurkG Rn 30)

Jedoch sieht die Rechtsprechung darin nur eine **Erläuterung** des öffentlich beglau- 58 bigten Textes (BGHZ 59, 11 = DNotZ 1972, 533 = NJW 1972, 1283; OLG Düsseldorf NRW-JMBl 1968, 105; KGJ 50, 131, 135), WINKLER hingegen hält auch hier eine Unterschriftsbeglaubigung für möglich (WINKLER § 40 BeurkG Rn 19). ME ist zu unterscheiden: § 129 regelt nur die Beglaubigung einer Erklärung, während § 40 BeurkG auch die **Unterschriftsbeglaubigung unter Zeichnungen** etc regelt.

V. Unterschrift

1. Unterschrift oder Handzeichen

a) Unterschrift

59 Da die Unterschriftsbeglaubigung eine privatschriftliche Urkunde voraussetzt, sind die Anforderungen an die Unterschrift dieselben wie bei der **gesetzlichen Schriftform** (§ 126; s o § 126 Rn 124 ff; im Ergebnis ähnlich OLG Frankfurt FGPrax 1995, 185 = NJW-RR 1995, 1421 = OLG-Report 1995, 173). Soweit die Unterschrift den gesetzlichen Anforderungen nicht genügt, dürfte aber zumindest ein Handzeichen vorliegen, das nach § 129 und § 40 Abs 6 BeurkG ebenfalls und unter denselben Voraussetzungen wie eine Unterschrift beglaubigt werden kann. Im Anwendungsbereich der § 129, § 40 BeurkG kann die Frage daher meist dahinstehen.

60 Auch eine Unterschrift in **fremden Schriftzeichen** (zB arabisch, chinesisch, griechisch, hebräisch oder kyrillisch) ist eine Unterschrift iSd §§ 126, 129 (vSchuckmann/Preuss, in: Huhn/vSchuckmann § 40 Rn 8; Winkler § 40 BeurkG Rn 23 und 73; ebenso zu § 126: BayVGH NJW 1978, 410; Köhler, in: FS Schippel [1996] 216; Teile der älteren Literatur sahen hingegen darin nur ein Handzeichen, wenn der Notar die fremdartigen Schriftzeichen nicht beherrscht).

b) Handzeichen

61 Möglich ist auch die Beglaubigung eines bloßen Handzeichens (während ein unbeglaubigtes Handzeichen der gesetzlichen Schriftform nach § 126 nicht genügt). Auch eine **stenographische Unterschrift** oder eine sonst den Anforderungen des § 126 nicht genügende Unterschrift (zB Unterschrift nur mit dem Vornamen ohne den Familiennamen) ist bloßes Handzeichen (Winkler § 40 Rn 25; **aA** – Beglaubigung als Unterschrift: vSchuckmann/Preuss, in: Huhn/vSchuckmann § 40 Rn 6; Limmer, in Eylmann/Vaasen § 40 Rn 7).

62 Das **Beglaubigungsverfahren** für Handzeichen unterscheidet sich nicht von dem für Unterschriften. § 40 Abs 6 BeurkG schreibt für die Beglaubigung eines Handzeichens die Anwendung des Verfahrens bei der Unterschriftsbeglaubigung vor. Nimmt der Notar eine Unterschriftsbeglaubigung vor, obwohl die Unterschrift nicht den Anforderungen des § 126 genügt, so ist die Beglaubigung als Beglaubigung eines Handzeichens gleichwohl wirksam; sie genügt dann auch den Anforderungen der § 12 HGB und § 29 GBO (OLG Hamm DB 2001, 2037 = GmbHR 2001, 817 = OLG-Report 2001, 280; LG Bonn BWNotZ 1963, 19; Winkler § 40 BeurkG Rn 75).

2. Unterschrift eines Vertreters, Unterschrift mit Firma oder Pseudonym

a) Unterschrift eines Vertreters

63 Unterschreibt ein **Vertreter**, so wird dieser sinnvollerweise bereits in dem zu beglaubigenden Text erklären, daß er die Erklärung nicht im eigenen, sondern im fremden Namen abgibt. Andernfalls sollte der Notar die entsprechende Erklärung in seinen Beglaubigungsvermerk aufnehmen, um Mißverständnisse zu vermeiden. Dabei kann der Notar allerdings nur feststellen, daß der Beteiligte erklärt hat, in Vertretung eines anderen zu handeln; ob die Erklärung tatsächlich gegen den Vertretenen wirkt, kann der Notar im Regelfall nicht beurteilen (soweit er nicht ausnahmsweise auch die Vertretungsmacht geprüft hat).

Materiell-rechtlich kann es zulässig sein, daß der Vertreter den Vertretenen auch bei der Unterschrift vertritt und daher nicht nur im Namen, sondern **mit dem Namen des Vertretenen unterzeichnet** (BGHZ 45, 195; so jetzt auch vSchuckmann/Preuss, in: Huhn/vSchuckmann § 40 Rn 9). Beglaubigen kann der Notar aber stets nur die Unterschriftsleistung durch den Vertreter. In den Beglaubigungsvermerk sind daher grundsätzlich nur die Personalien des Vertreters aufzunehmen (RGZ 74, 69; KG JR 1927 Nr 1431; vSchuckmann/Preuss, in: Huhn/vSchuckmann § 40 Rn 9; Winkler § 40 BeurkG Rn 31). 64

Die **Anerkennung einer fremden Unterschrift** kann hingegen nicht durch eine Unterschriftsbeglaubigung festgestellt werden. Jedoch kann der Notar einen Tatsachenvermerk aufnehmen, daß der Anerkennende die fremde Unterschrift als echt bezeichnet hat (Kuntze DNotZ 1972, 58; vSchuckmann/Preuss, in: Huhn/vSchuckmann § 40 Rn 10; Winkler § 40 BeurkG Rn 32) 65

b) Unterschrift mit Firma

Unterschreibt ein Einzelhandelskaufmann nicht mit seinem bürgerlichen Namen, sondern mit der von ihm im Handelsverkehr geführten **Firma**, so müssen in den Beglaubigungsvermerk ebenfalls nur die Personalien des Unterzeichnenden aufgenommen werden; sinnvollerweise gibt der Notar aber zugleich an, mit welcher Firma der Beteiligte unterzeichnet hat, ohne damit eine Feststellung zur Berechtigung der Firmenführung zu treffen. 66

c) Pseudonym oder Künstlername

Zulässig ist die Beglaubigung auch bei einer Unterschrift mit einem **Pseudonym** oder Künstlernamen. Aber auch hier muß der Beglaubigungsvermerk grundsätzlich nur den bürgerlichen Namen des Unterzeichnenden nennen. Die Hinzufügung des verwendeten Pseudonyms ist sinnvoll, aber nicht erforderlich (vSchuckmann/Preuss, in: Huhn/vSchuckmann § 40 Rn 6; Winkler § 40 Rn 29). 67

Der Notar muß auch nicht prüfen, ob der Beteiligte mit dem Pseudonym unterzeichnen kann und ob die Unterschrift mit dem Pseudonym wirksam ist (jedenfalls soweit er nicht auch den Urkundstext entworfen hat – su Rn 83). In aller Regel ist die Erklärung aber wirksam, da auch ein unterschriftsbeglaubigtes Handzeichen (und ein solches ist das beglaubigte Pseudonym ja jedenfalls) die Voraussetzungen der gesetzlichen Schriftform nach § 126 Abs 1 Var 2 erfüllt. 68

VI. Beglaubigungsverfahren

1. Vollzug oder Anerkennung der Unterschrift vor dem Notar

a) Verbot der Fernbeglaubigung

Der Notar darf nur dann eine Unterschriftsbeglaubigung vornehmen, wenn die Unterschrift entweder vor ihm selbst **vollzogen** oder doch vor ihm vom Unterschreibenden selbst **anerkannt** wurde (§ 40 Abs 1 BeurkG). 69

Unzureichend ist hingegen die Anerkennung der Unterschrift durch einen Abwesenden (etwa die telephonische Bestätigung des Beteiligten, die soeben von einem Boten überbrachte Urkunde sei von ihm selbst unterzeichnet). Eine derartige **"Fernbeglaubigung"** ist nicht nur amtspflichtwidrig (BGH DNotZ 1988, 259; mit der Folge einer Amtshaftung und disziplinarischen Sanktionen), sondern auch als Falschbeurkundung im Amt strafbar (BGH DNotZ 1977, 762; BGH DNotZ 1988, 259; DNotZ 1969, 178; BGHSt 22, 32; OLG Frankfurt DNotZ 1986, 421 = NStZ 1986, 121; OLG Köln DNotZ 1977, 763). Wirksam hingegen ist die Fernbeglaubigung.

70 Das Ansuchen um die Unterschriftsbeglaubigung muß nicht vom Unterzeichnenden selbst gestellt werden, sondern kann auch von einem Dritten ausgehen. Jedoch muß die Unterschriftsperson ihre Unterschrift freiwillig unmittelbar vor dem Notar vollziehen oder anerkennen und sich auch bewußt sein, daß der Notar dabei als Amtsträger handelt. Das Anerkenntnis kann später nicht widerrufen werden (OLGZ 1994, 120 = MittRhNotK 1993, 169 = NJW-RR 1994, 756 = WM 1993, 2137 = WuB VIII C § 40 BeurkG 1.94 [REITHMANN]).

b) Behinderte und sprachfremde Beteiligten

71 Das Beurkundungsgesetz enthält keine besonderen Vorgaben für die Unterschriftsbeglaubigung bei behinderten oder sprachfremden Beteiligten (während §§ 16, 22–26 BeurkG insoweit für die Niederschrift Sondervorschriften enthalten). Vielmehr steht es im **pflichtgemäßen Ermessen des Notars**, die erforderlichen Maßnahmen zu treffen, um Zweifel oder Täuschungen auszuschließen (LG Darmstadt MittBayNot 1998, 369; WINKLER § 40 Rn 37). Der Notar kann daher etwa einen Zeugen oder eine Person zuziehen, die sich mit dem Behinderten zu verständigen vermag (eine „Vertrauensperson" nach der früher in § 24 BeurkG verwendeten Bezeichnung, §§ 22, 24 BeurkG), ohne daß aber eine entsprechende Amtspflicht besteht.

72 Allerdings scheidet bei einem **Blinden** die Anerkennung der Unterschrift regelmäßig aus, so daß nur eine vor dem Notar vollzogene (ggf wiederholte) Unterschrift beglaubigt werden kann. Denn selbst wenn der Notar dem Blinden den Text des Schriftstücks vorliest, kann dieser nicht feststellen, ob es sich um seine eigene Unterschrift handelt (vSCHUCKMANN/PREUSS, in: HUHN/vSCHUCKMANN § 40 Rn 15; WINKLER § 40 Rn 38). Bei einer Unterschriftsleistung durch Hör- oder Sprachbehinderte wird dagegen meist zumindest eine ausreichende schriftliche Verständigung möglich sein.

73 Bei einem **Sprachfremden** kann der Notar nach seinem Ermessen einen Dolmetscher zuziehen, ohne insoweit an § 16 BeurkG gebunden zu sein (WINKLER § 40 Rn 40). Zumindest muß sich der Notar allerdings soweit mit dem Beteiligten verständigen können, daß er – sei es auch mit Hilfe seiner Angestellten oder von Begleitpersonen des Beteiligten – feststellen kann, daß der Beteiligte den zu unterzeichnenden Text kennt und eine Unterschriftsbeglaubigung wünscht.

2. Identitätsprüfung und Angaben zur Person im Beglaubigungsvermerk

74 Bei einer Unterschriftsbeglaubigung hat der Notar eine Identitätsprüfung nach denselben Maßstäben wie bei der Beurkundung durch Niederschrift vorzunehmen. § 40 Abs 4 BeurkG verweist insoweit auf § 10 Abs 1 und Abs 2 S 1 BeurkG.

a) Identitätsprüfung

§ 10 BeurkG und § 26 DONot regeln nicht ausdrücklich, wie sich der Notar Gewißheit über die Person des Beteiligten zu verschaffen hat, sofern er die Beteiligten nicht persönlich kennt. Im Regelfall wird sich der Notar einen **amtlichen Lichtbildausweis** vorlegen lassen (RGZ 156, 82, 87; BGH DNotZ 1956, 502, 503 = MDR 1956, 541 m Anm Pohle). Hierfür kommen neben Reisepaß und Personalausweis ggf etwa auch der Führerschein oder ein Dienstausweis einer Behörde in Betracht. Auch ein abgelaufener Ausweis kann genügen, sofern der Beteiligte sicher zu erkennen ist. Anders in beiden Punkten die Identifizierung nach § 1 Abs 5 GeldwäscheG, die einen gültigen Personalausweis oder Paß erfordert.

Anerkannt ist aber auch die **Vorstellung** durch dem Notar als zuverlässig bekannte Personen, in der Praxis typischerweise durch Notarangestellte (§ 25 Abs 1 S 2 DONot 1984; vgl BGH DNotZ 1956, 502, 505; RGZ 24, 62; RG DNotZ 1929, 676; DNotZ 1936, 633 = JW 1936, 1956).

Im **Beglaubigungsvermerk** ist festzuhalten, „ob der Notar die Beteiligten kennt oder wie er sich Gewißheit über ihre Person verschafft hat" (§ 40 Abs 4 iVm § 10 Abs 2 S 1 BeurkG). Es genügt etwa der Vermerk „(mir, dem Notar) persönlich bekannt" oder „ausgewiesen durch amtlichen Lichtbildausweis (oder: Bundespersonalausweis/deutschen Reisepaß)".

b) Angaben zur Person im Beglaubigungsvermerk

§ 10 Abs 1 BeurkG erfordert eine Zweifel oder Verwechslungen ausschließende Genauigkeit bei der Bezeichnung der Person. Die Verwaltungsanweisung des § 26 Abs 2 DONot präzisiert dies dahingehend, daß der Notar bei der Bezeichnung natürlicher Personen den **Namen** (einschließlich eines abweichenden Geburtsnamens), **Geburtsdatum, Wohnort und Wohnung** anzugeben hat; zum Schutz gefährdeter Beteiligter oder ihrer Haushaltsangehörigen kann ausnahmsweise von der Angabe der Wohnung abgesehen werden.

Handelt ein **Vertreter für eine juristische Person**, so wird üblicher- und zulässigerweise anstelle der Wohnung nur die **Geschäftsanschrift** bzw Dienststellenanschrift angegeben. Erforderlich ist aber auch hier eine Bezeichnung, die eine eindeutige Identifizierung zuläßt.

c) Keine Prüfung der Geschäftsfähigkeit

Anders als bei der Beurkundung durch Niederschrift (§ 11 BeurkG) muß sich der Notar bei der Unterschriftsbeglaubigung nicht von der erforderlichen Geschäftsfähigkeit der Beteiligten überzeugen (§ 40 Abs 2 BeurkG). Stellt der Notar aber positiv fest, daß einem Beteiligten die erforderliche **Geschäftsfähigkeit** fehlt, so hat er die Unterschriftsbeglaubigung nach § 40 Abs 2 BeurkG abzulehnen.

Da der Notar auch das Geburtsdatum als Teil der Personalien feststellen muß, ist ihm stets bekannt, ob ein Beteiligter minderjährig ist (ausgenommen, ein ausländisches Personalstatut kommt in Betracht). Die Unterschrift eines **Minderjährigen** darf der Notar nicht beglaubigen, wenn dessen Erklärung nach materiellem Recht unwirksam ist (§ 40 Abs 2 BeurkG).

3. Keine inhaltliche Prüfung und Belehrung durch den Notar

a) Belehrungspflicht nur bei Unterschriftsbeglaubigung mit Entwurf

82 Die notarielle Belehrung (§ 17 BeurkG) ist ein zentraler Punkt der notariellen Amtstätigkeit bei der Beurkundung von Willenserklärungen. Bei der bloßen Unterschriftsbeglaubigung besteht hingegen gerade **keine Belehrungspflicht** des Notars nach § 17 BeurkG (e contra § 40 Abs 2 BeurkG; BGHZ 37, 79, 86; OLG Celle DNotZ 1959, 666; LG München Rpfleger 1972, 255).

83 Beschränkt sich hingegen die Rolle des Notars nicht auf die bloße Unterschriftsbeglaubigung, sondern beauftragen ihn die Beteiligten zugleich mit dem Entwurf des Textes, so unterliegt der Notar **denselben Prüfungs- und Belehrungspflichten wie bei der Beurkundung** durch Niederschrift (BGH DNotZ 1955, 396; 1956, 94; 1958, 101; BGHZ 125, 218, 226 = DNotZ 1994, 764 = NJW 1994, 1344; DNotZ 1997, 51 = NJW 1996, 1675; OLG Celle DNotZ 1955, 94; 1973, 504; OLG Düsseldorf DNotI-Report 1995, 117 = NJW-RR 1995, 1147 = OLG-Report 1995, 268; WINKLER § 40 BeurkG Rn 49 – zu den einschlägigen Amtspflichten s Vorbem 446 ff zu §§ 127a, 128). Der wesentliche Unterschied zu einer Niederschrift besteht darin, daß keine Verlesung (§ 13 Abs 1 BeurkG) erforderlich ist.

84 Erstellt der Notar einen Entwurf, so ist er als neutraler Amtsträger (§ 14 Abs 1 BNotO) verpflichtet, einen die Interessen beider Vertragsparteien berücksichtigenden **ausgewogenen Entwurf** zu erstellen, auch wenn der Beurkundungsauftrag nur von einem Beteiligten erteilt wird und auch wenn **nur die Unterschrift eines Beteiligten beglaubigt** werden soll – was in der Praxis etwa bei der Bestellung von Grundstücksbelastungen aus Kostengründen häufig erfolgt, da dann nur eine einfache Gebühr anfällt (§ 36 Abs 1 KostO), während bei Entwurf und Beglaubigung der Unterschriften beider Vertragsteile eine doppelte Gebühr anfiele (§ 36 Abs 2 KostO – ebenso wie bei der Beurkundung des Vertrages durch Niederschrift). So wird der Notar etwa bei der Bestellung einer Dienstbarkeit in seinen Entwurf auch Regelungen über das Verhältnis zwischen Grundstückseigentümer und Dienstbarkeitsberechtigtem aufnehmen, gleichwohl aber nur die Erklärung des Grundstückseigentümers beglaubigen (die zugleich die Eintragungsbewilligung wie das materiell-rechtliche Angebot für die Dienstbarkeitsbestellung enthält), nicht aber die Annahmeerklärung des Dienstbarkeitsberechtigten. Dennoch treffen den Notar dabei auch Amtspflichten gegenüber dem anderen Vertragsteil, dessen Unterschrift nicht beglaubigt wird. Eine Belehrung ist allerdings selbstverständlich nur gegenüber den erschienen Beteiligten möglich.

b) Bei bloßer Unterschriftsbeglaubigung nur Prüfung auf Versagungsgründe für Amtstätigkeit

85 Ist der Notar hingegen nur mit der Unterschriftsbeglaubigung selbst befaßt, so muß er nach § 40 Abs 2 BeurkG nur prüfen, „ob Gründe bestehen, seine Amtstätigkeit zu versagen".

86 Ein solcher Grund sind auch die **Mitwirkungsverbote** des § 3 BeurkG: So kann der Notar weder die eigene Unterschrift, noch die seines (früheren) Ehegatten oder bestimmter enger Verwandter beglaubigen; eine diesbezüglich Unterschriftsbeglaubigung wäre nach § 7 BeurkG nichtig. Ebensowenig darf der Notar die Unterschrift

seines Sozius beglaubigen (§ 3 Abs 1 S 1 Nr 4 BeurkG); eine gleichwohl vorgenommene Beglaubigung der Unterschrift des Sozius wäre jedoch wirksam.

Verweigern muß der Notar eine Unterschriftsbeglaubigung, wenn die Beteiligten damit erkennbar einen **gesetzeswidrigen oder unredlichen Zweck** verfolgen (§ 4 BeurkG, § 14 Abs 2 BNotO), insbesondere wenn durch Mitwirkung des Notars ein falscher Anschein erweckt werden soll (zB wenn durch eine Unterschriftsbeglaubigung unter einer Tatsachenbestätigung der unzutreffende Eindruck erweckt werden soll, der Notar habe die Tatsache selbst festgestellt oder überprüft). Bestehen lediglich gewisse Anhaltspunkte für einen unredlichen Zweck, so muß der Notar diesen nachgehen. Zerstreuen die Beteiligten die Anhaltspunkte, so kann er die gewünschte Unterschriftsbeglaubigung vornehmen. Geben die Beteiligten hingegen keine oder nur ausweichende Auskünfte, so muß er die Beglaubigung ablehnen, da sich dann der Verdacht eines unredlichen Zwecks noch verdichtet (Winkler § 4 BeurkG Rn 29). 87

Ablehnen muß der Notar auch die Unterschriftsbeglaubigung unter einer **erkennbar beurkundungsbedürftigen Erklärung**, zB unter einem Grundstückskaufvertrag oder GmbH-Geschäftsanteilskauf, oder einer sonst erkennbar formunwirksamen Erklärung, zB unter einem maschinenschriftlichen Testament (Knur BB 1963, 356; Winkler § 40 Rn 44). Denn sonst schafft die Unterschriftsbeglaubigung den falschen Anschein, daß die Urkunde jedenfalls nicht eindeutig unwirksam ist. Auch wenn eine Heilung des Formmangels denkbar ist (zB bei einer Unterschriftsbeglaubigung der Verpflichtung zur Bestellung eines Erbbaurechts oder Vorkaufsrechtes), darf der Notar jedenfalls die Unterschriftsbeglaubigung ablehnen, da dadurch der falsche Schein eines formwirksamen Vertrages gesetzt würde (LG Lüneburg NdsRpfl. 1999, 169; vgl auch BGH NJW 1992, 3237 = WM 1992, 1662, 1666). Eine Ablehnungspflicht verneint die Praxis idR, während etwa nach Auffassung des Niedersächsischen Justizministeriums nicht nur eine Ablehnungspflicht besteht, sondern eine derartige Unterschriftsbeglaubigung sogar ein Dienstvergehen wäre (vgl Rundschreiben Notarkammer Celle Nr 2/1999, S 9 f) 88

Hingegen besteht keine weitergehende Prüfungspflicht auf die Wirksamkeit des Geschäftes oder einer behaupteten Vertretungs- oder Verfügungsbefugnis (KG Rpfleger 1974, 400). 89

Nachdem der Notar nicht zur detaillierten Prüfung nach § 17 BeurkG verpflichtet ist, erfordert § 40 Abs 2 BeurkG keine Prüfung Wort für Wort, sondern nur einen **groben Überblick** über den zu beglaubigenden Text, so daß im Regelfall ein Blick auf den Titel und ein oberflächliches Querlesen – bei umfangreichen Dokumenten auch ein Durchblättern genügt, soweit sich dabei nicht Anhaltspunkte für die Unzulässigkeit der Beglaubigung ergeben. 90

c) Fremdsprachiger Text
Ist der Text in einer fremden **Sprache** oder Schrift verfaßt, die der **Notar nicht versteht**, so kann der Notar den Inhalt nicht prüfen. Gleichwohl ist eine Unterschriftsbeglaubigung zulässig. Der Notar muß sich auch nicht etwa den Text übersetzen lassen, um dessen Inhalt zu prüfen (ähnlich wie nach § 30 S 4 HS 1 BeurkG; Malzer DNotZ 2000, 169, 175; Winkler § 40 Rn 43). 91

In einer Mitteilung aus dem Jahr 1983 hatte das Bundesjustizministerium (DNotZ 1983, 521) noch die Auffassung vertreten, daß die Beglaubigung eines in einer dem Notar nicht verständlichen Sprache verfaßten Textes nur zulässig sei, wenn hierfür ein besonderer Grund glaubhaft gemacht würde – ähnlich der Regelung des § 40 Abs 5 BeurkG für die Beglaubigung einer Blankounterschrift. Diese Rechtsauffassung ist überholt (vgl Landesnotarkammer Bayern, Sammelrundschreiben 5/2001).

92 Persönlich würde ich jedoch empfehlen, die Beteiligten zu fragen, was der Text beinhaltet (zB einen Kaufvertrag, die Beschreibung einer Erfindung etc), und dies auch als Angabe der Beteiligten in den Beglaubigungsvermerk aufnehmen. Dadurch ist zumindest eine ansatzweise Prüfung auf Versagungsgründe nach § 40 Abs 2 BeurkG möglich. Außerdem wird die Gefahr eines falschen Scheins einer inhaltlichen Kontrolle durch den Notar gemindert. Zu erwägen ist auch ein Zusatz im Beglaubigungsvermerk, wonach der Notar die Sprache des Textes nicht versteht.

VII. Beglaubigungsvermerk

1. Inhalt

93 Der Beglaubigungsvermerk hat zum ersten die Echtheit der Unterschrift zu bezeugen. Zum zweiten sind die Person zu bezeichnen, die unterschrieben haben (§ 40 Abs 2 S 1 BeurkG). Zum dritten soll der Notar vermerken, wie er deren Personalien festgestellt hat (§ 30 Abs 4 iVm § 10 Abs 2 S 1 BeurkG). Und zum vierten soll der Notar angeben, ob die Unterschrift vor dem Notar vollzogen oder anerkannt wurde (§ 40 Abs 2 S 2 BeurkG).

a) Beglaubigung

94 Das Gesetz schreibt keinen bestimmten Wortlaut für den Beglaubigungsvermerk vor. Üblich und ausreichend zur Beglaubigung sind die Worte „Hiermit beglaubige ich (die Echtheit der) die vor mir vollzogene Unterschrift von …". Stempel mit dem Vermerktext sind ebenfalls zulässig (so ausdrücklich § 29 Abs 3 DONot). Wurden versehentlich nur die Personalien in den Vermerk aufgenommen und der Vermerktext vergessen, so genügt für die Wirksamkeit auch die bloße Überschrift „Beglaubigung(svermerk)" mit Unterschrift und Siegel des Notars.

95 Der Notar kann den Beglaubigungsvermerk auch in einer **Fremdsprache** errichten oder auch zweisprachig auf Deutsch und in einer Fremdsprache, wenn die Beteiligten dies wünschen und der Notar der Fremdsprache hinreichend kundig zur Verwendung des fremdsprachigen Vermerkes ist (Musterformulierungen finden sich bei RÖLL DNotZ 1974, 423; ders MittBayNot 1977, 107; DNotI Notarius International 2002, 96).

b) Bezeichnung der Person

96 Die **Personalien** sind ebenso wie in einer Niederschrift anzugeben (§ 40 Abs 4 iVm § 10 Abs 1 BeurkG; s Vorbem 331 zu §§ 127a, 128). Nach § 26 Abs 2 S 1 DONot soll der Notar den (Vor- und Familien-)Namen, ggf auch einen davon abweichenden Geburtsnamen, das Geburtsdatum, den Wohnort und die Wohnung angeben.

Insbesondere sollte der Notar das **Geburtsdatum** nicht vergessen! Dessen Angabe ist nach § 26 Abs 2 DONot nunmehr dem Notar allgemein vorgeschrieben. Für Handelsregistereintragungen ist die Angabe des Geburtsdatums erforderlich (§ 24 Abs 1 HRV); im Grundbuch wird es ebenfalls eingetragen, wenn es sich aus den Eintragungsunterlagen ergibt (§ 15 Abs 1 lit a GBV). Die früher erforderliche Berufsangabe würde ich persönlich weglassen; sie ist wenig aussagekräftig und nunmehr sowohl für das Handelsregister wie für das Grundbuch entbehrlich.

Entbehrlich ist auch der **Güterstand**. Dieser gehört nicht zur Personenfeststellung, die der Notar vornehmen muß, sondern ist eine Angabe der Beteiligten über persönliche Verhältnisse. Möglich ist jedoch, die Angabe über den Güterstand auch in den Beglaubigungsvermerk aufzunehmen, insbesondere wenn der Notar erkennt, daß das Grundbuchamt, für das die Erklärung bestimmt ist, diese Angabe verlangen wird (etwa weil es bei einem ausländischen Veräußerer sonst eine güterrechtliche Verfügungsbeschränkung annähme). **97**

Die Bezeichnung muß sich aus dem Beglaubigungsvermerk selbst ergeben. Es genügt nicht, wenn sich die Bezeichnung aus dem Urkundentext vervollständigen läßt (KGJ 29 A 3; **aA** LG Ravensburg BWNotZ 1995, 72). Fehlt die Bezeichnung der unterschreibenden Person ganz oder läßt sich die Person aus dem Vermerk jedenfalls nicht bestimmen, so ist die Beglaubigung unwirksam (§ 40 Abs 2 S 1 BeurkG). **98**

c)   Art der Identitätsfeststellung
Ebenso wie in einer Niederschrift ist anzugeben, ob die unterschreibende Person dem Notar persönlich bekannt ist bzw wie sie ihre **Identität nachgewiesen** hat (§ 40 Abs 4 iVm § 10 Abs 2 S 1 BeurkG; „ausgewiesen durch Bundespersonalausweis", „vorgestellt durch Notarangestellte" …). **99**

Eine Beurkundung durch Niederschrift hat der Notar auch vorzunehmen, wenn er sich über die Person eines Beteiligten keine Gewißheit verschaffen kann; dies muß er allerdings in der Urkunde angeben (§ 10 Abs 2 BeurkG; in der Praxis zB bei der Testamentserrichtung durch ein Unfallopfer im Krankenhaus). Bei der Unterschriftsbeglaubigung ist § 10 Abs 2 BeurkG nicht anzuwenden; dies wäre auch widersinnig, da Zweck der Unterschriftsbeglaubigung gerade die sichere Feststellung der Identität ist.

d)   Vollzug oder Anerkenntnis der Unterschrift vor dem Notar
Schließlich soll (unbedingte Amtspflicht) der Vermerk angeben, ob die Unterschrift vor dem Notar **vollzogen oder anerkannt** wurde. **100**

Wurde die Unterschrift vor dem Notar vollzogen, erwähnt der Vermerk aber nur eine Anerkennung, so ist dies nicht falsch, da im Vollzug der Unterschrift auch eine Anerkennung enthalten ist; der Vermerk ist lediglich unvollständig. Sind sich Notar und Mitarbeiter bei Fertigung des Vermerks nicht mehr sicher, ob die Unterschrift in Gegenwart des Notars vollzogen oder nur vor diesem anerkannt wurde, so muß der Vermerk daher auf Anerkennung lauten (zum umgekehrten Fall vgl OLG Karlsruhe DNotZ 1999, 813 m Anm ZIMMERMANN = MDR 1999, 387 = NJW 1999, 1044).

2.   Unterschrift und Siegel des Notars

Der Beglaubigungsvermerk muß sowohl die **Unterschrift** wie das **Siegel** des Notars **101**

(Präge- oder Farbdrucksiegel) enthalten (§ 39 BeurkG). Beides sind **Wirksamkeitserfordernisse** für den Beglaubigungsvermerk (während die Niederschrift bereits mit der Unterschrift des Notars auch ohne Siegel wirksam ist, § 13 BeurkG). Wurde das Siegel vergessen, kann nachträglich noch eine Heilung erfolgen – vorausgesetzt, der Notar amtiert noch; allerdings erfolgt die Heilung nur ex nunc, nicht rückwirkend (WEIMAR MDR 1966, 475).

Nach § 1 S 3 DONot soll der Notar seiner Unterschrift auch die **Amtsbezeichnung** („Notar" oder „Notarvertreter") beifügen; dies ist aber kein Wirksamkeitserfordernis.

102 Außerdem „soll" der Notar **Tag und Ort** der Unterschriftsbeglaubigung angeben (§ 39 aE BeurkG). Dies ist unbedingte Amtspflicht, aber nicht Wirksamkeitsvoraussetzung; fehlende oder falsche Angaben können allerdings die Beweiskraft beeinträchtigen. Anzugeben sind Tag (und Ort) der Beglaubigung, nicht der Unterschriftsleistung. Häufig enthält der Vermerk auch noch die Angabe des Tags der Unterschriftsleistung („heute vor mir vollzogenen Unterschrift"); dies ist aber nicht erforderlich.

3. Standort

103 Der Beglaubigungsvermerk ist entweder auf das Blatt mit der Unterschrift oder auf ein durch Schnur und Prägesiegel damit verbundenes besonderes Blatt zu setzen (§ 44 S 1 BeurkG). Es schadet jedoch nicht, wenn zwischen der Unterschrift und dem Beglaubigungsvermerk noch weiterer Text steht (BayObLGZ 1973, 213, 219 = DNotZ 1974, 49 = Rpfleger 1973, 361).

104 Die Unterschrift des Notars und dessen Siegel müssen nach der Unterschrift des Beteiligten stehen; der übrige Beglaubigungsvermerk kann auch vor der Unterschrift des Beteiligten stehen. Unzulässig, aber nicht unwirksam ist dies jedoch, wenn dadurch der Inhalt der Beurkundung unklar wird (BayObLGZ 1973, 213, 219 = aaO).

4. Zeitpunkt

105 Eine vor der Unterschrift durch den Beteiligten vorgenommene **Blankobeglaubigung** ist als vorsätzliche Amtspflichtverletzung zu ahnden (RG JW 1915, 276; zu unterscheiden von der in § 40 Abs 5 BeurkG geregelten Beglaubigung einer Blankounterschrift, dh einer bereits vorliegenden Unterschrift ohne Text – su Rn 119 ff).

106 Der Beglaubigungsvermerk **muß nicht sofort erstellt werden**. Zulässig ist auch ein späterer Vermerk, solange sich der Notar noch an die Unterschriftsleistung oder -anerkennung erinnert (OLG Colmar DNotV 6, 774; LG Ravensburg BWNotZ 1957, 154; WINKLER § 40 Rn 62). Jedoch empfiehlt sich, den Beglaubigungsvermerk noch am Tag der Unterschriftsleistung oder -anerkennung zu erstellen. In der Regel wird der Beglaubigungsvermerk bereits vorbereitet, bevor die Unterschrift vor dem Notar geleistet wird; dann kann der Notar den Vermerk sofort unterzeichnen. Andernfalls empfiehlt sich, daß der Notar seine Unterschrift oder Paraphe als Erinnerungsstütze neben die Unterschrift des Beteiligten setzt; dann weiß er später,

daß die Unterschrift vor ihm vollzogen oder anerkannt wurde (vgl WINKLER § 40 Rn 62).

Erforderlich ist allerdings, daß der Notar bei der Unterschrift noch (oder wieder) im **107** Amt ist (Wirksamkeitserfordernis!). Bei einer **Notarvertretung** empfiehlt sich daher, am letzten Abend vor Ablauf der Vertretung zu überprüfen, ob noch Beglaubigungsvermerke von Unterschriftsbeglaubigungen zu unterschreiben sind.

Auch wenn der **Unterzeichnende mittlerweile verstorben** oder geschäftsunfähig ge- **108** worden ist, darf die Unterschriftsbeglaubigung noch erfolgen. Denn bezeugt wird nur, daß der Beteiligte seinerzeit unterschrieben hat (WEIMAR MDR 1966, 475). Nach materiellem Recht ist zu prüfen, inwieweit die Erklärung noch wirksam werden kann (insbes § 130 Abs 2).

Bewußt noch nicht am Tag der Unterschriftsleistung, sondern erst später erfolgt die **109** Unterschriftsbeglaubigung der **Versicherung des GmbH-Geschäftsführers** über die (teilweise) Leistung der Stammeinlagen in der Handelsregisteranmeldung einer neu gegründeten GmbH. Denn hier darf die Anmeldung erst beim Handelsregister eingehen, wenn die Einzahlung erfolgt ist – sonst wäre die Versicherung falsch (was nach § 82 Abs 1 Nr 1 GmbHG strafbar ist). Andererseits kann die Einzahlung noch nicht vor GmbH-Gründung erfolgen, da eine Vorausleistung auf die Stammeinlage grundsätzlich nicht schuldtilgend wirkt. Damit die Beteiligten nicht zur Abgabe der Versicherung nochmals ins Notariat kommen müssen, hat sich hier eine Praxis eingebürgert, wonach der GmbH-Geschäftsführer die Versicherung bereits bei der GmbH-Gründung unterschreibt, dem Notar aber Treuhandauflage erteilt, die Unterschriftsbeglaubigung erst zu erstellen oder (was ich für vorzugswürdig halte) erst dann die beglaubigte Erklärung an das Handelsregister weiterzuleiten, wenn der Geschäftsführer dem Notar mitteilt, daß die Einzahlung mittlerweile erfolgt ist. Dieses Verfahren ist sowohl beurkundungsrechtlich (§§ 39, 40 BeurkG) wie materiellrechtlich (§ 8 Abs 2 S 1 GmbHG) zulässig; denn die Erklärung muß erst mit ihrem Zugang beim Registergericht richtig sein (OLG Köln GmbHR 1988, 227; LG Gießen DNotI-Report 2003, 42 = GmbHR 2003, 543; Gutachten DNotI-Report 2003, 115).

VIII. Rechtsfolgen

1. Zugang

Das Original mit der Unterschriftsbeglaubigung wird bei Erklärungen gegenüber **110** Grundbuchamt oder Registergericht im Regelfall unmittelbar vom Notar **zum Vollzug eingereicht** (entweder aufgrund seiner gesetzlichen Vollzugspflicht nach § 53 BeurkG, wenn der Notar die Urkunde auch entworfen hatte, oder aufgrund einer nach § 24 BNotO vom Notar freiwillig übernommenen Betreuungstätigkeit).

Ansonsten wird es idR **den Beteiligten wieder ausgehändigt**, da § 45 Abs 3 BeurkG hierfür – anders als bei Niederschriften – keine Verwahrung in der Urkundensammlung des Notars vorschreibt. In der Urkundensammlung des Notars verbleibt dann eine Abschrift (§ 19 Abs 1 DONot); hat der Notar nur eine Unterschriftsbeglaubigung ohne Entwurf vorgenommen, so genügt auch ein bloßes Vermerkblatt (§ 19 Abs 2 DONot).

111 Bedarf eine empfangsbedürftige Erklärungen zu ihrer Wirksamkeit der Unterschriftsbeglaubigung, so wird sie erst wirksam, wenn sie dem Empfänger auch in der **Form des § 129 zugeht**; die bloße Übersendung einer Abschrift oder Kopie genügt nicht (BayObLG DtZ 1992, 284).

2. Beweiswirkung der Unterschriftsbeglaubigung

112 Das Schriftstück bleibt Privaturkunde. **Öffentliche Urkunde** iSd §§ 415 ZPO ist nur **der Beglaubigungsvermerk** des Notars (BGH DNotZ 1980, 354 = NJW 1980, 1047, 1048).

113 Der Beglaubigungsvermerk erbringt damit vollen Beweis (§ 418 Abs 1 ZPO) der **Echtheit der Unterschrift** (RG HRR 1934, 1242). ME gilt dies auch für Zeit und Ort der Unterschrift (Winkler § 40 BeurkG Rn 77). Eine Strafbarkeit wegen Falschbeurkundung im Amt (§ 348 StGB) liegt allerdings nach BGH (BGHSt 44, 186 = DNotZ 1999, 811 m Anm Zimmermann = NJW 1998, 3790 – zur Beurkundung durch Niederschrift) und OLG Karlsruhe (DNotZ 1999, 813 m Anm Zimmermann = MDR 1999, 387 = NJW 1999, 1044) bei einer falschen Angabe von Ort oder Zeit im Regelfall nicht vor; ebensowenig bei einer falschen Angabe, ob die Unterschrift vor dem Notar geleistet oder vor ihm anerkannt wurde (OLG Karlsruhe aaO).

114 Eine unterschriftsbeglaubigte Privaturkunde erbringt nach § 416 ZPO außerdem vollen Beweis dafür, daß die in ihr enthaltenen **Erklärungen vom Aussteller abgegeben** wurden. Denselben Beweiswert hat auch eine Privaturkunde ohne Unterschriftsbeglaubigung.

115 Bei einer bloßen Privaturkunde ist aber im Bestreitensfall die Echtheit der Unterschrift zu beweisen. Dies ist bei der Unterschriftsbeglaubigung nicht erforderlich. Denn nach § **440 Abs 2 ZPO** begründet die Unterschriftsbeglaubigung die Vermutung der Echtheit der darüber stehenden Schrift. Voraussetzung ist auch hier eine Unterschrift unter dem Text; eine bloße Oberschrift wie zT bei Bank- und Sparkassenformularen üblich genügt nicht (BGHZ 113, 48 = NJW 1991, 487 = WM 1991, 57 = ZIP 1991, 92).

3. Beurkundung ersetzt Unterschriftsbeglaubigung (§ 129 Abs 2)

116 Die notarielle Beurkundung ersetzt eine nach dem Gesetz erforderliche öffentliche Beglaubigung (§ 129 Abs 2). Die Beurkundung durch Niederschrift ist ein **Mehr gegenüber der bloßen Unterschriftsbeglaubigung**. Denn die Niederschrift umfaßt ebenfalls die Feststellung der Identität der Beteiligten (§ 10 BeurkG) und der Echtheit der (bei der Beurkundung vor dem Notar zu vollziehenden) Unterschrift (§ 13 Abs 3 BeurkG). Das Prüfungs- und Belehrungsprogramm der Beurkundung (insbes §§ 4, 17 BeurkG) geht deutlich über das bei einer bloßen Unterschriftsbeglaubigung hinaus (§ 40 Abs 2 BeurkG). Der BGH hat dies dahingehend formuliert, daß bei der Beurkundung „die zu beurkundende Willenserklärung vom Erklärenden mündlich abgegeben und von der Urkundsperson inhaltlich wahrgenommen und verantwortlich geprüft wird", während bei der Unterschriftsbeglaubigung sich „die Tätigkeit der Urkundsperson auf die Bezeugung der Richtigkeit (Echtheit) der Unterschrift beschränkt" (BGHZ 37, 79, 86 = NJW 1962, 1149). Will man ganz genau sein, so kann man auch noch die Beglaubigung mit vorhergehender Entwurfsfertigung als der

Beurkundung angenäherte (da dieselben Prüfungs- und Belehrungspflichten auslösende) Sonderform der Unterschriftsbeglaubigung erwähnen.

In der Praxis wird daher eine im Zusammenhang mit einer Beurkundung erteilte **117**
Eintragungsbewilligung eines Vertragsbeteiligten immer zugleich in die notarielle Niederschrift mitaufgenommen (da ansonsten idR zumindest die Verpflichtung zur Abgabe der Bewilligung bzw zur Bestellung des Rechts nach § 311b Abs 1 mitzubeurkunden wären). Ebenso ist es möglich, die Anmeldung der Satzungsänderung einer GmbH zugleich in die notarielle Niederschrift der Gesellschafterversammlung mit aufzunehmen, jedenfalls solange dadurch die Prüfung der Anmeldung nicht unzumutbar erschwert wird (BayObLG BB 1993, 1830 = DB 1993, 1918 = GmbHR 1994, 62 = Rpfleger 1994, 27).

Ist die Beurkundung durch Niederschrift als solche formunwirksam (etwa weil die **118**
Urkunde oder Anlagen dazu nicht vollständig verlesen wurden), so kann die **mangelhafte Beurkundung** uU gleichwohl noch die Form einer öffentlichen Beglaubigung wahren; dabei schadet es nicht, wenn sich der Beglaubigungsvermerk mit der Personenfeststellung der Beteiligten nicht nach den Unterschriften der Beteiligten findet, sondern sich schon aus dem Urkundseingang der (formunwirksamen) Niederschrift ergibt (BayObLGZ 1973, 213 = DNotZ 1974, 49; WINKLER § 40 BeurkG Rn 9 f).

IX. Fehlender Text oder nachträgliche Änderungen

1. Beglaubigung einer Blankounterschrift

a) Zulässigkeit
Die Beglaubigung einer Unterschrift ohne zugehörigen Text (Blankounterschrift) **119**
darf der Notar nach § 40 Abs 5 BeurkG nur vornehmen, wenn dargelegt wird, „daß die Beglaubigung vor der Festlegung des Urkundeninhalts benötigt wird". Dies ist etwa der Fall, wenn die sofortige Abfassung des Erklärungswortlauts Schwierigkeiten macht, etwa weil das Schriftstück einen ganz bestimmten Wortlaut haben muß (zB eine gegenüber einer ausländischen Behörde abzugebende Erklärung), deren genauer Wortlaut dem Beteiligten aber noch nicht bekannt ist und die Unterschriftsbeglaubigung nicht erst nach Kenntniserlangung vornehmen lassen kann (WINKLER § 40 BeurkG Rn 66).

Es genügt, wenn der Beteiligte diese Voraussetzungen „**darlegt**"; eine Glaubhaftma- **120**
chung ist nicht erforderlich – anders als früher nach § 32 Abs 3 BNotO aF. Dargelegt sind die Voraussetzungen, wenn kein Anlaß besteht, den Angaben des Beteiligten zu mißtrauen (BT-Drucks 5/3282, S 38).

Unzulässig ist die Beglaubigung einer Blankounterschrift, wenn dadurch der **Zweck** **121**
des Beurkundungsverfahrens umgangen werden soll. Dies gilt insbesondere für **Vorratsbeglaubigungen**, bei denen noch nicht einmal die *essentialia negotii* des betroffenen Rechtsgeschäftes feststehen. Als nichtig erachtete der BGH eine Blankovollmacht zur Abtretung von GmbH-Anteilen; denn dadurch würden GmbH-Geschäftsanteile entgegen dem Gesetzeszweck des § 15 GmbHG ebenso leicht wie Aktien übertragbar (BGHZ 13, 49). Als unzulässig ablehnen muß der Notar die Beglaubigung einer Blankounterschrift auch, wenn er den Eindruck gewinnt (und

dieser von den Beteiligten nicht zerstreut wird), daß die Beteiligten nur vermeiden wollen, daß der Notar vom Inhalt des Textes Kenntnis erlangt und diesen nach § 40 Abs 2 BeurkG prüfen kann (Winkler § 40 BeurkG Rn 66). Unzulässig deshalb auch, wenn Blankounterschriften „auf Vorrat" beim Notar hinterlegt und bei Bedarf nach den Weisungen der Beteiligten darüber ein Text eingefügt und die Unterschrift beglaubigt wird (Winkler § 40 BeurkG Rn 67 und 68).

b) Beglaubigungsvermerk

122 Bei der Beglaubigung einer Blankounterschrift hat der Notar dieselben Feststellungen über die **Person der Beteiligten** zu treffen und im Beglaubigungsvermerk festzuhalten wie bei jeder anderen Unterschriftsbeglaubigung (§ 40 Abs 3 und 4 iVm § 10 Abs 1 und Abs 2 S 1 BeurkG).

123 Zusätzlich soll er aber in dem Beglaubigungsvermerk angeben, „daß bei der Beglaubigung ein durch die Unterschrift gedeckter **Text nicht vorhanden** war". Zu recht empfiehlt die Literatur, im Beglaubigungsvermerk auch die Gründe zu erwähnen, warum eine Blankobeglaubigung erfolgte; gesetzlich erforderlich ist dies aber nicht (Malzer DNotZ 2000, 169, 175; Winkler § 40 Rn 69).

c) Rechtsfolgen

124 Die Beglaubigung einer Blankounterschrift erbringt **Beweis**, daß die Unterschrift von dem Beteiligten zum angegebenen Zeitpunkt geleistet bzw anerkannt wurde (§ 440 Abs 2 ZPO).

125 Auch wenn die Voraussetzungen für die Beglaubigung einer Blankounterschrift nach § 40 Abs 5 BeurkG nicht vorliegen oder wenn im Beglaubigungsvermerk die nach § 40 Abs 5 BeurkG vorgeschriebenen Angaben fehlen, so beeinträchtigt dies die Wirksamkeit des Beglaubigungsvermerkes grundsätzlich nicht, da es sich um eine bloße Sollvorschrift handelt. Im Einzelfall kann allerdings ein Verstoß gegen den Zweck des Beurkundungsverfahrens zur Unwirksamkeit führen (vgl BGHZ 13, 49 – zur Unwirksamkeit von Blankovollmachten für die Abtretung von GmbH-Geschäftsanteilen).

2. Lücken im Text

126 *A maiore ad minus* ist eine Unterschriftsbeglaubigung unter den Voraussetzungen des § 40 Abs 5 BeurkG auch zulässig, wenn der Text über der zu beglaubigenden Unterschrift noch **Lücken** enthält, so daß der **wesentliche Inhalt der Erklärung noch nicht feststeht**. Klassischer Fall ist die Blankovollmacht. Dasselbe gilt aber, wenn im Text auf eine Anlage verwiesen wird, die bei Unterschriftsbeglaubigung nicht vorliegt. Im Beglaubigungsvermerk sind diese Lücken zu vermerken.

127 Ergibt sich der wesentliche Inhalt jedoch aus dem Schriftstück trotz seiner Lücken, so ist § 40 Abs 5 BeurkG nach der Literatur nicht oder jedenfalls nur mit einem milderen Maßstab anzuwenden. Es steht dann im Ermessen des Notars, ob und inwieweit er die Lücken im Text auch im Beglaubigungsvermerk bezeichnet (Winkler § 40 Rn 71). Fehlt etwa nur das Geburtsdatum des Bevollmächtigten, ist dieser aber etwa durch seine Adresse bereits eindeutig bezeichnet, so ist ein Vermerk entbehrlich.

3. Nachträgliche Änderungen des Textes

a) Zulässigkeit

Von einer Blankounterschrift oder einem lückenhaften Text zu unterscheiden sind **128** nachträgliche Änderungen des Textes nach erfolgter Unterschriftsbeglaubigung. Eine solche nachträgliche Änderung ist **zulässig** (LG Düsseldorf MittBayNot 1984, 207 m Anm WINKLER; WINKLER DNotZ 1985, 224). Denn die Unterschriftsbeglaubigung bescheinigt lediglich die Echtheit der Unterschrift, nicht die Echtheit des darüberstehenden Textes (vgl BGH NJW 1994, 2300, 2301 – zum gesetzlichen Schriftformerfordernis bei einer Schiedsvertragsurkunde).

Auch der Notar darf **mit Einverständnis der Beteiligten** eine nachträgliche Änderung vornehmen (zB wenn bei einer Handelsregisteranmeldung bei einem Beteiligten im Anmeldungstext das Geburtsdatum vergessen wurde).

b) Beweiswert

Allerdings kann die Änderung den **Beweiswert** der Unterschriftsbeglaubigung jedenfalls für den geänderten Teil **beeinträchtigen** (BayObLG DNotZ 1985, 220, 223; RGZ 60, 392, 397; LG Kassel MittBayNot 2002, 526; REITHMANN DNotZ 1999, 27, 35). **129**

Daher kann etwa das **Grundbuchamt** eine unterschriftsbeglaubigte Erklärung als **130** nicht der Form des § 29 GBO entsprechend zurückweisen, wenn sich aufgrund seiner freien Beweiswürdigung Zweifel ergeben, ob die Änderungen von dem Unterzeichner stammen oder jedenfalls mit dessen Zustimmung erfolgten (BayObLG DNotZ 1985, 220, 223; OLG Celle MittBayNot 1984, 207 = Rpfleger 1984, 230; LG Aachen MittRhNotK 1982, 151; LG Itzehoe DNotZ 1990, 520). Erklärt der Notar, die Änderung sei von den Beteiligten selbst vorgenommen worden oder er selbst habe die Änderungen vorgenommen, so genügt dies der Form des § 29 GBO jedenfalls dann, wenn diese Erklärung in Form einer Eigenurkunde erfolgt und dem Notar in der Urkunde eine Notarvollmacht erteilt wurde. Fehlt eine (zumindest unterschriftsbeglaubigte) Vollmacht für den Notar, so wird das Grundbuchamt bei der von ihm vorzunehmenden freien Beweiswürdigung jedenfalls bei einer vom Notar entworfenen Urkunde im Regelfall davon ausgehen, daß der Notar zur Ergänzung bzw Änderung der Erklärung bevollmächtigt war und daher die Urkunde als der Form des § 29 GBO genügend anerkennen.

4. Änderung des Beglaubigungsvermerkes

Wurde der **Beglaubigungsvermerk selbst geändert** (etwa indem Teile ergänzt oder **131** gestrichen wurden) und ist er deshalb mangelhaft (weil größere Änderungen nicht gesondert vom Notar unterzeichnet bzw bei dessen Unterschrift vermerkt sind), so kann die Beweiskraft nach § 419 ZPO gemindert sein oder ganz entfallen.

X. Elektronische Beglaubigung (§ 39a BeurkG – Entwurf)

Bei Manuskriptschluß (August 2004) lag ein Gesetzentwurf zur Einführung einer **132** **elektronischen Beglaubigung** vor. § 39a BeurkG idF des Regierungsentwurfes des Justizkommunikationsgesetzes (JKomG, BR-Drucks 609/04 vom 13. 8. 2004 – einen ähnlichen Gesetzesvorschlag hatte die Bundesnotarkammer 2001 gemacht, vgl Püls DNotZ 2002, 168*, 195*) lautet:

> § 39a – Einfache elektronische Zeugnisse
>
> Beglaubigungen und sonstige Zeugnisse im Sinne des § 39 können elektronisch errichtet werden. Das hierzu erstellte Dokument muss mit einer qualifizierten elektronischen Signatur nach dem Signaturgesetz versehen werden. Diese soll auf einem Zertifikat beruhen, das auf Dauer prüfbar ist. Mit dem Zeugnis muss eine Bestätigung der Notareigenschaft durch die zuständige Stelle verbunden werden. Das Zeugnis soll Ort und Tag der Ausstellung angeben.

Einige – notwendigerweise vorläufige – Anmerkungen zu dem Entwurf: Ausweislich der Entwurfsbegründung regelt der Entwurf zunächst die **elektronische Abschriftsbeglaubigung**, insbes auch die sogenannte „medien- oder formatwechselnde" Beglaubigung, etwa durch Überführung eines Papierdokumentes in ein elektronisches Dokument (BR-Drucks 609/04, 132 f). Der Entwurfstext ermöglicht aber theoretisch ebenso eine **elektronische Unterschriftsbeglaubigung**, wohl auch einen elektronischen Vermerk über eine elektronische Signierung durch Beteiligte. Die elektronische Beglaubigung wird insbes für eine künftige elektronische Handelsregisteranmeldung Bedeutung gewinnen.

Nach dem Entwurf erfordert der elektronische Beglaubigungsvermerk als **Wirksamkeitsvoraussetzung** zum einen das Zeugnis des Notars (bei einer Abschriftsbeglaubigung entsprechend § 42, bei einer Unterschriftsbeglaubigung entsprechend § 40 BeurkG – vgl Rn 97 ff) sowie die qualifizierte elektronische Signatur (§ 2 Nr 3 SigG – vgl § 126a Rn 22) des Notars (anstelle dessen Unterschrift und Siegel). Weiter erforderlich ist eine Bestätigung der Notareigenschaft durch die zuständige Notarkammer (etwa durch ein Attributzertifikat der Signatur). Bei einer Notarvertretung muß die Notareigenschaft des vertretenen Notars von der Kammer, die Bestellung des Vertreters durch eine elektronisch gesiegelte Bescheinigung des vertretenen Notars bestätigt werden. Zusätzlich soll das Zertifikat auf Dauer prüfbar sein (letzteres ist unbedingte Amtspflicht, aber keine Wirksamkeitsvoraussetzung, vgl BR-Drucks 609/04, 132 f).

Die hM will § 40 BeurkG auch auf eine künftige elektronische Unterschriftsbeglaubigung anwenden, so daß insbesondere eine **„elektronische Fernbeglaubigung"** einer (elektronischen) Unterschrift **unzulässig** wäre (Winkler § 39 Rn 29; ebenso Malzer DNotZ 2000, 169, 183 zum Entwurf der BNotK).

Derzeit gibt es noch keinen Gesetzentwurf zu den **zivilrechtlichen Wirkungen** einer solchen elektronischen Beglaubigung. Geregelt werden soll im Entwurf des JKomG nur, daß die **Beweiswirkung** des elektronischen Beglaubigungsvermerkes der einer öffentlichen Urkunde entspricht (Vorschläge für §§ 371a Abs 2, 416a ZPO). Voraussichtlich wird zunächst eine Regelung in § 12 HGB erfolgen, da hier der Gesetzgeber bis spätestens zum 1.1.2007 die elektronische Handelsregisteranmeldung zulassen muß (vgl § 126a Rn 38).

XI. Unterschriftsbeglaubigung bei Auslandsbeziehung

1. Auslandsbeglaubigung durch deutschen Notar unwirksam

Die Amtsbefugnisse des deutschen Notars beschränken sich auf das deutsche Hoheitsgebiet. Eine im Ausland vorgenommene Unterschriftsbeglaubigung durch einen deutschen Notar ist daher unwirksam. **133**

Erfolgte hingegen nur die zu bezeugende Unterschriftsleistung oder -anerkennung im Ausland vor dem Notar, wurde die Beglaubigung selbst hingegen durch den Notar im Inland vorgenommen, so ist die Unterschriftsbeglaubigung zwar unzulässig; denn auch die Wahrnehmung des Notars ist Teil seiner Amtstätigkeit (vgl OLG Celle NdsRpfl 1991, 170 zu der vergleichbaren Frage der Auswärtsbeurkundung bei Anerkennung der Unterschrift außerhalb des Amtsbereichs). Eine gleichwohl vorgenommene Beglaubigung wäre aber wirksam, ebenso wie eine gänzlich ohne Wahrnehmung der Unterschriftsleistung vorgenommene Fernbeglaubigung wirksam wäre (RG JW 1927, 2126; WINKLER § 40 Rn 35; ZIMMERMANN Rpfleger 1964, 107).

2. Anerkennung ausländischer Unterschriftsbeglaubigung

Fragen der Anerkennung ausländischer Unterschriftsbeglaubigungen spielen in der Praxis kaum eine Rolle; diesbezügliche Gerichtsentscheidungen sind keine bekannt. Dogmatisch gesehen handelt es sich meist um die Frage, inwieweit die ausländische Beglaubigung eine vom deutschen Recht vorgeschriebene Beglaubigung ersetzen kann (**Substitution**). Die Anerkennung der Ortsform (Art 11 Abs 1 Var 2 EGBGB) spielt für die Beglaubigungserfordernisse kaum eine Rolle, da es sich meist um verfahrensrechtliche (also vom deutschen Verfahrensrecht bestimmte) Formerfordernisse handelt bzw um vom deutschen Recht gewährte Ansprüche auf eine unterschriftsbeglaubigte Erklärung. **134**

Für die Substitution wird man zumindest fordern, daß die Beglaubigung von einer mit einer entsprechenden öffentlichen Befugnis ausgestatteten Person vorgenommen wurde, daß die Beglaubigung nach dem maßgeblichen ausländischen Recht wirksam vorgenommen wurde und daß das ausländische Recht dieser Beglaubigungsform ebenfalls Beweiskraft und Echtheitsvermutungen ähnlich §§ 416, 418, 440 Abs 2 ZPO zumißt. **135**

Problematisch sind Fälle, in denen das ausländische Beglaubigungsverfahren von wesentlichen Grundsätzen des deutschen Beglaubigungsverfahrens abweicht. So ist in manchen Rechtsordnungen eine Fernbeglaubigung zulässig bzw genügt es, wenn der Notar die Übereinstimmung einer ihm vorliegenden Unterschrift mit der ihm bekannten Unterschrift bzw mit der bei einer anderen vor ihm vorgenommenen Beurkundung gezeichneten Unterschrift bestätigt (zB in Frankreich oder Spanien). In Japan und Korea erfolgt va bei größeren Unternehmen eine Unterschriftsbeglaubigung dergestalt, daß ein bzw mehrere Angestellte der Firma bestätigen, daß die Unterschrift des Vorstands, Geschäftsführers etc vor ihnen geleistet wurde; dies genügt nach dem dortigen Verfahrensrecht für eine Unterschriftsbeglaubigung der Unterschrift des Vorstandes (mit entsprechender Beweiskraft) (YAMAMOTO, Notarius International 2003, 66, 70). Beide geschilderten Formen halte ich für nicht ausreichend **136** zur Substitution eines deutschen Beglaubigungserfordernisses. Das Registergericht oder Grundbuchamt etc müßte daher mE derartige ausländische Unterschriftsbeglaubigungen als nicht den deutschen Formerfordernissen entsprechend zurückweisen, wenn sich (etwa aus dem Beglaubigungsvermerk) ergibt, daß eine Beglaubigung in einer derartigen Form erfolgte.

137 Außerdem kann das deutsche Gericht für die Verwendung der ausländischen Unterschriftsbeglaubigung eine **Legalisation bzw Apostille** verlangen (vgl Vorbem 750 zu §§ 127a, 128).

§ 130
Wirksamwerden der Willenserklärung gegenüber Abwesenden

(1) Eine Willenserklärung, die einem anderen gegenüber abzugeben ist, wird, wenn sie in dessen Abwesenheit abgegeben wird, in dem Zeitpunkte wirksam, in welchem sie ihm zugeht. Sie wird nicht wirksam, wenn dem anderen vorher oder gleichzeitig ein Widerruf zugeht.

(2) Auf die Wirksamkeit der Willenserklärung ist es ohne Einfluss, wenn der Erklärende nach der Abgabe stirbt oder geschäftsunfähig wird.

(3) Diese Vorschriften finden auch dann Anwendung, wenn die Willenserklärung einer Behörde gegenüber abzugeben ist.

Materialien: E I § 74; II §§ 107 und 109; III § 126; Mot I 156; Prot I 68 und 330; IV 131; STAUDINGER/BGB-Synopse 1896–2000 § 130.

Schrifttum

BAUER/DILLER, Kündigung durch Einwurf-Einschreiben – Ein Kunstfehler!, NJW 1998, 2795
BEHN, Das Wirksamwerden von schriftlichen Willenserklärungen mittels Einschreiben: Zur Bedeutung der Zurücklassung des Benachrichtigungszettels, AcP 178 (1978) 505
BENEDICT, Versuch einer Entmythologisierung der Zugangsproblematik (§ 130 BGB) (Diss Rostock 1999)
ders, Einschreiben und Zustellungen durch die Post – lauter Kunstfehler?, NVwZ 2000, 167
BOTZ, Über das Wirksamwerden von Willenserklärungen unter Abwesenden, Eine dogmengeschichtliche Untersuchung insbesondere der letzten drei Jahrhunderte (Diss Heidelberg 1957)
J BREIT, Zur Lehre vom Rechtsgeschäft, SächsArch 15 (1905) 165 ff; 637 ff
M BREIT, Die Willenserklärung als Äußerung und Leistungsgegenstand nach dem deutschen bürgerlichen Gesetzbuche, Gruchot 55 (1911) 1
BREXEL, Zugang verkörperter Willenserklärungen (Diss Augsburg 1998)
F J BRINKMANN, Der Zugang von Willenserklärungen (Diss Münster 1984)
BURGARD, Das Wirksamwerden empfangsbedürftiger Willenserklärungen im Zeitalter moderner Telekommunikation, AcP 195 (1995) 74
CLASEN, Wann gilt ein Einschreibebrief als zugestellt bzw zugegangen?, WM 1963, 166
COESTER-WALTJEN, Das Wirksamwerden empfangsbedürftiger verkörperter Willenserklärungen, Jura 1992, 272
COESTER-WALTJEN, Einige Probleme des Wirksamwerdens empfangsbedürftiger Willenserklärungen, Jura 1992, 441
W COHN, Das Zugehen einer Willenserklärung (Diss Straßburg 1910)
CORDES, Form und Zugang von Willenserklärungen im Internet im deutschen und US-amerikanischen Recht (2001)
DILCHER, Der Zugang von Willenserklärungen, AcP 154 (1955) 120
ERNST, Der Mausklick als Rechtsproblem – WE im Internet, NJW – CoR 1997, 165
FRANZEN, Zugang und Zugangshindernisse bei eingeschriebenen Briefsendungen, JuS 1999, 429
GANSCHOW, Das Wirksamwerden von Willenserklärungen unter Abwesenden (Diss Greifswald 1911)
GOTTSCHALK, Die empfangsbedürftige Willenserklärung nach dem BGB (Diss Erlangen 1902)
HAAS, Das Wirksamwerden von Willenserklärungen, JA 1997, 116

HELLWIG, Reichsgerichtliche Judikatur über das Zugehen von Willenserklärungen, JW 1905, 356
HELWING, Wirksamwerden einer gegenüber dem abwesenden Arbeitnehmer abgegebenen Kündigungserklärung, BB 1968, 511
HEUN, Die elektronische Willenserklärung, CR 1994, 595,
HEYNE, Beiträge zur Lehre vom Zugang empfangsbedürftiger Willenserklärungen unter Abwesenden (Diss Rostock 1935)
HOHMANN, Die Übermittlung von Schriftstücken in der Zivil-, Verwaltungs- und Finanzgerichtsbarkeit (1977)
HOHN, Wirksamwerden von Willenserklärungen unter Abwesenden im Arbeitsleben, BB 1963, 273
JACOBI, Erläuterungen des § 130 BGB (Diss Jena 1909)
JÄNICH, Übermittlung empfangsbedürftiger Willenserklärungen im Versicherungsvertragsrecht – Übergabe-Einschreiben contra Einwurf-Einschreiben, VersR 1999, 535
JOHN, Grundsätzliches zum Wirksamwerden empfangsbedürftiger Willenserklärungen, AcP 184 (1984) 385
JÖSTING, Wann geht nach § 130 BGB eine Willenserklärung zu? (Diss Marburg 1917)
E KANTOROWICZ, Methodologische Studie über den Zugangsbegriff (§ 130 BGB) (Diss Göttingen 1917)
W KOCH, Der Zugang der Willenserklärung (Diss Marburg 1929)
M KUHN, Rechtshandlungen mittels EDV und Telekommunikation (Diss München 1991)
KUNSTMANN, Das Zugehen der rechtsgeschäftlichen Willenserklärung nach den §§ 130, 131 BGB (Diss Erlangen 1906)
F LEONHARD, Die Wahl bei der Wahlschuld, zugleich ein Beitrag zur Lehre von der Wirksamkeit der Rechtsgeschäfte, JherJb 41 (1900) 1
NEUGEBAUER, Was ist in § 130 BGB unter „Zugehen" zu verstehen? (Diss Breslau 1908)

NITZ, Die Voraussetzungen des Zuganges von Willenserklärungen im Sinne des § 130 BGB (Diss Marburg 1936)
REICHEL, Vertragsmäßige Fiktion des Zugangs einer Erklärung, DJZ 1911, 1534
RHODOVI, Das Wirksamwerden der empfangsbedürftigen Willenserklärungen (Diss Rostock 1911)
ROEDEL, Willenserklärungen und ihr Wirksamwerden (Diss Marburg 1931)
SAMOLEWITZ, Über das Wirksamwerden von Willenserklärungen (Diss Heidelberg 1907)
SCHREIBER, Abgabe und Zugang von Willenserklärungen, Jura 2002, 249
SIECKE, Was bedeutet das Zugehen bei den empfangsbedürftigen Willenserklärungen (Diss Rostock 1905)
SOKOLOWSKI, Willenserklärungen mittels Fernsprecher und Ferndrucker (Diss Rostock 1908)
STEINFELD, Die Vollendung und das Wirksamwerden der adressierungsbedürftigen formfreien Willenserklärung (Diss Münster 1912)
TITZE, Der Zeitpunkt des Zugehens bei empfangsbedürftigen schriftlichen Willenserklärungen, JherJb 47 (1904) 379
ULTSCH, Zugangsprobleme bei elektronischen Willenserklärungen, NJW 1997, 3007
R WEBER, Der problematische Zugang von Einschreibesendungen, JA 1998, 593
WEDEMEYER, Die Äußerungstheorie im geltenden Recht, DJZ 1912, 252
WOLFF, Das Zugehen der empfangsbedürftigen Willenserklärung (Diss Greifswald 1911)
ZITELMANN, Die Rechtsgeschäfte im Entwurf eines Bürgerlichen Gesetzbuches für das deutsche Reich (1889/90)
Weitere Literaturhinweise zu einzelnen Spezialfragen im Text. Insbesondere zu:
– Empfangspersonen vgl Rn 54;
– Zugangshindernissen vgl Rn 79;
– Tod oder Geschäftsunfähigkeit vgl Rn 101;
– Erklärung unter Anwesenden vgl Rn 108.

Systematische Übersicht

I. Vollendung und Wirksamkeit der Willenserklärung ___ 1

II. Geltungsbereich
1. „Empfangsbedürftige" Willenserklärungen ___ 9

2.	Willenserklärungen gegenüber Behörden	13		bb)	Konkrete Empfangsbereitschaft	52
3.	Geschäftsähnliche Handlungen und Mitteilungen	14		cc)	Personen als „Empfangseinrichtung"	54
4.	Abwesenheit des Erklärungsempfängers	15		3.	Keine Erweiterungen des „Machtbereichs"	63
a)	Die Unterscheidung von Erklärungen unter Anwesenden und Abwesenden	15		4.	Keine Einschränkungen durch „gewöhnliche Verhältnisse"	68
				a)	Subjektive Kenntnisnahmehindernisse	69
b)	Der Zustand der Abwesenheit	18		aa)	Kenntnis von der Abwesenheit	70
5.	Disponibilität und Ausnahmen	22		bb)	Fehlende Sprachkenntnisse beim Empfänger	72
III.	**Abgabe der Willenserklärung**			b)	Normative Kenntnisnahmehindernisse	73
1.	Allgemeine Bedeutung	27				
2.	Voraussetzungen	28		aa)	Zugang zur „Unzeit"	73
a)	Geeignetes Erklärungsmittel	29		bb)	Fristen	76
b)	Endgültigkeit der Äußerung	30		cc)	Zusammentreffen mit anderen Ereignissen	77
c)	Erklärungsbote und Erklärungsgehilfe	31		5.	Keine Besonderheiten bei „Zugangshindernissen"	79
d)	Abhanden gekommene Willenserklärung	32		a)	Tatbestand und Rechtsfolgen der Zugangsfiktion	80
e)	Übermittlung an den richtigen Adressaten	33		b)	Dogmatische Bedenken	83
3.	Der maßgebliche Zeitpunkt	36		aa)	Fiktionen als Folge der bisherigen Zugangsdefinition	84
IV.	**Zugang der Willenserklärung**			bb)	Die gesetzliche Wertung des § 132	86
1.	Die Möglichkeit der Kenntnisnahme und ihre Konkretisierung durch Rechtswissenschaft und Praxis	39		c)	Pflicht zu Empfangsvorkehrungen?	88
				d)	Schadensersatz bei Beseitigung von Empfangseinrichtungen	91
a)	Herrschafts- und Machtbereich des Empfängers	41		6.	Zugang formbedürftiger Willenserklärungen	93
b)	Tatsächliche Verfügungsgewalt und Besitz des Empfängers	42		**V.**	**Rechtzeitiger Widerruf**	98
c)	Bereitstellen einer Empfangseinrichtung	43		**VI.**	**Tod oder Geschäftsunfähigkeit des Erklärenden**	101
d)	Speicherung der Erklärung	44				
e)	Zugang durch sinnliche Wahrnehmung oder Empfangseinrichtungen	45		**VII.**	**Beweis des Zugangs**	105
2.	Kriterien der Risikoverlagerung auf den Empfänger	46		**VIII.**	**Die Erklärung unter Anwesenden**	
a)	Sinnliche Wahrnehmung	46		1.	Der Standpunkt des Gesetzes	108
b)	Die Widmung von Empfangseinrichtungen	49		2.	Missverständnisse bei Erklärungen unter Anwesenden	109
aa)	Zugang kraft Widmung als Akt der Selbstbestimmung	49		3.	Rücksichtnahme auf offensichtliche Missverständnisse?	111

I. Vollendung und Wirksamkeit der Willenserklärung*

1 Die grundlegende Frage, welche Elemente zum Tatbestand einer Willenserklärung gehören, wird seit dem Inkrafttreten des BGB vornehmlich als ein Problem des subjektiven Tatbestandes angesehen (Vorbem 19 ff zu §§ 116–144). In der Lehre des 19. Jh war dies anders. Die in der gemeinrechtlichen Literatur als Problem des Vertragsschlusses behandelte Frage nach der **Vollendung eines Vertrages**, wann also die Annahme eines Vertragsangebotes zum Vertragsschluss führt, verdichtete sich allmählich zu der allgemeineren Frage, **in welchem Zeitpunkt eine Willenserklärung** *vollendet* **sei** (zur historischen Genese dieser Frage BENEDICT § 2 mwN). Dabei kommen im wesentlichen vier Möglichkeiten in Betracht, denen in der Lehre des gemeinen Rechts vier Theorien des Vertragsschlusses korrespondierten:

2 Dem frühstmöglichen Zeitpunkt entspricht die **Äußerungstheorie**. Danach soll sich das Rechtsgeschäft in dem Moment vollenden, in welchem der Wille seine äußere Gestalt gewonnen hat (vSAVIGNY, System Bd 8, 235 ff; PUCHTA, Pandekten § 251; WENING AcP 2 [1819] 267, 271; vJHERING JherJb 4 [1861] 1, 86). Da es nach dieser Lehre nur auf die Willensäußerung und nicht auf das Verständnis des Erklärungsempfängers ankommt, wird in ihr der Grundstandpunkt der Willenstheorie sichtbar, dass nämlich „der Wille an sich als das einzig Wichtige und Wirksame gedacht werden" muss (SAVIGNY, System Bd 3, 258; vgl dazu Vorbem 15 zu §§ 116–144). Zugleich wird deutlich, dass diese Ansicht allein von der **Dogmatik des Vertragsschlusses** beeinflusst ist: Ist der Konsens das konstituierende Merkmal des Vertrages, genügt die Koinzidenz von Angebots- und Annahmewille, und es bedarf nicht noch der Kundgabe des Annahmewillens gegenüber dem Offerenden – ein Gedanke, der heute noch in § 151 verbindlichen Ausdruck findet. Andererseits war Voraussetzung für die Willenseinigung, dass der Wille des Offerenden im Moment der Annahme noch Bestand hatte. Eine Offerte blieb also nicht allein mit ihrer Äußerung wirksam; sie blieb es nur, solange der Offerend an ihr festhielt (zur Bedeutung für den Widerruf unten Rn 98).

3 Nach der **Entäußerungstheorie** (Übermittlungstheorie) bedarf es bereits einer Direktion (Absendung) der Äußerung in Richtung auf den Empfänger (WINDSCHEID, Pandekten, Bd II § 309, 2; vSCHEURL JherJb 2 [1858] 248 ff).

4 Die **Empfangstheorie** geht noch einen Schritt weiter und stellt auf das Empfangen der Äußerung beim Adressaten ab. Die Erklärung soll erst dann wirksam werden,

---

* **Schrifttum**: BEKKER, Über Verträge unter Abwesenden nach gemeinem Rechte und nach dem Entwurfe eines allgemeinen deutschen Handelsgesetzbuchs, Jahrb d gem dt Rechts 2 (1858) 342 ff; ders, Sprachliches und Sachliches zum BGB, JherJb 49 (1905) 1; FRITZE, Die stillschweigende Willenserklärung im Bürgerlichen Gesetzbuch, ArchBürgR 14 (1898) 181; HÖLDER, Das Wesen der rechtswirksamen Willenserklärung, JherJb 55 (1909) 413; ders, Zur Theorie der Willenserklärung, in: SOHM, HÖLDER, STROHAL, Drei Beiträge zum Bürgerlichen Recht (1905); KOEPPEN, Der obligatorische Vertrag unter Abwesenden, JherJb 11 (1872) 139; KOHLER, Über den Vertrag unter Abwesenden, ArchBürgR 1 (1889) 283; ders, Der Gläubigerverzug, ArchBürgR 13 (1897) 149; REGELSBERGER, Civilrechtliche Erörterungen, Heft 1, (1868); vSCHEURL, Vertragsschluß unter Abwesenden JherJb 2, 259; SCHOTT, Der obligatorische Vertrag unter Abwesenden (1873).

wenn sie auch zum Empfänger gelangt ist (Kohler ArchBürgR Bd 1, 283, 293; Koeppen JherJb Bd 11, 139, 374).

Den spätest möglichen Zeitpunkt bildet der Moment, in dem der Empfänger die **5** Erklärung inhaltlich richtig zur Kenntnis genommen hat. Da es hiernach auf die tatsächliche „Vernehmung" des Erklärten ankommt, hat sich für diese Position die Bezeichnung **Vernehmungstheorie** eingebürgert (Bekker Jahrb d gem dt Rechts 2 [1858] 350 f; Regelsberger, Civilrechtl Erörterungen, Heft 1 [1868] 25; zur aktuellen Bedeutung des Theorienstreits für die Erklärungen „unter Anwesenden", vgl noch unten Rn 108).

Bei der sich aus dem gemeinrechtlichen Streit entwickelnden Frage nach der Voll- **6** endung einer Willenserklärung geht es ebenso wie beim Vertragsschluss im Kern um die **Beschaffenheit des objektiven Tatbestandes**: Genügt für die Erklärung ihre sinnlich wahrnehmbare Gestalt oder muss diese sinnliche Form in einer bestimmten räumlich-zeitlichen Beziehung zum Empfänger stehen? Ausgehend von der Theorie mit den weitestgehenden Anforderungen an das Wirksamwerden der Erklärung, der Vernehmungstheorie, verzichten die anderen Theorien stufenweise auf ein für die Vervollkommnung der Willenserklärung wesentliches Element: die Empfangstheorie auf die tatsächliche Kenntnisnahme durch den Empfänger, die Entäußerungstheorie darüber hinaus auf den Zugang der Erklärung und die Äußerungstheorie sogar auf die *Entäußerung* der Erklärung.

Das BGB hat in § 130 allein die **Wirksamkeit einer Willenserklärung** behandelt und **7** damit den **Begriff der Willenserklärung** vorausgesetzt, die Frage nach ihrer **Vollendung** letztlich offen gelassen. Auch die **Abgabe** wurde bewusst nicht geregelt. Der Gesetzgeber hielt es für „selbstverständlich", dass die Erklärung dem „anderen Theile infolge des Willens des Erklärenden zugekommen sein muss" (Mot I 157). Hinsichtlich der Vollendung des objektiven Tatbestandes ging der Gesetzgeber somit von der Entäußerungstheorie aus, während das Wirksamwerden der Willenserklärung gemäß § 130 Zugang erfordert und daher im Sinne der Empfangstheorie entschieden wurde. Im Ergebnis ist also nur die tatsächliche Kenntnisnahme durch den Empfänger entbehrlich.

Die **Entscheidung für die Empfangstheorie** basiert auf einer sachgerechten Vertei- **8** lung der mit einer Übermittlung zwischen Abwesenden zwangsläufig verbundenen Risiken: Verlust, Entstellung und/oder Verzögerung der Erklärung. Jeder Beteiligte soll das überwiegend von ihm zu beherrschende Risiko tragen. Mit dem Begriff des Zugangs ist dafür ein Zeitpunkt bezeichnet, der eine **Zäsur bei der Risikoverteilung** markiert: Das Übermittlungsrisiko des Erklärenden endet, und ab diesem Moment liegt die Verantwortung für die tatsächliche Kenntnisnahme durch den Empfänger bei diesem selbst. Die Verfasser des BGB haben einerseits durchaus erkannt, dass eine Willenserklärung nur dann ihren Zweck zu erfüllen vermag, wenn derjenige, für den sie bestimmt ist, auch von ihr Kenntnis nimmt und ihren Inhalt versteht. **Gegen** eine der **Vernehmungstheorie** entsprechende Regelung sprachen jedoch zwei durchschlagende Gründe. Zum einen stünde es dann wesentlich im Belieben des Empfängers, *ob* und vor allem *wann* eine an ihn gerichtete Willenserklärung wirksam wird. Zum anderen geriete der Erklärende in unüberwindbare Beweisschwierigkeiten, wenn er den internen Vorgang der Kenntnisnahme als Wirksamkeitsvoraussetzung zu beweisen hätte (vgl Mot I 156; Flume § 14, 3 = S 228). Auf der anderen

Seite kam auch eine Entscheidung für die **Entäußerungstheorie**, die ua auch WINDSCHEID vertrat, nicht in Betracht. Soweit einige Rechtsordnungen sich bis heute mit der Absendung begnügen, basiert das auf der Erwägung, dass die regelmäßige Beförderung durch die staatliche Post gewährleistet sei. Der deutsche Gesetzgeber war schon mit Rücksicht auf die sog „exceptio Kallabbiana" – die Einrede der unterschlagenen Briefe (illustrativ zu dem seinerzeit bekannten Postoffizianten Kallab, einem „Briefmarder größten Stils", vJHERING, Scherz und Ernst in der Jurisprudenz, [1884] S 35) – nicht so zuversichtlich. In der Sache handelt es sich um ein Problem der gesonderten Behandlung von Erklärungsboten, die man wegen ihrer herausgehobenen Vertrauensstellung keiner der beiden Seiten als Risiko zurechnen kann, gleichwohl aber einer Seite zurechnen muss. Die Entscheidung für die Empfangstheorie führte somit zwangsläufig zur Diskussion um das Einschreiben der Deutschen Post (dazu unten Rn 48, 89; BENEDICT NVwZ 2000, 167 ff) und zum Anscheinsbeweis bei Übermittlung durch die Post (dazu unten Rn 106 f; BENEDICT aaO). Der deutsche Gesetzgeber hat das Problem der Vertrauenswürdigkeit der Übermittlung und der Sicherung des Beweises unabhängig von der Post in § 132 gesondert geregelt.

II. Geltungsbereich

1. „Empfangsbedürftige" Willenserklärungen

9 Das Gesetz verlangt einen Zugang nur für solche Willenserklärungen, die „einem anderen gegenüber abzugeben" sind. Für derartige Willenserklärungen hat sich in Anlehnung an eine von ZITELMANN (Rechtsgeschäfte 93 ff) geprägte Terminologie die Bezeichnung **„empfangsbedürftige Willenserklärungen"** durchgesetzt (abw noch zB KOHLER ArchBürgR 13 [1897] 218: „ankunftsbedürftig"; vTUHR II 1 § 61 III: „richtungsbedürftig"). Zugang iSv § 130 ist demnach bei denjenigen Willenserklärungen entbehrlich, die keinem anderen gegenüber abzugeben sind, also bei **„nicht-empfangsbedürftigen Willenserklärungen"** (zu „amtsempfangsbedürftigen" Willenserklärungen vgl Rn 13).

10 Gegen diese Unterscheidung könnte man einwenden, dass Sinn und Zweck einer Willenserklärung grundsätzlich darin liege, „einem anderen gegenüber" zur Kenntnis gebracht zu werden (FLUME § 11, 4 = S 139; eingehend BENEDICT § 3 III 1). Für **mehrseitige Rechtsgeschäfte** liegt dies in der Natur der Sache. Eine Verständigung setzt zwangsläufig voraus, dass der Wille jedes Beteiligten mit dem anderen korrespondiert. Dies setzt voraus, dass er diesem „gegenüber" zur Kenntnis gebracht wird. Lediglich der potentielle Adressat eines Akzepts kann als Betroffener selbst auf eine Kundgabe sich gegenüber verzichten (§ 151). Im Übrigen sind nicht-empfangsbedürftige Willenserklärungen hauptsächlich bei **einseitigen Rechtsgeschäften** anzutreffen. Regelfall ist allerdings auch hier die Empfangsbedürftigkeit. Diese wird entweder vom Gesetz ausdrücklich bestimmt (vgl zB §§ 143, 167 Abs 1, 182 Abs 1, 349, 388 S 1) oder sie ergibt sich aus der Natur der Sache (zB bei der Kündigung). Bei einseitigen Rechtsgeschäften kommt es zwar gerade nicht auf das Herbeiführen einer Übereinkunft an, aber in aller Regel wird auf ein bestehendes Rechtsverhältnis eingewirkt oder ein neues Rechtsverhältnis begründet. Da insoweit unmittelbar in subjektive Rechte anderer eingegriffen werden soll, kann die Erklärung diesen gegenüber nur Geltung erlangen, wenn ihnen die angestrebte Rechtswirkung wenigstens bekannt gegeben wurde (vgl auch FLUME aaO; LARENZ/WOLF § 28 Rn 11). Soweit Rechtspositionen erweitert werden sollen, wie zB bei Erteilung einer Vollmacht,

kann der Begünstigte im Regelfall davon nur Gebrauch machen, wenn er über die Erweiterung seiner Rechte informiert ist.

Für den Anwendungsbereich von § 130 folgt daraus: **Nicht-empfangsbedürftige Wil-** **11** **lenserklärungen** sind alle diejenigen einseitigen Rechtsgeschäfte, bei denen **subjektive Rechte anderer typischerweise nicht beeinträchtigt** werden (BENEDICT § 3 III 1). Zu weit dürfte es allerdings gehen, für die Vollendung und Wirksamkeit „streng einseitiger Rechtsgeschäfte" die gleichen allgemeinen Regeln anzuwenden (so aber BENEDICT aaO). Um unklare Rechtsverhältnisse nach dem Tode des Erblassers zu vermeiden, muss das Testament bereits mit dem Erbfall wirksam werden und nicht erst, wenn Betroffene davon Kenntnis erlangen. Bei der Dereliktion gemäß § 959 muss zwar der Verzichtswille erkennbar betätigt werden (vgl Vorbem 4 zu §§ 116–144; § 133 Rn 16 m Nachw), aber die Möglichkeit der Okkupation soll gerade nicht davon abhängen, dass dieser dem Aneignenden gegenüber erklärt wird. Auch die Auslobung ist so konstruiert, dass der Anspruch auf die Belohnung allein die Vornahme der Handlung voraussetzt und gerade nicht, dass der Handelnde „mit Rücksicht auf die Auslobung gehandelt hat" (§ 657; freilich wird derjenige, der seinen Lohn geltend macht, notwendig zuvor Kenntnis von der Auslobung erlangt haben). Da für all diese Willenserklärungen nach allgemeiner Auffassung gilt, dass sie unabhängig davon gelten, ob sie zur Kenntnis genommen werden, sind sie bereits entsprechend der Äußerungstheorie **mit ihrer formgerechten Äußerung vollendet und wirksam** (zum Zugangsverzicht gem § 151 vgl unten Rn 22).

Missverständlich ist in jedem Fall die Aussage, nicht-empfangsbedürftige Willenser- **12** klärungen zeichneten sich gerade dadurch aus, dass es bei ihnen auf die Wahrnehmung durch eine bestimmte Person nicht ankomme (vgl SOERGEL/HEFERMEHL Rn 1; noch MünchKomm/FÖRSCHLER[3] Rn 2). Hier wird der Eindruck erweckt, es gäbe Willenserklärungen, die für niemanden bestimmt sind. Das trifft aber allenfalls für die Dereliktion zu, bei welcher es dem Erklärenden im Regelfall gleichgültig ist, ob sie zur Kenntnis genommen wird oder nicht. Im Übrigen ist aber zweifellos auch jede nichtempfangsbedürftige Willenserklärung vom Erklärenden mit der Intention abgefasst, dass sie auch wahrgenommen werden möge (ausf MANIGK, Verhalten 305 ff; BENEDICT aaO mwN). Daher ist es grundsätzlich widerspruchsfrei möglich, mit einem **„nicht-empfangsbedürftigen" Testament empfangsbedürftige Willenserklärungen abzugeben**, zB den Widerruf einer Schenkung (RGZ 170, 380; FLUME § 14, 2 = S 226). Der Zugang empfangsbedürftiger Willenserklärungen erfordert gem § 130 Abs 2 nicht, dass der Erklärende ihn noch erlebt, und „abgegeben" ist der Widerruf, weil und sofern der Erblasser davon ausgegangen ist, dieser werde dem Adressaten auch zugehen (zu den damit verbundenen Problemen vgl näher unten Rn 100 ff).

2. Willenserklärungen gegenüber Behörden

§ 130 Abs 3 stellt klar, dass die Zugangsregeln auch für Willenserklärungen gelten, **13** die **gegenüber einer Behörde** abzugeben sind (**„amtsempfangsbedürftige Willenserklärungen"**). Damit gilt § 130, vorbehaltlich abweichender Sonderregelungen, grundsätzlich auch im **öffentlichen Recht**. Im BGB ist die Empfangsstellung einer Behörde ausdrücklich geregelt für Erklärungen in Zusammenhang mit einer Stiftung (§ 81 Abs 2) und Hinterlegung (§ 376), beim Fund (§ 976), bei Erklärungen gegenüber dem Nachlassgericht (§ 1945), Familiengericht (§§ 1681 Abs 2), Vormundschaftsgericht (§ 1750) und Grundbuchamt (§§ 875, 876, 928, 1168, 1180, 1183). Mit amtsempfangsbedürftigen Willenserklärungen nicht zu verwechseln sind diejenigen Erklärungen, die zur Wahrung der vorgeschriebenen Form **vor einer Behörde** abzugeben sind (insb vor einem Notar, vgl zB §§ 128, 925). Der Gesetzgebungsgeschichte lässt sich entnehmen, dass der Eindruck vermieden werden sollte, solche Erklärungen bräuchten dem anderen Teil nicht mehr zugehen (Mot I 159; Prot I 69 f). Die Abgabe *vor* einer Behörde betrifft also nur die gehörige Form der Erklärung (§ 125), nicht auch schon ihre Wirksamkeit gem § 130 (hierzu noch unten Rn 92).

3. Geschäftsähnliche Handlungen und Mitteilungen

14 § 130 regelt ausdrücklich nur das Wirksamwerden von *Willenserklärungen*. Wegen der übereinstimmenden Interessenlage ist die Vorschrift auf **geschäftsähnliche Handlungen** (dazu Vorbem 2 zu §§ 116–144) **analog anzuwenden**. So sind zB auch Mängelanzeigen und Mängelrügen (§ 377 HGB), Mahnungen (§ 284 Abs 1) und Fristsetzungen (§§ 281 Abs 1, 323 Abs 1) einem anderen gegenüber zur Kenntnis zu bringen. Entsprechendes gilt für **Mitteilungen, die auf einer Informations- oder Aufklärungspflicht beruhen**. Dabei kann sich die Mitteilungspflicht aus einem Vertrag (BGH NJW 1989, 1671: Mitteilung der Kontosperrung) oder aus dem Gesetz ergeben (BSG NJW 1969, 2255: Meldung der Arbeitsunfähigkeit). Nicht unbedenklich ist die Tendenz der Rspr, Ausnahmen von der wohl überlegten Risikoverteilung des § 130 vorzunehmen (hierzu auch unten Rn 22). So will der BGH (BGHZ 151, 5) für Benachrichtigungen nach **§ 666 und ähnliche Erklärungspflichten** nicht gem § 130 auf den Zugang der Erklärung abstellen, sondern bereits die Absendung der Erklärung für die Erfüllung der Erklärungspflicht genügen lassen. In der Tat besteht hier auf den ersten Blick ein **Konflikt zwischen § 130 und § 269**, weil die Erfüllung der schuldrechtlichen Pflicht lediglich die Bereitstellung (Holschuld) bzw Absendung (Schickschuld) erfordert. Gleichwohl ist der Interessenkonflikt zwischen den Parteien derselbe, und er wird mit der Ausdehnung des § 269 auf Erklärungspflichten ohne ausreichenden Grund zugunsten der Entäußerungstheorie und zu Lasten des Erklärungsempfängers entschieden: Wenn nämlich das Übermittlungsrisiko schon für nicht geschuldete Erklärungen aus gutem Grund beim Erklärenden liegt, dann muss das erst recht für Erklärungen gelten, die zu erbringen ihn eine Pflicht trifft. Schließlich sollte § 130 auch Anwendung auf Erklärungen finden, die im Zusammenhang mit der **Einberufung einer AG-Hauptversammlung** stehen. Die gegenteilige Ansicht des BGH (BGHZ 143, 339: Gegenanträge gem § 126 Abs 1 AktG waren erst um 22.00 Uhr zugegangen) ist allein durch die nach dem hier vertretenen Standpunkt abzulehnende Doktrin von der „Unzeit" veranlasst. Wenn diese Doktrin aufgegeben wird (dazu ausf unten Rn 73 ff), besteht kein Grund, Erklärungen nach § 126 AktG vom Anwendungsbereich des § 130 auszunehmen.

4. Abwesenheit des Erklärungsempfängers

a) Die Unterscheidung von Erklärungen unter Anwesenden und Abwesenden
15 Die Empfangstheorie gilt gem § 130 nur für Willenserklärungen, die gegenüber Abwesenden abgegeben werden. Für Erklärungen unter Anwesenden fehlt eine gesetzliche Regelung. Diese gesetzliche Differenzierung wurde schon früh kritisiert, da die Empfangstheorie auch bei verkörperten Erklärungen zwischen Anwesenden

als sachgerecht angesehen wurde. Insofern lag es nahe, nicht zwischen Erklärungen unter An- und Abwesenden zu unterscheiden, sondern danach, ob die Erklärungen **verkörpert oder unverkörpert** sind (vgl BREIT SächsArch 15 [1905] 649; OERTMANN Recht 1906, 271 ff; TITZE, Missverständnis 210; STAUDINGER/COING[11] Rn 1 mwN; STAUDINGER/DILCHER[12] Rn 12; BRINKMANN 22; SOERGEL/HEFERMEHL Rn 5 ff, 16 a ff, 20 ff; MEDICUS, AT Rn 291).

Die Entwicklung im Bereich der Telekommunikation wirft insoweit aber neue **16** Fragen auf: Sollen etwa die modulierten Signale, die „online" übermittelt werden, den verkörperten Erklärungen zugeordnet werden, nur weil sie demoduliert auf dem Bildschirm des Empfängers wieder sichtbar geworden sind? Oder soll eine unverkörpert abgegebene Erklärung, die auf einem Anrufbeantworter aufgezeichnet worden ist, als verkörperte Erklärung gelten? Verlangt man für die Anwendung von § 130, dass es sich um verkörperte Willenserklärungen handelt, lässt sich im übrigen nicht plausibel erklären, warum auch bei einer unverkörperten Erklärung die Empfangstheorie Anwendung finden soll, wenn sie gegenüber einem Empfangsboten erfolgt (RGZ 60, 334, 336 f; STAUDINGER/COING[11] § 130 Rn 1). Insofern wird von einem Teil des Schrifttums mit Recht auch diese Klassifizierung abgelehnt. Stattdessen wird vorgeschlagen, zwischen **gespeicherten und ungespeicherten** Erklärungen zu unterscheiden (JOHN AcP 184 [1984] 385, 389 ff; ähnl Terminologie schon bei SOKOLOWSKI 19: „bleibende" und „vorübergehende" Erklärung). Die mündliche und daher an sich unverkörperte Erklärung gegenüber einem Empfangsboten ist nach dieser Ansicht eine (im Gedächtnis des Empfangsboten) „gespeicherte", für die gem § 130 die Empfangstheorie gelten soll. Damit ist zwar eine widerspruchsfreie Behandlung der Empfangsbotenfälle gewährleistet, aber dennoch wenig gewonnen, da ein so weit verstandener Begriff der Speicherung auf jede mündlich verlautbarte Erklärung zutrifft und daher keine Unterscheidungskraft mehr besitzt. Wenig hilfreich ist diese Unterscheidung auch deshalb, weil der Begriff der „Speicherung" nicht nur die Anwendung von § 130 begründen soll, sondern zugleich maßgebliches Tatbestandsmerkmal der von JOHN befürworteten Zugangsdefinition ist (hierzu Rn 44). Jede gespeicherte Erklärung wäre daher regelmäßig zugleich eine zugegangene und daher wirksame Willenserklärung (vgl auch BURGARD AcP 195, 74, 91 f). Da letztlich keine der angebotenen Differenzierungen völlig konsistent durchgehalten werden kann, liegt es nicht fern, **auf eine Systematisierung ganz zu verzichten** und die Empfangstheorie unterschiedslos für sämtliche Willenserklärungen heranzuziehen (zuletzt wieder BURGARD AcP 195 [1995] 74, 87 ff, 94, 134) oder auch gleich alle Differenzierungen zu vertreten (MünchKomm/EINSELE Rn 2, 17 ff und 28 ff). Damit wird freilich der Intention des Gesetzes, das ja ausdrücklich zwischen Erklärungen unter An- und Abwesenden unterscheidet, überhaupt nicht entsprochen.

Nach der **Intention des Gesetzgebers** sollte nur geregelt werden, was auch einer **17** Regelung bedurfte. Dies war die empfangsbedürftige Willenserklärung, die gegenüber einem Abwesenden erfolgt. Für Erklärungen unter Anwesenden sah man hingegen keinen Regelungsbedarf, weil sich insoweit bereits aus der „Natur der Sache" ergebe, dass diese bereits im Moment der Abgabe wirksam würden (Mot I 156). Das Wirksamwerden von Willenserklärungen bedurfte nur insoweit einer Regelung, als aufgrund der Streckung des Übermittlungsvorgangs überhaupt eine zeitliche Diskrepanz zwischen Abgabe und Kenntnisnahme eintreten konnte. Nur für diesen Fall war die Frage, ab welchem Zeitpunkt einer Willenserklärung Rechtswirkungen beizumessen sind und wer das Risiko eines Verlustes oder einer Veränderung der Erklärung zu tragen hat, relevant. Für diese Frage kommt es aber nicht auf die **Form der Erklärung** an, also auf ihre Verkörperung oder Speicherung, sondern **allein** auf die **zeitliche Dimension des Übermittlungsvorgangs**. Insofern hat der Gesetzgeber mit Recht darauf abgestellt, ob es sich um Erklärungen unter An- oder Abwesenden handelt (zu den Anforderungen an die Wirksamkeit einer Erklärung unter Anwesenden unten Rn 107 ff).

b) Der Zustand der Abwesenheit

18 Folgt man der vom Gesetz vorgegebenen Unterscheidung, so stellt sich zunächst die Frage, nach welchen Kriterien der Zustand der Abwesenheit zu bestimmen ist. Der **Begriff der Abwesenheit** bereitete keine Probleme, solange ein wirksames Rechtsgeschäft nur bei unmittelbarer sinnlicher Gegenwart der Parteien vorgenommen werden konnte: im Formalgeschäft. Im römischen Recht wurde ein rechtliches Übereinkommen *("conventio")* nicht anders gedacht als durch physische Zusammenkunft (ausf zum römischen Formalismus vJHERING, Geist des römischen Rechts 2. Teil [3. Aufl 1875] §§ 45 ff). Erst als sich der Wandel vom Formal- zum Konsensualgeschäft vollzog, kam es nicht mehr auf die *physische*, sondern nunmehr auf die *psychische* Übereinkunft – den Konsens – zwischen den Parteien an, welcher dann natürlich auch *inter absentes* durch Brief *(per epistulam)* oder durch Boten *(per nuntium)* herbeigeführt werden konnte (vgl PAULUS D. 2. 14. 2.; ULPIAN D. 2. 14. 1. 3.). Damit ist der Begriff der Abwesenheit determiniert als ein Zustand „ab-sens", bei dem also die **sinnliche Wahrnehmung** des anderen ausgeschlossen ist (treffend für den Begriff der „Anwesenheit" schon STAUDINGER/COING[11] § 147 Rn 3: „wenn ... eine unmittelbar sinnliche Wahrnehmung stattfindet"; ebenso MünchKomm/KRAMER § 147 Rn 2). Das sinnlich wahrnehmbare „Wesen", die Person des anderen, ist nicht gegenwärtig, es ist *abwesend*. Der Begriff „Abwesenheit" hat daher nicht primär einen örtlichen, sondern vor allem einen sinnlichen Aspekt. Seine eigentliche Bedeutung liegt in der nicht bestehenden **unmittelbaren sinnlichen Wahrnehmung des jeweiligen Geschäftspartners**.

19 Die sinnliche Wahrnehmung ist am intensivsten, wenn bei unmittelbarer Gegenwart sämtliche Sinne angesprochen sind (insbes Sehen, Hören, Fühlen). Die Unterscheidung von An- und Abwesenheit verliert dementsprechend an Evidenz, wenn Kommunikationsmöglichkeiten bestehen, bei denen trotz räumlicher Distanz einzelne Aspekte sinnlicher Wahrnehmung weiterhin gewährleistet sind. Paradigma hierfür ist die **Verständigung mittels Telefon**, das lediglich eine **akustische Wahrnehmung** ermöglicht. Die dogmatische Einordnung des Telefonats bereitete dementsprechend einige Schwierigkeiten (vgl nur SOKOLOWSKI S 12 ff, BENEDICT § 3 III 2). Soweit man sich dieser Schwierigkeiten nicht bereits mit der Behauptung entzog, als eigentlich entscheidendes Kriterium für die Anwendung des § 130 habe die Verkörperung der Erklärung zu gelten (oben Rn 15 f), wurde die Erklärung mittels Fernsprechers den Erklärungen unter Anwesenden gleich geachtet. Zur Begründung wurde und wird dabei auf die Regelung des § 147 Abs 1 S 2 (so insbesondere RGZ 61, 125, 126; 90, 166, 167) und/oder den insoweit bestehenden **direkten Übermittlungskontakt** „von Person zu Person" hingewiesen (mit dieser Tendenz bereits Mot I 160; deutlich Prot I 78 f; BRINKMANN 23, 85; JOHN AcP 184 [1984] 385, 390 ff).

20 Durch die nur partielle sinnliche Wahrnehmung besteht ein **erhöhtes Risiko von Missverständnissen**. Die Kommunikation „unter vier Augen" hat per se eine größere Intensität als ein bloß fernmündliches Gespräch. Es verwundert daher nicht, dass gerade die telefonischen Erklärungen dazu geführt haben, die bei Erklärungen unter Anwesenden angenommene Anwendung der Vernehmungstheorie in Frage zu stellen. Bei der Behandlung mündlicher (unverkörperter) Erklärungen werden jedoch zwei eigenständige Probleme nicht streng voneinander unterschieden: der Zeitpunkt der Wirksamkeit einer Erklärung einerseits und die erhöhte Gefahr von Missverständnissen andererseits. Sofern es um die Wirksamkeit fernmündlicher Erklärungen geht, ist die Zuordnung zu den Erklärungen unter Anwesenden zwingend. Wenn nämlich im Moment der Äußerung zugleich die Kenntnisnahme erfolgen kann, bleibt von vornherein kein Raum für einen dazwischen liegenden Zeitpunkt, in welchem die Erklärung zugehen könnte: Die oben (Rn 2-5) genannten vier Elemente der Verständigung (Äußerung, Entäußerung, Empfang, Vernehmung) fallen in dem einen Moment des Sprechaktes unauflöslich zusammen. Das erhöhte Risiko von Missverständnissen beruht demgegenüber auf der unsicheren (flüchtigen) Form der Erklärung. Sofern aber Formfreiheit herrscht, darf es für die Wirksamkeit keine Rolle spielen, in welcher Form eine Erklärung abgegeben wird und ob die Erklärung alle Sinne oder nur einen anspricht. Ein Zugangsproblem liegt hierin jedenfalls nicht.

Die Informationstechnik ist über die Möglichkeit des Ferngesprächs weiter fortgeschritten. Ein zeitlich unmittelbares Kommunizieren ist im Bereich der **Online-Medien** (zB durch „chatten" im Internet) bei Vernachlässigung denkbarer Übermittlungsverzögerungen nunmehr auch ohne jedwede sinnliche Wahrnehmung der Kommunikationspartner, nur über die durch Tastatur und Bildschirm vermittelte Schrift möglich. Soweit man für die Abgrenzung zwischen An- und Abwesenden mit der überwiegenden Meinung am Kriterium des direkten (beiderseitigen) Übermittlungskontaktes festhält, könnte man auch hier den Austausch von Erklärungen unter Anwesenden annehmen; denn die Übermittlung braucht ja nicht notwendig akustisch, sondern kann auch optisch erfolgen (vgl nur LARENZ/WOLF § 26 Rn 33; BORK Rn 605; MünchKomm/EINSELE Rn 28). Das würde aber voraussetzen, dass sich der jeweilige Teilnehmer am Empfangsgerät befindet (krit BURGARD AcP 195 [1995] 74, 89). Außerdem wäre die Anwendung der Vernehmungstheorie, die von der hM bei Erklärungen unter Anwesenden grundsätzlich herangezogen wird, wenig sachgerecht, wenn Kommunikationsstörungen zB auf fehlerhafter Hard- oder Software des Empfängers beruhen. Die neue Kommunikationstechnik würde also nach Ansicht mancher zu einer Modifikation der bisherigen Dogmatik nötigen (eingehend BURGARD AcP 195 [1995] 74, 133 f). Nach dem hier vertretenen Kriterium der sinnlichen Wahrnehmung bedarf es keiner solchen Modifikation. Vielmehr ist zu differenzieren: Die Übertragung eines Schriftsatzes gewährleistet im Gegensatz zum Fernsprechverkehr **keinerlei sinnliche Wahrnehmung der anderen Person**. Daran ändert die Möglichkeit der „Unmittelbarkeit" nichts. Derartige Erklärungen sind mithin von vornherein solche unter Abwesenden. Anders gestaltet sich die Situation bei unmittelbarer Übertragung von Ton und Bild (Videokonferenz). Entscheidend ist also nicht des Übertragungsmedium (Fernsprecher, Telegraf, Internet), sondern das übertragene Medium (Schrift, Ton, Bild).

5. Disponibilität und Ausnahmen

Ausnahmen vom Zugangserfordernis sind mit Blick auf die dargestellten Theorien (Rn 2 ff) in zwei Richtungen möglich: Nach „oben" in Richtung Vernehmungstheorie, nach „unten" in Richtung Entäußerungstheorie. Alle anderen Vereinbarungen, etwa: „Kündigung per Einschreiben" oä, betreffen die Erklärungsform und sind daher an § 125 zu messen (hierzu noch unten Rn 93). Da § 130 kein zwingendes Recht ist, unterliegen beide Möglichkeiten grundsätzlich der **Disposition der Parteien** (RGZ 108, 91, 96 f; BGHZ 130, 71, 75; **aA** BENEDICT § 3 IV mN). Durch Individualabrede können also entweder Zugang abbedungen oder positive Kenntnisnahme durch den Empfänger ausbedungen werden. Grenzen bestehen aber bei Verwendung **Allgemeiner Geschäftsbedingungen**: § 309 Nr 13 (§ 11 Nr 16 AGBG aF) verbietet die Vereinbarung besonderer Zugangserfordernisse, § 308 Nr 6 (§ 10 Nr 6 AGBG aF) die Regelung einer Zugangsfiktion. Entsprechendes gilt, wenn nach allgemeinen Grundsätzen eine Inhaltskontrolle privatrechtlicher Regelungen notwendig ist (Vorbem 11 zu §§ 116–144). Die Klauselverbote des AGB-Rechts sind unmissverständlicher Beleg dafür, dass es sich bei Abweichungen von § 130 um inhaltlich unangemessene Bestimmungen handelt. Insofern hat das BAG mit Recht daran festgehalten, dass eine wirksame fristgerechte Kündigung Zugang voraussetzt, und die im Arbeitsvertrag enthaltene Vereinbarung, dass das „Datum der Aufgabe" genüge, nicht gelten lassen (AP Nr 9 zu § 130). Entsprechendes gilt für die in der Gemeinschaftsordnung von Miteigentümern vorgesehene Bestimmung, dass die Absendung von Einladungen zur Eigentümerversammlung an die zuletzt bekannte Anschrift des Wohnungseigentümers genüge (LG Magdeburg NJW-RR 1997, 969; s a BayObLG WE 1991, 296 zu einer entsprechenden Klausel in einem Verwaltervertrag). § 151 stellt im Übrigen aber klar, dass der Zugang beim Vertragsschluss zur Disposition des (potentiellen) Adressaten steht. Dies gilt auch für die Entbehrlichkeit des Zugangs kraft „Verkehrssitte", da diese auf einem stillschweigenden Verzicht beruht (FLUME § 35 II 3; MünchKomm/KRAMER § 151 Rn 51).

23 Ohne Vereinbarung kann von der Regelung des § 130 nur abgewichen werden, wenn das Gesetz dies ausdrücklich zulässt (vgl zB § 152). Dem Gesetzgeber standen die Vor- und Nachteile der unterschiedlichen Wirksamkeitstheorien so deutlich vor Augen, dass nicht anzunehmen ist, er würde an anderer Stelle eine Ausnahme quasi stillschweigend geregelt haben. So liegt insbesondere keine Ausnahme vom Erfordernis des Zugangs in den Fällen vor, in denen **das Gesetz** für die *Rechtzeitigkeit* einer Erklärung **auf deren Absendung abstellt** (Anfechtung: § 121 Abs 1 S 2; Mängelrüge: §§ 478 Abs 1 S 1 a F; 377 Abs 4 HGB; Widerruf: § 355 Abs 1 S 2, ehemals: §§ 2 HausTWG, 7 Abs 2 VerbrKrG). Hier wird nicht auf den Zugang als solchen verzichtet, sondern lediglich das mit der Übermittlung verbundene **Verzögerungsrisiko** vom Erklärenden auf den Empfänger verlagert. Das **Verlustrisiko** und die mit diesem verbundene Beweislast für den Zugang verbleibt den allgemeinen Regeln entsprechend beim Absender (MünchKomm/EINSELE Rn 15; OLG Dresden, NJW-RR 2000, 354 Wiederholung eines Widerrufs nach § 7 VerbrKrG; ausf BGHZ 101, 49 [Mängelanzeige] mwN zum Streitstand; abl M REINICKE JZ 1987, 1031; krit J HAGER JR 1988, 287; differenzierend STAUDINGER/DILCHER[12] Rn 16 f).

24 Der Sache nach verkörpern auch **Zugangsfiktionen** eine Ausnahme von § 130. Eine Zugangsfiktion wird man daher nur annehmen dürfen, wenn sie ausdrücklich geregelt ist (vgl zB §§ 132 BGB, 10 Abs 1 VVG, 175 Abs 1 ZPO). Entsprechendes gilt für **Rechtzeitigkeitsfiktionen** (vgl § 149). Die gegenteilige Ansicht, die eine Zugangs- bzw Rechtzeitigkeitsfiktion auch kraft Zurechnung von Zugangshindernissen annimmt, ist abzulehnen (ausführlich unten Rn 79 ff).

Andererseits soll es in Fällen, in denen **das Gesetz ausschließlich auf die „Kenntnis"** **25** **einer Person abstellt,** nicht genügen, wenn die Kenntnisnahme durch entsprechenden Zugang einer Mitteilung „nur" möglich war (vgl RGZ 135, 247, 251; SOERGEL/HEFERMEHL Rn 2). Zeigt zB der Gläubiger dem Schuldner die Abtretung einer Forderung an, so hat der Zugang der Anzeige zwar die Wirkungen des § 409, schützt also den Schuldner bei Leistungen an den *scheinbaren Zessionar*. Die zugegangene Abtretungsanzeige soll aber eine tatsächliche Kenntnisnahme von einer wirksamen Abtretung nicht ersetzen können, so dass der Schuldner gemäß § 407 Abs 1 mit befreiender Wirkung nach wie vor an den *bisherigen Gläubiger* leisten kann, wenn er die Anzeige nicht auch zur Kenntnis genommen hat. Dem ist nicht zu folgen. § 130 regelt das Wirksamwerden von Willenserklärungen generell. Folglich muss sich der Empfänger einer Erklärung so behandeln lassen, als habe er vom Inhalt der Erklärung Kenntnis erlangt. Andernfalls könnte der Empfänger einer Erklärung in Widerspruch zu der Wertung des § 130 Abs 1 die vom Absender bezweckte Information nach Belieben vereiteln (vgl BENEDICT § 3 IV 2). Im Falle des § 407 Abs 1 muss es dem Zessionar aber möglich sein, den Rechtsschein der fortbestehenden Legitimation des Zessionars durch Anzeige an den Schuldner zu zerstören, ohne dass der Schuldner dies verhindern kann.

Sofern es um das **Wirksamwerden von Willenserklärungen** oder geschäftsähnlichen **26** Handlungen geht, gilt § 130 Abs 1 unmittelbar. Insofern darf man nicht abweichend vom Gesetz positive Kenntnis des Empfängers verlangen, sondern muss sich auch bei Erklärungen, die den Empfänger informieren oder zu einer Änderung seines Verhaltens motivieren sollen, mit dem gesetzlich vorgeschriebenen Zugang begnügen. Anderenfalls kommt der Erklärende in eben jene Schwierigkeiten, die der Gesetzgeber mit seiner Entscheidung für die Empfangstheorie ausdrücklich vermeiden wollte. Keine Zustimmung verdient daher die Entscheidung des BAG, das für eine wirksame **Abmahnung** positive Kenntnisnahme durch den Arbeitnehmer verlangt und dies aus dem Sinn und Zweck von § 326 Abs 1 S 2 a F ableitet (NJW 1985, 823, 824). Es liegt zwar in der Tat im „Sinn und Zweck" von **Mahnungen oder Fristsetzungen**, dass der Empfänger sie auch zur Kenntnis nimmt. Dieser „Sinn und Zweck" liegt aber sämtlichen empfangsbedürftigen Willenserklärungen zugrunde, so dass kein Grund besteht, Sonderregeln für einzelne Arten von Willenserklärungen oder geschäftsähnliche Handlungen zu schaffen. Der Gesetzgeber hat sich aus guten Gründen gegen die Vernehmungstheorie entschieden (oben Rn 8); daran ist die Rechtsprechung gebunden (krit auch BICKEL AP Nr 12 zu § 1 KSchG 1969 Verhaltensbedingte Kündigung; DORNDORF SAE 1987, 137 ff).

III. Abgabe der Willenserklärung

1. Allgemeine Bedeutung

Der Begriff der Abgabe wird in § 130 vorausgesetzt und ist ebenso wenig wie der **27** des Zugangs gesetzlich definiert. Die **Bedeutung der Abgabe** besteht darin, dass sich in ihr die **Vollendung des Willens** in der Erklärung manifestiert. Sie ist daher maßgeblich, wenn Rechtsfolgen vor allem an den Willen anknüpfen und der Gesichtspunkt des Vertrauensschutzes dem nicht entgegen steht oder zurücktritt. Nicht-empfangsbedürftige Willenserklärungen werden daher im Augenblick ihrer Abgabe wirksam. Bei der Wahrung von Fristen kommt es in bestimmten Fällen nicht auf den rechtzeitigen Zugang, sondern auf die rechtzeitige Abgabe an (dazu unten Rn 36 ff). Von ausschlaggebender Bedeutung ist der Zeitpunkt der Abgabe schließlich für solche Umstände, die von der Rechtsordnung für die Anerkennung und Zurechnung rechtsgeschäftlichen Handelns verlangt werden. In § 130 Abs 2 kommt dieser Gedanke deutlich zum Ausdruck, da es auf die Wirksamkeit einer vollendeten Willenserklärung keinen Einfluss haben soll, wenn der Erklärende nach der Abgabe seiner Erklärung stirbt oder geschäftsunfähig wird. Zu Recht wird darin die Grundlage für eine Verallgemeinerung gesehen und **§ 130 Abs 2** auf vergleichbare Fälle – wie zB den Bestand einer Prozessvollmacht – **analog angewendet** (VOLLKOMMER Rpfleger 1971, 229; OLG Frankfurt NJW 1984, 2896).

2. Begriff und Voraussetzungen

28 Über den Begriff der Abgabe herrscht weitgehend Einigkeit. Danach gilt eine Willenserklärung als abgegeben, wenn der Erklärende alles getan hat, was seinerseits zum Wirksamwerden der Erklärung erforderlich war (MEDICUS, AT Rn 263, krit BENEDICT § 4 I). Für FLUME (§ 14, 2 = S 225, 226) handelt es sich um den „Akt" des rechtsgeschäftlichen Handelns schlechthin, das „in Geltung Setzen der Erklärung, ... ungeachtet dessen, ob die Erklärung sogleich mit der Abgabe wirksam wird". Dieser Akt muss so beschaffen sein, dass an der Endgültigkeit des geäußerten Willens kein Zweifel bestehen kann (LARENZ, AT § 21 II a = S 417; BGH WM 1983, 712 f). Die Abgabe ist somit nichts anderes als **objektiver Ausdruck eines bestehenden Rechtsbindungswillens**. Damit sind bestimmte Anforderungen an den Tatbestand der Erklärung verbunden.

a) Geeignetes Erklärungsmittel

29 Von einer Verlautbarung des Rechtsbindungswillens kann im Allgemeinen nicht die Rede sein, wenn niemand in der Lage ist, die Äußerung zu verstehen. Man könnte deshalb daran zweifeln, ob bei einer mündlichen Erklärung gegenüber einem Tauben oder einem der benutzten Sprache nicht mächtigen Ausländer von der Abgabe einer Willenserklärung auszugehen ist. Um ein **völlig ungeeignetes Erklärungsmittel** handelt es sich freilich nur, wenn entweder niemand das Gesprochene verstehen kann oder wenn der Erklärende weiß, dass er von dem konkreten Empfänger nicht verstanden wird. Nur dann ist der Schluss gerechtfertigt, dass der Erklärende in Wahrheit nichts in Geltung setzen wollte. Wie bei einer Scherzerklärung fehlt es am Rechtsbindungswillen. Im übrigen handelt es sich bei der Willenserklärung gegenüber Sprachunkundigen um ein Problem des *Zugangs*, bei dem einerseits auf die Verständnismöglichkeiten des Empfängers Rücksicht zu nehmen ist, andererseits aber auch auf das berechtigte Vertrauen des Erklärenden, seine Erklärung würde verstanden (vgl § 119 Rn 18 u 20; **aA** BENEDICT § 5 III 1 b; unten Rn 108 ff).

b) Endgültigkeit der Äußerung

30 Der Schluss auf einen Rechtsbindungswillen setzt ferner voraus, dass sich der Erklärende der Disposition endgültig begeben hat. Die fertig ausformulierte und unterschriebene Vertragsannahme auf dem Schreibtisch des Prokuristen ist noch keine endgültige Willenserklärung, da und sofern der Erklärende nicht das Erforderliche veranlasst hat, um die Erklärung in den Verkehr zu bringen. Bei einer **verkörperten Erklärung** bedarf es der endgültigen Entäußerung. Die Abgabe wird zur Übergabe. Das gilt insbesondere für formbedürftige Rechtsgeschäfte wie den

Bürgschaftsvertrag, zu dessen Gültigkeit das Bürgschaftsversprechen schließlich erteilt werden muss. Die Unterschrift allein genügt hierfür noch nicht. Der Gläubiger muss mit Willen des Erklärenden in den Besitz der Urkunde gelangt sein (wichtig in RGZ 61, 414: Selbsttötung des Schuldners im Nebenzimmer). Bei verkörperten Erklärungen unter Anwesenden gibt es daher streng genommen kein Zugangsproblem (unten Rn 97).

c) Erklärungsbote und Erklärungsgehilfe

Der Übermittlungsvorgang beginnt, wenn die Willenserklärung vollendet ist. Ein Bote gibt keine eigene Willenserklärung ab, sondern überbringt eine vollendete Willenserklärung des Erklärenden. Insofern liegt regelmäßig in der **Übergabe der Erklärung an einen Boten** ihre **Abgabe**. Anders verhält es sich, wenn eine Hilfsperson bei der Vollendung der Erklärung mitwirkt. Diese ist dann nicht Bote, sondern **Erklärungsgehilfe**. Mit der Übergabe der Diktierkassette an die Sekretärin liegt daher noch keine vollendete Erklärung vor, da das Diktat nicht in dieser Form in den Verkehr gelangen soll, sondern in verkörperter Form als Schriftstück, ggf nach Korrektur und Unterschrift des Verfassers. Sofern die Sekretärin einen diktierten Brief mit dem Zusatz „nach Diktat verreist" versieht und absendet, ist sie in Bezug auf diesen Brief nur Erklärungsgehilfin, nicht Erklärungsbotin. Solange der Brief nicht in der vorgesehenen Form vollendet ist, kann von einer Abgabe keine Rede sein (aA STAUDINGER/DILCHER[12] Rn 6). Entsprechendes gilt, wenn die Erklärung zwar in der vorgesehenen Form vorliegt, aber dafür der Wille, sich endgültig zu binden, noch fehlt. So verhielt es sich in dem Fall der **widerrufenen Prozessvollmacht**, in dem ein Prozessbevollmächtigter die vollständige, unterschriebene und mit Gerichtsmarken versehene Berufungsschrift einer Kanzleimitarbeiterin übergeben hatte mit dem Auftrag, diese zwei Tage vor Ablauf der Rechtsmittelfrist zur Post zu geben. Entgegen OLG Frankfurt (NJW 1984, 2896 m zust Anm MÜNZBERG NJW 1984, 2871 f) liegt in der Übergabe des Schriftsatzes an die Mitarbeiterin noch keine Vollendung der Willenserklärung, da der Wille, sich der Erklärung *endgültig* zu begeben, fehlte. Der Auftrag, den Schriftsatz nicht sofort bei Gericht einzureichen, sondern bis zwei Tage vor Fristablauf zu warten, hatte offensichtlich den Sinn, sich noch die Disposition über das Rechtsmittel vorzubehalten. Dann fehlte aber noch der Rechtsbindungswille, und der nach Einreichen des Schriftsatzes erklärte Widerruf der Prozessvollmacht erfolgte noch rechtzeitig.

d) Abhanden gekommene Willenserklärung

An der Abgabe einer Willenserklärung fehlt es, wenn diese ohne Willen des Absenders in den Verkehr gelangt ist. Der Verkehr ist jedoch in seinem **Vertrauen** auf die Verbindlichkeit der Erklärung zu schützen, und zwar nach richtiger Ansicht durch analoge Anwendung des § 122 (vgl näher § 122 Rn 10 und Vorbem 49 zu §§ 116–144).

e) Übermittlung an den richtigen Adressaten

Gerät die Willenserklärung zunächst an den falschen Adressaten und wird sie von diesem an den richtigen Adressaten weitergeleitet, steht die Vollendung der Willenserklärung nicht in Frage. Der Erklärende will sich erkennbar binden, wählt aber den falschen Weg. Dennoch wird überwiegend die Ansicht vertreten, dass zur Vollendung ihre **Entäußerung in Richtung des Adressaten** gehört (vgl BGH NJW 1975, 39; 1979, 2032, 1980, 990; 1989, 1671). Demgegenüber ist wie folgt zu differenzieren: In dem Fall BGH NJW 1979, 2032 (zust FÖRSCHLER JuS 1979, 2032) kam es darauf an, ob ein erklärter Rücktritt noch rechtzeitig vor dem Wegfall der Rücktrittsvoraussetzungen wirksam geworden war. Unstreitig war die Erklärung dem Rücktrittsgegner rechtzeitig zugegangen. Die Willenserklärung hatte ihr Ziel erreicht. Dennoch stellte der V. Senat die Wirksamkeit des Rücktritts deshalb in Frage, weil die **Erklärung** nicht gegenüber dem Rücktrittsgegner (§ 349), sondern **gegenüber dem Notar**, welcher seinerzeit den zugrunde liegenden Vertrag protokolliert hatte, abgegeben und erst von diesem an den richtigen Empfänger weitergeleitet wurde. Für das Wirksamwerden einer Willenserklärung sei „erforderlich, aber auch ausreichend, dass diese – neben dem Zugehen – mit Willen des Erklärenden in den Verkehr gelangt und der Erklärende damit rechnen konnte und gerechnet hat, sie werde (auf welchem Wege auch immer) den Erklärungsgegner erreichen" (NJW 1979, 2033; ebenso FLUME § 14, 2 = S 225 f; SOERGEL/HEFERMEHL § 130 Rn 6; MünchKomm/FÖRSCHLER § 130 Rn 10; vgl auch RGZ 170, 380, 382; OLG Köln NJW 1950, 702). Der BGH begreift die Abgabe der Willenserklärung (auch wenn er den Begriff Abgabe an keiner Stelle erwähnt) als eigenständige Wirksamkeitsvoraussetzung und hält die Erklärung trotz Zugangs für unwirksam. Das überzeugt nicht, weil der Erklärende seinen Rechtsbindungswillen unmissverständlich zum Ausdruck gebracht hat und somit an der Vollendung der Willenserklärung kein Zweifel besteht. Insofern kommt es für die Wirksamkeit der Erklärung nur noch auf ihren Zugang an. Ist dieser erfolgt, spielt die Wahl des falschen Adressaten keine Rolle. Eine andere Frage ist, zu wessen Lasten **Verzögerungen** gehen, die auf der Wahl des Übermittlungsweges beruhen (dazu unten Rn 36 ff).

34 Im Fall BGH NJW 1980, 990 ging es um die Wirksamkeit einer fristlosen **Kündigung**, die dem in dieser Sache (zunächst) **vollmachtlosen Rechtsanwalt** für dessen Mandanten zugesandt wurde. Auch in diesem Fall wurde die Erklärung an den Mandanten weitergeleitet. Im Unterschied zum oben Rn 33 dargestellten Fall BGH NJW 1979, 2032 ist der Erklärende hier sogar von der Weiterleitung und Kenntnisnahme ausgegangen. Damit hatte er aber erst recht alles Nötige für das Wirksamwerden getan und mithin seine Willenserklärung vollendet. Da mit der Kenntnisnahme auch Zugang vorliegt (vgl hierzu unten Rn 39), ist auch die Kündigung wirksam. Ob dem Anwalt auch in dieser Angelegenheit und in welchem Umfang ein Mandat erteilt wurde, ist insoweit ohne Bedeutung.

35 In Fällen wie diesem (vgl auch BGH NJW 1989, 1671: Mitteilung an Eltern des volljährigen Kontoinhabers) besteht für den Erklärenden oft die Schwierigkeit, den **Zugang beim Empfänger zu beweisen**. Unstreitig wird zumeist der Zugang beim Erklärungsmittler sein. Steht dieser aber „im gleichen Lager" wie der Empfänger, wird die Tatsache der Weiterleitung regelmäßig im Dunkeln bleiben. Dies ist unschädlich, wenn der **Erklärungsmittler** als **Empfangsbote** des Erklärungsempfängers angesehen werden kann. Eine Diskrepanz zwischen Abgabe und Zugang könnte dann nicht mehr auftreten, weil der Zugang beim Empfangsboten sogleich auch den Zugang beim Adressaten bewirkt (vgl unten Rn 54 ff). Vollmachtlose Vertreter (BGH NJW 1980, 990) sind als solche keine Empfangsboten, auch nicht die Eltern eines volljährigen Kontoinhabers. Wenn diese von der Bank zur Weiterleitung einer Mitteilung aufgefordert wurden (BGH NJW 1989, 1671, 1672), werden sie nicht als Empfangs-, sondern als **Erklärungsboten** tätig. Insofern liegt in der Übergabe der Erklärung an einen Erklärungsboten zugleich ihre Abgabe (oben Rn 31).

3. Der maßgebliche Zeitpunkt

Mit dem räumlich-zeitlichen Auseinanderfallen von Abgabe und Zugang gibt es **36** zwei Bezugspunkte, die für das Wirksamwerden einer Willenserklärung in zeitlicher Hinsicht Bedeutung erlangen können. Dabei ist zu unterscheiden: Geht es um den Zeitpunkt, zu dem eine Willenserklärung wirksam wird, kommt es gem § 130 grundsätzlich auf den **Zeitpunkt des Zugangs** an. Dies gilt insbesondere für die Einhaltung von Fristen. In bestimmten Ausnahmefällen (oben Rn 11) hat das Gesetz die Wirkungen der Erklärung allerdings auf den **Zeitpunkt der Abgabe** vorverlagert. Hier stellt sich dann die Frage, ob es für die Rechtzeitigkeit der Abgabe genügt, wenn die Erklärung den Empfänger erst auf **Umwegen** erreicht. BGH NJW 1975, 39 (abl m Hinw auf § 132 Abs 1 W Schubert JR 1975, 152) verlangt, dass im Rahmen des § 121 Abs 1 S 2 „eine Absendung *an* den Anfechtungsgegner" vorgenommen wird, wenn durch die Absendung eine Frist gewahrt werden soll. In dem dieser Entscheidung zugrunde liegenden Fall kam es auf die Rechtzeitigkeit einer Anfechtungserklärung an. Der V. Senat hat diese verneint, weil die Erklärung nicht dem Erklärungsgegner (§ 143), sondern in einer Klageschrift **dem Gericht zugesandt** worden war. Dem ist zuzustimmen, weil der Zweck des § 121 Abs 1 S 2 darin besteht, den Absender vor dem **Verzögerungsrisiko** zu bewahren. Dieser Zweck ist erfüllt, wenn sich Transportrisiken verwirklichen, die außerhalb seiner Einflusssphäre und Beherrschungsmöglichkeit liegen. Beruht die Verzögerung aber darauf, dass der Absender nicht den direkten Übermittlungsweg wählt, sondern einen Umweg über eine Behörde, ein Gericht oder einen Prozessbevollmächtigten macht, dann erscheint der Absender bei dadurch bedingten Verzögerungen nicht schutzwürdig. Im Beschreiten eines Umwegs liegt regelmäßig ein „schuldhaftes Zögern" iSv § 121 Abs 1 S 1 (**aA** Benedict § 4 III 3: Für die Bestimmung des „schuldhaften Zögerns" stelle S 2 ausdrücklich auf den Zeitpunkt der Absendung ab. Dass die Erklärung auch unverzüglich zugehen müsse, sei aus guten Gründen nicht gefordert, weil es allein auf die Entscheidung des Anfechtungsberechtigten ankomme und der Vertrauensschutz durch § 122 gewährleistet sei). Bei der Übermittlung in einem zuzustellenden Schriftsatz, der dem zuständigen Gericht zugänglich gemacht wird, sollte dem Anfechtungsberechtigten auch nicht die Vorschrift des § 167 ZPO zukommen (ebenso BGH NJW 1982, 172 f; ihm folgend das prozessuale Schrifttum, vgl nur Thomas/Putzo [25. Aufl] § 167 Rn 5). Danach werden zwar Fristen bereits mit Einreichung eines Schriftsatzes bei Gericht gewahrt, wenn die Zustellung „demnächst erfolgt", aber die Vorschrift möchte nur denjenigen begünstigen, der darauf angewiesen ist, sich der Mitwirkung der Gerichte zu bedienen, um bestimmte Fristen zu wahren oder zB die Verjährung zu unterbrechen. Dies trifft nicht auf Erklärungen zu, die dem Adressaten durch einfachen Brief zugestellt werden können (BGH NJW 1982, 173).

Für sonstige **Wirksamkeitsvoraussetzungen, welche die Person des Erklärenden be-** **37** **treffen**, kommt es grundsätzlich auf den Zeitpunkt der Abgabe an, da in diesem Moment die Erklärung vollendet ist. Das betrifft Geschäftsfähigkeit, Willensmängel, Beweggründe des Rechtsgeschäfts sowie die Kenntnis oder das Kennenmüssen bestimmter Umstände. Folgerichtig kommt es für die **Auslegung** einer Willenserklärung (BGH NJW 1998, 3268) oder die Frage, ob die Ausübung eines Anfechtungsrechts treuwidrig ist, weil die Rechtslage des Getäuschten nicht oder nicht mehr beeinträchtigt ist, auf den Zeitpunkt der Abgabe der Anfechtungserklärung, nicht den des Zugangs an (BGH NJW 2000, 2894). Dem entspricht grundsätzlich § 130 Abs 2, wonach Tod oder Fortfall der Geschäftsfähigkeit keinen Einfluss auf die vollendete Willenserklärung haben. Die Abgabe der Willenserklärung ist der Akt des rechtsgeschäftlichen Handelns (FLUME § 14, 2 = S 226). Insofern ist es nur folgerichtig, dass die Wirksamkeitsvoraussetzungen der Selbstbestimmung in dem Zeitpunkt vorliegen müssen, wo der Selbstbestimmungsakt vorgenommen wird. § 130 Abs 2 dient ferner dem Vertrauensschutz des Erklärungsempfängers, der von den in der Person des Erklärenden liegenden Umständen und etwaigen Veränderungen regelmäßig keine Kenntnis hat (Mot I 159; BGHZ 48, 374, 380).

38 Handelt es sich um **Voraussetzungen, welche den Inhalt der Willenserklärung oder die Person des Empfängers betreffen**, kommt es auf den Zeitpunkt des Wirksamwerdens der Erklärung, also auf ihren Zugang an. Wird zB zwischen Abgabe und Zugang eines Rechtsgeschäfts eine Verbotsnorm erlassen oder wird der Empfänger in dieser Zeit bösgläubig, erlangen die betreffenden Rechtsgeschäfte keine Wirksamkeit (FLUME § 14, 2 = S 227). Entsprechendes gilt für zwischenzeitliche Verfügungsbeschränkungen des Erklärenden, zB bei Eröffnung des Insolvenzverfahrens gem § 81 Abs 1 InsO.

IV. Zugang der Willenserklärung

1. Die Möglichkeit der Kenntnisnahme und ihre Konkretisierung durch Rechtswissenschaft und Praxis

39 Wirksame Selbstbestimmung durch Rechtsgeschäft setzt im Anwendungsbereich von § 130 Zugang voraus. Rechtswissenschaft und Praxis stehen damit vor der Aufgabe, Kriterien zu finden, die diesen Begriff näher konkretisieren. Der Gesetzgeber hat sich zwar für die Empfangstheorie entschieden, aber sonst keine präziseren Angaben gemacht. „Der Ausdruck – Zugehen – bezeichnet nur ein Gelangen zum Adressaten, lässt aber nicht erkennen, wie weit die Erklärung gelangen muss" (F LEONHARD JherJb 41 [1900] 1, 34 f). Aus der Entscheidung des Gesetzgebers für die Empfangstheorie (oben Rn 8) lässt sich freilich ableiten, dass der Erklärende das Übermittlungsrisiko, der Empfänger das Risiko der Kenntnisnahme tragen soll. Da die Willenserklärung ihrer Funktion gemäß zur Kenntnisnahme bestimmt ist, sollte der Zugang möglichst nahe dem Ideal tatsächlicher Kenntnisnahme kommen. Eine abgegebene Willenserklärung ist also spätestens dann wirksam, wenn der Empfänger sie **tatsächlich zur Kenntnis genommen hat** (ebenso MEDICUS Rn 276; JOHN AcP 184 [1984] 385, 409 f; BORK Rn 621). Der Zugang selbst erfolgt freilich schon zuvor: bei **Eintritt der Kenntnisnahmemöglichkeit**. Diese bildet die Basis sämtlicher gebräuchlicher Zugangsdefinitionen (vgl statt vieler BRINKMANN 35 mwN).

40 Das Problem der „Kenntnisnahmemöglichkeit" besteht freilich darin, dass diese außerordentlich weite Zurechnungsmöglichkeiten bietet und deshalb weiterer Konkretisierung bedarf. Dafür gibt es im Wesentlichen zwei Ansätze: Zum einen kann man dabei **individuell** vorgehen und die Möglichkeit der Kenntnisnahme **von Fall zu Fall** beurteilen. Als Maßstab dienen relativ offene Kriterien wie „Treu und Glauben", „Verkehrssitte" oder die „gewöhnlichen Lebensverhältnisse" (vgl HÖLDER JherJb 55 [1909] 413, 458, 465; ders, Theorie 21, 28, 43; WOLFF 22; RHODOVI 27; STAUDINGER/ RIEZLER [8. Aufl 1903] Anm 3: wenn die Möglichkeit der Wahrnehmung durch den Adressaten empirisch begründet ist). In diesem Sinne judizierte auch das Reichsgericht und beur-

teilte den Zugang stets anhand der Verhältnisse im Einzelfall: „Zugegangen ist eine Erklärung dann, wenn der Empfänger sich unter normalen Verhältnissen die Kenntnis von dem Inhalte der Erklärung verschaffen kann und nach den Gepflogenheiten des Verkehrs von ihm zu erwarten ist, dass er die Kenntnis sich tatsächlich verschafft" (RGZ 99, 20, 23; stRspr seit RGZ 61, 334, 336; zuletzt RGZ 142, 402, 407). Die Nachteile dieser Formel liegen vor allem darin, dass sie die Rechtssicherheit erheblich beeinträchtigt und den Rechtsanwender mit einer umfangreichen Kasuistik konfrontiert. Um diesen Gefahren zu entgehen und einen Rückgriff auf Billigkeitserwägungen zu vermeiden, fehlt es zum anderen nicht an Versuchen, die Kenntnisnahmemöglichkeit **generell, dh für sämtliche Fallgestaltungen einheitlich**, zu bestimmen.

a) Herrschafts- und Machtbereich des Empfängers

Im Hinblick auf die zu gewährleistende Risikoverteilung wurde schon früh der **41** „**Herrschafts- und Machtbereich**" zur Präzisierung herangezogen (Prot II 663; RGZ 56, 262, 263; im älteren Schrifttum schon SCHOTT, Der obligatorische Vertrag [1873] S 83; SIECKE 21; NEUGEBAUER 27; umf Nachw bei TITZE JherJb 47 [1904] 379, 383 Fn 9; nunmehr ganz hM, unten Rn 45). Dieses Kriterium orientiert sich an der vom Gesetzgeber vorgenommenen Interessenabwägung und ist insoweit sachgerecht, als jeder das Risiko tragen soll, das zu beherrschen er auch allein in der Lage ist (oben Rn 8). Es versagt allerdings dort, wo die Grenzziehung zwischen dem Machtbereich des Erklärenden und dem des Empfängers nicht so eindeutig ist. Da gerade diese Fälle Probleme bereiten, ist es letztendlich nicht viel aussagekräftiger als der bloße Hinweis auf Treu und Glauben (vgl schon TITZE 384 f; ausf zuletzt BRINKMANN 51 ff mwN). Herrschafts- und Machtbereich sind letztlich nur Umschreibungen der Möglichkeitstheorie mit anderen Worten. Sofern damit das Vorliegen einer bestimmten räumlichen Beziehung zur Bedingung gemacht werden soll (so vTUHR 433), sind die Vorteile gegenüber der Möglichkeitstheorie keineswegs zwingend. So ist durchaus zweifelhaft, ob die rein räumliche Betrachtung bei Einschreibesendungen, die auf der Post niedergelegt worden sind, zu einer gerechten Risikoverteilung führt. Die Einschreibesendung ist etwa zugegangen nach RGZ 144, 289, nur aufgrund einer Zugangsfiktion nach RGZ 95, 315, aufgrund einer Rechtzeitigkeitsfiktion in BGHZ 67, 271 und nicht zugegangen nach BGHZ 137, 205. Wenig eindeutig sind die Ergebnisse auch in folgenden Fällen: Hinterlassen eines Briefes im Hausflur eines Mehrfamilienhauses, Anheften an der Wohnungs- oder Haustür, Einwurf durch ein geöffnetes Fenster in die Wohnung des Empfängers oder in dessen Auto. Außerhalb des räumlichen Machtbereichs liegt der Zugang von Erklärungen, die auf offener Straße übergeben, unter den Scheibenwischer des Autos geklemmt oder durch Aushang (am Schwarzen Brett) bekannt gegeben werden. Andererseits gibt es Fälle, in denen die Erklärung in den Machtbereich des Empfängers gelangt, ein Zugang aber dennoch abgelehnt wird (RGZ 56, 262: Vorzeigen der Erklärung am Arbeitsplatz; RGZ 110, 34: Annahmeverweigerung).

b) Tatsächliche Verfügungsgewalt und Besitz des Empfängers

Mit dem Kriterium des Machtbereichs ist die Unterscheidung zwischen verkörper- **42** ten und unverkörperten Erklärungen deutlich präjudiziert. Insofern ist es nur folgerichtig, wenn stattdessen die auf verkörperte Erklärungen zugeschnittene „**tatsächliche Verfügungsgewalt**" maßgeblich sein soll (so insbes das RG in seinen frühen Entscheidungen, vgl RGZ 50, 191, 194; 56, 262, 263; ebenso BGH NJW 1965, 965, 966; BAG DB

1976, 1018). Von diesem Kriterium war es dann nur noch ein kleiner Schritt, die Verfügungsgewalt an den sachenrechtlichen Begriff des (unmittelbaren) **„Besitzes"** zu knüpfen (ausf TITZE JhJb 47 [1904] 385 ff; zuerst wohl THIELE AcP 89 [1899] 136; ebenso BREIT SächsArch 15 [1905] 656 f; HELLWIG JW 1905, 356 ff; KUNSTMANN 55; ausf Verteidigung der Besitztheorie bei GANSCHOW 24 ff). Abgesehen davon, dass beide Kriterien von vornherein nur für verkörperte Erklärungen passen, sind sie insbesondere deshalb abzulehnen, weil die Wirksamkeit der Erklärung dann immer auch vom (Besitz-)Willen des Empfängers abhängig gemacht werden müsste. Gerade das wollte der Gesetzgeber mit seiner Entscheidung für die Empfangstheorie vermeiden (gegen TITZE schon MANIGK, Willenserklärung 309 ff; HÖLDER, Theorie 3 ff; vgl auch DILCHER AcP 154 [1955]120, 123 ff und BRINKMANN 53 ff mwN).

c) **Bereitstellen einer Empfangseinrichtung**

43 Die Nachteile der Besitzlehre sollen dadurch umgangen werden, dass die Möglichkeit zur Kenntnisnahme dann angenommen wird, wenn die Erklärung eine **„Empfangseinrichtung"** des Empfängers erreicht hat (grundl RGZ 144, 289, 292; DILCHER AcP 154 [1955] 127 ff; STAUDINGER/COING[11] Rn 3; STAUDINGER/DILCHER[12] Rn 22). Damit ist bisher nur vordergründig ein brauchbares Kriterium zur Grenzziehung der Risikosphären gewonnen, denn sofort drängt sich die Frage auf, was unter Empfangseinrichtung zu verstehen ist. Solange es sich nur um einen Sammelbegriff für die in den bekannten Kasuistiken ohnehin auftauchenden Zugangsvarianten (Briefkasten, Postschließfach, Empfangsbote) handelt oder die Zuordnung anhand der „Verkehrsanschauung" erfolgen soll, ist an begrifflicher Schärfe nichts gewonnen. Ansonsten ist bezüglich der kritischen Fälle kein entscheidender Fortschritt erzielt. Empfangseinrichtungen gibt es nur für verkörperte Erklärungen, und das Problem der Zugangsvereitelung wird nicht gelöst, sondern verschärft sich geradezu, weil sich nun die allgemein abgelehnte Pflicht des Empfängers zur Entgegennahme der Erklärung in eine Pflicht zur Einrichtung von Empfangsvorkehrungen verwandelt (DILCHER 131 ff; ausf unten Rn 87 ff). Die nur zögerliche Rezeption dieses Kriteriums basiert allerdings darauf, dass man es für zu eng und einen Zugang auch dann für möglich hält, wenn die Erklärung in den Machtbereich des Empfängers gelangt, ohne dass Empfangsvorkehrungen genutzt worden sind (vgl nur FLUME § 14, 3 c = S 234; LARENZ/WOLF § 26 Rn 19 f; MünchKomm/EINSELE Rn 17).

d) **Speicherung der Erklärung**

44 Dem zuletzt genannten Einwand scheint die von JOHN begründete Ansicht gerecht zu werden, die auf das Kriterium der **Speicherung** der Erklärung abstellt (AcP 184 [1984] 385, 403 ff; ihm folgend MEDICUS Rn 274). Danach ist eine Willenserklärung zugegangen, wenn diese „aus der Sicht eines sorgfältigen Erklärenden ... zuverlässig und für den Empfänger zugänglich gespeichert ist" (JOHN 412). Der Vorteil dieser Lehre besteht im Wesentlichen darin, dass die Unterscheidung von verkörperten und unverkörperten Erklärungen (scheinbar) obsolet wird. Aus der Empfangseinrichtung wird im Ergebnis eine Speichereinrichtung. Im Übrigen bleibt aber die entscheidende Konkretisierung im Dunkeln. Da für JOHN jede schriftliche Erklärung eine gespeicherte Erklärung darstellt, kommt es nach seiner Zugangsdefinition nur noch darauf an, ob sie dem Empfänger auch zugänglich ist. Insoweit enthält die Definition einen Zirkel, weil sie den Zugang danach bestimmt, ob die Erklärung dem Empfänger zugänglich ist, er also Zugang zu ihr hat.

e) Zugang durch sinnliche Wahrnehmung oder Empfangseinrichtungen

Eine ausschließlich auf faktische Kriterien gestützte Zugangsdefinition wurde bisher von niemandem vertreten. Auch TITZE, der mit dem sachenrechtlichen Besitz über ein objektives Kriterium zu verfügen schien, relativierte den Besitz als einen Zustand, bei dem unter „normalen Verhältnissen" eine Kenntnisnahme erwartet werden kann (JherJb 47 [1904] 387). Entsprechend verfährt bis heute die **herrschende Meinung**, die den Zugang einer Willenserklärung als gegeben ansieht, sobald diese derart in den **Machtbereich des Adressaten** gelangt ist, dass bei Annahme **gewöhnlicher Verhältnisse** damit zu rechnen sei, dieser könne von ihr Kenntnis nehmen (st Rspr seit RGZ 144, 289, 291; 170, 285, 288; BGHZ 67, 271, 275; zuletzt BGHZ 137, 205, 207; MünchKomm/EINSELE Rn 19; SOERGEL/HEFERMEHL Rn 8; PALANDT/HEINRICHS Rn 5; LARENZ/ WOLF § 26 Rn 17; MEDICUS Rn 274; BORK Rn 622). Die Konkretisierung des Machtbereichs durch den Maßstab der „gewöhnlichen Verhältnisse" ist im Ergebnis nicht weiterführend, da es sich seinerseits um ein relativ unbestimmtes Kriterium handelt und daher die Gefahr besteht, dass die Risikosphären von Erklärendem und Empfänger weitgehend nach Bedarf zu Lasten der einen oder der anderen Seite verschoben werden können (krit insbes BENEDICT Einleitung S 4 f; HKK/OESTMANN Rn 28 f). Der Eintritt der Wirksamkeit einer Willenserklärung muss aber in einer **auf Selbstbestimmung basierenden Rechtsordnung** sicher und auch im vornherein bestimmbar sein. Nicht von ungefähr galt die Regelung, die den Zeitpunkt dieser Wirksamkeit festlegt, als der „Centralparagraph des ganzen Rechtsgeschäftsgebiets" (ZITELMANN Rechtsgeschäfte 98). Der Zugang einer Willenserklärung ist daher wie folgt zu **definieren**: Eine Willenserklärung ist gem § 130 dann zugegangen, wenn die Möglichkeit, von ihrem Inhalt Kenntnis zu nehmen, dem Adressaten dadurch vermittelt wird, dass sie zu seiner **sinnlichen Wahrnehmung** oder in eine zum Zweck der späteren Kenntnisnahme **gewidmete Empfangseinrichtung** gelangt ist (vgl BENEDICT § 5 II 4). Diese Definition bedarf im Folgenden der näheren Darlegung:

2. Kriterien der Risikoverlagerung auf den Empfänger

a) Sinnliche Wahrnehmung

Angesichts der Unbestimmtheit der bisher verwendeten bereichsspezifischen Zugangskriterien, erscheint es sinnvoll, das Hauptaugenmerk nicht auf eine Konkretisierung der Bereiche zu lenken, die von den Beteiligten beherrscht werden können, sondern zunächst **von der jeweiligen Handlung auszugehen**, welche dem einen und dem anderen Teile nach der Wertung des Gesetzes obliegt, damit die Erklärung ihren „bezweckten vollen rechtlichen Erfolg erheischt" (Mot I 157): Es ist der Erklärende, der dafür zu sorgen hat, dass der Empfänger die Erklärung zur Kenntnis nehmen kann. Allein der vom Empfänger nicht beeinflussbare Vorgang der Kenntnisnahme fällt diesem anheim. **Die Schnittstelle**, die diese beiden Verantwortungsbereiche miteinander verbindet, liegt in der **sinnlichen Wahrnehmung** der Willenserklärung durch den Empfänger. Spätestens ab diesem Moment besteht für ihn die geforderte Kenntnisnahmemöglichkeit, so dass es nun gerechtfertigt erscheint, dem Empfänger das Verlust- und Verspätungsrisiko für eine Erklärung aufzubürden, von deren Existenz er erst jetzt erfährt. Eine Willenserklärung ist also grundsätzlich erst, aber auch immer dann zugegangen, wenn der Empfänger sie als eine solche wahrgenommen hat. Damit schließt sich der Kreis an der Stelle, wo die Zugangsproblematik ihren Ausgangspunkt genommen hat. Es war ja gerade die sinnliche Wahrnehmung, die durch die Bedingung der Abwesenheit aufgehoben war (oben Rn 18), und diese ist nun wieder hergestellt, wenn sie für das Wirksamwerden der Willenserklärung unter Abwesenden Voraussetzung ist. In diesem Fall sind auch die Bedingungen, die für die Empfangstheorie sprechen, erfüllt. Denn die sinnliche Wahrnehmung ist im Gegensatz zur Kenntnisnahme ein unwillkürlicher und dem Beweis zugänglicher Vorgang. Die Frage, ob und wann eine Willenserklärung wirksam wird, ist somit objektiviert und der Willkür des Empfängers entzogen. Die von der **Empfangstheorie** getroffene Aussage über „das Erreichen" des Empfängers oder „das Gelangen" zu diesem bedeutet also zunächst nichts anderes, als dass die Erklärung **zur sinnlichen Wahrnehmung des Empfängers gelangt** sein muss: in seine Hände, vor seine Augen oder zu seinen Ohren (idS bereits Mot I 157). Das Kriterium der sinnlichen Wahrnehmung war in der Literatur nicht unbekannt. So schreibt etwa WOLFF (17): „Der Erklärende muss also seinen Willen kundgegeben haben mit der bewussten Absicht, ihn dadurch – nun *durch die Sinne erkennbar* – in die Wahrnehmungssphäre des Erklärungsempfängers zu übertragen. Ist dies geschehen, hat der Willensurheber alles getan, was ihm oblag" (vgl auch BREIT Gruchot 55 [1911] 7 u passim: „Wahrnehmungsmöglichkeit"; MANIGK, Willenserklärung 193: „Wahrnehmungssphäre").

47 Eine den Zugang bewirkende Wahrnehmung hat folgende **Voraussetzungen**: Zunächst muss die wahrgenommene **Erklärung bereits abgegeben** worden sein; anderenfalls handelt es sich noch nicht um eine vollendete Willenserklärung, die wirksam werden könnte (oben Rn 28 ff). Ferner muss der Empfänger die ihn betreffende **Adressierung und den Absender erkannt** haben; anderenfalls hat er die Erklärung noch nicht *als Willenserklärung* wahrgenommen und wäre daher zur Annahmeverweigerung berechtigt (vgl nur MünchKomm/FÖRSCHLER Rn 28). Zum Wesen der Willenserklärung gehört, dass sie zur Kundgabe gegenüber einem bestimmten Adressaten bestimmt ist (oben Rn 10). Dieser „teleologische Aspekt" der Willenserklärung (BENEDICT § 3 II 1) muss vom Adressaten erfasst werden (hierzu passt die Rspr von BGH und BAG, dass bei falscher Adressierung ein Schriftsatz erst dann fristwahrend zugeht, wenn er das zuständige Gericht erreicht hat, vgl nur BAG NJW 2002, 845 m N). Schließlich muss der Empfänger **die Erklärung als solche wahrgenommen** haben (vgl schon OERTMANN Recht 1906, 725). Anderenfalls hat der Erklärende die ihm obliegende Handlung noch nicht erbracht. Es genügt also nicht, wenn der Empfänger lediglich von der Existenz der Willenserklärung erfährt. Eine Erklärung, die sich der Empfänger in den Geschäftsräumen des Erklärenden abholen soll, geht folglich erst in dem Moment zu, in dem die Abholung tatsächlich erfolgt und nicht schon dann, wenn der Empfänger dazu lediglich aufgefordert wird. Zwar wäre eine abstrakte Kenntnisnahmemöglichkeit gegeben. Der Erklärende kann jedoch die ihm obliegende **Übermittlungshandlung und damit verbundene Risiken nicht einseitig auf den Empfänger abwälzen**. Aus diesem Grunde muss man einen Zugang auch dann ablehnen, wenn der Empfänger zwar nicht die Übermittlungshandlung, wohl aber die diesbezüglichen Kosten verantworten soll (vgl OVG Hamburg MDR 1996, 313: unfrankierter Brief). Der Empfänger kann auch in diesem Fall die Entgegennahme der Erklärung verweigern.

48 Entsprechendes gilt, wenn der Empfänger durch den Erklärungsboten aufgefordert wird, eine Briefsendung abzuholen. Scheitert beim **„Übergabe-Einschreiben"** der Deutschen **Bundespost** AG die persönliche Zustellung an den Adressaten, hinterlässt der Postbote für den Empfänger eine **Benachrichtigung**, dass die Sendung innerhalb von sieben Tagen beim zuständigen Postamt zu den angegebenen Zeiten abgeholt werden kann (vgl AGB-Post, www.DeutschePost.de; R WEBER JA 1998, 593).

Allein durch den Zugang der Benachrichtigung ist der Zugang der niedergelegten Briefsendung und der darin enthaltenen Erklärung ebenso wenig erfolgt wie in dem Fall, da der mit der Übermittlung einer Erklärung betraute Nachbar den Empfänger bittet, sich zum Zweck der Aushändigung bei ihm zu melden (insow im Ergebnis zutr die stRspr seit RAG JW 1932, 2565; zuletzt BGHZ 137, 205, 208 mwN; Medicus Rn 280; Münch-Komm/Einsele Rn 21; Jauernig [10. Aufl] Rn 6; **aA** aber Flume § 14, 3 c = S 235; Larenz § 21 II b = S 422 f; Larenz/Wolf § 26 Rn 24; Behn AcP 178 [1978] 505, 531; Richardi Anm zu BAG AP Nr 4; auch noch Singer LM Nr 27). Die rechtliche Beurteilung des (Übergabe-)Einschreibens war nur solange zweifelhaft, wie die Post quasi ein mit hoheitsrechlichem Status ausgestattetes Erklärungsbotenmonopol besaß und bei den Postbenutzern der falsche Eindruck hervorgerufen wurde, bei der Zustellung durch Einschreiben handele es sich um eine sichere Übermittlungsart (ausf Benedict NVwZ 2000, 167 ff). Spätestens mit ihrer Privatisierung ist **die Post jedoch grundsätzlich so zu behandeln, wie jeder andere Erklärungsbote** auch. Dieser Problematik Rechnung tragend, bietet die Post AG seit dem 1. 9. 1997 mit dem **„Einwurf-Einschreiben"** eine Übermittlungsform an, wie sie auch von der privaten Konkurrenz bereits praktiziert wurde: Der Bote protokolliert in durchaus beweis- und gerichtsverwertbarer Form (unten Rn 104 ff) den Einwurf der Sendung in die Empfangseinrichtung, also ihren unmittelbaren Zugang. Der Streit um die rechtliche Beurteilung eines Benachrichtigungsscheins sollte damit keine praktische Relevanz mehr besitzen (ausf zum Meinungsstreit noch Behn AcP 178 [1978] 505; R Weber JA 1998, 593; Franzen JuS 1999, 429; zur Zugangsverhinderung, wenn das Übergabe-Einschreiben nicht abgeholt wird, vgl noch unten Rn 89).

b) Die Widmung von Empfangseinrichtungen
aa) Zugang kraft Widmung als Akt der Selbstbestimmung
Das Kriterium der sinnlichen Wahrnehmung bedarf der Ergänzung, wenn der Empfänger besondere **Vorkehrungen für den Empfang von Willenserklärungen** getroffen hat. Richtet der Empfänger ein Postschließfach ein, etwa weil er seine Privatadresse nicht mitteilen will, so können Erklärungen, die dorthin gesandt werden, nicht erst mit ihrer sinnlichen Wahrnehmung wirksam werden. Sonst **stünde ihre Wirksamkeit allein im Belieben des Empfängers**. Bereits das Reichsgericht nahm in „ständiger Rechtsprechung" Zugang an, wenn „... der Empfänger nach den *von ihm selbst zur Empfangnahme derartiger Erklärungen im allgemeinen getroffenen Einrichtungen ...* in den Stand gesetzt worden ist, von ihnen Kenntnis zu nehmen" (RGZ 144, 289, 992: Nachsendeauftrag; vgl auch RGZ 142, 402, 406: Postschließfach). Damit hat bereits das Reichsgericht das für die Zugangsproblematik wichtige Institut der Empfangseinrichtung anerkannt, und es hat mit dem Zustellungsreformgesetz vom 25. 6. 2001 eine erste gesetzliche Ausprägung gefunden (vgl § 180 ZPO nF: Ersatzzustellung durch Einlegen in den Briefkasten „oder eine ähnliche Vorrichtung ..., die der Adressat für den Postempfang eingerichtet hat"; zur Präzisierung dieser Definition unten Rn 52). Erst an dieser Stelle, wo **der Empfänger durch seine Dispositionen auf den Übermittlungsvorgang einwirkt**, macht eine Abgrenzung nach Herrschaftsbereichen mit entsprechender Risikoverteilung Sinn. Denn mit **Widmung der Empfangseinrichtung** erweitert der Empfänger bewusst seinen Wahrnehmungsbereich und damit die Möglichkeit, eine Erklärung zur Kenntnis zu nehmen.

Mit der Widmung einer Empfangseinrichtung bestimmt der Empfänger, wo das Übermittlungsrisiko des Erklärenden endet. Die damit verbundene Erweiterung des eigenen Verantwortungs- und Wahrnehmungsbereichs lässt sich so letztlich auf die **Selbstbestimmung des Empfängers** zurückführen und plausibel begründen. Treffend formulierte schon PLETTENBERG (47): „Durch Anbringung gewisser Empfangseinrichtungen (Briefkasten, Telefon ...) habe der Erklärungsempfänger nur dokumentieren wollen, dass er auf eine persönliche Abgabe der Erklärung an sich selbst verzichte und damit einverstanden sei, dass letztere durch andere Empfangsmöglichkeiten ihm übermittelt werde". Die Dispositionsbefugnis des Empfängers bezieht sich also nicht nur auf das „ob" des Zugangs (§ 151, oben Rn 22), sondern auch auf den relevanten **Ort des Zugangs**. Den Zeitpunkt bestimmt hingegen weiterhin der Erklärende: Richtet der Empfänger eine **Mailbox** ein, weil er nicht will, dass sein Tagesablauf in unregelmäßigen Abständen durch Telefonate unterbrochen wird, so muss er in Kauf nehmen, dass die Erklärung bereits dann wirksam wird, wenn der Erklärende sich der Widmung des Empfängers gemäß verhält und die Erklärung in die bereitgestellte Empfangseinrichtung befördert. Das ist der Moment, in dem die Übermittlung vollendet und die Erklärung in der Mailbox gespeichert ist.

51 Die Einrichtungen, die der Empfänger zum Empfang von Erklärungen gesondert vorhalten kann, sind so vielfältig wie die Kommunikationsmöglichkeiten. Eine **Beschränkung auf einzelne Erklärungsformen besteht nicht**, insbesondere bedarf es keiner Differenzierung zwischen verkörperten und unverkörperten Erklärungen (**aA** DILCHER AcP 154 [1955] 120, 128). Neben den traditionellen Empfangseinrichtungen für schriftliche Erklärungen wie **Briefkasten, Nachsendeauftrag, Postschließfach oder Postlagerung** gibt es inzwischen auch die Möglichkeit, mündliche Erklärungen unter Abwesenden einer Empfangseinrichtung zuzuleiten, indem diese zB auf einen **Anrufbeantworter** oder eine **Mailbox** (bei Funktelefon) gesprochen werden. Die „mündliche Erklärung unter Abwesenden" (krit JOHN AcP 184 [1984] 388) ist also mit dem Kriterium der Widmung von Empfangseinrichtungen durchaus kein Kuriosum, sondern sicher zu bewältigen. Entsprechendes gilt, wenn Erklärungen mittels **Telefax** oder **E-Mail** versendet werden. Solche Erklärungen sind in dem Moment zugegangen, in welchem die digitalisierten Signale das Empfangsgerät (ein Faxgerät oder einen Online-Server) abrufbar erreicht haben. Insoweit kommt es also in der Tat auf die Speicherung der Erklärung an (vgl JOHN aaO und dazu oben Rn 44), nicht aber auf die bloße *Möglichkeit* der Speicherung (so aber BURGARD AcP 195 [1995] 99, 134), weil dies auf eine Pflicht zur Vorhaltung von Empfangseinrichtungen hinausliefe. Es geht daher zu Lasten des Empfängers, wenn er die von ihm eingesetzte Technik nicht beherrscht und aus diesem Grund die Erklärung nicht zur Kenntnis nimmt (vgl OLG Köln NJW 1990, 1608: Btx; zur sog „Nachforschungspflicht" unten Rn 73). Gleiches gilt, wenn die technischen Einrichtungen auf der Seite des Empfängers versagen. Zu Recht hat das BVerfG (NJW 2001, 3473) Zugang einer Berufungsbegründung angenommen, die wegen **Störung des Empfangsgerätes** nicht rechtzeitig empfangen wurde. Das Risiko einer **besetzten Rufleitung** verbleibt freilich beim Erklärenden. Beim Telefax erfolgt im Regelfall unmittelbar nach dem Dateneingang ein Ausdruck der Erklärung. Aus diesem Grund verlangen Rspr und Schrifttum für einen Zugang, dass der eingegangene Text vollständig ausgedruckt ist (so BGHZ 101, 276, 280; BGH NJW 1994, 2097; EBNET NJW 1992, 2985, 2987; MünchKomm/EINSELE Rn 20). Die um 23.58 Uhr beim **Faxgerät** des Oberlandesgerichts eintreffende, aber erst nach 24.00 Uhr **vollständig ausgedruckte Berufungsschrift** wäre also nicht mehr rechtzeitig zugegangen (BGH NJW 1994, 2097). Das Ergebnis ist von der Vorstellung beeinflusst, für den Zugang bedürfe es der Verkörperung der Willenserklärung (deutlich M KUHN 98 f, der den

Zugang verneint, weil und soweit die „Verkörperung ... misslingt"). Nach dieser Ansicht kommt es nicht darauf an, wann die Erklärung, sondern wann ihre Verkörperung den Empfänger erreicht. Dies führt vor allem dann zu unbefriedigenden Ergebnissen, wenn der Ausdruck nicht automatisch erfolgt, sondern vom Empfänger abgerufen werden muss (vgl zB Computerfax). Dann wäre nämlich der Zugang von der Willkür des Empfängers abhängig. Stellt man hingegen auf die **abrufbare Speicherung** ab, wird dies der gesetzlichen Risikoverteilung und dem Bedürfnis nach einer einheitlichen Lösung für alle Formen der Übermittlung gerecht. Vermeidbar sind dann auch problematische Erwägungen zur Zugangsverhinderung für den Fall, dass dem Empfangsgerät nicht ausreichend Papier zur Verfügung steht oder dieses sogar absichtlich entfernt wird (vgl LAG Hamm ZIP 1993, 1109).

bb) Konkrete Empfangsbereitschaft

Kraft seiner Selbstbestimmung kann der Empfänger dem Erklärenden bestimmte Einrichtungen für die Übermittlung von (Willens-)Erklärungen anbieten. Eine solche **„Widmung" der Empfangseinrichtungen** (treffend ULTSCH NJW 1997, 3007; ausf BENEDICT § 5 II 2) kann ausdrücklich oder konkludent erfolgen. Ein Fall der konkludenten Widmung liegt etwa vor, wenn ein in den Geschäftsbögen des Empfängers nicht genannter Telex-Nebenanschluss bei einem vorangegangenen Telex an den Absender verwendet und dieser – ohne Wissen des Benutzers – zu einer Antwort unter der betreffenden Nebenstellen-Nummer aufgefordert wurde (OLG Köln NJW 1990, 1608, 1609). Eine stillschweigende Widmung liegt zB auch darin, dass eine über **längere Zeit geübte Zustellpraxis** widerspruchslos hingenommen und geduldet wird (RGZ 170, 285; OLG München OLGR 1998, 363 f: Gemeinschaftsbriefkasten; LG Berlin Grundeigentum 1994, 1383: beschädigter Briefkasten). Dagegen genügt es nicht, wenn sich der Erklärende eigenmächtig Informationen etwa über die E-Mail-Adresse des Geschäftspartners besorgt und an diese rechtsgeschäftliche Erklärungen übermittelt. Hier verbleibt es bei dem allgemeinen Grundsatz, wonach der Zugang von Willenserklärungen voraussetzt, dass diese vom Empfänger auch wahrgenommen werden müssen. Entsprechendes gilt, wenn sich der Erklärende über Adressen und Telefonnummern aus allgemein zugänglichen Quellen (zB **Telefonverzeichnissen**) unterrichtet, weil die Aufnahme in solche Verzeichnisse nicht als Widmung gegenüber der Allgemeinheit aufgefasst werden kann. Dies ergibt sich schon daraus, dass jemand mit mehreren Wohnsitzen typischerweise nicht an allen Orten gleichzeitig erreichbar sein will. Wer hingegen dem Geschäftspartner seine **Visitenkarte** aushändigt und keine besonderen Abreden für den Geschäftsverkehr trifft, muss unter allen mitgeteilten Adressen mit dem Eingang rechtserheblicher Erklärungen rechnen, gegebenenfalls auch mit E-Mails. Es kommt also auf die **konkrete Widmung gegenüber dem Absender** an (vgl auch DILCHER AcP 154 [1955] 121, 128). Davon ging auch das Reichsgericht aus, das zu guter Letzt immer auf den Einzelfall und die konkreten Gepflogenheiten des Empfängers im Verhältnis zum Erklärenden abstellte (vgl RGZ 61, 215; 142, 403). Aber maßgebend sind nicht vage normative Kriterien wie die Verkehrsanschauung, Treu und Glauben oder die Form der Erklärung, sondern der privatautonom begründete Akt der „Widmung".

Mit der maßgeblichen Bedeutung der privatautonomen Widmung wird die **Grundentscheidung für die Empfangstheorie** nicht in Frage gestellt; denn der Empfänger disponiert nicht über das „ob" des Zugangs, sondern nur über das „wie" und „wo". Auf diesem Standpunkt stand auch das Reichsgericht (RGZ 108, 96 f), das mit der

Frage befasst war, ob eine genügende Mitteilung des Kaufvertragsinhalts an den Vorkaufsberechtigten vorliegt, wenn dieser nach der Vereinbarung der Parteien beim Notar eingesehen werden konnte. Geht der Vorkaufsberechtigte nicht zum Notar, ist nicht anders zu entscheiden als in dem Fall, in welchem der Empfänger die in seinem Postfach eingegangenen Sendungen nicht durchsieht. Das Notariat war als „Wahrnehmungsbereich" des Empfängers gewidmet, der dort vorgehaltene Erklärungsinhalt mithin vollumfänglich wirksam geworden.

cc) Personen als „Empfangseinrichtung"*

54 Der Empfänger kann seinen Wahrnehmungsbereich auch durch Einschaltung von Personen ausdehnen. Ein Problem besteht allerdings darin, **diese Empfangspersonen von den Erklärungsboten abzugrenzen**. Fehler bei der Übermittlung durch Erklärungsboten gehören in den Grenzen des § 120 zum Risikobereich des Erklärenden, während der Empfänger für die Empfangsboten verantwortlich ist. § 120 kann auf Falschübermittlungen durch Empfangsboten nicht angewendet werden (OLG Hamm VersR 1980, 1164; § 120 Rn 6 mwN). Insofern bedarf es klarer und überzeugender Kriterien, um die Verantwortungssphären voneinander abzugrenzen. Die erforderliche Wissenszurechnung beim Empfänger kann sich dabei nur aus einer Bevollmächtigung zum Empfang von rechtsgeschäftlichen Erklärungen ergeben, – in Anlehnung an die Einrichtung von Empfangsvorkehrungen (oben b) – einer entsprechenden Widmung, also einem Akt der Selbstbestimmung.

55 Ein klarer und eindeutiger Fall von Widmung liegt in der Einschaltung eines rechtsgeschäftlichen **Vertreters** durch den Empfänger. Im Rahmen seiner Vollmacht ist dieser nicht nur zur Abgabe, sondern auch zur Entgegennahme von Willenserklärungen befugt (§ 164 Abs 3). Mit der Wahrnehmung der Erklärung durch den Vertreter oder dem Erreichen einer von diesem vorgehaltenen Empfangseinrichtung entfaltet die Willenserklärung ihre Wirksamkeit unmittelbar für und gegen den Adressaten (zutr BGH NJW 2002, 1041 – Bezirksleiter eines Mineralölunternehmens; BGH NJW 2003, 1820 – privates Postfach eines GmbH-Geschäftsführers). Daneben ist aber auch

---

* **Schrifttum:** ASSMANN, Die Rechtsstellung des Boten (Diss Berlin 1906); BETTERMANN, Vom stellvertretenden Handeln (1937); E BRINKMANN, Die unrichtige Übermittlung von Willenserklärungen gemäß § 120 BGB, unter Berücksichtigung des österreichischen und schweizerischen Rechts (1933); E COHN, Der Empfangsbote (Diss Breslau 1927); DÖTZER, Der Empfangsbote (Diss Marburg 1930); FRANZKE, Die Rechtsstellung des Boten, insbesondere die unrichtige Übermittlung von Botenerklärungen (Diss Breslau 1912); HEPNER, Der Bote ohne Ermächtigung, eine Parallele zum Vertreter ohne Vertretungsmacht (Diss Erlangen 1908); HUECK, Bote – Stellvertreter im Willen – Stellvertreter in der Erklärung, AcP 152 (1952/53) 432; JOUSSEN, Abgabe und Zugang von Willenserklärungen unter Einschaltung einer Hilfsperson, Jura 2003, 577; MARBURGER, Absichtliche Falschübermittlung und Zurechnung von Willenserklärungen, AcP 173 (1973) 137; MORITZ, Die Wirksamkeit eines Kündigungsschreibens bei Aushändigung an den Vermieter des Arbeitnehmers, BB 1977, 400; PLETTENBERG, Vertreter und Bote bei Empfangnahme von Willenserklärungen (Diss Erlangen 1916); RICHARDI, Die Wissenszurechnung, AcP 169 (1969) 385; SANDMANN, Empfangsbotenstellung und Verkehrsanschauung, AcP 199 (1999) 455; STOLL, Rezension zu Ernst Cohn, Der Empfangsbote, AcP 131 (1929) 228; VOSWINKEL, Die unrichtige Übermittlung von Willenserklärungen durch den Empfangsboten, ArchBürgR 32 (1908) 386; WIRTHS, Die Empfangsbotenstellung (Diss Köln 1937).

eine **reine Empfangsbevollmächtigung** mit gleicher Wirkung denkbar. Wenn zB der Adressat den Nachbarn bittet, ein Vertragsangebot in seiner Abwesenheit entgegenzunehmen, ist damit zwar keine Ermächtigung erteilt, die Annahme zu erklären; aber der Erklärende darf davon ausgehen, dass sein Angebot im Moment der Entgegennahme durch den Nachbarn wirksam wird.

Die Terminologie für die bevollmächtigten Empfangspersonen ist nicht einheitlich. **56** Sie werden entweder als **Empfangsvertreter**, als passive Stellvertreter (vgl nur LARENZ/ WOLF § 46 Rn 6 ff; MünchKomm/FÖRSCHLER Rn 15) und/oder als **Empfangsbote** bezeichnet (MEDICUS, AT Rn 285 f; LARENZ, AT § 30 I a = S 584 einerseits, § 30 I c = S 592 anderseits). Diese Begriffsvielfalt wäre unproblematisch, wenn die inhaltlichen Folgen dieselben blieben und der Zugang bei der Empfangsperson einheitlich unmittelbar für und gegen den Adressaten wirken würde (so Teile des Schrifttums LARENZ, AT § 21 II = S 424; SOERGEL/HEFERMEHL Rn 9; RICHARDI AcP 169 [1969] 399 f; MARBURGER AcP 173 [1973] 137, 142 f). Der BGH will aber diese Wirkung nur für den Empfangsvertreter gelten lassen. Bei der Erklärung gegenüber einem Empfangsboten soll die Erklärung erst in dem Zeitpunkt zugehen, in dem nach dem regelmäßigen Verlauf der Dinge die Weiterleitung an den Adressaten zu erwarten war (BGH NJW 1965, 965, 966: Leiter einer Zweigstelle; NJW-RR 1989, 758: BMW Vertragshändler; NJW 1994, 2613, 2614: Ehegatte auf hoher See; grdl E COHN 48 ff). Damit wird es notwendig, beide Personengruppen voneinander abzugrenzen, was auf erhebliche Schwierigkeiten stößt (vgl die Abgrenzungsbemühungen von RICHARDI AcP 169 [1969] 399 f; MünchKomm/SCHRAMM vor § 164 Rn 52 ff; BRINKMANN S 117 ff mwN). Eine Abgrenzung muss unvermeidlich scheitern, wenn man sich die Voraussetzungen für die Stellung als Empfangsvertreter und -bote vergegenwärtigt. Beiden Hilfspersonen ist gemeinsam, dass diese zum Empfang der Erklärung ermächtigt wurden. Da es für die Rechtsfigur des Empfangsboten jedoch genügen soll, dass die eingeschaltete Hilfsperson neben ihrer Geeignetheit zur Übermittlung über eine **Ermächtigung kraft Verkehrsanschauung** verfügt (vgl nur MünchKomm/FÖRSCHLER Rn 16; PALANDT/HEINRICHS Rn 9; SOERGEL/HEFERMEHL § 120 Rn 9; STAUDINGER/COING[11] Vorbem 33 zu §§ 164 ff), liegt der wesentliche Unterschied offenbar in der Art der Ermächtigung: Der Empfangsvertreter ist positiv ermächtigt (kraft Vollmacht oder Gesetz), beim **Empfangsboten** hingegen wird die **Ermächtigung fingiert**.

Als Kriterium für eine Empfangsbotenschaft kraft Verkehrsanschauung gelten vor **57** allem **räumliche und/oder persönliche Nähe**, doch geht die Zurechnung im Einzelfall darüber hinaus:

– **Im Wohnbereich des Adressaten**: *Ehegatte* (RGZ 60, 334; BGH NJW 1951, 313; grundsätzlich bestätigt durch BGH NJW 1994, 2613, 2614); *9-jähriger Sohn* (AG Friedberg WuM 1992, 596); *Lebenspartner* (LAG Bremen NZA 1988, 548; OVG Hamburg NJW 1988, 1808); *Dienstbote* (RGZ 56, 262, 263; 91, 62); *Vermieter für Untermieter* (BAG NJW 1976, 1284); *Putzfrau* (OLG Karlsruhe VersR 1977, 902).

– **Außerhalb des unmittelbaren Wohnbereichs**: *Ehegatte* (OLG München OLGZ 1966, 1 f); *Mutter, nicht* aber der spazieren gehende *Onkel* (BAG NJW 1993, 1093); die *Tochter* (OLG Köln RuS 1996, 337), bei Volljährigen auch *nicht* die *Eltern* (BGH NJW 1989, 1671: Kontosperrung; aA Vorinstanz OLG Saarbrücken WM 1988, 1227); wohl *aber* der *Vermieter* (RGZ 50, 191; BAG AP Nr 7; BAG NJW 1993, 1093, 1094; LG Berlin NJW-RR 1992, 1038).

– **Im Geschäftsbereich des Adressaten**: *Kaufmännische Angestellte* (RGZ 102, 295); *Buchhalter im Hotel* (BAG AP Nr 8); *Maurerpolier auf Baustelle* (OLG Celle NJW 1960, 870); *Telefonistin im Geschäftsbetrieb* (Kündigung ja: LAG BW 1982–11–18, 11 Sa 118/82, juris; Angebotsannahme nein: RGZ 97, 337); *Oberarzt für Chefarzt* (Kündigung eines Behandlungsvertrages als Privatpatient: OLG Köln VersR 1989, 1264); *Verkaufsleiter für Ladeninhaber* (Abmahnung: OLG Nürnberg 1989–10–30, 3 W 2870/89, juris); *Personalleiter für Dienststellenleiter* (Zustimmungserklärung des Personalrats: BAG 1990–10–18, 2 AZR 157/90, juris).

– **Sonstiges**: *Bürgermeister für Bauaufsichtsbehörde* (VGH B-W 1980–06–11, 3 S 821/80, juris); *Kapitalanlagevermittler für KG* (BGH ZIP 1985, 611); *Verkäufer für finanzierendes Kreditinstitut* (finanzierter Kauf: OLG Düsseldorf OLGRp 1995, 49; die Lieferfirma ist aber gegenüber dem *Leasinggeber* nur Erklärungsbote des *Leasingnehmers*: OLG Koblenz BB 1994, 819); *Vertragshändler für Leasinggeber* (BGH NJW-RR 1989, 758); *Reisebüro für Reiseveranstalter* (OLG Köln VersR 1989, 52); *Reisebüro für Reisenden* (AG Kleve RRa 1996, 10); *Versicherungsagentur für Versicherer* (OLG Hamm VersR 1980, 1164).

58 Die Konstruktion einer „Empfangsbotenschaft kraft **Verkehrsanschauung**" stößt auf grundsätzliche Bedenken (krit schon PLETTENBERG 46 ff; ausf zum Meinungsstand BRINKMANN 108 ff). Denn im Gesetz findet diese Rechtsfigur keine tragfähige Stütze. Aus den §§ 120, 164 Abs 3, 180 S 3 BGB, 174 ZPO und insbes aus § 132 BGB iVm § 181 ZPO lässt sich eher der Umkehrschluss ziehen, dass die Erklärung gegenüber nicht bevollmächtigten Personen grundsätzlich nicht ausreichen soll. Die Zurechnung fremden Wissens oder Verhaltens bedarf in einer Rechtsordnung, die von der Selbstbestimmung und Selbstverantwortung der Rechtssubjekte ausgeht, entweder gesetzlicher oder rechtsgeschäftlicher Grundlagen. In Betracht kommt daher allenfalls eine **konkludente Ermächtigung**, die freilich konkret dokumentiert werden muss. Allgemeine normative Erwägungen mit dem Ziel, die betreffenden Personen dem „Machtbereich" des Empfängers zuzuordnen, werden diesen Anforderungen nicht gerecht und gehen an der Notwendigkeit vorbei, die Übermittlung an Empfangseinrichtungen der privatautonomen Verfügung des Empfängers zu überlassen. Der klassische Standardfall des sog „Empfangsboten" liegt jedenfalls in der Bevollmächtigung – in der Bevollmächtigung des zunächst als Erklärungsboten mit der Überbringung einer Erklärung Betrauten, auf eine unverzügliche Antwort zu dringen und mit dieser zurückzukehren.

59 Akzeptiert man die Einordnung einer **Empfangsperson als personifizierte Empfangseinrichtung** (vgl schon PLETTENBERG 47 f; heute allgM, vgl BGH NJW 1965, 965, 966; NJW-RR 1989, 758; NJW 1994, 2613, 2614; MünchKomm/EINSELE Rn 20), hat dies auch Konsequenzen für den **Zeitpunkt des Zugangs**. Während nämlich der BGH davon ausgeht, dass noch ein relativ unbestimmter Übermittlungszeitraum hinzugerechnet werden muss, bis der Empfänger vom Inhalt der Erklärung unter gewöhnlichen Umständen benachrichtigt wird, kommt nach dem Konzept einer Empfangsbotenstellung kraft Widmung einer Empfangseinrichtung ein solches Hinausschieben des Zugangs von vornherein nicht in Betracht. Denn eine Empfangseinrichtung ist ja gerade dadurch gekennzeichnet, dass der Zugang bewirkt ist, wenn diese erreicht wurde. Anderenfalls käme man zu dem widersprüchlichen Ergebnis, dass eine in den Briefkasten geworfene Erklärung sofort, eine an den (bevollmächtigten) Empfangsboten ausgehändigte Erklärung hingegen erst nach einer für die Weiterleitung an den Adressaten erforderlichen Frist wirksam würde. Im Übrigen kommt es für die Bestimmung des entsprechenden Personenkreises ausschließlich darauf an, ob und inwieweit der Adressat Personen dazu berufen hat, ihm Erklärungen zur Kenntnisnahme zuzuleiten **(Widmung durch Bevollmächtigung).** Eine wie auch immer geartete Ermächtigungsfiktion kann die erforderliche Zurechnung nicht ersetzen und ist daher abzulehnen (im gleichen Sinne die überwiegende ältere Literatur, vgl insbes HELLWIG JW 1905, 356 ff; KOCH 30 ff; RHODOVI 143 ff; KOPPERS Gruchot 46 [1902] 229 f; gegen eine Empfangsbotenfiktion auch BRINKMANN 127 ff; differenzierend SANDMANN AcP 199 [1999] 455, 476; MEDICUS, AT Rn 286: Empfangsermächtigung für Haushaltsangehörige nur bei einfachen Erklärungen des täglichen Lebens; das lässt sich wohl nur für den Ehegatten mittels § 1357 plausibel begründen, s u Rn 61). Das gilt erst recht, wenn der Empfänger ausdrücklich Zugang an sich selbst ausbedungen hat. Die gegenteilige Auffassung (OLG Hamm NVersZ 2001, 258: Versicherungsagent als Empfangsbote entgegen § 15 Nr 3 ALB) missachtet die Selbstbestimmung des Empfängers und wird dem Sinn einer Beschränkung von Empfangsvollmachten in jenen Fällen, in denen der Empfänger nicht durchweg mit der Neutralität eines Vermittlers rechnen kann, nicht gerecht (REHBERG, Der Versicherungsabschluss als Informationsproblem [2003]).

Eine **konkludente Bevollmächtigung** zum Empfang rechtsgeschäftlicher Erklärungen **60** kann nur angenommen werden, wenn aus der Sicht des Erklärenden der Schluss auf einen rechtsgeschäftlichen Willen zur Erweiterung der Empfangsbereitschaft gerechtfertigt ist. Dies folgt aus den allgemeinen Grundsätzen zur Auslegung rechtsgeschäftlicher Erklärungen (vgl § 133 Rn 44 ff). Die Ermächtigung bedarf also, ebenso wie die „Widmung" anderer Empfangseinrichtungen, einer Publizität. Diese schützt zugleich das **Vertrauen des Absenders** darauf, dass mit der Übergabe der Erklärung auch das Verlust- und Verspätungsrisiko auf den Adressaten übergeht (zutr STAUDINGER/COING[11] Rn 4). Der Schluss auf eine rechtsgeschäftliche Ermächtigung der Empfangsperson ist insbesondere dann gerechtfertigt, wenn die Empfangsperson ihre Ermächtigung zum Ausdruck bringt (§ 164 Abs 1 S 2). Zweifel gehen zu Lasten des Erklärenden. Dieser trägt daher das Auswahlrisiko hinsichtlich der Personen, derer er sich zur Übermittlung seiner Erklärung bedient (zutr SCHWARZ NJW 1994, 891). Anwendbar sind aber auch die **Grundsätze zur Duldungs- und Anscheinsvollmacht** (so auch BRINKMANN 130 ff). Nimmt zB ein **Nachbar** regelmäßig Postsendungen in Abwesenheit des Adressaten entgegen, verdient das Vertrauen des Erklärenden oder des von ihm beauftragten Erklärungsbotens (Postbote oder Kurierdienst) Schutz, dass sich der Empfänger konsequent verhält. Insofern muss sich der Empfänger an einer dauernden Übung festhalten lassen (vgl schon RGZ 170, 285, 287 f: Übergabe an einen Arbeitskollegen, der ständig Post für den Empfänger entgegengenommen hatte). Zumindest eine Duldungsvollmacht ist auch dann anzunehmen, wenn unter einer ausdrücklich mitgeteilten Telefonnummer nicht der gewünschte Gesprächspartner, sondern aufgrund einer internen **Rufumleitung** lediglich das Sekretariat oder eine andere Person zu erreichen ist. Hier kann es nun umgekehrt keinen Unterschied machen, ob der Adressat eine technische Empfangseinrichtung (Anrufbeantworter) zur Gewährleistung seiner Empfangsbereitschaft einsetzt oder eine personifizierte (zutr BGH, NJW 2002, 1565 zum Problem der Entwidmung von Empfangseinrichtungen s unten Rn 91)

Auf eine ausdrückliche Offenlegung der Empfangsermächtigung kommt es auch **61** dann nicht an, wenn sich diese aus dem Innenverhältnis zwischen Empfangsperson und Adressaten ergibt und dieses aufgrund der nach außen hervortretenden **Organisationsstruktur offenkundig** ist (Gedanke des § 164 Abs 3, Abs 1 S 2; ähnl JOHN AcP 184 [1984] 406 f: Kooperationsverhältnis). So braucht eine **Sekretärin** regelmäßig nicht zu betonen, dass sie zur Entgegennahme von Erklärungen ermächtigt ist. Wer jederzeit auf sonstige Empfangseinrichtungen des Adressaten (Postschließfach, Telefax oder Anrufbeantworter) Zugriff nehmen darf, muss auch befugt sein, Erklärungen persönlich entgegenzunehmen (mit Einschränkung auf verkörperte Erklärungen BRINKMANN 140 ff). Bei **Ehegatten** wird man eine solche Organisationsstruktur nicht per se annehmen können. Allein die Tatsache, dass sich Empfänger und Adressat persönlich nahe stehen, rechtfertigt nicht das Abwälzen der Übermittlungslast. Etwas anderes ergibt sich auch nicht aus dem Institut der Ehe (§ 1353) oder der Dienstleistungspflicht der Kinder (§ 1619). Diese Vorschriften sind nicht geeignet, Aufgaben und Risiken, die einem Dritten obliegen, einem Familienangehörigen aufzubürden (aA STAUDINGER/DILCHER[12] Vorbem 77 zu §§ 164 ff). Eine Zurechnung kommt hier aber gemäß § 1357 Abs 1 in Betracht, da der nach dieser Vorschrift vertretungsberechtigte Ehepartner entsprechend § 164 Abs 3 Empfangszuständigkeit besitzt. Entscheidend ist daher, ob sich die für den Ehepartner bestimmte Willenserklärung auf ein Geschäft zur Deckung des angemessenen Lebensbedarfs bezieht. Im Fall BGH NJW 1994, 2613 traf dies nicht zu, weil die Willenserklärung den betrieblichen Geschäftsbereich des Ehemannes betraf. In dem Rechtsstreit ging es um die Frage, ob dem auf hoher See befindlichen Inhaber einer Bergungsfirma Abmahnung und Rücktrittserklärung seines Vertragspartners zugegangen sind, obwohl nur seine Ehefrau beide Erklärungen erhalten hat und nicht geklärt war, ob die Eheleute in telefonischer oder telegrafischer Verbindung standen. Der BGH verneint zu Recht eine Empfangsbotenstellung, die sich lediglich auf das bestehende Ehegattenverhältnis gründet. Sofern nicht ein Fall des § 1357 vorliegt, hängt der Zugang davon ab, welche Empfangsvorkehrungen der Firmeninhaber insbesondere in Bezug auf seine Vertragspartner getroffen hat und ob er seine Ehefrau zum Empfang rechtserheblicher Erklärungen bevollmächtigt hat. Ist dies nicht der Fall, verbleiben Last und Risiko der Übermittlung beim Erklärenden.

62 **Rechtsfolgen**: Sofern eine **Empfangsermächtigung** gegeben ist, tritt die Empfangsperson an die Stelle des Empfängers selbst. Der Zugang ist in dem Moment bewirkt, in welchem die Erklärung von der Empfangsperson sinnlich wahrgenommen wurde (Kriterium 1; Rn 46). Fehlt es an einer entsprechenden **Ermächtigung** durch den Empfänger, so kann die vermeintliche Empfangsperson die Annahme verweigern, so wie jeder potentielle (Erklärungs-)Bote den Übermittlungsauftrag zurückweisen kann. Für eine Zugangsfiktion ist dann von vornherein kein Platz (iE daher zutreffend, aber mit bedenklicher Begründung BAG NJW 1993, 1093, 1094 f; insoweit zu Recht krit BREHM EzA Nr 24; SCHWARZ NJW 1994, 891 f). Wird die Erklärung hingegen angenommen und übermittelt, handelt die eingeschaltete Person allein im Auftrag des Erklärenden und ist daher als Erklärungsbote zu qualifizieren.

3. Keine Erweiterungen des „Machtbereichs"

63 Das gem § 130 dem Erklärenden zugewiesene Übermittlungsrisiko endet an der Stelle, wo die Erklärung zur sinnlichen Wahrnehmung des Empfängers gelangt oder eine von diesem für den Verkehr mit dem Absender gewidmete Empfangseinrichtung erreicht. Nach überwiegender Auffassung soll es darüber hinaus für den Zugang auch genügen, wenn der Absender die Erklärung auf andere Weise in den „Machtbereich" des Adressaten gebracht hat (vgl nur FLUME § 14, 3 c = S 234; LARENZ/ WOLF § 26 Rn 19 f; MünchKomm/EINSELE Rn 17, oben Rn 43). Paradebeispiel ist der **unter der Wohnungstür hindurchgeschobene Brief**. Soweit es sich nicht bereits um einen Türschlitz handelt, der ohnehin als – zumindest geduldete – Empfangseinrichtung anzusehen ist (vgl den Fall AG Bergisch-Gladbach WuM 1994, 193) wird beim „Durchschieben" regelmäßig das Ziel verfehlt. In den Fällen AG Elze ZMR 1968, 13; ArbG Hagen BB 1976, 1561, wo der Brief nur teilweise unter der Tür hindurchgeschoben und deshalb außerhalb der Wohnung für Unbefugte erreichbar war, kann man lange darüber streiten, ob der Machtbereich eine ausschließliche Herrschaftsbeziehung voraussetzt. Darauf kommt es nach der hier vertretenen Auffassung nicht an; es stellt sich höchstens die Frage, ob die beiden zugangsbegründenden Kriterien „sinnliche Wahrnehmung" und „Widmung von Empfangseinrichtungen" angesichts dieser und ähnlicher Fälle ergänzt oder modifiziert werden müssen.

Einigkeit dürfte zunächst darüber zu erzielen sein, dass das Übermittlungsrisiko **64** jedenfalls dann nicht auf den Empfänger übergehen kann, wenn die Erklärung **trotz vorhandener Empfangseinrichtung** an anderer Stelle in den vermeintlichen Wahrnehmungsbereich des Empfängers gebracht wird (überzeugend BRINKMANN 58 ff). Ein zwischen Glasscheibe und Metallgitter einer Haustür geklemmtes Kündigungsschreiben ist daher nicht zugegangen, wenn ein Briefkasten zur Verfügung stand und die Wahrnehmung des Briefes durch den Empfänger sich nicht erweisen lässt (vgl LAG Hamm NZA 1994, 32). Wie aber kann der Zugang herbeigeführt werden, wenn der Empfänger **keine Empfangseinrichtungen** zur Verfügung stellt? Im allgemeinen wird hier die Ansicht vertreten, dass Zugang bewirkt ist, wenn es dem Erklärenden gelingt, seine Willenserklärung in den Machtbereich des Empfängers zu bringen, unabhängig davon, ob der Empfänger die Erklärung tatsächlich wahrnehmen konnte oder nicht (oben Rn 63, aA nur STAUDINGER/DILCHER[12] Rn 23: Zugang mit Kenntnis vom Übermittlungsversuch; unklar BRINKMANN 67 f). Gelingt dies nicht, geht die hM von einem Zugangshindernis aus, das ggf zur Fiktion des Zugangs führt (hierzu unten Rn 79 ff). Dem ist nicht uneingeschränkt zu folgen.

Der **Machtbereich entspricht nicht dem Wahrnehmungsbereich**. Daher ist zunächst **65** die Annahme bedenklich, es käme allein darauf an, ob eine Erklärung in den Bereich gebracht worden ist, den der Empfänger „beherrscht". Das ist nur dann richtig, wenn der Empfänger um die Risiken weiß, die es zu beherrschen gilt, damit er eine Erklärung wahrnehmen kann. Fällt der durch ein offenes Fenster geworfene Brief hinter einen Schrank oder bleibt er, unter der Tür hindurch geschoben, unter einem Teppich für lange Zeit unentdeckt, so liegt es schwerlich allein in seiner Herrschaft begründet, wenn er die Erklärung nicht oder erst verspätet zur Kenntnis nehmen konnte. Das Risiko einer nur theoretischen Kenntnisnahmemöglichkeit wird primär vom Erklärenden verursacht. Für „untergeschobene" Erklärungen ist das unbestritten (vgl nur FLUME, AT § 14, 3 b = S 230 f; BGH NJW 1953, 217: Eigentumsvorbehalt an versteckter Stelle des Lieferscheins). Der Zugang ist kein Selbstzweck, sondern soll die Kenntnisnahme vermitteln. Insofern genügt es nicht, dass die Erklärung nur irgendwie in den Machtbereich des Empfängers gelangt, sondern es kommt darauf an, dass diese auch wahrgenommen werden kann (iE ebenso schon TITZE JherJb 47 [1904] 410 f mwN).

66 Schwierigkeiten bereiten auch die Fälle, in denen unklar ist, ob die Erklärung schon in den Machtbereich des Empfängers gelangt ist oder diesen nur räumlich berührt. So verhält es sich, wenn etwa die Kündigung an die Haustür eines Einfamilienhauses zwischen Glasscheibe und Metallgitter geklemmt (LAG Hamm NZA 1994, 32) oder der Brief nur teilweise unter dem Türspalt durchgeschoben wurde, so dass ein Zugriff von Unbefugten nicht ausgeschlossen ist (ArbG Hagen BB 1976, 1561). **Der Wahrnehmungsbereich entspricht hier nicht dem ausschließlichen Machtbereich.** In Rechtsprechung und Schrifttum wird teilweise eine Erweiterung des Zugangs auf solche Fälle befürwortet, in denen lediglich eine gewisse räumliche Nähe zum Machtbereich des Empfängers besteht (LARENZ/WOLF § 26 Rn 18: dem Empfänger „nahe gebracht"; vgl auch schon HÖLDER DJZ 1901, 340, 341; mit Recht abl TITZE JherJb 47 [1904] 410 Fn 52). Letztlich hängt der Zugang in diesen Fällen davon ab, wie groß die Wahrscheinlichkeit einzustufen ist, dass die Erklärung vor dem Zugriff Dritter sicher war und folglich von dem Adressaten auch zur Kenntnis genommen werden konnte. Damit ist die Frage des Zugangs mit allzu großer Unsicherheit belastet, so dass diese Erweiterung des Zugangsbegriffs im Ergebnis abzulehnen ist (krit auch BRINKMANN 69 ff).

67 Im Ergebnis bleibt es also dabei: Gelangt eine Erklärung nicht in eine Empfangseinrichtung, sondern lediglich in den räumlichen Machtbereich des Empfängers oder gar nur in dessen Nähe, so wird diese erst in dem Moment wirksam, in dem sie vom Empfänger tatsächlich wahrgenommen wird (Kriterium 1, Rn 46). Da nach der hier vertretenen Auffassung auch eine außergesetzliche Zugangsfiktion nicht in Betracht kommt (ausf dazu unten Rn 79 ff), gibt es bei fehlenden Empfangseinrichtungen nur die Möglichkeit, die Willenserklärung persönlich zu übermitteln. Da dann freilich der Zugang so lange scheitert, bis der Empfänger persönlich erreicht wird, gibt es bei wichtigen, insbesondere fristgebundenen Willenserklärungen nur ein Verfahren, das **ausreichend Sicherheit** bietet: die **Zustellung durch Gerichtsvollzieher gem § 132** (hierzu unten Rn 86 ff).

4. Keine Einschränkungen durch „gewöhnliche Verhältnisse"

68 Für den Fall, dass die Willenserklärung eine Empfangseinrichtung des Adressaten erreicht hat, stellt sich die Frage, ob damit immer sogleich und uneingeschränkt der Zugang bewirkt ist, oder ob im Einzelfall die aktuelle Kenntnisnahmemöglichkeit des Empfängers zu berücksichtigen ist. Nach einer gebräuchlichen Formulierung kommt es darauf an, ob „bei Annahme gewöhnlicher Verhältnisse" damit zu rechnen sei, dass der Empfänger von der Erklärung Kenntnis erlangt (oben Rn 45). Mit dieser Formel versucht man im Wesentlichen zwei Zugangsprobleme zu bewältigen: Sollen in der Person des Empfängers liegende Verhinderungen, wie zB Krankheit oder urlaubsbedingte Abwesenheit, Beachtung finden **(subjektive Kenntnisnahmehindernisse)**? Soll die Möglichkeit zur Kenntnisnahme an bestimmte Zeitpunkte geknüpft werden **(normative Kenntnisnahmehindernisse)**?

a) Subjektive Kenntnisnahmehindernisse

69 Mit Blick auf die Entscheidung des Gesetzgebers gegen die Vernehmungstheorie und für die Empfangstheorie (oben Rn 8) dürfte es keinem Zweifel unterliegen, dass in der Person des Empfängers liegende Umstände grundsätzlich nicht geeignet sind, den Zugang der Willenserklärung zu beeinflussen. Im Gesetzgebungsverfahren wurde zwar erwogen, den Adressaten bei unverschuldeten Verhinderungen zu schützen. Hierfür fand sich jedoch keine Mehrheit (Prot I 71). Diese Grundaussage wird jedoch zum Teil wieder in Frage gestellt, **wenn der Erklärende die Verhinderung des Empfängers kennt**.

aa) Kenntnis von der Abwesenheit
Von großer praktischer Bedeutung ist die Problematik bei der Kündigung von Arbeitsverhältnissen. Denn dem kündigenden Arbeitgeber ist die **urlaubs- oder krankheitsbedingte Verhinderung des Arbeitnehmers** regelmäßig bekannt. Insofern liegt es nahe, von ihm besondere Rücksicht auf die Belange des sozial schutzbedürftigen Arbeitnehmers zu nehmen. Das BAG hat aus diesem Grund lange Zeit den Standpunkt vertreten, dass die Kündigung erst nach Wegfall des Hindernisses wirksam werden sollte. Begründet wurde dieses Ergebnis hauptsächlich mit der Gefahr, der Arbeitnehmer könne die Klagefrist des § 4 KSchG versäumen und die Verkürzung der Überlegungsfrist sei unzumutbar (grdl BAG NJW 1981, 1470; FLUME, AT § 14, 3 e = S 239; SOERGEL/HEFERMEHL Rn 26; ausf KLEVEMAN Anm zu LAG Hamm LAGE Nr 11; NIPPE JuS 1991, 285, 287 ff jeweils mwN).

Inzwischen hat das BAG erkannt, dass die Berücksichtigung subjektiver Zugangshindernisse die Rechtssicherheit gefährdet und seine Rechtsprechung daher korrigiert (überzeugend BAG NJW 1989, 606 mwN; ähnl NJW 1989, 2213: Untersuchungshaft; vgl auch BRINKMANN 74 ff). Für eine Modifizierung der Zugangserfordernisse bestand auch keine Veranlassung, da der Gesetzgeber den Fall der **unverschuldeten Verhinderung an einer rechtzeitigen Erhebung der Kündigungsschutzklage** berücksichtigt und **gemäß § 5 KSchG** der Sache nach eine Wiedereinsetzung in den vorigen Stand gewährt. Im Übrigen steht es dem Adressaten nach der hier vertretenen Auffassung frei, einen Zugang in Abwesenheit dadurch zu verhindern, dass er seine **Empfangseinrichtung** dem Erklärenden gegenüber wieder **entwidmet**. Da eine Pflicht zu Empfangsvorkehrungen nicht besteht (unten Rn 87 ff), ist eine solche Entwidmung jederzeit möglich. Allerdings ist dem Geschäftspartner die Unerreichbarkeit über die betreffende Empfangseinrichtung ebenso mitzuteilen, wie seinerzeit die Erreichbarkeit (actus contrarius zur „Widmung"). Unterbleibt das, darf der Erklärende weiterhin darauf vertrauen, dass Erklärungen den Empfänger wie bisher erreichen. Die bloße Kenntnis von Urlaub, Kur, Krankenhaus oder Untersuchungshaft hindert den Zugang nicht, denn wie der Empfänger die Kenntnisnahme von an ihn gerichteten Erklärungen organisiert, zB durch Nachsendeauftrag oder Bevollmächtigung von Empfangspersonen, bleibt ihm selbst überlassen.

bb) Fehlende Sprachkenntnisse beim Empfänger
Als subjektives Zugangshindernis gelten zuweilen auch fehlende Sprachkenntnisse des Empfängers (LAG Hamm NJW 1979, 2990; vgl auch BAG NJW 1985, 824). Auch diese Einschränkung des Zugangsbegriffs verdient keine Zustimmung, da es nach der Entscheidung des Gesetzgebers für die Empfangstheorie nicht auf die tatsächliche Kenntnisnahme der Erklärung ankommt, sondern auf den Zugang. Bedient sich der Erklärende der landesüblichen Sprache, darf er auch im Verkehr mit Ausländern grundsätzlich mit ausreichender Sprachkunde rechnen (vgl näher § 119 Rn 18 mwN). Hier eine zusätzliche Frist für die Beschaffung einer erforderlichen Übersetzung zu gewähren, würde die Rechtssicherheit erheblich beeinträchtigen (abl auch LAG Köln NJW 1988, 1870; LAG Hamburg LAGE § 130 Nr 16). Im Regelfall sind die gesetzlichen

Fristen so bemessen, dass ausreichend Zeit zur Einholung von Übersetzungen besteht. Bei prozessualen Fristen besteht zudem die Möglichkeit der Wiedereinsetzung in den vorigen Stand, wenn die Verzögerung vom Adressaten nicht zu vertreten war (vgl § 5 KSchG; dazu schon oben Rn 71).

b) Normative Kenntnisnahmehindernisse
aa) Zugang zur „Unzeit"

73 Nach überwiegender Auffassung sollen Willenserklärungen, die zur „Unzeit" die Empfangseinrichtung des Adressaten erreichen, erst zugehen, wenn die tatsächliche Kenntnisnahme nach der Verkehrsanschauung auch erwartet werden kann (vgl nur MEDICUS, AT Rn 275; LARENZ/WOLF § 26 Rn 21). Der Empfänger müsse davor bewahrt werden, schon vor der von ihm zu erwartenden tatsächlichen Kenntnisnahme mit nachteiligen Rechtswirkungen der eingegangenen Willenserklärung überzogen zu werden (BRINKMANN 40). Zunächst betraf diese Problematik ausschließlich den **Einwurf von Briefen außerhalb der üblichen Geschäftszeiten oder zur Nachtzeit**. Der Zugang soll hier erst in dem Zeitpunkt erfolgen, zu dem mit der Briefkastenleerung üblicherweise gerechnet werden kann: am nächsten Morgen oder nächsten Geschäftstag. Im Bereich der modernen Telekommunikation stellt sich die Frage, wann und wie oft bei der **Benutzung von E-Mail, Telefax oder Mailbox** die Abfrage der Speichereinrichtung erwartet werden kann. In einem Geschäftsbetrieb soll sinnvollerweise nur mit dem Abruf innerhalb der normalen Geschäftszeiten gerechnet werden. Außerhalb des geschäftlichen Verkehrs lassen sich keine entsprechenden Regeln aufstellen. Insofern begnügt man sich hier mit einer einmaligen **„Nachforschungsobliegenheit"** pro Tag (vgl nur HEUN CR 1994, 595, 598 f). Der Zugang erfolge daher regelmäßig erst am darauf folgenden Tag (S ERNST NJW-CoR 1997, 165, 166).

74 Man hat freilich erkannt, dass eine derartige Verschiebung des Zugangs der vom Gesetzgeber beabsichtigten Risikoverteilung widerspricht. Das gesamte Übermittlungsrisiko verbliebe weiterhin beim Absender, obwohl die Erklärung inzwischen im alleinigen Herrschaftsbereich des Empfängers angelangt ist. Diesem Dilemma versucht man dadurch zu entgehen, dass man den **Zugang von einer seiner wesentlichen Wirkungen, der Rechtzeitigkeit, löst**. Der Zugang erfolge zwar sofort, die auf später verschobene Kenntnisnahmemöglichkeit sei aber für die Wahrung von Fristen oder das Kennenmüssen von Bedeutung (STAUDINGER/COING[11] Rn 4; FLUME § 14, 3 = S 231 ff; SOERGEL/HEFERMEHL Rn 8). Diese Konstruktion macht die Antwort auf Zugangsfragen komplizierter (MEDICUS, AT Rn 275), wenn nicht unmöglich, da sich die einzelnen Zugangswirkungen rechtlich wie praktisch kaum trennen lassen (ausf Kritik BRINKMANN 41 ff, der freilich die Doktrin der „Unzeit" nicht in Frage stellt; anders BENEDICT § 5 III 2; BREXEL 24 ff). Der Einwand von FLUME (aaO), eine solche Trennung werde bei der Zugangsverhinderung von der hM ohnehin propagiert, ist zwar berechtigt, schafft aber keine sachliche Legitimation für die von ihm befürwortete Rechtzeitigkeitsfiktion.

75 Gegen die Verschiebung des Zugangszeitpunkts kraft Verkehrsanschauung spricht bereits, dass **Beginn und Ende einer „Unzeit"** weitgehend willkürlicher Festlegung obliegen: So umfasst zB die „Unzeit" bei TITZE (JherJb 47 [1904] 428 f, 435 f) die Nachtzeit von 22.00 bis 7.00 Uhr. In Bayern soll die „Unzeit" jedenfalls *nach* 18.05 Uhr beginnen können (BayVerfGH NJW 1993, 519 f), während sie für das BAG (NJW 1984, 1651) schon um 16.30 Uhr und für das OLG Hamm um 16.50 Uhr

begonnen hat (NJW-RR 1995, 1188). Selbst die scheinbar klare Beschränkung auf Geschäftszeiten ist keinesfalls sicher. Für den Bereich des Handelsverkehrs vertrat das Reichsgericht die Ansicht, dass Abgabe und Annahme von Willenserklärungen nicht auf die gewöhnliche Geschäftszeit beschränkt seien (RGZ 142, 403, 407). Inzwischen lehnt auch der BGH (NJW 2000, 1328, 1329) jedenfalls bei Aktiengesellschaften allgemein verbindliche Geschäftszeiten ab: „Aktiengesellschaften stellen keine einheitliche Adressatengruppe dar, für die sich unter Berücksichtigung der gewöhnlichen Verhältnisse eine übliche Geschäftszeit bestimmen ließe". Die mit der Rücksichtnahme auf individuelle Geschäftszeiten verbundenen Unwägbarkeiten sind für den Erklärenden nicht zumutbar. Dieser muss sich darauf verlassen können, ob er seine Willenserklärung noch rechtzeitig auf den Weg gebracht hat oder nicht. Das Interesse des Empfängers, nicht vom Zugang von Willenserklärungen in der Nacht überrascht zu werden, ist deswegen nicht schutzlos. Dieser hat es nämlich in der Hand, sich entweder den Zugang bis zu einem bestimmten Zeitpunkt ausdrücklich auszubedingen oder bereits seine **Empfangseinrichtung nur für konkrete Zeiten der Empfangsbereitschaft zu widmen**. Hinter der Einschränkung für Zustellungen zur Unzeit und der Rücksichtnahme auf die „Verkehrsanschauung" oder die „gewöhnlichen Verhältnisse" verbergen sich der Sache nach ohnehin Vorstellungen zur Widmung der Empfangseinrichtung. Diese bedarf freilich konkreterer Anhaltspunkte als der Mutmaßung über verkehrsübliches Verhalten, zB einer entsprechenden Mitteilung auf dem Briefkasten oder der Mailbox (vgl schon PLANCK Anm 1 aE; ENNECCERUS/NIPPERDEY § 158 Fn 13). Auch die Angabe von Büro- oder Geschäftszeiten sind ausreichende und für den Absender kalkulierbare Hinweise auf eine beschränkte Empfangsbereitschaft. Falls aber keine konkreten Hinweise auf eine eingeschränkte Widmung existieren, gilt der **Grundsatz**, dass der **Zugang jederzeit möglich** ist.

bb) Fristen
Darüber hinaus ist für den Einzelfall zu differenzieren, ob es für die Rechtzeitigkeit des Zugangs auf die Wahrung einer Frist oder die zeitliche Reihenfolge von Ereignissen ankommt. Soll einerseits die **Erklärung innerhalb einer Frist** zugehen, so stellt § 188 für alle Fristen unmissverständlich klar, dass es eine „Unzeit" nicht geben kann, weil die **Frist erst mit dem Ablaufe des letzten Tages endigt**. Dem Erklärenden muss demgemäß bis 24.00 Uhr ein fristwahrender Zugang möglich sein, was aber ausgeschlossen wird, wenn man den Zugang beispielsweise nur bis 16.29 Uhr zulässt (ähnl BURGARD AcP 195 [1995] 74, 109 ff; im Ergebnis zutreffend auch BGH NJW 2000, 1328, mit der freilich bedenklichen Hilfsbegründung, § 130 fände auf Anträge gem § 126 AktG keine Anwendung; dazu oben Rn 14). Auf der anderen Seite ist das Interesse des Empfängers, die Erklärung noch am selben Tage zur Kenntnis zu nehmen, von geringem Gewicht. Selbst wenn mit dem Zugang **für den Empfänger eine Frist zu laufen beginnt**, wie zB bei einer Kündigung eines Arbeitsverhältnisses (§§ 4, 13 KSchG), nimmt das Gesetz darauf Rücksicht: Gem § 187 Abs 1 beginnt nämlich eine solche Frist ohnehin erst am nächsten Tag.

cc) Zusammentreffen mit anderen Ereignissen
Beim Zusammentreffen der Willenserklärung mit anderen juristischen Ereignissen sollte man in Anlehnung an die Wertung des § 130 Abs 1 S 2 auf **die chronologische Reihenfolge der Ereignisse** abstellen (vgl RGZ 60, 334: Angebotsänderung vor Annahmeerklärung; ähnl RGZ 99, 20, 23: Vinkulation vor Vertragsannahme). Denn ob der Empfänger

zunächst das eine oder zuvor das andere Ereignis zur Kenntnis nimmt, ist genauso wenig von Bedeutung wie die Frage, ob er es überhaupt tut. Evident ist dies bei zufälligen juristischen Tatsachen wie Geburt, Tod oder unerlaubten Handlungen. Diese sind vom Empfänger nicht zu beeinflussen. Er kann daher vor den dadurch verursachten Rechtswirkungen nicht bewahrt werden, indem er von ihnen umgehend Kenntnis erlangt. Im Fall RGZ 142, 403 hing der Anspruch auf Auszahlung einer Versicherungssumme davon ab, ob die den Versicherungsschutz wahrende Annahme einer Stundungsvereinbarung noch vor dem **Tod des Versicherungsnehmers** zugegangen war. Dieser war an dem Tag gestorben, an dem die Annahmeerklärung in das Postschließfach der Versicherungsgesellschaft gelangt war. Da aber dieser Tag ein Ostersonntag war, hing die Entscheidung davon ab, ob es im Jahre 1932 zu den objektiven, für den Absender erkennbaren Verkehrsgepflogenheiten in *Gotha* gehörte, die an Sonn- und Feiertagen eingegangene Post abzuholen (aaO 408). Diese rechtstatsächlich schwierige Feststellung wäre entbehrlich gewesen, wenn das Reichsgericht das Postschließfach als Empfangseinrichtung eingestuft hätte, da es dann nicht auf die Möglichkeit der tatsächlichen Kenntnisnahme, sondern auf das Einlegen in das Schließfach angekommen wäre (zutr RGZ 144, 290). Inzwischen haben sich die Gepflogenheiten ohnehin geändert. In einem nahezu identischen Fall hat der BGH es für ausgeschlossen gehalten, dass „an einem Samstag oder Sonntag in der Hauptstelle oder einer Bezirksdirektion eines Versicherungsunternehmens größeren Zuschnitts Mitarbeiter mit Zuständigkeit für die Kenntnisnahme von Geschäftspost anwesend sind". Das habe zur Folge, „dass der Zugang eines außerhalb der Geschäftsstunden zugetragenen Schriftstücks grundsätzlich nicht vor Beginn der Geschäftsstunden am nächsten Arbeitstag anzunehmen ist" (BGH VersR 1994, 586).

78 Nach der Entscheidung des Gesetzgebers für die Empfangstheorie dürfte es auf die Kenntnisnahme oder die normative Möglichkeit dazu nicht ankommen. Man könnte dies allenfalls dann erwägen, **wenn der Empfänger die andere juristische Tatsache beeinflussen müsste** und zur Abwendung von Rechtsnachteilen unverzüglich reagieren muss (hiergegen schon Prot I 71). Im Fall RGZ 61, 125 hing die Wirksamkeit eines Kaufvertrages über Aktien davon ab, ob der beauftragte Börsenmakler noch über die notwendige Vertretungsmacht verfügte. Das war deshalb zweifelhaft, weil der Auftraggeber ca zwei Stunden vor Abschluss des Geschäfts im Kontor angerufen und gegenüber einem Angestellten den Auftrag widerrufen hatte. Der Makler hatte davon zwar nichts erfahren und konnte demgemäß auch nicht mehr reagieren. Dennoch hat das RG mit Recht einen Zugang für möglich gehalten, sofern es zu den Geschäftsgepflogenheiten des Maklers gehörte, vor dem Gang zur Nachmittagsbörse in seinem Kontor nochmals vorbeizuschauen, um sich nach zwischenzeitlich eingetroffenen Nachrichten zu erkundigen. Auch hier verbirgt sich hinter dem Hinweis auf die Geschäftsgepflogenheit nichts anderes als die individuelle Widmung einer Empfangseinrichtung, an der sich der Adressat festhalten lassen muss.

5. Keine Besonderheiten bei „Zugangshindernissen"*

79 Unter dem Oberbegriff „**Zugangshindernisse**" werden jene Fälle erfasst, in denen der Zugang scheitert oder nicht rechtzeitig erfolgt und der Empfänger dafür die

---

* **Schrifttum:** BARTSCH, Über die Verhinderung des Zugehens von Willenserklärungen (Diss Greifswald 1921); vBLUME, Versäumnis des Empfangs von Willenserklärungen, JherJb 51

Verantwortung tragen soll. Der klassische Fall „*Der Empfänger lässt den Boten nicht vor oder hört ihn nicht an*" hat schon ZITELMANN dazu bewogen, die von ihm vertretene Vernehmungstheorie einzuschränken und nach dem Prinzip *dolus pro facto est* insoweit für die Wirksamkeit der Erklärung auch ohne Kenntnisnahme einzutreten (Rechtsgeschäfte 103 f). Er bediente sich also einer **Fiktion, um die Vernehmungstheorie gegenüber der Empfangstheorie zu verteidigen**. Nunmehr gilt zwar die Empfangstheorie, aber auch diese konnte sich nicht ohne Fiktionen behaupten.

a) Tatbestand und Rechtsfolgen der Zugangsfiktionen

Die **Voraussetzungen** für eine Zugangsfiktion reichen vom Erfordernis der Arglist über einfaches Verschulden bis zum Verstoß gegen die Gebote von Treu und Glauben. Während nach dem ursprünglichen dogmatischen Ansatz gem § 826 und § 162 **nur arglistiges Verhalten des Empfängers** eine Sonderbehandlung rechtfertigte **(Zugangsvereitelung ieS)**, trat das Maß der Pflichtverletzung immer mehr hinter den offenen Tatbestand von „Treu und Glauben" zurück, und es genügte **bloß schuldhaftes Verhalten** (instruktiv RGZ 58, 406, 408: schuldhafte Abwesenheit; RGZ 110, 34, 36 f: Annahmeverweigerung ohne Arglist; HABICHT DJZ 1901, 265, 266). Insofern ist es nur folgerichtig, dass es nach verbreiteter, früher sogar herrschender Meinung im Einklang mit dem verschuldensunabhängigen Maßstab des § 242 selbst auf ein Verschulden

---

(1907) 1; BORGMANN, Das Verhindern einer empfangsbedürftigen Willenserklärung durch den Adressaten (Diss Marburg 1935); J BREIT, Die Verhinderung der Vollziehung einer Willenserklärung, SeuffBl 71 (1906) 589; CALLOMON, Die Pflicht zur Entgegennahme von Willenserklärungen (Diss Breslau 1910); DAUE, Wird eine Willenserklärung wirksam, wenn der Empfänger ihr Zugehen absichtlich verhindert? (Diss Greifswald 1908); DAVID, Verhinderung bei Abgabe einer empfangsbedürftigen Willenserklärung, Gruchot 46 (1902) 232; FABRICIUS, Welche Wirkungen hat die Nichtannahme von Schriftstücken und die Verhinderung ihres Zugehens? (Diss Göttingen 1926); HABICHT, Die Verhinderung der Abgabe einer Willenserklärung, DJZ 1901, 265; HAUMANN, Die Nichtannahme empfangsbedürftiger Willenserklärungen (Diss Erlangen 1913); HÖLDER, Der Zugang der Willenserklärung, DJZ 1901, 340; IVEN, Hindernisse beim Zugang von Willenserklärungen (Diss Köln 1934); KLINGMÜLLER, Zugang von Willenserklärungen bei Verweis der Wohnung, VersR 1967, 1109; KRÜCKMANN, Verhinderung des Vertragsschlusses, Recht 1911, 56; O KUHN, Die Verhinderung des rechtzeitigen Zugehens von Willenserklärungen (Diss Greifswald 1922); LANDAU, Die vom Adressaten vereitelte Willenserklärungen (Diss Göttingen 1905); LOHMAR, Verhinderung der Entgegennahme einer empfangsbedürftigen Willenserklärung durch den Adressaten (Diss Göttingen 1926); MAUER, Zugangsfiktion für Kündigungserklärungen in Arbeitsverträgen, DB 2002, 1442; MOSEF, Die Verhinderung des Zugehens von Willenserklärungen durch den Adressaten (Diss Breslau 1919); MÜHLHOFF, Wirksamwerden und Verhindern einer Willenserklärung (Diss Marburg 1913); MÜLLER, Die mündliche Willenserklärung und ihre Vereitelung (Diss Marburg 1936); RATHENAU, Der Zugang der Willenserklärung bei Abholung von Postsendungen, DJZ 1902, 147; RELLING, Das fingierte Zugehen empfangsbedürftiger Willenserklärungen (Diss Rostock 1909); SCHÜLER, Die Verhinderung des rechtzeitigen Zugehens einer Willenserklärung durch den Empfänger (Diss Breslau 1910); SEITLER, Welche Rechtsfolgen treten ein, wenn derjenige, an den eine Willenserklärung gerichtet ist, das rechtzeitige Zugehen vorsätzlich oder fahrlässig verhindert (Diss Erlangen 1911); WENDT, Unterlassungen und Versäumnisse im bürgerlichen Recht, AcP 92 (1902) 1; SCHWARZ, Kein Zugang bei Annahmeverweigerung des Empfangsboten?, NJW 1994, 891.

nicht mehr ankommt. Vielmehr soll genügen, dass die **Ursache für das Scheitern des Zugangs im Verantwortungsbereich, der Sphäre oder in der Person des Empfängers** liegt (vgl bereits RGZ 95, 315, 317: Auflösung der Geschäftsadresse; BGH LM Nr 1: Geschäftsverlegung; VersR 1971, 262, 263: Urlaubsabwesenheit; BAG, NZA 2003, 719: Kuraufenthalt; BRINKMANN 182; STAUDINGER/DILCHER[12] Rn 51; MünchKomm/EINSELE Rn 35 ff; SOERGEL/HEFERMEHL Rn 24). Es genügen daher auch zufällige Verhinderungen, zB infolge einer Krankheit oder eines Unglücksfalles, um mittels § 242 von § 130 abzuweichen (FLUME § 14, 3 e = S 239; differenzierend MEDICUS Rn 281; noch ausdrücklich offen gelassen in RGZ 58, 406, 409). Inzwischen verlangt der BGH allerdings wieder Verschulden des Adressaten (BGH NJW 1996, 1967, 1968: Urlaubsabwesenheit; zustimmend MEDICUS Rn 282), doch soll es insoweit genügen, dass der Empfänger **mit dem Eingang rechtsgeschäftlicher Erklärungen rechnen musste** (zuletzt BGHZ 137, 205, 208 mwN). Da man dies fast immer annehmen kann, lässt sich eine Zugangsfiktion leicht begründen.

81 Hinsichtlich der fingierten **Rechtsfolge** werden zwei Möglichkeiten vertreten: Entweder wird der Zugang unmittelbar mit dem gescheiterten Versuch fingiert **(Zugangsfiktion)** oder der Erklärende bleibt „Herr der Erklärung" und muss sich, will er ihre Wirksamkeit herbeiführen, erneut, ggf gem § 132, um Zugang bemühen. Erst wenn ihm dieser schließlich gelingt, soll es dem Empfänger nach Treu und Glauben verwehrt sein, sich auf eine etwaige Verspätung zu berufen. Im zweiten Fall wird also nur die temporäre Wirkung des Zugangs fingiert **(Rechtzeitigkeitsfiktion)**. Wann diese und wann jene Rechtsfolge anzunehmen ist, lässt sich nicht mit wünschenswerter Sicherheit bestimmen. So hat das Reichsgericht als Konzession für die Ausdehnung der Fiktion nach dem Grad des Verschuldens differenziert: Bei arglistiger Zugangsverhinderung wird der Zugang, bei jedem anderen Verschuldensgrad bloß die Rechtzeitigkeit fingiert (grdl RGZ 110, 34, 35 ff; wohl auch SOERGEL/HEFERMEHL Rn 28 und jüngst wieder FRANZEN JuS 1999, 433; MEDICUS, AT Rn 282, der allerdings auch treuwidriges Verhalten genügen lässt). Diese Differenzierung wirkt bis heute nach, wenn vorrangig die Rechtzeitigkeit fingiert wird (zuerst wohl PLANCK Anm 5 mit zutr Hinw, dass Zugang wegen § 132 nie ganz verhindert werden kann; ebenso TITZE JherJb 47 [1904] 445 ff; FLUME, AT § 14, 3 e = S 238; SOERGEL/HEFERMEHL Rn 27 f; LARENZ, AT § 21 II b = S 424; vgl auch BRINKMANN 153 f mwN) und lediglich im Falle grundloser Annahmeverweigerung (Zugangsvereitelung ieS) sofortiger Zugang (BGH NJW 1952, 1169; 1983, 929, 930). Die Grenzen sind freilich eher fließend. So soll es für eine Zugangsfiktion zB auch genügen, wenn es der Adressat – ohne nachgewiesene Vereitelungsabsicht – versäumt, bei einem Faxgerät Papier nachzufüllen (LAG Hamm ZIP 1993, 1109), er unter seiner polizeilich gemeldeten Adresse nicht zu erreichen ist (BGH VersR 1971, 262, 263), die Benachrichtigung über eine Niederlegung verloren (LAG Düsseldorf LAGE § 130 Nr 14; LG Berlin Grundeigentum 1994, 1383) oder ein auf der Post niedergelegtes Einschreiben nicht abgeholt hat (BGHZ 67, 271, 276; OLG Köln CR 1992, 334; LAG Frankfurt LAGE § 130 Nr 7; LG Aachen WuM 1989, 250; BAG NZA 2003, 719, 723).

82 Angesichts wenig Erfolg versprechender Bemühungen um eine klare Grenzziehung erscheint es nur folgerichtig, wenn BGHZ 137, 205, 209 f auf solche Differenzierungen ganz verzichtet und sich für eine offene **Abwägung** zwischen der Schwere des Sorgfaltsverstoßes auf Seiten des **Empfängers** und dem erforderlichen und zumutbaren Verhalten auf Seiten des **Erklärenden** entscheidet. Den gleichen Grundgedanken verfolgte schon einmal das Reichsgericht, als es in der Entscheidung RGZ 97, 336, 339 beiden Parteien die Vernachlässigung von Sorgfaltspflichten vorwarf und einen Schaden, den der Erklärende aufgrund eines gescheiterten Vertrages geltend machte, gem § 254 teilte. Damit entscheidet über die Vollendung des Zugangs eine rein normative Verhaltenszurechnung (idS bereits der dogmatische Ansatz von ARNDT 29 ff) – ein Verfahren, das zwar hohe Flexibilität, aber keine Rechtssicherheit bietet (vgl dazu eingehend BENEDICT Einleitung S 4 f).

b) Dogmatische Bedenken
Die zentrale Schwäche der Zugangsfiktionen besteht darin, dass sie **die gesetzlichen** 83 **Regelungen ignoriert**, und zwar sowohl § 130 als auch § 132. Über die scheinbare Evidenz der Unbilligkeit einer arglistigen Annahmeverweigerung wurde außer Acht gelassen, dass für die Begründung einer Fiktionsnorm zunächst eine Gesetzeslücke positiv festzustellen wäre. Eine solche lässt sich aber angesichts der bewussten Entscheidung für die Empfangstheorie in § 130 und der Bereitstellung eines sicheren Übermittlungsweges gem § 132 (unten § 132 Rn 1) nicht nachweisen (BENEDICT § 5 V 2; HKK/OESTMANN Rn 37 f).

aa) Fiktionen als Folge der bisherigen Zugangsdefinition
Von der überwiegenden Meinung wird die Rechtsgrundlage der Zugangsfiktion in 84 den Geboten von **Treu und Glauben gem § 242** gesehen (grdl RGZ 58, 406, 408 ff; DAVID Gruchot 46 [1902] 232 ff; seither hM, vgl nur BGHZ 137, 205, 209; BAG NZA 2003, 719, 723; PALANDT/HEINRICHS Rn 18; mit Ausnahme arglistiger und absichtlicher Verhinderung auch SOERGEL/HEFERMEHL Rn 28; zurückhaltend MEDICUS, AT Rn 278 ff). Andere stützen diese auf eine **Analogie zu § 162** (grdl ZITELMANN, Rechtsgeschäfte 103; HABICHT DJZ 1901, 265, 266; MEDICUS, AT Rn 282; SOERGEL/HEFERMEHL Rn 28; LAG Hessen NZA-RR 2001, 637), **zu §§ 123, 530** (WENDT AcP 92 [1902] 1, 212; vBLUME JherJb 51 [1907] 1, 11 ff), **§§ 121 Abs 1 S 2, 149** (LANDAU 45 ff) oder **den Vorschriften des Gläubigerverzugs** (TITZE JherJb 47 [1904] 397, 452 ff; ausf zum Meinungsspektrum BRINKMANN 152 ff). Die Begründung mit Hilfe einer Fiktion bedeutet zwar nicht unbedingt „das Ende allen positiven Rechts" (so ARNDT 16), aber zweifellos eine dogmatische Verlegenheitslösung, die nach Möglichkeit vermieden werden sollte. Sie ist denn auch überflüssig, da mit der Entscheidung des Gesetzgebers für die Empfangstheorie gerade erreicht werden sollte, die Wirksamkeit einer Willenserklärung unabhängig von den Launen des Empfängers eintreten zu lassen. Ein von der Willkür des Empfängers unabhängiger Zugang kann aber per definitionem von diesem nicht verhindert werden.

So ist die Doktrin der **Annahmeverweigerung** unvermeidliche Folge der von der 85 herrschenden Meinung verwendeten Zugangskriterien „tatsächliche Verfügungsgewalt" und „Machtbereich". Stellt man für den Zugang hingegen mit der hier vertretenen Auffassung darauf ab, ob der Empfänger die Willenserklärung als solche wahrgenommen hat (oben Rn 46), kommt es nicht darauf an, ob der Empfänger zur Entgegennahme bereit ist oder ob es dem Überbringer noch gelingt, den Brief geistesgegenwärtig durch den geöffneten Türspalt zu werfen, bevor ihm diese vor der Nase zugeschlagen wird. Zum gleichen Ergebnis kommen auch jene, die hier auf die weitest mögliche Definition der Empfangstheorie zurückgreifen und die „Möglichkeit der Kenntnisnahme" genügen lassen (vTUHR II 1 = S 434; STAUDINGER/COING[11] Rn 6; LARENZ, AT § 21 II b = S 424; BRINKMANN 56, 64). Weitere Fälle, in denen Zugangsfiktionen aufgrund der Machtbereichsdefinition notwendig, nach der hier vertretenen Auffassung aber entbehrlich sind, betreffen die Verspätung, die der Empfänger durch Stellen eines **Nachsendeauftrages** bei der Post verursacht (vgl TITZE JhJb 47

[1904] 446 f; LARENZ/WOLF § 26 Rn 43) oder dadurch, dass er postlagernde Sendungen nicht sofort abholt (TITZE aaO). Hier liegt nach den Grundsätzen über die Widmung von Empfangseinrichtungen (oben Rn 49 ff) Zugang vor, sobald die Sendung das Postlagerfach oder die Nachsendestelle erreicht. Auch bei Nichtabholung des auf dem Postamt niedergelegten **Einschreibens** gibt es keinen Grund für Sonderregeln, wenn man die Beweiskraft der privaten Zustellung per Einwurfeinschreiben (vgl dazu Rn 48, 88, 105 f) und die gesetzliche Regelung des § 132 akzeptiert.

bb) Die gesetzliche Wertung des § 132

86 Sinnliche Wahrnehmung und gewidmete Empfangseinrichtung scheiden als zugangsbegründende Kriterien in zwei Fällen aus: Wenn der Aufenthalt des Empfängers unbekannt ist und/oder keine Empfangseinrichtungen vorhanden sind. Auch in diesen Fällen besteht aber kein zwingender Grund, eine außergesetzliche Fiktion zu bemühen, weil in diesen Fällen der **Zugang gem § 132** bewirkt werden kann (vgl schon TITZE JherJb 47 [1904] 379, 445 ff). § 132 Abs 1 eröffnet über die §§ 166 Abs 1, 192 ff ZPO die Möglichkeit der **Ersatzzustellung** gem §§ 178 ff ZPO, und § 132 Abs 2 ermöglicht die **öffentliche Zustellung** gem §§ 185 ff ZPO. Damit stellt das Gesetz für alle Formen von Zugangshindernissen eine adäquate Lösung zur Verfügung, die den berechtigten Interessen des Erklärenden in angemessener Weise Rechnung trägt. Der dagegen erhobene Einwand, die Zustellung durch Vermittlung des Gerichtsvollziehers sei unzumutbar und vernachlässige die praktischen Bedürfnisse des Rechtsverkehrs (vgl nur BRINKMANN 174; MEDICUS, AT Rn 282) ist de lege ferenda vielleicht beachtlich, hat aber nicht so viel Gewicht, die §§ 130, 132 durch eine ungeschriebene Fiktionsnorm zu ersetzen. Weder das Kosten- noch das Zeitargument erweisen sich bei näherer Betrachtung als wirklich durchschlagend. Denn bei **Eilbedürftigkeit** muss der Gerichtsvollzieher ggf sofort zustellen (§ 22 GVGA). Und die zusätzlichen **Zustellkosten** in Höhe von € 2,50 (§ 9 GvKostG) erscheinen ebenfalls nicht sehr hoch, wenn man die Sicherheit der Zustellung und ihren Beweiswert in Rechnung stellt (vgl auch R WEBER JA 1998, 599 Fn 86). Darüber hinaus ist die Zustellung gem § 132 ohnehin eine unvermeidliche Konsequenz der von der hM vertretenen **Rechtzeitigkeitsfiktion** (oben Rn 81, deutlich DILCHER AcP 154 [1955] 131 f; BORK Rn 637), da der Absender keine rechte Gewissheit darüber hat, wie viele Zustellversuche im Zweifel nötig sind, um den Zugang schließlich doch durch Fiktion zu bewirken.

87 Die Antwort des BGH bestand zunächst darin, dem Absender einen **erneuten Zustellversuch** mittels (Übergabe-)Einschreibens abzuverlangen; dann verwandele sich die Rechtzeitigkeits- in eine Zugangsfiktion (BGH VersR 1971, 262, 263; ebenso BRINKMANN 177 ff). In der jüngsten Grundsatzentscheidung lehnt der BGH im Ergebnis wiederum eine Zugangsfiktion ab, lässt für die Zukunft allerdings offen, welche Bemühungen dem Erklärenden konkret obliegen, um diese zu erreichen: „Welcher Art dieser erneute Versuch des Erklärenden sein muss, hängt von den konkreten Umständen wie den örtlichen Verhältnissen, dem bisherigen Verhalten des Adressaten, den Möglichkeiten des Erklärenden und auch von der Bedeutung der abgegebenen Erklärung ab und kann allgemein nicht entschieden werden" (BGHZ 137, 205, 209; in diesem Sinne abwägend verfährt BAG, NZA 2003, 719, 723, freilich ohne überhaupt einen zweiten Zustellungsversuch zu verlangen). Für die Praxis kann man nur raten, bei fehlenden Empfangseinrichtungen den Weg über § 132 von vornherein zu beschreiten. Das OLG Nürnberg macht dieses Vorgehen immerhin jedem Anwalt zur

Pflicht, wenn Zugangshindernisse zu besorgen sind (NJW-RR 1991, 414). Die Zustellung gem § 132 bietet sichere Gewähr für den Absender, wichtige, fristgebundene Erklärungen wirksam werden zu lassen. Sie macht daher Zugangsfiktionen entbehrlich. In Betracht kommt allenfalls ein **Schadensersatzanspruch** nach den allgemeinen Regeln (positive Forderungsverletzung bzw culpa in contrahendo), wenn dem Adressaten eine schuldhafte Pflichtverletzung vorzuwerfen und dem Absender dadurch ein Schaden entstanden ist (MünchKomm/EINSELE Rn 34; BORK Rn 638). Dies setzt freilich voraus, dass es überhaupt eine Pflicht zur Empfangsbereitschaft gibt.

c) Pflicht zu Empfangsvorkehrungen?

Eine Pflicht, sich selbst den Empfang und anderen die Ablieferung von Willenserklärungen zu ermöglichen, lässt sich weder im allgemeinen (allg Ansicht, vgl nur BGH NJW 1996, 1967, 1968 mNachw), noch im besonderen, nämlich im Rahmen eines bestehenden Rechtsverhältnisses begründen (überzeugend TITZE JherJb 47 [1904] 379, 450 ff; vBLUME JherJb 51 [1907] 1, 14; FLUME § 14, 3 e; BENEDICT § 5 V 3; **aA** die hM; grdl PLANCK § 130 Anm 5; STAUDINGER/COING[11] § 130 Rn 21; DILCHER AcP 154 [1955] 131 ff; MünchKomm/EINSELE Rn 36; BORK Rn 638; stRspr seit RGZ 110, 34, 36, vgl zuletzt BGHZ 137, 205, 208 mN; zu Besonderheiten aufgrund sozialrechtlicher Vorschriften zur Erreichbarkeit BSG, NJW 2002, 166). Allein aus dem Umstand, dass durch Benutzung einer vorhandenen Empfangseinrichtung Zugang bewirkt wird (oben Rn 49 ff), folgt noch nicht, dass auch eine **Pflicht zur Bereitstellung von Empfangseinrichtungen** besteht. Die gegenteilige Auffassung unterstellt im Ergebnis eine Garantenstellung zum Empfang von Willenserklärungen (vgl etwa W COHN 57, der sogar ein „Recht auf Zugang" proklamiert), ohne diese ausreichend zu begründen. Aus der Empfangsbedürftigkeit der Willenserklärung folgt diese jedenfalls nicht (so aber HABICHT DJZ 1901, 265). Kritisch fragte schon TITZE (aaO 450 f), ob man wirklich dafür Sorge tragen soll, dass der *Gegner* wirksam anfechten, kündigen oder zurücktreten kann. „Wird man dem Verkäufer, der dem Käufer für vier Wochen ... ein Rücktrittsrecht eingeräumt hat, verbieten wollen, während der Dauer dieser Frist oder doch wenigstens während ihrer letzten Tage sein Haus zuzuschließen, weil dann die Rücktrittserklärung nicht abgegeben werden könne?... Kann man beim Mietverhältnis den Parteien zumuten, an jedem Quartalsersten mit Rücksicht darauf, dass eine Kündigung ... nicht ausgeschlossen ist, die stete Möglichkeit der Briefbestellung im Auge zu behalten?" Die Beispiele zeigen die fiktive Grundlage der angenommenen Pflicht zu Empfangsvorkehrungen. Da sie die persönliche Freiheit des Adressaten einschränkt, bedarf sie einer fundierten Legitimation. Dies gilt auch für die von der hM vertretene Beschränkung auf Fälle, in denen der „Empfänger mit dem Eingang rechtsgeschäftlicher Erklärungen rechnen musste" (BGH NJW 1996, 1967, 1968; MEDICUS, AT Rn 282), zumal diese Formel vielfach keine sichere Prognose zulässt. So soll zB bei einem Versicherungsvertrag eine entsprechende Pflicht bei längerer Abwesenheit immer dann bestehen, wenn sich ein Schadensfall ereignet hat (BGH VersR 1971, 262), bei nur einwöchiger Abwesenheit, wenn besondere Umstände hinzukommen (OLG Köln VersR 1992, 85). Die Wirksamkeit einer Willenserklärung würde unter Geltung einer derart unbestimmten **Empfangspflicht** erst dann mit Sicherheit feststehen, wenn die Gerichte in letzter Instanz entschieden haben. Ob dies den Parteien eher zuzumuten ist als die Anwendung des § 132, darf man bezweifeln. Und es ist angesichts dieser Vorschrift von vornherein bedenklich, der Empfängerseite lieber eine neue Pflicht zu oktroyieren als den Erklärenden auf den Gebrauch der ihm eingeräumten Rechte zu verweisen.

89 Der notwendigen Rechtssicherheit genügt auch nicht ein „**Mindeststandard**" von **Empfangseinrichtungen**, der etwa die Pflicht enthält, einen Briefkasten einzurichten, die Verlegung des Wohn- oder Geschäftssitzes anzuzeigen oder niedergelegte Einschreiben abzuholen (dafür BRINKMANN 175 ff). Wer legt solche Standards fest, und mit welcher Kompetenz? Die von der Rechtsprechung entschiedenen Fälle beziehen sich überwiegend auf die **Pflicht, niedergelegte Einschreiben abzuholen** (zuletzt BGHZ 137, 205; weitere Nachw oben Rn 81). Insoweit ist diese aus der Not geboren. Da der Benachrichtigungszettel noch nicht den Zugang bewirken soll (oben Rn 48), scheint das Übergabeeinschreiben der ihr im Verkehr zugedachten Funktion einer besonders zuverlässigen Übermittlungsform enthoben, wenn der Empfänger das bei der Post niedergelegte Schriftstück ignorieren dürfte. Im Ergebnis hat sich die Rechtsprechung mit der Annahme einer solchen Pflicht der gewandelten Praxis der Post angepasst, Briefboten nicht mehr mit mehrmaligen Übergabeversuchen zu belasten, sondern ihren Aufwand dadurch zu reduzieren, dass diese für den Empfänger eine Benachrichtigung über die Niederlegung des zuzustellenden Schriftstücks bei der Post hinterlassen. Eine Empfangspflicht kann aber schwerlich von der Bequemlichkeit des Erklärungsboten abhängen (hierzu bereits oben Rn 48, BENEDICT NVwZ 2000, 167 ff). Die Benachrichtigung von einer Willenserklärung kann daher weder den Zugang, noch eine Abholpflicht begründen.

90 Die Versuchung liegt nahe, vom Empfänger wenigstens die **Installation eines Briefkastens** zu verlangen. In der Tat neigen Instanzgerichte bereits dazu, den Zugang bei fehlendem Briefkasten zu fingieren (ArbG Köln DB 1981, 1642, 1643; ähnl AG Magdeburg WM 1992, 588). Aber auch hier sollte man sich zurückhalten, von einer verbreiteten Praxis vorschnell auf eine Rechtspflicht zu schließen (abl schon TITZE JerhJb 47 [1904] 379, 437: niemand sei verpflichtet, „anderen die Ablieferung von Briefen zu erleichtern"). Briefkästen befinden sich nicht selten im Hausflur; es bedürfte also zusätzlich der Pflicht, den Zugang für Boten zu gewährleisten. Falls die Haustür aus Sicherheitsgründen verschlossen bleiben soll, müsste der Briefkasten vor dem Haus angebracht werden, wozu freilich allein der Hauseigentümer berechtigt ist. Von einem Mieter kann aber kaum verlangt werden, zur Erfüllung einer angenommenen Empfangspflicht die Duldung eines an der Außenwand befestigten Briefkastens zunächst gerichtlich durchzusetzen (zutr LG Neuruppin NJW 1997, 2337, 2338 mwN).

d) Schadensersatz bei Beseitigung von Empfangseinrichtungen

91 Von der fiktiven Begründung einer Pflicht zu Empfangsvorkehrungen sind jene Fälle zu unterscheiden, bei denen der Adressat bereits Empfangsvorkehrungen getroffen hat. Denn im Falle der Widmung von Empfangseinrichtungen ist der Empfänger an diesen Akt der **Selbstbestimmung** gebunden, solange keine Entwidmung gegenüber dem Absender stattgefunden hat. Aufgrund der Widmung dürfen der Absender und der von ihm beauftragte Erklärungsbote darauf vertrauen, dass widmungsgemäße Übermittlung den Zugang bewirkt. Verzögerungen, die durch den Zugang an eine zwischenzeitlich oder vorübergehend nicht genutzte Adresse verursacht worden sind, gehen zu Lasten des Empfängers, wenn dieser keine Entwidmung veranlasst hat. Erteilt zB der Empfänger einen **Nachsendeauftrag** für seinen Zweitwohnsitz, werden Willenserklärungen nicht erst wirksam, wenn sie dort eintreffen, sondern bereits dann, wenn sie am Erstwohnsitz eingegangen sind (zutr FLUME § 14, 3 e). Entgegen BGH NJW 1996, 1968 kann man vom *Absender*, der auf den Bestand der gewöhnlichen Empfangseinrichtung vertraut, gerade nicht verlan-

gen, die Erklärung früher abzusenden. Aus dem gleichen Grunde muss der Empfänger die zwischenzeitliche Auflösung eines Postschließfaches und die Änderung seiner Wohn- oder Geschäftsanschrift (vgl RGZ 95, 315, 317; BGH LM Nr 1) denjenigen gegenüber bekannt geben, denen er zuvor seine diesbezügliche Empfangsbereitschaft mitgeteilt hat. Wer im Rahmen eines Arbeitsverhältnisses zur Beschleunigung der Kommunikation ein Faxgerät ausgehändigt bekommt, ist verpflichtet, für dessen Betriebsbereitschaft zu sorgen und dieses insbesondere mit Papier zu füllen (LAG Hamm ZIP 1993, 1109, 1110). **Werden verschiedene Empfangseinrichtungen** dem Erklärenden alternativ angeboten, kann der Absender darauf vertrauen, dass der Empfänger unter allen bekannt gegebenen Adressen empfangsbereit ist. Wer seinem Partner eine **Visitenkarte** aushändigt, auf der sich neben der Geschäftsanschrift auch Telefon- und Faxnummer sowie E-Mailadresse befindet, muss folglich damit rechnen, dass Nachrichten auf allen gewidmeten Empfangseinrichtungen zugehen. Nicht mehr bestehende Einrichtungen müssen **entwidmet** werden, um Zugangswirkungen auszuschließen. Bei einer **Rufumleitung** liegt es nicht beim Erklärenden, dem gewünschten Erklärungsempfänger „hinterher zu telefonieren"; vielmehr ist die Person, die unter der mitgeteilten Adresse oder Nummer zu erreichen ist, nach den Grundsätzen der Duldungsvollmacht als zum Empfang der Erklärung bevollmächtigt anzusehen (zutr BGH NJW 2002, 1565, oben Rn 60).

Falls die betreffende Willenserklärung eine gewidmete Empfangseinrichtung erreicht, sind die Voraussetzungen des § 130 erfüllt. Es bedarf also keiner Fiktion, um den Zugang zu begründen. Falls der Zugang vereitelt wird, weil etwa die angegebene E-Mailadresse falsch ist oder nicht mehr stimmt, liegt darin ein pflichtwidriges Verhalten, das den Empfänger zum Schadensersatz gegenüber dem Absender verpflichtet. Dieser besteht gem § 249 S 1 in der Herstellung des Zustandes, der bei pflichtgemäßem Verhalten des Empfängers bestünde, so dass dieser eine verspätete Erklärung wie eine rechtzeitige gegen sich gelten lassen muss (grdl PLANCK Anm 5; DILCHER AcP 154 [1955] 120, 132; **aA** BENEDICT § 5 V 3 c). Wird durch **Beseitigung einer Empfangsvorkehrung** ein Vertragsschluss verhindert, ist der Empfänger so zu stellen, als wäre ein Vertrag zustande gekommen. Im Fall RGZ 97, 337 (vgl dazu KOPPERS DJZ 1901, 112) konnte ein mittels Fernsprecher abgegebenes kurzfristiges Vertragsangebot deshalb nicht rechtzeitig angenommen werden, weil der Offerent innerhalb der von ihm selbst gesetzten Annahmefrist **telefonisch nicht zu erreichen** war. Allerdings durfte auch der Absender nach lediglich einem Versuch nicht darauf vertrauen, dass die daraufhin der Telefonistin als Erklärungsbotin (zutr FLUME § 14, 3 e) übermittelte Erklärung an den Adressaten rechtzeitig weitergeleitet würde, da die Annahmefrist in einer Dreiviertelstunde ablief. Insofern fehlte es an schutzwürdigem Vertrauen und damit an der wesentlichen Grundlage für einen Schadensersatzanspruch wegen culpa in contrahendo und der vom Reichsgericht vertretenen Schadensteilung gem § 254 (eine Haftung aus cic und § 249 grds ablehnend BENEDICT aaO). Schließlich kann man diesen Fall auch als Lehrstück dafür ansehen, warum Anträge unter Anwesenden – zumal mittels Fernsprechers gemachte – gem § 147 Abs 1 S 1 grds nur sofort angenommen werden können: Mündliche Erklärungen sind flüchtig, und den Zustand der Anwesenheit erneut herzustellen ist ein allzu unsicheres Unterfangen. Findet sich aber unter der angegeben Adresse/Telefonnummer eine andere Person, so hängt die Wirksamkeit der dieser gegenüber abgegebenen Erklärung allein von der rechtlichen Zuordnung dieser Person, nicht aber von der Bemessung gegenseitiger Verschuldensanteile gem § 254 ab (im Grds zutr BGH NJW 2002, 1565: Mängelanzeige bei Rufumleitung).

6. Zugang formbedürftiger Willenserklärungen

93 Bei formbedürftigen Erklärungen wird überwiegend gefordert, sie müssten in der für die Abgabe vorgeschriebenen Form auch zugehen (MünchKomm/EINSELE Rn 33; STAUDINGER/DILCHER[12] Rn 26; PALANDT/HEINRICHS Rn 10; BGHZ 31, 5, 6 f; 36, 201, 204 f; 48, 374, 377 f; 121, 224, 228 f; BGH NJW 1981, 2299). Diese Aussage ist zumindest missverständlich. Es handelt sich nämlich nur um ein Form-, nicht um ein Zugangsproblem, wenn dem Empfänger nicht das Original oder eine notarielle Ausfertigung der Urkunde (§ 47 BeurkG), sondern bloß eine beglaubigte Abschrift der Urkunde zugeht (BGHZ 130, 71, 74 f). Geht dem Empfänger (nur) eine Abschrift zu, so ist *diese* Erklärung gem § 130 zweifellos wirksam geworden; ob ihrer Wirksamkeit im Übrigen § 125 entgegensteht, ist eine andere Frage. Die **Unterscheidung von Form und Zugang** ist dabei nicht nur von theoretischer Bedeutung, sondern auch von praktischer, wenn man annimmt, dass § 130 disponibel ist (oben Rn 22), gesetzliche Formvorschriften hingegen nicht. Demgemäß verlangt zwar der BGH für das Wirksamwerden einer empfangsbedürftigen, einem Abwesenden gegenüber abgegebenen Willenserklärung, die der notariellen Beurkundung bedurfte, dass dem Empfänger eine Ausfertigung der Notarurkunde zugeht (BGHZ 130, 71, 73). Er hält dieses (Zugangs-) Erfordernis jedoch für disponibel, so dass die Übermittlung einer bloßen Abschrift der Urkunde genügt, wenn nur die Erklärung selbst formgerecht beurkundet wurde (aaO 74 f). Dem ist im Ergebnis, nicht aber in der Begründung zuzustimmen.

94 In Bezug auf die Form geht es um die Anforderungen an eine **ordnungsgemäße Erklärungshandlung**. Dabei sind mit dem Gesetz zwei Fälle zu unterscheiden: Die „**schriftliche Erteilung**" von Willenserklärungen (vgl §§ 761, 766, 780 f, 1154) und die „**notarielle Beurkundung**" von Verträgen (vgl §§ 518, 925, 1516 Abs 2, 1730, 2282 Abs 2, 2291, 2296, 2301). Im ersten Fall muss die Willenserklärung nicht nur in der gehörigen Form geäußert (§ 126 Abs 1), sondern auch entäußert werden (vgl nur STAUDINGER/HORN [1997] § 766 Rn 33). Eine Kopie wäre bloße Wissensmitteilung über die formgerechte Herstellung der Urkunde, genügt aber gerade nicht den Anforderungen an eine formgerechte Erklärung (zutreffend BGHZ 121, 224, 228 f: Telefaxbürgschaft).

95 Bei notarieller Beurkundung genügt an sich schon die **gehörige Abgabe der Erklärung gegenüber dem Notar**. Insofern stellt sich die Frage, ob darüber hinaus auch die Urkunde oder eine Ausfertigung dem eigentlichen Destinatär zugesandt werden muss oder ob eine – uU sogar formlose – Wissensmitteilung genügt. Dass nur eine Wissensmitteilung gefordert ist, ergibt sich aus § 45 Abs 1 BeurkG, denn die Urschrift verbleibt regelmäßig beim Notar. Gestritten wird hier also, daran dürfte auch die Fiktion des § 47 BeurkG nichts ändern, lediglich um die **Form der Wissensmitteilung**. Dass diese wiederum in derselben Form wie die Urschrift abgegeben werden muss, ist keineswegs zwingend und auch von den Formzwecken keineswegs gefordert (zutr KANZLEITER DNotZ 1996, 931 ff; aA BGHZ 130, 71, 73 mwN zur stRspr; differenzierend OLG Hamm NJW 1982, 1002 f). Um ein Zugangsproblem handelt es sich jedenfalls nicht.

Die Zugangsthematik ist bei notariellen Beurkundungen nur insoweit berührt, als **96** sich die grundsätzliche Frage nach der Notwendigkeit von Wissensmitteilungen stellt. Zumindest für Beurkundungen gem §§ 152, 128 sind sie entbehrlich (vgl nur Soergel/Hefermehl § 128 Rn 6). § 152 ist freilich im Kontext mit § 151 zu lesen, so dass diese Ausnahme von § 130 nur die Vertragsannahme betrifft und nicht vorschnell verallgemeinert werden darf. Die Abgabe *vor* einer Behörde ist insoweit von der Erklärung, die *gegenüber* einer Behörde vorzunehmen ist, zu unterscheiden. Nur im Fall der **amtsempfangsbedürftigen Erklärungen** (oben Rn 13) ist die Behörde auch Adressat der Erklärung (§ 130 Abs 3). Bei den **Erklärungen** hingegen, die **vor einer Behörde** oder zuständigen Stelle abzugeben sind, dient die Einschaltung der Urkundspersonen nur der Wahrung der vorgeschriebenen Form. Auf die Notwendigkeit des Zugangs beim eigentlichen Adressaten hat der Zugang bei der Urkundsperson keinen Einfluss. Der Gesetzgebungsgeschichte lässt sich entnehmen, dass der Eindruck vermieden werden sollte, solche Erklärungen bräuchten dem anderen Teil überhaupt nicht mehr zugehen (Mot I 159; Prot I 69 f).

Für die Zugangsproblematik ist weiterhin relevant, ob auch bei formbedürftigen **97** Erklärungen die Kenntnisnahmemöglichkeit genügt oder ob der Empfänger eine dauernde Verfügungsgewalt über die Urkunde erlangen muss. Dabei sind zwei Problemkreise zu unterscheiden: die **Annahmeverweigerung** und der spätere **Verlust der Urkunde**. Überbringt ein Bote die formgerecht erteilte Bürgschaftserklärung dem Destinatär und verweigert dieser die Entgegennahme, handelt es sich wiederum nicht um ein Zugangsproblem. Die Bürgschaftserklärung ist durchaus wirksam zugegangen (Kriterium der sinnlichen Wahrnehmung), aber mangels Annahmeerklärung ist kein Bürgschaftsvertrag (§ 765 Abs 1) zustande gekommen. Nimmt der Gläubiger hingegen die Urkunde in Empfang, so sind Erteilung des Bürgschaftsversprechens und dessen Zugang unzweifelhaft bewirkt, und ein späterer Verlust vermag an der einmal erlangten Wirksamkeit der Bürgschaft nichts mehr zu ändern. Das gilt selbst dann, wenn die Urkunde später wieder in die Verfügungsgewalt des Erklärenden gelangt ist (zutr BGH WM 1976, 422, 423), ohne dass damit ein Erlass verbunden wurde.

V. Rechtzeitiger Widerruf

Das Kontrahieren unter Abwesenden war im Gemeinen Recht mit einer eigentüm- **98** lichen Gefahr für den Angebotsempfänger verbunden: In dem Moment, in dem er die Offerte akzeptierte, konnte diese bereits gegenstandslos sein, weil ein Brief abgesandt war, in dem die Offerte widerrufen wurde *(revocatio)*. Hierin lag ein wesentliches **Problem der Willenstheorie** (vgl oben Rn 1 f). Zur Lösung bestanden im wesentlichen drei Möglichkeiten: Den Wankelmut des Erklärenden unberücksichtigt lassen und einen Widerruf gänzlich zu verbieten (so zB ALR I 5 §§ 90 ff; Regelsberger, Civilrechtl Erörterungen 70 ff), dem Angebotsempfänger einen Schadensersatzanspruch aus culpa in contrahendo zu gewähren (so vJhering JherJb 4 [1861] 86 ff) und schließlich nicht erst auf die Wirksamkeit des Vertrages, sondern schon auf die Wirksamkeit der Offerte abzustellen. Die Verfasser des BGB haben sich bekanntlich für letzteres entschieden und die Wirksamkeit einer Willenserklärung vom Zugang abhängig gemacht (ausf Benedict § 2).

Ist eine Erklärung zugegangen, so ist sie wirksam und steht nicht mehr zur Disposi- **99** tion des Absenders. Aufgrund dieser formal klar definierten Wirksamkeitsvoraussetzung konnte das Widerrufsrecht beibehalten und auf eine Regelung der cic verzichtet werden. Die beiden maßgeblichen Wertungsgesichtspunkte, **Primat des Erklärungswillens** begrenzt durch den **Schutz des Vertrauens beim Adressaten**, haben ihre Berücksichtigung in der Bestimmung des § 130 Abs 1 S 2 gefunden: Der Erklärende kann sich von einer ihn gereuenden Erklärung befreien, wenn ihm ein mindestens gleichzeitig zugehender Widerruf gelingt.

Obwohl der Wortlaut an dieser Lösung Zweifel nicht zulässt (zutr RGZ 91, 60, 63; BGH NJW 1975, 384; Medicus, AT Rn 300) und der Empfangstheorie konsequent entspricht, wird von einigen § 130 Abs 1 S 2 extensiv interpretiert. Die Rechtsfolge soll nicht vom **Zeitpunkt des Zugangs**, sondern von der chronologischen Reihenfolge der **tatsächlichen Kenntnisnahme** abhängen. Danach erfolge ein Widerruf noch rechtzeitig, wenn er gleichzeitig mit der widerrufenen, aber bereits vorher zugegangenen Erklärung zur Kenntnis genommen wurde (Hübner, AT Rn 737; Rüthers, AT Rn 274; einschränkend auf den Vertragsantrag Staudinger/Coing[11] Rn 17 mwN zur früher hM). Dies soll sogar dann gelten, wenn der Widerruf zwar noch nicht zugegangen ist, der Empfänger aber weiß, dass ein Widerruf unterwegs ist (Erman/Brox Rn 15; Brox, AT Rn 157).

100 Für die Maßgeblichkeit der tatsächlichen Kenntnisnahme spricht, dass Vertrauensschutz erst mit Kenntnisnahme in Betracht kommen kann. So erscheint es in dem Fall RGZ 91, 60, in dem es dem Offerenten gelungen war, sich das Angebot von dem Dienstmädchen wieder aushändigen zu lassen, nicht sachgerecht, dem Empfänger einen Nichterfüllungsschaden zuzusprechen, obwohl dieser erst Wochen später von dem zugegangenen und nicht mehr rechtzeitig widerrufenen Vertragsangebot erfahren hat. Nach dem **Willen des Gesetzgebers** kommt es jedoch auf das konkrete Vertrauen des Erklärungsempfängers nicht an. Mit der Entscheidung für die Empfangstheorie sollte die **Wirksamkeit einer Willenserklärung objektiv und unbeeinflussbar fixiert** sein. Mit dieser Wertung geriete man in Widerspruch, wenn man beim Widerruf von Erklärungen unversehens die Vernehmungstheorie anwenden wollte. Die Gerichte gerieten in bedenkliche Beweiskonstellationen, die vermieden werden sollten. Im Übrigen geht es nicht nur um den Schutz des Empfängers vor nachteiligen Vertrauensdispositionen, wie der Fall RGZ 50, 191 zeigt: Dem Kläger war hier ein **Lotterielos** an demselben Tage zugegangen, an welchem es auch gezogen und gewonnen hatte. Dem Beklagten war es daraufhin gelungen, das Schreiben mit dem Los wieder in seinen Besitz zu bringen, noch bevor der Kläger von ihm hatte Kenntnis nehmen können. Dass dem Kläger nicht wieder entzogen werden darf, was er wirksam (und unwiderruflich) erlangt hat, wird niemand bestreiten.

VI. Tod oder Geschäftsunfähigkeit des Erklärenden*

101 Die Regelung in Absatz 2 bringt zum Ausdruck, dass eine vollendete Willenserklärung noch wirksam werden kann, obgleich die Quelle des Willens versiegt ist. Zum

---

* **Schrifttum:** Bork, Schenkungsvollzug mit Hilfe einer Vollmacht, JZ 1988, 1059; Brun, Die postmortale Willenserklärung, Jura 1994, 291; Damrau, Zuwendungen unter Lebenden auf den Todesfall, Jura 1970, 716; Dilcher, Der Widerruf wechselbezüglicher Verfügungen im

einen wird hiermit dem **Gedanken der Selbstbestimmung** (über Tod und Zurechnungsfähigkeit hinaus) Rechnung getragen (vgl auch § 153). Primär aber wird der Gedanke konsequent fortgedacht, der zur Behebung der Widerrufs-Problematik im Gemeinen Recht geführt hat (oben Rn 98). Hier wie dort erfordert das **Verkehrsinteresse**, dass der Empfänger einer Willenserklärung von ihrer Wirksamkeit ausgehen kann, wenn sie ihn erreicht. Ihre Wirksamkeit soll nicht mehr von Tatsachen abhängen, von denen er keine oder doch nicht zur geeigneten Zeit Kenntnis erlangt hat (vgl Mot I 159).

Besteht die Willenserklärung in einer **letztwilligen Verfügung**, zögert der Erklärende **102** ihr Wirksamwerden bewusst bis zu einem Zeitpunkt hinaus, den er nicht mehr erlebt. § 130 Abs 2 ist zwar nicht für diesen Fall konzipiert, findet aber – seinem Wortlaut gemäß – auch insoweit grundsätzlich Anwendung (allgM seit RGZ 65, 273: Widerruf eines gemeinschaftlichen Testaments; RGZ 170, 380, 382 ff: Widerruf einer Schenkung; aA aber TITZE ZAkDR 1943, 134). Dadurch kann es zum **Konflikt mit Bestimmungen des Erbrechts** kommen, zB wenn eine wechselbezügliche Verfügung in einem **gemeinschaftlichen Testament** von nur einem Teil testamentarisch widerrufen wird. Ein solcher Widerruf widerspricht §§ 2271, 2296 (stRspr seit BGHZ 9, 233; zuletzt BGH NJW 1976, 1095, 1096 mwN; aA noch RGZ 65, 274; OLG München DNotZ 1944, 114; R SCHMIDT JZ 1954, 605). Zutreffend betont aber BGHZ 9, 233, 236, dass es nicht um eine Einschränkung des § 130 Abs 2, sondern um die Beachtung von § 2271 gehe. Dies wird man verallgemeinern können: Die „postmortale Willenserklärung" ist generell gem § 130 Abs 2 wirksam. Ob ihrer Wirksamkeit im Übrigen erbrechtliche Bestimmungen entgegenstehen, hängt von der Auslegung dieser Bestimmungen ab. Uneinigkeit besteht insoweit beim Vollzug des Schenkungsversprechens von Todes wegen (§ 2301 Abs 2) und beim Vertrag zugunsten Dritter auf den Todesfall (§ 331) (ausf BRUN Jura 1994, 291, 294 ff mwN).

Eine „postmortale Willenserklärung" wird erst mit ihrem Zugang wirksam. Daher **103**

---

gemeinschaftlichen Testament, JuS 1961, 20; FRITZE, In welcher Weise wirkt bei unvollendeten Willenserklärungen, die an einen Abwesenden gerichtet sind, der einseitige Widerruf, der Tod und der Verlust der Handlungsfähigkeit ihres Urhebers? (Diss Kiel 1896); HARDER, Das Valutaverhältnis beim Vertrag zugunsten Dritter auf den Todesfall, FamRZ 1976, 418; HOPT, Die Auswirkungen des Todes des Vollmachtgebers auf die Vollmacht und das zugrundeliegende Rechtsverhältnis, ZHR 1970, 305; JANKO, Die bewusste Zugangsverzögerung auf den Todesfall: ein Beitrag zur so genannten „postmortalen Willenserklärung" (Diss Bielefeld 1998); JANSEN, Zum Widerruf eines gemeinschaftlichen Testaments gegenüber einem abwesenden Ehegatten, NJW 1960, 475; KOCH-INKE, Das versprochene Bankguthaben auf den Todesfall und die zur Erfüllung des Verspre-

chens erteilte Verfügungsvollmacht über den Tod hinaus, FamRZ 1984, 109; KÜMPEL, Konto-Depot zugunsten Dritter auf den Todesfall und das Widerrufsrecht der Erben, WM 1993, 825; J MAIER, Der Fortbestand von Willenserklärungen über den Tod hinaus (1966); OLZEN, Lebzeitige und letztwillige Rechtsgeschäfte, Jura 1987, 16 und 116; M REINICKE, Die unmittelbaren Schenkungen von Todes wegen (Diss Münster 1979); ROTH, Probleme des postmortalen Zugangs von Willenserklärungen, NJW 1992, 791; CH SCHÄFER, Konto und Depot zugunsten Dritter auf den Todesfall (Diss Köln 1983) 119 ff; R SCHMIDT, Zum Widerruf korrespektiver Verfügungen von Todes wegen bei Lebzeiten der Ehegatten, JZ 1954, 605; WIEACKER, Zur lebzeitigen Zuwendung auf den Todesfall, in: FS Lehmann I (1956) 271.

können ihr **andere juristische Tatsachen zuvor kommen**. So steht zu befürchten, dass ein testamentarischer **Schenkungswiderruf** (vgl RGZ 170, 380) wegen der einjährigen Ausschlussfrist des § 532 häufig verspätet sein wird. Immer zu spät ist die testamentarische **Änderung der Bezugsberechtigung aus einer Lebensversicherung**. Denn der Tod des Erblassers markiert zugleich den Versicherungsfall, so dass der bis dahin Bezugsberechtigte bereits den Anspruch auf die Versicherungssumme erlangt hat und dieser nicht mehr nachträglich mit dem Zugang der Änderungserklärung entfallen kann (BGHZ 81, 95; BGH NJW 1993, 3133, 3135). Es handelt sich also nicht um eine Ausnahme, sondern um eine konkrete Folge des § 130 Abs 2 (**aA** LG Detmold VersR 1995, 615).

104 Ein besonderes Problem bereitet in diesem Zusammenhang die **Ausübung des Widerrufsrechts (§ 130 Abs 1 S 2) durch die Erben** des Erklärenden. Denn diese werden regelmäßig vor dem eigentlichen Destinatär Kenntnis von der Erklärung erlangen und könnten zB die Wirksamkeit einer Schenkungsofferte auf den Todesfall durch Widerruf vereiteln (vgl BGH NJW 1975, 382, 384: Konto zugunsten Dritter auf den Todesfall). Um hier dem Erblasser seinen Willen zu belassen, wird ein **mit der Erklärung verbundener Widerrufsverzicht erwogen**, der in der Praxis bereits fester Bestandteil entsprechender Bankformulare geworden ist (vgl schon BGH WM 1976, 1130, 1131; KÜMPEL WM 1993, 825 f). Freilich ist die dogmatische Konstruktion eines solchen Verzichts mit Bindungswirkung für die Erben schwerlich haltbar. Das Widerrufsrecht kann nur entweder wahrgenommen oder nicht wahrgenommen, keinesweg aber durch eine Erklärung an den Erklärungsboten abbedungen werden (zutr FUCHS AcP 196 [1996] 313, 367 ff; OLG Celle WM 1993, 591 m abw dogm Konstruktion: Verpflichtung zum Unterlassen des Widerrufs). Dem Erblasser bleibt nur, die Erben durch ein Vermächtnis an seinen Widerrufsverzicht zu binden. Dann mag er aber ebenso gut von vornherein die beabsichtigte Zuwendung testamentarisch absichern.

VII. Beweis des Zugangs

105 Jede Partei hat grundsätzlich die juristischen Tatsachen zu beweisen, auf die sie sich im Streitfall berufen will. Wer also aus einer Willenserklärung Rechtsfolgen ableiten möchte, hat deren **Vollendung (Abgabe) und Wirksamkeit (Zugang) zu beweisen**. Die Vollendung kann in den erörterten „Problemfällen" (oben Rn 32 ff) eine Rolle spielen, in denen der Zugang bereits unstreitig oder bewiesen ist. Dann wird man **prima facie** auch die Abgabe vermuten können, und dem Absender obliegt es, einen atypischen Übermittlungsvorgang glaubhaft zu machen. Kaum jemals wird der Empfänger Probleme mit dem Beweis des Zugangs bekommen, da und sofern er auf eine verkörperte oder gespeicherte Erklärung Zugriff hat. Schwierigkeiten könnten ihm allenfalls mündliche Erklärungen bereiten. Hier hat er aber das gleiche Beweisproblem wie der Erklärende (vgl unten Rn 110 ff).

106 Das wichtigste Beweismittel für den Erklärenden ist der von ihm eingesetzte Bote. **Beweisprobleme** entstehen dort, wo dieser den Zugang nicht bezeugen kann, weil der Übermittlungsvorgang für ihn nicht individualisierbar ist (wie zB bei einem Postboten), oder wo sich dieser einer Empfangseinrichtung bedient, bei der ein ordnungsgemäßer Eingang ohne Empfangsbestätigung kaum jemals nachzuweisen ist (moderne Telekommunikation: Mailbox, Telefax, E-Mail). In solchen Fällen ist erwogen worden, dem Absender mit einem **Anscheinsbeweis für den Zugang** zu helfen, wenn er nur die Abgabe der Erklärung beweisen kann (*für Briefe* vgl SCHNEIDER MDR 1984, 281 mit Hinweis auf die überwiegende Praxis bei wettbewerbsrechtlichen Abmahnungen: OLG Stuttgart WRP 1984, 644; OLG Hamburg NJW-RR 1994, 629; aber auch BVerwG NJW 1996, 409; *für Telefax* vgl nur OLG München NJW 1994, 527; KG CR 1994, 164; LG Hamburg NJW-RR 1994, 1486; LG Osnabrück NJW-RR 1994, 1487; BURGARD AcP 195 [1995] 74, 129 ff mwN). Zu Recht ist der BGH dieser Tendenz entgegengetreten (vgl die Grundsatzurteile *zum Brief* BGHZ 24, 308, 312 f und *Telefax* BGH NJW 1995, 665, 666 mwN; ebenso BFHE 186, 491, 493; BAG, NZA 2003, 158, 159; **aA** OLG München MDR 1999, 286). Die Annahme eines auf der Erklärungsabgabe beruhenden Anscheinsbeweises für den Zugang würde dessen Vollbeweis praktisch gleichkommen, weil nicht ersichtlich ist, wie der Empfänger den Anschein zu erschüttern vermöchte. Damit wäre aber die wohl überlegte Risikoverteilung des Zugangs geradezu auf den Kopf gestellt, weil man dem Empfänger auf dem Umweg über die Beweislast letztlich doch das Übermittlungsrisiko aufbürden würde. Die Entäußerungstheorie würde Gesetz (oben Rn 8). Gegenüber der beweisrechtlichen Hilflosigkeit des Empfängers hat es der Erklärende in der Hand, bei der Wahl des Übermittlungsweges auch die Beweisbarkeit mitzubedenken. Sein Anwalt ist hierzu sogar verpflichtet (vgl OLG Nürnberg NJW-RR 1991, 414 f: Anwaltshaftung bei fehlendem Nachweis).

Der Umstand, dass dem Erklärenden der Anscheinsbeweis des Zuganges verwehrt **107** ist, macht den auf die Abgabe der Erklärung gestützten Beweis des Zugangs indes nicht unmöglich. Die Beweissituation verändert sich nämlich zu Gunsten des Erklärenden, wenn **neben dem Erfahrungssatz**, dass abgesandte Briefe oder Faxe regelmäßig zugehen, **noch weitere Indizien** für einen Zugang sprechen (vgl OLG Rostock NJW 1996, 1831, 1832: Lücken im Empfangsjournal beim Telefax; BURGARD AcP 195 [1995] 74, 128 ff mwN). Ein starkes Indiz ist insbesondere der **„Auslieferungsbeleg" beim Einwurf-Einschreiben der Deutschen Post AG** (oben Rn 48). Zwar hat dieser Beleg nicht die Qualität einer öffentlichen Urkunde iSd §§ 415, 418 ZPO, so dass der Vollbeweis des Zugangs mit ihm nicht zu erbringen ist. Zu kurz greift aber das Argument, der Beleg sei aufgrund seiner Eigenschaft als bloßer Privaturkunde beweisrechtlich wertlos (so aber BAUER/DILLER NJW 1998, 2795 f; dagegen BENEDICT NVwZ 2000, 167; ebenso REICHERT NJW 2001, 2523). Denn als Privaturkunde unterliegt diese freier Beweiswürdigung und kann daher durchaus einen für die richterliche Überzeugung ausreichenden und „das praktische Leben brauchbaren Grad von Gewissheit" (BGH NJW 1993, 935; THOMAS/PUTZO § 286 ZPO Rn 2) verschaffen (zu streng LG Potsdam NJW 2000, 3722, das zu Unrecht im „Einschreiben mit Rückschein" eine sichere Alternative sieht; auch die Debatte um den Anscheinsbeweis, greift daher zu kurz, dafür JÄNICH VersR 1999, 535; dagegen FRIEDRICH VersR 2001, 1090). Gleiches gilt für die vom Empfänger dokumentierte Übergabe und den „Rückschein" beim **Übergabe-Einschreiben**. Freilich ist diese Übermittlungsart aus materiell-rechtlichen Gründen unsicher (oben Rn 48, 88). Um materiell-rechtlich und beweisrechtlich sicher zu gehen, bedarf es einer Zustellung durch **Vermittlung des Gerichtsvollziehers** gem § 132. Dann besteht die Möglichkeit der Ersatzzustellung gem §§ 178 ff ZPO, und der Absender erhält eine öffentlichen Urkunde in Gestalt der **Zustellungsurkunde** gem § 182 ZPO.

VIII. Die Erklärung unter Anwesenden*

1. Der Standpunkt des Gesetzes

108 Eine Erklärung erfolgt dann unter Anwesenden, wenn die Erklärung unmittelbar sinnlich wahrgenommen werden kann (oben Rn 18). Dabei sind zwei Grundkonstellationen zu unterscheiden: Entweder besteht die sinnliche Wahrnehmung unmittelbar zwischen Erklärendem und Adressaten oder zwischen Erklärungsboten und Adressaten. Bei der Übermittlung durch Erklärungsboten wird die zwischen den Parteien an sich bestehende Abwesenheit überbrückt, so dass die betreffende Willenserklärung ebenfalls wirksam wird, wenn der Adressat sie als solche wahrgenommen hat (oben Rn 46 ff). Entsprechendes gilt bei Erklärungen gegenüber Empfangspersonen (oben Rn 94 ff). Da bei Erklärungen unter Anwesenden die wechselseitige sinnliche Wahrnehmbarkeit von vornherein gegeben ist, bedarf es in diesem Zustand nur noch der Vollendung der Willenserklärung, dh ihrer Abgabe (oben Rn 27 ff). Eine verkörperte Willenserklärung wird also in dem Moment wirksam, in dem sie übergeben wird, eine mündliche, wenn sie kundgetan ist. **Vollendung und Wirksamkeit der Willenserklärung fallen zusammen.** Hierin liegt die „Natur der Sache", die der Gesetzgeber selbstverständlich voraussetzte und den Ausschlag dafür gab, auf eine besondere Regelung ihres Wirksamwerdens zu verzichten (Mot I 156; Prot I 69; ebenso im ält Schrifttum CROME I § 88, 2; HÖLDER, Komm S 291; PLANCK § 130 Anm 2; VTUHR S 439).

2. Missverständnisse bei Erklärungen unter Anwesenden

109 Freilich hielt auch der Gesetzgeber **Zweifelsfälle** für **denkbar**. Diese aufzuzeigen, zu systematisieren und nach allgemeinverbindlichen Kriterien zu entscheiden, wurde der Jurisprudenz anheim gestellt. Während die Zweifelsfälle schnell als **Fälle des Missverständnisses** ausgemacht waren, bei denen der Empfänger der Willenserklä-

---

* **Schrifttum:** BIEBER, Der Zugang empfangsbedürftiger mündlicher Willenserklärungen (1908); BONGARDT, Über Zugang empfangsbedürftiger Willenserklärungen mittels Fernsprecher (Diss Rostock 1921); COCHEMS, Das Wirksamwerden der mündlich an Mittelspersonen bestellten Willenserklärung (Diss Heidelberg 1927); DIERINGER, Willenserklärungen durch Fernsprecher (Diss Tübingen 1910); JOERGES, Zum Recht des Fernsprechverkehrs, ZHR 56 (1905) 44 ff; JUNG, Das Wirksamwerden der mündlich an Mittelspersonen bestellten Willenserklärungen, AcP 117 (1919) 73; KOPPERS, Die Vollendung empfangsbedürftiger mündlicher Willenserklärungen, Gruchot 46 (1902) 225 ff; ders, Willenserklärungen mittels Fernsprecher, DJZ 1901, 112; ders, Zugehen mündlicher Willenserklärungen, DJZ 1906, 75; LEPKE, Die Beschäftigung ausländischer Arbeitnehmer (1978); R MÜLLER, Die münd- liche Willenserklärung und ihre Vereitelung (Diss Marburg 1936); OERTMANN, Zugehen und Vernehmen, Recht 1906, 721; REGELSBERGER, Die Erklärung der Annahme eines Vertragsangebots durch den Fernsprecher, Bank-Archiv 1910, 273; REICHAU, Der Vertragsschluß durch Fernsprecher, insbesondere beim Eintreten von Mittelspersonen (Diss Jena 1908); REINHART, Verwendung fremder Sprachen als Hindernis beim Zustandekommen von Kaufverträgen?, RIW/AWD 1977, 16; SCHLECHTRIEM, Das „Sprachrisiko" – Ein neues Problem?, in: FS Weitnauer (1980) 129 ff; STARKE, Der Zeitpunkt des Wirksamwerdens eines Vertragsangebot an einen Anwesenden (Diss Leipzig 1909); SOKOLOWSKI, Willenserklärungen mittels Fernsprecher und Ferndrucker (Diss Rostock 1908); TITZE, Die Lehre vom Mißverständnis (1910).

rung einen anderen Inhalt entnahm, als sie in Wahrheit hatte (ausf Titze, Missverständnis 207 ff, insbes 210), ging es bei der Lösung nicht ernsthaft um die Systematisierung von Ausnahmen, die ggf einer besonderen Regelung bedürften, sondern immer um die Begründung einer den § 130 ergänzenden *generellen Theorie* zum **Wirksamwerden mündlicher Willenserklärungen** überhaupt. In dem Theorienstreit können im wesentlichen vier Ansichten unterschieden werden (vgl die umf Nachw zur ält Lit bei Titze 207 ff Fn 1 – 4; Brinkmann 85 Fn 3, 7):

– Nach der im älteren Schrifttum verbreiteten, heute kaum noch vertretenen strengen (gemeinrechtlichen) Form der **Vernehmungstheorie** erlangt eine Erklärung erst dann Wirksamkeit, wenn sie vom Empfänger *gehört* und ihrer objektiven Bedeutung gemäß *richtig verstanden* wird (Bieber S 15; David Gruchot 46 [1902] 235; Sokolowski 17 ff; Starke 64; neuerdings bei Sprachproblemen Schlechtriem 137).

– Für die heute gebräuchliche Form der Vernehmungstheorie (**Wahrnehmungstheorie**) ist entscheidend, dass die Erklärung *akustisch* oder *visuell* (kurz: sinnlich) richtig *wahrgenommen* wird (Flume § 14, 3 f; Soergel/Hefermehl Rn 21; Jauernig Rn 12; Staudinger/Dilcher[12] Rn 14; Palandt/Heinrichs Rn 14).

– Die **Empfangstheorie** stellt auch hier darauf ab, ob der Empfänger die *Möglichkeit* hatte, die Erklärung wahrzunehmen (Rhodovi 55 ff; Kopppers Gruchot 46 [1902] 225 ff; jüngst Burgard AcP 195, 87 ff, 94, 134).

– Die **Rücksichtnahmetheorie** versucht, zwischen Empfangs- und Wahrnehmungstheorie zu vermitteln und verlangt vom Absender, auf die Interessen des Empfängers nach Möglichkeit Rücksicht zu nehmen. Nach dieser Theorie hängt die Wirksamkeit der Erklärung davon ab, ob der Erklärende nach den ihm erkennbaren Umständen auf eine korrekte Wahrnehmung durch den Empfänger vertrauen durfte (grdl Titze 210 ff [226]; Larenz, AT § 21 II c = S 426 f; Medicus, AT Rn 289; Brinkmann 97 f).

Die Schwäche der Vernehmungs- und Wahrnehmungstheorie besteht darin, dass sie den Erklärenden mit Risiken belastet, die ihn nichts angehen (vgl oben Rn 8). Daraus resultiert das Bedürfnis für Korrekturen im Sinne der Empfangs- oder Rücksichtnahmetheorie. Nach dem hier vertretenen Konzept sind solche Korrekturen weitgehend entbehrlich, wenn man auch bei Erklärungen unter Anwesenden grundsätzlich auf die **sinnliche Wahrnehmung** als wirksamkeitsbegründendes Kriterium der Willenserklärung abstellt. Damit wird einerseits der berechtigten Forderung entsprochen, die Wirksamkeit empfangsbedürftiger Willenserklärungen nach einheitlichen Maßstäben zu bestimmen, andererseits der Interessenlage der Parteien: Denn erst in dem Moment, wo der Adressat die Erklärung als eine an ihn gerichtete rechtsgeschäftliche Erklärung wahrgenommen hat, liegt es an ihm, sich über den genauen Inhalt Klarheit zu verschaffen und ggf nachzufragen, wenn er etwas nicht verstanden hat. Die Gefahr ungeahnter Rechtsfolgen ist ab diesem Moment auf den Empfänger übergegangen, so wie es bei der römischen Stipulation nach dem Gebrauch der Formel „*spondesne?*" der Fall war (vgl vJhering, Geist des römischen Rechts S 497 f). Auf der anderen Seite besteht kein Grund, die Vergewisserung über die richtige Wahrnehmung dem Erklärenden aufzubürden (zutr von verschiedenen Standpunkten aus Jauernig Rn 12; Burgard AcP 195 [1995] 89).

3. Rücksichtnahme auf offensichtliche Missverständnisse?

111 Sofern über die **Grundsätze der Vollendung (Abgabe)** einer Willenserklärung Einigkeit erzielt werden kann, sollte auch hier der Ausgangspunkt zur Klärung der Frage liegen, ob und inwieweit Missverständnisse die Rechtsgültigkeit von Willenserklärungen beeinflussen können. Insoweit ist der Blick der Rücksichtnahmetheorie auf den Erklärenden zutreffend: Wählt dieser von vornherein **ungeeignete Erklärungszeichen** oder ist seine Erklärung derart **undeutlich in Schrift oder Aussprache**, dass schon objektiv ein Inhalt ihr nicht zu entnehmen ist, so wird es regelmäßig an dem erforderlichen Rechtsbindungswillen und mithin einer Willenserklärung fehlen (oben Rn 29). Der Wille zur Verständigung ist unverzichtbares Kriterium der Abgabe empfangsbedürftiger Willenserklärungen. Insofern wird dem Erklärenden von der Rücksichtnahmetheorie zu Recht auch verwehrt, erkannte oder offensichtliche Missverständnisse des Empfängers auszunutzen. Die Erklärung kann hier nur wirksam werden, wenn der Erklärende auf eine Wahrnehmung durch den Empfänger vertrauen darf (zum Sprachrisiko vgl näher oben § 119 Rn 18, 20).

112 Des Weiteren muss man zwischen **Wahrnehmungs- und Deutungsfehlern** unterscheiden (TITZE, Missverständnis 11 ff). Bei Deutungsfehlern wird die Erklärung sinnlich korrekt wahrgenommen, aber inhaltlich falsch interpretiert. Der Vermieter kündigt zum „Tag der deutschen Einheit", der Mieter glaubt irrtümlich, dies sei der 17. Juni. Bei Wahrnehmungsfehlern misslingt hingegen bereits die sinnliche Wahrnehmung: Der Vermieter kündigt zum „1. Juni", der Mieter versteht aber „1. Juli". Freilich ist diese Grenzziehung häufig unsicher. Denn das Verständnis prägt immer auch die Wahrnehmung, so dass der Empfänger regelmäßig nur das wahrgenommen zu haben meinen wird, was er auch verstanden hat (das räumt auch TITZE, Missverständnis 13 Fn 8, 216 ein): Wahrnehmungsfehler werden daher oft auf Deutungsfehlern beruhen.

113 Soweit aber die Unterscheidung tatsächlich getroffen werden kann, herrscht Einigkeit darüber, dass **Deutungsfehler** die Wirksamkeit einer Willenserklärung nicht beeinflussen können (oben Rn 108). Die Auslegung von Willenserklärungen erfolgt gem §§ 133, 157 objektiv-normativ aus der Sicht des Erklärungsempfängers (vgl § 133 Rn 18), so dass abweichende Deutungen zunächst zu Lasten des Empfängers gehen. Gibt dieser eine eigene korrespondierende Willenserklärung ab, dann wird aus dem unbeachtlichen Missverständnis bei der Auslegung der fremden Willenserklärung ein Irrtum über den Inhalt der eigenen Erklärung, der gem § 119 Abs 1 zur Anfechtung berechtigt.

114 Deutungsfehler sind nun freilich kein ausschließliches Phänomen mündlicher Erklärungen. Der Hinweis auf den „Tag der deutschen Einheit" kann auch beim Zugang einer schriftlichen Kündigung missgedeutet werden. In einem solchen Fall würde niemand ernsthaft erwägen, die missinterpretierte Kündigung sei nicht wirksam geworden. Das Spezifikum von **Missverständnissen bei mündlichen Erklärungen** liegt denn auch darin, dass nicht über die Bedeutung des Erklärten, sondern über das, was tatsächlich erklärt wurde, gestritten wird. Dies kann auf einem Wahrnehmungsfehler beruhen. Umgekehrt ist aber auch nicht ausgeschlossen, dass dem Erklärenden ein Fehler unterlaufen ist. Der **Wahrnehmungsfehler** des Empfängers ist das **Pendant zum Erklärungsirrtum** auf Seiten des Erklärenden (zutr TITZE, Missverständnis 3; Cosack I 265). Insofern stellt sich das Missverständnis in erster Linie als ein auf der Erklärungsform beruhendes **Beweisproblem** dar: Behauptet der Vermieter, er habe zum 1. Juni gekündigt, der Mieter hingegen, er habe den 1. Juli verstanden, so ist sowohl ein Wahrnehmungsfehler des Mieters wie auch ein Erklärungsirrtum des Vermieters denkbar. Bei einem non liquet trifft das mit der Erklärungsform verbundene Risiko eines Missverständnisses von vornherein denjenigen, der diese Erklärungsform gewählt hat, also den Erklärenden. Das ist nicht zu beanstanden.

Falls der Erklärende den Erklärungsirrtum beweisen und die Erklärung somit anfechten kann, führt das nicht zu einer ungerechtfertigten Bevorzugung gegenüber dem Erklärungsempfänger, der die Folgen eines Wahrnehmungsfehlers scheinbar endgültig tragen muss. Denn bei **einseitigen Rechtsgeschäften** nutzt dem Erklärenden auch das Anfechtungsrecht nichts, weil er ja gerade die Geltung der behaupteten Erklärung begehrt, nicht ihre Beseitigung. Bei **Verträgen** wiederum steht dem Angebotsempfänger ebenfalls ein **Anfechtungsrecht** zu, da sein Wahrnehmungsfehler bei der Entgegennahme der Offerte zu einem Erklärungsirrtum bei der Annahmeerklärung führt. Lehrreich ist insoweit eine Entscheidung des Reichsgerichts (Gruchot 50, 893 ff): Nach Vorverhandlungen, in denen es immer um die Lieferung von 100 Ballen Baumwolle ging, bestellte die Klägerin telefonisch 200 Ballen, was vom Empfänger mit den Worten „schön, gut" akzeptiert wurde. Der Schadensersatzklage des Bestellers wegen nur 100 gelieferter Ballen hielt der beklagte Verkäufer entgegen, es seien auch nur 100 Ballen bestellt gewesen; eine andere Menge sei ihr im Telefonat nicht mitgeteilt worden. Das Reichsgericht hatte die Frage nach der Wirksamkeit der *Bestellung* mit keiner Silbe erwähnt, sondern den Fall ausschließlich danach beurteilt, ob Dissens vorlag (dafür auch Flume § 34, 4 Fn 13) oder ob der Verkäufer sein Akzept anfechten konnte. Richtig ist, dass ein Wahrnehmungs- oder Deutungsfehler zunächst in den Risikobereich des Angebotsempfängers fällt, dieser aber sein Akzept wegen Inhaltsirrtums gem § 119 Abs 1 1. Alt anfechten kann. Ein Dissens scheidet hingegen aus, da sich die Bedeutung solch schlichter Annahmeerklärungen wie zB „schön gut" nach dem Sinn der Offerte richtet (zutr Flume § 34, 3 = S 620; Wieser AcP 184 [1984] 40, 44; iE auch Medicus, AT Rn 326; für Dissens aber Larenz, AT § 19 II a = S 341 f). Diese war aber objektiv-normativ auf Bestellung von 200 Ballen gerichtet. Die Problematik des „Missverständnisses" ist also mit dem herkömmlichen Instrumentarium interessengerecht aufzulösen, ohne dass die Dogmatik der Wirksamkeit von Willenserklärungen modifiziert werden müsste. Es bleibt dabei: Eine Erklärung unter Anwesenden wird mit ihrer Vollendung (Abgabe) wirksam (oben Rn 17, 107, OLG Nürnberg NZG 2001, 810 Kündigung durch Gesellschafterbeschluss in Anwesenheit des Geschäftsführers).

§ 131
Wirksamwerden gegenüber nicht voll Geschäftsfähigen

(1) Wird die Willenserklärung einem Geschäftsunfähigen gegenüber abgegeben, so wird sie nicht wirksam, bevor sie dem gesetzlichen Vertreter zugeht.

(2) Das Gleiche gilt, wenn die Willenserklärung einer in der Geschäftsfähigkeit beschränkten Person gegenüber abgegeben wird. Bringt die Erklärung jedoch der in der Geschäftsfähigkeit beschränkten Person lediglich einen rechtlichen Vorteil oder hat der gesetzliche Vertreter seine Einwilligung erteilt, so wird die Erklärung in dem Zeitpunkt wirksam, in welchem sie ihr zugeht.

Materialien: E I § 66; II § 107 Abs 3; III § 127; Mot I 139; Prot I 62 und 71; VI 132; STAUDINGER/BGB-Synopse 1896–2000 § 131.

1 Empfangsbedürftige Willenserklärungen entfalten mit ihrem Zugang unmittelbare Rechtswirkungen nicht nur für den Erklärenden, sondern immer auch für den Empfänger. Dieser Umstand begründet den „teleologischen Aspekt" der Willenserklärung und die Notwendigkeit einer angemessenen Risikoverteilung bei der Bestimmung ihrer Wirksamkeit (vgl BENEDICT § 3 II). Es ist daher folgerichtig, die **Geschäftsfähigkeit** nicht nur bei der aktiven, sondern auch **bei der passiven Teilnahme am Rechtsverkehr** zu berücksichtigen. Eine solche Regelung trifft § 131, indem er auch für den *Empfang* von Willenserklärungen an die Regelungen der §§ 104 ff anknüpft. Modifiziert werden insoweit die §§ 105 Abs 1, 107. Die anderen Regelungen, insbesondere die §§ 105 Abs 2, 108 ff bleiben als generelle Bestimmungen unberührt.

2 **Geschäftsunfähige** iSd § 104 können also weder Urheber noch Empfänger einer wirksamen Willenserklärung sein. Die Erklärung muss dem gesetzlichen Vertreter zugehen. Bei nur **vorübergehender Geschäftsunfähigkeit** (§ 105 Abs 2), bei der typischerweise ein gesetzlicher Vertreter nicht vorhanden ist, bleibt es dagegen bei den Grundsätzen des § 130: Eine Erklärung, die eine Empfangseinrichtung erreicht, ist daher kraft Widmung zugegangen, wohingegen bei unmittelbarer Übermittlung unter Anwesenden der in § 105 Abs 2 bezeichnete Zustand die erforderliche sinnliche Wahrnehmung beim Empfänger ausschließt, so dass diese keine Wirksamkeit erlangt.

3 Die Erklärung braucht nicht an den Vertreter gerichtet zu sein; es genügt, dass sie ihm zugeht. Daher wird **die einem Geschäftsunfähigen gegenüber abgegebene Erklärung** auch dann wirksam, wenn sie dem Vertreter von Dritten übermittelt wird oder er sie zufällig findet. Der Geschäftsunfähige kann sich also nicht darauf berufen, die Erklärung sei **nicht an den Vertreter adressiert** gewesen (zutr LAG Hamm DB 1975, 407; vgl auch § 130 Rn 33 ff; aA OLG Düsseldorf VersR 1961, 878; LG Berlin MDR 1982, 321; LG Dresden WuM 1994, 377). § 131 behandelt ausschließlich den Fall, dass die Erklärung an den Geschäftsunfähigen adressiert ist. Der andere Fall, dass die Erklärung an den Vertreter gerichtet wird, bedarf keiner besonderen Regelung, da hier sowieso die allgemeinen Grundsätze gelten (§ 164 Abs 3).

4 **Geschäftsunfähige** können nicht dazu ermächtigt werden, Erklärungen **als Empfangsperson** entgegenzunehmen (PALANDT/HEINRICHS Rn 2; aA SOERGEL/HEFERMEHL Rn 3). Eine Ermächtigung kraft Verkehrsanschauung ist erst recht abzulehnen (SOERGEL/HEFERMEHL aaO; aA PALANDT/HEINRICHS Rn 2). Unmündige Kinder können also

keinesfalls Empfangsboten in eigener Sache sein. Denn § 131 dient ausschließlich dem Schutz des Geschäftsunfähigen. Und der steht weder zur Disposition des gesetzlichen Vertreters, noch unterliegt er der Derogation durch die Verkehrsanschauung (allg zum Empfangsboten § 130 Rn 54 ff).

Für **beschränkt Geschäftsfähige** gilt die Rechtsfolge des Abs 1 mit den bekannten Ausnahmen des § 107. Des Zugangs beim Vertreter bedarf es also nicht bei Erklärungen, die lediglich rechtlich vorteilhaft oder von der Einwilligung des gesetzlichen Vertreters gedeckt sind. Inhaltlich gibt es keine Abweichungen von § 107. So bedürfen auch „rechtlich neutrale" Erklärungen zu ihrer Wirksamkeit nicht des Zugangs beim gesetzlichen Vertreter (OLG Frankfurt MDR 1964, 756: Erteilung einer Vollmacht). Eine erteilte Einwilligung wird sich im Regelfall nicht auf den Zugang einer für den Minderjährigen bestimmten Erklärung, sondern auf das in Aussicht genommene Rechtsgeschäft insgesamt beziehen. Eine **neben § 107 eigenständige Bedeutung** käme der Einwilligung des § 131 Abs 2 S 2 also **nur bei einseitigen Rechtsgeschäften** zu, die gegenüber dem Minderjährigen vorgenommen werden sollen. Ist nämlich die Einwilligung zu einem Vertragsschluss erteilt worden, so erfasst diese Einwilligung auch den Zugang der für den Vertragsschluss erforderlichen Erklärungen beim Minderjährigen. Hingegen deckt die Einwilligung grundsätzlich nicht den Zugang von aus dem Vertrag herrührenden Folgeerklärungen (vgl BGHZ 47, 352, 356: Zahlungsaufforderung). Anders verhält es sich im Bereich der §§ 112, 113, da hier die Ermächtigung des gesetzlichen Vertreters eine partielle Geschäftsfähigkeit des Minderjährigen begründet. Bei dem praktisch wichtigen **Ausbildungsverhältnis** findet § 113 allerdings keine Anwendung, so dass im Falle einer Kündigung § 131 zu beachten ist (BAG AP Nr 1, Nr 4 zu § 15 BBiG; LAG Schleswig-Holstein EzB BGB § 113 Nr 2).

Die **Genehmigung von** dem Minderjährigen gegenüber erklärten **einseitigen Rechtsgeschäften** ist nicht vorgesehen. Eine entsprechende Regelung ist auch nicht notwendig. Denn einer Genehmigung bedarf es nicht, wenn der Vertreter die Erklärung vor Ablauf einer einzuhaltenden Frist zur Kenntnis bekommen hat: Der Zugang ist bewirkt, und die Erklärung rechtzeitig wirksam geworden (vgl oben § 130 Rn 39). Ist hingegen eine Frist bereits abgelaufen, so vermag auch eine Genehmigung hieran nichts mehr zu ändern: Das Rechtsgeschäft ist verfristet und bedarf der Neuvornahme (vgl nur PALANDT/HEINRICHS § 182 Rn 5 mwN; WUSSOW NJW 1963, 1756 ff). Für die **Genehmigung von Verträgen** bleibt es hingegen bei der Regelung des § 108. Die Genehmigung erfasst ebenso wie die Einwilligung das komplette Rechtsgeschäft. Daher bedarf es weder einer speziellen Genehmigung der Vertragsannahme, noch einer analogen Anwendung des § 108 im Rahmen des § 131 Abs 2. Es fehlt bereits eine Regelungslücke (zutr BGHZ 47, 352, 358 mit systematischer Auslegung: keine Anwendung des § 131 neben § 108; **aA** zB STAUDINGER/DILCHER[12] Rn 9; SOERGEL/HEFERMEHL Rn 6: analoge Anwendung des § 108).

Von einer Einwilligung unberührt bleibt freilich die Eigenschaft, als gesetzlicher Vertreter auch weiterhin wirksam Erklärungen für den Vertretenen entgegenzunehmen (§ 164 Abs 3). Die **Empfangszuständigkeit** endet erst da, wo auch die Vertretungsmacht aufhört (zutr OLG Köln RDJ 1962, 270).

§ 132
Ersatz des Zugehens durch Zustellung

(1) Eine Willenserklärung gilt auch dann als zugegangen, wenn sie durch Vermittlung eines Gerichtsvollziehers zugestellt worden ist. Die Zustellung erfolgt nach den Vorschriften der Zivilprozessordnung.

(2) Befindet sich der Erklärende über die Person desjenigen, welchem gegenüber die Erklärung abzugeben ist, in einer nicht auf Fahrlässigkeit beruhenden Unkenntnis oder ist der Aufenthalt dieser Person unbekannt, so kann die Zustellung nach den für die öffentliche Zustellung einer Ladung geltenden Vorschriften der Zivilprozessordnung erfolgen. Zuständig für die Bewilligung ist im ersteren Falle das Amtsgericht, in dessen Bezirk der Erklärende seinen Wohnsitz oder in Ermangelung eines inländischen Wohnsitzes seinen Aufenthalt hat, im letzteren Falle das Amtsgericht, in dessen Bezirk die Person, welcher zuzustellen ist, den letzten Wohnsitz oder in Ermangelung eines inländischen Wohnsitzes den letzten Aufenthalt hatte.

Materialien: E I §§ 75, 76; II § 108; III § 128; Mot I 160; Prot I 73; STAUDINGER/BGB-Synopse 1896–2000 § 132.

1 Mit der **Entscheidung für die Empfangs- und gegen die Entäußerungstheorie** hat gem § 130 der Erklärende grundsätzlich das Übermittlungsrisiko zu tragen. Das bedeutet insbesondere, dass die Personen, derer er sich zur Übermittlung seiner Erklärung bedient, in seiner Risikosphäre, nämlich als **Erklärungsboten** tätig werden. Das gilt, anders als in Rechtsordnungen, die sich aus diesem Grunde für die Entäußerungstheorie entschieden haben, auch dann, wenn der Erklärungsbote in Gestalt der Post mit hoheitlichen Befugnissen ausgestattet ist und mithin eine neutrale und zuverlässige Position zwischen den Parteien einnimmt. Der deutsche Gesetzgeber hat in der Post die sichere und zuverlässige Übermittlungsinstitution nicht gesehen (vgl oben § 130 Rn 8) und mit der Zustellung durch den **Gerichtsvollzieher** gem § 132 einen besonderen Weg zur sicheren Lösung des Übermittlungsproblems gewählt.

2 Der Absender einer empfangsbedürftigen Willenserklärung muss nicht nur dafür sorgen, dass die Erklärung dem Empfänger zugeht, sondern er muss den Zugang ggf auch beweisen. Hieran bemisst sich die **Frage nach einer sicheren Übermittlungsvariante** (dazu BENEDICT NVwZ 2000, 167 ff mwN); denn beides kann durch Umstände, die in der Person oder im Verhalten des Empfängers begründet sind, zu einem schwer lösbaren Problem werden. Das hat Rechtswissenschaft und Praxis veranlasst, die Interessen des Absenders durch **außergesetzliche Zugangs- oder Rechtzeitigkeitsfiktionen** zu wahren (§ 130 Rn 79 ff). Im Hinblick auf § 132 erweisen sich solche Konstruktionen als unzulässig, da die Vorschrift sichere Wege weist, den Zugang herbeizuführen und auch zu beweisen, selbst wenn die Zugangsvoraussetzungen an sich nicht erfüllt sind (vgl Mot I 160 f; oben § 130 Rn 86 f). Immerhin ist spätestens seit der Privatisierung der Postdienstleistungen und der damit verbundenen Diskussion um die Brauchbarkeit des Einwurf-Einschreibens der Deutschen Post AG Möglichkeit

und Notwendigkeit der Zustellung gem § 132 wieder in den Blick geraten und als *die* **sicherste Übermittlungsvariante** auch erkannt (sehr dezidiert HOHMEISTER BB 1998, 1477; ders JA 1999, 260). Die „Wiederentdeckung" dieser sicheren Alternative zum Einschreiben der Post AG birgt freilich die Gefahr, dass der ohnehin angestiegene Arbeitsaufwand des Gerichtsvollziehers mit der zunehmenden Übernahme von Postdienstleistungen ein unerträgliches Maß erreicht.

§ 132 gibt eine **Antwort auf die Probleme der Zugangsbehinderung** (§ 130 Rn 79 ff), **3** wenn nämlich die Willenserklärung nicht in eine Empfangseinrichtung des Adressaten gelangt oder der Absender den Empfänger und/oder dessen Aufenthaltsort nicht kennt. Falls der Absender den Gerichtsvollzieher mit der Zustellung beauftragt, finden gem § 132 Abs 1 S 2 die Vorschriften über die Ersatzzustellung gem §§ 178 ff ZPO Anwendung. Der Empfänger kann also den Zugang dann nicht mehr dadurch verhindern, dass er zB das bei der Post niedergelegte Schriftstück trotz Benachrichtigung nicht abholt. Die gem § 182 ZPO aufgenommene Zustellungsurkunde hat als öffentliche Urkunde die volle Beweiskraft des § 415 ZPO. Im Falle unverschuldeter Unkenntnis über die Person des Empfängers oder Unkenntnis über dessen Aufenthalt ermöglicht § 132 Abs 2 dem Absender, durch öffentliche Zustellung gem §§ 185 ff ZPO Zugangswirkungen herbeizuführen.

Die **Zustellung durch den Gerichtsvollzieher** (Abs 1) richtet sich nach den §§ 192 ff **4** ZPO und §§ 11 ff GVGA. Er nimmt die **Zustellung entweder persönlich** vor oder er kann auch **die Post um Zustellung ersuchen** (§ 194 ZPO, §§ 19, 21 GVGA). Beides geschieht im Regelfall bereits am Tag nach Empfang des Zustellungsauftrags; bei Eilbedürftigkeit der Sache stellt der Gerichtsvollzieher auch sofort zu (§ 22 GVGA). Eine unzumutbare Verzögerung des Zugangs kann also in diesem Weg nicht gesehen werden (zum Unzumutbarkeitseinwand vgl § 130 Rn 86). Auch die Höhe der Zustellungskosten sind keinesfalls unzumutbar (vgl Anlage zu § 9 GVKostG). Eine Zustellung durch den GV soll ja nur der Ausnahmefall sein, und dann sind die Mehrkosten gut angelegt (R WEBER JA 1998, 593, 599). **Der Weg zum Gerichtsvollzieher** braucht erst beschritten werden, wenn der Zugang zB an einer fehlenden Empfangseinrichtung scheitert. Für die Mehrkosten muss dann ggf der Empfänger aufkommen (hierzu § 130 Rn 88 ff). Grundsätzlich liegt es jedoch allein beim Erklärenden, den ersten Übermittlungsversuch so früh zu unternehmen, dass die Zustellung gem § 132 Abs 1 noch rechtzeitig erfolgen kann. Wer sich diese Zeit nicht nimmt, der mag von vornherein für den sichersten Weg auch mehr bezahlen. Es bleiben **rechtspolitische Bedenken**: Der anwaltlich nicht beratene Bürger wird von Möglichkeit und Notwendigkeit einer Zustellung durch den GV nur selten wissen und sich auf die Einschreiben oder Zustellungen der Post verlassen (SINGER LM § 130 Nr 27). Wenn aber auch der Gerichtsvollzieher die Zustellung nicht persönlich vornehmen muss, sondern durch die Post durchführen lassen kann, ist nicht leicht vermittelbar, warum eine privat veranlasste Zustellung durch die Post die Wirkungen des § 132 nicht auszulösen vermag (vgl nur BGHZ 67, 271, 276; BVerwG NJW 1981, 2712; BAG NZA 2003, 719, 723): Erklärungsbote ist und bleibt die Post, und die Zustellung ist in diesem Fall so sicher oder unsicher wie in jenem.

Der Gerichtsvollzieher kann auch durch die Post zustellen lassen (Rn 4). Mit der **5 Privatisierung der Postdienstleistungen** ist die Wirksamkeit derartiger Zustellungen bezweifelt worden. Einerseits hat man der Deutschen Post AG als einem Privatrechtssubjekt generell die Fähigkeit abgesprochen, rechtswirksam nach den Vorschriften der ZPO zustellen zu können (SELTMANN AnwBl 1996, 403; SPÄTH NJW 1997, 2155; aA OLG Frankfurt NJW 1996, 3159; BFH ZIP 1997, 2012). Andererseits hat man den von ihren Bediensteten verfertigten Zustellungsurkunden den Charakter einer öffentlichen Urkunde abgesprochen (W LÖWE/P LÖWE ZIP 1997, 2002; VG Frankfurt NJW 1997, 3329; aA LG Bonn ZIP 1998, 401). Diese Bedenken sind zwar rechtlich unbegründet (vgl nur BGH NJW 1998, 1716; 2001, 832), doch sind sie **Ausdruck eines rechtspolitischen Unbehagens** bei der Verlagerung hoheitlicher Aufgaben auf Private (ausführlich BENEDICT NVwZ 2000, 167, 168 f). Der Gesetzgeber hat dieser Veränderung bei den Postdienstleistungen gleichwohl Rechnung getragen und mit dem Zustellungsreformgesetz (BGBl 2001, 1206) den Begriff der „Post" in § 168 ZPO neu legaldefiniert. Nunmehr kann jeder „nach § 33 Abs 1 des Postgesetzes beliehene Unternehmer (Post)" mit der Zustellung betraut werden.

6 Mit der **öffentlichen Zustellung** (Abs 2) wird am stärksten vom Ideal der Wirksamkeit einer Willenserklärung abgewichen, denn hier ist die Wahrscheinlichkeit, dass die Erklärung auch zur Kenntnis des Empfängers gelangt, relativ gering. Um einen Missbrauch zu vermeiden, kann diese *ultima ratio* **nur unter engen Voraussetzungen** zum Zuge kommen. So ist der Aufenthalt des Empfängers regelmäßig nur dann unbekannt, wenn er allgemein und nicht nur dem Antragsteller unbekannt ist. Den Erklärenden trifft deshalb eine **Nachforschungsobliegenheit**, deren Erfüllung von ihm darzulegen und ggf zu beweisen ist (instruktiv RGZ 59, 259, 263; vgl auch OLG Koblenz NJW 1953, 1797). Welche Nachweise vom Antragsteller zu erbringen sind, hängt von den konkreten Umständen des Einzelfalles ab. Eine ergebnislose Anfrage an das Einwohnermeldeamt und eine Anschriftenprüfung bei der Deutschen Post AG oder anderen Postdienstleistern stellen sicherlich das Minimum dar (hier lagen im Fall von BGHZ 149, 311 in der Tat Defizite: der Gesuchte war mit einer Zweitwohnung ordnungsgemäß gemeldet und dort auch postalisch zu erreichen). Darüber hinaus wird man selbst in einer Großstadt Anfragen beim letzten Vermieter, bei Nachbarn oder Verwandten nicht als unzumutbar ansehen dürfen (aA LG Berlin NJW-RR 1991, 1152; vgl demgegenüber Hamm OLGZ 1994, 451, 452 f und BGHZ 64, 5). Ist bekannt, dass sich der Erklärungsgegner im Ausland aufhält, sind gegebenenfalls die dort offiziell üblichen Suchdienste in Anspruch zu nehmen (vgl AG Landstuhl FamRZ 1994, 309: Militärsuchdienst).

7 Die Nachforschungsobliegenheit darf letztlich nicht dazu führen, dass dem Erklärenden die Möglichkeit genommen oder erheblich erschwert wird, die Rechtsfolgen einer dringend notwendigen Erklärung herbeizuführen. Insbesondere dann, wenn ein potentieller Erklärungsempfänger über einen festen Wohnsitz offenbar nicht verfügt, sollte ein längerer **Verstoß gegen die öffentlich-rechtliche Meldepflicht** ein **gewichtiges Indiz** dafür sein, dass „der Aufenthalt dieser Person unbekannt" ist.

8 Falls die **Voraussetzungen des § 132 Abs 2 tatsächlich nicht gegeben** waren, führt dies nicht zur Unwirksamkeit der Zustellung. Der Bewilligungsbeschluss ist nämlich rechtsgestaltend und muss im Interesse der Rechtssicherheit auch dann Bestand haben, wenn er – ex post beurteilt – nicht hätte ergehen dürfen (RGZ 59, 259, 263 ff; im Grundsatz auch BGHZ 57, 108, 110; 64, 5, 8; aA BGHZ 149, 311). Wird die **öffentliche Zustellung „erschlichen"**, sollte deshalb ihre Wirksamkeit nicht allzu leicht unter Hinweis auf § 242 beseitigt werden können (zu großzügig BGHZ 64, 5, 8 ff: Erschleichen ohne Verschulden), sondern nur, wenn die strengen Kriterien erfüllt sind, die für den

Urteilsmissbrauch im Rahmen des § 826 entwickelt wurden (passend allein im Fall RGZ 59, 259). Die gegenteilige, von BGHZ 149, 311 vertretene Ansicht beruht auf der Wertung des Art 103 GG und dem Anspruch der Gegenseite auf rechtliches Gehör für einen fairen Prozess (BVerfG NJW 1988, 2361). Darum geht es im Rahmen des § 132 nicht.

§ 133
Auslegung einer Willenserklärung

Bei der Auslegung einer Willenserklärung ist der wirkliche Wille zu erforschen und nicht an dem buchstäblichen Sinne des Ausdrucks zu haften.

Materialien: E I § 73; II § 90; III § 129; Mot I 154; Prot I 68; STAUDINGER/BGB-Synopse 1896–2000 § 133.

Schrifttum

BETTI, Zur Grundlegung einer allgemeinen Auslegungslehre, in: FS Rabel (1954) II 79
ders, Allgemeine Auslegungslehre als Methodik der Geisteswissenschaften (1967)
BÖHRINGER, Die Auslegung von Grundbuch-Verfahrenserklärungen, Rpfleger 1988, 389
BRANDNER, Die Umstände des einzelnen Falles bei der Auslegung und bei der Beurteilung von allgemeinen Geschäftsbedingungen, AcP 162 (1963) 237
BROX, Die Einschränkung der Irrtumsanfechtung (1960)
F BYDLINSKI, Privatautonomie und objektive Grundlagen des verpflichtenden Rechtsgeschäfts (1967)
ders, Die Grundlagen des Vertragsrechts im Meinungsstreit, Basler Juristische Mitteilungen 1982, 1
P BYDLINSKI, Probleme des Vertragsschlusses ohne Annahmeerklärung, JuS 1988, 36
ders, Die aktuelle höchstgerichtliche Judikatur zum Bürgschaftsrecht in der Kritik, WM 1992, 1301
CANARIS, Die Vertrauenshaftung im deutschen Privatrecht (1971)
ders, Gesamtunwirksamkeit und Teilgültigkeit rechtsgeschäftlicher Regelungen, in: Steindorff (1990) 536
ders, Das Rangverhältnis der „klassischen"

Auslegungskriterien, demonstriert an Standardproblemen aus dem Zivilrecht, in: FS Medicus (1999) 25
COING, Die juristischen Auslegungsmethoden und die Lehren der allgemeinen Hermeneutik (1959)
ders, Zur Auslegung der Verträge der Personengesellschaften, ZGR 1978, 359
DANZ, Die Auslegung der Rechtsgeschäfte (3. Aufl 1911)
DILTHEY, Der Aufbau der geschichtlichen Welt in den Geisteswissenschaften Band VII (4. Aufl 1965)
FLUME, Testamentsauslegung bei Falschbezeichnung, NJW 1983, 2007
FRITSCHE, Das Verhältnis von Dereliktion und Vernichtungsabsicht, MDR 1962, 714
GAUL, Aktuelle Fragen zur Internetversteigerung WM 2000, 1783
GRUNEWALD, Die Auslegung von Gesellschaftsverträgen und Satzungen, ZGR 1995, 68
HAGER, Gesetzes- und sittenkonforme Auslegung und Aufrechterhaltung von Rechtsgeschäften (1983)
ders, Die gesetzeskonforme Aufrechterhaltung übermäßiger Vertragspflichten – BGHZ 89, 316 und 90, 69, JuS 1985, 264
ders, Der lange Abschied vom Verbot der geltungserhaltenden Reduktion, JZ 1996, 175

HÄSEMEYER, Inge Scherer: Andeutungsformel und falsa demonstratio beim formbedürftigen Rechtsgeschäft in der Rechtsprechung des Reichsgerichts und des Bundesgerichtshofes, AcP 188 (1988) 427

HEPTING, Erklärungswille, Vertrauensschutz und rechtsgeschäftliche Bindung, in: FS Rechtswiss Fakultät Köln (1988) 209

HOEREN/HILDERINK, Die Schwarzmacher, JuS 1999, 668

HÖLDER, Das Wesen der rechtswirksamen Willenserklärung, JherJb 55 (1909) 413

HONSELL, Johannes Hager, Gesetzes- und sittenkonforme Auslegung und Aufrechterhaltung von Rechtsgeschäften, ZHR 148 (1984) 298

JHERING, Zivilrechtsfälle ohne Entscheidungen (4. Aufl 1881)

JOOST, Wechselauslegung und Wechselstrenge; Zum Einwendungsausschluss gegenüber dem ersten Wechselnehmer, WM 1977, 1394

KELLMANN, Grundprobleme der Willenserklärung, JuS 1971, 609

KÖHLER, Kritik der Regel „protestatio facto contraria non valet", JZ 1981, 464

ders, Die Problematik automatisierter Rechtsvorgänge insbesondere von Willenserklärungen, AcP 182 (1982) 126

KORNBLUM, „Die verflixte schwebende Jungfrau" – OLG Karlsruhe, Die Justiz 1980, 436, JuS 1981, 801

KÖTZ, Vertragsauslegung – Eine rechtsvergleichende Skizze, in: FS Zeuner (1994) 219

KRAMER, Grundfragen der vertraglichen Einigung. Konsens, Dissens und Erklärungsirrtum als dogmatische Probleme des österreichischen, schweizerischen und deutschen Privatrechts (1972)

KRAMPE, Die Unklarheitenregel: bürgerliches und römisches Recht (1983)

ders, Aufrechterhaltung von Verträgen und Vertragsklauseln, AcP 194 (1994) 1

LAMBRECHT, Die Lehre vom faktischen Vertragsverhältnis: Entstehung, Rezeption und Niedergang (1994)

LARENZ, Die Methode der Auslegung des Rechtsgeschäfts (1966)

LEENEN, Die Bedeutung der teleologischen Methode für die Rechtsfindung. Gilt § 564b BGB auch für die Kündigung des Vermieters gem § 569 BGB?, Jura 2000, 248

LEONHARD, Die Auslegung der Rechtsgeschäfte, AcP 120 (1922) 14

LOBINGER, Rechtsgeschäftliche Verpflichtung und autonome Bindung (1999)

LÜDERITZ, Auslegung von Rechtsgeschäften (1966)

MANGOLD, Eigentliche und ergänzende Vertragsauslegung, NJW 1961, 2284

ders, Probleme der Auslegung des Individualvertrages, NJW 1962, 1597

MANIGK, Willenserklärung und Willensgeschäft (1907)

ders, Irrtum und Auslegung (1918)

ders, Das Wesen des Vertragsschlusses in der neueren Rechtsprechung, Beiträge zur Lehre vom Konsens und Dissens, JherJb 75 (1925) 127

ders, Das rechtswirksame Verhalten (1939)

MAY, Die Auslegung rechtsgeschäftlicher Willenserklärungen im Revisionsverfahren, NJW 1959, 708

MÜLLER-GRAFF, Auswirkungen einer laufenden Geschäftsverbindung (1974)

NITSCHKE, Die körperschaftlich strukturierte Personengesellschaft (1970)

OERTMANN, Rechtsordnung und Verkehrssitte (1914)

PAEFGEN, Forum: Bildschirmtext – Herausforderung zum Wandel der allgemeinen Rechtsgeschäftslehre, JuS 1988, 592

PAWLOWSKI, Rechtsgeschäftliche Folgen nichtiger Willenserklärungen (1966)

PFLUG, Zur Auslegung wechselmäßiger Erklärungen gegenüber dem ersten Wechselnehmer und gegenüber weiteren Erwerbern des Papiers, ZHR 148 (1984) 1

POHLE, Auslegung und Beweislast, MDR 1951, 91

ROTH, Geltungserhaltende Reduktion im Privatrecht, JZ 1989, 411

RÜFNER, Verbindlicher Vertragsschluss bei Versteigerungen im Internet, JZ 2000, 715

SÄCKER, Rechtsgeschäftsauslegung und Vertrauensprinzip, JurA 1971, 509

SAMBUC, Unklarheitenregel und enge Auslegung von AGB, NJW 1981, 313

SAVIGNY, System des heutigen Römischen Rechts Bd III (1840)

SCHERER, Andeutungsformel und falsa demonstratio in der Rechtsprechung des RG und des BGH (1987)
dies, Die Auslegung von Willenserklärungen „klaren und eindeutigen" Wortlauts, JurA 1988, 302
SCHIMMEL, Zur Auslegung von Willenserklärungen, JA 1998, 979
SCHLACHTER, Folgen der Unwirksamkeit Allgemeiner Geschäftsbedingungen für den Restvertrag, JuS 1989, 811
SCHMIDT, Vertragsfolgen und Nichteinbeziehung und Unwirksamkeit von AGB (1986)
SCHÖNE/VOWINCKEL, Vertragsschluss bei Internet-Auktionen, Jura 2001, 680
SIBER, Auslegung und Anfechtung der Verfügungen von Todes wegen, in: Die Reichsgerichtspraxis im deutschen Rechtsleben III (1929) 350
SINGER, Das Verbot widersprüchlichen Verhaltens (1993)
ders, Selbstbestimmung und Verkehrsschutz im Recht der Willenserklärungen (1995)
ders, „Der vielbegehrte Lastkran" JA 1998, 466
ders, Rezension von Thomas Lobinger: Rechtsgeschäftliche Verpflichtung und autonome Bindung (1999), AcP 201 (2001) 93
SONNENBERGER, Verkehrssitten im Schuldvertrag (1970)
STATHOPOULOS, Zur Methode der Auslegung der Willenserklärung, in: FS Larenz (1973) 357
STUMPF, Zur Revisibilität der Auslegung von privaten Willenserklärungen, in: FS Nipperdey (1965) I 957
TEICHMANN, Gestaltungsfreiheit in Gesellschaftsverträgen (1970)
ders, Die protestatio facto contraria, in: FS Michaelis (1972) 294
TITZE, Die Lehre vom Missverständnis (1910)

TRUPP, Die Bedeutung des § 133 BGB für die Auslegung von Willenserklärungen, NJW 1990, 1346
ULMER/SCHMIDT, Nachträglicher „einseitiger" Eigentumsvorbehalt – BGH NJW 1982, 1749 und 1751, JuS 1984, 18
ULRICI, Die enttäuschende Internetauktion – LG Münster, MMR 2000, 280, JuS 2000, 947
ders, Zum Vertragsschluss bei Internetauktionen, NJW 2001, 1112
WAGNER, Interpretationen in Literatur- und Rechtswissenschaft, AcP 165 (1965) 520
WALSMANN, Der Verzicht: allgemeine Grundlagen einer Verzichtslehre und Verzicht im Privatrecht (1912)
WENZEL, Vertragsabschluss bei Internet-Auktion – ricardo.de, NJW 2002, 1550
WIEACKER, Die Methode der Auslegung des Rechtsgeschäftes, JZ 1967, 385
ders, Willenserklärung und sozialtypisches Verhalten, in: Göttinger FS Oberlandesgericht Celle (1961) 263
WIEBE, Vertragsschluss bei Online-Auktionen, MMR 2000, 323
WIEDEMANN, Die Auslegung von Satzungen und Gesellschaftsverträgen, in: 75 Jahre Deutsche Notar-Zeitschrift, Sonderheft der DNotZ 1977, 99
WIESER, Empirische und normative Auslegung, JZ 1985, 407
ders, Wille und Verständnis bei der Willenserklärung, AcP 189 (1989) 112
ders, Zurechenbarkeit des Erklärungsinhalts?, AcP 184 (1984) 40
ZIMMERMANN, Richterliches Moderationsrecht oder Teilnichtigkeit? (1979)
ZWEIGERT/KÖTZ, Einführung in die Rechtsvergleichung auf dem Gebiete des Privatrechts, Bd II: Institutionen (2. Aufl 1984).

Systematische Übersicht

I. Grundfragen
1. Begriff, Aufgabe und Ziel der Auslegung _____ 1
2. Die §§ 133 und 157 als allgemeine Auslegungsregeln und ihr Verhältnis zueinander _____ 3
3. Verhältnis zu § 242 _____ 7

II. Voraussetzungen der Auslegung
1. Gegenstand und Mittel der Auslegung _____ 8
2. Auslegungsbedürftigkeit _____ 9
3. Auslegungsfähigkeit _____ 10

III.	**Empirischer Wille und objektiv normative Erklärungsbedeutung**	11	2.	Gesamtzusammenhang (grammatische und systematische Auslegung)	47
1.	Empirische Auslegung	12	3.	Begleitumstände der auszulegenden Erklärung	48
a)	„Falsa demonstratio non nocet"	13			
b)	Nicht empfangsbedürftige Willenserklärung	15	a)	Vorverhandlungen und Entstehungsgeschichte	49
2.	Objektiv normative Auslegung	18	b)	Nachträgliches Verhalten	50
a)	Grundsatz: Auslegung nach dem Empfängerhorizont	18	4.	Teleologische Auslegung	52
			a)	Interessenlage und Zweck einer Regelung	52
b)	Zurechenbarkeit des Erklärungsinhalts	20	b)	Vernünftige und gesetzeskonforme Auslegung	55
c)	Rechtsfolgen	23			
d)	Geltungsbereich	24	c)	Treu und Glauben contra Selbstbestimmung („protestatio facto contraria non valet")	58
aa)	Allgemeine Geltung	24			
bb)	Bestehen einer Willenserklärung („ob")	25			
cc)	Konkludente Willenserklärungen	26	d)	Gesetzes-, verfassungs- und richtlinienkonforme Auslegung	60
dd)	Auslegung im Prozess	27	e)	Geltungserhaltende Reduktion	61
ee)	Öffentlich-rechtliche Erklärungen	29	f)	Unklarheitenregel und restriktive Auslegung	62
IV.	**Auslegung formbedürftiger Rechtsgeschäfte**		5.	Treu und Glauben und Verkehrssitte	
1.	Die Unterscheidung von Inhaltsermittlung und Formzwang	30	a)	Treu und Glauben	63
			b)	Verkehrssitte	64
2.	Die Andeutungstheorie	31	6.	Rangverhältnis der Auslegungsmaximen	70
3.	Wahrung der Formgebote trotz Falschbezeichnungen	34	VI.	**Sonderregeln: Erklärungen an einen Personenkreis**	
a)	Inhalt der Formgebote und Formzwecke	34	1.	Erklärungen an die Öffentlichkeit	71
b)	Schutzwürdigkeit bei Falschbezeichnungen	36	2.	Gesellschaftsverträge und Satzungen	72
c)	Besonderheiten bei der Testamentsauslegung	37	3.	Tarifverträge und Betriebsvereinbarungen	74
4.	Abgrenzung und Einzelfälle	39	VII.	**Die Auslegung im Prozess**	
V.	**Auslegungsmaximen und Erfahrungssätze**	44	1.	Auslegung und Beweislast	76
1.	Wortlaut der Erklärung	45	2.	Revisibilität der Auslegung	79

I. Grundfragen

1. Begriff, Aufgabe und Ziel der Auslegung

1 Durch Willenserklärungen werden private Rechtsverhältnisse nach dem Willen der Beteiligten gestaltet. Das von den Parteien selbst geschaffene Recht gilt, weil es gewollt ist (vgl näher Vorbem 8 zu §§ 116–144). Dem Prinzip der **Selbstbestimmung** würde es deshalb am ehesten entsprechen, wenn sich der Inhalt der Rechtsgeschäfte nach dem Willen der Parteien richten würde. Der bloß innerlich gebliebene **Wille** ist nach der Privatrechtsordnung aber aus verschiedenen Gründen nicht maßgeblich. Die Rechtsordnung verlangt, dass der Wille in irgendeiner Weise „**erklärt**" werden muss, um Rechtswirksamkeit zu erlangen (vgl LARENZ, AT § 18 I = S 315; WIESER JZ 1985, 407; ders AcP 189 [1989] 112, 115; JAUERNIG Rn 1; SOERGEL/HEFERMEHL Rn 10; BGHZ 124, 64, 68; BGH JZ 1977, 341; krit, in der Sache aber übereinst MünchKomm/MAYER-MALY/BUSCHE Rn 13). In der Regel erfordert die autonome Rechtsetzung eine Kommunikation zwischen denen, deren Rechtskreis durch die Rechtsakte berührt wird. Aber auch bei Rechtsgeschäften, die nicht fremde Rechtssphären berühren und daher nicht empfangsbedürftig sind (vgl § 130 Rn 11), bedarf der verborgene, „unsichtbare Wille" eines äußeren „Zeichens", nicht nur – wie SAVIGNY meinte (System III 258) – um „erkannt zu werden", sondern auch um nachträgliche Manipulationen auszuschließen. Dieses Bedürfnis nach einem Mindestmaß an **Rechtssicherheit** kommt deutlich in der Unbeachtlichkeit der **Mentalreservation** gemäß § 116 S 1 zum Ausdruck: Die Vorschrift stellt sicher, dass der Erklärende zu seinem Wort stehen muss und sich nicht willkürlich auf einen nicht nachprüfbaren inneren Willen zurückziehen kann. Dies gilt sowohl für empfangsbedürftige als auch für nicht empfangsbedürftige Willenserklärungen (§ 116 Rn 8). Nach der klar geäußerten Absicht des Gesetzgebers soll es auch dem Erblasser untersagt sein, „mit letztwilligen Verfügungen gewissermaßen sein Spiel zu treiben" (MUGDAN Bd 5, 539; vgl dazu näher § 116 Rn 2 mwN).

Da es somit für das Wirksamwerden und den Inhalt von Rechtsgeschäften auf den **2** erklärten Willen ankommt, besteht die **Aufgabe der Auslegung** darin, den Sinn dieser **Willenserklärungen** zu verstehen (zur Auslegung der [Privatrechts-]**Gesetze** eingehend STAUDINGER/COING[11] Einl 114 ff zum BGB). Dabei macht man sich die Erfahrung zunutze, dass die Erklärung im Normalfall das zum Ausdruck bringt, was der Erklärende wirklich wollte. Die **Übereinstimmung des Willens mit der Erklärung** ist nach dem bekannten Satz von SAVIGNY „nicht etwas Zufälliges, sondern ihr naturgemäßes Verhältnis" (System III 258). Angesichts der Komplexität sprachlicher Äußerungen, die selbst bei begrifflicher Präzision je nach ihrem örtlichen, zeitlichen und sozialen Zusammenhang mehrdeutig sein können, ist der Schluss auf den zugrunde liegenden Geschäftswillen mitunter schwierig, zum Teil auch unmöglich. Es bedarf deshalb eines methodisch geleiteten Vorgehens, um den „richtigen" Sinn dieser Äußerungen zu verstehen und der Rechtsanwendung zugrunde zu legen. Dieses „**kunstmäßige Verstehen**" bezeichnet man als Auslegung (grdl DILTHEY 216 ff [217]; COING, Auslegungsmethoden 13; LARENZ, AT § 19 II a = S 337; MünchKomm/MAYER-MALY/BUSCHE Rn 3). Es charakterisiert „Handlung und Verfahren, dessen Erfolg und zweckdienliches Ergebnis ein Verstehen ist" (BETTI, in: FS Rabel II 91). Die Aufgabe der Auslegung stellt sich zwar nicht nur bei Rechtssätzen, sondern auch bei anderen „objektiven Bekundungen" (BETTI, in: FS Rabel II 79) oder „Lebensäußerungen" (DILTHEY 205), bei theologischen oder historischen Texten ebenso wie bei literarischen und anderen künstlerischen Werken. Entsprechend ihrer unterschiedlichen Funktion unterscheiden sich aber **Methoden und Ziele** (eingehend H WAGNER AcP 165 [1965] 520 ff; s ferner DILTHEY 84 f, 220 ff; BETTI, in: FS Rabel II 86 ff, 142 ff; COING, Auslegungsmethoden 13 ff; ders, in: STAUDINGER[11] Einl 120 f zum BGB; BROX, Irrtumsanfechtung 92 ff; LARENZ, AT § 19 II a = S 337). SAVIGNY sah den Zweck der Auslegung darin, „den in dem toten Buchstaben niedergelegten lebendigen Gedanken vor unserer Betrachtung wieder entstehen zu lassen" (System III 244). Ihm ging es primär darum, den „Willen als das einzig Wichtige und Wirksame" (258) zu erkennen, doch hat sich sein willenstheoretischer Ansatz bei der Beratung des BGB nur höchst unvollkommen durchsetzen können (vgl Vorbem 15 f zu §§ 116–144), weil er zu wenig die Verständnismöglichkeiten des Empfängers berücksichtigte. Die juristische Auslegung der Rechtsgeschäfte verfolgt daher auch das Ziel, das **Risiko** von Missverständnissen gerecht **zu verteilen**. Es geht um ein normativ geleitetes Verstehen (BETTI, in: FS Rabel II 133; Allgemeine Auslegungslehre 600 ff [Verstehen mit normativer Aufgabe]; COING, Auslegungsmethoden 23; ders, in: STAUDINGER[11] Einl 119 ff zum BGB); dieses hat zum Ziel, unter Wahrung der berechtigten Interessen der Beteiligten den **rechtlich maßgebenden Sinn der Willenserklärung** zu ermitteln (BGH FamRZ 1987, 475, 476; LARENZ, AT § 19 II a = S 337 f; vgl auch FLUME, AT § 16, 1 a = S 292; MEDICUS, AT Rn 323; STATHOPOULOS, in: FS Larenz [1973] 357, 361; rechtsvergleichend KÖTZ, in: FS Zeuner [1994] 219; ders, Europäisches Vertragsrecht I [1996] § 7 = S 162 ff). Das BGB enthält zwei Vorschriften, die zu diesem Zweck allgemeine, generalklauselartige Regeln für die Auslegung aufstellen: § 133 und § 157.

2. **Die §§ 133 und 157 als allgemeine Auslegungsregeln und ihr Verhältnis zueinander**

3 § 133 bezieht sich seinem Wortlaut nach auf die Auslegung einer *Willenserklärung* und ordnet an, den wirklichen Willen zu erforschen und nicht an dem buchstäblichen Sinne des Ausdrucks zu haften. § 157 gilt ausdrücklich nur für *Verträge* und schreibt vor, bei der Auslegung die – normativen – Maßstäbe von Treu und Glauben und der Verkehrssitte zu beachten. Da es sachlich nicht gerechtfertigt ist, zwischen der Auslegung von Willenserklärungen und Verträgen zu unterscheiden, **gelten die §§ 133 und 157 in gleicher Weise für einzelne Willenserklärungen, Verträge, Beschlüsse und Rechtsgeschäfte aller Art**, für die Zeit bis zum Vertragsschluss ebenso wie für die Zeit danach (RGZ 169, 122, 124 f; BGHZ 21, 319, 328; LARENZ, Methode 7; MEDICUS, AT Rn 319 ff; MünchKomm/MAYER-MALY/BUSCHE Rn 19 f; abw LANGE, AT § 43 I 3). Im Rahmen der folgenden Kommentierung werden daher die **gemeinsamen Auslegungsgrundsätze** beider Normen berücksichtigt, während die Kommentierung des § 157 sich ausschließlich auf die **ergänzende Auslegung** bezieht (vgl STAUDINGER/BORK [2003] § 157 Rn 2).

4 In der Rechtspraxis wird in der Regel auf beide Vorschriften verwiesen (vgl zB BGHZ 47, 75, 78; 124, 64, 67; BGH NJW 1984, 721), doch ist sowohl der sachliche Gehalt als auch das **Verhältnis der Normen zueinander** umstritten. Während zum Teil die Ansicht vertreten wird, dass sich die Normen wegen ihrer gegensätzlichen Präferenz für die subjektive und objektive Auslegungsmethode widersprächen (so zB STAUDINGER/COING[11] Rn 18; ZWEIGERT/KÖTZ, Einführung in die Rechtsvergleichung II [1969] 98; LARENZ, Methode 8 f), bestehen vom Standpunkt **objektiver Auslegungslehren** nur scheinbare Gegensätze zwischen § 133 und § 157, da nach deren Auffassung der „wirkliche" Wille gemäß § 133 objektiv zu interpretieren ist (zB DANZ, Auslegung 14; MANIGK, Willenserklärung 147 f; ders, Irrtum 201; ders, Verhalten 201; TITZE 85; F LEONHARD AcP 120, 14, 79 ff; im jüngeren Schrifttum KELLMANN JuS 1971, 610 ff; SONNENBERGER 148 ff; SOERGEL/HEFERMEHL Rn 1). Eine objektive Interpretation des wirklichen Willens gemäß § 133 setzt sich freilich dem Einwand aus, dass ein in sich widersprüchliches Auslegungsziel formuliert wird. Normative Deutung erkennt gerade nicht die der Privatautonomie eigene Willkür an, sondern setzt sich im Zweifel darüber hinweg (problematisch daher auch PAWLOWSKIS Lehre vom „vernünftigen" Willen als Grundlage der Privatautonomie 232 ff, 251; krit SÄCKER JurA 1971, 509, 520 ff). Außerdem wird gegen die anerkannte Regel versto-

ßen, dass der übereinstimmende oder vom Empfänger erkannte Parteiwille einer objektiven Falschbezeichnung vorgeht (Rn 13). Das gleiche Ziel verfolgt die von LARENZ entwickelte **Geltungstheorie**, die den Dualismus zwischen objektiver und subjektiver Auslegungsmethode auf andere, elegantere Weise zu überspielen versucht und die Ermittlung des rechtlich maßgebenden Sinnes der Erklärung als die eigentliche, von beiden Vorschriften vorgesehene Aufgabe der Auslegung ansieht (grdl Methode 69; vgl dazu näher Vorbem 17 zu §§ 116-144). Auf dieser Grundlage ist dann § 133 kaum noch von § 157 abzugrenzen (vgl zB STUMPF, in: FS Nipperdey I [1965] 957, 961 f). Die Orientierung an dem rechtlich maßgebenden Willen überwindet den Dualismus von Wille und Erklärung oder von subjektiver und objektiver Auslegungsmethode nur äußerlich und begrifflich. In sachlicher Hinsicht bleibt es dabei, dass zwischen dem, was die Parteien wollen und dem, was sie erklären, klar unterschieden werden kann und mit Rücksicht auf die Irrtumslehre auch unterschieden werden muss (vgl KRAMER, Grundfragen 131 ff; FLUME, AT II § 4, 7 = S 59; F BYDLINSKI 3 f; WIEACKER JZ 1967, 385, 390 f; SINGER, Selbstbestimmung 74). Daran ändert auch nichts die Lesart, dass nach § 133 alle äußeren Indizien heranzuziehen sind, die auf den „inneren Erklärungswillen" schließen lassen (so KRAMER, Grundfragen 141 ff im Anschluss an RHODE 32 ff), und die normative Auslegung erst einsetzt, wenn das Erklärte nach Treu und Glauben unter Berücksichtigung der Verkehrssitte gemäß § 157 zugerechnet wird. Zum einen können Indizien trügen, so dass sich auch bei dieser „natürlichen Auslegung" gemäß § 133 Wille und Erklärung widersprechen können; zum anderen ist auch die Interpretation anhand äußerer Indizien normativ, da sie den Interpreten dazu zwingt, Erfahrungssätze und Gesetzmäßigkeiten, insbesondere der Logik und Sprache, zu beachten.

Der **sachliche Gehalt** der in den §§ 133, 157 enthaltenen, generalklauselartigen Auslegungsrichtlinien ist vage und konkretisierungsbedürftig (vgl FLUME, AT § 16, 3 a = S 308; vgl auch PALANDT/HEINRICHS Rn 1). Der Gesetzgeber hat bewusst darauf verzichtet, konkrete Auslegungsgrundsätze aufzustellen, weil diese doch nur „Belehrungen über praktische Logik" enthielten (Mot I 155). Gegenüber dem Versuch, aus den Vorschriften konkrete Auslegungsleitlinien abzuleiten, ist deshalb Zurückhaltung geboten, doch braucht man andererseits auch nicht so weit zu gehen, ihnen jede Aussagekraft abzusprechen (zu weitgehend daher TRUPP NJW 1990, 1346). So enthält die Vorschrift des § 133 neben dem negativen Verbot der Buchstabeninterpretation jedenfalls auch die positive Aufforderung an den Interpreten, den wirklichen Willen zu erforschen. Damit kann eigentlich nur der **empirische Parteiwille** gemeint sein (ebenso STAUDINGER/COING[11] Rn 7; MünchKomm/MAYER-MALY/BUSCHE Rn 12 f; WIESER JZ 1985, 407; **aA** FLUME aaO im Anschluss an Mot I 155; SOERGEL/HEFERMEHL Rn 1; WIEACKER JZ 1967, 385), denn ein *normativer Wille* wäre ein Widerspruch in sich (abw MEDICUS, AT Rn 323; SOERGEL/WOLF § 157 Rn 29). Dafür spricht auch die historische Genese der Vorschrift. Diese gibt eine Antwort auf den klassischen Konflikt des römischen Rechts zwischen der Auslegung nach dem objektiven Wortsinn und der inneren Meinung des Erklärenden und gewährt in Übereinstimmung mit dem noch den Ersten Entwurf prägenden „Willensdogma" (dazu Vorbem 15 f zu §§ 116-144) der „voluntas" oder „sententia" den Vorrang gegenüber den „verba" (STAUDINGER/COING[11] Rn 2). Insofern besteht durchaus ein Gegensatz zu der Auslegungsvorschrift des § 157, der zur Berücksichtigung der Erfordernisse von Treu und Glauben sowie der Verkehrssitte verpflichtet und damit als **Basisnorm objektiv normativer Auslegung** angesehen werden kann (ebenso WIESER JZ 1985, 407; ders AcP 189 [1989] 113;

MEDICUS, AT Rn 320 f; LARENZ/WOLF, AT § 28 Rn 18 f, 22; JAUERNIG Rn 7; PALANDT/HEINRICHS Rn 1; auch KRAMER, Grundfragen 141 ff, der aber den aufgrund äußerer Indizien erfolgten Schluss auf den wirklichen Willen nicht als normative, sondern noch als „natürliche" Auslegung begreift; vgl dazu Rn 4). Auch die eher pragmatische Sicht, dass die Normen nur „verschiedene Aspekte der einen hermeneutischen Aufgabe" bezeichnen (WIEACKER JZ 1967, 385), schließt es nicht aus, Elemente des daraus entstandenen „Kanons gemeinsamer Auslegungsgrundsätze" (PALANDT/HEINRICHS Rn 1) je nach ihrer Ausrichtung § 133 *oder* § 157 zuzuordnen.

6 Mit der Zuordnung der subjektiven Auslegungsmethode zu § 133 und der objektiven zu § 157 ist für die Rechtsanwendung noch nichts gewonnen. Angesichts der Gegenläufigkeit der Auslegungsmaximen ist in jedem Fall die Frage zu klären, **welche Norm und welche Methode Vorrang haben soll** (zum Rangverhältnis eingehend SOERGEL/WOLF § 157 Rn 10 ff mNw). Aus § 133 folgt nicht etwa, dass ein nicht erkannter Wille maßgeblich sein soll, und § 157 ist auch nicht zu entnehmen, dass stets das objektiv Erklärte gilt. Beide Normen kommen jeweils nur unter bestimmten Voraussetzungen *(falsa demonstratio;* erkannter Geschäftswille; Empfangsbedürftigkeit der Erklärung) zur Anwendung und ergänzen sich daher (WIEACKER JZ 1967, 385; SÄCKER JurA 1971, 509, 517 f; HEPTING, in: FS Universität Köln [1988] 209, 215; FLUME, AT § 16, 3 a = S 308; MünchKomm/MAYER-MALY/BUSCHE Rn 20; SOERGEL/HEFERMEHL Rn 2; BGHZ 47, 75, 78). Über ihr Verhältnis zueinander und das zwischen objektiver und subjektiver Methode ist den Normen selbst aber nichts zu entnehmen (WIEACKER JZ 1967, 385; TRUPP NJW 1990, 1346). Hierüber entscheiden die das Recht der Willensmängel prägenden Grundsätze (PALANDT/HEINRICHS Rn 11 im Anschluss an TRUPP aaO, der freilich seinerseits die Gegensätze zu § 133 und § 157 überbetont), also das Verhältnis zwischen den Prinzipien der Selbstbestimmung und Selbstverantwortung einerseits sowie des Verkehrs- und Vertrauensschutzes andererseits (vgl näher Vorbem 21 ff zu §§ 116–144). Zum Schwur kommt die Vorrangfrage, wenn die Parteien eines Vertrages übereinstimmend etwas anderes erklären wollten als sie objektiv erklärt haben. Insoweit besteht nun freilich Einigkeit darüber, dass unter dem Gesichtspunkt der Auslegung (zu Formfragen Rn 30 ff) der übereinstimmende Wille vorgeht und nicht die objektive Erklärung (Rn 12 f). Die *empirische Auslegung gem § 133 genießt Vorrang*, wenn und soweit sie der Selbstbestimmung der Parteien entspricht und kein Grund besteht, das Vertrauen des anderen Vertragsteils oder des Verkehrs zu schützen (vgl nur LARENZ/WOLF § 28 Rn 19, 22, 29 ff; WIESER JZ 1985, 407). Aus diesem Grund gilt auch das Recht der letztwilligen Verfügungen als Domäne des § 133, und folgerichtig bezieht sich die Rechtsprechung bei der **Auslegung von Testamenten** primär auf diese Vorschrift und nicht auf § 157 (stRspr BGHZ 80, 246, 249; 86, 41, 45; BayObLG NJW-RR 1996, 1351; LARENZ, AT § 19 II f = S 348; MEDICUS, AT Rn 322). Die gleiche Interessenlage besteht, wenn der Erklärungsempfänger erkennt, wie der Erklärende selbst seine Erklärung verstanden hat (vgl auch Rn 13). *Die normative Auslegung gem § 157 geht vor*, wenn die Erklärung gegenüber einem anderen abzugeben ist und dieser den wirklichen Willen des Erklärenden nicht erkennt. Dann erfordern es der Schutz des Verkehrs und der Vertrauensschutz des Erklärungsempfängers, dass die Erklärung vorbehaltlich einer Irrtumsanfechtung gemäß §§ 119 ff entsprechend ihrem objektiv normativen Gehalt gilt (vgl näher Vorbem 21 ff zu §§ 116–144). Das in § 133 ausgesprochene **Verbot der Buchstabeninterpretation** ist sowohl bei der empirischen als auch bei der normativen Auslegung zu beachten (BGHZ 124, 64, 68; FLUME, AT § 16, 3 a = S 308).

3. Verhältnis zu § 242

Nach dem Wortlaut und der Entstehungsgeschichte von § 242 (Prot II 1251 = Mug- 7
dan II 522) bezieht sich das Gebot, die Erfordernisse von Treu und Glauben und der
Verkehrssitte zu beachten, ausschließlich auf die Art und Weise der Schulderfüllung. § 242 hatte die Funktion, den für die Begründung und den Inhalt der Rechtsgeschäfte maßgebenden § 157, der den gleichen Maßstab vorgibt, zu ergänzen. Mit
anderen Worten: § 242 betrifft das „Sollen", § 157 das „Wollen" (so zB Oertmann 314;
BGHZ 16, 4, 8). Über die beschränkte Bedeutung des § 242 als Richtschnur für das
„wie" ist die Rechtsentwicklung freilich längst hinausgegangen (eingehend Staudinger/J Schmidt [1995] § 242 Rn 51 ff), so dass die Grenzziehung zwischen beiden
Normen an Präzision und Bedeutung verloren hat (vgl auch Flume § 16, 3 a = S 308).
Der Klarheit halber sollte man freilich nicht von Auslegung gemäß § 242 sprechen
(so aber BGHZ 12, 357, 375; BayObLGZ 1981, 30, 34; dagegen MünchKomm/Mayer-Maly/
Busche Rn 21).

II. Voraussetzungen der Auslegung

1. Gegenstand und Mittel der Auslegung

Die Auslegung vollzieht sich in **zwei Stufen**: Grundlage und erste Stufe der Auslegung ist die **Feststellung des Erklärungstatbestandes** (Soergel/Hefermehl Rn 15; 8
Palandt/Heinrichs Rn 5; BGH NJW-RR 1992, 772, 773), seine **Deutung** bildet die zweite
Stufe. Zum Erklärungstatbestand gehören alle Tatsachen, die den *Gegenstand der
Auslegung* verkörpern sowie die *Hilfsmittel*, aus denen Rückschlüsse auf ihren
Inhalt gezogen werden können. Diese bilden das „Material" der Auslegung (vgl
BGH NJW 1984, 721, 722), für das folglich die allgemeinen Grundsätze über die Behauptungs- und Beweislast im Prozess gelten (vgl Rn 77). Die Sinndeutung selbst ist
dagegen nicht mehr Tatsachenfeststellung, sondern Akt normativer Wertung und
daher Rechtsfrage (BGH aaO; Larenz, AT § 19 II h = S 352; Palandt/Heinrichs Rn 5, 29; zur
prozessualen Bedeutung der Unterscheidung unten Rn 76 f). **Auslegungsgegenstand** ist das
Verhalten des Erklärenden, dem die Bedeutung einer Willenserklärung zukommt,
also die Worte, Zeichen oder Gebärden, denen sich dieser zur Verlautbarung seines
Rechtsfolgewillens bedient. Dagegen ist der bloße innere, nicht erklärte Wille nicht
Gegenstand der Auslegung, weil er als solcher rechtlich nicht maßgeblich ist (vgl
oben Rn 1). **Mittel** der Auslegung sind die außerhalb des Erklärungsaktes liegenden
Umstände, die Rückschlüsse auf den Sinn der Erklärung, ihren Inhalt und ihre
Eigenschaft als Willenserklärung ermöglichen (Palandt/Heinrichs Rn 5; Soergel/
Hefermehl Rn 9). Zu berücksichtigen sind sämtliche Begleitumstände, das Gesamtverhalten der Parteien (MünchKomm/Mayer-Maly/Busche Rn 40 u 44) einschließlich der
Vorgeschichte des Rechtsgeschäfts, frühere Geschäftsgepflogenheiten und das Verhalten nach Vertragsschluss, ein besonderer Sprachgebrauch ebenso wie zB Ort und
Zeit des Vertragsschlusses (Einzelheiten unten Rn 44 ff). Da die Ermittlung der Bedeutung eines Selbstbestimmungsaktes die grundsätzliche Frage nach dem Vorhandensein eines Rechtsbindungswillens einschließt, dient die Auslegung nicht nur der
Inhaltsermittlung, sondern auch bereits der **Feststellung, ob überhaupt eine Willenserklärung vorliegt** (vgl näher Rn 25).

2. Auslegungsbedürftigkeit

9 Nach einer nicht nur in der älteren Rechtsprechung vertretenen Ansicht bildet die Auslegungsbedürftigkeit eine Voraussetzung der Auslegung. Daran soll es fehlen, wenn eine Willenserklärung „absolut eindeutig", „unmissverständlich" oder „völlig klar und unzweideutig" ist (vgl RGZ 70, 391, 393; 160, 109, 111; BGHZ 32, 60, 63; BGH LM Nr 7 zu § 2084; NJW 1984, 289, 290; 1996, 2648, 2650; BayObLGZ 1981, 30, 34; 1982, 159, 163; SOERGEL/HEFERMEHL Rn 4; PALANDT/HEINRICHS Rn 6; SCHIMMEL JA 1998, 979, 983). Die Beurteilung einer Willenserklärung als „eindeutig" ist freilich zwangsläufig das Ergebnis eines interpretatorischen Vorgangs, der nicht ohne Berücksichtigung der Begleitumstände erfolgen kann (KRAMER, Grundfragen 138; MünchKomm/MAYER-MALY/ BUSCHE Rn 42; JAUERNIG Rn 2; ERMAN/PALM Rn 11; SCHERER Jura 1988, 302, 304; in diesem Sinne auch RGZ 158, 119, 124, das zu Unrecht als Beleg für die Gegenmeinung dient; BGHZ 86, 41, 47; BGH NJW 2002, 1260, 1261; der Sache nach auch BGHZ 121, 13, 17; aA aber MANGOLD NJW 1961, 2284, 2285; 1962, 1597, 1599 f). Die **Eindeutigkeitsformel** ist zudem missverständlich, weil sie dahin fehlinterpretiert werden kann, als würde der eindeutige *Wortlaut* einer Willenserklärung die Auslegung entbehrlich machen (vgl insbes RG JW 1912, 102, 103 m krit Anm HECK; BGH LM Nr 7 zu § 2084; NJW 1996, 2648, 2650; BayObLGZ 1981, 30, 34). Weil das Ziel der Auslegung darin besteht, dem erklärten Parteiwillen zur Geltung zu verhelfen und § 133 nachdrücklich eine reine **Buchstabeninterpretation** verbietet, können Willenserklärungen auch gegen ihren (scheinbar) eindeutigen Wortlaut ausgelegt werden (vgl BGHZ 80, 246, 249 f; 86, 41, 45 f; BGH NJW 1984, 721; 2002, 1260, 1261; WM 1987, 1501, 1502; BayObLG Rpfleger 1988, 97; NJW-RR 1991, 6, 7; BAGE 22, 424, 426; HECK JW 1919, 102; BROX JA 1984, 549, 552; ERMAN/PALM Rn 11; aA unrichtig MANGOLD NJW 1962, 1597, 1599 f). Aus dem gleichen Grunde darf sich der Interpret bei schriftlichen Verträgen nicht auf die Vermutung der Richtigkeit und Vollständigkeit der Vertragsurkunde zurückziehen (BGH NJW 1995, 1494, 1496 mwN). Der Wortlaut einer Urkunde ist zwar wichtiges, aber widerlegliches Indiz für den Geschäftswillen. Die Feststellung, eine Erklärung sei eindeutig, kann somit die Auslegung nicht einschränken, sondern darf höchstens als abschließende Würdigung eines nicht nur den Wortlaut, sondern alle Umstände berücksichtigenden Auslegungsverfahrens verwendet werden (vgl HÄSEMEYER 131; BERNARD 29 mwN). In diesem Sinne sind auch Typisierungen zulässig. Wenn zB bei der Abgrenzung zwischen **Bürgschaft** und **Schuldbeitritt** kein anderes Kriterium zur Verfügung steht, als das wenig trennscharfe „Fehlen des eigenen sachlichen Interesses" (vgl STAUDINGER/HORN [1997] § 765 Rn 367), bestehen keine Bedenken, wenn die Rechtsprechung darauf nur in Not- und Zweifelsfällen zurückgreift, sich aber nicht über den Wortlaut des betreffenden Haftungsversprechens hinwegsetzt (abw MünchKomm/MAYER-MALY/BUSCHE Rn 46). Die als „selbstschuldnerische Bürgschaft" bezeichnete Erklärung kann daher nicht in einen Schuldbeitritt „umgedeutet" werden, wenn der „Bürge" ein eigenes sachliches Interesse an den Leistungen aus dem Hauptvertrag haben sollte. Und umgekehrt ist das Fehlen eines eigenen sachlichen Interesses kein Grund, einen erklärten Schuldbeitritt als – formnichtige – Bürgschaft zu qualifizieren (BGH LM Nr 7 zu § 133 [B]; Nr 34 zu § 133 [C]; SOERGEL/HEFERMEHL Rn 4; PALANDT/HEINRICHS Rn 18).

3. Auslegungsfähigkeit

10 Auf dem gleichen Grundgedanken wie die Eindeutigkeitsregel beruht der in der älteren Rechtsprechung verbreitete, soweit ersichtlich aber nicht praktisch gewor-

dene Satz, dass **in sich widerspruchsvolle und ganz und gar widersinnige Willenserklärungen** nicht auslegungsfähig seien (vgl RG JW 1910, 801; 1916, 405, 407; BGHZ 20, 109, 110; Titze, Missverständnis 354). Ihr ist daher im Wesentlichen aus den gleichen Gründen nicht zu folgen, da die angebliche Auslegungsschranke ebenfalls auf einer Missachtung des in § 133 ausgesprochenen **Verbotes der Buchstabeninterpretation** beruht. Die höchstrichterliche Rechtsprechung toleriert denn auch nicht, wenn der Tatrichter vor Auslegungsschwierigkeiten vorschnell kapituliert und scheinbare Widersprüche in der Formulierung von Rechtsgeschäften nicht aufzulösen versucht. Vielmehr ist von dem Erfahrungssatz auszugehen, dass die Parteien des Rechtsgeschäfts einen bestimmten wirtschaftlichen Zweck verfolgt haben und zum Ausdruck bringen wollten. Insofern muss der Richter aufzuklären versuchen, welche Überlegungen und Vorstellungen den widerspruchsvoll erscheinenden Regelungen zugrunde lagen (BGH NJW 1986, 1035; vgl schon RG JW 1916, 405, 407; BGHZ 20, 109, 110; BGH NJW 1981, 2745; 1984, 721; MünchKomm/Mayer-Maly/Busche Rn 45). Das Scheitern der Auslegung ist höchst seltener Ausnahmefall, der dann, aber nur dann zur **Nichtigkeit des Rechtsgeschäfts wegen Perplexität** führt (vgl unten Rn 23 mit Bsp).

III. Empirischer Wille und objektiv normative Erklärungsbedeutung

Gemäß § 133 ist bei der Auslegung der wirkliche Wille zu erforschen. Darunter ist nicht ein „verobjektivierter, normativer Wille" (Soergel/Hefermehl Rn 1) zu verstehen, sondern der empirische Wille (vgl oben Rn 5). Da dieser Wille irgendwie erklärt sein muss (oben Rn 1), kommt es bei der Auslegung gemäß § 133 genau betrachtet **nicht** auf die Ermittlung des **inneren Willens** an, sondern darauf, wie der Erklärende seine Verlautbarung subjektiv verstanden hat (Wieser JZ 1985, 407; ders AcP 189 [1989] 112, 115; Scherer Jura 1988, 302, 305; Staudinger/Coing[11] Rn 7, 30; Soergel/Hefermehl Rn 1). Dies gilt allerdings nur, wenn schutzwürdige Interessen des Erklärungsempfängers nicht entgegenstehen. Kennt dieser den wahren Willen nicht, schützt das Gesetz in bestimmtem Umfang dessen Vertrauen auf die objektive Bedeutung des Erklärten (vgl näher Vorbem 21 ff zu §§ 116–144). Damit korrespondiert die nach § 157 am Maßstab von Treu und Glauben sowie der Verkehrssitte auszurichtende objektiv normative Auslegung. **11**

1. Empirische Auslegung

Die empirische Auslegung trägt dem Prinzip der Selbstbestimmung in vollem Umfang Rechnung. Ihr gebührt deshalb im Prinzip der Vorrang (vgl schon Rn 6), soweit nicht Interessen des Erklärungsempfängers entgegenstehen. Darauf beruht die Parömie „falsa demonstratio non nocet" (Rn 13 f) und die bei nicht empfangsbedürftigen Willenserklärungen im Allgemeinen befürwortete, aber in Einzelheiten umstrittene Auslegung nach dem subjektiven Verständnis des Erklärenden (Rn 15 f). **12**

a) „Falsa demonstratio non nocet"*

Sind sich sämtliche an einem Rechtsgeschäft Beteiligten über die Bedeutung der jeweiligen Abreden einig oder weiß der Empfänger zufällig, was der Erklärende **13**

---

* **Schrifttum**: Bang, Falsa demonstratio, Ein Beitrag zur Lehre der Auslegung und Anfechtung, JherJb 66 (1916) 309; Brox, Der Bundesgerichtshof und die Andeutungstheorie, JA 1984, 549 ff; Cordes, Der Haakjöringsköd-Fall, JurA 1991, 352; Foer, Die Regel „falsa de-

gemeint hat, besteht kein Anlass, den Parteien den objektiven Inhalt des Erklärten aufzuzwingen: „falsa demonstratio non nocet" (zu den historischen Wurzeln im römischen Recht BANG JhJb 66 [1916] 309, 310 ff; WIELING AcP 172 [1972] 298 f). Die Unschädlichkeit solcher Falschbezeichnungen lässt sich mit großer Deutlichkeit aus den Vorschriften über Willensmängel ableiten, insbesondere aus den §§ 117 Abs 1 und 2, 116 S 2 und 122 Abs 2 (vgl M REINICKE JA 1980, 455, 457 f; FOER 30 ff). Sie folgt im Übrigen aus dem für die Privatautonomie grundlegenden **Prinzip der Selbstbestimmung**. Dieses wird nur insoweit von den Prinzipien des Verkehrs- und Vertrauensschutzes überlagert, als dies der Schutz des Erklärungsempfängers erfordert. Seit der berühmten Entscheidung des Reichsgerichts im Fall **„Haakjöringsköd"** (RGZ 99, 147, 148; dazu zuletzt CORDES Jura 1991, 352; MARTINEK JuS 1997, 136), wo beide Vertragspartner den norwegischen Ausdruck für Haifischfleisch verwechselten und glaubten, einen Vertrag über die Lieferung von Walfischfleisch geschlossen zu haben, ist in Rechtsprechung und Schrifttum anerkannt, dass solche übereinstimmenden Falschbezeichnungen unschädlich sind (RGZ 61, 264, 265; 62, 49, 50 f; 109, 334, 336; BGHZ 20, 109, 110; 71, 75, 77 f; 71, 243, 247; 74, 117, 119; 87, 150, 153; NJW 1984, 721; 1995, 1212, 1213; 1996, 1678, 1679; 1998, 746, 747; 1999, 486, 487; BAGE 22, 169, 174; BayObLGZ 1996, 149, 152; LARENZ, AT § 19 II a = S 338 f; PALANDT/HEINRICHS Rn 8; MEDICUS, AT Rn 327; krit, iE aber zust WIELING AcP 172 [1972] 297, 307; ders Jura 1979, 524, 525 f). Entsprechendes gilt, wenn der Empfänger **das Gemeinte erkannt** hat. Es ist nicht erforderlich, dass sich dieser den erkannten Willen des Erklärenden *zu eigen gemacht* hat (BGH NJW 1984, 721; 2002, 1038 [1039]; NJW-RR 1993, 373; PALANDT/HEINRICHS Rn 8; aA LARENZ/WOLF § 28 Rn 31), da die Frage des Konsenses erst die Ebene des Zustandekommens von Verträgen betrifft, nicht bereits die Ebene des Verstehens. Wer das wirklich Gewollte erkennt, wäre auch in Bezug auf die objektive Bedeutung der Erklärung „bösgläubig". Einer objektiv-normativen Auslegung bedarf es ferner nicht, wenn der Erklärungsempfänger bereit ist, den vom Erklärenden gemeinten Sinn gelten zu lassen (vgl § 119 Rn 100; MünchKomm/KRAMER § 119 Rn 129). Sofern der Empfänger **das Gewollte** zwar nicht erkannt hat, aber **hätte erkennen können**, liegt diesem Urteil eine objektiv-normative Auslegung zugrunde, die der Erklärungsempfänger gemäß § 157 gegen sich gelten lassen muss (zutr FLUME, AT § 16 I 1d = S 302). Die Parömie „falsa demonstratio non nocet" macht keinen Halt vor dem *klaren und eindeutigen Wortlaut* einer Erklärung. Auch insoweit gilt das Gemeinte, nicht das Erklärte. Unschädlich sind Falschbezeichnungen sogar bei **Insichgeschäften**, die der Vertreter mit sich im eigenen Namen abschließt, soweit nicht Verkehrsinteressen berührt sind (BGH NJW 1991, 1730 f; 1999, 486, 487). Da es auch bei Falschbezeichnungen darauf ankommt, den Sinn des Gewollten zu erfassen und uU zu ergänzen, handelt es sich entgegen BGH LM Nr 2 zu § 157 (Gf) durchaus noch um Auslegung, nicht bloß um Tatsachenfeststellung (vgl unten Rn 77 m Nachw).

14 Die *falsa demonstratio*-Regel gilt nicht nur bei Individualverträgen, sondern auch

---

monstratio non nocet" unter der besonderen Berücksichtigung der Testamentsauslegung (1987); FLUME, Testamentsauslegung bei Falschbezeichnungen, NJW 1983, 2007 ff; KOEBL, Falsa demonstratio non nocet? – Verstoß gegen den Formzwang?, DNotZ 1983, 598 ff; MARTINEK, Haakjöringsköd im Examinatorium, JuS 1997, 136; M REINICKE, Der Satz von der „falsa demonstratio" im Vertragsrecht, JA 1980, 455; WIELING, Die Bedeutung der Regel „falsa demonstratio non nocet" im Vertragsrecht, AcP 172 (1972) 298; ders, Falsa demonstratio non nocet, JurA 1979, 524.

bei **Auslegung von AGB**, wenn die beteiligten Vertragsparteien übereinstimmend einer Klausel einen von ihrer objektiven Bedeutung abweichenden Sinn beilegen (BGHZ 113, 251, 259; BGH NJW 1983, 2638; 1986, 1807; BRANDNER AcP 162 [1963] 237, 255). Gemäß § 305b genießt die individuelle Auslegung Vorrang und ist daher im Verhältnis zwischen den Vertragsparteien maßgebend, im Einzelfall auch zugunsten des Verwenders (BGH NJW 1995, 1494, 1496). Im Verbandsprozess kommt es dagegen auf die objektive Bedeutung der Klausel aus der Sicht eines „verständigen Dritten" an (BGHZ 7, 365, 368; 33, 216, 218; 109, 240, 248 f; BGH NJW 1983, 2638; vgl STAUDINGER/SCHLOSSER [1998] § 4 AGBG Rn 18; zur kundenfeindlichen Auslegung unten Rn 49). Ähnlich ist die Problematik bei der Auslegung von **Wechseln**, die nach Ansicht der Rechtsprechung wegen ihrer Umlauffunktion und dem darauf beruhenden Prinzip der formellen Wechselstrenge grundsätzlich objektiv auszulegen sind (BGHZ 21, 155, 162; 53, 11, 14 f; 64, 11, 14; 124, 263, 265; BAUMBACH/HEFERMEHL, Wechselgesetz und Scheckgesetz [22. Aufl] WG Einl Rn 56 mwN; krit JOOST WM 1977, 1394 ff). Das schließt aber nicht aus, im Verhältnis zwischen den Parteien des Begebungsvertrages deren individuelles Verständnis gelten zu lassen (BGHZ 34, 179, 183; 64, 11, 15 f; BGH WM 1981, 375 f; PFLUG ZHR 148 [1984] 1, 15 f; BAUMBACH/HEFERMEHL, WG Einl Rn 58; iE übereinstimmend JOOST WM 1977, 1394, 1397 ff; gegen eine „gespaltene Auslegung" von Wechsel und Begebungsvertrag und für einen Schutz des auf den äußeren Schein des Papiers vertrauenden Inhabers nach den Regeln über den Einwendungsausschluss; HUECK/CANARIS, Recht der Wertpapiere [12. Aufl 1986] § 6 VI; vgl auch JACOBI, Wechsel- und Scheckrecht, § 87 IV 1 b = S 677; unabhängig von der Konstruktion ist man sich darin einig; wer die individuelle Bedeutung des Erklärten kennt, darf nicht auf den objektiven Inhalt des Papiers vertrauen). Je nach Sachlage können somit Wechselverpflichtungen gegen den Wortlaut der Urkunde begründet oder eingeschränkt werden. Zeichnet zB ein Vertreter auf einem Wechsel mit seinem Namen ohne Vertreterzusatz und erkennt der erste Nehmer, dass dieser keine persönliche Verpflichtung übernehmen wollte, haftet er nicht diesem, sondern nur späteren Erwerbern aus dem Wechsel (BGH WM 1981, 375 f; vgl auch BGHZ 34, 179, 183). Entsprechendes gilt für erkannte oder – was dem gleich steht – evidente Falschbezeichnungen bei der Scheckbegebung (BGH NJW-RR 1991, 229 f; WM 1992, 567, 568). Wurde zB in Frankreich versehentlich ein **Scheck** über 33 991,18 *DM* ausgestellt, obwohl die zu begleichende Rechnung über 33 991,18 französische *Francs* lautete, haftet der Aussteller gegenüber dem ersten Schecknehmer nach den Grundsätzen der individuellen Auslegung nur in Höhe des offensichtlich gewollten Betrages in *Francs* (OLG Köln NJW-RR 1997, 940 f). Auch bei der **Auflassung** von Grundstücken gilt der Grundsatz „falsa demonstratio non nocet" (BGH DNotZ 1966, 172 [173]; WM 1978, 194 [196]; NJW 1986, 1867 [1868]; 2002, 1038 [1039]). Will der Verkäufer ein ihm gehörendes Grundstück ohne eine vom Grundstücksnachbarn genutzte, diesem mündlich versprochene, aber noch nicht zu Eigentum übertragene Teilfläche veräußern und ist dies weder im notariellen Vertrag noch bei den Vertragsverhandlungen mit dem Käufer erwähnt worden, so ist diese Teilfläche entgegen BGH NJW 2002, 1038 durchaus Gegenstand der Auflassung. Bloße Erkennbarkeit der Falschbezeichnung genügt gerade nicht. Insofern ist eine unschädliche falsa demonstratio nicht erwiesen, wenn dem Käufer bei der Besichtigung des Objekts deren Zugehörigkeit zum Nachbargrundstück (optisch) klar vor Augen gestanden hat, weil sich dem Erwerber damit allenfalls die Nutzung durch den Nachbarn, nicht aber dessen geplante dingliche Berechtigung aufdrängen musste (mit Recht krit WILHELM WuB IV A. § 133 BGB 1.02). Bei **formbedürftigen Rechtsgeschäften** sind im Übrigen nur versehentliche Falschbezeichnungen unschädlich, nicht absichtliche, weil sonst die Zwecke der Formvorschriften unterlaufen werden könnten (vgl dazu näher unten Rn 36). Nicht alle absichtlichen Falschbezeichnungen sind Scheingeschäfte iSv § 117 Abs 1 (missverständlich zB SOERGEL/HEFERMEHL Rn 17; vgl zu unwesentlichen Falschbezeichnungen § 117 Rn 11).

b) Nicht empfangsbedürftige Willenserklärungen

15 Da nicht empfangsbedürftige Willenserklärungen bereits mit der Abgabe wirksam werden, dürfte es grundsätzlich nicht darauf ankommen, wie sie von Dritten verstanden worden sind oder verstanden werden mussten, und zwar selbst dann, wenn diese von dem Rechtsgeschäft irgendwie betroffen sind. Insofern liegt es nahe, dass sich die Auslegung nach dem individuellen Verständnis des Erklärenden selbst richten soll (vgl LARENZ/WOLF § 28 Rn 15; SOERGEL/HEFERMEHL Rn 11). Dies gilt insbesondere für die **Auslegung des einfachen Testaments**, die zu Recht als Domäne der empirischen Auslegung gem § 133 angesehen wird (vgl näher Rn 37). Die unbegrenzte Berücksichtigung des Erblasserwillens kollidiert zwar mit den Formvorschriften für letztwillige Verfügungen und wird deshalb von der Rechtsprechung gemäß der sog „Andeutungsformel" nur zugelassen, soweit dieser im Wortlaut des Testaments irgendwie – wenn auch nur versteckt oder andeutungsweise – Ausdruck gefunden hat (vgl RGZ 160, 109, 111; BGHZ 26, 204, 210; 80, 242, 244; 80, 246, 250; LM Nr 7 zu § 2084; Nr 10 zu § 2078). Inzwischen ist aber anerkannt, dass es sich nicht um eine Frage der Auslegung, sondern um eine Frage der Form handelt (vgl BGHZ 86, 41, 46). Dafür genügt es jedoch nach richtiger Ansicht, dass der Erklärende aus seiner Sicht einen förmlichen Ausdruck für seinen Geschäftswillen gewählt hat (vgl näher Rn 36). Nur absichtliche Falschbezeichnungen stehen der Verwirklichung des Erblasserwillens im Wege, nicht versehentliche. Im Übrigen verhindert § 116 S 1, der auch bei nicht empfangsbedürftigen Willenserklärungen gilt, dass der Erblasser mit den Erbprätendenten „sein Spiel treibt" (vgl § 116 Rn 2). Eine gewisse Ähnlichkeit mit letztwilligen Verfügungen besitzt das **Stiftungsgeschäft** gem § 81, so dass es auch hier gerechtfertigt erscheint, in erster Linie den wirklichen, aber unvollkommen erklärten Willen des Stifters zur Geltung zu bringen (LARENZ/WOLF § 28 Rn 15).

16 Bei **anderen nicht empfangsbedürftigen Willenserklärungen**, den sog **Willensbetätigungen** (Vorbem 4 zu §§ 116–144), wird zum Teil ebenfalls die Auffassung vertreten, dass ein Vertrauensschutz nicht in Betracht komme und sich die Auslegung daher nach dem subjektiven Verständnis des Erklärenden richte (LARENZ/WOLF § 28 Rn 15; auch MEDICUS, AT Rn 322; SOERGEL/HEFERMEHL Rn 11, die aber konkret nur das Testament behandeln). Dem kann in dieser Allgemeinheit nicht zugestimmt werden, weil zum einen ein Vertrauensschutz gem § 122 Abs 1 2. Alt ausdrücklich auch bei nicht empfangsbedürftigen Willenserklärungen in Betracht kommt (vgl MünchKomm/KRAMER § 151 Rn 50 aE; SINGER, Selbstbestimmung 164, 167) und zum andern der Gefahr zu begegnen ist, dass der Erklärende die Bedeutung seines Verhaltens willkürlich festlegt. Dementsprechend besteht weitgehende Einigkeit darüber, dass zB bei der **Annahme durch nicht empfangsbedürftige Willenserklärung gemäß § 151** der Annahmewille als solcher nicht genügt, sondern objektiv „nach außen" hervorgetreten sein muss (BGHZ 74, 352, 356; 111, 97, 101; BGH WM 1986, 322, 324; STAUDINGER/BORK [2003] § 151 Rn 15; MünchKomm/KRAMER § 151 Rn 49; SINGER, Selbstbestimmung 168; aA FLUME, AT § 35 II 3 = S 655; LARENZ/WOLF §§ 22 Rn 13, 28 Rn 15; SCHWARZE AcP 202 [2002] 607, 614). Ob dies der Fall ist, beurteilt die Rechtsprechung danach, ob vom Standpunkt eines unbeteiligten objektiven Dritten aus das Verhalten des Angebotsempfängers aufgrund aller äußeren Indizien auf einen „wirklichen Annahmewillen" schließen lässt (BGHZ 111,

97, 102; BGH WM 1986, 322, 324; NJW 2000, 276, 277), was im Ergebnis der Auslegung nach dem Empfängerhorizont sehr nahe kommt (zutr STAUDINGER/BORK [2003] § 151 Rn 15 mwN; abw P BYDLINSKI JuS 1988, 36, 37 f; MünchKomm/KRAMER § 151 Rn 50; PALANDT/HEINRICHS § 151 Rn 2). Spätestens wenn das annahmebegründende Verhalten des Empfängers nach außen gedrungen ist, besteht wie bei einer empfangsbedürftigen Willenserklärung das Bedürfnis nach Rechtssicherheit und Vertrauensschutz, das bei einer Auslegung nach dem empirischen Willen des Angebotsempfängers nicht befriedigt würde. Dem entspricht, dass sich nach hM entsprechend dem Rechtsgedanken des § 116 S 1 die objektive Deutung des Annahmeverhaltens gegenüber willkürlichen Interpretationen des Empfängerverhaltens durchsetzt (dafür LARENZ, AT § 28 I; MünchKomm/KRAMER § 151 Rn 50; aA PAWLOWSKI, AT Rn 607, 609; SCHWARZE AcP 202 [2002] 607, 618 ff). Bei der **Dereliktion** gem § 959 ist die Interessenlage ähnlich, doch schließt hier die überwiegende Ansicht aus der fehlenden Empfangsbedürftigkeit dieser Willenserklärung (nach aA Willensbetätigung, vgl STAUDINGER/GURSKY [1995] § 959 Rn 1), dass die Auslegung nach dem tatsächlichen Willen des Handelnden zu fragen hat (RGZ 83, 223, 229; STAUDINGER/GURSKY aaO; WESTERMANN, Sachenrecht [7. Aufl] § 58, 2 b = S 471; LARENZ/WOLF §§ 22 Rn 12, 28 Rn 15; PAWLOWSKI Rn 607, 609; FRITSCHE MDR 1962, 714; vgl auch RGSt 67, 294, 298). Nach der Gegenansicht muss der Wille zur Eigentumsaufgabe „erkennbar betätigt" werden, so dass auch hier von den objektiven Umständen abhängen würde, ob im Wege der Auslegung auf einen Verzichtswillen geschlossen werden kann. Wer die Dereliktion bereut, kann sich daher nicht darauf berufen, dass er die weggeworfenen Sachen nicht endgültig aufgeben wollte oder versehentlich die falschen Sachen weggeworfen habe, sondern muss ggf anfechten (LG Ravensburg NJW 1987, 3142, 3143; LG Bonn NJW 2003, 673, 674; MünchKomm/QUACK § 959 Rn 6; HÖLDER JherJb 55 [1909] 413, 448; WALSMANN 276 f; REPGEN AcP 200 [2000] 533, 550; PALANDT/HEINRICHS § 959 Rn 1). Für die letztgenannte Auffassung sprechen die gleichen Gründe wie beim Zugangsverzicht gem § 151, also Rechtssicherheit, Vertrauensschutz und Vermeidung willkürlicher Interpretationen durch den Dereliquenten.

17 Bei einseitigen **Rechtsgeschäften, die an die Öffentlichkeit gerichtet sind**, besteht weitgehende Einigkeit darüber, dass auf die Verständnismöglichkeiten des Verkehrs Rücksicht zu nehmen ist (MünchKomm/MAYER-MALY/BUSCHE Rn 15 u 27; vgl auch unten Rn 71 ff). So handelt es sich bei der **Auslobung** zwar um ein einseitiges, aber gem § 657 für die Öffentlichkeit bestimmtes und bekannt zu machendes Versprechen, so dass bei der Auslegung auch deren Horizont maßgeblich sein sollte. Für die Auslobung gelten daher die Grundsätze objektiver Auslegung (KORNBLUM JuS 1981, 801, 803; LARENZ/WOLF § 28 Rn 15; wohl enger PAWLOWSKI, AT Rn 610 a: objektiver Wortsinn; vgl auch BGHZ 17, 366, 371, der die §§ 133, 157 auf eine allerdings „unechte", vertraglich vereinbarte „Auslobung" anwendete). Derjenige, der den wahren Willen des Auslobenden erkennt, darf aber keine weiterreichenden Rechte in Anspruch nehmen (FLUME § 16, 2 a = S 304). An die Öffentlichkeit richten sich auch die **Gründungserklärungen bei der Einmann-GmbH** (§ 1 GmbHG) **und Einmann-AG** (§§ 2, 36 Abs 2 AktG). Diese sind folglich ebenfalls objektiv auszulegen (LARENZ/WOLF § 28 Rn 15). Zur individuellen Auslegung von **Gesellschaftsverträgen und Satzungen** vgl unten Rn 72 f.

2. Objektiv normative Auslegung

a) Grundsatz: Auslegung nach dem Empfängerhorizont

18 Bei **empfangsbedürftigen Willenserklärungen** ist auf die Verständnismöglichkeiten des Empfängers Rücksicht zu nehmen. Sofern dieser nicht weiß oder erkennt, was der Erklärende gemeint hat (dazu Rn 13), kommt es darauf an, wie sie nach Treu und Glauben unter Berücksichtigung der Verkehrssitte von denen verstanden werden musste, für die sie bestimmt war (BGHZ 36, 30, 33; 47, 75, 78; 103, 275, 280; NJW 1988, 2878, 2879; 1990, 3206 f; 1992, 1446 f; NJW-RR 1993, 946; BAG NJW 1994, 3373; 2000, 308 [309]; JAUERNIG Rn 10; SOERGEL/HEFERMEHL Rn 14; PALANDT/HEINRICHS Rn 9). Der **Erklärungsempfänger** darf sich also nicht darauf verlassen, dass die Erklärung so gilt, wie er sie verstanden hat oder es für ihn am günstigsten ist. Er wird zwar üblicherweise vom Wortlaut ausgehen und sich dabei am allgemeinen Sprachgebrauch und der verkehrsüblichen Bedeutung orientieren, darf sich aber darauf nicht verlassen (§ 133), sondern muss sich seinerseits mit der gebotenen Sorgfalt darum bemühen, anhand aller erkennbaren Umstände den Sinn der Erklärung zu erforschen (BGH NJW 1981, 2295, 2296; 1992, 170; LARENZ, AT § 19 II a = S 339; SOERGEL/HEFERMEHL Rn 14; PALANDT/HEINRICHS Rn 9). Diese **normativen Anforderungen an die Sorgfalt des Interpreten** finden einen gewissen Anklang in der Bezugnahme des § 157 auf die Erfordernisse von Treu und Glauben. Entscheidend sind aber die gesetzlichen Wertungen des Irrtumsrechts gemäß §§ 116 ff, die das Ergebnis einer Abwägung zwischen den das Recht der Rechtsgeschäfte dominierenden Prinzipien der Selbstbestimmung und Selbstverantwortung einerseits, und des Verkehrs- und Vertrauensschutzes andererseits verkörpern (Vorbem 21 ff zu §§ 116–144). Aus den §§ 119, 121, 122 folgt, dass auf das Vertrauen des Erklärungsempfängers Rücksicht zu nehmen ist, wobei Art und Umfang des Vertrauensschutzes davon abhängen, ob der Irrende sein Anfechtungsrecht fristgemäß ausübt. Entsprechend den allgemeinen Grundsätzen des Vertrauensschutzes genügt nicht blindes Vertrauen. Wer das Gemeinte zwar nicht erkennt, aber erkennen kann, ist in seinem Vertrauen nicht schutzwürdig und darf sich nicht auf sein individuelles Verständnis vom Inhalt der Willenserklärung berufen (vgl die Wertung der §§ 173, 179 Abs 3 S 1, 405, 932 Abs 2 sowie im vorliegenden Zusammenhang insbes § 122 Abs 2, der freilich nur eingeschränkt zutrifft; vgl § 119 Rn 40 mwN; im Schrifttum statt vieler CANARIS, Vertrauenshaftung 504 ff).

19 Beispiele: Bestellt jemand in einem Hotel telefonisch „zwei Zimmer mit drei Betten" (vgl LARENZ, AT § 19 II = S 340), darf der Hotelier nicht auf die für ihn günstige Auslegung vertrauen, dass der Gast insgesamt sechs Betten bestellen wollte. Ausschlaggebend ist, wie er die Erklärung verstehen musste (Rn 18). Gibt es keine weiteren Anhaltspunkte für den wirklichen Geschäftswillen des Gastes, ist die rechtsgeschäftliche Erklärung wegen Mehrdeutigkeit nichtig (vgl näher Rn 23; dort auch zu der Frage, ob der Hotelier wenigstens Abnahme von drei Betten verlangen kann). Treffen die Grundstücksnachbarn A und B die Vereinbarung, dass in den Gebäudewänden von A, soweit sie dem Grundstück von B zugewandt sind, keine „Fenster" angebracht werden dürfen (vgl BGH LM Nr 17 zu § 133 [C]), dann darf A dieser Abrede nicht den für ihn günstigen Inhalt entnehmen, dass „Glasbausteine" nicht von dem Verbot betroffen sind. Gegen diese Auslegung spricht die Interessenlage, da im Falle des Einbaus von Glasbausteinen die künftige Bebauung des Grundstücks von B erheblichen Einschränkungen ausgesetzt wäre (vgl dazu auch unten Rn 54). Weitere Bsp und Einzelheiten zur objektiv-normativen Auslegung unten Rn 44 ff. Die Frage, ob und in welchem Umfang sich **Ausländer** darum bemühen müssen, den Inhalt einer *fremden* Willenserklärung zu verstehen, ist in erster Linie eine Frage des Zugangs und im Regelfall zu bejahen, da es dem Empfänger zuzumuten ist, sich notfalls um eine Übersetzung zu bemühen (ausf § 119 Rn 18). Auslegungsprobleme stellen sich, wenn der Ausländer eine *eigene* Willenserklärung in einer für ihn fremden Sprache abgibt; ist der Erklärende **erkennbar sprachunkundig**, darf sich der Empfänger nicht darauf verlassen, dass dieser meint, was er objektiv erklärt hat (vgl näher § 119 Rn 22 f).

b) Zurechenbarkeit des Erklärungsinhalts

Da sich der Erklärungsempfänger darum bemühen muss, den objektiven Sinn des **20** Erklärten zu erfassen und ihm dabei jede Fahrlässigkeit schadet, spricht sich das Schrifttum für eine *Gleichbehandlung des Erklärenden* aus (grdl LARENZ, Methode 72 ff; zust F BYDLINSKI, Privatautonomie 160; ders Basler Jur Mitteilungen 1982, 1, 18; FLUME § 16, 3 c = S 311; SOERGEL/HEFERMEHL Rn 21; **aA** KELLMANN JuS 1971, 609, 614 f). Auch ihm soll die Erklärung nur insoweit als eigene zugerechnet werden können, als er bei gehöriger Sorgfalt ihre objektive Bedeutung erkennen konnte. Dieser dem Recht der Willensmängel fremde Zurechnungsmaßstab ist zuletzt auch von der Rechtsprechung herangezogen worden, um die Zurechnung unbewusster Willenserklärungen zu begründen und gleichzeitig zu beschränken (vgl dazu Vorbem 34 zu §§ 116–144). Seine Berechtigung bei gewöhnlichen Inhaltsirrtümern wird im Schrifttum am Beispiel des sog **Speisekarten-Falles** diskutiert (vgl LARENZ, AT § 19 II a = S 341 f; LARENZ/WOLF § 28 Rn 26–28; MEDICUS, AT Rn 324–326; WIESER AcP 184 [1984] 40 ff; LOBINGER 212 ff). In diesem auf JHERING (Zivilrechtsfälle ohne Entscheidungen [2. – 4. Aufl 1881] Nr LXXVI = S 156 f bzw 159 f) zurückgehenden und von MEDICUS (AT Rn 324; dieser und FLUME § 16, 3 c = S 312 Fn 43 a zitieren Nr 49 II) abgewandelten Schulbeispiel hat ein Jurastudent die reichverzierte Speisekarte einer Studentenkneipe mitgehen lassen und zehn Jahre später als Staatsanwalt wieder reumütig zurückgelegt (in JHERINGS Fall aaO wurde eine Ziffer radiert). Ein Gast bestellt im Glauben, besonders günstig zu speisen, und erfährt erst bei Präsentation der Rechnung, dass das Gericht eigentlich das Doppelte kosten würde. Während LARENZ (342) einen Dissens annimmt, bejahen MEDICUS (Rn 326), WIESER (43) und WOLF (in LARENZ/WOLF § 28 Rn 26) einen Konsens auf der Basis der alten Preise. Letzteres trifft zu, da der Vertragsantrag des Gastes objektiv so ausgelegt werden muss, wie das mit dem Inhalt der von ihm in Bezug genommenen Speisekarte entspricht. Entgegen LARENZ (341) und LOBINGER (213) darf man dabei nicht auf den konkreten Empfängerhorizont des Wirtes abstellen, der von dem Austausch weder wusste noch wissen musste, weil sonst die Verantwortung, die dieser für den Inhalt seiner eigenen Willenserklärung hat, auf einer anderen Ebene – nämlich bei der Auslegung der fremden Willenserklärung – wieder in Frage gestellt würde. Wie WIESER (AcP 184 [1984] 40, 43 f) nachgewiesen hat, käme man sonst in solchen Fällen stets zum **Dissens**. Das ist schon deshalb **nicht sachgerecht**, weil der Wirt ja nach seiner eigenen Erklärung Speisen zu den alten Preisen anbietet und der Gast damit einverstanden ist (zutr MEDICUS Rn 325). Bei einem Dissens könnte der Wirt hingegen seiner Verantwortung für die eigene Willenserklärung entgehen, ohne das dafür vorgesehene Instrument der Anfechtung in Anspruch zu nehmen und ohne Rücksicht auf das Vertrauen des Erklärungsempfängers. Man muss deshalb die **Willenserklärung des Gastes** unter Berücksichtigung der Speisekarte auslegen, da diese den *objektiven* Bezugsrahmen seiner Erklärung bildet (SINGER AcP 201 [2001] 93 [97]).

Für die **Vertragsannahme** durch den Wirt gilt dies wegen des übereinstimmenden **21** Empfängerhorizonts des Gastes ohnehin. Würde man nun verlangen, dass auch dem Wirt diese Bedeutung seiner eigenen Willenserklärung – also Vertragsannahme zu den alten Preisen – zurechenbar sein müsse, käme man wieder zu einem Dissens, den LARENZ (aaO) von seinem Standpunkt aus folgerichtig befürwortet. Weder das Erfordernis der Zurechenbarkeit noch die Annahme eines Dissenses werden jedoch den Interessen des Erklärungsempfängers gerecht und widersprechen zudem der Entscheidung des Gesetzgebers, der dieses Problem gesehen und anders gelöst hat (zutr KELLMANN JuS 1971, 609, 615). Die Verantwortung für die objektive Erklärungsbedeutung der eigenen Willenserklärung ist nämlich gleichbedeutend mit der **Verantwortung für Willensmängel**, die sich wiederum von der Verantwortung des Erklärungsempfängers klar unterscheidet. Anders als dieser braucht nämlich der Erklärende die erkennbare Bedeutung *seiner* Erklärung nicht gelten zu lassen, sondern kann gemäß § 119 Abs 1 anfechten und muss nur den Vertrauensschaden ersetzen, wenn ein solcher entstanden sein sollte. Das *Symmetrieargument* scheitert also in erster Linie daran, dass der Gesetzgeber die Verantwortung für die missverstandene eigene Willenserklärung anders geregelt hat, wobei die auf der Schadensersatzebene eintretende Risikohaftung gemäß § 122 durchaus sachgerecht ist (vgl SINGER, Selbstbestimmung 186 f; ebenso LARENZ/WOLF § 28 Rn 28). Denn bei der vom Gesetzgeber in Abgrenzung von der Verschuldenshaftung gemäß §§ 307, 309 aF (im Ergebnis übereinstimmend jetzt § 280 Abs 1 nF) mit Bedacht vorgesehenen strengeren Risikohaftung des § 122 im Bereich der Willensmängel (vgl Prot I 452 f) ist die typisierende Vermutung gerechtfertigt, dass solche Mängel ihren Ursprung in der Sphäre des Erklärenden haben und dieser potentiell eher in der Lage ist, Missverständnisse zu vermeiden und auftretende Risiken zu beherrschen.

22 Im Speisekarten-Fall kommt es also weder darauf an, ob der Gast die Befugnis hatte, den Wirt rechtsgeschäftlich zu verpflichten, oder wenigstens Anscheinsvollmacht besaß (so WIESER AcP 184 [1984] 43; abl auch MEDICUS Rn 325), noch ist entscheidend, ob Auslegungszweifel im allgemeinen zu Lasten desjenigen gehen, der die Formulierung ausgewählt, in den Vertrag eingeführt oder sonst in der Erklärung benutzt hat (so LARENZ/WOLF § 28 Rn 28 im Anschluss an FLUME, AT § 16, 3 e = S 314). Die nur beschränkt verallgemeinerungsfähige **„interpretatio contra proferentem"** (vgl dazu unten Rn 62) trifft nicht ganz den vorliegenden Fall, weil hinsichtlich des den Sinn der Willenserklärung prägenden Bezugsrahmens keine Interpretations-, sondern Zurechnungszweifel bestehen. Diese löst der Gesetzgeber aber in der Weise, dass dem Erklärenden gemäß §§ 119, 121, 122 die Möglichkeit eingeräumt wird, sich von der normativen Zurechnung nicht gewollter Rechtsfolgen durch fristgemäße Anfechtung zu befreien (SINGER AcP 201 [2001] 93 [97]). Für ein weitergehendes Zurechnungserfordernis in Gestalt der Anscheinsvollmacht oder einer analogen Anwendung der **Unklarheitenregel** besteht überhaupt kein Bedürfnis. Auf die Zurechnung der Speisekarte zur Sphäre des Wirts kommt es nur hinsichtlich der Schadensersatzhaftung gemäß § 122 an. Die hier getroffene Entscheidung des Gesetzgebers für das Risikoprinzip sollte man dann freilich auch respektieren und nicht durch Heranziehen systemfremder Zurechnungskriterien unterlaufen. Im Ergebnis erscheint die Haftung des Wirtes gemäß § 122 mit Rücksicht auf die abstrakte Beherrschbarkeit des Risikos durchaus gerechtfertigt. Man denke nur an die in vielen Gaststätten übliche Anweisung an das Bedienungspersonal, aufwendig gestaltete Speisekarten vor „Sammlern" in Sicherheit zu bringen und nach der Bestellung durch den Gast am Tisch wieder abzuholen. Die Schadensersatzhaftung gem § 122 führt in der Regel zu einer Preisminderung zugunsten des Gastes, da man als plausibel unterstellen darf, dass dieser bei Kenntnis der wahren Preise ein preiswerteres oder gar kein Gericht bestellt hätte.

c) Rechtsfolgen

Führt die Auslegung zu **keinem eindeutigen Ergebnis**, ist die betreffende Willenserklärung wegen Unbestimmtheit nichtig (Flume, AT § 16, 3 e = S 314; Larenz, AT § 19 II a = S 340; Medicus Rn 759; Jauernig Rn 2; Soergel/Hefermehl Rn 23; vgl auch OLG Düsseldorf MittBayNot 2001, 321, 323: Dissens). Sofern sich allerdings im Rahmen einer mehrdeutigen Erklärung ein *eindeutiger Kerngehalt* ermitteln lässt, muss sich der Erklärende an diesem unzweifelhaften Ausdruck seines Geschäftswillens festhalten lassen. Ob ein solcher Kerngehalt unzweifelhaft gewollt ist, bedarf sorgfältiger Prüfung. Wenn jemand in einem Hotel telefonisch zwei Zimmer mit drei Betten reservieren lässt (vgl zu diesem Bsp auch oben Rn 19), ist ohne zusätzliche Indizien für die tatsächlich benötigte Bettenkapazität unsicher, ob insgesamt drei oder sechs Betten bereitstehen sollen. Mit Larenz wird man ferner annehmen dürfen, dass der Hotelier wenigstens drei Betten bereitstellen muss, wenn der Gast dies wünscht (vgl AT § 19 II = S 340). Denn dies war aus Sicht des Wirtes das Minimum, auf das er sich in jedem Fall einrichten musste. Hingegen kann man – insoweit abweichend von Larenz (aaO) – den Gast nicht für verpflichtet halten, in jedem Fall drei Betten zu bezahlen, da für *ihn* die Bettenzahl nicht ohne weiteres teilbar ist. Wollte er zB mit seiner sechsköpfigen Familie verreisen, wäre ihm mit einer Übernachtungsgelegenheit in drei Hotelbetten ersichtlich nicht gedient, so dass ihm dies auch nicht als Mindestwunsch unterstellt werden kann. Der Gast könnte sich also auf die Nichtigkeit der Bestellung berufen und müsste wegen der für den Erklärungsempfänger bestehenden Sorgfaltsanforderungen der objektiv normativen Auslegung auch nicht für einen etwaigen Vertrauensschaden des Wirtes aufkommen, da dieser nicht auf die Gültigkeit der Bestellung vertrauen durfte (vgl zum Fall des verschuldeten Dissenses § 122 Rn 21; zum Standpunkt der hM vgl Staudinger/Bork [2003] § 155 Rn 17 mNw).

d) Geltungsbereich
aa) Allgemeine Geltung

Die allgemeinen Auslegungsregeln der §§ 133, 157 gelten nicht nur für Verträge (oben Rn 3), sondern für alle Arten von **Willenserklärungen** (vgl Palandt/Heinrichs Rn 2 f; Soergel/Hefermehl Rn 5 ff; Erman/Palm Rn 2 ff): formbedürftige (Rn 30 ff), abstrakte wie zB Wechsel- oder Scheckerklärungen (Rn 14, 71), Inhaberschuldverschreibungen (Rn 71) oder dingliche Rechtsgeschäfte (Rn 49 – Eigentumsvorbehalt; RGZ 152, 189, 192; BayObLGZ 1996, 149, 152 – Auflassung), für Prozessvergleiche (Rn 79 aE; BAG NJW 1973, 918, 919), Schiedsvereinbarungen (BGHZ 24, 15, 19), **geschäftsähnliche Handlungen** (Vorbem 2 zu §§ 116–144) wie zB Mahnung, Zahlungsaufforderung (BGHZ 47, 352, 357), oder Anzeige (BGH WM 1977, 819; BFH WM 1982, 1138, 1139 – Forderungsabtretung; BAGE 2, 355, 357 – Krankmeldung), Zustands- und Leistungsbeschreibung (BGH NJW-RR 1995, 914, 915; NJW 1995, 45, 46), Einwilligung (BGH NJW 1980, 1903, 1904 – ärztlicher Eingriff; BGHZ 20, 345, 348 – Veröffentlichung eines Prominentenfotos) oder Freigabeerklärung des Insolvenzverwalters. Für **Erklärungen**, die sich **an einen unbestimmten Personenkreis** richten, wie zB Allgemeine Geschäftsbedingungen, Vollmachtsurkunden, Umlaufpapiere, Satzungen, Gesellschaftsverträge, Tarifverträge und Betriebsvereinbarungen, gelten besondere, in den Einzelheiten umstrittene Regeln (vgl näher Rn 71 ff). Zur Auslegung **nicht empfangsbedürftiger Willenserklärungen** vgl Rn 15 ff, des **Schweigens** als konkludente Willenserklärung vgl Vorbem 73 ff zu §§ 116–144.

bb) Bestehen einer Willenserklärung („ob")

25 Die Grundsätze objektiv normativer Auslegung gelten auch, wenn zu klären ist, **ob überhaupt eine Willenserklärung abgegeben worden ist** (BGHZ 21, 102, 106 f; 91, 324, 330; 109, 171, 177; BGH NJW 1984, 721; 1994, 188, 189; 1996, 2574, 2575; LM Nr 13 zu § 2084; BAG NJW 1971, 1422, 1423; 1998, 475; 2000, 308 [309]; LARENZ § 19 III = S 354; JAUERNIG Rn 1; PALANDT/ HEINRICHS Rn 10). Hinsichtlich der Interessenlage unterscheiden sich die Fälle nicht, da die vom Interpreten anzustellende Erforschung, welche konkreten Rechtsfolgen der Erklärende in Geltung setzen wollte, zwangsläufig die Ermittlung einschließt, ob er überhaupt welche herbeiführen wollte. Damit ist allerdings entgegen verbreiteter Ansicht (PALANDT/HEINRICHS aaO; wohl auch BGHZ 91, 324, 330) nicht die Frage präjudiziert, ob der Erklärende an einen objektiven Erklärungstatbestand gebunden ist oder sich auf das uU fehlende **Erklärungsbewusstsein**, ggf nach Anfechtung seiner Erklärung, berufen darf (dazu oben Vorbem 33 ff zu §§ 116–144). Solange er dies nicht tut, ist in jedem Fall vom objektiven Erklärungswert seines Verhaltens auszugehen, so dass die Auslegung eine von der Zurechnung des Erklärungsverhaltens unabhängige, eigenständige Aufgabe erfüllt. Dies beweist auch § 118, der einen gesetzlich geregelten Fall des fehlenden Erklärungsbewusstseins darstellt und gerade einen solchen Tatbestand betrifft, bei dem das objektiv Erklärte wegen eines Willensmangels nicht gilt (vgl § 118 Rn 2 u 5). Schließlich stellt auch das Erfordernis eines **Handlungswillens**, der nach allgemeiner Ansicht subjektive Mindestvoraussetzung einer gültigen Willenserklärung ist, die Möglichkeit und Notwendigkeit objektiv normativer Auslegung nicht in Frage (vgl LARENZ/WOLF § 28 Rn 35).

cc) Konkludente Willenserklärungen

26 Die für ausdrückliche Willenserklärungen geltenden Grundsätze sind auch bei **konkludenten Willenserklärungen** anzuwenden (PALANDT/HEINRICHS Rn 11). Allerdings gelten gewisse Besonderheiten bei **konkludenten Bestätigungen, Genehmigungs-, Zustimmungs- und Verzichtserklärungen** (vgl Vorbem 44 ff zu §§ 116–144). Diese setzen nach seit langem feststehender Rechtsprechung (vgl insbes BGHZ 2, 150, 153; 53, 174, 178; 110, 220, 222; 129, 371, 377; BGH NJW 1973, 1789; 1982, 1099, 1100; 1995, 953) das Bewusstsein voraus, dass eine Willenserklärung wenigstens möglicherweise erforderlich ist. Obwohl der BGH im Anschluss an die grundlegende Entscheidung zum Erklärungsbewusstsein inzwischen partiell dazu neigt, auch bei diesen konkludenten Willenserklärungen auf das subjektive Erfordernis des Genehmigungs- oder Bestätigungsbewusstseins zu verzichten (BGHZ 109, 171, 177 f; ebenso PALANDT/HEINRICHS Rn 11; dazu krit Vorbem 46 u 48 zu §§ 116–144), ist dem nicht zu folgen. Die ältere Rechtsprechung hatte durchaus ihre Berechtigung und beruhte auf den Schwierigkeiten, in solchen Fällen allein anhand der objektiven Umstände auf einen Genehmigungs- oder Verzichtswillen schließen zu müssen. Da hier die **objektive Auslegungsmethode versagt**, kann die Feststellung eines **Rechtsbindungswillens** in der Tat nicht ohne Berücksichtigung der tatsächlichen Bewusstseinslage des Verzichtenden, Genehmigenden oder Bestätigenden erfolgen (vgl dazu näher Vorbem 45 ff zu §§ 116–144).

dd) Auslegung im Prozess

27 Nach stRspr richtet sich auch die **Auslegung von Prozesshandlungen** nach den §§ 133, 157 (BGHZ 22, 267, 269; 63, 389, 392; BGH NJW 1991, 2630, 2631 f; NJW-RR 1994, 568; 1995, 1183 f; FamRZ 1986, 1087; BVerwG JZ 1990, 824; STEIN/JONAS/LEIPOLD, ZPO [21. Aufl] Vorbem § 128 Rn 192 ff; ZÖLLER/GREGER, ZPO Vorbem § 128 Rn 25; ROSENBERG/SCHWAB/GOTTWALD,

Zivilprozessrecht § 65 Rn 22). Es ist also auch im Prozessrecht nicht am **Wortlaut** der Erklärung zu haften, sondern der wirkliche Wille der Partei zu erforschen (BGH NJW 1991, 2630, 2632; NJW-RR 1994, 568). Maßgebend ist nicht der innere, sondern der geäußerte Wille, wie er aus der **Erklärung und den gesamten Umständen** erkennbar wird (BGH NJW 1981, 2816, 2817; BVerwG JZ 1990, 824; ZÖLLER/GREGER, ROSENBERG/SCHWAB/ GOTTWALD aaO). Dabei ist „zugunsten einer Prozesspartei stets davon auszugehen, dass sie im Zweifel mit ihrer Prozesshandlung das bezweckt, was nach Maßgabe der Rechtsordnung vernünftig ist und der recht verstandenen Interessenlage entspricht" (BGH NJW-RR 1995, 1184; vgl zu diesen Auslegungsmaximen unten Rn 52 ff). So kann die ausdrückliche Geltendmachung eines Zurückbehaltungsrechts, das zur Zug-um-Zug-Verurteilung führen würde, als Schadensersatz- oder Minderungsverlangen zu qualifizieren sein, wenn der Beklagte seinen Klageabweisungsantrag in vollem Umfang aufrechterhält (BGH NJW 1991, 2630, 2632). **Offensichtliche Falschbezeichnungen** wie zB die versehentliche Bezeichnung der Berufungsbegründungsfrist als „Berufungserwiderungsfrist" sind zu berichtigen (BGH NJW-RR 1994, 568). Im übrigen sind nach Ansicht des BGH Verfahrenshandlungen so auszulegen, wie sie bei **objektiver Betrachtung** zu verstehen sind, selbst wenn ihnen die Beteiligten einschließlich des zuständigen Richters übereinstimmend einen anderen Sinn beilegen (BGH NJW 1981, 2816, 2817; zust ROSENBERG/SCHWAB/GOTTWALD aaO; SOERGEL/HEFERMEHL Rn 6). Diese Ansicht überzeugt nur in dem vom BGH (aaO) zu beurteilenden Fall eines Rechtsmittelverzichts, da dessen Umfang vom Rechtsmittelgericht lediglich an Hand des äußeren Erklärungstatbestandes festgestellt werden kann. Ansonsten ist eine **falsa demonstratio** unschädlich, wenn sich *alle* Beteiligten einschließlich des Gerichts über den Sinn einer Prozesshandlung einig sind.

Bei **Urteilen und Schiedssprüchen** gelten andere Grundsätze. Zwar handelt es sich auch hier um auslegungsfähige Texte (MünchKomm/MAYER-MALY/BUSCHE Rn 38), aber die Auslegung richtet sich nicht nach dem Verständnis der Parteien oder der Meinung des Gerichts, welches das Urteil gefällt hat, sondern nach dem **gesamten Inhalt des Urteils** einschließlich Tatbestand und Gründen (RGZ 90, 290, 292; 97, 118, 121; BGH NJW 1986, 2703; 1990, 2933, 2935; SOERGEL/HEFERMEHL Rn 6; ROSENBERG/SCHWAB/GOTTWALD § 152 Rn 22 ff). Bei einem Schiedsspruch kommt es aber auch darauf an, was die Parteien durch das Schiedsgericht entschieden haben wollten. Insoweit ist auch der – gem §§ 133, 157 auszulegende – Schiedsvertrag heranzuziehen (BGHZ 24, 15, 20). Ähnlich verhält es sich bei einem Anerkenntnisurteil, dessen volle Bedeutung sich erst aus dem Klageantrag und der Anerkenntniserklärung erschließt (BGHZ 5, 189, 192; RGZ 147, 27, 30; ROSENBERG/SCHWAB/GOTTWALD § 152 Rn 31; aA MünchKomm/MAYER-MALY/BUSCHE Rn 38).

ee) Öffentlich-rechtliche Erklärungen

Öffentlich-rechtliche Erklärungen sind ebenfalls gemäß §§ 133, 157 auszulegen. Für **öffentlichrechtliche Verträge** folgt dies aus § 62 S 2 VwVfG (BVerwGE 84, 257, 264 f; OVG Münster NVwZ 1992, 988, 989). Darüber hinaus ist allgemein anerkannt, dass die bürgerlich-rechtlichen Auslegungsregeln auch für **andere Willensäußerungen staatlicher Behörden** gelten wie zB **Verwaltungsakte** (BVerwGE 41, 305, 306; 67, 305, 307 f; BGH NJW 1994, 2893), Zusagen (BVerwG NJW 1976, 303, 304) oder Beschlüsse von Selbstverwaltungskörperschaften (BGH NJW 1998, 2138, 2140; BGHZ 86, 104, 110). Maßgeblich ist daher nicht der innere, sondern der erklärte Wille der Behörde, wie er sich bei **objektiver Betrachtung** darstellt (BVerwGE 29, 310, 312; 60, 223, 228 f). Dabei ist in erster Linie auf Sinn und Zweck der Regelung, ihre Entstehungsgeschichte sowie die Interessenlage abzustellen und nicht am buchstäblichen Ausdruck der Willensäußerung zu haften (BVerwGE 19, 198, 204; BGHZ 86, 104, 110; BGH NJW 1994, 2893; 1998, 2138, 2140). Verbleibende Unklarheiten gehen zu Lasten der Verwaltung (BVerwGE 41, 305, 306; BGH NJW 1994, 2893). Auch **Willenserklärungen des Bürgers gegenüber dem Staat** sind gemäß § 133 auszulegen (BVerwGE 16, 198, 203; BFH WM 1982, 1138, 1139). Dabei kommt es auch hier auf die Verständnismöglichkeit des Erklärungsempfängers zum Zeitpunkt des Zugangs der Erklärung an (BVerwG NVwZ-RR 2000, 135). Anders als im Bürgerlichen Recht fehlt es jedoch an einem Interessengegensatz zwischen Bürger und Staat, so dass die Behörden bei entsprechenden Anhaltspunkten für ein mögliches Missverständnis dazu verpflichtet sind, den wahren Willen zu erforschen (ERICHSEN, in: ERICHSEN, Allg VerwR [12. Aufl] § 22 III Rn 14; vgl auch BVerwGE 25, 191, 194, das in Lastenausgleichssachen von einer entsprechenden staatlichen Betreuungspflicht ausgeht).

IV. Auslegung formbedürftiger Rechtsgeschäfte*

1. Die Unterscheidung von Inhaltsermittlung und Formzwang

30 Die allgemeinen Auslegungsgrundsätze gemäß §§ 133, 157 gelten auch bei der Auslegung formbedürftiger Willenserklärungen. Die Auslegung darf auch hier nicht etwa Halt machen am Wortlaut des Erklärten, da zum Verständnis des Erklärten zwangsläufig auch auf Umstände außerhalb der Erklärung zurückgegriffen werden muss und der Interpret andernfalls gegen das Verbot der Buchstabeninterpretation verstieße. Formgebote beinhalten auch keine Vorschriften über die Inhaltsermittlung von Rechtsgeschäften, sondern regeln ihrem Inhalt und Zweck nach ausschließlich die Frage, wie das Erklärte beschaffen sein muss, um wirksam zu werden. **Die Formfrage ist deshalb von der Inhaltsfrage zu unterscheiden** (BGHZ 86, 41, 47 im Anschluss an HÄSEMEYER 155 ff und BERNARD 21 ff; inzwischen hM, vgl ferner zB BGH NJW 1996, 2792, 2793; WM 2000, 886, 887; BayObLG FamRZ 1989, 1118, 1119; BROX JA 1984, 549, 552; WIESER JZ 1985, 407, 408; SCHERER 46; GERHARDS JuS 1994, 642, 645; MEDICUS, AT Rn 330; PALANDT/HEINRICHS Rn 19; LARENZ/WOLF § 28 Rn 80; MünchKomm/MAYER-MALY/BUSCHE Rn 29; früher schon DANZ 169, 180; krit LEIPOLD JZ 1983, 711, 712). Die in Rechtsprechung und Schrifttum früher vorherrschende Sicht, bei der unter Anwendung der Andeutungstheorie (Rn 31) Auslegungs- und Formfragen vermischt wurden (vgl die eingehende Dokumentation von SCHERER 15 ff [34]; dies Jura 1988, 302 f), kann inzwischen als

---

* **Schrifttum:** BERNARD, Formbedürftige Rechtsgeschäfte (1979); BROX, Der Bundesgerichtshof und die Andeutungstheorie, JA 1984, 549; FOERSTE, Die Form des Testaments als Grenze seiner Auslegung, DNotZ 1993, 84; GERHARDS, Ergänzende Testamentsauslegung und Formvorschriften („Andeutungstheorie"), JuS 1994, 642; HÄSEMEYER, Die Bedeutung der Form im Privatrecht, JuS 1980, 1; ders, Die gesetzliche Form der Rechtsgeschäfte (1971); JOHN, Probleme des Erbrechts im Spiegel zweier neuer Großkommentierungen, FamRZ 1983, 1090; LEIPOLD, Wille, Erklärung und Form – insbesondere bei der Auslegung von Testamenten, in: FS Müller-Freienfels (1986) 421; SMID, Probleme bei der Auslegung letztwilliger Verfügungen, JuS 1987, 283; WELTER, Auslegung und Form testamentarischer Verfügungen (1985); WOLF/GANGEL, Der nicht formgerecht erklärte Erblasserwille und die Auslegungsfähigkeit eindeutiger testamentarischer Verfügungen – BGH NJW 1981, 1737 und NJW 1981, 1736, JuS 1983, 663.

überholt angesehen werden. Für die Auslegung formbedürftiger Willenserklärungen sind nach heutigem Verständnis zwei Etappen zu unterscheiden: In einem *ersten Schritt* ist der Inhalt der Erklärung zu ermitteln; dabei sind **sämtliche Umstände, auch solche außerhalb der Erklärung**, zu berücksichtigen, wenn diese nach den allgemeinen Regeln des Prozessrechts unstreitig oder bewiesen sind (vgl schon RGZ 80, 403 u 405; BERNARD 22 ff; PALANDT/HEINRICHS § 133 Rn 19). Der *zweite Schritt* betrifft dann ausschließlich die Frage, ob das, was als Inhalt der Erklärung ermittelt worden ist, den jeweiligen Formvorschriften genügt.

2. Die Andeutungstheorie

In Bezug auf die Formgebote folgt die Rechtsprechung nach wie vor grundsätzlich 31 der **Andeutungstheorie** und lässt daher den durch Auslegung festgestellten Inhalt des Rechtsgeschäfts nur gelten, wenn dieser in der Urkunde einen wenn auch nur unvollkommenen oder andeutungsweisen Ausdruck gefunden hat (RGZ 59, 217, 219; 96, 286, 289; 154, 41, 45; BGHZ 63, 359, 362; 74, 116, 119 f; 80, 242, 245; 87, 150, 154; BGH NJW 1996, 2792 f; WM 2000, 886, 887; BayObLGZ 1988, 165, 169; BayObLG FamRZ 1994, 853, 854; ZEV 1994, 377, 378; vgl schon LEONHARD AcP 120 [1922] 14, 23 f; eingehend die apologetische Schrift von SCHERER 61 ff). Sonderregeln gelten aber für versehentliche Falschbezeichnungen. Obwohl es für Falschbezeichnungen typisch ist, dass das Gewollte in der Erklärung nicht einmal andeutungsweise zum Ausdruck kommt, sollen diese getreu der Maxime „**falsa demonstratio non nocet**" auch unter Formgesichtspunkten grundsätzlich unschädlich sein (RGZ 61, 264, 265; 63, 164, 169; 73, 154, 157; 109, 134, 136; 133, 279, 281; BGHZ 87, 150, 153; BGH LM Nr 22 zu § 133 [C]; NJW 1969, 2043, 2045; 1991, 1730 f; WM 1967, 701, 702; 1971, 1084, 1085; 1973, 869, 870; BFH NJW 1967, 1391; DANZ 181 f; BROX, Irrtumsanfechtung 110 f, 141 ff; HÄSEMEYER, Form 140 ff, 280 ff; ders JuS 1980, 1, 6; FLUME, AT § 16, 2 = S 306 f; ders NJW 1983, 2007, 2008; MünchKomm/MAYER-MALY/BUSCHE Rn 29; **aA** WIELING AcP 172 [1972] 297, 307 ff; ders Jura 1979, 524, 526). Das gilt freilich in erster Linie nur für zweiseitig verpflichtende synallagmatische Austauschverträge und ihre Erfüllungsgeschäfte, wohingegen die Rechtsprechung bei sonstigen Rechtsgeschäften, insbesondere **letztwilligen Verfügungen** (RGZ 70, 391, 393 f; BGHZ 80, 242, 246; 80, 246, 250 f;) und **Bürgschaften** (RGZ 82, 70, 71; BGHZ 26, 142, 146 f; 63, 359, 363; NJW 1989, 1484, 1486; WM 2000, 886, 887; vgl aber BGH NJW-RR 1993, 945, 946) mit Rücksicht auf die Zwecke der betreffenden Formvorschriften (§§ 766, 2247) am Andeutungserfordernis festhält (differenzierend auch R FOER 81 ff u 156 ff; SCHERER 55 u 74 ff). Die Andeutungstheorie verkörpert einen **Kompromiss** zwischen den beiden denkbaren Extremlösungen des Formproblems. Würde man verlangen, dass der durch Auslegung ermittelte Geschäftswille vollständig in der förmlichen Urkunde zum Ausdruck kommt, würde nicht nur der Formalismus ins Unerträgliche gesteigert (LEONHARD AcP 120 [1922] 14, 25), sondern auch gegen das Verbot der Buchstabeninterpretation des § 133 verstoßen (vgl M REINICKE JA 1980, 455, 460; BROX JA 1984, 549, 553). Das kunstmäßige Verstehen sprachlicher Äußerungen kann gar nicht ohne Berücksichtigung außerhalb der Urkunde liegender Umstände wie Sprachregeln, Erfahrungssätze, sozialen Umstände und dgl erfolgen (vgl HÄSEMEYER 149; WOLF/GANGEL JuS 1983, 663, 664), so dass es höchstens darum gehen kann, ihre Relevanz in Grenzen zu halten. Auf der anderen Seite will die Andeutungstheorie auch die andere Extremposition vermeiden und nicht auf jeden Anhalt des empirischen Willens in der förmlichen Urkunde verzichten. Man befürchtet, dass eine potentiell unbegrenzte Freistellung des Erklärungsinhalts vom Formzwang mit den Zwecken der Formvorschriften, insbesondere dem Beweissicherungszweck, in Widerspruch gerate und dadurch das Ziel, Streitigkeiten über den Inhalt der Urkunde möglichst hintanzuhalten, verfehle (BGHZ 80, 242, 246; 80, 246, 251; WIELING AcP 172 [1972] 297, 308 ff; ders Jura 1979, 524, 528 f; WOLF/GANGEL JuS 1983, 663, 665; GERHARDS JuS 1994, 642, 647). Die Andeutungstheorie stellt daher den Versuch dar, einen extremen Formalismus zu vermeiden, aber nicht jeden Formbezug aufzugeben, sondern ihn durch Aufstellen objektiver Kriterien im Ansatz („andeutungsweise") zu wahren (in diesem Sinne insbesondere WOLF/GANGEL, GERHARDT aaO).

32 Dieser Versuch einer objektiven Absicherung überzeugt nur vordergründig, weil nicht mit Hilfe objektiver Kriterien entschieden werden kann, ob der Erklärungsinhalt in der Urkunde „Andeutung" oder „Anklang" findet (zutr BERNARD 66 ff; BROX JA 1984, 549, 555; M REINICKE JA 1980, 455, 460 f; MEDICUS, AT Rn 331; vgl auch HÄSEMEYER, Form 145 ff). Die Rechtsprechung hat denn auch **ähnlich gelagerte Fälle** durchaus unterschiedlich gewertet (vgl HÄSEMEYER 130 f; BERNARD 67; BROX aaO): So hat der BGH in der Einsetzung eines „*Ersatzerben*" bzw von „leiblichen Nachkommen" noch eine hinreichende Andeutung für die ebenfalls gewollte Berufung als „*Nacherben*" gefunden (LM Nr 1 zu § 2100 [unter 3.]; NJW 1993, 256, 257; s a BGH NJW 1999, 1118, 1119). Genauso entschied das RG, als ein Erblasser die Verwandten „*vierter Ordnung*" mit denen „*vierten Grades*" verwechselte (SeuffA 70 Nr 223 = S 412 f), ferner das BayObLG, das zu den als Erben eingesetzten „*Kindern*" nur die *leiblichen* rechnete, weil der Erblasser wiederholt erklärt hatte, eine gewisse *Adoptivtochter* bekomme „sowieso nichts" (FamRZ 1989, 1118, 1119). Keine Berücksichtigung fand der Erblasserwille dagegen in den gleich gelagerten Fällen, in denen der Erblasser „*gesetzliche Erbfolge*" anordnete und dabei im einen Fall die Existenz einer *nichtehelichen Tochter* übersah (BGHZ 80, 246, 251), im anderen Fall irrtümlich glaubte, dass die *vollbürtigen* Geschwister den *halbbürtigen* vorgingen (RGZ 70, 390, 393 f). Man kann zu den Ergebnissen stehen wie man will: eine rationale Entscheidung, warum der Wille hier noch eine Andeutung gefunden hat und dort nicht, wird man vergebens suchen. Zu guter Letzt entscheidet doch richterliche Willkür. Insofern erfüllt die Andeutungstheorie gerade nicht den Zweck, den sie im Interesse der Wahrung der Form erfüllen soll: Streitigkeiten über den Inhalt der Urkunde werden nicht vermieden, sondern eher noch vermehrt, weil zu der Ungewissheit, ob der wirkliche Wille tatsächlich unverfälscht festgestellt worden ist, noch die Unsicherheit hinzukommt, ob der Grad der Andeutung in der Urkunde ausreicht.

33 Eine weitere Schwäche der Andeutungsformel besteht darin, dass sie mit der **falsa demonstratio Regel** nicht vereinbar ist. Die Lösung aus diesem Dilemma kann freilich nicht darin bestehen, dass man den Spieß umdreht und kurzerhand Falschbezeichnungen in förmlichen Rechtsgeschäften für schädlich erklärt (so WIELING AcP 172 [1972] 297, 314 ff; ders Jura 1979, 524, 528 f), denn dies liefe auf jenen unerträglichen Formalismus hinaus, vor dem Rechtsprechung und Schrifttum nahezu einhellig und zu Recht zurückschrecken (oben Rn 30). Es darf nicht überschätzt werden, was die Beurkundung eines Rechtsgeschäfts zu leisten vermag (vgl BGHZ 87, 150, 154 im Anschluss an BERNARD 71). Entsteht **Streit** über die Bedeutung des förmlich Erklärten, kann dieser **nicht aus der Urkunde allein entschieden** werden; andernfalls würde man sich in Widerspruch zu dem klaren Votum des Gesetzgebers in § 133 setzen und für förmliche Rechtsgeschäfte doch wieder die Buchstabeninterpretation einführen. Wenn man aber umgekehrt für die Unschädlichkeit bloßer Falschbezeichnungen eintritt, muss man zwangsläufig die damit unvereinbare Andeutungsformel aufgeben und kann diese nicht ohne inneren Widerspruch für einen bestimmten Kreis von Rechtsgeschäften, insbesondere Testamente und Bürgschaften, aufrechterhalten. Die **partielle Aufrechterhaltung der Andeutungstheorie** ist auch nicht damit zu rechtfertigen, dass bei **Bürgschaften und Testamenten** im Unterschied zu synallagmatischen Verträgen eine einseitige, besonders missbrauchsanfällige Beweissituation vorliege und daher hier der Beweissicherung gesteigerte Bedeutung zukomme (so Scherer 67 ff, 75 ff; ähnlich R Foer 159). Im Ergebnis würde diese Lösung zu einem wenig praxisgerechten „gespaltenen Formzwang" für Falschbezeichnungen führen, und in sachlicher Hinsicht leuchtet nicht ein, wieso für identische Formerfordernisse unterschiedliche Anforderungen an den Geschäftsinhalt urkundlicher Erklärungen gestellt werden sollen. Schließlich liegt auch dieser Differenzierung die unzutreffende Vorstellung zugrunde, als wäre die Andeutungsformel ein geeignetes Instrument, den Erklärungsinhalt in beweis- und rechtssicherer Form präsentieren zu können. Es gelten deshalb die gleichen, eben in Rn 32 dargelegten Einwände (vgl Häsemeyer AcP 188 [1988] 427, 428 f). Die Kritik an der Andeutungstheorie trifft im Kern auch auf andere, zum Teil ähnliche Versuche zu, mittels objektiver Kriterien eine annähernd beweissichere Verknüpfung zwischen dem Inhalt der förmlichen Erklärung und dem wirklichen Geschäftswillen herzustellen (vgl Wolf/Gangel JuS 1993, 663, 666 „Nachvollziehbarkeit"; für die ergänzende Testamentsauslegung auch Gerhards JuS 1994, 642, 648, der eine objektive Manifestation der Erblasserziele im Testament verlangt; MünchKomm/Leipold § 2084 Rn 15, der auf die Objektivierung der außerurkundlichen Auslegungsmittel setzt; wohl auch John FamRZ 1983, 1090, 1091).

3. Wahrung der Formgebote trotz Falschbezeichnungen

a) Inhalt der Formgebote und Formzwecke

Die Suche nach objektiven Anhaltspunkten für den wirklichen Geschäftswillen ist **34** von der Vorstellung beeinflusst, als würde sich der Formzwang nicht nur auf die Erklärung als den Gegenstand der Auslegung, sondern auch auf die Mittel der Auslegung beziehen. Dem Formzwang unterliegt indessen nur die Erklärung selbst, nicht die Umstände, die zu ihrer Sinnermittlung herangezogen werden müssen (vgl schon Danz 169, 181 f). Daraus folgt, dass auch bei **Falschbezeichnungen eine formgerechte Erklärung** vorliegt (zutr Bernard 76 f, 80 f). Die Sorge, dass dadurch die Zwecke der Formvorschriften vernachlässigt werden, ist nur zum Teil berechtigt. Die bei den §§ 311b Abs 1, 518 und 766 einschlägige Warn- und Schutzfunktion wird bei der Unschädlichkeit von Falschbezeichnungen nicht ernsthaft in Frage gestellt, da diesen Funktionen auch entsprochen wird, wenn sich der Erklärende aus seiner Sicht eine zutreffende Vorstellung vom Inhalt des Rechtsgeschäfts macht (zutr BGHZ 87, 150, 153; Lüderitz 196; Medicus, AT Rn 331). Beeinträchtigt ist zwar der Klarstellungs- und Beweissicherungszweck, aber es darf in der Tat nicht überschätzt werden, was Formvorschriften zu leisten vermögen (BGHZ 87, 150, 154 im Anschluss an Bernard 71). Kommt es zu Streitigkeiten über den Inhalt des Rechtsgeschäfts, kann dieser nicht aus der Urkunde heraus entschieden werden. Was ein Erblasser zu seinem „sonstigen Vermögen" rechnet (BGHZ 86, 41, 46 ff) oder wen er zB mit „P" meint (BGH NJW 1981, 1562 f), ist nur anhand aller Umstände, auch solcher außerhalb der Urkunde, zu entscheiden. Geben aber die außerhalb der Urkunde liegenden Umstände den Ausschlag, wird – auch wenn man der Andeutungstheorie folgt – eine Beeinträchtigung der Formzwecke – jedenfalls in negativer Hinsicht – in Kauf genommen.

Als ernsthafte Alternative kommt ein strenger Wortformalismus keinesfalls in Betracht, da derartiges § 133 eindeutig verbietet. Man kann sich daher nur darum bemühen, auf andere Weise ein **Mindestmaß an Beweissicherheit** zu gewinnen. Da die Andeutungstheorien nur scheinbar Sicherheit gewährleisten, erscheint es vorzugswürdig, offen dort ansetzen, wo die Unsicherheit ihren Ursprung und Ausgangspunkt hat, also beim Problem des Beweises und der **Beweiswürdigung**. Für die Urkunde streitet die **Vermutung der Richtigkeit und Vollständigkeit** (RGZ 52, 23, 26; 68, 15 f; BGH LM Nr 17 zu § 133 [C]; Nr 11 zu § 2078; DNotZ 1986, 78 f; NJW 1998, 3268; 1999, 486, 487; 1999, 1702, 1703; HÄSEMEYER, Form 265 f; ders JuS 1980, 1, 7; R FOER 87; SOERGEL/LORITZ § 2084 Rn 19). Diese Vermutung ist zwar widerleglich, aber die Last der Widerlegung obliegt dem, der einen abweichenden Geschäftsinhalt behauptet (BGHZ 121, 357, 364; BGH LM Nr 7 zu § 242 [A]; NJW 1999, 1702, 1703; BROX, Irrtumsanfechtung 156; ders JA 1984, 549, 554). Je mehr sich das Auslegungsergebnis von dem allgemeinen Sprachgebrauch entfernt, desto höhere Anforderungen müssen an die Plausibilität und Überzeugungskraft des Tatsachenvortrags und -beweises gestellt werden. Unterschwellig spielt dies ohnehin eine Rolle, wenn der Richter darüber befindet, ob der Wille noch in der Urkunde Anklang gefunden hat. Auch im Schrifttum besteht die Tendenz, leicht beweisbaren individuellen Sprachgewohnheiten des Erblassers eher Rechnung zu tragen als „willkürlichen" und daher eher manipulierbaren Falschbezeichnungen (vgl insbes MünchKomm/LEIPOLD § 2084 Rn 10 a und 15). Dann sollte man aber auch eine offene Auseinandersetzung mit dem Beweisthema führen. Immerhin ist die Rechtsprechung großzügiger, wenn es sich um eine ungewöhnliche Regelung handelt und deshalb die Annahme nahe liegt, dass der Wortlaut (hier: eines Testaments) nicht dem Willen des Erklärenden entspricht (vgl BGH NJW 1993, 256, 257).

35 Bei einem **non liquet** sollte es bei dem objektiv normativen Sinn der Verfügung bleiben (FLUME, AT § 16, 5 = S 355). Insofern kann keine Rede davon sein, dass der Geschäftsinhalt von Rechtsgeschäften, auch von Testamenten oder Bürgschaften, durch die Zulassung sämtlicher Beweismittel *beliebig* verfälscht werden kann. Wie bei jeder Tatsachenfeststellung ist zwar richterliche Willkür nicht gänzlich auszuschließen, aber man sollte die – bei nicht förmlichen Rechtsgeschäften ohnehin in Kauf genommene – Gefahr auch nicht überschätzen. Eine offene Auseinandersetzung über die Beweiswürdigung ist allemal einem Verfahren vorzuziehen, das nur scheinbar objektiv ist und den von einer Tatsachenbehauptung überzeugten Richter dazu zwingt, entweder Auslegungskunststücke zu vollführen (vgl MEDICUS, AT Rn 331) oder gar seine Überzeugung zu ignorieren, weil er für die unter Beweis gestellte Behauptung keine Andeutung in der Urkunde finden kann. Erst recht muss dies gelten, wenn der wirkliche Wille – wie zB im Fall BGHZ 87, 150, 152 – unstreitig oder evident ist (vgl auch BGH NJW 1981, 1562, 1563; 1984, 721; WM 2000, 886, 887; BGHZ 86, 41, 46; WELTER 88 m Fn 210; formale Bedenken trägt LEIPOLD JZ 1983, 712 f).

b) Schutzwürdigkeit bei Falschbezeichnungen

36 Da der **Zweck der Formvorschriften** mindestens auch darin besteht, die Parteien zu einer möglichst klaren und beweissicheren Fassung der förmlichen Erklärung anzuhalten, verdient nur derjenige Schutz, der sich **wenigstens subjektiv um eine formgerechte Erklärung bemüht** (vgl schon RGZ 80, 400, 405; grdl HÄSEMEYER, Form 270 ff; ders JuS 1980, 1, 6 f; zust M REINICKE JA 1980, 455, 461 f; WIESER JZ 1985, 407, 408; BROX JA 1984, 557; PALANDT/HEINRICHS Rn 19). Bei **absichtlichen Falschbezeichnungen** wie zB bei der **Schwarzbeurkundung** ist dies nach einhelliger Ansicht **nicht** der Fall (BGHZ 74, 116,

119; 89, 41, 43; MEDICUS, AT Rn 330; LARENZ, AT § 20 I c = S 369; LÜDERITZ 198; HÄSEMEYER JuS 1980, 1, 6 f; BERNARD 76 f; vgl auch § 117 Rn 24). Demgegenüber darf Fahrlässigkeit nicht schaden (WELTER 80), da dies wiederum auf einen Zwang zum sprachlich korrekten Ausdruck hinausliefe und ein solcher Zwang mit der Wertung des § 133 nicht vereinbar ist.

c) **Besonderheiten bei der Testamentsauslegung?**
Bei der **Auslegung von einfachen Testamenten**, bei der auch § 2084 zu beachten ist, führt die Anwendung der *falsa demonstratio Regel* dazu, dass sich der Inhalt der letztwilligen Verfügung nach dem individuellen, subjektiven Verständnis des Erblassers richtet. Testamente sind nicht empfangsbedürftige Willenserklärungen, bei denen das Vertrauen auf den Inhalt und die Beständigkeit des Rechtsgeschäfts nicht schutzwürdig ist und kraft ausdrücklicher Bestimmung des § 2078 Abs 3 auch nicht geschützt wird. Insofern kommt es bei der Auslegung von letztwilligen Verfügungen nicht auf den Empfängerhorizont oder die Verständnismöglichkeiten Dritter an (BROX 137; ders JA 1984, 549, 552; LÜDERITZ 202 f; LARENZ/WOLF, AT § 28 Rn 90 f; WOLF/GANGEL JuS 1983, 663, 664; SMID JuS 1987, 283, 284; WIESER AcP 189 [1989] 112 u 120; FLUME, AT § 16, 5 = S 331; aus dem ält Schrifttum vgl insbes DANZ 282; SIBER, in: Reichsgerichtspraxis III [1929] 150, 152). Umstritten ist allerdings, ob und inwieweit die gesetzlichen Formvorschriften einer Berücksichtigung des subjektiven Erblasserwillens im Wege stehen. Rechtsprechung und Teile des erbrechtlichen Schrifttums folgen auch insoweit der **Andeutungstheorie** oder akzeptieren lediglich einen besonderen **persönlichen Sprachgebrauch des Erblassers** (STAUDINGER/OTTE [2003] Vorbem 28 ff zu §§ 2064 ff; SOERGEL/LORITZ § 2084 Rn 12, 15, 19 f; LEIPOLD, in: FS Müller-Freienfels [1986] 421 ff [438]; ders, in: MünchKomm § 2084 Rn 15 f; LANGE/KUCHINKE, Lehrb d Erbrechts § 34 III, 2 a = S 732; R FOER 145 ff, 173 ff; SCHERER 74 ff; sa LARENZ, AT § 19 II f = S 348 f; LARENZ/WOLF, AT § 28 Rn 93 ff; WOLF/GANGEL JuS 1983, 663, 666; GERHARDS JuS 1994, 642, 647 f). Nicht überzeugend ist freilich der Hinweis auf die besondere Missbrauchsanfälligkeit der subjektiven Auslegungsmethode, die Erbschleicher und andere interessierte Personen dazu ermuntern könnte, einen vom Wortlaut des Testaments abweichenden Willen zu behaupten und durch bereitwillige Zeugen unter Beweis zu stellen (in diesem Sinne WIELING AcP 172 [1972] 297, 309; STAUDINGER/OTTE [2003] Vorbem 39 zu §§ 2064 ff; KUCHINKE JZ 1985, 748 f; WOLF/GANGEL JuS 1983, 663, 665; GERHARDS JuS 1994, 642, 647). Dieser Ansicht liegt der Trugschluss zugrunde, Streitigkeiten über Inhalt und Geltung der letztwilligen Verfügung könnten aus der Urkunde selbst oder mit Hilfe der Andeutungstheorie entschieden werden (dazu oben Rn 32). In Wirklichkeit ist gerade das Testament sogar besonders anfällig für Streitigkeiten um den wahren Willen des Erblassers, da es sogar wegen eines Motivirrtums angefochten werden kann.

Das stärkste Argument gegen die subjektive Auslegungsmethode ist der Einwand, dass die **Anfechtung wegen Inhaltsirrtums gemäß § 2078 Abs 1 obsolet** würde, wenn Falschbezeichnungen bereits durch Auslegung im Sinne des Gewollten korrigiert werden könnten (vgl schon RGZ 70, 391, 393; s ferner LARENZ, AT § 19 II f = S 349; Münch-Komm/LEIPOLD § 2084 Rn 16). Auch wenn lediglich bewiesen sein sollte, *dass* der Erblasser irrte, nicht aber, was er erklären wollte, bleibt für die Anwendung von § 2078 kein Raum, weil solche mehrdeutigen Willenserklärungen auch ohne Anfechtung nichtig sind (insoweit zutr LARENZ/WOLF, AT § 28 Fn 85). Dennoch sollte der Widerspruch zu § 2078 Abs 1 nicht überbewertet werden, weil sich die Gesetzeslage insgesamt als widersprüchlich und verworren darstellt. Eine ausdrückliche Regelung des Inhalts, dass die „unrichtige Bezeichnung des Bedachten oder des Gegenstandes der Zuwendung" die Gültigkeit der Verfügung nicht beeinträchtigen solle, wurde von der Zweiten Kommission lediglich deshalb abgelehnt, weil man die Geltung dieses Rechtssatzes „mit Rücksicht auf die allgemeine Bestimmung des § 73 E I (§ 90 E II)" – dem jetzigen § 133 – „für selbstverständlich erachtet(e)" (MUGDAN Bd 5, 540). Der Gesetzgeber stand also insoweit durchaus auf dem Boden der subjektiven Auslegungsmethode und hatte ersichtlich keine Bedenken gegen die (Form-)Gültigkeit von Falschbezeichnungen (zur Entstehungsgeschichte eingehend FOERSTE DNotZ 1993, 84, 94 f). Angesichts dieser unmissverständlichen – und teleologisch überzeugenden – Wertung durch den historischen Gesetzgeber verliert der Gegensatz zu § 2078, der offensichtlich nicht bemerkt wurde, an Bedeutung und Aussagekraft.

4. Abgrenzung und Einzelfälle

39 Zu den unabsichtlichen und somit durch individuelle Auslegung korrigierbaren **Falschbezeichnungen** gehören sämtliche Fälle, in denen sich der Erblasser über die Bedeutung seiner Erklärung unrichtige Vorstellungen machte, zB über den Gegenstand der Verfügung (BGH LM Nr 22 zu § 133 [C]: „Nachlass des Großvaters") oder über die Bedeutung von Rechtsbegriffen (RG SeuffA 70 Nr 223: „Verwandte vierter Ordnung"; BGH LM Nr 1 zu § 2100: „Ersatzerben"; **aA** RGZ 70, 391, 393 f; BGHZ 80, 246, 251: „gesetzliche Erbfolge"). Wenn der Erblasser seinen Weinkeller als „Bibliothek" bezeichnet hat, ist seinen **persönlichen Sprachgewohnheiten** Rechnung zu tragen (vgl zu diesem Lehrbuchfall nur BROX, AT Rn 125). Unschädliche Falschbezeichnungen sind auch die relativ häufigen **Parzellenverwechslungen** bei Grundstückskäufen (RGZ 61, 264, 265; 63, 164, 169; 133, 279, 281; BGHZ 87, 150, 154 f; BGH WM 1967, 701, 702). Entgegen BGHZ 74, 116, 120 gilt dies auch dann, wenn die gewählte **Bezeichnung ungenau** war und sich der Kaufvertrag nicht auf die gesamte angegebene Parzelle bezog, sondern auf ein noch wegzuvermessendes Teilstück (ebenso MEDICUS Rn 330; vgl auch WIELING Jura 1979, 524, 531). Ein formaler Zwang zum „genauen" Ausdruck widerspräche dem Verbot der Buchstabeninterpretation gem § 133 und würde der Aufgabe der Auslegung, die in der Beseitigung von Ungenauigkeiten eine ihrer typischen Funktionen hat (vgl BGHZ 87, 150, 155), nicht gerecht. Daher kann die Bestimmung in einem Testament, dass die zum Zeitpunkt des Erbfalls nicht mehr lebende „Mutter Teresa" eine bestimmte Geldsumme erhalten soll, und der Zusatz „für ihr Hilfswerk" als Vermächtnis zugunsten des von der Bedachten gegründeten Ordens ausgelegt werden (Thüringer OLG OLG-NL 2003, 89 f).

40 Bei **unvollständigen Erklärungen** muss der Interpret das Mindesterfordernis einer jeden Auslegung – auch von nicht förmlichen Willenserklärungen – beachten, wonach der Wille „erklärt" werden muss, um wirksam zu werden (oben Rn 1). Wer „vergessen" hat, die im Entwurf des gemeinschaftlichen Testaments vorgesehene wechselseitige Erbeinsetzung in die verbindliche förmliche Fassung zu übernehmen, kann nicht Ergänzung der Urkunde nach dem wirklichen Willen verlangen (BGHZ 80, 242, 245 f; BERNARD 83; SOERGEL/LORITZ § 2084 Rn 11). Zwischen Auslegung und Ergänzung von Willenserklärungen besteht ein prinzipieller Unterschied, der ungeachtet fließender Übergänge im Grundsatz anerkannt ist und seinen greifbaren Ausdruck in der Unterscheidung von erläuternder und ergänzender Auslegung findet. Insofern dürfen unvollständige Willenserklärungen nicht mit unrichtigen oder ungenauen gleichgesetzt werden (ebenso BERNARD 81; FLUME NJW 1983, 2009;

PALANDT/HEINRICHS Rn 19; WIESER JZ 1985, 407; anders aber ders AcP 189 [1989] 112, 119). Die Unvollständigkeit ist anhand des individuellen Sprachgebrauchs des Erklärenden festzustellen, da gemäß § 133 kein Zwang zu sprachlicher Eindeutigkeit besteht. Das nützt den Betroffenen dennoch meist nichts, da bei einer „vergessenen" Bestimmung auch aus subjektiver Sicht stets eine unvollständige Urkunde vorliegt. Wird bei einem Grundstückskauf über drei Parzellen eine „vergessen", liegt entgegen BGHZ 87, 150 (ihm zust BROX JA 1984, 549, 557) keine bloße Falschbezeichnung vor. Sofern allerdings zwischen den Parteien das Gewollte unstreitig sein sollte (wie im Fall BGHZ 87, 152), verlangen auch nicht die Formzwecke, dass dem beiderseitigen Willen nicht entsprochen wird (aA LEIPOLD JZ 1983, 712 f). Unvollständige Erklärungen sind auch solche, die **auf andere rechtsgeschäftliche Erklärungen Bezug nehmen** und diese zum Inhalt des förmlichen Rechtsgeschäfts machen sollen. So ist bei der Bezugnahme auf Baubeschreibungen, Pläne und Teilungserklärungen die Form des § 311b Abs 1 nicht gewahrt, weil hier ein wesentlicher Teil der Vereinbarung aus der Urkunde heraus verlagert wurde (vgl BGHZ 69, 266, 268 f; BGH NJW 1977, 2072; 1979, 1495; 1979, 1498; 1979, 1984; BERNARD 84 ff). Unschädlich ist es dagegen, wenn sich die genaue Bedeutung des Vereinbarten aus einer nicht beigefügten Skizze ergibt, sofern nur die Vereinbarung selbst – sei sie auch allgemein gehalten – vollständig ist (BGH NJW 1996, 2792, 2793).

Eine Sonderstellung beanspruchen auch die Scheinbeurkundungen, die zur **Verhinderung oder Umgehung staatlichen Unrechts** bewusst unvollständig vorgenommen worden sind. Im Fall BGH WM 1976, 744, 745 ging es um das Testament eines Juden, der in den dreißiger Jahren zum Schein einen Arier als Erben bestimmt hatte, in Wirklichkeit aber zwei Jüdinnen einsetzen wollte, wie sich anhand eines verschlüsselten Briefwechsels nachweisen ließ. Im Unterschied zu den gewöhnlichen Fällen der Schwarzbeurkundung liegen dieser Simulation alles andere als unlautere Motive zugrunde. Angesichts des staatlichen Zwangs zur Täuschung besteht im Gegenteil nicht nur ein schutzwürdiges Interesse an der Aufdeckung und Ingeltungsetzung des wirklichen Erblasserwillens, sondern auch ein unvergleichbar stärkeres Bedürfnis als in den Fällen unabsichtlicher, wenngleich zumeist fahrlässiger Falschbezeichnungen (dem BGH zust SMID JuS 1987, 283, 287; MünchKomm/LEIPOLD § 2084 Rn 13 m Fn 37; s ferner BGH LM Nr 4 zu § 7 FGG [unter 1.]; zum DDR-Unrecht vgl näher § 117 Rn 25). **41**

Auf einer Stufe mit bewussten Falschbeurkundungen steht die Verwendung von **Code-Wörtern** oder von **verschlüsselten Begriffen**. Wer etwa mit dem Geschäftspartner vereinbart, dass „*Semilodei*" einen bestimmten Geschäftswillen ausdrücken soll (RGZ 68, 6, 8 f), könnte damit nicht formgerecht einen Grundstückskauf abschließen oder eine Bürgschaft übernehmen, da das Gewollte nicht nur bewusst der Form entzogen, sondern auch unvollständig erklärt ist (zutr BERNARD 101). Es handelt sich um – nicht schutzwürdige – Scheingeschäfte, die sich vom individuellen Sprachgebrauch (Weinkeller als „Bibliothek", Ehefrau als „Mutter"), bei dem die Maxime „falsa demonstratio non nocet" gilt, durch das Bestehen einer **Verheimlichungsabsicht** unterscheiden. **42**

Besonderheiten gelten schließlich bei **Formvorschriften**, die **im Interesse Dritter** den Inhalt der Rechtsgeschäfte förmlich festlegen wollen. So besteht etwa der Zweck des § 550 auch darin, mit Rücksicht auf die Wirkung des § 566 künftigen Erwerbern **43**

Klarheit über den konkreten Inhalt der übergehenden Mietverträge zu verschaffen (Prot MUGDAN Bd 2, 825; RGZ 86, 30, 32; BGHZ 40, 255, 261; 52, 25, 28), und die §§ 1 Abs 2 TVG bzw 77 Abs 2 BetrVG wollen sicherstellen, dass die Tarifunterworfenen bzw Betriebsangehörigen über die für sie geltenden Normen Kenntnis erlangen (BAG AP Nr 9 zu § 59 BetrVG; Nr 6–8 zu § 1 TVG Form; WIEDEMANN, TVG § 1 Rn 228; ders Anm AP Nr 7 aaO unter II 1). Bei Falschbezeichnungen wird dieser Zweck verfehlt, aber dem geschützten Interesse wird vollauf gedient, wenn die Vereinbarungen gegenüber Dritten in ihrem durch objektive Auslegung zu ermittelndem Sinn gelten (WANK, in: WIEDEMANN § 1 TVG Rn 787; BERNARD 123). Diese Methode funktioniert allerdings nicht bei dem **Schriftformerfordernis des § 34 GWB**. Wegen dessen Funktion, der Kartellbehörde und den Gerichten die Feststellung unzulässiger Wettbewerbsbeschränkungen zu ermöglichen, nimmt die Rechtsprechung auch bei unbewussten Falschbezeichnungen Formnichtigkeit an (vgl BGH NJW-RR 1986, 724, 726; NJW-RR 1997, 1537, 1538). Dem ist nicht zu folgen, weil ein so weitgehender Formzwang über das Ziel hinausschießt und auf einen auch sonst nicht vertretenen Wortformalismus hinausläuft. Um zu verhindern, dass die Parteien heimliche Wettbewerbsbeschränkungen treffen, genügt das Instrumentarium des § 117. Bei unabsichtlichen Falschbezeichnungen wird dem Zweck, unzulässige Wettbewerbsbeschränkungen zu vermeiden, vollauf entsprochen, wenn sich die Kartellbehörde an das halten kann, was wirklich gewollt ist.

V. Auslegungsmaximen und Erfahrungssätze

44 Bei der objektiv-normativen Auslegung einer Willenserklärung kommt es darauf an, wie diese der Erklärungsempfänger nach Treu und Glauben unter Berücksichtigung der Verkehrssitte verstehen durfte (Rn 18). Ziel dieser Auslegung ist es also grundsätzlich nicht, den wirklichen Willen des Erklärenden zu erforschen (vgl aber Rn 12 ff); auf der anderen Seite ist dieser Wille aber auch nicht gleichgültig. Da die auszulegende Erklärung ihrem Wesen nach Akt der Selbstbestimmung ist, muss der Interpret „die rechtsgeschäftliche Erklärung als Manifestation einer willentlichen Gestaltung werten" (FLUME § 16, 3 b = S 310). Der Gesetzgeber hat zwar davon abgesehen, für dieses Verfahren *allgemeine* Auslegungsregeln aufzustellen (oben Rn 5), aber in der Rechtspraxis haben sich gleichwohl konkrete **Erfahrungssätze** herausgebildet, die typischerweise Rückschlüsse auf den rechtsgeschäftlichen Willen der Beteiligten ermöglichen und von der Rechtsprechung als verbindliche Auslegungsgrundsätze betrachtet werden. Danach wird zB vermutet, dass sich die Parteien gewöhnlich redlich und folgerichtig verhalten, also eine vernünftige, gesetzeskonforme Regelung treffen wollen, die einen rechtserheblichen und in sich widerspruchsfreien Inhalt hat (vgl näher Rn 52 ff). Diese **formalen Auslegungsregeln**, die eine bestimmte Methode der Auslegung vorschreiben, werden in besonderen Fällen ergänzt durch **materiale Auslegungsregeln**, bei denen der Gesetzgeber ein bestimmtes Ergebnis der Auslegung als im Zweifel gewollt unterstellt (zur Terminologie vgl LARENZ, AT § 19 II g = S 350 f). Solche gesetzlichen Vermutungen enthalten zB die §§ 186 ff, 311c, 364 Abs 2, 926 Abs 1 S 2, 2066 ff sowie die Bestimmungen, die dem Schweigen rechtsgeschäftliche Erklärungsbedeutung beimessen (vgl dazu Vorbem 62 ff zu §§ 116–144). Eine ähnliche Funktion hat das dispositive Gesetzesrecht (zB gem §§ 434 ff), das sich ebenfalls am mutmaßlichen Parteiwillen orientiert, aber im Unterschied zu den materialen Auslegungsregeln nicht nur Verständnisschwierigkeiten überwindet, sondern – wie die ergänzende Vertragsauslegung – eine Lücke in der Parteivereinbarung schließt.

1. Wortlaut der Erklärung

Ausgangspunkt einer jeden Auslegung ist der von SAVIGNY treffend beschriebene **45** Erfahrungssatz, dass die Übereinstimmung des Willens mit der Erklärung nicht etwas Zufälliges, sondern im Gegenteil „ihr naturgemäßes Verhältnis" sei (System III 258; vgl dazu oben Rn 2). Der Satz beruht auf der Normativität und Akzeptanz von Sprachregeln und bildet die Grundlage für die von der Rechtsprechung mit Recht an den Anfang einer jeden Auslegung gestellten Frage nach dem **Wortlaut der Erklärung** (vgl BGHZ 121, 13, 16; 124, 39, 45; BGH LM Nr 7 zu § 133 [C]; Nr 4 zu § 133 [Fb]; NJW 1994, 188, 189; 1995, 1212, 1213; 1998, 2966; 2000, 2099; 2001, 2535 f; NJW-RR 1998, 801, 802; 2003, 1053, 1054; OLG Köln VIZ 1999, 736, 737; LÜDERITZ 322 f; SOERGEL/HEFERMEHL Rn 24; ERMAN/PALM Rn 13; JAUERNIG Rn 10). Die Bedeutung der verwendeten Worte richtet sich grundsätzlich nach dem **allgemeinen Sprachgebrauch** (BGH LM Nr 4 zu § 133 [Fb]; Nr 17 zu § 133 [C]; OLG München NJW-RR 1996, 239). Anhand dieses Maßstabs hat der BGH zB entschieden, dass für den Begriff „Fenster" die Lichtdurchlässigkeit entscheidend ist (LM Nr 17 zu § 133 [C]) und der Begriff „Wohnhaus" in einem Kaufvertrag ein Gebäude kennzeichne, das zwar vorwiegend, aber nicht zwingend ausschließlich zu Wohnzwecken genutzt werde (LM Nr 4 zu § 133 [Fb]). Existiert in bestimmten Verkehrskreisen ein spezieller Sprachgebrauch, ist zu vermuten, dass die dem Kreis angehörenden Personen sich dessen bedienen. Örtliche Verkehrssitten und Handelsbräuche (vgl dazu unten Rn 64) sind gemäß § 157 ebenso zu beachten wie die in den maßgeblichen Verkehrskreisen gebräuchlichen technischen Regeln wie zB DIN-Normen (BGH NJW-RR 1994, 1108, 1109). Die **spezielle Verkehrssprache** geht daher innerhalb des einschlägigen Verkehrskreises dem allgemeinen Sprachgebrauch vor (vgl BGH NJW-RR 1994, 1108, 1109 „Schalung"; NJW-RR 1995, 364 f „Mobilbagger"; NJW 1999, 3191 f; ERMAN/PALM Rn 31; SCHIMMEL JA 1998, 979, 984). So kommt es im Rechtsverkehr mit Kaufleuten nur auf deren Verständnishorizont an, nicht auf den von Nichtkaufleuten (BGH NJW 1996, 1209, 1210). Die in einem Werbeagenturvertrag verwendeten Begriffe „Kommunikationsstrategie und Werbekonzeption", „Marketing", „Public Relations" und „Verkaufsförderung" sind im Sinne des wirtschaftswissenschaftlichen Sprachgebrauchs zu verstehen, wenn beide Vertragspartner unternehmerisch tätig sind (BGH NJW-RR 1986, 1106, 1107 f). Gehören die **Adressaten nicht dem Expertenkreis** an, kommt es auf deren Verständnismöglichkeiten an. So ist der in allgemeinen Versicherungsbedingungen vorgesehene Leistungsausschluss für wissenschaftlich nicht allgemein anerkannte Behandlungsmethoden oder Arzneimittel aus der Sicht des durchschnittlichen Versicherungsnehmers und nicht aus der des Bundesgesundheitsamtes oder von Ärzten auszulegen (vgl BGHZ 123, 83, 86, das der Klausel eine – gemäß § 9 Abs 2 Nr 2 AGBG aF [= § 307 Abs 2 Nr 2] unzulässige – Beschränkung auf Leistungen der „Schulmedizin" entnahm; zum Maßstab des „durchschnittlichen Vertragspartners" vgl auch BGHZ 84, 268, 272; zur Irrelevanz einer vom Wortlaut abweichenden Bankpraxis OLG Karlsruhe NJW 2003, 2322).

Juristische Fachausdrücke sind im Sinne des einschlägigen, von Wissenschaft und **46** Praxis geprägten Sprachgebrauchs auszulegen, doch gilt dies nicht uneingeschränkt. Bedienen sich Laien technischer Ausdrücke der Rechtssprache (vgl zB die „Laientestamente" oben Rn 37 und die „Rücktritts"-Erklärungen unten Rn 47), kann nicht ohne weiteres unterstellt werden, dass diese fachgerecht verwendet wurden. Ihr Sinn muss daher individuell beurteilt werden (LÜDERITZ 327 f; SCHIMMEL JA 1998, 979, 985). Verspricht ein geschäftlich unerfahrener Bürge in einem von der Bank vorgelegten Formular „Zahlung auf erstes Anfordern", ist die Erklärung als einfache Bürgschaft auszulegen. Da Bürgschaften auf erstes Anfordern außerhalb des Bank- und Außenhandelsverkehrs weitgehend unbekannt sind, kann der Gläubiger nicht darauf vertrauen, einem Laien sei die spezifische Bedeutung des Begriffs als Sicherungsinstrument geläufig (BGH NJW 1992, 1446, 1447). Bei der **Beurkundung durch einen Notar** bietet die Verwendung einschlägiger *termini technici* zwar eine größere Gewähr für richtigen Sprachgebrauch, aber rechtlich maßgebend sind nicht die Vorstellungen des Notars, sondern die der Parteien (BGH NJW-RR 1986, 1019, 1020; FamRZ 1998, 908, 909; PALANDT/HEINRICHS Rn 14; LÜDERITZ 197; SOERGEL/LORITZ § 2084 Rn 18). So kann ein notariell beurkundeter Erbvertrag durchaus als Kaufvertrag ausgelegt werden, wenn dies dem wirtschaftlichen Zweck des Vertrages und seinem sachlichen Inhalt entspricht (BGH aaO). Als **Adressaten** haben nicht rechtskundige Personen im Rahmen des Zumutbaren die Obliegenheit, sich über die normative Bedeutung von Fachausdrücken Kenntnis zu verschaffen. Insoweit gelten die gleichen Regeln wie bei Willenserklärungen gegenüber nicht Sprachkundigen (vgl dazu § 119 Rn 18 ff). Dies gilt freilich nicht für das Verständnis von AGB, das sich nach dem Maßstab des rechtlich nicht vorgebildeten Durchschnittskunden richtet (BGHZ 101, 270, 274). Ein **besonderer Sprachgebrauch** des Erklärenden ist bei empfangsbedürftigen Willenserklärungen nur dann zu berücksichtigen, wenn ihn der Erklärungsempfänger kannte oder kennen musste (PALANDT/HEINRICHS Rn 14; zu nicht empfangsbedürftigen Willenserklärungen s Rn 15 f).

2. Gesamtzusammenhang (grammatische und systematische Auslegung)

47 Einzelne Worte können je nach ihrer Stellung und Verknüpfung mit anderen Bestandteilen der Erklärung unterschiedliche Bedeutung haben. Bei der Auslegung nach dem Wortlaut ist daher neben der reinen Wortbedeutung auch der sprachliche Zusammenhang des Textes (**grammatikalische Auslegung**) und die systematische Stellung der Formulierung im Gesamtzusammenhang (**systematische Auslegung**) zu berücksichtigen (vgl BGHZ 101, 271, 273; BGH LM Nr 1 und 3 zu § 133 [B]; NJW 1957, 873; 1988, 2878 f; 1996, 1209, 1210; NJW-RR 1986, 1106, 1107; 2003, 727; WM 1964, 906, 907; BVerwG NJW 1990, 1926, 1928; BAG NZA 2003, 435, 436; OLG München NJW-RR 1987, 1500, 1502; OLG Frankfurt NJW-RR 1997, 1458, 1459; LÜDERITZ 324, 330; SOERGEL/WOLF § 157 Rn 32). FLUME (§ 16, 3 b = S 309 f) lehnt die systematische Auslegung von Rechtsgeschäften ab, weil Willenserklärungen nicht unter den Anspruch stünden, den Rechtsgedanken zu verwirklichen. Dieser Einwand überzeugt nicht, weil das Gebot systematischer Auslegung nicht auf einem Postulat der Gerechtigkeit beruht, sondern auf dem Erfahrungssatz, dass sich die Parteien im Regelfall vernünftig (und systemkonform) verhalten (dazu unten Rn 52 u 55). Befindet sich zB die Freizeichnungsklausel „richtige und rechtzeitige Selbstbelieferung vorbehalten" unter der **Überschrift** „Lieferzeit", will sich der Verkäufer – systematisches und folgerichtiges Denken unterstellt – nicht von *jeder* Haftung für die Nichtlieferung frei zeichnen, sondern nur für die Nichteinhaltung der *Lieferzeit* (BGH NJW 1957, 873). Die Leistungsbeschreibung eines **Bauvertrages** ist als **„sinnvolles Ganzes"** auszulegen. Soweit die „Vorbemerkungen" genauere, auf das konkrete Bauvorhaben bezogene Angaben enthalten, kommt diesen bei der Auslegung größeres Gewicht zu als den allgemeinen Formulierungen eines Standardleistungsverzeichnisses (BGH NJW 1999, 2432, 2433; ähnlich BGH NJW

2003, 743: Vorrang der Leistungsbeschreibung gegenüber Plänen). In diesen Kontext gehört auch die früher in der Rechtsprechung vorherrschende Auslegungspraxis, wonach selbst ein von einem Rechtsanwalt erklärter „**Rücktritt**" nicht wörtlich zu nehmen war, wenn sich aus dem Zusammenhang ergab, dass der Gläubiger zugleich Schadensersatzansprüche geltend machte (BGH NJW 1982, 1279, 1280; 1988, 2878 f; NJW-RR 1988, 1100; vgl auch BGH NJW 1996, 2648, 2650). Die früher wegen der Alternativität von Rücktritt und Schadensersatz erforderlichen Auslegungskunststücke sind seit der Schuldrechtsreform entbehrlich, da sich Rücktritt und Schadensersatzansprüche gemäß § 325 nF nicht mehr ausschließen. Hingegen schließen sich Anfechtung und Schadensersatz statt der Leistung nach wie vor aus, so dass die erklärte „**Anfechtung**" wie früher der Rücktritt nicht wörtlich zu nehmen ist (vgl näher § 123 Rn 94).

3. Begleitumstände der auszulegenden Erklärung

Die Interpretation der sprachlichen Bedeutung einer Erklärung bildet nur die erste **48** Stufe des Auslegungsvorgangs. Selbst bei **klarem und eindeutigem Wortlaut** muss der Interpret wegen des Verbots der Buchstabeninterpretation **alle sonstigen Umstände** berücksichtigen, aus denen Rückschlüsse auf den zugrunde liegenden – uU abweichenden – Geschäftswillen gezogen werden können (näher oben Rn 9). Zu berücksichtigen ist das **Gesamtverhalten** des Erklärenden einschließlich aller bei Vertragsschluss vorliegenden Begleitumstände (BGH LM Nr 1 und 3 zu § 133 [B]; Nr 2 zu § 176 FGG; WM 1964, 906, 907; ZIP 1985, 921, 922; NJW 2003, 1317; BAGE 23, 213, 220; BAG NJW 1994, 3372, 3373; NJW-RR 2000, 1002, 1004; FLUME § 16, 3 c; MünchKomm/MAYER-MALY/BUSCHE Rn 48) sowie die **beiderseitige Interessenlage** (BGH NJW 2002, 747, 748; vgl näher Rn 54). Die früher zT auch bei formlosen Willenserklärungen vertretene „Eindeutigkeitsregel" ist deshalb inzwischen überholt (SOERGEL/HEFERMEHL Rn 27; zu ihrer Bedeutung bei formbedürftigen Erklärungen oben Rn 32 ff). Aus dem gleichen Grunde bildet ein **mehrdeutiger Wortlaut** nicht etwa ein Auslegungshindernis, sondern stellt den Interpreten vor die Aufgabe, anhand aller sonstigen Umstände Rückschlüsse auf den Geschäftswillen des Erklärenden zu ziehen (oben Rn 10). So spricht zB für eine **stillschweigende Rechtswahl** (hier: des französischen Rechts), wenn in einem Vergleich auf Vorschriften des Code civil Bezug genommen wird, die Vergleichsverhandlungen von den beiderseits durch französische Anwälte vertretenen Parteien in einem Ort in Frankreich in französischer Sprache geführt worden sind und der Vergleich im Original in französischer Sprache abgefasst wurde (BGH NJW-RR 2000, 1002, 1004 m teilw krit Anm DÖRNER LM Nr 8 zu Art 27 EGBGB 1986).

a) Vorverhandlungen und Entstehungsgeschichte

Zu den Begleitumständen, die Rückschlüsse auf den erklärten Geschäftswillen er- **49** möglichen, gehört in erster Linie die Entstehungsgeschichte des Rechtsgeschäfts, insbesondere der Inhalt von **Vorverhandlungen** (BGHZ 109, 19, 22 f; BGH LM Nr 1 zu § 133 [B]; NJW 1999, 3191; NJW-RR 1986, 984, 985; 1986, 1019 f; ZIP 1985, 921, 923; 1998, 106, 107; WM 1999, 1884, 1885; JAUERNIG Rn 3; MünchKomm/MAYER-MALY/BUSCHE Rn 48). Da bei formbedürftigen Rechtsgeschäften der Auslegung keine förmlichen Grenzen gesetzt sind (oben Rn 32), sind auch *formlose Absprachen*, die im vorvertraglichen Stadium getroffen wurden, zu berücksichtigen (einschränkend BGH NJW 1987, 2437, 2438). Voraussetzung ist aber, dass die bei den Vorverhandlungen vorhandene Willensübereinstimmung beim Abschluss des Vertrages noch besteht. Weicht der Wortlaut des schließlich abgeschlossenen Vertrages von früheren Entwürfen ab, darf nicht ohne weiteres unterstellt werden, die Bedingungen des alten Vertrages seien in den neuen unverändert aufgenommen worden (BGH NJW 1986, 1035, 1036). War eine der Parteien an den Vertragsverhandlungen nicht beteiligt, kann dieser nur zugerechnet werden, was ihr vom Inhalt der Vorgespräche bekannt geworden ist (BGH NJW-RR 1986, 1019). Zur Vorgeschichte gehören insbesondere ein dem Rechtsgeschäft vorausgegangener Schriftwechsel (BGHZ 109, 19, 22 f), frühere Gepflogenheiten der Parteien (vgl dazu MÜLLER-GRAFF, Auswirkungen einer laufenden Geschäftsverbindung [1974] 129 ff, der allerdings die Maßgeblichkeit des *„Geschäftsverbindungsbrauchs"* nicht rechtsgeschäftlich, sondern mit dem – im vorliegenden Zusammenhang entbehrlichen – Prinzip des „venire contra factum proprium" begründet, aaO 183; wie hier K SCHMIDT, Handelsrecht [4. Aufl] §§ 19 II 2, 20 II b), dem Vertragspartner überlassene Verkaufsprospekte, Kataloge, Preislisten sowie bloße *invitationes ad offerendum* (BGHZ 61, 275, 279; BGH NJW 1981, 2295; FLUME § 16, 3 c = S 312; PALANDT/HEINRICHS Rn 16). Insofern hätte das Reichsgericht in dem bekannten *Weinsteinsäure-Fall* RGZ 104, 265 keinen Dissens annehmen dürfen, obwohl die zwischen den Parteien ausgetauschten Telegramme für sich betrachtet nicht erkennen ließen, welche Partei Verkäuferin und welche Käuferin sein sollte. Diesem inhaltlich mehrdeutigen Schriftwechsel ging ein *freibleibendes Angebot* des Klägers voraus, aus dem sich eindeutig ergab, dass er verkaufen wollte. Das hätte bei der Auslegung der Vertragserklärungen berücksichtigt werden müssen (MANIGK JherJb 75 [1925] 189, 191; FLUME § 34, 5 Fn 22; KÖTZ, in: FS Zeuner [1994] 219, 227; SINGER, Verbot 167 Fn 76). Erst recht gilt dies bei **mündlichen Äußerungen oder Erläuterungen**, die den Vertragsschluss begleiten (FLUME § 16, 3 c = S 312). Es genügt, wenn diese einem *Empfangsvertreter* zugehen. Wenn zB ein Kunde in einem Reisebüro unwidersprochen einen Sonderwunsch geltend macht, muss dies der Reiseveranstalter als Vertragspartner gegen sich gelten lassen (BGHZ 82, 219, 222). Von maßgeblicher Bedeutung sind auch **rechtsgeschäftliche Erklärungen in anderen Verträgen**, sofern diese mit dem auszulegenden Rechtsgeschäft in Zusammenhang stehen (vgl auch BGH NJW-RR 2003, 926, 927: Garantieheft). So ist zB das dingliche Rechtsgeschäft unter Berücksichtigung des zugrunde liegenden Kausalgeschäfts auszulegen. Enthält zB der Kaufvertrag einen **Eigentumsvorbehalt**, so steht die Übereignung auch ohne ausdrückliche Erklärung unter der im Kaufvertrag vereinbarten Bedingung für den Eigentumserwerb (BGH NJW 1982, 1751; SINGER JA 1998, 466, 468). Dabei macht man sich den Erfahrungssatz zunutze, dass sich die Parteien im Zweifel redlich und folgerichtig verhalten (vgl Rn 55). Selbst unwirksame Klauseln in AGB sind bei der Auslegung zu berücksichtigen, da sie ungeachtet ihrer Rechtsunwirksamkeit Rückschlüsse auf den tatsächlichen Geschäftswillen des Verwenders erlauben. Dementsprechend ist ein in den Lieferbedingungen des Veräußerers vorgesehener, aber wegen Dissenses oder § 306 Abs 2 nicht Vertragsinhalt gewordener Eigentumsvorbehalt bei der Auslegung der sachenrechtlichen Willenserklärungen des Verwenders zu berücksichtigen (BGHZ 104, 129, 137; BGH NJW 1982, 1749, 1750; 1982, 1751; ULMER/ SCHMIDT JuS 1984, 18, 23; SINGER JA 1998, 469 f mwN).

b) Nachträgliches Verhalten

50 Die Begleitumstände sind bei der Auslegung grundsätzlich nur insoweit zu berücksichtigen, als sie zum Zeitpunkt der Abgabe, bei empfangsbedürftigen Willenserklärungen zum **Zeitpunkt des Zugangs** für den Erklärungsempfänger oder den Personenkreis, an den sich die Erklärung richtet (Rn 17 u 72 f), erkennbar waren. Mit dem Wirksamwerden einer Willenserklärung liegt zugleich ihr Inhalt fest, so dass dieser nicht durch spätere Ereignisse beeinflusst oder gar verändert werden kann (BGH LM Nr 7 zu § 133 [B] unter 3.; Nr 27 zu 157 [D] unter IV; NJW 1988, 2878, 2879; BVerwG NVwZ-RR 2000, 135; SOERGEL/HEFERMEHL Rn 26; MünchKomm/MAYER-MALY/BUSCHE Rn 5 u 49). Bei der interessengerechten Auslegung eines Vertrages (Rn 52, 54) sind daher nicht die Interessen der Parteien zum Zeitpunkt der richterlichen Entscheidung maßgebend, sondern die bei der Abgabe der Erklärung bestehenden. Eine zwischenzeitlich überholte Rechtsprechung kann daher zur Deutung des rechtsgeschäftlichen Willens herangezogen werden (BGH NJW 1998, 3268, 3269 f). Soweit die Rechtsprechung gleichwohl das **nachträgliche Verhalten** der Parteien bei der Auslegung berücksichtigt (vgl BGH NJW 1971, 1844; 1988, 2878, 2879; NJW-RR 1989, 198, 199; 1998, 259 f; 1998, 801, 803; BAG AP Nr 32 zu § 133; zust FLUME § 16, 3 c = S 310; PALANDT/HEINRICHS Rn 17), scheint darin ein Gegensatz zu bestehen (so zB SCHIMMEL JA 1998, 986), der jedenfalls nicht dadurch beseitigt werden kann, dass man diese nachträglichen Umstände als bloßes Indiz wertet (so PALANDT/HEINRICHS Rn 17). Indizwirkung kommt allen äußeren Umständen zu, aus denen Rückschlüsse auf den Geschäftswillen der Parteien gezogen werden können, auch solchen, die bereits beim Wirksamwerden der Willenserklärung vorhanden sind. Entscheidend ist, dass die Auslegung anhand des nachträglichen Parteiverhaltens nicht zu Lasten desjenigen gehen darf, der als Erklärungsempfänger auf die objektive Bedeutung der Erklärung zum Zeitpunkt ihres Wirksamwerdens vertraut hat.

Zu Recht berücksichtigt der BGH nachträgliche Vorgänge nur, soweit diese „Rück- **51** schlüsse auf den *tatsächlichen* Willen und das *tatsächliche* Verständnis der an dem Rechtsgeschäft Beteiligten zulassen können" (BGH NJW 1988, 2878, 2879; NJW-RR 1998, 801, 803; Hervorhebung hinzugefügt; ebenso FLUME aaO). Voraussetzung ist dabei, dass es von Rechts wegen auf den **tatsächlichen Willen** der Beteiligten und **nicht** auf die **normative Erklärungsbedeutung** ankommt. Das trifft auf den individuellen Konsens (vgl den Fall BGH NJW-RR 1998, 259 f; FLUME § 16, 3 c = S 311; oben Rn 11 ff) sowie eine über längere Zeit geübte und einverständliche Vertrags- und Zahlungspraxis zu (BGH NJW 1993, 1847, 1849), gilt aber auch in jenen Fällen, in denen der Erklärende Zeugnis gegen sich selbst ablegt und vom Erklärungsempfänger – berechtigterweise (vgl oben § 119 Rn 100; MünchKomm/KRAMER § 119 Rn 129) – an seinem wirklichen Willen festgehalten wird (vgl BGH NJW-RR 1989, 198, 199; OLG München NJW-RR 1987, 1500, 1502; BAG AP Nr 32 zu § 133). Insofern hätte im Fall BGH NJW 1988, 2878, 2879 die nachträgliche Selbstinterpretation der Rücktrittserklärung durch den Erklärenden durchaus gegen ihn verwendet werden müssen, da der Erklärungsempfänger nicht auf die vom BGH zu Unrecht für maßgeblich gehaltene objektive Erklärungsbedeutung vertraute und somit nicht schutzwürdig war.

4. Teleologische Auslegung

a) Interessenlage und Zweck einer Regelung

Von erheblicher Bedeutung für die Auslegung von Rechtsgeschäften sind **Interes- 52 senlage** (BGHZ 21, 319, 328; 84, 268, 274 f; 109, 19, 22; 131, 136, 138 f; BGH NJW 1981, 1549, 1550; 1981, 2295 f; 1994, 1537, 1538; NJW-RR 1988, 1100; 1998, 801, 802; ZIP 1994, 857, 858; WM 1999, 2517, 2518; 1999, 2303, 2304; BAGE 99, 120, 126 f; BAG ZIP 2003, 1906, 1907) und **Zweck** einer Regelung (BGHZ 2, 379, 385; 20, 109, 110; BGH LM Nr 17 zu § 133 [C]; Nr 4 zu § 133 [Fb]; WM 1964, 906, 907; NJW-RR 1994, 1108, 1109 unter II 2.; NJW 1998, 2138, 2140; WM 2000, 149, 150; FLUME, AT § 16, 3 f = S 319 f). Auch bei diesen teleologischen Kriterien macht man sich die **Erfahrung** zunutze, dass die Parteien im Zweifel eine **vernünftige Regelung** treffen wollen, die den *beiderseitigen* Interessen entspricht und zu dem erstrebten Erfolg führt (RGZ 131, 343, 350; BGHZ 20, 109, 110; 79, 16, 19; 98, 303, 312 f; 131, 136, 138; 137, 69, 72; 149, 337, 353; 150, 32, 39; 152, 153, 156; BGH NJW 2000, 1403, 1404; 2001, 2535, 2536; 2002, 747, 748; WM 2003, 795, 797; NJW-RR 2003, 152; GRUR 2003, 173, 175). So ist zB bei der Auslegung des Begriffs *„Vertragsbeginn"* in einem Versicherungsvertrag davon auszugehen, dass der Versicherungsnehmer im Regelfall keine Prämien entrichten will, ohne dafür eine Gegenleistung zu erhalten. Das spricht dafür, dass die Klausel nicht nur den technischen Vertragsbeginn, sondern den Beginn des materiellen Versicherungsschutzes bezeichnet (BGHZ 84, 268, 274 f). Aus ähnlichen Gründen ist eine Regelung in einem Grundstücksveräußerungsvertrag, die dem Erwerber das Risiko aufbürdet, den Kaufpreis zu bezahlen, ohne selbst Eigentümer des Grundstücks zu werden, im Zweifel nicht gewollt (BGH WM 1964, 234, 235). Die Regel, dass der für eine Leistung in Rechnung gestellte Preis grundsätzlich auch die Aufwendungen für die vom Leistenden zu entrichtende Mehrwertsteuer abgelte und somit als **Bruttopreis** zu verstehen ist (BGHZ 58, 292 [295]; 60, 199 [203]; 103, 284 [287]; BGH NJW 2001, 2464; 2002, 2312), hat ihren Grund zum einen darin, dass diese Auslegung am ehesten dem Gebot der Rechtssicherheit gerecht wird, zum anderen darin, dass jede Vertragspartei für ihre eigenen steuerlichen Belange selbst verantwortlich ist. Bei einem beiderseitigen Irrtum über die Mehrwertsteuerpflicht kommt folgerichtig eine Anpassung des Vertrages im Wege ergänzender Vertragsauslegung in Betracht (BGH NJW 2001, 2464 [2465]). Bei der Eröffnung eines **Girokontos** kommt der Bezeichnung des Kontoinhabers im Rahmen der gebotenen Auslegung maßgebliche Bedeutung zu, weil im Giroverkehr ein praktisches Bedürfnis für einfache und klare Rechtsverhältnisse besteht und die Bank mit Rücksicht darauf, dass Girokonten auch passiv werden können, ein stärkeres Interesse an einer eindeutigen Festlegung des Kontoinhabers hat (BGH NJW 1996, 840 [841]; OLG Köln WM 1998, 1327 [1328]; OLG München WM 1999, 317 [320]; CANARIS, Bankvertragsrecht 1. Hb 3. Bearb 1988 Rn 154; DERLEDER/KNOPS/BAMBERGER/SINGER, Handbuch zum europäischen Bankrecht [2004] § 31 Rn 32). Bei **Sparkonten** hat dagegen der Besitz vorrangige Bedeutung, weil die Bank gem § 808 Abs 1 S 1 an den Inhaber mit befreiender Wirkung leisten kann und daher der Schluss nahe liegt, dass diesem auch die Verfügungsbefugnis zustehen soll (BGHZ 46, 198 [200 f]; DERLEDER/KNOPS/BAMBERGER/SINGER Rn 33). Eine dynamische Bezugnahme auf die einschlägigen Tarifverträge in einem vorformulierten **Arbeitsvertrag** hat den Zweck, die nicht tarifgebundenen Arbeitnehmer mit den tarifgebundenen zwar gleich, aber nicht besser zu stellen. Diese Auslegung der Bezugnahmeklausel als **Gleichstellungsabrede** hat zur Konsequenz, dass nicht tarifgebundenen Arbeitnehmern bei einem Verbandsaustritt des Arbeitgebers keine tariflichen Ansprüche zustehen (BAGE 99, 120, 126 f; BAG NZA 2003, 1207, 1208; krit THÜSING/LAMBRICH, Arbeitsvertragliche Bezugnahme auf Tarifverträge, RdA 2002, 193, 196 ff; THÜSING, Statische Rechtsprechung zur dynamischen Bezugnahme NZA 2003, 1184 ff).

53 Nicht interessengerecht sind in der Regel Auslegungsresultate, die eine **Partei** weitgehend **rechtlos stellen** würden, wie zB die Annahme eines aufschiebend bedingten Vertrages, der vertragliche Schadensersatzansprüche gerade in dem als regelungsbedürftig angesehenen Verzugsfall ausschließen würde (zB BGH NJW-RR 1998, 801, 802 f). Entsprechendes gilt für die Annahme einer doppelten Verpflichtung zwischen Sicherungsgebern (BGH NJW 2000, 2508, 2510) oder für eine Auslegung, die das von der Partei erklärte oder sonst erkennbar zum Ausdruck gebrachte **Ziel der Willenserklärung verfehlt** wie zB bei der wortlautgetreuen Auslegung des „Rücktritts" im technischen Sinne, da diese vor dem Inkrafttreten des § 325 nF einen gleichzeitig geltend gemachten Schadensersatzanspruch vereitelt hätte (dazu oben Rn 42). Aus der Interessenlage kann sich ergeben, dass Rechtsgeschäfte auch **gegen den eindeutigen Wortlaut ausgelegt** werden müssen. Wird zB eine *Bürgschaft auf erstes Anfordern* als Kreditsicherheit vereinbart, obwohl das spezifische Bedürfnis für dieses üblicherweise zur Liquiditätssicherung im Außenhandel verwendete Sicherungsinstrument überhaupt nicht besteht, führt eine interessengerechte Auslegung zu dem Ergebnis, dass lediglich eine gewöhnliche Bürgschaft übernommen wurde (BGH NJW 1994, 1546, 1547).

Der Interpret muss sich um eine „**nach allen Seiten interessengerechte Beurteilung**" **54** bemühen und darf insbesondere nicht wesentliche Interessen übergehen (BGHZ 131, 136, 138; 137, 69, 72; 149, 337, 353; 150, 32, 39; 152, 153, 156; BGH NJW 2000, 2099; 2000, 2508, 2509 ff; 2002, 747, 748; NJW-RR 2003, 1053, 1054; ZIP 1985, 921, 922; WM 1999, 2171, 2173 f; 2003, 795, 797; GRUR 2003, 545, 546; LEIPOLD AT Rn 525). Die im *Fenster-Fall* BGH LM Nr 17 zu § 133 (C) (vgl dazu oben Rn 19) unter Nachbarn getroffene Vereinbarung, dass in den Gebäudewänden des A, soweit sie dem Grundstück des B zugekehrt sind, keine „Fenster" angebracht werden dürfen, hatte das Berufungsgericht so verstanden, dass der Einbau von *Glasbausteinen* nicht von dem Verbot erfasst sei. Ausschlaggebend war dabei der vermutete Zweck der Regelung, Einblicke und Einwirkungen vom Nachbargrundstück aus zu vermeiden. Der BGH beanstandete diese Auslegung mit Recht, weil die angeführte Zweckbestimmung nicht bewiesen war, vor allem jedoch, weil diese Interpretation zur Folge hätte, dass die künftige Bebaubarkeit des geschützten Grundstücks aufgrund bestehender baurechtlicher Vorschriften erheblich eingeschränkt und somit ein wesentliches Interesse des Klägers beeinträchtigt würde (zust FLUME § 16, 3 f = S 319). Da eine von einer Spielbank verhängte **Spielsperre** ausschließlich ihrem eigenen Interesse dient, unwillkommene Gäste vom Spiel auszuschließen, verbietet sich auch bei einer auf Wunsch des Gastes ausgesprochenen Sperre die Auslegung, dass die Spielbank diesem gegenüber die Verpflichtung eingeht, die Einhaltung des Verbots durchzusetzen und zu überwachen (BGHZ 131, 136, 139). Führt die teleologische Auslegung zu keinem eindeutigen Ergebnis, weil zur Verwirklichung des angestrebten Erfolges mehrere „interessengerechte" Regelungen in Betracht kommen, muss man sich an den Wortlaut halten (zutr PALANDT/HEINRICHS Rn 18). Eine *Bürgschaft* kann daher nicht in einen Schuldbeitritt umgedeutet werden, nur weil der Sicherungsgeber ein eigenes wirtschaftliches Interesse an den Leistungen des Gläubigers hat – und umgekehrt (BGH LM Nr 7 zu § 133 [B]; 34 zu § 133 [C]; vgl bereits oben Rn 9). Teleologische Auslegung darf sich schließlich **nicht in Widerspruch zum erklärten Willen** der Parteien setzen (vgl BGHZ 90, 69, 77; BGH NJW 1995, 1212, 1213 betr ergänzende Vertragsauslegung, dazu auch Rn 48). Das bei einer **Internet-Versteigerung** vom Anbieter stammende, nach den AGB des Versteigerers verbindliche „Angebot", an den Meistbietenden zu verkaufen, kann daher nicht im Wege der Auslegung dahingehend eingeschränkt werden, dass ein bestimmter Mindestpreis erzielt werden müsse (BGH NJW 2002, 363, 364; OLG Hamm NJW 2001, 1142, 1144; RÜFNER JZ 2000, 715, 717 f; WIEBE MMR 2000, 323, 327; GAUL WM 2000, 1783, 1792; ULRICI JuS 2000, 947, 949 f; ders, NJW 2001, 1112, 1113; SCHÖNE/VOWINCKEL Jura 2001, 680, 683; aA LG Münster JZ 2000, 730, 731; zum Widerrufsrecht des Verbrauchers Rn 52 vor §§ 116–144; zur Irrtumsanfechtung § 119 Rn 35 ff).

b) Vernünftige und gesetzeskonforme Auslegung

55 Auf dem **Erfahrungssatz**, dass die Parteien eine Regelung treffen wollen, die nach den Maßstäben der Rechtsordnung **vernünftig** ist (Rn 52), beruhen eine Reihe weiterer **Auslegungsgrundsätze**. Dazu gehört die Regel, dass die Parteien eines Vertrages keine Regelung treffen wollen, für die *kein Anlass* besteht (BGH NJW 2000, 2508, 2511; AG Köln NZA 1999, 269) oder die *in sich widersprüchlich* (BGH NJW 1993, 1976, 1978; 2003, 743), *unwirksam* (BGHZ 152, 153, 158 f; BGH NJW 1994, 1537, 1538; NJW-RR 1989, 254, 255) sowie ganz oder teilweise *ohne rechtserhebliche Bedeutung* ist (BGH NJW 1992, 243; 1998, 2966). Aus diesem Grunde hat der BGH angenommen, dass der durch Anruf bei einer **Anwaltshotline** zustande gekommene Beratungsvertrag im Zweifel mit dem den Anruf entgegennehmenden Rechtsanwalt zustande kommt und nicht mit dem – zur Rechtsberatung nicht befugten – Betreiber der Hotline (BGHZ 152, 153, 158 f). Ferner ist im Zweifel davon auszugehen, dass sich die Parteien **redlich und folgerichtig** verhalten (BGH WM 1986, 322, 324; LÜDERITZ 343 ff, 356 ff; LARENZ, AT § 19 IV b = S 359; LARENZ/WOLF § 28 Rn 40; PALANDT/HEINRICHS Rn 25; HAGER, Auslegung 137; vgl auch LG Darmstadt NJW 1989, 2067; BayObLG NVwZ 1998, 727, 728). Als Erfahrungssätze sind diese Regeln widerleglich und dürfen daher nicht starr und schematisch gehandhabt werden. Wenn der Kunde einer Kfz-Reparaturwerkstatt seinen Porsche in einer Metallic-Farbe neu lackieren will und nach längeren Verhandlungen mit dem Meister über den Preis schließlich erklärt: „Dann machen sie es halt *schwarz!*", darf der Werkunternehmer angesichts der mehrdeutigen Formulierung und Begleitumstände nicht ohne Nachfrage darauf vertrauen, dass der Kunde keine **Steuerhinterziehung** beabsichtigt, sondern sein Fahrzeug in schwarzer Farbe lackiert haben will (vgl zu diesem in der Fernsehsendung *RTL Explosiv* präsentierten „Fall" HOEREN/HILDERINK JuS 1999, 668, die mit Recht an dessen Authentizität zweifeln; der Fall geistert anscheinend in Journalisten-Archiven herum und war als angeblicher Rechtsstreit vor dem Rosenheimer Amtsgericht schon einmal Gegenstand eines Presseberichts, vgl Münchner Abendzeitung vom 16.3. 1994). Der Erfahrungssatz, dass sich die Menschen im Allgemeinen rechtstreu verhalten, ist zwar eine wichtige Auslegungshilfe (nicht nur – wie HOEREN/HILDERINK JuS 1999, 668, 669 meinen – eine Frage des § 134), führt aber *hier* nicht zu einem eindeutigen Auslegungsergebnis, weil Fall und Begleitumstände in hohem Maße zwielichtig erscheinen. Vertrauen wäre *hier* in der Tat fehl am Platze.

56 Unterbreitet der Schuldner dem Gläubiger ein abschließendes Vergleichsangebot, das je nach Sachlage einen erheblichen Teilerlass beinhaltet, und übersendet er gleichzeitig einen Scheck zur Vertragserfüllung mit der Bestimmung, dass dieser nur bei Annahme des Vergleichsangebotes eingelöst werden darf, handelt es sich möglicherweise um eine sog **Erlass-Falle**, bei der die Schutzwürdigkeit des Schuldners kritisch zu hinterfragen ist. So ist zunächst genau zu prüfen, ob überhaupt ein Angebot auf Abschluss eines Erlassvertrages vorliegt (BGH NJW 2001, 2325 f). Die Vermutung, dass sich der Gläubiger als Angebotsempfänger redlich verhalte (BGH WM 1986, 322, 324), hat im Regelfall nur dann eine solide Grundlage, wenn der angebotene Teilerlass das Ergebnis einvernehmlicher und alle wichtigen Punkte umfassender Vergleichsverhandlungen darstellt (BGH NJW 1995, 1281 f). Dagegen ist die Vermutung des Annahmewillens widerlegt, wenn das Angebot für den Gläubiger eine Überraschung darstellt, etwa weil zwischen dem Betrag der Gesamtforderung und der Abfindungssumme ein krasses Missverhältnis besteht oder der Vergleichsvorschlag keine Grundlage in vorausgegangenen Verhandlungen hat (BGH NJW 2001, 2324; OLG Jena VersR 2001, 980 [981]; OLG Dresden WM 1999, 487; 1999, 488 [489];

1999, 949 [951]; OLG Karlsruhe WM 1999, 490 [491]; ZIP 2000, 534 [536]; OLG Hamburg ZIP 1988, 835 [836]; Randow, Die Erlassfalle, ZIP 1995, 445 [448 f]; Frings, Die „Vergleichsfalle" als Fall der Auslegung annahmeloser Annahmeerklärungen nach § 151 S 1 BGB, BB 1996, 809 [810 f]; Eckardt, Annahme des Erlassangebots durch Scheckeinlösung, BB 1996, 1945 [1951 f]; Schneider, Neue Rechtsprechung zur „Erlassfalle", MDR 2000, 857 f; Schönfelder, Die Erlassfalle – ein unmoralisches Angebot?, NJW 2001, 492 [494]; Staudinger/Bork [2003] § 151 Rn 18; Palandt/Heinrichs § 151 Rn 2; aA noch BGH WM 1986, 322 [324]). Die Vermutung, dass der Gläubiger mit Einlösung des Schecks seinen Annahmewillen betätige (dafür zB OLG Hamm NJW-RR 1998, 1662), ist ferner entkräftet, wenn sich der Empfänger gegen die Deutung seines Verhaltens spätestens bei Einlösung des Schecks verwahrt (BVerfG NJW 2001, 1200; BGHZ 111, 97 [102 f]; BGH NJW-RR 1987, 937; OLG Celle NJW-RR 1992, 884 f). Eine **protestatio facto contraria** ist daher durchaus beachtlich (vgl auch Rn 58 f). Darüber hinaus bestehen grundsätzliche Zweifel, ob es unabhängig von solchen Besonderheiten des Einzelfalles in der Macht des Anbietenden liegen soll, die Bedeutung des Empfängerverhaltens *einseitig* festzulegen. Bei der Erklärungswirkung des **Schweigens** wird dies zu Recht abgelehnt (Vorbem 61 zu §§ 116–144). Aus eben diesem Grunde müssen bei der Auslegung von Willenserklärungen solche Begleitumstände außer Betracht bleiben, die sich im Ergebnis als „aufgedrängte" Fiktion einer Willenserklärung und damit als Fremdbestimmung darstellen (vgl auch Medicus AT Rn 393a; OLG Dresden WM 1999, 949 [951]). Insofern sollte die bloße Einlösung eines vom Schuldner übermittelten Schecks in den vorliegend geschilderten Fällen grundsätzlich nicht als Manifestation des Annahmewillens gewertet werden (abl auch OLG Jena VersR 2001, 980 [981]; Lange, Die Erlass- bzw Vergleichsfalle, WM 1999, 1301 [1305]).

Um eine ähnliche Manipulation des Vertragsabschlusses handelt es sich in jenen 57 Fällen, in denen Kunden eine **in die äußere Form einer Rechnung gekleidete Offerte** gemacht wird in der Hoffnung, dass der unaufmerksame Empfänger zahlt, weil er sich irrtümlich für verpflichtet hält. Auch wenn aus dem Kleingedruckten hervorgeht, dass erst mit der Bezahlung ein Vertrag zustande kommen soll, darf sich der auf die Unaufmerksamkeit möglichst vieler Empfänger spekulierende und daher bösgläubige Offerend nicht auf das erschlichene Einverständnis berufen (AG Hannover NJW-RR 1998, 267; wettbewerbsrechtlich verstoßen solche Offerten gegen § 1 UWG, vgl BGHZ 123, 330 [334]; BGH NJW 1995, 1361 [1362 f]; vUngern-Sternberg, Kundenfang durch rechnungsähnlich aufgemachte Angebotsschreiben, WRP 2000, 1057; strafrechtlich handelt es sich um Betrug, vgl BGH NJW 2001, 2187 [2188 f] m Bspr Martin JuS 2001, 1031; Loos JR 2002, 77; Baier JA 2002, 364; Krack JZ 2002, 613). Entsprechendes gilt für Offerten, die beim flüchtigen Leser den Eindruck erwecken sollen, es handle sich um einen **Korrekturabzug** (AG Leonberg NJW-RR 2002, 855; AG Frankfurt/M NJW-RR 2001, 913, 914; aA AG Bruchsal NJW-RR 2001, 274 f).

c) Treu und Glauben contra Selbstbestimmung („protestatio facto contraria non valet")?

Die allgemeine Auslegungsmaxime, dass sich die Parteien im rechtsgeschäftlichen 58 Verkehr redlich verhalten, bildet auch eine der Säulen, auf denen das Sprichwort „**protestatio facto contraria non valet**" beruht. Als Schulbeispiel gilt der **Hamburger Parkplatzfall** (BGHZ 21, 319 m Anm Wieacker JZ 1957, 61; Medicus, BürgR Rn 191), in dem der BGH einen verbindlichen, entgeltlichen Vertrag über die Parkplatzbenutzung annahm, obwohl die Kraftfahrerin bei Beginn des Parkens dem anwesenden Ordner gegenüber zum Ausdruck gebracht hatte, dass sie die Bewachung ihres Fahrzeugs und die Bezahlung des Entgelts ablehne. Der BGH ging zwar davon aus, dass zwischen den Parteien kein „Vertrag durch übereinstimmende Willenserklärungen" zustande gekommen sei, hielt dieses Ergebnis jedoch vor allem wegen der Unzulänglichkeiten des Bereicherungs- und Deliktsrechts für unbefriedigend. Im Anschluss an die Lehren von HAUPT (Über faktische Vertragsverhältnisse [1941] 27 ff; ders, in: FS Siber Bd II [1943] 5 ff) und TASCHE (Vertragsverhältnis nach nichtigem Vertragsschluss?, JherJb 90 [1943] 101 [128 ff]), die von LARENZ unter der Bezeichnung „**Schuldverhältnisse aus sozialtypischem Verhalten**" (SchR I § 4) übernommen und weiterentwickelt wurden (dazu eingehend LAMBRECHT, Die Lehre vom faktischen Vertragsverhältnis [1994]), hielt es der V. Zivilsenat ebenfalls für möglich, unter den Bedingungen des damaligen „Massenverkehrs" Vertragswirkungen ohne Vertrag zu begründen und behandelte die Parkplatzbenutzerin trotz ihres entgegenstehenden Willens so, als hätte sie einen Vertrag geschlossen (aaO 333 f). Dazu ist vorab klarzustellen, dass die Inanspruchnahme einer üblicherweise gegen Entgelt angebotenen Leistung durchaus grundsätzlich als konkludente Willenserklärung aufgefasst werden kann, so dass viele Fälle rechtsgeschäftlich gelöst werden können (zB BGH NJW 1965, 387; WM 1976, 929 [930]; NJW 1983, 1777; zu den Grenzen dieses Konzepts bei unaufgefordert erbrachter Maklertätigkeit BGHZ 99, 393 [399]). Indessen versagt dieser Ansatz, wenn der Angebotsempfänger deutlich zum Ausdruck bringt, dass er keinen Vertrag schließen will wie zB beim Diebstahl (TEICHMANN, in: FS Michaelis [1972] 294), bei der Leistungserschleichung (BGHZ 55, 128; anders noch BGHZ 23, 175 [177 f]) oder ausdrücklichen Verwahrung gegen den Vertragsschluss (LARENZ/WOLF § 30 Rn 32; MünchKomm/KRAMER vor § 116 Rn 25; SOERGEL/HEFERMEHL vor § 116 Rn 39; BYDLINSKI, Privatautonomie 96 ff; TEICHMANN aaO; KÖHLER, Kritik der Regel „protestatio facto contraria non valet", JZ 1981, 464 [467]; aA BGHZ 21, 319 [333 ff]; BGH MDR 2000, 956 [957]; PALANDT/HEINRICHS Einf v § 145 Rn 27; STAUDINGER/BORK [2003] Vorbem 39 zu §§ 145–156). Der Spruch, dass Worte nicht durch Taten Lügen gestraft werden dürfen (MünchKomm/MAYER-MALY/BUSCHE § 133 Rn 49), verdient als Auslegungsregel jedenfalls keine allgemeine Anerkennung, da er die Privatautonomie des Handelnden missachtet (vgl auch unten Rn 59).

59 In der weiteren Entwicklung wurde rasch deutlich, dass die Lehre vom sozialtypischen Verhalten mit dem Grundsatz der **Vertragsfreiheit** nicht zu vereinbaren ist und zudem wegen der zwangsläufigen Geltung der §§ 104 ff zu wenig Handhabe bietet, um die erwünschte – im Ergebnis aber nicht haltbare – Haftung bei Beförderungserschleichungen durch Minderjährige zu begründen (Flugreise: BGHZ 55, 128 [134 ff]; dazu CANARIS JZ 1971, 560 [562]; MEDICUS FamRZ 1971, 250 [252]; STAUDINGER/LORENZ [1999] § 819 Rn 10; MünchKomm/LIEB § 812 Rn 299 ff. – Erhöhtes Beförderungsentgelt für minderjährige Schwarzfahrer: LG Bremen NJW 1969, 2360 f; AG Köln NJW 1987, 447; dagegen mit Recht AG Hamburg NJW 1987, 448; MEDICUS, BürgR Rn 190; WINKLER VON MOHRENFELS, Der minderjährige Schwarzfahrer, JuS 1987, 692 [694]; HARDER, Minderjährige Schwarzfahrer, NJW 1990, 857 [858]; WOLF/HORN/LINDACHER § 11 AGBG Rn 23; einen Vertragsschluss generell ablehnend TRITTEL, „Erhöhtes Beförderungsentgelt" bei Schwarzfahrten, BB 1980, 497, 500 f). Nachdem zuletzt auch LARENZ seine Lehre vom sozialtypischen Verhalten aufgegeben hat (AT⁷ § 28 II), wird in neueren Urteilen das gleiche Ergebnis mit der angeblichen Unbeachtlichkeit der sog „*protestatio facto contraria*" und dem **Verbot widersprüchlichen Verhaltens** begründet. Wer eine Leistung in Anspruch nehme, die im Allgemeinen nur gegen Entgelt erbracht werde, müsse den „objektiven Erklärungswert" des Verhaltens „gegen sich gelten lassen", behauptet jüngst der VI. Zivilsenat des

BGH (MDR 2000, 956 [957] betr Krankenhausleistungen trotz Widerspruchs des Patienten gegen die Zahlungspflicht). „Zeigt nämlich jemand ein Verhalten, das nach Treu und Glauben und der Verkehrssitte nur als Ausdruck eines bestimmten Willens aufgefasst werden kann, so ist seine wörtliche Verwahrung gegen eine entsprechende Deutung des Verhaltens unbeachtlich, denn er setzt sich in Widerspruch mit seinem eigenen tatsächlichen Verhalten (sog *protestatio facto contraria*) und hat durch sein tatsächliches Verhalten die Geltendmachung einer anderweitigen Auslegung verwirkt". Diese Begründung vermag schon deshalb nicht zu überzeugen, weil das Sprichwort „*protestatio facto contraria non valet*" von der höchstrichterlichen Rechtsprechung selbst nicht durchgängig beachtet wird. So lässt diese den Gläubiger mit Recht nicht in die ihm vom Schuldner gestellte Erlassfalle tappen, wenn er sich vor oder bei Einlösung des Schecks gegen den dadurch hervorgerufenen Anschein eines Teilverzichts verwahrt hat (dazu ausf oben Rn 48). Dass eine solche *protestatio facto contraria* beachtlich ist, ist in der Tat ein elementares Gebot der **Vertragsfreiheit**. Da es den Parteien frei gestellt ist, ob und mit wem sie Verträge abschließen, kann es auch nach den Grundsätzen von Treu und Glauben (§ 242) prinzipiell (zu Ausnahmen vgl STAUDINGER/BORK [2003] Vorbem 15 ff zu §§ 145–156) keine Rechtspflicht zu einem solchen Vertragsschluss geben. **Widersprüchliches Verhalten** ist im Übrigen entgegen verbreiteter Ansicht nicht per se verboten, sondern höchstens dann, wenn jemand auf konsequentes Verhalten des Handelnden vertraut und auch vertrauen darf (DETTE, Venire contra factum proprium nulli conceditur [1985] 61; SINGER, Das Verbot widersprüchlichen Verhaltens [1993] 73 f, 77 f und 179 f; ders NZA 1998, 1309 [1311 f]; MARTINEK JZ 1996, 470 [471]); aA PALANDT/HEINRICHS § 242 Rn 57; MünchKomm/ROTH § 242 Rn 350 ff; BGHZ 50, 191 [196]; 130, 317 [375]; BAG AP Nr 159 zu § 242 Ruhegehalt; 7 zu § 4 BetrVG 1972; BGH NZA 1998, 420 [421]). Davon kann in jenen Fällen aber gerade keine Rede sein, da ja die Ablehnung des Vertragsschlusses und der Leistungsbereitschaft mit aller Deutlichkeit zum Ausdruck kommt. Der Satz „*protestatio facto contraria non valet*" hat somit weder als Rechtsregel noch als Auslegungsmaxime eine Grundlage im geltenden Recht (MEDICUS, BürgR Rn 191; TEICHMANN, in: FS Michaelis [1972] 294 [297 ff]; SINGER aaO 51).

d) Gesetzes-, verfassungs- und richtlinienkonforme Auslegung

Auf dem Erfahrungssatz, dass sich die Parteien im Zweifel um einen redlichen Inhalt der Rechtsgeschäfte bemühen (oben Rn 55), beruht auch das **Gebot gesetzeskonformer Auslegung**. Nach dieser Auslegungsmaxime, die bei letztwilligen Verfügungen dem erklärten Willen des Gesetzgebers entspricht (§ 2084), ist im Zweifel die Auslegung vorzuziehen, die nicht zur Nichtigkeit des Rechtsgeschäfts führt (BGHZ 152, 153, 159; HAGER, Gesetzes- und sittenkonforme Auslegung [1983] 31 ff; PALANDT/ HEINRICHS § 133 Rn 24). In diesem Sinne gilt auch ein **Gebot verfassungskonformer Auslegung** von Verträgen (MünchKomm/MAYER-MALY/BUSCHE § 157 Rn 12; MEDICUS, AT Rn 310; BAGE 54, 113, 127). Diesem korrespondiert die Maxime **gemeinschafts- bzw richtlinienkonformer** Auslegung, die freilich bisher – soweit ersichtlich – nicht für die hier in Frage stehende Vertragsauslegung relevant geworden ist, sondern ausschließlich als Richtschnur für die Auslegung von Gesetzen (EuGH, Rs 14/83, *von Colson und Kamann*, Slg 1984, 1891, 1909, Rn 26; Rs C-106/89, *Marleasing*, Slg 1990, I-4135, 4159, Rn 8; Rs C-91/92, *Faccini/Dori*, Slg 1994, I-33494, 3356, Rn 26; MünchKomm/MAYER-MALY/BUSCHE § 133 Rn 26). Seine Rechtfertigung findet dieser Auslegungsgrundsatz in der Pflicht zur Rechtstreue, die für Gesetzgeber und Rechtssubjekte gleichermaßen Beachtung beansprucht. Zu den anerkannten Maximen bei der **Auslegung des Gemeinschaftsrechts** gehört der Grundsatz des „**effet utile**". Danach sind Gemeinschaftsnormen möglichst so auszulegen, dass diese „volle" oder „praktische" Wirksamkeit erlangen. Aus diesem Grunde war der Gesetzgeber zB gezwungen, der Richtlinie zur Gleichbehandlung von Männern und Frauen (76/207/EWG v 29. 2. 1976, ABlEG Nr L 39/40; geändert durch RL 2002/73/EG v 23. 9. 2002, ABlEG Nr L 269/153) zur vollständigen Wirksamkeit zu verhelfen und durfte diskriminierte Bewerber im Rahmen des § 611a BGB nicht mehr lediglich symbolhaft mit dem Ersatz der Bewerbungskosten entschädigen (EuGH, Rs 14/83, *von Colson und Kamann*, Slg 1984, 1891, 1909 Rn 28; weiteres Bsp EuGH, Rs C-6/90, *Francovich*, Slg 1991, I-5357, 5414 f, Rn 33 u 39; GRABITZ/ PERNICE, Kommentar zur Europäischen Union [Stand Mai 1995], Art 164 EGV Rn 27; STREINZ, Europarecht [6. Aufl 2003] Rn 398, 498 u 672; SINGER, Widerrufsdurchgriff bei Realkreditverträgen?, DZWiR 2003, 221, 226 f).

e) Geltungserhaltende Reduktion

61 Von der gesetzeskonformen Auslegung ist die umstrittene **geltungserhaltende Reduktion nichtiger Rechtsgeschäfte** auf ihren angemessenen oder gerade noch zulässigen Inhalt zu unterscheiden (dafür HAGER, Auslegung 132 ff; ders JuS 1985, 264 ff; ders JZ 1996, 175 ff; H ROTH JZ 1989, 411 ff; ders, in: STAUDINGER [2003] § 139 Rn 3; STAUDINGER/SACK § 134 Rn 89 ff [98] u § 138 Rn 122 ff [138]; differenzierend CANARIS, in: FS Steindorff [1990] 536 ff u 547 ff; MünchKomm/KÖTZ, AGBG § 6 Rn 8 ff; **aA** hM, grdl BGHZ 84, 109, 115 ff; seither stRspr, vgl noch BGHZ 96, 18, 25 f; 106, 259, 267; 114, 338, 342 f; 124, 371, 375; 125, 343, 348 f; ZIMMERMANN, Richterliches Moderationsrecht oder Totalnichtigkeit? [1979] 80 ff; LINDACHER, in: WOLF/ HORN/LINDACHER § 6 Rn 29 ff; H SCHMIDT, in: ULMER/BRANDNER/SCHMIDT § 6 AGBG Rn 14 ff; ders, Vertragsfolgen der Nichteinbeziehung und Unwirksamkeit von AGB [1986] 107 ff; STAUDINGER/SCHLOSSER [1998] § 6 AGBG Rn 15 ff). Auch wenn im Grenzbereich die Übergänge eher fließend sind (vgl HAGER, Auslegung 132 ff; MünchKomm/KÖTZ AGBG § 6 Rn 9), handelt es sich bei der geltungserhaltenden Reduktion der Sache nach um Rechtsgestaltung, nicht mehr um Auslegung (ebenso H HONSELL ZHR 148 [1984] 298, 302; H ROTH JZ 1989, 411, 417; s a KRAMPE AcP 194 [1994] 19 u 41). Von (erläuternder) Auslegung kann nur die Rede sein, wenn das Auslegungsergebnis unter Berücksichtigung aller Nebenumstände noch als Ausdruck autonomer Selbstbestimmung aufgefasst werden kann. Bei der gesetzeskonformen Auslegung ist das durchaus der Fall, da und soweit diese mit dem Erfahrungssatz arbeitet, dass die Parteien eine rechtlich erlaubte und wirksame Regelung treffen wollen (HAGER, Auslegung 137). Verbietet der Vertrag zweier Konkurrenten das „Eindringen in den Kundenkreis" und verstieße ein Verbot, das auch die passive Entgegennahme von Bestellungen durch Kunden des Vertragspartners umfasst, gegen § 1 GWB, dann spricht die Vermutung für einen gesetzeskonformen Inhalt des Vertrages, so dass nur aktives Abwerben von Kunden als „Eindringen" zu verstehen ist (OLG Düsseldorf WuW 1974, 645, 647; MünchKomm/MAYER-MALY/BUSCHE § 157 Rn 13; weitere Bsp gesetzeskonformer Auslegung: BGHZ 87, 246, 252; BGH NJW 1985, 53, 54). Bereits um heteronome Gestaltung handelt es sich aber, wenn das Auslegungsergebnis wenigstens zum Teil in **Widerspruch** steht **zu anderen Auslegungskriterien**, insbesondere dem Wortlaut der Erklärung (BGH NJW 1985, 53, 54; NJW 1986, 1803, 1804), weil dann nicht mehr der Schluss gezogen werden kann, die gesetzeskonforme Regelung entspringe dem wirklichen Willen des Erklärenden. Wo empirischer Wille unwahrscheinlich ist, kann nicht mehr ausgelegt werden (LÜDERITZ 355; abw HAGER, Auslegung 139 f). So besteht etwa bei der ergänzenden Auslegung eines Neuwagenkaufvertrages, die dem Verwender an Stelle der nichtigen **Tagespreisklausel** ein Leistungsbestimmungsrecht und dem Kunden ein Rücktrittsrecht einräumt, kein greifbarer Anhaltspunkt oder Erfahrungssatz, der

auf einen entsprechenden tatsächlichen Willen der Beteiligten schließen ließe. Insofern handelt es sich hier eindeutig um heteronome Ergänzung eines durch Nichtigkeit einer Klausel unvollständig gewordenen Vertrages. Diese mag eine sinnvolle und interessengerechte Lösung des durch die Nichtigkeitsfolge ausgelösten Konflikts sein (in diesem Sinne BGHZ 90, 69, 78 f), kann aber nicht mehr mit *„vernünftiger"* *Vertragsauslegung* (vgl dazu BGHZ 79, 16, 18; 98, 303, 312 f; oben Rn 52, 55), sondern nur mit vernünftiger Gesetzesauslegung begründet werden. Im Kern geht es um das objektive Bedürfnis, eine überschießende, vom Schutzzweck der verletzten Norm nicht geforderte Totalnichtigkeit zu vermeiden (vgl BGHZ 134, 19, 36 im Anschluss an P BYDLINSKI WM 1992, 1301, 1306). Nicht um Vertragsauslegung, sondern um Auslegung des Gesetzes (§ 434 Abs 1 S 2 Nr 2) geht es auch bei der Frage, ob gelieferte Software Jahr-2000-Fähigkeit zukommen soll (dafür LG Leipzig NJW 1999, 2975 f).

f) Unklarheitenregel und restriktive Auslegung
Nach einem in Rechtsprechung und Schrifttum weitgehend anerkannten **Restriktionsgrundsatz** sind Vertragsbestimmungen, die wesentliche Rechte einer Partei einschränken – insbesondere **Freizeichnungsklauseln** – im Zweifel eng und gegen denjenigen auszulegen, der sich auf die Beschränkung des Rechts beruft (BGHZ 5, 111, 115; 22, 90, 96; 24, 39, 45; 62, 83, 88 f; 67, 359, 366; 87, 246, 251 f; BGH NJW 1971, 1840, 1842; 1985, 53, 54; 1986, 2757, 2758; MünchKomm/KÖTZ § 6 AGBG Rn 9; SCHLACHTER JuS 1989, 811, 813; abl ULMER, in: ULMER/BRANDNER/SCHMIDT, AGBG § 5 Rn 40 f mwN). Der Auslegungsgrundsatz ist eine besondere Ausprägung des allgemeinen Rechtsgrundsatzes, dass ein *non liquet* zu Lasten desjenigen geht, der besondere Rechte in Anspruch nimmt (FLUME, AT 16, 3 e = S 318; KRAMPE, Unklarheitenregel 40). Er setzt also voraus, dass die Auslegung zu keinem eindeutigen Ergebnis geführt hat, und wirkt sich insofern auch als Sonderregel gegenüber den Dissens-Vorschriften aus (SAMBUC NJW 1981, 313, 314; teilw aA KRAMPE 45 ff, 66 f). Die Regel wird durch den Erfahrungssatz untermauert, dass niemand ohne weiteres auf bestehende Rechte verzichtet (vgl statt vieler BGH NJW 1983, 678, 679 – Zustimmung zur befreienden Schuldübernahme). Es bedarf deshalb eines klaren und unmissverständlichen Ausdrucks, um aus einer Erklärung den **Verzicht auf bestehende Rechte** abzuleiten (BGHZ 41, 79, 81; 63, 140, 144; 96, 18, 28; BGH NJW-RR 1996, 237; LAG Köln NZA-RR 2001, 523 [524]; LARENZ/WOLF § 28 Rn 68 f mwN). Umgekehrt gilt: Je belastender eine vereinbarte Sanktion ist, desto eher ist eine eng am Wortlaut orientierte Auslegung des Sanktionstatbestandes geboten (BGH GRUR 2003, 545, 546: Vertragsstrafe). Im Geltungsbereich des AGB-Rechts überschneidet sich der Restriktionsgrundsatz weitgehend mit der **Unklarheitenregel des § 305c Abs 2** (= § 5 AGBG aF; dazu eingehend KRAMPE, Unklarheitenregel 40 ff; SAMBUC NJW 1981, 313 ff), da eine extensive Auslegung selten zu Lasten des Verwenders gehen dürfte. Soweit eine **kundenfeindliche Auslegung** zu dem Ergebnis führt, dass eine Klausel gegen die §§ 307–309 verstößt, ist mit einer im Vordringen begriffenen Ansicht auch im Individualprozess die kundenfeindliche einer restriktiven (und kundenfreundlichen) Auslegung vorzuziehen, da diese im Ergebnis für den Kunden günstiger ist und der Schutzzweck des AGB-Rechts effektiver zum Tragen kommt (vgl STAUDINGER/SCHLOSSER [1998] § 5 AGBG Rn 17; ULMER, in: ULMER/BRANDNER/SCHMIDT, AGBG § 5 Rn 4, 30 f, 40 f). Wenn über die Person des **Vertragspartners** Unklarheit herrscht, nützt die Unklarheitenregel nichts, weil ihre Anwendung zu Lasten einer Partei voraussetzt, dass mit dieser ein Vertrag geschlossen wurde. Gerade das ist in diesem Fall die Frage (BGH NJW-RR 2003, 926, 927). Bei gewöhnlichen **individualvertraglichen Vereinbarungen** bleibt es bei dem allgemeinen Grundsatz, dass mehrdeutige Willenserklärungen

wegen Dissenses bzw Perplexität nichtig sind. In dem Beispiel der missglückten Hotelreservierung von „zwei Zimmern mit drei Betten" (oben Rn 19, 23) kann man den Erklärenden nicht etwa an dem für ihn ungünstigen Inhalt seiner Erklärung festhalten. Eine **analoge Anwendung der Unklarheitenregel** gemäß § 305c Abs 2 kommt bei Individualvereinbarungen daher grundsätzlich nicht in Betracht (BGH LM Nr 14 zu § 157 [A]; VersR 1971, 172, 173; SAMBUC NJW 1981, 313, 315 f; JAUERNIG Rn 11). Diese stellt eine gewisse Kompensation für die Gestaltungsfreiheit des Verwenders dar und soll diesen zu transparenter Vertragsgestaltung veranlassen (vgl nur ULMER/ BRANDNER/HENSEN, AGBG § 5 Rn 1). Die Norm kann daher zwar analog angewendet werden, wenn vergleichbare Bedingungen struktureller Überlegenheit herrschen und der Vertragstext von dem überlegenen Vertragspartner entworfen wurde (Bsp: Wettbewerbsverbot für Angestellte, vgl OLG Frankfurt OLGZ 1973, 230 u 232 f; automatisierte Willenserklärungen, vgl KÖHLER AcP 182 [1982] 126, 141; PAEFGEN JuS 1988, 592, 595; Münch-Komm/MAYER-MALY/BUSCHE § 157 Rn 7; PALANDT/HEINRICHS Rn 23; zu Gesellschaftsverträgen vgl unten Rn 72 f), nicht aber, wenn es an einem entsprechenden Einfluss auf die Selbstbestimmung des anderen Teils fehlt wie in dem Hotelbetten-Beispiel. Eine generelle *„interpretatio contra proferentem"* (dafür LARENZ/WOLF § 28 Rn 28; wohl auch KÖTZ, in: FS Zeuner [1994] 219, 230) verstieße gegen den Grundsatz der normativen Auslegung, dass allen Beteiligten, insbesondere auch dem Erklärungsempfänger, eine Auslegungssorgfalt obliegt (oben Rn 18). Bei mehrdeutigen Formulierungen darf man daher außerhalb des besonderen Geltungsbereichs der Unklarheitenregel nicht auf ein bestimmtes enges Verständnis von Formulierungen vertrauen, auch wenn diese von einer Partei ausgewählt oder sonst in den Vertrag eingeführt worden sind (iE übereinstimmend RGZ 131, 343, 350; SAMBUC NJW 1981, 313, 316; JAUERNIG Rn 11).

5. Treu und Glauben und Verkehrssitte

a) Treu und Glauben

63 Das in § 157 verankerte Gebot, Verträge so auszulegen, wie es den Erfordernissen von Treu und Glauben unter Berücksichtigung der Verkehrssitte entspricht, gilt nicht nur für die Auslegung von Verträgen, sondern generell für die Auslegung von Willenserklärungen (oben Rn 3). Was **Treu und Glauben** entspricht, lässt sich freilich nicht begrifflich oder deduktiv erfassen (STAUDINGER/J SCHMIDT [1995] § 242 Rn 133 ff bezweifelt darüber hinaus grundsätzlich die Subsumtionsfähigkeit von Treu und Glauben), sondern bedarf der Konkretisierung durch Unterprinzipien, die sich im wesentlichen in den unter Rn 44 ff erörterten Auslegungsmaximen und Erfahrungssätzen widerspiegeln. Diese lassen sich dahingehend zusammenfassen, dass den Geboten von Treu und Glauben eine objektiv-normative Auslegung (Rn 5) gerecht wird, die auf das schutzwürdige Ver*trauen* des Erklärungsempfängers (Rn 18), die berechtigten Interessen *aller* Beteiligten (vgl Rn 54) und die Anforderungen eines *redlichen* Geschäftsverkehrs (Rn 55, 60) Rücksicht nimmt (vgl MünchKomm/MAYER-MALY/BUSCHE § 157 Rn 6 ff).

b) Verkehrssitte*

64 § 157 schreibt außerdem vor, dass bei der Auslegung die **Verkehrssitte** zu berücksichtigen ist. Diese hat somit die Funktion eines **Auslegungsmittels** bei der norma-

---

* **Schrifttum:** BASEDOW, Handelsbräuche und AGB-Gesetz, ZHR 150 (1986) 469; HELDRICH, Die Bedeutung der Rechtssoziologie für das Zivilrecht, AcP 186 (1986) 74; LIMBACH, Die

tiven Auslegung von Willenserklärungen (BGH NJW 1966, 502 f). Große praktische Bedeutung haben die im Handelsverkehr geltenden **Handelsbräuche und Gewohnheiten** (vgl § 346 HGB), die „Verkehrssitten des Handels" (zur synonymen Bedeutung der Begriffe vgl SONNENBERGER 61; LARENZ/WOLF § 28 Rn 63; abw – aber eher verwirrende – Terminologie bei Großkomm/RATZ, HGB [3. Aufl] § 346 Anm 15 f, der zwischen „Handelsgewohnheiten" und „Handelsbrauch" einerseits, sowie „Handelssitte", „Handelsübung" und „Usancen" andererseits unterscheidet, und RUMMEL, Vertragsauslegung nach der Verkehrssitte [1972] 78 ff, der die das Leistungsverhalten betreffenden „echten" Verkehrssitten den zur normativen Auslegung herangezogenen „Erklärungssitten" zur Seite stellt, obwohl auch diese zweifellos „echte" Verkehrssitten sind; mit Recht krit CANARIS, Handelsrecht [23. Aufl] § 24 Rn 4 m Fn 4). Handelsbräuche gelten nach dem Wortlaut von § 346 HGB grundsätzlich nur zwischen Kaufleuten. Sofern sich in bestimmten Wirtschaftskreisen eine einheitliche Verkehrsauffassung gebildet hat wie zB hinsichtlich der **Tegernseer Gebräuche im Holzhandel**, gilt dieser Handelsbrauch als branchenspezifische Verkehrssitte auch gegenüber **Nicht-Kaufleuten** (OLG Koblenz NJW-RR 1988, 1306). Die Maßgeblichkeit der Verkehrssitte folgt in solchen Fällen (vgl auch BGH NJW 1952, 257) schon aus § 157 (zutr K SCHMIDT, Handelsrecht § 3 II 1 = S 51 f).

Als Verkehrssitte bezeichnet man eine **tatsächliche**, in den betreffenden Verkehrskreisen herrschende **Übung** (RGZ 49, 157, 162; 55, 375, 377; BGH LM Nr 1 zu § 157 [B]; SONNENBERGER 61 ff; LARENZ/WOLF § 28 Rn 62; FLUME, AT 16, 3 d = S 312 f). Ihre Beachtung bei der Auslegung verdankt auch sie dem allgemeinen Erfahrungssatz, dass sich die Teilnehmer am Rechtsverkehr gewöhnlich an die in ihrem Verkehrskreis bestehenden Sitten und Gebräuche halten (LARENZ/WOLF § 28 Rn 62; CANARIS, Handelsrecht § 24 Rn 2). Von einer Übung kann nur die Rede sein, wenn diese über einen **längeren Zeitraum** praktiziert worden ist (RGZ 110, 47, 48; RG JW 1938, 859; BGH NJW 1952, 257; 1990, 1723, 1724; WM 1973, 677, 678; OLG Koblenz NJW-RR 1988, 1306). Bei Geschäften, die verhältnismäßig selten vorkommen, wie zB der Verkauf von Schiffen, sind bereits wenige Fälle geeignet, einen Handelsbrauch zu begründen (BGH NJW 1966, 502, 503 f; OLG Hamburg MDR 1963, 849). Auch wenn eine außerordentlich große Zahl einschlägiger Rechtsgeschäfte getätigt wird, kann sich in relativer kurzer Zeit eine Übung entwickeln (RG LZ 1920 Sp 439 f; JW 1938, 859 betr Lieferungen an die Heeresverwaltung). Das Bestehen der Übung wird nicht dadurch in Frage gestellt, dass diese in Krisenzeiten vorübergehend nicht zur Ausführung gekommen ist, solange sie nur nach dem Übergang zur Normalität wieder auflebt (BGH NJW 1952, 257). 65

Ob neben der tatsächlichen Übung noch verlangt werden soll, dass diese von den Verkehrsteilnehmern als verbindlich angesehen wird, ist umstritten. Während die hM ihre Anerkennung davon abhängig macht, dass sie von einer gemeinsamen **Pflichtvorstellung** der beteiligten Kreise (BGH NJW 1994, 659, 660; WM 1984, 1000, 1002; LIMBACH, in: FS Hirsch [1968] 77, 90 f; WAGNER NJW 1969, 1282, 1283; HELDRICH AcP 186 [1986] 74, 92) oder jedenfalls von deren **Zustimmung** getragen wird (RGZ 114, 9, 12; BGH NJW 1952, 257; NJW 1966, 502, 504; 1990, 1723, 1724; OLG Koblenz NJW-RR 1988, 1306; HEYMANN/ 66

Feststellung von Handelsbräuchen, in: FS Hirsch (1968) 77; PFLUG, Schecksperre und Handelsbrauch, ZHR 135 (1970) 1; RUMMEL, Vertragsauslegung nach der Verkehrssitte (1972); SIEG, Der Wirkungsbereich und die Feststellung von Handelsbräuchen, BB 1953, 985; SONNENBERGER, Verkehrssitten im Schuldvertrag (1969); WAGNER, Zur Feststellung eines Handelsbrauches, NJW 1969, 1282.

Horn, HGB § 346 Rn 23; Canaris, Handelsrecht § 24 Rn 5 und 12; wohl auch K Schmidt, Handelsrecht § 1 III 3 a = S 24), genügt anderen die Übung als bloßes Faktum (Sonnenberger 62 ff; Larenz/Wolf § 28 Rn 62; Palandt/Heinrichs Rn 21). Eine vermittelnde Meinung steht auf dem Standpunkt, dass durch die **tatsächliche Übung** die – in Übereinstimmung mit der hM für erforderlich gehaltene – Zustimmung der Übenden indiziert ist (Pflug ZHR 135 [1970] 1, 48; Schlegelberger/Hefermehl, HGB [5. Aufl] § 346 Rn 10; Staudinger/J Schmidt [1995] § 242 Rn 150; vgl auch Wagner NJW 1969, 1282, 1283 f). Eine Übung entsteht durch gleichförmiges, übereinstimmendes Handeln der beteiligten Verkehrskreise. Gewohnheiten und Bräuche, die nicht von der Zustimmung sämtlicher in dem betreffenden Verkehrsbereich beteiligten Kreise getragen sind, können daher nicht als Verkehrssitte qualifiziert werden (RGZ 69, 150, 153; 75, 338, 341 f; 110, 47, 49; 114, 9, 12; BGH LM Nr 1 zu § 157 [B]; LM Nr 8 zu § 346 [B] HGB; OLG Köln OLGZ 1972, 10, 12). So kann zB die Frage, ob die Außenwände vermieteter Geschäftsräume als zu Werbezwecken mitvermietet gelten, nicht allein nach den Anschauungen der Eigentümer und ihrer Interessenvertreter beurteilt werden, sondern es kommt auch auf die Ansichten der Mieter an (BGH LM Nr 1 zu § 157 [B]; ähnl RGZ 69, 150, 153 für das Verhältnis von Maschinenfabrikanten zu ihren Endabnehmern). Keine rechtliche Anerkennung verdient insbesondere ein Brauch, den eine Interessengruppe durch Ausnutzen wirtschaftlicher Überlegenheit einseitig und gegen den Widerstand der Marktgegenseite oder einer nennenswerten Zahl von Verkehrsteilnehmern durchsetzt und so zu einem unbeachtlichen *Miss*brauch macht (RG JW 1938, 859; Flume, AT § 16, 3 d = S 313; GroßkommHGB/Ratz [3. Aufl] § 346 Rn 30; zu dem Versuch von Banken, zur Einziehung überlassene Fremdwährungsschecks in „Mark" gutzuschreiben und dies gegen die Interessen ihrer Kunden durchzusetzen, vgl RGZ 110, 47, 49; s ferner RGZ 114, 9, 13 f; BGH LM Nr 8 zu § 346 [B]). Die Zustimmung durch sämtliche beteiligte Verkehrskreise ist also Voraussetzung für das Entstehen einer Übung, kann aber als typischer Normalfall unterstellt werden, wenn keine Anhaltspunkte für die einseitige Durchsetzung von Geschäftspraktiken bestehen (Pflug, Wagner aaO). Ohne rechtliche Relevanz ist die Frage, ob die Übung als verbindliche **„Sozialnorm"** anzusehen ist (dafür Limbach, in: FS Hirsch [1968] 77, 80 ff; zust Wagner NJW 1969, 1282, 1283; MünchKomm/Mayer-Maly/Busche § 157 Rn 15; vgl schon Oertmann, Rechtsordnung und Verkehrssitte [1914] 26 f; krit Sonnenberger 62 ff; Müller-Graff, Geschäftsverbindung 181 f; Pflug ZHR 135 [1970] 1, 15 ff). Verkehrssitten „gelten", weil §§ 157 BGB und 346 HGB dies bestimmen, nicht weil Sozialnormen rechtliche Verbindlichkeit zukäme. Vom Gewohnheitsrecht unterscheidet sich die Verkehrssitte gerade darin, dass diese **nicht als Rechtsnorm** zu qualifizieren ist (RGZ 55, 375, 377; BGH NJW 1966, 502, 503; K Schmidt, Handelsrecht § 1 III 3 a = S 24) und deshalb nicht von einer „opinio iuris" – nach richtiger Ansicht auch nicht von einer „opinio necessitatis" (vgl dazu Staudinger/J Schmidt [1995] § 242 Rn 151 mwN) – getragen sein muss.

67 Da die Berücksichtigung der Verkehrssitte auf allgemeinen, normativen Auslegungsgrundsätzen beruht, gilt diese ohne Rücksicht auf die **Kenntnis** der Beteiligten vom Bestehen und Inhalt der betreffenden Verkehrssitte (BGH LM Nr 1 zu § 157 [B]). Wie sonst auch genügt es, dass sie der *Empfänger* **kennen musste** (Lüderitz 302; Canaris, Handelsrecht § 24 Rn 3 mit Fn 3; **aA** Flume, AT § 16, 3 d = S 313). Auf die Kenntnis und das Kennenmüssen des *Erklärenden* kommt es dagegen nicht an, da nach der hier vertretenen Ansicht die objektiv-normative Bedeutung einer Erklärung solange maßgebend ist, wie der Erklärende nicht wegen Inhaltsirrtums anficht (oben Rn 21; teilw **aA** Larenz/Wolf § 28 Rn 64). Im Übrigen kann der **Geltungsbereich der Verkehrs-**

sitte in örtlicher und persönlicher Hinsicht beschränkt sein (RGZ 114, 9, 12; BGH LM Nr 1 zu § 157 [B]; zum örtlichen Sprachgebrauch oben Rn 45). Allerdings muss der Verkehrskreis hinreichend klar abgrenzbar sein. Einen auf „erstrangige Kunsthandlungen" beschränkten Handelsbrauch, Bilder zurückzunehmen, wenn sie sich nachträglich als unecht erweisen, hat das Reichsgericht mit Recht nicht anerkannt (RGZ 135, 339, 344 f; zust CANARIS, Handelsrecht § 24 Rn 6). Soweit spezielle Verkehrsregeln existieren, kommen diese in der Regel dann zur Anwendung, wenn alle Beteiligten dem gleichen Verkehrskreis angehören. Besteht die Sitte nur im Verkehrskreis der einen Partei, kommt es auf die Verständnismöglichkeiten des Empfängers an. Kennt dieser die besondere Sitte nicht, wird man immerhin, aber wohl auch nur im Handelsverkehr verlangen können, dass er sich um die im Geschäftskreis seines Partners geltenden Sitten und Gebräuche kümmert (vgl RGZ 97, 215, 218 f; BGHZ 6, 127, 134; iE auch schon RGZ 53, 59, 62; ebenso LARENZ/WOLF § 28 Rn 65; tendenziell auch LÜDERITZ 301 f; **aA** SCHLEGELBERGER/HEFERMEHL § 346 Rn 33, der sich aber zu Unrecht auf RGZ 97, 215, 218 stützt; FLUME aaO, der geschäftskreisfremde Sitten nicht zu Lasten Unwissender gelten lässt und – zu Unrecht – keine normativen Anforderungen stellt; ihm ausdr zust MünchKomm/MAYER-MALY/BUSCHE § 157 Rn 23). Daraus folgt, dass sich die Bedeutung einer Erklärung im Regelfall nach der Verkehrssitte richtet, die an dem **Ort, an dem die Erklärung abzugeben ist**, herrscht (RGZ 53, 59, 62; BGHZ 6, 127, 134; MünchKomm/MAYER-MALY/BUSCHE § 157 Rn 23; **aA** SIEG BB 1953, 985, 986; einschränkend LARENZ/WOLF § 28 Rn 66: bei empfangsbedürftigen Willenserklärungen Ort des Zugangs; zweifelnd auch LARENZ § 19 II d = S 346). Bemerkt aber ein Partner, dass der andere Teil die für das Verständnis der Willenserklärung maßgebende Verkehrssitte nicht kennt, wird diese auch nicht Inhalt der betreffenden Erklärung (FLUME § 16, 3 d = S 313; CANARIS, Handelsrecht § 24 Rn 29). Bei örtlich unterschiedlichen, sich widersprechenden Verkehrssitten setzt sich im Zweifel diejenige durch, der für das gesamte Rechtsverhältnis das größere Gewicht zukommt. Wird das „erste Stockwerk" einer in Norddeutschland gelegenen Wohnung vermietet, bestimmt sich das Gemeinte auch gegenüber einem aus dem Süden stammenden Mieter nach dem Sprachgebrauch am Belegenheitsort, weil hier das Vertragsverhältnis seinen Schwerpunkt hat. Vermietet wäre also nicht das unterste, sondern das darüber liegende Stockwerk (vgl LÜDERITZ 301; **aA** LARENZ, Methode 73 f, der dem Süddeutschen die objektive Bedeutung seiner Erklärung nicht zurechnen würde; zur Zurechnungsproblematik vgl demgegenüber oben Rn 20).

Da der Verkehrssitte die Funktion eines Auslegungsmittels zukommt, mit dessen Hilfe lediglich Rückschlüsse auf den rechtsgeschäftlichen Willen der Beteiligten gezogen werden, geht ein **abweichendes übereinstimmendes Verständnis** der Parteien vor (RGZ 114, 9, 12; BGHZ 23, 131, 136 f; BGH LM Nr 1 zu § 157 [B] Nr 1). Selbst wenn nur eine Partei mit der Geltung der Verkehrssitte nicht einverstanden ist und ihren abweichenden Willen dem Geschäftsgegner gegenüber zum Ausdruck bringt, kann die Verkehrssitte nicht Vertragsinhalt werden (BGH BB 1955, 868). Sogar formularmäßige Bedingungen in AGB behaupten sich im Allgemeinen gegenüber abweichenden Handelsklauseln und -gebräuchen (RGZ 123, 97, 102). Entsprechendes gilt, falls die typische Erklärungsbedeutung durch **konkurrierende Auslegungsgrundsätze** wie zB das Gebot systematischer oder teleologischer Auslegung (oben Rn 47 u 52) widerlegt ist (vgl zB BGH WM 1984, 1000, 1002; CANARIS, Handelsrecht § 24 Rn 14). Und schließlich gelten Verkehrssitten dann nicht, wenn sie gegen Treu und Glauben oder geltendes Recht verstoßen und sich gleichsam als **Unsitten oder Missbräuche** darstellen (RGZ 114, 9, 13 f; BGHZ 16, 4, 12; BayObLG NJW-RR 1996, 994, 995; vgl schon OERTMANN 27).

69 Das Hauptanwendungsgebiet der Auslegung nach der Verkehrssitte bildet der **Handelsverkehr**. So ist insbesondere die Bedeutung standardisierter Formeln und Klauseln wie zB *fob* („free on board"), *cif* („cost, insurance, freight") oder *„Kasse gegen Dokumente"* jedenfalls ursprünglich durch entsprechende Übung des Handels geprägt worden (zu den Einzelheiten vgl die handelsrechtliche Spezialliteratur, insbes SCHLEGELBERGER/HEFERMEHL, HGB § 346 Rn 50 ff; GroßKomm/RATZ, HGB § 346 Anm 135 ff; GroßKomm/ KOLLER, HGB Vor § 373 Rn 167 ff; HEYMANN/HORN, HGB § 346 Rn 73 ff; LIESECKE WM 1978, Sonderbeilage Nr 3). Entsprechendes gilt für die verkehrstypische Bedeutung anderer Ausdrucksformen, insbesondere des Schweigens, das nach den im kaufmännischen Verkehr üblichen Gepflogenheiten häufig als Zustimmung zu werten ist (Vorbem 73 ff zu §§ 116-144). Ob ein Handelsbrauch besteht und welchen Inhalt er hat, ist **Tatfrage** (BGH LM Nr 8 zu § 346 [B]). Im Streitfall wird in der Regel ein **Sachverständigengutachten** der Industrie- und Handelskammer eingeholt, die ihrerseits die erforderlichen Tatsachen durch Befragung ihrer Mitglieder ermittelt (vgl BGH NJW 1966, 502, 503 f; LM Nr 8 zu § 346 [B]; LIMBACH, in: FS Hirsch [1968] 77, 78 ff; WAGNER NJW 1969, 1282, 1283 f; s a BGH NJW-RR 1995, 914, 915). Gemäß § 114 GVG können die Kammern für Handelssachen auch aus eigener Sachkunde über das Bestehen von Handelsgebräuchen entscheiden. Trotz einer gewissen Verdrängung der Handelsbräuche durch die AGB-Kautelarpraxis (vgl BASEDOW ZHR 150 [1986] 468 ff), kommt diesen nach wie vor eigenständige, gem § 310 Abs 1 S 2 2. HS auch bei der Inhaltskontrolle von AGB zu beachtende Bedeutung zu (K SCHMIDT, Handelsrecht § 1 III 3 b = S 25).

6. Rangverhältnis der Auslegungsmaximen

70 Eine bestimmte **Rangordnung** zwischen den Auslegungsgrundsätzen lässt sich nicht generell aufstellen (BGH LM Nr 6 zu § 157 [C]; vgl auch BGH LM Nr 14 zu § 157 [A]; BAG AP Nr 144 zu § 1 TVG Auslegung), da diese als bloße Indizien herangezogen werden, um Rückschlüsse auf den rechtlich maßgebenden Willen des Erklärenden zu ziehen. Entscheidend ist eine umfassende Würdigung der Gesamtumstände (oben Rn 48), die allerdings nicht dem freien Belieben des Rechtsanwenders unterliegt, sondern die gesetzlichen oder allgemein anerkannten Auslegungsregeln, Denkgesetze und Erfahrungssätze beachten muss (näher Rn 79). Da der Interpret nicht am Wortlaut der Erklärung haften soll (§ 133), gebührt zwar teleologischen Kriterien ein gewisser Vorrang (vgl auch – bzgl der Auslegung von *Gesetzen* – BGHZ 17, 267, 276; CANARIS, in: FS Medicus [1999] 25, 51; LEENEN Jura 2000, 248, 249 f). Heteronome Wertungen dürfen sich aber nicht über den deutlich erkennbar entgegenstehenden empirischen Willen hinwegsetzen (LÜDERITZ 355). Gegen diese Regel verstößt die gemeinrechtliche Parömie **„protestatio facto contraria non valet"**, die in Rechtsprechung und Schrifttum verbreitet Anerkennung gefunden hat, heute aber als überholt gelten darf. Die Maxime widerspricht dem Prinzip der Privatautonomie, bei dem sich auch der unvernünftige und unmoralische Wille Geltung verschaffen darf, sofern er nur deutlich zum Ausdruck kommt (dazu ausf oben Rn 58 f). Ein nur auf den ersten Blick ähnliches Kollisionsproblem stellt sich bei dem Konflikt zwischen allgemeinem Gewährleistungsausschluss und konkret vereinbarter Eigenschaftszusicherung gemäß § 459 Abs 2 aF. Hier geht es um die **Kollision widersprüchlicher privatautonomer Regelungen**, wobei sich grundsätzlich eine konkrete Zusicherung durchsetzt, selbst wenn der allgemeine Gewährleistungsausschluss nicht formularmäßig (§ 305b; vgl auch BGHZ 93, 338, 342), sondern individualvertraglich vereinbart worden ist (BGH NJW 1983, 1423, 1424; FLUME JZ 1992, 367; SOERGEL/HUBER § 459 Rn 191). So ist die in einem Formular-Kaufvertrag individuell eingefügte, allgemeine Angabe, dass „keine" Zusicherungen abgegeben worden seien, nicht maßgeblich, wenn der Verkäufer gegenüber dem Erwerber trotzdem eine konkrete Zusage über das Datum der Erstzulassung des verkauften Kfz gemacht hat (zutr FLUME aaO; aA BGH NJW 1992, 170 f). Das Besondere geht dem Allgemeinen vor. Dementsprechend vertraut der Verkehr regelmäßig auf die konkretere Absprache (BGH NJW 1999, 2432, 2433), weil er diese im Zweifel als Ausnahme von einer anders lautenden, aber allgemein gehaltenen Regelung versteht. Aus diesem Grunde ist auch zwischen konkludenten und ausdrücklichen Zusicherungen nicht zu unterscheiden (aA BGH WM 1981, 224, 225; SOERGEL/HUBER aaO).

VI. Sonderregeln: Erklärungen an einen unbestimmten Personenkreis

1. Erklärungen an die Öffentlichkeit

Erklärungen, die sich **an einen unbestimmten Personenkreis** richten, wie zB Vollmachtsurkunden, Auslobungen, Grundbuch- und Registereintragungen, Gesellschaftsverträge einer GmbH, AG oder GmbH & Co KG, Vereinssatzungen, zum Umlauf bestimmte Wertpapiere sowie Allgemeine Geschäftsbedingungen sollen nach allgemeiner Ansicht nicht nach dem individuellen Verständnis der Beteiligten, sondern ausschließlich „aus sich selbst heraus" auszulegen sein. Abgesehen von Wortlaut, Sinn und Zweck der Erklärung sind nur solche Umstände zu berücksichtigen, die für die Allgemeinheit erkennbar sind (vgl zB BGHZ 28, 259, 263 f; 53, 304, 307; 63, 282, 290; 123, 347, 350; COING ZGR 1978, 659 ff; LARENZ/WOLF § 28 Rn 74; SOERGEL/HEFERMEHL Rn 15; PALANDT/HEINRICHS Rn 12). Der hier zugrunde gelegte Vorrang **objektiver Auslegung** ist zumindest in dieser Allgemeinheit missverständlich (krit auch BRANDNER AcP 162 [1963] 237, 255 [bezogen auf AGB]; WIEDEMANN Sonderheft DNotZ 1977, 99, 106 f; GRUNEWALD ZGR 1995, 68, 74 ff bezogen auf Gesellschaftsverträge). So ist bei **Allgemeinen Geschäftsbedingungen** völlig unstreitig, dass sich das individuelle Verständnis der Vertragspartner gemäß § 305b im Konfliktfall gegenüber der objektiven Auslegung durchsetzt (oben Rn 14; zur Auslegung von AGB vgl noch Rn 54 sowie eingehend STAUDINGER/SCHLOSSER [1998] § 5 AGBG Rn 7 ff). Entsprechendes gilt für die Auslegung von **Wechseln und Schecks**, soweit es um das Verhältnis zwischen den Parteien des Begebungsvertrages geht (oben Rn 14). Auch **Inhaberschuldverschreibungen** müssen nicht zwangsläufig einheitlich ausgelegt werden, wohl aber muss sich der Verkehr auf deren äußeren Schein verlassen können (RGZ 117, 379, 382; missverständlich BGHZ 28, 259, 263). Das schließt nicht aus, dass auch hier die besonderen Begleitumstände bei der Ausgabe solcher Papiere, insbesondere Erklärungen der emittierenden Gesellschaft in der Hauptversammlung oder in der Presse, zu berücksichtigen sind (BGHZ 28, 264). Auf die individuelle Verständnismöglichkeit kommt es bei der Auslegung einer Vollmachtsurkunde oder **Grundbucheintragung** schon deshalb an, weil Bösgläubige nicht geschützt werden (vgl §§ 173, 892). Die Zweckbestimmung des Grundbuchs, „über bestehende dingliche Rechte jedem Gutgläubigen sowie jedem der unbestimmten Rechtsnachfolger und Rechtsverpflichteten eindeutig Aufschluss zu geben" (vgl BGHZ 59, 205, 208 f; BGH LM Nr 4 und 25 zu § 1018; s ferner BGHZ 47, 190, 195 f; 90, 181, 184; 92, 351, 355 f; BGH NJW-RR 1991, 457; BÖHRINGER Rpfleger 1988, 389), erfordert die objektive Auslegung nur gegenüber diesem unbestimmten Personenkreis und nur insoweit, als diese gutgläubig iSd § 892 sind (anders im Grundbuchverfahrensrecht, vgl BGHZ 129, 1, 3 f; BayObLGZ 1974, 112, 115; BayObLG NJW-RR 1999, 620, 621: Wegen des Bestimmtheitsgrundsatzes kommt eine Auslegung nur in Betracht, wenn sie zu einem zweifelsfreien und eindeutigen Ergebnis führt). Da der Vertrag über die Begründung von **Wohnungseigentum** und die Gemeinschaftsordnung im Grundbuch einzutragen sind, gelten für diese die gleichen Auslegungsgrundsätze wie für die Grundbucheintragung (BayObLG DNotZ 2003, 541). Auch bei der **Auslobung** ist anerkannt, dass derjenige, der den wahren Willen des Auslobenden erkennt, keine weitergehenden Rechte in Anspruch nehmen kann (oben Rn 17). Im Ergebnis gelten also auch bei der Auslegung von Willenserklärungen, die an die Allgemeinheit gerichtet sind, die allgemeinen Auslegungsgrundsätze der §§ 133, 157. Die objektive Auslegung trifft hier im Regelfall nur deshalb das Richtige, weil bei diesen Erklärungen selten individuelle Umstände erkennbar in Erscheinung treten.

2. Gesellschaftsverträge und Satzungen

72 **Gesellschaftsverträge von Personengesellschaften** werden im Allgemeinen nach den für individualrechtliche Vereinbarungen geltenden Grundsätzen der §§ 133, 157 ausgelegt (BGH WM 1975, 662; 1978, 514, 515; COING ZGR 1978, 659, 666; GRUNEWALD, Gesellschaftsrecht [5. Aufl] Rn 27). Nach den oben Rn 13 dargelegten Grundsätzen ist daher ein uU vom Wortlaut des Gesellschaftsvertrages abweichendes individuelles Verständnis *aller* (BGH WM 1974, 372, 373) Gesellschafter maßgebend. Eine gesellschaftsvertragliche Bestimmung, dass die Gesellschafterrechte nicht übertragen werden dürfen, erfasst zB auch den Anspruch auf Auszahlung eines Auseinandersetzungsguthabens, wenn sämtliche Gesellschafter darüber einig waren, gleichgültig ob dies für Dritte oder die Allgemeinheit erkennbar war (BGH WM 1978, 514 f). Keine Besonderheiten gelten für die **Stille Gesellschaft**, da durch den Gesellschaftsvertrag nur die Belange der Vertragschließenden berührt werden (RGZ 156, 129, 133). Bei **Körperschaften** sollen die Gesellschaftsverträge und Satzungen dagegen **objektiv ausgelegt** werden, *wenn es sich um Regelungen mit körperschaftlichem Bezug handelt* (vgl BGHZ 47, 172, 180; 63, 282, 290 – Verein; BGHZ 14, 25, 36 f; 116, 359, 364; BGH WM 1974, 372, 373; LM Nr 25 zu § 549 ZPO; Nr 20 zu § 47 GmbHG; OLG Hamm NZG 2003, 545 – GmbH; BGHZ 123, 347, 350; BGH NJW 1997, 1510, 1511 – AG). Der Grundsatz objektiver Satzungsauslegung beschränkt die Auslegungsmittel auf Wortlaut, Sinn und Zweck der Regelung sowie deren systematischen Bezug zu anderen Satzungsvorschriften (BGHZ 123, 347, 350). Außer Betracht zu bleiben haben Umstände, die außerhalb der Vertragsurkunde liegen und nicht allgemein erkennbar sind, insbesondere die Entstehungsgeschichte der Satzung, Vorentwürfe sowie Vorstellungen und Äußerungen von Personen, die an der Abfassung des Gesellschaftsvertrages mitgewirkt haben (BGH WM 1973, 372, 373; 1989, 1809, 1810). Dies gilt auch bei Familiengesellschaften (BGH GmbH-Rdsch 1982, 129, 130). Auf ein abweichendes individuelles Verständnis der Vertragschließenden kommt es nur an, wenn es sich um Regelungen unterhalb der Ebene des Gesellschaftsvertrages handelt, die – wie zB Pensionszusagen für Witwen der Geschäftsführer – nur für die Beziehungen der Gesellschafter untereinander von Bedeutung sind (BGH WM 1955, 65, 66; LM Nr 20 zu § 47 GmbHG). Nach Auffassung der Gerichte gilt der Grundsatz objektiver Auslegung auch für Verträge von **Publikumspersonengesellschaften**. Soweit diese belastende Klauseln enthalten, sind diese darüber hinaus im Interesse und zum Schutz der Kommanditisten **einschränkend aus-**

zulegen (vgl oben Rn 62). Diese sollen sich darauf verlassen können, dass ihnen nur solche Pflichten auferlegt werden, die eindeutig im Vertragstext festgelegt sind (BGH NJW 1979, 419, 420; 1979, 2102; 1982, 877, 878; 1990, 2684, 2685; OLG Hamburg NJW-RR 1996, 1436, 1437). Anerkannt ist der Grundsatz objektiver Auslegung schließlich bei Hauptversammlungsbeschlüssen (RGZ 146, 145, 154) und Beschlüssen von Wohnungseigentümergemeinschaften (OLG Stuttgart NJW-RR 1991, 913).

Stellungnahme: Dem Prinzip objektiver Satzungsauslegung ist im Grundsatz zuzustimmen, da eine Regelung mit korporativem Bezug gegenüber Rechtsnachfolgern und Gläubigern in der Tat nur einheitlich gelten kann. Allerdings sollte **nicht nach der Rechtsform differenziert** werden (zutr TEICHMANN 132 f; K SCHMIDT § 5 I 4b = S 89; GRUNEWALD ZGR 1995, 68, 71), da körperschaftliche Regelungen nicht nur bei Körperschaften, sondern **auch bei Personengesellschaften** einheitlich gehandhabt werden sollten. Soweit aber noch kein Gesellschafterwechsel eingetreten ist und *alle* Gesellschafter eine Satzungsbestimmung im gleichen Sinne verstehen, gibt es – unabhängig von der Gesellschaftsform – keinen Grund, dieses individuelle Verständnis nicht gelten zu lassen (NITSCHKE 172; LUTTER AcP 180 [1980] 84, 96; WIEDEMANN, Gesellschaftsrecht I [1980] § 3 II 2 = S 169; ders, in: Sonderheft DNotZ 1977, 99, 107; GRUNEWALD ZGR 1995, 68, 87; dies, Gesellschaftsrecht [5. Aufl] Rn 27; K SCHMIDT § 5 I 4 = S 96 f; LUTTER/HOMMELHOFF, GmbHG [15. Aufl] § 2 Rn 11; **aA** BGHZ 123, 347, 350; BGH LM Nr 20 zu § 47 GmbHG; GmbH-Rdsch 1982, 129, 130: objektive Auslegung auch im Interesse künftiger Gesellschafter und/oder Gläubiger). Und gegenüber später eintretenden Gesellschaftern gilt eine individuelle, aus dem Gesellschaftsvertrag selbst nicht ersichtliche Interpretation dann, wenn der Eintretende davon wissen musste (COING ZGR 1978, 659, 669 f; vgl auch WIEDEMANN, Gesellschaftsrecht I [1980] § 3 II 2 = S 168 f). Darüber hinaus kann sich ein individuelles Verständnis auch bei langjähriger Übung durchsetzen (BGH NJW 1966, 826 f; WIEDEMANN Sonderheft DNotZ 1977, 99, 109). Zu weit dürfte es aber gehen, dem Eintretenden bei unklaren Formulierungen Erkundigungspflichten aufzuerlegen (GRUNEWALD ZGR 1995, 68, 78 f), da die Verfasser eines unklaren Textes „näher dran" sind, die Verantwortung für ein etwaiges Missverständnis zu tragen. Lässt sich die Unklarheit bei der gebotenen objektiven Auslegung nicht beseitigen, ist die Klausel wegen Unbestimmtheit nichtig (oben Rn 23); im Übrigen erscheint hier mit Rücksicht auf die Vorformulierung durch die Alt-Gesellschafter eine Auslegung „contra proferentes" gerechtfertigt (vgl dazu oben Rn 62).

3. Tarifverträge und Betriebsvereinbarungen*

Bei der **Auslegung von Tarifverträgen** und Betriebsvereinbarungen ist die Rechtslage insofern ähnlich, als deren normativer Teil für die Tarifunterworfenen und Betriebs-

---

* ANIANIDIS, Die Auslegung von Tarifverträgen (1974); BUCHNER, Tarifwille und Richtermacht, SAE 1987, 45; DIETERICH, Die Grundrechtsbindung von Tarifverträgen, in: FS Schaub (1998) 117; DÜTZ, Subjektive Umstände bei der Auslegung kollektivvertraglicher Normen, in: FS Molitor (1988) 63; HERSCHEL, Die Auslegung der Tarifvertragsnormen, in: FS Molitor (1962) 161; ders, Eigenart und Auslegung der Tarifverträge, AuR 1976, 1; MÜLLER, Die Auslegung des normativen Teiles eines Tarifvertrags nach der Rechtsprechung des Bundesarbeitsgerichts, DB 1960, 119; NEUMANN, Zur Auslegung von Tarifverträgen, AuR 1985, 320; SCHAUB, Auslegung und Regelungsmacht von Tarifverträgen, NZA 1997, 597; SIEGERS, Die Auslegung tarifvertraglicher Normen, DB 1967, 1630; SINGER, Neue Entwicklungen im Recht der

angehörigen unmittelbar Rechtsgeltung erlangt und daher auf die Verständnismöglichkeiten dieser Verkehrskreise Rücksicht zu nehmen ist. Wegen der normativen Wirkung neigt die **Rechtsprechung des BAG** zwar zu einer der **Gesetzesauslegung** (dazu STAUDINGER/COING[11] Einl 114 ff zum BGB) entsprechenden Methode, wendet aber dabei nicht nur objektive Auslegungsgrundsätze an, sondern versucht, den wirklichen Willen der Tarifpartner weitgehend zu berücksichtigen. Voraussetzung ist zwar seit jeher, dass dieser Wille in den Tarifnormen oder dem tariflichen Gesamtzusammenhang seinen Niederschlag gefunden hat (BAGE 42, 86, 89; 46, 308, 313; 58, 31, 33; 66, 134, 137; BAG AP Nr 117 zu § 1 TVG Auslegung m Anm MAYER-MALY SAE 1966, 251; Nr 121m zust Anm RICHARDI; Nr 144; Nr 11 zu § 1 TVG Tarifverträge: Presse mit iE zust Anm RÜTHERS/HEILMANN JZ 1991, 422 f; SIEGERS DB 1967, 1630, 1633; BUCHNER SAE 1987, 45, 51; vgl auch die authentische Interpretation der BAG-Rechtsprechung durch G MÜLLER DB 1960, 119; NEUMANN AuR 1985, 320 u SCHAUB NZA 1994, 597). Verbleiben hiernach Zweifel, sind aber nach der jüngeren Rechtsprechung des für die Auslegung zuständigen Vierten Senats des BAG darüber hinaus auch „weitere Kriterien wie die Entstehungsgeschichte des Tarifvertrages, gegebenenfalls auch die praktische Tarifübung heranzuziehen" (BAG AP Nr 144 zu § 1 TVG Auslegung; Nr 57 zu § 1 TVG Tarifverträge: Einzelhandel; BAGE 46, 308, 314; 54, 113, 126; 66, 134, 137; vgl auch NEUMANN AuR 1985, 320, 322). Dabei sind auch Protokolle und sonstige schriftliche Unterlagen sowie Aussagen und Auskünfte der Teilnehmer über die Tarifverhandlungen zu verwerten (AP Nr 117 zu § 1 TVG Auslegung; Nr 7 zu § 9 TVG; Nr 2 zu § 51 BAT; LAG Hamburg DB 1967, 1725; MAYER-MALY SAE 1966, 251, 252; DÜTZ, in: FS Molitor [1988] 63, 71). Angesichts der bei mehrdeutigem Wortlaut der Tarifvorschrift möglichen Berücksichtigung außerurkundlicher Umstände unterscheidet sich die Methode der Gesetzesauslegung nur geringfügig von der (subjektiven) **Vertragstheorie**, die von vornherein die autonomen Grundlagen der Tarifautonomie stärker betont und daher dem übereinstimmenden Verständnis der Tarifvertragspartner grundsätzlich Priorität einräumt (so zB mit Modifikationen im einzelnen ZÖLLNER RdA 1964, 443, 448 f; STEIN, Tarifvertragsrecht Rn 84; DÜTZ, in: FS Molitor [1988] 63, 74 f; ZACHERT, in: FS zum 100-jährigen Bestehen des Deutschen Arbeitsgerichtsverbandes [1994] 573, 587; ZILIUS, in: HAGEMEIER/KEMPEN/ZACHERT/ZILIUS, TVG Einl Rn 240; DÄUBLER, Tarifvertragsrecht Rn 129 ff, 135 ff). Unterschiede bestehen nur hinsichtlich der **falsa demonstratio** (oben Rn 13), *wenn* sich für den wirklichen Willen der Tarifpartner auch aus den stufenweise ergänzend heranzuziehenden Auslegungsmitteln kein Anhaltspunkt gewinnen lässt. Während die genannten Autoren auch hier (zT mit Einschränkungen, vgl ZÖLLNER RdA 1964, 449; STEIN, Tarifvertragsrecht Rn 86; WANK ZfA 1998, 71, 78 f; ders, in: WIEDEMANN, TVG [6. Aufl] § 1 Rn 779) den wirklichen Willen für beachtlich halten (ebenso RÜTHERS/HEILMANN JZ 1991, 422, 423; ANANIADIS 43 ff), folgt die Rechtsprechung der **Andeutungstheorie** und hält eine *falsa demonstratio* ohne Anhalt in den Tarifnormen und dem tariflichen Gesamtzusammenhang für schädlich (vgl BAG AP Nr 68 zu Art 3 GG; auch BAG AP Nr 11 zu § 1 TVG Tarifverträge: Presse, wo freilich ein Redaktionsversehen mit Rücksicht auf den tariflichen Gesamtzusammenhang gegen den eindeutigen Wortlaut korrigiert wurde; dem BAG zust HERSCHEL, in: FS Molitor [1962] 161, 179 f; ders AuR 1976, 1, 4; LÖWISCH/RIEBLE, TVG § 1 Rn 394; s aber Rn 384; MAYER-MALY/BUSCHE Rn 33; MAYER-

---

Betriebsübung, ZfA 1993, 487; ders, Tarifvertragliche Normenkontrolle am Maßstab der Grundrechte?, ZfA 1995, 611; SÖLLNER, Grenzen des Tarifvertrages, NZA 1996, 897; WANK, Die Auslegung von Tarifverträgen, ZfA 1998,

71; ZACHERT, Auslegung und Überprüfung von Tarifverträgen durch die Arbeitsgerichte, in: FS zum 100-jährigen Bestehen des Deutschen Arbeitsgerichtsverbandes (1994) 573; ZÖLLNER, Das Wesen der Tarifnormen, RdA 1964, 443.

MALY SAE 1966, 251, 252). Die Auslegung von **Betriebsvereinbarungen** erfolgt nach dem gleichen Muster (vgl BAGE 60, 94, 98; BAG AP Nr 3 zu § 77 BetrVG 1972; NZA 1997, 877, 878; RICHARDI, Betriebsverfassungsgesetz [8. Aufl] § 77 Rn 115 f; vHOYNINGEN-HUENE, Betriebsverfassungsrecht [5. Aufl] § 11 III 6 = S 237).

Stellungnahme: Eine **falsa demonstratio schadet** auch dann **nicht**, wenn diese für die 75 Tarifunterworfenen nicht erkennbar war (allg für Erkennbarkeit, aber ohne Bindung an die Wortsinngrenze WANK NZA 1998, 78 ff [90]; ders, in: WIEDEMANN, Tarifvertragsgesetz [6. Aufl] § 1 Rn 779). Auch eine „Andeutung" in den Tarifnormen oder dem tariflichen Gesamtzusammenhang sollte man nicht verlangen. Die Andeutungstheorie täuscht eine Rechtssicherheit vor, die mangels justiziabler Kriterien für die geforderte „Andeutung" gerade nicht gewährleistet und überdies mit dem Verbot der Buchstabeninterpretation gem § 133 nicht zu vereinbaren ist (zu der ähnlichen Problematik bei der Auslegung formbedürftiger Rechtsgeschäfte vgl oben Rn 32 f). Auf der anderen Seite spricht für die ausschlaggebende Bedeutung des wirklichen Willens der Tarifpartner, dass diesen kraft des von ihren Mitgliedern anvertrauten Mandats die alleinige Regelungskompetenz zukommt und die Mitglieder – innerhalb der von der Rechtsordnung gezogenen Grenzen – den Inhalt der Tarifnormen so hinnehmen müssen wie er von den Verbänden ausgehandelt worden ist (vgl mit Unterschieden und teilweisen Einschränkungen ZÖLLNER RdA 1964, 443, 449; DÜTZ, in: FS Molitor [1988] 63, 72 f; RÜTHERS/ HEILMANN JZ 1991, 423; WANK ZfA 1998, 78 u 83; ders, in: WIEDEMANN, TVG [6. Aufl] § 1 Rn 774 f; GAMILLSCHEG, Kollektives Arbeitsrecht I [1997] § 15 XI 2 b = S 654 f). Auf das Vertrauen der Tarifunterworfenen, die sich möglicherweise an dem objektiven Erscheinungsbild der Tarifnormen orientieren (nicht ohne Grund zweifelnd RÜTHERS/HEILMANN JZ 1991, 423; WANK ZfA 1998, 71, 78 f), kommt es für den Inhalt des Tarifvertrages – und zwar auch seines normativen Teils – nicht an, weil diese am Tarifabschluss nicht beteiligt sind. Das Tarifvertragssystem ist nicht staatlich abgeleitetes Recht, sondern staatlich anerkannte **„kollektive Privatautonomie"** (so jetzt auch BAG NZA 1998, 715, 716 im Anschluss an Tendenzen im jüngeren Schrifttum, vgl insbes A WIEDEMANN, Die Bindung der Tarifnormen an Grundrechte, insbesondere an Art 12 GG [1994] 29 ff; SINGER ZfA 1995, 611, 620; ders SAE 1997, 213, 216 f; DIETERICH, in: FS Schaub [1998] 117, 121; aA zB SÖLLNER NZA 1996, 897, 902). Diese beruht auf zwei Säulen: dem Erfordernis eines Vertrages zwischen den Tarifpartnern – hier bildet der „Vertragsmechanismus" die Legitimation für das von den Partnern autonom geschaffene Recht – und dem durch die Mitgliedschaft in den jeweiligen Verbänden geschaffenen Mandat, das gegenüber den Repräsentierten eine gleichfalls autonome Legitimation zur Rechtsetzung beinhaltet. Dieses System kollektiver Privatautonomie kombiniert Elemente der rechtsgeschäftlichen und – wegen der Schutzbedürftigkeit der Tarifunterworfenen im Bereich der Mindestarbeitsbedingungen (§ 4 Abs 3 TVG) – der gesetzlichen Stellvertretung (vgl SINGER ZfA 1995, 626 f m Fn 81; **aA** ZÖLLNER RdA 1964, 443, 444 f). Im Bereich der Stellvertretung kommt es aber nach dem – entweder unmittelbar oder jedenfalls analog – anzuwendenden **§ 166 Abs 1** nicht auf die Vorstellungen der Repräsentierten, sondern auf die ihrer „Vertreter" an. Infolgedessen richtet sich die **Auslegung des Vertrages** nach dem **Vertrauen der Tarifpartner** und nicht nach dem Vertrauen der Repräsentierten. Dieses ist damit nicht schutzlos, richtet sich aber nach den allgemeinen Grundsätzen der – nicht rechtsgeschäftlichen – Vertrauenshaftung. Danach ist zwar Vertrauen auf eine scheinbar bestehende Rechtslage schutzwürdig, aber nicht abstraktes, sondern nur durch konkrete Vertrauensinvestitionen im Einzelfall nachgewiesenes Vertrauen, wie es zB beim Vertrauen auf Fehlinterpretationen anerkannt ist (vgl dazu CANARIS, Vertrauenshaftung 254 ff, 392 ff; SINGER, Verbot 234 ff; vgl zur Betriebsübung näher Vorbem 55 f zu §§ 116–144).

VII. Die Auslegung im Prozess*

1. Auslegung und Beweislast

76 Nach allgemeinen prozessualen Grundsätzen ist zwischen der Ermittlung der relevanten Tatsachen und ihrer rechtlichen Beurteilung zu unterscheiden. Danach ist die Feststellung des Erklärungstatbestandes Tatfrage, während dessen rechtliche Würdigung nach Maßgabe der §§ 133, 157 als reine Rechtsfrage anzusehen ist (vgl BGHZ 20, 109, 111; BGH LM Nr 1 zu § 133 [B]; NJW 1984, 721 f; 1987, 901; NJW-RR 1989, 1282; POHLE MDR 1951, 91; FLUME § 16, 6 = S 338; ERMAN/PALM Rn 41 f; vgl auch oben Rn 8). Das bedeutet zum einen, dass sich der Richter Schwierigkeiten bei der **rechtlichen Würdigung** der auslegungsrelevanten Tatsachen nicht dadurch entziehen kann, dass er nach **Beweislastgrundsätzen** entscheidet (RGZ 131, 343, 350; BGH LM Nr 7 zu § 242 [A]; NJW 1984, 721, 722; 1987, 901; WM 1975, 662; 1977, 707, 709). Einen „Auslegungsbeweis" darf er nicht fordern. Er darf auch nicht in sich widerspruchsvoll erscheinende Bestimmungen in einem Vertragstext als ungeschrieben werten, sondern muss sich darum bemühen, die zugrunde liegenden Überlegungen und Vorstellungen der Parteien sowie den wirtschaftlichen Zweck des Rechtsgeschäfts zu ergründen (BGHZ 20, 109, 110; BGH NJW 1986, 1035; vgl dazu schon oben Rn 10 mwN). Falls sich aber die Mehrdeutigkeit einer Erklärung nach Ausschöpfen aller Auslegungsmittel nicht beheben lässt, ist das Rechtsgeschäft mangels Bestimmtheit nichtig (oben Rn 23).

77 Im Unterschied dazu gelten für das „**Auslegungsmaterial**", also die der rechtlichen Würdigung zugrunde liegenden Tatsachen, die Grundsätze über die **Darlegungs- und Beweislast**. Das Gericht hat somit nicht etwa von Amts wegen alle für die Auslegung wesentlichen Umstände zu ermitteln, sondern darf nur berücksichtigen, was von den Parteien an auslegungsrelevanten Tatsachen vorgetragen und im Streitfall bewiesen wird (BGHZ 20, 109, 111; BGH WM 1977, 707, 709). **Tatfrage** ist, ob eine Erklärung abgegeben worden ist, welchen Wortlaut sie hat, die Vorgeschichte des Vertrages, das Bestehen einer Verkehrssitte oder eines Handelsbrauchs (BGH LM Nr 1 zu § 157 [B]; NJW 1990, 1723, 1724; NJW-RR 1995, 914, 915; BGHZ 16, 71, 81; 40, 332, 333 f) die Zugehörigkeit der Beteiligten zu dem betreffenden Verkehrskreis (LARENZ § 19 II h = S 352), schließlich das Vorliegen aller sonstigen Begleitumstände, aus denen Rückschlüsse auf den rechtsgeschäftlichen Willen gezogen werden können (BGH NJW-RR 1989, 1282; NJW 1987, 901 [„Material"]; LARENZ/WOLF § 28 Rn 127; ERMAN/PALM Rn 42). Dazu

---

* GOTTWALD, Die Revisionsinstanz als Tatsacheninstanz (1975); HENKE, Die Tatfrage (1966); ders, Rechtsfrage oder Tatfrage – eine Frage ohne Antwort?, ZZP 81 (1968) 196 u 321; KUCHINKE, Grenzen der Nachprüfbarkeit tatrichterlicher Würdigung und Feststellungen in der Revisionsinstanz (1964); MANIGK, Die Revisibilität der Auslegung von Willenserklärungen, in: Die Reichsgerichtspraxis im deutschen Rechtsleben, 1929 (VI) 94; MAY, Die Auslegung rechtsgeschäftlicher Willenserklärungen im Revisionsverfahren, NJW 1959, 708; ders, Auslegung individueller Willenserklärungen durch das Revisionsgericht?, NJW 1983, 980; ders, Die Revision (2. Aufl 1997); POHLE, Auslegung und Beweislast, MDR 1951, 91; STUMPF, Zur Revisibilität der Auslegung von privaten Willenserklärungen, in: FS Nipperdey I (1965) 957.

gehören auch innere Tatsachen wie zB die Kenntnisse des Erklärungsempfängers (BGH LM Nr 2 zu § 157 [Gf]; BAG AP Nr 1 u 2) sowie der Wille der am Rechtsgeschäft Beteiligten (BGHZ 86, 41, 46; 87, 150, 152). Sind sich die Parteien über den Sinn einer Erklärung einig, und sei es erst im Prozess, muss sich der Richter an diese Tatsache halten (BGHZ 86, 41, 46; BGH LM Nr 2 zu § 157 [Gf]; Nr 5 zu § 288 ZPO; NJW 1984, 721; 1996, 1678, 1679; WIESER JZ 1985, 407, 409; oben Rn 27 aE). Allerdings ist **empirische Auslegung** nicht ausschließlich Tatsachenfeststellung (so aber BGH LM Nr 2 zu § 157 [Gf]; LARENZ § 19 II h = S 352; WIESER aaO; KUCHINKE 155 f), da Auslegung die Funktion hat, den rechtlich maßgeblichen Sinn der Willenserklärung zu ermitteln (oben Rn 2) und daher zwangsläufig rechtliche Erwägungen über die Geltung des Gewollten (mit-)bestimmen (zutr MünchKomm/MAYER-MALY/BUSCHE Rn 61; KRAMER, Grundfragen 133; MAY NJW 1959, 708, 709). Schon die – unstreitige – Vorfrage, ob der empirische Wille maßgebend ist (oben Rn 11 ff), erfordert spezifisch rechtliche Erwägungen; erst recht gilt dies für die – streitige – Anwendung der empirischen Auslegung bei formbedürftigen (oben Rn 30 ff) und bestimmten nicht empfangsbedürftigen Erklärungen (Rn 16 f).

Erheblichen Einfluss auf die Beweisführung und Beweislastverteilung haben die **78** anerkannten **Auslegungsregeln und Erfahrungssätze** (oben Rn 44 ff). Dies gilt insbesondere für die Vermutung der Richtigkeit und Vollständigkeit einer über ein Rechtsgeschäft ausgestellten Urkunde (vgl die Nachw oben Rn 34). Wer einen vom **Wortlaut** der Urkunde abweichenden Inhalt des Rechtsgeschäfts behauptet, trägt für die außerhalb der Urkunde liegenden Umstände die volle Beweislast (BGHZ 121, 357, 364; BGH LM Nr 17 zu § 133 [C]; Nr 7 zu § 242 [A]; NJW 1999, 1702, 1703; SOERGEL/HEFERMEHL Rn 35; BAUMGÄRTEL/LAUMEN Rn 2). Umgekehrt ist eine Auslegung nicht zu beanstanden, bei der sich das Gericht auf eine Ausdeutung des Wortlauts einer Erklärung beschränkt, wenn es die darlegungs- und beweispflichtige Partei unterlassen hat, weitere Tatsachen vorzutragen und unter Beweis zu stellen, die eine vom Wortlaut abweichende Auslegung rechtfertigen würden (BGHZ 20, 109, 112). Entsprechende Beweislastregeln gelten für andere Erfahrungssätze, wie zB die Vermutung, dass die Parteien eine dem Zweck des Rechtsgeschäfts entsprechende Regelung treffen wollten (BGH WM 1977, 707, 709; vgl auch ERMAN/PALM Rn 42; zur teleologischen Auslegung oben Rn 52 ff).

2. Revisibilität der Auslegung

Obwohl der BGH in Bezug auf die Beweislast klar zwischen Tat- und Rechtsfrage **79** unterscheidet (oben Rn 76 f), nimmt er in Bezug auf die Revisibilität der Auslegung einen anderen Standpunkt ein. Die **Auslegung individueller Willenserklärungen** ist nach ständiger Rechtsprechung „Sache des Tatrichters" und vom Revisionsgericht „nur" daraufhin zu überprüfen, ob gesetzliche Auslegungsregeln, anerkannte Auslegungsgrundsätze, Denkgesetze, Erfahrungssätze oder Verfahrensvorschriften verletzt worden sind (vgl zB RGZ 131, 343, 350; BGHZ 23, 263, 278; BGH NJW 1992, 1446; 1995, 45, 46; 1995, 1211, 1212; zust KUCHINKE 158 ff; LARENZ § 19 II h = S 353 f; LARENZ/WOLF § 28 Rn 131 ff; MünchKommZPO/WALCHSHÖFER § 550 Rn 15; SOERGEL/HEFERMEHL Rn 36; PALANDT/HEINRICHS Rn 30), wesentlicher Auslegungsstoff außer Acht gelassen wurde (BGHZ 121, 284, 289; BGH NJW 1988, 332, 333; 1992, 1446; 1992, 1967, 1968; 2000, 2508, 2509; WM 1991, 495, 496) oder eine Auslegung gänzlich unterblieben ist (BGHZ 16, 4, 10 f; 96, 141, 144). Die Einhaltung dieser Auslegungsgrundsätze überprüft das Revisionsgericht ohne

Bindung an die geltend gemachten Revisionsgründe, wohingegen die Feststellung der auslegungsrelevanten **Tatsachen** (oben Rn 77) nur bei einem Verfahrensverstoß überprüft wird und daher eine Verfahrensrüge voraussetzt (BGH WM 1989, 1344, 1345; NJW-RR 1990, 455). Sofern die Auslegung des Berufungsgerichts revisibel ist, nimmt der BGH die Auslegung selbst vor, wenn nach dem tatsächlichen Vorbringen der Parteien weitere Feststellungen nicht mehr getroffen werden müssen (grdl BGHZ 65, 107, 112; s ferner BGHZ 96, 141, 144; 109, 19, 22; 121, 284, 289; BGH NJW 1988, 2878, 2879; 1991, 1180, 1181; 1992, 436, 437; FamRZ 1980, 1104 f; einschränkend noch BGH WM 1975, 470, 471: wenn lediglich *eine* Auslegung in Frage kommt). Diese Grundsätze gelten allerdings nicht für die Auslegung „**typischer**" **Erklärungen**, weil eine von Berufungsgericht zu Berufungsgericht verschiedene Auslegung von ein und derselben Klausel im Interesse der Rechtseinheit vermieden werden soll (seit RGZ 81, 117, 119 stRspr, vgl RGZ 155, 133, 135; BGHZ 5, 111, 114; 7, 365, 368; 8, 55, 56; 22, 109, 112 f; BGH LM Nr 5 zu § 157 [Gf]). So kann die Auslegung **Allgemeiner Geschäftsbedingungen** (vgl Rn 71) vom Revisionsgericht uneingeschränkt überprüft werden (BGHZ 40, 332, 333; 104, 292, 293; BGH NJW 1992, 1236, 1237), sofern sich ihr Anwendungsbereich über mehrere OLG-Bezirke (vgl § 545 = 549 aF ZPO) erstreckt (RGZ 146, 1, 3; BGHZ 7, 365, 368; LM Nr 15 zu § 549 ZPO) und es sich nicht um ausländische AGB handelt (BGHZ 49, 356, 362 f; 104, 178, 181; BGH WM 1966, 450, 451; 1986, 461; krit BRANDNER AcP 162 [1963] 237 [263 f]). Revisionsgerichtlicher Überprüfung unterliegt aber jedenfalls die Frage, ob es sich um ausländische oder inländische AGB handelt (BGHZ 112, 204, 210; vgl auch BGHZ 32, 76, 84 f). Denn die bloße Möglichkeit, dass ausländische Geschäftsbedingungen vorliegen, sperrt noch nicht die Prüfungskompetenz des Revisionsgerichts. Die unbeschränkte Revisibilität der Auslegung typischer Vertragsklauseln galt auch im Rechtsentscheidverfahren, das ja gerade der Rechtsvereinheitlichung dienen sollte (BGHZ 84, 345, 349). Aus dem gleichen Grunde unterliegt die Auslegung typischer Klauseln in einer Gemeinschaftsordnung für Wohnungseigentümer der Nachprüfung durch die Revisionsinstanz (BGHZ 88, 302, 305), ferner die Auslegung von Grundbucheintragungen (BGHZ 47, 190, 195 f; 59, 205, 208 f; BGH NJW-RR 1991, 457), Wertpapieren (LARENZ/WOLF § 28 Rn 134), **Satzungen juristischer Personen** (BGHZ 9, 279, 281; 47, 172, 180; 96, 245, 250; 113, 237, 240; 123, 347, 350; BGH NJW 1994, 185, 185; ZIP 1993, 1709, 1711) sowie von Gewerkschaften (BAGE 16, 329, 336 f) und anderen nicht rechtsfähigen Vereinen (BGHZ 21, 370, 374; **aA** BAG AP Nr 2 zu § 549 ZPO), nicht aber der Gesellschaftsverträge von Personengesellschaften (BGH WM 1959, 1396; 1964, 199, 200), es sei denn, es handelt sich um standardisierte Verträge von Publikumsgesellschaften (BGH NJW 1982, 877, 878). Voraussetzung der revisionsgerichtlichen Überprüfung ist im Übrigen, dass die betreffende Klausel nicht nur individualrechtlichen, sondern körperschaftsrechtlichen Bezug hat (BGHZ 14, 25, 36 f; 123, 347, 350; BGH LM Nr 25 zu § 549 ZPO; vgl dazu Rn 59). Uneingeschränkt nachprüfbar ist schließlich die Auslegung von **Prozesshandlungen**, auch wenn es sich nicht um typische Erklärungen handelt (BGHZ 4, 328, 334; 109, 19, 22; BGH NJW 1991, 1683; 1992, 2346, 2347; WM 1990, 6, 8; abl STEIN/JONAS/GRUNSKY §§ 549, 550 IV Rn 45); nur beschränkt revisibel ist aber die Auslegung solcher Prozesshandlungen, die auch materiellrechtlichen Inhalt haben, wie insbesondere **Prozessvergleiche** (RGZ 154, 319, 320; BGH LM Nr 4 zu § 133 [D]; BAGE 3, 116, 118 f; AP Nr 32 m Anm GRUNSKY).

80 Eine **plausible Begründung** für die getroffene Unterscheidung und damit die eingeschränkte Revisibilität der tatrichterlichen Auslegung bei individuellen Willenserklärungen hat die Rechtsprechung bislang **nicht** gegeben (vgl HENKE ZZP 81 [1968] 196,

200 m Fn 6; Stumpf, in: FS Nipperdey I [1965] 957, 959). In dem Hinweis auf die Aufgabenzuweisung an den Tatrichter (vgl zB BGHZ 23, 263, 278; 65, 107, 110) klingt zwar an, dass es sich um Tatsachenfeststellung handelt. Noch deutlicher wird dies in der Formel, wonach die Auslegung eines Vertrages „im wesentlichen auf tatsächlichem Gebiet" liege und „*deshalb* der Nachprüfung in der Revisionsinstanz nur in beschränktem Umfang zugänglich" sei (BGHZ 24, 39, 41; Hervorhebung hinzugefügt). Aber auf tatsächlichem Gebiet liegt genau betrachtet eben nur die Feststellung des Auslegungsmaterials, nicht dessen rechtliche Würdigung gem §§ 133, 157. Entgegen der in einem Urteil des Bundesarbeitsgerichts besonders klar zum Ausdruck gekommenen Vorstellung, dass sich „Tatsachenfeststellung und Beurteilung" zu einem „einheitlichen Denkvorgang" verbinden (BAGE 4, 360, 365), ist eine gedankliche und praktische Unterscheidung von Tat- und Rechtsfrage durchaus möglich und gemäß § 545 f ZPO auch erforderlich (vgl Gottwald 139 f; Henke, Tatfrage 138 ff; ders ZZP 81 [1968] 196, 218 f; May, Revision Rn 271; ders NJW 1959, 708, 709; ders NJW 1983, 980; Stumpf, in: FS Nipperdey I [1965] 957, 968 f; Rosenberg/Schwab/Gottwald § 141 Rn 1; Larenz, AT § 19 II h = S 354; Larenz/Wolf § 28 Rn 132; Palandt/Heinrichs Rn 30; Erman/Palm Rn 42; aA Kuchinke 64 ff [87] und 144 ff [151]; Stein/Jonas/Grunsky §§ 549, 550 IV Rn 22; MünchKommZPO/Walchshöfer § 550 Rn 3). Wenn es darauf ankommt, steht auch der BGH auf dem Standpunkt, dass eine fehlerhafte Auslegung durch das Tatsachengericht korrigiert werden muss (vgl zB BGHZ 32, 60, 63; BGH FamRZ 1980, 1104 f; NJW 1991, 1180, 1181; 1992, 436, 437). Ganz offen lässt BGH NJW 1995, 1212, 1213 eine revisionsrichterliche Überprüfung zu, „wenn sie von einer unzutreffenden rechtlichen Würdigung beeinflusst ist". Der im allgemeinen übliche Vorbehalt, dass die Auslegung nur bei bestimmten Verstößen gegen Auslegungsregeln der Überprüfung unterliege (Rn 79), bedeutet denn auch in Wahrheit keine effektive Einschränkung der Revisibilität, da kein Rechtsfehler denkbar ist, der nicht zugleich als Verstoß gegen Denkgesetze, Erfahrungssätze oder das Gebot vollständiger Berücksichtigung des Tatsachenstoffes qualifiziert werden kann. Folgerichtig vermutet Flume, dass der BGH stets, wenn er die Auslegung durch das Berufungsgericht für unrichtig hält, auch seine revisionsrechtliche Kompetenz zu begründen vermag (§ 16, 6 = S 340). Mit Recht! Denn die Beachtung der Auslegungsregeln ist ohnehin nur gewährleistet, wenn das Revisionsgericht auch das konkrete Ergebnis der tatrichterlichen Auslegung überprüft (unklar Henke ZZP 81 [1968] 246 u 364 einerseits, 369 andererseits).

Im **Schrifttum** wird die eingeschränkte Revisibilität der Auslegung insbesondere mit der Sachferne des Revisionsrichters und dem Zweck des Rechtsmittels, die Einheitlichkeit der Rechtsprechung zu sichern, begründet (vgl Rosenberg/Schwab/Gottwald § 141 Rn 30 ff; Larenz § 19 II h = S 354 Fn 56; Larenz/Wolf § 28 Rn 132 u 134). Zum Teil wird aus diesem Grunde sogar die vollständige Irrevisibilität der Auslegung individueller Erklärungen gefordert (Henke ZZP 81 [1968] 321, 369 ff; Stein/Jonas/Grunsky §§ 549, 550 IV Rn 38; Grunsky Anm AP Nr 32). Die von der Rechtsprechung praktizierte Unterscheidung zwischen individuellen und typischen Erklärungen (oben Rn 79) hat ersichtlich ihren Grund darin, dass der Auslegung individueller Willenserklärungen und solcher, deren Geltungsbereich nicht über einen OLG-Bezirk hinausgeht, keine „Leitbildfunktion" zukommt. Gleichwohl ist eine teilweise, geschweige denn vollständige Irrevisibilität der Auslegung nicht gerechtfertigt. Die Wahrung der Rechtseinheit ist zwar eines der Hauptanliegen der Revision, ändert aber nichts daran, dass bei einer statthaften Revision eine volle Überprüfung des angegriffenen Urteils auf sämtliche Rechtsverstöße stattfindet, nicht nur auf solche mit „Leitbildfunktion"

§ 133
81

(May, Revision 285; ders NJW 1983, 980, 981; MünchKomm/Mayer-Maly/Busche Rn 66; vgl schon Manigk, Reichsgerichtspraxis VI [1929] 94 ff [160, 180]). Es gibt – wie Stumpf pointiert bemerkt hat – nach dem geltenden Revisionsrecht „kein Primat des Rechtseinheitsgedankens über den Individualrechtsschutz" (in: FS Nipperdey I [1965] 957, 971). Auch die Sachnähe des Berufungsgerichts spielt keine entscheidende Rolle, da es nicht um die vom persönlichen Eindruck abhängige Feststellung und den Beweis von Tatsachen geht, sondern um deren rechtliche Würdigung, die vom Revisionsgericht nach dem gleichen Maßstab getroffen wird wie vom Berufungsgericht. Es mag zwar einen gewissen Beurteilungsspielraum bei dem aus dem Tatsachenmaterial gezogenen Schluss auf den zugrunde liegenden rechtsgeschäftlichen Willen geben (vgl Mangold NJW 1962, 1597, 1598 im Anschluss an Oertmann 504; Larenz § 19 II h = S 353 f; Larenz/Wolf § 28 Rn 132), aber dies ändert nichts daran, dass die Revision gemäß § 545 ZPO dabei unterlaufene Rechtsfehler korrigieren soll und kann. Hält sich das Berufungsgericht im Rahmen des Beurteilungsspielraums, den ein normatives Werturteil zwangsläufig beinhaltet, wird auch niemand einen Rechtsfehler feststellen können. Im Ergebnis dürfte diese Position trotz anders lautenden Maximen ohnehin der von der Rechtsprechung praktizierten – in Wirklichkeit (vgl soeben Rn 80) nur vordergründig eingeschränkten – Rechtskontrolle entsprechen. Es sind jedenfalls keine Urteile bekannt geworden, in denen dem BGH sachlich nicht gerechtfertigte Zurückhaltung beim Umfang der revisionsgerichtlichen Nachprüfung vorzuwerfen wäre, so dass schlussendlich der Unterscheidung zwischen individuellen und typischen Erklärungen keine nennenswerte praktische Bedeutung zukommt.

Sachregister

Die fetten Zahlen beziehen sich auf die Paragraphen, die mageren Zahlen auf die Randnummern.

Abgabe der Willenserklärung
s. a. Zugang von Willenserklärungen
Abhandengekommene Willenserklärung **Vorbem 116-144** 46; **122** 10; **130** 32
Adressat/Übermittlung an den richtigen **130** 33 ff
Auseinanderfallen von Abgabe/Zugang **130** 36
Auslegung der Willenserklärung **130** 37
Begriff/Voraussetzungen **130** 28
Endgültigkeit der Äußerung **130** 30
Erklärungsbote/Erklärungsgehilfe **130** 31
Erklärungsmittel/geeignetes **130** 29
dem Gericht zugesandte Schrift **130** 36
Gesetzliche Regelung/fehlende **130** 7, 27
gegenüber Notar **130** 33
Umwege **130** 36
Verzögerungsrisiko **130** 36
Vollmachtloser Rechtsanwalt **130** 34
Wirksamkeitsvoraussetzungen/Zeitpunkt der – **130** 37
Abgeschlossenheitsbescheinigung
und Wohnungseigentumsbegründung **93** 28
Abgetrennter Teil
und Sonderrechtsunfähigkeit **93** 14 ff
Abhandenkommen
Freiwilliger Besitzverlust/Geschäftsfähigkeitsrecht **Vorbem 104-115** 91
Ablieferung durch den Gerichtsvollzieher
und Eigentumserwerb an wesentlichen Grundstücksbestandteilen **93** 33
Abschreibungsgesellschaft
Finanzierter Beitritt/Anlagevermittler als Dritter **123** 52
Abschrift
s. Notarielle Beurkundung
Abtrennung
Teil vom menschlichen Körper
s. Menschlicher Körper
Verfügung über wesentliche Bestandteile/ Bedingung der – **93** 25
von wesentlichen Bestandteilen als Verpflichtungsgegenstand **93** 36
Abtretung
Abtretungsanzeige/Geschäftsfähigkeitsrecht **Vorbem 104-115** 88
Angebot **128** 36, 38
und Formfrage **125** 79
Grundstücksübereignungsanspruch/ schuldrechtlicher **Vorbem 127a, 128** 112

Abtretung (Forts.)
als Prozeßtaktik **117** 11
Sachbeteiligung des Notars **Vorbem 127a, 128** 291
Schriftform als Wirksamkeitsvoraussetzung **126** 70
Unterschriftsbeglaubigte Erklärung/ Verlangen des Zessionars **129** 36
Wertpapiere/Geschäftsfähigkeitsrecht **Vorbem 104-115** 54 f
Abwesende/Anwesende
s. Zugang von Willenserklärungen
Ackerbau
Landgut/Zubehörstücke **98** 10
Adäquanz
Mittel-Zweck-Relation **123** 70
Adoption
Antragsrücknahme/formfreie **Vorbem 127a, 128** 181
Beurkundungsbedürftiger Antrag/Einwilligungserklärungen **Vorbem 127a, 128** 63, 181
Beurkundungsbedürftiger Antrag/Formmangel **Vorbem 127a, 128** 689
Inhalts- und Erklärungsirrtümer **119** 107
Scheinadoption/Sonderregelung **117** 5
Änderungen von Rechtsgeschäften
Angebotsänderung nach Beurkundung **128** 27
Formfrage **125** 73 ff; **126** 99 ff, **122** f, **130** ff; **Vorbem 127a, 128** 107, 133 ff, 157, 169, 207
Formfrage/AGB-Klauseln **127** 15
Formfrage/Schriftformklausel **127** 56 ff
während Beurkundungsverhandlung
s. Notarielle Beurkundung
Äquivalenz
und Eigenschaftsirrtum **119** 56
Fehlerhafte Kalkulation/unschädliche Falschbezeichnung **119** 54
Wegfall objektiver Geschäftsgrundlage **119** 64
Äußerungstheorie
Vollendung einer Willenserklärung **130** 2
Affidavit
und Eidabnahme **Vorbem 127a, 128** 598
Agenturvertrag
Steuerlich motivierte Vertragsgestaltung **117** 13, 15

Akkreditierung
Zertifikationsdiensteanbieter
s. Elektronische Form
Aktiengesellschaft
Aktienerwerb/Vergleich mit dem GmbH-Recht **Vorbem 127a, 128** 31
Alleinaktionär als Täuschender **123** 55
Aufsichtsrat/Notarzugehörigkeit **Vorbem 127a, 128** 311
Aufsichtsrat/Stellung **Vorbem 127a, 128** 281
Ausländische Beurkundungserfordernisse **Vorbem 127a, 128** 774 ff
Beschlußfassung/Schriftform **126** 75
Beteiligungserwerb durch Minderjährigen **107** 29
Deutscher Notar/ausschließliche Zuständigkeit **Vorbem 127a, 128** 725 ff
Einberufung der HV/Schriftform **126** 62
Einberufungsverlangen einer Minderheit/Schriftform **126** 73
Fehlerhafte Gesellschaft/fehlerhafte Anteilsübertragung **119** 109
Gründung/Formerfordernisse **126** 77
Gründung/Formmängel **Vorbem 127a, 128** 681 ff
Gründungsbericht/Sachgründung **126** 76
Gründungserklärungen/Auslegung **133** 17, 72 f
Gründung/Zweck des Beurkundungserfordernisses **Vorbem 127a, 128** 76
Hauptversammlungsbeschlüsse/Beurkundung
— Abschriften/Ausfertigungen **Vorbem 127a, 128** 628 f
— Abstimmungsart **Vorbem 127a, 128** 615
— Abstimmungsergebnis/Feststellung des Vorsitzenden **Vorbem 127a, 128** 616
— Aktionärswidersprüche gegen Beschlußfassung **Vorbem 127a, 128** 620
— Andere beschlußrelevante Vorgänge **Vorbem 127a, 128** 622
— Anlagen/Beurkundung hierdurch **Vorbem 127a, 128** 625
— Auskunftsverweigerung **Vorbem 127a, 128** 619
— Beschlußantrag/Vorsitzendenfeststellung hierzu **Vorbem 127a, 128** 617
— Beschlußinhalt/Aufnahme der Vorsitzendenfeststellungen **Vorbem 127a, 128** 617
— Betreuung durch den Notar/weitergehende **Vorbem 127a, 128** 621
— BeurkG-Geltung **Vorbem 127a, 128** 605
— Beurkundungserfordernis **Vorbem 127 a, 128** 77, 79
— Einberufungsbelege als Anlage **Vorbem 127a, 128** 623

Aktiengesellschaft (Forts.)
— Ergebnisprotokoll statt Wortprotokoll **Vorbem 127a, 128** 614
— Fakultativer Inhalt/Notarermessen **Vorbem 127a, 128** 622
— Formunwirksame Beschlußfassung/Heilung durch Eintragung **125** 104 ff
— Handelsregister/Einreichung **Vorbem 127a, 128** 628 f
— Hilfsmittel/Hilfspersonen **Vorbem 127a, 128** 608
— Kleine AG **Vorbem 127a, 128** 614
— Leitungsfunktion des Vorsitzenden **Vorbem 127a, 128** 621
— Lex specialis des AktG **Vorbem 127a, 128** 605
— Minderheitsverlangen **Vorbem 127a, 128** 618
— Mitwirkungsverbote für den Notar **Vorbem 127 a, 128** 293
— Nachträgliche Berichtigung/ergänzende Niederschrift **Vorbem 127a, 128** 626 f
— Nichtigkeit nichtbeurkundeter Beschlüsse/Heilung **Vorbem 127a, 128** 684, 685
— Notarunterschrift **Vorbem 127a, 128** 608, 613
— Notwendiger Inhalt der Niederschrift **Vorbem 127a, 128** 610 ff
— Ordnungsmäßigkeit des Versammlungsablaufs/Plausibilitätskontrolle **Vorbem 127a, 128** 621
— Prüfungs- und Belehrungspflichten **Vorbem 127a, 128** 621
— Sachbeschlüsse/Verfahrensbeschlüsse **Vorbem 127a, 128** 614
— Satzungsänderung **Vorbem 127 a, 128** 77, 209 f
— Stimmkraftfeststellungen **Vorbem 127a, 128** 615
— Tatsachenbeurkundung/Beurkundungsverfahren allgemein **Vorbem 127a, 128** 608
— Tatsachenbeurkundung/Notar als Herr der Niederschrift **Vorbem 127a, 128** 607
— Willenserklärung/Beurkundung als Ausnahme **Vorbem 127a, 128** 606
Hauptversammlung/Stimmrechtsvollmacht **125** 65; **126** 106
Nichtigkeitsklage/Gründe **Vorbem 127a, 128** 683
Notarbeteiligung/Mitwirkungsverbot **Vorbem 127a, 128** 284
Notarielle Beurkundung
— Fälle **Vorbem 127a, 128** 43
— Formverstöße bei Gründung/Beschlußfassung **Vorbem 127a, 128** 681 ff

Aktiengesellschaft (Forts.)
— Holzmüller-Beschlüsse **Vorbem 127a, 128** 210
— Satzungsänderung **Vorbem 127a, 128** 77, 209 f
— Satzungsbeurkundung/Inhalt, Umfang **Vorbem 127a, 128** 193 ff
— Satzungsbeurkundung/Zweck **Vorbem 127a, 128** 23, 32
— Zweck **Vorbem 127a, 128** 44
Notarielle Unterschriftsbeglaubigung
— Handelsregister-Anmeldungen **129** 13
Scheingründung **117** 6
Textformerfordernisse **126b** 11
Vorstandstätigkeit/erforderliche unbeschränkte Geschäftsfähigkeit **112** 3
Zeichnung einer Namensunterschrift **129** 7
Akzessionsprinzip
und wesentliche Bestandteilseigenschaft **94** 1; **95** 1
Alarmanlage
Wesentlicher Gebäudebestandteil **94** 32
Alkoholabhängigkeit
Krankhafte Störung der Geistestätigkeit **104** 9
Alkoholisierung
Vorübergehende krankhafte Störung der Geistestätigkeit **104** 12
Allgemeine Geschäftsbedingungen
Ausgleichsquittung/Verzichtserklärung **119** 16
Auslegung/Revisibilität **133** 79
Banken-AGB/Stornorecht **122** 5
Einbeziehungs- und Inhaltskontrolle des AGB-Rechts/Verhältnis zum Anfechtungsrecht **119** 27
Einbeziehungsirrtum/Inhaltsirrtum **119** 26 ff
Erklärungsfiktionen/Wirksamkeit einseitiger **Vorbem 116–144** 61
Formklauseln für Anzeigen/Vertragspartnererklärungen **127** 10
Formklauseln/einseitig gestellte **125** 122
Formklauseln/Vorrang späterer Individualvereinbarung **127** 57 f
Gewährleistungsausschluß für Sachmängel/Anfechtungsausschluß **119** 102
Irrtumsvorschriften/Leitbildfunktion **119** 102
Rücktritt und Kündigung/Formklauseln **127** 11
Schaden wegen fehlender Geschäftsfähigkeit/Vertreterklausel **Vorbem 104–115** 27
Schriftformklauseln **127** 12 ff
Sprachrisiko **119** 19
Überraschende Klauseln/Aufklärungspflicht **123** 90
Unklarheitenregel **133** 62

Allgemeine Geschäftsbedingungen (Forts.)
Vollständigkeitsklausel **127** 18
Zugangserfordernis **130** 22 ff
Alltagsgeschäfte
Volljähriger Geschäftsunfähiger/Rückabwicklungsausschluß bei Geschäften des täglichen Lebens **105a** 5
Altlasten
Aufklärungspflicht des Verkäufers **123** 17
Amtsempfangsbedürftige Willenserklärung
Anfechtung/Schadensersatzfolge **122** 11
Auslegung **133** 29
Behörde als Adressat **130** 96
Durchschauter Vorbehalt **116** 9
Scheingeschäft **117** 3
Zugangsregeln **130** 13
Amtshaftung
Fehlerhafte notarielle Beurkundung **Vorbem 127a, 128** 712 ff
Analogie
Umgehungstatbestand **117** 15
Verweisungsanalogie für Tiere **90a** 9 ff
Analphabeten
Erklärungsabgabe/Anfechtungsrecht **119** 25
Anatomie
Überlassung des Leichnams an die **90** 34
Androhung bestimmten Verhaltens
Rechtsnatur/Anwendbarkeit des Geschäftsfähigkeitsrechts **Vorbem 104–115** 87
Aneignung
und Geschäftsfähigkeitsrecht **Vorbem 104–115** 92; **107** 44
Leichnam/abgetrennte Teile des Leichnams **90** 37 f
Wesentliche Bestandteile/Gestattung **93** 25, 37
Aneignungsverbot
Himmelskörper Meeresboden **Vorbem 90–103** 48, 50
Anerkennung
Ausländische Unterschriftsbeglaubigung **129** 134 ff
Ausländische Urkunden im Inland **Vorbem 127a, 128** 722 ff
Ausländischer Prozeßvergleich **127a** 52 f
Deutsche Urkunden im Ausland **Vorbem 127a, 128** 780 ff
Verjährungshemmung/Geschäftsfähigkeitsfrage **Vorbem 104–115** 88
Anfängliche Unmöglichkeit
Haftungsfrage **122** 7
Anfechtung
Abgabe der Willenserklärung/ohnehin bestehende Pflicht **119** 98
Abtretung einer Forderung **122** 11
AGB-Irrtum/Einbeziehungsirrtum **119** 29

Anfechtung (Forts.)
AGB-Irrtum/inhaltliche Fehlinterpretation 119 26
Analphabeten 119 25
Anfechtungsgründe/Konkurrenzen 123 91
und Anfechtungsmodell
  Vorbem 116–144 23 ff; 121 1
Anfechtungsrecht/Flucht hieraus 119 63
Angebotsempfänger 130 115
Anpassung an das wirklich Gewollte/ Anfechtung als Rechtsmißbrauch 119 100
Arbeitsrecht
  s. dort
Arglistige Täuschung
— Actio de dolo malo 123 3
— Beweislast 123 81
— und Culpa in contrahendo 123 95; 124 10
— Dauerschuldverhältnisse/bereits in-Vollzug-gesetzte 123 84 f
— und deliktische Ansprüche 123 96; 124 10
— und Drohung/Anfechtungsvergleich 123 60
— Empfangsbedürftige/nicht empfangsbedürftige Erklärung 124 4 ff
— Entdeckte Täuschung/Beginn der Anfechtungsfrist 124 4
— Finanzierter Abzahlungskauf 123 51
— Finanzierter Beitritt/Abschreibungsgesellschaft, Publikumsgesellschaft, Bauherrenmodelle 123 52
— Finanzierungsleasing 123 53
— Gesellschafter als Täuschender 123 55
— und Gewährleistungsrechte 123 94
— und Irrtumsanfechtung/Wahlrecht 123 91
— Kausalität Täuschung/Willenserklärung 123 26
— Makler 123 50
— Rechtserwerber als Begünstigter Dritter 123 57
— Rechtsfolge anfechtbarer Willenserklärung 123 82
— Rechtswidrigkeit/Arbeitgeberfragerecht und Arbeitnehmer-Notwehr 123 30 ff
— Rechtswidrigkeit/erforderliche 123 29
— Rechtswidrigkeit/Vermieterfragerecht 123 44
— Rückforderung erbrachter Leistung 123 88
— Rücktritt, Kündigung/Wahlrecht 123 83
— und Rücktrittsrecht § 13a UWG 123 97
— Rückwirkend wirkende Anfechtung 123 83
— und Schadensersatz statt der Leistung 123 94

Anfechtung (Forts.)
— Schuldübernahme 123 59
— Schutz rechtsgeschäftlicher Selbstbestimmung 123 1
— Schweigen mit Erklärungswirkung 123 2
— Sicherungsgeber/getäuschter 123 54
— und Sittenwidrigkeit/Konkurrenz 123 92
— Sonderregelungen 123 90
— Täuschung durch Dritte 123 45 ff; 124 1
— Täuschung durch positives Tun 123 9
— Täuschung durch Unterlassen/
  s. Aufklärungspflicht
— Täuschungsbegriff/subjektiver Tatbestand 123 27 f
— Täuschungsbegriff/Tatsachencharakter 123 7 f
— Verhandlungsgehilfe 123 49
— Verjährungsregeln/Anfechtungsfristen 124 2
— Vertrauensschadenshaftung/nicht gegebene 123 1, 89
— Vertreter des Erklärungsempfängers 123 48
— Verwirkung 124 9
— Vollmachtserteilung/Zustimmungserklärung 123 58
— Willensbildung/mangelhafte 123 1
Arten/psychologische Unterscheidung Zittelmanns 119 2
Aufklärungspflicht/Täuschung durch Unterlassen
  s. Aufklärungspflicht
Ausdrückliche Willenserklärungen/ Anwendungsbereich 119 103
Ausgleichsquittungen/unerkannter Verzicht 119 14 f
Auslegung vor Anfechtung 119 7; 122 16
Auslegung der Anfechtungserklärung/ Anfechtungsgrund 123 91
Auslegung und Sprachrisiko 119 21
Ausschlußfälle
— durch Rechtsgeschäft 119 102; 123 87
— Rechtsmißbrauch 119 99 ff; 123 86
— Verwirkung 119 102; 123 87
Ausübung durch minderjährigen Berechtigten 107 32; 111 2
Ausweichkonstruktionen/Übersicht 119 3
Automatisierte Computererklärungen/ Eingabe- und Codierfehler 119 36
Bedeutungsirrtum 119 50
Begrenzungserfordernis bei Irrtumsfällen 119 1
Beweislast 119 113
Beweisrecht
  s. dort
Bewußte Unkenntnis vom Erklärungsinhalt als Irrtum 119 8

Anfechtung (Forts.)
Blankettmißbrauch **119** 31 f
Codierfehler/automatisierte Computererklärungen **119** 36
Culpa in contrahendo
 s. dort
Datenmaterial/Eingabe fehlerhaften **119** 37
Dauerschuldverhältnisse/Einschränkungen **119** 108 f
Dauerschuldverhältnisse/Rechtsmißbrauchsfrage **119** 99
Dissens/Abgrenzung **119** 42
Dolmetscher-Übersetzungen **119** 23
Drohung/widerrechtliche
— Angehörigenbedrohung **123** 72
— und Arglistanfechtung/Vergleich **123** 60
— Beendigung der Zwangslage/Beginn der Einjahresfrist **124** 5
— Bestimmungsvorsatz/Nötigungs- oder Erpressungswille **123** 77
— Beweislast **123** 81
— Bezug auf konkrete Willenserklärung **123** 77
— und Culpa in contrahendo **123** 95
— Dauerschuldverhältnisse/bereits in-Vollzug-gesetzte **123** 84 f
— und deliktische Ansprüche **123** 96
— durch Dritte/uneingeschränktes Anfechtungsrecht **123** 60
— Drohender/Bedrohter **123** 64 f
— als gefährlichere Willensbeeinflussung **123** 60
— und Gewährleistungsrechte **123** 94
— Inaussichtstellen eines Übels/nicht zu beeinflussende Übel **123** 62 f
— Irrtum über Widerrechtlichkeit **123** 79
— und Irrtumsanfechtung/Wahlrecht **123** 91
— Kausalität Drohung/Abgabe der Willenserklärung **123** 66
— Klageandrohung **123** 75
— Kündigungsdrohung **123** 73 f
— Mittel-Zweck/Inadäquanz **123** 70 ff
— Rechtsfolge anfechtbarer Willenserklärung **123** 82
— Rechtswidriger Erfolg/vom Drohenden erstrebter **123** 69
— Rechtswidriges Mittel/Drohung hiermit **123** 68
— Rechtswidrigkeit/Subjektive Vorstellungen hierzu **123** 78
— Rückforderung erbrachter Leistung **123** 88
— Rücktritt, Kündigung/Wahlrecht **123** 83
— Rückwirkend wirkende Anfechtung **123** 83

Anfechtung (Forts.)
— Schutz rechtsgeschäftlicher Selbstbestimmung **123** 1, 60
— Schweigen mit Erklärungswirkung **123** 2
— und Sittenwidrigkeit/Konkurrenz **123** 92
— Sonderregelungen **123** 90
— Sonstige Mittel/Drohung hiermit **123** 76
— Subjektiver Tatbestand **123** 77 ff
— Verjährungsregeln/Anfechtungsfristen **124** 2
— Verschuldenfrage und Deliktsfähigkeit/unbeachtliche **123** 80
— Vertrauensschadenshaftung/nicht gegebene **123** 1, 89
— Verwirkung **124** 9
— Vis absoluta/fehlende Willenserklärung **123** 61
— Vis compulsiva/erfaßte **123** 61
— Widerrechtlichkeit/Fallgruppen **123** 67 ff
— Willensbildung/mangelhafte **123** 1
Eigenschaftsirrtum
— Arbeitnehmereigenschaften **119** 90
— Begrenzung/erforderliche **119** 79
— Berufsrechtliche Qualifikation **119** 87
— Eigenschaften der Person/der Sache **119** 84 ff
— Erbschaftsannahme/Erbschaftsausschlagung **119** 96
— Fallmaterial zur Verkehrswesentlichkeit **119** 81
— Flohmarkt **119** 93
— Geschlechtszugehörigkeit/Diskriminierungsverbot **119** 91
— Grundstücksgeschäfte **119** 94
— Inhaltsirrtum als Identitätsirrtum/Abgrenzung **119** 46
— Inhaltsirrtum/Abgrenzung **119** 47
— Kraftfahrzeugeigenschaften **119** 93
— Kunstwerk/Herkunft, Urheberschaft **119** 93
— Leistungsstörungsrecht/Vorrang **119** 82 f, 106
— Motivirrtum/beachtlicher **119** 56
— Motivirrtum/wie Erklärungsirrtum behandelter **119** 79
— Ratio legis **119** 79
— Rennpferd Nixe-Fall **119** 46
— Schwangere Arbeitnehmerin **119** 86, 91
— Unternehmenskauf **119** 95
— Verkehrswesentlichkeit der Eigenschaft **119** 80 ff
— Vertrauenswürdigkeit/Zuverlässigkeit **119** 87
— Vorstrafen **119** 88
— Wert/Preis als solcher **119** 97

Anfechtung (Forts.)
— Zahlungsfähigkeit/Kreditwürdigkeit 119 89
Eingabefehler/automatisierte Computererklärungen 119 36
Elektronische Erklärungen/Schutzbedürfnis des Kunden 119 35
Elektronische Willenserklärungen 126a 60
Erbrecht
s. dort
Erklärung/Gegenstand der Anfechtung Vorbem 116–144 5
Erklärungs- und Willenstheorie/gesetzlicher Kompromiß 119 2
Erklärungsbote/Empfangsbote, abzugrenzende 120 6
Erklärungsirrtum (Irrung)
— Automatisierte Computererklärungen/ Codierfehler 119 36
— Automatisierte Computererklärungen/ Eingabefehler 119 36
— Direktbank 119 35
— Eigenschaftsirrtum/Behandlung wie ein – 119 79
— Elektronische Willenserklärung/ Verklicken 119 35
— und Motivirrtum/Abgrenzung 119 34
— und Motivirrtum/Unterscheidung 119 4
— Übermittlungsfehler/Behandlung als – 120 1
— Vergessene Angaben zur Sollbeschaffenheit 119 49
— Versprechen/Vergreifen/Verschreiben 119 34
— und Vorbereitungsstadium 119 4
— und Wahrnehmungsfehler des Empfängers 130 114
und Erklärungstheorie Vorbem 116–144 16
Falschbezeichnung
s. dort
Falsche Übermittlung
— Bote/verwendete Anstalt 120 5 f
— Erklärungsbote/Empfangsbote, abzugrenzende 120 6
— als Erklärungsirrtum 120 1
— Falscher Adressat 120 4
— Telegramm 120 5
— Unbewußte Falschübermittlung/ Abgrenzung ggü verfälschter, frei erfundener 120 2
— Verfälschung durch beauftragten Boten/Abgrenzung 120 3
— Vertreterhandeln/Abgrenzung 120 6
Familienrecht
s. dort
Flohmarkt-Geschäfte 119 93, 102
Fremdsprachige Geschäftspartner
s. Sprachrisiko

Anfechtung (Forts.)
Frist zur Rechtsausübung
— Abgabe, rechtzeitige/Verzögerungsrisiko 121 11
— Anfechtungsbedürftigkeit/vorhandene Unkenntnis 121 7
— Arglistanfechtung/Einjahresfrist als Ausschlußfrist 124 3 ff
— Arglistanfechtung/Zehn-Jahre-Ausschlußfrist 124 8
— Ausschlußfristen 121 2, 13 f
— Beweislast 121 10
— Bewußtsein des Irrtums 121 7
— Kenntnis des Anfechtungsgrundes/ zuverlässige Kenntnis 121 5
— Motivirrtum 121 3
— Motivirrtum/Anfechtbarkeit 119 59
— Treuwidrige Kenntnisverweigerung 121 6
— Unverzüglichkeit der Anfechtung 121 8 f
— Verkehrs- und Vertrauensschutz 121 1
Gemeinsamer Motivirrtum/erweitertes Anfechtungsrecht 119 78
Gerechtigkeitserwägungen/Unterscheidung Geschäfts- und Motivirrtum 119 5
Gerichtlicher Vergleich 127a 41
Geschäftsgrundlage
s. dort
Geschäftsirrtum
— Gerechtigkeitserwägungen 119 5
— und Motivirrtum/Unterscheidung 119 65
— Schutz des rechtsgeschäftlichen Verkehrs 119 65
Geschäftspartnerverhalten/erweitertes Anfechtungsrecht 119 78
Gesellschaftsrecht
s. dort
Gewährleistungsrecht
s. dort
Grundbucheintragung 119 104
Handelsregistereintragung 119 104
Inhaltsirrtum
— Ausgleichsquittung/unerkannter Verzicht 119 15
— Beiderseitige Falschbezeichnung/ Abgrenzung 119 39
— Bezugnahme auf bestimmte Umstände 119 44
— und Dissens/Abgrenzung 119 42
— Eigenschaftsirrtum als Inhaltsirrtum/ Doppelirrtum 119 49
— Eigenschaftsirrtum/Abgrenzung 119 46, 47
— des Erblassers/Anfechtung durch die Erben 122 6
— error in objecto 119 45

1266

Anfechtung (Forts.)
— Fach- und fremdsprachliche Ausdrücke **119** 43
— Gesetzliche Folgen/erweiterter Inhaltsirrtum **119** 70 ff
— Haakjöringsköd-Fall **119** 39, 43
— Identitätsirrtum **119** 45
— und Lehre vom erweiterten Kalkulationsirrtum **119** 51 f
— Rechtsirrtum, auf den Inhalt der Erklärung bezogener **119** 43
— Rennpferd Nixe-Fall **119** 46
— Soll-Beschaffenheitsvereinbarung **119** 47 ff
— Speisekarten-Fall **122** 2
— Testamentsanfechtung **133** 38
— Unterschriftsirrtum **119** 13
— Verlautbarungsirrtum **119** 43
— Verwechselungen von Maß-, Gewichts- und Münzbezeichnungen **119** 43
Irrender/vom Anfechtungsgegner am Irrtum festgehaltener **119** 101
Irrtum
— AGB-Irrtum **119** 26 ff
— Ausgleichsquittungen/unbekannter Verzicht **119** 14 ff
— Auslegung vor Anfechtung **119** 7
— Begriff **119** 6
— Bewußte Unkenntnis vom Erklärungsinhalt **119** 8
— Blankettmißbrauch **119** 31 f
— und Tatsachen/Unterscheidung **121** 7
Kalkulationsirrtum
— Abgrenzung beachtlicher/unbeachtlicher **119** 53
— Altmetall-Fall **119** 61
— und Anfechtungsverdrängung **119** 63
— Börsenkursfälle **119** 61
— Falschbezeichnung/Abgrenzung unschädlicher **119** 54
— Gemeinsamer Irrtum über die Berechnungsgrundlage **119** 55 ff
— Geschäftsgrundlage **119** 64
— Geschäftspartnerveranlassung **119** 55 ff
— Grundsatz der Unbeachtlichkeit **119** 41, 51
— Interner Irrtum/erkannter und ausgenutzter **119** 62 ff
— Interner Irrtum/Grundsatz der Unbeachtlichkeit **119** 51
— Jahresmiete-Fall **119** 61
— Kenntnis/treuwidrige Kenntnisvereitelung **119** 65 f
— als Motivirrtum/Erscheinungsform **119** 78
— Offener Irrtum/Lehre vom erweiterten Inhaltsirrtum **119** 51 f
— Preisschildablesung/falsche **119** 34

Anfechtung (Forts.)
— Rechtsfortbildungsfrage **119** 53
— Schlechthin unzumutbare Vertragsdurchführung **119** 64
— Schutzwürdigkeit des Erklärungsempfängers/fehlende **119** 54 ff
— Silber-Fall **119** 61
— Treu und Glauben statt Anfechtung **119** 63
— Vorvertragliche Pflichtverletzung/Fremdverantwortung **119** 57 ff
— Willensbildung, betroffene **119** 51
Kausalität des Irrtums/objektive und subjektive Erheblichkeit **119** 98
Konkludente Willenserklärungen/Anwendungsbereich **119** 103
Mängel der Leistung
s. dort
Motivirrtum
— Allgemeiner Grundsatz: erweitertes Anfechtungsrecht **119** 78
— und Anfechtungsverdrängung **119** 63
— Arglistige Täuschung **123** 1
— Eigenschaftsirrtum als beachtlicher Motivirrtum **119** 56
— Eigenschaftsirrtum als Fall des Erklärungsirrtums **119** 79
— Erbrecht/weitreichende Anerkennung **119** 5
— und Erklärungsirrtum/Abgrenzung **119** 34
— und Erklärungsirrtum/Bedeutung der Unterscheidung **119** 4
— Erscheinungsformen Kalkulationsirrtum/Rechtsirrtum **119** 78
— Fahrlässige Irreführung **123** 28
— Geheimer Vorbehalt/Abgrenzung **116** 1
— Gerechtigkeitserwägungen **119** 5
— und Geschäftsirrtum/Schutzweck der Unterscheidung **119** 64
— Gesetzliche Folgen/Irrtum hierüber **119** 68
— Grundsatz seiner Unbeachtlichkeit **119** 2, 5
— Grundsatz der Unbeachtlichkeit **119** 41
— Grundsatz der Unbeachtlichkeit/teleologische Restriktion **119** 57
— Preisliste/Benutzung veralteter **119** 34
— Preisschildablesung/falsche **119** 34
— Realitätsirrtum/Ist-Beschaffenheit der Kaufsache **119** 47
— Veranlaßter Irrtum/Anfechtungsrecht **119** 59
Nebenpunkte/unwesentliche **119** 98
Negatives Interesse
s. Schadensersatzansprüche/negatives Interesse
und Nichtigkeit/Wahlrecht **119** 2

Anfechtung (Forts.)
Öffentlich-rechtliche Willenserklärungen
— Erklärungen Privater/Erklärungen der Verwaltung **119** 105
Online-Verkehr **119** 35, 41
Privatautonomie/Selbstverantwortung **119** 2, 5
Programmierung/automatisierte Computererklärungen **119** 36
Prozeßhandlungen
s. dort
Prozeßkosten verlorenen Prozesses nach – **122** 13
Prozeßvergleich **119** 104
Realitätsirrtum und Bedeutungsirrtum **119** 50
Realitätsirrtum/Ist-Beschaffenheit der Kaufsache **119** 47
Rechnungserteilung **119** 103
Rechtsfindung contra legem **119** 4
Rechtsfortbildung **119** 5
Rechtsgeschäftsähnliche Handlungen **119** 103
Rechtsirrtum
— zur Anfechtungsbedürftigkeit **121** 9
— Autonome Rechtssetzung/aber so nicht gewollt **119** 67
— error iuris nocet **119** 67
— Gesetzliche Folgen/erweiterter Inhaltsirrtum **119** 70 ff
— Gesetzliche Folgen/Grundsatz der Unbeachtlichkeit **119** 67
— Inhalt von Willenserklärungen/gesetzliche Rechtsfolge - Unterscheidung **119** 43, 67
— als Motivirrtum/Erscheinungsform **119** 78
— Rechtsfolgeirrtum/Rechtsfolgemotivirrtum **119** 67 ff
— Rechtsfolgemotivirrtum/fremdverschuldeter **119** 74 ff
als Rechtsmißbrauch **119** 99 ff
Rechtsscheinhaftung
s. dort
Reformüberlegungen **119** 4
als Reuerecht **119** 100
Risikoprinzip
s. dort
Schadensersatzansprüche/negatives Interesse
s. dort
Schenkung/Sonderrecht **119** 106
Schiedsrichterablehnung/Sonderrecht **119** 106
Schutzbedürftigkeit des Anfechtenden/fehlendes **119** 98, 100
Schweigen mit Erklärungswirkung/als fingierte Ablehnung **123** 2

Anfechtung (Forts.)
Schweigen/gesetzlich normiertes **Vorbem 116-144** 66 ff
und Sittenwidrigkeit/Konkurrenz **123** 92
Speisekarten-Fall **133** 21
Sprachrisiko
s. dort
Stimmabgabe **119** 103
Tarifvertrag **119** 110
und Tatsachen/Unterscheidung **121** 7
Tel quel-Geschäfte **119** 11
Telefonische Übermittlung **120** 5
Tilgungsbestimmung **119** 103
Untergeschobene Verträge **119** 9
Unterschriftsirrtum
s. dort
Unverzüglichkeit der Anfechtung **121** 8 f
UWG/Sonderrecht **119** 106
Verkehrsfeindlichkeit **119** 3
Verkehrsschutz
s. dort
und Verschuldensfrage **122** 8
Versicherungsvertrag/Sonderrecht **119** 106
Vertrauensschutz
s. dort
Vertreterübermittlung/fehlerhafte **120** 6
Verwirkung **119** 102; **123** 87; **124** 9
Verzicht **119** 102; **123** 87
Vorbereitungsstadium **119** 4, 37
Wahlrecht/Grund der Anfechtung **123** 91
Wahlrecht/Rücktritt und Kündigung **123** 93
Wertpapierrecht **119** 111
Willens- und Erklärungstheorie/gesetzlicher Kompromiß **119** 2
Willenserklärung **Vorbem 116-144** 5
Wirtschaftliche Nachteile/fehlende **119** 98
Zwangsversteigerungsgebot **122** 11
Angaben ins Blaue hinein
als arglistige Täuschung **123** 28
Angebot
Abtretbarkeit der Rechte hieraus **128** 36
mit Benennungsrecht **128** 37
Beurkundung von Angebot und Annahme/getrennte Zulassung **128** 1 ff
als Erlaßfalle **116** 6
GmbH-Geschäftsanteil/dingliche Abtretung **Vorbem 127a, 128** 160
GmbH-Geschäftsanteilsveräußerung **Vorbem 127a, 128** 153
Grundstücksveräußerungs-/Erwerbsverpflichtung **Vorbem 127a, 128** 125
Unwirksamkeit wegen Todes des Offerenten **122** 6
und Vertragsunterzeichnung/Schriftformerfordernis **126** 152 ff

Angelsächsische Staaten
Geschäftsfähigkeitsrecht
Vorbem 104–115 136 ff
Anlagen
Beurkundung durch Anlagen
s. Notarielle Beurkundung
und Schriftformerfordernis **126** 129
Anlegerschutz
Verhaltenspflichten WpHG **123** 20
Anliegerrecht
Grundstücksbestandteil **96** 6
Anmeldungen
als rechtsgeschäftsähnliche Handlungen
Vorbem 116–144 2
Annahme eines Angebots
Annahmeurkunde/Inhalt **128** 40 ff
Antragsannahme/gesetzlich normiertes
Schweigen **Vorbem 116–144** 63
Beurkundung von Angebot und Annahme/
getrennte Zulassung **128** 1 ff
Fehlender Annahmewille **116** 5
GmbH-Geschäftsanteil/dingliche Abtretung **Vorbem 127a, 128** 160
GmbH-Geschäftsanteilsveräußerung
Vorbem 127a, 128 153
Grundstücksveräußerungs-/Erwerbsverpflichtung **Vorbem 127a, 128** 125
und Vertragsunterzeichnung/Schriftformerfordernis **126** 152 ff
Anstaltsunterbringung
Einwilligung/Geschäftsfähigkeitsrecht
Vorbem 104–115 62
Anwartschaftsrecht
Grundstücksveräußerung/Beurkundungserfordernis **Vorbem 127a, 128** 112
und Vertragsaufhebung/Beurkundungserfordernis **Vorbem 127a, 128** 138
an Zubehörstücken **97** 32
Anweisungsannahme
Einseitiger Formzwang/Änderungen,
Erweiterungen **125** 74
Anwesende/Abwesende
s. Zugang von Willenserklärungen
Apostille
Ausländische Unterschriftsbeglaubigung
129 137
Ausländische Urkunden **Vorbem 127a,
128** 750 ff
Apthekenprivileg
Grundstücksbestandteil **96** 5
Arbeitsleistung
Früchteherausgabe/Ersatz von Gewinnungskosten **102** 4
Minderjährigengeschäft/Bewirkung
vertragsgemäßer Leistung mit überlassenen Mitteln **110** 12
Arbeitsrecht
Abmahnung/Zugang **130** 26

Arbeitsrecht (Forts.)
Arbeitgeber-Fragerecht beim Vertragsabschluß **123** 30 ff
Arbeitnehmer-Aufklärungspflicht ohne
Nachfragen **123** 10 ff, 31
Arbeitnehmer-Status/rechtlicher **117** 12
Arbeitskampfmittel **123** 68
Arglistanfechtung, Anfechtung wegen
Drohung/Rückwirkungsfrage **123** 85
Aufhebung des Vertrages/ausgenommene
elektronische Form **126a** 30
Aufhebungsvertrag mit schwangerer
Arbeitnehmerin **119** 75, 84, 86, 91
Aufhebungsvertrag/Formerfordernis
126 163
Ausgleichsquittungen/Sprachrisiko **119** 22
Ausgleichsquittungen/unerkannter
Verzicht **119** 14 ff
Befristeter Arbeitsvertrag/Formerfordernis **125** 100; **126** 43
Befristeter Arbeitsvertrag/Rechtsirrtum
des Arbeitnehmers **119** 76
Begründung, Aufhebung des Vertrages/
Schriftform **126** 42 ff; **127** 72
Berufsausbildungsverhältnis/Kündigungsform **126** 44, 91
Betriebliche Übung/Entstehen, Abänderung, Beseitigung **Vorbem 116–144** 55 f
Betriebliche Übung/Verhinderung durch
Schriftformklausel **127** 67
Betriebsänderung/Interessenausgleich
126 47
Betriebsvereinbarungen/Auslegung
133 74 f
Betriebsvereinbarung/Schriftform **126** 46,
72, 156
Drohung mit ordentlicher/außerordentlicher Kündigung **123** 73 f
Ehegattenarbeitsverträge/Scheingeschäft
117 11
Empfangsbotenschaft **130** 57
Ermächtigung eines Minderjährigen/Teilgeschäftsfähigkeit
s. Geschäftsfähigkeit/beschränkte
Faktische Arbeitsverhältnisse/Unwirksamkeitsfolge **Vorbem 104–115** 36
Formbedürftigkeit/In-Vollzug-gesetzter-
Vertrag **125** 103
Formklauseln/formlose Aufhebung **127** 61
Geschäftsfähigkeitsmangel/Arbeitgeber
Vorbem 104–115 38
Geschäftsfähigkeitsmangel/Arbeitnehmer
Vorbem 104–115 37
Geschäftsfähigkeitsmangel/Betriebsübergang **Vorbem 104–115** 39
Geschlechterdiskriminierung/Europarecht
119 91

Arbeitsrecht (Forts.)
Irrtumsanfechtung als Rechtsmißbrauch **119** 99
Irrtumsanfechtung/Einschränkung bei Invollzugsetzung **119** 101, 108
Kündigung und Anfechtung/Vorrangfrage **119** 108
Kündigung/Arbeitnehmerverhinderung **130** 70 f
Kündigung/Ausschluß elektronischer Form **126a** 18, 30
Kündigung/Schriftform **126** 44 f, 90 f
Lehre vom faktischen Arbeitsverhältnis **119** 108
Leistungsfähigkeit/verkehrswesentliche Eigenschaft **119** 90
Leistungsstörungsrecht und Anfechtungsrecht/Vorrangfrage **119** 83, 106
Schriftformklauseln/Beispiele **127** 71 ff
Tariflich vorgeschriebene Schriftform **126** 48
Tarifvertrag/Auslegung **133** 74 ff
Tarifvertrag/dynamische Bezugnahme **133** 52
Tarifvertrag/Inbezugnahme auf die Schriftformklausel **127** 24
Tarifvertrag/Schriftform **126** 46, 72
Tests/Gutachten **123** 35
Zeugnisanspruch/Form **126** 45, 147

Architekt
Aufklärungspflichten **123** 22
Gebührenvereinbarung/Schriftform **126** 49 f
Schriftformerfordernis **126** 164

Arglist
Arglistige Täuschung s. Anfechtung
Formwahrung/Abhalten des Vertragspartners **125** 112

Arzneimittelforschung
Einwilligung des Verletzten/Geschäftsfähigkeitsrecht **Vorbem 104–115** 59

Arzt/Ärztliche Behandlung
Einwilligung des Verletzten **Vorbem 104–115** 56 ff
Einwilligung des Verletzten/Geschäftsfähigkeitsrecht **Vorbem 104–115** 59; **111** 6
Einwilligung des Verletzten/Vollmacht mit ausdrücklichem Inhalt **125** 15, 65

Aufforderung zur Genehmigungserklärung
Minderjährigengeschäft ohne Einwilligung/Erklärung zur Genehmigung **108** 12 ff
Rechtsnatur/Anwendbarkeit des Geschäftsfähigkeitsrechts **Vorbem 104–115** 88

Aufforderungen
als rechtsgeschäftsähnliche Handlungen **Vorbem 116–144** 2

Aufhebungsvertrag
Erbschaftskauf **Vorbem 127a, 128** 170
Formerfordernis **125** 80 ff; **126** 105; **Vorbem 127a, 128** 108, 138 f, 158
Gerichtlicher Vergleich **127a** 46
und Scheingeschäft **117** 1
Schwangere Arbeitnehmerin **119** 75, 84, 86, 91
Umwandlungsverträge **Vorbem 127a, 128** 207

Aufklärungspflicht
Ernstlichkeit der Willenserklärung/Erkenntnis des Mißverständnisses **118** 8
und Mitteilungen **130** 14
Rechtsirrtum/Verantwortlichkeit wegen verletzter – **119** 75
Täuschung durch Unterlassen
— Ausdrückliche Vertragspartnerfragen **123** 10
— BGB-InfoV/Informationspflichten bei Verbraucherverträgen **123** 10
— Selbstbestimmung in Selbstverantwortung/eingeschränkte **123** 12
— Treu und Glauben/Mitteilungspflicht ohne Nachfrage **123** 11
— Unterbleibende Vertragspartnerfragen **123** 10
— Vertragstypen/einzelne **123** 13 ff

Auflage
Beschränkte Geschäftsfähigkeit/Schenkung unter – **107** 10

Auflassung
Anwartschaftsrecht/Voraussetzungen **Vorbem 127a, 128** 138
Auflassungsvollmacht für den Annehmenden **128** 43
Beschränkte Geschäftsfähigkeit/Entgegennahme einer – **107** 12
Deutscher Notar/ausschließliche Zuständigkeit **Vorbem 127a, 128** 723 f
Eintragung zum Schein erklärter **117** 3
Einwilligung/vorherige **Vorbem 127a, 128** 143
Erklärung vor einem Notar **Vorbem 127a, 128** 48, 144
Erklärung vor dem Urkundsbeamten/Sonderform **125** 20
Falschbezeichnung **133** 14
Formlose Vertragsänderungen nach Beurkundung **125** 75
Gerichtlicher Vergleich **127a** 3
Gleichzeitige Anwesenheit von Veräußerer/Erwerber **Vorbem 127a, 128** 144, 372; **128** 2, 23

Auflassung (Forts.)
Grundbuch/Richtigkeitsschutz
Vorbem 127a, 128 49
Heilung unwirksamer Verpflichtung durch wirksame – **Vorbem 127a, 128** 669
Notarielle Beurkundung/keine Wirksamkeitsbedingung **Vorbem 127a, 128** 144, 669
Notarielle Beurkundung/Verfahrensrechtlicher Grund **Vorbem 127a, 128** 48, 145
Schwarzbeurkundung/Auflassungsvormerkung **117** 26
Schwarzbeurkundung/Kondiktion **117** 26
Übereilungsschutz/Beratungszweck **Vorbem 127a, 128** 49
Vollmachtsform **Vorbem 127a, 128** 143
Auflassungsvormerkung
für Angebotsempfänger **128** 22
Aufopferungshaftung
Geschäftsfähigkeitsrecht **Vorbem 104–115** 69
Aufrechnung
Minderjährigenerklärung/Einwilligungserfordernis **107** 23; **111** 2
Auftrag
GmbH-Geschäftsanteilsveräußerung **Vorbem 127a, 128** 150
Grundstücksveräußerungs-/Erwerbsverpflichtung **Vorbem 127a, 128** 120
Minderjährigengeschäft/Einwilligungserfordernis **107** 23
Aufwendungen
Negatives Interesse/nutzlos gewordene – **122** 12
Aufzüge
Wesentlicher Gebäudebestandteil **94** 32
Ausbeute
Sachfrüchte als sonstige – **99** 8 ff
Ausbietungsgarantie
Zwangsversteigerung/Abgabe eines Gebots **Vorbem 127a, 128** 116
Ausdrücklicher Inhalt
bei einzelnen Schriftformerfordernissen **125** 14 f
Ausdrücklichkeit
Willenserklärung/Erfordernis **Vorbem 116** 2; **Vorbem 116–144** 52; **Vorbem 119** 103; **Vorbem 123** 2
Ausfertigung
s. Notarielle Beurkundung
Ausländer
Inhalt fremder Willenserklärung **133** 19
Ausländische Beglaubigung
Ausschluß deutschen Notars **129** 133
Ausländische Beurkundung
Anerkennung/Form des Geschäftsstatuts oder Ortsform **Vorbem 127a, 128** 722

Ausländische Beurkundung (Forts.)
Ausschließliche Zuständigkeit deutschen Notars **Vorbem 127a, 128** 723 ff
Gleichwertige ausländische Beurkundung/Geschäftsformeinhaltung **Vorbem 127a, 128** 728 ff
Ausländische Gesellschaften
Notarielle Beurkundung/Feststellungen zu Vertretungsverhältnissen **Vorbem 127a, 128** 343
Ausländische Urkunden
s. Notarielle Beurkundung
Ausländisches Recht
Notarielle Beurkundung/Hinweis auf mögliche Anwendbarkeit **Vorbem 127a, 128** 507 ff
Ausland
Anerkennung deutscher Urkunden **Vorbem 127a, 128** 780 ff
Konsularische Beurkundung **Vorbem 127a, 128** 253 ff
Notarielle Beurkundung/unwirksame **Vorbem 127a, 128** 258 ff
Auslegung des Gesetzes
Umgehungstatbestand **117** 15
Auslegung von Willenserklärungen
Abgrenzung der Normen §§ 133, 157 **133** 2, 5 f
AGB-Auslegung/falsa-demonstratio-Regel **133** 14
AGB-Auslegung/Revisibilität **133** 79
AGB-Auslegung/Vertrgsspartnerverständnis **133** 71
Allgemeiner Sprachgebrauch **133** 45
Andeutungstheorie **133** 31 ff
Anfechtung/Vorrang der – **119** 7, 39 ff
Auflassung/Falschbezeichnung **133** 14
Ausländer **133** 19
Auslegungsbedürftigkeit/Auslegungsfähigkeit **133** 9 f
Auslegungsmaterial und Darlegungs- und Beweislast **133** 77
Auslegungsmaximen **133** 44 ff
Auslegungsmaximen/Rangordnung **133** 70
Auslegungsregeln/formale und materiale **133** 44
Auslegungsscheitern **133** 10, 23
Auslegungsstufen/Feststellung des Erklärungstatbestandes und seine Deutung **133** 8
Auslobung **133** 17, 71
Begleitumstände der Erklärung **133** 48 ff
Begriff/Aufgabe/Ziel **133** 1 ff
Beschlußfassungen **133** 3
Betriebsvereinbarungen **133** 74 f
Beweislastgrundsätze/nicht anwendbare **133** 76

Auslegung von Willenserklärungen (Forts.)
Buchstabeninterpretation/negatives Verbot 133 5, 9, 10
Bürgschaft 133 9, 33
Code-Wörter 133 42
Dereliktion 133 16
Dingliche Rechtsgeschäfte 133 24
Eindeutiger Wortlaut 133 48
Eindeutiger Wortlaut/Auslegung hiergegen 133 53
Eindeutigkeitsformel 133 9
Einseitige Rechtsgeschäfte/an die Öffentlichkeit gerichtete 133 17
Empfängerhorizont 133 18 f
Empfänger/Sorgfalt bei der Interpretation 133 18
Empirische Auslegung und Tatsachenfeststellung 133 77
Empirischer Wille/objektiv normative Bedeutung 133 11 ff
Erfahrungssätze der Praxis 133 44
Erklärender/Erklärungsempfänger, Gleichbehandlungsfrage 133 20
Erklärungsbewußtsein 133 25
Erklärungsinhalt/Formfrage und Inhaltsfrage 133 30
Erklärungstatbestand/Feststellung 133 8
Erlaß-Falle 133 56
Ernstlichkeit der Erklärung 118 3
Expertenkreis 133 45
Falschbezeichnung 133 13 f, 33, 34 ff
Formbedürftige Erklärungen/Andeutungstheorie 125 87 ff; 126 87; **Vorbem 127a, 128** 698 f; 133 31 ff
Formbedürftige Erklärungen/beurkundete Rechtsgeschäfte **Vorbem 127a, 128** 695 ff
Formbedürftige Erklärungen/Falschbezeichnung 125 85 f; **Vorbem 127a, 128** 697; 133 14, 33, 34 ff
Formbedürftige Erklärungen/gewillkürte Schriftform 127 21 ff
Formbedürftige Erklärungen/Inhaltsermittlung und Formzwang 133 30
Formbedürftige Erklärungen/Richtigkeits-, Vollständigkeitsvermutung **Vorbem 127a, 128** 696
Freizeichnungsklauseln 133 62
Geltungserhaltende Reduktion 133 61
Geltungstheorie (Larenz) 133 4
Gemeinschaftsrechtliche Auslegung 133 60
Gesamtverhalten des Erklärenden 133 48
Gesamtzusammenhang/grammatische und systematische Auslegung 133 47
Gesellschaftsverträge/Satzungen 133 72 f, 79
Gesetzeskonforme Auslegung 133 55 f, 60
Gewillkürte Form/Übermittlungsarten 127 36

Auslegung von Willenserklärungen (Forts.)
Gewillkürte Form/Vorrang der Auslegung 127 21 f
Gewillkürte Rechtsform/Rechtsfolgen 127 50 ff
Gründungserklärungen/Einmann-GmbH 133 17
Grundbucheintragung 133 71
Hamburger Parkplatzfall 133 58
Handelsbräuche und Gewohnheiten 133 64
Handelsverkehr und Verkehrssitten 133 69
als hermeneutische Aufgabe 133 5
Inhaberschuldverschreibung 133 71
Insichgeschäfte/Falschbezeichnungen 133 13
Interessengerechte Beurteilung nach allen Seiten 133 54
Interessenlage und Regelungszweck/teleologische Auslegung 133 52 ff
Interessenlage/beiderseitige 133 48
Internet-Versteigerung 133 54
interpretatio contra proferentum 133 22
Juristische Fachausdrücke 133 46
Kollision widersprüchlicher Regelungen 133 70
Konkludente Erklärungen 133 26
Konkretisierungsbedürftige Normen §§ 133, 157 133 5
Konkurrierende Auslegungsgrundsätze 133 47, 52, 68
als kunstmäßiges Verstehen 133 2
Letztwillige Verfügungen 133 6, 31
Manipulation des Vertragsabschlusses 133 56 f
Mehrdeutiger Wortlaut 133 48
Methoden und Ziele/zu unterscheidende 133 2
Mündliche Äußerungen/den Vertragsabschluß begleitende 133 49
Nachträgliches Verhalten 133 50 f
Nicht-empfangsbedürftige Willenserklärungen 133 15 ff
Objektiv normative Auslegung 133 5
Objektive Auslegungslehren/Verhältnis §§ 133, 157 133 4
Objektive und subjektive Methode/Verhältnis 133 6
Öffentlich-rechtliche Erklärungen 133 29
Öffentlichkeit als Adressat 133 71
Parzellenverwechselungen 133 39
Persönliche Sprachgewohnheiten 133 39
protestatio facto contraria 133 56
protestatio facto contraria non valet 133 58, 70
Prozeßhandlungen 133 27, 79
Publikumsgesellschaften 133 72
Rangverhältnis der Auslegungsmaximen 133 70

Auslegung von Willenserklärungen (Forts.)
Rechtlich maßgebender Sinn/Ermittlung 133 2
Rechtliche Wertung auslegungsrelevanter Tatsachen 133 76
Rechtlosstellung einer Partei 133 53
Rechtsform und Satzungsauslegung 133 73
Rechtsgeschäfte aller Art 133 3
Rechtsgeschäftsähnliche Handlungen **Vorbem 116-144** 2; 133 24
Redlichkeit/Folgerichtigkeit 133 55
Redlichkeitsannahme 116 6; 133 47
Restriktionsgrundsatz 133 62
Revisibilität der Auslegung 133 79 ff
Risikoverteilung 133 2
Savigny 133 2, 45
Scheckerklärungen 133 24, 72
Schuldbeitritt 133 9
Schweigen/Erklärungswirkung 133 56
Selbstbestimmung/Selbstverantwortung 133 6, 12, 13
Sozialtypisches Verhalten 133 58
Speisekarten-Fall 133 20
Sprachunkundige Personen 119 21 ff
Staatliches Unrecht/Verhinderung, Umgehung 133 41
Stiftungsgeschäft 133 15
Stille Gesellschaft 133 72
Tarifverträge 133 74 f
Tatfrage/Rechtsfrage 133 77
Teleologische Auslegung 133 52 ff
Testamentsauslegung 133 15, 33, 37 f
Treu und Glauben/Konkretisierung durch Unterprinzipien 133 63
Treu und Glauben/Verhältnis 133 7
Treu und Glauben/Verhältnis zur Selbstbestimmung 133 58
Typisierungen 133 9
Übung als Verkehrssitte 133 65, 66
Unklarheitenregel 133 22, 62
Unsitten/Mißbräuche 133 68
Unvollständige Erklärungen 133 40
Urteile/Schiedssprüche 133 28
Verantwortung für Willensmängel 133 21
Verbot widersprüchlichen Verhaltens 133 59
Verfassungskonforme Auslegung/Gebot 133 60
Verkehrs- und Vertrauensschutz 133 6
Verkehrssitte als Auslegungsmittel 133 64 ff
Verkehrssprache/Verkehrskreis 133 45
Vernünftige Regelung/zu unterstellende 133 52, 55
Verschlüsselungen 133 42
Verträge und Willenserklärungen/gegenstandslose Unterscheidung 133 3
Vertragsfreiheit 133 59
Vertragszusammenhänge 133 49

Auslegung von Willenserklärungen (Forts.)
Vorverhandlungen/Entstehungsgeschichte des Rechtsgeschäfts 133 49
Wechselerklärungen 133 14, 24, 72
Wille und Erklärung/Übereinstimmung 133 2
Wille/erklärter und Auslegungsergebnis 133 54
Willensbetätigungen 133 16
Willenserforschung/empirischer Parteiwille 133 5
Willenserklärungen aller Art 133 24
Willenserklärung/Tatbestand 133 25
Wohnungseigentum 133 71
Wortlaut der Erklärung/Ausgangspunkt 133 45
Wortlaut einer Urkunde 133 78
Zurechenbarer Erklärungsinhalt 133 20
Zweck einer Regelung 133 52
Zweckverfehlung 133 53
Auslobung
Auslegung 133 17, 71
Durchschauter Vorbehalt 116 9
GmbH-Geschäftsanteilsveräußerung **Vorbem 127a, 128** 149
Grundstücksveräußerung **Vorbem 127a, 128** 116
Verpflichtung durch einseitiges Rechtsgeschäft **Vorbem 127a, 128** 98
Ausschlußfristen
Anfechtungsfrist 121 2, 13 f; 124 1
Automatisierte Erklärungen
Irrtümer in der Erklärungshandlung 119 35 ff
Automatisierte Willenserklärung
Computerprogramm **Vorbem 116-144** 57
Autonome Rechtssetzung
Anerkennung/Ausgestaltung durch die Rechtsordnung **Vorbem 116-144** 9

Baden-Württemberg
Öffentliches Eigentum an Gewässerbetten **Vorbem 90-103** 51
Richternotare/Bezirksnotare **Vorbem 127a, 128** 239 ff, 283
Unterschriftsbeglaubigungen 129 45
Bankrecht
Aufklärungspflichten
— Anlegerschutz WpHG 123 20
— Immobilienfinanzierung 123 21
— Überweisungsverkehr 123 21
— Verbraucherdarlehen 123 20, 21
Erklärungsempfänger/Frage einer Drittstellung 123 50
Kundenmitteilungen/Textform **126b** 16

Bargeschäfte
Minderjährigengeschäft/Bewirkung
  vertragsgemäßer Leistung mit überlasse-
  nen Mitteln 110 10
Basisgesellschaft
Auslandsgesellschaft/Gründung 117 13
Baubeschreibung
und Bestandsverzeichnis/Abgrenzung
  Vorbem 127a, 128 438
Beurkundungserfordernis **Vorbem 127a,
  128** 127
Bauherrenmodell
Finanzierter Beitritt/Anlagevermittler als
  Dritter 123 52
und Verbraucherwiderrufsrecht
  Vorbem 127a, 128 694
Vollmachterteilung/wirksame 117 13
und Vollmachtsform **Vorbem 127a, 128** 141
Baukörper
Gebäudebestandteile/wesentliche
  Bestandteile
  s. dort
Baumaterial
als Zubehör 97 17
Baumschulbestände
Vorübergehende Grundstücksverbindung
  95 13
Baurechtliche Beschränkungen
Aufklärungspflicht des Verkäufers 123 17
Baustoffe
Wesentliche Bestandteile 94 30
Bauträgervertrag
Beurkundungserfordernis **Vorbem 127a,
  128** 132
Bauwerksüberbau
Wirtschaftliche Einheit des Gebäudes/
  Vorhandensein fester Verbindung 94 12
Beanstandung
als rechtsgeschäftsähnliche Handlung
  Vorbem 116-144 2
Bedingung
Bedingte Veräußerungsverpflichtung/
  Beurkundungserfordernis **Vorbem 127a,
  128** 99
Befreiung aus einer Notlage 123 63
Gerichtlicher Vergleich/Widerrufsvorbe-
  halt **127a** 43
Grundstücksveräußerungs-/Erwerbsver-
  pflichtung **Vorbem 127a, 128** 121
Rechtsbedingung der Genehmigung des
  Minderjährigengeschäfts 108 5
Schenkungsvertrag zugunsten Minderjähri-
  gen 107 10
Wesentliche Bestandteile/Verfügung unter
  Abtrennungsbedingung 93 25
Beeinflußbarkeit
und Geschäftsfähigkeit 104 11

Beförderungsvertrag
Minderjährigenverpflichtung/General-
  konsensfrage 107 40
Beglaubigung
s. Notarielle Unterschriftsbeglaubigung
Beherrschbarkeit
und Sachqualität 90 1; **Vorbem 90-103** 8,
  41 ff
Behindertenbeteiligung
Notarielle Beurkundung
  s. dort
Notarielle Unterschriftsbeglaubigung
  129 71 f
Behörden
Auslegung von Erklärungen 133 29
Willenserklärungen ihnen gegenüber
  s. Amtsempfangsbedürftige Willenser-
  klärung
Beitrittsgebiet
und BeurkG **Vorbem 127a, 128** 224
Gebäudeeigentum 94 5
Geschäftsfähigkeit **Vorbem 104-115** 18
Belastungen
Gegenstandserwerb und dessen Belastung/
  Beschränkte Geschäftsfähigkeit 107 15 ff
Minderjähriger als Verfügender/Einwilli-
  gungserfordernis 107 24
Belehrung
bei notarieller Beurkundung
  s. dort
bei notarieller Unterschriftsbeglaubigung
  mit Entwurfsfertigung 129 82 ff
Beleuchtungskörper
Wesentlicher Gebäudebestandteil 94 36
Belgien
Ausländische Urkunden **Vorbem 127a,
  128** 751
Belüftungs-/Entlüftungsanlagen
Wesentlicher Gebäudebestandteil 94 32
Benachrichtigung
als rechtsgeschäftsähnliche Handlung
  Vorbem 116-144 2
Benutzungsverhältnisse
Begründung öffentlich-rechtlicher/
  Geschäftsfähigkeitsrecht
  Vorbem 104-115 101
Beratungs- und Belehrungsfunktion
als Formwirkung (Formzweck)
  s. Formerfordernis
Beratungsgerechte Beurkundung
s. Notarielle Beurkundung
Bergwerkseigentum
Bestandteile 93 13; 95 25
Berufsausbildung
und Minderjährigenstellung 113 7
Beschädigung
und Sonderrechtsunfähigkeit 93 16

Beschlußfassung
Beurkundung
s. Aktiengesellschaft; GmbH
Schriftform **126** 75
Umwandlungsbeschluß **Vorbem 127a, 128** 205
Besitz
Aufgabe als Realakt/Geschäftsfähigkeitsrecht **Vorbem 116-144** 3
Einigung als Rechtsgeschäft/Geschäftsfähigkeitsrecht **Vorbem 104-115** 92
Erwerb als Realakt/Geschäftsfähigkeitsrecht **Vorbem 104-115** 90; **Vorbem 116-144** 3
Freiwilliger Besitzverlust/Frage des Abhandenkommens **Vorbem 104-115** 91
Verlust als Realakt/Geschäftsfähigkeitsrecht **Vorbem 104-115** 90
und Zugang von Willenserklärungen **130** 42
Bestätigung
Anfechtbares Rechtsgeschäft **123** 94; **124** 9
Bestandsverzeichnis
Notarielle Beurkundung/Verlesungsverzicht **Vorbem 127a, 128** 437 ff
Bestandteile
Wesentliche/unwesentliche Bestandteile
s. Wesentliche Bestandteile
Zubehör/Abgrenzung **97** 2, 5
Bestattung
Ausübung des Totensorgerechts **90** 33
Betreuung
Geschäftsfähigkeit und Einwilligungsvorbehalt **Vorbem 104-115** 12, 25; **105** 10; **106** 11; **107** 46; **110** 18; **111** 15; **112** 15; **113** 32
Geschäftsunfähigkeit des Betreuten **Vorbem 104-115** 25; **105** 10
Geschäftsunfähigkeit des Betreuten/ Geschäfte des täglichen Lebens **105a** 15
Prozeßfähigkeitsfrage **Vorbem 104-115** 95
Verwaltungsrechtliche Willenserklärungen **Vorbem 104-115** 98
Volljährigkeit/fehlende volle Geschäftsfähigkeit **Vorbem 104-115** 25
Betrieb
Begriff/Abgrenzung zum Unternehmen **Vorbem 90-103** 34
Betriebsgebäude/Zubehörstücke **98** 4 ff
und Gebrauchsvorteil **100** 6
Betrieb eines Erwerbsgeschäfts
Selbständiger Minderjähriger
s. Geschäftsfähigkeit/beschränkte
Betriebliche Übung
Entstehen/Abänderung/Beseitigung **Vorbem 116-144** 55 f

Betriebsgebäude
Betriebliches Inventar/Zubehörstücke **98** 4 ff
Betriebsvereinbarung
Anfechtung/fehlende Rückwirkung **119** 110
Beurkundung/BeurkG
s. Notarielle Beurkundung
Bewegliche Sachen
Scheinbestandteile als selbständige – **95** 28
und unbewegliche Sachen/Unterscheidung **Vorbem 90-103** 36 ff
Unwesentliche Bestandteile **93** 39
Unwesentliche Grundstücksbestandteile als – **93** 43
Zubehör
s. dort
zusammengesetzte/mit dem Boden verbundene Einheit **94** 4
Beweisrecht
Anfechtungsfrist **121** 10
Anfechtung/Unverzüglichkeit **121** 10
Arglistige Täuschung/Anfechtung **123** 81
Auslegungsfragen im Prozeß/Beweislastfragen **133** 76 ff
Beschränkte Geschäftsfähigkeit/Einwilligkeitserfordernis **107** 45
Bewußtlosigkeit/vorübergehende Störung der Geistestätigkeit **105** 15
Drohung, widerrechtliche/Anfechtung **123** 81
Ernstlichkeitsmangel der Willenserklärung **118** 9
Formerfordernisse/Beweisfunktion
s. Formfragen
Geheimer Vorbehalt **116** 13
Geschäftsfähigkeit/fehlende volle und Regel-Ausnahme-Verhältnis **Vorbem 104-115** 7
Geschäftsunfähigkeit **104** 18
Irrtumsanfechtung **119** 113
Minderjährigengeschäft/Genehmigungserteilung **108** 23
Minderjährigengeschäft/Leistungsbewirken mit überlassenen Mitteln **110** 17
Minderjähriger als Betreiber eines Erwerbsgeschäfts/Ermächtigungserteilung **112** 14
Scheingeschäft **117** 28
Tatfrage/Rechtsfrage **133** 76 ff
Zugang der Willenserklärung **130** 105 ff
Bewußtlosigkeit
Handlung/fehlende **Vorbem 116-144** 27, 50
Vorübergehende psychische Störung/ Nichtigkeitsfolge **105** 12
Bezugnahme
Notarielle Beurkundung/untechnische Bezugnahme **Vorbem 127a, 128** 407

Bezugnahme (Forts.)
und Schriftformerfordernis 126 117 ff
Bezugsrecht
Rechtsnatur 99 17; 100 7
BGB-Gesellschaft
Beteiligungserwerb durch Minderjährigen 107 29
BGB-InfoV 2002
Informationspflichten bei Verbraucherverträgen 123 10
Bierschankanlage
Wesentlicher Gebäudebestandteil 94 36
Bilanzpolitik
Geschäftsdarstellungen als Scheingeschäft 117 13
Binnengewässer
s. Wasser
Biotope
Eigentumsbeschränkungen Vorbem 90-103 67
Blankettmißbrauch
Einstandspflicht bei mißbräuchlicher Ausfüllung 119 31; 122 10
und Formerfordernis 126 59
Irrtumsanfechtung/grundsätzlich ausgeschlossene 119 32
und Schriftformerfordernis 126 131
Blankounterschrift
Notarielle Beglaubigung 129 56, 119 ff
und Schriftformerfordernis 126 130 ff
Blankovollmacht
GmbH-Geschäftsanteilsveräußerung/ unwirksame 126 164
Bodenbestandteile
Ausbeute als Sachfrüchte 99 8 ff
Feste Verbindung/Abgrenzung zu den Erzeugnissen 94 19
Bodendenkmäler
als Altertumsfunde Vorbem 90-103 67
BörsenG
Textformerfordernisse 126b 11
Bote
Absender-Erklärungsbote-Rechtsverhältnis 120 7
Äußeres Auftreten als Übermittler 120 2
Anstalten/zur Übermittlung verwendete 120 5
Dolmetscher als Bote 120 5
Empfangsbote 130 56 ff
Falsche Übermittlung
s. Anfechtung
Pseudobote als nicht beauftragter Bote 120 2
Vertretung/Abgrenzung 120 6
Briefwechsel
und gewillkürte Schriftform 127 28

Bruchteilseigentum
und Gesamthandseigentum/Grundstücksübertragung Vorbem 127a, 128 114
Buchgeld
Rechtsnatur 91 7
Bürgerliches Gesetzbuch
Notarielle Beurkundung/Fälle Vorbem 127a, 128 43
Notarielle Unterschriftsbeglaubigung/ Fälle 129 5
Textformerfordernisse 126b 11
Bürgschaft
Änderungen/Formerfordernis 126 58, 101
Änderungen/Schriftform 126 58
Aufklärungspflichten 123 23
Auslegung 133 31, 33
Blankobürgschaft 126 59, 132
Bürgentäuschung durch den Schuldner 123 54
Eingehungsverpflichtung/Schriftform 126 60
Einseitiger Formzwang 125 56; 126 54, 79
Einseitiger Formzwang/Änderungen, Erweiterungen 125 74
Elektronische Form/ausgeschlossene 126a 17, 30
Erfüllung formnichtiger Erklärung 125 105
für Grundstücksveräußerungs- oder Erwerbspflicht Vorbem 127a, 128 117
Irrtum des Bürgen über Leistungsfähigkeit des Hauptschuldners 119 102
Schriftform/Reichweite 126 83
und Schuldbeitritt/Abgrenzung 133 9
Sparkassen-Bürgschaftsfall/Frage des Erklärungsbewußtseins Vorbem 116-144 28
Telefaxübermittlung/Formfrage 126 163
Ungleichgewichtslagen und Inhaltskontrolle von Verträgen Vorbem 116-144 11
und Unterschriftsirrtum 119 11
Verkehrswesentliche Eigenschaften Beteiligter 119 86
Vollmachtserteilung/Schriftform 126 107
Vorvertrag/Formfrage 126 97
Büroeinrichtung
Zubehör 97 26
Bundesverfassungsrecht
Prozeßfähigkeitsfrage Vorbem 104-115 95

Chemophysikalische Verbindungen
Zusammenhaltung von Teilen 93 9
China
Beurkundung/Gleichwertigkeit Vorbem 127a, 128 746
Computerverträge
Trennung von Datenträger/Programminhalt 90 13 ff

Culpa in contrahendo
Abbruch von Vertragsverhandlungen
125 117 ff
Anfechtung wegen Arglisttäuschung/
Anspruch auf – **123** 95
Anschein wirksamer Bevollmächtigung
Vorbem 116-144 49
Dissens/Haftungsfrage **122** 6
Erklärungsbewußtsein, fehlendes/
Verschuldensprinzip als Zurechnungsform **Vorbem 116-144** 39
Erklärungsbewußtsein/fehlendes;Trierer Weinversteigerungsfall **122** 8 f
Fahrlässige Irreführung **123** 28
Formnichtigkeit/Geldentschädigungsfolge
125 112
Formnichtigkeit/untersagte Berufung
hieraus **125** 110
und Geschäftsfähigkeitsrecht/Anwendungsfrage **Vorbem 104-115** 42 f
Haftung für fremdverschuldete Motivirrtümer **119** 5
Handlungswille/fehlender
Vorbem 116-144 50
Kalkulationsirrtum/vom Vertragsgegner erkannter **119** 52, 62, 78
Rechtsfolgemotivirrtum/Anfechtung wegen fremdverschuldeten **119** 74
und Risikoprinzip/subsidiäres **122** 5
Unternehmenskauf/Anfechtung wegen Eigenschaftsirrtümer **119** 95
Verschuldensprinzip **122** 5
Vertragsaufhebung wegen vorvertraglicher Pflichtverletzung **123** 95
Vertragsauflösung wegen Willensmangels/
Abgrenzung des Anfechtungsrechts
119 55 ff
und Vertrauenshaftung nach Anfechtung/
Konkurrenzausschluß **122** 19

Darlehen
Geschäftswille/fehlender **117** 11
Minderjährigengeschäft/Einwilligungserfordernis **107** 23
Nichtiger Darlehensvertrag/Wert der Geldnutzungsmöglichkeit **100** 5
Schenkweise Einräumung einer Darlehensforderung für Minderjährigen **107** 10
Untergeschobener Vertrag **117** 2
Darlehensvermittlung
Vertragsinhalt-Informationen/Textform
126b 14
Daseinsvorsorge
Lehre vom sozialtypischen Verhalten
Vorbem 104-115 31
Dauerschuldverhältnisse
Arglistanfechtung, Anfechtung wegen Drohung/Rückwirkungsfrage **123** 84 f

Dauerschuldverhältnisse (Forts.)
Geschäftsfähigkeitsrecht
Vorbem 104-115 32
Irrtumsanfechtung als Rechtsmißbrauch
119 99
Irrtumsanfechtung/Einschränkung
119 108 f
Minderjährigenverpflichtung/Folgekonsens **107** 41
DDR
Geschäftsfähigkeitsrecht/ZGB-Regelung der Handlungsfähigkeit
Vorbem 104-115 116
Scheingeschäfte und staatliches Teilungsunrecht **117** 27
Überleitung von Sondervermögen
Vorbem 90-103 27
Debilität
Krankhafte Störung der Geistestätigkeit
104 9
Demenz
Krankhafte Störung der Geistestätigkeit
104 9
Denkmalschutz
als Eigentumsbeschränkung
Vorbem 90-103 66 f
Deutsche Bundesbahn
Sondervermögen **Vorbem 90-103** 27
Deutsche Post AG
Absender-Verhältnis/Haftungsbeschränkungen **120** 5
Nachrichtenübermittlerin **120** 5
Sondervermögen **Vorbem 90-103** 27
Übergabe-Einschreiben/
Einwurf-Einschreiben **130** 48
Deutsche Telekom AG
Absender-Rechtsverhältnis/Haftungsbeschränkungen **120** 7
Nachrichtenübermittlung **120** 5
Deutscher Notar
Ausschließliche Zuständigkeit
s. Notarielle Beurkundung
Dienstleistung
Rechnung/Rechtsnatur **119** 103
Dienstleistungsbetriebe
Betriebliches Inventar/Zubehörstücke
98 4 ff
Dienstverhältnis
Ermächtigung eines Minderjährigen/Teilgeschäftsfähigkeit
s. Geschäftsfähigkeit/beschränkte
Digitale Signaturen
s. Elektronische Form
Dingliches Recht
Ausübung eines dinglichen Rechts/Grundstücksverbindung **95** 2, 18 ff

Dingliches Recht (Forts.)
Beschränkte Geschäftsfähigkeit/Erwerbsgeschäfte mit Verpflichtungsfolgen **107** 26 ff
Beschränkte Geschäftsfähigkeit/Schenkung mit bereits bestehender Belastung/unter Belastungsvorbehalt **107** 15 ff
Erwerbsgeschäfte/beschränkte Geschäftsfähigkeit **107** 11
als Grundstücksbestandteile
s. dort
und Rechtserträge aus fruchtbringenden Rechten **99** 11
und Sonderrechtsunfähigkeit **93** 25
Unwesentliche Bestandteile als Gegenstand **93** 42
Dingliches Rechtsgeschäft
und ausländischer Notar **Vorbem 127a, 128** 729
Notarielle Beurkundung **Vorbem 127a, 128** 96
Willenserklärung/Rechtsgeschäft **Vorbem 116–144** 5
Diskriminierung
Arbeitsleistung und Schwerbehinderteneigenschaft **123** 38
Plan eines AntidiskriminierungsG **105a** 2
Schwangerschaft und Arbeitgeber-Frage **123** 39
Dissens
und Haftungsfrage **122** 6
und Irrtum/Abgrenzung **119** 42, 55
Speisekarten-Fall **133** 20
und Vorbehalt/Abgrenzung **116** 8
Dolmetscher
als Bote **120** 5
Mitwirkung an notarieller Beurkundung **Vorbem 127a, 128** 349, 548 ff
Mitwirkung an notarieller Beurkundung/Gebärdendolmetscher **Vorbem 127a, 128** 562, 565
und Sprachrisiko **119** 23
Doppelnatur
Prozeßvergleich **127a** 16 f
Dritter/Dritte
Anfechtung bei drohenden – **123** 64
Anfechtungsrecht ggü rechtserwerbenden Dritten **123** 57
Anfechtungsrecht/beschränktes bei Täuschung durch – **123** 45 ff
Drohung mit einer Strafanzeige ggü Dritten **123** 72
Formvorschriften im Drittinteresse **133** 43
Irrtumsanfechtung/Täuschung durch Dritten ohne Kenntnis **123** 91
Notarielle Beurkundung/Rechtssicherheitszweck **Vorbem 127a, 128** 23

Dritter/Dritte (Forts.)
Notarielle Unterschriftsbeglaubigung/Legitimation gegenüber – **129** 32 f
Prozeßvergleich beitretende – **127a** 18
Rechtsfolgen zu Lasten Dritter **Vorbem 116–144** 41
Scheingeschäft/Täuschungsabsicht gegenüber – **117** 2
Verkehrswesentliche Eigenschaften der Person **119** 86 ff
Drogenabhängigkeit
Krankhafte Störung der Geistestätigkeit **104** 9
Drohung/widerrechtliche
Anfechtung
s. dort
Durchschauter Vorbehalt
s. Geheimer Vorbehalt

E-Mail
als elektronische Erklärung **126a** 43
Gewillkürte Schriftform/Erklärungsübermittlung **127** 33, 39
Textform-Prototyp **126b** 1, 30
Zugang von Willenserklärungen **130** 51, 73
EGBGB
Notarielle Beurkundung/Fälle **Vorbem 127a, 128** 43
Ehegatten
Arbeitsverträge/Scheingeschäftscharakter **117** 11
Empfangsbotenschaft **130** 57
Zuwendungen/Schenkungscharakter **117** 16
Eherecht
Rechtswahl **Vorbem 127a, 128** 749
Ehescheidung
und Tiere **90a** 10
und Unterhaltsregelung/Formfreiheit, Beurkundungszwang **Vorbem 127a, 128** 62
Eheschließung
Ehemündigkeit/Befreiung für Minderjährigen **106** 6
Ehemündigkeit/Volljährigkeit **106** 6
Erklärung vor dem Urkundsbeamten/Sonderform **125** 20
Fehlerhafte Ehen/abschließende Sonderregelung **116** 9; **117** 4
Gerichtlicher Vergleich/ausgeschlossener **127a** 3
Geschäftsunfähigkeit **105** 6
Ehevertrag
Common Law **Vorbem 127a, 128** 34
Notarielle Beurkundung
— Aufhebung des Vertrages **125** 83
— Belehrungsgerechte Gestaltung **Vorbem 127a, 128** 178

Ehevertrag (Forts.)
— Bestandsverzeichnis/Vorlesungsverzicht **Vorbem 127a, 128** 439
— Erfordernis gleichzeitiger Anwesenheit **Vorbem 127a, 128** 372; **128** 2
— Formzweck **Vorbem 127a, 128** 60
— Genehmigung **Vorbem 127a, 128** 179
— Güterstandswahl/Modifikationen des gesetzlichen Güterstandes **Vorbem 127a, 128** 59
— Heilungsmöglichkeit/ausgeschlossene **Vorbem 127a, 128** 679
— Mitwirkungsverbot für den Notar/Vorbefassung **Vorbem 127a, 128** 302
— Nebenabreden **Vorbem 127a, 128** 101
— Rechtswahl des Güterstatuts **Vorbem 127a, 128** 59
— Scheidungsvereinbarung **Vorbem 127a, 128** 62
— Umfang des Beurkundungserfordernisses **Vorbem 127a, 128** 176
— Verbindung mit Erbvertrag **Vorbem 127a, 128** 186
— Versorgungsausgleich **Vorbem 127a, 128** 61
— Vollmacht **Vorbem 127a, 128** 178
— Vorvertrag **Vorbem 127a, 128** 177
Ehewirkungen
Rechtswahl **Vorbem 127a, 128** 749
Eidabnahme
s. Notarielle Beurkundung
Eidesstattliche Versicherung
s. Notarielle Beurkundung
Eigengrenzüberbau
Wirtschaftliche Einheit des Gebäudes **94** 13, 14
Eigenhändige Unterschrift
s. a. Unterschriftserfordernis
Elektronische Form/Substitut der – **126a** 46
Notarielle Beurkundung/Beteiligtenunterschrift **Vorbem 127a, 128** 385 ff
Schriftformerfordernis **126** 133 ff
Eigenhändiges Testament
Abgrenzung der Form/systematische Einordnung **125** 4
Einzelheiten **125** 11 ff; **126** 65; **Vorbem 127 a, 128** 66
Eigenschaftsirrtum
s. Anfechtung
Eigentümer-Besitzer-Verhältnis
Böser Glaube/Geschäftsfähigkeit **Vorbem 104–115** 76 f
Eigentum
Friedhof/Grabstätten **Vorbem 90–103** 61 ff
Grundstückseigentum
s. dort

Eigentum (Forts.)
Menschlicher Körper/fehlende Sacheigenschaft **90** 18 ff
Öffentliche Sachen **Vorbem 90–103** 51, 54
als rechtliche Umweltbeziehung einer Sache **119** 97
Res sacrae **Vorbem 90–103** 58
an Tieren **90a** 10
Wertpapierurkunde **90** 5 f
Eigentumsaufgabe
und Geschäftsfähigkeitsrecht **Vorbem 104–115** 92
Minderjähriger als Verfügender/Einwilligungserfordernis **107** 24
Eigentumsbeschränkungen
Denkmalschutz **Vorbem 90–103** 66 f
im öffentlichen Interesse **Vorbem 90–103** 68
Eigentumserwerb
Beschränkte Geschäftsfähigkeit **107** 11
Früchte **99** 1; **101** 2
Minderjährigenverfügung/rechtlich nachteilige **107** 24
Scheinbestandteile **95** 29
Wertpapiere/Übertragung verbrieften Rechts **Vorbem 104–115** 54 ff
Eigentumsvorbehalt
Grundstücks-/Gebäudebestandteile/fehlende Sonderrechtsfähigkeit **94** 4, 40
und Scheinbestandteilseigenschaft **95** 7
an Serienmaschinen **93** 18
Sonderrechtsunfähigkeit **93** 1, 6, 18, 26 f, 42 f
Verbrauchbare Sachen **92** 6
und Zubehöreigenschaft **97** 18
Eigenurkunde
s. Notarielle Eigenurkunde
Einbauküchen
Wesentlicher Gebäudebestandteil **93** 23; **94** 35
Zubehör **97** 25
Einbringung von Sachen
und Geschäftsfähigkeitsrecht **Vorbem 104–115** 92
Einheit der Gesamtsache
und Wert der Einzelteile/Schutzgüterabgrenzung **93** 3 f
Einheitliche Sache
Begriff **93** 7
Bestandteile zusammengesetzter Sachen **93** 9 ff
Einseitig verpflichtende Verträge
Gesetzliche Formvorschriften/Übersicht **125** 26
Einseitige Formerfordernisse
Beurkundungserfordernis/Schriftformerfordernis (Fälle) **125** 56
Nebenabreden **125** 59

Einseitige Rechtsgeschäfte
Berechtigungsnachweis/Zurückweisungsrecht **126** 69
Einseitig verpflichtende Verträge/Schriftform **126** 54 ff, 79
Formerfordernis/gewillkürtes **127** 6
GmbH-Geschäftsanteilsveräußerung **Vorbem 127a, 128** 149
Grundstücksveräußerung **Vorbem 127a, 128** 116
Minderjährigengeschäft ohne Einwilligung s. Geschäftsfähigkeit/beschränkte
und nicht-empfangsbedürftige Willenserklärungen **130** 11
Notarielle Beurkundung/erfaßte Verpflichtungen **Vorbem 127a, 128** 98
Öffentlichkeitsgerichtete/Auslegung **133** 17, 71 ff
Schriftformerfordernis/Schutz des Erklärungsempfängers **126** 20 ff
Vollmachtsform/Zurückweisungsrecht **125** 23, 56; **126** 21
Einwilligung
Adoption/Beurkundungserfordernis **Vorbem 127a, 128** 63
Auflassungseinwilligung **Vorbem 127a, 128** 143
Gesetzliche Formvorschriften/Frage analoger Anwendung des Vollmachtsrechts **125** 68 ff
Gesetzlicher Vertreter/einwilligungsbedürftiges Rechtsgeschäft des Minderjährigen
s. Geschäftsfähigkeit/beschränkte
als Rechtsgeschäft/Abgrenzung **Vorbem 104–115** 57
Verletzung persönlicher Güter, Rechtsgüter/Geschäftsfähigkeitsrecht **Vorbem 104–115** 56 ff; **111** 6
Einwurf-Einschreiben
Auslieferungsbeleg **130** 107
und Zugang einer Willenserklärung **130** 48
Einzelsachen
und Sachbegriff **Vorbem 90–103** 13 f
Elektrizität
Sachqualität/fehlende **90** 10
Versorgungsleitungen/Begründung fester Verbindung **94** 11
Warenbegriff **Vorbem 90–103** 11
Elektronische Beglaubigung
Reformüberlegungen **129** 1, 132
Elektronische Form
Abgabe/Absendung ohne Willen **126a** 48
Abgrenzung der Formen/Systematische Einordnung **125** 5, 10
Absender-/Empfängerausrüstung, erforderliche **126a** 7

Elektronische Form (Forts.)
Akkreditierte Signaturen/Unterform qualifizierter Signatur **126a** 23
Akkreditierung/freiwillige von Zertifikationsanbietern **126a** 26 f
Anfechtung elektronischer Willenserklärungen **126a** 60
Anscheinsbeweis für die Echtheit/Reformüberlegungen **125** 47
Anwendungsbereich **126a** 29 ff
Ausstellername **126a** 44 f
Beglaubigung/Ausschluß öffentlicher **125** 17
Begriff der elektronischen Erklärung **126a** 40 ff; **129** 1, 132
Beweis durch Augenschein bei elektronischen Dokumenten **126a** 61
Beweiserleichterung/Anscheinsbeweis elektronisch signierter Erklärung **126a** 62 f
Beweisfunktion/Möglichkeit technischer Fälschung **126a** 33 ff
Bildschirmdarstellung/erforderliche **126a** 41
Bürgschaftserklärung/ausgenommene **126a** 17
Computerfax/Abgrenzung **126a** 40
Computergestützte Erklärung **Vorbem 116–144** 57
Dauerhafte Speicherung/Ausdruck, erforderliche **126a** 42
Digitale Signaturen/technische und organisatorische Rahmenbedingungen durch SigG 1997 **126a** 10
Dokumente ohne qualifizierte Signatur/Textformvorlage **126b** 27
E-Mail **126a** 43
Echtheit des Dokuments/Schutz **126a** 4
Einfache Signaturen/Begriff, Funktion **126a** 20
Elektronische Signatur/Zuordnung und Idenitätsfunktion **126a** 45
Elektronischer Geschäftsverkehr/erleichterter **126a** 32
als elektronisches Siegel **126a** 4
Empfängereinverständnis **126** 167; **126a** 39; **126b** 33
Entschlüsselung **126a** 51
Europäisches Recht
— E-Commerce-RL **126a** 15 ff, 28
— EG-SignaturRL **126a** 13 f, 28
Fernabsatzvertrag/Widerrufsrecht **126a** 59
Formwirkungen wie Schriftform **126a** 31 ff
Fortgeschrittene Signaturen/Begriff, Funktion **126a** 21
Gesetzgeberisches Angebot **126a** 3
Gesetzgebung/Entwicklung
— Bundesnotarkammer-Vorschlag **126a** 12

Elektronische Form (Forts.)
— Formvorschriftenanpassungsgesetz 2001 **126a** 28
— Novellierung 2001 **126a** 19 ff
— Signaturgesetz 1997 **126a** 9 ff
— vor Signaturgesetz 1997 **126a** 8
Gewillkürte Form/Erleichterungen ggü gesetzlicher Form **127** 77 ff
Gewillkürte Form/Nachbeurkundungsanspruch **127** 80
Handelsregisteranmeldungen/beabsichtigte **126a** 38
Hash-Wert **126a** 5
Identifikationsprüfung/Zertifikatvergabe **126a** 25
Irrtümer in der Erklärungshandlung **119** 35 ff
Lesbarkeit nur mit technischen Hilfsmitteln **126a** 40
Mailbox-Leerung/zu erwartende **126a** 51
Namensunterschrift/Abgrenzung zur Abbildung **126a** 4
Öffentliche Beglaubigung/unberührt bleibende **126a** 18
Öffentliche Beurkundung/unberührt bleibende **126a** 18
Praktische Bedeutung **126a** 3, 37 f
Privater Schlüssel/öffentlicher Schlüssel **126a** 5
Qualifizierte Signaturen/Begriff, Funktion **126a** 22
Qualifizierte Signatur/Substitut eigenhändiger Unterschrift **126a** 46 f
Qualifizierte Zertifikate/Anforderungen **126a** 24 f
Schriftform/elektronische Form-Kombination **126a** 57
Schriftform/ersetzte durch – **126** 166 ff; **126a** 1, 29 ff
und Schriftform/Vergleich **125** 10
Signaturprüfung **126a** 51
Standard verschiedener Zertifizierungsanbieter **126a** 7, 34
Technische Grundlagen **126a** 4 ff
und Textform/neue BGB-Formen **126a** 2
Übermittlung per Mausklick **Vorbem 116-144** 57
Unbefugte Verwendung von Signaturkarte/PIN-Nummer **126a** 35
Unternehmer und Verbraucher/Mailboxleerungen **126a** 51
Verbraucherdarlehensvertrag/ausgenommener **126a** 17
Verschlüsselungsverfahren/verschlüsselte mitversandte Signatur **126a** 5
Vertragsabschluß **126a** 55 ff
Vertraulichkeit/nicht geschützte **126a** 4

Elektronische Form (Forts.)
Vollständigkeits- und Richtigkeitsvermutung **125** 92
Warnfunktion/Unterschiede zur Schriftform **126a** 36
Zertifizierungsstelle/Genehmigung des Betriebs **126a** 10
Zugang/verschlüsselte oder technische fehlerhafte Erklärung **126a** 53 f
Zugang/Vertrag **126a** 58
Zugang/Widmung des elektronischen Briefkastens **126a** 49 ff
Elterliche Sorge
Gemeinschaftliche Sorgeerklärung nicht miteinander verheirateter Eltern/Beurkundung **Vorbem 127a, 128** 63, 180
und Grundrechtsmündigkeit **Vorbem 104-115** 104
und Teilverwaltungsfähigkeiten **Vorbem 104-115** 99
Empfängerhorizont
s. Auslegung von Willenserklärungen
Empfangseinrichtung
s. Zugang von Willenserklärungen
Empfangstheorie
Vollendung der Willenserklärung/BGB-Lösung **130** 4, 8
Energielieferung
Kündigung/Schriftform **126** 35
Lehre vom sozialtypischen Verhalten **Vorbem 104-115** 31
Energien
Ausländisches Recht **90** 12
Elektrizität **90** 10, 11
Sachzugehörigkeit/fehlende **90** 9; **Vorbem 90-103** 9
Schuldrechtliche Verpflichtung **90** 10
Stoffe zur Energieerzeugung **90** 9
Strahlen, Wellen **90** 12
Warenbegriff **Vorbem 90-103** 11
England
Bestandteile und Zubehör **93** 50
Beurkundung/Gleichwertigkeit **Vorbem 127a, 128** 740
Fruchtbegriff **99** 22
Gegenstandsbegriff/Sachbegriff **Vorbem 90-103** 7
Geschäftsfähigkeitsrecht **Vorbem 104-115** 136 ff
Scheinbestandteile **95** 33
Unternehmensbedeutung **Vorbem 90-103** 35
Zubehör **97** 38
Entäußerungstheorie
Vollendung einer Willenserklärung **130** 3, 8
Erbbaurecht
Bauwerk als Bestandteil **93** 13; **95** 24

Erbbaurecht (Forts.)
Erbbauzins/Heimfallanspruch als Grundstücksbestandteile 96 3
Notarielle Beurkundung/deutscher Notar **Vorbem 127a, 128** 724
Notarielle Beurkundung/Fälle **Vorbem 127a, 128** 43, 45
Erbbauzins
als Grundstücksbestandteil 96 3
Erbengemeinschaft
Nachlaßgrundstückserwerb durch minderjährigen Miterben 107 11
Täuschung durch einen Miterben 123 47
Erbfolge
und postmortaler Persönlichkeitsschutz 90 30
Erbrecht
Ausländische Beurkundungserfordernisse **Vorbem 127a, 128** 766 ff
Ausländische Notare/ausschließlich zuständige **Vorbem 127a, 128** 789 ff
Ausschlagung/Vollmachtsform 125 65
Eidesstattliche Versicherung für Erbscheinsantrag **Vorbem 127a, 128** 71, 593
Eigenschaftsirrtum bei Annahme/Ausschlagung 119 96
Erb- und Pflichtteilsverzicht/Beurkundungserfordernis **Vorbem 127a, 128** 70, 96, 188 ff
Erb- und Pflichtteilsverzicht/Formnichtigkeit **Vorbem 127a, 128** 680
Erbschaftsannahme durch minderjährigen Erben 107 28
Erbschaftsausschlagung/Unterschriftsbeglaubigung 129 25 ff
Erbschaftskauf und Erbteilsübertragung/Beurkundserfordernis, Formwirkung **Vorbem 127a, 128** 72 ff, 96, 97, 166 ff
Erbschaftskauf und Erbteilsübertragung/Heilung bei Formnichtigkeit **Vorbem 127a, 128** 677
Gerichtlicher Vergleich **127a** 5, 31 f
und Geschäftsfähigkeit/Spezialregelungen **Vorbem 104-115** 16
Gesetzliche Formvorschriften/Überblick 125 30
Nachlaßverzeichnis als Bestandsverzeichnis **Vorbem 127a, 128** 439
Notarielle Beurkundung/Mitwirkungsverbot für den Notar wegen Vorbefassung **Vorbem 127a, 128** 302
Rechtsirrtümer bei Annahme/Ausschlagung 119 72
und Sachbegriff **Vorbem 90-103** 1
Sachbeteiligung des Notars **Vorbem 127a, 128** 292
Schenkungsversprechen von Todes wegen s. Schenkung

Erbrecht (Forts.)
und Schenkung/Vergleichbarkeit der Formvorschriften **Vorbem 127a, 128** 54
Verfügungen von Todes wegen s. dort
Willensmängel/Sonderregeln 119 107; 123 90
Erbvertrag
Ausländische Beurkundungserfordernisse **Vorbem 127a, 128** 766 ff
Minderjährigenabschluß/Zuwendung an dritte Person 107 20
Notarielle Beurkundung
— Amtliche Verwahrung/Ausschließung **Vorbem 127a, 128** 590
— Beratungsfunktion und Beurkundungszweck **Vorbem 127a, 128** 65, 68
— Formerleichterung bei Ehevertrag **Vorbem 127a, 128** 186
— Gleichzeitige Anwesenheit **Vorbem 127a, 128** 372; **128** 2
— Mindestinhalt **Vorbem 127a, 128** 187
— Mitwirkungsverbot für den Notar **Vorbem 127a, 128** 324
— Sondervorschriften des BeurkG **Vorbem 127a, 128** 572 ff
Erdmasse eines Grundstücks
Feste Verbindung mit Grund und Boden 94 6
Verselbständigte Erdmasse 94 20
Erdölfernleitungen
Begründung fester Verbindung 94 11
Erfüllung
und Anfechtung 123 83
Culpa in contrahendo/Erfüllungsinteresse 122 19
Deliktische Haftung und Arglistanfechtung/Erfüllungsinteresse 123 96
Formbedürftige Verpflichtung/Änderungen, Ergänzungen nach – 125 75
Formunwirksames Geschäft/Heilung durch – 125 105
Geheimer Vorbehalt/Abgrenzung der Nichterfüllungsabsicht 116 4
Minderjährigenanspruch/Erlöschenswirkung 107 25
Minderjährigengeschäft/Bewirkung vertragsgemäßer Leistung mit überlassenen Mitteln 110 9 ff
Minderjährigenverfügung/rechtlich nachteilige 107 24
Negatives Interesse/ausgeschlossenes Erfüllungsinteresse 122 14
Theorie der finalen und der realen Leistungsbewirkung 107 25
Trennung/Gesamtbetrachtung von Grund- und Erfüllungsgeschäft/Beschränkte Geschäftsfähigkeit 107 31

Erfüllung (Forts.)
Vertragstheorie 107 25
Volljähriger Geschäftsunfähiger/Rückabwicklungsausschluß bei Geschäften des täglichen Lebens 105a 9
Ergänzungen von Rechtsgeschäften
Formfrage 125 73 ff
Formfrage/AGB-Klauseln 127 15
Ergänzungspfleger
Verhinderte Elternteile 107 15
Erklärungsbewußtsein
Abhandenkommen von Willenserklärungen/fehlendes – **Vorbem 116-144** 49
Culpa in contrahendo **Vorbem 116-144** 39; 122 8
und Erklärungsfiktion **Vorbem 116-144** 72
Ernstlichkeitsmangel der Willenserklärung/Sonderfall fehlenden – 118 5
Geschäftsirrtum/fehlendes Erklärungsbewußtsein, Gleichstellungsproblem **Vorbem 116-144** 37 ff
Guter Scherz/fehlendes –
Vorbem 116-144 31
Konkludente Willenserklärung/erforderliches Bewußtsein **Vorbem 116-144** 42
Rechtsfolgen des fehlenden –
Vorbem 116-144 33 ff
Subjektiver Tatbestand der Willenserklärung/abzugrenzender **Vorbem 116-144** 47
Trierer Weinversteigerungsfall 122 9
Vertrauenshaftung/Frage analoger Anwendung 122 8 f
Vertrauensschutz zu Lasten des Erklärungsempfängers **Vorbem 116-144** 41 f
Willenserklärung/fehlendes –
Vorbem 116-144 28
und Willenserklärung/Tatbestandszugehörigkeit **Vorbem 116-144** 20; **133** 25
Erklärungsirrtum
s. Anfechtung
Erklärungstheorie
und Willenstheorie/Dogmatik
Vorbem 116-144 15 f
und Willenstheorie/Irrtumsregelung als Kompromiß 119 2
Erlaß
Angebot als Erlaßfalle 116 6; **133** 56
Minderjähriger Gläubiger/Einwilligungserfordernis 107 24
Minderjähriger Schuldner/Vorteilhaftigkeit 107 19
Ermächtigung
Dienst- oder Arbeitsverhältnis durch Minderjährigen
s. Geschäftsfähigkeit/beschränkte
Empfangsermächtigung 130 62
Selbständiger Betrieb eines Erwerbsgeschäft durch Minderjährigen 112 6 ff

Ernstlichkeit/fehlende einer Willenserklärung
Anfechtungslösung/abgelehnte 118 8
Beweislast 118 9
Culpa in contrahendo/Abgrenzung 118 5
Empfangsbedürftigkeit/nicht empfangsbedürftige Erklärungen 118 6
Erkennbarkeitsfrage/uninteressante 118 3
Erkennen des Mißverständnisses/Frage einer Aufklärungspflicht 118 8
Erkennen/Erkennenmüssen fehlender Ernstlichkeit 118 2
Erklärungsbewußtsein/Sonderfall eines fehlenden 118 5
Geheimer Vorbehalt/Abgrenzung 118 1, 7
Grundstücksgeschäfte 118 7
Risikoprinzip/reduzierte Einstandspflicht 118 5
Scheingeschäft/Abgrenzung 118 7
Scherzerklärungen/mißlungene Scheingeschäfte 118 1
Scherzweise Erklärungen/mißlungenes Scheingeschäft 118 1
tel quel-Geschäft 118 7
Vermeidbarkeitsfrage/bedeutungslose 118 4
Vertrauensschutz 118 5
Vertretergeschäfte 118 7
Erschließungsbeiträge
Lastenverteilung 103 7
Erschließungsvertrag
Teilunwirksamkeit der Grundstücksveräußerung **125** 102
Ersitzung
auf Teilbesitzgrundlage 93 32
Ertrag
Früchte als bestimmungsgemäßer Ertrag 99 3
Erwerbsgeschäft
Selbständiger Betrieb durch einen Minderjährigen
s. Geschäftsfähigkeit/beschränkte und Unternehmensbegriff
Vorbem 90-103 31
Erzeugnisse
Betriebserzeugnisse/Zubehör 97 16
Bodenbestandteile/Abgrenzung unmittelbarer 94 19
Eigentumserwerb nach Trennung 94 17
Landwirtschaftliche Erzeugnisse/Zubehör 98 13
Organische Erzeugnisse als Früchte 99 3
Organische Produkte/Bestandteilseigenschaft bis zur Trennung 99 1 f
Saatgut/Viehfutter/Dünger 98 13 f
Tierprodukte/Bodenprodukte 99 7
Wesentliche Grundstücksbestandteile 94 17

Europäisches Recht
Diskriminierung des Geschlechts **119** 91
E-Commerce-RL **126a** 15 ff, 28
EG-KlauselRL **127** 19
EG-SignaturRL **126a** 13, 28
Gerichtsstandsvereinbarungen/Schriftformerfordernis **126** 15
Heininger-Urteil des EuGH **123** 52
und richtlinienkonforme Auslegung von Willenserklärungen **133** 60
Schriftformerfordernis aufgrund EG-Rechts/autonomes Verständnis **126** 16

Exhumierung
und Totensorgerecht **90** 35

Fahrerlaubnis
Minderjährigenverpflichtung/Folgekonsens **107** 41
Partielle Handlungsfähigkeit **Vorbem 104–115** 99

Falschbezeichnung
AGB-Auslegung **133** 14
und Andeutungstheorie **133** 31, 33
Auflassung **133** 14
Auslegung formbedürftiger Erklärungen **125** 85; **127** 21 ff; **Vorbem 127 a, 128** 695 ff; **133** 14, 33 ff
Fehlerevidenz **119** 54, 62
und Formgebote **133** 14, 34 ff, 36
Haakjöringsköd-Fall **133** 13
Insichgeschäfte **133** 13
Kalkulationsfehler/richtige Kalkulation als Vertragsgrundlage **119** 54
Kalkulationsirrtum/erkannter und ausgenutzter interner **119** 62
Prozeßhandlungen **133** 27
Rubel-Fall **119** 54
Scheingeschäft/Abgrenzung **117** 12; **125** 86
Selbstbestimmungsprinzip **133** 13
Tarifvertrag **133** 74, 75

Falsche Übermittlung
s. Anfechtung

Familiengericht
Ersetzung von Erklärungen des Sorgeberechtigten **107** 43

Familienname
Notarielle Beglaubigung/Unterschrift **129** 59
Notarielle Beurkundung/Unterschrift **Vorbem 127a, 128** 389 ff
Schriftform/Unterschrift **126** 137 ff

Familienrecht
Ausländische Beurkundungserfordernisse **Vorbem 127a, 128** 764 f
Ausländische Notare/ausschließlich zuständige **Vorbem 127a, 128** 789 ff

Familienrecht (Forts.)
und Geschäftsfähigkeit/Spezialregelungen **Vorbem 104–115** 15
Gesetzliche Formvorschriften/Überblick **125** 29
Notarielle Beurkundung
— Adoptionsantrag/Einwilligungserklärungen **Vorbem 127a, 128** 63, 181
— Beratungsfunktion **Vorbem 127a, 128** 60
— Beweisfunktion **Vorbem 127a, 128** 63
— Ehevertrag/Scheidungsvereinbarung **Vorbem 127a, 128** 59 ff, 176 ff
— Gemeinschaftliche Sorgeerklärung **Vorbem 127a, 128** 63, 180
— Nachweisprobleme **Vorbem 127a, 128** 64
— Richtigkeitsgewähr **Vorbem 127a, 128** 63
— Übereilungsschutz **Vorbem 127a, 128** 63
— Vaterschaftsanerkennung **Vorbem 127a, 128** 63, 180
— Vorsorgevollmacht/Betreuungsverfügung **Vorbem 127a, 128** 64
Notarielle Unterschriftsbeglaubigung/Fälle **129** 21 ff
und Sachbegriff **Vorbem 90–103** 1
Willensmängel/Sonderregeln **119** 107; **123** 90

Fax
s. Telefax

Fenster/Türen
Wesentliche Bestandteile **94** 30

Fernabsatzverträge
Elektronische Form/Widerrufsrecht **126a** 59
Vertragsinhalt-Informationen/Textform **126b** 14

Fernsprechanlage
Zubehör **97** 25

Fernunterrichtsvertrag
Schriftform **126** 52, 79

Fertighäuser
Begründung fester Verbindung **94** 10, 30

Fertighausvertrag
Beurkundungserfordernis **Vorbem 127a, 128** 132

Fertigprodukte
Zubehörseigenschaft/nicht gegebene **97** 16

Fiktionen
Bedeutung/Reichweite gesetzlicher – **Vorbem 116–144** 65 ff
Zugangsfiktionen **130** 80 ff

Finanzgerichtsbarkeit
Verfahrensfähigkeit **Vorbem 104–115** 95

Finanzierter Abzahlungskauf
Bank und arglistige Täuschung des Käufers/Zurechnungsfrage **123** 51

Finanzierter Beitritt
Abschreibungsgesellschaft/Anlagevermittler als Dritter **123** 52

Finanzierungsleasing
Leasinggeber/Zurechnung von Täuschungen des Lieferanten 123 53
Finanzvermögen
und öffentliche Sachen/Abgrenzung **Vorbem 90-103** 52
Fischereirecht
Grundstücksbestandteil 96 5, 6
Flohmarkt-Geschäfte
als tel quel-Geschäfte 119 93
Forderungsrecht
Erwerbsgeschäfte/beschränkte Geschäftsfähigkeit 107 11
Forderungsverlust
durch Erfüllung/Leistung an Minderjährigen 107 25
Formerfordernis
s. a. Formerfordernis/gewillkürte Form
Abbruch von Vertragsverhandlungen/Schadensersatzfrage 125 117 ff
Abdingbarkeit/fehlende bei gesetzlichem Formzwang 125 99
Abgabe einer Willenserklärung/formgerechte 126 165
Abgrenzung gesetzlicher Formen/Systematisierung (Übersicht) 125 3 ff
Abgrenzung Vertragsverhandlungen/Vertragsabschluß 125 42
Abtretung von Rechten 125 79; 126 26 ff
Änderungen/Ergänzungen formbedürftigen Rechtsgeschäfts 125 73 ff; 126 99 ff, 122 f, 130 ff; **Vorbem 127 a, 128** 107, 133 ff, 157, 169, 207
AGB-Formklauseln/einseitig gestellte 125 122
Allgemeinheit und Dritte/Formwirkungen ihnen gegenüber (Übersicht) 125 36
Anlagen 126 129
Arglistiges Abhalten von der Formwahrung 125 112
AT des BGB/Übersicht über gesetzliche Formvorschriften 125 23, 24
Aufhebung des Vertrages/Formfreiheit oder Formzwang 125 80 ff; 126 105
Auflassung
s. dort
Ausdrücklicher Inhalt bei einzelnen Schriftformerfordernissen 125 14 f
Ausländische Rechtsordnungen 125 5
Auslegung formbedürftiger Erklärungen
s. Auslegung von Willenserklärungen
Auslegung jeweiliger Formvorschrift/Gemeinsamkeiten verschiedener Formvorschriften 125 54 ff
Bankrecht
s. dort
Beratungs- und Belehrungsfunktion
— Gerichtlicher Vergleich **127a** 32

Formerfordernis (Forts.)
— Ungleichgewicht der Vertragsparteien/ausgeglichenes 125 39
— über Warnfunktion hinausgehende 125 38
Beratungsgerechte Gestaltung
s. Notarielle Beurkundung
Beteiligtenwirkungen
— Inhaltlicher Schutz (Übersicht) 125 36
— Verfahrenswirkung (Übersicht) 125 36
Betreuungspflicht/überlegene Verhandlungsposition 125 113
Beweisfunktion
— Abstufung der Formen 125 44 ff
— Elektronische Form 126a 33 ff, 61 ff
— Identitäts-, Echtheits- und Verifikationsfunktion 125 43
— Justizentlastung 125 50
— Notarielle Beglaubigung 129 124, 129 f
— Notarielle Beurkundung **Vorbem 127a, 128** 19, 36, 700 ff
— Schriftform (Beweiswirkung) 126 172 ff
— Schriftform/Beweissicherung 126 74 f
— Textform/fehlende – 126b 10, 39
— Textform/Papierform, elektronisches Dokument 126b 38
— Unterschriftsbeglaubigung 129 112 ff
Beweislast 127 84 ff
Beweislast für Formeinhaltung 125 90
Echtheitsschutz 126 125; 126a 4, 62
Eigenhändige Schriftform/Sonderform 125 4, 11 ff; 126 65
Einseitig verpflichtende Verträge
s. dort
Einseitige Formerfordernisse 125 56; 126 5
Einseitige Formerfordernisse/Änderungen, Erweiterungen 125 74
Einseitige Rechtsgeschäfte/Schutz des Erklärungsempfängers 126 20 ff
Einseitige Willenserklärung eines Minderjährigen/Einwilligung nicht in schriftlicher Form 111 10 ff
Einwilligung gesetzlichen Vertreters/Minderjährigengeschäft 107 35
Einwilligung/gesetzliche Formvorschriften 125 68 ff
Elektronische Form
s. dort
Empfängereinverständnis/elektronische Form 126 166 ff; 126a 39; 126b 33 f
Energielieferungsverträge 126 35
Erbrecht
s. dort
Erfüllung formbedürftiger Verpflichtung/Änderungen, Ergänzungen 125 75
Erfüllung formunwirksamen Geschäfts 125 105

Formerfordernis (Forts.)
Erklärung vor einem Urkundsbeamten/ Sonderform **125** 4
Ermächtigung/der Teilgeschäftsfähigkeit zugrundeliegende **112** 6; **113** 8
Erschließungsverträge **125** 102; **126** 10
Ersetzung niedrigerer Form durch höhere Form **126** 150
Europäisches Recht/E-Commerce-RL **126a** 15 ff, 28
Europäisches Recht/EG-SignaturRL **126a** 13, 28
Existenzgefährdung des Vertragspartners wegen Formunwirksamkeit **125** 115
Familienrecht
s. dort
Fehlende gesetzliche Form/Heilung
— Analogie zu anderen Heilungsvorschriften/ausgeschlossene **125** 108
— Beurkundungserfordernisse **Vorbem 127a, 128** 664 ff
— Gesetzliche Heilungsvorschriften **125** 105 ff; **126** 178
— Höferecht **125** 116
— Treu und Glauben/Ausnahme in besonderen Fällen **125** 110 f
— Treu und Glauben/Existenzgefährdung **125** 115
— Treu und Glauben/schwere Treuepflichtverletzung **125** 112 ff
— Verbraucherdarlehen/modifizierende Heilung **125** 109
Fehlende gesetzliche Form/Nichtigkeitsfolge
— Andere Rechtsfolgen/Übersicht **125** 98
— Ausdrückliche andere Rechtsfolgen (Übesicht) **125** 98
— Form als Wirksamkeitsvoraussetzung **125** 97; **126** 4
— Formerfordernis als Wirksamkeitsvoraussetzung **125** 99
— Schriftform/fehlende **126** 176 ff
— Teilunwirksamkeit **125** 101 ff
— Teilunwirksamkeit im Einzelfall **125** 101 f
— Textform/fehlende **126b** 36 f
— Vertragsklauseln/nur einzelne erfaßte **125** 100
— Zukünftige Rechtsfolge/vollzogene Arbeits- und Gesellschaftsverträge **125** 103 f
Fernunterrichtsvertrag **126** 52
Formfreiheit **125** 3
FormvorschriftenanpassungsG 2001 **126a** 28; **126b** 2; **127** 29 ff, 44 f
Formwirkungen (Formzwecke) **125** 34 ff
Formzwang und Erklärungsinhalt/Unterscheidung **133** 30

Formerfordernis (Forts.)
Gebührenvereinbarungen **125** 26; **126** 49 ff
Gemeindeordnungen/Bedeutung der Schriftform **126** 11
Genehmigung des Minderjährigengeschäfts **108** 7, 20
Genehmigung/gesetzliche Formerfordernisse **125** 68 ff
Genehmigungserfordernisse/Abgrenzung **125** 21
Gerichtlicher Vergleich
s. dort
Gesellschaftsrecht/Übersicht über gesetzliche Formvorschriften **125** 31
Getrennte Urkunden **126** 92 ff
Gewillkürte Form
s. Formfragen/gewillkürte Form
Gläubigerschutzzweck/Schutz von Anteilserwerbern **125** 53
Grundbuch
s. dort
Grundstücksgeschäfte
s. dort
Gültigkeits- und Richtigkeitsgewähr
s. Notarielle Beurkundung
und Gutglaubensschutz **125** 98
Handelsregister
s. dort
Handzeichen/notariell beglaubigtes **126** 150 f
Höferecht/Anerkennung formloser Verträge **125** 116
Justizentlastungsfunktion **125** 50
Kartellrecht **126** 64, 76
Klarstellungsfunktion
— Nachlesbarkeit **125** 41
— durch notarielle Beurkundung **Vorbem 127a, 128** 18
— durch Schriftformerfordernis **126** 69 ff
— Vertragsverhandlungen/Vertragsabschluß **125** 42
Konkludente Willenserklärung
s. dort
Kontrollfunktion/Verhinderung spekulativen Handelns **125** 52
Kündigungserklärungen **126** 3o ff
Legitimationsfunktion notarieller Urkunde **Vorbem 127a, 128** 20
Mehrheit von Formerfordernissen/Zusammentreffen **125** 57
Mietvertrag
s. dort
Mündliche Erklärungen
s. dort
Nachlesbarkeit **126b** 10
Namensangaben
s. Name

Formerfordernis (Forts.)
Nebenabreden/Übersicht über einzelne
  Geschäftstypen **111** 58 ff
Notarielle Beurkundung
  s. dort
Notarielle Unterschriftsbeglaubigung
  s. dort
Öffentlich-rechtliche Rechtsgeschäfte/
  Geltung zivilrechtlicher Formvorschriften **125** 32
Öffentlich-rechtliche Verträge
  s. dort
Öffentliche Register/Funktion der
  Vorkontrolle **125** 36, 51
Prozeßhandlungen **126** 12 ff
Prozeßtaktik **125** 114
Rechtsberatungs- und Belehrungsfunktion
  s. Notarielle Beurkundung
Rechtspflegefunktion
  s. Notarielle Beurkundung
Rechtssicherheitsfunktion
  s. Notarielle Beurkundung
Rechtsverkehrsschutz durch Schriftform
  126 76 f
Sachenrecht/Übersicht über gesetzliche
  Formvorschriften **125** 27, 28
Salvatorische Klauseln/Beweislastumkehr
  125 102
Schadensersatzansprüche nach Verhandlungsabbruch **125** 117 ff
Schriftform
  s. dort
Schuldrecht/Übersicht über gesetzliche
  Formvorschriften **125** 25, 26
Städtebauliche Verträge **125** 102; **126** 10
Steuerrecht/Bedeutung zivilrechtlicher
  Formvorschriften **125** 33
Tarifvertrag **126** 8
Textform
  s. dort
Übereilungsschutz (Warnfunktion)
— Elektronische Form und Schriftform/
  Vergleich **126a** 36
— Gerichtlicher Vergleich **127a** 32
— Notarielle Beglaubigung **129** 30
— bei notarieller Beurkundung **125** 37;
  Vorbem **127a, 128** 7 f
— Schriftform/Schutzzweck **126** 6, 66 ff,
  165
— Textform/fehlende Funktion **126b** 10
— und unterschiedliche Formen **125** 37
— Zugangserleichterungen/Schutzzweckfrage **126** 165
Umfang der Formbedürftigkeit
— Änderungen und Aufhebung **125** 73 ff
— Anwendungsbereich/Gemeinsamkeiten
  verschiedener Formvorschriften
  (Übersicht) **125** 55

Formerfordernis (Forts.)
— Nebenabreden/verknüpfte Geschäfte
  125 58 ff
— Schriftform s. dort
— Vorvertrag/Vollmacht/Genehmigung
  125 63 ff
— Wechsel der Vertragsparteien/Schuldbeitritt und Abtretung **125** 78 f
— Zusammentreffen mehrerer Formerfordernisse **125** 57
Unterschrift
  s. Notarielle Beurkundung
  s. Schriftform
Unterschriftsbeglaubigung
  s. Notarielle Unterschriftsbeglaubigung
Urkunde/schriftliche
  s. Schriftform
Verbraucherdarlehen
  s. dort
Verknüpfte Geschäfte/Übersicht über
  verschiedene Geschäftstypen **125** 61
Vertrags- und Rechtsgeschäftstypen
  s. jeweils dort
Vertragsklauseln/nur einzelne erfaßte
  125 100
Vertragsparteien/formbedürftiger Wechsel
  125 78; **126** 102 ff
Vertragsunterzeichnung **126** 152 ff
Vertragsverhandlungen und Vertragsabschluß/Abgrenzung **125** 42
Vollmacht
  s. dort
Vollständigkeitsvermutung/Richtigkeitsvermutung **125** 92 ff
Vollstreckbarkeitsfolge **125** 49
Vorvertrag **126** 96 ff
Vorvertrag/Formerfordernis **111** 63
Widersprüchliches Verhalten **125** 114
Wiederholung gesetzlicher Erfordernisse
  127 7
Willenserklärung/formgerechte Abgabe
  126 165
Zeugenurkunde des ausländischen Rechts
  125 5
Zugang von Willenserklärungen
  s. dort
Zurückweisungsrecht bei einseitigen
  Rechtsgeschäften **125** 56
Zusammentreffen mehrerer Formerfordernisse **125** 57
Zwangsvollstreckungsunterwerfung
  s. dort
Zwingendes Recht gesetzlicher Form
  125 99
Formerfordernis/gewillkürte Form
Abänderung einer Schriftformklausel
  127 57 ff

Formerfordernis/gewillkürte Form (Forts.)
Abänderung/Ergänzungen des Vertrages
127 56 ff
Abgeschlossene Rechtsgeschäfte vor dem
1.8.2001 127 37
AGB-Klauseln 125 122; 127 9 ff
AGB-Klauseln/andere Formerfordernisse
127 12 ff
AGB-Klauseln/Formaufhebung 127 57 f,
62
Angebot und Annahme/Sukzessivbeurkundung 128 53
Anspruch auf Nachbeurkundung/elektronische Form oder Schriftform 127 80
Anspruch auf nachträgliche Beurkundung
in Schriftform 127 54 f
Arbeitsrecht/Formaufhebung 127 61
Arbeitsrecht/Schriftformklausel und
betriebliche Übung 127 67
Arbeitsrecht/Schriftformklauseln 127 71 ff
Aufhebung/Abänderung einer Formvereinbarung 125 126 f
Auslegung gewillkürter Schriftform
— Ersetzung gewillkürter Form 127 83
— Formzweck 127 22, 41
— Rechtsfolgen 127 50 f
— Unterschriftserfordernis 127 40 ff
— Vorrang 127 21
Begründung/Vertrag, einseitiges Rechtsgeschäft, Satzung 127 6
Beurkundungsform/keine vom Gesetz
abweichende – Vorbem 127a, 128 221
Beweislast 127 84 ff
Beweislastfrage 127 66
Brief/nicht unterschriebener 127 45
Briefwechsel/ausreichender 127 28, 32
Briefzugang 127 49
E-Mail 127 32, 33, 34, 39
Elektronische Form/gewillkürte 127 77 ff
Ersetzung gewillkürter Form 127 83
Fernschreiben 127 32
Formfreie Aufhebung des Formerfordernisses 127 59 ff
Formlose Vereinbarung 125 121
FormvorschriftenanpassungsG 2001
127 3 f, 32 ff, 44 f
Freiheit der Formvereinbarung 127 8
Gesellschaftsvertrag/Schriftformklauseln
127 75
Gesetzliche Form/bloße Wiederholung
127 7
Gesetzliche Form/Verweis auf jeweilige
127 27
Gesetzliche Form/Zweifelsregel mit
Erleichterungen 127 1
Konkludente Aufhebung des Formerfordernisses 127 64 f

Formerfordernis/gewillkürte Form (Forts.)
Kündigung durch eingeschriebenen Brief
127 48
Materiell-rechtliche Rechtsgeschäfte 127 5
Mietrecht/Schriftformklauseln 127 69 f
Mischformen 127 82
Nichtigkeitsfolge als Zweifelsregel
125 124 f; 127 2, 52
Rechtsfolgen/Beweiszweck 127 50 f
Rechtsfolgen/Wirksamkeitsvoraussetzung
127 51 ff
Schriftform 126 2
auf spätere Erklärungen bezogene 125 121
Steuerrecht/Aufhebung der Form 127 63
Telefax 127 32 ff, 45, 48
Telekommunikative Übermittlung
127 32 ff, 47
Teletext 127 32
Textform/gewillkürte 127 81
und Textform/Vergleich 127 33
Unterschriftsbeglaubigung 129 8
Unterschriftserfordernis 127 40 ff
Unterschriftserfordernis und Übermittlungsart 127 35
Urkundenerfordernis 127 38 f
Vereinssatzung/Schriftformklauseln
127 74
Verfahrenshandlungen 127 5
Vermutungsregeln/gesetzliche
— Briefwechsel/Zweifelsregel 127 28
— Telekommunikative Übermittlung
127 32 ff
— Verweis auf jeweilige gesetzliche Form/
Zweifelsregel 127 27
Vertragsabschluß ohne Formerfordernis
127 52 f
Vertragsfreiheit und Zulässigkeit 125 121
Vertragsverhandlungsphase/Parallelregelung § 154 Abs 2 125 125
Wirksamkeitsvermutung nach Unterzeichnung 127 25 f
Zugang/auch telekommunikative Übermittlung 127 46 ff
Formfehler
und Vertrauenshaftung 122 5
Frankreich
Ausländische Urkunden Vorbem 127a,
128 751
Ausschließliche Zuständigkeit inl. Notars
Vorbem 127a, 128 781
Bestandteile und Zubehör 93 48
Elektrizität als bewegliches Gut 90 12
Fruchtbegriff 99 22
Gegenstandsbegriff/Sachbegriff
Vorbem 90–103 7
Geschäftsfähigkeitsrecht
Vorbem 104–115 123 ff

Frankreich (Forts.)
  Minderjährigengeschäft/Anfechtbarkeit
    107 4
  Scheinbestandteile 95 33
  Unternehmensbedeutung **Vorbem 90–103** 35
  Willensfähigkeit/Feststellung natürlicher
    im Einzelfall 104 3
  Zubehör 97 38
Freiberufliche Tätigkeit
  Erwerbsgeschäft eines Minderjährigen
    112 3
Freiheitseinschränkungen
  und Privatrechtsordnung
    Vorbem 116–144 11
Freiwillige Gerichtsbarkeit
  Geschäftsfähigkeitszweifel
    Vorbem 104–115 7
  Nachweisverlangen/unterschriftsbeglaubigte Erklärung 129 34
  Notarielle Beurkundung/Filterfunktion
    vor Registereintragungen **Vorbem 127a,
    128** 25
  Notarielle Unterschriftsbeglaubigung/
    Fälle 129 5
  Notarielle Unterschriftsbeglaubigung/
    Filterfunktion der Notare 129 18
  Verfahrensfähigkeit/Geschäftsfähigkeitsrecht **Vorbem 104–115** 96
Fremdsprachige Geschäftspartner
  s. Sprachrisiko
Fremdsprachiger Text
  Notarielle Unterschriftsbeglaubigung
    129 91 f
Friedhöfe/Grabstätten
  Anstaltliche Nutzung **Vorbem 90–103** 62
  Grabbeigaben **Vorbem 90–103** 63
  Grabsteine/Grabschmuck
    Vorbem 90–103 64
  Leichnam als Grabinhalt **Vorbem 90–103** 63
  Öffentliche Sachen **Vorbem 90–103** 61
  Pfändbarkeit **Vorbem 90–103** 65
  res religiosae (Begräbnisplätze)
    Vorbem 90–103 61
  Widmung **Vorbem 90–103** 61
Fristen
  Anfechtungsfrist
    s. Anfechtung
  Fristensetzung und Geschäftsfähigkeitsrecht **Vorbem 104–115** 88
  Minderjährigengeschäft ohne Einwilligung/Erklärung zur Genehmigung
    108 17
  Verbraucherverträge/Entwurfsversendung
    vor Beurkundung **Vorbem 127a, 128** 529
  und Zugang von Willenserklärungen
    130 76
Fristsetzung
  Irrtumsanfechtung 119 103

Fristsetzung (Forts.)
  als rechtsgeschäftsähnliche Handlung
    Vorbem 116–144 2
Früchte
  Anorganische Bodenbestandteile/sonstige
    Ausbeute 99 8
  Arten 99 4
  Ausbeute/sonstige als Sachfrüchte 99 4,
    8 ff
  Ausländisches Recht 99 21 f
  Bestimmungsgemäßer Ertrag 99 3
  Bezugsrechte für junge Aktien 99 17
  Bodenprodukte 99 7
  Bruttoertrag 99 16
  Definitionsnorm 99 1
  Dingliche Rechte/fruchtbringende Natur
    99 11
  Dividenden 99 17
  Eigentumserwerb 101 2
  Eigentumserwerb/Fruchtverteilungsfrage
    99 1
  und Erzeugnisse/Abgrenzung 94 17; 99 4
  Fruchtbegriff 99 3, 5
  Gebrauchsvorteile
    s. dort
  Gegenleistung für die Nutzungs-/Rechtsüberlassung (Rechtsverhältnisfrüchte)
    99 18 ff
  Gesellschaftsanteile/Gewinne als Rechtsfrüchte 99 16
  Herausgabeverpflichtung/Ersatz von
    Gewinnungskosten 102 1 ff
  Holz im Wald/schlagreifes 99 5
  Holzverkauf/Erlös 99 17
  Immaterialgüterrechte/fruchtbringende
    Rechte 99 20
  Kapitalforderungen und Darlehenszinsen
    99 17
  Mietvertrag, Pachtvertrag/mittelbare
    Fruchtziehung 99 19
  Mineralien/abgebaute 99 17
  Mitgliedschaftsrechte 99 11
  Mittelbare Rechtsfrüchte 99 20
  Nutzungen
    s. dort
  und Nutzungen/als Gebrauchsvorteile 99 1
  Öffentlich-rechtliche Rechte/fruchtbringende Natur 99 11
  Organische Erzeugnisse 99 3, 6
  Rechtserträge und Stammrecht/erforderliche Verschiedenheit 99 12
  Rechtserträge/unmittelbare Rechtsfrüchte
    99 4, 11 ff
  Sachfrüchte als Erzeugnisse der Sache 99 4,
    6 f
  Schuldrechtliche Rechte/fruchtbringende
    Natur 99 11
  Tierprodukte 99 7

Früchte (Forts.)
  Überbaurente **99** 19
  Unternehmenserträge/Gebrauchsvorteil
    oder Rechtsfrucht **99** 14 f
  Unternehmensnießbrauch **99** 16
  Verteilung der Früchte
  — Regelmäßig wiederkehrende Erträge
    101 5 f
  — Subsidiäre Regelung **101** 7
  — Trennungszeitpunkt/Bezugsberechtigter **101** 4
  Verzugszinsen **99** 20
Fund
  Realakt/Geschäftsfähigkeitsrecht
    Vorbem 104–115 89

Garantenstellung
  Vertragspartnerstellung/Begründung von
    Aufklärungspflichten **123** 11
  Vertragspartnerstellung/Sachkunde und
    Irrtumsveranlassung **119** 74
Garantie
  für Grundstücksveräußerungs- oder
    Erwerbspflicht **Vorbem 127a, 128** 117
Gas
  Versorgungsleitungen/Begründung fester
    Verbindung **94** 11
Gastwirtschaft
  Zubehör **97** 25
Gattungsschuld
  und vertretbare Sachen **90a** 11
Gebäude
  als unwesentlicher Grundstücksbestandteil
    93 40
Gebäudeausstattung
  Wesentliche Bestandteile **94** 31
Gebäudebestandteile
  Abgrenzung § 93/§ 94 **94** 2 f, 26
  Alarmanlage **94** 32
  und allgemeiner Gebäudebegriff **94** 23
  Anfügen von Platten **94** 24
  Aufzüge **94** 32
  Baukörperherstellung oder wirtschaftliche
    Funktion **94** 26
  Baustoffe **94** 30
  Begriff des Gebäudes **94** 23
  Beleuchtungskörper **94** 36
  Belüftungsanlagen/Entlüftungsanlagen
    94 32
  Bierschankanlage **94** 36
  Dachziegel, Türen, Fensterläden **94** 24
  Einbauküchen **94** 35
  Einfügung zur Herstellung **94** 24 ff
  Einfügungszeitpunkt **94** 28
  Elektrizitäts-Hauptabnehmzähler **94** 37
  Fertighäuser **94** 30
  Fertigstellung des Gebäudes als Maßstab
    94 25

Gebäudebestandteile (Forts.)
  Fundamentverbindung **94** 30
  Ganzheitslehre, frühere **94** 26
  Gebäudezusammenhang/konkreter räumlicher **94** 24
  Gegenstände der Gebäudeausstattung
    94 31
  Gepräge/Eigenart vermittelnde Bestandteile **94** 25
  und Grundstücksbestandteile **94** 23
  Heizungsanlage/Heizkessel/Wärmepumpe **94** 31
  Hineinstellen **94** 24
  Küchengeräte **94** 35
  Linoleum **94** 34
  Luftfahrzeuge/eingetragene **94** 39
  Mehrheit von Verwendungszwecken **94** 27
  Notstromaggregat **94** 32
  Nutzungsart/unwesentliche **94** 23
  Probeweise Einfügung **94** 24
  Raumausstattungen/genormte **94** 27
  Rechtsfolgen der Bestandteilseigenschaft/
    Sonderrechtsunfähigkeit **93** 24 ff; **94** 40
  Rolltreppen **94** 32
  Sachgesamtheit/eingefügte **94** 24
  Sachinbegriff vollendeter Betriebsanlage/
    nicht erfaßter **94** 23
  Sanitäre Einrichtungen **94** 33
  Scheinbestandteile/vorübergehende
    Verbindung **95** 4
  Schiffe/eingetragene **94** 38
  Schrankwände **94** 36
  Schutzzweck, bloßer **94** 29
  Schwerkraft **94** 24
  Selbständige Sachen/Abgrenzung **93** 7;
    94 29
  Serienfertigungen **94** 35
  Serienmaschinen **94** 27
  Teppichboden **94** 34
  Türen/Fenster **94** 30
  Verkehrsanschauung **94** 25
  Versorgungsleitungen **94** 37
  Wandbehänge **94** 36
  Warmwasserbereitungsanlagen **94** 33
  Wesentliche Bestandteile
    s. dort
  Zeitpunkt der Einfügung **99** 24
  und Zubehör **97** 8
  und Zubehör/Abgrenzung **97** 26
Gebäudeeinrichtungen
  Sonderrechtsfähigkeit/Sonderrechtsunfähigkeit von Bestandteilen **93** 23
Gebäudeerrichtung
  Begriff/in Ausübung eines Rechtes errichtete – **95** 16 ff
Gebrauchsvorteile
  Betriebszusammenhang/Vorteil **100** 6

Gebrauchsvorteile (Forts.)
Darlehensnichtigkeit/Kapitalnutzung
    100 2
Energiegewinnungsanlage/Gebrauchsvorteil 100 3
Geldnutzungsmöglichkeit 100 5
Gewinne mit Hilfe der Sache/abzugrenzende 100 4
Grundstücke/einzeln genutzte bewegliche Sachen 100 5
Rechtsgeschäftliche Verwertung/abzugrenzende Vorteile 100 4
Rechtsnutzung/Gebrauchsvorteil 100 7
Sachbesitz/tatsächliche Nutzung als Grundlage 100 2
Unternehmenserträge 99 14 f
Wert des Gebrauchsvorteils 100 5
Gebühren
Notargebühren Vorbem 127a, 128 40 ff
Gebührenordnungen
Schriftform bei Abweichungen von gesetzlichen – 125 26; 126 79, 89
Gefährdungshaftung
Geschäftsfähigkeitsrecht
    Vorbem 104–115 67 f
Gefälligkeiten
Rechtsbindungswille/abzugrenzender
    Vorbem 116–144 29
Gefahraussetzung
Verhaltensweisen eines Minderjährigen
    111 6
Gefahrübernahme
Einwilligung/Geschäftsfähigkeitsrecht
    Vorbem 104–115 64
Gegenstand
Ausländisches Recht Vorbem 90–103 7
Beziehungspunkt von Rechtssätzen
    Vorbem 90–103 3
Energien
    s. dort
Formale Definition/materiale Definition
    Vorbem 90–103 3 ff
Geisteswerke Vorbem 90–103 9
und Gutsbegriff Vorbem 90–103 4
Menschlicher Körper
    s. dort
Pflanzen 90a 12 ff
Rechte Vorbem 90–103 9
Rechtlich geschütztes Gut Vorbem 90–103 6
Rechtsgesamtheit Vorbem 90–103 22 ff
Sache als körperlicher Gegenstand
    s. Sachen
Sachen als Unterart Vorbem 90–103 3
Streitgegenstand des Zivilprozeßrechts/
    Abgrenzung Vorbem 90–103 12
Tiere
    s. dort
Verfügbarkeit Vorbem 90–103 5

Gegenstand (Forts.)
Vermögensgegenstand Vorbem 90–103 6
Vermögenswerte Objekte Vorbem 90–103 4
Wärme- und Schallwellen Vorbem 90–103 9
Waren, Gut Vorbem 90–103 11
Geheimer Vorbehalt
Angebot als Erlaßfalle 116 6
Annahmewille/Einwand des fehlenden
    116 5
Betrugsmanöver eines Käufers 116 3
Beweislast 116 13
Bewußte Täuschung über den wahren
    Willen 116 5
Böser Scherz/guter Scherz/gute Absicht
    116 4, 12
Dogmatische Begründung/rechtsethische
    Selbstverständlichkeit 116 1
Durchschauter Vorbehalt
– Amtsempfangsbedürftige Willenserklärungen 116 9
– Auslobung 116 9
– Bedingter Vorsatz, ausreichender 116 8
– Eheschließung/Sonderregelung 116 9
– Empfangsbedürftige Willenserklärungen 116 9
– Erklärungsempfänger/fehlende Schutzwürdigkeit 116 8
– Kenntnis des Erklärungsempfängers
    116 8
– Kenntnis bei der Stellvertretung 116 10
– Letztwillige Verfügungen 116 9
– Prozeßhandlungen 116 9
– Teilnichtigkeit 116 11
– Vollmacht unter Vorbehalt der Nichterteilung 116 8
Empfangsbedürftige/nicht empfangsbedürftige Willenserklärungen 116 1 f
Ernstlichkeitsmangel/Abgrenzung 116 4,
    12
Gerechtigkeitsgehalt 116 1
Gesetzliche Vertrauenshaftung 116 1
Letztwillige Verfügungen 116 2
Motivation/unbedeutende 116 4
Nichterfüllungsabsicht/Abgrenzung 116 4
Offen erklärter Vorbehalt/Abgrenzung
    116 6, 8
Praktische Bedeutung/Gerichtspraxis
    116 3
Protestatio facto contraria non
    valet/Abgrenzung 116 6
Rechtsfolgenbezug 116 4
Rechtsschein 116 1
Selbstbestimmung 116 1
Stellvertretung/unbeachtliche Mentalreservation 116 7
Wille und Rechtsfolge 116 1

Geisteswerke
Immaterialgüterrechte
s. dort
und Sachbegriff **90** 2
Geistige Störungen
Krankhafte Störung der Geistestätigkeit
s. Geschäftsunfähigkeit
Geld
Buchgeld **91** 7
als gesetzliches Zahlungsmittel **91** 6
Herausgabe/Wert der Geldnutzungsmöglichkeit **100** 5
Vertretbare Sache **91** 6
Geldbeträge/überlassene
Minderjährigengeschäft/Bewirkung vertragsgemäßer Leistung mit überlassenen Mitteln **110** 9 ff
Geldwäsche
Unerlaubter Zweck/Ablehnung unwirksamer Beurkundung **Vorbem 127a, 128** 452
Geldzeichen
Verbrauchbare Sachen **92** 2
Zahlkraft kraft Widmung **Vorbem 90-103** 53
Geltungstheorie
Dualismus von Wille und Erklärung **Vorbem 116-144** 17
Willenserklärung als Geltungserklärung **Vorbem 116-144** 7
Gemeindeordnungen
und Schriftformzwang **126** 11
Gemeinderechte
Grundstücksbestandteil **96** 5
Gemeingebrauch
Öffentliche Sachen **Vorbem 90-103** 53
Res sacrae **Vorbem 90-103** 55
Gemischte Verträge
Ehevertrag **Vorbem 127a, 128** 176
GmbH-Geschäftsanteilsveräußerung **Vorbem 127a, 128** 155
Grundstücksveräußerungs-/Erwerbsverpflichtung, Beurkundungserfordernis **Vorbem 127a, 128** 130 ff
Umwandlungsverträge **Vorbem 127a, 128** 206
Genehmigung
Abgrenzung zur Formfrage **125** 21
Auslegung **133** 26
Ehevertrag **Vorbem 127a, 128** 179
Formerfordernisse und verfahrensrechtlicher Nachweis **125** 72
Formfreiheit/Formerfordernis **Vorbem 127a, 128** 111, 142
Gerichtlicher Vergleich/Protokollierung **127a** 21
Gerichtlicher Vergleich/Wirksamkeitsbedingungen **127a** 36
Gesetzlich normiertes Schweigen **Vorbem 116-144** 63

Genehmigung (Forts.)
Gesetzliche Formvorschriften/Frage analoger Anwendung des Vollmachtsrechts **125** 68 ff
GmbH-Geschäftsanteilsveräußerung **126** 165
Niederschrift/verlesene über Beurkundung **Vorbem 127a, 128** 382 ff
Notarielle Beurkundung/Hinweispflichten des Notars **Vorbem 127a, 128** 502
Notarielle Niederschrift
s. Notarielle Beurkundung
Vertragsabschluß eines Minderjährigen/fehlende erforderliche Einwilligung
s. Geschäftsfähigkeit/beschränkte
Vollmachtlose Vertretung/beurkundungsrechtliche Beschränkungen **128** 54 ff
Willenserklärung eines Geschäftsunfähigen/Ausschluß einer – **105** 4
Zertifizierungsstelle/Genehmigung des Betriebs **126a** 10, 26
Generalkonsens
Einwilligung gesetzlichen Vertreters/Minderjährigengeschäft
s. Geschäftsfähigkeit/beschränkte
Genomanalysen
als unzulässige Untersuchungsmethode **123** 37
Genossenschaft
Gründung/Formerfordernisse **126** 77
Notarielle Beglaubigung/Fälle **129** 5
Satzungen von Wohnungs-Genossenschaften **Vorbem 127a, 128** 118
Statut/Schriftform **Vorbem 127a, 128** 82
Zeichnung einer Namensunterschrift **129** 7
Genossenschaftsregister
Anmeldungen **129** 14
Gerechtigkeit
und autonome Rechtssetzung durch Private **Vorbem 116-144** 10
Irrtumsregelung/Erwägungen **119** 5
Gerichtliche Beurkundung
Wegfall mit Inkrafttreten des BeurkG 1970 **Vorbem 127a, 128** 256
Gerichtlicher Vergleich
Anhängiges Verfahren/erforderliches **127a** 11 ff
Anwaltliche Vertretung **127a** 18
Anwaltsvergleich/ausgeschlossener **127a** 9
Auflassung **127a** 3
Ausländischer Prozeßvergleich/Anerkennung **127a** 52 f
Belehrungs-, Hinweis- und Warnpflichten **127a** 32
Belehrungspflicht **127a** 32 ff
Doppelnatur/Prozeßhandlung;materiellrechtlicher Vergleich **127a** 16 f
Dritter als Beitretender **127a** 18

Gerichtlicher Vergleich (Forts.)
Eheschließung/ausgeschlossene **127a** 3
Erbvertrag **127a** 31
Gegenseitiges Nachgeben **127a** 29 f
Genehmigungen, erforderliche **127a** 36
Gericht/unabhängig von der Gerichtsbarkeit **127a** 6 ff
Materiell-rechtliche Voraussetzungen **127a** 27 ff
Notarielle Beurkundung/ersetzte **127a** 1 ff, 35 ff
Persönliche Erklärung **127a** 28
Protokollierung **127a** 20 ff
vor Prozeßgericht **127a** 10
Prozessuale Wirksamkeitsvoraussetzungen **127a** 18 f
und Prozeßvollmacht **127a** 19
Rechtshängigkeit/weitere bei Unwirksamkeit **127a** 42
Rechtsnatur/Anfechtungsmöglichkeit **119** 12, **104**
und Rechtsstreit/innerer Zusammenhang **127a** 14 f
Rücktritt **127a** 45 ff
Schriftform/ersetzte **127a** 1
Schriftliches Verfahren, Mahnverfahren/ ausgeschlossener – **127a** 20
und Streitgegenstand/Verhältnis **127a** 14 f
Testamentserrichtung/ausgeschlossene **127a** 5, 31
Testamentswiderruf/Ausschluß eines einseitigen **127a** 5, 31
Textform/ersetzte **127a** 1
Unterschriftsbeglaubigung/ersetzte **127a** 1
Unwirksamkeit/materiell-rechtliche Gründe **127a** 41 f
Unwirksamkeit/prozessuale Mängel **127a** 40
Verfahrensart/unbeachtliche **127a** 7
Verfügungsbefugnis **127a** 27
Vergleichbare Fälle
— Insolvenzplan/aufgenommene Willenserklärungen **127a** 51
— Schiedsspruch mit vereinbartem Wortlaut **127a** 48 f
— Vaterschaftsanerkenntnis/gerichtliche Niederschrift **127a** 50
Versorgungsausgleich **127a** 4
Verwaltungsrechtliches Vorverfahren/ ausgeschlossenes **127a** 8
als Vollstreckungstitel **127a** 38 f
Widerruf **127a** 43 f
Zugang, erforderlicher **127a** 36
Gerichtsbarkeit
und Gerichtlicher Vergleich **127a** 6 ff
Gerichtsstandsvereinbarung
Schriftformerfordernis **126** 15

Gerichtsvollzieher
Zustellung
s. Zustellung von Willenserklärungen
Gesamthandsgemeinschaft
Grundstücksübertragung auf Bruchteilseigentümer **Vorbem 127a, 128** 114
Gesamtzusammenhang
s. Auslegung von Willenserklärungen
Geschäfte des täglichen Lebens
Volljähriger Geschäftsunfähiger
s. Geschäftsunfähigkeit
Geschäftsähnliche Rechtshandlungen
s. Rechtsgeschäftsähnliche Handlungen
Geschäftsbesorgung
Grundstücksveräußerungs-/Erwerbsverpflichtung **Vorbem 127a, 128** 120
Geschäftsfähigkeit
Aktive Stellung/passive Stellung **Vorbem 104–115** 13
Anwendungsbereich **Vorbem 104–115** 31 ff
Arbeitsverträge **Vorbem 104–115** 36 ff
Ausländisches Recht/Hinweise **Vorbem 104–115** 117 ff
Begriff/auf natürliche Personen bezogener **Vorbem 104–115** 1
Beitrittsgebiet **Vorbem 104–115** 18
Beweislast/Regel-Ausnahme-Verhältnis **Vorbem 104–115** 7
Bewußtlosigkeit/vorübergehende Störung der Geistestätigkeit **105** 14
BGB-Legaldefinition/fehlende **Vorbem 104–115** 1
Dauerschuldverhältnisse **Vorbem 104–115** 32
Deliktsfähigkeit/Handlungsfähigkeit **Vorbem 104–115** 2
Einwilligung in Verletzung persönlicher Güter/Rechtsgüter **Vorbem 104–115** 56 ff
Erbrecht/Spezialregelungen **Vorbem 104–115** 16
Erziehungszweck **107** 1; **110** 1
Familienrecht/Spezialregelungen **Vorbem 104–115** 15
Fehlen/Minderung als Ausnahme vom Regelfall **Vorbem 104–115** 6
Freiwillige Gerichtsbarkeit **Vorbem 104–115** 7
Geschäftsführung ohne Auftrag **Vorbem 104–115** 44 ff
Geschichtliche Entwicklung
— Aufklärungszeit/Königreich Sachsen **Vorbem 104–115** 112 f
— Aufklärungszeit/preußisches ALR, österreichisches ABGB **Vorbem 104–115** 111
— BGB-Entwicklung **Vorbem 104–115** 114 f
— DDR-Recht **Vorbem 104–115** 116

Geschäftsfähigkeit

Geschäftsfähigkeit (Forts.)
— Rechtsentwicklung bis zur Rezeption
   Vorbem 104-115 110
— Römisches und gemeines Recht
   Vorbem 104-115 106 ff
Gesellschaftsverhältnisse
   Vorbem 104-115 33 ff
Gutglaubensschutz/fehlender
   Vorbem 104-115 28
Handelsrecht/Rechtsscheintatbestände
   Vorbem 104-115 50 ff
Handelsregistereintragungen
   Vorbem 104-115 50
Handlungsfähigkeit/Herbeiführung rechtlicher Wirkungen **Vorbem 104-115** 2
Handlungsfähigkeit/Merkmal der subjektiven Zurechnungsfähigkeit
   Vorbem 104-115 2
Höchstpersönlichkeit von Rechtsakten
   Vorbem 104-115 14
Internationales Privatrecht/Maßgeblichkeit des Heimatrechts **Vorbem 104-115** 17
Lichte Zwischenräume **104** 13
Mangel der Geschäftsfähigkeit/fehlender Rechtsscheintatbestand
   Vorbem 104-115 26
minor restituitur tamquam minor
   Vorbem 104-115 26, 30
als Normalfall/nicht definierter
   Vorbem 104-115 6
Notarielle Beurkundung/Feststellungen des Notars hierzu **Vorbem 127a, 128** 337 ff
Notarielle Unterschriftsbeglaubigung
   129 80 f
Öffentliches Recht
   s. dort
Personengruppen **Vorbem 104-115** 12
Pflichtverletzungen im Schuldverhältnis/Handlungsfähigkeit **Vorbem 104-115** 2
Privatautonomie/Sicherstellung funktionierender **Vorbem 104-115** 19 ff
Prozessuale Regeln **Vorbem 127a, 128** 220
Rechtsbegriff **104** 16
Rechtsfähigkeit und Handlungsfähigkeit/Verhältnis **Vorbem 104-115** 3
und Rechtsfähigkeit/Vergleich
   Vorbem 104-115 1, 3
Rechtsgeschäfte/Anwendungsbereich
   Vorbem 104-115 31 ff
Rechtsgeschäfte/Handlungsfähigkeit
   Vorbem 104-115 2
Rechtsgeschäftsähnliche Handlungen
   Vorbem 116-144 2
Rechtshandlungen ieS/Handlungsfähigkeit **Vorbem 104-115** 2
Rechtssicherheit/Schutzziel
   Vorbem 104-115 19 ff, 57
Religionsmündigkeit **Vorbem 104-115** 15

Geschäftsfähigkeit (Forts.)
Schaden wegen fehlender Geschäftsfähigkeit/Vertreterklausel **Vorbem 104-115** 27
Schweigen/gesetzlich normiertes
   Vorbem 116-144 66
Selbstbestimmungsfreiheit/Gewährleistung **Vorbem 116-144** 11
Sozialtypisches Verhalten/Lehre
   Vorbem 104-115 31
Stellvertretung **Vorbem 104-115** 48 f
Teilgeschäftsfähigkeitsfälle **112** 2, 9 ff; **113** 13 ff
Teilweise Geschäftsunfähigkeit/Frage für abgrenzbare Lebensgebiete **104** 14
Treuwidrige Berufung auf Mängel
   Vorbem 104-115 28
Ursächlichkeitsfrage/bedeutungslose
   Vorbem 104-115 26
Verfassungsrechtliche Überlegungen
   Vorbem 104-115 20
und Verkehrsschutz/Sicherheit des Rechtsverkehrs **Vorbem 104-115** 26 ff
Vertrauen auf die Geschäftsfähigkeit/fehlender Schutz **Vorbem 104-115** 26 ff
Wertpapierrecht/Geschäftsfähigkeitsrecht
   Vorbem 104-115 53 ff
Willenserklärungen/empfangsbedürftige
   Vorbem 104-115 13
Willensfähigkeit und rechtlicher Status
   Vorbem 104-115 1
Zweck des Geschäftsfähigkeitsrechts
   Vorbem 104-115 19 ff
Zwingendes Recht **Vorbem 104-115** 11

Geschäftsfähigkeit/beschränkte
s. a. Geschäftsfähigkeit/fehlende volle
Altes Recht/Beseitigte Entmündigung und Vormundschaft für Volljährige **106** 2
Betreuter bei Einwilligungsvorbehalt
   106 11
Beweislast **106** 9
BGB-Vorschriften zum rechtsgeschäftlichen Handeln **106** 7
Dienst- oder Arbeitsverhältnis/Ermächtigung
— Arbeitsmündigkeit **113** 1
— Außergewöhnliche Geschäfte **113** 13, 19
— BAG-Rechtsprechung **113** 6
— Berufsausbildungsverhältnisse **113** 7
— Betreuung mit Einwilligungsvorbehalt
   113 32
— Beweislast **113** 31
— Bundeswehr/Bundesgrenzschutz **113** 8
— Dienst- oder Arbeitsverhältnis/Geschäfte im Zusammenhang damit
   113 17 ff
— Dienst- oder Arbeitsverhältnis/Gestaltung **113** 14 ff

Geschäftsfähigkeit/beschränkte (Forts.)
— Dienstverpflichteter/Arbeitnehmerstellung 113 5
— Eingehung gleichartiger Verhältnisse/ Wechsel in verwandten Beruf 113 24
— Eingehung/Abwicklung/Beendigung 113 13
— Einschränkung der Ermächtigung 113 27, 30
— Erbwerbsgeschäft/Abgrenzung zum selbständigen Betrieb 113 6
— Erfüllung von Vertragspflichten 113 15
— Erklärungsempfänger 113 28
— Ermächtigung/Formfrage 113 11
— Ermächtigung/Rechtsnatur 113 10
— Ersetzte Ermächtigung/Vormundschaftsgericht 113 12
— Freie Dienste 113 6
— Genehmigung des Vormundschaftsgerichts/Bedeutung für die Vormundschaft 113 26
— Generaleinwilligung/Abgrenzung 113 13
— Gesetzlicher Vertreter/Vertragsverhältnis mit ihm 113 9
— Gesinderechtliches altes Recht 113 2 f
— Gewerkschaftsbeitritt 113 19, 27
— Handelsvertreter/Verhältnis zum Unternehmer, zum Kunden 113 6
— Hilfs- oder Folgegeschäfte 113 17 f
— Konto 113 21
— Krankenversicherung durch Ersatzkasse 113 20
— Lebensbedarf des Minderjährigen 113 18
— Lohn- oder Gehaltsentgelt 113 21 f
— Mietvertrag 113 18
— Öffentlich-rechtliche Dienstverhältnisse 113 8
— Praktische Bedeutung 113 4
— Preußisches GeschäftsfähigkeitsG 1875 113 2
— Prozeßfähigkeit 113 25
— Rechtspolitische Kritik 113 3
— Rücknahme der Ermächtigung 113 27 f, 30
— Schadensersatzansprüche/beiderseitige 113 23
— Sozialversicherungsrecht/Rechtshandlungen 113 20
— Teilgeschäftsfähigkeit/Grundsatz 113 13
— Teilgeschäftsfähigkeit/Umfang 113 14 f, 17
— Umfang der Ermächtigung 113 14 f, 17
— Verfügung über das Entgelt selbst/ beschränktes Verfügungsrecht 113 22

Geschäftsfähigkeit/beschränkte (Forts.)
— Verfügung über die Entgeltforderung 113 21
— Volontäre, Praktikanten 113 7
— Wehrpflicht 113 8
— Weisungsunterworfenheit/Unselbständigkeit 113 6
— Werkverträge 113 5
Ehemündigkeit/Befreiung vom Erfordernis 106 6
Einseitige Rechtsgeschäfte
— Anfechtung 111 2
— Aufrechnung 111 2
— Auslobung 111 2
— Betreuung mit Einwilligungsvorbehalt 111 15
— Eigentumsaufgabe 111 2
— Einverständnis des Empfängers 111 4
— Einwilligung des gesetzlichen Vertreters/fehlende Schriftform, unverzügliche Zurückweisung 111 10 ff
— Einwilligung und Rechtsgüterverletzung 111 6
— Gefahr/bewußtes Sichaussetzen 111 6
— Genehmigung gesetzlichen Vertreters/ Bestätigung 111 9
— Kündigung 111 2
— des Minderjährigen/ggü dem Minderjährigen 111 2
— Nichtigkeitsfolge schlechthin/Abgrenzung ggü Vertragsabschluß 111 1, 9
— Rechtlich nachteiliges Geschäft 111 2
— Rechtsgeschäftsähnliche Rechtshandlungen 111 8
— Rücktritt 111 2
— Schutz des Erklärungsgegners 111 1
— Überweisungsauftrag 111 5
— Unterwerfung unter sofortige Zwangsvollstreckung 111 7
— Vaterschaftsanerkennung 111 2
— Vollmachterteilung und Vertretergeschäft 111 3, 4
— Vollmachterteilung und zugrunde liegendes Vertragsverhältnis 108 2
— Wertpapiermäßige Verbindlichkeit/ Kreationstheorie 111 5
— Widerruf 111 2
Einwilligung/einwilligungsbedürftiges Rechtsgeschäft
— Aufnahme auswärtiger Berufstätigkeit 107 39
— Beschränkter Generalkonsens 107 36 ff
— Betreuter bei Einwilligungsvorbehalt 107 46
— Beweislast 107 45
— Dauerrechtsverhältnisse und Folgekonsens 107 41
— Eheschließung und Mietvertrag 107 41

Geschäftsfähigkeit/beschränkte (Forts.)
— Empfangsberechtigte 107 35
— Familien- bzw. Vormundschaftsgericht 107 43
— Folgekonsens 107 38, 41
— Generalkonsens 107 39 f; 110 1
— Gesetzlicher Vertreter/Stellung 107 43
— Individuelle Erteilung/Frage des Generalkonsenses 107 36 ff
— Rechtsgeschäftsähnliche Rechtshandlungen 107 44
— Schwarzfahren 107 40
— Taschengeldparagraph/Klarstellungsfunktion 110 2
— Versicherungsverhältnisse 107 41
— Widerrufliches Geschäft bis zur Einwilligung 107 35
— Wirkung 107 42
— Zustimmung 107 35
Einwilligung/Mittelüberlassung (Taschengeldparagraph)
— Arbeitsleistungen des Minderjährigen 110 12
— Bargeschäfte/vollständiges Leistungsbewirken 110 10
— Betreuung mit Einwilligungsvorbehalt 110 18
— Beweislast 110 17
— Bewirkung vertragsgemäßer Leistung als Erfüllung 110 9
— Dauerschuldverhältnisse 110 8, 10
— Einwilligungsfall/besonderer 110 2
— Erziehungszweck 110 1
— Fehlende Zustimmung gesetzlichen Vertreters 110 8
— Klarstellungsfunktion 110 2
— Mietvertrag 110 10
— Mittelüberlassung oder vorliegender Generalkonsens 110 8
— Selbständigkeitsvorbereitung 110 1
— Teilbarkeit der Leistung 110 10
— Teilgeschäftsfähigkeitsannahme 110 4, 5
— Überlassene Mittel 110 11 f
— Überlassene Mittel/durch gesetzlichen Vertreter, durch Dritten mit Zustimmung 110 13 f
— Unterrichtsverträge 110 10
— Unzuträglichkeiten des Einwilligungserfordernisses 110 1
— Vereinsbeitritt 110 10
— Verpflichtungsvertrag/Verfügungsgeschäft 110 3, 6
— Versicherungsverträge 110 10
— Vertragsabschluß des Minderjährigen 110 7
— Wirksamkeitsfolge 110 16

Geschäftsfähigkeit/beschränkte (Forts.)
— Zweckbindung überlassener Mittel/ freie Verfügung 110 14
Empfang von Willenserklärungen 131 5 ff
Erwerbsgeschäft/Ermächtigung zum selbständigen Betrieb
— Arbeitnehmeranstellung 112 10
— Arbeitskraftbestimmung/freie 112 5
— Aufbau des Geschäfts/Fortführung des Geschäfts 112 10
— Aufgabe des Erwerbsgeschäft/keine Geltung 112 10
— Betreuung mit Einwilligungsvorbehalt 112 15
— Bürgschaftseingehung/Ausschluß 112 11
— Dienst- oder Arbeitsverhältnisse/ Abgrenzung der Ermächtigung hierzu 113 6
— Elterliche Sorge und Vormundschaft/ Bedeutung der Unterscheidung 112 11
— Erbfolgeerwerb 112 4
— Ermächtigung/über Generalkonsens hinausgehende 112 6
— Ermessen/Ausübung 112 8, 12
— Erteilung der Ermächtigung 112 6 f
— Erwerbsgeschäft kleineren Umfangs 112 11
— Erwerbsgeschäft/über Gewerbebetriebsbegriff hinausgehender 112 3
— Freiberufliche Tätigkeit 112 3
— Gegenstand der Ermächtigung 112 3
— Genehmigung des Vormundschaftsgerichts/Ermessensausübung 112 8
— Genehmigungsbedürftige Rechtsgeschäfte durch VormG/Einschränkung 112 11
— Generaleinwilligung/nicht ausreichende 112 2
— Gesellschafterstellung/Geschäftsführungs- und Vertretungsbefugnis 112 11
— Gesellschafterstellung/persönlich haftender 112 3
— Gesetzlicher Vertreter/Wegfall der Vertretungsbefugnis 112 9
— Gutglaubensschutz/nicht gegebener 112 10
— Handels- und gewerberechtliche Zulässigkeit 112 2
— Handelsmündigkeit/Erwerbsmündigkeit 112 2
— Kreditaufnahme/Ausschluß 112 11
— Lebensunterhalt des Minderjährigen 112 10
— Makler/Handelsvertreter 112 3
— Name des Minderjährigen als Betreiber 112 5

Geschäftsfähigkeit/beschränkte (Forts.)
— Neugründung/Erwerb eines Geschäfts **112** 4
— Objektive Geschäftszugehörigkeit **112** 10
— Öffentlich-rechtliche Rechtshandlungen **112** 10
— Organvertretung/ausgeschlossene **112** 11
— Preußisches GeschäftsfähigkeitsG 1875 **112** 1 f
— Prokuraerteilung/Ausschluß **112** 11
— Prozeßfähigkeit/Teilgeschäftsfähigkeit **112** 9
— Psychische/charakterliche Reife **112** 8
— Rechtsgeschäftsumfang **112** 10
— Rücknahme der Ermächtigung **112** 12
— Selbständigkeit der Betriebsführung/ Abgrenzungsmerkmal **112** 5
— Teilgeschäftsfähigkeit/Echte **112** 2
— Teilgeschäftsfähigkeit/Einschränkung **112** 11
— Teilgeschäftsfähigkeit/Grundsatz **112** 9
— Teilgeschäftsfähigkeit/Umfang **112** 10
— Umfang der Ermächtigung **112** 10
— Unternehmerfähigkeit **112** 9
— Verbindlichkeiten/keine Geltung der Haftungsbeschränkung **112** 9
— Versicherungsfälle **112** 9
— Wertpapierverbindlichkeiten/ Ausschluß **112** 11
— Wirkung der Ermächtigung **112** 6
Genehmigungserfordernis/Vertragsschluß ohne Einwilligung
— Aufforderung zur Erklärung/beginnende 14-Tage-Frist **108** 17 f
— Aufforderung zur Erklärung/Geschäftsähnliche Handlung **108** 13
— Aufforderung zur Erklärung/Zweck, Rechtsnatur und Wirkungen **108** 12 ff
— Bindung während des Schwebezustandes **108** 3
— Eigengenehmigung mit Volljährigkeitseintritt **108** 19 ff
— Einwilligung/Abgrenzung **108** 6
— Formfrage **108** 7
— Gegenseitig verpflichtende Verträge/ einseitige verpflichtende/Nebenpflichten begründende **108** 2
— Genehmigungswille/erforderlicher **108** 7
— Haftpflichtversicherung **108** 7
— Mietvertrag **108** 7
— Rechtliche Nachteile **108** 1
— Rechtsbedingung/gesetzliches Wirksamkeitserfordernis **108** 5
— Rechtsnatur **108** 6
— Schlüssiges Handeln **108** 7

Geschäftsfähigkeit/beschränkte (Forts.)
— Schwebende Unwirksamkeit **108** 3; **109** 1
— Schwebezustand **108** 3
— Telefonanschluß **108** 7
— Untätigkeit/bloße des gesetzlichen Vertreters **108** 7
— Unwiderruflichkeit **108** 9
— Vererblichkeit gebundener Rechtsposition **108** 4
— Verfügungsverträge **108** 2
— Verträge/erfaßte **108** 2
— Vertragsinhalt/Genehmigung des vorliegenden **108** 8
— Verweigerung der Genehmigung/Nichtigkeitsfolge **108** 11
— Vollmachterteilung/Einheit mit Vertragsverhältnis **108** 2
— Widerrufsrecht des anderen Teils/ Kenntnis der Minderjährigkeit **109** 3
— Widerrufsrecht des anderen Teils/ Unkenntnis der Minderjährigkeit **109** 3, 7
— Wirkung **108** 10
— Zugang einer Willenserklärung nur beim Minderjährigen **108** 5
— Zustimmung/nachträgliche **108** 5
und Geschäftsunfähigkeit/Bedeutung, Vergleich **106** 1
Gesetzlicher Vertreter
s. Vertretung (gesetzliche)
Grundsätzliche Regelung/Überblick **106** 3 ff
Handelsregistereintragungen **Vorbem 104–115** 50
Handlungen nichtrechtsgeschäftlicher Natur **106** 8
JGG/SGB VIII-Terminologie **106** 2
Minderjährigkeitsbegriff **106** 2
Notarielle Beglaubigung **129** 81
Rechtlicher Nachteil/Einwilligungsbedürftigkeit
— Abtretung von Forderungen/sonstigen Rechten **108** 2
— Anfechtung **111** 2
— Auftrag **107** 23
— Auslobung **111** 2
— Belastung von Gegenständen **107** 24; **108** 2
— Darlehensgewährung/unverzinsliches **107** 23
— Eigentumsaufgabe **111** 2
— Einseitige Leistungspflichten des Vertragspartners/daraus folgende Rechtsnachteile **107** 5
— Einseitiges Rechtsgeschäft **111** 2
— Erbschaftsannahme **107** 28

Geschäftsfähigkeit/beschränkte

Geschäftsfähigkeit/beschränkte (Forts.)
- Erwerbsgeschäft, rechtlich nachteiliges/ Verhältnis zum unentgeltlichen Grundgeschäft **107** 31
- Erwerbsgeschäfte/Verpflichtungsfolgen **107** 26; **108** 2
- Familien-oder erbrechtliche Geschäfte/ besondere Regelungen **111** 2
- Gegenseitig verpflichtende Verträge **108** 2
- Gegenseitig verpflichtender Vertrag **107** 5
- Gesellschaftsanteile/Personen- und Kapitalgesellschaften **107** 29
- Gestaltungsrechte/Ausübung **107** 32
- Girovertrag **107** 23
- Grund- und Erfüllungsgeschäft/ Gesamtbetrachtung **107** 31
- Grundstückserwerb/Reallastbelastung **107** 27
- Handelsgeschäft/Erwerb **107** 28
- Hauptleistungspflichten für den Minderjährigen **107** 23
- Kündigung **111** 2
- Leihe **107** 23
- Leistung zwecks Anspruchserfüllung **107** 25
- Naturalobligation/Begründung **107** 23
- Nebenpflichten begründende Verträge **108** 2
- Persönliche Minderjährigenverpflichtungen/Begründung **107** 23
- Rechtliche Vorteile/Unbeachtlichkeit auch gegebener **107** 22
- Rücktritt **111** 2
- Schuldübernahme/Schuldbeitritt **107** 23
- Sexuelle Handlungen des Minderjährigen gegen Entgelt **107** 23
- Sorgerechtliche Betrachtungsweise **107** 7
- Tiererwerb **107** 30
- Unvollkommen zweiseitige Verträge **107** 23
- Vaterschaftsanerkennung **111** 2
- Vereinsmitgliedschaft **107** 33
- Verfügungsgeschäfte **107** 24 ff; **108** 2
- Verlöbnis **107** 34
- Vermögensgesamtheiten/Erwerb **107** 28 ff
- Verpflichtungsgeschäfte **107** 23
- Verwahrung **107** 23
- Vollmachterteilung/Einheit mit zugrundeliegendem Vertragsverhältnis **108** 2
- Wertpapiermäßige Verbindlichkeiten **108** 2
- Widerruf **111** 2

Rechtlicher Vorteil/Abgrenzungsmerkmal
- Annahme negativen Schuldanerkenntnisses **107** 19

Geschäftsfähigkeit/beschränkte (Forts.)
- Ausschließlichkeit/lediglich rechtliche Vorteil **107** 3
- Begriff des rechtlichen Vorteils **107** 2
- Eingrenzung der rechtlichen Nachteile/ Abgrenzungsversuche **107** 7
- Eingrenzung der rechtlichen Nachteile/ Unmittelbarkeitskriterium **107** 6
- Einwilligungsbedürftigkeit nach rechtlicher Betrachtungsweise **107** 4
- Einwilligungsfreiheit **107** 2
- Einzelfallumstände zum Geschäftsinhalt **107** 4
- Erlaßvertrag **107** 19
- Erwerbsgeschäfte/einwilligungsfreie **107** 11 f
- Gegenstandserwerb/Belastungszusammenhang **107** 15 ff
- Geschäftsfähigkeit/keine damit verbundene partielle **107** 21
- Gesetzliche Schuldverhältnisse als Inhalt erworbener Rechte **107** 13 ff
- Gestaltungsrechte/Ausübung **107** 32
- Minderjährigenschutz/Rechtssicherheit **107** 4
- Neutrale Geschäfte/Einwilligungsfreiheit **107** 20
- Nießbrauchsbestellung/Nießbrauchsbelastung **107** 14
- Prozeßfähigkeit/damit nicht verbundene **107** 21
- Rechtlicher Nachteil als Gegensatzbegriff **107** 2
- Rechtsgeschäft als Ganzes **107** 3
- Recht;tatsächliche Position **107** 2
- Schenkung/Belastungsverpflichtung **107** 18
- Schenkung/bestehende dingliche Belastung **107** 16
- Schenkungsverträge/einwilligungsfreie **107** 9 f
- Schenkung/Vorbehalt dinglichen Rechts **107** 17
- Sorgerecht/Innenverhältnis **107** 2
- Verlöbnis **107** 34
- Wirtschaftliche/tatsächliche Folgen, unerhebliche **107** 2
- Wohnungseigentumserwerb **107** 13

Römisches Recht/Rechtsakte mit oder ohne auctoritas des Vormundes **106** 4
Status/typisierter **106** 2
Teilgeschäftsfähigkeitsfälle **112** 9; **113** 1
Teilmündigkeiten/Erörterung de lege ferenda **106** 2
Verfahrensfähigkeit **106** 10
des Vertretenen **Vorbem 104–115** 48
Verwaltungsrechtliche Willenserklärungen **Vorbem 104–115** 98

Geschäftsfähigkeit/beschränkte (Forts.)
Zugang von Willenserklärungen **131** 5 ff
Geschäftsfähigkeit/fehlende volle
Arbeitsverträge **Vorbem 104-115** 36 ff
Betreuer/Einwilligungsvorbehalt bei nicht vorhandener Geschäftsunfähigkeit **Vorbem 104-115** 12
Deliktische Haftung **Vorbem 104-115** 28
Einwilligung in Verletzung persönlicher Güter/Rechtsgüter **Vorbem 104-115** 56 ff
Erziehunszweck **Vorbem 104-115** 22
als Gegennormen/als Ausnahmen vom Regelfall **Vorbem 104-115** 6
Geschäftsfähigkeit/beschränkte s. dort
Geschäftsführung ohne Auftrag **Vorbem 104-115** 44 ff
Geschäftsunfähigkeit s. dort
Gesellschaftsverhältnisse **Vorbem 104-115** 33 ff
und gesetzliche Vertretung/Verhältnis **Vorbem 104-115** 23 ff
Gutglaubensschutz/fehlender **Vorbem 104-115** 28
Handelsrecht/Rechtsscheintatbestände **Vorbem 104-115** 50 ff
Jugendliches Alter/pathologische psychische Zustände **Vorbem 104-115** 8 ff
Rechtsgeschäfte **Vorbem 104-115** 31 ff
Scheinkaufmann **Vorbem 104-115** 52
Schutzzweck des Geschäftsfähigkeitsrechts **Vorbem 104-115** 20 f, 57; **107** 1; **110** 1
Stellvertretung **Vorbem 104-115** 48 f
Treuwidrige Berufung **Vorbem 104-115** 28
Typisierende und individualisierende Regelung **Vorbem 104-115** 8 ff
Ursächlichkeitsfrage/bedeutungslose **Vorbem 104-115** 26
Vertragliche Übernahme entstehenden Schadens **Vorbem 104-115** 27
Vertrauen auf die Geschäftsfähigkeit/fehlender Schutz **Vorbem 104-115** 26 ff
Vorrangiger Schutz gegenüber Verkehrsschutz/rechtspolitische Würdigung **Vorbem 104-115** 30
Wertpapierrecht/Geschäftsfähigkeitsrecht **Vorbem 104-115** 53 ff
Zweiteilung/rechtshistorische Hinweise **Vorbem 104-115** 12
Zwingendes Recht/Unverzichtbarkeit **Vorbem 104-115** 11
Geschäftsfähigkeit/Teilgeschäftsfähigkeit
Verwaltungsfähigkeit/Beispiele einer partiellen **Vorbem 104-115** 99
Geschäftsführung ohne Auftrag
Geschäftsfähigkeitsrecht/Frage seiner Anwendung **Vorbem 104-115** 44 ff

Geschäftsführung ohne Auftrag (Forts.)
Rechtsnatur: Rechtsgeschäft/tatsächliche Handlung **Vorbem 104-115** 45
Geschäftsgrundlage
Befreiung von der Vertragsdurchführung **119** 64
Berechnungsgrundlage/vom Geschäftspartner veranlaßter bzw. gemeinsamer Irrtum hierüber **119** 55, 60 f
Gerichtlicher Vergleich **127a** 46
Irrtumsregelung/Anerkennung gemeinschaftlichen Irrtums **119** 5
Jahresmiete-Fall/Börsenkursfälle/Silber-Fall/Altmetall-Fall **119** 61
Kalkulationsirrtum/beiderseitiger Berechnungsmaßstab **119** 52, 78
Rechtsfolgemotivirrtum/fremdverschuldeter **119** 74
Rechtsirrtum als Irrtum über die – **119** 77, 78
Geschäftsunfähigkeit
s. a. Geschäftsfähigkeit/fehlende volle
Abgesprochene Fähigkeit rechtserheblichen Willens/Schutzzweckcharakter **Vorbem 104-115** 21
Abschließende Aufzählung **104** 1
Absolute Geschäftsunfähigkeit/ausgeschlossene Ursachenfrage **104** 17
Begriff **105** 3
und beschränkte Geschäftsfähigkeit/Bedeutung, Vergleich **106** 1
des Betreuten **Vorbem 104-115** 25
Beweislast **104** 18
Empfang von Willenserklärungen/Zugang beim gesetzlichen Vertreter **131** 1 ff
Geistige Störungen
— Abgrenzbare Lebensgebiete/Frage teilweiser Geschäftsunfähigkeit **104** 14
— Akute Prozesse ablaufender Störungen **104** 12
— Alkohol- oder Drogenabhängigkeit **104** 9
— Analphabetismus/Ursachenfrage **104** 9
— Ausschluß freier Willensbestimmung/Ursachenzusammenhang **104** 10
— Ausschluß freier Willensbestimmung/voluntative und verstandesmäßige Seite **104** 11
— Debilität **104** 9
— Demenz **104** 9
— Eheleben/hierauf beschränkte Wahnvorstellungen **104** 14
— Einzelfallfeststellung **104** 4
— Entzugssymptome mit Delir **104** 12
— Epileptische Ausnahmezustände **104** 12
— Feststellung/Sachverständigengutachten **104** 16
— Gehirnerweichung **104** 18

Geschäftsunfähigkeit (Forts.)
— Geistesschwäche/früherer Begriff **104** 9
— Geistestätigkeit/Umfang **104** 6
— Imbezillität **104** 9
— Intoxikationen/bloße **104** 12
— Krankhafte Störung der Geistestätigkeit/empirischer Befund **104** 5
— Krankhafte Störung/Ausmaß der Störung **104** 8
— Krankhafte Störung/juristischer Krankheitsbegriff **104** 8
— Lichte Zwischenräume/Abgrenzung vom nur vorübergehenden Zustand **104** 13, 18
— Manisch-depressives Irresein **104** 12, 18
— Neurosen **104** 9
— Nicht nur vorübergehender Zustand **104** 12
— Oligophrenie **104** 9
— Persönlichkeitsstörungen **104** 9
— Psychosen **104** 9
— Querulantenwahn **104** 14
— Rechtsgeschäftlicher Schwierigkeitsgrad/Frage relativer Geschäftsunfähigkeit **104** 15
— Seelische Störung als umfassenderer Begriff **104** 6
— semel demens semper talis praesumitur **104** 18
— Störung als Abweichung/Abnormität **104** 7
— Strafrechtsbezug/medizinischer Krankheitsbegriff **104** 8
Geschäfte des täglichen Lebens
— Alltagsgeschäft/typisches **105a** 5
— Artikelgesetz/problematisches Zustandekommen **105a** 2
— Ausschluß der Rückabwicklung **105a** 3
— und Betreuung/Verhältnis **105a** 15
— Beweislast **105a** 13
— Erfüllbarkeit mit geringwertigen Mitteln **105a** 7
— Förderung sozialer Emanzipation **105a** 1
— Gefährdung für Person und Vermögen/ausgeschlossene erhebliche **105a** 10
— Halbseitige Wirksamkeit **105a** 12
— Heimgesetz/Parallelvorschrift **105a** 16
— Kinder/ausgeschlossene Anwendung **105a** 4
— Leistung/Gegenleistung, erforderliches Bewirken **105a** 8 f
— Mehrheit von Leistungen/Gesamtbetrachtung **105a** 7
— Prozeßfähigkeit/nicht gegebene **105a** 14
— Rücktritt **105a** 12
— Schuldrechtlicher Vertrag/Wirksamkeitsfiktion **105a** 11 f

Geschäftsunfähigkeit (Forts.)
— SGB IX § 138 Abs 5/Parallelvorschrift **105a** 16
— Statusbeibehaltung des Geschäftsunfähigen **105a** 12
— Tätigen des Geschäfts **105a** 6
— Teilgeschäftsfähigkeit/keine damit verbundene **105a** 11
— Unvollständige/mangelhafte Leistungsfälle **105a** 12
— Volljähriger Geschäftsunfähiger **105a** 4
— Wirksamkeitsfiktion **105a** 11 f
Handelsregistereintragungen **Vorbem 104-115** 50
Minderjährigkeit/Personen unter sieben Jahren
— Angemessenheitsfrage **104** 3
— Herkunft der Altersgrenze **104** 3
— Natürliche Willensfähigkeit/fehlende **104** 3
— Typisierter Status **104** 2; **106** 2
— Vollendung/Berechnung **104** 2
Nichtigkeitsfolge bei Geschäftsunfähigkeit
— Alternativen/Schwebende Unwirksamkeit;Anfechtungsmöglichkeit **105** 8
— Betreuerbestellung **105** 10
— Eheschließung/aufhebbare **105** 6
— Genehmigung/ausgeschlossene **105** 4
— Gesetzlicher Vertreter/erforderliches Handeln **105** 9
— Rechtspolitische Kritik/Reformvorschläge **105** 8
— Ungünstige Folgen/vorteilhafte Geschäfte **105** 8
— Verfassungsmäßigkeit **105** 7
— Vollmacht/Handeln als Vertretung ohne Vertretungsmacht **105** 5
— Willenserklärungen/ausgeschlossene Ursachenfrage **105** 2
Nichtigkeitsfolge bei vorübergehender Störung
— Arten der Beeinträchtigung/Bewußtlosigkeit **105** 12
— Arten der Beeinträchtigung/vorübergehende Störung der Geistestätigkeit **105** 13
— Ausdehnung der Nichtigkeitsfolge **105** 11
— Beweislast **105** 15
— Persönlicher Status/unberührt bleibender **105** 14
— Zugang von Willenserklärungen **105** 14
Rechtsbegriff **104** 14
Rechtsstellung regelnde Vorschriften **105** 6
Schutzzweckcharakter **Vorbem 104-115** 21
Statuseigenschaft der Person **104** 17
Ursachenfrage/ausgeschlossene **104** 17
des Vertretenen **Vorbem 104-115** 48

Geschäftsunfähigkeit (Forts.)
  des Vertreters **Vorbem 104-115** 49
  Vertretungsorgan/eingetragenes
    Vorbem 104-115 52
  Wirksamkeit empfangsbedürftiger Willens-
    erklärungen/Zugang beim gesetzlichen
    Vertretr **131** 1 ff
Geschäftswille
  Anfechtung bei fehlendem –
    Vorbem 116-144 30
  als Rechtsfolgewille **Vorbem 116-144** 29
Geschlechtszugehörigkeit
  und Diskriminierungsverbot **119** 91
Gesellschaftliche Verpflichtungen
  Rechtsbindungswille/abzugrenzender
    Vorbem 116-144 29
Gesellschaftsanteile
  Abtretungsverpflichtung **Vorbem 127a,
    128** 112
  Erwerb durch Minderjährigen **107** 29
  Fehlerhafte Anteilsübertragung **119** 109
  GmbH-Anteile
    s. dort
  Minderjähriger als persönlich haftender
    Gesellschafter **112** 3
  Rechtserträge **99** 16
  Verkehrswesentliche Eigenschaften/Eigen-
    schaftsirrtum **119** 95
Gesellschaftsrecht
  Aktiengesellschaft
    s. dort
  Anfechtungsrecht und Kündigung **123** 93
  Arglistanfechtung, Anfechtung wegen
    Drohung/Rückwirkungsfrage **123** 85
  Ausländische Beurkundungserfordernisse
    Vorbem 127a, 128 774 ff
  Ausländische Notare/ausschließlich
    zuständige **Vorbem 127a, 128** 787 f
  Beendigungsnormen, spezialgesetzliche
    und Anfechtungsrecht/Vorrangfrage
    119 109
  Deutscher Notar/ausschließliche Zustän-
    digkeit **Vorbem 127a, 128** 725 ff
  Formbedürftigkeit/In-Vollzug-gesetzter-
    Vertrag **125** 104
  Formbedürftigkeit/Umfang **125** 55
  Formerfordernis/gewillkürtes **127** 6
  Gesetzliche Formvorschriften/Überblick
    125 31
  GmbH
    s. dort
  Gründungserklärungen/Auslegung **133** 17,
    72 f
  Grundstücksübertragungszweck/alleiniger
    117 11
  Grundstücksveräußerungs-/Erwerbs-
    pflicht **Vorbem 127a, 128** 118

Gesellschaftsrecht (Forts.)
  Irrtumsanfechtung/Einschränkung bei
    Invollzugsetzung **119** 101, 109
  Nebenabreden **125** 60
  Notarbeteiligung/Mitwirkungsverbot
    Vorbem 127a, 128 284 ff
  Notarielle Beglaubigung/Fälle **129** 28 ff
  Notarielle Beurkundung/Formerforder-
    nisse (Übersicht) **Vorbem 127a, 128** 75 f
  Satzung von Aktiengesellschaft; GmbH
    s. dort
  Scheingründungen **117** 6, 11, 13
  Schriftformerfordernisse **126** 61 ff
  Unwirksame Gesellschaftsverträge/Lehre
    von der fehlerhaften Gesellschaft
    Vorbem 104-115 33 ff
Gesellschaftsvermögen
  Sondervermögen **Vorbem 90-103** 26
Gesetzeskonforme Auslegung
  als Erfahrungssatz **133** 55, 60
Gesetzesumgehung
  s. Umgehung
Gesetzliche Schuldverhältnisse
  s. Schuldverhältnisse (gesetzliche)
Gesetzliche Verbote
  im öffentlichen Interesse **Vorbem 90-103** 69
Gesetzliche Vertretung
  s. Vertretung/gesetzliche
Gesetzliches Verbot
  Ablehnung unwirksamer Beurkundung
    Vorbem 127a, 128 448
Gestaltungsrecht
  Ausübung durch minderjährigen Berech-
    tigten **107** 32
  Einseitiges Rechtsgeschäft **126** 24
Gestattung
  Abgrenzung bloßer Gestattung vom
    Rechtsgeschäft **Vorbem 104-115** 56
Gewährleistungsrecht
  AGB-Ausschluß für Sachmängel/ausge-
    schlossene Anfechtung **119** 102
  Anfechtung wegen Arglist/Vorrangfrage
    123 94
  Anfechtung wegen Eigenschaftsirrtums/
    Vorrangfrage **119** 82 ff, 93, 106
Gewerbebetrieb
  und Erwerbsgeschäft/Abgrenzung **112** 3
Gewerbebetrieb/eingerichteter und ausgeübter
  und Unternehmensbegriff
    Vorbem 90-103 33
Gewerbliches Inventar
  Betriebsgebäude/Zubehörstücke **98** 4 ff
Gewerkschaft
  Beitritt eines Minderjährigen **113** 19
Gewerkschaftsrecht
  und Arbeitgeber-Fragerecht **123** 36

Gewichtsbezeichnungen
Verwechselung/Verlautbarungsirrtum
119 43 f
Gewinnanteile
Wiederkehrende Erträge/regelmäßig 101 5
Gewinnungskosten
Früchteherausgabe/Ersatz von Gewinnungskosten 102 1 ff
Girovertrag
Minderjährigengeschäft/Einwilligungserfordernis 107 23
Minderjähriger als Verfügender/Einwilligungserfordernis 107 24
und Überweisungauftrag
Vorbem 116–144 64
Gläubigeranfechtung
Erwerbsgeschäft/beschränkte Geschäftsfähigkeit 107 12
Gläubigerschutz
durch Beurkundungserfordernisse
Vorbem 127a, 128 24
Beurkundungspflichten im Kapitalgesellschaftsrecht/Umwandlungsrecht 125 53
und Satzungsbeurkundung Vorbem 127a, 128 32
GmbH
Alleingesellschafter, Mehrheitsgesellschafter/Geschäftspartnertäuschung 123 55
Auflösungsbeschluß Vorbem 127a, 128 211
Ausländische Beurkundungserfordernisse
Vorbem 127a, 128 774 ff
Beschlußfassung/Heilung nichtiger
Vorbem 127a, 128 686
Beschlußfassung/Schriftform 126 63, 75
Beschlußfassung/Tatsachenbeurkundung
Vorbem 127a, 128 599 ff
Beteiligungserwerb durch Minderjährigen 107 29
Deutscher Notar/ausschließliche Zuständigkeit Vorbem 127a, 128 725 ff
Einmann-GmbH/Rechtsbindungswille 117 18
Fehlerhafte Gesellschaft/fehlerhafte Anteilsübertragung 119 109
Formunwirksamkeit/Heilung durch Handelsregistereintragung 125 104, 106
Geschäftsführertätigkeit/erforderliche unbeschränkte Geschäftsfähigkeit 112 3
Gründung/Formerfordernisse 126 77
Gründungserklärungen/Auslegung 133 17, 72 f
Gründung/Vollmachtsform 125 65
Nichtigkeitsklage/Gründe Vorbem 127a, 128 683
Notarbeteiligung/Mitwirkungsverbot
Vorbem 127a, 128 284
Notarielle Beglaubigung
— Fälle 129 5

GmbH (Forts.)
— Handelsregister-Anmeldungen 129 13
— Stammkkapitalerhöhung 129 28 ff
Notarielle Beurkundung
— Fälle Vorbem 127a, 128 43
— Gesellschafterbeschlüsse/Tatsachenbeurkundung oder Willenserklärung
Vorbem 127a, 128 599 ff
— Gesellschafterversammlung/Tatsachenwahrnehmungen Vorbem 127a, 128 212
— Gründung/Belehrung über Wirksamkeitsvoraussetzungen Vorbem 127a, 128 492 f
— Gründung/Formverstöße Vorbem 127a, 128 681 ff
— Gründung/Formwirkungen
Vorbem 127a, 128 76
— Holzmüller-Beschlüsse Vorbem 127a, 128 210
— Satzungsänderung Vorbem 127a, 128 77 f, 211
— Satzungsbeurkundung/Inhalt, Umfang
Vorbem 127a, 128 198 ff
— Satzungsbeurkundung/Sonderrechte
Vorbem 127a, 128 198
— Satzungsbeurkundung/Zweck
Vorbem 127a, 128 23, 32
— Vorvertrag über die Gründung
Vorbem 127a, 128 200
— Zweck Vorbem 127 a, 128 44,, 76
Scheingründung 117 6
Textform 126b 24
Textformerfordernisse 126b 11
Zeichnung einer Namensunterschrift 129 7
GmbH-Anteile
Ausländische Beurkundungserfordernisse
Vorbem 127a, 128 777
Notarielle Beurkundung
— Änderungen des Vertrages/Aufhebung des Vertrages 125 76; Vorbem 127a, 128 157 f
— Auftrag Vorbem 127a, 128 150
— Ausländische Anteile/Beurkundung in Deutschland Vorbem 127a, 128 733 ff
— Ausländischer Notar Vorbem 127a, 128 730 f
— Belehrung und Beratung Vorbem 127a, 128 89
— Beweisfunktion Vorbem 127a, 128 90
— Dingliche Abtretung Vorbem 127a, 128 159 ff
— Dingliche Abtretung/Angebot und Annahme 128 24
— Einseitige rechtsgeschäftliche Verpflichtung Vorbem 127a, 128 149
— Erfüllung formnichtiger Veräußerung 125 105

GmbH-Anteile (Forts.)
— Erwerbsverpflichtung **Vorbem 127a, 128** 148
— Formunwirksame Verpflichtung/ Heilung durch dingliche Abtretung **Vorbem 127a, 128** 675 f
— Gemischte/zusammengesetzte Verträge **Vorbem 127a, 128** 155
— Gesellschaftsvertrag und Übertragungsverpflichtung **Vorbem 127a, 128** 81
— GmbH & Co KG/Anteilsveräußerung **Vorbem 127a, 128** 155
— Kette bisheriger Veräußerer **Vorbem 127a, 128** 31, 90
— Nebenabreden **125** 58; **Vorbem 127a, 128** 154, 161
— Schenkung **Vorbem 127a, 128** 55
— Treuhandverhältnis **Vorbem 127a, 128** 150
— Übereilungsschutz **Vorbem 127a, 128** 89
— Überlegungen de lege ferenda **Vorbem 127a, 128** 89
— Umfang der Beurkundung **Vorbem 127a, 128** 153 f
— Unentgeltliche Verpflichtung **Vorbem 127a, 128** 149
— Verhinderung spekulativen Handels **Vorbem 127a, 128** 8, 88
— Verpflichtungsgeschäft/Verfügungsgeschäft **Vorbem 127a, 128** 44, 87, 96, 159
— Vollmacht/Genehmigung **Vorbem 127a, 128** 163 ff
— Vorkaufsrecht/Begründung **Vorbem 127a, 128** 152
— Vorvertrag **Vorbem 127a, 128** 151
Veräußerungsvertrag/verknüpfte Geschäfte **125** 61
Grabstätten/Friedhöfe
s. Friedhöfe/Grabstätten
Griechenland
Beurkundung/Gleichwertigkeit **Vorbem 127a, 128** 741
Grundbuch
Auflassung/verfahrensrechtlicher Nachweis **Vorbem 127a, 128** 145
Auslegung von Erklärungen **133** 71
und Beweisfunktion der Unterschriftsbeglaubigung **125** 45
Eigenurkunden des Notars **129** 53
Eintragungsantrag/unanfechtbare Verfahrenshandlung **119** 104
Justizentlastung/Vorkontrolle als Formwirkungen **125** 50, 51
Notarielle Beurkundung
— Filterfunktion/faktische Vorkontrolle **Vorbem 127a, 128** 25

Grundbuch (Forts.)
— Grundakten/Einsichtnahme **Vorbem 127a, 128** 484
— Grundbucheinsicht/fehlende **Vorbem 127a, 128** 486
— Grundbucheinsicht/Tatsachenfeststellung **Vorbem 127a, 128** 481 ff
— Grundbuchstand und Urkundeninhalt **Vorbem 127a, 128** 485
— Klarstellungs- und Beweisfunktion **Vorbem 127a, 128** 21
— Richtigkeitsschutz **Vorbem 127a, 128** 49
— Vertretungsverhältnisse/Nachweis **Vorbem 127a, 128** 347
— Vollzugspflicht/Urkundeneinreichung **Vorbem 127a, 128** 654 f
— Wirksamkeitsvoraussetzung/Belehrung **Vorbem 127a, 128** 491
Notarielle Unterschriftsbeglaubigung
— Dingliche Rechte an Grundstücken/ Bestellung **129** 10
— Eintragungsbewilligung/Vollmachten/ Antragsrücknahmen **129** 10
— Fälle **129** 5
— Filterfunktion der Notare **129** 18
— Vollmachtlose Vertretung/Nachgenehmigung **129** 12
Öffentliche Eigenurkunde **129** 49
Schiedsspruch mit vereinbartem Wortlaut **127a** 49
Schutzstandard **Vorbem 127a, 128** 29
Urkundenerfordernis/nur verfahrensrechtliches **125** 98
Vollmacht/Genehmigung vollmachtloser Vertretung, Nachweis **125** 72
Vorkontrolle/Justizentlastung durch Formerfordernisse **125** 36; **129** 17
Grunddienstbarkeit
als Grundstücksbestandteil **96** 3
Wohnungseigentum-Entstehung **96** 4
Grunderwerbsteuer
Notarielle Beurkundung/Hinweispflichten des Notars **Vorbem 127a, 128** 504
Rechte/mit dem Grundeigentum verbundene **95** 9
Grundpfandrechte
Vorlesungsverzicht bei der Bestellung **Vorbem 127a, 128** 440
Grundschuld
Beurkundung durch Niederschrift **Vorbem 127a, 128** 52
Ertragsfähigkeit eines Grundstücks und Erwerb einer – **119** 94
Sicherheitenbestellung/Täuschung durch den Schuldner **123** 54
Verbrauchervertrag/Finanzierungsgrundschuld **Vorbem 127a, 128** 531

Grundschuld (Forts.)
Vorlesungsverzicht bei der Bestellung **Vorbem 127a, 128** 440
Zubehörerstreckung 97 32
Grundstücke
Ausschluß der Zubehöreigenschaft 97 4
Einheitlichkeit der Sache **Vorbem 90–103** 15
Friedhofsgrundstücke **Vorbem 90–103** 61
als Hauptsache 97 8
als unbewegliche Sachen **Vorbem 90–103** 37
Vertretbarkeit/fehlende **90a** 5
Grundstückeigentum
Verbundene Rechte als Grundstücksbestandteile
s. Grundstücksbestandteile
Grundstücksbestandteile
Akzessionsprinzip 94 1
Aneignungsgestattung 93 25
Anzementieren 94 9
Baracken, Containerunterkünfte 94 10
Beitrittsgebiet/Gebäudeeigentum 94 5
Bewegliche Sachen/zusammengesetzte 94 4
Bodenbestandteile/unmittelbare als Grundstückssubstanz 94 19
Bodenmasse/verselbständigte 94 20
Bodenverbundenheit/feste Verbindung 94 6 ff
Demontierbare Gebäude 94 10
Eigengewicht 94 8
Eigentumsvorbehalt/unbeachtlicher 94 4
Einbeziehung in das Erdreich/wenigstens teilweise 94 8
Einstecken, einfaches 94 8
Elektrizitätsleitungen 94 11
Erdmasse eines Grundstücks 94 6
Erdölleitungen 94 11
Erzeugnisse eines Grundstücks 94 17
Fertighäuser 94 10
Fertighäuser/Blockhütten 94 8
Flächenteile eines Grundstücks/räumlich abgegrenzte 94 21
Fundament/aufgebaute Teile 94 10
Gasleitungen 94 11
Gebäude als Regelfall 94 10
und Gebäudebestandteile 94 23
Grundstück und Gebäude/Verhältnis 94 4
Kommunmauer/halbscheidige Giebelmauer 94 15
Mechanische Verbindung 94 9
Menschliches Zutun/nicht erforderliches 94 4
Mineralien 94 20
Nachbargrundstück/Überbauung 94 12 ff
Parteiabreden/entgegenstehender Wille 94 4
Physische Zerstörung/starke Beschädigung als Ablösungsfolge 94 7

Grundstücksbestandteile (Forts.)
Publizitätsgrundsatz 94 3
Qualifikationsmöglichkeiten §§ 93, 94 **94** 2
Realkreditgeber/Bevorzugung gegenüber Warenkreditgeber 94 4
Rechte/mit dem Eigentum verbundene
— Dingliches Vorkaufsrecht 96 3
— Erbbauzins 96 3
— Fingierte Bestandteilseigenschaft/ Rechtsfolgen 96 9
— Grunddienstbarkeit 96 3
— Grunddienstbarkeit und WEG-Aufteilung 96 4
— Heimfallanspruch 96 3
— Jagdrecht 96 6
— Landrecht 96 5
— Notwegrente 96 3
— Öffentlich-rechtliche Ansprüche/personenbezogene 96 7
— Reallast 96 3
— Schuldrechtliche Ansprüche 96 7
— Subjektiv-dingliche Rechte 96 2
— Überbaurente 96 3
— Wesentliche/unwesentliche Bestandteile 96 8
Rechtsfolgen der Bestandteilseigenschaft/ Sonderrechtsunfähigkeit 93 24 ff; 94 40
Rechtsklarheit als Zweck 94 3
Römisches Recht/superficies solo credit 94 1
Samen/Pflanzen 94 18
Scheinbestandteile/vorübergehende Verbindung
— Absicht des Verbindungswegfalls 95 6
— Anwendung des Fahrnisrechts 95 28
— Art/Festigkeit der Verbindung, bedeutungslose 95 6
— Ausnahmevorschrift ggü §§ 93, 94 95 3
— Ausschluß der Bestandteilseigenschaft 95 27
— Befristeter Vertrag 95 8, 11
— Behelfsheime 95 8
— Bestandteilseigenschaft/insgesamt ausgeschlossene 95 3
— Eigentumserwerb 95 29
— Eigentumsvorbehalt 95 7
— Einbau gemieteter Sache 95 7
— Erwartung eines Rechtserwerbs 95 10
— Fehlende innere Zusammengehörigkeit 95 2
— Gebäude und andere Werke/Errichtung in Ausübung eines Rechts 95 16 ff
— Innere Willensrichtung/maßgebliche 95 6
— Leitungsnetz der Versorgungsunternehmen 95 8
— Miet- oder Pachtvertrag 95 8
— Mietkauf 95 7

Grundstücksbestandteile (Forts.)
— Selbständige Sachen 95 3
— Trennungsaufwand/unverhältnismäßiger 95 12
— Verbindung durch Grundstückseigentümer/durch Dritte 95 13
— Verbindung/Einfügung 95 4 ff
— Verschleiß, baldiger 95 11
— Versorgungsleitungen 95 15
— Windkraftanlagen 95 11
— Zeitliches Nutzungsrecht 95 11
— Zerstörungsfolgen bei Entfernung 95 9, 12
— und Zubehör 95 27, 30; 97 5
— Zwangsvollstreckung 95 30
— Zweckbestimmung/nachträgliche Änderung 95 14
— Zweck/vorübergehender 95 5
Schwerkraft, die Verbindung begründende 94 8
Schwimmbecken 94 8
Sonderrechtsunfähigkeit 93 24 ff; 94 3
Telekommunikationsleitungen 94 11
Trennungskosten als Merkmal 94 7
Unwesentliche Bestandteile 93 40, 43
Verkehrsanschauung/feste Bodenverbindung 94 7
Versorgungsleitungen 94 11
Wasserleitungen 94 11
Wert des abgetrennten Bestandteils/unverhältnismäßige Trennungskosten 94 7
Wesentliche Bestandteile
s. dort
Zustandekommen der Bestandteilseigenschaft/unwesentliche 94 4
Zwangsvollstreckung/ungetrennte, unwesentliche 93 45
Zwingendes Recht 94 4
Grundstückseigentum
Erwerbsgeschäft bei vorhandenen Belastungen/Beschränkte Geschäftsfähigkeit 107 15, 27
Gesetzliche Pflichten und Lasten aus erworbenen Rechten/beschränkte Geschäftsfähigkeit 107 12
Grundstücksfinanzierung
Wirtschaftliche Einheit von Kreditgeschäft/Immobilienerwerb 117 52
Grundstücksflächen
und Zwangsvollstreckung 93 45
Grundstücksgeschäfte
Aufklärungspflicht des Verkäufers 123 17
Auflassung
s. dort
Ausländische Beurkundungserfordernisse **Vorbem 127a, 128** 754 ff
Ausländische Notare/ausschließlich zuständige **Vorbem 127a, 128** 781 ff

Grundstücksgeschäfte (Forts.)
Belastung von Grundstücken/Formfreiheit **Vorbem 127a, 128** 113
Ernstlichkeitsmangel 118 7
Formfragen
— Abbruch von Vertragsverhandlungen 125 117 f
— Erfüllung formnichtigen Vertrages 125 105
— Erschließungsverträge/städtebauliche Verträge 125 102
— Formnichtigkeit als Treuepflichtverletzung 125 113
— Formnichtigkeit/Geldentschädigung cic 125 112
— Formnichtigkeit/widersprüchliches Verhalten 125 114
— Rechte an Grundstücken **Vorbem 127a, 128** 52
— Verknüpfte Geschäfte 125 61
— Vollmachtsform 125 66
— Vollständigkeitsvermutung 125 94
und Gesellschaftsvertrag/Scheingeschäftscharakter 117 11
Grundstücksveräußerung/notarielle Beurkundung
— Abtretung eines Übereignungsanspruchs/formfreie **Vorbem 127a, 128** 112
— Abwicklung des Vertrages/Beseitigung von Schwierigkeiten **Vorbem 127a, 128** 135
— Änderungen des Vertrages 125 77; **Vorbem 127a, 128** 133 ff
— Anwartschaftsrecht **Vorbem 127a, 128** 112
— Aufhebung des Vertrages **Vorbem 127a, 128** 138 f
— Auftrag/Geschäftsbesorgung/Treuhand **Vorbem 127a, 128** 120
— Aubietungsgarantie **Vorbem 127a, 128** 116
— Baubeschreibung **Vorbem 127a, 128** 127
— Bauträgervertrag **Vorbem 127a, 128** 132
— Belehrungspflichten **Vorbem 127a, 128** 492
— Beratung/Vertragsgestaltung **Vorbem 127a, 128** 46
— Bestandsverzeichnis/Vorlesungsverzicht **Vorbem 127a, 128** 439
— Dingliche Übereignung/Wirksamkeitsvoraussetzung der Erklärung vor dem Notar **Vorbem 127a, 128** 96
— Eigentumsumschreibung und Vertragsänderungen **Vorbem 127a, 128** 134
— Eigentumsumschreibung/spätere Vertragsaufhebung **Vorbem 127a, 128** 139

Grundstücksgeschäfte (Forts.)
— Einseitige Rechtsgeschäfte **Vorbem 127a, 128** 116
— essentialia negotii **Vorbem 127a, 128** 126
— Fertighausvertrag **Vorbem 127a, 128** 132
— Formunwirksame Verpflichtung/ Heilung durch Eigentumserwerb **Vorbem 127a, 128** 669 ff
— Gemischte/zusammengesetzte Verträge **Vorbem 127a, 128** 130 ff
— Genehmigung/Formfreiheit **Vorbem 127a, 128** 142
— Gesamthand/Übertragung auf Bruchteilseigentümer **Vorbem 127a, 128** 114
— Gesellschaftsübertragung **Vorbem 127a, 128** 114
— Gesellschaftsvertrag **Vorbem 127a, 128** 81, 118
— Grundstück/Miteigentumsanteil **Vorbem 127a, 128** 112
— Kaufpreisänderung **Vorbem 127a, 128** 135
— Künftige/bedingte oder mittelbare Verpflichtung **Vorbem 127a, 128** 121
— Leistungszeit/Änderungen **Vorbem 127a, 128** 135
— Maklerverträge **125** 63; **Vorbem 127a, 128** 124
— Mehrzahl von Grundstücken **Vorbem 127a, 128** 438
— Miet- oder Pachtvertrag/sale and lease back **Vorbem 127a, 128** 132
— Mittelbare Verpflichtungen **Vorbem 127a, 128** 124
— Mitwirkungsverbote für den Notar **Vorbem 127a, 128** 303
— Nebenabreden **125** 58; **Vorbem 127a, 128** 127
— Negative Verpflichtung/formfreie **Vorbem 127a, 128** 115
— Öffentlich-rechtliche Verträge **Vorbem 127a, 128** 119
— Öffentliche Versteigerung **Vorbem 127a, 128** 116
— Rechtsgeschäftliche Verpflichtung **Vorbem 127a, 128** 116
— Rücktrittsrecht/Änderungen **Vorbem 127a, 128** 135
— Rücktrittsrecht/Fristverlängerung **Vorbem 127a, 128** 136
— Schuldübernahme **Vorbem 127a, 128** 117
— Sukzessivbeurkundung beim Schuldvertrag **Vorbem 127a, 128** 125
— Übernahme von Rechten/Verpflichtungen **Vorbem 127a, 128** 128
— Umfang des Beurkundungserfordernisses **Vorbem 127a, 128** 125

Grundstücksgeschäfte (Forts.)
— Umwandlung des Rechtsträgers/keine Anwendung **Vorbem 127a, 128** 114
— Unterhaltsvereinbarung, damit verbundene **Vorbem 127a, 128** 62
— Veräußerungsverpflichtung/Erwerbsverpflichtung **Vorbem 127a, 128** 45, 112 f
— Verpflichtungsgeschäft/Verfügungsgeschäft **Vorbem 127a, 128** 44, 45 ff
— Vollmacht/Frage der Formbedürftigkeit **Vorbem 127a, 128** 140 f
— Vorauszahlungen/anzurechnende **Vorbem 127a, 128** 127
— Vorkaufsrechtseinräumung/Vorkaufsrechtsausübung **Vorbem 127a, 128** 122 f
— Vorvertrag **125** 63
— Warnfunktion/Übereilungsschutz **Vorbem 127a, 128** 46
— Wiederkaufsrecht **Vorbem 127a, 128** 135
— Wissenserklärungen **Vorbem 127a, 128** 129, 407
und Immobilienfinanzierung/Aufklärungspflichten der Bank **123** 21
Scheingeschäfte und staatliches Teilungsunrecht/VermG **117** 27
Scheingeschäft/Schwarzkauf als Schulfall **117** 1, 8, 14, 15, 26
Verkehrswesentliche Eigenschaften/Eigenschaftsirrtum **119** 94
Grundstücksverkehr
und Bestimmung wesentlicher Bestandteile **94** 3
Grundstücksversteigerung
BeurkG-Verfahren bei freiwilliger – **Vorbem 127a, 128** 225
Gütergemeinschaft
Sondervermögen **Vorbem 90–103** 26
Gutglaubensschutz
und Formvoraussetzung **125** 98
Geschäftsfähigkeitsmängel/fehlender – **Vorbem 104–115** 28
Geschäftsfähigkeitsmangel/rechtspolitische Würdigung des Schutzes **Vorbem 104–115** 30
Kenntnis/Kennenmüssen s. dort
Wertpapiere/Übertragung verbrieften Rechts **Vorbem 104–115** 54 ff
Gutsbegriff
und Warenbegriff **Vorbem 90–103** 11

Haager Testamentsformübereinkommen
Anerkennung der Ortsform als Regel **Vorbem 127a, 128** 800 f
Halterhaftung
Geschäftsfähigkeitsrecht **Vorbem 104–115** 67 f

Hamburg
Öffentliches Eigentum an öffentlichen
 Wegen **Vorbem 90-103** 51
Hamburger Parkplatzfall
Sozialtypisches Verhalten **133** 58
Handelsgeschäft
Betriebliches Inventar/Zubehörstücke
 98 4 ff
Erwerb durch Minderjährigen **107** 28
und Unternehmensbegriff
 Vorbem 90-103 31
Handelsgesellschaft
Geschäftsunfähigkeit eingetragenen
 Vertretungsorgans **Vorbem 104-115** 52
Handelsklausel
Anfechtungsausschluß bei Unkenntnis
 Vorbem 116-144 71
Handelsmakler
Erklärungsempfänger/Frage einer Drittstellung **123** 50
Schweigen auf Schlußnote
 Vorbem 116-144 74
Handelsmündigkeit
Selbständiger Betrieb eines Erwerbsgeschäftes durch Minderjährigen
s. Geschäftsfähigkeit/beschränkte
Handelsrecht
Notarielle Beglaubigung/Fälle **129** 5, 13
Rechtsscheintatbestände/Geschäftsfähigkeitsrecht **Vorbem 104-115** 50
Textformerfordernisse **126b** 11
Zeichnung einer Namensunterschrift **129** 7
Handelsregister
Anmeldungen zur Eintragung
 Vorbem 127 a, 128 91
Eigenurkunde **129** 50
Eintragungsantrag/unanfechtbare Verfahrenshandlung **119** 104
Formmängel/Heilung durch Eintragung
 125 106
Hauptversammlungsniederschrift/Einreichung **Vorbem 127a, 128** 628
Justizentlastung/Vorkontrolle als Formwirkungen **125** 50, 51
Notarielle Beurkundung
— Filterfunktion/faktische Vorkontrolle
 Vorbem 127a, 128 25
— Hauptversammlungsniederschrift/
 Einreichung **Vorbem 127a, 128** 628
— Klarstellungs- und Beweisfunktion
 Vorbem 127a, 128 21
— Vertretungsverhältnisse und Registereinsicht **Vorbem 127a, 128** 343
— Vertretungsverhältnisse/Nachweis
 Vorbem 127a, 128 347
— Vollzugspflicht/Urkundeneinreichung
 Vorbem 127a, 128 654 f

Handelsregister (Forts.)
— Wirksamkeitsvoraussetzung/Belehrung
 Vorbem 127a, 128 491
Notarielle Unterschriftsbeglaubigung
— Anmeldungen zur Eintragung
 Vorbem 127a, 128 91; **129** 13
— Beweisfunktion **125** 45
— Gesellschaftsformen/Übersicht **129** 13
— Justizentlastung/Vorkontrolle als Formwirkung **125** 50 f
— und Zeichnung einer Namensunterschrift **129** 7
Rechtsscheintatbestände/Geschäftsfähigkeitsrecht **Vorbem 104-115** 50
Registerbescheinigung **Vorbem 127a,
 128** 348
Schiedsspruch mit vereinbartem Wortlaut
 127a 49
Schutzstandard **Vorbem 127a, 128** 29
Urkundenerfordernis/nur verfahrensrechtliches **125** 98
Vollmachtsnachweis **125** 72
Vorkontrolle/Justizentlastung durch
 Formerfordernisse **125** 36; **129** 17
Handelsverkehr
Schweigen/Konkludenz kraft Verkehrssitte **Vorbem 116-144** 73 ff
Textform für Informationspflichten
 126b 20
und Verkehrssitte **133** 69
Handelsvertreter
Erklärungsempfänger/Frage einer Drittstellung **123** 50
und Minderjährigenstellung **113** 6
Handlung
Willenserklärung/fehlender Handlungswille **Vorbem 116-144** 50
Willenserklärung/Handlungswille
 Vorbem 116-144 27, 49
Handlungsfähigkeit
Fähigkeit zu rechtlich relevantem Verhalten/Rechtsgeschäfte, Delikte, Pflichtverletzungen und sonstige Rechtshandlungen **Vorbem 104-115** 2
Rechtsfähigkeit/erforderliche **Vorbem 104-115** 3
Unmittelbare Verhaltensfähigkeit/mittelbare Verhaltensfähigkeit
 Vorbem 104-115 4
und Verfügungsbefugnis/Abgrenzung
 Vorbem 104-115 5
Verwaltungsrechtliche Willenserklärungen
 Vorbem 104-115 98 ff
Zurechenbarkeit/rechtliche einer Handlung **Vorbem 104-115** 2
Handwerkliche Betriebe
Inventar als Zubehör **98** 7

Handzeichen
Notariell beglaubigtes Handzeichen/
Schriftformersatz **126** 150 f
Notarielle Beglaubigung **129** 61, 62
und Unterschrift/Abgrenzung **126** 143 ff
Hauptversammlungsbeschlüsse
Beurkundungserfordernis
s. Aktiengesellschaft
Haustürgeschäft
s. a. Verbraucherverträge
Notarielle Beurkundung/Widerrufsrecht
Vorbem 127a, 128 694
Zurechnung der Vermittlertätigkeit **123** 50
Heilung formnichtiger Rechtsgeschäfte
s. Formerfordernis
Heimvertrag
Abschluß durch Geschäftsunfähigen
105a 16
Heininger-Urteil
EuGH/Immobilienfinanzierungen **123** 52
Heizungsanlage
Wesentlicher Gebäudebestandteil **94** 31
Herausgabepflicht
Früchteherausgabe/Ersatz von Gewinnungskosten **102** 1 ff
Herrenlose Sachen
Leichnam/abgetrennte Teile hiervon
90 37 f, 41
Herstellung eines Gebäudes
Gebäudebestandteile/wesentliche
Bestandteile
s. dort
Herzschrittmacher
Rechtslage **90** 25, 39
Hessen
Unterschriftsbeglaubigungen **129** 45
Hilfsanlagen
Sonderrechtsfähigkeit/Sonderrechtsunfähigkeit von Bestandteilen **93** 22
Himmelskörper
Aneignungsverbot **Vorbem 90-103** 50
Hinwirkungspflichten
Beurkundung von Verbraucherverträgen
s. Verbraucherverträge
Höchstpersönlichkeit
und gesetzliche Vertretung
Vorbem 104-115 14
Höferecht
Formfrage/Anerkennung formloser Übergabe- und Erbverträge **125** 116
Hofeszubehör
Begriff **97** 3
Inventarbegriff **98** 15
Holz auf dem Stamm
Fehlende Übereignungsmöglichkeit **94** 17
Holzvertäfelungen
als wesentliche Bestandteile **93** 40

Hypnose
Handlung/fehlende **Vorbem 116-144** 27
Hypothek
Bestellung für Scheinforderung **117** 11
Ertragsfähigkeit eines Grundstücks und
Erwerb einer – **119** 94
Löschungsantrag/Irrtum über Rangfolgenwirkung **119** 71
Vorlesungsverzicht bei der Bestellung
Vorbem 127a, 128 440
Zubehörerstreckung **97** 32
Idenitätsfeststellung
Notarielle Beurkundung
s. dort
Notarielle Unterschriftsbeglaubigung
s. dort
Identitätsirrtum
s. Anfechtung
Imbezillität
Krankhafte Störung der Geistestätigkeit
104 9
Immaterialgüterrechte
als fruchtbringende Rechte **99** 20
Software/Datenträger und Programminhalt **90** 13 ff
und wesentlicher Bestandteil **93** 31
Inbegriffe
Sachgesamtheit/Rechtsgesamtheit
Vorbem 90-103 17 ff, 22 ff
Indienststellung
Öffentliche Sachen **Vorbem 90-103** 53
Information
als rechtsgeschäftsähnliche Handlung
Vorbem 116-144 2
Ingenieur
Gebührenvereinbarung/Schriftform
126 49 f
Inhaberpapiere
Rechtsnatur **90** 5
Wertpapiere/Übertragung verbrieften
Rechts **Vorbem 104-115** 54 ff
Inhaltsirrtum
s. Anfechtung
Insolvenz
Anfechtbarkeit im Insolvenzverfahren/
Erwerbsgeschäfte und beschränkte
Geschäftsfähigkeit **107** 12
Erfüllungsverlangen des Insolvenzverwalters/Irrtum über die Rechtsfolge **119** 70
Insolvenzplan/aufgenommene Willenserklärung **127a** 51
Insolvenzverwalter
Sachbeteiligung des Notars **Vorbem 127a, 128** 287
Instandhaltungsrücklage
Zubehör des Wohnungseigentums **97** 4

Interessen
und Auslegung **133** 48, 52 ff
Internationales Privatrecht
Formgültiges Rechtsgeschäft/ausschließliche Zuständigkeit deutscher Notare **Vorbem 127a, 128** 722 ff
Geschäfts- oder Ortsform/alternative Einhaltung **Vorbem 127a, 128** 748 f
Geschäftsfähigkeit/Maßgeblichkeit des Heimatrechts **Vorbem 104-115** 17
Notarielle Beurkundung/Verweisung auf ausländisches Recht **Vorbem 127a, 128** 507
Ortsform/Anerkennung errichteter Rechtsgeschäfte **Vorbem 127a, 128** 780
Ortsform/Anerkennung als Regel **Vorbem 127a, 128** 800 ff
Prozeßvergleich **127a** 52 f
Internet-Auktionen
und Widerrufsausschluß **Vorbem 116-144** 57
Intoxikationen
Vorübergehende krankhafte Störung der Geistestätigkeit **104** 12
Inventar
Gewerbliches Inventar/Zubehörstücke **98** 4 ff
Landgut/Zubehörstücke **98** 9 ff
als Sachgesamtheit **Vorbem 90-103** 20
Invitatio ad offerendum
Rechtsbindungswille/abzugrenzender **Vorbem 116-144** 29
Irrtumsregelung
s. Anfechtung
Italien
Ausländische Urkunden **Vorbem 127a, 128** 751
Bestandteile und Zubehör **93** 49
Beurkundung/Gleichwertigkeit **Vorbem 127a, 128** 742
Elektrizität als bewegliches Gut **90** 12
Fruchtbegriff **99** 22
Gegenstandsbegriff/Sachbegriff **Vorbem 90-103** 7
Geschäftsfähigkeitsrecht **Vorbem 104-115** 128 ff
Scheinbestandteile **95** 33
Unternehmensbedeutung **Vorbem 90-103** 35
Zubehör **97** 38

Jagdrecht
Grundstücksbestandteil **96** 6
Japan
Beurkundung/Gleichwertigkeit **Vorbem 127a, 128** 746
Juristische Fachausdrücke
Auslegung von Willenserklärungen **133** 46

Juristische Person des öffentlichen Rechts
Unterschriftsbeglaubigung/entbehrliche bei gesiegelten Eigenurkunden **129** 49 ff
Justizentlastung
durch notarielle Beurkundung **Vorbem 127a, 128** 26

Kalkulationsirrtum
s. Anfechtung
Kanada
Beurkundung/Gleichwertigkeit **Vorbem 127a, 128** 746
Kapitalgesellschaft
s. a. Aktiengesellschaft
s. a. GmbH
s. a. Umwandlungsrecht
Ausländische Basisgesellschaft **117** 13
Fehlerhafte Gesellschaft/Bestandsschutz für die Gesellschaft **119** 109
Gründung/Beurkundungserfordernisse **Vorbem 127a, 128** 75 f
Satzungsänderungen, Hauptversammlungsbeschlüsse/Beurkundungserfordernisse **Vorbem 127a, 128** 77 ff
Scheingründungen **117** 6, 11, 13
Kapitalmarktrecht
Aufklärungspflichten **123** 20 f
Kartellrecht
Schriftformerfordernis/früheres **126** 64, 76
und Unternehmensbegriff **Vorbem 90-103** 31
Kastration
Einwilligung des Verletzten/Geschäftsfähigkeitsrecht **Vorbem 104-115** 60
Kaufleute
Formvereinbarung/formlose Aufhebung **127** 62
Kaufmännischer Verkehr
Schweigen als Antragsannahme/Genehmigung eines Rechtsgeschäfts **Vorbem 116-144** 63
Kaufmännisches Bestätigungsschreiben
Schweigen hierauf **Vorbem 116-144** 73, 79
Kaufvertrag
Aufklärungspflichten **123** 13 ff
und Kaufgegenstand **Vorbem 90-103** 10
Kraftfahrzeugkauf
s. dort
Kausalität
Amtspflichtverletzung und Schadenseintritt **Vorbem 127a, 128** 716
Anfechtung wegen Irrtums/subjektive und objektive Irrtumserheblichkeit **119** 98
Drohung/Abgabe einer Willenserklärung **123** 66

Kausalität (Forts.)
Geschäftsunfähigkeit und abgeschlossenes Rechtsgeschäft/kein Ursachenzusammenhang **104** 17; **105** 2
Krankhafte geistige Störung/Ausschluß freier Willensbestimmung **104** 10
Täuschung/irrtumsbedingte Willenserklärung **123** 26
Veranlassungsprinzip als Kausalhaftung **122** 2
Kellerrecht
als grundstücksgleiches Recht **93** 29
Kennen/Kennenmüssen
Ernstlichkeit der Willenserklärung/fehlende **118** 2 f
Kenntnis/Kennenmüssen
Anfechtungsgrund und Ersatz negativen Interesses **122** 16 ff
Anfechtungsgrund/Kenntenis und treuwidrige Kenntnisverweigerung **121** 4 ff
Bereicherungshaftung und Kenntnis vom fehlenden Rechtsgrund/Geschäftsfähigkeitsrecht **Vorbem 104-115** 78 ff
Durchschauter Vorbehalt/erforderliche Kenntnis **116** 8
Eigengeschäft trotz erforderlicher gesetzlicher Vertretung **Vorbem 104-115** 73
Eigentümer-Besitzer-Verhältnis/Böser Glaube und Geschäftsfähigkeitsrecht **Vorbem 104-115** 76 f
Erklärungsgegner bei der Täuschung **123** 56
Gesetzliche Vertretung **Vorbem 104-115** 72
Gut- und Bösgläubigkeit/Geschäftsführungsrecht **Vorbem 104-115** 70 ff
Kalkulationsirrtum/vom Vertragsgegner erkannter **119** 52
Minderjährigengeschäft ohne Einwilligung/Recht des anderen Teils **109** 1 ff
Verjährungsfrist, Beginn regelmäßiger/Geschäftsfähigkeitsrecht **Vorbem 104-115** 84
Verkehrssitte/berücksichtigte **133** 67
Vertretergeschäft/Täuschung des Vertreters **116** 10
Zugang von Willenserklärungen s. dort
Zustimmungsfreies Geschäft des Minderjährigen **Vorbem 104-115** 74
Kind
Person über sieben Jahre
s. Geschäftsfähigkeit/beschränkte
Person unter sieben Jahren
s. Geschäftsunfähigkeit
Kinderschaukel
als Scheinbestandteil **95** 13
Kirchen/Religionsgemeinschaften
Friedhofsgrundstücke **Vorbem 90-103** 62

Kirchen/Religionsgemeinschaften (Forts.)
Res sacrae
s. dort
Klage/Klagbarkeit
Anfechtungserklärung in einer Klageschrift **121** 11
Auslegungsfragen im Prozeß/Beweislastfragen **133** 76 ff
Drohung mit einer Klage/Frage der Widerrechtlichkeit **123** 75
Prozeßfähigkeit, allgemeine Verfahrensfähigkeit/Geschäftsführungsrecht **Vorbem 104-115** 95
Rechtsstreit und Prozeßvergleich **127a** 14 f
Klarstellungsfunktion
s. Formfragen
Kleingartenpachtvertrag
Kündigung/Schriftform **126** 34
Körperliche Gegenstände
s. Sachen
Kommanditanteil
Beteiligungserwerb durch Minderjährigen **107** 29
Kommanditgesellschaft
Beitretender Kommanditist/getäuschter **123** 55
Beteiligungserwerb durch Minderjährigen **112** 3
Kommittent
Erklärungsempfänger/Frage einer Drittstellung **123** 48
Kommunikationsakt
Abgabe einer Willenserklärung **Vorbem 116-144** 13
Kommunmauer
Halbscheidige Giebelmauer/Rechtsverhältnisse **94** 15
Konfessionszugehörigkeit
und Arbeitgeber-Fragerecht **123** 36
Konkludente Willenserklärung
Annahmeerklärung/konkludente **Vorbem 116-144** 44
Annahme/konkludente **Vorbem 116-144** 47
Ausdrückliche/konkludente Erklärung **Vorbem 116-144** 43, 58
Ausführung/Erfüllung schuldrechtlicher Pflichten **Vorbem 116-144** 54
Auslegung **133** 26
Auslegung konkludenten Verhaltens **Vorbem 116-144** 45
Bestätigung nach arglistiger Täuschung/Drohung **124** 9
Erbschaftsannahme ohne Kenntnis des Ausschlagungsrechts **119** 72
Erklärungsbewußtsein/fehlendes **Vorbem 116-144** 45
Flumes Lehre/Anschein einer Willenserklärung **Vorbem 116-144** 59

Konkludente Willenserklärung (Forts.)
  Formfrage/Gegenbegriff zur ausdrücklichen Erklärung **125** 5
  Formvereinbarung/formlose Aufhebung **127** 64 f
  Geheimer Vorbehalt/Bindung an den Rechtsschein **116** 2
  Genehmigung/Bestätigung/Verzichtserklärung **Vorbem 116-144** 44
  Inanspruchnahme von Waren/Dienstleistungen **Vorbem 116-144** 54
  Irrtumsanfechtung **119** 103
  Schweigen als Willenserklärung
    s. dort
  Stillschweigende Forderungsabtretung **Vorbem 116-144** 44
  Stillschweigende Willenserklärung **Vorbem 116-144** 53
  Stillschweigende Willenserklärung/ Abgrenzung des Schweigens **Vorbem 116-144** 53
  Vertrauenshaftung **Vorbem 116-144** 48
  Vollmachtswiderruf **Vorbem 116-144** 44, 46
  Willensbetätigung **Vorbem 116-144** 4
  Zwangsverwalter-Fall **Vorbem 116-144** 46, 48
Konsularische Beglaubigung
  Auslandsbeglaubigung **129** 43
Konsularische Beurkundung
  Auslandsbeurkundungen **Vorbem 127a, 128** 253 ff
Konto
  Entgeltkonto eines Minderjährigen **113** 21
  Girovertrag
    s. dort
Kontoauszüge
  Schweigen auf die Zusendung **Vorbem 116-144** 61
Konzernrecht
  und Unternehmensbegriff **Vorbem 90-103** 31
Kostenerstattungspflicht
  und Geschäftsfähigkeitsfrage **Vorbem 104-115** 95
Kraftfahrzeug
  Sonderrechtsfähigkeit/Sonderrechtsunfähigkeit von Bestandteilen **93** 20
Kraftfahrzeug-Haftpflichtversicherung
  Schadensanzeige/Textform **126b** 23
Kraftfahrzeugbrief
  Ausweisfunktion **90** 7
Kraftfahrzeugkauf
  AGB-Schriftformklauseln **127** 14
  Beachtlichkeit eines Eigenschaftsirrtums **119** 81
  Fabrikneues Fahrzeug/Aufklärungspflicht **123** 16

Kraftfahrzeugkauf (Forts.)
  Gebrauchtwagenhändler/Vertrauensgrundlage **123** 16
  Gebrauchtwarenhandel/steuerlich motivierte Vertragsgestaltung **117** 13
  Leistungsstörungsrecht/Anfechtungsrecht **119** 82
  Unfallschäden/offenbarungspflichtige **123** 16
  Verkehrswesentliche Kfz-Eigenschaften **119** 93
  Wertbildende Faktoren/Aufklärung **123** 16
Krankenhausaufnahmevertrag
  und Unterschriftsirrtum **119** 12
Krankheit
  Arbeitnehmer-Leistungsfähigkeit/Aufklärungspflicht **123** 37
  Arbeitnehmer-Leistungsfähigkeit/ verkehrswesentliche Eigenschaft **119** 90
  Krankhafte Störung der Geistestätigkeit
    s. Geschäftsunfähigkeit
  Medizinischer/juristischer Krankheitsbegriff **104** 8 f
Kreditvermittler
  Erklärungsempfänger/Frage einer Drittstellung **123** 50
KreditwesenG
  Textformerfordernisse **126b** 11
Kreditwürdigkeit
  Frage verkehrswesentlicher Eigenschaft **119** 89
Küchengeräte
  Wesentlicher Gebäudebestandteil **94** 35
Kündigung
  Anfechtungsrecht/Wahlrecht **123** 93
  Ausübung durch minderjährigen Berechtigten **107** 32; **111** 2
  Drohung mit ordentlicher/außerordentlicher Kündigung **123** 73 f
  Schriftformerfordernisse **126** 90 f
  Willenserklärung **Vorbem 116-144** 5
Künftige Geschäfte
  Einwilligung gesetzlichen Vertreters/ Minderjährigengeschäft **107** 36
Künstliche Körperteile
  Rechtslage **90** 25, 39
Kulturgut
  und Eigentumsbeschränkung **Vorbem 90-103** 67
  Genehmigungsbedürftige Ausfuhr **Vorbem 90-103** 67
  Mobilieneinordnung als - **Vorbem 90-103** 67
Kunstwerk
  Herkunft/verkehrswesentliche Eigenschaft **119** 93
Kunstwert
  eines wesentlichen Bestandteils **93** 31

Landesrecht
Beglaubigungszuständigkeiten/zuständige
  129 44 f
Denkmalschutz **Vorbem 90-103** 66
Grundstücksbestandteile/Beispiele 96 5
Naturschutz- und Landschaftspflegerecht
  Vorbem 90-103 67
Landpachtvertrag
Schriftformerfordernis **126** 32
Landwirtschaftlicher Unternehmer
Realakt der Aufgabe/Geschäftsfähigkeitsfrage **Vorbem 104-115** 100
Landwirtschaftliches Inventar
Landgut/Zubehörstücke **98** 9 ff
Lastenverteilung
Andere Lasten/nicht regelmäßig wiederkehrende **103** 7
Begriff der Lasten **103** 5
Regelmäßig wiederkehrende Lasten **103** 6
Verteilungsmaßstab **103** 1
Leasing
Leasinggeber/Zurechnung von Täuschungen des Lieferanten **123** 53
Lebensbereiche
und Geschäftsunfähigkeit aufgrund krankhafter Störung **104** 14
Lebenspartnerschaft
Notarielle Beglaubigung/Fälle **129** 5
Notarielle Beurkundung vermögensrechtlicher Regelung **Vorbem 127a, 128** 59
Notarielle Beurkundung/Fälle
  Vorbem 127a, 128 59
Legalisation
Ausländische Unterschriftsbeglaubigung
  129 137
Ausländische Urkunden **Vorbem 127a, 128** 750 ff
Leibrentenversprechen
Einseitiger Formzwang **125** 56; **126** 54
Leichnam
s. a. Menschlicher Körper
Abgetrennte Teile/Aneignungsrecht **90** 38
Alte Kulturen/Ötzi-Fund **90** 42
Anatomieüberlassung **90** 34
Bestandteile des Leichnams **90** 38 f
Eigentumsfrage/Totenehrung **90** 29, 37
Festlegung des Todeszeitpunktes **90** 27
als Grabinhalt **Vorbem 90-103** 63
Herrenlosigkeit/Ablauf der Ruhezeit für die Totenehrung **90** 41
Herrenlosigkeit/fehlendes Aneignungsrecht **90** 37
Herzschrittmacher **90** 39
Künstliche Körperbestandteile **90** 39
Obduktionsvereinbarung **90** 35
Organentnahme/TransplantationsG **90** 36
Persönlichkeitsrecht/Erlöschen des postmortalen **90** 40

Leichnam (Forts.)
Persönlichkeitsrecht/Fortwirkung **90** 30 f
Rechtsregeln/Einordnung als Sache **90** 28
Totensorgerecht als Nichtvermögensrecht
  90 31
Totensorgerecht/Inhaber, Ausübung
  90 32 f
Leihe
Minderjährigengeschäft/Einwilligungserfordernis **107** 23
Leistung/Gegenleistung
Mißverhältnis **123** 92
Leistung/Gegenleistung-Bewirkung
Volljähriger Geschäftsunfähiger/Rückabwicklungsausschluß bei Geschäften des täglichen Lebens **105a** 8 f
Leistungsbestimmung
Minderjähriger als Dritter **107** 20
Leistungsforderungsrechte
Verbindung in Ausübung des Rechts **95** 19
Leistungsstörungen
Anfechtung wegen Arglist/Vorrangfrage
  123 94
Anfechtung wegen Eigenschaftsirrtums/
  Vorrangfrage **119** 82 ff, 93, 106
Sphärengedanke/Frage zu ersetzenden
  Vertrauensschadens **122** 7
Volljähriger Geschäftsunfähiger/Rückabwicklungsausschluß bei Geschäften des täglichen Lebens **105a** 12
Letztwillige Verfügungen
Anfechtung/Vertrauenshaftung **122** 3
Auslegung **133** 31, 32
Durchschauter Vorbehalt **116** 9
Geheimer Vorbehalt/Bindung an den Rechtsschein **116** 2
Scheingeschäft **117** 3
Zugang **130** 102
Lichte Zwischenräume
Vorübergehende seelische Störung/Abgrenzung **104** 13
Linoleum
Gebäudebestandteil **94** 34
Zubehör **97** 25
Luft
und Luftverkehr **Vorbem 90-103** 42
Nicht beherrschbarer körperlicher Gegenstand/fehlende Verkehrsfähigkeit
  Vorbem 90-103 41 ff
Luftfahrzeuge
Grundsätze des Liegenschaftsrechts/
  Geltung für eingetragene – **94** 39
als unbewegliche Sachen/als bewegliche Sachen **Vorbem 90-103** 39
Zubehör an eingetragenen – **97** 32

Mängel der Leistung
AGB-Ausschluß für Sachmängel/ausgeschlossene Anfechtung **119** 102
Anfechtung wegen Arglist/Vorrangfrage **123** 94
Anfechtung wegen Eigenschaftsirrtums/Vorrangfrage **119** 82 ff, 93, 106
Aufklärungspflicht des Verkäufers **123** 13
Mängelrüge
Irrtumsanfechtung **119** 103
als rechtsgeschäftsähnliche Handlung **Vorbem 116-144** 2
Mahnung
Irrtumsanfechtung **119** 103
als rechtsgeschäftsähnliche Handlung **Vorbem 116-144** 2
Rechtsnatur/Anwendbarkeit des Geschäftsfähigkeitsrechts **Vorbem 104-115** 87; **107** 44
Mailbox
als elektronischer Briefkasten **126a** 49
Zugang von Willenserklärungen **130** 50, 51, 73
Makler
Beurkundungsbedürftige Grundstücksgeschäfte **Vorbem 127a, 128** 124
Erklärungsempfänger/Frage einer Drittstellung **123** 50
Maschinen
und Sonderrechtsunfähigkeit **93** 18, 27
Zubehör **97** 14
Maßbezeichnungen
Verwechselung/Verlautbarungsirrtum **119** 43 f
Materie
Leblose Materie/Tiere als Gegensatz **90a** 6
Mechanische Verbindungen
Begründung fester Verbindung **94** 9
Zusammenhaltung von Teilen **93** 9
Meereswasser/Meeresboden
s. Wasser
Mengensachen
als Gegenstand des Rechtsverkehrs **Vorbem 90 ff** 16; **93** 10
Menschlicher Körper
Abgetrennte Bestandteile/Eigentumsentstehung **90** 20 ff
Abgetrennte Körperteile/Einpflanzung **90** 24
Abtrennung zwecks Zurückführung in den Körper **90** 22
Eigenblutspende **90** 22
Eigentumseigenschaft/fehlende **90** 18
Hilfsmittel ohne organische Einbeziehung **90** 26
Künstliche Körperteile **90** 25
Leichnam
s. dort

Menschlicher Körper (Forts.)
Organspenden **90** 23
Persönlichkeitsrecht/abgetrennte Körperteile **90** 20
Persönlichkeitsrecht/Recht am eigenen Körper **90** 19
Sachzugehörigkeit/fehlende **90** 18; **Vorbem 90-103** 9
Schuldrechtliche Verpflichtung/abzutrennende Körperstücke **90** 23
Schuldrechtliche Verpflichtungen zur Darbietung **90** 19
Sperma **90** 22
Zusatzimplantate **90** 25
Mentalreservation
s. Geheimer Vorbehalt
Methoden der Auslegung
s. Auslegung von Willenserklärungen
Mietkauf
und Scheinbestandteileigenschaft **95** 7
Mietvertrag
Angehörigen-Verträge/Scheingeschäftscharakter **117** 16
Befristete Wohnraummiete/Formerfordernis **125** 100
Einbringung von Sachen/Geschäftsfähigkeitsrecht **Vorbem 104-115** 92
Grundstücksveräußerung/sale and lease back **Vorbem 127a, 128** 132
und Grundstücksveräußerung/Übernahme **Vorbem 127a, 128** 128
und Grundstückszubehör **97** 19
Kündigung der Wohnraummiete/Schriftform **126** 31 f, 90; **127** 70
Längerfristiger Vertrag/Schriftform **126** 30, 71, 86, 114, 115 ff
Längerfristiger Vertrag/Schriftformmangel **126** 177
Längerfristiger Vertrag/Vorvertrag und Formfrage **126** 98
Leistungsstörungsrecht und Anfechtungsrecht/Vorrangfrage **119** 83
Mieterhöhungsverlangen/Textform **126b** 8
Minderjährigenverpflichtung/Folgekonsens **107** 41
und mittelbare Fruchtziehung **99** 19
Offenbarungspflichten des Mieters/Vermieters **123** 19
und Schriftformerfordernis/Nebenabreden **125** 58
Schriftformklauseln **127** 69 f
Vermieter-Fragerecht beim Vertragsabschluß **123** 44
Vermieterinformationspflichten/Textform **126b** 18
Vermieterwiderspruch gegen Entfernung von Sachen/Geschäftsfähigkeitsrecht **Vorbem 104-115** 87

Mietvertrag (Forts.)
Vermieterzustimmung zur Untermiete/
Formklausel **127** 20
Milchwirtschaft
Landgut/Zubehörstücke **98** 10
MinderjährigenhaftungsbeschränkungsG
Minderjähriger als persönlich haftender
Personengesellschafter **112** 3
Minderjährigkeit
Begriff **106** 2
Gesetzliche Vertretung **Vorbem 104–115** 24
Person über sieben Jahre
s. Geschäftsfähigkeit/beschränkte
Person unter sieben Jahren
s. Geschäftsunfähigkeit
Mineralien
Rechtslage **94** 20
Ministerium für Staatssicherheit
Arbeitgeber-Fragerecht **123** 42
Miteigentum
Zusammenfügung gleichwertiger beweglicher Sachen **93** 26
Miteigentumsanteil
Veräußerung oder Erwerb/Beurkundungserfordernis **Vorbem 127a, 128** 112
Mitgliedschaftsrechte
Rechtserträge **99** 11
Mitteilung
als rechtsgeschäftsähnliche Handlung
Vorbem 116–144 2; **130** 14
Mitteilungspflichten
Kontrollfunktion der Beurkundung
Vorbem 127a, 128 27
Mittel-Zweck-Relation
Mißbilligung als rechtswidrig **123** 70 ff
Mittelbare Verpflichtungen
Grundstückserwerbs-/Veräußerungsverpflichtung **Vorbem 127a, 128** 124
Mitverschulden
Amtshaftung **Vorbem 127a, 128** 718
und Ersatz negativen Interesses nach
Anfechtung **122** 18
Mitwirkungsverbote für den Notar
s. Notarielle Beurkundung
Motivirrtum
s. Anfechtung
Mündliche Erklärung
Abgrenzung der Formen/Systematische
Einordnung **125** 5
Abgrenzung/durch Textform verwischte
125 7
Auslegung von Willenserklärungen **133** 49
Erklärung unter Anwesenden **130** 108 ff
Testamentserrichtung/frühere Form **125** 6
Textform/Abgrenzung **126b** 25
Münzbezeichnungen
Verwechselung/Verlautbarungsirrtum
119 43 f

Multimedia-Gesetz
und Signaturgesetz 1997 **126a** 9
Nachbarrecht
Grundstückserwerb/beschränkte
Geschäftsfähigkeit **107** 12
Klage gegen Glockengeläut
Vorbem 90–103 60
Nachlaß
Sondervermögen **Vorbem 90–103** 26
Name
Elektronische Form/Namensangabe
126a 44 f
Schriftform/Namensunterschrift **126** 137 ff
Textform/Person des Erklärenden
126b 29 ff
Namensbestimmung
und notarielle Unterschriftsbeglaubigung
129 21 ff
Namenszeichnung
zum Handelsregister **129** 7, 51
Natürliche Personen
und Geschäftsfähigkeitbegriff
Vorbem 104–115 1
Naturalobligation
Minderjährigengeschäft/Einwilligungserfordernis **107** 23
Naturdenkmäler
Eigentumsbeschränkungen
Vorbem 90–103 67
Nebenabreden
Ehevertrag **Vorbem 127a, 128** 176
Erbschaftskauf/Erbteilsübertragung
Vorbem 127a, 128 167
und Formerfordernisse **125** 58 ff; **126** 84
und Formerfordernisse/AGB-Schriftformklauseln **127** 16
GmbH-Geschäftsanteil/dingliche Abtretung **Vorbem 127a, 128** 161
GmbH-Satzung **Vorbem 127a, 128** 199
Grundstücksveräußerungs-/Erwerbsverpflichtung **Vorbem 127a, 128** 127
und Umfang des Beurkundungserfordernisses **Vorbem 127a, 128** 101
Nebensachen
und Zubehör/Abgrenzung **97** 3
Neurosen
Krankhafte Störung der Geistestätigkeit
104 8 f
Neutrale Geschäfte
Minderjährigengeschäfte/Einwilligungsfreiheit **107** 20
Nicht-nur-vorübergehender-Zustand
Geschäftsunfähigkeit wegen krankhafter
Störung/Abgrenzung **104** 12
Nichtigkeit
Begriff **105** 3

Nichtigkeit (Forts.)
Beurkundungsfehler/zur Unwirksamkeit führende **Vorbem 127a, 128** 230 ff, 258 ff, 315 ff
Fehlende gesetzliche Form
s. Formerfordernis
Fehlende gewillkürte Form/Zweifelsregel **125** 120 ff
und geltungserhaltende Reduktion **133** 61
Gerichtlicher Vergleich **127a** 33, 40 ff
Kapitalgesellschaftsrecht/Nichtigkeitsklage **117** 6; **119** 109
Minderjährigengeschäft einseitiger Willenserklärung ohne Genehmigung **111** 9
Minderjährigengeschäft/Verweigerung der Genehmigung **108** 11
Nichtiges Rechtsgeschäft/Ablehnung unwirksamer Beurkundung **Vorbem 127a, 128** 449 ff
Perplexes Rechtsgeschäft **133** 10
Scheingeschäft
s. dort
Willenserklärungen eines Geschäftsunfähigen
s. Geschäftsunfähigkeit
Willenserklärungen wegen vorübergehender psychischer Störung
s. Geschäftsunfähigkeit
Willenstheorie/Nichtigkeitsdogma **Vorbem 116–144** 16
Niederlande
Ausschließliche Zuständigkeit inl. Notars **Vorbem 127a, 128** 782, 788
Beurkundung/Gleichwertigkeit **Vorbem 127a, 128** 743
Niederschrift über die Beurkundung
Vertragliche/rechtsgeschäftliche Willenserklärungen
s. Notarielle Beurkundung
Nießbrauch
Beschränkte Geschäftsfähigkeit/Schenkung mit bereits bestehender Belastung/unter Belastungsvorbehalt **107** 15 ff
Gesetzliches Schuldverhältnis/Erwerbsgeschäft und beschränkte Geschäftsfähigkeit **107** 14
Grundstücksschenkung und Nießbrauchsbelastung/Beschränkte Geschäftsfähigkeit **107** 15
Verbrauchbare Sachen **92** 5
Notarielle Beglaubigung
s. Notarielle Unterschriftsbeglaubigung
Notarielle Beurkundung
Abbildungen/Niederschriftenverweis **Vorbem 127a, 128** 366 f
Abgrenzung der Form/systematische Einordnung **125** 5, 19

Notarielle Beurkundung (Forts.)
Abhängigkeit zweier Verträge **Vorbem 127a, 128** 403
Ablehnung unwirksamer Beurkundung **Vorbem 127a, 128** 448 ff
Abschnittsweise Beurkundung **Vorbem 127a, 128** 375
Abschrift
— Hauptversammlungsniederschrift **Vorbem 127a, 128** 629
— Notarielle Niederschrift als Verweisungsgegenstand **Vorbem 127a, 128** 430
— als Oberbegriff **Vorbem 127a, 128** 640
— Recht hierauf **Vorbem 127a, 128** 647 ff
— Reinschrift **Vorbem 127a, 128** 644
Änderungen der Urschrift **Vorbem 127a, 128** 636 f
Änderungen eines Vertrages/Aufhebung **Vorbem 127a, 128** 107 ff, 133 ff, 138 ff, 157 f, 169 f
Änderungen während der Beurkundungsverhandlung
— Beweiskraftfrage **Vorbem 127a, 128** 380
— bis Abschluß der Beurkundungsverhandlung **Vorbem 127a, 128** 377
— Neuausdruck/erneute Verlesung **Vorbem 127a, 128** 381
— Randvermerk/Vermerk am Schluß **Vorbem 127a, 128** 378 f, 380
— im Text der Niederschrift/geringfügige, nicht geringfügige **Vorbem 127a, 128** 378 f
Affidavit **Vorbem 127a, 128** 598
Aktiengesellschaft
s. dort
Allgemeine Rechtsbelehrung **Vorbem 127a, 128** 488 ff
Alternative Gestaltungsmöglichkeiten **Vorbem 127a, 128** 468
Amtsbereich/idR Amtsgerichtsbezirk **Vorbem 127a, 128** 263 ff
Amtsbezeichnung **Vorbem 127a, 128** 401
Amtsbezirk/OLG-Bezirk **Vorbem 127a, 128** 261 f
Amtshaftung **Vorbem 127a, 128** 712 ff
Amtssiegel **Vorbem 127a, 128** 402
Anerkennung deutscher Urkunden im Ausland **Vorbem 127a, 128** 780 ff
Anerkennung der Ortsform **Vorbem 127a, 128** 799 ff
Angebot
— und Annahme/unzulässige systematische Aufspaltung **128** 3 ff
— Zulässigkeit von Annahme getrennten Angebots **128** 1 ff
Angebotsmantel **128** 13 ff
Angehörige/Mitwirkungsverbot für den Notar **Vorbem 127a, 128** 274 ff

Notarielle Beurkundung (Forts.)
Anlagen/Beurkundung hierdurch
— Angebotsbeurkundung/Vertragstext als Anlage **128** 12
— Bestandsverzeichnis/Verlesungsverzicht **Vorbem 127a, 128** 437 ff
— Bestandteil der Niederschrift **Vorbem 127a, 128** 417
— Beweiszweck/bloßer **Vorbem 127a, 128** 408
— Grundpfandrechte/Verlesungsverzicht **Vorbem 127a, 128** 440
— Hauptversammlung/Beurkundung **Vorbem 127a, 128** 625
— Karten/Zeichnungen/Abbildungen als Anlagen **Vorbem 127a, 128** 414 ff
— Mitverlesene Anlagen/Beifügen, Verweisen, Verlesen **Vorbem 127a, 128** 410 ff
— Schnur und Prägesiegel/Verbindung **Vorbem 127a, 128** 419
— Untechnische Bezugnahme/Abgrenzung **Vorbem 127a, 128** 407
— Wirksamkeitserfordernisse **Vorbem 127a, 128** 416, 441 ff
Annahme eines Angebots
— Annahmeurkunde/Inhalt **128** 40 ff
— Zulässigkeit von Annahme getrennten Angebots **128** 1 ff
Anwalt in derselben Rechtssache/Tätigkeitsverbot **Vorbem 127a, 128** 271
Anwaltsnotar **Vorbem 127a, 128** 236
Anwesenheit der Beteiligten bei der Verlesung der Niederschrift **Vorbem 127a, 128** 371 ff
Apostille **Vorbem 127a, 128** 750 ff
Auflassung
s. dort
Aufspaltung von Kaufverträgen/unzulässige systematische **128** 3 ff
Auftrag **Vorbem 127a, 128** 120, 150
Ausfertigung
— Angebotsausfertigung **128** 26, 31
— Ausfertigungsvermerk/erforderlicher **Vorbem 127a, 128** 641
— Grundbuch und Vollmachtsurkunde **Vorbem 127a, 128** 347
— Hauptversammlungsniederschrift **Vorbem 127a, 128** 629
— Recht hierauf **Vorbem 127a, 128** 647 ff
— Reinschrift **Vorbem 127a, 128** 644
— Urschrift vertretende **Vorbem 127a, 128** 641
Ausgewogenheit der Vertragsgestaltung **Vorbem 127a, 128** 14 f
Ausländische Anerkennung deutscher Urkunden **Vorbem 127a, 128** 780 ff

Notarielle Beurkundung (Forts.)
Ausländische Beurkundungen/Anerkennung **Vorbem 127a, 128** 722 ff
Ausländische Beurkundungserfordernisse **Vorbem 127a, 128** 754 ff
Ausländische Beurkundungserfordernisse/ Rechtsvergleichung **Vorbem 127a, 128** 754 ff
Ausländische Beurkundung/Unwirksamkeit **Vorbem 127a, 128** 258 ff
Ausländische Urkunden/Hinterlegung **Vorbem 127a, 128** 784 ff
Ausländische Urkunden/Legalisation oder Apostille **Vorbem 127a, 128** 750 ff
Ausländisches Recht/Hinweispflicht auf Anwendung **Vorbem 127a, 128** 507 ff
Auslegung
— Allgemeine Grundsätze **Vorbem 127a, 128** 695
— Andeutungstheorie **Vorbem 127a, 128** 698
— Falschbezeichnung **Vorbem 127a, 128** 697
— Vollständigkeitsvermutung/Richtigkeitsvermutung **Vorbem 127a, 128** 696
Außernotarielle Vorbefassung/Mitwirkungsverbot für den Notar **Vorbem 127a, 128** 297 ff
Auswärtsbeurkundung außerhalb der Geschäftsstelle **Vorbem 127a, 128** 266 ff
Ausweisvorlage **Vorbem 127a, 128** 334
Auszugsweise Abschrift **Vorbem 127a, 128** 646
Baden-Württemberg/Beamtenverhältnis **Vorbem 127a, 128** 283
Baden-Württemberg/Richternotare, Bezirksnotare **Vorbem 127a, 128** 239 ff
Bauherren- und Erwerbermodelle **Vorbem 127a, 128** 694
Bedingte Verpflichtung **Vorbem 127a, 128** 99
Befangenheit **Vorbem 127a, 128** 269
Befangenheit und Selbstablehnung des Notars **Vorbem 127a, 128** 314
Beglaubigte Abschrift
— Annahmebeurkundung/Angebotsabschrift **128** 30
— Grundbuch und Vollmachtsurkunde **Vorbem 127a, 128** 347
— Voraussetzungen/Beweiswert **Vorbem 127a, 128** 642
Begriff/Anforderungen **Vorbem 127a, 128** 2
Begriffe öffentliche Beurkundung/notarielle Beurkundung **Vorbem 127a, 128** 221
Behinderte Beteiligte/Übersicht **Vorbem 127a, 128** 552
Behindertenunterschrift **Vorbem 127a, 128** 388
Belehrung und Verlesung **Vorbem 127a, 128** 358

Notarielle Beurkundung (Forts.)
Belehrung als Vertragsgestaltung
Vorbem 127a, 128 229
Belehrungsgerechte Gestaltung des Beurkundungsverfahrens **Vorbem 127a, 128** 517 f
Belehrungsgerechte Gestaltung/Vertretereinschaltung **Vorbem 127a, 128** 534
Belehrungspflicht als Grundgesetz für den Notar **Vorbem 127a, 128** 446, 737
Beratungsgerechte Gestaltung **Vorbem 127a, 128** 9, 46, 49, 60, 67, 70, 76, 89, 229
Beruflich verbundene Personen/Mitwirkungsverbot für den Notar **Vorbem 127a, 128** 278 ff
Berufsrecht/Anforderungen **Vorbem 127a, 128** 38 f
Berufsrecht/beratungsgerechte Gestaltung **Vorbem 127a, 128** 9
Berufsstand/unparteilicher **Vorbem 127a, 128** 34
Bestandsverzeichnis/Verlesungsverzicht **Vorbem 127a, 128** 438 ff
Beteiligtenbezeichnung/Niederschriftsangabe **Vorbem 127a, 128** 331 ff
Beteiligtenschutz/Belehrung und Vertragsgestaltung **Vorbem 127a, 128** 11
Beteiligtenwille/zu erforschender **Vorbem 127a, 128** 18, 459 ff, 477 ff
Beurkundungserfordernisse
s. Vertragstypen/einzelne
Beurkundungsgesetz
— BNotO-Novelle 1998 **Vorbem 127a, 128** 224
— DDR-Beitritt **Vorbem 127a, 128** 224
— Gerichtliche Beurkundungszuständigkeit/Wegfall **Vorbem 127a, 128** 256
— Muß-Vorschriften/Soll-Vorschriften **Vorbem 127a, 128** 230 ff, 664
— OLG-VertretungsänderungsG **Vorbem 127a, 128** 224
— Übersicht **Vorbem 127a, 128** 222 f
Beurkundungsverfahren/traditionelle Vorstellung **Vorbem 127a, 128** 227 ff
Beweisfunktion **Vorbem 127a, 128** 19, 60, 63, 66, 67, 71, 73, 76, 90, 336
Beweiswirkung/öffentliche Urkunde **Vorbem 127a, 128** 701 ff
Common law **Vorbem 127a, 128** 34, 739, 756
Deutsch als Urkundssprache **Vorbem 127a, 128** 539
Deutscher Notar/ausschließlich zuständiger
— Auflassung **Vorbem 127a, 128** 723 f
— Gesellschaftsrecht/Verfassung deutscher Gesellschaften **Vorbem 127a, 128** 725 ff

Notarielle Beurkundung (Forts.)
Deutscher Notar/gleichwertige ausländische Beurkundung
— Gleichwertigkeitsvoraussetzungen **Vorbem 127a, 128** 735 ff
— GmbH-Anteile/dingliche Abtretung **Vorbem 127a, 128** 730 ff
— Verfügungen über Sachen **Vorbem 127a, 128** 729
Dingliches Geschäft/Schuldrechtliche Verpflichtung **Vorbem 127a, 128** 96 ff
Disziplinarische Maßnahmen **Vorbem 127a, 128** 719 ff
Dolmetscher **Vorbem 127a, 128** 548
Durchsicht der Niederschrift **Vorbem 127a, 128** 383
Eidabnahme
— Affidavit **Vorbem 127a, 128** 598
— Amtsgerichtliche Zuständigkeit/Fälle ausschließlicher **Vorbem 127a, 128** 593
— Ausländischer Rechtsverkehr/Notarzuständigkeit **Vorbem 127a, 128** 593
— Behördenvorlage und Notarzuständigkeit **Vorbem 127a, 128** 593
— Belehrung **Vorbem 127a, 128** 597
— Erbscheinsantrag **Vorbem 127a, 128** 593
— Höchstpersönliche Erklärung **Vorbem 127a, 128** 594
— Rechtsverkehr mit dem Ausland/Affidavit **Vorbem 127a, 128** 593
Eidesstattliche Versicherung
— Belehrung über die Bedeutung **Vorbem 127a, 128** 595
— Beurkundung von Willenserklärungen/geltende Regeln **Vorbem 127a, 128** 594
— Beurkundungsverfahren **Vorbem 127a, 128** 226, 294
— Erbscheinsantrag **Vorbem 127a, 128** 71, 593
— und Unterschriftsbeglaubigung **Vorbem 127a, 128** 596
Einheitlicher Lebenssachverhalt/Mandatsbezogenes Mitwirkungsverbot **Vorbem 127a, 128** 297 ff
Einseitige Formerfordernisse **Vorbem 127a, 128** 102 f, 213 ff
Einseitige Rechtsgeschäfte **Vorbem 127a, 128** 98, 116
Empfangsbedürftige Willenserklärungen/Sachbeteiligung des Notars **Vorbem 127a, 128** 290
Entwürfe/Korrektur von Fremdentwürfen **Vorbem 127a, 128** 35
Entwurfsübersendung **Vorbem 127a, 128** 9, 228
Entwurfsübersendung/Verbraucherverträge **Vorbem 127a, 128** 525 ff

Notarielle Beurkundung (Forts.)
Entwurfsvorlage an den Notar
Vorbem 127a, 128 462
Erbrecht
s. dort
Erbschaftsteuer/Hinweispflicht
Vorbem 127a, 128 505 f
Fallgruppen/Beurkundungserfordernisse
— Statusrechtliche Beurkundungserfordernisse **Vorbem 127a, 128** 44
— Unentgeltliche Geschäfte **Vorbem 127a, 128** 44, 97
— Veräußerung bestimmter Gegenstände **Vorbem 127a, 128** 44, 96 ff
— Vollstreckungstitel **Vorbem 127a, 128** 44
Falschbeurkundung im Amt **Vorbem 127a, 128** 721
Familienname/eigenhändige Unterschrift **Vorbem 127a, 128** 389 ff
Familienrecht
s. dort
Fehler der Beurkundung
— Muß-Vorschriften/Soll-Vorschriften **Vorbem 127a, 128** 230 ff
— Prüfungsgegenstand **Vorbem 127a, 128** 232
— Verfahrensvorschriften/Verletzung elementarer **Vorbem 127a, 128** 231
— Wirksamkeitserfordernisse **Vorbem 127a, 128** 232
Filterfunktion/Eintragung in öffentliche Register **Vorbem 127a, 128** 25
Formerfordernisse/Belehrung **Vorbem 127a, 128** 490
Formulierungspflicht/klar und unzweideutig **Vorbem 127a, 128** 18, 464 ff
Formwirkungen (Formzwecke) **Vorbem 127a, 128** 6 ff
Formwirkungen/Belehrung und Beratung 125 36
Frage- und Vermerkpflicht des Notars
— Einhaltung des Vorbefassungsverbots **Vorbem 127a, 128** 305 f
und Freiwillige Gerichtsbarkeit/Filterfunktion **Vorbem 127a, 128** 25
Gebärdendolmetscher **Vorbem 127a, 128** 562, 565, 566, 570
Gebührenbeamter/Notargebühren **Vorbem 127a, 128** 40 ff
Gefahrenlage und Warnpflicht des Notars **Vorbem 127a, 128** 510 ff
Gefahrloseste Gestaltung **Vorbem 127a, 128** 468
Geldwäschegesetz **Vorbem 127a, 128** 335
Gemischte Verträge **Vorbem 127a, 128** 105 f, 130 ff, 155 f
Genehmigung
s. dort

Notarielle Beurkundung (Forts.)
Genehmigung verlesener Urkunde **Vorbem 127a, 128** 382 ff
Genehmigungserfordernisse/Hinweispflicht **Vorbem 127a, 128** 502
Gerichtlicher Vergleich/ersetzte –
s. dort
Gesamtwirtschaftlicher Nutzen **Vorbem 127a, 128** 35
Geschäftsfähigkeit Beteiligter **Vorbem 127a, 128** 337 ff, 576
Gesellschaftsbeteiligung/Mitwirkungsverbot für den Notar **Vorbem 127a, 128** 284 ff
Gesellschaftsrecht
s. dort
Gesetzliche Vertretung/Mitwirkungsverbot für den Notar **Vorbem 127a, 128** 281
Gesetzliche Vorkaufsrechte/Hinweispflicht **Vorbem 127a, 128** 503
Gestaltungsmöglichkeiten/Mehrheit **Vorbem 127a, 128** 468
Gewillkürte Beurkundungsform/keine abweichende **Vorbem 127a, 128** 221
Gläubigerschutz **Vorbem 127a, 128** 24, 32
Gleichwertigkeit ausländischer Beurkundungen **Vorbem 127a, 128** 735 ff
Gleichwertigkeit deutscher Beurkundung **Vorbem 127a, 128** 792 ff
Gleichwertigkeit deutscher Beurkundung mit ausländischer **Vorbem 127a, 128** 792 ff
Gleichzeitige Anwesenheit der Beteiligten als Ausnahmefälle **128** 2
Gleichzeitige Beteiligtenanwesenheit bei der Verlesung/Ausnahmefälle **Vorbem 127a, 128** 372
GmbH
s. dort
GmbH-Geschäftsanteile
s. dort
Grundbuch
s. dort
Grunderwerbsteuer/Hinweispflicht **Vorbem 127a, 128** 504
Grundpfandrechte/Verlesungsverzicht **Vorbem 127a, 128** 440
Grundsätze/gemeinsame
— Änderungen/Aufhebung des Vertrages **Vorbem 127a, 128** 107 ff
— Bedingte Verpflichtung/Vorvertrag **Vorbem 127a, 128** 99 f
— Gemischte/zusammengehörige Verträge **Vorbem 127a, 128** 105 ff
— Schuldrechtliches/dingliches Geschäft **Vorbem 127a, 128** 96 ff
— Umfang der Beurkundung **Vorbem 127a, 128** 101 ff
— Vollmacht/Genehmigung **Vorbem 127a, 128** 110 f

Notarielle Beurkundung (Forts.)
Grundstücksgeschäfte
s. dort
Gültigkeits- und Richtigkeitsgewähr **Vorbem 127a, 128** 13, 60
Haftungsrisiken/Belehrung **Vorbem 127a, 128** 492
Handelsregister
s. dort
Hauptversammlungsbeschlüsse
s. Aktiengesellschaft
Heftung der Urkunde **Vorbem 127a, 128** 630 f
Heilung formunwirksamer Beurkundung **Vorbem 127a, 128** 665 ff
Hinweis- und Vermerkpflicht des Notars
— Frühere Vertretung;Organzugehörigkeit;Gemeindekirchenratszugehörigkeit **Vorbem 127a, 128** 308 ff
Hinwirkungspflichten bei Verbraucherverträgen
s. Verbraucherverträge
Hörbehinderung **Vorbem 127a, 128** 553 ff
Honorarkonsul **Vorbem 127a, 128** 283
Identitätsfeststellung Beteiligter **Vorbem 127a, 128** 334
Individualschutz **Vorbem 127a, 128** 76, 88
Integrität **Vorbem 127a, 128** 269
Juristische Person öffentlichen Rechts/ Eigenurkunde **129** 52
Justizentlastung **Vorbem 127a, 128** 26, 93
Karten
— Verweisungen auf amtliche **Vorbem 127a, 128** 434 ff
Karten/Niederschriftenverweis **Vorbem 127a, 128** 366 f
Kaufverträge/unzulässige systematische Aufspaltung **128** 3 ff
Klarstellungsfunktion **Vorbem 127a, 128** 18, 60, 66, 70, 73
Kostenbegrenzung **Vorbem 127a, 128** 32
Kostenersparnis **Vorbem 127a, 128** 33, 34
Kostengünstigkeit **Vorbem 127a, 128** 468
Kundbarmachung/öffentliche Register **Vorbem 127a, 128** 21
Lateinisches Notariat **Vorbem 127a, 128** 739, 755
Legalisation **Vorbem 127a, 128** 750 ff
Legitimationsfunktion **Vorbem 127a, 128** 20
Mandatsbezogenes Mitwirkungsverbot **Vorbem 127a, 128** 297 ff
Mangelhafte Beurkundung als Beglaubigung **129** 118
Materiell-rechtliche Wirksamkeit/Verfahrensrecht **Vorbem 127a, 128** 2
Mitteilungspflichten **Vorbem 127a, 128** 27
Mitteilungspflichten des Notars **Vorbem 127a, 128** 652 f

Notarielle Beurkundung (Forts.)
Mittelbare Bindungen **Vorbem 127a, 128** 100
Mittelbare Verpflichtungen **Vorbem 127a, 128** 124
Mitwirkungsverbot für den Notar
— Außernotarielle Vorbefassung **Vorbem 127a, 128** 297 ff
— Befangenheitsbegründung **Vorbem 127a, 128** 269
— Beruflich verbundene Pesonen/Beteiligung **Vorbem 127a, 128** 278 ff
— Gesellschaftsbeteiligung des Notars **Vorbem 127a, 128** 284 ff
— Hinweispflicht in anderen Fällen/Ablehnungsrecht der Beteiligten **Vorbem 127a, 128** 307 ff
— Integrität/Unabhängigkeit/Interessenkonflikte **Vorbem 127a, 128** 269
— Nahestehende Personen/Beteiligung **Vorbem 127a, 128** 273 ff
— Selbstablehnung wegen Befangenheit **Vorbem 127a, 128** 314
— Unwirksamkeitsfälle **Vorbem 127a, 128** 270, 315 ff
— Verfügungen von Todes wegen **Vorbem 127a, 128** 573 ff
— Vertreter eines Beteiligten **Vorbem 127a, 128** 281 ff
— für zugezogene Personen **Vorbem 127a, 128** 563 ff
Mündliche Übersetzung **Vorbem 127a, 128** 543 f
Nachholung von Unterschriften
— von Beteiligten **Vorbem 127a, 128** 395 ff
— des Notars **Vorbem 127a, 128** 404 f
Nachweisprobleme **Vorbem 127a, 128** 64
Nahestehenden Personen/Mitwirkungsverbot für den Notar **Vorbem 127a, 128** 274 ff
Nebenabreden **Vorbem 127a, 128** 101, 127, 176, 199
Neutralitätspflicht **Vorbem 127a, 128** 267
Nichtehelicher Partner/Beteiligung **Vorbem 127a, 128** 275
Nichtiges Rechtsgeschäft/Ablehnung unwirksamer Beurkundung **Vorbem 127a, 128** 448 ff
Niederschrift
— Änderungen während der Verhandlung **Vorbem 127a, 128** 377 ff
— Andere als Willenserklärungen/Eide, eidesstattliche Versicherungen **Vorbem 127a, 128** 593 ff
— Andere als Willenserklärungen/Tatsachenbeurkundungen **Vorbem 127a, 128** 600 ff
— Beteiligtenbezeichnung **Vorbem 127a, 128** 331 ff

Notarielle Beurkundung (Forts.)
— Dolmetscher **Vorbem 127a, 128** 349
— Durchsicht zur Vorlage **Vorbem 127a, 128** 383
— Eigenhändige Unterschrift **Vorbem 127a, 128** 385 ff
— Erklärungen der Beteiligten **Vorbem 127a, 128** 350 ff
— Formulierungspflicht/klar und unzweideutig **Vorbem 127a, 128** 464 ff
— Geschäftsfähigkeit Beteiligter **Vorbem 127a, 128** 337 ff
— Identifizierungspflichten **Vorbem 127a, 128** 331 ff
— Karten/Zeichnungen/Abbildungen **Vorbem 127a, 128** 366 f
— Notar als Herr der Niederschrift **Vorbem 127a, 128** 607
— Notarbezeichnung **Vorbem 127a, 128** 328
— Notariatsverwalter **Vorbem 127a, 128** 330
— Notarvertreter **Vorbem 127a, 128** 329
— Sammelbeurkundung **Vorbem 127a, 128** 368
— Sonstige Mitwirkende **Vorbem 127a, 128** 349
— Testamentserrichtung durch Übergabe einer Schrift **Vorbem 127a, 128** 581
— Testamentsübergabe durch Übergabe einer Schrift **Vorbem 127a, 128** 581
— Übersetzung **Vorbem 127a, 128** 383
— Verlesung/Genehmigung, Beweis durch die – **Vorbem 127a, 128** 384
— Vertretungsverhältnisse s. unten
— Verweisungen s. unten
— Wirksamkeitsvoraussetzungen **Vorbem 127a, 128** 327
— Zeit und Ort der Niederschrift **Vorbem 127a, 128** 353 f
— Zeugnispflicht **Vorbem 127a, 128** 344 f
Notarbestellung/Erlöschen des Amtes **Vorbem 127a, 128** 242 f
Notar/gleichwertiger ausländischer Notar **Vorbem 127a, 128** 735 ff
Notariatsverfassungen/Übersicht **Vorbem 127a, 128** 226 ff
Notariatsverwalter **Vorbem 127a, 128** 250 ff, 273, 330
Notarielle Beglaubigung/Ersetzung durch – **129** 116 ff
Notarunterschrift/Wirksamkeitsvoraussetzung **Vorbem 127a, 128** 399 ff
Notarvertreter **Vorbem 127a, 128** 245 ff, 272, 329, 401
Notary public **Vorbem 127a, 128** 739, 746
Numerus clausus der Berufszulassung **Vorbem 127a, 128** 39
Nurnotariat **Vorbem 127a, 128** 237

Notarielle Beurkundung (Forts.)
Öffentlich-rechtliche Verträge s. dort
als öffentliche Beurkundung durch einen Notar **Vorbem 127a, 128** 221
Öffentliche Urkunde/Beweiswirkung **Vorbem 127a, 128** 701 ff
Ökonomisch besonders wichtige Geschäfte **Vorbem 127a, 128** 35
Örtliche Beschränkungen **Vorbem 127a, 128** 257 ff
Offensichtliche Unrichtigkeiten/Nachtragsvermerk **Vorbem 127a, 128** 637 ff
Organschaftliche Vertretung/Mitwirkungsverbot für den Notar **Vorbem 127a, 128** 281
Parteilichkeit **Vorbem 127a, 128** 266
Prüfungs- und Belehrungspflichten
— Ablehnung unwirksamer Beurkundung/Zweifelsfälle **Vorbem 127a, 128** 448 ff
— Allgemeine Rechtsbelehrung **Vorbem 127a, 128** 488 ff
— Alternativen/Hinweis **Vorbem 127a, 128** 468
— Annahmebeurkundung **128** 33 ff
— Aufspaltung von Verträgen **128** 3 ff
— Ausgewogene Vertragsgestaltung **Vorbem 127a, 128** 458
— Ausländisches Recht/Hinweis auf mögliche Anwendbarkeit **Vorbem 127a, 128** 507 ff
— Belehrungsgerechte Gestaltung des Verfahrens **Vorbem 127a, 128** 517 ff
— Belehrungsvermerk **Vorbem 127a, 128** 499 f
— Beratung/unselbständige und selbständige **Vorbem 127a, 128** 458
— Beschlußfassung in der AG-Hauptversammlung **Vorbem 127a, 128** 621 f
— Entwurfsvorlage **Vorbem 127a, 128** 462
— Erbschaftssteuer/Hinweispflicht **Vorbem 127a, 128** 504 ff
— Familienangehörige **Vorbem 127a, 128** 470
— Formulierungspflicht/klar und unzweideutig **Vorbem 127a, 128** 464 ff
— Gefahrenlage/objektiv besondere **Vorbem 127a, 128** 511 ff
— Gefahrloser Weg **Vorbem 127a, 128** 468
— Genehmigungserfordernisse/Hinweispflichten **Vorbem 127a, 128** 502
— Gesetzeswidrige/unredliche Geschäfte **Vorbem 127a, 128** 448 ff
— Gesetzliche Hinweispflichten/spezielle **Vorbem 127a, 128** 501 ff
— Gesetzliche Vorkaufsrechte/Hinweispflicht **Vorbem 127a, 128** 503

Notarielle Beurkundung (Forts.)
— Grundbucheinsicht **Vorbem 127a, 128** 481 ff
— Grundbucheinsicht/fehlende **Vorbem 127a, 128** 486
— Grunderwerbsteuer/Hinweispflicht **Vorbem 127a, 128** 504 ff
— Haftungsrisiken **Vorbem 127a, 128** 492 f
— Klauselprüfung **Vorbem 127a, 128** 491
— Kostengünstigkeit **Vorbem 127a, 128** 468
— magna charta notarieller Tätigkeit **Vorbem 127a, 128** 446
— Nichtige Rechtsgeschäfte **Vorbem 127a, 128** 449 ff
— Risikohinweis **Vorbem 127a, 128** 471 ff
— Sachverhaltsklärung **Vorbem 127a, 128** 477 ff
— Steuerliche Gefahrenlage **Vorbem 127a, 128** 515 f
— Umfang der Rechtsbelehrung **Vorbem 127a, 128** 497 f
— Unerlaubter/unredlicher Zweck **Vorbem 127a, 128** 452 ff
— Verbraucherverträge s. dort
— und Vertragsgestaltung **Vorbem 127a, 128** 458
— Vertragsgestaltung **Vorbem 127a, 128** 458 ff
— Vertragsgestaltung/Ausgewogenheit **Vorbem 127a, 128** 476 ff
— Vertragsgestaltung/Stand notarieller Kunst **Vorbem 127a, 128** 474 f
— Vertretereinschaltung zwecks Umgehung **Vorbem 127a, 128** 534
— Vorleistungen/Ungesicherte **Vorbem 127a, 128** 469 ff, 471
— Wahl des sichersten Weges **Vorbem 127a, 128** 468
— Warn- und Schutzpflichten/erweiterte, betreuende Belehrungspflicht **Vorbem 127a, 128** 510 ff
— Wille der Beteiligten/Erforschung **Vorbem 127a, 128** 459 ff
— Wirkamkeitszweifel des Notars **Vorbem 127a, 128** 456 f
— Wirksamkeitserfordernis/fehlende Voraussetzung bei Verstößen **Vorbem 127a, 128** 537 f
— Wirksamkeitsvoraussetzungen/Belehrung **Vorbem 127a, 128** 490 f
— Wirtschaftliche/steuerliche Folgen **Vorbem 127a, 128** 494 ff
— Wochenendhausfall **Vorbem 127a, 128** 514
Qualität eines Rechts/Definition durch die – **Vorbem 127a, 128** 31
Rechtlich Gewolltes/wirtschaftliches Ziel **Vorbem 127a, 128** 460

Notarielle Beurkundung (Forts.)
Rechtsbelehrung/allgemeine **Vorbem 127a, 128** 488 ff
Rechtsbelehrung/Umfang **Vorbem 127a, 128** 497 f
Rechtsberatungs- und Belehrungsfunktion **Vorbem 127a, 128** 12 f
Rechtsnatur **Vorbem 127a, 128** 2
Rechtspflegefunktion **Vorbem 127a, 128** 23, 76
Rechtspflege/vorsorgende **Vorbem 127a, 128** 37, 621
Rechtssicherheitsfunktion **Vorbem 127a, 128** 23, 66, 76, 78, 79, 86, 727
Reinschrift/Ausfertigungen oder Abschriften **Vorbem 127a, 128** 644
Richtigkeitsgewähr **Vorbem 127a, 128** 60, 63, 78, 86, 727
Risikohinweise **Vorbem 127a, 128** 471 ff
Sachverhaltsklärung **Vorbem 127a, 128** 477 ff
Sammelbeurkundung **Vorbem 127a, 128** 368
Schlußvermerk des Notars **Vorbem 127a, 128** 355
Schnur und Prägesiegel/Verbindung loser Blätter **Vorbem 127a, 128** 630 f
Schreibhilfen **Vorbem 127a, 128** 388
Schriftform/ersetzte durch – **126** 169
Schriftliche Urkundenübersetzung **Vorbem 127a, 128** 545 ff
Schuldrechtliche Verpflichtung/Dingliches Geschäft **Vorbem 127a, 128** 96 ff
Schutzzweck-Kombination **Vorbem 127a, 128** 6
Sehbehinderung **Vorbem 127a, 128** 553 ff
Skandinavischer Rechtskreis **Vorbem 127a, 128** 756
Sonstige Beurkundungen
— und Beurkundung von Willenserklärungen/Abgrenzung **Vorbem 127a, 128** 225 f
Sozietäten/Mitwirkungsverbot für den Notar **Vorbem 127a, 128** 278 ff
Spekulationsgeschäfte **Vorbem 127a, 128** 473
Spekulativer Handel/Vermeidungszweck **Vorbem 127a, 128** 88
Sprachbehinderung **Vorbem 127a, 128** 553 ff
Sprachunkundige Beteiligte **Vorbem 127a, 128** 539 ff
Sprachunkundiger Erblasser **Vorbem 127a, 128** 586 ff
Staatsangehörigkeit/Güterstand Beteiligter **Vorbem 127a, 128** 332
Stand notarieller Kunst/Vertragsgestaltung **Vorbem 127a, 128** 474 f
Statusrechtliche Beurkundungserfordernisse/Fallgruppe **Vorbem 127a, 128** 44

Notarielle Beurkundung (Forts.)
Steuerliche Folgen/keine Belehrung
  Vorbem 127a, 128 494 ff
Steuerliche Gefahrenlage/Warnpflicht
  Vorbem 127a, 128 515
Stufenbeurkundung durch Angebot und
  Annahme **Vorbem 127a, 128** 374
Sukzessivbeurkundung **Vorbem 127a,
  128** 125; **128** 1 ff
Systematisierung der Beurkundungserfordernisse/Fallgruppen **Vorbem 127a,
  128** 44
Tatsachenbeurkundung/Beschlußfassung
  s. Aktiengesellschaft
  s. GmbH
  Testament
  s. dort
Treuhandschaft **Vorbem 127a, 128** 150
Übereilungsschutz/Warnfunktion
  Vorbem 127a, 128 5, 7 ff, 46, 49, 54, 58,
  63, 66, 70, 73, 78, 86
Überrumpelungsschutz/Terminsvergabe
  Vorbem 127a, 128 9
Übersetzung **Vorbem 127a, 128** 541 ff
Umwandlungsrecht
  s. dort
Unabhängigkeit **Vorbem 127a, 128** 269, 719,
  736
Unbeglaubigte Abschrift **Vorbem 127a,
  128** 643
Unentgeltliche Geschäfte/Fallgruppe
  Vorbem 127a, 128 44
Unerlaubter/unredlicher Geschäftszweck
  Vorbem 127a, 128 452 ff
Unparteilichkeit **Vorbem 127a, 128** 34
Unterbrechung der Beurkundungsverhandlung **Vorbem 127a, 128** 376
Unterschriften/eigenhändige
— und Abschluß der Beurkundung
  Vorbem 127a, 128 355
— Ausländische Schriftzeichen
  Vorbem 127a, 128 394
— Behinderte Beteiligte/zugezogene
  Personen **Vorbem 127a, 128** 570 f
— Behinderter mit Mund oder Fuß
  Vorbem 127a, 128 388
— Beigezogene Personen **Vorbem 127a,
  128** 398
— Doppelname/Teil **Vorbem 127a, 128** 390
— Eigenhändigkeit **Vorbem 127a, 128** 388
— Falscher Name/versehentlich verwendeter **Vorbem 127a, 128** 391
— Familienname **Vorbem 127a, 128** 389 ff
— Familienname/früherer **Vorbem 127a,
  128** 390
— Fantasiename **Vorbem 127a, 128** 391
— Geburtsname **Vorbem 127a, 128** 390
— Handzeichen **Vorbem 127a, 128** 392

Notarielle Beurkundung (Forts.)
— Lesbarkeit/nicht erforderliche
  Vorbem 127a, 128 393
— Nachholung fehlender Unterschriften
  Vorbem 127a, 128 395 ff
— Nachholung der Notarunterschrift
  Vorbem 127a, 128 404 ff
— Notarunterschrift **Vorbem 127a,
  128** 399 ff
— Paraphe-unleserliche Unterschrift
  Vorbem 127a, 128 392 ff
— Pseudonym **Vorbem 127a, 128** 390
— Schlußvermerk des Notars **Vorbem 127a,
  128** 355
— Schreibhilfe **Vorbem 127a, 128** 388
— Schriftform/Vergleich **Vorbem 127a,
  128** 387
— Vornamenverwendung/ausschließliche
  Vorbem 127a, 128 389
— Wirksamkeitsvoraussetzung
  Vorbem 127a, 128 385, 403
— Zeitpunkt **Vorbem 127a, 128** 386
— Zugezogene Personen **Vorbem 127a,
  128** 570
Unterschriftsbeglaubigung/Ersetzung
  durch – **129** 116 ff
Unwirksame Beurkundung
— Heilung durch Vertragsvollzug
  Vorbem 127a, 128 665 ff
— Mitwirkungsverbote/Fälle **Vorbem 127a,
  128** 270, 315 ff
— Verstoß gegen BeurK-Mußvorschriften
  Vorbem 127a, 128 664
Unwirksame Willenserklärung
— Mitwirkungsverbote für den
  Notar/Verstöße **Vorbem 127a,
  128** 320 ff
Urkundenbehandlung
— Änderungen nach der Notarunterschrift
  Vorbem 127a, 128 636 ff
— Ausfertigungen/Abschriften
  Vorbem 127a, 128 640 ff
— Urschrift **Vorbem 127a, 128** 630 ff
Urkundenmängel **Vorbem 127a, 128** 706
Urschrift
— Änderungen nach der Notarunterschrift/ausgeschlossene **Vorbem 127a,
  128** 636, 645
— Ausfertigung/die Urschrift vertretende
  Vorbem 127a, 128 641
— Ersetzung einer Urschrift **Vorbem 127a,
  128** 635
— Grundbuch und Vollmachtsurkunde
  Vorbem 127a, 128 347
— Hauptversammlungsniederschrift
  Vorbem 127a, 128 628
— Nachtragsvermerk bei offensichtlicher
  Unrichtigkeit **Vorbem 127a, 128** 637 ff

Notarielle Beurkundung (Forts.)
— Verbindung mit Schnur und Prägesiegel **Vorbem 127a, 128** 630 f
— Verwahrung **Vorbem 127a, 128** 632 ff
Veräußerungsgeschäfte/Fallgruppe **Vorbem 127a, 128** 44
Veräußerungsgeschäfte/Heilung durch Vertragsvollzug **Vorbem 127a, 128** 665 ff
Verbraucherschutz/Beteiligtenschutz **Vorbem 127a, 128** 16 f
Verbraucherwiderrufsrechte/Wertungswiderspruch **Vorbem 127a, 128** 10
Verfahrensrecht/Anforderungen **Vorbem 127a, 128** 38 f
Verfügungen von Todes wegen s. dort
Verlesung der Niederschrift
— Abschnittsweise Beurkundung **Vorbem 127a, 128** 375
— Anwesenheit der Beteiligten **Vorbem 127a, 128** 371
— Anwesenheit des Notars **Vorbem 127a, 128** 360
— und Belehrung **Vorbem 127a, 128** 358
— Beweis der Verlesung **Vorbem 127a, 128** 384
— Computer-Bildschirm **Vorbem 127a, 128** 362
— Diktatvorgang **Vorbem 127a, 128** 362
— Endgültiger Vertragstext **Vorbem 127a, 128** 362
— Entwurfsvorlesung **Vorbem 127a, 128** 362
— Genehmigung verlesener Niederschrift **Vorbem 127a, 128** 382 ff
— Gesamte Niederschrift **Vorbem 127a, 128** 361, 369
— Gleichzeitige Anwesenheit als Ausnahmefälle **Vorbem 127a, 128** 372
— Hörbehinderung **Vorbem 127a, 128** 567
— Hörweite/Blickkontakt **Vorbem 127a, 128** 360
— Karten/Zeichnungen/Abbildungen **Vorbem 127a, 128** 366 f
— Neuausdruck/erneute Verlesung **Vorbem 127a, 128** 381
— Richtigkeitsgewähr/Sicherung der Belehrung **Vorbem 127a, 128** 358
— Sammelbeurkundung **Vorbem 127a, 128** 368
— Schlußvermerk **Vorbem 127a, 128** 355
— Sehbehinderung **Vorbem 127a, 128** 568
— Stufenbeurkundung **Vorbem 127a, 128** 374
— Tatsächliche Feststellungen des Notars **Vorbem 127a, 128** 361
— Tonbandabspielen **Vorbem 127a, 128** 362
— Unterbrechung der Verhandlung **Vorbem 127a, 128** 376

Notarielle Beurkundung (Forts.)
— Verlesungsvermerk **Vorbem 127a, 128** 364
— Verzicht bei Verweisung auf Niederschrift **Vorbem 127a, 128** 427
— Vorlesen und Hören/Überhören **Vorbem 127a, 128** 362
— Vorleser/Notar, andere Person **Vorbem 127a, 128** 359
— Wirksamkeitsvoraussetzung **Vorbem 127a, 128** 355, 357, 370
— Zweck **Vorbem 127a, 128** 358
Vermerk
— Änderungen im Text der Niederschrift **Vorbem 127a, 128** 379
— Ausfertigungsvermerk **Vorbem 127a, 128** 641
— Behinderung eines Beteiligten **Vorbem 127a, 128** 569
— Belehrungsvermerk **Vorbem 127a, 128** 499 f, 538
— Briefvorlage **Vorbem 127a, 128** 487
— Geschäftsfähigkeit **Vorbem 127a, 128** 339
— Gleichzeitige Anwesenheit **Vorbem 127a, 128** 372
— Identitätsfeststellung **Vorbem 127a, 128** 334
— Nachtragsvermerk **Vorbem 127a, 128** 636
— Nachtragsvermerk/offensichtliche Unrichtigkeit **Vorbem 127a, 128** 637
— Näheverhältnis des Notars, bestehendes **Vorbem 127a, 128** 313
— Sprachkunde/fehlende **Vorbem 127a, 128** 551
— Verbraucherverträge/Entwurfsversendung **Vorbem 127a, 128** 529
— Verlesungsvermerk **Vorbem 127a, 128** 364
— Verlesungsverzicht/Bestandsverzeichnis, Grundpfandrechte **Vorbem 127a, 128** 445
— Vorbefassungsverbot **Vorbem 127a, 128** 305
— Zweifelsvermerk **Vorbem 127a, 128** 457
Vermögensverträge/eigenes gegenwärtiges Vermögen **Vorbem 127a, 128** 56, 172
Vermögensverträge/künftige gesetzliche Erben **Vorbem 127a, 128** 57
Versammlungsbeschlüsse
— Beurkundungsverfahren **Vorbem 127 a, 128** 226
— Hauptversammlung s. Aktiengesellschaft
— Sachbeteiligung des Notars **Vorbem 127 a, 128** 293
Verständigungsperson/Hinzuziehung **Vorbem 127a, 128** 559 f
Vertragsbeurkundung
— Getrennte Beurkundung von Angebot/Annahme **128** 1 ff

Notarielle Beurkundung (Forts.)
— Nachgenehmigung bei vollmachtloser Vertretung **128** 54 ff
— Vorvertrag/Option **128** 62
Vertragsgestaltung
— Alternative Gestaltungen/Hinweise **Vorbem 127a, 128** 468
— Ausgewogenheit **Vorbem 127a, 128** 14 f, 46, 476
— Belehrung als – **Vorbem 127a, 128** 229
— Beteiligtenwille/Erforschung **Vorbem 127a, 128** 459 ff
— BeurkG/fehlende Regelung **Vorbem 127a, 128** 229
— Ermessensspielraum des Notars **Vorbem 127a, 128** 468
— Formulierungspflicht/klare und unzweideutige **Vorbem 127a, 128** 464 ff
— Kostengünstigkeit **Vorbem 127a, 128** 468
— Prüfungs- und Belehrungspflicht **Vorbem 127a, 128** 458 ff
— und Prüfungs- und Belehrungspflicht **Vorbem 127a, 128** 458
— Stand notarieller Kunst **Vorbem 127a, 128** 474 f
— Unselbständige/selbständige Beratung **Vorbem 127a, 128** 458
— Vorleistungen/ungesicherte **Vorbem 127a, 128** 469 ff
— Wahl des sichersten Weges **Vorbem 127a, 128** 468
— Wirtschaftliches Ziel/rechtlich Gewolltes **Vorbem 127a, 128** 460
Vertragsparität durch Beurkundung **Vorbem 127a, 128** 16
Vertretender Notar/Mitwirkungsverbot für den Notar **Vorbem 127a, 128** 281 ff
Vertretungsverhältnisse
— Ausländische Gesellschaften **Vorbem 127a, 128** 343
— Bedenken des Notars **Vorbem 127a, 128** 340
— Beifügung der Nachweise zur Urschrift **Vorbem 127a, 128** 346
— Belehrungsgerechte Gestaltung/Vertretereinschaltung **Vorbem 127a, 128** 534
— Bestallungsurkunden **Vorbem 127a, 128** 343
— Gesetzliche Vertretung/Nachweise **Vorbem 127a, 128** 343
— Grundbuchamt/Nachweis gegenüber **Vorbem 127a, 128** 347
— Handelsregistereinsicht **Vorbem 127a, 128** 343
— Handelsregister/Nachweis gegenüber **Vorbem 127a, 128** 348
— Juristische Personen des öffentlichen Rechts **Vorbem 127a, 128** 343

Notarielle Beurkundung (Forts.)
— Untervollmacht **Vorbem 127a, 128** 342
— Vollmachtlose Vertretung/untersagte systematische Beurkundung **128** 56
— Vollmachtsprüfung **Vorbem 127a, 128** 341
— Wirksamkeitsvoraussetzung der Vertretungsmacht **Vorbem 127a, 128** 340
— Zeugnispflicht **Vorbem 127a, 128** 344 ff
Verwalter kraft Amtes/Sachbeteiligung des Notars **Vorbem 127a, 128** 287, 318
Verweisung/Beifügungs- und Vorlesungsverzicht
— Annahmebeurkundung **128** 32
— Ausländische Urkunden **Vorbem 127a, 128** 421
— Bebauungsplan **Vorbem 127a, 128** 436
— Beglaubigte Abschrift/Vorlage **Vorbem 127a, 128** 430
— Beifügungspflicht/entfallende bei Verzicht **Vorbem 127a, 128** 428
— Bekanntheitserklärung/Notarfeststellung hierzu **Vorbem 127a, 128** 426
— Beteiligte **Vorbem 127a, 128** 427
— Beteiligtenerklärungen, erforderliche **Vorbem 127a, 128** 423 ff
— BGH-Entscheidung/rückwirkendes Heilungsgesetz **Vorbem 127a, 128** 420
— Formwirksamkeit verwiesener Urkunde **Vorbem 127a, 128** 422
— Karten/Zeichnungen **Vorbem 127a, 128** 434 ff
— Notarermessen **Vorbem 127a, 128** 432 f
— Notarielle Niederschrift als Verweisungsgegenstand **Vorbem 127a, 128** 421 f
— Personenidentität/nicht erforderliche **Vorbem 127a, 128** 422
— Prüfungs- und Belehrungspflichten/unberührt bleibende **Vorbem 127a, 128** 431
— Verbraucherverträge und Entwurfsversendung **Vorbem 127a, 128** 527
— Verbrauchervertrag **Vorbem 127a, 128** 429
— Verlesungsverzicht/Notarvermerk **Vorbem 127a, 128** 427
— Vermessungsamt/Veränderungsnachweis **Vorbem 127a, 128** 436
— Verweisungserklärung, mitbeurkundete **Vorbem 127a, 128** 425
— Wirksamkeitserfordernisse **Vorbem 127a, 128** 423 ff
Vollständigkeits- und Richtigkeitsvermutung **125** 92
Vollstreckbarkeit/Erteilung der Vollstreckungsklausel **Vorbem 127a, 128** 708 ff

Notarielle Beurkundung (Forts.)
Vollstreckbarkeit/keine Wirkung per se **Vorbem 127a, 128** 22
Vollstreckungstitel/Fallgruppe **Vorbem 127a, 128** 44
Vollzug/Beurkundungsnachverfahren **Vorbem 127a, 128** 654 ff
Vollzugsvollmacht **Vorbem 127a, 128** 290
Vorbefassung/außernotarielle
— Anspruch/derselbe **Vorbem 127a, 128** 302
— Auftrag aller Urkundsbeteiligter/ Ausnahme **Vorbem 127a, 128** 304
— Beruflich verbundene Person **Vorbem 127a, 128** 299
— Berufliche Vorbefassungen **Vorbem 127a, 128** 298
— Bürointerne Kontrolle/Frage- und Vermerkpflicht **Vorbem 127a, 128** 305
— Ehegattenbeziehungen/eheliche Lebensgemeinschaft **Vorbem 127a, 128** 302
— Einheitlicher Lebenssachverhalt/dieselbe Angelegenheit **Vorbem 127a, 128** 301 ff
— Erbfolge einer Person **Vorbem 127a, 128** 302
— Gesetzliche Zweifelsregel **Vorbem 127a, 128** 298
— Grundstückskaufverträge **Vorbem 127a, 128** 303
— Mandatsbezogenes/kein mandantenbezogenes Verbot **Vorbem 127a, 128** 301
— Mitwirkungsverbot für den Notar **Vorbem 127a, 128** 297 ff
— Notarielle Vorbefassung/nicht erfaßte **Vorbem 127a, 128** 298
— Vortragstätigkeit/nicht erfaßte **Vorbem 127a, 128** 300
Vorkontrolle/öffentliche Register **Vorbem 127a, 128** 25, 86
Vorleistungen/ungesicherte **Vorbem 127a, 128** 469 ff
Vorvertrag
s. dort
Warn- und Schutzpflichten/erweiterte oder betreuende Belehrungspflicht **Vorbem 127a, 128** 510 ff
Willenserklärungen/Beurkundung
— Abgrenzung von sonstigen Beurkundungen **Vorbem 127a, 128** 225 f
— Allgemeine Rechtsbelehrung **Vorbem 127a, 128** 488 ff
— BeurkG-Normen/hierfür geltende **Vorbem 127a, 128** 222
— Mitwirkungsverbote für den Notar/Verstöße **Vorbem 127a, 128** 315, 320 ff

Notarielle Beurkundung (Forts.)
— Sachbeteiligung des Notars/Mitwirkungsverbot **Vorbem 127a, 128** 286 ff
— und Tatsachenbeurkundung (AG-Beschlußfassung) **Vorbem 127a, 128** 606
— oder Tatsachenbeurkundung (GmbH-Beschlußfassung) **Vorbem 127a, 128** 599 ff
— Zwangsvollstreckungsunterwerfung **Vorbem 127a, 128** 218
Wirksamkeitserfordernisse **Vorbem 127a, 128** 232 f
Wirksamkeitsvoraussetzungen/Notarbelehrung hierüber **Vorbem 127a, 128** 490 ff
Wirtschaftliche Folgen/keine Belehrung hierüber **Vorbem 127a, 128** 494 ff
Wirtschaftliches Ziel/rechtlich Gewolltes **Vorbem 127a, 128** 460
Wissenserklärungen **Vorbem 127a, 128** 129
Wohnungseigentum
s. dort
Zeichnungen/Niederschriftenverweis **Vorbem 127a, 128** 366 f
Zeichnungen/Verweisungen auf amtliche **Vorbem 127a, 128** 434 ff
Zeugenmitwirkung **Vorbem 127a, 128** 577 f
Züricher Beurkundungsfall **Vorbem 127a, 128** 737
Züricher Notar **Vorbem 127a, 128** 445
Zusammengesetzte Verträge **Vorbem 127a, 128** 130 ff, 155 f
Zusammenhängende Verträge **Vorbem 127a, 128** 105 f
Zuständigkeitsfragen
— Konsularische/gerichtliche Beurkundung **Vorbem 127a, 128** 253 ff
— Notar **Vorbem 127a, 128** 235 ff
— Notarvertreter/Notariatsverwalter **Vorbem 127a, 128** 244 ff
— Örtliche Beschränkungen **Vorbem 127a, 128** 257 ff
Zuziehung weiterer Personen/Behinderte Beteiligte **Vorbem 127a, 128** 557 ff
Zwangsvollstreckungsunterwerfung
s. dort
Zweifel an der Geschäftswirksamkeit **Vorbem 127a, 128** 456 f
Zweiter Notar/Hinzuziehung **Vorbem 127a, 128** 557
Zwingende Sicherheitsstandards **Vorbem 127a, 128** 28
Notarielle Eigenurkunde
als öffentliche Urkunde/Voraussetzung, Beispielsfälle, Ausschluß **129** 53
Notarielle Unterschriftsbeglaubigung
Abgrenzung der Form/systematische Einordnung **125** 5, 16 ff

Notarielle Unterschriftsbeglaubigung (Forts.)
  Abgrenzung zur Zeichnung der Namensunterschrift **129** 7
  Abschrift/dem Notar verbleibende **129** 110
  Abschriftsbeglaubigung/Mitwirkungsverbot für den Notar **Vorbem 127a, 128** 296
  Abtretungserklärung/Anspruch des Zessionars **129** 36
  Abtretungserklärungen für Briefrechte **129** 32
  Amtliche Beglaubigung VwVfg/Abgrenzung **129** 47
  Angaben zur Person **129** 78 f
  Apostille **129** 137
  Aushändigung des Originals **129** 110
  Ausländische Beglaubigung durch deutschen Notar/unwirksame **129** 133
  Ausländische Beglaubigung/Anerkennung **129** 134 ff
  Ausländische Beglaubigung/Konsul **129** 43
  Beglaubigungsvermerk
  — Änderung **129** 131
  — Beweiswirkung **129** 112 ff, 124
  — Bezeugung der Unterschriftsechtheit **129** 93
  — Blankounterschrift **129** 122 f
  — Idenitätsprüfung **129** 77
  — Identitätsfeststellung **129** 99
  — als öffentliche Urkunde **129** 112 ff
  — Personenbezeichnung **129** 96 ff
  — Standort des Vermerks **129** 103 f
  — Unterschrift und Siegel **129** 101 f
  — Vollzug oder Anerkenntnis der Unterschrift **129** 100
  — Zeitpunkt der Erstellung **129** 105 ff
  Behinderungen **129** 71 f
  Beurkundungsbedürftige Erklärung/Erkennbarkeit **129** 88
  Beurkundungsmängel/Form als – **129** 118
  Beweiswirkung des Beglaubigungsvermerks **129** 112 ff, 124, **129** f
  Blankett **129** 56
  Blankobeglaubigung **129** 105
  Blankounterschrift **129** 119 ff
  und elektronische Beglaubigung/Reformvorstellungen **129** 132
  Elektronische Erklärungen/nicht beglaubigungsfähige **125** 17
  Entwurfsfertigung
  — Prüfungs- und Belehrungspflichten **129** 17, 82 ff
  Erbschaftsausschlagung **129** 25 f
  Fernbeglaubigung/verbotene **129** 69 f
  Filterfunktion der Notare **129** 18
  Firma **129** 66
  Formwirkung/Belehrung und Beratung **125** 36
  Fremdsprachiger Text **129** 91 f

Notarielle Unterschriftsbeglaubigung (Forts.)
  Genossenschaftsregister **129** 14
  Gerichtlicher Vergleich/ersetzte Form der – **127a** 1
  Geschäftsfähigkeit/keine Prüfung **129** 80 f
  Gesellschaftsrecht/Stammkapitalerhöhung **129** 28 ff
  Gesetzeswidriger/unredlicher Zweck **129** 87
  GmbH-Geschäftsführer-Versicherung **129** 109
  Grundbuchamt **129** 10 ff
  Güterrechtsregister **129** 21
  Handelsregister **129** 13, 29
  Identitätsprüfung **129** 16, 75 ff
  Inventar/Nachlaßverzeichnis **129** 39
  Juristische Personen des öffentlichen Rechts/gesiegelte Eigenurkunden **129** 49 ff
  Karten/Zeichnungen, beigefügte **129** 57 f
  Künstlername **129** 67
  Landesrechtliche zusätzliche Zuständigkeiten **129** 44 f
  Legalisation **129** 137
  Legitimation gegenüber Dritten **129** 32 f
  Lücken im Text **129** 126 f
  Materielles Recht/Verfahrensrecht **129** 6
  Minderjährigkeit **129** 81
  Mitwirkungsverbot für den Notar **Vorbem 127a, 128** 295; **129** 86
  Nachträgliche Änderungen des Textes **129** 128 f
  Namensbestimmung **129** 22 ff
  Notar/Eigenurkunden **129** 53
  Notarielle Beurkundung/Ersetzung der – **129** 116 ff
  Notarunterschrift und Siegel **129** 101 f
  Notarzuständigkeit **129** 42
  Pseudonym **129** 67
  Schriftform **129** 54 ff
  Schriftform/ersetzte durch – **126** 170
  Schriftstück als Privaturkunde
  — als öffentliche Urkunde **129** 112
  Sprache **129** 55
  Sprachfremde **129** 73
  Standesbeamter/Sonderzuständigkeit **129** 46
  Testamentsvollstrecker/Bestimmung durch Dritten **129** 27
  Unterschrift/Handzeichen **129** 59 ff
  Unterschriftsbeglaubigung/Mitwirkungsverbot für den Notar **Vorbem 127a, 128** 295
  Unterschrift/Vollzug oder Anerkennung vor dem Notar **129** 69 ff
  Vereinbarte Form **129** 8
  Vereinsregister **129** 15

Notarielle Unterschriftsbeglaubigung (Forts.)
Verfahrensrechtliche Formwirkung/ öffentliche Urkunde **125** 36
Verfahrensrechtliche Wirkungen/Echtheitsvermutung für beglaubigten Text **125** 36
Versagungsgründe bei bloßer Beglaubigung **129** 85 ff
Vertreterunterschrift **129** 63 ff
Vertretung ohne Vertretungsmacht/Nachgenehmigung **129** 12
Vorkontrolle **129** 9 ff
Vorratsbeglaubigungen **129** 121
als Wirksamkeitserfordernis/Übersicht **129** 5
Zugang/Einreichung zum Vollzug **129** 110, 111
Notstromaggregat
Wesentlicher Gebäudebestandteil **94** 32
Notwegrente
als Grundstücksbestandteil **96** 3
als Last **103** 5
Notwehr
Fragerecht des Arbeitgebers/Persönlichkeitsangriff und Notlüge als – **123** 30
Nutzungen
Begriff **100** 1
Früchte
s. dort
Gebrauchsvorteile
s. dort
und Gewinne/Abgrenzung **100** 4
Verbrauch einer Sache **100** 1
Wesentlicher Bestandteil **100** 1

Obduktion
Vertragliche Vereinbarung/Sektionsklausel **90** 35
Öffentlich-rechtlich gewährte Rechte
Verbindung in Ausübung des Rechts **95** 19
Öffentlich-rechtliche Dienstverhältnisse
und Minderjährigenstellung **113** 8
Öffentlich-rechtliche Verpflichtungen
Erschließungsverträge/städtebauliche Verträge **Vorbem 127a, 128** 119
Grundstückserwerb/beschränkte Geschäftsfähigkeit **107** 12
Öffentlich-rechtliche Verträge
und privatrechtliche Beurkundungserfordernisse **125** 32; **Vor 127 a, 128** 119
Schriftform/durch elektronische Form ersetzte **126** 168
Schriftform/Erfordernis der Urkundeneinheit **126** 157 f
Willenserklärung/anwendbares Recht **119** 105
Öffentlich-rechtliche Willenserklärungen
Anfechtbarkeit **119** 104

Öffentlich-rechtliche Willenserklärungen (Forts.)
Anfechtbarkeit bei Erklärungen Privater **119** 105
Auslegung **133** 29
Öffentlich-rechtlicher Vertrag
Schriftformerfordernis/Unterschrift **126** 135
Öffentlich-rechtliches Dienstverhältnis
Partielle Handlungsfähigkeit **Vorbem 104-115** 99
Öffentliche Beglaubigung
s. Notarielle Unterschriftsbeglaubigung
Öffentliche Beurkundung
als notarielle Beurkundung
s. dort
als Oberbegriff **Vorbem 127a, 128** 221
Öffentliche Einrichtungen
Nutzung/Geschäftsfähigkeitsrecht **Vorbem 104-115** 101
Öffentliche Hand
Sondervermögen **Vorbem 90-103** 27
Öffentliche Register
und Beweisfunktion der Unterschriftsbeglaubigung **125** 45
Justizentlastung/Vorkontrolle als Formwirkungen **125** 50, 51
Öffentliche Sachen
Begriff/Abgrenzung zum BGB-Sachbegriff **Vorbem 90-103** 51
Begründung durch Widmung/Indienststellung **Vorbem 90-103** 53
Eigentum **Vorbem 90-103** 51
Eigentum/modifiziertes privates **Vorbem 90-103** 54
Finanzvermögen/Abgrenzung **Vorbem 90-103** 52
Friedhöfe **Vorbem 90-103** 61
Gemeingebrauch **Vorbem 90-103** 53
Öffentlich-rechtliche Dienstbarkeit **Vorbem 90-103** 51
Personalausweispapiere **90** 8
Res sacrae **Vorbem 90-103** 55
als Verwaltungsvermögen/als öffentliche Einrichtungen **Vorbem 90-103** 53
Zweckbindung/öffentlich-rechtliche **Vorbem 90-103** 51
Öffentliche Sicherheit und Ordnung
Störendes und gefährdendes Verhalten/Geschäftsfähigkeitsrecht **Vorbem 104-115** 100
Öffentliche Zustellung
s. Zustellung von Willenserklärungen
Öffentlicher Dienst
Arbeitgeber-Fragerecht **123** 41
Öffentliches Recht
und Sachbegriff des BGB **90** 4

Öffentliches Recht (Forts.)
Verfahrensgegenstand/Teilgeschäftsfähigkeit **Vorbem 104-115** 95
Willenserklärungen und Geschäftsfähigkeitsrecht
— Benutzungsverhältnisse/Begründung **Vorbem 104-115** 101
— Grundrechtsmündigkeit **Vorbem 104-115** 102 f
— Grundrechtsmündigkeit/Verhältnis zum Sorgerecht **Vorbem 104-115** 104
— Partielle Verwaltungsfähigkeit/Beispiele **Vorbem 104-115** 99
— Realakte/abzugrenzende **Vorbem 104-115** 100
— Verwaltungsrechtliche Willenserklärungen **Vorbem 104-115** 98
— Wahlrecht **Vorbem 104-115** 105
— Willenserklärungen/materiellrechtliche **Vorbem 104-115** 98
Öffentlichkeit
Erklärungsempfänger/Auslegung der Erklärung **133** 71 ff
Österreich
Ausländische Urkunden **Vorbem 127a, 128** 751
Bestandteile und Zubehör **93** 46
Beurkundung/Gleichwertigkeit **Vorbem 127a, 128** 744
Deutsche Beurkundung von GmbH-Anteilsabtretungen **Vorbem 127a, 128** 793
Elektrizität/Sachcharakter **90** 12
Fruchtbegriff **99** 21
Gegenstandsbegriff/Sachbegriff **Vorbem 90-103** 7
Geschäftsfähigkeitsrecht **Vorbem 104-115** 117 f
Rechtsstellung von Tieren **90a** 1, 3
Scheinbestandteile **95** 32
Unternehmensbedeutung **Vorbem 90-103** 35
Zubehör **97** 37
Ötzi-Fund
Eigentum **90** 42
Offene Handelsgesellschaft
Beteiligungserwerb durch Minderjährigen **107** 29; **112** 3
OLG-Vertretungsänderungsgesetz
Artikelgesetz/heterogene Thematik **105a** 2
BeurkG-Regelungen **Vorbem 127a, 128** 224
Oligophrenie
Krankhafte Störung der Geistestätigkeit **104** 9
Online-Medien
s. a. Elektronische Form
Zugang von Willenserklärungen **130** 21
Option
und Angebot, Angebotsvertrag **128** 62

Orderpapiere
Rechtsnatur **90** 5
Wertpapiere/Übertragung verbrieften Rechts **Vorbem 104-115** 54 ff
Organentnahme
TransplantationsG/Zulässigkeitsfrage **90** 36
Organisationsrisiken
Anfechtungsausschluß/gesetzlich normiertes Schweigen **Vorbem 116-144** 70
Organstellung
Erklärungsempfänger/Frage einer Drittstellung **123** 48
Geschäftsfähigkeitsrecht/keine Ermächtigungsmöglichkeit **112** 3
Geschäftsfähigkeitsrecht/Rechtsscheintatbestände **Vorbem 104-115** 48 f

PachtkreditG
Registerpfand/Inventar als Zubehör **98** 15
und Verfügung über Sachgesamtheit **Vorbem 90-103** 19
Pachtvertrag
und mittelbare Fruchtziehung **99** 19
Paraphe
und Unterschrift/Abgrenzung **126** 143 ff; **Vorbem 127a, 128** 392 ff
Parteiautonomie
Formvereinbarung **127** 8
Parteizugehörigkeit
und Arbeitgeber-Fragerecht **123** 36
Patentrecht
Erfindungsakt als Realakt/Geschäftsfähigkeitsrecht **Vorbem 104-115** 89
hinsichtlich wesentlichen Bestandteils **93** 31
Perplexes Rechtsgeschäft
und Irrtum/Abgrenzung **119** 55
Nichtigkeit **133** 10
Persönlichkeitsrecht
Fragerecht des Arbeitgebers/Eingriff in das – **123** 30
Leichnam/Fortwirkung besonderen Persönlichkeitsrechts **90** 28 ff
Menschlicher Körper/Teile hiervon **90** 18 ff
Persönlichkeitsrechte
Eingriff und Einwilligungsfrage/Geschäftsfähigkeitsrecht **Vorbem 104-115** 63
Persönlichkeitsstörungen
Krankhafte Störung der Geistestätigkeit **104** 9
Personalausweispapiere
als öffentliche Sachen **90** 8
Personengesellschaft
Beteiligung an Umwandlungsvorgängen **Vorbem 127a, 128** 85

Personengesellschaft (Forts.)
Fehlerhafte Gesellschaft/fehlerhafter
 Beitritt **119** 109
Gesellschaftsverträge/Formfreiheit als
 Grundsatz **Vorbem 127a, 128** 81
Grundstücksveräußerung **Vorbem 127a,
 128** 114
Notarbeteiligung/Mitwirkungsverbot
 Vorbem 127a, 128 288
Scheingründungen **117** 6, 11, 13
Versammlungsbeschlüsse/Mitwirkungs-
 verbot für den Notar **Vorbem 127a,
 128** 293
Personenstandsbücher
Berichtigung von Einträgen **119** 107
Pfändung
Früchte/ungetrennte **93** 34
Grabsteine/Grabbeigaben/Grabschmuck
 Vorbem 90-103 65
Software **90** 15
Unwesentliche Bestandteile **93** 44
Wesentliche Bestandteile **93** 33
Pfandrecht (gesetzliches)
und Geschäftsfähigkeitsrecht
 Vorbem 104-115 92
an ungetrennten Früchten **93** 26; **94** 17
an wesentlichen Bestandteilen **93** 30
Pflanzen
Abgrenzung zu den Tieren **90a** 6, 12
Pflanzen als Sachen **90a** 13
Recht der unbeweglichen Sachen **90a** 13
Schutz durch Spezialvorschriften **90a** 14
Sonderrechtsunfähigkeit **94** 18
Pflichtteilsverzicht
Beurkundungserfordernis/Formwirkun-
 gen **Vorbem 127a, 128** 70, 96
Beurkundungserfordernis/Verzichtsver-
 pflichtung **Vorbem 127a, 128** 189
PflichtversicherungsG
Textformerfordernisse **126b** 11
Portugal
Ausschließliche Zuständigkeit inl. Notars
 Vorbem 127a, 128 789
Postdienst
Deutsche Post AG
 s. dort
Gerichtsvollzieher/Zustellung mittels
 Ersuchen **132** 4, 5
Postnutzung/Geschäftsfähigkeitsrecht
 Vorbem 104-115 101
Postreform
Bundesanstalt für Post und Telekommuni-
 kation **Vorbem 90-103** 27
PostneuordnungsG **Vorbem 104-115** 101
PoststrukturG **Vorbem 90-103** 27
PostumwandlungsG **Vorbem 90-103** 27

Preis einer Sache
und verkehrswesentliche Eigenschaften/
 Abgrenzung **119** 97
Preisberechnung
und Aufklärungspflicht **123** 14
Preußisches GeschäftsfähigkeitsG 1875
Handelsmündigkeit **112** 1 f
Privatautonomie
Aufklärungspflichten bei beeinträchtigten
 Funktionsvoraussetzungen **123** 12
Dualismus von Wille und Erklärung
 Vorbem 116-144 18
und Geschäftsfähigkeitsrecht/Sicherstel-
 lung funktionierender –
 Vorbem 104-115 19
Geschäftsunfähigkeit/völlige Beseitigung
 der – **105** 6
und Privatrechtsgesellschaft
 Vorbem 116-144 6
Rechtsfolgenbestimmung/autonome
 Vorbem 116-144 14; **119** 68
Rechtsgeschäft/Willenserklärung als
 Gestaltungsinstrumente
 Vorbem 116-144 6 ff
Scheingeschäft/verdecktes Geschäft **117** 1
als Selbstgestaltung in Selbstbestimmung
 Vorbem 116-144 3; **119** 1; **123** 10
Vertragsmechanismus/Gerechtigkeit
 privatautonomer Selbstbestimmung
 Vorbem 116-144 11
Wille und Rechtsfolge **116** 1
und Willensfreiheit des geschäftsfähigen
 Menschen **104** 10
Privatrechtsordnungen
und Freiheitsbeschränkungen
 Vorbem 116-144 11
Prognose
Abgrenzung zur verkehrswesentlichen
 Eigenschaft **119** 84
Prostitutionsgesetz
Minderjährigengeschäft/Einwilligungser-
 fordernis **107** 23
Protestatio facto contraria non valet
Offene Verwahrung gegen Deutung eigenes
 Verhaltens **116** 6
Prozeßfähigkeit
und Geschäftsfähigkeitsrecht
 Vorbem 104-115 95 ff
Nicht einwilligungsbedürftiges Minderjäh-
 rigengeschäft/fehlende Folge der –
 107 21
und Teilgeschäftsfähigkeit **112** 9 f; **113** 25
Prozeßhandlungen
Anfechtbarkeit/fehlendes Bedürfnis
 119 104
Auslegung **133** 27
Erklärungsmängel/Sonderwertungen **116** 9
Gerichtlicher Vergleich **127a** 16

Prozeßhandlungen (Forts.)
Schriftformerfordernis/Schriftsatzzustellung **126** 160
Schriftformerfordernisse **126** 12 ff
Schriftform/gewillkürte **127** 5
Zwangsvollstreckungsunterwerfung
s. dort
Prüfungs- und Belehrungspflichten
Notarielle Beurkundung
s. dort
Psychopathien
Krankhafte Störung der Geistestätigkeit **104** 8 f
Psychosen
Krankhafte Störung der Geistestätigkeit **104** 8 f
Psychowissenschaften
und Klassifikation psychischer Störungen **104** 8
Publikumsgesellschaft
Finanzierter Beitritt/Anlagevermittler als Dritter **123** 52
Publizitätsgrundsatz
und wesentliche Bestandteile **94** 3; **95** 12

Qualifizierte elektronische Signaturen
s. Elektronische Form
Quittung
Erteilung als Schuldnerrecht **126** 29
Erteilung/Geschäftsfähigkeitsrecht
Vorbem 104–115 88

Ratenlieferungsverträge
Vertragsinhalt-Informationen/Textform **126b** 14
Realakt
und Geschäftsfähigkeitsrecht
Vorbem 104–115 89
Minderjährigenvornahme **107** 24
Öffentlich-rechtliche Rechtshandlungen Privater/Geschäftsfähigkeitsrecht
Vorbem 104–115 100
Rechtsgeschäftsähnliche Handlung/Unterschied **Vorbem 116–144** 3
Rechtsgeschäftsregeln/grundsätzliche Unanwendbarkeit **Vorbem 116–144** 3
Willensmoment, erforderliches/Geschäftsfähigkeitsrecht **Vorbem 104–115** 93
Realgemeindeanteile
Grundstücksbestandteil **96** 5
Reallast
Erwerb belasteten Grundstücks durch Minderjährigen **107** 27
als Grundstücksbestandteil **96** 3
Rechnungen
Anfechtbarkeit **119** 103

Rechnungsabschluß
Schweigen auf die Zusendung
Vorbem 116–144 61
Rechte
Bestandsverzeichnis/notarielle Beurkundung **Vorbem 127a, 128** 437 ff
Bestandteile **93** 13
Gebrauchsvorteile **100** 7
als Grundstücksbestandteile
s. dort
Lasten **103** 5
Sachqualität/fehlende **Vorbem 90–103** 9
und Zubehör/keine Zuordnung **97** 8
Rechtlich indifferente Geschäfte
Minderjährigengeschäfte/Einwilligungsfreiheit **107** 20
Rechtsanwalt
Anwaltshotline **133** 55
Anwaltsnotar **Vorbem 127a, 128** 236, 238, 251
Anwaltsnotar/Vorbefassungsverbot
Vorbem 127a, 128 305, 308
Anwaltsvergleich/gerichtlicher Vergleich **127a** 9
Anwaltszwang und gerichtlicher Vergleich **127a** 18
Erfüllung formnichtiger Gebührenvereinbarung **125** 105
Gebührenvereinbarung/Schriftform **126** 49 f, 89, 92
Prozeßfähigkeitsfrage und Dienstvertragsvereinbarung **Vorbem 104–115** 95
Vertrauensperson des Verbrauchers
Vorbem 127a, 128 522
Rechtsberatungsfunktion
der notariellen Beurkundung
s. dort
Rechtsbeziehungen
und Sachbegriff **Vorbem 90–103** 2
Rechtsbindungswille
und Rechtsfolgewille/Abgrenzung
Vorbem 116–144 29
Scheingeschäft/fehlender – **117** 10
und Voraussetzung einer Willenserklärung
Vorbem 116–144 1
Rechtserträge
Fruchtbringende Rechte/unmittelbare – **99** 11 ff
Mittelbare Früchte/Rechtsverhältnisfrüchte **99** 18 ff
Rechtserwerb
Beschränkte Geschäftsfähigkeit/rechtliche Vorteilhaftigkeit **107** 11 ff
Erwarteter Rechtserwerb/Scheinbestandteilseigenschaft **95** 10
Rechtsfähigkeit
und Geschäftsfähigkeit/Vergleich
Vorbem 104–115 1, 3

Rechtsfähigkeit (Forts.)
  und Handlungsfähigkeit/Verhältnis
    Vorbem 104-115 3
  Unmittelbare Verhaltensfähigkeit/mittelbare Verhaltensfähigkeit
    Vorbem 104-115 4
Rechtsfolge
  Geschäftswille/gegen den Rechtsbindungswillen abzugrenzender
    Vorbem 116-144 29
  Rechtsfolgeirrtum/Rechtsfolgemotivirrtum
    s. Anfechtung
  als rechtswidriger Erfolg **123** 69
Rechtsfortbildung
  Irrtumsrecht **119** 5
  Motivirrtum/Unbeachtlichkeit und Kalkulationsfehler **119** 53
Rechtsgegenstand
  s. Gegenstand
Rechtsgesamtheit
  Begriff **Vorbem 90-103** 22 f
Rechtsgeschäft
  s. a. Willenserklärung
  Auslegung von Willenserklärungen
    s. dort
  Geltungstheorie **Vorbem 116-144** 17
  und Geschäftsfähigkeit/aktive und passive Stellung **Vorbem 104-115** 13
  Geschäftsfähigkeit/erforderliche Voraussetzung **Vorbem 104-115** 31 ff
  und Geschäftsfähigkeitsmangel/fehlender Vertrauensschutz **Vorbem 104-115** 26 ff
  und Gestattung/Abgrenzung zur bloßen **Vorbem 104-115** 56
  Kombinatorische Rechtsgeschäftslehren **Vorbem 116-144** 19 ff
  Leistungen des modernen Massenverkehrs/sozialtypisches Verhalten **Vorbem 104-115** 31
  Normative, legale und fiktive Rechtsgeschäftslehren **Vorbem 116-144** 18
  Willens- und Erklärungstheorie
    Vorbem 116-144 15 f
  und Willenserklärung/Verhältnis
    Vorbem 116-144 1 ff
  und Willensfähigkeit **104** 3
Rechtsgeschäftsähnliche Handlung
  Anfechtung **119** 103
  Anmeldung/Beispiele **Vorbem 116-144** 2
  Anzeige/Beispiele **Vorbem 116-144** 2
  Aufforderung/Beispiele **Vorbem 116-144** 2
  Auslegung **133** 24
  Auslegung von Willenserklärungen/anwendbares Recht **Vorbem 116-144** 2
  Beanstandung/Beispiele **Vorbem 116-144** 2
  Benachrichtigung/Beispiele
    Vorbem 116-144 2

Rechtsgeschäftsähnliche Handlung (Forts.)
  Einseitige eines Minderjährigen **111** 8
  Fristsetzung/Beispiele **Vorbem 116-144** 2
  Geschäftsfähigkeitsrecht/anwendbares
    Vorbem 116-144 2
  Geschäftsfähigkeitsrecht/Anwendbarkeit
    Vorbem 104-115 86 ff
  Information/Beispiele **Vorbem 116-144** 2
  Mängelrüge **Vorbem 116-144** 2
  Mahnung **Vorbem 116-144** 2
  Minderjährigengeschäft/Aufforderung zur Erklärung über die Genehmigung **108** 12
  Minderjährigengeschäfte/Zustimmungsfrage **107** 44
  Mitteilung **Vorbem 116-144** 2
  Realakt/Unterschied **Vorbem 116-144** 3
  Textform **126b** 37
  Willenserklärung/fehlender objektiver Tatbestand **Vorbem 116-144** 2
  Willensmängel **Vorbem 116-144** 2
  Zugang von Willenserklärungen/anwendbares Recht **Vorbem 116-144** 2; **130** 14
Rechtsgut
  und Einwilligung in die Verletzung
    Vorbem 104-115 57; **111** 6
  und Gegenstandsbegriff **Vorbem 90-103** 4
Rechtshandlungen/sonstige
  als rechtmäßige Handlungen nichtrechtsgeschäftlicher Art/Geschäftsfähigkeitsrecht **Vorbem 104-115** 85 ff
Rechtsinhaberschaft
  Wertpapier und Urkundeneigenschaft
    90 5 f
Rechtsirrtum
  s. Anfechtung
Rechtsmißbrauch
  Irrtumsanfechtung/Ausschluß **119** 99 ff
Rechtspflege
  Modell einer vorsorgenden durch Beurkundung **Vorbem 127a, 128** 37
Rechtspflegefunktion
  der notariellen Beurkundung
    s. dort
Rechtsscheintatbestände
  Blankettmißbrauch
    s. dort
  Geheimer Vorbehalt/Bindung an den Rechtsschein **116** 1
  Geschäftsfähigkeitsrecht/Anwendbarkeit
    Vorbem 104-115 47
  Handelsrecht/Geschäftsfähigkeitsmangel
    Vorbem 104-115 50 ff
  Irrtumsanfechtung **119** 103
  Irrtumsregelung und Vertreterhaftung/Vergleich **Vorbem 116-144** 24
  Scheinkaufmann/Schein persönlich haftender Gesellschafterstellung **119** 112

Rechtsscheintatbestände (Forts.)
  Stellvertretung/fehlende Geschäftsfähigkeit des Vertretenen **Vorbem 104-115** 48
  Stellvertretung/fehlende Geschäftsfähigkeit des Vertreters **Vorbem 104-115** 49
  Vertrauen auf die Geschäftsfähigkeit/fehlender Schutz **Vorbem 104-115** 26
  Wertpapierrecht/Geschäftsfähigkeitsrecht **Vorbem 104-115** 53 ff
  Wertpapierrecht/Irrtumsanfechtung **119** 112
Rechtssicherheit
  Einwilligungsbedürftigkeit von Minderjährigengeschäften **107** 4
  Geheimer Vorbehalt/Bindung an den Rechtsschein **116** 1
  Geschäftsfähigkeitsrecht/Schutzzweck **Vorbem 104-115** 20; **105** 5
  und Irrtumsregelung **119** 5
  und relative Geschäftsunfähigkeit **104** 15
  Zweck notarieller Beurkundung
    s. dort
Rechtsübertragung
  Minderjährigenverfügung/rechtlich nachteilige **107** 24
Rechtsverhältnis
  Begriff **Vorbem 90-103** 3
  Bestandsverzeichnis/notarielle Beurkundung **Vorbem 127a, 128** 437 ff
Rechtsvorteile/Rechtsnachteile
  Beschränkte Geschäftsfähigkeit/Wirksamkeit von Willenserklärungen
    s. Geschäftsfähigkeit/beschränkte
Rechtswahl
  Ehewirkungen/Ehegüterrecht **Vorbem 127a, 128** 60, 749
Rechtswidrigkeit
  Arglistige Täuschung **123** 29
  Widerrechtliche Drohung **123** 67 ff
Reflex
  Handlung/fehlende **Vorbem 116-144** 27
Rektapapiere
  Wertpapiere/Übertragung verbrieften Rechts **Vorbem 104-115** 54 ff
Religionsmündigkeit
  Partielle Handlungsfähigkeit **Vorbem 104-115** 99
  Spezialregelung der Geschäftsfähigkeit **Vorbem 104-115** 16
Rentenversicherung (gesetzliche)
  Rechtserträge **99** 11
Repräsentant
  Erklärungsempfänger/Frage einer Drittstellung **123** 50
Res sacrae
  Eigentum/modifiziertes privates **Vorbem 90-103** 58
  Entwidmung **Vorbem 90-103** 57

Res sacrae (Forts.)
  Kirchliches Vermögen **Vorbem 90-103** 55
  als öffentliche Sachen **Vorbem 90-103** 55
  Rechtsgeschäfte über – **Vorbem 90-103** 59
  Widmung **Vorbem 90-103** 56
Reuerecht
  Anfechtungsrecht als Rechtsmißbrauch **119** 100
Rheinland-Pfalz
  Unterschriftsbeglaubigungen **129** 45
Richterliche Vertragskorrektur
  Ungleichgewichtslagen und Inhaltskontrolle von Verträgen **Vorbem 116-144** 11
Richtigkeitsvermutung
  Rechtsgeschäft/Urkundenausstellung **125** 92 ff
Risikoprinzip
  Anfechtungserklärung und Verzögerungsrisiko **121** 11
  Auslegungsziel der Risikoverteilung von Mißverständnissen **133** 2
  und culpa in contrahendo **122** 5
  Irrtumsregelung **119** 5
  Irrtumsregelung/Risikotragung durch den Irrenden selbst **119** 102
  Leistungsstörungen/Risikotragungsregeln **122** 7
  Notarielle Beurkundung/Prüfungs- und Belehrungspflichten **Vorbem 127a, 128** 471 ff
  Notarielle Beurkundung/Warn- und Schutzpflichten **Vorbem 127a, 128** 510 ff
  Rechtsirrtum/Verantwortung des Vertragspartners **119** 74
  Risikoerhöhendes Verhalten/Schaffung besonderer Gefahrenlage **122** 10
  Sprachrisiko
    s. dort
  und Vertrauensschaden
    s. Schadensersatzansprüche/negatives Interesse
  Wert und Preis einer Sache/Irrtum **119** 97
  Zugang von Willenserklärungen/Herrschafts- und Machtbereich **130** 41, 46 ff
  Zugang von Willenserklärungen/Mißverständnisrisiko **130** 20
  Zugang von Willenserklärungen/Zäsur **130** 8
  Zurechnung von Willenserklärungen **Vorbem 116-144** 38; **118** 5
  Zurechnungsmöglichkeit **119** 57
Römisches Recht
  dolus malus/actio de dolo malo **123** 3
  Einheitliche Sache/Zusammenfügung von Teilen **93** 2
  Frauen/Unmündige/Minderjährige; fehlende volle Handlungsfähigkeit **Vorbem 104-115** 108

Römisches Recht (Forts.)
  Geschäftsfähigkeitsrecht des Corpus Iuris Civilis/Rezeption **Vorbem 104–115** 109
  Geschäftsfähigkeitsrecht/puberes, impuberes **Vorbem 104–115** 106
  Geschäftsfähigkeitsrecht/Rechtsgeschäfte des Unmündigen **106** 4
  res corporales/res incorporales **Vorbem 90–103** 2
  res extra commercium **Vorbem 90–103** 40, 55
  res religiosae (Begräbnisplätze) **Vorbem 90–103** 61
  Schutz des mündigen Jugendlichen/lex Laetoria **Vorbem 104–115** 107
  superficies solo cedit **94** 1; **95** 1
  Verbrauchbare Sachen **92** 2
  Vertretbare Sachen **91** 1
  Volljährigkeitseintritt mit 25.Lebensjahr **Vorbem 104–115** 107; **112** 1
Römisches Schuldrechtsübereinkommen
  Anerkennung der Ortsform als Regel **Vorbem 127a, 128** 799
Rolltreppen
  Wesentlicher Gebäudebestandteil **94** 32
Rücktritt
  Anfechtungsmöglichkeit/Wahlrecht **123** 93
  Ausübung durch minderjährigen Berechtigten **107** 32; **111** 2
  Beschränkte Geschäftsfähigkeit/Schenkung und Vorbehalt des – **107** 10
  Gerichtlicher Vergleich **127a** 45 ff
Rückwirkung
  Anfechtungswirkung **123** 83
Rußland
  Geschäftsfähigkeitsrecht **Vorbem 104–115** 131 ff

Sacheinheiten
  Bedeutung im wirtschaftlichen Verkehr **Vorbem 90–103** 16
Sachen
  Abgetrennte Bestandteile des menschlichen Körpers **90** 20
  Abgrenzung im Raum/sinnliche Wahrnehmung **90** 1; **Vorbem 90–103** 8
  Aggregatzustand/Wahrnehmbarkeit **90** 1
  Ausländisches Recht **90** 12; **Vorbem 90–103** 35
  Beherrschbarkeit durch den Menschen **90** 1; **Vorbem 90–103** 8, 41 ff
  Bestandsverzeichnis/notarielle Beurkundung **Vorbem 127a, 128** 437 ff
  Bewegliche/unbewegliche Sachen **Vorbem 90–103** 36 ff; **95** 28
  Binnengewässer/Strand **Vorbem 90–103** 45
  Denkmalschutz **Vorbem 90–103** 66

Sachen (Forts.)
  Eigentumsbeschränkungen **Vorbem 90–103** 66 ff
  Einzelsachen/einfache Sachen, zusammengesetzte Sache **Vorbem 90–103** 13 f
  Einzelsachen/Verkehrsanschauung **Vorbem 90–103** 13
  Elektrizität/fehlende Sacheigenschaft **90** 10 ff
  Energieerzeugung/erforderliche Stoffe **90** 9
  Energien/fehlende Sachzugehörigkeit **90** 9 ff; **Vorbem 90–103** 9
  Erzeugnisse
    s. dort
  Finanzvermögen der öffentlichen Hand **Vorbem 90–103** 52
  Friedhöfe/Grabstätten **Vorbem 90–103** 61 ff
  Früchte
    s. dort
  Gebrauchsvorteile
    s. dort
  und Gegenstand **Vorbem 90–103** 3 ff
  Geisteswerke **90** 2; **Vorbem 90–103** 9
  Geld **91** 6
  Gesetzliche Verbote/Veräußerungsverbote **Vorbem 90–103** 69
  Gewerbliches Unternehmen als Rechtsgesamtheit **Vorbem 90–103** 31 ff
  Grundstücke **Vorbem 90–103** 15
  Grundstücke/unbewegliche Sachen **Vorbem 90–103** 37
  Grundwasser **Vorbem 90–103** 9
  Hauptsache/Zubehörszuordnung
    s. Zubehör
  Körperliche Gegenstände **Vorbem 90–103** 8 ff
  Kulturdenkmäler/Kulturgut **Vorbem 90–103** 67
  Leichnam
    s. dort
  Leichnam als Grabinhalt **Vorbem 90–103** 63
  Luft **Vorbem 90–103** 42
  Luftfahrzeuge **Vorbem 90–103** 39
  Meeresboden/Ausbeutung des Meeresbodens **Vorbem 90–103** 48 f
  Meeresstrand **Vorbem 90–103** 46
  Mengensachen/vertretbare Sachen **91** 2
  Menschlicher Körper **Vorbem 90–103** 9
  Öffentliche Sachen
    s. dort
  Prozessuale Begriffe/Abgrenzung **Vorbem 90–103** 12
  Rechte **90** 2; **Vorbem 90–103** 9
  Rechtsgesamtheit/Rechtsinbegriff **Vorbem 90–103** 22 f
  Res sacrae
    s. dort

Sachen

Sachen (Forts.)
  Römisches Recht/gemeines Recht
    Vorbem 90–103 2, 40
  Sacheinheiten/Mengensachen
    Vorbem 90–103 16
  Sachgesamtheit/anwendbare Regeln
    Vorbem 90–103 18
  Sachgesamtheit/Herausgabeklage
    Vorbem 90–103 21
  Sachgesamtheit/Inventar **Vorbem 90–103** 20
  Sachgesamtheit/Verfügungen
    Vorbem 90–103 19
  Sachgesamtheit/Zubehöreigenschaft **97** 7
  Sachinbegriff/verbrauchbare Sachen **92** 3
  Scheinbestandteile als selbständige beweg-
    liche – **95** 28
  Schiffe **Vorbem 90–103** 39
  Software/Datenträger und Programmin-
    halt **90** 13 ff
  Sondervermögen als Rechtsgesamtheit
    Vorbem 90–103 26 ff
  Steuerrecht **90** 4
  Strafrecht **90** 4; **90a** 11
  Tauschverkehr/Objekte **Vorbem 90–103** 10
  Tiere/Abgrenzung **90a** 1 ff
  Unkörperliche Gegenstände/keine Sach-
    zugehörigkeit **90** 2
  Urkunden
    s. dort
  Verbrauchbare Sachen/Begriff, praktische
    Bedeutung **92** 1 ff
  Verbrauchbare Sachen/Zubehöreigen-
    schaft **97** 15
  Verkehrsanschauung **91** 1; **92** 1
  Verkehrsauffassung **91** 10
  Verkehrsunfähige Sachen
    Vorbem 90–103 40 ff
  Verkehrswesentliche Eigenschaften/Eigen-
    schaftsirrtum **119** 92 ff
  Vermögen als Rechtsgesamtheit
    Vorbem 90–103 24 f
  Vertretbare Sachen/Begriff, Abgrenzung
    91 1 ff
  Vertretbare Sachen/Beispiele **91** 4 ff
  Vertretbare Sachen/Schuldvertragsrecht,
    Schadensersatzrecht **91** 8 f
  Warenbegriff/Begriff des Gutes
    Vorbem 90–103 11
  Wasserflächen/trockengelegte ehemalige
    Vorbem 90–103 47
  Wasser/Wasserentnahme
    Vorbem 90–103 43 ff
  Weltraumnutzung/Himmelskörper
    Vorbem 90–103 50
  Wertpapiere
    s. dort
  Wesentliche Bestandteile
    s. dort

Sachenrecht
  Gesetzliche Formvorschriften/Überblick
    125 27 f
  und Sachbegriff **Vorbem 90–103** 1
  Tiere **90a** 9 ff
Sachfrüchte
  Erzeugnisse einer Sache/sonstige Ausbeute
    99 4, 6 f
Sachgesamtheit
  und Inbegriffsgegenstand
    Vorbem 90–103 23
  und Zubehöreigenschaft **97** 7
Sachkunde
  Vertragspartnerstellung und Irrtumserre-
    gung **119** 74
Sachverständigengutachten
  Geschäftsunfähigkeit/krankhafte Störung
    der Geistestätigkeit **104** 16
Salvatorische Klauseln
  und Prüfung der Teilnichtigkeit/Beweis-
    lastumkehr **125** 102
Samen und Pflanzen
  Sonderrechtsunfähigkeit **94** 18
Sanitäre Einrichtungen
  Wesentlicher Gebäudebestandteil **94** 33
Satzung
  s. Gesellschaftsrecht
Schadensersatz statt der Leistung
  Anfechtungserklärung und Verlangen
    eines – **123** 94
Schadensersatzansprüche
  Anfechtung/Schadensersatz statt der
    Leistung **123** 94
  und Anfechtungsrecht/Vorrangfrage
    119 58
  Geschäftsfähigkeit/fehlende volle;kein
    Ersatz enttäuschten Vertrauens
    Vorbem 104–115 27
**Schadensersatzansprüche/Ersatz negativen Inter-
esses**
  Abbruch von Vertragsverhandlungen/
    eigenständige Fallkategorie **122** 6
  Abhanden gekommene Willenserklärun-
    gen als Sonderfall **122** 10
  Abhandenkommen einer Vollmachtsur-
    kunde als Sonderfall **122** 10
  Abschließende Regelung/culpa in contra-
    hendo-Verhältnis **122** 19
  AGB-Banken/Stornorecht **122** 5
  Allgemeiner Rechtsgedanke/analoge
    Anwendung **122** 4 ff
  Anfängliche unmögliche Leistung/Sonder-
    regelung **122** 7
  Anspruchsberechtigter Erklärungsempfän-
    ger **122** 11
  Arglistanfechtung/ausgeschlossene
    Anwendung **122** 4
  Arglistanfechtung/kein Ersatz des – **123** 89

Schadensersatzansprüche/Ersatz negativen Interesses (Forts.)
Beweislast 122 23
Blankettmißbrauch als Sonderfall 122 10
Deliktischer Schadensersatzanspruch/ Arglistanfechtung 123 96
Dissens/ausgeschlossene Anwendung 122 6
Erfüllungsinteresse/ausgeschlossenes, die Obergrenze bildendes 122 14
Erklärungsbewußtsein/fehlendes und Analogiefrage 122 8 f
Ernstlichkeitsmangel der Willenserklärung/Einstandspflicht 118 5; 122 3
Falschübermittlung durch Boten 122 3
Formfehler/andere gesetzliche Wirksamkeitshindernisse und Anerkennung von 122 5
Irrtumsanfechtung/erfaßte Fälle 122 3
Irrtumskenntnis/Kennenmüssen nach Vertragsabschluß 119 40
Kenntnis, Kennenmüssen/Anspruchsausschluß 122 16 ff
Leistungsstörungen/eigenständige Risikotragungsregeln 122 7
Letztwillige Verfügung/Anwendungsausschluß 122 3
Mitverschuldeter Irrtum 122 18
Positiver Vertrauensschutz/Frage besonderer Fälle 119 101
Risikoprinzip 122 2, 5, 10
Schadensberechnung/lex specialis 122 18
Speisekarten-Fall 122 2
Veranlassungsprinzip 122 2
Verjährung 122 22
Verschuldensfrage/unbeachtliche 122 2
Vertragsangebot/unwirksames wegen Tod des Offerenten 122 6
Vertrauens- oder Rechtsscheinhaftung 122 1, 16
Vertrauensschaden als negatives Interesse/ Umfang 122 13

Scheckrecht
Auslegung von Erklärungen 133 71

Scheinbestandteile
s. Gebäudebestandteile
s. Grundstücksbestandteile

Scheingeschäft
Amtsempfangsbedürftigkeit 117 3
und Aufhebungsvereinbarung/Abgrenzung 117 1
Auflassung 117 3
Beiderseitiges Bewußtsein 117 7
Beispiele 117 11, 12
Beweisrecht 117 28
Bilanzpolitisch motivierte Geschäftsdarstellungen 117 13

Scheingeschäft (Forts.)
Darlehensvertrag, unterschobener/ Abgrenzung 117 2
Eheschließung/Sonderregelung 117 4
Einigung über den Scheincharakter 117 2, 3, 7 ff
Einigung über den Scheincharakter/ fehlende beim mißlungenen – 117 2, 9; 118 7
Empfangsbedürftige Willenserklärung 116 3; 117 3
Ernstlichkeitsmangel der Willenserklärung/Abgrenzung 118 7
Ernstlichkeitsmangel/Fall eines mißlungenen – 118 1
Falschbezeichnung/bloße 117 12; 125 86
Fehler Rechtsbindungswille/subjektiver Begriff 117 10
Geheimer Vorbehalt/Abgrenzung 117 1, 4, 12
Gesellschaftsrecht/Scheingestaltungen 117 6, 18
Grundstücksgeschäfte/staatliches Teilungsunrecht 117 27
Letztwillige Verfügungen/ausgeschlossene 116 3; 117 3
Mehrheit von Parteien 117 8
Mißlungenes Scheingeschäft 117 2, 9; 118 1, 7
Nichtigkeitsfolge
– Absolute Wirkung 117 21
– Deliktische Haftung 117 24
– Verkehrs- und Vertrauensschutz zugunsten Dritter 117 21, 23
– Vertrauensschutz/Erweiterung bei Vertretergeschäften 117 22
Privatautonomie/negatives und positives Prinzip 117 1
Scheinadoption/Sonderregelung 117 5
Schwarzbeurkundung als Schulfall 117 1, 8, 14, 15, 26
Steuerlich motivierte Vertragsgestaltungen 117 13 f
Strohmanngeschäft/Abgrenzung 117 17
Treuhandschaft/Abgrenzung 117 20
Umgehungsgeschäft/Abgrenzung 117 15
Verdecktes Geschäft/Gültigkeit
– Parteiwille 117 25
– Schwarzbeurkundung 117 26
– Wirksamkeitshindernisse/Gesetzliches Verbot, Sittenwidrigkeit 117 25
Vertretergeschäfte 117 8
Willenserklärung/fehlender Tatbestand 117 1, 6

Scheinkaufmann
Geschäftsfähigkeitsrecht
Vorbem 104–115 52

Schenkung
Änderungen des Versprechens
  Vorbem 127a, 128 214
Ausländische Beurkundungserfordernisse
  Vorbem 127a, 128 762 f
Belastung verschenkten Gegenstandes/
  Beschränkte Geschäftsfähigkeit **107** 15
Beschränkte Geschäftsfähigkeit/einwilligungsfreies Rechtsgeschäft **107** 9
Beschränkte Geschäftsfähigkeit/nachteiliges Erwerbsgeschäft und unentgeltliches Grundgeschäft **107** 31
Beschränkte Geschäftsfähigkeit/Verpflichtungsfolgen und Einwilligungserfordernis **107** 10
Bestätigung formunwirksamen Versprechens **Vorbem 127a, 128** 214
Ehegattenzuwendungen **117** 16
Einseitiger Formzwang **125** 56
Einseitiger Formzwang/Änderungen, Erweiterungen **125** 74
Einseitiges Formerfordernis **Vorbem 127a, 128** 102, 213 f
und Erbrecht/Formenvergleich
  Vorbem 127a, 128 54
Erfüllung formnichtigen Versprechens **125** 105
Formnichtiges Versprechen/Heilung durch Leistungsbewirkung **Vorbem 127a, 128** 666 ff
von Gesellschaftsanteilen **Vorbem 127a, 128** 55
Notarielle Beurkundung des Schenkungsversprechens/Schutzzweck **Vorbem 127a, 128** 53 f
Notarielle Beurkundung des Versprechens von Todes wegen/Formzweck
  Vorbem 127a, 128 69
Schenkungsteuerpflicht/notarielle Hinweispflicht **Vorbem 127a, 128** 505
Testamentarischer Widerruf **130** 103
Widerrufsrecht/spezielles **119** 106
Scherzerklärungen
als nicht ernstlich gemeinte Erklärungen **118** 1
Scherzweise Erklärung
s. Ernstlichkeit/fehlende der Willenserklärung
s. Geheimer Vorbehalt
Schiedsrichter
Ablehnung wegen Eigenschaftsirrtums **119** 106
Notar als Schiedsrichter **Vorbem 127a, 128** 323
Schiedsspruch
Auslegung **133** 28

Schiedsvereinbarung
Formunwirksamkeit/Heilung durch Einlassung **125** 105
Schiedsspruch mit vereinbartem Wortlaut **127a** 48 f
Verbraucherbeteiligung/Schriftformerfordernis **126** 14
Schiffe
als unbewegliche Sachen/als bewegliche Sachen **Vorbem 90–103** 39
Wesentliche Bestandteile von – **94** 38
Zubehör an eingetragenen – **97** 32
Schiffsmotoren
als wesentliche Bestandteile **93** 21
Schiffszubehör
Begriff **97** 3
Schlußrechnung
Vorbehaltlose Annahme **Vorbem 116–144** 74
Schrankwände
Wesentlicher Gebäudebestandteil **94** 36
Schriftform
s. a. Formerfordernis
Abgrenzung der Formen/Systematische Einordnung **125** 5, 9; **126** 3
Abschluß der Urkunde/Unterschriftszweck **126** 126
Abtretung von Rechten **126** 26 ff
Änderungen **126** 122 f
Anlagen **126** 129
Anspruch auf schriftliche Urkunde **126** 19
Arbeitsrecht
  s. dort
Ausdrücklicher Inhalt bei einzelnen Formerfordernissen **125** 14 f
Ausländisches Formerfordernis/deutsche notarielle Urkunde **Vorbem 127a, 128** 797 f
Auslegung der Urkunde/Andeutungstheorie **126** 87, 171
Ausstelleridentität **126** 125
Beispiele **126** 18 f
Beschlußfassung **126** 63
Beweissicherung **126** 74 f
Beweiswirkung/ZPO-Grundlage **126** 172 ff
Bezugnahmen **126** 117 ff
Blankounterschrift **126** 130 ff
Briefwechsel **127** 28
Bürgschaft
  s. dort
Dauerhaft verkörperte Schriftzeichen **126** 108 ff
Deckungsfunktion der Unterschrift **126** 126
Deklaratorische Form **126** 74, 179 f
Depotgesetz **126** 41
Echtheitsgewähr **126** 125
EG-rechtliches Schriftformerfordernis/autonomes Verständnis **126** 16

Schriftform (Forts.)
Eigenhändiges Testament/Sonderform
  125 4, 11 f; **126** 65
Einheitlichkeit der Urkunde **126** 112 ff
Einseitige Rechtsgeschäfte/Schutz des
  Erklärungsempfängers **126** 20 ff
Einseitiges/beiderseitiges Erfordernis
  126 79 ff
und elektronische Form/Ersetzung der –
  126 166 ff
und elektronische Form/Kombination
  126a 57
und elektronische Form/Vergleich **125** 10
Elektronisches Dokument/nicht ausreichendes **126** 111
Energielieferungsverträge/Kündigung
  126 35
Erschließungsverträge **126** 10
Europäisches Recht/Bedeutung der
  E-Commerce-RL für Öffnung der –
  126a 16
Fernunterrichtsvertrag **126** 52
Formwirkung/Übereilungsschutz **125** 36
Genossenschaftsstatut **126** 61
Gerichtlicher Vergleich/ersetzte Form
  der – **127a** 1
Gerichtsstandsvereinbarungen **126** 15
Gesellschaftsrecht **126** 61 ff
Gesetzliche Form/gewillkürte Form **126** 2
Gesetzliche Gebührenordnungen/Abweichungen **125** 26
Gewillkürte Schriftform/Nachbeurkundungsanspruch **127** 54 f, 80
Klarheitszweck **126** 69 ff
Kleingartenpachtvertrag/Kündigung
  126 34
Landpachtvertrag **126** 32
Leibrentenversprechen **126** 54
Material **126** 110
Mehrheit von Blättern/Zusammengehörigkeit **126** 113
Mehrheit von Urkunden/Zusammengehörigkeit **126** 115 ff
Mietvertrag
  s. dort
Mitgliederversammlung/Einberufung
  126 62
Nachträge **126** 122 f
Nebenschrift **126** 128
Nichtigkeitsfolge bei Formfehlern
  126 176 ff
Notaranderkonto/Verwahrung hierauf
  126 13
Notarielle Beglaubigung/schriftliche
  Urkunden **129** 54 ff
Notarielle Beurkundung/Ersetzung der –
  126 169 f
Oberschrift **126** 128

Schriftform (Forts.)
Öffentlich-rechtliche Verträge
  s. dort
Öffentliches Recht/abweichende Regelungen **126** 11
Praktische Bedeutung **126** 5
Privatrechtliche Gesetze/Sprache des
  Gesetzes **126** 7
Prozeßhandlungen/verfahrensrechtliche
  Schriftform **126** 12 ff
Quittungserteilung **126** 29
Rechtsverkehrsschutz **126** 76 f
Schiedsvereinbarung/Verbraucherbeteiligung **126** 14
Schreibform/unbedeutende **126** 109
Schuldversprechen/Schuldanerkenntnis
  126 54
Sprache, verwendete **126** 108
Staatliche Kontrolle **126** 76 f
Städtebaulicher Vertrag **126** 10
Stiftungsgeschäft unter Lebenden **126** 61
Tarifvertrag **126** 8
und Telefaxgebrauch **126** 162 ff
und Textform/Absenken einzelner Erfordernisse **126b** 9
Übereilungsschutz **126** 66 ff
Umfang des Formerfordernisses
— Änderungen **126** 99 ff
— Andeutungstheorie **126** 87 f
— Aufhebung des Vertrages **126** 105
— Einseitiges/beiderseitiges Erfordernis
  126 79 ff
— Gesamtes Rechtsgeschäft **126** 82 ff
— Gesetzlich geregelte Mindestangaben
  126 89 ff
— Getrennte Urkunden **126** 92 ff
— Vollmacht/Zustimmung **126** 106 f
— Vorvertrag **126** 96 ff
— Wechsel der Vertragsparteien **126** 102 ff
— Zeitpunkt der Vereinbarung **126** 95
Unterschrift
— Abschluß- und Deckungsfunktion
  126 126
— Änderungen nach der Unterschrift
  126 130 ff
— Anlagen **126** 129
— Ausstelleridentität **126** 125
— Blankounterschrift **126** 130 ff
— Echtheitsgewährleistung **126** 125
— Eigenhändige Unterschrift **126** 133 ff
— Familienname **126** 137 ff
— Lesbarkeit **126** 143 ff
— Notarielle Beurkundung/Vergleich
  Vorbem 127a, 128 387
— Oberschrift/nicht ausreichende **126** 128
— und Paraphe/Abgrenzung **126** 143 ff
— Räumlicher Abschluß/Deckungsfunktion **126** 127 ff

Schriftform (Forts.)
— Schriftform/ausländische **126** 136
— Vertragsunterzeichnung **126** 152 ff
— Vertretung **126** 142, 148 f
— Vervielfältigung **126** 134
— Verwandtschaftsbezeichnung/bloße **126** 140
— Vorname **126** 141
— Zuordnungsfunktion **126** 125
Urkunde/Schriftlichkeit
— Änderung/Nachtrag **126** 122 f
— Bezugnahmen **126** 121
— Dauerhaft verkörperte Schriftzeichen **126** 108 ff
— Einheitliche Urkunde **126** 112 ff
— Mehrheit von Blättern **126** 113 f
— Mehrheit von Urkunden/Zusammengehörigkeit **126** 115 ff
Verbraucherdarlehen
s. dort
Verfahrensrechtliche Wirkungen/Klarstellung, Beweiserleichterung **125** 36
Vertragsverhandlungen und Vertragsabschluß/Abgrenzung **125** 42
VOB/B-Formerfordernis **126** 53
VOB/B-Vertrag **126** 164
Vollmacht
s. dort
Vollständigkeits- und Richtigkeitsvermutung **125** 92
Vordruck **126** 109
Vorvertrag **126** 96 ff
Wiederholung gesetzlichen Formerfordernisses **127** 7
Zeitpunkt der Vereinbarung **126** 95
Zugang der Willenserklärung **126** 159 f
Schriftform/eigenhändige
s. Eigenhändiges Testament
Schuldanerkenntnis
s. a. Schuldversprechen/Schuldanerkenntnis
Annahme negativen Anerkenntnisses durch minderjährigen Schuldner **107** 19
Schuldbeitritt
und Bürgschaft/Abgrenzung **133** 9
Formbedürftiger Vertrag **125** 78
Minderjährigengeschäft/Einwilligungserfordernis **107** 23
Verbraucherdarlehen/Formerfordernis **126** 104
Schuldrecht
Gesetzliche Formvorschriften/Übersicht **125** 25 f
und Sachbegriff **Vorbem 90–103** 1
Schuldrechtliche Verpflichtung
Anfechtungswirkung **123** 83
und dingliches Erwerbsgeschäft/Frage rechtlichen Vorteils **107** 11 ff

Schuldrechtliche Verpflichtung (Forts.)
Einwilligung/Mittelüberlassung (Taschengeldparagraph) **110** 2 ff
Einwilligungsbedürftige Minderjährigengeschäfte
s. Geschäftsfähigkeit/beschränkte
Energielieferungsverträge **90** 10
Geheimer Vorbehalt/Abgrenzung zur Nichterfüllungsabsicht **116** 4
und Grundstücksbestandteilseigenschaft **96** 7
Hauptsachenveräußerung/Zubehörerstreckung **97** 30
Menschlicher Körper **90** 19
Menschlicher Körper/abgetrennte Teile **90** 23
Notarielle Beurkundung **Vorbem 127a**, **128** 96
und Rechtserträge aus fruchtbringenden Rechten **99** 11
und Sachgesamtheit **Vorbem 90–103** 18
Sondervermögen **Vorbem 90–103** 29
Unternehmen als ganzes **Vorbem 90–103** 32
und Verbindung mit Scheinbestandteilen **95** 8
Vertretbare Sachen/Bedeutung **91** 8
Volljähriger Geschäftsunfähiger/Rückabwicklungsausschluß bei Geschäften des täglichen Lebens **105a** 9 ff
Vollmacht als Teil des Geschäfts/Formfrage **125** 67
Wesentliche Bestandteile **93** 35
Schuldschein
Rechtsinhaberschaft und Urkundeneigentum **90** 7
Schuldübernahme
Anfechtung wegen arglistiger Täuschung **123** 59
Grundstücksveräußerungs-/Grundstückserwerbspflicht **Vorbem 127a, 128** 117
Minderjährigengeschäft/Einwilligungserfordernis **107** 23
Schuldverhältnisse (gesetzliche)
Inhalt erworbener Rechte/Beschränkte Geschäftsfähigkeit **107** 13 f
Schuldversprechen/Schuldanerkenntnis
Einseitiger Formzwang **125** 56; **126** 54, 79
Einseitiger Formzwang/Änderungen, Erweiterungen **125** 74
Elektronische Form/ausgeschlossene **126a** 30
Vollmachtserteilung/Schriftform **126** 107
Schwangerschaft
Arbeitgeber-Frage als Diskriminierung **123** 39
Aufhebungsvertrag mit Arbeitnehmerin **119** 75, 84, 86, 91

Schwangerschaftsabbruch
Einwilligung des Verletzten/Geschäftsfähigkeitsrecht **Vorbem 104-115** 61
Schwarzbeurkundung
Schulfall des Scheingeschäfts **117** 1, 8, 14, 15, 26
Schwarzfahrt
Minderjährigenverpflichtung/Generalkonsensfrage **107** 40
Schwebende Unwirksamkeit
Minderjährigengeschäft/einwilligungsbedürftiges ohne Einwilligung **108** 3, 12; **110** 16
Schwebende Wirksamkeit
Fehlerhafte Rechtsgeschäfte **Vorbem 116-144** 23
Schweigen als Willenserklärung
Abstimmungsergebnis **Vorbem 116-144** 61
AGB-Erklärungsfiktionen **Vorbem 116-144** 61
Anfechtung **119** 112
Anfechtung/Schlüssigkeitsirrtum **Vorbem 116-144** 67, 71, 79
Anfechtung/Täuschung und Drohung **123** 2
Anfechtung/Tatsachenirrtum **Vorbem 116-144** 68, 79, 80
Dogmatische Einordnung **Vorbem 116-144** 77
und Erklärungsbewußtsein **Vorbem 116-144** 72, 78
Erklärungszeichen/erforderliches **Vorbem 116-144** 60
Geschäftsfähigkeit des Schweigenden **Vorbem 116-144** 66
Gesetzlich normiertes Schweigen/Tatbestände **Vorbem 116-144** 62 ff
Gesetzliche Fiktionen/Bedeutung und Reichweite **Vorbem 116-144** 65 ff
Handelsverkehr/gesteigerter Vertrauens- und Verkehrsschutz **Vorbem 116-144** 69
Handelsverkehr/Verkehrssitte **Vorbem 116-144** 73 ff
Individuell-konkludentes Schweigen/Konkludenz **Vorbem 116-144** 73 ff
Indizien mutmaßlichen Willens **Vorbem 116-144** 76
Kaufmännischer Verkehr/Schweigen auf ein Angebot **Vorbem 116-144** 75
Kaufmännisches Bestätigungsschreiben **Vorbem 116-144** 73, 79; **119** 112
als konkludente Willenserklärung/vertrauenstheoretische Erklärung **Vorbem 116-144** 78
Konkludenz/Abgrenzung **Vorbem 116-144** 53; **133** 24
Kontoauszüge/Schweigen auf Zusendung **Vorbem 116-144** 61

Schweigen als Willenserklärung (Forts.)
Organisationsrisiken kaufmännischen Betriebs **Vorbem 116-144** 70
protestatio facto contraria **133** 56
qui tacet, consentire videtur, ubi loqui potuit ac debuit **Vorbem 116-144** 77
Rechnungsabschlüsse/Schweigen auf zugegangene **Vorbem 116-144** 61
Rechtsgeschäftscharakter **Vorbem 116-144** 78
Rechtsgeschäftsfolgen/Beispiele positiver **Vorbem 116-144** 63
Risikozurechnungsgründe **Vorbem 116-144** 69
Schlußnote eines Handelsmaklers **Vorbem 116-144** 74
Selbstbestimmungsfreiheit **Vorbem 116-144** 61, 72
und stillschweigende Willenserklärung/Abgrenzung **Vorbem 116-144** 53, 60
Überweisungsvertrag/Girovertrag **Vorbem 116-144** 64
Unsorgfalt/professionelle **Vorbem 116-144** 70
Vereinbartes Schweigen **Vorbem 116-144** 61
Verkehrs- und Rechtssicherheit **Vorbem 116-144** 72
Vorbehaltose Annahme einer Schlußrechnung **Vorbem 116-144** 74
Widerspruchspflicht des Schweigenden **Vorbem 116-144** 77
Willensmängel **Vorbem 116-144** 79 ff
Schweiz
Ausschließliche Zuständigkeit inl.Notars **Vorbem 127a, 128** 783
Bestandteile und Zubehör **93** 47
Beurkundung/Gleichwertigkeit **Vorbem 127a, 128** 745
Deutsche Beurkundung als gleichwertige **Vorbem 127a, 128** 794
Elektrizität als Naturkraft und bewegliche Sache **90** 12
Fruchtbegriff **99** 21
Gegenstandsbegriff/Sachbegriff **Vorbem 90-103** 7
Geschäftsfähigkeitsrecht **104** 17; **Vorbem 104-115** 119 ff
Handlungsfähigkeit/Definition **Vorbem 104-115** 6
Scheinbestandteile **95** 32
Zubehör **97** 37
Schwerbehinderteneigenschaft
und Arbeitgeber-Fragerecht **123** 38
Schwerkraft
Begründung fester Verbindung **94** 8
Zusammenhaltung von Teilen **93** 9

Schwierigkeitsgrad von Rechtsgeschäften
  Relative Geschäftsunfähigkeit/Abgelehnte
    104 15
Scientology-Organisation
  und Arbeitgeber-Fragerecht 123 36
Selbständiger Betrieb eines Erwerbsgeschäfts
  durch einen Minderjährigen
  s. Geschäftsfähigkeit/beschränkte
Selbstbestimmung
  Auslegung von Willenserklärungen 133 1
  Dualismus von Wille und Erklärung
    Vorbem 116-144 14 ff
  und Falschbezeichnung 133 13
  Irrtumsregelung/tragender Grund des
    Anfechtungsrechts 119 100
  Irrtumsregelung/Unterscheidung von
    formaler und materialer – 119 5
  Privatautonomie als Selbstgestaltung in
    Selbstbestimmung **Vorbem 116-144** 3;
    119 1
  und protestatio facto contraria non valet
    133 58
  Schutz freier Selbstbestimmung ggü
    Täuschung/Drohung 123 1, 60
  und Verkehrsschutz/Zielkonflikt 119 56
  Wille und Rechtsfolge 116 1
  Zugang von Willenserklärungen 130 39,
    50, 91, 101
Serienware
  Abtrennung/Sonderrechtsfähigkeit 93 18
Sexuelle Handlungen gegen Entgelt
  Minderjährigengeschäft/Einwilligungser-
    fordernis 107 23
Sicherungseigentum
  Schuldner-Sicherheiten/Täuschung ggü
    dem Sicherungsgeber 123 54
  Verbrauchbare Sachen 92 6
  von Zubehörstücken 97 27
Signaturgesetz 1997
  s. Elektronische Form
Simulation
  s. Scheingeschäft
Sittenwidrigkeit
  Anfechtung wegen arglister
    Täuschung/Konkurrenzfrage 123 92
Software
  Deliktischer Schutz 90 16
  Sachqualität/fehlende 90 15
  Trennung von Datenträger/Programmin-
    halt 90 13 ff
  Urheberrecht und Sacheigentum 90 13
  Vertragliche Überlassung 90 14
  Zwangsvollstreckung 90 15
Sondernutzungsrecht
  Verbindung in Ausübung des Rechts 95 19
Sonderrechtsfähigkeit
  von Sachteilen 93 5

Sondervermögen
  Begriff **Vorbem 90-103** 26
  Öffentliche Hand/Deutsche Bundesbahn,
    Deutsche Bundespost **Vorbem 90-103** 27
  Rechtsfähigkeit, fehlende **Vorbem 90-103** 28
  Rechtsgeschäfte hierüber **Vorbem 90-103** 29
  Surrogationsfälle **Vorbem 90-103** 30
Sozialakt
  Abgabe einer Willenserklärung
    Vorbem 116-144 13
Sozialgerichtsbarkeit
  Verfahrensfähigkeit **Vorbem 104-115** 95
Sozialrecht
  Partielle Handlungsfähigkeit
    Vorbem 104-115 99
Sozialtypisches Verhalten
  Entstehungsgrund von Rechtsverhältnis-
    sen/Daseinsvorsorge **Vorbem 104-115** 31
  Hamburger Parkplatzfall 133 58
  protestatio facto contraria non valet 133 58
Sozialversicherungsrecht
  Rechtshandlungen eines Minderjährigen
    113 20
Spaltung
  s. Umwandlungsrecht
Spanien
  Beurkundung/Gleichwertigkeit
    Vorbem 127a, 128 745
  Deutsche Beurkundung als gleichwertige
    Vorbem 127a, 128 795
Speisekarten-Fall
  Zurechenbarer Erklärungsinhalt 133 20 ff
Sperma
  Gespendetes/Sachqualität 90 22
Spezialitätsgrundsatz
  und Verfügung über Sachgesamtheit
    Vorbem 90-103 19
Sphärentheorie
  Risikotragungsregeln/Ablehnung allge-
    meiner – 122 7
Sprachgebrauch
  und Auslegung
  s. Auslegung von Willenserklärungen
Sprachkunde
  und Auslegung fremder Willenserklärung
    133 19
  und notarielle Beglaubigung 129 55 ff, 73
  und notarielle Beurkundung **Vorbem 127a,
    128** 539 ff
  und Zugang von Willenserklärungen
    130 72
Sprachrisiko
  Analphabeten 119 25
  Auslegungsfragen bei Sprachunkundigkeit
    119 21 ff
  Fach- und fremdsprachliche Ausdrücke/
    Verlautbarungsirrtum 119 43 f

Sprachrisiko (Forts.)
Irrtumsanfechtung bei sprachbedingten Mißverständnissen/Risikofrage **119** 17 ff
Mündliche Erklärungen unter Anwesenden **119** 20
Sprachrisikotragung **119** 24
Zugang von Willenserklärungen **119** 18 f
Staatliches Unrecht
Verhinderung/Umgehung **133** 41
Städtebaulicher Vertrag
Teilunwirksamkeit der Grundstücksveräußerung **125** 102
Stammrecht
und Rechtserträge/Selbständigkeit **99** 12
Standesbeamter
Namenserklärungen/Beurkundung, Beglaubigung **129** 46
Statusrecht
und Beurkundungserfordernisse **Vorbem 127a, 128** 44
Staurecht
Grundstücksbestandteil **96** 5
Sterilisation
Einwilligung des Verletzten/Geschäftsfähigkeitsrecht **Vorbem 104–115** 60
Steuerrecht
Angehörigenverträge/Anerkennung **117** 16
Formvereinbarung/formlose Aufhebung **127** 63
Mitteilungspflichten bei der Beurkundung **Vorbem 127a, 128** 27, 652 f
Notarielle Beurkundung/Belehrungspflichten **Vorbem 127a, 128** 494 ff
und privatrechtliche Beurkundungserfordernisse **125** 33
und Sachbegriff des BGB **90** 4
Scheingeschäft/Steuerhinterziehungszweck **117** 25
Steuerliche Gefahrenlage/Warnpflicht des Notars **Vorbem 127a, 128** 515
Umgehungsgeschäfte **117** 15
Vertragsgestaltungen, steuerlich motivierte/Frage des Scheingeschäftscharakters **117** 13 f
Stiftung
Auslegung des Stiftungsgeschäfts **133** 15
GmbH-Geschäftsanteilsveräußerung **Vorbem 127a, 128** 149
Grundstücksveräußerung **Vorbem 127a, 128** 116
Richtigkeitskontrolle bei der Anerkennung **Vorbem 127a, 128** 83
Verpflichtung durch einseitiges Rechtsgeschäft **Vorbem 127a, 128** 98
Stille Gesellschaft
Beteiligungserwerb durch Minderjährigen **107** 29

Stillschweigende Willenserklärung
und Schweigen als Willenserklärung/Abgrenzung **Vorbem 116–144** 53, 60
Stimmabgabe
Irrtumsanfechtung **119** 103
als Willenserklärung **Vorbem 116–144** 51
Stimmrecht
Rechtsnatur **99** 17
Stockwerkseigentum
Landesrecht **93** 29
Störung
Krankhafte Störung der Geistestätigkeit
s. Geschäftsunfähigkeit
Strafanzeige
Drohung/Mittel-Zweck-Verhältnis **123** 71 f
Strafrecht
Betrug und Täuschung **123** 6
Einwilligung in Verletzung persönlicher Güter/Rechtsgüter **Vorbem 104–115** 56 ff
Falschbeurkundung im Amt **Vorbem 127a, 128** 721
Notarteilnahmehandlungen **Vorbem 127a, 128** 721
Rechtsbegriff der Schuldunfähigkeit **104** 5
und Sachbegriff des BGB **90** 4; **90a** 11
Tiere **90a** 11
Strafverfahren
Strafmündigkeit/Verhandlungsfähigkeit und Bedeutung des Geschäftsführungsrechts **Vorbem 104–115** 97
Streitgegenstand
und Sachbegriff **Vorbem 90–103** 12
Strohmann
Erklärungsempfänger/Frage einer Drittstellung **123** 48
Scheingeschäft/Abgrenzung **117** 17
Subjektives Recht
Begriff **Vorbem 90–103** 3
Surrogation
Sondervermögen **Vorbem 90–103** 30

Täuschung
Anfechtung wegen Arglist
s. Anfechtung
Tarifvertrag
Anfechtung/fehlende Rückwirkung **119** 110
Taschengeldparagraph
s. Geschäftsfähigkeit/beschränkte
Tatsachen
Äußere und innere **123** 8
Anfechtung wegen arglistiger Täuschung
s. Anfechtung
Begriff/Abgrenzung **123** 7
Tatsachenbeurkundung
Beschlußfassung bei der GmbH
s. GmbH

Tatsachenbeurkundung (Forts.)
Hauptversammlungsbeschlüsse der AG
s. Aktiengesellschaft
Tauschverkehr
und Sachbegriff **Vorbem 90-103** 10
Technische Ausrüstung
und elektronische Form
s. dort
Teilbesitz
an wesentlichen Bestandteilen **93** 32
Teilgeschäftsfähigkeit
s. Geschäftsfähigkeit/Teilgeschäftsfähigkeit
Teilunwirksamkeit
Formunwirksamer Teil eines Rechtsgeschäfts **125** 101 f
Telefax
als einfache Abschrift **Vorbem 127a, 128** 430
und elektronische Erklärung/Abgrenzung **126a** 40
Gewillkürte Schriftform/Telekommunikative Übermittlung **127** 29 ff
und Schriftformerfordernis **126** 162 ff
Textform-Prototyp **126b** 1
Zugang von Willenserklärungen **130** 51, 73
Telegraphische Übermittlung
Gewillkürte Schriftform/Formvorschriftenanpassungsg 2001 **127** 29 ff
Telekommunikation
Bundesanstalt für Post und Telekommunikation **Vorbem 90-103** 27
und Übermittlung bei gewillkürter Form **127** 32 ff
Versorgungsleitungen/Begründung fester Verbindung **94** 11
Telekommunikationsdienstleistungen
Absender-Rechtsverhältnis/Haftungsbeschränkungen **120** 7
Teleologische Auslegung
s. Auslegung von Willenserklärungen
Teppichboden
Wesentlicher Gebäudebestandteil **93** 23; **94** 34
Testament
Andeutungstheorie/Auslegung formbedürftiger Erklärungen **125** 88
Auslegung **133** 6, 15, 33
Eigenhändiges Testament/Sonderform der Schriftform **125** 4, 11 ff; **126** 65; **Vorbem 127a, 128** 66
Gemeinschaftliches Testament/Schenkungsversprechen von Todes wegen **Vorbem 127a, 128** 69
Gerichtlicher Vergleich **127a** 5, 31
Notarielle Beurkundung
— Beratungs- und Gestaltungsfunktion **Vorbem 127a, 128** 67

Testament (Forts.)
— BeurkG-Vorschriften **Vorbem 127a, 128** 65
— Beweisfunktion **Vorbem 127a, 128** 67
— Erblasservertretung/ausgeschlossene **Vorbem 127a, 128** 183
— Formen öffentlichen Testaments **Vorbem 127a, 128** 182 ff
— Formwirkungen **Vorbem 127a, 128** 66
— Geschäftsfähigkeit/Feststellung **Vorbem 127a, 128** 576
— GmbH-Geschäftsanteilsveräußerung **Vorbem 127a, 128** 149
— Klarstellungsfunktion **Vorbem 127a, 128** 67
— Mindestinhalt/kein zwingender **Vorbem 127a, 128** 184
— Mitwirkungsverbot für den Notar **Vorbem 127a, 128** 324
— Mitwirkungsverbote **Vorbem 127a, 128** 573 ff
— Sprachunkundiger Erblasser **Vorbem 127a, 128** 586
— Übereilungsschutz/Warnfunktion **Vorbem 127a, 128** 66
— Übergabe einer Schrift/Erblassererklärung hierzu **Vorbem 127a, 128** 580 ff
— Verschließung/Verwahrung **Vorbem 127a, 128** 589
— Zeugenmitwirkung **Vorbem 127a, 128** 577 f
Testamentsvollstrecker
Nachlaßverzeichnis/öffentliche Beglaubigung **129** 39
Sachbeteiligung des Notars **Vorbem 127a, 128** 287
Textform
Abgrenzung der Formen/Systematische Einordnung **125** 5, 8
Abschluß der Erklärung **126b** 31
Anspruchsanmeldung durch Mieter/Verbraucher **126b** 21 ff
Anwendungsbereich/Gesetzesübersicht **126b** 11
und Augenscheinseinnahme **125** 48
Aushändigungsverlangen des Verbrauchers **126b** 17
Bank- und Versicherungsverträge **126b** 16
Beweisfragen/Papierform, elektronische Form **126b** 38
Beweisfunktion und Warnfunktion/fehlende **126b** 10, 39
Diese-Erklärung-ist-nicht-unterschrieben/Angabe **126b** 32
als Dokument ohne Unterschrift **126b** 1, 26, 29
E-Mail **126b** 1, 30

Textform (Forts.)
Elektronische Form/Einverständnis **126b** 33 f
und elektronische Form/neue BGB-Form **126a** 2
Elektronisches Dokument **126b** 27 f
Erklärender/Angabe, unterschriftsersetzende **126b** 30
Formnichtigkeit **126b** 36 f
FormvorschriftenanpassungsG 2001 **126b** 2
Gerichtlicher Vergleich/ersetzte Form der – **127a** 1
Gesetzgebung/umstrittene **126b** 3
Gesetzliche Schriftformerfordernisse/einige ersetzte **126b** 9
Gewillkürte Form **127** 81
und gewillkürte Schriftform/Vergleich **127** 33
Handelsgeschäfte/Informationspflichten **126b** 20
Kritik an der Einführung **126b** 5, 6
Ladung, Beschlußfassung/GmbH, WEG **126b** 24
Mietvertrag **126b** 18 f
Mietvertrag/Mieteransprüche **126b** 22
Mündliche Erklärung/nicht ausreichende **126b** 25
Nachlesbarkeit/einzige Formwirkung **126b** 10
Rechtsverkehrsvereinfachung **126b** 8
Urkunde/dauerhafte Wiedergabe in Schriftzeichen **126b** 25 f
Urkundenbeweis/fehlender **125** 48
Verbraucheransprüche/Geltendmachung **126b** 21 ff
Verbraucher/Informationspflichten ihnen gegenüber **126b** 12 ff
Verbraucherverträge/Entwurfsversendung vor Beurkundung **Vorbem 127a, 128** 527
Verfahrensrechtliche Wirkung/Klarstellung, Nachlesbarkeit **125** 36
Vollständigkeits- und Richtigkeitsvermutung **125** 92
Tiere
Abgrenzung zur leblosen Materie/lebenden Pflanze **90a** 6
Begriff der Tiere/biologischer Tierbegriff **90a** 6
Ehescheidung und Umgangsrecht **90a** 10
Eigentum/Besitz **90a** 10
Embryonen **90a** 7
Gegenstandskategorie/neue **90a** 2
Grundstücksräumung **90a** 10
Leblose Materie/Tiere als Gegensatz **90a** 6
Minderjährigenerwerb/Tierschutz **107** 30
als Rechtsobjekte **90a** 9
als Rechtsträger **90a** 4
Sachenrechtliche Kategorie **90a** 2

Tiere (Forts.)
Strafrecht/Diebstahl, Sachbeschädigung **90a** 11
Tiereier **90a** 7
Tierschutzgedanke **90a** 3
Tierschutzrechtliche Vorschriften/Geltung **90a** 8
Verbesserung der Rechtsstellung/Gesetz 1990 **90a** 1
Tilgungsbestimmung
Anfechtung **119** 103
Tod
Rechtslage am Leichnam s. dort
Todeszeitpunkt/Festlegung **90** 27
Tod des Erklärenden
Zugang von Willenserklärungen **130** 101
Totensorgerecht
und Rechtslage des Leichnams s. dort
TransplantationsG
Verbot freien Handels **90** 23
und zulässige Organentnahme **90** 36
Treu und Glauben
Arglistanfechtung **123** 86
Aufklärungspflichten ohne Nachfrage **123** 11 f
Auslegung von Verträgen/Konkretisierung durch Unterprinzipien **133** 63
und Auslegung von Willenserklärungen **133** 7
Formnichtigkeit/untersagte Berufung hierauf
— Ausnahme in besonders gelagerten Fällen **125** 111
— Beurkundungsbedürftige Rechtsgeschäfte **Vorbem 127a, 128** 691 f
— Existenzgefährdung des Vertragspartners **125** 115
— Höferecht **125** 116
— Schwere Treuepflichtverletzung **125** 112 ff
Geschäftsfähigkeitsmangel/treuwidrige Berufung hierauf **Vorbem 104–115** 28
Inadäquanz von Mittel und Zweck **123** 70 ff
Irrtumsanfechtung als Rechtsmißbrauch **119** 99 ff
Kalkulationsfehler/vom Vertragspartner erkannter **119** 52
Kalkulationsirrtum/erkannter und ausgenutzter interner **119** 62, 63 f
und protestatio facto contraria non valet **133** 58
Zugangsfiktionen **130** 84
Treuepflichtverletzung
Formnichtigkeit/untersagte Berufung hieraus **125** 112 ff

Treuhandschaft
GmbH-Geschäftsanteilsveräußerung
  Vorbem 127a, 128 150
Grundstücksveräußerungs-/Erwerbsverpflichtung **Vorbem 127a, 128** 120
Scheingeschäft/Abgrenzung **117** 20
Sondervermögen **Vorbem 90-103** 26
und Umgehungsgeschäft **117** 20
Trierer Weinversteigerung
Willenserklärung/Erklärungsbewußtsein **Vorbem 116-144** 28
Türen/Fenster
Wesentliche Bestandteile **94** 30

Überbau
Widerspruch des Nachbarn/Geschäftsfähigkeitsrecht **Vorbem 104-115** 87
Wirtschaftliche Einheit des Gebäudes **94** 12
Überbaurente
Fruchtziehung/mittelbare **99** 19
als Grundstücksbestandteil **96** 3
als Last **103** 5
Übereilungsschutz
als Formwirkung (Formzweck)
s. Formfragen
Übergabe-Einschreiben
und Zugang einer Willenserklärung **130** 48
Überlassene Mittel
Minderjährigengeschäft/Bewirkung vertragsgemäßer Leistung mit überlassenen Mitteln **110** 9 ff
Übermittlung
Willenserklärungen/falsche –
s. Anfechtung
Übernahme einer Gefahr
Einwilligung/Geschäftsfähigkeitsrecht **Vorbem 104-115** 64
Übersetzung
Notarielle Beurkundung **Vorbem 127a, 128** 541 ff
Überweisungsauftrag
Gesetzlich normiertes Schweigen **Vorbem 116-144** 64
Minderjährigenauftrag **111** 5
Überziehungskredite
Vertragsinhalt-Informationen/Textform **126b** 14
Übung
Verkehrssitte und tatsächliche – **133** 65 ff
Umbildung
als Realakt/Geschäftsfähigkeitsrecht **Vorbem 104-115** 89
Umgehung
Abgrenzung Scheingeschäft/Umgehungsgeschäft **117** 15
Analogiefrage **117** 15
Bardepotpflicht **117** 17
Steuerrecht **117** 15

Umgehung (Forts.)
und Treuhandschaft **117** 20
Verbraucherschutzrecht **117** 15
Verdecktes Geschäft **117** 25
Umwandlungsrecht
Ausländische Beurkundungserfordernisse **Vorbem 127a, 128** 776
Formmängel (Vertrag/Beschlußfassung)/Heilung **Vorbem 127a, 128** 687 f
Grundstücksübertragungen **Vorbem 127a, 128** 114
Notarielle Beglaubigung/Fälle **129** 13
Notarielle Beurkundung
 — Änderungen/Ergänzungen, nachträgliche **Vorbem 127a, 128** 207
 — Aufhebung eines Vertrages **Vorbem 127a, 128** 207
 — Beteiligung von Personengesellschaften **Vorbem 127a, 128** 85
 — Fälle **Vorbem 127a, 128** 43
 — Formwechsel **Vorbem 127a, 128** 205
 — Formzwecke **Vorbem 127a, 128** 86
 — Genehmigungen **Vorbem 127a, 128** 208
 — Notarielle Vorkontrolle **Vorbem 127a, 128** 86
 — Spaltung zur Aufnahme/durch Neugründung **Vorbem 127a, 128** 204
 — Spaltungsvertrag/Spaltungsbeschluß **Vorbem 127a, 128** 206
 — Verschmelzung durch Aufnahme/durch Neugründung **Vorbem 127a, 128** 203
 — Verschmelzungsvertrag/Verschmelzungsbeschlußfassung **Vorbem 127a, 128** 84, 206
 — Vollmachten **Vorbem 127a, 128** 208
 — Vorvertrag **Vorbem 127a, 128** 207
 — Zweck **Vorbem 127a, 128** 44
 — Zwingender Mindestinhalt der Verträge **Vorbem 127a, 128** 203
Unbewegliche Sachen
und bewegliche Sachen/Abgrenzung **Vorbem 90-103** 36 ff
Unentgeltliche Geschäfte
Beurkundungserfordernisse **Vorbem 127a, 128** 44
Unerlaubte Handlung
Anfechtungsrecht/Konkurrenzanspruch **123** 96
Bereicherungshaftung/Leistungsherbeiführung durch Delikt und Geschäftsfähigkeitsrecht **Vorbem 104-115** 80 ff
Datenträger und Programminhalt **90** 16
Deliktsfähigkeit/beschränkte Geschäftsfähigkeit **Vorbem 104-115** 65, 66
Deliktsfähigkeit/entsprechende Anwendung **Vorbem 104-115** 76 f
Deliktsunfähigkeit/sich deckende Geschäftsunfähigkeit **Vorbem 104-115** 65

Unerlaubte Handlung (Forts.)
Eigentümer-Besitzer-Verhältnis/Böser
Glaube und Geschäftsfähigkeitsrecht
Vorbem 104-115 76 f
Einwilligung in die Verletzung/Geschäfts-
fähigkeitsrecht **Vorbem 104-115** 56 ff
Gefahrenaussetzung/bewußtes durch
Minderjährigen **111** 6
Sachgesamtheit/Eingriffe
Vorbem 90-103 18
Ungerechtfertigte Bereicherung
Anfechtung, wirksame/Herausverlangen
erbrachter Leistungen **123** 88
Dauerschuldverhältnisse/Geschäftsfähig-
keitsmangel **Vorbem 104-115** 32
Kenntnis des fehlenden Rechtsgrundes/
Geschäftsfähigkeitsrecht
Vorbem 104-115 78 ff
Minderjährigenanspruch/Nichteintritt
einer Erfüllungswirkung **107** 25
Volljähriger Geschäftsunfähiger/Rückab-
wicklungsausschluß bei Geschäften des
täglichen Lebens **105a** 3, 11 f
Unklarheitenregel
AGB/Individualvereinbarungen **133** 62
Unterhaltsrecht
Ehescheidung/Beurkundungsfreiheit,
Beurkundungszwang **Vorbem 127a,
128** 62
Unterlassen
Täuschung durch Unterlassen
s. Anfechtung
Unternehmen
Ausländisches Recht **Vorbem 90-103** 35
und Betrieb/Abgrenzung **Vorbem 90-103** 34
Eingerichteter/ausgeübter Gewerbebetrieb
Vorbem 90-103 33
Erwerbsgeschäft/Handelsgeschäft/
Konzernrechtlicher Begriff/Kartellrecht
Vorbem 90-103 31
Gewerbebetrieb/Hauptsache und Zubehör
97 9
Grundstückszubehör/Unternehmens-
grundstück **97** 11
Recht am Unternehmen als Immaterialgut
Vorbem 90-103 33
als Rechtsgesamtheit **Vorbem 90-103** 31
Verfügungen/Spezialitätsgrundsatz
Vorbem 90-103 32
Verpflichtungsgeschäfte **Vorbem 90-103** 32
Zubehör **97** 11
Unternehmenserträge
als Gebrauchsvorteile **99** 14
Unternehmensgewinn
Herausgabe/Bemessung des Gebrauchs-
vorteils **100** 6
Unternehmenskauf
Aufklärungspflicht des Verkäufers **123** 18

Unternehmenskauf (Forts.)
Bestandsverzeichnis/Vorlesungsverzicht
Vorbem 127a, 128 439
Grundstücksveräußerung/Beurkundungs-
erfordernis **Vorbem 127a, 128** 132
Verkehrswesentliche Eigenschaften/Eigen-
schaftsirrtum **119** 95
Unternehmensnießbrauch
und Nutzungsbegriff **99** 16
Unternehmensverträge
Fehlerhafte Verträge/Rechtsfolgen **119** 109
Unterschriftsbeglaubigung
Gesetzliche Form der notariellen –
s. Notarielle Unterschriftsbeglaubigung
Unterschriftserfordernis
Dokument ohne Unterschrift
s. Textform
Eigenhändige Unterschrift
s. dort
Elektronische Form
s. dort
Gerichtlicher Vergleich **127a** 31 ff
Gewillkürte Schriftform
s. Formfragen/gewillkürte Form
Notarielle Beurkundung
s. dort
Notarielle Unterschriftsbeglaubigung
s. dort
Schriftform
s. dort
Unterschriftsirrtum
Autogrammstunde/untergeschobene
Willenserklärung **122** 9
Ernstlichkeitsmangel der Willenserklä-
rung/Abgrenzung **118** 7
Falschbezeichnung **119** 9
als Inhaltsirrtum **119** 13
Scheingeschäft/Abgrenzung **117** 2
tel quel-Geschäfte **119** 11 f
Untergeschobene Verträge **117** 2; **119** 9
Unverzüglichkeit
Anfechtung ohne schuldhaftes Verzögern
121 8
Unwesentliche Bestandteile
s. Wesentliche Bestandteile
Unwirksamkeit
Endgültige Unwirksamkeit
s. Nichtigkeit
Unzulässige Rechtsausübung
Kalkulationsfehler/vom Vertragspartner
erkannter **119** 52, 64
Kalkulationsirrtum/erkannter und ausge-
nutzter interner **119** 62
Urheberrecht
Realakt der Schöpfung/Geschäftsfähig-
keitsrecht **Vorbem 104-115** 89
Software/Datenträger und Programmin-
halt **90** 13 ff

Urheberschaft
 Kunstwerk/verkehrswesentliche Eigenschaft 119 93
Urkunden
 Andeutungstheorie/Auslegung formbedürftiger Erklärungen 125 87 ff
 Ausländische Urkunden
  s. Notarielle Beurkundung
 Ausweisfunktion 90 7
 Dokumente ohne Unterschrift
  s. Textform
 Gesetzliche Definition/fehlende 126 112
 Gewillkürte Schriftform
  s. Formfragen/gewillkürte Form
 Inhaberpapiere 90 5
 Kraftfahrzeugbrief/Anhängerbrief 90 7
 Niederschrift/Erklärungen vor dem Urkundsbeamten 125 20
 Öffentliche Urkunden/Entstehung
  s. Notarielle Beurkundung
 Öffentliche Urkunden/Entstehung
  s. Notarielle Unterschriftsbeglaubigung
 ohne Unterschrift
  s. Textform
 Orderpapiere 90 5
 Pass 90 8
 Personalausweispapiere 90 8
 Rechtsinhaberschaft und Sacheigentum/Bindung 90 6
 als Sachen 90 5
 Schriftform und Privaturkunde
  s. Schriftform
 Schriftliche Urkunden
  s. Schriftform
 Schuldschein 90 7
 Textform/fehlende Urkundeneigenschaft 125 48
 Vernichtung 90 5
 Vollständigkeitsvermutung/Richtigkeitsvermutung bei formbedürftigen Erklärungen 125 92 ff
 Wertpapiere und Rechtsübertragung 90 5
 Wertpapiere und Sachregeln 90 5
 Zwangsvollstreckung 90 5
Urkundsbeamter
 Auflassungserklärung/Eheschließung als Fälle 125 20
 Erklärung vor ihm als Sonderform 125 4
 Gerichtlicher Vergleich 127a 23 ff
Urschrift
 s. Notarielle Beurkundung

VAG
 Zeichnung einer Namensunterschrift 129 7
Vaterschaftsanerkenntnis
 Gerichtliche Niederschrift 127a 50
 Täuschung durch die Mutter/Anfechtung ggü dem Kind 123 45

Vaterschaftsanerkennung
 Beurkundungserfordernisse/Formwirkung
  Vorbem 127a, 128 63
 Minderjährigenerklärung/Einwilligungserfordernis 111 2
 Richtigkeitsprüfung/nicht erfolgende
  Vorbem 127a, 128 180
Veräußerungsgeschäfte
 und Form notarieller Beurkundung
  s. dort
Veranlassungsprinzip
 als Kausalhaftung/Abgrenzung zum Risikoprinzip 122 2
Verarbeitung
 als Realakt/Geschäftsfähigkeitsrecht
  Vorbem 104-115 89
Verbindung/Vermischung
 Realakt/Geschäftsfähigkeitsrecht
  Vorbem 104-115 89
Verbrauchbare Sachen
 s. Sachen
Verbraucherdarlehen
 s. a. Verbraucherverträge
 Aufklärungspflichten 123 20 f
 Elektronische Form/ausgenommene 126a 17, 30
 Formerleichterungen für einen Vertragsteil 126 80
 Formverstöße/Heilungsmöglichkeit 125 109
 Immobiliendarlehen/Widerrufsrecht 126 40
 Kreditgebererklärung zum Abschluß/Textform 126b 8
 Notarielle Beurkundung/Widerrufsrecht
  Vorbem 127a, 128 693
 Schriftform/Verbraucherinformationen 126 36 f, 89
 Telefaxübermittlung/Formfrage 126 163
 Vertragsinhalt-Informationen/Textform 126b 15
 Vollmachtsform 125 65; 126 39
 Widerrufsrecht/abbedungenes 126 93
Verbraucherverträge
 Anspruchsgeltendmachung/Textform 126b 21 ff
 Informationspflichten/BGB-InfoV 2002 123 10
 Informationspflichtenerfüllung/Textform 126b 12 ff
 Notarielle Beurkundung
 — Ablehnungsrecht des Notars
  Vorbem 127a, 128 520
 — Bagatellfälle Vorbem 127a, 128 529
 — Bauherren- und Erwerbermodelle
  Vorbem 127a, 128 694
 — Belehrungsgerechte Gestaltung
  Vorbem 127a, 128 517 ff

Verbraucherverträge (Forts.)
- Beteiligtenschutz als Verbraucherschutz **Vorbem 127a, 128** 17
- Beteiligtenwechsel **Vorbem 127a, 128** 528
- Eilbedürftiges Geschäft **Vorbem 127a, 128** 529
- Einseitige Erklärungen **Vorbem 127a, 128** 519
- Entwurfsänderungen und Wartefrist **Vorbem 127a, 128** 528
- Entwurfsversendung an den Verbraucher **Vorbem 127a, 128** 525 ff, 531
- Erfüllungsgeschäfte/Vollzugsgeschäfte **Vorbem 127a, 128** 523
- Familienangehörige als Verbrauchervertreter **Vorbem 127a, 128** 522
- Finanzierungsgrundschulden **Vorbem 127a, 128** 531
- Generalvollmacht und Vertrauensstellung **Vorbem 127a, 128** 522
- Gesetzliche Vertretung des Verbrauchers **Vorbem 127a, 128** 521
- Grundstücksveräußerung/Grundstückserwerb-Geltung der Zwei-Wochen-Regelfrist **Vorbem 127a, 128** 525 ff
- Hinwirkungspflichten/über Hinweispflichten hinausgehende **Vorbem 127a, 128** 519 ff
- Mustervertrag als Vertragsentwurf **Vorbem 127a, 128** 527
- Notarangestellte und Verbrauchervertretung **Vorbem 127a, 128** 522
- Persönliche Erklärungsabgabe seitens des Verbrauchers **Vorbem 127a, 128** 521 f; **128** 55
- Rechtsanwalt als Vertrauensperson **Vorbem 127a, 128** 522
- Schwierige Geschäfte **Vorbem 127a, 128** 529
- Textform für die Versendung/erforderliche **Vorbem 127a, 128** 527
- Unternehmer als Verbrauchervertreter/untersagter **Vorbem 127a, 128** 522
- und Verbraucherwiderrufsrechte/ausgeschlossene **Vorbem 127a, 128** 693 f
- Vertragsentwurf/Versendung **Vorbem 127a, 128** 527
- Vertragsparität durch Beurkundung **Vorbem 127a, 128** 16, 17
- Vertrauensperson des Verbrauchers **Vorbem 127a, 128** 522
- Verweisung auf andere Niederschrift **Vorbem 127a, 128** 429
- Verweisungsurkunden/mitzuversendende **Vorbem 127a, 128** 527
- Vorbesprechungstermin **Vorbem 127a, 128** 532

Verbraucherverträge (Forts.)
- Wertungswiderspruch aufgrund Widerspruchsrechts **Vorbem 127a, 128** 10, 693
- Zwei-Wochen-Frist als Regelfrist/Abweichungen hiervon **Vorbem 127a, 128** 529

Schiedsvereinbarung/Verbraucherbeteiligung **126** 14
Schriftformerfordernis/ausdrücklicher Inhalt **125** 14, 26
Umgehungsgeschäfte **117** 15
Wirtschaftliche Selbstbestimmung/Verbraucherschutzrechtliches Verhältnismäßigkeitsprinzip **Vorbem 116-144** 11

Verbrauchsgüterkauf
Aushändigungsverlangen des Verbrauchers **126b** 17

Verbundene Geschäfte
Beurkundungserfordernis für Veräußerungsverträge **Vorbem 127a, 128** 105

Verdecktes Geschäft
s. Scheingeschäft

Vereinigte Staaten
Beurkundung/Gleichwertigkeit **Vorbem 127a, 128** 746
Geschäftsfähigkeitsrecht **Vorbem 104-115** 145

Vereinsmitgliedschaft
Beitritt eines Minderjährigen **107** 33
Notarbeteiligung/Mitwirkungsverbot **Vorbem 127a, 128** 288

Vereinsrecht
Beschlußfassung/Schriftform **126** 63
Formerfordernis/gewillkürtes **127** 6

Vereinsregister
Anmeldungen **129** 15

Vererblichkeit
Minderjährigengeschäft/einwilligungsbedürftiges ohne Einwilligung **108** 4

Verfahrensfähigkeit
und Geschäftsfähigkeitsrecht **Vorbem 104-115** 95 ff

Verfassungskonforme Auslegung
als Erfahrungssatz **133** 60

Verfassungsrecht/Verfassungsmäßigkeit
Geschäftsfähigkeitsrecht/Schutzzweck **Vorbem 104-115** 20
Geschäftsunfähigkeit/partielle, Lebensbereichbezogene **104** 14
Geschäftsunfähigkeit/völliger Ausschluß vom Rechtsverkehr **105a** 1
Grundrechtsfähigkeit/Grundrechtsausübungsfähigkeit **Vorbem 104-115** 102 ff
Grundrechtsmündigkeit und elterliches Sorgerecht **Vorbem 104-115** 104

Verfassungsrecht/Verfassungsmäßigkeit (Forts.)
    Nichtige Willenserklärung eines Geschäftsunfähigen/völlige Beseitigung der Privatautonomie **105** 6
    Postvermögen/Privatisierung **Vorbem 90-103** 27
    Tiere/Tierschutz **90a** 2, 3, 8
    Ungleichgewichtslagen und Inhaltskontrolle von Verträgen **Vorbem 116-144** 11
    Wahlrechtsfragen **Vorbem 104-115** 105
Verfügbarkeit
    und Gegenstandsbegriff **Vorbem 90-103** 5, 6
Verfügung
    Abgetrennte Teile menschlichen Körpers **90** 21
    Einwilligung in Verletzung von Rechtsgütern **Vorbem 104-115** 57
    Einwilligung/Mittelüberlassung (Taschengeldparagraph) **110** 2 ff
    Gesamtsache/unwesentliche Bestandteile **93** 41
    Leichnam/abgetrennte Teile **90** 38
    Leichnam/Maßnahmen der Totenfürsorge **90** 33 ff
    Minderjährigengeschäft/überlassene Mittel **110** 14 f
    Minderjährigenverfügung/rechtlich nachteilige **107** 24
    Sachgesamtheiten **Vorbem 90-103** 19
    Sondervermögen **Vorbem 90-103** 29
    Unternehemsbestandteile **Vorbem 90-103** 32
    Unternehmen als ganzes **Vorbem 90-103** 32
    über wesentliche Bestandteile/Abtrennungsbedingung **93** 25
    Zubehör **97** 31 ff
Verfügungen von Todes wegen
    Beurkundungserfordernisse **Vorbem 127a, 128** 44
    Erbvertrag
        s. dort
    Mitwirkungsverbot für den Notar/unwirksame Beurkundung **Vorbem 127a, 128** 324
    Sachbeteiligung des Notars **Vorbem 127a, 128** 292
    Testament
        s. dort
Verfügungsbefugnis
    und gerichtlicher Vergleich **127a** 27
    und Geschäftsfähigkeit/Abgrenzung **Vorbem 104-115** 5
Verfügungsverbote
    und Verkehrsfähigkeit betroffener Sachen **Vorbem 90-103** 69
Vergleich
    Anfechtung wegen arglistiger Täuschung **123** 90

Vergleich (Forts.)
    Gegenseitiges Nachgeben **127a** 29 f
    Gerichtlicher Vergleich
        s. dort
    Prozeßvergleich und Anwaltsvergleich **125** 49
Verhandlungsgehilfe
    Erklärungsempfänger/Frage einer Drittstellung **123** 49
Verjährung
    Beginn regelmäßiger Verjährungsfrist/ Geschäftsfähigkeitsrecht **Vorbem 104-115** 84
    Schadensersatzanspruch/negatives Interesse **122** 22
Verkehrsauffassung
    Beachtlichkeit eines Eigenschaftsirrtums **119** 81
    Empfangsbotenschaft **130** 57 f
Verkehrsschutz
    Dualismus von Wille und Erklärung **Vorbem 116-144** 14 ff
    Geschäfts- und Motivirrtum/Grundlage der Unterscheidung **119** 64
    und gesetzliche Irrtumsregelung **Vorbem 116-144** 21
    Irrtumsanfechtung/Einschränkungen **119** 111 f
    und Irrtumsregelung **119** 3 ff
    Motivirrtum/Unbeachtlichkeit **119** 57
    Nichtige Willenserklärungen bei Geschäftsunfähigkeit **105** 2
    Scheingeschäft/Schutzwirkungen für Dritte **117** 2, 21 ff
    und Selbstbestimmung/Zielkonflikt **119** 56
    Vorrangiger Schutz fehlender voller Geschäftsfähigkeit/rechtspolitische Würdigung **Vorbem 104-115** 29, 30
Verkehrssitte
    Auslegung von Willenserklärungen
        s. dort
Verkehrsunfähige Sachen
    Gründe privatrechtlicher Verkehrsunfähigkeit **Vorbem 90-103** 40
    Menschlicher Körper
        s. dort
    Nicht beherrschbare körperliche Gegenstände/Luft, Wasser, Weltraum **Vorbem 90-103** 41 ff
Verkehrswesentlichkeit einer Eigenschaft
    Beachtlichkeit eines Eigenschaftsirrtums
        s. Anfechtung
    Begriff; Bestimmung **119** 80 ff
Verknüpfte Geschäfte
    Formerfordernisse **125** 61 f
Verlagsrecht
    Verlegereinnahmen als Rechtsfrüchte **99** 17

Verlesung notarieller Niederschrift
s. Notarielle Beurkundung
Verlöbnis
Anfechtbarkeit **119** 107
Minderjährigeneingehung **107** 34
Vermerk
Gerichtlicher Vergleich/Protokollierung **127a** 22
Notarielle Beurkundung
s. dort
Notarielle Unterschriftsbeglaubigung
s. dort
Vermögen
BGB-Vorschriften **Vorbem 90-103** 24
Rechtsgesamtheit **Vorbem 90-103** 24
Rechtsverkehr **Vorbem 90-103** 25
Sondervermögen/spezielle Bestimmungen **Vorbem 90-103** 26 ff
Vermögensgesamtheit
Minderjährigenerwerb **107** 28
Vermögensgesetz
Scheingeschäfte und staatliches Teilungsunrecht **117** 27
Verdrängtes Recht der Arglistanfechtung/Anfechtung wegen Drohung **123** 90
Vermögensverträge
Verträge über Nachlaß/über gegenwärtiges Vermögen **Vorbem 127a, 128** 56 ff, 172 ff, 678
Vernehmungstheorie
Vollendung einer Willenserklärung **130** 5, 8
Verpfändung
Personalausweispapiere **90** 8
Versammlungsbeschlüsse
Beurkundungsverfahren **Vorbem 127a, 128** 226
Notarielle Beurkundung
— Sachbeteiligung des Notars **Vorbem 127a, 128** 293
Verschmelzung
s. Umwandlungsrecht
Verschulden/Vertretenmüssen
Amtshaftung/fehlerhafte notarielle Beurkundung **Vorbem 127a, 128** 714 ff
Anfechtung/ausgeschlossene Verschuldensfrage **122** 8
Arglist/subjektiver Tatbestand **123** 27 f
Culpa in contrahendo **122** 5
Drohung, widerrechtliche/Bestimmungsvorsatz und Vorstellungen zur Widerrechtlichkeit **123** 77 ff
Erklärungsbewußtsein, fehlendes/Verschuldensprinzip als Zurechnungsform **Vorbem 116-144** 38
Erklärungsbewußtsein/fehlendes **122** 8
Ernstlichkeit/fehlende einer Willenserklärung **118** 3 f

Verschulden/Vertretenmüssen (Forts.)
Formwahrung **125** 112
Risikoprinzip als Zurechnungskriterium
s. dort
Risikozurechnung als Zurechnungsmöglichkeit **119** 57
Unverzüglichkeit der Anfechtung **121** 8, 9
Zurechnung von Vertreterhandeln **123** 47
Verschweigen von Informationen
s. Aufklärungspflicht
Versicherungsagent
Erklärungsempfänger/Frage einer Drittstellung **123** 48
Versicherungsvertragsrecht
Anzeigepflichten beim Vertragsabschluß **123** 24, 25, 90
Irrtum über gefahrerhebliche Umstände **119** 106
Kundenmitteilungen/Textform **126b** 16
Minderjährigenverpflichtung/Folgekonsens **107** 41
Täuschung, folgenlose/Arglistanfechtung **119** 86; **123** 86
Textformerfordernisse **126b** 11
Vertrauensschutz und Irrtumsanfechtung **119** 112
Widerspruch bei Vertragsabweichung/Textform **126b** 22
Versorgungsanlagen
Grundstücksverbindung in Ausübung eines Rechts **95** 20
Versorgungsausgleich
Beurkundung des Ausschlusses/von Modifikationen **Vorbem 127a, 128** 61
Gerichtlicher Vergleich **127a** 4
Versorgungsleitungen
Äußeres Leitungsnetz **94** 37
Begründung fester Verbindung **94** 11
Inneres Leitungsnetz **94** 37
Scheinbestandteile **95** 8
als Zubehör **97** 22; **98** 8
Vertrag
Formerfordernis/gewillkürtes **127** 6
Mehrheit von Willenserklärungen **Vorbem 116-144** 5
Ungleichgewichtslagen und Inhaltskontrolle von Verträgen **Vorbem 116-144** 11
Vertragsmechanismus/Gerechtigkeit privatautonomer Selbstbestimmung **Vorbem 116-144** 11
Vertragstheorie und betriebliche Übung **Vorbem 116-144** 55
und Willenserklärung/keine Unterscheidung bei der Auslegung **133** 3
Vertrag (gegenseitiger)
Minderjährigenverpflichtung/Einwilligungserfordernis **107** 3

Vertrag zugunsten Dritter
Anfechtungsrecht ggü rechtserwerbenden Dritten **123** 57
Vertragsabschluß
Angebot und Annahme/Getrennte Beurkundung **128** 1 ff
Einwilligungsbedürftige Minderjährigengeschäfte
s. Geschäftsfähigkeit/beschränkte
Elektronischer Vertragsabschluß/erforderliche nationale Zulassung **126a** 15, 55 ff
Kenntnis/treuwidrige Kenntnisvereitelung beim Kalkulationsirrtum **119** 65
Schriftform/Unterzeichnung von Verträgen
s. Schriftform
und Vertragsunterzeichnung/Schriftformerfordernis **126** 152 ff
und Vertragsverhandlungen/Formfrage und Abgrenzungszweck **125** 42
Vollendung einer Willenserklärung **130** 2
Vollmachtlose Vertretung/Beurkundungsrechtliche Beschränkungen **128** 54 ff
Vertragsauflösung
als Naturalrestitution **123** 96
wegen vorvertraglicher Pflichtverletzung **119** 58; **123** 95
Vertragsfreiheit
protestatio facto contraria **133** 59
Sozialtypisches Verhalten **133** 59
und Willensfreiheit des geschäftsfähigen Menschen **104** 10
Vertragsgestaltung
bei notarieller Beurkundung
s. dort
Vertragsparteien
Parteienwechsel und Formfrage **125** 78; **126** 102 ff
Vertragspartner
Verkehrswesentliche Eigenschaften der Person **119** 86 ff
Vertragstyp
und Aufklärungspflichten **123** 13 ff
und Falschbezeichnung **117** 12
Leistungsstörungsrecht und Anfechtungsrecht/Vorrangfrage **119** 83
und Vertragspartnereigenschaften als verkehrswesentliche **119** 87
Vertragsverhandlungen
Abbruch/formbedürftiger Vertrag **125** 117 ff
Abbruch/Haftungsfrage **122** 6
Vertragszweck
Mängel der Leistung/Gefährdung des – **123** 13
Vertrauensperson
Beurkundung von Verbraucherverträgen
s. Verbraucherverträge

Vertrauensschutz
Absolutes Prinzip/dem geltenden Recht fremdes **118** 5
Anfechtungsausschluß/gesetzlich normiertes Schweigen **Vorbem 116-144** 66 ff
Aufklärungspflichten aufgrund Vertrauensschutzerwägungen **123** 11
Betriebliche Übung **Vorbem 116-144** 55
Erklärungsbewußtsein
s. dort
Ernstlichkeitsmangel der Willenserklärung/begrenzte Einstandspflicht **118** 5
Geheimer Vorbehalt/Bindung an den Rechtsschein **116** 1
und Geschäftsfähigkeitsrecht/Wertentscheidung des Gesetzes **Vorbem 104-115** 29
Irrtumsanfechtung/Einschränkungen **119** 111 f
Konflikt Selbstbestimmung/Vertrauensschutz **Vorbem 116-144** 22
Letztwillige Verfügungen **116** 2
Positiver Vertrauensschutz/Frage besonderer Fälle **119** 101
Rechtsirrtümerveranlassung bei Rechts- und Geschäftsunerfahrenheit **119** 74
und Risikozurechnung **119** 57
Schadensersatzansprüche/Ersatz negativen Interesses
s. dort
Scheingeschäft/Schutzwirkungen für Dritte **117** 2, 21 ff
und Verschuldensprinzip **122** 8
und Willenserklärung **Vorbem 116-144** 19 ff
Vertrauenswürdigkeit
als verkehrswesentliche Vertragspartnereigenschaft **119** 87
Vertretbare Sachen
s. Sachen
Vertretung
Abgabe eigener Willenserklärung/Abgrenzung zur Übermittlung fremder **120** 6
Erklärungsempfänger/Frage einer Drittstellung **123** 48
Falsche Erklärungsübermittlung **119** 34
Geheimer Vorbehalt des Vertreters **116** 7
Geheimer Vorbehalt/Vertreter-Geschäftspartner-Zusammenwirken **117** 8
Gemeindeordnungen und Schriftformerfordernis **126** 11
Geschäftsfähigkeitsrecht/Rechtsscheintatbestände **Vorbem 104-115** 48 f
Geschäftsunfähigkeit des Vertreters/Risikotragung **122** 5
Geschäftsunfähigkeit/Vollmachterteilung, Vertretungshandeln **105** 5
Mißbrauch der Vertretungsmacht **116** 10

Vertretung (Forts.)
Notarielle Beglaubigung/Vertreterunterschrift **129** 63 ff
Notarielle Beurkundung/Feststellungen zu Vertretungsverhältnissen
s. Notarielle Beurkundung
Notarvertretung/frühere oder Vertretung in anderer Sache **Vorbem 127a, 128** 308
Scheingeschäft/erweiterter Vertrauensschutz für den Vertretenen **117** 22; **118** 7
Scheingeschäft/Vertreter-Einverständnis **117** 8
Schriftform und Unterschriftserfordernis **126** 148 f
Schriftform/Namensunterschrift **126** 142, 148 f
Täuschung des Vertretenen/Kenntnis des Vertreters **116** 10
und Verbraucher-Vertrauensperson **Vorbem 127a, 128** 522

Vertretung (gesetzliche)
Beschränkte Geschäftsfähigkeit/Handeln des gesetzlichen Vertreters **106** 5
Beschränkte Geschäftsfähigkeit/Zustimmungserteilung **106** 5
Ehemündigkeit/Befreiung für Minderjährigen **106** 6
Einwilligung in Verletzung von Rechtsgütern **Vorbem 104-115** 56 f
Einwilligung in Verletzung von Rechtsgütern/Einwilligung des Schutzbefohlenen **Vorbem 104-115** 58
Einwilligungsbedürftiges Minderjährigengeschäft
s. Geschäftsfähigkeit/beschränkte
Erklärungsempfänger/Frage einer Drittstellung **123** 48
Erziehungsgedanke **Vorbem 104-115** 22
Geschäftsfähigkeit/fehlende volle und Bedeutung der – **Vorbem 104-115** 23 ff
Geschäftsunfähigkeit/Handeln durch – **105** 9
Höchstpersönliche Rechtsakte **Vorbem 104-115** 14
Kenntnisstand bei Eigengeschäft/Geschäftsfähigkeitsrecht **Vorbem 104-115** 73
Kenntnisstand des gesetzlichen Vertreters **Vorbem 104-115** 72
Kenntnisstand des Vertretenen/Wirksamkeitsfrage **Vorbem 104-115** 72
Minderjährigkeit **Vorbem 104-115** 24
und Mitwirkungsverbot für den Notar **Vorbem 127a, 128** 281
Notarielle Beurkundung/Feststellungen zu Vertretungsverhältnissen **Vorbem 127a, 128** 343

Vertretung (gesetzliche) (Forts.)
Prozeßfähigkeit/allgemeine Verfahrensfähigkeit **Vorbem 104-115** 95 ff
Vertragsanbahnung/Rechte für den Vertretenen **Vorbem 104-115** 43
Volljährigkeit/fehlende volle Geschäftsfähigkeit **Vorbem 104-115** 25
Willenserklärung eines Geschäftsunfähigen/ausgeschlossene Genehmigung **105** 4
Willenserklärungen/Wirksamwerden bei fehlender voller Geschäftsfähigkeit **131** 1 ff

Vertretung ohne Vertretungsmacht
Beurkundungsrechtliche Beschränkungen/untersagte systematische Beurkundung **128** 56
Bewußt verfälschte/frei erfundene Willenserklärung bei der Übermittlung **120** 2
Erklärungsempfänger/Frage einer Drittstellung **123** 48

Verwahrungsvertrag
Minderjährigengeschäft/Einwilligungserfordernis **107** 23

Verwalter kraft Amtes
Sachbeteiligung des Notars **Vorbem 127a, 128** 287

Verwaltungsakt
Anfechtbarkeit bei Erklärungen Privater **119** 105
Auslegung **133** 29
Irrtumsanfechtung/ausgeschlossene **119** 105

Verwaltungsbehörden
Amtliche Beglaubigung/Abgrenzung zur Unterschriftsbeglaubigung **129** 47 f
Willenserklärungen/ausgeschlossenes Anfechtungsrecht **119** 105

Verwaltungsgerichtsbarkeit
Verfahrensfähigkeit **Vorbem 104-115** 95

Verwaltungsrecht
und gerichtlicher Vergleich **127a** 8
Willenserklärungen und Geschäftsfähigkeitsrecht **Vorbem 104-115** 98 ff

Verwaltungsvermögen
Öffentliche Sachen **Vorbem 90-103** 53

Verweigerung der Genehmigung
Minderjährigengeschäft ohne erforderliche Einwilligung **108** 11

Verweisung
Beurkundung durch Verweisung
s. Notarielle Beurkundung

Verwirkung
der Irrtumsanfechtung **119** 102; **124** 9

Verzeihung
als Realakt/Geschäftsfähigkeitsfrage **Vorbem 104-115** 94

Verzicht
  Auslegung **133** 26
  Irrtumsanfechtung/Anfechtungsrecht
    119 102
Viehzucht
  Landgut/Zubehörstücke **98** 10
Vis absoluta
  Willenserklärung/fehlende **123** 61
Vis compulsiva
  und Anfechtung wegen widerrechtlicher Drohung
  s. Anfechtung
VOB/B
  Formerfordernis **126** 53
  Vertragskündigung mittels Telefax **126** 164
Völkerrecht
  Ausbeutung des Meeresbodens **Vorbem 90–103** 49
Volljähriger Geschäftsunfähiger
  Geschäfte des täglichen Lebens
  s. Geschäftsunfähigkeit
Vollmacht
  Abhandenkommen einer Urkunde/Risikoeinstehen **122** 10
  Anfechtung einer Vollmachterteilung wegen Arglist **123** 58
  Anschein wirksamer Bevollmächtigung **Vorbem 116–144** 49
  Einwilligung in ärztliche Maßnahmen/ausdrücklicher Inhalt **125** 15
  Empfangsbevollmächtigung **130** 55, 59
  Erteilung unter dem Vorbehalt des fehlenden Willens **116** 8
  Formerfordernis
  — Auflassungsvollmacht **Vorbem 127a, 128** 143
  — Bindungswirkung/gleiche **Vorbem 127a, 128** 110
  — Bürgschaftserteilung **126** 59
  — Ehevertrag **Vorbem 127a, 128** 178
  — Einwilligung und Genehmigung/Frage analoger Rechtsanwendung **125** 68 ff
  — Erbteilsübertragung **Vorbem 127a, 128** 171
  — Gesetzliche Formerfordernisse (Übersicht) **125** 65
  — Gewillkürte Form **127** 6
  — GmbH-Gründung **Vorbem 127a, 128** 200
  — Grundstücksveräußerungs-/Grundstückserwerbsverpflichtung **Vorbem 127a, 128** 140 f
  — Immobilientreuhand/Bauherrenmodelle **Vorbem 127a, 128** 141
  — Kausalgeschäft/formbedürftiges zugrundeliegendes **Vorbem 127a, 128** 141
  — Rechtsgeschäftsform/Erstreckung auf die Vollmacht **125** 66; **126** 107

Vollmacht (Forts.)
  — Stimmrechtsvollmacht **126** 106
  — Umwandlungsverträge **Vorbem 127a, 128** 208
  — Verfahrensrechtlicher Vollmachtsnachweis **125** 72
  — Vollmacht als Teil zugrundeliegenden Kausalgeschäfts **125** 67
  — Zurückweisungsrecht bei einseitigen Rechtsgeschäften **126** 21
  Formfreiheit/grundsätzliche **125** 23, 64; **126** 106
  Geschäftsunfähigkeit des Vollmachtgebers/Vertreter ohne Vertretungsmacht **105** 4
  GmbH-Geschäftsanteilsveräußerung/formfreie **Vorbem 127a, 128** 163
  GmbH-Geschäftsanteilsveräußerung/unwirksame Blankovollmacht **Vorbem 127a, 128** 164
  Grundbuchamt und Vollmachtsnachweis **Vorbem 127a, 128** 347
  Minderjährigenerteilung/Vollmachterteilung und Vertretergeschäft **111** 3; **126** 22
  und Verbraucher-Vertrauensperson **Vorbem 127a, 128** 522
  Vollzugsvollmacht für den Sozius **Vorbem 127a, 128** 280
  Vollzugsvollmacht/Notarbeurkundung **Vorbem 127a, 128** 290
Vollständigkeitsvermutung
  Rechtsgeschäft/Urkundenausstellung **125** 92 ff
Vollstreckbarkeit
  Ausländische Beurkundungserfordernisse **Vorbem 127a, 128** 778 f
  Gerichtlicher Vergleich **127a** 38
  Notarielle Urkunde
  s. Zwangsvollstreckungsunterwerfung
Vorbefassung
  und Mitwirkungsverbot für den Notar
  s. Notarielle Beurkundung
Vorbehalt
  Geheimer Vorbehalt
  s. dort
  Geheimer Vorbehalt/durchschauter Vorbehalt
  s. Geheimer Vorbehalt
Vorkaufsrecht
  Beurkundungserfordernis **Vorbem 127a, 128** 122 f, 132
  GmbH-Geschäftsanteilsveräußerung **Vorbem 127a, 128** 152
  als Grundstücksbestandteil **96** 3
  Notarielle Beurkundung/Hinweispflichten des Notars **Vorbem 127a, 128** 503
Vormundschaftsgericht
  und Arbeitsmündigkeit **113** 26

Vormundschaftsgericht (Forts.)
Ermächtigung zum selbständigen Betrieb eines Erwerbsgeschäfts durch Minderjährigen **112** 7 f
Ersetzung von Erklärungen des Sorgeberechtigten **107** 43
Vorstrafen
Arbeitgeber-Fragerecht **123** 40
Frage verkehrswesentlicher Eigenschaft **119** 88
Vorübergehende Verbindung
Scheinbestandteile
s. Gebäudebestandteile; Grundstücksbestandteile
Vorverhandlungen
und Auslegungsprobleme **133** 49
Vorvertrag
und Angebot, Angebotsvertrag **128** 62
und Arglistanfechtung **123** 83
Ehevertrag **Vorbem 127a, 128** 177
Erbschaftskauf/Erbteilsübertragung **Vorbem 127a, 128** 168
und Formerfordernis **125** 63; **126** 96 ff
GmbH-Geschäftsanteilsveräußerung **Vorbem 127a, 128** 150
GmbH-Gründung **Vorbem 127a, 128** 200
Grundstücksveräußerungs-/Erwerbsverpflichtung **Vorbem 127a, 128** 121, 674
Umwandlungsverträge **Vorbem 127a, 128** 207
Veräußerungsverträge/Formerfordernis **Vorbem 127a, 128** 99
Vorvertragliche Haftung
s. Culpa in contrahendo
Vorweggenommene Erbfolge
und Minderjährigenschenkung **107** 10

Wahlrecht
Irrtumsregelung/rechtsgeschäftliche Entscheidungsfreiheit **119** 2; **121** 1
Rechtsnatur der Aufforderung/Anwendbarkeit des Geschäftsfähigkeitsrechts **Vorbem 104-115** 87
Willensbildung, beeinträchtigte **119** 1
Waren
und Sachbegriff **Vorbem 90-103** 11
Warenproduzenten
Betriebliches Inventar/Zubehörstücke **98** 4 ff
Warnfunktion
als Formwirkung (Formzweck)
s. Formerfordernis
Übereilungsschutz (Warnfunktion)
s. Formerfordernis
Warnung
und Drohung/Abgrenzung **123** 63
Wasser
Binnengewässer/Bett **Vorbem 90-103** 43

Wasser (Forts.)
Binnengewässer/fließendes, stehendes **Vorbem 90-103** 43
Binnengewässer/Strand **Vorbem 90-103** 45
Entnahme von Wasser **Vorbem 90-103** 44
Grundwasser **Vorbem 90-103** 43
Meeresboden/Ausbeutung **Vorbem 90-103** 48 f
Meeresstrand **Vorbem 90-103** 46
Meereswasser und Hoheitszone **Vorbem 90-103** 49
Meerwasser/freies **Vorbem 90-103** 43
Meerwasser/Nutzung des Oberflächenwassers **Vorbem 90-103** 44
Sachqualität/fehlende freien Wassers **Vorbem 90-103** 43
Versorgungsleitungen/Begründung fester Verbindung **94** 11
Wassereinleitung **Vorbem 90-103** 44
Wasserflächen/trockengelegte ehemalige **Vorbem 90-103** 47
Wechselrecht
Auslegung von Erklärungen **133** 71
Wehrpflichtangelegenheiten
Partielle Handlungsfähigkeit **Vorbem 104-115** 99
Weltraum
Mondvertrag **Vorbem 90-103** 50
Nutzung des Weltraumes/Weltraumvertrag 1967 **Vorbem 90-103** 50
Werke
Begriff/in Ausübung eines Rechtes errichtete – **95** 16 gg
Werklieferungsvertrag
Aufklärungspflichten **123** 22
Werkstattvertrag
Abschluß durch Geschäftsunfähigen **105a** 16
Werkvertrag
Aufklärungspflichten **123** 22
und Grundstücksverkauf/Beurkundungserfordernis **Vorbem 127a, 128** 132
Handwerkereigenschaft/Verkehrswesentlichkeit der Eintragung **119** 81
Leistungsstörungsrecht und Anfechtungsrecht/Vorrangfrage **119** 83
Rechnung/Rechtsnatur **119** 103
Wert einer Sache
und verkehrswesentliche Eigenschaften/Abgrenzung **119** 97
Wertpapierrecht
Haftung kraft Rechtsscheins/Anfechtungsregeln **119** 111
und Irrtumsanfechtung **119** 112
Minderjährigenbegründung von Verbindlichkeiten **111** 5
Rechtsscheintatbestände/Geschäftsfähigkeitsrecht **Vorbem 104-115** 53 ff

Wertpapierrecht (Forts.)
  Urkunden/Verhältnis Sachregeln und
    Rechtsinhaberschaft 90 5 f
  Verbrauchbare Sachen 92 2
Wesensveränderung
  Voraussetzung der Sonderrechtsunfähigkeit/Zerlegungsfolge der – 93 17
Wesentliche Bestandteile
  Abtrennungsmöglichkeit 93 3
  Abtrennung/Wesensveränderung 93 17
  Aneignungsgestattung 93 25
  Aufbau des Gesetzes/Sprachgebrauch 93 5
  Ausländisches Recht 93 46 ff
  Bauwerke 93 16
  Bergbauanlagen 93 13
  Beschädigung 93 16
  Bestandteil/aus Bestandteilen bestehender 93 7
  Bestandteile 93 7 ff
  Bestandteile und Zubehör 97 2, 5
  Chemische Rückführungsprozesse 93 11
  Chemophysikalische Verbindungen 93 9
  Dauer der Bestandteilseigenschaft 93 12
  Dauerwohnrecht 93 28
  Dingliche Rechte/keine Begründung besonderer 93 42
  EDV-Kabelanlage 93 23
  Eigentumsanteil 93 6
  Eigentumserwerbsvorschriften/Bedeutung 93 5
  Eigentumsvorbehalt 93 1, 18, 26 f, 27
  Einbauküche 93 23
  Einfache Bestandteile 93 38 ff
  Einheitliche Sache 93 1, 7 ff
  Einheitliche Sache und Bestandteilseigenschaft 93 7
  Einheitliche Sache durch Zusammenfügung 93 9
  Einheitliche Sachen von Natur aus 93 8
  Elektronische Bauteile 93 19
  Erbbaurecht 93 13
  Ersetzbarkeit 93 18
  Ersitzung 93 32
  Fabrikgebäude 93 18
  Fenster 93 23
  Festigkeit der Verbindung 93 9
  Früchte 93 34
  Funktionale Zusammenfassung/nicht ausreichende 93 10
  Ganzheitslehre der neueren Rechtsprechung 93 4
  Gebäudebestandteile
    s. dort
  Gebäudeeinrichtungen 93 23
  Gesamtsache/Einheit 93 4
  Gesamtsache/Funktionsfähigkeit 93 4
  Gesetzliches Pfandrecht/Saatgut 93 30
  Graffiti-Kunstwerke 93 31

Wesentliche Bestandteile (Forts.)
  Grundstücksbestandteile
    s. dort
  Handelsbuchblätter 93 18
  Haupt- und Nebensachen 93 6, 38
  Hilfsanlagen 93 22
  Holzvertäfelungen 93 41
  Immaterialgüterrechte, bestehende 93 31
  Insolvenz 93 26, 37
  Kellerrecht 93 29
  Körperliche Gegenstände 93 7
  Konfliktlage/Interessen 93 1
  Kraftfahrzeuge 93 20, 39
  Kunstwert eines wesentlichen Bestandteils 93 31
  Maschinen 93 18, 27
  Maschinenanfertigung für die Fabrik/spezielle 93 18
  Mechanische Verbindungen 93 9
  Mengensachen 93 10
  Nichtwesentliche Bestandteile 93 38 ff
  Pandektenwissenschaft 93 2
  Patentrecht 93 31
  Pfändung 93 33 f, 44 f
  Pfandrecht 93 30
  Rechte als Bestandteile 93 7
  Rechte an Bestandteilen 93 24 ff, 41 ff
  Rechte als Grundstücksbestandteile 93 7; 96 1
  Rechte als Grundstücksbestandteile
    s. Grundstücksbestandteile
  Rechte/mit dem Grundeigentum verbundene 95 8
  Rechtsfolgen 93 24 ff; 94 40
  Römisches Recht 93 2
  Rückführung in den vorigen Stand 93 11
  Sachgesamtheit/Abgrenzung 93 10
  Scheinbestandteile
    s. Gebäudebestandteile; Grundstücksbestandteile
  Schiffsmotor 93 21
  Schrankwand 93 23
  Schuldrechtliche Rechte 93 35 ff
  Schutz der Sacheinheit 93 3
  Schwerkraft, zusammenhaltende 93 9
  Selbständige Sachen/Abgrenzung 93 7
  Serienteile 93 18 f
  Serienteile/Ausnahmen 93 19
  Serienware 93 18
  Sondereigentum/Ausschluß 93 25
  Sonderrechtsfähigkeit 93 38 ff
  Sonderrechtsunfähigkeit 93 5, 14
  Sonderrechtsunfähigkeit/Wesensveränderung 93 17
  Sonderrechtsunfähigkeit/Zerstörung 93 16
  Sprachliche Zusammenfassung unter einheitlicher Bezeichnung 93 10
  Stockwerkseigentum 93 29

Wesentliche Bestandteile (Forts.)
Teilbesitz **93** 32
Teppichboden **93** 23
Unwesentliche Bestandteile **93** 38 ff; **95** 27
Urheberrecht **93** 31
Verbindungsmaterial **93** 11
Verfügung unter Abtrennungsbedingung **93** 25
Verkehrsanschauung **93** 4, 9, 11, 15
Volkswirtschaftliche Interessen **93** 3
Vorhandene Sachen/Zusammenfügung **93** 9 ff
Vorübergehende Zusammenfassung **93** 10
Wert der Sachteile/Vorrang des Bestandteils **93** 3
Wesensveränderung **93** 17 f
Wesentliche Bestandteile **93** 14 ff
Wesentliche/unwesentliche Bestandteile, Unterscheidung **93** 14
Wohnungseigentum **93** 28
Zerstörung **93** 16
und Zubehör/Abgrenzung **97** 5 f
Zubehör/Alternative **93** 6
Zwangsvollstreckung **93** 33 f, 44 f
Zweckmäßigkeitsüberlegungen **93** 3
Zwingende Rechtsfolge **93** 24

Wettbewerbsrecht
Werbeaussagen/Leistungsstörungsrecht und Anfechtungsrecht **119** 106
Werbeaussagen/Rücktrittsrecht **123** 97

Widerrechtlichkeit
s. Rechtswidrigkeit

Widerruf
Ausübung durch minderjährigen Berechtigten **107** 32; **111** 2
Ehrenkränkende Behauptung/rechtswidrige Willensbeeinflussung **123** 2
Realakt/Geschäftsfähigkeitsrecht **Vorbem 104–115** 89

Widerrufsvorbehalt
zungunsten des Schenkers **107** 10

Widerruf/Widerruflichkeit
Einwilligung gesetzlichen Vertreters/Minderjährigengeschäft **107** 35
Erben/Ausübung des Widerrufsrechts **130** 104
Genehmigung des Minderjährigengeschäfts **108** 9
Gerichtlicher Vergleich **127a** 43
Konkludenter Widerruf **Vorbem 116–144** 42
Minderjährigengeschäft ohne Einwilligung/Recht des anderen Teils **109** 1 ff
Unterlassen eines möglichen Widerrufs/Anfechtungsausschluß **119** 103
und Zugang von Willenserklärungen **130** 98 ff

Widersprüchliches Verhalten
Verbot/protestatio facto contraria **133** 59

Widmung
Begräbniszweck **Vorbem 90–103** 61
Öffentliche Sachen **Vorbem 90–103** 53
Res sacrae **Vorbem 90–103** 56

Willensbetätigung
Andere nicht empfangsbedürftige Willenserklärungen **133** 16

Willensbildung
und Willenserklärung **123** 1

Willenserklärung
s. a. Rechtsgeschäft
Abgabe der Willenserklärung
s. dort
Abgrenzung zu Willensäußerungen **Vorbem 116–144** 2
Abhandenkommen **Vorbem 116–144** 46; **122** 10; **130** 32
Amtsempfangsbedürftigkeit
s. dort
Analytische Sprachphilosophie **Vorbem 116–144** 7
Anfechtung
s. dort
Anfechtungsmodell/System des Vertrauensschutzes **Vorbem 116–144** 21 ff
Anschein einer Erklärung **Vorbem 116–144** 1
Ausdrücklichkeit/als Gegenbegriff der Konkludenz **125** 5
Ausdrücklichkeit/Fälle erforderlicher **116** 2; **Vorbem 116–144** 51 f; **119** 103; **123** 2
Auslegung von Willenserklärungen
s. dort
Automatisierte Willenserklärung **Vorbem 116–144** 57; **119** 36
Begriff **Vorbem 116–144** 1; **130** 7
als bestimmender Akt **Vorbem 116–144** 7
Betriebliche Übung **Vorbem 116–144** 55 f
Beurkundung
s. Notarielle Beurkundung
Computergestützte Willenserklärung **Vorbem 116–144** 57
Einwilligung in Verletzung von Rechtsgütern **Vorbem 104–115** 56
Elektronische Willenserklärung **Vorbem 116–144** 57
Empfangsbedürftigkeit/nicht empfangsbedürftige **116** 2, 9; **118** 6; **122** 11; **123** 2; **124** 4 ff; **130** 9 ff; **133** 15
Erfolg/wirtschaftlicher oder gesellschaftlicher **Vorbem 116–144** 12
Erklärungsbewußtsein
s. dort
Erklärungshandlung/ordnungsgemäße **130** 94
Ernstlichkeit/fehlende
s. dort

Willenserklärung (Forts.)
Falsche Übermittlung
s. Anfechtung
Fehlerhafte Willenserklärung
Vorbem 116-144 18
Finale/normativ zugerechnete Erklärung
Vorbem 116-144 19
Formerfordernis
s. dort
Geheimer Vorbehalt
s. dort
als Geltungserklärung **Vorbem 116-144** 7
Geltungstheorie **Vorbem 116-144** 17
Geschäftsähnliche Handlungen/Abgrenzung **Vorbem 116-144** 2
Konkludente Willenserklärung
s. dort
Objektiver Tatbestand/subjektive Voraussetzungen **Vorbem 116-144** 1
Öffentlich-rechtliche **119** 104
Perplexe Erklärungen **119** 55; **133** 10
Privatautonomie **Vorbem 116-144** 9 ff
Privatautonomie/Gestaltungsinstrumente
Vorbem 116-144 6
und Privatrechtsgesellschaft
Vorbem 116-144 6
Prozeßhandlungen
s. dort
Realakt/Abgrenzung **Vorbem 116-144** 3
Rechtsbindungswille **Vorbem 116-144** 1
und Rechtsbindungswille **133** 26
und Rechtsgeschäft/Verhältnis
Vorbem 116-144 5
Risikozurechnung **Vorbem 116-144** 38
Scheingeschäft
s. dort
Schweigen als Willenserklärung
s. dort
als Selbstbestimmungsakt **116** 1;
Vorbem 116-144 13
als Sozialakt **Vorbem 116-144** 13
Tatbestand/erforderlicher als Auslegungsgrundlage **133** 25
Tatbestand/fehlender **117** 1; **118** 2; **120** 4;
123 61
Telefonisch übermittelte **120** 5
Unterlassen einer Willenserklärung **119** 103
Verdecktes Geschäft
s. dort
Verständigungsfunktion **Vorbem 116-144** 13
und Vertrag/keine Unterscheidung bei der Auslegung **133** 3
Vertrauen des Erklärungsempfängers
Vorbem 116-144 20
Vollendung und Wirksamkeit/Theorien
130 1 ff
Wille der Beteiligten **Vorbem 116-144** 8

Willenserklärung (Forts.)
Wille und Erklärung/Übereinstimmung
133 2
Wille und Rechtsfolgen **116** 1
Willens- und Erklärungstheorie
Vorbem 116-144 15 ff
und Willensbetätigung/Unterscheidung
Vorbem 116-144 4
und Willensbildung **123** 1
Willensmängel
s. dort
und wirtschaftlicher/gesellschaftlicher
Erfolg **Vorbem 116-144** 12
Willensfähigkeit
Fähigkeit zum freien Willensentschluß/
voluntative Seite **104** 11
und Privatautonomie **104** 10
und Rechtsgeschäft **104** 3
Steuerbarkeit durch Vernunftgründe **104** 10
Willensfreiheit als Selbstbestimmung
104 10
Willensfreiheit
Ausschluß freier Willensbestimmung
s. Geschäftsunfähigkeit
Willensmängel
Abhandenkommen von Willenserklärungen **Vorbem 116-144** 49
Arten **Vorbem 116-144** 26
Erklärungsbewußtsein/fehlendes
Vorbem 116-144 28, 33 ff
Erklärungsbewußtsein/konkludente
Willenserklärungen **Vorbem 116-144** 43 ff
Geschäfts- oder Rechtsfolgewille/fehlender **Vorbem 116-144** 29
und Geschäftsführungsrecht
Vorbem 104-115 75
Geschäftsirrtum/fehlendes Erklärungsbewußtsein, Gleichstellungsproblem
Vorbem 116-144 33 ff
Gesetzliche Regelung (Überblick)
Vorbem 116-144 30 ff
Handlung/Handlungswille
Vorbem 116-144 27, 50
Rechtsgeschäftsähnliche Handlungen
Vorbem 116-144 2
Reflex, Hypnose, vis absoluta
Vorbem 116-144 27
Schweigen als Willenserklärung
s. dort
Trierer Weinversteigerungsfall
Vorbem 116-144 28
Willensschwäche
und Geschäftsfähigkeit **104** 11
Willenstheorie
und Erklärungstheorie/Dogmatik
Vorbem 116-144 15 f
und Erklärungstheorie/Irrtumsregelung
als Kompromiß **119** 2

Wirtschaftliche Selbstbestimmung
und verbraucherschutzrechtliches Verhältnismäßigkeitsprinzip **Vorbem 116-144** 11
Wirtschaftlicher Erfolg
und Abgabe einer Willenserklärung **Vorbem 116-144** 12
Wissenserklärungen
und Beurkundungserfordernis **Vorbem 127a, 128** 129
Wohnsitz
Begründung, Aufhebung als Realakt/ Geschäftsfähigkeitsrecht **Vorbem 104-115** 93; **Vorbem 116-144** 3
Wohnung
und Zubehör **97** 26
Wohnungseigentum
Auslegung von Erklärungen **133** 71
Bestandteile der zugehörigen Räume **95** 26
Gesetzliches Schuldverhältnis/Erwerbsgeschäft und beschränkte Geschäftsfähigkeit **107** 13
Grunddienstbarkeit zugunsten eines Grundstücks/Entstehung von – **96** 4
Instandhaltungsrücklage als Zubehör **97** 4
Notarielle Beurkundung
— Aufteilung in Wohnungs- und Teileigentum **Vorbem 127a, 128** 43, 45, 50
— Sondereigentum/Erstreckung der Form **Vorbem 127a, 128** 146
— Teilungserklärung/ausgeschlossener Vorlesungsverzicht **Vorbem 127a, 128** 438
— Veräußerung **Vorbem 127a, 128** 51
als Sondereigentum an wesentlichen Bestandteilen **93** 28
Textform **126b** 24
Textformerfordernisse **126b** 11
Zuschlag/Lastenverteilung **103** 7
Wortlaut
und Auslegung
s. Auslegung von Willenserklärungen

Zahlungsfähigkeit
Frage verkehrswesentlicher Eigenschaft **119** 89
Zerstörung
Fruchtbegriff und Muttersache **99** 9
und Scheinbestandteilseigenschaft **95** 9
als Voraussetzung der Sonderrechtsunfähigkeit **93** 16
Zertifizierungsstelle
s. Elektronische Form
Zinsen/Verzinsung
Marktübliche Schuldzinsen/Wert der Geldnutzungsmöglichkeit **100** 5
Verzugszinsen als Rechtsfrüchte **99** 17
Wiederkehrende Erträge/regelmäßig **101** 5

Zivilprozeßrecht
und Sachbegriff **Vorbem 90-103** 12
und Sachgesamtheit **Vorbem 90-103** 21
Zubehör
Abhängigkeitsverhältnis des Zubehörs **97** 14
Ackerbau/Landgut und Zubehör **98** 10
Aufhebung der Eigenschaft **97** 27 f
Ausländisches Recht **97** 37 f
Ausländisches Recht/Hinweise **97** 37 f
Baumaterial **97** 17
und Bestandteile **93** 6
Bestandteile/als Hauptsache **97** 8
Bestandteile/als Zubehör **97** 5
Betriebsgebäude/Zubehörstücke **98** 5 ff
Bewegliche Sachen **97** 4, 8
Beweislast **97** 36
Büroeinrichtung **97** 26
Dienstleistungsbetriebe/Inventar als Zubehör **98** 4 ff
Eigentumsfrage/unbeachtliche **97** 6; **98** 3
Eigentumsvorbehalt **97** 18
Einbauküche **97** 25
Erzeugnisse **97** 16
Erzeugnisse/zur Veräußerung bestimmte **97** 16
Fernsprechanlage **97** 25
Fertigprodukte eines Unternehmens **97** 16
Fremde Sachen **97** 6
Fuhrpark **97** 14; **98** 7
Fuhrpark eines Unternehmens **97** 14
Gastwirtschaftsinventar **97** 25
Gerätschaften **98** 8, 11
Geschäftsfähigkeit des Bestimmenden **Vorbem 104-115** 93
Gewerbliches Inventar **98** 4 ff
Grundstücke als Hauptsache **97** 8, 22
Grundstücke als Zubehör **97** 4
Grundstücke/ausgeschlossene **97** 4
Grundstücksbeziehung beweglicher Sachen **97** 22
Grundstücksgleiche Rechte **97** 8
Handelsbetriebe/Inventar als Zubehör **98** 4 ff
Handwerkliche Betriebe/Inventar als Zubehör **98** 4 ff
Hauptsache
— Begrenzte Lebenszeit **97** 20
— als bewegliche Sache/als Grundstück **97** 8
— Einzelsachen einer Sachgesamtheit **97** 10
— Gewerbebetrieb **97** 9
— Mehrheit von Hauptsachen **97** 10
— Mehrheit von Sachen/Zuordnung **97** 9
— Rechte/ausgeschlossene Zubehörzuordnung **97** 8
— Unfertige Hauptsache **97** 17

Zubehör (Forts.)
— Unternehmen als Rechtsgesamtheit/ Zuordnung 97 11
— Verkehrsanschauung 97 9
Höferecht 97 3, 34
Hypothekarische Haftung 97 32
Inventar/dem Grundstückszweck bestimmtes
— Betriebsgebäude 98 5 ff
— Dauerhafte Zweckbindung 98 2
— Landwirtschaftliches Inventar 98 9 ff
— Maschinen 98 8
— Räumliches Verhältnis 98 2
— Sonstige Gerätschaften 98 8
— Versorgungsleitungen 98 8
— Zubehöreigenschaft, festzustellende 98 2
Körperliche Verbindung/nicht erforderliche 97 22
Kraftfahrzeugbrief 97 26
Landgut/Gutszubehör 98 9 ff
Landwirtschaftliche Erzeugnisse 98 13
Linoleum 97 25
Maschinen 97 14; 98 8
Materialreserve 97 15
Mehrheit von Hauptsachen 97 10
Mietvertrag 97 19
Milchwirtschaft/Landgut und Zubehör 98 10
Nebensachen 97 3
Objektive Begriffsbestimmung 97 12
Örtlicher Zusammenhang 97 22
Räumliche Trennung/Aufhebung der Zweckbindung 97 27
Räumliches Verhältnis 97 22 f
Rechte als Zubehör 97 4
Rechtliche Selbständigkeit/wirtschaftliche Unterordnung 97 5
Rohstoffe 97 16
Rohstoffvorräte 97 16
Saatgut/Viehfutter/Dünger 98 13 f
und Sachgesamtheit **Vorbem 90–103** 18
Sachgesamtheit/als Hauptsache 97 10
Sachgesamtheit/als Zubehör 97 8
Scheinbestandteile 97 5
und Scheinbestandteile/Abgrenzung 95 27
Scheinbestandteileigenschaft als Ausnahme 95 30
Schiffszubehör 97 3
Sicherungsübereignung 97 27
Straßenzubehör 97 3
Unternehmen als Rechtsgesamtheit 97 11
Unterordnung/dauernde 97 14, 18 ff
Unwesentlicher Bestandteil 97 5
Verbrauchbare Sachen 97 15
Verfügungsgeschäfte 97 31 ff
Verkehrsauffassung 97 24 ff
Verpflichtungsgeschäfte 97 30

Zubehör (Forts.)
Versorgungsleitungen 97 22; 98 8
Vieh/Landgutzubehör 98 12
Viehzucht/Landgut und Zubehör 98 10
Vorübergehende Trennung 97 23, 28
Warenproduzenten/Inventar als Zubehör 98 4 ff
WEG-Instandhaltungsrücklage 97 4
Widmung 97 21
Willensfähigkeit des Bestimmenden/ ausreichende 97 21
Wirtschaftlicher Zweck 97 12 f; 98 2
Wirtschaftlicher/betriebstechnischer Schwerpunkt 97 9
Wohngebäude/Landgutzubehör 98 9
Wohnung 97 26
Zwangsvollstreckung 97 34 f
Zweckbindung
— Abhängigkeitsverhältnis 97 14
— Bestandteilszweck 97 13
— Dauernde Unterordnung 97 18; 98 2
— Förderung des wirtschaftlichen Zweckes 97 14
— Hauptsachenzweck 97 13
— Künftige Verwendung 97 15
— Kulturzweck 97 13
— Objektive Zubehörbestimmung 97 12
Zugang von Willenserklärungen
Abdingbares Recht 130 22
Abgabe der Willenserklärung s. dort
Abmahnung 130 26
Abwesenheit des Empfängers/Kenntnis hiervon 130 70 f
Abwesenheit des Erklärungsempfängers 130 15 ff
Abwesenheitszustand/sinnliche Wahrnehmung des Geschäftspartners 130 18 ff
Äußerungstheorie 130 2
AGB-Grenzen 130 22
Amtsempfangsbedürftige Erklärungen 130 13, 96
Anfechtungserklärung/Verzögerungsrisiko 121 11; 124 7
Angebot/notariell beurkundetes 128 26
Angestellte 130 57, 61
Annahmebeurkundung statt – 128 47
Annahmeverweigerung 130 85, 97
Anrufbeantworter 130 51
Anwesende/Erklärung unter ihnen
— Mißverständnisse 130 109 f
— Rücksichtnahme auf offensichtliche Mißverständnisse 130 111 f
— Sinnliche Wahrnehmung 130 108
— Theorienstreit/Wirksamwerden mündlicher Erklärungen 130 109
— Wahrnehmungs- und Deutungsfehler 130 112

Zugang von Willenserklärungen (Forts.)
Arbeitnehmerverhinderung/Kündigung 130 70 f
Arglistiges Empfängerverhalten 130 80
Aufenthalt des Empfängers/unbekannter 130 86
Auseinanderfallen von Abgabe/Zugang 130 36
Begriff 130 45
Beherrschter Bereich des Empfängers 130 65
Besitz des Empfängers 130 42
Beweis des Zugangs 130 105 ff
Briefeinwurf/Geschäftszeiten 130 73
Briefkasten 130 51
Briefkasteninstallation/Verlangen hiernach 130 90
Deutsche Bundespost AG 130 48
Duldungs- und Anscheinsvollmacht 130 60
E-Mail 130 51, 52, 73
Ehegatte 130 57, 61
Einwilligung gesetzlichen Vertreters/Minderjährigengeschäft 107 35
Einwurf-Einschreiben 130 48; 132 2
Elektronische Erklärungen/verschlüsselte, technisch fehlerhafte 126a 53 f
Elektronische Erklärungen/Widmung des elektronischen Briefkastens 126a 49 ff
Elektronische Form als Schriftformersatz 126 167
Empfängersphäre/Scheitern des Zugangs 130 80
Empfangsbedürftigkeit einer Willenserklärung 130 9 ff
Empfangsbotenschaft kraft Verkehrsanschauung/Fälle 130 57 f
Empfangseinrichtungen
— alternative Angebote 130 91
— Bereitstellen 130 43
— fehlende 130 64
— Mindeststandard 130 89
— räumlicher Machtbereich des Empfängers 130 65 ff
— Schadensersatz bei Beseitigung 130 91 f
— Widmung 130 49 ff
— Widmung durch Bevollmächtigung 130 59
— Widmung für konkrete Zeiten 130 75
— Zugang 130 45
Empfangstheorie
— Bedeutung privatautonomer Widmung 130 53
— BGB-Entscheidung 130 4, 8, 46
— Kenntnisnahmeproblem 130 78
— problematische Unterscheidung von Willenserklärungen 130 17
— Übermittlungsrisiko 132 1
Empfangsvertreter/Empfangsbote 130 56

Zugang von Willenserklärungen (Forts.)
Empfangsvorkehrungen 130 49
Empfangsvorkehrungen/Verpflichtungsfrage 130 88
Entäußerungstheorie 130 3, 22
Erbrecht 130 102
Erkennung durch den Empfänger 130 47
Fiktionen des Zugangs 130 24, 80 ff
Form und Zugang/Unterscheidung 130 93
Formbedürftige Erklärungen 130 93 ff
Fristen/Zugang zur Unzeit 130 76
Fristsetzungen 130 26
Genehmigung des Minderjährigengeschäfts 108 6
Gerichtlicher Vergleich 127a 36
Gerichtsvollzieher/Zustellung
— Persönliche Zustellung/Ersuchen der Post 132 4
— Postzustellung 132 5
— Rechtspolitische Bedenken 132 4
— ZPO/GVGA-Grundlagen 132 4
Geschäftsfähigkeit/fehlende volle des Empfängers 131 1 ff
Geschäftsunfähigkeit des Erklärenden 130 101 ff
Gespeicherte Daten/ungespeicherte Daten 130 16
Gewillkürte Schriftform/telekommunikative Übermittlung 127 46 ff
Gewöhnliche Verhältnisse/Kenntnisnahmemöglichkeit 130 68 ff
Gewöhnliche Verhältnisse/Machtbereich des Adressaten 130 45
Herrschafts- und Machtbereich des Empfängers 130 41
Individuelle Möglichkeit der Kenntnisnahme/Beurteilung von Fall zu Fall 130 40
Kenntnis einer Person/hierauf abstellende 130 25
Kenntnisnahmehindernisse/normative 130 73 ff
Kenntnisnahmehindernisse/subjektive 130 69
Kenntnisnahme/Möglichkeit und deren Konkretisierung 130 39 ff
Kommunikationsmöglichkeiten/Fülle von Empfangseinrichtungen 130 51
Konkludente Bevollmächtigung zum Empfang 130 60
Konkrete Empfangsbereitschaft/konkrete Widmung 130 52
Lebensversicherung/Bezugsberechtigung 130 103
Letztwillige Verfügung 130 102
Machtbereich des Empfängers/keine Erweiterungen 130 63 ff

Zugang von Willenserklärungen (Forts.)
Machtbereich und Wahrnehmungsbereich/keine Deckung 130 65
Mahnungen 130 26
Mailbox 130 50, 51, 73
Nachforschungsobliegenheit 130 73
Nachsendeantrag 130 51
Nachsendeauftrag 130 85
Nicht-empfangsbedürftige Willenserklärungen/Abgrenzung 130 11 f
Notarielle Beglaubigung 129 110 f
Notarielle Beurkundung 130 93 ff
Öffentliche Zustellung 130 86
— Erschleichen 132 8
— Meldepflichten-Verstoß 132 7
— Nachforschungsobliegenheit des Erklärenden 132 6
— ultima ratio 132 6
— Voraussetzungen/nicht gegebene 132 8
Online-Medien 130 21
Organisationsstruktur und Empfangsermächtigung 130 61
Ort des Zugangs 130 50
Personen als Empfangseinrichtung 130 54 ff
Postmortale Willenserklärung 130 103
Postschließfach/Postlagerung 130 51
Räumliche/persönliche Nähe 130 57
Rechnenmüssen mit dem Zugang 130 80
Rechtsgeschäftliche Erleichterung 126 165
Rechtsgeschäftsähnliche Handlungen **Vorbem 116-144** 2
Rechtsgeschäftsähnliche Handlungen/Mitteilungen 130 14
Rechtzeitigkeit und Zugang/Unterscheidung 130 74
Rechtzeitigkeitsfiktion 130 81
Rechtzeitigkeitsfiktionen 130 24; 132 2
Risiko von Mißverständnissen 130 20
Risikoabwälzung auf den Empfänger 130 47
Risikoverteilung 130 74
Rufumleitung 130 91
Schriftformerfordernis 130 94
Schriftformerfordernis/Zugang in Schriftform 126 159 ff
Schuldhaftes Empfängerverhalten 130 80
Selbstbestimmung/Widmung von Empfangseinrichtungen 130 49 ff, 91, 101
Speicherung der Erklärung 130 44
Speicherung/abrufbare 130 51
Sprachkenntnisse/fehlende des Empfängers 130 72
Sprachrisiko 119 18 ff
Störungen des Empfangsgerätes 130 51

Zugang von Willenserklärungen (Forts.)
Tatsächliche Kenntnisnahme als Ideal 130 39
Tatsächliche Verfügungsgewalt des Empfängers 130 42
Telefax 130 51, 73
Telefax und Schriftformerfordernis 126 162 ff
Telefonische Verständigung 130 19
Telekommunikation/Entwicklung 130 16
Textformerfordernis/elektronische Übermittlung 126b 33 f
Tod des Erklärenden 130 101 ff
Tod des Versicherungsnehmers 130 77
Treu und Glauben/Zugangsfiktion 130 84
Übergabe-Einschreiben 130 48
Übermittlungskontakt/direkter 130 19
Übermittlungsrisiko 132 1
Übermittlungsrisiko/Beendigung 130 50, 63
Übertragungsmedium/übertragenes Medium 130 21
Umwege 130 36
Verlustrisiko 130 23
Vernehmungstheorie 130 5, 22
Vertretereinschaltung 130 55
Verzögerungsrisiko 130 23, 36
Videokonferenz 130 21
Wahrnehmung, sinnliche/Zugang 130 45, 46 ff
Widerruf/rechtzeitiger 130 98 ff
Widerrufsrecht durch Erben des Erklärenden 130 104
Willenserklärung/Vollendung und Wirksamkeit 130 1 ff
Willenserklärung/vorausgesetzte 130 7
Wirksamwerden 130 26
Wohnungstür/hindurchgeschobener Brief 130 63
Zufällige Verhinderungen 130 80
Zugang zur Unzeit 130 73 ff
Zugangsfiktionen 130 80 ff
Zugangshindernisse/Empfängerverantwortung 130 79
Zugangsvereitelung 130 80; 132 3
Zusammentreffen mit anderen Ereignissen/chronologische Reihenfolge 130 77 f
Zustellpraxis/Übung 130 52
Zurechenbarkeit
Handlungsfähigkeit/Zurechenbarkeit einer Handlung **Vorbem 104-115** 2
Zurückbehaltungsrecht
Personalausweispapiere 90 8
Zusammengesetzte Sachen
und Sachbegriff **Vorbem 90-103** 13 f

Zusammengesetzte Verträge
Beurkundungserfordernis für Veräußerungsverträge **Vorbem 127a, 128** 105
GmbH-Geschäftsanteilsveräußerung **Vorbem 127a, 128** 155
Grundstücksveräußerungs-/Erwerbsverpflichtung, Beurkundungserfordernis **Vorbem 127a, 128** 130 ff
Zustimmungserklärung
Anfechtung wegen Arglist **123** 58
Auslegung **133** 26
Zuverlässigkeit
als verkehrswesentliche Vertragspartnereigenschaft **119** 87
Zwangsversteigerung
Gebot/Anfechtbarkeit **119** 104; **122** 11
Notarielle Beglaubigung/Fälle **129** 5
Zubehör **97** 35
Zwangsverwalter
Sachbeteiligung des Notars **Vorbem 127a, 128** 287
Zwangsverwaltung
Zubehör **97** 35
Zwangsvollstreckung
s. a. Vollstreckbarkeit
Finanzvermögen der öffentlichen Hand **Vorbem 90-103** 52
Früchte/ungetrennte **93** 34
Gesamtsache einschließlich ihrer Bestandteile **93** 44
Grundstücksbestandteile/ungetrennte unwesentliche **93** 45
Grundstücksflächen/nicht im Grundbuch verselbständigte **93** 45
Scheinbestandteile **95** 30
Software **90** 15
Urkunden **90** 5
Vertretbare Handlung **91** 3
Wesentliche Bestandteile beweglicher Sachen **93** 33
Wesentliche Bestandteile eines Grundstücks **93** 33
Zubehör **97** 35
Zubehörbegriff **98** 15

Zwangsvollstreckungsunterwerfung
Abgabe von Willenserklärungen/ausgeschlossene **Vorbem 127a, 128** 216
Änderungen, spätere **Vorbem 127a, 128** 217
Angebotsannahme **128** 42
und Angebotsbeurkundung **128** 21
Anspruchsbestimmung/konkrete **Vorbem 127a, 128** 219
Ansprüche/unterwerfungsfähige **Vorbem 127a, 128** 216
Beurkundung **Vorbem 127a, 128** 218
Einseitiges Formerfordernis **125** 56; **Vorbem 127a, 128** 102, 215
Erforderlicher Inhalt **Vorbem 127a, 128** 219
Grundpfandrechte und Vorlesungsverzicht/Verlesung der – **Vorbem 127a, 128** 440
Grundschuldbeurkundung **Vorbem 127a, 128** 52
Justizentlastungszweck/Schuldnerschutz **Vorbem 127a, 128** 44, 93
Kostengünstigkeit **Vorbem 127a, 128** 36
Lateinisches Notariat **Vorbem 127a, 128** 93
als Prozeßhandlung/streng einseitige **Vorbem 127a, 128** 220
Prozessuale Unterwerfungserklärung/nur beurkundungsbedürftige **Vorbem 127a, 128** 215, 217
Umschreibung der Vollstreckungsklausel **Vorbem 127a, 128** 711
als Verfahrenshandlung **111** 7
Vertretung **Vorbem 127a, 128** 220
Verweisungen (§ 13a BeurkG) **Vorbem 127a, 128** 218
Vollstreckungsklausel/vom Notar erteilte **Vorbem 127a, 128** 708
Wirksamkeitsprüfung vor Klauselerteilung **Vorbem 127a, 128** 709
Wohnraumräumung/ausgeschlossene **Vorbem 127a, 128** 216
Zweckbindung
Minderjährigengeschäft/überlassene Mittel **110** 14 f

J. von Staudingers
Kommentar zum Bürgerlichen Gesetzbuch
mit Einführungsgesetz und Nebengesetzen

Übersicht Nr 80/15. Dezember 2004

Die Übersicht informiert über die Erscheinungsjahre der Kommentierungen in der 12. Auflage sowie in der 13. Bearbeitung und deren Neubearbeitungen (= Gesamtwerk STAUDINGER). Die Übersicht ist für die 13. Bearbeitung und für deren Neubearbeitungen zugleich ein Vorschlag für das Aufstellen des „Gesamtwerks STAUDINGER" (insbesondere für solche Bände, die nur eine Sachbezeichnung haben). Es wird empfohlen, die Austauschbände chronologisch neben den überholten Bänden einzusortieren, um bei Querverweisungen auf diese schnell Zugriff zu haben. Bei Platzmangel sollten die ausgetauschten Bände an anderem Ort in gleicher Reihenfolge verwahrt werden.

	12. Aufl.	13. Bearb.	Neubearbeitungen	
Buch 1. Allgemeiner Teil				
Einl BGB; §§ 1–12; VerschG	1978/1979	1995		
§§ 21–89; 90–103 (1995)	1980	1995		
§§ 90–103 (2004); 104–133; §§ 1–54, 63 BeurkG		2004	2004	
§§ 104–133	1980			
§§ 134–163	1980	1996	2003	
§§ 164–240	1980	1995	2001	2004
Buch 2. Recht der Schuldverhältnisse				
§§ 241–243	1981/1983	1995		
AGBG	1980	1998		
§§ 244–248	1983	1997		
§§ 249–254	1980	1998		
§§ 255–292	1978/1979	1995		
§§ 293–327	1978/1979	1995		
§§ 255–314			2001	
§§ 255–304				2004
§§ 315–327			2001	
§§ 315–326				2004
§§ 328–361	1983/1985	1995		
§§ 328–361b			2001	
§§ 328–359				2004
§§ 362–396	1985/1987	1995	2000	
§§ 397–432	1987/1990/1992/1994	1999		
§§ 433–534	1978	1995		
§§ 433–487; Leasing				2004
Wiener UN-Kaufrecht (CISG)		1994	1999	
VerbrKrG; HWiG; § 13a UWG		1998		
VerbrKrG; HWiG; § 13a UWG; TzWrG			2001	
§§ 491–507				2004
§§ 535–580a (Mietrecht)	1978			
§§ 535–580a (2. Bearb.); 2. WKSchG (Mietrecht)	1981			
§§ 535–563 (Mietrecht 1)		1995		
§§ 564–580a (Mietrecht 2)		1997		
2. WKSchG; MÜG (Mietrecht 3)		1997		
§§ 535–562d (Mietrecht 1)			2003	
§§ 563–580a (Mietrecht 2)			2003	
§§ 581–606	1982	1996		
§§ 607–610	1988/1989	./.		
§§ 611–615	1989	1999		
§§ 616–619	1993	1997		
§§ 620–630	1979	1995		
§§ 616–630			2002	
§§ 631–651	1990	1994	2000	2003
§§ 651a–651l	1983			
§§ 651a–651m			2001	
§§ 652–704	1980/1988	1995		
§§ 652–656			2003	
§§ 705–740	1980	2003		
§§ 741–764	1982	1996	2002	
§§ 765–778	1982	1997		
§§ 779–811	1985	1997	2002	
§§ 812–822	1979	1994	1999	
§§ 823–825	1985	1999		
§§ 826–829	1985/1986			
§§ 826–829; ProdHaftG		1998	2003	
§§ 830–838	1986	1997	2002	
§ 839	1986			
§§ 839, 839a		2002		
§§ 840–853	1986	2002		
Buch 3. Sachenrecht				
§§ 854–882	1982/1983	1995	2000	
§§ 883–902	1985/1986/1987	1996	2002	
§§ 903–924	1982/1987/1989	1996	2002	
Umwelthaftungsrecht		1996	2002	
§§ 925–984	1979/1983/1987/1989	1995		
§§ 985–1011	1980/1982	1993	1999	
ErbbVO; §§ 1018–1112	1979	1994	2002	

	12. Aufl.	13. Bearb.	Neubearbeitungen
§§ 1113–1203	1981	1996	2002
§§ 1204–1296	1981		
§§ 1204–1296; §§ 1–84 SchiffsRG		1997	2002
§§ 1–25 WEG (WEG 1)	1997		
§§ 26–64 WEG; Anh Besteuerung (WEG 2)	1997		

Buch 4. Familienrecht

	12. Aufl.	13. Bearb.	Neubearbeitungen	
§§ 1297–1302; EheG u. a.; §§ 1353–1362	1990/1993			
§§ 1297–1320; NeLebGem (Anh §§ 1297 ff); §§ 1353–1362		2000		
§§ 1363–1563	1979/1985	1994	2000	
§§ 1564–1568; §§ 1–27 HausratsVO	1994/1996	1999	2004	
§§ 1569–1586b	1999			
§§ 1587–1588; VAHRG	1995	1998	2004	
§§ 1589–1600o	1983	1997		
§§ 1589–1600e			2000	2004
§§ 1601–1615o	1992/1993	1997	2000	
§§ 1616–1625	1985	2000		
§§ 1626–1633; §§ 1–11 RKEG		2002		
§§ 1626–1665; §§ 1–11 RKEG	1989/1992/1997			
§§ 1666–1772	1984/1991/1992			
§§ 1638–1683		2000	2004	
§§ 1684–1717; Anh § 1717		2000		
§§ 1741–1772		2001		
§§ 1773–1895; Anh §§ 1773–1895 (KJHG)	1993/1994	1999	2004	
§§ 1896–1921	1995	1999		

Buch 5. Erbrecht

	12. Aufl.	13. Bearb.	Neubearbeitungen
§§ 1922–1966	1979/1989	1994	2000
§§ 1967–2086	1978/1981/1987	1996	
§§ 1967–2063			2002
§§ 2064–2196			2003
§§ 2087–2196	1980/1981	1996	
§§ 2197–2264	1979/1982	1996	2003
BeurkG	1982		
§§ 2265–2338a	1981/1983	1998	
§§ 2339–2385	1979/1981	1997	2004

EGBGB

	12. Aufl.	13. Bearb.	Neubearbeitungen
Einl EGBGB; Art 1–6, 32–218	1985		
Einl EGBGB; Art 1–2, 50–218		1998	
Art 219–221, 230–236	1993		
Art 219–222, 230–236		1996	
Art 219–245			2003

EGBGB/Internationales Privatrecht

	12. Aufl.	13. Bearb.	Neubearbeitungen
Einl IPR; Art 3, 4 (= Art 27, 28 aF), 5, 6	1981/1984/1988	1996	2003
Art 7–11	1984		
Art 7, 9–12		2000	
IntGesR	1980	1993	1998
Art 13–17	1983	1996	
Art 18		1996	
Art 13–17b			2003
Art 18; Vorbem A + B zu Art 19			2003
IntVerfREhe	1990/1992	1997	
Kindschaftsrecht Ü; Art 19 (= Art 18, 19 aF)	1979	1994	
Art 19–24			2002
Art 20–24	1988	1996	
Art 25, 26 (= Art 24–26 aF)	1981	1995	2000
Art 27–37; 10	1987/1998		
Art 27–37		2002	
Art 38	1992	1998	
Art 38–42			2001
IntWirtschR		2000	
IntSachenR	1985	1996	

	12. Aufl.	13. Bearb.	Neubearbeitungen
Alphabetisches Gesamtregister	1999		
Vorläufiges Abkürzungsverzeichnis		1993	
Das Schuldrechtsmodernisierungsgesetz		2002	2002
BGB-Synopse 1896–1998		1998	
BGB-Synopse 1896–2000			2000
100 Jahre BGB – 100 Jahre Staudinger (Tagungsband 1998)	1999	1999	

Demnächst erscheinen

			Neubearbeitungen
Einl BGB, §§ 1–14; VerschG			2004
§§ 925–984			2004
IntVerfREhe			2004

Dr. Arthur L. Sellier & Co. KG – Walter de Gruyter GmbH & Co. KG oHG, Berlin
Postfach 30 34 21, D-10728 Berlin, Telefon (030) 2 60 05-0, Fax (030) 2 60 05-222